인도의
이원론과
요가

인도의 이원론과 요가

고전 상키야-요가의 철학적 기원과 전개

정승석 지음

씨아이알

이 저서는 2014년 대한민국 교육부와 한국연구재단의 지원을 받아 수행된 연구임
(NRF-2014S1A5B1017842)

머리말

고려 시대 후기에 불교 수행의 분위기를 일신하여, 오늘날의 조계종을 태동시키는 데 크게 기여한 보조국사 지눌(知訥)은 한국 불교를 대표하는 선승(禪僧)이다. 그는 대표 저서인 『수심결(修心訣)』을 통해 돈오점수(頓悟漸修)와 정혜쌍수(定慧雙修)의 수행론을 역설했다. 특히 그가 주창한 점수(漸修)는 근래에 돈수(頓修)와 대립하여 선정(禪定) 수행의 쟁점으로 대두되어 왔다.

선정은 인도의 전통적인 요가 수행론의 일환이며, 지눌의 점수론은 요가의 명상 이론과 합치한다. 더욱이 지눌의 저서에서 진심(眞心)을 설명하는 공적영지심(空寂靈知心)이라는 개념도 요가 철학으로 접근하면 한결 더 용이하게 이해될 수 있다. 요가의 명상으로 실현하고자 하는 궁극의 목표인 순수정신은 공적영지심과 부합하기 때문이다.

요가 철학은 인도의 철학적 전통에서 유일하게 이원론을 표방한 상키야 철학과 짝을 이루어 일련의 사상 체계로 간주되어 있다. 이 때문에 인도의 토착 학자들은 양자를 구분하지 않고 아예 '상키야-요가'로 부른다. 다만 양자의 역할을 기준으로 하여 상키야는 이원론의 이론편, 요가는 이원론의 실천편으로 인식되어 있다.

상키야의 이원론은 인간을 철저히 정신과 물질(육체)의 복합체로서 이해하고, 물질적 속성이 정신에 미치는 기능과 작용을 설명하는 현실주의적 사색을 전개했다. 그러나 여기서 정신과 물질은 데카르트가 주장하는 이원과는 존재론적으로 전혀 다른 입각점에서 구분되는 개념이다. 이원 중 물질은 통념상 정신의 영역으로 간주되는 감각적 지각과 의식까지도 포괄한다는 점에서 상키야의 특징이 드러난다. 이러한 이원론은 서양 철학자들이 흔히 환원적 유물론으로 일컫는 심신 동일론에 근접하는 것으로도 주목된다. 요가 철학은 상키야의 사색을 그대로 수용하여, 물질적 속성을 정화해 감으로써 정신의 순수성을 회복하는 방법론을 전개했다.

이와 같은 상키야와 요가의 이론과 실천은 실용주의적 색채를 띠면서 특히 힌두교의 대중 신앙에 지대한 영향을 미쳤다. 이원론적 사고는 힌두교의 주요 종파의 신학에도 도입되었을 뿐만 아니라, 탄트리즘의 이론과 실천에도 토대를 형성했다.

오늘날 요가는 세계 도처에서 대체로 미용과 신체 건강의 비결로만 성행하고 있고, 요가 철학이 본래 추구한 정신 건강은 거의 도외시되어 있다. 우리나라의 경우에도 예외가 아니지만, 또 한편으로는 근래에 들어 요가의 본지와 고유한 수행론에 대한 관심이 고조되어 가고 있다. 특히 불교의 승려들과 요가 수련원의 지도자들에게 이러한 경향이 드러나고 있다.

그러나 요가의 본지와 수행론을 이해하려면 필수적으로 상키야의 이원론을 먼저 이해해야 한다. 이로써 요가의 정신과 가치를 재인식할 수 있으며, 이와 아울러 요가는 정신 건강을 위한 실용적 지식과 방도가 될 수 있을 것이다. 국내에는 이 같은 요구를 충족시켜 줄 만한 학술서 및 일반서가 전무하다.

유럽에서는 100여 년 전부터 상키야 철학을 연구한 학술서가 출판되었다. 이후 일본에서는 주로 상키야 철학의 원전을 연구한 학술서가 대거 출판되었다. 그러나 세계의 어느 학계에서도 상키야와 요가를 통괄하여 그 뿌리와 발육 및 개화를 체계적으로 연구한 학술서는 거의 출판되지 않았다. 유일한 예외로는 Chakravarti가 1951년에 저술한 『상키야 사상 체계의 기원과 발전』(*Origin and Development of the Sāṃkhya System of Thought*)을 들 수 있다. 상키야 또는 요가를 전공한 학자들도, 출처를 밝히지 않은 경우가 적지는 않지만, 주로 이 저서에서 얻은 지식을 활용한 경우가 많다. 더욱이 그는 상키야 철학의 주석서들 중에서는 가장 나중에 발견된 *Yuktidīpikā*의 원전을 최초로 편집하여 출판하고, 이 원전을 자신의 저서에 풍부하게 인용했다. 이로써 그는 *Yuktidīpikā*를 본격적으로 연구할 수 있게 하는 데 크게 기여했다.

Chakravarti의 저서는 제목으로 표방한 대로 상키야 철학의 기원과 발전을 취급한다. 그러나 여기서 요가는 상키야에 혼입된 상태로 취급되어 있다. 더욱이 저서의 구성과 내용에는 체계와 일관성이 거의 고려되어 있지 않다. 그럼에도 이 저서의 가치는 쉽게 발견하거나 활용하기 어려운 원전 자료들을 충분히 활용하여, 이것들을 중심으로 논의를 전개한 점이다. 그런데 여기에는 결정적인 결함이 있다. 저자는 전거로 제시하는 숱한 원문을 데바나가리로 불리는 범자(梵字)로만 인용할 뿐, 전혀 번역문을 제시하지 않는다. 이 때문에 저자가 원문을 어떻게 이해했는지 불명료한 경우가 태반이다. 단적으로 말해서 Chakravarti의 저서는 산스크리트에 해박한 소수의 학자들에게나 활용 가치를 지닌다.

졸저에서는 Chakravarti의 저서에 활용된 소중한 원전 자료들을 최대로 활용하면서, 상키야와 요가를 통괄하여 그 뿌리와 발육 및 개화를 체계적으로 서술할 것이다. 이 과정에서 졸저는 Chakravarti의 연구에 대한 분석과 재검증의 역할도 자임한다. 서술의 기본 방침은 전공에 충실한 학술서를 지향할 것이지만, 요가 철학에 관심이 있거나 비교 연구를 시도하는 타 분야의 전공자, 그리고 요가 수련의 지도자들이 이해할 수 있는 수준을 유지할 것이다.

상키야의 이원론과 요가의 수행론은 실용 철학으로서의 가치가 충분하다. 이는 인도의 문화적 전통에서 실증되어 왔다. 더욱이 인도에서 상키야와 요가는 20세기를 전후로 판디트(Pandit: 산스크리트 원전을 계승하는 전통적 학자)들에 의해 부흥되기 시작한 이래, 살아 있는 학문과 수행의 전통으로 계승되고 있다. 졸저에서는 이러한 현장을 답사하여 살아 있는 전통과 현대적 응용의 실상도 반영하였다.

차 례

후기 1147

표, 그림 목차

일러두기

• 원어 처리

이 책에서 전거로 인용하는 원전들은 대부분 범어(산스크리트)로 작성된 문헌들이다. 이 원전의 용어를 구사할 경우에는 음역을 절제하고 의역하여 제시하는 것을 원칙으로 한다.
다만 생소한 인명이나 서명과 같은 고유명사는 음역하지 않고 원어로 표기하며, 우리말 사전에 등재되어 있는 전문용어는 사전에 표기된 음역을 채택한다. 또한 인도의 철학과 종교 일반에서 비교적 잘 알려져 있는 문헌, 신격, 인물 등의 이름도 선별하여 음역으로 표기한다.
특히 19세기 후반 이후 유명한 인도인들과 지역의 이름은 영어식 표기로 알려져 있으므로, 이들의 이름은 음역으로 표기한다.
이 밖에 필요에 따라 음역으로 표기할 경우에는 한글 맞춤법의 외래어 표기 원칙을 따른다.

• 부호의 용도

( ) : 혼동을 예방하기 위해 한자 또는 원어를 병기할 경우, 또는 지시하는 의미를 간략히 다른 말로 부연할 경우.

[ ] : 원문에는 서술되어 있지 않더라도 거기에 함축된 의미로 추정하거나 확정할 수 있는 보충 내용을 제시한다. 보충 내용은 대부분 다른 주석에 의거한 것이며, 이 밖의 경우는 전후 맥락이나 전제된 관념에 의거한 것이다. 따라서 전문가라면 이 부분은 건너뛰고 읽어도 무방하지만, 대부분의 독자에게는 필수적인 내용이다. 이 밖에 한글과 한자를 병기하면서 한글을 한자의 독음으로 착각할 우려가 있을 경우, 한글이 한자의 독음이 아님을 표시한다.

' ' : 우리말 맞춤법의 기본 용도 외에 맥락상 주요한 말, 특히 앞의 형용구가 한정하는 말을 표시한다.

= : 표현은 다르지만 의미상으로는 동일함을 표시한다. 이 부호가 직접 인용의 구문에서 사용된 경우에는 특별한 명기가 없는 한, 필자가 삽입한 것이다. 작은 글꼴로 '='와 함께 첨가한 숫자나 문자는 원전(특히 *Mahābhārata*)의 인용 및 번역에서 다른 판본과 대조한 출처 또는 서술이다.

≒ : 위의 부호(=)와 유사한 용도로 사용하지만, 특히 비유적 표현이 의도하는 대상이나 의미를 표시한다.

@ : 참조할 곳이 현재의 '이 책'(졸저)이라는 것을 표시한다. 예를 들어 "@제4장 각주 125"는 이 책의 제4장에 있는 각주 125를 가리킨다. @로 장을 명기하지 않은 경우의 각주 번호는 서술 중인 장에 있는 각주를 가리킨다.

→ : 참고문헌에서는 이 책에서 인용한 원전의 출판본을 가리킨다. 본문의 서술에서는 특정 개념이나 사항이 인과적 관계로 전개되어 나아가는 순서나 방향을 표시한다.

• 첨자 번호의 용도

원전의 번역문과 원문에서 첨자로 기재한 대부분의 숫자는 서술의 맥락을 한눈에 파악할 수 있도록 필자가 임의로 삽입하거나 원문에 기재되어 있는 단락의 번호를 표시한 것이다. 간혹 일반 서술에서도 원전의 주요 용어를 열거할 경우에는 같은 목적으로 첨자를 사용한다.

서 론

서론

1990년도 후반부터 개인용 컴퓨터와 인터넷이 급속히 일반화되면서, 인도는 과거의 문화유산과는 정반대의 방면에서 세계 사람들의 주목을 끌었다. 인도가 미국을 능가하는 영화산업의 강국이라는 것은 잘 알려진 사실이지만, 전자산업 시대로 돌입한 이번에는 소프트웨어 강국으로 부상했기 때문이다. 그래서 "가난한 인도를 먹여 살리는 것은 타지마할과 소프트웨어"라는 농담으로 인도의 저력을 새삼스러운 듯이 재인식하게 되었다.

그러나 그러한 농담에는 인도에 대해 약간은 오만방자한 의식이 깃들어 있는 듯하다. 물질적으로 가난한 인도만을 떠올릴 뿐, 정신적으로 풍요로운 인도는 거론할 필요도 없다고 생각한 듯하기 때문이다.

인도는 20세기로 들어선 이래 요가로써 지구촌의 모두에게 심신의 정화와 건강을 제공하는 공덕을 쌓아 왔다. 그러므로 인도를 거론하자면 소프트웨어에 앞서 요가를 먼저 떠올려야 할 것이다. 그리고 농담이 아닌 진담으로 "지구촌의 사람들을 건전하고 건강하게 살리는 것은 인도의 요가"라고 말해야 할 것이다.

이 같은 인도의 공덕은 20세기 전후로 요가의 전통을 재조명하면서부터 시작되었다. 그리고 이로부터 현재에 이르러 요가는 세계 전역에서 몸과 마음의 조화로써 웰빙과 힐링을 선도하는 보편적인 수단으로 성행하고 있다. 더욱이 이제 요가의 실용성과 응용성은 의학과 정신과학을 비롯한 심신 건강의 모든 분야로까지 확장되기에 이르렀다.

현대사회에서 요가의 가치가 이 같은 수준으로 인정받게 된 것은, 일찍이 인도의 선각자와 지식인들이 자신들의 전통 철학을 재조명하여, 그 가치를 더욱 개발하고 심화해 온 덕분이다. 이때 재조명의 대상으로 일차적인 공통의 관심사가 되었던 것이 바로 요가였다.

01. 과학 문명 비판의 대안

인도의 언어와 고전은 18세기 후반에 접어들면서 유럽에 본격적으로 소개되기 시작했다. 이 덕분에 근대 이후 유럽의 인문학은 인도를 주목하면서 새로운 전기를 맞았다. 또 한편으로는 유럽의 학자들 덕분에 인도철학 또는 인도학이 인문학의 한 분야로 자리잡게 되었다. 인도 출신의 학자들이 등장하여 자국의 철학을 국제화하는 데 앞장서게 된 것은 20세기 이후의 일이다. 그리고 이들을 선도한 인도철학의 거장이 다스굽타(Surendranath Dasgupta, 1885~1952)와 라다크리슈난(Sarvepalli Radhakrishnan, 1888~1975)이다. 다스굽타보다 20여 년을 더 오래 살았던 라다크리슈난은, 다스굽타가 타계했던 해부터 인도의 부통령을 거쳐 대통령까지 역임하는 영예를 얻었다. 일찍 타계한 탓으로 이 같은 영예를 누릴 수 없었던 다스굽타는, 인도철학의 전통과 정수를 재조명하고 심화하는 데 전념한 애국주의 학자로 각인되는 영예를 얻었다.

다스굽타는 현재까지도 가장 방대한 『인도철학사』를 저술한 학자로 알려져 있다. 그의 대표작인 『인도철학사』는 1922년 제1권이 출판된 이래 1949년에 제4권이 출판되었고, 1952년 임종 직전에서야 탈고한 제5권이 사후인 1955년에 출판된 것으로 완결되었다.

그런데 다스굽타가 인도철학의 전반을 연면히 이끌어 온 사상적 기반을 요가 철학으로 파악하고 있었다는 사실은 그다지 알려져 있지 않은 듯하다. 그가 요가의 전통으로 인도철학의 전모를 이해하고 해석했다는 사실의 근거와 정황은 몇 가지 사례만으로도 충분히 드러난다.

그가 『인도철학사』 제1권을 출판한 것은 1922년이지만, 그는 이것을 출판하기 전에 또는 거의 같은 시기에 이미 『요가 철학』(*Yoga Philosophy*)을 집필했다. 이 책은 "인도 사상의 다른 학파와의 관계"(In Relation to Other Systems of Indian Thought)라는 부제를 달아 1930년에서야 출판되었다. 그러나 그는 1924년에 출판한 『종교와 철학으로서의 요가』(*Yoga as Philosophy and Religion*)의 서문에서 그 『요가 철학』이 "불가피하게 오랫동안 출판이 지연되고 있는"[1] 책이라고 밝히고 있다.

짐작건대 다스굽타는 『인도철학사』의 집필을 구상하면서부터, 그리고 그 집필 과정에서 인도철학에 일관하는 요가의 사상사적 가치에 주목하였고 이것을 조명하는 데 주력했던 것 같다. 더욱이 그는 『종교와 철학으로서의 요가』의 서문에서 "요가의 교의는 인도의 사상 중 다른 어느 학파의 교의와도 비교하거나 대조하는 데 매우 적절하고 큰 이점을 갖고 있다."[2]라고도 단언했다.

그러고 보면 종교학자로 유명한 엘리아데가 『요가: 불멸성과 자유』(*Yoga: Immortality and Freedom*)를 저술한 것도 이 점을 입증할 만한 사례가 될 것이다. 그는 인도의 캘커타 대학에서 1928년부터 3년 동안 다스굽타의 지도로 인도철학을 공부했기 때문이다. 이 시기의 직전인 1927년에 다스굽타는 『인도 신비주의』(*Hindu Mysticism*)를 출판했다. 그런데 이 책은 요가를 인도 신비주의의 요체로 파악하여 서술을 전개하고 있지만, 사실은 요가적 전통으로 인도철학의 전반적 특성을 소개하는 인도철학 개설에 상당한다.

『인도 신비주의』는 애초 다스굽타가 1926년 미국 노스웨스턴 대학(Northwestern

....

1 Dasgupta(1924) p. ix.

2 ibid.

University)에서 여섯 차례에 걸쳐 강의한 내용을 토대로 편집되었다. 여기서는 그 내용의 일부를 특별히 경청할 필요가 있다.

> 유한한 모든 것, 변화하고 사라지는 모든 것, 그리고 부나 명예와 같은 것들이 인간에게 주는 일상적 삶의 기쁨은, 자신의 감각적 요구가 지배하도록 자신을 맡기는 한에서만 충족될 수 있는 천한 기쁨이며 만족일 뿐이다.
> 땅과 바다와 하늘에서 분주히 움직이는 현대 생활의 분주함과 떠들썩함 속에서, 물질적 안락과 사치를 더해 주는 풍부한 과학 발명품과 그 응용물들의 시대 속에서, 그리고 종종 애국심이나 자유의 이름 아래 특정 국가 국민들이 다른 사람들을 노예화하고 갖가지 재물을 독점하는 국가적 이기주의와 시기(猜忌)의 시대 속에서, 우리는 물질적 요구가 아닌 다른 어떤 요구를 지니고 있다는 사실을 쉽게 잊곤 한다.
> 우리 시대의 자랑스러운 문화와 과학의 발전 속에서, 과연 우리가 의도하는 발전이 무엇인지를 생각해 보기 위해 잠시라도 멈추어 본 적이 있는가? 분명히 우리는 자연의 여러 새로운 사실들을 발견해 냈으며, 여러 자연적인 힘들을 우리의 통제 하에 두게 되었다. 그러나 높은 하늘 위를 맴돌면서 땅 위에 있는 죽은 동물의 썩은 살과 뼈에 탐욕스러운 시선을 고정시키고 있는 독수리[3]들처럼, 우리는 감각적 충족에 우리의 탐욕스러운 시선을 쏟고, 우리의 지식을 새로운 안락과 호사스러움을 얻기 위한 일에만 묶어 두고 있지는 않은가? 새로운 것이었던 그 안락과 호사스러움은 곧 기본적인 일상이 되어 버리고, 우리는 또 다른 새로운 유형의 감각적 충족을 고안해 내기 위해 또다시 맹렬히 자기 자신을 몰고 간다.
> 죽음을 널리 퍼뜨리고 인간성을 노예화하기 위한 수단으로 타락해 버린 과학을 우리는 발전이라고 부르는 경향이 있다. 그리고 더욱 더 새로운 선정(煽

....

3 역자는 vulture를 '대머리 독수리'로 번역했으나, 여기서는 '독수리'로 수정했다. '대머리 독수리'(bald eagle)는 미국의 국조이므로 역자의 번역을 채택할 경우, 자칫하면 다스굽타가 당시 미국의 사회 풍조를 직접 겨냥하여 비판한 것으로 오해할 우려가 있다. 물론 다스굽타는 bald eagle(대머리 독수리) 대신 vulture(독수리)라는 어휘를 선택하여 당시 미국 사회를 우회적으로 비판했을 수도 있다.

情)을 얻기 위해 미묘하고 새롭게 변화해 가는 덧없는 욕망의 소용돌이 속에서 보내 버리는 삶, 강력한 돈을 숭배하며 보내는 삶을 이루기 위한 수단으로 타락해 버린 과학을 또한 우리들은 발전이라고 부르곤 한다. 우리는 갈수록 더 우리의 영혼보다 육체를 위한 삶을 산다. 우리의 육체가 바로 영혼이며, 우리의 육체가 바로 지고의 브라만이다.[4] (밑줄은 필자)

여기서 다스굽타는 잠시 과학 문명의 폐단과 육체적 안락에 탐착하는 세태를 신랄하게 비판하고 있다. 우리는 다스굽타가 이렇게 열변을 쏟은 시점이 지금으로부터 거의 100년 전이라는 사실을 전혀 감지하지 못할 수도 있을 것이다. 그의 비판은 바로 지금의 실태를 직격탄으로 겨냥한 듯하기 때문이다.

다스굽타의 열변에 준비되어 있는 대안은 무엇일까? 그는 이 대안을 이미 제시한 바 있다. 그가 재조명하고자 주력했던 요가 철학이 바로 그 대안이다. 그는 이 대안의 일부를 『종교와 철학으로서의 요가』로 제시했다. 이 책의 서문에 있는 다음과 같은 서술에서 그 대안의 요점을 간파할 수 있을 것이다.

우리가 분명히 명심해야 할 것은 요가가 오늘날에도 인도에서 실천되고 있다는 사실이며, 스승으로부터 제자에게 계승되는 전통적 입문이 아직도 완전히 단절되지 않은 채 지속되고 있다는 사실이다.
만약 혹자가 궁극적으로는 요가가 지향하는 목표로 인도하게 될 과정을 체계적으로 추구하고자 한다면, 그는 반드시 숙련된 스승의 엄격한 실천 지침에 따라 전 생애를 거기에 헌신해야 한다. 이 책은 결코 그러한 목적을 위한 실천 지침서로 간주될 수 없다. 그러나 많은 문외한들이 그렇듯이 요가의 관심사가 오직 실천적 측면에만 있다고 생각하는 것도 옳지는 않다. 철학, 심리, 우주, 윤리, 종교 관련의 교의들을 포함하여 물질과 변화에 관한 교의들은 그 자체로 매우 흥미롭다. 이것들은 인류의 사상적 발전사에서 결정적

....

4 다스굽타(1997) pp. 59-60.

> 으로 확고한 위치를 차지한다. 따라서 요가의 실천적 측면과 더불어 인도의 차원 높은 사상의 본질적 특색을 바르게 이해하기 위해서는 그러한 지식이 절대로 필요하다.[5] (밑줄은 필자)

여기서 다스굽타는 "요가의 관심사가 오직 실천적 측면에만 있다고 생각하는 것도 옳지는 않다."고 지적하고 있다. 우리가 유의해야 할 것은 바로 이 지적일 것이다. 그가 말하는 '실천적 측면'은 현재 세계 도처에서 성행하고 있는 요가를 지목하기 때문이다. 미용과 건강의 비결로 성행하고 있는 이러한 요가를 전문 용어로는 하타 요가(Haṭha-yoga)라고 부른다. 다스굽타는 이 하타 요가를 "주로 질병을 방지하고 온갖 종류의 육체적 고난과 긴장을 침착하게 인내할 수 있도록 신체를 조련하는 육체적인 운동 체계로 이루어진다."[6]라고 설명한다.

여기서 다스굽타가 하타 요가의 가치를 부정하는 것은 아니라는 사실에도 유의해야 한다. 그러나 그가 우려했던 것은 하타 요가만을 요가의 전부로 생각하는 세태이다. 그의 우려는 앞서 소개한 『인도 신비주의』에서 "우리는 갈수록 더 우리의 영혼보다 육체를 위한 삶을 산다."라고 지적한 것과 직결되어 있음이 분명하다.

그렇다면 실천적 측면과는 차별되는 요가의 관심사는 무엇일까? 그는 이것을 모든 요가의 최상인 라자 요가(Rāja-yoga)라고 말한다. 그리고 이 라자 요가가 바로 요가 철학이다. 그래서 그는 "요가 철학이라는 사상의 본질적인 특색"을 전달하는 데 주력했고, 이것이 그에게는 요가 철학을 재조명하고 심화하는 노력이었다.

....

5 Dasgupta(1924) p. viii.

6 ibid. p. ix.

02. 성자의 시대를 연 요가

이상에서 주로 다스굽타를 거론한 것은, 오늘날 요가가 보편적 건강법으로 국제화에 이르게 된 배경을 짚어보려는 데 목적이 있다. 지금으로부터 100여 년 전부터 인도에서는 다스굽타를 비롯한 선각자들이 공동의 노력으로 요가 철학을 재조명했고, 요가의 국제화는 이미 이로부터 시작되었던 것이 사실이다.

인도에서는 1870년대와 1890년대 사이 30년 이내에 걸쳐 성자, 요기(요가 수행자), 구루(스승), 철학자, 시인 등으로 불리는 기라성 같은 인물들이 탄생했다. 이에 앞서 태어난 스와미 비베카난다(Swami Vivekānanda, 1863~1902)[7]와 마하트마 간디(Mahatma Gandhi, 1869~1948)를 이 같은 인물들의 선두 주자로 간주해도 무방할 것이다. 인도인들이 성자로 추앙하게 된 마하리쉬(Ramana Maharshi, 1879～1950)와 크리슈나무리티(Jiddu Krishnamurti, 1895～1986)도 이 시기에 태어났다. 이들이 20세기에 접어든 후 본격적으로 활동을 개시하자, 인도는 가히 성자의 시대에 돌입하게 되었다.

19세기 후반은 유럽의 학자들이 인도의 전통적 사상과 문화에 대한 연구를 본격적으로 활성화하기 시작했던 시기이다. 이 시기에 태어난 기라성 같은 인도인들은 자국의 고유한 문화를 각성하고 반성하여 20세기라는 새 시대를 열었다. 그들의 노력과 활동은 영국의 지배로 잠들어 있던 인도인의 자립 의식과 문화적 긍지를 일깨웠다. 이들의 노력과 활동 중 단연 돋보이는 것이 바로 요가의 재조명과 활성화였다. 다음과 같이 몇 사람의 대표적인 인물을 열거한 것만으로도 당시의 정황을 충분히 감지할 수 있을 것이다.

7 비베카난다는 미국에서 최초로 *Yogasūtra*를 '파탄잘리의 요가 금언'(Patañjali's Yoga Aphorisms)이라는 이름으로 번역하고 해설하여 '라자 요가'(Vivekānanda 1896)로 소개했다. 이 책의 표제는 애초에 '요가 철학'이었으나 3년 후의 개정판(Vivekānanda 1899)부터 '베단타 철학'으로 바뀌었다. 비베카난다는 39세인 1902년에 고향인 캘커타(현재의 콜카타)에서 이른 오전 강설을 마치고 휴식 중 삼매에 든 상태로 타계했다. 이 때문에 그는 젊은 나이에 타계했음에도 이후 성자로 추앙받고 있다.

- 1872~1950년: 오로빈도(Sri Aurobindo Ghosh)는 인도의 독립운동가로 출발했지만, 폰디체리에 은거한 이후 철학자이자 요기(요가 수행자)로 변신하여 소위 '통합 요가'(Integral Yoga)를 제창했다.
- 1885~1952년: 다스굽타는 인도의 철학과 사상을 정립하여 널리 알리는 것을 신성한 사명으로 실천한 애국 철학자였다. 그는 평생 이 사명을 다하는 데 전념하면서, 특히 요가 철학의 재조명을 선도하여 요가의 가치를 제고하고 실천 방향을 제시하는 데 공헌했다.
- 1887~1963년: 시바난다(Swami Sivananda)는 말레이시아에서 의사로 일하다가 고국으로 돌아온 후 요기가 되었다. 그는 현재까지도 외국인들이 가장 많이 찾는 요가 수련원으로 리쉬케쉬(Rishikesh)에 있는 시바난다 아슈람(Sivananda Ashram)의 설립자인 동시에, 해외 진출에 성공한 걸출한 제자들을 배출한 것으로도 유명하다. 그는 융합 요가(Yoga of Synthesis)를 주창했다.
- 1888~1989년: 크리슈나마차리야(Tirumalai Krishnamacharya)는 인도의 정통 철학인 육파철학(六派哲學)을 섭렵하고 나서, 티베트에서 스승을 찾아 7년 동안 고전 요가의 철학과 수행에 전념했다. 이후 남인도로 돌아와 요가의 교훈을 전파하면서, 특히 요가의 아사나와 호흡 제어를 질병 치료에 적용했다. 그는 미국에서 요가 지도자로 크게 성공한 이엥가(B.K.S. Iyengar)를 제자로 배출한 것으로도 유명하여, '현대 요가의 아버지'로도 불린다.
- 1897~1990년: 시인이자 철학자인 바라티(Shuddhananda Bharati) 박사는 Kavi Yogi Maharishi(시인이자 요기인 위대한 성현)라는 존칭으로도 잘 알려져 있다. 20년 동안 오로빈도 아슈람에서 묵언으로 지냈던 그는 인도 고래의 모든 요가를 융합하여, 정신과 육체의 자연스러운 조화를 추구하는 사마 요가(Sama Yoga)[8]를 창시했다.

8 사마 요가의 '사마'는 평등을 의미하므로, 슛다난다 바라티의 사마 요가는 '평등 요가'라고 말할 수 있다. 그는 정신과 육체의 자연스러운 조화를 신성(神性)으로 간주하고, 사마 요가의 실천으로 자아의 신성을 찾도록 가르치는 데 주력했다. 이 때문에 그의 사마 요가는 '영적 사회주의'(Spiritual

이 밖에 하리하라난다(Hariharānanda Āraṇya, 1869～1947)도 이 시기의 인물로 추가할 수 있으나, 그는 은둔하여 대외적 활동을 삼가고 학문과 수행에만 전념했다.[9] 이러한 인물들이 같은 장소와 시대에 공존하면서 공유했던 것은 요가의 재조명이라는 사명감이었을 것임이 분명하다. 오늘날 요가가 세계의 도처에 성행하게 된 것도 이들의 선구적인 각성과 노력 덕분이라는 사실도 부정할 수 없다. 지금은 모두 열거하기조차 어려운 온갖 요가들이 난무하고, 또 새로운 이름의 요가가 개발되어 속출하고 있다.

그러나 만약 이들이 오늘의 현실을 바라본다면 어떻게 생각할까? 단언하건대 과거 당신들의 노력에 흡족해할 리는 결코 없을 것이다. 요가로 추구하는 것은 육체가 우선이고 정신은 뒷전이기 때문이다. 다시 말해서 이런 부조화의 요가로는 삶의 질을 건전하게 개선할 수 없기 때문이다.

대부분의 현대 요가는 철학과 정신을 포장지로 사용하고 감각과 육체로 실속을 차리고자 한다. 이 같은 실태는 요가를 재조명했던 인도의 선각자들이 의도하거나 기대한 바가 결코 아니다.

앞서 열거했던 선각자들은 한결같이 요가 철학의 정신과 실천을 겸비하는 방향으로 요가를 재조명하고, 이에 부합하는 요가를 개척했다. 다스굽타는 요가 철학으로 인간의 건전한 삶에 기여할 방향을 제시했다고 말할 수 있다면, 다른 이들은 그 방향에 부합하는 요가를 몸소 실천하는 것으로 요가 철학의 정신을 구현했다고 말할 수 있다. 이 실천가들에게 공통하는 키워드는 종합, 통합, 융합이다. 그리고 그 대상은 정신과 육체 또는 다양한 종류의 요가뿐만 아니라, 인도의 종교와 철학의 모든 분야이다.

그렇기는 하더라도 종합, 통합, 융합의 주축을 이루는 것은 요가 철학이다.

Socialism)로도 불린다.

9 하리하라난다에 관해서는 이 책의 마지막 장에서 별도로(11.1.2) 상세하게 소개하고, 위의 네 사람에 관해서도 재조명한다.

요가의 재조명은 요가를 힌두이즘으로 불리는 인도 문화의 사상적 기반으로 확신한 데서 출발했던 것이다. 단적인 예를 들어, 오로빈도 및 슛다난다 바라티와 교류하고 교감했던 시바난다는, 자신의 아슈람에서 인도인을 위한 '요가 베단타 학림'(Yoga Vedānta Forest Academy)을 운영했다. 이는 그가 인도의 대표적 전통 사상인 베단타 철학과 융합하는 방향으로 요가를 재조명했다는 증거이기도 하다.[10]

....

10 한국요가학회는 2014년 추계 학술대회를 개최하면서 필자에게 기조 발표를 요청하였다. 이에 따라 2014년 10월 11일 서울불교대학원대학교 대강당에서 개최된 제18회 한국요가학회 학술대회에서 발표한 주제는 "수행의 시대를 선도하는 요가 철학"이었다. 이 기조 발표는 졸저의 서론을 염두에 두고 작성한 것이므로 이것을 보완하여 여기에 전재했다.

제1장

인도철학에서 몸과 마음

제1장

인도철학에서 몸과 마음

다스굽타가 요가를 인도 신비주의의 요체로 파악했듯이, 인도의 신비주의를 실천적 수행으로 대변하는 것이 요가라면, 그것을 철학적 사색으로 대변하는 것은 단연 범아일여(梵我一如)이다. 상식적 차원에서 인도철학을 상징하다시피 하는 범아일여는 범(Brahman = 브라만)[1] 이라는 자아와 아(Ātman = 아트만)라는 자아가 서로 다르지 않다는 것을 궁극적인 진리로 표방한다. 이 경우, 범은 인간을 포함한 세계 전체의 운행을 주도하는 넓은 의미의 자아이다. 이에 대응하는 아는 개별 생명체, 특히 인간의 몸에 국한되어 인간의 삶을 주도하는 좁은 의미의 자아이다.

범아일여라는 거시적인 관념을 심신일여(心身一如), 즉 마음과 몸이 서로 다르지 않다는 미시적인 관념으로 축소하여 이해하거나 적용하는 것이 가능한가?

인도철학의 전통에서는 이것이 가능하다. 단적인 예를 들어, 탄트라(Tantra)

....

1 중국에서는 인도의 불전을 번역하면서 중국어로 표현하기 곤란한 범어(산스크리트)들을 음역하기 일쑤였다. 역자와 시대에 따라 음역의 양태는 다양했지만, 이 양태를 크게 셋으로 구분할 수 있다. 즉 해당 범어를 온전하게 음역한 경우, 축약하여 음역한 경우, 음역과 의역을 혼합한 경우이다. 범(梵)은 Brahman을 축약한 음역이다. 역자들이 이것을 온전하게 음역할 경우에는 흔히 바라문(婆羅門)으로 표기했다. 그러나 이 婆羅門은 Brahman보다는 인도의 카스트 중 첫째 계급인 brāhmaṇa의 음역인 경우가 압도적으로 많다. 그러므로 졸저에서 Brahman을 우리말로 음역할 때는 '브라만'으로 표기한다.

로 불리는 문헌들을 통해 후대에 성행하게 된 힌두 탄트리즘에서는 우주의 신비를 푸는 실마리가 육체의 신비에 있다고 믿었으며, "육체에 없는 것은 우주에도 없다."는 것을 탄트라의 좌우명으로 삼았다. 더욱이 초기 탄트라의 생명관은 육체로부터 독립된 영혼의 존재 등과 같은 믿음을 고취하지 않았다.[2]

이 같은 탄트라의 좌우명이 인도철학의 역사에서는 결코 생소한 것이 아니다. 왜냐하면 육체, 즉 인간의 몸에 이미 자아가 깃들어 있고, 이 자아는 우주적인 자아인 범(Brahman)일 수도 있으며, 이 자아가 몸의 안팎을 왕래하는 영혼일 수도 있기 때문이다.[3]

그렇다면 마음은 어디에, 어떻게, 무엇으로 있는가?

이 물음에는 우선 다음과 같이 간단하게 답할 수 있다. 마음은 몸속에, 몸과 혼융되어, 자아로서 존재한다. 인도철학에서 마음을 한마디로 정의할 수 없는 이유가 여기에 있으며, 바로 이런 이유에서 마음은 끊임없이 탐구의 대상이 된다. 이 점에서 "인도철학의 중요한 양상들 중의 하나는 정신적 요인과 육체적 요인을 호혜적 상관성에서 함께 탐구하는 것이다."[4]라고 말할 수 있다. 그리고 이러한 탐구의 목적은 몸과 마음을 통제하고 변화시킬 수 방법을 습득하여 인간의 삶을 더욱 개선하는 데 있다.[5]

....

2 Cf. Bhattacharyya(1999) p. 24. 이러한 전통에 따라 힌두교의 탄트라 문헌인 Abhinavagupta의 *Tantrāloka*(29.171)에서는 "몸(deha) 자체는 최상의 표징(param liṅgam)이며 모든 원리들의 본성을 가진 쉬바(Śiva) 신이다. [감관들이라는] 신격으로 이루어진 원륜(devatā cakra)으로 둘러싸인 그것은 예배(pūjā)를 위한 최적의 거처이다."라고 설한다. Fürlinger(2009) p. 208 재인용. 그러므로 탄트라에서 "몸은 금욕으로 통제되어야 할 것이 아니라 이와는 반대로 최상자와의 접촉을 위해 그 무엇으로도 대체할 수 없는 기관"(Fürlinger 2009:143)으로 중시된다. 또한 불교 측의 *Hevajra Tantra*에 의하면 신체는 "절대와의 접촉을 위해 필수적인 기관"으로 간주되고, 세계와 인체는 장애이기보다는 해탈의 경로가 된다. cf. White(2000) p. 10.

3 예를 들어 *Maitrī-upaniṣad*에서는 범아일여의 범(브라만)에 해당하는 것을 "그는 존재하는 [모든] 것들의 지배자가 되었으니, 이것이 내부와 외부에 있는 안팎의 자아로다."(sa bhūtānām adhipatir babhūva ity asā ātmāntar-bahiś cāntar-bahiś ca ‖ MaiU 5.2. Radhakrishnan 1953:815)라고 교시한다. 이 우파니샤드는 Maitrāyaṇa, Maitrāyaṇi, Maitrāyaṇīya 등으로도 불린다.

4 Rao(2012) p. 327.

5 Cf. ibid.

이제 인도철학에서는 자아와 몸의 양면성을 띠고 삼각관계로 얽혀 있는 마음을 탐구해 왔을 것으로 이해할 수 있다. 이에 따라 마음은 그 삼각관계에서 담당하는 기능에 의거하여 다양하게 묘사되며, 그때마다 다른 용어로 구사되기도 한다. 그렇기는 하더라도 '자아－마음－몸'의 관계[6]에서 마음을 양측의 어느 쪽에 편향시켜 탐구하느냐에 따라 그 노선은 달라질 수 있다.

우파니샤드 이래 인도철학의 기조로 보면 마음은 자아실현의 일환으로 탐구되었으며, 이것이 지향하는 노선은 일원론이다. 왜냐하면 이 탐구의 정점에 있는 것은 세계를 형성하고 운영하는 유일한 원리이기 때문이다. 이 원리는 특정한 이름의 신일 수도 있고 '범'(브라만)으로 불리는 우주적 자아일 수도 있다.

그러나 이로부터 약간 일탈하여 마음과 몸의 불가분리적 관계에 주목하는 것으로 마음을 탐구할 수도 있다. 이 경우에 지향하는 노선은 이원론이 된다. 다만 이것을 일원론과는 확연히 절연된 이원론으로 간주할 수는 없다. 왜냐하면 여기서는 인간을 지탱하는 두 다리로서 정신과 물질을 구분하면서도, 정신이라는 한쪽 다리를 여전히 일원론의 노선에 걸쳐 두고 있기 때문이다.

한편 일원론과 이원론이라는 어느 한쪽에 편향하지 않고 오로지 마음 자체를 탐구하는 것으로 자아와 몸의 정체를 파악하는 노선도 있다. 이 노선은 유심론으로 불릴 수 있다. 왜냐하면 여기서는 자아와 몸을 포함한 모든 것들이 마음의 소산일 뿐으로 간주되며, 이에 따라 자아건 몸이건 이것들은 단지 마음에서 파생된 가상이거나 무상한 실체일 뿐이기 때문이다.

이하에서는 이상과 같은 세 노선에 따라 마음과 몸에 대한 인도철학의 기본 관념을 개괄한다.

6 일례로 Rao(2012:315)는 인도철학의 제반 학파들에서 생각하는 마음의 위상을 개괄하여 고찰하면서 "마음은 미세한 물질의 본성을 가지고 있고 자아(self)는 마음보다는 더 높은 위상으로 간주된다."고 파악한다. 여기서 말하는 '미세한 물질의 본성'이란 몸의 요소나 기능을 가리킨다.

1.1. 몸속의 마음과 몸 안팎의 마음

앞서 언급한 인도철학의 기조에 따르면, 자아를 탐구한다는 것은 일차로 마음을 탐구하는 것이요, 마음을 이해하는 것으로 자아도 이해할 수 있다. 그렇다면 여기서는 마음을 이해하는 것이 최우선의 관건이다. 그런데 역시 앞서 지적했듯이 마음은 자아와 몸과의 관계에서 담당하는 기능에 따라 다양하게 묘사될 뿐만 아니라 그 명칭마저도 달리 부여될 수 있다.

그러므로 인도철학에서 탐구하는 마음을 이해하기 위해서는 마음에 상당하는 용어들을 간파해 두는 것이 무엇보다도 중요하다. 이는 여기서 뿐만 아니라, 졸저의 전체에 걸쳐 마음이라는 개념이 유발할 수 있는 혼동을 피하기 위해 우선적으로 필요하다.

상식적인 이해의 편의를 위해 여기서는 자아도 마음의 일종이라고 간주한다. 물론 이것을 뒷받침하는 전거도 있다. 대표적인 예로서 유명한 우파니샤드에서는 자아(아트만)를 다음과 같이 묘사한다.

> [아트만은] 생기(生氣, 숨)의 생기요, 눈의 눈이요, 귀의 귀요, **마음의 마음**이라고 아는 자들은 옛적 최고의 브라만을 알아차렸다.[7]

여기에는 인식의 대상이 되는 마음과 이 마음을 인식하는 주체로서의 마음이 전제되어 있다. 그리고 이것으로 표명하는 것도 범아일여의 사상으로 간주된다. 아트만, 즉 자아가 '마음의 마음'이라면 자아에는 두 가지 마음이 전제된다고 이해할 수 있다. '마음의 마음'이라는 소유격의 형식으로 보아, 두 가지 마

....

7 prāṇasya prāṇam uta cakṣuṣaś cakṣur uta śrotrasya śrotram manaso ye mano viduḥ | te nicikyur brahma purāṇamagryam || BṛhU 4.4.18. Radhakrishnan(1953) p. 277. 이 구절의 취지를 "마음은 자아 쪽으로 다가갈 수는 있지만, 자아 자체와 합류하지는 못한다."(Rao 2002:316)라고 이해한 것은 마음의 마음, 즉 마음의 주인인 또 하나의 마음이 바로 자아라고 파악한 것이다.

음이란 소유의 대상이 되는 마음과 소유의 주인이 되는 마음이다. 둘 중에서 전자(대상)는 갇혀 있는 마음이자 한정된 마음이요, 후자(주인)는 해방된 마음이자 무한정한 마음일 것이다. 결국 이 우파니샤드에서는 갇혀 있는 한정된 마음이 해방된 무한정한 마음으로 전환할 때, 그 마음은 최고의 브라만이 된다고 설파하고 있다.

최고의 브라만은 다른 표현으로는 '최고의 자아', 즉 최고아(paramātman)로도 불린다. 그런데 여기서 마음과 자아는 동치 관계로 인식되어 있으므로, 마음이 있는 바로 그곳에 자아가 있다고 말할 수 있다. 그렇다면 마음 또는 자아가 있는 그곳은 어디인가? 더 말할 것도 없이 그곳은 인간의 몸이다. 해방된 마음 또는 자아도 몸속에 있기는 마찬가지이지만,[8] 이것은 해방된 상태로 있는지라 몸의 구속을 받지 않으며 몸이 없어도 몸 밖에서 존재할 수 있다.

자아 또는 마음에 대한 이 같은 우파니샤드의 인식을 고려하면, 마음을 '몸속의 마음'과 '몸 안팎의 마음'으로 구분하여 이해하는 것이 가능하다. 그리고 이러한 구분에서 실질적인 이해의 관건이 되는 것은 '몸속의 마음'이다. 우리의 일상생활을 결정적으로 좌지우지하는 마음도 이런 것이다.[9]

우리에게는 '몸 안팎의 마음'이라는 개념이 비록 생소할지언정, 그것을 표현하는 용어들은 '몸속의 마음'에 비해 상대적으로 한정되어 있을 뿐만 아니라 직접적인 경험의 대상도 아니다. 예를 들면 브라만, 최고아, 영혼, 또는 나중에 거론할 순수정신(puruṣa)[10] 따위가 그런 것이다.

....

8 우파니샤드들에서 이러한 자아의 거처로 한결같이 지목한 곳은 심장이지만, 이 심장은 생명의 거점이라는 상징적인 장소를 의미할 뿐이다.

9 후대에 성립된 부수적인 우파니샤드에서는 다음과 같이 간명한 선언으로 인간 생활의 행복이나 불행을 담당하는 마음의 역할이 강조되었다. "오직 마음(manas)이 사람들에게는 속박과 해탈의 원인이 된다." (mano 'eva manuṣyāṇāṃ kāraṇaṃ bandha-mokṣayoḥ | *Amṛtabindu-up.* 2) cf. Rao(2002) p. 316.

10 인도철학 일반에서 puruṣa는 자아(ātman)의 동의어로 사용되는 경우가 빈번하다. 이런 용례는 비교적 이른 시기인 *Atharvaveda*에서도 발견할 수 있다. 여기서는 범아일여의 맹아로 간주될 만한 관념이 다음과 같이 표출된다.
"그러므로 참으로 puruṣa를 아는 자는 '이것이 브라만이다'라고 생각한다. 그 속에 일체의 신격이 그러나 '몸속의 마음'은 우리에게 익숙한 듯하지만, 우리가 정작 그것을 이해하고자 할수록 모호해지기 쉽다. 우리는 마음과 몸의 불가분리적 관계를 실감하면서도 마음의 고유한 정체성에 대해서는 단정적으로 정의할 수 없다는 데 그 이유가 있을 것이다. 더욱이 그러한 '몸속의 마음'을 지칭하는 용어들은 갈피를 잡기 어려울 만큼 다양하다. 그러므로 그 마음을 지칭하는 용어의 다양성과 상관성부터 이해하는 것이 급선무이다.

우선, 앞에서 예시한 우파니사드의 경우, 여기서 말하는 마음의 원어는 manas이다. 그러나 이것을 의식(意識)으로 번역할 수도 있다. 일찍이 중국에서는 이것을 단지 의(意)로 번역하여 우리말의 마음에 해당하는 심(心)과는 구분했다. 이뿐만 아니라 중국에서 식(識)으로 번역한 원어도 우리말의 마음 또는 의식에 해당하는 것으로 통용될 수 있다.

이처럼 인도철학에서 마음으로 통칭될 수 있는 것이 중국의 번역을 통해 심, 의, 식이라는 세 가지 용어로 우리에게 알려지게 되었다. 물론 그 원어는 각기 다르지만 일반적인 이해로는 이것들을 모두 싸잡아 마음으로 불러도 무방하다.[11] 그러나 인도철학 일반에서 마음이라는 말로 포괄할 수 있는 용어는 한층 더 다양하고 복잡하다. 이 경우, 미묘한 파생적인 의미의 차이는 있지만 마음의 범주에 포함시킬 수 있는 용어들을 원어로 열거하자면, 다음과 같은 것들을 현저한

....

우리 속의 가축처럼 앉아 있기 때문이다." (tasmād vai vidvān puruṣam idaṃ brahmeti manyate | sarva hy asmin devatā gāvo goṣṭha ivāsate | AV 11.8.32. Lindenau 1924:261)
여기서 말하는 puruṣa는 범아일여의 아(ātman)와 동일하다. 그러나 인도의 이원론에서는 두 원리 중의 하나인 puruṣa에 독자적인 의미와 위상을 부여한다. 그러므로 졸저에서는 ātman과는 구분해야 할 그러한 puruṣa를 '순수정신'이라는 용어로 번역한다.

11 불전에서 흔하게 언급되는 심(citta), 의(manas), 식(vijñāna)이라는 세 용어는 불교학의 정치한 논의에서 구사되는 것이 아니라면, 불교 일반에서도 이것들은 마음의 동의어로 통용될 수 있다. 초기 불교와 부파불교의 문헌들에서는 이것들을 동의어로 사용하거나 간주한다는 사실이 잘 알려져 있기 때문이다. 김재성(2013) pp. 34-35; 박창환(2013) p. 96; 안성두(2013) p. 143 참조. 초기 불교의 경문을 예로 들면 다음과 같은 서술로 그 셋을 동의어인 것처럼 반복하여 언급한다. "참으로 비구들이여! '마음'이라고도, '의식'이라고도, '식(識)'이라고도 불리는 것이 바로 이것이다." (Yaṃ ca kho etaṃ bhikkhave vuccati cittaṃ iti pi mano iti pi viññāṇaṃ iti pi | SN 12.61.4. Part II, p. 94)

예로 들 수 있다.

①cit, ②citi, ③citta, ④cetas, ⑤cetana(cetanā), ⑥caitanya, ⑦manas, ⑧ahaṃkāra, ⑨buddhi, mahat, ⑩vijñāna

이것들은 졸저에서 주로 사용하게 될 용어이기도 하다. 그러므로 여기서는 이것들의 용례와 함께 졸저에서 적용할 역어를 먼저 제시해 둔다.

③citta는 이것들 중에서 '마음'이라는 통용어에 가장 적합한 원어이다. 이것은 인간을 생리학적으로 '몸과 마음' 또는 '몸과 감관(감각기관)과 마음'으로 대별할 때, 마음의 통칭에 해당한다. 그 대표적인 실례로 요가 철학에서는 감관보다는 내밀한 지적 기관인 ⑦⑧⑨를 citta로 총괄하여 통칭한다.[12]

①cit, ②citi, ④cetas, ⑤cetana(cetanā), ⑥caitanya는 주로 마음의 순수한 지성을 의미하는 용어로 구사된다. 그러나 이 경우의 마음이란 자아로서의 마음이며, 이 자아도 '몸 안팎의 마음'에 해당하는 자아이다. 이러한 용례는 브라만을 sat

....

12 ⑦manas, ⑧ahaṃkāra, ⑨buddhi는 인도의 이원론에서 말하는 마음을 이해하는 데 가장 중요한 세 개념이다. 이것들에 대한 개념적 차이를 이해하는 데는 우선 아래에 소개할 비유적 설명이 무난하다. 또한 *Ṛgveda*의 용례에 의거하여 "Manas는 처리 장치라면, Citta는 생각이나 감정과 같은 다양한 정신 현상의 저장 장치이다."(Rao 2012:325)라고 설명하는 것으로 그 셋을 요가 철학에서 citta(마음)로 총괄하는 이유도 감지할 수 있다. 여기서 citta(마음)를 저장 장치로 비유한 것은 citta의 어원을 √ci(축적하다)로 간주한 데서 유래할 것이다.
"요가에서는 마음을 인식 수단으로 상세히 묘사한다. 마음은 유용한 감각기관들과 함께 정보를 처리한다. 마음(citta)은 기능상 manas(중앙 처리 장치), ahaṃkāra(에고, 즉 자기의식의 기능), buddhi(집행 기능)로 구분된다. Manas는 감관이 처리해서 제공하는 물질을 반영한다. Ahaṃkāra는 처리된 것을 전유하고, 이렇게 하여 반영된 물질은 자기의식을 얻는다. 그래서 buddhi는 그 정보를 소화하여 적절한 방식으로 반응한다. 여기에 이르기까지 모든 정보는 함축적이며 의식적인 자각이 결여되어 있다. 의식적인 자각은 마음이 puruṣa(=순수정신)의 빛을 받아 반영할 때 일어난다. 의식적인 자각이란 마음이 감각적으로 처리한 대상과 사건(현상)의 세계에 대해 주체적으로 경험한 정보 내용이다. 그것은 마음에 각인되어 puruṣa의 빛으로 반영된 영상이다." Rao(2012) p. 326. 나중에 자주 언급하게 되겠지만, 여기서 설명하는 '의식적인 자각', 즉 "마음이 ... 주체적으로 경험한 정보 내용"을 인도의 이원론에서는 향수(享受, bhoga)라는 비유적인 전문어로 표현한다.
한편 "Buddhi와 Manas의 관계를, 전자는 하드웨어, 후자는 소프트웨어로 생각할 수 있다."(伊藤武 1999:454)라고 ⑦manas와 ⑨buddhi를 컴퓨터에 비유하는데, 이는 buddhi도 마음으로 불릴 수 있는 이유가 된다. 바로 앞에서 언급했듯이, 마음은 하드웨어인 저장 장치로 비유되기 때문이다.

(순수존재), cit(순수의식), ānanda(환희)로 정의하는 우파니샤드에서 유래한다.[13] 이에 따라 졸저에서는 이 원어들을 '순수의식'으로 번역하지만, 맥락에 따라서는 '의식'이나 '지성' 또는 '정신'으로 번역할 경우도 있다.

⑦manas은 이미 언급했듯이 '의식'으로 번역될 수 있지만, 실질적으로는 ③citta의 용례와 다르지 않는 경우가 많다. 예를 들어 상키야(Sāṃkhya) 철학에서는 citta에 해당하는 내적 기관을 manas로 제시하며, 요가 철학에서는 citta로 manas를 포괄하기도 한다. 이에 따라 졸저에서는 manas도 '마음'으로 번역하되 citta와 구분해야 할 필요가 있을 때는 '의식'으로 번역한다.[14]

⑧ahaṃkāra는 서양의 심리학에서 말하는 에고(ego)에 상당하는 마음이다. 이것은 흔히 자아의식 또는 자기의식으로 번역되기도 한다. 그러나 마음을 심층적으로 분석하는 인도철학의 맥락에서 이것은 '나' 또는 '나의 것'이라는 자기중심의 생각을 지어내는 마음을 의미한다. 그러므로 졸저에서는 이것을 아만(我慢)으로 번역하여 다른 용어와는 구분한다.

⑨buddhi와 mahat는 어원적 의미는 전혀 다르지만 동의어로서 사용된다. 특히 mahat는 원래 모든 면에서 위대하다는 의미로 사용되는 말이다. 이것이 불전에서 마음과 관련하여 언급될 경우, 중국에서는 이것을 대(大)로 번역했다. 그런데 이것을 buddhi의 동의어로 사용한 것은 buddhi가 그만큼 중요한 역할을 담당한다는 사실을 암시한다.[15] 중국에서는 buddhi를 어원적 의미에 따라 단지 각

....

13 이 정의는 정확히 말하면, 우파니샤드에서 교시하는 브라만의 본질에 대한 Śaṅkara, Rāmānuja, Vallabha 등과 같은 베단타 주석자들의 해석에 따른 것이다.

14 T. S. Rukmani는 인도철학에서 유파(有派, āstika)로 불리는 여섯 학파들이 생각하는 의식과 마음을 총괄하여 고찰하면서, 이 학파들이 "일반적으로 manas로 불리는 마음을 감관이라고 생각하는 데서, 따라서 의식이라고 생각하는 데서는 모두 의견이 일치한다."고 지적한다. Rukmani, "Consciousness and Mind", Jacobsen(2010) p. 729.

15 마음을 분석하고 이해하는 데서 buddhi의 중요성은 불교에서 vijñāna(識)가 차지하는 비중과 대등하다. 그래서 인도의 전통적인 철학자들도 이 buddhi를 불교의 유식학(唯識學)에서 중시하는 vijñāna에 해당하는 것으로 이해한 사례가 있다. 예를 들어 중세 인도철학의 개론서인 『전철학강요』(*Sarvadarśana-saṃgraha*)에서는 "따라서 오직 buddhi가 시작도 없는 훈습에 따라서 다양한 형상을 가진 것으로 현현한다는 것이 확증된다."(tasmād buddhir evānādi-vāsanāvaśād anekākārāvabhāsata iti

(覺)으로 번역했는데, 이는 buddhi가 깨우치는 마음을 지칭한다고 이해했기 때문일 것이다. 그러나 buddhi가 내적 기관으로 언급되는 통례로 보면, buddhi는 종합적으로 분별하고 판단하여 결정하는 마음이다. 졸저에서는 mahat가 buddhi의 동의어로서 통각(統覺)을 의미할지라도 원어의 차이를 드러내기 위해 '마하트'라는 음역으로 표기해 둔다.

⑩vijñāna는 이미 언급했듯이 manas의 경우처럼 '의식'으로 번역할 수 있으며 흔히 식별, 지식, 인식 등의 의미로도 구사된다. 그러나 불교 측의 전용어로 구사된 경우, 한문 불전에서 정착된 용례를 고려하고 다른 용어 및 술어와의 혼동을 피하기 위해, 졸저에서는 '식(識)'으로 번역한다.

이상과 같이 열거한 용어들은 모두 마음 또는 자아를 탐구하는 과정에서 차별된 심리적 기관인 동시에 심리적 기능이기도 하다. 이 탐구는 인간의 육신인 몸으로부터 출발하여 자아에 이르기까지 몸과 감관, 감관과 마음, 마음과 자아의 관계를 점차 심층적으로 이해하고 설명하는 데 주력하였다. 여기서 이의 없이 동의할 수 있는 것은 일련의 두 가지 사실이다. 하나는 몸으로부터 감관을 거쳐 마음에 이르는 관계가 불가분리적으로 직결되어 있다는 사실이다. 다른 하나는 이에 따라 심층적 과정의 거점이 되는 것도 몸(deha)과 감관(indriya)과 마음(citta)이라는 사실이다.

그러나 마음과 자아와의 관계에 대해서만큼은 견해가 다를 수 있었다. 그 결정적인 이유 역시 두 가지를 꼽을 수 있다. 첫째 이유는 자아의 중의성(重義性)이고, 둘째 이유는 자아의 독자성을 인정하지 않는 것이다. 그런데 이 같은 이유에 기인하여 인도철학의 관점도 일원론, 이원론, 유심론으로 갈린다고 이해할 수 있다.

일원론에서는 자아의 중의성을 무지의 소산일 뿐인 것으로 자각하여 자아가

....

siddham | SDS, p. 33, 217행)라고 설명한다. 여기서 언급하는 buddhi는 사실상 vijñāna를 가리킨다. 정승석(2015a) pp. 405-6, n. 51 참조.

원래 단일한 우주적 본체임을 체득하라고 가르친다. 이원론에서는 자아의 중의성이 무지의 소산이라고 인정하되, 원래 상이한 가짜 자아와 진짜 자아를 식별하지 못하는 것이 무지이므로 그 둘을 식별하는 지혜로써 진실한 자아를 체득하라고 가르친다. 두 가지 이유 중 둘째에서 유래하는 유심론은 불교 측의 견해이지만, 불교에서도 자아를 통째로 부정한다기보다는 '몸 안팎의 마음'으로 간주되는 자아를 부정한다. 불교의 견해로 보면, '몸속의 마음'으로 간주되는 자아란 어쨌건 마음일 뿐이다. 그러므로 이것도 첫째 이유인 자아의 중의성과 무관하지는 않다.

자아의 중의성이란 자아로 불리는 것이 '몸속의 마음'일 수도 있고 '몸 안팎의 마음'일 수도 있다는 사실을 가리킨다. 둘 중에서 '몸속의 마음'은 종종 자아로 불리는 경우가 있더라도, 이 자아는 진실한 자아가 아니다. 진실한 자아란 '몸 안팎의 마음' 중에서도 순수의식으로 간주되는 자아를 가리킨다. 이 때문에 인도철학에서는 자아라는 용어 앞에 한정하는 말을 붙여서 자아의 두 가지 성격을 명시하는 경우가 많다.

인도철학에서 자아를 가리키는 대부분의 원어는 ātman이다. 그런데 이것을 jīva, vijñāna, antar와 같은 말로 한정하면 이러한 자아(ātman)는 대체로 '몸속의 마음'에 해당한다. 즉 jīvātman은 생명으로서의 자아, vijñānātman은 인식으로서의 자아, antarātman은 내적 자아를 의미한다. 자아를 가리키는 다른 원어인 puruṣa의 경우에도 이와 같은 용례가 있다. 즉 aṅguṣṭhamātra-puruṣa는 엄지 크기의 자아를 의미한다.[16] 이와 같은 자아들은 개개인의 몸속에 갇혀 있는 자아라는 의미에서 개아(個我)로 불리지만, 이것들이 몸을 벗어나 존재하게 된다면 흔히 말하는 영혼으로 간주될 수 있다. 다만 영혼의 의미로 통용되는 일반적인 개념은 jīva이다.

자아 개념의 일환으로서 영혼은 '몸 안팎의 마음'에 해당할 것이다. 그렇지만

....

16 정승석(2012b) pp. 28-30 참조.

이것 역시 진실한 자아는 아니다. '몸속의 마음'으로 간주되는 자아가 그렇듯이, 영혼도 감관을 포함하는 몸의 습기(習氣)가 배어 있는 자아이기 때문이다. 몸의 습기를 완전히 탈각한 자아만이 진실한 자아, 즉 최고아(paramātman)이며, 이런 자아에 해당하는 것은 브라만과 순수정신(puruṣa)으로 불리는 자아뿐이다.[17]

자아 개념이 이처럼 중의성을 갖고 구사된 사례는 범아일여를 추구하는 베단타 철학에서 현저하다. 베단타 철학에서 자아를 표현하는 다양한 용어에 의거하여, 이것들의 성격을 묘사하는 상술 개념과 자아의 양면에 배속한 포섭 개념으로 자아 개념의 중의성을 다음과 같이 분류할 수 있다.[18]

〈표 1〉 자아 개념의 중의성

<table>
<tr><th colspan="2">포섭 개념</th><th>상술 개념</th><th>베단타의 자아 개념</th><th>상키야의 자아 개념</th></tr>
<tr><td>몸 안팎의 마음</td><td>자아 (ātman, puruṣa)</td><td>▸보편적 절대 자아
▸비활동성의 순수의식</td><td>▸범(Brahman)=아(Ātman)
▸최고아(paramātman)</td><td>순수정신(Puruṣa)</td></tr>
<tr><td rowspan="3">몸속의 마음</td><td rowspan="3">개아 (jīva)</td><td rowspan="2">▸개체적 사이비 자아
▸활동성의 의식
▸개체적 자아
▸영혼</td><td>▸인식아(vijñānātman)
▸내아(內我, antarātman, pratyagātman)
▸명아(命我, jīvātman)</td><td></td></tr>
<tr><td colspan="2">통각(Buddhi)</td></tr>
<tr><td>▸영혼 상당 실체</td><td>엄지 크기의 자아 (aṅguṣṭhamātra-puruṣa)</td><td>미세신(sūkṣma-śarīra)</td></tr>
</table>

결국 '몸 안팎의 마음'이란 육신의 구속을 초월하는 자아를 가리킨다. 그리고

17 소크라테스(Socrates)를 비롯하여 플라톤(Plato), 에피쿠로스(Epicurus), 루크레티우스(Lucretius)와 같은 기원전 그리스와 로마의 철학가들이 표방한 영혼관을 고찰하다보면, "가령 꿈을 만들어 내는 영혼, 또 그 위에 완전히 다른 차원에서 감각소여가 아닌 영혼소여(soul data)를 인식하는 영혼이 인간에게 존재할 수는 없을까?"(황훈성 2013:154)라고 하는 의문이 제기될 수 있다. 인도철학으로 보면 이러한 의문에 답한 것이 브라만이나 순수정신과 같은 진실한 자아라고 말할 수 있다. 즉, 브라만이나 순수정신은 '영혼소여를 인식하는 영혼'에 해당한다.

18 정승석(2012b) p. 41 참조.

이것은 몸속에 있든 몸을 벗어나 있든 순수한 의식 자체로서의 마음일 때라야 진실한 자아로 인정될 수 있다. 인도철학에서는 이 진실한 자아를 브라만, 최고아, 순수정신 등으로 명명하여 최상의 가치로 추구하였다. 자아와 마음을 이와 같이 간파하여 순수의식을 체득한 경지가 완전한 해방인 해탈이며, 이것이 인도철학 차원의 자아실현이다.

이상과 같이 해탈이라는 동일한 목적을 추구하면서도 마음과 자아의 관계 또는 그 둘의 각각에 대한 이해의 차이가 일원론, 이원론, 유심론이라는 관념상의 노선을 형성한다.[19]

1.2. 일원론적 관념

세계적인 베스트셀러의 작가로 유명했던 브라질의 파울로 코엘료(Paulo Coelho)가 1988년에 발표한 『연금술사』는 2001년 우리나라에서도 번역되어 장기간 많은 독자들의 사랑을 받았다. 작가는 기독교 집안의 출신으로서 어린 시절에는 예수회 학교에서 교육을 받았으면서도 영적 탐구와 동양 종교에 매료되었다. 작가의 이 같은 취향과 정신세계가 소설 『연금술사』로 표출되었을 법하다. 『연금술사』에 나오는 다음과 같은 대사는 그 단적인 일례로 들 만하다.

> 이 세상에는 위대한 진실이 하나 있어. 무언가를 바라는 마음은 곧 우주의 마음으로부터 비롯된 때문이지. 그리고 그것을 실현하는 게 이 땅에서 자네가

....

19 인도철학의 "어떤 학파들은 의식을 아트만의 속성으로 생각하는 반면, 다른 학파들은 아트만 자체를 의식과 동일한 것으로, 또는 의식을 아트만의 고유한 성질로 간주하려고 하였다." T. S. Rukmani, "Consciousness and Mind", Jacobsen(2010) pp. 729-730. 여기서 말하는 '의식'을 정신 또는 마음으로 바꾸어 이해할 수 있다. 이 경우, 의식(마음)을 아트만의 속성으로 생각하는 것은 일원론의 노선, 아트만 자체를 의식(마음)과 동일한 것으로 간주하는 것은 유심론의 노선, 의식(정신)을 아트만 자체의 성질로 간주하는 것은 이원론의 노선에 상당한다.

맡은 임무라네.[20]

작자의 의도를 불문하고, 이 같은 진술은 인도철학의 전통적 관념인 범아일여와 합치한다. 소설에서 말하는 '우주의 마음', 즉 하나인 위대한 진실은 범아일여의 '범'에 상당하고, '무언가를 바라는 마음'은 범아일여의 '아'에 상당한다. 그러므로 범아일여의 관념에서 보면, 소설에서 말하는 연금술이란 일상의 자아(마음)를 우주적 자아로 승화시키는 것으로 이해된다. 이는 일원론의 세계관에 귀속된다.[21] 그리고 이러한 세계관을 인도철학에서 찾자면 그것은 *Ṛgveda*의 '무유(無有) 찬가'[22]에서 유래한다.

먼저 소설의 대사에서 화자가 생각하는 세상의 진실을 도출하자면 다음과 같이 도식화할 수 있다.

하나의 위대한 진실 = 우주의 마음 → 무언가를 바라는 마음

*Ṛgveda*의 무유 찬가에서는 다음과 같이 세계의 태초를 사색하는 과정에서 '하나의 위대한 진실'을 막연히 '유일자'로 명명하고, '무언가를 바라는 마음'을 '의욕'과 '의식(마음)'으로 명명하여 구분하였다.[23]

....

20 코엘료(2001) p. 47.

21 정승석(2013a) p. 59.

22 인도철학의 원천인 *Ṛgveda*에서는 처음으로 등장하는 철학적 사색의 맹아로 간주되는 이 찬가는 "그때에는 무(無)도 없었고 유(有)도 없었도다."(nāsad āsīn no sad āsīt tad)라는 시구로 시작하므로 흔히 '무유 찬가'(Nāsadāsītya-sūkta)로 불린다.

23 ṚV 10.129.3-4. Müller(1983) IV, pp. 424-5. 번역은 Griffith(1973) p. 633 ; 정승석(1998b) p. 189 참조.
tama āsīt tamasā gūḷham agre 'praketaṃ salilaṃ sarvam ā idam | tucchyenābhv apihitaṃ yad āsīt tapasas tan mahinājāyataikam ‖ 3 ‖
kāmas tad agre samavartatādhi manaso retaḥ prathamaṃ yad āsīt | sato bandhum asati niravindan hṛdi pratīṣyā kavayo manīṣā ‖ 4 ‖

> 태초엔 암흑이 암흑을 감추었고, 오! 이 모든 세계는 광명 없는 물결이었노라. 허공(=空)에 감싸여 발현되고 있는 것, 그 유일자는 열의 힘으로 출생하였도다.(3)
>
> 그 유일자에게서 최초로 의욕(kāma)이 일어났으니, 이것이 의식(manas, 마음)[24] 의 최초의 씨앗이었노라. 마음속에서 탐구하는 현인들은 그리하여, 유(有: 존재함)의 가까운 원인을 무(無: 존재하지 않음)에서 발견하였도다.(4)

여기서 의욕은 무(無)로부터 유(有)를 창출하는 동력 또는 매체가 되지만,[25] 이 의욕이라는 씨앗이 발아한 상태가 의식인 점에서 의욕과 의식은 다르지 않다. 그리고 의식은 이후 전개되는 세계의 가장 직접적이고 실질적인 원인이 된다. 그래서 *Śatapatha-brāhmaṇa*에서는 이 찬가를 해설하면서 태초에는 드러나 있지 않았던 그 유일자의 정체를 다음과 같이 의식으로 명시한다.

> 실로 태초에 이 [세계]는 마치 무(無)도 아닌 듯 유(有)도 아닌 듯 있었다. 태초에 이 [세계]는 참으로 존재하는 듯 존재하지 않는 듯 있었다. 참으로 그땐 바로 그 의식(manas)만이 있었다.(1)
>
> 그래서 성현은 그렇게 "그때에는 무도 없었고 유도 없었도다."라고 말했던 것이다. 의식은 유도 아니고 무도 아닌 것처럼 있었기 때문이다.(2)
>
> 이 의식이 창조가 시작될 때, 현시되고자 원하여 보다 한정되고 보다 실질을 갖추게 되었다. 그것은 자아를 추구하였고, 고행을 실행했으며, 견고함을 얻었다.(3)[26]

....

24 Macdonell이 manas(의식)를 마음(mind)으로 번역했듯이(다음 각주 참조), 이 경우의 manas는 마음의 동의어로 간주해도 무방하다. 여기서는 manas가 마음을 가리키는 다른 말, 예를 들어 citta와는 차별되어 있지 않기 때문이다.

25 Macdonell(1897:13)은 이 대목의 취지를 다음과 같이 파악하면서 의욕을 무와 유의 접착제로 이해했다. "유일한 최초의 실체가 열에 의해 생성되었다. 그리고 나서 마음(manas)의 최초의 씨앗인 의욕(kāma)이 발생했다. 이것은 무(無)와 유(有)의 접착제이다."

26 ŚB X.5.3.1-3. 번역은 Eggelin(1897) p. 374 ; 정승석(2001b) pp. 216-7 참조.
neva vā idam agre 'sad āsīn neva sad āsīt, āsīdiva vā idam agre nevāsīt tad dha tan mana evāsa ‖ 1 ‖

이처럼 *Ṛgveda*에서 막연히 '유일자'로 명명했던 것을 여기서는 아예 '의식'으로 명시하면서, 자아를 비롯하여 실체적인 모든 것은 이 의식(즉 마음)으로부터 출현하게 된다는 것을 시사한다. 여기서 의식은 유형과 무형의 모든 것의 원인으로서 유일자인 동시에 창조의 의지인 의욕도 함축한다. 그리고 바로 이 의욕의 대상으로 추구된 것이 자아(아트만)이다.

여기서 의식이 자아를 추구하고 고행으로 견고함을 얻었다는 것은 자아를 본체로 갖게 된 의식이 고행으로 신체(몸)를 갖게 되었다는 의미를 함축한다. 그렇다고 해서 유일자라는 관념이 폐기된 것은 아니고, 오히려 의욕을 본성으로 가진 의식의 기반으로서 일원성을 확고하게 담보한다. 이로써 유일자에 의한 세계 창조의 기본 논리가 확립된다. 즉, 의식(=의욕)은 유일자의 창조 능력을 발동시키는 동력이며, 유일자는 이 동력으로 자신과 동질인 다양한 현상의 세계를 창출한다.

이 같은 일원론적 관념은 우파니샤드에 이르러 범아일여로 정립되지만, 이 과정에서는 마음에 포함시킬 수 있는 의식(=의욕)이 가장 결정적인 역할을 담당한다. 왜냐하면 *Ṛgveda*의 무유 찬가로부터 전개된 유일자 개념의 추이를 개괄하면, "유일자 → 의욕 → 의식"이었던 것이 "유일자 → 의식(=의욕) → 자아(아트만) → 신체(몸)"로 진화하기 때문이다.

이리하여 우파니샤드에서는 모든 존재의 근원은 유일자이자 질료인으로서의 브라만(=아트만), 모든 존재의 근인(近因)은 동력인으로서의 의식(의욕, 생각, 의향)으로 간주된다. 예를 들어 *Chāndogya-upaniṣad*에서 유명한 Uddālaka Āruṇi의 교설에 의하면 태초의 원인으로서 존재하는 유일자는 마침내 아트만으

....

tasmād etad ṛṣiṇābhyanūktam nāsad āsīn no sad āsīt tadānīm iti neva hi sanmano nevāsat ‖ 2 ‖
tad idam manaḥ sṛṣṭam āvirabubhūṣat niruktataram mūrtataraṃ tad ātmānam anvaicchat tat tapo 'tapyata tat prāmūrchat … ‖ 3 ‖ Weber(1855) p. 796, 1-4행.
이 중 마지막 행에서 '고행을 실행했다'라는 의미로 번역한 원문(tapo 'tapyata)을 직역하면 '열을 달구웠다'라는 의미가 되는데, 이러한 본래 의미가 '고행'으로 인식되어 온 배경은 제3장에서 고찰한다.

로 판명되지만, 그 유일자로부터의 창출은 그 유일자가 스스로 많은 것이 되고자 생각한 데서부터 시작된다.[27]

Uddālaka Āruṇi의 교설은 아들에게 "얘야! 태초에는 유(有: 존재함)만이 있었고, 이것은 둘째가 없는 유일한 것이니라."[28]라고 말하는 것으로 시작함으로써, 이것이 앞에서 인용한 *Ṛgveda*의 무유 찬가 이래 *Śatapatha-brāhmaṇa*의 해설을 확고한 일원론으로 진전시킨 것임을 시사한다. 여기서 그는 *Śatapatha-brāhmaṇa*에서 중시했던 의식(=의욕)의 기능을 다음과 같이 강조하는 데 주력한다.

> 그것(유일자로서 존재함)은 '나는 많아지리라. 나는 번식하리라.'라고 생각하여, 그것이 열을 방출했느니라. 그 열은 '나는 많아지리라. 나는 번식하리라.'라고 생각하여, 그것이 물을 방출했느니라. 그래서 사람이 슬퍼하거나 땀을 흘릴 때마다 그 경우에는 오로지 열로부터 물이 발생한단다.[29]
>
> 그 물은 '우리는 많아지리라. 우리는 번식하리라.'라고 생각하여, 그것이 음식을 방출했느니라. 그래서 비가 올 때마다 바로 거기에는 풍부한 음식이 있고, 그 경우에는 오로지 물로부터 적절한 음식이 발생한단다.[30]

이 교설에서는 '산출하고자 생각하는 것'을 *Śatapatha-brāhmaṇa*에서 말하는 의식(=의욕)의 기능으로 설명하고 있다. 그리고 여기서 말하는 열, 물, 음식은 각각 화(火), 수(水), 지(地)를 가리키는데, 이것들은 물질을 형성하는 다섯

....

27 정승석(2011) p. 172 참조.

28 sad eva, saumya, idam agra āsīd ekam evādvitīyam | ChU 6.2.1. Radhakrishnan(1953) p. 447. 이와 같이 시작하는 일련의 서술은 상키야 철학의 인과론인 인중유과론(因中有果論)을 시사하는 것으로 간주된다. 여기서는 무(無)로부터 유(有)가 출현한다는 이론을 전복하여, 태초에 절대 유일의 실체가 원인으로 존재했고 이로부터 모든 것이 결과로 출현한다고 주장하기 때문이다. cf. Chakravarti(1975) p. 12.

29 tad aikṣata, bahu syām prajāyeyeti, tat tejo 'sṛjata, tat tejo aikṣita, bahu syām prajāyeyeti, tad apo 'sṛjata, tasmād yatra kva ca śocati svedate vā puruṣaḥ, tejasa eva tad abhy āpo jāyante ‖ ChU 6.2.3. Radhakrishnan(1953) p. 448.

30 tā āpa aikṣanta, bahvyaḥ syāma, prajāyemahīti, tā annam asṛjanta, tasmād yatra kva ca varṣati, tad eva bhūyiṣṭham annaṃ bhavati, adbhya eva tad adhy annādyaṃ jāyate ‖ ChU 6.2.4. ibid. p. 449.

가지의 기본 요소[31]에 속한다. 이 교설은 이 같은 물질 요소에도 생각하는 기능을 부여하여 유일자의 창조를 설명함으로써 일원론적 관념에 논리적 기반을 제공한다.

*Chāndogya-upaniṣad*에는 Uddālaka Āruṇi의 교설과 더불어 유명한 Śāṇḍilya의 교설도 수록되어 있다. Śāṇḍilya의 교설에 의하면 마음의 기능으로 간주할 수 있는 의향, 의욕, 생각 등은 아트만(자아)에서 유래하며, 브라만과 다르지 않은 이 아트만은 의식으로 이루어져 있다. 그러므로 의향, 의욕, 생각 등은 의식의 기능이며, 다음과 같은 그의 교설에서 의식은 사실상 마음의 동의어로 간주해도 무방하다.[32]

> 이제 실로 인간은 의향으로 이루어져 있다. 저 세상에서 인간은 이 세상에 있는 그 의향과 똑같이 된다. [그러므로] 그(인간)는 의향을 정해야 한다.[33]
> 의식(manas)으로 이루어지고, 숨(prāṇa)을 신체로 갖고, 빛을 형상으로 갖고, 진실을 생각하고, 허공을 본성으로 갖고, 모든 행위와 모든 의욕과 모든 향과 모든 맛을 갖추고, 이 모든 것에 편만하며, 말없이 초연해 있는 것,[34]
> 이것이 심장 안에 있는 나의 아트만으로서, 쌀알보다 혹은 보리알보다 혹은 겨자씨보다 혹은 수수보다 혹은 수수의 핵보다도 작다. [그러나] 심장 안에 있는 나의 그 아트만은 대지보다도 크고, 하늘과 땅의 중간보다도 크고, 하늘보다도 크고, 이러한 세계들보다도 크다.[35]

....

31 흔히 5대(大)로 불리는 이것들이 인도철학의 원전에서는 다양한 동의어로 표현되지만, 그 실제 의미는 공(空), 풍(風), 화(火), 수(水), 지(地)로서 동일하다. 졸저에서는 이것들을 '조대요소'로 표현한다. 원전에서는 주로 mahābhūta 또는 bhūta가 조대요소를 의미하는 용어로 사용된다.

32 아래 인용은 정승석(2011) pp. 170-1 참조.

33 atha khalu kratumayaḥ puruṣo yathā-kratur asmiṃl loke puruṣo bhavati tathetaḥ pretya bhavati | sa kratuṃ kurvīta || ChU 3.14.1. Radhakrishnan(1953) p. 391.

34 manomayaḥ prāṇaśarīro bhārūpaḥ satya-saṃkalpa ākāśātmā sarvakarmā sarvakāmaḥ sarvagandhaḥ sarvarasaḥ sarvam idam abhyatto 'vākyanādaraḥ || ChU 3.14.2. ibid.

35 eṣa ma ātmā antarhṛdaye 'ṇīyān vrīher vā yavād vā sarṣapād vā śyāmākād vā śyāmāka-taṇḍulād vā | eṣa ma ātmā antarhṛdaye jyāyān pṛthivyā jyāyān antarikṣāj jyāyān divo jyāyān ebhyo lokebhyaḥ || ChU 3.14.3. ibid.

> 모든 행위와 모든 의욕과 모든 향과 모든 맛을 갖추고, 이 모든 것에 편만하며, 말없이 초연해 있는 것, 이것이 심장 안에 있는 나의 아트만이요, 바로 이 브라만이다. '나는 저 세상에서 이것(브라만)과 합일하고자 한다.'라고 하는 [의향이 있는] 자는 [이 사실을] 의심하지 않는다.[36]

이 교설에 의하면 아트만(자아)은 극히 작은 것보다도 작고 극히 큰 것보다도 크다. 더 간단히 말하면 아트만은 극미보다도 작고 극대보다도 크다. 아트만을 이처럼 역설적으로 설명할 수 이유를 이 교설에서 찾자면, 아트만은 의식으로 이루어지기 때문이라고 말할 수밖에 없다. 이보다 더욱 근원적인 이유는 이미 *Śatapatha-brāhmaṇa*에서 "의식은 유도 아니고 무도 아닌 것처럼 있었기 때문이다."라고 제시되었다. 이 교설에서는 모든 것을 포괄할 수 있는 이러한 아트만이야말로 만유의 근원인 브라만이라고 천명하면서 범아일여의 사상을 고취한다. 이에 따라 아트만은 브라만과 동일하다. 다만 브라만이 심장 안에 있는 것으로 국한되면, 그 브라만은 아트만으로 불릴 뿐이다. *Chāndogya-upaniṣad*의 마지막을 장식하는 제8장의 서두에서는 이 점을 다음과 같은 비유적인 표현으로 암시하면서 범아일여의 사색을 촉구한다.

> 이제 여기 이 브라만의 성채에는 작은 연꽃[과 같은] 집이 있고, 이곳의 내부에는 작은 공간이 있다. 거기 그 속에 있는 것을 탐구해야 하며, 바로 그것이 이해되기를 소원해야 한다.[37]
>
> 심장 내부의 이 공간은 참으로 이 [세계의] 공간만큼 크다. 미지의 것이여! 여기 바로 그 내부에는 하늘과 땅, 불과 바람, 태양과 달, 섬광과 별들이 구비

....

36 sarvakarmā sarvakāmaḥ sarvagandhaḥ sarvarasaḥ sarvam idam abhyatto 'vākyanādaraḥ | eṣa ma ātmā antarhṛdaye | etad brahma | etam itaḥ pretyābhisaṃbhavitā asmīti yasya syād addhā na vicikitsā asti | ChU 3.14.4. ibid. p. 392.

37 atha yad idam asmin brahma-pure daharaṃ puṇḍarīkaṃ veśma daharo 'sminn antarākāśaḥ | tasmin yad antas tad anveṣṭavyaṃ tad vāva vijijñāsitavyam iti || ChU 8.1.1. ibid. p. 491.

되어 있다. 이 세상에서 우리에게 있거나 없는[38] 그 모든 것이 여기에 구비되어 있다.[39]

여기서 말하는 브라만의 성채는 신체(몸)를 의미하고,[40] 작은 연꽃과 같은 집[41]은 심장을 의미하며, 이 집의 내부에 있는 작은 공간은 아트만으로 이름이 바뀐 브라만의 거처를 가리킨다. 특히 심장 내부의 공간은 대승불교의 유식학(唯識學)에서 세계의 모든 현상을 표상하는 심층 의식으로 규명된 알라야식의 위상과 유사하다.[42] *Chāndogya-upaniṣad*의 제8장은 이러한 비유로써 아트만과 신체가 브라만이라는 한 가지 원리에 귀속되어 있음을 암시하고 나서, 다음과 같이[43] 아트만의 본성을 의욕으로 규정하는 것으로부터 범아일여의 지식을 구체적으로 예시해 나간다.

이 진실한 브라만의 성채에는 의욕들이 구비되어 있고, 그 아트만은 악과 늙음과 죽음과 근심과 기아와 갈증으로부터 벗어나 있으므로, 그의 의욕과 생

....

38 있는 것은 현재의 것, 없는 것은 과거와 미래의 것을 의미한다. cf. ibid. p. 492.

39 yāvān vā ayam ākāśas tāvān eṣo 'ntarhṛdaya ākāśaḥ | ubhe 'smin dyāvā-pṛthivī antar eva samāhite | ubhāv agniś ca vāyuś ca sūryā-candram asāv ubhau vidyun nakṣatrāṇi | yac cāsyehāsti yac ca nāsti sarvaṃ tad asmin samāhitam iti || ChU 8.1.3. ibid. p. 492.

40 베단타 철학의 거장인 Śaṅkara는 '브라만의 성채'(brahma-pura)를 신체(śarīra)로 해석했다. cf. ibid. p. 491.

41 *Chāndogya-upaniṣad*의 이 표현이 『요가주』에서는 "심장에 [총제함으로써] 마음을 이해한다."라는 경문을 해설하면서 다음과 같이 적용되었다.
"여기 이 브라만의 성채에는 작은 연꽃[과 같은] 집이 있고, 거기서 의식(vijñāna)이 [거주한다.] 이곳에 총제함으로써 마음을 이해한다." YBh 3.34. 정승석(2020) p. 206.

42 "불교 사상에서 알라야식(ālaya-vijñāna)은 존재의 모든 가능성이 잠재되어 있는 그릇이다. 심장의 공간(hṛd-ākāśa)은 그 알라야식과 합치한다. 구체적으로 현현된 것들이 파괴당하여 사라질 때, 그것들의 유형들은 그것들과 함께 파괴되지 않는다. 그것들을 일으킨 의욕들은 심장의 공간에 보존된다." Radhakrishnan(1953:492)의 이 같은 설명을 더 정확하게 적용하자면, 알라야식과 합치하는 것은 '심장의 공간'이라기보다는 '의욕'일 것이다. 그가 말하는 파괴되지 않는 유형이란 심장의 공간에 보존된 의욕(본문의 다음 인용구 참조)을 가리키는 것으로 이해되기 때문이다.

43 아래 인용은 정승석(2011) pp. 171-2 참조.

각은 진실하다.[44]

이 세상에서 아트만과 그 진실한 의욕들을 발견하지 못하고 떠나는 자들은 그 어떠한 세계에서도 뜻하는 대로 살아가지 못한다. 그러나 이 세상에서 아트만과 그 진실한 의욕들을 발견하고 떠나는 자들은 그 어떠한 세계에서도 뜻하는 대로 살아간다.[45]

여기서 의욕의 기능은 뜻하는 대로 살아가는 능력[46]으로 발휘된다. 물론 이러한 의욕은 '진실한' 것이어야 한다는 조건이 전제되어 있다. *Chāndogya-upaniṣad*의 제8장은 위의 교설에 곧장 후속하여, 의욕의 대상은 "생각하는 것만으로" 뜻하는 대로 성취된다는 것을 다양하게 예시한다. 즉 아버지, 어머니, 형제, 누이, 친구, 향과 꽃, 음식, 노래와 기악, 여자 등의 세계를 욕구하면, 이것들이 "생각하는 것만으로" 발생함으로써 그러한 세계를 성취하여 행복하게 된다.[47]

이러한 교설에서 의욕은 불교의 화엄경에서 일체유심조(一切唯心造), 즉 "모든 것은 마음이 조작한 것일 뿐"[48]이라고 말할 때의 '마음'과 다를 바 없는 것으로 보인다. 다만 불교에서는 브라만과 같은 유일한 원인을 인정하지 않으므로 일원론적 관념과는 궤를 달리한다. 그러나 유일자의 인정 여부와는 상관없이 모든 것을 성취시키는 동력이 되는 의욕은 일체유심조의 마음에 포섭된다. 또한 모든 것은 마음이 조작한 것일 뿐이라면, 이는 마음이 의욕을 부리기 때문에 가능하다.

....

44 etat satyaṃ brahma-puram asmin kāmāḥ samāhitāḥ | eṣa ātmāpahatapāpmā vijaro vimṛtyur viśoko vijighatso 'pipāsaḥ satya-kāmaḥ satya-saṃkalpaḥ | ChU 8.1.5. Radhakrishnan(1953) p. 492.

45 tad ya ihātmānam ananuvidya vrajanty etāṃś ca satyān kāmāṃs teṣāṃ sarveṣu lokeṣv akāmacāro bhavati | atha ya ihātmānam anuvidya vrajanty etāṃś ca satyān kāmāṃs teṣāṃ sarveṣu lokeṣu kāmacāro bhavati || ChU 8.1.6. ibid. p. 493.

46 Śaṅkara는 "뜻하는 대로 살아간다."(kāmacāro bhavati)는 것을 "왕처럼 이 세상에서 완전한 통치권을 가진다."(rājña iva sārvabhaumasyeha loke)라고 해석했다. cf. ibid.

47 Cf. ChU 8.2.1-10. ibid. pp. 493-4.

48 實叉難陀 역, 大方廣佛華嚴經(80권 화엄경) 권19(T 10:102b).

이제 일체유심조의 마음까지 포함하여 의욕을 세계 전개의 결정적인 원인으로 간주하는 발상은 "그 유일자에게서 최초로 의욕(kāma)이 일어났으니"라고 읊었던 *Ṛgveda*의 무유 찬가로부터 유래한다고 말할 수 있다. 이러한 발상은 "이 의식이 창조가 시작될 때, 현시되고자 원하여 보다 한정되고 보다 실질을 갖추게 되었다."라고 설명했던 *Śatapatha-brāhmaṇa*를 거쳐, *Chāndogya-upaniṣad*에 이르러서는 "브라만의 성채에는 의욕들이 구비되어 있고 … "라고 설파하는 범아일여의 사상으로 완결되었다.

이 같은 일원론적 관념에서는 신체보다는 마음의 역할과 기능을 우선적으로 중시한다. 그러나 이러한 마음은 '브라만의 성채'로 불리는 신체에 구비되어 있다고 설파했듯이, 신체의 속성에서 완전히 벗어나지는 못한다. 이에 따라 인도철학의 정통 학파들은 마음을 경험적 자아로 간주할 뿐만 아니라, 이런 마음을 신체적인 것으로 간주한다.[49] 이러한 통념의 유래를 인도의 위대한 서사시인 『마하바라타』(*Mahābhārata*)에서도 발견할 수 있다. 여기서는 물질의 기본 요소와 창조주까지도 마음의 소산이라는 것을 다음과 같이 아직 투박하지만 극명하게 서술한다.[50]

'마음의 소산'(mānasa)[51]이라는 이름으로 일찍이 위대한 성현들에 의해 알려

....

49 Rukmani는 의식과 마음이라는 주제를 고찰하고 나서 결론으로 다음과 같이 서술한다. "인도의 모든 정통 학파들은 아트만으로 불리는(간혹은 jīva, jīvātman, puruṣa로도 불리는) 영원한 실체를 신봉하면서 세속의 경험상 '의식하는 자아'가 존재한다는 것도 인정한다. 이 학파들이 공통으로 갖고 있는 마음(manas)의 개념은 아트만과 함께 경험적 자아로 불릴 수 있으며, 이 마음은 일상의 경험 세계에서 아트만(자아)이 지식을 얻도록 도와준다. 마음은 일반적으로 사실상 신체의 성질을 지닌 것으로 간주되기도 한다." T. S. Rukmani, "Consciousness and Mind", Jacobsen(2010) p. 736.

50 Mbh 12.182=175.11-15. Dutt(2004.VIII) pp. 27-28.
mānaso nāma vikhyātaḥ śrutapūrvo maharṣibhiḥ | anādinidhano devas tathābhedyo 'jarāmaraḥ || 11 ||
avyakta iti vikhyātaḥ śāśvato 'thākṣaro 'vyayaḥ | yataḥ sṛṣṭāni bhūtāni jāyante ca mriyanti ca || 12 ||
so 'sṛjat prathamaṃ devo mahāntaṃ nāma nāmataḥ | ākāśam iti vikhyātaṃ sarva-bhūta-dharaḥ prabhuḥ || 13 ||
ākāśād abhavad vāri salilād agnimārutau | agni-māruta-saṃyogāt tataḥ samabhavan mahī || 14 ||
tatas tejomayaṃ divyaṃ padmaṃ sṛṣṭaṃ svayaṃbhuvā | tasmāt padmāt samabhavad brahmā vedamayo nidhiḥ || 15 ||

51 일본의 池田 運(2008:799)가 이 mānasa를 manas(마음)와 동일시하고 상념(想念)으로 번역한 것은, mānasa의 취지도 manas(의식, 마음)와 다르지 않다고 이해했기 때문일 것이다. 그러나 이는 원문대

져 유명한, 시작도 끝도 없는 신은 그와 같이 분할될 수 없고 쇠퇴하지도 않고 죽지도 않으며,(11)

미현현(未顯現)으로 불리고, 영원하고, 또한 그렇게 불변하니, 무수한 생물들은 그에 의해 태어나고 죽는다.(12)

그 신은 '마하트'라는 이름으로 알려진 것, [마하트는 자아의식(=아만)을 창조했으며, 그(자아의식)도 존자로서 여기서][52] 허공(=空)으로 불리는 것을 최초로 창조했으니, 모든 존재를 지탱하는 지배자이다.(13)

허공(=空)으로부터는 물(=水)이, 물로부터는 불(=火)과 바람(=風)이 발생했으며, 불과 바람의 결합을 통해 이로부터 흙(=地)이 발생했다.(14)

이로부터 스스로 존재하여 눈부시고 성스러운 연꽃이 방출되었으며, 그 연꽃으로부터 베다(성스러운 지식)를 함유하는 바다로서 창조주(브라마 신)가 발생했다.(15)

위의 서두에서 말하는 '마음의 소산'이란 결국 의식 또는 마음을 가리키는 것으로 이해해도 무방할 것이다. 여기서는 이러한 마음이 '시작도 끝도 없는 신'이자 미현현으로 간주되며, 물질의 근본인 다섯 가지 조대요소의 원인일 뿐만 아니라, 마침내는 창조주까지 발생시키는 근원으로 묘사된다.

더욱이 여기서 '마음의 소산'과 더불어 구사되는 표현들은 이미 고찰한 고전들에 드러난 일원론적 관념과 맥락이 닿아 있다. 예를 들어 '시작도 끝도 없는 신'이라는 관념은 *Śatapatha-brāhmaṇa*에서 드러낸 관념, 즉 무도 아닌 듯 유도 아닌 듯 있었던 세계에서 '유일하게 있었던 의식(마음)'과 상통한다. 또한 '눈부시고 성스러운 연꽃'이라는 관념은 *Chāndogya-upaniṣad*에서 심장을 상징하는 연꽃의 관념과 상통한다. 이 심장의 내부에는 아트만으로 불리는 브라만의 거처가

....

로 반영한 것이 아니다. 그는 『마하바라타』를 완역했으면서도 원전으로 사용한 판본을 밝히지 않은 채 자의적 번역으로 일관하여 학술적인 정확성을 상실했다.

52 [mahān sasarjāhaṃkāraṃ sa cāpi bhagavānatha ‖ 13] Dutt(2004.VIII:28)가 채택한 원본에는 이 구절이 삽입되어 있다.

있다.

이 같은 맥락과 함께 일원론의 관점에서 『마하바라타』의 서술을 음미해 보면, 마음은 '신체의 질료가 되는 조대요소들'[53]을 내포하므로 신체의 성질도 지니고 있는 것이 된다. 만약 이러한 마음의 주체를 자아(아트만)로 생각한다면, 이 경우의 자아는 '몸속의 마음'으로 불릴 수밖에 없다. 이와 같이 말할 수 있는 근거를 *Taittirīya-upaniṣad*에서 찾을 수 있다. 이 우파니샤드에서는 자아의 존재 양태를 다섯 가지[54]로 설명하는데, 이에 앞서 인간이 생성되기까지 범아일여의 창조설을 간명하게 정비하여 다음과 같이 서술한다.

> 참으로 [브라만인] 바로 이 자아(아트만)로부터 공(空)이 발생하고, 공으로부터 풍(風)이, 풍으로부터 화(火)가, 화로부터 수(水)가, 수로부터 지(地)가, 지로부터 식물들이, 식물들로부터 음식이, 음식으로부터 인간이 발생한다.[55]

....

53 『마하바라타』에서는 도처에서 신체가 조대요소들로 이루어진다는 것을 다양하게 설명한다. 그 예를 들면 다음과 같다. "허공(=空), 바람(=風), 열(=火), 수분(=水), 토질(=地)이라는 이 다섯의 집합인 신체도 단일하지 않다." (ākāśo vāyur ūṣmā ca sneho yac cāpi pārthivaḥ | eṣa pañca-samāhāraḥ śarīram api naikadhā || Mbh 12.219=212.8. Dutt 2004.VIII:130) "그(인간)의 몸뚱이는 흙(=地)으로 이루어지고, 귀는 허공(=空)에서, 눈은 태양(=火)에서, 생기(숨)는 바람(=風)에서, 참으로 피는 물(=水)들로부터 유래한다." (tasya bhūmimayo dehaḥ śrotram ākāśa-saṃbhavam | sūryaś cakṣur asur vāyur adbhyas tu khalu śoṇitam || Mbh 12.275=267.11. Dutt 2004.VIII:297)
범본(梵本)으로 불리는 산스크리트 원전에서 5조대요소의 각각을 열거하는 원어는 예를 들면 다음과 같이 다양하다.
공(空): ākāśa, kha, tucchya, viyat
풍(風): anila, marut, māruta, vāyu
화(火): agni, anala, ūṣmā, jyotis, tejas, sūrya
수(水): ap, āpas, salila, sneha
지(地): bhūmi, pṛthvī, pārthiva
그러므로 이 같은 원어의 차이가 있더라도, 이하에서는 그 원어들이 5조대요소를 열거하는 용도로 구사될 경우에는 공(空), 풍(風), 화(火), 수(水), 지(地)로 통일한다.

54 흔히 5장(藏) 또는 5개(蓋)로 번역되는 pañcakośa는 자아를 씌우고 있는 것으로 상정된 다섯 가지 덮개를 의미한다. TaiU 2.1~2.5에서 이 덮개는 각각 ①음식으로 이루어지고(annamaya), ②생기로 이루어지고(prāṇamaya), ③의식으로 이루어지고(manomaya), ④식별로 이루어지고(vijñānamaya), ⑤환희로 이루어지는(ānandamayakośa) 것으로 묘사된다. 정승석(2011) p. 178 참조.

55 tasmād vā etasmād ātmana ākāśaḥ saṃbhūtaḥ, ākāśād vāyuḥ, vāyor agniḥ, agner āpaḥ, adbhyaḥ pṛthivī, pṛthivyā oṣadhayaḥ, oṣadhībhyo 'nnam, annāt puruṣaḥ | TaiU 2.1.1. cf. Radhakrishnan(1953) p. 541; Sharvananda(1921) p. 53.

이 서술에 따르면 인간의 신체를 형성하는 요소들은 모두 자아에 귀속된다. 그러므로 이러한 자아를 신체 유지의 결정적 요소에 따라 구분하여 이해할 수 있다. 자아의 존재 양태를 다섯 가지로 해명하는 오장설(五藏說)도 이 같은 맥락에서 제시된 것으로 이해할 수 있을 것이다.

이와 관련하여 주목할 만한 것은 자아를 다섯 단계로 설명하는 *Taittirīya-upaniṣad*의 반복적 언급이다. 여기서는 각 단계를 설명하면서 뒷 단계의 자아는 앞 단계의 자아의 '신체에 속하는 자아'[56]라는 것을 빠뜨리지 않고 명기한다. 그런데 다섯 단계의 자아 중에서는 의식으로 이루어지는(manomaya) 셋째와 식별로 이루어지는(vijñānamaya)는 넷째는 통틀어 '마음으로 이루어지는' 자아로 이해해도 무방할 것이다. 그러므로 이러한 자아는 '신체에 속하는 자아'로서 '몸속의 마음'으로 간주된다. 다만 환희로 이루어지는(ānandamaya) 다섯째 자아는 신체에 속하면서도 오직 의식으로서 존재했던 태초의 유일자[57]와 같은 자아이므로, 이것을 '몸 안팎의 마음'으로 간주할 수 있다. 즉 *Taittirīya-upaniṣad*에서는 브라만 자체인 다섯째 자아를 다음과 같이 묘사한다.

> 그는 '나는 많아지리라. 나는 번식하리라.'라고 욕구하여 고행을 실행했다. 그는 고행을 실행하고 나서 여기에 있는 것이라면 무엇이건 이 모든 것을 창조했으며, 그것을 창조하고 나서는 바로 그것 속으로 들어갔다. 그것 속으로 들어가고 나서 그는 [현현하여] 실존하는 것과 [현현하지 않아] 볼 수 없는 것이 되었고, … 진짜와 가짜가 되었으며, 여기에 있는 것이라면 무엇이건 실재가 되었으니, 그들은 그것을 '실재'라고 부른다.[58]

....

56 여기서는 '음식으로 이루어지는' 첫 단계를 제외한 나머지 넷을 설명할 때마다 "앞의 것의 신체에 속하는 자아"(śārīra ātmā yaḥ pūrvasya)라는 것을 명시한다. cf. TaiU 2.3.1~2.6.1.

57 Cf. ŚB X.5.3.1-3(@제1장 각주 26) ; ChU 6.2.3(@제1장 각주 27).

58 so 'kāmayata, bahu syām prajāyeyeti, sa tapo 'tapyata, so tapas taptvā, idaṃ sarvam asṛjata, yad idaṃ kiṃ ca, tat sṛṣṭvā tad evānuprāviśat, tad anupraviśya sac ca tyac ca abhavat … satyaṃ cānṛtaṃ ca, satyam abhavat, yad idaṃ kiṃ ca, tat satyam ity ācakṣate | TaiU 2.6.1. Radhakrishnan(1953) p. 547 ; Sharvananda(1921) p. 75.

이상과 같은 범아일여의 일원론적 관념은 순수한 일원론으로 일관할 수 없는 난점을 함축하고 있다. 우선 몸과 마음의 관계에 국한하여 일견하더라도 브라만인 아트만은 본래 순수존재이자 순수의식이지만, 이것이 개별적 자아로서 몸속에 국한되면 자아로서 발동하는 마음은 신체의 성질을 지니므로 그 순수성을 유지할 수 없다. 더욱이 신체를 비롯하여 무상하고 허위인 현상세계가 영원하고 진실인 브라만 또는 아트만(자아)에 귀속된다는 관념은 허위와 진실이 동일하다는 이율배반적 논리를 동반한다. 그래서 우파니샤드의 일원론을 지지하는 베단타 학자들에게는, 이원론적으로 접근하여 브라만과 세계의 관계를 설명하고자 시도했을 정도로 그러한 논리적 난점을 해명하는 것이 최대의 과제가 되었다.[59]

그러나 일원론적 관점을 이원론적 관점으로 전환하면, 일원론의 논리적 난점을 어느 정도 해소할 수 있을 것으로 기대할 수 있다. 이 해법은 정신적 근원과 물질적 근원을 아예 별개의 독립 원리로 상정하는 것이다. 그럼에도 불구하고 이러한 사고방식이 완전한 해법을 제공하지는 못한다. 이 경우에는 일원론과 이원론 또는 정신성과 물질성의 갈림길에서 서성이는 마음의 특성을 해명하는 것이 관건이기 때문이다.

....

59 이 과제를 해결하는 데 주력했던 베단타 학자들과 이들의 주장으로는 Śaṅkara의 불이일원론(不二一元論, Advaita), Bhāskara의 일원론, Rāmānuja의 제한적 불이일원론(Viśiṣṭādvaita-vāda), Nimbārka의 불일불이론(不一不二論, Dvaitādvaita-vāda), Madhva의 이원론(Dvaita), Vallabha의 순수 불이일원론(Śuddhādvaita), Caitanya의 불가사의 불일불이론(Acintyabhedābheda) 등을 대표로 들 수 있다. 이들이 주장하는 이론의 명칭만으로도 일원론의 난점을 극복하고자 노력한 흔적을 엿볼 수 있다. 이들 중에서 Bhāskara는 물질세계는 실재성을 갖지만 본질적으로 브라만과 동일한 성질에 속한다고 주장하는 것으로, 물질세계와 브라만이라는 둘을 실재로 인정하는 이원론적 접근을 시도했다. Madhva는 브라만을 초경험적 실재로 전제하고서 의식(cetana: cit)과 비의식(acetana: acit)의 실재를 인정하는 것으로 일원론 내의 이원론을 주창했다. cf. Bhattacharyya(1999) pp. 238-241.

1.3. 이원론적 관념

앞에서 개관한 일원론적 관념은 인도철학의 근간을 형성하는 주도적인 기조로서 연면히 계승되어 왔다. 그러나 그 과정에서는 일찍이 일원론에 대한 반동적 사색이 싹트기 시작하여 이원론으로 개화하였다. 이러한 이원론적 관념을 노골적으로 천명한 일련의 사상을 상키야-요가 철학[60]으로 부른다. 다만 이원론을 이론적으로 명료하게 정립한 학설이 상키야 철학이므로, 인도의 이원론이란 우선적으로 상키야 철학을 가리킨다.

일원론에 대한 반동적 사색은 "경험의 주체인 자아가 어떻게 우주의 제일원리와 동일할 수 있는가?"라는 의문에서부터 본격적으로 출발했을 것이다. 범아일여의 세계관에서 '범'은 단지 마음으로만 한정되지 않을 뿐더러, 경험 세계에는 물질적 현상과 차별상이 만연해 있기 때문에 더욱 회의가 발생한다.[61] 이원론은 이 같은 회의를 해소하는 대안으로 등장했겠지만, 여기서는 다음과 같은 관건이 일차적인 과제로 대두된다.

> 이원론은 더 말할 나위도 없이 만물의 근원에 두 원리를 상정한다. 이원론에서 흔히 통용되는 두 원리는 정신과 물질이다. 상키야 철학의 경우도 편의상 이와 같이 이해할 수 있다. 그리고 인도철학의 일원론적 기조를 고려하면, 두 원리는 범아일여의 '범'과 '아'를 각각 정신과 물질로 대체한 것처럼 이해된다. 형식 논리로는 이 같은 이해가 가능하다. 그러나 여기서는 편의상 상투적 개념으로 구분한 정신과 물질의 실제 의미를 이해하는 것이 관건이다. …
> 마음에 상당하는 아(자아)가 어떻게 물질에 귀속되는가?
> 이 경우의 물질이란 무엇인가?
> 정신은 마음과 어떻게 차별되고 기능하는가?[62]

60 상키야와 요가를 별개의 철학 또는 학파로 분리하지 않고 통합하여 명명하는 인식, 배경, 이유 등에 대해서는 제2장에서 상술한다.

61 정승석(2013a) p. 60 참조.

이러한 의문에 대한 상키야 및 요가 철학의 해명은 졸저에서 상세하게 취급할 것이므로, 여기서는 몸과 마음에 대한 이원론적 관념의 발상만을 간략히 서술하는 데 그칠 것이다.

이원론에서 상정하는 두 원리를 정신과 물질이라는 상투적 개념으로 표현할 때, 이 둘의 의미를 상키야 철학의 사고방식에 적용하여 이해하는 것이 우선적으로 필요하다. 이 경우, 정신에 해당하는 상키야의 개념은 '정신적 근원'의 역할을 담당하는 순수정신(puruṣa)이고, 물질에 해당하는 상키야의 개념은 '물질적 근원'의 역할을 담당하는 근본원질(mūla-prakṛti, pradhāna)이다. 근본원질은 흔히 원질(prakṛti)로 약칭되기도 한다.

이러한 이원론에서는 순수정신도 마음의 일종일 것이라는 상식을 허용하지 않는다. 이 때문에 순수정신과 마음과 몸의 관계를 상식적 차원에서 이해하고자 할 때는 혼동이 발생하기 쉽다. 그 관계를 상키야 철학의 이원론으로 말하면, 마음은 몸과 결부되어 물질적 속성의 지배를 벗어나지 못하지만, 순수정신은 본래 그러한 물질적 속성에 초연해 있다. 상키야 철학에서는 순수한 지성 자체인 순수정신은 그 지성을 빛으로 삼아 세계를 조명할 뿐이므로, 마음과는 별개로 존재한다고 믿는다. 이에 따르면 일상의 삶에서 문제를 야기하는 것은 순수정신을 자각하지 못한 채 몸과 결부되어 있는 마음이다.

여기서 마음이 몸속에 갇혀 있다거나 몸과는 불가분리의 관계에 있다고 생각하는 것은 상식에 속할 것이다.[63] 그렇다면 상키야 철학의 이원론은 몸과 마음의 관계를 더욱 명료하게 설명해 줄 수 있을 것으로 기대할 수 있다. 아래에서는 이러한 기대를 상식적 수준에서 충족시킬 만한 설명을 예시하고 나서, 이 상식적 이해를 검토하는 것으로 전문적인 고찰을 진행할 것이다.

....

62 정승석(2013a) p. 61.

63 예를 들어 "베다의 사상가들에게 정신 이상은 마음이 몸을 떠날 때 초래되는 상태였다."(Rao 2002:316)고 고찰된다. 그렇다면 정상적인 정신을 유지하기 위해서는 마음이 몸과 결부된 상태로 있어야 한다.

마음은 한편으로는 몸과 연결하고 다른 한편으로는 의식과 연결하는 접속 수단으로 간주되었다. 의식을 반영하여 지식과 자각을 갖게 하는 것이 마음이다. 그러나 마음 자체는 물질로부터 전개된 것으로서 3종의 기본 요소, 즉 순질(sattva)과 동질(rajas)과 암질(tamas)을 내재한다. 마음을 구성하는 데서 이것들의 비례는 우리의 기질과 행동 경향을 결정한다. 순질은 마음의 본질을 구성하는 요소이다. 이것의 기능은 마음에 의식을 반영하여 마음이 자각을 갖게 하는 것이다. 이것은 의식과 가장 밀접한 관계에 있다. ... 동질은 마음이 본래 갖추고 있는 불안정을 조종하며, 끊임없이 동요하여 우리의 주의를 흩트리고 바꾸게 함으로써 마음의 자각을 불안정하고 변덕스럽게 만든다. 암질은 의식으로부터 반영된 빛을 방해하여 어둡게 한다. 이것은 무지의 기반이다. ... 이 때문에 인간은 주체적 경험을 가지며, 우리의 마음은 생각할 수 있고 기본적으로 암질적인 다른 대상들이 할 수 없는 방식으로 반영한다.[64] (밑줄은 필자)

여기서는 나중에 언급할 3질의 기능으로 마음을 설명하는 데 주력하고 있는데, 이 설명은 대체로 타당하다. 그러나 여기서 빈번하게 언급하는 '마음'과 '의식'이라는 막연한 구분만으로는 상키야 이원론의 사고방식을 전혀 이해할 수 없다. 상키야 이원론에 따라 바르게 이해하자면, 이 설명에서 말하는 '마음'은 <표 2>에서 적시한 통각, 아만, 의식을 하나로 통틀어 일컬은 것이며, '의식'은 양대 원리 중의 하나인 순수정신을 가리킨다. 그리고 이 설명에서 말하는 '몸'은 20원리(5지각기관, 5행위기관, 5미세요소, 5조대요소)의 집합이다.

64 Rao(2012) p. 324. 곧바로 후술하겠지만, 이 설명에서 언급하는 '의식'은 모두 '순수정신'을 가리키는 것으로 알아차릴 때라야 이 설명은 상키야의 이원론을 이해하는 데 도움이 된다.

〈표 2〉 상키야 이원론에서 25원리의 구조

• 범례: 실선의 왼쪽은 원인, 오른쪽은 결과

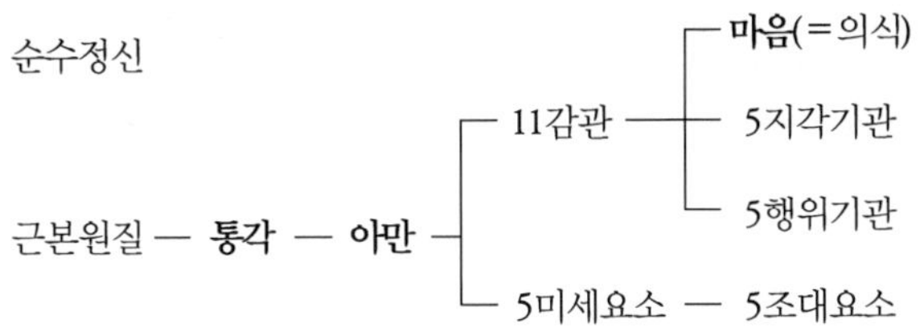

따라서 앞에 예시한 설명처럼 마음과 의식이라는 말을 무분별하게 구사하는 것으로는 상키야의 이원론에서 생각하는 마음을 바르게 이해할 수 없다. 상키야 철학에서는 바로 이 마음을 물질 원리로 간주하고 '의식'으로 표현하기 쉬운 순수정신만을 정신 원리로 간주함으로써 이원론이 성립된다.[65] 이처럼 마음과 순수정신은 그 근원과 본성의 양면에서 전혀 다르다고 주장하는 것은 특이한 사고방식이다. 이러한 사고방식을 성립시키는 준거가 되는 것이 몸(신체)과의 관계이다. 즉 마음은 원천적으로 몸과 동질이지만 순수정신에는 몸의 속성이 아예 없다.

상키야의 이원론에서는 이렇게 주장하지만, 우리는 순수정신과 마음을 굳이 구분하지 않을 뿐만 아니라, 순수정신의 존재를 믿을지라도 그것을 마음에서 찾거나 그 둘을 착각하기 쉽다. 이 때문에 상키야 철학에서는 마음의 기제를 통찰함으로써 마음과는 다른 순수정신을 자각하는 것이야말로 궁극적 목적이 되며, 요가 철학에서는 그 자각에 도달하는 실천적 이론과 방법을 제시한다. 그러므로 이 같은 이원론의 두 원리를 정신과 물질로 이해하기보다는 순수정신과 마음으로 이해하는 것이 이원론의 취지에 더욱 부합한다. 그럼에도 불구하고

....

65 인도철학의 니야야와 바이셰쉬카 학파에서도 "마음은 성격상 물질적인 것으로서 내외적인 감각의 수단이 되지만, 자아는 인식의 궁극적 주체이다." Rao(2002) p. 319. 여기서 말하는 '자아'는 상키야 철학의 순수정신에 해당한다. 다만 상키야 철학에서 순수정신은 인식에 직접 개입하지 않으며, 인식의 실질적인 주체 역할을 담당하는 것은 통각(buddhi)으로 불리는 마음이다.

상식적인 이해를 도모하여, 그 이원론의 두 원리를 다음과 같이 정신과 물질로 단순화하여 설명하는 것은 이원론 본래의 취지에 대한 곡해를 유발한다.

> 상키야 철학에서는 이 가상 세계의 최소 구성물인 5대 원소보다도 정신 쪽이 상위에 서 있다. 물질이 뇌를 만들어 정신을 빚어내는 것이 아니라, 정신이 뇌 이하의 물질을 산출한다고 말하는 것이다.[66]

이 설명은 상키야의 이원론을 곡해한 전형적인 사례가 될 수 있다. 여기서 말하는 '정신'은 순수정신(puruṣa)을 가리키는 것이 분명하고, 정신 쪽이 상위에 있다고 말하는 것까지는 수긍할 만하다. 그러나 "정신이 뇌 이하의 물질을 산출한다고 말하는 것"은 실로 터무니없다. 상키야의 이원론에 따르면 심리적이거나 물리적인 모든 조작 활동은 오직 근본원질에서만 기인하는 능력이기 때문이다. 순수정신은 어떠한 조작 활동도 담당하지 않는다. 그래서 근본원질은 작자(作者, kartṛ: 행위자)로 불리는 반면, 순수정신은 비작자(akartṛ: 행위가 없는 자)로 불린다. 이에 따라 '뇌 이하의 물질을 산출하는 것'은 정신이 아니라 근본원질이다. 그리고 몸은 물론이고 마음도 근본원질에 속하며 원질의 소산이다.[67]

....

66 伊藤 武(1999) p. 415.

67 상키야 철학의 이원론과 일반적인 심신 이원론과의 혼동을 예방하기 위해, 이 대목에서 순수정신과 근본원질이라는 양대 원리가 어떻게 설정되어 있는지, 그리고 그 둘의 인식론적 역할을 이해해 둘 필요가 있다. 이러한 이해에 매우 적절한 설명을 아래에 예시한다. 괄호 속의 부호(=)는 이해를 돕기 위한 필자의 삽입이다.

"마음에 대한 상키야의 분석은 이원론적이지만, 고전적인 심신 이원론에는 들어맞지 않는다. 왜냐하면 상키야의 경우, 마음은 비물질적인 정신적 요소, 즉 자아(=순수정신)를 내포하기 때문이다. 그러나 그 자아(=순수정신)가 마음과 동일한 것은 아니다. 더 정확히 말하면, 그 자아(=순수정신)는 대상에 대한 일상적 인식에 포함되는 지적인 활동을 대면하고 있을 뿐이거나 순수하게 목격할 뿐이다. 물질세계의 다양상으로 오염되지 않는 이런 순수한 목격만으로는 지적 활동을 충족시키지 못한다. 왜냐하면 지적 활동은 표상이나 의미로 이루어지며, 여기에는 수동적인 반영보다 더 많은 것이 필요하기 때문이다. 지적 활동은 대상에 대한 이해이며, 여기에는 대상에 대한 적극적인 관여, 관념과 개념의 형성이 필요하다. 이런 것들은 세상을 살아가는 의도적인 행위에는 불가피하다. 그러나 자아(=순수정신)는 불변하고 수동적이기 때문에 이것만으로는 그러한 활동을 설명할 수 없다. 그러므로 우리의 인식 활동을 설명하기 위해 우리에게는 세계의 다양성에 관여하는 다른 요소

앞에 예시한 설명이 상키야 철학과 전혀 무관하지 않다고 강변한다면, 이는 소위 '고전 상키야'로 불리는 인도 이원론의 정설이 아니라, 그 이전 상키야 철학의 태동으로 간주되는 사고방식과만 유관하다는 것을 지적할 수 있다. 졸저의 제3장에서 상술하겠지만, 그러한 사고방식이 예를 들어 *Maitrī-upaniṣad*에서는 다음과 같이 드러난다.

> 참으로 태초에 이 세계는 오로지 암흑(tamas)이었으니, 최상위에 있었을 그것이 '지고한 자'에 의해 작동되어 이러저러하게 균형이 흐트러진 상태를 야기할 때, 이 양태가 바로 열정(rajas)이다. 참으로 이 열정이 작동하여 균형이 흐트러진 상태를 야기할 때, 이것이 바로 지성(sattva)의 양태이다. 오로지 이 지성이 작동하여 본질이 흘러나왔다. 그 일부인 이것은 의식일 뿐이요 '개개의 자아'(prati-puruṣa)이자 '몸을 아는 자'(kṣetrajña)이며, 의지와 결의(=결정)와 자기의식을 징표로 갖는 것으로서 '일체'로 불리는 조물주(Prajāpati)이다.[68]

여기에는 고전 상키야의 주요 용어들이 구사되어 있지만, 이것들은 아직 일원론의 노선을 답보하는 상태로 있다. 특히 이 서술의 첫 구문은 "태초엔 암흑이

……………

들이 필요하다. 세계의 변화에 관여하는 어떠한 요소는 근원적인 물질성(=근본원질)으로부터 출현하여 이에 따라 물질적인 것이어야 하기 때문에, 이 결과로 지적 상태에 대한 분석은 정신적 차원(자아=순수정신)으로만 한정될 수가 없고 물질적 요소(=3질)도 포함하지 않을 수 없다. 따라서 상키야의 경우, 지적 활동은 우주를 형성하는 두 가지 유형의 근본 실체, 즉 수동적 의식(=순수정신)과 물질적 본성(=근본원질)의 협동을 필요로 한다. ... 따라서 상키야의 견해는 특히 수동적으로 목격하는 의식(=순수정신)과 지적 활동의 차이를 강조한 점에서, 마음에 대한 힌두의 견해를 대변하는 것으로 간주될 수 있다. 이미 거론했듯이, 이러한 견해에 따르면, 지적 사건들은 두 가지 이질적인 요인, 즉 초월적 자아(=순수정신)와 다양한 지적 활동의 결합을 통해 발생한다. 이것이 지적 삶은 영원한 자아를 수반한다는 힌두 전통의 근본 전제이다." cf. Dreyfus(2007) pp. 91-93.

68 tamo vā idam agra āsīd ekaṃ, tat pare syāt tat tat pareṇeritaṃ viṣamatvaṃ prayāty, etad rūpaṃ vai rajas, tad rajaḥ khalv īritaṃ viṣamatvaṃ prayāty, etad vai sattvasya rūpaṃ, tat sattvam everitaṃ rasaḥ samprāsravat, so 'ṃśo 'yaṃ yas cetāmātraḥ prati-puruṣaḥ kṣetrajñaḥ saṃkalpādhyavasāyābhimāna-liṅgaḥ prajāpatir viśvety | MaiU 5.2. cf. Radhakrishnan(1953) p. 814.

암흑을 감추었고 … 그 유일자는 열의 힘으로 출생하였도다."[69]라고 선언했던 *Ṛgveda*의 무유 찬가를 계승한 흔적이 역력하기 때문에 그러하다. 더욱이 무유 찬가에서 말한 '유일자'를 이 우파니샤드에서는 '지고한 자'로 명명하면서 이로부터 전개되는 창조의 요인들을 암흑(tamas), 열정(rajas), 지성(sattva)으로 열거한 후, 지성을 본질로 갖는 자아가 바로 조물주라고 천명한다.[70] 이처럼 일원론을 견지하면서 구사하는 용어들은 조물주를 제외하고 모두 후대에 정립될 이원론의 초석이 되는 개념들이다. 여기서 특히 눈길을 끄는 것은 tamas, rajas, sattva, kṣetrajña이다. 이것들 중 앞의 셋은 삼위일체가 되어 이원론의 두 원리 중 근본원질 또는 원질의 본성을 대변하고, 나머지 kṣetrajña는 순수정신의 별칭이 된다.

*Maitrī-upaniṣad*를 인용한 여기서는 tamas, rajas, sattva를 각각 암흑, 열정, 지성으로 번역했는데, 이는 상키야 철학의 전용어가 아닌 이 우파니샤드의 맥락을 고려했기 때문이다. 그러나 그 셋을 상키야 철학의 맥락에서 사용된 것으로 간주한다면, 그것들은 물질 개념을 정의하는 결정적 요소로서 각각 암질(暗質), 동질(動質), 순질(純質)처럼 번역된다. 상키야 철학에서는 이 셋을 3질(tri-guṇa)이라는 용어로 일컫는다.[71] 상키야와 요가 철학에서 전용어로 구사될 경우의 3질

....

69 tama āsīt tamasā gūḷham agre … tapasas tan mahinājāyataikam | RV 10.129.3. @제1장 각주 23 참조.

70 Chakravarti(1975:35)는 여기서 인용한 대목의 요지를 다음과 같이 발췌했다.
"태초에 오직 tamas가 있었다. 이것은 '지고한 자'(puruṣa)에 의지하여 활동하다가 균형이 흐트러져 rajas가 되고, rajas도 균형이 흐트러져 sattva가 된다. 이 sattva가 활동하자 본질이 생성되었다. 이 일부가 곧 의식 자체이다. kṣetrajña로서 개개의 puruṣa에 머무는 이것은 결심과 의지와 자기의식으로 입증된다."
여기서 그는 '지고한 자'가 가리키는 것을 puruṣa로 제시했는데, 이 경우의 puruṣa는 *Ṛgveda*의 Puruṣa-sūkta(RV 10.90)에서 최초의 인간으로 신격화되어 자신을 제물로 삼아 만물을 창조한 Puruṣa를 염두에 둔 것으로 이해된다. 원인가(原人歌)로 불리는 이 찬가를 고려하지 않고 무유 찬가의 맥락으로 보면 '지고한 자'는 '유일자'에 해당한 것으로 이해하는 것이 타당할 것이다. 그리고 인용한 대목 중에서 '개개의 puruṣa'라는 개념은 나중에 정립될 고전 상키야의 순수정신에 상당하지만, 아직 여기서는 그러한 순수정신과는 일치하지 않으므로 '자아'로 번역해 두었다.

71 다른 번역도 가능하지만 졸저에서는 3질로서의 tamas, rajas, sattva를 각각 암질, 동질, 순질로 번역한다. Chakravarti(1975:24)는 이것들을 *Maitrī-upaniṣad*(2.5, 5.2)에 이르러 비로소 3질의 특수한 명칭으로 직접 언급되는 사례로 간주한다.

은 원질에 필수적으로 구비되어 있는 세 가지 속성을 가리킨다. 이 점에서 3질은 원질의 내용이 되는 세 가지 성분으로서 원질의 근본 요소인 동시에 원질 자체로도 간주된다.

상키야의 이원론에서 순질과 동질과 암질이라는 3질은 순수정신과 원질을 구분하는 준거가 된다. 왜냐하면 3질로 배합된 것은 모두 원질로 간주되며, 3질이 없는 것은 순수정신뿐이기 때문이다. 그렇다면 순수정신을 제외한 것은 모두 원질로 간주되므로, 몸(신체)도 원질에 속하고 마음도 원질에 속한다. 정신과 물질로 단순히 구분하자면, 3질로 배합된 것은 모두 물질에 속한다. 이에 따라 물질(즉 원질)이란 '3질로 배합된 것'이라고 정의할 수 있다.

한편 '몸(kṣetra)을 아는 자(jña)'라는 의미의 kṣetrajña는 고전 상키야에서는 한결같이 순수정신의 별칭으로 구사된다. 본래 kṣetra는 대지, 땅, 밭 등을 의미하지만, 철학적 사색에서 이 말은 영혼 또는 자아가 깃들어 있는 밭으로 비유된 몸을 의미한다.[72] 상키야 철학에서는 '아는 자'(인식자)를 의미하는 jña라는 용어만으로도 순수정신을 지칭한다. 그런데 이 앞에 kṣetra를 추가함으로써 앎(인식)의 대상이 몸임을 명시한다. 그러므로 순수정신을 kṣetrajña(몸을 아는 자)로 별칭한 것은, 상키야 이원론의 주된 관심사가 우리의 몸(신체)에 있다는 사실을 천명한 것으로 이해할 수 있다.

이 같은 관심사가 인도의 고대 의학서인 *Caraka-saṃhitā*에서 현저한 것은 지극히 당연할 것이다. 『마하바라타』의 「해탈법품」(解脫法品, Mokṣadharma-parvan) 및 *Bhagavadgītā*(이하 『기타』)와 함께 소위 '원시 상키야'의 사상을 알 수 있는 주

---

72 힌두교의 성전으로 널리 알려진 *Bhagavadgītā*에 다음과 같은 전거가 있다. "Kuntī의 아들이여! 이 몸은 '밭'으로 불린다." (idaṃ śarīraṃ kaunteya kṣetram ity abhidhīyate | BG 13.2) 한역(漢譯) 불전의 경우, 진제(真諦, Paramārtha, 499～569)가 번역한 『금칠십론』(金七十論)에서는 이 kṣetrajña를 곧이곧대로 지전(智田), 즉 '밭을 아는 자'로 번역했다. "최초에는 오직 암질(tamas=암흑)만 발생했으니, 이 암질 속에 智田(kṣetrajña)이 있었다." (最初唯闇生 此暗中有智田. T 54:1262b) 또한 『불소행찬』(佛所行讚)처럼 kṣetrajña를 지인(知因) 즉 '지식의 원인'으로 번역한 예외적인 경우도 있다. "자성(prakṛti)은 전변의 원인이며 지식의 원인(kṣetrajña)은 자아이다." (性轉變為因 知因者為我. T 4:22c)

요 문헌으로 잘 알려져 있는 *Caraka-saṃhitā*[73]에서는 「신체품」(Śārīra-sthāna)이라는 별도의 장을 할애하여 신체를 취급한다. 바로 여기에는 개념상의 혼동을 유발하기는 하지만, 고전 상키야에 계승되어 이원론의 체제로 정비되었을 것으로 추정할 만한 신체에 대한 기본 인식이 충분히 드러나 있다. 여기서는 취급할 주제를 의문 제기의 형식으로 먼저 열거는데, 이것들 중 주목할 만한 것은 다음과 같은 관심사이다.

> 몸(kṣetra)이 인식 대상으로서 먼저 있지 않으면 '몸을 아는 자'(kṣetrajña)는 전혀 쓸모가 없다. 그런데 만약 몸이 먼저 있다면, '몸을 아는 자'는 무상한 것이 될 것이다.[74] (9)

여기서 말하는 '몸'과 '몸을 아는 자'는 후대에 정립될 상키야의 이원론으로 적용하면 각각 원질과 순수정신에 해당할 것이다. 그러나 아직 이원론이 확립되지 않은 이 단계에서 '몸을 아는 자'를 넓은 의미의 마음으로 간주한다면, 여기서 드러내는 관심사는 결국 몸과 마음의 관계로 총괄할 수 있다. 여기서는 인식자로서의 마음을 '몸을 아는 자'로 표현한 것일텐데, 앞서 인용한 *Maitrī-upaniṣad*

....

73 "상키야 철학의 기원은 *Mahābhārata*(Mokṣadharma), *Bhagavadgītā*, *Caraka-saṃhitā*와 같은 원시 상키야의 문헌들에서 발견할 수 있는데, 이러한 문헌들에서는 자아를 인식자(jña)로 정의해야 하는가라든지 순수한 의식(caitanya)이 자아의 고유한 본성을 형성하는가 하는 따위의 문제들이 논의된다." Qvarnström(2012) p. 397.

74 jñeyaṃ kṣetraṃ vinā pūrvaṃ kṣetrajñaḥ hi na yujyate | kṣetraṃ ca yadi pūrvaṃ syāt kṣetrajñaḥ syād aśāśvataḥ || CS, Śārīra-sthāna 1.9. Sharma & Dash(1985) p. 312. *Caraka-saṃhitā*를 역주한 Sharma와 Dash는 이 원문의 취지를 다음과 같이 파악한다. 여기서 그들은 kṣetrajña(몸을 아는 자)를 '경험적 영혼'(Empirical Soul)으로 이해했는데, 인도철학 일반에서 이것은 '경험적 자아'로 통용된다. 따라서 아래에서 말하는 '경험적 영혼'을 '경험적 자아'의 동의어로 이해하는 것이 무난하다.
"몸의 형태 속에 알 수 있는 대상이 없다면, '경험적 영혼'이 몸으로서 출현한다는 것은 적절하지 않는 것 같다. 그러나 그때에 몸이 제일 먼저 온다면, 몸을 아는 자, 즉 '경험적 영혼'은 자신의 영원성을 잃게 될 것이다. ... 만일 '경험적 영혼'에 어떤 변형이 없다면, 그것이 어떻게 불행(질병)으로부터 야기된 특수한 상황을 겪게 되는가?" Sharma & Dash(1985) p. 313.
이에 따르면 '몸을 아는 자'로서의 경험적 자아는 몸에 종속하기 때문에, 몸의 변형에 따라 질병을 겪는 무상한 존재가 된다.

에서는 이것을 '개개의 자아'(약칭하여 '개아')와 동일시했다. 인도철학에서는 이러한 자아를 '경험적 자아'로 이해하여 최고아 또는 순수정신과 같은 순수한 자아와는 차별한다. 이 같은 순수한 자아는 '경험적 자아'에 대응하여 '절대적 자아'로 불릴 수 있다.[75]

아직 일원론의 노선을 서성거리고 있는 *Caraka-saṃhitā*에서는 절대적 자아와 두 종류의 자아를 병렬하여 설명한 것으로 나중에 도래할 이원론을 예고한다. 둘 중의 하나는 시초가 없는 자아, 즉 '무시(無始)의 자아'(anādi-puruṣa)로 불리는데, 이는 절대적 자아 또는 최고아를 가리킨다. 다른 하나는 24요소의 집합이므로 '더미 자아'로 불린다. 그런데 24요소 중의 하나인 미현현(avyakta)을 부분적으로는 '무시의 자아'인 절대적 자아의 속성인 것처럼 설명함으로써 일원론적 관념에 혼선을 초래한다.[76] 「신체품」의 제1장에서 인용한 아래의 설명에서 이 같은 개념적 혼선을 확인할 수 있다.

> 또한 [자아(puruṣa)는] 요소들의 구분에 따라 스물 넷, 즉 마음, 10감관들, [5] 대상들, 그리고 원질(prakṛti)인 8요소로 이루어진다고 알려져 있다.[77] (17)
> 참으로 스물 넷으로 이루어진 이 '더미'가 자아로 불리는 것이다.[78] (35)

....

75 *Caraka-saṃhitā*의 「신체품」에서는 '경험적 자아'(즉 kṣetrajña)에 대응하는 자아를 puruṣa로 표현하는데, Sharma & Dash(1985:326-7)는 이것을 '절대적 영혼'(Absolute Soul)으로 번역했다. 이것 역시 '절대적 자아'의 동의어로 이해하는 것이 무난하다. 「신체품」에서 언급하는 이 절대적 자아로서의 puruṣa가 상키야 철학의 이원론에 이르면 순수정신인 puruṣa로 분립하게 된다.

76 Rao(1966:415-6)는 *Caraka-saṃhitā*에서 설명하는 요소(=원리)들이 24인 이유를 색다르게 해석하여, 사실은 24가 아니라 25라고 주장한다. 그의 주장에 따르면 미현현은 상키야의 순수정신에 상당하며 원질도 여기에 포함시키기 때문에 24원리가 된다. 그는 미현현이 순수정신과 원질이라는 두 원리를 하나로 취급한 특수한 개념이 아니라, 일상 용어로서 '직접 지각될 수 없음'을 뜻할 뿐이라는 것을 그 이유로 든다. 순수정신과 원질은 모두 직접지각의 대상이 아니기 때문에 '미현현'으로 표현했다는 것이 그의 주장이다. 그러나 그의 해석은 참고할 만하지만 여기서 거론하는 일원론적 관념의 혼선을 모두 해소하지는 못한다.

77 punaś ca dhātu-bhedena caturviṃśatikaḥ smṛtaḥ | mano daśendriyāṇy arthāḥ prakṛtiś cāṣṭadhātukī || CS, Śārīra-sthāna 1.17. Sharma & Dash(1985) p. 313.

78 caturviṃśatiko hy eṣa rāśiḥ puruṣa-saṃjñakaḥ || ibid. 1.35. p. 320.

참으로 시초가 없는 것이기 때문에 최고아의 근원은 존재하지 않는다. 그러나 '더미'로 불리는 자아는 미혹, 욕망, 혐오, 업(행위)으로부터 발생한다.[79] (53)

시초가 없는 자아(무시의 자아)는 영원하지만 원인에서 발생하는 것은 이것과는 반대이다. 즉, 원인을 갖지 않는 존재는 영원하지만, 원인에서 발생하여 경험된 것은 그렇지 않다.[80] (59)

그것(무시의 자아)은 항존하기 때문에 영원한 것이며, 어떠한 것으로부터도 인식 대상으로 발생하지 않기 때문에 지각될 수 없다. **미현현인 그것은** 사고를 초월하지만 현현은 그렇지 않다.[81] (60)

위의 제53송에서는 '더미 자아' 즉 경험적 자아가 무상한 것임을 간접적으로 명시한다. 이것은 미혹, 욕망, 혐오, 업으로터 발생하며 이런 원인들은 무상하기 때문이다. 그리고 이것과는 다른 '무시의 자아'가 제60송에서는 '미현현'으로 명시된다. 그러나 곧장 후속하는 아래의 설명에 의하면 미현현은 '몸을 아는 자'로서 결국 '경험적 자아'가 될 것임에도 불구하고, 최고아 또는 절대적 자아처럼 영원, 편재, 불변의 성질을 지닌다. 미현현의 성격을 이렇게 중의적으로 설명한 탓으로 *Caraka-saṃhitā*의 일원론은 일부 흐트러진 양상을 드러내고 약간의 혼선을 야기한다.[82]

....

79 prabhavo na hy anāditvād vidyate paramātmanaḥ | puruṣo rāśi-saṃjñas tu mohecchā-dveṣa-karmajaḥ || ibid. 1.53. p. 325.
'더미 자아'는 이 원문의 표현처럼 '더미로 불리는 자아'(puruṣo rāśi-saṃjñas)를 용어화한 것이다. 또는 '자아로 불리는 더미'(rāśiḥ puruṣa-saṃjñakaḥ)로도 표현된다. 바로 앞의 각주 참조.

80 anādiḥ puruṣo nityo viparītas tu hetujaḥ | sad akāraṇavan nityaṃ dṛṣṭaṃ hetujam anyathā || ibid. 1.59. 이 원문의 취지는 다음과 같이 파악된다. "절대적 자아는 시초가 없으며 그처럼 영원하다. 뭔가에 의해 야기된 것인 경험적 자아(즉 24요소들의 결합)는 그렇지 않다. 즉 그것은 시초가 있으며 무상하다." cf. Sharma & Dash(1985) p. 326.

81 tad eva bhāvād agrāhyaṃ nityatvaṃ na kutaścana | bhāvāj jñeyaṃ tad avyaktam acintyaṃ vyaktam anyathā || CS, Śārīra-sthāna 1.60. ibid.

82 ibid. 1.61-65. Sharma & Dash(1985) p. 327.
avyaktam ātmā kṣetrajñaḥ śāśvato vibhur avyayaḥ | tasmād yad anyat tad vyaktaṃ, vakṣyate cāparaṃ dvayam || 61 ||
vyaktam aindriyakaṃ caiva gṛhyate tad yad indriyaiḥ | ato 'nyat punar avyaktaṃ liṅga-grāhyam atīndriyam || 62 ||

미현현은 자아(ātman)로서는 '몸을 아는 자'[83]이고, 영원하고 편재하며 불변한다. 이것과는 다른 것이 현현이며, 이 둘은 [아래에서] 다시 설명될 것이다. (61)

현현은 오직 감관들과 관련되어 있으므로 바로 그 감관들에 의해 지각된다. 그러나 미현현은 이와는 달리 표징에 의해 지각될 수 있는 것으로서 감관을 초월해 있다.[84] (62)

요소적 원질(bhūta-prakṛti)은 공(空) 따위[의 5조대요소]와 통각과 **미현현**과 아만과 같은 8종인 반면, 변이(變異)는 실로 16종으로 설명된다.[85] (63)

바로 이렇게 5종의 지각기관, 5종의 행위기관, 의식을 가진 것들(즉, 마음), 5종의 대상들이 변이로 불린다.[86] (64)

....

khādīni buddhir avyaktam ahaṅkāras tathā 'ṣṭamaḥ | bhūta-prakṛtir uddiṣṭā vikārāś caiva ṣoḍaśa || 63 ||
buddhīndriyāṇi pañcaiva pañca karmendriyāṇi ca | samanaskāś ca pañcārthā vikārā iti saṃjñitāḥ || 64 ||
iti kṣetraṃ samuddiṣṭaṃ sarvam avyakta-varjitam | avyaktam asya kṣetrasya kṣetrajñam ṛṣayo viduḥ || 65 ||

83 이 경우의 자아는 '몸을 아는 자'로 특정되므로 '경험적 자아'가 될 것이다. 그러나 Sharma & Dash(1985:327)가 이 구절을 "절대적 영혼(=절대적 자아)은 현현되지 않으며, 창조를 아는 자"라고 번역한 것은 필자가 지적한 것과 같은 혼선을 고려했기 때문일 것으로 짐작되는데, 이는 원문을 왜곡한 것이다. 특히 kṣetrajña(몸을 아는 자)를 여기서는 예외적으로 '창조를 아는 자'로 번역한 점에서 더욱 그러하다. 그들의 해석이 타당하다면 미현현은 최고아 또는 절대적 자아와 동일한 원리여야 하지만, 후속하는 원문에 의하면 결코 그렇지 않다.

84 요컨대 현현은 감각 기능에 의해 지각될 수 있는 반면, 미현현은 사실상 선험적인 것이어서 지각할 수 없는 것이므로 지각되기보다는 추리될 수 있을 뿐이다. cf. Sharma & Dash(1985) p. 327.

85 24요소의 집합을 '더미 자아'로 일컫듯이, 여기서 말하는 요소적 원질(bhūta-prakṛti)을 8요소로 이루어진 '더미 원질'로 일컬을 수도 있을 것이다.

86 Sharma & Dash(1985:327)는 제63송에서 언급하는 '허공 따위'(khādīni)를 5종의 미세요소로 간주하여 그 내용을 소리(聲), 감촉(觸), 형색(色), 맛[味], 향(香)으로 명시하고, 이 제64송에서 언급하는 '5종의 대상'을 '5조대요소'로 해석했다. 그러나 이는 정반대로 적용한 것이다. 그들은 고전 상키야의 교전인 *Sāṃkhya-kārikā*(『상키야송』)의 제3송(SK 3)에서 말하는 16종의 변이(vikāra)에 꿰맞추어 이렇게 적용한 것으로 보인다. 이 경우의 변이란 원인으로부터 변형된 결과이지만 더 이상 다른 결과의 원인이 되지는 않는 것을 가리키며, 여기에는 5조대요소가 포함된다. 그러나 *Mahābhārata*와 함께 *Caraka-saṃhitā*에서는 미세요소(tanmātra)를 직접 언급하지 않고 이것을 5조대요소로 대신한다고 잘 알려져 있는데, 이의 전거가 되는 것이 바로 앞의 제63송이다. Chakravarti(1975) p. 20(이 밖에 pp. 42, 103, 109) 참조. 따라서 두 게송에서 말하는 '허공 따위'는 5조대요소를 가리키고, '5종의 대상'이 사실은 5미세요소이다. 고전 상키야에서는 5미세요소로부터 5조대요소가 결과로서 전변한다는 인과관계를 정립했지만, 이 *Caraka-saṃhitā*를 포함한 『마하바라타』의 일부와 불교의 대반열반경(大般涅槃經)에서도 이와는 반대로 5조대요소를 5미세요소의 원인으로 간주하는 견해를 소

그래서 **몸은 미현현을 제외한 모든 것**이라고 설명되며, 성현들은 이 몸에 대해 '몸을 아는 자'를 **미현현**으로 간주한다. (65)

이상에서 맨 끝의 제65송에 의하면, 제63~64송에서 열거한 24종의 요소들 중 미현현을 제외한 23종이 신체(몸)의 요소가 된다. 따라서 다음과 같은 요소들로 형성된 것이 바로 신체이다.

①통각, ②아만, ③의식(마음), 5종의 지각기관으로서 ④눈, ⑤귀, ⑥코, ⑦혀, ⑧피부, 5종의 행위기관으로서 ⑨성대, ⑩손, ⑪발, ⑫항문, ⑬생식기, 5종의 조대요소로서 ⑭공(空), ⑮풍(風), ⑯화(火), ⑰수(水), ⑱지(地), 5종의 대상으로서 ⑲성(聲), ⑳촉(觸), ㉑색(色), ㉒미(味), ㉓향(香)

이러한 신체 개념은 고전 상키야의 25원리 중에서 양대 원리인 순수정신과 근본원질을 제외한 모든 것을 망라한다. 그런데 위에서 제외한 미현현이 상키야 철학에서는 근본원질을 지칭하는 용어로 사용되고, 이 근본원질로부터 결과로서 전변된 원리들과 신체로 간주되는 23종의 요소들은 동일하다. 따라서 상키야 철학의 관념으로 보면 미현현까지도 신체를 형성하는 원질로 간주된다. 이 점을 고려하면 신체에 대한 *Caraka-saṃhitā*의 발상이 원론적으로는 고전 상키야의 이원론에 배어들었다고 단언할 수 있다. 다만 *Caraka-saṃhitā*에서는 미현현을 원질에 귀속시키면서도 '몸을 아는 자'(경험적 자아)로 간주하는가 하면 '무시의 자아'(절대적 자아)로 간주하는 등으로 관념상의 혼선을 자아낸다. 이 같은 혼선의 양상을 아래의 표로 확인할 수 있다.[87]

....

개하고 있다. 이에 따라 '5조대요소→5미세요소'라는 사고는 고전 상키야로부터 먼 시기의 것이며, 이는 5조대요소를 중시했던 고대 인도의 일반적인 세계관을 반영한 것으로 이해된다. 정승석(1992b) pp. 813-4 참조.

87 정승석(1991) p. 237에 이와 유사한 표가 제시되어 있으나, 아래의 표는 이것을 대폭적으로 개선하여 보완하였다.

〈표 3〉 Caraka-saṃhitā에서 자아와 신체의 관계

• 범례: 단일한 직선은 소속 관계, 이중의 직선은 동일 관계를 표시함

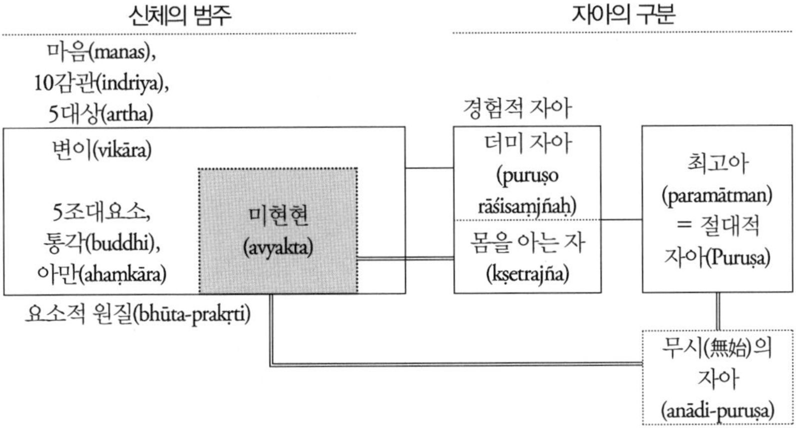

여기서 23요소와는 분리됨으로써 신체(몸)에 속하지 않는 미현현은 '몸을 아는 자'로서 경험적 자아이지만, '무시의 자아'로도 간주되므로 최고아인 절대적 자아와 동일시된다. 이러한 혼선은 미현현을 두 위상 중의 어느 한쪽으로만 귀속시키는 것으로 해소될 수 있다. 만약 미현현에서 자아의 성질을 완전히 박탈하면(위의 <표 3>에서 미현현과 직접 연결된 이중의 선을 제거하면), 신체와 자아의 관계는 일원론으로 정비될 것이다. 그러나 만약 자아의 성질이 없는 원질로서의 미현현을 절대적 자아와 동등한 위상으로 분립한다면(위의 표에서 이중의 선을 제거하고 '무시의 자아'의 위치로 이동하면), 이것은 이원론이 된다. 상키야 철학은 이러한 두 경우 중에서 후자 쪽을 선택하는 것으로 이원론을 확립했다.

상키야 철학은 이로써 신체의 위상을 창조적 원리로 격상시켰다. 더욱이 여기서는 우리가 흔히 마음의 기능으로 간주하는 통각, 아만, 의식까지도 신체의 범주에 포괄하여 이것들의 신체적 작용을 통찰하고 분석하는 데 주력했다. 그러므로 상키야의 이원론은 외형적으로는 마음의 철학이라기보다는 몸의 철학

이라고 말할 수 있다. 외형상 관심사를 몸에 쏟은 이러한 관념의 연원은 범아일여의 전조가 나타나는 *Atharvaveda*에서도 다음과 같이 발견할 수 있다.[88]

> 세 바퀴살과 세 받침을[89] 가진 황금의 집, 바로 여기에 아트만(자아)을 가진 자로 있는 정령이 참으로 브라만이라고 아는 자가 현자로다.[90]
> 아홉 문을 지니고 세 가닥으로 둘러싸인 연꽃, 여기에 아트만을 가진 자로 있는 정령이 참으로 브라만이라고 아는 자가 현자로다.[91]

여기서 말하는 '황금의 집'과 '연꽃'이 신체(몸)를 비유한 것이라는 것은 의심의 여지가 없을 듯하다.[92] 또한 '아트만을 가진 자'와 브라만이 *Caraka-saṃhitā*의 「신체품」에서는 각각 '몸을 아는 자'와 최고아(절대적 자아)로 바뀌었을 것으로 짐작할 수 있다. 그러나 여기서 정작 주목을 끄는 것은 위의 둘째 구문에서 말하는 아홉 문과 세 가닥이다. 이것들은 모두 상키야 철학에 수용되어 있기 때문이다. 즉 아홉 문은 두 눈, 두 귀, 두 콧구멍, 입, 항문, 생식기를 가리키고, 연꽃은 신체를 의미하며, 세 가닥은 sattva, rajas, tamas를 가리킨다.[93] 아홉 문 중에서 눈과 귀와 코는 상키야 철학의 25원리 중 5종의 지각기관에 포함되고, 입과 항문과 생식기는 5종의 행위기관에 포함된다. 그리고 신체의 구성 요소임을 시사하는 세 가닥이 상키야 철학에서는 신체를 포함한 모든 물질을 정의하는 3질로 심화된다.

....

88 아래 인용은 정승석(2011) p. 167 참조.

89 확언할 수는 없지만 여기서 '세 개의 바퀴살'은 능력(sthāna), 징표(nāma), 존재(janma), '세 개의 받침'은 행위(karma), 명상(upāsanā), 지혜(jñāna)를 가리킨다. cf. Chand(1982) p. 434, n. 1.

90 tasmin hiraṇyaye kośe tryare tripratiṣṭhite | tasmin yad yakṣam ātmanvat tad vai brahmavido viduḥ || AV 10.2.32. Lindenau(1924) p. 220.

91 puṇḍarīkaṃ navadvāraṃ tribhir guṇebhir āvṛtam | tasmin yad yakṣam ātmanvat tad vai brahmavido viduḥ || AV 10.8.43. ibid. p. 236.

92 이러한 비유가 앞서 인용한 *Chāndogya-upaniṣad*에서는 "브라만의 성채에는 작은 연꽃[과 같은] 집이 있고 ..."(@제1장 각주 37)라고 전승되었을 것이다.

93 Chand(1982) p. 470, n. 4.

*Atharvaveda*에서 발췌한 위의 예문은 아트만(자아)과 브라만의 관계를 마음의 문제로 사색하는 데서도 몸에 대한 인식이나 이해는 불가피한 전제가 된다는 사실을 단적으로 시사한다. 이러한 사실이 우파니샤드에서는 더욱 가시화되지만, 거의 대부분은 범아일여의 일원론적 노선에서 크게 벗어나지는 않았다. 소위 원시 상키야의 범주에 속하는 관념들도 이와 마찬가지이다.

일원론적 노선에서 일탈해 나온 상키야 철학의 이원론은 양대 원리의 특성을 확연히 구분해 두고서, 양자의 유사성을 판별하는 명석한 통찰을 해탈의 지혜로 중시한다. 그 유사성은 마음으로 통칭할 수 있는 기능들이 순수정신으로 불리는 자아의 기능인 것처럼 생각되는 데서 발생한다. 그러나 이렇게 발생하는 유사성은 착각이고 무지의 소산이다. 진실을 말하자면 순수정신의 특성은 말 그대로 지성일 뿐이며 직접 활동하지 않는다는 데 있다. 반면에 근본원질 또는 원질의 특성은 지성이 없이 직접 활동하는 데 있다. 그래서 마음의 작용과 같은 정신 활동은 원질에 속하는 신체적 기능으로 취급된다. 이에 따라 몸과 마음은 불가분리의 관계로 결부되어 고통을 유발하는데, 그 이유를 해명하는 것이 3질의 배합이다.

이렇게 주장하는 상키야 철학에 따르면 마음은 원질에 속하기 때문에 무지의 속성을 지닌다. 그럼에도 불구하고 마음이 지적 기능으로 활동할 수 있는 것은 3질 중의 순질이 우세하기 때문이다. 종종 마음의 기능을 순수정신으로 착각하는 것도 이 때문이다. 그러므로 여기서는 마음의 속성과 작용을 통찰하여 순수정신과 차별하는 지혜를 획득하는 것이 관건이며, 이것이 상키야 철학에서 추구하는 목적이다.

앞에서는 상키야의 이원론을 외형적으로는 몸의 철학으로 간주할 수 있다고 지적했다. 그러나 다른 한편으로 그 철학적 사색의 내면인 목적과 의도를 들여다보면, 신체에 구속될 수밖에 없는 마음의 실체를 통찰하는 데 주력한 점에서는 마음의 철학으로 간주될 수도 있다. 이는 요가 철학의 이원론이 마음의 작용을 제어하는 논리와 방법을 제시하는 데 주력한 것과도 상통한다. 더욱이 마음

(통각, 아만, 의식)을 근본원질의 일차적 소산으로 생각하고 이로부터 물질세계가 전변한다고 주장하는 상키야의 이원론은 "모든 것은 마음이 조작한 것일 뿐"이라는 불교 측의 관념과도 부분적으로는 상통할 수 있다. 그렇다면 이러한 이원론적 관념은 불교의 유심론적 관념과도 전혀 무관하지는 않을 것이다.[94]

1.4. 유심론적 관념

앞에서 일원론적 관념을 서술하면서 언급했듯이, 우파니샤드에는 인식의 대상이 되는 마음과 이 마음을 인식하는 주체로서의 마음이 전제되어 있다.[95] 다른 예를 들면 *Kena-upaniṣad*는 다음과 같은 질의응답으로 시작된다.

> 무엇이 욕구를 일으키고 재촉하여 마음은 [바라는 것으로] 돌진하는가? 무엇의 통솔에 의해 최초의 생기(숨)는 [생명의 길로] 나아가는가? 무엇이 욕구를 일으켜 이 말을 발설하게 하는가? 어떤 신이 있어 과연 눈과 귀를 통솔하는가?[96] (1)
>
> 그것은 귀의 귀요, 마음의 마음이요, 말의 말이자 생기의 생기요, 눈의 눈이니, 현자들은 [이에 대한 그릇된 생각을][97] 떨쳐 버린 후에 이 세계를 떠나서

....

94 이 때문에 상키야 철학의 이원론은 '유심적(唯心的) 이원론'으로 불릴 수 있다. "실천적 입장에서 보면, 상키야의 二元은 정신과 물질의 차원이 아니라 정신 활동의 순수와 오염이라는 一心의 양면적 차원에서 윤회와 해탈의 문제를 설명하는 원리이다. 이런 의미에서 상키야의 전변설 역시 '객관세계라는 것은 결국 주관에 의해서 성립된다는 인도철학의 통념'에서 벗어나지 않는 것이며, 그 이원론은 唯心的 이원론이 된다." 정승석(1992a) p. 18.

95 @제1장 각주 7에 관한 서술 참조.

96 keneṣitaṃ patati preṣitaṃ manaḥ kena prāṇaḥ prathamaḥ praiti yuktaḥ | keneṣitāṃ vācam imāṃ vadanti cakṣuh śrotraṃ ka u devo yunakti ‖ *Kena-up.* 1.1. Radhakrishnan(1953) p. 581. "여기서 질문자는 마음의 배후에서도 마음과 모든 감관에게 추진력을 주는 모종의 것이 무엇인지를 알고 싶어 한다." Sharvananda (1920) p. 7.

97 Sharvananda(1920:8)는 생략된 이 목적어를 "자아와 감관들을 동일시하는 모든 그릇된 생각"으로 해석한다.

는 영생하는 자가 된다.[98] (2)

물론 여기서 말하는 '마음의 마음', 즉 마음의 주체가 되는 마음은 아트만(자아)이다.[99] 그러나 마음을 아는 또 하나의 마음으로서 직관 능력을 가진 인식자(아트만)[100]를 따로 인정하지 않는다면, 마음의 기능을 인식 대상과 인식 주체라는 두 방면으로 구분하는 데 그칠 수밖에 없다. 불교에서는 이와 같은 관점이 심화되어 마침내 유식학(唯識學)이라는 일종의 마음 철학으로 전개되었다.

우파니샤드에서 추구하는 '직관 능력을 가진 인식자(아트만)'를 유식학에서 찾자면 그것은 '알라야(ālaya)로 불리는 식', 즉 알라야식에 상당한다. 알라야식도 신체에 감춰져 있는 마음으로 불린다.[101] 유식학에서는 이 알라야식으로서의 마음이 인식의 대상과 주체로 기능하는 것을 각각 상분(相分)과 견분(見分)이라고 표현한다.[102] 이 둘을 '마음의 마음'에 적용하면, 상분은 인식의 대상이 되

98 śrotrasya śrotraṃ manaso mano yad vāco ha vācaṃ sa u prāṇasya prāṇaḥ | cakṣuṣaś cakṣur atimucya dhīrāḥ pretyāsmāl lokāt amṛtā bhavanti || *Kena-up*. 1.2. Radhakrishnan(1953) p. 581.

99 '귀의 귀', '마음의 마음'처럼 대상과 소유자의 의미로 반복되는 이 소유격의 표현에서 소유자는 대상을 통솔하는 자아를 의미한다. cf. Radhakrishnan(1953) p. 581. 그리고 Radhakrishnan(1953:581)은 여기서 더 나아가 이 같은 표현으로 의도하는 절대적 자아(영원한 실체)를 다음과 같이 브라만으로 간주한다. "마음, 생명과 감관들, 마음의 마음, 생명의 생명의 배후에는 영원한 실체가 있다. 브라만은 마음과 말과 감관들에 의존하는 대상이 아니다."

100 Sharvananda(1920:2-3)는 이 우파니샤드에서 이렇게 시작하는 전반부의 취지를 다음과 같이 간략히 추출한다. "아트만, 즉 절대 의식을 지각할 수 있으려면 아트만을 마음과 감관들의 기능으로부터 떼어 놓아야 한다. 이렇게 할 수 있는 것은 오직 아트만 자체의 직관 능력뿐이다. 감관들은 아트만을 전혀 인지할 수 없기 때문이다."

101 유식학의 전거로 중시되는 해심밀경(解深密經)에 의하면 알라야식을 다음과 같이 이해할 수 있다. 여기서 아뢰야(阿賴耶)는 알라야(ālaya)의 음역이다.
"『해심밀경』에서는 신체에 은장(隱藏)하기 때문에 아뢰야(阿賴耶)라고 부른다고 설명된 그것이 현실의 미혹, 즉 우리의 일상 경험을 가능하게 하는 근저로서 그 속에 감춰져 그것과 함께 생기하여 전변하기 때문에 '아뢰야'라고 불리며, 또 이러한 근저적인 것은 끊임없이 흐르는 일상생활의 배후에 있는 자아로서 집착되기 때문에 '아뢰야'라고 불린다고 설하기에 이르른 점에 주의해야 한다. ... 현실의 경험에 미치는 이러한 영향 또는 인상은 습기(習氣)라고 불린다. 알라야식은 이러한 습기가 쌓여서 모이는 곳이다. 이런 의미에서 알라야식은 또한 마음(心)으로 불린다." 田中順照(1977) p. 221. 정승석(2010) p. 67 재인용.

102 정승석(2010) pp. 64-65 참조.

는 마음이고 견분은 인식의 주체가 되는 마음이다.

불교는 제행무상(諸行無常)을 세계관의 기치로 내걸고 출발했던 만큼 최고아 또는 절대적 자아와 같은 영원한 실체를 애초부터 인정하지 않는다. 불교는 이와 더불어 원인이 없이 존재할 수 있는 것은 아무것도 없다고 확신하여, 최소한 두 가지 이상의 원인들이 상호 의존적인 관계로 작용함으로써 결과가 발생한다는 인과율을 주장한다. 이처럼 영원불멸의 존재를 부정하고 모든 것이 무상하다는 관점에서 현상계의 원인을 찾고자 한다면, 여기에 적합하기로는 변화무쌍한 마음만 한 것이 없을 것이다. 그래서 우리가 경험하는 현상계의 다양성을 마음의 기능으로 설명하려는 것은 유심론적 관념을 형성한다. 이 마음을 식(識)으로 심화하여 이것으로 모든 현상을 이해하고 설명하는 데서 유식학이 성립한다.[103]

대승불교의 유식학으로 전개될 유심론적 관념은 초기의 불전들에서부터 선명하게 드러나 있다. 상응부(相應部, *Saṃyutta-nikāya*)와 증지부(增支部, *Aṅguttara-nikāya*) 경전에서 그 대표적인 예를 들면 다음과 같다.

> 정신(nāma)은 모든 것을 이기며 정신보다 나은 것은 존재하지 않는다. 정신이라는 하나의 원리가 참으로 모든 것을 지배한다. … 마음(citta)이 세계(loka)를 인도하고 마음에 의해 [세계는] 이끌려 다닌다. 마음이라는 하나의 원리가 참으로 모든 것을 지배한다.[104]

....

103 여기서 말하는 식(識)이 유식(唯識)이라고 말하는 경우의 식(識)과 동일하지는 않다. 전자는 5온(蘊)의 하나인 식(識), 또는 6식이나 8식 등으로 구분되어 저마다 고유한 기능을 전담하는 식(識, vijñāna)이다. 후자의 경우에는 유식의 원어인 vijñapti-mātra에서 vijñapti를 번역한 식(識)이다. vijñapti는 흔히 표상(表象)이라는 의미로 이해된다. 이에 따라 유식은 마음 밖의 대상까지 포함한 모든 것이 '마음의 표상'에 지나지 않는다는 주장을 표방하는 개념이다. 이처럼 용도에 따라 식(識)의 의미에는 차이가 있지만, 넓은 의미로 마음의 작용을 지목한 것이라는 점에서는 차이가 없다. 예를 들어 10~11세기에 활동한 힌두교의 철학자로서 유식학을 도입하여 자파의 재인식(Pratyabhijñā) 이론을 정립했던 Utpaladeva와 Abhinavagupta는 유식을 vijñapti-mātra가 아니라 vijñāna-mātra로 표현한다(cf. Ratié 2010:459). 이들에게 유식의 식(識)은 일반적으로 통용되는 식(識)과 다르지 않다. 그래서 그들은 유식학의 지지자를 단지 식론자(Vijñānavādin)로 호칭한다. cf. Ratié(2010) p. 439, n. 7.

104 SN. Part I, p. 39. 임승택(2013b) p. 8 재인용.

세존이시여, 무엇이 세상을 이끕니까? 무엇이 이 세상을 끌어당깁니까? 어떤 것이 생겨나서 이것을 지배합니까? … 비구여, 마음이 세상을 이끈다. 마음이 세상을 끌어당긴다. 마음이 생겨나서 이것을 지배한다.[105]

위의 둘째 경문에서 제기한 질문은 앞서 인용한 *Kena-upaniṣad*의 서두에서 제기한 질문을 연상시킨다. 그 우파니샤드에서 암시하는 답은 결국 아트만(자아)이었지만, 위의 경문에서는 마음이야말로 세상을 지배하는 것이라고 직설적으로 답한다. 한편 상응부 경전의 다른 경문에서는 이 같은 지배자로서의 마음이 식(識)으로 바뀐다. 이 경문은 아래와 같은 비유를 먼저 제시하고 나서 그 의미를 설명한다.

하나의 성채가 변방에 있고, 이것을 한 사람의 왕인 성주가 통치하고 있다. 배수로와 제방과 기장(旗章)이 갖춘 그 성채에는 6개의 문이 있다. 현명한 문지기가 이것을 지키고 있어 적을 방어하고 친우를 맞는다. 왕은 그 성채 중앙의 네거리에 앉아 있다. 이때 동서남북의 사방으로부터 신속한 2인의 사자가 와서 문지기에게 왕이 있는 곳을 묻고, 왕을 면회하여 여실한 소식을 전하고서는 다시 원래 왔던 길로 되돌아간다.[106]

위의 비유에서 성채는 4조대요소로 이루어진 신체, 6개의 문은 6근(根), 이것을 지키는 문지기는 정념(正念), 신속한 2인의 사자는 집중(止)과 관찰(觀), 중앙의 네거리는 4조대요소, 거기에 앉아 있는 성주는 식(識), 여실한 소식은 열반, 원래 왔던 길은 8정도를 의미한다.[107]

……………

105 AN. Part II, p. 177. 김재성(2013) p. 36 재인용.

106 Cf. SN. Part IV, p. 194. 정승석(1999) p. 113 참조.

107 Cf. ibid. pp. 194-5. 舟橋一哉(1952) p. 57 참조. 여기서는 성채와 네거리가 모두 4조대요소를 비유한 것으로 중복되어 있어 불합리한 듯하다. 이 불합리는 다음에 소개할 잡아함경에서 해소된다. 다음 각주 참조.

한역(漢譯) 잡아함경에는 이에 상당하는 비유가 제1175경으로 수록되어 있는데, 여기서 설명하는 비유의 의미는 다음과 같다.

> 성채는 인간의 육신, 성채를 잘 다스리는 것은 정견(正見), 도로가 평탄하고 곧은 것은 6근, 4개의 문은 4식주(識住), 4명의 문지기는 4념처(念處), 성주는 식수음(識受陰), 사자는 지관(止觀), 여실한 소식은 4성제, 왔던 길로 되돌아 감은 8성도(=8정도)를 의미한다.[108]

이 비유는 식(識)의 역할에 주안점을 두면서 신체가 어떻게 이루어져 있는지도 암시한다. 먼저 성채의 성주와 같은 식(識)의 역할은 신체의 중심으로서 신체를 보호하고 원활하게 유지하도록 관장하는 것이다.[109] 다음으로 이 비유는 성채의 내부를 언급하는 것으로 신체의 구성에 대한 인식을 드러낸다. 이에 관해서는 상응부 경전과 함께 잡아함경의 비유까지 고려해야 더욱 상세한 인식을 파악할 수 있다. 이 경우 신체의 구성 요소로는 4조대요소, 6근, 5온이 언급된다. 이것들을 낱낱이 열거하면 다음과 같다.

> 물질의 4조대요소로서 ①흙(=地), ②물(=水), ③불(=火), ④바람(風), 여섯

....

108 雜阿含經 권43(T 2:315c): "所謂城者 以譬人身麁色. 如篋毒蛇譬經說. 善治城壁者 謂之正見. 交道平正者 謂內六入處. 四門者 謂四識住, 四守門者 謂四念處. 城主者 謂識受陰, 使者 謂止觀. 如實言者 謂四眞諦, 復道還者 以八聖道." 여기서 4식주는 5온(蘊) 중에서 식(識)을 제외한 색(色), 수(受), 상(想), 행(行)의 4온이며, 식수음은 5온 중의 식(識)을 가리킨다. 따라서 4개의 문은 성주와 함께 5온을 비유한다. 이러한 잡아함경의 설명을 상응부 경전과 비교하면 성주가 식(識)을 가리킨다는 점에는 차이가 없다. 그러나 상응부 경전에서는 '배수로와 제방과 기장'에 상징적 의미를 부여하지 않고, 이것을 '6개의 문'과 일괄하여 6근을 비유한 것으로 설명한다. 그러나 잡아함경에서는 "배수로와 제방과 기장(旗章)을 갖춘"에 상당하는 "도로가 평탄하고 곧은 것"이 6근, '4개의 문'이 4온을 제각기 비유한 것으로 설명한다. 이로써 5온까지 포함하는 이 잡아함경의 설명이 비유의 본래 취지를 잘 반영한 것으로 이해할 만하다.

109 舟橋一哉(1952:57)의 해석에 따르면, 성(城)이 성주에 의해 비로소 성답게 존재하듯이, 인간이 인간으로서 인정되는 것은 識(즉 마음)에 의해 육체가 통일되어 있기 때문이라고 말하는 것이 이 비유의 취지이다.

감관인 6근으로서 ⑤눈(眼根), ⑥귀(耳根), ⑦코(鼻根), ⑧혀(舌根), ⑨피부(=身根), ⑩의식(=意根), 5온으로서 물질의 양상인 ⑪색온(色蘊), 감수 작용으로 기능하는 ⑫수온(受蘊), 표상 작용으로 기능하는 ⑬상온(想蘊), 의지 작용으로 기능하는 ⑭행온(行蘊), 식별 작용으로 기능하는 ⑮식온(識蘊)

이것을 이원론적 관념에서 고찰한 *Caraka-saṃhitā*의 신체관과 비교하면, 여기서는 5조대요소의 하나인 공(空)과 5미세요소를 고려하지 않은 점이 다르다.[110] 불교에서 5미세요소(色, 聲, 香, 味, 觸)는 각각 눈, 귀, 코, 혀, 피부라는 5근이 접촉하는 외부의 대상으로 간주되기 때문에 5경(境), 즉 5종의 대상으로 불린다. 위에서는 불전의 비유에 의거하여 신체의 구성 요소로 15종을 열거하였지만, 이것들은 모두 5온에 포괄된다. 따라서 불교의 신체관으로 정의하자면, 신체란 5온이라는 덩어리에 불과하다. 이와 같이 정의할 수 있는 근거를 상키야 철학의 신체관과 비교하는 데서도 찾을 수 있다.

석가모니의 생애를 시적으로 서술하는 『불소행찬』(佛所行讚, *Buddhacarita*)은 초기 상키야의 사상이 반영되어 있는 문헌으로 유명하다. 여기서는 초기 상키야가 인간의 신체를 어떻게 분석했는지를 간파할 수 있는데, 이 분석은 <표 4>처럼 불교의 5온과 밀접하게 대응한다. 즉 색온은 상키야 철학의 5미세요소 및 5조대요소와 유사하다. 수온은 감관들(즉 5지각기관과 5행위기관), 상온은 의식(manas), 식온은 통각(buddhi)과 일치한다. 그리고 행온은 인격을 통합하는 기능을 가리키는 것으로 간주된 경우의 아만(akaṃkāra)과 일치한다.[111]

....

110 불전에서는 거의 한결같이 신체의 물질적 형태, 즉 육체는 5조대요소 중에서 공(空)을 제외한 4조대요소의 소산물로 언급한다. 상응부 경전의 일례를 들면 다음과 같다. "비구들이여! 무지한 범부는 4조대요소의 소산인 이 육체를 마음이 아니라 오히려 자아라고 알아야 하는 것이 더 나을 것이다." (Varaṃ bhikkhave assutavā puthujjano imaṃ cātu-mahābhūtikaṃ kāyaṃ attato upagaccheyya na tveva cittaṃ ‖ SN 12.61.6. Part II, p. 94) 참고로 이 경문은 무아설을 표방하는 역설적 표현이다. 후속하는 내용에 따르면 이 경문의 취지는, 육체가 곧 자아일 것으로 생각하는 범부는 육체가 영속할 수 없다는 것을 인정하게 됨으로써 자아도 무상한 것이라고 인정할 수밖에 없게 된다는 것이다.

111 Cf. Johnston(1937b) p. 21. <표 4>와 함께 정승석(1992a) p. 82 참조.

〈표 4〉 상키야의 신체 원리에 대응하는 불교의 5온

• 범례: 점선은 상키야의 원리에 대응하는 5온의 각각

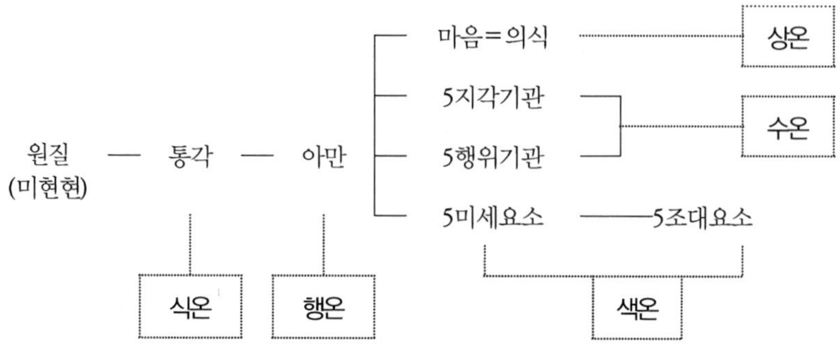

불교의 5온 중에서 색온을 제외한 4온은 정신적 기능을 의미하는 명(名, nāman)으로 총괄되듯이, 4온은 감성과 이성을 포함한 마음 작용을 세분한 것으로도 간주될 수 있다. 그리고 4온 중에서도 식온은 마음 작용의 주재자로서 심신의 모든 활동을 수렴하고 주관하는 지각력의 결정체에 해당한다. 불전에서 식(識)을 성주로 비유한 것도 식온의 이러한 역할과 기능을 지목한 것으로 이해할 수 있다.

마음에 대한 불교의 인식에서 식(識)이 차지하는 비중은 우파니샤드의 경우와 비교하는 것으로 역력하게 드러난다. 불전의 경우에 성채를 비유로 사용하는 맥락은 *Chāndogya-upaniṣad*의 경우와 유사하다. 성채가 신체를 가리킨다는 점에서는 양측이 동일하다. 다만 성주가 우파니샤드에서는 브라만을 가리키는 반면, 불전에서는 식(識)을 가리킨다는 차이가 있다. 이에 따라 우파니샤드에서 차지하는 최고아, 절대적 자아, 브라만 등의 위상이 불교에서는 마음의 일환인 식(識)으로 바뀐다.

이상에서 소개한 불전의 일부 사례들만으로도 마음을 중시한 유심론적 관념이 불교의 저변에 깔려 있음을 엿볼 수 있다. 이 같은 기반에서 마음 중심의 사고방식이 교학의 전통을 형성하여 유심과 유식의 사상으로 전개되었다. 이 과정

을 한눈에 파악하자면 다음과 같이 약술할 수 있다.[112]

불교에서는 신업(身業), 구업(口業), 의업(意業)이라는 3업 중 특히 의업을 중시하듯이 마음(citta)에 중점을 두고 있다. 이러한 것은 불교의 공통적 사고방식이며, 이 전통이 유심(唯心) 사상이 되고 더 나아가 유식(唯識) 사상의 성립으로 전개되었을 것으로 생각된다. 예를 들어 『십지경』에서 모든 것이 마음일 뿐이라고 설한 삼계유심(三界唯心)[113]의 교설은 불교가 마음을 중시한 전통에 따랐던 것이고, 이 교설이 나중에 유식(vijñapti-mātra)의 성립에 큰 영향을 미쳤을 것이다. 이리하여 유식의 관념은 『해심밀경』에 이르러 최초로 등장한다. 이 경전에서는 모든 직관적 관찰(vipaśyanā)과 삼매(samādhi)에서 대상이 되는 영상이 이 마음과는 차이가 있는지 없는지를 묻는 질문[114]에 다음과 같이 대답한다.

> 선남자여! 차이가 없다고 말해야 한다. 왜냐하면 그 영상은 오직 식(識)일 뿐이기 때문이다. 선남자여! 내가 말한 식(識)의 근거가 되는 대상은 오직 식(識)이 드러난 것일 뿐이기 때문이다.[115]

여기서 말하는 식(識)을 마음으로 바꾸면, 유식의 취지를 유심론적 관념으로 풀이할 수 있다. 즉, 우리가 경험하고 있는 마음 밖의 모든 것들은 실은 마음이

....

112 여기서 약술한 내용은 舟橋尙哉(1989) pp. 2-4 참조.

113 정확하게 말하면 三界唯心은 『십지경론』의 용어이고, 『십지경』에서는 이것을 더 구체적으로 "3계는 허망하고 단지 이 한 마음이 만든 것이다."(三界虛妄 但是一心作)라고 서술한다.
十地經論 권6(T 26:169a): 경에서 말한다. "이 보살은 '3계는 허망하고 단지 이 한 마음이 만든 것이다.' 라고 생각한다." 이것을 논하여 말한다. "'단지 이 한 마음이 만든 것'이란 3계는 모두 마음이 굴린 것일 뿐이라는 뜻이다." (經曰. 是菩薩作是念. 三界虛妄但是一心作. 論曰. 但是一心作者, 一切三界唯心轉故.)

114 解深密經 권3(T 16:698a): "諸毘鉢舍那三摩地所行影像, 彼與此心, 當言有異? 當言無異?"

115 解深密經 권3(T 16:698b): "善男子! 當言無異. 何以故? 由彼影像 唯是識故. 善男子! 我說識所緣 唯識所現故." 티베트의 역본에서는 이 대목이 "범부는 전도된 지각을 갖고 있어서, 온갖 영상에 대해 바로 유식이라고 여실하게 알지 못하고 거꾸로 생각한다."라고 이해된다. 西藏大藏經(影印 北京版) 29권, 14.1.6. 舟橋尙哉(1989) p. 4 재인용. 한편 여기서 "내가 말한 식(識)의 근거가 되는 대상은 오직 식(識)이 드러난 것일 뿐이기 때문이다."(我說識所緣 唯識所現故)라는 구절은 『유가사지론』(瑜伽師地論) 권77(T 30:724a)에서도 그대로 인용되어, 유식학의 결정적인 전거로 간주된다.

빚어낸 영상일 뿐인데, 우리는 그것을 마음으로 보면서 마음과는 별개로 있는 실체일 것으로 생각한다. 그러나 외계의 모든 대상은 마음이 일으킨 표상이라고 알아차리면, 이것은 유식의 취지를 터득한 것이 된다. 이제 유식학이 표방하는 구호[116]를 간명하게 "모든 것은 마음이 마음을 본 것일 뿐이다."라고 표현해도 무방할 것이다.

이상과 같은 유심론적 관념에서 '마음이 마음을 본다'라는 관점은 우파니샤드에서 말하는 '마음의 마음'을 절대시하여 심일원론으로 나아간 것이 아닌가 하는 의구심도 예상할 수 있다. 우파니샤드에서 '마음의 마음'으로서 입증하고자 했던 자아(아트만)를 배제해 버리면 유일한 원리로 남을 수 있는 것은 마음뿐이므로, 유심 또는 유식을 내세우는 관점은 심일원론으로 간주될 만하다. 특히 유식학에서는 인식의 주체와 객체를 별개로 구분하지 않고 식(識)이라는 마음이 주체성과 객체성을 모두 구비하고 있다고 주장하기 때문에 더욱 그러하다.

그러나 불교는 애초부터 연기(緣起)라는 인과법을 모든 현상에 적용되는 일관된 진리로 천명했으므로 어떠한 유일한 원인도 결코 인정하지 않는다. 연기는 직접적이나 간접적인 복수의 원인들이 상호 의존하여 변화를 일으킨다는 이치이기 때문이다. 그러므로 유심론적 관념에도 이러한 인과법이 당연히 전제되어 있다. "한마디로 식(識)은 연기적으로 발생하는 인과법의 부산물일 뿐이며, 그 자체로 인식의 주체(kartṛ)일 수도 자아(ātman)일 수도 없다는 것"[117]도 그러한 전제에 해당한다. 여기서는 '그 자체로'라고 한정하는 말의 의미가 중요하다.

....

116 성유식론(成唯識論) 권7(T 31:39a)에서 언급되는 유식무경(唯識無境)은 유식학의 주장을 한마디로 대변하는 구호에 해당한다. "'식(識)이라는 표상(表象)만 있고 대상은 없다.'라는 의미로 이해되는 유식무경은 Vasubandhu(世親)의 『유식이십송』(唯識二十頌, *Viṃśatikā-kārikāḥ*)에서 유래한다." 정승석(2013b) p. 123.

117 박창환(2013) p. 108.

일반적으로는 식(識)을 인식의 주체인 것처럼 표현하는 것이 통용되지만, 이는 언어적 편의에 따른 것일 뿐[118]이고, 식(識)이 그 자체로는, 다시 말해서 단독으로는 인식의 주체가 될 수 없다. 식(識)은 훈습(熏習, vāsanā)과의 연기적 관계에 의해 작동함으로써만 인식의 주체처럼 기능할 수 있다.

훈습이란 향기나 연기가 옷에 배어드는 것에 비유하여, 말이나 생각이나 몸으로 일으킨 모든 활동(3업)이 잠세력으로서 마음에 배어든다는 것을 함축하는 개념이다. 이해하기 쉬운 말로는 잠재 인상과 같은 훈습의 잠세력이 일상에서는 기억으로 발동한다. 이런 잠세력은 몸에 밴 습관처럼 재생하는 기운이므로 습기(習氣)라고 불린다. 연기의 인과법으로 설명하자면 습기는 식(識)에 영상을 일으키고, 식의 영상은 기존의 습기에 누적되거나 새로운 습기를 형성하여 다시 훈습한다. 이는 마치 과거의 경험이 기억으로 떠오름으로써 이에 반응하여 일으킨 어떤 활동이 다시 기억으로 잠복하는 것과 같다. 훈습은 시초도 없이 진행되어 왔고, 그 습기는 저장고와 같은 마음에 잠복해 있다.[119] 유식학에서는 이런 마음을 심층 의식에 상당하는 알라야식으로 특칭하고, 종자(種子)에 비유하여 일체종자식(一切種子識)[120]으로 통칭한다.

....

118 식(識)의 기능을 '내가 본다'거나 '내가 인식한다'는 말로 표현하는 것은 단지 세간에서 통용되는 일상 언어의 관용적 용법일 뿐이다. 박창환(2013) p. 108 참조.

119 앞의 각주 101 참조.

120 알라야식이 일체종자식으로 불리는 이유는 "아뢰야식(=알라야식)은 과거의 모든 선업과 악업 등의 세력을 무수한 종자의 형태로 보존하고 있다."(水野弘元 1997:192)라는 간명한 서술로 알 수 있다. 불교에서는 알라야식이 유식학의 핵심 이론으로 정립되기 이전에도 알라야식과 같은 원리를 마음에서 찾고자 노력하였다. 그러나 그것은 자칫 우파니샤드에서 추구한 아트만과 다를 바 없는 것으로 오인될 소지가 있다는 한계를 벗어나기 어려웠다. 알라야식은 이런 한계를 극복하는 대안으로 크게 성공했다는 데서도 그 의의를 찾을 수 있다. 다음과 같은 배경 설명은 알라야식의 성격을 이해하는 데도 도움이 될 수 있다.
"부파불교에서는 대체로 업의 존속에 대하여 다양하게 고찰하고 있었던 것으로 보인다. 즉 업력을 보존하여 축적하는 것으로서 잠재의식과 같은 것을 탐구하고, 이것을 유분식(有分識), 근본식(根本識), 세의식(細意識), 일미온(一味蘊), 궁생사온(窮生死蘊), 비즉비리온(非卽非離蘊) 등으로 설했던 것은 주지의 사실이다. 이런 것들은 표면적으로 찰나적으로 생멸하는 식(識)에 대해, 그때그때의 생애를 통해 생사윤회를 거치면서 잠재적으로 한결같이 존속하는 근본적이고 주체적이고 미세한 마음으로서의 식(識)으로 간주되었거나, 또는 5온과는 동일한 것도 별개인 것도 아니면서 그때

종자와 훈습은 식(識)의 연기적 발생을 설명하기 위한 유식학의 전유 개념이 아니다.[121] 종자와 훈습은 몸과 마음의 관계를 설명하는 데 적용되어, 유심론적 관념이 마음에만 일방적으로 편향되어 있지 않음을 시사한다. 이 점을 시사하는 것이 소위 심신호훈설(心身互熏說)[122]인데, 이것은 마음과 신체가 서로 영향을 주고받는 연기적 관계를 훈습으로 설명한다. 경량부에서 제안한 것으로 알려진 심신호훈설에 따르면, 종자는 마음의 종자와 신체의 종자로 구분되는데 양측의 종자는 서로 영향을 주고받음으로써 서로 정보를 공유한다. 그래서 이를 통해 몸과 마음은 하나의 통합된 전체로서 기능하게 된다.[123]

심신호훈설이 불교적 맥락에서 중요한 이유는 "기절 상태나 깊은 명상 상태에서 현상적으로 작용하는 식의 작용이 중단된 것처럼 보일 때에도, 심신의 종자가 상대방의 정보를 공유하기 때문에 식의 흐름의 지속성을 설명할 수 있다

....

그때의 생애마다 생멸 변화하지 않고서 연속하는 주체적인 자아(pudgala, 補特伽羅)로 간주되었다. 그런 주체는 선악의 업의 습관력을 내부에 보존하여 유지하고 있다고 생각되었을 것이다. 부파불교에서 업력을 보존하여 유지하는 주체적 존재로 생각했던 이러한 것들을 통합하여 설했던 것이 유가행파의 아뢰야식(=알라야식)이라는 것은 두말할 나위가 없다." 水野弘元(1997) pp. 191-2.

121 경량부(經量部, Sautrāntika)로 불리는 불교학의 일파는 유식학과는 부분적으로 견해를 달리했지만, 식(識)의 잠재성을 설명하기 위해 식물학적인 메타포로서의 '종자'라는 개념을 도입함으로써, 이 개념을 수용한 유식학이 알라야식의 이론을 정립하는 데 일조한 것으로 평가된다. 업을 일종의 잠재적 능력(śakti)으로 간주한 경량부는 이 같은 업의 잠재적 경향성을 종자에 비유했다. 여기서 종자란 나중에 결과를 낳을 수 있는 원인으로서 하나의 잠재적인 능력을 의미한다. 안성두(2013) pp. 151-2 참조. 종자를 이와 같이 적용한 견해는 훈습설이라고도 불린다. 종자로 비유한 '업의 잠재적 경향성'이 곧 훈습을 의미하기 때문이다.

122 불교학에서 통용되는 명칭은 색심호훈설(色心互熏說)이다. 여기서 색은 신체를 가리키고 심은 마음의 동의어이다. 우리말에서 '색심'은 어감상의 오해를 야기할 수 있으므로 이 말의 원의를 취하여 심신(心身)으로 바꾸어 표현했다. 『구사론』에 의하면 색심호훈은 '신체와 마음이 서로 종자(바로 앞의 각주 참조)가 됨'을 의미한다. 즉 아비달마구사론(阿毘達磨俱舍論) 권5(T 29:25c)에서 "두 가지 법은 서로 종자가 된다. 두 가지 법이란 마음과 유근신(有根身)이다."(二法互為種子. 二法者, 謂心有根身)라고 서술하다. 여기서 '유근신'은 눈, 귀, 코, 혀, 피부를 갖추고 있는 신체를 의미한다.

123 안성두(2013) pp. 151-2 참조. 이 심신호훈설(=색심호훈설)의 취지를 간략하게 부연하자면 다음과 같은 설명이 적합할 것이다. "경부(經部=경량부)에 의하면 업의 여력은 종자로서 존재하는데, 그것은 물질적인 것일 수도 정신적인 것일 수도 있다. 이것이 소위 색심호훈설이다. 이것은 물질적인 것이 자신의 여력을 정신적인 것에 훈습하여 잔존시키고, 정신적인 것이 자신의 여력으로서의 종자를 물질적인 것에 훈습한다는 것인데, 오늘날의 정신신체 의학에서 취급하는 심신 상관의 관계와 유사한 것이라고도 말할 수 있다." 水野弘元(1997) p. 191.

는 사실"[124]로 설명된다. 여기서 말하는 '식(識)의 흐름의 지속성'은 전통적인 불교학에서 첨예한 쟁점이 되었으며, 이와 아울러 심신호훈설은 일찍이 불교학의 전통적인 논사들 사이에서 미묘하고 난해한 논쟁을 야기하기도 했다. 그러나 이러한 논의는 차치하고,[125] 여기서는 유심론적 관념의 전통에서도 몸과 마음의 긴밀한 상관성에 대한 통찰이 심신호훈설로 반영되었다는 사실을 예시하는 것으로 충분할 것이다. 요컨대 심신호훈설은 '식(識)의 흐름'이라는 마음의 기능을 유지하는 데 신체가 담당하는 역할을 중요하게 고려했다는 사실을 대변한다.

우리는 당장의 관심사에 국한하여 '식(識)의 흐름의 지속성'을 "습관이 몸에 배었다."라는 말로 바꾸어 이해할 수도 있다. 예를 들어 어떻게 할 생각(마음)이 없었음에도 저절로 어떤 말을 내뱉거나 행동하게 되면, 우리는 보통 이런 경우를 "습관이 몸에 배었다."라고 이해한다. 이는 마음의 종자인 습관(=습기)이 몸에 배어들어 신체의 종자와 합류해 있기 때문에, 마음이 별도로 발동하지 않더라도 몸에 밴 마음의 종자가 신체의 종자와 함께 발동한다고 이해하는 것과 같다.

이상과 같이 유심론적 관념은 유식학에서 정점에 이르렀다. 마음 철학으로 불릴 만한 이론을 전개한 유식학은 중관학(中觀學)과 함께 대승불교를 대표하는 교학이다. 특히 유식학을 주창한 집단이 유가행파(瑜伽行派, Yogācāra)로 불린다는 사실은 졸저의 주제와 관련하여 의미심장하다. 유가행파는 요가의 실천을 표방하기 때문이다. 물론 이 경우의 요가는 세간에서 성행하는 요가와는 차원이 다르다. 그러나 인도의 고전적인 요가 철학에서 추구하는 요가가 대승불교의 유가행파에서 표방하는 요가와 근원적인 동질성을 갖는다는 점은 부정되지 않는다.

그러므로 요가 철학의 사상적 배경과 전개를 파악하는 것으로 이원론적 노

124 안성두(2013) p. 152.

125 졸저에서 취급할 주제를 넘어서는 특수한 논의이므로 여기서는 더 이상 거론하지 않지만, 이에 관해서는 권오민(2014a, 2014b, 2015)의 고찰을 참고할 수 있다. 다만 이 고찰을 이해하기 위해서는 한역(漢譯) 불전 전통의 불교학에 대한 상당 수준의 관심과 식견이 필요하다.

선과 유심론적 노선이 공유하는 실천적 사상도 이해할 수 있다. 요가로써 실천적 사상을 공유하는 데서는 일원론적 노선도 예외가 아님은 물론이며, 더 나아가 인도철학 전반에서 요가를 목적 달성의 실천 수단으로 공유한다.[126]

....

126 불교를 포함한 인도철학 전반에서는 자아를 인정하든 부정하든, 자파에서 추구하는 해탈을 성취하기 위해 필수적으로 요구되는 것은 그릇된 자아의식의 해체이며, 또한 그릇된 자아의식을 해체하기 위해서는 마음을 통제할 수 있어야 한다. 인도철학에서 요가는 마음을 통제하여 그릇된 자아의식을 해체하는 공통 수단이다. 무아설을 표방하는 불교를 예로 든 다음과 같은 설명은 요가가 인도철학의 공통 수단이라는 사실을 귀띔해 준다.
"인간 생활에서 진리에 대한 무지란 편견에 빠진 자각에 다름 아니다. 불교에 따르면 편견에 빠진 자각은 영원하고 불변하는 자아를 인격과 동일시하는 믿음이다. 자아에 대한 믿음은 욕망과 고통의 근본 원인이다. 불교에서 부정하는 형이상학적 자아는 사실상 심리학적 자아의식(ego)에 다름 아니다. 이 심리학적 자아의식은 개인을 자극하고 조종하여 고통을 유발하는 행위를 주조한다. 그러므로 편견이 없는 자각이 진리를 실현하도록 인도하며, 고통을 극복하기 위한 전제 조건이 된다. 그리고 그것은 본질적으로 마음의 통제와 자아의식의 해체를 필요로 한다. 앞에서 묘사했듯이 이것은 또한 인도철학의 핵심적 전제이기도 하다." Rao(2012) p. 329.

제2장

이원론의 원가지와 곁가지

제2장

이원론의 원가지와 곁가지

인도의 정통 철학으로 여섯 학파를 열거할 때, 상키야와 요가는 자매 학파로 간주되어 왔다. 물론 다른 학파들의 경우에도 미망사(Mīmāṃsā)와 베단타(Vedānta), 바이셰쉬카(Vaiśeṣika)와 니야야(Nyāya)는 각각 자매 학파로 간주된다. 여기서 자매는 사상적 연원이나 계통의 친연성을 비유하는 관념이지만, 상키야와 요가의 경우에는 그 친연성뿐만 아니라 이론과 실천이라는 불가분의 관계를 견지해 온 점에서 아예 동체이명(同體異名)으로 인식되어 왔다.

요가 철학은 상키야 철학의 이원론을 그대로 채택하면서 물심양면의 활동을 제어하는 실천적 방법을 제시하는 데 주력한다. 그래서 상키야 철학이 물심양면의 세계가 어떻게 성립되어 작동하는지를 설명하는 이론이라면, 요가 철학은 이 이론에 따라 해탈이라는 목적을 성취해 나가는 실천의 방법론으로 간주된다.

그러나 요가 철학이 실천의 방법론을 전개하는 데서는 상키야 철학이 방치하거나 상술하지 않은 문제들에 관해 나름대로의 이론을 정립했다. 이 과정에서는 양측의 미묘한 차이도 발견할 수 있으나, 그 차이는 상키야의 형이상학을 응용하면서 확장된 파생적 관념에 속한다. 그러므로 요가 철학은 여전히 상키야 형이상학의 실천론이라는 궤적을 일탈하지는 않는다고 말할 수 있다.

이처럼 상키야와 요가의 뿌리는 이원론이다. 다만 이 이원론의 원가지가 상키야 철학이라면, 요가 철학은 그것의 곁가지에 상당한다. 또한 동일한 뿌리의 두 가지에 상당하는 두 학파가 소위 육파철학에 속하는 상키야와 요가로 한정되므로, 이 둘을 특정하기 위해 고전 상키야 또는 고전 요가처럼 '고전'이라는 수식어를 붙이기도 한다. 이는 후대에 풍미한 사상적 조류, 특히 베단타 철학에 편승하여 다소나마 왜곡된 형태의 상키야 및 요가와는 구분하기 위함이다.

여기서는 먼저 상키야와 요가의 관계에 대한 인도의 전통적 인식을 소개하면서, 이후 상술할 전문적인 내용을 이해하는 데 도움이 될 기초 사항을 사전 지식으로 개괄해 둔다.

2.1. 상키야와 요가의 어의

인도철학을 전공하는 학자들 사이에서는 상키야와 요가를 별개의 철학으로 구분하지 않고 '상키야－요가'라는 단일 학파의 학설로 취급하는 경우가 과거에도 종종 있었다. 근래에는 이러한 경우가 더욱 일반화되는 추세를 보이고 있다. 여기에는 그럴 만한 충분한 이유가 있음을 이제부터 소개할 것이지만, 이에 앞서 신뢰할 만한 증인의 학문과 수행에서 그러한 추세의 직접적인 발단을 찾을 수 있다.

20세기 전후로 인도의 벵골 지방에서 상키야와 요가를 살아 있는 전통으로 계승했던 Hariharānanda Āraṇya가 바로 그 증인이다. 19세기 후반에서 20세기 초까지 인도에서 가장 위대한 사상가들 중의 한 사람으로도 평가되는[1] 그는 상키야와 요가의 관계를 다음과 같이 설명했다.

1 Cf. Jacobsen(2005) p. 334.

자아실현과 정신적 해방에 관한 인도인의 사상에서는 상키야와 요가 철학을 전통적으로는 별개의 두 가지 사상 체계인 것으로 구분해 왔지만, 그 둘은 서로 밀접하게 연관되어 있다. 왜냐하면 이미 언급했듯이 자아실현, 즉 자신의 진정한 자아에 대한 참된 지식의 성취는 요가 학설에서 서술하는 몸과 마음의 제어 수련을 지속적으로 한결같이 실천해야만 가능하기 때문이다. 따라서 상키야와 요가라는 두 학설 사이의 차이는 요가를 수용하느냐 거부하느냐에 있는 것이 아니라 다음과 같은 사실에 있다. 상키야 철학의 추종자들은 세속적 삶을 완전히 포기하면서 현상적 현실의 배후에 있는 원리들을 바르게 이해함으로써 자아실현이 가능하다고 믿는다. 이에 비해 요가 사상의 추종자들은 견실한 자기 수련, 종교 성전의 학습, 신에 대한 완전한 헌신을 통해 상키야와 동일한 목적의 성취를 추구한다. 만약 정신적 해방이라는 주제에서 인도의 철학 사상 전체를 하나의 학설로 간주한다면, 상키야는 필요한 이론을 제시하고 요가는 실천에 관한 설명을 제공하는 데서 그 둘은 서로 보완하는 것이 된다. 고대 인도의 저작들에는 상키야와 요가의 상호 불가분리성에 관한 언명으로 충만한 이유가 여기에 있다.[2]

Hariharānanda는 말년의 20년 이상을 동굴[3]에서만 독거하며 수행했던 요기(요가 수행자)였지만, 과거의 전통적 방식으로 고전을 주석하고 산스크리트로 저술하는 데 주력한 학자로서 더욱 큰 업적을 남겼다.[4] 그가 상키야와 요가의 부

....

2 Hariharānanda(1983) p. xvii.

3 Hariharānanda가 인공으로 조성했던 동굴은 현재 힌디어로 'Kāpil maṭh'로 불리는 작은 규모의 건물 내부에 있다. 동굴은 산스크리트로 guhā이고 힌디어로는 guphā이지만, 이 동굴을 보호하는 건물은 maṭh(산스크리트로는 maṭha)로 불린다. maṭha는 원래 암자에 해당하는 작은 건물로 일찍이 은둔수행자의 거처를 의미하는 말로 통용되었다. 'Kāpil maṭh'에 해당하는 산스크리트는 'Kāpila maṭha'이다. Kāpila는 상키야 철학의 개조로 알려진 'Kapila의 추종자'를 의미하며, 상키야 학파를 지칭하는 말로도 사용된다.

4 "현재 상키야-요가에 관한 가장 중요한 현대 해석가들 중의 한 사람으로 공인되어 있는 Hariharānanda는 벵골어와 산스크리트어로 상키야와 요가뿐만 아니라 우파니샤드와 『기타』, 베단타와 불교의 철학과 같은 인도의 전통 문헌들에 관한 많은 저작을 남겼다. 사실상 생전에 그는 *Yogasūtra*에 대해 색다른 관점으로 최소한 3권 분량의 주석을 집필했다. 초기의 저작인 *Yogakārikā*(1892)는 산스크리트의 운문으로 집필되었는데, 산스크리트 주해와 벵골어 자주(自註)

흥자로 인식된 것[5]이야말로 그의 업적을 단적으로 대변한다. 이러한 그가 "고대 인도의 저작들에는 상키야와 요가의 상호 불가분리성에 관한 언명으로 충만"하다고 증언했으므로, 이는 상키야와 요가를 '상키야－요가'라는 한 통속의 사상 체계로 일컬어도 좋을 근거가 된다.

그러나 학설이 지향하는 사상에서는 상키야와 요가를 일련의 체계로 간주할 수 있더라도 상키야와 요가는 엄연히 다른 의미로 사용되는 개념이다. 그러므로 두 개념에 대한 전통적 인식을 통해 상키야는 철학적 이론, 요가는 실천적 수행을 함의한다는 통념[6]이 어떻게 형성되었는지부터 짚고 넘어갈 필요가 있다.

2.1.1. 상키야의 어원적 의미

일찍이 중국에서는 인도의 불전을 번역하면서 불전에서 언급하는 상키야를 승가(僧佉, 또는 僧伽)로 음역했다. 그리고 중국의 학승들은 상키야가 수(數)를 의미하는 것으로 이해했다. 예를 들어 삼론종(三論宗)을 대성한 길장(吉藏, 549～623)과 법상종(法相宗)을 대성한 규기(窺基, 632～682)는 각자의 저서에서 상키야를 다음과 같이 설명한다.

....

를 갖추었다. 그의 대표작으로는 벵골어로 집필한 *Pātañjaljogdarśan*(1911)과 산스크리트로 집필한 *Bhāsvatī*(1934)가 있다." Maharaj(2013) pp. 58-59.

5 Cf. Jacobsen(2005) p. 334.

6 이러한 통념은 학자들의 고찰로 입증된 정설이기도 하다. 요가와의 관계에서 상키야는 요가에 선행되어야 할 관찰의 방도이다. "가장 일반적으로 여러 학자들이 그 특성을 규정한 바에 의하면, 상키야는 정신적 해방에 이르는 합리적인 방도 또는 이지적인 형이상학이며, 요가의 '진정한' 정신 수련을 위한 준비로서의 역할을 한다. 그러나… 상키야는 요가가 제공하는 정신 수련의 일종일 필요가 전혀 없이, 그 자체로서 완벽하며 합리주의를 훨씬 능가하는 것 같다. 내가 생각하기로 고전 상키야는 관찰의 방도라고 특징짓는 것이 가장 적절할 것 같다." Parrott(1984) p. 1. 일찍이 Edgerton(1924:39)은 상키야와 요가의 의미를 고찰한 논문에서 상키야와 요가를 다음과 같이 간명하게 규정했다.

"요가는 목표가 아니라 목표에 도달하는 수단이다. 지식의 수단인 상키야와 구분하자면 요가는 능동적인 수단이자 노력의 수단이다. 상키야는 어떤 것을 아는 것으로 해탈을 추구하고, 요가는 어떤 것을 실행하는 것으로 해탈을 추구한다."

길장: "승가(僧佉=상키야)는 여기(중국) 말로 바꾸면 제수론(制數論, 수를 규제하는 논의)이다. 모든 법을 밝히는 데서 25원리를 초과하지 않는다. 모든 법을 25원리 속에 포함시키므로 제수론으로 일컫는다."[7]

규기: "범어(산스크리트)에서 말하는 승가(僧佉)를 여기 말로 번역하면 수(數)가 된다. 즉 지혜의 수이다. 수의 헤아림을 온갖 법의 근본으로 세운 이름이며, 수에 따라 논의를 일으키므로 수론(數論)으로 불린다. 또한 수를 산출할 수 있는 논의이므로 수론으로 불린다."[8]

위의 설명 중에서는 길장보다는 규기의 설명이 학파 명칭으로서의 상키야의 원의에 근접해 있으며, 이후에도 신뢰를 얻은 것으로 보인다.[9] 이는 규기가 인도에서 귀국한 후 불전 번역에 주력했던 현장(玄奘, 602?~664)의 제자인 데다가, '수론'이라는 역어도 현장 번역의 불전들을 통해 널리 알려졌기 때문일 것이다.[10]

그러나 '수론'이 비록 상키야의 어원에 입각한 바른 번역임을 인정하더라도, '수론'이라는 역어는 학파 명칭으로서의 원의를 곡해하기 쉽다는 점에 유의해야 한다.[11] 인도의 옛 문헌들에서 상키야는 산수라는 일차적 의미가 아니라 '철

....

7 百論疏 권上(T 42:245a): "僧佉此云制數論. 明一切法不出二十五諦. 故一切法攝入二十五諦中, 名為制數論."

8 成唯識論述記 권1(T 43:252b): "梵云僧佉, 此翻為數即智惠數. 數度諸法根本立名, 從數起論名為數論. 論能生數亦名數論."

9 중국 화엄종(華嚴宗)의 제4대 조사인 징관(澄觀, 738~839)도 대방광불화엄경수소연의초(大方廣佛華嚴經隨疏演義鈔) 권13에서(T 36:99c) 규기의 설명을 그대로 인용했다.

10 이는 상키야를 거론하는 불전들이 현장 이후에 많이 번역되었기 때문일 것이다. 현장보다 200여 년 이전의 역경승(譯經僧)인 구나발타라(求那跋陀羅, 394~468)가 번역한 능가아발다라보경(楞伽阿跋多羅寶經) 권4에서(T 16:508c) 數論을 상키야의 역어로 사용하고, 길장도 중관론소(中觀論疏) 권6에서는(T 42:92a) 상키야를 制數論이 아니라 數論으로 언급한다. 인도의 문헌들 중에서는 철학서가 아니라 Purāṇa로 불리는 힌두교의 고담(古談)들에서도 수(數)를 헤아리는 것이 상키야의 특성인 것처럼 표현한 경우가 있다(이 장의 후속 각주 189, 220 참조). 그러나 이는 세계 구성의 원리들을 일정한 개수로 한정하여 제시한 데서 연유한 것일 뿐, 일반적인 산수와는 무관하다.

11 근래에 일역으로 출판된 『마하바라타』에서 상키야를 수리론(數理論)으로 번역한(池田 運 2008:1023-1040) 것은 곡해보다 더한 왜곡에 가깝다. 상키야를 수(數)와 연관짓자면, 수(數) 자체보다는 어떤 것의 '열거'에서 연관성을 찾을 수 있다. 『마하바라타』 전체에서 상키야는 '열거의 교

학적 반성'의 의미로 통용되었다[12]고 파악되기 때문이다.

상키야(Sāṃkhya)라는 명칭은 saṃkhyā에서 유래한다. saṃkhyā는 동사(saṃ-√khyā)인 동시에 여성명사이다. 계산하다, 수를 세다와 같은 의미의 동사가 saṃkhyā이므로, 명사일 경우의 saṃkhyā는 계산, 산수, 셈, 수, 숫자 따위를 의미한다. 이것이 상키야의 일차적 의미이고, 이에 의거하여 상키야를 수론(數論)으로 번역한 것은 타당하다. 그러나 학파 명칭으로서의 상키야는 saṃkhyā의 일차적인 의미가 아니라 이차적인 의미를 취한 것이다. 그 이차적인 의미는 숙고, 추리, 반성, 이성, 이해 따위이다. 따라서 상키야는 수론, 즉 수에 관한 논의와는 전혀 무관하다.

만약 상키야라는 명칭이 수론과는 무관하다면, 그 수(數)는 문법적인 수를 의미할 수도 있고, 이런 의미의 상키야는 문법적 사색에 유용할 수 있을 것이다.[13]

....

의'(parisaṃkhyāna-darśana)로 두 차례(12.306=294.26 ; 12.306.42=294.41) 언급된다. 이 경우의 상키야는 아직 이원론의 고전 상키야로 정립되기 이전의 초기 형태의 관념을 드러낸 것으로 파악되어 있다. 『마하바라타』에서는 물질세계의 구성 원리로서 24개의 요소를 인과의 단계에 따라 배분한 것으로 상키야의 교의를 설명하는데, 이러한 상키야의 특징을 '열거의 교의'로 표현했다. 이 대목을 서술하는 원문의 맥락으로 보아 parisaṃkhyāna는 '열거'라는 의미로 해석하는 것이 원의와 부합한 것으로 보인다. 그러나 『마하바라타』를 최초로 완역한 Ganguli가 이것을 굳이 '착오의 점진적 절멸'(the gradual destruction of mistakes, 1891:606)이라고 의역하거나 '학문'(science, 1891:636), '연구'(studying, 1891:608) 등으로 번역한 것은 '열거'라는 의미가 상키야를 오해할 수 있다고 판단했기 때문일 것으로 이해된다. 사실 parisaṃkhyāna는 '정확한 판단'을 의미하기도 하므로 『마하바라타』에서는 상키야를 '정확한 판단의 교의'로 표현했을 수도 있으며, 이 점에서는 Ganguli의 해석이 과도한 것은 아니다. 또한 parisaṃkhyāna가 Śaṅkara의 *Upadeśa-sāhasrī*(2.112-116)에서는 일종의 명상인 수행법으로 교시된 점도 주목할 만하다. "샹까라는 '빠리상키야나(parisaṃkhyāna)'란 개념을 이곳에서만 사용한다. 빠리상키야나는, 성전(聖典)을 배우고 익혀 스승과 질의 응답을 거쳐 도달한 결론을, 그 요점만을 뽑아 궁리하는 일종의 명상이다." 이종철 역(2006) p. 290.

12 Cf. Radhakrishnan(1929) p. 249. 수를 헤아린다는 의미의 산수(算數)는 수많은 불전의 도처에서 구사된다. 그러나 이런 경우의 산수도 일종의 '반성적 지혜'를 강조하는 데 그 용도가 있다. 『유가사지론』 권25에 명시된 산수의 용도는 다음과 같이 이해된다. "『유가사지론』에서는 산수라는 개념이 불교의 기본 세계관 및 진리를 바르게 사유하고 관찰하는 지혜로 구사되어 있으며, 이 경우의 지혜는 일종의 식별력이다. 요컨대 여기서 산수란 부처님이 말하고 가르친 세계의 실상을 상세히 바르게 헤아려 아는 능력이다." 차유만(2016) p. 75.

13 예를 들어 "『마하바라타』 제12책의 Sulabhā-Janaka 이야기에서 saṃkhyā는 문장의 요건들 중 하나로 언급되는데, Sulabhā는 이것을 문장에서 특수한 국면의 장단점을 증명하는 원리로 정의한다." Chakravarti(1975) p. 2. "결점과 장점의 근거를 구별함으로써 모종의 의미를 생각하고 나서,

그러나 이럴 경우의 상키야도 어떤 철학적 탐구와는 거의 무관하다고 고찰되어 있다.[14] 산스크리트의 동의어를 암기하도록 집성한 전통적 학습서인 *Amarakośa*에서는 saṃkhyā를 다음과 같이 지적 능력을 의미하는 단어로 간주한다.

> 충실한 의식, 주의, 탐구, 이해(saṃkhyā), 숙고[15]
>
> 현자, 성자, 결점을 아는 자, 슬기로운 자, 전문가, 영리한 자, 신중한 자, 총명한 자, 지자(知者), 직관하는 자, 유식한 자(saṃkhyā), 학자, 선지자[16]

위의 인용에서는 원어가 서로 다르다는 것을 고려하여 약간은 억지스럽게 차별하여 번역했지만, 열거한 것들이 동의어인 점에서는 이것들이 모두 saṃkhyā의 의미로 사용될 수 있다. 그리고 이 동의어들이 내포하는 공통적 특성으로는 사유(思惟) 또는 사변(思辨)을 지적할 수 있을 것이다. 그렇다면 이로부터 유래한 상키야(Sāṃkhya) 역시 사유 또는 사변을 함의하는 개념으로 통용되

....

[구별하는] 그것이 saṃkhyā라고 명심해야 한다." (doṣāṇāṃ ca guṇānāñ ca pramāṇaṃ pravibhāgataḥ | kañcid artham abhipretya sā saṃkhyety upadhāryatām ‖ Mbh 12.320=308.82. Dutt 2004.VIII:469) 그러나 이 경우의 saṃkhyā도 숙고 또는 반성을 의미하는 것으로 해석될 수 있다(村上 1982:24 참조). 더욱이 한참 후대인 16세기의 대학자로 유명한 Vijñāna Bhikṣu가 *Sāṃkhyasūtra*를 주석한 *Sāṃkhya-pravacana-bhāṣya*에서 "saṃkhyā는 바른 식별로써 자아(ātman)를 진술한다는 의미이다."(saṃkhyā samyag-vivekenātma-kathanam ity arthaḥ | SPbh 1.1. Garbe 1943:5, 16-17행)라고 정의한 것은 위의 『마하바라타』에서 언급하는 saṃkhyā와 상통한다.

14 Cf. Chakravarti(1975) pp. 1-2. Pāṇini의 문법서(*Aṣṭādhyāyī*, 八章編)를 해설한 Patañjali의 『대주석』(*Mahābhāṣya*)에서 문법적인 수(數)를 언급한 서술을 예시하는 것으로 이 점을 확인할 수 있다.
"만약 [소유 복합어(bahuvrīhi)가] 완전한 의미를 전달한다면, 성(性)과 수(數)를 취급하는 규칙이 지시하는 것(접미사)을 [소유 복합어 어간에] 붙일 수 없다." (yadi tarhi kartsnaḥ padārthe 'bhidhīyate laiṅgāḥ sāṃkhyaś ca vidhayo na sidhyanti | 『대주석』 2.2.24, Vārttika 8. Kielhorn 1985:422, 27-28행)
"먼저, 성(性)에 관해 설명했다. … [다음으로] 수(數)에 관해서도 설명했다. '목적어에 속하는 단수 따위의 개념을 고려하여 목적어가 아직 표현되지 않았을 때는' [목적격 어미가] 그 수(數)를 표현하는 데 첨가될 것이다." (lauṅgeṣu tāvad uktaṃ … sāṃkhyeṣv apy uktaṃ "karmādīnām anuktā ekatvādaya" iti kṛtvā sāṃkhyā bhaviṣyanti | 『대주석』 2.2.24, Vārttika 9. Kielhorn 1985:423, 1-3행)

15 cittābhogo manaskāraś carcā saṃkhyā vicāraṇā | *Amarakośa* 1.5.2. Jhalakikar(1990) p. 30.

16 vidvān vipaścid doṣajñaḥ sansudhīḥ kovido budhaḥ | dhīro manīṣī jñaḥ prājñaḥ saṃkhyāvān paṇḍitaḥ kaviḥ ‖ *Amarakośa* 2.7.5. Jhalakikar(1990) p. 166.

었을 것으로 짐작할 수 있다. 상키야가 일찍이 사변학의 첫째로 꼽혔던 것도 이 때문일지 모른다.

인도철학의 6파 중에서는 문헌상으로 우파니샤드에서부터 가장 먼저 언급된 것이 상키야와 요가이다. 상키야와 요가를 가장 먼저 학문의 분야로 공언했던 것도 우파니샤드 이래의 전통을 반영한 것으로 이해할 수 있다. 인도를 최초로 통일한 마우리야 제국의 초대 재상이었던 Kauṭilya(약 321 ~296 BCE)는 자신의 저서 『실리론』(實利論, *Arthaśāstra*)에서 상키야와 요가를 사변학(思辨學, ānvīkṣikī)에 포함시켰다. 그는 사변학을 다음과 같이 서술한다.

> 사변학은 상키야, 요가, 유물론을 일컫는다.[17]
> [사변학은] 베다학에서의 선과 악을, 경제학에서의 이익과 불이익을, 정치학에서의 바른 정책과 그릇된 정책을, 그리고 이것들(세 학문)의 강함과 약함을 논리들에 의해 고찰하면서 세간을 이롭게 하며, 재앙과 번영에 대해 [사람들에게] 판단력을 확립하고 지혜와 말과 행동의 확신을 형성한다.[18]
> 모든 학문의 등불, 모든 행위의 수단, 모든 법의 의지처야말로 바로 사변학으로 간주된다.[19]

위의 설명에서 사변학의 요건으로 지목할 수 있는 것은 '논리에 의한 고찰'이다. 또한 이 설명을 아우를 수 있는 학문을 떠올리기로는 철학이 가장 적절할 것

....

17 sāṃkhyaṃ yogo lokāyataṃ cety ānvīkṣikī ‖ *Arthaśāstra* 1.2.10. Śāstrī(1925) p. 9. 이에 관해 "이 경우의 요가는 철학적 학파로서의 요가가 아니라 추론의 학문, 즉 논리학을 지칭한 듯하다."(Jacobsen 2011:749-750)고 지적하듯이, 여기서 언급하는 '요가'가 수행을 전담하는 분야는 아닐 것이다. 그러나 이것이 상키야와 함께 언급된 점에서, 후대에 상키야와 짝을 이루는 학설로 정립된 요가 철학과 전혀 무관할 것으로 생각되지는 않는다.

18 dharmādharmau trayyām arthānarthau vārttāyāṃ nayānayau daṇḍanītyām ‖ 11 ‖ balābale ca etāsāṃ hetubhir anvīkṣamāṇā lokasya upakaroti vyasane 'bhyudaye ca buddhim avasthāpayati prajñā-vākya-kriyā-vaiśāradyaṃ ca karoti ‖ 12 ‖ *Arthaśāstra* 1.2.11-12. Śāstrī(1925) p. 9.

19 pradīpaḥ sarva-vidyānām upāyaḥ sarva-karmaṇām | āśrayaḥ sarva-dharmāṇāṃ śaśvad ānvīkṣikī matā ‖ *Arthaśāstra* 1.2.12. ibid.

이다. 비록 사변학(ānvīkṣikī)은 철학이 아니라 "근거에 기초한 탐구, 반성, 논증, 추론"이라고 해석[20]한 학자도 있었지만, 기원전이라는 먼 과거를 고려하면 그것이 흔히 말하는 철학에 해당한다고 이해해도 무방할 것이다. 혹은 "추론으로써 어떤 것의 장단점을 가려내려는 학문 체계인 ānvīkṣikī"[21]는 적어도 철학의 범주에 속할 수는 있을 것이다.

이상과 같은 실례에 의거하면 상키야는 먼저 언급한 대로 '철학적 반성'이라는 포괄적 의미를 지닌 개념으로 이해된다. 이 같은 의미의 상키야가 개념상으로 요가와의 연관성을 갖게 된 것도 그 어원인 saṃkhyā로부터 추정해볼 수 있다. saṃkhyā로부터 파생된 명사인 prasaṃkhyāna가 『요가경』(*Yogasūtra*)의 주석서인 『요가주』(*Yogasūtra-bhāṣya*)에서는 '명상'의 의미로 구사되기 때문이다. 같은 의미로 여섯 번 구사된 경우 중에서 두 곳만을 예로 들면 다음과 같다.

> 신성하거나 세속적인 대상과 접촉해 있더라도 명상(=prasaṃkhyāna)의 힘을 통해 대상의 결점을 알아차리는 경우, 이러한 경우의 마음이 … [22]
>
> 번뇌들의 작용으로서 거친 것들은 … 명상(prasaṃkhyāna)인 정려에 의해 미세하게 될 때까지, 타 버린 씨앗처럼 될 때까지 제거되어야 한다.[23]

여기서는 prasaṃkhyāna(명상)가 정려(靜慮, dhyāna)의 동의어로 사용되고 있

20 村上真完(1982) p. 28에서 재인용한 Paul Hacker의 해석. 여기서 무라카미(村上)는 Hacker의 해석이 *Nyāya-bhāṣya*(1.1.1)에서 ānvīkṣikī를 논리학(Nyāya-vidyā)으로 간주하는 설명에 근접해 있다고 지적한다. 이에 덧붙여 그 자신은 Hacker의 해석에도 불구하고 ānvīkṣikī가 흔히 말하는 철학의 범주에 들어갈 것이라고 단언한다. 이러한 관점에서 더 나아가 ānvīkṣikī를 아예 '철학'으로 번역하는 것이 일반적인 경향이다. 上村勝彦(1984) p. 28 ; Jacobsen(2010) p. 681 ; Jacobsen(2011) p. 749.

21 Chakravarti(1975) p. 2.

22 divyādivya-viṣaya-saṃprayoge 'pi cittasya viṣaya-doṣa-darśinaḥ prasaṃkhyāna-balād … ‖ YBh 1.15. 정승석(2020) pp. 51, 357_1.

23 kleśānāṃ yā vṛttayaḥ sthūlās tāḥ … prasaṃkhyānena dhyānena hātavyā yāvat sūkṣmīkṛtā yāvad dagdha-bīja-kalpā iti | YBh 2.11. 위의 책, pp. 104, 381_1.

음을 볼 수 있다. 정려와 동일한 원어가 불교에서는 선정(禪定)이라는 역어로 잘 알려져 있다. 『요가경』에서는 요가 수행의 여덟 과정 중 최종 단계를 삼매(samādhi)로 제시하는데, 이 직전의 단계가 정려이다. 그러므로 『요가주』에서 말하는 prasaṃkhyāna는 수행의 종착지에 가장 근접해 가는 명상이라고 이해할 수 있다.[24]

이처럼 상키야의 어원인 saṃkhyā을 통해서도 외형상으로는 전혀 다른 용어인 상키야와 요가가 접목될 수 있는 배경을 가늠해볼 수 있다. 더욱이 이러한 접목이 진즉 이루어졌음을 시사하는 전거도 있다. 단적인 예로 우파니샤드와 『마하바라타』에서는 상키야도 요가처럼 해방(해탈)이나 안식을 도모하는 수단으로 간주되어 있다.[25] 이뿐만 아니라 『마하바라타』에서는 모든 계층의 사람들이 준수해야 할 의무도 요가와 상키야에 의존하는 것이 가장 완전하다고 가르친다.[26] 이로부터 더 나아가 『마하바라타』에서 요가와 상키야의 교의(darśana)[27]를 병렬하여 상술한 것은 이 둘의 가치와 상관성을 확신하고 있었다는 증거가 될 것이다.

나는 이제까지 그대에게 요가의 교의를 말했다. 나는 [이제부터] 열거의 교

....

24 『요가주』에서는 이처럼 심원한 단계에 도달한 수행자를 명상자(prasaṃkhyānavat)로 일컫는데, 이 역시 saṃkhyā로부터 prasaṃkhyāna를 거쳐 파생된 말이다. "번뇌의 종자가 타버린 명상자(=prasaṃkhyānavat)에게는 대상과 마주치더라도 그것(잠든 번뇌의 각성)이 다시는 일어나지 않는다." YBh 2.4. 위의 책, p. 96. 이와 유사한 파생어로서 parisaṃkhyāna가 일종의 명상을 가리키는 용례는 앞의 각주 11 참조.

25 "드로나(Droṇa)도 무기들을 버리고 최상의 상키야에 의지했다." droṇo 'pi śastrāṇy utsṛjya paramaṃ sāṃkhyam āsthitaḥ | Mbh 7.192.49. Chakravarti(1975) p. 1, n. 1 재인용.

26 "요가와 상키야에서 제어된 의무들은 완전한 것들로서 참으로 네 계급에게 지시된 것과는 어긋나지 않는다." yoge sāṃkhye ca niyatā ca dharmāḥ sanātanāḥ | cāturvarṇyasya yaścokto na sma virudhyate || Mbh 12.50.33. Dutt(2004.VII) p. 145.

27 『마하바라타』에서는 요가와 상키야에 관해 상술하면서 이 둘을 darśana로 일컫는다. darśana는 관찰, 탐색, 의견, 견해, 교의, 학설 등을 의미하지만, 철학에 해당하는 적합한 단어를 산스크리트에서 찾자면 일차로 지목되는 단어이다. 그러나 darśana의 의미로 철학을 채택한 것은 인도철학의 6파를 비롯하여 학파의 이름에 darśana를 사용하는 경우가 흔하기 때문이다.

의로서 상키야의 지식을 설명할 것이다.[28]

이제까지는 열거의 고찰(=교의)로서 상키야의 교의를 [설명했다.] 상키야의 추종자들은 원질을 오로지 숭배하여 [세계의 원인으로] 간주한다.[29]

여기서 말하는 교의의 내용은 나중에 상세히 고찰할 주제가 된다. 이에 앞서 요가의 어원적 의미와 파생적 용도를 개관하는 것으로 상키야와 결부되는 요가의 특성을 이해할 수 있다.

2.1.2. 요가의 어원적 의미

앞에서 소개했듯이, Kauṭilya의 『실리론』에서는 요가를 사변학의 한 분야로 공언했다. 그런데 바로 이 같은 사례는 '요가'라는 말이 반드시 Patañjali(이하 '파탄잘리')에 의한 철학 체계로서의 요가를 지칭하지는 않는다고 판단할 수 있는 근거가 되기도 한다.[30] "파탄잘리에 의한 철학 체계로서의 요가"란 『실리론』보다 훨씬 이후의 문헌인 『요가경』으로부터 전개된 요가 철학을 지칭하므로, 그러한 판단에는 이의가 있을 수 없다. 다만 『실리론』에서 말하는 요가에 대한 해석은 요가의 개념이 단일한 용도로 일관하지는 않았다는 데에서 유래한다. 따라서 요가의 어원적 의미와 이로부터 파생된 양상을 이해하는 것으로 개념상의 혼선을 풀어낼 수 있다.

산스크리트의 모든 어휘는 동사의 어근으로부터 파생된 것들이다. 산스크리트의 고전 문법을 정립한 Pāṇini(이하 '파니니')는 이 어근들을 『어근

....

28 yoga-darśanam etāvad uktaṃ te tattvato mayā | sāṃkhya-jñānaṃ pravakṣyāmi parisaṃkhyāna(=parisaṃkhyāni)-darśanam || Mbh 12.306=294.26. Dutt(2004.VIII) p. 424.

29 sāṃkhya-darśanam etāvat parisaṃkhyānudarśanam(=parisaṃkhyāna-darśanam) | sāṃkhyāḥ prakurvate(=sāṃkhyaṃ prakurute) caiva prakṛtiṃ ca pracakṣate || Mbh 12.306.42=294.41. Dutt(2004.VIII) p. 425. Pune본에 의하면 뒷 구절은 "상키야는 원질에 오로지 관심을 기울이니, 그들(상키야의 추종자들)은 원질을 [세계의 원인으로] 간주한다."가 된다.

30 Cf. Jacobsen(2011) p. 749.

집』(*Dhātupāṭha*)으로 망라했는데, 여기에는 총 1,960개[31]의 어근이 10종으로 분류되어 있다. 『요가주』를 주석한 요가 철학의 대가들은 이것들 중에서 제4류와 제7류라는 두 부류의 동사로 배속된 yuj가 요가의 어근이라고 설명한다. 우선 『어근집』에서는 어근 yuj를 다음과 같이 구분하여 제시한다.

4류 동사: "[어근] yuj는 삼매(samādhi)를 의미한다."[32]

7류 동사: "[어근] yuj는 요가(yoga, 결합)를 의미한다."[33]

요가는 본래 '결합'을 의미한다고 알려진 것은 7류 동사로서의 yuj를 요가의 어원으로 간주한 데서 기인한다. 요가가 몸과 마음의 활동을 제어하는 수단이 된다는 점에서는 '결합'이 요가의 본래 의미라고 말할 수는 있다. 마음의 평정을 얻기 위해서는 몸과 마음의 조화를 이루어야 하고, 또한 몸과 마음을 결합하는 것으로 마음의 동요를 방지할 수 있다고 믿기 때문이다. 요가의 의미를 이렇게 이해하는 것은 비교적 후대에 개발된 하타 요가(Haṭha-yoga)의 경우에 별다른 이의 없이 통용된다.[34] 더욱이 산스크리트 옛 문헌들의 일반 서술에서 '요가' 또

....

31 이 수치는 Katre(1989) pp. 1173-1200에 의거한 집계이다.

32 yuja samādhau | DP 4.68. Katre(1989) p. 1188.

33 yujir yoge | DP 7.7. Katre(1989) p. 1193.

34 "하타 요가는 주로 신체에 관심을 갖고 신체를 적절하게 유지하는 다양한 수단을 취급한다. Ha(Prāṇa, 들숨)와 Ṭha(Apāna, 날숨)를 조합한 말이 하타(Haṭha)이다. 그 둘의 요가, 즉 결합이 하타 요가이며, 이는 조식(調息, Prāṇāyāma)으로 달성된다." Banerji(1995) pp. 2-3. 하타(haṭha)를 이와 같이 설명하는 전거는 *Haṭhayoga-pradīpikā*를 주석한 Brahmānanda의 *Jyotsnā*에서 찾을 수 있다. *Jyotsnā*에서는 haṭha의 의미를 다음과 같이 설명한다.
"하(ha)와 타(ṭha)인 하타(haṭha)는 태양과 달이며, 이 둘의 결합이 '하타 요가'이다. 이로써 '하'와 '타'라는 말이 가리키는 것, 즉 태양과 달로 불리는 들숨(prāṇa)과 날숨(apāna)의 합일을 특징으로 갖는 조식이 곧 '하타 요가'라고 말하는 하타 요가의 정의가 확립된다. 이는 Gorakṣanātha(=Gorakhnātha)가 *Siddhasiddhānta-paddhati*에서 다음과 같이 말씀하신 것과 같다.
'하(ha)라는 소리는 태양을 일컫고, 타(ṭha)라는 소리는 달로 불리며, 태양과 달의 합일은 요가로 불린다.'" (haś ca ṭhaś ca haṭhau sūryacandrau tayor yogo haṭhayogaḥ, etena ha-ṭha-śabda-vācyayoḥ sūryacandrākhyayoḥ prāṇāpānayor aikya-lakṣaṇaḥ prāṇāyāmo haṭhayoga iti haṭhayogasya lakṣaṇam siddham | tathā coktaṃ gorakṣanāṭhena siddhasiddhānta-paddhatau | "hakāraḥ kīrtitaḥ sūryaṣ ṭhakāraś candra ucyate

는 이로부터 파생된 말의 대부분은 '결합'을 의미하는 어근에서 유래한다.[35]

그러나 정통 철학의 고전 요가에서는 요가의 어원적 의미를 '결합'으로 간주하지 않는다. 『요가주』에서는 서두에서부터 "요가는 삼매이다."[36]라고 정의하는 것으로 요가의 어원이 파니니의 『어근집』에서 4류 동사로 열거하는 yuj임을 명시한다. 『요가주』의 주석으로 정평이 있는 Vācaspati Miśra(이하 Vācaspati로 약칭)는 이 점을 다음과 같이 구체적으로 설명한다.

> 그(『요가주』의 저자)는 "요가는 삼매이다."라고 말하여, [요가라는] 말의 모호성이 야기하는 의미의 모호성을 제거한다. [파니니의 『어근집』에서] "[4류 동사] yuj는 삼매를 의미한다."라고 말한 이것(4류 동사 yuj)으로부터 유래한 삼매를 의미하는 것이지, "[7류 동사] yuj는 요가를 의미한다."라고 말한 이것(7류 동사 yuj)으로부터 [유래한] '결합'을 의미하는 것은 아니라는 것이

....

| sūryā-candramasor yogo nigadyate ‖ " *Jyotsnā* ad. HP 1.1. Raja 1972:2, 11-15행)
그런데 여기서 Gorakṣanātha의 말씀으로 인용한 구절이 *Yogaśikhā-upaniṣad*에서는 '항사'(haṃsa)라는 진언(mantra)의 의미를 설명하는 데서 다음과 같이 거의 그대로 통용되어 있다.
"하(ha)라는 소리로 밖으로 나가고 사(sa)라는 소리로 되돌아와야 한다.
모든 중생은 [숨을 쉬면서] '항사 항사'(haṃsa-haṃsa)라는 이 진언(mantra)을 읊송한다. …
하(ha)라는 소리는 태양을 의미할 것이요, 달은 사(sa)라는 소리로 언급된다. 태양과 달의 합일은 '하타'(haṭha)로 불린다. 온갖 질병으로부터 발생하는 침체를 하타 [요가]로써 소멸시키면, 그때 '몸을 아는 자'(=개아)와 최고아라는 둘은 합일하게 될 것이다." (hakāreṇa bahir yāti sakāreṇa viśet punaḥ ‖ 130 ‖ haṃsa-haṃseti mantro 'yaṃ sarvair jīvaiś ca japyate | … ‖ 131 ‖ … hakāreṇa tu sūryaḥ syāt sakāreṇendur ucyate | sūryā-candramasor aikyaṃ haṭha ity abhidhīyate ‖ 133 ‖ haṭhena grasyate jāḍyaṃ sarva-doṣa-samudbhavam | kśetrajñaḥ paramātmā ca tayor aikyaṃ yadā bhavet ‖ 134 ‖ *Yogaśikhā-up.* 1.130-134. Sastri 1920:416-7)
그러나 근래의 연구에 의하면(Birch 2011:532-4) haṭha의 의미를 이처럼 정의한 최초의 문헌으로는 Gorakṣanātha의 저작으로 추정되는 *Yogabīja*(14-15세기)가 지목되며, Brahmānanda가 인용한 *Siddhasiddhānta-paddhati*는 와전된 사본이었을 것으로 추정된다. 이에 관해서는 나중에 상술할 것이다.

35 예를 들어 *Amarakośa*에서 요가의 동의어를 다음과 같이 열거한다. "요가는 끈(장비), 방편(수단), 정려(명상), 동맹(적응), 결합(추리)을 의미한다." (yogaḥ saṃnahanopāya-dhyāna-saṃgati-yuktiṣu ‖ *Amarakośa* 3.3.22. Jhalakikar 1990:292) 이 5개의 동의어 중에서 dhyāna(정려, 명상)를 제외한 나머지 넷은 7류 동사에 속하는 yuj의 의미(결합)와 결부되어 있다. dhyāna는 의미상 4류 동사에 속하는 yuj의 의미(삼매)와 결부된다.

36 yogaḥ samādhiḥ | YBh 1.1.

그 말("요가는 삼매이다.")의 의미이다.[37]

Śaṅkara의 이름으로 알려진 주석(*Yogasūtra-bhāṣya-vivaraṇa*)에서도 요가의 어원을 이와 마찬가지로 설명하면서 "요가는 심오한 명상이다."[38]라는 결론을 추가한다. 그런데 『요가경』은 "요가란 마음의 작용을 억제하는 것이다."[39]라고 정의하는 것으로부터 본격적인 교시를 시작할 뿐만 아니라, 삼매를 요가 수행의 여덟 과정 중 최종 단계로 제시한다. 그렇다면 "요가는 삼매이다."라고 말할 때의 삼매는 요가의 전체가 되고, 그 최종 단계로서의 삼매는 요가의 일부(부분)이 된다. Vācaspati는 다음과 같은 설명으로 이 같은 이중적 의미에 뒤따를 수 있는 혼선을 불식한다.

....

37 śabda-saṃdeha-nimittam artha-saṃdeham apanayati yogaḥ samādhir iti — "yuja samādhau"(dhā. pā. 4) ity asmād vyutpannaḥ samādhy-artho na tu "yujir yoge"(dhā. pā. 7) ity asmāt saṃyogārtha ity arthaḥ | TV 1.1. Bodas(1917) p. 2, 19-21행.
후대의 문헌인 『전철학강요』에서는 요가의 의미에 대한 양론의 논박을 서술하여 요가 학파에서 말하는 요가의 의미가 삼매라는 것을 강조하는데, 장황한 이 논박은 다음과 같이 시작된다.
"그런데 여기서 교시되어야 할 요가란 '마음의 작용을 억제하는 것'이라고 언급되어 있다. [이에 대한] 반론: [파니니의 『어근집』에서 7류 동사] yuj는 요가를 의미한다. 따라서 결합을 의미하는 것으로 언급되는 yuj로부터 유래하는 '요가'라는 말은 결합을 가리킬 뿐인 것이지, '억제'를 가리키지는 않을 것이다. 바로 이 때문에 Yājñāvalkya는 '요가란 개아(jīvātman)와 최고아(paramātman)의 결합을 말한다.'라고 설했다." (atra ca anuśāsanīyo yogaś citta-vṛtti-nirodha ity ucyate | nanu yujir yoge iti saṃyogārthatayā paripaṭhitād yujer niṣpanno yoga-śabdaḥ saṃyoga-vacana eva syān na tu nirodha-vacanaḥ | ata eva uktam yājñāvalkyena — saṃyogo yoga ity ukto jīvātma-paramātmanoḥ | iti | SDS, p. 346, 147-151행)
"[이에 대해 요가 학파는 다음과 같이 대답한다.] 바로 그러한 것은 공허하다. 왜냐하면 개아(jīva)와 최고[아]라는 양자가 결합할 경우의 원인, 즉 [양자 중 신체에 속하는] 한쪽(개아)의 작용 따위가 성립할 수 없기 때문이다. 또한 '태어나지 않는 자'(不生者=최고아)와의 결합은 [바이셰쉬카 학파의 개조인] Kaṇabhakṣa나 [니야야 학파의 개조인] Akṣacaraṇa 등에 의해 배척되기 때문이다. 그리고 미망사 학파의 교의에 따라 그것(Yājñāvalkya의 교설)을 인정하더라도, 영원한 것으로 완성되어 있는 그것(개아와 최고아의 결합)은 [새롭게] 입증되어야 할 것이 없으므로, 교설은 무익한 것이 되어 버리기 때문이다. 또한 어근들은 많은 의미를 가지므로 [어근] yuj는 삼매를 의미하는 것일 수도 있기 때문이다." (tad etad vārtam | jīva-parayoḥ saṃyoge kāraṇasya anyatara-karmāder asaṃbhavāt | aja-saṃyogasya kaṇabhakṣākṣacaraṇādibhiḥ pratikṣepāc ca | mīmāṃsaka-mata-anusāreṇa tad-aṅgīkāre 'pi nitya-siddhasya tasya sādhyatvābhāvena śāstra-vaiphalyāpatteś ca | dhātūnām anekārthatvena yujeḥ samādhy-arthatvoupapatteś ca | SDS, pp. 346-7, 152-6행)

38 yogaḥ samādhānam | YsV 1.1. Rukmani(2001a) p. 8.

39 yogaś cittavṛtti-nirodhaḥ || YS 1.2.

> 그리고 그 요가를 삼매라고 말한 것은 단지 부분과 전체의 차이를 지적하려는 것이 아닌 만큼, 오로지 어원에 의거한 진술이다. 그러나 [요가는] 실천이기 때문에 요가라는 말은 오직 마음 작용의 억제라고 하는 최상의 [실천적] 의미를 갖는다.[40]

여기서는 다시 한번 요가의 어원적 의미는 '삼매'라고 확언한다. 그러므로 파니니가 『어근집』을 작성한 것이 확실하다면, 그의 생존 시대인 기원전 4세기 무렵에 이미 요가라는 말은 삼매, 즉 마음의 통일을 의미하는 술어로 확정되어 있었다고 믿을 수밖에 없다.[41] 더욱이 어근 **yuj**에서 유래하여 삼매와 연관될 수 있을 것으로 보이는 관념은 인도철학의 원천으로 간주되는 *Ṛgveda*에서도 발견된다.

> 위대한 사제의 시인들인 현자들은 마음을 통제하고 또한 생각들을 통제하도다. 의식(儀式)에 정통한 강력한 유일자(사비트리)는 기도들을 통해 명령했나니, 사비트리 신의 찬미는 위대하도다.[42]

격려의 신으로 신봉되는 사비트리(Savitṛ)에게 바치는 이 찬가는 이후의 다른 고전들에서도 다섯 차례[43]나 인용된 것으로 파악되어 있다. 요가와 관련하여 주목되는 것은 이 찬가의 첫 구절에서 마음과 생각을 통제한다(yuñjate)고 표현된 관념이다. 여기서 말하는 '통제'의 어근은 **yuj**일 뿐만 아니라, 이 관념은 『요가

....

40 vyutpatti-nimitta-mātrābhidhānaṃ caitad yogaḥ samādhir iti | aṅgāṅginor abheda-vivakṣāmātreṇa pravṛtti-nimittaṃ tu yoga-śabdasya cittavṛtti-nirodha eveti paramārthaḥ | TV 1.1. Bodas(1917) p. 2, 25-27행.

41 高木訷元(1991a) p. 8 참조. 다만 파니니의 문법에 정통한 Katre(1989:xix)는 파니니의 생존 시기를 기원전 6세기 무렵으로 추정한다. 그러므로 파니니의 생존 시기를 기원전 5세기로 전후로 추정하는 것이 무난할 것이다.

42 yuñjate mana uta yuñjate dhiyo viprā viprasya bṛhato vipaścitaḥ | vi hotrā dadhe vayunāvid eka in mahī devasya savituḥ pariṣṭutiḥ || ṚV 5.81.1. Müller(1983) II, p. 672.

43 *Vājasaneyī-saṃhitā*(11.4), *Kāṭhaka-saṃhitā*(2.15, 15.36), *Taittirīya-saṃhitā*(4.1.1.4), *Śvetāśvatara-upaniṣad*(2.4). 高木訷元(1991a) p. 8 참조.

경』에서 정의한 요가(마음의 작용을 억제하는 것)와 상통하기 때문이다. 더욱이 *Śvetāśvatara-upaniṣad*에서는 위의 찬가를 그대로 인용하고 나서 6송(2.8~2.13)에 걸쳐 요가의 실천에 관해 서술한다. 여기서는 요가를 명상의 방법으로 인식하고 있음이 분명하게 드러나는데, 예를 들면 다음과 같다.

> 동요에 처한 자는 여기서(몸에서) 숨들을 억제하고 나서, 숨이 잦아들면 콧구멍으로 호흡해야 한다. 현자는 사나운 말에 매인 그런 수레와 같은 산만한 마음을 방심하지 말고 억제해야 한다.[44]
>
> 브라만에 대한 요가에서는 안개, 연기, 태양, 바람, 불, 반딧불, 번갯불, 수정, 달과 같은 이러한 것들이 [브라만의] 현현을 일으키는 전조가 된다.[45]
>
> [요가를 실천한 이들은] 가벼움, 건강함, 탐하지 않음, 외모의 청정, 탁월한 목소리, 쾌적한 향기, 소량의 대소변이 요가의 효능으로서 최초[의 결과]라고 말한다.[46]

이처럼 이 우파니샤드는 요가가 독자적인 수행법으로 통용되었음을 충분히 시사한다. 그러나 이 우파니샤드에서 요가의 전거인 것처럼 인용한 *Ṛgveda*의 찬가는, 요가와의 연관성은 인정할 수 있을지라도 아직은 요가를 독자적인 방법이나 수단으로 인식하고 있지는 않다. *Ṛgveda* 전체에서 요가 수행자를 의미하는 단어(yogin)는 한 번도 사용되지 않기 때문에 더욱 그러하다.[47]

....

44 prāṇān prapīḍyeha saṃyukta-ceṣṭaḥ kṣīṇe prāṇe nāsikayocchvasīta | duṣṭāśva-yuktam iva vāham enaṃ vidvān mano dhārayetāpramattaḥ || ŚvetU 2.9. Radhakrishnan(1953) p. 721.

45 nīhāra-dhūmārkānilānalānāṃ khadyota-vidyut-sphaṭika-śaśīnām | etāni rūpāṇi puraḥsarāṇi brahmaṇy abhivyakti-karāṇi yoge || ibid. 2.11. Radhakrishnan(1953:721)은 불교의 『능가경』(*Laṅkāvatārasūtra*)에도 이와 유사한 관념이 있음을 소개한다. "요가 수행자들은 수행하는 중에 [상상으로] 태양이나 달이나 연꽃과 같은 어떤 것의 형상, 또는 저승이나 하늘의 불 따위와 같은 다양한 형상을 본다. 이것들이 모두 제거되어 무분별의 상태가 되면, 있는 그대로의 진실에 저절로 순응하는 상태가 되고, 모든 국토에서 모여든 부처들이 눈부신 손으로 그 수행자의 머리를 쓰다듬을 것이다."

46 laghutvam ārogyam alolupatvaṃ varṇa-prasādaṃ svara-sauṣṭhavaṃ ca | gandhaḥ śubho mūtra-purīṣam alpaṃ yoga-pravṛttiṃ prathamāṃ vadanti || ibid. 2.13.

그러나 우파니샤드와 『마하바라타』에 이르러 요가는 어떤 목적을 위한 수단으로 인식되었음이 분명하다. 그 목적은 가르치는 입장에 따라 상이할 수 있지만 거시적으로는 인도철학에서 추구하는 심신의 완전한 자유, 즉 해탈이라는 개념에 포섭될 수 있다. 이 점에서 요가는 원래의 의미를 불문하고 이상적인 가치의 실현 혹은 해탈 성취의 수단이나 방법으로 발전해 갔다. 그리고 이러한 발전의 결실이 일련의 사상 체계로 정립된 상키야-요가 철학일 것이다, 여기에 이르는 발전 과정은 상키야와 요가라는 개념의 다양한 용례를 통해 확인할 수 있다.

2.2. 상키야와 요가의 용례

『마하바라타』는 부록을 제외하면 18책으로 이루어진 방대한 서사시이다. 이 중에서 가장 많은 분량을 차지하는 것은 적정편(寂靜編, Śānti-parvan)으로 불리는 제12책이다. 그리고 이 제12책의 절반 정도를 차지하는 제174장 이하는 「해탈법품」(Mokṣadharma-parvan)으로 불리는데, 상키야와 요가의 교의는 바로 이 부분에서 집중적으로 서술된다. 「해탈법품」이 상키야-요가 학설의 원시적 형태를 반영한 중요한 자료로 취급되는 이유가 여기에 있다.

「해탈법품」에는 상키야와 요가가 짝을 이루는 일련의 교의로 인식되었다는

....

47 高木諦元(1991a) pp. 8-9 참조. "요가적인 행법에 관한 기술은 우파니샤드 시대의 중엽부터 점차 여러 경전 속에 나타난 이래 점점 홍륭하는 기세를 보였고, 학파 시대 이후에는 일반적으로 널리 취급되기에 이르렀다. 그러나 요가라는 말 자체가 이러한 행법을 가리키는 의미로 문헌상에 나타나기 시작한 것은 그렇게 옛적은 아니다. 베다에는 그런 의미의 용법이 전혀 없다." 岸本英夫(1955) p. 81. 참고로 일찍이 *Ṛgveda*의 사전(*Wörterbuch zum Rig-Veda*. Leipzig: Brockhaus, 1873)을 편찬했던 Hermann Grassmann은 'yoga' 항목에서 요가라는 말이 사용된 *Ṛgveda*의 용례와 출처를 다음과 같이 열거했다. 高木諦元(1991a) p. 32, n. 4 참조.
말[馬] 따위에 멍에를 연결하는 것: 1.34.9 ; 1.56.1 ; 2.8.1 ; 5.43.5 등등.
찬가와 제사의 관련을 의미: 1.18.7 ; 10.114.9.
특히 색다른 용례로 성좌에서의 연결: 5.37.5 ; 8.58.3. (다음 각주 88 참조)
아직 얻지 못한 것의 획득을 의미하는 술어로서 yoga-kṣema: 7.54.3 ; 7.86.8 ; 10.89.10 ; 10.166.5 등등. (이에 관해서는 다음의 2.2.2에서 상술함)

사실이 확연히 드러나 있다. 그러나 이 둘의 위상을 대등하게 인식하지는 않았던 것으로 보이기도 한다. 왜냐하면 여기서는 모든 지식의 원천이 바로 상키야라고 다음과 같이 천명하기 때문이다.

> 왕이여! 실로 위대한 베다와 '상키야들'과 요가에 있는 고귀한 지식은, 그리고 성전에서 발견되는 다양한 것도, 인간의 주인이여! 그것은 모두 '상키야'에서 유래한다.[48]
>
> 군주여! 방대한 사서(史書)들에서 발견되고 현자들이 인정한 실용서에서 발견되는 것은, 고결한 품성을 지닌 위대한 자여! 그리고 이 세상에 있는 지식이라면 무엇이든 그것은 '상키야'에서 유래한다.[49]

여기서는 '상키야들'과 '상키야'가 복수와 단수로 언급되고 있어, 동일한 말이 다른 의미로 사용되었을 것임을 짐작할 수 있다. 단수로서의 상키야라면, 이것은 상키야의 교의가 그만큼 참신한 학설로서 부상했던 사상적 조류를 반영할 것일 수도 있다. 그러나 여기서처럼 '상키야들'에 있는 지식이 상키야에서 유래한다고 말할 경우, 양쪽의 상키야를 똑같은 의미일 것으로 이해하는 것은 아무래도 어색하다. 더욱이 상키야가 모든 지식의 원천이라면, 이러한 상키야는 일개 학파의 교의를 지칭한 것이 아닐 수 있다. 각종 문헌들에서 상키야라는 개념이 다양한 어의로 구사된 용례가 풍부하기 때문이다. 이 점에서는 요가도 마찬가지이다.

이하에서는 어원적 의미를 고찰하면서 이미 인용한 용례 외에, 상키야와 요가의 다양한 어의를 간파할 수 있는 대표적인 용례를 소개한다.

....

48 jñānaṃ mahad yad dhi mahatsu rājan vedeṣu sāṃkhyeṣu tathaiva yoge | yac cāpi dṛṣṭaṃ vividhaṃ purāṇe sāṃkhyāgataṃ tan nikhilaṃ narendra || Mbh 12.301.108=290.103. Dutt(2004.VIII) p. 408.

49 yac cetihāseṣu mahatsu dṛṣṭaṃ yac cārthaśāstre nṛpa śiṣṭajuṣṭe | jñānaṃ ca loke yad ihāsti kiṃcit sāṃkhyāgataṃ tac ca mahan mahātman || Mbh 12.301.109=290.104. ibid.

2.2.1. 상키야 개념의 용례

바로 앞에서 인용한 「해탈법품」의 천명에 의하면 '상키야=지식'이라는 등식이 성립한다. 상키야가 곧 지식이라면 어떠한 지식인지에 따라 그 상키야의 성격도 다를 수밖에 없다. 예를 들어 베단타 철학의 지지자에게는 자파에서 탐구하는 브라만이나 아트만(자아)에 대한 지식도 상키야가 된다. 실제로 Śaṅkara (이하 '샹카라')는 『마하바라타』에 나오는 한 게송을 주석하면서 "*Vyāsa-smṛti*에 따르면, 상키야는 순수한 자아의 본성에 관한 지식으로 불린다."[50] 고 서술했다.

여기서 샹카라가 *Vyāsa-smṛti*라는 문헌을 인용한 것으로 보아, 샹카라 이전부터 상키야를 특정한 지식으로 인식하고 있었음을 알 수 있다. *Caraka-saṃhitā*에서는 이와 유사하거나 이보다 더 원천적인 용례를 볼 수 있다.

> ① 숙고해야 할 것을 숙고하는 '상키야들'과 함께 앉아 있는 Punarvasu에게, [의사] Vahniveśa(=Agniveśa)는 세상 사람들의 만족을 위해 자신의 의문을 질의했다.[51]
>
> ② 그런데 [Hiraṇyākṣa에 의하면] 인간은 여섯 요소로부터 생겨나고, 질병도 그와 같이 여섯 요소로부터 발생하며, '상키야들'을 비롯한 이들은 여섯 요소[52]로부터 발생한 더미를 언급한다.[53]
>
> ③ 예를 들면 불은 뜨겁고, 물은 흐르고, 땅은 견고하고, 태양은 비추어 낸다. 태양이 비추어 내는 것과 마찬가지로 상키야의 지식(말씀)[54]도 비추

....

50 "śuddhātma-tattva-vijñānaṃ sāṃkhyam ity abhidhīyate" iti vyāsasmṛteḥ | 이 원문의 출처는 샹카라의 *Viṣṇu-sahasra-nāma-bhāṣya*에서 Mbh 13.149=135.70을 주석한 대목이다. 村上真完(1982) p. 25 참조.

51 sāṃkhyaiḥ saṃkhyāta-saṃkhyeyaiḥ sahāsīnaṃ punarvasum | jagaddhitārthaṃ papraccha vahniveśaḥ svasaṃśayam || CS, Sūtra-sthāna 13.3. Sharma & Dash(1983) p. 242.

52 Sharma & Dash(1983:416)는 이 경우의 '여섯 요소'가 자아(ātman)와 5조대요소를 가리킨다고 파악한다. 그러나 나중에 인용할 Śārīra-sthāna 1.16에 의하면 의식과 5조대요소가 여섯 요소이다. 이 경우에는 의식이 자아와 동일시된다. @제6장 각주 9, 10 참조.

53 ṣaḍdhātujas tu puruṣo rogāḥ ṣaḍdhātujās tathā | rāśiḥ ṣaḍdhātujaḥ sāṃkhyair ādyaiḥ prakīrttitaḥ || CS, Sūtra-sthāna 25.15. Sharma & Dash(1983) p. 416.

54 '상키야의 지식'에 해당하는 원어가 '상키야의 말씀'(sāṃkhya-vacana)으로 기재된 판본(Chakravarti 1975:2 재인용)도 있다. Sharma & Dash(1985:235)는 '상키야의 지식'의 원어인 sāṃkhya-jñāna를 '상키

어 낸다.[55]

이와 같은 용례에서는 상키야를 특정한 학파나 학설의 이름과 같은 고유명사가 아니라 보통명사로 이해해야 의미가 통한다. 이 경우의 상키야가 보통명사라면, 상키야는 믿을 만한 지식을 가진 현자를 지칭한 것으로 이해하는 것이 무난할 것이다. 위의 세 예문에서 말하는 상키야는 특정 철학과는 무관하고 의학에 정통한 스승들에 대한 통칭이라고 해석하는 견해[56]에 따르자면, 상키야는 어떤 분야에 통찰력을 가진 자, 또는 바른 지식의 소유자를 일컫기도 한다.

다시 '상키야=지식'이라는 등식과 연관된 상키야의 용례를 한눈에 파악하기로는 우선 『기타』가 적절하다.[57]

> Pārtha(=Arjuna)[58]여! 그대에게 이 지성(지혜)은 상키야에서 언명되었으니 [이제] 그것을 요가에서 들으라. 이 지성을 구비하면 그대는 업의 속박으로

....

야 철학의 학설로부터 얻은 지식'으로 번역했으나, 이 역시 sāṃkhya를 학파의 이름으로 속단한 해석인 듯하다.

55 yathā — agnir uṣṇaḥ, dravam udakaṃ, sthirā pṛthivī, ādityaḥ prakāśaka iti | yathā ādityaḥ prakāśakas tathā sāṃkhya-jñānaṃ prakāśakam iti ‖ CS, Vimāna-sthāna 8.34. Sharma & Dash(1985) p. 235.

56 "이것들 각각의 문맥으로 보아 상키야(sāṃkhya)는 의학에 정통한 스승들을 통칭하는 말일 뿐이고, 특정 철학과는 거의 무관하다는 것이 명백하다. 여기서 상키야는 '완전한 지식'(saṃkhyā)의 소유자를 의미한다." Chakravarti(1975) p. 3.

57 塚本啓祥(1970:22)는 『기타』에서 구사된 상키야의 용례를 조사하여 여섯 가지로 분석했다. 이것들 중에서 하나는 요가의 용례에 해당하므로 이것을 제외한 다섯 가지는 다음과 같다.
① 병렬 복합어로 사용된 sāṃkhya-yoga는 '상키야와 요가'를 의미한다.
② 요가와 동격으로 언급된 'sāṃkhyaḥ yogaḥ'는 '상키야라는 요가(수련)'으로서 '지식의 요가'(jñāna-yoga)를 의미한다.
③단지 sāṃkhya만 언급할 경우에는 '행위의 요가'(karma-yoga)와 대비되는 '지식의 요가'를 의미한다.
④ 격한정 복합어로서 사용된 sāṃkhya-yoga(상키야의 요가)는 '지식의 요가'나 '행위의 요가'라는 표현으로 말하는 요가, 즉 수련을 의미한다. 이 경우에는 ①의 의미를 갖지 않는다.
⑤'교의로서의 상키야'(sāṃkhyaḥ kṛtāntaḥ)는 '상키야의 학설'로서 '지혜의 이론'(베단타)과 '상키야 철학'이라는 두 가지가 고려된다. 이 용례에 대해서는 후속하는 각주 63에서 상술한다.

58 Pārtha는 Pṛthā 부인의 아들들을 지칭하는데, 『기타』에서는 특히 Arjuna를 일컫는다. 『기타』의 주 내용은 Arjuna의 질문에 대한 Kṛṣṇa의 설법이므로, Arjuna는 이 같은 다양한 별칭으로 언급된다.

> 부터 벗어날 것이니라.[59]

여기서 말하는 상키야와 요가는 후대에 확립될 고전 상키야 및 고전 요가의 전신(前身)에 해당할 것이다. 그러나 '요가'라는 말로써 목적 성취의 수단을 세 방면으로 교시하는 『기타』의 맥락에서 이 경우의 상키야는 '지식의 요가', 요가는 '행위의 요가'를 가리키는 것으로 이해된다.[60] 따라서 지성(지혜)을 언명하는 것이 상키야라면, 이 상키야는 진실을 바르게 아는 지식 또는 지혜를 가르치는 것이라고 이해할 수 있다. 요컨대 상키야는 지식 또는 지혜를 가르치는 것이기도 하다.[61]

상키야를 특정한 지식을 일컫는 것으로 해석할 수 있는 용례는 『기타』에서도 발견된다.

> 강력한 팔을 가진 자(=Arjuna)여! 모든 행위의 완성을 위해, 상키야의 교의에서 천명한 이 다섯 요인들을 내게서 배우라.[62]

....

59 eṣā te 'bhihitā sāṃkhye buddhir yoge tv imāṃ śṛṇu | buddhyā yukto yayā pārtha karma-bandhaṃ prahāsyasi ‖ BG 2.39. Radhakrishnan(1949) p. 114. 이처럼 상키야와 요가를 함께 언급하는 『기타』 제2장의 말미에는 '상키야－요가'라는 표제가 달려 있다. "이상으로 상서로운 『기타』에서 '상키야－요가'로 불리는 제2장이 [끝났다.]" (iti śrīmad-bhagavadgītā-sāṃkhyayogo nama dvitīyo 'dhyāyaḥ ‖ Besant 1973:56) 여기서 복합어 '상키야－요가'를 Besant(ibid.)는 '상키야에 의한 요가'로 Radhakrishnan(1949:130)은 '지식(=상키야)의 요가'로 번역하여 상키야가 요가의 기반이라고 이해한다.

60 辻直四郎(1980) p. 293, n. 22, 23 참조. 베단타 철학의 저명한 학자인 Rāmānuja는 자아에 대한 관찰을 이끄는 것을 '지식의 요가', 지식의 수련을 이끄는 것을 '행위의 요가'로 비정(比定)한다. 塚本啓祥(1970) p. 20 참조. "상키야의 탐구자는 그 자신을 발견하기 위해 세계를 관찰한다."(Parrott 1984:8)라는 판단을 여기에 적용하면 Rāmānuja가 생각하는 '지식의 요가'도 상키야를 가리키는 것이 된다.

61 이 경우(BG 2.39)의 상키야를 Besant(1973:41)는 가르침(teaching)으로, 辻直四郎(1980:47)은 '이론'으로 번역했다.

62 pañcaitāni mahābāho kāraṇāni nibodha me | sāṃkhye kṛtānte proktāni siddhaye sarva-karmaṇām ‖ BG 18.13. Radhakrishnan(1949) p. 355.

여기서 말하는 '상키야의 교의'는 당연히 상키야 철학을 가리키는 것으로 이해하는 것이 무난할 듯하다. 그렇지만 『기타』의 주석자들은 한결같이 이 경우의 상키야를 베단타를 지칭하는 것으로 해석한다.[63] 물론 주석자들의 대부분이 베단타의 학자이기 때문일 수도 있겠지만, 이 용례로써 상키야가 반드시 상키야 철학만을 지칭하는 것으로 인식되지는 않았다는 사실을 알 수 있다.

상키야가 요가와 함께 고행자의 이름으로 등장하는 특이한 용례도 있다. 이 경우에는 인명으로 사용된 유례가 없는 상키야와 요가가 다른 성자나 성현의 이름과 함께 다음과 같이 언급된다.

> Saṃvarta, Merusāvarṇa, 의로운 Mārkaṇḍeya, '상키야'와 요가, Nārada, 그리고 위대한 성현인 Durvāsas는 극도의 고행을 극복하여 삼계(三界)에서 고명한 분들이다.[64]
>
> Rudra와 같은 다른 이들은 브라마 신의 세계에 산다고 알려져 있다. [이들의 이름을 부르는 것으로] 아들이 없는 자는 아들을 얻고, 가난한 자는 부(富)를 얻는다.[65]

....

63 샹카라의 해석에 따르면 상키야는 알아야 할 말의 의미를 헤아리는 것, 즉 베단타(즉 베다의 궁극인 우파니샤드)를 가리키고, 행위의 궁극이 본래 의미인 교의(kṛtānta)는 행위의 완성을 가리킨다. Rāmānuja는 배열된 사물을 대상으로 하여 베다에서 유래한 지혜로써 관찰된 결정을 '상키야의 교의'로 규정한다. 또한 Madhusūdana는 상키야를 '베단타의 학설'(Vedānata-śāstra)에 비정(比定)한다. 이에 대해 Śrīmdhara는 상키야를 두 가지로 해설하는데, 그 하나는 '베단타의 교의'(Vedānata-siddhānta)이고, 다른 하나는 '상키야의 학설'(Sāṃkhya-śāstra)이다. Śrīmdhara의 경우에는 상키야가 상키야 철학을 지칭할 수 있는 여지를 남기고 있는데, 그가 이 게송(BG 18.13)에서 언급하는 '다섯 요인'을 근거로 간주한 것만으로는 석연치 않다. 왜냐하면 다음 게송(18.15)에서 열거하는 '다섯 원인'이 고전 상키야에서는 생소한 관념이기 때문이다. 塚本啓祥(1970) pp. 21-22 참조.
"인간이 몸과 말과 마음으로 착수한 행동(3업)이라면 옳은 것이든 그릇된 것이든, 바로 이것의 원인은 그 다섯이다." (śarīra-vāṅ-manobhir yat karma prārabhate naraḥ | nyāyyaṃ vā viparītaṃ vā pañcaite tasya hetavaḥ || BG 18.15. Radhakrishnan 1949:356)
그러나 고전 상키야의 주석서인 *Yuktidīpikā*에서 설명하는 '행위의 다섯 원천'(pañca karma-yonayaḥ)이 이 '다섯 요인/원인'과 무관하지 않다는 견해가 있으므로, 이에 관해서는 나중에 @제5장(5.2.2)과 @제9장(9.4.2)에서 상술할 것이다.

64 saṃvarto merusāvarṇo Mārkaṇḍeyaś ca dhārmikaḥ || sāṃkhya-yogau nāradaś ca durvāsāś ca mahān ṛṣiḥ | atyanta-tapaso dāntās triṣu lokeṣu viśrutāḥ || Mbh 13.150.44-45. Dutt(2004.IX) p. 601.

65 apare rudra-saṃkāśāḥ kīrtitā brahma-laukikāḥ | aputro labhate putraṃ daridro labhate dhanam || Mbh

위의 둘째 구문은 앞서 언급한 상키야와 요가가 신앙의 대상으로 열거된 것임을 암시한다. 그러므로 이 경우의 상키야와 요가는 이미 신뢰할 만한 권위를 확보한 지식과 수행의 체계를 의인화한 것으로 추정할 수 있다. 이렇게 추정할 수 있는 근거로는 이에 앞서 의무(dharma), 애정(kāma), 시간(kāla), 부(富, vasu), 무한(ananta)과 같은 추상 개념이 상키야 철학의 전설적 개조인 Kapila(이하 '카필라')와 함께 성자의 이름으로 열거된 점을 들 수 있다.[66]

후대에는 상키야가 Śaṅkha라는 인명에서 유래했다고 설명하는 이색적인 주장도 등장했다. Guṇaratna(1343~1418[67])의 *Tarkarahasya-dīpikā*는 Haribhadra(약 700~770)의 『육파철학집성』(*Ṣaḍdarśana-samuccaya*)에 대한 주석이므로 『육파철학집성주』(六派哲學集成註)로도 불린다. 그는 이 주석에서 상키야(Sāṃkhya)와 샹키야(Śāṃkhya)는 같은 말이라는 것을 다음과 같이 설명한다.

> 혹은 이 밖에 옛적의 전승은 sāṃkhya라는 소리가 구개음 따위도 갖는다[68]고 한다. 거기서 śaṅkha라는 이름을 갖는 특정한 사람은 시초가 누구이든 접미사 -ya에 garga 따위[의 적용]이기 때문에, 그의 자손은 손자 따위라는 것이

....

13.150.46. ibid.

66 "Dharma, Kāma, Kāla, Vasu, Vāsuki, Ananta, Kapila, 바로 이 일곱 분들이 대지를 지탱한다. 또한 그와 같은 Rāma, Vyāsa, Droṇa의 아들인 Aśvatthāman, Lomaśa도 있으니, 이들 신성한 성자들은 각각 일곱 분씩 이루어진 일곱 [무리]이다." (dharmaḥ kāmaś ca kālaś ca vasur vāsukir eva ca | anantaḥ kapilaś caiva saptaite dharaṇīdharāḥ || rāmo vyāsas tathā drauṇir aśvatthāmā ca lomaśaḥ | ity ete munayo divyā ekaikā sapta saptadhā || Mbh 13.150.41-42. ibid.) 여기서 Rāma, Vyāsa, Droṇa, Aśvatthāman, Lomaśa 등은 『마하바라타』에 등장하는 인물들의 이름이다. 한편 『마하바라타』에서 상키야의 교의에 대한 설명은 다음과 같이 시작된다.
"자아를 아는 상키야의 추종자들에게 미세한(=진실한) 이것은 모든(=깨달은) 고행자들과 카필라를 비롯한 대가들에 의해 마련되었으니, 그대는 내게서 이것을 들으라." (śṛṇu me tvam idaṃ sūkṣmaṃ(=śuddhaṃ) sāṃkhyānāṃ viditātmanām | vihitaṃ yatibhir sarvaiḥ(=buddhaiḥ) kapilādibhir īśvaraiḥ || Mbh 12.301 =290.3. ibid. p. 401)

67 생존 연대는 Kumar Jain(1997) p. 1.

68 산스크리트 발음에서 s와 ś는 치찰음으로 분류되지만, 발성의 위치로 구분하면 s는 치음이고 ś는 구개음이다. 그런데 여기서는 옛적의 전승에 따라 sāṃkhya의 s는 ś로도 발음할 수 있다고 말하는 것이다.

śāṅkhya들이며, 이러한 것들에 속하는 것이 이 sāṃkhya 혹은 śāṃkhya이다.[69]

산스크리트의 문법 규정이 적용된 이 설명의 요지는, śaṅkha에 접미사 ya를 붙이면 śāṅkhya(=śāṃkhya)가 되고 이 śāṅkhya는 śaṅkha의 후손을 의미한다는 것이다.[70] 그러나 학파 이름으로서의 상키야를 śāṃkhya로 발음한 선례가 전무하기 때문에 이러한 견해는 신뢰할 만하지 않다고 한다.[71] 그래도 애써 이해를 구하자면, 상키야를 인명으로 열거한 『마하바라타』의 용례에 착안하여 그 근거를 마련한 것일지도 모른다.[72]

이상의 용례 중에서 인명으로 언급된 특이한 경우를 제외하면, 상키야는 saṃkhyā에서 유래하므로 이미 소개했던 *Amarakośa*에서 saṃkhyā의 동의어로 열거한 것들이 상키야 개념의 의미로 통용되었다고 결론지을 수 있다. 이에 따르면 상키야는 지식, 숙고(명상), 검토, 고찰, 조사, 판별 등을 의미한다.[73]

2.2.2. 요가 개념의 용례

요가라는 말은 다양한 의미로 사용되지만, 평이하게 '방법'을 의미하기도 한다. 이 말은 특히 삼매에 도달하는 길을 가리키는 데 보다 자주 적용된다.[74] 그러

....

69 yad vā tālavyādir api sāṃkhya-dhvanir astīti vṛddhāmnāyaḥ | tatra śaṅkha-nāmā kaścid ādyaḥ puruṣa-viśeṣas tasyāpatyaṃ pautrādir iti gargāditvāt yañ-pratyaye śāṅkhyās teṣām idaṃ sāṃkhyaṃ śāṃkhyaṃ vā | TRD 3.42. Kumar Jain(1997) p. 35, 7-9행.

70 여기에 적용된 문법은 "yañ(접미사 -ya)은 [혈통의 후손을 의미하여] garga 따위의 다음에 온다."(gargādibhyo yañ | Pāṇ 4.1.105)라는 규정이다. 예를 들어 'gārgaya'는 Garga의 손자 또는 후손을 의미한다.

71 Chakravarti(1975) p. 3.

72 신화에서 Śaṅkha는 베다를 훔쳐 바다 밑으로 가져갔다가 비슈누(Viṣṇu) 신에게 살해된 악마의 이름이다. Guṇaratna가 상키야를 이런 이름과 결부시킨 것은, 인도의 정통 철학 중에서도 베다의 권위에 대해 약간 이단적인 색채를 띤 상키야 철학을 폄하하려는 뜻일 수도 있다. 나중에 고찰하겠지만, 상키야는 베다가 규정하는 제사에 대해서는 부정적인 인식으로 출발했다.

73 "철학 체계로 통용된 상키야(sāṃkhya)는 saṃkhyā에서 유래하고, 이 saṃkhyā는 지식, 숙고, 검토, 고찰, 조사, 판별 등을 의미한다. 카필라의 학문 체계는 대체로 이 모든 속성들이 부여되어 상키야로 불린다." Chakravarti(1975) p. 3.

나 요가의 평이한 의미보다는 다양한 의미를 파악하는 것으로 요가라는 방법의 함의를 다각적으로 이해할 수 있을 것이다.

요가의 의미와 용례는 상키야의 경우보다 한층 더 복잡하지만 이에 대해서는 충분한 고찰이 이루어져 있다. 이에 의거하여 우선 대표적인 용례를 중심으로 요가의 의미를 다음과 같이 개괄할 수 있다.[75]

『기타』는 가장 다양한 의미의 요가가 집약된 문헌으로 유명하다. 여기서는 요가라는 말이 기본적으로는 실천 또는 수련을 의미하고 있지만, 그것은 결국 해탈이라는 목적을 성취하는 수단이나 방법이 된다. 『기타』는 이것을 지식의 요가(jñāna-yoga), 행위의 요가(karma-yoga), 신애(信愛)의 요가(bhakti-yoga)라고 명명하여 세 방면으로 교시한다. 이는 요가에 대한 포괄적인 관념을 드러낸 것이고, 개별적인 관념은 도처에서 약간씩 상이하게 드러나지만, 요가에 대한 인식에서는 인과적 또는 방법론적 연관성도 엿볼 수 있다.

아래의 게송에서 요가는 행위에 대한 기량을 의미하므로, 이런 요가는 행위의 요가에 속한다.

> 지성에 의해 집중된 자는 이 세상에서 선행과 악행을 모두 그만둔다. 그러므로 요가는 행위에 대한 기량이니, 그대는 요가를 위해 전념하라.[76]

아래의 두 게송에서 요가는 절제를 의미한다. 이 의미는 행위에 대한 기량과

....

74 Cf. Radhakrishnan(1951) pp. 837-8. 여기서 Radhakrishnan은 『요가경』에서 말하는 요가는 결합이나 아니라 '노력'을 의미한다고 지적한다.

75 이하의 개괄에서 출처는 Banerji(1995) pp. 1-2 참조. Banerji(1995:2)는 여기서 다음과 같이 몇몇 학자들의 견해도 첨언한다. "Thomas는 요가의 기본 의미는 수련이며, 둘째 의미는 요가의 결과로서 '결합'이라고 말한다(*History of Buddhist Thought*, p. 43, note 2). Edgerton도 역시 똑같은 견해를 지지한다(*AJP*, XLV, pp. 1ff.). Carpentier는 『마하바라타』와 후대의 논서에서 요가는 '결합'을 의미하지 않는다는 것을 밝히고자 시도했다(*ZDMG*, LXV, pp. 846f)."

76 buddhi-yukto jahātīha ubhe sukṛta-duṣkṛte | tasmād yogāya yujyasva yogaḥ karmasu kauśalam || BG 2.50. Radhakrishnan(1949) p. 120.

연관지을 수 있다. 행위에 대한 기량은 결국 목적 성취에 적합하도록 자신의 행위를 절제하는 능력으로 개발될 것이기 때문이다.

> 그러나 Arjuna여! 지나치게 먹는 자, 전혀 먹지 않는 자, 그리고 지나치게 잠자는 습관을 지닌 자, [지나치게] 각성해 있는 자에게는 요가가 없다.[77]
> 음식과 오락을 절제하는 자, 행위에서 활동을 절제하는 자, 수면과 각성을 절제하는 자에게는 요가가 고통을 없애는 것이 된다.[78]

행위의 절제를 통해 우선적으로 얻을 수 있는 결과는 마음의 평정일 것이다. 아래의 두 게송에서 요가는 마음의 평정(평등관[79])을 의미한다. 그리고 그 다음의 게송에 의하면, 이 평정은 삼매를 의미한다.

> 부(富)의 정복자(≒Arjuna)여! 요가는 [마음의] '평정'으로 불리나니, 요가에 헌신하여 집착을 버리고 성공과 실패를 동일시하고서 행위를 실행하라.[80]
> Madhu의 살해자(≒Kṛṣṇa)여! 당신께서 [마음의] '평정'이라고 교시한 것이 이 요가인데, 저는 불안정한 탓으로 그것의 견고한 경지를 알지 못합니다.[81]

……………

77 nātyaśnatas tu yogo 'sti na caikāntam anaśnataḥ | na cātisvapna-śīlasya jāgrato naiva cārjuna || BG 6.16. Radhakrishnan(1949:198)은 여기서 말하는 요가는 "행위를 완전히 삼가는 것이 아니라 행위에 대해 절제하는 것"이라고 해석한다.

78 yuktāhāra-vihārasya yukta-ceṣṭasya karmasu | yukta-svapnāvabodhasya yogo bhavati duḥkhahā || BG 6.17. ibid. p. 199.

79 辻直四郎(1980:49, 115)은 마음의 평정에 해당하는 samatva와 sāmya를 모두 평등관(平等觀)으로 번역했다.

80 yogasthaḥ kuru karmāṇi saṅgaṃ tyaktvā dhanañjaya | siddhy-asiddhyoḥ samo bhūtvā samatvaṃ yoga ucyate || BG 2.48. Radhakrishnan(1949) p. 120.

81 yo 'yaṃ yogas tvayā proktaḥ sāmyena madhusūdana | etasyāhaṃ na paśyāmi cañcalatvāt sthitiṃ sthirām || BG 6.33. ibid. p. 205. 신애의 요가로 분류될 수 있는 게송에서도 요가를 '평정'으로 인식한 예를 볼 수 있다. "다른 것에 헌신하지 않고 나를 숭배하는 사람들, 항상 성실한 그들에게 '요가의 평정'(지복)을 가져다 줄 것이다." (ananyāś cintayanto māṃ ye janāḥ paryupāsate | teṣāṃ nityābhiyuktānāṃ yoga-kṣemaṃ vahāmy aham || BG 9.22. ibid. p. 247) 여기서 '요가의 평정'으로 번역한 원어는 yoga-kṣema인데, kṣema에는 평온, 평정, 안전 등의 의미가 있다. 辻直四郎(1980)은 "일반적으로 획득과 보존이지만 여기서

계시서(=베다)로 인해 혼동된 그대의 지성이 삼매에 동요 없이 고정되어 안주하게 될 때, 그대는 요가를 성취하게 될 것이니라.[82]

마음의 평정으로 마음은 안온의 상태인 삼매에 이르게 되고, 온갖 고통에도 초연하게 될 것이다. 그러므로 요가는 다음과 같이 고통에서 벗어나는 것을 의미하기도 한다.

[세상에서] 요가로 불리는 이것은 고통과의 결합으로부터 분리되는 것이라고 알아야 한다. 이 요가는 확신을 갖고 활기찬 마음으로 실천되어야 한다.[83]

이는 요가의 결과적 측면이 될 것이다. 이 같은 결과를 얻기 위한 요가는 마음을 자제하고 정복하는 노력이라고 말할 수 있다.

자제하는 마음이 없이는 요가가 요원하다는 것이 나의 생각이다. 그러나 현명한 방법으로 노력하여 마음을 정복함으로써 [요가는] 성취될 수 있다.[84]

『요가경』에서는 "마음의 작용을 억제하는 것"을 요가의 정의로 제시하는데, 위의 게송에서 말하는 요가는 『요가경』에서 정의한 요가와 다르지 않다. 『요가경』은 『기타』보다 훨씬 후대에 완성된 문헌이지만, 『기타』에서 아래의 게송들처럼 초인적 요가를 언급한 것은 『요가경』과 무관하지 않다.

....

는 오히려 최고선(summum bonum)의 의미가 어울린다."(p. 301, n. 88)고 생각하여 yoga-kṣema를 지복(해탈)으로 번역했다. 이 yoga-kṣema에 대해서는 우파니샤드의 용례를 소개하면서 상술할 것이다.

82 śruti-vipratipannā te yadā sthāsyati niścalā | samādhāv acalā buddhis tadā yogam avāpsyasyi || BG 2.53. Radhakrishnan(1949) p. 122.

83 taṃ vidyād duḥkha-saṃyoga-viyogaṃ yoga-saṃjñitam | sa niścayena yoktavyo yogo 'nirviṇṇa-cetasā || BG 6.23. ibid. p. 201. 앞서 인용한 게송(BG 6.17)에서도 요가는 '고통을 없애는 것'을 의미한다.

84 asaṃyatātmanā yogo duṣprāpa iti me matiḥ | vaśyātmanā tu yatatā śakyo 'vāptum upāyataḥ || BG 6.36. ibid. p. 206.

> 그러나 만물은 나의 내부에 존속하지 않으니, 보라! 나의 초인적인 요가를. 나의 자아는 만물의 창조자로서 만물을 지탱하지만 만물 속에 존속하지는 않도다.[85]
>
> 나의 이 초능력과 요가를 여실하게 아는 자, 그는 부동의 요가로써 [나와] 결속될 것이니, 이에 대해서는 의심할 것이 없노라.[86]
>
> 그렇지만 그대는 자신의 바로 그 눈으로는 나를 볼 수 없느니라. 나는 그대에게 신적인 눈을 주노니, 보라! 나의 초인적인 요가를.[87]

이와 같이 언급되는 요가는 『기타』의 맥락에서 보면 '신애의 요가'에 속한다. 그런데 여기서는 만물을 창조하고 지탱하면서도 그 속에 존속하지는 않는 자아의 능력이 요가에서 기인한다고 교시하면서 초능력(vibhūti)과 요가를 병렬한다. 이처럼 요가가 신통력으로도 불리는 초능력을 발휘할 수 있다는 관념이 『요가경』 제3장에서는 요가 수행자의 초능력을 열거하는(YS 3.16-48) 것으로 구체화되어 있다.

이상과 같이 『기타』에서 볼 수 있는 요가 개념의 용례들은 대체로 요가 철학의 수행론적 관념에 포섭된다. 이에 해당하지 않는 용례로는 산수나 천문학에서 말하는 요가를 들 수 있다. 요가가 산수에서는 덧셈을 의미하고 천문학에서는 합(合)을 의미한다.[88]

우파니샤드의 사상적 기조는 일원론인 만큼 이원론적 기조의 태동과 결부된 요가를 제외하면, 우파니샤드에서 요가는 일반적으로 결합, 특히 개아와 최고

....

85 na ca matsthāni bhūtāni paśya me yogam aiśvaram | bhūtabhṛn na ca bhūtastho mamātmā bhūta-bhāvanaḥ || BG 9.5. ibid. p. 239.

86 etāṃ vibhūtiṃ yogaṃ ca mama yo vetti tattvataḥ | so 'vikampena yogena yujyate nātra saṃśayaḥ || BG 10.7. ibid. p. 258.

87 na tu māṃ śakyase draṣṭum anenaiva svacakṣuṣā | divyaṃ dadāmi te cakṣuḥ paśya me yogam aiśvaram || BG 11.8. ibid. p. 271.

88 "산수에서 요가는 덧셈을 의미한다. 천문학에서 그것은 합(合), 즉 행운의 합과 위험 따위의 전조가 되는 합을 의미한다. 이것은 예컨대 *Amṛtasiddhi, Vyatipāta* 등에서 흔히 열거하듯이 특별하게 천문학적으로 구분한 시간(27요가처럼)을 일컫는 '별들의 조합'이다." Banerji(1995) p. 1.

아의 결합을 의미한다. 이 같은 의미의 요가는 후대의 전승서(Smṛti와 Purāṇa)들에서 응용된 형태로 채택되어 있다. 예를 들어 *Devala-smṛti*에서 요가는 마음을 바라는 대상에 고정하는 것을 의미한다.[89] *Dakṣa-smṛti*에서는 마음이 최고아를 지향하는 것을 '으뜸 요가'로 명명한다.

> '몸을 아는 자'(≒개아)가 마음이 작용하지 않게 하고서 최고아와 결합하여 해방되는 이것은 '으뜸 요가'로 불린다.[90]

*Viṣṇu-purāṇa*에도 이와 유사한 관념이 드러나는데, 여기서 요가는 마음을 브라만과 결합시키는 노력이다.[91] 또한 *Yājñavalkya-smṛti*를 주석한 Aparārka(약 12세기)는 개아와 최고아가 동일하다는 인식에 집중하는 것이 요가라고 설명한다.[92]

요가에 대한 이러한 인식들은 앞서 언급한 우파니샤드의 기조에서 크게 벗어나지 않는다. 그러나 우파니샤드와 전승서들에서는 이와는 다른 기조에서 요가를 언급하는 용례도 적지 않다. 우파니샤드의 특이한 용례로 먼저 지목되는 것은 오장설에서 언급하는 요가이다. 자아(아트만)의 다섯 단계 중에서 넷째는 식별로 이루어지는 자아인데, *Taittirīya-upaniṣad*는 이 자아의 몸통에 해당하는 것이 요가라고 설명한다.

....

89 "요가는 [다른] 대상들로부터 물러나서 지향하는 대상에 마음들을 고정하는 것이다." (viṣayebhyo nivartyābhiprete 'rthe manaso 'vasthāpanaṃ yogaḥ |) 원문은 Banerji(1995) p. 2 재인용. 나중에 다시 고찰하겠지만 이것은 *Aparārkaṭīkā*에서 *Yājñavalkya-smṛti* 3.109를 해설하면서 인용된다. @제7장 각주 108 참조.

90 vṛttihīnam manaḥ kṛtvā kṣetrajñaḥ paramātmani | ekīkṛtya vimucyate yogo 'yaṃ mukhya ucyate || *Dakṣa-smṛti* 7.15. 원문은 Banerji(1995) p. 2 재인용.

91 "자신의 노력에 의지하여 특별하게 진행하는 그 마음이 브라만과 결합하는 것은 요가로 불린다." (ātma-prayatna-sāpekṣā viśiṣṭā yā manogatiḥ | tasyā brahmaṇi saṃyoga yoga ity abhidhīyate || *Viṣṇu-pr.* 6.7.31. ibid.)

92 "개아와 최고아가 다르지 않다는 인식이 다른 대상들에 의해 흐트러지지 않는 것이 요가이다." (jīva-paramātmanor abhedajñānaṃ viṣayāntarāsaṃbhinnaṃ yogaḥ | ibid.)

> 내적인 다른 것은 식별로 이루어지는 자아이다. … 그것의 머리가 바로 신앙이요, 오른팔은 정의요, 왼팔은 진실이요, 몸통은 요가요, 기반인 꽁지(하체)는 능력(통각)[93]이다.[94]

이 설명만으로는 요가의 의미를 알 수 없지만,[95] 요가를 인간의 신체에서 정중앙의 요소로 간주한 것은 분명하다. 그런데 동일한 우파니샤드의 다른 곳에서는 이제까지 소개한 용례와는 전혀 다른 의미로 요가를 언급한다.

> 그대는 그것[96]이 이와 같다고 알라. 언설에서의 보존이라고, 들숨과 날숨에서의 '요가와 보존'이라고, 양손에서의 행위라고, 양발에서의 걸음이라고, 항문에서의 배설이라고 …[97]

여기서 말하는 '요가와 보존'(yoga-kṣema)에서 요가는 획득을 의미하는 것으로 해석되므로, yoga-kṣema라는 원어는 '획득과 보존'으로 번역된다.[98] 그런데 이

....

93 高木訷元(1991a:18)은 능력의 원어인 mahat를 '위력'으로 번역했다. 상키야 철학에서 mahat(위대한 것)는 통각(buddhi)의 동의어로 사용되고, 다른 우파니샤드에도 이 같은 용례가 있음을 고려하면, 여기서 말하는 mahat는 통각 또는 지성을 의미하는 것일 수도 있다.

94 anyo 'ntara ātmā vijñānamayaḥ … tasya śraddhaiva śiraḥ, ṛtaṃ dakṣiṇaḥ pakṣaḥ, satyam uttaraḥ pakṣaḥ, yoga ātmā, mahaḥ pucchaṃ pratiṣṭhā | TaiU 2.4.1. Radhakrishnan(1953) p. 545.

95 이 우파니샤드에 대한 샹카라의 주석에 의하면 이 경우의 요가는 몰입(명상)을 의미한다. "요가는 결합이요 몰입(명상)이다. … 따라서 몰입(명상)으로서의 요가가 식별로 이루어지는 [자아]의 몸통이다." (yogo yuktiḥ samādhānam … tasmāt samādhānaṃ yoga ātmā vijñānamayasya |) 원문은 高木訷元(1991a) p. 33, n. 28 재인용. 이 해석에 따르면 이 요가는 "아마도 신비적 직관에 필요한 심적 상태 혹은 조건을 가리키는 것으로 보아도 좋을 것이다." ibid. p. 19.

96 이 대목은 음식에 관한 교시이므로, 이 맥락에서 '이것'은 음식이지만, 샹카라의 주석에 따르면 브라만을 가리킨다. cf. Deussen(1980) p. 245.

97 ya evaṃ veda kṣema iti vāci, yoga-kṣema iti prāṇāpānayoḥ, karmeti hastayoḥ, gatir iti pādayoḥ, vimuktir iti pāyau … ‖ TaiU 3.10.2. Radhakrishnan(1953) p. 560.

98 Deussen(1980:245)은 이와 유사하게 이것을 '부가 이익과 번영'으로 번역했다. 이 술어(yoga-kṣema)는 "이미 *Ṛgveda* 이래 아직 획득하지 못한 것의 획득과 이미 획득한 것의 보유, 재산의 보전 혹은 복리를 의미했다." 高木訷元(1991a) p. 6.

같은 번역은 샹카라의 설명에 의거한 것이므로 일단 신뢰할 만하다. 샹카라는 *Ṛgveda* 이래 사용되어 온 이 말의 의미를 채택하여 설명한 것으로 파악되어 있다.[99] *Ṛgveda*에서 yoga와 kṣema는 'yoga-kṣema'처럼 복합어로 구사될 뿐만 아니라 낱개로 병렬되거나 제각기 단독으로 구사되기도 한다. 단독으로 구사되거나 kṣema와 병렬하여 낱개로 구사되는 yoga의 용례는 다음과 같다.

> 그분(Indra 신)께서 실로 우리의 부(富)를 위해 획득(yoga)에, 풍요에 헌신하시기를. 그분께서 위력과 함께 우리에게 오시기를.[100]
>
> 보존(kṣema)하고 또한 획득(yoga)하는 데에 당신께서 한층 더 저희를 보호하시고, 당신들께서 항상 축복으로 저희를 보호하시기를.[101]
>
> 스스로 지탱하시는 바루나(Varuṇa)여! 이 칭송이 당신의 심장(마음)에 잘 새겨지기를. 저희가 보존(kṣema)하는 데서 잘 번창하고 획득(yoga)하는 데서 잘 번창하게 해 주시고, 당신들께서 항상 축복으로 저희를 보호하시기를.[102]

위의 첫째 용례에서는 요가(yoga)가 재산과 같은 부(富)의 '획득'을 의미하는 말로 사용되었음이 잘 드러난다.[103] 이 경우의 요가는 획득과 연관된 재산, 부

....

99 "샹카라는 *Ṛgveda* 이래 사용되어 왔던 이 'yoga-kṣema'의 의미를 드는 것으로 이 술어를 설명하는데, kṣema를 이미 얻은 것의 보전(upātta-parirakṣaṇa)으로, 요가를 아직 얻지 못한 것의 획득(anupāttasyopādāna)으로 간주한다." 高木訷元(1991a) p. 20. 그런데 다음과 같은 샹카라의 설명에 따르면, 이 경우의 요가는 호흡(들숨과 날숨)에서 확립되는 브라만의 본질에 속한다. 그러므로 샹카라는 호흡을 통해 브라만을 인식한다면, 이것이 요가로 불린다고 해석한 것으로 이해할 수 있다.
"실로 yoga(획득)와 kṣema(보존)라는 그 둘은 들숨과 날숨의 실제이지만, 그럼에도 불구하고 그 둘은 결코 들숨과 날숨을 원인으로 갖는 것이 아니라 브라만을 원인으로 갖는다. 따라서 브라만은 yoga와 kṣema의 본질로서 들숨과 날숨에서 확립된다는 것을 유념해야 한다." (tau hi yoga-kṣemau prāṇāpānayoḥ sator bhavato yady api tathā 'pi na prāṇāpānanimittāv eva kiṃ tarhi brahma-nimittau | tasmād brahma yoga-kṣemātmanā prāṇāpānayoḥ pratiṣṭhitaṃ ity upāsyam |) TaiU 3.10.2에 대한 샹카라의 주석. 원문은 高木訷元(1991a) p. 33, n. 32 재인용.

100 sa ghā no yoga ā bhuvat sa rāye sa puraṃdhyām | gamad vājebhir ā sa naḥ || ṚV 1.5.3. Müller(1983) I, p. 46.

101 pāhi kṣema uta yoge varaṃ no yūyam pāta svastibhiḥ sadā naḥ || ṚV 7.54.3. Müller(1983) III, p. 113.

102 ayaṃ su tubhyaṃ varuṇa svadhāvo hṛdi stoma upaśritaś cid astu | śaṃ naḥ kṣeme śam u yoge no astu yūyam pāta svastibhiḥ sadā naḥ || ṚV 7.86.8. Müller(1983) III, p. 180.

(富), 번영 또는 이를 위한 노력의 의미도 함축한다. 요가와 짝을 이루어 언급되는 kṣema는 획득한 것을 안전하게 유지하는 것 또는 이에 뒤따르는 안락한 상태를 의미한 것으로 이해할 수 있다. 그러므로 요가가 원인으로서의 노력 또는 능력이라면, kṣema는 결과로서의 평온 또는 행복이다. 전사(戰士)의 신인 인드라(Indra)에게 바치는 아래의 찬가에서 복합어로 구사된 'yoga-kṣema'가 이런 경우에 해당한다.

> 저는 당신의 머리 위에 올라섰으니, 제가 당신의 '능력과 평온'(yoga-kṣema)을 얻어 최상이 되기를.[104]

이상과 같이 *Ṛgveda*의 맥락에서 요가라는 말은 주로 재산의 '획득'을 의미한다는 점에서는 세속적인 노력에 상당한다.[105] 그러나 그것이 정신적 평온

....

103 14세기 후반의 학자로서 베다의 주석으로는 가장 유명한 Sāyaṇa는 *Ṛgveda*의 많은 구절들에서 언급된 요가의 의미를 "이전에 소유하지 못한 것을 획득하는 것"으로 파악하는데, 이 시구(1.5.3)는 그 대표적인 예로 제시된다. cf. Kane(1977) p. 1385.

104 yoga-kṣemaṃ va ādāyāhaṃ bhūyāsam uttama ā vo mūrdhānam akramīm | ṚV 10.166.5. Müller(1983) IV, p. 490. Griffith(1973:646)는 'yoga-kṣema'의 yoga와 kṣema를 각각 '전쟁에서는 위력'과 '평화에서는 숙련'으로 번역했다. 사실 Griffith는 yoga와 kṣema를 맥락에 따라 매번 다르게 번역한다. 최근에 Robertson(2017:34)은 yoga-kṣema를 '전쟁과 평화'로 번역하고, *Ṛgveda*에서는 비교적 후대에 작성된 이 찬가를 yoga-kṣema라는 복합어가 구사된 유일한 사례로 든다. 그에 의하면 더 일찍이 작성된 *Ṛgveda*의 찬가들에서 인드라가 보다 명료하게 요가의 개념과 결부되지 않은 것은 이 yoga-kṣema가 늦게 등장했기 때문일 것으로 추정된다. 그는 인드라의 전형적인 통치권이 위력 또는 전쟁의 의미를 지닌 초기 유형의 요가에 통달한 데서 기인한다고 말하면서, 더 나아가 이 같은 요가 개념을 다음과 같이 초기 불교의 안거(安居) 전통과도 연관짓는다.

"*Maitrāyaṇī-saṃhitā*(3.2.2)에서 yoga-kṣema에 대한 논의는 전진(pra-√kram)과 유랑(yāyāvara)을 yoga와 연관짓는다. 팔리어 불전에서는 유랑하는 수행자들이 우기(雨期)에 안거하여 생활하는 시기를 묘사한다. 이 안거의 기간 동안에 붓다(Buddha)는 다른 전통을 따르는 유랑 수행자들과 토론하고, 종종 그 과정에서 그들을 개종시켰다(이념적으로 그들을 정복했다). 그러므로 자연적인 계절의 순환은 후대의 금욕 수행자들에게 생활 양식의 변화를 초래했는데, 이는 베다[=의 인드라 신화]에서 묘사한 호전적인 통치 활동과 유사했다." Robertson(2017) p. 34, n. 53.

105 예를 들어 *Kaṭha-upaniṣad*에서도 yoga-kṣema가 언급되는데, 이 경우에는 '획득과 보존'보다는 Radhakrishnan(1953:608)의 해석처럼 '세속적 안녕'이라는 의미가 더욱 적합하다.

"현명한 자는 인간에게 도래하는 선(善)과 낙(樂)을 숙고하여 식별한다. 실로 현명한 자는 낙보다도 선을 선택하지만, 어리석은 자는 '획득과 보존'(세속적인 안녕)을 위해 낙을 선택한다." (śreyaś ca (kṣema)과 직결된다면 후대의 요가 학파에서 추구하는 삼매의 노력과도 상통할 수 있다. 다만 불교에서 yogakṣema를 술어로 구사할 때의 요가는 삼매의 노력과 상통할 수 없는 반대의 의미이므로 유의할 필요가 있다.

산스크리트의 yogakṣema에 해당하는 팔리어(Pālī)는 yogakkhema이다. 초기 불교의 여러 불전에서 빈번하게 등장하는 이 yogakkhema는 열반(nirvāṇa)을 형용하는 술어로서 안온 또는 평안을 의미한다.[106] 이런 의미는 yogakkhema가 '요가(yoga)로부터의 안온(khema)'으로 해석되기 때문이다. 그리고 이 경우의 요가는 멍에(속박)나 집착을 의미하여 번뇌의 별칭으로 간주된다.

반면에 초기 불교의 문헌들과 거의 같은 시기에 성립되어, 현존하는 인도의 법경(法經, dharmasūtra)들 중에서는 가장 오래된 것으로 지목되는 *Āpastamba-dharmasūtra*(BCE 4세기경)에서는 요가를 15종의 악덕을 제거하는 정화의 수단으로 인정한다. 그리고 여기서는 kṣema(안온)과 함께 언급하는 요가를 그 kṣema의 수단으로 생각하고 있음을 엿볼 수 있다.

> 그러나 악덕들의 일소는 요가에 의거하여 강화된다. 현자는 중생을 파괴하기 쉬운 그것들을 근절하여 안온(kṣema)으로 나아간다. 우리는 이제 중생을 파괴하기 쉬운 악덕들을 널리 알릴 것이다.[107]

....

preyaś ca manuṣyam etas tau saṃparītya vivinakti dhīraḥ | śreyo hi dhīro 'bhipreyaso vṛṇīte preyo mando yoga-kṣemād vṛṇīte ‖ KaU 1.2.2) *Kaṭha-upaniṣad*는 *Kāṭhaka-upaniṣad*로도 불린다.

106 *Aṅguttara-nikāya*를 비롯하여 *Dhammapada, Suttanipāta, Jātaka, Itivuttaka, Apadāna, Theragāthā, Therīgāthā* 등에서 yogakkhema가 술어로 구사된다. 일례로 *Suttanipāta*에서는 정각을 성취하려는 고타마의 수행을 포기하도록 종용하는 악마 Namuci의 출현을 "네란자라 강의 주변에서 평온(yogakkhema)을 얻기 위해 총력을 쏟아 명상하며 확고한 의지로 노력하는 나에게"(Taṃ maṃ padhānapahitattaṃ nadiṃ nerañjaraṃ pati | viparakkamma jhāyantaṃ yogakkhemassa pattiyā | *Suttanipāta* 425. Andersen 1913:74)라고 서술한다. "여기서 특히 'yogakkhema'(Skt. yogakṣema)는 '신비적 안온' '최상의 안전' '지복'의 뜻을 가지며 Nirvāṇa와 거의 동의어이다. 또는 열반의 부가 형용사로서 '安穩涅槃'으로 종종 표현된다.(cf. PTS Dic. p. 558 : Hôbôgirin. p. 593)" 서성원(1996) p. 30, n. 38.

107 doṣāṇāṃ tu vinirghāto yoga-mūla iha jīvite | nirhṛtya bhūta-dāhīyān kṣemaṃ gacchati paṇḍitaḥ ‖ 3 ‖ atha bhūta-dāhīyān doṣān udāhariṣyāmaḥ ‖ 4 ‖ *Āpastamba* 1.8.23.3-4. Sastry(1895) pp. 28-29, 20-3행. 이와 관련된 내용으로 *Baudhāyana*(4.1.25)와 *Vāsiṣṭha*(25.8)에서는 요가를 지혜와 덕의 근원으로 간주하여 실

분노, 광희(狂喜), 격분, 탐욕, 미혹, 위선, 상해(傷害), 거짓말, 과식, 비방, 질시, 욕정, 비열, 자만, 산란. 이것들은 요가에 의거하여 제거된다.[108]

위의 서술은 자아(아트만)에 대한 인식을 강조하는 것으로 시작하고 있으므로,[109] 여기서 요가는 결국 아트만의 인식을 위한 수단으로 중시되었을 것으로 추정된다. 한편 후대의 법전(法典, dharmaśāstra)인 *Manu-smṛti*(『마누 법전』)와 *Yājñavalkya-smṛti*에서 요가는 고행과 더불어 속죄의 수단으로 간주되는데, 이는 *Āpastamba-dharmasūtra*에서 표방했던 요가의 계승일 것이다.[110]

이제까지는 확립된 철학 체계로서의 상키야와 요가를 고찰하기 이전에, 상키야와 요가라는 두 개념이 세간에서 통용된 양태를 이해하기 위해 과거의 대표적인 용례를 선별하여 소개했다. 이러한 용례 역시 상키야-요가 철학의 성립 배경으로 취급될 수 있지만, 일단의 철학 체계로 발전하는 과정과 직결되는 배경은 별도로 상술할 것이다.

2.3. 상키야를 표방하는 요가

확립된 철학 체계로서의 상키야와 요가는 각각 『상키야송』(*Sāṃkhya-kārikā*)과 『요가경』으로부터 출발한다. 『상키야송』의 저자는 Īśvarakṛṣṇa, 『요가경』의

....

천하라고 권장한다. 다음 @제3장의 각주 77, 78 참조.

108 krodho harṣo roṣo lobho moho dambho droho mṛṣodyam atyāśa-parīvādāv asūyā kāma-manyū anātmyam ayogas teṣāṃ yoga-mūlo nirghātaḥ || *Āpastamba* 1.8.23.5. ibid. p. 29, 3-5행.

109 "어디에서나 오직 자아를 볼 수 있는 자, 그는 실로 바라문으로서 최고의 천상에서 빛을 발한다." (ātmānaṃ caiva sarvatra yaḥ paśyet sa vai brahmā nāka-pṛṣṭhe virājati || *Āpastamba* 1.8.23.1. ibid. p. 27, 15-16행) 여기서 "최고의 천상에서 빛을 발한다."는 "다른 사람들을 밝히는 불빛이 된다."(Rāmānuja Ācāri, p. 95)는 뜻으로 이해되듯이, 원문의 brahmā는 범천(梵天)이라는 역어로 통용되는 브라마 신이 아니라 사제로서의 바라문을 의미한다.

110 高木訷元(1991a) p. 21 참조.

저자는 파탄잘리로 알려져 있으므로,[111] 두 저자의 이름은 각각 상키야 철학과 요가 철학의 대명사처럼 사용되기도 한다. 이 둘의 관계를 극명하게 이해하기로는 아래와 같은 설명이 아주 적격이다.

> 어쨌든 Īśvarakṛṣṇa의 *Sāṃkhya-kārikā*에서 간결하지만 완전하게 출발하고, 요가적 응용을 위해 파탄잘리의 『요가경』에서 다소 굴절되어 전유된 근본적이고 규범적인 상키야 철학이 있다는 것은 인정된다. 요컨대 전자는 'Kārikā-Sāṃkhya', 후자는 'Pātañjala-Sāṃkhya'로 불릴 수 있다.[112]

이 설명의 요지를 단적으로 표현하면 "상키야와 요가는 대동소이하다."라고 축약할 수 있다. 여기서 'Kārikā-Sāṃkhya'란 Īśvarakṛṣṇa의 『상키야송』을 통해 확립된 상키야 철학을 지칭하고, 'Pātañjala-Sāṃkhya'란 파탄잘리의 『요가경』을 통해 확립된 요가 철학을 지칭한다. 이처럼 요가 철학도 상키야라는 이름으로 통용될 수 있다는 것은 요가와 상키야가 동일한 뿌리에서 두 가지의 철학으로 성장했다는 사실을 함의한다. 그리고 위의 설명에서는 동일한 뿌리의 실체를 '근본적이고 규범적인 상키야 철학'으로 명시하므로, 상키야 철학은 이 뿌리의 원가지일 것이고, 요가 철학은 그것의 곁가지일 것이다.

'근본적이고 규범적인 상키야 철학'이 상키야와 요가라는 두 가지의 뿌리에 해당한다면, 이것이야말로 상키야와 요가가 공유하는 이론이 된다. 그리고 '『요가경』에서 다소 굴절되어 전유된'이라고 위의 설명에서 언급한 것은 상키야를 일탈한 요가의 이설을 가리킨다. 이하에서는 '근본적이고 규범적인 상키야 철학'의 요체를 상키야와 요가가 공유하는 이론으로 개관하고, '요가적 응용을 위

....

111 Īśvarakṛṣṇa는 중국에서 번역된 『금칠십론』을 통해 자재흑(自在黑)으로 알려져 있다. 파탄잘리는 『대주석』을 저술한 문법 학자의 이름으로도 알려져 있다. 인도에서는 『요가경』의 저자와 『대주석』의 저자를 동일인으로 믿는 경향이 있었지만, 두 저자는 동명이인이라는 것이 거의 정설화되어 있다.

112 Larson & Bhattacharya(1987) p. 19.

해' 이로부터 '다소 굴절'된 요가 철학의 독자적인 견해를 공유 이론으로부터 일탈한 이설로 소개할 것이다.

2.3.1. 상키야와 요가의 동일시

힌두교의 백과사전적 후대 성전인 Purāṇa는 물론이고, 이보다 선대의 고전인 우파니샤드를 비롯하여 『마라바라타』와 『기타』에서도 함께 언급되는 상키야와 요가의 상관관계는 한결같다.[113] 그리고 『기타』에서는 상키야와 요가를 동일시하는 것으로 이 상관관계를 구체화한다.[114]

> 어리석은 자는 상키야와 요가가 서로 다르다고 말하지만, 현명한 자는 그렇지 않다. [그 중의] 하나라도 바르게 실행하는 자는 양쪽의 결과를 얻는다. (4) 상키야의 추종자들이 달성한 경지는 요가의 추종자들에 의해서도 도달된다. 상키야와 요가를 동일한 것으로 보는 자, 그는 [진실하게] 보는 자이다. (5)

『마하바라타』에서는 이처럼 상키야와 요가를 동일시하는 인식을 선명한 증거와 함께 드러낸다.

> 요가에서도 상키야에서도 동일한 종류의 25원리들을 서로 유사하게 [설하느니] 이제 그와 같은 종류들을 내게서 들으라.[115]

여기서 말하는 25원리는 세계의 구성 요소를 망라한 것으로서 상키야 철학

....

113 Cf. Kane(1977) p. 1385.

114 BG 5.4-5. Radhakrishnan(1949) pp. 174-5.
sāṃkhya-yogau pṛthag bālāḥ pravadanti na paṇḍitāḥ | ekam apy āsthitaḥ samyag ubhayor vindate phalam || 4 ||
yat sāṃkhyaiḥ prāpyate sthānaṃ tad yogair api gamyate | ekaṃ sāṃkhyaṃ ca yogaṃ ca yaḥ paśyati sa paśyati || 5 ||

115 pañcaviṃśati tattvāni tulyāny ubhayataḥ samam | yoge sāṃkhye 'pi ca tathā viśeṣāṃs tatra me śṛṇu || Mbh 12.236.29=228.28. Dutt(2004.VIII) p. 192.

의 세계관을 상징한다. 그러므로 『마하바라타』에서 이렇게 언급한 요가와 상키야는 어느 정도의 이론 체계를 갖추었을 것으로 짐작할 수 있다. 의학서인 *Caraka-saṃhitā*에는 이러한 요가와 상키야가 불가분리의 관계에 있는 것으로 인식되어 있다.[116]

> 이것은 또한 요가 수행자들이 설한 요가의 길이며, 선(善)을 숙고하는 상키야의 추종자들과 해방된 자들이 설한 해탈의 길이다.[117]
>
> 모든 존재의 본성을 아는 자는 그것(순수한 지성)으로 욕망을 갖지 않게 되고, 그것으로 요가를 달성하며, 그것으로 상키야를 성취한다.[118]

나중에 상술하겠지만, 『마하바라타』와 *Caraka-saṃhitā*에서 25원리를 언급하더라도 아직은 명확한 이원론의 체계로 편성된 25원리가 아니다. 25원리를 하나의 정신원리와 24개의 물질원리로 확연히 구분한 이원론을 학설로 견지할 때라야 소위 'Kārikā-Sāṃkhya'(즉 고전 상키야)와 'Pātañjala-Sāṃkhya'(고전 요가)로 불린다. 이처럼 고전 요가도 '상키야'라는 이름으로 불리게 된 결정적인 이유는 『요가경』 자체에서 찾을 수 있다.

『요가경』의 저자인 파탄잘리는 요가의 원리들을 서술하는 데서 필요할 때마다 상키야의 기본 원리들을 언급한다. 이로써 알 수 있는 것은, 그가 상키야의 이

....

116 Kane(1977:1385)는 상키야와 요가가 함께 언급된 사례를 ŚvetU(6.13), Mbh의 Vanaparva(2.15), Śāntiparva(228.28 ; 289.1 ; 306.65 ; 308.25 ; 326.100 ; 336.69), Anuśāsana(14.323), 그리고 BG(5.4-5), *Padma-pr*(Pātālakhaṇḍa 85.11 ff)처럼 출처를 포함하여 구체적으로 제시한다. 그러나 *Caraka-saṃhitā*는 여기에 포함되어 있지 않다. 여기에 *Caraka-saṃhitā*의 사례까지 포함한다면, 앞의 "2.1. 상키야와 요가의 어의"에서 소개한 것처럼 Hariharānanda가 "고대 인도의 저작들에는 상키야와 요가의 상호 불가분리성에 관한 언명으로 충만"하다고 말했던 그 '충만'은 이러한 사례들을 염두에 둔 것으로 이해할 수 있다.

117 ayanaṃ punar ākhyātam etad yogasya yogibhiḥ | saṃkhyāta-dharmaiḥ sāṃkhyaiś ca muktair mokṣasya cāyanam || CS, Śārīra-sthāna 1.151. Sharma & Dash(1985) p. 349.

118 sarva-bhāva-svabhāvajño yayā bhavati niḥspṛhaḥ | yogaṃ yayā sādhayate sāṃkhyaḥ sampadyate yayā || CS, Śārīra-sthāna 5.17. ibid. p. 423.

론과 요가의 실천을 동등하게 중시했다는 사실일 것이다.[119] 파탄잘리의 이 같은 인식이 『요가주』에서는 『요가경』을 아예 상키야의 교설인 것으로 천명된다. 즉 『요가주』에서는 4장으로 이루어진 『요가경』의 각 장에 대한 주석을 마칠 때마다 '요가의 교전'(『요가경』)이 '파탄잘리에서 유래한 상키야의 교설'임을 명시한다.[120] 이는 상키야와 요가의 양쪽 원리들을 밝히는 견해로 편집된 문헌이 바로 『요가경』이라고 명시한 것으로 이해할 수 있다.

이처럼 요가를 상키야와 양립할 수 있는 별개의 철학으로 간주하지 않았던 인식은 『요가주』 이후에 작성된 인도철학 개론서에도 반영되어 있다. Haribhadra는 『육파철학집성』에서 겨우 87송으로 극히 간단명료하게 인도철학을 개설하는데, 여기서 취급하는 철학의 6파는 불교, 니야야, 상키야, 자이나, 바이셰쉬카, 미망사이다. 이 경우, 요가를 육파철학에서 배제한 것은 요가가 자신의 형이상학을 상키야로부터 광범위하게 차용한 정신적 수련법일 뿐이었기 때문이었을 것으로 추정된다.[121]

상키야 철학의 형이상학이란 세계를 구성하는 원리들과 이 원리들의 작동을 이원론의 범주로 국한하여 설명하는 이론이다. 요가 철학이 이러한 형이상학을 채택하는 한, 상키야 철학에 귀속될 수밖에 없다. 그런데 요가는 상키야와는 다른 독자적인 형이상학을 내세우지 않았으므로 상키야와 동일시된다.

2.3.2. 상키야와 요가의 공유 이론

앞에서 언급했던 '근본적이고 규범적인 상키야 철학'이란 요가 철학과 공유

119 Cf. Chakravarti(1975) p. 72.

120 "이상으로 성자 파탄잘리에서 유래한 상키야(sāṃkhya)의 교설인 요가의 교전에 대한 존귀한 Vyāsa의 주석 중, 첫째인 삼매의 장(삼매품)이 [끝났다.]" YBh 1.51. 정승석(2020) p. 91.

121 "요가는 자신의 형이상학을 상키야로부터 광범위하게 차용한 정신적 수련법일 뿐이었다는 것이 아마도 요가를 배제한 타당한 이유였을 것이다. 한편 베단타는 짐작건대 우파니샤드에 대한 미망사의 해석법을 적용하는 데 불과한 것으로 간주되었기 때문에 배제되었다." Murty(1986) p. vii.

하는 상키야의 형이상학이며, 이것은 『상키야송』에 정립되어 있다. 그러므로 『상키야송』에서 천명하는 견해는 사실상 상키야-요가 철학의 토대 이론이 된다. 이러한 토대 이론의 요점을 한눈에 파악하기로는 『전철학강요』(15세기 전후)가 가장 적합하다.

『육파철학집성』보다 약 600년 후에 작성된 『전철학강요』는 책명에 걸맞게 당시 풍미했던 종교와 철학의 학설을 16종으로 망라하여, 종종 반론을 상정하고 이에 답변하는 대론의 형식으로 각 학파의 중추적 이론을 선별하여 소개한다. 『전철학강요』에서 취급하는 16학파는 유물론, 불교, 자이나, 힌두교의 여섯 종파, 문법학파, 요가를 포함한 육파철학이다.[122]

상키야 철학에 대한 『전철학강요』의 개설을 내용에 따라 분류하면 "25원리의 분류, 3종의 인식 수단, 인중유과(因中有果) 논증, 근본원질과 3질, 순수정신과 원질"이라는 다섯 가지 주제를 도출할 수 있다. 이것들은 『전철학강요』의 저자가 파악한 상키야 형이상학의 요점에 해당한다. 이러한 저자의 관점을 참고하여 그 주제들을 재구성하면, 다음과 같은 네 가지 범주로 상키야와 요가의 공유 이론을 개관할 수 있다.

전변설: 이원론의 25원리
인과론: 인중유과와 3질
인식론: 3종의 인식 수단
해탈론: 순수정신의 독존

122 『전철학강요』의 저자(Mādhava)는 육파철학 중의 베단타를 샹카라의 불이일원론(不二一元論, Advaita)으로 대체하여 맨 끝에 배치하였는데, 이는 불이일원론을 모든 학설의 궁극적 입장으로 간주하는 저자의 관점을 드러내는 것으로 이해된다. 저자는 샹카라의 불이일원론을 지지하는 입장에서 이것을 자설(自說)로 삼아, 불이일원론과의 친소 관계에 따라 자설과 가장 거리가 먼 학설부터 서열을 정하여 순차로 배열하였다. 이에 따르면 뒤쪽에 배열될수록 불이일원론과 유사한 학설이 되는데, 뒤쪽의 서열은 상키야, 요가, 불이일원론이다. 이는 저자가 상키야와 요가를 불이일원론과 가장 유사한 학설로 인식했음을 반영한다. 정승석 편(1989) p. 166 참조.

1. 전변설: 이원론의 25원리

인도철학에서는 불교를 제외한 거의 모든 학파는 세계의 원인이 실체로서 존재한다는 것을 인정한다. 그러나 이로부터 제기되는 문제, 즉 "원인은 무엇인가? 결과는 어떻게 발생하는가? 원인의 결과인 만물은 어떤 방식으로 존속하고 소멸하는가? 결과가 소멸한 다음에는 어떻게 되는가?"라는 형이상학적 문제에 대해서는 학파에 따라 몇 가지 상이한 이론을 주창한다. 원인과 결과의 관계를 설명하는 논리인 인과론도 이러한 문제를 해명하는 데 적용되는 필수 이론이지만, 먼저 예시한 형이상학적 문제에 대한 상이한 이론들은 만물의 생성 방식을 총체적으로 설명한다.[123]

상키야 철학에서는 만물이 존재하는 방식을 전변으로 설명하므로, 이 설명은 전변설(轉變說, pariṇāma-vāda)로 불린다. 『전철학강요』도 이것을 지목하는 것으로부터 상키야의 주요 이론을 설명하기 시작한다.[124] 전변설은 물론 『상키야송』에 의거한다. 여기서는 세계의 형성 요소를 25원리로 망라하고 이 원리들

....

123 『전철학강요』는 이에 관해 다음과 같이 극히 간명하게 개설한다.
"이 세상에서 인과관계에 관해서는 네 가지 이견(異見)이 유행한다. 불교도는 '무(無)로부터 유(有)가 발생한다.'라고 주장한다. 니야야 학파 등은 '유(有)로부터 무(無)가 발생한다.'라고 [주장한다.] 베단타 학파는 '유(有)로부터 환각이 [발생하며] 결과라면 무엇이든 실체로서 존재하는 것이 아니다.'라고 [주장한다.] 한편 상키야 학파는 '유(有)로부터 유(有)가 발생한다.'라고 [주장한다.]" (iha kārya-kāraṇa-bhāve caturdhā viprati-pattiḥ prasarati | asataḥ saj jāyata iti saugatāḥ saṃgirante | naiyāyikādayaḥ sato 'saj jāyata iti | vedāntinaḥ sato vivartaḥ kārya-jātaṃ na vastu-sad iti | sāṃkhyāḥ punaḥ sataḥ saj jāyata iti | SDS, p. 320, 53-56행)

124 "이제 상키야의 추종자들(상키야 학파)이 선언하는 전변설이 적대자로서 [가현설을] 경계할 때, 가현설이 어떻게 존중될 수 있겠는가? 실로 이것이 그들의 허풍이다." (atha sāṃkhyair ākhyāte pariṇāmavāde paripanthini jāgarūke kathaṃkāraṃ vivartavāda ādaraṇīyo bhavet | eṣa hi teṣām āghoṣaḥ | SDS, p. 311, 1-2행) 가현설은 현실의 물질세계는 유일한 실재인 브라만이 임시로 드러낸 것일 뿐인 허위라고 주장하는 베단타 철학의 이론이다. 여기서 『전철학강요』의 저자는 가현설(假現說, vivarta-vāda)에 대립하는 전변설을 상키야 학파의 허풍이라고 폄하하는 것으로 저자 자신의 베단타 편향을 드러낸다. 가현설은 베단타 일반의 인과론이 아니라, 베단타 학파의 샹카라가 주장한 인과론이다.
인도철학에서 현상세계의 성립에 관한 인과론은 크게 인중유과론과 인중무과론(因中無果論)으로 분류되고, 인중유과론은 다시 전변설과 가현설로 분류된다. 인중무과론에 속하는 인과론은 신조설(新造說)이다. 신조설은 적취설(積聚說) 또는 집적설(集積說)로도 불린다. 이러한 인과론과 지지하는 학파와의 관계는 다음과 같다. 今西順吉(1968a) p. 167 참조.

을 상술하는데, 이에 앞서 이것들을 네 가지 범주로 분류하여 총괄한다.

> SK 3: ①근본원질은 변형되지 않는 것이다. ②마하트(=통각)를 비롯한 일곱은 원질(=원인)이자 [근본원질로부터] 변형된 것(=결과)들이다. ③그러나 16으로 이루어진 것은 [근본원질로부터] 변형[된 것일 뿐]이다. ④순수정신은 원질도 아니고 변형된 것도 아니다.[125]

여기서 언급한 개체들을 숫자로 헤아리면 25개가 된다. 이것들이 4범주로 분류되지만 인과관계로 보면 순수정신은 인과가 적용되지 않는 독립 원리이고, 23원리는 모두 근본원질로부터 변형된 결과이므로 근본원질에 귀속된다. 상키야 철학이 이원론을 주창한다고 공인되는 이유가 여기에 있다. 상키야에서 만물의 생성 방식을 설명하는 전변설은 창조설에 상당하는데, 『상키야송』에서는 세계를 형성하는 23원리가 근본원질의 변형으로서 유출되는 전변의 과정을 먼저 총괄적으로 다음과 같이 설명한다.

> SK 22: 원질[126]로부터 마하트가, 이로부터 아만이, 또 이로부터 16으로 이루어진 무리가 [발생한다.] 다시 그 16으로 이루어진 것(무리) 중의 5[미세요소]로부터 5조대요소가 [발생한다.][127]

....

인중유과론 (satkārya-vāda)
- 전변설(pariṇāma-vāda): 상키야-요가, 베단타 학파
- 가현설(vivarta-vāda): 베단타의 샹카라 학파

인중무과론 (asatkārya-vāda)
- 신조설(ārambha-vāda): 바이셰쉬카, 니야야 학파

125 ①mūla-prakṛtir avikṛtir, ②mahad-ādyāḥ prakṛti-vikṛtayaḥ sapta | ③ṣoḍaśakas tu vikāro, ④na prakṛtir na vikṛtiḥ puruṣaḥ ‖ 여기서는 원질과 변형이 각각 원인과 결과를 함의한다.

126 여기서 원질(prakṛti)은 바로 앞에서 말한 근본원질(mūla-prakṛti)을 가리킨다. 이처럼 상키야 철학에서는 원질을 근본원질(mūla-prakṛti 또는 pradhāna)의 동의어로도 사용한다.

127 prakṛter mahāṃs tato 'haṃkāras tasmād gaṇaś ca ṣoḍaśakaḥ | tasmād api ṣoḍaśakāt pañcabhyaḥ

여기서 말하는 '마하트'는 통각(buddhi)의 별칭이다. 이 밖에 숫자로만 언급한 것 중에서 16의 내용을 다음과 같이 구체적으로 설명한다. 이 16에 포함되는 5가 미세요소를 가리킨다는 사실과 미세요소의 내용은 주석서들의 설명으로 알 수 있다.[128]

SK 24: 자기의식인 아만으로부터 두 종류의 창조가 발생한다. 한 무리를 형성하는 11감관과 5미세요소가 바로 그것이다.[129]

SK 26: 지각기관들은 눈, 귀, 코, 혀, 피부로 불리는 것들이다. 성대, 손, 발, 항문, 생식기를 행위기관들이라고 말한다.[130]

SK 27: 여기서는 양쪽(지각과 행위)의 성질을 가진 마음(manas)이 분별을 담당하며, [그 둘과] 동질성을 갖기 때문에 [이것도] 감관이다. [3]질의 전변에 차이가 있기 때문에, 다양성과 외적 구분들이 있다.[131]

이로써 16은 11감관과 5미세요소를 의미하는 숫자이고, 11감관은 5지각기관

……………

pañca-bhūtāni ‖

128 "참으로 다섯 미세요소들로부터 다섯 조대요소가 직접(제각기 대응하여) 발생한다. 말하자면 다음과 같다. 소리(聲) 미세요소로부터는 공(空)이, 감촉(觸) 미세요소로부터는 풍(風)이, 형색(色) 미세요소로부터는 화(火)가, 맛[味] 미세요소로부터는 수(水)가, 향(香) 미세요소로부터는 지(地)가 [발생한다.] 이와 같이 다섯 극미들로부터 다섯 조대요소가 발생한다." (pañcabhyas tanmātrebhyaḥ sakāśāt pañca vai mahābhūtāny utpadyante | yad uktaṃ śabdatanmātrād ākāśam, sparśatanmātrād vāyuḥ, rūpatanmātrāt tejaḥ, rasatanmātrād āpaḥ, gandhatanmātrāt pṛthivī | evaṃ pañcabhyaḥ paramāṇubhyaḥ pañca mahābhūtāny utpadyante ‖ GB ad. SK 22. Mainkar 1972:104, 17-20행) 여기서는 tanmātra를 극미(paramāṇu)로도 표현한다. 이 같은 인식에 따라 tanmātra의 역어로 '미세요소'가 통용된다. 중국에서는 이것을 유(唯)로 번역했다. 한편 5미세요소로부터 5조대요소가 유출되는 방식을 여기서는 일대일(一對一)로 설명하지만, 5미세요소가 하나씩 누적되어 가면서 제각기 조대요소를 유출하는 것으로 설명하는 주석자도 있다. 이 점은 나중에 상술할 것이다.

129 abhimāno 'haṃkāras tasmād dvividhaḥ pravartate sargaḥ | ekādaśa-karaṇa-gaṇas tanmātrā-pañcakaṃ ca eva ‖ 마음의 두 가지 성질에 관해서는 제8장 각주 155 참조.

130 buddhīndriyāṇi cakṣuḥ-śrotra-ghrāṇa-rasana-tvag-ākhyāni | vāk-pāṇi-pāda-pāyūpasthāḥ karmendriyāṇy āhuḥ ‖

131 ubhayātmakam atra manaḥ saṃkalpakam indriyaṃ ca sādharmyāt | guṇa-pariṇāma-viśeṣān nānātvaṃ bāhya-bhedāś ca ‖

(눈, 귀, 코, 혀, 피부)과 5행위기관(성대, 손, 발, 항문, 생식기)과 마음을 일컫는다는 것을 알 수 있다(<표 6>). 그러므로 상키야의 전변설은 하나의 원인, 즉 원질(근본원질)로부터 통각 이하 5조대요소까지 총 23원리가 발생하여 물질세계를 형성한다고 설명하는 이론이 된다. 그리고 위의 마지막 게송에서는 하나의 원인으로부터 다양한 결과가 발생하는 이유를 "[3] 질의 전변에 차이가 있기 때문에"라고 간결하게 제시한다.

상키야 철학의 용어로는 3질의 전변에 차이가 있는 것을 변이(變異)라고 표현한다. 변이를 조금 더 구체적으로 설명하면, 물질적인 모든 원리에 공통 성분으로 구비된 3질(순질, 동질, 암질)의 형세가 변화함으로써 그 원리의 양태도 바뀌는 것이다. 이에 따라 결과란 이전에 있었던 것의 양태가 바뀐 것에 불과하다. 양태를 바뀌게 하는 것이 3질의 형세이고, 전변이란 결과가 3질의 형세 변화에 따라 발생한다는 것을 의미한다. 『상키야송』에서는 결과의 '다양성과 외적 구분'을 야기하는 전변의 실질적인 주역을 자기의식(=아만)으로 간주하고, 이로부터 3질의 형세에 따라 세 방면으로 전변이 진행된다는 것을 다음과 같이 설명한다.

> SK 25: 변이인 아만으로부터 순질과 결부된(즉, 순질이 우세한) 11[감관]이 출현한다. '요소들의 시발'[인 아만의]로부터는 그렇게 암질과 결부된(즉, 암질이 우세한) [5] 미세요소가, 활력[인 아만]으로부터는 그 둘(11감관과 5미세요소)이 [출현한다.][132]

이러한 설명에 의거하여 "[3] 질의 전변에 차이가 있기 때문에, 다양성과 외적 구분들이 있다."(SK 27)라는 결론이 도출된다. 이 설명에서는 3질 중의 동질을 직접 언급하지 않고 '활력'이라는 표현으로 대체한다. 이 설명의 요점은 자기의

....

132 sāttvika ekādaśakaḥ pravartate vaikṛtād ahaṃkārāt | bhūtādes tanmātraḥ sa tāmasas taijasād ubhayam || 여기서는 5조대요소를 언급하고 있지는 않지만 뒤에 SK 38에 의하면 5조대요소는 5미세요소로부터 발생한다. 그러므로 '미세요소'라는 개념은 조대요소도 포괄하는 것으로 이해해도 무방할 것이다.

식을 형성하는 3질이 각각 세 방면으로 구분되는 다양한 결과를 낳는다는 것이다. 그리고 이 경우에는 세 방면에 따른 명칭을 자기의식에 다음과 같이 부여한다. 자기의식은 아만의 동의어이므로 용어로서는 자기의식보다는 아만이 더욱 통용된다.

순질이 우세한 자기의식: 변이 아만
요소들의 시발인 자기의식: 대초(大初) 아만, 또는 원소성(元素性) 아만[133]
활력인 자기의식: 염치(炎熾) 아만. 염치는 화염과 같은 기세를 의미

이 용어를 적용하여 『상키야송』(SK 25)의 설명에 따른 3질 전변의 방식을 다음과 같은 도식으로 정리할 수 있다.

〈표 5〉 아만(자기의식)의 3질에 의한 전변 방식

자기의식
- 변이 아만: 순질 우세 → 11감관
- 대초 아만: 암질 우세 → 5미세요소[와 5조대요소]
- 염치 아만: 동질 → 11감관과 5미세요소[와 5조대요소]

여기서 염치 아만이란 3질 중의 동질이 작용하는 것을 일컫는 용어이다. 그리고 이로부터 11감관과 5미세요소가 출현한다는 것은, 동질이 순질과 암질의 양쪽을 활성화하는 동력으로 작용한다는 것을 의미한다.

이상에서 설명한 25원리와 전변의 구조를 아래의 표로 한눈에 파악할 수 있다.

133 원소성은 bhūtādi의 의역이고, 대초는 bhūtādi의 직역이다. bhūta는 주로 조대요소를 의미하므로 이것을 흔히 대(大)로 약칭한다. 초(初)는 ādi의 직역이다.

〈표 6〉 이원론 25원리의 4범주와 전변의 명세

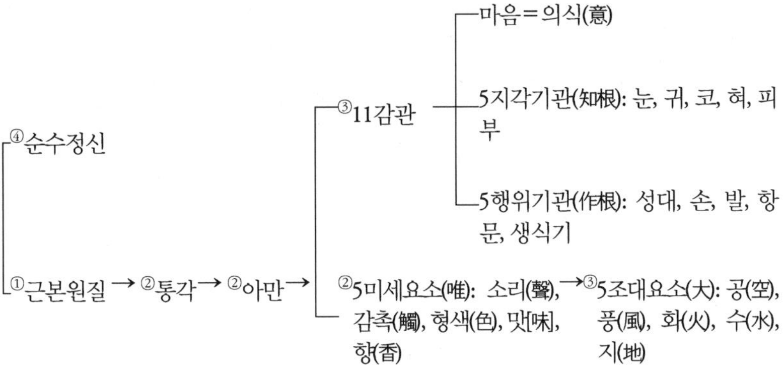

위의 표에서 번호는 25원리를 분류한 4범주(SK 3)를 표시한 것인데, 이 표의 화살표를 통해 분류의 원칙이 한눈에 드러난다. 전후로 화살표가 없는 것(④)은 원인도 아니고 결과도 아니다. 화살표가 뒤에만 있는 것(①)은 어떤 것의 결과가 아닌 제일원인이다. 전후로 화살표가 있는 것(②)은 결과인 동시에 원인이기도 하다. 화살표가 앞에만 있는 것(③)은 최종 결과로서 더 이상 원인이 되지는 않는다.

2. 인과론: 인중유과와 3질

모든 결과는 발생하기 이전부터 원인에 이미 내재되어 있다고 주장하는 인중유과론(satkārya-vāda)은 상키야 철학 고유의 인과론은 아니지만, 그 이유를 3질로써 설명하는 인중유과론은 상키야 특유의 인과론이 된다. 그러므로 상키야의 인중유과론은 3질설을 필수적으로 동반한다. 3질설은 인중유과론에 논리적 기반을 제공하기 때문이다. 다시 말해서 상키야에서는 인중유과의 논리에 따라 원인과 결과는 다르지 않다고 주장하는데, 원인과 결과가 모두 3질로 이루어져 있다는 것을 그 이유로 내세운다.[134] 『상키야송』에서는 인중유과의 이유를 다음과 같이 다섯 가지로 제시한다.

> SK 9: ①[원인 속에] 존재하지 않는 것은 [결과로서] 생성되지 않기 때문에, ② [결과는 목적에 부합하는] 질료인(質料因)을 취하기 때문에, ③모든 것(결과)이 [모든 것으로부터] 발생할 수는 없기 때문에, ④능력 있는 자에게 생성이 가능하기 때문에, ⑤원인은 [결과와 같은] 성질이기 때문에, [원인 속에 이미] 결과가 존재한다.[135]

위의 다섯 가지 이유 중에서 3질설과 직결되는 것은 "원인의 성질을 갖기 때문에"라는 다섯째 이유이다. 그래서 『전철학강요』에서도 상키야의 인중유과론을 다음과 같이 오지작법(五支作法)의 추론식으로 대변하여 설명한다.

> 그래서 이 때문에 안락과 고통과 미혹[이라는 3질]의 성질을 가진 현상세계에는 그와 같은 종류의 원인이 있는 것으로 확정하지 않을 수 없다. 그리고 다음과 같은 예증이 있다. ①[주장:] 존재하는 것이라면 무엇이든 제각기 안락과 고통과 미혹의 성질로 이루어진 원인을 갖는다. ②[이유:] 왜냐하면 그것들에 의해 수반되기 때문에. ③[실례:] 어떤 것이 수반하는 그것은 그 어떤 것을 원인으로 갖는다. 예를 들어 금이 수반하는 장신구 따위는 금을 원인으로 갖는다. ④[적용:] 그런데 이 세계가 그와 같다. ⑤[결론:] 따라서 [존재하는 것이라면 무엇이든] 그와 같다.[136]

....

134 정승석(2016a) p. 22 참조.

135 asad-akaraṇād upādāna-grahaṇāt sarva-saṃbhavābhāvāt | śaktasya śakya-karaṇāt kāraṇa-bhāvāc ca sat kāryam ‖ 다섯 가지 이유들의 대부분은 실례로 뒷받침된다. ①의 경우는 토끼에서 뿔이 자랄 수는 없는 것과 같다. ②의 경우는 흙으로 항아리를 빚는 것과 같다. ③의 경우는 옥수수와 벼는 같은 볏과의 식물임에도 볍씨에서 옥수수가 발아할 수는 없고 벼가 발아하는 것과 같다. ⑤의 경우는 실로 짠 천과 실의 성질은 동일한 것과 같다. cf. Murty(1986) pp. 45-46. 다섯 가지 중에 ④의 경우가 누락된 것은 너무나 자명하기 때문일 것이다. 즉 임신 능력이 없는 여자는 아이를 낳을 수 없는 것과 같다.

136 tataś ca sukha-duḥkha-mohātmakasya prapañcasya tathāvidha-kāraṇam avadhāraṇīyam | tathā ca prayogaḥ: ① vimataṃ bhāva-jātaṃ sukha-duḥkha-mohātmaka-kāraṇakaṃ ②tad-anvitatvāt | ③yad yena anvīyate tat tat-kāraṇakaṃ yathā rucakādikaṃ suvarṇānvitaṃ suvarṇa-kāraṇakam | ④tathā cedaṃ ⑤tasmāt tatheti | SDS, p. 326, 93-96행. 여기서 결론(⑤)으로 "그와 같다"라고 말한 것은 먼저 제시한 주장(①)과 같다고 말하는 것이다.

이 설명의 첫머리에서 언급한 안락과 고통과 미혹은 각각 순질과 동질과 암질이라는 3질의 기능을 표현한 것이므로,[137] 여기서는 사실상 3질에 의거하여 인중유과를 논증하고 있다. 이 추론식의 요지는 존재하는 모든 것이 3질로 이루어진다는 것이지만, 3질이 바로 세계의 원인이라고 주장하는 것이기도 하다.[138] 『상키야송』에서는 3질을 다음과 같이 설명한다.

> SK 12: [3] 질들은 [각각] 유쾌, 불쾌, 낙담을 특성으로 갖고 [각각] 조명하고, 분발하고, 억제하기 위해 서로서로 압도하고 의존하고 야기하고 동반하여 작용한다.[139]
>
> SK 13: 순질은 가벼움이요 비춤이고, 동질은 자극함이요 움직임이며, 암질은 오직 무거움이요 덮음이라고 인정된다. 그래서 등(燈)처럼 목적을 위해 작용한다.[140]

상키야의 주석자들은 이 설명에 의거하여 비유도 곁들어 가면서 3질을 다양하게 해설했는데 그 요지는 대동소이하다. 이 같은 3질은 물질세계의 모든 것에 내재하여 그 기능을 상황에 따라 각기 발현한다. 『전철학강요』에서는 이 점을

....

137 예를 들어 SK의 주석서들 중에서 *Gauḍapāda-bhāṣya*에서는 3질을 다음과 같이 설명한다. "그 중에서 순질은 유쾌함을 특성으로 갖는다고 말할 때, 그 특성인 유쾌함이란 안락(sukha)이다. 동질은 불쾌함을 특성으로 갖는다고 말할 때, 불쾌함이란 고통(duḥkh)이다. 암질은 낙담을 특성으로 갖는다고 말할 때, 낙담이란 미혹(moha)이다." (tatra prītyātmakaṃ sattvaṃ, prītiḥ sukham tadātmakamiti | aprītyātmakaṃ rajaḥ, aprītir duḥkham | viṣādātmamakaṃ tamaḥ, viṣādo mohaḥ | GB ad. SK 12. Mainkar 1972:74, 29-30행) 정승석(2016b) p. 15, n. 11 재인용.

138 "그러므로 세계의 원인에 관해서 말하자면, 안락의 성질을 가진 이것이 곧 그것(세계의 원인인 근본원질)의 순질이고, 고통의 성질을 가진 것이 그것의 동질이며, 미혹의 성질을 가진 것이 그것의 암질이라고 하는 3질로 이루어진 원인이 입증된다." (tatra jagat-kāraṇe yā iyaṃ sukhātmakatā tat-sattvaṃ yā duḥkhātmakatā tad-rajo yā ca mohātmakatā tat-tama iti triguṇātmaka-kāraṇa-siddhiḥ | SDS, p. 326, 96-98행)

139 prīty-aprīti-viṣādātmakāḥ prakāśa-pravṛtti-niyamārthāḥ | anyo 'nyābhibhavāśraya-janana-mithuna-vṛttayaś ca guṇāḥ ||

140 sattvaṃ laghu prakāśakam iṣṭam upaṣṭambhakaṃ calaṃ rajaḥ | guru varaṇakam eva tamaḥ pradīpavac cārthato vṛttiḥ ||

현실감 있게 설명하기 위해 상키야의 주석자들 사이에서 통용되는 비유를 두 가지로 예시한다.

> 참으로 그와 같이 실재하는 것들은 제각기 3질을 가진 것으로서 경험된다. 예를 들어, Maitra의 안락은 자신의 아내들 중에서는 Satyavatī한테서 드러난다. 왜냐하면 [그녀는] 그에게 순질의 속성을 드러내기 때문이다. [그러나 그녀는] 그의 다른 아내들에게는 고통이 된다. 왜냐하면 그녀들에게 동질의 속성을 드러내기 때문이다. [그리고] 그녀를 얻지 못한 Caitra에게는 미혹이 된다. 왜냐하면 그에게 암질의 속성을 일으키기 때문이다.[141]
> 다른 것도 이와 마찬가지로, 항아리 따위는 획득되어 있는 경우에는 안락을 일으키지만, 다른 사람들에게 빼앗길 경우에는 고통을 일으킨다. [그리고] 둔감한 자에게는 무관심의 대상으로서 곁에 (방치되어) 있다. 미혹이란 무관심에 빠진 상태를 일컫는다.[142]

이처럼 우리에게 안락과 고통과 미혹이 발생하는 것은 모든 것에 내재된 3질 때문이다. 3질은 이 밖의 다양한 기능으로 발현된다. 이에 관한 주석자들의 설명은 그 요지로 보면 아래의 표[143]로 대비한 3질의 기능에서 크게 벗어나지 않는다.

....

141 athā hi | pratyekaṃ bhāvās traiguṇyavanto 'nubhūyante | yathā maitra-dāreṣu satyavatyāṃ maitrasya sukham āvirasti | taṃ prati sattva-guṇa-prādurbhāvāt | tat-sapatnīnāṃ duḥkham | tāḥ prati rajo-guṇa-prādurbhāvāt | tām alabhamānasya caitrasya moho bhavati | taṃ prati tamo-guṇa-samudbhavāt | SDS, p. 326, 98-102행.

142 evam anyad api ghaṭādikaṃ labhyamānaṃ sukhaṃ karoti | parair apahriyamāṇaṃ duḥkhākaroti | udāsīnasya upekṣā-viṣayatvena upatiṣṭhate | upekṣā-viṣayatvaṃ nāma mohaḥ | SDS, p. 326, 102-104행.

143 정승석(2020) p. 298. 주석자들의 설명에 의거한 <표 7>을 확장하여 적용하면 3질의 특성과 기능을 다음과 같이 이해할 수 있다. cf. Kālī(2011) p. 96.

3질	특성	기능
순질(sattva)	드러냄	밝음, 명석함, 순수함, 고요함, 선함, 슬기로움
암질(tamas)	감춤	칙칙함, 단단함, 무거움, 무기력함, 저지함, 우둔함, 어둠, 어리석음, 그릇됨
동질(rajas)	밝음과 어둠의 중재	활동, 들썩임, 불순함, 침범함, 촉발함, 열정

〈표 7〉 3질의 기능 대비

3질(tri-guṇa)	기능			
순질(sattva)	안락, 기쁨	가벼움	밝음	조명
동질(rajas)	고통, 불쾌	지탱	운동	발동
암질(tamas)	우둔함, 낙담	무거움	덮음	속박

이러한 3질과 인중유과론이 불가분의 관계로 결부될 수 있는 근거를 『상키야송』에서는 "현현(顯現)은 3질이고 … 제일원인(=근본원질)도 이와 마찬가지이다."[144]라고 제시한다. 여기서 현현은 근본원질로부터 전개된 모든 결과를 가리킨다. 그러므로 원인과 결과는 3질인 점에서 동일하다고 주장할 수 있다.[145] 원인과 결과가 동일하다면, 결과는 원인에 내재한다고 말할 수 있으므로 인중유과가 성립한다.

3. 인식론: 3종의 인식 수단

학파에 따라 난해한 논의를 전개하기 일쑤인 인식론(또는 지식론)은 상키야의 일부 주석자들에게도 주요 관심사로 대두되었다. 이와 관련된 논의는 나중에 상세하게 취급할 것이므로 여기서는 상키야 인식론의 기본 개념만을 소개한다. 『전철학강요』의 저자도 "이상과 같은 25원리를 입증하는 것으로 3종의 인식 수단이 인정된다."[146]라고 전제하고서, 『상키야송』의 제4송을 인용하는 데 그친다.

144 triguṇam … vyaktaṃ tathā pradhānam | SK 11. 제일원인의 원어는 pradhāna이지만 상키야에서는 근본원질을 달리 표현하는 용어로 사용된다. 『금칠십론』에서는 이것을 승인(勝因)으로 번역했다.

145 "이것들(3질)의 다양한 변환과 결합은 온갖 종류의 배열을 일으켜, 이 배열이 대상 세계에서 현현된다. 사실상 현현된 이 모든 대상들은 본질적으로 3질과 다르지 않다. 바로 이 단순한 이유 때문에 상키야는 엄격히 인중유과론을 주장한다." Chakravarti(1975) p. 209. 3질에 대한 이 같은 인식은 『요가주』에서도 동일하다. "이 모든 것(현상세계)은 [3]질들이 특수하게 배합된 것일 뿐이므로, 실제로는 [3]질들을 본체로 갖는 것들이다." (sarvam idaṃ guṇānāṃ sanniveśa-viśeṣa-mātram iti paramārthato guṇātmānaḥ | YBh 4.13)

146 etat pañca-viṃśati-tattva-sādhakatvena pramāṇa-trayam abhimatam | SDS, p. 320, 48행.

SK 4: 직접지각[147]과 추리와 '신뢰할 수 있는 말씀'(증언)은 모든 인식 수단으로서 충분하기 때문에 3종의 인식 수단으로 인정된다. 실로 인식 대상은 [이 3종의] 인식 수단을 통해 판정된다.[148]

이에 따르면 상키야 철학에서는 직접지각과 추리와 증언만을 인식 수단으로 인정한다. 그러나 이것만으로 상키야의 인식론을 소개하는 데 그친 것은 너무 빈약하다. 『상키야송』은 곧장 후속하여 이 셋을 부연하여 설명하기 때문이다. 더욱이 증언에 해당하는 '신뢰할 수 있는 말씀'에서 '신뢰할 수 있는'의 원어인 āpta는 '권위 있는' 또는 '권위자'를 의미하는 것으로 이해되는데, 주석자들 사이에서는 베다의 권위와도 연관되는 āpta에 대한 해석상의 의견이 분분하다.[149] 이 문제는 나중에 상술할 기회가 있으므로 여기서는 차치하더라도 3종의 인식 수단을 이해하기 위해서는 추가 설명이 필요하다.

SK 5: 직접지각이란 각각의 대상에 대한 결정이다. 그런데 추리는 3종[150]으

....

147 "여기서 지각의 원어는 dṛṣṭa이지만, SK의 주석자들은 이 dṛṣṭa를 pratyakṣa(직접지각)로 표현한다. 일찍이 디그나가가 상키야의 지각설을 비판하면서 인용했던 지각의 원어도 pratyakṣa이다. 이에 따르면 dṛṣṭa는 pratyakṣa의 동의어로 사용되고 있음을 알 수 있다. 실제로 *Yuktidīpikā*의 저자는 SK의 이 구절을 설명하면서 "… dṛṣṭa(지각), 즉 pratyakṣa(직접지각)라는 의미이다."(… "dṛṣṭam" | pratyakṣam ity arthaḥ | Wezler & Motegi 1998:77, 7-8행)라고 서술한다." 정승석(2016a) p. 12, n. 11 재인용.

148 dṛṣṭam anumānam āpta-vacanaṃ ca sarva-pramāṇa-siddhatvāt | trividhaṃ pramānam iṣṭaṃ prameya-siddhiḥ pramāṇād dhi ||

149 이 문제는 다음 게송(SK 5)에서 언급하는 '신뢰할 수 있는 계시'에 대한 해석과도 맞물려 있다. Lutsyshyna(2012)는 베다의 권위에 대한 고전 상키야의 견해를 면밀하게 고찰하여 다음과 같은 결론을 도출했다(p. 453). "고전 상키야의 대부분의 주석들에 따르면 베다의 저자는 없다. 2명의 주석자는 베다의 저자는 없다고 직접 언명하고, 4명의 주석자는 베다의 저자는 없다는 것을 암시한다. 오직 1명의 주석자만이 다음과 같이 말하는 것으로 반대의 견해를 주장한 듯하다. 권위 있는 모든 발언은 지각할 수 없는 대상들에 대한 권위자들의 지각이나 추리에 의거한 것이므로, 결과적으로는 베다의 저자도 한 사람 또는 여러 사람이다." 베다가 시초도 없이 항존해 왔다고 주장하는 미망사 학파에게는 베다의 저자가 없다는 것이 베다의 권위를 의심할 여지가 없이 신뢰할 수 있는 논거가 된다. 그렇다면 상키야의 주석자들도 미망사의 입장에 동조하는 셈이 된다.

150 주석서들 중 TK에 의하면 유전(有前)과 유여(有餘)와 공견(共見)으로 불리는 것이 추리의 3종이다. 이 셋은 *Nyāyasūtra*에서 명시하여 잘 알려져 있다. "그런데 추리는 그것(직접지각)에 의거하는 3종

로 알려져 있다. 그것은 표징(속성)과 '표징을 지닌 것'(실체)에 의거한 다. 한편 '신뢰할 수 있는 말씀'(증언)이란 신뢰할 수 있는 계시이다.[151]

SK 6: 그리고 초감각적인(직접 지각하지 못한) 것에 대한 이해는 일반적 지각인 추리에 의거한다. 또한 그것(추리)에 의해서도 증명되지 않고 눈에 보이지 않는 것은 '신뢰할 수 있는 전승'(성전)에 의해 증명된다.[152]

인식론에서 이 밖에 주요한 쟁점으로 취급되는 것은 인식을 담당하는 기관과 인식이 이루어지는 과정이다. 『상키야송』에 의하면 인식에 관여하는 기관은 13종이며 이것들은 3종의 내적 기관과 10종의 외적 기관으로 양분된다. 아래에서는 이해의 편의를 위해 순서를 바꾸었다.

SK 33: 내적 기관은 3종이다. 외적인 것(기관)은 10종으로서 세 가지 [내적 기관]의 대상으로 불린다. 외적인 것(기관)은 현재[의 것]을 [대상으로 삼아 작용하지만], 내부의 기관은 [과거와 현재와 미래라는] 세 시기[의 모든 것]을 [대상으로 삼아 작용한다.][153]

SK 35: 통각은 [다른 두] 내적 기관과 함께 모든 대상을 파악한다. 따라서 3종의 [내적] 기관은 [문 안쪽에 있는] 문지기이고, 나머지(10종의 외적 기관)는 문이다.[154]

....

이다. 즉 유전과 유여와 공견이다." (atha tat-pūrvakaṃ trividham anumānaṃ pūrvavac cheṣavat sāmānyato dṛṣṭaṃ ca ‖ NS 1.1.5. Taranatha 1985:132) 유전은 선험적 원인에 의한 추리, 유여는 결과에 의한 추리, 공견은 일반적으로 관찰된 공통성에 의한 추리이다.

151 prati-viṣayādhyavasāyo dṛṣṭaṃ trividham anumānam ākhyātam | tal liṅga-liṅgi-pūrvakam āpta-śrutir āpta-vacanaṃ tu ‖ 여기서 추리에 대한 정의(liṅga-liṅgi-pūrvakam)가 *Yuktidīpikā*에서 전혀 거론되지 않은 것은 기이하다. Chakravarti(1975:163)는 이 중요한 정의에 대한 설명이 원전에서 생략된 것은 필사자가 부주의했기 때문일 것으로 추정한다.

152 sāmānyatas tu dṛṣṭāt atīndriyāṇāṃ pratītir anumānāt | tasmād api cāsiddhaṃ parokṣam āptāgamāt siddham ‖

153 antaḥkaraṇaṃ trividhaṃ daśadhā bāhyaṃ trayasya viṣayākhyam | sāmprata-kālaṃ bāhyaṃ trikālam ābhyantaraṃ karaṇam ‖

154 sāntaḥkaraṇā buddhiḥ sarvaṃ viṣayam avagāhate yasmāt | tasmāt trividhaṃ karaṇaṃ dvāri dvārāṇi śeṣāṇi ‖

SK30: 그러나 현전하는(직접 지각되는) 것에 대해서는 넷(외적 기관들 중의 하나와 3종의 내적 기관)으로 이루어진 그것이 동시에 또한 순차적으로 작용한다는 것이 규명되어 있다. 현전하지(직접 지각되지) 않는 것에 대해서는 셋으로 이루어진 것(3종의 내적 기관)이 그것(외적 기관들 중의 하나)에 의거하여 역시 그와 같이 작용한다.[155]

SK28: 형색 등(5미세요소)을 [제각기] 감수(感受)하는 것만이 5[지각기관]의 작용이라고 인정된다. 말하고, 붙잡고, 걷고, 배설하고, 환락하는 것이 5[행위기관]의 [작용이라고 인정된다.][156]

여기서 말하는 내적 기관은 통각과 아만과 마음을 지칭하고, 외적 기관은 5지각기관(눈, 귀, 코, 혀, 피부)과 5행위기관(성대, 손, 발, 항문, 생식기)을 지칭한다. 위의 설명에 따르면 내적 기관과 외적 기관을 포함한 13종의 기관의 작용으로 인식이 성립된다. 여기서는 물론 내적 기관이 중요한 역할을 담당한다. 인식은 외적 기관으로부터 시작되는데, 외적 기관들 중 대상과 접촉하는 5지각기관은 그 대상을 감수할 뿐이다(SK28). 감수할 뿐인 인식은 아직 내용이 결정되지 않은 현전(現前) 인식에 불과하다. 그래서 외적 기관에 의한 인식은 비결정적 지각으로 간주된다. 이에 반해 내적 기관에 의해 형성되는 인식은 결정적 지각으로 간주된다.

외적 기관을 모든 대상이 일차로 통과해야 하는 문에 비유하고, 내적 기관을 들어온 대상을 검색하는 문지기에 비유하듯이(SK35), 내적 기관은 대상을 직접 감수할 수 없고 외적 기관들 중의 5지각기관을 통해서 감수한다. 이 점에서 인식은 외적 기관과 내적 기관의 동시 작용으로 발생한 것처럼 생각될 수 있지만, 사

....

155 yugapac catuṣṭayasya tu vṛttiḥ kramaśaś ca tasya nirdiṣṭā | dṛṣṭe tathāpy adṛṣṭe trayasya tat-pūrvikā vṛttiḥ ||
여기서 '의거하여' 작용한다는 것은 인식의 대상과 직접 접촉하여 작용하는 것이 아니라, 그 대상과 일차적으로 접촉한 기관이 있음을 전제로 하여, 이 기관의 기능을 수용함으로써 이루어지는 간접적인 작용을 의미한다.

156 rūpādiṣu pañcānām ālocana-mātram iṣyate vṛttiḥ | vacanādāna-viharaṇotsargānandāś ca pañcānām ||

실은 순차적 작용으로 발생한다(SK 30).

내적 기관에 속하는 마음(manas)은 외적 기관들의 성질을 갖고 있으므로, 내적 기관들 중에서는 제일 먼저 대상을 분별한다.[157] 아만(ahaṃkāra)과 자기의식(abhimāna)은 동일 개념이듯이(SK 24), 아만은 마음이 분별한 것을 나의 것으로 전유(집착)한다. 내적 기관들 중 통각(buddhi)은 아만이 전유한 인식을 최종적으로 결정한다. "직접지각이란 각각의 대상에 대한 결정이다."(SK 5)라고 제시한 직접지각의 정의에서 '결정'을 담당하는 기관은 통각이기 때문이다.[158]

이상의 설명에 따르면 인식은 "대상→외적 기관(특히 5지각기관)→마음→아만→통각"이라는 과정을 거쳐 성립된다. 이는 상키야-요가 철학에서 일반론으로 통용되는 지각의 심리적 과정이기도 하다. 이제 이 과정을 다음과 같이 요약할 수 있다.[159]

외적 기관은 대상을 직접 감수하여 형성한 어떤 종류의 인상을 마음에 이관한다.

마음은 그 인상을 일차로 분별하여 아만에 전달한다.

아만은 마음에 의해 분별된 인상을 전유하여 이것을 통각에 제출한다.

통각은 아만에 의해 전유된 인상을 식별하여 최종 인식으로 결정한다.

---

157 "여기서는 양쪽(지각과 행위)의 성질을 가진 마음이 분별을 담당하며" (앞에서 인용한 SK 27)

158 주석서들 중에서 *Gauḍapāda-bhāṣya*는 "통각은 결정이다"(adhyavasāyo buddhiḥ | SK 23)라는 정의의 의미를 다음과 같이 설명한다.
"결정은 통각의 정의이다. 결정은 확정하는 것이다. 마치 씨앗에는 미래에 발생할 싹이 [내포되어] 있는 것과 마찬가지로 [통각에도] 결정이 [내포되어] 있다. '이것은 항아리이고, 이것은 천(옷감)이다'라고 그와 같이 [결정하여] 말한다면, [결정하는] 그것이 바로 통각이라고 정의된다." (adhyavasāyo buddhi-lakṣaṇam | adhyavasānam adhyavasāyaḥ | yathā bīje bhaviṣyad-vṛttiko 'ṅkuras tadvad adhyavasāyaḥ | ayaṃ ghaṭaḥ, ayaṃ paṭaḥ, ity evaṃ sati yā sā buddhir iti lakṣyate | GB ad. SK 23. Mainkar 1972:107, 8-9행) 정승석(2016b) p. 17 재인용.

159 Cf. Chakravarti(1975) p. 174.

4. 해탈론: 순수정신의 독존

상키야 이원론의 두 축인 순수정신과 원질은 순수한 지성의 유무로 확연하게 구분되는데, 이 차이에 유념해야만 상키야의 해탈관을 이해할 수 있다. 순수정신은 순수한 지성의 원리이기 때문에 그렇게 불린다. 이와 반대로 원질(제일원인)에는 그러한 지성이 없다. 이러한 근본적 차이는 다음과 같은 설명에 의거한다.

> SK 11: 현현은 3질이고, [3질과는] 분리되지 않고, 대상이고, [모든 순수정신에게] 공통[으로 향수]되고, [순수한] 지성이 없고, 산출하는 성질을 갖는다. 제일원인도 이와 마찬가지이다. 순수정신[160]은 그것(현현)과 정반대이고 마찬가지이기도 하다.[161]

여기서 '현현'은 제일원인(원질)으로부터 전개된 모든 결과를 가리키고 반대말인 '미현현'은 제일원인을 가리킨다.[162] 위의 설명에 따르면 현현에는 순수한 지성이 없는데 제일원인은 이와 마찬가지이므로 역시 순수한 지성을 갖지 않는

....

160 상키야 철학에서는 이 순수정신의 원어인 puṃs를 puruṣa의 동의어로 사용한다. 통속어로서의 puṃs와 puruṣa는 남자 또는 인간을 의미한다.

161 triguṇam aviveki viṣayaḥ sāmānyam acetanam prasava-dharmi | vyaktaṃ tathā pradhānaṃ tad-viparītas tathā ca pumān ‖ 여기서 현현은 3질을 공통의 성질로 갖기 때문에 3질과는 분리되지 않는다고 말한다. 『상키야송』에서는 이 점을 중시하여 다음과 같이 설명한다.
"[제11송에서 말한 현현의 성질로 3질과는] 분리되지 않음 따위가 증명된다. 왜냐하면 3질이기 때문에, [또] 그것(3질)과 정반대의 것은 없기 때문이다. 결과가 원인의 [3] 질을 본체로 갖기 때문에, [원인인] 미현현(未顯現)도 또한 [3질이고, 3질과는 분리되지 않음 따위가] 증명된다." (avivekyādeḥ siddhas traiguṇyāt tad-viparyayābhāvāt | kāraṇa-guṇātmakatvāt kāryasyāvyaktam api siddham ‖ SK 14)

162 인도철학의 용어로서 현현과 미현현은 각각 '전개자'와 '미전개자'로도 통용된다. 『육파철학집성』에서는 '원질=제일원인=미현현'이라는 상키야의 용어를 다음과 같이 설명한다.
"이것들(3질)의 평형 상태는 실로 원질로 불리며, 제일원인과 미현현이라는 말로 불려야 할 그것은 영원한 본성을 지닌다." (eteṣāṃ yā samāvasthā sā prakṛtiḥ kilocyate | pradhānāvyākta-śabdābhyaṃ vācyā nitya-svarūpikā ‖ TRD 36. Kumar Jain 1997:145, 1-2행) 『육파철학집성』을 번역한 Murty(1986:44)의 원문에서 서두의 'eteṣāṃ yo'는 'eteṣāṃ yā'의 오기이며, 이 게송을 상키야 장의 첫째로(hSS 34) 배열한 것은 오류이다. 내용상으로는 Kumar Jain의 판본처럼 셋째로 배열된 것이 타당하다.

다. 그리고 순수정신은 이와 정반대이므로 순수한 지성을 갖는다. 또한 순수정신의 존재를 입증하고 특성을 제시하는 아래의 설명에 의거하여, 원질은 활동성을 갖는 작자인 반면 순수정신은 활동성을 갖지 않는 비작자로 규정된다.

> SK 17: [원질의] 집합은 ①타자(他者)를 위한 것이기 때문에, ②3질 따위[의 특성을 갖고 현현하는 원리]와는 정반대의 것이 있어야 하기 때문에, ③[원질을] 감독하는 자가 있어야 하기 때문에, ④[원질을] 향수(경험)하는 자가 있어야 하기 때문에, ⑤[누구나] 독존(해탈)을 목적으로 지향하기 때문에, 순수정신은 존재한다.[163]
>
> SK 19: 그리고 그것(3질 따위의 특성을 갖고 현현하는 원리)과는 정반대의 것이기 때문에 이 순수정신은 증인(證人)이고, 독존하고, 중립이고, 목격자이며, 작자가 되지 않음이 입증된다.[164]

위의 SK 17은 순수정신이 존재해야 하는 이유를 다섯 가지로 제시한다, 이 중에서 첫째 이유인 집합이란 원질을 비롯한 23원리를 모두 포괄한다. 이것 역시 인중유과의 논리에 따라 순수정신 이외의 24원리를 원질로 간주하고, 이것만으로 충분하다면 순수정신도 존재할 이유가 없다고 말하는 것이다. 그러므로 세계의 근원으로서 두 원리가 존재하는 한, 그 둘은 상호 의존적이고 상호 배반적인(SK 19) 관계를 유지할 수밖에 없다. 그리고 세계의 창조는 이러한 두 원리의 결합으로 이루어진다. 아래의 설명에 의하면 이 결합의 목적이 순수정신의 경우에는 제일원인을 보는(향수하는) 것이고, 제일원인의 경우에는 순수정신의 독존(해탈)이다.

....

163 ①saṃghāta-parārthatvāt ②triguṇādi-viparyayād ③adhiṣṭhānāt | puruṣo 'sti ④bhoktṛ-bhāvāt kaivalyārthaṃ ⑤pravṛtteś ca ||

164 tasmāc ca viparyāsāt siddhaṃ sākṣitvam asya puruṣasya | kaivalayaṃ mādhyasthyaṃ draṣṭṛtvam akartṛ-bhāvaś ca ||

SK 21: 순수정신은 [제일원인을] 보기(향수하기) 위해,[165] 이와 마찬가지로 제일원인은 [순수정신의] 독존을 위해, 앉은뱅이와 맹인처럼 그 둘도 결합한다. 창조는 이것(결합)에 의해 이루어진다.[166]

여기서 말하는 '결합'은 물리적인 결합을 의미하는 것이 아니라 '앉은뱅이와 맹인처럼'이라고 비유하듯이 상호 의존 또는 원조를 의미한다. 이 비유에서 앉은뱅이는 지성은 있지만 활동성이 없는 순수정신을 상징하고, 맹인은 지성은 없지만 활동성이 있는 원질(제일원인, 근본원질)을 상징한다. 그러므로 양자의 결합은 결합, 즉 상호 의존으로 해소될 수 있다. 그렇다고 하더라도 원질은 지성을 갖지 않으므로 순수정신의 향수와 독존을 지향하여 활동할 수는 없을 것이라는 반론이 당연히 제기될 만하다. 예를 들어 『전철학강요』에서는 다음과 같은 반론을 상정하여 상키야를 대변한다.

다음과 같은 반론이 제기될 수 있다. "지성이 없는 제일원인은 지성에 의한 감독이 없이는 마하트(=통각) 따위의 결과를 [생성하기] 위해 활동하지 않

....

165 '[제일원인을] 보기 위해'라는 목적에서 본다는 것은 경험을 의미하지만, 순수정신의 목적을 용어로 서술할 경우에는 경험보다는 향수(享受)라는 은유적 표현을 주로 사용한다. 실례로 *Tattva-kaumudī*에서는 이 대목을 주석하면서 다음과 같이 설명한다. "이제 이로써 제일원인은 향수의 대상임이 설명된다. 따라서 향수자가 없이는 제일원인을 향수하는 것이 불가능하므로, 이것(제일원인)에게는 향수자로서 요건을 갖춘 순수정신이 필요하다는 것이 타당하다." (tad anena bhogyatā pradhānasya darśitā | tataś ca bhogyaṃ pradhānaṃ bhoktāram antareṇa na sambhavatīti yuktāsya puruṣāpekṣā-bhoktrapekṣā ‖ TK 138 ad. SK 21. Jha 1965:90) 또한 여기서 순수정신이 보는(향수하는) 대상은 문맥에 따라 '제일원인'으로 파악되지만, 이 제일원인은 원질로도 불리는 그 자체(제일원인=근본원질) 이하의 모든 물질 원리들을 포괄한다. 즉, 순수정신의 향수 대상이 되는 원질은 근본원질뿐만 아니라 이로부터 전개된 23원리까지 포함한다. 이 대목을 주석한 *Gauḍapāda-bhāṣya*의 설명으로 이 점을 확인할 수 있다. "순수정신이 제일원인과 결합하는 것은 [원질을] 보기 위함이다. 순수정신은 조대요소 따위에 이르기까지 마하트(=통각) 따위를 결과로 갖는 원질을 본다." puruṣasya pradhānena saha saṃyogo darśanārtham | prakṛtiṃ mahadādi-kāryaṃ bhūtādi-paryantaṃ puruṣaḥ paśyati | GB ad. SK 21. Mainkar 1972:101, 17-18행)

166 puruṣasya darśanārthaṃ kaivalyārthaṃ tathā pradhānasya | paṅgv-andhavad ubhayor api saṃbandhas tat-kṛtaḥ sargaḥ ‖

는다. 이 때문에 어떠한 것이든지 간에 지성이 있는 감독자가 있어야만 한다. 따라서 모든 것을 관찰하는 최고의 자재신(自在神)이 인정되어야만 할 것이다." 만약 이렇게 말한다면, [상키야의 관점에서] 이것은 부적절하다. 왜냐하면 제일원인은 지성이 없더라도 동기의 힘으로 활동하는 것이 가능하기 때문이다.[167]

『상키야송』에 의거하는 고전 상키야는 무신론을 견지하므로 신(자재신[168])을 인정할 수 없다. 위에서 상정한 반론은 무신론의 약점을 지적한 것이지만, 상키야에서는 지성이 없는 존재에도 자체적으로 작용하는 힘이 있다는 것으로 반론에 대응한다. 위에서는 이런 힘을 '동기'로 표현했으나 『상키야송』에서는 이것을 보다 적절하게 동력인(動力因)으로 표현한다.

SK 57: 송아지의 성장을 위한 동력인은 무지한 우유의 활동인 것처럼, 순수정신의 해탈을 위한 동력인은 제일원인의 활동이다.[169]

우선 이 비유의 취지를 그대로 살려서 다음과 같이 풀이할 수 있다. 우유는 무지하지만 그 자체가 동력인으로 작용함으로써 송아지가 성장할 수 있듯이, 제

....

167 nanv acetanaṃ pradhānaṃ cetanānadhiṣṭhitaṃ mahad-ādi-kārye na vyāpriyate | ataḥ kenacic cetanena adhiṣṭhātrā bhavitavyam | tathā ca sarvārtha-darśī parameśvaraḥ svīkartavyaḥ syād iti cet | tad asaṃgatam | acetanasya api pradhānasya prayojana-vaśena pravṛtty-upapatteḥ | SDS, p. 328, 114-117행.

168 일반적인 신(deva)과는 차별하여 자재신(īśvara)으로 표현한다. '원하는 대로 할 수 있는 자'를 의미하는 īśvara는 최고아를 지칭하기도 한다. 세계의 창조자라는 신격이 부여된 최고아는 자재신이 된다.

169 vatsa-vivṛddhi-nimittaṃ kṣīrasya yathā pravṛttir ajñasya | puruṣa-vimokṣa-nimittaṃ tathā pravṛttiḥ pradhānasya || 이 비유적 설명은 상정된 반론에 대한 상키야의 답변으로 간주되고 있다. 『전철학강요』에서는 이 비유에 물의 예를 추가하여 설득력을 보탠다.
"그래서 지성이 없는 것은 지성에 의한 감독이 없이도 순수정신을 위해 활동하고 있음이 인정된다. 예를 들어 지성이 없는 우유가 송아지의 성장을 위해 활동하고, 지성이 없는 물이 세상 사람들의 이익을 위해 활동하는 것과 마찬가지로, 지성이 없는 원질도 순수정신의 해탈을 위해 활동할 것이다." (dṛṣṭaṃ ca acetanaṃ cetana-anadhiṣṭhitaṃ puruṣārthāya pravartamānaṃ yathā vatsa-vivṛddhy-artham acetanaṃ kṣīraṃ pravartate yathā ca jalam acetanaṃ lokopakārāya pravartate tathā prakṛtir acetana api puruṣa-vimokṣāya pravartsyati | SDS, p. 328, 117-120행)

일원인(원질)도 무지하지만 그 자체가 동력인으로 작용함으로써 순수정신의 해탈을 도모한다.[170] 그러므로 이 비유는 지성이 없더라도 활동성을 가진 원질이 있기 때문에 순수정신의 해탈도 가능하다는 상키야 특유의 해탈론을 함축한다. 『전철학강요』는 이 비유에 함축된 해탈론의 요지를 다음과 같이 설명하는 것으로, 상키야 철학이 표방하는 해탈의 논리를 잘 대변하고 있다.

> 그런데 원질과 순수정신의 결합은 앉은뱅이와 맹인처럼 상호 의존에 의거한다. 실로 원질은 향수의 대상이 됨으로써 향수자인 순수정신을 필요로 한다. 한편 순수정신도 [그 자신과 원질의] 차이를 파악하지 못함으로써 통각의 영상으로 바뀌어 있기 때문에, 그것(통각)에 내포되어 있는 3종의 고통[171]을 제지하여 독존을 기대한다. 그것(독존)은 원질과 순수정신을 식별함으로써 발생하며, 그것(식별)이 없이는 수반되지 않는다. 따라서 순수정신은 독존을 위해 제일원인(=원질)을 필요로 한다.[172]

....

170 『상키야송』은 사람에게 적용한 비유를 곧바로 추가하여 송아지 비유의 취지를 부연한다. "세상 사람들이 갈망을 해소하기 위해 노동에 진력하듯이, 미현현(제일원인=원질)은 순수정신의 해탈을 위해 그와 같이 활동한다." (autsukya-nivṛtty-arthaṃ yathā kriyāsu pravartate lokaḥ | puruṣasya vimokṣārthaṃ pravartate tadvad avyaktam ‖ SK 58) 여기서는 노동이라는 활동이 우유에 해당하는 동력인이다. 즉, '우유→송아지의 성장'은 '노동→갈망의 해소'와 상응한다. 이 같은 비유들의 취지는 물질세계에서 이루어지는 모든 활동의 목적이 순수정신의 해탈에 있음을 명시하는 데 있다. 『상키야송』은 이 비유를 예시하기 직전에 원질을 비롯한 23원리가 모두 순수정신의 해탈을 위한 활동이라는 것을 다음과 같이 제시해 두었다.

"이상으로, 마하트(=통각)으로부터 [3질에] 차이가 있는 [5]조대요소에 이르기까지 원질로부터 조성된 이것은 각각의 순수정신의 해탈을 위함이다. [그것은] 마치 자기를 위한 듯하지만, 타자(즉 순수정신)를 위한 활동이다." (ity eṣa prakṛti-kṛto mahad-ādi-viśeṣa-bhūta-paryantaḥ | prati-puruṣa-vimokṣārthaṃ svārtha iva parārtha ārambhaḥ ‖ SK 56)

171 『상키야송』은 '세 가지 고통'이라는 말로부터 시작된다. 주석서들에 의하면 이 셋은 의내고(依內苦), 의외고(依外苦), 의천고(依天苦)로 불린다. 상세한 내용은 후술(각주 179) 참조.

172 prakṛti-puruṣa-saṃbandhaś ca paṅgv-andhavat-parasparāpekṣā-nibandhanaḥ | prakṛtir hi bhogyatayā bhoktāraṃ puruṣam apekṣate | puruṣo 'pi bhedāgrahād buddhi-cchāyāpattyā tad-gataṃ duḥkha-trayaṃ vārayamāṇaḥ kaivalyam apekṣate | tat prakṛti-puruṣa-viveka-nibandhanaṃ na ca tad-antareṇa yuktam iti kaivalyārthaṃ puruṣaḥ pradhānam apekṣate | SDS, p. 328, 132-136행.

이와 같이 이해되는 해탈의 논리는 '상호 의존에 의한 해탈'이라고 말할 수 있다. 순수정신과 원질이 결합된 상태에서 순수정신은 자신의 고유한 지성을 발휘하지 못한다. 왜냐하면 순수정신의 지성은 원질에 속하는 통각의 영상으로 바뀐 상태에 있기 때문이다. 이 상태에서 순수정신은 원질의 활동에 속박될 수밖에 없다. 그리고 이러한 속박이 가능한 이유를 다음과 같이 설명되는 통각에서 찾을 수 있다.

> SK 23: 통각은 결정[하는 기관]이다. 선(善), 지혜, 무욕, 자유자재,[173] 이러한 특성은 [통각의] 순질에서 유래하고, 이것과 정반대인 것은 [통각의] 암질에서 유래한다.[174]

근본원질로부터 전개되는 23원리들 중에서 첫째 변이인 통각은 순수정신의 지성을 발휘하는 것으로 오인되기 쉽다. 위의 설명에는 그 이유가 시사되어 있다. 통각은 3질 중의 순질이 다른 원리들보다 가장 우세하게 작용하는 원리이다. 순질은 조명하는 기능을 발휘하므로(<표 7>), 순질이 우세하면 지적 능력도 심화하여 지혜가 발생한다. 바로 이 지혜가 물질 원리에 불과한 통각을 순수정신으로 착각하게 하는 요인이 된다.[175] 그러나 통각의 지적 능력을 순수정신의 지성으로 오인하게 되면 물질세계에서 발생하는 고통의 속박에서 벗어나지 못한

....

173 자유자재(aiśvarya)는 자재신(īśvara)이 발휘하는 강력한 능력과 같다는 의미에서는 초능력이다. 여기서는 『요가경』 제3장의 주제처럼 삼매 수행의 과정에서 발생하는 다양한 초능력(vibhūti)과는 구분하기 위해 aiśvarya를 '자유자재'로 번역하고, 이의 반대인 anaiśvarya를 '부자유'로 번역한다. 그러나 주석자들이 자유자재를 8종의 초능력으로 설명한 점을 고려하면, 이 자유자재는 사실상 초자연력 또는 초능력의 동의어이다.

174 adhyavasāyo buddhir dharmo jñānaṃ virāga aiśvaryaṃ | sāttvikam etad rūpaṃ tāmasam asmād viparyastam ||

175 앞서 인용한 『상키야송』에서 "순수정신은 그것(현현)과 정반대이고 마찬가지이기도 하다."(SK 11)라고 말한 이유가 여기에 있다. 순수정신과 마찬가지인 현현이란 통각을 가리키는데, 순수정신의 지성과 통각의 지적 능력이 동일한 것처럼 보이기 때문이다.

다. 통각에는 순질뿐만 아니라 반대의 기능을 가진 암질도 있고 고통을 유발하는 동질도 있으므로, 암질과 순질의 기능이 발동하는 한, 통각의 지적 능력은 설혹 지혜로 불릴지라도 다른 2질에 의해 오염될 수 있다. 그러나 순수정신에는 3질이 아예 없으므로 순수정신의 지성을 회복하여 유지하는 것만이 물질세계의 속박에서 해방되는 유일한 길이다. 상키야 철학에서 말하는 독존(해탈)이란 이와 같은 해방을 의미한다.

순수정신의 독존을 위해서는 통각의 지적 능력과 순수정신의 지성이 다르다고 식별할 수 있는 지혜를 계발해야 한다. 이러한 지혜를 상키야-요가에서는 식별지(vivekakhyāti)로 명명하여 해탈의 유일한 수단으로 간주한다. 이제 앞서 인용한『전철학강요』의 설명 중 "순수정신도 [그 자신과 원질의] 차이를 파악하지 못함으로써 통각의 영상으로 바뀌어 있기 때문에"라고 말한 취지를 되새겨 볼 수 있다. 여기서 중요한 개념은 '통각의 영상'이다. 이것은 순수정신의 지성이 오인된 상태를 가리킨다. 순수정신과 원질의 차이를 식별하지 못한 이 상태에서는, 원질에 속하는 통각의 지적 능력이 순수정신의 지성인 것처럼 작용하게 되므로, 우리가 순수정신의 지성일 것으로 알고 있는 것은 사실은 통각의 지적 능력으로 발생한 영상일 뿐이다. 그러므로 이 영상은 순수정신의 고유한 지성으로 파악된 진실이 아니라고 아는 것이 식별지이다.

식별지를 얻지 못하는 한, 통각과 같은 원질의 활동은 지속되고, 이에 따라 순수정신의 지성은 통각의 지적 능력에 구속되어 발현될 수 없게 된다. 반대로 식별지를 얻게 되면 원질의 활동은 중지되므로 순수정신은 홀로 지성으로만 남게 된다.[176] 이 상태가 독존이고 해탈이다. 해탈을 이와 같이 설명하는 것이 상키야에서 표방하는 해탈의 논리이다.

....

176 *Tattva-kaumudī*에서는 이에 관해 다음과 같은 두 구절을 인용한다. "식별지에 도달할 때까지만 원질의 활동은 지속된다고 알아야 한다." "원리들에 대한 지혜가 없는 오인으로 인해 속박에 빠진다." (vivekakhyāti-paryantaṃ jñeyaṃ prakṛti-ceṣṭitam iti ‖ viparyayād atattvajñānād iṣyate bandhaḥ ‖ TK 199 ad. SK 44. Jha 1965:129)

결국 순수정신의 독존을 위해 원질의 활동, 즉 원질에 의한 속박이 필요하다고 주장하는 이 해탈의 논리는 역설적이다. 더욱이 향수는 물질세계를 경험하는 것이고 독존은 이로부터 벗어나는 것이므로, 순수정신의 향수와 독존이라는 목적(SK 21)은 모순되는 것처럼 보인다. 그러나 이 모순은 현실을 직시하는 경험주의적 이원론의 특성과 지향성을 드러내는 것으로 이해된다.[177] 순수정신의 향수와 독존이라는 역설적 목적은 상키야 철학이 우주론과 구제론을 함께 교시한다는 사실과 상응한다. 우주론이 수단이라면 구제론은 목적이다. 그러므로 상키야의 이원론은 우주론(수단)을 통해 구제론(목적)을 지향하는 철학이라고 그 특성을 규정할 수 있다.[178]

사실 『상키야송』은 탐구의 목적이 고통의 타파에 있음을 천명하는 것으로 시작하므로,[179] 상키야 철학을 구제론으로 규정하는 데에는 이의를 제기할 수

....

177 『상키야송』은 순수정신의 목적이 향수와 해탈임을 강조하고 원질은 그 두 가지 목적을 위해 전변한다고 가르친다. 향수란 전변을 경험하는 고통을 의미하고, 해탈은 이 향수를 통해 이원적 세계의 진실을 수습(修習)함으로써 가능하다. 이 점에서 상키야의 이원론은 고통이라는 현실의 경험을 통해 문제를 해결한다는 입장을 견지한다. 정승석(1992a) p. 67 참조.

178 다음과 같은 두 가지 견해에는 이견이 있는 듯하지만, 상키야 철학은 결국 구제론을 지향한다는 결론으로 병합된다.
"고전 상키야는 아주 원시적인 것으로 보이는 차원을 제외하면 기본적으로 우주론이 아니며, 물리학과 같은 어떤 자연과학의 이론이 아니다. 고전 상키야는 오히려 인간의 삶에서 고통의 문제에 대한 해답을 추구하는 구제론적 학설이다." Larson(1979) p. 196.
"첫째, 고전 상키야는 구제론인 동시에 우주론이다. 물론 그것이 기본적으로 구제론이기는 하다. 왜냐하면 그것의 목적은 완전함과 정신적 자유를 추구하는 이들에게 방도를 제공하는 데 있기 때문이다. 그러나 고전 상키야는 우주론이기도 하다. 왜냐하면 우주의 본질적 양상들, 즉 3질과 25원리를 철저히 이해함으로써 구제론은 충족되기 때문이다. 우주를 이해함으로써 온전하고 완전한 자아가 발견된다." Parrott(1986) p. 67.
이 견해는 먼저 제시한 Larson의 견해를 비판적으로 보완한 것이지만, 여기서 말하는 우주론도 독립적 학설이라기보다는 구제론의 일환이라고 이해할 수 있다.

179 "세 가지 고통의 압박 때문에 그것(고통)의 타파를 위한 원인에 대한 탐구가 있다. 만약 [고통을 타파하는 원인은] 이미 알려져 있어서 그것(탐구)은 무의미하다고 한다면, 그렇지가 않다. [왜냐하면 이미 알려져 있는 원인은] 확정적인 것도 궁극적인 것도 아니기 때문이다." (duḥkha-trayābhighātāj jijñāsā tad-apaghātake hetau | dṛṣṭe sāpārthā cen naikāntātyantato 'bhāvāt || SK 1)
여기서 말하는 세 가지(ādhyātmika, ādhibhautika, ādhidaivika) 고통을 『금칠십론』에서는 각각 ①의내고(依內苦), ②의외고(依外苦), ③의천고(依天苦)로 번역한다. ①의내고는 심신에서 기인하는 육체적 정신적 고통이고, ②의외고는 타인이나 동식물 등의 외적 원인에 의한 고통이며, ③의천고는 자

없다. 특히 주석자들은 상키야와 요가를 의학에 비유하여 그 목적이 고통의 제거에 있다고 확언한다. 단적인 예를 들어 *Sāṃkhyasūtra*는 비록 후대의 문헌이지만 『상키야송』과 마찬가지로 3종의 고통을 언급하는 것으로 시작하는데,[180] 이에 대한 주석에서는 상키야의 해탈론을 의학에 적용하여 설명한다.

> 그런데 이 해탈론은 의학처럼 네 부문으로 이루어진다. 즉 병과 건강과 병의 원인과 치료라는 네 부문이 의학에서 설명되어야 하는 전체이듯이, 파기되어야 할 것, 파기, 파기되어야 할 것의 원인, 파기의 수단이라는 네 부문이 해탈론에서 설명되어야 할 것들이다. 해탈을 추구하는 사람들이 알기를 원하고 있기 때문이다. 그 중에서 파기되어야 할 것이란 3종의 고통이고, 파기란 그것(고통)의 완전한 소멸이고, 파기되어야 할 것(즉 고통)의 원인이란 근본물질과 순수정신의 결합으로 인해 식별력이 없는 것(즉 무지)이고, 파기의 수단이란 식별지이다.[181]

....

연 현상이나 신이나 정령 등에 유래한다고 생각되는 고통이다. 이에 대한 주석서들의 설명은 대동소이하다. *Gauḍapāda-bhāṣya*로 예를 들면, ①의내고에서 신체적인 것은 풍기(風氣)와 담즙과 점액의 부조화로 일어나는 열병이나 이질 등이며, 정신적인 것은 사랑하는 사람과의 이별이나 싫어하는 사람과의 만남 등이다. ②의외고는 사람, 가축, 야수, 새, 뱀, 각다귀, 모기, 이, 벼룩, 물고기, 악어, 식물 등과 같은 태생(胎生), 난생(卵生), 습생(濕生), 아생(芽生)으로 인해 발생하는 고통이다. ③의천고는 추위, 더위, 바람, 비, 벼락 등이다. 정승석(2003) p. 70 참조.

180 "이제 세 가지 고통의 완전한 소멸이야말로 순수정신을 위한 절대적인 것(목적)이다." (atha trividha-duḥkhātyanta-nivṛttiḥ atyanta puruṣārthaḥ ‖ SS 1.1. Garbe 1943:5)

181 tad idam mokṣa-śāstraṃ cikitsā-śāstravac caturvyūham. yathā hi roga ārogyaṃ roganidānam bhaiṣajyam iti catvāro vyūhāḥ samūhāś cikitsā-śāstrasya pratipādyās, tathaiva heyaṃ hānaṃ heyahetur hānopāyaś ceti catvāro vyūhā mokṣa-śāstrasya pratipādyā bhavanti; mumukṣubhir jijñāsitatvāt. tatra trividhaṃ duḥkhaṃ heyam; tad-atyanta-nivṛttir hānam; prakṛti-puruṣa-saṃyoga-dvārā cāviveko heyahetuḥ; vivekakhyātis tu hānopāya iti | SPbh 1.1. Garbe 1943:5, 23-29행) 정승석(2008) p. 64, n. 34 재인용.
상키야의 해탈론을 이처럼 의학에 적용하여 설명한 것은 『요가경』에 대한 인식과 동일하다. 『요가주』의 다음과 같은 설명이 상키야의 해탈론을 설명하는 데 반영되었을 수도 있다.
"의학이 병, 병의 원인, 건강, 치료라는 네 부문으로 이루어지듯이, 이 교전(요가 수트라)도 그와 같이 바로 네 부문으로 이루어져 있다. 즉 윤회, 윤회의 원인, 해탈, 해탈의 수단이다. 이 중에서 파기되어야 할 것은 고통으로 가득한 윤회이며, 파기되어야 할 것(윤회)의 원인은 원질과 순수정신의 결합이며, 파기(해탈)는 결합의 완전한 중지이며, 파기의 수단은 바른 견해이다." YBh 2.15. 정승석(2020) p. 116.

이 설명의 끝에서도 고통을 파기하는 수단이 식별지라고 언명하듯이, 상키야 해탈론의 핵심은 식별지를 계발하고 획득하는 것이다. 식별지야말로 역설적인 해탈 논리의 귀결이다. 요가 철학을 상키야의 실천론이라고 규정할 수 있는 것도 요가 수행 자체가 식별지를 계발하는 과정이기 때문이다.[182] 마음의 작용을 억제하는 것이 요가이자 삼매인데, 이로써 통각의 우세한 기능인 순질을 더욱 강화할 수 있다. 지적 능력으로 기능하는 순질이 강화될수록 그만큼 식별지도 심화된다. 이의 궁극은 순수정신의 지성을 회복하여 마침내 순수정신의 독존에 도달하는 것이다. 이것이 요가의 수행 논리이다.

5. 상키야와 요가의 주요 원전

다음 제3장 이하에서는 본격적으로 상키야-요가의 기원과 전개를 고찰하면서 다양한 원전들을 인용하거나 언급하게 될 것이다. 이 경우에는 언급하는 원전의 성립 연대를 참고하는 것으로 사상 전개의 역사적 흐름을 가늠할 수 있다. 또한 상키야-요가 철학의 전거가 되는 다양하고 풍부한 문헌들의 목록을 일람하는 것으로 이 철학의 유구하고 뿌리 깊은 전통이 면면히 계승되어 발전해 왔음을 확인할 수 있다.

아래의 목록은 상키야와 요가를 고찰하는 데 필요한 주요 원전들을 망라한 것이지만, 하한선을 16세기까지로 한정하여 중세 인도철학의 부흥에서 대미를 장식했던 Vijñāna Bhikṣu의 저작까지 여기에 기재했으며, 하타 요가의 문헌은 제외했다. 작성일을 기록하지 않는 인도 문헌의 특성으로 인해, 목록에 기재한 연대는 대부분 추정에 의한 근사치이다.[183]

---

182 『요가경』의 개시 경문에 대한 주석에서도 식별지는 요가의 수단으로 인정된다.
"식별지란 대상을 있는 그대로 인식하는 것이다. 따라서 이것(식별지)의 수단으로서 요가의 교시만을 먼저 경문에서 선언한다고 말한 것은 타당하다." (bhūtārthāvagatiś ca vivekakhyātiḥ | tasmād yuktaṃ tad-upāya-yogānuśāsanam evādau sūtritam iti || YsV 1.1. Rukmani 2001a:4)

183 아래의 <표 8>은 Larson & Bhattacharya(1987:14-18)의 목록에서 채택한 것이다. 이 목록은 20세기까지 작성된 산스크리트 문헌들도 포함하며, 고전 상키야의 시발인 *Sāṃkhya-kārikā* 이래 20세기까지 상

〈표 8〉 상키야 - 요가의 문헌과 저자 연표

• 범례: *로 표시한 원전은 요가 철학의 문헌. 연대에서 '전'은 기원전(BCE), '후'는 기원후(CE)의 약칭, 숫자만 있을 경우는 기원후의 연대.

	문헌	저자	연대
원시 상키야	*Chāndogya-up.*	?	전800~600경
	Kāṭhaka-up. (KaU)	?	전400~200
	Śvetāśvatara-up. (ŚvetU)	?	전400~200
	Arthaśāstra	Kauṭilya	전300(핵심 부분)
	Mokṣadharma (*Mahābhārata*에 수록)	?	전200~후200경
	Bhagavadgītā (*Mahābhārata*에 수록)	?	전200~후200
	Manu-smṛti, 기타 법전	?	전200~후200
	Buddhacarita	Aśvaghoṣa	100경
	Caraka-saṃhitā (Āyurveda 계)	Caraka	100~200
	Suśruta-saṃhitā (Āyurveda 계)	Suśruta	200~300
	Purāṇa (Mārkaṇḍeya, Vāyu 등)	?	300 이후

....

키야-요가의 문헌을 총62종으로 열거한다. 이 중에서 고전 상키야는 16종, 후기 상키야는 Vijñāna Bhikṣu까지 7종, 이후부터 19세기까지 16종, 20세기의 문헌은 23종이나 된다. 이것들 중에서 Vijñāna Bhikṣu 다음 시대의 문헌들은 그다지 중시되지 않고 거의 인용되지 않으므로 <표 8>에서는 이것들을 제외했다.

다른 한편으로 Larson & Bhattacharya(1987:40-41)는 이러한 문헌들을 기준으로, 상키야의 유형을 다음과 같은 일곱 단계로 구분하여 상키야 철학의 역사를 개괄한다.

(1) 원시 상키야(Proto-Sāṃkhya): 800 B.C.E. ~100 C.E.
(2)『상키야송』 이전의 상키야(Pre-Kārikā Sāṃkhya): 100~500 C.E.
(3)『상키야송』의 상키야(Kārikā-Sāṃkhya): 350~850 C.E.
(4) 파탄잘리의 상키야(=고전 요가, Pātanjala-Sāṃkhya): 400-850 C.E.
(5) *Tattva-kaumudī*의 상키야(Kārikā-Kaumudī-Sāṃkhya): 850(또는 975) 이후부터 현재
(6) 요약 상키야(Samāsa-Sāṃkhya): 1300 이후부터 현재
(7) 수트라 상키야(Sūtra-Sāṃkhya): 1400 이후부터 현재

이 구분에서 (5)(6)(7)은 베단타의 시각으로 굴절된 상키야이지만, 이것도 엄연히 사실상 고대의 철학적 전통을 계승한 인도의 지성적 유산으로 인정된다.

〈표 8〉 (계속)

• 범례: *로 표시한 원전은 요가 철학의 문헌. 연대에서 '전'은 기원전(BCE), '후'는 기원후(CE)의 약칭, 숫자만 있을 경우는 기원후의 연대.

	문헌	저자	연대
원시 상키야	?	Kapila, Āsuri, Pañcaśikha (이상의 문헌들에서 자주 언급하는 고대 상키야의 전통과 관련된 인명)	?
초기 상키야	*Ṣaṣṭitantra* (六十科論. 문헌이거나 상키야를 논하기 위한 체계적 요목)	Pañcaśikha (혹은 Kapila, Vārṣagaṇya)	전100~후200경
	?	Paurika	?
	?	Pañcādhikaraṇa	?
	?	Patañjali (YS의 저자와는 다른 인물)	?
	Ṣaṣṭitantra (개정판 혹은 이전의 전통적 체재)	Vārṣagaṇya (혹은 Kapila, Pañcaśikha)	100~300경
	?	Vindhyavāsin	300~400경
	?	Mādhava (Dignāga가 언급한 상키야의 이단)	?(Īśvarakṛṣṇa보다는 후대)
고전 상키야	*Sāṃkhya-kārikā* (SK)	Īśvarakṛṣṇa	350~450경
	**Yogasūtra* (YS)	Patañjali	400~500경
	Suvarṇa-saptati (金七十論)	? (Paramārtha, 真諦)의 한역)	500경(557~569 한역)
	Sāṃkhya-vṛtti	?	500~600경
	Sāṃkhya-saptati-vṛtti	?	500~600경
	Gauḍapāda-bhāṣya (GB)	Gauḍapāda	500~600경
	**Yogasūtra-bhāṣya* (YBh, 별칭은 *Sāṃkhya-pravacana-bhāṣya*, *Pātañjala-yogaśāstra*)	Vyāsa	500~700경?

〈표 8〉 (계속)

• 범례: *로 표시한 원전은 요가 철학의 문헌. 연대에서 '전'은 기원전(BCE), '후'는 기원후(CE)의 약칭, 숫자만 있을 경우는 기원후의 연대.

	문헌	저자	연대
고전 상키야	*Yuktidīpikā* (YD)	?	600~700경
	Jayamaṅgalā (JM)	Śaṅkara (혹은 Śaṅkarārya)	700경 또는 이후
	**Yogasūtra-bhāṣya-vivaraṇa* (YsV, 별칭은 *Pātañjala-yogaśāstra-vivaraṇa*)	Śaṅkara	700경 또는 이후
	Māṭhara-vṛtti (MV)	Māṭhara	800경 또는 이후
	Sāṃkhya-tattva-kaumudī (TK, 별칭은 *Tattva-kaumudī*, *Pātañjala-yogaśāstra-vyākhyā*)	Vācaspati Miśra	850 또는 975
	**Tattva-vaiśāradī* (TV, 별칭은 *Yogasūtra-bhāṣya-vyākhyā*)	Vācaspati Miśra	850 또는 975
	**Rāja-mārtaṇḍa* (RM)	Bhojarāja	1150경
	Tattvasamāsasūtra	?	1300~1400경
	Tattvasamāsasūtra-vṛtti (TsV, 별칭은 *Kramadīpikā*)	?	1300~1400경
후기 상키야	*Sāṃkhyasūtra* (SS, 별칭은 *Sāṃkhya-pravacanasūtra*)	?	1400~1500경
	Sāṃkhyasūtra-vṛtti	Aniruddha	1400~1500경
	Sāṃkhya-pravacana-bhāṣya (SPbh)	Vijñāna Bhikṣu	1550~1600경
	**Yoga-vārttika* (YV)	Vijñāna Bhikṣu	1550~1600경
	Sāṃkhyasāra	Vijñāna Bhikṣu	1550~1600경
	**Yogasāra-saṃgraha*	Vijñāna Bhikṣu	1550~1600경

2.3.3. 상키야를 일탈한 요가의 이설

바로 앞에서 개관한 상키야와 요가의 공유 이론에 비추어 보면, 상키야를 일탈한 요가의 이설로서 특기할 만한 것은 사실상 거의 없다고 말해도 과언이 아니다. 이는 물론 고전 요가의 원론적 입장에 한정한 것이다. 요가의 유신론적 관점처럼 크게 부각될 수 있는 이설도 요가 철학의 대부분의 주석자들에게는 상키야의 무신론을 완전히 파기한 것으로 해석되지는 않는다.

그럼에도 불구하고 요가는 신(자재신)을 인정한다는 것이 통념으로 형성되어 왔다. 이에 따라 상키야와는 다른 요가의 교의로 지목되는 것이 유신론이며, 힌두교의 전통에서 당연시되어 온 요가의 유신론적 경향을 부인할 수 없게 되었다. 심지어 유신론으로부터 일탈하여 무신론을 확립한 고전 상키야도 나중에는 유신론을 수용한 것처럼 왜곡되기도 했다. 예부터 유신론을 지향해 온 인도의 사조에서 고전 상키야는 무신론을 견지하는 것으로 정통 철학의 다른 학파와는 차별된다. 이에 따라 같은 뿌리에서 성장한 상키야와 요가 사이에서도 신의 인정 여부가 그 둘을 구분하는 잣대처럼 적용되어 온 것이 사실이다. 이러한 사실의 흔적을 Haribhadra의 『육파철학집성』에서 발견할 수 있다.

Haribhadra는 불과 11송으로 상키야를 개설하면서 첫째 송에서 상키야의 무신론자와 유신론자를 다음과 같이 언급한다.

> 상키야의 추종자들 중에서 어떤 이들은 무신론자들이고 어떤 이들은 자재신을 신봉한다. 그러나 그들 모두에게도 원리들은 25개일 것이다.[184]

....

184 sāṃkhyā nirīśvarāḥ kecit kecid īśvara-devatāḥ | sarveṣām api teṣāṃ syāt tattvānāṃ pañcaviṃśatiḥ || TRD 34. Kumar Jain(1997) p. 142. 이것이 Murty(1986:46)의 원문에는 상키야 장의 둘째 게송(hSS 35)으로 배열되어 있다. 『전철학강요』에서도 상키야가 무신론임을 명시하는 것으로 상키야 철학에 대한 개설을 종료한다. "이상으로 무신(nirīśvara) 상키야의 학설을 창시한 카필라 등의 사상을 추종하는 자들의 교의가 설명되었다." (etac ca nirīśvara-sāṃkhya-śāstra-pravartaka-kapilādi-mata-anusāriṇāṃ matam upanyastam || SDS, p. 330, 152-153행)

Haribhadra가 8세기의 인물인 점을 고려하면, 이 시기의 고전 상키야에서 유신론이 허용되었을 것으로는 상상할 수 없다. 더욱이 무신론자와 유신론자가 모두 25원리를 인정한다고 서술한 것으로 보건대, 자재신을 신봉한다는 유신론자는 요가 학파를 지칭한다고 단언할 수 있다. 그 이유의 하나로는 앞에서도 언급했듯이, 『육파철학집성』에서 요가를 육파철학에서 배제한 것은 상키야 철학으로 대신할 수 있다고 생각했기 때문일 것[185]이라는 점을 들 수 있다. 이보다 더 중요한 이유는 고전 요가에서 인정한 것으로 간주되는 자재신의 위상이다. 상키야와 요가에서 25원리를 세계의 구성 요소로 인정하는 한, 여기에는 신이 개입할 여지가 없다. 그래서 해석상의 논란이 되는 자재신의 문제는 이제 곧 상술하겠지만, 요가의 교의를 주관적으로 해석하는 주석자들에게 자재신은 창조를 주재하는 통속적인 신일 따름인 것으로 간주되기 일쑤였다. 위의 게송에 관한 해설에는 이러한 실태가 다음과 같이 간결하게 시사되어 있다.

> Maṇibhadra[186]는 자재신을 '위대한 자재신'(Maheśvara), 즉 쉬바(Śiva)라고 설명한다. 유신론의 상키야는 쉬바를 숭배했을 가능성이 다분하다. 신을 태고의 스승으로 생각하여 신의 존재를 인정하는 것을 제외하고, 상키야와 동일한 형이상학을 가진 요가 학설의 추종자들은 일반적으로 쉬바의 신봉자들이다. 반면에 Haribhadra가 말하는 자재신은 세계의 창조자요 지배자이며 전지전능하고 편재하는 유일신을 의미했을 수도 있다.[187]

이처럼 설명하는 해설자는 자재신에 대한 요가 철학의 관점은 인지하면서도 Maṇibhadra나 Haribhadra처럼 요가 학파를 유신론자로 간주한다.[188] 그가 요가

....

185 이 @제2장 앞의 각주 121 참조.

186 Maṇibhadra는 『육파철학집성』을 해설한 후대의 주석서들 중 *Laghuvṛtti*의 저자일 것으로 추정되어 있다.

187 Murty(1986) p. 47.

188 『육파철학집성』의 주석자들과는 거의 같은 시대에 작성된 『전철학강요』(15세기 전후)의 저자는 요가 철학이 자재신을 제26원리로 인정한다고 설명하는 것으로 요가의 유신론을 합리화한다.

철학의 관점은 인지한다고 판단할 수 있는 것은 "신을 태고의 스승으로 생각하여 신의 존재를 인정하는 것"이 상키야와는 다른 요가 학설이라고 말하기 때문이다. 이 말을 바꾸어 표현하면 요가 학설에서는 신을 '태고의 스승'으로 인정한다고 말하는 것이 된다. 그리고 이것이 고전 요가에서 인정한다는 자재신(『요가경』에서는 '특수한 순수정신')의 개념에 해당한다. 그렇다면 상키야를 일탈했다고 하는 요가의 유신론이라는 것도 그다지 현격한 것은 아니다.[189]

....

"[요가 철학에서] 제일원인을 비롯한 25원리들은 바로 앞의 경우(상키야 철학)와 똑같이 인정된다. 그런데 제26원리인 최고의 자재신은 번뇌, 업, 과보, 잠재력들의 영향을 받지 않는 순수정신이고, 자신의 의지대로 화신(化身)을 얻어 세속과 베다의 전통을 창시한 분이며, 윤회의 숯불 속에서 고통을 받으면서 살아가는 중생들에게 자비를 베푸는 분이다." (pradhānādīni pañca-viṃśati-tattvāni prācīnāny eva saṃmatāni | ṣaḍviṃśastu parameśvaraḥ kleśa-karma-vipāka-āśayair aparāmṛṣṭaḥ puruṣaḥ svecchayā nirmāṇakāyam adhiṣṭhāya laukika-vaidika-saṃpradāya-pravartakaḥ saṃsārāṅgāre tapyamānānāṃ prāṇabhṛtām anugrāhakaś ca | SDS, pp. 333-4, 14-17행)

그러나 『요가경』에는 제26원리라는 개념이 없고, 자재신을 '특수한 순수정신'으로 정의할 뿐이다. 『전철학강요』의 저자는 '특수한 순수정신'이 바로 제26원리인 최고의 자재신이라고 단정했는데, 이는 일부 주석자들의 해석을 반영한 것일 수 있다. 『전철학강요』에서는 요가를 '유신(有神, seśvara) 상키야'라는 이름으로 개설하기 시작한다.

"이제부터는 유신 상키야의 개조인 파탄잘리를 비롯한 성자들의 교의를 추종하는 자들의 주장을 설명한다." (sāṃpratam seśvara-sāṃkhya-pravartaka-patañjali-prabhṛti-muni-matam anuvartamānānāṃ matam upanyasyate | SDS, p. 331, 2행)

189 분량으로는 요가 철학의 원전들을 가장 많이 번역한 Rukmani(1989c:177-8)는 상키야와 요가의 차이를 다음과 같이 지적한다.

"요가는 자신에 적합한 것을 상키야의 사상으로부터 차용하였지만, 자신이 고수했던 자재신(Īśvara)을 용인하는 데서는 상키야와 타협하지 않았다. … 필자가 매우 강력하게 생각하기로는, 순종 요가의 교의들 중 하나는 자재신에 대한 교의인 반면, 나머지 이론들은 상키야로부터 다소 변형된 형태로 차용되었을 가능성이 매우 크다."

그러나 이에 앞서 요가 철학의 대가인 다스굽타는 상키야-요가의 전통에서 무신론과 유신론의 차이를 '약간 다른 점'으로 간주했다.

"그러나 카필라의 상키야(고전 상키야)와 파탄잘리의 상키야(고전 요가) 사이에는 약간 다른 점이 있다. 이에 대해 세울 수 있는 유일한 가정은 아마도 Pañcaśikha가 카필라의 작품을 무신론적 방식으로 변경하여 그것을 카필라의 작품인 양 전했을 것이라는 것이다. 이러한 가정을 타당한 것으로 여긴다면, 상키야에는 세 가지의 층이 있다. 첫째는 유신론적 단계이다. 이에 대한 상세한 내용은 알려져 있지 않지만, 상키야의 파탄잘리 학파(=요가 학파)에 의해 변형된 형태로 보존되어 있다. 둘째는 Pañcaśikha로 대표되는 무신론적 단계이다. 셋째는 무신론적 변경으로서 정통 상키야의 학설이다." Dasgupta(1922) p. 221. 여기서 Dasgupta는 카필라의 상키야가 유신론이었을 것으로 가정해야 하는 전거를 다음과 같은 *Matsya-purāṇa*(약 200~500 CE)의 서술로 제시한다. 물론 26원리에는 신이 포함된다는 것이 전제되어 있다.

"세상 사람들은 이와 같이 26[원리]로 이루어진 것을 신체로 명명했다. 헤아리는 것을 특성으로 갖

그렇지만 고전 상키야를 일탈한 고전 요가의 이설로는 유신론을 주요 쟁점으로 거론하지 않을 수 없다. 상키야와 요가 사이의 사소한 차이에 비하면 요가의 유신론적 경향이 현저한 일탈로 지목되어 왔기 때문이다. 그리고 사소한 차이로 거론할 수 있는 것도 요가의 실천적 관심사에 따라 효율적 개념을 수용하거나 도입하는 교의상의 포용성에서 기인한다. 요가의 유신론적 경향이라고 말하는 것도 요가 철학의 실천론적 취지로 보면 효율적 개념 수용의 일환이다. 이하에서는 이러한 차이를 이설의 범위에 포함시켜 세 방면으로 개관한다.

1. 『마하바라타』의 제26원리설

『상키야송』에 의한 고전 상키야는 신을 배제한 이원론이다. 이러한 상키야는 '무신 상키야'(nirīśvara-sāṃkhya)로도 불린다. 그리고 이 사실은 그 이전에 상키야로 불렸던 학설이 유신론적 사고에서 완전히 벗어나지는 못했음을 시사하는 것이기도 하다. 이러한 상키야는 '유신 상키야'(seśvara-sāṃkhya)로도 불린다.

그런데 일찍이 『마하바라타』에서도 무신론의 상키야를 인지하고 있었다면, 유신론으로 간주되는 요가는 진즉 상키야와는 별개의 노선을 걸어 왔다고 판단해야 할지도 모른다. 우선 이런 판단의 전거로 해석될 수도 있는 사례를 짚고 넘어갈 필요가 있다. 『마하바라타』 제12책의 「해탈법품」에서는 요가의 힘과 상키야의 교의를 차례로 설명하기에 앞서, 상키야와 요가의 차이를 설명해 달라는 Yudhiṣṭhira의 요청에 Bhīṣma는 다음과 같이 대답한다.[190]

....

기 때문에 카필라를 비롯한 이들에 의해 상키야로 불린다." (evaṃ ṣaḍviṃśakaṃ prāhuḥ śarīram iha mānavāḥ sāṃkhyaṃ saṃkhyātmakatāc ca kapilādibhir ucyate. *Matsya-pr.* 4.28) 근래의 판본에서는 앞 구절의 원문이 약간 다르며, 분류 번호는 판이하다. 원문에서 약간 차이가 있는 앞 구절의 내용은 다음과 같다.

"세상 사람에게는 이와 같이 26[원리]로 이루어진 것으로 교시된 신체가 있다." (evaṃ ṣaḍviṃśakaṃ proktaṃ śarīram iha mānave ‖ 3.28b) http: ‖ gretil.sub.uni-goettingen.de/gretil/1_sanskr/3_purana/mtp176pu.htm

상키야의 사상사에서 Pañcaśikha가 차지한 위상에 대해 다스굽타와 상반하는 田村庄司(1961)의 견해는 후술(7.1.2) 참조.

190 Mbh 12.300=289.2-5. Dutt(2004.VIII) p. 396.

상키야의 추종자들은 상키야를 극찬하고 재생족(바라문)[191]들인 요가의 추종자들은 요가를 극찬한다. 그들은 실로 자파(自派)를 추켜세우기 위해 [자파의] 수단이 최고라고 말한다.(2)

완전한 현자들인 요가의 추종자들은 '무력한 자'(무신론자?)[192]가 어떻게 해방될 수 있겠느냐고, 이와 같이 수단들로서는 [요가가] 우월하다고 말한다.(3)

그러나 재생족들인 상키야의 추종자들은 이 [상키야라는] 수단에 대해 "세상의 대상들에 초연한 자는 모든 길들을 식별하고 나서 사후에는 분명히 육신으로부터 해방될 것이다."라고 [요가와는] 다르지 않게 확언한다. 위대한 지혜를 가진 분들은 실로 상키야가[193] 해탈의 교의라고 이렇게 말했다.(4~5)

위의 둘째 구절에서 언급하는 '무력한 자'(anīśvara)를 무신론자로 해석하면 이 경우의 상키야는 무신론이 될 것이고, 요가는 유신론임을 자처하는 것이 된다.[194] 그러나 위의 구절들에 뒤따르는 세부적인 설명에는 상키야를 무신론으

....

sāṃkhyāḥ sāṃkhyaṃ praśaṃsanti yogā yogaṃ dvijātayaḥ | vadanti kāraṇaṃ śreṣṭhaṃ(=kāraṇaiḥ śraiṣṭhyaṃ) svapakṣodbhāvanāya vai ‖ 2 ‖
anīśvaraḥ kathaṃ mucyed ity evaṃ śatru-karśana | vadanti kāraṇaiḥ śraiṣṭhyaṃ yogāḥ samyaṅ-manīṣiṇaḥ ‖ 3 ‖
vadanti kāraṇaṃ cedaṃ sāṃkhyāḥ samyag dvijātayaḥ | vijñāyeha gatīḥ sarvā virakto viṣayeṣu yaḥ ‖ 4 ‖
ūrdhvaṃ sa dehāt suvyaktaṃ vimucyed iti nānyathā | etad āhur mahāprājñāḥ sāṃkhye(=sāṃkhyaṃ) vai mokṣa-darśanam ‖ 5 ‖

191 재생족(dvija)이란 인도의 카스트 중 상위의 세 계급을 모두 지칭하지만, 특히 최상 계급인 바라문에게 적용된다.

192 '무신론자'로 번역되기 쉬운 이것의 원어인 anīśvara의 의미를 정확히 이해하지 않으면, 이 구절은 분명히 상키야를 공격하는 요가의 관점을 드러내는 것으로 보인다. 그러나 전후의 맥락으로 보아 요가 측에서 상키야를 무신론이라고 비난했을 가능성이 없으므로, 여기서 anīśvara를 무신론자로 해석하는 것은 아무래도 부적합하다. cf. Fitzgerald(2007) pp. 10-11. 상세한 논의는 다음 각주 194 참조.

193 의미의 소통에는 sāṃkhye(상키야에서)라는 원문보다는 Pune본의 sāṃkhyaṃ(상키야는)이 적합하다.

194 Chakravarti(1975:65)는 이에 관해 "혹자는 게송에서 언급된 'anīśvara'라는 말을 근거로, 상키야는 무신론을 지지하고 요가는 유신론을 지지하는 것으로 억측하려고 한다."라고 지적했다. 이러한 억측에 빌미를 제공한 번역자로는 Kisari Mohan Ganguli를 들 수 있다. 그는 문제의 anīśvara를 '신의 존재를 믿지 않는 자'(Ganguli 1891:570)로 번역했다. Ganguli는 『마하바라타』를 최초로 영어로 완역했고, M. N. Dutt는 이 완역에 원문을 추가하면서 약간 개역한 개정판을 1900년대를 전후로 출판했다. 근래에 Fitzgerald(2007:10-12)는 문제의 anīśvara에 관해 유력한 견해를 제시했던 기존 학자들(특히 Frankin Edgerton)의 해석을 재검토하여, anīśvara는 '무력한 자'로 해석되어야 한다는 결론을 도출했다.

로 인식한 흔적이 전혀 없다. 요가를 설명하면서 일관되게 강조하는 것은 요가의 힘이다. 그러므로 '무력한'이라는 말은 요가와 같은 힘이 없어 무능하다는 것을 의미한다.[195] Bhīṣma는 후속하는 설명에서 요가와 상키야의 차이는 양자가 중시하는 수단의 차이일 뿐이며, 그 둘의 가치가 동일하다는 것을 다음과 같이 곧장 부언한다.[196]

> 강력한 수단으로 인정해야 한다는 말은 자파에 해당한다. 그러나 실로 현자들의 견해는 [요가와 상키야를] 둘로 구분하지 않는 현자들의 동의에 따라 인정되어야 한다. (6)
> 요가의 추종자들은 직접지각을 수단으로 삼고, 상키야의 추종자들은 교전에 의해 견해를 확립한다. 자, 유디슈티라여! 이러한 두 교의가 내게는 진리이다. (7)

이로써 상키야는 무력하다고 지적하면서 이에 비해 요가가 강력하다고 설명하는 이유를 감지할 수 있다. 즉, 요가의 수단은 직접지각인 반면, 상키야의 수단은 교전이라는 것이 그 이유이다. 이 차이는 결국 실천과 이론의 차이로 귀결된다. 그러므로 여기서 요가와 상키야의 차이를 먼저 거론한 것은 그 둘이 동일한 진리의 양면임을 강조하기 위한 화법상의 기교이다. 이는 무신론의 상키야과는

....

195 이에 관한 일련의 후속 설명에서 요가의 힘을 강조하는 기조는 단적인 예를 들면 다음과 같다. "Pārtha(≒Yudhiṣṭhira)여! 요가를 통해 요가의 힘을 갖춘 자유로운 자들은 조물주들, 성현들, 신들, 조대요소들 속으로 들어갈 수 있다." (viśanti cāvaśāḥ pārtha yogād yogabalānvitāḥ | prajāpatīn ṛṣīn devān mahābhūtāni ceśvarāḥ || Mbh 12.300=289.24. ibid. p. 397) 이 원문의 마지막에 anīśvara의 반대말로 īśvara가 언급되지만, 여기서 īśvara는 신(자재신)이 아니라 유능 또는 가능을 의미하는 술어로 구사되어 있다. 그리고 상키야와 요가를 집중적으로 소개하는 『마하바라타』 제12책의 전체에 걸쳐 무신론에 해당하는 개념은 'nāstika'로 표현된다.

196 Mbh 12.300=289.6-7. ibid. p. 396.
svapakṣe kāraṇaṃ grāhyaṃ samarthaṃ vacanaṃ hitam | śiṣṭānāṃ hi mataṃ grāhyaṃ tv advidhaiḥ śiṣṭasaṃmataiḥ || 6 ||
pratyakṣa-hetavo yogāḥ sāṃkhyāḥ śāstra-viniścayāḥ | ubhe caite mate tattve mama tāta yudhiṣṭhira || 7 ||

전혀 무관하며, 이에 따라 요가를 유신론으로 단정하는 것도 아님은 물론이다.[197] 다만 『마하바라타』에서는 요가와 상키야의 교의를 차례로 설명하고 나서, 요가의 학설에 관해 다음과 같이 추가하는 것으로 요가가 베다(우파니샤드)의 일원론적 사상도 수용하고 있음을 시사한다.[198]

> 현자들은 이 [상키야의] 교전이 이와 같이 광범하다고 말했다. 그리고 요가의 추종자들은 이 교전뿐만 아니라 베다도 추종한다. (46)
> 군주여! 25[원리]보다 우월한 원리는 교시되지 않는다. 상키야의 추종자들에게 최상의 원리는 [나(Vasiṣṭha)[199]에 의해] 올바르게 설명되었다. (47)
> 각자(覺者)는 완전히 깨달아 있지는 않기 때문에 실제로는 '지각하고 있는 자'로서 존재한다.[200] 그래서 그들(현자들)은 '지각하고 있는 자'와 '각자'를 언명했다는 것이 요가의 학설이다. (48)

여기서는 요가가 상키야의 교전은 물론이고 베다도 추종한다고 말할 뿐만 아니라, 25원리 이외의 '최상의 원리'를 언급하면서 요가에서는 '각자'와 '지각

....

197 결론으로 말하자면, anīśvara는 '무력한 자'를 의미할 뿐이므로 anīśvara가 언급된 구절은 『마하바라타』 당시에 무신론의 상키야가 있었음을 입증하는 전거가 될 수 없다. cf. Chakravarti(1975) pp. 65-66.

198 Mbh 12.307.46-48 = 295.44-46. Dutt(2004.VIII) p. 430.
bṛhac caivam idaṃ śāstram ity āhur viduṣo janāḥ | asmiṃś ca śāstre yogānāṃ punar vede puraḥsaraḥ ‖ 46 ‖
pañcaviṃśāt paraṃ tattvaṃ paṭhyate na narādhipa | sāṃkhyānāṃ paraṃ tattvaṃ yathāvad anuvarṇitam ‖ 47 ‖
buddham apratibuddhatvād budhyamānaṃ ca tattvataḥ | budhyamānaṃ ca buddhaṃ ca prāhur yoga-nidarśanam ‖ 48 ‖

199 이 대목의 교시자인 Vasiṣṭha는 *Ṛgveda*의 찬가 중 제7장을 구술한 시인 가문으로 알려져 있고, 베단타 학파의 최초의 성현으로 간주된다. "『마하바라타』에서 Vasiṣṭha는 100번 이상 언급되는데, 샹카라는 『기타』에 대한 주석에서 Vasiṣṭha를 베단타 학파의 최초의 성현으로 간주한다." Chapple(1984) p. xi. 그러므로 요가의 학설인 양 이후 진행되는 Vasiṣṭha의 설명은 사실 베단타의 학설로도 통용될 수 있을 것이다.

200 Pune본(12.295.46a)에 의하면 "각자는 완전히 깨달아 있지는 않으며, 실제로는 '지각하고 있는 자'이다." (buddham apratibuddhaṃ ca budhyamānaṃ ca tattvataḥ |) 곧 상술하겠지만, 각자는 최고아(브라만)이고, '지각하고 있는 자'는 각자의 반대말인 불각자(不覺者)인 동시에 개아를 의미한다. 그리고 이 다음에 인용문 ⑥⑦로 제시할 『마하바라타』의 설명에 의하면, '지각하고 있는 자'로 불리는 이유는 제24원리인 미현현을 지각할 뿐이고 최고아인 제26원리는 지각하지 못하기 때문이다.

하고 있는 자'를 인정한 것으로 설명한다. 이에 곧장 뒤따르는 아래의 설명으로 '각자'와 '지각하고 있는 자'라는 이례적인 표현의 의미를 가늠할 수 있다.

> ① 각자이면서 또 한편으로는 불각자로서 속성에 따라 활동하는 이것을 들으라. [불각자는] 자신을 다양하게 만들고 나서 바로 그 자신들을 지각한다.[201]

이 서술에 의하면 각자(buddha)와 불각자(abuddha)는 다르지 않으므로 하나의 양면이며, 우파니샤드의 관념으로 보면 그 하나란 자아를 가리킬 것이다. 자아의 양면은 최고아와 개아로 불린다. 그러므로 여기서 말하는 '각자'는 최고아를 의미하고, 이에 대응하는 '불각자'는 개아를 의미한다.[202] 결국 위의 서술에는

....

201 atha buddham athābuddham imaṃ guṇavidhiṃ śṛṇu | ātmānaṃ bahudhā kṛtvā tāny eva praticakṣate || Mbh 12.308=296.1. ibid. Dutt(2004.VIII:430)는 이 원문에서 자신을 다양하게 만드는 주체를 '각자', 즉 최고아(다음 각주 참조)로 단정했는데, 이는 범아일여의 범(Brahman)을 염두에 둔 해설일 것이다. 그러나 바로 이어지는 다음 구절을 고려하면, 이 주체를 '각자'가 아니라 '불각자'(개아)로 해석하는 것이 타당할 것이다. 더욱이 Pune본(12.296.1)에서는 다음과 같이 '불각자'를 미현현으로 명시하고 이것을 주체로 간주한다.
"이제, 각자가 아닌 미현현으로서 속성에 따라 활동하는 이것을 들으라. 실로 이것(미현현)이 속성들을 떠맡아 그와 같이 방출(창조)하고 회수한다." (aprabuddham athāvyaktam imaṃ guṇavidhiṃ śṛṇu | guṇān dhārayate hy eṣā sṛjaty ākṣipate tathā ||) 이 경우의 미현현은 상키야 철학의 25원리 중 미현현으로도 불리는 원질과 다르지 않다. 상키야에서 순수정신은 각자인 반면, 원질(미현현)은 불각자이다. 그런데 이러한 원질은 베단타 철학, 특히 샹카라의 불이일원론에서 설명하는 '미전개의 명색'에 해당한다. 샹카라는 이 개념을 우파니샤드에서 도입했는데, 다음과 같은 구절에서 관련된 용례를 발견할 수 있다.
"그때는 실로 이것(이 세계)이 미전개의 상태로 있었다. 그것이 바로 명색(名色)으로 분화되어 '그것은 [이러한] 이름(名)을 갖고 이러한 모양(色)을 갖는다'라고 말한다." (tad dhedaṃ tarhy avyākṛtam āsīt | tan nāmarūpābhyām eva vyākriyata, asau nāma, ayam idaṃ rūpa iti | BṛhU 1.4.7. Radhakrishnan 1953:166)
샹카라는 *Upadeśasāhasrī*(2.1.18-22)에서 물질적인 모든 것이 '미전개의 명색'으로부터 전개된다는 것을 상술하는데, 이에 의하면 최고아인 Brahman으로부터 최초로 전개된 것이 '미전개의 명색'이며, 이것은 세계의 씨앗(jagadbīja)이자 원시 물질에 상당한다. 이러한 미전개의 명색은 '세계의 씨앗이 되는' 질료인이므로 사실상 상키야의 Prakṛti(원질)과 다르지 않다. 다만 샹카라는 미전개의 명색을 Brahman과 같다고도 다르다고도 말할 수 없는 것으로 규정하지만, 이 중에서 Brahman과 같다고 말할 수 없는 경우의 '미전개의 명색'은 상키야의 Prakṛti와 합치한다. 정승석(2012b) pp. 18-19 참조.

202 Apte는 buddha가 최고아(pramātman: The Supreme Soul)를 의미하고(1957:1169) abuddha가 개아(jīvātman: The individual soul)를 의미한다(1957:186)는 용례를 『마하바라타』의 이 구절로 제시했다.

우파니샤드의 범아일여가 반영되어 있다고 이해할 수 있다. 베다의 종결 부분이 우파니샤드이므로, 이 서술은 이에 앞서 요가가 베다도 추종한다고 말한 것과 맥락을 같이한다. 이어지는 바로 아래 서술에서는 '불각자'인 개아를 '지각하고 있는 자'로 표현한다. 이하의 설명에는 제25원리와 제26원리를 언급하기까지 그 배경이 상술되어 있다.[203]

② 이와 같이 변화를 겪으면서 '지각하고 있는 자'(개아)는 그것(최고아)을 지각하지는 못한다. 그래서 실로 이것(개아)이 속성들을 떠맡아 그와 같이 방출(창조)하고 회수한다.

③ 그러나 군주여! [그(개아)는] 끊임없이 유희를 위해 이 세상에서 변화를 일으킨다. 그리고 미현현을 지각할 뿐이기 때문에 '지각하고 있는 자'로 불리기도 한다.[204]

④ 자! 그리고 [그(개아)는] 속성을 가진 미현현이 [사실은] '속성이 없는 것'(최고아=브라만)임을 결코 지각하지 못한다. 그래서 그들(현자들)은 바로 이것(개아)을 때로는 실로 '완전히 깨달아 있지는 않은 것'이라고 말했다.

⑤ 혹은 만약 미현현이 바로 그 제25[원리]라고 지각한다면, 그것은 자아와 결합한 것으로서 '지각하고 있는 자'(개아)가 될 뿐이라고 계시서(=베다)

....

203 졸저에서 채택한 Kolakata 판본에서 이하의 내용이 제12책의 제308장으로 시작하지만, Pune본에서는 제296장으로 시작하고 게송 번호는 거의 일치한다. 종종 불일치하는 게송에서는 2행 중의 1행이 다른 게송으로 이동함으로써 편집상의 차이가 발생한다. 그렇더라도 전체적인 내용에서는 그다지 차이가 없다. 따라서 이하의 원문에서는 특기할 만한 차이가 있을 경우에만 참고로 대조해 둔다. 번역문의 번호는 게송의 번호와 일치시켰다.
Mbh 12.308.2-5. Dutt(2004.VIII) pp. 430-1.
etad evaṃ vikurvāṇo budhyamāno na budhyate | guṇān dhārayate hy eṣa sṛjaty ākṣipate tadā ‖ 2 ‖
ajasraṃ tv iha krīḍārthaṃ vikaroti janādhipa | avyaktabodhanāc caiva budhyamānaṃ vadanty api ‖ 3 ‖
na tv eva budhyate 'vyaktaṃ saguṇaṃ tāta nirguṇam | kadā cit tv eva khalv etad āhur apratibuddhakam ‖ 4 ‖
budhyate yadi vāvyaktam etad vai pañcaviṃśakam | budhyamāno bhavaty eva saṅgātmaka iti śrutiḥ | anenāpratibuddheti vadanty avyaktam acyutam ‖ 5 ‖

204 베단타 철학에서는 창조를 브라만의 유희라고 설명하는데, 이러한 브라만을 '속성을 가진 브라만'으로 명명하여 '속성이 없는 브라만'과 구분한다. 다음 게송에서 언급하는 '속성을 가진 미현현'은 '속성을 가진 브라만'과 동일한 개념이다.

에서 말한다. 이 때문에 불멸의 미현현은 그들(현자들)에 의해 '완전히 깨달아 있지는 않은 것'으로 불린다.

이상의 서술에서 주목해야 할 관념은, 속성을 가진 미현현과 속성이 없는 최고아(브라만)가 사실은 동일하지만(④), 일반적으로는 이 사실을 알지 못하고 미현현과 제25원리(개아)를 동일시한다(⑤)는 것이다. 이 같은 관념에 따르면 동일한 것이 미현현, 제25원리, 불멸의 미현현으로 구분된다(⑤). 그리고 이어지는 다음 게송(⑥⑦)에 의하면 미현현은 제24원리, 제25원리는 개아, 불멸의 미현현은 제26원리를 가리키는 것으로 이해된다.[205]

⑥⑦ 그리고 또한 '지각하고 있는 자'(개아)는 미현현을 지각할 뿐이기 때문에 그렇게 불린다. 그런데 이 제25[원리]도 청정하고, 깨달아 있고, 헤아릴 수 없고, 영속하는 제26[원리]인 '위대한 자아'(최고아)를 지각하지 못한다. 그러나 그 [제26원리]는 이 제25[원리]와 제24[원리]를 지각한다.

⑧ 자! 위대하게 눈부신 자여! 그(현자)는 실로 이에 관해, 본성상 보이거나 보이지 않는 것을 능가하여 독존하는 미현현인 그 브라만을 지각한다.

⑨ '지각하고 있는 자'(개아)가 자신과는 다른 자아가 있다고 생각할 때는 독존하는 것(브라만)이 제25[원리]요 제24[원리]임을 알지 못한다.[206]

....

205 Mbh 12.308.6-16. Dutt(2004.VIII) pp. 431-2.
avyaktabodhanāc cāpi budhyamānaṃ vadanty uta | pañcaviṃśaṃ mahātmānaṃ na cāsāv api budhyate || 6 ||
ṣaḍviṃśaṃ vimalaṃ buddham aprameyaṃ sanātanam | sa tu taṃ pañcaviṃśaṃ ca caturviṃśaṃ ca budhyate || 7 ||
dṛśyādṛśye hy anugataṃ svabhāve mahādyute | avyaktam atra tad brahma budhyate tāta kevalam || 8 ||
kevalaṃ pañcaviṃśaṃ ca caturviṃśaṃ na paśyati | budhyamāno yadātmānam anyo 'ham iti manyate || 9 ||
tadā prakṛtimān eṣa bhavaty avyakta-locanaḥ | budhyate ca parāṃ buddhiṃ viśuddhām amalāṃ yadā || 10 ||
ṣaḍviṃśo rājaśārdūla tathā buddhatvam āvrajet | tatas tyajati so 'vyaktaṃ sarga-pralaya-dharmi vai || 11 ||
ṣaḍviṃśo 'ham iti prājño gṛhyamāṇo 'jarāmaraḥ | kevalena balenaiva samatāṃ yāty asaṃśayam || 16 ||

206 Pune본의 원문(12.296.9)과는 일부 차이가 있다. "친애하는 이여! 독존하는 그 미현현이 브라만임을 결코 지각하지 못하고, 독존하는 것(브라만)이 제25[원리]요 제24[원리]임을 알지 못한다." (avyaktaṃ na tu tad brahma budhyate tāta kevalam | kevalaṃ pañcaviṃśaṃ ca caturviṃśaṃ na paśyati ||)

⑩ 그러나 원질을 가진 이것(개아)이 미현현[207]을 조명할 수 있을 때는 청정하고 무구한 '최고의 통각'(최고아)을 지각한다.

⑪ 호랑이의 왕이여! [이때] 제26[원리]도 또한 각자의 상태로 복귀할 것이다. 이에 따라 그는 창조와 소멸의 속성을 가진 미현현을 버린다.

⑯ '나는 제26[원리]이다'라는 지혜를 획득하고 있는 자는 늙지도 죽지도 않는다. 그는 의심의 여지가 없이 오직 그 자신의 힘으로 [제26원리와] 똑같은 상태에 도달한다.

바로 위의 세 게송(⑩⑪⑯)은 해탈론에 해당한다. 이에 따르면 나의 자아(개아)가 바로 최고아(브라만)임을 자각함으로써, 창조의 속성에 빠져 있었던 최고아는 그 속성이 없는 본래의 상태를 회복한다. 이 상태가 최고아의 독존인 해탈이다. 이 같은 독존은 고전 상키야-요가에서 말하는 순수정신의 독존과 동일하지만, 독존을 공통의 목적으로 추구하면서도 그 형이상학은 일원론과 이원론으로서 판이하다. 이에 따라 독존을 성취하는 수단도 '동일시하는 지혜'와 '차별하는 지혜'로서 판이하다. 이상의 설명에서 일관하는 관념은 일원론이다. 그 요체를 다음과 같이 정리할 수 있다.

먼저 세계의 근본 원리는 각자와 불각자이지만(①) 이 둘은 하나의 양면으로서 다시 최고아(브라만), 개아, 미현현이라는 세 가지 개념으로 구분된다. 이것들 역시 사실은 동일하다. 즉, 미현현은 제25원리인 동시에 최고아이기도 하다(④⑤). 그리고 최고아인 브라만은 제26원리, 개아는 제25원리, 미현현은 제24원리로 불리지만(⑥⑦) 이 셋은 동일하다(⑨). 한편 미현현도 속성의 유무에 따라 구분되는데(④), 속성이 없이 독존하는 불멸의 미현현은 브라만이자 제26원리이다(⑧). 그러나 자아와 결합하여 개아라는 속성을 갖게 된 불멸의 미현현은

207 이 경우의 미현현은 이미 ④에서 언급한 '속성을 가진'(saguṇa) 미현현과 '속성이 없는'(nirguṇa) 미현현을 가리키는 것으로 이해된다. 그리고 이것을 조명한다는 것은 이 둘이 동일하다고 지각하는 것이다.

'완전히 깨달아 있지는 않은 것'으로 불린다(⑤).

이 같은 일원론의 주요 원리들이 약간 난삽해 보인다면, 그 이유는 아직 이원론으로 정립되지 않은 상태의 상키야 철학적 관념들이 여기에 개입되어 있기 때문일 것이다.[208] 그리고 더욱 결정적인 이유는 미현현 개념의 다의성에서 찾을 수 있다.

고전 상키야에서 미현현(원질)의 정신적 기능을 대변하는 것이 통각인데, 순수정신을 최고아에 비견한다면 통각을 개아에 비견할 수 있다. 위의 설명은 미현현에 관한 이 같은 관념을 포괄한 것으로 이해된다. 이 중에서는 개아는 '원질을 가진 것', 최고아는 '최고의 통각'으로 간주된(⑩) 것을 단적인 예로 들 수 있다. 개아가 '원질을 가진 것'이라면, 원질은 그 자체의 첫째 원리인 통각을 함의할 것이다. 또한 최고아가 '최고의 통각'이라면, 이는 통각의 지적 기능이 극대화된 된 순수정신을 함의할 것이다. 더욱이 제25원리(개아)와 제24원리(미현현)를 지각하는 것이 제26원리(최고아)라면(⑦), 이러한 제26원리는 고전 상키야에서 말하는 순수정신에 해당한다.

그러나 25원리로 세계를 설명하는 고전 상키야는 제26원리를 상정하지 않는다. 그러므로 26원리로 일원론의 세계를 체계화하자면, 고전 상키야의 순수정신보다 상위에 제26원리를 상정하지 않을 수 없다. 이럴 경우의 원리 구조에서는 상키야의 순수정신이 제25원리에 비견될 수밖에 없다.[209]

이제 『마하바라타』에서 요가의 학설인 양 언급했던 제26원리가 고전 요가에서 실제로 수용되었는지 또는 어떻게 취급되었는지를 확인하는 것이 관건이다.

....

208 『마하바라타』에서 설명하는 이 일원론은 나중에 요가 철학의 원류로 고찰할 *Kaṭha(=Kāṭhaka)-upaniṣad*의 일원론적 관념보다는 한결 정비된 것으로 보인다. 이 우파니샤드의 설명에 따르면 요가 수행자의 신비 체험은 '통각→위대한 자아→미현현→순수정신'(1.3.10-11)의 과정으로 심화된다. 이뿐만 아니라 이 과정에서 통각을 순질(sattva)로 대체하거나(2.3.7) 미현현이 배제된 '인식하는 자아→위대한 자아→적정(寂靜)의 자아'로 심화하는(1.3.13) 과정을 제시하는 등으로 일원론적 관념이 혼잡하다. 高木訷元(1991a) pp. 26-27 참조.

209 Dutt(2004.VIII:431)가 앞의 ⑥⑦에 언급된 '지각하고 있는 자'(개아=제25)를 순수정신(puruṣa)로 해석한 것도 이 때문일 것이다.

단도직입적으로 말하자면 "『요가경』에서 말하는 자재신은 제26원리를 함의하는가?"라는 의문을 푸는 것이 관건이다.

2. 『요가경』의 자재신 개념

앞에서 원문으로 확인할 수 있듯이, 『마하바라타』에서는 제26원리가 창조를 직접 주관하는 신으로 상정되어 있지 않다. 관련 설명의 취지로 보면 창조와 소멸은 제26원리가 아니라 제25원리 또는 속성을 가진 미현현의 소관이다. 상키야-요가 철학에서 제25원리는 순수정신이고, '속성을 가진 미현현'이란 3질을 속성으로 가진 원질을 지칭하는 것이 된다. 만약 순수정신과 원질을 초월한 제26원리가 창조를 주관하는 자재신이라면, 이 자재신은 창조의 질료가 되는 원질의 지배자일 것이다. 그러나 『마하바라타』에서는 적어도 표면적으로는 제26원리를 원질의 지배자로 설명하지도 않는다.

『요가경』에 의거하는 요가 철학의 경우에는 제26원리를 아예 언급도 하지 않고 자재신을 언급하므로, 자재신이 제26원리를 대신한다는 생각은 통용되었을 법하다. 실제로 자재신과 제26원리를 동일시하는 일부 주석자들이 있었으므로, 그런 생각이 억측은 아니다. 그러나 『요가주』를 요가 철학의 정설로 고수하는 관점에서는 자재신과 제26원리는 무관하다.

『요가경』(YS 1.24)에서는 자재신을 '특수한 순수정신'으로 정의할 뿐이므로 일반 순수정신과는 다르다. 그렇다고 해서 순수정신이 아닌 다른 원리로 간주되지도 않는다. 이러한 순수정신의 정체는 '특수한'이라고 한정하는 이유에서부터 찾을 수 있다.

상키야의 이원론에서 원질(미현현)은 단일한 원리지만, 순수정신은 다수로 규정된다.[210] 모든 중생에게는 각각의 순수정신이 있기 때문에 순수정신은 다

210 현현은 ①원인을 갖고, ②무상(無常)하고, ③편재하지 않고, ④운동하고, ⑤다수이고, ⑥의존하고, ⑦[원인 속으로] 환멸(還滅)하고, ⑧부분을 갖고, ⑨다른 것(원질)에 종속한다. 미현현은 [현현과] 정반대이다. (hetumad anityam avyāpi sakriyam anekam āśritaṃ liṅgam | sāvayavaṃ paratantraṃ vyaktaṃ viparītam

수일 수밖에 없다. 그러므로 특수한 순수정신이란 중생들 중에서 특수한 중생을 의미하게 된다. 예를 들어 종파나 학파의 개조와 같은 성자나 현자라면, 이런 위인은 특수한 순수정신으로 간주될 수 있다. 그러나 '특수한 순수정신'에 대한 이 같은 이론적인 해석이 과연 요가 철학에서도 통용되었는지는 『요가주』를 통해 확인해 보아야 한다.

『요가경』의 제1장에서는 자재신을 '특수한 순수정신'으로 정의하고 나서 다음과 같이 일련의 경문으로 이것을 부연한다.

> 제24경: 번뇌, 업, 과보, 잠재력들의 영향을 받지 않는 특수한 순수정신이 자재신이다.
> 제25경: 그 경우에 최상의 것이 전지자(全智者)의 종자이다.
> 제26경: [자재신은] 시간에 의해 한정되지 않기 때문에, 선조들에게도 스승이다.
> 제27경: 그(자재신)를 표시하는 소리가 옴(Om)이다.
> 제28경: 그것(옴)의 음송, 그것의 의미에 대한 명상이 [필요하다.]
> 제29경: 그로부터 내부로 향하는 지성을 획득하고 또한 장애가 없게 된다.[211]

이와 같은 경문의 추이로 보면 자재신에 관한 교시의 목적이 내성적인 지혜를 얻어 장애를 제거하는 것(제29경)임을 알 수 있다. 이에 대한 『요가주』의 설명에 의하면, 이 경우의 자재신은 독존 상태의 순수정신이며, 이 자재신에 대한

....

avyaktam ‖ SK 10) 이에 따라 미현현은 현현이 다수인 것과는 정반대이므로 단일하다. 한편 순수정신은 현현과 마찬가지이기도 한 점에서(SK 11, @제2장 각주 161) 다수이다.

211 YS 1.24-29. 번역은 정승석(2020) pp. 59-64.
kleśa-karma-vipākāśayair aparāmṛṣṭaḥ puruṣa-viśeṣa īśvaraḥ ‖ 24 ‖
tatra niratiśayaṃ sarvajñabījam ‖ 25 ‖
pūrveṣām api guruḥ kālenānavacchedāt ‖ 26 ‖
tasya vācakaḥ praṇavaḥ ‖ 27 ‖
tajjapas tadartha-bhāvanam ‖ 28 ‖
tataḥ pratyak-cetanādhigamo 'py antarāyābhāvaś ca ‖ 29 ‖

명상은 바로 자신에 대한 관찰이다.[212] 그러나 이에 앞서 전지자, 시간을 초월한 스승, 옴(Om)으로 묘사되는 자재신은 아무래도 초인적 존재일 것임을 암시한다. 그럼에도 불구하고 『요가주』의 저자는 이 자재신을 조물주와 같은 '신'으로 단언하지는 않는다. 『요가주』에서 설명하는 자재신은 중생 구제의 동기를 가진 자이며, 상키야 철학의 개조로서 화생심(化生心)[213]이라는 초능력을 가진 카필라가 그러한 자재신으로 간주된다.

[자를 가지고] 측량하는 것처럼, 능가하는 성질을 갖기 때문에 전지자의 종

....

212 "질병 따위인 장애들은 있는 그만큼 자재신에 대한 명상을 통해 없게 되며, [자재신을 명상하는] 그(요기)는 자신을 관찰하기도 한다. 자재신은 청정하고 밝고 독존하고 재앙이 없는 바로 그 순수정신인 것처럼, 그(요기)도 통각의 의식자가 곧 순수정신이라고 그와 같이 이해한다." YBh 1.29. 위의 책, p. 64.
요가의 유신론적 지향으로 지목되는 이에 대한 Maas의 해석은 특별히 주목할 만하다. 그의 해석에 따르면 파탄잘리는 제29경으로 순수정신과 신(=자재신)의 동일성에 대한 경험을 설명하고, 주석으로 이러한 유신론적 요가의 삼매에 뒤따르는 결과를 요약한다. Maas(2009:279-280)는 이 요약의 취지를 다음과 같이 설명하는 것으로 요가의 유신론적 명상이 결국에는 무신론적 명상의 일환이 된다고 해석한다.
"이 설명의 취지는 오히려 무신론적 요가의 집중(=삼매)과 유사하게 관찰해야 하는 것이 요기의 깨달음이라는 것이다. 무신론적 명상에서 의식(=지성)이란 그 자신을 개성의 주체로 경험하는 개아(=통각)이다. 이 상태에서 경험의 주체가 되는 개아는 여전히 그 자신의 정신 능력에 얽매이기 때문에 자아실현은 불완전하다. [=명상의] 진전과정에서 그 정신 능력에 잔존하는 내용이 감소되고 마침내 개아는 그 자신을 순수정신으로 지각한다. 유신론적 변형에서도 그 출발점은 유사하다. 여기서도 개아는 '신'이라는 자아를 경험한다. 그러나 이 경험은 직접적인 것이 아니다. 개아는 그 자신에게 있는 정신 능력만을 지각할 수 있을 뿐이고, 이에 따라 신의 표상만을 가질 뿐이다. 명상의 과정에서 이러한 의식의 내용은 점차 감소한다. 자아로 간주되는 '신의 표상'은 갈수록 미약하게 되어, 의식의 내용이 소멸함으로써 순수정신 속으로 사라지게 된다. 마침내 정신적인 모든 과정이 정지될 때, 정신 능력은 제한 없이 이루어지는 자아의 자기인식이자 어떤 대상을 의식하지 않는 집중(즉 무상삼매)으로 나아가게 된다."

213 *Yogasūtra-bhāṣya-vivaraṇa*의 설명에 의하면, 화생심이란 자신의 의지로써 생성된 마음을 가리킨다. 즉 "화생심이란 [타인을] 가르치기 위해 집으로 들어가는 것처럼, 단지 의지에 의해 생성된 요기의 마음이다." (nirmāṇa-cittaṃ saṃkalpa-mātra-nirmitaṃ yogicittam āveśa-grahavad upadeśanārtham | YsV 1.25. Rukmani 2001a:130-1) 따라서 화생심은 결국 어떤 목적을 갖고 자신의 의지로 일으킨 마음을 의미한다. 정승석(2020) p. 61, n. 47 참조. 그러나 다음에 인용한 『요가주』의 설명에서 카필라의 화생심을 운운하는 것은, 카필라가 초자연적 힘으로 어떤 형체를 취하여 상키야의 지식을 전파했음을 의미할 뿐이며, 또한 카필라가 육체를 취하지 않은 존재인 점에서 역사적 실제 인물일 수는 없다는 것을 의미한다. cf. Chakravarti(1975) p. 111.

자는 최정상에 도달한다고 하며, 어디에서나 [자신의] 지혜가 최정상에 도달한 그것이 전지자이고, 그것이 곧 특수한 순수정신이라고 한다. 추리는 오직 일반적인 결론에만 치우쳐서 특수한 것을 이해하는 데는 적합하지 않으므로, 그(전지자)의 징표 따위와 같은 특수한 것에 대한 이해는 전승(성전)을 통해 추구되어야 한다. 그에게는 자신의 이익이 없을지라도 중생을 이롭게 하는 것은 동기가 된다. [즉] "우주의 작은 주기와 큰 주기의 종말에서 나는 지혜와 법을 교시함으로써 윤회하는 사람들을 구제할 것이다."라고 [하는 동기이다.]

다음과 같이 말한 것이 그와 같다. "최초의 현자요 존자인 최상의 성현은 자비심으로 인해 화생심을 사용하여, 알기를 원하고 있는 Āsuri에게 교의를 설파했다." 그(자재신)는 이러하다.[214]

위의 끝 부분에서 Āsuri에게 교의를 설파했다는 '최초의 현자요 존자인 최상의 성현'은 카필라를 가리킨다.[215] 그러므로 이와 같은 카필라가 자재신이며, 브라마 신과 같은 창조주는 아니다.[216] 그러나 시간을 초월하여 선조들에게도 스승이 되는 것이 자재신이라면(제26경), 더욱이 창조가 시작될 때마다 한결같이 완전한 상태로 존속한 스승이 자재신이라면,[217] 이러한 자재신은 힌두교 일반에서 다양한 이름으로 절대적 신앙의 대상이 되는 신과 다르지 않을 것으로 보인다. 자재신을 이와 같이 생각하는 주석자도 있지만, 원론적인 입장에서는 자

214 YBh 1.25. 정승석(2020) p. 61.

215 "최상의 성현이란 Kapila, Nārāyaṇa 등의 이름을 갖고 Āsuri에게 [교의를] 설파했다고 하는 바로 그 자재신이다." (paramarṣir īśvara eva kapila-nārāyaṇādi-saṃjñaḥ āsuraye provāceti ‖ YsV 1.25. Rukmani 2001a:131)

216 『요가주』의 주석자 Vācaspati는 "그(자재신)는 이러하다."라는 마지막 구절에 이 점이 명시된 것으로 설명한다. "여기서는 브라마 따위로부터 존자(카필라)를 구분하여 '그는 이러하다'라고 말한 것이다." (saṃprati bhagavato brahmādibhyo viśeṣam āha sa eṣa iti | TV 1.26. Bodas 1917:32, 26행)

217 "실로 선조들은 시간에 의해 한정된다. [그러나] 시간이 한정을 위해 적용되지 않는 [자재신의] 경우에는 그가 곧 선조들에게도 스승이다. [자재신은] 이 창조의 시초에 완전한 상태로 확립되어 있듯이, 지나간(과거에 반복되었던) 창조의 시초들에서도 그와 같았다고 인정되어야 한다." YBh 1.26. 정승석(2020) p. 62.

재신은 다음과 같이 스승들의 스승으로 간주된다.

> 물질적 번영과 정신적 지복을 위한 모든 수단과 목적 사이의 관계를 가르치는 스승들이 선조들인데, ['선조들에게도 스승이다'라고 말할 때의] 스승이란 이들에게도 지혜를 가르치는 [지혜의] 제작자를 의미한다. 불꽃과 소금물이 각각 타오르는 불과 대양에서 발생하듯이, 모든 지혜는 그([스승])로부터 발생하기 때문이다. … 다른 스승들은 과거와 미래와 현재로 구분되는 시간에 의해 한정된다. 그러나 우리가 그렇듯이 그들(다른 스승들)도 자재신은 항상 해탈한 자재신일 것으로 추론할 수 있다.[218]

이 설명에 따르면 자재신은 지혜의 제작자(원천)이므로 전지자의 능력(종자)을 갖춘 존재이며, 그런 만큼 항상 해탈해 있을 것으로 추론되는 존재이다. 이러한 자재신이라면 조물주로 숭배되는 창조신이 아니라, 지혜의 원천이자 완성인 전지자로 불리는 것이 타당할 것으로 보인다. 이 경우의 자재신은 신격이 아니라 인격이다.[219] 그런데 이에 반해 자재신을 제26원리로 간주하게 되면 순수정신은 초월적 인격으로서의 최고 위상을 상실하고, 자재신은 제25원리인 순수정신을 관장하는 절대적 신격으로 간주된다. 이와 같은 관점에 근거를 제공하는 것은 카필라를 비슈누(Viṣṇu)의 다섯째 화신으로 간주하는 *Bhāgavata-purāṇa*이다.

> '카필라'로 불리는 다섯째는 '성취자들(반신족)의 통솔자'로서 암흑을 분쇄

218 pūrveṣām api gurūṇām abhyudaya-niḥśreyasa-sarva-sādhana-sādhya-saṃbandhopadeśināṃ guruḥ teṣam api jñānopadeśasya kartety arthaḥ | tad-udbhavatvāt sarvajñānānām | yathā jvalana-lavaṇajaladhi-samudbhavā viṣphuliṅga-lavaṇakaṇāḥ || …atītānāgata-pratyupādīyamānatva-viśiṣṭena kālenānye guravo 'vacchadyante | sa tv īśvaraḥ sarvadā mukteśvaratvena tair apy asmābhir avānumeyaḥ || YsV 1.26. Rukmani(2001a) pp. 131-2

219 "자재신을 윤리적 인격으로 주장하는 파탄잘리의 사고는 반드시 유신론적인 것으로 간주될 수는 없다. 유신론은 창조자, 보호자로서의 신의 존재를 믿는 것이기 때문이다." Chakravarti(1975) p. 69.

하는, 일군의 원리들을 확정한 수(數)를 Āsuri에게 설파했다.[220]

여기서는 상키야 철학의 개조로서, Āsuri에게 교의를 설파했다는 카필라를 '성취자들(반신족)의 통솔자'로 단언하고 있다. 인도의 신화에서 카필라는 불(agni)의 화신, 태양의 구체(球體)에 거주하는 빛, 브라마 신의 마음으로 생긴 아들들 중의 하나로 간주되기도 하고, 비슈누 또는 쉬바와 동일시되기도 한다.[221]

이러한 신격으로서의 카필라가 자재신이라면, 이 자재신은 최초의 현자나 최상의 성현이라는 '특수한 순수정신'에 그치지 않고 이보다 상위의 원리인 제26원리로 격상하게 된다. 단적인 예를 들면, 『요가경』을 직접 주석한 12세기의 Bhojarāja는 제26원리를 직접 언급하지는 않지만, 순수정신과 원질이라는 근본원리를 지배하는 자재신이 있어야 한다는 견해를 주창했다. 그는 "자재신의 의지를 배제하고서는 원질과 순수정신의 결합과 분리가 성립할 수 없기 때문이다."[222]라는 이유를 들어, 자재신의 의지에 따라 원질과 순수정신도 결합하거나 분리될 수 있다고 설명한 것이다. 『요가경』에서는 단서를 찾을 수 없는 이러한 설명이 당시의 사조에서는 널리 수용되었던 듯하다. 이 사실을 대변할 수 있는 후대의 유명한 주석자가 Vijñāna Bhikṣu이다. 그는 옴(Om)의 의미에 대한 명상을 교시하는 경문(제28경)을 해설하면서, 다른 문헌들을 인용하는 것으로 제26원리가 자재신이라는 견해를 피력한다.

*Mātsya-purāṇa*에 다음과 같은 말씀이 있다. "제25[원리]인 순수정신은 다른

....

220 pañcamaḥ kapilo nāma siddheśaḥ kālaviplutam | provācāsuraye saṃkhyaṃ tattva-grāma-vinirṇayam || BhP 1.3.10. Burnouf(1840) p. 10. 여기서 말하는 성취자(siddha)는 신적인 능력을 지닌 자이므로 신인(神人), 또는 초인간적 능력을 얻었지만 아직 신의 지위에는 도달하지 못했으므로 반신(半神)으로 불리는 초능력자를 의미한다. 『요가주』에서는 이들을 "하늘과 대지 사이의 공간에서 배회하는 성취자들"(YBh 3.32)로 표현한다.

221 Cf. Chakravarti(1975) p. 111.

222 prakṛti-puruṣa-saṃyoga-viyogayor īśvarecchā-vyatirekeṇānupapatteḥ | RM 1.24. Śāstrī(2001) p. 30, 1-2행.

원리들이 성취한 것을 향유한다. 그(순수정신) 역시 자재신의 의지에 의해 통제되기 때문에, 현자들에 의해 '무지한 자아'로 불린다."[223]

또한 *Mokṣadharma*에서는 "그리고 그들은 이 제25[원리]마저 인정하지 않는다. 제26[원리]를 성찰하고 있는 순수한 이들은 그것(제26원리)에 전적으로 헌신한다."라고 말한다.[224]

여기에는 『요가경』에서 말하는 자재신을 제26원리로 간주하려는 주석자의 인식이 거의 노골적으로 드러나 있다.[225] 이는 '특수한 순수정신'으로서의 자재신을 제25원리인 순수정신을 통제하는 신격으로 간주했던 유신론적 사고가 요가 철학에 스며들었다는 사실을 입증한다. 그러나 이 같은 사고는 고전 요가의 이설이자 방계(傍系)에 속한다. 인도에서 육파철학의 전성기가 지나고 베단타의 일원론이 힌두교의 사상계를 풍미하면서, 요가 철학에서도 방계가 정설이자 친계(親系)의 위상을 넘보게 되었다. 요가의 유신론적 경향도 여기에 편승하여 더욱 일반화되었다.

요가 철학의 정설은 『요가주』에 의해 확립되었고, 자재신을 카필라와 동일시한 『요가주』의 시각으로 보면 자재신은 최고의 완성자를 지칭한다. 고전 상키야가 그렇듯이 요가 철학에서도 자재신이 존재해야 할 형이상학적 이유가 없다. 순수정신과 원질은 무시이래로 결합하고 이 능력은 영원하기 때문에 신을 필요로 하지 않는다.[226]

....

223 tad uktaṃ mātsye | tattvaiḥ saṃpāditaṃ bhuṅkte puruṣaḥ pañcaviṃśakaḥ | īśvarecchā-vaśāt so 'pi jaḍātmā kathyate buddhaiḥ || iti | YV 1.28. Rukmani(1981) p. 163.

224 mokṣadharmaṃ ca: te cainaṃ nābhinandati pañcaviṃśakam apy uta | ṣaḍviṃśam anupaśyantaḥ śucayas tat-parāyaṇāḥ || iti | ibid. 여기서 출처로 언급한 *Mokṣadharma*가 『마하바라타』의 「해탈법품」이라면, 현존하는 판본에서는 이와 일치하는 내용을 발견할 수 없다.

225 주석자 Vijñāna Bhikṣu가 이 구절들을 인용한 것은, 그가 자재신을 순수정신보다 상위 개념으로 간주했던 입장을 극명하게 드러낸 것으로 이해할 수 있다. 황유원 · 정승석(2016) p. 51 참조.

226 이 같은 관점을 『요가주』의 다음과 같은 설명에서 간파할 수 있다. 아래의 설명에서 통각은 원질을 대변한다.
"[순수정신의] 직관 능력과 [이에 의한 통각의] 인식 능력이라는 그 둘의 결합은 무시이래의 것이

3. 이설의 실천론적 포용

상키야와 요가를 불가분리의 관계로 소개하는 『마하바라타』에서[227] "상키야와 요가는 항구적인 둘이다."[228]라고 선언하는 것은 앞뒤가 들어맞지 않는 것처럼 보일 수 있다. 그러나 이 같은 선언이 요가의 독자성을 인정하는 근거로 간주되지는 않는다. 『요가경』에 드러난 관념들을 고려할 때, 그러한 선언은 요가의 취급 방식이 독자적이고 이와 동시에 특이하다는 사실을 표명한 것으로 이해된다.[229] 이 경우, 취급 방식의 독자성과 특이성이란 상키야의 이론에 대한 요가의 실천적 측면을 가리킨다. 그러므로 상키야와 요가가 항구적인 둘이라고 말한 것은, 이론과 실천의 양면에서 그 둘은 항구적인 상관관계를 갖는다는 의미를 함축할 것이다.

그러나 인도철학에서 상키야-요가 이외의 일부 학파에서는 요가가 반드시 상키야와 상관관계를 갖는 것으로 생각하지는 않았던 듯하다. 특히 니야야 또는 바이셰쉬카 학파에서는 상키야와 요가를 상이한 학설로 간주했다는 전거가

....

고 목적을 위해 이루어진 것으로서, 파기되어야 할 것(윤회)의 원인, 즉 고통의 원인을 의미한다." YBh 2.17. 정승석(2020) p. 119.

"따라서 [순수정신의] 직관 능력과 [이에 의한 통각의] 인식 능력은 영원하기 때문에 [그 둘의] 결합은 무시이래의 것이라고 상술된 것이다. 다음과 같이 말한 것이 그와 같다. '실체들이 [순수정신과] 무시이래로 결합하기 때문에, 일반 속성들도 무시이래로 결합한다.'" YBh 2.22. ibid. p. 120.

Clements(2005:95)는 『요가경』에서 자재신을 언급한 취지를 다음과 같이 파악했는데, 그의 견해는 이 문제에 대한 결론을 대변한다.

"파탄잘리의 *Yogasūtra*는 요가 수행자들이 저마다 자기 puruṣa(=순수정신)의 최종적 독존을 향해 나아가는 여정에 전념한다. 이 문헌에서는 신을 명시적으로 언급할 뿐이다. 이 경우의 신은, 요가 수행자가 마침내 자신의 puruṣa(=순수정신)가 prakṛti(=원질)와는 관련이 없다는 것을 이해하는 데 이르는 기간 동안 요가 수행자에게 명상의 대상이 될 수도 있다. 이 순간이 지나면, 해탈한 영혼에게 puruṣa-viśeṣa(=특수한 순수정신)로서의 자재신은 아무런 상관이 없다."

227 예를 들어 다음과 같이 단언하는 것이 『마하바라타』의 전반적인 기조를 대변한다. "요가의 추종자들이 본 바로 그것을 상키야의 추종자들도 본다. [원리들에 대한] 진실을 아는 자(=현자)는 상키야와 요가를 하나로 본다." (yad eva yogāḥ paśyanti tat sāṃkhyair api dṛśyate | ekaṃ sāṃkhyaṃ ca yogaṃ ca yaḥ paśyati sa tattvavit(=buddhimān) || 12.316.4=293.30. Dutt(2004.VIII:448) 이와 똑같은 취지의 교시가 『기타』(5.5)에도 천명되어 있다. 이 @제2장 앞의 각주 114.

228 sāṃkhyaṃ ca yogaṃ ca sanātane dve | Mbh 12.349.73=337.68. Dutt(2004.VIII) p. 621.

229 Cf. Chakravarti(1975) p. 91.

있다. 예를 들어 *Nyāyasūtra*의 주석자로 유명한 Vātsyāyana(서기 450년 전후)는 상키야와 요가의 견해 차이를 다음과 같이 설명한다.

> 예를 들어 상키야의 추종자들은 이렇게 말한다. "무(無)는 그 자신을 [유(有)로] 얻지 못하고, 유(有)는 그 자신을 [무(無)로] 버리지 못한다.[230] '지성을 가진 것'들은 비길 데가 없는 것들이고,[231] 차별은 신체와 감관들과 마음과 대상들과 각각의 원인들에 있다." 요가의 추종자들은 이렇게 말한다. "순수정신의 업 따위를 동력인으로 삼아 [물질적] 요소들의 창조가 있으며, 업으로부터 발생한 결점들이 작용한다. '지성을 가진 것'들은 자신의 속성들에 의해 차별된다. 무(無)는 [유(有)로] 발생하며, 발생한 것은 파괴된다."[232]

여기서 설명하는 요가는 매우 특이하다. 고전 요가에서는 이와 같은 주장을 발견할 수 없기 때문이다. Vātsyāyana의 설명에서 특기할 만한 것은 요가 학파가 무(無)의 발생을 인정한다는 것으로 이것을 부정하는 상키야 학파의 인과론과 차별한 점이다. 『전철학강요』에서 니야야 학파 등은 유(有)로부터 무(無)의 발생을 주장하고, 상키야 학파는 유(有)로부터 유(有)의 발생을 주장한다고 두 학

....

230 이것은 "무(無)는 존재가 될 수 없고, 유(有)는 비존재가 될 수 없다."라는 논리를 표현하는 서술이다.

231 Vācaspati의 해석을 적용하면 "자아들은 전변하지 않는 것들이고"가 된다. 그는 '지성을 가진 것'(cetana)을 자아(ātman)로, '비길 데가 없는'(niratiśaya)을 '전변하지 않는'(apariṇāmin)으로 해석했다. cf. Bhattacharya(1974) p. 39, n. 3. 여기서 '지성을 가진 것'이 자아를 가리킨다면, 이 자아는 순수정신(puruṣa)의 동의어가 될 것이다.

232 yathā nāsata ātmalābhaḥ, na sata ātmahānam, niratiśayāś cetanāḥ, dehendriya-manaḥsu viṣayeṣu tattat-kāraṇeṣu ca viśeṣa iti sāṅkhyānām, puruṣa-karmādi-nimitto bhūtasargaḥ karma-hetavo doṣāḥ pravṛttiś ca, svaguṇa-viśiṣṭāś cetanāḥ, asad utpadyate, utpannaṃ nirudhyata iti yogānām ‖ NBh 1.1.29. Taranatha(1985) p. 264, 4-7행.
Dasgupta(1922:228)는 이 설명의 취지를 다음과 같이 발췌한다.
"그러나 Vātsyāyana는 *Nyāyasūtra* 1.1.29에 대한 자신의 주석에서 상키야와 요가를 다음과 같은 식으로 구별한다. 상키야는 무(無)는 존재가 될 수 없고 파괴될 수도 없으며, 순수한 지성(niratiśayāś cetanāḥ)에는 어떠한 변화도 있을 수 없다고 주장한다. 모든 변화는 신체와 감관들과 마음(manas)과 대상들에서 일어나는 변화 때문이다. 요가는 모든 창조는 puruṣa(=순수정신)의 업 때문이라고 주장한다. 업의 원인은 열정(doṣa=결점)과 행위(pravṛtti=작용)이다. 지성을 가진 것, 즉 자아(cetana)들은 속성들과 연합한다. 무(無)는 존재가 될 수 있고 발생한 것은 파괴될 수도 있다."

파의 인과론을 구분한 것에 비추어 보면, 니야야 학파에 소속된 **Vātsyāyana**는 요가의 학설이 자파의 학설과 친연성을 갖는 것으로 생각했다고 추정할 수 있다.[233] 요가 학파에서는 "인간의 업 등을 동력인으로 삼아 [물질적] 요소들의 창조가 있다"고 말하는 것도 이와 같은 맥락으로 이해할 수 있다.[234]

한편 *Nyāyasūtra*의 다른 주석자인 **Uddyotakara**(약 6세기)는 상키야와 요가의 차이에 대해 "요가의 추종자들은 감관들이 [조대/미세] 요소들의 산물이라고 말하며, 상키야의 추종자들은 [그러한] 요소들의 산물이 아니라고 말한다."[235]라고 첨언한다. 이것을 앞서 제시한 **Vātsyāyana**의 설명과 조합하면, 요가 학파에서는 '업 → 물질 요소들 → 감관'이라는 창조론을 주장한 셈이 된다. 그러나 이것은 상키야와 요가가 공유하는 전변설과는 역행하는 주장이므로 두 주석자들의 설명을 그대로 신뢰하기는 어렵다.

이처럼 니야야 학파의 두 주석자가 상키야와 요가를 별개의 다른 학설로 간주한 것은 납득할 수 없다. 상키야-요가의 관련 문헌에서는 이에 대한 근거를 찾을 수 없기 때문에 더욱 그러하다. 그럼에도 불구하고 그들이 전혀 터무니없는 주장을 펴지는 않았을 것이라는 전제에서는, 상키야와 요가를 표방하면서 서로 다른 주장을 펴는 정체불명의 학설이 있었을 것으로는 추정해 볼 수 있다.

이제 요가 철학의 문헌에서 상키야를 일탈한 것으로 간주될 만한 이설을 찾아보자면, 이런 것들을 이설로 단정하는 데는 무리가 있다는 사실을 먼저 전제

....

233 『전철학강요』의 인과론 구분은 이 @제2장 앞의 각주 123 참조. Dasgupta(1922:228)는 Vātsyāyana가 설명한 상키야와 요가를 대비하고(바로 위의 각주) 나서, "후자(요가)의 견해는 분명히 『요가주』의 요가와는 매우 다르다. 이것은 교의로 보아 니야야(Nyāya)에 더 근접한다."라고 단언한다.

234 요소들에 의해 창조가 이루어진다는 주장은 원자들의 집적에 의해 현상세계가 성립된다고 주장하는 바이셰쉬카와 니야야 학파의 집적설에 가깝다. 이에 의하면 원자들은 세계의 질료인으로서 생성되지도 파괴되지도 않고 시작도 끝도 없이 존재한다. 결과는 이 같은 원자들의 결합으로 조성되어 새롭게 시작된다고 주장하기 때문에 신조설로 불린다.

235 bhautikānīndriyāṇīti yogānām abhautikānīti sāṃkhyānām iti ‖ NV 1.1.29. Taranatha(1985) p. 264, 11-12행. Chakravarti(1975:74)는 이 구문이 상키야에서는 감관을 아만(ahaṃkāra)의 산물로 생각하고, 요가에서는 그것을 요소적 산물로 생각한다는 뜻으로 해석한다. 그러나 여기서 아만을 특정한 이유는 <표 6> 참조.

해 두어야 한다. 이것들은 기존 학설의 일부를 파기하거나 거부하기보다는 요가 철학의 실천론에 적용하기 위한 확장이나 수용의 차원에서 이해할 만하기 때문이다. 이는 또한 실천론적 관심사의 차이이기도 하다. 그 대표적인 예로 들 수 있는 것이 마음(citta)의 개념이다.

『상키야송』에서는 citta(마음)이라는 단어가 전혀 언급되지 않는다. 이에 따라 고전 상키야의 주석자들도 이 단어에 특기할 만한 의미를 부여하지 않는다. 고전 상키야에서 citta에 해당하는 개념은 manas이다. 그러나 『요가경』은 요가를 "마음의 작용을 억제하는 것"으로 정의하고 나서, 수행의 이론을 본격적으로 전개한다. 그 이론이란 마음 작용의 양상, 이것을 억제하는 수단, 그 과정상의 심리적인 문제와 결과 등을 설명하는 것이다.

요가 철학에서 말하는 이 마음의 개념은 고전 상키야에서 내적 기관으로 포괄하는 통각(buddhi)과 아만(ahaṃkāra)과 의식(manas)[236]을 모두 포용한다.[237] 이 점에서 요가 철학의 관심사는 상키야처럼 25원리로부터 환경 세계와 인간의 활동이 전개된다는 것을 설명하는 데 있는 것이 아니라, 인간의 마음을 탐구하는 데 있었다고 말해도 과언이 아니다. 『요가경』에서 마음(citta)이라는 말은 21회나 사용되어, 술어로서는 최대의 빈도가 입증된다. 이 같은 관심사에 비추어 볼 때 특기할 만한 것은, citta라는 말이 육파철학 중 요가 철학 이외의 다른 학파의 근본 문헌에서는 전혀 사용되지 않은 반면, 불교에서는 애초부터 중요한 술어로 사용되어 왔다는 사실이다. 이 점에서 마음의 기능에 관한 요가 철학의 인식은 특히 초기 불교의 경우와 잘 호응하며, 마음의 개념을 중시한 요가와 불교 사이의 밀접한 관계를 엿볼 수 있을 것이다.[238]

....

236 상키야 철학에서 통용되는 경우에는 manas도 '마음'으로 번역했지만, 요가 철학과 비교하는 이 경우에는 혼동을 피하기 위해 '의식'으로 표현한 것이다.

237 『요가경』에서도 통각, 아만에 해당하는 자아의식(asmitā), 의식과 같은 말들이 종종 사용된다. 이것들에 대한 주석자들의 설명은 종종 혼란을 야기한다. 그러므로 이것들을 상키야의 경우처럼 각기 차별적인 의미를 갖는 것으로 이해해야 할 것이 아니라, 마음(citta)의 기능을 표시한 것으로 이해하는 것이 무난하다. 金倉圓照(1953) p. 3 참조.

『요가주』의 저자는 『요가경』를 해설하면서 필요한 곳에서는 상키야 철학을 준용함으로써 상키야와 요가가 상관관계에 있다는 확신을 드러낸다. 그러나 『요가경』 자체에서는 불교와 상통하는 개념이 적지 않다.[239] 이뿐만 아니라 『요가주』에서도 dharmin(실체)과 dharma(속성)이라는 불교 측의 전용어를 구사하여 전변설을 설명하는데, 『상키야송』에는 이러한 개념이 전혀 고려되어 있지 않으며,[240] *Yuktidīpikā*와 같은 특별한 주석서에서만 불교 측의 비판을 공박하면서 거론된다.

『요가주』에서는 실체(dharmin)와 속성(dharma)이라는 개념을 적용하여 전변을 다음과 같이 정의한다.

> 그렇다면 [이제] 전변이란 무엇인가? 존속하는 실체의 이전의 속성이 사라질 때(정지할 때) 다른 속성이 일어나는(발동하는) 것이 전변이다.[241]

그런데 이 정의는 불교의 유명 논사인 Vasubandhu(世親, 400~480경)[242]가

....

238 金倉圓照(1953) p. 3 참조.

239 불교에서 통용되는 특수한 용어들 중에서 『요가경』에 사용된 것들로는 vāsanā(훈습=習氣), saṃskāra(잠세력=行), karma-āśaya(잠재업), bīja(종자), vipāka(과보=異熟), 망상(vikalpa=分別), 산란(vikṣepa), 단계(bhūmi=地), 금계(saṃyama), 번뇌(kleśa), 유해(kliṣṭa=染汚) 등이 있다. 이 밖에 불교의 교리적 개념으로 다음과 같은 것들도 『요가경』에서 사용된다.
4무량심(無量心)으로 불리는 자(慈), 비(悲), 희(喜), 사(捨). 5력(力)으로 불리는 신념, 정진, 기억, 삼매, 예지(=반야). 삼매의 종류를 구분하는 유심(有尋)과 무심(無尋), 유사(有伺)와 무사(無伺).
이처럼 다수의 용어나 개념이 상키야 철학에서는 등장하지 않고, 불교와 요가 사이에서만 상통하고 있는 것을 단순히 우연의 일치라고는 생각하기 어렵다. 이것들은 어느 한쪽이 다른 쪽으로부터 차용한 것으로 생각할 수밖에 없다. 문헌 성립의 시기로 보면 『요가경』이 불교로부터 차용했을 가능성이 높다. 이에 관해 金倉圓照(1953:4)는 "이와 같이 『요가경』은 자파의 교의를 설명하는 데 유효한 술어나 관념을 다른 여러 학파로부터 끌어들여 사용했다. 그리고 상키야의 학설도 역시 같은 입장에서 마찬가지로 이용되었던 것이다."라고 단언한다. 이는 요가 철학의 실천적 포용성으로 간주될 수 있을 것이다.

240 한역(漢譯) 불전에서 dharmin과 dharma는 각각 유법(有法)과 법(法)으로 번역되어 있다. 『상키야송』(SK 23)에서 dharma는 통각의 여덟 가지 기능들 중의 하나인 선(善)을 의미한다.

241 atha ko 'yaṃ ca pariṇāmaḥ | avasthitasya dravyasya pūrva-dharma-nivṛttau dharmāntarotpattiḥ pariṇāma iti | YBh 3.13. 정승석(2020) pp. 173, 418_23.

『구사론』(俱舍論)에서 상키야 측의 정의라고 제시하는 것과 거의 일치한다. 즉 Vasubandhu에 의하면 상키야에서는 "존재하는 실체에서 한쪽의 속성이 소멸하고 다른 쪽의 속성이 현전하는 것이다."라고 전변을 정의한다.[243] 그러나 고전 상키야의 주석서인 *Yuktidīpikā*에서는 이것이 의도적인 곡해라고 비판하면서 상키야 측의 정의를 정립하여 제시한다.

> 왜 그러한가? [그대들은] 전변의 성질을 제대로 알지 못하기 때문이다. "유(有)인 한쪽의 속성이 소멸하고 무(無)인 [다른 쪽의 속성은] 발생하는 것이 전변"이라고 주장하고 있기 때문에, 이것은 명백히 [인중유과론에 대한] 비난이 될 것이다. 그러나 우리는 이러한 속임수로 [이론을] 수립하지 않는다. 그렇다면 [우리의 이론은] 어떠한가? 논증에 의해 지지된 실체에 다른 쪽의 속성이 드러나고 이전의 것은 은신하는 것이 전변이다. 그리고 드러남과 은신은 발생과 소멸이 아니다.[244]

....

242 Vasubandhu의 생존 연대를 서기 400∼480년 무렵으로 추정한 것은 Frauwallner(1951:32)의 견해에 의거한다. Frauwallner는 『구사론』의 저자(Vasubandhu II)와 Asaṅga(無着)의 동생(Vasubandhu I)이라는 두 사람의 Vasubandhu를 상정하고, Vasubandhu I의 연대를 320∼380년으로 추정했다(ibid. p. 46). 일본의 학자들은 Vasubandhu I을 고세친(古世親), Vasubandhu II를 신세친(新世親)으로 구분한다. 『구사론』에 대한 Yaśomitra의 주석(*Abhidharmakośa-vyākhyā*)에서 장로(sthavira, vṛddha)인 Vasubandhu를 언급한 것은 Frauwallner가 Vasubandhu I(古世親)을 상정한 결정적인 전거가 된다. 실례를 들면 다음과 같이 언급한다.
"의지처인 [4]조대요소가 변멸(變滅)하기 때문이라고 말하는 다른 이란 장로이자 스승인 Vasubandhu이다." (āśraya-bhūta-rūpaṇād iti apara iti. vṛddhācārya-Vasubandhuḥ. AkV 1.35. Wogihara 1971:35, 20행)
"스승 Manoratha의 교사인 Vasubandhu 장로는 이와 같이 말했다." (sthaviro Vasubandhur ācārya-Manorathopādhyāya evam āha. AkV 3.37. ibid. p. 289, 6행)
Jaini(1958:53)는 여기서 먼저 언급한 '장로이자 스승인(vṛddhācārya) Vasubandhu'가 실존했다고 확신한다. 이 중에서 둘째 언급은 세친을 Manoratha의 문하생으로 기술한 『대당서역기』의 언급(@제7장 각주 205)과는 정반대이므로, Frauwallner의 견해를 적용하면 이 경우의 세친은 Vasubandhu II가 된다. 한편 Jo(2018:315)에 의하면, 이 둘째 언급에 의거하여 둘 또는 그 이상의 Vasubandhu가 한 인물로 합체되었을 가능성을 최초로 제기한 학자는 일본의 木村泰賢(1881∼1930)이다. 이에 관한 문제는 @제7장(7.3.4_2)에서 재론할 것이다.

243 "그런데 상키야의 추종자들에게는 어떠한 것이 전변인가? 상주하는 실체에서 한쪽의 속성이 소멸할 때, 다른 쪽의 속성이 현전하는 것이다." (kathaṃ ca sāṃkhyānāṃ pariṇāmaḥ | avasthitasya dravyasya dharmāntara-nivṛttau dharmāntara-prādurbhāva iti ‖ AkBh 3.49. Pradhan 1975:159, 21-22행)

이 비판의 요지는 반대론자(불교 측)가 원래의 정의에는 없었던 유(有)와 무(無)를 삽입함으로써 상키야의 인중유과론을 인중무과론(因中無果論)으로 변조했다는 것이다. 이와 아울러 상키야 측에서는 전변을 '속성의 은신과 드러남', 즉 속성의 은현(隱顯)으로 정의한다고 확정한다. 이로써 실체는 항존하면서 속성들만이 결과로서 드러났다가 근본 실체인 원질 속으로 회귀하여 은신한다는 인중유과의 전변설을 고수할 수 있게 된다. 그렇다면 전변에 대한 요가 철학의 정의는 불교 측의 왜곡에 상응한 것이 되며, 상키야의 정설을 일탈한 이설이 된다. 다만 『요가주』에서는 '속성의 은현'이라는 전변의 정의와 합치한 듯한 서술도 발견된다.[245] 그러나 이것만으로는 장황한 논의[246]를 펼치면서 제시한 전변의 정의가 바뀐 것으로 단정할 수는 없다.

끝으로 특기할 만한 것은 요가 철학의 인식론에서 지목할 수 있다. 『상키야송』과 『요가경』은 바른 인식 또는 인식 수단을 세 가지만을 인정하고 그 내용도 동일하다. 다만 『요가경』은 직접지각과 추리와 증언(āpta-vacana: 신뢰할 수 있는 말씀) 중에서 증언을 성언(聖言, āgama) 또는 전승(śruta)으로 달리 표현하고 있을 뿐이다.[247] 그런데 이 증언에 대한 요가 철학의 인식이 상키야 철학의 경우와는 다르다. 『요가주』에서는 성언을 추리와 대비하여 다음과 같이 설명한다.

> 전승이란 성언(聖言)에 의한 지식이며, 이것은 일반적인 것을 대상으로 갖는

....

244 kasmāt | pariṇāma-dharmānavabodhāt | sato dharmāntarasya nirodham asataś cotpattiṃ pariṇāmam abhidadhato vyaktam ayam upālambhaḥ syāt | na tv anayā kusṛtyā pratiṣṭhāmahe | kiṃ tarhi sādhanānugṛhītasya dharmiṇo dharmāntarasyāvirbhāvaḥ pūrvasya ca tirobhāvaḥ pariṇāmaḥ | na cāvirbhāva-tirobhāvāv utpatti-nirodhau | YD ad. SK 9. Wezler & Motegi(1998) p. 121, 2-6행. *Yuktidīpikā*의 저자는 뒤에서(ad. SK 16) 이 정의를 다른 표현으로 재차 설명한다. @제9장 각주 152.

245 "그러나 자신을 모든 속성에 들어맞게 하는 질들(3질)은 소멸하지도 않고 발생하지도 않지만, 질들과 결부되어 과거와 미래, [즉] 지나감과 도래함을 지닌 바로 그 현현들에 의해 발생과 소멸의 속성을 갖는 것처럼 보이게 된다." YBh 2.19. 정승석(2020) p. 127.

246 『요가주』에서 전변설은 『요가경』 제3장의 제9~13경에 걸친 해설에서 논의된다. 『요가주』 전체로 보면 가장 장황한 논의이다.

247 "바른 인식은 직접지각, 추리, 성언(聖言)이다." (pratyakṣānumānāgamāḥ pramāṇāni || YS 1.7)

다. 왜냐하면 성언에 의해서는 특수한 것을 설명할 수 없기 때문이다. 왜 그러한가? [성전의] 말씀은 특수한 것에 의해서 이루어진 약정이 아니기 때문이다. 마찬가지로 추리도 오직 일반적인 것을 대상으로 갖는다. [예를 들어] 도달함이 있을 때는 거기에 운동이 있다고 말하고, 도달함이 없을 때는 거기에 운동이 없다고 말한다. 그래서 [이 같은] 추리에 의해 보편적인 것으로서 결론이 [성립된다.][248]

여기서 '일반적인 것'(일반성)과 '특수한 것'(특수성)은 각각 추리와 직접지각의 대상으로 구분되는 개념이다. 즉 대상의 특수성을 증명하는 것이 직접지각이고, 대상의 일반성을 증명하는 것이 추리이다. 그리고 상키야 철학에서는 직접지각과 추리에 의해서도 증명될 수 없는 대상을 증명하는 인식 수단을 증언으로 간주한다.[249] 이에 의하면 특수성과 일반성은 증언(=성언)의 대상이 아니다. 그런데 위의 『요가주』에서는 성언의 대상이 추리의 대상과 마찬가지로 일반성이라고 설명한다. 이 설명에 따르면 성언의 증명 능력은 추리와 동일하게 된다. 그리고 이로써 상키야 철학에서 독자적인 인식 수단으로 인정한 증언의 권위는 추리의 수준으로 실추되어 버린다.[250]

그러나 상키야의 주석서들에 의하면 증언의 권위는 사실상 직접지각을 능가

248 YBh 1.49. 위의 책, p. 87.

249 SK 6(@제2장 각주 152): "또한 그것(추리)에 의해서도 증명되지 않고 눈에 보이지 않는 것은 '신뢰할 수 있는 전승'(성전)에 의해 증명된다." 여기서 '신뢰할 수 있는 전승'(성전)은 증언을 가리킨다.

250 이에 관해 심도 있게 고찰한 다음과 같은 견해가 이 점을 잘 대변할 수 있다.
"상키야와는 달리 Vācaspati의 요가(*Yogasūtra*, *Yogasūtra-bhāṣya*, 841 또는 976경의 *Tattva-vaiśāradī* 등 참조)과 *Rāja-mārtaṇḍa*(1150경, Bhoja Rāja의 저작)의 요가는 권위 있는 증언이 독자적인 범위를 갖는다고 말하지는 않는다. 이 경우의 독자적 범위란 보통 사람들(즉, 지각할 수 없는 실체를 지각할 수 있는 비범한 능력이 부여되지 않은 사람들)의 지각이나 추리로는 바르게 인식될 수 없는 그러한 것들만을 포함한다. 따라서 요가에서는 권위 있는 증언이 [=보통 사람들의 인식 범위에 있는] 그러한 것들에 대한 바른 지식의 원천이다. 이것들은 또한 보통 사람들의 지각과 추리로써 도달할 수 있는 것들이며, 『요가주』에서 āgama(=성언)의 정의로 제시하여 언급하는 추리는 (보이지 않는 실체를 직접 인식할 수 있는 권위자들이 아니라) 아마도 보통 사람들인 그러한 권위자들의 인식 수단일 것이다." Lutsyshyna(2012) p. 464.

하는 것으로 간주된다. 이 같은 인식은 주석서들마다 대체로 동일하다. 권위의 강도에 약간 차이가 있지만 다음과 같은 설명으로 이 점을 확인할 수 있다.

> '신뢰할 수 있는 말씀'(증언)에 대한 정의는 다음과 같다. 여기서(SK 5)는 "신뢰할 수 있는 계시가 신뢰할 수 있는 말씀"이라고 말한다. 여기서 '신뢰할 수 있는' 자들이란 Hari(비슈누 신), Hara(쉬바 신), Hiraṇyagarbha(브라마 신) 등이며, 신뢰할 수 있는 그들의 계시가 베다라는 것이 ['신뢰할 수 있는'이라는 말의] 의미이다. 법전(dharmaśāstra)의 저자인 마누(Manu) 등이 신뢰할 수 있는 자들이며, 신뢰할 수 있는 그들의 말씀이 '신뢰할 수 있는 말씀'이라[고 정의하]는 것이다.[251]
>
> 그리고 자명한(스스로 입증되는) 그것(증언: 신뢰할 수 있는 말씀)은 인간으로부터 나온 것이 아닌 베다의 말씀에서 유래한 것인 한, 결점과 의혹으로부터 벗어난 완전한 것으로서 타당하다. 이와 마찬가지로 베다에 의거한 전승서(smṛti), 고사(itihāsa), 고담(purāṇa)의 말씀에서 유래한 것도 타당한 지식이다. 그리고 최초의 현자인 카필라에게는 [브라마 신의 한 낮에 해당하는] 이 시대(kalpa)의 시초에, [이전] 시대 동안 배웠던 계시를 기억해 내는 것이 가능하다.[252]

이와 같은 설명에 의하면, 상키야에서는 증언에 신적인 권위를 부여하여, 베다 또는 베다에 버금하는 성전들의 말씀을 증언으로 간주했다. 이에 비해 요가

....

251 āpta-vacanasya lakṣaṇam iti | atrôcyate **āpta-śrutir āpta-vacanaṃ** ca | atra āptā nāmācāryāḥ harihara-hiraṇyagarbhādayaḥ teṣāṃ āptānāṃ śrutiḥ veda ity arthaḥ | manv-ādayo dharmaśāstra-kārāḥ āptāḥ teṣām āptānāṃ vacanam āpta-vacanam iti | SsV ad. SK 5. Lutsyshyna(2012) p. 4, n. 10 재인용. 이 원문은 Solomon(1973:13, 19-22)의 판본을 교정한 것이다.

252 tac ca svataḥ-pramāṇam | apauruṣeya-veda-vākya-janitatvena sakala-doṣāśaṅkā-vinirmuktatvena yuktaṃ bhavati | evaṃ veda-mūla-smṛtītihāsa-purāṇa-vākya-janitam api jñānaṃ yuktam bhavati || … ādi-viduṣaś ca kapilasya kalpādau kalpāntarādhīta-śruti-smaraṇa-sambhavaḥ | TK 41-42 ad. SK 5. Jha(1965) p. 27. 이와 같이 해설하는 주석자 Vācaspati는 『요가주』를 주석하면서 성언(=증언)에 대해서는 이와 같은 권위를 가진 것으로 설명하지 않고 그 권위를 보통 사람들의 수준으로 낮추었다(앞의 각주 250 참조). 이 점에서도 증언에 대한 상키야와 요가의 인식 차이는 확연하다는 것이 인정된다.

에서는 성언(=증언)의 권위를 보통 사람들 중에서는 탁월한 권위자의 수준으로 낮추었다. 이러한 관점은 요가 철학의 포용성과 더불어 실용적 입장을 대변하는 것으로 이해할 수도 있을 것이다.

제3장

상키야와
요가의 태동

제3장

상키야와 요가의 태동

이제까지 개설한 내용만으로도 상키야와 요가는 복잡하고 다양한 양상으로 전개되어 왔을 것임을 대강 짐작할 수 있다.[1]

그러나 상키야-요가의 전통에 관한 그간의 활발한 연구는 이러한 복잡성과 다양성에서 신빙성 있는 사실들을 확립해 왔다. 그리고 그간의 연구로써 확립된 사실들은 특히 상키야 철학의 태동과 기원을 이해하는 데 주요한 단서가 되

1 이 때문에 고대 인도에서 상키야와 요가는 신화, 실천, 사색 등으로 혼합된 다양성 속에서 태동하여 성장했다는 사실을 고려해야 한다는 것이 상키야-요가 연구의 방법론적인 측면으로 중시된다. 이에 따라 이제부터는 다음과 같은 지적을 수용하여 상키야-요가의 전통이 형성된 과정을 탐색할 것이다.
"Edgerton, van Buitenen, Johnston 등과 같은 학자들의 가장 중요한 연구는 상키야의 전통이 극히 복잡하고 다양하게 발전되었음을 분명하게 보여 준다. '최대의 다양성을 인정'하는 van Buitenen의 원칙은 상키야를 해석하거나 역사를 다루는 어떠한 경우에서든 방법론적으로 출발점임이 틀림없다. 예를 들어 Garbe라든가 보다 근래에 Pañcaśikha에 대한 가설을 세운 Frauwallner의 경우처럼 고대에서 체계적인 상키야를 찾으려는 시도는 뒷받침할 증거가 거의 없는 학구적인 사색에 불과하다. 마찬가지로 어떤 하나의 집단이나 전통에서 상키야나 요가의 근원을 추적하려는 시도(예를 들면 Hauer의 vrātya 등)는 의심스러운 바가 있고 일반적으로 신빙성이 없다. 오히려 인도의 고대 문헌에서 우리에게 보이는 것은 수많은 노선이나 사색의 전통이다. 물론 이들 중의 많은 것들은 본래 아리안 이전의 것일 수도 있다. 그러나 바로 그렇게 이른 시기에 이러한 전통들의 대부분이 바라문교로 종합되었거나 흡수되었으며, 이 때문에 우리는 신화, 실천, 사색 등의 혼합을 보게 되는 것이다. 이와 같은 고대의 여러 가닥들 중의 어느 하나에서 상키야나 요가를 추적하는 것은 고대 인도의 지성사라는 문제를 지나치게 단순화하는 것이다." Larson(1979) p. 71.

는 것들이다. 이제부터는 그 단서들을 낱낱이 끌어내어 상술할 것이지만, 이에 앞서 선행 연구로써 밝혀진 사실들 중 주요 사항을 간추려 개관해 둔다.[2]

인도의 종교와 철학은 베다로부터 출발한 것으로 잘 알려져 있다. 그러므로 인도에서 베다는 모든 문헌들 중에서 최고의 권위를 갖는 성전으로 공인되어 왔다. 흔히 말하는 베다는 본집으로 불리는 4베다(*Ṛgveda, Yajurveda, Sāmaveda, Atharvaveda*)를 가리킨다. 그리고 이로부터 단계적으로 확장된 일련의 문헌들은 브라마나(Brāhmaṇa), 아란냐카(Āraṇyaka), 우파니샤드로 불린다. 그래서 이러한 일련의 문헌들도 넓은 의미로는 베다의 권위를 지니는 것으로 간주된다.

베다 중에서 *Ṛgveda*와 *Atharvaveda*의 사색적 찬가들은 창조와 전변 등에 대한 상키야의 견해와 관련하여 중요한 자료를 제공한다. 다음으로 브라마나와 초기 우파니샤드의 많은 구절들은 자아, 지혜, 해탈에 대한 상키야의 개념들과 관련된 문제들을 해결하는 데 중요하다. 따라서 이것들을 통해 후대에 상키야로 동화되었을 것으로 보이는 교의나 사상의 경향을 감지할 수 있다.

기원전 4세기 무렵에 성립된 것으로 추정되는 *Kaṭha-upaniṣad*에서는 상키야 – 요가의 용어가 최초로 언급되는데,[3] 이것이 *Śvetāśvatara-upaniṣad*와 『기타』에도 영향을 미친다. 상키야 – 요가의 전통은 이런 문헌들 속에 분명하게 반영되어 있다. 이와 더불어 『마하바라타』의 「해탈법품」에는 상키야의 초기 형태가 나타나 있다.

Aśvaghoṣa(馬鳴)가 서기 1세기 무렵에 저술한 석가모니의 전기인 『불소행찬』에서도 상키야의 또 다른 초기 형태를 볼 수 있다. 이 형태의 상키야와 관련

....

2 Larson(1979:71-73)은 바로 앞의 각주에서 지적한 것과 같은 상키야 – 요가에 관한 고대 전통의 복잡성과 다양성에도 불구하고 연구자들이 확립해 온 매우 신빙성 있는 사실들을 열 가지로 열거했다. 이하에서는 이것들 중 상키야 – 요가의 본류 형성이라는 역사적 추이를 이해하는 데 중요한 사실들만 간추려 소개한다.

3 Chakravarti(1975)에 의하면 *Kaṭha-upaniṣad*에서는 상키야의 어떤 교의가 최초로 선명하게 언급되고(p. 15), '상키야'라는 말을 '요가'와 함께 최초로 언급한 우파니샤드는 *Śvetāśvatara-upaniṣad*(6.13)이다(p. 1). @제4장 각주 52 참조.

되어 있는 것이 *Caraka-saṃhitā*에서 볼 수 있는 상키야의 개요, 그리고 Pañcaśikha가 주장한 학설로서 『마하바라타』의 「해탈법품」에 서술된 상키야의 개요이다.

이러한 초기의 형태들에서 상키야는 요가와 밀접하게 결연되어 있고, 양쪽은 해탈의 길이나 방법을 설명하는 것으로 실천을 강조한다. 다만 교의가 체계화되지 않은 거의 모든 초기 형태의 상키야에서는 구성 내용이 상이하며, 아직은 표준적인 것으로 인정할 만한 것이 없다. 예를 들어 원질(Prakṛti), 인중유과론, 원리의 전변, 5미세요소에 대한 상키야의 고전적인 교의가 이들 초기 형태에서는 나타나지 않는다.

Īśvarakṛṣṇa와 파탄잘리의 작품, 즉 『상키야송』과 『요가경』을 통해 비로소 상키야와 요가를 독립적 학설의 사상으로서 체계적으로 설명할 수 있게 된다. 그러나 9~10세기[4]에 이르러 상키야는 현저하게 쇠퇴했다. 이로부터 한참 뒤 『상키야 수트라』가 작성된 15~16세기를 전후로 Vijñāna Bhikṣu와 Aniruddha 등의 저작으로 입증되듯이 상키야는 일종의 르네상스를 맞는다.

3.1. 이원론 사상의 기원

상키야 철학의 개조로 알려진 카필라가 오직 한 사람의 이름이라면, 상키야 철학의 기원을 찾는 데는 그다지 어려움이 없을 것이다. 카필라는 인도 최초의 성전인 *Ṛgveda*에서도 등장하기 때문이다. 그러나 이 카필라가 상키야의 개조와 동일한 인명일 것으로 생각하는 학자는 거의 없다. 베다를 인도철학의 원천으로 간주하는 것은 그것으로부터 확장되어 베다의 권위를 부여받은 성전들이 철

....

4 Larson(1979:73)은 상키야가 현저하게 쇠퇴한 시기를 Frauwallner의 견해에 의거하여 7~8세기로 소개했다. 이는 상키야의 주요한 주석서인 *Yuktidīpikā*의 성립 시기를 하한선으로 설정한 듯하다. 그러나 이 밖의 주석서로서 *Jayamaṅgalā*와 *Māṭhara-vṛtti*가 8세기 이후에 작성된 것으로 추정되며, 특히 표본적 주석으로 알려진 *Tattva-kaumudī*가 서기 850년 또는 975년에 작성된 것으로 추정되므로, 상키야의 급격한 쇠퇴 시기를 최소한 9세기 이후로 간주할 수 있다.

학적 사색의 싹을 틔웠기 때문이지, 인도철학이 베다에서 곧장 발아했다고 믿는 것은 아니다.

이 점에서 인도철학의 기원은 거의 암흑에 싸여 있고, 상키야도 예외는 아니다. 카필라의 학문 체계가 표면적으로 드러난 것은 베다의 제사 의례가 한창 성행했던 시대였을 것으로 추정되는데, 이는 상키야가 베다의 제사에 대해서는 부정적인 관점을 견지했기 때문이다. 베다 시대의 관심사는 천계로 재생할 수 있는 유일한 수단으로 확신했던 제사를 바르게 실행하는 것이었으며, 베다의 사제에게 천계는 인생의 최고선이었다.[5] 그러므로 상키야의 직접적인 기원을 베다에서 찾을 수는 없을지라도, 상키야와 베다의 관계를 조명하는 것으로 상키야의 태동과 연계될 만한 단서를 베다에서 찾아볼 수는 있다.[6]

3.1.1. 상키야와 유관한 베다의 단서

『상키야송』에서는 카필라가 교시한 학설이 Āsuri를 거쳐 Pañcaśikha에게 전승되었다가 마침내 Īśvarakṛṣṇa에 의해 정설로서 요약되었다고 학설의 전승을 약술한다.[7] 이에 따라 상키야 학설의 전승 계보를 거론하는 주석서들 사이에서

....

5 Cf. Chakravarti(1975) p. 4.

6 상키야 철학은 베다 이래의 종교적 관념을 비판적으로 계승하면서 형성되었다는 점에서, 상키야와 베다의 관계를 조명하는 것은 상키야의 배경 또는 기원을 이해하는 데 불가피한 과정이다. 이러한 필요성은 다음과 같이 강조된다.
"상키야 철학은 인간 존재에 관해 상세히 분석하는데, 이 점으로 인해 인도의 사상사에서 독자적 의의를 지닌다. 그런데 그 사상이 형성된 과정을 보면, 그것은 베다 이래의 신화와 종교적 관념에 대한 비판적 계승이었음이 분명하다. 따라서 상키야 철학 그 자체는 합리주의적인 비판 정신에 입각해 있지만, 상키야 철학을 이해하기 위해서는 합리적인 부분만이 아니라 그의 배경에 있는 인도 고래의 종교적 관념에 대해서도 주의를 쏟아야 할 것이다." 今西順吉(1982) p. 330.

7 "성자(카필라)는 자비심으로 상서로운 이 최고의 것을 Āsuri에게 주었다. Āsuri는 다시 Pañcaśikha에게 [주었고], 그(Pañcaśikha)에 의해 교의는 증대하게 되었다." (etat pavitram agryaṃ munir āsuraye 'nukampayā pradadau | āsurir api pañcaśikhāya tena ca bahudhā kṛtaṃ tantram || SK 70)
"또한 제자들이 차례로 이어받은 그것은 거룩한 지자(知者)인 Īśvarakṛṣṇa에 의해 아리야(āryā) 운율들로 완전하게 이해되어 정설로서 요약되었다." (śiṣya-paramparayāgatam īśvarakṛṣṇena caitad āryābhiḥ | saṃkṣiptam ārya-matinā samyag vijñāya siddhāntam || SK 71) 아리야(āryā) 운율에 대해서는 @제7장 각주 235 참조.

Pañcaśikha 이후 Īśvarakṛṣṇa에 이르는 제자들의 계보에 대해서는 설명이 일치하지 않지만, '카필라 → Āsuri → Pañcaśikha'로 전승되는 초기의 계보에는 이견이 없다. 여기서 특히 주목할 만한 것은 카필라가 Āsuri에게 최초로 전수했다고 하는 학설의 요체이다. 예를 들어 『상키야송』에 대한 최초의 주석서로 알려진 『금칠십론』에서는 다음과 같이 학설의 전승을 설명한다.

> 카필라 성현은 Āsuri에게 다음과 같이 약술했다. 최초에는 오직 암질(tamas)만 발생했으니, 이 암질 속에 '몸을 아는 자'(kṣetrajña)가 있었다. '몸을 아는 자'가 바로 순수정신(puruṣa)이고, [원질(prakṛti)은] 순수정신에 있는 지혜를 갖지 못하므로 '몸'으로 불린다. 다음에는 이것(원질)이 첫째 전생(轉生) 이후 해탈에 도달하기까지 계속 변이를 되풀이한다. Āsuri 성현도 Pañcaśikha에게 그와 같이 약술했다. 이 Pañcaśikha가 그 지혜를 확장하여 6만 게송으로 설했다. 순서를 거치면서 성씨가 Kauśika[8]이고 이름이 Īśvarakṛṣṇa인 바라문에 이르러 70게송으로 그것의 요점이 집약되었다.[9]

여기서는 상키야의 학설이 이원론임을 천명한다. 다만 이원 중의 하나를 순수정신으로 명시한 데 반해, 다른 하나인 원질은 3질 중의 암질로 대변되어 있다. 이는 "참으로 태초에 이 세계는 오로지 암흑(tamas)이었으니"[10]라고 시작하

....

8 원문에는 구식(拘式)으로 음역되어 있다. Kauśika는 Takakusu(1905:50)가 추정한 구식(拘式)의 원어이고, 『금칠십론』을 범어로 복원한 Sastri(1944:98, 5행)도 이 원어를 채택했다. 慈怡(1988:2521)에 의하면 Kuśala가 원어일 수도 있지만, 이 경우는 범어 음역의 관행에서 상당히 벗어나 있다. 한편 *Sāṃkhya-vṛtti*에서도 Īśvarakṛṣṇa라는 이름에 추가 정보를 언급하는데, 여기서는 『금칠십론』과 유사하게 Īśvarakṛṣṇa의 성씨 또는 출신지를 다음과 같이 Kosala로 언급한다.
"Īśvarakṛṣṇa로 불리는 Kosala 출신의 바라문은 제자들의 행복을 위해 이와 같이 상서로운 육십과론(ṣaṣṭitantra)을 요약했다." (evaṃ pavitraṃ kosalako brāhmanaḥ īśvarakṛṣṇo nāma śiṣyahitārthaṃ ṣaṣṭitantraṃ saṃkṣiptavān | SV ad. SK 70. Nakada 1978:88, 3-4행)

9 金七十論 권下(T 54:1262b): "迦毘羅仙人 為阿修利略說如此. 最初唯闇生 此暗中有智田. 智田即是人 有人未有智故稱為田. 次迴轉變異 此第一轉生 乃至解脫. 阿修利仙人 為般尸訶略說亦如是. 是般尸訶廣說此智有六十千偈. 次第乃至婆羅門姓拘式名自在黑 抄集出七十偈."

10 tamo vā idam agra āsīd ekaṃ | 후속 내용은 @제1장 각주 68 참조. 상키야와 관련하여 이 *Maitrī-upaniṣad*

는 서술로 초기 상키야의 학설을 반영한 *Maitrī-upaniṣad*의 권위에 따랐기 때문일 것이다. *Māṭhara-vṛtti*와 *Jayamaṅgalā*와 같은 다른 주석서들에서는 암질이 곧 원질이라는 것을 다음과 같이 명시한다.

요목(要目)이라는 것은 [다음과 같이] 설명된다. 태초에는 오직 이 암질(tamas)이 있었고, 그 암질에서 최초로 '몸을 아는 자'가 발생한다. 원질은 암질로 불리고, 순수정신은 '몸을 아는 자'로 불린다.[11]

베푸는 자(스승인 카필라)는 그 제자를 위해 자비심으로 요약하여 [이렇게 설했다.] 태초에는 오직 이 암질이 있었고, 그 암질 속에는 오직 최초의 '몸을 아는 자'가 있었다. 암질은 제일원인(=원질)으로 불리고 '몸을 아는 자'는 순수정신으로 불린다.[12]

이러한 설명에는 이원론을 상키야의 태생학적 정설로 규정하려는 의도가 담겨 있는 것으로 이해된다. 그렇다면 상키야의 기원도 이원론적 발상에서 그 단서를 구할 수 있으며, 이 점에서는 다음과 같은 *Ṛgveda*의 한 구절이 중요한 단서로 주목된다.

예쁜 날개를 가진 두 마리의 새가 짝을 이루어 같은 나무를 함께 점유하고 있

....

가 주목되는 이유는 상키야의 주요 용어들이 다수 언급되기 때문이다. 그러나 상키야 철학의 기원을 고찰하는 데서는 *Maitrī-upaniṣad*에 대한 다음과 같은 평가를 고려하여, 더욱 일찍이 성립된 문헌을 참고해야 한다.

"여기서는 태초에 tamas(=암흑)가 있었다고 하면서, 더 나아가 어떻게 tamas로부터 rajas(=열정)가, 그리고 rajas로부터 sattva(=지성)가 나왔는지를 서술한다. 더욱 흥미로운 것은 바로 그 서술로 kṣetrajña 개념을 알 수 있다는 점이다. 그러나 이 문헌은 후대의 것으로 간주되므로, 상키야 철학의 기원을 고찰하는 데서는 큰 의미를 부여할 수 없다." Chakravarti(1975) p. 9.

11 tantram iti vyākhyāyate | tama eva khalv idam agra āsīt | tasmiṃs tamasi kṣtrajño 'bhivartate prathamam | tama iti ucyate prakṛtiḥ, puruṣaḥ kṣetrajñaḥ | MV ad. SK 71. Sharma(1994) p. 62, 13-15행.

12 tasmai śiṣyāyānukampayā saṃkṣipya dattavān tama eva khalv idam agra āsīt | tasmiṃs tamasi kṣetrajña eva prathamaḥ | tamaḥ pradhānam, kṣetrajñaḥ puruṣa ucyate | JM ad. SK 70. Vangiya(1994) p. 118, 13-15행.

나니, 둘 중의 하나는 달콤한 핍팔라(무화과나무) 열매를 먹는데, 다른 하나는 먹지 않고 응시하려고만 하는도다.[13]

이 시구의 요지는 하나의 같은 나무에 두 마리의 새가 살고 있고, 그 중 하나는 달콤한 핍팔라 열매를 음미하지만 다른 하나는 먹지 않고 그것을 바라본다는 것이다. *Ṛgveda*를 주석한 Sāyaṇa에 의하면, 여기서 말하는 두 마리의 새 중에서 열매를 먹는 새는 개아를 가리키고, 먹지 않고 바라보는 새는 최고아를 가리키며, 같은 나무는 하나의 육신을 가리킨다. 그리고 개아는 행위의 과보를 향수하지만, 최고아는 수동적인 관조자일 뿐이다.[14] 이는 베단타 철학을 적용한 해석일 것이다. 실제로 베단타 철학의 거장인 샹카라는 *Brahmasūtra*를 주석하면서 *Ṛgveda*의 이 구절을 다음과 같이 해설한다.

여기서는 개아(jīva)와 최고아(paramātman)를 말하고 있는 것이다. 바로 이러한 유추가 "예쁜 날개를 가진 두 마리의 새가 짝을 이루어"라고 말한 것과 같은 경우들에서도 [적용된다.] … "둘 중의 하나는 달콤한 핍팔라 열매를 먹는데"라는 징표가 있기 때문에 [그 하나는] '인식하는 자아'(개아)이다. "다른 하나는 먹지 않고 응시하려고만 하는도다."라고 먹지 않음과 지성[을 지시하기] 때문에 최고아이다.[15]

그러나 여기서 주제로 취급되는 문제의 시구에 내재된 관념은 상키야 사상의 전조로 해석될 수 있다. 그래서 샹카라도 자신의 해설에 대한 반론을 다음과

....

13 dvā suparṇā sayujā sakhāyā samānaṃ vṛkṣaṃ pariṣasvajāte | tayor anyaḥ pippalaṃ svādv atty anaśnann anyo 'bhicākaśīti || ṚV 1.164.20. Müller(1983) I, p. 703. 이 구절은 *Muṇḍaka-upaniṣad*에 고스란히 인용되어 있다. *Muṇḍaka-up*. 3.1.1. Radhakrishnan(1953) p. 686.

14 Cf. Griffith(1973) p. 111, n. 20.

15 iha jīva-paramātmānāv ucyeyātām | eṣa eva nyāyaḥ "dvā suparṇā sayujā sakhāyā"(muṇḍa. 3.1.1) ity evam ādiṣv api | … "tayor anyaḥ pippalaṃ svādv atty" ity adanaliṅgād vijñānātmā bhavati | "anaśnann anyo 'bhicākaśīti" ity anaśana-cetanābhyāṃ paramātmā | BSbh ad. BS 1.2.12. Shastri(1980) p. 173, 7-10행.

같이 소개한다.

> 다른 이(반론자)는 [다음과 같이] 주장한다. '예쁜 날개를 가진 두 마리의 새'라고 말한 그 시구는 이 주제에 대한 결론을 제공하지 못한다. *Paiṅgirahasya-brāhmaṇa*는 다른 방식으로 [다음과 같이] 설명하기 때문이다. "'둘 중의 하나가 달콤한 핍팔라 열매를 먹는다'는 것은 순질(sattva)을 가리키고, '다른 하나는 먹지 않고 응시하려고만 한다', 즉 다른 하나가 먹지 않고 바라본다는 것은 '아는 자'(jña, 인식자)를 가리킨다. 그 둘은 각각 순질과 '몸을 아는 자'(kṣetrajña)이다." 만약 순질이라는 말은 개아이고 '몸을 아는 자'라는 말은 최고아라고 한다면, 그렇지 않다. 순질과 '몸을 아는 자'라는 말은 내적 기관과 '육신을 가진 영혼'(즉 개아)을 지목하는 것으로 잘 알려져 있기 때문이다. 또한 바로 거기서는 다음과 같이 설명하기 때문이다. "바로 그 순질로 꿈을 보며, 또한 바로 그 '육신을 가진 영혼'으로서 목격하는 자가 '몸을 아는 자'이다. 그 둘(내적 기관과 개아)은 순질과 '몸을 아는 자'이다."[16]

여기서 반론자는 *Paiṅgirahasya-brāhmaṇa*라는 고문헌을 인용하여 두 마리의 새 중에서 하나는 순질, 다른 하나는 '몸을 아는 자'를 가리킨다고 주장한다. 그리고 이로써 순질을 개아로, '몸을 아는 자'를 최고아로 해석하는 것을 부정한다. 왜냐하면 같은 문헌에서 전자를 내적 기관으로, 후자를 '육신을 가진 영혼'(개아)으로 설명하고 있기 때문이다. 이와 같은 샹카라의 해설에서 샹카라 자신의 지론과 이에 대한 반론의 요지를 다음과 같이 추출하여 한눈에 대비할 수 있다.

....

16 apara āha 'dvā suparṇā' iti neyam ṛg asyādhikaraṇasya siddhāntaṃ bhajate, paiṅgarahasya-brāhmaṇenānyathā vyākhyātatvāt | "'tayor anyaḥ pippalaṃ svādv atti' iti sattvam, 'anaśnann anyo 'bhicākaśīti' ity anaśnann anyo 'bhipaśyati jñas tāv etau sattva-kṣetrajñau" iti | sattva-śabdo jīvaḥ kṣetrajña-śabdaḥ paramātmeti yady ucyata, tan na, sattva-kṣetrajña-śabdayor antaḥkaraṇa-śārīra-paratayā prasiddhatvāt | tatraiva ca vyākhātatvāt "tad etat sattvaṃ yena svapnaṃ paśyati, atha yo 'yaṃ śārīra upadraṣṭā, sa kṣetrajñas tāv etau sattva-kṣetrajñau" iti | BSbh ad. BS 1.2.12. ibid. p. 174, 1-6행.

〈표 9〉 Ṛgveda 1.164.20에 대한 해석

두 마리의 새	상카라의 지론	Paiṅgirahasya-brāhmaṇa에 의거한 반론		
		주장	부정	부정의 근거
열매를 먹는 새	개아	순질	개아	내적 기관
먹지 않고 바라보는 새	최고아	몸을 아는 자	최고아	개아

샹카라는 이처럼 반론자의 주장을 소개하지만, 그의 지론은 두 마리의 새를 이원론적으로 설명하는 것을 경계하고 그 둘을 개아와 최고아라는 범아일여의 일원론으로 해석해야 한다는 관점을 견지한다. 그는 순질과 '몸을 아는 자'가 상키야의 양대 원리에 적용되는 용어임을 의식하여, 두 마리의 새를 언급하는 *Ṛgveda*가 이원론의 전거로 간주되는 것을 경계한 것으로 이해된다.

그러나 반론자의 주장을 수용할 경우, 문제의 시구에서 상키야의 전조 또는 태동을 찾을 수 있을 만한 여지는 대체로 인정된다. 반론자가 전거로 내세운 순질과 '몸을 아는 자'가 고전 상키야에서는 각각 통각(buddhi)과 순수정신을 대변한다는 것은 주지의 사실이기 때문이다. 그리고 순질이 우세하다는 특성을 갖는 내적 기관으로서의 통각은 원질의 첫째 전변이다.

그러므로 *Ṛgveda*에서 말하는 두 마리의 새는 상키야의 통각과 순수정신에 상응한다. 상키야의 통각도 열매를 음미하는 새처럼 스스로 초래한 선악의 결실을 거둬들이며, 순수정신은 바라보기만 하는 둘째 새와 같다. 상키야에서 순수정신은 행위자가 아니고 무관심하므로 바라보기만 하는 새처럼 통각의 활동에 사로잡히지 않는다. 다만 통각이 성취한 것을 순수정신이 성취한 것으로 생각한다면, 이는 착각 때문이다.[17]

*Ṛgveda*에서 언급한 두 마리의 새는 물론이고 *Paiṅgirahasya-brāhmaṇa*에서 이 둘을 순질과 '몸을 아는 자'로 설명한 것이 결코 이원론의 전거로 간주될 수는 없

17 Cf. Chakravarti(1975) pp. 9-10.

다. 샹카라와 Sāyaṇa의 설명처럼 베단타의 관점에서 이것들은 오히려 일원론의 기조를 드러내는 것으로 이해된다.[18] 그럼에도 불구하고 '짝을 이루는 둘'이라는 관념, 그리고 이 둘을 '열매를 먹는' 행위자와 '바라보기만 하는' 관조자로 표현하는 관념은 이원론적 발상의 태동으로 간주할 만하다. 상키야의 이원론은 여성과 남성을 각각 행위자와 관조자로 설정하고, 이 둘의 상호작용으로 세계의 형성과 변화, 인간의 속박과 해탈을 설명하기 때문이다.

3.1.2. 베다의 제사를 비판하는 상키야

상키야의 기원을 조명하는 데서는 제사에 대한 고전 상키야의 인식도 하나의 단서로 주목된다. 이와 관련하여 『상키야송』의 다음과 같은 서술은 베다의 훈령으로 실행해 온 제사에 대한 비판적 인식을 표명한 것으로 잘 알려져 있다.

> 계시에서 유래하는 것도 이미 알려져 있는 것과 마찬가지[로 확정적이지도 궁극적이지도 아닌 것][19]이다. 왜냐하면 그것은 부정(不淨)이나 소멸이나 우월[이나 열등]과 결부되어 있기 때문이다.[20]

여기서 '계시에서 유래하는 것'(ānuśravika)은 포괄적으로 베다에 따르는 것을 의미하고, 더 구체적으로는 베다가 규정하는 제사를 의미한다. 그런데 베다가 규정하는 제사를 실행하는 데서는 동물이나 사람까지도 희생물로 살해하는 따위의 부정(不淨)을 동반한다. 더욱이 제사의 과보도 언젠가는 소멸한다. 또한 제

....

18 Sāyaṇa(14세기 후반)가 하나의 새를 개아로, 다른 하나의 새를 최고아로, 두 새가 동거하는 하나의 나무를 육신으로 해석한 것은 개아와 최고아가 육신이라는 하나의 원리에 귀속되어 있다는 일원론의 반영이다. 이는 개아와 최고아가 결코 별개의 둘이 아니라고 주장하는 샹카라의 불이일원론을 적용한 해석일 것으로 이해할 수 있다.

19 이는 바로 앞의 SK 1(@제2장 각주 179 참조)에서, 이미 알려져 있는 원인은 "확정적인 것도 궁극적인 것도 아니기 때문이다."라고 말한 것과 마찬가지라는 의미이다.

20 dṛṣṭavad ānuśravikaḥ sa hy aviśuddha-kṣayātiśaya-yuktaḥ | SK 2a.

사를 실행할 경우에는 그 종류나 제물에 따른 다양한 차별이 있고 그 과보에도 우열의 차이가 있으므로, 우월한 자는 열등한 자에게 고통을 일으킨다.[21] 그러므로 고전 상키야는 위의 서술로 베다가 규정하는 제사의 결점을 지적했다고 단언할 수 있다.

베다의 제사에 대한 상키야의 비판적 인식이 『상키야송』을 통해서 비로소 표명되지는 않았을 것이다. 앞에서 소개했듯이 『상키야송』은 카필라 이래 계승되어 확장된 학설을 요약한 것이기 때문이다. 실제로 상키야의 전승 계보 중 선두에 있는 카필라, Āsuri, Pañcaśikha는 모두 제사에 관한 전설과 결부되어 있다. 다만 성격이 다른 문헌들에서 상호 연계가 없이 서술되는 전설인 점에서, 카필라와 Āsuri의 경우는 상키야의 교시자가 아닌 동명이인일 수도 있다는 한계를 감안해야 한다.

『마하바라타』에는 베다의 제사를 성찰하는 카필라와 Syūmaraśmi라는 두 성현에 관한 일화가 수록되어 있다.[22] 여기서는 카필라를 상키야 학파의 개조로 명시하지는 않지만, 그가 상키야와 결부된 카필라일 가능성은 있다. 왜냐하면 여기서 그는 항상 성전의 의무를 준수하고, 감관을 제어하며, 진실한 지식의 소유자로서 확고한 불변의 진리를 직관하는 성현으로 칭송되기 때문이다. 이 일화에서 요점을 간추리자면 다음과 같다.

> 옛적에 Tvaṣṭṛ 신이 Nahuṣa의 궁전으로 갔다. Nahuṣa는 베다의 훈령에 따라 접대의 의무를 준수하고자 암소를 도살하려 했다. 불쌍한 처지에 있는 암소

....

21 이는 주석자들 사이에서 상통하는 해석을 간추린 것이다. 村上真完(1978) p. 647 참조. 제사에 관한 불교 측의 입장은 상키야 측과 다르지 않다. 대승불교의 논사인 Āryadeva(聖天)의 *Śata-śāstra*는 중국에서 번역된 『백론』(百論)으로 전해져 있다. 그가 여기서 다음과 같이 말한 '상키야의 경문'(僧佉經)이란 바로 앞에 인용한 SK 2a를 지목한 것임이 분명하다.
"상키야의 경문에서 말한 것처럼, 제사의 법은 그 특징이 불순하고 무상하고 우월하거나 열등하므로, 폐기되어야 마땅하다." (復次如僧佉經言, 祀法不淨無常勝負相故, 是以應捨. T 30:170b)

22 Mbh 12.268-270=260-262. Dutt(2004.VIII) pp. 271-285.

를 보고서 카필라는 베다가 허용한 탓으로 잔혹한 짓을 저지른다는 뜻으로 "아이고 저런, 베다란!"이라고 한탄했다. 이 말을 들은 Syūmaraśmi 성현은 요가의 힘으로 암소의 몸속으로 들어가, 베다에 거부 반응을 드러내는 카필라에게 도전했다. 둘 사이에 논의가 있고 나서, 카필라는 베다를 비난하는 뜻은 아니라고 말한다. 그러나 그가 선호하는 것은 베다에서 지시하는 두 가지 방식, 즉 과업을 권장하는 것과 포기하는 것 중 후자이다. karma(의무/제사)를 이행하는 것으로는 육신이 정화되는 반면, 포기하는 것으로는 해탈에 도달한다.[23]

여기서는 동물을 살생하는 제사가 이야기의 발단이 되었음을 알 수 있으며, 제사야말로 베다의 훈령을 준수하는 일차적인 과업으로 예시되어 있다. 카필라는 이러한 베다의 훈령을 전적으로 거부하지는 않지만, 그 용도를 육신의 정화라는 현실적 효과와 해탈이라는 이상적 효과로 구분하고, 그 둘 중에서는 해탈이라는 후자 쪽을 지지한다. 예를 들어 카필라의 다음과 같은 설명은 기존의 제사에 대한 획기적인 인식의 전환이라고 평가하기에 충분하다.[24]

[베다가 규정한] 의무(=제사)를 실행하는 자들은 언제든지 악행에 의존하지 않고, 마음의 욕구를 성취하고, 청정한 지식을 추구하고, (6)
화내지 않고, 시기하지 않고, 자만심과 적의가 없고, 지혜에 안주하고,[25] 3

....

23 Chakravarti(1975) p. 6.

24 Mbh 12.270.6-8=262.5-7. Dutt(2004.VIII) p. 282.
anāśritāḥ pāpakarma kadācit karma-yoginaḥ | manaḥ-saṃkalpa-saṃsiddhā viśuddha-jñāna-niścayāḥ || 6 ||
akrudhyanto 'nasūyanto nirahaṃkāra-matsarāḥ | jñāna-niṣṭhās triśuklāś ca sarva-bhūta-hite ratāḥ || 7 ||
āsan gṛhasthā bhūyiṣṭhā avyutkrāntāḥ svakarmasu | rājānaś ca tathā yuktā brāhmaṇāś ca yathāvidhi || 8 ||

25 Dutt(2004.VIII:282)는 '지혜에 안주하고'의 지혜(jñāna)를 요가(yoga)로 번역했으나, 이는 자의적인 해석이다. 그가 이렇게 해석한 것은 카필라와 Syūmaraśmi의 대화에서 요가의 가치를 중시하므로, 여기서 나열하는 의무 실행자들의 덕목들도 요가에 의한 지혜라고 이해했기 때문일 것이다. 그가 아래의 셋째 구절에서 '전념하는'을 '요가에 전념하는'이라고 원문에는 없는 '요가'를 추가한 것도 이 때문일 것이다. 한편 상키야의 주석서들 중 *Māṭhara-vṛtti*에서는 Āsuri가 카필라의 제자가 된 과정을 설명하면서 카필라를 요기(요가 수행자)로 호칭한다. 이는 상키야 학파에서도 카필라를 요기

[업]이 청정하여, 모든 중생의 이익에 헌신한다. (7)

자신들의 의무를 어기지 않는 수많은 가장들이 있었으며, 규정에 따라 그와 같이 전념하는 왕들과 바라문들이 있었다. (8)

이처럼 그의 설명은 "악행에 의존하지 않고"라고 시작되는데, 이 경우의 악행이란 이야기의 발단으로 보아 살생을 먼저 지칭한 것으로 이해할 수 있다. 그렇다면 이는 『상키야송』에서 제사에 대해 표명한 부정적인 인식의 발단에 해당할 것이다. 다만 『마하바라타』의 이 같은 일화에서 등장하는 카필라가 상키야의 개조인 카필라일 것으로 확정할 수는 없다.[26] 그럼에도 불구하고 카필라의 첫째 제자인 Āsuri가 제사의 전문가로 언급되는 전설을 고려하면 『마하바라

....

로 인식했음을 시사할 것이다.

"이에 자비심을 일으킨 이 위대한 요기(카필라)는, '캄캄한 암흑 속에서 살고 있는 이 모든 가련한 이들에게 어떻게 은총을 베풀 수 있을까'라고 마음에서 생각을 일으켰다." (athāsau mahāyogī katham asya varākasya andhe tamasi vartamānasya viśvasyānugrahaḥ kārya iti samutpanna-kāruṇyo manasi cintām āpede | MV ad. SK 1. Sharma 1994:1, 23-24행) 카필라를 존자, 요기로 호칭한 예는 다음 각주 26 참조.

26 카필라라는 이름은 일찍이 *Ṛgveda*에서도 다음과 같이 등장하지만 성현의 이름인지 신격의 이름인지에 대해서는 의견이 분분하다.

"열 중의 하나인 카필라, 한결같은 그를, 그들은 최종의 목적을 위해 내보낸다. 어머니는 태아를 뱃속에 잘 간직하여, 아무런 욕심이 없는 그것을 달래면서 보살핀다." (daśānām ekaṃ kapilaṃ samānaṃ taṃ hinvanti kratave pāryāya | garbhaṃ mātā sudhitaṃ vakṣaṇāsv avenantaṃ tuṣayantī bibharti || ṚV 10.27.16. Müller 1983.IV:78)

이에 대해 영역자 Griffith(1973:549)는 카필라를 고유명사로 간주하지 않고 '황갈색의 것'이라는 일반 의미로 파악하면서 다른 해석(ibid. n. 16)도 부연했다. 즉 전통적 주석자인 Sāyaṇa에 의하면 카필라는 위대한 성현의 이름이지만, *Ṛgveda*를 독일어로 번역한 Hermann Grassmann에 의하면 카필라는 태양, 어머니는 밤을 의미하는 상징일 수 있다. 이처럼 어머니가 밤을 상징한다면, 태아는 떠오르는 태양이 될 것이다. 한편 Chakravarti(1975:6-7)는 이 카필라를 Marut 신들의 하나일 것으로 파악하면서, *Aitareya-brāhmaṇa*(7.17)에서도 카필라가 언급되는 다음과 같은 예를 제시한다. "그는 실로 Viśvāmitra의 일가인 Devarāta였고, 카필라로부터 유래하고 Babhru의 일가인 이들은 그에게 소속된다."(sa ha vai devarāto vaiśvāmitra āsa, tasyaite kāpileya-bābhravaḥ) 그에 의하면 이 원문에서 Kāpileya(Kapila로부터 유래)라는 용어는 카필라의 씨족을 지칭하지만, 이 문헌에는 더 이상의 자료가 없기 때문에 카필라가 본래 누구를 지칭하는지는 알 수 없다. 이 밖에 *Ṛgveda*의 보유 찬가(khila)들에서도 몇몇의 다른 성현들과 함께 카필라가 언급된다.

"바로 그 Agasti와 Mādhava, Mucukunda와 Mahāmuni, 경건한 성자인 카필라, 이 다섯 분은 안락에 안주해 있다." (agastir mādhavaś caiva mucukundo mahāmuniḥ | kapilo munir āstikaḥ pañcaite sukha-śāyinaḥ || *Bālakhilya* 2.9) 원문은 Chakravarti(1975) p. 7, n. 2 재인용.

타』의 그 카필라가 상키야의 카필라와는 전혀 무관한 인물일 것으로 단정할 수도 없다. 예를 들어 *Māṭhara-vṛttii*에서는 『상키야송』의 제1송을 본격적으로 해설하기에 앞서, Āsuri가 카필라의 제자가 된 인연을 먼저 소개한다.

> 이와 같이 생각한 그(카필라)는, 천년 동안 제사를 주재한 자로서 빼어난 바라문의 동족인 Āsuri에게 다가가, 브라만을 가르치는 지혜로 신중을 기하여 다음과 같이 말을 걸었다. "오! 여보게, Āsuri여, 그대는 [제사를 지내는] 가장(家長)의 법으로 행복하게 지내는가?"[27]

여기서 Āsuri는 그렇다고 답한다. 이에 카필라는 천년이 지난 후에 다시 Āsuri에게 가서 이전과 똑같이 질문하는데, Āsurī는 이전과 마찬가지로 가장의 법에 만족한다고 대답한다. 카필라는 되돌아가 천년을 보낸 후에 또다시 Āsuri에게 가서 이전과 똑같이 질문하자, 드디어 Āsuri는 "세 가지 고통의 압박 때문에"(SK 1) 만족하지 않는다고 대답한다. 이어서 Āsuri는 카필라의 가르침을 따르겠다고 다짐한다.

> 그러자 카필라가 말했다. "친애하는 이여! 그대는 금욕을 준수하며 살 수 있겠는가? 만일 그렇다면 우리는 그 세 가지 고통의 방지책을 교시해 줄 것이네." 그(Āsuri)는 말했다. "존자시여! 물론입니다. 저는 존자들의 가르침을 따를 수 있습니다." 이리하여 그(Āsuri)는 가장(家長)의 법과 처자 등을 버리고 출가하여, 존자요 요기인 카필라 스승의 열성적인(?) 제자가 되었다.[28]

....

27 sa evaṃ vicintayan āsuri-sagotraṃ brāhmaṇa-viśeṣaṃ varṣasahasra-yājinam adhikāriṇam avagatya brahmopadeśa-vidyayā atandrito bhūtvā vācam ity uvāca, "bho bho āsure ramase gṛhastha-dharmeṇa" iti | MV ad. SK 1. Sharma(1994) p. 2, 1-3행. 『금칠십론』의 설명도 이와 거의 동일하다.
"옛적에 카필라로 불리는 선인(仙人)이 있었는데 … [그는] 세상을 두루 관찰하여, 천년 동안 신에게 제사하는 자로서 성씨가 Āsuri인 한 바라문을 보고, 몸을 감추어 그에게 다가가서 이렇게 말했다. 'Āsuri여! 그대는 재가(在家)의 법으로 유희하는가?'" (昔有仙人名迦毘羅 … 遍觀世間, 見一婆羅門姓阿修利千年祠天, 隱身往彼說如是言. 阿修利汝戲在家之法. T 54:1245a)

『금칠십론』과 *Māṭhara-vṛtti*의 저자는 이 같은 전설을 통해 카필라의 집요한 노력으로 Āsuri도 제사의 가치를 부정하게 되었다는 것을 강조한다. 그리고 이 것이 상키야 입문의 전제 조건으로 설정되어 있다는 점에서, 상키야 철학이 제사에 관해서는 부정적인 인식으로부터 출발한다는 것을 천명하는 데 전설의 초점이 있을 것이다.[29]

다음으로 Pañcaśikha는 육십과론(*Ṣaṣṭitantra*)의 저자일 것으로 추정되지만,[30] 『요가주』에는 그의 발언으로 알려진 단편적 소견들이 자주 인용되어 있다. 이것들 중에서 다음과 같은 단편은 제사와 관련된 발언으로 주목된다.

> 주요한 업으로 뒤섞여 감에 관해서는 다음과 같은 말씀[31]이 있다. "[희생제(犧牲祭)처럼 큰 선업과 작은 악업이 있을 경우, 악업과의] 사소한 뒤섞임이 있을 것이고, [좋은 과보의] 유보와 [나쁜 과보에 대한] 인내가 뒤따를 것이

....

28 athāha kapilaḥ, "tāta utsahase brahmacarya-vāsaṃ vastuṃ yadi tadāmīṣāṃ duḥkha-trayāṇāṃ pratīkāraṃ vayam upadekṣyāmaḥ" | so 'bravīt, "bhagavan bāḍhaṃ śakto 'haṃ bhagavatām ādeśam anugantum" iti | sa evaṃ gṛhastha-dharmam apahāya putra-dārādikaṃ ca, pravrajito bhagavataḥ kila kapilācāryasya yoginaḥ prāṇāḥ(?) śiṣyo babhūva | MV ad. SK 1. Sharma(1994) p. 2, 10-14행.

29 이 전설은 상키야에 입문하기 전의 Āsuri가 제사의 완고한 옹호자였으며, 또한 그가 카필라의 첫째 제자로 입문할 당시 인도의 환경은 베다의 제식주의로 팽배해 있었다는 사실을 시사한다 (Chakravarti 1975:7). 이 점에서도 Āsuri에 관한 이 전설은 제사에 대한 상키야의 부정적인 관점을 확고하게 드러낸 것으로 이해할 수 있다.

30 Ṣaṣṭitantra, 즉 육십과론(六十科論)이 전통적으로 상키야에 관한 최초의 체계적 작품으로 간주되는 이유는 『상키야송』에서 이것을 다음과 같이 언급하기 때문이다.
"실로 70[송](『상키야송』)에 있는 요의(要義)는 곧 설화를 제외하고 또 타인의 주장을 제거한 육십과론 전체의 요의이다." (saptatyāṃ kila yo 'rthās te 'rthāḥ kṛtsnasya ṣaṣṭitantrasya | ākhyāyikā-virahitāḥ paravāda-vivarjitāś ceti || SK 72)
이에 따르면 육십과론은 방대한 논서일 것이지만 그 실체는 알 수 없고 단편들만이 여러 문헌들에서 인용된다. 이 논서의 저자는 일반적으로 Pañcaśikha로 알려져 있으나 Vārṣagaṇya일 가능성도 있다. 예를 들어 Vācaspati처럼, Pañcaśikha의 발언으로 알려진 단편을 Vārṣagaṇya의 발언으로 명시한 주석자도 있기 때문이다. cf. Woods(1914) p. 317, n. 3.

31 Vācaspati는 이 말씀의 발설자를 Pañcaśikha로 명시한다. "이에 관해 Pañcaśikha는 다음과 같이 말했다." (yatredam uktaṃ pañcaśikhena ··· TV 2.13. Bodas 1917:72, 24행) Vijñāna Bhikṣu도 이와 마찬가지이다. Rukmani(1983) p. 57.

지만, 선(善)을 감손하기에는 충분하지 않을 것이다. 왜 그러한가? 나에게는 다른 많은 선이 있기 때문이다. 이 경우에 그 뒤섞임에 봉착한 자는 천계에서도 사소한 감손을 겪을 것이다."[32]

여기서는 선업과 악업의 과보가 뒤섞이는 경우가 있음을 설명하고 있는데, Vācaspati와 Vijñāna Bhikṣu와 같은 주석자들은 그 같은 경우를 제사로 예시한다.[33] 이 점을 고려하면 여기서 인용한 Pañcaśikha의 말씀은 다음과 같은 두 가지 의미를 함축한 것으로 이해된다.[34]

첫째, 베다의 제사는 좋은 과보를 초래할 수 있지만, 가축을 살생한 탓으로 아무리 사소할지언정 어느 정도의 죄악을 수반한다. 만약 이에 대해 어떤 식으로든 속죄하지 않고 그냥 지나친다면, 천계에서라도 얼마간의 불행을 겪게 될 것이다.

둘째, 베다의 제사 의례는 천계에 태어나는 것을 보장한다. 그러나 제사를 실행한 사람이 그 좋은 과보를 소진하고 나면, 천계로부터 지상으로 되돌아와서 불행을 그 제사의 몫으로 받아야 할 것이다. 더욱이 제사가 초래하는 공덕은 제사의 종류나 성격에 따라 동일하지 않다. 따라서 베다의 제사라는 수단을 절대적이고 최종적인 것으로 간주할 수는 없다.

이상에서 소개한 사례들은 베다의 제사에 대한 카필라의 비판 정신이 순차로 계승되어 고전 상키야에 반영되었다는 사실을 충분히 시사한다. 그리고 이는 곧 상키야가 베다의 제식주의에 대한 반동으로 출현했다고 주장할 수 있는

....

32 YBh 2.13. 정승석(2020) p. 111.

33 Vācaspati는 Soma제의 일종인 Jyotiṣṭoma라는 제사를 예로 들어 다음과 같이 설명한다.
"Jyotiṣṭoma 제사 따위의 주요한 업으로 그것의 부수적인 업이 섞여 들어가는 것은 가축을 살생하는 따위[의 악업] 때문이다. 실로 살생 따위는 두 가지 결과를 [초래하는데,] 주요한 것과 부수적인 것으로 작용함으로써 그것(결과)을 준비한다." (pradhāne karmaṇi jyotiṣṭomādike tad-aṅgasya paśu-hiṃsāder āvāpagamanam | dve khalu hiṃsādiḥ kārye, pradhānāṅgatvena vidhānāt tad-upakāraḥ | TV 2.13. Bodas 1917:72, 18-19행)

34 Cf. Chakravarti(1975) p. 5.

배경이자 근거가 된다. 다만 이 같은 상키야의 관점이 베다의 타당성을 전적으로 부정하는 입장으로까지 비화한 것은 아니다. 인도의 사상사에서 베다의 타당성을 전적으로 부정하는 철학이나 종교는 무파(nāstika, 비정통파)로 간주되지만, 고전 상키야는 무신론임에도 불구하고 유파(āstika, 정통파)에 속한 것으로 인정되어 왔기 때문이다.

3.2. 고행의 전통과 요가

인도인에게 요가가 언제부터 시작되었느냐고 묻는 것은 무의미한 질문일 것이다. 인도에서 대중에게 가장 널리 통용된 성전인 『기타』는 인간의 조상인 마누(Manu)보다 먼저 알려져 있었던 것이 요가라고 다음과 같이 천명하기 때문이다.

> 나는 이 불멸의 요가를 [태양신인] Vivasvat에게 교시했으니, 이것을 Vivasvat는 마누에게 전했고, 마누는 [태양족의 조상인] Ikṣvāku에게 설했노라.[35]
> 성현인 왕들은 이것이 이와 같이 대대로 전승된 것임을 알라. 적들을 파괴하는 자여! [그러나] 장구한 시간을 거치면서 요가는 이 세상에서 사라졌느니라.[36]
> 바로 그렇게 유구한 이 요가를 내가 오늘 그대에게 교시하노라. 왜냐하면 그대는 나를 숭배하고 동행하는 자요 이것은 최상의 비밀이기 때문이니라.[37]

이는 물론 신화적인 전설로 요가의 전통이 유구하다는 것을 강조하는 것일 뿐이고, 사실을 말하는 것은 아니다. 그럼에도 불구하고 여기서는 요가의 전통

35 imaṃ vivasvate yogaṃ proktavān aham avyayam | vivasvān manave prāha manur ikṣvākave 'bravīt || BG. 4.1. Radhakrishnan(1949) p. 151.

36 evaṃ paramparāprāptam imaṃ rājarṣayo viduḥ | kāleneha mahatā yogo naṣṭaḥ paraṃtapa || BG. 4.2. ibid.

37 sa evāyaṃ mayā te 'dya yogaḥ proktaḥ purātanaḥ | bhakto 'si me sakhā ceti rahasyaṃ hy etad uttamam || BG. 4.3. ibid.

에 대해 그 당시 통용되었을 인식을 엿볼 수 있다. 그것은 유사 이래 전승되어 왔던 요가가 잠시 단절되었다가 다시 성행하게 되었다는 인식이다. 이 경우, 다시 성행하게 된 요가란 『마하바라타』에서 상키야와 결부되어 교시되는 요가일 것이다. 그렇다면 유사 이래 '대대로 전승된' 요가란 단지 요가의 유구성을 강조하는 수사에 불과한 것인가? 아니면 요가의 모태에 해당하는 어떤 전통이 있었음을 암시하는가? 이러한 의문에서 후자일 가능성으로 한결같이 주목되는 것은 타파스(tapas)로 불리는 고행이다.

이하에서는 고행의 전통을 형성한 주역, 그리고 고행이 요가로 진전하는 배경을 먼저 더듬어 본다.

3.2.1. 요가 수행자의 전신

인도에서 '대대로 전승된' 가장 오래된 문헌은 단연 *Ṛgveda*이다. 앞서 고찰했듯이 *Ṛgveda*에는 요가라는 말이 빈번하게 구사되어 있다. 그러나 *Ṛgveda*에서 요가라는 말은 후대에 통용되는 것과 같은 수행 수단이라는 전문적 의미를 지니지 않을 뿐만 아니라, 요가 수행자라는 말도 전혀 언급되지 않는다.[38] 다만 여기서는 후대의 요가 수행자를 연상시키는 장발의 기인(奇人)들을 묘사하는 한 편의 찬가가 주목되는데,[39] 그 기인들은 모니(牟尼, muni)[40]로 불린다. 이러한 모니

38 高木訷元(1991a) p. 12 참조. 또한 @제2장 각주 47 참조.

39 辻直四郞(1970:335)은 이 찬가의 의의를 다음과 같이 소개한다. "요가의 수행자는 후세의 인도 종교계에서 특수한 의의를 지니는데, 그 원형을 생각하게 하는 고행자의 풍모와 생태를 묘사하고 있다. 그들은 초인적 능력을 갖추고 우주적 존재의 지위에 이른다." 후대의 문헌인 *Matsya-purāṇa*에서 장발은 요가 수행자의 상징인 것처럼 인식되어 있다.
"요가 없이 장발을 고수하고, 의지 없이 맹세를 서약하고, 금욕 없이 유랑하는 이 셋은 위선으로 불릴 것이다." (ayoge keśa-dharaṇam asaṃkalpa-vrata-kriyāṃ | abrahmacarye caryā ca trayaṃ syād dambha-saṃjñakam ‖ *Matsya-pr.* 175.41) Taluqdar(1917:94)의 번역에서는 '유랑하는'(caryā)이 '고행을 실천하는'이라는 의미로 해석된다.

40 '모니'는 성자, 현자, 선지자, 은둔자 등을 의미하는 muni의 음역이다. 이 말은 불교의 석가모니(釋迦牟尼)라는 고유명사에서 사용되어 잘 알려져 있으므로, 이하 muni의 위상을 고찰하는 데서는 이 음역을 사용한다. 그러나 이 밖의 경우에는 muni를 일반적 의미인 '성자'로 통일한다.

들을 기인으로 불러도 무방한 이유는 아래에서 확인할 수 있듯이, 이들이 더러운 옷에 머리를 길게 기른 장발자로 지내면서도 특수한 능력의 기행(奇行)을 발휘하는 것으로 묘사되기 때문이다.

> 장발자는 불을, 장발자는 독[41]을, 장발자는 천지를 지탱하노라. 장발자는 만물을 보기 위한 태양이니, 장발자는 이러한 광명으로 불리노라. (1)
> 바람을 허리띠로 두르고 갈색의 더러운 옷을 입은[42] 모니들은 바람의 질주를 뒤따라, 신들이 들어갔던 그곳으로 가노라. (2)
> 모니의 지위로 황홀경에 도취하여 우리는 바람을 타고 다니노라. 죽음을 피할 수 없는 그대들은 우리의 형해(形骸)만을 보는구나. (3)
> 모든 형체를 굽어보면서 공계(空界)를 누비고 다니는 모니는, 신들이 저마다 베푸는 호의에 걸맞는 친구가 되누나. (4)
> 바람의 말[馬]이요 Vāyu(바람의 신)의 친구인 모니는 이제 신들에 의해 파견되어, 동쪽과 서쪽 두 대양에서 거주하도다. (5)
> Apsaras들과 Gandharva들과 야수들의 길을 걷고 있는 장발자는, [그들의] 의도를 아는 자로서 감미롭고 가장 매혹적인 친구로다. (6)
> 그(장발자)를 위해 Vāyu는 휘저어 섞고 Kunannamā는 짜냈나니,[43] 장발자는 [이것을] 독의 그릇으로 Rudra(폭풍의 신)와 함께 마셨도다. (7)[44]

41 원어 viṣa의 일반 의미는 독(毒)이고 물[水]을 의미하기도 한다. 여기서는 바로 앞의 '불'과 대응하여 '물'을 의미할 수도 있다. Griffith(1973:636)는 이것을 '물'로 이해한 반면, 辻直四郎(1970:336)은 후속 구절(제7송)을 고려하여 "황홀 상태를 일으키는 물질"로 추정되는 '독'으로 번역했다.

42 이 대목은 해석의 차이에 따라 의미가 약간 다를 수 있다. 먼저 '바람을 허리띠로 두르고'는 '벌거벗은', 즉 나체로 지낸다는 것을 의미할 수도 있다. 다음으로 '갈색의 더러운 옷'은 '나무껍질로 만든 더러운 옷' 또는 '갈색의 진흙'을 의미할 수도 있다. 그러므로 이렇게 표현된 모니는 '찰흙을 바른 나체의 고행자'를 가리킬 수도 있다. 한편 '더러운'(māla)이라는 표현이 *Aitareya-brāhmaṇa*(7.13,7)에서는 ajina(영양의 가죽), śmaśrūṇi(콧수염과 턱수염), 고행의 상징으로서 tapas와 함께 구사된다. cf. Benedetti(2013) p. 30, n. 60.

43 辻直四郎(1970:337)은 Kunannamā를 어원적으로 '추한 꼽추 여자'로 이해하여 마녀의 일종으로 간주했다. 그러나 Griffith(1973:637)는 kunannamā를 '구부리기에는 아주 단단한 것'으로 이해하여, 아주 단단한 것을 찧는다는 의미로 번역했다. 어느 쪽으로 이해하든, 여기서는 특정 성분의 식물에서 액즙을 뽑아 낸다는 의미를 파악할 수 있다.

소위 '장발자의 노래'로 불리는 위의 찬가에서 제3송 이하는 모니의 초인적인 기행과 능력을 묘사한다. 특히 제3송에서 언급하는 바람과 형해는 정신(영혼)과 물질(육체)을 상징하는 비유적 표현으로 이해된다. 즉, 이로써 모니들의 영혼(정신)은 바람처럼 자유자재하지만, 보통 사람들은 이것을 알지 못하고 단지 그들의 육체(물질)만 볼 뿐이라는 것을 암시한다. 그렇다면 이는 모니들이 영혼과 육체 또는 정신과 물질이라는 이원론적인 사고를 지니고 있었음을 시사할 것이다.[45]

또한 이 찬가에서는 장발자인 모니가 바유(Vāyu) 또는 루드라(Rudra)와 친교를 맺고 있는 것으로 묘사한 것도 의미심장하다. *Ṛgveda*에서는 바람이 바유, 루드라, 마루트(Marut) 따위와 같은 다양한 풍신(風神)으로 등장하는데, 이들 중 가장 대표적인 상위의 풍신은 루드라이다. *Ṛgveda*에서 루드라는 '가축의 보호자'를 대변할 뿐만 아니라, 치료제의 소유자로서 의사들 중 최상의 의사로 불리며, 천 가지의 약을 가진 자로도 언급된다.[46]

....

44 ṚV 10.136.1-7. Müller(1983) IV, pp. 443-4.
keśy agniṃ keśī viṣaṃ keśī bibharti rodasī | keśī viśvaṃ svar dṛśe keśīdaṃ jyotir ucyate || 1 ||
munayo vāta-raśanāḥ piśaṅgā vasate malā | vātasyānu dhrājiṃ yanti yad devāso avikṣata || 2 ||
unmaditā mauneyena vātām̐ ā tasthimā vayam | śarīred asmākaṃ yūyam martāso abhi paśyatha || 3 ||
antarikṣeṇa patati viśvā rūpāvacākaśat | munir devasya-devasya saukṛtyāya sakhā hitaḥ || 4 ||
vātasyāśvo vāyoḥ sakhātho deveṣito muniḥ | ubhau samudrāv ā kṣeti yaś ca pūrva utāparaḥ || 5 ||
apsarasāṃ gandharvāṇāṃ mṛgāṇāṃ caraṇe caran | keśī ketasya vidvān sakhā svādur madintamaḥ || 6 ||
vāyur asmā upāmanthat pinaṣṭi smā kunannamā | keśī viṣasya pātreṇa yad rudreṇāpibat saha || 7 ||

45 高木訷元(1991a) p. 14 참조.

46 "바람(marut)들의 아버지[이신 루드라]여! 저는 가축의 보호자와 같은 당신께 찬가들을 바치나니, 저희에게 은총을 베푸소서." (upa te stomān paśupā ivākaraṃ rāsvā pitar marutāṃ sumnam asme | ṚV 1.114.9a. Müller 1983.I:508)
"찬송의 주인이요 제사의 주인이요 치료제의 소유자인 루드라에게, 우리는 이렇게 행운의 은총을 간청하나니." (gāthapatiṃ medhapatiṃ rudraṃ jalāṣa-bheṣajam | tac chaṃyoḥ sumnam īmahe || ṚV 1.43.4. ibid. p. 221)
"강력한 분이신 루드라여! 그릇된 찬송과 뒤섞인 기원으로 경배한 것들이 당신을 노하게 하지 않기를. 제가 듣기로 당신은 의사들 중 최상의 의사이시니, 우리의 영웅들을 약들로 북돋워 주소서." (mā tvā rudra cukrudhāmā namobhir mā duṣṭutī vṛṣabha mā sahūtī | un no vīrām̐ arpaya bheṣajebhir bhiṣaktamaṃ tvā bhiṣajāṃ śṛṇomi || ṚV 2.33.4. ibid. II, p. 97)

이처럼 루드라의 다양한 성격이 다음 단계의 문헌들에서는 '100가지 양상의 루드라'(Śatarudriya)[47]라는 훨씬 더 발전된 형태로 나타난다. 이것들 중에서 '가축의 주인'(paśupati)은 후대에 루드라의 독특한 별명이 되었다. 그리고 루드라는 Śambhu(은혜를 베푸는 자애로운 자)와 Śiva(행운을 주는 상서로운 자)로 불리기에 이르는데, 이 둘은 루드라의 100가지 양상들 중에서 맨 끝에 열거되는 이름이다.[48]

앞에 소개한 '장발자의 노래'에 의하면, 모니로 불리는 장발자는 풍신과는 친구이고 야수의 길을 걸으며 모종의 약을 루드라와 함께 마신다. 여기서 모니는 야수(짐승), 약, 루드라와 밀접하게 연관되어 있다. 결국 모니의 친구인 루드라는 마침내 쉬바(Śiva)로 불리게 된다. 인도의 종교적 전통에서 쉬바는 '요가의 신'(Yogeśvara)으로 신봉되었으며, 쉬바를 '가축의 주인'으로 숭배하는 종파로서 수주파(獸主派)로도 번역되는 Pāśupata가 일찍이 등장하였다.[49]

힌두교의 양대 종파를 형성한 쉬바 신앙의 기원을 찾자면, 학자들에 따라 그 기원은 인더스 문명으로까지 거슬러 올라가기도 하지만, 베다 성전에서는 폭풍의 신인 루드라가 쉬바의 전신(前身)이라고 알려져 있다. 바람이라는 자연 현상은 산이나 들판과 같은 거친 곳, 짐승과 연관된다. 그래서 쉬바는 다음과 같은 식

....

"당신(루드라)께는 천 가지 잘 듣는 약들이 있으니, 저희 아이들과 후손들에게 해가 없기를." (sahasraṃ te svapivāta bheṣajā mā nas tokeṣu tanayeṣu rīriṣaḥ ‖ ṚV 7.46.3b. ibid. III, p. 105)

47 *Taittirīya-saṃhitā* 4.5.1 ; *Vājasaneyi-saṃhitā* 16.

48 Cf. Bhandarkar(1982) pp. 146-7.

49 Pāśupata라는 이름은 일찍이 『마하바라타』에서도 쉬바와 직접 관련되는 것으로 다음과 같이 언급된다. "부동의 쉬바는 Umā의 남편, 중생의 주인, Śrīkaṇṭha(훌륭한 목소리를 가진 자), 바라문의 아들로 불린다고 이렇게 아는 것이 Pāśupata이다." (umāpatir bhūtapatiḥ śrīkaṇṭho brahmaṇaḥ sutaḥ | uktavān idam avyagro jñānaṃ pāśupataṃ śivaḥ ‖ Mbh 12.349.67=337.62. Dutt 2004.VIII:621)
한편 '요가의 신'이 쉬바의 별명들 중에서는 종교적으로 가장 중요한 별명으로 통용되었다는 것은, 쉬바의 위대성이 요가와 결부됨으로써 더욱 고취되었다는 사실을 반영한다. 즉 쉬바는 요가 수행자의 모습으로 신봉되며, 그가 가장 투철한 수행자 또는 고행자로 인식된 데서 그의 위대성은 더욱 부각된다. 쉬바의 위대성을 고취하는 신화에서 쉬바의 불가사의한 능력은 고행이나 요가에서 비롯된 것이며, 쉬바는 고행자의 화신이거나 수호자이다. 高崎直道 外(1987) p. 154 참조.

으로 묘사된다. 산에 거주하며, 강력하고 광포하며, 무기를 지니고 다니면서 노하면 벌을 내리고, 악마를 퇴치한다. 쏘기만 하면 반드시 상대를 사살하는 필살의 활을 휴대하고, 호랑이 가죽을 두르고 산야를 쏘다니며, 기침의 독이나 열병을 무기로 삼아 사람과 가축을 습격한다. 신들도 그를 두려워한다.[50]

쉬바에 대한 이러한 묘사와 관념은 쉬바 신앙이 비속적이고 토착적인 환경에서 싹텄을 것임을 시사한다. 사실 베다는 인도에 이주한 아리안 문화의 소산이다. 그리고 이것이 인도라는 환경에서 성장한 만큼, *Ṛgveda*의 찬가들에는 인도의 토착적 요소도 반영되어 있다. 여기서 예시한 루드라가 바로 그러한 요소를 대변하여 점차 쉬바 신앙으로 전개된다. *Ṛgveda*에서 쉬바 신앙과 연관되는 요소로 주목되는 것들 중에는 성기 숭배도 있다. 여기서는 인드라(Indra)를 찬미하면서 남자의 성기인 남근(男根)을 숭배하는 무리가 있음을 다음과 같이 언급한다.

> 가장 강력한 분이신 인드라여! 악령들은 우리를 강제하지 못했고, [당신의] 방책들로 발진[과 같은 질병]도 없도다.
> 사악한 일당에 맞서고 있는 주님이신 그분(인드라)께서 남근 숭배자들이 우리의 신성한 법에 접근하지 못하게 하시기를.[51]

이는 후대의 쉬바 신앙에서 성기 숭배가 번성했던 사실과 무관하지는 않을 것이다. 쉬바는 Mahāliṅga(위대한 성기를 가진 자)라는 별명으로도 불릴 뿐만 아니라, 현재까지 쉬바의 상징물로 가장 널리 통용되어 있는 것이 링가(liṅga)로 불리는 남근이기 때문이다. 또 한편으로 위의 찬가는 인도의 토착민들 중에 성기를 숭배하는 어떤 부족이 있었음을 뜻한다. 이 찬가의 맥락으로 보면, 그러한 부

....

50 中村 元(1979) p. 14 참조.

51 na yātava indra jūjuvur no na vandanā śaviṣṭha vedyābhiḥ | sa śardhad aryo viṣuṇasya jantor mā śiśna-devā api gur ṛtaṃ naḥ || ṚV 7.21.5. Müller(1983) III, p. 50

족은 아리안들의 적으로 간주되었으며, 아리안들은 그들의 종교 의식을 방해했다. *Ṛgveda* 이래 루드라를 쉬바로 숭배하는 의식(儀式)은, 아리안의 바라문 문화가 미치지 않은 지역에서 살던 사람들과 숲속에서 살던 사람들로부터 몇몇 요소들을 도입했다. 그러므로 루드라－쉬바 신앙은 아리안들이 접촉하게 된 미개 부족들로부터 그 성기 숭배의 요소를 도입했을 것이다.[52]

이와 관련하여 다시 '장발자의 노래'로 돌아가면 '바람을 허리띠로 두른 자'가 눈여겨 볼 만한 표현이다. 이 표현은 다음 단계의 문헌인 브라마나와 아란냐카에서도 등장하는데, 특히 *Taittirīya-āraṇyaka*에서는 이들이 사문(沙門, śramaṇa)으로 불리는 금욕의 수행자로 묘사된다.[53] 이 점에서 모니의 위상은 후대로 갈수록 장발의 기인으로부터 금욕의 성자 또는 수행자로 점차 격상해 갔음을 엿볼 수 있다.

이와 관련하여 브라마나 문헌들에서는 모니의 위상에 관한 당대 인식의 일단을 엿볼 수 있는 일화와 언급이 주목된다. *Śatapatha-brāhmaṇa*에서는 모니로 불리는 Kāvaṣeya를 다음과 같이 언급한다.

> ①: 그리고 옛적에 Śāṇḍilya는 이렇게 말했다. "[Kavaṣa의 자손으로서] Tura Kāvaṣeya[54]는 한때 신들을 위해 Kārotī에 불의 제단을 세웠다. 신들은 그에게 묻기를, '모니여! 불의 제단을 세운다고 해서 천계로 가는 데 득이 되는 것도 아닌데, 도대체 그대는 왜 그것을 세웠는가?'라고 말했다."[55]

....

52 Cf. Bhandarkar(1982) pp. 163-164.

53 "실로 바람을 허리띠로 두른 자들은 성현이자 사문들로서 성적 금욕을 지키고 있었으니 … " (vātaraśanā ha vā ṛṣayaś śramaṇā ūrdhva-manthino babhūvus … | *Taittirīya-ār*. 2.7.1. Mitra 1872:228, 1-2행)

54 Tura는 '출중한' 또는 '상처받은'이라는 의미의 형용사이지만, Kāvaṣeya와 함께 언급될 경우에는 '신들의 모니'(deva-muni)를 가리키는 고유명사로 간주된다(cf. Macdonell & Keith 1912:I, 314). 이에 따라 'Kavaṣa의 자손'을 가리키는 Kāvaṣeya는 한결같이 Tura의 부계(父系), 즉 Kavaṣa를 따르는 이름이다(cf. ibid. p. 153).

55 atha ha smāha śāṇḍilyaḥ | turo ha kāvaṣeyaḥ kārotyāṃ devebhyo 'gniṃ cikāya taṃ ha devāḥ papracur mune yad alokyām agnicityām āhur atha kasmād acaiṣīr iti || ŚB IX.5.2.15. Weber(1855) p. 750, 5-7행.

이와 연관성이 있을 것으로 생각되는 일화가 *Aitareya-brāhmaṇa*에서는 다음과 같이 시작된다.

> ②: Sarasvatī [강변]에서 제사를 올리고 있던 성현(ṛṣi)들은 "여자 노예의 아들이요 바라문이 아닌 도박꾼이 어떻게 우리들 사이에서 정화 의식을 치를 수 있겠는가?"라고 하여, Ilūṣa의 아들인 Kavaṣa를 소마(Soma) 제사로부터 추방했다.[56]

여기서는 Kavaṣa가 제사에서도 추방될 만큼 천시되는 인물로 언급되지만, 그의 자손인 Kāvaṣeya는 *Śatapatha-brāhmaṇa*에서(①) 제단을 세우는 모니로 불리면서 신분이 격상되어 있다. 더욱이 *Aitareya-brāhmaṇa*의 일화에서도(②) 여신 Sarasvatī가 추방된 Kavaṣa를 호위하자, 성현들은 그를 다시 불러 제사를 집행함으로써 Kavaṣa는 물의 세례를 받고 신들의 호의를 얻게 된다.[57]

이러한 브라마나에 후속하는 아란냐카 문헌에서 모니는 경배의 대상으로 언급되기도 한다. *Taittirīya-āraṇyaka*에서 "Gaṅgā(=갠지스강)와 Yamunā 두 강의 모니들께 경배하고 거듭거듭 경배하오니, Gaṅgā와 Yamunā 두 강의 모니들에게 영광이 있기를!"[58]이라고 서술한 것을 그 단적인 예로 들 수 있다. 이처럼 모니의 면모가 시대의 추이나 상황에 따라 일신해 갔다는 사실은 일찍이 다음과 같이 파악된 바 있다.

....

56 ṛṣayo vai sarasvatyāṃ satramāsata te kavaṣam ailūsaṃ somād anayan dāsyāḥ putraḥ kitavo 'brāhmaṇaḥ kathaṃ no madhye dīkṣiṣṭeti | *Aitareya-br.* 2.19. Haug(1863)I, p. 39, 10-11행.

57 Cf. Haug(1863) II, p. 113. 高木訷元(1991a:16)이 "이러한 기술은 당시의 바라문 사회에서 모니의 지위를 잘 나타내고 있다."라고 지적한 것은 타당하지만, 이에 관한 그의 서술과 출처 제시에는 일부 착오가 있다.

58 namo gaṅgā-yamunayor munibhyaś ca namo namo gaṅgā-yamunayor munibhyaś ca namaḥ ‖ *Taittirīya-ār.* 2.20.2. Mitra(1872) p. 278, 3-4행.

모니는 *Ṛgveda*의 한 찬가에서 등장하는데, 여기서 그는 나중에 인도 특유의 고행자로 등장할 이들의 선구자로서 신성한 영감을 가진 마력의 고행자를 의미하는 듯하다. 이는 모니인 Aitaśa가 *Aitareya-brāhmaṇa*(6.33.3)에서 'Aitaśa의 잡담'으로 전해진 허튼소리가 정말 그의 말이라면 터무니없다고 생각한 자신의 아들에게 미친 사람으로 취급된다[59]는 사실과 호응한다. *Ṛgveda*에서는(8.17.14) 인드라를 '모니들의 친구'로 부르고 *Atharvaveda*에서는(7.74.1) '신성한 모니'로 부르는데, 이러한 호칭도 앞서 말한 모니와 같은 고행자를 의미할 것이다. 우파니샤드에서 말하는 모니는 좀 더 절도 있는 유형의 모니이다. 여기서 그는 학습, 제사, 속죄, 단식, 신앙을 통해 절대자인 브라만의 본성을 배우는 자이다. 물론 이것으로 이전과 이후의 모니 사이에 결정적인 차이가 있다고 생각해서는 안 된다. 어느 경우에나 그 모니는 특별한 황홀경에 있지만, 우파니샤드의 경우에는 성자라기보다는 다소 의사에 가까운 인물로 묘사한 이전의 모니보다는 보다 더 정신적인 면모이다.[60]

....

59 *Aitareya-brāhmaṇa*에서 이 대목은 다음과 같이 서술되어 있다.
모니인 Aitaśa는 혹자가 말하듯이 제사에서 모든 결함을 제거할 만트라(mantra)들을 보고서 화신(火神)인 '아그니(Agni)의 생명'으로 불렀다. 그는 아들들에게 "오! 내 아들들아, 나는 '아그니의 생명'을 보았다. 내가 이에 대해 이야기할 테니 내가 무슨 말을 하든 나를 비웃지 말길 바란다."라고 말했다. 그리고 나서 그는 "etā aśvā ā plavante, pratīpaṃ prāti-sutvanam"(AV 20.129.1-2)라고 복창하기 시작했다. 그러자 그의 가족 중에서 Abhyagni는 그가 말을 마치기도 전에 그에게 가서, 그의 손으로 그의 입을 막으면서 "우리 아버지는 미쳤다."라고 말했다. Haug(1863) II, pp. 433-4.
여기서 Aitaśa가 복창했다는 *Atharvaveda*의 시구는 'Aitaśa Sukta'로 불리는 찬가의 서두인데, 이것을 직역하면 "이 말[馬]들은 헌공자의 방향과는 반대쪽을 향해 달려간다."라는 의미가 된다. 그러나 Chand(1982:911)는 말(aśva)과 헌공자(sutvan)를 은유적 표현으로 간주하여, "감관들의 이 열정들은 온갖 방면으로 달리고 있다. 그것들은 그 자신들의 선동자, 즉 영혼과는 반대로 가고 있다."라고 번역했다.

60 Macdonell & Keith(1912) II, p. 167. 근래에 Benedetti(2013:29-33)는 베다 문헌과 『마하바라타』에서 모니가 언급되는 사례들과 이에 관한 연구를 개괄하여, 모니의 의의를 고찰했다. 이에 의하면, '신성한 모니'(muner devasya)는 루드라와 같은 신일 수도 있지만, 주술적인 의사로서의 모니일 수도 있다(ibid. p. 30). 특히 우파니샤드에 등장하는 모니들은 다음과 같이 영적 지혜를 추구하는 고행자들이다. "보다 명백하게 드러나는 사실을 말하자면, 우파니샤드에서 종종 언급되는 모니들은 정신적인 해방과 형이상학적인 지식을 찾아서 은둔자의 고행적 삶을 채택한 이들이다. 그래서 모니들은 특히 베다의 후기에 보다 나은 영적 지혜로 인도할 고행의 길을 따르며 살아가는 사람들로 등장한다." ibid. p. 31.

이와 같은 파악에 의하면 인도에서는 고대로부터 장발자, 모니, 사문으로 불리는 고행자들이 수행의 전통을 형성해 왔다고 이해할 수 있다. 이러한 수행의 전통을 통칭하는 말이 후대의 요가일 것이다. 이 과정에서는 vrātya로 불리는 일군의 무리도 이 고행자의 대열에 합류했을 것으로 주목된다. *Atharvaveda*에서는 18절로 구성되는 제15장 전체를 이 vrātya를 찬송하는 데 할애하고 있다. 그런데 여기서는 vrātya들이 젊은이로 조직된 일군의 전사로서 베다 사회의 외곽에 사는 금욕 고행자들로 묘사된다는 점에서 불가사의한 무리로 간주될 만하다.[61] 특히 이들은 "1년 동안 똑바로 서 있는 것과 같은 고행(tapas)을 해내는 것으로 묘사되는데,[62] 그러한 신체적 자세를 강조하는 것은 아마도 나중에 요가에서 통용될 아사나(āsana)의 전조일 것이다."[63] 그러므로 수행의 전통을 고대 인도에서부터 탐색하고자 할 때, 다음과 같은 vrātya의 존재와 의의를 간과할 수 없다.

....

61 Cf. Peter Bisschop, "Śiva", Jacobsen(2009) p. 742. 고대 인도에서 Vrātya는 상위의 세 카스트에 속하면서도 기본적인 정화 의식을 치르지 않음으로써 자신의 카스트를 상실한 일종의 부랑자와 같은 무리를 가리킨다. 다음과 같은 설명으로 vrātya는 바라문 전통의 이단자로서, 사문(śramaṇa)과 같은 부류로 간주되었음을 알 수 있다.
"일찍이 인도에서 발전한 금욕 수행의 전통에는 크게 두 집단이 연류되어 있다. 하나는 바라문교의 전통에 속하는 규율과 교의의 준수를 중시하는 이들로 구성된 반면, 다른 하나는 외부로부터 파생된 사회적 종교적 규율들을 원천적으로 제한하고 속박하려는 것으로 간주하는 이들로 이루어진다. 이들 중 바라문 전통의 주변에서 활동하거나 바깥에 있었던 후자에 속하는 집단의 구성원들은 vrātya, 사명외도(邪命外道, ājīvika), 사문 따위와 같은 다양한 이름으로 언급되었다. 바라문 제관의 전통에서는 극도로 경시하거나 용인할 수 있는 한계를 벗어난 것들을 실천하는 자들뿐만 아니라, 불교와 자이나교의 가르침을 추종하는 자들도 이 부류에 포함된다." Ramdas Lamb, "Sadhus, Saṃnyāsīs, Yogīs", Jacobsen(2011) p. 265.
이와 관련한 Zysk(1998:26-27)의 연구에 의하면, 편력하는 이단의 고행자들은 생사와 재생을 끝없이 반복하는 윤회로부터의 해탈을 추구하여 사회를 포기했으며, 베다의 숱한 신들에게 지내는 제사에 의존하는 바라문교 정통의 계급과 의례에는 전혀 무관심하거나 반발하기도 했다. 이러한 이단의 고행자들이 일반적으로 '사문'으로 불리는데, 특히 불교와 자이나교의 교도 및 사명외도가 모두 기원전 6세기 이후에는 사문으로 널리 알려졌을 것으로 추정된다.

62 "1년 동안 똑바로 서 있었던 그에게 신들은 'Vrātya여! 그대는 도대체 왜 [앉지 않고] 서 있는가?'라고 말했다." (sa saṃvatsaram ūrdhvo 'tiṣṭhat taṃ devā abruvan vrātya kiṃ nu tiṣṭhasīti ‖ AV 15.3.1. Lindenau 1924:315)

63 Knut A. Jacobsen, "Yoga", Jacobsen(2011) p. 751. 고전 요가의 8지 중 제3지인 āsana의 원의는 좌법(坐法)이다. 그러나 후대의 하타 요가에서는 이것이 다양한 체위(體位)로 개발되어 그 원의가 상실되었으므로, 현재는 원어의 발음에 따라 '아사나'로 통용되어 있다.

> 바라문 문화에 대한 비(非)바라문적 혹은 전(前)바라문적 문화의 형성 보전자로서 vrātya의 존재를 간과할 수 없다. 그들은 고대로부터 전사, 목축자, 농경자 사이에서 활동하고 바유, 루드라, 쉬바 등으로 불리는 신의 원형을 숭배하고 있었다. 더욱이 1년 동안이나 줄곧 서 있는 고행을 해내고, 원시적인 조식법(調息法)을 알고 있었으며, 망아 황홀의 경지에 도달하는 여러 가지 훈련이나 금욕을 실천하여, 그 황홀경에서 자기의 신체를 대우주와 상응하는 것으로 생각하고 있었다.[64] 이러한 vrātya의 다양한 실천이 현존의 *Yogasūtra* 속에 흔적을 남기고 있는 것이 사실이다.[65]

이제 장발자, '바람을 허리띠로 두른 자', 모니, 사문, vrātya 등으로 불렸던 기인 또는 고행자들이 고대 인도에서는 일련의 수행자로 활동하고 있었으며, 이들이 바로 요가 수행자의 전신(前身)일 것으로 간주할 만하다. 그리고 이들의 활동을 하나의 노선으로 엮을 수 있는 매개체가 후대의 쉬바 신앙과 요가이며,[66] 그 활동은 고행으로 불린다는 공통성을 지닌다.

....

64 이는 *Atharvaveda* 제15장에서 특히 제15~17절을 지목한 것으로 보인다. 이 대목에서는 숨을 각각 7종으로 이루어지는 prāṇa, apāna, vyāna라는 셋으로 구분하고, 그 7종이 저마다 상응하는 자연과 일상의 요소들을 열거한다. 먼저 prāṇa는 들숨인 생기(生氣)로서 불(agni), 태양(āditya), 달(candra), 바람(pavamāna), 물(āpas), 가축(paśu), 생물(prajā)과 상응한다(AV 15.15). 다음으로 apāna는 날숨인 하기(下氣)로서 음력 보름날, 음력 23일, 음력 초하룻날 밤, 신앙(śraddhā), 정화(dīkṣā), 제사, 제사의 시물(施物)과 상응한다(AV 15.16). 끝으로 vyāna는 편재하는 숨인 매기(媒氣)로서 땅(bhūmi), 대기(大氣, antarikṣa), 하늘(div), 별자리(nakṣatra), 계절(ṛtu), 월경(ārtava), 1년(saṃvatsara)과 상응한다(AV 15.17).

65 高木訷元(1991a) p. 13.

66 "사실 몇몇 주석서에서는 루드라 신은 'vrātya의 주님(主)'으로 불리며, 『마하바라타』에서는 vrātya라는 말이 쉬바 파의 제관을 의미하고 있다고도 말한다. 가정컨대 만약 이 모니의 활동에서 모종의 요가의 원류를 인정한다면, 그 요가는 바로 이원론에 입각한 신비 체험에 근거하는 우주적 존재에 도달하는 길이며, 나아가 쉬바 신의 신앙과도 관계를 지니고 있었다고 생각하는 것이 가능할 것이다." 高木訷元(1991a) pp. 14-15.

3.2.2. 타파스(고행)와 요가

1. 타파스의 의미 확장

'고행'으로 번역되는 타파스(tapas)의 본래적 의미는 인간의 몸에 '내재하는 열'이라는 개념으로부터 파생한 것으로 이해되어 있다. 이러한 개념이 정신적이거나 지적인 창조력을 가진 것으로 전개되면서 모종의 마법성을 동반하여 힌두교에서 흔히 말하는 타파스로 계승되었다고 파악된다. 여기에 이르러 타파스는 신체적 고행을 포함한 넓은 의미를 갖게 되었던 것이므로, 타파스가 애초부터 '고행'과 결부되었던 것은 아니라고 생각된다.[67]

그럼에도 불구하고 『요가주』의 정의에 따라 타파스를 '고행'으로 간주하는 것이 무난할 것이다. 『요가주』에서는 '상반하는 것을 인내하는 것'이 타파스라고 정의하는데, 여기서는 고통을 초래할 수밖에 없어 견디기 어려운 양극의 상황을 '상반하는 것'으로 예시하기 때문이다.[68] 더욱이 인더스 문명의 유적지인 하랍파와 모헨조 다로에서 출토된 인장에는 요가에서 아사나(āsana)로 불리는 것과 유사한 자세(좌법)가 묘사되어 있는데, 이를 근거로 당시에도 고행이 실천되었을 것으로 추정하기도 한다.[69] 이 같은 추정의 사실 여부는 차치하더라도 고행의 전통이 요가와 밀접하게 연계된다는 사실에는 대체로 한결같이 동의한다. 그리고 이 전통의 연원을 찾자면, 다음과 같이 앞에서 거론했던 *Ṛgveda*와

....

67 原実(1979) pp. 5-6 참조.

68 『요가주』에서는 타파스(tapas), 즉 고행을 다음과 같이 정의한다. "상반하는 것을 인내하는 것이다. 상반하는 것이란 배고픔과 목마름, 추위와 더위, 서 있음과 앉아 있음, [몸짓도 허용하지 않는] 목석 침묵과 [몸짓만 허용하는] 형상 침묵이다." YBh 2.32. 정승석(2020) p. 144. 이 같은 정의를 고려하지 않더라도 타파스는 그 어원에서부터 고통을 수반하는 고행의 의미를 지닌다.
"타파스는 불과 같은 파괴력으로 정화와 결부되며, 타파스의 어근(tap)이 함축하는 의미들 중의 하나가 '고통을 겪거나 느끼다'이므로, 타파스는 수행자의 금욕이 수반하는 고통과 결부된다." Benedetti(2013) p. 38, n. 89.

69 "하랍파(Harappā)의 특정인들은 고행도 실천했을 것으로 보인다. 하랍파와 모헨조 다로(Mohenjo-dāro)에서 출토된 인장들과 인장이 찍힌 것들 중에서 어떤 것들은 요가의 전통적 아사나로 앉은 형상을 묘사한다. 이 형상은 양발의 발바닥과 발꿈치를 다리와는 직각이 되도록 합쳐서 앉은 자세인 utkaṭikāsana에 상당하는 듯하다." Zysk(1998) p. 12.

*Atharvaveda*가 먼저 지목된다.

> 신체의 자세들은 베다의 전통으로 말하자면 고행인 타파스의 전통과 밀접하게 연관되어 있다. 베다의 제관들이 제사를 지내기 위한 준비 과정에서 고행을 예사로 실천했던 것은 요가의 전조일 수도 있을 것이다. 그러나 이보다 더욱 요가의 고행에 공헌했음 직한 것은 *Ṛgveda*(10.136)에서 불가사의한 장발의 모니에 관해 언급하는 황홀경의 수행이며, 또한 바라문이 주도하는 의례 질서의 외부 또는 외곽에 있는 무리로서 *Atharvaveda*에서 언급하는 vrātya들의 고행일 것이다.[70]

일찍이 타파스를 언급한 옛 문헌들에서 고행은 '열(熱)을 달구웠다'(tapo 'tapyata)라는 상투적인 표현으로 구사된다.[71] 타파스의 원의가 '열'이지만 이 원의는 '고행'을 함의하는 것으로 자연스럽게 통용되었다. 이에 관한 단적인 예를 *Pañcaviṃśa-brāhmaṇa*에서 볼 수 있는데, 이 문헌의 종결 부분에서는 사실상 '고행으로 쌓은 공덕'을 의미하는 tapaścit(타파스의 축적)를 다음과 같이 서술한다.

> 그들이 1년 동안 입문자가 되어 바로 이로써 타파스(=열)를 달구고, 1년 동안 [소마 제사를 위한] Upasad 의식(儀式)에 전념하여 바로 이로써 [자신을] 정화하고, 1년 동안 소마 제사가 진행되면, 바로 이것으로도 그들은 천계로 간다. (2)
> 실로 이것으로 타파스(=열)를 축적한 신들은 모든 번영을 증진했으니, 이것(타파스의 축적)을 실행하는 자들은 모든 번영을 증진한다. (3)[72]

....

70 Knut A. Jacobsen, "Yoga", Jacobsen(2011) p. 751.

71 @제1장에서 인용한 예문으로는 ŚB X.5.3.3(각주 26) ; TaiU 2.6.1(각주 58).

72 *Pañcaviṃśa-br*. 25.5.2-3.
tat saṃvatsaraṃ dīkṣitā bhavanti tapa eva tena tapyante yat saṃvatsaram upasadbhiś caranti punata eva tena yat saṃvatsaraṃ prasuto bhavati devalokam eva tenāpi yanti ‖ 2 ‖
etena vai tapaścito devāḥ sarvām ṛddhim ārdhnuvan sarvām ṛddhim ṛdhnuvanti ya etad upayanti ‖ 3 ‖

여기서는 타파스(열)를 달구어 축적하는 것이 번영을 증진하는 수단으로 간주되어 있다. 그런데 이 수단을 실행하는 자는 고행자(tāpasa)로 불리므로 타파스를 실행하는 것도 고행으로 간주된다. 그러므로 체내의 열을 달구는 고행으로 시작하여 번영을 누리게 되는 이 소마 제사의 결실은 결국 고행의 공덕이 된다.

타파스가 고행으로 간주되었다는 사실은 인도의 숱한 신화들에서 잘 드러나 있다. 신화에서 Himavat(히말라야 산)의 딸인 Pārvatī는 쉬바 신의 아내이고, Pārvatī의 별명인 우마(Umā)는 고행을 하지 말라고 당부한 데서 유래한 이름으로 알려져 있다.[73] 특히 *Matsya-purāṇa*에서는 타파스가 고행으로 인식되어 있다는 사실을 극명하게 드러내는 신화가 서술된다. 즉, Pārvatī가 타파스를 결행하겠다는 단호한 의지를 표명하자[74] 아버지 Himavat는 딸에게 다음과 같이 타파스를 만류한다.

Himavat는 말했다. "우아한 용모를 지닌 [나의] 딸, 행운의 여신, 우마야! 너

....

*Pañcaviṃśa-brāhmaṇa*를 번역한 Caland(1931:631)는 이 대목에서 타파스의 의미를 고행으로 부연 또는 명시했다.

73 고전 산스크리트의 시인으로 유명한 Kālidāsa도 *Kumāra-sambhava*에서 이에 관한 신화를 다음과 같이 언급한다.
"친족에게 소중한 그녀를 친척들은 부계(父系)의 이름에 따라 Pārvatī로 불렀는데, 나중에 어머니가 '오! 안 돼!'(u mā)라고 타파스(=고행)를 금지하여 고운 얼굴의 여인은 우마(Umā)로 불리게 되었네." (tāṃ pārvatīty ābhijanena nāmnā bandhupriyāṃ bandhujano juhāva | u meti mātrā tapaso niṣiddhā paścād umākhyāṃ sumukhī jagāma ‖ *Kumāra-sambhava* 1.26. Kāle 1917:12).
*Kumāra-sambhava*를 주석한 Mallinātha는 Umā라는 이름을 "우(u)는 '오! 딸애야', 마(mā)는 '하지 마라'라는 의미로 그렇게 말한 것이다."(u he vatse mā mā kuru iti evaṃ rūpeṇa | Kāle 1917:13, 7행)라고 설명했다.

74 Pārvatī는 아버지에게 고행의 의지를 다음과 같이 표명한다.
"좋은 남편을 얻기 위해 내가 무엇을 한 게 있나요? 이 불행한 몸뚱이를 가진 게 무슨 소용이 있나요? 바라는 것은 고행으로 얻을 수 있으니, 고행자에게는 불가능한 것이 없습니다. 바라는 것을 충족하는 그런 길이 있다면, 세상의 고통은 부질없는 것입니다. 고행을 실행하지 않고 불행한 삶을 사느니보다는 오히려 죽음이 낫습니다. 저는 단연코 고행으로 제 몸을 태워 버릴 것입니다. 저는 주저하지 않고 타파스를 실행하는 이것으로 제가 바라는 것을 달성할 것입니다. 그러니 저는 단연코 고행을 실행할 것입니다." *Matsya-pr.* 154.289-292. 번역은 Taluqdar(1917) p. 94. 이 번역에서 '고행'의 원어는 한결같이 타파스(tapas)이다.

의 몸은 고통의 특성을 가진 타파스를 견디기에는 적합하지 않느니라."[75]

이 같은 고행으로서의 타파스(열)에 대한 선구적인 고찰에 의하면, 불과 태양은 열과 연관되어 있고, 이 열이 고행의 매체가 되었던 것은 가장 유서 깊고 중요한 양상이다. 후대의 요가로 말하면 둘레에 네 개의 불을 피워 두고 태양 아래 서 있는 수행, 더 나아가 단식하기, 잠들지 않고 서 있기, 숨의 억제와 같은 수행도 이에 상당한 것으로 지목된다.[76]

여기서 말하는 '숨의 억제'가 고전 요가의 수행에서는 **prāṇāyāma**, 즉 조식(調息)으로 정착되었다. 이것은 여덟 단계로 정립된 고전 요가의 수행 차제 중 넷째 단계로서, 본격적인 명상에 진입하기 위해 필수적으로 연마해야 하는 과정이다. 그런데 *Baudhāyana-dharmasūtra*에서는 이 조식과 타파스를 병행하여 실천하라고 주문하는 것으로 요가와 타파스를 동일한 노선의 수행으로 간주한다. 더욱이 *Vāsiṣṭha-dharmasūtra*에서는 요가와 타파스를 아예 동일시한다.

[요가에] 전념하는 자는 항상 조식(숨의 억제)을 거듭거듭 반복해야 하고, 머리털 끝과 손톱 끝에 이르기까지 최대로 타파스(=열)를 달구어야 한다.[77]

....

75 himavān uvāca | umeti capale putri na kṣamaṃ tāvakaṃ vapuḥ | soḍhuṃ kleśa-svarūpasya tapasaḥ saumya-darśane || *Matsya-pr.* 154.293. 이 원문을 의역하면 다음과 같이 실감나게 해석되기도 한다. "Himācala(=Himavat)는 감동하여 더듬거리며 말했다. 딸 Umā야! Capalā(=행운의 여신)야! 너의 몸은 고행의 예봉을 감당하기에는 너무 허약하니 그렇게 시도하지 말아라. 타파스는 정말 너무 힘겹고 고통스럽단다." Taluqdar(1917) p. 94.

76 Cf. Oldenberg(1917) pp. 402-3. Benedetti(2013) p. 37 재인용.

77 āvartayet sadā yuktaḥ prāṇāyāmān punaḥ punaḥ | ā keśāntān nakhāgrāc ca tapas tapyata uttamam || *Baudhāyana* 4.1.23. Hultzsch(1884) p. 102. 이와 동일한 내용이 *Vāsiṣṭha*(25.5)에도 서술되어 있다. 이 구문에서 서두의 '전념하는'(yukta)을 Bühler(1882:125, 316)는 '요가 수행'으로, Olivelle(1999:230)는 '요가를 실천하는'으로 번역했다. 이 같은 이해의 타당성은 아래와 같은 후속 서술로 확인할 수 있다. "요가로써 지혜를 얻으니, 요가는 법의 특징이요 모든 덕은 요가에 의거한다. 그러므로 항상 [요가에] 전념해야 한다." (yogenāvāpyate jñānaṃ yogo dharmasya lakṣaṇam | yogamūlā guṇāḥ sarve tasmād yuktaḥ sadā bhavet || *Baudhāyana* 4.1.25. Hultzsch 1884:102)
Apte(1957:1318)도 yukta가 yoga의 동의어로도 사용되는 예를 제시했다.

> 요가를 통해 지혜를 성취하니, 요가는 법의 특징이요 요가는 최상의 영원한 타파스이다. 그러므로 항상 [요가에] 전념해야 한다.[78]

이로써 타파스는 단지 열을 의미하는 데 그치지 않고 체내의 열을 달구어 축적하는 고행을 의미할 뿐만 아니라, 요가를 포함하는 수행의 의미로 확장되었음을 알 수 있다. 이러한 의미 확장을 "열의 축적 → 고행 → 요가 수행"으로 이해할 수 있다. 따라서 타파스가 고행이라면, 이 고행은 요가를 포함하는 고행이며, 이와 동시에 요가는 고행을 포함하는 수행이다. 다시 말해서 타파스와 요가는 상호 포용한다.

2. 타파스(고행)와 요가의 상호 포용

고전 요가의 교전인 『요가경』은 제1장에서 요가 수행의 목적인 '삼매'를 주제로 취급하고, 제2장에서 그 목적 달성의 '수단'을 주제로 취급한다. 이 제2장에서는 '8지 요가'(aṣṭāṅga-yoga)로 불리는 여덟 단계의 수단을 고전 요가 특유의 수행법으로 제시한다. 그러나 제2장은 곧장 '8지 요가'를 교시하지 않고 '행작(行作) 요가'(kriyā-yoga)로 불리는 수단을 맨 먼저 교시한다. 여기서 "고행, 자기 학습, 신에 대한 헌신"이라는 세 가지로 제시한 행작 요가는 삼매를 고무하고 번뇌를 약화시키는 수단이 된다.[79] 더욱이 『요가경』에서 이 행작 요가는 8지 요가

....

78 yogāt saṃprāpyate jñānaṃ yogo dharmasya lakṣaṇam | yogaḥ paraṃ tapo nityaṃ tasmād yuktaḥ sadā bhavet ‖ *Vāsiṣṭha* 25.8. 이는 바로 위의 각주에 소개한 *Baudhāyana*(4.1.25)와 상응한다. 이러한 문헌들의 서술을 통해 요가는 해탈 체득의 수단으로 간주되었다고 인정할 수 있다. 여기서 요가는 해탈의 장애가 되는 죄과 따위를 제거하고 아트만(자아)을 인식하기 위한 수단으로 간주되어 있기 때문이다. 그러나 이러한 문헌들이 요가의 구체적인 행법에 대해서는 언급하지 않고 있는데, 그 이유는 아마도 그 무렵에 이미 그 행법이 널리 숙지되어 있었기 때문일 것이다. 高木訷元(1991a:22)은 이러한 추정이 가능하다면 기원전4세기에는 요가의 체계가 확립되어 있었을 것으로 추정하는 것도 당연할 것이라고 생각한다.

79 "타파스(고행), 자기 학습(성전 공부), 신에 대한 헌신은 행작 요가이다." (tapaḥ svādhyāyeśvara-praṇidhānāni kriyāyogaḥ ‖ YS 2.1)
"[행작 요가는] 삼매를 고무하기 위한 것이고, 번뇌를 약화시키기 위한 것이다." (samādhi-

의 둘째 단계인 권계(勸戒)의 다섯 조목 속에 고스란히 포함되어 있다.[80]

『요가경』에서 이처럼 중시하는 행작 요가는 본격적인 요가 수행을 원조하는 기본적이고 필수적인 노력을 총칭한 것이라고 말할 수 있으므로, 그것은 모든 요가에 적용되는 공통의 예비 수단으로 간주될 만하다.[81] 그런데 이 행작 요가에는 타파스가 고행의 의미로[82] 포함되어 있지만, 이전에 통용되었던 타파스 관념과 관련하여 먼저 주목할 만한 것은 '자기 학습'이다. 『요가주』에서는 이 자기 학습의 의미를 두 번에 걸쳐 설명하는데, 이에 따르면 자기 학습이란 성전들을 공부하거나 성스런 소리인 옴(Om)을 음송하는 것이다.

> 자기 학습은 신성한 음절 등과 같은 정화 수단들을 음송하거나 해탈[을 가르치는] 성전을 읽는 것이다.[83]
> 자기 학습(성전 공부)은 해탈[을 가르치는] 성전들을 공부하거나 성스런 소리인 옴(Om)을 음송하는 것이다.[84]

이 설명은 '옴'이라는 소리 또는 음절이 인도에서는 예로부터 성스러운 말의 상징으로 인식되어 온 통념을 반영한다. 그런데 이러한 통념에 따르자면 '옴'과 같은 성스러운 말도 애초에 타파스로부터 발생한 것으로 간주된다. 이와 관련된 일례로 *Taittirīya-āraṇyaka*에서는 성스러운 말이 타파스로부터 발생한다고 단언한다.[85] 그리고 이러한 관념은 *Ṛgveda*에서 유래했을 것임을 엿볼 수 있다. 성

....

bhāvanārthaḥ kleśa-tanūkaraṇārthaś ca ‖ YS 2.2)

80 "청정, 만족, 고행, 자기 학습(성전 공부), 신에 대한 헌신이 [8지의 둘째인] 권계이다." (śauca-santoṣa-tapaḥ-svādhyāyeśvara-praṇidhānāni niyamāḥ ‖ YS 2.32)

81 정승석(2020) p. 94, n. 3 참조.

82 이 @제3장 앞의 각주 68 참조.

83 svādhyāyaḥ praṇavādi-pavitrāṇāṃ japo mokṣa-śāstrādhyayanaṃ vā | YBh 2.1. 정승석(2020) pp. 94, 376_2.

84 svādhyāyaḥ mokṣa-śāstrāṇām adhyayanaṃ praṇava-japo vā | YBh 2.32. 위의 책, pp. 144, 401_4.

85 "그는 말하길 '그대는 타파스로부터 발생한 성스러운 말을 나에게 바치라.'고 했다." (tapojāṃ vācam asme niyaccha devāyuvam ity āha | *Taittirīya-ār*. 5.6.7. Mitra 1872:614, 12-13행)

현(ṛṣi)으로 불리는 시인들의 성스러운 말들로 집성된 것이 *Ṛgveda*일 뿐만 아니라, *Ṛgveda* 자체에서도 성현들은 타파스로부터 태어나 타파스가 풍부하다고 칭송되기 때문이다.[86]

*Ṛgveda*의 성현들은 신의 계시를 성스러운 말들로 읊어 낸 선지자로 추앙되었던 만큼, 그들은 출중한 예지력의 소유자로 신봉되며, 그들의 예지력이 타파스로부터 발생한다고 믿는 것은 당연할 것이다. 그렇다면 성스러운 말도 그들의 타파스로부터 발생한 것으로 간주할 수밖에 없다. 후대에 *Śatapatha-brāhmaṇa*에서는 이러한 통념을 만고의 진실로 믿을 수 있도록 보증해 준다. 즉, 여기서는 조물주인 Prajāpati도 타파스를 통해 우주의 제일원리인 브라만과 세 가지 지식 체계인 *Ṛgveda, Yajurveda, Sāmaveda*를 창조했다고 말한다.[87]

조물주의 창조 능력도 타파스의 소산일진대, 성현들의 예지력이 열을 달구는 고행인 타파스로부터 발생한다는 것은 더 말할 나위가 없다. 다만 성스러운 말이 타파스로부터 발생했다는 것은 성현들의 타파스가 발휘하는 예지력의 일부에 불과하다. 그 예지력의 궁극적 효용성은 고전 요가에서 추구하는 것과 같은 명상으로 발휘된다. 그래서 성현들의 타파스는 비유하자면 명상의 알을 품어 명상으로 부화하는 것으로 이해할 수 있다.[88] 이 점에서 타파스(고행)의 예지력은 명상과 상관관계를 갖는다. 부연하자면, 선지자로서 성현들이 예지력을

....

86 "야마(Yama)여! 타파스가 넘치고 타파스로부터 태어난 성현들에게도 그를 보내소서." (ṛṣīn tapasvato yama tapojām̐ api gacchatāt ‖ ṚV 10.154.5. Müller 1983.IV:474)

87 "태고의 인간인 바로 그 조물주(Prajāpati)는 '나는 증대해지리라. 나는 번식하리라.'라고 소망했다. 그는 노력을 쏟았고, 그는 타파스(열)를 달구었으며, 달구는 데 진력한 그는 최초로 바로 그 브라만과 세 가지 지식(*Ṛgveda, Yajurveda, Sāmaveda*)을 창조했다." (so 'yaṃ puruṣaḥ prajāpatir akāmayata bhūyānt syāṃ prajāyeyeti so 'śrāmyat sa tapo 'tapyata sa śrāntas tepāno brahmaiva prathamam asṛjata trayom eva vidyāṃ … | ŚB VI.1.1.8. Weber 1855:499-500, 18-2행)

88 "성현들은 선지자들이다. 즉, 그들은 흔히 아직 존재하지 않는 것을 본다. 그러므로 그들의 타파스는 열을 달구는 노력일 뿐만 아니라, '명상의 알을 품는 것'이요 인식의 배양이기도 하다. 그리고 실재 자체는 그런 인식과 명상의 부화를 통해, 말하자면 생각이라는 알로부터 부화하여 드러난다. 성현들은 아직 존재하지 않는 창조의 요소들을 보거나 명상하며, 그렇게 함으로써 그들은 실제로 그 요소들이 존재를 형성하게 한다. 성현들의 타파스는 이와 같이 인식의 알을 품어 열로 부화시키는 고행의 노력을 함축한다." Kaelber(1989) p. 64.

얻기 위해서는 타파스의 실천이 필요하며, 이 실천은 정신을 집중하는 명상의 실천이기도 하기 때문이다.[89]

이상과 같이 『요가경』에서 '옴'이라는 성스러운 소리의 음송을 행작 요가에 속하는 자기 학습의 수단으로 권장하는 배경에는 타파스와의 불가분적 관계가 있다. 그런데 『요가경』 이전의 문헌인 *Manu-smṛti*에서 이 '옴'의 음송을 조식(prāṇāyāma)과 결부시킨 것은 타파스와 요가의 상호 포용을 입증하는 전거로서 더욱 주목할 만하다. 고전 요가에서 조식은 앞서 언급한 '8지 요가'의 넷째 단계인데, *Manu-smṛti*에서는 조식을 다음과 같이 설명한다.

> 진언(眞言) vyāhṛti[90]와 옴(Om)을 함께 읊으면서 바르게 실행된 세 가지 조식[91]도 바라문에게는 최고의 타파스라고 알아야 한다. 실로 용해되고 있는 광석들의 티끌들이 소진되듯이, 그와 같이 숨의 억제를 통해 감관들의 허물들은 소진된다.[92]

....

89 "성현의 예지력에 앞서 항상 고행의 '열'인 타파스가 있음이 암시된다. … 문제를 해결하거나 특별한 결과를 얻고자 하는 소망은 예지력을 추구하도록 고무하는데, 예지력을 추구하기 위해서는 당연히 정신 집중의 실천이기도 하는 타파스의 실천이 필요하다." Benedetti(2013) p. 61.
한편『요가경』에서는 이와는 다른 차원에서 '옴'이라는 성스러운 소리의 의미에 대한 명상이 필요하다고 교시한다. @제2장 각주 211, YS 1.28 참조.

90 Vyāhṛt는 바라문마다 매일 Saṃdhyā를 경배하고 나서 입으로 발하는 신비스런 말(음절)들을 지칭하는 용어이다. 이것들 중에서는 bhūr, bhuvas, svas(또는 svar)라는 셋이 대표적으로 통용되는데 보통은 'Om'을 읊은 다음에 반복한다. 간혹 bhūḥ, bhuvaḥ, svaḥ, mahaḥ, janaḥ, tapaḥ, satyam으로 일곱 개를 열거하는 경우도 있다. cf. Apte(1957) p. 1521.

91 세 가지 조식은 각각 recaka, pūraka, kumbhaka로 불리는 호흡 중지의 상태이다. 『요가주』에서는 이 용어를 사용하지 않고 다음과 같이 외적 작용, 내적 작용, '그 둘이 없게 되는 것'으로 설명한다.
"여기서 숨을 내쉬고 나서 진행이 없는 것이 그 외적 작용이며, 여기서 숨을 들이쉬고 나서 진행이 없는 것이 그 내적 작용이다. 셋째인 억제 작용이란 여기서 단번의 노력을 통해 [숨이 들고 나는] 그 둘이 없게 되는 것이다." YBh 2.50. 정승석(2020) pp. 153-4. Vācaspati는 이 대목을 해설하면서 그 셋을 다음과 같이 recaka, pūraka, kumbhaka라는 전용어로 명시한다.
"Recaka를 '여기서 숨을 내쉬고 [나서 진행이 없는 것이 그 외적 작용이다.]'라고 설명했고, Pūraka를 '여기서 숨을 들이쉬고 [나서 진행이 없는 것이 그 내적 작용이다.]'라고 설명했으며, Kumbhaka를 '셋째[인 억제 작용이란 여기서 단번의 노력을 통해 숨이 들고 나는 그 둘이 없게 되는 것이다.]'라고 설명했다." (recakam āha — yatra praśvāseti | pūrakam āha — yatra śvāseti | kumbhakam āha — tṛtīya iti | TV 2.50. Bodas 1917:113, 23-24행) 번역은 정승석(2020) p. 321 재인용.

이 설명에서는 "숨의 억제를 통해 감관들의 허물들은 소진된다."는 것이 핵심이다. 그리고 '감관들의 허물들은 소진된다'는 것은 결국 '감관들의 정화'를 의미한다. 그러므로 여기서는 감관들을 정화하는 수단인 '숨의 억제'가 바로 조식이며, '옴'의 음송과 병행하는 조식은 최고의 타파스(고행)로 간주된다고 설명하고 있는 것이다. 이 요지에 따르면 최고의 타파스(고행)는 '옴'을 음송하면서 숨을 억제하는 조식이며, 이것으로 감관들은 정화된다. 그렇다면 『요가경』에서 '옴'의 음송은 언급하지 않지만, "혹은 숨의 배출과 중지에 의해 [마음은 청정하게 된다.]"[93]라고 교시한 것은 기존의 타파스를 포용한 것으로 이해할 수 있다. 왜냐하면 요가의 수행 논리에서 감관들의 정화는 마음의 청정 또는 안정과 직결되기 때문이며, 『요가경』에서 정의하는 조식이란 들숨과 날숨의 진행을 중지하는 '숨의 억제'이기[94] 때문이다.

이처럼 *Manu-smṛti*와 『요가경』에서는 감관들의 정화 또는 마음의 청정을 위한 효과적인 수단이 조식(숨의 억제)이라고 가르친다. 특히 『요가주』에서는 오염된 것들을 완전히 정화하는 조식이 최고의 타파스로 간주된다는 통설을 기정사실로 인정한다.[95] 이 같은 타파스의 정화력은 속죄의 수단과도 결부된다. 예

....

92 prāṇāyāmā brāhmaṇasya trayo 'pi vidhivat kṛtāḥ | vyāhṛti-praṇavair yuktā vijñeyaṃ paramaṃ tapaḥ | dahyante dhmāyamānānāṃ dhātūnāṃ hi yathā malāḥ | tathendriyāṇāṃ dahyante doṣāḥ prāṇasya nigrahāt | MS 6.70-71. Jha(1932) pp. 518-9.

93 pracchardana-vidhāraṇābhyāṃ vā prāṇasya ‖ YS 1.34. 『요가주』는 이것을 다음과 같이 해설한다. "배출이란 특수한 노력으로 두 콧구멍을 통해 복부의 공기를 방출하는 것이다. 중지란 숨의 억제이다." YBh 1.34. 정승석(2020) pp. 70-71.

94 "그것(좌법)이 이루어져 있을 때, 들숨과 날숨의 진행을 중지하는 것이 조식이다." (tasmin sati śvāsa-praśvāsayor gati-vicchedaḥ prāṇāyāmaḥ ‖ YS 2.49)

95 "예컨대 다음과 같은 말씀이 있다. '조식보다 나은 타파스(고행)는 없다. 이 결과로 오염된 것들은 완전히 정화되고, 지혜는 빛난다.'" (tathā coktaṃ tapo na paraṃ prāṇāyāmāt tato viśuddhir malānāṃ dīptiś ca jñānasyeti | YBh 2.52) 여기서 타파스의 정화력은 타파스가 열 또는 불과 같은 파괴력을 발휘한다고 믿는 데서 유래할 것이다. 숨을 억제하는 조식도 정화력을 발휘한다고 믿는 것은 숨을 억제하고 있으면 열이 발생할 수밖에 없기 때문일 것이다. 이와 관련하여 재음미해 볼 만한 것은 숨의 내적 자아를 타파스로, 타파스의 내적 자아를 불로 간주하는 *Jaiminīya-upaniṣad Brāhmaṇa*의 설명이다. "그것(숨)의 내적 자아는 타파스(열)이기 때문에 달구어지고 있는 자(즉 고행자)의 숨은 더욱 달아오르게 되고, 그것(숨)은 타파스의 내적 자아인 '불'이라고 정의되기 때문에 그것(숨)이 태운다."

를 들어 *Baudhāyana-dharmasūtra*에서는 타파스를 속죄의 수단들 중 하나로 열거하고,[96] *Manu-smṛti*에서는 더 나아가 모든 죄악을 태워 버리는 타파스의 위력을 강조한다.[97]

이상에서는 자기 학습의 일환인 '옴(Om)의 음송'이 타파스와 불가분적 관계에 있음을 우회적으로 살펴보았지만, *Śatapatha-brāhmaṇa*는 자기 학습이 바로 타파스에 속한다는 사실을 다음과 같이 설명한다.

> 참으로 만약 안락한 침상에서 쉬면서 성유(聖油)를 바르거나 장식을 하거나 만족을 누리더라도 자기 학습에 전념한다면, 그야말로 그는 손톱 끝에 이르기까지 달구어진다. 이와 같이 아는 자라면 누구나 자기 학습에 전념한다. 그러므로 자기 학습에 전념해야 한다.[98]

여기서 "손톱 끝에 이르기까지 달구어진다."라고 말한 것은 타파스의 상태에 있다는 것을 의미하므로,[99] 자기 학습에 전념하는 것은 타파스에 전념하는 것이

....

(tasyāntarātmā tapaḥ tasmāt tapyamānasyoṣṇataraḥ prāṇo bhavati | tapaso 'ntarātmāgniḥ sa niruktaḥ tasmāt sa dahati | JUB 3.32.4-5)
이 설명에 따르면 숨은 타파스의 내적 자아인 '불'이기 때문에 태우는(정화하는) 능력을 발휘한다. 이 경우의 '숨'은 생명의 원천으로서 체내의 열을 발생시키고 유지해 주는 생기를 의미한 것으로 이해된다. 이러한 숨을 억제한다는 것은 숨이 동반하는 열을 체외로 방출하지 않고 체내에 더욱 축적한다는 것이다.

96 "[잘못을 저지른] 그에게는 음송, 타파스, [불 속에 공물을 태우는] 호마(homa, 護摩), 단식, 보시가 속죄이다." (tasya niṣkrayaṇāni japas tapo homa upavāso dānam | *Baudhāyana* 3.10.9. Hultzsch 1884:98)

97 "타파스가 풍부한 자(고행자)들은 사람들이 마음과 말과 행동으로 저지른 죄악이라면 어떠한 것이든 그 모든 것을 오직 타파스로 즉시 태워 버린다." (yat kiṃcid enaḥ kurvanti mano-vāk-karmabhir janāḥ | tat sarvaṃ nirdahanty āśu tapasaiva tapodhanāḥ || MS 11.240. Jha 1939:446) GRETIL의 교정본에 의하면 '마음과 말과 행동으로'는 '마음과 말과 몸으로'(manovāṅmūrtibhir)가 된다. 이 경우 '마음과 말과 몸'은 의업(意業), 구업(口業), 신업(身業)이라는 3업을 가리킨다.

98 yadi ha vā apy abhyaktaḥ alaṃkṛtaḥ suhitaḥ sukhe śayane śayānaḥ svādhyāyam adhīta ā haiva sa nakhāgrebhyas tapyate ya evaṃ vidvānt svādhyāyam adhīte tasmāt svādhyāyo 'dhyetavyaḥ || ŚB XI.5.7.4. Weber(1855) p. 867, 7-9행.

99 *Vāsiṣṭha-dharmasūtra*에서는 "머리털 끝과 손톱 끝에 이르기까지 최대로 타파스(=열)를 달구어야 한다."(@제3장 각주 77)고 말하므로, 이러한 의미는 의심의 여지가 없다.

된다. 따라서 '옴'을 음송하는 것은 자기 학습의 일환이므로 이것도 타파스의 실천이다. 더욱이 타파스에 대한 기존의 통념을 *Manu-smṛti*로 대변할 수 있다면, 타파스는 모든 것을 해결할 수 있는 전능의 수단이므로 당연히 요가도 포용한다. 즉, *Manu-smṛti*에서는 타파스가 난관을 극복하고 능력을 확장할 수 있는 최상의 수단이라는 것을 다음과 같이 강조한다.

> 극복하기 어렵고, 획득하기 어렵고, 접근하기 어렵고, 실행하기 어려운 그 모든 것은 타파스에 의해 성취될 수 있다. 왜냐하면 타파스를 능가할 수 있는 것은 없기 때문이다.[100]

물론 고전 요가의 입장에서는 타파스를 행작 요가의 첫째 수단으로 제시하듯이 요가도 타파스를 포용한다. 이에 관한 다른 일례를 들자면 *Baudhāyana-dharmasūtra*에서는 "타파스란 불상해, 진실, 불투도(不偸盜), 때맞추어 목욕재계하기, 스승을 공경하기, 금욕, 바닥에 눕기, 오직 하나의 옷으로 지내기, 단식이다."[101]라고 설명하는 것으로 타파스에 고행의 의미를 확장한다. 그런데 여기서 열거하는 것들 중 불상해, 진실, 불투도, 금욕이 『요가경』에서는 '8지 요가'의 첫 단계인 금계(禁戒)[102]에 고스란히 포함된다. 그러나 바로 여기서 기존의 타파스 관념을 포용하는 고전 요가의 입장을 엿볼 수 있다.

앞서 인용했듯이 *Manu-smṛti*는 타파스를 전능의 수단으로 간주하므로, 이 타파스는 소위 초능력 또는 초자연력을 함의한다. 그리고 *Baudhāyana-dharmasūtra*는 『요가경』에서 금계의 조목으로 열거한 것들을 타파스에 포함시키므로, 금

....

100 yad dustaraṃ yad durāpaṃ yad durgaṃ yac ca duṣkaram | sarvaṃ tat tapasā sādhyaṃ tapo hi duratikramam || MS 11.237. Jha(1939) p. 445.

101 ahiṃsā satyam astainyaṃ savaneṣūdakopasparśanaṃ guruśuśrūṣā brahmacaryam adhaḥśayanam ekavastratānāśaka iti tapāṃsi || *Baudhāyana* 3.10.13. Hultzsch(1884) p. 99.

102 "금계란 불상해, 진실, 불투도, 금욕, 무소유이다." (ahiṃsā-satyāsteya-brahmacaryāparigrahā yamāḥ || YS 2.30)

계도 초능력을 함의한 것으로 간주할 수 있다. 『요가경』도 제2장에서 금계를 설명하면서 초능력이라는 말은 사용하지 않지만, 금계의 초자연적 효과를 제시하는 것으로 금계에도 초능력과 같은 효능이 있음을 시사한다. 실제로 『요가주』에서는 다음과 같은 금계의 효과가 바로 초능력이라고 언명한다.[103]

> 제35경: 불상해가 확립되면, 이 사람의 앞에서는 적의(敵意)를 버린다.
> 제36경: 진실이 확립되면, [말하는] 행위는 결과와 일치하게 된다.
> 제37경: 불투도가 확립되면, 모든 보물이 모여든다.
> 제38경: 금욕이 확립되면, 힘을 얻는다.
> 제39경: 무소유가 확립되면, 출생이 어떠한지를 완전하게 안다.[104]

이 경문들 중에서 일부는 제36경처럼 초능력과는 무관한 것으로 보일 수 있다. 그러나 『요가주』의 해설에 따르면 이것도 엄연히 초능력에 해당한다.

> "그대는 덕 있는 자가 되기를"이라고 말하면 그는 덕 있는 자가 되고, "그대가 천계로 가기를"이라고 말하면 그는 천계에 도달한다. [이와 같이] 그의 말은 헛되지 않게 된다.[105]

이와 같이 금계의 경우에도 고전 요가가 기존의 타파스 관념을 수용했다는 사실을 확인할 수 있다. 그러나 고전 요가에서 수용한 그 관념이 과거의 것과 전

....

103 『요가주』에서는 다섯 금계를 해설하기 직전에 다음과 같이 서술하는 것으로, 금계의 성취로 발생한 결과를 초능력으로 간주한다.
"그에게 [거친 생각들을 증식하지 않는] 불모(不毛)의 실천들이 있을 때면, 요기에게는 이로 인해 형성된 초능력(신통력)이 성취의 표시로서 발생한다. 예를 들어" YBh 2.34. 정승석(2020) p. 147.

104 YS 2.35-39.
ahiṃsā-pratiṣṭhāyāṃ tat-saṃnidhau vairatyāgaḥ || 35 || satya-pratiṣṭhāyāṃ kriyā-phalāśrayatvam || 36 || asteya-pratiṣṭhāyāṃ sarva-ratnopasthānam || 37 || brahmacarya-pratiṣṭhāyāṃ vīrya-lābhaḥ || 38 || aparigraha-sthairye janma-kathaṃtā-saṃbodhaḥ || 39 ||

105 YBh 2.36. 위의 책, p. 148.

적으로 동일하다고 말할 수는 없다. 고전 요가에서 수용한 타파스 관념은 기존의 것과는 차원이 다르다고 이해되기 때문이다. 금계를 단적인 예로 들면, 고전 요가에서 이것은 초능력을 발휘할 수 있는 타파스로 중시되는 것이 아니라, 마음의 모든 상태를 정화하려는 '위대한 맹세'[106]로서 중시된다. 그리고 이 금계는 법운(法雲)삼매로 불리는 최종 삼매를 성취하기 위한 첫 단계이다.

고전 요가에서 수행이란 마음의 작용을 억제하여 삼매의 경지를 단계적으로 심화해 가는 과정이다. 그 심화 단계를 '유상(有想)삼매 → 무상(無想)삼매' 또는 '유종(有種)삼매 → 무종(無種)삼매'로 단순화할 수 있지만, 그 최종의 경지는 번뇌와 업이 완전히 사라진 법운삼매로 표현된다. 이 같은 삼매 수행에서 수행자에게 필수적으로 요구되는 보편적인 마음가짐은 이욕(離欲)이다. 『요가주』에서는 이욕을 다음과 같이 설명한다.

> 여자나 음식이나 초능력이라는 경험의 대상에 대한 갈망으로부터 벗어난 경우, 천상의 행복이나 육신에서 벗어남이나 원질과의 융합을 성취하는 것, 즉 [베다의] 성전에 따른 대상에 대한 갈망으로부터 벗어난 경우, 신성하거나 세속적인 대상과 접촉해 있더라도 명상의 힘을 통해 대상의 결점을 알아차리는 경우, 이러한 경우의 마음이 갖는 통제의 의식, 즉 향략의 성질을 갖지 않고 버리거나 취할 것도 갖지 않는 의식이 이욕이다.[107]

이러한 이욕은 '위대한 맹세'인 금계를 실천하는 데서도 필수 요건이 된다. 여기서는 초능력에 대한 갈망도 버려야 하므로, 금계의 효과로 간주되는 초능력

---

106 "[다섯 금계는] 종성(種姓), 장소, 시간, 관습으로 한정되지 않고 마음의 모든 상태와 연관되는 '위대한 맹세'이다." (jāti-deśa-kāla-samayāna-vacchinnāḥ sārvabhaumā mahāvratam ‖ YS 2.31) 『요가주』는 여기서 말하는 '위대한 맹세'를 "어떠한 곳에서나 모든 대상에 대해 어떠한 경우에도 결코 위반할 줄을 모르며, 마음의 모든 상태와 연관되는 것"(정승석 2020:143)이라고 설명한다.

107 YBh 1.15. 정승석(2020) p. 51. 고전 요가의 수행론에서는 "이욕 → 수련(신념 → 정진 → 기억 → 삼매 → 예지) → 해탈"의 과정으로 이욕의 역할이 중시된다. 앞의 책, p. 56, n. 43 참조.

은 기존의 타파스가 발휘하는 것과는 다른 차원의 초능력일 것으로 이해할 수 밖에 없다. 이 점에서 이욕의 수준을 평범한 것과 비범한 것으로 구분할 수 있듯이,[108] 타파스에 대해서도 저차원의 것과 고차원의 것으로 구분하는 이해가 다음과 같이 우파니샤드에 의거하여 통용된다.

> 주요 우파니샤드에서 그 가치가 낮게 취급되는 저차원의 타파스는 관습적이고 외적인 제식(祭式)과 전통적으로 결부되어 온 고행이다. 이것이 저차원인 이유는 현세나 내세에서 그것에 상당하는 과보를 추구한다는 데 있다. 이와는 달리 주요 우파니샤드에서 고양된 고차원의 타파스는 실재 자체에 대한 직접적인 인식, 즉 명상과 결부된 고행의 한 형태이다. 다시 말해서 이것은 아트만 즉 브라만에 대한 인식과 결부된 명상 위주의 타파스이다. 전자는 비판의 대상이 되지만, 후자는 비판되는 일이 없이 높게 칭송된다.[109]

여기서 언급한 '명상과 결부된 고행의 한 형태' 또는 '브라만에 대한 인식과 결부된 명상 위주의 타파스'가 요가를 지칭한다는 것은 의심의 여지가 없다. 그렇다면 요가는 고차원의 타파스로 불릴 수 있다.[110] 또한 기존의 타파스 관념에

....

108 Chakravarti(1975:323)는 '평범한 이욕'과 '진실한 이욕'을 대비하여 설명하므로 '진실한 이욕'을 '비범한 이욕'으로 환언할 수 있다. 그는 고전 요가에서 최상으로 평가하는 법운삼매가 최고 수준의 이욕의 결과라고 지적하면서, "진실한 이욕이 관여한 그때에는 세속적인 향락의 대상뿐만 아니라 천계, 초능력, 원질로의 환멸과 같은 영적인 것들에 대한 집착으로부터도 자유로운 의식이 발생한다."라고 설명한다. 그는 '평범한 이욕'을 다음과 같이 설명한다.
"평범한 이욕이란 세속적인 향락의 대상에 대한 혐오가 발생할 때의 마음 상태를 가리킨다. 그리고 이러한 혐오는 세속적인 향락의 대상들이 획득과 보존과 소실 따위에 연루되는 결점을 갖기 때문에 발생한다. … 이 상태도 일종의 속박으로 간주되어, '원질적 속박'(prākṛtika-bandha, 즉 자연 상태의 속박)으로 불린다."

109 Cf. Kaelber(1989) p. 85. 정승석(1998a) p. 160 재인용.

110 *Śvetāśvatara-upaniṣad*(2.11)에서 설명하는 '브라만에 대한 요가'는 요가를 명상의 방법으로 인식하고 있었다는 사실을 단적으로 입증한다. @제2장 각주 45 참조.
"고차원의 타파스란 우파니샤드의 아트만 탐구로부터 구체화하기 시작하는 요가를 지칭한다. … 일반적으로 우파니샤드에서 요가에 대한 인식이 명료하게 드러나는 예로 간주되는 것들이 여기서 말한 고차원의 타파스에 상당한다는 점은 재론의 여지가 없다." 정승석(1998a) p. 160.

따라, 또는 평범한 이욕으로 초능력을 희구하는 요가는 저차원의 타파스, 초능력을 초월하는 요가는 고차원의 타파스에 상당한다.[111]

요가는 이상과 같이 타파스와 상호 포용의 관계로 태동한 이래, 고차원의 타파스로 성장하여 상키야의 이원론으로 독자적인 수행론을 정비한 고전 요가로 일신하였다.

111 "『요가경』의 제3장 自在品(=초능력의 장)은 숙달된 요가 행자에게 갖추어진 다양한 초자연력(=초능력)을 열거하고 있다. 그러나 이러한 능력은 요가의 궁극도 목적도 아니며 오히려 장애가 된다고 『요가경』은 지적한다(YS 3.37). 앞에서 언급했던 구분을 여기에 적용하면, 초자연력을 낳는 요가는 저차원의 타파스에, 이것을 초월하는 요가는 고차원의 타파스에 상당할 것이다." 정승석(1998a) p. 164.

제4장

우파니샤드에서 발육한 이원론

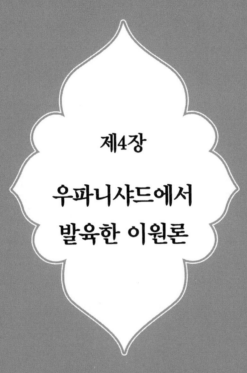

제4장

우파니샤드에서 발육한 이원론

여기서는 고전 상키야-요가의 이원론이 선명하게 확립되기 이전까지 이원론적 발상이 엿보이거나 드러나는 우파니샤드의 철학적 사유를 고찰한다.

제2장에서 상키야와 요가의 공유 이론으로 소개했듯이, 상키야의 전변설은 3질이라는 상충하는 속성으로 이루어진 하나의 물질 원리, 즉 원질로부터 현상세계가 전개된다는 관념을 이론으로 정립한 것이다. 우파니샤드에는 이 같은 종류의 많은 관념들이 담겨 있다. 전설적으로는, 실존 인물이라면 필시 불교 이전에 생존했을 카필라가 이런 관념들을 간결하게 집약한 하나의 학설로 체계화했다고 알려져 있다.[1] 이에 따라 카필라는 상키야 학파의 개조로 공인되어 왔다.

그렇다면 다른 학파의 경우처럼 상키야 철학도 경(經, sūtra)이라는 이름으로 개조의 학설이 집약된 경전을 통해 전개되었어야 할 것이지만, 카필라의 경전은 실체가 없다. 사실상 고전 상키야의 학설은 Īśvarakṛṣṇa가 저술한 『상키야송』을 통해 전개되었다. 현존하는 *Sāṃkhyasūtra*의 저자를 카필라로 돌리는 것은 그것이 상키야의 근본 교전임을 표방하기 위한 것일 뿐, 사실과는 무관하다.

1 Cf. Murty(1986) p. 113.

더욱이 『상키야송』이 출현하기 이전까지 초기 상키야 학설은 일원론과 이원론 또는 유신론과 무신론 사이를 왕래하는 듯한 유동적인 형태로 회자되어 왔다. 우선 아래의 설명으로 초기 상키야 학설의 유동성을 극히 간결하게 개관할 수 있다.

> 상키야 학파에서 Pañcaśikha는 카필라를 계승한 위대한 스승으로 추앙되었다. *Mahābhārata*의 서술에 따르면, 그는 우리의 의식이 사후에는 사라질 것으로 믿었다. 비판적인 많은 학자들은 상키야가 본래 유물론적인 학설로 출발했을 것으로 추정했지만, 다른 이들은 이를 부정해 왔다. *Maitrāyaṇi-upaniṣad* (=*Maitrī-upaniṣad*)에서는 정신과 물질을 구분하는 진전된 형태의 상키야 이론을 발견할 수 있지만, *Śvetāśvatara-upaniṣad*에서 볼 수 있는 상키야의 관념들은 유신론과 결부되어 있다. 또한 *Bhāgavata-purāṇa*에서 언급하는 카필라의 교설도 유신론이었다. 『기타』에서는 베단타(=일원론)와 결부된 상키야의 형이상학을 볼 수 있다. 이제 고전적 형태의 상키야는 3세기(=4세기 전후)에 생존했던 Īśvarakṛṣṇa의 『상키야송』에 이르러서야 모습을 드러낸다.[2]

이하에서는 『상키야송』 이전의 주요 우파니샤드들을 섭렵하면서 상키야-요가의 학설이 이원론으로 확립되기 직전까지의 양상을 상세히 개관한다. 다만 여기서 집중적으로 취급할 우파니샤드들은 상키야-요가 철학의 배경을 고찰하는 데서 중요하게 거론되는 것들로 국한한다.

우파니샤드에는 후대에 심오한 철학으로 전개될 사색이 담론으로 전개되어 있다. 그리고 이 사색의 관심사는 일원론적 색채가 만연한 궁극적 실재에 대한 탐구로서 브라만과 아트만으로 집약된다고 말할 수 있다.[3] 그 탐구의 과정에서

....

2 Murty(1986) p. 114.

3 예를 들어 *Śvetāśvatara-upaniṣad*는 다음과 같은 의문을 제기하는 것으로 시작한다.
"브라만을 논하는 자들은 이렇게 말한다. 무엇이 [세계의] 원인인가? [그것은] 브라만인가? 우리는 무엇으로부터 태어났고, 무엇으로 생존하며, 어디에 확립되어 있는가?" (brahma-vādino vadanti

상키야 철학의 4대 견인차로 불릴 수 있는 관념들, 즉 순수정신(puruṣa), 원질(prakṛti), 3질(tri-guṇa), 인중유과론(satkārya-vāda)도 사색의 대상으로 거론된다.[4] 이 같은 관념들에 대한 사색을 현저하게 드러내어, 발육 또는 성장 단계의 이원론적 사색을 엿볼 수 있는 전거로 고찰되었던 주요 우파니샤드들은 아래와 같다.[5]

〈표 10〉 상키야 관련 주요 우파니샤드

구분	우파니샤드 명칭	성립 하한대
제1기	Bṛhadāraṇyaka, Chāndogya	BCE 6세기
제2기	Kaṭha, Śvetāśvatara	BCE 직전 몇 세기
	Praśna, Maitrī, Mahānārāyaṇa	BCE 직전

이하에서는 주로 이 우파니샤드들에서 이원론의 전조 또는 징표가 될 만한 사색을 추출하여 상키야 또는 요가와의 연관성을 살펴볼 것이다.

....

| kiṃ kāraṇaṃ brahma, kutaḥ sma jātā, jīvāmaḥ kena, kva ca saṃpratiṣṭhāḥ | ŚvetU 1.1. Radhakrishnan 1953:709) Hume(1931:394)은 이 의문의 첫 구절(kiṃ kāraṇaṃ brahma)에 대해 가능한 번역을 다음과 같이 다양하게 예시했다.
"무엇이 원인인가? 그것은 브라만인가?", "무엇이 원인인가? 무엇이 브라만인가?", "원인은 브라만인가?", "브라만이 원인인가?", "브라만은 어떤 종류의 원인인가?"

4 Cf. Chakravarti(1975) p. 11.

5 <표 10>에서 제1기와 제2기는 Chakravarti(1975)에 의한 구분이다. 우파니샤드의 성립 연대는 결정적인 외적 증거가 없으므로 그 내용을 다른 문헌들과 비교하는 내적 증거에 의해 추정되지만, 이 내적 증거에 대한 해석에 따라서는 그 연대도 달라질 수 있다. 여기서 제시한 성립 하한대는 각 문헌의 주요 부분을 기준으로 이루어진 그간의 학문적 동의에 따른 것이다. cf. Patrick Olivelle, "Upaniṣads and Āraṇyakas", Jacobsen(2010) p. 44.

4.1. Kaṭha-upaniṣad의 상키야와 요가

*Kaṭha-upaniṣad*는 상키야뿐만 아니라 요가와 관련된 내용을 풍부하게 수록한 우파니샤드로 유명하다. 이 우파니샤드의 2장 중에서 특히 3절로 구성된 제1장은 초기 상키야 학파의 우파니샤드로 간주할 만하다고 평가되어 있다.[6] 이와 관련해서는 이 우파니샤드가 『상키야송』의 경우처럼 희생제와 같은 베다의 제사에 대한 비판적 의식을 표출하는 것으로 시작한다는 사실도 주목할 만하다.[7]

4.1.1. 상키야의 용어로 구사하는 일원론

*Kaṭha-upaniṣad*에서 상키야-요가와 연관되는 관념을 드러내는 것으로는 다음과 같이 제1장(①)과 제2장(②)에서 유사하게 반복되는 두 군데의 교설을 먼저 지목할 수 있다.[8]

....

6 Cf. Chakravarti(1975) p. 19. 이 우파니샤드는 2장으로 구성된 판본으로 유통되어 왔으나, 일찍이 Hume(1931:341-361)이 채택한 판본과 Olivelle(1998:372-404)가 편집한 근래의 판본은 장의 구분이 없는 6절로 구성되어 있다. 이 6절 중 제1~3절이 기존 판본의 제1장에 해당한다. Chakravarti(1975:31)에 의하면 기존 판본의 제2장(Olivelle본의 제4~6절)은 후대에 추가된 것으로 추정된다.

7 다음과 같이 시작하는 이 우파니샤드의 서술은 "관습적 제식에 얽매여 말라빠진 암소뿐만 아니라 제주(祭主)의 아들까지도 제물로 바치는 기존의 제사에 대한 비판적 의식이 담겨 있는 것으로 보인다." 임혜정 · 정승석(2017) p. 162.
"참으로 [복을] 염원하는 Vājaśravasa는 모든 재산을 내놓았다. 그런 그에게 Naciketas라고 하는 아들이 있었다. [제사의] 공물[로서 소가] 끌려갈 때, 아직 소년인 그에게 믿음이 생겨 그는 [다음과 같이] 생각했다. '물은 다 마셨고, 풀도 다 먹었으며, 우유는 다 짰으며, 더 이상 새끼도 낳지 못하는 그것(소)들을 바친 그는 기쁨이 없는 세상, 그곳으로 가게 될 것이다.' 그때 그는 [자신의] 아버지에게 '아버지! 누구에게 저를 바칠 것입니까?'라고 말했다. 두 번, 세 번 묻는 그에게 아버지는 '죽음의 신을 위해 너를 내놓겠다.'라고 말했다." (uśanha vai vājaśravasaḥ sarvavedasaṃ dadau | tasya ha naciketā nāma putra āsa || taṃ ha kumāraṃ santaṃ dakṣiṇāsu nīyamānāsu śraddhāviveśa | so 'manyata || pītodakā jagdhatṛṇā dugdhadohā nirindriyāḥ | anandā nāma te lokāstānsa gacchati tā dadat || sa hovāca pitaraṃ tāta kasmai māṃ dāsyasīti dvitīyaṃ tṛtīyaṃ taṃ hovāca mṛtyave tvā dadāmīti || KaU 1.1.1-4. Radhakrishnan (1953:595-6). 임혜정 · 정승석(2017) p. 161 재인용.

8 아래는 일부 용어의 표현을 달리하여 임혜정 · 정승석(2017) p. 172 재인용.

① KaU 1.3.10–11	실로 감관들의 저편에 대상들이 있고, 대상들의 저편에는 마음(manas = 의식)이 있으며, 마음의 저편에는 통각(buddhi)이 있고, 통각의 저편에는 대아(大我, mahān ātman)가 있다. [이] 마하트(대아)의 저편에는 미현현(avyakta)이 있고, 미현현의 저편에 순수정신(puruṣa)이 있다. 순수정신의 저편에는 아무것도 없으니, 그곳이 정점이며 최고의 귀의처이다.[9]
② KaU 2.3.7–8	감관들의 저편에 마음이 있고, 마음의 저편에는 최상의 순질(sattva)이 있으며, 순질보다 상위에 대아(大我)가 있고, [이] 마하트보다 상위에는 최상의 미현현이 있다. 미현현의 저편에는 속성이 전혀 없이 편재하는 순수정신이 있으니, 중생은 이 사실을 알고 나서 해방되어 불사(不死)의 상태가 된다.[10]

위의 ①은 신체를 마차에, 자아(아트만)를 마차의 주인에, 통각을 마부에, 마음을 고삐에 비유하여[11] 마음을 제어함으로써 최고의 경지에 도달할 수 있다고 교시한 다음에 곧장 이어지는 교설이다. 이것이 약간 변형되었지만 거의 동일한 교설인 ②는 후대에 추가된 것으로 간주된다. 아무튼 이 둘은 한결같이 순수정신을 정점으로 설정하여 지향하는 일원론의 관념을 천명한다.[12]

....

9 indriyebhyaḥ parā hy arthārthebhyaś ca paraṃ manaḥ | manasas tu parā buddhir buddher ātmā mahān paraḥ || mahataḥ param avyaktam avyaktāt puruṣaḥ paraḥ | puruṣān na paraṃ kiṃcit sā kāṣṭhā sā parā gatiḥ || Radhakrishnan(1953) p. 625.

10 indriyebhyaḥ paraṃ mano manasaḥ sattvam uttamam | sattvād adhi mahān ātmā mahato 'vyaktam uttamam || avyaktāt tu paraḥ puruṣo vyāpako 'liṅga eva ca | yaṃ jñātvā mucyate jantur amṛtatvaṃ ca gacchati || ibid. p. 643.

11 "그대는 자아가 마차의 주인이요 신체가 곧 마차라고 알라. 또한 통각은 마부요 마음은 곧 고삐라고 알라." (ātmānaṃ rathinaṃ viddhi śarīraṃ ratham eva tu | buddhiṃ tu sārathiṃ viddhi manaḥ pragraham eva ca || KaU 1.3.3. ibid. p. 623) 후속 구절(다음 각주 37)에서는 감관을 말[馬]에 비유한다. 이 비유적 교설의 취지를 다음과 같이 이해할 수 있다.
"마부는 고삐로 말을 제어하여 마차 안에 있는 주인이 목적지에 도달하게 하듯이, 통각(≒마부)은 마음(≒고삐)으로 감관(≒말)을 제어하여 신체 안에 있는 자아(≒주인)가 최고아인 브라만과 합일하게 한다."

12 이 *Kaṭha-upaniṣad*는 다음과 같이 실체의 다양성을 배격하여 자아의 유일성을 강조하는 일원론을 고수한다.
"이것(유일한 자아)은 오직 마음으로 달성될 수 있으며, 이 세상에서는 어떠한 것도 여러 가지로 존재하지는 않는다. 이 세상에서 [그 어떤 것을] 여러 가지인 것처럼 보는 자는 죽음을 전전할 뿐이다." (manasaivedam āptavyaṃ neha nānāsti kiñcana | mṛtyoḥ sa mṛtyuṃ gacchati ya iha nāneva paśyati || KaU 2.1.11. ibid. p. 634) 여기서 '이것'이라는 대명사가 지시하는 '유일한 자아'는 순수정신과 동일시되는 브라만을 의미한다. 뒤의 각주 28 참조.

여기서는 순수정신이라는 최고의 단계에 이르기까지 사색의 대상이 단계적으로 심화해 가는 과정을 사고 활동의 원리들로 열거하는데, 이것들은 대아(위대한 자아)를 제외하고 모두 고전 상키야에서 중요하게 취급하는 원리들이다. 이 심화의 단계를 도식화하면 아래와 같이 한눈에 파악할 수 있다.[13]

〈표 11〉 Kaṭha-upaniṣad에서 사색의 심화 단계

① 감관	→	대상	→	마음	→	통각	→	대아=마하트	→	미현현	→	순수정신
② 감관	→		→	마음	→	순질	→	대아=마하트	→	미현현	→	순수정신

이 점진적 심화 단계는 일원론으로 설정되어 있으므로, 미현현과 순수정신이 별개의 원리로 양립하는 상키야의 이원론과 완전히 일치하지는 않는다.[14] 그러나 여기서 열거하는 원리들은 모두 상키야의 이원론에서도 통용될 수 있는 것들이다. 예를 들어 대아, 즉 위대한 자아(mahān ātman)가 상키야에서는 25원리 중 하나의 이름으로 직접 언급되지는 않지만, 위의 ①②에서는 대아와 마하트를 동일시하므로 대아는 25원리 중의 통각을 가리키는 것으로 간주할 수 있다. 상키야에서 마하트는 통각의 별칭이기 때문이다. 또한 통각은 순질이 우세하다는 특성을 갖는 내적 기관이므로, 순질은 통각을 대변하기도 한다. 그렇다면 *Kaṭha-upaniṣad*에서 열거하는 통각과 순질과 대아가 고전 상키야의 관점에서는 동의어로 간주된다. 다만 상키야에서 내적 기관으로 중요한 기능을 담당하는 아만(ahaṃkāra)이 이 배열에서는 간과되어 있는데, 이는 아만을 마음의 기능

....

13 <표 11>의 내용은 임혜정 · 정승석(2017) p. 173 참조.

14 명상의 심도와 직결되어 있는 이 심화 단계는 미세한 원리일수록 더 상위에 배열된다. 여기서 순수정신을 배제하고 화살표를 반대 방향으로 돌리면, 이는 상키야의 전변설과 상응한다. 다만 <표 11>의 ①에서 감관보다 하위에 있어야 할 대상이 감관보다 상위에 있는 것을 샹카라는 다음과 같이 이해한다.
"감관의 작용은 대상에 의존하기 때문에 감관들보다 [감관의] 대상들이 더 상위라고 말하는 것과 같다." (yathārthādhīnatvād indriyavyāpārasyendriyebhyaḥ paratvam arthānām iti | BSbh ad. BS 1.4.3. Shastri 1980:298, 10-11행)

으로 간주했기 때문일지도 모른다.

*Kaṭha-upaniṣad*의 제1장에서 역력하게 드러나는 주요 관심사는 자아를 간파하는 것이지만, 이 과정에서는 자아가 육신(신체)과는 엄연히 다르다는 것을 다음과 같이 강조한다.

> [자아에 정통한] 현자는 태어나지도 않고 죽지도 않는다. 이것(자아)은 어떠한 것으로부터도 발생하지 않았고 어떠한 것도 [그로부터] 발생하지 않았다. 이것(자아)은 생겨나지 않고 영원하고 불변하고 유구하니, 육신이 살해되고 있더라도 살해당하지 않는다.[15]
> 만약 살해자가 자신이 살해한다고 생각하거나 살해되는 자가 자신이 살해당한다고 생각한다면, 그 둘은 잘못 알고 것이다. 이것(자아)은 살해하지도 않고 살해되지도 않는다.[16]
> 현자는 자아가 육신들 속에 있지만 육신이 없고, 불안정한 것들 속에 있지만 확고하며, 위대하고 편재하다는 것을 간파하여 슬퍼하지 않는다.[17]

이처럼 정신(자아)과 물질(육신)을 차별하는 것은 고전 상키야의 이원론적 사고방식에 속한다. 더욱이 『기타』의 제2장에서는 바로 이 *Kaṭha-upaniṣad*의 교설과 거의 동일한 내용이 다음과 같이 반복되는데, 여기서는 상키야의 순수정신과 원질을 각각 자아와 육신(자아가 아닌 것)으로 구분하고 있다고 해석된다.[18]

> 그것(자아)을 살해자로 아는 자, 그리고 그것이 살해당한다고 생각하는 자, 그 둘

15 na jāyate mriyate vā vipaścin nāyaṃ kutaścin na babhūva kaścit | ajo nityaḥ śāśvato 'yaṃ purāṇo na hanyate hanyamāne śarīre || KaU 1.2.18. Radhakrishnan(1953) p. 616.

16 hantā cen manyate hantuṃ hataś cen manyate hatam | ubhau tau na vijānīto nāyaṃ hanti na hanyate || KaU 1.2.19. ibid. p. 616.

17 aśarīraṃ śarīreṣu anavastheṣv avasthitam | mahāntaṃ vibhum ātmānaṃ matvā dhīro na śocati || KaU 1.2.22. ibid. p. 618.

18 Cf. Radhakrishnan(1949) p. 107.

> 은 잘못 알고 있는 것이다. 이것(자아)은 살해하지도 않고 살해되지도 않는다.[19] 이것(자아)은 결코 태어나지도 않고 죽지도 않으니, 발생했다가 다시 소멸할 일은 없다. 이것(자아)은 생겨나지 않고 영원하고 불변하고 유구하니, 육신이 살해되고 있더라도 살해당하지 않는다.[20]
> 이것(자아)은 절단할 수도 없고 태울 수도 없으며, 적시거나 말릴 수도 없다. 이것은 영원하고 편재하고 불변하고 확고하며 항존한다.[21]

『기타』의 제2장은 상키야－요가의 교의를 가르치는 것으로 인정되어 있는 만큼,[22] *Kaṭha-upaniṣad*에 있는 이와 동일한 내용은 상키야의 이원론적 관념을 수용한 것으로 간주할 수 있는 근거가 된다. *Kaṭha-upaniṣad*의 이 같은 입장은 미현현을 묘사하는 데서도 역력하게 드러난다. 앞서 소개했듯이 *Kaṭha-upaniṣad*에서는 미현현을 마하트의 저편에 있는(즉 마하트보다 상위인) 것으로 묘사하는데, 이 우파니샤드의 종결 부분에서는 미현현을 "마하트의 저편에 있는 불변의 그것"으로 묘사하여 특별히 강조한다.

> 소리도 없고 감촉도 없고 형체도 없고 소멸하지도 않으며, 또한 마찬가지로 맛도 없고 영원하고 향(香)도 갖지 않는 것, 시작도 없고 끝도 없으며 마하트의 저편에 있는 불변의 그것을 관찰하여, 그는 죽음의 면전으로부터 벗어난다.[23]

....

19 ya enaṃ vetti hantāraṃ yaś cainaṃ manyate hatam | ubhau tau na vijānīto nāyaṃ hanti na hanyate || BG 2.19. Radhakrishnan(1949) p. 107.

20 na jāyate mriyate vā kadācin nāyaṃ bhūtvā bhavitā vā na bhūyaḥ | ajo nityaḥ śāśvato 'yaṃ purāṇo na hanyate hanyamāne śarīre || BG 2.20. ibid.

21 acchedyo 'yam adāhyo 'yam akledyo 'śoṣya eva ca | nityaḥ sarvagataḥ sthāṇur acalo 'yaṃ sanātanaḥ || BG 2.24. ibid. p. 109.

22 BG 2.39에서는 이러한 지혜가 상키야에서 언명되었으니 이것을 요가에서 들으라고 교시한다. @제2장 각주 59 참조.

23 aśabdam asparśam arūpam avyayaṃ tathārasaṃ nityam agandhavac ca yat | anādy anantaṃ mahataḥ paraṃ dhruvaṃ nicāyya tan mṛtyu-mukhāt pramucyate || KaU 1.3.15. Radhakrishnan(1953) p. 629.

앞의 <표 11>로 요약한 일원론적 심화 단계에 따르면 순수정신은 최고의 단계이자 귀의처이며, 순수정신을 이렇게 아는 것으로 불사의 상태에 도달한다. 그런데 위의 교설에서는 순수정신보다 하위인 미현현을 '죽음의 면전으로부터 벗어나게 하는 불변의 것'으로 묘사하여, 미현현이 마치 순수정신과 동격인 것처럼 가르친다. 이러한 미현현은 상키야의 이원론에서 원질로 통칭되는 제일원인과 다를 바 없는 것이 된다. 실제로 상키야 철학의 용어들을 모아 둔 *Tattvasamāsasūtra*를 주석한 *Tattvasamāsasūtra-vṛtti*(이하 *Kramadīpikā*)에서는 제일원인을 정의하면서 위의 교설을 거의 그대로 인용한다.

> 소리도 없고 감촉도 없고 형체도 없고 소멸하지도 않으며, 또한 마찬가지로 영원하고 맛과 향도 없으며, 시작도 중간도 없으며, 마하트의 저편에 있는 불변의 이것을 현자들은 '제일원인'으로 부른다.[24]

여기서는 "그것을 관찰하여 그는 죽음의 면전으로부터 벗어난다"라고 말한 *Kaṭha-upaniṣad*의 교설을 "현자들은 이것을 제일원인으로 부른다"로 바꾸었을 뿐이다. 그러므로 *Kaṭha-upaniṣad*에서 말하는 "마하트의 저편에 있는 불변의 그것"이란 상키야에서 말하는 것과 같은 제일원인을 염두에 두었을 것으로 확신할 수 있다. 상키야의 이원론에서도 제일원인은 시작도 끝도 없으며 마하트(통각)의 상위에 있는 원리이다. 이처럼 *Kaṭha-upaniṣad*는 상키야의 용어를 구사하지만, '상키야'라는 말은 언급하지 않는 대신 '요가'라는 말은 도처에서 언급한다.

4.1.2. '자아에 관한 요가'와 상키야

*Kaṭha-upaniṣad*에서 감관들의 집중이 견고한 상태를 요가로 정의한[25] 것은 요

---

24 aśabdam asparśam arūpam avyayaṃ tathā ca nityaṃ rasa-gandha-varjitam | anādi-madhyaṃ mahataḥ paraṃ dhruvaṃ pradhānam etat pravadanti sūrayaḥ || TsV 1. Dvivedin(1920) p. 118, 13-16행.

25 "감관들의 집중이 견고한 그것을 요가라고 말한다. 그래서 그는 방심하지 않으니, 요가는 오기도

가와 삼매를 동일시하는 고전 요가의 관점에서 크게 벗어나지는 않는 것으로 보인다. 그러나 이 우파니샤드에서 '자아에 관한 요가'(adhyātma-yoga)라고 말하는 경우의 요가도 삼매와 같은 경지를 지향한 것이라고 단언할 수는 없다. 이 우파니샤드에서는 '자아에 관한 요가'를 다음과 같이 한 차례 언급할 뿐, 더 이상은 이에 관해 설명하지 않기 때문이다.

> 은밀하게 들어가 동굴(≒심장) 속의 깊숙한 곳에 머무는 유구한 신은 쉽게 보이지 않는다. 현자는 '자아에 관한 요가'에 통달함으로써 그 신을 간파하여 기쁨과 슬픔을 버린다.[26]

이러한 교설에 따르면 '자아에 관한 요가'의 목적은 일상의 지각 능력으로는 파악할 수 없는 신을 간파하여, 고락에 휩쓸리지 않는 평정의 경지에 도달하는 것이라고 이해할 수 있다. 더욱이 이 우파니샤드의 마지막을 장식하는 교설에서는 그 평정의 경지가 바로 브라만이라는 것을 다음과 같이 선언한다.

> 이제 Naciketas는 죽음의 신(Mṛtyu)이 교시한 이 지식과 더불어 요가의 방도를 모두 얻고서, 브라만에 도달하여 청정한 불사신(不死身)이 되었으니, 오직 자아에 관해 아는 자는 누구라도 이와 같다.[27]

이 선언에 의하면 *Kaṭha-upaniṣad*에서 교시한 지식과 더불어 요가의 방도를 얻는 것은 '자아에 관해 아는' 것이 되며, 이로써 최종의 단계인 브라만에 도달하

....

하고 가기도 하는 것이기 때문이다." (tāṃ yogam iti manyante sthirām indriya-dhāraṇām | apramattas tadā bhavati yogo hi prabhavāpyayau || KaU 2.3.11. Radhakrishnan 1953:645)

26 taṃ durdarśaṃ gūḍham anupraviṣṭaṃ guhāhitaṃ gahvareṣṭhaṃ purāṇam | adhyātma-yogādhigamena devaṃ matvā dhīro harṣa-śokau jahāti || KaU 1.2.12. ibid. p. 613.

27 mṛtyu-proktāṃ naciketo 'tha labdhvā vidyām etāṃ yogavidhiṃ ca kṛtsnam | brahmaprāpto virajo 'bhūd vimṛtyur anyo 'py evaṃ yo vid adhyātmam eva || KaU 2.3.18. ibid. p. 648.

게 된다. 그렇다면 앞서 <표 11>로 요약한 사색의 심화 단계에서는 순수정신이 최종의 단계이므로, 이 순수정신과 브라만의 위상은 동일하다고 말할 수 있다.[28] 또한 요가의 방도란 마차의 비유[29]처럼 마음을 제어하거나 감관으로부터 순수정신 또는 브라만에 이르는 사색의 심화 과정을 가리킨다고 이해하는 것도 가능하다. 이 우파니샤드에서 비교적 구체적으로 제시하는 요가의 방도를 찾자면 다음과 같은 교설을 예로 들 수 있다.

> 현자는 마음에서 말[言]을 제어해야 하고, 이것(마음)을 '지성의 자아'에서 억제해야 하며, 지성[의 자아]를 '위대한 자아'(대아)에서 제어해야 하고, 이것(대아)을 '적정(寂靜)의 자아'에서 억제해야 한다.[30]

이 교설에 의하면 요가란 심리의 대상을 제어(억제)하는 것이다. 그리고 그 제어의 대상과 주체는 "말[言] → 마음 → 지성의 자아 → 위대한 자아"의 순서로 점차 심화해 가다가 마침내 최종의 주체인 '적정의 자아'에 도달한다. 여기서 적정의 자아는 제어가 완성된 평정의 경지에 해당하므로, 적정의 자아가 바로 순수정신이요 브라만이다. 그러므로 *Kaṭha-upaniṣad*에서 말하는 요가는 불사의 경지인 브라만에 도달하는 수단이며, '자아에 관한 요가'란 이러한 수단으로서의 요가를 특정한 개념일 수 있다.

....

28 실제로 이 우파니샤드에서는 다음과 같이 순수정신과 브라만을 동일시한다.
"잠든 것들 속에서 깨어나 있는 이 순수정신은 무엇이든 바라는 대로 창조해 내나니, 바로 그것을 순수(純粹)라고, 그것을 브라만이라고, 바로 그것을 불사(不死)라고 일컫는다. 모든 세계는 그것에 의지하나니, 참으로 어떠한 것도 그것을 능가하지는 못한다. 이것이 바로 그것이니라." (ya eṣa supteṣu jāgarti kāmaṃ kāmaṃ puruṣo nirmimāṇaḥ | tad eva śukraṃ tad brahma tad evāmṛtam ucyate | tasmin lokāḥ śritāḥ sarve tad u nātyeti kaścana etad vai tat || KaU 2.2.8. ibid. p. 638)

29 KaU 1.3.3-9. 이 @제4장 각주 11(KaU 1.3.3), 37(KaU 1.3.4), 234(KaU 1.3.5-9) 참조.

30 yacched vāṅ manasī prājñas tad yacchej jñānātmani | jñānam ātmani mahati niyacchet tad yacchec chāntātmani || KaU 1.3.13. Radhakrishnan(1953) p. 627. Deussen(1906:386)은 이것을 상키야의 관념을 상기시키는 전거로 들면서 여기서 말하는 '지성의 자아'를 통각(buddhi)으로, '적정의 자아'를 미현현(avyakta)으로 간주한다.

그렇지만 앞서 인용한 교설에서는 '자아에 관해 아는' 것을 브라만에 도달하는 조건으로 언급했는데, 이 조건에는 요가보다도 지식이 일차적으로 부합한다. 즉 '자아에 관해 아는' 것은 자아에 관한 지식이 된다. 이 점에서 *Kaṭha-upaniṣad*의 마지막 교설은 '자아에 관해 아는 자'라는 표현으로 자아에 관한 지식을 강조했다고 이해할 수 있다.[31] 그리고 더욱 포괄적으로 이해하자면, 자아에 관해 안다는 것은 자아에 관한 지식과 요가를 모두 함의한 것일 수 있다. 그런데 '자아에 관한 지식'(adhyātma-vidyā)이라는 말이 *Kaṭha-upaniṣad*에서는 구

....

31 Chakravarti(1975:18)는 *Kaṭha-upaniṣad*에서는 브라만을 이해하는 수단으로 adhyātma의(=자아에 관한) 지식과 요가를 강조하고 있음이 확실하다는 점을 고려하여, adhyātma-yoga라는 말도 병렬 복합어로서 'adhyātma와 yoga'를 의미하는 것일 수 있다고 지적한다. 이 경우에는 adhyātma가 자아에 관한 지식을 의미할 수밖에 없다. 다만『마하바라타』에서 중성 명사로 표현되는 adhyātma는 흔히 '내적 자아'로 번역되기도 하지만, '수승한 자아'로 번역하는 것이 더 적합할 수 있다. 예를 들어 Yudhiṣṭhira는 모든 것의 발생에 관한 질문을 adhyātma로부터 시작하는데, 이에 대한 Bhīṣma의 답변에서 adhyātma의 특정 의미를 가늠할 수 있다.

"이 세상에서는 adhyātma(=수승한 자아)로 불리는 이것이 인간에게 있다고 생각합니다. 조부님! 이 adhyātma가 어떻게 그러한지 제게 말씀해 주세요." (1)

"브라만에 통달한 분이여! 움직이지 않거나 움직이는 이 모든 것은 무엇으로부터 창조되는지요? 소멸할 때는 그것이 어디로 가는지요? 이제 저에게 말씀해 주시기를." (2)

(adhyātmaṃ nāma yad idaṃ puruṣasyeha cintyate | yad adhyātmaṃ yathā(=yataś) caitat tan me brūhi pitāmaha ‖ 1 ‖ kutaḥ sṛṣṭam idaṃ viśvaṃ brahman sthāvara-jaṅgamam | pralaye katham abhyeti tan me vaktum ihārhasi ‖ 2 ‖ Mbh 12.194=187.1-2. Dutt 2004.VIII:54) Pune본에는 제2송에 상당하는 내용이 12.267.3에 있다.

Bhīṣma는 이 질문에 다음과 같이 대답한다..

"Pārtha(≒Yudhiṣṭhira)여! 네가 내게 질문한 것은 adhyātma(=수승한 자아)이니, 친애하는 이여! 나는 네게 안락을 최대로(=더욱) 증진할 그것을 설명할 것이다." (adhyātmam iti māṃ pārtha yad etad anupṛcchasi | tad vyākhyāsyāmi te tāta śreyaskaratamaṃ(=śreyaskarataraṃ) sukham ‖ 3=2 ‖ ibid.) 동일한 질문이 뒤에서도 반복되는데, 이 경우에는 다음과 같이 답한다.

"네가 내게 질문한 것은 지성에 의해 모든 것을 인식하는 수승한 것이다. 나는 그것을 설명할 것이니, 친애하는 이여! 내가 설명할 그것에 대해 내게서 들으라." (sarvajñānaṃ paraṃ buddhyā yan māṃ tvam anupṛcchasi | tad vyākhyāsyāmi te tāta tasya vyākhyāsyāmi māṃ śṛṇu ‖ Mbh 12.285.2. Dutt 2004.VIII:347)

Ganguli(1891:67)는 adhyātma를 번역하지 않고 원어로 표현한 대신, 우선 요가와 관련된 것으로 주해했다. 즉 "Adhyātma는 마음에 의존하는 어떤 것이다. 여기서는 주석자가 설명한 것처럼 마음에 의존하는 것 또는 마음의 속성인 yoga-dharma(=요가의 실천)를 가리킨다. 일반적으로 Adhyātma라는 말은 마음의 특성에 대한 모든 성찰, 또한 마음과 외적 대상의 관계에 대한 모든 성찰을 함의한다." 한편 Dutt(2004.VIII:347)는 adhyātma를 '영적 지식'(the spiritual science)으로 번역했다. 이 번역은 '자아(=영혼)에 관한 지식'과 상통한다. 그러나 '수승한 자아'로서의 adhyātma는 맥락에 따라 개아일 수도 있고 최고아인 브라만일 수도 있다.

사되지 않지만, 『기타』에서는 다음과 같이 구사된다.

> Arjuna여! 나는 참으로 창조들의 시작이자 끝이자 중간이요, 지식들 중에서는 '자아에 관한 지식'이요, 말하고 있는 자들의 언변이다.[32]

그러나 이 설명으로는 '자아에 관한 지식'의 정체를 파악할 수 없다. 이에 대한 단서는 『마하바라타』에서 찾을 수 있다. 『마하바라타』의 「해탈법품」에서는 '자아에 관한'(adhyātma)이라는 말을 빈번하게 구사하는데, 그 중에서 '자아에 관한 성찰'은 '자아에 관한 지식'의 정체가 상키야일 것임을 다음과 같이 시사한다.

> 8[원리들]은 원질로 불리는 반면, 16[원리들]은 변이(變異)로 불린다. 그런데 그 중에서 8[원리들]은 자아에 관해 성찰한 자들이 언명했던 원질이다.[33]

여기서 언급하는 숫자는 이미 소개한 바 있는 *Caraka-saṃhitā*에서 원질을 8종으로, 변이를 16종으로 헤아리는 것과 동일하다.[34] *Caraka-saṃhitā*의 이러한 설명은 상키야의 원시적 교의를 반영한 것으로 잘 알려져 있다. 그러므로 『마하바라타』에서 말하는 '자아에 관한 성찰'은 상키야를 지칭하는 것으로 짐작할 수 있다. 더욱이 『마하바라타』에서 후술하는 아래의 설명은 그 짐작을 입증하는 근

....

32 sargāṇām ādir antaś ca madhyaṃ caivāham arjuna | adhyātma-vidyā vidyānāṃ vādaḥ pravadatām aham ‖ BG 10.32. Radhakrishnan(1949) p. 265.

33 aṣṭau prakṛtayaḥ proktā vikārāś cāpi ṣoḍaśa | tatra tu prakṛtir aṣṭau prāhur adhyātma-cintakāḥ ‖ Mbh 12.310=298.10. Dutt(2004.VIII) p. 438.
Pune본에 의하면 둘째 구문은 "그런데 자아에 관해 성찰한 자들은 여기서 7[원리들]을 현현으로 간주했다."(atha sapta tu vyaktāni prāhur adhyātma-cintakāḥ ‖)라고 바뀐다. 그러나 여기서는 '7'이라는 숫자가 의문이다. 『마하바라타』에서는 이하 10송(12.310.16-25)에 걸쳐 미현현으로부터 전개되는 창조를 24원리로 설명하지만, '7'이라는 숫자는 전혀 언급하지 않기 때문이다. 그러므로 '7'은 8[원리들] 중에서 하나(미현현)를 제외한 7[원리들]을 가리킬 것으로 이해할 수 있다. 미현현을 제외한 나머지는 모두 현현이기 때문이다.

34 *Caraka-saṃhitā*에서는 이런 원질을 '요소적 원질'로 일컫지만, 8종과 16종의 내용은 『마하바라타』의 이 대목에서 열거하는 것과 동일하다. CS, Śārīra-sthāna 1.63(@제1장 각주 82).

거가 된다.

> Bharata의 자손이여! 카필라를 비롯한 성현들은 자아에 관한 성찰에 의거하여 일반적인 것과 특수한 것으로 이론들을 설파했다.[35]

여기서는 상키야 철학의 개조인 카필라가 '자아에 관한 성찰'에 의거했다고 공언한다. 이상과 같이 추출한 맥락을 연결해 보면, *Kaṭha-upaniṣad*와 『기타』에서 직간접적으로 언급한 '자아에 관한 지식'은 '자아에 관한 성찰'인 상키야를 염두에 둔 표현이 된다. 결국 *Kaṭha-upaniṣad*에서는 후대에 결실을 맺을 미숙 상태의 상키야와 요가를 확인할 수 있다.

4.2. Śvetāśvatara-upaniṣad의 이원론적 관념

상키야 이원론의 양대 원리인 순수정신(puruṣa)과 원질(prakṛti)은 특성과 기능에서 상반하면서도 상보하는 원리로 상정된다. 고전 상키야에서는 그 중 순수정신을 언급할 때면 음식을 먹고 즐기는 자로 비유하여 향수자(bhoktṛ)라는 별칭을 빈번히 사용한다. 이 향수자가 먹고 즐길 음식과 같은 '향수의 대상'(bhogya)은 향수자의 반의어가 된다. 그러므로 고전 상키야에서 원질은 '향수 대상'으로 간주된다.

그런데 일부 우파니샤드들은 일원론적 사색을 전개하면서 이 bhoktṛ(향수자)와 bhogya(향수 대상)를 직간접적으로 구사하는데, 이로써 일원론의 토양 위에서 이원론적 관념이 점차 발육하여 본색을 드러내는 동향을 간파할 수 있다. 예를 들어 *Bṛhadāraṇyaka-upaniṣad*에서는 '먹는 자'와 '그의 음식'을 대비적으로 언

....

35 utsargeṇāpavādena ṛṣibhiḥ kapilādibhiḥ | adhyātma-cintām āśritya śāstrāṇy uktāni bhārata || Mbh 12.350=338.6. Dutt(2004.VIII) p. 622. 이 구절의 전후 맥락은 @제5장 각주 132 참조.

급하고,[36] *Kaṭha-upaniṣad*에서는 자아(아트만)를 bhoktṛ로 명시하며,[37] *Śvetāśvatara- upaniṣad*에서는 bhoktṛ와 bhogya를 함께 언급한다.[38] 이것들 중에서는 *Śvetāśvatara- upaniṣad*가 이원론적 관념을 더욱 현저하게 드러낸다.

4.2.1. 이원론적 관념의 표출과 일원론적 기조

산스크리트의 일반명사로서 aja와 ajā는 각각 숫양과 암양을 의미한다. 그러나 어원적으로 그 둘은 불생(不生), 즉 '생겨나지 않는'이라는 추상적 의미를 갖는다. 그리고 이 추상적 의미의 이면에는 창조 이전부터 존재한다는 영원성 또는 상주성(常住性)이 함축되어 있다. 이에 따르면 추상명사로서 aja와 ajā는 각각 영원히 존속하는 남성과 여성을 가리킨다.[39] 이는 고전 상키야의 양대 원리인 순수정신이 남성이고 원질이 여성인 것과 상응한다. 다만 *Śvetāśvatara-upaniṣad*에서 아래와 같이 묘사된 경우의 aja와 ajā는 동물을 일컫는 일반명사로 언급된다.

> 적색과 백색과 흑색을 갖고 자신과 닮은 많은 새끼들을 낳는 한 마리의 암양을

....

36 "이와 같이 이것이 무궁한 자(Aditi)의 무궁성임을 아는 자, 그는 모든 것을 먹는 자가 되고, 모든 것은 그의 음식이 된다." (sarvasyāttā bhavati sarvam asyānnaṃ bhavati ya evam etad aditer adititvaṃ veda ‖ BṛhU 1.2.5. Radhakrishnan 1953:153)

37 "감관들은 말[馬]이요, 그것(감관)들의 대상은 [말들이 나아가는] 길이라고 그들은 말한다. 신체와 감관과 마음과 결합된 것(자아)은 향수자(bhoktṛ)라고 현자들은 말한다." (indriyāṇi hayān āhur viṣayāṃs teṣu gocarān | ātmendriya-mano-yuktaṃ bhoktety āhur manīṣiṇaḥ ‖ KaU 1.3.4. Radhakrishnan 1953:624) 여기서 '신체'의 원어는 ātman인데, 이는 *Kaṭha-upaniṣad*에서 ātman이 신체의 의미로 구사되는 사례에 속한다. 다른 사례로는 KaU 2.1.12를 들 수 있다. 임혜정 · 정승석(2017) p. 166 참조.

38 "자아에 존속하는 바로 그 영원한 것을 알아야 하나니, 실로 이것을 능가할 것으로 인식될 수 있는 것은 아무것도 없다. 모든 것은 향수자(bhoktṛ), 향수 대상(bhogya), 고무자(≒자재신)를 고려하여 선언되었으니, 이 셋으로 이루어진 것이 브라만이다." (etaj jñeyaṃ nityam evātmasaṃsthaṃ nātaḥ paraṃ veditavyaṃ hi kiṃcit | bhoktā bhogyaṃ preritāraṃ ca matvā sarvaṃ proktaṃ trividhaṃ brahmam etat ‖ ŚvetU 1.12. Radhakrishnan 1953:716)

39 나중에 거론할 ŚvetU(1.9)에서는 aja(숫양)와 ajā(암양)이 각각 '남성의 불생자(不生者)'와 '여성의 불생자'라는 추상적 의미로 언급된다. 뒤의 각주 55 참조.

> 실로 한 마리의 숫양은 좋아하면서 동침하고, 다른 숫양은 향락을 준 그녀를 포기하네.[40]

암컷과 숫컷의 생리적 속성을 묘사한 것으로 보이는 이 시구가 후대에 상키야 철학의 요체를 표방하는 구호처럼 인식된 것은 의미심장하다. 『전철학강요』에서는 상키야 철학을 개설하면서 이 내용을 그대로 인용[41]할 뿐만 아니라, 이에 앞서 『상키야송』의 주석서로 유명한 *Tattva-kaumudī*의 저자는 이 내용을 『상키야송』에 헌사하는 시로 활용했다. 그는 소위 귀경게(歸敬偈)로 불리는 다음과 같은 시로 경의를 표하고 나서 본격적인 주석을 개시한다.

> 적색과 백색과 흑색을 갖고 자신과 닮은 많은 새끼들을 낳는 한 마리의 암양에게 우리는 경배합니다.
> 그녀를 좋아하여 향락하고서 향략을 준 그녀를 포기하는 숫양들, 이들을 우리는 찬탄합니다.[42]

이 *Tattva-kaumudī*의 경우, 둘째 행에서 *Śvetāśvatara-upaniṣad*와는 약간 다르게 숫양을 묘사한다. 즉 *Śvetāśvatara-upaniṣad*에서 언급한 한 마리의 숫양과 다른 숫양을 *Tattva-kaumudī*에서는 모두 아울러 복수의 숫양들로 묘사한다. 이는 전거를 응용하여 한 마리의 암양과 다수의 숫양들, 즉 단수의 여성 대 복수의 남성이라는 대립 원리로 개편한 구도이다. 그리고 이것들을 경배와 찬탄의 대상으로 묘사한 점에서 그 대상들은 상키야 이원론의 원질과 순수정신을 비유한 것으로

....

40 ajām ekāṃ lohita-śukla-kṛṣṇāṃ bahvīḥ prajāḥ sṛjamānāṃ sarūpāḥ | ajo hy eko juṣamāṇo 'nuśete jahāty enāṃ bhukta-bhogām ajo 'nyaḥ || ŚvetU 4.5. Radhakrishnan(1953) p. 732.

41 "그리고 이와 같은 것이 *Śvetāśvatara-upaniṣad*에는 다음과 같이 전해져 있다. '… 동일 번역 생략 …'" (tathā ca śvetāśvatara-upaniṣadi śrūyate | … 동일 원문 생략 … || iti | SDS, p. 327, 107-110행)

42 ajām ekāṃ lohita-śukla-kṛṣṇāṃ bahvīḥ prajāḥ sṛjamānāṃ namāmaḥ | ajā ye tāṃ juṣamāṇaṃ bhajante jahaty enāṃ bhukta-bhogāṃ numas tān || TK, Maṅgalācaraṇam 1. Jha(1965) p. 1.

해석될 수밖에 없다. 그래서 *Śvetāśvatara-upaniṣad*의 시구는 당연히 이러한 해석의 전거로 간주된다. 우선 이 우파니샤드에서 언급하는 '한 마리의 암양'과 세 가지 색깔은 상키야 철학으로 말하면 각각 원질과 3질에 해당한다.

이 *Śvetāśvatara-upaniṣad*뿐만 아니라 다른 우파니샤드에서도 암양(ajā)이 비유로 언급된 경우는 예외 없이 원질을 가리킨다. 또한 Purāṇa들에서도 적색과 백색과 흑색은 각각 상키야 철학의 3질인 동질(rajas)과 순질(sattva)과 암질(tamas)의 상징으로 간주된다.[43] 상키야 철학의 전변설은 3질을 갖춘 원질이 찰나마다 전변하여 무수한 변형을 초래한다는 이론이다. 이 변형은 원질의 3질이 특수하게 배합된 결과이므로 사실상 3질과 다르지 않다. 따라서 *Śvetāśvatara-upaniṣad*에서 3색을 가진 하나의 암양이 자신처럼 3색을 가진 많은 새끼를 낳는다고 묘사한 것은, 상키야에서 단일한 원질이 자신처럼 3질을 가진 다양한 결과로 변형된다고 주장하는 것과 같다. 더욱이 이 우파니샤드는 다음과 같이 질(guṇa)이라는 개념을 최초로 명료하게 구사할 뿐만 아니라 3질(tri-guṇa)이라는 용어도 한 차례 언급한다.

> 신성한 자아의 능력은 그 자신의 질(guṇa)들에 의해 감추어져 있지만, 정려(靜慮, dhyāna)로써 요가(=명상)에 전념하는 그들은 그 능력을 보았다.[44]
>
> 질들을 가진 자는 결과를 낳는 행위의 실행자로서 실행된 바로 그것을 향수하니, 그는 3질(tri-guṇa)을 갖고 모든 형체를 취하는 자요 생기(生氣, prāṇa)들의 지배자로서 자신의 행위들에 의해 세 가지 길을 따라 배회한다.[45]

....

43 Cf. Chakravarti(1975) p. 24.

44 te dhyāna-yogānugatā apaśyan devātma-śaktiṃ sva-guṇair nigūḍhām | ŚvetU 1.3. Radhakrishnan(1953) p. 721. 여기서는 정려로써 삼매를 추구하는 고전 요가의 전조를 엿볼 수 있다. 고전 요가의 8지에서 정려는 삼매 직전의 단계이며, 『요가주』(1.1)에서는 "요가는 삼매"(yogaḥ samādhiḥ)라고 정의한다.

45 guṇānvayo yaḥ phala-karma-kartā kṛtasya tasyaiva sa copabhoktā | sa viśva-rūpas tri-guṇas tri-vartmā prāṇādhipaḥ saṃcarati sva-karmabhiḥ || ŚvetU 5.7. ibid. p. 740.

한편 *Śvetāśvatara-upaniṣad*에서 숫양을 두 부류로 묘사한 것은 우선 자아의 속박과 해탈을 상징하는 것으로 이해된다. 즉, 암양과 동침하는 하나의 숫양은 속박된 자아이고 암양을 포기하는 다른 숫양은 해탈한 자아이다. 그러나 암양이 상키야의 양대 원리 중 원질을 가리킨다면, 숫양은 순수정신을 가리킬 것이다. 즉, 암양과 동침하는 숫양은 원질의 구속으로부터 아직 벗어나지 못한 순수정신을 가리키는 반면, 암양을 포기하는 다른 숫양은 해탈하여 원질의 족쇄로부터 벗어난 다른 순수정신을 가리킨다. 그리고 이 같은 관념의 연원으로는 앞서 소개한 *Ṛgveda*에서 언급하는 '두 마리의 새'[46]를 들 수 있다.

*Śvetāśvatara-upaniṣad*는 상키야의 양대 원리에 해당하는 관념을 비유적으로 언급할 뿐만 아니라, prakṛti 또는 pradhāna와 같은 용어로 원질을 직접 언급하고 상키야 철학에서 순수정신을 지칭하는 jña(지자, 아는 자) 또는 kṣetrajña(몸을 아는 자)를 언급하기도 한다. 예를 들면 다음과 같다.

> 그리고 그대는 원질(prakṛti)은 환술(幻術)이요 위대한 자재신은 환술사라고 알라. 이 모든 세계는 그(자재신)의 일부가 되는 존재들로 채워져 있나니.[47]
>
> 그는 모든 것을 만드는 자요, 모든 것을 아는 자요, 스스로 태어난 자요, 지자(jña)요, 시간의 조작자[48]요, 질(guṇa)들의 소유자요, 모든 것을 아는 자요, 제일원인(pradhāna)과 '몸을 아는 자'(kṣetrajña)의 주인이요, [3]질들의 지배자요, 윤회와 해탈과 지속과 속박의 원인이도다.[49]

....

46 @제3장 각주 13, ṚV 1.164.20. 여기서 말하는 두 마리의 새 중에서 열매를 먹는 새는 개아를 가리키고, 먹지 않고 바라보는 새는 최고아를 가리킨다.

47 māyāṃ tu prakṛtiṃ viddhi māyinaṃ tu maheśvaraṃ | tasyāvayava-bhūtais tu vyāptaṃ sarvaṃ idaṃ jagat || ŚvetU 4.10. ibid. p. 734.

48 이 말의 원어는 kāla-kāro이지만, GRETIL의 판본에서는 이것이 kāla-kālo로 기재되어 '시간의 시간'으로 번역된다. Müller(1884:265)는 '시간의 시간'을 '시간의 파괴자'로 해석했다.

49 sa viśva-kṛd viśva-vid ātma-yonir jñaḥ kāla-kāro guṇī sarvavidyaḥ | pradhāna-kṣetrajña-patir guṇeśaḥ saṃsāra-mokṣa-sthiti-bandha-hetuḥ || ŚvetU 6.16. Radhakrishnan(1953) p. 747. 여기서 전반부의 내용은 선행하는 게송(6.2)에서도 반복된다. 뒤의 각주 56 참조.

이처럼 *Śvetāśvatara-upaniṣad*는 상키야의 주요 용어들을 구사하는 데 그치지 않고 '상키야와 요가'라는 말을 언급할 뿐만 아니라, 상키야 학파에서는 개조의 이름으로 유명한 카필라(kapila)가 성현을 형용하거나 일컫는 용도로 언급되기도 한다.

> 각각의 원천을 감독하는 유일자, 그는 온갖 형체들과 모든 원천들을 감독하나니, 태초에 잉태된 그 붉은(kapila) 성현[50]을 지식들로 양육하여 그가 태어나는 것을 바라볼 것이다.[51]
>
> 영원한 것들 중에서도 영원하고, 의식하는 것들의 의식이며, 많은 것들 중에

....

50 원문의 kapila를 '붉은'이라는 형용사가 아니라 카필라(Kapila)라는 고유명사로 해석하면, "잉태된 그 붉은 성현"은 "성현으로 잉태된 그 카필라"로 번역될 수 있다. 그러나 일찍이 우파니샤드를 번역했던 학자들은 한결같이 이 kapila를 '붉은'이라는 형용사로 간주하여, '붉은 성현'이란 Hiraṇyagarbha를 가리킨다고 해석했다. 왜냐하면 이 우파니샤드에서는 이 게송과 유사한 내용을 이보다 먼저 다음과 같이 서술하기 때문이다.
"신들의 원천이요 근원이며, 모든 것의 지배자요 루드라(Rudra)요 위대한 성현이시며, Hiraṇyagarbha가 태어나는 것을 바라보시는 그분께서 순수한 지성을 [우리에게] 부여하시기를."
(yo devānāṃ prabhavaś codbhavaś ca viśvādhipo rudro maharṣiḥ | hiraṇyagarbhaṃ paśyata jāyamānaṃ sa no buddhyā śubhayā saṃyunaktu ‖ ibid. 4.12. p. 735)
여기서 위대한 성현으로 언급되는 Hiraṇyagarbha는 '붉은(kapila) 성현'에 대한 해석의 열쇠로 간주된다. Radhakrishnan(1953:738)은 '붉은 성현'이 상키야 철학의 개조인 카필라 성현을 가리키지 않는다고 단언하면서 그 이유를 다음과 같이 제시한다.
"최상자는 태어나고 있었던 Hiraṇyagarbha를 바라보고 있는 것으로 묘사된다. Hiraṇyagarbha는 신이 창조하여 온갖 능력을 부여한 최초의 존재였다. Hiraṇyagarbha 즉 Brahmā(브라마 신)는 최상의 신과 창조된 세계 사이를 매개하는 창조자이다."
한편 Deussen(1980:319)은 전체 문맥이나 같은 계열의 문장을 통해 볼 때 '붉은 성현'은 카필라로 이해되어야 한다고 주장하면서 다음과 같은 견해를 제시한다.
"이 점을 간과할 수는 없다. 즉 베단타 문헌의 문맥을 통해 볼 때, 반대파의 개조인 카필라가 원시의 존재로부터 최초로 태어난 자라고 선언한 것이다. 근거가 박약하긴 하지만, 그 말에는 'Hiraṇyagarbha는 온갖 지혜나 지식을 낳는 자이며, 진정한 카필라이다.'라는 의미가 함축된 것으로 가정할 수도 있다."
이미 *Ṛgveda*(10.121)에서 태초에 출현한 신격으로 언급된 Hiraṇyagarbha는 황금의 태아, 즉 황금태(黃金胎)라는 번역으로 잘 알려져 있다. 나중에 상술하겠지만, 『마하바라타』에서는 Hiraṇyagarbha가 요가의 창시자로 언급되기도 하고(cf. Chakravarti 1975:49), *Yuktidīpikā*에서는 카필라와 함께 지고한 인격으로 병렬되기도 한다(cf. ibid.:279).

51 yo yoniṃ yonim adhitiṣṭhaty eko viśvāni rūpāṇi yoniś ca sarvāḥ | ṛṣiṃ prasūtaṃ kapilaṃ yas tam agre jñānair bibharti jāyamānaṃ ca paśyet ‖ ŚvetU 5.2. Radhakrishnan(1953) p. 738.

서 유일한 자, 그는 갈망을 충족시켜 준다. 상키야와 요가로 수습해야 할 그 원인을 신으로 알고 나서 그는 모든 속박으로부터 해방된다.[52]

여기서는 우파니샤드 최초로 '상키야'를 언급할 뿐만 아니라, 상키야와 요가를 수습(修習)의 수단으로 인식하고 있었음이 명백히 드러난다. 따라서 이상과 같은 대표적인 실례를 고려하면 이 *Śvetāśvatara-upaniṣad*는 상키야 학파의 우파니샤드인 것처럼 보일 수도 있다.[53] 그러나 이 우파니샤드는 시작부터 브라만을 제일원인으로 천명하듯이[54] 일원론을 고수한다. 그러므로 여기에 표출된 이원론적 관념들을 곧장 상키야의 것으로 속단하지 않도록 유의할 필요가 있다.

이 우파니샤드는 모든 것을 브라만에 귀속시키는 절대적 일원론을 고수하므로, 여기서 구사되는 상키야의 주요 용어들은 브라만의 특성 중 일부를 지목할 뿐이다. 상키야 철학에서는 순수정신의 별칭인 지자(jña)를 그 단적인 예로 들 수 있다.

지자와 무지자요 유능한 자와 무능한 자인 남성의 두 불생자(不生者)가 있고, 실로 향수자 및 향수 대상과 결합하는 여성의 한 불생자가 있다. 또한 모든 형체를 취하고 실로 활동하지 않는 무궁한 자아가 있으니, 이 셋을 알아차릴 때 이것(셋)이 곧 브라만이다.[55]

그(신)는 실로 이 모든 것을 감싸고 있는 지자(jña)요, 시간의 조작자요, 질(guṇa)들의 소유자요, 모든 것을 아는 자이다. 참으로 지(地), 수(水), 화(火), 풍(風), 공(空)은 그가 바라는 [창조의] 활동이 전개된 것으로 생각해야 한다.[56]

....

52 nityo nityānāṃ cetanaś cetanānām eko bahūnāṃ yo vidadhāti kāmān | tat kāraṇaṃ sāṃkhya-yogādhigamyaṃ jñātvā devaṃ mucyate sarva-pāśaiḥ || ŚvetU 6.13. ibid. p. 746.

53 "*Śvetāśvatara*가 본질적으로 '상키야 우파니샤드'라는 것은 잘 알려진 사실이다." Sharma(1933) Instruction, p. 7.

54 이 @제4장 각주 3 참조.

55 jñājñau dvāv ajāv īśanīśāv ajā hy ekā bhoktṛ-bhogārtha-yuktā | anantaś cātmā viśvarūpo hy akartā trayaṃ yadā vindate brahmam etat || ŚvetU 1.9. Radhakrishnan(1953) p. 714.

56 yenāvṛtaṃ nityam idaṃ hi sarvaṃ jñaḥ kālakāro guṇī sarvavid yaḥ | teneśitaṃ karma vivartate ha

여기서 지자와 무지자는 각각 자재신과 개아를 가리키고, '여성의 한 불생자'는 원질을 가리키는 것으로 이해되지만,[57] 이것들은 모두 브라만과 동일시된다. 고전 상키야에서는 양대 원리가 될 지자와 원질이 이 우파니샤드의 단계에서는 '무궁한 자아'인 브라만의 일면일 뿐이다.

그럼에도 불구하고 이 같은 일원론은 이원론으로 전개될 소지가 다분하다. 예컨대 "모든 형체를 취하고 실로 활동하지 않는 무궁한 자아"라는 관념에서 '모든 형체를 취한다'는 것과 '활동하지 않는다'는 것은 모순처럼 보인다. 형체를 갖는 것도 일종의 활동이기 때문이다. 이러한 모순의 가능성을 일소하려면 형체를 취하는 원리와 활동하지 않는 원리를 서로 다른 것으로 구분해야 한다. 이렇게 구분하는 관념은 이원론이 된다. 즉 고전 상키야의 이원론에서 원질은 전변하는 활동으로써 모든 형체를 조작하는 반면, 순수정신은 활동하지 않은 채 원질의 변형을 목격하는 것만으로 인식한다. 이 때문에 원질은 작자로 불리고, 순수정신은 지자로 불린다.

그러나 이 우파니샤드에서 '지자'로도 언급되는 최고 존재(즉 브라만)는 제일원인(=원질)과 '몸을 아는 자'(≒순수정신)의 주인으로 간주되므로,[58] 상키야에서 말하는 원질과 순수정신을 감독하는 유일자이다. 일원론에서는 최고 존재가 유일자인 만큼 원질의 활동력과 순수정신의 인식력(지성)도 그 유일자에게 본래부터 구비되어 있다고 생각할 수밖에 없다. 그래서 이 우파니샤드에서는

....

pṛthvyāpya-tejo 'nila-khāni cintyam || ŚvetU 6.2. ibid. p. 743.

57 Hume(1931:396)은 이 게송을 번역하면서 '여성의 한 불생자'가 가리키는 것을 원질(prakṛti)로 명시했다. 이의 근거로는 샹카라가 이 게송에 대해 "개아와 자재신과 원질로 이루어지는 셋이 브라만이다."(jīveśvara-prakṛti-rūpa-trayaṃ brahma | Radhakrishnan 1953:714 재인용)라고 해설한 것을 들 수 있다. 이에 의하면 남성의 두 불생자 중에서 무지자(무능한 자)는 개아, 지자(유능한 자)는 자재신을 의미할 것이고, 여성의 한 불생자는 원질을 의미한다. 그러나 Deussen(1980:307)은 여기서 언급하는 셋을 Bhoktṛ(향수자), Bhogya(향수 대상), Prerayitṛ(고무자)로 이해했는데, 이는 향수자, 향수 대상, 고무자(≒자재신)로 이루어진 것이 브라만이라고 설하는 후속 게송(1.12)에 의거한 해석일 것이다. 이 @제4장 각주 38 참조.

58 최고 존재로서의 브라만에 대한 이 같은 관념은 ŚvetU 6.16(앞의 각주 49)에 단적으로 드러나 있다.

모든 것을 지배하는 유일자를 다음과 같이 가르친다.

> 자신의 본성을 전개하는 자요, 모든 것의 원천이요, 익을 수 있는 모든 것을 숙성하게 할 자, 그는 모든 질(guṇa)들을 할당할 유일자로서 이 모든 세계를 완전히 지배한다.[59]
>
> 그에게는 행위와 [행위할] 기관이 없으며 그에 버금하거나 그를 능가하는 것도 발견되지 않는다. 그의 최상의 능력은 참으로 다양하게 드러나니, 인식과 위력의 활동은 [그에게] 본래 내재한다.[60]

이처럼 일원론적 기조를 견지하는 *Śvetāśvatara-upaniṣad*가 앞서 소개한 것처럼 상키야와 요가를 직접 언급한[61] 점은 각별한 의문의 대상이 될 만하다. 이 경우의 상키야와 요가는 유일자를 이해하여 속박으로부터 해방될 수 있는 수단으로 간주된 듯하기 때문에 더욱 그러하다. 여기서 발생할 수 있는 의문은 크게 두 가지로 집약된다.

첫째, 이 우파니샤드에서 언급하는 상키야는 『상키야송』에서 정립된 것과는 전혀 무관한 상키야를 지칭하는가?

둘째, 혹은 그것은 일원론과 이원론으로 대립하는 교의의 조화를 시도한 것인가? 후대의 관점으로 말하자면, 베단타 철학과 상키야 철학의 융합을 도모한 것인가?

이 의문에 대한 긍정 또는 부정의 가능성을 검토해 보는 것으로 이원론적 관념을 포용한 *Śvetāśvatara-upaniṣad*의 특성을 이해할 수 있다.[62] 이 중에서 첫째 의

59 yac ca svabhāvaṃ pacati viśvayoniḥ pācyāṃś ca sarvān pariṇāmayed yaḥ | sarvam etad viśvam adhitiṣṭhaty eko guṇāṃś ca sarvān viniyojayed yaḥ || ŚvetU 5.5. Radhakrishnan(1953) p. 739.

60 na tasya kāryaṃ karaṇaṃ ca vidyate na tat samaś cāpy adhikaś ca dṛśyate | parāsya śaktir vividhaiva śrūyate svābhāvikī jñāna-bala-kriyā ca || ŚvetU 6.8. ibid. p. 745.

61 "상키야와 요가로 수습해야 할 그 원인을 신으로 알고 나서 그는 모든 속박으로부터 해방된다." ŚvetU 6.13. 앞의 각주 52.

62 이하의 검토는 Chakravarti(1975) pp. 26-34 참조.

문은 브라만에 대한 상키야와 요가의 인식을 검토하는 것으로, 둘째 의문은 선행하는 *Kaṭha-upaniṣad*의 자아 개념을 참조하는 것으로 답을 구할 수 있다.

4.2.2. 브라만에 대한 상키야와 요가의 인식

인도의 이원론과 상키야 철학을 동일시하고 『상키야송』에서 천명하는 이원론을 고전 상키야로 부르는 것은, 이전의 이원론적 사색이 Īśvarakṛṣṇa에 의해 『상키야송』으로 대성했기 때문이다. 그러므로 『상키야송』 이전에도 상키야로 불리는 교의가 있었으며 이 교의는 발전적인 변화를 거쳤을 것이라는 사실이 상식으로 통용될 수 있다. 이 같은 상식이 통한다면, 상키야로 불리는 과거의 교의가 『상키야송』과 온전히 합치하지 않는다고 해서 그것을 상키야가 아니라고 부정하는 것은 온당하지 않다. 다만 브라만을 궁극의 대상으로 탐구하는 절대적 일원론을 견지하는 *Śvetāśvatara-upaniṣad*에서 상키야는 브라만을 이해하는 수단으로 언급되므로, 이런 상키야의 진의가 모호한 것으로 비치게 마련이다.

그런데 상키야를 취급하는 여러 문헌들에서 브라만을 언급하거나 설명하는 사례가 적지 않다. 이는 브라만과 상키야가 상호 배타적인 관계로만 인식되지는 않았다는 사실을 시사한다. 다양한 사례들로 이 사실을 확인할 수 있다.

먼저 『마하바라타』에서 Āsuri는 카필라의 추종자들이 모인 가운데서 브라만의 유일성과 불멸성뿐만 아니라, 브라만의 다양한 현현을 인정한다.[63] 상키야 학파에서 카필라는 학파의 개조로, Āsuri는 그의 첫째 제자로 공인되어 왔으므로, 이 경우는 상키야의 교의에서도 브라만을 무시하지 않았다는 사례가 된다.

초기 상키야의 교의를 약술하는 불전과 의학서에서도 상키야는 브라만에 대한 기존의 관념을 부정하지 않은 것으로 설명한다. Aśvaghoṣa의 *Buddhacarita*(『불

....

63 "유일하고 불멸인 것, 바로 브라만이 다양한 형상을 가진 것으로 현현한다. Āsuri는 그 회합에서 그것을 불변의 것으로 인정했다." (yat tad ekākṣaraṃ brahma nānārūpaṃ pradṛśyate | āsurir maṇḍale tasmin pratipede tad avyayam || Mbh 12.218.14=211.13. Dutt 2004.VIII:125)

소행찬』) 제12장에서는 정각을 성취하기 이전의 수행자(석가모니)가 Arāḍa Kālāma로 불리는 성현을 찾아가 가르침을 구한 이야기를 서술하는데, 여기서 Arāḍa가 수행자에게 가르친 것은 상키야의 교의로 알려져 있다. 그의 가르침에 따르면 당시의 상키야에서도 브라만의 절대성은 다음과 같이 인정되었다.

> 진실을 아는 현자들은 해탈이란 표징(속성)이 없고, 불변하며, 불멸하는 바로 그 최상의 브라만이라고 말한다.[64]

여기서는 브라만에 도달한 경지도 상키야에서 생각하는 해탈이라고 설명하는데, *Caraka-saṃhitā*에서도 이와 같은 취지를 다음과 같이 더욱 상술한다.

> 이후 브라만과 합일한 개아는 지각[의 대상이] 되지 않으며, 모든 존재들로부터 벗어난 그것(개아)에게는 표지가 존재하지 않는다. 그리고 브라만을 아는 자들이 도달하는 브라만은 괴멸이 없고 속성이 없는 그런 것이다. 또한 이 세상에서 브라만을 아는 자들의 인식인 그것을 무지한 자가 알 수는 없다.[65]

또한 *Caraka-saṃhitā*에서는 브라만을 해탈의 상태인 적정(寂靜)의 동의어로 열거하기도 하며,[66] 브라만을 인간의 내적 자아로 간주하기도 한다.[67] 그런데 특

....

64 etat tat paramaṃ brahma nirliṅgaṃ dhruvam akṣaram | yan mokṣa iti tattva-jñāḥ kathayanti manīṣiṇaḥ || BC 12.65. Johnston(1935) p. 136.

65 ataḥ paraṃ brahma-bhūto bhūtātmā nopalabhyate | niḥsṛtaḥ sarvabhāvebhyaś cihnaṃ yasya na vidyate || gatir brahma-vidāṃ brahma tac cākṣaram alakṣaṇam | jñānaṃ brahmavidāṃ cātra nājñastaj jñātum arhati || CS, Śārīra-sthāna 1.155-6. Sharma(2012) p. 329.

66 "적정은 무결(無缺), 무구(無垢), 평온, 최상, 불멸, 불변, 불사(不死), 브라만, 절멸이라는 동의어들로 불린다." (vipāpaṃ virajaḥ śāntaṃ param akṣaram avyayam | amṛtaṃ brahma nirvāṇam paryāyaiḥ śāntir ucyate || ibid. 5.23. Sharma & Dash 1985:424)

67 "그 인간(puruṣa)은 지(地)를 육체로, 수(水)를 습기로, 화(火)를 열기로, 풍(風)을 생기로, 공(空)을 통로로, 브라만을 내적 자아로 갖는다." (tasya puruṣasya pṛthivī mūrtiḥ āpaḥ kledaḥ tejo 'bhisantāpaḥ vāyuḥ prāṇaḥ viyat suṣirāṇi brahma antarātmā | ibid. 5.5. Sharma & Dash 1985:415)
여기서 인간의 원어인 puruṣa가 상키야 철학의 용어로는 양대 원리의 하나인 순수정신을 가리키지

히 이 후자의 경우, 상키야에서 브라만을 내적 자아로 간주했다면, 상키야는 기존과는 다른 관점으로 브라만을 수용했을 것으로 짐작할 수 있다. 만약 상키야가 브라만에 대한 기존의 관념을 그대로 수용했다면, 상키야의 교의가 고유한 이원론으로 전개되지는 않았을 것이기 때문이다. 예를 들어 『요가주』의 저자가 고대 상키야 또는 요가의 논서로부터 인용한 다음과 같은 단편에서 현자들은, 영원한 브라만이 쉬는 동굴을 통각(buddhi)의 변형으로 간주하여 그것과 통각이 다르지 않다고 지적한다.[68]

> 또한 다음과 같이 말한 것이 그와 같다. "영원한 브라만이 의탁하는 은둔처(=동굴)는 지하 세계도 아니고 산의 동굴도 아니며, 결코 암흑도 아니고 해저의 동굴도 아니다. 현자들은 [그 은둔처를 브라만의 작용과] 다를 바 없는 '통각의 작용'으로 간주한다."[69]

고전 상키야에 의하면 통각은 원질로부터 전개된 내적 기관들 중 최심층의 마음에 상당한다. 최심층의 마음은 '내적 자아'로 불릴 만하다. 그래서 위의 인용문의 취지는 '브라만이 의탁하는 은둔처'가 내적 자아라면, 이런 내적 자아는 상키야-요가에서 말하는 '통각'과 다르지 않다는 것이다. 한편 미망사 학파의 거장인 Prabhākara(7~8세기)는 *Mīmāṃsāsūtra-bhāṣya*를 주석하면서 상키야의 추종자들은 '브라만을 아는 자들'이라고 다음과 같이 진술한다.

....

만, 의학서의 맥락에서 puruṣa는 기본 의미대로 인간을 가리킨다고 이해하는 것이 무난하다.

68 Cf. Chakravarti(1975) p. 27. '자아에 관한 요가'를 언급하는 *Kaṭha-upaniṣad*(1.2.12)에서도 브라만은 동굴 속에 머무는 유구한 신으로 묘사된다. 이 @제4장 각주 26 참조.

69 YBh 4.22. 정승석(2020) p. 271. Vijñāna Bhikṣu는 이 대목을 다음과 같이 해설한다.
"[여기서] '의탁하는'이란 '숨어 있는'이라는 말이다. 그 운둔처는 지하 세계 따위가 아닐 뿐만 아니라, 현자들, 즉 학자들은 [그것을] 브라만의 작용과 다를 바 없는 '통각의 작용'일 뿐인 것으로 생각한다."(nihitaṃ saṃguptam iti sā guhā na pātālādi kiṃ tu brahma-vṛtty-aviśiṣṭāṃ buddhi-vṛttim eva kavayaḥ paṇḍitāḥ paśyantīti | YV 4.22) 같은 책, n. 77 재인용.

> 이에 대해 브라만을 아는 다른 이들은 "행위자를 결속하기 때문에, 기억을 통해 욕구하기 때문에, 마하트(=통각)로부터 시작하여 [조대]요소로 끝나기 때문에, 우리는 육신과는 다른 자아를 인정한다."라고 확신한다.[70]

여기서 마하트로부터 시작하여 조대요소로 끝난다고 말하는 것은 통각 이하 5조대요소에 이르는 23원리(<표 6>)를 지칭하고, 육신과는 다른 자아를 인정한다고 말하는 것은 이원론을 지칭한다. 그러므로 여기서 말하는 '브라만을 아는 다른 이들'이 상키야 학파를 지칭한다는 것은 확실하다. 또한 『요가경』을 독자적으로 주석한 Bhojarāja는 *Rāja-mārtaṇḍa*에서 상키야의 추종자를 '적정(寂靜)이 브라만이라고 주장하는 자'로 표현한다.

> 적정이 브라만이라고 주장하는 상키야의 추종자들은 최상의 자아인 순수정신의 감독을 받아야 할 활동에 상응하는 바로 그것을 즐거움과 고통의 향수라고 표현한다.[71]
>
> 바로 이 때문에 적정이 브라만이라고 주장하는 상키야의 추종자들은 자아가 윤회의 상태와 해탈의 상태에서 오로지 항상 한결같은 것임을 인정한다.[72]

이상과 같은 사례들 이외에도, 상키야 학파의 옛 문헌으로 중시되었던 육십과론(*Ṣaṣṭitantra*)에서 브라만을 중요한 주제로 인식했다는 사실은 더욱 주목할

....

70 atrāpare brahmavidaḥ — kartra-bhidhānāt smṛter icchātaś ca mahadādi-bhūta-paryantāt śarīrād atiriktam ātmānam upalabhāmahe — iti pratipannāḥ | *Bṛhatī* 1.1.5. Sastri(1934) p. 220, 8-9행.

71 tad eva śānta-brahmavādibhiḥ sāṃkhyaiḥ puruṣasya paramātmano 'dhiṣṭheyaṃ karmānurūpaṃ sukha-duḥkha-bhokṛtayā vyapadiśyate | RM 4.23. Śāstrī(2001) p. 199, 32행. 일찍이 *Rāja-mārtaṇḍa*를 영역한 Rājendralāla Mitra는 "여기서 '브라만'이나 '최상의'라는 형용 어구는 무의미하다. 이것들은 모두 순수정신을 의미하기 때문이다. 즉 브라만은 신(=조물주)을 가리키지 않는다."라고 부연했다. Mitra(1883) p. 194.

72 ata eva śānta-brahmavādibhiḥ sāṃkhyair ātmanaḥ sadaiva saṃsāradaśāyāṃ mokṣadaśāyāṃ caikarūpatvam aṅgīkriyate | RM 4.33. Śāstrī(2001) p. 214, 2-3행.

만하다. 나중에 상술할 Pāñcarātra 학파의 *Ahirbudhnya-saṃhitā*에서는 육십과론의 주제를 60가지로 열거하는데, 브라만은 여기서 순수정신보다 우선하는 첫째로 꼽힌다.[73] 그럼에도 불구하고 고전 상키야의 시발인 『상키야송』에서는 브라만을 전혀 언급하지 않는다. 그렇다고 해서 『상키야송』의 주석자들마저 브라만에 대한 언급을 배제한 것은 아니지만, 『상키야송』의 저자는 순수정신만으로 브라만을 충분히 대신할 수 있다고 생각했을 수 있다. 그렇다면 상키야의 전통에서는 브라만이라는 말을 어떤 의미로 사용 또는 인식했느냐에 따라 그 상키야의 성격이 구분될 수 있다.

고전 상키야 이전의 경우로 앞서 인용한 사례들에서 언급된 브라만의 의미는 한결같지가 않다. 즉 브라만은 우주적 자아와 같은 유일한 절대자의 의미로 사용되는가 하면, 해탈의 단계와 동일시되기도 하고 내적 자아를 의미하기도 한다. 이에 비해 고전 상키야의 경우에는 브라만을 유일한 절대자라거나 내적 자아로 간주하지는 않는 대신, 해탈의 단계와 동일시하는 인식은 드러낸다. 예를 들어 『상키야송』의 주석서들 중 *Yuktidīpikā*에서는 브라만을 궁극의 단계인 해탈의 경지와 동일시한다.

> 하나에 몰입하여 하나를 기쁨으로 갖고 무지의 기질을 극복한 자는 최상의 브라만에 곧장 밀착하게 된다.[74]
> 이렇게 선(善) 등에 헌신하고 그 반대의 것(악)을 멀리하여, 순질을 기쁨으로 갖고 자기의식을 버린 자는 지혜에 의존하여 청정한 원천들을 갖고서 신속하게 최상의 브라만에 도달한다.[75]

....

73 "그 중에서 첫째는 브라만에 관한 주제이고, 둘째는 순수정신의 특징이다." (tatrādyaṃ brahmatantraṃ tu dvitīyaṃ puruṣāṅkitam ‖ AhS 12.20. Ramanujacharya 1966:107)

74 ekāgra ekārāmo 'vidyāparvaṇo 'tikrāntaḥ parasya brahmaṇaḥ praty anantaro bhavati | YD ad. SK 23. Wezler & Motegi(1998) p. 192, 26-27행.

75 so 'yaṃ dharmādiṣu pravaṇas tat-pratipakṣāpakrāntaḥ sattvarāmo vinivṛttābhimāno jñānaniṣṭhaḥ saviśuddhayonir acireṇa paraṃ brahmopapadyate | YD ad. SK 29. ibid. p. 211, 6-8행.

> 이 최상의 브라만은 영원하고 청정하며 평온하다. [3] 질의 모든 속성들은 이 곳으로 되돌아가 소멸한다.[76]

그러나 『금칠십론』, *Gauḍapāda-bhāṣya*, *Māṭhara-vṛtti*와 같은 다른 주석서들은 모두 브라만을 물질적 근원인 원질의 동의어로 간주한다.[77] 이는 고전 상키야에서 브라만의 위상이 유일한 우주적 원리로부터 정신과 물질 중 물질의 근본원리로 격하되었음을 반영한다. 그렇다고 해서 고전 상키야가 브라만에 대한 기존 관념을 전적으로 무시하진 않는다는 사실이 *Māṭhara-vṛtti*에 암시되어 있다. *Māṭhara-vṛtti*는 카필라가 Āsuri를 제자로 끌어들이는 이야기를 장황하게 서술하는 것으로 시작하는데, 여기서는 카필라가 브라만을 가르치는 지혜로 Āsuri에게 신중하게 접근하는 것으로 묘사된다.[78] 이러한 이야기로 첫머리를 장식하는 *Māṭhara-vṛtti*의 의도는 상키야의 지혜가 브라만에 관한 지식보다 우월하다는 것을 은근히 과시하려는 데 있을 것이다. 이는 『상키야송』의 제1송[79]에서 기존의 지식을 거부하면서 상키야로 새로운 지식을 교시할 것임을 예고하는 것과 부합한다.

그러므로 『상키야송』의 고전 상키야에서 브라만은 순수정신과 원질이라는 두 원리를 능가할 수 없다. 이 둘을 능가하는 유일한 원리로는 오직 신(자재신)

....

76 etat paraṃ brahma dhruvam amalam abhayam | atra sarveṣāṃ guṇa-dharmāṇāṃ pratipralayaḥ | YD ad. SK 68. ibid. p. 266, 25-26행.

77 prakṛti(원질)를 자성(自性)으로 번역한 『금칠십론』에서는 "자성(=원질)은 혹은 제일원인, 혹은 브라만으로 불린다."(自性者, 或名勝因 或名為梵. T 54:1250b)라고 간략하게 언급하는 데 그치지만, 다른 두 주석서는 여기에 동의어들을 더 추가한다.
"원질, 제일원인, 브라만, 미현현, 다양한 형태로 존재하는 것, 환영은 동일한 의미의 말들이다." (prakṛtiḥ pradhānaṃ brahma avyaktaṃ bahudhātmakaṃ māyeti paryāyāḥ | GB ad. SK 22. Mainkar 1972:104, 7행)
"원질은 제일원인으로 불리며 브라만, 미현현, 다양한 형태로 존재하는 것, 환영과 동일한 의미의 말이다." (prakṛtiḥ pradhānam adhikurute | brahma avyaktaṃ bahudhātmakaṃ māyeti paryāyāḥ | MV ad. SK 22. Sharma 1994:27, 1-2행)

78 @제3장 각주 27 참조. Chakravarti(1975:28)가 "Māṭhara는 다른 데서 브라만에 관한 지혜를 제공하는 것이 상키야라고 언급한다."고 단언한 것은 이 이야기를 근거로 한다.

79 @제2장 각주 179.

을 상정할 수 있겠지만, 고전 상키야에서는 그러한 신을 인정하지 않으므로 브라만의 신격화 또는 절대화도 수용하지 않는다. 이 점을 고려하여 *Śvetāśvatara-upaniṣad*에서 언급하는 상키야를 돌이켜 보면, 이것은 고전 상키야와는 다른 노선의 상키야로 간주된다. 왜냐하면 상키야의 양대 원리를 포용하는 브라만에 고무자, 즉 자재신의 기능을 부여하기 때문이다.[80] 이처럼 상키야로 불리면서 자재신을 인정하는 경우는 유신(有神) 상키야로 분류된다.

그런데 이미 제2장에서 "『요가경』의 자재신 개념"(2.3.3._2)으로 고찰했듯이, 일부 주석자들은 『요가경』 및 『요가주』를 해설하면서 유신 상키야를 수용하기도 했다. 이는 고전 상키야 이외의 문헌들에서 흔히 발견할 수 있는 유신 상키야를 선호한 결과일 것으로 이해할 수 있다. 유신 상키야의 주장은 불교 측의 문헌에서도 거론된다. 대승불교의 논사들 중에서 Śāntarakṣita(약 725~783)는 *Tattvasaṃgraha*(攝眞實論)를 저술하여 인도철학의 여러 학파들의 인과론을 집중적으로 비판했는데,[81] 여기서는 원질과 자재신의 결합으로 창조가 이루어진다고 주장하는 상키야 측의 견해를 다음과 같이 서술한다.

> 이와 같이 원질과 자재신이라는 둘이 [제각기] 원인이 되는 것을 배격하기 때문에, 이 둘은 각각이 아니라 결합하여 피조물들의 제작자가 된다.[82]

....

80 이 우파니샤드(1.12)에서 브라만을 형성하는 세 가지 인자는 향수자, 향수 대상, 고무자(자재신)이다. 여기서 향수자는 순수정신, 향수 대상은 원질을 지칭한다. 이 @제4장 각주 38 참조.

81 Kamalaśīla(약 740~797)는 *Tattvasaṃgraha*를 주석한 *Pañjikā*의 서문에서, *Tattvasaṃgraha*의 초점이 불교를 제외한 인도철학 전반의 인과론을 비판하는 데 있다는 사실을 다음과 같이 시사한다.
"이에 대해 세존은 이렇게 말씀하셨다. '바로 이 싹은 저절로 생성된 것도 아니고, 둘에 의해 생성된 것도 아니고, 자재신에 의해 창조된 것도 아니고, 원질로 조성된 것도 아니고, 많은 원인에 의존한 것도 아니며, 또한 원인도 없이 발생한 것도 아니다.'" (tatredam uktaṃ bhagavatā | "sa cāyam aṅkuro na svayaṃ kṛto nobhayakṛto neśvara-nirmito na prakṛti-sambhūto naika-kāraṇādhīno nāpy ahetuḥ samutpannaḥ" iti | TSP ad. TS 1. Krishnamacharya 1926:11, 1-2행)

82 prakṛtīśvarayor evaṃ hetutva-pratiṣedhanāt | pratyekaṃ sahitaṃ kartṛ nobhayaṃ janminām idam || TS 94. ibid. p. 58.

이러한 견해는 당연히 유신 상키야로 불리며, 이는 사실상 요가 학파를 지칭하는 것으로 간주된다.[83] 그러나 『요가경』과 『요가주』의 어디에서도 자재신이 조물주와 같은 창조의 주재자로 간주되지는 않으므로, 유신 상키야가 상키야-요가 철학의 본류 또는 정통 노선일 수는 없다. 다만 *Tattvasaṃgraha*에서 거론하는 유신 상키야의 연원을 *Śvetāśvatara-upaniṣad*에서 찾아볼 수는 있다. 그러나 *Tattvasaṃgraha*의 유신 상키야에서 원질은 자재신과 동격의 위상으로 창조를 담당하는 반면, *Śvetāśvatara-upaniṣad*에서 원질은 자재신인 환술사가 빚어낸 환영에 불과하다.[84] 그러므로 후자의 경우, 원질에게는 전자의 경우와 같은 위상과 창조 능력이 아직 부여되어 있지 않다.

자재신과 원질의 관계에 대한 이 같은 인식의 차이는 유신 상키야의 성격을 가늠하는 기준이 된다. 『상키야송』으로 계승되는 상키야의 전통에서 원질은 3질로써 자신의 양상을 드러내는 독자적 능력을 가진 것으로 인정되어 있다.[85] 이 점을 고려하여 구분하자면 원질에 창조적 위상과 능력을 부여하는 유신 상키야는 이원론에 근접해 있는 반면, 그렇지 않은 유신 상키야는 일원론에 치우쳐 있다. *Śvetāśvatara-upaniṣad*의 상키야는 이 중에서 후자, 즉 일원론에 치우친 유신 상키야에 해당한다.

그렇다면 이제 *Śvetāśvatara-upaniṣad*에서 언급하는 상키야가 『상키야송』의 고

---

83 Shastri(1968:94)의 교정판에서는 이 서술 이하의 취지를 "원질과 자재신이라는 둘을 원인으로 인정하는 유신 상키야에 대한 반박"(seśvara-saṅkhyābhimata-prakṛtīśvarobhaya-hetutva-nirāsaḥ)이라는 제목으로 설정했다. 주석자 Kamalaśīla는 이 서술을 "상키야의 추종자들 중에서 어떤 이들이 말한"(kecit saṅkhyā āhuḥ | TSP ad. TS 94. Krishnamacharya 1926:58, 16행) 것으로 명시하여 해설한다. 이에 대한 Jha(1937:101)의 번역에서는 여기서 말하는 '어떤 이들'이 "요가 학파의 추종자들인 유신 상키야"를 가리킨다고 부연한다.

84 이 @제4장 각주 47, ŚvetU 4.10 참조.

85 예를 들어 『상키야송』 이전의 상키야에 관한 정보를 제공하는 *Ahirbudhnya-saṃhitā*에서도 원질은 그 자체가 능력으로 간주된다는 것을 다음과 같이 서술한다.
"능력인 그것(원질)의 양상은 [3]질로 이루어진 것, 즉 순질과 동질과 암질이라는 세 가지가 차례로 발생하는 것으로 드러난다." (yat tad guṇamayaṃ rūpaṃ śakter tasyāḥ prakīrtitam | sattvaṃ rajas tama iti tridhodeti krameṇa tat || AhS 6.16. Ramanujacharya 1966:51)

전 상키야와 전혀 무관하다고 말할 수는 없지만, 아직은 일원론의 변종에 해당하는 상키야로 간주할 수 있다. 이러한 상키야의 정체성은 여전히 의문으로 남는다. 이 의문은 *Śvetāśvatara-upaniṣad*가 일원론을 견지하면서 상키야를 표방한 이유를 이해하는 것으로 해소될 수 있을 것이다. 이를 위해 애초에 둘째 의문으로 제기했던 가능성, 즉 일원론과 이원론으로 대립하는 교의의 조화를 시도했을 가능성도 마저 검토해 보아야 한다. 그런데 *Kaṭha-upaniṣad*에서는 *Śvetāśvatara-upaniṣad*와 같은 일원론적 기조를 유지하면서도 순수정신(puruṣa)과 아트만을 동의어로 혼용하는 자아 개념을 통해, 상키야의 이원론과 연계될 원천적인 관념을 드러낸다.[86] 그러므로 *Kaṭha-upaniṣad*의 자아 개념, 즉 순수정신과 아트만에 관한 인식은 이원론적 관념을 포용하는 *Śvetāśvatara-upaniṣad*의 관점을 이해하는 데 중요한 단서가 된다.

4.2.3. 이원론을 포용하는 통합적 일원론

먼저 고찰한 *Kaṭha-upaniṣad*의 일부는 *Śvetāśvatara-upaniṣad*에서 약간 변경된 내용으로 원용된 경우가 적지 않고, 심지어는 똑같은 내용으로 반복되기도 한다.[87] 이 같은 원용은 *Śvetāśvatara-upaniṣad*가 *Kaṭha-upaniṣad*에 수용된 이원론적 관념을 도입했다는 사실을 반영하지만, 또 한편으로는 더욱 진전된 사색의 변화가 있었음을 시사하기도 한다. 이 변화의 양상은 두 우파니샤드의 유사 내용을 대조해 보는 것으로 간파할 수 있다. 대조 결과의 요점을 미리 밝히자면,

....

86 "『카타 우파니샤드』에는 『바가바드 기타』를 거쳐 고전 상키야에 이르기까지 Puruṣa로 포괄할 수 있는 자아 개념이 망라되어 있다고 말할 수 있다. … 『카타 우파니샤드』의 Puruṣa 개념은 자아에 대한 다양한 인식을 포괄함으로써 고전 상키야의 Puruṣa 개념이 애초에 함축하고 있었던 원천적 관념을 시사해 준다." 임혜정 · 정승석(2017) p. 180.

87 단적인 예로 아래와 같은 내용은 두 우파니샤드에서 완전히 동일하다.
"거기서는 태양도 달과 별도 빛나지 않고 이 번개들도 빛나지 않으니, 이 불은 더 말할 나위가 없다. 모든 것은 오로지 빛나고 있는 그(유일자)를 뒤따라 빛내나니, 이 모든 것은 그의 광휘에 의해 빛을 발한다." (na tatra sūryo bhāti na candra-tārakaṃ nemā vidyuto bhānti kuto 'yam agniḥ | tam eva bhāntam anubhāti sarvaṃ tasya bhāsā sarvam idaṃ vibhāti || KaU 2.2.15 ; ŚvetU 6.14. Radhakrishnan 1953:641, 747)

*Śvetāśvatara-upaniṣad*에서는 이원론의 색조를 더욱 짙게 띠면서도 이와 동시에 최고의 신을 역설하여 일원론을 격상하는 것으로 이원론의 기조를 포용한다.

이제 구체적인 사례들을 비교해 보자면, *Kaṭha-upaniṣad*에서는 앞의 <표 11> 처럼 자아 또는 순수정신을 간파하는 데 주력하는 것으로 일원론의 기조를 유지한다. 따라서 이 우파니샤드의 일차적 관심사는 순수정신이지 지배자나 주재자와 같은 최고의 신이 아니다. 다만 자아를 신격화한 것으로 해석될 수도 있는 예외를 한 군데서 볼 수 있으나, 이것을 다음과 같이 *Śvetāśvatara-upaniṣad*와 비교해 보면 그 수준은 미약하거나 무시할 만하다.

① KaU 1.2.20	미세한 것보다 더 미세하고 거대한 것보다 더 거대한 자아는 이 중생의 동굴(≒심장)에 자리하고 있나니, 욕심이 없는 자는 그것이 자아의 위대함이라는 것을 알아채고 감관들의 평정으로 슬픔에서 벗어난다.[88]
② ŚvetU 3.20	미세한 것보다 더 미세하고 거대한 것보다 더 거대한 자아는 이 중생의 동굴(≒심장)에 자리하고 있나니, 그(현자)는 그것이 무욕이요 위대함의 신이라는 것을 알아채고 창조자의 은총으로 슬픔에서 벗어난다.[89]

이와 같이 두 우파니샤드는 거의 같은 내용을 서술하는데, 무엇이 위대한 것인가에 관해 입장을 달리한다. *Kaṭha-upaniṣad*(①)에서는 '자아의 위대함'을 역설한 반면, *Śvetāśvatara-upaniṣad*(②)에 의하면 위대한 것은 신이다. 그렇더라도 양쪽의 관점은 유사하다고 말할 수 있는 근거를 굳이 찾자면, '감관들의 평정으로'를 '창조자의 은총으로'와 동일한 의미로 해석하는 것이다. 산스크리트의 복합어로 표현된 '감관들의 평정으로'는 '창조자의 은총으로'라고 해석할 수도 있기 때문이다.[90] *Kaṭha-upaniṣad*의 맥락으로 보면 '감관들의 평정으로'가 원의

88 aṇor aṇīyān mahato mahīyān ātmāsya jantor nihito guhāyām | tam akratuḥ paśyati vītaśoko dhātu-prasādān mahimānam ātmanaḥ || Radhakrishnan(1953) p. 617.

89 aṇor aṇīyān mahato mahīyān ātmā guhāyāṃ nihito 'sya jantoḥ | tam akratuṃ paśyati vītaśoko dhātuḥ prasādān mahimānam īśam || ibid. p. 730.

90 ①'감관들의 평정으로'와 ②'창조자의 은총으로'의 원문은 각각 ①'dhātu-prasādāt'와 ②'dhātuḥ

에 근접할 것으로 생각되지만, 이 점을 무시하더라도 *Śvetāśvatara-upaniṣad*(②)가 신을 역설하는 방향으로 *Kaṭha-upaniṣad*(①)를 원용했다는 사실은 감지할 수 있다.

자아에 관한 *Śvetāśvatara-upaniṣad*의 기본 인식은 사실상 *Kaṭha-upaniṣad*의 경우와 다르지 않으며, 상키야와 요가를 수단으로 인정한 점에서도 양자는 동일한 노선의 사색을 전개한다. 그러나 전자는 후자보다 한 걸음 더 나아가 자아를 신격화하여 절대적 일원론을 지향하는 것으로 *Kaṭha-upaniṣad*와의 차별성을 드러낸다. 그 단적인 사례를 아래의 비교로써 확인할 수 있다.

KaU	하나의 불은 무엇을 태우느냐에 따라 다양하게 된다. 이와 마찬가지로 유일자(자아)도 세계로 들어간 후, 무엇 속으로 들어가느냐에 따라 다양하게 된 모든 존재의 내적 자아가 되며, [이 모든 것들의] 외부에서도 존재한다.[91] 태양이 그러하듯이, 모든 세계의 눈은 눈에 비치는 외부의 불순물들로 오염되지 않는다. 이와 같이 그 자신은 외부에 있으면서 모든 존재에 내재하는 유일한 자아는 결코 세상 사람들의 불행(고통)으로 오염되지 않는다.[92]
ŚvetU	모든 존재들 속에 감춰져 있는 유일신은 모든 존재의 내적 자아로서 모든 것에 편재하며, 행위의 지배자이자 모든 존재 위에 군림하는 증인이요 관찰자요 절대자로서 속성을 갖지 않는다.[93]

prasādāt'이다. ①에서는 dhātu(감관)가 복합어지만, ②에서 dhātuḥ는 dhātṛ(창조자, 브라마 신)의 소유격이므로 ②의 경우에는 의미가 명료하다. 그러나 ①의 경우에는 dhātu의 의미 선택에 따라 '최고아(브라만)의 은총으로'라고 해석될 수 있다. Apte(1957:858)는 dhātu의 의미로 'The Supreme Spirit'(=최고아, 브라만)을 열거하면서 *Kaṭha-upaniṣad*의 이 구절(dhātu-prasādān mahimānam ātmanaḥ)을 출처로 제시한다. 이 경우, 최고아인 브라만을 신격화하면 창조자인 브라마 신이 된다. Chakravarti(1975:30)가 'dhātu-prasāda'를 '창조자의 은총'으로 해석한 것은 *Kaṭha-upaniṣad*의 이 시구(① 1.2.20)가 나중에 삽입된 것이라는 자신의 주장을 합리화하기 위한 것으로 보인다.

91 agnir yathaiko bhuvanaṃ praviṣṭo rūpaṃ rūpaṃ pratirūpo babhūva | ekas tathā sarva-bhūtāntarātmā rūpaṃ rūpaṃ pratirūpo bahiś ca || KaU 2.2.9. Radhakrishnan(1953) p. 639.

92 sūryo yathā sarvalokasya cakṣur na lipyate cākṣuṣair bāhyadoṣaiḥ | ekas tathā sarva-bhūtāntarātmā na lipyate lokaduḥkhena bāhyaḥ || KaU 2.2.11. ibid.

93 eko devaḥ sarva-bhūteṣu gūḍhaḥ sarvavyāpī sarva-bhūtāntarātmā | karmādhyakṣaḥ sarva-bhūtādhivāsaḥ sākṣī cetā kevalo nirguṇaś ca || SvetU 6.11. ibid. p. 746.

여기서 두 우파니샤드는 동일하게 내적 자아를 설명한다. 그런데 *Kaṭha-upaniṣad*에서는 내적 자아를 '유일자'로 언급하는 데 그친 반면, *Śvetāśvatara-upaniṣad*에서는 그것을 아예 '유일신'으로 언급하여 신격화하려는 의도를 노골적으로 드러낸다. 이처럼 *Śvetāśvatara-upaniṣad*의 일원론은 신으로서의 자아를 강조하는 것으로 *Kaṭha-upaniṣad*의 일원론을 더욱 뚜렷하게 제고한다. 이와 더불어 *Śvetāśvatara-upaniṣad*는 상키야와 요가를 그러한 일원론에 귀속시키려는 의도를 역력하게 드러낸다. 이제 *Kaṭha-upaniṣad*와 거의 동일한 내용이 *Śvetāśvatara-upaniṣad*에서는 어떻게 변형되었지를 비교해 보는 것으로 자아 및 상키야-요가에 대한 *Śvetāśvatara-upaniṣad*의 관점을 재확인할 수 있다. 주목할 만한 대표적인 두 가지 사례 중에서 첫째는 다음과 같다.

KaU①	모든 존재의 내적 자아이자 유일한 지배자로서 그는 하나의 씨앗(형상)을 다양하게 만드나니, 그가 자아에 거주한다고 알아차리는 현자들에게는 영원한 안락이 있지만, 다른 이들에게는 그렇지 않다.[94]
ŚvetU①	활동력이 없는 많은 것들의 유일한 지배자로서 그는 하나의 씨앗을 다양하게 만드나니, 그가 자아에 거주한다고 알아차리는 현자들에게는 영원한 안락이 있지만, 다른 이들에게는 그렇지 않다.[95]

여기서는 '유일한 지배자'에 대한 인식의 차이가 확연하게 드러난다. 즉 *Kaṭha-upaniṣad*에서는 유일한 지배자가 '모든 존재의 내적 자아'이지만, *Śvetāśvatara-upaniṣad*에서는 그것이 '활동력이 없는 많은 것들'을 지배한다. 이는 *Kaṭha-upaniṣad*에서 말하는 '모든 존재'를 '활동력이 없는 많은 것들'로 바꾼 것이므로, '활동력이 없는 많은 것들'의 의미를 유추함으로써 *Śvetāśvatara-upaniṣad*의

....

94 eko vaśī sarva-bhūtāntarātmā ekaṃ bījaṃ(rūpaṃ) bahudhā yaḥ karoti | tam ātmasthaṃ ye 'nupaśyanti dhīrās teṣāṃ sukhaṃ śāśvataṃ netareṣām || KaU 2.2.12. ibid. p. 640. 다른 판본에서는 씨앗(bīja)이 형상(rūpa)으로 표현된다.

95 eko vaśī niṣkriyāṇāṃ bahūṇām ekaṃ bījaṃ bahudhā yaḥ karoti | tam ātmasthaṃ ye 'nupaśyanti dhīrās teṣāṃ sukhaṃ śāśvataṃ netareṣāṃ || ŚvetU 6.12. ibid. p. 746.

관점을 이해할 수 있다.

상키야에서 순수정신은 활동성을 갖지 않는 다수의 원리로 규정된다. 그러므로 *Śvetāśvatara-upaniṣad*에서 말하는 '활동력이 없는 많은 것들'이란 그러한 순수정신을 지칭하는 표현일 것이다. 더욱이 앞에서 소개했듯이 *Kaṭha-upaniṣad*에서 빈번하게 언급한 순수정신은 자아(아트만)의 동의어이다. 그렇다면 *Śvetāśvatara-upaniṣad*에서 강조하는 유일한 지배자는 순수정신과 같은 자아까지 지배하는 최상의 존재가 된다. 이로써 이원론의 원리를 유일한 지배자에 귀속시키려는 *Śvetāśvatara-upaniṣad*의 의도를 간파할 수 있다. *Śvetāśvatara-upaniṣad*의 이 같은 관점은 다음과 같은 둘째 사례에서 최고조에 이른다.

KaU②	<u>무상한 것들 중에서 영원하고</u>, 의식하는 것들의 의식이며, 많은 것들 중에서 유일한 자, 그는 갈망을 충족시켜 준다. 그가 자아에 거주한다고 알아차리는 현자들에게는 영원한 평정[96]이 있지만, 다른 이들에게는 그렇지 않다.[97]
ŚvetU②	<u>영원한 것들 중에서도 영원하고</u>, 의식하는 것들의 의식이며, 많은 것들 중에서 유일한 자, 그는 갈망을 충족시켜 준다. 상키야와 요가로 수습해야 할 그 원인을 신으로 알고 나서 그는 모든 속박으로부터 해방된다.[98]

여기서는 미묘하고 뚜렷한 두 가지 차이를 볼 수 있다. 먼저 "무상한 것들 중에서 영원하고"(KaU②)가 "영원한 것들 중에서도 영원하고"(ŚvetU②)라고 미묘하게 바뀌었다. 무상한 것들 중에서 영원하다는 표현은 흔히 최고의 가치에 적용되는 상투적인 표현이므로 낯설지 않다. 그러나 '무상'을 굳이 '영원'으로 바꾸어 영원한 것들 중에서도 영원하다고 말하는 것은 '최고 중의 최고'라는 뜻

96 앞의 KaU①에 곧장 후속하는 이 KaU②에서 후반부는 KaU①과 동일하다. 다만 KaU①의 '영원한 안락(sukha)'이 여기서는 '영원한 평정(śānti)'으로 바뀌었을 뿐인데, 이는 요가적 명상을 중시하는 *Kaṭha-upaniṣad*의 기조를 반영한 것으로 보인다.

97 nityo 'nityānāṃ cetanaś cetanānām eko bahūnāṃ yo vidadhāti kāmān | tam ātmasthaṃ ye 'nupaśyanti dhīrās teṣāṃ śāntiḥ śāśvatī netareṣām || KaU 2.2.13. ibid. p. 640.

98 ŚvetU 6.13. 이 @제4장 각주 52.

을 함축한다. 이 경우에는 양쪽의 '영원'을 모두 최고의 것으로 인정하면서, 전자의 영원보다는 후자의 영원이 더욱 지고한 것이라고 양쪽을 차별한다. *Śvetāśvatara-upaniṣad*의 이 같은 표현은 순수정신으로 불리는 자아를 개아의 위상으로 격하하면서 브라만을 격상하려는 의도일 것이다. 그래서 이 브라만은 다음 구절에서 "상키야와 요가로 수습해야 할 그 원인"이 되는 신으로 격상한다.

이처럼 *Śvetāśvatara-upaniṣad*에서 상키야와 요가는 브라만이 곧 신이라고 알아차리는 수습의 수단이다. 이에 비해 *Kaṭha-upaniṣad*에서 유일자가 자아에 거주한다고 알아차림으로써 영원한 평정을 얻게 하는 수단으로 간주하는 것은 사실상 '자아에 관한 요가'이다. 그리고 앞서 고찰한 것처럼 *Kaṭha-upaniṣad*에서 언급한 '자아에 관한 요가'는 '상키야와 요가'를 대신하므로 그 둘은 다르지 않으며, 자아 역시 순수정신과 다르지 않다. 따라서 두 우파니샤드는 사색의 지향점으로 추구하는 대상에서 관심사의 차이를 드러낸다. *Kaṭha-upaniṣad*의 지향점이 내적 자아로서의 순수정신이라면, *Śvetāśvatara-upaniṣad*의 경우에는 신으로서의 브라만이다.

*Kaṭha-upaniṣad*에서 언급하는 신도 브라만을 의미하는 것으로 이해되는 경우가 있기는 하지만, 이 브라만은 내적 자아로서의 순수정신과 다르지 않다.[99] 그러나 이 신은 *Śvetāśvatara-upaniṣad*에서 다음과 같이 묘사하는 신보다는 하위일 수밖에 없다. 왜냐하면 이 신은 브라만을 창조했을 뿐만 아니라 브라만에게 베다 성전도 전수한 신이기 때문이다.

> 그는 자재신들 중에서도 최고의 위대한 자재신이요, 신격들 중에서도 최고의 신격이요, 지배자들 중에서도 최고의 지배자로 초월해 있으니, 우리는 그를 세계의 주인으로 찬양할 신으로 알리라.[100]

....

99 KaU 1.2.12; 2.2.8. 이 @제4장 각주 26, 28 참조. Chakravarti(1975:33)는 "여기서 브라만이라는 말이 의미하는 것은 내적 자아이며, 따라서 이것은 순수정신과 다르지 않다."라고 지적한다.

100 tam īśvarāṇāṃ paramaṃ maheśvaraṃ taṃ devatānāṃ paramaṃ ca daivatam | patiṃ patīnāṃ paramaṃ

해탈을 얻고자 애쓰는 나는 옛적에 브라만을 창조하여 실로 그에게 베다들을 전하신 분, 자신의 지성으로 빛나는 바로 그 신에게 귀의하여 의지한다.[101]

위와 같이 *Śvetāśvatara-upaniṣad*에서 역설하는 신은 브라만까지 능가하는 지고의 신이다. 이 우파니샤드에서 *Kaṭha-upaniṣad*와는 달리 신을 이렇게까지 격상시킨 데는 나름의 이유가 있을 것이다. 상키야의 이원론과 관련하여 그 이유를 찾자면, 상키야의 순수정신을 브라만과는 현저하게 차별하여 브라만에 종속시키려는 의도가 있을 것으로 추정해 볼 수 있다. 그리고 *Śvetāśvatara-upaniṣad*는 다음과 같이 종결하는 것으로 이보다 더 분명하게 그 의도를 천명한다.

순환하는 우주의 옛적에 베단타에서 공포한 [이] 최고의 비밀을 순종하지 않는 자, 혹은 또 아들이 아닌 자나 제자가 아닌 자에게 전수해서는 안 된다.[102] 신에 대해, 또한 신과 마찬가지로 스승에 대해 신애(信愛, bhakti)를 가진 자, 바로 그 위대한 자아를 가진 자에게 설해진 이 요지들은 그에게 밝게 드러나노니, 실로 그것들은 위대한 자아를 가진 자에게 밝게 드러난다.[103]

이로써 *Śvetāśvatara-upaniṣad*의 목적이 베단타의 일원론을 고취하는 데 있음을 알 수 있다. 그러므로 여기서는 말하는 '위대한 자아를 가진 자'란 순수정신을 '위대한 자아'로 간주하여 상키야까지 포용한다는 뜻을 함축한 표현일 수 있다. 이와 같이 이해할 수 있기 때문에, *Śvetāśvatara-upaniṣad*에서는 상키야와 베단타

....

parastād vidāma devaṃ bhuvaneśam īḍyam ‖ ŚvetU 6.7. Radhakrishnan(1953) p. 745.

101 yo brahmāṇaṃ vidadhāti pūrvaṃ yo vai vedāṃś ca prahiṇoti tasmai | taṃ ha devam ātma-buddhi-prakāśaṃ mumukṣur vai śaraṇam ahaṃ prapadye ‖ ŚvetU 6.18. ibid. p. 748.

102 vedānte paramaṃ guhyaṃ purākalpe pracoditam | nāpraśāntāya dātavyaṃ nāputrāyāśiṣyāya vā punaḥ ‖ ŚvetU 6.22. ibid. p. 749.

103 yasya deve parā bhaktir yathā deve tathā gurau | tasyaite kathitā hy arthāḥ prakāśante mahātmanaḥ prakāśante mahātmanaḥ ‖ ŚvetU 6.23. ibid. p. 750.

의 통합을 시도한 결과로 베단타의 관념이 우세를 유지하면서 상키야의 개념은 침식되어 있다는 견해[104]도 납득할 수 있다.

이제 *Kaṭha-upaniṣad*와 *Śvetāśvatara-upaniṣad*에 수용되어 있는 이원론적 관념을 고전 상키야에 비추어 보면, 이 우파니샤드들이 편찬될 당시에 상키야는 일정한 형태를 갖추지 못하고 아직 태아의 단계에 있었다. 상키야가 *Kaṭha-upaniṣad*의 시기에는 자궁에서 갓 출산한 단계에 있었다면, *Śvetāśvatara-upaniṣad*의 시기에는 훨씬 더 발육한 상태에 있었다고 비유할 수 있다. 짐작건대 이 발육 상태의 상키야는 점차 성장하면서 바라문교의 집단에서 상당한 호응을 얻었을 것이다. *Śvetāśvatara-upaniṣad*에서 상키야를 베단타와 통합하려는 시도가 역력한 것이 바로 이러한 사실을 입증한다. 아무튼 이 같은 우파니샤드들이 고전 상키야로 개화할 씨앗들의 저장고 역할을 했다는 사실은 부정할 수 없다.

4.2.4. 상키야의 형체를 시사하는 전거 1.4

*Śvetāśvatara-upaniṣad*는 시작하는 대목에서 연속하는 두 개의 구문으로 브라만이 세계의 제일원인이라는 것을 설명하는데, 여기서는 숫자를 구사하여 브라만의 구성 원리들을 열거한다. 이 원리들의 숫자는 대부분 후대의 고전 상키야에서 통용된 것들이다. 그러므로 이것들은 이 우파니샤드의 당시까지 발육해 있었던 상키야의 형체를 간파할 수 있는 결정적인 단서가 된다. 이 점에서 우선적으로 주목해야 할 것은 다음과 같은 설명이다.

> [우리는 브라만을 이렇게 상상한다.] 그것(브라만)은 [바퀴처럼] 하나(1)의

……………

104 이 견해(Chakravarti 1975:33-4)는 *Śvetāśvatara-upaniṣad*에서 상키야를 수용한 진상이다. Chakravarti는 *Śvetāśvatara-upaniṣad*의 통합적 성격을 다음과 같이 예시한다.
"*Śvetāśvatara-upaniṣad*의 목적은 편찬 당시에 유행하고 있던 모든 기본 교의들을 통합하는 것이다. 이미 지적했듯이, 상키야는 이 우파니샤드 속에 언급되어 있다. 제2장은 온통 요가에 할애되어 있다. 제3장과 제4장에서는 종종 Rudra를 추켜세운다. Śiva도 중요한 위치를 차지하며, 마지막에서는 bhakti를 언급하기도 한다."

> 테, 세(3) 겹의 끈, 열 여섯(16)의 가녘, 쉰(50)의 바퀴 살을 갖고, 스물(20)의 버팀 살, 여덟씩의 여섯(8×6=48)으로 이루어져 있으며, 가지각색인 하나의 밧줄에 매여 세 가지 다른 길로 나아가는데 두 원인이 하나의 미혹을 야기한다.[105]

여기서는 1, 3, 16, 50, 20, 48 따위의 숫자가 차례로 구사된다. 이 숫자들이 바퀴의 구성 요소를 열거한 것이라는 사실은 뒤따르는 구문에서 우주 순환의 상징인 '브라만의 바퀴'(brahma-cakra)를 언급[106]하는 것으로 충분히 짐작할 수 있다. 샹카라의 주석은 수수께끼와 같은 이 숫자들의 비밀을 푸는 결정적인 열쇠로 간주되는데, 샹카라의 주석으로 알려진 *Śvetāśvataropaniṣad-vṛtti*에서는 그 숫자들의 대부분을 상키야 철학과 밀접하게 연관된 것으로 해석한다.[107] 그리고 이 *Śvetāśvataropaniṣad-vṛtti*는 샹카라의 주석이 아니라 그를 추종한 후대의 베단타 학파에서 작성한 문헌일지라도,[108] 문제의 숫자들이 암시하는 의미는 일차

....

105 tam ekanemiṃ trivṛtaṃ ṣoḍaśāntaṃ śatārdhāraṃ viṃśati-pratyarābhiḥ | aṣṭakaiḥ ṣaḍbhir viśvarūpaika-pāśaṃ tri-mārga-bhedaṃ dvinimittaika-moham || ŚvetU 1.4. Radhakrishnan(1953) p. 711.
일찍이 19세기 후반 이래 이 우파니샤드를 번역했던 여러 학자들도 이 원문을 번역하는 데서 약간씩 이해의 차이를 드러낸다. 이것이 바퀴를 비유한 설명인 것은 분명하지만, 원전에서 비유의 대상으로 떠올린 바퀴의 실제 형태를 정확히 알 수 없다는 데 그 이유가 있을 것이다. 이러한 한계를 감안하여 이 원문을 이해하기로는 다음과 같은 최근의 번역이 좀 더 수월할 것이다.
"[그들은] 그(브라만)를 하나의 테, 세 개의 끈, 열 여섯 개의 가녘, 쉰 개의 바퀴 살, 스무 개의 버팀 살, 여덟씩의 여섯 조를 가진 [바퀴로 상상했다.] 가지각색인 하나의 밧줄로 [굴대에] 묶인 그것(바퀴)은 이중의 원인을 가진 하나의 미혹에 이끌려 세 가지 다른 길을 따라 이동한다." Kālī(2011) p. 94.
Müller(1884:232-3)는 여기서 언급하는 '끈'은 고리, '버팀 살'은 쐐기를 의미할 수도 있는 것으로 이해했다.

106 "영혼은 자아(아트만)와 고무자(≒자재신)를 서로 다른 것으로 생각하여, 모든 것을 살게 하고 모든 것을 지탱하는 방대한 그 '브라만의 바퀴'에서 배회하나니, [자아를] 그것(고무자)으로 신봉할 때 그는 영생을 얻는다." (sarvājīve sarvasaṃsthe bṛhante tasmin haṃso bhrāmyate brahmacakre | pṛthag ātmānaṃ preritāraṃ ca matvā juṣṭas tatas tenāmṛtatvam eti || SvetU 1.6. Radhakrishnan 1953:713)

107 Gambhirananda(1986) pp. 59-65. 샹카라의 설명에 오류가 있을 가능성이 크다고 간파한 Max Müller(1884:232-3)는 샹카라가 설명하는 숫자들의 용례를 독자적으로 다른 우파니샤드나 *Sāṃkhyasūtra, Sāṃkhya-kārikā, Yogasūtra* 등에서 찾아내어 제시했다.
*Śvetāśvataropaniṣad-vṛtti*의 실제 저자는 샹카라가 아닌 것이 확실하지만(다음 각주 참조), 이하에서는 기존의 전통에 따라 이 *Śvetāśvataropaniṣad-vṛtti*를 '샹카라의 주석'으로 표현한다.

108 *Śvetāśvatara-upaniṣad*를 해설한 *Śvetāśvataropaniṣad-vṛtti*는 샹카라의 주석으로 알려졌으므로 후대의

적으로 이 문헌의 권위에 의지하여 파악할 수밖에 없다.[109]

이제 이 같은 사정을 고려하면서 문제의 숫자들과 상키야 철학과의 연관성을 구체적으로 들추어내는 것이 관건이다.

• 숫자 1 : 하나의 테

원의 둘레를 의미하는 테(nemi)가 여기서는 회전하는 바퀴의 테로서 윤회를 상징하는 것으로 해석된다. 상키야－요가 문헌의 도처에서도 이와 연관된 비유를 볼 수 있는데, 예를 들어 『요가주』에서는 "여섯 바퀴 살을 가진 윤회의 바퀴가 회전한다."[110]라고 언급한다. 다만 샹카라의 주석에 의하면 이것은 환술(māyā) 또는 원질(prakṛti)을 가리키며, *Śvetāśvatara-upaniṣad*는 나중에 이 둘을 동일시한다.[111] 이 경우에도 하나(1)라는 숫자는 원질을 함의하므로 원질을 물질세계의 근원으로 간주하는 상키야와는 무관하지 않다. 또한 앞서 지적한 것처럼 '하나의 테'가 '브라만의 바퀴'에 적용되는 것인 점에서도 그러하다. 고전 상

....

주석자들도 대체로 *Śvetāśvataropaniṣad-vṛtti*에서 제시한 해석을 수용했다. 그러나 그 성립 시기가 불확실한 *Śvetāśvataropaniṣad-vṛtti*는 후대의 불이일원론(Advaita) 베단타 학파에서 어떤 무명인이 자파의 학문적 견지를 반영한 주석이라는 것은 의심의 여지가 없는 것으로 파악되었다. 더욱이 이 주석은 *Sāṃkhya-kārikā*(『상키야송』)에 크게 의존해 있기 때문에 그 정체성은 극히 복잡하다. 결국 *Śvetāśvataropaniṣad-vṛtti*는 불이일원론 베단타 학파에 속하는 무명의 저자가 상키야 학파에 대항하여 *Śvetāśvatara-upaniṣad*를 재해석한 것인 만큼, *Śvetāśvatara-upaniṣad*에서 구사하는 상징의 원의를 복원하는 것은 거의 불가능할 것이다. cf. Kālī(2011) pp. 94-95.

109 *Śvetāśvatara-upaniṣad*의 주석들에 관해서는 다음과 같이 성립 시기가 파악되어 있지만, 그렇더라도 인도의 전통에서는 샹카라의 이름으로 전하는 *Śvetāśvataropaniṣad-vṛtti*가 그 이름 때문에 우선적인 권위를 인정받는다.
"샹카라의 주석으로 잘못 알려진 *Śvetāśvataropaniṣad-vṛtti*는 어느 정도의 후대인지 단정할 수는 없지만 샹카라 이후의 것일 수밖에 없다. 성립 시기를 알 수 있는 가장 이른 주석은 10세기 Vijñānabhagavat의 *Śvetāśvataropaniṣad-vivaraṇa*이고, 다른 하나는 이보다 3~4세기 후대인 Śaṅkarānanda의 *Śvetāśvataropaniṣad-dīpikā*이다." Kālī(2011) pp. 100-1.

110 YBh 4.11: "그로부터 다시 선과 악, 안락과 고통, 탐욕과 혐오가 [일어난다.] 이리하여 이 여섯 바퀴 살을 가진 윤회의 바퀴가 회전한다. 그리고 끊임없이 회전하고 있는 이것을 이끄는 것이 무지이며, 이 무지는 모든 번뇌의 뿌리이다." 정승석(2020) p. 250.

111 Cf. Kālī(2011) p. 96. ŚvetU 4.10: "원질은 환술(幻術)이요 위대한 자재신은 환술사라고 알라." 이 @제4장 각주 47.

키야의 주석자들은 브라만을 원질의 동의어로 간주하므로,[112] 이들의 인식을 적용하면 '하나의 테'는 '원질이라는 바퀴 테'로 해석될 수도 있다.

• 숫자 3 : 세 겹의 끈[113]

셋(3)이라는 숫자는 원질의 성분인 3질, 즉 순질과 동질과 암질을 가리키는 것으로 한결같이 해석되어 있다.

• 숫자 16 : 열 여섯의 가녘

가녘의 원어인 anta의 축자적 의미는 끝, 경계, 말단, 가장자리이다. 샹카라의 주석에 의하면 이 경계는 '원질로부터 전변한 최종의 산물'[114]을 가리키며, 이 점에서 16이라는 숫자는 샹카라의 주석과 고전 상키야에서 말하는 '16종의 변이'와 일치한다. 상키야의 전변설에서 16종의 변이는 결과일 뿐이고 더 이상 다른 것의 원인이 되지 않는 원리들이므로 전변의 끝으로 간주된다. 16종이란 마음(manas), 5종의 지각기관, 5종의 행위기관, 5종의 조대요소를 가리킨다.[115]

• 숫자 50 : 쉰의 바퀴 살

이 50은 『상키야송』에서 '관념의 창조'로 불리는 통각의 심리적 상태를 총괄하여 구분한 숫자이다. 여기서는 그 상태를 우선 네 가지로 크게 구분한 후, 이것들을 모두 다시 세분하면 50종이 된다고 서술한다.[116] 그리고 50종의 구체적인

....

112 SK 22에 대한 『금칠십론』, *Gauḍapāda-bhāṣya, Māṭhara-vṛtti*의 해설. 이 @제4장 각주 77 참조.

113 Müller(1884:232)는 이것의 원어인 trivṛt의 의미를 '세 겹'으로 제시하면서도, 이것이 실제로는 바퀴의 테를 묶는 세 개의 끈이나 고리를 가진 것이라고 이해했다.

114 Cf. Kālī(2011) p. 96.

115 구체적인 내용은 @제2장의 <표 6> 참조. 다만 *Caraka-saṃhitā*, 『마하바라타』, 불교의 『대반열반경』에 의하면 5미세요소를 5조대요소의 산물(결과)로 간주하는 견해도 있었다. 이러한 견해를 채택할 경우, 5조대요소 대신 5미세요소를 '열 여섯(16)의 가녘'에 포함시킨 것이 *Śvetāśvatara- upaniṣad*의 원의일 수도 있다. 그러나 이는 샹카라의 이름으로 알려진 주석을 무시할 경우에 가능한 해석이다. @제1장 각주 86 참조.

내용은 『상키야송』의 후속 서술에 제시되어 있다. 즉 전도(顚倒) 또는 오류는 5종, 무능은 28종, 만족 또는 희열은 9종, 성취는 8종으로 구분되므로 전체 숫자는 50이 된다.[117] 『상키야송』에 의거하여 다음과 같이 열거한 50의 내용은 샹카라의 주석과 일치한다.

5종의 전도(viparyaya): 어둠(tamas), 미혹(moha), 큰 미혹(mahāmoha), 짙은 어둠(tāmisra), 완전한 어둠(andha-tāmisra)[118]

28종의 무능(aśakti): 11기관(즉 마음, 5지각기관, 5행위기관)의 결함, 통각의 17가지 결함[119]

9종의 만족(tuṣṭi): 4종의 내적인 것(원질, 수단, 시간, 행운), 5종의 대상(미세요소)을 단념하는 외적인 것[120]

8종의 성취(siddhi): 사색, 청문(聽聞), 독송(讀誦), 세 가지 고통의 소멸, 도반(벗)을 얻음, 보시[121]

....

116 "이것이 전도(顚倒)와 무능과 만족과 성취로 불리는 관념의 창조이다. 그런데 [그 넷은3] 질들의 불균형으로 [서로] 충돌하기 때문에, 그것에는 다시 50의 구분이 있다." (eṣa pratyaya-sargo viparyayāśakti-tuṣṭi-siddhy-ākhyaḥ | guṇa-vaiṣamya-vimardāt tasya ca bhedās tu pañcāśat ‖ SK 46)

117 "전도의 종류는 다섯(5)이다. 또한 기관(=감관)의 불완전으로 인한 무능은 28종이며, 만족은 9종, 성취는 8종이다." (pañca viparyaya-bhedā bhavanty aśaktiś ca karaṇa-vaikalyāt | aṣṭāviṃśati-bhedā tuṣṭir navadhāṣṭadhā siddhiḥ ‖ SK 47)

118 "[다섯 전도를 세분하자면] 어둠과 미혹에는 [각각] 8종의 구분이 있으며, 큰 미혹은 10종이다. 짙은 어둠은 18종이고, 완전한 어둠도 마찬가지[로 18종]이다." (bhedas tamaso 'ṣṭa-vidho mohasya ca daśa-vidho mahāmohaḥ | tāmisro 'ṣṭādaśadhā tathā bhavaty andha-tāmisraḥ ‖ SK 48)

119 "11기관의 결함은 통각의 결함과 함께 '무능'으로 언명된다. 통각의 결함은 [9종의] 만족과 [8종의] 성취와는 정반대이기 때문에 17종이다." (ekādaśendriya-badhāḥ saha buddhi-badhair aśaktir uddiṣṭā | saptadaśa-badhā buddher viparyayāt tuṣṭi-siddhīnām ‖ SK 49) 이에 의하면 만족과는 상반하는 9종에 성취와는 상반하는 8종을 합한 17종이 통각의 결함이 된다.

120 "[9종의 만족에 대해 말하자면] 내적인 것들은 넷으로서 원질, 수단, 시간, 행운으로 불린다. 외적인 것들은 대상들(5미세요소)을 단념함으로써 [발생하는] 다섯이다. 따라서 만족은 아홉이라고 인정된다." (ādhyātmikāś catasraḥ prakṛty-upādāna-kāla-bhāgyākhyāḥ | bāhyā viṣayoparamāt pañca nava ca tuṣṭyo 'bhimatāḥ ‖ SK 50) 4종의 내적인 것들 중에서 수단(upādāna)은 취득을 의미할 수도 있다.

121 "사색, 청문(聽聞), 독송, 세 가지 고통의 소멸, 도반(벗)을 얻음, 보시가 여덟 성취이며, 이전의 세 가지(전도, 무능, 만족)는 성취의 [장애가 되는] 갈고리이다." (ūhaḥ śabdo 'dhyayanaṃ duḥkha-vighāta-trayaṃ suhṛt-prāptiḥ | dānaṃ ca siddhayo 'ṣṭau siddheḥ pūrvo 'ṅkuśas trividhaḥ ‖ SK 51)

• 숫자 20 : 스물의 버팀 살

샹카라의 주석에 의하면 '버팀 살'이란 50개의 바퀴 살을 고정시키기 위해 그것들에 끼우는 잠금장치와 같은 것으로 이해된다. 그리고 이 스물의 버팀 살이 상징하는 것은 10종의 기관과 이것들이 각각 접촉하는 10종의 대상이다.[122] 따라서 숫자 20의 내용은 5지각기관과 이것의 대상인 5미세요소, 5행위기관과 이것의 대상인 5조대요소가 된다.

• 숫자 48 : 여덟씩의 여섯

이 숫자는 '8×6=48'의 등식으로 고려되어 있다. 샹카라의 주석에서는 8종씩으로 구성되는 6벌의 내용을 아래와 같이 꿰어 맞춘다.

(1) 8종의 원질[123]: 3종의 내적 기관(통각, 아만, 마음), 5조대요소[124]

(2) 8종의 신체 조직: 외피(carman), 내피(tvac),[125] 살(māṃsa), 피(asṛk), 지방(medas), 뼈(asthi), 골수(majjā), 정액(śukra)

(3) 8종의 초능력: ①극소화(aṇimā), ②경량화(laghimā), ③도달력(prāpti), ④수

……………

"사색은 사량 또는 숙려의 동의어로 이해된다. 청문이란 말(語) 또는 음성, 즉 구전(口傳)의 교시를 듣는 것이다. 독송의 실제 의미는 학습 또는 면학이다. 세 가지 고통의 소멸은 3고가 각각 사라진다는 뜻이므로, 여기에 3성취가 할당된다. 보시는 일부의 주석자들에 의해 정화(淨化)를 의미하는 것으로 해석된다." 정승석(2003) p. 70.

122 Cf. Gambhirananda(1986) p. 64.

123 고전 상키야에서 원질은 넓은 의미로 근본원질뿐만 아니라 이로부터 전개된 23원리까지 포함한다. @제2장 각주 163(SK 17), 165 참조.

124 다음과 같은 『기타』의 설명이 이의 전거가 될 것이다.
"지(地), 수(水), 화(火), 풍(風), 공(空), 마음, 통각, 아만이라는 바로 이것이 8종으로 구분되는 나의 원질이다." (bhūmir āpo 'nalo vāyuḥ khaṃ mano buddhir eva ca | ahaṃkāra itīyaṃ me bhinnā prakṛtir aṣṭadhā || BG 7.4. Radhakrishnan 1949:213)
그러나 『상키야송』의 주석자들은 근본원질(=제일원인, 미현현), 통각, 아만, 5미세요소를 8종의 원질로 간주한다. 주석의 실례는 다음 각주 130 참조.

125 샹카라의 주석에서 분리하여 열거한 carman과 tvac는 모두 가죽이나 피부를 의미한다. Gambhirananda(1986:64)는 carman을 내피, tvac를 외피로 번역했고 Kālī(2011:99)는 carman이 외피, tvac가 내피에 해당하는 것으로 번역했다. 어쨌든 이 둘은 피부와 내장 조직을 구분한 것으로 이해된다.

의력(隨意力, prākāmya), ⑤거대화(mahimā), ⑥주재력(īśitva), ⑦지배력(vaśitva), ⑧원하는 대로 실현하는 능력(kāmāvasāyitā)[126]

(4) 8종의 정태(情態): 고전 상키야에서는 통각의 8정태(bhāva)로 불리는 마음의 상태인 선(善, dharma), 악(惡, adharma), 지혜(jñāna), 무지(ajñāna), 이욕(離欲, vairāgya), 탐착(avairāgya), 자유자재(aiśvarya = 초능력), 부자유(anaiśvar = 무능력)[127]

(5) 8종의 초자연적 존재: 창조주(Brahmā), 조물주(Prajāpati), 천신(Deva), 건달바(Gandharva), 야차(Yakṣa), 나찰(Rakṣas), 조령(祖靈, Pitṛ), 식인귀(食人鬼, Piśāca)가 거느리는 초자연적 존재들의 무리[128]

....

126 이 같은 8종의 초능력은 고전 상키야에서도 인식되어 있었다. 그런데 『상키야송』의 주석자들은 SK 23에서 언급하는 자유자재를 해설하면서 한결같이 이 8종에 중량화(gariman)를 추가한다. 이 때문에 자유자재로서의 초능력은 8종이 아니라 9종인 것처럼 보이지만, *Tattva-kaumudī*를 제외한 다른 주석서들은 이것들을 처음부터 8종으로 명기한다. *Māṭhara-vṛtti*의 예를 들면 다음과 같다. 번호는 임의로 부여한 것임.
"자유자재란 자재롭게 되는 것으로서 8종이다. 즉 ①극소화, ②경량화, ③중량화, ④거대화, ⑤도달력, ⑥수의력, ⑦주재력 또는 (⑧?) 지배력, ⑧(⑨?) 원하는 대로 실현하는 능력이다." (aiśvaryaṃ īśvarabhāvenety aṣṭavidham | ①aṇimā ②laghimā ③garimā ④mahimā ⑤prāptiḥ ⑥prākāmyam ⑦īśitvaṃ ⑧vaśitvaṃ ⑨yatra-kāmāvasāyitvam iti | MV ad. SK 23. Sharma 1994:30, 11-12행)
번역자들은 이 같은 원문에서 숫자와 개수의 차이를 무시하거나 ⑦주재력과 ⑧지배력을 '주재력 또는 지배력'으로 이해하여 그 둘을 하나로 간주하는데(Kumar & Bhargava 1992:191), 8종이라는 숫자에 맞추자면 이 해석이 타당할 것이다. 그러나 *Tattva-kaumudī*의 저자는 이 초능력들을 열거하면서 '8종'이라고 명기하지 않은 것으로 보아, 그러한 불일치의 문제를 인식했던 것 같다. 그는 이 대목을 다음과 같이 시작하면서 유사한 것으로 보이는 지배력(vaśitva)과 주재력(īśitva)을 차별하여 설명한다.
"자유자재도 통각의 속성이며 이로부터 극소화 따위가 발현한다. … 지배력이란 [5]조대요소와 이것들로 이루어진 어떤 것을 확실하게 [자신의 의지에] 종속시키는 것이다. 주재력이란 [5]조대요소와 이것들로 이루어진 어떤 것들의 발생과 지속을 지배하는 것이다." (aiśvaryam api buddhi-dharmo yato 'ṇimādi-prādurbhāvaḥ | … vaśitvam yato bhūtabhautikaṃ vaśībhavaty avaśyam | īśitvam yato bhūtabhautikānāṃ prabhava-sthitim īṣṭe | TK 147 ad. SK 23. Jha 1965:95)
이에 의하면 초능력은 9종이 될 것이다. 이에 따라 *Tattva-kaumudī*를 번역한 金倉圓照(1956:72-73)도 초능력을 9종으로 구분했다. 그러나 영역자 Jha(1965:96)는 "이것(=지배력)은 주재력과 다르다."라고 원문에도 없는 내용을 부연하면서도 초능력을 8종으로 헤아린다.
한편 『요가경』(YS 3.45)에서 언급하는 '극소화 따위'에 대한 『요가주』의 해설은 순서에 약간의 차이가 있을 뿐, 샹카라의 주석에서 열거하는 초능력의 8종과 일치한다. 『요가주』에서 제시한 8신통은 @제10장 각주 323, <표 37> 참조.

127 『상키야송』(SK 23)에서는 통각의 순질에서 유래하는 4종으로 선, 지혜, 무욕(virāga), 자유자재를 제시하고 이것들과 정반대인 것은 통각의 암질에서 유래한다고 서술하므로 전체는 8종이 된다. @제2장 각주 174 참조.

(6) 8종의 미덕: 연민(dayā), 인내(kṣamā), 질투하지 않음(anasūya), 청정(śauca), 안정(anāyāsa), 선량함(maṅgala), 관대함(akārpaṇya), 자족(自足, aspṛhā)

그런데 위와 같은 숫자 48(여덟씩의 여섯)에 대한 샹카라의 주석을 그대로 수용하지는 않고, 고전 상키야의 학설에 꿰어 맞추려는 해석도 있다.[129] 이 해석을 상키야의 관점으로 간주하고 샹카라의 주석을 베단타의 관점으로 간주하여, 숫자 48에 대한 두 관점을 대비하면 아래와 같다.

베단타의 관점	상키야의 관점
(1) 8종의 원질	=(1) 8종의 원질
(2) 8종의 신체 조직	≠(5) 8종의 어둠[130]
(3) 8종의 초능력	≠(3) 8종의 성취
(4) 8종의 정태	=(2) 8종의 정태
(5) 8종의 초자연적 존재	=(4) 8종의 초자연적 존재
(6) 8종의 미덕	≠(6) 8종의 미혹[131]

....

128 이의 전거로는 『상키야송』에서 중생의 세계를 세 부류로 구분하면서 "신에 관해서는 8종"(aṣṭa-vikalpo daivas | SK 53)이라고 언급한 것을 들 수 있다. 이에 대한 *Tattva-kaumudī*의 해설은 천신(Deva)을 인드라(Indra)로 바꾼 것 외에 샹카라의 주석과 일치한다.
"8종이란 Brahmā의 권속, Prajāpati의 권속, Indra의 권속, Pitṛ의 권속, Gandharva의 권속, Yakṣa의 권속, Rakṣas의 권속, Piśāca의 권속이다." ("aṣṭa-vikalpa" iti | brāhmaḥ, prājāpatyaḥ, aindraḥ, paitro, gāndharvo, yākṣo, rākṣasaḥ, paiśācaḥ, ity aṣṭavidho "daivaḥ" sargāḥ || TK 243 ad. SK 53. Jha 1965:149)

129 Chakravarti(1975:20)는 숫자 48(8×6)을 "(1) 8종의 원질, (2) 8종의 정태, (3) 8종의 성취, (4) 8종의 초자연적 존재, (5) 8종의 어둠, (6) 8종의 미혹"으로 설명하는데, 이는 전적으로 『상키야송』에 의거한 것이다.

130 이것은 8종의 원질에 대한 착각이나 무지를 가리킨다. *Gauḍapāda-bhāṣya*와 *Tattva-kaumudī*에서는 8종의 어둠(tamas)을 다음과 같이 해설한다.
"그는 여덟 원질, 즉 제일원인(=근본원질), 통각, 아만, 5미세요소라는 여덟 가지로 환원한다. 이 경우, 환원하는 자신을 '나는 해탈했다'라고 생각하는 이것이 어둠의 구분이다." (so 'ṣṭāsu prakṛtiṣu līyate, pradhāna-buddhy-ahaṃkāra-pañcatanmātrāṣṭāsu | tatra līnam ātmānaṃ manyate mukto 'ham iti, tamobheda eṣaḥ | GB ad. SK 48. Mainkar 1972:163, 12-14행)
"미현현(=근본원질), 마하트(=통각), 아만, 5미세요소라는 여덟에 대해 자아가 아닌 것을 자신의 자아로 의식하는 것이 무지인 어둠이다." (aṣṭasv avyakta-mahat-ahaṃkāra-pañcatanmātreṣv anātma-svātmabuddhir avidyā tamaḥ | TK 208 ad. SK 48. Jha 1965:135)

131 고전 상키야의 주석자들은 8종의 미혹을 한결같이 8종의 초능력에 집착하는 것으로 해석한다.

이 대비에 의하면, 베단타의 관점에서 열거한 '8종의 신체 조직'과 '8종의 미덕'이 상키야의 관점에서는 '8종의 어둠'과 '8종의 미혹'으로 해석될 수 있다. 다만 '8종의 초능력'을 '8종의 성취'로 해석하는 상키야의 관점은 납득하기 어렵다. 왜냐하면 '8종의 성취'는 앞에서 소개한 숫자 50(쉰의 바퀴 살)에 이미 포함되어 있기 때문이다. 그러나 이러한 해석상의 차이에도 불구하고 숫자 50에 대한 샹카라의 주석에서 '8종의 신체 조직'과 '8종의 미덕'을 제외한 나머지 모두의 전거를 고전 상키야에서 찾을 수 있다.

• 숫자 1: 가지각색인 하나의 밧줄

바퀴와의 연관성을 고려하면 하나의 밧줄은 바퀴를 차축에 묶는 가죽끈일 것으로 이해할 수 있다. 샹카라의 주석에서 이것은 욕망이라는 속박을 상징하며, '가지각색'은 이 욕망의 다양성을 의미한다.[132] 그러나 상키야의 관점에서는 하나의 밧줄이 원질을 상징하는 것으로 해석된다. 왜냐하면 원질도 배우처럼 다양한 형상을 취하여 순수정신을 구속하기 때문이다.[133]

....

*Gauḍapāda-bhāṣya*의 예를 들면 다음과 같다.
"[SK 48에서 말하는 것은] 미혹도 바로 8종으로 구분된다는 의미이다. 극소화를 비롯한 여덟 가지 초능력의 각각을 집착하기 때문에 인드라를 비롯한 신들은 해탈을 얻지 못하며, 그것(초능력)이 사라질 때 다시 윤회한다. 이것이 8종의 미혹이다." (mohasya bhedo 'ṣṭavidha evety arthaḥ | yatrāṣṭaguṇam aṇimādy-aiśvaryaṃ tatra saṃgād indrādayo devā na mokṣaṃ prāpnuvanti | punaś ca tat kṣaye saṃsaranty eṣo 'ṣṭavidho moha iti | GB ad. SK 48. Mainkar 1972:163, 15-16행)

132 일찍이 이 우파니샤드를 연구했던 Johnston(1930:859)은 '가지각색인 하나의 밧줄'을 욕망(kāma)으로 해석한 주석은 요점을 잘못 파악한 것이라고 지적했다. 그는 가지각색(viśvarūpa)이 윤회의 덫에 걸려 있는 영혼(=아트만)을 가리키는 전문어로 사용된 사례들을 그 이유로 들었다. 이에 따라 그는 이것을 밧줄(pāśa)에 묶인 아트만(자아)으로 이해하는 것이 적합하다고 단언한다.

133 Cf. Chakravarti(1975) p. 20. 이러한 해석은 다음과 같은 『상키야송』의 서술에 의거한 것으로 보인다. "이 미세신(微細身, liṅga)은 순수정신의 목적을 달성하기 위해 원인과 결과를 연결함으로써, 원질의 무궁한 능력과 결합하기 때문에 마치 배우처럼 연기한다." (puruṣārtha-hetukam idaṃ nimitta-naimittika-prasaṅgena | prakṛter vibhutva-yogān naṭavad vyavatiṣṭhate liṅgam || SK 42)
이에 의거한다면 배우처럼 다양한 형상을 취하는 것은 원질이 아니라 미세신이어야 할 것이다. 그러나 이에 대한 *Tattva-kaumudī*의 다음과 같은 설명에 의하면 미세신의 그러한 능력은 원질에 귀속된다. "한편, '그것(미세신)에게 그러한 능력이 어디로부터 오는가?'라고 묻는다면, 이에 답하여 '원질의 무궁한 능력과 결합하기 때문에"라고 말한 것이다. Purāṇa에서 "제일원인(=원질)의 전변은 다양

• 숫자 3: 세 가지 다른 길

샹카라의 주석에 의하면 세 가지는 선(善), 악(惡), 지혜를 가리킨다. 여기서 지혜는 선행과 악행을 초월하여 해탈로 인도하는 수단이 된다. 상키야의 관점에서는 이 셋이 앞서 언급한 통각의 8정태에 포함되어 있으므로, 다른 3종으로 해석하는 것이 가능하다. 예를 들어 *Tattvasamāsasūtra*에서 언급한 3종의 해탈, 3종의 고통, 3종의 속박, 그리고 『불소행찬』에서 윤회의 원인으로 지목한 3종이 '세 가지 다른 길'일 수도 있다.[134]

• 숫자 2와 1: 하나의 미혹을 야기하는 두 원인

샹카라의 주석에 의하면 하나의 미혹이란 자아에 대한 착각이고, 두 원인은 선행과 악행 또는 행복과 불행이다. 여기서 미혹은 자아가 아닌 몸, 감관, 마음, 통각, 카스트 따위를 자아와 동일시하는 관념이다. 원문의 해석에 따라 이러한 미혹은 선행과 악행이라는 둘의 결과일 수도 있고 원인일 수도 있다.[135] 그런데

....

하기 때문에 이것은 불가사의이다.'라고 말한 것이 그와 같다." (kutastyaḥ punar asyedṛśo mahimety ata āha "prakṛter vibhutva-yogāt" iti | tathā ca purāṇam "vaiśvarūpyāt pradhānasya pariṇamo 'yam adbhuta" iti ‖ TK 195 ad. SK 42. Jha 1965:127)
Apte(1957:1366)는 liṅga에 상키야 철학의 pradhāna(제일원인) 또는 prakṛti(원질)와 동일한 의미가 있음을 열거한다. 상키야 철학에서는 표징을 의미하는 liṅga가 미세신(미세한 신체, sūkṣma-śarīra)의 동의어로도 사용된다. 미세신에 관해서는 나중에 상술할 것이다.

134 Chakravarti(1975:21)는 이러한 가능성 외에도 ŚvetU(1.12)에서 언급한 향수자, 향수의 대상, 고무자라는 3종을 지칭할 수도 있다고 지적한다. *Tattvasamāsasūtra*에서는 3종들을 다음과 같이 다양하게 열거한다.
"속박은 3종이다. 해탈은 3종이다. 인식 수단은 3종이다. 고통은 3종이다." (trividho bandhaḥ ‖ 20 ‖ trividho mokṣaḥ ‖ 21 ‖ trividhaṃ pramāṇam ‖ 22 ‖ trividhaṃ duḥkham ‖ 23 ‖ Dvivedin 1920:118)
한편 *Buddhacarita*에서는 윤회의 원인을 다음과 같이 지목한다.
"무지와 업과 갈애를 윤회의 원인으로 알아야 한다. 이 셋에 안주하는 사람은 그 [셋의] 본성을 극복하지 못한다." (ajñānaṃ karma tṛṣṇā ca jñeyāḥ saṃsāra-hetavaḥ | sthito 'smiṃs tritaye jantus tat-sattvaṃ nātivartate ‖ BC 12.23. Johnston 1935:131)
그러나 Deussen(1980:306)이 세 가지 다른 길을 "Pitṛyāna(조령들의 세계에 이르는 길), Devayāna(신들의 세계에 이르는 길), 해탈"이라는 3도로 제시한 것은 그럴 듯하지만 근거를 찾기 어렵다.

135 이에 해당하는 원문은 "둘(dvi) – 원인(nimitta) – 하나(eka) – 미혹(moha)"으로 이루어진 복합어인 탓으로 두 가지 해석이 가능하다. 이것을 두 원인이 하나의 미혹을 야기한다고 해석하는 것은 다수

선행과 악행이 윤회의 원인인 것은 분명하지만 미혹의 원인이 된다고는 말할 수 없다. 그러므로 상키야의 관점에서는 두 원인이란 통각과 순수정신을 지목한 것이고, 하나의 미혹이란 그 둘의 동일성을 의미한 것일 수 있다고도 해석된다. 그 둘이 동일성이라는 미혹을 일으키고, 이 결과로 개아는 원질의 영역에서 벗어나지 못하고 자유를 상실하기 때문이다.[136]

4.2.5. 상키야의 형체를 시사하는 전거 1.5

*Śvetāśvatara-upaniṣad*는 이제까지 검토한 전거 1.4에 곧장 뒤따라 다음과 같이 '다섯'이라는 숫자를 일곱 차례나 반복하여, 강의 비유로써 브라만이 현현하는 방식을 서술한다.[137]

> 우리는 [또한 그것(브라만)을] 다섯 흐름(지류)을 가진 강으로 이해하나니, [이 강의] 거친 굽이는 다섯 원천이요, 물결은 다섯 생기(生氣)요, 시원은 다섯 지각이다. [이 강에는] 다섯 소용돌이가 있고 격렬한 급류는 다섯 고통이니, 50종에 다섯 가지(부문)가 있다.[138]

....

의 의견이다. 그러나 이와는 반대로 Gambhirananda(1986:59)처럼 하나의 미혹이 둘을 야기한다고 해석할 수도 있는데, 이는 소수의 의견이다. cf. Kālī(2011) p. 100.

136 Cf. Chakravarti(1975) pp. 21-22. Kālī(2011:100)는 두 원인이 상키야의 순수정신과 원질일 수 있는 가능성을 배제하면서도 "*Śvetāśvatara-upaniṣad*에서는 두 가지 원인을 가진 하나의 미혹을 언급하는 것으로 추정되지만, [이 우파니샤드를 해설한] 불이일원론 베단타의 세 주석자들도 두 가지 원인이 무엇인지에 대해서는 결정적인 답을 제시하지 못한다."는 사실을 지적한다. 이러한 사실은 Chakravarti처럼 상키야의 관점에서 두 가지 원인을 해석해 볼 수 있는 여지를 남긴다. 이와 같은 맥락에서 Kālī(2011:101)는 쉬바 숭배자들의 재인식론 학파에 속하는 Utpaladeva의 *Īśvara-pratyabhijñā-kārikā*(10세기 초)에 의거하여, 두 가지 원인이 주체성과 객체성이라는 의식의 두 양태일 수도 있다는 견해를 피력한다. 각개의 자아의식이라는 하나의 미혹은 이 둘에 의존함으로써 상대화와 제약이 발생하기 때문이다.

137 샹카라의 주석에 의하면 여기서는 강의 비유를 통해 브라만이 원인과 결과의 형태로 현현하는 방식을 제시한다. cf. Gambhirananda(1986) p. 59. Müller(1884:234)는 이러한 취지를 다음과 같이 부연했다. "바로 앞의 구절(1.4)에서 서술한 바퀴의 비유처럼 강 전체는 절대적 실재의 세계가 아닌 현상적 세계로서, 원인과 결과의 형태로 있는(kāryakāraṇātmaka) 브라만을 의미한다."

138 pañca-sroto'mbuṃ pañca-yony-ugra-vakrāṃ pañca-prāṇormiṃ pañca-buddhyādimūlāṃ | pañcāvartāṃ

여기서 반복적으로 언급하는 '다섯'에 대한 샹카라의 주석은 대부분은 상키야－요가 철학에서 통용되는 내용이다. 그리고 샹카라의 주석에 의한 베단타의 관점보다는 상키야의 관점에서 '다섯'의 내용을 이해하는 것이 더욱 설득력을 지닌다. 상키야의 관점에서는 여기서 취급하는 주제가 '강으로 비유된 무지(avidyā)'인 것으로 해석된다.[139]

• 다섯 흐름

샹카라의 주석에서 이것은 5지각기관(눈, 귀, 코, 혀, 피부)을 가리키는 것으로 해석되므로, 상키야 철학으로 말하면 이것은 10종의 외적 기관에 포함된다.[140]

• 다섯 원천, 다섯 생기, 다섯 지각

이 3종의 다섯에 대한 샹카라의 주석은 한층 더 체계적인 상키야의 관점과는 일치하지 않는다. 먼저 샹카라의 주석에 의하면 이것들은 다음과 같이 이해된다.[141]

....

pañca-duḥkhaugha-vegāṃ pañcāśad-bhedāṃ pañca-parvām adhīmaḥ ‖ ŚvetU 1.5. Radhakrishnan(1953) p. 713. Kālī(2011:102)는 이 원문을 다음과 같이 번역했다.
"[그들은 이렇게도 말했다.] 우리는 그를 다섯 흐름을 가진 [강으로] 생각한다. 그것의 예리한 굽이는 다섯 요소요, 그것의 물결은 다섯 생기(生氣)요, 그것의 근원은 마음, 즉 다섯 가지 지각의 원천이다. 그것은 다섯 소용돌이를 가지며, 그것의 요동치는 급류는 5종의 고통이다. 그것은 다섯 장애의 주변을 흐르면서 무수한 양상을 띤다."
이 번역에서는 원문의 끝 부분에 있는 pañcāśad-bhedāṃ(50종)을 "무수한 양상을 띤다."라고 의역했는데, 이는 샹카라의 주석으로도 이 50종의 의미를 파악할 수 없어 자의적으로 해석한 것으로 보인다.

139 Cf. Chakravarti(1975) p. 22.

140 Chakravarti(1975:22)는 다섯 흐름이 가리키는 것을 확정하기 곤란하다는 결론을 내리면서도 다른 가능성을 제시한다. 먼저, 다섯 흐름은 감관의 다섯 대상, 즉 5미세요소를 가리킬 수 있는데, 이의 전거로는 『요가주』(1.12)에서 "대상으로 향하는 흐름은 이욕에 의해 약화되고, 식별로 향하는 흐름은 식별지를 수련함으로써 개방된다."(정승석 2020:49)라고 서술한 것을 들 수 있다. 그러나 그가 다섯 흐름이 SK 47에서 언급한 '5종의 전도'를 가리킬 수도 있다고 제시한 전거(YD ad. SK 46)는 다섯 흐름과 직결되지 않는 해석의 착오로 보인다.

141 Cf. Gambhirananda(1986) p. 66 ; Kālī(2011) pp. 103-4.

다섯 원천: 5조대요소, 즉 지(地), 수(水), 화(火), 풍(風), 공(空)

다섯 생기: 5풍(風) 또는 5행위기관(성대, 손, 발, 항문, 생식기)[142]

다섯 지각: 마음의 변형인 다섯 지각, 즉 마음에 뿌리를 두고 5지각기관을 통해 획득되는 다섯 지각[143]

한편 *Tattvasamāsasūtra*에서는 이것들을 상키야의 주요 용어로 열거하는데, 표현에 약간의 변화가 있지만 상키야의 주석자들에게는 *Śvetāśvatara-upaniṣad*가 이것들의 전거로 인지되어 있다.[144] *Tattvasamāsasūtra*의 주석자는 이것들의 내용을 다음과 같이 구체적으로 명시한다.

다섯 원천: 행위의 다섯 원천으로서 의지, 신념, 지복(至福) 욕구, 지식 무욕(알고자 하지 않는 것), 지식 욕구(알고자 하는 것)[145]

다섯 생기: 5풍으로 불리는 것, 즉 생기(生氣), 하기(下氣), 등기(等氣), 상기(上氣), 매기(媒氣)[146]

....

142 다음에 소개할 상키야의 관점에서는 5행위기관을 배제한다. 5풍이란 호흡으로 신체 내부에서 작용하는 숨의 기능을 다섯 가지(prāṇa, apāna, samāna, udāna, vyāna)로 구분한 것으로서 생명을 유지하는 다양한 활력이다. 이에 관해서는 차후에 상술할 것이다.

143 첫째로 열거한 '다섯 흐름'과 중첩되는 듯하여 약간 모호하지만, 마음(citta)의 기능에 초점을 맞춘 것으로 이해된다. Kālī(2011:102)가 이것을 '다섯 가지 지각의 근원인 마음'으로 번역한 것도 이 때문일 것이다. 그러나 상키야의 관점에서 이것은 '통각에 속하는 다섯 기능'(Larson & Bhattacharya 1987:324)으로 이해된다.

144 *Tattvasamāsasūtra*에서 이것들은 "통각에 속하는 다섯, 행위의 다섯 원천, 5풍"(pañcābhibuddhayaḥ ‖ 8 ‖ pañca karma-yonayaḥ ‖ 9 ‖ pañca vāyavaḥ ‖ 10 ‖ Dvivedin 1920:117)이라는 순서로 열거된다. 그런데 일례로 Vijñāna Bhikṣu의 제자인 Bhāvāgaṇeśa(16세기 후반)는 *Tattvasamāsasūtra*에 대한 또 다른 주석으로 *Tattvayāthārthya-dīpana*를 저술했는데, 여기서 그는 *Śvetāśvatara-upaniṣad* 1.5를 인용하고 나서 그것들을 해설한다. Dvivedin(1920) p. 93, 8-10행. cf. Larson & Bhattacharya(1987) p. 415.

145 "이 밖에 그 어떤 이들은 행위의 원천들을 다섯 가지로 말한다. 즉 의지, 신념, 지복 욕구, 지식 무욕(알고자 하지 않는 것), 지식 욕구(알고자 하는 것)이 행위의 다섯 원천들이다." (atha kās tāḥ pañca karma-yonaya ucyate | dhṛtiḥ śraddhā sukhāvividiṣā vividṣā ca pañca karma-yonayaḥ | TsV 9. Dvivedin 1920:129-130, 20-1행)

146 "여기서는 실로 어떤 것들이 5풍으로 불리는가? 생기(prāṇa), 하기(apāna), 등기(samāna), 상기(udāna), 매기(vyāna)가 바로 그것이다." (atrāha ke pañca vāyava ucyate | prāṇo 'pānaḥ samānaś ca udāno

다섯 지각: 통각에 속하는 다섯 기능으로서 결의(決意), 자기의식, 의향, 감각력, 활동력[147]

• 다섯 소용돌이

샹카라의 주석에 의하면 이것은 5지각기관의 대상인 5미세요소(소리, 감촉, 형색, 맛, 향)를 가리킨다. 그러나 상키야의 관점에서는 이것이 『마하바라타』에서 다음과 같이 서술하는 다섯 결점, 즉 욕망, 분노, 두려움, 졸음, 거친 호흡을 가리키는 것으로 해석될 수도 있다.[148]

> 왕이여! 현자들은 육신에 대해 다섯 결점을 언명한다. 카필라를 추종하는 상키야의 신봉자들이 길(방도)을 아는 자들이니, 적을 퇴치하는 자여! 그들에 관해 들으라. (54)
> 그것(결점)은 욕망과 분노, 두려움, 졸음, 다섯째인 거친 호흡으로 불린다. 이러한 결점들은 모든 중생의 육신에 나타나는 것들이다. (55)

• 다섯 고통

샹카라의 주석에 의하면 이것은 태내에 있는 상태의 고통에 생로병사(生老病死)라는 네 가지 고통을 추가한 것이다. 그러나 상키야의 관점에서는 이것이 획득, 보존, 상실, 향수(享受), 상해(傷害)로부터 각각 발생하는 고통을 가리킬 수도 있다. *Tattva-kaumudi*에서는 이것들이 다섯 절제를 설명하기 위해 언급된다. 즉, 이것들은 제각기 고통을 야기하는 결점을 갖고 있으므로, 이러한 결점을 알아

vyāna eva ca | ibid. 1920:130, 15-16행)

147 "다음으로 어떤 것들이 그 '통각에 속하는 다섯 [기능]'으로 불리는가? 결의(決意), 자기의식, 의향, 감각력, 활동력이다." (atha kās tāḥ pañcābhibuddhaya ucyate | vyavasāyo 'bhimānecchā kartavyatā kriyeti | ibid. 1920:129, 12-13행)

148 Mbh 12.301.54-55=290.53-54. Dutt(2004.VIII) p. 404.
pañca doṣān prabho dehe pravadanti manīṣiṇaḥ | mārgajñāḥ kāpilāḥ sāṃkhyāḥ śṛṇu tān arisūdana || 54 ||
kāma-krodhau bhayaṃ nidrā pañcamaḥ śvāsa ucyate | ete doṣāḥ śarīreṣu dṛśyante sarvadehinām || 55 ||

차림으로써 다섯 절제가 이루어진다.[149]

• 50종과 다섯 가지(부문)

샹카라의 주석에는 '50종'에 대한 해설이 없다. 그런데 앞서 검토한 전거 1.4에서도 숫자 50이 언급되고, 이 경우의 50은 고전 상키야에서 말하는 관념의 창조를 일컫는 것으로 해석된다. 그러므로 상키야의 관점에서는 이 50종도 그 관념의 창조와 동일한 내용일 것으로 해석된다.

샹카라의 주석에 의하면 '다섯 가지'는 무지, 자아의식, 탐욕, 혐오, 애착(생존욕)을 가리키는데 이는 『요가경』에서 말하는 다섯 번뇌와 일치한다.[150] 그런데 이는 다섯 번뇌를 5종의 전도와 동일시하는 상키야의 관점과도 상응한다고 말할 수 있다. 다만 다음과 같은 *Tattva-kaumudī*의 해설에 의거하여 다섯 번뇌는 '5종의 무지'로도 불릴 수 있다.

> 다섯이란 무지, 자아의식, 탐욕, 혐오, [삶에 대한] 애착으로 불리는 것으로서 [이것들은 각각] 어둠, 미혹, 큰 미혹, 짙은 어둠, 완전한 어둠으로 불리는 5종의 전도와 같다. … 바로 이 때문에 존자 Vārṣagaṇya는 '무지는 다섯 가지'라고 말했다.[151]

....

149 "획득, 보존, 상실, 향수, 상해의 결점을 알아차림으로써 발생하는 것이 다섯 절제이다." (arjana-rakṣaṇa-kṣaya-bhoga-hiṃsā-doṣa-darśana-hetu-janmānaḥ pañcoparamā bhavanti | TK 224 ad. SK 50. Jha 1965:141)
Chakravarti(1975:22)는 다섯 고통이 『요가경』(YS 2.3)에서 말하는 5종의 번뇌를 지칭하는 것일 수도 있다는 견해를 첨언한다. 그런데 샹카라의 주석은 다음에 검토할 '다섯 가지'를 5종의 번뇌로 간주하고, 상키야의 관점도 이와 다르지는 않기 때문에 그의 첨언은 신뢰할 만하지 않다.

150 "무지, 자아의식, 탐욕, 혐오, [삶에 대한] 애착이 다섯 번뇌들이다." (avidyāsmitā-rāga-dveṣābhiniveśāḥ pañca kleśāḥ || YS 2.3)

151 pañceti | avidyāsmitā-rāga-dveṣābhiniveśā yathā saṃkhyaṃ tamo-moha-mahāmoha-tāmisrāndhatāmisra-saṃjñakāḥ pañca viparyaya-viśeṣāḥ | …ata eva pañca-parvāvidyety āha bhavān vārṣagaṇyaḥ || TK 206 ad. SK 47. Jha(1965) p. 134.
여기서 Vārṣagaṇya가 말했다고 하는 다섯 가지의 무지는 *Buddhacarita*에서도 '5종의 전도'와 동일시된다. "이제까지 말한 것은 그 현자(카필라)가 무지를 다섯 가지로 생각하기 때문이다. 즉 어둠, 미혹, 큰 미혹, 두 가지의 짙은 어둠이다." (ity avidyā hi vidvānsaḥ pañca-parvā samīhate | tamo mohaṃ

이제까지 검토한 두 가지 전거에 대한 해석으로 *Śvetāśvatara-upaniṣad*가 상키야의 용어를 구사했다는 사실은 부정하기 어렵다. 물론 이에 대한 후대의 해석들은 견해의 차이를 드러내므로, 그 전거들의 원의는 아직 미지수로 남아 있다.[152] 그러나 베단타 학파의 주석자들도 그것들을 부분적으로는 상키야의 시각으로 설명했다는 사실은, 상키야의 기본 교의가 이 우파니샤드에 수용되어 있음을 시사한다. 그러므로 두 가지 전거에서 열거하는 의문의 숫자들은 후대의 고전 상키야에서 정립될 교의의 형체를 함축한 것으로 간주해도 무방할 것이다.

4.3. *Maitrī-upaniṣad*의 상키야 교의

서력 기원전에 성립된 우파니샤드들 중에서 고전 상키야에 근접한 교의적 관념을 가장 구체적으로 표명하는 것이 *Maitrī-upaniṣad*이다. 그러므로 이 우파니샤드에서는 상키야의 교의가 이전의 다른 우파니샤드들보다 어떻게 더욱 진전되었는지를 확인할 수 있다. 이 우파니샤드에 표명된 상키야의 교의적 관념들 중에서 가장 현저한 진전을 보이는 것으로는 3질설을 단연 첫째로 꼽을 만하다.

4.3.1. 3질설의 전형화

상키야의 3질설은 이원론을 성립시키는 결정적인 근거로 기능한다. 원질과 순수정신이라는 두 원리는 각각 3질이 있는 것과 없는 것으로 차별되기 때문이

....

mahāmohaṃ tāmisra-dvayam eva ca || BC 12.33. Johnston 1935:132)

152 Johnston(1930:855-878)은 진즉 이 우파니샤드를 고찰하면서 문제의 두 시구(1.4, 1.5)에서 상키야-요가의 개념들을 상세히 검토했다. Johnston이 해석한 내용을 충분히 참조했을 Chakravarti(1975:23)는 그의 해석에는 일부 동의할 수 없는 점도 있다고 지적한다. 그러나 이렇게 지적한 Chakravarti의 해석에도 재고의 여지가 있음은 물론이다.

다. 원질은 물질세계의 근원적 질료이므로, 3질은 물질세계를 형성하는 세 요소가 된다.[153] 이러한 3질설의 연원을 우파니샤드에 찾자면, *Chāndogya-upaniṣad*에서 유명한 Uddālaka Āruṇi의 교설을 예로 들 수 있다.

> 불[火]의 적색은 열(熱)의 양상이요, 그것의 백색은 물[水]의 양상이며, 그것의 흑색은 음식(食=地)의 양상이다. [이와 같이] 불의 고유성은 불로부터 사라지기 때문에 말에서 비롯되어 이름이 부여된 변이[일 뿐이]요, 실제로 존재하는 것은 세 가지 양상뿐이다.[154]

여기서 Uddālaka Āruṇi는 적색과 백색과 흑색이라는 3색으로 드러나는 세 가지 양상이 진실이라고 가르친다. 그는 이 점을 후속하는 세 시구로 태양과 달과 번개에 똑같이 적용하여 강조한다. 그러므로 그의 교설에서 적색과 백색과 흑색이라는 3색은 존재의 양상을 분석하여 도출한 3종의 요소 또는 성분을 상징한다. *Chāndogya-upaniṣad*는 이 사실을 다음 단계에서 음식을 예로 들어 구체적으로 설명하는데, 그 요지는 다음과 같다.

> 우리가 섭취한 음식의 경우, 조악한 성분은 똥이 되고, 중간의 성분은 살이 되며, 미세한 성분은 사고기관이 된다. 우리가 마신 물도 신체에서 3종으로 구분된다. 즉 조악한 성분은 오줌이 되고, 중간의 성분은 피가 되며, 미세한 성분은 숨이 된다. 열(熱), 즉 식용 기름을 섭취할 경우에도 이것은 3종으로 기능한다. 즉 조악한 성분은 뼈가 되고, 중간의 성분은 골수가 되며, 미세한 성분은 말(언어)이 된다. 이처럼 우리가 복용하는 모든 것이 3종으로 기능하

---

153 상키야-요가 철학에서는 세계를 원질(prakṛti)로 설명한다. 즉 "원질의 구성 요소는 3질이며, 순수정신(puruṣa) 이외의 모든 대상은 그 3질이 특수하게 형성된 것일 뿐이므로, 사실상 원질은 3질에 불과하다." Chakravarti(1975) p. 12.

154 yad agne rohitaṃ rūpaṃ tejasas tad rūpam | yac chuklaṃ tad apām | yat kṛṣṇaṃ tad annasya | apāgād agner agnitvam | vācārambhaṇaṃ vikāro nāmadheyaṃ trīṇi rūpāṇīty eva satyam || ChU 6.4.1. Radhakrishnan(1953) p. 451.

는 이유는 사고기관은 음식으로, 숨은 물로, 말(언어)은 열(熱)로 이루어지기 때문이다.[155]

여기서는 음식에 내재된 3종의 성분이 심신의 활동으로 다양하게 기능한다는 사실을 설명하고 있다. 이처럼 모든 것에는 3종의 요소가 내재하며 모든 것의 양상은 이것들의 기능에 불과하다는 것이 이 교설의 요지이다. 그런데 *Maitrī-upaniṣad*에서는 이 음식과 3성분이 각각 상키야 철학의 원질과 3질에 해당한다는 것을 다음과 같이 명시적으로 설명한다. 더욱이 여기서는 순수정신과 원질을 각각 '먹는 자'(향수자)와 '음식'으로 대조하고 있다.

따라서 먹는 자는 순수정신이요 먹을 것은 원질이니, 그는 이것(원질)을 차지하고 원질로부터 유래된 음식을 먹는다. 3질의 상이한 전변을 통해 마하트(=통각)로부터 차별(=5조대요소)에 이르는 것은 [순수정신이 있음에 틀림없다는] 징표이다. … 이 세계는 실로 안락과 고통과 미혹으로 불리는 음식으로 이루어져 있다.[156]

....

155 Cf. ChU 6.5.1-4. 정승석(2015b) p. 363 재인용.

156 tasmād bhoktā puruṣo bhojyā prakṛtis tatstho bhuṅkta iti, prākṛtam annaṃ triguṇa-bheda-pariṇāmatvān mahadādyaṃ viśeṣāntaṃ liṅgam … sukha-duḥkha-moha-saṃjñaṃ hy anna-bhūtam idaṃ jagat | MaiU 6.10. Radhakrishnan(1953) p. 824.
Müller(1884:313)는 여기서 언급하는 차별(viśeṣa)이 SK 38에 의거하여 5조대요소를 의미한다는 Cowell 교수의 견해를 각주로 인용한다. 차별(viśeṣa)과 무차별(aviśeṣa)은 『상키야송』에서 구사하는 독특한 개념이다. SK 38에 의하면 5조대요소는 질(guṇa)의 차이가 있는 것(즉 차별)으로, 5미세요소는 질의 차이가 없는 것(즉 무차별)으로 불린다. 그런데 이 같은 SK 38의 전거가 바로 여기서 인용한 MaiU 6.10의 서술일 것으로 충분히 추정할 만하다. 즉 SK 38의 전문은 다음과 같다.
"미세요소들은 [질의] '차이가 없는 것'(무차별)들이다. 이 다섯으로부터 5[조대]요소들이 [발생한다.] 이것들은 적정(寂靜)과 두려움과 어리석음으로서 [질의] '차이가 있는 것'(차별)들이라고 전해져 있다." (tanmātrāṇy aviśeṣas tebhyo bhūtani pañca pañcabhyaḥ | ete smṛtā viśeṣāḥ śāntā ghorāś ca mūḍhāś ca ‖)
여기서는 3질을 "적정과 두려움과 어리석음"으로 언급하고 있는데, 이것들은 MaiU 6.10에서 말하는 "안락과 고통과 미혹"과 상응한다. 더욱이 SK 38에서 끝으로 "전해져 있다"고 말하는 것은 그 전거가 MaiU 6.10일 것임을 암시할 것이다.

이로써 *Chāndogya-upaniṣad*에서 언급한 3색(적색, 백색, 흑색)은 결국 3질을 함의한 상징적 표현이었음을 알 수 있다.[157] 또한 *Maitrī-upaniṣad*는 적색과 백색과 흑색이라는 3색이 상징하는 함의를 3질설로 전형화했다고 말할 수 있다. 바로 위의 인용문에서 말하는 '안락과 고통과 미혹'은 각각 순질과 동질과 암질이라는 3질의 대표적 기능을 언급한 것이며, 이는 고전 상키야의 관점과 완전히 일치한다.[158] *Maitrī-upaniṣad*는 상키야가 크게 발전한 단계에 들어섰음을 증언한다고 평가받을 수 있는 주요 근거들 중의 하나가 되는 것도 3질에 대한 인식이다.[159] 여기서는 3질의 고유한 이름을 각각 언급하는데, 이는 우파니샤드들 중에서는 최초의 사례가 된다. 이뿐만 아니라 3질 중 암질과 동질의 기능을 다음과 같이 매우 구체적으로 열거하기도 한다.

> 또 한편으로 다른 데서도 이렇게 말한다.
> 당혹, 두려움, 낙담, 졸음, 권태, 부주의, 노쇠, 비애, 배고픔, 갈증, 허약, 분노, 불신, 무지, 질투, 잔혹, 어리석음, 몰염치, 인색, 오만, 불안정은 암질에서 기인하는 것들이다.
> 그리고 내적 갈망, 애착, 열망, 탐욕, 상해(傷害), 색정, 혐오, 기만, 선망(羨望), 애욕, 변덕, 동요, 산만함, 야망, 재욕, 친구들에 대한 편애, 가문에 의존함, 감각의 대상으로 싫어하는 것들에 대한 반감, 좋아하는 것들에 대한 지나친 집착, 짜증 내는 말투, 폭식은 동질에서 기인하는 것들이다. 이것들로 충만하고 이것들로 압도되어 있는 이것이 바로 '요소적 자아'이다. 이 때문에 그것

....

157 후대의 『전철학강요』에서는 이 사실을 다음과 같이 확인해 준다.
"여기서 적색과 백색과 흑색이라는 말은 [각각] 물들임과 드러냄과 덮음과 동일한 성질을 갖기 때문에, 동질과 순질과 암질이라는 3질의 교설을 의도한다." (atra lohita-śukla-kṛṣṇa-śabdā rañjakatva-prakāśakatvāvarakatva-sādharmyād rajaḥ-sattva-tamo-guṇatraya-pratipādana-parāḥ | SDS, p. 327, 112-3행) 이 서술에서 '여기서'란 앞서 인용한 ŚvetU 4.5(@제4장 각주 40)를 가리킨다. 그러므로 3질의 연원은 한 마리의 암양이 가진 적색과 백색과 흑색이라는 3색으로 거슬러 올라간다.

158 @제2장 각주 137 참조.

159 Cf. Chakravarti(1975) p. 35.

은 다양한 형체들을 취하고 취한다.[160]

암질과 동질의 기능을 이처럼 상술한 유례는 고전 상키야의 문헌들에서도 찾아보기 어렵다. 더욱이 여기서는 암질과 동질의 부정적인 기능들을 자아와 결부시키고 있는데, 이러한 자아를 '요소적 자아'(bhūtātman)로 명명하여 다른 자아와 차별한 점은 특별히 주목할 만하다. 개아에 해당하는 자아를 2종으로 구분하고, 이원론적 발상을 적용하여 그 둘의 차이를 설명하기 때문이다.

4.3.2. 안팎의 자아에 귀속되는 이원

*Maitrī-upaniṣad*에서 말하는 '요소적 자아'란 물질적 요소들로 이루어진 자아이자 요소들에 집착하는 자아로서 신체와 동일시된다. 그러므로 '요소적 자아'는 신체로서의 자아를 가리키며, 이 역시 개아의 일종이다. *Maitrī-upaniṣad*는 이 같은 개아의 정체와 한계를 다음과 같이 적나라하게 설명한다.

> 실로 또 다른 [자아로서] '요소적 자아'가 있으니, 이것은 밝거나 어두운 업보들의 지배를 받아 선하거나 악한 자궁으로 들어가며, 아래 또는 위로 나아가는 그것은 [상반하는 것끼리 이루어진] 짝들의 지배를 받아 배회한다. 이것을 부연하여 설명하자면 다음과 같다. 요소라는 말로 일컫는 것이 5미세요소이다. 또한 5조대요소도 요소라는 말로 불린다. 이제 이것(요소)들이 결합된 것을 신체라고 말한다. 그래서 실로 신체로 불리는 것이 다른 한편으로는 '요소적 자아'로 불린다. 그러나 이것의 자아는 '불사(不死)[의 자아]'로서 연

....

160 athānyatrāpy uktaṃ |
sammoho bhayaṃ viṣādo nidrā tandrī pramādo jarā śokaḥ kṣut pipāsā kārpaṇyaṃ krodho nāstikyam ajñānaṃ mātsaryaṃ naiṣkāruṇyaṃ mūḍhatvaṃ nirvrīḍatvaṃ nirākṛtitvam uddhatatvam asamatvam iti tāmasāni | antastṛṣṇā sneho rāgo lobho hiṃsā ratir dviṣṭir vyāvṛtatvam īrṣyā kāmam asthiratvaṃ calatvam vyagratvaṃ jigīṣārthopārjanaṃ mitrānugrahaṇaṃ parigrahāvalambo 'niṣṭeṣv indriyārtheṣu dviṣṭir iṣṭev abhiṣvaṅgaḥ śuktasvaro 'nnatamas tv iti rājasāny etaiḥ paripūrṇa etair abhibhūtā ity ayaṃ bhūtātmā tasmān nānā-rūpāny āpnotīty āpnotīti || MaiU 3.5. Radhakrishnan(1953) p. 807.

잎 위의 물방울과 같다. 실로 바로 그것(요소적 자아)이 원질에 속하는 [3]질들의 지배를 받는다. 그러므로 지배를 받기 때문에 곤혹에 빠지고, 곤혹하기 때문에 자신 속에 존재하여 행위를 일으키는 성스러운 주인을 알아보지 못했다. 그것(요소적 자아)은 [3]질들의 흐름에 따라 휩쓸려 가면서 오염되고, 불안정하고, 변하기 쉽고, 당혹하게 되고, 욕망에 싸이고, 방심하고, 자기의식의 상태에 빠져 '내가 그것이다', '이것은 나의 것이다'라고 이와 같이 생각하여 조롱에 갇힌 새처럼 그 스스로 자신을 구속한다. 이리하여 업보들의 지배를 받아 선하거나 악한 자궁으로 들어가며, 아래 또는 위로 나아가는 그것은 [상반하는 것끼리 이루어진] 짝들의 지배를 받아 배회한다.[161]

여기서 '요소적 자아'는 원질과 동일시되는 3질의 지배를 받는다는 한계를 지니며, 이 때문에 그 자신의 자아인 '성스러운 주인'을 각성하지 못한다. 또한 여기서는 이러한 '요소적 자아'가 요소들의 결합인 신체에 불과하다는 것을 설명하기 위해 상키야의 전용어인 5미세요소도 언급한다. 더욱이 자기의식의 상태에 빠져 스스로 자신을 구속한다는 '요소적 자아'의 자기 속박이라는 관념도 『상키야송』에서 말하는 원질의 자기 속박 및 해탈과 상응한다.[162]

....

161 asti khalv anyo 'paro bhūtātmā yo 'yaṃ sitāsitaiḥ karmaphalair abhibhūyamānaḥ sad-asad-yonim āpadyatā ity avāñcyordhvā vā gatir dvandvair abhibhūyamānaḥ paribhramatīty asyopavyākhyānaṃ | pañca-tanmātrā bhūta-śabdenocyante, atha pañca-mahābhūtāni bhūta-śabdenocyante 'tha teṣāṃ yat samudāyam, tat śarīram ity uktam, atha yo ha khalu vā va śarīra ity uktaṃ sa bhūtātmety uktam, athāmṛto 'syātmā bindur iva puṣkarā iti | sa vā eṣo 'bhibhūtaḥ prākṛtair guṇair ity atho 'bhibhūtatvāt saṃmūḍhatvaṃ prayātaḥ, saṃmūḍhatvād ātmasthaṃ prabhuṃ bhagavantaṃ kārayitāraṃ nāpaśyad guṇaughair uhyamānaḥ kaluṣīkṛtas cāsthiraś cañcalo lupyamānaḥ saspṛho vyagraś cābhimānitvam prayātā iti, ahaṃ so mamedam iti, evaṃ manyamāno nibadhnāty ātmanātmānaṃ jāleneva khacaraḥ | kṛtasyānu phalair abhibhūyamānaḥ sad-asad-yonim āpadyatā ity avāñcyordhvā vā gatir dvandvair abhibhūyamānaḥ paribhramati | MaiU 3.2. ibid. p. 805.

162 "그러나 원질은 오직 [지혜 이외의] 일곱 양상에 의해서 스스로 자신을 속박한다. 그리고 그녀(원질)는 순수정신의 목적을 위해 오직 하나의 양상(지혜)에 의해서 [자신을] 해탈시킨다." (rūpaiḥ saptabhir eva tu badhnāty ātmānam ātmanā prakṛtiḥ | saiva ca puruṣārthaṃ prati vimocayaty eka-rūpeṇa || SK 63) 여기서 말하는 일곱 양상과 하나의 양상이란 SK 23(@제2장 각주 174)에 의거하는 통각의 8정태를 가리킨다. 『상키야송』은 이에 곧장 후속하여 다음과 같이 해탈의 지혜를 제시하는데, 이는 이 우파니샤드에서 예시한 자기의식의 상태로부터 벗어나는 것과 같다.
"이와 같이 원리들[에 관한 지혜]를 수습(修習)함으로써 '나는 [원질을 비롯한 23원리들이] 아니다.

이와 같은 '요소적 자아'는 신체와 다를 바 없으므로, *Maitrī-upaniṣad*는 이 '요소적 자아'의 자아로서 신체의 내부에 존재하는 '불사의 자아'가 있음을 언급한다. '불사의 자아'는 "자신 속에 존재하여 행위를 일으키는 성스러운 주인"으로 묘사되므로 '내적 자아'로 불릴 수 있다. 예를 들어 다음과 같은 이 우파니샤드의 설명에 의하면, 상키야 철학에서 말하는 순수정신도 내적 자아로 간주된다.

> 여기서 알아야 할 다른 것이 있으니 이 '자아에 지내는 제사'[163]가 한층 더 나아간 변형, 즉 음식과 이것을 먹는 자가 그것이다. 이것을 부연하자면 다음과 같다. 관찰자인 순수정신은 제일원인(=원질) 속에 머무는데, 바로 그것이 향수자로서 원질에서 기인하는 음식을 먹는다. 실로 '요소적 자아'(≒신체)[164]인 이것이 그의 음식이요, 이것을 만드는 자는 제일원인이다. 따라서 3질로 이루어진 것은 먹을거리요 [이것을] 먹는 자는 내부에 있는 순수정신이다.[165]

....

[24원리들은] 나의 것이 아니다. 나는 [24원리들 속에] 없다'고 하는 무한정한, 전도(顚倒)가 없기 때문에 청정하고 순수한 지혜가 발생한다." (evaṃ tattvābhyāsān nāsmi na me nāham ity apariśeṣam | aviparyayād viśuddhaṃ kevalam utpadyate jñānam || SK 64) 이 같은 해탈의 지혜가 불전에서는 일찍이 5온은 자아가 아니라고 깨닫는 지혜로 통용되었다. 즉 상응부(*Saṃyutta-nikāya*) 경전의 *Anattalakkhaṇa-sutta*(無我相經)에서는 5온 각각에 대하여 다음과 같은 정형구(定型句)를 반복적으로 제시한다.
"'이것은 나의 [것이] 아니다. 나는 이것이 아니다. 이것은 나의 자아가 아니다'고 이렇게 이것을 있는 그대로 바른 지혜로써 보아야 한다." (netam mama neso ham asmi na me so attāti evam etaṃ yathābhūtaṃ sammāppaññāya daṭṭhabbaṃ || SN 22.59.17. Part III, p. 68) 관련 내용은 정승석(1992a) p. 88 참조.

163 이의 원어인 'ātmayajña'를 단순히 자기희생(self-sacrifice)로 번역한 것은 오해를 야기하기 쉽다. 바로 앞의 구문(MaiU 6.9)에는 "오직 자아에 제사한다."(ātmany eva yajati)라는 용례가 있다.
"베다에서 유래한 제사가 우파니샤드에서는 명상과 요가의 새로운 실천과 동일시됨으로써(폐기된 것은 아니지만) 변형되고 재정의되었다. 일상에서 음식을 섭취하는 것은 '불의 제사'(agnihotra)가 호흡 활동인 것처럼 '자아에 지내는 제사'(ātmayajña)가 된다." Tilak(2006) p. 31.

164 앞서 인용한 대목(MaiU 3.2)에서 '요소적 자아'는 신체와 동일시되었는데, 伊沢敦子(1996:942)가 *Maitrī-upaniṣad*에서 아트만(자아)이 분명히 신체를 가리키는 사례로 지목한 것도 이 대목이다.

165 athāparaṃ veditavyam, uttaro vikāro 'syātma-yajñasya yathānnam annādaś ceti, asyopavyākhyānaṃ, puruṣaś cetā pradhānāntaḥsthaḥ, sa eva bhoktā prākṛtam annaṃ bhuṅkta iti, tasyāyaṃ bhūtātmā hy annam asya kartā pradhānaḥ, tasmāt triguṇaṃ bhojyaṃ bhoktā puruṣo 'ntasthaḥ | MaiU 6.10. Radhakrishnan(1953) pp. 823-4.

여기서는 일찍이 *Bṛhadāraṇyaka-upaniṣad* 이래 음식을 비유로 사용하여, 대비적으로 언급되었던 '먹는 자'와 '그의 음식'이 순수정신과 원질을 지칭하는 것으로 확정되어 있다. 이로써 순수정신과 원질이라는 이원론의 두 원리가 *Maitrī-upaniṣad*에 이르러 명료하게 수용되었음을 확인할 수 있다. 그런데 이 우파니샤드에서는 자아를 원질과는 차별하는 동시에 자아에 대해서도 명칭을 달리하여 차별한다. 즉, 앞의 인용문에서는 자아를 '요소적 자아'와 '불사의 자아'로 구분했고 여기서는 내적 자아를 '내부에 있는 순수정신'으로 언급한다.[166]

더욱이 이 우파니샤드의 다른 대목에서는 순수정신을 자아의 동의어로 사용하여 '개개의 자아'(prati-puruṣa)로 불리는 개아를 '몸을 아는 자'로 명명하면서 그 위상을 조물주로까지 격상하므로,[167] 이 경우의 개아 역시 내적 자아에 해당한다. 다만 '몸을 아는 자'로서의 개아를 조물주로까지 격상한 자아 관념은 범아일여적 일원론의 기조를 견지하는 데서 기인한 것으로 이해할 수 있다.

일원론의 기조에서 일탈하지 않으려고 하는 *Maitrī-upaniṣad*는 자아를 최소한 세 가지 이상으로 묘사한다. 바로 앞에서 인용한 두 예문에 의하면 자아는 2종의 개아로 구분된다. 하나는 신체와 동일시되는 개아이고, 다른 하나는 내적 자아(내부에 있는 순수정신)로서의 개아이다. 전자가 표층적인 마음이라면 후자는 심층적인 마음에 해당할 것이다. 그런데 이 우파니샤드에서 다음과 같이 설명

166 이 *Maitrī-upaniṣad*는 앞의 인용문(MaiU 3.2)에 곧장 후속하여 다음과 같이 설명한다. 여기서 내적 자아는 제압될 수 없는 순수정신으로, 요소적 자아는 원질과 동일시되는 3질로 간주되어 있다. 그러므로 내적 자아인 순수정신은 '불사의 자아'에 상당한다.
"또 한편으로 다른 데서도 이렇게 말한다. 실로 이 요소적 자아가 행위자이며, 내적 자아는 감관들로써 그것이 행위하게 한다. 예컨대 불로써 쇳덩어리를 제압하고 행위자(대장장이)들은 이것을 두드려 다양한 것이 되게 하듯이, 실로 내적 자아는 그 요소적 자아를 [3]질들로 제압하고 두드려 다양한 것이 되게 한다. … 그러나 쇳덩어리를 제압할지언정 불을 제압하지는 못하는 것처럼, [쇳덩어리와 같은 요소적 자아로는] 이 순수정신(자아)를 제압하지는 못한다. 요소적 자아는 [3질에] 달라붙어 있기 때문이다." (athānyatrāpy uktam | yaḥ kartā so 'yaṃ vai bhūtātmā karaṇaiḥ kārayitāntaḥpuruṣo 'tha yathāgnināyaḥpiṇḍo vābhibhūtaḥ kartṛbhir hanyamāno nānātvam upaity evaṃ vā va khalv asau bhūtātmāntaḥpuruṣeṇābhibhūto guṇair hanyamāno nānātvam upaiti | … atha yathāyaḥpiṇḍe hanyamāne nāgnir abhibhūyaty evam nābhibhūyati asau puruṣo 'bhibhūyaty ayam bhūtātmopasaṃśliṣṭavād iti || MaiU 3.3. ibid. p. 806)

167 MaiU 5.2. @제1장 각주 68 참조.

하는 자아는 분명히 상키야의 순수정신에 상당할 뿐만 아니라 원질과는 차별되어 있다.

> 실로 이 세상에서는 바로 이 자아가 밝거나 어두운 업보들의 지배를 받은 것처럼 신체를 전전하며 배회한다고 시인들은 선언한다. 미현현이기 때문에, 미세하기 때문에, 지각될 수 없기 때문에, 파악될 수 없기 때문에, 무관심하기 때문에 불안정하고 행위자[인 것처럼 보]이지만 사실은 행위자가 아니며 확고하다. 실로 바로 그것(자아)이 관조자처럼 순수하고, 견고하고, 동요하지 않고, 오염되지 않고, 방심하지 않고, 욕망에 싸이지 않고, 확고한 상태로 자신에 안주한다. 올바른 활동의 향수자로서 그것은 [3] 질로 이루어진 장막으로 자신을 감추고서 한결같이 확고한 상태로 있다.[168]

여기서 '관조자처럼'이라고 비유하여 설명하는 자아의 특성은 사실상 상키야 철학에서 절대시하는 순수정신과 합치한다. 고전 상키야에서는 다른 무엇보다도 관조자일 뿐이며 행위자가 아닌 향수자라는 것을 순수정신의 대표적인 특성으로 강조하기 때문이다. 또한 여기서 언급하는 "3질로 이루어진 장막"이란 분명히 원질을 묘사한 것이다. 이처럼 이 우파니샤드는 순수정신과 원질이라는 두 원리를 수용하고 있지만, 이것들을 이원론의 체계로 인식하고 있지는 않다. 왜냐하면 바로 앞의 인용문(MaiU 6.10)에서도 "관찰자인 순수정신은 제일원인(=원질) 속에 머무는" 내적 자아로 간주되기 때문이다. 바로 이 점에서 원질인 제일원인이 상키야의 이원론처럼 순수정신과는 완전히 별개인 원리로 간주되지도 않는다. 이것들도 하나의 절대 원리에 귀속되기 때문이다.

*Maitrī-upaniṣad*에서는 브라만 또는 최고아로 불릴 수 있는 하나의 절대 원리

....

168 sa vā eṣa ātmehośanti kavayaḥ | sitāsitaiḥ karmaphalair abhibhūta iva prati śarīreṣu caraty avyaktatvāt saukṣmyād adṛṣyatvād agrāhyatvān nirmamatvāc cānavastho 'sati kartākartaivāvasthaḥ | sa vā eṣa śuddhaḥ sthiro 'calaś cālepyo 'vyagro nispṛhaḥ prekṣakavad avasthitaḥ svasthaś ca | ṛtabhug guṇamayena paṭenātmānam antardhāyāvasthitā ity avasthitā iti || MaiU 2.7. Pāṇḍeya(2001) pp. 35-37.

를 "존재하는 모든 것들의 지배자", 즉 "내부와 외부에 있는 안팎의 자아"로 규정한다.[169] 그러므로 요소적 자아, 불사의 자아, 내적 자아, 개아, '몸을 아는 자' 등으로 불리는 다양한 이름의 자아뿐만 아니라 원질까지도 안팎의 자아인 그 지배자에 귀속된다. 이 지배자야말로 '지고한 자'이며, 다양한 이름의 자아, 특히 순수정신에 상당하는 개아는 '지고한 자'의 일부로 간주된다.[170] 그러나 다른 한편으로 이 우파니샤드에서는 순수정신을 '초감각적인 위대한 존재'로도 간주하므로, 순수정신은 '지고한 자' 또는 조물주의 속칭으로 구사된 것처럼 보이기도 한다. 단적인 예를 들어, 이 우파니샤드는 다음과 같은 문답을 일련의 서술로 제시한다.

> 존자여! 이 신체는 수레처럼 지성이 없는 것인데, 실로 이러한 그것(신체)을 갖고서 지성과 같은 그러한 것을 제공하는, 혹은 이것(신체)을 생동하게 하는 초감각적인 위대한 존재는 무엇인가?[171]
>
> 실로 금욕의 수행자처럼 [3]질들을 초월해 있는 것이 알려져 있으니, 실로 순수하고, 청결하고, 텅 비어(空) 있고, 적정(寂靜)하고, 호흡하지 않고, 무아(無我)이고, 무한하고, 불멸하고, 견고하고, 영원하고, 생겨나지 않고(不生), 자존하여 자신의 위대함에 안립해 있는 것이 바로 그것이다. [바로 이] 불생자(不生者)가 신체에 지성과 같은 것을 제공하며, 혹은 이것(신체)을 생동하게 하기도 한다.[172]
>
> 실로 바로 그것이 미세하고, 파악될 수 없고, 지각될 수 없는 순수정신으로

169 "그는 존재하는 [모든] 것들의 지배자가 되었으니, 이것이 내부와 외부에 있는 안팎의 자아로다." MaiU 5.2. @제1장 각주 3.

170 MaiU 5.2. @제1장 각주 68 참조.

171 bhagavan śakaṭam ivācetanam idaṃ śarīraṃ kasyaiṣa khalv īdṛśo mahimātīndriya-bhūtasya yenaitad-vidham etac cetanavat pratiṣṭhāpitaṃ pracodayitā vā asya | MaiU 2.3. Pāṇḍeya(2001) p. 18.

172 yo ha khalu vāvoparisthaḥ śrūyate | guṇeṣvivordhva-retasaḥ sa vā eṣa śuddhaḥ pūtaḥ śūnyaḥ śānto 'prāṇo nirātmānanto 'kṣayyaḥ sthiraḥ śāśvato 'jaḥ svatantraḥ || sve mahimni tiṣṭhaty ajenedaṃ śarīraṃ cetanavat pratiṣṭhāpitaṃ pracodayitā vaiṣo 'py asyeti | MaiU 2.4. ibid. pp. 20-21.

불린다. 다만 [신체 속에 있는] 이 경우에 그것(순수정신)은 인식되지 않은 채 [자신의] 일부로서 존재하는데, 이는 잠들어 있는 자가 무의식적으로 깨어나는 것과 같다. 그러나 실로 그것(순수정신)의 그 일부인 이것은 순전한 의식이요, 개개의 자아요, '몸을 아는 자'요, 의지와 결의(=결정)와 자기의식을 징표로 갖는 것이다. '일체'로 불리는 조물주는 [자신의] 지성으로써 이 신체에 지성과 같은 것을 제공하며, 혹은 이것(신체)을 생동하게 하기도 한다.[173]

이 문답에 의하면 '초감각적인 위대한 존재'는 순수정신이다. 이것의 일부가 신체에 내재하는 것을 개아(개개의 자아) 또는 '몸을 아는 자'로 불리지만, 그 본체는 '일체'로 불리는 조물주와 다르지 않다. 고전 상키야에서는 순수정신의 고유한 특성을 지성으로 규정하는데, 여기서는 이 지성이 순수정신의 일부로서 신체에 반영된다고 설명한다. 그러나 고전 상키야에서 '의지와 결의와 자기의식을 징표로 갖는 것'은 순수정신과 대립하는 원질(근본원질, 제일원인)을 지칭하지만,[174] 여기서는 이것을 순수정신에 귀속시키는 것으로 일원론을 견지한다.

*Maitrī-upaniṣad*는 이처럼 일원론을 견지하는 것으로 정통의 우파니샤드임을 자처한다. 그렇지만 여기서는 모든 우파니샤드의 지혜를 전달한다고 스스로 천명한 점에서[175] 순종의 정품 우파니샤드라기보다는 다른 문헌들의 요약본으로

....

173 sa vā eṣa sūkṣmo 'grāhyo 'dṛśyaḥ | puruṣa-saṃjño 'buddhi-pūrvam ihaivāvartate 'ṃśeneti | suptasyevābuddhi-pūrvaṃ vibodha evam iti | atha yo ha khalu vāvaitasya so 'ṃśo 'yaṃ yaś cetāmātraḥ pratipuruṣaḥ kṣetrajñaḥ saṃkalpādhyavasāyābhimāna-liṅgaḥ | prajapātir viśvākhyaś cetanenedaṃ śarīraṃ cetanavat pratiṣṭhāpitaṃ pracodayitā vaiṣo 'py asyeti | MaiU 2.5. ibid. pp. 22-24. 村上真完(1978:709)에 의하면, 여기서 순수정신은 신체 기능이나 생명일 뿐만 아니라, 신체의 주인인 영혼을 가리키는 것으로 생각된다.

174 여기서 순수정신의 일부로서 열거한 '의지와 결의(=결정)와 자기의식'은 각각 고전 상키야에서 말하는 3종의 내적 기관인 마음, 통각, 아만을 가리키거나(Deussen 1980:335) 이것들의 속성이다 (ibid. 367).

175 이 우파니샤드는 바로 앞에서 인용한 일련의 서술을 다음과 같은 선언으로 시작한다.
"왕이여! 실로 이것이 브라만에 관한 지혜 혹은 Maitri 존자께서 우리에게 공표하신 모든 우파니샤드의 지혜이니, 나는 이제 이것을 그대에게 들려줄 것이다." (atha khalv iyaṃ brahma-vidyā sarvopaniṣad-vidyā vā rājann asmākaṃ bhagavatā maitriṇākhyātāhaṃ te kathayiṣyāmīti | MaiU 2.3. Radhakrishnan 1953:800)

간주될 만하다. 이의 근거로는 다른 문헌들의 견해를 빈번하게 언급한[176] 점을 들 수 있으며, 불교의 무아설을 속임수라고 비판하는 예도 이와 관련하여 특기할 만하다.[177] 이는 이 우파니샤드의 현행본이 불교 이후에 완성되었음을 입증한다. 더욱이 이 우파니샤드가 이미 그 당시까지의 상키야 철학을 인지하고 있었다는 사실은 다음과 같은 논쟁 형식의 서술로 잘 드러나 있다.

> 순수정신은 욕망으로 가득하기 때문에 [이 상태로 있는 한,] 결의와 의지와 자기의식을 징표로 갖고 속박된다. 따라서 이와는 반대가 될 때 그것은 해탈한다. 이에 대해 '어떤 이들'은 이렇게 말했다.
> "[3] 질은 원질에서 차별을 일으킴으로써 결의와 자아가 결합한 상태로 들어가고, 실로 결의가 결점을 파괴하기 때문에 해탈이 [도래한다.]"
> [그러나 우리의 관점에서는 그렇지 않다.] 왜냐하면 오직 마음으로 보고 마음으로 듣기 때문이다. 욕망, 의지, 의심, 믿음, 불신, 만족, 불만, 겸손, 반성, 두려움이라는 이 모든 것은 마음일 뿐이다.[178]

....

176 이 우파니샤드에서는 "또 한편으로 다른 데서도 말하기를"(athānyatrāpy uktam)이라는 인용의 도입구가 13회나 구사되며, 같은 맥락으로 "또한 다른 데서도 말하기를"(apy anyatrāpy uktam)이라는 도입구도 1회 구사된다.

177 "세상 사람은 무아설의 속임수인 그릇된 예증과 이유로 현혹되어 진실한 지식과 대중적 재담이 다르다는 것을 알지 못한다." (nairātmyavāda-kuhakair mithyā-dṛṣṭānta-hetubhiḥ | bhrāmyal loko na jānāti vedavidyāntaraṃ tu yat ‖ MaiU 7.8. Pāṇḍeya 2001:203) 여기서 '진실한 지식과 대중적 재담'의 원어는 veda와 vidyā이다. veda는 베다에서 가르친 진실한 지식, vidyā는 진실과 거짓을 불문한 다른 지식이나 철학을 가리키는 것으로 해석된다. Deussen(1980:383)은 vidyā를 '대중적 재담'으로 번역했다. 그런데 앞서 인용한 MaiU 2.4(앞의 각주 172)에서는 '초감각적인 위대한 존재'인 순수정신의 성질을 열거하면서 텅 비어 있음(空)과 무아를 포함시키므로, 순수정신과 무아의 관계에 대한 의문을 야기한다. 이에 대해서는 두 가지 가능성으로 이해해 볼 수 있다. 보다 유력한 가능성으로 MaiU 3.2(앞의 각주 161)의 설명을 고려하면, 순수정신이 무아라고 말하는 것은 '요소적 자아'로 불리는 개아가 아니라는 취지일 수 있다. 그러나 다른 가능성으로 자아의 실재를 확신하는 우파니샤드의 기조로 보면, 이는 순수정신을 진정한 자아로 간주하지 않는다는 관점를 반영한 것일 수도 있다. 둘째 가능성은 약간 희박한 것으로 보이기는 하지만, 『상키야송』의 해탈론(SK64, 앞의 각주 162)은 무아의 관념을 상키야 철학의 구조로 표현한 것이라고 해석하거나 상키야 학파도 일종의 무아설을 주장한다는 견해가 있는 점을 고려하면(村上真完 1978:706-7), 전혀 희박한 것은 아니다.

178 sa hi sarva-kāma-mayaḥ puruṣo 'dhyavasāya-saṃkalpābhimāna-liṅgo baddhaḥ | atas tad-viparīto muktaḥ | atraika āhur guṇaḥ prakṛti-bheda-vaśād adhyavasāyātma-bandham upāgato 'dhyavasāyasya doṣa-kṣayād dhi

여기서는 언급하는 '어떤 이들'이 상키야의 신봉자들(학파)을 일컫는다[179]는 것은 의심의 여지가 없다. 이 우파니샤드의 저자는 여기서 상키야의 해탈론을 약술하고 나서 속박과 해탈은 마음의 문제일 뿐이라는 주장으로 그 해탈론을 부정한다. 이 해탈론의 취지를 고전 상키야의 관점에서는 다음과 같이 이해할 수 있다.

순수정신이 욕망에 싸일 경우, 그것은 결의와 의지와 자기의식을 징표로 갖는 원질과 결합하여 속박된다. 그러므로 그 결합으로부터 벗어날 때라야 순수정신은 해탈하게 된다. 그리고 실제로는 원질에 속하는 통각의 주요 기능인 결의(=결정)가 결합의 결점을 알아차리고 속박을 파괴할 때 해탈이 가능하다.

이 우파니샤드에서 이 같은 해탈론을 부정한 것은 순전히 순수정신을 절대원리인 최고아(브라만)로 간주할 우려가 있다고 생각하기 때문일 것이다. 그러나 그 순수정신을 최고아의 하위인 마음으로 격하시킨다면 그 해탈론은 우파니샤드의 관점과는 어긋나지 않는다. 위의 인용문에서 마지막 구절로 주장한 취지도 이것이다.

이상과 같이 *Maitrī-upaniṣad*는 당시까지 성행한 상키야의 교의를 우파니샤드의 일원론에 귀속시키려는 융합의 소산일 것으로 이해된다. 그러나 순수정신과 원질(제일원인, 근본원질)이 일원론을 지탱하는 핵심적 원리로 적용되는 과정에서 상키야의 이원론은 왜곡될 수밖에 없었다. 여기서는 순수정신과 원질의 특성이 혼재된 자아를 '지고한 자아'로 불리는 절대 원리에 귀속시킨다. *Maitrī-upaniṣad*에서 상키야의 이원이 혼재된 하나의 양상을 양면으로 지적할 수 있다.

첫째, 상키야에서 미현현, '의지와 자기의식을 징표로 갖는 것'은 원질을 지칭

....

mokṣaḥ |
manasā hy eva paśyati, manasā śṛṇoti | kāmaḥ saṃkalpo vicikitsā śraddhāśraddhā dhṛtir adhṛtir hrīr dhīr bhīr ity etat sarvaṃ mana eva | MaiU 6.30. Radhakrishnan(1953) p. 839.

179 Cf. Radhakrishnan(1953) p. 840.

하지만, 이 우파니샤드에서는 이런 것이 순수정신에 부여된다.

둘째, 이 우파니샤드에서 순수정신을 지칭하는 개아(개개의 자아)와 '몸을 아는 자'가 고전 상키야에서 정의하는 원질의 특성까지 포괄한다.

결국 상키야의 이원이 이 우파니샤드에서는 '지고한 자아' 또는 '안팎의 자아'로 불리는 지배자의 일부일 뿐이다. 이 지배자는 내부와 외부를 관통하는 단일한 자아이기 때문에 이것의 일부인 순수정신도 경우에 따라서는 그것과 동일시될 수 있다. *Maitrī-upaniṣad*에서 자아를 일컫는 순수정신이 주로 개아를 설명하는 데 적용되면서도 '불사의 자아' 또는 조물주로까지 격상되는 이유가 여기에 있다.

4.4. 상키야의 범주론에 속한 원리들

이상으로 *Kaṭha, Śvetāśvatara, Maitrī*라는 세 우파니샤드를 먼저 소개한 것은 여기서 상키야 철학의 발육 상태가 가시적으로 드러난 대표적 사례를 발견할 수 있기 때문이다. 이제부터는 이 밖의 다른 우파니샤드들에서 발견할 수 있는 상키야의 교의적 형체들을 추출하여 소개한다. 이 교의적 형체들 중에서 중추를 이루는 것은 세계 구성의 범주론에 속하는 원리들이다.

4.4.1. 25원리의 전거

상키야 철학의 범주론과 관련하여 일찍이 쟁점으로 대두되었던 것은 다음과 같은 *Bṛhadāraṇyaka-upaniṣad*의 서술이다.

> 다섯의 다섯 무리[180]와 허공(=空)이 확립되어 있는 것, 바로 그것을 자아로

....

180 다음과 같은 샹카라의 주석에 의하면 여기서 말하는 '다섯 무리'는 숨, 눈, 귀, 음식, 마음을 가리킨다.

생각하고서 브라만은 불멸이라고 아는 나는 불멸한다.[181]

여기서는 '다섯의 다섯 무리'라고 언급하는 숫자가 관건이 된다. 그런데 상키야 학파와 대립하는 베단타 학파에서는 '다섯의 다섯 무리'가 상키야의 25원리를 일컫는 것으로 이해하여 이에 관한 논의를 전개했다. 이 논의의 발단이 되는 것은, 베단타 학파의 근본 문헌인 *Brahmasūtra*에서 "숫자를 총괄하기 때문일지라도 그렇지 않다. 왜냐하면 각각 다르게 존재하는 것이고 초과하기 때문이다."[182]라고 교시한 수트라(sūtra, 經)이다. 수트라는 극히 간결한 문체로 표현되어 있으므로, 여기에 생략된 서술을 고려할 때라야 그 의미가 온전히 파악될 수 있다. 주석자들의 해설을 참조하여 생략된 서술을 반영하면 그 수트라는 다음과 같이 이해된다.

> [BṛhU 4.4.17에서 말하는 '다섯의 다섯 무리'라는 말에 대해, 만약 반대자가 그 말은 상키야 학파에서 열거하는 원리의] 숫자를 총괄하기 때문[에 원질 따위의 원리는 성전에 의거한다고 말하는 것]일지라도 그렇지 않다. 왜냐하면 [25원리는] 각각 다르게 존재하[여 다섯 무리로 총괄할 수 없]는 것이고 [실재하는 것은 자아(아트만)나 허공을 포함하여 25라는 숫자를] 초과하기 때문이다.

....

"'다섯의 다섯 무리'라고 말하는 것으로 시작하는 [BṛhU 4.4.17의] 금언(金言)에서는 브라만의 본성을 정의하기 위해 숨 따위의 다섯을 지적한다. 즉 [다른 금언에서는] '숨의 숨, 그리고 눈의 눈, 또한 귀의 귀, 음식의 음식, 마음의 마음을 알았던 자들이 [태초의 브라만을 깨달았다.]'라고 말한다." ("yasmin pañca pañcajanāḥ" ity ata uttarasmin mantre brahma-svarūpa-nirūpaṇāya prāṇādayaḥ pañca nirdiṣṭāḥ "prāṇasya prāṇam uta cakṣuṣaś cakṣur uta śrotrasya śrotram annasyānnaṃ manaso ye mano viduḥ" iti | BSbh ad. BS 1.4.12. Shastri 1980:314, 6-7행)
한편 Deussen(1980:498)의 부연에 의하면, 샹카라를 저자로 내세우는 다른 주석에서는 건달바(Gandharva), 조상의 영혼, 신, 아수라(Asura), 나찰(Rākṣasa), 또는 4종의 카스트와 Niṣāda(아리안이 아닌 야만족)를 '다섯 무리'로 간주했다.

181 yasmin pañca pañca-janā ākāśaś ca pratiṣṭhitaḥ | tam eva manya ātmānaṃ vidvān brahmāmṛto 'mṛtam ‖ BṛhU 4.4.17. Radhakrishnan(1953) p. 277.

182 na saṃkhayopasaṃgrahād api nānābhāvād atirekāc ca ‖ BS 1.4.11. Shastri(1980) p. 309.

이와 같이 이해되는 수트라는 상키야의 주장에 대한 베단타의 인식을 반영한다. 즉, 상키야 학파는 25라는 숫자의 전거를 앞서 소개한 *Bṛhadāraṇyaka-upaniṣad*(4.4.17)에서 구함으로써 25원리의 범주론에 성전적 권위를 부여하지만, 베단타 학파에서는 이것을 인정하지 않는다. 베단타 학파의 거장인 샹카라는 이 수트라에 함축된 상키야 측의 관점을 다음과 같이 상술한다.

> 그와 같이 암양(ajā)의 찬가[183]가 반박되더라도 상키야는 다른 찬가를 통해 다시 다음과 같이 반박한다.
> "[BṛhU 4.4.17에서는] '다섯의 다섯 무리와 허공이 확립되어 있는 것, 바로 그것을 자아로 생각하고서 브라만은 불멸이라고 아는 나는 불멸한다.'라고 설한다. 이 찬가에서 '다섯의 다섯 무리'란 다섯의 숫자에 관해 다른 다섯의 숫자를 일컫는 것이다. 두 종류의 다섯이라는 말이 보이기 때문이다. 바로 이 '다섯의 다섯'(5×5)으로 이루어진 것은 25가 된다. 그리고 그와 같이 25라는 숫자로 한정할 수 있을 것으로 기대되는 바로 그만큼의 원리들을 상키야는 열거한다. 즉 [SK 3에서] '근본원질은 변형되지 않는 것이다. 마하트(=통각)를 비롯한 일곱은 원질(=원인)이자 [근본원질로부터] 변형된 것(=결과)들이다. 그러나 16으로 이루어진 것은 [근본원질로부터] 변형[된 것일 뿐]이다. 순수정신은 원질도 아니고 변형된 것도 아니다.'라고 설한다. 전승서(smṛti)에서 잘 알려진 이 25원리가 계시서(śruti)에서 잘 알려진 그 25라는 숫자와 합치하기 때문에, 제일원인(=근본원질) 따위들도 역시 바로 그 성전적 권위를 얻는다."[184]

....

183 이 @제4장 각주 40으로 인용한 ŚvetU 4.5 참조.

184 evaṃ parigṛhīte 'py ajāmantre punar anyasmān mantrāt sāṃkhyaḥ pratyavatiṣṭhate | "yasmin pañca pañcajanā ākāśaśca pratiṣṭhitaḥ | tam eva manya ātmānaṃ vidvān brahmāmṛto 'mṛtam"(BṛhU 4.4.17) iti | asmin mantre 'pañca pañcajanāḥ' iti pañcasaṃkhyāviṣayāparā pañcasaṃkhyā śrūyate pañcaśabda-dvaya-darśanāt | ta ete pañca-pañcakāḥ pañcaviṃśatiḥ saṃpadyante | tathā ca pañcaviṃśati-saṃkhyayā yāvantaḥ saṃkhyeyā ākāṅkṣyante tāvanty eva ca tattvāni sāṃkhyaiḥ saṃkhyāyante | "mūlaprakṛtir avikṛtir mahadādyāḥ prakṛti-vikṛtayaḥ sapta | ṣoḍaśakaś ca vikāro na prakṛtir na vikṛtiḥ puruṣaḥ"(SK 3) iti | tayā śruti-prasiddhayā pañcaviṃśati-saṃkhyayā teṣāṃ smṛti-prasiddhānāṃ pañcaviṃśati-tattvānām upasaṃgrahāt prāptaṃ punaḥ

이 같은 샹카라의 해설에 따르면, 상키야 학파는 『상키야송』의 제3송에서 제시한 25원리가 우파니샤드의 말씀(BṛhU 4.4.17)과 부합한다고 주장했다. 샹카라의 해설을 사실로 인정한다면, *Bṛhadāraṇyaka-upaniṣad*는 상키야의 25원리설을 이미 잉태하고 있었던 셈이 된다. 이 점에서는 이 우파니샤드에서 세계 창조가 개시되기 이전의 상태를 '미전개의 상태'로 생각한 관념[185]도 상키야의 원질 개념과 연관지을 수 있다. 상키야 철학에서는 전개(현현)된 세계의 근원을 미전개의 상태인 '미현현'으로 표현하기 때문이다. 상키야에서는 이 미현현(=미전개자)을 근본원질 또는 제일원인으로 부르면서 '원질'이라는 말로 통칭하기도 한다.

4.4.2. 이원 이외의 원리들

상키야의 25원리설의 전거를 *Bṛhadāraṇyaka-upaniṣad*에서 찾을 수 있다고 하더라도, 25원리의 낱낱을 이 우파니샤드에서 발견할 수는 없다. 25원리의 근간이 되는 두 원리(순수정신과 원질)는 이미 소개한 주요 우파니샤드에서 비교적 명료하게 언급되지만, 다른 여러 우파니샤드들에서는 25원리에 속하는 것들이 직접 언급되기보다는 대체 가능한 다른 개념으로 언급된다.

*Bṛhadāraṇyaka-upaniṣad*의 경우가 그렇듯이, 초기 우파니샤드의 산문에서는 원질(prakṛti)이라는 용어를 좀처럼 발견할 수 없다. 또한 통각(buddhi)은 상키야의 전변설에서 원질로부터 첫째로 전개되는 원리인데, 초기 우파니샤드들의 도처에서 언급되는 식별(vijñāna)이 부분적으로는 통각에 해당한다. 여기서 '부분적으로'라고 한정한 것은 고전 상키야에서 식별은 통각의 우세 기능인 순질(sattva)의 변형으로 간주되기 때문이다. 다음으로 아만(ahaṃkāra)은 상키야의 전

....

śrutimattvam eva pradhānādīnām | BSbh ad. BS 1.4.11. Shastri(1980) pp. 309-310.

185 "그때는 실로 이것(이 세계)이 미전개의 상태로 있었다. 그것이 바로 명색(名色)으로 분화되어 '그것은 [이러한] 이름(名)을 갖고 이러한 모양(色)을 갖는다'라고 말한다." BṛhU 1.4.7. @제2장 각주 201.

변설에서 원질로부터 전개되는 둘째 원리이지만, 우파니샤드에서 언급하는 아만이 바로 상키야의 원리를 지칭하는 것은 아니다. 그러나 *Chāndogya-upaniṣad*에서 다음과 같이 묘사하는 아만은 상키야의 아만 개념과 상당 부분 합치한다.

> 이제 아만에 대한 설명에서는 "참으로 나는 아래에 있고, 나는 위에 있으며, 나는 서쪽(뒤)에 있고, 나는 동쪽(앞)에 있고, 나는 남쪽(오른쪽)에 있고, 나는 북쪽(왼쪽)에 있으니, 참으로 나는 이 모든 것이다."라고 말한다.[186]

여기서는 모든 것을 '나는'이라고 자기 중심으로 생각하는 것을 아만의 특성으로 설명하고 있는데, 바로 이 같은 특성이 상키야에서 정의하는 아만 개념과 합치한다. 즉, 고전 상키야의 *Yuktidīpikā*에서는 오직 '나는'이라고 생각하는 것을 아만의 일반적 특성으로 설명한다.[187]

상키야의 전변설에서 아만으로 전개되는 나머지 원리들은 마음, 5지각기관, 5행위기관, 5미세요소, 5조대요소로 총 16원리이다. 이것들 중에서 5조대요소는 우파니샤드 이전부터 물질세계의 근본 요소로 일찍이 통용되었고, 나머지 것들은 분류하는 용어만 거의 사용하지 않을 뿐, 대부분이 우파니샤드의 도처에서 산발적으로 언급된다. 그 나머지 것들이 대거 언급되는 예를 *Bṛhadāraṇyaka-upaniṣad*에서 볼 수 있다.

> 그것(최고아)은 모든 물이 집합하는 대양과 같고, 모든 감촉이 집합하는 피

....

186 athāto 'haṃkārādeśa evāham evādhastād aham upariṣṭād ahaṃ paścād ahaṃ purastād ahaṃ dakṣiṇato 'ham uttarato 'ham evedaṃ sarvam iti ‖ ChU 7.25.1. Radhakrishnan(1953) p. 487.

187 그리고 교전에서 말한 것이 이와 같다. "실로 이 '위대한 자아'(=통각)로부터 변이성과 활력과 원소성(元素性)이라는 아만의 특성을 가진 세 자아(변이 아만, 염치 아만, 대초 아만)가 산출된다. 이것들의 '일반적인 특성'(보편)은 오직 '나는'이라고 [생각]하는 것이다. 그리고 [3]질들이 활동할 때, 다시 특별한 형태(특수성)가 [산출된다]." (tathā ca śāstram āha "etasmād dhi mahata ātmana ime traya ātmanaḥ sṛjyante vaikārika-taijasa-bhūtādayo 'haṅkāra-lakṣaṇāḥ । aham ity evaiṣāṃ sāmānya-lakṣaṇaṃ bhavati । guṇa-pravṛttau ca punar viśeṣa-lakṣaṇam" iti । YD ad. SK 24. Wezler & Motegi 1998:194, 12-14행)

> 부와 같고, 모든 향(香)이 집합하는 코와 같고, 모든 맛이 집합하는 혀와 같고, 모든 형색이 집합하는 눈과 같고, 모든 소리가 집합하는 귀와 같고, 모든 생각이 집합하는 마음과 같고, 모든 지혜가 집합하는 심장과 같고, 모든 행위가 집합하는 두 손과 같고, 모든 환희가 집합하는 생식기와 같고, 모든 배설물이 집합하는 항문과 같고, 모든 통로가 집합하는 두 발과 같고, 모든 베다(=지식)가 집합하는 말[言]과 같다.[188]

여기서는 신체의 기관과 그 대상의 관계를 '집합'이라는 말로 연결하여 열거하고 있다. 상키야에서는 이것들 중 피부, 코, 혀, 눈, 귀를 5지각기관으로 부르고 감촉(觸), 향(香), 맛[味], 형색(色), 소리(聲)를 5미세요소로 부르며, 손, 생식기, 항문, 발, 말(=성대)을 5행위기관으로 부른다. 이 같은 분류의 용어 중에서 미세요소(tanmātra)는 초기 우파니샤드들에서 거의 언급되지 않는다. 다만 *Kauṣītaki-brāhmaṇa-upaniṣad*에서 감각의 대상을 일컫는 용어로 구사되는 bhūtamātrā가 이와 유사한 용어인 것처럼 보인다. 그러나 이것이 구사되는 다음과 같은 서술로 보면, bhūtamātrā와 미세요소를 유사한 용어로 단정하기는 어렵다.

> 말[言]은 그것(지혜)으로부터 인출된 일부이고, 명칭은 그것(말)과 외적으로 상관하는 대상 요소(bhūtamātrā)[189]이다.
> 숨(=코)은 그것(지혜)으로부터 인출된 일부이고, 향은 그것(숨)과 외적으

....

188 sa yathā sarvāsām apāṃ samudra ekāyanam | evaṃ sarveṣāṃ sparśānāṃ tvag ekāyanam | evaṃ sarveṣāṃ gandhānāṃ nāsike ekāyanam | evaṃ sarveṣāṃ rasānāṃ jihvaikāyanam | evaṃ sarveṣāṃ rūpāṇāṃ cakṣur ekāyanam | evaṃ sarveṣaṃ śabdānāṃ śrotram ekāyanam | evaṃ sarveṣāṃ saṃkalpānāṃ mana ekāyanam | evaṃ sarvāsāṃ vidyānāṃ hṛdayam ekāyanam | evaṃ sarveṣāṃ karmaṇāṃ hastāv ekāyanam | evaṃ sarveṣām ānandānām upastha ekāyanam | evaṃ sarveṣāṃ visargāṇāṃ pāyur ekāyanam | evaṃ sarveṣām adhvanāṃ pādāv ekāyanam | evaṃ sarveṣāṃ vedānāṃ vāg ekāyanam || BṛhU 2.4.11. Radhakrishnan(1953) p. 199. 이 우파니샤드의 4.5.12에서는 이와 똑같은 내용이 반복된다.

189 여기서 bhūtamātrā는 대상이 되는 요소 또는 존재의 요소를 의미하는 용어로 이해된다. 이 용어를 Radhakrishnan(1953:779)은 '대상 요소'로, Deussen(1980:48)과 Hume(1931:324)은 '존재 요소'로, Müller(1879:296)는 간결하게 '대상'으로 번역했다.

로 상관하는 대상 요소이다.
눈은 그것(지혜)으로부터 인출된 일부이고, 형색은 그것(눈)과 외적으로 상관하는 대상 요소이다.
귀는 그것(지혜)으로부터 인출된 일부이고, 소리는 그것(귀)과 외적으로 상관하는 대상 요소이다.
혀는 그것(지혜)으로부터 인출된 일부이고, 음식의 맛은 그것(혀)과 외적으로 상관하는 대상 요소이다.
두 손은 그것(지혜)으로부터 인출된 일부이고, 행위는 그 둘(손)과 외적으로 상관하는 대상 요소이다.
신체는 그것(지혜)으로부터 인출된 일부이고, 고락은 그것(신체)과 외적으로 상관하는 대상 요소이다.
생식기는 그것(지혜)으로부터 인출된 일부이고, 환희나 쾌락이나 출산은 그것(생식기)과 외적으로 상관하는 대상 요소이다.
두 발은 그것(지혜)으로부터 인출된 일부이고, 보행은 그 둘(발)과 외적으로 상관하는 대상 요소이다.
마음은 그것(지혜)으로부터 인출된 일부이고, 생각이나 욕망은 그것(마음)과 외적으로 상관하는 대상 요소이다.[190]

여기서 bhūtamātrā(대상 요소)는 5행위기관을 비롯하여 신체와 마음의 대상까지 포함하면서도 5지각기관의 대상인 5미세요소(감촉, 향, 맛, 형색, 소리) 중

....

190 vāg evāsyā ekam aṅgam udūḷham, tasyai nāma parastāt prativihitā bhūtamātrā |
prāṇa evāsyā ekam aṅgam udūḷham, tasya gandhaḥ parastāt prativihitā bhūtamātrā |
cakṣur evāsyā ekam aṅgam udūḷham, tasya rūpaṃ parastāt prativihitā bhūtamātrā |
śrotram evāsyā ekam aṅgam udūḷham, tasya śabdaḥ parastāt prativihitā bhūtamātrā |
jihvaivāsyā ekam aṅgam udūḷham tasyā anna-rasaḥ parastāt prativihitā bhūtamātrā |
hastāv evāsyā ekam aṅgam udūḷham, tasyoḥ karma parastāt prativihitā bhūtamātrā |
śarīram evāsyā ekam aṅgam udūḷham, tasya sukha-duḥkhe parastāt prativihitā bhūtamātrā |
upastha evāsyā ekam aṅgam udūḷham, tasyānando ratiḥ prajātiḥ parastāt prativihitā bhūtamātrā |
pādāv evāsyā ekam aṅgam udūḷham, tasyor ityāḥ parastāt prativihitā bhūtamātrā |
mana evāsyā ekam aṅgam udūḷham, tasya dhīḥ kāmāḥ parastāt prativihitā bhūtamātrā ‖ KauṣU 3.5. Radhakrishnan(1953) pp. 778-9. 이 *Kauṣītaki-brāhmaṇa-upaniṣad*는 *Kauṣītaki-upaniṣad*로도 불린다.

에서는 감촉을 포함하지 않는다. 그러므로 bhūtamātrā가 심신의 대상들을 포괄적으로 망라하여 존재의 요소로 일컫는 용어라면, 미세요소는 그것들을 5지각기관의 대상만으로 한정한 전문어로 간주할 수 있다.

한편 *Praśna-upaniṣad*에서는 상키야의 25원리 중 순수정신과 원질을 제외한 나머지 23원리를 모두 다음과 같이 열거한다.

> 지(地)의 요소(mātra)와 지, 수(水)의 요소와 수, 화(火)의 요소와 화, 풍(風)의 요소와 풍, 공(空)의 요소와 공, 눈과 이것으로 볼 수 있는 것, 귀와 이것으로 들을 수 있는 것, 코와 이것으로 맡을 수 있는 것, 맛과 이것으로 맛볼 수 있는 것, 피부와 이것으로 감촉할 수 있는 것, 말과 이것으로 언급할 수 있는 것, 두 손과 이것으로 붙들 수 있는 것, 생식기와 이것으로 향락할 수 있는 것, 항문과 이것으로 배설할 수 있는 것, 두 발과 이것으로 다가갈 수 있는 것, 의식(=마음)과 이것으로 지각할 수 있는 것, 통각과 이것으로 이해할 수 있는 것, 아만과 이것으로 자만할 수 있는 것, 마음(사고력)과 이것으로 생각할 수 있는 것, 빛과 이것으로 비출 수 있는 것, 숨(생기)과 이것으로 지탱할 수 있는 것.[191]

여기서는 상키야의 25원리에 속하는 5조대요소, 5미세요소, 5지각기관, 5행위기관, 3종의 내적 기관을 모두 순차적으로 포함하면서 이 밖에 마음(사고력), 빛, 숨을 추가했다. 그리고 상키야의 25원리설에서는 미세요소를 일컫는 용도로만 사용하는 '요소'(mātra) 개념을 이 우파니샤드에서는 조대요소(地, 水, 火, 風, 空)의 형성 요소를 일컫는 용도로 사용한다.[192] 예컨대 '지(地)의 요소(mātra)

....

191 pṛthivī ca pṛthivīmātrā ca | āpaś cāpomātrā ca | tejaś ca tejomātrā ca | vāyuś ca vāyumātrā ca | ākāśaś cākāśamātrā ca | cakṣuś ca draṣṭavyaṃ ca | śrotraṃ ca śrotavyaṃ ca | ghrāṇaṃ ca ghrātavyaṃ ca | rasaś ca rasayitavyaṃ ca | tvak ca sparśayitavyaṃ ca | vāk ca vaktavyaṃ ca | hastau cādātavyaṃ ca | upasthaś cānandayitavyaṃ ca | pāyuś ca visarjayitavyaṃ ca | pādau ca gantavyaṃ ca | manaś ca mantavyaṃ ca | buddhiś ca boddhavyaṃ ca | ahaṅkāraś cāhaṅkartavyaṃ ca | cittaṃ ca cetayitavyaṃ ca | tejaś ca vidyotayitavyaṃ ca | prāṇaś ca vidhārayitavyaṃ ca || *Praśna-up.* 4.8. ibid. pp. 622-3.

192 이 용도는 특이하다. 우파니샤드에서는 주로 조대요소(mahābhūta)가 지(地), 수(水), 화(火), 풍(風),

와 지'라는 표현은 지(地)라는 물질을 형성하는 요소와 이 요소로 형성된 물질인 지(地)를 한 쌍으로 언급한 것이다. 그렇다면 지(地)라는 물질은 조대하고 이 물질의 요소는 미세하다고 말할 수 있으므로, 이 *Praśna-upaniṣad*에서 사용하는 요소(mātra) 개념은 상키야의 미세요소(tanmātra) 개념을 시사하는 것으로도 간주할 만하다. 이러한 관념은 5미세요소를 5조대요소의 직접적 원인으로 설정한 고전 상키야의 전변설(<표 2>)과도 합치한다. 이 점에서 고전 상키야는 미세요소와 조대요소의 구분이 모호했던 기존의 관념[193]을 인과관계로 구분하여, 원인이 되는 요소에만 '미세요소'라는 개념을 적용했을 것으로 이해할 수 있다.

*Praśna-upaniṣad*에서는 이처럼 상키야의 주요 원리들을 대거 망라하지만, 여기에는 상키야의 범주론과는 다른 관념도 추가되어 있다. 단적인 예로 주목할 만한 것이 위의 인용문 중 마지막 대목에서 언급한 마음(citta)이다. 여기서는 이것이 25원리에 속하는 의식(manas＝마음)과는 분리되어 있다. 요가 철학에서 핵심 주제로 취급하는 마음(citta)은 상키야에서 말하는 3종의 내적 기관(통각, 아만, 의식)을 모두 포용한다.[194] 이 점을 고려하면, 이 우파니샤드에서 마음을 별도로 열거한 것은 요가를 상키야에 아우르는 인식의 소산일 수 있다.

이 우파니샤드에서 추가한 빛(tejas)과 숨(prāṇa)의 경우도 상키야와의 연관성은 찾을 수 있다. 빛의 기능인 비춤(조명)은 인간의 내면에서 작용할 때 지성을 활성화한다. 고전 상키야에서는 이러한 기능을 3질 중의 순질에 부여하여, 비춤을 순질의 고유한 기능으로 명시한다.[195] 다음으로 생명을 유지시키는 5풍(風)의 첫째로 열거되는 숨은 『상키야송』을 비롯한 상키야－요가의 문헌들에서 예

....

공(空)을 일컫는 용어로 사용되기 때문이다. 일례로 *Aitareya-upaniṣad*는 "이 5조대요소는 지(地), 풍(風), 공(空), 수(水), 화(火)이다."(imāni ca pañca mahābhūtāni pṛthivī vāyur ākāśa āpo jyotīṃṣīti | 3.3. ibid. p. 523)라고 명시한다.

193 @제1장 각주 86 참조.

194 @제2장 각주 236의 해당 본문 참조.

195 "순질은 가벼움이요 비춤이고…" (sattvaṃ laghu prakāśakaṃ … | SK 13)

외 없이 중시된다.[196]

이제까지 거론한 주요 우파니샤드들의 사례들은 상키야 철학의 교의 형성과 깊은 연관이 있을 것으로 추정되는 것들일 뿐, 상키야가 이미 별개의 학설로서 존재했음을 입증하는 단서로 간주되지는 않는다. 상키야의 이원론적 사조가 우파니샤드의 울타리 안에서 발동하고 있었을지라도, 그것은 베단타의 일원론으로 일관하는 우파니샤드의 전반적 기조에 종속될 수밖에 없었다. 그럼에도 불구하고 이러한 사실은 상키야가 우파니샤드에서 성장하고 있었다는 증거가 된다.

그러나 비교적 후기에 성립된 우파니샤드일수록 상키야를 별개의 학설로 인지하고 있었던 것은 분명한 듯하다. 그런데 이러한 우파니샤드일수록 여기서는 상키야의 이원론을 부정하거나 일원론의 아류로 왜곡하려는 의도가 더욱 역력함을 감지할 수 있다.

4.5. 우파니샤드에서 상키야의 위상

4.5.1. 우파니샤드의 상키야 인식

중요도가 비교적 낮은 이류의 우파니샤드들 중에서 흔히 *Cūlikā-upaniṣad*로 불리는 *Mantrika-upaniṣad*는 상키야의 옛 형체와 요가의 유신론을 취급하는 우파니샤드로 알려졌다.[197] 그런 만큼 이 우파니샤드에서는 다음과 같이 상키야

....

196 "기관들(5지각기관과 5행위기관)에 공통하는 활동은 숨(생기) 따위의 5풍이다." (sāmānya-karaṇa-vṛttiḥ prāṇādyā vāyavaḥ pañca ‖ SK 29)
"숨 따위를 특징으로 갖는 모든 감관들의 활동이 생명력이다." (samastendriya-vṛttiḥ prāṇādi-lakṣanā jīvanam | YBh 3.39)
*Tattvasamāsasūtra*에서 언급하는 5풍은 이 @제4장 각주 146 참조.

197 Deussen(1980:677)은 이 우파니샤드를 'Cūlikā'라는 명칭으로 번역하면서, 주석에 의해 '기둥의 꼭대기'로 해석되는 이 명칭에 큰 의미를 부여한다. 그의 설명에 따르면 기둥은 상키야 철학이고 그 꼭대기는 요가의 유신론이며, 이 우파니샤드의 저자는 상키야 철학을 목적으로 삼는다. 다만 그 저자가 바탕에 깔고 있는 상키야의 교의는 『상키야송』의 고전 상키야와는 확실히 다르며, *Maitrī-upaniṣad* 5에서 볼 수 있는 것과 같은 옛 형체이다. 한편 Eliade(1969:127)는 이 같은 Deussen 등의 견해

를 다양한 학설 중의 하나로 인정한다.

> 어떤 이들은 그것(위대한 자재신)을 스물 여섯째라고 말하고, 다른 이들은 스물 일곱째라고도 말한다. *Atharvaveda*에 정통한 자들은 [그것이] 상키야에서 말하는 속성 없는 순수정신이라고 안다.[198] [상키야에서는] 그 현현과 미현현만 헤아리면 24가 된다. [이처럼 어떤 이들은] 이원이 아닌 그것을 이원으로, 심지어는 세 부분으로 또는 다섯 부분으로 이루어진다고 주장했다.[199]

....

를 참조하여 "*Cūlikā-upaniṣad*는 짐작건대 *Maitrī-upaniṣad*와 같은 시대에 작성된 듯하며, 여기에는 유신론의 요가가 가장 단순한 형태로 드러나 있다."라고 지적했다.

198 이 구절에서 '*Atharvaveda*'는 '*Atharvaveda*의 우파니샤드'로 번역할 수도 있는데, 이 경우에는 *Atharvaśira-upaniṣad*를 가리킨다. 이 구절에 대한 기존의 번역은 부분적으로 필자의 번역과는 불일치한다. 이는 대본으로 채택한 원전의 차이에서 기인한 것일 수도 있다. 만약 원문이 동일하다면 'atharvaśiras'가 해석의 관건이다. 福島 直四郎(1980:251)의 번역을 따르면 이 구절은 "상키야는 그것이 속성 없는 순수정신이라고, *Atharvaveda*는 머리라고 안다."라고 이해된다. Deussen(1980:681)은 이 경우의 '*Atharvaveda*'를 'Atharvan들'로 해석하여, "Atharvan들은 머리라고 안다."라고 번역했다. 여기서 채택한 원문과 문법적으로는 잘 들어맞지 않는 이 같은 해석은 *Atharvaveda*의 시구(10.2.27)를 참고한 것인데, 이것이 *Atharvaśira-upaniṣad*에서 다음과 같이 그대로 인용되어 있다. 다만 브라만에 대한 지혜를 교시하는 이 우파니샤드에서는 이 시구를 풍신(風神)인 Rudra에 대한 찬가로 인용한다.

"실로 그 Atharvan의 머리는 신성한 그릇으로 잘 보관되고, 숨(생기)과 더불어 음식과 의식이 그 머리를 보호한다. [=AV 10.2.27] … 천 개의 다리를 갖지만 머리는 하나인 바로 그(Rudra)가 편재하여 이 세계를 맴돈다." (tad vā atharvaṇaḥ śiro devakośaḥ samubjitaḥ | tat prāṇo 'bhirakṣati śiro 'nnam atho manaḥ | [=AV 10.2.27] … sahasrapād ekam ūrdhā vyāptaṃ sa evedam āvarīvarti bhūtam | *Atharvaśira-up*. 6. 『120 Up』, p. 174, 11-15행) *Atharvaveda*를 번역한 Chand(1982:434)가 Atharvan을 '요가 행자'(yogi)로 해석한 것은 요가의 유구한 전통을 이해하는 데 참고할 만하다.

그런데 *Atharvaśira-upaniṣad*에서 'atharvaśiras'에 관한 해석의 전거를 찾자면, 다음과 같은 대목도 주목해야 할 것이다.

"이 Atharvaśira [우파니샤드]를 학습한 바라문은 베다에 정통하지 않은 채 정통한 자가 되고, 입문하지 않은 채 입문자가 된다. 그는 Agni(火) 신에 의해 정화되고, Vāyu(風) 신에 의해 정화되고, Sūrya(日) 신에 의해 정화되고, Soma(月) 신에 의해 정화되고, 진리에 의해 정화되고, 모든 것에 의해 정화되고 … " (ya idam atharvaśiro brāhmaṇo 'dhīte aśrotriyaḥ śrotriyo bhavati, anupanīta upanīto bhavati, so 'gnipūto bhavati, sa vāyupūto bhavati, sa sūryapūto bhavati, sa somapūto bhavati, sa satyapūto bhavati, sa sarvapūto bhavati … || *Atharvaśira-up*. 7. 『120 Up』, p. 174, 22행 이하)

199 taṃ ṣaḍviṃśaka ity ete saptaviṃśaṃ tathā pare | puruṣaṃ nirguṇaṃ sāṃkhyam atharvaśiraso viduḥ || caturviṃśatisaṃkhyā taṃ vyaktam avyaktam eva ca | advaitaṃ dvaitam ity āhus tridhā taṃ pañcadhā tathā || *Mantrika-up*. 14-15. 『120 Up』, p. 252.

여기서 언급하는 상키야는 순수정신을 '속성이 없는 것'으로 간주하고, 현현과 미현현을 포함하여 24원리를 주창한다. 이러한 상키야는 25원리를 1 대 24로 양분하는 고전 상키야의 범주론과도 부합한다. 그러나 이 우파니샤드가 이처럼 상키야를 거명하면서 그 존재를 공언하는 것과 상키야의 교의를 곧이곧대로 전달하는 것은 전혀 별개의 문제이다. 이 우파니샤드 역시 최종의 귀의처는 브라만임을 강조하는 것으로 끝을 맺고 있기 때문이다.[200] 경우가 이럴진대, '상키야'의 거명 여부를 불문하고 상키야의 교의를 시사하는 다른 우파니샤드들의 진술에는 일종의 왜곡이 있을 것으로 전제하지 않을 수 없다.

이제까지 소개하지 않은 이류의 우파니샤드들 중에 상키야의 교의를 시사하는 사례는 결코 적지 않다. 이런 사례들에서 상키야의 교의를 시사하는 것으로 간주할 수 있는 단서는 고전 상키야에서 정립된 원리들의 개념과 숫자, 3질의 개념 등을 열거하거나 구사하는 것이다. 먼저 사소한 예를 들면, *Jāvāla-upaniṣad*에서는 순질과 동질과 암질을 언명하는데, 이것들을 '3질'로 부르지 않고 '3요소'로 부른다.[201] *Garbha-upaniṣad*에서는 상키야의 24원리에 해당하는 것들을 다음과 같이 집약적으로 언급한다.

> 그 하나의 음절[인 옴(Om)]을 [순수정신으로] 알고 나서 8원질들과 16변이들이 바로 그 [순수]정신의 신체에 있다고 안다.[202]

여기서 말하는 "8원질들과 16변이들"은 상키야에서 순수정신을 제외한 24

200 이 우파니샤드는 다음과 같은 서술로 종료된다. "브라만은 브라만이라고 이제 그와 같이 알게 된 바라문들은 바로 그때 안식처로 사라져 미현현(=브라만)으로 충만된다. 그들은 사라져 미현현으로 충만되니, 이것이 비밀의 교의이다." (brahma brahmety athāyānti ye vidur brāhmaṇās tathā | atraiva te layaṃ yānti līnāś cāvyaktaśālinaḥ līnāś cāvyaktaśālina ity upaniṣat || ibid. 20. 『120 Up』, p. 252)

201 "순질, 동질, 암질이 바로 세 가지 요소(dhātu)이다." (trayo dhātavo yad uta sattvaṃ rajas tama iti | *Jāvāla-up*. 4. Radhakrishnan 1953:896)

202 tad ekākṣaraṃ jñātvāṣṭau prakṛtayaḥ ṣoḍaśa vikārāḥ śarīre tasyaiva dehinaḥ || *Garbha-up*. 3. 『120 Up』, p. 150, 6-8행.

원리를 지칭하며, 이는 이미 *Caraka-saṃhitā*와 『마하바라타』에서도 언급되었다.[203] 그러나 이 *Garbha-upaniṣad*는 원질을 비롯한 모든 원리들이 순수정신의 신체를 형성하는 것처럼 가르침으로써 이원론을 거부한다. 더욱이 여기서는 성스러운 신비의 진언(眞言)인 Om이 곧 순수정신(자아)이라는 인식을 드러내는데, 다음과 같은 *Nṛsiṃhottara-tāpanīya-upaniṣad*의 교설에 의하면 Om은 브라만이자 아트만(자아)인 범아일여의 최고아를 상징한다.

> 그대들은 이 자아(아트만)를 보고 있는 것이 아니므로 그것을 옴(Om)이라고 알아야 한다. 자아는 오직 브라만이라는 것이야말로 진실이다. 브라만이 오직 자아라는 것을 실로 이 세상에서 결코 의심해서는 안 된다. 그래서 현자들이야말로 '옴'은 진실이라고 이것을 다음과 같이 안다.
>
> 실로 이것은 소리도 없고, 감촉도 없고, 형색도 없고, 맛도 없고, 향도 없으며, 이것을 볼 수도 잡을 수도 없고, 이것에 도달할 수도 없고, 이것을 배설할 수도 향락할 수도 없으며, 이것은 [의식(=마음)으로] 지각할 수 있는 것도 아니고, [통각으로] 이해할 수 있는 것도 아니고, [아만으로] 자만할 수 있는 것도 아니고, [마음(사고력)으로] 생각할 수 있는 것도 아니며, [5풍인] 생기(prāṇa)와 하기(apāna)와 매기(vyāna)와 상기(udāna)와 등기(samāna)가 작용할 수 있는 것도 아니며, 감관도 없고, 대상도 없고, [행위]기관도 없으며, 징표도 없고, 집착도 없고, 속성도 없고, 변형도 없고, 명칭도 없으며, [3질인] 순질과 동질과 암질도 없고, 환술도 없으니, 이것은 오직 우파니샤드에서 교시한 것으로서 찬란한 빛을 뿜으며 불쑥 출현하고, 이후로는 다시 이 모든 것으로부터 찬란한 빛을 뿜는 '단독의 것'(최고아인 브라만)이다.
>
> 그대들은 내(자아)가 그것(브라만)이요 그것(브라만)이 나(자아)라고 알아야 할 것이니라.[204]

....

203 CS, Śārīra-sthāna 1.63(@제1장 각주 82) ; 이 @제4장 각주 34 참조.

204 tad etad ātmānam om ity apaśyantaḥ paśyata tad etat satyam ātmā brahmaiva brahmātmaivātra hy eva na vicikitsyam ity oṃ satyaṃ tad etat paṇḍtā eva paśyanty
etad dhy aśabdam asparśam arūpam arasam agandham avyaktam anādātavyam agantavyam avisarjayitavyam

여기서는 진실에 관한 기존의 관념을 낱낱이 부정하는 것으로 범아일여의 진실을 함의한 것이 바로 Om이라고 역설한다. 그런데 여기서 낱낱이 부정하는 기존의 관념은 대부분 상키야를 겨냥한 것으로 보인다. 특히 *Praśna-upaniṣad*에서 열거한 상키야의 원리들[205]이 여기서는 모두 부정된다. 이와 같은 부정이 상키야에서는 순수정신에 적용되지만, 이 우파니샤드에서는 범아일여인 Om에 적용된다.

결국 이 우파니샤드에서는 상키야의 원질에 속하는 모든 것을 부정하고, 상키야의 순수정신을 자아와 동일시되는 브라만으로 대체하여 범아일여에 귀속시켜 버린다. 단적인 예를 들면, 상키야에서는 순수정신을 '3질이 없는 것'으로 정의하는데, 여기서는 '3질이 없는 것'을 Om이라는 진실(범아일여)로 간주한다. 이로써 상키야의 교의는 Om으로 상징되는 일원론의 일환일 뿐이라는 인식을 조장한다. 이 때문에 상키야는 왜곡될 수밖에 없다. 이 같은 왜곡에 대한 상키야 측의 대응은 『요가경』에서 엿볼 수 있다. 『요가경』의 제1장에서는 일련의 경문으로 Om에 대한 해석을 달리하여, Om의 의미에 대한 명상을 통해 지성을 획득하라고 교시하는데, 여기서 말하는 지성은 순수정신을 이해하는 능력이다.[206]

....

anānandayitavyam amantavyam aboddhavyam anahaṃkartavyam acetayitavyam aprāṇayitavyam anapānayitavyam avyānayitavyam anudānayitavyam asamānavitavyam anindriyam aviṣayam akaraṇam alakṣaṇam asaṅgam aguṇam avikriyam avyapadeśyam asattvam arajaskam atamaskam amāyam apy aupaniṣadam eva suvibhātaṃ sakṛdvibhātaṃ punar ato 'smāt sarvasmāt suvibhātam advayaṃ paśyatāhaṃ sa so 'ham iti | NṛsU 9. 『120 Up』, p. 236, 3-9행.

205 바로 앞 절(@제4장 각주 191)에서 소개한 *Praśna-up.* 4.8.

206 YS 1.24-29. @제2장 각주 211과 이에 관한 본문 참조. 『요가주』에서는 'Om의 의미에 대한 명상'을 다음과 같이 해설한다. 정승석(2020) pp. 63-64.

YBh 1.28: [요기에게는] 옴(Om)의 음송과 '옴'이라고 불려야 할 자재신에 대한 명상이 [필요하다.] 그렇게 '옴'을 음송하고 '옴'의 의미를 성찰하고 있음으로써 이 요기의 마음은 집중으로 향하게 된다. 다음과 같이 말한 것이 그와 같다. "자신에 대한 공부를 통해 요가를 지속해야 하며, 요가를 통해 자신에 대한 공부를 지속해야 한다. 자신에 대한 공부와 요가의 완성에 의해 최상의 자아는 빛을 발한다." 그러면 그에는 무엇이 있는가?

YBh 1.29: 질병 따위인 장애들은 있는 그만큼 자재신에 대한 명상을 통해 없게 되며, [자재신을 명상하는] 그(요기)는 자신을 관찰하기도 한다. 자재신은 청정하고 밝고 독존하고 재앙이 없는 바로 그 순수정신인 것처럼, 그도 통각의 의식자가 곧 순수정신이라고 그와 같이 이해한다.

『요가경』(YS 1.27)에서도 Om은 자재신을 표시하는 소리라고 교시한다. 이러한 교시는 인도의 고전에서 예부터 Om을 신성한 진언으로 신봉했던 통념의 반영일 것이다. 그렇다고 해서 Om을 일원론의 표상으로 적용하는 우파니샤드의 통념이 상키야 측에서도 수용된 것은 아니다. 고전 상키야 및 요가에서 원질과 융합한다거나 원질로 몰입한다는 것은 해탈과 유사한 경지에 들어선다는 이원론 특유의 개념이다. 그런데 다음과 같은 *Mahānārāyaṇa-upaniṣad*에 의하면, 이 개념은 Om에 통달한 자와 자재신에게 적용된다. 더욱이 이 우파니샤드는 원질과 융합한다는 것이 베단타의 교의이자 요가를 통해 가능한 것임을 먼저 시사하는 것으로, 그 개념을 일원론에 종속시킨다.

> 베단타(우파니샤드)의 교의를 정확하게 판단하는 자들, 금욕의 요가를 통해 절제하는 자들, 순수한 품성을 지닌 자들, 이들 모두는 죽음을 초월한 자들로서 최종의 시기에 브라만의 세계들 속으로 해탈한다.[207]
>
> 베다의 시작과 베다의 끝(우파니샤드=베단타)에서 선언된 [신성한] 소리(=Om)에 통달한 자가 원질과 융합할 때, 지고한 그가 바로 위대한 자재신이다.[208]

그러나 정작 요가 철학에서는 '원질과 융합하는 자'(='원질로 몰입하는 자')와 자재신을 확연하게 구분한다. 속박이 없는 자재신은 항상 해탈해 있기 때문에 그런 융합이나 몰입이 필요하지 않기 때문이다. 요가 철학에서 '원질과 융합하는 자'란 원질을 자아(순수정신)로 믿고 원질에 대한 명상에 전념하는 자들이다. 이들은 원질로 몰입하여 해탈과 유사한 경지를 경험하지만, 이전의 업력으

....

207 vedānta-vijñāna-suniścitārthāḥ sannyāsa-yogād yatayaḥ śuddha-sattvāḥ | te brahmalokeṣu parāntakāle parāmṛtāḥ parimucyanti sarve || *Mahānārāyaṇa-up*. 10.6. Jacob(1888) pp. 10-11.

208 yo vedādau svaraḥ prokto vedānte ca pratiṣṭhitaḥ | tasya prakṛti-līnasya yaḥ paraḥ sa maheśvaraḥ || ibid. 10.8. Jacob(1888) p. 11.

로 인해 다시 윤회하거나 속박당할 가능성이 있다.[209] 그러므로 이들이 경험하는 것은 불완전한 해탈이다. 이처럼 상키야-요가에서 말하는 원질과의 융합 또는 원질로의 몰입은 원질을 순수정신과는 차별하는 이원론에 입각해 있다. 그러나 이것이 우파니샤드에서는 원질도 브라만의 양상으로 간주하거나 자재신과 동일시하는 일원론에 입각해 있다.

이제까지 소개한 내용들만으로도 요가를 포함한 상키야 철학은 우파니샤드에서 성장하고 있었다는 것을 확인할 수 있다. 이 사실을 뒤집어 말하면, 고전 상키야는 우파니샤드에서 차용한 교설들로 교의의 전체는 아닐지라도 그 일부를 정립했다. 우파니샤드를 자파의 전유물로 간주하는 베단파 학파에서는 상키야의 교의가 우파니샤드에 근거한다는 것을 전적으로 부정하지만,[210] 이는 그럴 수도 있다는 사실을 역설적으로 시사한다. 예컨대 앞서 소개했던 것처럼 *Brahmasūtra*에서는 상키야를 지목하여 비판하고, 이에 관해 샹카라는 상키야 측

....

209 Cf. Chakravarti(1975) p. 34. 『요가주』에서는 이에 관해 다음과 같이 설명한다. 정승석(2020) pp. 55, 59.
YBh 1.19: 원질과 융합하는 자들은, 임무를 지닌 의식이 원질로 몰입해 갈 때, 임무의 힘으로 인해 마음이 다시 윤회하지 않는 한, 마치 독존의 단계와 같은 것을 경험한다.
YBh 1.24: 그런데 독존에 도달한 많은 독존자들이 있으며, 그들은 실로 세 가지 속박을 끊고서 독존에 도달한 자들이다. 그러나 자재신에게는 그 속박이 있지도 않았으며, 있지도 않을 것이다. 예를 들면 해탈한 자에게는 이전에 속박의 치성함이 있었음이 알려지지만, 자재신의 경우에는 그렇지 않은 것과 같다. 또 예를 들면 원질로 몰입하는 자에게는 이후에 속박의 치성함이 있을 수 있지만, 자재신의 경우에는 그렇지 않은 것과 같다. 그리고 그(자재신)는 항상 해탈해 있고, 항상 자재하다.

210 *Brahmasūtra*에서는 상키야의 교의를 형성하는 주요 개념들이 우파니샤드에서 유래한다는 주장을 배격한다. 몇 가지 예를 들면 다음과 같다.
BS 1.1.5: [브라만이 우주의 원인이라는 것을 우파니샤드에서] 보기 때문에, [상키야에서 주장하는 제일원인(pradhāna)은 세계의 원인이] 아니고 [우파니샤드의] 말씀이 아니다. (īkṣater nāśabdam ‖)
이에 대한 샹카라의 해설은 다음과 같이 시작된다. "지성이 없는 제일원인(=원질)이 우주의 원인이라는 것은 상키야에서 생각해 낸 것일 뿐, 베단타(=우파니샤드)에서는 근거를 찾을 수 없다." (na sāṃkhya-parikalpitam acetanaṃ pradhānaṃ jagataḥ kāraṇaṃ śakyaṃ vedānteṣv āśrayitum | BSbh 1.1.5. Shastri 1980:102)
BS 1.4.5: [우파니샤드에서는 미현현(avyakta)을 언급하는 것으로 상키야의 제일원인을] 말하고 있다고 한다면, 그렇지 않다. 왜냐하면 맥락으로 보아 예지를 가진 것(최고아)[이 주제]이기 때문이다. (vadatīti cen na prājño hi prakaraṇāt |)
BS 1.4.7: 또한 [우파니샤드에서 말하는 미현현이 상키야의 미현현을 의미하지 않는다는 것은] 마하트(통각)의 경우도 마찬가지이다. (mahadvac ca ‖)

이 *Bṛhadāraṇyaka-upaniṣad*의 교설에 의거하여 25원리를 주장한 것으로 설명한다.[211] 샹카라는 이와 같은 상키야 측의 관점에 대한 베단타 측의 비판을 단적으로 다음과 같이 대변한다.

> 상키야 따위는 자신의 주장을 내세우기 위해, 베단타(=우파니샤드)의 말씀들도 인용하여 오로지 자신의 주장과 동질의 것으로 꿰어 맞추어 해설한다. 그들의 해석은 사이비 해석이고 올바른 해석이 아니라는 것은 이제까지 먼저 지적한 바 있다.[212]

이러한 베단타 측의 비판에 비추어 보면, 상키야 측은 자파의 교의도 우파니샤드에 뿌리를 두고 있다고 주장했던 것으로 이해된다. 그러나 상키야가 이원론으로 독자적 노선을 표방하는 한, 상키야는 우파니샤드의 방계일 수는 있어도 직계일 수는 없다. 우파니샤드의 관심사는 범아일여의 일원론으로 일관하는 반면, 상키야는 이원론을 지향하여 범아일여와는 다른 차원의 자아를 순수정신으로 상정했기 때문이다. 이 점에서 이원론의 상키야는 일원론의 우파니샤드로부터 일탈했다.

4.5.2. 일원론적 상키야의 저변

우파니샤드의 범아일여 사상에서 브라만은 모든 것에 균일하게 내재할 수 있는 보편적 자아로서 유일한 범우주적 실체이다. 그러나 『상키야송』에 의한 고전 상키야에서 상정한 순수정신(puruṣa)은 개인들에게 각각 내재하는 다수의 개별적 자아이다. 자아 관념에서 유일의 보편성을 거부하고 다수의 개별성을

211 이 @제4장 각주 182, 184 참조.

212 sāṃkhyādayaḥ svapakṣa-sthāpanāya vedānta-vākyāny apy udāhṛtya svapakṣānuguṇyenaiva yojayanto vyācakṣate, teṣāṃ yad vyākhyānaṃ tad vyākhyanābhāsaṃ na samyag-vyakhyānam ity etāvat pūrvaṃ kṛtam | BSbh 2.2.1. Shastri(1980) p. 413, 5-7행.

옹호한 것은 우파니샤드의 기조로부터 일탈한 상키야의 노선을 형성한다. 그러나 우파니샤드에서는 이 일탈의 시점 또는 분기점이 확연하게 드러나지는 않는다. 앞에서(4.1.2) 검토해 보았듯이 『상키야송』 이전의 상키야에서는 브라만을 부정하지 않았으며, 우파니샤드에서도 순수정신은 브라만을 전제하고서 거론된다. 그러므로 우파니샤드에서 시사하는 상키야는 대부분이 일원론적 상키야로 불려야 할 것이다. 일원론적 상키야란 유신 상키야와 상통한다.

일원론적 상키야에서는 브라만이 순수정신을 대변한다. 상키야 학파의 계보에서 Pañcaśikha는 유신론의 상키야를 무신론으로 선도했을 것으로 추정되지만,[213] 『마하바라타』에서 그가 설파하는 해탈은 우파니샤드의 범아일여와 다를 바 없는 것으로 이해된다. 그는 먼저 '몸을 아는 자'에 관해 다음과 같이 설명한다.[214]

> 자아에 관해 성찰한 자들은 이 집합체가 몸이라고 말했다. 마음에 안주하여 존속하는 자, 그가 바로 '몸을 아는 자'로 불린다. (40)
> 그렇다면, 파멸하거나 영속하는 것은 무엇이며 어떻게 그럴 수 있는가? 순환하는 모든 존재들 속에는 저절로 발동하는 원인이 있기 때문이다. (41)

여기서 Pañcaśikha는 '몸을 아는 자'가 바로 자아라고 전제하고 나서, 그러한 자아가 원인으로 발동하기 때문에 모든 존재들이 순환할 수 있다고 가르친다. 그런데 이러한 교설에는 상키야의 순수정신과 우파니샤드의 브라만이 뒤섞여 있는 것처럼 보인다. 상키야의 관점으로 말하면 '몸을 아는 자'란 순수정신을 가

....

213 Dasgupta(1922:221)의 가정에 의하면 Pañcaśikha는 상키야의 무신론적 단계를 대표하는 인물이다. @제2장 각주 189. 그러나 田村庄司(1961:121-2)에 의하면 Pañcaśikha의 교설은 다분히 유신론의 경향을 띤 상키야로 간주된다.

214 Mbh 2.219=212.40-41. Dutt(2004.VIII) p. 133.
etad āhuḥ samāhāraṃ kṣetram adhyātma-cintakāḥ | sthito manasi yo bhāvaḥ sa vai kṣetrajña ucyate || 40 ||
evaṃ sati ka ucchedaḥ śāśvato vā kathaṃ bhavet | svabhāvād vartamāneṣu sarva-bhūteṣu hetutaḥ || 41 ||

리키고, 우파니샤드의 관점으로 말하면 '모든 존재들 속에는 저절로 발동하는 원인'이란 브라만을 가리키기 때문이다. Pañcaśikha는 이에 연이어 다음과 같이 설명한다.[215]

> 마치 바다로 흘러간 강들처럼 현현된 것은 이름을 상실하고, 그 강들이 소멸하는 것과 마찬가지로 중생은 소멸한다. (42)
> 그렇다면, 그리고 다른 어떤 것과 합체하는 영혼이 어디에서나 인정되지 않는다면, 의식은 내생에서 어떻게 재생할 수 있겠는가?[216] (43)
> 그러나 이것(의식)을 해탈 중의 통각으로 알고서 [여전히] 자아를 추구하는 신중한 자는, 마치 물방울이 떨어진 연꽃의 이파리처럼, 바람직하지 않은 업보들로 오염되지 않는다. (44)

위의 첫 구절에서 바다는 최고아인 브라만, 강은 개아를 비유한 것으로 쉽게 이해할 수 있다. 그러므로 다음 구절에서 말하는 '다른 어떤 것과 합체하는 영혼'은 브라만을 가리키고, '의식'은 개아를 가리킬 것이다. 그런데 셋째 구절에서는 '의식'은 통각(buddhi)일 뿐이므로 자아를 추구하라고 역설한다. Pañcaśikha는 바로 이 구절로 상키야 특유의 관념을 일부 드러내므로, 여기서 말하는 '자아'란 순수정신을 일컫는 것으로 이해할 수 있다. 그러나 이에 선행하는 맥락에 의해 이

....

215 Mbh 12.219=212.42-44. ibid.
yathārṇavagatā nadyo vyaktīr jahati nāma ca | nadyaś ca tā niyacchanti tādṛśaḥ sattva-saṃkṣayaḥ || 42 ||
evaṃ sati kutaḥ saṃjñā pretyabhāve punar bhavet | pratisammiśrite jīve 'gṛhyamāṇe ca sarvataḥ || 43 ||
imāṃ ca yo veda vimokṣabuddhim ātmānam anvicchati cāpramattaḥ | na lipyate karmaphalair aniṣṭaiḥ patraṃ bisasyeva jalena siktam || 44 ||

216 Dutt(2004.VIII:133)는 이 구절을 다음과 같이 의역했다.
"마찬가지로 속성들을 특징으로 갖는 개별적 영혼이 보편적 영혼에 수용되어 그것의 모든 속성이 사라질 때, 어떻게 그것이 다르게 언급될 수 있겠는가?"
여기에는 그의 과도한 해석이 개입된 것으로 보인다. 그러나 원문의 '다른 어떤 것과 합체하는 영혼'을 '보편적 영혼'(=브라만)으로, '의식'을 '개별적 영혼'(=개아)으로 해석한 것은, 이 대목을 범아일여의 해탈관이 반영된 것으로 해석하는 Chakravarti(다음 각주 217)의 견해와 일치한다.

'자아'는 브라만으로 간주될 수밖에 없다. 결국 이 같은 Pañcaśikha의 교설에서 브라만은 순수정신을 대변하며, 해탈은 개아와 보편적 영혼(브라만)의 합일이다.[217]

이와 같이 『마하바라타』에 소개된 Pañcaśikha의 해탈 개념을 준거로 삼을 경우, 『상키야송』 이전의 상키야가 브라만을 보편적 자아로 확신하는 우파니샤드의 기조에 편승한 상태로 있었던 것은 부정하기 어렵다. 혹은 브라만에 관한 교의를 도입한 상키야의 일파가 있었을 수도 있다. 이렇게 추정할 수 있는 단서로 먼저 떠오를 만한 두 가지 사례가 있다. 하나는 앞서 소개한 『마하바라타』에서 카필라의 최초 제자인 Āsuri가 유일한 불멸의 브라만이 다양한 형상으로 현현한다고 인정한 것이다. 다른 하나는 상키야를 최초로 체계화한 문헌으로 간주되고 Pañcaśikha의 작품일 수도 있는 육십과론에서 브라만을 첫째 주제, 순수정신을 둘째 주제로 열거한 것이다.[218]

이러한 단서들은 우파니샤드에서 상키야의 위상을 가늠하는 데도 적용될 수 있다. 먼저 Āsuri의 인정은 브라만을 보편적 자아로 확신하는 것과 같은 맥락일 것으로 이해된다. 그러므로 상키야의 계승자로서 그가 인정하는 브라만은 *Kaṭha-upaniṣad*에서 내적 자아와 동일시되는 유일자(유일한 자아),[219] 그리고 *Maitrī-upaniṣad*에서 묘사하는 안팎의 자아(4.3.2)와 상응한다.

그러나 이러한 단서들만으로 우파니샤드에서 성장한 상키야의 위상을 획일화할 수는 없다. 육십과론에서 브라만을 첫째 주제로 열거한다고는 하지만, 이 문헌의 요목을 소개하는 *Ahirbudhnya-saṃhitā*에서는 다양한 종류의

....

217 Chakravarti(1975:39)는 위에서 인용한 세 구절의 취지를 다음과 같이 이해하는 것으로, Pañcaśikha의 해탈 개념이 범아일여에 젖어 있음을 시사한다.
"강들이 바다로 흘러 들어가 형상과 이름을 상실하듯이, 이와 똑같은 방식으로 해탈로 불리는 '삶의 절멸'이 발생한다. 이러한 상황에서 미혹을 속성으로 드러내는 개아가 보편적 영혼인 브라만과 결합할 때, 거기서 그것의 속성이 사라지고, 차별할 수 있는 징표는 남아 있지 않게 된다. 이 결과로 재생도 불가능하다. 왜냐하면 이때 개아는 보편적 영혼으로 용해되기 때문이다."

218 이 @제4장 각주 63(Mbh 12.218.14)과 73(AhS 12.20) 참조.

219 이 @제4장 각주 91(KaU 2.2.9)과 92(KaU 2.2.11) 참조.

육십과론이 있다고 언명한 만큼[220] 이것으로 상키야의 원의를 단정하기는 곤란하다. 그렇다면 이러한 유보적인 전거보다는 상키야-요가와 관련된 내용이 풍부하게 수록된 *Kaṭha-upaniṣad*를 통해 상키야의 위상을 재고할 수 있을 것이다. 이에 관해서는 다음과 같은 견해를 참고할 만하다.

> 현존하는 자료에 의거하여 그나마 주장할 수 있는 것은, *Kaṭha-upaniṣad*의 제1장이 가장 오래된 형태의 상키야를 아주 간결한 형태로 내포하고 있다는 것이다. 여기서는 자아를 신체와 차별하여 자아의 본성을 밝히는 것으로 만족하고, 단일한 보편적 영혼으로서의 브라만을 언급하지는 않는다. 상키야가 단일한 보편적 영혼으로서의 브라만 개념을 옹호한 것은 *Kaṭha-upaniṣad*의 제1장이 편찬되고 난 다음이다. *Śvetāśvatara-upaniṣad* 및 이 밖의 문헌에 반영된 유신론 학파의 상키야는 이후에 출현한다. … 그러나 *Śvetāśvatara-upaniṣad*의 철학을 진짜 상키야로 받아들이기 곤란할 뿐만 아니라, 이 우파니샤드에서 유신론으로 채색하여 설명한 상키야는 본래 형태의 상키야도 아니다.[221]

이 같은 견해는 우파니샤드의 일원론적 기조에서 성장한 상키야 철학의 독자성을 지지한다. 이는 우파니샤드의 상키야에 대한 인식의 반전이기도 하다. 물론 이 반전도 우파니샤드 전반에 획일적으로 적용할 수는 없겠지만, 일원론적 상키야의 저변을 들여다보는 것으로 나중에 정립될 고전 상키야의 동력을 다음과 같이[222] 간파할 수 있다.

....

220 "그런데 성자여! 육십과론들은 제각각이고 이것들에는 다양한 종류가 있다. 이 60요목이 상키야요 이것은 Hari(≒비슈누)의 훌륭한 수단이니, 모든 것을 아는 자요 최상의 성현인 위대한 성자를 통해 명백하게 되었다." (ṣaṣṭitantrāṇy athaikaikam eṣāṃ nānāvidhaṃ mune | ṣaṣṭitantram idaṃ sāṃkhyaṃ sudarśanam ayaṃ hareḥ || āvirbabhūva sarvvajñāt paramarṣer mahāmuneḥ | AhS 12.30-31. Ramanujacharya 1966:108)

221 Chakravarti(1975) p. 40.

222 Chakravarti(1975:40-41)의 견해를 참고함.

산문체로 작성된 고대의 우파니샤드에서는 우주의 창조를 설명하는데, 상키야의 전변설은 이것과는 다른 독보적인 업적으로 평가된다. 상키야의 주요 관심사는 일차적으로 자아(순수정신)와 '자아가 아닌 것'(원질)을 구별하는 데 있다. 여기서 '자아가 아닌 것'의 본질을 제시하기 위해 최초로 고안한 것이 전변설이다. 이 전변설에서는 추론의 미묘한 능력에 관해 언급하는 것으로 권위에 의존하는 베다의 독단주의적 경향에 대항한다. 이것은 우파니샤드의 사색에 힘입은 바가 크지만, 상키야로 불리는 사조(思潮)에서 독자적인 길을 개척한 것이기도 하다. 왜냐하면 그 교의는 절대적 이성으로 구축된 것이며, 그 내용은 단지 성전의 구절들을 인용하는 것으로 근거를 마련한 것이 아니기 때문이다.

고전 상키야로 예를 들면, 원질(prakṛti)과 순수정신(puruṣa) 등의 개념을 입증하는 데서도 대부분의 경우에는 이러한 개념들이 발견되는 우파니샤드의 구절들을 인용하지 않고, 논리적 추론으로써 그것들을 확립한다. *Yuktidīpikā*는 상키야의 교의가 이성에 입각한 논리적 추론으로 구축되었다는 것을 과시하는 것으로 시작된다.

> 긍정 논증(vīta)과 부정 논증(avīta)의 엄니를 갖고서 논제의 숲을 누리는 '상키야'라는 코끼리들에 대한 [다른 학파들의] 비방은 [코끼리가 즐겨 먹는] 살라키(sallakī)의 군락처럼 쉽게 부서진다.[223]

*Yuktidīpikā*의 저자는 이 비유로써 상키야의 특기가 확실한 논증으로 반론자의 비판을 제압하는 데 있다는 것을 과시한다. 이 비유에 따르면 상키야는 코끼

....

223 vītāvīta-viṣāṇasya pakṣatāvana-sevinaḥ | pravādāḥ sāṃkhya-kariṇaḥ sallakīṣaṇḍa-bhaṅgurāḥ || YD, Prathamam Āhnikam. Wezler & Motegi(1998) p. 1. 이렇게 시작되는 *Yuktidīpikā*의 서문은 다음과 같이 논증의 정확성을 다짐하는 것으로 끝난다.
"나는 논리적 추론을 입증하기 위해 이것(『상키야송』)에 대한 주석을 제대로 작성할 것이다. 어긋남이 있더라도 학자들께서는 이것을 너그럽게 용납해 주시기를." (tasya vyākhyāṃ kariṣyāmi yathā nyāyopapattaye | kāruṇyād apy ayuktāṃ tāṃ pratinandantu sūrayaḥ || 14 || ibid. p. 3)

리의 엄니와 같은 강력한 무기를 구사하는데, 그 무기는 직접적인 긍정 논증과 간접적인 부정 논증이라는 추리의 두 가지 방식이다. 상키야 철학이 이처럼 추리에 의존한다는 것은 *Brahmasūtra*의 논박을 통해서도 엿볼 수 있다. *Brahmasūtra*는 상키야에서 주장하는 제일원인, 즉 원질을 빈번하게 부정하는데, 그 이유로 한결같이 내세우는 것도 상키야가 추리에 의거하여 제일원인을 상정한다는 사실이다. 예를 들어 샹카라의 해설에 의하면 다음과 같은 *Brahmasūtra*의 경문들은 상키야의 제일원인을 겨냥한 논박이다.

> 또한 욕구[를 원인으로 교시하기] 때문에 추리[에 의한 제일원인]은 [환희로 이루어진 것 혹은 세계의 원인으로] 고려되지 않는다.[224]
>
> 추리[에 의한 제일원인]은 [하늘과 땅 따위의 기반이] 아니다. 그러한 [취지로 교시한 우파니샤드의] 말씀이 없기 때문이다.[225]
>
> 혹자들이 추리에 의한 것(제일원인)도 [우파니샤드에서 교시된 것]이라고 말한다면, 그렇지 않다. [마차의] 비유로써 지시된 신체[226]가 [원인으로 직접] 파악되기 때문이다. 또한 [우파니샤드는 이 점을] 명시한다.[227]

....

224 kāmāc ca nānumānāpekṣā ‖ BS 1.1.18. 샹카라는 이 수트라를 다음과 같이 해설한다.
"[TaiU 2.6.1에서] 그는 '나는 많아지리라. 나는 번식하리라.'라고 욕구했다고 욕구하는 것을 [원인으로] 교시하기 때문에, 추리에 의거하여 상키야에서 생각해 낸 지성이 없는 제일원인(=원질)까지 환희로 이루어지거나 [세계의] 원인이 되는 것으로 고려할 수는 없다." ("so 'kāmayata bahu syāṃ prajāyeya" (tai 2.6) iti kāmayitṛtva-nirdeśān nānumānikam api sāṃkhya-parikalpitam acetanaṃ pradhānam ānandamayatvena kāraṇatvena vāpekṣitavyam | BSbh 1.1.18. Shastri 1980:124) 여기서 인용하는 우파니샤드(TaiU 2.6.1)는 @제1장 각주 58 참조.

225 nānumānam atacchabdāt ‖ BS 1.3.3. 샹카라의 해설에 따르면 이 역시 상키야의 제일원인을 부정하는 수트라이다.
"추리에 의해 상키야의 성전에서 생각해 낸 제일원인을 이 세상에서는 하늘과 땅 따위의 기반으로 상정할 수는 없다." (nānumānikaṃ sāṃkhya-smṛti-parikalpitaṃ pradhānam iha dyu-bhv-ādy-āyatanatvena pratipattavyam | BSbh 1.3.3. Shastri 1980:208)

226 "그대는 자아가 마차의 주인이요 신체가 곧 마차라고 알라. 또한 통각은 마부요 마음은 곧 고삐라고 알라." KaU 1.3.3. 이 @제4장 각주 11.

227 ānumānikam apy ekeṣām iti cen na śarīra-rūpaka-vinyasta-gṛhīter darśayati ca | BS 1.4.1.

상키야에 대한 이 같은 논박은 *Brahmasūtra*가 작성될 당시에 이미 상키야는 추론에 의거하여 교의를 표방하는 학파로 인식되었을 것임을 시사한다.[228] 더욱이 *Brahmasūtra*가 우파니샤드에는 추리로써 제일원인의 존재를 주장할 전거가 없다는 것으로 상키야를 비판하는 것은, 상키야가 우파니샤드를 자의적으로 해석했다고 비판하는 것이기도 하다. 이러한 정황을 고려하면, 상키야는 우파니샤드의 기조에 편승하여 성장하는 과정에서 독자적인 진로를 모색해 나간 끝에 이원론의 고전 상키야로 귀착했다고 이해할 수 있다.

그러므로 이제까지 고찰한 내용으로 총결하자면, 우파니샤드는 일원론적 상키야를 양성하는 저변이 되었지만, 상키야는 이성적 사고를 기자재로 활용하여 그 저변으로부터 마침내 이원론을 새로운 터전으로 신축했다.

4.6. 우파니샤드에서 요가의 행법

현재 우파니샤드의 전집으로 통용되어 있는 소위 '108 우파니샤드' 중에서 '요가 우파니샤드'로 분류되는 것들은 20종을 헤아린다.[229] 그러나 이것들을 모

....

228 Kauṭilya의 *Arthaśāstra*에 의하면 상키야와 요가는 *Brahmasūtra*가 작성되기 훨씬 이전부터 베다의 장단점을 논리적으로 고찰하는 사변학의 일종으로 간주되었다. @제2장 각주 17, 18 참조.

229 Deussen(1980:4, 1906:36)에 의하면 '108 우파니샤드'는 인도에서 예부터 통용된 전통적 분류가 아니다. 인도에서 우파니샤드의 집성은 학파나 종파마다의 원칙에 따르거나 부분적으로는 그런 원칙도 없이 이루어졌다. 이런 우파니샤드가 Sultan Mohammed Dara Shakoh(=Sehakoh)에 의해 페르시아어로 번역되었고(*Oupnek'hat*, 1656년), 나중에 Anquetil Duperron은 50종의 우파니샤드를 라틴어로 번역했다(1801~1802). 이런 것들 중에서 해탈의 지혜를 기준으로 우선적인 10종, 32종을 중시하다가 마침내 지혜의 완전한 수단으로 '108 우파니샤드'를 집성했다. 이 '108 우파니샤드'는 1883년 Cennapuri(현재 Chennai로 이름이 바뀐 Madras)에서 Telugu 문자로 인쇄되었다. 한편 Sastri(1920)는 '108 우파니샤드' 중에서 20종을 '요가 우파니샤드'로 편집했고 Avyaṅgār(1938)가 이것을 영어로 번역했다. '요가 우파니샤드'로 분류된 20종의 이름은 아래와 같다.

Adavayatāraka, Amṛtanāda, Amṛtabindu, Kṣurikā, Tejobindu, Triśikhibrāhmaṇa, Darśana, Dhyānabindu, Nādabindu, Pāśupatabrahma, Brahmavidyā, Maṇḍalabrāhmaṇa, Mahāvākya, Yogakuṇḍali, Yogacūḍāmaṇi, Yogatattva, Yogaśikhā, Varāha, Śāṇḍilya, Haṃsa.

두 고전 요가의 토대로 검토할 필요는 없다. 이것들의 대부분은 극히 일부를 제외하고 단편인데가 『요가경』보다 훨씬 뒤에 작성된 것들도 있기 때문이다. 사실상 '요가 우파니샤드'라는 분류의 원조는 독일의 Paul Deussen이다. 그가 우파니샤드들 중에서 11종을 가장 중요한 '요가 우파니샤드'로 특정한 것은, 여기서 언급한 행법들이 나중에 순차적인 여덟 단계의 행법, 즉 『요가경』의 '8지 요가'로 정립되었다고 파악했기 때문이다.[230] 그러므로 옛 우파니샤드들에서 고전 요가의 토대로 주목해야 할 것도 '8지 요가'와 직결되는 행법이다.

4.6.1. 보편적 수단으로서의 요가

앞서 고찰했듯이 *Kaṭha-upaniṣad*는 '자아에 관한 요가'를 언급할 뿐만 아니라, 요가를 "감관들의 집중이 견고한 것"으로 정의한다. 그러므로 이 우파니샤드에서는 요가의 용도를 충분히 인식한 것으로 보이지만, 정작 요가의 구체적인 행법에 대해서는 전혀 언급하지 않는다. 그럼에도 불구하고 이 우파니샤드의 마지막 구절(2.3.18)에서 "요가의 방도를 모두 얻고서"라고 언급한 것은 이미 그 당시에 요가의 행법이 다양하게 통용되었을 것으로 추정할 수 있는 전거가 된다.[231] 다만 구체적인 행법은 아니더라도 요가라는 수단의 지향점이 마음을 제어하는 데 있다는 것만큼은 확연하게 제시되어 있다. 이 우파니샤드에서는 마음을 제어함으로써 최고의 경지에 도달할 수 있다는 것을 다음과 같이

....

230 Deussen(1906:386)이 가장 중요한 '요가 우파니샤드'로 특정한 11종의 명칭은 다음과 같다. 이 중에서 Cūlikā와 Brahmabindu는 20종의 우파니샤드에 포함되어 있지 않다.
Brahmavidyā, Kṣurikā, Cūlikā(=Mantrika), Nādabindu, Brahmabindu, Amṛtabindu, Dhyānabindu, Tejobindu, Yogaśikhā, Yogatattva, Haṃsa.
이 목록에는 『요가경』 이후에 작성된 대표적 우파니샤드로 예시되는(岸本英夫 1955:88) Śāṇḍilya, Śrījābāladarśana(=Darśana), Yogakuṇḍali, Yogacūḍāmaṇi 등이 포함되지 않는다. 그러나 Eliade(1969:129-135)가 보다 철저한 검토가 필요하다고 전제하여 소개하는 Yogatattva, Dhyānabindu, Nādabindu는 여기에 포함되어 있다. 이것들 중 Yogatattva는 『요가경』보다 더 풍부한 신비적인 생리학으로 하타 요가의 요소를 피력하며, 나머지 둘은 힌두 탄트리즘의 색채를 강하게 드러낸다.

231 이 @제4장 각주 27; 高木訷元(1991a) p. 31 참조.

교시한다.[232]

> 제어되지 않는 마음으로 항상 지성이 없는 자, 이들의 감관들은 마부의 못된 말들처럼 순종하지 않는다.
> 그러나 제어된 마음으로 항상 지성을 가진 자, 이들의 감관들은 마부의 착한 말들처럼 순종한다.
> 마음이 흐트러져 항상 불순하고 지성이 없는 자는 그 목적지에 도달하지 못하고 윤회에 봉착한다.
> 그러나 마음이 안정되어 항상 청정하고 지성을 가진 자는 그 목적지에 도달하여, 이로부터 더 이상 태어나지 않는다.
> 그래서 지성을 마부로 갖고 마음을 고삐로 가진 사람은 여정의 끝인 비슈누[233]의 지고한 거처에 도달한다.[234]

여기서는 목적을 성취하기 위해 필요한 지성은 마음을 제어하여 안정과 청정을 유지함으로써 가능하다는 것을 역설한다. 그러므로 이 경우에는 항상 청정한 상태를 유지하도록 마음을 제어하는 지성 자체가 곧 요가일 것이다. 그러나 이 우파니샤드가 교설을 마무리하는 단계에서 언급하는 요가는 심층적 마음에 속하는 통각까지 발동하지 않게 하는 것으로 간주된다.[235]

....

232 이 비유적 교설의 취지 및 전후를 잇는 앞 부분(KaU 1.3.3-4)은 이 @제4장 각주 11과 37, 뒷 부분(KaU 1.3.10-11)은 @제4장 각주 9를 참조.

233 샹카라의 주석에 의하면 이 경우의 비슈누(Viṣṇu)는 '편재하는 브라만'으로서 최고아를 가리킨다. cf. Gambhirananda(1989) p. 168 ; Panoli(1991) p. 223.

234 yas tv avijñānavān bhavaty ayuktena manasā sadā | tasyendriyāṇy avaśyāni duṣṭāśvā iva sāratheḥ || 5 ||
yas tu vijñānavān bhavati yuktena manasā sadā | tasyendriyāṇi vaśyāni sadaśvā iva sāratheḥ || 6 ||
yas tv avijñānavān bhavaty amanaskaḥ sadāśuciḥ | na sa tat padam āpnoti saṃsāraṃ cādhigacchati || 7 ||
yas tu vijñānavān bhavati samanaskaḥ sadā śuciḥ | sa tu tat padam āpnoti yasmād bhūyo na jāyate || 8 ||
vijñāna-sārathir yas tu manaḥpragrahavān naraḥ | so 'dhvanaḥ pāram āpnoti tad viṣṇoḥ paramaṃ padam || 9 ||
KaU 1.3.5-9. Radhakrishnan(1953), p. 624.

235 "5지각[기관]들이 마음과 함께 안정될 때 통각은 발동하지 않느니, 그들은 이것을 최상의 상태라고 말한다." (yadā pañcāvatiṣṭhante jñānāni manasā saha | buddhiś ca na viceṣṭati tām āhuḥ paramāṃ gatim ||

후대의 『요가경』에서 총칭하는 마음에는 통각도 포함된다. 그러므로 "요가란 마음의 작용을 억제하는 것이다."라는 『요가경』의 정의에 따르면, 통각의 작용도 억제하는 것이 요가이다. 『요가경』에서는 이 정의를 실천하는 수단으로 여덟 단계, 즉 8지를 교시한다. 그리고 8지의 마지막 단계인 삼매는 명상에 몰입하여 마음의 작용을 억제하는 것으로 마음의 정화를 완성하는 요가 수행의 정점이다. 요가를 아예 삼매와 동일시하는 『요가주』에서 요가의 필수 조건으로 고행을 강조하는 것[236]도 고행은 요가처럼 마음을 정화하는 보편적 수단으로 간주되었기 때문일 것이다.

마음을 정화한다는 것은 온갖 집착으로부터 해방되어 마음을 청정한 상태로 유지하는 것이다. 우파니샤드에서도 요가는 이를 위한 최고의 수단으로 인정되어 있었다. 일례로 *Maitrī-upaniṣad*에서 인용하는 다음과 같은 두 가지 격언은 그러한 사실을 입증한다.

> 그는 실로 마음의 청정으로 선악의 업을 제거하고, 평온한 자아에 안주하여 불멸의 기쁨을 누린다.[237]
>
> 6개월 동안 [요가에] 열중하여 [세속으로부터] 항상 해방된 사람에게는 무궁

....

KaU 2.3.10. Panoli 1991:281)
상카라는 이 구절의 취지를 "어떻게 마음을 제어하는 그 상태에 도달할 수 있는가? 그 목적(수단)으로 [다음과 같이] 요가를 설한다."(sā hṛnmanīd kathaṃ prāpyata iti tadartho yoga ucyate | ibid)라고 약술했다. 그의 확언은 이 다음 구절에서 요가를 정의하기 때문일 것이다. 다음 구절(KaU 2.3.11)은 이 @제4장 각주 25 참조. Deussen(1906:386)은 이 둘(KaU 2.3.10-11)도 우파니샤드에 인용된 요가의 초기 이론으로 간주하고 그 취지를 다음과 같이 약술한다.
"KaU 2.3.10-11은 기관들(감관, 마음, 통각)의 단속을 요구하는데, 이로써 그 모든 것들과는 분리된 순수정신은 골풀에서 빼낸 줄기처럼 신체로부터 빠져 나온다."

236 "고행을 실천하지 않는 자는 요가를 성취하지 못한다. 시작도 없는 업과 번뇌의 훈습으로 더럽혀지고, 현전해 있는 대상에 의해 사로잡혀 있는 [이] 불순한 것(마음)은 고행이 없이는 파괴되지 않는다. 따라서 고행이 채택된다. 그리고 이것(고행)으로 압박이 없는 그 마음의 청정을 연마해야 한다." YBh 2.1. 정승석(2020) p. 94.

237 cittasya hi prasādena hanti karma śubhāśubham | prasannātmātmani sthitvā sukham avyayam aśnutā iti || MaiU 6.20. Radhakrishnan(1953) p. 831.

> 하고 최상인 신비로운 요가가 성취된다. 그러나 잘 깨쳐 있더라도 동질(=격정)과 암질(=비애)에 싸여 아들과 아내와 가족에 집착하는 사람에게는 결코 그렇게 되지 않는다.[238]

첫째 격언에서 말하는 '마음의 청정'은 둘째 격언에서 말하는 '요가'로써 가능할 것이다. 왜냐하면 둘째 격언에서는 요가가 해방(해탈)의 수단이라는 것을 전제하고 나서 집착을 완전히 불식하지 않는 한, 요가를 성취할 수 없다고 가르치기 때문이다. 그런데 위의 격언들이 인용문이라는 사실은 요가에 대한 이 같은 인식, 즉 온갖 집착에서 벗어나 마음을 청정하게 하는 것이 요가라는 인식이 널리 회자되어 있었음을 시사한다. 더욱이 첫째 격언은 『마하바라타』에서도 같은 내용으로 두세 번 반복된다. 먼저 주목할 만한 것은 '그'라는 주어를 고행자로 명시한 다음과 같은 서술이다.

> 이 세상에서 고행자(요기)는 마음의 청정으로 유쾌한 것이든 불쾌한 것이든 [모두] 버리고, 평온한 자아에 안주하여 완벽한 기쁨을 누린다.[239]

....

238 ṣaḍbhir masais tu yuktasya nityamuktasya dehinaḥ | anantaḥ paramo guhyaḥ samyag yogaḥ pravartate || rajastamobhyāṃ viddhasya susamiddhasya dehinaḥ | putra-dāra-kuṭumbeṣu saktasya na kadācana || MaiU 6.28. ibid. p. 838.

239 cittaprasādena yatir jahātīha śubhāśubham | prasannātmātmani sthitvā sukham atyantam aśnute || Mbh 12.246 =238.10. Dutt(2004.VIII) p. 218. Dutt는 이 원문의 yati(고행자)를 아예 yogin(요가 수행자)으로 바꾸어 번역했다. 이 서술과는 별도로 첫째 격언은 『마하바라타』에서 '제거'와 '불멸'을 동일한 의미의 다른 말로 구사할 뿐, 완전히 동일한 내용으로 두 차례 복제되어 있다.
"실로 마음의 청정으로 선악의 업을 제거하고, 평온한 자아에 안주하여 영원한 기쁨을 누린다." (cittasya hi prasādena hanti karma śubhāśubham | prasannātmātmani sthitvā sukham ānantyam aśnute || Mbh 3.213.24=203.35. Dutt 2004.III:624)
"실로 마음의 청정으로 선악의 업을 제거한 후, 평온한 자아에 안주하여 불멸의 기쁨을 누린다." (cittasya hi prasādena hitvā karma śubhāśubham | prasannātmātmani sthitvā sukham akṣayam aśnute || Mbh 12.180.29. Pune본)
일찍이 Hopkins(1901:46)는 이 같은 『마하바라타』의 서술을 *Maitrī-upaniṣad*의 제6장뿐만 아니라 이보다 더 오래된 부분에서 가져온 것으로 간주했다.

한편 *Kaṭha-upaniṣad*에서 자주 언급하는 요가는 앞서 고찰한 <표 11>과 같은 사색을 심화하는 동시에 심리의 대상을 제어하여 '적정의 자아'에 도달하는 보편적 수단이다. 자아의 적정(寂靜)을 추구하는 이 경우의 요가는 명상의 심도와 직결되어 있다. 이러한 요가는 진리에 대한 통찰을 명상으로 심화해 가는 노력을 일컫는 것으로 간주해도 무방하다. 베단타 학파에서 요가를 상키야-요가 학파의 전유물로 인정하지 않는 이유도 여기에 있다. 베단타 철학의 관점에 따르면, 요가의 보편적 용도는 진실하게 통찰하는 수단이다. 샹카라는 우파니샤드의 요가에 대한 이러한 관점을 여실하게 대변한다. 그는 상키야의 전승에 의거하는 요가도 배척해야 하는 이유를 우파니샤드에 이미 요가가 교시되어 있기 때문이라고 다음과 같이 설명한다.

> 베다에서 요가는 "듣고 생각하고 명상해야 한다."(BṛhU 2.4.5)라고 진실한 통찰의 수단으로 규정되어 있기 때문이다. 더욱이 *Śvetāśvatara-upaniṣad*에서는 "상체의 셋(가슴, 목, 머리)을 곧추 세워 몸의 균형을 유지하고"(ŚvetU 2.8)라고[240] 시작하는 것으로 좌법(아사나) 따위의 실행을 비롯한 많은 수법이 요가의 방도임을 드러낸다. 또한 "감관들의 집중이 견고한 그것을 요가라고 말한다."(KaU 2.6.11), "이 지식과 더불어 요가의 방도를 모두"(KaU 2.6.18)와 같은 언급 등을 통해, 요가와 관련하여 베다에서 유래한 징표들은 수천 가지가 파악된다. 요가의 교전에서도 "이제 진실(원리)에 대한 통찰의 수단인 요가가 [시작된다.]"[241]라고 말하여, 오로지 진실한 통찰의 수단이 되는 것을

....

240 "현자들은 상체의 셋(가슴, 목, 머리)을 곧추 세워 몸의 균형을 유지하고, 감관들을 마음과 함께 심장에 안착시켜, 브라만의 뗏목으로 무시무시한 모든 급류를 건너야 한다." (trir-unnataṃ sthāpya samaṃ śarīram hṛdīndriyāṇi manasā saṃniveśya | brahmoḍupena pratareta vidvān srotāṃsi sarvāṇi bhayāvahāni ‖ ŚvetU 2.8. Radhakrishnan 1953:720)

241 요가의 교전으로 현존하는 문헌들에서는 이러한 언급을 발견할 수 없다. 현재 유통되고 있는 『요가경』은 "이제 요가의 교시가"(atha yogānuśāsanam ‖ YS 1.1)라는 간명한 선언으로 시작되며, 이에 관한 주석서들에도 샹카라가 인용한 것과 같은 서술은 보이지 않는다. '요가의 교전'(yoga-śāstra)이란 요가의 학설이나 이론을 가리킬 수 있으므로, 샹카라 당시에는 『요가경』의 개시 선언을 샹카라가 인용한 것처럼 해석한 학설이 있었을 수도 있다. 이런 학설이 있었다면, 이 경우에는 『요가

요가로 인정한다.[242]

여기서 샹카라는 우파니샤드를 4회나 인용하여, 진실한 통찰의 수단을 요가로 규정하는 우파니샤드의 인식이 요가 학파에서도 그대로 통용되었다고 주장한다. 그의 주장에 따르면 진실한 통찰의 수단을 요가로 간주하는 한, 이런 요가는 베다(=우파니샤드)에서 유래한 것이지 요가 학파에서 창안한 것이 아니다. 그러므로 진실한 통찰이라면 심오한 사색이나 명상도 요가에 해당하며, 범아일여를 추구하는 우파니샤드의 사색은 요가로써 가능하다고 말할 수 있다.

요컨대 우파니샤드에서 요가는 범아일여의 일원론을 실천하는 보편적 수단이다. 샹카라의 후속 설명에는 이 같은 관점이 암시되어 있다. 그는 앞의 설명으로부터 더 나아가 일원론에서 벗어나지 않는 상키야와 요가는 수용할 수 있다는 취지를 피력한다.

> 상키야와 요가를 추종하는 그들은 실로 이원론자로서 아트만(자아)의 유일성을 인정하지 않는다. 그러나 [*Śvetāśvatara-upaniṣad*에서] "상키야와 요가로 접근한 그 원인을"[243]이라고 설한 견해에 관해서 말하자면, 바로 베다에서

....

주』의 관점에 의거하여 삼매를 '진실에 대한 통찰의 수단'으로 해석했을 수도 있다(정승석 2008:27 참조). 샹카라가 언급한 '요가의 교전'에 관해 高木訷元(1991a:42)은 다음과 같은 견해를 피력한다. "요가론(=요가의 교전)은 『요가경』도 포함한 넓은 의미의 '요가론'을 의미하고 있는 듯하다. 어쨌든 샹카라는 현존의 『요가경』뿐만 아니라 이 밖의 몇몇 '요가론'을 알고 있었던 것으로 이해된다. 다만 이러한 '요가론'들이 단행본 형태의 논저였는지 혹은 『마하바라타』, 『기타』, Purāṇa 등에서 설하는 '요가론'을 가리키는지는 속단하기 어렵다."

242 samyag-darśanābhyupāyo hi yogo vede vihitaḥ "śrotavyo mantavyo nididhyāsitavyaḥ"(BṛhU 2.4.5) iti | "trir-unnataṃ sthāpya samaṃ śarīram"(ŚvetU 2.8) ity ādinā cāsanādi-kalpanā-puraḥsaraṃ bahuprapañcaṃ yogavidhānaṃ śvetāśvataropaniṣadi dṛśyate | liṅgāni ca vaidikāni yoga-viṣayāṇi sahasraśa upalabhyante "tāṃ yogam iti manyante sthirām indriya-dhāraṇām"(KaU 2.6.11) iti "vidyām etāṃ yogavidhiṃ ca kṛtsnam"(KaU 2.6.18) iti caivam ādīni | yogaśāstre 'pi "atha tattva-darśanopāyo yogaḥ" iti samyag-darśanābhyupāyatvenaiva yogo 'ṅgīkriyate | BSbh ad. BS 2.1.3. Shastri(1980) pp. 352-3. 원문에 제시된 출처 KaU 2.6.11과 2.6.18은 졸저에서 사용한 판본으로는 각각 2.3.11과 2.3.18이 된다(@제4장 각주 25, 27).

243 이 인용이 포함된 전문은 이 @제4장 각주 52 참조. 다만 Śvetāśvatara-upaniṣad의 현행본에 의하면 해당 인용구는 "상키야와 요가로 수습해야 할 그 원인을"이라고 번역된다.

> 유래한 지식(=상키야)과 정려(=요가)가 거기에 매우 근접하기 때문에 상키야와 요가라는 말로써 언급된다고 이해할 수 있다. 그래서 상키야와 요가의 전승 중에서 [베다의] 일부와 어긋나지 않는 그런 것에 합당한 것만은 적용할 수 있다.[244]

샹카라의 이 같은 설명은 우파니샤드에서 언급하는 상키야와 요가를 모두 일원론의 일환으로 간주하려는 인식의 소산일 것이다. 어쨌든 샹카라는 이에 앞서 좌법(아사나)과 같은 요가의 구체적인 수단도 우파니샤드에서 유래한 것으로 간주했다. 이 사실은 우파니샤드의 도처에서 확인할 수 있다. 그리고 그가 요가의 교전에서 인용한 대로 '진실에 대한 통찰의 수단'이 요가라면, 이 경우의 수단은 "삼매=요가"라는 『요가주』의 정의에 따라 삼매를 지칭한 것일 수밖에 없다. 이 점에서 보편적 수단으로서의 요가는 삼매로 귀결될 것이다.

4.6.2. 구체적 수단으로서의 요가

샹카라가 우파니샤드에서 유래한 것으로 특정하여 예시한 요가의 구체적인 수단은 '좌법(아사나) 따위'이다. 이는 짐작건대 8지 요가에 속하는 일련의 수단을 지칭할 것이다. 이제 샹카라의 인식을 확인하기 위해서는 8지 요가의 구성을 먼저 열거해 둘 필요가 있다. 『요가경』에서 교시하는 8지는 다음과 같은 일련의 여덟 단계로 구성된다.

> ①금계(禁戒, yama), ②권계(勸戒, niyama), ③좌법(坐法, āsana), ④조식(調息,

....

244 dvaitino hi te sāṃkhyā yogāś ca nātmaikatva-darśinaḥ | yat tu darśanam uktaṃ "tat kāraṇaṃ sāṃkhya-yogābhipannam" iti, vaidikam eva tatra jñānaṃ dhyānaṃ ca sāṃkhya-yoga-śabdābhyām abhilapyate pratyāsatter ity avagantavyam | yena tv aṃśena na virudhyete teneṣṭam eva sāṃkhyayoga-smṛtyoḥ sāvakāśatvam | ibid. Shastri(1980) p. 354, 3-6행. 여기서 마지막 구문의 취지를 高木訷元(1991a:40)은 "우리(=베단타)로서도 베다와 모순하지 않는 상키야와 요가의 학설만은 용인하여 기꺼이 적용한다."라고 파악했다.

prāṇāyāma), ⑤제감(制感, pratyāhāra), ⑥총지(總持, dhāraṇā), ⑦정려(靜慮, dhyāna), ⑧삼매(三昧, samādhi)[245]

『요가경』 이전에 성립된 우파니샤드에서는 이것들 중의 일부가 언급되거나 열거되는 사례를 발견할 수 있다. 이러한 우파니샤드들이 우선적으로 중시한 것은 8지 중 조식과 제감이었을 것으로 짐작할 수 있다. 먼저 조식을 중시한 인식이 *Bṛhadāraṇyaka-upaniṣad*에는 다음과 같이 드러나 있다.

이에 관해 다음과 같은 금언이 있다. "태양은 떠올라 떠오른 그곳으로 넘어간다." 즉, 이것(태양)은 숨(prāṇa)으로부터 떠올라 숨으로 넘어간다. … 따라서 오직 하나의 맹세를 준수해야 하나니, '사악한 죽음이 나를 덮치지 않기를'이라고 [기원하면서] 바로 그렇게 숨을 들이쉬고 내쉬어야 한다.[246]

요가의 전용어로서 조식은 호흡(들숨과 날숨)의 제어에 숙달하여 숨을 억제하는 것인데, 여기서는 일출과 일몰이라는 태양의 운행을 들숨과 날숨이라는 호흡의 제어와 동일시하는 인식을 엿볼 수 있다. 이에 의하면 "태양=호흡=생명"이라는 등식이 성립된다. 한편 *Kauṣītaki-brāhmaṇa-upaniṣad*에서는 들숨과 날숨을 각각 숨쉬는 것과 말하는 것으로 표현하여 호흡을 제사의 공물과 동일시한다.

실로 사람은 말하는 동안에는 숨을 쉴 수 없다. 그래서 그는 말을 숨에 공물로 바친다. 실로 사람은 숨쉬는 동안에는 말을 할 수 없다. 그래서 그는 숨을

245 이 8지는 36개의 수트라(YS 2.28~3.8)에 걸쳐 교시되며, 요가의 실천적 측면을 대변한다(Deussen 1906:385).

246 athaiṣa śloko bhavati | yataś codeti sūryo 'staṃ yatra ca gacchatīti | prāṇād vā eṣa udeti prāṇe 'stam eti | … tasmād ekam eva vrataṃ caret prāṇyāc caivāpānyāc ca, nen mā pāpmā mṛtyur āpnuvad iti | BṛhU 1.5.23. Radhakrishnan(1953) p. 182.

말에 공물로 바친다. 이것들은 영원한 불멸의 두 제물이니, 그는 깨어 있을 때나 잠들어 있을 때나 끊임없이 [그 둘(들숨과 날숨)로] 제사를 지낸다.[247]

또한 *Praśna-upaniṣad*에서는 이보다 더욱 구체적으로 호흡을 제사와 결부시켜 다음과 같이 교시한다.

들숨과 날숨이라는 이 두 제물을 동등하게 관장하는 것이 [5풍 중의] 등기(等氣)로 불린다. 그리고 마음은 실로 제주(祭主)요 제사의 결과가 곧 상기(上氣)이니, 그것(상기)은 이 제주를 매일 브라만으로 인도한다.[248]

여기서 들숨과 날숨이라는 이 두 제물을 동등하게 관장한다는 것은 호흡의 제어, 즉 조식에 해당할 것이다. 더욱이 여기서는 제사를 이러한 조식으로 묘사할 뿐만 아니라[249] 한걸음 더 나아가 숨의 다섯 가지 기능인 5풍 중의 등기(等氣, samāna)와 상기(上氣, udāna)도 제사의 일환으로 간주한다. 이에 의하면 등기로써 호흡을 제어하는 마음이 제주이며, 제주는 상기에 의해 제사의 결과를 얻게 된다.

다음으로 8지 요가 중의 제감이란 감관들의 작용을 하나의 대상에만 집중하도록 제어하는 명상의 시발이다. *Kaṭha-upaniṣad*에서 "감관들의 집중이 견고한 그것을 요가라고 말한다."[250]라고 단언하듯이, 우파니샤드에서 강조하는 '감관

....

247 yāvad vai puruṣo bhāṣate na tāvat prāṇituṃ śaknoti, prāṇaṃ tadā vāci juhoti, yāvad vai puruṣaḥ prāṇiti na tāvad bhāṣituṃ śaknoti, vācaṃ tadā prāṇe juhoti, ete anante amṛte āhutī jāgrac ca svapaṃś ca santataṃ juhoti | KauṣU 2.5. Radhakrishnan(1953) p. 764.
Deussen(1906:124)에 의하면 여기서 숨(prāṇa)은 들숨, 말(vāc)은 날숨을 가리킨다. 말을 내뱉는 것은 숨을 내쉬는 것과 같다고 생각하면, 말과 날숨을 동일시한 것은 이해할 만하다.

248 yad ucchvāsa-niḥśvāsāv etāv āhutī samaṃ nayatīti sa samānaḥ | mano ha vāva yajamānaḥ | iṣṭa-phalam evodānaḥ | sa enaṃ yajamānam ahar ahar brahma gamayati || Praśna-up. 4.4. ibid. p. 661.

249 일찍이 Deussen(1906:124)은 이러한 묘사에 대해, 조정된 호흡이 제사를 대신하므로 여기서는 요가를 상징적 행위로 도입하였을 것이라고 해석했다.

250 KaU 2.3.11. 이 @제4장 각주 25.

들의 집중'은 제감에 해당한다. 그리고 *Chāndogya-upaniṣad*에서는 "모든 감관들을 자아에 집중시키고, 성소(聖所)를 제외한 곳에서는 모든 중생을 해치지 않는다."[251]라고 설하는 것으로 그 집중의 대상이 자아(아트만)임을 명시한다. 더욱이 여기서 모든 중생을 해치지 말라고 요구하는 것은 8지 요가의 금계에서 첫째로 강조하는 불상해[252]와 상통한다.

*Śvetāśvatara-upaniṣad*에서는 요가의 기법을 이보다 한결 선명하게 구체적으로 언급한다. 여기서는 아래와 같이 8지 요가의 좌법, 조식, 제감에 해당하는 기법을 구체적으로 설명할 뿐만 아니라, 요가로 명상할 장소의 선택과 요가의 효과까지도 예시한다.

> 현자들은 상체의 셋(가슴, 목, 머리)을 곧추 세워 몸의 균형을 유지하고, 감관들을 마음과 함께 심장에 안착시켜, 브라만의 뗏목으로 무시무시한 모든 급류를 건너야 한다.[253]
> 동요에 처한 자는 여기서(몸에서) 숨들을 억제하고 나서, 숨이 잦아들면 콧구멍으로 호흡해야 한다. 현자는 사나운 말에 매인 그런 수레와 같은 산만한 마음을 방심하지 말고 억제해야 한다.[254]
> 평탄하고 깨끗한 곳, 자갈이나 불이나 모래가 없고 소음이나 습지 따위로부터 벗어난 곳, 마음이 순응하는 곳, 그러나 눈을 괴롭히지 않는 곳, 바람을 피하기에 안전한 동굴(은둔처)에서 [요가에] 전념해야 한다.[255]
> 브라만에 대한 요가에서는 안개, 연기, 태양, 바람, 불, 반딧불, 번갯불, 수정, 달과 같은 이러한 것들이 [브라만의] 현현을 일으키는 전조가 된다.[256]

....

251 ātmani sarvendriyāṇi saṃpratiṣṭhāpyāhiṃsan sarva-bhūtāny anyatra tīrthebhyaḥ | ChU 8.15.1. Radhakrishnan (1953) pp. 511-2.

252 @제3장 각주 102, 104 참조.

253 ŚvetU 2.8. 원문은 이 @제4장 각주 240.

254 ŚvetU 2.9. 원문은 @제2장 각주 44.

255 same śucau śarkarā-vahni-vālukā-vivarjite śabda-jalāśrayādibhiḥ | mano 'nukūle na tu cakṣu-pīḍane guhā-nivātāśrayaṇe prayojayet || ŚvetU 2.10. Radhakrishnan(1953) p. 721.

지(地), 수(水), 화(火), 풍(風), 공(空)이 발생하여 [이] 다섯 [요소를 제어함]으로 이루어진 요가의 특질이 발동할 때, 요가의 불로 형성된 몸을 얻은 그에게는 질병이 없고, 늙음이 없고, 죽음이 없다.[257]

[요가를 실천한 이들은] 가벼움, 건강함, 탐하지 않음, 외모의 청정, 탁월한 목소리, 쾌적한 향기, 소량의 대소변이 요가의 효능으로서 최초[의 결과]라고 말한다.[258]

흙으로 더럽혀진 거울도 잘 닦이면 눈부시게 빛나듯이, 육신을 가진 누구라도 바로 그와 같이 자아의 진실을 성찰하여, 목적을 성취하게 되고 비애를 여의게 된다.[259]

이상과 같이 설명하는 요가는 위의 언급에 따르면 '브라만에 대한 요가'로 불린다. 그리고 곧장 후속하는 설명에 따르면 이것은 자아의 진실을 통해 브라만의 진실을 관찰하는 명상이다.[260] 이 명상으로 추구하는 목적이 이원론의 고전 요가와는 상이하지만 그 기법은 요가라는 이름으로 통용된다. 이 때문에 *Śvetāśvatara-upaniṣad*의 이 대목은 앞서 고찰한 *Kaṭha-upaniṣad*의 경우보다 훨씬 더 나아가 요가의 기법을 가장 일찍 체계적으로 설명한 사례로 간주된다.[261] 그러나 고전 요가의 8지와 관련해서는 *Maitrī-upaniṣad*가 *Śvetāśvatara-upaniṣad*보다

....

256 ŚvetU 2.11. 원문은 @제2장 각주 45.

257 pṛthvyaptejo 'nilakhe samutthite pañcātmake yogaguṇe pravṛtte | na tasya rogo na jarā na mṛtyuḥ prāptasya yogāgni-mayaṃ śarīram ‖ ŚvetU 2.12. Radhakrishnan(1953) p. 722.

258 ŚvetU 2.13. 원문은 @제2장 각주 46.

259 yathaiva bimbaṃ mṛdayopaliptaṃ tejomayaṃ bhrājate tat sudhāntam | tad vātmatattvaṃ prasamīkṣya dehī ekaḥ kṛtārtho bhavate vīta-śokaḥ ‖ ŚvetU 2.14. Kālī(2011) p. 183.

260 "[요가에] 전념한 자가 자아의 진실을 통해 여기서 등불로 밝히듯이 브라만의 진실을 관찰한다면, 그는 이것(브라만)을 생겨나지 않고(不生) 불변하고 [창조된] 어떠한 것들에 의해서도 오염되지 않는 신으로 알고서, 모든 속박으로부터 해방된다." (yad ātma-tattvena tu brahma-tattvaṃ dīpopameneha yuktaḥ prapaśyet | ajaṃ dhruvaṃ sarva-tattvair viśuddhaṃ jñātvā devaṃ mucyate sarva-pāśaiḥ ‖ ŚvetU 2.15. Kālī 2011:185)

261 Cf. Kālī(2011) p. 188.

더욱 명료하게 수단으로서의 요가를 인지하고 있는데, 여기서는 다음과 같이 요가를 6지로 열거한다.

> 그와 같이 그것(브라만과의 합일)을 도모하는 규칙으로서 조식, 제감, 정려, 총지, 추리(tarka), 삼매라는 여섯 가지가 요가로 불린다.[262]

여기서 열거하는 추리를 제외한 다섯 가지는 고전 요가의 8지 중 5지와 동일한데, 이것들이 우파니샤드에서 언급되기로는 아마 최초일 것으로 추정된다.[263] 특히 후대의 요가 우파니샤드에서는 요가의 수단을 여섯 가지로 헤아리는 것이 대세를 형성하는데, 이 점에서도 *Maitrī-upaniṣad*의 6지는 이러한 경향의 효시가 되었을 것이다. 대표적인 예로 *Amṛtanāda-upaniṣad*[264]에서는 6지를 다음과 같이 열거하고 나서 이것들을 낱낱이 설명해 나간다.

> 제감이 그러하듯이 정려, 조식, 또한 총지, 그리고 추리와 삼매는 요가로 불린다. (6)
> 산에서 나온 광물들의 불순물이 대장장이에 의해 소각되듯이, 감관들이 지어낸 결점들은 숨을 제어함으로써 소각된다. (7)
> 조식들로는 결점들을, 총지들로는 죄악을 태워야 하며, 실로 죄악을 섬멸하고 나서 광휘[265]를 성찰해야 한다. (8)[266]

....

262 tathā tat-prayoga-kalpaḥ prāṇāyāmaḥ pratyāhāro dhyānaṃ dhāraṇā tarkaḥ samādhiḥ ṣaḍāṅgā ity ucyate yogaḥ | MaiU 6.18. Radhakrishnan(1953) p. 830.

263 Cf. Kālī(2011) p. 188.

264 이 우파니샤드는 흔히 *Amṛtabindu-upaniṣad*로 언급되기도 하는데, 이는 Amṛtabindu와 Amṛtanāda의 혼동에서 기인한다. 이 때문에 Deussen(1980:691)도 *Amṛtanāda-upaniṣad*의 개요를 *Amṛtabindu-upaniṣad*에서 소개하면서 혼동의 원인이 bindu와 nāda가 브라만을 의미하는 데 있다고 지적했다. 그에 의하면 이 명칭의 교환 가능성 때문에 필사의 실수로 Amṛtanāda가 Amṛtabindu로 바뀌었다.

265 Avyaṅgār(1938:10)에 의하면 광휘(rucira)는 kumbhaka(호흡 중지)를 가리킨다.

266 pratyāhāras tathā dhyānaṃ prāṇāyāmo 'tha dhāraṇā | tarkaś caiva samādhiś ca yoga ucyate || 6 ||
yathā parvata-dhātūnāṃ dahyante dhamatā malaḥ | tathendriyakṛtā doṣā dahyante prāṇadhāraṇāt || 7 ||

이 *Amṛtanāda-upaniṣad*에서는 6지의 하나로 열거한 추리(tarka)를 '심사숙고하는 것'으로 정의한다.[267] 그러나 *Yogacūḍāmaṇi-upaniṣad*와 같은 다른 요가 우파니샤드에서는 "좌법, 조식, 제감, 총지, 정려, 삼매라는 이 여섯이 요가의 지분이다."[268]라고 명시하는 것으로 추리를 배제하고 고전 요가의 8지에 부응하는 수단을 채택한다.

다른 한편으로 *Maitrī-upaniṣad*에서는 요가 수련의 한 주기를 6개월로 제시했는데,[269] 후대의 요가 우파니샤드들에서도 다음과 같이 이 6개월을 적정 기간으로 채택한다.

> 6개월째에 원하는 대로 독존(해탈)에 도달한다는 것은 의심의 여지가 없다.[270]
>
> 6개월 동안 수련하면 죽음을 정복한다는 것은 의심의 여지가 없다.[271]

『요가경』에서 제시한 요가의 8지 중에서 첫째와 둘째인 금계와 권계는 요가의 구체적 수단이라기보다는 요가 수행자가 갖추어야 할 자격이나 조건에 해당한다. 그러므로 이상의 예시로 보면, 구체적 수단으로서의 요가는 제1기와 제2

....

prāṇāyāmair dahed doṣān dhāraṇābhiś ca kilbiṣam | kilbiṣaṃ hi kṣayaṃ nītvā ruciraṃ caiva cintayet ‖ 8 ‖ Sastri(1920) pp. 14-15.

267 "전승[된 말씀]과 어긋나지 않도록 심사숙고하는 것이 tarka(추리)로 불린다." (āgamasyāvirodhena ūhanaṃ tarka ucyate | … ‖ 16 ‖ ibid. p. 17) 岸本英夫(1955:163)는 이렇게 설명하는 tarka를 사택(思擇)으로 번역하고 그 의미를 "전승의 진의를 충실하게 준수하는 태도"라고 이해하면서, 고전 요가에서는 이것이 배제된 배경에 관해 다음과 같은 견해를 가설로 피력한다.
"만약 요가 체계가 사택을 이러한 의미로 이해하면서 더 나아가 이것을 탈락시켰다고 한다면, 이는 바라문의 전통에 대한 요가 체계의 태도를 보여 주는 것으로서 흥미롭다."

268 āsanaṃ prāṇasaṃrodhaḥ pratyahāraś ca dhāraṇā | dhyānaṃ samādhir etāni yogāṅgāni bhavanti ṣaḍ ‖ 2 ‖ *Yogacūḍāmaṇi-up*. Sastri(1920) p. 337. *Dhyānabindu-up* 41(ibid. p. 196)의 서술도 이와 동일하다.

269 "6개월 동안 [요가에] 열중하여 [세속으로부터] 항상 해방된 사람에게는 무궁하고 최상인 신비로운 요가가 성취된다." MaiU 6.28. 원문은 이 @제4장 각주 238.

270 icchayāpnoti kaivalyaṃ ṣaṣṭhe māsi na saṃśayaḥ ‖ 29 ‖ *Amṛtanāda-up*. Sastri(1920) p. 22.

271 ṣāṇmāsam abhyasen mṛtyuṃ jayaty eva na saṃśayaḥ | *Yogaśikhā-up*. 1.109. ibid. p. 411.
요가 우파니샤드들 중에서는 이 밖에도 Dhyānabindu, Yogakuṇḍali, Yogacūḍāmaṇi, Śāṇḍilya, Triśikhibrāhmaṇa 등의 우파니샤드가 6개월을 요가 수련의 한 주기로 언급한다.

기의 주요 우파니샤드들 중에서는 *Maitrī-upaniṣad*에 이르러 6지로 정립되기 시작했다고 말할 수 있다. 다만 우파니샤드에서 이 수단의 목적은 일원론의 범아일여를 체득하는 데 있다. 그래서 후대에 저마다 요가의 방법을 구체적으로 제시한 대부분의 요가 우파니샤드들 역시 이 같은 일원론의 기조를 계승했다.

제5장

대서사시에서 성장한 이원론

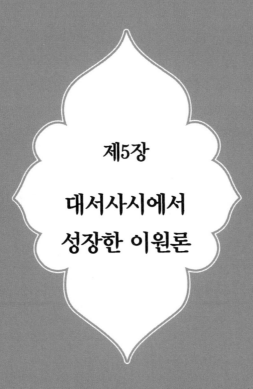

제5장

대서사시에서 성장한 이원론

세계에서 가장 방대한 서사시인 『마하바라타』에서는 아직 이원론으로 정립되지 않은 상태로 유행했던 상키야와 요가의 교의를 빈번하게 언급하거나 소개한다. 이 같은 상키야와 요가는 일원론의 틀을 전격적으로 파기하지는 못한 상태이지만, 고전 상키야의 주요 교설과 공유하는 사고방식을 현저하게 드러낸다. 이 점에서 그것은 이원론으로 성장하는 과정에 있는 상키야와 요가로 간주될 수 있을 것이다. 이 때문에 이것들은 흔히 '초기 상키야'로 불린다.

'초기 상키야'의 사상을 전하는 문헌으로는 『마하바라타』 외에도 인도의 고대 의학서인 *Caraka-saṃhitā*와 『불소행찬』(*Buddhacarita*)과 같은 불전(佛典)이 중요하게 취급된다. 이제까지는 이 문헌들에서 드러나는 미성숙 단계의 상키야와 요가를 간헐적으로 소개하는 데 그쳤다. 여기서는 먼저 『마하바라타』를 섭렵하여, 이원론으로 정착하기 이전까지의 상키야 및 요가를 구체적인 사례로 고찰할 것이다.

5.1. 『마하바라타』의 상키야와 요가

앞의 제2장(2.3.1)에서도 예시했듯이, 『마하바라타』에서는 상키야와 요가를 직접 거명하여 특히 그 당시에 '상키야'라는 이름으로 알려져 있었던 교설을 상술한다. 예를 들어 Yājñavalkya는 다음과 같이 천명하는 것으로 상키야의 교의를 소개하기 시작한다.

> 대지의 보호자여! 그대가 질문한 것에 대해 [이제부터 답할 터이니,] 요가에 속하고 특히 상키야에 속하는 최상의 지식을 들으라.[1]

이로부터 Yājñavalkya는 상키야의 교의를 일종의 창조설로 소개하고 있지만, 고전 상키야의 이론으로 말하자면 이런 것들은 전변설에 해당한다. 그리고 『마하바라타』의 「해탈법품」에 소개되어 있는 상키야와 요가의 교의는 화자에 따라 상이한 경우가 적지 않다. 그러므로 이하에서는 비교적 주목할 만한 교설들을 원문 그대로 소개하면서 고전 상키야-요가의 학설과 연계될 수 있는 관념들을 고찰할 것이다.

5.1.1. 전변의 원리들과 창조

1. 24원리와 아홉 단계의 창조

『마하바라타』의 「해탈법품」에서 Yājñavalkya는 고전 상키야의 25원리 중 순수정신 이외의 24원리를 8종의 원질과 16종의 변이로 양분하고[2] 나서, 이것들의 인과관계를 아홉 단계의 창조로 분류하여 설명한다. 그는 먼저 24원리를 다음과 같이 열거한다.[3]

....

1 śrūyatām avanīpāla yad etad anupṛcchasi | yogānāṃ paramaṃ jñānaṃ sāṃkhyānāṃ ca viśeṣataḥ || 8 || Mbh 12.310=298.8. Dutt(2004.VIII) p. 438.

2 "8[원리들]은 원질로 불리는 반면, 16[원리들]은 변이(變異)로 불린다. 그런데 그 중에서 8[원리들]은 자아에 관해 성찰한 자들이 언명했던 원질이다." Mbh 12.310=298.10. 원문은 @제4장 각주 33.

3 Mbh 12.310=298.11-15. Dutt(2004.VIII) p. 438.
avyaktaṃ ca mahāntaṃ ca tathāhaṅkāra eva ca | pṛthivī vāyur ākāśam āpo jyotiś ca pañcamam || 11 ||
etāḥ prakṛtayas tv aṣṭau vikārān api me śṛṇu | śrotraṃ tvak caiva cakṣuś ca jihvā ghrāṇaṃ ca pañcamam || 12 ||
śabdaḥ sparśaś ca rūpaṃ ca raso gandhas tathaiva ca | vāk ca hastau ca pādau ca pāyur meḍhraṃ tathaiva ca || 13 ||
ete viśeṣā rājendra mahābhūteṣu pañcasu | buddhīndriyāṇy athaitāni saviśeṣāṇi maithila || 14 ||

즉 [8원리들은] 미현현과 '위대한 것'(마하트)과 또한 아만[이라는 셋], 그리고 지(地), 풍(風), 공(空), 수(水)와 다섯째인 화(火)[4]이다. (11)

이것들이 바로 8원질들이니, [이제부터 16]변이들도 내게서 들으라. 귀와 피부, 또한 눈과 혀와 다섯째인 코[는 16변이 중의 다섯이다.] (12)

소리와 감촉과 형색과 맛과 바로 그처럼 [다섯째인] 향(香), 그리고 성대와 두 손과 두 발과 항문과 바로 그처럼 [다섯째인] 생식기[는 16변이 중의 열이다.] (13)

왕들의 제왕이여! [이상으로 열거한 것들 중에서] 이 차별들은 5조대요소를 가리키니, Mithilā의 왕이여! 이 차별을 가진 것들이 지각기관들이다.[5] (14)

자아에 관한 문제를 성찰한 자들, 즉 그대뿐만 아니라 원리들에 대한 지식에 정통한 다른 현자들은 마음을 열 여섯째의 것으로 언명했다. (15)

이에 의하면 미현현, 마하트, 아만, 5조대요소(지, 풍, 공, 수, 화)는 8원질로 불린다. 여기에 추가되는 16변이는 고전 상키야의 용어로 말하면 5지각기관(귀, 피부, 눈, 혀, 코)과 5미세요소(소리, 감촉, 형색, 맛, 향)와 5행위기관(성대, 손, 발, 항문, 생식기)과 마음이다. 그런데 이 같은 총 24원리 중에서 마지막으로 언급된 마음이 아홉 단계로 구분된 창조의 순서에서는 셋째로 열거된다. Yājñavalkya는 다음으로 이 아홉 단계의 창조를 다음과 같이 설명한다.[6]

....

manaḥ ṣoḍaśakaṃ prāhur adhyātma-gati-cintakāḥ | tvaṃ caivānye ca vidvāṃsas tattva-buddhi-viśāradāḥ || 15 ||

4 *Aitareya-upaniṣad*(3.3)에서도 이와 똑같은 순서와 용어로 이 다섯을 5조대요소로 열거한다. @제4장 각주 192 참조.

5 이 서술의 함의를 "지(地)와 풍(風)과 공(空)과 수(水)와 화(火)라는 5조대요소를 '차별'로 일컫고, 귀와 피부와 눈과 혀와 코라는 5지각기관은 차별인 5조대요소를 대상으로 갖는다."라고 풀이할 수 있다. 5조대요소를 '차별'로 표현한 용례는 MaiU 6.10(@제4장 각주 156)에서도 볼 수 있다. 『마하바라타』의 이 대목에서는 5지각기관의 대상으로 5조대요소만을 언급하지만, 나중의 고전 상키야(SK 34)에 의하면 5조대요소(차별, 즉 차이가 있는 것들)뿐만 아니라 5미세요소(무차별, 즉 차이가 없는 것들)도 5지각기관의 대상이 된다. 한편 『마하바라타』의 다른 곳에서는 5조대요소에 내재하는 것을 '차별'로 일컫는다.
"소리와 감촉, 형색과 맛, 다섯째인 향, 왕들의 제왕이여! 이것들이 5조대요소에 내재하는 차별들이다." (śabdaḥ sparśaś ca rūpaṃ ca raso gandhaś ca pañcamaḥ | ete viśeṣā rājendra mahābhūteṣu pañcasu || Mbh 12.311.12=299.11. Dutt 2004.VIII:440)

6 Mbh 12.310=298.16-25. ibid. p. 439.

그런데 미현현으로부터 대아(大我)가 발생한다. 대지의 주인이여! 지식인들은 이것이 제일원인으로부터 유래한 첫째 창조라고 말했다. (16)

또한 마하트(=대아)로부터는 아만이 출현한다. 실로 군주여! 이것이 통각의 본성으로 이루어진다고 전해진 둘째 창조라고 말했다.[7] (17)

그리고 아만으로부터는 [조대]요소들의 특성(guṇa)으로 이루어지는 마음이 발생하니,[8] 이것이 아만에 속하는 셋째 창조로 불린다. (18)

내 생각으로는 이제 마음으로부터 [5]조대요소들이 발생하니, 군주여! 그대는 이것을 마음에 속하는 넷째 창조로 알라.[9] (19)

[마음으로부터는] 소리와 감촉과 형색과 맛과 향이 바로 그러하니(발생하니), [존재의] 요소를 성찰하는 자들은 요소들로 이루어진 [이것이] 다섯째 창조라고 말했다. (20)

또한 [마음으로부터 발생하는] 귀와 피부, 눈과 혀, 그리고 다섯째인 코는 '다

....

avyaktāc ca mahān ātmā samutpadyati pārthiva | prathamaṃ sargam ity etad āhuḥ prādhānikaṃ budhāḥ || 16 ||
mahataś cāpy ahaṅkāra utpanno hi narādhipa | dvitīyaṃ sargam ity āhur etad buddhy-ātmakaṃ smṛtam || 17 ||
ahaṅkārāc ca saṃbhūtaṃ mano bhūta-guṇātmakam | tṛtīyaḥ sarga ity eṣa āhaṅkārika ucyate || 18 ||
manasas tu samudbhūtā mahābhūtā narādhipa | caturthaṃ sargam ity etan mānasaṃ viddhi me matam(=paricakṣate) || 19 ||
śabdaḥ sparśaś ca rūpaṃ ca raso gandhas tathaiva ca | pañcamaṃ sargam ity āhur bhautikaṃ bhūta-cintakāḥ || 20 ||
śrotraṃ tvak caiva cakṣuś ca jihvā ghrāṇaṃ ca pañcamam | sargaṃ tu ṣaṣṭham ity āhur bahucintātmakaṃ smṛtam || 21 ||
adhaḥ śrotrendriyagrāma utpadyati narādhipa | saptamaṃ sargam ity āhur etad aindriyakaṃ smṛtam || 22 ||
ūrdhvaṃ(=ūrdhva-srotas) tathā tiryag utpadyati narādhipa | aṣṭamaṃ sargam ity āhur etad ārjavakaṃ smṛtam(=budhāḥ) || 23 ||
tiryak-srotas tv adhaḥsrota utpadyati narādhipa | navamaṃ sargam ity āhur etad ārjavakaṃ budhāḥ || 24 ||
etāni nava sargāṇi tattvāni ca narādhipa | caturviṃśatir uktāni yathāśruti nidarśanāt || 25 ||

7 여기서는 마하트(mahat)와 대아(mahān ātmā)와 통각(buddhi)이 동의어로 구사되어 있다.

8 5조대요소와 연관된 마음이 아만으로부터 발생한다는 이러한 인식에는 약간 모호함이 엿보인다. Yājñavalkya는 창조가 진행되는 우주적 시간을 후속 주제로 설명하면서 아만으로부터 5조대요소가 발생한다는 이설을 언급한다.
"최상위에 있는 아만이 요소들을 다섯 가지로 방출하니 지(地), 풍(風), 공(空), 수(水)와 다섯째인 화(火)가 그것들이다." (parameṣṭhī tv ahaṅkāraḥ sṛjan bhūtāni pañcadhā | pṛthivī vāyur ākāśam āpo jyotiś ca pañcamam || Mbh 12.311.10=299.9. Dutt(2004.VIII:440)

9 Pune본에서 "viddhi me matam"은 동일한 음절인 "paricakṣate"로 바뀌어 있다. 이에 의하면 이 구문은 "이제 마음으로부터 [5]조대요소들이 발생하니, 군주여! 마음에 속하는 이것을 넷째 창조라고 말한다."가 된다.

양한 생각으로 이루어진다'고 전해진 여섯째 창조라고 말했다.[10] (21)

하방으로는 청각기관 [따위]의 거처(5행위기관)[11]가 발생한다. 군주여! 감관(5지각기관)과 관련된 것으로 전해진 이것이 일곱째 창조라고 말했다. (22)

[거처(5행위기관)로부터] 상승하고 또한 평행하는 것이 발생한다. 군주여! 직진하는 것으로 전해진 이것이 여덟째 창조라고 말했다.[12] (23)

이제 평행하는 흐름은 '하강하는 흐름'(apāna)으로서 발생한다.[13] 지식인들은 직진하는 이것이 아홉째 창조라고 말했다. (24)

....

10 여기서 '다양한 생각'의 원어는 bahucintā인데, 이것의 함의가 분명하지는 않다. Ganguli(1891:625)는 이것을 '사고의 다양성'으로 이해하여, 이 구절을 다음과 같이 번역했다.
"귀, 피부, 눈, 혀, 코의 창조는 여섯째를 이루며 그 본질로서 사고의 다양성을 갖는 것으로 간주된다."
고전 상키야의 전변설에서 마음은 내적 기관이고 '귀, 피부, 눈, 혀, 코'라는 5지각기관은 마음의 대상이 되는 외적 기관이다. 이 점을 고려하면, 여기서 '다양한 생각으로 이루어진다' 또는 '사고의 다양성을 본질로 갖는다'고 표현한 여섯째 창조는 마음에 포섭된다는 것을 의미하는 것으로 이해할 수 있다.

11 Ganguli(1891:625)는 이 '거처'(grāma)의 의미를 '행위기관들'로 해석했다.

12 Pune본의 원문에서는 서두의 ūrdhvaṃ이 ūrdhva-srotas로, 말미의 smṛtam이 budhāḥ로 교체되어 있다. 이에 따르면 이 구절은 다음과 같이 번역된다.
"[거처(5행위기관)로부터] 상승하는 흐름, 그리고 또한 평행하는 [흐름]이 발생한다. 군주여! 지식인들은 직진하는 이것이 여덟째 창조라고 말했다."
여기서 '상승하고'와 '평행하는'의 원어는 각각 ūrdhva와 tiryak이고, 이 둘은 숨(prāṇa)의 흐름을 비유한 것으로 이해할 수밖에 없다. 우선 이렇게 이해할 수 있는 근거로는 후대의 『상키야송』에서 "기관들(5지각기관과 5행위기관)에 공통하는 활동은 숨(생기) 따위의 5풍이다."(SK 29, @제4장 각주 196)라고 교시한 것을 들 수 있다. 이에 따라 상승하는(ūrdhva) 것과 평행하는(tiryak) 것은 5풍으로 불리는 숨의 다섯 가지 흐름들 중의 일부를 각각 상징하는 비유일 것으로 해석된다. 그 실례로서 Ganguli(1891:626)는 ūrdhva를 '상승하는 숨'(prāṇa)으로 번역하고, tiryak의 경우에는 '평행 운동을 가진 것'으로 번역하면서 이것의 실제 의미를 5풍 중의 samāna(등기)와 udāna(상기)와 vyāna(매기)로 제시했다. 그는 마지막에서 언급하는 '직진하는 것'에 대해서는 원어인 ārjava를 번역하지 않고 그대로 사용한 대신, 각주로 다음과 같은 설명을 부연했다.
"ārjava는 곧은 길이나 진행을 의미하는데, 이 풍(風)들, 즉 숨들의 진행은 곧장 나아가기 때문에 그렇게 불린다. 이러한 숨들을 언급하는 것으로 앞에서는 언급하지 않은 신체 조직의 다른 부분을 가리킨다."
한편 Dutt(2004.VIII:439)는 tiryak(평행하는)를 '하강하는'이라고 파격적으로 번역했는데, 그는 이것이 후속하는 제24송에서 묘사하는 5풍 중의 apāna(하기)를 지칭한 것으로 이해한 듯하다. 그러나 제24송에서는 이 apāna를 아홉째 창조로 일컫기 때문에 Dutt의 번역은 Ganguli의 번역에 비해 납득하기 어렵다.

13 Ganguli(1891:626)는 이 구절을 "이제 평행하는 흐름인 그 숨들이 신체의 하부(즉 samāna, udāna, vyāna)에 이르며, 이것을 또한 하강하는 흐름인 apāna로 일컫는다."라고 의역했다.

군주여! 이것들이 아홉 가지의 창조요, 계시서(베다)의 가르침에 따라 예시를 통해 스물 넷으로 언급된 원리들이다. (25)

이상과 같은 아홉 단계의 창조에서 24원리는 일곱째 창조까지 적용되어 있는데, 이 창조의 인과관계를 아래와 같이 추출할 수 있다.

미현현 → ①대아(=마하트/통각) → ②아만 → ③마음 → ④5조대요소 → ⑤5[미세]요소[14] → ⑥5지각기관 → ⑦5행위기관

이처럼 직선적인 인과관계를 고전 상키야의 전변설(<표 2>)과 비교해 보면, 고전 상키야에서는 5조대요소와 5미세요소의 순서가 뒤바뀔 뿐만 아니라 그 둘은 마음이 아니라 아만으로부터 발생한 것으로 정비된다.

한편 여덟째와 아홉째의 창조는 숨의 다섯 가지 기능인 5풍을 양분한 것이지만, 5풍을 중시한다는 사실 외에 그 인과관계를 어떻게 이해한 것인지도 분명하게 드러나지는 않는다. 더욱이 이 둘의 경우는 고전 상키야의 전변설에서 취급되는 주제도 아니다. 어쨌든 여기서 비유적 표현으로 설명한 원의를 기존의 해석에 따라 추론하자면, 마지막의 두 창조는 다음과 같은 인과관계를 암시한 것으로 이해된다.

여덟째의 창조는 5지각기관으로부터 5풍 중의 4풍인 prāṇa(생기), samāna(등기), udāna(상기), vyāna(매기)가 발생하는 것이다.
아홉째의 창조는 5풍 중의 3풍인 samāna(등기), udāna(상기), vyāna(매기)로부터 apāna(하기)가 발생하는 것이다.

14 원문에서는 '미세요소'라는 용어를 구사하지 않으므로, 이 사실을 표시하기 위해 '[미세]'로 기재한다. 이하 동일.

그러나 원의를 이렇게 파악하더라도 이것만으로는 5품을 4품, 3품, 1품으로 구분한 배경이나 이유를 이해하기 어렵다.

2. 다섯 단계의 창조와 제25원리

Vasiṣṭha는 Yājñavalkya가 설명하는 것과는 달리 25원리의 상키야 학설을 교시한다. 그는 24원리를 다섯 단계의 창조로 설명하고 나서, 비슈누가 바로 최상위의 제25원리임을 역설한다. 그의 설명에서는 제23원리를 Hiraṇyagarbha(황금의 태아)로 명명하고 다양한 별칭으로 특별히 강조한 점이 특이하다.

Vasiṣṭha의 설명에서는 Hiraṇyagarbha가 통각(buddhi), 마하트(mahat), Viriñci, 불생자(aja), '편재하는 자아'(viśvātman), '하나의 음절'(Om), '모든 형태를 가진 자'(viśvarūpa) 따위처럼 혼잡스러울 정도로 다양하게 불린다. 이러한 별칭들 중에서 상키야의 학설에 적합한 것은 통각 또는 마하트이다. 그리고 Vasiṣṭha가 설명하는 기조로 보면 Hiraṇyagarbha의 별칭들을 '마하트'로 통일해도 무방하다.[15] 그에 의하면 마하트는 창조의 첫째 산물인 동시에 창조의 실질적 주역이다. 마하트가 고상하게 다양한 이름으로 불리는 것도 이 때문일 것이다. 그는 이제 Hiraṇyagarbha로 불리는 마하트로부터 최초로 창조된 원리가 아만이라는 학설을 다음과 같이 설명한다.[16]

....

15 Vasiṣṭha는 이하에서 인용한 교설에 앞서 다음과 같이 '마하트'에 초점을 둔다.
"[Śaṃbhu(≒쉬바)는] 최초로 태어난 존재이자 끊임없이 활동하는 마하트를 창조한다. 물질적 형체가 없는 자아로서 스스로 존재하는 Śaṃbhu는 물질적 형체의 모든 것을 [창조하나니,]" (sṛjaty anantakarmāṇaṃ mahāntaṃ bhūtam agrajam ‖ mūrtimantam amūrtātmā viśvaṃ śaṃbhuḥ svayambhuvaḥ | Mbh 12.302.15-16=291.15. Dutt 2004.VIII:411)

16 Mbh 12.302.18-23=291.17-22. ibid.
hiraṇyagarbho bhagavān eṣa buddhir iti smṛtaḥ | mahān iti ca yogeṣu viriñcir iti cāpy ajaḥ ‖ 18 ‖
sāṃkhye ca paṭhyate śāstre nāmabhir bahudhātmakaḥ | vicitrarūpo viśvātmā ekākṣara iti smṛtaḥ ‖ 19 ‖
vṛtaṃ naikātmakaṃ yena kṛtaṃ(=kṛtsnaṃ) trailokyam ātmanā | tathaiva bahurūpatvād viśvarūpa iti smṛtaḥ ‖ 20 ‖
eṣa vai vikriyāpannaḥ sṛjaty ātmānam ātmanā | ahaṅkāraṃ mahātejāḥ prajāpatim ahaṃkṛtam ‖ 21 ‖
avyaktād vyaktam āpannaṃ vidyāsargaṃ vadanti tam | mahāntaṃ cāpy ahaṅkāram avidyāsargam eva ca ‖ 22 ‖
avidhiś ca vidhiś caiva samutpannau tathaikataḥ | vidyāvidyeti vikhyāte śruti-śāstrārtha-cintakaiḥ ‖ 23 ‖

성스러운 이 Hiraṇyagarbha(황금의 태아)가 [상키야에서는][17] '통각'으로 불리며, 요가의 추종자들에게는 '마하트'로, Viriñci[18]로, 또한 불생자(不生者)로도 불린다. (18)

그런데 상키야의 학설에서는 본질적으로 가지각색인 [이것(Hiraṇyagarbha)이] 여러 이름으로 언급되며, 다양한 형태를 갖고 편재하는 자아로서 [Om이라는] 하나의 음절로 불린다. (19)

온갖 성질을 갖고 형성된 삼계(三界)는[19] 그 자아(Hiraṇyagarbha)에 의해 감싸여 있으며, 바로 그와 같은 다양성 때문에 [그 자아는] '모든 형태를 가진 자'로 불린다. (20)

실로 이것이 변형을 일으켜 그 자신에 의해 자신을 창조하니, 위대한 활력을 가진 그(Hiraṇyagarbha)는 '나'라는 의식이 부여된 조물주인 아만을 창조한다. (21)

미현현으로부터 현현(≒Hiraṇyagarbha)[20]을 일으키는 이것을 그들은 지혜의 창조라고 말하고 '마하트'라고도 말하며, 아만을 오직 무지의 창조라고 말한다.[21] (22)

그와 같이 동일한 하나로부터 [속성이] 규정되지 않은 것과 규정된 것이 발생하니, 성전(계시서)과 교전의 의미를 성찰한 자들은 [그 둘을] 지혜와 무지라고 안다.[22] (23)

....

17 Ganguli(1891:590)는 '베단타에서는'이라고 부연했지만, 후술하는 맥락(19)으로 보아 '상키야에서는'이라고 파악하는 것이 타당할 것이다. 베단타의 관점에서 해석하는 그는 샹카라가 Vasiṣṭha를 베단타 학파의 최초의 성현으로 간주했던 것을 고려했을 것이다. @제2장 각주 199 참조.

18 Viriñci(또는 Viriñca)는 힌두교의 3대 신격인 브라마와 비슈누와 쉬바에 적용되는 별칭이다. Mbh 12.342.94=330.29에서 Viriñca는 위대한 조물주(Prajāpati)로 불리는데, 이 경우에는 브라마를 가리킨다. cf. Dutt(2004.VIII) p. 584.

19 Pune본에서는 '형성된'(kṛtaṃ)이 아니라 '모든'(kṛtsnaṃ)이다. 이에 따르면 이 구절은 "온갖 성질을 가진 삼계(三界)는 모두"가 된다.

20 Ganguli(1891:590)는 '현현'(vyakta)이 지칭하는 것을 Hiraṇyagarbha로 해석했다. 이에 뒤따르는 언급에 의하면 현현이 곧 Hiraṇyagarbha로서의 마하트이다.

21 Ganguli(1891:590)는 무지의 창조를 "Hiraṇyagarbha에 의한 마하트와 아만의 창조"로 해석했다. 그러나 이 경우에는 지혜의 창조에 속하는 마하트가 무지의 창조에도 속한다는 혼동이 발생한다. 여기서는 지혜의 창조를 미현현으로부터 Hiraṇyagarbha(≒통각=마하트)가 발생하는 것으로 서술하기 때문이다. 바로 위의 각주 참조.

이상의 설명은 창조의 다섯 단계 중에서 제1과 제2에 해당한다. 다만 여기서는 제1과 제2를 각각 '지혜의 창조'와 '무지의 창조'로 일컫는다. 그리고 이 창조의 요지를 다음과 같이 간명하게 이해할 수 있다.

지혜의 창조(제1 창조): 미현현 → Hiraṇyagarbha(마하트)
무지의 창조(제2 창조): Hiraṇyagarbha(마하트) → 아만

이에 곧장 후속하여 Vasiṣṭha는 나머지 세 단계의 창조를 다음과 같이 교시한다.[23]

대지의 주인이여! 아만으로부터 [5]조대요소의 창조는 셋째라고 알고, 아만에 있는 모든 것(=아만에 존재하는 것들)에서 변형된 것을 넷째라고 알라. (24)
풍(風)과 화(火), 그리고 공(空)과 수(水), 또한 지(地)가 그러한 것(셋째)이며, 소리와 감촉과 형색과 맛과 향이 바로 그러한 것(넷째)이다. (25)
이와 같은 10종이 집합을 이루어 의심할 여지가 없이 동시에 발생하니, 왕들의 제왕이여! [이러한] 요소들로 이루어진 창조가 유용한 다섯째라고 알라. (26)
[다섯째 창조로 형성되는 것이] 귀, 피부, 눈, 혀와 다섯째인 코, 그리고 성대

22 Ganguli(1891:590-1)는 이것이 매우 모호한 구절이어서 자신도 이것을 바르게 이해한 것인지 확신하지는 못한다고 전제하고서, 여기서 말하는 취지를 다음과 같이 추정하여 해설한다.
"불멸자(akṣara)로부터 Hiraṇyagarbha가 발생하고 Hiraṇyagarbha로부터 Virāṭ(≒조대한 육체의 총체)가 발생한다. 범부들은 이러저러한 것들을 숭배하지만, 진실한 통찰력을 가진 사람들은 그것들 중 어느 것에도 숭배할 만한 속성을 부여하지 않는다. 속성이 부여된 것은 무지로 불리고 속성의 부여가 없는 것(또는 그 귀속의 파괴)은 (Virāṭ 또는 Hiraṇyagarbha 또는 불멸자에 관한) 지혜로 불리는데, 화자는 이 둘이 발생한다고 말하는 것이다. 아직 숭배하거나 그러한 숭배를 비난할 사람이 없을 때, 어떻게 그 둘이 발생할 수 있는가 하는 의문이 제기될 수 있을 것이다. 이에 대해 답하자면, 그 둘은 미세한 형태로 성립해 있었으며, 나중에 출현하게 된 인간에 의해 활용된다."

23 Mbh 12.302.24-29=291.23-28. Dutt(2004.VIII) pp. 411-2.
bhūtasargam ahaṅkārāt tṛtīyaṃ viddhi pārthiva | ahaṅkāreṣu sarveṣu(=bhūteṣu) caturthaṃ viddhi vaikṛtam || 24 ||
vāyur jyotir athākāśam āpo 'tha pṛthivī tathā | śabdaḥ sparśaś ca rūpaṃ ca raso gandhas tathaiva ca || 25 ||
evaṃ yugapad utpannaṃ daśavargam asaṃśayam | pañcamaṃ viddhi rājendra bhautikaṃ sargam arthavat || 26 ||
śrotraṃ tvak cakṣuṣī jihvā ghrāṇam eva ca pañcamam | vāk ca hastau ca pādau ca pāyur meḍhraṃ tathaiva ca || 27 ||
buddhīndriyāṇi caitāni tathā karmendriyāṇi ca | saṃbhūtānīha yugapan manasā saha pārthiva || 28 ||
eṣā tattva-caturviṃśā sarvākṛtiṣu vartate | yāṃ jñātvā nābhiśocanti brāhmaṇās tattva-darśinaḥ || 29 ||

와 두 손과 두 발과 항문과 바로 그처럼 [다섯째인] 생식기이다. (27)

그리고 이것들[에서 앞의 다섯]은 지각기관이요 또한 [뒤의 다섯은] 행위기관이다. 대지의 주인이여! 이 세상에서는 이것들이 마음과 함께 동시에 발생한다.

모든 현상에는 이 24원리가 존재하니, 진리를 통찰한 바라문들은 이것을 알고 나서 슬픔에 빠지는 일이 없다. (29)

이와 같이 설명하는 창조의 세 단계(제3~5)를 앞서 설명한 두 단계에 추가하면, 다섯 단계 창조의 전모는 다음과 같다.

제1 창조(지혜의 창조): 미현현→Hiraṇyagarbha(마하트)

제2 창조(무지의 창조): Hiraṇyagarbha(마하트) →아만

제3 창조: 아만→5조대요소(풍, 화, 공, 수, 지)

제4 창조: 아만→5[미세]요소(소리, 감촉, 형색, 맛, 향)

제5 창조: 10요소(5조대요소+5[미세]요소) →마음, 5지각기관(귀, 피부, 눈, 혀), 5행위기관(성대, 손, 발, 항문, 생식기)

이로써 미현현을 비롯한 24원리가 모두 열거되었다. 이 같은 Vasiṣṭha의 설명은 마음을 셋째 창조로 열거하는 Yājñavalkya의 설명과는 판이하다. 그러나 마음을 10기관과 함께 엮어 11감관의 하나로 간주한 점에서는 고전 상키야의 관념(<표 2>)과 일치한다. 다음으로 Vasiṣṭha의 설명에서 주목할 만한 것은 제25원리이다. 그가 다음과 같이 비슈누 신을 제25원리로 교시한 학설은 당연히 유신 상키야로 불릴 만한 것이다.[24]

....

24 Mbh 12.302.37-40=291.36-39. Dutt(2004.VIII) pp. 412-3.
mahāṃś caivāgrajo nityam etat kṣara-nidarśanam | kathitaṃ te mahārāja yan māṃ tvaṃ paripṛcchasi(=yasmān nāvartate punaḥ) || 37 ||
pañcaviṃśatimo viṣṇur nistattvas tattva-saṃjñitaḥ | tattva-saṃśrayaṇād etat tattvam āhur manīṣiṇaḥ || 38 ||
yan martyam(=yad amūrty) asṛjad vyaktaṃ tat tan mūrty adhitiṣṭhati | caturviṃśatimo 'vyakto(=vyakto) hy amūrtaḥ

그리고 '마하트'야말로 최초로 태어난 것이지만, 대왕이여! 그대가 나에게 질문한 이것을 항상 괴멸의 예가 되는 것으로 그대에게 진술했다.[25] (37)
[앞에서 열거한 24] 원리에 포함되지 않는 비슈누(Viṣṇu)는 제25원리로 불린다. 원리들의 거처이기 때문에 현자들은 이것을 원리로 일컬었다. (38)
필멸의 것은 현현을 방출했고 물질적 형체인 그 각각[의 현현]을 감독한다. [그 필멸의 것이] 제24[원리]인 미현현이요, 제25[원리]는 물질적 형체가 없는 것이기 때문에 [현현을 감독하지 않는다.][26] (39)
바로 그것(미현현)이 물질적 형체인 모든 것들의 심장에 자아인 양 머물지만, 물질적 형체가 없는 것(비슈누)은 순수하고(=지각을 일으키고) 영원한 지성으로서 모든 것을 물질적 형체로 소유한다. (40)

그런데 여기서 제25원리로 불리는 비슈누는 세계의 창조자 또는 주재자로서

....

pañcaviṃśakaḥ ‖ 39 ‖
sa eva hṛdi sarvāsu mūrtiṣv ātiṣṭhate "tmavān | kevalaś(=cetayaṃś) cetano nityaḥ sarvamūrtir amūrtimān ‖ 40 ‖

25 Pune본에서는 mahārāja(대왕이여!) 다음의 원문이 "yasmān nāvartate punaḥ"로 바뀐다. 이에 따른 번역은 "… 대왕이여! 이것을 항상 괴멸의 예가 되는 것으로 그대에게 진술했다. 따라서 재차 상술하지 않을 것이다."가 된다.

26 여기서는 다음과 같은 Ganguli(1891:592)의 의역을 참조하여 '필멸의 것'(martya)을 주어로 독해했다. "필멸의 것이 일으킨 이 모든 것은 현현이므로, 이 모든 것에게는 형체가 부여되어 있다. 원질(Prakṛti)인 제24는 [자신의 변형으로부터 발생한] 이 모든 것을 감독한다. 비슈누인 제25는 형체가 없으므로 우주를 감독할 수 없다."
여기서 Ganguli는 우주의 감독자(adhitiṣṭhātṛ)를 비슈누가 아니라, 미현현으로 표현된 원질에 적용한 것을 크게 주목했다. 비슈누는 감독자가 아니라 편재자(vyāpaka)이다. Ganguli의 독해와는 달리 미현현(avyakta)을 주어로 독해하여 다음과 같이 번역하더라도 감독자는 미현현인 것으로 이해된다. "제24[원리]인 미현현이 필멸의 것을 현현으로 방출했고 물질적 형체인 그 각각[의 현현]을 감독한다. 제25[원리]는 물질적 형체가 없는 것이기 때문에 [현현을 감독하지 않는다.]"
그러나 Pune본에 의하면 비슈누가 감독자로 해석된다. 즉, 해당 원문의 시작과 중간에서 "yan martyam"과 "avyakto"가 Pune본에서는 각각 "yad amūrty"와 "vyakto"로 기재되어 있는데, 이에 따라 이 게송의 의미도 다음과 같이 바뀜으로써 비슈누는 제25원리이자 미현현으로서 세계를 창조하고 감독한다.
"물질적 형체가 없는 것이 현현을 창조했고 물질적 형체인 그 각각[의 현현]을 감독한다. 제24[원리]는 현현이지만 제25[원리]는 물질적 형체가 없는 것이기 때문이다."
원문에 따라 이처럼 의미의 차이가 있더라도, 비슈누를 미현현의 상위에 있는 최고 원리로 간주하는 관념은 동일하다. 그러나 이 경우에는 흔히 제24원리로 간주되었던 미현현이 현현(vyakta)의 위상으로 추락한다.

의 신격과는 다르다. 유형의 물질세계인 현현을 감독하는 것은 제24원리인 미현현이고, 편의상 제25원리로 불릴 뿐인 무형의 비슈누는 그 현현을 감독하지 않기 때문이다. 이 비슈누는 물질세계가 존재할 공간이 된다는 의미에서 물질세계의 소유자로 표현될 뿐이고, 물질세계의 창조나 감독의 기능도 갖지 않는다. 이 같은 비슈누의 특성으로 주목해야 할 것은 '순수하고 영원한 지성'이라는 것이다.

고전 상키야의 이원론에서 순수하고 영원한 지성은 정신 원리인 순수정신을 정의하는 특성이다. 더욱이 순수정신은 활동성을 갖지 않는 비작자로 정의된다. Vasiṣṭha는 위에서 제25원리인 비슈누와 제24원리인 미현현의 차이를 설명하는 데 주력하는데, 비슈누와 미현현은 사실상 고전 상키야의 순수정신과 근본원질에 각각 상당한다. 이 점은 Vasiṣṭha가 다음으로 비슈누에 의한 창조를 3질로써 설명하는 데서 더욱 분명하게 드러난다.

3. 3질에 의한 3계의 창조

앞서 고전 상키야의 인과론을 소개하면서 이미 명시했듯이 순수정신과 원질은 3질의 유무로 차별된다. 즉 3질이 없는 것은 순수정신이고, 3질로 이루어진 것은 모두 원질에 귀속된다. 그런데 세계의 창조를 설명하는 Vasiṣṭha의 교설에도 두 가지 원리를 이와 같이 차별하는 발상이 적용되어 있다. 여기서 Vasiṣṭha가 설명하는 3질의 내용은 고전 상키야에서도 거의 그대로 통용될 수 있는 것들이다.[27]

....

27 Mbh 12.302.41-49=291.40-48. Dutt(2004.VIII) p. 413.
sarga-pralaya-dharmiṇyā asargapralayātmakaḥ | gocare vartate nityaṃ nirguṇo guṇa-saṃjñitam ‖ 41 ‖
evam eṣa mahān ātmā sarga-pralaya-kovidaḥ | vikurvāṇaḥ prakṛtimān abhimanyaty abuddhimān ‖ 42 ‖
tamaḥ-sattva-rajo-yuktas tāsu tāsv iha yoniṣu | niyate pratibuddhitvād(=līyate 'pratibuddhatvād) abuddha-jana-sevanāt ‖ 43 ‖
sahavāsa-vināśitvān(=sahavāso nivāsātmā) nānyo 'ham iti manyate | yo 'haṃ so 'ham iti hy uktvā guṇān evānuvartate ‖ 44 ‖
tamasā tāmasān bhāvān vividhān pratipadyate | rajasā rājasāṃś caiva sāttvikān sattva-saṃśrayāt ‖ 45 ‖
śukla-lohita-kṛṣṇāni rūpāṇy etāni trīṇi tu | sarvāṇy etāni rūpāṇi yānīha(=jānīhi) prākṛtāni vai ‖ 46 ‖
tāmasā nirayaṃ yānti rājasā mānuṣān atha | sāttvikā devalokāya gacchanti sukha-bhāginaḥ ‖ 47 ‖

창조와 소멸에 속하지 않는 그것(비슈누)은 감관의 영역에서 항상 [3]질을 갖지 않고 존재하지만, 창조와 소멸의 '속성을 가진 것'(원질)[28][과의 결합]에 의해 [3]질[을 가진 것의]로 불린다. (41)

이와 같이 그 위대한 자아[29]는 창조와 소멸을 경험하는 자요, 변형을 겪는 자요, 원질을 가진 자로서 자만하고 무지한 자가 된다. (42)

그 [위대한 자아]는 암질과 순질과 동질과 결합하여 이 세상에서 각각의 자궁들 속으로 들어가는데, 이는 [자신의 본성을] 망각[30]하기 때문이고 무지한 중생을 돌보기 때문이다. (43)

그는 [3질과] 함께 살면서 변형을 겪기 때문에[31] '나는 [3질과] 다르지 않다'고 생각하며, 실로 '내가 바로 그 나'라고 말하고서 오로지 [3]질들을 추종한다. (44)

그는 암질에 의해 무지의 성질을 가진, 또한 동질에 의해서는 격정의 성질을 가진, 순질과의 결합을 통해서는 선(善)의 성질을 가진 온갖 종류의 상태에 도달한다. (45)

이것들 셋(순질과 동질과 암질)은 백색과 적색과 흑색이니, 이 모든 색들이 실로 이 세상에서는[32] 원질로부터 유래한다. (46)

암질에 속한 자들은 지옥으로 가고, 또한 동질에 속한 자들은 인간계로 가며,

....

niṣkaivalyena pāpena tiryagyonim avāpnuyāt | puṇyapāpena mānuṣyaṃ puṇyenaikena devatāḥ || 48 ||
evam avyakta-viṣayaṃ kṣaram āhur manīṣiṇaḥ | pañcaviṃśatimo yo 'yaṃ jñānād eva pravartate || 49 ||

28 '속성을 가진 것'(dharmiṇī)을 굳이 여성격으로 표현한 것은 다음 게송(42)에서 비로소 언급하는 원질(prakṛti)과 상응한다. Ganguli(1891:592)가 이것을 아예 Prakṛti로 특정한 것도 이 때문일 것이다.

29 Ganguli(1891:593)는 '위대한 자아'가 지칭하는 것을 Hiraṇyagarbha로 제시했지만, 바로 앞의 맥락으로 보면 원질과 결합하여 3질을 갖게 된 비슈누를 지칭할 것이다. 다만 이 경우의 비슈누는 '위대한 자아'라는 이름으로 전변을 개시한다.

30 Ganguli(1891:593)가 이의 원어 pratibuddhitva를 '망각'(forgetfulness)으로 번역한 것은 접두사 prati를 buddhi의 '반대'라는 의미로 적용한 것으로 보인다. pratibuddhitva를 '각성'이라는 일반적 의미로 적용하면 이 게송의 맥락이 뒤틀리기 때문이다. 그러나 "niyate pratibuddhitvād"를 "līyate 'pratibuddhatvād"로 기재한 Pune본에 따르면 이런 문제가 발생하지 않는다. Pune본으로 번역하면 이 대목은 "… 이 세상에서 각각의 자궁들 속에 부착하는데, 이는 각성이 없기 때문이고 …"가 된다.

31 Pune본에 따르면 "그는 [3질과] 함께 살면서 변형을 겪기 때문에"(sahavāsa-vināśitvān)는 "[3질의] 동숙자로서 살아가는 자아는"(sahavāso nivāsātmā)으로 바뀐다.

32 'yānīha'를 'jānīhi'로 기재한 Pune본에 따르면, 이 뒷 구절은 "그대는 이 모든 색들이 실로 원질로부터 유래한 것으로 알아야 한다."로 바뀐다.

순질에 속한 자들은 천계로 가서 행복을 누린다. (47)
순전한 악으로는 축생의 자궁에, 공덕과 악으로는 인간의 지위에, 한결같은 공덕으로는 신들의 지위에 도달할 것이다. (48)
이와 같이 현자들은 미현현에 속한 것을 괴멸하는 것으로 말했지만, 제25[원리]인 이것은 오직 지혜를 통해 존속한다. (49)

여기서는 세계를 지옥과 인간계와 천계라는 3계(界)로 구분하고, 이 3계가 제25원리인 비슈누에 의해 성립되는 과정을 설명한다. 그런데 비슈누는 창조와 소멸을 초월해 있으며 창조의 질료가 되는 3질을 갖지 않으므로 창조의 직접적인 근원이 될 수가 없다. 그래서 여기서는 3질을 가진 것과 결합함으로써 3질을 갖게 된 비슈누에 의해 3계가 성립된다고 설명한다.

Vasiṣṭha가 말하는 '3질을 가진 것'이란 제24원리인 미현현을 가리킨다. 고전 상키야에서도 미현현은 '3질을 가진 것'이며, 이것을 흔히 원질(prakṛti)로 통칭한다. 또한 창조는 순수정신과 제일원인(원질)과의 결합에 의해 이루어진다고 설명한다.[33] 그러므로 비슈누가 암질과 순질과 동질이라는 3질과 결합하여 창조가 이루어지는 것으로 설명하는 Vasiṣṭha의 교설은 고전 상키야에서 정립한 창조설의 전신(前身)에 해당한다.

고전 상키야에서 창조의 주체는 제일원인으로서의 원질이고, 순수정신 자체는 창조의 계기가 될 뿐으로 창조에 직접 관여하지 않는다. 이에 반해 Vasiṣṭha의 교설에서 순수정신에 상당하는 비슈누는 '원질을 가진 자'가 됨으로써 원질을 구성하는 3질에 의한 창조를 진행한다. 이처럼 지혜의 원리인 비슈누가 무지의 원리인 미현현(원질)과 결합하여 창조한다는 학설은 이원론적 관념을 도입한 흔적이 역력하다.

Vasiṣṭha의 설명 중에서 고전 상키야의 학설과 가장 밀접한 것은 3질이다. 특

33 SK 21. @제2장 각주 165, 166 참조.

히 지옥과 인간계와 천계를 3질로 설명하는 관념(제47송)이 『상키야송』에는 다음과 같이 반영되어 있다.

> 상방(천계)에는 순질이 풍부하고, 하방(동식물계)에는 암질이 풍부하며, 중앙(인간계)에는 동질이 풍부하다. [이와 같이] 브라마 신으로부터 풀포기에 이르기까지 [3질이 있다.][34]

여기서는 3계를 상방과 하방과 중앙으로 표현하지만, 이것들은 각각 Vasiṣṭha가 말하는 천계와 지옥과 인간계에 상당한다. 다만 Vasiṣṭha의 교설에서는 3질과 3계의 관계가 "암질 → 지옥, 동질 → 인간계, 순질 → 천계"와 같은 인과로만 이해되기 쉽다. 이는 지옥에는 암질만 있고, 인간계에는 동질만 있으며, 천계에는 순질만 있다는 오해를 야기할 수 있다.

그러나 『상키야송』에서는 순질과 암질과 동질이 제각기 상응하는 세계에 '풍부'하다고 말하는 것으로 창조된 모든 것에는 3질이 있지만 그 3질의 비중에는 차이가 있다는 것을 시사한다. 즉 상방과 하방과 중앙은 모두 3질로 형성되지만 상방에는 순질이 우세하고, 하방에는 암질이 우세하며, 중앙에는 동질이 우세하다.[35] 이러한 관념은 3질이라는 원인으로부터 3질로 이루어진 결과가 발생

....

34 ūrdhvaṃ sattva-viśālas tamo-viśālaś ca mūlataḥ sargaḥ | madhye rajo-viśālo brahmādi-stamba-paryantaḥ || SK 54. *Gauḍapāda-bhāṣya*는 이 구절의 취지를 아래와 같이 약술한다.
"3질은 3계에도 있다. 거기서는 어느 곳에 어떤 것이 우세한지에 대해 다음과 같이 설한다." (triṣv api lokeṣu guṇatrayam asti, tatra kasmin kim adhikam ity ucyate | Mainkar 1972:178, 13행)

35 예를 들어 *Gauḍapāda-bhāṣya*는 SK 54의 취지를 다음과 같이 상술한다.
"상방이란 신들이 거주하는 여덟 곳이고, 순질이 풍부하다는 것은 순질이 널리 퍼져 있다는 것이며, 순질이 우세하다는 것을 상방의 순질이라고 말한다. [물론] 거기에도 동질과 암질이 있다. 하방에는 암질이 풍부하다. 짐승 따위로부터 [식물이나 광물처럼] 움직이지 않는 것에 이르기까지 모든 창조는 암질의 우세로 충만해 있다. [물론] 거기에도 순질과 동질이 있다. 중간인 인간계에서는 동질이 우세하다. [물론] 거기에도 순질과 암질이 있다. 따라서 인간들은 대부분의 고통을 겪는다. 브라마 신으로부터 풀포기에 이르기까지란 브라마 신으로부터 [식물이나 광물처럼] 움직이지 않는 것에 이르기까지라는 의미이다." (ūrdhvam ity | aṣṭasu devasthāneṣu sattva-viśālaaḥ, sattva-vistāraḥ, sattvotkaṭa ūrdhva-sattva iti | tatrāpi rajas-tamasī staḥ | tamo-viśālo mūlataḥ | paśvādiṣu sthāvarānteṣu sarvaḥ

하며, 3질 사이의 우열에 따라 결과의 양상에도 차이가 있다고 주장하는 인중유과론에 의거한다. 이것을 고려하면 Vasiṣṭha의 설명에는 인중유과의 3질설이 아직 명료하게 드러나지 않는다. 그렇기는 하지만 사고방식의 맥락으로 보면, Vasiṣṭha가 교시한 3질설은 후대에 인중유과와 결부된 3질설의 전거로 간주될 만한 기본 조건을 갖추었다.

이제까지 소개한 Vasiṣṭha의 교설은 상키야의 이원론적 관념에 근접해 있으나, 비슈누와 미현현(원질)의 관계를 명료하게 설정하지 않음으로써 우유부단한 일원론 또는 이원론으로 불릴 만하다. 그의 교설은 외형상 일원론의 기조를 유지하고 있다. 즉 3질을 갖지 않은 비슈누가 3질을 갖게 됨으로써 창조가 진행된다. 3질을 가진 것이 곧 원질이자 미현현이므로 창조의 주체는 '비슈누 = 원질(미현현)'로 일원화된다. 이에 따라 실제의 창조는 '원질을 가진 자'로서 '위대한 자아'로 불리는 미현현으로부터 진행되지만, 이 미현현을 상위의 원리인 비슈누에 귀속시키고자 하는 의도가 엿보인다.

이와 같이 설명하는 창조는 일종의 자가생식을 염두에 둔 것처럼 보이기도 한다. 그럼에도 불구하고 창조의 시발을 비슈누와 원질의 결합으로 설명하면서 창조의 질료가 3질이라는 것을 강조하는 것은 전형적인 이원론의 창조설과 부합한다. 더욱이 제24원리와 제25원리를 차별하는 데 주력하는 Vasiṣṭha의 다른 교설에는 이원론의 색채가 짙게 배어 있다.

4. 제24원리와 제25원리의 관계

요가의 교의와 상키야의 교의를 연달아 가르치면서[36] Vasiṣṭha가 소개하는 상키야의 학설은 고전 상키야로 나아가는 길목에 접어든 것처럼 보인다. 여기서

....

sargas tamasādhikyena vyāptaḥ | tatrāpi sattva-rajasī staḥ | madhye, mānuṣe raja utkaṭaṃ | tatrāpi sattva-tamasī vidyete | tasmād duḥkhaprāyā manuṣyāḥ | evaṃ brahmādi-stamba-paryantaḥ, brahmādi-sthāvarāntaḥ ity arthaḥ | Mainkar 1972:178, 18-24행)

36 @제2장 각주 28 참조.

그는 '위대한 자아'라는 별칭을 제25원리인 순수정신에게 부여할 뿐만 아니라, 비슈누와 같은 특정 신격도 언급하지 않는다. 여기서 최상위를 차지하는 것은 신격이 아니라 '위대한 자아'로서 제25원리로도 불리는 순수정신이다.

이제부터 Vasiṣṭha가 관심사로 역설하는 것은 제24와 제25라는 두 원리의 관계와 차이이다. 그는 먼저 상키야의 24원리를 극히 간결하게 개괄하고 나서, 최상의 원질이자 내적 자아로 간주되는 미현현에 의해 창조와 소멸이 진행되는 방식을 다음과 같이 설명한다.[37]

> 원질을 논하는 자(상키야의 추종자)들은 미현현이 최상의 원질이라고 말했다. 최고의 왕이여! 이로부터 둘째 [원리]인 마하트가 발생한다. (27)
> 그리고 우리는 마하트로부터 셋째 [원리]인 아만이 발생한다고 들었다. 상키야의 특성을 관찰하는 자들은 아만으로부터 5[미세]요소[38]가 발생한다고 말했다. (28)
> 이것들이 8원질이고 또한 16변이가 있으니, 이는 곧 다섯 대상들(5조대요소)과 실로 5지각기관들과 [5행위기관들과 마음이다.] (29)
> 현자들은 이러한 범위의 원리들을 상키야로 말했으니, 상키야의 길에 헌신하는 자들은 항상 상키야에서 규정한 배열에 숙달한다. (30)

....

37 Mbh 12.306=294.27-34. Dutt(2004.VIII) pp. 424-5.
avyaktam āhuḥ prakṛtiṃ parāṃ prakṛti-vādinaḥ | tasmān mahat samutpannaṃ dvitīyaṃ rājasattama || 27 ||
ahaṃkāras tu mahatas tṛtīyam iti naḥ śrutam | pañca bhūtāny ahaṃkārād āhuḥ sāṃkhyātma-darśinaḥ(=sāṃkhyānudarśinaḥ) || 28 ||
etāḥ prakṛtayaś(=prakṛtayas tv) cāṣṭau vikārāś cāpi ṣoḍaśa | pañca caiva viśeṣā vai tathā pañcendriyāṇi ca || 29 ||
etāvad eva tattvānāṃ sāṃkhyam āhur manīṣiṇaḥ | sāṃkhye vidhi-vidhāna-jñā nityaṃ sāṃkhya-pathe ratāḥ || 30 ||
yasmād yad abhijāyeta tat tatraiva pralīyate | līyante pratilomāni sṛjyante cāntarātmanā || 31 ||
anulomena jāyante līyante pratilomataḥ | guṇā guṇeṣu satataṃ sāgarasyor mayo yathā || 32 ||
sarga-pralaya etāvān prakṛter nṛpasattama | ekatvaṃ pralaye cāsya bahutvaṃ ca yadāsṛjat || 33 ||
evam eva ca rājendra vijñeyaṃ jñānakovidaiḥ(=jñeya cintakaiḥ) | adhiṣṭhātāram avyaktam asyāpy etan nidarśanam || 34 ||

38 Ganguli(1891:606)는 이것을 소리, 형색, 감촉, 맛, 향으로 열거하여 5미세요소로 해석했다. 바로 다음 구절에서 5조대요소를 언급하므로, 여기서 말하는 5요소는 5미세요소를 가리키는 것으로 확정할 수 있다.

어떤 것으로부터 생성된 것이라면 그것은 바로 그곳으로 환멸하니, 내적 자아에 의해 창조된 그것들은 역행하여 소멸한다. (31)
[3] 질들은 순서에 따라 발생하고, 마치 대양의 파도들처럼 [3] 질들 속으로 역행하여 끊임없이 소멸한다. (32)
최고의 왕이여! 창조와 소멸은 그러한 방식으로 원질로부터 발생하니, 그것(내적 자아)은 소멸할 때는 단일한 것으로 있지만 창조할 때는 많은 것이 된다. (33)
왕들의 제왕이여! 현명한 지식인들은 바로 이와 같이 이해하여 미현현을 감독자로 알아야 하나니, 이것(미현현)에게도 [감독자와 같은] 그러한 징표가 있다.[39] (34)

여기까지 Vasiṣṭha가 교시한 내용의 요지를 한마디로 추출하면, 최상의 원질인 미현현이 창조와 소멸의 감독자라는 것이다. 이러한 요지를 설명하는 과정에서 제24원리로 설정된 미현현은 내적 자아, 감독자로 불리며 단수로 표현되는 원질로도 불린다. 그리고 여기서 설명하는 창조와 소멸의 이치는 고전 상키야에 그대로 계승된다. 즉 고전 상키야에 의하면 현상세계의 모든 것은 근본원질인 미현현의 전변으로 창조되어, 종국에는 그 미현현으로 되돌아가 소멸한다.

그러나 고전 상키야에서는 미현현을 감독자 또는 '내적 자아'로 간주하지는 않는다.[40] 더욱이 Vasiṣṭha는 위의 교설에 곧장 후속하여 미현현과 제25원리의

....

39 여기서 말하는 '징표'란 바로 뒤의 제35송에서 말하는 단일성과 다수성을 가리키는 듯하다(다음 각주 42). 그러나 이 제34송을 다음과 같이 의역한 Ganguli(1891:607)의 해석은 언뜻 납득하기 어렵다.
"왕이여! 이것은 바로 그대로 지식인들에 의해 확인되었다. 무엇이든지 감독하는 순수정신(Puruṣa)이 그렇게 다양성을 취하고서 단일체로 되돌아가게 하는 것이 원질(Prakṛti)이다. 원질 그 자신도 똑같은 징표들을 갖는다."
이 의역은 원질을 순수정신의 감독자로 간주한 것이므로 뒤의 제36송 이하에서 순수정신(제25원리, 위대한 자아)을 원질의 감독자로 설명한 것과는 어긋난다. 다만 Ganguli의 의역은 앞에서(앞의 각주 26) 제25원리가 아닌 미현현(원질)이 감독자라고 말한 것과는 어느 정도 부합할 수 있다.

40 감독자에 관해서는 다음과 같은 『상키야송』의 교시를 일례로 들 수 있다.
"그것들(통각, 아만, 마음, 5지각기관, 5행위기관)은 서로의 동기가 원인이 되어 제각기 자신의 활동을 착수한다. 오직 순수정신의 [독존이라는] 목적이 [그 활동의] 원인이고, 기관을 작동시키는 것은 아무것도 없다." (svāṃ svāṃ pratipadyante parasparākūta-hetukāṃ vṛttim | puruṣārtha eva hetur, na

차이를 설명하는데, 이 경우에는 제25원리인 순수정신을 '원질의 감독자' 또는 '위대한 자아'로 일컫는다. 이와 동시에 제24원리인 미현현은 진실한 본질, 자재신이라는 별칭으로 격상되어 있다. 그럼에도 불구하고 두 원리는 전혀 다르다는 것을 다음과 같이 설명한다.[41]

> 원리들의 본성에 정통한 자는 원질이 단일성과 다수성을 갖는다[고 아나니,][42] 소멸할 때는 단일한 것으로 있지만 [창조할 때는 단일한] 이것이 많은 것을 야기하기 때문이다. (35)
>
> 자아는 산출의 본성을 가진 원질을 다양하게 만들 수 있으며, 제25[원리]인 위대한 자아가 몸인 그것(원질)을 감독한다. (36)
>
> 왕들의 제왕이여! 최고의 고행자들은 [그 위대한 자아를] 감독자로 부르니, [몸들을] 감독하기 때문에 몸들의 감독자라고 우리는 들었다. (37)
>
> 그리고 그(감독자)는 미현현인 몸을 안다고 하여 '몸을 아는 자'로도 불리며, 또한 미현현 상태의 성채에서 쉬고 있는 것이 순수정신이라고 설명된다.[43] (38)

....

kenacit kāryate karaṇam ‖ SK 31)
Chakravarti(1975:186)는 이 교시의 취지를 "기관들은 순수정신의 목적을 충족하기 위해서만 작용한다. 어떠한 것도 이것들의 감독자가 아니다."라고 파악한다.

41 Mbh 12.306.35-44 = 294.34-43. Dutt(2004.VIII) pp. 425-6.
ekatvaṃ ca bahutvaṃ ca prakṛter arthatattvavān(=anu tattvavān) | ekatvaṃ pralaye cāsya bahutvaṃ ca pravartanāt ‖ 35 ‖
bahudhātmā prakurvīta prakṛtiṃ prasavātmikām | tac ca kṣetraṃ mahān ātmā pañcaviṃśo 'dhitiṣṭhati ‖ 36 ‖
adhiṣṭhāteti rājendra procyate yatisattamaiḥ | adhiṣṭhānād adhiṣṭhātā kṣetrāṇām iti naḥ śrutam ‖ 37 ‖
kṣetraṃ jānāti cāvyaktaṃ kṣetrajña iti cocyate | āvyaktike pure śete puruṣaś ceti kathyate ‖ 38 ‖
anyad eva ca kṣetraṃ syād anyaḥ kṣetrajña ucyate | kṣetram avyaktam ity uktaṃ jñātā vai pañcaviṃśakaḥ ‖ 39 ‖
anyad eva ca jñānaṃ syād anyaj jñeyaṃ tad ucyate | jñānam avyaktam ity uktaṃ jñeyo vai pañcaviṃśakaḥ ‖ 40 ‖
avyaktaṃ kṣetram ity uktaṃ tathā sattvaṃ tatheśvaram | anīśvaram atattvaṃ ca tattvaṃ tat pañcaviṃśakam ‖ 41 ‖
‖ 42 ‖ 원문은 @제2장 각주 29.
tattvāni ca caturviṃśat parisaṃkhyāya tattvataḥ | sāṃkhyāḥ saha prakṛtyā tu nistattvaḥ pañcaviṃśakaḥ ‖ 43 ‖
pañcaviṃśo 'prakṛtyātmā(='prabuddhātmā) budhyamāna iti smṛtaḥ | yadā tu budhyate ''tmānaṃ tadā bhavati kevalaḥ ‖ 44 ‖

42 "탐구할 주제들의 본성에 정통한 자는 원질이 동일한 종류의 다양성과 단일성을 취한다는 것을 안다."라고 해석한 Ganguli(1891:607)의 의역을 참고했다. Pune본에 따라 번역하면, "원리들에 정통한 자에 따르면 원질은 단일성과 다수성을 갖는다."가 된다.

그런데 몸과 '몸을 아는 자'는 서로 전혀 다를 것이라고 한다. 몸은 미현현으로 불리고 '[몸을] 아는 자'는 실로 제25[원리]로 불린다.(39)
또한 인식 기관(주체)과 인식 대상(객체)은 서로 전혀 다를 것이라고 한다. 인식 기관은 미현현으로 불리고 인식 대상은 실로 제25[원리]로 불린다.(40)
미현현은 몸으로 불리고 또한 진실한 본질, 자재신으로도 불리며, 그 제25원리(순수정신)는 [인습에 따라 원리로 불릴 뿐] 위없는 것으로서 [사실은] 원리가 아니다.(41)
이제까지는 열거의 고찰(=교의)로서 상키야의 교의를 [설명했다.] 상키야의 추종자들은 원질을 오로지 숭배하여 [세계의 원인으로] 간주한다.(42)
그래서 상키야의 추종자들은 실제로는 원리들을 원질과 함께 스물 넷으로 열거하고서, 제25는 원리들에 포함되지 않는 것으로 [간주한다.](43)
제25(순수정신)는 원질이(=각자가) 아닌 자아로서 '지각하고 있는 자'(개아)로 불리지만, 자아를 깨달을 때는 독존자가 된다.(44)

이와 같은 Vasiṣṭha의 설명에 따르면, 편의상 제25원리로 불리는 순수정신은 원질을 필두로 하는 24원리와는 확연히 분리되어 있으며, 원질과는 다른 자아라는 것이 결론이다. 이렇게 주장하는 상키야의 교의는 충분히 이원론으로 간주할 만하다. 다만 Vasiṣṭha가 이원에 적용한 표현들 중에서 미현현을 진실한 본질 또는 자재신으로 일컫는 것은 생소하다. 이원을 각각 지칭하는 표현들은 다음과 같이 대비된다.

43 성채에서 쉬고 있는 것이란 순수정신의 원어인 puruṣa에 대한 어원적 설명이다. 성채는 신체를 가리키는 비유적 표현이다. puruṣa의 의미를 이와 같이 성채(pur)에서 쉬고 있는(√śī) 것으로 설명하는 다양한 전거들은 임혜정·정승석(2017) p. 158, 각주 4 참조.

이원	제24(미현현/원질)	제25(순수정신)
지칭하는 표현	몸(kṣetra)	'몸을 아는 자'(kṣetrajña), 몸들의 감독자, 위대한 자아
	인식 기관(주체)	인식 대상(객체)
	진실한 본질, 자재신	원리가 아닌 위없는 것(≒비슈누)[44]
		'지각하고 있는 자'(개아) → 독존자

위의 대조에서 제25원리(순수정신)가 '위대한 자아'라면 인식 기관(주체) 또는 진실한 본질로 불리는 제24원리(미현현)는 '내적 자아'에 해당할 것이다.[45] 또한 상키야의 추종자들이 오로지 원질을 숭배한다면(제42송), 제24원리는 자재신으로 불릴 만하다. 이에 앞서 미현현을 감독자로 알아야 한다(제34송)고 말한 것도 이와 같은 맥락일 것이며, 이러한 별칭은 창조와 소멸의 실질적 원인이 되는 미현현의 역할을 중시한 것으로도 이해할 수 있다.

결국 제24와 제25 원리의 차이를 한마디로 말하면, 창조된 세계의 원인이 미현현인 반면, 순수정신은 그 미현현의 감독자이다. 그러나 이 둘의 결합은 그 차이를 깨닫지 못하게 하는 장애가 된다. 왜냐하면 순수정신이 원질과의 결합 상태에 있는 자아라면, 이것은 원질의 일부 속성을 공유하는 자아로 인식되기 쉽기 때문이다.[46] Vasiṣtha의 마지막 설명(제44송)은 바로 이 같은 원질과 순수정신의 결합 상태를 전제로 하는 상키야의 해탈관을 대변한다.

원질과 결합한 상태의 순수정신은 원질의 활동을 자기의 것으로 생각한다. 그러나 그 자신은 원질이 아니라 제25의 근원적인 자아라는 것을 깨달을 때, 순수정신은 원질과의 결합으로부터 해탈하여 완전히 자유로운 독존자가 된

....

44 이에 앞서 Vasiṣṭha가 "[앞에서 열거한 24] 원리에 포함되지 않는 비슈누(Viṣṇu)는 제25원리로 불린다."(Mbh 12.302.38. 앞의 각주 24)고 설명한 것을 고려하면, 이것은 비슈누에 상당한다.

45 이 교설의 서두에서(앞의 각주 37) Vasiṣṭha는 미현현을 최상의 원질이자 내적 자아로 간주했다. Mbh 12.306의 제27, 31송 참조.

46 Vasiṣṭha가 이미 교시했듯이(앞의 각주 27에서 제42송), 이 때문에 '위대한 자아'로 불리는 상위의 원리도 원질의 속성인 무지에서 벗어나지 못할 수 있다.

다.[47] 여기서 '지각하고 있는 자'로 불리는 자아는 독존자가 되기 이전의 상태에 있는 순수정신을 지칭하는 것으로 이해할 수 있다. 이 점에서 '지각하고 있는 자'(개아)와 순수정신은 동체이명(同體異名)이다. 그렇다면 이 같은 동체이명의 원리를 초월한 최상의 독립 원리, 즉 제26원리도 상정할 수 있다.

5.1.2. 요가와 상키야에서 제26원리

『마하바라타』에서 Vasiṣṭha가 설명하는 요가의 학설로서 제26원리를 상정한 교의에 관해서는 이미 제2장에서 상술했다.[48] 그러므로 여기서는 이에 후속하는 Vasiṣṭha의 교설을 상술하여 제26원리의 정체성을 파악한다. Vasiṣṭha의 후속 교설을 검토하기에 앞서 우선 주목해야 할 것은 제26원리를 상정하게 된 이유이다. Vasiṣṭha는 먼저 제25원리의 한계를 지적하면서 그 한계를 극복할 수 있는 것이 제26원리임을 다음과 같이 설명했다.

> 그리고 또한 '지각하고 있는 자'(개아)는 미현현을 지각할 뿐이기 때문에 그렇게 불린다. 그런데 이 제25[원리]도 청정하고, 깨달아 있고, 헤아릴 수 없고, 영속하는 제26[원리]인 '위대한 자아'(최고아)를 지각하지 못한다. 그러나 그 [제26원리]는 이 제25[원리]와 제24[원리]를 지각한다.[49]

이 경우에는 '위대한 자아'가 제26원리로 바뀌고 제25원리(순수정신)는 '지각하고 있는 자'로 불린다. 이에 따라 '지각하고 있는 자'가 최상위의 원리가 아니라면, '지각하고 있는 자'의 지각을 가능하게 하는 원리가 있어야 할 것이다. 제26원리는 이런 필요에 따라 상정된 것으로 이해된다. 또한 제26원리의 지각

47 Cf. Chakravarti(1975) p. 48.

48 앞의 2.3.3._1. 전거는 Mbh 12.308.1-11, 16. @제2장 각주 201~205.

49 Mbh 12.308.6-7. @제2장 각주 205.

대상으로 제25와 제24 원리를 함께 언급한 것은, Vasiṣṭha의 다른 교설에서 '지각하고 있는 자'(제24)와 순수정신(제25)이 동체이명으로 간주된 것과 연관지을 수 있다.

그러나 제26원리를 설정함으로써 하위 원리들과의 관계에서 혼동을 야기하기 쉽다. 이 점에서 Vasiṣṭha가 먼저 설명한 요가의 교의를 부연하는 내용으로 제25원리와 제26원리의 관계를 설명하는 데 주력한 것은 특기할 만하다. 그는 여기서 상키야를 언급한 것으로 설명을 개시한다. 그러나 그 내용은 이원론적 발상과 일원론적 관념의 혼합으로 귀결된다. 여기서는 제25원리가 제24원리와 결합된 상태로 격하되고, 제26원리가 '브라만'이라는 이름으로 제25원리를 대신하는 독존자의 자리를 차지한다. 이 때문에 제26와 제25의 차별을 다음과 같이 역설한다.[50]

....

50 Mbh 12.308=296.17-31=30. Dutt(2004.VIII) pp. 432-3.
ṣaḍviṃśena prabuddhena budhyamāno 'py abuddhimān | etan nānātvam ity uktaṃ sāṃkhya-śruti-nidarśanāt || 17 ||
cetanena sametasya pañcaviṃśatikasya ha(=ca) | ekatvaṃ vai bhavaty asya yadā buddhyā na budhyate || 18 ||
budhyamāno 'prabuddhena samatāṃ yāti maithila | saṅgadharmā bhavaty eṣa niḥsaṅgātmā narādhipa || 19 ||
niḥsaṅgātmānam āsādya ṣaḍviṃśakam ajaṃ vibhum(=viduḥ) | vibhus tyajati cāvyaktaṃ yadā tv etad vibudhyate || 20 ||
caturviṃśam asāraṃ(=agādhaṃ) ca ṣaḍviṃśasya prabodhanāt | eṣa hy apratibuddhaś ca budhyamānaś ca te 'nagha || 21 ||
prokto buddhaś ca tattvena yathāśruti nidarśanāt | nānātvaikatvam etāvad draṣṭavyaṃ śāstra-darśanāt(=dṛṣṭibhiḥ) || 22=29 ||
maśakodumbare yadvad anyatvaṃ tadvad etayoḥ | matsyodake(=matsyo 'mbhasi) yathā tadvad anyatvam upalabhyate || 23=22 ||
evam evāvagantavyaṃ nānātvaikatvam etayoḥ | etad dhi mokṣa(=etad vimokṣa) ity uktam avyakta-jñāna-saṃhitam || 24=23 ||
pañcaviṃśatikasyāsya yo 'yaṃ deheṣu vartate | eṣa mokṣayitavyeti prāhur avyakta-gocarāt || 25=24 ||
so 'yam evaṃ vimucyeta nānyatheti viniścayaḥ | pareṇa paradharmā ca bhavaty eṣa sametya vai || 26=25 ||
viśuddha-dharmā śuddhena buddhena ca sa buddhimān | vimukta-dharmā muktena sametya puruṣarṣabha || 27=26 ||
vi(=ni)yogadharmiṇā caiva vi(=ni)yogātmā bhavaty atha(=api) | vimokṣiṇā vimokṣaś ca sametyeha tathā bhavet || 28=27 ||
śucikarmā śuciś caiva bhavaty amitadīptimān | vimalātmā ca bhavati sametya vimalātmanā || 29=28 ||
kevalātmā tathā caiva kevalena sametya vai | svatantraś ca svatantreṇa svatantratvam avāpnute || 30=29 ||
etāvad etat kathitaṃ mayā te tathyaṃ mahārāja yathārthatattvam | amatsaratvaṃ parigṛhya(=pratigṛhya) cārthaṃ sanātanaṃ brahma viśuddham ādyam || 31=30 ||

각자(覺者)인 제26[원리]에 의해 '지각하고 있는 자'(개아)일지라도 그는 [여전히] 무지한 자이다. 상키야[의 교전]과 계시서의 예시를 통해 이것(개아)이 다양성[의 원인]으로 불린다.[51] (17)

의식이 부여된 이 제25[원리]는 [자신의] 지성으로 지각하지 않게 될 때, [다양성에서 벗어나] 실로 단일한 것이 된다.[52] (18)

Mithilā의 왕이여! [이때] 불각자(不覺者)로서 '지각하고 있는 자'(제25원리)는 [각자와] 똑같은 상태에 도달한다. 군주여! 집착의 속성을 가진 이것이 집착에서 벗어난 자아가 된다. (19)

집착에서 벗어난 자아가 곧 불생자이자 편재하는 제26[원리]임을 깨달을 때, 그는 이것에 도달하여 편재자로서 미현현을 버린다.[53] (20)

무결한 자여! 제26[원리]를 이해하고 나면 24[원리]는 무익하다. 완전히 깨달아 있지는 않으며 지각하고 있는 자(개아)인 이것이 정말 실제로는 '각자'라고 계시서(베다)의 가르침에 따라 예시를 통해 그대에게 [이미] 말했다.[54]

....

51 여기에는 다음과 같이 먼저 제시한 요가의 교의가 고려되어 있다.
"이와 같이 변화를 겪으면서 '지각하고 있는 자'(개아)는 그것(최고아)을 지각하지는 못한다. 그래서 실로 이것(개아)이 속성들을 떠맡아 그와 같이 방출(창조)하고 회수한다." Mbh 12.308.2. @제2장 각주 203.

52 Chakravarti(1975:48)는 이 구절의 의미를 "제25는 그 자신의 지성으로 어떠한 것도 파악하지 않을 때 제26과 합일한다."라고 해석한다. 그러나 일찍이 Ganguli(1891:617)는 제25원리를 Jīva(=개아)로, 제26원리를 단일성으로 바꾸어 다음과 같이 의역했다.
"의식[과 무지의 원질]이 부여된 Jīva(=개아)는 개아의 모든 의식을 상실하고, 그래서 다양성을 상실할 때, 자신의 단일성을 취한다."
이 같은 Ganguli의 해석에 따르면 제25원리에 부여된 것은 무지인 원질의 속성이다. 이 구절의 의미를 이해하는 데는 이 해석이 유용하다. 즉, 이 구절은 제25원리가 여전히 무지에 물든 지성으로 지각하지 않을 때 단일성의 상태에 도달한다는 의미로 이해된다. 또한 이 경우, 제26은 별개의 원리가 아니라 제25원리의 자기 전환이다.

53 Pune본에 의하면 "현자는 집착에서 벗어난 자아이자 불생자인 제26[원리]에 도달하여 이것을 깨달을 때, 편재자로서 미현현을 버린다."가 된다. 그리고 앞에서는 이와 동일한 취지를 다음과 같이 상술했다.
"그러나 원질을 가진 이것(개아)이 미현현을 조명할 수 있을 때는 청정하고 무구한 '최고의 통각'(최고아)을 지각한다. 호랑이의 왕이여! [이때] 제26[원리]도 또한 각자의 상태로 복귀할 것이다. 이에 따라 그는 창조와 소멸의 속성을 가진 미현현을 버린다." Mbh 12.308.10-11. @제2장의 각주 205.

54 이는 앞에서(Mbh 12.307.48) "각자(覺者)는 완전히 깨달아 있지는 않기 때문에 실제로는 '지각하고 있는 자'로서 존재한다."라고 교시한 것을 가리킨다. @제2장의 각주 198 참조,

다양성(제25인 개아)과 단일성(제26인 최고아)은 교전의 학설을 통해 그렇게 이해되어야 한다. (21~22)

이 둘(개아와 최고아)은 각다귀와 무화과처럼 서로 다른 것으로, 또한 물고기와 물처럼 서로 다른 것으로 파악된다. (23)

이 둘의 다양성과 단일성은 바로 이와 같이 이해되어야 한다. 미현현에 대한 지식을 갖춘 이것(이해)이 실로 해탈로 불린다. (24)

그들(현자들)은 이 제25[원리]에 대해서, 이것은 신체들 속에 존재하는 것이니 미현현의 영역으로부터 해방되어야 한다고 언명했다. (25)

그것(제25)은 다른 방식이 아니라 바로 이와 같이 해방될 수 있다는 것이 정설이다. 그런데 이것은 실로 다른 것(신체=미현현)[55]과 결합하여 다른 그것의 속성을 취한다. (26)

순수한 것과 결합하여 청정의 속성을 갖게 되고, 각자와 결합하여 지성을 갖게 된다. 가장 빼어난 남성이여! 해방된 것과 결합하여 해탈의 속성을 갖게 된다. (27)

또한 오로지 집착의 성질이 없는 것과 결합하여 집착이 없는 자아가 되며, 이제 여기서는 해탈한 것과 결합하여 그와 같이 해탈한 자가 될 것이다. (28)

또한 오로지 청결한 행위를 가진 청결한 자는 무한한 광채를 가진 자가 되며, 무구한 자아와 결합하여 무구한 자아가 된다. (29)

또한 그와 같이 실로 오로지 독존하는 것과 결합하여 독존하는 자아가 되며, 자존하는 것과 결합하여 자존하는 자로서 독자성을 얻는다. (30)

대왕이여! 내가 이제까지 그대에게 말한 이것이 있는 그대로의 사실에 따른 진리이니, 초연함을, 즉 영속하고 순수하며 위없는 브라만을 목적으로 수용해야 한다. (31)

55 Ganguli(1891:618)는 주석에 의거하여 '다른 것'이 가리키는 것을 kṣetra(미현현을 지칭하는 신체)로 명시한다. 그는 이 뒷 구절을 다음과 같이 의역했다.
"그는 잠시 동안 거주하는 Kṣetra와는 사실상 다르지만, 그것과 결합한 결과로 Kṣetra의 성질을 취한다."

이상에서 제26원리는 결국 브라만을 지칭하는 것으로 귀결되며, 제25원리와 제24원리는 각각 고전 상키야의 순수정신과 미현현(원질)에 상당한다. 그러나 위의 교설에서 제25원리는 고유한 지성을 가진 독자적 원리로 간주되어 있지 않다. 즉 제25원리는 집착의 속성을 가진 제24원리와 결합하면 미현현(제24원리)의 무지성에 물든 상태가 된다(제26송까지). 반면에 이러한 제25원리가 집착의 성질이 없는 제26원리와 결합하여 해탈자요 독존자요 브라만인 제26원리가 된다(제27송 이하).

그런데 앞서 소개한 교설에서 제24원리와 제25원리가 동체이명으로 간주된 점을 고려하여 이 둘을 제24원리로 단일화하면, 제26원리(브라만)는 고전 상키야의 순수정신으로 자존적 위상을 차지하게 된다. 다시 말해서 브라만인 제26원리는 제25원리가 자신의 순수한 본성으로 복귀한 상태를 가리킨다.[56] 또한 제25원리가 불각자인 상태(개아)에서 각자인 상태가 되면 제26원리로 불린다. 따라서 제26원리란 사실상 제25원리의 자기실현[57]인 해탈 상태를 지칭하는 것으로 이해할 수 있다. 고전 상키야에서는 이러한 해탈을 '브라만의 독존'에 해당하는 '순수정신의 독존'으로 표현한다. 이 때문에 고전 상키야에서는 제26원리를 별도로 상정할 필요가 없었을 것이다.

이상과 같이 제25원리와 제26원리를 차별하는 Vasiṣṭha의 설명은 상키야와 요가의 관념을 베단타의 일원론에 귀속시킨 것으로 보인다. 두 원리의 차별은 특히 샹카라의 불이일원론에 반영되어 있다. 샹카라는 브라만을 속성이 없는

....

56 예를 들어, 앞서 소개한 Vasiṣṭha의 교설을 듣고 나서 Bhīṣma는 자신이 이해한 것을 다음과 같이 말한다.
"대왕이여! 최상의 성현[인 Vasiṣṭha]의 교설을 통해, 제25[원리]는 최상의 브라만이 되어 이로부터 다시는 되돌아가지 않는다고 이렇게 들었소." (etad uktaṃ paraṃ brahma yasmān nāvartate punaḥ | pañcaviṃśo mahārāja paramarṣi-nidarśanāt ||) Mbh 12.308.42=296.41. Dutt(2004.VIII) p. 434.

57 이러한 인식은 요가의 제26원리에 대한 Vasiṣṭha의 교설에도 드러나 있다. 아래의 설명에서 '나'와 '그'는 제25원리(순수정신)를 가리킨다.
"'나는 제26[원리]이다'라는 지혜를 획득하고 있는 자는 늙지도 죽지도 않는다. 그는 의심의 여지가 없이 오직 그 자신의 힘으로 [제26원리와] 똑같은 상태에 도달한다." Mbh 12.308.16. @제2장 각주 205.

것과 속성이 있는 것으로 구분했는데,[58] Vasiṣṭha의 교설에서 제26원리는 무속성 브라만에 해당하고 제25원리는 유속성 브라만에 해당한다. 그러므로 Vasiṣṭha가 설명한 제26원리는 상키야와 요가를 빙자한 일원론의 귀결로 간주할 만하다.

Yājñavalkya의 교설에서도 이 같은 이해를 뒷받침할 현저한 예를 들 수 있다. 그는 제25원리와 제26원리의 관계를 다음과 같이 설명한다.[59]

> 그러나 재생족(바라문)이 '나(순수정신)는 이것(원질)과 서로 다르다'라고 생각할 때, 그는 독존하게 되어 제26[원리]를 발견한다. (77)
> 왕이여! 그리고 후자(제26원리)와 제25[원리]는 그와 같이 서로 다르지만, 성자들은 유일자(제26원리)가 그것(제25원리)에 존속하기 때문에 [그 둘을 동일한 하나로][60] 간주한다. (78)
> Kaśyapa의 후손이여! 그 '요가와 상키야의 추종자들'은 출생과 죽음을 두려워하기 때문에 이 제25[원리]를 불멸의 것으로는 환영하지 않는다.[61] (79)

후대의 고전 상키야에서는 순수정신(제25원리)과 원질(제24원리)이 서로 다르다고 아는 것으로 독존(해탈)이 이루어진다. 그러나 위의 교설에 의하면 이러한 독존은 제26원리를 체득할 조건이 된다. 이 조건을 갖춘 성자들은 이때 제25

....

58 Cf. BSbh 3.2.17. Shastri(1980) p. 644. 박영길(1999) pp. 260-2 참조. 이 둘은 흔히 '무속성(nirguṇa) 브라만'과 '유속성(saguṇa) 브라만'으로 불린다.

59 Mbh 12.318=306.77-79. Dutt(2004.VIII) p. 457.
yadā tu manyate 'nyo 'ham anya eṣa iti dvijaḥ | tadā sa kevalībhūtaḥ ṣaḍviṃśam anupaśyati || 77 ||
anyaś ca rājann avaras tathānyaḥ pañcaviṃśakaḥ | tat-sthānāc cānupaśyanti(=tat-sthatvād anupaśyanti) eka eveti sādhavaḥ || 78 ||
te naitan nābhinandanti pañcaviṃśakam acyutam | janma-mṛty-ubhayād bhītā yogāḥ sāṃkhyāś ca kāśyapa || 79 ||

60 Ganguli(1891:650)는 제26원리와 제25원리를 '동일한 하나로 간주한다'는 의미가 이 원문에 함축된 것으로 해석했다.

61 Ganguli(1891:650)는 이에 관해 부연하면서 이 구절은 상키야와 요가의 일반 교의를 파기한 것이라고 지적한다.

원리와 제26원리를 차별하지 않는 경지, 즉 생사(生死)를 두려워하지 않는 불멸의 경지에 도달한다. 여기서 제25원리와 합체되어 있는 불멸의 것, 즉 제26원리를 체득하기 때문이다. 그래서 생사를 두려워하는 이들에게는 제25원리가 궁극적 대상이 될 수 없다. Yājñavalkya는 이 때문에 요가와 상키야에서 제26원리를 인정한 것이라고 가르친다.

한편 Vasiṣṭha는 Yājñavalkya의 피상적인 설명에 비해 논리적으로 제25원리의 한계를 설명하는 데 주력하여, 제26원리가 브라만으로 상정될 수밖에 없음을 시사한다. 여기서 Vasiṣṭha가 구사하는 논리는 고전 상키야에서는 통용되기 어렵지만 베단타 철학에서는 각광받을 만하다. 그 논리의 요체는 제24원리와 제25원리가 속성을 공유하기 때문에 유일자인 최상의 원리가 요구된다는 것이다. 그는 제24원리(미현현, 원질)와 제25원리(순수정신)를 각각 kṣetra(몸)와 kṣetrajña(몸을 아는 자)라는 전통적인 용어로 표현하여 다음과 같이 설명한다.[62]

> [미현현의 3] 질들은 [제25원리의] 감독을 통해 서로 의존하여 마하트 따위로서 발생하니, 몸으로 불리는 이것(미현현)이 곧 제25[원리]이다.[63] (14)

....

62 Mbh 12.307=295.14-21. Dutt(2004.VIII) pp. 427-8.
guṇānāṃ mahadādīnām utpattiś ca parasparam | adhiṣṭhānāt kṣetram āhur etat tat pañcaviṃśakam || 14 ||
yadā tu guṇajālaṃ tad avyaktātmani saṃkṣipet | tadā saha guṇais tais tu pañcaviṃśo vilīyate || 15 ||
guṇā guṇeṣu līyante tadaikā prakṛtir bhavet | kṣetrajño 'pi yadā tāta tatkṣetre saṃpralīyate || 16 ||
tadā kṣaratvaṃ prakṛtir gacchate guṇasaṃśritā(=guṇasaṃjñitā) | nirguṇatvaṃ ca vaideha guṇeṣv aprativartanāt(=guṇeṣu prativartanāt) || 17 ||
evam eva ca kṣetrajñaḥ kṣetrajñāna-parikṣaye | prakṛtyā nirguṇas tv eṣa ity evam anuśuśruma || 18 ||
kṣaro bhavaty eṣa yadā tadā guṇavatīm atha | prakṛtiṃ tv abhijānāti nirguṇatvaṃ tathātmanaḥ || 19 ||
tadā viśuddho bhavati prakṛteḥ parivarjanāt | anyo 'ham anyeyam iti yadā budhyati buddhimān || 20 ||
tadaiṣo tattvatām(='nyatvatām) eti na cāpi(=ca) miśratāṃ vrajet(=miśratvam āvrajet) | prakṛtyā caiva rājendra miśro hy(=na miśro) anyaś ca dṛśyate || 21 ||

63 이 구절의 원문은 난해하다. 여기서는 Ganguli(1891:610-1)의 번역과 주석을 참고했다.
번역: "마하트를 비롯한 원리들 역시 순수정신에 의해 생성되기 때문에, 그리고 순수정신과 미현현은 서로서로 의존하기 때문에, 이에 따라 제25인 순수정신도 몸으로 불린다."
주석: "미현현, 즉 원질은 변형을 통해 마하트 따위의 원리들을 생성한다. 그러나 원질은 순수정신이 없으면 아무것도 할 수 없고, 순수정신 역시 원질이 없으면 아무것도 할 수 없기 때문에, 그러한

그 [3]질의 무리가 '현현하지 않은 자아'(브라만) 속으로 수축해 갈 때, 제25 [원리]도 [3]질들과 함께 [그 속으로] 사라진다. (15)

[3]질들이 [그 본래의 3]질들(원질) 속으로 사라질 때 유일한 원질만이 존재하게 될 것이다. 친애하는 이여! '몸을 아는 자'도 그 몸(원질) 속으로 완전히 사라질 때, (16)

[3]질과 결속된 원질은 필멸하게 되고, [존속하는 것은 브라만뿐이니] Videha의 왕이여! [3]질들로 복귀하지 않기 때문에 속성이 없는 상태가 된다.[64] (17)

그래서 바로 이와 같이 몸에 대한 인식이 사라질 때, '몸을 아는 자'는 당연히 바로 그처럼 속성이 없게 된다고 나는 그렇게 들었다. (18)

이것이 필멸자가 될 때는 이제 속성을 갖게 된다. 그러나 그것이 자신의 원질을 그와 같이 [버려야 할 속성으로] 알아차릴 때는 속성이 없는 상태가 된다. (19)

그때 그것은 원질을 포기하기 때문에 청정하게 된다. '나는 이것(원질)과는 전혀 다르다'라고 깨달을 때 지성을 가진 자가 된다. (20)

그때 그것은 '최상의 존재'(브라만)에 도달하여 [원질과의] 결합 상태로 돌아서지도 않을 것이니, 왕들의 제왕이여! 오직 원질과 결합한 것과는 실로 전혀 다른 것으로 간주된다. (21)

여기서는 제26원리를 직접 언급하지 않으면서 '현현하지 않은 자아', '속성이 없는 상태', '최상의 존재' 등으로 표현하는데, 이것은 브라만을 지칭하는 것으로 이해된다.[65] 그런데 이 교설에서 제25원리가 몸으로 불린다고 가르치는 것

....

생성에는 순수정신의 작용도 필요하다. 그러므로 마하트 따위의 원리들은 원질에서 유래한 만큼 순수정신에서도 유래한다고 말할 수도 있다. 더욱이 그 둘은 본래 서로 의존하므로 원질이 '필멸하는 것'(≒몸)으로 불린다면, 순수정신도 그렇게 불릴 수 있을 것이다."

64 원문의 마지막 서술인 apratīvartanāt가 Pune본에는 이와 반대의 뜻을 가진 'prativartanāt'로 기재되어 있다. Pune본을 채택하면 이 구절은 다음과 같은 번역이 가능하다.
"Videha의 왕이여! [3]질로 불리는 원질은 필멸하게 되어 속성이 없는 상태가 되지만, [3]질들로 복귀하기 때문에 [그렇게 되지 않는다.]"

65 Ganguli(1891:611)는 '현현하지 않은 자아'(avyaktātman)와 '최상의 존재'(tattvatā)가 브라만을 지칭하는 것으로 번역했다.

(제14송)은 매우 특이하다. 이는 제25원리인 순수정신과 제24원리인 미현현(원질)을 동일한 것으로도 간주하는 주장을 대변한다. 이러한 주장의 저변에는 순수정신이 최상의 원리일 수 없으므로 제26원리를 유일자로 상정할 수밖에 없다는 일원론이 깔려 있다.

Vasiṣṭha의 설명에 따르면, 세계의 창조가 두 원리의 결합으로 개시된다고 주장할 경우에는 바로 그 결합이 문제가 된다. 결합으로 인해 두 원리의 속성도 서로 전이될 수 있다는 것이 문제인데, 일원론의 관점에서는 제24원리의 무지성이 제25원리에도 전이된다는 점만을 문제로 삼고, 제25원리의 지성도 제24원리에 전이된다는 점은 고려하지 않는다. 이 때문에 제25원리도 제24원리처럼 필멸할 수 있다는 논리를 전개하여, 속성이 없는 불멸의 최고 존재인 브라만을 제26원리로 체득해야 한다는 주장이 성립된다.

Vasiṣṭha가 대변하는 이러한 주장은 순수정신(제25원리)보다는 미현현(제24원리)에 초점을 맞추어 일원론을 지지한다. 그러므로 여기서 소개한 Vasiṣṭha의 교설은 상키야보다는 베단타에서 주목할 만한 전거가 될 수 있다. 이와 관련하여 일차로 떠올릴 수 있는 것은 '미전개의 명색'(avyākṛte nāmarūpe)이다. 미전개와 미현현은 동의어인데, 상키야 철학에서는 이것으로 제24원리를 지칭한다. 베단타의 샹카라는 '미전개의 명색'이라는 개념을 우파니샤드에서 도입하여[66]

....

66 이에 관한 우파니샤드의 전거는 @제2장의 각주 201 참조. 다만 샹카라는 *Chāndogya-upaniṣad*의 다음과 같은 구절을 해설하는 데서 '미전개의 명색'을 언급한다.
"바로 그 신격은 이렇게 생각했다. '오! 내가 '생명의 자아'(살아 있는 영혼)를 통해 이들 세 신격으로 들어가 명(名)과 색(色)으로 나누어야 하겠다. 내가 그 세 신격마다 그 각각을 만들어야 하겠다.' 바로 그 신격은 오직 이 '생명의 자아'를 통해 그 세 신격들로 들어가 명(名)과 색(色)으로 나누었다." (seyaṃ devataikṣata | hantāham imās tisro devatā anena jīvenātmanānupraviśya nāmarūpe vyākaravāṇīt ‖ 2 ‖ tāsāṃ trivṛtaṃ trivṛtam ekaikāṃ karavāṇīti | seyaṃ devatemās tisro devatā anenaiva jīvenātmanānupraviśya nāmarūpe vyākarot ‖ 3 ‖ ChU 6.3.2-3. Radhakrishnan 1953:450)
샹카라는 여기서 말하는 '명(名)과 색(色)'을 다음과 같이 '미전개의 명색'으로 해석했다.
"그는 이와 같이 세 신격으로 들어가, '나는 내 자신의 생식기이자 [세계의] 씨앗이 되는 미전개의 명색으로 나누어야 하겠다.'라고, 즉 '나는 그들 세 신격의 하나마다 각각 삼중으로 만들어야 하겠다.'라고 생각하여" (saivaṃ tisro devatā anupraviśya svātmāvasthe bījabhūte avyākṛte nāmarūpe vyākaravāṇītīkṣitvā tāsāṃ ca tisṛṇāṃ devatānām ekaikāṃ trivṛtaṃ trivṛtaṃ karavāṇi | Shastri 1982:239, 6-7행)

일원론의 약점을 해소하는 데 기여했는데, 순수정신도 미현현으로 불린다는 Vasiṣṭha의 교설은 '미전개의 명색'에 상당하는 관념으로 일원론을 합리화한다.

명(名)은 정신적 근원이고 색(色)은 물질적 근원이므로 상키야에서 순수정신은 명에 해당하고 미현현은 색에 해당한다. 따라서 '미전개의 명색'은 순수정신(제25원리)과 미현현(제24원리)을 미전개(=미현현)에 포괄하는 개념으로 이해할 수 있다. 베단타의 일원론에서는 "유일자인 브라만이 어떻게 순수한 자신의 본질과는 다른 물질세계를 전개할 수 있는가?" 하는 문제가 쟁점으로 대두된다. '미전개의 명색'은 이 쟁점을 해결하는 실마리가 될 수 있었다. 이 경우에 '미전개의 명색'이란 브라만과는 본성이 다른 것으로서, 상키야의 원질(미현현)에 상응하는 일종의 질료인이기 때문이다.[67]

요컨대 Vasiṣṭha의 교설에서 초점을 둔 순수정신과 미현현(원질)의 결합이란 '미전개의 명색'에 상당한다. 그리고 이 결합의 속성과 브라만의 순수한 본성은 전혀 다르기 때문에 결합에서 벗어날 때라야 브라만에 도달할 수 있다는 관념은 베단타 철학의 기조를 형성한다. 그러나 다른 한편으로 보면, '미전개의 명색'이라는 돌파구가 상키야의 이원론을 부분적으로 수용한 것으로 간주될 수도 있다. 샹카라가 *Upadeśasāhasrī*에서[68] 상키야의 이원론을 비판한 것도 이 때문일 것이다.

5.1.3. 물질의 형성과 3질

물질 형성의 요소를 다섯 가지, 즉 5조대요소로 간주하는 것은 인도철학의 공통 관념이다. 우파니샤드에서는 이 5조대요소의 각각을 형성하는 원초적인 속성(guṇa)을 셋으로 분류했다. 상키야-요가 철학은 이러한 관념을 교의의 근간으로 채택하여 물질세계의 형성과 변화를 설명하는 3질설로 정립했다. 고전 상

....

67 박영길(2000) p. 200 참조.

68 US 1.16.45-50. 이종철 역(2006) pp. 109-111. Jagadānanda(1949). pp. 181-3.

키야에서는 정신과 물질을 3질의 유무로써 구분한다. 3질이라는 속성으로 설명할 수 있는 것은 모두 물질로 간주되며, 3질을 속성으로 갖지 않는 독자적인 원리는 순수정신뿐이다. 이처럼 3질은 이원론의 결정적 준거가 된다.

『마하바라타』에서는 3질에 해당하는 세 가지 속성을 5조대요소 및 감관들과 결부시켜 다양하게 설명한다. 여기서는 5조대요소로 형성되는 것이 물질이지만, 이 물질의 대부분은 신체적이거나 정신적인 도구로서 넓은 의미의 감관에 포섭된다. 이에 관한 『마하바라타』의 설명들은 대부분이 상키야－요가의 교의로 소개되므로, 이것들을 통해 고전 상키야 및 요가 철학의 토대적 사고를 이해할 수 있다.

1. 감관들의 발생과 기능

감관들의 발생과 기능에 관한 Bhīṣma와 Vyāsa의 설명은 동일한 교의를 달리 표현했을 뿐이라고 간주할 수 있을 만큼 유사하다. 기재된 순서에 따르면, 먼저 Bhīṣma는 5조대요소로부터 발생한 물질적 생리적 결과를 다음과 같이 설명한다.[69]

> 창조자는 만물 속에 오직 5조대요소만을 두었지만, 개아는 그것들에서 그 다양성을 보지 못한다.[70] (8)
>
> 소리와 귀와 [신체의] 구멍들이라는 세 가지는 공(空)을 모태로 삼아 발생한 것이다. 감촉과 동작과 피부라는 바로 그 셋은[71] 풍(風)으로부터 [발생한 것

....

69 Mbh 12.194.8-10=187.7-9. Dutt(2004.VIII) p. 55.
mahābhūtāni pañcaiva sarva-bhūteṣu bhūtakṛt | akarot teṣu vaiṣamyaṃ tat tu jīvo 'na paśyati'(='nupaśyati) ‖ 8 ‖
śabdaḥ śrotraṃ tathā khāni trayam ākāśayonijam | vāyoḥ sparśas tathā ceṣṭā tvak caiva tritayaṃ smṛtam ‖ 9=8 ‖
rūpaṃ cakṣus tathā pākas(=paktis) trividhaṃ teja ucyate | rasaḥ kledaś ca jihvā ca trayo jalaguṇāḥ smṛtāḥ ‖ 10=9 ‖
ghreyaṃ ghrāṇaṃ śarīraṃ ca ete(=te tu) bhūmiguṇās trayaḥ | mahābhūtāni pañcaiva ṣaṣṭhaṃ tu mana ucyate ‖ 11=10 ‖

70 Pune본에 의하면 '보지 못한다'는 '발견한다'가 된다.

71 Pune본에 의하면 성대를 포함한 네 가지이다. "감촉과 동작과 피부와 성대라는 이 네 가지는 풍(風)

으로] 알려져 있다. (9)

형색과 눈과 소화라는 세 가지는 화(火)[로부터 발생한 것]이다. 맛과 배설과 혀라는 세 가지는 수(水)의 속성으로 알려져 있다. (10)

향(香)과 코와 신체라는 이것들은 지(地)의 속성을 가진 세 가지이다. 조대요소들은 오직 다섯이고, 여섯째가 마음으로 불린다. (11)

여기서는 고전 상키야에서 5지각기관(눈, 귀, 코, 혀, 피부)과 5미세요소(소리, 감촉, 형색, 맛, 향)로 불리는 것들이 5조대요소로부터 발생한다고 설명한다. 다만 '5지각기관'과 '5미세요소'라는 용어를 구사하지는 않지만 그 구성 내용은 고전 상키야에서 열거하는 것과 동일하다. 그리고 5미세요소의 원인을 5조대요소로 설명하는 것은 고전 상키야의 전변설과는 상반하는 관념이다.[72]

계속되는 Bhīṣma의 교설에서는 마음과 통각, 그리고 순수정신의 별칭인 '몸을 아는 자'를 다섯 감관에 추가되는 세 가지 감관으로 설명한다. 이러한 교설의 전모를 Vyāsa는 다음과 같이 설명한다.[73]

....

으로부터 [발생한다.]" (vāyos tvak-sparśa-ceṣṭāś ca vāg ity etac catuṣṭayam ‖)

72 '5조대요소→5미세요소'라는 인과를 고전 상키야로부터 먼 시기의 것으로 간주한 이유가 여기에 있다. 고전 상키야의 전변설에서는 이 둘의 인과를 '5미세요소→5조대요소'로 정립했기 때문이다. @제1장 각주 86 참조.

73 Mbh 12.247=239.9-18. ibid. pp. 220-1.
śabdaḥ śrotraṃ tathā khāni trayam ākāśasaṃbhavam | prāṇaś ceṣṭā tathā sparśa ete vāyuguṇās trayaḥ ‖ 9 ‖
rūpaṃ cakṣur vipākaś ca tridhā jyotir vidhīyate | raso 'tha rasanaṃ sneho guṇās tv ete trayo 'mbhasaḥ(='mbhasām) ‖ 10 ‖
ghreyaṃ ghrāṇaṃ śarīraṃ ca bhūmer ete guṇās trayaḥ | etāvān indriyagrāmair(=indriyagrāmo) vyākhyātaḥ pāñcabhautikaḥ ‖ 11 ‖
vāyoḥ sparśo raso 'dbhyaś ca jyotiṣo rūpam ucyate | ākāśa-prabhavaḥ śabdo gandho bhūmiguṇaḥ smṛtaḥ ‖ 12 ‖
mano buddhiś svabhāvaś(=ca bhāvaś) ca traya ete svayonijāḥ(=ātmayonijāḥ) | na guṇān ativartante guṇebhyaḥ paramāgatāḥ(=paramā matāḥ) ‖ 13 ‖
yathā kūrma ihāṅgāni prasārya viniyacchati | evam evendriyagrāmaṃ buddhiḥ sṛṣṭvā niyacchati ‖ 14=17 ‖
yad ūrdhvaṃ pādatalayor avāṅmūrdhnaś ca paśyati | etasminn eva kṛtye tu(=vai) vartate buddhir uttamā ‖ 15=18 ‖
guṇān nenīyate buddhir buddhir evendriyāṇy api | manaḥṣaṣṭhāni sarvāṇi buddhyabhāve kuto guṇāḥ ‖ 16=19 ‖
indriyāṇi nare pañca ṣaṣṭhaṃ tu mana ucyate | saptamīṃ buddhim evāhuḥ kṣetrajñaṃ punar aṣṭamam ‖ 17=14 ‖
cakṣur ālocanāyaiva saṃśayaṃ kurute manaḥ | buddhir adhyavasānāya sākṣī kṣetrajña ucyate ‖ 18=15 ‖

소리와 귀와 [신체의] 구멍들이라는 세 가지는 공(空)으로부터 발생한다. 생기(生氣)와 동작과 감촉이라는 이것들은 풍(風)의 속성을 가진 세 가지이다. (9)

형색과 눈과 소화라는 세 가지는 화(火)로서 분배된다. 맛과 혀와 체액이라는 이것들은 수(水)의 세 가지 속성이다. (10)

향(香)과 코와 신체라는 이것들은 지(地)의 세 가지 속성이다. 이제까지 설명한 것이 다섯 요소들로 이루어진 일군(一群)의 감관들이다. (11)

풍(風)에 속한 것은 감촉으로, 수(水)에 속한 것은 맛으로, 화(火)에 속한 것은 형색으로 불린다. 소리는 공(空)으로부터 발생한 것으로, 향(香)은 지(地)의 속성으로 알려져 있다. (12)

마음과 통각과 자성(自性)이라는 이 셋은 그 자신의 근원으로부터 발생한 것들이며, 속성들을 초월하여 속성들보다 지고한 것으로부터 발생한 것은 아니다.[74] (13)

거북이가 네 발을 밖으로 펴고 나서는 안으로 움츠리듯이, 통각은 바로 이와 같이 일군(一群)의 감관을 산출하고 나서는 거두어 들인다. (14)

그것(통각)은 정수리의 아래로부터 두 발바닥의 위에 있는 것(즉 온몸)을 지각한다.[75] 그리고 (=실로) 오직 이 목적을 위해 활동하는 것이 최상의 통각이다. (15)

....

74 Ganguli(1891:309)은 여기서 언급하는 '근원'을 '이전의 상태'로 해석하고 이에 들어맞도록 해설을 부연했다. 그는 뒷 부분의 원문을 "guṇebhyaḥ paramāgatāḥ na guṇān ativartante"로 재구성하여 "(재생할 때마다, 각각의 대상들을 형성하는) 속성들보다 높은 위치에 도달하여 그 속성들을 초월하지는 않는다."라고 번역했다. 그런데 이 번역은 속성들의 상위에 있는 것이 그 속성들을 초월하지 않는다는 불합리를 야기한다. 그래서 그가 다음과 같은 해설을 부연한 것도 이 점을 고려했기 때문인 것으로 보인다.

"그 의미는 다음과 같다. 마음과 통각과 자성(인간이나 동식물 등의 개별적 속성)은 모두 그 각각의 이전 상태, 즉 특히 과거의 상태에 있었던 욕망의 결과인 본성에서 유래한다. 그것들의 근원이 그러하므로, 그것들 역시 소위 다섯 실체들로부터 유래한다. 그것들의 기능에 관해 말하자면, 'guṇebhyaḥ parama'(=속성들보다 높은 것), 예컨대 'śrotrādi-kāryam svarūpam'(=귀 따위에 부과될 본성)에 도달하여 그것들은 'guṇa(=속성)들' 자체를 초월하지는 않는다. 다시 말해서 그것들은(향이나 형색 따위와 같은) 특수한 속성들을 파악할 기능이나 능력을 부여받게 되어 실제로 이것들을 파악하거나 인지한다."

여기서 Ganguli는 속성을 개별적 속성과 근원적 속성이라는 양면으로 이해하고 있음을 알 수 있다. 따라서 그의 번역은 개별적 속성을 가진 것들이 근원적 속성을 초월하지 않는다고 원문을 해석한 것이다. 결국 이러한 해설의 요지는 마음과 통각과 자성이 근원적 속성에 귀속된다는 것이므로, 필자의 직역은 이 요지에서 벗어나지 않는다.

75 Dutt(2004.VIII)의 번역본에서 이 구절의 원문(yad ūrdhvaṃ pādatalayor avāṅmūrdhnaś ca paśyati ।)이 제22송의 첫째 행으로 기재된 것은 편집상의 착오이다.

통각은 속성들을 인솔해 가고, 통각이야말로 여섯째인 마음을 포함하여 모든 감관들도 인솔해 간다.[76] 통각이 없을 때 속성들은 어디에 있겠는가? (16)
사람에게 있는 감관들은 다섯이고 여섯째는 마음으로 불린다. 일곱째는 통각으로 불리며, 더 나아가 여덟째가 '몸을 아는 자'(순수정신)이다. (17)
눈[따위의 감관들]은 오직 [대상을] 지각하기 위한 것이고, 마음은 [감관들의 지각에 대한] 의문을 담당한다. 통각은 [그 의문을] 결정하기 위한 것이고, '몸을 아는 자'는 [통각의 결정에 대한] 증인으로 불린다. (18)

이상과 같은 Bhīṣma와 Vyāsa의 교설에는 고전 상키야의 5행위기관(성대, 손, 발, 항문, 생식기)에 해당하는 인식은 구체화되어 있지 않다. 그러나 5조대요소에 관한 Bhīṣma와 Vyāsa의 교설을 총괄한 아래의 표에서 5행위기관에 해당하는 것을 추출해 볼 수는 있다.

〈표 12〉 5조대요소에 관한 Bhīṣma와 Vyāsa의 교설 총괄

원인 요소	물리적/생리적 결과	총괄 요소
공(空)	소리, 귀, 신체의 구멍	소리(聲)
풍(風)	감촉, 동작, 피부, 생기	감촉(觸)
화(火)	형색, 눈, 소화	형색(色)
수(水)	맛, 배설, 체액, 혀	맛[味]
지(地)	향, 코, 신체[77]	향(香)

76 Ganguli(1891:309)는 "(형색과 향 따위의 다섯) 속성들로 변형되는 것이 통각이고, 여섯째인 마음과 함께 (다섯) 감관들로 변형되는 것도 통각이다."라고 번역했다. 그는 이 구절이 속성 및 감관들과 통각의 동질성을 의미하는 것으로 해석했다. 즉 "형색 따위의 속성, 그리고 이 속성들을 파악하는 마음과 더불어 감관들은 모두 통각 자체이다. 그래서 통각이 없을 때는 그것들도 없다. 이 게송의 목적은 감관들, 마음, 그리고 감관들과 마음이 파악하는 속성들이 모두 통각과는 동질의 것임을 확립하는 것이다."

77 Vyāsa의 다른 교설에 의하면 신체에는 뼈, 이빨, 손발톱 등이 포함된다. "지(地)에서 유래하는 단단한 신체 요소는 뼈, 이빨, 손발톱이다." (saṃghātaḥ pārthivo dhātur asthi-danta-nakhāni ca ‖ Mbh 12.252=244.7. Dutt 2004.VIII:230)

이 표에서 원인 요소는 곧 5조대요소이며, 총괄 요소는 5미세요소에 해당한다. 그리고 생리적 결과에 포함되어 있는 소리, 동작, 배설은 각각 5행위기관 중의 성대, 손과 발, 생식기를 함의하는 것으로 간주할 만하다.[78]

그런데 Vyāsa의 교설에서 '몸을 아는 자'를 제외한 모든 감관들은 속성의 산물로 간주된다. 여기서 통각은 속성의 인솔자이기도 하다. 이러한 설명은 속성의 의미와 관련하여 특기할 만한 관념을 함축한 것으로 보이는데, 다음에 소개할 Bhīṣma와 Vyāsa의 교설에 의하면, 그 속성은 곧 3질을 중시한 것으로 귀결된다. 우선 감관을 설명하는 데 치중한 앞의 교설에서 감관들의 위상은 "다섯 감관(지각기관) → 마음(제6) → 통각(제7) → 순수정신(제8)"의 관계로 설정되어 있다. 그리고 이것들의 기능에 관한 설명을 요약하면 다음과 같이 이해된다.

다섯 감관: 대상을 지각
제6 마음: 감관의 지각을 점검(의문)
제7 통각: 마음의 점검을 결정
제8 순수정신: 통각의 결정에 대한 증인

이처럼 대상을 지각하는 과정을 설명하는 여기에는 아만이 아직 고려되어 있지 않다. 여기서 언급한 제6, 7, 8은 고전 상키야에서 말하는 내적 기관에 상당할 것이다. 그러나 고전 상키야는 마음, 아만, 통각을 내적 기관으로 간주한다. 더욱이 전변의 원리들과 창조에 관해 앞에서 소개한 Yājñavalkya와 Vasiṣṭha의 교설을 적용하면 아만은 제7의 기관으로 열거되어야 할 것이지만, 여기서는 아만을 전혀 언급하지 않는다. 그러므로 이 교설은 Yājñavalkya와 Vasiṣṭha가 설명한 것과는 다른 계열의 교의를 제시한 것으로 간주할 수 있다.

그런데 Vyāsa는 다른 교설에서 마음을 제9, 통각을 제10, 무한의 자아를 제11

....

78 앞의 5.1.1.에서 소개한 Vasiṣṭha의 교설(Mbh 12.302.27-28, @제5장 각주 23)에는 5행위기관이 구체적으로 명시되어 있다.

로 설정하므로 이 점도 함께 짚어볼 필요가 있다.[79]

> 성자들은 다섯 가지가 한 무리의 요소로서 상속한다고 언명했다. 마음은 이러한 것들의 아홉째이고, 통각은 열째로 알려져 있다. (10)
> 그리고 무한한 자아는 열한째로서 그것은 완전한 최고의 것으로 불린다. 통각은 결정을 특성으로 갖고, 마음은 구별을 특성으로 갖는다. 그것(무한한 자아)은 행위를 용인함으로써 몸으로 불리는 개아가 된다고 이해해야 한다.[80] (11)

Vyāsa는 앞에서 마음을 제6으로 열거했는데, 여기서는 갑자기 제9로 열거한다. 더욱이 그는 이 제9 앞에 있어야 할 것들을 구체적으로 명시하지도 않는다. 다만 그것들의 단서는 바로 직전에 "후속하는 것들에는 [이전에 있었던] 속성들이 존재하고, 차후의 것들이 모든 중생에게 존재한다."[81] 라고 설명한 데서 찾을 수 있을 뿐이다. 『마하바라타』를 최초로 완역한 Ganguli는 이 설명에서 '차후의 것들'이 의미하는 것을 무지(avidyā), 욕망(kāma), 행위(karma)라는 세 가지로 해석했다.[82] 그의 해석을 수용하면, 여기서는 기본적인 다섯 감관들의 작용 요인

....

79 Mbh 12.252=244.10-11. Dutt(2004.VIII) p. 230.
pañcānāṃ bhūtasaṃghānāṃ saṃtatiṃ munayo viduḥ | mano navamam eṣāṃ tu buddhis tu daśamī smṛtā || 10 ||
ekādaśas tv anantātmā sa sarvaḥ(=ekādaśo 'ntarātmā ca sarvataḥ) para ucyate | vyavasāyātmikā buddhir mano vyākaraṇātmakam | karmānumānād vijñeyaḥ sa jīvaḥ kṣetra-saṃjñakaḥ || 11 ||

80 이 마지막 구문의 취지를 이해하는 데는 다음과 같은 Ganguli(1891:326)의 번역과 해설이 유용하다.
번역: "자아(앞에 언급한 무한한 자아)는 행위로부터 유래한 결과를 통해 몸이 부여된 Jīva(즉 jīvātman=개아)로 알려지게 된다."
해설: "자아는 무지와 욕망이 부여될 때 생명을 가진 존재가 되어 행위에 관여한다. 그래서 행위에서 유래한 결과를 통해 무한한 자아(즉 cit=순수의식)는 Jīvātman(=개아)가 된다."

81 uttareṣu guṇāḥ santi sarve sattveṣu(=sarveṣu) cottarāḥ || Mbh 12.252=244.9. Dutt(2004.VIII) p. 230.

82 Ganguli(1891:325)는 이 원문을 "uttareṣu [bhūteṣu pūrvabhūta-]guṇāḥ santi sarve sattveṣu cottarāḥ"로 판독하고 다음과 같이 번역했다.
"후속하는 각각의 요소들은 그 자신을 제외하고 선행하는 속성들을 갖는다. 모든 중생에게는 다시 추가로 (세 가지) 본질(avidyā, kāma, karma)이 있다."

을 무지, 욕망, 행위라는 셋으로 대별하여 추가한 것으로 이해된다. 그렇다면 이 셋을 감관으로 간주하지 않는 것이 타당하다. 따라서 감관들의 서열에 국한하면, Bhīṣma와 Vyāsa가 앞에서 열거한 순서는 그대로 통용된다.

2. 속성과 3질

Bhīṣma와 Vyāsa는 5조대요소로 형성되는 감관들과 그 기능을 개괄하고 나서, 이제부터 본격적으로 3질을 설명하기 시작한다.[83] 그러므로 이들이 앞에서 자주 언급한 속성(guṇa)이란 3질의 '질'과 동일한 개념이며, 3질설을 예기한 것으로 이해할 수 있다. 또한 이 '속성'은 마침내 상키야에서 말하는 3질을 가리키는 것으로 귀결된다.

먼저 Bhīṣma의 교설을 소개하면, 그는 3질의 작용을 다음과 같이 설명한다.[84]

> 안락한 기분은 순질의 속성이고 고통스런 기분은 동질의 속성이다. 그대에

....

83 예를 들어 Bhīṣma의 교설은 다음과 같은 서두로 시작된다.
"이제 사람들은 감관들을 모두 알아야 한다. 암질과 동질과 순질이라는 이것들도 그것(감관)들에 의지하여 존재한다." (puruṣair indriyānīha veditavyāni kṛtsnaśaḥ | tamo rajaś ca sattvaṃ ca te 'pi bhāvās tad-āśritāḥ || Mbh 12.194.15. Dutt 2004.VIII:55)
Pune본: "이제 인간에게 있는 감관들을 모두 알아야 한다. 그대는 암질과 동질과 순질이 그것(감관)들에 의지하여 존재함을 알라." (puruṣe cendriyāṇīha veditavyāni kṛtsnaśaḥ | tamo rajaś ca sattvaṃ ca viddhi bhāvāṃs tadāśrayān || Mbh 12.187.14)

84 Mbh 12.194.30-36=187.29-35. Dutt(2004.VIII) p. 57.
sukhasparśaḥ sattvaguṇo duḥkhasparśo rajoguṇaḥ | tamoguṇena saṃyuktau bhavato 'vyāvahārikau || 30 ||
tatra yat prīti-saṃyuktaṃ kāye manasi vā bhavet | vartate sāttviko bhāva ity ācakṣīta tat tathā(=avekṣeta tat tadā) || 31 ||
atha yad duḥkha-saṃyuktam aprītikaram(=atuṣṭikaram) ātmanaḥ | pravṛttaṃ raja ity eva tan na saṃrabhya(=tann asaṃrabhya) cintayet || 32 ||
atha yan moha-saṃyuktam avyakta-viṣayaṃ(=avyaktam iva yad) bhavet | apratarkyam avijñeyaṃ tamas tad upadhārayet || 33 ||
praharṣaḥ prītir ānandaḥ sukhaṃ saṃśāntacittatā | kathaṃcid abhivartanta ity ete sāttvikā guṇāḥ || 34 ||
atuṣṭiḥ paritāpaś ca śoko lobhas tathākṣamā | liṅgāni rajasas tāni dṛśyante hetv-ahetubhiḥ || 35 ||
avamānas(=abhimānas) tathā mohaḥ pramādaḥ svapna-tandritā | kathaṃcid abhivartante vividhās tāmasā guṇāḥ || 36 ||

게 그 둘이 암질의 속성과 결부되면 그 양쪽으로 작용하지 않고 [암질의 속성만 작용한다.][85] (30)

그 경우, 신체나 마음에서 기쁨을 동반하게 될 것이라면, 이것은(=그때 이것은) 순질에서 유래하여 발생한 상태라고(=경험된다.) 그와 같이 알려져 있다. (31)

다음으로, 고통을 동반하여 자신에게 혐오를 일으키는 것은 동질이 작용한 것이다. 따라서 그것을 두려워하여 결코 마음에 떠올리지 말아야 한다. (32)

다음으로, 미혹을 동반하여 대상을 지각할 수 없게 될 것이라면, 정의할 수 없고 식별할 수 없는 그것을 암질[의 작용의]로 간주해야 한다. (33)

황홀경, 기쁨, 환희, 안락, 마음의 적정, 어렵사리 근접할 수 있다고 하는 이것들은 순질에서 유래하는 속성들이다. (34)

불만족, 고뇌, 비애, 탐욕, 복수심, 원인을 불문하고 나타나는 이러한 것들은 동질의 표징들이다. (35)

다방면에 걸쳐 발생하는 잡다한 것들[86]로서 그러한 수치(=자만), 미혹, 부주의, 잠, 무기력은 암질에서 유래하는 속성들이다. (36)

한편 Vyāsa도 이와 유사한 내용을 다음과 같이 교시한다.[87]

....

85 "암질의 속성만 작용한다."라는 삽입구는 Ganguli(1891:71)의 번역을 참조한 것이다. 고전 상키야의 3질설을 고려하면, 이 삽입구는 "그 양쪽(순질과 동질)의 작용을 저지한다."는 의미로 해석할 수 있다.

86 Ganguli(1891:71)는 Nīlakaṇṭha의 주석에 의거하여 이 구절을 '과도한 불행을 통해 엄습하는 것'이라고 번역했다. 그에 의하면 Nīlakaṇṭha는 '다방면에 걸쳐'의 원어 'kathaṃcid'를 '큰 불행 때문에'라고 설명했다.

87 Mbh 12.247=239.19-25. Dutt(2004.VIII) p. 221.
rajas tamaś ca sattvaṃ ca traya ete svayonijāḥ | samāḥ sarveṣu bhūteṣu tān guṇān upalakṣayet(=tadguṇeṣūpalakṣayet) || 19=16 ||
tatra yat prīti-saṃyuktaṃ kiṃcid ātmani lakṣayet | praśāntam iva saṃśuddhaṃ sattvaṃ tad upadhārayet || 20 ||
yat tu saṃtāpa-saṃyuktaṃ kāye manasi vā bhavet | pravṛttaṃ raja ity evaṃ tatra cāpy upalakṣayet || 21 ||
yat tu saṃmoha-saṃyuktam avyakta-viṣayaṃ bhavet | apratarkyam avijñeyaṃ tamas tad upadhāryatām || 22 ||
praharṣaḥ prītir ānandaḥ sāmyaṃ svasthātma-cittatā | akasmād yadi vā kasmād vartate sāttvikā guṇāḥ(=sāttviko guṇaḥ) || 23 ||
abhimāno mṛṣāvādo lobho mohas tathākṣamā | liṅgāni rajasas tāni vartante hetv-ahetutaḥ || 24 ||
tathā mohaḥ pramādaś ca tandrī nidrā-prabodhitā | kathaṃcid abhivartante vijñeyās tāmasā guṇāḥ || 25 ||

동질과 암질과 순질이라는 이 셋은 그 자신의 근원으로부터 발생한 것들로서 존재하는 모든 것들에게 공통하니, [유발하는 작용으로 알아차려야 할][88] 그것들을 [그] '속성'(질)들로 구분할 수 있다. (19)

그 경우, 자아에서 지각할 수 있는 것으로서, 평온과 청정처럼 기쁨을 동반하는 것이라면 어떠한 것이든 그것을 순질[의 작용의]로 간주해야 한다. (20)

그리고 신체나 마음에서 격동을 동반하게 될 것이라면, 무엇이든지 그것은 동질이 작용한 것이라고, 그 경우에도 이와 같이 구분해야 한다.[89] (21)

또한 망연자실을 동반하여 대상을 지각할 수 없게 될 것이라면, 정의할 수 없고 식별할 수 없는 그것은 암질[의 작용의]로 간주되어야 한다. (22)

아무런 까닭 없이 혹은 어떤 까닭으로든지 발생하는 황홀경, 기쁨, 환희, 평정, 자족심(自足心)은 순질에서 유래하는 속성들이다. (23)

자만, 거짓말, 탐욕, 미혹, 복수심, 원인을 불문하고 발생하는 이러한 것들은 동질의 표징들이다. (24)

인식할 수 있는 것들이 거의 발생하지 않는 그러한 미혹, 부주의, 무기력, 졸음, 나태는 암질에서 유래하는 속성들이다. (25)

이상의 두 교설에서 열거하는 3질의 작용을 망라하면 아래의 표와 같다.

3질	작용 결과
순질	안락, 심신의 기쁨, 황홀경, 기쁨, 환희, 적정, 평온, 청정, 자족심
동질	고통, 혐오, 불만족, 고뇌, 비애, 탐욕, 복수심, 격동, 자만, 거짓말, 미혹
암질	순질과 동질의 저지, 미혹, 무지, 수치, 망연자실, 부주의, 잠, 졸음, 무기력, 나태

여기서 미혹이 동질과 암질의 기능으로 중복된 것을 제외하면, 3질에 관한 이

88 이 삽입구는 Ganguli(1891:310)의 번역에 의거함.

89 Pune본으로 번역하면, "그리고 신체나 마음에서 격동을 동반하게 될 것이라면, 그것은 항상 인간들을 현혹시키는 암질의 발동일 것이다." (… | rajaḥ pravartakaṃ tat syāt satataṃ hāri dehinām ‖)

러한 인식은 고전 상키야에 그대로 반영되었다고 말할 수 있다. 특히 순질과 동질이 암질과 결부되면 그 양쪽으로 작용하지 않는다는 설명(Bhīṣma의 제30송)은 고전 상키야의 3질설에서 암질에 부여한 주요 기능의 전조로 보인다. 고전 상키야－요가의 3질설은 순질과 동질의 작용을 억제하는 것이 암질이기 때문에, 암질을 제지하여 순질을 강화해야 한다는 수행론으로도 전개된다.

3. 감관들과 3질을 주도하는 통각

Vyāsa는 바로 앞의 교설에 잇따라서 통각의 기능을 설명하는 데 주력한다. 이 교설은 통각이 감관들 및 3질과 어떠한 관계로 작용하는지에 초점을 두고 진행된다. 후대의 고전 상키야에서 통각과 순수정신의 관계가 쟁점으로 대두된 점을 고려하면, 이하의 교설들은 이 쟁점의 발단을 이해하는 데 단서가 될 만하다. Vyāsa의 교설은 다음과 같이 시작된다.[90]

> 마음은 생각을 만들어 내고 통각은 [이것을 판별하여] 확정하며, 심장(자아)은 좋은 것과 싫은 것을 알아 내니, 이러한 세 가지가 행위를 촉발한다. (1)
> 실로 감관들의 저편에 대상들이 있고, 대상들보다 더 저편에는 마음이 있으며, 마음의 저편에 통각이 있고, 통각의 저편에는 자아가 있는 것으로 간주

....

90 Mbh 12.248=240.1-9. Dutt(2004.VIII) pp. 221-2.
mano visṛjate(=manaḥ prasṛjate) bhāvaṃ buddhir adhyavasāyinī | hṛdayaṃ priyāpriye veda trividhā karma-codanā || 1 ||
indriyebhyaḥ parā hy arthā arthebhyaḥ paramaṃ manaḥ | manasas tu parā buddhir buddher ātmā paro mataḥ || 2 ||
buddhir ātmā manuṣyasya buddhir evātmano ''tmikā | yadā vikurute bhāvaṃ tadā bhavati sā manaḥ || 3 ||
indriyāṇāṃ pṛthag-bhāvād buddhir vikriyate hy ataḥ(=aṇu) | śṛṇvatī bhavati śrotraṃ spṛśatī sparśa ucyate || 4 ||
paśyantī bhavate dṛṣṭī rasatī rasanaṃ bhavet | jighratī bhavati ghrāṇaṃ buddhir vikriyate pṛthak || 5 ||
indriyāṇi tu(=iti) tāny āhus teṣv adṛśyo 'dhitiṣṭhati(=adṛśyādhitiṣṭhati) | tiṣṭhatī puruṣe buddhis triṣu bhāveṣu vartate || 6 ||
kadā cil labhate prītiṃ kadā cid api śocate | na sukhena na duḥkhena kadā cid iha yujyate || 7 ||
seyaṃ bhāvātmikā bhāvāṃs trīn etān ativartate | saritāṃ sāgaro bhartā mahāvelām ivormimān || 8 ||
yadā prārthayate kiṃcit tadā bhavati sā manaḥ | adhiṣṭhānāni vai buddhyā pṛthag etāni saṃsmaret | indriyāṇy eva medhyāni vijetavyāni kṛtsnaśaḥ || 9 ||

된다.[91] (2)

[일상의 관점에서] 통각은 인간의 자아이다. 자아의 본성으로 이루어진 바로 이 통각이 [대상들에 대한] 관념을 생성할 때, 그것은 마음에 속하게 [되어 마음으로 불리게] 된다. (3)

감관들은 [대상과 작용에서] 차별이 있기 때문에 통각은 실로 이에 따라(=미세하게) 변형된다. [통각은] 듣고 있을 때는 귀가 되고, 접촉하고 있을 때는 감촉으로 불린다. (4)

보고 있을 때는 시각을 갖는 것(눈)이 되고, 맛보고 있을 때는 혀가 될 것이며, 냄새를 맡고 있을 때는 코가 된다. 통각은 [이와 같이] 따로따로 변형된다. (5)

그래서 이것들은 감관으로 불리며, '보이지 않는 것'(순수정신)[92]이 그것들을 감독한다. 순수정신에 의존하고 있는 통각은 세 가지 상태로 존재한다. (6)

그것(통각)은 때로는 기쁨을 얻고 때로는 또한 슬퍼하며, 때로는 이 세상에서 안락과도 고통과도 결부되지 않는다. (7)

[세 가지] 상태로 이루어진 바로 그것(통각)은 이들 세 가지 상태를 초월한다.[93] 강들의 군주인 대양이 크게 굽이쳐 [강에서 들어온] 큰 물결을 초월하듯이. (8)

그것(통각)이 어떤 무엇을 바랄 때 그것은 마음이 된다. 기반인 이것(감관)들의 각각을 실로 통각으로 간주해야 하며, 활기찬 바로 그 감관들을 모두 제어해야 한다. (9)

여기서는 감관들의 작용을 통각의 변형으로 간주하며, 통각의 작용을 흔히

---

91 동일한 내용이 KaU 1.3.10에 있다. @제4장의 각주 9 참조.

92 Ganguli(1891:310)는 '보이지 않는 것'(adṛśyo)을 자아(Soul)로 번역했으나 이에 선행하는 동일 원문(12.194.21)의 경우에는 '통각'으로 번역하여(1891:70) 일관성을 상실했다. 나중에 반복된 이 대목에서 '자아'로 번역한 것을 더 신뢰할 수 있는 해석으로 간주할 수 있으며, 이는 상키야 철학의 순수정신에 해당한다.

93 이 대목을 요가와 결부시킨 Ganguli(1891:312)의 해설에 따르면, 여기서는 통각을 평범한 상태와 비범한 상태로 언급한다. 즉 "통각은 순질과 동질과 암질이라는 세 가지 상태로 존재하지만, 요가로써 이것들을 초월할 수 있다. 여기서는 통각을 평범한 상태와 비범한 상태로 말하고 있다."

마음으로 일컫는다고 설명한다. 또한 통각은 3질로서 존재하면서 3질을 초월한다고도 설명한다. 이 설명의 요지는 통각이 감관들을 포함한 마음을 관장한다는 것인데, 이는 통각이 순수정신에 의존하여 3질로서 작동하기 때문이다. 위의 마지막 구절(제9송)에서 "감관들을 모두 제어해야 한다."라고 말한 것은 요가 수행을 강조한 것이다. 이 점은 Vyāsa의 다른 교설로도 입증된다.[94]

Bhīṣma 역시 이와 유사한 내용을 '통각의 진행'이라는 주제로 설명한다. Vyāsa가 설명하는 취지는 다음과 같은 Bhīṣma의 교설에서 좀 더 명료하게 드러난다.[95]

> 실로 통각의 기반은 각각의 대상들로서 다섯 가지이다. 이것들은 [다섯] 감관으로 불리며, '보이지 않는 것'(순수정신)이 그것들을 감독한다.[96] (21)
> 순수정신에 의존하고 있는 통각은 세 가지 상태로 존재한다. 그것(통각)은 때로는 기쁨을 얻고 때로는 또한 슬퍼한다. (22)
> 또한 때로는 안락과도 고통과도 결부되지 않는다. 이와 같이 [통각은] 사람

....

94 다음 각주 102 참조.

95 Mbh 12.194=187.21-30. Dutt(2004.VIII) pp. 56-57.
adhiṣṭhānāni buddher hi pṛthag arthāni pañcadhā | indriyāṇīti(=pañcendriyāṇi) tāny āhus tāny adṛśyo 'dhitiṣṭhati || 21=20 ||
puruṣe tiṣṭhatī(=puruṣādhiṣṭhitā) buddhis triṣu bhāveṣu vartate | kadā cil labhate prītiṃ kadā cid anuśocati || 22=21 ||
na sukhena na duḥkhena kadā cid api vartate | evaṃ narāṇāṃ manasi triṣu bhāveṣv avasthitā || 23=22 ||
seyaṃ bhāvātmikā bhāvāṃs trīn etān ativartate(=nātivartate) | saritāṃ sāgaro bhartā mahāvelām ivormimān || 24=23 ||
atibhāvagatā buddhir bhāve manasi vartate | pravartamānaṃ tu(=hi) rajas tad-bhāvam anuvartate || 25=24 ||
indriyāṇi hi sarvāṇi pradarśayati sā tadā(=sadā) | =25a tataḥ sattvaṃ tamobhāvaḥ prītiyogāt pravartate || 26 ||
prītiḥ sattvaṃ rajaḥ śokas tamo mohas tu(=mohaś ca) te trayaḥ | ye ye ca bhāvā loke 'smin sarveṣv eteṣu te triṣu || 27=…26a ||
iti buddhigatiḥ sarvā vyākhyātā tava bhārata | indriyāṇi ca sarvāṇi vijetavyāni dhīmatā || 28=26b-27a ||
sattvaṃ rajas tamaś caiva prāṇināṃ saṃśritāḥ sadā | trividhā vedanā caiva sarva-sattveṣu dṛśyate || 29=27b-28a ||
sāttvikī rājasī caiva tāmasī ceti bhārata | 30a=28b.

96 Ganguli(1891:70)는 "보이지 않는 것, 즉 통각은 그것들에 의존한다."라고 '보이지 않는 것'(adṛśyo)을 통각으로 해석했다. 그의 해석은 다섯 대상이 통각의 기반이라는 앞의 서술을 고려한 것이지만, 이는 나중에 반복되는 동일한 원문(Mbh 12.194.21=187.20)에서 '보이지 않는 것'을 자아(Soul)로 해석(1891:311)한 것과는 합치하지 않는다. 이 경우의 자아는 흔히 puruṣa(순수정신)의 역어로 통용된다. 앞의 각주 92 참조.

들의 마음에 세 가지 상태로 존속한다. (23)

[세 가지] 상태로 이루어진 바로 그것(통각)은 이들 세 가지 상태를 초월한다 (=초월하지 않는다). 강들의 군주인 대양이 크게 굽이쳐 [강에서 들어온] 큰 물결을 초월하듯이.[97] (24)

[세 가지 상태를] 초월해 간 통각은 마음이라는 상태에서 존재한다. 그리고 (=실로) 발동하고 있는 동질은 그것(마음)의 상태를 뒤따른다. (25)

실로 그것(통각)이 모든 감관들을 인도할 때(=항상 인도하고), 이로부터 암질의 상태는 기쁨과 결합함으로써 순질로서 작동한다.[98] (26)

그것들은 기쁨인 순질과 슬픔인 동질과 미혹인 암질이라는 세 가지이다. 그리고 이 세계에 있는 상태들은 어느 것이나 제각기 이 셋에 모두 포함된다. (27)

Bharata의 자손이여! 이상으로 그대에게 통각의 진행을 모두 설명했다. 이제 현자는 모든 감관들을 제어해야 한다. (28)

바로 그 순질과 동질과 암질은 생명을 가진 것들에게 항상 고착되어 있다. 그래서 세 가지 감성은 모든 중생에서 발견된다. (29)

Bharata의 자손이여! [그 셋(감성)은] 오로지 순질에서 유래하고, 동질에서 유래하고, 암질에서 유래하는 것이다. (30)

이 교설의 요지는 제26송 이하의 결론에서 3질을 재차 강조하는 것으로 제시되어 있다. 이에 따르면, 통각은 3질의 작동을 통해 감관들을 인도하며 이에 따라 3질을 주도하는 것도 통각이다. 그러므로 감관들을 제어하기 위해서는 3질

....

97 앞의 각주 93을 참조하면, '초월하지 않는다'(nātivartate)라는 Pune본의 서술은 '요가에 의지하지 않고서는'이라는 전제를 함의한 것으로 해석할 수도 있다. 그러나 이러한 함의를 고려하지 않고 Pune본을 채택하면, 그것(통각)은 대양이 강에서 들어온 큰 물결을 압도하듯이, 세 가지 상태를 초월하지는 않는다는 의미로 이해된다. 이러한 의미를 채택하더라도 이 구절의 취지는 통각이 세 가지 상태, 즉 3질의 작용을 장악한다는 것으로 이해할 수 있다.

98 "이로부터 암질의 상태는 기쁨과 결합함으로써 순질로서 작동한다."라는 뒷 구절은 앞 구절과 어울리지 않는다. Pune본에도 이에 해당하는 원문이 없으며, Ganguli(1891:71)의 번역에도 이에 해당하는 내용이 없다. Dutt(2004.VIII:56)는 해당 원문을 기재했지만 번역은 제시하지 않았다. 따라서 편집상의 착오일 수 있는 이 구절은 무시하고 바로 다음 게송으로 연결해도 무방하다.

을 제어해야 하며, 3질을 제어하기 위해서는 결국 통각을 제어해야 한다. Vyāsa와 Bhīṣma의 교설은 이로써 요가 수행의 원리를 시사한다.

그런데 앞에서 잠시 언급했듯이, 3질 중에서 동질과 암질을 억제하는 것으로 순질을 강화하는 것은 고전 상키야에서 역설하는 수행의 기본 원리이다. 여기서 장애가 되는 것은 순질과 순수정신을 동일시하는 착각이다. 이 착각에서 벗어나 순질과 순수정신이 전혀 다르다는 진실을 실현할 때라야 순수정신의 독존이라는 해탈이 가능하다. 다음에 소개할 Bhīṣma의 교설은 우선 이와 관련하여 특히 주목할 만하다.

다음과 같은 Bhīṣma의 교설에서는 통각을 직접 언급하지 않고 이것을 순질로 대체하는데, 이는 고전 상키야에서도 통각은 순질이 우세하기 때문으로 종종 순질로 불리는 것과 유관할 것이다.[99]

> 그대는 '몸을 아는 자'(순수정신)와 순질이라는 미세한 둘 사이의 차이를 이렇게 보아라. 하나(몸을 아는 자)는 속성들을 방출하지 않지만, 다른 하나(순질)는 속성들을 방출한다. (38)
>
> 각다귀와 무화과가 항상 접합하더라도 이 둘은 서로 다른 것이듯이, 그 둘의 결속도 그와 같을 것이다. (39)

....

99 Mbh 12.194.38-46=187.37-45. Dutt(2004.VIII) pp. 57-58.
sattva-kṣetrajñayor etad antaraṃ paśya sūkṣmayoḥ | sṛjate tu guṇān eka eko na sṛjate guṇān || 38=37 ||
maśakodumbarau cāpi samprayuktau yathā sadā | anyonyam etau(=anyau) syātāṃ ca(=ca yathā) samprayogas tathā tayoḥ || 39=38 ||
pṛthagbhūtau prakṛtyā tau samprayuktau ca sarvadā | yathā matsyo jalaṃ caiva samprayuktau tathaiva tau || 40=39 ||
na guṇā vidur ātmānaṃ sa guṇān vetti sarvaśaḥ | paridraṣṭā guṇānāṃ tu(=ca) saṃsraṣṭān(=saṃsraṣṭā) manyate sadā || 41=40 ||
indriyais tu pradīpārthaṃ kurute buddhi-saptamaiḥ | nirviceṣṭair ajānadbhiḥ paramātmā pradīpavat || 42 ||
sṛjate hi guṇān sattvaṃ kṣetrajñaḥ paripaśyati | samprayogas tayor eṣa sattva-kṣetrajñayor dhruvaḥ || 43=42 ||
āśrayo nāsti sattvasya kṣetrajñasya ca kaścana | sattvaṃ manaḥ saṃsṛjati na guṇān vai kadā cana || 44=43 ||
raśmīṃs teṣāṃ sa manasā yadā samyaṅ niyacchati | tadā prakāśate 'syātmā ghaṭe dīpo jvalann iva || 45=44 ||
tyaktvā yaḥ prākṛtaṃ karma nityam ātmaratir muniḥ | sarva-bhūtātma-bhūs tasmāt(=sarva-bhūtātma-bhūtaḥ syāt) sa gacchet uttamāṃ(=paramāṃ) gatim || 46=45 ||

그 둘은 별개로 존재하지만 항상 원질에 의해 접합되어 있다. 마치 물고기와 물처럼 바로 그와 같이 그 둘은 접합되어 있[지만 별개로 존재한]다.[100] (40)

속성들(3질)은 자아를 모르지만 그것(자아)은 속성들을 모두 안다. 그래서 그것은 항상 속성들의 목격자요 동반자로 간주된다.[101] (41)

그러나 그것(자아)은 [대상들을 밝히는] 등불이 되기 위해 감관들을 활용한다. 최고아가 무감각하고 무지한 것들을 활용하여 등불이 되듯이. (42)

그것(순질인 통각)은 실로 속성들을 방출하고 '몸을 아는 자'는 이것들을 순질로 인식한다. 이것이 그 둘의 결합이며 '몸을 아는 자'와 순질 사이에서는 필연적인 것이다. (43)

'몸을 아는 자'와 순질은 어떠한 것에도 의존하지 않는다. 순질은 마음을 창조하지만, 결코 속성들을 창조하지는 않는다. (44)

그것(몸을 아는 자)이 마음을 통해 그것(감관)들의 빛살을 완전히 통제할 때, 이것(마음)의 자아는 단지 속에서 등불이 빛을 발하듯이 [통각에] 환하게 드러난다. (45)

자아에서 기쁨을 얻는 성자는 일상적인(원질에서 유래한) 행위를 포기하고서, 모든 존재들의 자아가 되어 최상의 쉼터로 갈 것이다. (46)

여기서 '몸을 아는 자'(순수정신)와 순질(통각)을 주제로 취급하면서 자아와 최고아를 함께 언급한 것은 개념상의 혼동을 유발할 수 있다. 그러나 비유에서 언급하는 자아와 최고아(제42송)는 우파니샤드에서 통용되는 용어를 각각 통각(순질)과 순수정신(몸을 아는 자)에 비유한 것으로 이해되므로 혼동의 여지가 없다. 다만 이 밖의 자아는 순수정신의 동의어로 간주된다.

....

100 Mbh 12.308.23(@제5장 각주 50)에서는 이 비유가 개아와 최고아의 관계에 적용된다. 즉 "이 둘(개아와 최고아)은 각다귀와 무화과처럼 서로 다른 것으로, 또한 물고기와 물처럼 서로 다른 것으로 파악된다."

101 뒷 구절은 Pune본에 의거한 번역이다. Ganguli(1891:72)는 채택한 원문에 따라 "자아는 속성들의 목격자이며 이것들을 모두 자신으로부터 유출된 것으로 간주한다."라고 번역했으나, 맥락에는 부합하지 않는 것으로 보인다.

이 교설에서 원질을 매체로 언급한 것은 눈길을 끌기에 충분하다. 즉, '몸을 아는 자'와 순질 사이의 필연적 접합을 원질 때문인 것으로 설명(제43, 40송)한 것은 상키야 이원론의 전조로 간주할 만하다. 이는 3질의 결정체인 원질과 3질이 전무한 순수정신의 결합에 상당하기 때문이다.

이 교설은 이원론을 천명한 것은 아니지만, 통각과 순수정신의 관계를 설명하면서 양자의 차이를 역설한 것은 이원론의 핵심적 사고방식에 속한다. 더욱이 마지막 게송에서 언급하는 '성자'는 요가 수행자를 지칭하는 것이 분명하므로,[102] 이제까지 소개한 교설들은 3질을 요가 수행과 연계하는 것으로 귀결된다.

5.1.4. 요가 수행의 요체

Vaiṣṭha는 상키야의 교의를 소개[103]하기에 앞서 요가 수행의 요체를 정려(靜慮)로 제시하고 나서, 자아 체득이라는 정려의 목적과 방법을 설명한다. 그가 여기서 정려를 마음의 집중인 명상과 조식(調息)으로 구분하면서도 명상을 설명하는 데 주력한 것은, 요가의 다른 수단들을 정려의 일환으로 간주했기 때문일 것이다. 이 점에서 정신 집중의 명상을 추구하는 고전 요가의 정수가 이미 『마하바라타』에서 회자되었을 것으로 추정할 수 있다.

Vaiṣṭha는 이러한 요가 수행의 요체를 다음과 같이 상술한다.[104]

....

102 이 Bhīṣma의 교설은 Vyāsa의 교설로도 반복되는데, Vyāsa는 Bhīṣma의 교설에 상당하는 내용을 설명하기에 앞서 3질설의 취지를 다음과 같이 명시한다.
"물가에서 사는 새가 젖지 않고 물에서 배회하듯이, 해방된 자아를 가진 요가 수행자는 [3] 질들의 결점으로 오염되지 않는다." (yathā vāricaraḥ pakṣī na lapyati jale caran | vimuktātmā tathā yogī guṇadoṣair na lipyate || Mbh 12.248.17=240.15b-16a. Dutt 2004.VIII:223)

103 Vaiṣṭha가 요가의 교의에 잇따라 가르친 상키야의 교의는 이 @제5장 각주 37 참조.

104 Mbh 12.306=294.6-25. Dutt(2004.VIII) pp. 423-4.
hanta te sampravakṣyāmi yad etad anupṛcchasi | yogakṛtyaṃ mahārāja pṛthag eva śṛṇuṣva me || 6 ||
yogakṛtyaṃ tu yogānāṃ dhyānam eva paraṃ balam | tac cāpi dvividhaṃ dhyānam āhur vidyāvido(=vedavido) janāḥ || 7 ||
ekāgratā ca manasaḥ prāṇāyāmas tathaiva ca | prāṇāyāmas tu saguṇo nirguṇo manasas tathā || 8 ||
mūtrotsarge purīṣe ca bhojane ca narādhipa | trikālaṃ nābhiyuñjīta śeṣaṃ yuñjīta tatparaḥ || 9 ||

오! 그대가 질문한 그것에 대해 나는 그대에게 설명할 것이니, 대왕이여! 그대는 요가로 실행해야 것을 낱낱이 내게서 들으라. (6)

요가들 중에서는 오직 정려(靜慮)가 요가로 실행해야 할 최상의 힘이다. 그런데 박식한(=베다에 정통한) 사람들은 그 정려도 두 가지라고 말한다. (7)

바로 그 둘은 마음의 집중과 조식(調息)이다. 그러나 조식은 세속적인 것[105] 이지만 마음[의 집중]은 순수하게 세속을 초월한 것이다. (8)

군주여! 최상의 것을 추구하는 자는 소변보고 대변보고 식사하는 세 때를 제외하고, 나머지를 명상에 전념해야 한다. (9)

청정한 자(=성자)는 마음을 통해 감관의 대상들로부터 감관들을 철회하고 나

....

indriyāṇīndriyārthebhyo nivartya manasā śuciḥ(=muniḥ) | daśa-dvādaśabhir vāpi caturviṃśāt paraṃ tataḥ || 10 ||
saṃcodanābhir(=taṃ codanābhir) matimān ātmānaṃ codayed atha | tiṣṭhantam ajaraṃ taṃ tu yat tad uktaṃ manīṣibhiḥ || 11 ||
taiś cātmā satataṃ jñeya ity evam anuśuśruma | vrataṃ(=dravyaṃ) hy ahīnamanaso nānyatheti viniścayaḥ || 12 ||
vimuktaḥ sarvasaṅgebhyo laghvāhāro jitendriyaḥ | pūrvarātre 'pararātre dhārayīta(=pare caiva dhārayeta) mano ''tmani || 13 ||
sthirīkṛtyendriyagrāmaṃ manasā mithileśvara | mano buddhyā sthiraṃ kṛtvā pāṣāṇa iva niścalaḥ || 14 ||
sthāṇuvac cāpy akampaḥ syād girivac cāpi niścalaḥ | buddhyā(=budhā) vidhi-vidhāna-jñās tadā yuktaṃ pracakṣate || 15 ||
na śṛṇoti na cāghrāti na raṃsyati(=rasyati) na paśyati | na ca sparśaṃ vijānāti na saṃkalpayate manaḥ || 16 ||
na cābhimanyate kiṃcinna na(=kiṃcin na ca) budhyati kāṣṭhavat | tadā(=×) prakṛtim āpannaṃ yuktam āhur manīṣiṇaḥ || 17 ||
nirvāte hi(=nivāte ca) yathā dīpyan dīpas tadvat sa dṛśyate | nirliṅgo 'vicalaś(=niriṅgaś cācalaś) cordhvaṃ na tiryag gatim āpnuyāt || 18 ||
tadā tam anupaśyeta yasmin dṛṣṭe tu kathyate | hṛdayastho 'ntarātmeti jñeyo jñas tāta madvidhaiḥ || 19 ||
vidhūma iva saptārcir āditya iva raśmimān | vaidyuto 'gnir ivākāśe dṛśyate ''tmā tathātmani || 20 ||
ye(=yaṃ) paśyanti mahātmāno dhṛtimanto manīṣiṇaḥ | brāhmaṇā brahmayoniṣṭhā hy ayonim amṛtātmakam || 21 ||
tad evāhur aṇubhyo 'ṇu tan mahadbhyo mahattaram | tat tattvaṃ(=tad-antaḥ) sarva-bhūteṣu dhruvaṃ tiṣṭhan na dṛśyate || 22 ||
buddhi-dravyeṇa dṛśyeta manodīpena lokakṛt | mahatas tamasas tāta pāre tiṣṭhan na tāmasaḥ(=tiṣṭhann atāmasaḥ) || 23 ||
sa tamonuda ity uktaḥ sarvajñair(=uktas tattvajñair) vedapāragaiḥ | vimalo vitamaskaś ca nirliṅgo 'liṅga-saṃjñitaḥ || 24 ||
yogam eṣa hi yogānāṃ kim anyad yoga-lakṣaṇam (=yogam etad dhi yogānāṃ manye yogasya lakṣaṇam) | evaṃ paśyaṃ prapaśyanti ātmānam ajaraṃ param || 25 ||

105 Ganguli(1891:604)의 해설에 따르면, '세속적인 것'(saguṇa)이란 진언을 암송하는 것과 같은 보조 수단을 가리킨다. 따라서 '세속을 초월한 것'(nirguṇa)이란 이런 수단의 필요가 없이 이루어지는 것이다.

서, 이제 그 총명한 자는 선동하는 스물 둘을 통해서도 제24[원리]보다 상위인(=그) 자아를, 즉 현자들이 '상주하여 괴멸하지 않는 것'이라고 말한 바로 그것을 지향해야 한다.[106] (10~11)

그리고 자아는 항상 그것들(스물 둘)을 통해 인지될 수 있다고 우리는 이와 같이 들었다. 이는 [요가의] 실천(=본질)이 그릇된 마음을 갖지 않기 때문이고, 다른 방식으로는 그렇지 않다는 것이 확실하다. (12)

모든 집착으로부터 해방되고 음식을 절제하고 감관을 극복하여, Mithilā의 왕이여! 마음으로 감관들의 무리를 정지시키고 통각으로 마음을 정지시키고 나서, 움직이지 않는 바위처럼 [안정된 자세로], 밤이 시작되어 끝나는 동안 마음을 자아에 고정시켜야 한다. (13~14)

또한 그루터기처럼 굳건하게 되고, 산처럼 움직이지 않게 될 것이다. 통각(=지성)으로 [요가의] 규칙과 방법을 아는 자들은 이때를 요가[107]로 간주한다. (15)

듣지 않고, 냄새 맡지 않고, 맛보지 않고, 보지 않고, 접촉을 알아차리지 않으며, 마음은 소망하지 않고, (16)

자만하고 않으며, 나무의 조각처럼 어떠한 것도 생각하지 않는다. 현자들은 이때를 원질로 들어간[108] 요가로 부른다. (17)

실로 바람이 없는 곳에서 등불이 빛을 발하듯이, 그(요가의 완성자)는 밝게 드러난다. 표징(속성)이 없고 동요가 없는 그는 상승하여(천계로 가서) 축생의 길로 떨어지지 않을 것이다.[109] (18)

106 여기서 언급하는 '22'라는 숫자는 제24를 고려하면 25원리 중 순수정신과 원질과 통각을 제외한 22원리를 지칭하는 것으로 간주된다. Ganguli(1891:605)는 22라는 숫자를 '생기(prāṇa)를 전달하는 스물 두 양태'인 '발동자'로 해석하고, 스물 둘과 자아를 결합해야 한다는 취지로 이 대목을 번역했다. 그러나 '스물 두 양태'의 내용을 명시하지 않은 채 '결합'이라고 말한 것은 맥락상 납득하기 어렵다. 다만 그가 제24를 '원질'로 이해한 것은 타당하다. 그렇다면 여기서 말하는 자아는 제25원리인 순수정신을 지칭하는 것으로 이해할 수 있다.

107 원어는 yukta이지만, Ganguli(1891:605)는 이것을 '요가'로 번역했다. 관련 사례는 @제3장 각주 77 참조.

108 Ganguli(1891:605)는 '원질로 들어간'의 원문 'prakṛtim āpannam'을 단지 '완전한'으로 번역하는 데 그쳤다. 그는 이 표현을 상키야의 관점과는 무관한 것으로 간주한 듯하다.

109 Ganguli(1891:605)는 마지막 구절을 "그는 더 이상 상승하거나 중간 존재 사이로 떨어지지 않을 것이다."라고 번역했다. 그가 이렇게 이해한 것은 바로 앞서 언급한 '밝게 드러난다'(dṛśyate)는 동사를 '브라만과 완전히 합일한다'라고 파격적으로 의역했기 때문일 것이다. 브라만과 합일한 경지에서

친애하는 이여! 나와 같은 이들은 무엇이든 드러나면 그것을 지각할 수 있다고 말하지만, 이때 현자(=요기)는 그것을 '심장에 있는 내적 자아'(=브라만)로 인식할 수 있다.110 (19)

연기 없는 불처럼, 눈부신 태양처럼, 창공의 번갯불처럼, [그] 자아(내적 자아)는 [요기] 자신에게 그와 같이 밝게 드러난다. (20)

위대한 자아를 가진 확고부동한 현자들로서 브라만과의 합일에 열중하는 자들이 보는 것, 그들은 바로 이것을 실로 근원이 없는 것이요 불사의 본질이라고 말한다. 그것은 원자들보다도 미세하고 거대한 것들보다도 더 거대한 것이니, 모든 존재들에 확고하게 상주하는 그 원리가(=그것의 경계가) [범부들에게는] 보이지 않는다. (21~22)

세계의 창조자는 마음의 등불이라는 통각의 소유물을 통해 지각될 수 있고, 친애하는 이여! 어둠침침한 암질의 건너편에 상주하여 암질의 영향을 받지 않는다. (23)

베다에 정통하여 모든 것(=진리)을 아는 자들은 그것을 암질의 축출자로 일컬으니, 순결하고 밝으며 표징(속성)이 없는 그것은 무성(無性)으로 불린다. (24)

이것이 실로 요기들의 요가이니, 이 밖의 어떤 것도 요가로 불릴 수 없다.(=실로 이것을 요기들의 요가인 요가의 정의로 생각하라.) 그들은 이와 같이 이해한 자아를 괴멸하지 않는 최상의 것으로 간주한다.111 (25)

이상에서 설명하는 정려는 달리 표현할 때 선정(禪定)으로 불린다. 선정과 삼매는 불교에서 동일한 경지로 간주되지만, 후대의 『요가경』에서 정려는 최종

....

는 더 이상 상승할 곳이 없다.

110 여기서 '심장에 있는 내적 자아'가 브라만을 지칭한다는 것은 *Chāndogya-upaniṣad*에서 Śāṇḍilya의 교설로 잘 알려져 있다. @제1장 각주36 참조. 한편 Ganguli(1891:605-6)는 이 원문을 다음과 같이 파격적으로 의역했다.
"우리 자신과 같은 사람들이 인식자, 인식 대상, 인식의 완전한 동일화를 이루었다고 말할 때, 요기는 최고아를 본다고 말한다."

111 Vaiṣtha는 이 다음 구절에서 "나는 이제까지 그대에게 요가의 교의를 말했다."(@제2장 각주28)라고 마무리하는 것으로 이상의 교설이 요가 수행의 요체라는 것을 언명한다.

목적인 삼매의 직전 단계이다. 이는 『요가경』에서 요가의 수단을 8지로 체계화하면서 '총지 → 정려 → 삼매'라는 일련의 명상 과정을 차별한 데서 기인한다. 그러므로 『요가경』 이전의 통념을 반영했을 Vaiṣṭha가 요가의 요체로 설명한 정려는 『요가경』에서 요가의 최종 단계로 설정한 삼매에 해당한다고 말할 수 있다.

Vaiṣṭha의 설명에서는 원질을 한 차례 언급하지만 순수정신을 직접 언급하지는 않는다. 그러나 그가 요가 수행으로 지향해야 할 목표를 '제24보다 상위인 자아'(제10~11송)라고 말한 자아는 상키야의 제25원리인 순수정신을 암시한 것으로 이해할 수 있다. 다만 그는 이 순수정신으로서의 자아를 우파니샤드의 통념에 따른 브라만과 동일시한 듯하다.

그럼에도 불구하고 마음으로 감관을 억제하고 통각으로 마음을 억제하여 마음을 자아에 고정시키는 요가(제13~14송)를 '원질로 들어간 요가'(제17송)로 표현한 것은 고전 상키야에서 말하는 환멸(還滅)의 실현에 해당한다. 이 경우의 환멸이란 원질(미현현)로부터 전개된 모든 것들이 그 원질로 되돌아가 소멸하는 것, 즉 3질의 작용이 멈추는 것을 가리킨다. 고전 상키야-요가에서 이 환멸은 해탈의 전제이자 수행의 원리이기도 하다. 더욱이 고전 상키야의 *Yuktidīpikā*에서는 환멸의 상태를 영원하고 청정하며 평온한 최상의 브라만으로 표현하기도 한다.[112] 그렇다면 순수정신으로서의 자아를 브라만과 동일시한 관념은 후대의 고전 상키야에서도 용인되었다고 말할 수 있다.

또한 Vaiṣṭha가 상술한 요가 수행의 요체는 한마디로 말하면 정려로써 마음을 다스리는 것이다. 이것을 『요가경』(YS 1.2)과 『요가주』(YBh 1.1)에서 제시한 요가의 정의[113]로 환언하면, 삼매로써 마음의 작용을 억제하는 것이 될 것이다. 『마하바라타』에 수록된 Vyāsa의 다른 교설도 이와 같은 요가와 연관지을 만하

112 "이 최상의 브라만은 영원하고 청정하며 평온하다. [3]질의 모든 속성들은 이곳으로 되돌아가 소멸한다." @제4장 각주 76.

113 두 문헌에서 정의하는 요가를 병합하면 "요가란 마음의 작용을 억제하는 삼매"가 된다.

다. 이 Vyāsa가 『요가주』의 저자로 알려진 Vyāsa와 동일한 인물일 리는 없겠지만, 요가를 마침내 삼매의 경지로 정의한 점에서는 양자의 상관성을 무시할 수는 없을 것이다. 다음과 같은 Vyāsa의 교설은 자아에 관한 명상에 속한다.[114]

> 순질을 본성으로 가진 자는 낮처럼 밤에도 밤처럼 낮에도 끊임없이 자아에 몰입하는 이들의 위력을 발휘한다. (5)
> [요기들은] 잠들어 있거나 깨어 있는 어떠한 경우에도 제일원인(물질적 근원)으로부터 확고하게 벗어나, 자아가 지어낸 생각[115]을 버리고 행위로부터 발생한 동질을 버린다. (6)
> 그들에게 영속하는 개아는 미세한 일곱 가지 속성을 언제나 동반하여, 노쇠하지도 않고 소멸하지도 않고 항상 배회한다.[116] (7)

....

114 Mbh 12.253.4-15=245.5-14. Dutt(2004.VIII) pp. 231-2.
svapatāṃ jāgratāṃ caiva sarveṣām ātmacintitam | pradhānād vaidhamuktānāṃ(=pradhānadvaidhayuktānāṃ) jahatāṃ karmajaṃ rajaḥ || 5 ||
yathāhani tathā rātrau yathā rātrau tathāhani | vaśe tiṣṭhati sattvātmā satataṃ yogayoginām || 6 ||
teṣāṃ nityaṃ sadā nityo bhūtātmā satataṃ guṇaiḥ | saptabhis tv anvitaḥ sūkṣmaiś cariṣṇur ajarāmaraḥ || 7 ||
mano-buddhi-parābhūtaḥ svadeha-paradehavit | svapneṣv api bhavaty eṣa vijñātā sukha-duḥkhayoḥ || 8 ||
tatrāpi labhate duḥkhaṃ tatrāpi labhate sukham | krodha-lobhau tu tatrāpi kṛtvā vyasanam ṛcchati(=archati) || 9 ||
prīṇitaś cāpi bhavati mahato 'rthān avāpya hi(=ca) | karoti puṇyaṃ tatrāpi jīvann(=jāgrann) iva ca paśyati || 10 ||
mahoṣmāntargataś cāpi garbhatvaṃ samupeyivān | daśa māsān vasan kukṣau naiṣo 'nnaṃ iva jīryate || 11 ||
tam etam(=evam) atitejo 'ṃśaṃ(=atitejoṃśaṃ) bhūtātmānaṃ hṛdi sthitam | tamorajobhyām āviṣṭā nānupaśyanti mūrtiṣu || 12=11 ||
yogaśāstraparā(=śāstrayogaparā) bhūtvā tam(=svam) ātmānaṃ parīpsavaḥ | anucchvāsāny amūrtīni yāni vajropamāny api || 13=12 ||
pṛthagbhūteṣu sṛṣṭeṣu caturth(=caturṣv)āśrama-karmasu | samādhau yogam evaitac chāṇḍilyaḥ śamam abravīt || 14=13 ||
viditvā sapta sūkṣmāṇi ṣaḍaṅgaṃ ca maheśvaram | pradhāna-viniyoga-jñaḥ(=pradhāna-viniyoga-sthaḥ) paraṃ brahmānupaśyati(=brahmādhigacchati) || 15=14 ||

115 '자아가 지어낸 생각'은 이것의 원어 ātmacintita를 '자아에 있는 망상(kalpita)'으로 이해한 Ganguli(1891:327)의 해석을 채택한 번역이다. Ganguli는 이 망상이 마음으로부터 발생한 모든 것을 비롯하여 감관의 대상인 외적 세계까지 포함하는 것으로 간주한다.

116 Ganguli(1891:328)에 의하면 '일곱 가지'란 마하트(통각), 마음, 5미세요소이다. 그는 주석에 의거하여 여기서 말하는 개아(bhūtātman)를 사실은 영속하는 것이 아니라, 한시적으로 '윤회하는 미세신(liṅga)'으로 해석했다.

마음과 통각에 복종하는 이것(개아)은 꿈속에 있으면서도 자신의 몸과 타인의 몸을 알아채고 안락과 고통을 식별한다.117 (8)

[꿈속인] 거기서도 고통을 얻고 거기서도 안락을 얻는다. 거기서도 분노와 탐욕을 일으키고 나서 재앙에 봉착한다. (9)

거기서도 기쁨도 누리고 실로 거대한 재산을 얻고서 공덕을 쌓아, 실제로 활동하고 있는 것(=꿈에서 깨어나 있는 것)처럼 본다. (10)

또한 이것(개아)은 내부의 큰 열로서 자궁으로 들어가 열 달 동안 살면서, 위장에 있는 음식처럼 소화되지는 않는다. (11)

암질과 동질에 사로잡힌 자들은 바로(=이와 같이) 그 초광휘(최고아)의 일부로서 심장에 안주해 있는 개아를 [자신들의] 육체에서 지각하지 못한다. (12)

요가론을 지고한 것으로 따르게 되어 그(=자신의) 자아[에 대한 지혜]를 얻고자 하는 자들은 호흡이 없는 것들, 형체가 없는 것들, 금강석과 같은 어떤 것들도 [초월한다.]118 (13)

[바라문에게] 각기 다르게 확립된 넷째(=네 가지) 생활 단계의 의무들 중에서, 삼매에 있는 이러한 평정이 바로 요가라고 Śāṇḍilya는 말했다. (14)

일곱의 미세한 것들을 알고 여섯 가지 [능력을] 가진 위대한 자재신을 알고 나서, 제일원인(물질적 근원)의 배분(≒전변)을 아는 자(=제일원인을 버리고 사는 자)는 최상의 브라만을 지각한다(=성취한다).119 (15)

....

117 Ganguli(1891:328)는 이 게송이 함축하는 의미를 "범부일지라도 요가 수행자처럼 미세신을 갖는다. 꿈속에서는 육체가 활동하지 않고 미세신만이 활동하고 감지한다."라고 부연했다.

118 Ganguli(1891:329)는 이 원문의 맨 끝에 atikrāmanti(초월하다)라는 동사가 생략된 것으로 파악했다. 그의 번역에 따르면 '호흡이 없는 것'은 '생명이 없는 육체'로, '형체가 없는 것'은 '지각할 수 없는 미세신'으로 바뀐다. 그는 특히 주석에 의거하여 '금강석과 같은 것'을 우주가 소멸할 때도 파괴되지 않는 '원인이 되는 신체'(kāraṇa-śarīra)로 표현했다. 그의 설명에 따르면 '원인이 되는 신체'란 다양한 종류의 미세신을 형성하는 '미세요소들에 있는 잠재력'을 가리키며, 미세신은 개아가 전생에서 일으킨 행위의 결과이다.

119 Ganguli(1891:329)의 번역에 따르면 '일곱의 미세한 것들'이란 ①감관들, ②마음의 대상들, ③마음, ④통각, ⑤마하트, ⑥미현현(원질), ⑦순수정신이다. 한편 '여섯 가지'란 ①전지(全知), ②만족, ③무한한 포용력, ④자립, ⑤영원한 각성, ⑥전능(全能)이다. 그러나 그가 '일곱의 미세한 것들' 중에서 동의어인 통각과 마하트를 별개로 열거한 것은 납득하기 어렵다. 이 원문에 대한 주석을 참고하면 "일곱은 5조대요소, 마음, 통각으로 불리는 것들이다." (sapta pañcabhūtamanobuddhyākhyāni |) 茂木秀淳(2001) p. 99, n. 35 재인용.

위의 교설은 자아에 몰입하라고 권하는 취지로 시작하여, 삼매에 도달하는 것이 최상의 브라만, 즉 최고아를 깨닫는 요가라고 가르치는 것으로 끝난다. 이 과정에서는 개아가 바로 윤회의 주체인 동시에 최고아의 일부라고 가르치는데 (제7송 이하), 이 같은 개아는 고전 상키야에서 말하는 미세신에 상당한다. 그러므로 이러한 Vyāsa의 교설도 고전 상키야－요가의 교의에 스며들었을 가능성을 배제할 수는 없다.

5.1.5. 일원론에 편입된 상키야 - 요가

1. 속성을 갖고 윤회하는 순수정신

이제까지 고찰한 것처럼, 상키야 또는 요가를 표방하는 『마하바라타』의 교설들은 이원론으로 가는 길목에서 서성거리고 있을지언정 이원론으로 직행하지는 않는다. 상키야－요가의 교의를 소개하는 여러 교사들은 이원론의 요소들을 한결같이 일원론에 꿰맞추어 가르친 흔적이 역력하다. 그러므로 『마하바라타』 당시에는 공공연히 이원론을 표방하는 상키야－요가의 교의가 아직 없었다고 단언할 수밖에 없다. 이와 아울러 상키야－요가의 교의는 그 당시까지 일원론에 편입된 일종의 신흥 사상으로 발돋움하고 있었을 가능성도 추정해 볼 수 있다.

『마하바라타』의 「해탈법품」에서 Bhīṣma가 Yudhiṣṭhira에게 가르치는 상키야－요가의 교의는 이원론적 관념을 일원론에 꿰맞춘 대표적인 사례로 꼽힐 수 있다. 이 Bhīṣma의 교설은 요가를 표방하는 것으로 시작하지만,[120] 그 내용은 일원론에 편입된 상키야의 교의가 통용되고 있었음을 입증하기에 충분하다. 더욱이 Bhīṣma는 고전 상키야에 매우 근접한 교의를 본격적으로 설명하기에 앞서,

....

120 Bhīṣma의 교설은 다음과 같은 Yudhiṣṭhira의 요청에 따라 시작된다.
"Bharata의 자손이신 조부님! 해탈을 위한 최상의 요가를 제게 말씀해 주세요. 저는 그것을 진실하게 알기를 바라오니, 빼어난 분이시여! 말씀해 주소서." (yogaṃ me paramaṃ tāta mokṣasya vada bhārata | tam ahaṃ tattvato jñātum icchāmi vadatāṃ vara ‖ Mbh 12.210=203.1. Dutt 2004.VIII:104)

이것이 옛적에 사라진 베다의 지식을 브라만이 재창조하여 대대로 전승된 교설의 일부라는 것과 전승의 신화적 계보를 상당히 장황하게 교시한다. 그리고 그는 본론으로 가르칠 교의가 일원론이라는 사실을 미리 천명해 둔다.

> 베다에 정통한 자들은 순수정신을 영속자요, 편재자(비슈누)요, 천계(=창조)와 소멸의 작자요, 미현현이요, 불멸자인 브라만으로 안다.[121]

여기서는 이원론의 양대 원리인 순수정신과 미현현을 브라만과 동일시하는데, 이는 베다의 전통을 따르는 전형적인 일원론이다. 이제 Bhīṣma는 다음과 같이 원질과 순수정신의 관계로부터 진행되는 창조를 설명하기 시작한다.[122]

....

121 puruṣaṃ sanātanaṃ viṣṇuṃ yaṃ taṃ(=yat tad) vedavido viduḥ | svarga(=sarga)-pralaya-kartāram avyaktaṃ brahma śāśvatam || Mbh 12.210.10=203.9. ibid. p. 105.

122 Mbh 12.210.25-42=203.23-39. ibid. pp. 106-7.
puruṣādhiṣṭhitān bhāvān(=puruṣādhiṣṭhitaṃ bhāvaṃ) prakṛtiḥ sūyate yadā(=sadā) | hetuyuktam ataḥ pūrvaṃ(=sarvaṃ) jagat samparivartate || 25=23 ||
dīpād anye yathā dīpāḥ pravartante sahasraśaḥ | prakṛtiḥ sūyate(=sṛjate) tadvad ānantyān nāpacīyate || 26=24 ||
avyakta-karmajā buddhir ahaṃkāraṃ prasūyate | ākāśaṃ cāpy ahaṃkārād vāyur ākāśa-saṃbhavaḥ || 27=25 ||
vāyos tejas tataś cāpa adbhyo 'tha(=cāpas tv adbhyo hi) vasudhodgatā | mūlaprakṛtayo hyaṣṭau(='ṣṭau tā) jagad etāsv avasthitam || 28=26 ||
jñānendriyāṇy ataḥ pañca pañca karmendriyāṇy api | viṣayāḥ pañca caikaṃ ca vikāre ṣoḍaśaṃ manaḥ || 29=27 ||
śrotraṃ tvak cakṣuṣī jihvā ghrāṇaṃ jñānendriyāṇy atha(=pañcendriyāṇy api) | pādau pāyur upasthaś ca hastau vāk karmaṇī(=karmaṇām) api || 30=28 ||
śabdaḥ sparśaś ca(=sparśo 'tha) rūpaṃ ca raso gandhas tathaiva ca | vijñeyaṃ vyāpakaṃ cittaṃ teṣu sarvagataṃ manaḥ || 31=29 ||
rasajñāne tu jihveyaṃ vyāhṛte vāk tathocyate(=tathaiva ca) | indriyair vividhair yuktaṃ sarvaṃ vyaktaṃ(=vyastaṃ) manas tathā || 32=30 ||
vidyāt tu ṣoḍaśaitāni daivatāni vibhāgaśaḥ | deheṣu jñānakartāram upāsīnam upāsate || 33=31 ||
tadvat somaguṇā jihvā gandhas tu pṛthivīguṇaḥ | śrotraṃ nabhoguṇaṃ(=śabdaguṇaṃ) caiva cakṣur agner guṇas tathā | sparśaṃ vāyuguṇaṃ vidyāt sarva-bhūteṣu sarvadā || 34=32 ||
manaḥ sattvaguṇaṃ prāhuḥ sattvam avyaktajaṃ tathā | sarva-bhūtātma-bhūta-sthaṃ tasmād budhyeta buddhimān || 35=33 ||
ete bhāvā jagat sarvaṃ vahanti sacarācaram | śritā virajasaṃ devaṃ yam āhuḥ prakṛteḥ param(=paramaṃ padam) || 36=34 ||
navadvāraṃ puraṃ puṇyam etair bhāvaiḥ samanvitam | vyāpya śete mahān ātmā tasmāt puruṣa ucyate || 37=35 ||

원질이 순수정신에 의존하고 있는 존재들을(=존재를) 산출하게 될 때, 이로부터 조건(잠재력)을 갖춘 이전의(=모든) 세계는 회전한다. (25)

하나의 등(燈)으로부터 다른 등들에 불을 붙이듯이, 원질은 이와 같이 무한한 것들을 산출하고도 감퇴하지 않는다. (26)

미현현(원질)의 활동으로부터 발생한 통각이 아만을 산출한다. 그리고 또한 아만으로부터는 공(空)이, 이 공으로부터는 풍(風)이 발생한다. (27)

풍(風)으로부터는 화(火)가, 이것(화)로부터는 수(水)가, 수로부터는 지(地)가 발생한다. 실로 이러한 여덟[으로 이루어진 것]이 근본원질이니, 세계는 이것들에 의존한다. (28)

이로부터 [발생하는] 지각기관은 다섯이고 행위기관도 다섯이다. 그리고 [지각기관의] 대상은 다섯이며, 하나인 마음은 [이러한] 변이 중에서 열 여섯째가 된다. (29)

여기서 [다섯] 지각기관들(=5기관들)이란 귀, 피부, 눈, 혀, 코이다. 또한 [다섯] 행위기관들이란 두 발, 항문, 생식기, 두 손, 성대이다. (30)

그리고 또한 소리와 감촉과 형색과 맛과 향[은 지각기관의 대상]이다. 마음은 고루 미치는 의식으로서 그것들(대상과 감관)에 편재한다고 이해해야 한다. (31)

이것(마음)은 맛볼 때는 혀가 되고 말할 때는 성대가 된다고 그와 같이 설명된다. 마음은 이와 같이 다양한 감관들과 결속하여 모든 것으로 전개된다(=확산된다). (32)

따라서 이러한 열 여섯은 그 하나하나가, 몸속에 체류하는 지식의 작자를 숭배하는 신격이라고 알아야 한다. (33)

존재하는 모든 것들에서 혀[의 대상인 맛]은 수(水)의 속성이고, 향(香)은 지

....

ajaraḥ so 'maraś caiva vyaktāvyaktopadeśavān | vyāpakaḥ saguṇaḥ sūkṣmaḥ sarva-bhūta-guṇāśrayaḥ || 38=36 ||
yathā dīpaḥ prakāśātmā hrasvo vā yadi vā mahān | jñānātmānaṃ tathā vidyāt puruṣaṃ sarvajantuṣu || 39=37 ||
śrotraṃ(=so 'tra) vedayate vedyaṃ sa śṛṇoti sa paśyati | kāraṇaṃ tasya deho 'yaṃ sa kartā sarva-karmaṇām || 40=38 ||
agnir dārugato yadvad bhinne dārau na dṛśyate | tathaivātmā śarīrastho yogenaivānudṛśyate(=yogenaivātra dṛśyate) || 41=39 ||
agnir yathā hy upāyena mathitvā dāru dṛśyate | tathaivātmā śarīrastho yogenaivātra dṛśyate || 42 ||

(地)의 속성이며, 또한 마찬가지로 귀[의 대상인 소리]는 공(空)의 속성이고 (=귀는 소리의 속성을 갖고), 눈[의 대상인 형색]은 화(火)의 속성이며, 감촉은 풍(風)의 속성이니, 언제나 이와 같이 알아야 한다. (34)
마음은 순질의 속성이요 순질은 또한 미현현(원질)으로부터 발생한다고 언명했다. 따라서 현자는 이것(미현현)을 존재하는 모든 것들의 본질이 되어 상주하는 것으로 깨달아야 한다. (35)
이러한 실체들이 원질보다 상위에 있다고 하는 티끌 없는 신에 의존하여, 유동하거나 부동하는 모든 세계를 지탱한다. (36)
아홉 문을 가진 신성한 성채는 이러한 실체들로 구비되어 있다. 편재하는 위대한 자아는 [그 성채에서] 쉬고 있으니, 이 때문에 순수정신으로 불린다.[123] (37)
결코 노쇠하지 않고 죽지 않는 그것(순수정신)은 현현과 미현현을 지도한다. 편재하고 속성을 갖고 미세한 그것은 모든 실체와 속성의 안식처이다. (38)
작은 것이든 큰 것이든 등불은 조명을 특성으로 갖듯이, 이와 마찬가지로 모든 사람들 속에 있는 순수정신은 지식을 특성으로 갖는다고 알아야 한다. (39)
그것(순수정신)은 듣고 있는 것을 귀가(=곧바로) 알게 하고, [눈으로] 알아야 할 것을 본다. 이 신체는 그것의 수단이니, 그것은 모든 활동을 실행하는 작자이다. (40)
장작에서 타오르는 불은 장작을 쪼개더라도 그 속에서는 보이지 않듯이, 바로 이처럼 신체에 상주하는 자아는 [신체를 절개하더라도 그 속에서는 보이지 않고,][124] 오직 요가를 통해 주시된다(=곧바로 보인다). (41)
참으로 불은 장작을 도구(나무 조각)로 부비고 나서야 보이듯이, 바로 이처럼 신체에 상주하는 자아는 오직 요가를 통해 곧바로 보인다. (42)

이상과 같은 Bhīṣma의 교설은 아직 종료되지 않았지만, 여기까지는 상키야

123 순수정신은 Mbh 12.306.38에서도 이와 유사하게 언급된다. 이 @제5장 각주 43 참조.

124 이 삽입구는 Ganguli(1891:136)의 번역을 참조했다. 이 삽입구를 제외하면 거의 동일한 내용이 다음 게송(42)에서도 반복된 점을 고려하면, 이 같은 삽입구가 여기서는 생략되었다고 해석하는 것이 맥락으로 보아 타당하다.

의 교의를 요가로써 실현할 수 있다는 취지가 비교적 일목요연하게 드러나 있다. 그러나 고전 상키야에서 창조의 작자로 설정된 원질의 역할이 이 교설에서는 순수정신에 부여된다. 순수정신은 창조의 원천(제25송)이고, 현현과 미현현을 지도하며(제38송), '모든 활동을 실행하는 작자'(제40송)이기 때문이다. 그럼에도 불구하고 창조는 질료인으로 작용하는 미현현(원질)을 통해 이루어진다. 이 점은 고전 상키야에서 설정한 원질의 기능과 동일하다.

이미 소개한 다른 교설들과 비교해 보면, 이 Bhīṣma의 교설은 당시 상키야의 교의로 알려져 있었던 통설을 대변한 것으로 보인다. 그리고 이 통설을 대표하는 것이 상키야의 전변설인데, Bhīṣma의 교설에 따르면 전변설의 개요를 세 단계로 구분할 수 있다.

> 첫째(제27~28송): "미현현(원질) → 통각 → 아만 → 5조대요소"라는 인과는 전변설의 근간에 해당한다.[125]
>
> 둘째(제29~32송): 5조대요소로부터 5지각기관, 5행위기관, 지각기관의 5대상, 마음이라는 16변이가 전개된다.
>
> 셋째(제34송): "수(水) → 맛(혀의 대상), 지(地) → 향(코의 대상), 공(空) → 소리(귀의 대상), 화(火) → 형색(눈의 대상), 풍(風) → 감촉(피부의 대상)"이라는 인과로 감관의 대상은 5조대요소로부터 발생한다. 여기서 5조대요소의 결과로 열거한 감관의 대상(맛, 향, 소리, 형색, 감촉)이 고전 상키야에서는 5미세요소로 불리며, 5조대요소의 결과가 아니라 원인으로 간주된다. 그러나 『마하바라타』에서는 이 인과가 역전되어 있으며 아직 '미세요소'라는 용어가 언급되지 않는다.[126]

....

125 Bhīṣma의 교설에서 특별하게 5조대요소의 각각을 "공(空) → 풍(風) → 화(火) → 수(水) → 지(地)"처럼 인과관계로 세분한 것도 Bhṛgu의 교설(Mbh 12.182.14)과 동일하다. @제1장 각주 50 참조.

126 일찍이 Hopkins(1901:42)는 미세요소에 관해 "미세요소는 비교적 늦게 성립된 우파니샤드에서만 인식되어 있듯이, 서사시에서도 가장 늦게 성립된 철학적이고 종교적인 장들에서만 인식되어 있다."라고 파악했다. 여기서 말하는 우파니샤드는 5미세요소를 직접 언급하는 *Maitrī-upaniṣad* 3.2(@제4장 각주 161)를 예로 들 수 있다. 그러나 서사시의 경우는 Bhīṣma의 교설처럼 '지각기관의 5대상'

Bhīṣma가 전변설 다음으로 가르치는 주제는 순수정신이다. 그런데 그가 설명하는 순수정신은 속성을 가진 위대한 자아이다(제37~38송). 그가 순수정신을 이렇게 설명한다는 것은, 일원론에 편입된 상키야-요가의 교의를 가르치고 있다고 단언할 수 있는 결정적인 근거가 된다. 왜냐하면 속성을 갖는 것이 순수정신이라고 가르치는 것은 브라만처럼 속성이 없는 최상의 원리를 전제하기 때문이며, 순수정신은 그 최상의 원리에 귀속될 수밖에 없기 때문이다. 이 경우의 속성(guṇa)이란 결국 3질을 가리키는 것으로 귀결되는데, 고전 상키야에서 순수정신은 3질을 갖지 않기 때문에 3질을 가진 원질과는 전혀 다른 별개의 원리로 간주된다.

더욱이 위의 교설에서 속성을 가진 순수정신은 '신체에 상주하는 자아'로 간주되고, 요가는 이러한 자아를 알아차리는 유일한 수단이 된다(제41~42송). 그리고 다음과 같이 종결되는 Bhīṣma의 교설에서 순수정신은 신체 및 감관과 결부된 자아로서 윤회를 이끄는 주체가 된다.[127]

> 물은 강들과 결부되어 있듯이, 마찬가지로 광선들은 태양과 결부되어 있다. 이것들은 유대성을 통해 발동하듯이, '육신을 가진 것'(자아)들의 신체들도 그와 같이 [자아와 결부되어] 발동한다. (43)
> 다섯 감관을 갖추고 있는 자아가 꿈속에 빠져 있을 때는 실로 신체를 떠나 발동하듯이, 자아는(=곧바로) 이와 같이 [죽음을 맞을 때면 시신을 떠나 다른 신

....

이라는 표현으로 5미세요소를 시사한다. 그러므로 Hopkins는 서사시(*Mahābhārata*)에서는 미세요소에 해당하는 개념이 다른 표현으로 인식되어 있다고 말하는 것일 뿐, '미세요소'라는 표현이 직접 구사되어 있다는 것은 아니다.

127 Mbh 12.210.43-45=203.40-42. Dutt(2004.VIII) p. 107.
nadīṣv āpo yathā yuktā yathā sūrye marīcayaḥ | saṃtatatvād(=saṃtanvānā) yathā yānti tathā dehāḥ śarīriṇām || 43=40 ||
svapnayoge yathaivātmā pañcendriya-samāyutaḥ(=samāgataḥ) | deham utsṛjya vai yāti tathaivātmopalabhyate(=tathaivātropalabhyate) || 44=41 ||
karmaṇā bādhyate(=vyāpyate) rūpaṃ(=pūrvaṃ) karmaṇā copapadyate | karmaṇā nīyate 'nyatra svakṛtena balīyasā || 45=42 ||

체 속에서 발동하는 것으로][128] 이해된다. (44)

그것(자아)은 행위(업)에 의해 구속되며, 행위에 의해 [다른] 형색(신체)으로 들어간다.[129] 그것은 자신이 지은 강력한 행위에 의해 다른 곳으로 인도된다. (45)

여기서 자아로 불리게 된 순수정신은 브라만의 일부인 개아에 해당하는 윤회의 주체로 전락되어 있다. 그리고 이러한 자아는 고전 상키야에서 윤회의 주체로 상정한 미세신에 상당한다. 다만 고전 상키야에서 미세신은 순수정신과는 상반하는 원질에 속한다. 그렇다면 이원론에서 원질에 귀속될 '윤회의 주체'를 Bhīṣma의 교설에서는 브라만에 귀속될 자아(순수정신)로 간주했음을 확인할 수 있다.

2. 순수정신의 다수성과 유일성

『마하바라타』에서 「해탈법품」의 후반부에 이르면, 다수의 순수정신을 주장하는 것으로 일원론을 거부하는 상키야-요가의 학설이 있었음을 시사하면서, 이 학설을 일원론에 편입시켜 버린 정황이 명료하게 드러난다. 후대의 고전 상키야는 순수정신의 다수성과 원질의 단일성을 확정하는 것으로 이원론의 기반을 구축했다.[130] 이 점에서 다수의 순수정신을 주장하는 상키야-요가는 고전

....

128 이 삽입구는 Ganguli(1891:137)의 번역을 참조했다.

129 Pune본에 의하면 "그것은 행위(업)로 뒤덮여 있으며, 이전에 [지은] 행위에 의해 출현한다."가 된다.

130 사실 이러한 이원론의 발상은 『마하바라타』에서 찾을 수 있다. 순수정신은 다수이고 원질은 단일하다는 주장이 『마하바라타』에서도 상키야의 교의로 언급된 예가 있기 때문이다. Yājñavalkya는 상키야의 교의를 가르치면서 다음과 같이 말한다. (Mbh 12.315.11/19=303.12/20. Dutt 2004.VIII:447)
"모든 중생을 연민하는 자(상키야의 추종자)들은 오로지 지식에 의존하여 미현현(=원질)은 유일한 것이고 순수정신은 다양한 것이라고 그와 같이 말했다." (avyaktaikatvam ity āhur nānātvaṃ puruṣas tathā | sarva-bhūta-dayāvantaḥ kevalaṃ jñānam āsthitāḥ ‖ 11 ‖)
"[나는 이제까지] 탁월한 학문인(=탁월하게 헤아리는) 이 상키야의 교의를 그대에게 [설명했다.] 상키야의 추종자들은 실로 이와 같이 헤아리고 나서 독존(해탈)의 상태로 간다." (sāṃkhya-darśanam etat te parisaṃkhyānam(=parisaṃkhyātam) uttamam | evaṃ hi parisaṃkhyāya sāṃkhyāḥ kevalatāṃ gatāḥ ‖ 19 ‖)
그러나 Yājñavalkya는 다른 교설에서 제26원리를 최상의 원리로 인정하는 상키야-요가의 교의를 가르치므로(Mbh 12.318.77-79, @제5장 각주 59), 그가 여기서 가르친 상키야를 이원론으로 간주할

상키야로 전개될 조짐을 예고한 것으로 간주할 만하다. 그러나 『마하바라타』의 교사들은 이 조짐을 일원론으로 차단하는데, Vaiśampāyana가 Janamejaya의 질문[131]에 다음과 같이 설명하기 시작한 것을 대표적인 예로 들 수 있다.[132]

> 상키야와 요가의 성찰에서(=상키야와 요가를 성찰하는 자들에게) 순수정신은 다수이니, Kuru족의 지도자여! 그들은 이처럼 유일한 순수정신을 인정하지 않는다.[133] (2)
>
> 예컨대 많은 순수정신들에게는 하나의 근원이 있다고 말한다. 나는 이제 자아에 정통하고(=무한한 광휘를 갖고) 고행에 주력하여 극기하고 칭송받을 만한 가장 훌륭한 성현이자 스승이신 Vyāsa에게 경배하고 나서, 그와 같이 속성들(3질)을 초월하여 편재하는 그 순수정신(=하나의 근원)을 설명할 것이다. (3~4)
>
> 대지의 주인이여! 실로 모든 베다에서 '순수정신을 찬양'하는 이것은[134] 위

....

수는 없다. 제26원리를 『마하바라타』의 상키야-요가 학파에서 주장한 것으로 판단한 Chakravarti(1975:50)가 Yājñavalkya의 교설에서 제26원리는 유일하고 보편적인 자아(=순수정신)와 일치하는데 다른 곳에서 자아(=순수정신)의 다수성을 주장한 것은 의외라고 지적한 '다른 곳'이 바로 위의 제11송이다.

131 "바라문이여! 순수정신들은 다수인가 아니면 유일한가? 실로 이 경우에 무엇이 최고의 순수정신으로 혹은 무엇이 이 세상의 근원으로 불리는가?" (vahavaḥ(=bahavaḥ) puruṣā brahmann utāho eka eva tu | ko hy atra puruṣaḥ śreṣṭhaḥ ko vā yonir ihocyate ‖ Mbh 12.350=338.1. Dutt 2004.VIII:621)

132 Mbh 12.350=338.2-7. ibid. p. 622.
vahavaḥ(=bahavaḥ) puruṣā loke sāṃkhyayoga-vicāraṇe(=-vicāriṇām) | naitad icchanti puruṣam ekaṃ kurukulodvaha ‖ 2 ‖
bahūnāṃ puruṣāṇāṃ ca yathaikā yonir ucyate | tathā taṃ puruṣaṃ viśvaṃ vyākhyāsyāmi guṇādhikam ‖ 3 ‖
namaskṛtvā ca(=tu) gurave vyāsāya viditātmane(=vyāsāyāmitatejase) | tapoyuktāya dāntāya vandyāya paramarṣaye ‖ 4 ‖
idaṃ puruṣasūktaṃ hi sarvavedeṣu pārthiva | ṛtaṃ satyaṃ ca vikhyātam ṛṣisiṃhena cintitam ‖ 5 ‖
utsargeṇāpavādena ṛṣibhiḥ kapilādibhiḥ | adhyātmacintām āśritya śāstrāṇy uktāni bhārata ‖ 6 ‖
samāsatas tu yad vyāsaḥ puruṣaikatvam uktavān | tat te 'haṃ saṃpravakṣyāmi prasādād amitaujasaḥ ‖ 7 ‖

133 Ganguli(1891:860)는 주석자가 설명한 이 구절의 취지를 다음과 같이 제시한다.
"상키야와 요가의 추종자들은 모두 세속의 차원에 한정하여 순수정신이 다수라고 말한다. 그러나 사실상 최상의 진리라는 차원에서 순수정신은 하나일 뿐이다."
그러나 Ganguli는 이 설명이 여기에 해당하는 것이 아니라 후속하는 다음 구절에 적용되어야 타당하다고 지적한다.

134 원인가(原人歌)로 잘 알려진 *Ṛgveda*의 Puruṣa-sūkta(RV 10.90)를 가리킨다(@제1장 각주 70 참조). 이 경우에 puruṣa는 철학적 원리로서의 '순수정신'이 아니라 창조의 제물이 된 '최초의 인간'이지만,

대한 성현에 의해 법칙과 진리로 잘 알려지고 성찰되었다. (5)

Bharata의 자손이여! [이에 관해] 카필라를 비롯한 성현들은 자아에 관한 성찰에 의거하여 일반적인 것과 특수한 것으로 이론들을 설파했다. (6)

무한한 능력을 가진 Vyāsa가 간결하게 말한 순수정신의 유일성을 나는 그대에게 명쾌하게 상술할 것이다. (7)

여기서는 자아를 일반적인 것(즉 다수의 자아)과 특수한 것(즉 유일한 자아)으로 구분하는 관념이 상키야 철학의 개조인 카필라에서 유래한 것처럼 설명하고 있다(제6송). 그러나 Vyāsa의 교설에 따르면 순수정신은 유일하다는 것이 정설이다(제7송). 이후 계속되는 Vaiśampāyana의 교설은 상키야-요가의 교의로는 순수정신의 유일성을 알 수 없다고 지적하면서, 순수정신의 다수성을 일축하고 순수정신은 유일하다는 것이 진실이라고 단언한다.[135]

아들이여! 들으라. 완전하고 불변하는 이 순수정신은 불멸하고 헤아릴 수 없고 편재하는 것으로 불린다. (1)

덕망이 출중한 자여! 너나 나 혹은 다른 이들도 그것을 볼 수는 없으니, 실로 [오직] 지혜로써 볼 수 있는 이것은 속성을 갖거나 갖지 않고 편재하는 것으로 알려져 있다. (2)

....

이것을 상키야와 연관지어 설명하는 이 대목에서는 맥락을 고려하여 '순수정신'으로 표현했다.

135 Mbh 12.351=339.1-9. Dutt(2004.VIII) p. 624.
śṛṇu putra yathā hy eṣa puruṣaḥ śāśvato 'vyayaḥ | akṣayaś cāprameyaś ca sarvagaś ca nirucyate || 1 ||
na sa śakyas tvayā draṣṭuṃ mayānyair vāpi sattama | saguṇo nirguṇo viśvo jñānadṛśyo hy asau smṛtaḥ || 2 ||
aśarīraḥ śarīreṣu sarveṣu nivasaty asau | vasann api śarīreṣu na sa lipyati karmabhiḥ || 3 ||
mamāntarātmā tava ca ye cānye dehi(=deha)saṃjñitāḥ | sarveṣāṃ sākṣibhūto 'sau na grāhyaḥ kenacit kvacit || 4 ||
viśvamūrdhā viśvabhujo viśvapādākṣināsikaḥ | ekaś carati kṣetreṣu svairacārī yathā-sukham || 5 ||
kṣetrāṇi hi śarīrāṇi bījāni cāpi(=ca) śubhāśubham(=śubhāśubhe) | tāni vetti sa yogātmā tataḥ kṣetrajña ucyate || 6 ||
nāgatir na gatis tasya jñeyā bhūtena kenacit | sāṃkhyena vidhinā caiva yogena ca yathā-kramam || 7 ||
cintayāmi gatiṃ cāsya na gatiṃ vedmi cottarām(=cottamām) | yathājñānaṃ tu vakṣyāmi puruṣaṃ taṃ sanātanam || 8 ||
tasyaikatvaṃ mahattvaṃ ca(=hi) sa caikaḥ puruṣaḥ smṛtaḥ | mahāpuruṣa-śabdaṃ sa bibharty ekaḥ sanātanaḥ || 9 ||

이것은 신체가 없이 모든 신체들 속에 체류하나니, 그것은 신체들에 머물러 있더라도 행위들로 오염되지 않는다. (3)
[이것은] 나와 너의 내적 자아이고 다른 것들은 '육신을 가진 것'(=육신)으로 불린다. 모든 것들의 증인인 이것을 어느 누구도 어떤 경우에도 파악하지 못한다. (4)
[이것은] 만유의 머리요 만유의 팔이요 만유의 발과 눈과 코이니, 뜻하는 대로 나아가는 [그] 유일자는 자신이 좋을 대로 대지들을 편력한다. (5)
대지들이란 실로 몸과 또한 씨앗(행위)[을 가리키는 것]이다.[136] 그것들을 선행과 악행으로 알고 요가를 본질로 갖는 그 [유일자]는 이 때문에 '몸을 아는 자'로 불린다. (6)
어느 누구도 그것이 생명의 존재로서 [어디로부터] 오는지도 [어디로] 가는지도 알 수 없다. 오로지 정석을 따르는 상키야에 의해, 그리고 요가에 의해 순서대로, 나는 그것의 행로를 성찰하지만, 결국에는[137] 그 행로를 알지 못한다. 그러나 나는 항존하는 그 순수정신을 지혜에 의거하여 설명할 것이다. (7~8)
유일성과 위대성을 가진 그것이 바로 유일한 순수정신으로 알려져 있다. 유일하고 항존하는 그것은 '위대한 순수정신'이라는 호칭을 [이 세상에] 떨친다. (9)

여기서 '정석을 따르는 상키야'와 함께 언급되는 '순서대로'라는 표현은(제7~8송) 원리들의 전변을 일정한 순서로 설명하는 이론이 상키야 특유의 전변설로 인식되어 있었음을 시사한다. 물론 그것이 아직은 이원론으로 정립된 전변설은 아니었을 것이다. 어쨌든 Vaiśampāyana는 상키야-요가에서 말하는 순

136 Ganguli(1891:863)의 해석에 따르면 씨앗(bīja)은 '행위'를 의미한다.

137 Ganguli(1891:864)는 이 '결국에는'을 '아뿔싸!'로 번역하는 것으로, 상키야에서 생각하는 순수정신이 그릇되었다고 비판하는 원문의 취지를 명시한다. 그는 이 대목을 후속하는 게송(제9송)의 첫 구절('유일성과 위대성')과 연결하여 다음과 같이 의역했다.
"상키야 방식에 따라서 또한 요가에 의존하여, 그리고 요가가 지시한 적절한 준수와 규정에 의존하여, 나는 그 순수정신의 원인을 생각하는 데 몰두하지만, 아뿔싸! 나는 수승한 그 원인을 있는 그대로 파악할 수 없다. 그러나 나는 나의 지식에 의거하여 너에게 영원한 순수정신과 이것의 유일성 및 최상의 위대성을 설교할 것이다."

수정신을 Nārāyaṇa로 불리는 최고아로 귀결시킨다.[138]

> 거기서 실로 최고아는 결코 속성을 갖지 않는 것으로 알려져 있다. Nārāyaṇa가 바로 그것이라고 알아야 하나니, 그것은 실로 모든 것의 자아인 순수정신이다.[139]

이상과 같은 Vaiśampāyana의 교설은 상키야－요가의 교의를 일원론의 일환으로 간주했던 『마하바라타』 당시의 보편적 인식을 여실하게 드러낸다. Vaiśampāyana는 이에 앞서 상키야－요가를 다음과 같이 아예 일원론으로 언명했는데, 이것을 그 결정적인 전거로 예시할 수 있다.[140]

> 제25[원리]이자 활동력이 없는 순수정신은 3음[141] 으로 순질을 구비하여 매우 미세한 순수정신(＝최고아)에 도달할 수 있을 것이다.[142] 이와 같이 상키

138 Edgerton(1924:28-29)이 Vaiśampāyana의 교설에서 대두된 '순수정신의 유일성과 다수성'이라는 문제에 대한 해석을 논하면서, 그가 가르치는 것은 유일신교의 형태라고 결론을 내린(Fitzgerald 2007:11, n. 17) 것도 이 때문일 것이다. Fitzgerald(2007:10-11)가 다음과 같이 지적한 것도 이와 관련이 있다.
"(=19세기 이래) 초기 학자들의 해석에서 주류를 형성한 핵심적 관념들의 하나는 상키야의 무신론이고, Frankin Edgerton이 이것을 서사시(=『마하바라타』)의 상키야에 대한 근본적 오해라고 생각한 것은 타당하다."

139 tatra yaḥ paramātmā hi sa nityaṃ nirguṇaḥ smṛtaḥ | sa hi nārāyaṇo jñeyaḥ sarvātmā puruṣo hi saḥ ‖ Mbh 12.351 =339.14. Dutt(2004.VIII) p. 625.

140 Mbh 12.348.80-82=336.75-76. ibid. p. 614.
susūkṣmaṃ sattva-saṃyuktaṃ(=susūkṣma-sattva-saṃyuktaṃ) tribhir akṣaraiḥ ‖ 80 ‖
puruṣaḥ puruṣaṃ gacchen niṣkriyaḥ pañcaviṃśakaḥ(=pañcaviṃśakam) | evam ekaṃ sāṃkhyayogaṃ vedāraṇyakam eva ca ‖ 81 ‖
parasparāṅgāny etāni pañcarātraṃ ca kathyate | eṣa ekāntināṃ dharmo nārāyaṇaparātmakaḥ ‖ 82 ‖

141 a, u, m이 3음이다. 이 셋을 합성하면 'Om'이 되므로, '3음'은 곧 Om을 의미한다.

142 Pune본에 의하면 "활동력이 없는 순수정신은 3음으로 매우 미세한 순질을 구비하여 제25[원리]인 순수정신에 도달할 수 있을 것이다."가 된다. 이에 따르면 최고아는 제25원리인 순수정신보다 상위로 간주되지 않지만, 양자가 동일하다는 일원론은 강화된다.
한편 Ganguli(1891:851)는 여기서 언급하는 2종의 순수정신, 즉 '활동력이 없는 순수정신'과 '매우 미세한 순수정신' 중에서 전자를 개아(Jīva)로, 후자를 '최상의 존재'(the foremost of Beings)로 번역했는

야-요가는 바로 그 삼림서(森林書, āraṇyaka)의 지식과 Pañcarātra 성전, 그리고 상통하는 분야를 가진 이러한 것들과 동일한 것으로 간주된다. 이것(상키야-요가)이 일원론을 추종하는 자들의 종교로서 Nārāyaṇa를 최고아로 신봉한다.

앞서 인용한 Vaiśampāyana의 교설에서 순수정신을 다수와 유일이라는 2종으로 구분했듯이, 여기서도 2종의 순수정신을 언급한다. 먼저 '제25원리이자 활동력이 없는 순수정신'은 고전 상키야에서 이원의 하나인 순수정신과 일치한다. 그러나 '매우 미세한 순수정신'은 제25원리보다 상위의 원리인 최고아를 지칭한다. 다만 이 경우의 최고아는 Nārāyaṇa로 불리는데, 상키야-요가는 이 Nārāyaṇa를 신봉하므로[143] 일원론에 귀속된다.

더욱이 여기서 언급하는 Pañcarātra와 Nārāyaṇa는 후대에 성립된 Pāñcarātra 학파와 긴밀하게 연관되어 있다. 이 학파에서 Nārāyaṇa는 비슈누 신을 가리킨다. 즉 Pāñcarātra 학파는 비슈누교의 성전인 Pañcarātra(특히 *Pañcarātra-saṃhitā*)에 의거하여, 비슈누의 현현(vyūha)을 4종으로 설명하는 현현설(顯現說)로 고유한 신학을 정립했는데, Nārāyaṇa는 비슈누의 첫째 현현이다. 그런데 이 현현설의 전거로 간주되는 교설[144]에서 상키야의 추종자들과 비슈누의 추종자들은 동열의 무리로 간주되며, 순수정신을 지칭하는 '몸을 아는 자'는 최고아와 동일시된다.[145]

....

데, 이는 후자가 이 대목의 끝에서 언급하는 최고아를 지칭하기 때문에 타당하다.

143 샹카라의 저작으로 알려진 *Yogasūtra-bhāṣya-vivaraṇa*에서 Nārāyaṇa는 자재신인 카필라의 별칭으로도 언급된다. @제2장 각주215 참조. 샹카라가 말한 카필라는 상키야 철학의 개조를 지칭하므로, 그의 설명은 이 Vaiśampāyana의 교설과 무관하지는 않을 것이다.

144 Bhandarkar(1982:9)는 이 교설을 다음과 같이 약술하여 그 요지를 소개했다.
"죄악으로부터 벗어난 사람들의 행로를 다음과 같이 제시한다. 태양은 문이다. 이 문으로 들어가 그들의 물질적 불순물들이 모두 타서 없어지고 나면, 그들은 그(=Nārāyaṇa) 속에서 원자로 잔존한다. 그 다음에 그로부터 방출되어 그들은 Aniruddha 형태로 들어가 마음이 되고, Pradyumna 형태로 들어간다. 이 형태를 버리고 그들은 Saṃkarṣaṇa, 즉 개아(Jīva)의 형태로 들어간다. 나중에 그들은 3질로부터 벗어나 어디에나 존재하는 Vāsudeva인 '최상의 영혼'(=최고아)으로 들어간다." (이 요지의 전거는 바로 다음 각주에 제시한 원문)

태양은 모든 세계의 암흑을 제거하는 자로서 문으로 불린다. [그 문으로 들어 가] 태양으로 온몸이 타버린 자들을 어느 누구도 어떤 경우에도 볼 수 없다. (14) 그러나 그들은 극미의 요소들이 되어 [태양의 한가운데 있는] 그 신(Nārāyaṇa)에 도달하는도다. 또한 이로부터 벗어나(=방출되어) Aniruddha의 현현 속에 머문다. (15)

이로부터 그들은 마음의 요소들이 되어 Pradyumna에 도달하는도다. 또한 상키야를 추종하는 탁월한 현자들은 비슈누 신의 추종자들과 함께 Pradyumna로부터 벗어나 이로부터(=그와 같이) 영혼(=개아)인 Saṃkarṣaṇa로 들어간다. (16)

이로부터 가장 빼어난 재생족이요(=재생족이여!) 3질이 없는 그들은 속성을 갖지 않고 '몸을 아는 자'인 최고아에 곧장 도달한다. 어느 곳에나 거주하는 Vāsudeva야말로 '몸을 아는 자'임을 너는 진실하게 알라. (17~18)

여기서는 상키야를 추종하는 자들의 육신이 죽음 이후에 거치는 행로를 "Nārāyaṇa→Aniruddha→Pradyumna→Vāsudeva"라는 네 가지 과정으로 설명한다. 이 행로의 마지막인 Vāsudeva가 바로 '몸을 아는 자'(순수정신)인 동시에 최고아이다. 이로써 순수정신은 유일자인 최고아와 동일시될 뿐만 아니라, 상키야-요가는 일원론으로 규정된다.

결국 『마하바라타』의 「해탈법품」에서 Bhīṣma를 비롯한 여러 교사들이 상키야-요가의 이름으로 가르친 교의들은 거의 일원론에 편입된 채로 회자되고 있었다. 그렇지만 역설적으로 말하자면 이와 동시에 그 교의들은 이원론으로 분

145 Mbh 12.344.14-18=332.13-18. Dutt(2004.VIII) pp. 594-5.
sarvaloka-tamo-hantā ādityo dvāram ucyate | =13 āditya-dagdha-sarvāṅgā adṛśyāḥ kenacit kvacit || 14 ||
paramāṇubhūtā bhūtvā tu taṃ devaṃ praviśanty uta | =14 tasmād api nirmuktā(=vinirmuktā) aniruddha-tanau sthitāḥ || 15 ||
manobhūtās tato bhūtvā(=bhūyaḥ) pradyumnaṃ praviśanty uta | =15 pradyumnāc cāpi nirmuktā jīvaṃ saṃkarṣaṇaṃ tataḥ(=tathā) || 16 ||
viśanti vipra-pravarāḥ sāṃkhyā bhāgavataiḥ saha | =16 tatas traiguṇyahīnās te paramātmānam añjasā || 17 ||
praviśanti dvijaśreṣṭhāḥ(=dvijaśreṣṭha) kṣetrajñaṃ nirguṇātmakam | =17 sarvāvāsaṃ vāsudevaṃ kṣetrajñaṃ viddhi tattvataḥ || 18 ||

기할 조짐을 품고 있었을 것으로도 추측해 볼 수 있다.[146] 특히 비슈누와 같은 신을 앞세워 상키야-요가를 일원론으로 귀결시킨 교설들은 그러한 조짐을 차단하려는 시도일 수도 있다. 상키야와 요가가 일련의 교의로 두각을 드러내기 이전까지 일원론은 의심의 여지가 없는 세계관으로 사상계를 풍미하고 있었다. 이러한 사상계에서 순수정신의 다수성을 노골적으로 거론하는 교의는 일원론의 세계관에 도전하는 조짐으로 비쳤을 만하다.[147]

5.2. *Bhagavadgītā*의 상키야와 요가

『기타』는 『마하바라타』의 「비슈마 편」(Bhīṣma-parvan)에 배속되어 있지만,[148] 일반적으로는 이로부터 분리된 별개의 문헌인 것처럼 유통되어 있다. 『기타』는 원래 상키야-요가를 논하는 문헌이었다[149]고 평가되었을 정도로 상

....

146 Chakravarti의 고찰은 이 같은 조짐을 간접적으로 시사한다. 그는 『마하바라타』에 수록된 상키야-요가를 고찰하여 "Vasiṣtha와 Yājñavalkya의 견해에는 약간의 사소한 견해 차이가 있지만 현저하게 전통적(=고전) 상키야와 부합한다."(1975:51)라고 지적하고 나서, 상키야에 관한 두 사람의 교설을 다음과 같이 총평한다.
"특히 Vasiṣtha와 Yājñavalkya는 바로 그 원질과 순수정신에 상당하는 '지각이 없는 것'과 '지각이 있는 것'이라는 이 둘의 관계를 설명하는 것으로 시종일관하지는 않는다. 그 둘은 어떤 곳에서는 '몸'과 '몸을 아는 자'로 설명되고, 다른 곳에서는 소멸과 불멸 등으로 설명된다. 그러나 어디서나 그들의 관심사는 자아(=순수정신)처럼 보이는 것으로부터 자아(=순수정신)를 구별해 내는 데 있다. 다만 현존하는 자료들만으로는 그 둘을 이렇게 취급하는 특이한 방식이 독자적인 일군의 사상계에서 발흥한 것인지, 아니면 특정한 교사의 방계적 교의인지는 확정하기 어렵다. Chakravarti(1975) p. 53.

147 Fitzgerald(2007:11)는 Edgerton(1924)이 「상키야와 요가의 의미」(The Meaning of Sāṃkhya and Yoga)라는 논문에서 피력한 주장을 다음과 같이 요약했다.
"본체론적으로 확고하게 순수정신과 원질(아트만과 브라만)을 분리하고 순수정신을 다수로 가정하는 상키야가 (서사시 다음 시대에) 출현하기 이전에는 우주의 한가운데에 어떤(신성한) 초월적 실체가 있느냐 없느냐 하는 주제가 바라문이 주도하는 사상에서는 결코 심각한 문제가 아니었다."
그렇다면 Janamejaya의 질문과 Vaiśampāyana의 답변처럼(@제5장 각주 131, 132) 유일한 순수정신을 부정하고 다수의 순수정신을 주장하는 교의는 심각한 문제가 될 수 있었을 것이다. 이 문제는 다수의 순수정신을 유일한 순수정신에 귀속시키는 일원론을 강화하는 것으로 해소할 수 있다.

148 현재 『기타』의 원전은 주로 Pune본의 MBh 6.23.1~6.40.78로 통용되어 있지만, 졸저에서 채택한 Kolakata 판본으로는 MBh 4.13.1~4.42.78(Dutt 2004.IV:35-115)에 해당한다.

키야와 요가의 사상사 연구에서 우선적인 주목의 대상이 되었다.

『기타』의 요가에 관해서는 제2장의 "요가 개념의 용례"에서(2.2.2) 부분적으로 소개했고, 이후의 고찰에서도 상키야와 함께 수시로 거론하게 될 것이다. 따라서 여기서는 주로 상키야-요가와의 연관성이 크게 주목되는 『기타』의 주요 관념들을 고찰한다.

5.2.1. 원질과 순수정신의 선행 관념

『기타』에서는 자아(ātman)가 순수정신(puruṣa)의 동의어로 구사되는 경우가 빈번하다는 사실을 먼저 인지해 두어야 한다. 단적인 예를 들어, 앞서 고찰한 *Kaṭha-upaniṣad*에서는 순수정신을 대아(mahān ātman)로 불리는 자아와 차별하여 최상의 원리로 간주하는데, 『기타』에서는 이러한 순수정신을 '자아'로 간주한다. 이 경우에는 점진적으로 심화하는 지각의 주체를 "감관 → 마음 → 통각 → 자아"의 단계로 서술하는데,[150] 이는 *Kaṭha-upaniṣad*와 상응하는 관념의 축약형이다.[151] 그러나 이러한 자아로서의 순수정신이 일원론의 브라만으로 귀결되는 것은 『마하바라타』의 전반적인 기조에서 벗어나지 않는다. 그럼에도 불구하고 인과론 및 원질의 기능에 관한 『기타』의 관념은 고전 상키야와 다르지 않다.

> 무(無)로부터는 존재하는 것이 [있을 수] 없고, 유(有)로부터는 존재하지 않는 것이 [있을 수] 없다.[152] 그러나 진리를 관찰하는 자들은 이 둘의 한계도 간

---

149 Richard Garbe의 견해이다. cf. Radhakrishnan(1949) p. 14.

150 "그들(성현들)은 말하기를 저편에 감관들이 있고, 감관들의 저편에 마음이 있지만, 마음의 저편에는 통각이 있으며, 통각의 상위에는 그(자아)가 있다." (indriyāṇi parāṇy āhur indriyebhyaḥ paraṃ manaḥ | manasas tu parā buddhir yo buddheḥ paratas tu saḥ || BG 3.42. Radhakrishnan 1949:149)

151 아래의 표를 포함하여 이에 관한 고찰은 임혜정 · 정승석(2017) p. 174 참조.

KaU①	감관 ▸	대상 ▸	마음 ▸	통각 ▸	대아 ▸	미현현 ▸	순수정신
BG	감관 ▸		마음 ▸	통각 ▸		자아	

KaU①은 @제4장 각주 9, <표 11>의 ①.

152 Chakravarti(1975:201)는 이 구절의 취지를 "기존의 실체는 결코 무(無)가 되지 않는다."라고 파악한다.

파한다.[153]

활동들은 모두 원질의 속성들(3질)을 통해 이루어진다. 아만에 의해 현혹된 자아는 '내가 작자(행위자)이다'라고 생각한다.[154]

『기타』의 제13장에서 본격적으로 교시하는 주제는 원질과 순수정신이다.[155] 그러므로 이 교설을 통해 고전 상키야의 원질과 순수정신에 상응하는 선행 관념을 이해할 수 있다. 여기서는 '밭'과 '밭을 아는 자'라는 비유적 표현의 의미를 정의하는 것으로 시작하여 '밭'의 정체를 밝힌다.[156]

Kuntī의 아들(≒Arjuna)이여! 이 몸은 '밭'으로 불린다. 이에 정통한 이들은 그것(몸)을 아는 자를 '밭을 아는 자'로 불렀다. (1)

Bharata의 자손이여! 그대는 나를 모든 '몸'들에 있는 '몸을 아는 자'로 알

....

Vātsyāyana는 인중유과의 논리가 되는 이러한 관념을 상키야의 것으로 설명했다. @제2장 각주 232.

153 nāsato vidyate bhāvo nābhāvo vidyate sataḥ | ubhayor api dṛṣṭo 'ntas tv anayos tattva-darśibhiḥ || BG 2.16. Radhakrishnan(1949) p. 105.

154 prakṛteḥ kriyamāṇāni guṇaiḥ karmāṇi sarvaśaḥ | ahaṃkāra-vimūḍhātmā kartāham iti manyate || BG 3.27. ibid. p. 143. 여기서 '아만에 의해 현혹된 자아'는 고전 상키야의 관념으로 바꾸면 '통각에 의해 현혹된 자아'가 될 것이다.

155 샹카라의 주석에 의하면 이 제13장의 제목은 "원질과 순수정신을 식별하는 요가"(prakṛti-puruṣa-viveka-yogaḥ)이고, Radhakrishnan(1949:313)이 채택한 판본에 의하면 "밭(≒몸)과 '밭을 아는 자'의 차이에 대한 요가"(kṣetra-kṣetrajña-vibhāga-yogaḥ)이다. 다만 이 경우의 요가는 '지식'을 의미하는 것으로 이해된다. cf. Aiyar(1988) p. 462, n. 140.
한편 Radhakrishnan(1949:300)이 채택한 판본은 다른 판본에서는 볼 수 없는 다음과 같은 게송으로 제13장을 개시하여 주제를 먼저 천명한다.
"원질이 바로 '밭'이고, 순수정신이 바로 '밭을 아는 자'입니다. 아름다운 두발을 가진 분(≒Kṛṣṇa)이시여! 저는 이에 관한 지식과 이 지식의 대상을 알고 싶습니다." (prakṛtiṃ puruṣaṃ caiva kṣtraṃ kṣtrajñam eva ca | etad veditum icchāmi jñānaṃ jñeyaṃ ca keśava || BG 13.0)

156 BG 13.1-6. Radhakrishnan(1949) pp. 300-3.
idaṃ śarīraṃ kaunteya kṣetram ity abhidhīyate | etad yo vetti taṃ prāhuḥ kṣetrajña iti tadvidaḥ || 1 ||
kṣetrajñaṃ cāpi māṃ viddhi sarva-kṣetreṣu bhārata | kṣetra-kṣetrajñayor jñānaṃ yat taj jñānaṃ mataṃ mama || 2 ||
tat kṣetraṃ yac ca yādṛk ca yad vikāri yataś ca yat | sa ca yo yat-prabhāvaś ca tat samāsena me śṛṇu || 3 ||
ṛṣibhir bahudhā gītaṃ chandobhir vividhaiḥ pṛthak | brahmasūtra-padaiś caiva hetumadbhir viniścitaiḥ || 4 ||
mahābhūtāny ahaṃkāro buddhir avyaktam eva ca | indriyāṇi daśaikaṃ ca pañca cendriya-gocarāḥ || 5 ||
icchā dveṣaḥ sukhaṃ duḥkhaṃ saṃghātaś cetanā dhṛtiḥ | etat kṣetraṃ samāsena savikāram udāhṛtam || 6 ||

라.[157] '몸'과 '몸을 아는 자'에 대한 지식이야말로 내가 생각하는 [진정한] 지식이다. (2)
그 '몸'이란 무엇인지, 어떠한 성질인지, 어떠한 변형을 겪는지, 무엇으로부터 [유래하는지], 그리고 그것(몸을 아는 자)이란 무엇인지, 어떠한 능력을 갖는지, 이러한 것을 간결하게 내게서 들으라. (3)
[내가 이제 말하려는 것을] 성현들은 저마다 가지각색의 찬가들로, 또한 조리 있게 확정된 Brahmasūtra(브라만에 대한 금언)[158]의 구절들로 다양하게 노래했다. (4)
바로 그 [5]조대요소, 아만, 통각, 미현현, 그리고 열 가지와 하나의 감관, 감관의 다섯 대상, (5)
욕망, 혐오, 안락, 고통, 몸뚱이, 의식, 의지, 요컨대 이러한 것이 변형을 겪는 '몸'으로 불린다. (6)

위의 제5송에서 열거하는 것들은 상키야의 25원리 중 순수정신을 제외한 24원리이다. 이것들 중에서 숫자로 언급하는 열 가지 감관은 5지각기관과 5행위기관, 하나의 감관은 마음, 감관의 다섯 대상은 5미세요소이다.[159] 그리고 여기에 몸뚱이와 심리적 작용을 추가하여 24원리와 함께 이것들을 모두 '몸'의 변형

157 바로 앞에서 밭(kṣetra)을 '몸'으로 정의했으므로, 이하의 번역에서는 이해의 편의를 위해 '밭'을 '몸'으로 표현한다.

158 Brahmasūtra를 Ganguli(1887:123)는 '브라만에 대한 말씀'으로, Radhakrishnan(1949:303)은 '절대자(=브라만)에 대한 금언'으로 번역했다. 이 Brahmasūtra가 현존하는 *Brahmasūtra*를 지칭하는 것일 수는 없다. Chakravarti(1975:57)는 "원질과 이로부터 전개된 것을 총칭하는 kṣetra(=밭≒몸)가 후기 문헌의 어디에서도 주제로 거론되지 않기 때문이다."라고 그 이유를 적시한다. 다음과 같은 샹카라의 주석에서도 Brahmasūtra가 현존하는 것과 같은 문헌으로 해석되지는 않는다.
"이 밖에 Brahmasūtra의 구절들이란 곧 브라만을 알리는 말씀들인 브라만에 대한 금언들이며, 이것들로 적용하고 이해하고 알아차린다는 것을 그 구절들이라고 말하는 것이다. 그리고 바로 이것들로 '몸'과 '몸을 아는 자'의 본질을 그대로 노래한다고 인정하는 것이다. '오직 자아로 숭배된다'라고 이처럼 말하는 등등으로 자아는 '브라만에 대한 금언의 구절들로' 알려진다." (kiṃ ca, brahmasūtra-padaiś ca eva brahmaṇaḥ sūcakāni vākyāni brahmasūtrāṇi taiḥ padyate gamyate jñāyate iti tāni padāni ucyante tair eva ca kṣetra-kṣetrajña-yāthātmyam 'gītam' iti anuvartate | 'ātmety evopāsīta' ity evamādibhiḥ brahmasūtra-padaiḥ ātmā jñāyate | BGbh 13.4. Aiyar 1910:372, 12-16행)

159 샹카라는 이와 같이 설명한 후, "이것들은 모두 상키야의 추종자들은 말하는 24원리들이다."(tāny etāni sāṃkhyāś caturviṃśati-tattvāny ācakṣate ‖ BGbh 13.5. Aiyar 1910:373, 15-16행)라고 단언한다.

으로 간주한 것은(제6송), 고전 상키야에서 주장하는 원질의 전변에 상당하는 관념이다. 『기타』의 교시자는 이처럼 '몸'을 정의하고 나서 진정한 지식과 그 지식의 대상을 다음과 같이 설명한다.[160]

> 내적 자아에 대한 인식을 지속하고, 진리에 대한 인식의 목적을 통찰하는 이것이 지식으로 불리며, 이와는 다른 것이라면 무엇이든 지식이 아니다. (11)
> 나는 알고 나면 영생을 얻게 될 지식의 대상을 설명할 것이니, 시초를 갖지 않는 최고의 브라만인 그것은 유(有)로도 무(無)로도 불리지 않는다. (12)

이에 따르면 유(有)도 아니고 무(無)도 아니며 시초를 갖지 않는 최고의 브라만을 아는 것이야말로 진정한 지식이다. 그런데 이 다음에는 원질과 순수정신도 시초가 없는 것이라고 가르친다. 그렇다면 원질과 순수정신은 시초가 없는 최고의 브라만이 분화된 것으로 이해할 수밖에 없다. 분화된 원질과 순수정신은 다음과 같이 차별된다.[161]

> 그대는 바로 그 원질과 순수정신이라는 둘도 시초가 없는 것으로 알라. 또한 그대는 원질로부터 발생한 것들이 변이들과 속성들(3질)이라고 알라. (19)
> 원질은 신체와 행위(=감관)[162]의 작자인 점에서 원인으로 불리고, 순수정

---

160 BG 13.11-12. Radhakrishnan(1949) p. 305.
adhyātma-jñāna-nityatvaṃ tattva-jñānārtha-darśanam | etaj jñānam iti proktam ajñānaṃ yad ato 'nyathā ‖ 11 ‖
jñeyaṃ yat tat pravakṣyāmi yaj jñātvāmṛtam aśnute | anādimat paraṃ brahma na sat tan nāsad ucyate ‖ 12 ‖

161 BG 13.19-21. ibid. pp. 308-9.
prakṛtiṃ puruṣaṃ caiva viddhy anādī ubhāv api | vikārāṃś ca guṇāṃś caiva viddhi prakṛti-saṃbhavān ‖ 19 ‖
kārya-karaṇa(=kāraṇa)-kartṛtve hetuḥ prakṛtir ucyate | puruṣaḥ sukha-duḥkhānāṃ bhoktṛtve hetur ucyate ‖ 20 ‖
puruṣaḥ prakṛtistho hi bhuṅkte prakṛtijān guṇān | kāraṇaṃ guṇasaṅgo 'sya sad-asad-yoni-janmasu ‖ 21 ‖

162 '행위'의 원어인 karaṇa(Dutt 2004.IV:100)가 Pune본에서는 kāraṇa이고, 대부분의 역본들은 Pune본의 원어를 채택한다. karaṇa와 kāraṇa는 '원인'이라는 의미를 공유하므로 이 의미로 확정할 수 있다면 그 차이는 문제가 되지 않는다. 그러나 kārya-karaṇa를 Radhakrishnan(1949:308)과 Aiyar(1988:440)는 '결과와 수단'으로, Caleb(2011:231)은 '신체와 감관'으로 번역했는데, '결과와 수단'은 사실상 '신체와 감관'을 의미한다. 반면에 karaṇa 또는 kāraṇa를 '원인'(Ganguli 1887:125)으로 번역한 것은 맥락에

> 신은 안락과 고통들의 향수자(경험자)인 점에서 원인으로 불린다. (20)
> 왜냐하면 순수정신은 원질에 내재하여 원질로부터 발생하는 속성들(3질)을 향수(경험)하기 때문이다. 이것이 속성들에 집착하는 것은 선악의 자궁들에서 출생하는 원인이 된다. (21)

여기서는 원질과 순수정신을 각각 작자와 향수자로 차별했는데(제20송), 이것이 고전 상키야에서는 이원론의 전형적인 관념으로 통용된다. 그러나 순수정신이 원질에 내재한다고 말하는 것은(제21송) 순수정신을 윤회의 주체인 영혼으로 간주한 관념의 발로일 것이다. 더욱이 교시자는 이러한 순수정신을 곧바로 최고아(브라만)와 동일시하는 것으로 일원론을 천명한다.[163]

> 이 신체에 있는 최고의 순수정신은 목격자, 승인자, 지탱자, 향수자, 위대한 자재신, 그리고 최고아로도 불린다. (22)
> 순수정신과 원질을 속성들(3질)과 함께 이와 같이 아는 자는 어떠한 방식으로 살고 있더라도 결코 재생하지 않는다. (23)
> 어떤 이들은 정려(명상)를 통해, 다른 이들은 상키야인 요가[164]를 통해, 이 밖

....

들어맞지 않는다. 즉 "원질은 결과와 원인의 작자"로 번역하게 되면, 원질은 모든 물질의 원인이므로 '원인이 원인의 작자'라는 부조리를 초래한다. 다만 고전 상키야의 전변설을 전제로 원질로부터 전변된 결과들 사이의 원인(<표 6>의 ②)을 지칭하는 원인이라면 '결과와 원인'라는 번역도 가능하겠지만, 이 단계에서는 고전 상키야의 전변설이 고려되었을 것으로 단언할 수 없다.

163 BG 13.22-24. Radhakrishnan(1949) pp. 309-310.
upadraṣṭānumantā ca bhartā bhoktā maheśvaraḥ | paramātmeti cāpy ukto dehe 'smin puruṣaḥ paraḥ || 22 ||
ya evaṃ vetti puruṣaṃ prakṛtiṃ ca guṇaiḥ saha | sarvathā vartamāno 'pi na sa bhūyo 'bhijāyate || 23 ||
dhyānenātmani paśyanti kecid ātmānam ātmanā | anye sāṃkhyena yogena karma-yogena cāpare || 24 ||

164 Radhakrishnan(1949:310)은 '상키야인 요가'에서 상키야는 지식을 의미한다고 지적했다. 이에 따르면 '상키야인 요가'는 '행위의 요가'에 대응하는 '지식의 요가'가 된다. 그러나 Aiyar(1988:450, n. 112)는 이와는 다르게 다음과 같이 설명한다.
"상키야는 분별력(vicāra)의 훈련을 통해 발생하는 지식이다. 요가에게는 수단이 되는 그 지식은 요가와 동일한 부류에 속하므로 (비유적으로) '요가'로 불린다. 여기서 '상키야-요가'(=상키야인 요가)는 육파철학 중의 하나를 의미하며, [=『기타』의] 제2장 등에서 말하는 것과 같은 '지식(jñāna)의 길(=요가)'을 의미하지는 않는다."
물론 Aiyar가 여기서 언급하는 '상키야-요가'는 초기 학파를 지칭할 뿐, 후대에 성립된 고전 '상키

의 다른 이들은 행위의 요가를 통해, 자아 속에서 자아로써 자아를 본다.[165] (24)

이상의 교설에서 상키야는 자아를 각성하는 유효한 지식으로 인식되어 있음을 확인할 수 있다. 여기서 상키야로 불리는 이 지식은 원질과 순수정신의 차이를 아는 요가이기도 하다. 이 점에서 이 교설은 이원론의 상키야-요가와 각별한 친연성을 드러낸다. 비록 최고아 또는 절대자로 불리는 브라만에 도달하는 것이 그 목적으로 설정되었더라도, 다음과 같이 천명하는 이 교설의 결론은 고전 상키야의 해탈관과 합치하기 때문에 더욱 그러하다.[166]

Bharata의 자손이여! 하나의 태양이 이 모든 세계를 비추듯이, '몸의 주인'은 모든 '몸'을 비춘다. (33)
이와 같이 지혜의 눈으로 '몸'과 '몸을 아는 자'의 차이를 알고, 요소적 원질로부터 해방을 아는 자들은 절대자(브라만)[167]에 도달한다. (34)

이제까지 가르친 지식에 따르면 몸(≒밭)은 원질이고, 그 몸의 주인으로서 몸

....

야-요가'를 지칭한 것은 아닐 것이다. 그러므로 그의 서술에서 "육파철학 중의 하나"는 "육파철학으로 전개될 철학들 중의 하나"라는 의미로 이해할 수 있다.

165 샹카라의 주석에 따르면 '어떤 이들'이란 '요가 수행자들'(yoginaḥ)이다. 그런데 "①자아 속에서②자아로써 ③자아를 본다."라는 서술에서 자아를 동일한 의미로 세 번이나 반복했을 리는 없다. 샹카라는 주석에서 ①을 통각(buddhi)으로, ③을 '내부의 의식'(pratyakcetana)으로 해석했으나 ②'자아로써'에 대해서는 다음과 같이 상술했다.
"내부의 의식인 바로 그 자신으로, 즉 정려에 의해 정화된 내적 기관에 의해서"(ātmanā svenaiva pratyak-cetanena dhyāna-saṃskṛtenāntaḥkaraṇena) Aiyar(1910) p. 398, 3-4행.
이 같은 샹카라의 해석을 적용하면, "자아 속에서 자아로써 자아를 본다."라는 표현은 "통각 속에서 정려(명상)에 의해 정화된 내적 기관으로 내부의 의식을 본다."라는 의미로 해석된다. 그러나 샹카라의 주석을 적용하지 않으면, Caleb(2011:231)의 해석에 따라 이것을 "자아(신체) 속에서 자아(마음)로써 자아(개아)를 본다."라고 이해하는 것도 무난할 것이다.

166 BG 13.33-34. Radhakrishnan(1949) pp. 312-3.
yathā prakāśayaty ekaḥ kṛtsnaṃ lokam imaṃ raviḥ | kṣetraṃ kṣetrī tathā kṛtsnaṃ prakāśayati bhārata || 33 ||
kṣetra-kṣetrajñayor evam antaraṃ jñāna-cakṣuṣā | bhūta-prakṛti-mokṣaṃ ca ye vidur yānti te param || 34 ||

167 샹카라의 주석(Aiyar 1988:462)에 따르면 절대자는 브라만이다.

을 아는 자는 순수정신이다. 그리고 이 순수정신을 최고아요 절대자인 브라만으로 아는 것이 진정한 지식이다. 위의 마지막 게송에서는 이 같은 일원론적 지향의 목적을 브라만인 절대자에 도달하는 것으로 제시한다. 그러나 이 절대자를 해탈 또는 독존으로 대체하기만 하면, 이상의 교설은 고전 상키야의 이원론과 거의 그대로 합치할 수 있다. 위의 마지막 게송에서 언급하는 '절대자'를 고전 상키야에서는 해탈의 경지인 '독존'으로 표현하기 때문이다.

5.2.2. 행위의 다섯 요인과 3질

고전 상키야의 주석서들 중에서 *Yuktidīpikā*는 '행위의 원천'(karma-yoni)을 다섯 가지로 분류하여, 이것들과 5풍의 관계를 상술한다. 그런데 '행위의 다섯 원천'이라는 개념은 『상키야송』뿐만 아니라 고전 요가의 문헌들에서도 전혀 거론되지 않는다. 그러나 *Yuktidīpikā*의 저자는 행위의 다섯 원천을 설명하면서 운문 또는 산문의 단편들을 일부 인용한다. 그는 이 단편들의 출처를 제시하지 않았지만, 그가 인용한 단편들은 행위의 다섯 원천이 상키야의 고대 문헌에서 중요하게 취급되었을 것으로 믿을 만한 근거가 된다.

그렇다면 상키야의 그 고대 문헌을 수색하여 행위의 다섯 원천이 내포한 관념의 유래와 취지를 파악하는 것이 관건으로 대두된다. 이 관건을 고찰한 선행 연구[168]에 의거하여 요점을 미리 추출하자면, 행위의 다섯 원천에 관한 단서는 『기타』에서 찾을 수 있으며, 여기서는 행위의 원천을 3질 각각의 차이로써 설명한다. 이에 비해 *Yuktidīpikā*에서는 순질과 동질이 작용한 결과, 또는 순질과 암질이 작용한 결과처럼 3질을 복합적으로 적용함으로써 행위의 다섯 원천을 설명한다.[169]

....

168 Chakravarti(1975) pp. 270-7.

169 예를 들어 *Yuktidīpikā*는 행위의 다섯 원천을 다음과 같이 개괄한다.
"그런데 속성(3질)들의 합동은 이러하다. 동질과 암질이 풍부한 것은 의지, 순질과 동질이 풍부한 것은 신념, 순질과 암질이 풍부한 것은 지복 욕구, 동질이 풍부한 것은 지식 욕구, 암질이 풍부한 것

행위의 다섯 원천에 관한 *Yuktidīpikā*의 논의는 다음과 같이 시작된다.[170]

> 반론: 그렇지만 그 생기(prāṇa) 따위(5풍)의 작용은 무슨 원인으로부터 발생하는가?
>
> 답변: 그것은 행위의 원천들로부터 발생한다. 실로 마하트(통각)로부터 유출된 동질이 변형된 것이 달걀에 내포된 [것들과 같은] 행위의 다섯 원천들, 즉 의지, 신념, 지복 욕구, 지식 욕구, 지식 무욕이다. [예컨대] 이런 말씀이 있다.[171]
>
> "마하트로부터 유출되지만 지성의 특성을 얻지 못한 채 [그 도중에] 작용하는 것은, 지성으로부터 발생한 것이므로 달걀과 같은 원천이다."

여기서는 의지(dhṛti), 신념(śraddhā), 지복 욕구(sukhā), 지식 욕구(vividiṣā), 지식 무욕(avividiṣā)을 행위의 다섯 원천으로 열거하는데, 이것들은 개개인의 활동을 유발하는 자극제가 된다.[172] *Yuktidīpikā*에서는 이것들을 낱낱이 설명하지만, 여기서는 앞에 인용한 설명의 취지를 이해하는 것이 우선이다.

> 다섯 원천들은 동질(rajas)에 의해 발생한다. 즉 통각이 지성으로 변형하는 과정에 있을 때, 이 통각으로부터 유출된 동질이 다섯 원천들을 생성한다. 지성은 통각에 있는 순질(sattva)의 변형이지만, 동질의 자극이 없이는 통각의

……………

은 지식 무욕이다." (guṇa-samanvayas tu rajas-tamo-bahulā dhṛtiḥ, sattva-rajo-bahulā śraddhā, sattva-tamo-bahulā sukhā, rajo-bahulā vividiṣā, tamo-bahulāvividiṣeti | YD ad. SK 29. Wezler & Motegi 1998:210, 16-18행)

170 āha: kutaḥ punar iyaṃ prāṇādi-vṛttiḥ pravartata iti | ucyate: sā karma-yonibhyaḥ | mahataḥ pracyutaṃ hi rajo vikṛtam aṇḍasthānīyāḥ pañca karma-yonayo bhavanti dhṛtiḥ śraddhā sukhā vividiṣāvividiṣeti | āha ca — "pracyuto mahataḥ yas tu na prāpto jñāna-lakṣaṇam | vyāpāro jñānayonitvāt sā yoniḥ kukkuṭāṇḍavat ‖ " YD ad. SK 29. ibid. p. 209, 18-23행.

171 이는 행위의 다섯 원천이 일찍이 알려져 있었음을 시사한다. *Yuktidīpikā*보다도 훨씬 후대의 문헌으로 *Tattvasamāsasūtra*의 주석인 *Karmadīpikā*에서도 이 점을 시사한다. @제4장 각주 145 참조.

172 "거기서 그는 결과에 대한 욕구로 [행위의 다섯] 원천들과 생기 따위를 지향하여 활동을 개시한다." (tatra phalepsayā yonīḥ prāṇādīṃś ca sammukhīkṛtya kriyām ārabhate | YD ad. SK 42. ibid. p. 232, 27행)

> 순질은 결코 독자적으로 지성을 일으키지 못한다. 통각이 지성으로의 변형을 완료하기 전, 그 도중에 통각으로부터 유출된 바로 이 동질이 그 행위의 원천들을 생성한다. 다시 말하면 이 원천들은 어느 정도 통각의 부수적 산물로 간주될 수도 있다. 요컨대 이 원천들은 통각에서 자극이 시작되고 나서 지성으로의 변형이 종료되기 전까지 중간 단계를 유지한다. 이 때문에 상키야의 고대 문헌에서는 이것들을 달걀로 비유했다. 달걀은 암탉이 수정란을 형성한 이후 병아리를 부화하기 이전까지의 중간 위치에 있듯이, 행위의 원천들도 그러한 중간 위치에 있다.[173]

이제 '행위의 다섯 원천'이라는 개념의 유래를 거슬러 올라가 보면 *Śvetāśvatara-upaniṣad*에서 언급하는 '다섯 원천'이 그 일차적인 연원으로 지목된다. 여기서는 비록 다섯 지류를 가진 강의 거친 굽이를 '다섯 원천'으로 언급하지만, 이와 동시에 다섯 생기와 다섯 지각도 동일한 강에서 유래한 것으로 설한다.[174] 이 경우의 다섯 원천과 생기 및 지각(=지성)은 행위의 다섯 원천을 설명하는 *Yuktidīpikā*에서도 동일하게 구사된다. 그러므로 생기 및 지각과 결부된 '다섯 원천'이라는 개념은 초기 우파니샤드 이래 일부 집단에서 사색의 대상이 되었을 것으로 추정할 수 있다. 그리고 이 추정이 사실이라면 그러한 사색의 전통은 『기타』의 상키야에 계승되었을 것으로 믿을 만한 단서가 있다.

『기타』의 제18장에서는 "모든 행위의 완성을 위해, 상키야의 교의에서 천명한 이 다섯 요인들을 내게서 배우라."[175]라고 선언하고 나서, 다섯 요인을 다음

173 Chakravarti(1975) pp. 270-1.

174 ŚvetU 1.5. @제4장 각주 138 참조.

175 BG 18.13. 원문은 @제2장 각주 62. 샹카라는 '상키야의 교의'(sāṃkhye kṛtānte)를 '[모든] 행위의 끝인 상키야'로 해석하여 이 경우의 상키야를 베단타(즉 우파니샤드)로 간주했다. 그의 해석에 따르면, 알아야 할 모든 것이 우파니샤드에 열거되어 있고, kṛtānta(행위의 끝)는 신이 가르친 대로 모든 행위가 끝(완성)에 도달하는 이 우파니샤드(상키야)를 수식하는 형용사이다. cf. Aiyar(1988) p. 558. 이 같은 샹카라의 해석은 상키야의 교의도 우파니샤드에서 유래한 것으로 간주하기 때문일 것이다. 다른 주석자들의 해석은 @제2장 각주 63 참조.

과 같이 설명한다.

> [행위의] 기반, 또한 행위자,[176] 각종의 수단, 다양한 별개의 노력, 그리고 여기서는 오직 신의 섭리가 다섯째이다.[177]
> 인간이 몸과 말과 마음으로 착수한 행동(3업)이라면 옳은 것이든 그릇된 것이든, 바로 이것의 원인은 그 다섯이다.[178]

이 설명에 따르면 다섯 요인이 인간의 모든 활동(3업)을 야기한다. 그리고 상키야의 관점에서 다섯 요인을 각각 다음과 같이 이해할 수 있다.[179]

① 행위의 기반: 속박된 순수정신의 지지 기반인 육신. 탐욕과 혐오 따위의 제어 장치인 신체.
② 행위자: 개인의 자아의식. 자신을 행위의 주체로 생각하는 개인.
③ 각종의 수단: 원질로부터 전개된 유기적인 신체 기관들. 행위의 수단인 감관들.
④ 다양한 별개의 노력: 활동력을 형성하는 각종의 노력. 생기 따위의 5풍의 작용과 같은 활동.
⑤ 신의 섭리: 불가해한 능력, 즉 인간의 이면에서 길을 열어 주는 운명. 눈 따

....

176 이 행위자(kartṛ)를 Rāmānuja는 개아(jīvātman)로, Madhva는 최고신인 비슈누로 간주한 반면, 샹카라는 "대체(代替)하는 것을 특성으로 갖고 무지를 형성하는 향수자"(upādhi-lakṣaṇo avidyā-kalpito bhoktā)로 설명한다. Radhakrishnan(1949:355)은 샹카라의 설명을 "정신적 물질적 특성을 공유하는 자아로서 유기적인 신체 기관에 속한 것을 진실한 자아로 착각하는 것"으로 풀이하고, 문제의 행위자를 다음과 같이 설명한다.
"행위자는 행위의 다섯 원인들 중 하나이다. 상키야의 교의에 따르면 순수정신이라는 자아는 목격자일 뿐이다. 엄격히 말하면 그 자아는 행위자가 아닌 비작자이지만, 그럼에도 불구하고 원질의 활동은 자아의 목격으로부터 출발한다. 그래서 그 자아는 결정적인 원인들 속에 포함된다."

177 adhiṣṭhānaṃ tathā kartā karaṇañ ca pṛthagvidham | vividhāś ca pṛthakceṣṭā daivañ caivātra pañcamam || BG 18.14. Radhakrishnan(1949) p. 355.

178 BG 18.15. 원문은 @제2장 각주 63.

179 Cf. Chakravarti(1975) p. 276 ; Caleb(2011) p. 231.

위의 감관들을 지배하여 기능을 발휘하도록 돕는 신격들.

이와 같은 다섯 요인들은 어떤 행위의 발동에서부터 완성에 이르기까지 인간 활동의 모든 과정을 결정하는 조건이 된다. 『기타』의 교시자는 이제부터 모든 행위를 3질의 차이로써 설명하는 상키야의 교의를 본격적으로 가르치기 시작한다. 여기서는 3질의 기능을 낱낱이 설명하는 데 주력하므로, 행위의 다섯 요인에 대한 교설은 결국 3질설로 전개된다. 그 시발은 다음과 같다.[180]

> 인식, 인식의 대상, 인식의 주체, 이들 세 가지는 행위를 촉발한다. 기관, 행위, 행위자라는 세 가지는 행위의 기반이 된다. (18)
> 속성(=3질)에 대한 숙고(상키야 철학)[181]에서는 속성의 차이 때문에 인식과 행위와 행위자를 [저마다] 세 가지로 천명하느니, 그대는 이것들도 바르게 들으라." (19)

여기서 언급한 속성(guṇa)은 물론 3질을 의미한다. 그리고 교시자는 20송(제20~39송)에 걸쳐 3질의 기능을 각각 예시하는 것으로 '속성의 차이'를 설명한다. 이 설명은 다음과 같은 방식의 서술로 진행된다.[182]

....

180 BG 18.18-19. Radhakrishnan(1949) pp. 357-8.
jñānaṃ jñeyaṃ parijñātā trividhā karma-codanā | karaṇaṃ karma karteti trividhaḥ karma-saṃgrahaḥ ‖ 18 ‖
jñānaṃ karma ca kartā ca tridhaiva guṇa-bhedataḥ | procyate guṇa-saṃkhyāne yathāvac chṛṇu tāny api ‖ 19 ‖

181 샹카라는 '속성에 대한 숙고'가 '카필라의 교설'을 가리킨다고 다음과 같이 설명한다.
"'속성에 대한 숙고'란 카필라의 교설을 가리키며, 속성을 숙고하는 교설일지라도 속성과 [이것의] 향수자에 관해서는 확실히 권위가 있다." (guṇa-saṃkhyāne kāpile śāstre tad api guṇa-saṃkhyāna-śāstraṃ guṇa-bhoktṛ-viṣaye pramāṇam eva | Aiyar 1910:507, 16-18행)
샹카라가 말하는 '카필라의 교설'은 다음과 같은 Chakravarti(1975:276)의 설명처럼 상키야 철학을 가리킨다.
"여기서 'procyate guṇa-saṃkhyāne'(=속성에 대한 숙고에서는… 천명하느니)라는 표현은 상키야 철학을 지칭한다. 속성(guṇa)들에 관한 지식을 학문으로 정교하게 취급하기로는 상키야 철학이 독보적이기 때문이다."

182 BG 18.20-22. Radhakrishnan(1949) p. 358.
sarva-bhūteṣu yenaikaṃ bhāvam avyayam īkṣate | avibhaktaṃ vibhakteṣu taj jñānaṃ viddhi sāttvikam ‖ 20 ‖

> 만물 속에서 유일한 불멸의 존재를 보고, 서로 다른 것들 속에서 차별이 없는 것을 보는 그 지식은 순질에서 유래한 것으로 알라. (20)
> 그러나 만물 속에서 다양한 존재들을 저마다 별개의 종류들로 아는 그 지식은 동질에서 유래한 것으로 알라. (21)
> 그리고 하나의 결과에 대해 근거도 없고 진실에 따르지도 않으면서 사소한 것을 전체인 것처럼 집착하는 것은 암질에서 유래한 것으로 불린다. (22)

여기서는 지식을 전일적 지식, 차별적 지식, 전도된 지식으로 구분하고 이것들이 각각 순질, 동질, 암질에서 유래한다고 설명한다. 이 같은 3질의 차별적 기능은 지성(buddhi)과 의지(dhṛti)와 안락(sukha)의 경우에도 유사한 방식으로 설명된다. 그런데 이 셋은 *Yuktidīpikā*에서 거론한 행위의 다섯 원천과 연관성이 있을 것으로 주목된다. 먼저 3질의 차이에 따른 3종의 지성을 다음과 같이 설명한다.[183]

> Pārtha(≒Arjuna)여! 활동과 정지, 해야 할 것과 하지 말아야 할 것, 두려운 것과 두렵지 않은 것, 속박과 해방을 아는 그 지성은 순질에서 유래한 것이다. (30)
> Pārtha여! 선(善)과 악(惡), 해야 할 것과 하지 말아야 할 것을 잘못 이해하게 하는 그 지성은 동질에서 유래한 것이다. (31)
> Pārtha여! 어둠에 덮여 악을 선으로 생각하고 모든 대상을 정반대의 것으로 생각하는 그 지성은 암질에서 유래한 것이다. (32)

위의 설명 중 순질에서 유래한 지성(제30송)과 암질에서 유래한 지성(제32송)은 *Yuktidīpikā*에서 말하는 행위의 다섯 원천 중 각각 지식 욕구와 지식 무욕에

....

pṛthaktvena tu yaj jñānaṃ nānābhāvān pṛthagvidhān | vetti sarveṣu bhūteṣu taj jñānaṃ viddhi rājasam || 21 ||
yat tu kṛtsnavad ekasmin kārye saktam ahetukam | atattvārthavad alpaṃ ca tat tāmasam udāhṛtam || 22 ||

183 BG 18.30-32. ibid. p. 361.
pravṛttiṃ ca nivṛttiṃ ca kāryākārye bhayābhaye | bandhaṃ mokṣaṃ ca yā vetti buddhiḥ sā pārtha sāttvikī || 30 ||
yayā dharmam adharmaṃ ca kāryaṃ cākāryam eva ca | ayathāvat prajānāti buddhiḥ sā pārtha rājasī || 31 ||
adharmaṃ dharmam iti yā manyate tamasāvṛtā | sarvārthān viparītāṃś ca buddhiḥ sā pārtha tāmasī || 32 ||

매우 상응하는 것으로 간주된다.[184] 이의 전거가 되는 것은 *Yuktidīpikā*에서 인용한 다음과 같은 구절이다.[185]

> 지식 욕구가 알고자 하는 것은 [세계의 원인이 되는 원리가] 둘인가, 하나인가, 제각각인가, 영원한 것인가, [순수한] 지성이 있는 것인가, [순수한] 지성이 없는 것인가, 미세한 것인가, 결과를 가진(인중유과의) 것인가, 결과를 갖지 않는 것인가 하는 것이다.
> 마약에 도취되거나 잠에 빠지거나 술에 취한 것과 같은 것이 지식 무욕이고, (지식 욕구는)[186] 항상 '명상에 잠긴 자'(요기)들의 원천이며, [바람직하지 않은] 결과의 원인[187]을 소멸시키는 예사로운 상태로 불린다.

....

184 Cf. Chakravarti(1975) p. 277.

185 YD ad. SK 29. Wezler & Motegi(1998) p. 210, 10-14행.
dvitvaikatva-pṛthaktvaṃ nityaṃ cetanam acetanaṃ sūkṣmam | satkāryam asatkāryaṃ vividiṣitavyaṃ vividiṣāyāḥ ||
viṣapīta-supta-mattavad avividiṣā (vividiṣā) dhyānināṃ sadā yoniḥ | kārya-karaṇa-kṣayakarī prākṛtik<a>-gatiḥ(prākṛtikā gatiḥ) samākhyātā ||

186 현존하는 판본에는 '지식 욕구는'이라는 주어에 해당하는 원어가 없으나, Chakravarti(1975:273)는 이에 해당하는 주어(vividiṣā)가 생략된 것으로 추정했다. 이 추정의 전거는 다음에 인용할 *Karmadīpikā*(다음 각주 188)에서 찾을 수 있지만, 이것이 없는 판본대로 읽으면 지식 무욕은 다음과 같이 설명된다.
"마약에 도취되거나 잠에 빠지거나 술에 취한 것과 같은 지식 무욕은 항상 '명상에 잠긴 자'(요기)들의 원천이며, 결과의 원인을 소멸시키는 자연스러운 상태로 불린다."
이처럼 마약, 잠, 술 따위를 예로 들어 지식 무욕을 설명한 것은 납득하기 어렵다. 그러나 뒤에서 "바람직하지 않은 결과의 원인들에 관해서는 지식 무욕도 염두에 두어야 한다."(avividiṣām apy aniṣṭa-phala-hetuṣu bhāvayet | Wezler & Motegi 1998:211)라고 부연한 것을 고려하면, 이 원문의 취지를 다음과 같이 재고할 수 있다.
"저자의 설명에서는 지식 무욕을 제외한 나머지 네 원천이 분명히 미덕(dharma)을 낳는 것으로 간주된다. 그러나 이 미덕도 경계의 시각으로 보아야 한다. 왜냐하면 이것은 내생의 씨앗으로 간주되기도 하기 때문이다. 이렇게 알고서 그 원천들에 탐닉해서는 안 된다. 지식 무욕(아무것도 알고자 하지 않음)도 나쁜 결과를 초래할 그러한 활동에 적용되기만 한다면, 행위자가 바른 길을 따라가도록 도울 수 있다." Chakravarti(1975) p. 274.

187 Kumar & Bhargava(1992:240)는 '결과의 원인'에 해당하는 원어 kārya-karaṇa(또는 kārya-kāraṇa)를 '결과와 수단(신체)'으로 해석했지만 맥락에는 부적합한 것으로 보인다. 이것을 '결과의 원인'으로 번역한 것은 바로 앞의 각주에서 인용한 원문 참조.

이 인용문은 *Kramadīpikā*에서도 내용과 순서가 약간 다르게 재인용되는데, 여기서는 지식 욕구를 상술하는 것으로 지식 무욕과의 차이를 한결 더 선명하게 설명한다.

> 지식 무욕은 내적 감관[인 마음]이 대상의 달콤함과 뒤섞이게 되는 것이다. 그리고 지식 욕구는 '명상에 잠긴 자'(요기)들에게 지혜의 원천이다. 또한 [세계의 원인이 되는 원리가] 하나인지, 제각각인지, 영원한 것인지는 물론이고, [순수한] 지성이 없는 것인지, 미세한 것인지, 결과를 가진(인중유과의) 것인지, 요지부동하는 것인지를 알아야 할 대상으로 삼는 것이 그 지식 욕구이다. 지식 욕구는 [바람직하지 않은] 결과의 원인을 소멸시키는 예사로운 활동이다.[188]

지식 욕구와 지식 무욕이 이와 같다면, 이 둘을 각각 『기타』의 설명처럼 순질에서 유래한 지성과 암질에서 유래한 지성으로 간주할 수 있을 것이다. 다음으로 『기타』에서는 3질의 차이에 따른 3종의 의지와 안락을 다음과 같이 설명한다.[189]

> Pārtha여! 마음과 숨(생기)과 감관의 활동을 제어하게 하는 의지, 요가에 의해 확고부동한 그 의지는 순질에서 유래한 것이다. (33)
>
> 그러나 Arjuna여! 의무와 애정과 실리를 유지하게 하는 의지,[190] Pārtha여! 집

....

188 viṣaya-madhu-miśritāntaḥkāraṇatvam avividiṣā | vividiṣā ca dhyānināṃ prajñāna-yoniḥ | ekatvaṃ ca pṛthaktvaṃ ca nityaṃ caivam acetanam | sūkṣmaṃ satkāryam akṣobhyaṃ jñeyā vividiṣā ca sā || kārya-kāraṇa-kṣayakarī vividiṣā prākṛtikī vṛttiḥ | TsV 9. Dvivedin(1920) p. 130, 8-12행.

189 BG 18.33-39. Radhakrishnan(1949) pp. 362-3.
dhṛtyā yayā dhārayate manaḥprāṇendriyakriyāḥ | yogenāvyabhicāriṇyā dhṛtiḥ sā pārtha sāttvikī || 33 ||
yayā tu dharma-kāmārthān dhṛtyā dhārayate 'rjuna | prasaṅgena phalākāṅkṣī dhṛtiḥ sā pārtha rājasī || 34 ||
yayā svapnaṃ bhayaṃ śokaṃ viṣādaṃ madam eva ca | na vimuñcati durmedhā dhṛtiḥ sā pārtha tāmasī || 35 ||
sukhaṃ tv idānīṃ trividhaṃ śṛṇu me bharatarṣabha | abhyāsād ramate yatra duḥkhāntaṃ ca nigacchati || 36 ||
yat tad agre viṣam iva pariṇāme 'mṛtopamam | tat sukhaṃ sāttvikaṃ proktam ātma-buddhi-prasāda-jam || 37 ||
viṣayendriya-saṃyogād yat tad agre 'mṛtopamam | pariṇāme viṣam iva tat sukhaṃ rājasaṃ smṛtam || 38 ||
yad agre cānubandhe ca sukhaṃ mohanam ātmanaḥ | nidrālasya-pramādotthaṃ tat tāmasam udāhṛtam || 39 ||

착에 의해 결과를 갈망하는 그 의지는 동질에서 유래한 것이다. (34)

Pārtha여! 어리석은 자가 잠, 두려움, 슬픔, 낙담, 오만을 내버리지 못하게 하는 그 지성은 암질에서 유래한 것이다. (35)

Bharata족의 황소여! 이번에는 내게서 세 가지 안락을 들으라. 여기서는 수련을 통해 기뻐하고 고통의 종식에 도달할 것이니라. (36)

처음에는 독과 같고 마지막에는 감로와 같은 바로 그러한 안락은 자아에 대한 청정한 지성에서 발생하니, 순질에서 유래한 것으로 불린다. (37)

대상과 감관의 접촉을 통해 처음에는 감로와 같고 마지막에는 독과 같은 바로 그러한 안락은 동질에서 유래한 것으로 알려져 있다. (38)

졸음, 게으름, 부주의로부터 발생하여 처음이든 나중이든 자아를 현혹시키는 안락은 암질에서 유래하는 것으로 불린다. (39)

여기서 설명하는 의지는 행위의 다섯 원천에 속하는 의지와 동일하다. 그리고 여기서 예시한 안락(sukha)의 경우가 행위의 다섯 원천 중에서는 '지복 욕구'(sukhā)로 표현되지만, 양자의 원의는 동일한 것으로 간주할 수 있다. 다만 『기타』의 이 대목(제18장)에서는 행위의 다섯 원천에 속하는 신념을 거론하지 않는다. 그러나 이 직전 대목인 제17장은 다음과 같이 신념에 대한 교설로 시작된다.[191]

성전의 규정을 버리고서 신념으로 충만하여 제사를 지내는 자들이 있습니다. Kṛṣṇa여! 도대체 그들의 기량이 순질입니까? 아니면 동질이나 암질입니까? (1)

....

190 의무(dharma)와 애정(kāma)과 실리(artha)는 힌두교 일반에서 '인간의 목적'(puruṣārtha)으로 불리는 네 가지 중 해탈을 제외한 세 가지이다. 그러므로 이 의지는 일상생활의 의지에 속한다.

191 BG 17.1-4. ibid. pp. 342-3.
ye śāstra-vidhim utsṛjya yajante śraddhayānvitāḥ | teṣāṃ niṣṭhā tu kā kṛṣṇa sattvam āho rajastamaḥ || 1 ||
trividhā bhavati śraddhā dehināṃ sā svabhāvajā | sāttvikī rājasī caiva tāmasī ceti tāṃ śṛṇu || 2 ||
sattvānurūpā sarvasya śraddhā bhavati bhārata | śraddhāmayo 'yaṃ puruṣo yo yac chraddhaḥ sa eva saḥ || 3 ||
yajante sāttvikā devān yakṣa-rakṣāṃsi rājasāḥ | pretān bhūtagaṇāṃś cānye yajante tāmasā janāḥ || 4 ||

'신체에 싸인 것'(자아)에 대한 신념은 타고난 본성으로서 세 가지이니, 순질에서 유래하고, 동질에서 유래하고, 암질에서 유래한 이것에 대해 들으라. (2)
Bharata의 자손이여! 모두에게 신념은 자신의 본성에 따르는 것이다. 신념으로 이루어진 이것이 인간이니, [자신의] 신념인 그대로의 것이 바로 그 사람이다. (3)
순질을 타고난 자들은 신들에게, 동질을 타고난 자들은 야차(yakṣa)와 나찰(rakṣas)들에게 제사를 지내며, 암질을 타고난 다른 사람들은 악귀들과 유령 무리들에게 제사를 지낸다. (4)

여기서 3질의 차이로 신념을 구분하는 방식은 앞서 인용한 지성, 의지, 안락의 경우와 다르지 않다. 즉, 이 제17장에서는 이후부터 16송(제7~22송)에 걸쳐 음식, 제사, 고행, 보시를 각각 3종으로 구분하고 이 3종의 차이를 3질로써 설명한다. 예를 들어 이것들 중 제사의 경우를 다음과 같이 설명한다.[192]

보답을 바라지 않는 자들이 오로지 [의무로] 받들어야 한다고 마음을 집중하여, 규정에 들어맞게 지내는 제사는 순질에서 유래한다. (11)
그러나 Bharata족의 일인자여! 보답을 탐하여 혹은 오로지 겉치레를 위해 지내는 그런 제사는 동질에서 유래한 것으로 알라. (12)
규정을 버리고, 음식을 베풀지 않고, 찬송이 없으며, [사제에게] 보답하지 않는 신념이 없는 제사는 암질에서 유래한 것으로 불린다. (13)

이상과 같은 『기타』의 교설은 3질과 특정 대상과의 관계를 일대일로 설명하는 데 그친 점에서[193] 3질의 기계적인 적용이며, 행위의 다섯 원천에 상당하는

....

192 BG 17.11-13. ibid. pp. 345-6.
aphalākāṅkṣibhir yajño vidhidṛṣṭo ya ijyate | yaṣṭavyam eveti manaḥ samādhāya sa sāttvikaḥ ‖ 11 ‖
abhisaṃdhāya tu phalaṃ dambhārtham api caiva yat | ijyate bharataśreṣtha taṃ yajñaṃ viddhi rājasam ‖ 12 ‖
vidhihīnam asṛṣṭānnaṃ mantrahīnam adakṣiṇam | śraddhā-virahitaṃ yajñaṃ tāmasaṃ paricakṣate ‖ 13 ‖

193 Chakravarti(1975:277)가 *Yuktidīpikā*의 3질설과는 결정적인 차이를 드러내는 『기타』의 단적인 예로

요인들의 각각에서 3질의 차이를 드러내는 데 관심이 집중되어 있다. 이에 따르면 그 요인들에는 제각기 세 가지 구분이 있으며, 각 경우에는 우세한 속성(질)에 의해 차별이 발생한다.

그러나 *Yuktidīpikā*의 저자는 3질을 복합적으로 적용하는 것으로 행위의 다섯 원천을 설명한다. 그의 설명에 따르면 "동질과 암질이 우세한 것은 의지, 순질과 동질이 우세한 것은 신념, 순질과 암질이 우세한 것은 지복 욕구, 동질이 우세한 것은 지식 욕구, 암질이 우세한 것은 지식 무욕"[194]이다.

이상과 같이 『기타』 제18장에서 교시한 행위의 다섯 요인과 *Yuktidīpikā*에서 상술하는 행위의 다섯 원천은 3질설을 공통의 기반으로 성립되어 있다. 그러므로 후자의 연원을 전자에서 찾는 것이 무리는 아닐 것이다. 다만 3질을 적용하는 방식에서 현저하게 드러나는 양자의 차이는 3질설이 다양한 관점으로 진전되었을 것임을 시사하는 충분한 근거가 된다. 그리고 3질을 기계적으로 적용한 『기타』의 경우에도 3질의 복합적 적용을 염두에 두었을 것으로 추정할 만한 단서가 있다.

『기타』 제18장에서는 행위의 요인들을 3질의 차이로 낱낱이 설명하고 나서 카스트로 불리는 4성(姓)의 의무도 3질에 의해 할당된 것이라고 다음과 같이 설명하기 시작한다.[195]

....

지목한 것은 아래의 교시 중 '저마다 각기'라는 언급이다.
"재보의 승리자여! 지성의 차이, 또한 바로 그 의지의 차이를 속성(=3질)에 따라 세 가지로 모두 저마다 각기 천명하고 있음을 들으라." (buddher bhedaṃ dhṛteś caiva guṇatas trividhaṃ śṛṇu | procyamānam aśeṣeṇa pṛthaktvena dhanaṃjaya || BG 18.29. Radhakrishnan 1949:361)

194 Chakravarti(1975) p. 277. 이에 관해서 *Yuktidīpikā*의 저자가 인용한 다음과 같은 견해에서는 '3질의 합동'이라는 표현으로 3질은 복합적으로 작용한다고 주장한다.
"다음과 같은 말씀이 있다. '다섯 원천들에 대한 특징과 영역의 본성, 그리고 다섯 원천들에 속해 있는 3질의 합동을 알 수 있는 자, 바로 이 분을 나는 고행자들 중 가장 빼어난 분으로 생각한다.'" (uktañ ca — lakṣaṇa-viṣaya-satattvaṃ traiguṇya-samanvayañ ca pañcānām | yonīnām yo vidyād yativṛṣabhaṃ taṃ tv ahaṃ manye || YD ad. SK 29. Wezler & Motegi 1998:210, 18-20행)

195 BG 18.40-41. Radhakrishnan(1949) p. 364.
na tad asti pṛthivyāṃ vā divi deveṣu vā punaḥ | sattvaṃ prakṛtijair muktaṃ yad ebhiḥ syāt tribhir guṇaiḥ || 40 ||
brāhmaṇa-kṣatriya-viśāṃ śūdrāṇāṃ ca paraṃtapa | karmāṇi pravibhaktāni svabhāva-prabhavair guṇaiḥ || 41 ||

> 지상에서 혹은 또 천상의 신들 중에서도, 원질로부터 발생한 이런 3질이 없이 존재할 수 있는 그런 중생은 없다. (40)
>
> 적들을 파괴하는 자여! 바라문, 크샤트리야, 바이샤, 수드라의 소업은 자신들의 본성에 속하는 [3]질에 의해 할당된 것들이다. (41)

이후 카스트의 의무를 열거하는 설명에서는 4성의 각각이 3질 중의 어느 것에 해당하는지를 명시하지는 않는다. 그러나 4성과 3질은 일대일의 배당이 불가능하므로, 여기에는 각 카스트에 3질을 복합적으로 적용하는 관념이 깔려 있을 것으로 추정할 수 있다. 예를 들자면 사제인 바라문은 순질, 왕족인 크샤트리야는 순질과 동질, 일상의 생업에 종사하는 바이샤는 동질과 암질, 상위 카스트에 봉사하는 수드라는 암질이 우세하다는 관념을 예상해 볼 수 있다.

이제 행위의 다섯 원천 또는 요인을 3질로 설명하는 『기타』와 *Yuktidīpikā*의 귀결을 비교해 보면, 『기타』의 경우에는 카스트의 의무를 합리화하는 것이고 *Yuktidīpikā*의 경우에는 오로지 선(善)만을 실현하는 것이다. 이 중에서 다음과 같은 후자의 경우는 3질설의 일반 목적에 해당한다.

> 해로운 불순물이 사라진 현자는 외부로 확장하는 생기를 바른 길에 확립하고 나서, 영원한 불사의 상태를 명상한다. 또한 그는 다섯 원천들 중에서 선(善) 등의 원인이 되는 것을 완전한 것으로 확립하고 나서, 이렇게 그것으로 고취된 채 다시는 그것들(다섯 원천)로 추락하지 않을 것이다.[196]

*Yuktidīpikā*의 저자는 이미 알려져 있었던 교설을 인용한 것으로 행위의 다섯 원천과 3질의 관계를 설명했다. 그러므로 3질이 복합적으로 작용한다는 교설

....

196 bāhyāṃ prāṇavivṛttiṃ samyaṅmārge buddhaḥ pratiṣṭhāpya | vinivṛtta-vikhara-kaluṣo dhruvam amṛtasthānam adhyeti || pañcānāṃ yonīnāṃ dharmādi-nimittatāñ ca saṃsthāpya | paripakvam ity adhas tān na punas tadbhāvito gacchet || YD ad. SK 29. Wezler & Motegi(1998) p. 211, 9-12행.

은 고전 상키야 이전부터 통용되어 있었음을 알 수 있다. 고전 상키야에서는 이 같은 3질을 원질의 구성 요소로 간주하여, 물질세계의 모든 양상도 3질의 복합적 작용으로 설명하는 전변설을 정립하기에 이르렀다. 그러나 『기타』의 교설에서 3질은 원질로부터 발생한 속성으로 간주된다.[197] 더욱이 이 원질은 신의 지시에 따라 만물을 산출하므로,[198] 3질의 작용도 신에 의해 결정된다.

결국 『기타』의 교설에서 원질과 순수정신을 차별하는 이원론적 사고가 확연히 드러나더라도, 이것은 여전히 일원론과 유신론의 틀 속에 갇혀 있는 상키야 – 요가일 수밖에 없다. 또한 다른 한편으로 보면, 이러한 성격의 상키야 – 요가는 『기타』를 성립시킨 배경이 되었을 수도 있다.[199]

5.2.3. 지행합일의 상키야 - 요가

『기타』를 연구한 선행 학자들은 여기서 교시한 상키야 – 요가의 성격에 특별한 의미를 부여했다. 이들의 고찰에 의한 결론적 견해는 『기타』의 상키야 – 요가에 대한 복합적 평가를 대변한다. 여기서 먼저 특기할 만한 견해는, 『기타』가 제시한 해탈의 길은 지식(또는 지혜)과 실천을 동시에 추구하는 소위 지행합일(知行合一)이고 『기타』의 상키야 – 요가는 이 지행합일설을 대변한다는 것이다.[200] 이 견해에 따르면 『기타』에서 말하는 상키야는 이론 혹은 지식을 의미하

....

197 앞에서 인용한 대표적인 예로는 BG 13.21, BG 18.40. 이 @제5장 161, 195 참조.

198 예컨대 『기타』의 주신(主神)인 Kṛṣṇa는 다음과 같이 천명한다.
"나의 감독으로 원질은 움직이거나 움직이지 않는 [모든] 것을 산출하니, Kuntī의 아들이여! [나의 감독이라는] 이 수단에 의해 세계는 순환한다." (mayādhyakṣeṇa prakṛtiḥ sūyate sacarācaram | hetunānena kaunteya jagad viparivartate || BG 9.10. Radhakrishnan(1949:242)

199 塚本啓祥(1970:26)은 『기타』의 상키야를 고찰하면서 선행 연구들을 참조하여 다음과 같은 견해를 결론으로 도출했다.
"어쨌든 인도철학의 기저를 이루는 일반적인 상키야 – 요가의 사상에는 원리를 헤아림으로써 체계화하고자 하는 전통이 있었다고 생각된다. 그래서 『기타』의 작자는 유신론적인 입장에서 상키야의 학설을 자기의 체계 속에 포괄했다. 『기타』의 곳곳에 보이는 이원론적 표현과 일원론적 통일, 일반적인 상키야와 특수화되어 가고 있는 상키야의 체계라는 양면성은 『기타』의 성립 배경을 반영하고 있다고 말할 수 있다."

고, 요가는 수행 혹은 실천 행위를 의미한다. 그리고 이의 전거로 들 수 있는 것이 아래의 교시이다.

> 무결한 자여! 이 세상에는 내가 일찍이 선언한 두 가지의 기량이 있으니, [그 하나는] 상키야의 추종자들이 따르는 지식의 길이요 [다른 하나는] 요가 수행자들이 따르는 행위의 길이다.[201]

이러한 교시가 『기타』를 일관한다는 관점에서는 다음과 같은 교시들도 해탈을 목적으로 지식과 실천의 합일을 표방하는 사례로 간주된다.

> 그러므로 집착이 없이 항상 해야 할 행위(일)를 실천하라. 왜냐하면 집착이 없이 행위를 실천하는 사람은 최상[의 브라만]에 도달하기 때문이다.[202]
> 어리석은 자들은 상키야(=지식)와 요가(=실천)를 별개의 것으로 말하지만 현자들은 그렇지 않다. 하나라도 바르게 완수하는 자는 양쪽의 결과를 획

....

200 "Arjuna의 요구에 응하여 Kṛṣṇa가 제시한 유일한 길은 이 '무집착의 행작'(=집착이 없이 행동으로 실천하는 것)이다. 그러나 그것은 상키야에 합치된 요가, 즉 지혜(智)가 지도하는 실천(行)이어야 한다. 바꾸어 말하면 '상키야-요가'는 『기타』가 제시한 해탈의 길이다." 木村日紀(1958) p. 92.

201 loke 'smin dvividhā niṣṭhā purā proktā mayānagha | jñāna-yogena sāṃkhyānāṃ karma-yogena yoginām || BG 3.3. Radhakrishnan(1949) p. 132.
Radhakrishnan은 '상키야의 추종자들'을 '사색하는 사람들'로 해석했다. 여기서 말하는 '지식의 길'과 '행위의 길'은 각각 jñāna-yoga와 karma-yoga이다. 이 밖에 BG 2.39(@제2장 각주 59)도 전거로 들 수 있다. 한편 木村日紀(1958:92-93)는 『마하바라타』에서 'Ekānta Dharma'(=전념의 법도)라는 관념을 추출하여, 이것이 『기타』에서 지향하는 지행합일의 근거 또는 원형일 것으로 추정했다. 그가 원문을 직접 인용하지 않고 전거만 제시한 『마하바라타』의 해당 원문은 다음과 같다.
"Nārāyaṇa와 합일하는 것을 해탈로 삼는 법도(종교)에 전념하는 것은 실로 상키야-요가와 동일하니, 그들은 이것을 통해 최종의 상태(해탈)에 도달한다." sāṃkhyayogena tulyo hi dharma ekānta-sevitaḥ | nārāyaṇātmake mokṣe tato yānti parāṃ gatim || Mbh 12.348.74=336.69. Dutt(2004.VIII) p. 614.
그러나 여기서는 상키야와 요가가 동일하다는 것이 아니라, Nārāyaṇa와의 합일을 해탈로 추구하는 종교가 상키야-요가와 동일하다고 가르친다. 따라서 이것을 지행합일의 근거 또는 원형으로 추정할 수 있을지는 아직 속단하기 어렵다.

202 tasmād asaktaḥ satataṃ kāryaṃ karma samācara | asakto hy ācaran karma param āpnoti pūruṣaḥ || BG 3.19. Radhakrishnan(1949) p. 138.

> 득한다.[203]
>
> 상키야의 추종자들이 획득한 경지는 요가의 추종자들에 의해서도 달성된다. 상키야와 요가를 하나로 보는 자야말로 [진실하게] 보는 자이다.[204]

이와 같이 상키야와 요가의 일치, 즉 지행합일의 관념을 드러내는 사례는 우파니샤드에서도 볼 수 있다.[205] 따라서 이러한 우파니샤드들과 『기타』에서 말하는 상키야는 카필라의 상키야가 아니고 요가는 파탄잘리의 요가가 아니며, 이런 경우의 상키야－요가는 어디까지나 '지식과 실천'을 가리키는 것이 분명한 것으로 보인다. 그러나 샹카라는 『기타』의 가르침을 지행합일로 해석하는 견해를 단호하게 논파한다. 이는 역으로 말하면 『기타』가 지행합일을 가르친다고 해석하는 견해가 통용되었음을 반증한다. 샹카라가 『기타』에 대한 주석의 서문에서부터, 행위가 아니라 지식으로 목적을 성취하라는 것이 『기타』의 가르침이라고 다음과 같이 역설한 것도 이 때문일 것이다.

> 그런데 이것(지복)은 모든 행위를 포기하고 나서 자아에 대한 지식에 전념하는 것으로 이루어지는 법도(종교)로부터 발생한다. 바로 『기타』가 지향하는 법도인 오직 이것을 지목하여, 존자(＝Kṛṣṇa)께서 "실로 그 법도는 브라만의 상태를 자각하기에 더없이 충분하다."고 '후속 노래'(anugītā)들[206]에서 말씀

....

203 sāṃkhya-yogau pṛthag bālāḥ pravadanti na paṇḍitāḥ | ekam apy āsthitaḥ samyag ubhayor vindate phalam || BG 5.4. ibid. p. 175.

204 yat sāṃkhyaiḥ prāpyate sthānaṃ tad yogair api gamyate | ekaṃ sāṃkhyaṃ ca yogaṃ ca yaḥ paśyati sa paśyati || BG 5.5. ibid. p. 176.

205 다음과 같은 사례들이 이에 해당한다.
*Kaṭha-upaniṣad*에서는 지식을 vidyā(지혜), 실천을 yogavidhi(요가의 방도)라는 말로 표현한다(KaU 2.3.18. @제4장 각주 27 ; KaU 2.6.18. @제4장 각주 242). 그리고 같은 계통의 사상에 속하는 *Śvetāśvatara-upaniṣad*에서는 'sāṃkhya-yoga'라는 말로써 지행합일의 사상을 드러내며(ŚvetU 6.13, @제4장 각주 52), 이와 똑같은 경우를 *Prāṇāgnihotra-upaniṣad*(1.1)와 *Muktikā-upaniṣad*(1.16)에서도 볼 수 있다. 木村日紀(1958) p. 93 참조.

206 『마하바라타』의 제14책인 Āśvamedhika-parvan의 일부(제16～51장)을 가리킨다. 여기서는 이 부분이 『기타』의 가르침에 대한 일종의 개요가 되는 것으로 공언하다. cf. Sastri(1977) p. 5.

하신 바와 같다.[207]

『기타』의 교시를 지행합일설이 아니라 지식 우선론의 해석하는 샹카라는 『기타』를 주석하면서 간헐적으로 자신의 관점을 앞세워 지행합일설의 관점을 논박하고 경계한다. 예를 들면 다음과 같다.

> 혹자들은 Arjuna가 질문한 의미를 다르게 해석하여, 존자(=Kṛṣṇa)의 답변을 이 답변과는 반대로 설명한다. 즉, [존자] 자신이 책에 시종일관하여 『기타』의 취지를 정의하였음에도 그들은 이에 대해 다시 질문과 답변의 의미를 이와는 다르게 진술한다. 어떻게 그러한가? 그들은 책에 시종일관하는 그 경우라면, 종교적인 삶의 모든 단계에서 지식과 행위를 합체하는 것이 사실은 『기타』의 가르침에 정의된 취지라고 말한다. 더 나아가 단정하기를, 성전에서 지시한 일생 동안의 행위들을 포기하고 오로지 지식들을 통해서만 해탈이 달성된다는 이것(가르침)을 전적으로 부정한다.[208]

여기서는 일찍이 『기타』의 교시를 둘러싸고 해석상의 대립이 있었음을 엿볼 수 있다. 그것은 샹카라의 지식일원주의와 다른 주석자들의 지행합일주의의 대립이다. 샹카라의 논박이 단호한 만큼, 반론자 측의 주장도 이에 못지않았을 것이다. 이제 이 같은 정황을 객관적으로 이해하자면, 『기타』의 교시는 그 양쪽을 수용한다고 말할 수밖에 없다. 그러므로 다음과 같은 이해가 가능하다.

....

207 tac ca sarva-karma-saṃnyāsa-pūrvakād ātma-jñāna-niṣṭhā-rūpād dharmād bhavati | tathā imam eva gītārtha-dharmam uddiśya bhagavataivoktam | "sa hi dharmaḥ suparyāpto brahmaṇaḥ pada-vedane"(Mbh 14.16.12=11) ity anugītāsu | Aiyar(1910) p. 3, 5-8행.

208 kecit tu arjunasya praśnārtham anyathā kalpayitvā tat-pratikūlaṃ bhagavataḥ prativacanaṃ varṇayanti | yathā ca ātmanā saṃbandha-granthe gītārtho nirūpitas tat-pratikūlaṃ ceha punaḥ praśna-prativacanayor arthaṃ nirūpayanti | kathaṃ? tatra saṃbandha-granthe tāvat sarveṣām āśramiṇāṃ jñāna-karmaṇoḥ samuccayo gītā-śāstre nirūpito 'rtha ity uktam | punaḥ viśeṣitaṃ ca yāvajjīva-śruti-coditāni karmāṇi parityajya kevalād eva jñānān mokṣaḥ prāpyata ity etad ekāntenaiva pratiṣiddham iti | BGbh 3.1. ibid. p. 76, 3-10행.

『기타』는 베탄타 철학의 관점으로 보면 오직 브라만에 대한 지식만을 포용하고, 상키야의 관점으로 보면 카필라의 이름으로 전승된 지식도 포용한다. 다만 이 경우에 상키야의 지식은 요가와 결부되어 있으므로, 『기타』에는 이것이 지행합일설로 포용되어 있다. 어느 쪽이든 그 목적은 해탈이며, 해탈은 신의 경지에 머무는 것으로 간주되어 있다. 따라서 실천을 지도하는 지식도 역시 신의 경지를 현시하는 지혜가 되어야 한다. 이 점에서 『기타』의 상키야－요가는 지행합일을 교시한 우파니샤드들의 경우처럼 유일신을 신봉하며, 이 때문에 이 같은 상키야－요가는 유신론적인 상키야의 일파로 간주된다.[209]

물론 이상의 고찰과는 다른 차원에서 『기타』의 상키야－요가를 평가하는 견해도 있다. 이 경우에 일차로 지목되는 것은 앞에서(5.2.1) 고찰한 제13장이다.[210] 여기서는 24원리를 진술하지만, 고전 상키야의 그것과 동일하지는 않다. 그렇지만 제2장에서 언급하는 인중유과의 논리는 고전 상키야에 중요한 영향을 미쳤을 것으로 간주된다.[211] 이런 점들을 고려하면 『기타』는 상키야라는 말을 특정 사조를 지칭하는 전통적인 의미로는 사용하지 않았지만, 『마하바라타』의 「해탈법품」과 더불어 『기타』에서는 고전 상키야의 중심이 되는 학설이 태내에서 성장하는 형태로 유동하고 있었을 것이다. 고전 상키야는 그러한 형태에 새로운 관념을 부가하거나 그것을 세련된 관념으로 교환하여 체계적인 학설로 발전했을 것으로 이해된다.[212]

....

209 木村日紀(1958) p. 93 참조.

210 塚本啓祥(1970:24)의 고찰에 의하면, 제18장의 제13송(BG 18.13, @제2장 각주 62)을 제외한 상키야의 용례는 카필라에 기원이 있으며, Īśvarakṛṣṇa에 의해 확립된 고전 상키야의 학설을 의미하지 않는다. 또한 여기서 설하는 행위의 다섯 요인을 『상키야송』에서는 발견할 수 없다. 그러나 제13장 이하에서는 어쨌거나 상키야의 체계적 학설과 관련을 지닌 다양한 요소를 취급하고 있다.

211 인중유과의 논리는 BG 2.16(@제5장 각주 153), 이 논리가 반영된 것으로 지목되는 고전 상키야의 인중유과론은 SK 9(@제2장 각주 135).

212 Cf. Gupta(1959) pp. 18-61. 이와 관련하여 Johnston(1937b:6-7)은 『마하바라타』의 「해탈법품」에서 교시한 상키야－요가의 특수한 양상으로, 이미 두 가지 경향의 상키야－요가가 병행하고 있었다고 지적했다.

끝으로 상키야는 지식에 의한 해탈의 방법, 요가는 실천에 의한 해탈의 방법이라는 지행합일의 관점으로 돌아가서 상키야-요가의 위상을 다음과 같이 평가하는 견해가 있다.[213]

상키야-요가, 행위의 요가, 정려의 요가(dhyāna-yoga) 등은 일반적으로 특수화하지 않은 요가의 전통에 속하는 다른 경향이고, 그 원천은 *Kaṭha-upaniṣad*로까지 거슬러 올라갈 수 있다. 그리고 이러한 전통으로부터 벗어나 독립의 지위를 선언한 상키야-요가의 '학파' 또는 전통이 존재했을 수 있다. 이 학파는 해탈을 위한 충분조건으로 일종의 형이상학적인 지식만을 강조했을 것으로 생각된다. 이 경우에는 원리(tattva)의 산정, 이와 아울러 몸(kṣetra)과 '몸을 아는 자'(kṣetrajña)라는 이원론적 구별을 구체화하는 데 관심을 쏟았을 것이다.

이와 같은 관점을 『기타』에 적용해 보면, 지식을 중시하는 고전 상키야의 특성은 이미 『기타』에 잉태된 상태로 드러나 있다고 말할 수 있다. 앞서 거론한 샹카라의 관점도 이와는 무관하지 않을 것이며, 다음과 같은 견해도 이를 뒷받침한다.

> 따라서 파생적인 상키야는 '이성과 추론'에 의거하는 방법이라고 이해되어야 한다. 그것은 합리화하고 성찰하고 사색하는 철학적 방법이다. 나의 『기타』 번역에서는 그것을 '이성법'(reason-method)으로 표현했다. 이것을 자연스런 말로 바꾸면, '지식'으로 해탈을 얻는 방법이라고 묘사해도 좋을 것이다.[214]

이상의 고찰을 종합하여 『마하바라타』에서 상키야-요가의 이름으로 소개한 교의의 특징을 하나로 추출하자면, 브라만을 최상위의 보편적 자아로 설정한 26원리설이라고 말할 수 있다. 이는 25원리설도 일각에서는 통용되어 있었

....

213 Cf. Larson(1979) pp. 128-133.

214 Edgerton(1965) p. 36.

음을 전제로 하는 동시에, 26원리설이 상키야-요가 학파의 일설로 형성되었음을 시사한다. 주지하다시피 『마하바라타』는 오랜 증광의 과정을 거쳐 성립되었고 이 과정에서 여러 종파나 학파의 교의가 『마하바라타』에 혼입되었다. 이 사실을 고려하면 『마하바라타』의 형성 초기부터 우파니샤드의 경우처럼 상키야로 불리는 여러 학설이 존재했을 것으로 추정할 수 있다. 이것들 중에서는 그 당시 가장 대중적인 학설이 『마하바라타』에서 통합되었을 것이다.[215] 『기타』도 물론 이러한 통합의 일부이다. 그리고 여기서 통합된 다양한 학설들은 이원론의 고전 상키야-요가로 점차 성장해 가는 단계에 있었다.

215 Cf. Chakravarti(1975) pp. 60-61.

제6장

의학서와 불전에서 성장한 이원론

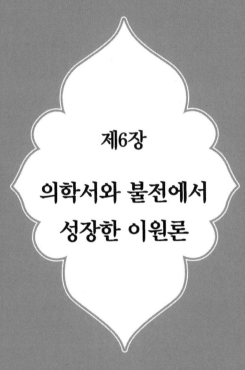

제6장

의학서와 불전에서 성장한 이원론

인도의 고대 의학을 Caraka라는 이름으로 집성한 *Caraka-saṃhitā*(약 100~200 CE)에서 언급한 '상키야'는 학파로서의 상키야를 지칭하는 것이 아닐지라도,[1] 이 문헌의 「신체품」에서 교시하는 내용이 상키야의 교의와 직결되어 있다는 것은 이구동성으로 인정되어 왔다. 한편 석가모니의 전기(傳記)에 상당하는 *Buddhacarita*(불소행찬)에서는 '상키야'를 직접 거명하지 않지만, 이 문헌의 제12장에서 Arāḍa Kālāma가 교시한 내용은 『불소행찬』이 작성될 당시의 상키야를 반영한 것으로 중시되어 왔다.[2] 이에 따라 *Caraka-saṃhitā*와 『불소행찬』에 반영된 상키야를 비교한 연구도 일찍이 이루어졌다. 이하에서는 먼저 비교의 전거가 된 두 문헌의 주요 내용을 개괄하여 고찰한다.

1 *Caraka-saṃhitā*에서 언급하는 상키야의 용례와 의미에 관해서는 @제2장 각주 51-56 참조.

2 『불소행찬』과 같은 계열의 불전인 『불본행집경』(佛本行集經)의 습학기예품(習學技藝品)은 태자 시절의 석가모니가 알고 있는 64종의 서적을 열거하는데, 이 중에는 '상키야의 서적'(僧佉書)도 포함되어 있다(T 3:703c). 『불본행집경』에 대한 다음과 같은 평가를 고려하면, 『불소행찬』의 저자는 상키야의 교의를 충분히 인지하여 반영했을 것으로 짐작할 수 있다.
"*Mahāvastu*(大事)의 이역으로 알려진 『불본행집경』은 … 『불소행찬』의 기술을 모방하고, 그 송구(頌句)를 전적으로 인용하는 곳이 매우 많으며, 數論(=상키야) 사상은 *Mahāvastu*와는 전혀 다르지만 『불소행찬』과는 일치한다. … 생각건대 『불본행집경』은 *Mahāvastu*를 번역하면서도 『불소행찬』의 뛰어난 사상과 경문을 채용하고, 번역 후의 *Mahāvastu*도 다소 증보 개찬되었을 것이다." 平等通昭(1928) p. 67.

6.1. Caraka-saṃhitā의 상키야-요가

*Caraka-saṃhitā*의 「신체품」은 그 주제로 보면 인간의 신체가 어떻게 구성되는지를 설명하는 데 주력한 것으로 이해된다. 이 「신체품」은 "이제부터 우리는 인간이 얼마나 많은 부분들로 이루어지는지에 관한 신체[품]을 상술할 것이다."[3] 라고 천명하는 것으로 시작하기 때문에 더욱 그러하다.

그런데 이렇게 일반적인 의미로 이해되는 천명에서 언급하는 '인간'(puruṣa)을 「신체품」은 자아(ātman)의 의미로 사용하면서 신체를 설명한다. 이 때문에 상키야 철학에서 말하는 순수정신(puruṣa)이 「신체품」에서는 자아의 동의어로 간주되며,[4] 더욱이 '더미 자아'라는 독특한 개념으로 '경험적 자아'를 설명하는 과정에서 이원론적 관념을 드러낸다.[5] 그러나 Caraka가 말하는 'puruṣa'가 아직은 고전 상키야의 순수정신에 해당하지는 않을 뿐만 아니라, 때로는 인간을 지칭하고 때로는 자아를 함의하는 중의적 개념으로 구사된다는 사실에 유의해야 한다.

*Caraka-saṃhitā*의 「신체품」은 이처럼 자아를 중심으로 인간의 신체를 설명하

....

3 athātaḥ katidhā-puruṣīyaṃ śārīraṃ vyākhyāsyāmaḥ || CS, Śārīra-sthāna 1.1. 이 원문을 Sharma & Dash(1985:311)는 "이제 우리는 신체의 구성을 이해하는 데 도움이 되는 '경험적 자아' 등의 다양한 부분을 취급하는 장(章)을 설명할 것이다."라고 번역했다. 그러나 다른 한편으로 이 원문의 katidhā-puruṣīyaṃ(인간이 얼마나 많은 부분들로 이루어지는지에 관한)은 「신체품」에 붙인 표제로 해석되기도 한다. 즉, Mehta(1949:971)의 판본에서는 이 원문을 "우리는 이제 인간의 구체화에 관해 '인간은 얼마나 많은 범주들로 구분되는가?'(=katidhā-puruṣīyaṃ)라는 제목을 붙인 장을 상술할 것이다."라고 번역했고, Robertson(2017:228)은 katidhā-puruṣīyaṃ을 "Puruṣa의 많은 부분들"이라는 표제로 단정하고 있다.

4 *Caraka-saṃhitā*에서 자아(ātman)와 순수정신(puruṣa)은 사실상 호환할 수 있는 용어이다. 이러한 사례를 예시한 Robertson(2017:228, n. 124)은 양자의 관계를 다음과 같이 부연한다.
"이렇게 호환할 수 있다는 것이 결코 자아의 격하를 대변하지는 않는다. 실제로 미현현, 인식 등과 결속한 자아는 순수정신의 가장 탁월한 양상이며, 게다가 죽음에 이르러 순수정신이 미현현 속으로 철회할 때 남아 있는 순수정신만의 고유한 양상이다. 그럼에도 불구하고 *Caraka-saṃhitā*는 자아를 순수정신이 존재하는 한은 순수정신의 일환이 되는 것으로 해석한다."

5 이에 관해서는 앞(1.3)에서 개관했다. '더미 자아'는 특히 <표 3> 참조. 이러한 자아를 Sharma & Dash는 '경험적 자아'로 표현한다. @제1장 각주74 참조. '더미 자아'라는 개념에서 자아의 원어는 puruṣa이지만, 자아와 순수정신의 호환성과 개념적 적합성을 고려하여 puruṣa를 자아로 번역했다.

기 시작하지만, 그 과정에서 취급하는 주제들은 상당 부분이 상키야 철학의 주제와 상통한다. 예를 들어 「신체품」의 제1장에서는 다음과 같은 주제들을 취급한다.

> 자아(puruṣa)의 정의, 마음의 존재와 속성, 마음의 대상, 지각의 과정, 감관의 구성, 행위기관과 그 구성, 5조대요소의 속성, 통각의 기능, 3질에 의한 순수정신(puruṣa)의 접촉, 원인으로서의 순수정신, 순수정신의 인과성, 최고아와 더미 자아, 지각의 과정과 요인, 경험적 자아와 절대적 자아, 24요소(=원리), 육체와 정신, 창조와 소멸의 과정, 절대적 자아의 존재 증명, 마음과 자아(ātman), 자아의 편재성, 자아와 인식, 요가와 해탈, 요가의 정의, 요기의 8신통, 해탈의 수단과 기억, 범아일여의 인식.[6]

여기서는 질병과 연관된 주제들은 제외하고 주로 상키야 및 요가와 연관성이 있는 주제들을 취급하는 순서대로 발췌했다. 그런데 이 제1장은 마지막 단계에서 요가를 해탈의 수단으로 취급하기에 앞서, 마음을 자아에 안주하게 하는 수단이 곧 요가라고 다음과 같이 설명한다.

> 자아와 감관과 마음과 [감관의] 대상들이 접촉함으로써 안락과 고통이 발생하며, 마음이 고정되어 자아에 안주할 때는 [접촉을] 시도하지 않기 때문에 그 둘은 사라지고, 신체를 가진 자에게 지배력이 발생한다. 요가에 정통한 성현들은 그것을 요가라고 말한다.[7]

이처럼 *Caraka-saṃhitā*의 「신체품」은 처음부터 상키야와 요가를 접목시키는

6 Cf. Sharma & Dash(1985) pp. 314-350.

7 ātmendriyamano 'rthānāṃ sannikarṣāt pravartate | sukha-duḥkham anārambhād ātmasthe manasi sthire || nivartate tad-ubhayaṃ vaśitvaṃ copajāyate | saśarīrasya yogajñās taṃ yogam ṛṣayo viduḥ || CS, Śārīra-sthāna 1.138-139. Sharma & Dash(1985) p. 346.

것으로 이 둘에 동등한 가치를 부여한다. 이러한 인식은 나중에 순수한 지성으로 요가를 달성하고 상키야를 성취한다고 말하는[8] 것으로도 잘 드러난다. 다만 상키야는 요가의 선행 지식이다. 즉 요가에 대한 위의 설명을 고려하면, 자아와 감관과 마음과 대상 등의 진상을 밝히는 상키야는 요가라는 수단을 유인하는 바른 지식으로서 요가보다 우선적으로 취급된다.

6.1.1. 자아 또는 인간의 구성 요소

Caraka는 상키야에서 헤아리는 원리들을 도입하여 자아를 요소들의 집합으로 설명한다. 그는 그 내용을 구체적으로 설명하기 전에 자아 또는 인간이 여섯 요소로 구성된다는 일반론을 먼저 소개한다.

> 공(空) 따위[의 5조대요소]와 여섯째 요소인 의식(cetanā)은 자아(puruṣa)로 불리며, 하나인 의식 요소도 자아라는 이름을 갖는다.[9]

여기서 의식 요소라는 하나가 자아로 불린다고 말하는 것은 이해할 만하지만, 의식을 포함한 5조대요소가 자아로 불린다고 말하는 것은 앞뒤가 잘 들어맞지 않은 것으로 보인다. 그러나 puruṣa의 중의적 의미를 고려하면, 자아가 아니라 '인간'은 여섯 요소(5조대요소, 의식)로 이루어진다고 말한 것으로 이해할 수 있다.[10] 사실 인간을 이렇게 이해한 사례는 초기 불교에서 볼 수 있으며,[11]

....

8 ibid. 5.17. @제2장 각주 118 참조.

9 khādayaś cetanā ṣaṣṭhā dhātavaḥ puruṣaḥ smṛtaḥ | cetanā-dhātur apy ekaḥ smṛtaḥ puruṣa-saṃjñakaḥ || ibid. 1.16. Sharma & Dash(1985) p. 314.

10 Sharma & Dash(ibid)는 여기서 언급한puruṣa(=자아)라는 용어가 암소 따위와 같은 것에도 적용될 수 있지만, 특별히 인간을 가리킨다고 지적한다. Mehta(1949:974)는 puruṣa를 아예 '인간'으로 번역했다. 「신체품」의 제5장에서도 puruṣa를 다음과 같이 이와 유사하게 설명한다.
"자아(puruṣa)는 여섯 요소들이 집적된 것이라는 말씀을 그들은 수용한다. 예시하자면 [여섯 요소들이란] 지(地), 수(水), 화(火), 풍(風), 공(空), 그리고 미현현의 브라만이다." (ṣaḍdhātavaḥ samuditāḥ puruṣa iti śabdaṃ labhante, tad yathā pṛthivyāpas tejo vāyur ākāśaṃ brahma cāvyaktam iti | CS, Śārīra-sthāna

Āyurveda로 불리는 전통 의학의 인식과도 상응한다. 예를 들어 *Caraka-saṃhitā*의 제1편인 Sūtra-sthāna에서는 Āyurveda의 주제를 다음과 같이 설명한다.[12]

> 마음과 자아와 신체라는 이 셋은 삼각대와 같다. 세계는 [그 셋의] 결합을 통해 지탱하므로 [이 결합은] 모든 것의 기반이 된다. (46)
> 그것(결합)은 인간(puṃs = puruṣa)으로 불리고 또한 의식으로 불리며, 이 베다(=Āyurveda)의 주제로 알려져 있다. 실로 이 [주제]를 위해 충분히 계시된 것이 바로 그 베다이다. (47)

이 설명(제47송)을 참고하면, 앞서 인용한 「신체품」에서 하나인 의식 요소도 자아(puruṣa)라는 이름을 갖는다고 덧붙인 이유를 이해할 만하다. 반면에 마음과 자아와 신체가 결합한 것은 '모든 것의 기반'이 된다(제46송)고 말한 경우에는 '인간'이 모든 것의 기반이 된다고 말하는 것으로는 이해되지 않는다. 짐작건대 이 경우의 인간(puṃs = puruṣa)은 자아보다 심층적인 순수정신을 염두에 둔 표현일 수 있다. 이처럼 *Caraka-saṃhitā*에서는 puruṣa가 인간, 자아, 더 나아가 순수정신의 의미로도 해석될 수 있는 함의를 갖는다는 것이 개념상의 혼동을 자아낸다. 그렇기는 하지만 이는 인간에 대한 의학적 관념의 소산으로 이해할 수

....

5.4. Sharma & Dash 1985:414)
Mehta(1949:1072)가 puruṣa를 '인간'으로, '미현현의 브라만'을 '비물질적 자아'로 번역한 것은 납득하기 어렵다. 인간이 곧 '비물질적 자아'가 되기 때문이다. 어쨌든 앞의 경우와 비교해 보면, 여기서는 puruṣa(자아)가 '미현현의 브라만'과 동일시된다. 한편 Sharma & Dash(1985:415)가 여기서 언급하는 미현현(avyakta)을 '현현'(the menifested one)으로 기재한 것은 명백한 오기이다.

11 "비구여! 지(地) 요소, 수(水) 요소, 화(火) 요소, 풍(風) 요소, 공(空) 요소, 의식 요소, 이 여섯 요소로 이루어진 것이 인간이다." (paṭhavīdhātu āpodhātu tejodhātu vāyodhātu ākāsadhātu viññāṇadhātu. chadhāturo ayaṃ, bhikkhu, puriso ti …. *Dhātuvibhaṅga-sutta*, MN 140: III, p. 239)
한편 Caraka는 Sūtra-sthāna의 후반부(25.15)에서 인간과 질병이 여섯 요소로부터 발생한다는 Hiraṇyākṣa의 견해를 제시했다. @제2장 각주 53 참조.

12 CS, Sūtra-sthāna 1.46-47. Sharma & Dash(1983) pp. 32-33.
sattvam ātmā śarīraṃ ca trayam etat tridaṇḍavat | lokas tiṣṭhati saṃyogāt tatra sarvaṃ pratiṣṭhatam ‖ 46 ‖
sa pumāṃś cetanaṃ tac ca tac cādhikaraṇaṃ smṛtam | vedasyāsya tadarthaṃ hi vedo 'yaṃ saṃprakāśitaḥ ‖ 47 ‖

있고, '더미 자아'라는 개념이 그러한 관념을 결정적으로 대변한다. '더미 자아'란 인간을 일컫는 의학적 개념으로 이해되기 때문이다.

Caraka는 자아의 요소들을 상술하고 나서 '더미 자아'라는 개념을 다음과 같이 설명한다.

> 통각과 감관들과 마음과 [감관의] 대상들에게는 결합을 지탱하는 최상의 것[13]이 있다고 알아야 한다. 참으로 스물 넷으로 이루어진 이 '더미'가 자아로 불리는 것이다.[14]

더미 자아의 요소는 숫자로 헤아리면 모두 스물 넷이 되지만, Caraka는 이것들을 낱낱이 열거하지 않고 마음, 10감관들, [5] 대상들, 원질인 8요소처럼 집합 단위로 언급한다. 물론 상술하는 과정(「신체품」의 제18~34송)에는 이것들이 산재해 있으므로 24요소를 개별적으로 추출해 낼 수는 있다. 그리고 이것들이 상키야에서 열거하는 24원리와 일치한 점을 고려하면 집합 단위만으로도 그 내역을 추론할 수 있다. 이 중에서 '원질인 8요소'는 『마하바라타』에서도 빈번히 언급하는 8원질[15]을 가리킨다. 그러므로 '더미 자아'의 내역을 다음과 같이 망라할 수 있다.

....

13 Sharma & Dash(1985:320)는 '결합을 지탱하는 최상의 것'을 '탁월한(param) 조정자(yogadharaṃ)'로 번역하고 이 조정자를 미현현으로 적시했다.
"미현현은 이 제24의 요소가 된다. 이것은 통각과 감관들 따위의 결합을 지탱한다. 사실상 그것은 Puruṣa의 향수를 위해 어떤 것들을 창조하는 미현현이다. Puruṣa는 또한 이제까지 서술한 24요소의 결합에 불과하다."
이 설명에 따르면, '더미 자아'의 24요소 중에서 최상위로 간주되는 미현현을 여기서는 '결합을 지탱하는 최고의 것' 또는 '탁월한 조정자'로 표현하여 중시한 것으로 이해할 수 있다. 또한 이 설명은 미현현이 절대적 자아인 최고아와 동일시되는 경우도 반영한 것으로 보인다. 최고아인 브라만을 미현현으로 표현하는 예는 앞의 각주 10 참조.

14 buddhīndriyamano 'rthānāṃ vidyād yogadharaṃ param | caturviṃśatiko hy eṣa rāśiḥ puruṣa-saṃjñakaḥ || CS, Śārīra-sthāna 1.35. Sharma & Dash(1985) p. 320.

15 『마하바라타』에서는 미현현, 마하트(통각), 아만, 지(地), 풍(風), 공(空), 수(水), 화(火)를 8원질로 열거한다. @제5장 각주 3 참조.

〈표 13〉 Caraka-saṃhitā에서 '더미 자아'의 내역

<table>
<tr><th>분류</th><th>집합 단위</th><th>내역</th><th>고전 상키야의 분류</th></tr>
<tr><td rowspan="4">16변이</td><td>마음</td><td>마음=의식</td><td>내적 기관</td></tr>
<tr><td rowspan="2">10감관</td><td>눈, 귀, 코, 혀, 피부</td><td>5지각기관</td></tr>
<tr><td>성대, 손, 발, 항문, 생식기</td><td>5행위기관</td></tr>
<tr><td>5대상</td><td>소리(聲), 감촉(觸), 형색(色), 맛[味], 향(香)</td><td>5미세요소</td></tr>
<tr><td rowspan="3">요소적
원질</td><td rowspan="3">원질인
8요소</td><td>미현현</td><td>근본원질=
제일원인</td></tr>
<tr><td>마하트(통각), 아만</td><td>내적 기관</td></tr>
<tr><td>지(地), 풍(風), 공(空), 수(水), 화(火)</td><td>5조대요소</td></tr>
</table>

고전 상키야에서는 자아를 순수정신으로 환치하는데, 위의 표에는 자아 또는 순수정신이 고려되어 있지 않다. *Caraka-saṃhitā*에서는 '더미 자아'가 이것을 대신한다. 이 때문에 Caraka는 위의 24요소를 상키야의 순수정신과 동일시한 것으로 간주되지만, 의학의 권위자인 그가 '더미 자아'라는 개념으로 주력한 관심사는 상키야의 순수정신과는 무관한 '인간'이었을 것으로 해석된다. 예를 들어 다음과 같은 설명에서 '더미 자아'는 의술의 대상인 인간일 뿐이다.[16]

> 여기(더미 자아)에 행위(업)와 그 결과, 여기에 지식[과 무지]가 포함되어 있고, 여기에 미혹과 안락과 고통과 삶과 죽음과 주인 의식이 포함되어 있다.[17]
> 참으로 시초가 없는 것이기 때문에 최고아의 근원은 존재하지 않는다. 그러나 '더미'로 불리는 자아는 미혹, 욕망, 혐오, 업(행위)으로부터 발생한다.[18]

16 Chakravarti(1975:100)는 이에 의거하여, Caraka는 Āyurveda의 권위자인 만큼 치료할 수 있는 인간의 유형에 관심을 쏟았으며, 24원리의 더미는 상키야의 순수정신(puruṣa)과는 전혀 무관하게 일상의 의미에서 통용되는 인간(puruṣa)을 가리킬 뿐이라고 지적한다.

17 atra karma phalaṃ cātra jñānaṃ cātra pratiṣṭhitam | atra mohaḥ sukhaṃ duḥkhaṃ jīvitam maraṇaṃ svatā || CS, Śārīra-sthāna 1.37. Sharma & Dash(1985) p. 321.

18 ibid. 1.53. 원문은 @제1장 각주 79. 이 구절의 취지를 다음과 같이 이해한 Robertson(2017:229, n. 124)은 '더미 자아'를 윤회하는 인간으로 간주한 듯하다.
"여기서는 puruṣa(=자아)와 paramātman(=최고아)의 차이를 보다 선명하게 드러낸다. 최고아는 시

이처럼 '더미 자아'가 인간을 지칭하는 의미로 이해된다면, Caraka는 이와는 다른 자아로서 순수정신 또는 최고아(paramātman)로 불리는 자아도 상정하지 않을 수 없었을 것이다. Dasgupta는 그 이유를 다음과 같이 설명한다.

> 모든 행위(업), 행위의 결과, 인식, 안락, 고통, 무지, 삶과 죽음은 이 더미에 속한다. 그러나 거기에는 puruṣa(=자아)도 있다. 왜냐하면 그것이 없다면 출생과 죽음, 속박이나 해탈도 없을 것이기 때문이다. 만약 자아(ātman)를 원인으로 간주하지 않는다면, 인식이 모든 것을 조명한다는 것은 아무런 근거가 없게 될 것이다. 만약 영속하는 자아를 인정하지 않는다면 이때는 그것의 역할을 다른 것들에게 떠맡기게 될 것이다. 최고아로 불리는 것도 바로 이러한 puruṣa(=순수정신)이며, 이것은 시초가 없고 그 자신 이외의 원인을 갖지 않는다. 이 자아는 의식이 없이 그 자체로서 존재한다. 의식은 오직 감관들과 마음과 함께 결합함으로써 자아(=더미 자아)가 될 수 있다. … Caraka는 원질의 미현현 부분과 puruṣa(=자아)가 하나의 범주를 형성한 것으로 간주한다.[19]

이 설명의 마지막에서 언급한 '하나의 범주'는 당연히 '더미 자아'를 가리킬 것이다. Dasgupta는 여기서 「신체품」의 자아 개념을 이해하는 데 중요한 단서를 제공한다. 그가 '더미 자아'와는 다른 영속하는 자아로 상정한 puruṣa, 즉 순수정신은 최고아로 불린다고 이해한 것이 그 단서이다. 최고아와 동일시되는 이 순

……………

초가 없고 단일한 반면, 자아는 주기적으로 출현하게 되는 더미(rāśi)이다. 그러므로 최고아는 최종적인 분리를 통해 도달하는 상태를 가리킨다."
'더미 자아'가 윤회하는 인간을 가리킨다는 이해는 바로 앞의 게송(1.52)과 상응한다. Chakravarti(1975:103)는 이 게송을 다음 세계로 윤회할 수 있는 미세한 매개체, 즉 미세신의 존재를 인정한 것으로 해석하기 때문이다.
"중생들에게 신체가 없음에도 [재생할 수 있는] 원인이 있다면 거기에는 아만, 업보, 업, '다른 신체로 이동함'(윤회), 기억[으로 이루어진 것]이 존재한다." (ahaṅkāraḥ phalaṃ karma dehāntara-gatiḥ smṛtiḥ | vidyate sati bhūtānāṃ kārane deham antarā || 1.52. Sharma & Dash(1985:324)

19 Dasgupta(1922) p. 214. Dasgupta는 이 같은 설명의 전거를 제시하지 않았지만, 그 전거는 바로 앞에서 인용한 「신체품」의 1.37, 1.53을 비롯하여 1.39-42, 1.58-62인 것으로 확인된다.

수정신을 물질과는 별개의 것으로 간주할 때,[20] 이것은 고전 상키야에서 말하는 순수정신에 근접한다.

그러나 「신체품」에서 이에 관한 Caraka의 관심사는 더미 자아 또는 현현의 근원으로 최고아 또는 미현현의 존재를 입증하고 설명하는 데 있다. 이 경우에는 소위 절대적 자아와 경험적 자아가 주제로 취급되는데, 이에 관해서는 제1장(1.3)에서 상술했으므로 여기서는 생략한다. 다만 Caraka가 설명하는 더미 자아의 유래를 『마하바라타』에서 찾을 수 있으므로, 그 전거를 짚어볼 필요가 있다. 『마하바라타』의 제3책 삼림편(森林編, Vana-parvan)에는 이와 관련된 내용이 다음과 같이 서술되어 있다.[21]

> 공(空)과 풍(風)과 화(火)와 수(水), 그리고 지(地)가 조대요소들이며 이것들의 속성은 소리(聲), 감촉(觸), 형색(色), 맛[味], 향(香)이다. (17)
> 이것(속성)들에게도 [저마다 고유한] 속성들이 있으니, 모든 것에서 속성은 호혜적으로 작용한다. [궁극적 속성인] 3질에서는 각각의 속성들이 모두 우선하는 순서대로 [작용한다.] (18)
> 그런데 여섯째 [속성]인 의식은 마음으로 불리므로 일곱째는 통각일 것이며, 이 다음에 있는 것은 아만이다. (19)
> 그리고 [이상의 여덟에 덧붙여] 다섯 감관들, 자아,[22] 동질과 순질과 암질이

....

20 Marwaha(2013:195)는 여기서 인용한 Dasgupta의 설명에 의거하여 "Caraka는 원질의 미현현 단계라는 이러한 의미에서는 순수정신(puruṣa)을 인정하지 않지만, 물질과는 별개인 순수정신은 수용한다."라고 지적한다.

21 Mārkaṇḍeya가 Yudhiṣṭhira에게 전하는 이야기에서 소개되는 이 교설은 '신성한 지식(brāhmī vidyā)'으로 불린다. MBh 3.210.17-21 =210.16-20. Dutt(2004.II) p. 619.
mahābhūtāni khaṃ vāyur agnir āpas tathā ca bhūḥ | śabdaḥ sparśaś ca rūpaṃ ca raso gandhaś ca tad-guṇāḥ || 17 ||
teṣām api guṇāḥ sarve guṇa-vṛttiḥ parasparam | pūrvapūrva-guṇāḥ sarve kramaśo guṇiṣu triṣu || 18 ||
ṣaṣṭhas tu cetanā nāma mana ity abhidhīyate | saptamī tu bhaved buddhir ahaṃkāras tataḥ param || 19 ||
indriyāṇi ca pañcātmā(=pañcaiva) rajaḥ sattvaṃ tamas tathā | ity eṣa saptadaśako rāśir avyakta-saṃjñakaḥ || 20 ||
sarvair ihendriyārthais tu vyaktāvyaktaiḥ susaṃvṛtaḥ | caturviṃśaka ity eṣa vyaktāvyaktamayo guṇaḥ || 21 ||

22 pañcātmā(다섯과 자아)를 pañcaiva(다섯뿐인)으로 기재한 Pune본을 채택하면 자아가 누락되어 이 다음에 합산한 열 일곱이라는 숫자와 합치하지 않는다.

라는 열 일곱으로 이루어진 이것이 미현현으로 불리는 더미이다.[20]
그러나 여기서 감관의 대상인 모든 것, 즉 현현과 미현현은 스물 넷으로 이루어진 것을 잘 감싸고 있으니, 이것(스물 넷)이 현현과 미현현을 구성하는 속성이다.[21]

여기서는 24속성(요소)을 인간 또는 자아로 특정하지는 않는다. 또한 이에 앞서 17속성을 '미현현으로 불리는 더미'로 표현한다. 이 경우의 17요소는 '더미 자아'에 빗대어 '더미 미현현'으로 불릴 수 있다. 이 숫자들의 내역이 약간 모호하지만, 맥락으로 보아 숫자의 내역을 다음과 같이 꿰맞출 수 있다.

17속성(더미 미현현): 5속성(=5대상=5미세요소), 마음, 통각, 아만, 5감관, 자아, 3질
24속성: 5조대요소, 17속성, 현현, 미현현

이 내역을 아래의 표로 *Caraka-saṃhitā*와 비교해 보면, 여기서는 5행위기관을 배제한 대신 3질과 현현과 자아를 추가했다.

〈표 14〉 Mahābhārata와 Caraka-saṃhitā에서 상이한 24요소(속성)

<table>
<tr><th colspan="3">Mahābhārata</th><th>Caraka-saṃhitā</th></tr>
<tr><td rowspan="6">24속성</td><td rowspan="6">17속성
= 더미
미현현</td><td>5속성: 소리(聲), 감촉(觸), 형색(色), 맛[味], 향(香)</td><td>5대상: 소리(聲), 감촉(觸), 형색(色), 맛[味], 향(香)</td></tr>
<tr><td>마음(=의식), 통각, 아만</td><td>마음(=의식), 마하트(통각), 아만</td></tr>
<tr><td>자아</td><td></td></tr>
<tr><td>3질: 동질, 순질, 암질</td><td></td></tr>
<tr><td>5감관: 눈, 귀, 코, 혀, 피부</td><td>눈, 귀, 코, 혀, 피부</td></tr>
<tr><td></td><td>5행위기관: 성대, 손, 발, 항문, 생식기</td></tr>
</table>

〈표 14〉 (계속)

		Mahābhārata	Caraka-saṃhitā
24속성		5조대요소: 지(地), 풍(風), 공(空), 수(水), 화(火)	5조대요소: 지(地), 풍(風), 공(空), 수(水), 화(火)
		현현	
		미현현	미현현

이 교설은 제21송으로 끝나지만, 『마하바라타』의 다른 곳에서는 여기에 덧붙여 스물 넷으로 결합된 것을 인간(또는 자아)으로 정의한다. 즉 「해탈법품」에서 Nārada는 Śuka에게 Sanatkumāra의 교설을 다음과 같이 소개한다.[23]

> 생명을 가진 이 모든 것과 생명이 없는 모든 것도 존재하는 것이라면 그 모두는 [5]조대요소로 이루어진 마하트[로 불린다]. 마하트는 최상의 것에 의존하기 때문이다.[24] (44)
>
> 그리고 다섯뿐인[25] 감관들, 암질과 순질과 동질이라는 열 일곱으로 이루어진 이것이 미현현으로 불리는 더미이다. (45)
>
> 그러나 여기서 감관의 대상인 모든 것, 즉 현현[26]과 미현현은 실로 스물 넷(=

23 MBh 12.329=316.44-48. Dutt(2004.VIII) pp. 511-2.
idaṃ viśvaṃ jagat sarvam ajagac cāpi yad bhavet | mahābhūtātmakaṃ sarvaṃ mahad yat paramāśrayāt(=paramāṇu yat) || 44 ||
indriyāṇi ca pañcaiva tamaḥ sattvaṃ rajas tathā | ity eṣa saptadaśako rāśir avyakta-saṃjñakaḥ || 45 ||
sarvair ihendriyārthaiś ca vyaktāvyaktair hi saṃhitaḥ | caturviṃśaka(=pañcaviṃśaka) ity eṣa vyaktāvyaktamayo guṇaḥ || 46 ||
etaiḥ sarvaiḥ samāyuktaḥ pumān ity abhidhīyate | trivargaṃ tu(=trivargo 'tra) sukhaṃ duḥkhaṃ jīvitaṃ maraṇaṃ tathā || 47 ||
ya idaṃ veda tattvena sa veda prabhavāpyayau | pāramparyeṇa(=pārāśaryeha) boddhavyaṃ jñānānāṃ yac ca kiñcana || 48 ||

24 Pune본에 따르면 뒷 부분은 "그 모두는 [5]조대요소로 이루어진 마하트[로 불리고] 극미[로 불린다]."로 번역된다. 그러나 마하트(위대한 것)와 극미는 상반하는 개념이기 때문에 의미가 모호하다.

25 앞서 인용한 MBh 3.210.20과 동일한 내용의 구문이므로 24라는 숫자와 합치하려면 '다섯뿐인'(pañcaiva)을 앞의 경우처럼 '다섯 [감관들], 자아'(pañcātmā)로 교정하는 것이 타당하다.

26 Ganguli(1891:720)는 이 '현현'을 다섯 감관의 다섯 대상(소리, 감촉, 형색, 맛, 향), 의식(=마음), 통각

스물 다섯)으로 이루어진 것을 갖추고 있으니, 이것이 현현과 미현현을 구성하는 속성이다. (46)
이 모든 것으로 결합된 것은 인간(자아)[27]으로 불린다. 이제 세 가지 조건,[28]
안락과 고통, 또한 삶과 죽음, (47)
이것을 진실하게 아는 자는 발생과 소멸을 안다. 지식을 위해서는 무엇이든
잇따라서(=Parāśara의 아들이여! 이 세상에서) 깨우쳐야 한다. (48)

위의 설명에서 Caraka의 설명과 완전히 합치하는 것은 제47송의 첫 구절이다. Caraka가 24요소로 구성된 인간을 '더미 자아'로 일컬었듯이 여기서는 24속성의 결합을 인간 또는 자아로 일컫는다. 다만 24라는 숫자의 내역은 합치하지 않는다. 그리고 『마하바라타』에서 설명하는 스물 넷의 내역 중에서는 특히 '현현'의 의미가 불투명하다. <표 14>에서 확연히 드러나듯이 『마하바라타』에서 미현현은 17속성의 집합인 '더미 미현현'과는 별개의 요소로 간주된다. 이 같은 관념이 현현에게도 적용된 것이라면 현현은 그러한 미현현을 제외한 나머지, 즉 5조대 요소를 '더미 현현'으로 간주하여 이것과는 별개의 요소를 현현으로 분리했을 수도 있다.

아무튼 24속성의 내역에 관한 『마하바라타』의 설명에는 일관성과 명료성이 결여되어 있다. 이에 반해 Caraka는 24요소의 취지와 내용을 더욱 분명하게 설명한다. 이는 상키야의 24원리를 24요소에 그대로 적용한 덕분이라고 말할 수

....

이라는 일곱으로 명시했다. 그러나 이것은 '17+7=24'라는 숫자에 맞추기 위한 자의적 해석일 가능성이 적지 않다. 그가 명시한 일곱은 17요소로 구성되는 '더미 미현현'에 포함되어 있기 때문이다. 그의 해석에 의거하여 중복을 제외하면 합계는 17로 고정된다. 더욱이 그는 이에 앞서 Vana-parvan의 동일한 구문을 번역하면서(Ganguli 1884:652) 현현의 내용에 관해 전혀 언급하지 않을 뿐만 아니라, '현현과 미현현'에 해당하는 구절을 '알려지지 않거나 이해할 수 없는'(unknown or incomprehensible) 것으로 해석하는 데 그쳤다. 그의 번역에는 24라는 숫자가 언급되지 않는 것으로 보아, 이는 채택한 원문의 차이 때문일 수 있다.

27 Ganguli(1891:720)는 인간(pūman)을 개아로 불리는 자아인 jīva로 번역했다.

28 Ganguli(1891:720)는 세 가지 조건을 종교(=dharma), 재산(=artha), 쾌락(=kāma)으로 해석했다.

밖에 없다. 그는『마하바라타』의 모호성을 상키야의 24원리로 해소하고, 이 원리들로 인간을 설명할 뿐만 아니라 더 나아가 중의적 자아까지도 해명한 것으로 평가된다.

6.1.2. 구성 요소들의 기능

Caraka가 설명하는 '더미 자아'의 요소들은 상키야의 25원리 중에서 순수정신을 제외한 나머지 24원리에 상당한다. 다만 24원리 중의 5미세요소가 '더미 자아'의 요소들에서는 '5대상'으로 표현될 뿐, 그 내용은 동일하다. 그러므로 그 요소들에 대한 Caraka의 설명은 상키야의 24원리들이 Caraka 당시에는 어떠한 기능으로 적용되었는지를 알 수 있는 단서가 된다.

Caraka는 주요 요소들을 마음, 5지각기관, 5행위기관, 5조대요소의 5속성, 통각, 순수정신, 미현현의 순서로 설명하고 나서 창조와 소멸의 문제도 거론한 다음에는 최고아의 존재를 입증하는 데 주력한다. 상키야의 순수정신은 이 최고아의 존재에 포섭된다. 여기서는 요소들의 특성에 관한 Caraka의 설명에서 특기할 만한 내용을 발췌하여 소개한다.

마음은 독립된 별개의 감관이다. 5지각기관과 같은 마음 이외의 다른 감관들이 대상과 접촉하더라도 여기에 마음의 접촉이 추가되지 않는다면 그 대상은 인식되지 않는다. 마음이 독립된 감관인 이유가 여기에 있다. 인식 기관으로서 마음의 독립성은 자아보다 우선한다. 아래의 설명처럼, 대상에 관한 인식은 자아가 개입하더라도 마음의 접촉 없이는 발생하지 않기 때문이다.

> [어떤 대상에 관한] 인식이 없기도 하고 있기도 하다는 것이야말로 마음의 [작용을 입증하는] 증거이다. 심지어 자아와 감관과 대상들이 밀착해 있더라도 마음과 분리되어 있을 때는 인식이 발생하지 않으며, 함께 있기 때문에 발생한다. 그래서 마음의 두 가지 속성은 극미성과 단일성으로 불린다.[29]

여기서 마음의 극미성과 단일성은 자아의 편재성과 차별하여,[30] 인식에서 담당하는 마음의 독자적 역할을 특정하는 속성으로 이해된다. 그러나 마음이 단독으로 작용하여 인식을 성립시키지는 않는다. 인식에서 담당하는 마음의 독자적 역할은 감관들이 활동한 내용을 알아차리고 관리하여 인식의 최종 결정을 통각에게 넘기는 것이다. Caraka는 '대상→감관→마음→통각'으로 연결되는 인식의 과정을 다음과 같이 설명한다.[31]

> 사고, 통찰, 가정, 주의, 결정이 요구되는 것들이나 마음을 통해 알려질 수 있는 것들은 무엇이든 [마음의] 대상으로 간주된다. (20)
> 감관의 제어, 자기 억제, 추정, 고찰은 마음의 활동이다. 이것들을 초월하여 발기하는 것은 통각이다. (21)
> 대상들은 마음과 더불어 감관의 도움으로 지각된다. 그 다음에 마음은 [그 대상들의] 장점이나 단점에 따라 [그것들을] 분별한다. (22)
> 대상의 특수한 속성을 결정하는 통각은 [분별력이 있는] 개인에게 이지적으로 말하게 하거나 행동하게 한다. (23)

여기서는 마음과 통각을 중심으로 이 둘의 기능과 인식의 성립을 개괄하는 데 그친다. 고전 상키야에서는 마음과 아만과 통각을 일련의 내적 기관으로 중

....

29 lakṣaṇaṃ manaso jñānasyābhāvo bhāva eva ca | sati hy ātmendriyārthānāṃ sannikarṣe na vartate || vaivṛttyān manaso jñānaṃ sānnidhyāt tac ca vartate | aṇutvam atha caikatvaṃ dvau guṇau manasaḥ smṛtau || CS, Śārīra-sthāna 1.18-19. Sharma & Dash(1985) p. 315.

30 Sharma & Dash(ibid)는 그 이유를 다음과 같이 설명한다.
"어디에나 편재하는 자아와는 달리, 마음은 본래 원자와 같은 극미이고 단일하다. 만약 그렇지 않다면, 모든 종류의 지각은 동시에 발생하게 될 것이다."

31 CS, Śārīra-sthāna 1.20-23. Sharma & Dash(1985) pp. 315-7.
cintyaṃ vicāryam ūhyaṃ ca dhyeyaṃ saṃkalpyam eva ca | yat kiṃcin manaso jñeyaṃ tat sarvaṃ hy artha-saṃjñakam || 20 ||
indriyābhigrahaḥ karma manasaḥ svasya nigrahaḥ | ūho vicāraś ca tataḥ paraṃ buddhiḥ pravartate || 21 ||
indriyeṇendriyārtho hi samanaskena gṛhyate | kalpyate manasā tūrdhvaṃ guṇato doṣato 'thavā || 22 ||
jāyate viṣaye tatra yā buddhir niścayātmikā | vyavasyati tayā vaktuṃ kartuṃ vā buddhi-pūrvakam || 23 ||

시한다. 즉 인식은 "대상 → 외적 기관(5지각기관) → 내적 기관(마음 → 아만 → 통각)"이라는 과정을 거쳐 성립된다. 이 점에 비추어 보면, Caraka는 인식 과정에서 아만을 독립된 감관으로는 간주하지 않으려 한 것으로 보인다. 이는 아만과 통각은 함께 작용한다고 생각했기 때문일 것이다.[32]

다음으로 5행위기관의 기능에 대한 Caraka의 설명은 상키야의 관점과 상통하므로 특기할 만한 것이 없다. 그러나 그가 5조대요소와 통각을 5지각기관과 연관시킨 것은 독특하다.

> 그런데 공(空) 따위[의 5조대요소] 중에서 우세한 각각[의 요소]에 의해 조성되는 다섯 감관[의 기능]은 [그 감관들의] 활동으로 추리될 수 있고, 이것들(다섯 감관의 기능)을 위해 통각이 발기한다.[33]

여기서 말하는 '다섯 감관'이 5지각기관을 지칭한다는 것은 분명하지만, 이것과 5조대요소의 관계는 선명하지 않다.[34] 이 관계를 이해하는 데는 "다섯 감관의 기능은 모든 5조대요소의 특색, 특히 이것들 중에서 우세한 것의 특색을 공유한다. 예를 들어 시각 기능은 우세한 빛으로 5조대요소 전체를 포괄한

....

32 Sharma & Dash(1985:316)는 이에 관해 "아만과 통각은 항상 어우러진다. 이 둘은 추정과 고찰의 영역을 초월하여 작동한다. 아만의 활동은 사실상 통각의 활동에 포함된다."라고 부연한다. 이렇게 이해할 수 있는 하나의 전거로는 다음과 같은 예를 들 수 있다.
"통각은 미현현으로부터 발생하고, 통각에 의해 발생한 것을 나(=아만)라고 생각한다. 다음으로 아만으로부터 공(空) 따위[의 조대요소]들이 순서대로 발생한다." (jāyate buddhir avyaktād buddhyāham iti manyate | paraṃ khādīny ahaṅkārād utpadyante yathā kramam || CS, Śārīra-sthāna 1.66. ibid. p. 328)
여기서 Caraka는 고전 상키야 이전의 전변설을 요약하면서 '통각에 의해 발생한 것'을 '나'(즉 아만)라고 말한다. 통각에 의해 발생한다는 것은 통각과 함께 발생한다는 것으로도 이해된다.

33 ekaikādhikayuktāni khādīnām indriyāṇi tu | pañca karmānumeyāni yebhyo buddhiḥ pravartate || CS, Śārīra-sthāna 1.24. ibid. p. 317.

34 일례로, 5지각기관과 5조대요소의 관계를 Mehta(1949:976)는 5지각기관이 제각기 순차적으로 5조대요소 중에서 하나씩 더 갖고 발생한다는 취지로 해석했는데, 이는 5미세요소로부터 5조대요소가 누진적으로 전개되는 방식을 적용한 것으로 보인다. 이 방식은 후술할 「신체품」의 1.28에 설명되어 있으나, Mehta의 번역이 이것을 여기에 적용한 것이라면 전거를 찾기 어려운 무리한 해석일 것이다.

다."[35]라는 설명을 우선적으로 참고할 만하다. 그러나 이 같은 설명으로 Caraka의 진의를 확정할 수는 없다. 이보다는 오히려 『마하바라타』에서 그 진의의 전거를 찾는 것이 타당할 수 있다.

『마하바라타』의 많은 교설들 중에서 Bhīṣma와 Vyāsa의 교설은 5조대요소와 5지각기관의 인과관계를 유추할 수 있는 단서를 제공한다. 그들의 교설을 총괄하면 "공(空) → 귀, 풍(風) → 피부, 화(火) → 눈, 수(水) → 혀, 지(地) → 코"라는 인과관계를 도출할 수 있다(<표 12>). 이 인과관계를 Caraka의 설명에 적용하면 5지각기관 중에서 귀는 공의 우세로, 피부는 풍의 우세로, 눈은 화의 우세로, 혀는 수의 우세로, 코는 지의 우세로 형성된다고 이해할 수 있다. 이와 같이 5조대요소로부터 5지각기관이 조성된다고 이해할 수 있는 Caraka의 설명이 고전 상키야에서는 아만으로부터 5지각기관이 전개된다고 정비된다. 또한 그가 다섯 감관의 기능을 위해 통각이 발기한다고 말한 것도 독특한 견해이다. 그런데 고전 상키야에서는 지각을 최종으로 결정하는 것을 통각의 기능으로 정의하므로, 이 점을 고려하면 Caraka의 그 견해도 어느 정도 납득할 만하다.

고전 상키야에서는 5미세요소로부터 발생한 것을 5조대요소로 간주하지만, *Caraka-saṃhitā*에서는 그 5미세요소가 5조대요소를 형성하는 5속성으로 간주된다. 이 점을 강조하기 위해 Caraka는 앞에서 이미 언급한 것과 동일한 내용을 반복하면서 5조대요소의 속성을 다음과 같이 설명한다.[36]

....

35 Sharma & Dash(1985) p. 317. 여기서 예로 든 '우세한 빛'이란 5조대요소 중에서 화(火)의 우세성을 가리킨다. 그러므로 이 예시는 5조대요소 중에서 화(火)가 우세할 때, 이 화를 지각하는 눈이 5조대요소 전체를 포괄한다고 말하는 것이다. 그러나 Sharma & Dash는 이렇게 설명하면서도 다른 해석의 가능성을 아래와 같이 추가한다.
"이에 대해 선택 가능한 다른 설명은, 대상들(=5조대요소)에 속하는 것으로 간주되는 속성들이 각각의 감관들(=5지각기관)에도 속하는 것으로 간주되는 부수적인 속성들이라는 것이다. 예를 들어 눈의 기능은 빛(=5조대요소 중의 火)이 우세한 시각을 돕는 것이라면, 빛(=火)의 속성도 이 눈의 기능에 속하는 부수적인 것으로 간주된다."

36 CS, Śārīra-sthāna 1.27-28. Sharma & Dash(1985) p. 318.
mahābhūtāni khaṃ vāyur agnir āpaḥ kṣitis tathā | śabdaḥ sparśaś ca rūpaṃ ca raso gandhaś ca tad-guṇāḥ || 27 ||
teṣām ekaguṇaḥ pūrvo guṇa-vṛddhiḥ pare pare | pūrvaḥ pūrvaguṇaś caiva kramaśo guṇiṣu smṛtaḥ || 28 ||

공(空), 풍(風), 화(火), 수(水), 지(地)가 바로 조대요소들이며, 이것들의 속성은 소리(聲), 감촉(觸), 형색(色), 맛[味], 향(香)이다.[37] (27)

그것들(5조대요소) 중에서 [맨] 앞의 것(空)은 하나의 속성(聲)을 갖는다. [열거한 순서로] 앞에 있는 것[의 속성]은 뒤로 갈수록 [증가하는데,] 바로 앞의 속성이 순서대로 [누적되어 다음 순서의] 조대요소들에 추가된다. (28)

위의 둘째 구문(제28송)에 의하면, 조대요소들은 열거한 순서에 따라 하나씩 더 추가되는 방식으로 점증하는 속성들을 갖게 된다. 이 설명을 적용하면 5조대요소는 각각 다음과 같은 속성을 갖는다.

공의 속성: 소리
풍의 속성: 소리+감촉
화의 속성: 소리+감촉+형색
수의 속성: 소리+감촉+형색+맛
지의 속성: 소리+감촉+형색+맛+향

5조대요소와 5속성의 관계를 이와 같이 이해하는 관념은 고전 상키야에서도 적용된다. 다만 여기서 말하는 5속성이 고전 상키야에서는 5미세요소로 불리며, 5조대요소는 5미세요소로부터 발생하는 것으로 간주된다. 즉 『상키야송』에서는 5미세요소로부터 5조대요소가 발생한다고 설하는데, 주석자들은 5미세요소와 5조대요소의 인과관계를 일대일 또는 누진적인 일대다(一對多)라는 두 가지 방식으로 해석한다. Vācaspati는 이 중에서 누진적인 일대다의 인과관계를 다음과 같이 상세하게 설명하므로 Caraka의 함축적인 표현을 이해하는 데 매우 유용하다.

37 앞서 인용한 제17송과 동일한 내용이다. 5조대요소 중 지(地)의 원어가 bhū에서 kṣiti로 바뀌었을 뿐이다.

> [5미세요소로부터 5조대요소가 발생한다는 것은] 그 중에서 소리(聲) 미세요소로부터는 소리를 속성으로 가진 공(空)이 발생하고, 소리 미세요소와 합체된 감촉(觸) 미세요소로부터는 소리와 감촉을 속성으로 가진 풍(風)이 발생하고, 소리와 감촉이라는 미세요소와 합체된 형색(色) 미세요소로부터는 소리와 감촉과 형색을 속성으로 가진 화(火)가 발생하고, 소리와 감촉과 형색이라는 미세요소와 합체된 맛[味] 미세요소로부터는 소리와 감촉과 형색과 맛을 속성으로 가진 수(水)가 발생하며, 소리와 감촉과 형색과 맛이라는 미세요소와 합체된 향(香) 미세요소로부터는 소리와 감촉과 형색과 맛과 향을 속성으로 가진 지(地)가 발생한다는 의미이다.[38]

이 설명의 요지를 다음과 같이 추출할 수 있으므로, 이는 5조대요소의 속성에 대한 Caraka의 인식과 합치한다.

> 소리 → 공(속성은 소리)
> 소리 + 감촉 → 풍(속성은 소리 + 감촉)
> 소리 + 감촉 + 형색 → 화(속성은 소리 + 감촉 + 형색)
> 소리 + 감촉 + 형색 + 맛 → 수(속성은 소리 + 감촉 + 형색 + 맛)
> 소리 + 감촉 + 형색 + 맛 + 향 → 지(속성은 소리 + 감촉 + 형색 + 맛 + 향)

다음으로 통각에 대한 Caraka의 설명도 특기할 만하다. 그의 설명에 따르면 통각은 독자적인 인식 기관이 아니라, 안팎의 모든 것들에 의지하여 그것들의

....

38 tatra śabda-tanmātrād ākāśaṃ śabda-guṇam, śabda-tanmātra-sahitāt sparśa-tanmātrād vāyuḥ śabda-sparśa-guṇaḥ, śabda-sparśa-tanmātra-sahitād rūpa-tanmatrāt tejaḥ śabda-sparśa-rūpa-guṇam, śabda-sparśa-rūpa-tanmātra-sahitād rasa-tanmātrād āpaḥ śabda-sparśa-rūpa-rasa-guṇāḥ, śabda-sparśa-rūpa-rasa-tanmātra-sahitād gandha-tanmātrāc chabda-sparśa-rūpa-rasa-gandhaguṇā pṛthivī jāyata ity arthaḥ ‖ TK 142 ad. SK 22. Jha(1965) p. 92.
이와 같은 해석은 『요가주』(YBh 2.19)에도 수용되어 있다. 정승석(2020) pp. 124-5 참조. 반면에 *Gauḍapāda-bhāṣya*에서는 이 인과관계를 "소리(聲) → 공(空), 감촉(觸) → 풍(風), 형색(色) → 화(火), 맛[味] → 수(水), 향(香) → 지(地)"와 같은 일대일의 방식으로 해석한다. @제2장 각주 128 참조.

형태로 기능을 발휘하는 가변적인 기관으로 간주된다.[39]

> 아무러한 감관에 의지하여 발기하는 중생의 통각은 마음이라는 그러한 감관과 접촉하게 되면 마음에서 발생한다. (32)
> 감관의 작용과 대상들은[40] 다양하기 때문에 실로 [그만큼] 많은 것들이 통각으로 불린다. [통각은] 자아와 감관과 마음과 [감각] 대상들의 각각과 접속하여 발생한다. (33)
> 엄지 손가락과 다른 손가락을 튕겨서 발생하거나 비파(vīṇā)의 현을 손톱으로 튕겨서 발생하는 소리가 지각되듯이, 이와 같이 결합하여 발생한 통각이 지각된다. (34)

여기서 설명하는 것처럼 각각의 대상과 접속하여 발생하는 것이 통각이라면, 이러한 통각은 접속하는 대상의 숫자만큼 다양하게 된다. 다시 말해서 통각의 지각은 그 자체의 고유한 기능이 아니라 접속한 대상에 따라 달라지므로, 통각은 복수로 표현된다. Caraka가 통각을 이렇게 설명하는 취지를 다음과 같이 이해할 수 있다.

통각의 기능은 미세하므로 통각은 감관들의 다양한 경로에 진입하는 대로 그 감관과 같은 다양한 형태를 취한다. 예를 들어 통각의 기능이 눈의 경로에 진입하면 통각은 눈이 지각하는 형태를 취하며, 귀나 코 따위는 물론이고 마음의 경우도 이와 마찬가지이다. 이뿐만 아니라 감관들의 대상과 작용에 대해서도 통각은 이것들과 결속하여 이것들의 형태로 변형된다. 이처럼 통각은 다양한

....

39 CS, Śārīra-sthāna 1.32-34. Sharma & Dash(1985) p. 319.
yā yad indriyam āśritya jantor buddhiḥ pravartate | yāti sā tena nirdeśaṃ manasā ca manobhavā || 32 ||
bhedāt kāryendriyārthānāṃ bahvyo vai buddhayaḥ smṛtāḥ | ātmendriyamano 'rthānām ekaikā sannikarṣajā || 33 ||
aṅguly-aṅguṣṭha-talajas tantrī-vīṇā-nakhodbhavaḥ | dṛṣṭaḥ śabdo yathā buddhir dṛṣṭā saṃyogajā tathā || 34 ||

40 Mehta(1949:978)는 kāryendriyārtha라는 복합어를 "결과와 감관과 감관의 대상"으로 번역했지만, 여기서 작용(kārya)은 다양한 유형의 행복과 불행을 의미한다고 이해한 Sharma & Dash(1985:320)의 번역을 채택했다.

것들과의 결속에 의지하기 때문에 무수한 변형을 갖는다.[41]

고전 상키야에 의하면 통각은 인식의 단계적 과정에서 결정적 지각을 담당하는 최종의 내적 기관이다. 그러나 여기서 Caraka는 이 같은 통각의 고유한 기능을 고려하지 않고 이보다는 통각의 보편적 기능을 먼저 지적한 것으로 이해된다. 그는 인식의 주체가 되는 자아와 인식의 수단이 되는 기관들을 별도로 취급하면서 통각을 독립된 인식 기관으로 간주한다.

6.1.3. 인식 기관과 두 차원의 자아

Caraka가 말하는 '더미 요소'(<표 13>)에는 고전 상키야에서 인식 기관으로 분류하는 내적 기관(마음, 아만, 통각)과 5지각기관과 5행위기관이 모두 포함되어 있다. 그러므로 Caraka는 이전의 문헌들에서도 거론되는 이것들을 충분히 인지하고 있었을 것이다. 그러나 그가 정작 인식 기관을 거론할 때는 5행위기관, 5지각기관, 마음, 통각을 열거하고 아만은 여기에 포함시키지 않는다.

또 한편으로 Caraka는 인식의 수단과 인식의 주체를 분리하여, 인식은 양자의 결합을 통해서만 가능하다고 설명한다. 여기서 수단이 되는 것은 인식 기관들이고 주체가 되는 것은 자아이지만, 자아일지라도 수단과의 결합이 없이 그 단독으로는 어떠한 행위와 감각과 지각도 일으키지 못한다. 그래서 그는 자아와 인식 기관의 결합이 없으면 아무것도 존재하지 않는다고 단언한다. 그러므로 그가 이제부터 설명하는 자아는 '인식 주체로서의 자아'에 초점을 둔 것으로 이해할 수 있다.[42]

....

41 Cf. Sharma & Dash(1985) p. 320.

42 CS, Śārīra-sthāna 1.54-57. ibid. p. 325.
ātmā jñaḥ karaṇair yogāj jñānaṃ tv asya pravartate | karaṇānām avaimalyād ayogād vā na vartate || 54 ||
paśyato 'pi yathādarśe saṃkliṣṭe nāsti darśanam | tattvaṃ jale vā kaluṣe cetasy upahate tathā || 55 ||
karaṇāni mano buddhir buddhi-karmendriyāṇi ca | kartuḥ saṃyogajaṃ karma vedanā buddhir eva ca || 56 ||
naikaḥ pravartate kartuṃ bhūtātmā nāśnute phalam | saṃyogād vartate sarvaṃ tam ṛte nāsti kiñcana || 57 ||

> 자아는 인식자이지만 이것의 지식은 [인식] 기관들과 결합함으로써 발생하며, 결합이 없거나 그 기관들이 청정하지 않을 경우에는 발동하지 않는다. (54)
> 더럽혀진 거울에서나 진흙탕의 물에서는 비치는 것을 사실대로 볼 수도 없듯이, 마음이 산란한 경우에도 그러하다. (55)
> [인식] 기관들이란 마음과 통각과 [5] 지각기관과 [5] 행위기관이다. [이 기관들과] 조작자[인 자아]의 결합을 통해 바로 그 행위와 감성과 지성은 발생한다. (56)
> 단독으로 발동하는 개아는 행위할 수도 없고 결과를 누리지도 못한다. 모든 것은 결합을 통해 발생하므로, 이것(결합)이 없이는 어떠한 것도 존재하지 않는다. (57)

Caraka는 여기서 설명하는 자아를 바로 직전에 "미혹, 욕망, 혐오, 업(행위)으로부터 발생하는 더미 자아"(제53송)[43]로 한정해 두었다. 더미 자아는 결국 인간의 경험적 자아를 의미한다. 그는 여기서 이런 자아를 인식자(jña, 지자), 조작자(kartṛ, 작자)로 일컫다가 마침내 '요소적 자아'라는 의미의 개아(bhūtātman)로 일컫는다.

위에서 설명한 인식 주체로서의 자아 또는 더미 자아는 3질 중에서 동질과 암질로 속박된 상태의 자아이다. 이러한 관념에는 속박으로부터 벗어난 초월적 자아가 상정되어 있다. Caraka는 이 점을 다음과 같이 시사한다.

> 동질과 암질에 의해 속박된 것(더미 자아)의 이 결합은 무한하지만, 그 둘이 축출될 때는 순질이 증진함으로써 결합이 발생하지 않는다.[44]

결합이 발생하지 않음으로써 속박에서 벗어난 자아는 절대적 자아인 최고아

....

43 원문은 @제1장 각주 79. 이러한 더미 자아의 성격에 대해서는 이 @제6장 각주 18 참조.

44 rajas-tamobhyāṃ yuktasya saṃyogo 'yam anantavān | tābhyāṃ nirākṛtābhyāṃ tu sattva-vṛddhyā nivartate ‖ ibid. 1.36, p. 321. Sharma & Dash는 여기서 언급하는 '결합'을 아예 'puruṣa(순수정신)와 24요소의 결합'으로 번역하여, 더미 자아의 상위에 순수정신이라는 자아를 상정한 것으로 이해한다.

로 불린다. 시초와 근원이 없이 저 홀로 존재하는 것이 최고아[45]이므로, 최고아에게는 결합이 필요하지 않고 속박도 있을 수 없기 때문이다. Caraka는 인식 주체로서의 자아를 더미 자아로 설명하기에 앞서, 순수정신이 모든 것의 원인임을 입증하는 데 주력했다. 여기서 그는 순수정신을 인식자 또는 조작자로 불리는 더미 자아보다 상위의 자아로 전제하고서 순수정신의 존재를 역설하기 시작한다. 그러므로 이 경우의 순수정신은 최고아에 상당하는 자아일 것으로 간주된다. 그렇지만 인간의 실생활로 입증해 나가는 그의 설명은 '윤회 주체로서의 자아'에 초점을 둔 것으로 귀결된다.[46]

> 만약 순수정신이 없다면, 빛도 어둠도 진실도 거짓도 베다도 선업도 악업도 조작자도 인식자도 없을 것이고, (39)
> 휴식처도 안락도 고통도 움직임도 멈춤도 말도 지식도 성전들도 출생도 죽음도 없을 것이며, (40)
> 만약 순수정신이 없다면 속박도 해탈도 없을 것이다. 따라서 원인에 정통한 자들은 순수정신을 원인으로 단언한다. (41)
> 만일 자아(=순수정신)가 원인이 아니라면, [앞서 열거한] 빛 따위들은 원인 없는 것들이 될 것이며, 그것들에 대한 인식도 불가능하여 그것들은 아무런 쓸모도 없게 될 것이다. (42)
> 도공(陶工)이 없더라도 흙과 막대기와 회전판들로 항아리를 빚는다고, 목수가 없더라도 흙과 짚과 대들보들로 집을 짓는다고 말하는 자라면, 그는 무지

45 "참으로 시초가 없는 것이기 때문에 최고아의 근원은 존재하지 않는다." ibid. 1.53. 원문은 @제1장 각주 79.

46 CS, Śārīra-sthāna 1.39-45. Sharma & Dash(1985) pp. 321-2.
bhās tamaḥ satyam anṛtaṃ vedāḥ karma śubhāśubham | na syuḥ kartā ca boddhā ca puruṣo na bhaved yadi ‖ 39 ‖
nāśrayo na sukhaṃ nārtir na gatir nāgatir na vāk | na vijñānaṃ na śāstrāṇi na janma maraṇaṃ na ca ‖ 40 ‖
na bandho na ca mokṣaḥ syāt puruṣo na bhaved yadi | kāraṇaṃ puruṣas tasmāt kāraṇajñair udāhṛtaḥ ‖ 41 ‖
na cet kāraṇam ātmā syād bhādayaḥ syur ahetukāḥ | na caiṣu saṃbhavej jñānaṃ na ca taiḥ syāt prayojanam ‖ 42 ‖
kṛtaṃ mṛd-daṇḍa-cakraiś ca kumbhakārād ṛte ghaṭam | kṛtaṃ mṛt-tṛṇa-kāṣṭhaiś ca gṛhakārād vinā gṛham ‖ 43 ‖
yo vadet sa vaded dehaṃ saṃbhūya karaṇaiḥ kṛtam | vinā kartāram ajñānād yukty-āgama-bahiṣkṛtaḥ ‖ 44 ‖
kāraṇaṃ puruṣaḥ sarvaiḥ pramāṇair upalabhyate | yebhyaḥ prameyaṃ sarvebhya āgamebhyaḥ pramīyate ‖ 45 ‖

로 인해 이치와 학문을 무시하고 조작자가 없는데도 감관들과 결합하여 신체가 조작된다고 말하는 자일 것이다. (43~44)
순수정신이 원인이라는 것은 모든 증거들에 의해 확정되니, 이는 모든 학문을 통해 입증되는 일반 원리이다. (45)

위의 설명이 '윤회 주체로서의 자아'에 초점을 둔 것이라는 사실은, 자아를 부정하는 반론자의 견해를 곧장 다음과 같이 대비하여 업보의 주체가 될 순수정신이 있어야 한다고 강조하는 것으로 알 수 있다.[47]

그것들은 그와 같은 것이 아니라 연속하여 함께 발생하는 다른 것들이다. 유사하기 때문에 그렇게 보일 뿐이고 매번 새로운 것들이 배당된다. (46)
그들의 견해에 따르면 중생으로 불리는 것은 허망한 결합이다. 혹자들은 그런 자아가 조작자도 아니고 향수자도 아니라고 확신한다. (47)
자아를 교시하지 않는 그들의 경우[48]에는 어떤 중생들이 얻은 '행위의 결과'(업보)를 유사하지만 다른 새로운 중생들이 향수하게 될 것이다. (48)
따라서 이 때문에 진리를 아는 자들은 "중생들이 행위[의 결과]를 향수하는 데서는 영원한 순수정신으로 불리는 그것이 원인이다."라고 이렇게 이해했다. (51)

여기서는 행위(업)에 의한 윤회의 주체를 자아로 상정하는 윤회론의 통념을 적용하는 것으로 순수정신이 그런 주체라고 단정한다. 즉 순수정신과 같은 상주하는 자아가 없다면, 내가 받아야 할 업보를 나와 유사한 다른 사람이 받게 될

....

47 ibid. 1.46-51. pp. 323-4.
na te tat-sadṛśās tv anye pāraṃparya-samutthitāḥ | sārūpyād ye ta eveti nirdiśyante navā navāḥ || 46 ||
bhāvās teṣāṃ samudayo nirīśaḥ sattva-saṃjñakaḥ | kartā bhoktā na sa pumān iti kecid vyavasthitāḥ || 47 ||
teṣām anyaiḥ kṛtasyānye bhāvā bhāvair navāḥ phalam | bhuñjate sadṛśāḥ prāptaṃ yair ātmā nopadiśyate || 48 ||
mataṃ tattvavidām etad yasmāt tasmāt sa kāraṇam | kriyopabhoge bhūtānāṃ nityaḥ puruṣa-saṃjñakaḥ || 51 ||

48 이 경우는 불교의 무아론일 것으로 쉽게 짐작할 수 있다. Sharma & Dash(1985:323)는 이것을 불교 측에서 주장하는 찰나멸의 이론으로 단정한다.

수도 있다는 것을 결정적인 이유로 제시한다. 그리고 이 같은 자아가 발생과 소멸을 반복하는 윤회의 세계에서는 개아로 불리지만, 윤회를 벗어난 상태에서는 최고아로 간주된다. 따라서 개아와 최고아는 동일한 자아이지만, 더미 자아를 형성하는 '결합'의 유무에 따라 동일한 자아의 위상이 차별되어 다른 이름으로 불리게 된다. Caraka가 순수정신의 결합과 분리에 의한 윤회를 다음과 같이 설명하는 것도 이와 무관하지 않다.[49]

> 이로부터(5조대요소로부터)[50] 중생은 온전한 신체를 구족하여 출현한다는 것이 통설이다. 소멸할 때에 순수정신은 작용하는 [모든] 것들과는 다시 분리된다. (67)
> 암질과 동질에 사로잡힌 자는 미현현으로부터 현현으로, 다시 현현으로부터 미현현으로 진행하여 바퀴처럼 회전한다. (68)
> 상반하는 둘(동질과 암질)에 집착하고 아만에 의존하는 자들에게는 발생과 소멸이 있지만, 이와는 다른 자들에게는 그렇지 않다. (69)

위의 제68송에서 말하는 '암질과 동질에 사로잡힌 자'란 이 「신체품」의 맥락에서는 '더미 자아'로서의 인간을 지칭할 것이다. 그리고 『마하바라타』에 수록된 Vyāsa의 교설을 고려하는 것으로 이 표현의 취지를 엿볼 수 있다. Vyāsa에 교설에 따르면, '암질과 동질에 사로잡힌 자'는 육체에 있는 개아가 최고아의 일부라는 것을 지각하지 못한다.[51] 그러므로 Caraka의 설명은 개아로서의 순수정신이 사실은 최고아와 동일하다는 관념을 전제한 것으로 이해할 수 있다. Caraka

....

49 ibid. 1.67-69. p. 328.
tataḥ saṃpūrṇa-sarvāṅgo jāto 'bhyudita ucyate | puruṣaḥ pralaye ceṣṭaiḥ punar bhāvair viyujyate ‖ 67 ‖
avyaktād vyaktāṃ yāti vyaktād avyaktāṃ punaḥ | rajas-tamobhyām āviṣṭaś cakravat parivartate ‖ 68 ‖
yeṣāṃ dvandve parā saktir ahaṅkāraparāś ca ye | udaya-pralayau teṣāṃ na teṣāṃ ye tv ato 'nyathā ‖ 69 ‖

50 바로 앞의 제66송(@제6장 각주 32)에서 "미현현→통각/아만→5조대요소"의 순서로 설명하는 발생의 인과가 '이로부터'로 계속되고 있다.

51 Mbh 12.253.12. @제5장 각주 114.

는 이와 관련하여 결합이 없는 자아가 바로 브라만으로 불리는 최고아와 합일한다는 것을 나중에 다음과 같이 설명한다.[52]

> 세계에서 편재하는 자아를 보고 자아에서 세계를 보고 있는 자, 즉 최상의 것과 최하의 것을 보는 자의 평정은 지혜에서 유래한 것으로서 사라지지 않는다. (20)
> 모든 상황에서 언제나 모든 존재들을 보고 있는 자, 즉 브라만과 합일하여 순수한 자에게는 결합이 발생하지 않는다. (21)

여기서 말하는 '순수한 자'는 앞서 말한 '윤회 주체로서의 자아'인 순수정신에 해당할 것이다. 더미 자아로부터 분리되어 결합이 없는 순수정신이 바로 '편재하는 자아'인 브라만이다. 이 브라만은 윤회로부터 해방된 자아로서 절대적 자아인 최고아이다. 결국 인식과 윤회라는 두 차원의 자아는 최고아와 합일할 자아이지만, 인간의 실생활에서는 경험적 자아로서 존재한다. Caraka의 설명에서는 경험적 자아와 절대적 자아의 구분이 엄격하거나 명료하지 않는 것도 이런 점을 고려했기 때문일 것으로 이해된다.

이처럼 절대적 자아와 경험적 자아가 하나의 원리에 적용될 수 있다는 관념은 미현현에도 적용된다. Caraka가 "미현현은 자아로서는 '몸을 아는 자'이고, 영원하고 편재하며 불변한다."[53] 고 설명하는 것을 단적인 예로 들 수 있다. '몸을 아는 자'는 경험적 자아에 해당하고, 영원하고 편재하며 불변하는 것은 절대적 자아에 해당한다. 그럼에도 불구하고 Caraka는 절대적 자아의 존재를 입증하는 데 주력한다. 그는 최고아가 존재한다는 징표들을 다음과 같이 상세하게 열거한다.[54]

....

52 CS, Śārīra-sthāna 5.20-21. Sharma & Dash(1985) p. 423.
loke vitatam ātmānaṃ lokaṃ cātmani paśyataḥ | parāvara-dṛśaḥ śāntir jñānamūlā na naśyati || 20 ||
paśyataḥ sarva-bhāvān hi sarva-vasthāsu sarvadā | brahma-bhūtasya saṃyogo na śuddhasyopapadyate || 21 ||

53 CS, Śārīra-sthāna 1.61(@제1장 각주 82). 미현현과 현현에 대한 Caraka의 설명은 제1장에서 상술했으므로 여기서는 생략한다. ibid. 1.59-65. @제1장 각주 80~86 참조.

54 ibid. 1.70-74. Sharma & Dash(1985) p. 329.

들숨과 날숨, 눈을 깜박이는 따위들, 살아 있음, 마음의 활동, 감각 기능의 전이(轉移), 동요와 안정, (70)

꿈속에서 다른 지역으로 이동함, 죽음을 감지함, 오른쪽 눈으로 본 것을 왼쪽 눈으로 알아차림, (71)

욕망, 혐오, 안락, 고통, 노력, 의식, 의지, 지성, 기억, 아만[, 이러한 것들]이 최고아의 징표들이다.[55] (72)

이러한 징표들은 죽은 자에게는 인정되지 않고 생존을 통해 충분히 인정되기 때문에, 위대한 성현들은 그것들이 [절대적] 자아의 징표라고 말했다. (73)

실로 그것(자아)이 떠나면 육체는 지성이 없는 텅 빈 집이요, 5조대요소만 남기 때문에 그 다섯 요소로 되돌아간 것으로 간주된다. (74)

Caraka의 생각에 따르면 여기서 열거한 징표들은 절대적 자아인 최고아가 존재한다는 증거들이 된다. 예를 들어 몸은 여기에 있으면서도 다른 먼 곳에 있는 있다고 상상하는 '마음의 활동', 또는 어떤 것을 눈으로 보고 있다가 피부에 스치는 것을 느끼는 '감각 기능의 전이'는 감각기관들을 제어하는 절대적 자아가 있기 때문에 가능하다.[56] 그렇지만 그 징표들이 반드시 절대적 자아에만 적용된다고 말할 수는 없을 것 같다. 왜냐하면 그것들은 흔히 말하는 자아, 즉 개아로 불리는 경험적 자아가 존재한다는 증거로도 적용될 수 있기 때문이다. 이 같은 의문에 대한 해답의 결정적 단서를 맨 뒤의 설명(제74송)에서 찾을 수 있으며, Caraka가 표출하는 자아 관념의 핵심도 여기에 드러나 있다. 그 핵심은 자아가

....

prāṇāpānau nimeṣādyā jīvanaṃ manaso gatiḥ | indriyāntara-saṃcāraḥ preraṇaṃ dhāraṇaṃ ca yat ‖ 70 ‖
deśāntara-gatiḥ svapne pañcatva-grahaṇaṃ tathā | dṛṣṭasya dakṣiṇenākṣṇā savyenāvagamas tathā ‖ 71 ‖
icchā dveṣaḥ sukhaṃ duḥkhaṃ prayatnaś cetanā dhṛtiḥ | buddhiḥ smṛtir ahaṅkāro liṅgāni paramātmanaḥ ‖ 72 ‖
yasmāt samupalabhyante liṅgāny etāni jīvataḥ | na mṛtasyātma-liṅgāni tasmād āhur maharṣayaḥ ‖ 73 ‖
śarīraṃ hi gate tasmiñ śūnyāgāram acetanam | pañcabhūtāvaśeṣatvāt pañcatvaṃ gatam ucyate ‖ 74 ‖

55 Chakravarti(1975:102)의 고찰에 의하면, 이 구절은 최고아의 개념에 순전히 바이셰쉬카 학파의 견해인 욕망, 혐오, 안락, 고통 따위를 부여한 것이다.

56 Cf. Sharma & Dash(1985) pp. 329-330.

육체에 내재하면 경험적 자아이지만, 육체를 벗어나면 절대적 자아가 된다는 것이다. 따라서 그의 경우에는 육체에 내재하는가 외재하는가의 여부가 동일한 자아를 경험적 자아와 절대적 자아로 구분하는 간명한 기준이다. Caraka는 마음과 자아의 관계라는 미묘한 문제를 곧장 거론하는데, 다음과 같은 부연 설명도 이 기준에서 벗어나지 않는다.[57]

> 마음은 [순수한] 지성이 없지만 활동하고, 지성을 가진 다른 것(자아)은 마음과 결합하여 [원래] 편재하는 자신에게 활동을 부여한다. (75)
> 자아는 [순수한] 지성을 갖기 때문에 조작자로 선언되지만, 마음은 지성이 없기 때문에 활동하더라도 그렇게 [조작자로] 불리지 않는다. (76)

여기서는 지성의 유무를 기준으로 마음과 자아를 구분한다. 활동의 유무로는 이 둘을 구분할 수 없다. 왜냐하면 자아도 활동할 수 있기 때문이다. 다만 이 활동성은 편재하는 자아, 즉 최고아가 마음과 결합할 때라야 발생한다.[58] 그리고 이 결합을 통해 편재하는 자아는 조작자로 불리는 자아가 된다. 따라서 마음과 결합된 상태의 자아와 이 결합이 없는 채로 편재하는 자아는 원래 동일하다. 마음은 육체에 내재하고 편재하는 자아는 육체를 초월한다. 물론 이 결합을 야기하는 것은 자아가 아니라 마음의 속성이다. 그래서 Caraka는 이 같은 속성을 다음과 같이 설명한다.[59]

....

57 CS, Śārīra-sthāna 1.75-76. ibid. p. 330.
acetanaṃ kriyāvac ca manaś cetayitā paraḥ | yuktasya manasā tasya nirdiśyante vibhoḥ kriyāḥ || 75 ||
cetanāvān yataś cātmā tataḥ kartā nirucyate | actanatvāc ca manaḥ kriyāvad api nocyate || 76 ||

58 Mehta(1949:988)의 판본에서는 "해방된 순수정신의 활동에 대한 해설"(niṣkrayasya puruṣasya kriyānirdeśaḥ)이라는 주제를 맨 앞에 제시한다.
여기서 해방된 순수정신은 당연히 최고아를 지칭한다. 이 주제는 해방되어 있으므로 활동할 필요가 없는 순수정신이 활동하는 이유를 마음과의 결합으로 설명한다는 취지를 함축한다.

59 CS, Śārīra-sthāna 1.84-85. Sharma & Dash(1985) p. 333.
naikaḥ kadācid bhūtātmā lakṣaṇair upalabhyate | viśeṣo 'nupalabhyasya tasya naikasya vidyate || 84 ||
saṃyoga-puruṣasyeṣṭo viśeṣo vedanākṛtaḥ | vedanā yatra niyatā viśeṣas tatra tat kṛtaḥ || 85 ||

홀로 있는 개아는 어떠한 경우에도 특징들에 의해서는 파악되지 않는다. 홀로 있고 파악할 수 없는 그것에게는 [특수한] 속성이 없다.(84)
순수정신과의 결합은 지각[기관]에 구비된 [특수한] 속성이다. 지각[기관]들이 [순수정신과] 연관될 경우마다 [특수한] 속성은 그렇게 실행된다.(85)

여기서는 '홀로 있는 개아'를 순수정신으로 일컫는데, 이는 앞서 말한 '편재하는 자아'인 최고아에 상당한다. 마음은 지각기관에 속하므로 마음도 여기서 말하는 것처럼 순수정신과 결합하는 속성을 갖는다. 이처럼 지성, 활동, 결합 등의 유무로 절대적 자아와 경험적 자아를 차별하는 관념은 고전 상키야에서도 정신 원리와 물질 원리라는 이원을 차별하는 기준으로 적용된다. 그러나 그 기준을 적용하는 대상은 부분적으로 다르다. 이 차이는 순수정신을 절대적 자아와 동일시하거나 이보다 하위의 개아로 간주하는 Caraka의 자아 관념에서 기인한다.

이원론의 상키야에서는 순수정신 이외의 유일한 자아 또는 최고아를 상정하지 않으며, 순수정신은 모든 인간에게 내재된 보편적 자아이므로 다수일 수밖에 없다. 이 순수정신만이 지성을 갖되 활동하지 않는다는 점에서는 *Caraka-saṃhitā*의 절대적 자아와 동일하다. 그러나 Caraka가 설명하는 이 밖의 자아는 고전 상키야로 말하면 대체로 물질 원리의 산물인 통각에 상당한다.

전반적으로 Caraka의 설명에는 형이상학적 정합성이 결여되어, 수미일관하지 않고 부분적으로 혼잡한 양상이 현저하다. 그가 설명하는 개아와 최고아, 현현과 미현현에는 고전 상키야에서 상정한 순수정신과 근본원질의 특성이 다소 무질서하게 뒤섞여 있다. 이는 대체로 바이셰쉬카와 상키야의 영향을 크게 받은 Caraka의 취향 때문일 것으로 추정된다.[60]

이 밖에 상키야의 관념과는 현저하게 다른 *Caraka-saṃhitā*의 사례들로는 우선

60 Caraka의 취향에 관해 Chakravarti(1975:100)는 그의 인간 개념이 처음에는 바이셰쉬카의 견지에서 설명되다가 나중에는 상키야의 견지에서 설명된 것으로 파악한다. 바이셰쉬카와 상키야의 혼재 양상은 「신체품」의 제1장에서 현저하다(ibid. p. 102).

‘몸을 아는 자’(kṣetrajña), 즉 순수정신을 미현현(avyakta)과 동일시한 점을 들 수 있다. 이와 더불어 미현현, 제일원인(pradhāna), 원질(prakṛti), 개아(jīva)를 자아의 동의어로 역설한 점도 정통 상키야에서는 용인될 수 없는 관념이다. 또한 미현현 또는 원질이 자아와 함께 단일한 원리를 구성한다는 관념도 마찬가지이다.[61] 정통 상키야에서 미현현, 제일원인, 원질 등은 순수정신으로 불리는 자아와는 상반하는 물질 원리에 통용되는 개념이기 때문이다.

그럼에도 불구하고 Caraka가 후대의 고전 상키야－요가에서도 통용될 교의를 의학에 적용했다는 것은 충분히 믿을 만하다. 그는 상키야와 요가의 연관성을 재차 언급하고, 특히 ‘진실한 지성’을 강조하는 것으로 「신체품」의 제1장을 마무리한다. 그는 먼저 요가를 상키야와 한데 묶어 이 둘을 해탈의 유일한 길로 제시한다.[62]

> 해방된 자들이 제시한 해탈의 유일한 길은 바로 그러한 원리들에 대한 기억[63]의 힘이요, 이것으로 [해탈에] 도달한 이들은 다시는 되돌아오지 않는다. (150)
> 이것은 또한 요가 수행자들이 설한 요가의 길이며, 선(善)을 숙고하는 상키야의 추종자들과 해방된 자들이 설한 해탈의 길이다. (151)

위의 제150송에서 말하는 ‘기억’의 내용은 상키야에서 주장하는 원리들에 대한 지식일 것이며, 이 지식을 기억으로 되살리는 힘이 요가일 것이다. 그러므로 상키야와 요가는 결속될 수밖에 없다.[64] Caraka는 다음으로 ‘순수한 지성’이 발

....

61 Cf. Chakravarti(1975) pp. 101-2.

62 CS, Śārīra-sthāna 1.150-151. Sharma & Dash(1985) p. 348.
etat tad ekam ayanaṃ muktair mokṣasya darśitam | tattva-smṛti-balaṃ yena gatā na punar āgatāḥ ‖ 150 ‖ 제151송의 원문은 @제2장 각주 117.

63 Caraka는 이 직전(ibid. 1.149b)에 “직접 지각한 것이나 [성전으로부터] 들은 것이나 [이전에] 경험한 것을 상기해 내기 때문에 ‘기억’으로 불린다.”(dṛṣṭa-śrutānubhūtānāṃ smaraṇāt smṛtir ucyate ‖)라고 기억을 정의한다.

64 제150송에서 언급한 ‘원리들에 대한 기억’(tattva-smṛti)을 단지 ‘형이상학적 기억’(Sharma &

생할 때라야 모든 것을 초월하는 진정한 해탈이 가능하다고 역설한다.

> 원인을 가진 모든 것은 고통이요 자기가 아니며 무상할 뿐이다. 그것은 실로 자아가 조작한 것이 아니지만, 거기서 진실한 지성이 발생하지 않는 한은 자기가 주인이라는 생각이 발생한다. 지자는 그것(진실한 지성)으로 '나는 이것이 아니다, 이것은 나의 것이 아니다'라고 식별하여 모든 것을 초월한다.[65]

여기서 '나는 이것이 아니다, 이것은 나의 것이 아니다'라고 식별하는 순수한 지성은 표현만 약간 다를 뿐, 『상키야송』의 종반부에서 해탈의 수단으로 제시하는 순수한 지혜[66]와 관념상으로는 동일하다. 다만 Caraka가 결론으로 제시한 해탈은 개아가 불멸의 브라만과 합일하는 것이므로,[67] 그가 이제까지 적용한 상키야의 교의는 일원론의 범주에서 벗어나지 않는다.

끝으로 Caraka가 인지하고 있었던 상키야의 성격을 개괄하자면, 앞서 고찰한 『마하바라타』의 경우와 마찬가지로 *Caraka-saṃhitā*에서도 상키야는 아직 확연한 이원론으로 인식되어 있지는 않다. 이 때문에 『마하바라타』 이래 미현현과 순수정신을 하나의 원리로 결합했던 상키야 학파가 있었던 듯하고, Caraka는 이

....

Dash(1985:348) 또는 '진실한 기억'(Mehta(1949:1004)로 번역한 것은 원문의 취지를 제대로 전달하지 못한다. 제150~151송의 함의를 다음과 같이 도출한 Robertson(2017:299)의 해석처럼 tattva가 '원리'를 의미한 것으로 이해한 것이 보다 적합하다.
"요가와 상키야를 tattva(=원리)들에 대한 기억으로 결속한 것은, 바로 앞에서(제149송)에서 말한 것처럼 'tattva들을 아는 자'로서 '진실에 안주하는' 이상적인 의사(醫師) 자신을 요가 수행자들 및 상키야의 추종자들과 확고하게 결부시킨다."

65 sarvaṃ kāraṇavad duḥkham asvaṃ cānityam eva ca | na cātmakṛtakaṃ tad dhi tatra cotpadyate svatā || yāvan notpadyate satyā buddhir naitad ahaṃ yayā | naitan mameti vijñāya jñaḥ sarvam ativartate || CS, Śārīra-sthāna 1.152-153. Sharma & Dash(1985) p. 349.

66 "이와 같이 원리들[에 관한 지혜]를 수습(修習)함으로써 '나는 [원질을 비롯한 23원리들이] 아니다. [24원리들은] 나의 것이 아니다. 나는 [24원리들 속에] 없다'고 하는… 청정하고 순수한 지혜가 발생한다." SK 64. @제4장 각주 162.

67 「신체품」의 마지막인 제155~156송. @제4장 각주 65.

특수한 학파의 대표자였을 것이라는 추론도 제기된다.[68] 이 역시 상키야로 불리는 다양한 교의들이 성행했던 사상계의 일면이다. 더욱이 비교적 후대에 의학서로 성립된 *Caraka-saṃhitā*에서도 상키야의 교의는 일원론과 이원론의 혼재로 여전히 정체성이 모호한 양상으로 적용되고 있었다. 이 같은 상황은 상키야의 전통을 정비하여 정통을 확립해야 할 배경 및 계기가 되었을 것이며, 후대의 『상키야송』은 이로부터 예기된 결과라고 말할 수 있다.

6.2. 『불소행찬』의 상키야 - 요가

한문으로 번역된 『불소행찬』은 28품으로 구성되어 있으나 산스크리트 원전인 *Buddhacarita*로는 제14장까지 현존한다. 상키야의 교의를 천명한 것으로 주

....

68 Cf. Chakravarti(1975) p. 102. Chakravarti가 이 추론의 대표적 전거로 예시한 것은 『마하바라타』에 Pañcaśikha의 교설로 수록된 다음과 같은 한 구절이다.
"그(Pañcaśikha)는 순수정신의 상태인 미현현이 최고의 진리라고 선언했다(=깨달았다)." (puruṣāvastham avyaktaṃ paramārthaṃ nyavedayat(=nibodhayat) ‖ Mbh 12.218.12b=211.11b. Dutt 2004.VIII:125).
Bronkhorst(2007:328)도 이 구절에 주목하여, 여기서 Pañcaśikha가 말하는 puruṣa(=순수정신)는 상키야에서 중시하는 그러한 puruṣa가 아니라고 지적한다. 그는 이 대목에서는 puruṣa와 avyakta(=미현현)가 상키야의 전문 용어로 사용되지 않은 것으로 간주하고, vyakta라는 말이 차별을 의미한 용례(212.42=Pune본)를 적용하여 문제의 원문에 대해 "그는 인간 속에 차별 없이 거주하는 어떤 것이 최고의 물질이라고 가르쳤다."라는 번역을 제안한다. 그의 번역에 원어를 대입해 보면 그는 paramārtha를 '최고의 물질'로 해석했음을 알 수 있다.
"그는 인간 속에(=puruṣa-) 차별 없이(=avyaktaṃ) 거주하는 어떤 것이(=avastham) 최고의 물질(=paramārthaṃ)이라고 가르쳤다(=nibodhayat)."
Bronkhorst는 이렇게 번역할 수 있는 이유를 다음과 같이 부연한다.
"이 번역이 '그는 kṣetra(=몸, 원질)와 kṣetrajña(=몸을 아는 자, 순수정신)의 차이를 알았다'(kṣetrakṣetrajñayor vyaktiṃ bubudhe)고 말하는 다음 게송(211.12=Pune본)과 잘 부합한다. 우리는 이 kṣetrajña가 인간 속에 차별 없이 거주한다는 의미일 것으로 추정할 수도 있다."
그러나 그가 이유로 제시한 추정에는 불합리가 드러난다. 앞의 제안에서 최고의 물질(=paramārthaṃ)로 번역한 것이 이 추정에서는 kṣetrajña와 동일시되었기 때문이다. kṣetrajña는 결코 물질 원리를 지칭하지 않으며 상키야의 관념으로는 순수정신, 넓은 의미로는 자아를 지칭한다. 그러므로 그가 추정한 의미를 "자아가 인간 속에 차별 없이 거주한다."로 바꾸는 것은 통념에 합치할 수 있지만, 이것이 앞서 제안한 번역과는 합치하지 않는다. 결국 문제의 원문은 자아에 관한 통념을 표현한 것이 아니라, 순수정신과 미현현을 동일시한 관념의 표현으로 파악한 Chakravarti의 견해가 신뢰할 만하다.

목된『불소행찬』의 제12 아라람울두람품(阿羅藍欝頭藍品)[69]은 현존하는 원전에 “Arāḍa의 교설로 불리는 제12장”(arāḍadarśano nāma dvādaśaḥ sargaḥ)으로 포함되어 있다. 이 덕분에 그 당시 유통된 상키야 철학의 일면을 보다 직접적으로 파악할 수 있게 되었다.

『불소행찬』은 주로 상키야의 자료로 주목을 받았지만, 제1장에서부터 요가의 위상을 언급하고 있으며[70] 제12장의 후반부에서는 요가를 취급한 것으로 파악된다.[71] 이에 따라 여기서는 제12장에 서술된 Arāḍa의 교설을 상키야와 요가라는 양면의 관점으로 고찰하고 나서 다른 문헌, 특히 *Caraka-saṃhitā*의 경우와 비교해 볼 것이다.

6.2.1. 원리들의 전개와 자아

Arāḍa의 본격적인 교설은 현실 세계를 직시하라는 취지로 시작된다. 이는 교설의 주제를 제시하는 것이고, 이 주제는 포괄적으로 말하면 윤회의 실상이자 중생 또는 인간의 존재 양상이다.[72]

> 가장 빼어난 경청자여! 윤회는 어떻게 일어나고 또한 어떻게 멈추는지, 이에 관한 우리의 이 교의를 들으라. (16)

....

69 佛所行讚 권3(T 4:22b-25a).

70 “Janaka는 다른 사람들이 성취하지 못한 요가의 방도를 통해 재생족을 가르치는 지위에 도달했다.” (ācāryakaṃ yogavidhau dvijānām aprāptam anyair janako jagāma | BC 1.45. Johnston 1935:4)

71 Johnston(1936:lxi-lxii)은 *Buddhacarita* 12.46-48을 다른 문헌들의 사례와 대조하여, 『불소행찬』에서 저자가 서술한 요가의 학설은 상키야의 경우와 마찬가지로 그 당시의 것을 취급한 것으로 믿지 않을 수 없다고 단언했다. 本多 惠(1980上:82)는 이에 관해 다음과 같이 구체적으로 적시한다. “제43송 이하는 주로 실천을 설하는데, 혹은 요가의 교설을 채용한 점도 있다고 생각된다. 먼저 제42~43송에서는 금욕을 권하고, 제46송에서는 출가와 걸식과 지계(持戒)를, 제48송에서는 감관의 억제와 적정(寂靜)을 설한다.”

72 BC 12.16-17. Johnston(1935) p. 130.
śrūyatām ayam asmākaṃ siddhāntaḥ śṛṇvatāṃ vara | yathā bhavati saṃsāro yathā caiva nivartate ‖ 16 ‖
prakṛtiś ca vikāraś ca janma mṛtyur jaraiva ca | tat tāvat sattvam ity uktaṃ sthira-sattva parehi tat ‖ 17 ‖

원질과 [이것의] 변이, 출생과 죽음과 늙음, 바로 이러한 것을 존재(중생)[73]라 고 말한다. 진실한 본질에 확고한 자여! 그대는 이것을 파악하라. (17)

Arāḍa는 후술하면서 상키야의 전설적 개조인 카필라의 깨달음을 언급하는[74]

....

73 『불소행찬』의 한역에서는 이 대목을 "자성(=원질)과 변이와 출생과 늙음과 죽음, 이 다섯을 중생이라고 한다."(性變生老死 此五為眾生. T 4:22c)라고 번역하여, 존재(sattva)를 중생으로 해석했다. 平等通昭(1928:55-56)도 이 경우의 sattva에 관해 "3질 중의 그것(=순질)을 의미하는 것이 아니라, 그 진의는 불명확하지만 '중생'을 뜻하는 듯하다."고 이해했다.
한편 Johnston(1936:168)은 이 존재(sattva)의 의미에 각별히 주목하여 이것을 kṣetrajña(=자아)와는 반대인 '개개의 육체적 존재'(the individual corporeal being)로 해석했다. 그는 이 경우의 sattva를 인간의 육신으로 이해한 듯하다. 그는 『마하바라타』, 『대주석』, 『요가주』 등에서 이러한 용례로 예시했다. 그러나 그가 예시한 용례를 모두 동의하기는 곤란하다. 그 중에는 sattva를 3질 중의 '순질'로 이해할 수밖에 없는 경우도 있기 때문이다. 그러나 『요가주』에서 단편(斷片)의 금언으로 인용한 아래의 말씀을 예로 들면, 이 경우의 순질(sattva)은 Johnston의 해석처럼 '육체적 존재'를 지칭한 것으로도 이해할 만하다. Chakravarti(1975:107)에 의하면 이 단편은 Pañcaśikha의 금언으로 알려져 있다.
"현현 혹은 미현현인 순질(=비정신적 실체)을 자아인 것으로 오인하고서 그것(순질)의 성공을 자아의 성공으로 생각하여 기뻐하고, 그것의 실패를 자아의 실패로 생각하여 통곡하는 그런 사람은 전혀 깨닫지 못한 자이다." YBh 2.5. 정승석(2020) p. 100.
그러나 여기에 고전 상키야의 3질설을 적용할 때 순질을 달리 해석할 필요가 없다. 이 3질설에 따르면 순질이 발휘하는 지성은 순수한 지성이 아니라 근원적으로 무지에 속한다. 이것을 깨닫지 못할 때 순질을 자아로 오인하게 된다.

74 "카필라는 자신의 제자(Āsuri)와 함께 이 세상에서 '깨달은 자'(覺者)로 알려져 있다. 그러나 조물주(Prajāpati)는 자신의 아들과 함께 이 세상에서 '깨닫지 못한 자'(不覺者)로 불린다." (saśiṣyaḥ kapilaś ceha pratibuddha iti smṛtiḥ | saputro 'pratibuddhas tu prajāpatir ihocyate ‖ BC 12.21. ibid.) 여기서 카필라를 조물주보다 치켜세우는 뒷 구절은 석연치 않다. Cowell(1893:97)의 판본에는 이 구절이 "깨달은 자는 자신의 아들과 함께 이 세상에서 조물주로 불린다."(saputraḥ pratibuddhaś ca prajāpatir ihocyate ‖)로 기재되어 있는데, 아래의 설명을 참조하면 이것이 더 납득할 만하다.
"Prajāpati는 Hiraṇyagarbha로 간주된다. 상키야의 전통적 개조인 카필라는 창조자인 Hiraṇyagarbha의 화신으로 불린다." Willemen(2009) p. 211, en. 45. 카필라와 Hiraṇyagarbha(황금의 태아)의 관계에 대해서는 @제4장 각주 50 참조. 한편 Johnston(1936:169)은 '깨닫지 못한 자'(불각자)의 원어(apratibuddha)를 그대로 채택하여 다음과 같이 파격적으로 번역했다.
"이 세상에서 자각(=smṛti)은 지성(=pratibuddha), 즉 카필라와 그의 제자이다. 그러나 지성이 없는 것(=apratibuddha)은 이 세상에서 Prajāpati와 그의 아들들로 불린다."
그는 이 번역을 도출하면서 고찰한 다양한 용례를 상술하고 있는데 그 골자는 카필라를 24원리들 중의 buddhi(통각)를 지칭한 것으로, smṛti(알려져 있다)를 buddhi의 동의어로, 개아(bhūtātman)와 아만(akaṃkāra)을 Prajāpati로 일컫는 『마하바라타』의 용례에 따라 Prajāpati를 아만에 상당한 것으로 해석할 수 있다는 것이다. 그러나 이 해석을 적용했다는 그의 번역은 아무래도 납득하기 어렵다. 그의 해석을 적용하면 카필라와 Prajāpati는 각각 24원리 중의 통각과 아만이 되지만, 그 제자와 아들들은 무엇을 지칭하는지 전혀 알 수 없기 때문이다.

것으로 이 같은 주제가 상키야의 교의에서 취급된 것이라는 사실을 명시한다. 이뿐만 아니라 인도철학 일반에서 세 가지 고통으로 먼저 열거하는 출생과 죽음과 늙음을 언급하는 것으로 교설을 시작하는 것도 『상키야송』의 제1송과 유사한 관점을 드러낸다.[75] Arāḍa는 이제부터 앞서 언급한 원질과 변이의 내용, 즉 존재의 양상을 약술한다. 그런데 그의 간결한 설명에는 사실상 고전 상키야에서 말하는 25원리가 망라되어 있다.[76]

> 사물의 본성에 정통한 자여! 그러나 거기서 원질이라는 것을 5조대요소, 아만, 통각, 또한 미현현이라고 알라. (18)
> 변이란 [다섯] 대상들, [다섯] 감관들, 손, 발, 발성[기관], 항문, 생식기, 그리고 또한 마음이라고 그대는 이해하라.[77] (19)
> 이 몸(kṣetra)을 알기 때문에 '몸을 아는 자'(kṣetrajña)로 불린다. 그런데 '몸을 아는 자'란 자아를 성찰하는 이들이 '자아'라고 일컫는 것이다. (20)

고전 상키야에서는 위의 마지막에서 언급하는 kṣetra와 kṣetrajña를 각각 원질과 순수정신의 별칭으로 사용하면서 양대 원리로 분리한다. 물론 Arāḍa는 여기서 그러한 이원론을 천명하는 것이 아니라, 앞에서 열거한 것들에 kṣetrajña로 불리는 자아를 추가한 것이다. 그리고 kṣetra는 자아가 인식하는 대상인 원질과 변

....

75 『상키야송』은 "세 가지 고통의 압박 때문에 그것(고통)의 타파를 위한 원인에 대한 탐구가 있다."(@제2장 각주 179)라는 서술로 시작된다. 여기서 '세 가지 고통'이 출생과 죽음과 늙음으로 한정되는 것은 아니지만, 本多惠(1980上:82)는 어쩌면 이것이 상키야 학파에서 말하는 세 가지 고통의 원형일지도 모른다고 생각한다.

76 BC 12.18-20. Johnston(1935) p. 130.
tatra tu prakṛtiṃ nāma viddhi prakṛti-kovida | pañca bhūtāny ahaṃkāraṃ buddhim avyaktam eva ca ‖ 18 ‖
vikāra iti budhyasva viṣayān indriyāṇi ca | pāṇi-pādaṃ ca vādaṃ ca pāyūpasthaṃ tathā manaḥ ‖ 19 ‖
asya kṣetrasya vijñānāt kṣetrajña iti saṃjñi ca | kṣetrajña iti cātmānaṃ kathayanty ātmacintakāḥ ‖ 20 ‖

77 budhyasva(그대는 알아차리라)를 buddhiṃ으로 기재한 Cowell(1893:97)의 판본을 채택하면, 여기서 열거한 것들에 buddhi가 지각기관이라는 의미로 추가된다. 그러나 이 경우는 불합리하다. '[다섯] 감관들'이 상키야에서 말하는 5지각기관(눈, 귀, 코, 혀, 피부)을 가리키므로 중복이 되기 때문이다.

이를 총칭한다. 이에 따라 Arāḍa가 교시한 존재의 양상을 다음과 같이 정리할 수 있다.

> 원질: 5조대요소, 아만, 통각, 미현현.
> 변이: [5] 대상들, [5] 감관들, 손, 발, 발성기관, 항문, 생식기, 마음
> 자아: kṣetrajña

이것들 중에서 '대상들'과 '감관들'은 각각 고전 상키야의 5미세요소와 5지각기관에 상당한다. 그러므로 Arāḍa가 존재의 양상으로 열거한 것들은 모두 스물다섯이며, 이는 고전 상키야의 25원리설과 상응한다. Arāḍa는 이 원리들의 전개에 관한 인과관계를 직접 언급하지는 않는다. 그러나 기존의 통념이 저변에 깔려 있을 것으로 전제하면, 그의 교설에는 다음과 같은 인과관계가 함의된 것으로 고찰되어 있다.[78]

〈표 15〉『불소행찬』에서 상키야 원리들의 전개

미현현 — 통각 — 아만 — 5조대요소 —
- 대상들(소리, 감촉, 형색, 맛, 향)
- 감관들(눈, 귀, 코, 혀, 피부)
- 손, 발, 발성기관, 항문, 생식기
- 마음

'몸을 아는 자', 즉 자아는 이 인과관계에 포함되지 않는다. Arāḍa의 교설에서 '몸을 아는 자'는 해방의 가능성을 보유한 채 포괄적으로는 원질과 변이로 이루어진 윤회의 세계에, 지엽적으로는 육체에 속박되어 있는 자아로만 간주되어 있다. 이 같은 자아의 성격은 Arāḍa가 자아의 해탈을 언급하는 것으로 교설을 마

78 아래의 표는 本多惠(1980上) p. 82 ; 高木訷元(1960) p. 304 참조.

무리하는 단계에서 명시되며, 이에 대한 불교 측의 반론으로 재확인된다.

> 따라서 문자(Muñja)라는 골풀로부터 뽑힌 줄기처럼, 새장으로부터 벗어난 새처럼, 자아는 신체로부터 빠져나와 해방된다고 언명된다.[79] (64)
> 진실을 아는 현자들은 해탈이란 표징(속성)이 없고, 불변하며, 불멸하는 바로 그 최상의 브라만이라고 말한다.[80] (65)

이에 의하면 신체로부터 해방된 자아가 바로 '최상의 브라만'이며 이것이 바로 해탈이다. 그러나 이 교설을 경청한 태자(성불 이전의 Siddhārtha)는 "자아가 변이와 원질로부터 해방될지라도 그것은 여전히 출산하는 성질과 씨앗이 되는 성질을 갖는다고 생각하기 때문입니다."[81]라는 이유로 이에 동의하지 않는다. 더 나아가 그는 그 이유를 다음과 같이 논리적으로 부연하고서 청문을 종료한다.[82]

> '신체의 소유자'(자아)가 신체보다 먼저 있을 수 없고, 마찬가지로 속성의 소유자가 속성들보다 먼저 있을 수는 없습니다. 따라서 '육신의 소유자'(자아)는 처음에는 해방되었더라도 다시 속박됩니다. (79)
> 육신으로부터 벗어난 자아는 지자와 무지자 중의 어느 하나일 것입니다. 만약 지자라면 그 자신은 알아야 할 것을 갖고 있는 셈이요, 알아야 할 것이 있다면 [아직] 해방된 것이 아닙니다. (80)

....

79 tato muñjād iṣīkeva śakuniḥ pañjarād iva | kṣetrajño niḥsṛto dehān mukta ity abhidhīyate || BC 12.64. Johnston(1935) p. 136. '언명된다'고 말한 것은 이 비유들을 우파니샤드에서 인용했기 때문일 것이다. @제4장 각주235 참조.

80 BC 12.65. 원문은 @제4장 각주64.

81 vikāra-prakṛtibhyo hi kṣetrajñaṃ muktam apy aham | manye prasava-dharmāṇaṃ vīja-dharmāṇam eva ca || BC 12.70. ibid. p. 137.

82 BC 12.79-80. ibid. p. 138.
prāg dehān na bhaved dehī prāg guṇebhyas tathā guṇī | kasmād ādau vimuktaḥ san śarīrī badhyate punaḥ || 79 ||
kṣetrajño viśarīraś ca jño vā syād ajña eva vā | yadi jño jñeyam asyāsti jñeye sati na mucyate || 80 ||

이 반론의 요지는 신체가 있는 한은 이 신체의 소유자인 자아가 신체에 의해 속박되는 일이 되풀이될 것이므로, 육신으로부터 벗어난 자아를 해탈한 것으로 인정할 수는 없다는 것이다. 그러므로 Arāḍa가 말하는 자아는 속박된 자아이며, 이것은 Caraka가 말하는 경험적 자아에 해당한다.[83] 그리고 이 점은 Arāḍa도 인정한 것으로 간주할 수 있다. 그는 이에 앞서 자아를 속박하는 요인들을 설명하는 데 주력했기 때문이다.

6.2.2. 윤회의 원인들

Arāḍa는 원질과 변이로 구분하여 열거했던 24원리를 다시 현현과 미현현으로 양분하고 나서 윤회의 원인들을 낱낱이 설명해 나간다. 그의 구분에 따르면 출생과 늙음과 고통과 죽음이 현현이며, 이것의 반대가 미현현이다.[84] 그러므로 현현은 윤회하는 삶을 일컫는다. Arāḍa는 먼저 무지와 업과 갈애를 윤회의 근본 원인으로 간주한다.[85] 다음으로 그는 이 셋을 본성으로 갖고 있는 사람들이 윤

....

83 Rao(1966:420)는 "Arāḍa의 설명을 통해서는 그것이 경험적 자아인 '속박된 자아'의 상태라는 것(제64, 70, 78송) 이외에, 이 원리에 대해 별로 알 수 있을 만한 것이 없다."라고 지적한다. Rao(1966:423)는 또한 Arāḍa가 정의한 해탈(제65송)에 관해 다음과 같이 평가한다.
"이 설명을 통해 우리는 최상의 브라만이 개아, 즉 kṣetrajña가 도달할 수 있는 해탈의 최고 상태를 표현하는 유일한 명칭임을 알 수 있다. … 이에 비추어, Arāḍa가 묘사하는 '최상의 브라만'의 상태를 '절대적 존재'(sat)라고 해석하기가 어렵게 된다."
Arāḍa가 말하는 최상의 브라만을 절대적 존재로 간주하기 어렵다는 이 평가는, 최상의 브라만이 된 자아일지라도 해탈한 것은 아니라고 부정하는 불교 측의 관점과 맥락을 같이한 것으로 보인다.

84 "태어나고 늙어 가고 고통받고 죽는 것이 바로 현현이며, 이와는 반대이기 때문에 미현현이라고 알아야 한다." (jāyate jīryate caiva bādhyate mriyate ca yat | tad vyaktam iti vijñeyam avyaktaṃ tu viparyayāt || BC 12.22. Johnston(1935) p. 131. 『마하바라타』에서도 이와 거의 동일한 표현으로 현현과 미현현을 구분한다.
"태어나고, 성장하고, 늙어 가고, 죽는 네 가지 특징을 동반하는 것을 곧 현현이라고 말한다. 그러나 이것과 반대의 것은 미현현으로 불린다." (proktaṃ tad vyaktam ity eva jāyate vardhate ca yat | jīryate mriyate caiva caturbhir lakṣaṇair yutam | viparītam ato yat tu tad avyaktam udāhṛtam || Mbh 12.236.30-31a = 228.29-30a. Dutt 2004.VIII:192)

85 BC 12.23. 원문은 @제4장 각주 134. 이 점에서 무지와 업과 갈애는 불교에서 윤회의 근본 원인으로 일컫는 3독(毒), 즉 탐욕(貪)과 혐오(瞋)와 미혹(癡=무지)에 상당한다. cf. Kent(1982) p. 263.

회할 수밖에 없는 이유를 곡해, 자기의식, 의혹, 혼동, 무차별, 그릇된 수단, 집착, 추락 때문[86]이라는 여덟 가지로 제시하고 나서 이것들을 다음과 같이 차별하여 설명한다.[87]

①그 중에서 곡해란 거꾸로 적용하는 것이다. 실행해야 할 것을 다르게 실행하고, 생각해야 할 것을 다르게 생각하는 것이다.[88] (25)
②자기의식[89]으로부터 벗어난 자여! 그러나 이 세상에서 자기의식은 '바로 내가 말한다. 바로 내가 안다. 바로 내가 간다. 바로 내가 서 있다.'라고 말하는 것과 같이 발생한다. (26)
③의혹이 없는 이여! 그리고 집적된 것이 아닌 존재들을 마치 진흙 덩어리처럼 [집적되어] 하나가 된 것으로 보는 것을 이 세상에서는 의혹이라고 말한다. (27)
④오로지 '나'인 것은 바로 이 마음과 지성과 행위이며, 오로지 이[것들의] 집합만이 '나'라고 [생각]하는 것이 혼동이다. (28)
⑤차이를 아는 이여! 각자(覺者)와 불각자(不覺者) 사이에, 그리고 원질들 사이에 차이가 없다고 아는 그것이 무차별이라고 불린다. (29)
⑥바른 방도를 아는 이여! 'namas'라고 찬탄하는 것과 'vaṣaṭ'라고 찬탄하는 것,

....

86 vipratyayād ahaṃkārāt saṃdehād abhisaṃplavāt | aviśeṣānupāyābhyāṃ saṅgād abhyavapātataḥ || BC 12.24. Johnston(1935) p. 131.

87 BC 12.25-32. ibid. pp. 131-2.
tatra vipratyayo nāma viparītaṃ pravartate | anyathā kurute kāryaṃ mantavyaṃ manyate 'nyathā || 25 ||
bravīmy aham ahaṃ vedmi gacchāmy aham ahaṃ sthitaḥ | itīhaivam ahaṃkāras tv anahaṃkāra vartate || 26 ||
yas tu bhāvān asaṅdigdhān ekībhāvena paśyati | mṛtpiṇḍavad asaṃdeha saṃdehaḥ sa ihocyate || 27 ||
ya evāhaṃ sa evedaṃ mano buddhiś ca karma ca | yaś caivaiṣa gaṇaḥ so 'ham iti yaḥ so 'bhisaṃplavaḥ || 28 ||
aviśeṣaṃ viśeṣajña pratibuddhāprabuddhayoḥ | prakṛtīnāṃ ca yo veda so 'viśeṣa iti smṛtaḥ || 29 ||
namaskāra-vaṣaṭkārau prokṣaṇābhyukṣaṇādayaḥ | anupāya iti prājñair upāyajña praveditaḥ || 30 ||
sajjate yena durmedhā mano-vāg-buddhi-karmabhiḥ | viṣayeṣv anabhiṣvaṅga so 'bhiṣvaṅga iti smṛtaḥ || 31 ||
mamedam aham asyeti yad duḥkham abhimanyate | vijñeyo 'bhyavapātaḥ sa saṃsāre yena pātyate || 32 ||

88 이러한 곡해(viparyaya)가 『상키야송』과 『요가경』에서는 그릇된 인식을 의미하는 전도(顚倒, vipratyaya)로 표현된다.

89 원어는 25원리의 하나인 아만과 동일하지만, 여기서는 '인격의 그릇된 속성'(Johnston 1936:171)을 의미하는 자기의식이다.

목욕재계, 관정(灌頂) 따위가 그릇된 수단이라고 현자들은 선포한다.(30)
⑦집착이 없는 이여! 어리석은 자가 마음, 말, 지성, 행위들로 [감관의] 대상들에 열중하는 그것이 집착이라고 불린다.(31)
⑧'이것은 나의 것이고, 나는 이것에 속한다'라고 고통을 용인하는 것은 윤회에 떨어지게 하는 추락이라고 알아야 한다.(32)

이상의 여덟 가지는 윤회의 근본 원인, 즉 무지와 업과 갈애가 발동하는 다양한 양상을 예시한 것으로 이해할 수 있다. 그리고 Arāḍa는 3종의 근본 원인과 8종의 양상이 어떻게 연관되는지를 직접 언급하지는 않지만, 양자 사이에는 다음과 같은 배속 관계가 함의된 것으로 간파할 수 있다.[90]

윤회의 근본 원인	근본 원인이 발동하는 양상
무지(ajñāna)	① 곡해(vipratyaya) ← 제25송 ② 자기의식(akaṃkāra) ← 제26송 ③ 의혹(saṃdeha) ← 제27송 ④ 혼동(abhisaṃplava) ← 제28송 ⑤ 무차별(aviśeṣa) ← 제29송
업(karman)	⑥ 그릇된 수단(anupāya) ← 제30송
갈애(tṛṣṇā)	⑦ 집착(saṅga) ← 제31송 ⑧ 추락(abhyavapāta) ← 제32송

고전 상키야에서는 이것들이 일련의 교설로는 발견되지 않지만 개별적으로는 통용된다. Arāḍa의 이 교설에서 제30송과 제32송은 고전 상키야와의 밀접한 연관성을 시사하는 것으로 특정할 만하다. 제30송(⑥)은 제사나 의식(儀式)을 집전하는 바라문 제관들의 종교적 관행을 그릇된 수단으로 간주한다. 이는 제사에 대한 비판적 인식을 표명한 『상키야송』의 관점[91]과 상응한다. 제32송(⑧)

....

90 Cf. Kent(1982) p. 263.

91 @제3장 각주 20(SK 2) 및 이에 관한 본문 참조.

에 의하면 '이것은 나의 것이고, 나는 이것에 속한다'라는 생각함으로써 윤회의 세계로 추락하게 되고, 『상키야송』에 의하면 이와는 반대로 생각함으로써 청정하고 순수한 지혜가 발생한다.[92] 따라서 양자는 다른 표현으로 동일한 관념을 표명한다.

Arāḍa의 다음 교설은 무지와 업과 갈애라는 셋 중에서 무지에 초점을 두고 진행된다. 그래서 그는 무지를 다시 다섯 가지로 구분하고[93] 이것들을 하나씩 설명한다. 다만 그의 설명은 다음과 같이 5종의 무지를 다른 개념으로 정의하는 데 불과하다.[94]

어둠(暗, tamas)은 게으름(ālasya)
미혹(癡, moha)은 출생(janman)과 죽음(mṛtyu)
큰 미혹(大癡, mahāmoha)은 욕망(kāma)
짙은 어둠(暗黑, tāmisra)은 분노(krodha)
완전한 어둠(盲暗黑, andha-tāmisra)은 낙담(viṣāda)

무지를 5종으로 구분하여 그 명칭을 언급한 것은 상키야 철학의 역사에서 최초의 사례로 지목되는데, 『상키야송』의 제48송에도 이 구분과 명칭이 적용되어 있다. 따라서 무지에 대한 이 같은 분류는 『불소행찬』이 찬술될 당시에 이미 성립되었을 것으로 추정된다.[95] Arāḍa가 말하는 5종의 무지는 『상키야송』에서 '5종의 그릇된 인식'(5전도)으로 불린다. 『상키야송』에서는 통각이 발휘하는 인과의 내용을 '관념의 창조'로 일컫고 이것을 다시 크게 네 가지로 구분하는데, 이것들의 일부가 5전도이다. 그러나 이에 대한 주석자들의 설명을 참고하

....

92 @제4장 각주 162(SK 64) 참조.

93 "이제까지 말한 것은 그 현자(카필라)가 무지를 다섯 가지로 생각하기 때문이다. 즉 어둠, 미혹, 큰 미혹, 두 가지의 짙은 어둠이다." BC 12.33. 원문은 @제4장 각주 151.

94 BC 12.34-36. Johnston(1935) p. 132. 本多 惠(1980上) p. 83 참조.

95 平等通昭(1928) p. 63 ; 本多 惠(1980上) p. 83 참조.

면[96] Arāḍa가 정의한 무지의 특성이 5전도의 전반적 특성과는 합치하지 않는다.

〈표 16〉 5종의 무지에 대한 Arāḍa와 고전 상키야의 인식 차이

Arāḍa의 교설		『상키야송』의 주석	
구분	정의	구분	전반적 특성
어둠	게으름	어둠, 8종	해탈에 대한 무지
미혹	출생과 죽음	미혹, 8종	신통력에 대한 아집
큰 미혹	욕망	큰 미혹, 10종	대상에 대한 집착
짙은 어둠	분노	짙은 어둠, 18종	분별에 의한 고통과 혐오
완전한 어둠	낙담	완전한 어둠, 18종	죽음에 대한 공포와 삶에 대한 애착

앞서 언급했듯이 무지를 5종으로 구분한 교설은 『불소행찬』에서 최초로 등장한 사실을 고려하면, Arāḍa의 이 교설은 고전 상키야에서 전개한 5전도설의 원조가 되었을 것으로 믿을 수 있다.

Arāḍa는 이러한 무지를 윤회의 결정적인 원인으로 간주하고 윤회에서 벗어날 수 있는 지혜를 다음과 같이 역설한다.[97]

> 어리석은 자는 이 다섯 가지의 무지와 결속하여, 대부분이 고통인 윤회에서 태어나기를 전전한다. (37)

....

96 정승석(1992a) pp. 128-9 참조. SK 48(@제4장 각주 118)에서는 5종의 전도를 세분하여 8종의 어둠, 8종의 미혹, 10종의 큰 미혹, 18종의 짙은 어둠, 18종의 완전한 어둠으로 열거하므로 무지에 상당하는 전도는 총 62종이 된다.

97 BC 12.37-42. Johnston(1935) p. 133.
anayāvidyayā bālaḥ saṃyuktaḥ pañca-parvayā | saṃsāre duḥkha-bhūyiṣṭhe janmasv abhiniṣicyate || 37 ||
draṣṭā śrotā ca mantā ca kārya-karaṇam eva ca | aham ity evam āgamya saṃsāre parivartate || 38 ||
ihaibhir hetubhir dhīman janma-srotaḥ pravartate | hetv-abhāvāt phalābhāva iti vijñātum arhasi || 39 ||
tatra samyaṅmatir vidyān mokṣakāma catuṣṭayam | pratibuddhāprabuddhau ca vyaktam avyaktam eva ca || 40 ||
yathāvad etad vijñāya kṣetrajño hi catuṣṭayam | ājavaṃ javatāṃ hitvā prāpnoti padam akṣaram || 41 ||
ity arthaṃ brāhmaṇā loke paramabrahma-vādinaḥ | brahmacaryaṃ carantīha brāhmaṇān vāsayanti ca || 42 ||

그는 내가 바로 보는 자요, 듣는 자요, 생각하는 자요, 결과의 동인[98]이라고 이와 같이 믿고서 윤회 속에서 배회한다. (38)

현자여! 이러한 원인들을 통해 출생의 흐름[99]은 이 세상에서 흘러간다. 원인이 없으면 결과도 없다고 그대는 알아야 하네. (39)

해탈을 갈망하는 이여! 바른 견해를 가진 자가 알아야 할 것으로 네 가지가 있으니, 각자(覺者)와 불각자(不覺者), 현현과 미현현이 바로 그것이다. (40)

실로 '몸을 아는 자'(자아)는 이 네 가지를 바르게 분간하여, 생사(生死)의 급류[100]를 버리고 불멸의 경지에 도달한다. (41)

이러한 목적으로 세상에서 최상의 브라만을 논하는 바라문들은 이 세상에서 금욕을 실천하고 [다른] 바라문들을 교화한다. (42)

여기서 불멸의 경지, 즉 해탈에 도달하기 위해 알아야 할 네 가지를 이분법으로 제시한 것은 이원론적인 사고방식을 드러낸 것으로 해석될 수도 있다. 이로써 Arāḍa는 각자와 불각자를 분간하고 현현과 미현현을 분간하는 것을 해탈할 수 있는 바른 견해, 즉 지혜라고 강조한다.[101] 그런데 진즉 언급했듯이(앞의 2.3.2.4), 고전 상키야-요가에서는 이런 지혜를 '식별지'라는 개념으로 중시하

98 이 말의 원어인 kārya-karaṇa에 대한 해석은 역자들마다 다르다. 이것을 Cowell(1894:127)은 '결과와 원인'으로, Johnston(1936:173)은 '결과의 도구'로, 本多 惠(1980上:79)는 '도구에 지나지 않음', Olivelle(2008:341)는 '결과의 동인(動因)'으로 번역했다. 이들 중에서는 결과를 일으키는 원인이라는 의미로 해석한 Olivelle의 번역이 맥락에 잘 부합한 것으로 보인다. kārya-karaṇa라는 복합어에 대한 해석의 문제가 발생한 다른 사례는 @제5장 각주 162, 187 참조.

99 Cowell(1893:99)의 판본에 따르면 '암질의 흐름'(tamaḥ-srotaḥ)이 된다.

100 원어(ājavaṃ javatāṃ)의 의미가 모호하여 Johnston(1936:173)과 Olivelle(2008:341)의 번역을 채택했다. Cowell(1894:127)은 이것을 '직행 또는 신속[의] 모든 [관념]'이라고 애매하게 번역하고, 원어가 와전일 가능성을 지적했다.

101 平等通昭(1928:55)의 고찰에 의하면 Arāḍa의 상키야 사상에서는 순수정신(puruṣa)을 설하지 않지만 자아, 즉 kṣetrajña(몸을 아는 자)가 순수정신에 상당한다. 그는 또한 위의 제40송과 제22송(앞의 각주 84)에서 현현과 함께 언급하는 미현현은 순수정신을 지칭하는 듯하다고 지적한다. 이 견해를 수용하면 현현과 미현현을 분간한다는 것은 원질과 순수정신을 서로 다른 것으로 식별해야 한다고 역설하는 고전 상키야의 관점과 상통한다. 고전 상키야의 관점으로 보면 지각을 가진 각자는 순수정신이고 지각이 없는 불각자는 원질이다.

여 해탈의 유일한 수단으로 간주한다. 그러나 Arāḍa는 '최상의 브라만'을 곧장 언급하는 것으로, 일원론의 이상을 실현하는 데 교설의 목적이 있음을 표명한다.

여기에 이르기까지 Arāḍa가 가르친 내용은 자아를 구속하는 원인들과 구속된 자아가 배회하는 윤회의 세계이다. 그러므로 그의 교설은 일종의 윤회설에 해당한다. 이 세계에서 자아는 알아야 할 네 가지를 분간하지 못한 채로 존속한다. 지혜로써 바른 견해를 획득할 때라야 자아는 생사의 윤회에서 벗어날 수 있다. 이제 남아 있는 과제는 윤회로부터 벗어나는 해탈의 방도이다.

6.2.3. 해탈의 방도

이제부터 Arāḍa는 상키야의 식별지에 해당하는 바른 견해로 어떻게 노력해야 하는지, 즉 해탈의 수단을 설명한다. 그가 다음과 같이 최고의 행복은 이욕(離欲)에서 발생하고 감관을 억제하는 것이 평정의 수단이라고 천명하는 것으로 설명하기 시작한 것은, 그의 교설을 요가와 직결된 것으로 이해할 수 있는 증거가 된다.

> 그 다음에 탐욕에서 발생하는 두려움을, 이욕(離欲)에서 발생하는 최고의 행복을 보고서, 그는 모든 감관을 억제하고[102] 마음의 평정을 위해 진력한다.[103]

....

102 Johnston(1936:lxii)은 요가와 관련하여 '모든 감관을 억제하고'라는 구절이 중요한 이유를 다음과 같이 지적했다.
"『요가주』(2.55)에서 Jaigīṣavya의 금언으로 인용한 이것은, 요가에서는 감관들의 작용을 모두 억제하라는 것이다. 이 구절에 담긴 교의는 *Mahābhārata*의 Śāntiparvan과 *Bhagavadgītā*에서도 볼 수 있을 뿐만 아니라, 불교의 *Majjhima Nikāya*(III, p. 298)에도 이에 관한 언급이 있는데, 여기서 Buddha는 Pārāsariya 바라문(Pañcaśikha의 추종자)이 주장한 유사한 견해를 반박한다. … 그러므로 시인(=『불소행찬』의 저자)은 먼저 언급한 상키야의 설명과 마찬가지로 그 당시 취급되었을 요가의 학설을 서술한 것으로 충분히 믿을 만하다." 관련 내용은 @제7장 각주 46 참조.

103 tato rāgād bhayaṃ dṛṣṭvā vairāgyāc ca paraṃ śivam | nigṛhṇann indriya-grāmaṃ yatate manasaḥ śame || BC 12.48. Johnston(1935) p. 134.

여기서 말하는 이욕(vairāgya)은 탐욕에서 벗어나는 것이며, 불전에서는 탐욕을 버린다는 사욕(捨欲), 또는 탐욕을 제거한다는 제욕(除欲)으로도 표현된다. 이욕은 불교의 초기 경전과 율장에서부터 수행의 필수 요건으로 중시되었다. 이 같은 입장은 상키야-요가에서도 동일하다. 특히 『요가경』에서는 마음의 작용을 억제하는 수단으로 이욕을 수련과 함께 제시한다.[104]

Arāḍa가 이욕을 먼저 언급하고 나서 개진하는 수행론은 역사적 추이로 보면 고전 요가에 못지않게 불교의 수행론과 현저한 유사성을 드러낸다. 불교에서 일찍이 선정(禪定)의 네 단계로 통용된 수행 차제의 관념이 Arāḍa의 교설에 거의 고스란히 수용되어 있음을 확인할 수 있다. 그러나 고전 요가의 관점으로 보면 이 교설은 삼매에 몰입하는 명상법에 해당한다. Arāḍa는 정려(靜慮), 즉 선정을 다음과 같이 네 단계로 설명하지만, 그는 이 정려를 삼매와 동일시한다.[105]

이제부터 그는 바로 그 욕망과 악의(惡意) 따위들로부터 벗어나, 식별로부터

....

104 "수련과 이욕에 의해 그것(마음 작용)들은 억제된다." (abhyāsa-vairāgyābhyāṃ tan nirodhaḥ ‖ YS 1.12) 『요가주』에서는 "이러한 수련을 통해, 그리고 이것을 지향하는 이욕을 통해 무상삼매가 가능하다"(tad-abhyāsāt tad-viṣayāc ca vairāgyād asaṃprajñātaḥ samādhir bhavati ‖ YBh 1.20. 정승석 2020:359_2)라고 설명한다. 이에 따르면 이욕은 수련보다 우선하는 요건이다. 감성은 지성보다 먼저 발동하기 일쑤인데, 감성을 정화하는 것이 이욕이라면 지성을 정화하는 것이 수련으로 이해되기 때문이다. 이욕에 대한 『요가주』의 정의와 '이욕→수련'이라는 순서는 @제3장 각주 107 참조.
이 점에서 수련과 이욕을 삼매의 수단으로 중시하는 논리는 요가 철학에서 천명하는 삼매 수행론의 대요라고 말할 수 있으며, 수련과 이욕은 구체적 실천법이라기보다는 수행의 실천적 원리 또는 방향을 제시하는 것으로 이해할 수 있다. 정승석(2005) p. 172 참조.

105 BC 12.49-56. Johnston(1935) pp. 134-5.
atho viviktaṃ kāmebhyo vyāpādādibhya eva ca | vivekajam avāpnoti pūrva-dhyānaṃ vitarkavat ‖ 49 ‖
tac ca dhyāna-sukhaṃ prāpya tat tad eva vitarkayan | apūrva-sukha-lābhena hriyate bāliśo janaḥ ‖ 50 ‖
śamenaivaṃ vidhenāyaṃ kāma-dveṣa-vigarhiṇā | brahmalokam avāpnoti paritoṣeṇa vañcitaḥ ‖ 51 ‖
jñātvā vidvān vitarkāṃs tu manaḥ-saṃkṣobha-kārakān | tad viyuktam avāpnoti dhyānaṃ prīti-sukhānvitam ‖ 52 ‖
hriyamāṇas tayā prītyā yo viśeṣaṃ na paśyati | sthānaṃ bhāsvaram āpnoti deveṣvābhāsureṣv api ‖ 53 ‖
yas tu prīti-sukhāt tasmād vivecayati mānasam | tṛtīyaṃ labhate dhyānaṃ sukhaṃ prīti-vivarjitam ‖ 54 ‖
yas tu tasmin sukhe magno na viśeṣāya yatnavān | śubha-kṛtsnaiḥ sa sāmānyaṃ sukhaṃ prāpnoti daivataiḥ ‖ 55 ‖
tādṛśaṃ sukham āsādya yo na rajyaty upekṣakaḥ | caturthaṃ dhyānam āpnoti sukha-duḥkha-vivarjitam ‖ 56 ‖
tatra kecid vyavasyanti mokṣa ity abhimāninaḥ | sukha-duḥkha-parityāgād avyāpārāc ca cetasaḥ ‖ 57 ‖
asya dhyānasya tu phalaṃ samaṃ devair vṛhatphalaiḥ | kathayanti vṛhatphalaṃ vṛhatprajñā-parīkṣakāḥ ‖ 58 ‖

발생하고 상념을 가진 첫째 정려에 도달한다.[106] (49)

그러나 그 정려의 안락을 얻고 나서 계속 그것만을 상념하는 데 빠져 있는 유치한 사람은 이전에는 없었던 안락을 얻는 데 사로잡힌다. (50)

이 사람은 욕망과 혐오를 거부하는 이와 같은 종류의 평정으로 만족감에 속아 '브라마 신의 세계'(梵天)에 도달한다. (51)

그러나 현자는 마음을 부추기는 원인이 상념이라고 알고 나서, 이것(상념)을 떠나 기쁨과 안락을 동반한 [둘째] 정려에 도달한다. (52)

그 기쁨에 사로잡혀 있는 자는 더 뛰어난 단계를 보지 못하고, 광휘의 신들 중에서도 '광명의 지위'(光音天)[107]를 얻는다. (53)

그러나 그 기쁨과 안락으로부터 마음을 멀리하는 자는 기쁨으로부터는 벗어나 안락한 셋째 정려를 얻는다. (54)

그러나 그 안락에 탐닉하여 더 뛰어난 단계를 위해 진력하지 않는 자는 '완전히 청정한 신들'(遍淨天)과 대등한 안락을 얻는다. (55)

그와 같은 안락을 얻고 나서 이에 현혹되지 않고 무관심한 자는 안락과 고통으로부터 벗어난 넷째 정려에 도달한다. (56)

[넷째 정려인] 거기서 교만한 어떤 이들이 해탈이라고 단언한 것은, 마음이

---

106 여기서 '상념'의 원어 vitarka는 한역(漢譯) 불전에서 심(尋) 또는 각(覺)으로 번역된다. 요가 철학의 수행론에서 vitarka는 사(伺) 또는 관(觀)으로 번역되는 vicāra와 짝을 이루어 유상삼매(無想三昧)의 첫째와 둘째 단계를 표현하는 용어로 구사된다(YS 1.17). 심(尋)이 개괄적인 관찰이라면 사(伺)는 미세한 관찰이다. 요가 철학의 경우, "마음의 작용에서 개략적인 사고는 심(尋), 미세한 사고는 사(伺)라고 말할 수 있다. 명상의 대상으로 구분하면 대상이 조대한 것일 경우는 심(尋), 미세한 것일 경우는 사(伺)이다." 정승석(2020) p. 52, n. 31. 이러한 용례는 불교에서도 그대로 통용된다. 범본(梵本) *Buddhacarita*의 이 대목에서는 사(伺)를 언급하지 않음에도 『불소행찬』의 역자가 아래와 같이 각(覺)과 관(觀), 즉 심(尋)과 사(伺)를 함께 언급한 것도 그 용례를 통념으로 적용했기 때문일 것이다. 佛所行讚 권3(T 4:23b): "탐욕과 선하지 않고 악한 욕계의 모든 번뇌에서 벗어나, 멀리 벗어나는 것으로 기쁨과 안락이 발생하여 각(覺)과 관(觀)이 있는 첫째 선정을 얻는다." (離欲惡不善 欲界諸煩惱 遠離生喜樂 得初覺觀禪)
짐작건대 역자는 범본의 식별(viveka)을 각(覺)으로, 상념(vitarka)을 관(觀)으로 간주한 듯하다.

107 이것의 원어는 bhāsvara이고 다른 불전의 원어로는 ābhāsvara(遍光)이지만 의미는 동일하다. 이 경우에는 변광천(遍光天)이 적합하다. 그러나 『불소행찬』의 한역에서 bhāsvara를 광음천(光音天)으로 번역한 것은 원어를 bhā(光)와 svara(音)으로 파악했기 때문이다. 한역 불전에서는 광음천과 변광천이 동일시된다. 앞의 제51송에 제시한 범천(梵天), 아래의 제55과 58송에서 제시한 변정천(遍淨天)과 광과천(廣果天)도 한역본 『불소행찬』의 용어이다.

안락과 고통을 버리고 작용을 멈추기 때문이다.(57)
그러나 광대한 지혜를 탐색한 이들은 이 정려의 과보가 '광대한 과보를 가진 신들'(廣果天)과 동일한 광대한 과보라고 말한다.(58)

Arāḍa는 이상과 같이 네 단계의 정려를 설명하는데, 그 취지는 각 단계에 도달할 때마다 거기에 머물지 말고 더 심오한 경지로 나아가도록 진력해야 한다는 것이다. 그러므로 광과천(廣果天)으로 불리는 넷째 정려가 궁극은 아니다. 그러나 여기서는 우선 그의 교설과 불교와의 밀접한 상관성을 주목할 만하다.

Arāḍa가 각 정려로써 도달하는 세계로 제시한 것은 불교의 『기세경』에서 "범신천(=梵天) 위에는 더 나아가 광음천이 있고, 광음천 위에는 더 나아가 변정천이 있고, 변정천 위에는 더 나아가 광과천이 있다."[108]라고 설한 것과 정확하게 일치한다. 또한 각 세계에 도달할 수 있는 네 단계의 정려도 그 취지에서는 불교의 4선정과 합치한다. 초선(初禪)으로부터 제4선에 이르는 선정의 네 단계는 초기 불교 이래 불전의 도처에서 발견되는 통념이다. 중아함경과 잡아함경 등에서는 동일한 취지로 표현을 바꾸어 가면서 4선정을 누차 반복하여 설한다. 예컨대 중아함경에서 맨 처음으로 설명한 4선정은 다음과 같다.[109]

거룩한 제자들은 이욕으로, ①선하지 않은 악한 법에서 벗어나되 각(覺)도 있고 관(觀)도 있으며, 벗어남에서 발생한 기쁨과 안락으로 첫째 선정을 성취하여 노닐게 된다. …
②각과 관이 이제 그치고 내적으로 고요한 일심(一心)이 되면, 각과 관이 없는 선정에서 발생한 기쁨과 안락으로 둘째 선정을 성취하여 노닐게 된다. …
③기쁨에 대한 욕구에서 벗어난 평정(捨)으로 구하는 것이 없이 노닐며, 바른

108 起世經 권1(T 1:311a): "倍梵身上 有光音天, 倍光音上 有遍淨天, 倍遍淨上 有廣果天."

109 中阿含經 권1(T 1:422b): "聖弟子離欲 ①離惡不善之法 有覺有觀, 離生喜樂 得初禪成就遊…②覺觀已息 內靜一心 無覺無觀 定生喜樂 得第二禪成就遊…③離於喜欲 捨無求遊 正念正智而身覺樂, 謂聖所說 聖所捨念樂住空 得第三禪成就遊…④樂滅 苦滅 喜憂本已滅 不苦不樂 捨念清淨 得第四禪成就遊."

생각과 바른 지혜로 몸이 안락함을 깨닫는다. 성자의 말씀으로 말하자면, "성자가 지닌 평정, 억념, 자재로운 안락, 공(空)으로 셋째 선정을 성취하여 노닐게 된다." …

④안락도 소멸하고 고통도 소멸하니 기쁨과 근심의 근본은 이미 소멸하고, 고통도 없고 안락도 없으니 평정과 억념의 청정으로 넷째 선정을 성취하여 노닐게 된다.

이후 수많은 불전들이 인용한 이 경문에서 각(覺)과 관(觀)은 각각 심(尋)과 사(伺)로, 선정(禪定)은 정려(靜慮)로 표현되기도 한다.[110] 그리고 위의 셋째와 넷째 선정에서 중요한 개념으로 언급된 평정(捨, upekṣā)은 『불소행찬』의 범본에서 넷째 정려의 조건으로 언급한 '무관심'과 동일한 용어이다. 불전에서 설명하는 이 같은 4선정의 취지를 다음과 같이 이해할 수 있다.

첫째 선정은 온갖 욕구를 버리고 악을 떠나 기쁨과 안락을 느끼지만, 심도 있고 사도 있는 상태이다. 둘째 선정은 심과 사가 가라앉고 마음이 통일되어 기쁨과 안락을 느끼는 상태이다. 셋째 선정은 앞 단계의 기쁨과 안락도 버려서 마음이 평정하게 되고 바른 생각과 지식이 작용하여 다른 차원의 안락을 느끼는 상태이다. 넷째 선정은 다시 앞 단계의 안락도 없게 되고 고락을 초월하여 마음의

……………

110 예를 들어 『현양성교론』은 이러한 경문을 인용하여 4선정을 상술하는데, 이는 4선정을 인용하는 하나의 전형을 보여 준다.
顯揚聖教論 권2(T 31:486c-7b): "①탐욕과 선하지 않은 악한 법에서 벗어나되 심(尋)도 있고 사(伺)도 있으며, 벗어남에서 발생한 기쁨과 안락으로 첫째 정려(靜慮)를 구족하여 여기에 안주한다. …② 심과 사가 평온하게 가라앉아 속마음이 깨끗해지고, 마음이 통일되므로 심도 없고 사도 없으며, 삼매로부터 발생한 기쁨과 안락으로 둘째 정려를 구족하여 여기에 안주한다. …③기쁨에서도 벗어남으로써 평정(捨)에 안주하며, 생각하는 대로 바르게 알려지고 몸이 즐거운대로 바르게 감수(感受)되니, 성자가 널리 설한대로 '평정과 억념과 자재로운 안락의 성취로 셋째 정려를 구족하여 여기에 안주한다.' …④안락을 끊고 고통을 끊었기 때문에, 또한 이에 앞서 기쁨과 근심도 끊었기 때문에 고통도 없고 안락도 없으며, 평정과 억념이 청정하므로 넷째 정려를 구족하여 여기에 안주한다." (①離欲惡不善法 有尋有伺 離生喜樂 初靜慮具足住 … ②尋伺寂靜故 內等淨故 心定一趣故 無尋無伺 三摩地生喜樂 第二靜慮具足住 … ③由離喜故 住捨 念正知及樂身正受 聖者宣說 成就捨念樂住 第三靜慮具足住 … ④由斷樂及由斷苦故 及先已斷喜憂故 不苦不樂 故捨念清淨 第四靜慮具足住.)

평정만이 있는 청정한 상태이다. 이 단계에 이르러 마음의 안정과 사고의 활동이 동등하게 되어 해탈을 얻는다.

Arāḍa가 설명한 네 단계의 정려도 이러한 취지에서 벗어나지는 않는다. 그러나 『불소행찬』에서는 이에 그치지 않는 교설이 뒤따른다. Arāḍa는 곧바로 다음 단계의 경지에 도달할 수 있는 방도를 다음과 같이 설명한다.[111]

> 현자는 그 삼매로부터 깨어나 '육신을 가진 것'(자아)들의 허물들을 보고서, 육신의 활동을 종식하기 위해 지혜를 증진한다. (59)
> 따라서 그 현자는 그 정려를 버리고서 더 뛰어난 단계를 얻고자 결심하여, 탐욕들에도 무관심하듯이 형색에도 무관심하게 된다. (60)
> 우선 이 육신에 있는 구멍들을 생각해 내고, 이 다음에는 단단한 물질들에 대해서도 허공을 생각하여 집중한다. (61)
> 그러나 다른 현자는 허공에 퍼져 있는 자아를 한데 모으고서, 바로 이것을 무한하게 응시하여 더 뛰어난 단계에 당도한다. (62)
> 내적 자아에 정통한 다른 이는 자아로써 자아를 삭제하고서, 아무것도 존재하지 않는다고 관찰하여 무소유자로 불린다. (63)

이상으로 해탈과 그 방도에 관한 Arāḍa의 교설은 사실상 종료된다.[112] 여기서는 앞서 언급했던 정려를 삼매로 표현하면서 이 삼매를 초월하여 무소유자가 되는 것이 궁극의 경지라고 역설한다. 이 경지는 앞서 인용한 대로 자아의 해탈

....

111 BC 12.59-63. Johnston(1935) pp. 135-6.
samādher vyutthitas tasmād dṛṣṭvā doṣāṃś charīriṇām | jñānam ārohati prājñaḥ śarīra-vinivṛttaye ‖ 59 ‖
tatas tad dhyānam utsṛjya viśeṣe kṛta-niścayaḥ | kāmebhya iva sa prājño rūpād api virajyate ‖ 60 ‖
śarīre khāni yāny asmin tāny ādau parikalpayan | ghaneṣv api tato dravyeṣv ākāśam adhimucyate ‖ 61 ‖
ākāśagatam ātmānaṃ saṃkṣipya tv aparo budhaḥ | tad evānantataḥ paśyan viśeṣam adhigacchati ‖ 62 ‖
adhyātma-kuśaleṣv anyo nivartyātmānam ātmanā | kiṃcin nāstīti saṃpaśyann ākiṃcanya iti smṛtaḥ ‖ 63 ‖

112 "이상으로 나는 그대에게 [해탈의] 방도와 해탈을 제시했으니, 만약 이해하고 마음에 든다면 그대는 올바르게 실행하시오." (ity upāyaś ca mokṣaś ca mayā saṃdarśitas tava | yadi jñātaṃ yadi ruci yathāvat pratipadyatām ‖ 66 ‖ ibid. p. 136)

이며 최상의 브라만과 합류한 상태이다.[113] Arāḍa는 넷째 정려까지 초월한 경지를 두 현자의 경지로 차별하여 설명함으로써 여기에 이르는 과정을 두 단계로 상정한다.

첫째 경지는 육신의 활동을 멈추고 탐욕과 형색에 무관심한 평정의 마음으로 모든 것을 공(空)으로 생각하는 정신 집중의 상태이다. 그러나 이로부터 더 나아가 자아에 집중하여 아무것도 존재하지 않는다는 관찰의 결과로 도달한 무소유의 상태가 최종의 경지이다. 고전 요가의 수행론으로 말하면 이 경지는 무종삼매에 해당한다.[114] 물론 후속 설명에 의하면 이 최종의 경지에서는 최상의 브라만이 유일한 자아로서 존재할 뿐이다. 이 경지는 고전 상키야의 해탈론으로 말하면 '순수정신의 독존'에 해당한다. 이뿐만 아니라 넷째 정려보다 더 심오한 경지를 상정한 Arāḍa의 교설은 구차제정(九次第定)으로 불리는 초기 불교의 수행론과도 유사한 관념을 드러낸 것으로 주목된다.

구차제정은 넷째 선정 위에 순차적으로 설정한 공무변처(空無邊處), 식무변처(識無邊處), 무소유처(無所有處), 비상비비상처(非想非非想處)라는 네 단계의 선정 다음에 상수멸(想受滅)을 최종의 경지를 설정한 것이다. Arāḍa는 최종의 경지를 무소유자가 된 것으로 설명하므로 이 경지는 구차제정의 무소유처에 상당할 수 있다.[115] 그러나 이것이 최종인 점을 고려하면, 그 경지는 "모든 측면에서 비상비비상처를 넘어선 후에 상수멸에 들어가 머문다."[116]라고 반복되는 정형

....

113 후속하는 제64, 65송의 요지. 이 @제6장 각주 79, 80 참조.

114 『요가주』에서는 무종삼매를 일차로 "마치 무(無)에 도달한 것처럼 된다. 따라서 이것이 무상의(대상에 대한 분별이 없는) 무종삼매이다."(abhāva-prāptam iva bhavatīti eṣa nirbījaḥ samādhir asaṃprajñātaḥ ‖ YBh 1.18. 정승석 2020:358)라고 설명한다.

115 Johnston(1936:177)은 '무소유자'의 원어인 ākiṃcanya가 미심쩍은 표현이라고 지적하면서 정려(선정)의 이름일 것으로 짐작했다. 그렇다면 이 직전에 허공을 생각하여 집중하는 단계는 공무변처에 상당할 수 있다. Arāḍa와 붓다(Buddha)의 만남은 중부 경전의 *Ariyapariyesana-sutta*에서도 서술되는데, 여기서 붓다는 Āḷāra(=Arāḍa)의 가르침을 들은 후 "그것은 단지 무소유처에 태어나기 위한 것일 뿐이다."(yāvad-eva ākiñcaññāyatanūpapattiyā ti. *Aryapariyesana-sutta*, MN 26:I, p. 165, 12행)라고 평가하고 그의 곁을 떠난다.

116 sabbaso nevasaññā-nāsaññāyatanaṃ samatikkamma saññā-vedayita-nirodham upasampajja viharati. DN

구(定型句)의 상수멸에 상당한 것으로 간주할 수 있다.

초기 불전인 *Paṭisambhidāmagga*에 의하면 상수멸은 감각적이거나 지적인 모든 작용이 정지된 상태이다.[117] 이 상태는 앞서 말한 무종삼매와 다르지 않으므로[118] Arāḍa가 말하는 최종의 경지에 상당할 것이다. 정려에 관한 Arāḍa의 교설은 이처럼 초기 불교 및 상키야-요가의 수행론적 관념과 밀접한 상관관계에 있음을 부정할 수 없다. 학자들이 구차제정과 같은 수행론의 형성에는 당시 유행했던 외도(外道)의 영향이 있었을 가능성을 제기한 것도 이 때문이다.[119] 물론 이 경우의 외도에는 Arāḍa의 교설이 대변하는 상키야-요가도 당연히 포함된다.

6.3. 두 문헌에 적용된 상키야의 비교

『불소행찬』에 반영된 상키야 학설이 어느 정도 정리된 형태로 후대의 『상키야송』에 근접해 있다고 주장할 수 있는 근거는 제18 화급고독품(化給孤獨品)에서 찾을 수 있다. 여기서는 정각을 성취한 석가모니가 세계의 원인에 관한 외도의 사상을 설명하면서 자성(自性)을 세계의 원인으로 간주하는 주장을 비판한다. 여기서 자성의 특징은 원인이 없고, 만들어 내고, 유일하고, 편재하고, 항상 작자이고, 상주하고, 다른 것의 원인이 되며, 지성이 없다는 등으로 규정된다.[120]

....

15.35(II, p. 71). 김홍미(2012) p. 117, 각주 4 재인용.

117 "상수멸에 들어간 자에게는 지각과 감각에 의한 마음의 작용이 멈추게 된다." (saññāvedayita-nirodhaṃ samāpannassa saññā ca vedanā ca citta-saṅkhārā paṭippassaddhā honti.) PM I, p. 99.

118 임승택(2013a:71)은 『요가경』에 구분한 다양한 삼매와 불교의 Nikāya에서 구분한 구차제정의 상관성을 표로 대비하여, 무종삼매를 상수멸과 대등한 경지로 파악했다.

119 "Schmithausen과 Vetter 등에 따르면 이러한 4등지(=선정)와 상수멸은 당시 유행했던 외도의 영향을 받아 형성되었을 가능성이 크다." 임승택(2013a) p. 68.
이와 관련하여 Chakravarti(1975:109)는 점진적으로 최종의 해방으로 이끄는 4종의 정려(제49~56송)가 기존의 상키야 문헌에는 언급되지 않은 유별난 개념이라고 지적하면서 불교의 것과 어느 정도 일치한다고 인정한다. 그러나 증거가 불충분하여 이것들이 불교 고유의 것인지, 상키야로부터 불교가 차용한 것인지의 여부는 확정할 수 없다고 판단을 유보했다.

이 같은 자성은 고전 상키야에서 말하는 원질(prakṛti)과 대체로 일치한다.

반면에 *Caraka-saṃhitā*의 경우에는 고전 상키야와의 근접성이 『불소행찬』보다는 다소 빈약한 편이다. 그렇지만 『불소행찬』과 *Caraka-saṃhitā*의 교설에서는 불일치보다는 유사하거나 일치하는 상키야 사상이 더 현저하므로, 양자의 교설은 상키야의 역사에서 공통의 원천을 시사하는 것으로 주목된다.

6.3.1. 공통의 원천을 시사하는 유사성

*Caraka-saṃhitā*의 편찬자와 『불소행찬』의 저자가 상키야-요가에 관해 설명하는 입장은 서로 다르다. 전자인 Caraka는 질병을 치유하는 의학의 관점에서 상키야-요가의 지식을 활용한 반면, 후자인 Aśvaghoṣa는 석가모니의 깨달음과 수행보다 저급하지만 경계해야 할 사례로 상키야-요가의 지식을 예시하면서 석가모니의 위대성을 부각시킨다. 그러므로 양자가 동일한 상키야의 교의를 알고 있었을지라도 이것을 전하는 내용에는 차이가 있을 수밖에 없다. 그러나 이 점을 고려하더라도 그들이 알고 있었던 상키야-요가의 교의에 유사성이 적지 않다는 것을 우연의 일치로 간주하기는 어렵다.

상키야에 관한 그들의 설명에서 전반적인 유사성으로 먼저 지목되는 것은 원리설의 골격이다. 25원리설이 확정되어 있지 않은 이 경우에는 24원리에 대한 지식이 비교의 기준이 된다. 이에 따른 공통점은 다음과 같이 파악된다.

미현현과 그 결과들을 8원질(미현현, 통각, 아만, 5조대요소)과 16변이(5지각기관, 5행위기관, 마음, 다섯 대상)로 양분한다. 고전 상키야에서는 16변이 중의 다섯 대상(소리, 감촉, 형색, 맛, 향)을 5미세요소로 일컫지만, 아직은 미세요소(tanmātra)라는 용어를 언급하지 않는다. 또한 원질에 해당하는 kṣetra(몸)와 순수정신(자아)에 해당하는 kṣetrajña(몸을 아는 자)를 구분하고, 미현현과 현현을 차별하는 데 주력한다.[121]

....

120 平等通昭(1928) p. 65 참조. 석가모니가 자성을 이렇게 간주하여 비판한 전문은 정승석(2016a) pp. 7-9.

*Caraka-saṃhitā*와 『불소행찬』의 상키야 교설에서 가장 현저한 유사성으로 지목된 것은 윤회의 근본 원인을 여덟 가지로 제시한 교설이다. 이미 상술한 것처럼 『불소행찬』에서 Arāḍa는 그 원인을 곡해, 자기의식, 의혹, 혼동, 무차별, 그릇된 수단, 집착, 추락으로 열거하고 그 낱낱을 상술한다. 이와 동일한 교설이 *Caraka-saṃhitā*에도 상술되어 있다. 전자에 비해 후자의 설명이 약간 상세하다는 점과 열거의 순서에 차이가 있다는 점을 제외하면, 그 취지에서는 동일한 교설을 제각기 윤색했을 것으로 믿을 만한 사소한 차이가 있을 뿐이다. 아래의 비교로 이 점을 확인할 수 있다. 여덟 가지 중에서 의심(saṃśaya)과 의혹(saṃdeha)은 동의어로 간주된다. 아래의 대비에서는 『불소행찬』의 순서를 *Caraka-saṃhitā*의 순서로 재배치했다.

Caraka-saṃhitā [122]	『불소행찬』[123]
존자는 다음과 같이 말했다. 활동은 미혹, 욕망, 혐오, 업에서 유래한다. 이로부터 발생된 것들이 자기의식, 집착, 의심(saṃśaya), 혼동, 추락, 곡해, 무차별, 그릇된 수단이다. 매우 큰 가지를 지닌 나무들이 오로지 뻗쳐 나감으로써 연약한 나무를 압도하고서 솟아나듯이, 그것들은 자아(puruṣa)를 압도하고서 솟아난다. 이 때문에 압도된 것들은 [그] 존재 상태를 극복하지 못한다.[124]	무지와 업과 갈애를 윤회의 원인으로 알아야 한다. 이 셋에 안주하는 사람은 그 [셋의] 본성을 극복하지 못한다.[125] (23) [그 이유는] 곡해, 자기의식, 의혹(saṃdeha), 혼동, 무차별, 그릇된 수단, 집착, 추락 때문이다. (24)

121 Cf. Chakravarti(1975) p. 103.

122 CS, Śārīra-sthāna 5.10. Sharma & Dash(1985) p. 418.

123 BC 12.23-32. 이하에서 제23송은 @제4장 각주 134, 나머지는 이 @제6장 각주 86, 87로 인용한 내용.

124 bhagavān uvāca—mohecchā-dveṣa-karma-mūlā pravṛttiḥ | taj-jā hy ahaṅkāra-saṅga-saṃśayābhisaṃplavābhyavapāta-vipratyayāviśeṣānupāyās taruṇam iva drumam ativipula-śākhās taravo 'bhibhūya puruṣam avatatyaivottiṣṭhante, yair abhibhūto na sattām ativartate |

125 『마하바라타』에서도 이와 유사한 설명을 볼 수 있다.
"이 세상에서 무지와 업과 갈애에 의해 자궁들을 전전하면서 마치 바퀴처럼 맴돌고 있는 자는 이와 같이 윤회에 떨어진다." (evaṃ patati saṃsāre tāsu tāsv iha yoniṣu | avidyā-karma-tṛṣṇābhir bhrāmyamāṇo 'tha cakravat || Mbh 3.2.71 = 67. Dutt 2004.II:9)

Caraka-saṃhitā	『불소행찬』
그 중에서 자기의식이란 어떠한 혈통, 용모, 재산, 덕행, 지능, 품성, 학식, 명성, 건강, 영향력이 부여된 것이 나라고 [생각]하는 것이다.[126]	이 세상에서 자기의식은 '바로 내가 말한다. 바로 내가 안다. 바로 내가 간다. 바로 내가 서 있다.'라고 말하는 것과 같이 발생한다. (26)
마음과 말과 신체의 업이 해탈을 지향하지 않는 것이 집착이다.[127]	어리석은 자가 마음, 말, 지성, 행위들로 [감관의] 대상들에 열중하는 그것이 집착이라고 불린다. (31)
업보, 해탈, 자아, 내생과 같은 것들이 존재한다 혹은 존재하지 않는다라고 [생각]하는 것이 의심이다.[128]	그리고 집적된 것이 아닌 존재들을 마치 진흙 덩어리처럼 [집적되어] 하나가 된 것으로 보는 것을 이 세상에서는 의혹이라고 말한다. (27)
모든 상황에서 나는 독보적인 것이다, 나는 창조자이다, 나는 완성된 본성의 소유자이다, 나는 육신과 감관과 지성과 기억의 특별한 더미라고 파악하는 것이 혼동이다.[129]	오로지 '나'인 것은 바로 이 마음과 지성과 행위이며, 오로지 이[것들의] 집합만이 '나'라고 [생각]하는 것이 혼동이다. (28)
어머니, 아버지, 형제, 아내, 자식, 친척, 하인의 집단은 나에게 속하고, 나는 [그] 집단에 속한다라고 [생각]하는 것이 추락이다.[130]	'이것은 나의 것이고, 나는 이것에 속한다'라고 고통을 용인하는 것은 윤회에 떨어지게 하는 추락이라고 알아야 한다. (32)

....

126 tatraivaṃ jāti-rūpa-vitta-vṛtta-buddhi-śīla-vidyābhijana-vayovīrya-prabhāvasaṃpanno 'ham ity ahaṅkāraḥ |

127 yan mano-vāk-kāya-karma nāpavargāya sa saṅgaḥ |

128 karmaphala-mokṣa-puruṣa-pretyabhāvādayaḥ santi vā neti saṃśayaḥ |

129 sarvāvasthāsv ananyo 'ham ahaṃ sraṣṭā svabhāva-saṃsiddho 'ham ahaṃ śarīrendriya-buddh-smṛti-viśeṣarāśir iti grahaṇam abhisaṃplavaḥ |

130 mama mātṛ-pitṛ-bhrātṛ-dārāpatya- bandhu-mitra-bhṛtya-gaṇo gaṇasya cāham ity abhiyavapātaḥ |

Caraka-saṃhitā	『불소행찬』
해야 할 것과 하지 말아야 할 것, 유익한 것과 무익한 것, 청정한(선한) 것과 부정한(악한) 것들에 대한 결정이 뒤바뀐 것이 곡해이다.[131]	그 중에서 곡해란 거꾸로 적용하는 것이다. 실행해야 할 것을 다르게 실행하고, 생각해야 할 것을 다르게 생각하는 것이다. (25)
지자(知者)와 무지한 자, 원질과 변형, 발생과 소멸이라는 각각의 둘을 동일한 것으로 보는 것이 무차별이다.[132]	각자(覺者)와 불각자(不覺者) 사이에, 그리고 원질들 사이에 차이가 없다고 아는 그것이 무차별이라고 불린다. (29)
목욕재계, 단식, 화신(火神) 제사, 매일 세 번 제사, 관정(灌頂), 기도, 숭배, 제사, 탁발, 물이나 불 속으로 뛰어들기 등으로서 착수하는 것을 그릇된 수단이라고 한다.[133]	'namas'라고 찬탄하는 것과 'vaṣaṭ'라고 찬탄하는 것, 목욕재계, 관정(灌頂) 따위가 그릇된 수단이라고 현자들은 선포한다. (30)

이상과 같이 양측은 윤회의 원인에 대해 동일한 지식을 교시한 만큼 윤회가 종식된 해탈의 상태에 대해서도 유사한 관념을 드러낸다. 즉 양측은 해탈과 브라만을 동일시한다. 이에 관해 Caraka가 상술한 내용과 약술한 내용은 Arāḍa에 의해 다음과 같이 집약된 게송으로 반영된다.

브라만과 합일한 개아는 지각[의 대상이]되지 않으며, 모든 존재들로부터 벗어난 그것(개아)에게는 표지가 존재하지 않는다. 그리고 브라만을 아는 자들이 도달하는 브라만은 괴멸이 없고 속성이 없는 그런 것이다. …[134] 적정은 무결(無缺), 무구(無垢), 평온, 최상, 불멸, 불변, 불사(不死), 브라만, 절멸이라는 동의어들로 불린다.[135]	진실을 아는 현자들은 해탈이란 표징(속성)이 없고, 불변하며, 불멸하는 바로 그 최상의 브라만이라고 말한다.[136]

131 kāryākārya-hitāhita-śubhāśubheṣu viparītābhiniveśo vipratyayaḥ |

132 jñājñayoḥ prakṛti-vikārayoḥ pravṛtti-nivṛttyoś ca sāmānya-darśanam aviśeṣaḥ |

133 prokṣaṇānaśanāgnihotra-triṣavaṇābhyukṣaṇāvāhana-yājana-yajana-yācana-salila-hutāśana-praveśādayaḥ samārambhāḥ procyante hy anupāyāḥ |

134 CS, Śārīra-sthāna 1.155. 원문은 @제4장 각주65.

135 ibid. 5.23. 원문은 @제4장 각주66.

136 BC 12.65. 원문은 @제4장 각주64.

Caraka의 상술에 따르면, 알아야 할 것은 모두 알게 되고, 이 결과로 온갖 종류의 감정과 그 뿌리들이 근절되어야 해탈이 가능하다. 이후 브라만과 합일한 개아는 더 이상 체험을 겪지 않고 모든 관념으로부터 벗어나며, 개체적 존재의 흔적을 남기지 않는다. 브라만은 무속성이고 불멸이며 알고자 하는 자들의 목표이다. 여기서 브라만은 삶의 지복이며 해탈의 단계와 일치한다.[137] Arāḍa는 이러한 브라만의 특징을 무속성, 불변, 불멸의 실재로 간결하게 명시한 것으로 이해할 수 있다.

6.3.2. Caraka와 Arāḍa의 불일치한 견해

다음으로 상키야에 관한 Caraka와 Arāḍa의 교설에서는 명료하거나 미묘한 차이들도 지목된다. 양자의 차이는 포괄적으로 말하자면 신체와 질병을 취급하는 Caraka의 미시적 관점과 인간의 존재 양상을 취급하는 Arāḍa의 거시적 관점으로 대별할 수 있다.[138] 그러나 구체적으로 가장 현저하게 드러나는 차이는 원리설의 골격이다. 고전 상키야의 용어로 비교하자면 Caraka의 교설에서는 원질과 순수정신을 단일한 원리로 묶어 미현현으로 부르지만, Arāḍa의 교설에는 이런 견해가 없다. 특히 '더미 자아'와 같은 개념을 Arāḍa가 의식한 흔적은 전혀 없다.

양측의 견해 차이에서 가장 의아한 문제로 지목되는 것은 3질설의 유무이다. 상키야의 원리설에서 중요한 역할을 담당하는 3질이 Caraka의 교설에는 인지되어 있지만, Arāḍa의 경우에는 3질을 인지하고 있다는 증거가 없다. 이 때문에 『불소행찬』의 저자는 3질설이 없는 상키야 학파의 해설자로 간주되기도 한다.[139]

137 Cf. Chakravarti(1975) pp. 106-7.

138 "Caraka의 설명과는 달리, Arāḍa의 철학은 삶과 죽음이라는 사실에 대해 특별히 중점을 둔다. 실제 Arāḍa 철학의 주목적은 윤회가 어떻게 일어나고, 그것을 어떻게 극복하는가에 대해 설명하는 것이다(제16송)." Rao(1966) p. 420.

139 Cf. Chakravarti(1975) p. 109. Keith(1924:26)는, 3질설의 흔적이 없는 Arāḍa의 교설은 3질을 알지 못했던 상키야가 존재했다는 증거가 될 수 있다고 지적한다.
平等通昭(1928:73)는 『불소행찬』에서는 3질 사상이 명확하게는 드러나지 않는다고 인정하

그러나 Arāḍa가 3질을 언급하지 않는다는 것으로 3질설이 없는 상키야 학파가 존재했다고 단정할 수는 없다는 견해도 있다. 『불소행찬』은 철학적 논서가 아니라 시로써 석가모니의 생애를 읊은 작품인 점을 고려하면, 저자인 Aśvaghoṣa는 Arāḍa의 논법을 간결하게 진술해야 했으므로[140] 철학적 상술을 고려할 여지가 없었을 것이다. 이 때문에 3질설뿐만 아니라 인중유과의 인과론이나 인식 수단을 논하는 인과론과 같은 상키야의 다른 기본 교의를 언급하지 않았을 것으로도 이해할 수 있다.

Arāḍa의 교설과는 별도로 『불소행찬』의 저자가 상키야의 3질설을 잘 알고 있었다는 증거는 『불소행찬』의 제26장에서 발견된다. 일찍이 『불소행찬』의 범본을 번역했던 Johnston(1885~1942)은 "『불소행찬』에서는 왜 guṇa들(=3질)을 언급하지 않는가?"라는 반문을 제기하고, 범본에 누락된 대목에서는 3질설이 공식적으로 논박되었다고 지적했다.[141] 그는 티베트의 역본에 의거하여 현존하는 범본에는 없는 나머지 부분도 번역하고 학술지에 먼저 발표했다. 그가 『불소행찬』에서 상키야의 3질설을 논박했다고 지적한 부분을 한역 『불소행찬』과 그의 번역으로 비교하면 다음과 같다. 『불소행찬』에서 이 대목은 Subhadra(須跋陀羅)라는 외도가 열반을 앞둔 석가모니에게 자신이 알고 있었던 지식의 결점을 토로한 내용이다. 그는 열반 직전의 석가모니로부터 마지막 제자로 인정받은

....

면서도, BC 12.24(@제6장 각주 86)에서 윤회의 원인으로 열거한 여덟 가지가 암질(tamas)과 동질(rajas)에 대한 MaiU 3.5(@제4장 각주 160)의 설명과 상통한 점이 있다고 생각했다. 그러나 MaiU에서 각각 21개씩 열거하는 암질과 동질의 성벽이 어떻게 BC의 여덟 가지와 상통하는지를 전혀 연계할 수 없다. 사실상 BC와 MaiU가 3질설로 연계되었을 가능성은 거의 없는 것으로 보인다.
또 한편으로 Arāḍa의 교설 중에(BC 12.79, @제6장 각주 82) 3질을 지칭할 수도 있는 속성(guṇa)이 언급되기는 하지만, 이 경우에도 3질설을 예로 든 것으로 단정할 만한 관련 증거가 없다.

140 예를 들어 Arāḍa가 청문자의 질문에 설명하는 방식을 다음과 같이 서술하는 데서도 Aśvaghoṣa의 입장을 엿볼 수 있다.
"이에 Arāḍa는 그를 위해 성전에 따르는 그 똑같은 법을 의미가 명료하도록 간결하게 다른 방식으로 해설했다." (ity arāḍo yathā-śāstraṃ vispaṣṭārthaṃ samāsataḥ | tam evānyena kalpena dharmam asmai vyabhāṣata || BC 12.45. Johnston 1935:134)

141 Johnston(1936:lvii-lviii)이 지적한 대목은 BC 26.10-14이다. Chakravarti(1975:110)도 Aśvaghoṣa가 3질설을 모르지는 않았다는 근거로 이 Johnston의 견해를 인용했다.

외도인데, 토로한 내용으로 보면 그는 짐작건대 그 당시 상키야의 추종자였을 것이다.[142]

담무참(曇無讖)의 한역(漢譯)[143]	Johnston의 영역(英譯)[144]
분노하는 성냄(=동질)과 미혹의 어둠(=암질)이 함께 악업을 장양하고, [존재에 대한] 애착(=순질)이 성냄과 미혹과 함께 작용하여 여러 선행을 일으킬 수 있으니, 다문(多聞)과 지혜와 정진은 '존재에 대한 애착'(有愛=순질)[145]으로부터 발생한다.	그러한 행로들에 있기 때문에 열정(동질)을 동반한 어둠(암질)에 싸임으로써 악행이 축적되고, 한편으로는 미덕(순질)과 합동한 열정에 의해 선행이 증장된다고 한다.[146] (10)
성냄(=동질)과 미혹(=암질)을 끊으면 곧 온갖 업에서 벗어나고, 온갖 업이 이미 제거된 이것을 '업으로부터의 해탈'(업해탈)이라고 일컫는다. [그러나] 온갖 업으로부터 해탈한다는 것은 이치와 상응하지 않는다.	학습과 지성과 노력을 통해 미덕(순질)이 증진함과 더불어, 어둠(암질)과 열정(동질)이 사라짐으로써 파멸되는 것이 행위의 결과이기 때문에 그 행위의 결과는 고갈되며, 그것들에게 상정된 행위의 능력은 본성(=원질)의 산물로 불린다. (11)
[왜냐하면] 세간에서는 일체의 그 모든 것이 자성(=원질)을 갖는[다고 말하기 때문이]다. 존재에 대한 애착(=순질)과 성냄(=동질)과 미혹(=암질)이 있으면서 자성을 갖는다면, 이에 따라 항존해야 할 이것들이 어떻게 해탈할 수 있겠는가?	왜냐하면 세상에서 그들은 마음을 기만하는 어둠(=암질)과 열정(=동질)을 본성(=월질)에서 기인한 것으로 간주하기 때문이다. 본성(=원질)은 항존하는 것으로 인정되기 때문에, 그 둘도 마찬가지로 소멸하지 않고 당연히 항존할 수밖에 없다. (12)
설령 분노하는 성냄(=동질)과 미혹(=암질)이 소멸더라도 존재에 대한 애착(=순질)은 거듭 발생한다. 예컨대 물의 자성은 차갑지만 불로 인해 뜨겁게 되고, 열기가 식으면 차가운 상태로 되돌아가는 것은 자성이 항존하기 때문이다.	설령 미덕(순질)과 합동함으로써 그 둘이 소멸하더라도 시간이 지나면 부득이 다시 존재하게 될 것이니, 이는 마치 밤에는 점차 차갑게 되는 물이 시간의 경과에 따라 본래의 상태로 되돌아가는 것과 같다. (13)

142 아래의 한역에서 괄호 속에 '='으로 표시한 용어는 티베트의 역본에 상응하는 상키야의 용어이다.

143 佛所行讚 권5(T 4:47bc): "(10) 瞋恚癡冥俱 長養不善業, 愛恚癡等行 能起諸善業, 多聞慧精進 亦由有愛生.
(11) 恚癡若斷者 則離於諸業, 諸業既已除 是名業解脫. 諸業解脫者 不與義相應.
(12) 世間說一切 悉皆有自性. 有愛瞋恚癡 而有自性者, 此則應常存 云何而解脫?
(13) 正使恚癡滅 有愛還復生. 如水自性冷 緣火故成熱 熱息歸於冷 以自性常故.
(14) 當知有愛性 聞慧進不增, 不增亦不減 云何是解脫?"

144 BC 26.10-14. Johnston(1937a) pp. 254-5.

145 Willemen(2009:216, en. 151)은 有愛의 원어를 bhavarāga로 제시하고 "상키야의 용어인 이것이 여기서

담무참(曇無讖)의 한역(漢譯)	Johnston의 영역(英譯)
존재에 대한 애착(=순질)의 성질은 다문(多聞)과 지혜와 정진으로 증가하지 않는다고 알아야 할 것이니, 증가하지도 않고 감소하지도 않는 이것이 어떻게 해탈할 수 있겠는가?	미덕(=순질)은 본래 항존하므로 학습과 지혜와 노력은 이것을 증진할 능력을 갖지 못한다. 그리고 그것이 증진하지 않기 때문에 다른 둘은 파멸되지 않으며, 이것들이 파멸되지 않기 때문에 해탈도 없다. (14)

위의 대조처럼 티베트의 역본을 참조하면 한역의 의미가 더욱 명료하게 이해된다. 그리고 이 대목의 취지는, 상키야의 주장대로 원질이 항존하는 실체라면 원질의 속성인 3질(순질, 동질, 암질)도 계속 존재할 수밖에 없으므로 3질로부터 벗어나는 해탈은 불가능하다는 것이다. 이는 분명히 상키야의 3질설을 비판한 것으로 간주될 수 있다.

이것으로 『불소행찬』의 저자가 3질설을 표방하는 상키야를 알고 있었을 것이라는 추정은 수긍할 만하다. 그러나 어쨌든 Arāḍa의 교설에만 한정할 경우, 잘 알려져 있었을 듯한 3질을 거론하지 않은 것은 Caraka의 교설과는 크게 다르다고 인정된다.

상키야의 주요 사상 이외에 양측의 부수적인 차이 중에서 현저한 것은 5종의 무지에 대한 언급의 유무이다. Arāḍa는 이것들을 열거하여 상술한(<표 16>) 반면, Caraka는 이것들을 전혀 언급하지 않는다. 5종의 무지에 대한 Arāḍa의 인식은 고전 상키야-요가에서도 통용된 사실을 고려하면,[147] Caraka보다는 Arāḍa의

....

는 계발되어야 할 미덕의 성질인 sattva(=순질)에 대한 해석으로 사용되고 있다."고 해석한다.

146 Johnston의 해석에 의하면 "이 구절은 고전 상키야가 아니라 그 이전의 유형으로서, 동질과 암질을 근절하고 순질을 증장함으로써 해탈이 도래한다는 초기의 교설을 대변한다."

147 『요가주』에서는 5종의 번뇌를 일컫는 전용어로 5종의 무지를 열거한다.
"바로 이 무지는 5종이다. 즉 [YS 2.3에서] '번뇌들은 무지, 아집, 탐욕, 혐오, 애착이다.'라고 한다. [우리] 자신의 전용어로 말하면 이것들은 곧 어둠(暗), 미혹(癡), 큰 미혹(大癡), 짙은 어둠(暗黑), 완전한 어둠(盲暗黑)이다." (seyaṃ pañca-parvā bhavaty avidyā | avidyāsmitā-rāga-dveṣābhiniveśāḥ kleśā iti | eta eva svasaṃjñābhis tamo moho mahāmohas tāmisraḥ andha-tāmisra iti | YBh 1.8)
Vācaspati도 『상키야송』을 주석하면서 이 설명을 수용하고, 무지의 분류가 Vārṣaṇya에게서 유래한 것이라는 설명을 덧붙인다.

교설이 고전 상키야-요가와 더욱 밀접한 연관성을 갖는다고 말할 수 있다.

Arāḍa의 교설 중에는 『마하바라타』에서 서술하는 상키야와도 밀접한 연관성을 갖는 것들이 주목을 끈다. 이미 인용한 내용으로 예를 들면, 아래와 같이 소위 생로병사(生老病死)로써 현현과 미현현을 구분하는 관념이다.

태어나고, 성장하고, 늙어 가고, 죽는 네 가지 특징을 동반하는 것을 곧 현현이라고 말한다. 그러나 이것과 반대의 것은 미현현으로 불린다. (Mbh 12.236.30-31a)	태어나고 늙어 가고 고통받고 죽는 것이 바로 현현이며, 이와는 반대이기 때문에 미현현이라고 알아야 한다. (BC 12.22)

또한 Arāḍa의 교설에서는 각자(pratibuddha)와 불각자(apratibuddha)를 대치하여 언급하는데, 이 개념은 『마하바라타』에서도 Vasiṣṭha와 Yājñavalkya의 상키야 교설에서 자주 언급되고 『요가주』에서도 언급된다. 그러나 고전 상키야에서는 이런 개념들이 보이지 않으므로 이채로운 것으로 지목된다.[148]

각자는 '완전히 깨달아 있지는 않기'(불각자) 때문에 실제로는 '지각하고 있는 자'로서 존재한다. 그래서 그들(현자들)은 '지각하고 있는 자'와 '각자'를 언명했다는 것이 요가의 학설이다. (Mbh 12.307.48)	카필라는 자신의 제자(Āsuri)와 함께 이 세상에서 '깨달은 자'(각자)로 알려져 있다. 그러나 조물주(Prajāpati)는 자신의 아들과 함께 이 세상에서 '깨닫지 못한 자'(불각자)로 불린다. (BC 12.21) 바른 견해를 가진 자가 알아야 할 것으로 네 가지가 있으니, 각자와 불각자, 현현과 미현현이 바로 그것이다. (BC 12.40)

"다섯이란 … 어둠, 미혹, 큰 미혹, 짙은 어둠, 완전한 어둠으로 불리는 것들이다. … 존자 Vārṣaṇya가 무지는 5종이라고 말한 것은 바로 이 때문이다." ("pañca" iti … tamo moha-mahāmoha-tāmisrāndhatāmisra-saṃjñakāḥ … ata eva pañca-parvāvidyety āha bhagavān vārṣaṇyaḥ | TK 206 ad. SK 47. Jha 1965:134)

148 Cf. Chakravarti(1975) p. 108. 아래의 비교에서 Mbh는 Chakravarti(1975:49)가 지목한 예문(@제2장 각주 200)이다. 여기서 각자와 불각자에 해당하는 원어는 각각 buddha와 apratibuddha이다. 『요가주』에서는 불각자가 다음과 같이 언급된다.
"현현 혹은 미현현인 순질을 자아인 것으로 오인하고서 … 그런 사람은 전혀 '깨닫지 못한 자'(불각자)이다." (vyaktam avyaktaṃ vā sattvam ātmatvenābhipratītya … sa sarvo 'pratibuddhaḥ | YBh 2.5) 이와 관련된 논의는 이 @제6장 앞의 각주 73 참조.

Caraka와 Arāḍa 사이의 사상적 배경에 대해서는 『마하바라타』와의 친연 관계와 무신론적 경향이 거론된다.[149] 먼저 양자의 설명을 『마하바라타』에 드러난 배경과 비교하여 생각해 보면, Caraka가 『마하바라타』의 정신에 보다 가까운 반면, Arāḍa의 경우에는 그런 정황이 빈약하다. 예컨대 Arāḍa는 『마하바라타』에 등장하는 위대한 스승들도 자신이 교시한 길을 따랐다고 주장하지만,[150] 그의 교설에는 그렇게 수긍할 만한 흔적이 드러나지 않는다.

다음으로 무신론적 경향의 상키야로 양자를 비교하자면, Caraka의 철학은 선불리 무신론으로 간주될 수는 없는 반면, Arāḍa의 철학은 그렇게 간주할 만한 보다 강력한 기반이 있다. 이에 관해서는 Arāḍa가 교시한 상키야의 양상을 전체적으로 조망할 필요가 있다.

Arāḍa는 '몸을 아는 자'로 불리는 개아, 즉 속박된 자아에 대해서 설명하는 데 주력하고, 속박이 없는 자아라는 보편적 정신의 문제에 대해서는 거의 침묵으로 일관한다. 그는 자아의 속박 상태인 '자아의 추락'이 전적으로 심리학적이고 도덕적인 결점 때문인 것으로 설명한다. 그래서 그는 이의 해결책으로 다음과 같이 도덕적 정화를 위한 출가 수행의 길을 먼저 제시한다.[151]

그(구도자)는 먼저 출가한 후에 탁발자의 징표를 받고, 바른 실천을 증진하

....

149 이에 관한 고찰은 주로 Rao(1966:418-424)의 견해를 참고함.

150 "왜냐하면 Jaigīṣavya와 Janaka와 또한 장로인 Parāśara는 전적으로, 그리고 해탈을 추구하는 다른 이들도 이 길을 추종하여 해방되었기 때문이다." (jaigīṣavyo 'tha janako vṛddhaś caiva parāśaraḥ | imaṃ panthānam āsādya muktā hy anye ca mokṣiṇaḥ || BC 12.67. Johnston 1935:136)
Jaigīṣavya와 Janaka는 *Mahābhārata*에서 초기 상키야의 교사로 언급된다. 그리고 장로 Parāśara는 아마도 상키야의 유명한 교사인 Pañcaśika를 지칭할 것이다. cf. Olivelle(2008) p. 461.
Arāḍa의 주장에 대해 Chakravarti(1975:109)는 Arāḍa가 Jaigīṣavya, Janaka, 장로 Pāraśara를 자기 철학의 지지자로 간주하며, 『마하바라타』에서도 상키야의 유명 해설자인 이들의 견해를 무시하지 않는다고 설명한다.

151 BC 12.46-47. Johnston(1935) p. 134.
ayam ādau gṛhān muktvā bhaikṣākaṃ liṅgam āśritaḥ | samudācāra-vistīrṇaṃ śīlam ādāya vartate || 46 ||
saṃtoṣaṃ param āsthāya yena tena yatas tataḥ | viviktaṃ sevate vāsaṃ nirdvandvaḥ śāstravit kṛtī || 47 ||

는 계율을 준수하여 생활한다. (46)

그는 누구로부터든 무엇이든 얻은 것이라면 그것을 최고의 만족으로 받아들여, 고립된 거처에 머물면서 [기쁨과 슬픔처럼] 상반하는 것에는 초연한 채 성전을 공부하는 고결한 자로 살아간다. (47)

그가 이어서 제시한 것은 명상에 의한 해탈의 길이다. 구도자는 이 방법을 통해 점진적으로 족쇄를 풀고 속성이 없는 해방의 방향으로 상승해 간다(제48~65송). 이 상승으로 도달하는 목적지는 속성이 없는 최상의 브라만이다. 이 브라만은 궁극의 진실일 뿐이고 창조하는 신이 아니다. Arāḍa의 교설에는 유신론의 색채가 거의 없다. 이와 관련하여 Arāḍa의 교설에서 드러나는 전체적인 양상은 다음과 같이 파악된다.[152]

존재의 구조 속에서 신에 대한 생각을 배제하는 무신론적 사고방식의 모본
사물의 형성에서 인과관계가 결정적 요인임을 강조
원인이 소멸함으로써 결과도 소멸함을 주장
행위의 올바른 양식으로서 요가와 도덕적 수행을 제시

미래에 이원론으로 전개될 무신론의 근본 종자가 여기에 있다. 이것은 *Caraka-saṃhitā*에는 없었던 것이고, 『마하바라타』에 의거하는 상키야나 요가의 학파에도 없었던 것이다. 또한 "원질(prakṛti)이 본체론적인 궁극으로서 존재하는가?" "본래 자유로운 자아(puruṣa)가 어떻게 속박될 수 있는가?"와 같은 형이상학적 문제들에 대해 Arāḍa가 침묵한 것도 이와 무관하지 않다. 이러한 문제들에 대한 Arāḍa의 침묵이 무엇이건 간에 그의 교설은 상키야 철학에 무신론적 경향으로 나아가게 하는 추진력을 제공했다.[153]

....

152 Rao(1966) p. 419.

153 Cf. Rao(1966) p. 424. 여기서 Rao는 이러한 추진력을 불교에도 제공했다고 말하지만 이것을 사실로

Caraka와 Arāḍa의 교설에서는 이상과 같은 차이를 거론할 수 있음에도 불구하고, 양자의 유사성은 상키야의 사상사에서 중요한 사실을 시사하는 것으로 지목된다. 그리고 상키야에 관한 기술이 현저하게 유사한 것은 양자가 공통의 원천에서 관념을 수용했음을 시사하며, 그 원천은 『상키야송』에 의거하는 고전 상키야 학파와는 분명히 다른 것이라는 주장[154]이 성립한다. 이러한 주장은 양측의 교설이 전적으로 동일한 발달 과정에 있었음은 명확한 사실이라고 단언하는 것과도 합치한다. 그렇다면 Caraka와 Arāḍa의 교설은 고전 상키야의 출현으로부터 그다지 멀지 않은 이전에 유행했던 그 당시의 상키야 사상을 대변한다는 결론에 도달한다.[155]

6.4. 『불소행찬』과 유관한 불전의 상키야

『상키야송』 이전의 상키야 사상을 엿볼 수 있는 불전으로는 『과거현재인과경』, 『불본행집경』, 『불본행경』, 『대장엄론경』 등이 거론된다. 이것들 중에서 『대장엄론경』의 저자는 그 진위에 대해서는 의심의 여지가 있지만 『불소행찬』의 경우와 동일한 마명(馬鳴, Aśvaghoṣa)으로 기재되어 있다. 나머지 셋은 『불소행찬』처럼 석가모니의 생애의 전체 또는 일부를 기술한다. 그러므로 이것들

....

단정할 수는 없다. 그의 견해는 인도의 토착 학자들이 대체로 『불소행찬』의 기술을 역사적 사실로 받아들인 것과 맥락을 같이한 것으로 보인다. 그가 무신론적인 고전 상키야는 불교 이후의 사상이라는 Keith(1924)의 견해를 다음과 같은 주장으로 반박한 것도 이 때문일 것이다.
"Arāḍa가 미래의 붓다인 Siddhārtha에게 제시한 무신론적 표명과는 배치된다. 상키야는 Siddhārtha가 성불하여 자신의 철학을 설하기 이전부터 무신론적으로 돌아섰다." Rao(1966) p. 419.

154 Chakravarti(1975) p. 107.

155 "두 저자가 동시대의 사람임을 생각하면 … 아마도 서기 1~2세기의 상키야 사상은 그러한 것이고, 양쪽의 누군가가 다른 사람의 상키야 학설을 채용했을 것이다. Caraka의 기술이 조직적이고 상세하기 때문에 Aśvaghoṣa가 그것을 취하여 다소 자기의 식견을 가미한 것인지도 모른다. 혹은 양자가 모두 공통의 민간신앙을 채용했음도 고려할 수 있어, 적어도 당시의 상키야 사상이 그러한 것이라는 점은 확실하다." 平等通昭(1928) p. 61.

은 모두 『불소행찬』과 유관한 불전으로 간주할 수 있다.

이것들 중에서 『과거현재인과경』과 『불본행집경』은 『불소행찬』과의 유관성이 현저한 편이다. 『과거현재인과경』은 『불소행찬』보다 간략하게 기술하고 『불본행집경』은 『불소행찬』을 약간 부연한 경향이 있다. 반면에 『불본행경』에서 기술하는 Arāḍa의 교설은 『불소행찬』의 그것과는 약간 다른 전승을 따른 것으로 보인다.[156]

『과거현재인과경』에서 상키야의 원리들을 열거하는 Arāḍa의 교설은, 원리들을 인과관계로 열거한 점과 원리들의 숫자를 고려하지 않은 점에서 『불소행찬』의 경우와는 매우 판이하다.

> 중생에게는 시초가 있으니 명초(冥初＝원질)가 그 시초이다. 명초로부터 아만(我慢)이 발생하고, 아만으로부터 치심(癡心)이 발생하고, 치심으로부터 염애(染愛)가 발생하고, 염애로부터 다섯 미진기(微塵氣)가 발생하고, 다섯 미진기로부터 5대(大)가 발생하며, 5대로부터 탐욕과 성냄 등의 번뇌들이 발생하니, 이로부터 [중생은] 생로병사의 윤회를 전전하면서 근심하고 슬퍼하고 고뇌한다.[157]

이 설명에서 미진기는 '미세한 기운'이라는 뜻으로 생소한 용어이지만 이것이 미세요소(tanmātra)를 지칭한다는 것은 거의 확실하다. 이것에 해당하는 것을 『대지도론』에서는 미진(微塵)으로 표현하고 있기 때문이다.[158] 여기서 설명한 인과관계를 한눈에 파악하자면 다음과 같다.

....

156 ibid. pp. 65, 67 참조.

157 過去現在因果經 권3(T 3:638a): "眾生之始 始於冥初. 從於冥初 起於我慢, 從於我慢 生於癡心, 從於癡心 生於染愛, 從於染愛 生五微塵氣. 從五微塵氣 生於五大, 從於五大 生貪欲瞋恚等諸煩惱. 於是流轉生老病死憂悲苦惱."

158 大智度論 권70(T 25:546c): "통각으로부터 아만이 발생하고 아만으로부터는 5종의 미진, 즉 소리와 감촉과 형색과 맛과 향이 발생한다." (從覺生我 從我生五種微塵, 所謂色聲香味觸)

명초(원질) → 아만 → 치심 → 염애 → 5미진기(미세요소) → 5대(조대요소) → 번뇌(탐욕과 진에 등)

이 인과관계에서 치심과 염애는 상키야의 어떠한 교의에서도 원리로는 언급되지 않으므로 매우 특이하다. 짐작건대 『불소행찬』에서 3종의 근본 원인[159]으로 언급한 것들 중 무지(ajñāna)와 갈애(tṛṣṇā)를 각각 치심과 염애로 번역했을 수도 있으나 확신할 수는 없다. 더욱이 여기에는 5지각기관, 5행위기관, 마음 등의 필수 원리들도 포함되어 있지 않다. 이 때문에 이 교설은 당시의 민간에서 통용된 학설을 채용했을 가능성이 있는 것으로도 추정된다.[160] 다만 순수정신을 원리의 구조에 포함시키지 않은 것은 『불소행찬』과 동일하다.

이에 비해 해탈의 과정을 네 단계의 선정으로 설명한 『과거현재인과경』의 교설은 그 취지에서 『불소행찬』과 합치한다.

> 만약 이 출생과 죽음의 근본을 끊고자 한다면, 먼저 출가하여 계행(戒行)을 준수하고 실천하되, 겸손하게 자신을 낮추어 인욕하고 한적한 곳에 머물면서 선정을 수습해야 한다. [이로써] 탐욕과 선하지 않은 악한 법에서 벗어나 각(覺)도 있고 관(觀)도 있는 첫째 선정에 도달한다. 각과 관을 제거한 선정에서 기쁜 마음이 발생하는 둘째 선정에 도달한다. 기쁜 마음을 버리고 바른 생각을 얻어 안락한 감관을 갖춘 셋째 선정에 도달한다. 고통과 안락을 제거하고 억념을 얻어 평정한 감관이 들어선 넷째 선정에 도달하니, [더 이상의] 상념이 없는 과보를 얻는다.[161]

....

159 무지와 업과 갈애. BC 12.23(@제4장 각주 134).

160 平等通昭(1928) p. 67 참조.

161 過去現在因果經 권3(T 3:638a): "若欲斷此生死本者, 先當出家 修持戒行, 謙卑忍辱 住空閑處 修習禪定. 離欲惡不善法, 有覺有觀 得初禪. 除覺觀定 生入喜心 得第二禪. 捨喜心 得正念 具樂根 得第三禪. 除苦樂 得淨念 入捨根 得第四禪 獲無想報."

이 교설은 『불소행찬』에서 출가 수행의 길로 제시한 내용[162]을 매우 간략하게 압축한 형태이다. 이에 비해 산문을 위주로 하면서 게송을 덧붙인 『불본행집경』은 『불소행찬』의 교설과 동일한 취지를 매우 장황하게 상술한다.

『불본행집경』의 상키야 교설은 『불소행찬』과 거의 동일하나, Arāḍa와 태자의 문답을 대화 형식으로 확장했을 뿐만 아니라 Arāḍa의 견해에 대한 태자의 비판이 증보되어 있다.[163] 그러나 한역(漢譯)에 의존할 수밖에 없는 『불본행집경』의 경우에는 동일한 취지의 교설일지라도 미묘한 차이를 드러낸다. 상키야의 기본 교의를 예로 들자면, Arāḍa는 상키야의 원리들을 다음과 같이 제시한다.

> 무릇 중생이란 두 가지 의미를 갖느니, 첫째는 본성(=원질)이며 둘째는 변화(=변이)이다. 이 두 가지를 합하여 중생이라고 총칭한다. 본성이란 5대(大), 즉 지수화풍공(地水火風空)이라는 대(大)로 불리는 5대, 그리고 본체의 본성으로 불리는 자아와 무상(無相=미현현)이다. [둘째로] 변화란 감관들의 영역, 즉 손과 발과 말하고 움직여 오가는 것, 그리고 마음으로 아는 것, 이러한 것을 변화라고 한다. 만약 모든 영역을 이와 같이 안다면 이것을 '영역을 아는 자'(=kṣetrajña)로 부른다. 그 모든 영역을 알 수 있다는 것은 곧 자아가 알 수 있다는 것이요 사유(思惟)하는 자아를 말하는 것이니, 이것이 지혜로운 사람의 말씀이다.[164]

이 번역은 『불소행찬』의 범본을 참고하여 가능한 대로 원의를 파악해 본 것이지만, 『불소행찬』과의 합치를 단정할 수 없는 대목도 있다. 여기서 후반부의 설명은 『불소행찬』에서 "이 몸(kṣetra)을 알기 때문에 '몸을 아는 자'(kṣetrajña)로

....

162 앞에서 인용한 BC 12.46-47(각주 151), 12.49-56(각주 105).

163 本多惠(1980上) p. 84 참조.

164 佛本行集經 권22(T 3:753c): "凡眾生者 此有二義, 一者本性 二者變化. 合此二種, 總名眾生. 言本性者 即是五大, 其五大者 所謂地大水火風空, 我及無相, 名本體性. 言變化者 諸根境界, 手足語言動轉來去, 及以心識 此名變化. 若知如是諸境界者 名知境界. 言能知彼諸境界者 是我能知 思惟我者 是智人說."

불린다. 그런데 '몸을 아는 자'란 자아를 성찰하는 이들이 '자아'라고 일컫는 것이다."[165]라고 말하는 대목에 상당한다. 그러나 『불소행찬』의 경우에는 상키야의 원리들을 24개 또는 25개로 파악할 수 있게 기술한 반면, 위에 인용한 『불본행집경』의 설명으로는 그 숫자를 명료하게 파악할 수 없다. 애써 추정하자면, 변화(=변이)를 설명하면서 맨 먼저 언급한 '감관들의 영역'이 5대상(미세요소), 5지각기관, 5행위기관, 마음을 포괄한다고 이해할 수도 있다. 이 경우에는 『불소행찬』의 설명과 합치한다.

그러나 본성(=원질)의 구성 요소로 언급한 '본체의 본성으로 불리는 자아와 무상'에서 자아는 무엇을 지칭하는지 불분명하다. 이 자아가 '영역을 아는 자'로 불리는 자아와 동일할 리는 없다. 『불소행찬』의 설명과 대조하여 추정하자면, 그 자아는 아만과 통각 중의 하나이거나 아만과 통각을 총칭한 것일 수 있다. 이 중에서는 통각을 자아로 일컬었을 가능성이 크다. 아만을 독립된 감관으로는 간주하지 않으려 한 Caraka의 사례가 있고, 상키야-요가의 고대 스승들 중에서도 아만을 통각에 포함시킨 경우가 있기 때문이다.[166]

이 같은 문제와 관련하여 『불본행집경』에서 특별히 주목할 만한 것은 자아에 대한 다음과 같은 설명이다.

> Arāḍa가 말했다. 어진 구담(瞿曇, Gautama)이여! 듣고자 한다면 나는 바로 설명하리라. 무릇 세간을 개화하고자 하는 것이 바로 이 자아이다. 명칭만 있을 뿐이요, 태어나지고 늙지도 않으며, 물러서거나 돌아오지도 않으며, 바깥도 없고 중앙도 없으며, 앞도 없고 뒤도 없는 이것을 자아라고 일컫는다. 자재로이 윤회 속으로 들어가 태어나서 죽기까지 존재할 수 있지만 잠시도 한 곳에 머물지 않는다. 그것은 법과 비법(非法), 천신과 인간과 이 밖의 모든 존

165 BC 12.20. 이 @제6장 각주 76.

166 Caraka의 경우는 이 @제6장 각주 32 참조. Chakravarti(1975:179)에 의하면 아만을 독립 실체로 간주하지 않고 통각에 포함시킨 파탄잘리의 주장이 *Yuktidīpikā*에서 언급된다.

> 재 양태, 이러한 것들을 멀리하여 나아가는 탈것을 만들 수 있다. 이 같은 탈것을 타는 자는 깊은 존재의 바다를 건너 윤회를 오갈 수 있고, 출생과 죽음을 조작하고 또한 변화시킬 수 있으며, 자재하기로는 가장 빼어나고 가장 미묘하고 가장 위대하니, 능히 세상의 주인이 되어 일체를 포섭하고 교화한다.[167]

이처럼 '세상의 주인'으로 묘사되는 자아는 세계를 자유자재로 조작하는 브라마 신과 다르지 않다. 이 자아는 고전 상키야에서 조작 활동이 없는 원리로 정의한 순수정신과는 전혀 다른 자아이다. 『불소행찬』에서 Arāḍa가 교시한 상키야의 교의가 무신론적 경향을 띤다고 말할 수 있는 이유는 자아를 이와 같이 설명하지는 않기 때문이다. 이 때문에 『불본행집경』에서 Arāḍa의 교설이 대변하는 상키야는 아무래도 베단타(우파니샤드)의 사상과 혼합되었든가 아니면 힌두교의 사고방식이 혼입되었을 것으로 추정된다.[168]

끝으로 『불본행집경』에서 Arāḍa의 제자는 무려 27명의 이름을 열거하여 이들이 일찍이 Arāḍa와 같은 정도(正道)를 성취했다고 과시한다. 이들 중에서 파라사라(波羅奢羅, Parāśara), 사나가(闍那迦, Janaka), 사기사비야(闍祁沙毘耶, Jaigīṣavya)는[169] 『불소행찬』에서도 언급되지만 나머지는 상키야－요가의 문헌들에서 그 실체를 확인할 수 없다. 그러므로 이들 중에 상키야의 교사가 일부 포함되었을 수는 있더라도, 『불본행집경』의 이 대목은 구도자인 태자가 이들의 식견을 능가한다는 수사법의 일환으로 『불소행찬』의 해당 대목[170]을 과장한 것에 불과

....

167 佛本行集經 권22(T 3:755c): "阿羅邏言. 仁者瞿曇! 欲得聞者 我當為說. 凡欲開化於世間者 即我是也. 唯有名字不生不老不退不還, 無邊無中 無前無後 是名為我. 自在能入輪轉 在於生死之內 亦不暫住. 彼法非法 彼天彼人及諸有趣, 彼能遠行 彼能作乘. 乘彼乘者, 能渡深有海 流轉去來, 能作生死, 亦能變化, 自在最勝, 最妙最大, 能作世主, 攝化一切."

168 本多 惠(1980上) p. 84 참조.

169 佛本行集經 권22(T 3:756c-757a): "過去一切諸仙得正道也. 所謂尊者 波羅奢羅仙人 … 阿須梨耶仙人 … 闍那迦仙人 … 闍祁沙毘耶仙人 …."

170 "왜냐하면 Jaigīṣavya와 Janaka와 또한 장로인 Parāśara는 전적으로, 그리고 해탈을 추구하는 다른 이들도 이 길을 추종하여 해방되었기 때문이다." BC 12.67. 앞의 각주 150.

하다.

『불본행경』에서 소개하는 상키야의 교의는 같은 계통의 다른 문헌들과는 표현과 내용에서 상당한 차이를 드러낸다. 그러나 『불소행찬』과 대조하여 수수께끼 같은 난해한 표현들이 지칭하는 것을 풀어내면, 상키야 학설의 기본 구조가 『불소행찬』의 그것과는 큰 차이가 없다는 것을 확인할 수 있다. 다음과 같은 설명에서 수수께끼를 풀어내는 실마리는 숫자들이다.

> [세간은] 출생과 죽음을 전전하며 두루 맴돌아 나아가니, 위아래가 뒤바뀌는 것이 마치 수레바퀴가 도는 것과 같다. 여기에는 내법(內法)으로 불리는 여덟(8) 사사(私事)가 있으며, 열여섯(16종) 의란제사(疑亂諸事)가 있다. 이것들에 의지하여 그 사람의 의욕이 강성하게 되고 일체의 세간은 이 때문에 발생하고 소멸한다.
>
> 이와 같이 [여덟(8) 사사로는] 다섯(5) 성(性)에 여섯째로는 식(識), 일곱째로는 의(意), 여덟째로는 유예(猶豫)가 있다. [열여섯(16) 의란제사로는] 무릇 다섯(5) 정(情)과 또한 다섯(5) 욕(欲)이 있으며, 여섯(6) 오란(誤亂)도 있음을 또한 알아야 한다. 이것을 환히 아는 자를 이름하여 각업(覺業: 업을 아는 자)으로 부르고, 적선(赤仙, 카필라)의 지위가 되면 이 모두를 다 깨달아 알므로 범천이라는 이름으로 불리니, 일체를 널리 알고 깊이 아는 이런 자는 니원업(泥洹業: 업을 소진한 자)으로 불린다.
>
> 출생과 죽음의 뿌리가 성숙하여 끌려 다니며 속박되어 있으니, 단지 이것을 깨달아 알고 다른 것은 결정하지 않는 우리들은 여기서 방편을 구할 뿐이다. 이것이 우리의 니원(泥洹)이요 그대가 바라는 깨달음이며, 지혜로운 어떤 이는 이것을 니원으로 일컫고 혹은 선보(禪報: 선정의 과보)라고 말한다.[171]

....

171 佛本行經 권3(T 4:4c): "生死展轉 周旋迴行 上下顛倒猶如輪轉. 有八私事 號曰內法又有十六疑亂諸事. 緣此當知 其人意強 一切世間 因是起滅. 如是五性 識著第六 意則第七 猶豫第八. 凡有五情 又有五欲 又當復覺 有六誤亂. 曉知是者 名曰覺業, 赤仙與位 皆共覺知 梵天號曰, 一切普知 審知是者 名泥洹業.
生死根熟 牽連縛著 但諦覺是 餘不決定 吾等於此 方便求了. 是吾泥洹 仁所欲覺 或有智者 謂是泥洹 或云禪報."

여기서 열거하는 숫자들을 따라가면서 이 설명을 구조를 파악하면, 먼저 8과 16으로 전체를 대별하고 나서, 이 둘을 각각 다시 '5+3=8'과 '5+5+6=16'으로 세분한다. 따라서 여기서는 먼저 총 24원리의 내역을 설명하는 데 주력하고, 그 다음에는 이것들을 깨달아 아는 것으로 해탈이 가능하다는 결론으로 나아간다. 24원리를 언급하는 것으로부터 상키야의 교의를 설명하기 시작한 것은 『불소행찬』의 경우와 동일하다.

그러나 『불본행경』의 이 설명에서는 숫자들을 『불소행찬』보다 낱낱이 명시한 대신, '여덟(8) 사사' 이외에는 그 숫자들의 내역을 전혀 언급하지 않는다. 더욱이 이 8사사의 내역을 5성(性), 식(識), 의(意), 유예(猶豫)이라는 생소한 표현으로 제시한다. 그러므로 이것들이 지칭하는 상키야의 원리들의 실체를 파악하는 것이 관건이다. 이 문제는 『불소행찬』(<표 15>)뿐만 아니라 이미 고찰한 *Caraka-saṃhitā*를 참조하는 것으로 해결할 수 있다. 이에 따라 5성은 5조대요소, 식(識)은 통각, 의(意)는 아만, 유예는 미현현을 지칭한 것으로 파악할 수 있다. 나머지 숫자들의 내역과 생소한 용어들의 의미를 『불소행찬』과 대조하여 다음의 표처럼 파악할 수 있다.

〈표 17〉 『불본행경』에서 열거한 상키야 원리들의 실체

『불본행경』의 표현		『불소행찬』의 상응 표현	
개수	분류 개념/용어	개수	분류 개념/용어
8	사사(私事): 은밀한 작용	8	원질
16	의란제사(疑亂諸事): 의심되고 어지러운 제반 작용	16	변이
5	성(性): 본질	5	조대요소
5	정(情): 감정	5	지각기관
5	욕(欲): 욕구	5	행위기관
6	오란(誤亂): 미혹되고 어지러움	6	5대상(미세요소), 마음

<표 17> (계속)

『불본행경』의 표현		『불소행찬』의 상응 표현	
	각업(覺業): 업을 아는 자		몸을 아는 자(kṣetrajña)[172]: 순수 정신
	니원업(泥洹業): 업을 소진한 자, 범천(梵天)		브라마 신
	니원(泥洹): 열반		해탈
	선보(禪報): 선정의 과보		정려의 과보

이 같은 『불본행경』의 용어들이 현존하지 않는 원전에 의거한 것이라면, 여기서 소개하는 Arāḍa의 교설은 불교적 관념으로 채색된 것일 수도 있다. 특히 열반을 달리 의역한 니원(泥洹)이나 업을 태워 없앤다는 의미의 니원업(泥洹業)이라는 용어는 상키야 관련의 다른 문헌에서는 거의 사용되지 않는 불교적 표현이다. 만약 이것이 의도적인 채색이 아니라면 『불본행경』에 수록된 Arāḍa의 교설은 "원시적 상키야 사상이라고 말할 수 있는 정도이고 정리되어 있지는 않다."[173]라는 단평이 타당할 것이다.

끝으로 『대장엄론경』은 『승가경』(僧佉經), 즉 *Sāṃkhyasūtra*를 언급한 점에서 괄목할 만하다. 이것은 물론 15세기 전후로 작성된 현존하는 *Sāṃkhyasūtra*가 아니기 때문에 더욱 눈길을 끈다.[174] 그러나 『승가경』의 정체성은 차치하고, 이

172 『불소행찬』의 한역본에서는 이것을 지인(知因: 지식의 원인)으로 번역했다. @제1장 각주 72 참조.

173 平等通昭(1928) p. 67.

174 "이 『대장엄론경』이 『승가경』에 관해 설하는 가장 오래된 문헌이므로, 이로써 『승가경』의 최하 연대가 정해진다. 만일 『대장엄론경』을 마명(馬鳴)의 저작으로 간주한다면, 대체로 서기 100년이 하한이 되는 셈이다." 本多惠(1980上), p. 85.
그러나 불전에서 언급하는 『승가경』의 실체적 존재는 입증되지 않는다. 이 점을 고려하면 승가경은 단독의 문헌이 아니라 '상키야의 경문'을 포괄적으로 지칭한 것일 수 있다. 이에 관한 고찰의 결론(정승석 1992c:165)에 의하면, 불전에서는 육십과론(六十科論)으로 명명되기 이전의 Pañcaśikha의 교설을 '승가경'으로 표현했을 가능성이 있다. 그렇다면 승가경은 육십과론의 원전으로 간주될 수 있지만 포괄적으로는 승가경이 육십과론을 의미한다고 보아도 무방할 것이며, 육십과론 자체는 Pañcaśikha의 교의를 중심으로 그간의 교설을 망라하여 정리한 것이라는 상징적인 문헌일 수 있다.

『승가경』이 인도 논리학의 오지작법으로 논의를 전개한다고 기술한 것은 이전의 문헌에서는 볼 수 없는 내용이기 때문에, 『대장엄론경』은 상키야의 사상사에 중요한 정보를 제공한다.

『대장엄론경』에서 Kauśika(憍尸迦)라는 바라문은 "그러나 이 불경(佛經)인들 어찌 '상키야의 이론'(僧佉論)에 비할 수가 있겠는가?"(然此佛經 寧可得比僧佉論耶)라는 반론에 다음과 같이 답변한다.

> 『승가경』에 따르면 다섯 가지로 나누어 설명한 것이 논의의 전부이니, 첫째는 언서(言誓), 둘째는 인(因), 셋째는 유(喻), 넷째는 등동(等同), 다섯째는 결정(決定)이다. 그대여! 『승가경』 중에는 예컨대 소(牛)와 들소(犎)처럼 분명하게 이해할 수 있는 비유마저 없으니, 하물며 법의 진상을 어찌 명료하게 논란할 수 있겠는가?
> 왜냐하면 그대가 말하는 『승가경』에서는 불생(不生)이면서도 항존하는 제일원인(pradhāna, 鉢羅陀那)이 모든 곳에 편재하여 어느 곳으로든 나아간다고 설명하기 때문이다. 『승가경』의 설명처럼 제일원인은 다른 것으로부터 발생하지 않으면서 그 본체가 항존하여 일체를 낳을 수 있고, 모든 곳에 편재하여 어떠한 곳까지라도 나아갈 수 있다면, 이와 같이 설명하는 자체에 과실이 있다.[175]

여기서 먼저 거론하는 다섯 가지는 인도 논리학의 특성인 오지작법의 지분이다. 그리고 이 논법의 결함으로 예시한 소(牛, go)와 들소(犎, gavaya)의 비유는 인도의 논리학 또는 인식론에서 인식 수단의 하나인 유추(類推, upāmāna)를 설명할 때 가장 흔하게 사용된다. 여기서 언급하는 다섯 지분의 용어들 중 일부는

....

175 大莊嚴論經 권1(T4, p. 259c): "如僧佉經說有五分 論義得盡. 第一言誓, 第二因, 第三喻, 第四等同, 第五決定. 汝僧佉經中 無有譬喻可得明了 如牛犎者, 況辯法相而能明了?
何以故 汝僧佉經中說 鉢羅陀那不生如常, 遍一切處亦處處去. 如僧佉經中說 鉢羅陀那不從他生 而體是常能生一切 遍一切處去至處處, 說如是事多有愆過."

생소하지만 일반적으로 통용된 용어를 달리 표현한 것일 뿐이다.

언서(言誓)는 주장 명제인 종(宗), 인(因)은 이유 명제, 유(喩)는 비유 명제인 실례(實例), 등동(等同)은 적용 명제인 합(合), 결정(決定)은 결론인 결(結)을 지칭한다.[176]

『대장엄론경』에서는 이것들을 상키야의 이론으로 간주했으나, 그 당시나 그 이전의 문헌에서는 이 사실을 입증할 만한 기록을 발견할 수 없다. 다만 『상키야송』의 주석서에서는 오지작법으로 논의를 전개한 사례를 볼 수 있다. 일례로 Vācaspati는 다음과 같이 유추를 해설한다.[177]

> 예를 들어 "소(go)는 들소(gavaya)와 같다."라는 바로 그러한 언설이 유추이다. 이것(언설)으로부터 유래한 이해는 순전히 전승이다. 또한 "이 '들소'라는 말은 '소'와 유사한 것이라는 의미를 표시한다."라는 [주장 명제(宗)의] 관념은 이 역시 순전히 추리이다. [이 주장 명제를 도출하는 추리의 논법은 다음과 같다.]
>
> [이유(因):] 왜냐하면 어떠한 경우에나 숙련자들이 [어떤 것에] 적용하는 말이 [그 어떤 것 이외의] 다른 작용(즉 의미)을 일으키지 않을 때, 그것은 [그 어떤 것의] 의미를 표시하기 때문이다.
>
> [실례(喩):] 예를 들어 '소'라는 말은 '소 일반'('소'라고 불리는 모든 동물)[이

....

176 本多惠(1980上) p. 86. 本多는 『대장엄론경』에서 이 오지작법을 언급하는 것을 다음과 같이 평가한다. "아마도 이것은 인도에서 오분작법(=오지작법)을 명시한 가장 오래된 문헌에 속할 것이다. 후대의 상키야 학파에서는 논리학이 그다지 중요시되지 않음에도 불구하고 옛 『승가경』에서 이처럼 오분작법이 설해지고 있다는 점은 대단히 주목할 가치가 있을 것이다."

177 TK 46 ad. SK 4. Jha(1965) p. 30.
tathā hi | upamānaṃ tāvad yathā gaus tathā gavaya iti vākyam | taj-janitā dhīr āgama eva | yo 'py ayaṃ gavaya-śabdo go-sadṛśasya vācaka iti pratyayaḥ, so 'py anumānam eva |
yo hi śabdo yatra vṛddhaiḥ prayujyate, so 'sati vṛtty-antare, tasya vācakaḥ,
yathā go-śabdo gotvasya |
prayujyate caivaṃ gavaya-śabdo go-sadṛśa iti
tasyaiva vācaka iti
tat jñānam anumānam eva |

라는 의미를 표시하는 것과 같다.

[적용(合):] 그런데 이와 같이 '들소'라는 말도 '소'와 유사한 것에 적용된다.

[결론(結):] 따라서 바로 그것(들소)은 [소와 유사한 것이라는] 의미를 표시한다.[178]

이러한 지식은 순전히 추리이다.

이 해설은 유추가 독립된 인식 수단이 아니라 추리에 속한다는 고전 상키야의 인식론을 입증하는 논법이다. 이 논법은 오지작법의 전형적인 추론식을 따르고 있으므로, 『대장엄론경』에서 『승가경』의 논의라고 언급하는 오지작법도 그 적용에서는 이와 다르지는 않을 것이다. 더욱이 『대장엄론경』에서 이 다음에 비판하는 발라타나(鉢羅陁那)는 상키야에서 원질의 동의어로 구사되는 pradhāna(제일원인)의 음역이며, 그 특성은 고전 상키야의 설명과도 일치한다.

비록 상키야에 관한 『대장엄론경』의 서술이 불충분하기는 하지만, 그 내용은 『불소행찬』 계통의 다른 불전들에서는 볼 수 없는 구체적 정보를 담고 있다. 또한 그 단편적인 내용만으로 비교하자면, 『대장엄론경』에 인지된 상키야는 다른 불전들에서 서술하는 상키야보다는 더욱 참신하여 고전 상키야에 더욱 근접한 것으로 보인다.

---

178 [주장 명제(宗):] "이 '들소'라는 말은 '소'와 유사한 것이라는 의미를 표시한다."

제7장

상카야-요가의 교사와 전승

제7장

상키야-요가의 교사와 전승

앞의 제5장과 제6장에서 고찰한 상키야 관련의 주요 문헌들은 상키야-요가가 하나의 사상적 조류를 형성하여 한 무리의 학파로 성장하고 있었을 정황을 충분히 시사한다. 그리고 이 같은 성장의 주역은 성현으로 불리는 많은 교사들이다. 특히 『마하바라타』에서는 이들이 상키야 또는 요가의 교의를 가르치는 스승으로 등장한다. 물론 이들을 모두 실재했던 인물로 간주할 수는 없다. 예를 들어 Viśvāvasu는 초자연적 존재인 건달바(Gandharva)의 이름인데, 『마하바라타』에는 그에게 25원리의 교설을 전한 교사들로 다음과 같은 이름들이 언급되어 있다.

Jaigīṣavya, Asita Devala, Parāśara, Vārṣagaṇya, Bhṛgu, Pañcaśikha, Śuka, Gautama, Ārṣṭiṣeṇa, Garga, Nārada, Āsuri, Pulastya, Sanatkumāra, Śukra, Kaśyapa, Rudra Viśvarūpa.[1]

이들의 실재 여부를 확인할 수는 없지만 여기에는 역사적 인물과 신화적 이

1 Mbh 12.318.59-62=306.57-60. Dutt(2004.VIII) p. 456. cf. Chakravarti(1975) p. 127.

름이 포함되어 있을 것이다. 하지만 그 실재 여부를 떠나서 이러한 언급은 상키야 - 요가의 교설이 그만큼 널리 회자되고 있었다는 사실을 반영할 것이다. 이들 중에서 Vārṣagaṇya와 Pañcaśikha는 후대의 문헌들을 통해 상키야 철학의 대가로 인정되고, Āsuri의 경우는 전설을 통해 잘 알려져 있다.

이하에서는 상키야의 전설 또는 역사에서 중시된 교사들과 이들의 이름으로 거론되는 문헌들을 개괄하여 소개한다. 고전 상키야가 학파로 정립된 이후의 인물들에 관해서는 잘 알려져 있으므로, 그 이전의 교사로 간주되는 인물들을 소개하는 데 중점을 둔다.

7.1. 상키야 - 요가의 신화적 개조

상키야와 요가를 '상키야 - 요가'로 일컫는 것은 그 둘을 한 통속의 사상 체계로 간주하는 통념에서 비롯된다. 그러나 인도의 신화나 전설을 통해 상키야의 개조는 카필라, 요가의 개조는 Hiraṇyagarbha로 알려져 있다. 전설적 성현 또는 신격으로서의 이 양자에 대해서는 이제까지 누차 언급했지만, 여기서는 카필라와 Hiraṇyagarbha를 각각 상키야와 요가의 개조로 간주하게 된 통념을 먼저 고찰한다. 카필라를 상키야의 개조로 간주하는 통념은 비교적 익숙한 반면, Hiraṇyagarbha를 요가의 개조로 간주하는 통념은 전자에 비해 아무래도 낯설다.

7.1.1. 신으로부터 전수된 요가의 선포자, Hiraṇyagarbha

'황금의 태아'인 Hiraṇyagarbha는 *Ṛgveda* 이래 우파니샤드를 거쳐 대서사시 『마하바라타』에 이르기까지 다양한 용례로 자주 언급되는 명칭이다. 이제까지 인용한 용례에만 국한하더라도 Hiraṇyagarbha는 신으로부터 창조된 최초의 존재, 브라마 신, 위대한 성현, 요가의 창시자, 심지어는 25원리들 중의 제23원리

등으로 언급된다. 이 중에서 특기할 만한 것은 상키야의 개조인 카필라와 함께 요가의 대가로 언급되는 Hiraṇyagarbha이다.

> 최상의 성현인 그 카필라는 상키야의 선포자로 불리고, 요가의 현자는 다른 이가 아니라 옛적의 Hiraṇyagarbha이다.[2]

후대에 Hiraṇyagarbha를 요가의 전설적 창시자로 간주하게 된 전통은 아마 이로부터 유래할 것이다. 그렇다면 요가의 창시자로 불릴 만한 어떤 교설이 Hiraṇyagarbha로부터 유래해야 한다. 이 같은 요구에 부응하는 교설이 Pāñcarātra 학파의 *Ahirbudhnya-saṃhitā*에는 다음과 같이 소개되어 있다.[3]

> 비슈누의 의지에 순응하는 위대한 요가의 교의는 Hiraṇyagarbha로부터 발생했다. 그대는 그것의 종류들을 내게서 들으라. (31-)
> Hiraṇyagarbha가 최초로 교시한 요가의 두 가지 집성 중에서 하나는 '제어의 요가'로 불리고, 다른 것은 '행위의 요가'로 불린다. 그리고 그 중에서 '제어'로 불리는 집성은 열 두 가지로 알려져 있다." (32-33)

....

2 sāṃkhyasya vaktā kapilaḥ paramarṣiḥ sa ucyate | hiraṇyagarbho yogasya vettā nānyaḥ purātanaḥ || Mbh 12.349.65=336.60. Dutt(2004.VIII) p. 620. 카필라와 Hiraṇyagarbha의 연관성에 관한 논의는 @제4장 각주 50 참조. *Yājñavalkya-smṛti*에 의하면 요가의 선포자는 옛적의 Hiraṇyagarbha이다. 다음 각주 7 참조.

3 AhS 12.31-38. Ramanujacharya(1966) pp. 108-9.
viṣṇu-saṃkalpa-rūpaṃ ca mahad yogānuśāsanam || 31 || hiraṇyagarbhād udbhūtaṃ tasya bhedāni māñ śṛṇu | ādau hiraṇyagarbheṇa dve prokte yogasaṃhite || 32 || ekā nirodha-yogākhyā karma-yogāhvayā parā | saṃhitā tu nirodhākhyā tatra dvādaśadhā smṛtā || 33 ||
①aṅga-tantram athādyaṃ tu ②doṣa-tantra ataḥ param | ③upasargābhidhaṃ tantraṃ ④tathādhiṣṭhānakaṃ param || 34 ||
⑤ādhāra-tantraṃ yogaṃ ca ⑥bahistattvādhikāravat | ⑦rikta-yogākhya-tantraṃ ca ⑧pūrṇa-yogākhyam eva ca || 35 ||
⑩⑪siddhi-yogākhyayā trīṇi ⑫mokṣa-tantram ataḥ param | iti dvādaśa-bhedās te nirodhāyāḥ prakīrtitāḥ || 36 ||
brahmaṇā gaditās tatra catasraḥ karma-saṃhitāḥ | nānākarmamayī tv ekā parā tv ekā kriyāmayī || 37 ||
①②③④bāhyābhyantara-rūpeṇa dve api dvividhe smṛte | yogāśāsanaṃ śāstram iti ṣoḍaśa-vistaram || 38 ||
sudarśanam ayaṃ viṣṇor uditaṃ tat prajāpateḥ || 39 ||

> 여기에는①지분(支分) 요목을 비롯하여 이 밖에②결점 요목과③장애로 불리는 요목, 더 나아가④안주 [요목]과 같은 것이 있다. (34)
> ⑤의지처 요목, ⑥외적인 원리와 규칙을 지닌 요가, ⑦'공처(空處)의 요가'로 불리는 요목, ⑧'충족의 요가'로 불리는 것," (35)
> ⑨⑩⑪'성취의 요가'로 불리는 세 가지, 이로부터 ⑫해탈 요목에 이르기까지 이러한 열 두 종류들이 제어에 관해 진술된 것들이다. (36)
> 그 [두 가지 집성] 중에서 브라마 신에 의해 '행위의 집성'(행위의 요가)으로 불린 것은 넷이다. 하나는 다양한 행위로 이루어진 것이고, 다른 하나는 노력으로 이루어진 것이다. (37)
> ①②③④두 가지로 전해지는 둘도 [각각] 외적인 것과 내적인 것으로 [이루어지므로 '행위의 집성'은 모두 넷이 된다]. 요가의 교설이라는 학문은 열 여섯 가지로 상세하게 기술된 것이다. (38)
> 이 훌륭한 철학이 바로 조물주인 비슈누로부터 설해졌다. (39)

여기서 Hiraṇyagarbha는 조물주인 비슈누로부터 들은 요가를 최초로 세상에 알린 인물로 간주되어 있다. 비록 이 Hiraṇyagarbha가 실존 인물은 아닐지라도 여기서 열거한 교설들은 대체로 고전 요가의 문헌에서 유사한 형태로 발견된다는 점을 간과할 수는 없다. 여기서는 먼저 요가의 전체를 12요목으로 집성된 '제어의 요가'와 4요목으로 집성된 '행위의 요가'로 크게 양분했는데, 이는 요가의 전통에서 전혀 생소하지 않다. '제어의 요가'란 『요가경』에서 "요가란 마음의 작용을 억제하는 것"이라고 정의한 바로 이 요가에 해당하며, '행위의 요가'는 『기타』에서 교시한 그것과 다르지 않을 것이기 때문이다. 더욱이 여기서 구사하는 용어와 2종의 요가를 세분한 요목들은 이보다 더욱 특기할 만한다.

위의 인용문에서 맨 먼저 언급한 '요가의 교시'(yogānuśāsana)는 "이제 요가의 교시가 [시작된다.]"[4] 라고 선언한 『요가경』의 첫째 경문에서 언급한 것과 동일

4 atha yogānuśāsanam ‖ YS 1.1. 『요가주』에서는 이 선언의 의미를 다음과 같이 해설한다.

한 용어이다. 그런데 『요가주』의 주석자들에게는 이 '요가의 교시'에 대한 해석이 쟁점으로 대두되었다. 그들 중에서 Vācaspati는 이 쟁점을 다음과 같이 명료하게 해명했다.

> 참으로 계시서, 성전, 사서(史書), 전승서를 통해 삼매는 지복의 원인이라고 잘 알려져 있다. [그렇다면] '이제'라는 말은 시작을 의미한다는 것이 모든 문헌들에 적용되지 않겠는가? 예를 들어 "이제 이로부터 브라만에 대한 탐구가"[5]라고 말하는 것과 같은 경우에도 적용되지 않겠는가?[6] [라는 의문이 제기될 수 있다.] 이 때문에 '여기서는'이라고 [『요가주』에서 한정하여] 말한 것이다. [또한] 요기 Yājñavalkya의 성전(*Yājñavalkya-smṛti*)에서 "요가의 선포자는 다른 이가 아니라 옛적의 Hiraṇyagarbha이다."라고 말했는데 "어떻게 파탄잘리가 요가 교전의 작자일 수 있는가?"라는 반문을 예상하여, 『[요가]경』의 작자는 '교시'라고 말한 것이다. 교시는 [이미] 공포된 것에 대한 가르침을 의미한다. 여기서는 '이제'라는 말이 '시작'을 의미할 때, 이 경문의 의미는 잘 통한다. 그래서 요가의 교시인 교전이 시작된다고 말한 것이다.[7]

....

"'이제'란 여기서는 [요가, 즉 삼매를 대상으로 하는] 주제가 시작된다는 것이다. [그러므로 이 경문의 의미를] 요가의 교시인 교전이 시작된다는 것으로 알아야 한다." (athety ayam adhikārārthaḥ | yogānuśāsanaṃ śāstram adhikṛtaṃ veditavyam | YBh 1.1. 정승석 2020:352_1)

5 *Brahmasūtra*의 첫째 경문이다. 주석(*Brahmasūtra-bhāṣya*)에 의하면 이 경문은 일단 "이어서 이제부터 브라만에 대한 탐구가 착수되어야 한다."라고 이해되어야 한다. 여기서 '브라만에 대한 탐구'(brahma-jijñāsā)란 직역으로는 '브라만을 알고자 하는 소망'을 의미한다. 그러나 주석에 의하면 이 경문의 의미는 "브라만에 대한 직접적 인식을 얻기 위해 우파니샤드에 대한 성찰을 착수해야 한다."라고 확장된다. cf. Gambhirananda(1972) p. 9. 베단타 철학의 정통설을 대변하는 이 주석에서는 "이제(atha)라는 말은 '시작'이 아니라 '연속'의 의미로 사용된다. 왜냐하면 브라만에 대한 탐구는 시작될 수 있는 것이 아니기 때문이다."라고 설명하여, '이제'의 의미를 시작이 아니라 '연속'으로 해석한다. Gambhirananda(1972:7)는 그 이유를 다음과 같이 설명한다.
"brahma-jijñāsā(브라만에 대한 탐구)라는 말 자체는 브라만을 알고자 하는 소망을 의미한다. 어떤 것을 노력하여 취득할 수 있다는 인식, 그리고 어떤 것이 취득될 때 이는 바람직한 결과를 이끌 것이라는 인식으로부터 '저절로 뒤따르는 것'(=연속하는 것)이 소망이다. 이와 같은 소망은 항아리를 만드는 것처럼 시작될 수 있는 것이 아니다."

6 이는 '이제'를 시작이라는 의미로만 한정할 경우, 『요가경』에서 말하는 '이제'가 '브라만에 대한 탐구'라는 주제의 시작을 의미하게 될 수도 있다는 반문이다.

이와 같은 설명에 따르면 『요가경』은 파탄잘리의 창작이 아니라, Hiraṇyagarbha의 가르침에서 유래한 것이다. 그러므로 '요가의 교시'란 "Hiraṇyagarbha가 이미 공포한 요가의 교설에 따라 파탄잘리가 요가를 가르치는 교전"을 의미한다. 다른 주석자들의 해명도 이 같은 취지의 결론을 도출한다. 그렇다면 *Ahirbudhnya-saṃhitā*도 '요가의 교시'에 대한 이러한 인식을 충분히 반영한 것이 분명한 만큼, 여기서 간략한 부연 설명으로 언급하는 요가의 요목들도 요가 전통의 일각에서는 통용되었을 것으로 믿을 수 있다.[8] 실제로 여기서 요목(tantra) 또는 요가로 언급한 주제들의 대부분은 『요가경』에서도 취급되어 있는 것으로 파악된다.[9]

먼저 '지분 요목'은 『요가경』의 제2장(YS 2.29 이하)에 요가의 8지로 상술되어 있다. '결점 요목'과 '장애 요목'은 각각 『요가경』에서 열거하는 5종의 번뇌(오류)와 9종의 장애에 상당할 것이다.[10] 그러나 '안주 요목'과 '의지처 요목'의 경우

....

7 niḥśreyasasya hetuḥ samādhirīti hi śruti-smṛtītihāsa-purāṇeṣu prasiddhaḥ | nanu kiṃ sarva-saṃdarbhagato 'tha śabdo 'dhikārārthas tathā sati "athāto brahma-jijñāsā" ity ādāv api prasaṅga ity ata āha ayam iti | nanu "hiraṇyagarbho yogasya vaktā nānyaḥ purātana" iti yogi-yājñavalkya-smṛteḥ kathaṃ patañjaler yogaśāstra-kartṛtvam ity āśaṅkya sūtrakāreṇāuśāsanam ity uktam | śiṣṭasya śāsanam anuśāsanam ity arthaḥ | yadāyam athaśabdo 'dhikārārthas tadaiṣa vākyārthaḥ sampadyata ity āha yogānuśāsanaṁ śāstram adhikṛtam iti | TV 1.1. Bodas(1917) p. 2, 10-14행.

8 Bianchini(2015:14)의 근래 연구에 의하면, 북인도에서 유래하여 남인도에서 최종 개정판으로 현존하는 *Ahirbudhnya-saṃhitā*는 서기 11～13세기에 성립되었을 것으로 추정할 만한 충분한 증거들이 있다. 그러나 이 문헌이 대변하는 Pāñcarātra 학파와 유사한 신앙이 서기 1세기 이전에 이미 인도의 최남단에도 존재했다는 Schrader(1916:17)의 지적을 고려하면, 이 문헌은 유서 깊은 전통 사상들을 수록한 것으로 간주된다.
그리고 이 전통 사상의 요체는 상키야-요가로 알려져 있다. 예컨대 Kumar(2005:136)는 상키야-요가의 이원론은 Pāñcarātra 전통의 본질에 속한다는 사실을 고찰하여, "Pāñcarātra의 전통은 상키야-요가의 관념들로 물들어 있었고, 이 상키야-요가의 관념들이 Pāñcarātra의 학설에서 개정되어 왔다."라고 결론짓는다.

9 이에 관한 고찰은 Chakravarti(1975) p. 71 참조.

10 "무지, 자아의식, 탐욕, 혐오, [삶에 대한] 애착이 [다섯] 번뇌들이다."(avidyāsmitā-rāga-dveṣābhiniveśāḥ kleśāḥ || YS 2.3)라는 『요가경』의 교시를 『요가주』에서는 "번뇌란 다섯 오류들을 의미한다."(kleśā iti pañca viparyayā ity arthaḥ |)라고 설명한다. 이 다섯 오류는 『마하바라타』에서 다음과 같이 열거하는 다섯 결점과 부분적으로 중첩되므로, 이런 것들이 '결점 요목'에 해당할 것이다.
"그들은 요가를 통해 탐욕, 미혹, 집착, 욕망, 분노라는 이 다섯 결점들을 근절하고서야 비로소 독존

에는 그 함의가 불명료하여 『요가경』에서도 해당하는 주제를 찾을 수 없다.

다음으로 '외적인 원리와 규칙을 지닌 요가'는 『요가경』에서 정신 집중의 대상에 따라 분류하는 각종 삼매에 해당할 수 있다. 『요가경』의 제1장(YS 1.17-51)에서는 삼매를 유상(有想)과 무상(無想) 또는 유종(有種)과 무종(無種)으로 분류하고, 삼매에 상당하는 등지를 유심(有尋), 무심(無尋), 유사(有伺), 무사(無伺), 환희, 아견(我見) 등으로 분류한다. 그런데 주석자들은 명상에 들어 어떠한 대상에 마음을 집중하느냐에 따라 삼매 또는 등지도 차별된다고 설명한다.[11] 이러한 삼매들 중에서 요가가 궁극으로 지향하는 무상삼매 또는 무종삼매는 '공처의 요가'로 불리는 요목에 해당할 것이다.

이 밖에 '충족의 요가'로 불리는 것과 유관한 것을 『요가경』에서 찾자면, 제3장의 말미(YS 3.52-54)에서 식별지의 성취 수단으로 강조하는 총제(總制)를 지목할 수 있다. 총제는 요가의 8지 중에서 명상의 궁극적 경지를 충족시키는 일련의 세 단계, 즉 '총지 – 정려 – 삼매'를 통틀어 일컫는다. 『요가주』에 의하면 식별지는 총제를 통해 발생하며,[12] 타인의 교시에 의존하지 않고 자신의 지력으로부터

....

(해탈)을 얻는다." (rāgaṃ mohaṃ tathā snehaṃ kāmaṃ krodhaṃ ca kevalam | yogāc chittvādito doṣān pañcaitān prāpnuvanti tat ‖ Mbh 12.300=289.11. Dutt 2004.VIII:396)
한편 『요가경』에서는 '장애 요목'에 해당하는 것을 9종으로 열거한다.
"병, 침체, 의심, 부주의, 나태, 무절제, 그릇된 지각, [요가의] 단계를 얻지 못함, 불안정이 마음의 산란이며, 이것들이 장애이다." (vyādhi-styāna-saṃśaya-pramādālasyāvirati-bhrānti-darśanālabdha-bhūmikatvānavasthitatvāni citta-vikṣepās te 'ntarāyāḥ ‖ YS 1.30)
『요가주』에 의하면 이 9종은 "요가의 불순물, 요가의 적, 요가의 장애로 불린다."(yogamalā yogapratipakṣā yogāntarāyā ity abhidhīyante ‖) 여기서 장애의 원어는 antarāya이지만, *Ahirbudhnya-saṃhitā*에서 말하는 장애의 원어인 upasarga가 『요가경』에서도 동일한 의미로 구사된다. 즉 "직관, 초인적 청각, 초인적 촉각, 초인적 시각, 초인적 미각, 초인적 후각"(YS 3.36)에 대해 "그것들은 삼매에서는 장애이며, [마음이] 산만할 때는 초능력이다."(te samādhāv upasargā vyutthāne siddhayaḥ ‖ YS 3.37)라고 설명한다.

11 "유종삼매의 대상은 극대(일상의 영역)으로부터 극미(근본 물질)에까지 이르고, 장소와 시간과 인과 등의 조건까지 망라한다. 『요가주』에 의하면, 이 삼매의 직관에서는 순수정신에 속하는 특수한 대상도 인식될 수 있다. 이에 대해 유상삼매의 대상은 사실상 전자에 미치지 못한다. 『요가주』 이후의 주석서에 의하면, 유상삼매에서 각 단계의 특성을 대변하는 집중 대상이 심(尋)은 5조대요소, 사(伺)는 5미세요소, 환희는 감관, 아견은 인식자로 지적된다." 정승석(2005) p. 179.

12 "찰나와 이것의 상속이라는 그 둘에 총제함으로써 그 둘에 대한 직관이 [가능하다.] 그리고 이로부

발생하는 직관이자 완전한 지혜이다. 그러므로 식별지를 양성하는 총제는 '충족의 요가'로 불릴 수 있다.

*Ahirbudhnya-saṃhitā*에서는 '성취의 요가'로 불리는 것이 세 가지라고 말하는 데 그치므로, 세 가지의 내역은 알 수가 없다. 그렇지만 이 경우에는 잡다한 초능력들을 열거하는 『요가경』의 제3장(YS 3.16-55)에 상당할 것으로 이해된다.[13] 이러한 초능력들은 총제로부터 발생하며, 식별지를 양성하는 총제의 과정에서 얻을 수 있는 부수적인 능력이다. 그러므로 요가 철학의 관점에서는 식별지야말로 최상의 초능력이다. 『요가경』에서 초능력들을 열거하는 취지는 총제의 기능과 효과를 역설하는 데 있다. 그리고 잡다한 초능력들을 그 지향점에 따라 세 단계로 구분할 수 있다. '성취의 요가'를 분류한 세 가지가 어떠한 것인지 알 수 없는 상황에서는 초능력들의 세 단계도 참고가 될 수 있을 것이다.

첫째 단계(3.16-35)의 초능력들에서 공통성으로 지목할 수 있는 것은 지각 능력이다. 둘째 단계(3.36-48)의 공통성은 정복 능력이며, 초능력의 셋째 단계(3.49-54)는 식별지의 발생과 적용 과정이다. 이 마지막 단계에서는 초능력까지도 초월함으로써 해탈을 성취한다.[14]

끝으로 '해탈 요목'은 『요가경』의 제4장에서 독존(해탈)의 과정과 완성을 설명하는 마지막 대목(YS 4.25-34)에 상당할 것이다. 이 대목의 주제는 다음과 같이 해탈에 도달하는 단계적인 과정이다.

자아의 존재 상태에 대한 성찰의 정지,(25) 마음의 독존 지향,(26) 잠세력의 여

....

터 식별지가 현출한다." YBh 3.52. 정승석(2020) p. 231.

13 '성취의 요가'에서 성취의 원어는 siddhi이고, 『요가경』 제3장의 제목으로 명시된 초능력의 원어는 vibhūti이지만, 이 둘은 흔히 초능력 또는 신통력으로 불리는 초자연력을 가리킨다. 밀교의 한역본 불전에서는 siddhi를 실지(悉地)로 음역하여 초능력을 가리키는 전문어로 구사한다. 후술하겠지만 *Ahirbudhnya-saṃhitā*에서는 '성취 항목'(siddhi-kāṇḍa)을 상키야의 육십과론(六十科論)에 포함된 주제로 열거하는데, 이 경우의 성취는 고전 상키야에서 말하는 8성취를 지칭하는 듯하다.

14 정승석(2020) pp. 335-6 참조.

진,(27) 잠세력의 제거,(28) 법운삼매의 발생,(29) 번뇌와 업의 소멸,(30) 전지(全知)의 무한정한 지혜,(31) 전변의 종료,(32) 최종에 파악되는 상속,(33) 독존의 정의.(34)[15]

*Ahirbudhnya-saṃhitā*에서 요가의 교의를 최초로 가르쳤다고 명시한 Hiraṇyagarbha는 신화적인 가상의 인물일지라도, 여기서 열거하는 교의의 주제들은 결코 가상의 산물로 간주될 수 없다. Hiraṇyagarbha를 요가의 선포자로 인식해 온 전통은 그만큼 요가에 대한 뿌리 깊은 통념을 대변한다.

7.1.2. 최초의 현자인 상키야의 선포자, 카필라

Ṛgveda 이래 각종의 성전들에서 언급된 카필라와 상키야의 관련에 관해서는 이미 충분할 만큼 거론했다. 그러므로 여기서는 이제까지 거론하지 않은 내용을 중심으로 상키야의 전통에서 카필라가 어떻게 인식되어 왔는지를 고찰한다. 아래의 설명은 카필라에 대한 일반적인 인식을 잘 대변한다.

> 문헌들에서 카필라는 명상에 몰두하는 단독의 위대한 성자로 묘사된다. 이 성자는 성취자(siddha)들의 통솔자이기도 하고 비슈누의 화신이기도 하다. 그리고 … 정통과 비정통을 막론한 다른 모든 위대한 종교적 스승들과 마찬가지로, 카필라 역시 전형적인 요가 수행자로 인식되어 왔다.[16]

『요가주』에서는 카필라를 '최초의 현자요 존자인 최상의 성현'으로 묘사하고, 주석자는 이러한 카필라를 '그가 바로 자재신'이라고 설명한다.[17] 카필라의 위상을 신으로 격상하는 관념은 고전 상키야에서도 마찬가지이기는 하지만, 그

....

15 ibid. p. 38.

16 Pal(2005) p. 298. BhP 1.3.10(@제2장 각주 220)에서도 카필라는 '성취자들(반신족)의 통솔자'로 언급된다.

17 YBh 1.25, YsV 1.25. @제2장 각주 214, 215 참조.

초점은 카필라가 창조의 시초에 최초로 출현하는 인격임을 강조하는 데 있다. 단적인 예로 *Yuktidīpikā*에서는 카필라의 출현을 다음과 같이 설명한다.

> 그 [신과 인간과 짐승] 중에서 신들의 신체는 네 가지이다. [첫째는] 원질의 조력을 통해 [생성되는 것,] 예를 들어 최고의 성현(카필라)와 Viriñca(브라마 신)의 신체이다.[18]
>
> 순질을 비롯한 것들(3질)이, 소리 따위에 대한 지각으로 불리고 또한 [3] 질과 순수정신의 차이에 대한 향수(지각?)로 불리는 목적을 위해 마하트(=통각), 아만, [5] 미세요소, [11] 감관, [5] 조대요소의 상태로 존속하여, 최상의 성현(카필라)과 Hiraṇyagarbha 등의 육신을 산출한다.[19]
>
> 최상의 성현이자 존자인 카필라 성자는 본유적인 덕성과 지혜와 이욕(離欲)과 전능성으로 신체를 구비하여 모든 것들 중 첫째로 태어난 분이다.[20]

여기서는 먼저 카필라를 원질로부터 출현한 신적 존재로 전제한다. 다음에는 원질로부터 전개되고 원질의 성분인 3질로 구성되는 요소들, 즉 통각을 비롯한 23원리들이 카필라의 육신을 형성한다고 설명한다. 끝으로 이렇게 출현한 카필라를 덕성과 지혜와 이욕을 갖춘 이상적인 최초의 인격자로 규정한다. 그리고 여기서는 카필라를 브라마 신이나 Hiraṇyagarbha보다 먼저 언급하는 것으로, 카필라가 '모든 것들 중 첫째로 태어난 자'라는 귀결을 포석한다. 카필라에 대한 이 같은 인식은 그가 '최초의 현자'로 불리기에 충분한 배경이 된다. 이처럼

....

18 tatra devānāṃ caturvidhaṃ śarīram pradhānānugrahād yathā paramarṣer viriñcasya ca | YD ad. SK 39. Wezler & Motegi(1998) p. 228.

19 śabdādy-*upa<bhoga>-lakṣaṇaṃ guṇa-puruṣāntaropalabdhi-lakṣaṇaṃ cārtham uddiśya sattvādayo mahad-ahaṅkāra-tanmātrendriya-bhūtatvenāvasthāya paramarṣi-hiraṇyagarbhādīnāṃ śarīram utpādayanti | YD ad. SK 52. ibid. p. 255, 9-12행. Chakravarti(1975:225, n. 2)는 *upa<bhoga>를 upalabdhi(지각)으로 판독했다. 이 단락을 포함한 전후의 원문은 @제8장 각주 332 참조.

20 paramarṣir bhagavān sāṃsiddhikair dharma-jñāna-vairāgyaiśvaryair āviṣṭapiṇḍo viśvāgrajaḥ kapilamuniḥ | YD ad. SK 69. ibid. p. 267, 13-14행.

카필라는 '최초의 현자'인 만큼, 방대한 분량한 교의를 제자에게 전수했다고 알려진 것도 무리는 아닐 것이다. *Yuktidīpikā*의 서문과 종결에서는 이 전설을 다음과 같이 서술한다.

> 성자(카필라)는 진리를 알고자 하는 현명한 [바라문인] Āsuri에게 세 가지 고통의 소멸을 위해 방대한 교의를 설했다. 이에 대한 공부는 100년으로도 불가능하다.[21]
>
> 바른 교의에 대한 식견을 가진 그(Īśvarakṛṣṇa)도 상키야의 주제에 관해 수십만 권의 많은 책으로 설해야 할 진리를 모두 아리야(āryā) 운율로 이루어진 70[송](즉 『상키야송』)으로 어렵사리 요약했다.[22]

위의 서술은 고전 상키야의 교전인 『상키야송』이 작성된 배경을 설명한다. 이에 따르면, 애초에 카필라는 100년 동안 공부해도 터득할 수 없을 만큼 방대한 교의를 Āsuri에게 가르쳤는데, Īśvarakṛṣṇa에 이르러 수십만의 많은 책에 해당하는 그 교의가 70송으로 요약되었다. 그러므로 최초의 현자인 카필라는 방대한 지식의 소유자였으며, 그가 고통을 소멸시키려는 자비심으로 베푼 지식은 후대에 '상키야'라는 학문으로 계승되었다는 것이 이 전설의 요점이다. 『요가주』에서는 이러한 카필라가 지상에 있는 모든 사람들을 자비심으로 내려다보는 현자로 묘사된다.[23]

....

21 tattvaṃ jijñāsamānāya viprāyāsuraye muniḥ | yad uvāca mahat tantraṃ duḥkhatraya-nivṛttaye | 2 | na tasyādhigamaḥ śakyaḥ kartuṃ varṣaśatair api | YD, Prathamam Āhnikam. ibid. p. 1.

22 kathaṃ cāsya samyak-siddhānta-vijñānasyāpy aneka-grantha-śatasahasrākhyeyaṃ sāṃkhyapadārtha-satattvam akhaṇḍam āryāṇāṃ saptatyā saṃkṣiptam || YD ad. SK 71. ibid. p. 270, 1-3행.

23 "다음과 같이 말한 것이 그와 같다. '현명한 자는 산 위에 서서 지상에 있는 모든 사람들을 보듯이, 슬퍼할 것이 없는 자는 예지의 망루에 올라 슬퍼하고 있는 사람들을 바라본다.'" YBh 1.47. 정승석 (2020) p. 86. Vācaspati는 여기서 말하는 현자가 카필라를 지칭한다고 설명한다.
"여기서 '다음과 같이'라고 말한 것은 곧 '최상의 성현'(카필라)이 게송을 설한다는 것이다." (atreva pāramarṣi gāthām udārahati — tathā ceti | TV 1.47. Bodas(1917:51, 2-28행)
『요가주』에서 인용한 것과 거의 같은 내용을 불교의 『법구경』에서도 볼 수 있는 것은 흥미롭다.

앞서 인용한 *Yuktidīpikā*에서 이욕을 카필라의 타고난 인격으로 언급한 것은 이욕이 수행자에게 얼마나 중시되었는지를 시사하는 것으로 이해된다. 그런데 이러한 이욕은 카필라를 신격화하는 데서도 카필라의 표상처럼 인식되어 있다.

힌두교의 대중적 성전들 중에서 *Viṣṇudharmottara-purāṇa*는 비슈누교의 성전으로서 백과전서처럼 각종 주제를 잡다하게 취급하는데, 이 중에는 신상을 제작하는 조상법(彫像法)도 포함되어 있다. 그리고 "이욕 형상의 화현"이라는 제목으로 카필라의 도상학적 모습을 묘사하는 데만 주력한 부분에서 카필라는 분명히 바로 그 이욕의 화신으로 간주되어 있다.[24] 즉, 이 부분은 "그대는 이욕(離欲)을 카필라의 몸으로 들어가 안주하는 Pradyumna로 알라."[25]고 교시하는 것으로 시작된다.

*Viṣṇudharmottara-purāṇa*에서는 이에 앞서 Vaikuṇṭha로 불리는 신상(神像)의 제작법을 설명한다. Vaikuṇṭha는 네 개의 머리를 가진 비슈누를 지칭하는데, 다음과 같은 설명에서 카필라는 비슈누의 일면으로 묘사된다.

> 그리고 얼굴은 넷으로, 팔도 그와 같이 두 배(즉 여덟)로 조성해야 한다. 온화한 얼굴은 전면이고, Nārasiṃha(사람 형상의 사자)는 우측이며, 후면은 카필라의 얼굴이고, Vārāha(멧돼지)는 당연히 좌측이다.[26]

....

"근심 없는 자는 지혜의 누각에 올라서서 단숨에 사람들을 [관찰한다.] 산 위에 있는 자가 땅에 있는 자들을 내려다보듯, 현자는 어리석은 자들을 바라본다." (etaṃ visesati ñatvā appamādahi paṇṣitā | appamāde pamodanti ariyānaṃ gocare ratā ‖ *Dhammapada* 21. Radhakrishnan 1950:66)

24 Cf. Pal(2005) p. 294. "이욕 형상의 화현"(vairāgya-rūpa-nirmāṇam)이라는 제목으로 진술하는 부분은 VdhuP 3.78.1-5, Shah(1958) p. 209. 이 부분은 전편과 후편으로 분할되어 있는 VdhuP 3.78의 전편이다.

25 pradyumnaṃ viddhi vairāgyaṃ kāpilīṃ tanum āsthitam | VdhuP 3.78.1a. ibid. 다음 주제를 취급하는 대목에서 카필라는 다음과 같이 명상의 표상으로 언급된다. 그러므로 이 문헌에서 말하는 카필라는 최초의 현자이자 수행의 대가인 바로 그 카필라이다.
"또는 이 밖에 Nṛvarāha(사람 형상의 멧돼지)는 명상(정려)에 몰두해 있는 카필라처럼 조성해야 한다." (nṛvarāho 'tha vā kāryo dhyāne kapilavat sthitaḥ | VdhuP 3.79.9a. ibid. p. 212)

26 mukhāś ca kāryāś catvāro bāhavo dviguṇās tathā | saumyaṃ tu vadanaṃ pūrvaṃ nārasiṃhaṃ tu dakṣiṇam ‖ kāpilaṃ paścimaṃ vaktraṃ tathā vārāhaṃ uttaram | VdhuP 3.44.11-12a. ibid. p. 159.

여기서 얼굴의 후면에 조성하라고 말한 '카필라의 얼굴'을 '성낸 얼굴'로 해석해야 한다는 주장이 나름 타당하기는 하지만, 대부분의 학자들이 이해한 것처럼 이것을 카필라의 형상을 조성하라는 뜻으로 이해해도 무방할 것이다.[27] 앞에서 언급했듯이 이 문헌에서는 이 다음에 카필라의 모습을 도상학적으로 설명하기 때문이다. 카필라는 『기타』에서도 다음과 같이 비슈누의 화신인 Kṛṣṇa와 동일시되므로, 사실상 일찍이 신격화되어 있었다.

> [나(Kṛṣṇa)는] 모든 나무들 중의 Aśvattha(신성한 무화과나무)요, 성현인 신들 중의 Nārada요, 건달바들 중의 Citraratha(태양)이요, 성취자들(반신족) 중의 카필라 성자이다.[28]

> 여러 성전들에서 이와 같이 성자로 불리는 카필라가 상키야의 개조인 동시에 비슈누교에서도 숭배의 대상이 되었다는 사실은 *Ahirbudhnya-saṃhitā*의 언급을 통해서도 입증된다.[29]

....

27 Pal(2005)은 위의 번역과 같은 기존의 해석은 'kāpila'라는 원어에 대한 오해라고 주장한다. 그는 현존하는 Vaikuṇṭha 신상에서 후면의 얼굴이 악마적인 사나운 모습으로 묘사된 사실에 의거하여, 이 원문의 원어인 kāpila는 상키야의 개조로 알려진 카필라(Kapila)가 아니라, 비슈누의 일면으로서 kāpila의 동의어인 노여움(raudra)의 성질을 의미한다는 것으로 재고해야 한다고 논증한다. 그의 주장에 따르면 "후면은 카필라의 얼굴이고"를 "후면은 노기 띤 얼굴이고"라고 이해하는 것이 타당하다. 즉, 온화한 얼굴은 전면이므로 노기 띤 얼굴은 후면이라는 배치가 합당해 보일 수 있다. 그렇지만 그는 카필라를 악마적인 얼굴로 묘사한 다른 문헌적 사례가 없다(p. 296)는 사실도 인정하여 단정적인 결론을 유보한다.
Pal의 견해를 간과해도 좋을 만한 사례로 'Kapila의 몸'(kāpilīṃ tanum, 앞의 각주 25)을 들 수 있다. 이 경우에도 원어 kāpilī는 kāpila의 여성형일 뿐이므로 'Kapila의'라는 의미로 이해된다. cf. Shah(1990?) p. 222.

28 aśvatthaḥ sarva=vṛkṣāṇāṃ devarṣīṇāṃ ca nāradaḥ | gandharvāṇāṃ citrarathaḥ siddhānāṃ kapilo muniḥ || BG 10.26. Radhakrishnan(1949) p. 264.

29 "카필라 성현으로부터 상키야의 형태로 결정된 것이 비슈누교이다. 이전에 설해진 것은 무엇이든 모두 나에게 있으니, 그대는 그것을 들으라." (sāṃkhyarūpeṇa saṅkalpo vaiṣṇavaḥ kapilād ṛṣeḥ | udito yādṛśaḥ pūrva tādṛśaṃ śṛṇu me 'khilam || AhS 12.18. Ramanujacharya 1966:106)

7.2. 『마하바라타』에 언급된 교사들

앞에서 고찰한 것은 요가와 상키야를 최초로 선포했다고 알려진 전설적 개조에 대한 신화적 인식일 뿐이다. 카필라를 역사적 실존 인물로 전제할 경우, 고전 상키야의 주석자들은 이미 거론했듯이(3.1.1) 한결같이 카필라의 교설이 Āsuri를 거쳐 Pañcaśikha에게 계승되었다고 믿는다. 이에 따라 세 인물을 중심으로 상키야 철학의 발전사는 다음과 같이 추정된다.

> 상키야 학파에서는 개조인 카필라의 연대를 어림잡아 기원전 4~3세기로 본다면, 다음의 Āsuri는 기원전 3~2세기, 그 다음의 Pañcaśikha는 기원전 2~1세기 무렵일 것으로 생각한다. 여기까지의 계보는 어느 전승에서도 일치하지만, 이하 자재흑(自在黑, Īśvarakṛṣṇa)에 이르는 사이의 사자상승(師資相承)에 대해서는 전승마다 달라 일치하지 않는다. 이는 Pañcaśikha의 교설이 압도적으로 성행하여 자재흑에 이르기까지 Pañcaśikha를 능가할 정도로 특기할 만한 인물이 없었기 때문일 것이다.[30]

여기서 추정한 연대는 약간의 변동이 가능하겠지만, Pañcaśikha가 상키야 철학의 발전 과정에서 과도기적 기점의 위치에 있다는 사실은 확실하다. 더욱이 Pañcaśikha는 『마하바라타』뿐만 아니라 불전에서도 등장하는 주요 인물이다. 따라서 이하에서는 Pañcaśikha를 비교의 기준으로 삼아, 고전 상키야-요가 이전의 교사들을 소개한다.

7.2.1. 상키야 계승의 주역, Pañcaśikha

상키야 철학의 개조인 카필라가 신화적인 가공의 인물로 묘사된 만큼, 그의

....

30 田村庄司(1961) p. 121.

계승자인 Āsuri도 이미 소개한 것처럼(3.1.2) 천년 동안 제사를 주재한 가공의 인물로 묘사되어 있다. 그러나 『육파철학집성주』처럼 다음과 같이 Āsuri의 견해를 인용한 경우는 그를 실존 인물로 간주한 사례에 속한다.

> 예컨대 Āsuri는 "보는 자(순수정신)가 [통각으로부터] 분리되어 변형될 때, 마치 청징한 물에 달의 영상이 나타나는 것처럼, 이것(순수정신)의 향수가 발생한다."라고 설한다.[31]

고전 상키야 철학에서는 인식의 발생과 주체가 주요한 쟁점으로 대두되어, 이 쟁점을 양쪽의 반영에 의한 영상으로 설명하는 이론, 즉 반영설 또는 영상설로 해명한다. 위의 구절은 이 영상설의 전거가 된다. 이처럼 중요한 전거를 Āsuri의 발언으로 인용한 것은, Āsuri가 실존 인물로서 상키야의 대가였다는 통념을 반영할 것이다. 그러나 이 밖에 그의 견해로 직접 인용된 것은 거의 없다.

『마하바라타』에서 언급하는 주요 인물 중에서 Pañcaśikha의 역할과 존재감은 뚜렷한 반면, Vārṣagaṇya의 정체성은 불투명하다. Vārṣagaṇya는 상키야의 유명한 교사이지만 전승된 저서가 없고, 다른 문헌에 산재되어 있는 단편적 언급으로만 그에 대해 알 수 있다. 『마하바라타』에 의하면 그는 옛적 상키야의 권위자이며, 파탄잘리의 『대주석』에도 그의 이름이 언급되지만 불교의 논서들을 비롯한 후대의 문헌들에서 거론하는 당사자인지는 불확실하다.[32] 더욱이 상키야의

....

31 tathā cāsuriḥ — vivikte dṛk-pariṇatau buddhau bhogo 'sya kathyate | pratibimbodayaḥ svacche yathā *candramaso 'mbhasi || TRD 41.22. Kumar Jain(1997) p. 151, 5-7행. *candramaso는 원서의 오기인 'candramamo'를 교정한 것.
한편 바이셰쉬카 학파의 Praśastapāda(약 550~600)의 *Padārthadharma-saṃgraha*를 주석한 Vyomaśiva(약 900~960)의 *Vyomavatī*에서도 이와 똑같은 내용을 인용하는데, 이 경우에는 "이에 관해서는 다음과 같은 말씀이 있다."(tad āha)라고 불특정인의 주장으로 인용한다. 원문의 첫 대목에서 "vivikte dṛk-pariṇatau"는 "vivikta-dṛk-pariṇatau"라는 복합어로 판독할 수도 있다. 이에 관한 해석상의 문제는 @제8장의 각주 195, Vyomaśiva의 주석은 @제8장의 각주 199 참조.

32 Cf. Chakravarti(1975) p. 135.

일파를 주도한 인물로 알려진 Vārṣagaṇya는 Pañcaśikha 이후의 인물로 간주된다. 그러므로 『마하바라타』에 언급된 교사들 중에서 독보적인 족적을 남긴 Pañcaśikha는 카필라의 상키야 교설을 계승한 실질적인 주역으로 지목된다.

『마하바라타』에서는 두 장[33]을 할애하여 Pañcaśikha의 행적과 교설을 소개한다. 이에 의하면 그는 Āsuri의 제자들 중에서는 가장 출중했으며, 천년 동안 생각에 몰두하는 제사를 실행하여 장수자로 불렸다. Pañcaśikha는 Āsuri의 아내로서 바라문 혈통인 Kapilā에 의해 양육되었으며, 이 때문에 그는 그녀의 아들인 바라문으로 알려지게 되었다. 이후 명성을 얻게 된 그는 Mithilā의 왕인 Janaka에게 가서 왕의 휘하에 있는 100명의 교사들을 논파하고 왕을 제자로 삼았다. Janaka 왕은 나중에 Pañcaśikha의 제자가 된 사실을 다음과 같이 서술하는데, 이에 의하면 Pañcaśikha는 Parāśara의 씨족이다.[34]

> 나는 Parāśara 종족의 일가이자 매우 고결한 장로요 탁발 수행자인 Pañcaśikha가 가장 총애하는 제자이다. (24)
> 상키야의 지식과 요가와 대지를 보호하는 종교적 규율과 같은 이 세 가지 해탈법에 정통하여 [나에게는] 의심이 사라졌다. (25)
> 성전으로 이해한 그대로의 길을 따라 이 세상을 배회하는 그(Pañcaśikha)는 예전에 나의 거처에서 우기(雨期)의 4개월 동안 안락하게 지냈다. (26)

물론 이러한 전설을 곧이곧대로 믿을 수는 없다. 그러나 많은 단편적 교설들이 그의 이름으로 인용되고 있을 뿐만 아니라, 육십과론(*Ṣaṣṭitantra*)으로 불리는

....

33 Pañcaśikha의 행적과 일부 교설은 Mbh 12.218=211, Pañcaśikha와 Janaka의 대화는 Mbh 12.219=212. Dutt(2004.VIII) pp. 124-135.

34 Mbh 12.320=308.24-26. ibid. p. 464.
parāśara(=pārāśarya)-sagotrasya vṛddhasya sumahātmanaḥ | bhikṣoḥ pañcaśikhasyāhaṃ śiṣyaḥ parama-saṃmataḥ || 24 ||
sāṃkhyajñāne tathā yoge ca mahīpālavidhau tathā | trividhe mokṣadharme 'smin gatādhvā chinna-saṃśayaḥ || 25 ||
sa yathāśāstra-dṛṣṭena mārgeṇeha parivrajan | vārṣikāṃś caturo māsān purā mayi sukhoṣitaḥ || 26 ||

문헌의 저자로 흔히 지목되는 인물도 Pañcaśikha이다. 그러므로 그의 생존 연대를 단정할 수는 없더라도 그가 상키야 철학의 발전사에서 큰 족적을 남긴 실존 인물인 것은 의심의 여지가 없다. 그럼에도 불구하고 Pañcaśikha라는 이름은 초기 불전에서도 언급되므로 상키야의 교사가 아닌 동명이인의 다른 Pañcaśikha가 있었을 수도 있다.

『마하바라타』에 소개된 Pañcaśikha의 상키야 교설은 앞에서 그 일부를 소개했듯이, 아직은 일원론의 유신론적 경향에서 크게 벗어나지는 못한 채로 당시의 상키야를 선도한다.[35] 그러므로 그의 교설은 『상키야송』 이전에 통용되었던 투박한 형태의 상키야를 대변한다. 단적으로 다음과 같은 예를 들 수 있다.

> 인식, [소화를 돕는] 열(=火), [생명의 기운인] 바람(=風)이라는 세 가지는 행위를 함축한다. 감관들과 감관의 대상들, 본성, 의식, 마음, 그리고 들숨과 날숨, [심리적] 변화, [신체적 다른] 요소들[36]은 여기서 발생한다.[37]
>
> 의식에 있는 마음을 여섯째의 것으로 갖는 5지각기관들에 대해 말하고 나서, 나는 기운을 여섯째의 것으로 갖는 5행위기관들에 대해 말할 것이다.[38]

여기서 말하는 것과 같은 세 가지의 행위나 제6의 행위기관이 고전 상키야에서는 통용되지 않는다. 그러나 Janaka왕이 Pañcaśikha로부터 배웠다고 전하는 다음과 같은 교설은 상키야 철학의 현실 지향성을 반영하는 동시에, 지식을 최고

....

35 자아와 해탈에 관한 Pañcaśikha의 교설은 앞에서(4.5.2) 일원론적 상키야의 전변으로 소개했다. @제4장 각주 214~217 참조.

36 Ganguli(1891:178)는 "[심리적] 변화, [신체적 다른] 요소들"을 "소화 기관들의 결과인 분비물과 체액"으로 해석했다.

37 jñānam uṣmā ca vāyuś ca trividhaḥ kārya(=karma)-saṃgrahaḥ | indriyāṇīndriyārthāś ca svabhāvaś cetanā manaḥ | prāṇāpānau vikāraś ca dhātavaś cātra niḥsṛtāḥ || Mbh 12.219.9=212.8-9. Dutt(2004.VIII) p. 130.

38 pañca jñānendriyāṇy uktvā manaḥṣaṣṭhāni cetasi | bala(=manaḥ)ṣaṣṭhāni vakṣyāmi pañca karmendriyāṇi tu || Mbh 12.219=212.20. Dutt(2004.VIII) p. 131. Pune본에 '기운'(bala)이 '마음'(manas)으로 기재된 것은 마음이 행위기관으로 간주되기 때문에 불합리하다. Chakravarti(1975:43)는 기운을 제6의 행위기관으로 간주한 관념을 Pañcaśikha의 독특한 견해로 지적한다.

의 수단으로 중시하는 고전 상키야에서도 통용된다.[39]

> 그(Pañcaśikha)는 이해하기 쉬운 그 빼어난 상키야로 세 가지의 해탈[40]을 나에게 여실하게 가르치지만, 실로 왕권을 버리라고 가르치지는 않는다. (27)
> 또한 이욕은 이 해탈을 위한 최상의 수단이니, 오로지 지식을 통해 발생하는 이욕에 의해 해방된다. (29)

여기서 Pañcaśikha의 교설을 '이해하기 쉬운' 상키야로 인식하고 있다는 것은 그의 교설이 기존의 전통적 사조로부터 크게 일탈하지 않았다는 사실을 시사한다. 만약 그의 교설이 무신론이나 이원론이라는 이단적인 사상을 표방했다면, 그것은 결코 '이해하기 쉬운 것'으로 인식되지는 않았을 것이다. 이 점에서 그의 교설은 당시까지 성행한 상키야의 교의를 우파니샤드의 일원론에 귀속시킨 *Maitrī-upaniṣad*의 상키야 교설(4.3.2)과 상관성을 갖는 것으로 주목된다.[41]

인도에서 불교가 출현한 이후 사상계의 조류는 세 가지로 구분할 수 있다. 하나는 불교이고 다른 둘은 전통적 사상계의 두 조류이다. 둘 중에서 하나는 베다의 권위를 절대적으로 지지하는 베다 계통이고, 다른 하나는 그 권위에 회의하는 비(非)베다 계통이다. 이 같은 세 가지 조류들 중에서는 Aśoka왕(阿育王)의 보호를 받은 불교의 세력이 현저했다. 이에 자극을 받은 전통적 사상계의 두 조류는 불교의 세력에 대항하여 요가로써 연대했지만, 아직 적극적인 연합이 이루

....

39 Mbh 12.320=308.27/29. Dutt(2004.VIII) p. 464.
tenāhaṃ sāṃkhya-mukhyena sudṛṣṭārthena tattvataḥ | śrāvitas trividhaṃ mokṣaṃ na ca rājyād dhi cālitaḥ(=vicālitaḥ) || 27 ||
vairāgyaṃ punar etasya mokṣasya paramo vidhiḥ | jñānād eva ca vairāgyaṃ jāyate yena mucyate || 29 ||

40 바로 앞의 제25송(앞의 각주 34)에 의하면, "①상키야의 지식과 ②요가와 ③대지를 보호하는 종교적 규율"이라는 세 가지의 해탈법이다. 주석을 참조한 Ganguli(1891:658)의 부연 설명에 따르면, 여기서 말하는 '종교적 규율'(vidhi)은 흔히 karma(羯磨)로 불리는 각종의 제사와 의식(儀式)이며, 자아(영혼)를 정화하는 해탈의 길이다.

41 이하 서술은 田村庄司(1961) pp. 121-3 참조.

어지지는 않았다.

이후 Śuṅga 왕조와 그 다음의 Kaṅva 왕조 시대(기원전 2~1세기)가 되어 불교를 배척하고 전통적 사상계의 두 조류를 보호하자, 이를 계기로 두 조류는 적극적인 연합을 전개했다. 이러한 시대적 상황에서 공조했던 것이 베다 계통의 *Maitrī-upaniṣad*와 비베다 계통의 Pañcaśikha였다. 즉 Pañcaśikha의 상키야 교설은 유신론적 사상이 되고, *Maitrī-upaniṣad*는 베단타(우파니샤드)의 일원론에 입각한 상키야-요가를 표방하게 되었다. *Maitrī-upaniṣad*가 적극적으로 상키야를 수용했던 동기는 당시의 시대적 사조에 편승하여 우파니샤드의 실천을 강조하고 이것의 보급화와 세속화를 도모하려는 데에 있었을 것이고, 이를 위해 당시에 극히 성행하여 일반 상식으로 이해하기 쉬운 상키야를 수용했을 것이다.

다른 한편으로 상키야가 Uddālaka Āruṇi의 교설과 같은 일원론의 모순과 부정합을 비판적으로 취사선택하여 조직한 학설로 출현했다는 많은 학자들의 견해를 고려하면, *Maitrī-upaniṣad*는 이 같은 상키야를 수용함으로써 일원론의 결함과 약점을 보완하고자 했을 수도 있다. 어쨌든 베다 계통에서 상키야를 쉽게 수용할 수 있었던 것은 Pañcaśikha 당시의 상키야가 다분히 유신론적 경향을 띠고 있었던 데에 기인할 것이다.

Pañcaśikha는 해탈의 단계에서는 개개의 자아가 있을 수 없다고 이해하여, 순수정신으로 불리는 자아의 다수성을 인정하지 않는다. 그의 상키야 교설이 유신론적 경향을 띤다는 결정적인 증거는 바로 이것이다. 그는 요가에서 명상의 대상이 되는 순수정신을 최고아로 간주하고, 신체 속에 침윤된 순수정신을 개아, 즉 '몸을 아는 자'(kṣetrajña)로 간주한다. 이는 우파니샤드의 핵심 사상인 범아일여를 순수정신에 적용한 것이 된다.[42]

그러나 고전 상키야의 고유한 이론인 무신론, 이원론, 25원리설 등이 카필라

---

42 이 적용을 역설적으로 말하면, 유신론에 속하는 범아일여의 일원론을 두 원리로 분리함으로써 이원론의 무신론적 단계로 접어들었다고 이해할 수도 있다. 다스굽타가 Pañcaśikha를 무신론적 단계의 대표자로 가정한 것(@제2장 각주 189)도 이 같은 역설적 이해로 성립될 수 있을 것이다.

로부터 유래한다는 통념으로 보면, Pañcaśikha의 교설은 이러한 이론보다는 해탈과 이것의 실현 방법인 요가를 중시한 것으로 이해된다. 이 때문에 Pañcaśikha 자신도 요가에 통달하여, 요가에 의한 해탈을 가르치는 상키야의 일반화를 기도했을 것이다. 이 결과, 카필라 이래의 상키야는 복잡한 양상의 교의로 전개되면서, 고전 상키야의 입장으로 보면 Pañcaśikha의 교설은 방계적이고 이단적인 상키야의 한 사조인 유신 상키야를 형성하였다.[43]

Pañcaśikha의 교설이 유신 상키야로 일관했는지, 아니면 무신 상키야의 돌파구가 되었는지는 관점에 따른 재론의 여지가 있을 것이다. 그렇더라도 Pañcaśikha가 상키야와 요가의 양쪽 전통에서 존경받는 학자인 점은 명백하며, 최소한 그는 상키야와 요가가 아직 분리되지 않고 동일한 전통으로 계승되던 시기를 주도한 대표적인 인물로 지목할 수는 있다.[44]

7.2.2. 불전에서도 언급되는 Pañcaśikha

앞에서 인용했듯이, 『마하바라타』(Mbh 12.320.24)에서는 Pañcaśikha의 혈통을 Parāśara의 씨족으로 밝히고, 『불소행찬』에서는 Parāśara를 Jaigīṣavya와 Janaka와 함께 상키야-요가의 대가로 언급한다. 그러므로 『불소행찬』에서 언급하는

....

43 田村庄司(1961:122)는 이 점을 기정 사실로 단정하고, 이의 근거와 이후의 상황을 다음과 같이 주장한다.
"이를 가리켜 『상키야송』에서는 카필라 이래의 교의를 복잡하게 했다고 말하고, 『마하바라타』에서는 카필라의 모습을 드러내어 세계를 경악하게 했다는 등으로 말하고 있다. 이후 오직 Pañcaśikha를 받드는 무리에게 복잡은 극에 달해 상키야의 역사상 암흑기를 맞았다. 이러한 추세에서 Īśvarakṛṣṇa의 출현은 실로 일진의 신선한 바람이었다. 카필라가 내세웠던 무신(無神) 상키야의 정계(正系) 사상으로 돌아가는 복고적 숙정 운동은 『상키야송』이 되어 유신 상키야와 구분되었으며, 상키야의 교의는 일단 확정되기에 이르렀던 것인데, 어쨌든 *Maitrī-upaniṣad*가 섭취했던 것은 Pañcaśikha의 유신 상키야였다."
여기서 근거로 든 『상키야송』의 해당 대목은 "그(Pañcaśikha)에 의해 교의는 증대하게 되었다."(SK 70, @제3장 각주 7)는 구절이며, 『금칠십론』(@제3장 각주 9)에서는 이에 관해 "Pañcaśikha가 그 지혜를 확장하여 6만 게송으로 설했다."라고 부연한다.

44 Cf. Larson & Bhattacharya(1987) p. 113.

이 경우의 Parāśara는 Pañcaśikha와 동일인으로 간주된다.[45] 더욱이 초기 불전 중에서 중부(*Majjhima-nikāya*)의 *Indriyabhāvanā-sutta*에서도 제자들에게 감관의 제어를 가르치는 Pārāsariya 바라문을 거론하여[46] 이 바라문의 교설을 논박하는데, 'Parāśara의 가문에 속하는 바라문'을 지칭하는 Pārāsariya 바라문은 분명히 Pañcaśikha를 가리킬 것으로 파악된다.

이 불전에 의하면, 감관을 제어할 때 눈은 형색을 보지 않고 귀는 소리를 듣지 않는다고 하여, 감관의 제어 단계에서는 감관의 기능이 정지한다는 것이 Pārāsariya의 견해이다.[47] 『요가주』에서는 감관의 정복에 관한 이와 유사한 견해를 Jaigīṣavya에서 유래한 것으로 인용한[48] 것으로 보건대, Pārāsariya도 요가에 정통한 바라문일 것이며, 『마하바라타』의 「해탈법품」에서 바라문으로 지칭한 Pañcaśikha와 부합한다. 더욱이 『마하바라타』의 「해탈법품」과 『불소행찬』의 성립 연대로서 가장 타당한 시기는 서기 1세기에서 3～4세기 사이일 것으로 추정되므로, 이 시기에 거명되는 Pañcaśikha는 상키야－요가와 연관된 인물로 단정해도 무방하다.[49] 그렇다면 이 경우의 Pañcaśikha는 당연히 불교 이후에 실존한

....

45 『마하바라타』에서 언급하는 Pañcaśikha를 역사적 인물로 간주한 Chakravarti(1975:113)는 『불소행찬』의 이 사례(BC 12.67, @제6장 각주 150)를 근거로 삼아, Parāśara를 『마하바라타』에서 탁발 수행자로 언급하는 Pañcaśikha와 동일시하려는 시도가 있었다고 추정한다. 그는 또한 "하나는 신화적이고, 또 하나는 역사적인 두 사람의 Pañcaśikha가 있었음을 알 수 있다."라고 부연하는데, 신화적인 Pañcaśikha의 전거는 『불소행찬』의 다른 곳에서도 찾을 수 있다.
佛所行讃 권4(T 4:40a): "Videha산에서는 Pañcaśikha로 불리는 큰 위덕을 가진 천신이 [부처의] 법을 받아 확고한 선정에 들었다." (於毘提訶山 大威德天神 名般遮尸呿 受法入決定)
한편 티베트의 역본을 참조한 Johnston(1937a:100)의 번역에 의하면 이 대목은 "다음으로 Videha산에서는 Pañcaśikha와 Āsuri들(?)과 신들이 확고한 신념에 들어섰다."(BC 21.10)라고 이해된다. 여기서는 Pañcaśikha가 천신으로 언급되지는 않지만 신들의 반열에 서 있는 것으로 묘사된다.

46 "Uttra여! Pārāsariya 바라문은 제자들에게 감관의 제어를 가르치는가? Gotama시여! Pārāsariya 바라문은 제자들에게 감관의 제어를 가르칩니다." (Deseti, Uttra, Pārāsariyo brāhmaṇo sāvakānaṃ indriyabhāvanan ti? Deseti bho Gotama, Pārāsariyo brāhmaṇo sāvakānaṃ indriya-bhāvanan ti. *Indriyabhāvanā-sutta*, MN 152: III, p. 298)

47 Cf. Chakravarti(1975) p. 80.

48 "Jaigīṣavya는 마음을 한곳에 집중함으로써 지각이 없을 뿐인 것이 [감관의 정복이]라고 한다." (cittaikāgryād apratipattir eveti jaigīṣavyaḥ | YBh 2.55. 정승석 2020:410_4)

인물일 수밖에 없다. 실증적인 예를 들어, 「해탈법품」에서 다음과 같이 소개하는 Pañcaśikha의 교설은 불교의 교의를 의식하고 이것을 비판한 것으로 보인다.[50]

> 어떤 이들은 "무지와 업과 갈애는 윤회에서 원인이 된다."라고 말했지만, 탐욕과 미혹은 악덕들의 실행이다. (32)
> 무지가 밭이며, 실로 그와 같이 실행된 것(악덕)이 업의 씨앗이라고 그들은 말했는데, 애착에서 갈애로부터 발생한 것이 그들에게는 이 윤회이다. (33)

여기서 말하는 '어떤 이들'은 일단 불교도를 지칭한 것으로 간주할 수 있다. 무지와 업과 갈애를 윤회의 원인으로 생각하는 것을 반드시 불교 측의 견해로만 간주할 수는 없지만, 밭과 씨앗의 비유로 무지 또는 번뇌를 설명하는 것은 불교 측의 독자적인 논법으로 간주할 만한 전거가 있다. Nāgārjuna(龍樹)의 *Mūlamadhyamaka-kārikā*(根本中頌)에 대한 Candrakīrti의 주석으로 흔히 *Prasannapadā*로 불리는 *Mādhyamika-vṛtti*에서는 다음과 같이 설명한다.

> 더욱이 이 12지 연기(緣起)가 집합하여 작용하기 위한 원인이 되는 것으로서 이러한 네 가지가 기능한다. 넷이란 어떠한 것들인가? 그것은 곧 무지와 갈애와 업과 '식별 작용'(識)이다. 그 중에서 식별 작용은 그 본성이 씨앗인 것으로서 원인이 되고, 업은 그 본성이 밭인 것으로서 원인이 되며, 무지와 갈애는 그 본성이 번뇌인 것으로서 원인이 된다.
> 업과 번뇌는 식별 작용이라는 씨앗을 낳게 한다. 거기서 업은 식별 작용이라는 씨앗의 밭이 되는 역할을 하고, 갈애는 식별 작용이라는 씨앗을 [발아하

....

49 Cf. Larson & Bhattacharya(1987) p. 113.

50 Mbh 12.218.32-33=211.31-32. Dutt(2004.VIII) p. 127.
avidyā karma tṛṣṇā ca(=ceṣṭānāṃ) kecid āhuḥ punarbhave(=punarbhavam) | kāraṇaṃ lobhamohau tu doṣāṇāṃ tu niṣevanam || 32 ||
avidyāṃ kṣetram āhur hi karma bījaṃ tathā kṛtam | tṛṣṇā sañjananaṃ sneha eṣa teṣāṃ punarbhavaḥ || 33 ||

도록] 축축하게 하며, 무지는 식별 작용이라는 씨앗을 살포한다. 이러한 조건들이 존재하지 않는다면, [식별 작용이라는] 씨앗의 성취는 있을 수 없다.[51]

여기서는 12지 연기로 순환하는 윤회의 원인을 무지와 업과 갈애로 설명하되, 여기에 식(識, vijñāna)이라는 식별 작용을 추가했다. 이 설명에서 업은 씨앗(식별 작용)이 싹틀 밭, 갈애는 씨앗을 싹트게 할 습기, 무지는 씨앗의 살포자로 비유된다. 그리고 여기서 무지와 갈애의 본성을 번뇌로 규정한 것은 앞서 Pañcaśikha가 말한 "애착에서 갈애로부터 발생한 것"에 해당할 것이다.

Candrakīrti의 주석이 비록 후대에 작성되었을지라도, 이 같은 설명은 무지와 업과 갈애가 불교에서 일찍이 윤회의 원인으로 거론되었다는 사실을 반영한다. 다만 추가로 고려해 볼 수 있는 것은 Pañcaśikha가 윤회의 원인에 대한 기존의 통설까지 싸잡아 비판했을 가능성이다. 왜냐하면 무지와 업과 갈애를 윤회의 원인으로 간주하는 견해는 『불소행찬』에서 소개한 Arāḍa의 상키야 교설에 속할 뿐만 아니라, 『마하바라타』의 다른 곳에서도 언급되기 때문이다.[52] 이러한 가능성을 고려할 경우에도 "『마하바라타』에 설명된 Pañcaśikha의 철학은 몇 가지 근본적인 원리에서 상키야의 전통적인 입장으로부터 벗어나 있다."[53] 고 말할 수 있다.

산스크리트어로 Pañcaśikha는 '다섯 개의 정점(상투)을 가진 자'란 의미로 해석된다.[54] 그래서 한역 불전에서는 이것을 오정(五頂)으로 번역했다. 예컨대『아

....

51 atha cemānyasya dvādaśāṅgasya pratītya-samutpādasya catvāry aṅgāni saṅghāta-kriyāyai hetutvena pravartante | katamāni catvāri | yad utāvidyā tṛṣṇā karma vijñānañca | tatra vijñānaṃ bīja-svabhāvatvena hetuḥ, karma kṣetra-svabhāvatvena hetuḥ | avidyā tṛṣṇā ca kleśa-svabhāvatvena hetuḥ |
karma-kleśā vijñāna-bījaṃ janayanti | tatra karma vijñāna-bījasya kṣetra-kāryaṃ karoti | tṛṣṇā vijñāna-bījaṃ snehayati | avidyā vijñāna-bījam avakirati || asatāṃ teṣāṃ pratyayānāṃ [vijñāna]bījasyābhinirvṛttir na bhavati || *Mādhyamika-vṛtti* 26.12. Poussin(1913) p. 566, 8-13행.

52 『불소행찬』(BC 12.23)의 경우는 @제4장 각주 134, @제6장 각주 85, 『마하바라타』(Mbh 3.2.71)의 경우는 @제6장 각주 125 참조.

53 Chakravarti(1975) p. 114.

비달마대비바사론』(이하 『대비바사론』)에서 말하는 '오정 외도'는 Pañcaśikha를 가리킨다.[55] 팔리어로 전승된 초기 불전에서 Pañcaśikha는 Pañcasikha로 표기된다. 그런데 초기 불전 중 장부(*Dīgha-nikāya*) 경전에서 Pañcasikha는 범천(브라마 신)의 화신 또는 건달바의 아들로 등장한다. 먼저 *Janavasabha-sutta*에서 Pañcasikha는 범천의 화신으로 출현하여 '33천(天)'으로 통칭되는 신들에게 불교의 근본 교리인 사성제(四聖諦)와 팔정도(八正道)를 설파하는데, 이 장면은 다음과 같은 서술로 시작된다.

> 그리고 나서 존자여! Sanaṃkumāra 범천은 조야한 인격을 창조하고서 [자신의] 동자의 용모를 가진 Pañcaśikha가 되어 33천에게 모습을 드러냈다오.[56]

여기서 Sanaṃkumāra는 흔히 범천의 이름으로 간주되지만, 이 말은 '항상 젊은 동자'를 의미한다. 그러므로 *Janavasabha-sutta*의 전설에 의하면, 사성제와 팔정도는 항상 젊은 동자의 모습으로 화신한 Pañcaśikha로 불리는 범천으로부터 유래하여 Vessavaṇa 대왕, Janavasabha 야차, 세존을 차례로 거쳐 Ānanda에게 전수되었다.[57] 그리고 『대비바사론』에서 다음과 같이 언급하는 '오정 바라문'과 '바

....

54 『마하바라타』의 제1책 Ādi-parvan에서는 전체의 주제를 개괄하면서 '다섯 상투를 가진'(pañcaśikha)이라는 표현으로 사악한 Jayadratha를 묘사한다. Mbh 1.2.199-200. Dutt(2004.I) p. 34.
"Jayadratha가 은둔처에 있는 Draupadī를 납치하자, 바람처럼 빠른 Bhīma가 신속하게 그를 추적함으로써, 강력한 팔을 가진 Bhīma가 투구에 다섯 상투를 가진 그를 [퇴치한 이야기가 있고,] 또한 여기에는 방대한 이야기인 Rāmāyaṇa가 있다." (jayadrathenāpahāro draupadyāś cāśramāntarāt | yatrainam anvayād bhīmo vāyuvegasamo jave ‖ 199=124 ‖ cakre cainaṃ pañcaśikhaṃ yatra bhīmo mahābalaḥ | rāmāyaṇam upākhyānam atraiva bahuvistaram ‖ 200=126 ‖)
여기서 '다섯 상투를 가진 그'는 Jayadratha를 가리키지만, Pune본에는 이러한 표현이 없다. 이에 관한 이야기는 『마하바라타』의 제3책 Vana-parvan에서 서술된다. cf. Mbh 3.269-270=253-254. Dutt(2004.II) pp. 747-749.

55 阿毘達磨大毘婆沙論 권181(T 27:908a): "오정 외도 등도 천상에 태어나서 욕락을 받기를 추구하기 때문이다." (以五頂外道等亦求生天受欲樂故.) 田村庄司(1965:131)는 여기서 말하는 '오정 외도'가 상키야를 일컫는 것으로 파악하고, 이 불전의 편찬 당시에는 Pañcaśikha가 상키야를 대표하고 있었을지도 모른다고 추정한다.

56 Atha bhante Brahmā Sanaṃkumāro oḷārikaṃ attabhāvaṃ abhinimminitvā kumāra-vaṇṇī hutvā Pañcasikho devānaṃ Tāvatiṃsānaṃ pāturahosi. DN 18.18(II, p. 211).

라문 동자'도 이 전설에서 유래했을 가능성이 충분하다.

> 그때 오정(五頂)이라는 바라문이 있었으니, 그는 일찍이 세존의 말씀에 오류가 없음을 알았으므로 외도들에게 [다음과 같이] 말했다. … 그때 세존은 교화할 때가 되었음을 알고 이내 바라문의 형상으로 변신하여, 검은 사슴 가죽을 입고 금줄을 몸에 두르고 금 지팡이를 손에 들고는 태양으로부터 바라문 동자의 앞에까지 와서 자리를 펴고 앉았다. 바라문 동자는 [세존의] 발에 머리를 대고 성의껏 경례하여 귀의했다.[58]

다음으로 *Sakkapañha-sutta*에서 Pañcasikha는 건달바의 아들로 등장한다. 여기서 신들의 왕인 제석천(帝釋天)은 명상(선정)의 즐거움에 몰입해 있는 세존에게 접근하기 어렵다고 생각하여, 먼저 Pañcasikha에게 세존과 친근한 관계를 도모하도록 부탁하고, Pañcasikha는 세존과 우호적인 대화를 나누는 데 성공한다. 이로써 제석천은 다음과 같은 부탁으로 세존을 친견할 수 있게 된다.

> 이제 신들의 왕인 제석천은 이렇게 생각했다. '건달바의 아들인 Pañcasikha는 세존과, 세존은 Pañcasikha와 함께 환담하는구나.' 그래서 신들의 왕인 제석천은 건달바의 아들인 Pañcasikha를 불러 이렇게 말했다. "Pañcasikha여! 그대는 나의 [이름으로] '존자여! 신들의 왕인 제석천이 대신과 수행원들과 함께

……………

57 Rhys Davids(1959:244, n. 2)는 "Pañcasikha는 인도 전설에서 유명한 이름이 되어 쉬바교와 상키야의 작가들에 의해 채택되었다."고 부연하면서, Pañcasikha가 의미하는 '다섯 개의 볏'(五頂)이 무엇을 가리키는지는 아무 데서도 설명하지 않는다고 지적했다. 그러나 그 '다섯 개의 볏'은 이 경전의 말미에서 서술하는 '다섯 가지의 중대사'를 가리키는 것일 수 있다. 다섯 가지의 중대사란 ① Sanaṃkumāra 범천이 33천에게 설법한 일, ② Vessavaṇa 대왕이 이 설법을 듣고 수긍하여 추종자들에게 전한 일, ③ Janavasabha 야차가 이것을 듣고 수긍하여 세존에게 전한 일, ④ 세존이 이것을 듣고 수긍하여 Ānanda에게 전한 일, ⑤ Ānanda 존자가 이것을 듣고 수긍하여 사부대중(비구, 비구니, 우바새, 우바이)에게 전한 일이다. cf. DN 18.29(II, pp. 218-9).

58 阿毘達磨大毘婆沙論 권179(T 27:901ab): "時有婆羅門名為五頂, 曾見世尊記事不謬告外道眾曰. 此因儒童定當出家莫生異念. … 爾時世尊知化時至便自化作婆羅門形, 著烏鹿皮金繩絡體手執金杖, 從日輪來至因儒童前敷座而坐. 儒童接足歸誠頂敬."

세존의 발에 머리 숙여 예배합니다.'라고 경례하라."[59]

또한 *Mahāgovinda-sutta*에서 세존은 건달바의 아들인 Pañcasikha에게 팔성도(八聖道)야말로 올바른 범행(梵行, brahmacariya), 즉 금욕의 길이라고 가르친다.

> [Mahāgovinda 바라문이었을 적에] 나(세존)는 그 제자들에게 범천의 세계에서 공존하는 길을 가르쳤다. Pañcasikha여! 그 금욕은 염리(厭離), 이욕(離欲), 멸진(滅盡), 적정(寂靜), 완전한 지혜, 정각(正覺), 열반으로 인도하지 않고 단지 범천의 세계에 태어나기 위한 것일 뿐이었다. Pañcasikha여! [그러나 지금] 나의 이 금욕은 순전히 염리, 이욕, 멸진, 적정, 완전한 지혜, 정각, 열반으로 인도하는 바로 그 '성스런 여덟 가지의 길'(팔성도=팔정도)이니 ….[60]

이처럼 초기 불전에서 Pañcaśikha는 범천의 화신인 Sanaṃkumāra로, 또는 건달바의 아들로 등장하여 신격화되어 있지만, 그 세간적 위상으로 보면 세존(석가모니)과 고담준론을 나눌 만한 지성의 소유자로 묘사되어 있다. 물론 이 같은 전설적인 Pañcaśikha가 실존 인물로서 상키야의 대가인 Pañcaśikha로부터 유래했을 것이라고 단정할 만한 증거가 충분하지는 않다. 그러나 양자 사이에는 어떤 연관성이 있을 것으로 추정할 만한 간접적인 증거는 도처에서 발견할 수 있다.

Sanaṃkumāra에 해당하는 산스크리트어는 Sanatkumāra이다. 『마하바라

59 Atha kho Sakkassa devānam indassa etad ahosi: Paṭisammodati kho Pañcasikho Gandhabba-putto Bhagavatā, Bhagavā ca Pañcasikhenāti. Atha kho Sakko devānam indo Pañcasikhaṃ Gandhabba-puttaṃ āmantesi: Abhivādehi me tvaṃ tāta Pañcasikha Bhagavantaṃ: Sakko bhante devānam indo sāmacco saparijano Bhagavato pāde sirasā vandatīti. DN 21.1.8(II, p. 269).

60 Ahaṃ tesaṃ sāvakānaṃ Brahmaloka-sahavyatāya maggaṃ desesiṃ. Taṃ kho pana Pañcasikha brahmacariyaṃ na nibbidāya na virāgāya na nirodhāya na upasamāya na abhiññāya na sambodhāya na nibbānāya saṃvattati, yāvad eva Brahmalokūpapattiyā. Idaṃ kho pana me Pañcasikha brahmacariyaṃ ekanta-nibbidāya virāgāya nirodhāya upasamāya abhiññāya sambodhāya nibbānāya saṃvattati, ayaṃ eva ariyo aṭṭhaṅgiko Maggo …. DN 19.61(II, p. 251).

타』에서 Sanatkumāra는 건달바인 Viśvāvasu에게 상키야의 지식을 알려 준 인물들 중에 Pañcaśikha와 함께 열거된다.[61] 고전 상키야의 주석서인 *Yuktidīpikā*에서는 카필라의 지식을 일찍이 공유한 인물들 중에 Sanatkumāra를 포함시키고 나서, Pañcaśikha를 열 번째 동자(kumāra)로 표현한다.[62]

이제까지 인용한 문헌들의 사례에 국한하더라도 Pañcaśikha는 불교가 흥기할 당시부터 이미 신화적인 인물로 알려져 있었고, 이후의 각종 문헌들에서는 같은 이름으로 상키야의 대가와 동일시되기에 이르렀던 듯하다.[63] 이 같은 사실은 15세기 전후로 성립된 후기 상키야의 문헌들에서도 확인할 수 있다.

불교의 『대지도론』에서는 수행자들의 두발 모양을 체발(剃髮, 깎은 머리)과 장발(長髮)과 상투머리라는 세 가지로 언급한다.[64] 인도의 『마누 법전』(*Manusmṛti*)에서는 "[학생은] 머리털을 깎을 수도 있고, 땋을 수도 있고, 혹은 또 상투를 틀어 올릴 수도 있다."[65]라고 하여 학생에게 체발과 변발(弁髮)과 상투머리를 허용한다. 그러므로 『대지도론』에서 말하는 장발은 머리털을 꼬아서 엮은 변발에 해당할 것이다. 고전 상키야의 주석서들도 이것들은 언급하는데, *Gauḍapāda-bhāṣya*로 예를 들면 다음과 같다.

25원리를 아는 자는 인생의 [네 가지 단계 중] 어떠한 단계에서든, 변발이나 체

....

61 Cf. Mbh 12.318.59-62(@제7장 각주 1). 장부 경전의 *Mahāsamaya-sutta*에서도 부처의 설법을 듣기 위해 모인 무리를 열거하는 중에 Pañcasikha는 건달바(gandhabba)와 함께 열거된다. (Cittaseno ca gandhabbo Nalo rājā Janesabho Āgu Pañcasikho c' eva Timbarū Sūriyavacchasā. DN 20.10. II, p. 258)

62 "세계의 시초에 출현한 Sanaka, Sanātana, Sanandana, Sanatkumāra 등도 거기서 무상한 것들, 즉 만물의 존속과 발생과 소멸을 생각한다." (bhavāgrotpannair api sanaka-sanātana-sanandana-sanatkumāra-prabhṛtibhir anityānāṃ — sthity-utpatti-pralayāś cintyante yatra bhūtānām ‖ YD ad. SK 69. Wezler & Motegi 1998:267, 18-20행) "Āsuri는 또한 열 번째 동자인 Pañcaśikha 존자에게"(āsurir api daśamāya kumārāya bhagavat-pañcaśikhāya … ‖ YD ad. SK 70. ibid. p. 269, 5-7행)

63 Cf. Chakravarti(1975) p. 114.

64 大智度論 권13(T 25:153c): "머리털을 깎거나 머리털을 길게 기르거나 정수리에 머리털을 약간 남겨 두거나 …" (或剃髮 或長髮 或頂上留少許髮 …)

65 muṇḍo vā jaṭilo vā syād atha vā syāc chikhājaṭaḥ | MS 2.219. Jha(1932) p. 187.

발이나 상투머리를 하고 살더라도 해탈할 것이니, 이 점에는 의심이 없다.[66]

그런데 후기 상키야의 문헌인 *Tattvayāthārthya-dīpana*(16세기 후반)에서는 위의 서술을 Pañcaśikha가 말한 것으로 명시한다.[67] Pañcaśikha의 권위를 앞세우는 또 다른 예를 *Sāṃkhyasūtra*(15세기)에서도 볼 수 있다. 인도의 논리학에서는 편충(遍充, vyāpti)으로 불리는 '불변의 수반'을 추리의 필수 조건으로 요구한다. '불'과 '연기'는 반드시 함께 발생하기 때문에 연기를 보고 "불이 났다"고 추리할 수 있듯이, 입증되어야 할 '불'이라는 대상(sādhya)과 '연기'라는 그 입증의 징표(liṅga)가 반드시 공존해야 한다는 것이 불변의 수반이다. *Sāṃkhyasūtra*에서는 이에 관한 Pañcaśikha의 견해를 다음과 같이 제시한다.[68]

> 불변의 수반이란 양쪽 또는 한쪽이 속성으로 결부되는 것이다. (29)
> 스승들은 [그것(불변의 수반)이 징표의] 본유적인 능력으로부터 생성된다고 말한다. (31)
> Pañcaśikha는 [그것(불변의 수반)이 사물들에] '내재된 능력'(속성)과의 결합

....

66 pañcaviṃśati-tattvajño yatra tatrāśrame vaset | jaṭī muṇḍī śikhī vāpi mucyate nātra saṃśayaḥ ‖ GB ad. SK 1. Mainkar(1972) p. 35, 21-22행.
Tarkarahasya-dīpikā, Tattvasaṃgraha-pañjikā, Sarvasiddhānta-saṃgraha, Manu-smṛti 등과 같은 각종 문헌에서도 이와 유사한 관념과 표현을 볼 수 있으므로, 이 같은 관념과 표현이 유서 깊은 통념으로 전승되어 온 것은 확실한 듯하다. 今西順吉(1970) p. 73, n. 5 참조. *Manu-smṛti*의 예를 들면 다음과 같다. "베다 성전의 의미와 진리를 아는 자는 인생의 [네 가지 단계 중] 어떠한 단계에 살더라도, 그는 실로 이 세상에 존속하는 동안 브라만과 합일하기에 적합하다." (vedaśāstrārtha-tattvajño yatra tatrāśrame vasan | ihaiva loke tiṣṭhan sa brahma-bhūyāya kalpate ‖ MS 12.102. Jha 1939:483)

67 "Pañcaśikha는 권위 있는 말씀으로 다음과 같이 설했다. …" (tathā coktaṃ pañcaśikhena pramāṇa-vākyam | … ‖ Dvivedin(1920) p. 61, 1-4행. 생략한 부분(…)은 위의 인용문과 동일하다. *Gauḍapāda-bhāṣya*의 원문 중 tatra가 kutra로 바뀌었으나 의미는 동일하다. Burley(2007:34)에 의하면 *Tattvayāthārthya-dīpana*의 내용은 『상키야송』에 의거하는 상키야와 특별한 차이가 없다고 하므로, Pañcaśikha에 대한 이 같은 인식은 상키야 학파의 통념일 수 있다.

68 SS 5.29-31. Garbe(1943) pp. 122-3.
niyata-dharma-sāhityam ubhayor ekatarasya vā vyāptiḥ | 29.
nija-śakty-udbhavam ity ācāryāḥ | 31.
ādheya-śakti-yoga iti pañcaśikhaḥ | 32.

이라고 말한다.[32]

이처럼 Pañcaśikha는 논리학의 대가로도 간주된다. 물론 그가 상키야의 위대한 스승인 점에는 변함이 없다. 그래서 *Sāṃkhyasūtra*는 "혹은 식별지가 없기 때문에 [원질과 순수정신의 결합이] 발생한다고 Pañcaśikha는 말한다."[69] 라고 그의 권위로 대미를 장식한다. 다만 후기 상키야의 문헌들에서 언급하는 Pañcaśikha는 사실을 그대로 전한 것이 아니라, 특히 불전 등과 같은 과거의 문헌들을 통해서 일찍이 널리 알려진 Pañcaśikha의 전설적 위상을 반영한 것으로 이해할 수 있다.

7.2.3. Pañcaśikha와 육십과론(*Ṣaṣṭitantra*)

상키야의 교의는 카필라에 의해 선포되었고 이것을 널리 보급한 인물이 Pañcaśikha라는 사실은 『상키야송』에 명시되어 있다.[70] 이에 앞서 『마하바라타』에서 Vasiṣṭha는 상키야가 방대한 문헌으로 이루어져 있다는 현자의 말을 인용한다.[71] 고전 상키야에 이르면 그 방대한 문헌을 육십과론(六十科論)으로 확신하는 동시에, 주석자들은 대체로 Pañcaśikha를 문헌의 저자로 지목한다. 그 대표적인 예가 Āsuri로부터 계승한 카필라의 지혜를 Pañcaśikha가 6만 게송으로 확장하여 설했다고 서술하는 『금칠십론』이다.[72]

이와 같은 인식을 토대로 육십과론이라는 방대한 문헌이 있었고 그 저자는

....

69 aviveka-nimitto vā pañcaśikhaḥ | SS 6.68. ibid. p. 163.

70 SK 70. @제3장 각주 7. 이 때문에 『상키야송』의 주석자들은 저자인 Īśvarakṛṣṇa 이전에 활동했던 많은 교사들을 언급하더라도, 한결같이 Pañcaśikha를 일차적 공헌자로 열거한다. 예를 들어 *Jayamaṅgalā* 에서는 다음과 같이 서술한다.
"제자들의 이 계보에 의하면 Pañcaśikha, 그리고 또한 Garga와 Gautama 등등은 Īśvarakṛṣṇa로 불리는 탁발 수행자로서 존경받는 사람에게 [이 지식을] 전했다(?)고 한다." (pañcaśikhas tathā garga-gautama-prabhṛtir ṇarāmataṃ gramyā(?) īśvarakṛṣṇa-nāmānaṃ parivrājakam ity anayā śiṣya-paramparayā | JM ad. SK 71. Vangiya 1994:118, 22-24행)

71 "현자들은 이 [상키야의] 교전이 이와 같이 광범하다고 말했다." Mbh 12.307.46. @제2장 각주 198.

72 『금칠십론』 ad. SK 70. @제3장 각주 9 참조.

Pañcaśikha였을 것이라는 가정이 성립된다. 물론 이것은 가설일 뿐이므로 그 저자로는 Vārṣagaṇya도 상정된다. 이에 따라 육십과론의 정체와 그 저자는 쟁점으로 대두된다.[73]

『상키야송』 제70~73송의 신빙성을 수긍한다면, 여기서 언급하는 육십과론은 상키야 철학의 역사를 재구성하는 데 근거를 제공한다. 왜냐하면 제73송은 『상키야송』이 육십과론이라는 방대한 문헌의 축약일 뿐이라고 말하기 때문이다.[74] 그래서 자연스럽게 제기되는 의문은 육십과론이 같은 이름의 저작을 말하는가, 아니면 단순히 방대한 문헌의 어떤 '60가지 주제'를 언급하는 것인가 하는 것이다. 양쪽 다 사실일 수 있다. 그리고 그것이 특정인의 작품이라면, Pañcaśikha와 Vārṣagaṇya라는 두 인물이 상정되지만, 결정적인 증거를 내세우는 것이 불가능하므로 가설로 만족할 수밖에 없다.

육십과론이 6만 게송으로 구성될 만큼 방대한 문헌이고, 그 두 인물에 권위를 돌릴 만큼 오래된 것이라면, 『마하바라타』에서 Pañcaśikha의 가르침을 전적으로 따로 취급하고(12.218~219=211~212), Vārṣagaṇya의 이름을 언급하며(12.318.59=306.57), 상키야의 문헌은 매우 이해하기 쉽고 범위가 넓으며 오래되었다고 말하길 주저하지 않으면서도 그 문헌에 대해 철저히 침묵하는 이유는 무엇일까? 이 의문은 '육십과론'이라고 추론된 문헌의 성립 연대와 관련된 문제로 비화된다. 만일 육십과론이 어떤 형태로든 『마하바라타』의 시대에 있었다

....

73 더욱이 *Ahirbudhnya-saṃhitā*에서 "육십과론들은 제각각이고 이것들에는 다양한 종류가 있다."(AhS 12.30, @제4장 각주 220)라고 단언하면서 이 60요목이 바로 '상키야'라고 말하는 것은 육십과론을 특정한 문헌으로 인식하지 않았다는 사례가 된다. 육십과론의 이 같은 모호한 정체성과 저자의 문제는 Oberhammer(1960:71-91)가 상세히 고찰한 바 있다. 그의 결론에 의하면 육십과론은 결코 단일한 문헌으로 특정될 수 없으며, 저자로 지목된 Pañcaśikha와 Vṛṣagaṇa(=Vārṣagaṇya)는 상키야 학파의 초기 전통을 대변하며, 특히 Pañcaśikha는 후대에 상키야의 부흥을 위해 상징적 인물로 중시되었다는 것이다. 이하 육십과론에 관한 쟁점의 고찰은 Rao(1966) pp. 341-6 참조.

74 "또 요점이 제시된 이 [70송의] 교전(『상키야송』)은 내용상 그것(육십과론)으로부터 결여된 것이 없다. 마치 웅대한 자태인 요목(육십과론)의 영상이 [『상키야송』이라는] 거울에 비추어진 것과 같다." (tasmāt samāsa-dṛṣṭaṃ śāstram idaṃ nārthataś ca parihīnam | tantrasya bṛhan-mūrter darpaṇa-saṅkrāntam iva bimbam || SK 73) 이 제73송은 *Māṭhara-vṛtti*에만 마지막 게송(Sharma 1994:63)으로 추가되어 있다.

면, 그처럼 중요한 문헌이 그들의 주의를 끌 기회는 있었을 것이다. 그러나 이 같은 정황을 발견할 수 없다. 따라서 육십과론이 문헌으로 실재했다면 이것은 『마하바라타』 이후의 것임이 분명하며, 아마도 「해탈법품」 중 Nārada와 Nārāyaṇa 사이의 담론을 취급하는 「Nārāyaṇīya장」[75]보다도 이후일 것이며, *Śvetāśvatara-upaniṣad*(<표 10>)와 동시대일 것이다.

결국 『상키야송』이 방대한 육십과론의 축약에 불과하다는 주장은 하나의 문제를 제기한다. 만약 육십과론을 추종하는 학파가 있었다면, 그 학파는 본래의 성격상 Pāñcarātra에 속하는 분파였고, *Śvetāśvatara-upaniṣad*의 상키야-요가 학파라는 다른 분파와 병행하여 발전했을 가능성이 크다. 이에 관해서는 다음과 같은 견해가 매우 타당한 것으로 보인다.

> *Ahirbudhnya-saṃhitā*에서 언급한 Ṣaṣṭitantra(=육십과론)의 상키야는 Pāñcarātra 비슈누교의 교의와 유사한 유신적 성격을 지녔던 것 같다. 그리고 *Ahirbudhnya-saṃhitā*에서는 카필라의 이론이 비슈누교의 이론이었다고 설한다. … 비슈누교의 대부분의 학파가 가장 본질적인 부분에서 상키야의 우주론과 동일한 형태의 우주론을 받아들였다는 것은 잘 알려진 사실이다. 이는 카필라의 교의가 아마도 유신론적이었을 것이라는 가정을 정당화한다.[76]

이 견해를 고려하면 『상키야송』은 *Śvetāśvatara-upaniṣad*의 상키야-요가 학파로부터 계승된 전통에 근거하는 것인지, 아니면 *Ahirbudhnya-saṃhitā*에서 말하는 육십과론[77]의 학파로부터 계승된 전통에 근거하는 것인지가 의문시된다. 그리고 이러한 의문은 『상키야송』의 철학을 위해 길을 닦는 중간 단계가 있었을지

75 Mbh 12.334-345=321-339. Dutt(2004.VIII) pp. 526-598.

76 Dasgupta(1922) p. 221.

77 @제4장 각주 220 참조.

도 모른다는 추측을 낳게 한다. 이 중간 단계로는 *Tattvasamāsasūtra*[78]에 의거하는 학파를 상정할 수도 있다. 그리고 이 상정에 의거하면 다음과 같은 추론도 가능하다.

육십과론을 따르는 두 가지의 경향 또는 학파가 실존했다. 하나는 완전히 비쉬누교와 같은 유신론적 경향으로 Ahirbudhnya 철학의 기반을 형성했을 학파이다. 다른 하나는 *Tattvasamāsasūtra*와 이의 주석으로 현존하는 *Kramadīpikā*에 나타나는 것과 같은 무신론적 경향의 학파이다. 이 둘은 분명히 동시대에 공존했을 것이다. 이 양측의 경향을 대조해 보면 당시대의 철학적 분위기에서 유통했을 모종의 공통적인 흔적이 보이기 때문이다. 더욱이 상키야 철학의 역사에서는 육십과론과 『상키야송』 사이의 사상적 전개가 불투명한 점을 고려하면, 어떠한 경우든 육십과론의 두 학파를 상정하는 것으로 상키야의 사상사적 전개를 납득할 수 있게 개관할 수 있다.[79]

『상키야송』의 토대 자료가 육십과론이라는 사실은 『상키야송』 자체에 명시되어 있다. 그리고 "Pañcaśikha 성자는 다양하게 이루어진 요목, 즉 육십과론으로 불리는 60장을 작성했다고 한다."[80]고 전하는 *Jayamaṅgalā*의 인식으로 보건대, 육십과론은 아마도 상키야의 60가지 주제를 취급한다는 데서 그 이름이 유래했을 것이다. 이뿐만 아니라 『상키야송』의 요의를 낱낱이 해설하겠다는 저술의 목적과 60가지의 주제를 다음과 같이 천명하는 *Yuktidīpikā*는 육십과론의 내용을 재현한 것으로 이해할 수도 있다.[81]

....

78 인도의 전통적 관념으로는 이 문헌도 Pañcaśikha의 저작으로 간주되지만 그 진위를 확정하기 곤란하다. 예컨대 후대의 상키야 학자들은 Pañcaśikha가 *Tattvasamāsasūtra* 및 이에 대한 주석을 저술했다고 생각했다. 또 다른 사례로 Bhoja와 Hemacandra는 기교적 미문체(kāvya)로 작성된 *Śūdraka-kathā*라는 책의 저자를 어떤 Pañcaśikha로 간주했다. 이 같은 경우의 Pañcaśikha가 같은 이름의 유명한 상키야 교사와 동일인인지의 여부는 단언할 수 없다. cf. Chakravarti(1951) p. 116.

79 <표 8>에서 2종의 Ṣaṣṭitantra(육십과론)가 초기 상키야를 형성했을 것으로 추정한 이유가 여기에 있다.

80 pañcaśikhena muninā bahudhā kṛtaṃ tantram | ṣaṣṭitantrākhyaṃ ṣaṣṭikhaṇḍam kṛtam iti | JM ad. SK 70. Vangip. 118, 16-17행.

81 YD, Prathamam Āhnikam 7-11. Wezler & Motegi(1998) p. 2.

실재의 이치에 대해 혼미한 지성을 지닌 학인들은 그것들(이전의 교설인 육십과론)을 이해하기 어렵다. 이 때문에 Īśvarakṛṣṇa는 그 요의를 약술했다. (7)
[이것이] 바로 70[송]이라는 이름(『상키야송』)의 강요서로 완성된 교전이다. 따라서 여기(*Yuktidīpikā*)서는 모든 논제들에 대한 해설을 완수할 것이다. (8)
제일원인의 실재성과 유일성과 유(有)목적성과 이 밖에 [순수정신과의] 개별성, 그리고 또한 이타성(利他性)과 [순수정신의] 다수성, [양자의] 분리와 결합, (9)
잔여 활동, [순수정신의] 비작자성(非作者性)이라는 10가지를 핵심 요의[82]로 교시하고, 5종의 전도(顚倒)와 9종의 희열(만족)을 마찬가지로 진술하며, (10)
기관들의 무능을 28종으로 고찰한다. 여기에 8종의 성취(완성)를 포함한 이상의 것들이 주제들에 속하는 60가지이다.[83] (11)

이는 *Yuktidīpikā*의 저자가 서문에서 선언적 주제를 천명한 것이고, 정작 본론

....

śiṣyair duravagāhās te tattvārtha-bhrānta-buddhibhiḥ | tasmād īśvarakṛṣṇena saṃkṣiptārtham idaṃ kṛtam ‖ 7 ‖
saptatyākhyaṃ prakaraṇaṃ sakalaṃ śāstram eva vā | yasmāt sarva-padārthānām iha vyākhyā kariṣyate ‖ 8 ‖
pradhānāstitvam ekatvam arthavattvam athānyatā | pārārthyaṃ ca tathānaikyaṃ viyogo yoga eva ca ‖ 9 ‖
śeṣavṛttir akartṛtvaṃ cūlikārthāḥ smṛtā daśa | viparyayaḥ pañcavidhas tathoktā nava tuṣṭayaḥ ‖ 10 ‖
karaṇānām asāmarthyam aṣṭaviṃśatidhā matam | iti ṣaṣṭiḥ padārthānām aṣṭābhiḥ saha siddhibhiḥ ‖ 11 ‖

82 핵심 요의인 10가지가 취급하는 주제의 취지는 다음과 같다.
① 제일원인(=원질)의 실재성(astitva): 원질(prakṛti)이 제일원인(pradhāna)으로 존재한다는 사실(『금칠십론』에서만 예외적으로 인중유과의 교의).
② 원질의 유일성(ekatva): 원질은 단일한 것이라는 사실.
③ 원질의 유목적성(arthavattva): 원질의 활동은 순수정신의 향수라는 목적을 지닌다는 사실.
④ 원질과 순수정신의 개별성(anyatva): 원질과 순수정신은 별개라는 사실.
⑤ 원질의 이타성(parārthatva): 원질은 타자(순수정신)를 위해 활동한다는 사실.
⑥ 순수정신의 다수성(anaikya): 순수정신은 원질과는 반대로 다수라는 사실.
⑦ 원질과 순수정신의 분리(viyoga): 원질과 순수정신의 분리로써 해탈한다는 사실.
⑧ 원질과 순수정신의 결합(yoga): 원질과 순수정신의 결합으로 만물이 전개된다는 사실.
⑨ 잔여 활동(śeṣavṛtti): 해탈하더라도 잔여의 업이 소멸할 때까지는 신체가 존속한다는 사실.
⑩ 순수정신의 비작자성(akartṛtva): 자아인 순수정신은 활동하는 작자가 아니라는 사실. 잔여의 업도 소멸되면 완전한 독존을 얻는다는 비활동성(nivṛtti)과 동일.

83 10주제를 제외한 나머지 50주제는 『상키야송』의 제47~51송에 배당되어 있다. 즉 50종의 4분류는 SK 47, 5전도는 SK 48, 28무능은 SK 49, 9희열은 SK 50, 8성취는 SK 51에서 설명된다.

의 장황한 해설에서 저자가 육십과론을 직접 언급한 경우는 한 차례일 뿐이다. 그러므로 그의 해설로는 육십과론의 실체적 내용을 간파하기 어렵다. 그리고 육십과론의 주제를 이처럼 파악한 것은 『상키야송』의 주석자들이 공유한 상식에 속한다. 또한 상키야의 주석서가 아닌 다른 문헌들에서도 육십과론의 주제를 이와 같이 열거하거나 이보다 상세한 정보를 제공하기도 한다.[84]

특이한 예로, *Yuktidīpikā*의 서문에서 열거한 60가지 주제와 똑같은 내용이 *Tattva-kaumudī*에서도 인용되는데, 이 경우의 출처는 *Rāja-vārttika*로 명시되어 있다.[85] 그런데 Pāñcarātra 학파의 *Ahirbudhnya-saṃhitā*에서는 육십과론의 주제로서 이와는 다른 목록을 제시한다. 여기서는 전체 주제를 본원적 범주(prākṛta-maṇḍala)와 변형적 범주(vaikṛta-maṇḍala)로 구분한다. 전자는 요목(tantra)으로 불리는 32종의 주제로 구성되고, 후자는 항목(kāṇḍa)으로 불리는 28종의 주제로 구성된다. 아래의 인용에서는 주제의 숫자를 파악할 수 있도록 임의로 원 번호를 부여해 두었다.[86]

....

84 이하 고찰은 Chakravarti(1975) pp. 116-123 참조.

85 "예컨대 *Rāja-vārttika*에서는 … 라고 설한다."(tathā ca rājavārttikam … iti ‖ TK ad. SK 72. Jha 1965:173, 15행) 생략 부분(…)은 바로 앞서 인용한 *Yuktidīpikā*의 제9~11송과 동일하다. 다만 제10송의 cūlikārthāḥ(핵심 요의)가 maulikārthāḥ(근본 요의)로 바뀌었지만 의미상의 차이는 없다. *Rāja-vārttika*는 Akalaṅka(약 8세기)가 저술한 자이나교의 문헌으로 *Tattvārtha-rājavārttika*의 약칭이며 *Tattvārtha-vārttika*로도 불린다.

86 AhS 12.19-29. Ramanujacharya(1966) pp. 106-8.
ṣaṣṭibhedaṃ smṛtaṃ tantraṃ sāṃkhyaṃ nāma mahāmune | prākṛtaṃ vaikṛtaṃ ceti maṇḍale dve samāsataḥ ‖ 19 ‖
prākṛtaṃ maṇḍalaṃ tatra dvātriṃśad-bhedam iṣyate | tatrādyaṃ brahmatantraṃ tu dvitīyaṃ puruṣāṅkitam ‖ 20 ‖
trīṇi tantrāṇyathānyāni śakter niyatikālayoḥ | guṇatantrāṇy atha trīṇi tantram akṣarapūrvakam ‖ 21 ‖
prāṇatantram athānyat tu kartṛtantram athetarat | sāmitantram athānyat tu jñānatantrāṇi pañca ca ‖ 22 ‖
kriyātantrāṇi pañcātha mātrātantrāṇi pañca ca | bhūtatantrāṇi pañceti triṃśad dve ca bhidā imāḥ ‖ 23 ‖
prākṛtaṃ maṇḍalaṃ proktaṃ vaikṛtaṃ maṇḍalaṃ śṛṇu | aṣṭāviṃśatibhedaṃ tan maṇḍalaṃ vaikṛtaṃ smṛtam ‖ 24 ‖
kṛtyakāṇḍāni pañcādau bhogakāṇḍaṃ tathāparam | vṛttakāṇḍaṃ tathaikaṃ tu kleśakāṇḍāni pañca ca ‖ 25 ‖
trīṇi pramāṇakāṇḍāni khyātikāṇḍamataḥ param | dharmakāṇḍamathaikaṃ ca kāṇḍaṃ vairāgyapūrvakam ‖ 26 ‖
athaiśvaryasya kāṇḍaṃ ca guṇakāṇḍamataḥ param | liṅgakāṇḍa-mathaikaṃ ca dṛṣṭikāṇḍamataḥ param ‖ 27 ‖
ānuśravikakaṇḍaṃ ca duḥkhakāṇḍmataḥ param | siddhikāṇḍamathaikaṃ ca kāṇḍaṃ *kaṣāyavācakam ‖ 28 ‖
*kaṣāya는 kāṣāya의 교정.
tathā samayakāṇḍaṃ ca mokṣakāṇḍam ataḥ param | aṣṭāviṃśatibhedaṃ taditthaṃ vikṛti-maṇḍalam ‖ 29 ‖

위대한 성자여! 상키야로 불리는 교의는 60종으로 전승되었으니, 간략하게 말하면, 본원적인 것과 변형적인 것이라는 두 범주이다. (19)

그 중에서 본원적인 범주는 32종으로 간주된다. 이 중에서 첫째는 ①브라만 요목이고, 둘째는 ②순수정신 유형이다. (20)

이 밖의 다른 것들로서 ③능력(śakti)으로부터 ④운명과 ⑤시간까지 세 가지 요목이 있다. 이 밖에 ⑥⑦⑧[3]질 요목이 있고, [이것들을] 동반하는 ⑨불멸자(≒원질) 요목이 있다. (21)

이 밖에 다른 것으로서 ⑩숨(prāṇa)이 있으며, 이 밖에 또 다른 것으로서 ⑪작자(作者)가 있다. 그리고 다른 것으로서 ⑫반분(半分) 요목과 ⑬~⑰다섯 지각[기관] 요목,

이 밖에 ⑱~㉒다섯 행위[기관] 요목과 ㉓~㉗다섯 극미(미세요소) 요목, ㉘~㉜다섯 [조대]요소 요목을 포함한 서른 둘(32종)이 그러한 [본원적인 범주의] 구분이다. (23)

본원적인 범주가 교시되었으니, [이제] 그대는 변형적인 범주를 들으라. 변형된 것들로서 전승된 그 범주는 28종이다. (24)

처음의 ①~⑤다섯에 행위 항목들이 있고, 그 다음에 ⑥향수(享受) 항목이 있다. ⑦작용 항목은 그와 같이 하나이지만, 번뇌 항목은 ⑧~⑫다섯이다. (25)

⑬⑭⑮3종의 인식 수단 항목들이 있고, 이 다음에 ⑯지혜(khyāti) 항목이 있다. 이 밖의 하나로서 ⑰선(善, dharma) 항목이 있고, ⑱이욕을 동반하는 항목이 있으며, (26)

⑲자유자재 항목이 있고, 이 다음에 ⑳속성(guṇa) 항목이 있다. 이 밖의 하나로서 ㉑표징(liṅga) 항목, 이 다음에 ㉒정설 항목, (27)

㉓계시 항목과 ㉔고통 항목이 있으며, 이 밖의 하나로서 ㉕성취 항목이 있고, ㉖세속적 집착으로 불리는 항목이 있다. (28)

마찬가지로 ㉗규범 항목이 있고, 이 다음에 ㉘해탈 항목이 있다. 변형의 범주는 바로 그와 같이 28종이다. (29)

그런데 성자여! 육십과론들은 제각각이고 이것들에는 다양한 종류가 있다. 이 60요목이 상키야요 이것은 Hari(≒비슈누)의 훌륭한 수단이니, 모든 것을

아는 자요 최상의 성현인 위대한 성자를 통해 명백하게 되었다. (30-31)[87]

이 설명에 의하면 육십과론은 60종의 주제를 지칭하는 데 불과하다. 이뿐만 아니라 이 주제들은 내용상으로나 형태상으로나 *Yuktidīpikā*에서 열거한 것들과는 판이하다. 어쩌면 이처럼 열거한 주제들이 학파나 종파에 따라 나름대로 취사선택되었을 수도 있다.[88] 60종의 주제들 중에는 그 의미를 정확하게 특정하기 어려운 모호한 개념도 있지만, 그 대부분은 상키야 철학에서 취급하는 주제에 상당한다. 그러므로 이제 이것들 중 상키야의 개념으로는 다소 생소한 주제들에 초점을 두면서 상키야와의 연관성을 검토해 본다.

1. 본원적 범주

먼저 본원적 범주에서 ①브라만은 이미 소개한 충분한 사례로 알 수 있듯이, 『상키야송』 이전의 일원론적 상키야 교설에서 최상의 원리로 간주된다.

③능력(śakti)은 아마도 동력의 저장고로 주장되는 원질의 산출력을 가리킬 것으로 짐작할 수 있으나, 그 정확한 용도를 확정하기가 곤란하다. *Ahirbudhnya-saṃhitā*의 도처에서 언급하는 능력의 의미가 일정하지 않기 때문이다. 능력은 우주의 물질적 원인으로 정의되면서도 분명히 3질의 집합인 원질을 가리키기도 한다.[89] 그러나 다른 곳에서 다음과 같이 순수정신을 능력의 다양한 양상 중

....

87 이 제30-31송의 원문은 @제4장 각주 220.

88 일례로 11세기 이후의 Śaiva Siddhānta 학파에서는 다음과 같은 36원리를 주창한다. ①쉬바(śiva), ②샤티(śakti, 능력), ③지속적 은총(sadāśiva), ④자재(īśvara), ⑤[순수] 지식([śuddha]vidyā) ⑦시간(kāla), ⑧소질(kalā), ⑨지식(vidyā), ⑩집착(rāga), ⑪필연성(niyati), ⑫정신(puruṣa), ⑬원질(prakṛti) 또는 미현현(avyakta), ⑭속성(guṇa), ⑮통각(buddhi), ⑯아만(ahaṅkāra), ⑰~㉑jñānendriya(5지각기관), ㉒~㉖karmendriya(5행위기관), ㉗~㉛tanmātrāṇi(미세요소), ㉜~㊱bhūtādi(5조대요소). 정승석(2002) p. 154 참조. 이것들 중에서 ①③⑧⑮⑯을 제외한 나머지의 대부분은 60주제에서 선별한 것처럼 보이지만, 개념상으로 확실하게 60주제에 포함되지 않는 것은 Śaiva Siddhānta의 핵심 원리인 ①과 ③뿐이다.

89 "세계의 근본 질료가 되는 것, 그것은 능력으로 불린다." (jagat-prakṛtibhāvo yaḥ sā śaktiḥ parikīrttitā ‖ AhS 2.57. Ramanujacharya 1966:19)

의 하나로 간주하는 것은 의외이다.

> 성자여, 오직 그 능력은 참으로 상키야와 요가에서 현현, 미현현, 순수정신, 또한 시간이라는 네 가지 이름으로 언급된다.[90]

여기서도 시간을 언급하듯이 *Ahirbudhnya-saṃhitā*에서는 상키야를 산발적으로 언급하면서 ④운명과 함께 ⑤시간에 어느 정도 비중을 둔다. 특히 이 문헌에서는 40송에 걸쳐(AhS 4.39-78) 하위 원리로부터 상위 원리 속으로 용해되어 감으로써 소멸하는 과정을 설명하는데, 여기서 시간과 운명과 능력은 순수정신의 직전 단계로서 중시된다.[91] 『마하바라타』에서도 상키야를 약술하는 Devala의 교설에 의하면, 시간은 우주를 건립하는 데 중요한 역할을 담당한다.[92] 그러나 고전 상키야에서는 운명과 시간과 능력을 독립 범주로 간주하지 않는다.

순수정신과 함께 상키야의 양대 원리인 원질이 본원적 범주에 포함되어 있지 않은 것은 이상하다. 그 중요성을 고려하면 ⑨불멸자는 원질을 지칭한 것일 수 있다. 『마하바라타』에서 Vasiṣṭha는 상키야와 요가를 교시하면서 불멸자를 미현현과 동일시했는데,[93] 고전 상키야에서 미현현은 원질의 동의어이다. 이에

....

"[3]질로 이루어진 바로 그것이 그 능력의 양상으로 불린다." (yat tad guṇamayaṃ rūpaṃ śaktes tasyāḥ prakīrtitam | AhS 6.16. ibid. p. 51)

90 vyaktāvyakta-pumākhyābhiḥ tathā kālākhyayā mune | uktā catasṛbhiḥ saiva śktir vai sāṃkhyayogayoḥ || AhS 51.42. ibid. p. 532. Chakravarti(1975:120)는 이 구절과 관련하여 육십과론의 성격을 다음과 같이 평가한다. "이것은 *Śvetāśvatara-upaniṣad*(1.3.)에서 '자신의 속성(guṇa)들에 의해 감추어져 있는 신의 본질적 능력'(devātma-śaktiṃ svaguṇair niguḍhām)이라고 말한 것을 상기시킨다. 여기서는 최고신의 자체 능력이 신 자신의 속성들에 의해 가려져 있다고 말한다. 그러나 이렇게 산발적인 언급으로는 육십과론이 유신론적 색채의 상키야를 옹호했는지의 여부를 정확히 결정할 수 없다."

91 하위 원리들이 상위 원리 속으로 소멸해 가는 과정은 "암질→동질→순질→시간→운명→능력→순수정신→Aniruddha→Pradyumna→Saṃkarṣaṇa→Vāsudeva→브라만"과 같은 단계를 거친다. AhS 4.39-78. Ramanujacharya(1966) pp. 34-39.

92 "스스로 촉발되는 시간은 그것들로부터 요소들을 방출(생성)한다." (tebhyo sṛjati bhūtāni kāla ātma-pracoditaḥ | Mbh 12.275=267.5. Dutt 2004.VIII:296)

93 "창조와 소멸의 특성 때문에 그들은 미현현을 불멸자로 불렀다." (sarga-pralaya-dharmatvād(=

반해『기타』에서는 불멸자를 불변의 자아로 간주하기도 한다.[94] 그러나 본원적 범주에는 ②순수정신이 브라만 다음인 둘째 요목으로 중시되어 있는 만큼, 불변의 자아는 순수정신에 상당할 것이다. Vasiṣṭha의 교설과 함께 이 점을 고려할 경우에도 이 범주에서 열거한 불멸자는 원질로 간주될 만하다. 다른 한편으로 원질의 특성이 만물을 산출하는 능력인 점을 고려하면 다른 가능성도 있다. 이 경우에는 본원적 범주로 열거되지 않은 원질이 ③능력에 포함될 수 있으므로, 불멸자는『기타』에서 말하는 불변의 자아로 간주될 수 있을 것이다.

⑩숨(prāṇa)은 우파니샤드 이래 상키야의 문헌들에서도 중시되는 5풍(風)을 가리킬 것임은 의심의 여지가 없다. ⑪작자는 본원적 범주의 목록에 없는 통각(buddhi) 또는 아만(ahaṃkāra)를 가리키는 것인 듯하다. 고전 상키야에 의하면 순수정신을 작자로 생각하는 것은 이 둘의 영향 때문이다. 그러므로 통각과 아만을 싸잡아 작자 요목에 포함시켰을 수 있다.

본원적 범주의 목록에서 가장 모호한 것은 ⑫반분(半分)이다. 어쩌면 이것은 목록에는 없는 마음(manas)을 지칭한 것일지도 모른다. 즉 마음은 지각기관과 행위기관의 역할을 반반씩 담당한다고 생각해서 반분으로 표현했을 수 있다.

나머지 요목인 ⑬~⑰다섯 지각[기관], ⑱~㉒다섯 행위[기관], ㉓~㉗다섯 극미(미세요소), ㉘~㉜다섯 [조대]요소는 고전 상키야에서 상식으로 통용되는 원리들이다.

2. 변형적 범주

본원적 범주에 속하는 것들의 변형으로 발생하는 부수적 원리들을 망라한 것이 변형적 범주이다. 그리고 이 범주에서 열거한 항목들은 모두 고전 상키야에서도 중요하게 취급하는 주제나 개념들이다.

....

dharmitvād) avyaktaṃ prāhur akṣaram | Mbh 12.307=295.13. ibid. p. 427)

94 "세상에는 이러한 두 자아(puruṣa), 즉 소멸하는 것과 불멸하는 것만이 있다. 만물(요소로 이루진 모든 것)은 소멸하는 것(자아)이며, 불변하는 것은 불멸하는 것(자아)이라고 한다." (dvāv imau puruṣau loke kṣaraś cākṣara eva ca | kṣaraḥ sarvāṇi bhūtāni kūṭastho 'kṣara ucyate || BG 15.16. Radhakrishnan 1949:331)

여기서 첫째로 언급한①~⑤다섯 행위는 이미 제5장에서(5.2.2) 충분히 고찰한 행위의 다섯 원천일 가능성이 다분하다. ⑥향수(bhoga)는 원질로부터 전개된 것들에 대한 순수정신의 경험을 의미하는 개념이다. ⑦작용(vṛtta)은 '창조와 소멸의 순환'을 의미하며, *Kramadīpikā*에서는 이것을 전개(saṃcara)와 복귀(prati-saṃcara)로 표현한다.[95] ⑧~⑫다섯 번뇌는 고전 상키야에서는 5종의 전도로, 고전 요가에서는 5종의 번뇌로 취급된다.[96] ⑬⑭⑮3종의 인식 수단은 고전 상키야의 인식론(2.3.2_3)에 그대로 채택되어 있다.

다음으로 ⑯지혜, ⑰선(善), ⑱이욕, ⑲자유자재는 『상키야송』(SK 23)에서 열거하는 소위 통각의 8정태 중 통각의 순질에서 유래하는 4종(선, 지혜, 무욕, 자유자재)과 동일한 개념이다. 넷 중에서 지혜의 원어인 khyāti는 『상키야송』에서 구사한 jñāna와는 다르지만, 고전 상키야-요가의 문헌에서는 지혜 또는 지각이라는 의미로 빈번하게 구사된다. 단적인 예로 해탈의 궁극적 수단은 식별지(vivekakhyāti)로 불린다.[97]

⑳속성(guṇa)은 본원적 범주에서 [3] 질(guṇa) 요목으로 언급한 것을 이 변형적 범주의 항목으로 재언급한 것이므로 그 의미를 정확히 파악하기 어렵다. 이것의 원어인 guṇa는 덕(德)을 의미하기도 하는데, 이 경우에는 앞서 열거한 선(善)과 동일한 주제가 된다. 이 점을 고려하면 여기서는 3질과는 별도로 실체의 일반

95 Cf. Keith(1924) p. 71. "생성(창조)은 전개이고 소멸은 [원질로의] 복귀이다." (utpattiḥ sañcaraḥ pralayaḥ pratisañcaraḥ | TsV 6. Dvivedin 1920:128, 1행)

96 5종의 전도는 『상키야송』의 제47~48송(@제4장 각주 117, 118)에서 언급된다. 『요가주』에서는 5종의 무지와 5종의 번뇌를 동일시하고, 5종의 번뇌를 설명하면서 이것을 5종의 전도와 동일시한다. "바로 이 무지는 5종이다. 즉 [제2장 제3경에서] '번뇌들은 무지, 아집, 탐욕, 증오, 애착이다.'라고 한다. [우리] 자신의 전문어에 의하면 이것들은 곧 암(暗), 치(癡), 대치(大癡), 중암(重暗), 맹암(盲暗)이라고 한다." YBh 1.8. 정승석(2020) p. 46.

97 상키야 문헌에서 khyāti가 지각의 의미로 구사된 예를 들면 다음과 같다.
"긍정과 부정을 통해 존재와 비존재를 지각한다." (sad-asat-khyātir bādhābādhāt ‖ SS 5.56. Garbe 1943:128)
*Yuktidīpikā*에서는 khyāti를 마하트(mahat), 통각(buddhi), 생각(mati) 등의 동의어로 열거한다.
"mahat, buddhi, mati, brahman, pūrti, khyāti, īśvara, vikhara는 동의어이다." (mahān buddhir matir brahmā pūrtiḥ khyātir īśvaro vikhara iti prayāyāḥ | YD ad. SK 22. Wezler & Motegi 1998:187, 24-25행).

속성을 의미한 것일 수 있다.

고전 상키야-요가의 전문어로 미세신(微細身)은 사후에 내세로 윤회하는 미세한 매개체를 의미하는데, 이 경우에 미세신의 원어는 liṅga이다. 그러므로 ㉑표징(liṅga) 역시 미세신을 가리킬 것이다. ㉒정설은 이미 잘 알려져 이론으로 결정된 것을 의미하고, ㉓계시는 베다의 교설을 의미한다. 이 둘은 『상키야송』의 서두 부분에 다음과 같이 반영되어 있다.

> 계시에서 유래하는 것도 이미 알려져 있는 것과 마찬가지[로 확정적이지도 궁극적이지도 아닌 것]이다. 왜냐하면 그것은 부정(不淨)이나 소멸이나 우월[이나 열등]과 결부되어 있기 때문이다. 이것과 정반대의 것(상키야)이 한층 더 우수하다. [상키야는] 현현, 미현현, 지자(知者)를 식별하기 때문이다.[98]

『상키야송』은 상키야 철학의 목적이 ㉔고통을 제거하는 데 있음을 맨 먼저 (SK 1) 천명하고 나서, 이와 같이 계시나 이미 알려져 있는 기존의 정설이 고통을 제거하는 데는 무용지물이라고 주장한다. 고통의 다음 항목으로 열거한 ㉕성취(siddhi)는 초능력이 아니라 『상키야송』에서(SK 51) 말하는 8종의 성취와 같은 주제의 성취일 것이다. 초능력은 이미 별개의 항목으로 열거했기 때문이다.[99]

㉖세속적 집착은 3질 중 암질의 우세로 나타나는 탐욕과 같은 집착이다. "탐욕 따위는 마음에 안주하는 집착들이다."[100]라고 설명하는 것처럼, 집착에 대한 이 같은 인식은 일반화되어 있다. 확립된 결론으로 이루어지는 ㉗규범(samaya)은 자파와 상반하는 교의를 비판하는 데 적용된다. 끝으로 ㉘해탈은 학파와 종파

....

98 dṛṣṭavad ānuśravikaḥ sa hy aviśuddha-kṣayātiśaya-yuktaḥ | tad-viparītaḥ śreyān vyaktāvyakta-jña-vijñānāt || SK 2.

99 SK 51은 @제4장 각주 121. *Ahirbudhnya-saṃhitā*에서는 60가지 주제를 열거하고 나서 요가의 교의도 목록으로 열거하는데, 이 목록에는 '성취의 요가'(AhS 12.36)가 포함되어 있다. 요가를 설명하는 이 경우에는 초능력을 의미하는 성취일 것으로 추정된다. 이 @제7장 각주 3 참조.

100 rāgādayaḥ kaṣāyāś cittav-artinaḥ | TK ad. SK 23. Bhandari(1921) p. 333, 1-2행.

를 불문한 공통의 목적이므로, 이에 대해서는 특기할 만한 것이 없다.

이상과 같이 육십과론의 내용으로 *Ahirbudhnya-saṃhitā*에서 열거한 주제들과 *Yuktidīpikā*에서 열거한 주제들 사이에는 현저한 차이가 드러난다. 후자의 경우에는 『상키야송』에서 취급하는 주제들과 대체로 일목요연하게 부합한다. 이에 반해 전자의 경우에는 주제들의 분류가 후자와는 확연하게 다를 뿐만 아니라, 9종의 희열(만족)과 28종의 무능처럼 고전 상키야에서 중요하게 취급한 주제들이 완전히 간과되어 있다. 더욱이 양자가 공유하지 않은 주제도 적지 않다. 서로 다른 경향의 육십과론을 상정할 수밖에 없는 이유가 여기에 있다. 특히 제각각의 다양한 육십과론이 있다고도 언급한 *Ahirbudhnya-saṃhitā*는 이러한 상정에 결정적인 증거를 제공한다.

7.2.4. Pañcaśikha 이외의 교사들

여기서는 이제까지 고찰한 Pañcaśikha를 제외하고 『마하바라타』에 등장하는 상키야-요가의 교사들 중에서 Jaigīṣavya, Asita Devala, Nārada, Sanatkumāra 등의 특기할 만한 교설을 소개한다.

『마하바라타』에서는 짤막한 한 장(12.229=222)을 할애하여 Jaigīṣavya가 Asita Devala에게 교시한 내용을 소개한다. 이에 의하면 Jaigīṣavya의 교설은 칭찬과 비난으로 동요되지 않는 자가 최상의 단계에 도달할 수 있다는 윤리적인 색채를 띤다. 그리고 다른 문헌들에서 그에 관해 산재하는 언급에 의하면, 그는 상키야보다는 요가의 교사로 잘 알려진 듯하다. 예를 들어 *Kūrma-purāṇa*에 의하면, 그의 은둔처는 위대한 요기들의 거처로서 항상 탁월한 제자들과 함께 거주한다.[101]

....

101 *Kūrma-pr.* 1.46.17-18. Gupta(1971) p. 341.
jaigīṣavyāśramaṃ tatra yogīndrair upaśobhitam | tatrāsau bhagavān nityam āste śiṣyaiḥ samāvṛtaḥ | praśānta-doṣair akṣudrair brahma-vidbhir mahātmabhiḥ || 17 ||
śaṅkho manoharaś caiva kauśikaḥ kṛṣṇa eva ca | sumanā vedanādaś ca śiṣyās tasya pradhānataḥ || 18 ||
또한 그는 세계가 종말하기 직전인 현재의 칼리(Kali) 시대에 출현한 화신들 중에서도 '요기들의 거두'(yogīndra), 즉 '요가의 거장'으로 불린다.

거기에는 요가의 거장들과 함께할 Jaigīṣavya의 은둔처가 있으니, 이 존자는 결점을 불식하고 브라만에 정통하여 고결한 정신을 가진 비범한 제자들로 둘러싸여 항상 그곳에서 지낸다. (17)

Śaṅkha와 Manohara, 그리고 Kauśika와 Kṛṣṇa, 또한 Sumanas, Vedanāda가 바로 그의 탁월한 제자들이다. (18)

한편 Vācaspati는 논리학을 주석한 저서에서 Jaigīṣavya가 총지(總持)에 정통한 것으로 언급하는데,[102] 고전 요가에서 총지는 본격적인 명상에 돌입하는 단계이다. 『요가주』를 주석한 그로서는 Jaigīṣavya에 관해 잘 알고 있었을 것이다. 『요가주』에서는 "마음을 한 곳에 집중함으로써 [대상을] 전혀 지각하지 않는 것"(YBh 2.55)이 제감(制感)이라는 Jaigīṣavya의 정의를 인용할 뿐만 아니라, 명상을 통해 식별지를 얻은 그가 Āvaṭya와 주고받는 대화를 인용한다.[103]

그러나 대부분의 문헌들에서 상키야의 개조인 카필라의 제자들은 모두 요가에 정통한 수행자, 즉 요기로 간주된다. 일례로 *Īśvaragīta*에서는 요기들을 열거하면서 Jaigīṣavya를 Pañcaśikha와 함께 카필라의 제자로 언급한다.[104] 그러므로 Jaigīṣavya 역시 상키야의 교사로 알려져 있었던 사실에는 변함이 없다.

『마하바라타』에서 Asita Devala는 업의 과보를 소멸하기 위해 상키야의 지식

....

"[위대한 신의 화신들로는 Śveta가 첫째이고,] 이후로 Subhāna, Damana, Suhotra, Kaṅkaṇa, Lokākṣi, 또한 이 다음에 일곱째로 요가의 거장인 Jaigīṣavya가 있었다." (subhāno damanaś cātha suhotraḥ kaṅkaṇas tathā | lokākṣir atha yogīndro jaigīṣavyas tu saptame || ibid. 1.51.5. p. 367)

102 "총지론은 Jaigīṣavya 등에 의해 교시되었다." (dhāraṇā-śāstraṃ jaigīṣavyādi-proktam | NVT 3.2.42. Tailanga 1898:404, 7행)

103 "이에 대해서는 이러한 전설이 있다. 열 가지 대창조의 세계에서 잠세력을 직관함으로써 출생과 전변(삶의 변화)의 순서를 성찰하고 있는 존자 자이기샤비야(Jaigīṣavya)에게 식별로부터 발생한 지혜(식별지)가 현출했다. 이때 화신(化身)한 존자 아바티야(Āvaṭya)는 그에게 말했다. …" YBh 3.18. 정승석(2020) p. 186.

104 "[자재신에 대한 지식을] Aṅgiras는 베다에 정통한 Bhāradvāja에게 전수했고, 카필라는 Jaigīṣavya와 Pañcaśikha에게 전수했다." (aṅgirā vedaviduṣe bhāradvājāya dattavān | jaigīṣavyāya kapilas tathā pañcaśikhāya ca || *Īśvaragīta* 11.128. Dumont 1933:164)

이 반드시 필요하다[105]고 주장하는 상키야의 교사로 간주된다. 그러나 『마하바라타』에서 한 장(Mbh 12.275=267)을 할애하여 소개하는 그의 교설은 고전 상키야와는 상당히 큰 차이를 드러낸다. 고전 상키야의 교의에서는 통용되지 않는 그의 교설은 다음과 같다.[106]

시간은 창조에서 주요한 역할을 담당한다.

5조대요소, 시간, 실체, 비실체는 세계를 형성하는 8원리이다.

원리들의 위상은 "감관 → 마음(citta) → 의식(manas) → 통각 → '몸을 아는 자'(kṣetrajña)"의 단계로 격상한다. 여기서는 마음과 의식과 통각의 차이가 명료하지 않을 뿐만 아니라, 고전 상키야의 주요 원리인 아만과 원질이 배제되어 있다.

기운을 여섯째 기관으로 간주한다. 이는 Pañcaśikha가 기운을 제6의 행위기관으로 간주한[107] 것과 유사하다.

이 밖에 Asita Devala는 브라만에 도달하는 것을 최고의 성취로 간주하는데, 이는 상키야가 이원론으로 정립되기 이전의 공통적인 경향에 속한다.

그러나 다른 문헌에 의하면 상키야를 25원리에 대한 지식으로, 요가를 마음의 집중으로 정의한 그의 교설은 고전 상키야-요가의 노선으로 합류할 지류에 해당한다. Aparārka는 *Yājñavalkya-smṛti*에 대한 주석에서 Devala의 교설을 다음과 같이 서술한다.

> 여기서 다음으로, 짐승에게는 선(善)이 없기 때문에 순수정신(자아)을 목적으로 하는 교시가 없다. 신과 인간의 두 부류는 가장 뛰어난 선과(善果)로서 순수정신의 목적이다. 그 둘의 선과는 앞에서 설명되었다. 상키야와 요가는 가장 뛰어난 두 가지라고 한다. 상키야는 25원리에 대한 지식이다. 요가는

....

105 "공덕과 악의 [업을] 소멸하기 위해 실로 상키야라는 시금석(=지식)이 통용된다." (puṇyapāpakṣayārthaṃ hi(=ca) sāṃkhyaśānaṃ(=sāṃkhyaṃ jñānaṃ) vidhīyate | Mbh 12.274=267.38)

106 아래에 열거한 고전 상키야와의 차이는 Chakravarti(1975) p. 45 참조.

107 이 @제7장 각주 38 참조.

[다른] 대상들로부터 물러나서 지향하는 대상에 마음들을 고정하는 것이다. [이] 두 경우에, [그] 결과로서 해탈이 있다. 출생과 죽음이라는 두 가지 고통의 절대적 부재가 해탈이다.[108]

Devala는 상키야와 요가의 교의를 풍부하게 반영한 법경(法經)의 저자로도 알려져 있다. 이 때문에 샹카라도 그가 법전에 상키야의 용어와 교의를 도입했다고 비난했다.[109]

Nārada는 『마하바라타』의 제1책(Ādi-parvan)에서부터 Dakṣa의 아들들에게 상키야를 가르친 교사로 언급된다.[110] 그리고 「해탈법품」에서는 세 장(Mbh 12.329-331)을 할애하여 Nārada가 Śuka에게 가르친 상키야의 교의를 소개한다. 그의 교설에서 주목할 만한 일부 관념과 표현들은 *Caraka-saṃhitā*에서도 함축적으로 반영되어 있다. 다음과 같이 양자를 대조해 보는 것으로 이 점을 확인할 수 있다.

....

108 athāto dharma-varjitatvān na tiryagyonyāṃ puruṣārthopadeśaḥ | deva-mānuṣayor dvividhaḥ puruṣārthaḥ — abhyudayo niḥśreyasam iti | tayor abhyudayaḥ pūrvoktaḥ | dvividhaṃ niḥśreyasam — sāṃkhya-yogāv iti | pañcaviṃśati-tattva-jñānaṃ sāṃkhyam | viṣayebhyo nivartyābhiprete 'rthe manaso 'vasthā[pa]naṃ yogaḥ | ubhayatrāpavargaḥ phalam | janma-maraṇa-duḥkhayor atyantābhāvo 'pavargaḥ | *Aparārkaṭīkā* 3.109. Āpte(1904) pp. 986-7, 23-1행.

109 샹카라는 상키야의 제일원인을 배격하는 BS 1.1.5을 인용하여(@제4장 각주 210 참조) Devala 등의 견해가 상키야에 치우쳐 있음을 암시하고 나서, 다음과 같이 설명한다.
"그런데 Devala를 비롯한 그 밖의 사람들, 즉 법경(dharmasūtra)을 작성한 어떤 사람들은 그들 자신의 작문들에 의존했다. 이 때문에 그것을 배격하고 [상키야의 원질이 아니라] 원자 따위가 원인이라는 주장을 배격하지 않도록 극도로 노력한 것이다." (devala-prabhṛtibhiś ca kaiścid dharmasūtra-kāraiḥ svagrantheṣv āśritaḥ, tena tat-pratiṣedhe yatno 'tīva kṛto nāṇvādi-kāraṇavāda-pratiṣedhe | BSbh ad. BS 1.4.28.) Shastri(1980) p. 343, 6-7행.

110 "Nārada는 수천 명으로 모여 있는 Dakṣa의 아들들에게 최상의 해탈인 상키야의 지식을 가르쳤다." (sahasra-saṃkhyān 'sambhūtān dakṣa-putrāṃś ca'(=samitān sutān dakṣasya) nāradaḥ mokṣam adhyāpayāmāsa sāṃkhya-jñānam anuttamam | Mbh 1.75.7=70.6) Dutt(2004.I) p. 228.

Nārada의 교설[111]	Caraka-saṃhitā[112]
그러나 여기서 감관의 대상인 모든 것, 즉 현현과 미현현은 실로 스물 넷으로 이루어진 것을 갖추고 있으니, 이것이 현현과 미현현을 구성하는 속성이다. (46)	통각과 감관들과 마음과 [감관의] 대상들에게는 결합을 지탱하는 최상의 것이 있다고 알아야 한다. 참으로 스물 넷으로 이루어진 이 '더미'가 자아로 불리는 것이다. (35)
이 모든 것으로 결합된 것은 인간(자아)으로 불린다. 이제 세 가지 조건, 안락과 고통, 또한 삶과 죽음, (47)	여기(더미 자아)에 행위(업)와 그 결과, 여기에 지식[과 무지]가 포함되어 있고, 여기에 미혹과 안락과 고통과 삶과 죽음과 주인 의식이 포함되어 있다. (37)
이것을 진실하게 아는 자는 발생과 소멸을 안다. 지식을 위해서는 무엇이든 잇따라서 깨우쳐야 한다. (48)	이와 같이 진실하게 아는 자는 소멸과 발생을 알며, [신체의] 지속과 [심신의] 처방, 그리고 지각될 수 있는 것이라면 어떠한 것도 안다. (38)
미현현인 것이 모종의 것으로서 [전개되어] 감관들에 의해 파악된다는 것이 [창조, 유지, 소멸 중의] 유지이다. 미현현이란 '그 표징에 의해 지각될 수 있는'(추리로써 지각되는) 초감각적인 것이라고 알아야 한다. (49)	오직 감관들과 연관되는 현현은 그 감관들에 의해 파악된다. 한편, 이와는 다른 미현현은 '그 표징에 의해 지각될 수 있는'(추리로써 지각되는) 초감각적인 것이다. (62)
제어된 감관들에 의해, 마치 소나기에 의한 것처럼 정신은 생생하게 되어, 편재하는 자아를 세계에서 보고 세계들을 자아에서 본다. (50)	세계에서 편재하는 자아를 보고 자아에서 세계를 보고 있는 자, 즉 최상의 것과 최하의 것을 보는 자의 평정은 지혜에서 유래한 것으로서 사라지지 않는다. (20)
언제나 모든 상황에서 모든 존재들을 보고 있는, 즉 '높고 낮은 것'(최고아)을 목격하는 자에게는 지식에서 유래한 능력이 소멸하지 않는다.[113] (51)	모든 상황에서 언제나 모든 존재들을 보고 있는 자, 즉 브라만과 합일하여 순수한 자에게는 결합이 발생하지 않는다. (21)
존재의 원인(=브라만과 합일한 자)에게는 불순물에 의한 결합이 발생하지 않는다. 미혹으로부터 야기되는 다양한 번뇌들을 지식에 의해 극복한 자에게는 세상에서 지성의 빛에 의해 세속의 길이 훼손되지 않는다. (52)	

111 MBh 12.329=316.46-48(@제6장 각주 23). MBh 12.329=316.49-52. Dutt(2004.VIII) p. 512.
indriyair gṛhyate yad yat tad avyaktam iti sthitiḥ | avyaktam iti vijñeyaṃ liṅga-grāhyam atīndriyam || 49 ||
indriyair niyatair dehī dhārābhir iva tarpyate | loke vitatam ātmānaṃ lokāṃś cātmani paśyati || 50 ||
parāvara-dṛśaḥ śaktir jñāna-mūlā na naśyati(=paśyati) | paśyataḥ sarva-bhūtāni sarvāvasthāsu sarvadā || 51 ||
sarva-bhūtasya(=brahma-bhūtasya) saṃyogo nāśubhenopapadyate | jñānena vividhān kleśān ativṛttasya mohajān |
loke buddhi-prakāśena lokamārgo na riṣyate || 52 ||

위의 대조에서 Nārada의 교설은 Nārada가 Sanatkumāra의 교설을 Śuka에게 가르친 것이므로 실제로는 Sanatkumāra의 교설이 된다.[114] 그리고 후속하는 다른 장에서는 Sanatkumāra도 상키야-요가의 대가로 알려져 있다. 그는 브라만의 정신적 자식들로서 "요가에 정통하고 상키야의 지식에도 해박한" 일곱 성현으로 꼽히는데, 카필라와 나란히 열거된다.[115]

> Sana, Sanatsujāta, Sanaka, Sasanandana, Sanatkumāra, 카필라, 일곱째로 Sanātana, (72)
> 이들 일곱 성현들은 브라만이 마음으로 낳은 자식들로 알려져 있으며, 저절로 발생한 지식을 갖고 절연(絶緣)의 법에 안주한다. (73)
> 이들은 요가에 정통하고 상키야의 지식에 해박한 선도자들로서, 법전들(=해탈론)의 스승들이자 해탈법의 창시자들이다. (74)

『마하바라타』에서 Sanatkumāra의 교설로 알려진 상키야-요가는 최고아를

....

112 CS, Śārīra-sthāna 1.35/37(@제6장 각주 14, 17) ; ibid. 5.20-21(@제6장 각주 52). ibid. 1.38/62. Sharma & Dash(1985) pp. 321/327.
evaṃ yo veda tattvena sa veda pralayodayau | pāramparyaṃ cikitsāṃ ca jñātavyaṃ yac ca kiñcana || 38 ||
vyaktam aindriyakañ caiva gṛhyate tad yad indriyaiḥ | ato 'nyat punar avyaktaṃ liṅga-grāhyam atīndriyam || 62 ||

113 Pune본에 의하면 '보지 못한다'(na paśyati)이지만, Ganguli(1891:720)는 벵골의 일부 판본에 paśyati(보다)로 되어 있는 것은 의미가 통하지 않으므로 K. P. Singha의 판본처럼 naśyati(소멸하다)로 읽는 것이 옳다고 지적했다. 또한 Ganguli에 의하면 계시서(śruti)들에서는 '높고 낮은 것'(parāvara)이 최고아(브라만)에 상당한다.

114 Nārada의 교설은 다음과 같이 시작된다.
"옛적에 존자 Sanatkumāra는 진리를 알고자 하여 순수한 자아를 가진 성현들에게 이러한 교훈을 말씀하셨다." (tattvaṃ jijñāsatāṃ pūrvam ṛṣīṇāṃ bhāvitātmanām | sanatkumāro bhagavān idaṃ vacanam abravīt || MBh 12.329=316.5. Dutt 2004.VIII:505)
그러므로 MBh 12.329.5 이후의 진술은 Sanatkumāra의 교설로 간주되지만, 그의 교설이 어느 대목에서 끝나는지는 명시되어 있지 않다.

115 Mbh 12.340.72-74=327.64-66. Dutt(2004.VIII) p. 563.
sanaḥ sanatsujātaś ca sanakaḥ sasanandanaḥ | sanatkumāraḥ kapilaḥ saptamaś ca sanātanaḥ || 72 ||
saptaite mānasāḥ proktā ṛṣayo brahmaṇaḥ sutāḥ | svayamāgata-vijñānā nivṛttaṃ dharmāsthitāḥ(=dharmam āsthitāḥ) || 73 ||
ete yogavido mukhyāḥ sāṃkhya-jñāna-viśāradāḥ(=sāṃkhya-dharma-vidas tathā) | ācāryā dharmaśāstreṣu(=mokṣaśāstre ca) mokṣa-dharma-pravartakāḥ || 74 ||

이해하고 실현하는 지식과 수단으로 간주되어 있으며, 그의 교설은 바라문교의 실천 윤리를 제시한다. 이 같은 Sanatkumāra의 교설이 Nārada의 입을 통해 진술되므로, Nārada의 상키야 교설도 이것에 상당할 것이다.

7.3. Pañcaśikha의 후계

요가를 포함한 상키야의 교의가 일군의 학파적 성격을 띤 이래, 후기에 이르기까지 전개된 역사를 최대로 간결하게 개괄하면, 그 역사의 요체를 다음과 같이 파악할 수 있다.[116]

『마하바라타』 이래 상키야로 불리는 비교적 일관된 개념적 체계가 있었으며, 이 체계의 공통분모는 나중에 종종 육십과론으로 널리 알려졌다.

『상키야송』이 출현하기 이전의 몇 세기 동안 존재해 왔던 상키야의 개념적 체계는 Pañcaśikha와 Vārṣagaṇya와 Vindhyavāsin 등의 작품을 통해 상당한 변형을 겪어 왔다.

약 400년에 걸친 이 초기 시대[117]에는 학설의 기본 윤곽을 정리하려는 다양한 시도가 있었던 것 같다. 그러나 하나의 개요만이 표준적 진술로서 인정받게 되었는데, 이것이 바로 Īśvarakṛṣṇa의 『상키야송』에서 비롯되는 개요이다.

또 한편으로 Vārṣagaṇya와 Vindhyavāsin이 생각하는 노선에 따라 몇 가지 중요한 점에서 변형된 이 학설은 파탄잘리의 『요가경』과 이에 대한 주석서들의 기반이 되었다.

『상키야송』에 대한 주석서들은 상당히 후대로 내려오는데, *Yuktidīpikā*를 제

---

116 Cf. Larson & Bhattacharya(1987) p. 48.

117 이 400년의 기간을 '공동의 시대'로 표현한 Larson & Bhattacharya(1987:48)가 "Īśvarakṛṣṇa 이후와 Dignāga 이전의 중간 시기"로 기재한 것은 명백한 오기이다. 그들 자신이 Īśvarakṛṣṇa의 연대는 약 350~450년(ibid. p. 13)으로, Dignāga의 연대는 약 480~540년(ibid. p. 12)로 기재하고 있기 때문이다.

외하고는 사상적 체계로서의 상키야 학설에 대한 직접적인 파악이 결여된 것 같으며, *Yuktidīpikā*마저도 학설의 내용을 진술하지 않고 학설의 내용이 풍부함을 전제로 하고 있다.

*Tattvasamāsa*와 *Sāṃkhyasūtra*는 이에 대한 주석서들과 아울러 확실히 훨씬 오랜 자료들을 담고 있긴 하지만, 그럼에도 불구하고 이것들은 유구한 전통의 상키야 학설을 현저하게 베단타의 일원론에 편향하여 해석하려는 경향이 있는 서기 1000년 이후의 후기 문헌들이다.

여기서 『상키야송』이 출현하기 이전까지의 약 400년은 기원전 100년과 기원후 200년 사이에 생존했을 것으로 추정되는 Pañcaśikha를 기점으로 설정한 기간이다. 『상키야송』의 주석자들은 이 기간을 전후로 사자상승(師資相承)한 상키야의 계보를 저마다 상이하게 제시한다.

7.3.1. 상키야 교사들의 계보

*Yuktidīpikā*에서는 Janaka와 Vasiṣṭha 등의 제자들에게 상키야의 지식을 전수한 장본인으로 Pañcaśikha를 지목하고 나서, 『상키야송』이 작성되기 이전까지 이루 헤아릴 수 없는 교사들이 활동했던 것처럼 서술한다.

> [상키야의 교의는 Pañcaśikha에 의해] Janaka와 Vasiṣṭha를 비롯한 많은 이들에게 상술되었다. 그러나 이 교전(『상키야송』)은 태초에 존자(카필라)로부터 전승된 것이기 때문에, [다른] 교전들과는 다르게 스승들의 계보는 수백 수천 년으로도 알려질 수 없다.[118]

....

118 bahubhyo janaka-vaśiṣṭhādibhyaḥ samākhyātam | asya tu śāstrasya bhagavato 'gre pravṛttatvān na śāstrāntaravad vaṃśaḥ śakyo varṣaśata-sahasrair apy ākhyātum | YD ad. SK 70. Wezler & Motegi(1998) p. 269, 8-10행. 이 원문에서 vaśiṣṭha의 바른 표기는 vasiṣṭha이지만 관용으로 통용된다. Sharma(2018:315)의 범본에는 vasiṣṭha로 수정되어 있다.

여기서는 이처럼 상키야의 역사가 장구하다고 말하지만, 『상키야송』 이전에 활동한 교사들을 10명 정도로 열거하는 데 그친다. 계보를 약술하기로는 다른 주석서들도 마찬가지이다. 그러나 열거하는 교사들의 이름과 순서를 완전히 동일하게 열거하는 문헌은 전혀 없다. 『상키야송』을 비롯하여 Guṇaratna의 『육파철학집성주』까지 포함한 문헌들에서 서술하는 교사들의 계보를 비교하면 그 차이가 확연하게 드러난다.

〈표 18〉 상키야 교사들의 계보

문헌	계보
『상키야송』	Kapila → Āsuri → Pañcaśikha → Īśvarakṛṣṇa[119]
『금칠십론』	迦卑羅(Kapila) → 阿修利(Āsuri) → 般[遮]尸訶(Pañcaśikha) → 褐伽(Garga) → 優樓佉(Ulūka) → 跋婆利(Bāddhali) → 自在黑(Īśvarakṛṣṇa)[120]
Yuktidīpikā	(Devala?) → Hārīta → (Bāddhali) → Kairāta → Paurika → Ṛṣabheśvara → Pañcādhikaraṇa → Patañjali → Vārṣagaṇya → Kauṇḍinya → Mūka[121]
Māṭhara-vṛtti	Kapila → Āsuri → Pañcaśikha → Bhārgava → Ulūka → Vālmīki → Hārīta → Devala … → Īśvarakṛṣṇa[122]
Jayamaṅgalā	Muni(=Kapila) → Āsuri → Pañcaśikha → Garga → Gautama … → Īśvarakṛṣṇa[123]
Tarkarahasya-dīpikā	Kapila → Āsuri → Pañcaśikha → Bhārgava → Ulūka …[124]

....

119 SK 70-71. @제3장 각주 7 참조.

120 金七十論 권下(T 54:1262b): "弟子次第來傳受大師智者, 是智者從迦毘羅來至阿修利, 阿修利傳與般尸訶, 般尸訶傳與褐伽, 褐伽傳與優樓佉, 優樓佉與跋婆利, 跋婆利自在黑, 如是次第自在黑得此智."

121 saṃkṣepeṇa tu dvāva(devala?) … hārīta-(bāddhali)-kairāta-paurikārṣabheśvara-pañcādhikaraṇa-patañjali-vārṣagaṇya-kauṇḍinya-mūkādika- | YD ad. SK 70. Wezler & Motegi(1998) p. 269, 10-11행. 생략 부분(…)은 원본 자체에 있는 누락 부분이다.
원문에서 devala의 오기일 것으로 추정된 dvāva가 Sharma(2018:315)의 최근 판본에서는 "dvāv a(tra nirdiṣṭau | tato) …"일 것으로 판독되어 있다. 이 판독에 따르면 이 구절의 시작 부분은 "그리고 약술하여 여기서는 두 가지를 열거한다. …"라고 해석된다. 이 경우에는 두 가지의 계보 중 하나가 누락된 것으로 추정할 수 있다.

122 "카필라로부터 Āsuri가 얻은 이 지식은 이후 Pañcaśikha에 의해 전승되었고, 그로부터 Bhārgava, Ulūka, Vālmīki, Hārīta, Devala를 비롯한 그밖의 사람들에 의해 전승되었고, 이후 그들로부터

이 계보에서 가장 많은 교사를 열거한 문헌은 *Yuktidīpikā*이다. 더욱이 여기서는 『상키야송』에서 언급한 4명을 제외했으므로 이들까지 포함하면 최소한 14명 이상을 열거한 셈이 된다. 그러나 『상키야송』에서 언급하지 않은 이들 중에서 Bāddhali, Paurika, Pañcādhikaraṇa, Patañjali, Vārṣagaṇya를 제외한 나머지는 상키야의 교사로 알려진 내용이 전무하다.[125]

자이나교 문헌인 *Rāja-vārttika*에서는 인과의 행위를 부정하는 무작론(無作論, akriyāvāda)의 옹호자가 84명이라고 언급하는 중에 Bāddhali를 카필라, Ulūka, Māṭhara 등과 함께 열거한다.[126] Paurika의 교설은 *Yuktidīpikā*에서만 다음과 같이 간략하게 소개되어 있다.

> "각각의 순수정신마다 다른 제일원인(=원질)이 [존재하고 그것이] 신체 등의 대상을 만든다. 그리고 이것들(다른 원질들) 중 대아신(大我身)의 원질이 활동할 때, 다른 것(원질)들도 [활동한다.] 그리고 이것(대아신의 원질)이 정지할 때, 그것들(다른 원질들)도 정지한다."라고 상키야의 교사인 Paurika는 생각한다.[127]

....

Īśvarakṛṣṇa에 의해 전승되었다." (kapilādāsuriṇā prāptim idaṃ jñānam | tataḥ pañcaśikhena tasmād bhārgavolūka-vālmīki-hārīta-devala-prabhṛtinā gatam | tatas tebhya īśvarakṛṣṇena prāptam | MV ad. SK 71. Sharma 1994:62, 21-23행)

123 이 @제7장 각주 70 참조.

124 "그들 중에서는 Kapila, Āsuri, Pañcaśikha, Bhārgava, Ulūka 등이 존경받는 교사들이며, 따라서 [이러한] 최초의 이름들이 카필라를 추종하는 상키야로 불린다." (teṣāṃ matavaktāraḥ kapilāsuri-pañcaśikha-bhārgavolūkādayaḥ, tataḥ sāṃkhyāḥ kāpilā ity ādināmabhir abhidhīyante | TRD 33.3. Kumar Jain 1997:141 2-3행)

125 Cf. Chakravarti(1975) p. 131.

126 "무작론의 옹호자들은 Marīca, Kumāra, Kapila, Ulūka, Vyāghrabhūti, Bāddhali, Māṭhara, Maudgalyāyana 등에 이르기까지 84명이다." (marīca-kumāra-kapilolūka-vyāghrabhūti-bāddhali-māṭhara-maudgalyāyanādīnām akriyāvāda-dṛṣṭīn ā caturaśītiḥ | TRV 1.20. Gajādharalāla 1915:51, 33-34행)

127 pratipuruṣam anyat pradhānaṃ śarīrādy-arthaṃ karoti | teṣāṃ ca māhātmyaśarīra-pradhānaṃ yadā pravartate tad etarāṇ yapi | tan-nivṛttau ca teṣām api nivṛttir iti paurikaḥ sāṃkhyācāryo manyate | YD ad. SK 56. Wezler & Motegi(1998) p. 262, 11-13행.

이 설명에 따르면 복수의 순수정신은 제각기 별개의 원질을 소유하고 신체는 이 각각의 원질에 의해 생성된다고 주장하는 것이 Paurika의 교설이다. 이 같은 주장은 원질의 단일성을 확립하는 데 주력한 고전 상키야와는 다른 사고방식이다. 초기 상키야에서 이러한 사고방식이 통용되었음은 Guṇaratna의 『육파철학집성주』를 통해서도 알 수 있다. Guṇaratna는 다수의 원질을 인정하는 견해가 상키야에서는 아주 이른 시기에 통용된 것으로 설명하기 때문이다.[128]

초기의 상키야에서 다수의 원질을 주장하는 견해가 유행했다는 사실은, Vārṣagaṇya도 원질의 다수성을 비판한 점으로 확인할 수 있다. 즉 『요가주』에서는 "형체와 간격과 종류의 차이가 없기 때문에, 근원(제일원인)에는 별개성이 없다."[129]라고 말한 Vārṣagaṇya의 주장을 인용한다. 이 주장의 취지를 다음과 같이 이해할 수 있다.

> 다수의 실체들 사이에서의 차별 개념은 형체나 개재 공간이나 종류에 어떤 차이가 있을 때 발생한다. 그러나 거기서(=근원인 제일원인)는 그러한 차별 요인을 발견할 수 없으므로, 어떤 실체의 최종 원인은 다른 실체의 최종 원인과 다르지 않다. … 근본원질에 속하는 단일체들 사이에는 아무런 차이가 없다. 왜냐하면 그 단일체들 사이에서는 형체로든 개재 공간으로든 종류

---

128 "실로 본래의 상키야 학파는 각각의 자아에 대해 각각의 제일원인(=원질)을 말한다. 그러나 나중에 상키야 학파는 모든 자아들에게도 항상 하나의 제일원인이 있다고 주장했다." (maulikya-sāṃkhyā hy ātmānam ātmānaṃ prati pṛthak pṛthak pradhānaṃ vadanti, uttare tu sāṃkhyāḥ sarvātmasv apy ekaṃ nityaṃ pradhānam iti prapannāḥ ‖ TRD 37.10. Kumar Jain 1997:145, 9-10행)
이에 의하면 Paurika는 상키야의 근본 학설을 보존한 교사로 간주된다. 다만 우파니샤드 등에 보이는 상키야 교설에 의하면, 원시 상키야에서는 순수정신과 원질이 숫자가 동일하다고 생각했을 수는 있지만, 아무래도 다수의 원질을 주장했다고는 단정하기 어렵다. *Śvetāśvatara-upaniṣad*(4.5)의 내용을 면밀하게 파악해 보면, 오히려 제각기 유일한 순수정신과 원질을 상정한 것으로 보인다. 이 우파니샤드의 해당 부분을 각색한 Vācaspati의 귀경게(@제4장 각주 42)도 이와 마찬가지이다.

129 mūrti-vyavadhi-jāti-bhedābhāvān nāsti mūla-pṛthaktvam iti vārṣagaṇyaḥ ‖ YBh 3.53. 정승석(2020) p. 446_7. Vācaspati는 이 주장의 요지를 "세계의 근원인 제일원인은 별개성, 즉 차이를 갖지 않는다는 의미이다."(jagan-mūlasya pradhānasya pṛthaktvaṃ bhedo nāstīty arthaḥ | TV 3.53. Bodas 1917:179, 22-23행)라고 설명한다.

로든 아무런 차이를 관찰할 수 없기 때문이다.[130]

이러한 해석이 가능한 근거는 3질설이다. 근원인 제일원인은 그 자체가 3질이며, 이로부터 전개된 모든 개체는 3질이라는 공통성을 갖게 된다. 그러므로 개체들 사이에는 아무런 차이가 없으며, 이에 따라 원질의 다수성은 당연히 성립될 수 없다.

Pañcādhikaraṇa는 *Yuktidīpikā*의 도처에서 언급된다. 그 중에서 10종만을 신체의 기관으로 인정한 것은 독특한 견해로 주목된다. 더욱이 그는 이것들이 자발적으로 기능하지 않고, 메마른 강처럼 원질로부터의 유입이 있을 때만 그때마다 작용할 수 있다고 주장한다.

> 그렇지 않다. 기관은 권위자마다 다르기 때문이다. …Vārṣagaṇya의 추종자들은 11종이라고 한다. Pañcādhikaraṇa를 비롯한 여러 학자들은 10종이라고 한다. 파탄잘리는 12종이라고 한다.[131]
> 본성이 손괴되어 있는 감관은 텅 빈 마을이나 [메마른] 강과 같다. 그러나 발동(촉발)의 요소로서 [감관에] 집합되는 본원적이거나 부수적인 지식들은 원질로부터 나온다고 Pañcādhikaraṇa는 말한다.[132]

고전 상키야에서는 3종의 내적 기관(통각, 아만, 마음)에 5지각기관과 5행위기관을 더하여 13종을 신체의 기관으로 확정했다. 이에 비하면 Pañcādhikaraṇa는 기관의 종류를 다른 교사들에 비해 가장 적게 설정한 셈이다. 이뿐만 아니라 그는 감관들이 요소적 산물이라고 주장하고,[133] 정태(bhāva)의 분류도 『상키야

....

130 Chakravarti(1975) pp. 228-9 … p. 318.

131 āha: karaṇaṃ praty ācārya-vipratipatteḥ … | ekādaśavidham iti vārṣagaṇāḥ, daśavidham iti tāntrikāḥ pañcādhikaraṇa-prabhṛtayaḥ, dvādaśam iti patañjaliḥ | YD ad. SK 32. Wezler & Motegi(1998) p. 215, 15-18행.

132 tathā karaṇaṃ nirlikhita-svarūpaṃ śūnya-grāma-nadī-kalpam | prākṛta-vaikṛtikāni tu jñānāni prerakāṅga-saṃgṛhītāni pradhānād āgacchanti ceti pañcādhikaraṇaḥ | YD ad. SK 22. ibid. p. 187, 15-17행.

송』과는 다르다. Pañcādhikaraṇa는 다른 문헌들에서도 언급될 만큼 상키야의 교사로서는 유명 인사에 속한다. 예를 들어 그의 견해는 Sadyojyoti(8~9세기)의 *Nareśvara-parikśā*에서 인용되며, *Prapañcasāra-tantra*에 대한 Padmapāda(8세기 중엽)의 주석에서도 인용된다.

> Pañcādhikaraṇa는 이렇게 말한다. "의심의 여지가 없이, 대상에 부여된 형상의 차이(특수성)를 지각함으로써 자아가 대상의 차이를 결정한다. 따라서 이것은 오류가 아니다." 이에 대해서는 이렇게 반박한다. "향수되어야 할(경험의 대상인) 그 영상의 획득이 자아에 있는 향수(경험)이다."[134]
> 어떻게 '몸을 아는 자'(미세신으로서의 자아)가 침투하는가? 이에 대해서는 의견의 차이를 드러낸다. … Pañcādhikaraṇa의 추종자들은 정액과 혈액으로부터 발생한다고 주장한다.[135]

다음으로 『마하바라타』에서 파탄잘리는 상키야의 교사로 언급되지만, 『대주석』과 『요가경』의 저자도 파탄잘리로 잘 알려져 있다. 『대주석』은 파니니의 문법에 대한 방대한 주석서인 반면, 『요가경』은 요가 철학의 교전이므로 두 문헌의 성격은 판이하다. 그러므로 파탄잘리에 관해서는 다각적인 고찰이 필요하다.

7.3.2. 동명이인(?)의 파탄잘리

*Yuktidīpikā*에서는 상키야의 교사로 알려진 파탄잘리의 견해를 앞서 인용한

....

133 "아만으로터 감관들에 이르는 모든 것이 그렇듯이, 감관들은 요소들의 산물이라고 Pañcādhikaraṇa는 생각한다." (tathāhaṃkārād indriyāṇīti sarve | bhautikānīndriyāṇīti pañcādhikaraṇa-matam | ibid. 10행)

134 nanv arthāhitākāraviśeṣa-saṃvedanād ātmano 'rtha-viśeṣa-vyavasthāpakatvam, ato naiṣa doṣaḥ, iti pañcādhikaraṇaḥ | yad āha "tad-bhogya-pratibimbasya grahaṇaṃ bhoga ātmani" iti | *Nareśvara-parikśā*, 1.5. Shastri(1926) p. 19, 18-21행.

135 kathaṃ kṣetrajña-praveśa iti | tatra matabhedaṃ darśayati … retaḥśoṇitajam iti pañcādhikaraṇānāṃ pakṣaḥ | PT 1.94-7. Sarasvatī(1935) p. 26, 19…22행. 이 설명의 맥락에서 '몸을 아는 자'는 고전 상키야의 미세신에 상당하는 윤회의 주체로 간주되어 있다.

것처럼 Vārṣagaṇya 및 Pañcādhikaraṇa와 비교하여 소개한다.

> 파탄잘리에 의하면, 아만은 [독립 원리로서는] 존재하지 않는다. [아만은] '나는 있다'라는 관념을 지닌 상태로서 마하트(통각)에게 인정되기 때문이다.[136] 기관들의 경우에 본성을 크게 능가하는 기능은 제일원인으로부터 유래하고, [이보다] 작은 기능은 자신으로부터 유래한다고 Vārṣagaṇya는 말한다. 파탄잘리는 모든 [감관의 작용이] 그 자신(내부)으로부터 [일어난다]고 말하고, Pañcādhikaraṇa는 다른 것(외부)으로부터 [일어난다]고 말한다.[137]

이에 의하면 파탄잘리는 아만을 통각의 기능으로 간주함으로써 아만이 별개의 원리로 존재한다는 것을 명백히 부정한다. 그는 또한 Pañcādhikaraṇa와는 달리, 감관들의 작용은 모두 외부로부터가 아니라 내부로부터 발생한다고 주장한다. 그는 미세신에 대해서도 독자적인 견해를 피력한다. 앞서 인용한 Padmapāda의 진술에 의하면, 파탄잘리는 "등불로부터 다른 등불이 발생하는 것처럼" 미세신은 신체에 침투한다고 주장한다.[138] 다시 말해서 그는 하나의 등에서 불을 붙여 다른 등을 켜는 등불과 같은 것이 윤회를 담당하는 미세신이라고 주장한 것이다. 이 같은 등불은 그 자체로서는 항존할 수 없으므로 파탄잘리는 결국 미세신의 상주성을 부정한 교사로 간주된다.

그러나 『요가경』은 물론이고 『요가주』에서도 파탄잘리의 이 같은 견해가 수

....

136 naivāhaṅkāro vidyata iti patañjaliḥ | mahato 'smi-pratyayarūpatvābhyupagamāt | YD ad. SK 3. Wezler & Motegi(1998) p. 63, 7-8행. 여기서 이유를 제시한 뒷 구절의 의미를 "아만은 통각 자체에 있는 '나'와 '나의 것'이라는 관념이기 때문이다."라고 이해할 수 있다.

137 karaṇānāṃ mahatī svabhāvātivṛtti pradhānāt svalpā ca svata iti vārṣagaṇyaḥ | sarvā svata iti patañjaliḥ | sarvā parata iti pañcādhikaraṇaḥ | YD ad. SK 22. ibid. p. 187, 19행.

138 "어떻게 '몸을 아는 자'(=미세신)가 침투하는가? 이에 대해서는 의견의 차이를 드러낸다. … 등불로부터 다른 등불이 [발생하는 것과 같다]라는 것이 파탄잘리와 Dhanvantari 등의 주장이다." (kathaṃ kṣetrajña-praveśa iti | tatra matabhedaṃ darśayati … dīpāt dīpāntaram iti patañjali-dhanvantary-ādi-pakṣaḥ | PT 1.94-7. Sarasvatī 1935:26, 19…26행) 앞의 각주 135 참조.

용된 흔적을 찾을 수 없다. 그렇다면 이 경우의 파탄잘리는 『요가경』의 저자가 아닌 다른 파탄잘리일 것으로 추정된다. 『요가경』의 저자와 동명이인의 파탄잘리로는 『대주석』을 저술하여 문법 학자로 유명한 파탄잘리가 먼저 지목된다. 그러나 문헌의 기록을 곧이곧대로 신뢰하는 인도의 정통 학자들은 문헌에서 언급된 파탄잘리를 모두 동일인으로 간주했다.

실체(dravya)라는 개념으로 단적인 예를 들면, 『대주석』에서는 실체를 단지 '속성들의 집합'으로 정의한다.[139] 반면에 『요가주』에서는 파탄잘리의 견해를 인용하여, 서로 불가분의 연관성을 지니는 구성 요소들의 집합이 실체라고 상술한다.[140] 전자가 실체를 문법가의 관점에서 간결하게 정의한 것이라면, 후자는 철학자의 관점에서 이 정의를 보다 구체적으로 설명한 것이다. 따라서 『요가주』에서 인용한 견해는 파탄잘리의 『대주석』에 의거한 것일 수 있다.

그런데 이 실체에 관한 정통 학자들의 해설은 파탄잘리의 동명이인 여부에 대해서는 전혀 개의치 않고, 파탄잘리를 상키야의 교사로 단정한다. 즉 Nāgeśa Bhaṭṭa와 Kaiyaṭa는 『대주석』을 해설하면서 『대주석』에서 언급한 실체를 각각 다음과 같이 설명한다.

> Nāgeśa: 상키야 학파란 스승인 파탄잘리의 유신(有神) 상키야를 의미한다. 파탄잘리는 '실체란 속성들의 집합이다'라고 말한다고 『요가주』에 명시되어 있다.[141]

....

139 "실체는 속성들의 집합이다." (guṇa-samudāyo dravyam | 『대주석』 4.1.3. Kielhorn 1996:200, 13-14행)

140 "파탄잘리는 '실체란 [자신을 구성하는] 다양한 부분들이 분리되지 않고 구족된 집합'이라고 말한다." (ayuta-siddhāvayava-bhedānugataḥ samūho dravyam iti patañjaliḥ | YBh 3.44) 이 원문을 "파탄잘리는 잡다한 구성 요소들이 별개의 것으로 존재하지 않고 하나로 집합된 것을 실체라고 말한다."라고 의역하는 것으로 더 쉽게 이해할 수 있다. "파탄잘리에 따르면, '물질적 대상'(=실체)이란 별개로는 존재하지 않는 '다른 성분의 부분들'이 집합한 것이다."라는 Bronkhorst(1994:318)의 번역도 내용상 의역과 합치한다.

141 sāṃkhyānām iti | seśvara-sāṃkhyānām ācāryasya patañjaler ity arthaḥ | guṇa-samūho dravyam iti patañjaliḥ iti yogabhāṣye spaṣṭam | *Uddyota* ad. 『대주석』 4.1.3. Joshi(1942) p. 23, a32-b1행.

Kaiyaṭa: 상키야 학파의 교의는 다음과 같다. 속성들이란 순질과 동질과 암질이다. 그 다섯 속성들, 즉 소리 따위는 그것들(순질과 동질과 암질)의 변형이며, [따라서] 이것들(소리 따위의 5속성)과 동일하다. 그리고 항아리 따위는 이것들(5속성)의 집합이며, 이것들(5속성)과는 다른 것이 아니라 부분들로 이루어진 실체이다.[142]

두 주석자 중 Nāgeśa가 『요가주』에서 인용한 내용(실체란 속성들의 집합)은 『대주석』에서 언급한 것과 동일하다. 이로써 그는 『요가주』에서 인용한 파탄잘리와 『대주석』의 저자를 의심의 여지가 없는 동일인으로 생각하고 있었음을 알 수 있다. 이에 따르면 『마하바라타』 이래 상키야의 교사로 알려진 파탄잘리가 『대주석』뿐만 아니라 『요가경』도 저술한 인물로 간주된다.

파탄잘리를 거명하지 않은 Kaiyaṭa의 경우도 이와 다르지는 않다. 그가 상키야에서 말하는 3질과 소리 따위 5속성을 동일시한 것은 『대주석』의 설명에 의거한 것이기 때문이다. 즉 『대주석』에서는 실체를 '속성들의 집합'으로 정의하기에 앞서, 고전 상키야에서는 5미세요소로 일컫는 소리(聲), 감촉(觸), 형색(色), 맛[味], 향(香)을 속성들로 간주한다.[143]

이들에 따르면 결국 『요가경』의 저자와 『대주석』의 저자는 동일인이 된다. 그러나 현대의 학자들은 이에 동의하지 않는다. 문헌들의 내용을 검토해 보면 동일인으로 확정할 만한 단서가 없다는 것이 그들에게 공통하는 이유이다. 특히 『대주석』에는 저자가 상키야의 교의를 알고 있었다는 뚜렷한 징후가 없다.[144] 다른 한편으로 『요가경』에는 불교의 유식설(唯識說)을 공격하는 듯한 내

....

142 sattva-rajas-tamāṃsi guṇāḥ, tat-pariṇāma-rūpāś ca tad-ātmakā eva śabdādayaḥ pañca guṇāḥ | tat-saṅghātarūpaṃ ca ghaṭādi, na tu tad-vyatiriktam avayavi-dravyam astīti sāṃkhyānāṃ siddhāntaḥ | *Pradīpa*, ibid. a12-15행.

143 "극소의 속성들 중에서 소리(聲)와 감촉(觸)과 형색(色)이라는 최소한 세 가지는 어디에나 있고, 맛[味]과 향(香)은 어디에나 있지는 않다." (yatrālpīyāṃso guṇās tatrāvaratas trayaḥ śabdaḥ sparśo rūpam iti | rasa-gandhau na sarvatra | 『대주석』 4.1.3. Kielhorn 1996:198, 6-7행)

144 Bronkhorst(1994:318-9)는 『대주석』에서 실체를 속성들의 집합으로 간주하는 견해는 상키야보다는

용이 포함되어 있다는 점도 동명이인의 파탄잘리를 상정해야 하는 근거가 된다. 『대주석』의 저자인 파탄잘리는 기원전 2세기 중엽의 인물로 간주된다. 그런데 이 당시에 유식설이 『요가경』의 저자인 파탄잘리로부터 비판을 받을 만큼 잘 알려져 있었다고 보기는 어렵다.[145]

7.3.3. Vārṣagaṇya와 육십과론

1. 두 종류의 육십과론과 작자

여기서 육십과론을 다시 거론한 이유는 육십과론의 저자에 관해서는 상반된 주장이 있기 때문이다. 문헌에 따라 육십과론의 저자가 일치하지 않는다는 것이 일차적인 문제로 대두된다.

Ahirbudhnya-saṃhitā, Yuktidīpikā, Brahmasūtra(2.1.1)에 대한 Bhāskara의 주석에 의하면 육십과론의 저자는 카필라이다. 그러나 *Jayamaṅgalā*와 『금칠십론』에 의하면 그 저자는 분명히 Pañcaśikha이다. Vācaspati는 『요가주』(YBh 1.47)에 인용된 것과 같은 게송을 '위대한 성현'(=카필라)의 말씀이라고 주장하지만,[146] *Yuktidīpikā*에 의하면 육십과론도 게송으로 전수되었다.[147] 물론 이것으로 그 게송도 육십과론의 일부였을 것이라고 단언할 수는 없다. 그런데 Vācaspati는 게송보다 짧은 문구로 이루어지는 경문(sūtra)을 다음과 같이 Pañcaśikha의 금언으로

....

설일체유부(說一切有部, Sarvāstivādin)의 견해와 유사하다는 Wezler의 견해에 동의하여, 『대주석』의 저자가 상키야의 교의를 알고 있었다는 뚜렷한 징후가 없는 반면, 초기 설일체유부의 교설을 인지했다고 믿을 만한 이유가 있다고 지적한다. 그는 또한 실체에 관한 정통 학자들의 견해를 통해 고전 상키야 이전에 발전된 형태의 상키야를 상정할 수 있을 것으로 생각한다.

145 Cf. Chakravarti(1975) p. 135. YS 4.14-15가 유식설을 겨냥한 비판이라는 논의는 정승석(2013b, 2015a) 참조.

146 YBh 1.47(정승석 2020:86): 다음과 같이 말한 것이 그와 같다. "현명한 자는 산 위에 서서 지상에 있는 모든 사람들을 보듯이, 슬퍼할 것이 없는 자는 예지의 망루에 올라 슬퍼하고 있는 사람들을 바라본다." "여기서 '말한 것이 그와 같다'란 바로 '위대한 성현'(=카필라)에서 유래하는 게송을 인용한 것이다." (atraiva pāramarṣīṃ gāthām udāharati — tathā ceti | TV 1.47. Bodas 1917:51, 8-9행)

147 "육십과론을 통해 산문과 게송(운문)으로 분리된 말씀들은…" (ṣaṣṭitantrād upākhyāna-gāthāvyavahitāni vākyāny… | YD ad. SK 71. Wezler & Motegi 1998:269, 21-22행)

명시한 경우도 있다. 즉 『요가주』(YBh 1.4)에서 "경문은 그와 같이"라고 인용한 금언의 내용을 Vācaspati는 다음과 같이 설명한다.

> "관찰은 오직 한 가지이고, 지각하는 것만이 관찰이다."라고 말하는 것은 스승인 Pañcaśkha의 경문이다. … [그의 말씀 중에서] "오직 한 가지"란 발생하고 소멸하는 속성을 지닌 작용인 일상적 지각을 그렇게 말한 것이다. 그러나 순수정신의 본성인 순수의식은 [일상적] 지각에 속하지 않는다. 그리고 그것(순수의식)은 세간의 직접지각의 범위 안에 있는 것이 아니라 전승과 추리의 범위 안에 있다.[148]

그러나 Vācaspati는 이처럼 짤막한 금언보다 훨씬 긴 산문도 Pañcaśikha의 말씀으로 인용한 경우가 있다.[149] 이에 의하면 Pañcaśikha는 경문뿐만 아니라 상키야-요가에 관한 산문의 주석을 작성했을 것으로도 짐작할 수 있다. 물론 이 점을 확신할 수는 없다. Vācaspati가 Pañcaśikha의 어떤 저서를 직접 목격했거나 읽었을 것이라는 증거가 전혀 없기 때문이다. 그는 『상키야송』과 『요가주』에 대한 주석자로도 유명하지만, 그의 주석서 중 어느 곳에서도 『요가주』에서 이미 인용된 것 이외에는 Pañcaśikha의 교설에 대해 새로운 사실을 진술한 적이 없다.

더욱이 동일한 인용문의 원작자를 주석자에 따라 다르게 제시한 경우도 적지 않다. 예컨대 『요가주』에 인용된 단편을 Vācaspati는 Pañcaśikha의 견해로 인용하지만, *Yuktidīpikā*의 저자는 이것을 Vārṣagaṇya의 것으로 돌린다.[150] 이뿐만

....

148 pañcaśkhācāryasya sūtram 'ekam eva darśanaṃ khyātir eva darśanam' iti | … khyātir eva darśanam iti | udaya-vyaya-dharmiṇīṃ vṛttiṃ khyātiṃ laukikīm abhipretyaitad uktam — ekam eveti | caitanyaṃ tu puruṣasya svabhāvo na khyāteḥ | tat tu na loka-pratyakṣa-gocaro 'pi tv āgamānumāna-gocara ity arthaḥ | TV 1.4. Bodas(1917) pp. 8-9, 26-6행.

149 Vācaspati가 YBh 2.13을 해설하면서 Pañcaśikha의 말씀으로 인용한 장문은 @제3장 각주 31, 32 참조.

150 YBh 3.13: 그래서 다음과 같은 말씀이 있다. "양태와 작용에서 우세한 것들끼리는 상충한다. 그러나 일반적인(약한) 것들은 우세한 것들과 함께 발동한다." (rūpātiśayā vṛtty-atiśayāś ca paraspareṇa virudhyante | sāmānyāni tv atiśayaiḥ saha pravarttante | 정승석 2020:387_12) 이 구절은 앞서(YBh 2.15) 인

아니라, 『요가주』의 저자도 한 군데에서 Vārṣagaṇya의 단편을 인용한다. 이 같은 불일치의 문제에 대한 결론적 견해에 의하면, 『요가주』에서 인용한 산문체의 장문들 중 대부분은 Vācaspati의 생각과는 달리, Pañcaśikha의 것이 아니라 Vārṣagaṇya의 것인 듯하다.[151] 바로 이 점에서도 육십과론의 저자를 Vārṣagaṇya로 지목하는 전설을 무시할 수는 없다. 이와 관련하여 다음과 같은 『요가주』의 진술은 하나의 쟁점으로 거론된다.

> 그래서 논서에서는 그와 같이 "[3] 질들의 궁극적인 모습은 시야에 들어오지 않는다. 그렇다면 시야에 들어온 것은 환영처럼 순전히 공허한 것이다."라고 교시한다.[152]

Vācaspati는 이와 동일한 내용을 *Brahmasūtra-bhāṣya*에 대한 자신의 주석(*Bhāmatī*)에서도 인용하는데,[153] 여기서는 이것을 요가론(yoga-śāstra)의 해설자로 지칭한 Vārṣagaṇya의 것으로 돌리고 있다. 따라서 Vācaspati는 육십과론을 요가의 논서로, Vārṣagaṇya를 그것의 저자로 간주했던 것 같다. 그러나 그가 *Rāja-vārttika*로부터 인용하면서 육십과론의 60주제를 열거한 것을 보면,[154] 그

....

용한 것을 재차 인용한 것이다. TV와 YD는 이 구절의 출처를 다음과 같이 각각 다르게 제시한다.
TV: 바로 이 점에서 그(저자)는 스승인 Pañcaśikha의 견해를 "그래서 다음과 같은 말씀이 있다."라고 말한 것이다. (atreva pañcaśikhācārya-sammatim āha — uktaṃ ceti | ad. YBh 3.13. Bodas 1917:131, 11행)
YD: 그리고 그와 같이 거룩한 Vārṣagaṇya도 읊기를, "양태가 우세한 것들 … " (tathā ca bhagavān vārṣagaṇyaḥ paṭhati rūpātiśayā … | ad. SK 13d. Wezler & Motegi 1998:137, 14-15행)
이 밖에 Pañcaśikha와 Vārṣagaṇya(=Vṛṣagaṇa) 및 이들의 단편과 육십과론이 언급되는 출처들은 Oberhammer(1960) pp. 71-73 참조.

151 Cf. Chakravarti(1975) p. 115.

152 tathā ca śāstrānuśāsanam | guṇānāṃ paramaṃ rūpaṃ na dṛṣṭipatham ṛcchati | yat tu dṛṣṭipathaṃ prāptaṃ tan māyeva sutucchakam || iti || YBh 4.13. 정승석(2020) pp. 255, 455_2.

153 "바로 이 때문에 요가론을 해설하는 존자 Vārṣagaṇya는 이렇게 말했다. '시야에 도달한 것은 [3] 질들의 궁극적인 모습이 아니라, 환영처럼 순전히 공허한 것일 뿐이다.'" (ata eva yogaśāstraṃ vyutpādayitāha sma bhagavān vārṣagaṇyaḥ — "guṇānāṃ paramaṃ rūpaṃ na yat tu dṛṣṭipatha-prāptaṃ tan māyeva sutucchakam" || iti | *Bhāmatī* 2.1.3. Śāstrī 1938:438, 18-19행)

문헌은 요가가 아니라 상키야의 다른 원리들로 구성되었음을 알 수 있다. 그가 Vārṣagaṇya를 요가의 교사로 간주한 이유를 확실히 파악하긴 어렵다. 이 문제는 다시 거론하겠지만, 『요가경』과 특히 『요가주』에 나타난 상키야 학파는 Īśvarakṛṣṇa가 아니라 Vārṣagaṇya의 교설을 추종했을 수 있다.[155] 짐작건대 Vācaspati가 Vārṣagaṇya를 요가의 교사로 간주한 것도 아마 이 때문일 것이다.

이미 누차 언급했듯이 『금칠십론』에 의하면 Pañcaśikha의 교설은 6만 게송(운문)으로 이루어졌다. 그런데 *Gauḍapāda-bhāṣya*와 *Māṭhara-vṛtti*에서는 육십과론으로부터 산문을 인용하기도 한다.[156] 이는 산문이 포함된 교설이 육십과론으로 전승되어 있었다는 증거로 간주된다. 그렇다면 이러한 육십과론과 6만 게송으로 이루어졌다는 Pañcaśikha의 육십과론을 동일시할 수는 없다. 특히 *Yuktidīpikā*에서도 육십과론으로 추정되는 논서로부터 풍부하게 인용하지만, 아래의 예처럼 그 인용문들이 모두 산문체로 되어 있는 것은 특이하다.

> 그리고 논서에서는 이와 같이 말했다. "바로 그 변이성이 [결과(11기관)를] 산출할 때, 이 원소성은 활력의 지지를 받아 변이성을 공격한다. 바로 이와 같이 그 원소성이 [결과(5미세요소)를] 산출할 때, 이 변이성은 활력의 지지를 받아 그 원소성을 압도한다."[157]
>
> 실로 논서에서는 이와 같이 말했다. "오! 어머니의 자궁에 안주해 있는 아이

....

154 이 @제7장 각주 85 참조.

155 Takagi(1963)는 "『요가주』에서 발견되는 상키야의 관념은 Īśvarakṛṣṇa의 이론(=『상키야송』)에 근거하고 있는 것 같지 않다."고 전제하고서, 『요가주』의 상키야는 Vārṣagaṇya의 교설일 가능성을 논증한다.

156 "또한 육십과론에서는 이와 같이 말한다. '제일원인은 puruṣa에 의존하여 발동한다.'" (api coktaṃ ṣaṣṭitantre—"puruṣādhiṣṭhitaṃ pradhānaṃ pravartate" iti |) MV ad. SK 17. Sharma(1994) p. 22, 24행; GB ad. SK 17. Mainkar(1972) p. 91, 9-10행. GB에서는 서두의 api가 tathā로 바뀌었을 뿐, 나머지는 동일하다.

157 śāstram caivam āha "tad etasmin vaikārike srakṣyamāṇa eṣa bhūtadis taijasenopaṣṭabdha etaṃ vaikārikam abhidhāvati | tathaiva tasmin bhūtādau srakṣyamāṇa eṣa vaikārikas taijasenoṣṭabdha etaṃ bhūtadim abhibhavati" iti | YD ad. SK 25. Wezler & Motegi(1998) pp. 196-7, 33-3행. 이 정도의 산문을 인용한 다른 사례(ad. SK 24)는 @제4장 각주 187 참조.

에게 들러붙어 있는 관념은 참으로 무엇인가? 이 위대한 자아라는 의식으로서 '나는 존재한다'라는 것이다."[158]

이 때문에 논서에서는 "항상 순질의 기쁨 속에 있어야 하고, 순질과 결합해야 한다."라고 말했다.[159]

이처럼 육십과론의 형식과 내용에 관한 상이하고 다양한 설명을 통해서는 육십과론에 대해 정설을 도출하기 어렵다. 그러나 모든 정황을 고려하면, 상키야의 핵심적 체계는 카필라에 의해 확립되었고, 그 체계를 방대한 게송의 논서로 확장하여 전파한 이는 Pañcaśikha였던 것 같다. 나중에 Pañcaśikha의 원전을 재구성할 필요가 있다고 생각한 Vārṣagaṇya가 원전을 산문과 게송이 섞인 형태로 일신했을 수도 있다. 산스크리트 문헌에서 다른 저자에 의해 원전이 재작성되는 일은 결코 새로운 게 아니며, 상키야의 경우에도 마찬가지이다. 중국에서 번역된 불전에서도 이 같은 정황을 엿볼 수 있는데, Vindhyavāsin 역시 Vṛṣagaṇa(=Vārṣagaṇya)의 저작을 재작성했다. 이와 같이 다른 시대의 다른 교사들이 육십과론을 최종 형태로 이끄는 데 그들 나름대로 역할을 수행했다. 이 사실을 보다 분명하게 설명할 수 있는 사례가 *Caraka-saṃhitā*이다. Ātreya의 교설에 근거한 Agniveśa의 원전을 Caraka가 재편찬했다는 것은 잘 알려져 있는 사실이다. 이와 마찬가지로 카필라의 교설에 의거하는 Pañcaśikha의 원전이 Vārṣagaṇya에 의해 재작성되었다. 바로 이 때문에 단일한 문헌이 종종 서로 다른 시대에 속하는 다른 교사들의 저작으로 간주되는 것이다.[160]

육십과론의 원작자가 Pañcaśikha라는 전통적 인식을 수용하자면, Vārṣagaṇya가 저작했다는 육십과론은 이와 같이 이해할 수밖에 없다. 물론 개연적인 추론

....

158 śāstram hy evam āha "kā nu bhoḥ saṃjñā māturudare 'vasthitaṃ kumāraṃ pratyabhinirviśata iti | asmīty eṣā māhātmī saṃvid iti" | YD ad. SK 29. ibid. p. 204, 26-28행.

159 yasmāc chāstram āha "sattvārāmaḥ sattva-mithunaś ca sadā syād" iti | ibid. p. 211, 1-2행.

160 Cf. Chakravarti(1951) pp. 126-7.

만으로는 두 종류의 육십과론이 존재했다고 확정할 수는 없으나, Vārṣagaṇya를 육십과론의 작자로 간주했다는 증거들은 문헌을 통해 확인할 수 있다.[161]

『요가주』는 종종 상키야의 옛 문건들을 인용하여 권증으로 삼고 있는데, Vācaspati는 그 대부분을 Pañcaśikha로부터 유래하는 것으로 간주한다. 그러나 『상키야송』의 주석으로는 가장 풍부한 정보를 제공하는 *Yuktidīpikā*가 발견된 이래 Vācaspati가 말한 바를 더 이상은 전적으로 동의할 수 없게 되었다. *Yuktidīpikā*의 저자는 Pañcaśikha의 것으로 믿어 왔던 몇몇 단편들을 Vārṣagaṇya의 것으로 간주하기 때문이다.[162] 이미 거론하지 않은 다른 사례는 Vārṣagaṇya의 위상을 알 수 있는 더욱 확실한 증거로 간주될 만하다.

『요가주』에서는 불교 측에서 주장하는 전변의 정의를 부정하면서, 항존하는 하나의 실체에서 속성이 순차로 출몰하는 것이 전변이라는 주장을 다음과 같이 설명한다.

> 바로 이 3계(界)는 현현하고 나서 퇴각한다. [우리는 3계의] 상주성을 부정하기 때문이다. [우리는 3계의] 절멸을 부정하기 때문에 퇴각한 것도 존재한다. 그리고 [퇴각한] 이것은 [원질과] 융합하기 때문에 미세하고, 미세하기 때문에 지각되지 않는다.[163]

『요가주』의 저자뿐만 아니라 Vācaspati도 이 구절의 출처를 언급하지 않는다. 또한 Uddyotakara의 *Nyāya-vārttika*에서도 출처의 제시가 없이 이 구절을 온전하게 인용한다. 그러나 Uddyotakara는 이에 앞서 제일원인의 상주성을 주장하는 이 구절의 요지를 인용하면서 그 출처를 상키야로 명시한다.[164]

....

161 이하의 고찰은 Takagi(1963) pp. 828-9 참조.

162 앞의 각주 150 참조.

163 tad etat trailokyaṃ vyakter apaiti nityatva-pratiṣedhāt | apetam apy asti | vināśa-pratiṣedhāt | saṃsargāc cāsya saukṣyaṃ saukṣmyāc cānupalabdhir iti | YBh 3.13. 정승석(2020) p. 416_12. *Yuktidīpikā*의 저자는 이것을 Vārṣagaṇya에서 유래한 주장으로 인용한다. 이 @제7장 각주 218.

그런데 이 구절을 약간 변형하여 인용한 *Yuktidīpikā*에서는 이것을 Vārṣagaṇya의 추종자들로부터 유래하는 것으로 간주한다. 더욱이 현장(玄奘)이 번역한 세친(世親, Vasubandhu)의 『구사론』에서는 이에 상당하는 내용을 우중외도(雨衆外道)의 그릇된 주장으로 인용한다.[165] 현장은 범본의 원어 vārṣagaṇya-vāda(Vārṣagaṇya의 교의)를 우중외도로 번역했으므로, '우중'은 Vārṣagaṇya의 의역이다. 이에 반해 진제(真諦, Paramārtha)는 이 원어를 바사건야(婆沙乾若)로 음역했다.[166] 이처럼 불교 측의 문헌을 통해서도 『요가주』에서 인용한 문제의 구절은 Vārṣagaṇya의 것이라는 사실을 확인할 수 있다.

당시의 사상계에서 Vārṣagaṇya의 견해가 이만큼 잘 알려져 있었다면, 그는 당연히 상키야 학파의 대표자로 간주되었을 것이다. 그리고 그의 교설은 Pañcaśikha의 경우처럼 육십과론으로 통칭되었을 가능성이 있다. 물론 이 경우, 그의 교설은 Pañcaśikha의 교설보다 확장되었을 것이다. 그의 교설의 대부분이 산문체로 인용된 것은 이 같은 추정의 증거가 된다.

....

164 온전한 인용: "tad etat trailokayaṃ vyakter apaiti nityatva-pratiṣedhāt, apetam apy asti | vināśa-pratiṣedhāt" | NBh 1.2.6. Amarendramohan(1985) pp. 378-9, 11행.
NBh 1.1.29: "예를 들어 상키야의 추종자들은 이렇게 말한다. 무(無)는 그 자신을 [유(有)로] 얻지 못하고, 유(有)는 그 자신을 [무(無)로] 버리지 못한다. …" (yathā nāsata ātmalābhaḥ, na sata ātmahānam … iti sāṅkhyānām |) 전문은 @제2장 각주 232 참조.

165 阿毘達磨俱舍論 권20(T 29:106a): "유(有)는 무(無)로부터 발생하지 않고, 有는 有로부터만 발생한다고 주장하는 우중외도의 무리가 주장하는 것은 분명히 그릇된 것이다." (又應顯成雨衆外道所黨邪論. 彼作是說 有必常有 無必常無 無必不生有必不滅) 범본에서 이에 해당하는 내용은 다음과 같다.
"그런데 Vārṣagaṇya의 교의는 '존재하는 것은 존재할 뿐이고, 존재하지 않는 것은 존재하지 않을 뿐이다. 무(無)이기 때문에 존재할 수 없고, 유(有)이기 때문에 절멸은 있을 수 없다.'라고 이와 같이 밝혀져 있다." (vārṣagaṇya-vādaś caivaṃ dyotito bhavati | "yad asty asty eva tat | yan nāsti nāsty eva tat | asato nāsti saṃbhavaḥ | sato nāsti vināśa" iti | AkBh 5.27. Pradhan 1975:301, 1-3행). 진제(真諦)의 번역은 이 원문과 잘 일치한다. 다음 각주 참조.

166 阿毘達磨俱舍釋論 권14(T 29:259b): "만약 이와 같이 주장한다면, 이는 곧 바사건야(Vārṣagaṇya)의 교의를 순순히 따르는 것이 된다. 그는 '유(有)인 것이라면 반드시 존재하고 무(無)인 것이라면 반드시 존재하지 않으며, 무(無)인 것이라면 발생하지 않고 유(有)인 것이라면 불멸한다.'고 말한다." (若執如此婆沙乾若, 義則被隨順. 彼言, 若有必有 若無必無, 若無不生 若有不滅)

2. Vārṣagaṇya의 명성

*Yuktidīpikā*에서 자주 언급하다시피 Vārṣagaṇya가 항상 『상키야송』과 동일한 견해를 갖고 있는 것은 아니다. 일례로 미세신에 관한 그의 독자적인 견해는 *Prapañcasāra-tantra*에 대한 Padmapāda의 주석, 그리고 Bhadanta Nāgārjuna의 *Rasavaiśeṣikasūtra*에서도 각각 다음과 같이 인용되어 있다.

> Vārṣagaṇya의 추종자들은 어머니가 임신하여 음식을 섭취함으로써 생성된 양분인 이것을 통해 그것(미세신)이 태아의 신체로 들어간다고 [주장한다.][167]
>
> Vārṣagaṇya의 추종자들은 [그것을] 아만에 속하는 감관들로 생각하고, 또한 Ulūka의 추종자들은 조대요소들로 이루어진 것으로 생각한다.[168]

Vārṣagaṇya는 불전을 통해 중국의 일부 학승들에게도 잘 알려져 있었던 것으로 보인다. 예를 들어 현장의 제자인 규기(窺基)는 『성유식론술기』에서 "상키야 학파는 일찍이 18부로 분열되었으며, 그 우두머리는 비(雨)를 의미하는 벌리사(伐里沙, varṣa)이다. 그의 도당은 모두 우중(雨衆)으로 불렸다."[169]고 설명한다.

....

167 mātur āhṛtād āhārād yo rasaḥ pākajaḥ tad-dvāreṇa garbha-śarīraṃ viśatīti vārṣagaṇāḥ | PT 1.94-7. Sarasvatī(1935) p. 26, 22-23행.

168 āhaṅkārikāṇīndriyānīti manyante vārṣagaṇyāḥ, aulūkyāḥ punar bhautikāni || *Rasavaiśeṣikasūtra* 2.111. Muthuswami(1976) p. 90, 22-23행.

169 成唯識論述記 권1(T 43:252a): "有外道名劫比羅, 古云迦毘羅訛也. 此云黃赤 … 如十八部中部主者名伐里沙 此飜爲雨."
*Yuktidīpikā*에서는 Vārṣagaṇya와 Vārṣagaṇa가 구별되어 전자에는 '존자'라는 호칭을 붙이므로 개인을 가리키는 것이 분명하다. 후자는 복수형으로 구사되므로 'Vārṣagaṇya를 받드는 무리'를 의미한 것으로 이해된다. 다음에 소개할 『바수반두법사전』의 전설을 고려하면, 불교도는 Vārṣagaṇya를 Vindhyavāsin과 함께 상키야 학파의 대표적 학자로 간주하였음이 분명하다.
한편 Chakravarti(1975:137-8)는 Vārṣagaṇya라는 이름에 대한 규기의 오해를 거론한다. 그에 의하면 규기는 Vārṣagaṇa라는 범어(산스크리트)가 사실은 Vārṣagaṇya의 추종자(제자)를 의미한다는 사실을 모르고서, Vārṣa(Varṣa에 속하는)와 gaṇa(무리)의 병렬 복합어로 잘못 해석했다. 즉 그는 Vārṣagaṇa가 'Varṣa의 무리'를 의미하는 것으로 생각한 것이다. 이와 관련하여 中村 元(1996:529)은 "그(= Vārṣagaṇya)는 또한 Vṛṣagaṇa, Vṛṣagaṇavīra, Vārṣagaṇa라는 이름으로도 전해져 있다. 문법적으로는 Vārṣagaṇya로 철자하는 것이 옳다."라고 지적했다. 宇井伯壽(1958:222)는 우중(雨衆)이라는 번역의

불교 측에서 Vārṣagaṇya를 잘 알게 된 것은 진제가 번역한 『바수반두법사전』도 크게 일조했을 것으로 보인다. 여기서는 용왕인 비리사가나(毘梨沙迦那)가 성현의 형상으로 빈도하(頻闍訶, Vindhya)산 아래의 연못에서 살았는데, 그는 상키야에 정통했으며 빈도하바사(頻闍訶婆娑, Vindhyavāsa)를 제자로 받아들였다고 서술한다.[170] 여기서 '비리사가나'라는 음역의 원어로 추정할 수 있는 것은 Vṛṣagaṇa와 Vārṣagaṇa이다.[171] 둘 중에서 Vṛṣagaṇa에 대해 가능한 설명은 그가 Vārṣagaṇya의 선조라는 것뿐이다. *Yuktidīpikā*에서도 Vṛṣagaṇa-vīra를 언급하는데, 이는 Vārṣagaṇya를 지칭한다. Vṛṣagaṇa-vīra의 vīra는 아들 또는 후손을 의미하며, 문법적으로는 Vṛṣagaṇa가 혈족의 의미로 변형된 말이 Vārṣagaṇya이다.[172] 따라서 *Yuktidīpikā*에서 Vārṣagaṇya는 Vṛṣagaṇa-vīra의 통칭이 된다.

그러나 Vārṣagaṇya를 바사건야(婆沙乾若)로 음역한 진제가 이와 발음이 거의 비슷한 Vārṣagaṇa를 '비리사가나'라는 다른 말로 음역했다고는 믿기 어렵다. 그렇다면 『바수반두법사전』의 역자(혹은 저자)는 '비리사가나', 즉 Vṛṣagaṇa를 Vindhyavāsa의 스승으로 이해했을 수 있다. 그는 상키야의 문헌에서 Vindhyavāsa가 흔히 Vārṣagaṇa로도 불린다는 것을 알고서는 Vārṣagaṇa를 Vṛṣagaṇa의 추종자

....

오류를 다음과 같이 지적했다.

"Vārṣa-gaṇya를 雨衆으로 번역하는 것이 옳지는 않을 것이다. 이것은 Vṛṣa-gaṇa의 파생어로 원래는 성현의 이름이다. Vṛṣa는 황소, 뛰어난 사람을 가리킨다. Vārṣa는 雨(비)이기도 하지만, Vṛṣa의 파생어라면 雨는 아니다." 이 해석은 高木訷元(1991a:45)의 다음과 같은 설명에 따르면 『유가사지론』(*Yogācārabhūmi*)의 티베트 역본과 잘 합치한다.

"그런데 『유가사지론』의 티베트 번역에서는 khyu-mchog-paḥi-tshogs으로 되어 있다. 결국 전자(=『구사론』)는 vṛṣa를 雨로 해석하지만, 후자(=『유가사지론』)은 제일(第一), 최승(最勝)으로 해석하여 Vārṣagaṇya를 '최승의 집단'으로 간주한 것이다." 木村誠司(2014) p. 33 재인용.

170 婆藪槃豆法師傳(T 50:189b-): "龍王名毘梨沙迦那 住在頻闍訶山下池中. 此龍王善解僧佉論 …" 이와 연결된 내용은 다음 항에서 상술한다.

171 일본에서 일찍이 불교의 원전 연구를 선도한 高楠 順次郎은 毘梨沙迦那의 원어를 Vṛṣagaṇa 또는 Vārṣagaṇa로 추정했다. 그러나 Vṛṣagaṇa는 어디에서도 상키야의 교사로 언급된 적이 없으므로, Vṛṣagaṇa로 추정한 것은 신빙성이 없다. cf. Chakravarti(1951) p. 136.

172 문법적으로는 Taddhita 접미사의 적용이다. 일반명사로 추상명사와 집합명사 또는 소속과 관련을 표시하는 형용사를 만들 때, 어두의 음절이 강화(vṛddhi)된다. 즉 Vṛṣagaṇa의 마지막 모음 a를 접미사 ya로 교체하는 동시에 어두의 Vṛ는 Vār로 바뀐다.

로 이해했을 수도 있기 때문이다. 그러나 바로 앞에서 지적했듯이 Vārṣagaṇa라는 말은 선조인 Vṛṣagaṇa의 추종자가 아니라 Vārṣagaṇya의 추종자를 의미한다.

결국 역자의 이해나 의도와는 관계 없이 '비리사가나'의 원어를 Vārṣagaṇa로 간주하는 것이 더욱 타당하다. 그리고 이름에는 약간의 혼동이 있을지라도, Vārṣagaṇya가 상키야의 교사로서 그만큼 명성이 자자했기 때문에 불전으로 알 수 있는 것과 같은 전설이 유통되었을 것이다.

7.3.4. Vārṣagaṇya의 후계와 노선

불전의 전설에 의하면 Vindhyavāsin은 Vārṣagaṇya의 후계자로 간주되지만, 도처에서 인용된 그의 교설은 독자적인 노선을 지향한 것으로 보인다. 문헌들에서 그는 Vindhyanivāsa 또는 Vindhyavāsa로도 불리는데, Vindhyavāsin을 Vindhyavāsa로 표기한 『바수반두법사전』의 전설에는 Vārṣagaṇya와 Vindhyavāsin의 관계뿐만 아니라 이들의 명성이 잘 암시되어 있다. 불교의 대학자인 세친도 상키야의 교설을 잘 알고 있었음을 시사하는 이 전설은 매우 장황하게 서술되어 있으므로, 여기서는 등장 인물들을 중심으로 그 요지만을 발취하여 소개하면 다음과 같다.

> 빈도하바사(頻闍訶婆娑=Vindhyavāsa)는 빈도하(頻闍訶=Vindhya)산 아래의 연못 속에 사는 용왕 비리사가나(毘梨沙迦那=Vārṣagaṇya)가 상키야의 이론을 이해하고 있는 것을 알고서 그에게 가서 제자가 되어 수학했다. 그는 스승의 교설보다 탁월한 논서를 저술하여 시기심을 품고 있는 스승으로부터도 그 논서의 유포를 허락받았다. 이에 교만해진 빈도하바사는 석가모니의 교법을 타파하기 위해 아요도(阿緰闍=Ayodhyā)국으로 가서 필가라마아질다(馝柯羅摩阿祑多=Vikramāditya)왕으로부터 승려들과의 논쟁을 허락받았다. 빈도하바사와 논쟁할 적임자로서 고명한 법사인 마누라타(摩奚羅他=Manoratha)[173]와 바수반두(婆藪槃豆=Vasubandhu, 세친)는 이때 마침 외국으

> 로 나가고 없었다. 그래서 연로하여 변설이 미약해진 불타밀다라(佛陀蜜多羅=Buddhamitra)가 불교 측의 대표로 나섰다. 그는 "일체 유위법(有爲法)은 찰나마다 멸한다"는 찰나멸을 주장하여 빈도하바사와 논쟁했으나 그는 패배하고 말았다. 논쟁에서 승리한 빈도하바사는 왕의 포상으로 받은 대량의 금을 사람들에게 보시한 후 빈도하산의 석굴로 돌아왔다. 그는 야차인 여신에게 자신의 몸이 파괴되기 전에는 자신이 저술한 '상키야론'(僧佉論)도 사라지지 않게 해 달라는 소원을 빌자 여신이 이를 허락했다. 이에 그는 석굴의 입구를 봉쇄한 후에 돌로 변해 버렸다. 이 때문에 그의 상키야론은 현재까지 남아 있게 되었다.
>
> 한편 나중에 돌아와서 불타밀다라의 패배를 알게 된 바수반두는 빈도하바사를 굴복시켜 스승의 수치를 씻고자 하였으나, 이때는 빈도하바사가 이미 돌로 변해 버린 뒤였다. 이에 바수반두는 칠십진실론(七十真實論)을 저술하여 빈도하바사의 상키야론 타파했다. 이후에 세친은 600여 게송을 짓고 여기에 산문의 해석을 붙여 『아비달마구사론』을 완성했다.[174]

『구사론』을 번역한 현장의 제자로서 이 전설을 잘 알고 있었을 규기는 『성유식론술기』에서 이와는 상당히 다른 내용으로 금칠십론의 유래를 다음과 같이 서술하는데, 이 경우의 '금칠십론'이 『상키야송』의 주석서들 중에서는 가장 먼저 작성된 것으로 알려진 『금칠십론』일 수는 없다.

....

173 현장이 『대당서역기』에서 Manoratha를 중심으로 세친과의 관계도 소개하는 기사는 이 전설이 남긴 수수께끼를 푸는 데 실마리를 제공한다. 이에 관해서는 곧 후술할 것이다.

174 婆藪槃豆法師傳(T 50:189b-190b): "龍王名毘梨沙迦那 住在頻闍訶山下池中. 此龍王善解僧佉論. 此外道知龍王有解欲就受學…即造七十真實論破外道所造僧佉論…法師即作長行解偈 立薩婆多義隨有僻處以經部義破之 名為阿毘達磨俱舍論."
칠십진실론(七十真實論)은 『성유식론술기』에서 말하는 승의칠십론(勝義七十論)과 동일하며, 범어로는 Paramārtha-saptatikā(Jaini 1958:49)로 환원된다. 진실(真實), 승의(勝義), 진제(真諦) 등은 모두 paramārtha를 번역한 용어이다.

> 어떤 외도가 금이국(金耳國)[175]으로 가서 … 승려는 외도와 다를 바 없다고 비방하고, 칠십행송(七十行頌)을 지어서 마침내 상키야의 근본을 진술했다. 왕은 금을 하사하여 그에게 포상했는데, 외도는 자신의 명예를 날리고자 하여 이미 지은 그것에 금칠십론이라는 이름을 붙였다. 이것을 산문으로 논한 것이 천친(天親=세친)의 저작이다.[176]

여기서는 칠십행송을 금칠십론으로 불리게 된 배경을 설명하고 나서, 바수반두가 산문의 논서를 저술하여 그 금칠십론, 즉 칠십행송을 논파했다는 것으로 바수반두의 업적을 드러낸다. 그런데 이 전설을 『바수반두법사전』과 대조하면, 서두의 '어떤 외도'는 Vindhyavāsa를 가리킨 듯하지만 그 귀결로 보면 전혀 다른 인물을 지칭한 것으로 판단할 수 있다. 이 경우의 칠십행송은 『상키야송』 자체의 언급과 *Yuktidīpikā*의 설명으로 보더라도[177] 『상키야송』을 지칭한 것이 거의 확실하기 때문이다. 그렇다면 규기가 말하는 '어떤 외도'는 『상키야송』의 저자인 Īśvarakṛṣṇa를 가리키고, 금칠십론은 『상키야송』의 별칭이 된다.

물론 중국의 학승인 규기의 서술을 곧이곧대로 신뢰할 수는 없다. 그렇지만 그의 서술은 상키야의 교사들에 대한 불교 측의 인식을 반영했을 것이라는 사실까지 부정할 수는 없다. 인도의 산스크리트 원전들에서도 Vārṣagaṇya와

....

175 현장은 『대당서역기』 권5에서 "時東印度羯羅拏蘇伐剌那(唐言金耳)國"(T 50:233b)라고 하여, 金耳를 갈라나소벌랄나(羯羅拏蘇伐剌那)로 음역했다. 이에 의하면 金耳의 원어를 'karṇa-suvarṇa'(羯羅拏-蘇伐剌那)로 추정할 수 있다.

176 成唯識論述記 권1(T 43:252b): "有外道入金耳國 … 謗僧不如外道 遂造七十行頌申數論宗. 王意朋彼以金賜之. 外道欲彰己令譽 遂以所造名金七十論. 彼論長行天親菩薩之所造也." 규기는 여기서 천친(=세친)이 저작했다는 문헌의 명칭을 언급하지 않지만 나중에 그 명칭을 승의칠십론(勝義七十論)이라고 언급한다.
成唯識論述記 권4(T 43:379b): "연후에 그 외도는 왕을 위해 다시 칠십행송론(七十行頌論)을 지었는데, 왕은 1000금을 하사하여 이를 현양했다. 현재의 금칠십론은 바로 여기서 유래한다. 이에 세친은 승의칠십론으로도 불리는 제일의제론(第一義諦論)을 지어, 이로써 그의 논서에 대응하고 그 외도의 주장을 논파했다."(然彼外道為王重已造七十行頌論, 王賜千金以顯揚之. 故今金七十論即其由致也. 世親乃造第一義諦論, 亦名勝義七十論. 以對彼論而破彼外道言.)

177 SK 72(@제3장 각주 30), YD 71(@제7장 각주 22) 참조.

Vindhyavāsin에 대한 진술이 한결같지는 않은 것도 전설이 상이할 수밖에 없는 이유가 된다. 그러므로 상키야-요가의 발전에 일익을 담당한 Vārṣagaṇya와 Vindhyavāsin의 위상을 객관적으로 이해하기 위해서는 이들을 언급하는 불전의 전설과 인도의 원전들을 다각적으로 검토해 보아야 한다.

1. Vindhyavāsin의 통명

Vindhyavāsin의 본명이 Rudrila로 알려졌다는 사실은 *Tattvasaṃgraha*에 대한 Kamalaśīla(蓮華戒)의 주석(*Pañjikā*)에서 인용한 게송으로 알 수 있다.

> "응유가 곧 우유이고 우유가 곧 응유이다."라고 말하고 있는 Rudrila에 의해서만 [그 자신이] 'Vindhya산에 살고 있음'이 선언된다.[178]

이 인용문에 따르면 Vindhyavāsin이라는 이름은 'Vindhya산에 거주하는 자'라는 의미로 거처가 Vindhya산이라는 데서 유래한 Rudrila의 별명이다. 그런데 이 별명을 Vindhyavāsa나 Vindhyanivāsa로 표기한 것은 의미상으로는 Vindhyavāsin과 차이가 없다. 그러나 Vindhyavāsa와 Vindhyavāsin은 별개의 인물이라는 주장이 일찍이 제기되었으므로 이 문제를 먼저 재검토해 볼 필요가 있다.

문제의 주장을 그대로 옮기면, 상키야의 역사에서 일익을 담당한 Vindhyavāsa가 Vindhyavāsin과 동일한 인물일 개연성은 전혀 없는 반면, Vindhyavāsin이 미망사 학파 자체에서는 옛적의 스승일 수는 있다. 그리고 Vindhyavāsa는 상키야의 교사이고 Vindhyavāsin은 미망사의 교사로 구분된다. 이 주장에서는 미망사 학

---

178 "yad eva dadhi tat kṣīraṃ yat kṣīraṃ tad dadhīti ca | vadatā rudrilenaiva khyāpitā vindhya-vāsitā" iti | TSP ad. TS 16. Krishnamacharya(1926) p. 22, 26-27행.
Jha(1937:37, fn)에 의하면 이 원문에서 vindhyavāsitā(Vindhya산에 살고 있음)는 vindhyavāsin을 말장난으로 표현한 것이다. 이 표현의 일차적인 의미는 '빈디야산이라는 야생의 땅에 사는 자(짐승)'이지만, 이차적으로는 상키야의 교사인 Vindhyavāsin을 가리킨다. 따라서 "khyāpitā vindhyavāsitā"는 "[Rudrila] 그 자신이 Vindhyavāsin임이 선언된다."라는 의미이다.

파의 Kumārila Bhaṭṭa가 Vindhyavāsin의 견해를 수용한 예가 있다는 것이 Vindhyavāsin을 미망사의 교사로 추정한 근거가 된다.[179]

그러나 Kumārila도 자신의 *Ślokavārttika*에서 Vindhyavāsa와 Vindhyavāsin을 혼용하여 서술하고 있으며, Jayamiśra는 이 *Ślokavārttika*를 주석하면서 Vindhyavāsa를 Vindhyavāsin으로 표기한다. 이 밖에 Medhātithi는 *Manu-smṛti*를 주석하면서 Kumārila가 언급한 Vindhyavāsin을 Vindhyavāsa로 표기한다. 이처럼 Vindhyavāsa와 Vindhyavāsin을 동일인으로 간주한 실례는 다음과 같다.

Kumārila	Jayamiśra
이 때문에 Vindhyanivāsa(=Vindhyavāsa)는 [자신의] 책에서 동일성은 [개체와는] 완전히 다른 대상이 아니라고 설명했다. [이것을] 유사성이라고 말하는 것은 혼동 때문이다.[180]	더욱이 "Vindhyavāsin에게도 보편은 물질적 대상의 유사성이다."라고 말하고 있는 것의 의미는 이것이 아니라, 유사한 형태를 갖는 것이 [곧] 보편이라는 것이다.[181]

....

179 Cf. Keith(1921) p. 59. 여기서 Keith는 이러한 주장의 당연한 귀결로, Vindhyavāsin과 Īśvarakṛṣṇa가 동일한 사람일 수 없다고 단언하지만, Vindhyavāsa와 Īśvarakṛṣṇa의 동일인 여부에 대해서는 논의를 유보한다. Sharma(1933:25)는 그 둘을 동일인으로 간주할 경우에 빠지게 될 역사적 혼란의 사례를 지적한다. 이 둘을 동일인으로 추정한 高楠順次郎의 견해에 대해서는 다음 항에서 고찰한다.

180 tena nātyantabhinno 'rthaḥ sārūpyam iti varṇitam ‖ granthe(svagranthe) vindhyanivāsena(=vindhyavāsena) bhrānteḥ sādṛśyam ucyate ‖ ŚV, Ākṛtivāda 76. Śāstrī(1978) p. 399, 22-23행. Śāstrī의 교정판에서 vindhyanivāsa는 vindhyavāsa로도 표기된다. 일찍이 Jhā(1907:295)는 이 구절의 취지를 다음과 같이 해석했다.

"Vindhyavāsin은 'sārūpyam sāmānyam'(=동일성이 보편이다)이라고 말해 왔는데, 이 말은 sāmānya(=보편)을 구성하는 모든 개체들에 공통하는 단일한 형태로 있는 것이 sāmānya임을 의미할 뿐이다. 그런데 사람들은 여전히 그가 말하는 sārūpya(=동일성)를 sādṛśya(유사성)로 오해하여, 그것이 이러저러한 개체들 따위와는 다소 다른 어떤 것이라고 주장하기 일쑤이다."

181 kiñca vindhyavāsino 'pi piṇḍa-sārūpyaṃ sāmānyam iti vadato nāyam abhiprāyaḥ sādṛśya-rūpaṃ sāmānyam iti | *Śarkarikā*, Ākṛtivāda 76. Raja(1946) p. 23, 7-8행. Chakravarti(1975:142-3)가 이것을 아래 각주 185의 원문과 함께 Umbeka의 주석으로 기재한 것은 착오이다. 이 착오가 Larson & Bhattacharya(1987:144), Gopal(2000:439) 등에 의해 그대로 인용되어 있다.

Kumārila	Medhātithi
그러나 Vindhyavāsin은 중유신(中有身)을 배격한다.[182]	Vindhyavāsa를 비롯한 상키야의 어떠한 추종자들도 중유(中有)를 주장하지는 않는다.[183]

위의 서술들은 Vindhyavāsin을 미망사의 교사로 추정하는 데 전거가 될 뿐만 아니라, Vindhyavāsa와 Vindhyavāsin을 동일인으로 간주했다는 결정적인 증거가 된다. 특히 둘째 대비에서 Kumārila가 말하는 중유신이란 윤회의 과정에서 다시 태어날 양태가 결정되지 않은 '중간 상태의 신체'(antarābhava-deha)를 의미한다. 그리고 Medhātithi가 말하는 중유란 그 중간 상태를 가리킨다. Medhātithi는 이러한 것을 부정한 Vindhyavāsin을 Vindhyavāsa로 호칭하는 동시에 상키야의 교사로 인식하고 있다.

이처럼 Vindhyavāsa와 Vindhyavāsin이 동일인이라는 사실은 의심의 여지가 없어 보인다. 그러나 Vindhyavāsin과 Vyāḍi가 동일인이라는 주장[184]을 수용한 사전들도 더러 있기 때문에, 이 주장은 또 다른 쟁점이 된다. Vindhyavāsin과 Vyāḍi을 동일인으로 간주하는 주장은 위의 첫째 대비에서 인용한 Vindhyavāsin의 견해를 근거로 삼는다. 즉 Jayamiśra는 여기서 이 견해를 Vindhyavāsin의 것으로 서술하지만, 이보다 앞선 대목에서는 Vyāḍi의 것으로 서술했다.[185]

또 다른 근거가 되는 것은 동일한 견해에 대한 Kumārila와 Śyālikanātha의 상이한 진술이다. Kumārila에 의하면 vyakti-vāda(현현설)의 옹호자가 Vindhyavāsin인 반면, 후대의 주석자인 Śyālikanātha에 의하면 Vyāḍi이다.[186] 그러나 이러한 것들

....

182 antarābhava-dehas tu niṣiddho vindhyavāsinā | ŚV, Ātmavāda 62. Śāstrī(1978) p. 498, 26행.

183 sāṅkhyā api kecin nāntarābhavam icchanti vindhyavāsa-prabhṛtayaḥ | *Manubhāṣya* 1.55. Jhā(1932) p. 32, 13-14행.

184 Chakravarti(1975:142)에 의하면 판디트 Tanusukharam이 *Māṭhara-vṛtti*의 서문(Sharma 1994:Prastāvanā, 5-18)에서 개진한 주장이다. 이 서문은 산스크리트로 작성되어 있다.

185 "여기서 Vyāḍi는 '보편은 물질적 대상의 유사성일 뿐이다.'라고 말했다." (atra vyāḍir āha piṇḍa-sārūpyam eva sāmānyam iti | *Śarkarikā*, Ākṛtivāda 65. Raja 1946:20, 7행)
그러나 Jayamiśra는 이 다음에 "Vindhyavāsin에게도 보편은 물질적 대상의 유사성이다."(앞의 각주 181)라고 서술하므로, Vyāḍi와 Vindhyavāsin의 주장은 동일하다.

이 Vindhyavāsin과 Vyāḍi를 동일인으로 확신할 근거가 될 수 없는 이유는 다음과 같다.

첫째, Vindhyavāsin은 상키야의 교사인 반면, Vyāḍi는 유명한 문법가로 널리 알려져 있다. Vyāḍi에 귀속되는 교의와 이론은 대체로 문법적 사색을 띠고 있으며, 순수한 상키야의 범주에 드는 것은 없다.

둘째, *Yuktidīpikā*에 의하면 보편이 곧 유사성(형태의 동일성)인 것은 사실이지만,[187] Jayamiśra는 이 견해를 Vyāḍi에게 귀속시킨다. 그러나 이것은 주로 문법적 사색과 연관되어 있고, 상키야 자체와 연관되는 것은 거의 없다.

셋째, Vyāḍi는 『대주석』에서도 언급될 정도로 아주 오래 전의 교사이다. *Kathāsarit-sāgara*(1.2)에서는 파니니와 동시대 인물로 묘사되어 있다. 즉 그는 문법 철학에 관한 방대한 논서인 *Saṃgraha*의 저자로 알려져 있으며, 『대주석』에서도 이 책을 언급한다.[188] 또한 Bhartṛhari(7세기 전반)도 *Vākyapadīya*에서 *Saṃgraha*에 대해 말하길, 평범한 문법가들로서는 그 방대한 책을 파악할 수 없었다고 한다. 이 때문에 그의 당대에 그것이 단절되었다.

이와 같이 Vyāḍi가 기원전 몇 세기의 인물로 알려져 있다는 사실은

....

186 "이 때문에 Vyāḍi는 '현현을 주장하는 자'로 생각된다라고 예시된다." (ato vyakty-abhidhānaṃ manyate vyāḍir iti nidarśitam | *Ṛjuvimalā-pañcika* 1.3.33) Sastri(1962) p. 159, 7-8행.

187 "[반론자가 말하길] 실로 그대들(상키야)의 보편은 실체와는 다른 의미의 요소가 아니다. [형태상] 동일한 것에만 보편을 상정하기 때문이다." (na hi vaḥ sāmānyaṃ dravyād arthāntara-bhūtam asti sārūpyamātre sāmānya-parikalpanāt ‖ YD ad. SK 15. Wezler & Motegi 1998:143, 18-19행)

188 『대주석』에서는 Vyāḍi를 다음과 같이 짧게 언급한다.
"Vyāḍi는 실체를 주장한다." (dravyābhidhānaṃ vyāḍiḥ | 『대주석』 1.2.64, Vārttika 45. Kielhorn 1985:244, 9행)
S. D. Joshi(1968:i)의 다음과 같은 서술에 의하면, Vyāḍi는 파탄잘리의 『대주석』에 기여한 문법 학자이다.
"Vyāḍi의 *Saṃgraha*에 기반을 둔 파탄잘리의 『대주석』은 한편으로는 파니니의 규정을 주석하고 다른 한편으로는 Kātyāyana의 *Vārttika*를 주석하는 이중의 과업을 수행한다."
『대주석』을 교정 출판한 Kielhorn(1880)은 다른 관련 문헌들을 낱낱이 대조하여 지나칠 정도로 세심하게 파탄잘리의 『대주석』으로부터 Kātyāyana의 *Vārttika*를 분리해 냈으며, Kielhorn의 초판을 일신하여 제3판(1962)으로 개정한 Abhyankar는 『대주석』과는 다른 내용의 *Vārttika*를 한눈에 파악할 수 있도록 각주에 별기해 두었다. cf. Kielhorn(1985) p. 7.

Vindhyavāsin과 Vyāḍi를 동일인으로 간주할 수 없는 우선적인 이유가 된다. 만약 동일인이라면, Vindhyavāsin의 생존 시기도 같은 시대로 소급해야 할 것이다. 그러나 Vindhyavāsin을 상키야의 교사로서는 그렇게까지 멀리 소급하기 어렵다. 두 사람에게 부여된 하나의 호칭이 Vindhyavāsin일 것으로 추정하는 것이 가장 무난하다.[189] 요컨대 그 중에서 한 사람은 상키야의 교사이고, 다른 사람은 문법가이다.[190]

2. 불전에 서술된 전설의 이면

앞에서 소개한 『바수반두법사전』의 전설에 의하면 Vindhyavāsa는 바수반두(세친)와 동시대의 선배이므로, Vindhyavāsa의 생존 시기를 추정하는 데서는 바수반두의 연대가 쟁점이 된다. 현재 바수반두의 생존 연대로 추정된 것은 서기 400～480년 또는 320～400년 무렵으로 1세기 안팎의 편차가 있다.[191] 이에 관해 좋은 단서가 되는 것은 Vāmana가 *Kāvyālaṅkārasūtra*를 주석하면서 인용한 다음과 같은 게송이다.

....

189 Gopal(2000:443)에 의하면 Vyāḍi는 기원전 300년대 중반에 생존한 인물로 추정된다. 그러나 Vyāḍi와 Vindhyavāsin은 모두 흔한 이름이다. 페르시아의 회교도로서 11세기 초에 인도를 여행한 Alberuni(=Al-Bīrūnī)는 Ujain(=Ujjayinī)의 Vikramāditya왕 시대에 살았던 한 연금술사인 Vyāḍi를 언급한다. cf. Sachau(1910) p. 189.

190 이상의 고찰은 Chakravarti(1975) pp. 143-4 참조. Gopal(2000:344)은 이와 관련하여 두 사람의 Vindhyavāsin을 상정한 H. S. Joshi의 주장을 소개하면서, 이 주장을 불필요한 상정으로 단정한다. Joshi의 주장에 의하면(*Sāṃkhyayogadarśana kā Jirṇoddhāra*, p. 59) 한 사람의 Vindhyavāsin은 Vyāḍi이고, 다른 한 사람의 Vindhyavāsin은 Vasubandhu(세친)보다는 연장자로서 같은 시대에 생존했던 Vindhyavāsa이다.

191 바수반두의 생존 연대에 대한 추정은 학자들에 따라 크게 다르다. 高楠順次郎에 의하면 425～500년이지만, N. Péri는 중국 자료에 의거하여 1세기를 소급(320～400)하고, V. A. Smith는 더 소급하여 280～360년으로 추정한다. Chakravarti(1975:146)는 이 같은 추정 연대들을 언급하면서도 Frauwallner(1951:32)가 추정한 400～480년은 전혀 거론하지 않는다.
이러한 추정들 중에서 280～360년으로 추정한 Smith(1914:328)의 경우는 *The Early History of India*의 제2판(1908:292-3)에서 바수반두의 생존 연대를 특정하지 않은 채 Péri의 견해에 동조하는 수준으로 개괄하는 데 그쳤으나, 제3판에서는 이에 관해 부록(pp. 328-334)을 할애하여 상세히 고찰했다. Smith의 고찰과 추정은 Krishnamacharya(1926)의 서문(pp. 66-70)에 반영되어 있다.

> Candragupta의 아들, 바로 그 젊은 Candraprakāśa는 유식한 자들의 후원자로서, 운좋게 자신의 노력이 성공하여 이제 왕이 되었네.[192]

여기서 '유식한 자들'을 언급한 것은 유식한 자인 바수반두가 왕의 고문이었음을 암시한다.[193] 이처럼 바수반두가 Candragupta의 아들로부터 후원을 받았다는 것은 그의 생존 시기를 추정할 수 있는 단서가 된다. 그런데 이에 앞서 여기서 말하는 Candragupta를 특정해야 한다. Candragupta는 인도에서 마우리야 제국 이래 인도를 재통일한 굽타 제국의 창시자로 유명하지만, 그의 손자의 이름도 Candragupta이다. 전자는 Candragupta 1세, 후자는 Candragupta 2세로 구분된다. 게송에서 말하는 Candragupta는 아마도 후자일 것이다. Vikramāditya라는 칭호를 받은 사람은 후자이기 때문이다. 그렇다면 Candragupta 2세는 『바수반두법사전』에서 말한 Ayodhyā의 Vikramāditya왕일 것이다. 이 추정이 옳다면, Vāmana가 인용한 게송은 Candragupta 2세의 아들인 Kumāragupta[194]의 업적을 말하는 것이다. 그의 즉위 연대는 서기 413년으로 알려져 있다. 따라서 그의 아버지로부

....

192 so 'yaṃ samprati candragupta-tanayaś candra-prakāśo yuvā | jāto bhūpatir āśrayaḥ kṛtadhiyāṃ diṣṭyā kṛtārthaśramaḥ || *Kāvyālaṅkārasūtra-vṛtti* 3.2. Gopalbhatta(1908) p. 85, 11-12행. 번역에서 '바로 그 젊은 Candraprakāśa'는 '젊고 달처럼 빛나는 바로 그는'이라고 해석할 수도 있으나, Smith(1914:331, 334)에 의하면 Candraprakāśa는 Samudragupta의 별칭으로서 Bālāditya 또는 Parāditya로도 불린다.

193 "유식한 자들의 후원자라고 하는 이것은 바수반두가 [왕의] 고문임을 특별히 암시하는 것이기 때문에 의미를 갖게 된다." (āśrayaḥ kṛtadhiyām ity asya vasuvandhu-sācivyopakṣepa-paratvāt sābhiprāyatvam | ibid. 12-13행)

194 『바수반두법사전』에 의하면 이 왕의 이름은 Bālāditya이다. 여기서는 이 왕의 아버지인 Vikramāditya를 정근일(正勤日)로 의역하여, 세친을 후원한 그 아들의 이름을 다음과 같이 설명하기 때문이다. "정근일왕(正勤日王)의 태자는 바라질지야(婆羅袟底也=Bālāditya)이니, 바라(婆羅=Bālā)는 번역하면 신(新)이고 질지야(袟底也=[ā]ditya)는 번역하면 일(日)이다." (正勤日王太子 名婆羅袟底也, 婆羅譯為新 袟底也譯為日. T 50:190b)
다만 인도 왕조의 역사에서 Kumāragupta라는 이름은 혼동의 우려가 있으므로 Kumāragupta를 1세와 2세로 구분한다. 이 이름이 Bālāditya를 지칭하는 경우에는 'Kumāragupta 1세'로 불린다. 'Kumāragupta 1세'는 Vikramāditya가 왕비 Dhruva Davī로부터 낳은 아들로서 서기 413년에 젊은 나이로 즉위하여 40년 이상 통치한 왕(Bālāditya)이다. 이 왕의 손자의 이름도 Kumāragupta이므로, 이 손자는 Kumāragupta 2세'로 불린다. cf. Smith(1914) p. 299.

터 후원을 받은 바수반두는 최소한 이 시기의 전후까지는 생존했을 것으로 추정할 수 있다. 그렇다면 전설에서 바수반두보다 먼저 죽었다고 하는 Vindhyavāsa는 적어도 4세기와 5세기 사이에는 생존했다고 추정할 수 있다.

또 한편으로 전설에서 말한 바수반두의 『칠십진실론』에 대해서는 알려진 것이 전혀 없다. 오직 대승불교의 유명 논사인 Kamalaśīla가 특별한 설명이 없이 『칠십진실』을 게송집(kośa=俱舍)으로 언급할 뿐이다.[195] 그런데 만약 『칠십진실론』이 실재했던 문헌이라면, 앞에서 인용한 Rudrila의 주장("응유가 곧 우유이고 우유가 곧 응유이다.")의 출처가 다음과 같은 이유로 『칠십진실론』일 수도 있다.

Vindhyavāsa(=Vindhyavāsin)라는 호칭은 이미 언급했듯이 짐승이라는 의미를 함축한다.[196] 이 Vindhyavāsa의 지론은 우유와 응유가 다르지 않다는 것이다. 상키야의 인과론에 의하면, 물질의 원인과 그 결과 사이에는 아무런 차이가 없다. 그래서 불교 측에서는 그렇게 어리석은 주장이 짐승을 함의하는 Vindhyavāsa에서 유래한 것으로 조롱한 것일 수 있다. 이처럼 Kamalaśīla의 인용문이 사실은 Vindhyavāsa를 가혹하게 비판하는 것이라면, 그 게송은 바수반두가 Vindhyavāsa의 주장을 논파했다고 하는 『칠십진실론』의 일부일 것으로도 생각해 볼 수 있다. 그러나 이는 실체가 없는 『칠십진실론』을 언급한 전설의 이면을 추정해 본 가정일 뿐이다.

다음으로 『바수반두법사전』과 『성유식론술기』의 전설에서 모호한 것은 금칠십론의 정체와 저자의 문제이다. 진제가 번역한 『바수반두법사전』에 의하면 바수반두는 칠십진실론을 저술하여 Vindhyavāsa의 '상키야론' 타파했다. 그리고 규기의 『성유식론술기』에 의하면 '어떤 외도'가 70송으로 구성된 '금칠십론'을 작성했고, 바수반두는 승의칠십론(勝義七十論=칠십진실론)을 저술하여 이

195 "이와 같이 Vasubandhu 등의 스승들은 게송집 『칠십진실』 등에서 의미를 밝혔기 때문에 힘을 과시하게 되었다." (evamācārya-vasuvandhu-prabhṛtibhiḥ kośa-paramārtha-saptatikādiṣv abhiprāya-prakāśanāt parākrāntam | TSP ad. TS 348. Krishnamacharya 1926:129, 20-21행)

196 앞의 각주 178 참조.

금칠십론을 논파했다. 양자의 전설을 비교하면 전자에서 말하는 '상키야론'은 후자에서 말하는 금칠십론일 것이며, 후자에서 말하는 '어떤 외도'는 전자에서 말하는 Vindhyavāsa일 것이다.

앞에서 지적했듯이, 『성유식론술기』에서 언급한 금칠십론이 『상키야송』을 지칭한다는 것은 의심의 여지가 없다. 또한 현존하는 『상키야송』의 작자는 Īśvarakṛṣṇa로 확정되어 있다. 그렇다면 『상키야송』의 작자에 대한 두 문헌의 인식은 다음과 같이 상충한다.

진제의 『바수반두법사전』: 바수반두는 Vindhyavāsa가 작성한 상키야론(『상키야송』?)을 논파하고자 칠십진실론을 저술했다.
규기의 『성유식론술기』: 바수반두는 Īśvarakṛṣṇa의 『상키야송』에 대항하여 승의칠십론(=칠십진실론)을 저술했다.

일찍이 『바수반두법사전』을 연구하여 발표한 일본의 다카쿠스 준지로(高楠順次郎)는 Vindhyavāsa와 Īśvarakṛṣṇa가 동일한 인물이라고 주장한 것으로 이 상충의 문제를 해소하고자 했다.[197] 그러나 이 문제를 보다 심층적으로 검토해 보면 그의 주장을 확신할 수는 없게 된다. 즉 상키야에서 취급하는 주요한 일부의 주제에 관한 그 둘의 견해는 종종 상이하거나 상충하는 경우도 있다. 그 둘이 동일인이라면 이 같은 견해 차이를 납득할 수 없게 된다.

우선 다른 문헌들을 통해서 Vindhyavāsin(=Vindhyavāsa)과 Īśvarakṛṣṇa의 선후 관계를 추정해 보면, 전자는 후자보다 이전의 인물로 간주된다. *Yuktidīpikā*에 의하면, Īśvarakṛṣṇa는 추론의 다른 요소들을 상술하지 않았는데, 그 이유는 Vindhyavāsin과 다른 교사들이 이미 그것들을 취급했기 때문인 것으로 이해된

197 Takakusu(1905:48-49)는 몇 가지 이유를 근거로 Vindhyavāsa와 Īśvarakṛṣṇa가 동일인이라는 것은 명백하다고 단언했다. 그러나 Krishnamacharya(1926)은 이러한 견해가 성립될 수 없음을 반증했다(서문 pp. 61-63).

다.[198] 따라서 *Yuktidīpikā*의 저자는 Vindhyavāsin을 Īśvarakṛṣṇa의 선임자로 알고 있었을 것이다.

자이나교의 Hemacandra도 *Pramāṇa-mīmāṃsā*에서 Vindhyavāsin을 Īśvarakṛṣṇa보다 선대(先代)의 인물로 간주한다. 즉 그는 직접지각에 대한 상키야 학파의 견해를 적시하면서 비판해 가는데, 상키야의 옛 교사들에게 직접지각이란 "청각 따위의 작용이 분별하지 않는 것"인 반면, Īśvarakṛṣṇa에게는 "각각의 대상에 대한 결정"이다.[199] 전자는 Vindhyavāsin의 정의로 알려져 있다. 또 Vindhyavāsin은 미세한 중유신(中有身)의 존재를 옹호하지만, Īśvarakṛṣṇa는 완전히 부정한다. 전자는 감관의 수를 13으로, 후자는 11로 헤아린다. 이 밖에 서로 일치하지 않은 많은 관점을 고려하면, 양자가 동일인이라는 가정은 전혀 성립되지 않는다.

*Yuktidīpikā*의 저자는 서문으로 선언했듯이, 반대측의 주장을 논파하고 Īśvarakṛṣṇa가 작성한 『상키야송』의 타당성을 확립하려는 목적으로 주석을 저술했다. 그는 거의 전체에 걸쳐 먼저 반대측의 반론과 주장을 매우 충실히 제시하고 나서, 이것들을 차근차근 비판한다. 비판의 주요 대상은 Dharmakīrti(약 600~660) 이전의 불교도들이 제기한 상키야에 대한 반론이지만, 그들의 이름은 전혀 언급하지 않는다. 그러나 한 군데에서 그의 결렬한 비판이 Vasubandhu의 견해를 겨냥한 것임을 분명하게 드러낸다. 물론 이것으로 불교에 대한 그의 반론이 모두 Vasubandhu에게 대항한 것이라고 단정할 수는 없다.

*Yuktidīpikā*에서 특히 주목할 만한 것은 반론자의 주장을 제시하는 중에 종종 『상키야송』의 교의를 비판하는 것으로 보이는 게송을 인용하는 것이다. 예를

198 "다른 논서에서 [그것들은] Vindhyavāsin 및 그 밖의 스승들에 의해 교시되어 있다. 그래서 그 스승들이 우리에게는 인식 수단(권위)이라고 말하는 것이며, 또 이 때문에 '알고자 하는 욕구' 등에 대해 [여기서는] 설하지 않는다고 말한 것이다." (tantrāntareṣu hi vindhyavāsi-prabhṛtibhir ācāryair upadiṣṭāḥ | pramāṇaṃ ca nas ta ācāryā ity ataś cānupadeśo jijñāsādīnām iti | YD ad. SK 1. Wezler & Motegi 1998:5, 7-9행)

199 "상키야의 장로들은 직접지각이란 청각 따위의 작용이 분별하지 않는 것이라고 말한다. …'직접지각이란 각각의 대상에 대한 결정'(SK 5)이라는 것이 Īśvarakṛṣṇa가 말하는 직접지각이다." (śrotrādi-vṛttir avikalpikā pratyakṣam iti vṛddha-saṅkhyāḥ | 114 | … prati-viṣayādhyavasāyo dṛṣṭam[SK 5] iti pratyakṣam itīśvarakṛṣṇaḥ | 115 |) *Pramāṇa-mīmāṃsā* 1.114-115(ad. sūtra 29). Saṅghavi(1939) p. 24, 13행 ; 17-18행.

들어 *Yuktidīpikā*에서는 다음과 같은 반론을 인용한다.

> 만약 순질 등의 속성들이 다른 특징을 지닌 것으로서 [저마다] 모두 분할된다면, 이 경우에는 특징들이 조(組)를 이룸으로써 그것들은 여섯 속성으로 바뀔 것이다.[200]
> 만약 부수적 상태로 진행하고 있는 순질이 고통으로 바뀐다면, 세 가지 성질(=다양성)의 초래 때문에 이전의 결점은 중단되지 않는다.[201]

이러한 반론은 상키야의 3질설에 대한 비판이지만, 다음과 같은 비판은 속박과 해탈에 대한 상키야의 관점을 직격탄으로 조롱한 것이어서 특기할 만하다.

> "창조가 없이는 실로 순수정신에게 속박이 적용되지 않는다."[라고 하면서도] 아뿔사! "창조는 오직 그(순수정신)의 해탈을 위함이다."[라고] 상키야는 웅변하네.[202]

이러한 반론의 궁극적인 표적은 Īśvarakṛṣṇa가 주창한 이원론이다. 그의 이원론에 의하면, 순수정신은 윤회에 있는 한, 사멸을 일으키는 고통을 체험하고, 원

....

200 bhinnā lakṣaṇabhedāś cen mithaḥ sattvādayo guṇāḥ | tarhi lakṣaṇa-yuktatvāt ṣaḍ guṇāḥ prāpnuvanti te || YD ad. SK 13. Wezler & Motegi(1998) p. 137, 22-23행. 이 반론의 취지는 다음과 같이 해석된다.
"그대(상키야)의 견해로는 순질이 빛과 조명, 동질이 운동과 자극, 암질이가 무거움과 둔함이다. 질들을 이렇게 다른 특성으로 설명함으로써, 그대는 질들이 셋이라고 결론짓고 그것들의 협동을 무시한다. 여기서 의문이 발생한다. 각 질에서 짝을 이룬 두 특성들이 서로 다른가 같은가? 다르다고 한다면 질들은 3×2, 즉 6이 되고, 같다고 한다면 그것들을 각각 열거할 필요가 없다." Chakravarti(1975) p. 150.
이 반론에 대해 *Yuktidīpikā*의 저자는 『상키야송』의 교설(SK 13, @제2장 각주 140)을 인용한 것으로 대꾸한다.

201 aṅgabhāvaṃ vrajat sattvaṃ duḥkhaṃ sampadyate yadi | trai(=vai)rūpyasyopasaṃhārāt pūrvadoṣānivartanam || YD ad. SK 13. Wezler & Motegi(1998) p. 138, 6-7행.

202 vinā sargeṇa bandho hi puruṣasya na yujyate | sargas tasyaiva mokṣārtham aho sāṃkhyasya sūktatā || YD ad. SK 21. ibid. p. 185, 12-13행.

질은 그 자신을 위하는 것처럼 보이지만 사실은 순수정신의 해탈을 위해 다양한 창조를 실행한다. *Yuktidīpikā*의 저자는 Īśvarakṛṣṇa의 교의를 간결하게 제시하는 것으로 앞의 반론에 대응하는데, 그는 이에 그치지 않고 조롱하는 말장난으로 이 반론의 주도자가 바로 Manoratha라고 적시한다.

> 성전의 진리를 아는 자들은 원질과 순수정신이 지각됨(인식 대상)과 지각함(인식자)의 관계로서 대기해 있는 것을 속박이라고 설명한다. 이와 같이 창조가 없더라도 정신(=순수정신)은 [3]질들에 의해 속박되므로, 바로 이 때문에 '속박된 채(ma) 보호자를 얻지 못하는(no rathi)' Manoratha는 무력하게 될 것이다.[203]

여기서 저자는 Īśvarakṛṣṇa의 교의에서 오류를 찾고자 애쓴 반론자가 Manoratha임을 명시하는 데 그친 듯하지만, 그 이면에서는 Manoratha의 패배를 전제하고 있는 것으로 보인다. 짐작건대 저자는 Manoratha와 상키야의 교사를 둘러싸고 떠도는 이야기를 알고 있었을 것이다. 상키야에 대한 반론자로 Manoratha를 특정한 것과 『대당서역기』의 전설과는 결코 무관해 보이지 않기 때문이다.

Manoratha가 누구인가? 현장은 『대당서역기』에서 Manoratha를 말노갈랄타(末笯曷剌他)로 음역하고 여의(如意)로 의역하여, 그에 관한 일화를 비교적 상세하게 소개한다. 이 일화의 요지를 간추려 소개하면 다음과 같다.

> Manoratha는 비흘라마아질다(毘訖羅摩阿迭多=Vikramāditya)왕에게 5억의 금전을 어렵게 사는 백성에게 베푸라고 충고한다. 이를 거부하고 1억으로 겨우 생색을 내어 수치심을 느낀 왕은 뛰어난 100명의 외도를 소집하여, 불

203 dṛśya-darśana-bhāvena prakṛteḥ puruṣasya ca | apekṣā śāstratattvajñair bandha ity abhidhīyate || evaṃ vināpi sargeṇa yasmād baddhaḥ pumān guṇaiḥ | tasmād viphalatāṃ yātu ma-no-rathi-manorathaḥ || ibid. 15-18행.

교로의 개종과 승려들의 목숨을 걸고 Manoratha와 논쟁하게 한다. Manoratha는 99명의 외도를 논파했는데, 왕은 남아 있는 1명의 외도를 편들어 Manoratha의 말문을 막는다. 이에 Manoratha는 문하생인 세친에게 패거리들과 미혹한 군중들 속에서 정론을 말하지 말라는 유언을 남기고 죽는다. 그러나 세친은 새로운 왕[204]이 등극하자 왕에게 부탁하여 스승과 논쟁했던 외도들과 다시 논쟁하여 이들을 모두 굴복시킨다.[205]

이 전설에서 세친이 Manoratha의 제자로 묘사된 사실과 외도와의 논쟁은 Vindhyavāsin과 Īśvarakṛṣṇa의 동일인 여부를 해결하는 데 실마리를 제공한다. 인도의 도처를 직접 탐방한 현장이 없는 전설을 지어냈을 리가 없다고 믿는다면, 속사정이야 어쨌든 한 사람의 외도에게 패배한 장본인이 세친의 스승인 Manoratha라는 소문은 불교계의 안팎으로 퍼져 있었을 것으로 짐작할 수 있다. 그렇다면 그 '한 사람의 외도'는 Vindhyavāsin이거나 아니면 Īśvarakṛṣṇa일텐데, 이 둘 중에서 세친과 더욱 근접한 동시대의 인물이어야만 전설과 부합한다.

확정할 수는 없지만, 근래 학계의 통설에 따라 Vindhyavāsin(약 300~400경)은 Īśvarakṛṣṇa(약 350~450경)보다 최소 50년쯤 이전에 생존한 것으로 추정되고, 앞에서 고찰한 것처럼 세친은 최소한 서기 413년의 전후까지는 생존했을 것으로 추정된다. 이 추정에 의거하면 세친의 스승에게 승리한 장본인은 Īśvarakṛṣṇa일 가능성이 더 크다. 그러나 확정할 수 없는 생존 연대로는 이 문제를 해결하기 어렵다. 그러므로 이뿐만 아니라 다른 단서도 고려해야 하는데, 그 단서는 *Yuktidīpikā*에서 인용한 불교 측의 반론이다. 이 반론들은 Kamalaśīla의 인용문을 고려하면 모두 승의칠십론(=칠십진실론)으로부터 인용한 것으로 상정되어 있다. 그리고 이 승의칠십론의 성격은 『상키야송』에 대한 반론으로 전제되어 있다.

....

204 앞에서 Vāmana가 인용한 게송을 고찰하면서 지목한 Candragupta 2세일 것이다.

205 大唐西域記 권2(T 51:880c-881a).

*Yuktidīpikā*에서는 인용한 게송들뿐만 아니라, 세친의 다른 주장에 대해서까지 적절하게 응수하여 『상키야송』의 타당성을 확립한다. Manoratha를 논적으로 지목한 *Yuktidīpikā*의 입장은 전설과 연관지어 이해할 만하다. 세친이 Īśvarakṛṣṇa의 『상키야송』을 논파하여 스승인 Manoratha의 명예를 회복하기 위해 승의칠십론을 저술했다면, 상키야 측에서는 바로 그 승의칠십론을 논파하려는 시도가 있었을 수 있다. 실제로 *Yuktidīpikā*의 저자는 이러한 소임을 자처한 흔적이 역력하다.[206]

이상과 같이 고찰한 정황들로 보자면, Vindhyavāsin과 Īśvarakṛṣṇa가 동일한 사람일 수가 없으며, 규기가 말한 '어떤 외도'는 세친의 스승을 논파한 논적으로 Īśvarakṛṣṇa를 암시한 것일 수도 있다.[207] 그러나 『바수반두법사전』은 유일하게 세친의 전기를 표방한 문헌인 만큼, 세친의 생애에 관한 대부분의 지식을 이 문

....

206 이에 대해서는, 그렇다면 *Yuktidīpikā*의 저자는 왜 세친을 직접 거명하지 않고 그의 스승인 Manoratha를 거명하여 비판했느냐는 의문이 제기될 수 있다. Chakravarti(1975:152)는 다음과 같이 해명한다.
"제자인 Vasubandhu가 논쟁에서 패배한 스승의 명예를 회복하기 위해 『승의칠십론』을 저술했다. 제자의 입장에서는 자신의 주장을 종종 스승에게 돌림으로써 스승의 지위를 확립시켰을 것이다. 이 때문에 *Yuktidīpikā*에서는 Manoratha가 표적이 되었다."

207 Krishnamacharya(1926)는 Vindhyavāsin과 Īśvarakṛṣṇa의 생존 연대를 고찰하여 Vindhyavāsin은 서기 250~320년(서문 p. 64), Īśvarakṛṣṇa는 서기 340~390년(서문 pp. 70-73)으로 추정했다. 그러나 이 견해를 숙지했을 것이면서도 규기의 진술을 지지하는 Chakravarti(1975:143-4)는 『바수반두법사전』을 번역한 진제가 『대승유식론』(大乘唯識論)의 경우처럼 범어 원전의 번역에 철저한 충실도가 부족하다고 지적하면서 다음과 같은 결론을 도출한다.
"Ayodhyā의 Vikramāditya왕으로부터 포상을 받았던 이는 Vindhyavāsa가 아니라 Īśvarakṛṣṇa였다. 이 Vikramāditya는 다름 아닌 Candragupta 2세이다. 그는 서기 413~414년 무렵에 죽었으며, 따라서 Īśvarakṛṣṇa의 생존 연대는 서기 4세기 후반으로 볼 수 있다. 그의 선임자 Vindhyavāsin은 이보다 더욱 앞서게 된다. 그러나 현재까지 알려진 바로는 그의 정확한 연대를 추적할 수 없다."
이 같은 Chakravarti의 결론에는 어느 정도 수긍할 수 있지만, 중국에서 번역된 불전을 직접 독해할 수 없었을 그가 "그의 진술을 완전히 무시해도 좋다는 것은 아니다."라고 부연하면서도 진제의 번역을 싸잡아 폄하하는 발언은 수긍하기 어렵다. 진제의 번역에 대한 그의 지식은 다카쿠스 준지로의 불어 및 영어 번역에 의존한 것이기 때문이다. 다카쿠스는 20세기 벽두에 『바수반두법사전』을 영어로 번역(Takakusu 1904b:269-296)하고 이에 관한 논문(Takakusu 1905:33-53)을 발표했으며, 『금칠십론』을 불어로 번역(Takakusu 1904a)해서 발표했다. 그의 불어 번역은 인도에서 Suryanarayana Sastri에 의해 영어로 재번역(Takakusu 1932-3)되었다. 진제의 번역이 난삽하다는 것은 학계에서도 알려져 있으나 부정확하다고까지는 단정할 수 없다.

헌에서 구하는 것은 충분히 이해할 수 있다. 예를 들어 세친의 스승을 Manoratha가 아니라 Buddhamitra로 소개하는 글들은 한결같이 『바수반두법사전』에 의거한 것이다. 그러므로 이 문헌의 기술에서 다른 가능성도 모색해 볼 수 있다.

『성유식론술기』에서 칠십행송의 작자를 명기했더라면 문제는 좀 더 쉽게 풀릴 수 있었을 것이다. 어쩌면 칠십행송은 『상키야송』으로 너무 잘 알려져 있었기 때문에 작자를 거명하지 않았을지도 모르겠다. 이와 같은 맥락에서 세친의 스승이 상키야의 어떤 교사에게 패배했다는 풍문이 불교계에 회자되었다면, 불교 측의 입장에서는 세친이 논파했다는 그 교사의 주장이 상키야 전체를 대변하는 것일수록 세친의 위업을 그만큼 과시할 수 있다. 그렇다면 그 교사의 주장으로는 실체가 없는 '상키야론'보다는 실체로서 전승되어 있는 『상키야송』이 가장 적격이다.

반면에 『바수반두법사전』의 기술을 액면 그대로 믿는다면, Vindhyavāsa(= Vindhyavāsin)가 작성했다고 하는 '상키야론'은 『상키야송』이 아닌 Vindhyavāsa의 독자적인 교설일 수도 있다. Vindhyavāsa는 『상키야송』의 저자와는 약간 다른 노선의 상키야를 표방한 증거도 발견할 수 있으므로 이 가능성도 배제할 수는 없다. 『바수반두법사전』의 기술을 신뢰한 이 가능성에 따르면 Īśvarakṛṣṇa의 『상키야송』은 세친 이후에 출현했을 것으로도 추정된다. 이 같은 추정의 논거는 다음과 같다.[208]

『구사론』에서 세친이 특히 파사현정(破邪顯正)의 대상으로 삼았던 것은 인중유과론에 기초한 전변설이다. 그러나 그것은 상키야 특유의 이원론을 전제로 한 전변설이라기보다는 원질이라는 단일 원리에 치중한 '원질 일원'의 전변설이다. 세친은 이러한 전변설을 상키야로 이해하고 있었던 것 같다. 혹은 세친이 알고 있었던 상키야 자체가 당시 이러한 경향의 교설이었을지도 모른다. 그리고 『바수반두법사전』에 따르면 상키야에 통달한 용왕은 Vārṣagaṇya이고

208 이하의 논거는 田村庄司(1961) pp. 131-2 참조.

Vindhyavāsa는 그의 뛰어난 제자였다. 이 점을 고려하여 『구사론』에만 국한하여 추정해 보면, 세친에게 알려진 상키야는 Vārṣagaṇya와 Vindhyavāsa의 교설이며, 그것은 앞서 말한 '원질 일원'의 전변설로 간주되기 쉬운 것이었다. 따라서 세친은 종래의 여러 학설을 정비하여 상키야 특유의 관점을 확립했던 Īśvarakṛṣṇa의 상키야, 즉 순수정신과 원질이라는 이원의 체계로 구축된 상키야를 아직 알지 못했다. 그렇다면 『바수반두법사전』이나 진나(陳那, Dignāga = Diṅnāga) 등의 진술을 감안할 때, Vindhyavāsa와 Īśvarakṛṣṇa는 별개의 인물이고, Īśvarakṛṣṇa를 세친 이후의 인물로 추정할 수 있을 것이다.

이러한 추정은 세친의 생존 연대와 맞물려 있기는 하지만, 그 연대를 어떻게 추정하느냐에 따라 시기상으로 불가능하지는 않다.[209] 만약 『바수반두법사전』에서 세친과 연관된 것으로 서술한 Vārṣagaṇya와 Vindhyavāsa의 생존 연대가 더 이른 시기로 소급된다면, 세친의 생존 연대도 그만큼 소급될 수 있다. 이 가능성의 전거로 주목된 것은 『유가사지론』의 서술이다. 『유가사지론』에서는 다음과 같이 Vārṣagaṇya를 인중유과론의 지지자로 언급한다.

....

209 혹은 『상키야송』은 일각에서만 알려져 있었고 세친은 이것을 아직 모르고 있었을 수도 있다. 『성유식론술기』에 말하는 금칠십론이 아니라, 『상키야송』의 주석서들 중에서 가장 먼저 작성된 『금칠십론』을 번역한 진제가 중국에 들어온 해는 546년이고, 『상키야송』을 처음으로 직접 인용한 것은 청변(清辨=Bhavya, 약 490～570)의 『중관심론』(中觀心論)이다. Īśvarakṛṣṇa의 생존 연대를 4세기 후반으로 상정하더라도(Chakravarti 1975:153) 어림잡아 서기 400년대에는 『상키야송』이 이미 알려져 있었을 것이다. 세친의 생존 연대로 가장 이른 시기는 280～360년이고 이보다 100년 이후로도 추정된다. 이 연대를 채택하면 『상키야송』은 세친 이후에 널리 유통된 것으로 믿을 수 있다. 그런데 청변과 동시대 인물인 진나(陳那=Dignāga, 약 480～540)는 『집량론주』(集量論註)에서 Vārṣagaṇya의 직접지각설을 비판하지만, 『상키야송』에 대해서는 언급이 없다. 즉 Hattori(1968:4, n. 20)는 진나가 Vārṣagaṇya와 Mādhava의 견해를 논박하면서도 『상키야송』에서 주장하는 사상을 언급하지 않을 뿐만 아니라, Īśvarakṛṣṇa라는 이름도 전혀 언급하지 않는다는 사실을 지목한다. 이는 『상키야송』이 불교계에서도 부분적으로 알려져 있었을 것임을 시사한다. 다만 Asaṅga(4세기)의 동생인 세친과 『구사론』의 저자인 세친이라는 두 사람의 세친이 있었다는 Frauwallner(1951:17-20)의 주장까지 여기에 가세하게 되면 문제는 더욱 복잡하게 된다. 그러나 이 주장의 문제점을 지적하여 지지할 수 없다는 견해를 제시한 櫻部 建(1952:202-8)의 연구도 있다. Frauwallner의 결론에 의하면 Asaṅga의 동생인 세친은 서기 380년 이전에 입적했고, 『칠십진실론』으로 Vindhyavāsin을 논파한 후 『구사론』을 저술한 세친은 서기 400년경에 태어났다. 이에 대해 櫻部 建은, 거의 같은 시대에 성립된 문헌들로 양자를 구분한 것은 한 사람의 세친에 대한 전승의 혼동에서 연유한 것으로 판단한다.

> 혹자는 원인 속에 결과가 존재한다고 [인중유과론을] 주장한다. 예컨대 여기서 어떤 사문이나 바라문은 결과는 오직 원인 속에서 [원인이] 항존하는 시간 동안 항존하고 불변하는 시간 동안 불변한다는 이와 같은 견해를 주장하는데, Vārṣagaṇya가 바로 그러하다.[210]

『유가사지론』의 저자인 Asaṅga가 4세기에 생존했다면, Vārṣagaṇya는 최소한 4세기 초에 생존한 인물이 된다. 『바수반두법사전』에 의하면 『구사론』의 세친과 동시대의 선배인 Vindhyavāsin은 Vārṣagaṇya의 제자이다. 만약 Frauwallner의 주장에 따라 이 세친의 연대를 400~480년으로 추정한다면, Vārṣagaṇya와 Vindhyavāsin의 간격이 스승과 제자의 관계를 유지하기에는 너무 멀다. 그러므로 Asaṅga가 Vārṣagaṇya를 알고 있었던 것이 사실이라면, Vindhyavāsin이 Vārṣagaṇya의 제자가 된 시기도 4세기 초로 간주해야 하며 Vindhyavāsin도 이 시기에 생존한 것으로 간주된다. 이에 따라 세친의 생존 시기도 그만큼 소급될 수밖에 없다.[211]

세친에 관한 문헌들의 기술에는 적지 않은 혼선이 있다. 즉, 세친의 스승을 Manoratha 또는 Buddhamitra로 언급하기도 하고, 세친을 Manoratha의 제자 또는 스승으로 언급하기도 한다. 이 같은 사제 관계의 혼선은 언급한 인물들이 동시대에 생존했다는 사실을 반영하는 증거가 될 수 있다.

....

210 hetu-phala-sad-vādaḥ katamaḥ | yathāpīhaikatyaḥ śramaṇo brāhmaṇo vā evaṃ dṛṣṭir bhavaty vādī nityaṃ nityakālaṃ dhruvaṃ dhruvakālaṃ vidyata eva hetau phalam iti [34 ka] tad yathā vārṣagaṇyaḥ || Bhattacharya(1957) pp. 118-9, 14-2행. 범본 및 티베트 역본과 한역(漢譯)의 대조는 Kritzer(2005) p. 327. Ruegg(1962:138-140)은 Frauwallner(1951)와 Oberhammer(1960:71-91)가 이 구절을 인지하지 못했다고 지적하면서, 세친의 생존 연대에 관한 기존의 견해를 재고해야 할 하나의 단서로 고찰했다. 그는 『유가사지론』의 저자인 Asaṅga의 생존 연대를 Frauwallner가 추정한 4세기로 간주하고 논의를 전개한다.

211 Ruegg은 이에 따라 Vārṣagaṇya가 『구사론』의 저자인 세친보다는 한 세대 반 정도(약 40~50년) 앞설 것으로 상정하므로, 세친의 생존 연대도 400~480년보다는 그만큼 앞서게 된다. 그리고 Vindhyavāsin이 세친에게 논파당했을 때, 그는 이미 매우 늙은 나이였을 것이다. Ruegg은 이와 같은 추정을 인정할 수 없을 경우의 가능성을 두 가지로 상정한다. 하나는 Vārṣagaṇya와 Vindhyavāsin의 사제 관계를 부정하는 것이고, 다른 하나는 Vārṣagaṇya에 관한 『유가사지론』의 서술이 후대에 첨가되었을 가능성이다. Ruegg의 고찰은 櫻部建의 견해와 어느 정도 유사한 관점을 피력한 것으로 보인다.

더욱이 『바수반두법사전』의 기술에 의하면, 『구사론』은 불교 측이 상키야 측에게 패배한 문제의 사건이 해결된 이후에서야 세친이 작심하여 저술한 노작이다. 만약 세친이 『상키야송』을 알고 있었다면 이 노작에 그 흔적을 남겼을 것이다. 그러나 『구사론』에는 그 흔적이 역력하지 않기 때문에, Vindhyavāsa가 작성했다고 하는 '상키야론'은 『상키야송』과는 다른 교설일 수 있다. 그러므로 이상의 고찰을 감안하여 『상키야송』이 출현하게 된 과정을 다음과 같이 상정하는 것도 가능할 것이다.

Vindhyavāsa(=Vindhyavāsin)는 '금칠십론'으로도 불리는 상키야론으로 불교 측의 Manoratha를 논파했다. 이에 Manoratha의 문하생인 세친은 '칠십진실론'으로도 불리는 승의칠십론을 저술하여 Vindhyavāsa의 상키야론을 논파한 후에 『구사론』을 저술했다. 이에 세친의 승의칠십론을 논파하기 위해 상키야 측에서 대응한 것이 Īśvarakṛṣṇa의 『상키야송』이다.

이 상정에 의하면, 세친이 Īśvarakṛṣṇa의 『상키야송』에 대항하여 승의칠십론을 저술한 것처럼 이해되는 『성유식론술기』의 서술을 곧이곧대로 믿을 수는 없다. 그 서술은 세친의 업적을 과시하지만, 다른 한편으로는 『상키야송』의 권위가 그만큼 확고하게 회자되었던 사실을 간접적으로 시사할 것이다. 이러한 사정의 배경을 더욱 심도 있게 파악하려면, *Yuktidīpikā*에서 인용하거나 비판한 불교 측의 견해에 대해서는 면밀한 재검토가 필요하다. 그러나 당장은 상키야의 사상적 노선에서 Vindhyavāsin이 지향한 견해를 검토하는 것이 우선이다.

3. Vārṣagaṇya와 Vindhyavāsin의 요가 지향

Īśvarakṛṣṇa 이전 교사들의 계보를 제시하는 고전 상키야의 주석서들 중에서 가장 많은 교사를 열거하는 *Yuktidīpikā*에서조차 Vārṣagaṇya는 언급하지만 Vindhyavāsin을 전혀 언급하지 않은 것은 특이하다. 이는 그가 Īśvarakṛṣṇa와 동시대의 인물인 데다가 확연한 노선의 차이 때문일지도 모른다.

Guṇaratna가 『육파철학집성』의 주석에서 상키야를 설명하는 중에 Vindhyavāsin의 말씀으로 인용한 게송은 하나뿐이다.[212] Vindhyavāsin이 당시 통용되던 상키야 논서를 개정한 것은 사실이다. 예를 들어 지각에 대한 Vārṣagaṇya의 정의는 "청각 따위의 작용이 직접지각이다."[213] 이지만, Vindhyavāsin에 의하면 "청각 따위의 작용이 분별하지 않는 것"이 직접지각이다.[214] 또한 고전 상키야에서는 일반적으로 5미세요소를 아만의 산물로 주장하지만, Vindhyavāsin은 5미세요소 및 아만이 통각의 결과라고 주장한다. 그의 주장은 이 밖에 여러 가지로 이전의 견해로부터 일탈한 점이 있다.

『요가주』에 언급된 상키야 교의는 Īśvarakṛṣṇa의 교의와 부합하지 않는다. 그 이유는 『요가주』가 상키야의 Vārṣagaṇya 학파, 특히 Vindhyavāsin의 상키야를 따르고 있기 때문일 것이다. 예를 들어 『요가주』에서는 "양태와 작용에서 우세한 것들끼리는 상충한다. 그러나 일반적인(약한) 것들은 우세한 것들과 함께 발동한다."[215] 라는 주장을 인용한다. 여기서 말하는 양태(rūpa)란 통각의 8정태, 작용

....

212 "그러나 Vindhyavāsin은 향수를 다음과 같이 언명한다. '오직 불변의 본성을 가진 순수정신은 근접이라는 부대적 조건을 통해, 마치 [바로 앞의 꽃이 비치는] 수정처럼 지성이 없는 마음(≒수정)을 그 자신(순수정신≒꽃)과 유사한 것으로 만든다.'" (va(vi)*ndhyavāsī tv evaṃ bhogam ācaṣṭe — puruṣo 'vikṛtātmaiva svanirbhāsam acetanam | manaḥ karoti sānnidhyād upādhiḥ(eḥ)* sphaṭikaṃ yathā ‖ TRD 41.22. Kumar Jain 1997:151, 9-10행) *는 판본에서 제시한 교정 부분이므로 번역은 이 교정을 채택함.
Haribhadra는 『육파철학집성』보다는 훨씬 분량이 큰 527송의 *Yogabindu*도 저술했다. 그는 여기서 이와 동일한 내용을 제449송(Dixit 1968:118)으로 인용하지만, 출처를 언급하지는 않는다. Vyomaśiva의 *Vyomavatī*(Kaviraj 1925ed:521, 28-30행)에도 동일한 내용이 출처 없이 인용되어 있다. 이것을 인용한 이 밖의 문헌은 @제8장 각주 192 참조.

213 śrotrādi-vṛttiḥ pratyakṣam | YD ad. SK 1. Wezler & Motegi(1998) p. 5, 11행. *Yuktidīpikā*에서 처음으로 언급되는 이 정의가 Vācaspati의 *Nyāya-vārttika-tātparyaṭīkā*에서는 Vārṣagaṇya의 견해로 인용된다. cf. Kumar & Bhargava(1990) p. 11, en. 11.

214 "'청각 따위의 작용이 분별하지 않는 것'이라는 Vindhyavāsin의 직접지각에 대한 정의는 바로 이것에 의해 논파된다." (śrotrādi-vṛttir avikalpikā [ ] iti vindhyavāsi-pratyakṣa-lakṣaṇam anenaiva nirastam | *Sanmatitarka-prakaraṇa*, 4.2. Saṃghavī 1985:533, 2행) 이와 똑같은 정의가 *Nyāya-mañjarī*에도 Vindhyavāsin을 언급하지 않은 채 다음과 같이 인용되어 있다.
"다른 이들에 의하면, 직접지각의 정의는 '청각 따위의 작용이 분별하지 않는 것'이다." (śrotrādi-vṛttir aparair avikalpiketi pratyakṣa-lakṣaṇam … | Śukla 1936:93, 10-11행)

215 『요가주』에서는 이 구절을 두 차례 인용한다. YBh 2.15 ; 3.13. 이 @제7장 각주 150.

(vṛtti)이란 3질의 특성을 가리킨다. 이것들이 제각기 절정의 상태에 있을 때는 세력의 충돌로 모순이 발생하지만, 이것들 중의 일부가 약세로 있을 때는 절정에 있는 어느 하나와 쉽게 협력할 수 있다. Īśvarakṛṣṇa는『요가주』와는 달리 등(燈)의 비유[216]로써 이 같은 취지를 설명한다. 그런데 *Yuktidīpikā*의 저자는『요가주』에서 인용한 그 주장이 Vārṣagaṇya의 말씀이라고 명시한다.[217] 이는『요가주』가 Vārṣagaṇya의 영향을 받았음을 시사한다.

상키야-요가 철학에서 인과론의 핵심 개념인 전변에 대해서도『요가주』는 Vārṣagaṇya의 견해를 채택한다.『구사론』에서 대변하는 불교 측의 이해에 따르면, 실체는 상주하지만 속성은 무상하다는 것이 상키야에서 주장하는 전변의 논리이다. 불교 측에서는 이것이 실체의 상주성만 주장하려는 논리로 간주하여 비판한다. 그런데 *Yuktidīpikā*에서는 "3계는 현현으로부터 퇴각한다."라는 Vārṣagaṇya 측의 주장을 도입하여 이 논리를 보완한다.[218] 여기서 언급한 '퇴각'은 물러나는 것일 뿐, 완전히 소멸한다는 것은 아니다.[219] 따라서 전변의 논리에서 무상의 개념을 '퇴각'으로 표현한 Vārṣagaṇya의 교의는 다음과 같은 취지를 함

....

216 SK 13. @제2장 각주 140. 이 비유의 취지는, 기름과 등불은 물과 불처럼 서로 모순하면서도 하나의 목적을 위해 함께 작용한다는 것이다.

217 YD ad. SK 13. 이 @제7장 각주 150.

218 "그런데 Vārṣagaṇya의 추종자들은 '바로 이 3계는 실재로부터가 아니라 현현으로부터 퇴각한다. [우리는] 소멸을 부정하기 때문에 퇴각한 것도 존재한다. 그리고 [퇴각한] 이것은 [원질과] 융합하기 때문에 미세하고, 미세하기 때문에 지각되지 않는다. 따라서 현현으로부터 이탈하는 것이 소멸이다. …'라고 말한다." (tathā ca vārṣagaṇāḥ paṭhanti "tathā ca vārṣagaṇāḥ paṭhanti | tad etat trailokyaṃ vyakter apaiti na sattvāt | apetam apy asti vināśa-pratiṣedhāt | saṃsargāc cāsya saukṣmyaṃ saukṣmyāc cānupalabdhiḥ | tasmād vyakty-apagamo vināśaḥ | …" iti | YD ad. SK 10. Wezler & Motegi 1998:128-9, 22-2행) 후속 내용은 @제8장 각주 104. 이와 합치하는 내용을 서술한『요가주』의 사례(YBh 3.13)는 이 @제7장 각주 163.

219 이미 인용한『구사론』(@제7장 각주 165)에서 이 점을 확인할 수 있다.
"그런데 Vārṣagaṇya의 교의는 '존재하는 것은 존재할 뿐이고, 존재하지 않는 것은 존재하지 않을 뿐이다. 무(無)이기 때문에 존재할 수 없고, 유(有)이기 때문에 절멸은 있을 수 없다.'라고 이와 같이 밝혀져 있다."
Stcherbatsky(1956:75)는 이 교의가 "새로운 것의 생성도 없고 이미 존재하는 것의 절멸도 없으며, 존재하는 것은 항존하고 존재하지 않는 것은 결코 생성될 수 없다."라고 주장하는 것으로 이해했다.

축한 것으로 이해된다.

> 어떤 대상, 심지어 우주 전체도 현현의 단계로부터 과거의 단계로 들어가기 마련이므로, 그것은 절대적 상주가 아니다. 과거로 가더라도 그 자신의 존재를 잃지 않은 채 근본 원인 속으로 잠복한다. 이 때문에 그것은 지각되지 않는다.[220]

결국 Vārṣagaṇya가 전변의 개념에 도입한 '퇴각'은 '잠복'일 뿐이며 결코 소멸은 아니라는 점에서, '상주하는 실체의 전변'은 부정되지 않는다. 『요가주』에서도 이 같은 주장을 견지하고 있으며,[221] Vātsyāyana도 유사한 표현을 언급한다.[222] 이것들은 명백히 상키야의 인과론을 수용한 것이지만, Īśvarakṛṣṇa가 설명하는 방식이나 언어와는 동일하지 않다.

무지에 대한 인식에서도 『요가주』에서 인용한 것들이 Īśvarakṛṣṇa에게는 중시되지 않는다. 『요가주』에서는 무지를 원질과 순수정신이 결합하는 원인으로 설명하면서 이에 대한 상키야 교사들의 다양한 해석을 인용하는데, Vātsyāyana도 이 해석에서 구사하는 용어를 인용한다. 이는 상키야의 고대 문헌에서 이런 용어가 중요한 역할을 하였음을 시사하지만, Īśvarakṛṣṇa는 원질이 순수정신과 다시는 결합하지 않는다는 표현으로 이 점을 암시할 뿐, 무지의 정의에 중요성을 부여하지 않는다.[223]

....

220 Chakravarti(1975) p. 140. 이는 Vārṣagaṇya 측의 주장을 도입한 『요가주』의 해설(@제7장 각주 163)에 대한 해석이다.

221 "존재하지 않는 것의 생기(生起)는 있을 수 없고, 존재하는 것의 소멸은 있을 수 없다. 그렇다면 실재하는 것으로서 생기하고 있는 훈습들이 어떻게 소멸하겠는가?" (nāsty asataḥ sambhavo na cāsti sato vināśa iti dravyatvena saṃbhavantyaḥ kathaṃ nivartiṣyante vāsanā iti | YBh 4.11. 정승석 2020:454_7)

222 NBh 1.1.29. @제2장 각주 232 참조.

223 "원질보다 섬세한 것은 아무것도 없다는 것이 나(순수정신 또는 저자)의 생각이다. 그녀(원질)는 '나는 보여졌다'고 알고 난 후에 다시는 순수정신의 시야에 들어가지 않는다." (prakṛteḥ sukumārataraṃ na kiṃcid astīti me matir bhavati | yā dṛṣṭāsmīti punar na darśanam upaiti puruṣasya || SK 61) 무지 개념에 대한 『요가주』(YBh 2.23)와 상키야의 용어 및 인식은 @제9장 각주 9 참조.

이상과 같은 사례들은 Vārṣagaṇya의 후계자들, 특히 Vindhyavāsin이 주력한 관심사는 Īśvarakṛṣṇa의 관심사와는 다른 노선을 지향했을 수 있다는 추측을 자아낼 만하다. 그 다른 노선으로 지목되는 것은 요가이다. 상키야와 요가를 동일 노선으로 인식해 온 것이 그간의 전통이지만, 이들의 견해는 상키야보다는 주로 요가를 대변한 것으로 이해된다. 이러한 경향을 입증하는 사례로는 다음과 같은 몇 가지 사실을 지목할 수 있다.

첫째, 『요가주』는 Vindhyavāsin의 견해를 따르는 경우가 빈번하다. Kumārila에 의하면 Vindhyavāsin은 중유신(中有身)에 대한 교의를 거부하는데, 『요가주』도 이것을 수용하려 하지 않는다.

> 병(瓶)이나 궁전의 등불처럼 수축하거나 확장하는 마음은 신체만 한 형상의 크기를 갖는다고 다른 이들은(=상키야의 추종자)[224] 생각한다. 그리고 그와 같이 중유(中有)가 있으며, 윤회는 타당하다고 [그들은 생각한다. [그러나 우리의] 스승은 수축하거나 확장하는 것은 이 편재하는 마음의 작용일 뿐이라고 한다.[225]

둘째, Vindhyavāsin은 Īśvarakṛṣṇa와는 달리 아만과 5미세요소가 통각으로부터 발생한다고 생각하는데, 『요가주』(2.19)도 같은 관점을 지지한다.[226]

....

224 *Yoga-vārttika*의 해설에 의하면 '다른 이들'이란 상키야 학파를 지칭한다. 즉 "다른 이들이란 상키야의 추종자들이 말했다는 뜻이다."(apare sāṃkhyā āhurityarthaḥ)라고 한다. "니야야 학파는 마음이 원자 크기라고 주장하고, 미망사 학파는 마음이 편재한다고 생각하며, 상키야 학파는 마음이 지탱자라는 매체의 크기에 따라 변한다고 믿는다." cf. Rukmani(1989) p. 30, n. 2.

225 YBh 4.10. 정승석(2020) pp. 247-8.

226 "마하트(통각)로부터 여섯 무차별, 즉 5미세요소와 아만이 발생한다는 것이 Vindhyavāsin의 견해이다." (mahataḥ ṣaḍ aviśeṣāḥ sṛjyante, pañca tanmātrāṇy ahaṅkāraś ceti vindhyavāsi-matam | YD ad. SK 22. Wezler & Motegi 1998:187, 8-9행)
여기서 무차별이란 범부의 인식력으로는 분별할 수 없고, 신이나 요기만이 지각할 수 있는 것이다. 이에 관한 고찰은 정승석(2000) 참조. 그러나 『요가주』의 다른 데(1.45)에서는 이와는 달리 상키야의 통설을 추종하고 있는 점은 특이하다. Īśvarakṛṣṇa를 따르는 상키야의 통설(<표 6>)에 의하면 5미세요소는 아만으로부터 발생한다.

셋째, Bhojarāja는 『요가경』의 주석에서 "순질이 고통받을 수밖에 없다는 것은 곧 순수정신이 고통받을 수밖에 없다는 것이다."라는 설명을 Vindhyavāsin의 견해로 명시한다.[227] 이 설명의 취지는 동질에 의해 고통받는 것이 통각(=순질)이지만, 순수정신도 거울처럼 비추어 내는 통각에 반영되는 한, 고통받는 것처럼 보인다는 것이다. 그런데 『요가주』에서도 Bhojarāja와 같은 취지로 "그러나 순질이 고통당하고 있을 때는 [고통당하는 그] 대상(순질)이 드러나기 때문에, [드러난] 그 형상을 따르는 순수정신도 아울러 괴로워한다."[228]라고 설명한다. 그러므로 여기서 『요가주』는 Vindhyavāsin의 설명을 인용한 것으로 간주된다.

넷째, 상키야의 다른 교사들은 모든 대상이 통각에서 경험된다고 주장하지만, Vindhyavāsin은 마음에서 경험된다고 주장한다. 『요가주』에서는 "모든 것을 대상으로 삼는 제11[기관]인 마음"이라는 표현으로 Vindhyavāsin의 주장을 수용한다.[229]

이상의 사례들은 Vārṣagaṇya와 Vindhyavāsin의 견해가 주로 고전 요가에서 수용되었다는 사실을 시사한다. 따라서 Vārṣagaṇya를 비롯한 그의 후계자들은 상키야의 전통을 따르고 있었을지라도 주력한 관심사가 요가였을 것으로 추정할 수 있다.

끝으로 Pañcaśikha 이후 Īśvarakṛṣṇa 이전까지의 교사들 중에서 이제까지 거론하지 않은 Āterya와 Mādhava를 소개한다. 이들은 상키야 측의 어떠한 문헌에도

227 "바로 이러한 의미로 Vindhyavāsin은 '순질이 고통받을 수밖에 없다는 것은 곧 순수정신이 고통받을 수밖에 없다는 것이다.'라고 말했다." (anenaivābhiprāyeṇa vindhyavāsinoktaṃ "sattva-tapyatvam eva puruṣa-tapyatvam" iti | RM 4.23. Śāstrī 2001:200, 4-5행)

228 sattve tu tapyamāne tad-ākārānurodhī puruṣo 'nutapyata iti dṛśyate | YBh 2.17. Woods(1914:141)의 다음과 같은 번역은 원문의 취지를 잘 전달한다.
"그것(순수정신)은 그것에 드러난 대상을 갖기 때문이다. 그러나 순질이 고통에 처한다면, 순수정신은 이 순질의 형상을 따르는 것처럼 되어 그 자신도 순질에 따라 고통을 받는다."

229 "Vindhyavāsin의 경우에는 모든 대상에 대한 지각이 마음에 있다." (sarvārthopalabdhiḥ, manasi vindhyavāsinaḥ | YD ad. SK 22. Wezler & Motegi 1998:187, 14행) 『요가주』의 경우(YBh 2.19)는 @제8장 각주 204 참조.

등장하지 않지만, 다른 분야의 범본에서 언급되는 고대의 교사들이다.

Guṇaratna는 『육파철학집성』의 주석에서 상키야를 약설하면서 *Āterya-tantra*를 상키야의 논서로 언급한다. 여기서 Āterya는 저자임이 분명하지만, 그에 대해 더 이상 알려진 것은 없다. 그러나 Guṇaratna의 진술을 그대로 받아들일 수 없는 것은, 동일한 *Āterya-tantra*를 어떤 곳에서는 상키야의 논서로 언급하면서도 바이셰쉬카 철학을 설명하는 데서는 바이셰쉬카의 논서로 언급하기 때문이다.[230]

범본에서 Mādhava를 상키야 교사로 언급하는 예가 두세 군데 있다. Kumārila는 *Ślokavārttika*에서 제사 목적의 희생을 옹호하는 미망사 학파를 비난하는 어떤 논사의 견해를 비판한다. Umbeka는 이 대목을 주석하면서 Kumārila가 언급하고 비판하는 그 사람은 상키야의 지도자인 Mādhava라고 명시한다.

> 그러나 상키야의 지도자인 Mādhava는 추리 등을 무시하고 오직 [제사] 의궤를 배척하는 데 토대를 둘 것만을 말했고, 어떤 경우에는 선과 악에 의거하여 3연의 게송으로 Agni와 Soma 제사 등에 대한 부당성을 말했다.[231]

Mādhava는 Dignāga의 저작에서도 언급되지만, 그는 상키야의 이단자로 인식되어 있다. 일례로 Dignāga는 *Pramāṇa-samuccaya-vṛtti*에서 3질설에 다른 견해를 제기하는 Mādhava의 주장을 다음과 같이 소개한다.

> 그러나 옛적 카필라의 추종자들이 인정한 것을 위반하기 때문에 상키야의 탕아(蕩兒)가 된 Mādhava는 "감촉(觸) 따위를 형성하는 세 가지의 부류가 소리(聲) 따위를 형성하는 세 가지(3질)와 결코 동일할 수 없다. [피부나 귀처럼]

....

230 Chakravarti(1975:154)는 자이나교의 *Pramāṇanaya-tattvālokālaṅkāra*에서 어떤 Āterya의 주석으로부터 인용하는 몇 구절을 근거로 들어, Āterya는 바이셰쉬카의 교사일 것으로 추정한다.

231 sāṃkhya-nāyaka-mādhavas tv āha — vihāyānumānādīn vidhi-pratiṣedhatva-nivandhanatvam eva dharmādharmayor avalambyāgnīṣomīyādiṣv adharmatām āha — kvacid iti ślokatrayeṇa | *Tātparyaṭikā*, Sastri(1940) p. 112, 13-14행.

서로 다른 감관으로 동일한 것들을 파악한다는 것은 불합리하기 때문이다. …"라고 말했다.[232]

이처럼 Dignāga가 Mādhava를 인용하고 현장도 『대당서역기』에서 그를 상키야의 대가로 소개하고 있다. 그러므로 Mādhava가 상키야의 교사로 알려져 있었던 것은 사실이며, 그의 생존 시기도 대충 가늠하여 추정할 수 있다. 특히 그에 관한 『대당서역기』의 진술을 고려하면, Mādhava의 생존 시기를 4세기 말엽부터 5세기까지로 추정할 수 있지만, 이보다 후대일 수는 없다.[233]

7.4. 고전 상키야 - 요가의 주요 주석

기존의 상키야-요가 전통이 고전 상키야와 고전 요가로 불리게 된 것은 Īśvarakṛṣṇa의 『상키야송』과 파탄잘리의 『요가경』이 인도의 사상계에 회자된 이

....

232 pūrveṣāṃ kāpilānām abhimatātikramāt sāṅkhyanāśako mādhavas tv āha — naiva hi śabdādi-lakṣaṇebhyaḥ trikebhyaḥ sparśādi-lakṣaṇās trikajātayo 'bhinnāḥ, abhinnānāṃ hīndriyāntareṇa grahaṇam ayuktam …. PSV ad. PS 1.28. Steinkellner(2005) p. 17, 2-4행.
참고로 Chakravarti(1975:155, n. 1)가 PSV에서 발췌하여 원문으로만 제시한 다음과 같은 사례 역시 3질설에 대한 Mādhava의 이견을 드러낸다.
"카필라 등은 안락 따위(3질)의 본성이 어느 경우에나 오직 동일하다고 생각하지만, Mādhava는 그것들(안락 따위)이 어느 경우에나 증장된다고 생각한다." (kapilādayo manyate sukhādīnāṃ svarūpaṃ sarvatra ekam eveti, mādhavas tu sarvatra tāni midyanta iti ǀ)

233 현장은 『大唐西域記』(T 51:913-4)에서 상키야의 교의에 능통한 Mādhava(摩沓婆)가 매우 늙은 나이에 Guṇamati(瞿那末底)의 도전을 받고 논쟁에서 패배한 이야기를 서술한다. 이와 관련하여 Hattori(1968:155)는 Mādhava가 Sthiramati(安慧)의 스승인 Guṇamati보다는 연장자였음이 틀림없다고 단언한다. 이에 앞서 Hattori(1968:5-6)는 Mādhava의 생존 연대를 특정하진 않으면서 그의 연대를 시사하는 단서를 제공하는데, 현장의 기록에 의거하면 Dharmapāla(護法)의 연대는 530~561년이고, Dignāga와 Guṇamati는 이보다 2세대(약 60년) 이전으로 추정된다. Dignāga의 연대는 480~540년(三枝充悳 1987:176)이며, Mādhava는 Dignāga가 *Pramāṇa-samuccaya*를 작성할 때 이미 타계했을 것이다(Hattori 1968:6). 따라서 Mādhava가 생존한 시기의 하한선을 5세기 말엽으로 추정할 수 있다. 그렇다면 Mādhava를 Īśvarakṛṣṇa와 거의 동시대의 인물로 간주할 수 있다. 그럼에도 Mādhava가 고전 상키야에서 간과된 것은 Dignāga가 언급하여 비판한 것처럼 이단적 견해의 소유자였기 때문일 것이다. 이 Mādhava가 *Māṭhara-vṛtti*의 저자인 Māṭhara와도 혼동된 문제는 후술(@제7장 각주 256) 참조.

후의 일이다. 그리고 인도의 정통 사상계를 육파철학이 주도한 이후부터 Īśvarakṛṣṇa와 파탄잘리는 각각 상키야 학파와 요가 학파의 개조로 공인되었다. 그리고『상키야송』과『요가경』에 대한 다양한 주석들이 불가분리의 관계에 있는 두 학파의 철학을 형성하여 발전하게 되었다. 이 과정에 기여한 인물이나 주석들의 전모는 <표 8>로 개괄해 두었으므로, 여기서는 두 학파의 사상적 전개에서 크게 기여한 주요 주석들을 선별하여 소개한다.

7.4.1. Īśvarakṛṣṇa의『상키야송』과 주석서

Īśvarakṛṣṇa의 전기에 대해서는 거의 알려진 바 없다. 그에 대해 알 수 있는 유일한 정보는 상키야의 문헌에서 그가 Kauśika라는 성씨를 가진 바라문의 혈통이라는 것과 Kosala라는 지역의 출신이라는 것이다.[234]

Īśvarakṛṣṇa는『상키야송』(SK 72)에서 시사한 바와 같이 기존의 방대한 교설을 이해하기 쉽도록 간결하게 축약하는 동시에, 일부 난해한 설명에 대한 개정도 병행했던 것을 것으로 보인다. 직접지각과 추리에 대한 정의가 다음과 같이 바뀐 것을 특기할 만한 예로 들 수 있다.

	기존 정의	『상키야송』
직접지각	"청각 따위의 작용이 직접지각이다." (śrotrādi-vṛttiḥ pratyakṣam ǀ YD ad. SK 1)	"직접지각이란 각각의 대상에 대한 결정이다." (prati-viṣayādhyavasāyo dṛṣṭam ǀ SK 5)
추리	"추리란 연관된 [어떤] 하나에 의거하여 나머지를 입증하는 것이다." (sambandhād ekasmāc cheṣa-siddhir anumānam ǀ YD ad. SK 1)	"그것(추리)은 표징(속성)과 '표징을 지닌 것'(실체)에 의거한다." (tal liṅga-liṅgi-pūrvakam ǀ SK 5)

아리야(āryā) 운율[235]로 작성된『상키야송』은 'Sāṃkhya-saptati'(상키야 70)라

234 @제3장 각주 8 참조

는 이름으로도 전래되어, 중국에서는 이것을 보통 '금칠십'(金七十)으로 번역했다. Sāṃkhya-saptati는 상키야의 원리를 70송의 이행시로 설명함을 의미한다. 그렇지만 현존하는 『상키야송』은 주석서들에 따라서 최소 69송에서 최대 73송으로까지 구성되어 70이라는 숫자와는 들어맞지 않는다. 만약 70송이 『상키야송』의 원형이고 나머지 3송이 추가된 것이라면, 이 3송의 내용은 *Māṭhara-vṛtti*에서 확인할 수 있다. 문제는 69송을 수록한 Gauḍapāda의 주석이다.[236]

1. 70송으로 요약한 상키야의 교의

전체가 69송으로 구성된 Gauḍapāda의 주석에서 『상키야송』의 원형을 찾을 경우, 추가된 3송의 권위는 의심스럽게 된다. 혹은 본래 70송으로 구성된 『상키야송』 중에서 1송은 제자리에 없다는 주장도 제기된다. 이렇게 주장한 학자는 사라진 1송을 제61송에 대한 Gauḍapāda의 주석으로부터 재구성하여, 혹자가 무신론적 관념을 설하는 그것을 배제했다고 주장한다.[237] 그가 다음과 같이 재현한 1송에서는 원인이 될 수 없는 것으로 자재신을 먼저 지목한다.

> 어떤 이들에게는 자재신이 원인이고, 다른 이들에게는 순수정신이나 시간이나 본성이 원인이다. [그러나] 어떻게 '속성(guṇa)이 없는 것'으로부터 출

....

235 āryā의 일반 의미는 '숙녀'이지만 문법학의 전문어로는 특수한 운율을 지칭한다. Morgan(2011:172)은 āryā를 설교적인 서술에 사용된 운율로 분류하여, 전체가 이 운율로 작성된 영향력 있는 철학적 문헌으로 Īśvarakṛṣṇa의 『상키야송』을 예시한다. 다양하게 변형되는 이 운율의 공식과 대표적 실례는 박영길(2018:91-128)의 고찰이 충실하다. 『상키야송』에서는 이 운율로 외형상 이행시(二行詩)를 구성했으나, 기본 공식은 4행으로 적용된다. 즉 장음과 단음 등의 음절로 구성되는 소리 뭉치의 단위(gaṇa)가 4행을 형성하며, 각 행은 12, 18, 12, 15개의 소리 뭉치로 형성된 것이 기본형이다. 4행을 2행으로 배열한 『상키야송』에서는 첫째 행의 소리 뭉치를 30(12＋18)개로, 둘째 행의 경우를 27(12＋15)개로 구성한 것이 기본형이지만, 이 구성이 일정하지는 않다.

236 이 밖의 주요 주석서로 『금칠십론』에는 71송, *Yuktidīpikā*와 *Tattva-kaumudī*와 *Jayamaṅgalā*에는 72송, *Māṭhara-vṛtti*에는 73송이 수록되어 있다.

237 Cf. Sharma(1933) Instruction, p. 26. Gauḍapāda의 주석에 없는 1송의 문제를 심도 있게 고찰하여 1송을 재현한 학자는 Tilak(1925:107-121)이다.

> 산이 있을 것이며, 현현과 시간과 본성이 [원인일 수] 있겠는가?[238]

사라졌다고 추정된 원문을 이처럼 재현한 근거로는 Gauḍapāda의 주석에 있는 다음과 같은 설명이 지목된다.

> 현현과 미현현과 순수정신이라는 세 가지가 [상키야 철학의] 범주이며, 시간은 현현이기 때문에 여기에 포함되어 있다. 제일원인(원질)만이 모든 것의 작자이기 때문에 시간의 원인도 제일원인이다. 본성도 바로 여기에 포함된다. 따라서 시간은 원인이 아니며, 본성도 원인이 아니다. 이 때문에 원질만이 원인이며, 원질 이외의 다른 원인은 존재하지 않는다.[239]

Gauḍapāda의 주석자가 1송을 고의로 삭제했다는 주장은 『상키야송』의 본론이 70송으로 구성되었다는 것을 전제로 한다. Gauḍapāda의 주석보다 몇 세기 앞선 『금칠십론』에도 70송의 일부, 즉 제63송이 누락되어 있다. 『금칠십론』은 제71송으로 끝나므로, 누락 부분을 포함하면 72송이 된다. 70송에 추가된 2송 또는 3송은 상키야 교설의 전승을 덧붙인 내용이다. 따라서 『상키야송』의 저자는

....

238 kāraṇam īśvaram eke puruṣaṃ kālaṃ pare svabhāvaṃ vā | prajāḥ kathaṃ nirguṇato vyaktaḥ kālaḥ svabhāvaś ca || Tilak(1925) p. 114.
Tilak(1925:115)은 이처럼 자신이 재현한 원문을 다음과 같은 취지로 해설한다. 첫째 구절에서는 원질보다 미세한 네 가지 원인을 언급하고, 둘째 구절에서는 이것들을 논박한다. 여기서 언급하는 순수정신은 속성이 없는 순수정신이며, 이에 논박하는 '어떻게 속성이 없는 것으로부터'는 자재신과 순수정신의 경우에도 똑같이 속성이 없다고 주장하는 것이다. 또한 현현은 미현현(원질)의 원인이 될 수 없다는 논박을 시간과 본성에 모두 적용한다.
한편 Chakravarti(1975:157)는 이 원문을 인용하면서 원문에 있는 'puruṣaṃ'을 'bruvate'라는 동사로 바꾸어 제시함으로써 순수정신을 배제했다. 이에 의하면 첫 구절은 "어떤 이들은 원인을 자재신으로, 다른 이들은 시간이나 본성을 원인으로 부른다."라고 번역된다. Tilak(1925:116)은 GB에 'eke bruvate'(어떤 이들은 말한다), 'apare bruvate'(다른 이들은 말한다)라는 GB의 표현이 『금칠십론』과 합치한다고 지적하므로, Chakravarti가 제시한 원문도 성립될 수 있음을 시사한다.

239 vyaktāvyakta-puruṣāḥ trayaḥ padārthaḥ, tena kālo 'ntarbhūto 'sti | sa hi vyaktaḥ | sarvakartṛtvāt kālasyāpi pradhānam eva kāraṇam | svabhāvo 'py atraiva līnaḥ | tasmāt kālo na kāraṇam, nāpi svabhāva iti | tasmāt prakṛti eva kāraṇam, na prakṛteḥ kāraṇāntaram astīti | GB ad. SK 61. Mainkar(1972) p. 191, 3-6행.

교의의 요체를 70송으로 제시하고 나서, 자신이 지은 『상키야송』의 권위를 입증하기 위해 나머지 게송으로 교의의 전승을 추가했을 것으로 이해할 수 있다. Māṭhara의 주석에 포함된 마지막 제73송[240] 역시 『상키야송』의 완성도를 과시하는 것에 불과하다.

『상키야송』의 저자는 이전의 유명 저작들로부터도 자신의 견해에 부합한 것들을 도입했을 것으로 추정할 수 있는 전거들이 있다. 먼저 파탄잘리의 『대주석』에서는 성징(性徵)을 지니지 않는 대상을 지시하는 명사, 예를 들면 khaṭvā(침대)나 vṛkṣa(나무)의 성(性)은 실재하지만 지각되지 않는다고 서술하고서 그 원인을 다음과 같이 여섯 가지로 열거한다.

> 여섯 유형으로 인해 현존하는 상태들이 지각되지 않을 수 있다. 즉 (1)②극히 가까이 있기 때문에, (2)①너무 멀리 있기 때문에, (3)⑥다른 물체(근접한 형상)의 방해 때문에, (4)암흑으로 덮여 있기 때문에, (5)③감관이 무능하기 때문에, (6)④너무 부주의하기 때문이다.[241]

여기서 열거한 여섯 가지는 어떤 대상이 현존하더라도 이것을 지각할 수 없는 이유가 된다. 그런데 『상키야송』의 제7송에서도 이것들과 다소 동일한 이유들을 다음과 같이 열거한다.

> ①극히 멀리 있기 때문에, ②가까이 있기 때문에, ③감관이 훼손되어 있기 때문에, ④마음이 불안정하기 때문에, ⑤미세하기 때문에, ⑥장애물 때문에, ⑦압도되어 있기 때문에, ⑧유사한 것과 뒤섞여 있기 때문에 [원질이 범부에게는 지각되지 않는다.][242]

....

240 이 @제7장 각주74.

241 ṣaḍbhiḥ prakāraiḥ satāṃ bhāvānām anupalabdhir bhavaty (1)②atisaṃnikarṣād (2)①ativiprakarṣān (3)⑥mūrty-antara-vyavadhānāt (4)tamas-āvṛtatvād (5)③indriya-daurvalyād (6)④atipramādād iti | 『대주석』 4.1.3. Kielhorn(1996) p. 197, 8-10행. 원 번호는 이어서 인용한 SK 7의 번호와 일치함을 표시한다.

양자를 비교해 보면 『대주석』에서 열거한 원인들이 (4)를 제외하고 『상키야송』에 모두 포함되어 있다. 이와 유사한 사례를 *Caraka-saṃhitā*에서도 볼 수 있다. 여기서 Caraka는 직접지각만이 지식의 올바른 근거라고 주장하는 유물론자에 대하여 그 오류를 공격하기 위해 직접지각이 통용되지 않는 8종의 원인을 다음과 같이 열거한다.

> (1)②극히 가깝기 때문에, (2)①극히 멀리 있기 때문에, (3)[암흑으로] 덮여 있기 때문에, (4)③감관이 무능하기 때문에, (5)④마음이 불안정하기 때문에, (6)⑧유사한 것과 뒤섞여 있기 때문에, (7)⑦압도되어 있기 때문에, (8)⑤극히 미세하기 때문에, 현존하는 형체들에게 직접지각이 통용되지 않는다.[243]

이 경우에는 『상키야송』과의 일치가 더욱 현저하다. 여기에는 『상키야송』의 ⑥이 없는 대신 『대주석』의 경우처럼 『상키야송』에는 없는 (3)이 추가되어 있다. 이 밖의 문헌들에서도 이와 유사한 내용이 거론되는데, 불전들에서 거론된 사례가 특히 현저하다. 불전들 중에서도 『대비바사론』(3세기 이전?)에는 『상키야송』의 제7송과 의미가 완전히 일치하는 내용이 인용되어 있다.[244] 『대비바사론』이 전설대로 Kaniṣka왕 시대(2세기경)의 것이라면 『상키야송』의 제7송은 세친보다도 훨씬 이전의 것이 될 것이며, 만약 이것이 상키야 고유의 것이라면 『상키야송』은 『대비바사론』 이전에 성립된 것으로 간주될 수도 있다. 그러나 『상

....

242 ①atidūrāt ②sāmīpyād ③indriyaghātān ④mano 'navasthānāt | ⑤saukṣmyād ⑥vyavadhānād ⑦abhibhavāt ⑧samānābhihārāc ca ‖ SK 7.

243 satāṃ ca rūpāṇām (1)②atisannikarṣād (2)①ativiprakarṣād (3)āvaranāt (4)③karaṇa-daurvalyān (5)④mano 'navasthānāt (6)⑧samānābhihārād (7)⑦abhibhavād (8)⑤atisaukṣmyāc ca pratyakṣānupalabdhiḥ | CS, Sūtra-sthāna 11.8. Sharma & Dash(1983) p. 205. 원 번호는 SK 7의 번호와 일치함을 표시한다. ..

244 阿毘達磨大毘婆沙論 권13(T 27:64b): "상키야의 추종자들은 여덟 가지의 조건 때문에 비록 형색이 있더라도 보이지 않는다고 설한다. 즉 극히 멀리 있기 때문에, 극히 가깝게 있기 때문에, 감관이 파손되었기 때문에, 마음이 산란하기 때문에, 극히 미세하기 때문에, 장애가 있기 때문에, 뛰어난 것에 압도당하기 때문에, 서로 비슷한 것과 뒤섞이기 때문이다."(數論者說由八緣故雖有色而不見. 曰極遠故, 極近故, 根壞故, 意亂故, 極細故, 有障故, 被勝映奪故, 相似所亂故.)

키야송』을 그렇게까지 소급할 수는 없으므로 현재 가장 무난하게 추정된 5세기의 것으로 본다면, 다음과 같은 두 가지 가능성을 상정할 수 있다.[245]

첫째, 『대비바사론』의 인용은 『상키야송』으로부터의 직접 인용이 아니라 상키야 학파의 옛 교설에서 유래한 것이고, 이것을 『상키야송』이 이용했다.

둘째, 『상키야송』 이후에서야 『대비바사론』이 현재의 모습으로 완성되었다.

그러나 이 중 둘째일 가능성은 매우 희박하다. 그러므로 가능성이 높은 첫째의 상정을 다각도로 검토하면, 아래와 같은 셋째가 타당한 결론으로 도출된다.

셋째, 앞서 인용한 『대주석』과 *Caraka-saṃhitā* 이외에 불전들에서도 문제의 제7송과 같은 원인을 열거하는 다른 실례들이 있으므로, 그 제7송은 세간 일반의 상식으로서 상키야의 독자적인 주장이라고는 말할 수 없다.[246]

2. 『상키야송』의 주요 주석서

『상키야송』의 주석들 중에서 일차 원전으로서 권위를 크게 인정받고 있는 것들로는 『금칠십론』, *Māṭhara-vṛtti*, *Yuktidīpikā*, *Gauḍapāda-bhāṣya*, *Jayamaṅgalā*, *Tattva-kaumudī*를 들 수 있다. 이것들 중에서 『금칠십론』과 *Yuktidīpikā*의 저자는 알려져 있지 않으며, 20세기에 들어선 이후에서야 발견된 *Yuktidīpikā*는 가장 풍부한 내용을 담고 있다.

(1) 『금칠십론』

『금칠십론』의 원전과 저자에 관해 그간 설왕설래의 논의가 있었으나, 이것이 『상키야송』의 많은 주석서들 중에서 "현존하는 것으로는 가장 일찍 작성된 주석"으로 공인되어 있다.[247] 그러나 앞서 열거한 상키야의 주요 주석서들 중에

....

245 村上真完(1978) p. 8 참조,

246 이는 다양한 문헌들에서 제7송과 연관이 있는 내용을 추출하여 다각도로 고찰한 神子上 恵生(1980:85-92)의 결론에 해당한다. 이와 관련된 연구는 中田直道(1958) pp.116-7 ; 今西順吉(1960) pp. 158-9 참조.

서 산스크리트 원전이 현존하지 않기로는 『금칠십론』이 유일하다. 서인도 Ujjayinī 출신의 진제(眞諦)가 중국에 도래하여 활동한 기간(6세기 후반)에 『금칠십론』의 원전을 한문으로 번역(557~567)했으므로, 이 번역본을 통해 소실된 원전의 내용을 간접적으로만 유추할 수 있다.[248]

『금칠십론』에 관한 문헌학적인 논의는 다음에 소개할 *Māṭhara-vṛtti*와 직결되어 있다.

(2) Māṭhara-vṛtti

*Māṭhara-vṛtti*라는 서명은 Māṭhara가 저자임을 명시하지만, 정작 Māṭhara의 정체성에 관해서는 의문이 제기된다. 먼저 불전 중에서는 『잡보장경』에서도 Kaniṣka왕의 대신인 Māṭhara가 Aśvaghoṣa 및 Caraka와 함께 언급되는데,[249] 이 Māṭhara가 상키야의 대가였는지는 단정할 수 없다.

다음으로 자이나교의 문헌인 *Anuyogadvāra-sūtra*에서는 Kāvila를 특별히 언급하면서 이와 함께 Saṭṭhitantam, Kanagasattati, 어떤 Māḍhara를 열거한다. 그런데 이 명칭들은 각각 Kāpila(Kapila로부터 유래하는), Ṣaṣṭitantra(육십과론), Kanaka-saptati(『상키야송』의 옛 이름인 금칠십), Māṭhara 또는 Mādhava(상키야의 옛 교사)를 지칭한 것으로 보인다.[250]

*Māṭhara-vṛtti*와 『금칠십론』의 상관성을 주장하는 연구도 발표되었다.

....

247 Cf. Larson & Bhattacharya(1987) p. 169.

248 Sastri(1944)는 『금칠십론』에 의거하여 이것의 범본을 *Suvarṇa-saptati-śāstram*으로 복원했다. 이에 앞서 Takakusu(1905:50)는 『금칠십론』의 원명을 *Sāṃkhya-kārikā-bhāṣya*로 추정했다.

249 雜寶藏經 권7(T 4:484a): "그때 월지국의 왕인 전단계니타는 지혜로운 세 사람과 친한 벗이 되었는데, 첫째가 Aśvaghoṣa(馬鳴)보살이고, 둘째가 Māṭhara(摩吒羅)로 불리는 대신이며, 셋째는 Caraka(遮羅迦)로 불리는 뛰어난 의사였다." ("時月氏國有王 名栴檀罽尼吒 與三智人 以為親友. 第一名馬鳴菩薩, 第二大臣字摩吒羅, 第三良醫字遮羅迦.)
Takakusu(1896:lix)에 의하면 '전단 계니타'(栴檀罽尼吒)는 'Candana Kaniṣka'를 한자로 표기한 말이다. F. W. Thomas의 연구에 의하면 이 경우의 전단(栴檀)은 cīnasthāna, 즉 Turkestan을 지칭하는 음역이다. cf. Sharma(1978) p. 181, n. 99.

250 Larson & Bhattacharya(1987) p. 109.

Belvalkar(1924:133-168)는 현재의 *Māṭhara-vṛtti*가 진제의 번역으로 현존하는 『금칠십론』의 원전이라고 생각하고, 이의 근거로 두 문헌의 유사한 구절들과 이것들을 *Gauḍapāda-bhāṣya*와도 대조했다. 그에 의하면 Gauḍapāda의 주석에는 없는 많은 내용들이 『금칠십론』에서 발견되기 때문이다.[251] 그는 이 대조의 결과로 다음과 같은 결론을 도출했다.

1. 본래의 *Māṭhara-vṛtti*는 『금칠십론』의 원전이다.
2. 현재의 *Māṭhara-vṛtti*에는 우발적인 누락(2%)이 있고 학자들의 가필(20%), *Gauḍapāda-bhāṣya*와의 혼합(3%), 『상키야송』의 말미(제70송)에 덧붙인 3송과 이에 대한 주석이 추가되어 있다.
3. 『금칠십론』은 의도적인 누락과 요약(20%)으로 본래의 *Māṭhara-vṛtti*를 줄이고, 의도적인 상술과 부가(25%)로 줄인 부분을 대체했다.
4. *Gauḍapāda-bhāṣya*는 간결성을 도모한 의도적인 누락(25%)으로 본래의 *Māṭhara-vṛtti*를 줄이고, 의도적인 부가(8%)로 줄인 부분을 대체했다.[252]

이 결론에 의하면 『금칠십론』의 저자가 Īśvarakṛṣṇa일 수 있다는 기존의 주장[253]을 곧이곧대로 수용할 수는 없게 된다. 그러나 곧이곧대로 수용할 수 없기로는 *Māṭhara-vṛtti*가 『금칠십론』의 원전일 것이라는 Belvalkar의 결론도 마찬가지이다. 두 문헌에서는 설명이 다르거나 상충하는 예들이 적지 않게 발견되기 때문이다.[254]

....

251 Belvalkar(1924:134-5)는 관련 문헌들의 내용을 대조하기 직전에 다음과 같은 결론을 예정한다. "『금칠십론』은 중국에서 번역되면서 곳곳에서 임의로 변형되었는데, 여기서 우연히 부가된 모든 것들을 제외하면, *Māṭhara-vṛtti*를 『금칠십론』의 원전으로 간주하는 것이 가장 안전한 결론일 것이다."

252 Belvalkar(1924) p. 168.

253 "Takakusu가 주장한 가설에 의하면 『금칠십론』의 원전은 『상키야송』의 저자(=Īśvarakṛṣṇa)에 의해 저술되었고, 후대에 이 원전으로부터 차용하여 저작된 것이 *Gauḍapāda-bhāṣya*일 수 있다." cf. Larson & Bhattacharya(1987) p. 167.

254 Takakusu(1904a)가 프랑스어로 번역한 『금칠십론』을 영어로 번역(Takakusu 1932)했던 Suryanarayana

더욱이 Belvalkar와는 다른 관점에서, Māṭhara라는 인물과 함께 *Māṭhara-vṛtti*의 정체성을 둘러싸고 새로운 학설이 등장했다. Jesalmere(현재의 자이살메르)에 있는 자이나교의 서고(Grantha Bhaṇḍāra)에서 종려나무의 잎에 새긴 고문서들 중 *Māṭhara-vṛtti*일 것으로 추정되는 사본이 발견되었기 때문이다. 소장된 사본들의 목록에서 관심사로 대두된 것은 목록의 편집자가 기재한 다음과 같은 내용이다.

> *Sāṅkhya-saptati-vṛtti (Māṭhara-vṛtti ?)*
> 그런데 현재 간행된 *Māṭhara-vṛtti*는 그것의 부피가 크지 않지만, 이것은 크다.
> 따라서 이것은 다른 사람에 의해 작성된 다른 어떤 것일 수 있다.[255]

여기서 편집자는 *Sāṅkhya-saptati-vṛtti*라고 명기된 이것이 현재의 *Māṭhara-vṛtti*와는 다른 문헌일 것으로 추정한다. 이것의 분량이 현재 유통된 판본보다는 훨씬 크기 때문이다. Solomon(1974)은 이 목록에서 『상키야송』의 주석으로 2개의 서명을 언급한 점에 주목하여 *Māṭhara-vṛtti*의 정체를 밝히는 데 주력했다. 그녀가 연구에서 표명한 견해의 핵심은 다음과 같이 간추릴 수 있다.

....

Sastri는 『상키야송』의 원문을 편집하여 번역하면서 이에 관한 견해를 서문과 결론으로 다음과 같이 피력한다.
"『금칠십론』에 *Māṭhara-vṛtti*의 내용이 포함되어 있는 것은 사실이지만, *Māṭhara-vṛtti*에서 발견되는 불이일원론의 징표들은 8세기의 것으로 추정된다. 만약 이 추정이 옳다면 아마도 『금칠십론』은 *Māṭhara-vṛtti*가 아닌 다른 어떤 주석의 번역일 것이다." (Suryanarayana 1942:xxiv-xxv)
"『금칠십론』의 원전은 분명히 서기 500년 이전의 것이어야 하는데, 그 저자가 왜 보다 친숙했을 당시의 것보다 훨씬 후대의 문헌으로부터 인용해야 했는지는 불가사의이다." (ibid. p. 113)
또한 『금칠십론』을 범어로 복원한 Aiyaswami Sastri도 서문에서 많은 지면(Sastri 1944:x-xxxiii)을 할애하여 관련 문헌들을 고찰하면서 Māṭhara-vṛtti와 『금칠십론』의 원천이 동일하다는 견해를 부정했다.

255 sāṅkhya-saptati-vṛttiḥ (māṭhara-vṛttiḥ ?)
māṭhara-vṛttis tu sāṃpratam mudritā, tasyāś ca pramāṇaṃ na mahat, iyaṃ tu mahatī | ity ata iyaṃ kācid anyānyakṛtā sambhavet | Dalāl(1923) p. 32, 26-27행.
여기서 언급한 문헌의 사본은 마이크로 필름으로 보관되었다. 여류 학자인 Esther A. Solomon은 이것을 입수하여 연구한 끝에 *Sāṃkhya-Saptati-Vṛtti*(V1)와 *Sāṃkhya-Vṛtti*(V2)라는 2권(Solomon 1973ab)으로 편집하여 간행했다. cf. Solomon(1974) p. 1.

Mādhava는 *Māṭhara-vṛtti*의 저자이자 상키야의 옛 교사인 Māṭhara와 동일인일 것으로 추정된다. 그가 저술한 본래의 *Māṭhara-vṛtti*는 사라지고 현존하는 *Māṭhara-vṛtti*는 사라진 원전을 확장한 개정판일 것이다. 그리고 그 원본이 새로 편집되어 출현한 것이 *Sāṃkhya-saptati-vṛtti*일 것이다.[256]

이 같은 Solomon의 견해는 흥미로운 가설로 인정될 만하다. 그러나 여기에 전적으로 동조하기 어려운 이유로는 *Sāṃkhya-saptati-vṛtti*가 지목된다.

> *Sāṃkhya-saptati-vṛtti*의 내용은 Mādhava와 같은 급진적 인물의 저작일 것으로 확신하기 어렵다. 그것은 『상키야송』에 대한 평범한 주석일 뿐, 상키야에서 Mādhava와 같은 대가의 이단적 견해를 드러내는 특기할 만한 철학적 논의와는 거리가 멀다.[257]

Solomon의 견해가 이처럼 평가되더라도 *Sāṃkhya-saptati-vṛtti*와 *Māṭhara-vṛtti* 사이에 친연성이 있다는 사실마저 부정할 수는 없는 연구도 있다. 『금칠십론』, *Sāṃkhya-vṛtti*, *Gauḍapāda-bhāṣya*, *Sāṃkhya-saptati-vṛtti*, *Māṭhara-vṛtti*는 그 표현법과 내용에서 유사성을 갖는 일군의 주석서들이지만, 이것들 중에서는 『금칠십론』과 *Sāṃkhya-vṛtti*가 한 짝을 이루고, *Sāṃkhya-saptati-vṛtti*와 *Māṭhara-vṛtti*가 다른 한 짝을 이룬다.[258]

....

256 Cf. Larson & Bhattacharya(1987) p. 148. Solomon(1974:168)은 "Mādhava는 자신의 maṭha(암자)를 가졌기 때문에 Maṭhara 또는 Māṭhara로 불렸을 수 있는가? 현장은 그가 산에서 살고 있었다고 기술한다."라고 말하는 것으로 Mādhava와 Māṭhara가 동일시되었을 가능성도 시사한다. 현장은 『대당서역기』에서 다음과 같이 Māṭhara를 언급하기 시작한다.
"그 산속에 있는 Mādhava(摩沓婆)라는 외도가 상키야의 법을 조술하면서 도를 닦고 있었다." (此山中有外道摩沓婆者, 祖僧佉之法而習道焉. 大唐西域記 권8. T 51:913c)

257 Larson & Bhattacharya(1987) p. 148.

258 Verdon(2019) p. 294. 두 쌍에서 *Gauḍapāda-bhāṣya*가 배제된 것은 다음과 같은 이유 때문이다. 예를 들어 SK 1에 대한 주석에서 카필라와 미래의 제자인 Āsuri 사이에 오가는 대화를 상술하지 않은 유일한 주석자가 Gauḍapāda이다. 또한 SK 55 대한 주석에서 다른 네 주석서들은 늙음이 야기하는 고통을 묘사하지만, Gauḍapāda는 이에 관해 침묵한다. cf. ibid. p. 318, n. 53.

이 연구에 의하면 『금칠십론』의 원천은 두 가지로 상정되며, 이 둘 중의 하나를 『금칠십론』과 *Sāṃkhya-vṛtti*가 공유한다. 그리고 *Sāṃkhya-vṛtti*의 저자가 몰랐거나 사용하지 않은 다른 하나의 원천, 즉 『금칠십론』의 다른 원천을 *Gauḍapāda-bhāṣya*에서 사용했을 개연성이 있다. 그렇다고 해서 두 원천이 크게 다른 내용이었을 것이라고는 말할 수 없다.[259]

*Māṭhara-vṛtti*에 관해서는 이처럼 가설적인 논의가 다양하게 전개되어 왔다. 여기서 일차적 쟁점이 된 *Māṭhara-vṛtti*와 『금칠십론』의 관계를 규명할 때는 현존하는 *Māṭhara-vṛtti*에 상당히 후대를 시사하는 요소들이 섞여 있다는 분명한 사실을 간과할 수는 없다.[260] 그러므로 *Māṭhara-vṛtti*와 『금칩실론』이 공통의 원천을 사용했다는 것이 무난한 견해라는 결론[261]은 포괄적으로만 유효할 뿐이고, 그 공통의 원천은 여전히 수수께끼로 남아 있다.

(3) Yuktidīpikā

*Yuktidīpikā*는 상키야의 주석서들 중에서는 독보적인 주석이다. 이 문헌은 Chakravarti가 자작나무 껍질에 새긴 카슈미르 원전의 사본으로부터 교정 편집

....

일군의 다섯 주석서들 중에서 *Gauḍapāda-bhāṣya*는 통합적인 특유의 표현법 때문에 나머지 넷과는 거리가 있다. 그러나 더 깊이 분석해 보면, 『금칠십론』과 공통하는 원천을 공유했음을 시사하는 예가 있기 때문에 다른 넷 중에서는 『금칠십론』과의 친연성이 드러난다. cf. ibid. p. 308.
또한 Verdon(p. 309)은 *Sāṃkhya-saptati-vṛtti*와 *Māṭhara-vṛtti* 사이의 친연성에 관해, SK 61에 대한 주석에서 언급하는 세계의 네 가지 원인(@제7장 각주 238), 즉 자재신과 순수정신과 본성과 시간이 두 문헌에서 동일하게 같은 순서로 열거된다는 사실을 예로 든다. 그리고 『금칠십론』과 *Sāṃkhya-vṛtti*의 친연성에 관해, Solomon(1974:107-8)은 *Māṭhara-vṛtti*가 『금칠십론』의 원전이라는 증거로 제시한 것들이 대부분 *Sāṃkhya-vṛtti*에 근접한다는 견해를 피력하면서 실례를 제시한다.

259 Cf. Verdon(2019) pp. 308-310.

260 Solomon(1974:90)은 *Māṭhara-vṛtti*의 저자가 『금칠십론』보다는 확실히 후대인 샹카라의 저작과 *Bhāgavata-purāṇa*에서 인용한 구문, 그리고 해탈 등의 개념에 관해 베단타 철학의 영향을 받은 것으로 보이는 구문의 예를 제시한다. 그녀에 의하면 *Māṭhara-vṛtti*가 『금칠십론』의 원전이라는 주장은 *Gauḍapāda-bhāṣya*에도 적용되어 이것도 『금칠십론』의 원전이 될 것이지만, 『금칠십론』은 사실상 그 둘과는 다르다.

261 Chakravarti(1975) p. 160.

한 것을 1938년에 최초로 출판[262]함으로써 학계에 알려지게 되었다. 이후의 연구를 통해 *Yuktidīpikā*는 "상키야 철학의 발전에서 그 초기와 형성 과정을 이해하는 데 현재까지는 타의 추종을 불허하는 가장 중요한 문헌"이자 "『상키야송』의 주석으로는 고전 상키야의 전모를 상세하게 이해하는 데 유일한 문헌"[263]으로 인식되어 있다.

*Yuktidīpikā*에서는 Īśvarakṛṣṇa 이전의 많은 상키야 교사들, 즉 Paurika, Pañcādhikaraṇa, Patañjali, Vārṣagaṇya, Vindhyavāsin 등의 단편적 견해들을 인용한다. 이 책의 가치가 크게 돋보인 이유가 바로 여기에 있다. 이 교사들의 견해가 항상 Īśvarakṛṣṇa과 동일한 것은 아니어서, Īśvarakṛṣṇa 이전의 다른 상키야 학파들을 이로부터 일별할 수 있다.

*Yuktidīpikā*의 저자는 고풍스러운 취향으로 논쟁을 즐긴 듯하다. 말하고자 하는 것을 아주 간결하게 먼저 제시하고 나서, 같은 주제를 상술해 나간다. 이 과정에서 논적을 공격하고 논적도 이에 반격하는 형식으로 진행되는 공격, 반격, 역반격은 결론이 용인될 때까지 지속된다. 이로 인해 간혹 논적과 방어자의 주장이 어디서 시작하고 끝나는지를 파악하기 곤란한 경우도 있다. *Yuktidīpikā*의 저자는 철학자인 동시에 문법학자로 간주될 만하다. 저자는 도처에서 파탄잘리의 『대주석』을 인용하고 파탄잘리의 어투를 모방하는 것으로 『대주석』에 해박했음이 입증되기 때문이다.

*Yuktidīpikā*의 전체는 4개의 장(prakaraṇa)과 절에 해당하는 11개의 일과(日課, āhnika)로 분류되어 있다. 이는 『상키야송』의 다른 주석에서는 흔히 볼 수 없는 특이한 구성이지만, 고전적인 낡은 분류 방식에 속한다. 원전의 말미에는 저자를 Vācaspati로 기재했지만 전혀 수긍할 수 없다. Vācaspati는 *Yuktidīpikā*와 마찬가

262 Pulinbihari Chakravarti ed. *Yuktidīpikā*, Calcutta Sanskrit Series No. 23. Calcutta: Metropolitan Printing & Publishing House, 1938.

263 Larson & Bhattacharya(1987) p. 228.

지로 『상키야송』을 주석한 *Tattva-kaumudī*의 저자일 뿐만 아니라, 어투와 표현 방식도 *Yuktidīpikā*와는 매우 다르기 때문이다. 정확한 연대는 특정할 수 없지만, *Yuktidīpikā*가 Vācaspati보다 적어도 1세기 앞선다고 믿을 만한 이유가 있다.

내적 증거로 보아 *Yuktidīpikā*의 상한 연대는 Bhartṛhari(7세기 전반)의 이전일 수는 없다. 그 이유는, *Yuktidīpikā*의 저자가 Bhartṛhari의 *Vākyapadīya*(문장단어론)에서 이행시를 인용하면서 거의 동일한 의미로 단어만 약간 바꾸기 때문이다.[264] 어투와 인용하는 권증의 차이를 고려할 때, 저자의 연대는 서기 8세기 이전일 듯하다. 저자의 이름은 여전히 의문에 싸여 있다. *Sāṃkhya-dīpikā*라는 이름의 원전이 사본 목록에 있으나, 그 저자는 정체불명의 Kaiyaṭa로 되어 있다.[265] 현재 *Yuktidīpikā*의 성립 연대는 서기 680~720년 무렵[266]일 것으로 추정되어 있다.

Vācaspati는 『상키야송』(SK 72)에서 언급하는 육십과론에 대해 설명하면서 *Rāja-vārttika*로부터 몇 송의 이행시를 인용하는데, 이것들을 *Yuktidīpikā*의 서문

....

264 YD①: "모든 세상은 그것(지성)을 권위로 간주하여 추구한다. 짐승들의 활동들도 그것을 통해 진행된다." (pramāṇatvena tāṃ lokaḥ sarvaḥ samanugacchati | vyavahārāḥ pravartante tiraścām api tadvaśāt || ad. SK 4. Wezler & Motegi 1998:75, 12-13행) 아래의 *Vākyapadīya*에는 'vyavahārāḥ pravartante'가 'samārambhāḥ pratāyante'로 되어 있으나 '활동들이 진행된다'라는 의미는 동일하다.
VP: pramāṇatvena tāṃ lokaḥ sarvaḥ samanugacchati | samārambhāḥ pratāyante tiraścām api tadvaśāt || 2.147. Iyer(1983) p. 66, 17-18행.
YD②: "감관들은 각각의 본성을 내부에 갖추어 각각의 대상을 파악하듯이, 신체가 없이는 자신들의 작용을 야기하지 못한다." (pṛthaṅ-niviṣṭa-tattvānāṃ pṛthag-arthābhipātinām | indriyānāṃ yathā kāryaṃ ṛte dehān na labhyate || ad. SK 1. Wezler & Motegi 1998:13, 11-12행) 아래의 *Vākyapadīya*에는 '파악하듯이'가 '따르듯이'로, '야기'가 '실행'으로 되어 있다.
VP: "감관들은 각각의 본성을 내부에 갖추어 각각의 대상을 따르듯이, 신체가 없이는 자신들의 작용을 실행하지 못한다." (pṛthaṅ-niviṣṭa-tattvānāṃ pṛthag-arthānupātinām | indriyāṇāṃ yathā kāryam ṛte dehān na kalpate || 2.419. Iyer 1983:167, 11-12행)

265 Hiralal(1926) p. 570. No. 6398. 이 Hiralal의 목록에는 이 밖에 No. 2489(Navārṇa-nyāsa), 3682(Bhāṣya Saṭīka), 3985(Mahābhāṣya Kaiyaṭa), 3985과 동일한 3987-3988(Mahābhāṣya [Pradīpa])이 Kaiyaṭa의 저작으로 열거되어 있다. 이 문헌들의 주제는 한결같이 문법학(vyākaraṇa)으로 분류되어 있으므로, *Yuktidīpikā*의 저자가 문법학자로도 간주될 만하는 사실과 연관성을 지닌다.

266 이 연대 추정은 이 문헌이 Dignāga의 *Pramāṇa-samuccaya*를 인용하고 있으나 Dharmakīrti를 알고 있는 흔적이 없다는 사실에 의거한다. 약 100년을 더 소급할 수 있다는 견해도 있지만 현재까지는 680~720년경 성립이 통용되고 있다. cf. Wezler & Motegi(1998) pp. xxvii-xxviii.

에서도 볼 수 있다.[267] 서문의 문맥으로 보아 이것들은 *Yuktidīpikā*의 저자가 직접 작성한 것으로 보인다. 그런데 Jayanta Bhaṭṭa는 자신의 *Nyāya-mañjarī*에서 직접지각에 대한 『상키야송』의 정의[268]를 논박하면서 동일한 내용을 *Rāja-vārttika*의 저자일 것으로 간주되는 어떤 Rājā(왕)으로부터 인용한다.

> 그런데 왕(Rājā)이 상술했던 것은, 각각(prati)이 대면의 뜻으로 사용되어, 그 각각에 의해 대상을 판단하는 것이 직접지각이라는 것이다.[269]

이와 동일한 취지의 설명이 *Yuktidīpikā*에서는 다음과 같이 상술된다.

> 각각(prati)이라는 접촉의 의미로 적용된다. "지각이란 대상에 대한 결정이다."라고 말하는 데 그친다면, [예외 없이] 모든 대상에 대한 확신은 [결정이] 될 것이다. 그러나 '각각'이라는 말이 적용되면, '각각'은 '대면'의 의미로 사용된다.[270] 따라서 이것(지각의 정의)은 [대상과] 접촉한 감관들의 작용에 부응하는 결정이 곧 지각이라고 이해된다.[271]

*Rāja-vārttika*와 *Yuktidīpikā*에서 발견되는 이상의 사례들은 현저하게 유사하기

....

267 이 @제7장 각주 81, 85 참조.

268 "직접지각이란 각각의 대상에 대한 결정이다." (prati-viṣayādhyavasāyo dṛṣṭaṃ… ‖ SK 5) @제2장 각주 151.

269 yat tu rājā vyākhyātavān pratirābhimukhye vartate tenābhimukhyena viṣayādhyavasāyaḥ pratyakṣam iti | Śukla(1936) p. 100, 17-18행.
Wezler(1972:451)는 Rāja-vārttika라는 서명이 '어떤 왕 또는 특정한 왕의 Vārttika(주해)'를 의미하지만, "[같은 부류의 작품들 중에서는] 왕인(즉 가장 빼어난) Vārttika"를 의미한 것으로 이해해야 할 여지도 있다고 지적한다.

270 Chakravarti(1975:163)가 채택한 이전의 판본에 의하면 "그러나 각각은 대면을 명시한다."(pratinā tu ābhimukhyaṃ dotyate)가 된다.

271 prati-grahaṇaṃ sannikarṣārtham | viṣyādhyavasāyo dṛṣṭam itīyaty ucyamāne viṣyamātre sampratyayaḥ syāt | pratigra<haṇe> punaḥ kriyamāṇe pratir ābhimukhye vartate | tena sannikṛṣṭendriya-vṛtty-upanipātī yo 'dhyavasāyas tad dṛṣṭam ity etal labhyate | YD ad. SK 5. Wezler & Motegi(1998) p. 81, 9-12행. 이에 관해서는 8.4.1.1에서 상술한다.

때문에 양자의 저자가 동일할지도 모른다는 추측을 자아낸다. 그러나 다른 한편으로 이런 추측과는 합치하지 않는 사례도 발견된다. Vācaspati는 논리학에 관한 자신의 저서에서 상키야의 교설로서 추리의 근거가 되는 일곱 가지를 열거한다.

> 상키야의 추종자들은 추리가 ①질료인, ②동력인, ③결합, ④상반, ⑤동반, ⑥소유물과 소유자, ⑦피해자와 가해자 따위의 일곱 가지로 성립된다고 말한다.[272]

인도 논리학의 주석서에서는 이것을 *Sāṃkhya-vārttika*로부터 인용한 것으로 언급한 경우도 있지만, *Yuktidīpikā*에는 이와 관련된 언급이 없다. 이 때문에 현재의 자료로는 *Sāṃkhya-vārttika*로 불리는 문헌과 *Rāja-vārttika* 및 *Yuktidīpikā*의 저자를 동일인으로 단정할 수가 없다.[273]

....

272 ①mātrā-②nimitta-③saṃyogi-④virodhi-⑤sahacāribhiḥ | ⑥svasvāmi-⑦badhya-ghātādyaiḥ sāṃkhyānāṃ saptadhānumety … | NVT 1.1.5. Tailanga(1898) p. 109, 21-22행. 육십과론의 단편들에서도 이와 유사한 일곱 가지가 추리의 근거로 제시되는데, 이에 관해서는 다음 장(8.4.5_1)에서 거론할 것이다.
Solomon(1974:14, 129)의 연구에 따르면 Vardhamāna(15세기)는 자신의 주석서인 *Prakāśa*에서 이 구문을 *Sāmkhya-vārttika*로부터 인용한 것으로 언급했다. "*Yuktidīpikā*는 예전에 있었던 *Sāṃkhya-vārttika*의 주석일 수 있다."(Larson & Bhattacharya 1987:228)라는 견해는 이 같은 증언에 의거한 것으로 이해된다. Chakravarti(1975:163, n. 2)는 다른 *Sāṃkhya-vārttika*도 있다는 사실을 적시한다. 그에 의하면 이 문헌은 *Rāja-vārttika*나 *Sāṃkhya-vārttika*와는 공통점이 전혀 없으며 이것들보다 후대의 작품으로, *Tattvasamāsasūtra*를 운문으로 주석한 별개의 *Sāṃkhya-vārttika*이다.

273 Wezler(1972:450)는 "Vācaspati(TK ad SK 72)가 언급한 *Rāja-vārttika*는 의심의 여지가 없이 『상키야송』에 대한 주석의 이름이며, 이것은 말하자면 그 골격을 형성하는 *Yuktidīpikā*에만 보존되어 있다." 고 단언했다. 이어서 그는 Chakravarti를 비롯한 기존의 학자들이 Jayanta Bhaṭṭa의 인용에 있는 "왕(Rājā)이 상술했던"이라는 표현을 이해하는 데 신중한 고려가 없었던 탓으로, *Rāja-vārttika*와 *Yuktidīpikā*가 서로 다른 별개의 문헌이라는 사실을 인지하지 못했다고 지적했다(p. 451).
이러한 지적을 인지했는지는 확실히 알 수 없지만 이후 출판한 저서에서 Chakravarti(1975:163)는 "표징(속성)과 '표징을 지닌 것'(실체)에 의거한 것"이라는 추리에 대한 『상키야송』의 정의(SK 5)가 *Yuktidīpikā*에서 전혀 거론되지 않은 이유를 "이 중요한 정의에 대한 설명이 원전에서 생략된 것은 필사자가 부주의했기 때문일 것"으로 추정하면서, '추리의 근거가 되는 7종의 관계'가 *Yuktidīpikā*에서 거론되지 않은 것도 필사자의 부주의 때문일지도 모른다는 여운을 남긴다. Solomon(1974:129)도 *Yuktidīpikā*에서 추리의 정의에 관해 주석하지 않은 것은 이해할 수 없는 일이라고 지적하면서, 해당 부분이 아주 이른 시기에 상실되어 되찾을 수 없게 된 것일지도 모른다는 의문을 피력했다.

(4) Gauḍapāda-bhāṣya

*Gauḍapāda-bhāṣya*는 서기 700년 전후의 인물로 추정되는 Gauḍapāda의 주석이다. 저자는 평이하고 쉬운 언어를 구사하면서 주제에 대한 장황한 논의를 삼가는 흔적이 역력하다. 저자의 이름이 동일한 문헌으로는 *Māṇḍūkya-upaniṣad*를 주석한 *Gauḍapāda-kārikā*가 있다. 그러나 두 문헌의 저자가 동일인인지의 여부는 단언할 수 없다. 회교도로서 인도를 여행하여 기록을 남긴 Alberuni(973∼1048)는 Gauḍa라는 은둔자에 대해 말하고 있으나,[274] 이 역시 두 문헌 중의 누구를 지칭하는지는 불확실하다.

*Gauḍapāda-bhāṣya*의 작성 연대를 추정할 수 있는 근거가 되는 것은, 다음에 *Jayamaṅgalā*를 소개하면서 *Tattva-kaumudī*와의 관계를 고찰할 때 거론할 소위 8성취에 관한 언급이다. 진제가 번역한 『금칠십론』에서는 8성취의 각각에 별칭을 부여하는데,[275] 다른 원전과 대조하지 않으면 이것들의 원어를 확정하기 어렵다. 그런데 *Gauḍapāda-bhāṣya*의 해당 부분과 대조하면 이 원어들을 다음과 같이 확인할 수 있다. Gauḍapāda는 다른 책들에서 인용한 이것들의 별칭을 다음과 같이 제시한다.

> ①tāra(구제) = 자도성(自度成), ②sutāra(좋은 구제) = 선도성(善度成), ③완전한 구제(tāratāra) = 전도성(全度成), ④기뻐함(pramoda) = 희도성(喜度成), ⑤기쁘게 됨(pramudita) = 중희도성(重喜度成), ⑥기쁘게 함(pramodamāna) = 만희도성(滿喜度成), ⑦애호(ramyaka) = 애성(愛成), ⑧완전한 기쁨(sadāpramudita) = 편애성(遍愛成)[276]

....

274 Cf. Sachau(1910) p. 267. Solomon(1974:100-6)은 Alberuni의 기록에서 『금칠십론』, *Sāṃkhya-Saptati-Vṛtti*, *Sāṃkhya-Vṛtti*, *Māṭhara-vṛtti*, *Gauḍapāda-bhāṣya*의 내용과 유관한 언급을 대조하여 고찰했다. 여기서 도출한 결론(p. 106)에 의하면 Alberuni가 언급한 상키야는 *Sāṃkhya-Vṛtti*에 의거한 교의일 것이며, 관심사나 문화적 편향 때문에 약간의 변경이 있기는 하지만 그 원천은 『금칠십론』과 상통한다.

275 金七十論 권下(T 54:1258b): "一自度成二善度成三全度成四喜度成五重喜度成六滿喜度成七愛成八遍愛成."

276 "다른 책들에서는 이 여덟 성취를 ①tāra, ②sutāra, ③tāratāra, ④pramoda, ⑤pramudita, ⑥pramodamāna, ⑦

그러므로 *Gauḍapāda-bhāṣya*는 최소한 『금칠십론』을 비롯하여 이것들을 똑같이 언급한 문헌들의 이후 또는 동시대에 작성되었을 것임은 분명하다.

(5) Tattva-kaumudī

*Tattva-kaumudī*는 인도 육파철학을 모두 섭렵한 것으로 유명한 Vācaspati의 주석이다. 그는 선명한 표현력으로 *Yuktidīpikā*와는 달리, 원전을 설명하는 데 난해한 논쟁을 일으키지 않는다. 그는 9세기 전반기 또는 10세기 후반기에 생존한 인물로 추정된다. 이 추정은 Vācaspati가 자신의 한 저서를 작성한 시기를 898년으로 기재한 것에 의거한다. 그렇지만 이 898년이 당시 인도의 어떤 역년(曆年)을 적용한 것인지에 따라 서기로 환산한 연대가 달라진다. 만약 Śaka 역년에 따른 것이라면 898년은 서기 976년이 되고, Vikrama 역년에 따른 것이라면 서기 841년이 된다.[277]

Vācaspati는 니야야, 미망사, 베단타를 포함하여 인도철학의 고전 학파들에 관한 다양한 주석서를 저술했지만, 『상키야송』을 주석한 *Tattva-kaumudī*는 역사적으로 특별히 중요하다. *Tattva-kaumudī*는 상키야에 관한 잇따른 주석을 촉발하여, 그가 아니었으면 단절될 수도 있었을 상키야의 전통을 오늘날까지 계승하는 데 공헌하였다. 그는 『상키야송』을 매우 간결하게 단도직입적으로 해

....

ramyaka, ⑧sadāpramudita와 같은 다른 이름으로 부른다." (āsām aṣṭānāṁ siddhīnāṁ śāstrāntare saṁjñāḥ kṛtāḥ tāram, sutāram, tāratāram, pramodam, pramuditam, pramodamānam, ramyakam, sadāpramuditam iti | GB ad. SK 51. Mainkar 1972:171, 10-11행)

277 Cf. Potter(1977) p. 454. 학자들 사이에서는 이 문제가 분분한 논쟁을 야기했다. Chakravarti(1975:164)는 898년을 Vikrama 역년에 따르는 서기 841년으로 간주했다. 그러나 이에 앞서 Bhattacharyya (1945:349-353)는 Vācaspati가 자신의 *Nyāya-sūcinibandha*에서 불특정의 연대로 기재한 898년(vaṃvakavasu-vatsare)을 면밀하게 고찰했다. 그는 여기서 연대 추정에 참고할 만한 다섯 가지의 전거를 검토하여 Vācaspati의 생존 시기는 ①10세기 초, ②10세기 이후, ③가장 이른 시기로는 9세기, ④10세기 후반(문제의 898년이 동인도에서 통용되었던 Śaka 역년을 가리키는 것이 분명), ⑤『상키야송』을 인용한 Śrīdhara(=서기 991년 전후)가 Vācaspati를 모르고 있었으므로 서기 841년은 불가하다는 견해를 제시했다. 그는 Śaka 역년을 적용하여 Vācaspati가 10세기 후반기에 생존한 것으로 간주한 듯하다. 약간씩 상이한 견해들을 종합하면 Vācaspati는 서기 950~1000년에 생존했을 가능성이 가장 크다는 Maas(2018:53)의 최근 견해가 무난할 것이다.

설한다. 이는 어쩌면 그의 시대에는 상키야가 더 이상 중요한 철학이 아니었거나, 그가 상키야 철학의 상세한 내용까지는 정통하지 않았기 때문일 수도 있다. 그러나 그의 저작이 당시에는 인도의 전역에서 상키야에 관한 가장 유명한 문헌이었던 것 만큼은 분명하다.[278]

(6) Jayamaṅgalā

*Jayamaṅgalā*의 저자 및 저작 연대는 확정하기 곤란하다. 이는 무엇보다도 성격이 판이한 3종의 주석서가 Jayamaṅgalā라는 동일한 이름으로 알려져 있기 때문이다. 우선 『상키야송』의 주석인 *Jayamaṅgalā*의 귀경게는 저자가 불교도였음을 암시하면서도 말미의 간기(刊記)에서 저자의 이름을 샹카라(Śaṅkara)로 기재한 점은 기이하다. '샹카라'라는 이름은 베단타 철학의 거장을 떠올리기 쉽다. 이 때문에 이 문헌의 저자에 관해서는 나중에 철회하기는 했으나 불교도였다고 결론짓는 주장도 제기된 적이 있다. 문헌 성립의 시기는 *Yuktidīpikā*와 *Tattva-kaumudī*의 중간 시기인 서기 7~9세기일 것으로 추정된다. 그 이유는 이 문헌에 *Yuktidīpikā*를 인용한 예가 있으며, *Tattva-kaumudī*는 *Jayamaṅgalā*를 인용했을 가능성이 있기 때문이다. 그러나 현재로서는 이 문헌의 저자와 성립 시기는 잠정적 가설로 추정될 뿐이며, 여전히 수수께끼로 남아 있다.[279]

이 문헌의 저자에 관해 최초로 독자적인 견해를 제시한 학자는 Gopi Nath Kaviraj이다. 이 문헌을 소개하면서 저자의 문제를 간명하게 고찰한 그의 연구는 Haradatta Śarmā가 편집하여 출판한 *Jayamaṅgalā*에 서론으로 발표되었다.[280] Kaviraj가 주목하여 논의 전개의 발단으로 삼은 것은 이 문헌의 서두에 붙인 귀경

278 Cf. Larson & Bhattacharya(1987), pp. 30, 302.

279 Ibid. pp. 22, 271-2.

280 Śarmā(1926) pp. 1-9. Gopi Nath Kaviraj는 나중에 M. M. Gopinath Kaviraj라는 이름으로 널리 알려졌으며, 그가 이 서론을 발표할 당시에는 Benares(=바라나시) 정부에서 설립한 산스크리트 대학(Sanskrit College)의 학장으로 재직하고 있었다.

게와 맨 끝에 덧붙인 간기인데, 그 내용은 다음과 같다.

> 진리를 증득하여 밝히고 출세간(出世間)을 설하신 성자(muni)께 경례하며, Jayamaṅgalā로 불리는 Saptatikāyāṣṭīkā를 시작합니다.[281]

> 이상으로, 최고의 고행자로서 탁발 수행하는 스승이자 고결한 분으로서 거룩한 Govinda 존자의 제자인 거룩한 샹카라 존자가 지은 Sāṃkhya-saptatiṭīkā가 종료되었다.[282]

Kaviraj는 먼저 위의 귀경게 중 '출세간을 설하신 성자'가 붓다(Buddha)를 지칭한다고 전제하여, *Jayamaṅgalā*의 저자가 불교도라는 것은 명백하다고 단언한다. 다음으로 그는 *Jayamaṅgalā*로 불리는 다른 두 주석서를 거론하여, 위의 간기가 가필된 것이며 저자는 샹카라가 아닐 것이라는 의혹을 제기한다. 그는 이 의혹의 전거들을 고찰한 끝에 *Jayamaṅgalā*의 저자는 베단타 철학의 거장인 샹카라가 아니라 Śaṅkarārya라고 주장한다. Kāmandaka의 *Nītisāra*(정치학 개론)와 Vātsyāyana의 *Kāmasūtra*의 주석서는 모두 *Jayamaṅgalā*라는 이름으로 알려져 있다. 그런데 두 주석서의 저자는 Śaṅkarārya로 기재되어 있으며, 똑같은 양식으로 붓다에 귀의하는 뜻을 품고 있다. 베단타 철학의 샹카라는 흔히 Śaṅkarārcārya로 알려져 왔는데, 상키야의 주석서인 이 *Jayamaṅgalā*의 저자를 샹카라로 간주한 것은 간기에 있는 '샹카라 존자'(śaṅkara-bhagavat)를 Śaṅkarārya가 아닌 Śaṅkarārcārya로 혼동했기 때문이다.

Kaviraj는 이 같은 견해를 결론으로 도출하고 나서, 저자가 불교도로 전제된

....

281 adhigatatattvālokaṃ lokottaravādinaṃ praṇamya munim | kriyate saptatikāyāṣṭīkā jayamaṅgala nāma || Vangiya(1994) p. 65, 5-6행.

282 iti śrīmatparamahaṃsa-parivrājakācārya-śrīgovinda-bhagavat-pūjyapāda-śiṣyena śriśaṅkara-bhagavatā kṛtā sāṃkhyasaptatiṭīkā samāptā || ibid. p. 119, 10-11행.

것은 정말 이해하기 어렵다는 언급을 마지막으로 덧붙였다.

그러나 이에 곧장 뒤따라 다른 견해를 발표한 M. Ramakrishna Kavi는 *Jayamaṅgalā*의 저자를 샹카라로 간주하되, 이 샹카라를 베단타의 거장이 아닌 후대의 다른 샹카라로 특정했다.[283] 그는 *Jayamaṅgalā*라는 이름의 다른 주석서들을 간략히 고찰하고서, 이것들은 *Yogasūtra-bhāṣya-vivaraṇa*의 저자이기도 한 샹카라[284]의 작품이라고 결론지었다. 그는 더 나아가 이 샹카라가 존자님(Bhāgavatapāda)으로 불리는 Govinda의 제자였으며, 서기 1300~1400년에 번창하여 위대한 학자 Parameśvara를 배출한 Payyur 가문의 일원이었음을 입증하고자 시도했다. 그는 Parameśvara의 주석서에 기재된 간기와 다른 예문을 근거로 제시하여, 이 샹카라는 Parameśvara의 친척이자 지도 교사였음이 분명하다고 단언하고, 이의 전거가 될 만한 다른 사례도 하나 제시한다.

그러나 이 주장의 심각한 결함은 『상키야송』을 주석한 저자가 불교도였다는 데도 Payyur 가문의 샹카라를 그렇게 간주할 만한 이유를 제시하지 못한 점이다. 더욱이 그의 주장으로는 『상키야송』의 주석인 *Jayamaṅgalā*의 성립 시기에 대한 의문이 풀리지 않는다. 이 의문은 관련 문헌들의 언급을 대조해 보는 것으로 어느 정도 해소될 수 있다.[285]

'*Kāmasūtra*를 주석한 *Jayamaṅgalā*'(①)의 연대가 '상키야의 *Jayamaṅgalā*'(②)보

....

283 Ramakrishna(1927) pp. 133-6. 여기서 Ramakrishna는 주석자들이 *Jayamaṅgalā*로 불리는 문헌의 간기에서 저마다 다르게 샹카라를 저자로 기재한 형태와 이것들이 다양하게 필사된 사례를 다음과 같이 먼저 제시한다.
"śaṅkara-viracite(=샹카라가 지은), śaṅkarārya-viracite(=Śaṅkarārya가 지은), śaṅkarācārya-viracite(샹카라 스승님이 지은), śaṅkara-bhagavatpāda-viracite(샹카라 존자님이 지은), govinda-bhagavatpāda-śiṣya-bhagavac-chaṅkarācāya-viracite(=Govinda 존자님의 제자인 샹카라 스승님이 지은), śaṅkara-parivrāḍ-viracite(=탁발 수행자 샹카라가 지은)"
그는 이 간기들로는 저자의 정체성에 관해 확실한 결론을 도출하지 못한다고 지적하고 나서 논의를 개시한다.

284 *Yogasūtra-bhāṣya-vivaraṇa*의 경우에는 베단타 철학의 샹카라와는 다른 사람(동명이인)으로 전제되어 있다. 그러나 이 문제는 후술하겠지만, 같은 사람으로 간주하는 견해도 적지 않다.

285 이하는 Chakravarti(1975) pp. 165-8 참조.

다 앞설 수 없다. 왜냐하면 후자(②)는 서기 10세기에 속하는 Kakkoka의 작품에서 인용될 뿐만 아니라, 모든 정황으로 보아 후자(②)가 전자(①)보다 일찍 유통되었다고 믿을 만하기 때문이다. 이의 근거는 다음과 같은 세 가지이다.

첫째, 상키야의 *Jayamaṅgalā*에서 언급되는 수많은 인용들은 저마다 Vācaspati 이전의 저작들로부터 채택되었을 가능성이 크다. 이것들 중의 일부를 『금칠십론』과 *Yuktidīpikā*에서도 볼 수 있기 때문이다. 이 둘의 경우에는 출처를 밝히지 않는다. 다만 문헌들 중에서는 *Jayamaṅgalā*만이 *Sāṃkhya-pravacana*라는 이름을 그 일부의 출처로 언급하는데, 이는 『요가경』 및 『요가주』를 의미한다.

둘째, *Jayamaṅgalā*의 저자가 이 주석서를 작성하는 데서 고대 상키야 교사들의 영향을 받았다는 증거가 있다. 예를 들어 그는 앞에서 *Yuktidīpikā*를 소개하면서 인용한 '7종의 관계'를 열거하고 설명한다. 이 관계들은 『상키야송』에서도 언급하지 않고 다른 주석자들도 기술하지 않는다. 이는 추리에 대한 초기 상키야의 정의[286]를 설명하기 위해 반드시 필요한 것들이다.

셋째, 주지하는 바와 같이 『상키야송』에서 말하는 순수정신은 행위자가 아니다. 이 점을 설명하는 데서 *Jayamaṅgalā*는 통상의 주석자들과는 매우 다른 방식으로 상술한다. 즉 이와 관련된 일곱 요인들을 열거하고, 모종의 상키야 문헌으로부터 인용한 게송으로 자신의 견해를 입증한다. 오직 *Yuktidīpikā*만이 이런 방식을 채택하고, 다른 주석자들은 이렇게 상술하지 않는다. 이 점에서 *Jayamaṅgalā*는 *Yuktidīpikā*의 존재를 전제하고 있는 것으로 보인다. 왜냐하면 그는 "원인과 결과는 차이가 있기 때문에"[287]라는 표현에 대한 다른 해석을 언급하는데, 이 해석은 아래의 대조로 확인할 수 있듯이 *Yuktidīpikā*의 해당 부분을 그대로 따르는 것이기 때문이다.

286 "추리란 연관된 [어떤] 하나에 의거하여 나머지를 입증하는 것이다." YD ad. SK 1. 원문은 앞의 7.4.1 서두. 이에 관한 다른 문헌의 기술은 앞의 각주 272 참조.

287 kāraṇa-kārya-vibhāgād … ‖ SK 15. 이 구절의 전문에 관해서는 다음 제8장에서 최종 원인의 상정과 논증을 고찰하면서 상술한다.

Yuktidīpikā[288]	Jayamaṅgalā[289]
1. 반론: 그것(인과의 차이)은 지각되지 않기 때문에 부적절하다. 참으로 숙면 등의 경우에는 어떠한 인과의 차이도 지각되지 않는다. 따라서 이것은 부적절하다.	
2. 답변: 그렇지 않다. 결과와 원인은 '원조하는 것과 원조되어야 할 것'(도움을 주는 것과 받는 것)이라는 [말과] 동의어이기 때문이다. 실로 원인은 결과가 아니라고 말하는 것은[290] 성취되어야 할 것과 성취하는 것이라는 관계가 고려되어 있다. 그렇다면 '원조하는 것과 원조되어야 할 것'의 관계란 무엇인가? 3. 그것은 숙면 등의 경우와 현현의 경우에 존재한다. 따라서 이것은 잘못된 표현이 아니다. 4. 반론: 하지만 '현현의 경우에 서로 원인과 결과가 된다는 것'(현현의 상호 인과관계)이란 무엇인가? 5. 답변: "쾌와 불쾌와 낙담을 본성으로 갖는 것들"(SK 12)이라고 이 금언에 상술된 그대로, 우선 순질과 동질과 암질이라는 질들이 비춤과 활동과 억제를 특징으로 갖는 성질들에 의해 서로 원조함으로써 그와 같은(상호 원조하는) 기능이 발생한다.	1. 다른 사람들은 다른 방식으로 [다음과 같이] 상술한다. 원조하는 것이 곧 원인이고, 원조되는 것이 곧 결과이다. 2. 그 둘은 원조되어야 하는 것과 원조하는 것의 관계라는 차이 때문에 그러한 의미를 갖는다. 3. 그 중에서 신체에 있는 ... 결과들은 안립, 성취, ... 향수에 의해 원인들을 원조한다. 4. 그리고 원인들은 발육, 파멸, 증장, 보호에 의해 결과들을 [원조한다.]
6. 지(地) 등(5조대요소)에 대해 소리(聲) 등(5미세요소)이 하나의 기반(=원인)이 되는 것은 그와 같이 '서로를 위함'이다. 7. 귀 등(5지각기관)의 경우에는 서로 획득하고 보존하고 정화하는 것이 [서로를 위함이다. 다시 말해서] 감관(=원인)이 행위(=결과)를 통해 안립되고 성취되고 현시되는 것, [또한] 행위(=결과)가 감관(=원인)을 통해 발생하고 명멸하고 분쇄되고 증장하고 지탱되고 보호되는 것은 [서로를 위함이다.] 지(地) 등(5조대요소)의 경우에는 활동, 응집, 음식, 배치, 공간의 제공에 의한 소리(聲) 등(5미세요소)과의 관계가 [서로를 위함이다.] 8. 신과 인간과 짐승의 경우에는 계절, 규범, 제사, 양육, 음식 섭취, 서로 의존하는 것이 그와 같이 [서로를 위함이다.] 사성(四姓)의 경우에는 자신의 의무와 실천과 목적의 관계가 [서로를 위함이다.] 9. 그리고 다른 것도 세간을 통해 그와 같이 가능함을 알아야 한다.	5. 그리고 외적인 원인들은 지(地) 등(5조대요소)의 경우에 지탱, 응집, 이동, 배치, 공간을 제공함으로써 [결과와] 서로 원조한다. 6. 신과 인간과 짐승도 그와 같이 서로 원조한다. 7. 그 중에서 신이란 적절한 때에 추위, 더위, 바람, 비가 도래하여 인간과 짐승을 원조하는 것이다. 8. 내적인 것들과 외적인 것들의 경우에도 원조되어야 하는 것과 원조하는 것이라는 관계가 이성적으로 작용하는 것처럼 그와 같이 관찰된다. 바로 이에 대해 혹자가 "[그렇게] 결정되어 있다면 그것이 어떻게 차이일 수 있겠는가?"라고 말하는 것은, [그 같은] 다른 방식으로는 입증될 수 없기 때문이다.

다음으로 *Jayamaṅgalā*가 Vācaspati의 *Tattva-kaumudī*보다는 먼저 작성되었을 것으로 추정할 만한 전거로 지목되는 것은『상키야송』의 제51송[291]에 대한 두 문헌의 주석이다. 이 주석에서 소위 8성취에 대한 Vācaspati의 해설은 *Jayamaṅgalā*의 해설과 현저하게 유사하다. 그러나 Vācaspati는 *Jayamaṅgalā*의 해

....

288 YD ad. SK 15. Wezler & Motegi(1998) pp. 147-8, 30-14행.

1. āha: tad anupalabdher ayuktam, na hi śayanādīnāṃ kāraṇa-kārya-vibhāgaḥ kaścid upalabhyate | tasmād ayuktam etat |
2. ucyate: na kārya-kāraṇayor upakārakopakārya-paryāyatvāt | <na hi> kāraṇaṃ kāryam iti nirvartya-nirvartaka-bhāvo 'bhipretaḥ | kiṃ tarhi | upakārakopakāryabhāvaḥ |
3. sa cāsti śayanādīnāṃ vyaktasya ca | ato na pramādābhidhānam etat |
4. āha: kaḥ punar vyaktasya paraspa<ra>-kārya-kāraṇa-bhāva iti |
5. ucyate: guṇānāṃ tāvat sattva-rajas-tamasāṃ prakāśa-pravṛtti-niyama-lakṣaṇair dharmair itaretaropakāreṇa yathā pravṛttir bhavati tathā "prīty-aprīti-viṣādātmakāḥ"(SK 12) ity etasmin sūtre vyākhyātam |
6. tathā śabdādīnāṃ pṛthivyādiṣu parasparārtham ekādhāratvam |
7. śrotrādīnām itaretarārjana-rakṣaṇa-saṃskārāḥ | karaṇasya kāryāt sthāna-sādhana-prakhyāpanā<ni> kāryasya kāraṇād vṛtti-kṣaṇa-bhaṅga-saṃrohaṇa-sam<po>ṣaṇa-paripālanāni pṛthivyādīnāṃ <vṛtti-saṅgraha-pakti>-vyūhāvakāśa-dānair gavādi-bhāvaḥ |
8. deva-mānuṣa-tiraścāṃ yathartu-vidhānejyā-poṣaṇābhyavahāra-saṃvyavahārair itaretarādhīna<tvam> | varṇānāṃ svadharma-pravṛtti-viṣaya-bhāvaḥ |
9. anyac ca lokād yathā sambhavaṃ draṣṭavyam |

289 JM ad. SK 15. Vangiya(1994) pp. 81-82, 21-5행.

1. anyair anyathā vyākhyāyate | yad upakaroti tat kāraṇam, yad upakriyate tat kāryam
2. tayor vibhāgāt upakāryopakāraka-bhāvād ity arthaḥ |
3. tatra kārya ··· vyādīni śarīrasthāni sthāna-sādhanā ··· vabhogaiḥ kāraṇāny upakurvanti |
4. kāraṇāni ca vṛddhi-kṣata-saṃrohaṇa-pālanaiḥ kāryāṇi |
5. bāhyāni ca kāraṇāni pṛthivyā dhṛti-saṃgraha-patti* -vyūhanāvakāśa-dānaiḥ parasparam upakurvanti |
6. tathā daiva-mānuṣa-tairyagyonāni parasparopakāriṇi |
7. tatra daivam, yathākālaṃ śītoṣṇa-vāta-varṣāgamaḥ, mānuṣa-tairyagyonāny upakaroti |
8. yathādhyātmikānāṃ bāhyānāṃ copakāryopakāraka-bhāvo buddhikṛta iva dṛśyate tad asya kaścid vyavasthāpitā syāt, kuto 'yaṃ** vibhāga ity anyathānupapatteḥ ||

*patti(이동)는 YD를 고려하면 pakti(음식)의 오기일 수 있지만, 지(地)가 이동하는 길을 제공한다는 의미로는 성립된다.

**Śarmā(1926:22, 11행)에 의거하여 'ya를 'yaṃ으로 교정.

290 이 대목의 원문에서 "<na hi>"를 삽입하지 않은 판본을 채택하면, 다음과 같이 "원인은 결과가 아니라고 말하는 것"이 "원인과 결과라고 말하는 것"이 되어 답변의 논리가 불명료하게 된다.
"그렇지 않다. 결과와 원인은 '원조하는 것과 원조되어야 할 것'이라는 [의미의] 동의어이기 때문에 원인과 결과라고 말하는 것은" (na kāryakāraṇayor upakārakopakārya-paryāyatvāt kāraṇa-kāryam iti ··· Kumar & Bhargava 1992:81)

291 @제4장 각주 121.

설과는 약간 다른 방식으로 독자적인 해석을 제시한다. 그는 8성취를 두 차례 해설하는데, 두 번째 해설에서는 첫 번째 해설의 요점을 명료하게 서술한다. 아래에서는 먼저 Vācaspati의 두 번째 해설을 *Jayamaṅgalā*의 해설과 대조하면서 비교의 편의를 위해 8성취의 각각에 원 번호를 부여해 두었다.

Jayamaṅgalā[292]	Vācaspati의 Tattva-kaumudī[293]
1. ①사색이란 전생에 조성된 사고력을 통해 속박과 해탈의 원인을 관찰하고 있는 자에게 제일원인과 순수정신의 차이(특성)에 대한 지식이 발생하는 그 경우, 사색으로 초래된 첫째 성취인 ①구제(tāra, 自度成)를 가리킨다.	1. 다른 사람들은 [8성취를 다음과 같이] 설명한다. 가르침 등이 없이도 이전(전생)에 있었던 수습의 힘을 통해 진리에 대해 스스로 숙고하는 것, 바로 그 성취가 ①사색[성취]이다.
2. 다른 사람이 상키야의 교전을 읽는 것을 듣고서 원리에 대한 지식이 발생하는 경우, ②말씀으로 초래된 그 둘째 성취가 ② '좋은 구제'(sutāra, 善度成)로 불린다.	2. 다른 사람이 상키야의 교전을 읽는 것을 듣고서 원리에 대한 지식이 발생하는 경우, 그 성취가 ②말씀[성취]이다. [교전의] 말씀을 읽고 나서 곧바로 숙고하기 때문이다.
3. 제자와 스승이 유대하여 상키야의 교전을 말과 의미를 통해 성찰하고서 지식이 발생하는 그 경우, 실로 ③학습으로 그것(지식)을 확인하기 때문에 학습으로 초래된 이 셋째 [성취]를 ③'완전한 구제'(=tāratāra, 全度成)라고 부른다.	3. 제자와 스승의 친밀한 대담으로 자구와 의미를 통해 상키야의 교전을 성찰하여 지식이 발생하는 경우, 학습으로 초래된 그 성취가 ③학습[성취]이다.
4. 고통을 저지하는 세 가지란 [다음과 같은 것이다.] ④자기 자신에 관한(내적인) 것이거나 ⑤중생에 관한(외적인) 것이거나 ⑥초자연적 요인에 관한(신적인) 것에 의해 생성된 것(고통)일지라도, 사색이나 말씀이나 학습으로 그것을 제거하기 위해 지식을 탐구한다. 그 경우, 수단은 셋이기 때문에 그것을 제거함으로써 초래된 것들은 ④'기뻐함(pramoda, 喜度成), ⑤기쁘게 됨(pramudita, 重喜度成), ⑥기쁘게 함(modana, 滿喜度成)'이라고 불리는 세 가지이다. 앞의 세 가지 성취(①사색, ②말씀, ③학습)는 고통을 일으키지 않는다고 깨달아야 한다.	

Jayamaṅgalā	Vācaspati의 Tattva-kaumudī
5. ⑦도반(벗)을 얻음이란 [다음과 같은 것이다.] 원리를 체득한 도반을 얻고서 지식을 성취하는 그러한 경우, 도반은 애정으로 지식을 드러내기 때문에, 도반을 얻음에 동반하는 이 일곱째 [성취]를 ⑦'애호'(ramyaka, 愛成)라고 부른다.	4. ⑦'도반을 얻음'이란 원리를 체득한 도반을 얻어 지식이 발생하는 경우, 그 성취가 지혜를 특징으로 갖는 그러한 경우의 도반을 얻음이다.
6. 또한 ⑧보시는 성취의 원인이 된다. 보시에 의해 공경받는 현자는 지식을 베풀기 때문이다. 이 여덟째 [성취]가 ⑧'완전한 기쁨'(sadāpramudita, 遍愛成)으로 불린다.	5. 또한 ⑧보시는 성취의 원인이 된다. 재물 등의 보시에 의해 공경받는 현자는 지식을 베풀기 마련이다. 6. 그런데 '이에 대한 타당성과 부당성'은 현자들만이 알 것이다. 따라서 오직 정설을 설명하는 데 전념하는 우리에게는 다른 사람의 결점을 드러내는 것으로 충분하다.

292 JM ad. SK 51. Vangiya(1994) pp. 106-7, 26-12행.
1. ūha iti | janmāntara-saṃskṛta-dhiyo yasya bandha-mokṣa-kāraṇam utprekṣamāṇasya pradhāna-puruṣāntara-jñānam utpadyate tasya siddhir ūha-hetukā prathamā tāram ity ucyate |
2. yasya sāṃkhya-śāstra-pāṭham anyadīyam ākarṇya tattva-jñānam utpadyate, sā siddhiḥ śabda-hetukā dvitīyā sutāram ity ucyate |
3. yasya śiṣyācārya-sambandhena sāṃkhya-śāstram śabdato 'rthataś cādhītya jñānam utpadyate, tasyādhyayana-hetukā | adhyayanena hi tat parijñānāt | eṣā tṛtīyā tāravi[?] ity ucyate |
4. duḥkha-vighātakās trayaḥ iti | yo 'py ādhyātmikenādhibhautikenādhidaivikena vā bhāvitas tad-vighātārthaṃ jñānaṃ paryeṣyati, ūhena śabdenādhyayanena vā, tasya tad-vighāta-hetukāḥ pramoda-pramudita-modanākhyās tisraḥ, upāyasya tritvād iti | pūrvā yāstisraḥ siddhayas tā na duḥkha-hetukā iti boddhavyāḥ |
5. 'suhṛtprāptiḥ' iti | yo 'dhigata-tattvaṃ suhṛdaṃ prāpya jñānam adhigacchati, tasya suhṛt-prapti-pūrvakā, mitraṃ hi snehāt jñānaṃ prakāśayati, iyaṃ saptamī ramyakam ity ucyate |
6. dānañ ca siddhi-hetuḥ | dānena hy ārādhito jñānī jñānaṃ prayacchati, iyam aṣṭamī sadāpramuditam ity ucyate ||

293 TK 237 ad. SK 51. Jha(1965) pp. 145-6.=
1. anye vyācakṣate—vinopadeśādinā prāgbhāvīyābhyāsa-vaśāt tattvasya svayam ūhanaṃ yat sā siddhir ūhaḥ |
2. yasya sāṃkhya-śāstra-pāṭham anyadīyam ākarṇya tattva-jñānam utpadyate sā siddhiḥ śabdaḥ, śabda-pāṭhād anantaram bhāvāt |
3. yasya śiṣyācārya-sambandhena saṃvādena sāṃkhya-śāstram granthato 'rthataś cādhītya jñānam utpadyate sādhyayana-hetukā siddhir adhyayanam |
4. suhṛt-prāptir iti yasyādhigata-tattvaṃ suhṛdaṃ prāpya jñānam utpadyate sā jñāna-lakṣaṇā siddhis tasya suhṛt-prāptiḥ |
5. dānañ ca siddhi-hetuḥ, dhanādi-dānenārādhito jñānī jñānaṃ prayacchati |
6. asya ca yuktāyuktatve sūribhir evāvagantavye iti kṛtaṃ para-doṣodbhāvanena naḥ siddhānta-mātra-vyākhyāna-pravṛttānām iti |

여기서 Vācaspati는 *Jayamaṅgalā*에서 8성취의 각각을 설명할 때마다 제각기 부연한 전문어를 전혀 구사하지 않는다. 더욱이 Vācaspati는 특이하게도 8성취 중의 3성취(④⑤⑥)에 해당하는 '3고의 소멸')를 설명하지 않는다. 그 이유는 8성취에 대한 그의 독자적인 견해 때문이다. 즉 그는 '독송→4성취(청문, 사색, 도반을 얻음, 정화=보시)→3고의 소멸→지혜'라는 인과관계가 8성취에 고려되어 있다고 해석한 것이다. 그래서 그는 3고의 소멸이 주요한 수단이고 나머지 5성취가 부차적인 수단임을 먼저 천명해 두었다.[294] 그리고 이에 앞서 8성취를 온전하게 해설하는 첫 번째 경우에는 *Jayamaṅgalā*의 해설을 거의 그대로 수용하지만, 다음과 같이 그 순서를 바꾸어 열거하는 것으로 자신의 견해를 표방한다.[295]

....

294 "소멸되는 고통은 셋이기 때문에 그 소멸은 셋이라고 말한다. 이것들이 주요한 3성취이다. 그러나 그 [3고 소멸의] 수단이 됨으로써 다른 5성취는 부차적이다. 그것들도 원인과 결과로서 확정되어 있다. 그 중에서 맨 앞의 독송을 특징으로 하는 성취는 원인일 뿐이지만, 주요한 성취(즉 3고의 소멸)들은 결과일 뿐이다. 그러나 중간의 것(즉 다른 성취)들은 원인이기도 하고 결과이기도 하다." (vihanyamānasya duḥkhasya tritvāt tad-vighātās traya itīmā mukhyās tisraḥ siddhayaḥ | tad-upāyatayā tvitarā gauṇyaḥ pañca siddhayaḥ | tā api hetu-hetumattayā vyavasthitāḥ, tatrādy ādhyayana-lakṣaṇā siddhir hetur eva | mukhyāstu siddhayo hetumatya eva. madhyamās tu hetu-hetumatyaḥ | TK 230 ad. SK 51. Jha 1965:143) 정승석(2003) pp. 74-75 재인용 및 참조.

295 TK ad. SK 51. Bhandari(1921) pp. 446-8, 18-9행.

1. vidhivad guru-mukhād adhyātma-vidyānāma-kṣara-svarūpa-grahaṇam adhyayanam prathamā siddhis tāram ucyate ||
2. tat kāryam śabdaḥ, 'śabdaḥ' iti padam śabda-janitam artha-jñānam upalakṣayati, kārye kāraṇopacārāt | sā dvitīyā siddhiḥ sutāram ucyate | pāṭhārthābhyān tad idan dvidhā śravaṇam ||
3. 'ūhaḥ' tarkaḥ, āgamāvirodhi-nyāyenāgamārtha-parīkṣaṇam | parīkṣaṇañ ca saṁśaya-pūrva-pakṣa-nirākaraṇenottara-pakṣa-vyavasthāpanam | tad idam mananam ācakṣata āgaminaḥ | sā tṛtīyā siddhis tāratāram ucyate ||
4. 'suhṛt-prāpiḥ' nyāyena svayam parīkṣitam apy arthaṁ na śraddadhate, na yāvad guru-śiṣya-sabrahmacāribhiḥ saha saṁvādyate | ataḥ suhṛdāṁ guru-śiṣya-sabrahmacāriṇāṁ saṁvādakānāṁ praptiḥ suhṛt-prāptiḥ sā siddhiścaturthī 'ramyaka' ucyate ||
5. 'dānaṁ' ca śuddhir vivekajñānasya, 'daip śodhane'(dhātupāṭhaḥ 949) ity asmāddhātor dānapada-vyutpatteḥ | yathāha bhagavān patañjaliḥ "vivekakhyātir aviplavo duḥkha-trayasya* hānopāyaḥ" iti(yogasūtra 2.26) | 'aviplavaḥ' śuddhiḥ, sā ca savāsana-saṁśaya-viparyāsānāṁ parihāreṇa viveka-sākṣātkārasya svaccha-pravāhe 'vasthāpanam | sā ca na vinā ''dara-nairantarya-dīrghakāla-sevitābhyāsa-paripākād bhavatīti dānena (vivekakhyātyāḥ kāryeṇa) so 'pi saṁgṛhītaḥ | seyam pañcamī siddhis sadāmuditam ucyate || *현존하는『요가경』의 원전에는 'duḥkha-trayasya'(세 가지 고통에 대한)라는 원문이 없다.
6. tisraś ca mukhyāḥ siddhayaḥ pramoda-mudita-modamānā, ity aṣṭau siddhayaḥ ||

1. 규범에 따라 스승의 입으로부터 자아(아트만)에 관한 지식인 문자의 본질을 파악하는 것이 첫째 성취인 ③독송(학습)이며, 구제(tāra, 自度成)로 불린다.
2. 그 결과가 말씀(청문)이다. ②말씀이란 문구이며, [문구는] 말씀으로부터 생긴 의미의 인식을 표시한다. 결과(의미의 인식)에 대해 근원을 상징하는 표현이기 때문이다. 이것이 둘째 성취로서 ②'좋은 구제'(sutāra, 善度成)로 불린다. 읽기와 의미[가 있기] 때문에 바로 이 청문은 2종이다.
3. ①사색이란 사변이며, 성전에 모순되지 않는 논리로 성전의 의미를 고찰하는 것이다. 그리고 고찰이란 의문과 반대 주장의 배제에 의해 자설(自說)을 확립하는 것이다. 바로 이것을 성전 학자들은 숙고라고 부른다. 이것이 셋째 성취로서 '완전한 구제'(=tāratāra, 全度成)로 불린다.
4. ⑦도반(벗)을 얻음: 논리에 의해 스스로 고찰한 의미도 스승, 제자, 도반과 함께 담론되지 않는 동안은 신뢰되지 않는다. 이 때문에 도반, 즉 함께 담론할 스승, 제자, 도반을 얻는 것이 '도반을 얻음'이며, 이것이 넷째 성취로서 애호(ramyaka, 愛成)로 불린다.
5. ⑧정화(즉 보시)란 식별지의 청정이다. "어근 dai는 정화의 의미이다."(*Dhātupāṭha* 949)라고 말하는 이 어근으로부터 정화라는 말이 파생하기 때문이다. 존자 파탄잘리가 "혼동 없는 식별지(識別智)가 세 가지 고통에 대한 파기의 수단이다."(『요가경』 2.26)라고 말한 그대로이다. '혼동 없는'이란 청정이며, 이것(청정)은 습기(習氣)와 의문과 전도(오류)를 함께 제거함으로써 식별의 직접 체험을 청정한 흐름에 확립하는 것이다. 또 그것은 열심히 끊임없이 오랫동안 닦은 수습의 완성이 없이는 발생하지 않는다. 그러므로 이것(수습)도 [식별지의 수단으로서] 정화에 포괄된다. 바로 이것은 다섯째 성취로서 편애성(遍愛成, sadāmudita)으로 불린다.
6. 그리고 [이로부터 성립되는] 세 가지 주요한 성취(3고의 소멸)는 ④기뻐함(pramoda, 喜度成), ⑤기쁘게 됨(pramudita, 重喜度成), ⑥기쁘게 함(modana, 滿喜度成)[으로 불린다.] 이상으로 성취는 여덟이다.

여기서 Vācaspati는 *Jayamaṅgalā*의 경우처럼 8성취의 각각에 부여한 전문어들을 구사한다. 그럼에도 앞에서 인용한 대로 8성취를 두 번째로 해설하면서

Vācaspati는 그 전문어들을 생략했다. 이는 이것들이 무의미하다고 판단했기 때문일 것으로 이해된다. 이 같은 정황으로 보아 Vācaspati는 *Jayamaṅgalā*를 인용하면서도 보다 간결하고 명료한 서술을 선호하는 자신의 특기를 적용했을 것으로 짐작할 수 있다.

『상키야송』의 주석서로는 이상의 문헌들이 고전 상키야 철학의 실질적 사상을 형성하는 데 크게 기여한 것으로 인정된다. 그러나 이 문헌들의 성립 시기와 상관성을 입증하는 데에는 여전히 한계가 있다. 이 문헌들에서는 실존 여부와 실체적 내용을 아직 확인할 수 없는 다른 문헌들을 언급하거나 인용한 사례가 적지 않기 때문이다. 후기 상키야의 주석서로서 풍부한 내용을 수록한 문헌들이 있지만, 이것들에서는 상키야의 암흑기를 밝히는 데 중요한 단서가 될 만한 어떠한 자료도 발견되지 않는다.

3. 권위를 표방한 후대의 두 문헌

끝으로 고전 상키야의 권위를 표방하여 『상키야송』의 원조인 양 회자된 두 문헌을 소개하고, 이에 관한 쟁점을 거론한다. 이것들의 이름으로 그 내용을 인용하는 경우가 적지는 않으나, 고전 상키야의 교의로는 그다지 중시되지 않는다.

(1) Tattvasamāsasūtra

이 문헌은 단독의 저작으로 통용되기보다는 주석서인 *Kramadīpikā*를 통해 알려져 왔으며, 매우 간결하고 단순한 수트라들이 그 내용을 형성한다. 이 수트라들은 일찍이 Max Müller가 상키야의 역사에서 초기의 것으로 간주했을 정도로 한때 Benares(현재의 바라나시)의 판디트들 사이에 유행했다. 그러나 이것들을 인용하거나 언급하는 초기의 교사들이 없기 때문에 *Tattvasamāsasūtra*를 초기의 문헌일 것으로 확정할 수는 없으며, 학자들도 그렇게 추정하길 주저한다.

이 문헌의 성립 시기를 어느 정도 가늠할 수 있게 된 것은 소품의 희곡인 *Bhagavadajjuka*에서 이 문헌을 인용한 덕분이다. 바로 앞에서 *Jayamaṅgalā*를 거론하면서 소개한 Kaviraj가 이 실태를 간결하게 언급했다.[296] 그는 이 작품이 아주 오래된 문헌이라는 것은 의심의 여지가 없다고 단언하지만, 그 시기를 상키야 역사의 초기로 지목한 것은 아니다. 그는 서기 8세기 이전에는 *Tattvasamāsasūtra*가 통용되었을 가능성을 시사하기 때문이다.

Kaviraj가 이렇게 추정하는 근거는 Pallava 왕조의 왕이었던 Mahendra Vikrama Varman의 시대(서기 700년)에 새긴 명문(銘文)이다. 남인도의 칸치푸람 인근에 있는 Mamandur에서 발견된 이 명문에서는 Bodhāyana Kavi의 작품으로 간주되는 *Bhagavadajjuka*가 언급되며, 이 작품에서는 *Tattvasamāsa*로부터 8개의 요목(수트라)을 인용한다. 이것들 중에서 상키야의 교설을 언급한 것으로 가장 뚜렷한 예는 다음과 같은 대화이다. 여기서 Śāṇḍilya는 학생이고, 탁발 수행자(parivrājaka)는 선생이다.[297]

> Śāṇḍilya : … "8원질, 16변이, 자아(=순수정신), 5풍, 3질, 마음, 전개(=현현), [원질로의] 복귀"라고, 소장된 책들에서는 승리자인 존자께서 실로 이렇게 말씀하십니다.
>
> 탁발 수행자 : Śāṇḍilya여! 그것은 상키야의 교의이지 석가[모니]의 교의가 아니다.

여기서 Śāṇḍilya가 열거한 8개의 요목들 중에서 마음(manas)을 제외한 나머지는 *Tattvasamāsasūtra*에 모두 포함되어 있다.[298] 따라서 *Bhagavadajjuka*의 저자가

....

296 Kaviraj(1938) pp. 30-34.

297 Sastri(1986) p. 13, 8-11행.
śāṇḍilyaḥ : … "aṣṭau prakṛtaya^{h} ṣoḍaśa vikārā$_{h}$ ātmā pañca vāyava^{s} traiguṇyaṃ manaḥ sañcara^{h} pratisañcārāś ceti । " evvaṃ hi bhāvadā jiṇeṇa piḍāputthaesu uttaṃ । (evaṃ hi bhagavatā jinena piṭakapustakeṣūktam ।)
pari[vrājakaḥ]: śāṇḍilya sāṅkhya-samaya eṣa na śākya-samayaḥ ।
고전적인 희곡의 특성대로 여기에는 방언이 섞여 있다. 윗 첨자는 원문의 표기를 산스크리트의 연성 법칙에 따라 적용한 것이고, 아랫 첨자는 원문에는 있지만 삭제해야 할 표기이다. 괄호 속에 있는 구문은 온전히 방언으로 구사된 원문을 Lockwood(2005:24, 101행)가 산스크리트로 구현한 것이다.

위의 대사를 구상하면서 *Tattvasamāsasūtra*를 염두에 두었을 가능성이 없지 않다. *Tattvasamāsasūtra*가 8세기 이전에 이미 존재했을 것이라는 가정은 이에 의거한다.

더욱이 *Tattvasamāsasūtra*를 *Tattvayāthārthya-dīpana*로 주석한 Bhāvāgaṇeśa는 서두에서 이 주석서를 쓸 때 Pañcaśikha의 해설을 따랐다고 서술할 뿐만 아니라, Pañcaśikha로부터 몇 개의 게송들을 인용하기도 한다.[299] 또한 Bhāvāgaṇeśa의 스승인 Vijñāna Bhikṣu도 *Sāṃkhyasūtra*를 주석하면서 한 단락의 산문을 다음과 같이 Pañcaśikha의 말씀으로 인용한다.

> 여기서 '따위'라는 말로써 파악해야 할 것들을 Pañcaśikha 스승께서 다음과 같이 말씀하셨다. 순질이라는 것은 평정, 가뿐함, 애착, 기쁨, 인내, 만족 따위의 양상으로 무한하게 구별되니, 요약하자면 안락을 본성을 갖는다.
> 이와 마찬가지로 동질도 비애 따위로 다양하게 구별되니, 요약하자면 고통을 본성으로 갖는다.
> 이와 마찬가지로 암질도 졸음 따위로 다양하게 구별되니, 요약하자면 미혹을 본성으로 갖는다.[300]

....

298 여기서는 "①8원질, ②16변이, ③순수정신(=자아), ④3질, ⑤전개, ⑥복귀, ⑩5풍"(Dvivedin 1920:117)으로 열거하여 5풍의 순서만 *Bhagavadajjuka*와는 다르다. 순수정신을 제외한 나머지의 원어는 *Bhagavadajjuka*와 동일하다.

299 "Pañcaśikha의 samāsasūtra들과 해설에 의거하여 Bhāvāgaṇeśa가 *Tattvayāthārthya-dīpana*를 짓는다." (samāsasūtrāṇy ālambya vyākhyāṃ pañcaśikhasya ca | bhāvāgaṇeśaḥ kurute tattvayāthārthya-dīpanam || TyD. Dvivedin 1920:51, 8-9행)
"Pañcaśikha가 다음과 같이 말한 것은 권위 있는 말씀이다. '25원리를 알면 [인생의] 어떠한 단계로든지 들어갈 수 있다. 머리털을 땋거나 깎거나 상투로 틀어 올린 자도 해탈할 것이니, 여기에는 의심의 여지가 없다.'" (tathā cektaṃ pañcaśikhena pramāṇa-vākyam | pañcaviṃśati-tattva-jñe yatra kutrāśrame vaset | jaṭi muṇḍī śikhī vāpi mucyate nātra saṃśayaḥ || TyD. ibid. p. 61, 1-4행)
"Pañcaśikha의 말씀을 인용하여 모든 원리들에 대한 지식의 결과를 다음과 같이 말했다. '원리들, [3]질의 본성, 주재하는 신을 바르게 아는 자는 악습의 성향을 버리고 죄악으로터 벗어나 질들(3질)을 향락하지만, 질들에 사로잡히지 않는다.'" (sarva-tattvānāṃ jñāna-phalaṃ cektaṃ pañcaśikha-dhṛta-vākyena | tattvāni yo vedayate yathāvad guṇa-svarūpāṇy adhidaivataṃ ca | vimuktapāpmā gata-doṣa-saṅgo guṇās tu bhuṅkte na gunaiḥ sa bhujyate || TyD. ibid. p. 72, 12-16행)

300 atrādi-śabda-grāhyāḥ pañcaśikhācāryāir uktā, yathā: sattvaṃ nāma prasāda-lāghavābhiṣvaṅga-prīti-titikṣā-saṃtoṣādi-rūpānanta-bhedaṃ, samāsataḥ sukhātmakam ; evaṃ rajo 'pi śokādi-nānā-bhedaṃ, samāsato

그런데 여기서 인용한 Pañcaśikha의 말씀에 해당하는 것이 *Tattvasamāsasūtra*를 주석한 *Kramadīpikā*에는 다음과 같이 상술되어 있다.

> 여기서 3질이라는 것은 도대체 무엇을 말하는가?
> 순질이라는 것은 평정, 가뿐함, 명료함, 집착, 기쁨, 인내, 만족 따위의 특징으로 무한하게 구별되니, 요약하자면 안락을 본성을 갖는다.
> 동질이라는 것은 비애, 고통, 망상, 경직, 불안, 분노, 자만 따위의 특징으로 무한하게 구별되니, 요약하자면 고통을 본성으로 갖는다.
> 암질이라는 것은 은폐, 방해, 혐오감, 우울증, 중압감, 나태, 졸음, 중독 따위의 특징으로 무한하게 구별되니, 요약하자면 미혹을 본성으로 갖는다.
> 이렇게 상술된 것이 3질이다.[301]

이것을 먼저 제시한 Vijñāna Bhikṣu의 인용과 비교해 보면, 순질에 대한 설명은 '명료함'이 하나 추가되어 있는 것 외에 실제 내용은 동일하다고 말할 수 있다. *Kramadīpikā*에서는 나머지 동질과 암질의 다양한 특징들을 순질의 경우와 마찬가지로 상세하게 열거한다. 그러나 Vijñāna Bhikṣu의 인용에서는 동질과 암질의 특징들 중에서 대표적인 것을 각각 '비애'와 '졸음'으로 제시하는 데 그치고, 나머지 것들은 "이와 마찬가지로"라는 표현으로 생략한다. 게다가 *Kramadīpikā*에서는 누구에 의해 상술된 것인지를 전혀 언급하지 않는다. 그러므로 Vijñāna Bhikṣu가 'Pañcaśikha의 말씀'이라고 적시한 것을 곧이곧대로 믿을 수는 없으며, Pañcaśikha가 *Tattvasamāsasūtra*에 대한 주석을 작성했다는 것도 신뢰

....

duḥkhātmakam; evaṃ tamo 'pi nidrādi-nānā-bhedaṃ, samāsato mohātmakam iti | SPbh 1.127. Garbe(1943) p. 59, 21-25행.

301 atrāha kiṃ traiguṇyam nāmacyate | sattvaṃ nāma prasāda-lāghava-prasannatābhiṣaṅga-prīti-titikṣā-santoṣādi-lakṣaṇam ananta-bhedaṃ samāsataḥ sukhātmakam | rajo nāma śoka-tāpa-sveda-stambhodvega-roṣa-mānādi-lakṣaṇam ananta-bhedaṃ samāsato duḥkhātmakam | tamo nāmācchādanāvaraṇa-vībhatsa-dainya-gauravālasya-nidrāpramādādi-lakṣaṇam ananta-bhedaṃ samāsato mohātmakam | etat traiguṇyaṃ vyākhyātam | Dvivedin(1920) p. 127, 10-17행.

할 만하지 않다.[302]

이처럼 Bhāvāgāṇeśa와 Vijñāna Bhikṣu가 인용한 것들은 *Kramadīpikā*에서 볼 수 있다. 그런데 *Kramadīpikā*의 저자 자신이 한 군데서 Pañcaśikha를 상키야의 옛적 스승들인 카필라와 Āsuri의 다음으로 열거하여, 순수정신은 다수라고 주장하는 이들의 견해를 언급한다.[303] 이러한 맥락으로 보면 *Kramadīpikā*가 Pañcaśikha의 작품일 것으로 추정하기는 어렵다. 그렇기는 하지만 *Kramadīpikā*가 *Tattvasamāsasūtra*에 대한 기존의 모든 주석들 중에서 가장 오래된 것임은 의심의 여지가 없으며, 다음과 같은 이유로 그 시기를 너무 후대로 낮출 수는 없다.[304]

첫째, Prajñākaramati는 Śāntideva(서기 650~700년경)의 *Bodhicaryāvatāra*에 대한 주석에서 상키야의 견해를 논박하면서 서명을 언급하지 않은 채 상키야의 어떤 문헌으로부터 다음과 같은 이행시를 인용하는데, 이에 상당하는 것을 *Kramadīpikā*에서도 볼 수 있다.

> 원질로부터 발생하고 있는 이 3질들을 암질이 방해하기 때문에 지성은 전도(顚倒)된다. 지성이 없어 무능한 자는 풀잎이 구부러진 경우에도 참으로 '내가 [그렇게] 한 것이다'라고 생각한다.[305]

302 *Tattvasamāsasūtra*를 Pañcaśikha의 저작으로 간주했던 통념은 이 @제7장 각주 78 참조.

303 "카필라, Āsuri, Pañcaśikha, 파탄잘리를 비롯한 상키야의 스승들은 순수정신을 다수로 간주한다." (evaṃ tāvat sāṃkhyācāryāḥ kapilāsuri-pañcaśikha-patañjali-prabhṛtayo vahūn puruṣān varṇayanti | Dvivedin 1920:125, 19-20행)

304 이하 두 가지 이유는 Chakravarti(1975) p. 170 참조.

305 *Bodhicaryāvatāra-pañjikā*: "pravartamānān prakṛter imān guṇāṃs tamovṛtatvād viparīta-cetanaḥ | ahaṃ karomīty abudho hi manyate tṛṇasya kubjīkaraṇe 'py anīśvaraḥ ‖ " Poussin(1901) p. 455, 3-6행.
이것을 아래의 *Kramadīpikā*와 비교하면 뒷 구절은 동일하고, 첫 구절은 약간 다르게 표현했을 뿐이다.
"원질로부터 발생하고 있는 이 3질들을 동질과 암질이 전도시킨 지각 때문에, 지성이 없어 무능한 자는 풀잎이 구부러진 경우에도 '내가 [그렇게] 한 것이다'라고 상상한다." (pravartamānān prakṛter imān guṇān rajas-tamobhyāṃ viparīta-darśanāt | ahaṃ karomīty abudho 'bhimanyate tṛṇasya kubjīkaraṇe 'py anīśvaraḥ ‖ Dvivedin 1920:124, 17-20행)

만약 *Kramadīpikā*의 저자가 이것을 다른 문헌으로부터 가져온 것이 아니라면, 그의 생존 연대를 Prajñākaramati(8세기 말엽 또는 9세기 초엽)[306] 보다는 확실히 더욱 이른 시기로 추정할 수 있다.

둘째, 인도의 북서 지방에서 개인이 소장한 범어 원전의 목록 중에 Sadāśvendra가 저술한 *Sāṃkhya-kramadīpikā-vivaraṇam*이라는 제목의 사본이 있다. 이 사본은 *Sāṃkhya-kramadīpikā*(= *Kramadīpikā*)에 대한 모호한 주석으로 유명한데, Vikrama 역년으로 1415년(서기 1358)에 필사되었다. 이 경우는 그 주석자가 14세기 이전에 생존했음을 확실히 시사할 수 있다. 그렇다면 주석의 토대 문헌인 *Kramadīpikā*의 저자는 주석자보다 이른 시기에 생존했을 것이다.

이상의 두 가지 이유는 *Kramadīpikā*의 작성 시기를 최대 8세기 말엽에서 13세기 말엽까지로 추정할 수 있는 근거가 되므로, *Tattvasamāsasūtra*가 8세기 이전에 존재했을 가능성까지 시사한다. 그러나 현재 통용된 견해에서는 두 문헌의 성립 시기가 그렇게까지 멀리 소급되지는 않으며, 14세기에서 15세기 사이로 추정된다(<표 8>). 상키야 문헌의 역사를 개관하면, 이 시기에 상키야의 교의를 요약(samāsa)과 수트라(sūtra)들로 집성한 문헌들이 등장했기 때문이다. 즉 *Tattvasamāsasūtra*는 소위 '요약 상키야'를 대변한다.[307]

*Tattvasamāsasūtra*라는 명칭은 '원리들을 요약한(tattva-samāsa) 수트라'를 의미할 뿐이다. 이 수트라들의 일부가 언급된 다른 문헌들의 사례들은 그 어떠한 것도 *Tattvasamāsasūtra*가 오래된 과거에 있었다는 증거가 되지 못한다. 그것들은 단지 고대에 유포되어 유구한 어떤 말씀들이 있었다는 것을 입증할 뿐이다. 이

....

306 "Prajñākaramati에 관한 우리의 지식은 빈약하다. 우리가 알고 있는 것은 그가 경전들에 정통한 승려였다는 것이다. 그는 Nālandā 아니면 Vikramaśīlā에 거주했을지 모른다. 그는 *Tattvasaṃgraha*로부터 풍부하게 인용하므로 분명히 서기 800년 이후의 인물이다. 다만 그의 생존 시기가 8세기라면 사반세기의 넷째일 수도 있고, 9세기라면 사반세기의 첫째일 것이다." Vaidya(1960) p. x.

307 @제2장 각주 183 참조. Vijñāna Bhikṣu에 따르면 *Tattvasamāsasūtra*는 *Sāṃkhyasūtra*의 요약판에 불과하다는 것으로 잘 알려져 있었으며(Larson & Bhattacharya(1987:317), *Tattvasamāsasūtra*는 분량이 많은 *Sāṃkhyasūtra*와는 별개로 이보다는 좀 더 일찍 작성되었을 것임을 시사한다(ibid. p. 318).

러한 유구한 말씀들은 후대에 수트라들의 집성으로 모을 기반이 되었고, 이렇게 집성된 것이 현재 알려져 있는 *Tattvasamāsasūtra*와 *Sāṃkhyasūtra*일 가능성이 매우 크다는 것이 훨씬 더 그럴 듯하다.[308]

(2) Sāṃkhyasūtra

육파철학의 다른 학파들은 자파의 교의가 경(sūtra)으로 응축된 교전을 주석해 나가는 것으로 독자적인 철학을 전개했다. 그러나 모든 교의의 권위를 대변하는 이러한 '경'이 없이도 독보적인 철학을 전개한 유일한 학파가 상키야이다. 상키야 철학에서는 『상키야송』이라는 '송'이 '경'을 대신한다. 그러므로 불전에서 종종 언급하는 승가경(僧佉經=*Sāṃkhyasūtra*)은 이미 거론했듯이 기존의 다른 문헌이나 교설을 지칭한 것으로 단정할 수 있다. 그렇지 않다면 육파철학이 쇠퇴한 지 500여 년 이상이 지난 한참 후대에서야 *Sāṃkhyasūtra*가 출현했을 리가 없다.

현존하는 *Sāṃkhyasūtra*는 '경'이라는 이름으로 상키야 학파의 권위를 입증하기 위해 작성되었을 것으로 이해된다. 후대의 작품이면서도 저자를 명기하지 않은 것은 이 같은 의도가 있었기 때문일 것이다. 실제로 *Sāṃkhyasūtra*는 단독 문헌으로 유통되었던 것이 아니라 주석서를 통해 알려졌다. 이것은 Aniruddha의 *Sāṃkhyasūtra-vṛtti*에서 처음으로 등장하므로 그 성립 연대는 15세기의 어느 시기일 것이다. 이것을 수록한 다른 유일한 문헌은 Vijñāna Bhikṣu가 16세기 중반에 저술한 *Sāṃkhya-pravacana-bhāṣya*이다.[309] 이러한 주석서들 덕분에 *Sāṃkhyasūtra*

....

308 이는 Larson & Bhattacharya(ibid. pp. 318-9)가 *Tattvasamāsasūtra*의 성립 문제에 관해 도출한 최종 결론이다. 그러므로 *Tattvasamāsasūtra*의 저자가 Pañcaśikha일 수 없으며, 카필라는 더더욱 아니다. 이것이 카필라의 말씀으로 알려져 온 전설은 목록 작성을 위해 조사된 사본에 반영되어 있다. 이 사본의 목록에서는 *Tattvasamāsa*의 저자를 카필라(Kapila Muni)로 기재했다. cf. N-W. P. (1874) p. 384. 더욱이 근대에 *Tattvasamāsa*를 *Tattvasamāsa-bhāṣya*로 주석한 Narendra(Narendra Nātha Tattvanidhi)는 *Tattvasamāsa*를 아예 *Kāpila-sūtra*(카필라의 수트라)로 명명했다(Sinha 1912:1). 그는 이 주석의 말미(ibid. p. 21)에서 Śaka 1793년에 이것을 작성했다고 기술했는데, Larson & Bhattacharya(1987:17)에 의하면 서기로는 1871년경이 된다.

가 상키야의 권위를 대변한 것처럼 인식되고, 상키야 철학은 과거의 명성을 잠시 회복할 수 있었다.[310]

*Sāṃkhyasūtra*를 주석한 Vijñāna Bhikṣu의 *Sāṃkhya-pravacana-bhāṣya*는 나중에 거론할 *Yoga-vārttika*의 경우에도 그렇듯이 매우 상세한 논의를 전개한다. 그는 힌두교의 대중적 성전인 Purāṇa들로부터 광범하게 인용하여 상키야와 베단타 사이의 교의적 쟁론을 화해시킨다. 상키야의 교의를 간략하게 해설한 그의 저서로는 *Sāṃkhyasāra-viveka*도 알려져 있으나, 그 내용은 아직 연구되지 않았다. 그런데 이 문헌을 조사한 원전 목록에 기재된 Vikrama 1516년이라는 필사 연대가 사실이라면, Vijñāna Bhikṣu의 생존 연대는 현재의 통설보다 최소한 1세기를 더 소급해야 한다. Vikrama 1516년은 서기로는 1459년에 해당하기 때문이다.[311]

7.4.2. 파탄잘리의 『요가경』과 주석서

1. 『요가경』과 『요가주』의 저자

Ṛgveda 이래의 고행으로부터 출발하여 종파와 학파를 불문하고 수행의 보편적인 수단으로 정착되어 있었던 요가가 이론적 체계를 갖춘 철학으로 발전하게 된 것은 『요가경』이 유포된 이후의 일이다. 이 『요가경』을 해설한 주석서들이

....

309 Cf. Larson & Bhattacharya(1987) p. 327. 두 주석서의 성립 시기는 Richard Garbe의 고찰에 의거한다. Aniruddha는 서기 1500년경에 생존했으며(Garbe 1892:xxiv), Vijñāna Bhikṣu의 주석은 1550년 이후의 어느 시기에 작성되었다(Garbe 1943:ix). 本多惠(1980下:3)에 의하면 주석자들의 연대를 이렇게 추정하는 것은 *Sāṃkhyasūtra*의 성립 시기를 대체로 서기 1350년에서 1500년의 사이에서 구하는 단서가 된다.

310 다만 Chakravarti(1975:171)가 지적했듯이, 결코 이른 시대의 문투일 수 없는 수트라로 구성된 *Sāṃkhyasūtra*는 상키야의 암흑기를 조명하는 데는 그다지 기여하지 못한다.

311 개인 소장의 원전들을 조사한 목록에 의하면 *Sāṃkhyasāra-viveka*는 4행×44엽(176행)으로 필사되어 있으나, 소장자는 외부의 반출이나 복사를 허용하지 않은 것으로 보인다. 목록의 편찬자는 다음과 같이 소견을 기재했다.
"25원리를 정의함. 이것들을 아는 것이 인생의 유일한 목적. 거의 알려져 있지 않은 문헌, 대출 불가, 오래된 선본(善本). Vikrama 1516년에 필사." N-W. P. (1874) p. 385.

거듭 작성되면서 그 주석의 내용이 요가 철학을 형성하게 되었다. 그리고 『요가경』을 최초로 주석한 『요가주』가 요가 철학의 교범이 되어 이후의 발전을 선도했다.

(1) 요가 철학의 근원인 『요가경』

요가 학파의 창시자를 파탄잘리로 신봉하게 된 것은 그가 『요가경』의 저자(실제로는 편찬자)로 알려져 있기 때문이다. 예를 들어 일찍이 인도에서 『요가경』은 '파탄잘리의 요가경'(Pātañjala-yogasūtra) 또는 '파탄잘리의 철학'(Pātañjala-darśana)이라는 별칭으로 통용되었다. 그러나 『요가경』의 저자와 성립 시기는 학자들 사이에서도 설왕설래의 가설을 거치면서 재고되어 왔다.

파탄잘리라는 이름은 일찍이 파니니의 범어학을 완성한 『대주석』의 저자로 잘 알려져 있다. 인도 고래의 전통에서는 이 파탄잘리가 『요가경』도 저술한 것으로 간주된다. 이 전통을 대변하는 다스굽타(Dasgupta)는 두 문헌의 작성자가 동일인임을 지지하는 증거는 다소 있는 반면, 이것을 결정적으로 뒤집을 수 있을 만한 증거는 아무것도 없다고 주장했다.[312] 그러나 인도 출신이 아닌 현대의 많은 학자들은 그 전통적인 관념을 신뢰하지 않는다. 즉 요가 학파의 파탄잘리와 문법학자인 파탄잘리는 동일인일 수 없다는 것이다. 이런 견해에서는 두 문헌에서 사용하는 어휘가 너무 다르다는 점을 결정적인 이유로 지목한다. 아래에서는 일찍이 이에 관해 고찰했던 대표적인 학자들의 견해를 간략히 소개한다.[313]

『대주석』의 저자인 파탄잘리는 기원전 2세기에 생존한 인물이다.[314] 그런데 이 파탄잘리와 『요가경』의 저자인 파탄잘리를 동일한 사람으로 믿게 된 전통은 서기 7세기 무렵부터 시작된 것으로 추측된다. 이런 믿음을 기정 사실로 간주한

....

312 Cf. Dasgupta(1924) p. vii.

313 岸本英夫(1955) pp. 94-109 참조. 보다 상세한 근래의 고찰은 Larson & Bhattacharya(2008) pp. 57-65 참조.

314 宇井伯壽(1932:137)에 의하면 『대주석』의 저자인 파탄잘리는 기원전 185년을 전후로 생존한 인물로 추정된다.

문헌이 최초로 출현한 것은 10세기 이후의 일이다. 서기 10세기(또는 11세기 초)에 Bhojadeva는 『요가경』를 주석한 자신의 *Rāja-mārtaṇḍa*에서 권두언을 다음과 같은 헌사로 종료한다.

> [파탄잘리께서는] 장황하게 서술하지 않으면서 [말의] 정확한 의미를 통해,
> 망상의 그물을 제거하고, 모호한 것을 선명하게 소통하시니,
> 현자들이여! 나는 이제 현자들을 깨우치기 위해 현명하신 파탄잘리의 설명을 조명할 것이다.[315]

여기서 Bhojadeva는 파탄잘리가 언어 구사에 탁월한 능력을 발휘한 것으로 칭송한다. 그러므로 그는 『대주석』의 저자인 파탄잘리가 『요가경』도 저술했다고 믿고 있었음이 분명하다. 그의 믿음은 점차 유력해져 이후 인도에서는 정설처럼 신뢰되었다.

그러나 19세기 후반 이래 인도의 고전이 본격적으로 연구되면서 기존의 관념은 재평가되었다. 이에 따라 학자들 사이에서는 『대주석』의 저자와 『요가경』의 저자는 별개의 인물이라는 견해가 유력하게 되었다. 먼저 Deussen은 일관성이 없고 난삽한 『요가경』의 서술로 보아 그 저자를 문법가로 간주하기는 어렵다는 사실을 지적하여, 동일인설에 의혹을 표명했다.[316] 이와 같은 시기에 Woods는 『요가주』를 번역하면서 이 문제를 면밀히 검토하여, 출판본의 서문에서 동일인설의 불합리를 낱낱이 지적했다.[317] 이에 의하면 우선 동일인설의 근거는 확실한 것이 아니다. 더욱이 동일인설의 출현은 문헌상으로 기껏해야 서기 10세기 이후밖에 되지 않는다. 그리고 『대주석』과 『요가경』의 철학 사상을

315 utsṛjya vistaram udasya vikalpajālaṃ phalgu-prakāśam avadhāryya ca samyag-arthān । santaḥ patañjali-mate vivṛtir mayeyam ātanyate budhajana-pratibodha-hetuḥ ‖ 7 ‖ Śāstrī(2001) p. 1, 19-20행.

316 Cf. Deussen(1914) p. 508.

317 Woods(1914) pp. xiii-xiv.

비교 연구한 결과로 보더라도, 두 문헌의 저자를 동일인으로 결정할 만한 아무런 근거가 발견되지 않는다.

이러한 Woods의 고찰도 앞서 소개한 다스굽타와 같은 인도 출신의 학자들에게는 동일인설을 폐기할 만한 결정적인 증거로 간주되지는 않았다. 그러나 Woods의 견해는 주로 인도 바깥의 학계에서 대세를 형성하여 지금까지 호응을 얻고 있다. 이에 앞서 처음에는 『대주석』과 『요가경』의 저자를 동일인으로 간주했던 Garbe도 나중의 저서에서는 동일인으로 간주할 만한 증거가 없다고 기술하였다.[318] Woods의 고찰에 동조하는 이러한 견해는 Keith에게도 수용되었다. 다스굽타의 견해가 발표된 것과 같은 시기에 출판한 저서에서 Keith는, 파탄잘리의 『요가경』을 기원전 2세기의 것으로 간주하는 것은 파탄잘리가 『대주석』의 저자와 동일인이라는 이론에만 의존하지만 이 이론을 검증할 수 없다고 지적하고 나서, 『요가경』을 저술한 철학자가 문법가로서 『대주석』도 저술했을 것으로는 믿기 어렵다는 견해를 제시했다.[319]

Garbe가 동일인설을 철회하기 이전에 일본에서는 절충적인 견해를 제시한 학자도 있었다.[320] 이 같은 견해는 『요가경』이 파탄잘리를 저자로 표방할지라도 시차가 있는 다양한 교의를 조합한 문헌이라는 주장과 상통한다. 『요가경』의 내용은 4편의 원형과 이것들을 각각 증보한 총 8편으로 구성되어 있다는 분석은 일찍이 Deussen에 의해 시도되었다.[321] 이 같은 분석을 나중에 시도한

....

318 Cf. Garbe(1896) p. 36, § 6. ; Garbe(1917) pp. 147-8.

319 "분명한 사실을 말하자면, 실체와 본질의 특징에 관한 철학적 견지에서 문법가는 철학자보다도 낮은 차원에서 전개해 가는 반면, 철학자는 문법 규칙들을 문법가보다는 적어도 하나 이상은 위반한다." Keith(1924) p. 66. 그는 이어서 『요가경』에 포함된 일부 교의들이 후대에 주창된 이론들을 차용했을 듯한 몇 가지 사례를 제시하는 것으로 동일인설이 성립될 수 없음을 입증한다. cf. ibid. pp. 66-67.

320 다음과 같이 주장한 木村泰賢(1915:252-3)은 Garbe가 나중에 철회한 주장을 아직 참고할 수 없었을 것이다.
"만약 파탄잘리가 기원전 2세기 무렵의 사람이고 『요가경』의 작자라면, 현존하는 문헌의 골자가 되는 부분만을 저술한 사람일 것이다. 만약 그를 전체의 작자로 간주한다면, 4~5세기 무렵에 종전의 소품들을 대성한 요가 학자로 간주하는 것이 지당할 것이다."

321 Deussen(1914:511-543)은 『요가경』의 내용을 분석하여 전체를 다음과 같이 4편의 원형과 4편의 증보

Hauer는 이보다는 더 간략하게 5편으로 개편하고, 여기에는 문법가인 파탄잘리의 단편도 포함되어 있다고 주장했다.[322]

①YS 1.2~22: 억제(nirodha) 관련의 주제
②YS 1.23~51: 신에 대한 헌신(īśvara-praṇidhāna) 관련의 주제
③YS 2.1~27: '명상 실천', 즉 행작 요가(kriyā-yoga) 관련의 주제
④YS 2.28~3.55: 8지 요가(aṣṭāṅga-yoga) 관련의 주제
⑤YS 4.2~34: '개별적 마음', 즉 화생심(nirmāṇa-citta) 관련의 주제

Hauer의 주장에 의하면 이것들 중에서는 8지 요가를 설하는 ④가 가장 오래되었으며, 문법가인 파탄잘리가 작성했을 가능성이 있는 것도 이 부분이다. 또한 그는 ⑤를 일련의 증보에 해당한 것이 아닌 『요가경』의 독자적인 교의로 간주한다. 끝으로 그는 4세기의 어느 시기에 최종 편찬자가 『요가경』을 현재의 모습으로 완성할 때 가장 늦게 편입한 부분이 ①일 것이라고 주장한다.

이후 비교적 근래에 Feuerstein은 기존의 관점과는 현저하게 다른 새로운 견해를 제시했다.[323] 그는 『요가경』이 동질의 단일한 문헌일 수 없다는 상정에서 진행된 과거의 학자들과는 정반대의 관점에서 『요가경』을 재검토했다. 즉 그는 『요가경』이 완전한 동질성을 갖춘 문헌이라고 전제하고서, 용어와 다양한 배열을 나름대로 세밀하게 분석했다. 그가 천명한 연구 방법은 이제까지 진행된

....

로 구분했다.

구성	원형: 주제	증보: 주제
첫째	1.1~16: 일상의 인식과 억제	4.1~6: 화생심(化生心)
둘째	1.17~51: 삼매의 유형	4.7~13: 훈습
셋째	2.1~27: 번뇌 제거의 행작 요가	4.14~23(16은 제외): 사물(실체), 마음, 순수정신
넷째	2.28~3.55: 8지 요가	4.24~33: 독존

322 Hauer(1958) pp. 221 ff. Larson & Bhattacharya(2008) p. 63 재인용. 이에 관한 기존 발표는 Hauer(1932) pp. 81-100.

323 Feuerstein(1979) pp. 36-89. cf. Larson & Bhattacharya(2008) p. 64.

문헌 비판의 모든 시도에 공통된 오류를 피하기 위해, 연결성이 없어 그 자체로는 무의미한 단편들은 제외하고 『요가경』의 내용을 더 이상 분절할 수 없을 때까지 얇게 분할해 가면서 분석한다는 것이다.

이와 같이 분석했다는 Feuerstein의 결론은 요컨대, 『요가경』의 원문 전체는 기본적으로 '행작 요가'라는 개념을 중축으로 삼아 여기에 집중하는 단일한 집성이라는 것이다. 그렇지만 그도 역시 단일한 집성에 예외가 있음을 지목한다. 즉 '8지 요가' 부분은 별도의 삽입이거나 길게 인용한 것이며, 후대에 개찬되거나 추가된 단편도 『요가경』에 포함되어 있음을 인정한다.

그러나 Larson은 Feuerstein의 분석에 상당한 가치를 부여하면서도 대부분의 연구자들이 『요가경』 전체가 행작 요가에 집중해 있다는 그의 견해에 동의할지 의심스럽다고 평가했다. 예를 들면, '8지 요가'라는 별개의 단위는 모두가 어느 정도 중시할 수 있는 하나의 영역이고 정체성을 가진 단일체이지만, 이것을 『요가경』 전체의 기조로 확장하는 데 대해서는 견해의 차이가 있기 때문이다.[324] 이런 터에 행작 요가를 중심으로 집성된 단일한 문헌이 『요가경』이라는 주장은 일개의 가설로서 여전히 재고의 여지를 남긴다.

『대주석』과 『요가경』의 저자가 같은 사람인가 다른 사람인가의 여부에 따라 『요가경』의 성립 시기도 결정된다. 동일인이라면 『요가경』은 『대주석』의 성립 시기인 기원전 2세기 무렵에 작성된 것으로 추정된다. 그러나 『요가경』의 내용을 분석한 대부분의 학자들은 그 시기를 신뢰하지 않는다. 저자의 문제는 차치하더라도 현재의 『요가경』을 일시에 작성된 것으로는 인정할 수 없다는 데 그 일차적인 이유가 있다. 다수의 학자들은 여러 단편들을 특정인의 이름으로 집성한 것이 현재의 『요가경』이라고 판단한다. 이에 따르면 『요가경』은 저작된 것이 아니라 편찬된 것이며, 현재의 형태로 편찬된 시기는 서기 2세기 후반에서 540년 사이로까지 확장될 수 있다.[325] 그러나 그 시기를 더 좁게 특정하면 서기

....

324 Larson & Bhattacharya(2008) p. 65.

325~425년, 400~450년, 400~500년 무렵 등으로 추정되어 있다.[326]

(2) 요가 철학을 정립한 『요가주』

『요가경』은 4장으로 구성되지만, 총 195개의 수트라는 거의 대부분이 1행으로 기술된다. 그러므로 『요가경』은 전체 분량이 200여 행에 불과한 소품이다. 이 낱낱의 수트라들은 요가 철학의 골격에 상당한다. 그리고 이 골격에 피와 살을 붙여 한 편의 철학 교전으로 완성한 것이 『요가주』이며, 이의 저자는 Vyāsa로 알려져 있다.[327] 이에 따라 이 Vyāsa의 '주석'은 예부터 『요가경』과 합체된 단행본으로 취급되었다. 즉 이것을 지칭하는 *Śrī-Pātañjala*, *Yoga-śāstra*, *Vyāsa-bhāṣya*, *Pātañjala-yogaśāstra* 등은 '요가경 및 이에 대한 주석'을 일컫는 통념이며, 이 통념이 현재까지 『요가주』에 그대로 적용된다. 이 때문에 때로는 주석(Bhāṣya)까지

....

325 本多惠(1978a:27)는 『상키야송』의 주석들 중 중국에서 번역된 『금칠십론』을 『요가경』와 대조하여 『요가경』의 성립 연대를 이렇게 추정하였다. 그러나 여기에는 두 가지 가정이 전제된다. 먼저, 『금칠십론』이 작성될 시점에 현존의 『요가경』이 아직 완성되지 않았다고 한다면, 『요가경』의 제1~3장은 서기 450년 이후, 제4장은 서기 540년 이후에 성립된 것이 된다. 다음으로, 『금칠십론』의 저자가 『요가경』의 존재를 알지 못했다고 한다면, 그는 설일체유부의 대표적 논서인 『대비바사론』으로부터 『요가경』의 지식을 인용했을 가능성이 있다. 그러므로 이 경우, 제1~3장의 상한은 서기 2세기 후반이 된다.

326 400~500년은 <표 8>에 의함. 岸本英夫(1955:137-8)에 의한 기존의 견해는 400~450년경이다. 이러한 연대 추정에서 가장 근래에 제시된 325~425년은 『요가주』를 정밀하게 교정하는 데 주력한 Maas(2006:xix)의 견해이다. 다만 Maas의 견해는 『요가경』을 포함한 『요가주』의 제1장에 국한한 것이다. 다음 각주 334 참조.

327 『요가경』의 주석으로 Vyāsa의 후대에 작성된 것은 11세기 초반의 저작인 Bhojadeva(또는 Bhojarāja)의 *Rāja-mārtaṇḍa*(cf. Larson & Bhattacharya 2008:266-281)와 16세기(또는 17세기 초)의 저작인 Rāmānanda Sarasvatī의 *Yoga-maṇīprabhā*(cf. ibid. 282-294)가 있다. 그러나 이 두 주석은 Vyāsa의 빛에 가려 거의 주목을 받지 못했을 뿐만 아니라, 주석의 내용도 간략한 용어 해설 수준에 머물러 있어 특기할 만한 가치가 인정되지 않는다. 이 밖의 후대 주석으로는 Nārāyaṇa Bhikṣu의 *Yogasiddhānta-candrika*, Ananta의 *Yogacandrika*, Bhāvāgaṇeśa Dīkṣita의 *Pātañjala-vṛtti*, Sadāśivendra Sarasvatī의 *Yogasudhākara*, Baladeva Miśra의 *Yogapradīpika* 등이 알려져 있지만(中村元 1996:70), 이것들은 요가 철학의 연구에서 거의 배제된다. 이것들 중에서 Sadāśivendra의 *Yogasudhākara*는 *Yogasūtra-vṛtti*로도 불리는데, 『요가경』 제3장을 기존의 55경에서 57경으로 확장하여 주석한 점이 특이하다. 그는 『요가주』 3.21의 마지막 구문("이것으로 음성 따위의 은몰이 설명된다.")을 제22경으로 분리하고, 『요가경』 3.22의 끝 구절("혹은 [죽음의] 징조를 통해")을 제23경으로 분리했다. cf. Balasubrahmanyam(1911) p. 66.

도 파탄잘리의 저작으로 간주되기도 했다. 이를 역으로 말하면, 『요가주』 즉 Vyāsa의 주석은 『요가경』과 동등한 권위를 인정받았다는 것이 된다.

그러나 Vyāsa는 『요가경』의 작자와 전적으로 동일한 사상을 천명한 것으로는 보이지 않으며, 시대적으로는 후대의 인물임이 확실하다. Vyāsa의 생존 연대를 상세히 고찰한 과거의 연구에 의하면, 그 연대는 서기 650~850년경으로 추정된다.[328] 그러나 이 초기 연구의 결함을 지적한 근래의 연구에 의하면, 그 연대는 서기 540~650년경으로 정정된다.[329] 이하에서는 이 연대를 주장한 일본 학자의 고찰을 소개한다.[330] 그의 주장은 650~850년경을 제시한 Woods의 논거를 네 가지로 반박하면서 도출한 결론이다.

첫째, Woods는 Vyāsa의 연대를 서기 350년 이전으로 소급할 수 없다고 단정한다. Vyāsa는 Vārṣagaṇya가 말한 것을 인용하고 있는데, Vārṣagaṇya는 세친과 동시대의 사람이라는 것이 그가 제시한 근거이다. 그러나 'Vārṣagaṇya'라는 이름은 이미 『마하바라타』에서도 발견되므로, Vārṣagaṇya를 반드시 세친과 동시대의 인물로만 간주할 수는 없다. 더욱이 한역(漢譯) 불전 중에 세친과 동시대인으로 언급되는 외도는 대체로 Vindhyavāsa이다. Woods 교수는 이 Vindhyavāsa를 『유가사지론』 등에서 말하는 우중(雨衆, Vārṣagaṇya)으로 혼동한 듯하다.

둘째, Woods는 Vyāsa의 연대가 서기 500년 이전일 수 없다는 근거로 제시한 것은 Vyāsa가 『요가주』에서 10진법을 구사한다는 것이다.[331] 그런데 10진법이 등장하는 가장 오래된 문헌은 6세기의 *Varāhamiśra*로 간주되고 있으므로, Vyāsa

---

328 Woods(1914) p. xxi.

329 本多惠(1978a) p. 33. 中村元(1996)도 이 견해를 그대로 채택했다. Vyāsa의 연대를 추정한 학자들의 견해는 대체로 저마다 다르다. 本多의 조사에 의하면 Vyāsa의 연대를 Garbe와 Strauss는 7세기, Radhakrishnan은 4세기, Dasgupta는 400년, 宇井伯壽는 450년경, 金倉圓照는 500년경으로 추정했다. 本多惠(1978a) p. 262, n. 36.

330 本多惠(1978a) pp. 32-33. 本多는 원어를 제시하지 않을 뿐만 아니라, 관련 지식이 없는 사람에게는 이해하기 곤란하게 서술하고 있으므로, 여기서는 그의 서술을 재구성하고 부연해서 소개한다.

331 "예를 들면 하나의 선(線)이 100의 지점에서는 100이 되고, 10의 지점에서는 10이 되고, 1의 지점에서는 1이 되는 것과 같다." YBh 3.13. 정승석(2020) pp. 171-2.

는 서기 500년 이전의 사람일 수 없다는 것이 Woods의 주장이다. 그러나 중국의 번역으로만 현존하는 『대비바사론』에도 10진법은 이미 인지되어 있다. 따라서 10진법의 상한은 적어도 『대비바사론』의 성립 연대인 서기 2세기 혹은 그 이전이 된다. 이 점에서 Woods의 논거는 타당하지 않다.

셋째, Woods는 서기 650년 무렵의 작가인 Māgha를 Vyāsa의 연대와 결부시킨다.[332] 그에 의하면 Māgha의 시집 *Śiśupālavadha* 중에는(4.55) 『요가경』 1.33뿐만 아니라, 『요가주』에서 사용한 말들도 언급되어 있다. 더욱이 이 시는 『요가주』에 있는 '마음의 정화'(citta-parikarma)라는 말도 포함하고 있다. 그러므로 Vyāsa는 서기 650년 이전의 사람일 수 없다는 것이 Woods의 결론이다. 그러나 이것은 앞뒤가 잘 들어맞지 않는다. Vyāsa가 Māgha를 인용한 것이라만 그럴 수도 있겠지만, Māgha가 Vyāsa의 『요가주』를 인용하고 있기 때문에 서기 650년을 Vyāsa의 하한으로 간주해야 납득할 수 있을 것이다.[333]

넷째, Woods는 『요가주』에 대한 Vācaspati의 주석을 근거로 들어, Vyāsa는 이

....

332 Māgha의 생존 연대에 대한 학자들의 추정은 서기 7세기 후반, 7세기, 7세기 말엽 또는 8세기 초엽 등으로 다양하다. cf. Maas(2017) p. 33, n. 15. Maas의 추정은 아래 각주 참조.

333 최근에 Maas(2017:29-62)는 Māgha가 *Śiśupālavadha*에서 고전 요가의 구절과 개념들을 재활용한 압권의 사례로 세 대목(1.31-33, 4.55, 14.62)을 지목하여 그 배경과 영향을 면밀하게 고찰했다. 이것들 중에서 Woods가 지목한 *Śiśupālavadha* 4.55의 내용은 다음과 같다.
"여기서 자애 등에 의한 마음의 정화를 아는 자(요기)들은 번뇌를 불식시키고 나서 유종(有種) 요가(=삼매)에 도달한다. 삼매에 몰입한 이들은 순질과 순수정신이 다르다는 것[을 앎]으로써 지혜(=식별지)를 얻고 나서, 이것마저 억제하기를 추구한다." (maitryādi-citta-parikarma-vido vidhāya kleśa-prahāṇam iha labdha-sabījayogāḥ | khyātiṃ ca sattva-puruṣānyatayādhigamya vāñchanti tām api samādhibhṛto nirodhum ‖ Durgāprasāda 1940:08, 5-8행)
Maas(p. 38)는 이 대목이 아래와 같은 『요가주』 및 『요가경』의 서술을 재활용한 것으로 간주하여 그 연관성을 분석한다.
"따라서 마음은 단일한 것으로서 많은 대상을 갖고 안정되는 것이다. 마음이 안정되는 경우의 이것(안정)을 교전은 [다음 경문에서] 정화라고 제시한다. 그것은 어떠한 것인가?
[YS 1.33:] 즐거움, 고통, 선(善), 악(惡)의 대상에 대해 [각각] 자애, 연민, 기쁨, 무관심을 계발함으로써 마음은 청정하게 된다." 정승석(2020) pp. 69-70.
*Śiśupālavadha*에서 이 밖의 사례를 고찰한 Maas(p. 55)의 결론에 의하면, 8세기 중엽에 작성되었을 것으로 추정되는 *Śiśupālavadha*에서 저자인 Māgha가 파탄잘리의 작품을 인용하고 재활용한 것은 그가 『요가주』에 정통했음을 드러낸다. 여기서 Maas가 추정한 Māgha의 생존 연대는 8세기 무렵이 된다.

주석의 연대인 서기 841년 이전의 사람이어야 한다고 주장한다. 그러나 현재는 샹카라의 이름으로 작성된 주석도 알려져 있으므로, 이 샹카라가 베단타 철학의 거장인 그 샹카라라면 Vyāsa의 연대를 서기 700년 이전으로 추정해야 할 것이다.

이상과 같은 고찰에서 도출할 수 있는 것은 Vyāsa의 하한 연대이다. 즉 위의 셋째와 넷째에 의하면 Vyāsa는 서기 650~700년 이전에 생존했던 인물이 된다. 여기서는 Vyāsa의 상한 연대를 확정할 수 없지만, 『요가경』의 연대를 고려하면 상한 연대는 서기 540년으로 추정된다. 이에 따라 그는 Vyāsa의 생존 시기로 가능한 연대를 서기 540~650년으로 추정한 것이다.[334]

2. 『요가주』의 철학을 확장한 주석

Vyāsa의 주석은 그 해설의 우수성과 권위에서 큰 의의를 발휘할 뿐만 아니라, 풍부한 인용에서도 귀중한 연구 자료를 제공한다. 다른 문헌에서는 볼 수 없는 다양한 인용들을 통해, 특히 요가 및 상키야 학파에 속했던 옛 논사들의 사상의 편린을 엿볼 수 있다. 이 같은 의의와 가치에도 불구하고 Vyāsa의 주석, 즉 『요가주』도 후대의 사람들에게는 난해한 대상이었다. 이 때문에 일찍이 『요가주』를 해설하는 주석이 작성되었다.

요가 철학의 골격이 『요가경』이고, 여기에 피와 살을 붙인 것이 Vyāsa의 주석이라면, 여기에 계속 수혈하여 요가 철학을 더욱 심화하여 확장한 것이 『요가주』에 대한 주석이다. 이 같은 주석으로 권위를 인정받는 것들은 아래의 세 문헌이다.

....

334 이 견해를 Leggett(1992:4)도 채택하였다. 이러한 本多恵(1978a)의 추정에서 하한 연대는 샹카라의 주석(YsV)도 크게 고려한 것이지만, 이 샹카라의 정체성은 아직 숙제로 남아 있으므로 그의 추정도 가변적인 것이다(아래 각주 참조). 그러나 저자의 문제는 차치하고 Maas(2009:264)의 근래 연구를 고려할 경우, 『요가주』의 연대는 약 200년 소급될 수 있다. 그는 『요가주』의 제1장이 파탄잘리로 불리는 한 사람의 작품일 것이며, 이 저자가 다른 원천들로부터 수트라들을 집성하고 여기에 해설을 덧붙인 것이 후대에는 『요가주』로 알려지게 되었을 것이라고 주장했다. 더욱이 그는 최근의 논문에서 제1장이라고 국한하지 않고, 『요가주』는 "서기 325~425년의 어떤 시기에 파탄잘리로 불리는 저자-편집자에 의해서 부분적으로 작성되고 부분적으로 편찬되었다."(Maas 2018:52)라고 단언한다.

*Yogasūtra-bhāṣya-vivaraṇa*는 베단타 철학의 거장인 샹카라의 진작(眞作)이 아닐 것이라는 저자에 대한 시비가 있으나, 샹카라의 진작으로 간주한다면 『요가주』에 대한 주석으로는 가장 먼저 작성된 문헌이다.[335] 이것은 종파적 색채를 드러내지 않고 대체로 간결하게 부연 설명하여, 『요가주』의 본문을 일차적으로 독파하는 데 적절하다. 그러나 종종 주요 쟁점에 대해서는 현학적이고 치밀한 논의도 전개한다. 여기서는 인도 논리학의 방법론을 구사하는 것이 특징이다.

*Tattva-vaiśāradī*는 서기 9세기 또는 10세기 인물로 추정되는 Vācaspati의 주석이다. Vācaspati는 인도 철학의 전반에 박식하여 각 학파의 주요 문헌들에 대한 주석을 남겼다. 그는 다른 주석자들에 비해 원작자의 취지를 객관적으로 간명하게 해설한 것으로 평가되어, 그의 해설은 표본적인 주석으로 유명하다. 그런 만큼 그는 *Tattva-vaiśāradī*에서도 『요가주』의 주요 술어 및 애매한 서술을 거의 짚어 내어 객관적 시각으로 해설했다. 이 때문에 그는 요가 철학의 체계를 정비하여 한층 더 완성시키는 데 공헌한 것으로 평가된다. 그가 *Tattva-vaiśāradī*로 『요가주』를 주석하면서 간혹 하타 요가의 색채도 드러낸 점은 고전 요가와 하타 요가의 접목을 시사하는 것으로 특별히 주목할 만하다.

*Yoga-vārttika*는 Vijñāna Bhikṣu의 주석이다. 저자는 Vācaspati에 비견할 만큼 박식한 학자로서 중세 인도 철학의 거장이다. *Yoga-vārttika*는 『요가주』에 대한 이전의 주석을 섭렵하고 후대의 힌두교 문헌까지 충분히 인용하여 방대한 분량으로 작성한 이차 주석의 완결판이다. 저자는 고대와 후대를 불문하고 중요한 문

....

335 이 문헌을 번역한 Rukmani는 여기에 Vācaspati의 *Tattva-vaiśāradī*에 의존한 흔적이 많다는 것을 근거로 들어 베단타 학자인 샹카라의 저작이 아닐 것이라고 추론하였다. 이에 의하면 이 문헌은 서기 8~9세기 이후에 작성된 것이 된다(Rukmani 2001a:xxv-xxix). 이것을 14세기의 저작으로 추론한 학자도 있다. 그러나 이것을 샹카라의 저작으로 보는 학자들도 적지 않다. 특히 이 문헌을 번역한 Leggett(1992)는 이것을 샹카라의 저작으로 간주하였다. 따라서 *Yogasūtra-bhāṣya-vivaraṇa*의 저자와 성립 연대는 아직도 미해결의 문제로 남아 있다. cf. Larson & Bhattacharya(1987) pp. 239-240. 이 문제와는 별개로 Maas(2013:75)는 이 문헌의 가치를 다음과 같이 평가한다.
"*Yogasūtra-bhāṣya-vivaraṇa*는 요가 철학에 대한 지식을 얻는 데 중요한 원천이다. … 『요가주』를 해석하는 데서 이 문헌이 담당하는 역할은 『상키야송』의 철학을 이해하는 데서 *Yuktidīpikā*가 담당하는 역할과 대등하다."

헌이라면 거의 모든 고전, 성전, 철학서들을 인용하여 애매하거나 미심쩍은 것을 거의 남기지 않을 만큼 치밀하게『요가주』를 해설했다. 그러다 보니 그의 주석은 자신의 관점을 뒷받침하기 위해 다른 문헌을 인용하는 데서 과장하는 경향이 있고, 중언부언이 잦은 것으로 지적된다. 반면에 그의 문장은 매우 간결하고 복합어 사용을 최대로 절제하는 장점을 드러낸다.[336] 저자는 또한『요가주』에 대한 Vācaspati의 해석을 공격하기도 함으로써 기존의 요가 철학에 변화를 시도했다. 그는 독자적인 요가 강요서로 *Yogasāra-saṃgraha*를 저술하였는데, 이것으로 그는 상키야와 베단타와 요가를 종합 절충하여 독특한 철학 체계의 구축을 시도하였다.[337]

이상의 세 문헌은『요가주』를 이해하는 데 필수적인 참고서가 된다. Vyāsa의『요가주』는 다의적 해석이 가능한 난해한 구문이나 함축적 어휘 사용, 생략, 모호한 인용 등이 적지 않다. 그러므로 이 같은 경우의 해결책은『요가주』를 해설한 이차 주석에서 구할 수밖에 없다.『요가주』에 대한 이 밖의 주석으로는 아래와 같은 두 문헌이 있으나, 아직 학술적 고전으로서는 주목의 대상이 되지 않는다.

*Pātañjala-rahasya*의 저자인 Rāghavānanda Sarasvatī는 Rāghavendra Sarasvatī로도 불린다. 저자는 간기(刊記)에 의해 Vāsudeva Bhagavatpāda의 제자인 Advayabhagavatpāda의 제자로만 알려져 있을 뿐이다. 그는 16세기에 생존했을 것으로 추정되기도 하지만, 이보다는 더 후대의 인물일 가능성이 많다. 저자가 스스로 천명하고 있듯이 이것은 주석이라기보다는 *Tattva-vaiśāradī*의 생략이나 누락을 보충한 교정판에 가깝다. 따라서 *Tattva-vaiśāradī*의 수준을 벗어난 새로운 해석은 드러나 있지 않다.[338]

....

336 Cf. Rukmani(1981) pp. 16-17.

337 本多惠(1978a) p. 34 참조.

338 Cf. Larson & Bhattacharya(1987) p. 294.

*Bhāsvatī*는 20세기를 전후로 생존했던 근대의 인물인 Hariharānanda Āraṇya의 주석이다. 그는 상키야 및 요가 철학의 전통을 몸소 실천하고 보존하기 위해 헌신한 수행자이자 학자였다. 그런 만큼 그의 주석은 『요가주』에 대한 전통적 해석과 현대적 재해석을 반영한 것으로 참고할 만하다.[339]

339 *Bhāsvatī*의 초판은 1934년에 출판되었고, 현재는 주로 1967년의 제5판이 유통되고 있다. 산스크리트 원문에 Adinath Chatterjee와 Deepti Dutta의 영어 번역을 덧붙인 초판은 1963년에 발간되어 현재는 제4판(Hariharānanda 2000)으로 출판되어 있다. 이 판본에서 *Bhāsvatī*를 제외하고, Hariharānanda가 벵골어로 번역한 『요가주』 부분만을 P. N. Mukerji가 영어로 번역한 것이 Hariharānanda(1983)이다. Hariharānanda의 다른 저작에 관해서는 @제2장 각주 4 참조.

제8장

이원론의 쟁점 주제

제8장

이원론의 쟁점 주제

이제까지는 고전 상키야의 이원론을 형성하는 기본 관념과 교의의 골자를 적용하면서 고전 상키야의 사상적 배경을 섭렵했다. 이를 위해 먼저 제2장에서 이원론의 요체를 "상키야와 요가의 공유 이론"(2.3.2)으로 소개해 두었다. 이제부터는 그 요체로부터 파생된 상키야와 요가의 쟁점들을 중심으로, 이원론을 정립시킨 고유한 사상을 심층적으로 고찰할 것이다.

8.1. 전변의 인과율과 주체

모든 변화에는 원인이 있다. 그 원인을 계속 찾아 마지막으로도 도달하게 되는 최종의 근본 원인은 종파나 학파에 따라 다른 이름으로 불리며, 그것에 대한 설명도 다르다. 이원론을 주창한 상키야와 요가에서는 그 최종 원인을 근본원질 또는 제일원인으로 부르며, 흔히 원질로 통칭하기도 한다. 근본 원인으로부터 발생한 결과는 다시 원인이 되어 결과를 초래한다. 연쇄적인 이 과정과 더불어 결과도 계속 변화해 가는데, 이 같은 변화가 바로 전변이다.

전변의 인과율은 상키야 철학의 전유물이 아니라 모든 학파에서도 인정하는 공유 관념이다. 그러나 이것의 조건과 한계 또는 귀결 등에 대한 설명은 학파마다 다르다. 상키야-요가 철학의 경우에는 인중유과를 전변의 인과율로 채택한다. 이 인과율이 적용되는 대상이자 결과를 일으키는 주체는 원질이지만, 인과율의 발동은 순수정신이라는 별개의 원리가 있기 때문에 가능하다.

8.1.1. 이원론의 인중유과와 전변

1. 인중유과의 개념

인중유과에 의하면 새롭게 생성되는 것은 아무것도 없다. 결과란 이전에 잠복해 있었던 것이 개발된 상태에 지나지 않는다. 결과는 원인에 내재된 것이 현현한 것이다.[1] 예컨대 참기름은 참깨에 이미 존재해 있는 것이 압축에 의해 추출된 것이며, 쌀은 벼 속에 있던 것이 단지 탈곡에 의해 배출된 것이다.

이처럼 결과는 이미 그것의 질료인(質料因) 속에 있었고, 압축이나 탈곡과 같은 동력인들은 그 결과를 드러내는 데 원조할 뿐이다. 그러므로 원인과 결과의 본질은 동일하다. 석상(石像)은 본질적으로 그 재료인 돌덩어리와 다르지 않다. 진흙을 질료로 하여 구워 낸 항아리는 본질상 진흙과 다르지 않다. 이 같은 경우, 조각가와 도공의 기술은 오직 형상만을 조작할 뿐이고, 본래의 물질은 아무런 근본적 변화를 겪지 않은 채 동일하게 존속한다. 항아리는 물을 담을 수 있지만 진흙은 그럴 수 없다. 그러나 물질적으로 그 둘은 다르지 않다. 흙이라는 양자의 동일성은 근본적인 것이지만, 항아리나 질그릇 따위로 다양한 외형은 제각기 특정한 쓰임새에 봉사한다는 실천적 목적을 지닌다. 이와 마찬가지로 파괴도 완전한 절멸이 아니다. 파괴는 단지 형태의 변화일 뿐, 그 형태의 본질은 소멸하지 않고 그대로 존속한다.

변화의 전체 과정은 근본 원인 자체 내에 국한되며, 그 한계를 넘어설 수 없다.

1 "결과란 미세한 것들이 형체를 갖춘 것이다." (sūkṣmāṇāṃ mūrttilābhaḥ kāryam | YD ad. SK 3. Wezler & Motegi(1998:62, 10-11행)

전개된 결과의 본질이 그 원인의 본질과 다를 수는 없다. 전개된 것의 본질은 원인으로부터 분리되지 않고 그 원인 속에 내재한다. 그러나 전개된 것은 다양한 형태로 변화한 결과이기 때문에 원인과는 차별된다. 여기서 그 결과는 위반할 수 없는 일정한 순서에 따라 변형되면서 최대한으로 확장된다. 결과가 이처럼 확장되는 것을 '전변'이라고 한다.

원인과 결과의 관계를 이와 같이 설명하는 인과율이 인도철학에서 주장하는 인중유과이다. 결과를 내포하는 근본 원인만으로 세계를 설명하면 일원론이 되지만, 근본 원인과는 다른 별개의 원리를 하나 더 설정하면 이원론이 된다. 상키야 철학에서는 순수정신을 이 별개의 원리로 설정한다. 순수정신은 항상 수동적이며 결코 작자로는 간주되지 않는다. 모든 활동은 3질을 그 성분으로 갖는 원질에 귀속된다. 따라서 원인과 결과는 3질의 양태 차이일 뿐이다. 인과관계를 이렇게 설명하는 특이한 이론이 상키야의 인중유과론이다. 여기서는 불교와 니야야 학파와는 달리, 결과는 실재이며 항상 존재한다고 주장한다. 결과는 완전히 새롭게 생성된 것이 아니라, 생성되기 전에도 잠재 형태로 그 원인 속에 존재해 있다. 『상키야송』에서는 원인이 이렇게 존재하는 이유를 다섯 가지로 제시한다.

> ①[원인 속에] 존재하지 않는 것은 [결과로서] 생성되지 않기 때문에, ②[결과는 목적에 부합하는] 질료인을 취하기 때문에, ③모든 것(결과)이 [모든 것으로부터] 발생할 수는 없기 때문에, ④능력 있는 자에게 생성이 가능하기 때문에, ⑤원인은 [결과와 같은] 성질이기 때문에, [원인 속에 이미] 결과가 존재한다.[2]

이에 대한 주석자들의 해설에 따르면 다섯 가지의 이유는 다음과 같이 이해된다.

....

2 SK 9. 이것의 원문과 실례는 @제2장 각주 135 참조.

첫째, 무(無)로부터는 어떠한 결과도 생성되지 않는다. 토끼뿔과 같은 비실체는 결코 존재할 수 없다. 특히 Vācaspati는 "화가가 수천 명 모이더라도 푸른 색을 노랗게 만들 수는 없다."[3]라고 강변한다.

둘째, 결과가 있기 위해서는 특정한 원인이 질료인으로서 필요하다. 적절한 재료에 의지해야만 어떤 결과가 발생할 수 있다. 이는 원인과 결과 사이에 일정한 관계가 있어야 함을 의미한다. 경우가 이러하다면, 원인이 결과와 관계를 형성하고 있을 때라야 원인은 결과를 일으킨다. 그러나 결과가 존재하지 않는다고 주장한다면, 원인과의 관계도 없을 것이므로, 결국 아무런 생산물도 없게 될 것이다.

셋째, 결과는 모든 것으로부터 생기는 것은 아니다. 원인과 그 결과 사이의 관계가 불필요한 것으로 간주된다면, 우리의 공통 경험과는 어긋나게 모든 것이 모든 것으로부터 나오게 될 것이다.

넷째, 결과를 낳는 능력 있는 원인이 필요하다. 미망사 학파는 원인에는 특수한 결과를 일으키는 어떤 잠재력이 갖추어져 있다고 주장한다. 그러나 상키야 학파는 그 잠재력도 특정한 결과에 유효한 능력을 갖추고 있어야만 결과를 생산하도록 도울 수 있다고 주장한다. 그렇지 않다면 모래로부터도 기름을 짜 낼 수 있을 것이다. 다시 말해서 원인과 결과는 상관되어 있으므로 그 결과에 적합한 잠재력(능력)을 갖지 않는 원인으로부터 결과는 나올 수 없다.

다섯째, 결과는 본질적으로 원인과 다르지 않다. 천은 본질상 실과 다르지 않다. 따라서 결과가 있다면 반드시 원인이 있다.

이상과 같은 다섯 가지 이유는 모두 결과는 항상 존재하며, 산출되기 이전에도 그 원인 속에 감추어져 있다는 결론을 도출한다. 그러므로 결과는 전혀 새로운 실체가 아니며, 새롭게 생성되는 것은 아무것도 없다.

3 na hi nīlaṃ śilpi-sahastreṇapi pītaṃ kartuṃ śakyate | TK 65 ad. SK 9. Jha(1965) p. 44, 3-4행.

2. 전변의 개념

전변은 인중유과를 해명하는 데서 불가결한 필수 개념이다. 물질을 구체적으로 형성하는 5조대요소는 새로운 원리를 산출하지 않지만, 끊임없는 변화의 상태로 지속한다. 이 동적 상태는 3질 중 동질의 양상이며, 한 순간도 변화가 없는 정지 상태로 있을 수는 없다. 이 때문에 그것들은 끊임없이 변하면서 다양한 모습을 드러낸다. 이렇게 끊임없이 변하는 것이 바로 전변이다.

상키야 철학에서 말하는 전변이란 근본 원인에 본래 내재해 있는 것이 확산된 상태로 점진적으로 발전하는 것을 의미한다. 이는 개발되지 않거나 덜 개발된 것을 좀 더 개발하는 과정이며, 또는 통합되어 있거나 덜 차별되어 있는 것을 좀 더 차별하는 과정이다. 그러므로 전변은 불시에 나타나는 것이 아니며, 갑작스런 비약도 내포하지 않는다.[4] 전변의 전체 과정은 신속한 연속으로 진행된다. 이 때문에 그 다양한 전체 단계에서 출현 순서를 항상 모두 지각할 수 있는 것이 아니다.

『요가주』의 설명에 따르면 전변은 실체의 이전 양상이 사라지고 다른 양상이 출현하는 것이지만, 실체 자체는 항존한다.[5] *Yuktidīpikā*에서도 이에 동의하여 전변을 다음과 같이 정의한다.

> 본질로부터 벗어나지 않는 실체가 이전의 것(속성)을 버린 직후 다른(새로운) 속성을 얻을 때, 이것을 전변이라고 말한다.[6]

....

4 Vācaspati는 전변의 과정을 인도에서 흔히 볼 수 있는 반얀나무를 예로 들어 다음과 같이 설명한다. "실로 반얀나무(Nyagrodha)의 씨앗들은 결코 땅속에서 불쑥 반얀나무를 내뿜는 것이 아니라, 토양과 수분과 열이 함께 어우러짐으로써 싹과 잎과 원줄기와 곁가지 따위가 순차적으로 연이어 발생하여, 울창한 신록의 이파리와 뒤얽혀 축 늘어진 가지와 줄기로 맹렬한 태양열의 대열을 감당한다. 이와 같이 여기서도 이치와 학문(전통적 교의)에 의해 확립된 [전변의] 순서를 인정해야 한다." (na khalu nyagrodha-dhānā ahnāyaiva nyagrodha-śākhinaṃ sāndra-śādvala-dala-jaṭila-śākhā-kāṇḍa-nipīta-mārtaṇḍa-caṇḍātapa-maṇḍalam ārabhante kiṃ tu kṣiti-salila-tejaḥ-saṃparkāt paraṃparayopajāyamānāṅkura-patra-kāṇḍa-nālādi-krameṇa | evam ihāpi yukty-āgama-siddhaḥ krama āstheya iti | TV 2.19. Bodas 1917:87, 20-23행)

5 "존속하는 실체의 이전의 속성이 사라질 때(정지할 때) 다른 속성이 일어나는(발동하는) 것이 전변이다." YBh 3.13. 원문은 @제2장 각주 241.

6 jahad dharmāntaraṃ pūrvam upādatte yadā param | tattvād apracyuto dharmī pariṇāmaḥ sa ucyate || YD ad. SK

이에 따르면 본질의 변화가 없는 채로 원인이 변형된 양태가 전변이다. 산스크리트의 어원을 설명하는 *Nirukta*에서도 Vārṣyāyaṇi의 교설을 인용하여, "전변한다는 것은 본질을 상실하지 않고 변형되는 것이다."[7]라고 전변을 정의한다. 여기서 전변은 존재 양태의 변화 과정을 설명하는 여섯 가지 변형에 포함된다. 여섯 가지 변형은 ①발생, ②현존, ③전변, ④성장, ⑤쇠퇴, ⑥소멸이다.

> Vārṣyāyaṇi는 존재 양태의 변형은 여섯이라고 설한다. 실로 그는 다음과 같이 말했다. "발생하고, 현존하고, 전변하고, 성장하고, 쇠퇴하고, 소멸하는 것이다. ①발생한다는 것은 전생(앞 단계)이 [현생으로] 개시됨을 선언하는 것이다. 이것은 내생(다음 단계)을 시인한 것도 아니고 부인한 것도 아니다. ②현존한다는 것은 발생한 존재를 긍정하는 것이다. ③전변한다는 것은 본질을 상실하지 않고 변형되는 것이다.[8] ④성장한다는 것은 자신의 사지(四肢)가 증진하거나 [자신과] 관련된 대상들이 증진하는 것이다. 즉 승리로써 성장하거나 신체로써 성장하는 것이다. ⑤쇠퇴한다는 것은 바로 이것(성장)에 의한 설명과는 상반하는 것이다. ⑥소멸한다는 것은 내생(다음 단계)이 개시됨을 선언하는 것이다. 이것은 전생(앞 단계)을 시인한 것도 아니고 부인한 것도 아니다."
>
> ⑦이 밖에 다른 존재 양태의 변형들은 오직 이것들(여섯 가지)의 변형이다.[9]

....

16c. Wezler & Motegi(1998) p. 163, 12-13행.

7 원문은 다음 각주 9의 ③.

8 *Nirukta*를 최초로 영역한 Sarup(1921:6)는 이 구절을 "전변은 소멸하지 않는 존재의 요소들이 변형된다는 것을 함축한다."라고 번역하여, 본질(tattva)를 '요소들'로 해석했다. 그는 또한 여기에 Yāska가 '상실하지 않고'(apracyavamāna)라는 말을 사용한 의도는 먼저 있는 것(=결과의 원인이 되는 것)에 변형을 적용해야 한다는 데 있다고 부연했다. 이 같은 그의 해석에 따르면 Yāska는 원인에 있는 본질적 요소, 즉 원인에 함축된 속성이 변형하는 것을 전변이라고 설명한 것으로 이해된다. 전변을 이렇게 정의한 것은 상키야-요가 철학에서 정의하는 전변과 다르지 않다.

9 ṣaḍ bhāvavikārā bhavantīti vārṣyāyaṇiḥ | jāyate 'sti vipariṇamate vardhate 'pakṣīyate vinaśyatīti | ①jāyata iti pūrvabhāvasyādim ācaṣṭe | nāparabhāvam ācaṣṭe na pratiṣedhati | ②astīty utpannasya sattvasyāvadhāraṇam | ③vipariṇamata ity apracyavamānasya tattvād vikāram | ④vardhata iti svāṅgābhyuccayam | sāṃyaugikānāṃ vārthānām | vardhate vijayeneti vā | vardhate śarīreṇeti vā | ⑤apakṣīyata ity etenaiva vyākhyātaḥ pratilomam

여기서 전변은 여섯 가지 변형을 거치는 존재 양태의 하나로 열거되지만, 변형이라는 일반성으로 보면 여섯 가지 전체가 전변이라는 개념에 포괄된다. 파탄잘리의 『대주석』에서 다음과 같이 서술한 것은 여섯 가지처럼 다양하게 변형해 가는 전변의 실상을 간명하게 표현한 것으로 이해할 수 있다.

> 이 세상에서는 실로 어떠한 것도 자신의 본체에서 한 순간이라도 정지하지 않는다. 이것은 성장하는 데까지 성장하든가 쇠퇴를 피할 수 없게 된다.[10]

여기서 말하는 '성장'과 '쇠퇴'는 상키야 철학의 전변 개념으로 말하면 '전개'와 '환멸'에 해당한다. 상키야에서 말하는 전변이란 원리들이 근본원질로부터 전개되어 다시 근본원질로 회귀하는 환멸의 과정이다. 그러므로 전변하고 있는 실체들은 소멸한 것처럼 보일 뿐이고 결코 절멸하지는 않는다. 『대주석』의 파탄잘리는 Vārṣyāyaṇi가 열거하는 것과 같은 변형들을 설명하지 않지만, 전변설은 『대주석』의 여러 곳에서 종종 성찰되어 있다. 그리고 그의 성찰에서는 상키야의 경우와 같은 전변 개념을 감지할 수 있다. 예를 들어 그는 『대주석』의 서두에서부터 외형이 아무리 다양하게 변하더라도 실체 자체는 본래 그대로 존속한다는 것을 다음과 같이 상술한다.

> 실체는 실로 영원히 본유적인 양상을 지닌다. 어떻게 이것을 알 수 있는가? 세상에서 그와 같이 지각되기 때문이다. [예를 들면] 흙[가루]는 그 낱낱의 양상과 결합하여 흙덩이가 된다. 흙덩이의 양상을 폐기하고 나서 물병을 만든다. 물병의 양상을 폐기하고 나서 항아리를 만든다. 이와 마찬가지로 금

....

| ⑥vinaśyatīty aparabhāvasyādim ācaṣṭe | na pūrvabhāvam ācaṣṭe na pratiṣdhati ‖ 2 ‖ ⑦ato 'nye bhāvavikārā eteṣām eva vikārā bhavantīti ha smāha | *Nirukta* 1.2-3. Sarup(1927) p. 29, 6-12행.

10 na hīha kaścid api svasmin nātmani muhūrtam apy avatiṣṭhate | vardhate yāvad anena vardhitavyam apacayena vā yujyate | 『대주석』 1.2.64, Vārttika 53. Kielhorn(1985) p. 246, 5-7행.

[가루]는 그 낱낱의 양상과 결합하여 금덩이가 된다. 금덩이의 양상을 폐기하고 나서 금가락지를 만든다. 금가락지의 양상을 폐기하고 나서 금팔찌를 만든다. 금팔찌의 양상을 폐기하고 나서 금각(金閣)을 만든다. 또한 회귀하는 금덩이는 다시 다른 양상과 결합하여 당신의 팔찌에서 카디라(Khadira)나무의 숯불과 같은 색깔이 될 것이다. 양상은 계속 다르게 되지만 그럼에도 실체는 바로 그대로 있다. 양상이 파괴되더라도 실체만은 존속한다.[11]

『대주석』의 저자는 이와 관련하여 영원성을 두 가지로 언급하기도 하는데, 이는 영원성을 가변과 불변이라는 둘로 설명하는 『요가주』의 관념과 현저한 유사성을 갖는다.[12] 앞서 인용한 여섯 가지 변형도 실체의 본질은 파괴되지 않는다는 전변의 원리를 과거–현재–미래로 확장하여 상술한 것이다. 여기서는 여섯 가지 변형 중에서 첫째인 발생(①)을 '전생(앞 단계)의 개시'로 정의하고, 변형의 마지막인 소멸(⑥)을 '내생(다음 단계)의 개시'로 정의했다. 이에 따라 소멸이 실체의 완전한 파괴, 즉 절멸을 의미하지는 않는다. 왜냐하면 실체가 존재하는 양태는 시간적 추이에 따라 변하더라도 실체의 본질은 변하지 않고 존속하기 때문이다. 나중에 고찰할 『요가주』에서는 이 같은 관념으로 전변을 상술한다. 그리고 『마하바라타』와 『불소행찬』에 따르면, 여섯 가지 변형들 중의 일부가 상키야에서는 현현된 실체의 특징으로 언급된다.[13]

....

11 dravyaṃ hi nityam ākṛtir nityā | kathaṃ jñāyate | evaṃ hi dṛśyate loke | mṛt kayācid-ākṛtyā yuktā piṇḍo bhavati | piṇḍākṛtim upamṛdya ghaṭikāḥ kriyante | ghaṭikākṛtim upamṛdya kuṇḍikāḥ kriyante | tathā suvarṇam kayacid-ākṛtyā yuktaṃ piṇḍo bhavati | piṇḍākṛtim upamṛdya rucakāḥ kriyante | rucakākṛtim upamṛdya kaṭakāḥ kriyante | kaṭakākṛtim upamṛdya svastikāḥ kriyante | punar āvṛttaḥ suvarṇa-piṇḍaḥ punar aparayākṛtyā yuktaḥ khadirāṅgāra-savarṇo kuṇḍale bhavataḥ | ākṛtir anyā cānyā ca bhavati dravyaṃ punas tad eva | ākṛty-upamardena dravyam evāvaśiṣyate || 『대주석』 1.1.1. Kielhorn(1985) p. 7, 11-18행.

12 "그런데 이 영원성은 불변의 영원성과 가변의 영원성이라는 두 가지이다. 그 중에서 불변의 영원성은 순수정신에 속하고, 가변의 영원성은 질들(3질)에 속한다. 변형되고 있더라도 본질이 파괴되지 않는 그것이 영원한 것이다." YBh 4.33. 정승석(2020) pp. 284-5. 『대주석』에서 설명하는 영원성은 @제9장 각주 160 참조.

13 Mbh 12.236.30-1: "태어나고(=발생), 성장하고, 늙어 가고(=쇠퇴), 죽는(=소멸) 네 가지 특징을 동반하는 것을 곧 현현이라고 말한다. 그러나 이것과 반대의 것은 미현현으로 불린다."

이 밖에 *Nirukta*의 다른 부분에는 3질에 대한 간략한 논의가 있다. 특히 주목할 만한 것은 어떤 다른 자료로부터 인용했을 가능성이 있는 시구에서 상키야, 요가, 제25원리인 순수정신이 언급된다는 점이다.[14]

8.1.2. 원질의 세 성분, 3질

인중유과론의 근거가 되는 3질은 상키야 철학의 우주관을 반영한 것으로도 주목할 만하다. 3질설로 우주를 설명하는 데 견지한 우주적 진화라는 관점은 에너지의 보존, 변환, 소실의 법칙에 의거한 것이기도 하다. 원질은 우주의 배후에 있는 궁극적 원리이다. 미현현, 무차별, 편재, 불멸, 무지 등의 개념이 적용되는 원질은 guṇa(질)로 불리는 3요소를 성분으로 갖는다.

1. 서로 의존하는 3질의 고유 기능

*Yuktidīpikā*에 의하면 3질은 원자를 구성하는 양자(量子)와 같은 요소적 실체라기보다는 '기능하는 능력'이라고 말할 수 있다.[15] 『요가주』에서는 이것들의

....

BC 12.22: "태어나고(=발생) 늙어 가고(=쇠퇴) 고통받고 죽는(=소멸) 것이 바로 현현이며, 이와는 반대이기 때문에 미현현이라고 알아야 한다." 괄호는 여섯 가지 변형에 해당하는 개념. 원문은 @ 제6장 각주 84.

14 "상키야를 요가로 수습(修習)하든가 순수정신을 제25[원리]로 수습해야 한다." (sāṃkhyaṃ yogaṃ samabhyasyet puruṣaṃ vā pañcaviṃśakam ‖ *Nirukta*, Pariśiṣṭa 13.19. Sarup 1927:230, 24행)
한편 *Nirukta*에서는 이에 앞서 3질에 관해 다음과 같이 서술하는데, 이는 후술할 상키야의 3질설에서 거의 통용되지 않는 생소한 관념이다.
"더욱이 이 위대한 자아는 순질과 동질과 암질이라는 세 가지로 이루어진다. 청정한 순질은 중앙에, [각각] 욕망과 혐오인 동질과 암질은 양쪽에 서 있다. 무지의 암질은 정화되고 있는 자의 위대성을 돋보이게 함으로써 '몸을 아는 자'(순수정신)의 별개성에 이바지한다." (athaiṣa mahān ātmā trividho bhavati | sattvaṃ rajas-tama iti | sattvaṃ tu madhye viśuddhaṃ tiṣṭhati | abhito rajas-tamasī iti kāma-dveṣas tama ity avijñātasya viśudhyato vibhūtiṃ kurvataḥ kṣetrajña-pṛthaktvāya kalpate | *Nirukta*, Pariśiṣṭa 13.19. Sarup 1927:229, 10-12행)
Chakravarti(1975:260)에 의하면 *Nirukta*에서 이러한 내용을 수록한 Pariśiṣṭa장은 후대에 추가되었을 것으로 보인다.

15 "모든 것의 본성을 형성하는 순질과 동질과 암질에게는, 차이의 유무를 떠나 존재하는 그것만의 특징을 축적하고 회귀와 전변으로 기능하여 극미에 근접하는 미세한 능력들이 구비되어 있다."

고유한 양상을 말할 때는 항상 유동의 상태에 있는 것으로 표현한다.[16] 그러나 우리의 체험에는 현현된 대상만이 출현할 뿐이고, 경험 세계를 이루는 이 대상들의 기체(基體)는 항상 인식의 영역을 초월해 있다. 이는 3질의 본래 모습이 매우 미세하기 때문이며, 그 결과만이 현현된다. *Yuktidīpikā*에서는 이 점을 다음과 같이 설명한다.

> 최고의 성현(카필라)도 능력일 뿐인 [본래] 상태가 아니라 [3] 질들의 결과만을 지각할 수 있다. [그 본래 상태는] 인식되지 않기 때문이다.[17]

이 설명에 따르면, 3질은 인식할 수 없는 상태로 존속하기 때문에 상키야의 개조인 카필라마저도 잠재 상태로 있는 3질 자체가 아니라 3질의 결과만을 경험할 수 있다. 이미 간략히 대비하여 소개한[18] 3질의 고유한 기능은 다음과 같이 차별된다.

> 순질(sattva): 현현이라는 특성으로 현상을 조명하는 성질이다. 이것이 스스로 현현하지 않으면 순수정신은 어떠한 인식도 경험할 수 없다. 순수정신은 투명하게 된 통각에게 자신의 영상(정신 활동)을 투사하는데, 통각에 순질이 우세할 때만 통각의 투명이 가능하다. 따라서 순수정신의 모든 정신 활동에는 순질이 매체로서 봉사한다.
> 동질(rajas): 동력이라는 특성으로 운동을 일으키고, 저항을 극복하여 작업하는 성질이다.

....

(viśvātmakānāṃ sattva-rajas-tamasām apagata-viśeṣāviśeṣāḥ sanmātra-lakṣaṇopacayāḥ pratinivṛtta-pariṇāma-vyāpārāḥ parama-vibhāgam upasaṃprāptāḥ sūkṣmāḥ śaktayaḥ | YD ad. SK 9. Wezler & Motegi 1998:109, 15-17행)

16 "[3] 질의 양상은 동요라고 한다." (calaṃ ca guṇa-vṛttam iti | YBh 2.15)

17 paramarṣer api guṇānāṃ kāryam eva pratyakṣam na śaktimātreṇāvasthānam asaṃvedyatvāt | YD ad. SK 13. Wezler & Motegi(1998) p. 138, 15-16행.

18 <표 7> 및 @제2장 각주 143 참조.

암질(tamas): 질량적 요소이며, 무기력이라는 특성으로 순질과 동질의 기능을 방해하는 성질이다.

이 같은 3질은 물질세계의 모든 현상과 실체에 적용된다. 다만 쉽게 공감할 수 있도록 인간의 몸과 마음으로 예시하자면, 고요하고 평온하며 쾌적한 상태는 모두 순질에서 기인한다. 자극과 충동, 운동과 기력 따위의 모든 힘은 동질에서 유래한다. 나른하거나 무기력하고, 침체되거나 흐릿한 상태는 모두 암질에서 기인한다.

다음으로 물리적 현상에서 만약 동질만이 작용한다면, 동력과 활기로 충만하여 모든 것이 유동하는 이 세계에는 고정된 구조물이 있을 수 없게 될 것이다. 이 상태를 저지하여 고정시킬 수 있는 것은 중력으로 작용하는 암질이다. 여기서 유동과 고정의 기능을 조명하여 적절히 중재하는 자연 법칙으로 작용하는 것이 순질이다. 만약 순질의 기능이 작동하지 않으면 동질과 암질은 우연적으로 작용하여 세계에는 무질서가 난무하게 된다. 순질의 조명력은 태양이 계절의 순환이라는 질서를 유지하는 것과 같다.

이처럼 세계의 균형은 3질의 상의(相依) 작용으로 유지될 수 있다. 3질은 서로 의존하는 불가분리의 상관성으로 작용한다. 인간의 육체와 정신뿐만 아니라 모든 실체에서 셋 중의 하나는 우월하고 다른 둘은 종속한다. 다른 둘은 어느 하나의 기능을 상쇄하지 못하고, 오히려 어느 하나를 협조한다. 3질은 서로 대립하면서도 단일한 목적을 위해 협력할 수 있다. 『상키야송』에서는 이것을 "등(燈)처럼 목적을 위해 작용한다."[19]라고 비유한다. 심지와 기름은 불의 작용과는 대립하지만 불과 접촉할 경우에도 조명이라는 단일한 목적을 위해서 협력하듯이, 3질은 서로 모순하는 속성을 지니면서도 단일한 목적을 위해 협력할 수 있다. 그렇다면 상이한 기능을 가진 3질이 어떻게 하나의 목적을 위해 협력할 수 있는가?

19 SK 13. @제2장 각주 140.

이러한 의문에 대해 *Yuktidīpikā*의 저자는 Vārṣagaṇya의 말씀을 인용하여 다음과 같이 설명한다.

> 거룩한 Vārṣagaṇya는 이렇게 읊는다. "양태와 작용에서 우세한 것들끼리는 상충한다. 그러나 일반적인(약한) 것들은 우세한 것들과 함께 발동한다."(YBh 2.15 ; 3.13) 이는 예를 들면 요리를 하거나 땀을 흘려야 하는 일들에서는 물과 불이, 미묘한 형상을 드러내는 데서는 그림자와 햇볕이, 자식들의 단련에는 추위와 더위가 [함께 작용하는 것과 같다.][20]

이 설명에 따르면, 대립하는 것들이 똑같이 강력할 때는 서로 충돌한다. 그러나 특정한 목적을 위해서는 대립하는 것들이 약자와 강자로서 함께 작용하여 결과를 생산한다. 상이한 3질도 이 같은 협력 관계로 작용한다.

2. 3질설의 적용

『상키야송』에 의하면 통각이 발휘하는 고유한 기능은 8종이며, 이 8종은 순질에서 유래한 4종과 암질에서 유래한 4종으로 구성된다.[21] 전자는 선(善), 지혜, 무욕(=이욕), 자유자재이다. 이와는 정반대의 것이 후자이므로, 통각은 다음과 같이 상반하는 여덟 기능을 발휘한다.

선(善) ↔ 악(惡), 지혜 ↔ 무지, 무욕 ↔ 탐착, 자유자재 ↔ 부자유

상키야 철학에서 '통각의 8정태'로 불리는 이러한 여덟 가지는 Vārṣagaṇya가 말한 '양태와 작용' 중에서 양태의 의미를 제시한 것으로 해석된다. 그러므로 Vārṣagaṇya가 말한 '양태'란 통각을 형성하는 3질 중 순질과 암질이 각각 4종으로

....

20 tathā ca bhagavān vārṣagaṇyaḥ paṭhati —"rūpātiśayā vṛttyatiśayāś ca virudhyante | sāmānyāni tv atiśayaiḥ saha pravarttante"(YBh 2.15 ; 3.13) | tad yathā —jalāgnī pacanīya-svedanīyeṣu kāryeṣu, chāyātapau ca sūkṣmarūpa-prakāśane, śītoṣṇe ca prajāvasthitau | YD ad. SK 13. Wezler & Motegi(1998) p. 137, 14-18행.

21 SK 23. @제2장 각주 174.

발동하는 총 8종의 정태를 가리킨다. 그렇다면 Vārṣagaṇya가 말한 '작용'이란 3질 중 동질의 기능을 가리킨 것으로 이해할 수 있다. 이 작용은 결국 인간의 정서를 안락과 고통과 미혹으로 부추기는 심리적 파동이다.

양태와 파동이 모두 강렬한 상태에 있을 경우에는 양자가 서로 대항한다. 예를 들어 선과 악이 대등하게 활성화할 때는 선행도 악행도 이루어질 수 없다. 그러나 한쪽이 다른 쪽에 의해 압도되면, 약한 쪽이 선택할 수 있는 대안은 강한 쪽과 협력하는 것뿐이다. 하나가 우세하면 다른 것은 이에 종속하게 된다. 그래서 약자는 강자의 기능을 돕지 않을 수 없게 된다. 이 관계를 다음과 같이 대립하는 짝들에 적용하여 설명할 수 있다.

물과 불은 상반하지만, 양자의 합동 작용으로 끓이고 익히는 조리의 목적이 달성된다. 음식을 조리할 때 불이 강렬하면 물은 이에 예속된다. 불과 밀접하게 연합하여 물도 극히 뜨겁게 됨으로써 국과 밥이라는 목적을 성취하게 된다. 물의 밀접한 협력 없이 불 혼자서는 결코 바라는 목적을 달성하지 못한다. 반면에 양자가 똑같이 강력하다면, 한쪽은 다른 쪽을 붕괴하려고 시도하여 아무런 협력 작용도 없게 될 것이다.

빛은 그림자와 대립한다. 그러나 형체가 미세한 대상을 눈으로 볼 수 있는 것은 양자의 협력 작용 덕분이다. 미세한 대상을 지각할 수 있는 특수 조건은 빛의 노출이지만, 눈은 강한 광선으로부터 보호되어야 그 대상을 지각할 수 있다. 만약 그 대상과 눈이 똑같이 강한 햇빛이나 유사한 다른 빛에 노출된다면, 안구는 눈부시게 되어 미세한 대상을 지각할 수 없게 될 것이다. 따라서 그림자는 빛과 상반하지만 시각 기능에 협력한다.

이처럼 3질 중의 둘이 결코 똑같이 활성화하지는 않는다. 3질설에서는 두 가지의 속성이 똑같이 활성화한다는 것을 인정하지 않는다. 3질 중의 하나가 최고도로 개발된 특별한 현상에서 나머지 둘에 일어날 수 있는 상황은, 하나는 잠복 상태가 되고 다른 하나는 그 밑에 잠복하는 것이다. 한쪽의 능력은 결코 다른 쪽의 능력으로 혼입되지 않는다. 이 3질의 3자 조합은 무수하다. 그 셋을 다양하게 묶는 조합의 변수는 헤아릴 수 없다. 이에 따라 그 셋의 조합으로부터는 어떠한 것이든 생성될 수 있다. 특수한 양상은 그 중에 우세한 것이 작용하고 있는 상태이다.[22] 『요가주』에서는 이 같은 3질의 작용을 다음과 같이 상술한다.

> 비추는 성향(조명성)이란 순질, 활동하는 성향(활동성)이란 동질, 정체하는 성향(정체성)이란 암질(暗質)을 가리킨다.
> 이 질들(3질)은 별개이면서도 서로 영향을 주고받고 전변하며, 결합과 분리의 속성을 가지며, 상호 의존으로 유형의 양태를 얻으며, 서로 주종(主從)의 관계에 있을지라도 파괴되지(뒤섞이지) 않는 독자적인 힘을 가지며, 같은 종류나 다른 종류에 속하는 다양한 힘을 따른다. [또한 그것들은] 주된 것의 경우에는 [거기서] 현존하는 것들로서 지각되며, 종속적인 것의 경우에도 오직 작용에 의해, 주된 것 속에 내재하여 실존하는 것들로서 추리된다.[23]

여기서는 3질은 저마다 독자적인 힘을 가지며, 그 하나가 우세하다고 해서 다른 둘이 소멸하지는 않는다고 역설한다. 하나가 강력할 때 다른 둘은 강력한 그 하나 속에 내재하는 형태로 잠복한다. 이 점에서 3질설은 에너지 또는 질량 보존의 법칙과 유사한 것으로 이해될 수도 있다. 이 법칙에 따르면 우주 자체에 나타나는 모든 변형은 양적으로 우주의 총 에너지와 동일하게 유지된다. 이것을 인중유과론의 3질설로 환언하면, "결과의 총합은 원인의 총합과 동일하다."라고 말할 수 있다. 여기서 원인이란 3질을 가리킨다. 다음과 같은 『요가주』의 설명에 의하면, 3질은 발생과 소멸이 없으므로 우주의 형성과 함께 존재하며, 3질의 총합이 곧 우주이다.

....

22 『요가주』에서는 이 점을 다음과 같이 간결하게 설명한다.
"모든 것은[3질의] 모든 양태를 지니게 된다. 그러나 이것들(모든 것)의 차이는 종속과 지배의 상태로 결정된다." (sarve sarvarūpā bhavanti | guṇa-pradhāna-bhāva-kṛtas tv eṣāṃ viśeṣa iti | YBh 2.15. 정승석 2020:387_13)

23 YBh 2.18. 위의 책, p. 121.

> 그러나 자신을 모든 속성에 들어맞게 하는 질들(3질)은 소멸하지도 않고 발생하지도 않지만, 질들(3질)과 결부되어 과거와 미래, [즉] 지나감과 도래함을 지닌 바로 그 현현들에 의해 발생과 소멸의 속성을 갖는 것처럼 보이게 된다.[24]

여기서 말하는 '모든 속성'이 3질의 다양한 양태를 구성한다. 시간상으로 이것들은 잠복 상태인지, 활성화 상태인지, 근본 원인으로 흡수되는지에 따라 각각 미래, 현재, 과거로 불린다. 이 양상들이 존재의 출현과 환멸이다. 3질은 자신들끼리 합치하므로 늘어나지도 않고 줄어들지도 않는다. 그것들 사이에는 어떤 것은 현현하고 다른 것들은 미현현으로 남는 일이 발생할 뿐이다. 그러나 자명한 사실은 현현과 미현현을 모두 고려하면 질량(≒암질), 에너지(≒동질), 조명(≒순질) 등의 총량이 항상 일정하게 유지된다는 것이다. 그러나 이와 같이 보이지 않는 것은 현상적 외형들 때문이다. 모든 것은 3질에 의해 지탱되지만, 한쪽의 속성을 다른 쪽에 속한 것으로 잘못 생각하게 된다. 이는『요가주』의 비유처럼 어떤 사람의 소들이 죽는 것을 보고서 그 사람을 궁핍한 사람이라고 말하는 것과 같다.[25] 이 비유에서 소들은 소유자와 전혀 다른 것임에도 소들의 죽음에서 발생하는 궁핍이 그에게서 기인한 것으로 간주된다.

그러나 일상적 삶의 현실을 고려하면, 소유물의 속성을 소유자의 탓으로 돌리는 것이 터무니없는 것은 아니다. 앞에서는 3질설을 과학의 법칙과 상응한 것으로 해석해 보았지만, 3질설은 순전히 형이상학에 속하므로 과학적 이론으로 간주될 수는 없다. 3질설은 이보다는 인간의 심리적 측면에 적용하는 것이 더욱 적합하다. 이 점에서 상키야의 교사들이 한결같이 주장한 것은, 3질이 안락과 고통과 미혹의 인식을 일으킨다는 것이다. 주석자들은 순질과 동질과 암질이라

24 YBh 2.19. 위의 책, p. 127.

25 "예를 들어 'Devadatta는 궁핍하다. 왜냐하면 그의 소들이 죽고 있기 때문이다.'라고 말하는 것과 같다. 그의 궁핍은 그 자신의 파멸 때문이 아니라 단지 소들의 죽음 때문이라는 것은 [3질(≒Devadatta)과 현상(≒소)의 경우를 이해하는 데] 적절한 증명이 된다." YBh 2.19. ibid.

는 3질을 각각 여자와 왕과 구름에 비유하여 설명한다. *Gauḍapāda-bhāṣya*의 설명을 예로 들면 다음과 같다.

> 예를 들어 예쁘고 상냥한 여인은 [남편에게] 모든 안락의 원인이지만, 바로 그녀는 같은 남편의 다른 아내들에게는 고통의 원인이 되고,[26] 호색한들에게는 미혹을 낳는다. 이와 같이 순질은 동질과 암질이 작용하는 원인이 된다. 예를 들어, 백성을 지키고 악인을 응징하는 데 항상 노력하고 있는 왕은 선한 사람들에게 안락을 낳지만, 악한 사람들에게는 고통과 혼미를 낳는다. 이와 같이 동질은 순질과 암질의 작용을 일으킨다.
>
> 이와 마찬가지로 암질은 덮는 성질의 본성으로 순질과 동질의 작용을 일으킨다. 예를 들어 하늘을 덮은 구름은 [더위에 시달리는] 사람들에게는 안락을 낳지만, 비로 경작하는 농부들에게는 노고를 일으키고, [연인과] 헤어져 있는 사람들에게는 미혹을 일으킨다.
>
> 이와 같이 질들(3질)은 상호 작용한다.[27]

이 비유는 동일한 대상이 서로 다른 기질을 가진 여러 사람들에게 안락과 고통과 미혹의 원천이 된다는 것을 설명한다. 이와 마찬가지로 현현된 모든 실체들에는 그 세 가지 속성이 구비되어 있다. 따라서 비정신적인 모든 실체들의 궁

....

26 이 구절의 의미는 다음과 같은 *Māṭhara-vṛtti*의 설명으로 잘 드러난다.
"예를 들어 슬기로움과 정숙함과 요염함과 미모를 갖춘 여자라면 누구든지 남편 자신과 친족에게 기쁨을 낳는다. 바로 그녀가 남편의 다른 아내들에게는 고통과 미혹을 낳는다." (yathā kācit strī naya-vinaya-vilāsa-līlāvatī bhartur ātmano bandhu-vargasya ca prītiṃ janayati | saiva sapatnīṣu duḥkha-mohau janayati | MV ad. SK 12. Sharma 1994:16, 24-25행)

27 yathā surūpā suśīlā strī sarva-sukha-hetuḥ, sapatnīnāṃ saiva duḥkha-hetuḥ, saiva rāgināṃ mohaṃ janayati, evaṃ sattvaṃ rajas-tamasor vṛtti-hetuḥ |
yathā rājā sadodyuktaḥ prajāpālane duṣṭa-nigrahe, śiṣṭānāṃ sukham utpādayati duṣṭānāṃ duḥkhaṃ mohaṃ ca, evaṃ rajaḥ sattva-tamasor vṛttiṃ janayati |
tathā tamaḥ svarūpeṇāvaraṇātmakena sattva-rajasor vṛttiṃ janayati | yathā meghāḥ khamāvṛtya jagataḥ sukham utpādayanti, te vṛṣṭyā karṣakāṇāṃ karṣaṇodyogaṃ janayanti, virahiṇāṃ moham |
evam anyo 'nya-vṛttayo guṇāḥ || GB ad. SK 12. Mainkar(1972) p. 75, 14-18행.

극적 원인으로 설정된 원질은 3질을 구성 요소로 갖지 않을 수 없다. 결과의 속성들은 원인에도 존재한다는 것이 『상키야송』에서 교시하는 인중유과론이기 때문이다.

8.1.3. 원질의 인과 작용

상키야의 인과론에 의하면, 원인보다 더욱 개발된 것이 결과이다. 결과일지라도 더 진행된 자신의 현현에 관해서는 원인이 된다. 예를 들어 진흙 덩어리는 5조대요소 중 지(地)의 구성물인 흙의 결과이지만, 이것으로 구현된 항아리에 대해서는 원인이 된다. 이 경우에 항아리는 흙이라는 지(地)가 전변한 결과이다. 흙과 항아리는 지(地)라는 동일한 속성을 갖지만, 흙이라는 미세한 상태는 원인이 되고, 항아리라는 조대한 상태는 결과가 된다. 이 같은 인과 교환의 반복 과정이 전변이다.

1. 최종 원인의 상정과 논증

이제 전변이라는 인과 작용에서 원인을 계속 찾아 나가면, 조대한 것으로부터 미세한 원인을 추적하는 소급 과정은 무한정으로 계속될 수 있다. 이 때문에 상키야에서는 이러한 무한소급을 피하기 위해 원인이 전혀 전개되지 않게 되는 최종 단계를 상정하고, 이 단계를 원질이라고 일컫는다. 이 원질은 물질적이든 정신적이든 모든 것의 자존적 원인으로서, 모든 경험적 실체의 최종 기반이다.

*Yuktidīpikā*에서는 이 문제를 더욱 형이상학적으로 취급하여, 원인과 결과가 본체론적으로는 다르지 않다고 설명한다. 결과란 차별되지 않고 미세했던 것이 현현함으로써 구별이 발생하게 것을 지칭한다. 그러나 결과가 차별성을 상실하여 분할되지 않고 구별되지 않는 상태로 존속하게 되면, 그것은 원인으로 간주된다. 이 단계에서는 가능한 모든 차별성이 소멸하게 되고, 다양성을 낳는 모든 변화가 저지되며, 그 모든 기능이 정지한다. 전변이 정지되어 원질로 환원한 이

상태를 존재라거나 비존재라는 특성으로는 규정할 수 없다.

원질 자체는 활동과 변화가 휴지(休止) 상태로 있는 최종의 궁극적 실체이다. 이것을 존재로 규정할 수 없는 이유는 활동과 변화가 없기 때문이며, 비존재로도 규정할 수 없는 이유는 휴지 상태에서 깨어나 활동과 변화를 개시할 수 있기 때문이다. 원질의 상태에서는 모든 활동과 변화가 절대적으로 동일한 성질이고 균등하다. 이보다 더 미세한 것으로 상상할 수 있는 것은 전무하다. 『요가경』에서는 이 점을 "그런데 미세한 대상은 '표징이 없는 것'(원질)으로 끝난다."[28]라고 간결하게 교시한다. 원질의 이 궁극적 상태는 물리적이든 생리적이든 심리적이든 존재의 전체 질서 중 첫째이다. 이것은 그 이상의 원인이 없는 자존의 원인이며, 인과의 연속에서 첫째 항이다.

결과와 원인에 대한 이러한 이해는 다음과 같은 *Yuktidīpikā*의 상술에 의거한 것이다.

> "결과란 미세한 것들(3질)이 형체(한정된 형태)를 갖춘 것이며, 원인이란 특수성(차별성)이 사라진 것들이 '구분 없는 그 자체(본질)로서'(즉 3질의 본래적인 균형 상태로) 존속하는 것이다."라고 말하는 이것이 정설이다. 거기서 (원인 상태에서) [3질은] 특수성(차별성)이 소멸되어 있고, 전변의 기능이 정지되어 있고, 상호 의존을 개시하지 않고, 능력이 억제되어 있으며, 실재도 비실재도 아닌 미현현의 특징으로서 모든 변형이 균등하고, 모든 능력이 소멸하며, 존재(有)도 비존재(無)도 아닌 다른 상태에 도달해 있다. 이것들(3질)

....

28 sūkṣma-viṣayatvaṃ cāliṅga-paryavasānam ‖ YS 1.45. 이와 관련된 『요가주』의 해설은 다음 각주 참조. 여기서 '표징이 없는 것'(aliṅga)이란 용어화하기 곤란한 요가 철학의 전문어이다. 여기서 말하는 표징(liṅga)이란 '원인을 갖는다는 표징'을 가리킨다. 따라서 '표징이 없는 것'은 더 이상을 원인을 갖지 않는 원리를 상징하는 말로서, 실제로는 모든 물질 현상의 근본 원인인 원질(prakṛti)을 의미한다. 이에 따라 '표징이 없는 것'은 '분해할 수 없는 것'(Woods 1914:148)으로 이해되기도 한다. 한편 이 원질로부터 맨 처음 발생하는 원리인 통각(buddhi)은 '표징뿐인 것'(liṅga-mātra)으로 표현된다. 이것은 바로 그 원질의 표징을 갖는다는 의미를 함축하고, 실제로는 원질과 가장 밀접한 표징, 즉 '일차적 표징'을 의미한다. 정승석(2020) p. 84, n. 92 재인용.

> 과는 다른 것, 즉 [이것들보다] 더욱 미세한 다른 상태는 존재하지 않는다.[29] 이러한 [본원적] 특징을 갖는 것의 다른 상태가 결과일 것이다. 따라서 '근본원질은 비변이(변형되지 않은 것)'라고 적절하게 언급된다.[30]

여기서 *Yuktidīpikā*의 저자는 근본원질을 최종 원인으로 상정하는 것이 타당하다는 결론을 도출한다. 『상키야송』에서는 이 같은 최종 원인이 존재할 수밖에 없는 이유를 다섯 가지로 제시하는데, 이는 원질 존재의 논증에 해당한다.

> (1)개개의 것은 국한되어 있기 때문에, (2)같은 성질이기 때문에, (3)능력이 있는 것으로부터 출현하기 때문에, 또한 (4)원인과 결과는 차이가 있기 때문에, (5)만물은 차이가 없기 때문에[31]

이에 대한 주석자들의 해설을 참조하면 이 다섯 가지 이유의 취지는 다음과 같이 이해된다.

(1) 개개의 것은 국한되어 있기 때문에:

우리가 주변에서 목격하는 개개의 대상들은 모두 양적으로 한정되어 있다. 한정된 것이라면 그 어떠한 것도 현현된 이 모든 대상들의 최종 근원일 수가 없

....

29 이 구절은 위의 본문에서 인용한 YS 1.45(앞의 각주)에 상당하는 내용이며, 『요가주』에서는 이에 관해 다음과 같이 해설한다.
"그리고 창조에 역행하고 있는 것들은 존재함 그 자체이자 위대한 본질인 바로 그것에 병합된 후, 존재도 비존재도 아니고 실체도 비실체도 아니며, 비실체가 아닌 미현현으로서 '표징이 없는 것'인 바로 그 근본원질로 되돌아간다." YBh 2.19. 정승석(2020) p. 126.

30 sūkṣmāṇāṃ mūrtilābhaḥ kāryam | nivṛtta-viśeṣāṇām avibhāgātm-anāvasthānaṃ kāraṇam ity ayaṃ siddhāntaḥ | tatrāstaṅgata-viśeṣāṇāṃ nivṛtta-pariṇām-avyāpārāṇām aṅgāṅgi-bhāvam anupagacchatām upasaṃhṛta-śaktīnāṃ sarv-avikāra-sāmyaṃ sarva-śakti-pralayaṃ nissattāsattaṃ nissad-asad-avyakta-lakṣaṇam avasthāntaram upasamprāptānāṃ nāsty anyat sūkṣmataram avasthāntaraṃ yasyedaṃ pradhāna-lakṣaṇam avasthāntaraṃ kāryaṃ syāt | tasmāt susṭhūcyate mūlaprakṛtir avikṛtir iti | YD ad. SK 3. Wezler & Motegi(1998) p. 62, 10-17행.

31 (1)bhedānāṃ parimāṇāt (2)samanvayāc (3)cchaktitaḥ pravṛtteś ca | (4)kāraṇa-kārya-vibhāgād (5)avibhāgād vaiśvarūpyasya ‖ SK 15. 이에 대한 주석자들의 해설은 Chakravarti(1975) pp. 217-220 참조.

다. 근본 원인은 결과들보다 더욱 항구적이고 편재하는 어떤 것이어야 하기 때문이다. 따라서 궁극적 원인은 틀림없이 무제한의 능력을 갖추고 있다.

(2) 같은 성질이기 때문에:

모든 현현들은 서로 유사한 점이 있다. 또한 그 모두는 대체로 안락과 고통과 미혹의 특성을 타고난다. 이러한 동질성 때문에 그것들의 궁극적 근원은 안락과 고통과 미혹으로 혼합된 것임에 틀림없다.

(3) 능력이 있는 것으로부터 출현하기 때문에:

인중유과의 논리에 의하면 원인은 자신의 능력에 합당한 만큼의 결과만을 일으킬 수 있다. 이 인과의 능력이란 결과가 미현현의 단계에서는 원인 속에 있다는 사실을 가리킨다. 이 때문에 모래는 기름의 근원이 될 수 없다. 기름의 근원은 기름을 품은 씨앗이며, 이 밖의 다른 실체에는 기름이 내재하지 않는다. 마찬가지로 원질은 미현현의 단계에서 모든 결과가 내재하는 궁극적 원인이며, 그것은 모든 현현을 일으키는 데 필요한 능력을 구비한 근본 원천이다.

(4) 원인과 결과는 차이가 있기 때문에:

원인은 결과를 내포하지만, 결과와 동일하지는 않다. 항아리는 물을 담는 능력을 갖지만, 진흙 덩어리는 그럴 수 없다. 그러나 진흙 덩어리는 현현의 강도는 약하지만 항아리를 발생시킨다. 모든 결과의 최종 기체가 되는 것은 미현현이며, 이것을 원질이라고 한다. 다만 이에 대해서는 다른 견해도 있으므로 논란이 발생한다.

*Jayamaṅgalā*는 "원인과 결과는 차이가 있기 때문에"라는 표현을 다른 방식으로 설명하는 다른 주석자의 견해를 언급한다. 이에 의하면, 어떤 편의를 제공하는 것이라면 무엇이나 '원인'으로 불리고, 그것을 받는 것은 '결과'로 불린다. 이 둘은 또한 서로 도움을 주고받는다. 그래서 그 주석자는 5조대요소와 창조된 존재들이 어떻게 서로의 이익을 위해 원조하는지 다음과 같은 몇 가지 예를 설명한다.[32]

32 이하의 예는 앞 장에서 인용한 Jayamaṅgalā의 해설(JM ad. SK 15, @제7장 각주 289)을 Chakravarti

첫째, 사람들은 육체 노동으로 필요한 곳에서 땅을 고르고, 그 위에 도로를 건설하고, 수로와 수조를 굴착하여 주거에 적합한 환경을 조성한다. 그들은 관개를 위해 저수지를 구축하고 빗물을 저장할 댐을 건설한다. 그렇지 않으면 지구상에서 강우가 부족한 지역들은 불모지로 바뀔 것이다.

둘째, 식물계도 대지에 어떤 유용한 편의를 제공한다. 풀들은 뿌리로 수분을 축적하여 대지에 습기를 유지시킨다. 나무들은 그늘로써 대지를 서늘하게 한다. 이 덕분에 대지로부터 풍요로움이 발생한다. 따라서 대지도 어떤 종류의 외적 도움을 받아야만 대지로부터 만족할 만한 대가를 얻을 수 있다는 것은 명백한 사실이다. 대지를 형성하는 지(地) 따위의 요소들도 이번에는 동식물이 생존하도록 그것들을 지탱하고 양육한다. 그렇지 않으면 동식물이 번성할 수 없을 것이다.

셋째, 살점이 떨어져 나간 부상을 입더라도 원래의 상태로 회복될 수 있는 것은, 그 살점을 다시 채워 주는 어떤 물질의 원조가 있기 때문이다. 그렇지 않다면 한번 입은 상처는 결코 회복될 수 없을 것이다.

넷째, 물질세계의 상호 원조는 지상에만 한정되지 않고, 더 상위의 영역에서도 관찰될 수 있다. 더위, 추위, 비, 바람과 같은 자연 현상은 이것들을 각기 관장하는 신들에 의해 적절한 시기에 출현한다. 이와 같이 신들도 인간에게 유용한 편의를 제공한다. 이번에는 인간도 공물과 기도를 바치는 것으로 신들을 달래려고 애쓴다.

다섯째, 또한 동물의 세계에서도 어떤 동물들은 탈것의 용도로 인간에게 사용되고, 다른 동물들은 쟁기질하는 데 종사한다. 그 주인들도 동물들을 사육하고, 질병이 퍼질 때마다 약을 처방하여 동물들을 치료해 준다.

이와 같은 예시는 모든 것이 사실상 모든 것을 위해 존재하며,[33] 이 상호 원조

....

(1975:218-9)가 재해석한 것이다.

33 모든 것이 모든 것의 원조를 위해 존재한다는 것은『요가주』에서도 언급되어 있다. 여기서는 목적

의 원리가 원질이라는 결론으로 귀결된다. 어떤 원리가 그 배경으로부터 작용하고 있지 않다면, 그러한 상호 유대의 원조를 설명할 길이 없다. 그 원리가 바로 원질이다.

*Yuktidīpikā*의 저자도 이 같은 상호 원조를 언급하여 유사한 언어로 거의 동일한 내용을 서술한다.[34] 상호 원조는 『상키야송』에서 3질의 작용을 설명하는 기본 관념이며, 『요가주』에도 그대로 수용되어 있다.[35] 그러나 상호 원조에 대한 *Yuktidīpikā*의 다음과 같은 결론은 *Jayamaṅgalā*의 그것과는 다르다.

> 예를 들면, 미세한 불은 오직 자력으로 미세한 빛을 만들지만, 항아리 따위를 비추기 위해서는 기름과 심지 따위의 둘을 필요로 한다. 이처럼 [3] 질들 중의 첫째 동요는 [미현현인 원질] 자신의 힘으로부터 [발생하지만,] 마하트(=통각) 따위에게 필요한 것은 [상호] 원조로부터 [발생한다.][36]

이 설명에 따르면 궁극적 원인으로 간주되는 미현현(원질)은 어떤 다른 원리의 원조가 없이 항상 자체의 힘으로 작용한다. 마치 불의 미립자가 미세한 빛을 그 자신의 힘으로 발휘하는 것과 같다. 다만 항아리나 유사한 다른 실체를 비추기 위해서는 심지와 기름의 원조가 필요하다. 이와 마찬가지로 3질의 발동은 미

....

달성의 원인을 아홉 가지로 열거하는데, '지탱의 원인'을 마지막으로 제시한다. "감관들에게는 신체가, 그것(신체)에게는 그것(감관)들이, 신체들에게는 조대요소들이, 그리고 모든 것들에게는 그것들 즉 축생과 인간과 신들이 서로 지탱의 원인이 된다. 왜냐하면 서로 유용하기 때문이다." YBh 2.28. 정승석(2020) p. 140.

34 YD ad. SK 15. 이 대목의 전문은 @제7장 각주 288.

35 SK 12(@제2장 각주 139)에서 언급한 3질의 상호 의존을 『요가주』에서는 다음과 같이 설명한다. "광휘(순질)와 활동(동질)과 고착(암질)의 성질을 지닌 통각의 속성들(3질)은 상호 원조에 의지하여, 고요하거나 격렬하거나 우둔한 관념인 바로 그 3질[의 작용]을 개시한다." (prakhyā-pravṛtti-sthitirūpā buddhi-gunāḥ parasparānugraha-tantrībhūtvā śāntaṃ ghoraṃ mūḍhaṃ vā pratyayaṃ triguṇam evārabhante | YBh 2.15.)

36 tad yathā sūkṣmo 'gniḥ sūkṣmaṃ prakāśaṃ svayaṃeva karoti | ghaṭādi-prakāśane tu tailavarttyādy apekṣate | tadvad guṇānam ādyaḥ prakopaḥ svaśaktitaḥ mahadādy-apekṣas tūpakārataḥ | YD ad. SK 15. Wezler & Motegi(1998) p. 150, 13-15행.

현현인 그 자체의 힘에서 기인하지만, 통각 이하의 다른 모든 현현은 상호 원조를 필요로 한다. 이처럼 미현현 상태의 원질에는 상호 원조가 적용되지 않는다는 것이 *Yuktidīpikā*의 결론이다.

(5) 만물은 차이가 없기 때문에:

우주 전체가 소멸의 시기에는 자신의 모든 다양성과 함께 사리지고 새로운 창조의 시기에는 다시 출현한다면, 그때 거기에는 전 우주를 흡수하는 어떤 미현현의 원리가 있음에 틀림없다. Vācaspati는 이 과정을 거북이에 비유하여 설명한다. 거북이의 사지가 등껍질 속에서 불쑥 나왔다가 들어가는 것과 마찬가지로, 결과는 이미 존재하는 어떤 것의 현현에 불과하다. 그것은 미현현으로부터 나와서 그 속으로 몰입한다. 따라서 인과 작용이란 미현현의 전개를 의미한다. 이로부터 도출된 결론은, 전개된 것이라면 무엇이든 그 모두가 전적으로 전개되지 않은 것에서 유래한다는 것이다.

이상과 같은 다섯 가지는 원질이 존재해야 하는 이유가 된다. 그리고 *Yuktidīpikā*의 저자는 이 일련의 다섯 가지를 긍정 논증으로 간주한다.[37]

2. 원질의 작용 방식

『상키야송』에서는 이상과 같은 원질 존재의 논증에 곧장 후속하여, 순수정신을 제외한 모든 실체의 궁극적 원인으로 확립된 미현현(원질)의 작용 방식을 다음과 같이 설명한다.

> 미현현이라는 원인이 존재한다. [그런데 그것은] 3질에 의해, 또 [3질의] 집합에 의해, 각각의 질이 의지하는 바가 다르기 때문에, 마치 물처럼 전변하

....

37 "이와 같이 이 다섯 가지 긍정 논증들에 의해 현현의 원인은 미현현이라고 입증된다." (evam etaiḥ pañcabhir vītair vyaktasya kāraṇam asty avyaktam iti siddham | ibid. p. 154, 11-12행) Vācaspati는 여타의 주석자들과는 달리 마지막의 두 가지 이유를 하나로 통합하여 맨 앞에 둔다. 논증의 두 가지 방식인 긍정 논증(vīta)과 부정 논증(avīta)에 관한 Vācaspati의 해설은 8.4.5_2에서 후술한다.

기 때문에 [현현으로서] 출현한다.[38]

이 중에서 "3질에 의해"란 원질이 3질을 통해 작용한다는 것이다. 원질은 결코 비활성으로 머물지 않는다. 우주 소멸의 시기에도 그것은 계속 내적으로 활동한다. 그러나 이 단계에서 특이한 활동 양상은, 창조 단계의 경우처럼 3질이 서로 뒤섞이는 것이 아니라, 3질이 이제는 제각기 독자적으로 기능한다는 것이다. 그러나 창조의 단계에서 3질은 서로 뒤섞이게 되고, 이를 통해 원질은 제 기능을 발휘한다. 셋 중의 하나가 우세하게 되면 다른 둘은 그것을 보조하여 활동한다. 이런 식으로 원질은 3질을 통해 본성상 가지각색의 무수한 변형을 끊임없이 일으키며 작용한다.

이 밖의 나머지는 하나로 통합해서 설명할 수 있다. 세계의 다양성은 3질이 가지각색으로 편성되고 결합하는 데서 기인한다. 이 과정은 빗물의 비유로 예증된다. 즉 구름에서 방출된 빗물은 여러 가지 성분을 가진 다양한 종류의 흙과 뒤섞이게 되어 온갖 과일들의 즙으로 변형되며, 이로부터 다양한 맛을 얻을 수 있다. 그러나 이 다양성은 현재의 그 과즙 속에 있지 않고 순수한 빗물로서 존재했다. 이 신비로운 창조의 전체 조직은 미현현의 원질이 담당하며, 원질은 3질을 통해 작용한다. 원질은 3질과 분리되어 따로 존재할 수 없다. 따라서 원질의 통일성이란 하나의 추상 개념이다.

원질을 3질의 집합체로 설명하는 관념에는 원질이 질료인(質料因)으로 작용한다는 전제가 깔려 있다. 그렇다면 질료를 배합하는 동력인(動力因)도 전제되어야 한다. 그리고 원질이 유일한 최종의 근본 원인으로 상정되는 한, 질료인과 동력인의 기능도 원질에 부여될 수밖에 없다.[39] 여기서 "동력인으로서의 원질

38 kāraṇam asty avyaktam, pravartate triguṇataḥ samudayāc ca | pariṇāmataḥ salilavat pratipratiguṇāśraya-viśeṣāt || SK 16.

39 『상키야송』에서는 제일원인(원질)의 활동 자체가 순수정신의 해탈을 위한 동력인이라고 명시한다. SK 57. @제2장 각주 169.

은 어떻게 작용하는가?"라는 의문이 제기된다. 이 의문에 대해서는 "동력인은 원질들을 [직접] 이끌지 않고 단지 농부처럼 장애를 제거하여, 이로부터 [원질들의 충만을 이끈다.]"[40]라는 『요가경』의 설명으로 대신할 수 있다.

『요가경』에 의하면 원질이 스스로 발동하는 자체가 동력인이다. 원질에는 본래 운동이 내재되어 있다. 충동은 외부로부터 내부로 들어오지 않는다. 원질은 무한한 잠재력을 갖추고 자연적인 활성화의 경향을 갖지만, 언제든지 작용할 수 있는 것은 아니다. 원질의 작용을 방해하는 힘이 있기 때문이다. 이 힘이 제거되지 않으면 원질은 자발적으로 활동할 수 없다. 여기서 동력인의 역할은 원질을 원조하는 것이다. 『요가경』에서는 이 점을 '농부'로 비유하고, 『요가주』에서는 이 비유의 취지를 다음과 같이 두 가지로 설명한다.

> 예를 들면, 물들이 가득 찬 논으로부터 [둑의 높이가] 같거나 낮거나 더욱 낮은 다른 논으로 물을 채우고자 하는 농부는, 물들을 손으로 끌어 내리지 않고 그것들의 장애를 제거한다. 그것(장애)이 제거될 때, 물들은 곧장 저절로 다른 논으로 흘러넘친다.
> 그와 마찬가지로 선(善)은 질료인들에게 장애가 되는 악을 제거한다. 그것(악이) 제거될 때, 곧장 저절로 원질들은 제각기 자신의 변형으로 흘러넘친다.
> 또한 다른 예를 들면, [앞서 말한] 바로 그 농부가 [장애를 제거한] 바로 그 논에서, 물속이나 땅속의 양분들을 곡물의 뿌리들로 침투시킬 수는 없다. 그렇다면 어떻게 하는가? 그는 콩류, 잡초, 기장 등을 그로부터 뽑아 버린다. 그것들을 뽑아 버릴 때, 양분들은 곧장 저절로 곡물의 뿌리들로 침투한다.[41]

위의 두 가지 설명을 다음과 같이 환언하여 이해할 수 있다.

첫째, 농부가 논에 물을 댈 때, 물을 저수지로부터 논으로 직접 나르는 것이

....

40 nimittam aprayojakaṃ prakṛtīnāṃ varaṇa-bhedas tu tataḥ kṣetrikavat ‖ YS 4.3.

41 YBh 4.3. 정승석(2020) pp. 239-240.

아니라, 저수지의 둑을 뚫고 거기에 배수구를 만들어 물이 먼 곳까지 저절로 흘러가게 한다. 이와 마찬가지로, 선악 등의 형태로 있는 동력인들은 원질을 직접 움직여 활동하게 하지는 않고, 단지 원질의 활동을 저지하는 장애를 제거할 뿐이다. 이때 원질은 자동적으로 활동하게 된다.

둘째, 농부는 식물의 뿌리에 물을 직접 주입하는 것이 아니라, 논에서 잡초를 제거할 뿐이다. 이렇게 함으로써 벼의 뿌리는 흙과 물의 양분을 쉽게 흡수할 수 있다. 이와 마찬가지로 선(善)과 같은 동력인은 원질의 활동을 방해하는 악을 단지 제거함으로써 원질에 내장된 힘이 작용하도록 돕는다.

요컨대 원질은 단독으로 작동하는 원인이 아니다. 원질의 활동을 저지하는 장애를 제거하는 것으로 원질에 내재된 동력이 작동하도록 돕는 자체가 동력인이다. 장애가 제거되면 그 동안 원질이라는 자궁에 감금되어 있던 힘은 저절로 해방된다. 그러나 동력인이 이와 같이 작용하더라도 원질이 항상 어디에서나 결과로 현현하는 것은 아니다. 결과는 공간(장소)과 시간과 형태와 원인이라는 조건과 부합할 때라야 발생할 수 있기 때문이다. 다시 말해서 원질이 특정한 결과로 현현하기 위해서는 그 결과에 적합한 조건도 필요하다. 『요가주』에서는 이 점을 "그런데 (1)장소, (2)시간, (3)형태, (4)원인과 결부되기 때문에 [그 모든] 성질들이 동시에 현현할 수는 없다."[42]라고 지적하고, Vācaspati는 네 가지 조건이 결과를 한정하는 사례를 다음과 같이 설명한다.

> 모든 것을 [본질로] 내포하는 원인은 모든 것이 될지라도, 그 원인의 [특정한] 결과는 [특정한] 장소를 [조건으로] 갖는다. (1)예컨대 사프란(saffron)은 카슈미르를 [조건으로] 갖는다. 그것(원인)들이 판찰라(Pāñcāla) 등지에 있을지라도 발동하지는 않는다. 따라서 판찰라 등지에서는 사프란이 현현하지 않는다. 이와 마찬가지로 (2)땡볕으로는 비가 발동하지 않는다. 따라서 이때(건

42 deśa-kālākāra-nimittāpabandhān na khalu samānakālam ātmanām abhivyaktir iti | YBh 3.14. 위의 책, p. 419.

조한 계절)는 벼들이 [자라지] 않는다. 이와 마찬가지로 (3)암사슴이 사람을 낳지는 않는다. 인간의 형태가 그것(암사슴)에서 발동하지는 않기 때문이다. 이와 마찬가지로 (4)사악한 사람이 안락과 같은 것을 향수하지는 못한다. 그에게는 공덕이 원인으로 발동하지 않기 때문이다.[43]

여기서는 원질이 장소, 시간, 형태, 원인이라는 조건에 따라 각각 다른 결과로 현현한다는 사실을 예시한다. 원질이 이 같은 방식으로 작용한다는 것은 전변설의 일부일 뿐이다. 그러므로 전변설의 구체적 내용은 다음의 두 가지 쟁점으로 상술할 것이다.

8.2. 전변의 원리와 진행

8.2.1. 이원의 결합과 목적

1. 역설적 목적론

원질은 순수정신을 제외한 모든 실체들의 최종 원인이므로 물리적, 심리적, 생리적인 모든 실체의 으뜸이다. 전변을 개시하기 전까지 원질은 3질의 평형 상태를 유지한다. 바로 앞에서 고찰했듯이 원질은 스스로 추진되는 역동성을 보유하므로 활동을 정지한 평형 상태에서도 그 자신의 내부에서는 작동을 진행한다. 이는 깊은 수면 상태에서도 호흡이 진행되는 것과 같다. 호흡이 멈춘다면 영원한 잠으로부터 깨어날 수 없게 된다. 이와 마찬가지로 원질은 그 자신의 내부에서 항상 작동하고 있다.

....

43 yady api kāraṇaṃ sarvaṃ sarvātmakaṃ tathāpi yo yasya kāryasya deśo (1)yathā kuṅkumasya kāśmīraḥ | teṣāṃ sattve 'pi pāñcālādiṣu na samudācāra iti na kuṅkumasya pāñcālādiṣv abhivyaktiḥ | evaṃ (2)nidāghena na prāvṛṣaḥ samudācāra iti na tadā śālīnām | evaṃ (3)na mṛgī manuṣyaṃ prasūte na tasyāṃ manuṣyākāra-samudācāra iti | evaṃ (4)nāpuṇyavān sukharūpaṃ bhuṅkte na tasmin puṇya-nimittasya samudācāra iti | TV 3.14. Bodas(1917) p. 136, 11-15행.

만약 우주가 소멸할 때 원질도 그 활동이 멈춘다고 한다면, 더 이상 전개는 없게 될 것이다. 원질을 작동시킬 수 있는 외적 매체는 없으므로, 원질은 항상 독자적으로 존재하면서 운동을 내재한다. 이 경우에는 어떠한 외적 자극도 필요하지 않다. 원질은 외부로부터 작동하는 기계가 아니라 내부로부터 작용하는 유기적 통일체와 같다.

상식적 차원에서 전변은 원질과 순수정신의 결합을 통해 비로소 진행된 것으로 설명된다. 두 실체는 모두 편재하므로 결합도 영속한다. 그러나 이러한 결합 자체가 전변을 야기하지는 않는다. 여기에 어떤 유한한 목적이 개입할 때 전변이 개시되므로, 바로 그 유한한 목적이야말로 전변의 원인이 된다.

순수정신은 활동과 생산을 담당하는 작자가 아니며, 그 자체로는 무구(無垢)하고 불변하는 방관자일 뿐이다. 따라서 순수정신과 원질이 결합한다는 것은 순수정신의 본질적 기능이 아니다. 순수정신이 존재한다는 사실 자체가 원질에게 목적성의 결합을 야기한다. 선악은 통각의 산물이므로, 이것이 원질의 활동을 자극할 수는 없다. 원질이 자신의 모든 현현을 내부로 흡수하는 소멸의 시기에는 통각도 그렇게 흡수되는 실체이다. 창조의 새 주기가 도래할 때, 원질을 잠에서 깨우는 것은 순수정신의 초월적 영향력이다.

활동성이 없는 순수정신이 원질에 영향력을 발휘하는 방식은 자석과 철의 비유로 설명된다. 철은 가까이 있는 자석에게 끌려 가지만, 자석 자체에는 아무런 영향을 주지 못한다. 이와 마찬가지로 철에 상당하는 원질은 단지 순수정신과 인접해 있다는 사실만으로 순수정신의 영향을 받지만, 자석에 상당하는 순수정신은 항상 그대로 있다. 이와 관련하여 『요가주』에서는 순수정신을 자석에 비유하여 다음과 같이 설명한다.

> 지각자란 통각을 의식하는 순수정신이고, 지각 대상들이란 통각의 순질에 떠오르는 모든 속성들이다. 이 경우, 단지 가까이 있음으로써 도움이 되는 자석처럼, 이 지각 대상은 지각되는 상태가 됨으로써 직관을 특성으로 갖는

소유자인 순수정신의 소유물이 된다. 이 때문에 [지각 대상은] 경험(향수)이 작용하는 대상이 되고, 다른 것의 본성을 가짐으로써 [새로운] 성질을 얻어, 자립해 있더라도 타자(他者)를 위한 것이기 때문에 타자(순수정신)에 의존한다.[44]

여기서 말하는 '지각 대상들'은 원질에 해당하고 자석이 비유하는 것은 지각 대상인 원질이 아니라 지각자인 순수정신이다. 지각자는 움직이지도 않고 접촉을 시도하지도 않으나, 지각 대상은 지각자에 가까이 있다는 사실만으로 지각자에게 끌려들어가 인식된다. 자석은 순수정신이고, 자석이 끌어당기는 힘은 순수정신의 지성이다.

『상키야송』에서는 이원의 결합을 '앉은뱅이와 맹인'의 관계로 비유한다.[45] 앉은뱅이는 길을 볼 수는 있지만 걸을 수는 없고, 맹인은 길을 볼 수는 없지만 걸을 수는 있다. 그러나 앉은뱅이는 맹인의 어깨에 앉아 맹인에게 길을 안내할 수 있다. 이 같은 결합은 상호 원조가 없이는 달성할 수 없는 공동의 목적에 이바지한다. 다만 공동의 목적을 지닐지라도 양자의 역할은 다르므로, 원질과 순수정신의 목적은 각각 다르게 설명된다.

원질의 목적은 순수정신에게 경험의 대상이 되는 것이다. 『요가경』에서는 이것을 "오로지 그것(순수정신)에 봉사하는 것이 지각 대상의 본질이다."[46]라고 교시한다. 그러나 순수정신은 수동적 관찰자이므로 원질을 직접 경험할 수 없고 통각을 통해 가능하다. 즉 순수정신은 통각이 제공하는 안락이나 고통의 인상들을 경험할 뿐이다. 상키야 철학에서 말하는 향수(享受)란 이러한 경험을 가리킨다. 원질이 통각 따위의 다양한 현현을 통해 순수정신에게 자신을 드러낼 때만 향수가 가능하게 된다. 결국 원질의 목적은 순수정신에게 그 자신을 그

44 YBh 2.17. 정승석(2020) pp. 118-9.

45 "앉은뱅이와 맹인처럼 그 둘도 결합한다. 창조는 이것(결합)에 의해 이루어진다." SK 21. @제2장 각주 166.

46 tad-artha eva dṛśyasyātmā ‖ YS 2.21.

렇게 드러내는 것이다.

순수정신의 목적은 자신에게 향수를 제공하는 원질의 구속으로부터 벗어나는 것이다. 아무런 속성도 갖지 않는 순수정신은 무구하지만, 원질의 속성인 안락과 고통 따위를 그 자신에게 속하는 것으로 생각함으로써, 그것들의 영향을 받게 된다. 실제로는 순수정신이 그런 속성들과 접촉할 수 없기 때문이다. 그러나 원질과 계속 연합함으로써 원질의 무지성이 순수정신의 지성을 방해하고 차단한다. 순수정신의 식별력을 가로막는 이런 무지가 작용을 멈출 때라야 순수정신은 자신과 원질을 차별할 수 있다. 이리하여 순수정신은 자신의 순수한 본성을 회복하게 되고, 더 이상은 안락과 고통 따위의 영향을 받지 않는다. 순수정신이 원질의 영역으로부터는 영원히 퇴각하는 이것을 해탈(apavarga)이라고 정의한다.

이상과 같이 원질과 순수정신의 목적은 역설적으로 표현된다. 향수를 제공하려는 목적과 이 향수로부터 벗어나려는 목적으로 이원이 결합한다고 설명하기 때문에 역설적이다. 상충하는 듯한 이 목적은 원질이 자신을 현현하고 이 현현을 순수정신이 향수해야만 성취될 수 있다. 순수정신은 자신의 해탈을 위해 원질의 현현에 구속되는 향수를 자초한다. 이 때문에 상키야의 전변설은 역설적인 목적론으로 불린다. 역설적 논리가 적용된 만큼 상키야의 전변설은 다른 학파, 특히 불교 측으로부터 혹독한 비판의 대상이 된다.

2. 이원의 결합에 대한 해명

*Yuktidīpikā*에서는 이원의 결합에 관해 상키야를 겨냥한 불교 측의 냉소적인 비판[47]을 소개한다. 이 비판의 요지는 다음과 같다.

> 너희 상키야의 견해에 의하면, 순수정신은 그 자체가 자유롭지만 행복이나

47 이 비판의 핵심을 응축하여 상키야의 주장을 조롱하는 내용은 @제7장 각주 202 참조.

> 불행과 같은 3질의 속성들을 그 자신에 속하는 것으로 생각하며, 이로 인해 윤회하는 동안 자신의 속박을 초래한다. 만약 전변이 없다면 3질의 현현도 없을 것이고, 이에 따라 속박의 문제도 전혀 발생하지 않을 것이다. 따라서 결국은 전변의 과정이 순수정신의 속박을 야기한 것임이 분명하게 된다. 그러나 이 같은 견해에서 순수정신의 해탈을 위해서도 똑같은 전변 과정이 진행된다고 주장하는 것은 참으로 괴이하다. 즉 너희는 원질이 이 목적을 위해 활동해야 한다고 주장하기 때문이다.[48]

여기서 비판자는 동일한 원인이 속박과 해탈이라는 형태의 두 가지 목적을 초래할 수 있다고 주장하는 것은 명백히 모순이고 불합리하다고 지적한다. 이에 대해 *Yuktidīpikā*의 저자는 상키야의 견해를 해명하고 비판을 논박하면서 다음과 같은 요지로 상키야 측의 반론을 대변한다.

전변은 순수정신과 원질의 결합으로부터 진행되지만, 이 결합 이전에도 순수정신은 의심의 여지가 없이 원질의 속박으로부터 벗어난 독립 실체인 동시에 스스로 지탱하는 의식으로 존재한다. 그러나 순수정신이 자신을 표현하는 데는 반드시 매체가 필요하다. 불길의 태우는 기능과 도끼의 자르는 기능도 불과 나무가 있을 때만 발휘될 수 있다. 이와 마찬가지로 순수정신이 의식을 반영하는 데에는 매체가 필요한데, 이 같은 매체가 바로 원질이다. 다른 한편으로 지성이 없는 원질 역시 순수정신의 도움을 받아야만 체계적이고 합리적인 우주를 산출하도록 작용할 수 있다. 원질의 요소인 순질마저도 결국엔 무지이다. 그것은 순수정신의 반영에 의해 빛을 발한다. 순수정신의 이 같은 도움이 없다면 원질의 활동에는 아무런 의식적 조절과 적용도 이루어질 수 없다. 순수정신의 도움이 없을 경우, 원질의 활동은 아무렇게나 작용하는 맹목적인 힘에 불과하게 될 것

48 YD ad. SK 21. Chakravarti(1975) p. 231. 이 비판의 내용에 관해 Chakravarti는 세친이 Īśvarakṛṣṇa의 『상키야송』을 논박하여 작성한 *Paramārtha-saptati*(승의칠십론)에서 인용한 것일 가능성이 크다는 견해를 피력하지만, 확증할 만한 증거는 불충분하다. 이하의 해설은 Chakravarti(1975) pp. 231-3 참조.

이다. 따라서 이원은 온갖 실천적 목적을 위해 상부상조한다.

원질과 순수정신이라는 두 실체는 각각 무지와 지성, 활동과 비활동, 산출과 불산출 등의 양극의 관계에 있는 것이 사실이다. 이와 동시에 다른 것의 도움이 없이는 자신의 목적을 달성할 수 없는 상관성을 지닌다. 순수정신과 원질 사이의 관계는 인식자와 인식 대상의 관계 또는 관객과 배우의 관계와 같다. 양자는 영원하므로 그 둘의 결합도 시초가 없다. 이 연관은 『요가주』에서 설명하는 것처럼 '무시이래의 것'이다.

> 따라서 [순수정신의] 직관 능력과 [이에 의한 통각의] 인식 능력은 영원하기 때문에 [그 둘의] 결합은 무시이래의 것이라고 상술된 것이다. 다음과 같이 말한 것이 그와 같다. "실체들이 [순수정신과] 무시이래로 결합하기 때문에, 일반 속성들도 무시이래로 결합한다."[49]

이 결합의 씨앗은 원질이 휴식할 때인 해체의 상태에서도 존재한다. 그렇지 않으면 그 다음의 전변을 설명할 수 없게 된다. 만약 어떤 특정한 순수정신과 원질과의 연관이 여하튼 중지되면, 이때 그 순수정신은 해방된다. 그에게 원질은 더 이상 작용하지 않는다. 그러나 다른 순수정신들에게는 원질의 봉사가 아직 끝나지 않는다. 그들은 여전히 원질의 관할 구역 안에 있다. 따라서 이 결합은 원질이 휴식하는 상태에서도 존속한다. 이 같은 결합을 속박의 원인으로 간주하지 않는 견해는 *Ślokavārttika*에서도 볼 수 있다.

> 따라서 임무로 불리는 이것(결합)이 속박의 원인으로는 적합하지 않다. 적합성[을 인정할] 경우에도 임무로 불리는 것이 분리된다는 것은 불합리하다. 지성인 그것은 순수정신에 적합하고 무지성은 원질에 적합하니, 향수자(순수정신)와 향수되어야 할 것(원질)의 그 둘(지성과 무지성)은 결코 그 둘(순

49 YBh 2.22. 정승석(2020) p. 131.

수정신과 원질)로부터 벗어나지 않는다.[50]

이원의 결합에 관한 미망사 학파의 견해를 대변하는 이 설명에서도 순수정신과 원질의 결합을 속박의 원인으로 간주하지는 않는다. 그리고 순수정신과 원질에 각각 고착되어 있는 지성과 무지성을 불가분리의 적합성으로 인정한다.

앞서 언급했듯이 『상키야송』에서는 이원의 결합을 앉은뱅이와 맹인으로 비유하여 철학적 의미를 부여한다. 이에 의하면 원질은 자발적으로 움직일 수는 있으나 그 활동의 결과를 직접 체험할 수 없는 맹인과 같다. 그대로 방치한다면 맹인은 무조건 나아가기만 할 뿐, 되돌아가지는 못할 것이다. 맹인과 같은 원질은 순수정신의 지성을 반영받을 때에만 목표를 향해 곧장 나아갈 수 있다. 반면에 순수정신은 대상을 인식할 수는 있지만 스스로 활동하지는 못하는 앉은뱅이와 같다. 그러나 순수정신도 인식할 어떤 대상이 없다면 체험할 것도 없게 된다. 그러므로 원질이 순수정신의 인식 대상으로 존재할 때, 인식자로서의 순수정신은 목적을 성취한다. 이처럼 원질과 순수정신은 서로 필요하기 때문에 결합한다.

*Yuktidīpikā*의 저자는 이와 같은 논리로, 창조가 없다면 속박도 있을 수 없다는 전제는 반론자의 오해라고 지적한다. 이 전제는 상키야의 입장이 아니다. 상키야에 의하면 원질은 순수정신에게 인식되어야 할 대상이다. 진정한 인식은 원질의 소관이 아니라 순수정신의 소관이기 때문이다. 인식할 대상이 있다는 것은 인식자가 있다는 것을 전제하고, 인식자가 있다는 것은 인식할 대상이 있다는 것을 전제한다. 이에 따라 두 가지의 근원적 실체는 불가피하게 상정될 수밖

....

50 tasmān naiṣo 'dhikārākhyo bandha-hetuḥ prakalpyate(prakalpate) | yogyatve 'py adhikārākhyo viprayogo na yujyate || 99 ||
caitanyaṃ yogyatā puṃsaḥ prakṛtes tad anātmatā | bhoktṛ-bhogyatvayos te ca na tābhyām apacchataḥ || 100 ||
Ślokavārttika, Sambandhākṣepa-parihāra, 99-100. Tailaṅga R(1898) p. 668. Śāstrī(1978:473, 28행)의 판본에서는 제99송의 첫 단어 tasmān이 gasmān으로 오기.
Jhā(1907:365)는 여기서 '임무'로 번역한 adhikāra의 의미를 '잠재력의 상태로 있는 작용'으로 제시했다. 상키야-요가에서 통용되는 adhikāra의 의미는 나중에 거론한다. 이 @제8장 각주 339 참조

에 없다. 양자의 관계가 지속되는 한, 하나가 다른 것으로부터 분리될 수는 없다. '속박'이란 이 상황을 가리킨다. 이것은 창조의 결과가 아니다. 고전 상키야에 의하면 이 관계는 시초가 없이 존재한다. 순수정신 쪽에서 속박은 원질의 3질 속으로 말려드는 것이며, 이는 시초가 없는 상호 관계에서 연유한다.

3. 결합의 목적과 순환

원질은 목적 없이 작용하지 않는다. 물론 그 목적이 순수정신의 해탈이라고는 하지만, 이 점은 이치에 어긋난 듯하다. 원질은 지성이 없는 실체이므로 무지의 실체가 목적을 위해 활동할 것으로 기대할 수는 없기 때문이다. 그래서 『상키야송』에서는 이 점을 우유와 송아지의 비유로 해명한다.[51]

이 비유는 무지의 실체 쪽에서 일어나는 활동과 충동이 지자를 위한 것이라고 설명한다. 송아지의 양육을 위해 우유가 암소 속에 비축되어 있듯이, 무지인 원질도 지자인 순수정신의 목적을 위해 작용한다. 이 문제는 Vārṣagaṇya의 추종자들에게도 관심의 대상이 되었다. 이들에 의하면 그것은 남녀의 육체적 흥분과 같다.[52] 그러나 무지인 원질이 지자인 순수정신의 목적을 위해 활동한다는 상키야의 지론에 따르면, 원질이 반드시 그 활동의 목적을 이해해야 하는 것은 아니다. 이 경우의 전변은 기계적인 것으로 간주될 수 있다.

『요가주』의 설명처럼 전변의 모든 과정에는 그만한 목적이 있다.[53] 아무리 사소한 것일지라도 모든 것은 제각기 모종의 역할을 갖고 존재한다. 무작위로

....

51 "송아지의 성장을 위한 동력인은 무지한 우유의 활동인 것처럼" SK 57. @제2장 각주 169.

52 "그런데 Vārṣagaṇya의 추종자들은 남녀의 무지한 육체가 서로를 향해 발동하는 것처럼 원질의 경우도 그러하다고 예증한다." (vārṣagaṇānāṃ tu yathā strīpuṃśarīrāṇām acetanānām uddiśyetaretaraṃ pravṛttis tathā pradhānasyety ayaṃ dṛṣṭāntaḥ | YD ad. SK 57. Wezler & Motegi 1998:263, 25-27행) Chakravarti(1975:234-7)는 이에 관한 후속 설명들이 오히려 우주의 자연발생설로 빠져들어 최소한의 심오함이 결여되어 있다고 지적한 후, 이하에서 서술한 것과 같은 견해를 상술한다.

53 "그러나 그것(지각 대상)은 목적이 없는 것이 아니라 오히려 목적을 떠맡고서 발동한다. 왜냐하면 그 지각 대상은 순수정신의 향수와 해탈을 위해 존재하기 때문이다." YBh 2.18. 정승석(2020) p. 122.

나오는 것은 없다. 어느 경우에나 특정한 목적을 위한 수단이 선택된다. 전개와 변화의 과정도 특정한 법칙을 따른다. 생성의 질서에서 무수한 부속물들이 연달아 출현하는 데에는 순서가 있다.[54] 모든 것을 고려할 때, 전변의 전체 과정에는 저변의 무지한 원리로 이루어질지라도 질서, 특정한 수단의 적응, 가치, 체계가 전제되어 있다. 그렇지 않다면 그것이 특정한 목적을 향해 나아갈 수는 없다. 따라서 전변은 전개되는 현상세계에 계획적인 질서를 구축한다.

전변의 두 가지 목적을 세속의 삶에 적용하면, 하나는 안락과 고통을 경험하는 것이고, 다른 하나는 그 경험으로부터 벗어나는 것이다. 인간의 지성에서 식별지가 우세할 때만 순수정신은 세속적 대상으로부터 완전히 초연하여 다른 하나의 목적을 성취하는 것으로 해탈할 수 있다. 이렇게 해탈할 때라야 원질은 활동을 중지한다. 이것이 인생의 최종 목표이므로 세계의 모든 질서는 궁극적으로 이 목표를 향해 나아간다. 전변설을 목적론으로 간주한 이유가 여기에 있다.

해탈한 특정인에게는 원질이 더 이상 활동하지 않지만, 그렇다고 해서 원질의 활동이 완전히 멈추는 것은 아니다. 모든 사람들마다 제각기 순수정신을 갖고 있으므로, 대상 세계로부터 벗어나지 못한 상태에 있는 다른 이들에게는 원질의 활동이 여전히 지속되기 때문이다.[55] 그러나 여기서 "모든 개인이 차례로 해탈해 버린다면 원질은 결국 어떻게 되는가?"라고 하는 의문이 제기될 수 있다. 이는 해탈 이후의 세계에 관한 의문이기도 하다. 『요가주』에서는 이 같은 의문을 대답과 함께 제시한다.

....

54 "'표징뿐인 것'(통각)은 '표징이 없는 것'(원질)에 곧장 후속하는데, 거기서(표징이 없는 것에서) 그것(표징뿐인 것)은 건너뜀이 없는(적합한) 순서를 통해 창조되어 구분된다. 이와 마찬가지로 정해진 전변의 순서를 통해 6무차별은 '표징뿐인 것'에서 창조되어 구분되며, 이와 마찬가지로 요소와 감관들이 창조되어 구분된다." YBh 2.18. 위의 책, p. 127.

55 "그것(지각 대상)은 목적을 달성한 자(순수정신)에 대해서는 소멸하더라도, 다른 것(순수정신)들에게 공통하기 때문에 소멸하지 않는다." (kṛtārthaṃ prati naṣṭam apy anaṣṭaṃ tad anya-sādhāraṇatvāt ‖ YS 2.22)

> 그러나 "이 윤회는 유한한가, 아니면 무한한가?"라고 하는 이러한 질문에 대해서는 [단정적으로] 말할 수 없다. [왜냐하면] "현자에게는 윤회의 상속의 종료가 있지만, 다른 사람에게는 없다."[라고 대답해야 하기 때문이다.][56]

여기서 제시한 답변은 우회적인 것으로 질문자의 기대에는 미치지 못할 듯하다. 답변의 취지는 수행을 통한 지혜의 획득 여부에 따라 윤회의 유무도 결정된다는 것으로 이해된다. 즉 식별지를 얻은 자에게는 윤회가 완전히 멈추지만, 다른 이들에게는 윤회가 평소처럼 지속될 것이다. 난해한 문제이지만, 상키야-요가의 주석자들은 이에 적합한 해답을 찾고자 시도했다. 이들은 원질의 작용이 정지되는 경우는 결코 없을 것이라는 전제에서 순환론으로 해답을 모색했다.

첫째, 무시이래 무수한 개체들이 원질의 관할 구역 안에서 정착한다. 이것들 중에서는 극소수만이 해탈한다. 따라서 원질은 남아 있는 압도적인 대다수를 위해 계속 작용하지 않을 수 없다.

둘째, 저마다의 해탈은 예측 불가하므로 원질의 자원이 완전히 고갈될 시기는 결코 도래하지 않을 것이다. 따라서 세계의 경과는 완전한 정지가 없이 영원히 지속한다.

셋째, 결국 세계의 경과는 시작도 없고 끝도 없다. 바퀴처럼 항상 순환하며, 한 차례의 순환을 1겁(劫, kalpa), 즉 '창조의 한 주기'라고 부른다.

그러므로 전변은 한 방향으로만 계속 진행하는 것이 아니다. 바퀴의 한 지점이 최고와 최저를 교대하듯이, 전변과 환멸(還滅)도 원질의 활동 속에서 교대한다. 여기서 환멸이란 우주가 주기적으로 소멸한다는 사실을 의미한다. 탄트라 문헌에서는 이 과정을 '수면과 각성'의 상태로 비유한다. 각성과 수면은 연속적으로 반복되듯이, 원질의 전진 활동도 어떤 영역으로 나아간 후에는 내재된 저지 요인에 의해 압도당하여 원래의 상태로 후퇴한다.

56 YBh 4.33. 정승석(2020) p. 287.

요컨대 원질은 휴지(休止) 상태로 복귀하고 다시 전진하는 타성을 갖고 있다. 수면과 각성은 단일한 과정의 양면이며, 이 양면의 영원한 율동으로 끊임없이 재발하는 것이 전변과 환멸이다. 전변과 환멸, 즉 현상세계를 구성하는 원리들의 방출과 회수에는 종점이 있다. 방출은 원질로부터 출발하여 조대요소들의 물질세계에서 종점에 이르고, 회수는 이 물질세계로부터 출발하여 원질에서 종점에 이른다.

8.2.2. 전변의 진행

우주의 순환에서 새로운 창조가 도래할 때, 원질은 고유 영역에 국한되어 있는 순수정신의 초월적 영향으로 휴지 상태에서 깨어난다. 이때 원질의 성분인 3질이 동요함으로써 원질은 평형을 상실한다. 이제 3질 중의 1질이 다른 2질보다 상대적 우세한 상태가 됨으로써 전변이 시작된다. 원질의 평형 상실은 3질에 특수한 우열 관계를 야기하여, 이 관계에 따른 결과의 산출 과정인 전변이 진행된다. 전변의 과정은 가장 미세한 것으로부터 갈수록 조대한 것으로 진행되는데, 이것이 전변의 원리이다.[57]

전변의 첫 단계에서는 순질이 동질과 암질을 압도하여 통각이 제일 먼저 산출된다. 이 때문에 통각은 시간으로든 공간으로든 위대한 것으로 간주되어 말 그대로 마하트(mahat), 즉 '위대한 것'으로 불린다.[58] 또한 통각은 원질로부터 전개된 모든 원리들 중에서는 확장성과 견고성에서 최상의 원리로 간주된다.

....

57 전변이 진행되어 갈수록 원리들은 더 쉽게 지각할 수 있는 상태로 전개된다는 것이 전변의 원리이다. 이에 따라 원리들의 물질성은 갈수록 조대화하는 반면, 함축성은 갈수록 축소된다. 시간을 예로 들면 "한 해[年]→한 달[月]→2주→1주→하루"처럼 시간의 양이 뒤로 갈수록 축소된다. 즉 후자는 전자에 내속된다. cf. Chakravarti(1975) p. 239.

58 이것이 고전 상키야의 정설이지만, *Yuktidīpikā*에서는 마하트(통각)보다 먼저 불가해한 원리가 산출된다는 이설(異說)을 언급한다.
"혹자들은 말하길, 원질로부터 그 특성을 설명할 수 없는 다른 원리가 발생하고, 이로부터 마하트가 발생한다고 했다." (kecid āhuḥ pradhānād anirdeśya-svarūpaṃ tattvāntaram utpadyate, tato mahān iti | YD ad. SK 22. Wezler & Motegi 1998:187, 2-3행)

*Yuktidīpikā*에서는 통각을 '위대한 것'(마하트)으로 부르는 이유를 다음과 같이 설명한다.

> 그런데 그것은 [지배하는] 공간[의 크기가] 광활하고 시간[의 길이가] 광대하기 때문에 '위대한 것'이며, 산출될 모든 것들보다도 더 거대한 크기에 해당하기 때문에 '위대한 것'이다.[59]

그러나 여기서는 통각이 위대한 이유를 질량적으로 설명하는 데 그치지만, 정작 통각이 위대한 이유는 원리들 중에서는 순질이 가장 우세하다는 데 있다. 통각은 지적 기능을 발휘하는 순질이 우세하기 때문에 통각과 순수정신을 동일시하는 무지를 야기한다. 다음과 같은 『요가주』의 설명에 의하면 통각은 우세한 순질 때문에 '위대한 것'으로 불릴 만하다.

> 심장의 연꽃에 전념함으로써 통각을 의식하게 된다. 왜냐하면 통각의 순질은 [장애 없는] 창공[에 있는 것]처럼 빛을 발하기 때문이다. 거기서 명석함이 확립됨으로써 [직접지각의] 효력은 태양, 달, 별, 보석의 빛과 같은 형상을 띠게 된다.[60]

다음으로 아만은 통각으로부터 산출된다. 아만은 인식의 온갖 양상에서 자기의식을 형성한다. *Yuktidīpikā*에서는 아만을 다음과 같이 설명한다.

> 그런데 그것(아만)은 형태와 지력의 양면에서 마하트보다 조대하다. 왜 그러한가? [단번에] 구분되지 않기 때문이다. 즉 시간 따위처럼 구분이 불완전

59 sa tu deśa-mahattvāt kāla-mahattvāc ca mahān | sarvotpādyebhyo mahāparimāṇa-yuktatvān mahān | ibid. 25-26행.

60 YBh 1.36. 정승석(2020) p. 73.

하기 때문이다.[61]

이 설명은 약간 모호하다. 물리학적 설명을 여기에 적용하면, 아만은 성운과 별들을 통한 자연계의 형성과 같다. 다시 말해서 무한 우주의 광대한 공간의 전체에 걸쳐 극도로 분산되어 있는 물질이 점차 농축되는 것과 같다.[62] 그러나 이후의 전변에서 아만이 담당하는 역할을 고려하면 여기서 말하는 농축은 확장을 의미한다. 이후 전개될 다양한 산출의 실질적인 주역은 아만이기 때문이다. 3질로써 만물의 전개를 설명하는 상키야의 전변설은 아만으로부터의 전변을 설명하는 데서 진가를 발휘한다.

제2장에서(2.3.2_1)에서 약술했듯이, 아만의 전변은 ①순질이 우세한 변이 아만, ②동질이 우세한 염치 아만, ③암질이 우세한 원소성의 대초 아만이라는 3질 각각의 기능에 따라 세 방면으로 진행된다.[63]

이것들 중에서 변이 아만(①)과 대초 아만(③)은 각각 주체와 객체라는 양면에서 원리들의 실질적인 차별화를 진행한다. 즉 주체(①)는 11감관이고 객체(③)는 5미세요소와 5조대요소라는 원소성의 10원리이다. 그리고 염치 아만(②)은 독자적인 전개물을 산출하지 않고 ①과 ③의 전개를 유발하는 활력으로 작용한다. 그러므로 염치 아만(②)은 변이성이라는 주체(①)와 원소성이라는 객체(③)의 양면으로 전개된 결과를 총 21원리로 차별화하는 동력이 된다. *Yuktidīpikā*에서는 세 가지 방면으로 전개하는 아만의 기능을 다음과 같이 설명한다.

....

61 sa ca mūrti-pratyayābhyāṃ mahataḥ sthūlataraḥ | kasmāt | avibhāgāt | vibhāgā·niṣpatteḥ(=vibhāga-niṣpatteḥ) kālādivat | YD ad. SK 24. Wezler & Motegi(1998) p. 194, 7-9행. 다른 모든 사본에 따른 괄호를 채택하면 이 구절은 "즉 시간 따위처럼 [점진적으로] 구분이 발생하기 때문이다."가 된다.

62 Cf. Chakravarti(1975) p. 240.

63 "변이인 아만으로부터 순질과 결부된(즉, 순질이 우세한) 11[감관]이 출현한다. '요소들의 시발'[인 아만의]로부터는 그렇게 암질과 결부된(즉, 암질이 우세한) [5]미세요소가, 활력[인 아만]으로부터는 그 둘(11감관과 5미세요소)이 [출현한다.]". SK 25. @제2장 각주 132. <표 5> 참조.

> 왜냐하면 변이 ①아만이 [11]감관의 상태로 전개할 때는 [그 자신은] 무기력하기 때문에 ②활력을 고무자로, ③원소성을 차별자로 요망한다. 왜 그러한가? 오로지 이것(③원소성)에 의해 그것(아만의 순질)은 차별되기 때문이다. 예를 들면 불속에 던져진 불은 불일 뿐이며, 혹은 물속에 쏟아진 물은 물일 뿐이다. 이와 같이 오직 순질이 [순질] 그 자체에서 차별을 일으키는 것이 아니라, 다른 질들과의 연합을 필요로 한다.[64]

이에 의하면 불에 불을 던진다거나 물에 물을 붓는 것으로는 차별이 이루어질 수 없듯이, 순질 속에서 순질은 차별될 수 없다. 그러나 차별이 없다면 동일한 것이 되어 전변으로 불릴 수 없으므로, 11감관 형태로 있는 순질은 그 직접 원인인 변이 아만(①)의 순질과는 차별되어야 한다. 그리고 감관들과의 이 같은 차별은 원소성(③)에 의해 발생하며, 차별을 고무하는 것이 활력(②)이다. 또한 원소성(③)도 활력(②)을 고무자로 요망하며, 변이성(①)을 차별자로 요망한다. 변이성(①)의 개입이 없이는, 5미세요소가 자신의 직접 원인인 원소성(③)과 차별될 수 없다. *Yuktidīpikā*에서는 이 점을 다음과 같이 설명한다.

> 바로 그 ①변이성이 [결과(11기관)를] 산출할 때, 이 ③원소성은 ②활력의 지지를 받아 ①변이성을 압도한다. 바로 이와 같이 그 ③원소성이 [결과(5미세요소)를] 산출할 때, 이 ①변이성은 ②활력의 지지를 받아 이 ③원소성을 압도한다.[65]

여기서는 원인과 결과가 동일하게 되지 않도록 질(guṇa)에 차별을 일으키는

....

64 yadā hi ①vaikāriko 'haṃkāra indriya-bhāvena pravartate tadā niṣkriyatvāt ②taijasaṃ pravartakatvenākāṃkṣati, ③bhūtādi bhedakatvena | kasmāt | ③tenaiva tad bhedāt | tad yathāgnir agnau prakṣipto 'gnir eva bhavaty āpo vāpsu prakṣiptā āpa eva bhavanty evaṃ sattvam eva sattve na bhedaṃ janayati | guṇāntara-saṃsargam apekṣate | YD ad. SK 25. Wezler & Motegi(1998) p. 196, 23-28행.

65 śāstraṃ caivam āha "tadetasmin ①vaikārike srakṣyamāṇa eṣa ③bhūtādis ②taijasenopaṣṭabdha etaṃ ①vaikārikam abhidhāvati | tathaiva tasmin ③bhūtādau srakṣyamāṇa eṣa ①vaikārikas ②taijasenopaṣṭabdha etaṃ ③bhūtādim abhibhavati(=abhidhāvati)" iti | ibid. pp. 196-7, 32-3행.

작용을 '압도'라고 표현한다. 즉 활력으로 작용하는 동질의 압도에 의해 질의 상태를 흐트러뜨린다. 근본 원인인 원질로부터 최종의 5조대요소에 이르는 24원리는 3질에 의해 인중유과라는 인과율로 전변하는 동시에, 3질 중의 동질에 의해 제각기 다른 양태로 차별된다(<표 6>). 이것이 『상키야송』에서 정립한 고전 상키야의 전변설이다.

8.3. 전변의 물리적 양상

8.3.1. 미세요소와 조대요소

1. 물질 요소의 전개 양태

전변의 순서에 관해서는 일찍이 『상키야송』 이전의 교사들 사이에서도 견해의 차이가 있었다. 그 대표적인 것이 아만과 5미세요소가 모두 마하트(통각)로부터 산출된다는 Vindhyavāsin의 견해[66]이다. 이는 전변의 순서를 "통각→아만→5미세요소"로 제시한 『상키야송』의 정설과는 다르다. 이 정설에 의하면 5조대요소는 5미세요소로부터 전개된다. 그런데 5미세요소로부터 5조대요소가 전개되는 양태에 관해서는 두 가지 견해가 공존한다.

*Yuktidīpikā*에서는 "다른 이들은 미세요소들이 한 가지 형태라고 하고, Vārṣagaṇya는 한 가지 이상이라고 한다."[67]라고 Vārṣagaṇya의 견해를 언급한다. 여기서 말하는 다른 이들의 견해란 미세요소는 조대요소와 일대일로 대응하는 속성 보유한다는 견해로서, 원인과 결과의 관계로 전개되는 양태는 다음과 같이 단순하다.[68]

....

66 @제7장 각주 226 참조.

67 ekarūpāni tanmātrāṇīty anye ekottrāṇīti vārṣagaṇyaḥ | YD ad. SK 22. Wezler & Motegi(1998) p. 187, 10-11행.

68 이는 『상키야송』의 주석서들 중 *Gauḍapāda-bhāṣya*(GB ad. SK 22)에서 설명하는 내용이다. @제2장 각주 128.

소리 미세요소(聲唯) → 공(空)

감촉 미세요소(觸唯) → 풍(風)

형색 미세요소(色唯) → 화(火)

맛[味] 미세요소(味唯) → 수(水)

향 미세요소(香唯) → 지(地)

그러나 각각의 미세요소가 먼저 산출된 조대요소들을 속성으로 함께 보유한다고 주장한 것으로 이해되는 Vārṣagaṇya의 견해는 이보다 복잡하다. 『요가주』에서는 이 주장을 채택하여 다음과 같이 설명하므로, 이를 통해 그 실제 내용을 파악할 수 있다.

> 여섯 무차별이란 예를 들어 [5조대요소로 전변할 때] 소리 미세요소(聲唯), 감촉 미세요소(觸唯), 형색 미세요소(色唯), 맛[味] 미세요소(味唯), 향 미세요소(香唯)라는 1, 2, 3, 4, 5의 특성을 갖는 것들, 즉 소리(聲) 따위의 다섯 무차별과 자아의식뿐인 제6 무차별이다. 이 여섯은 그 본질이 실재성일 뿐인 마하트(통각)의 무차별 전변이다.[69]

여기서는 '무차별'과 '미세요소'라는 개념의 의미를 먼저 이해할 필요가 있다. 5미세요소는 온갖 종류의 물리적 실체들의 기초로서 비활성체이지만 암질의 우세로 인해 질량 또는 부피를 소유한다. 그리고 범부들은 이것을 지각할 수 없지만, 요기와 초인적 존재들을 이것을 지각할 수 있다. 즉, Vācaspati의 설명에 의하면 범부는 미세요소에 있는 3질의 차별상을 분명하게 경험할 수 없기 때문에 통각과 함께 5미세요소는 '무차별'로 불린다.[70] 한편 미세요소의 원어는 '그것일

....

69 ṣaḍaviśeṣāḥ | tad yathā śabdatanmātraṃ sparśatanmātraṃ rūpatanmātraṃ rasatanmātraṃ gandhatanmātraṃ cety eka-dvi-tri-catuṣ-pañca-lakṣaṇāḥ śabdādayaḥ pañcāviśeṣāḥ ṣaṣṭhaś cāviśeṣo 'smitāmātra iti | ete sattāmātrasyātmano mahataḥ ṣaḍ aviśeṣa-pariṇāmāḥ | YBh 2.19.

70 상키야 철학에서는 전변을 '무차별 → 차별'이라는 인과로 설명하면서 16원리를 '차별'이라는 개

뿐'을 의미하는 tanmātra이다. 미세요소는 본래의 속성이 지닌 특징을 드러내지 않기 때문에 '그것일 뿐'으로 불린다.

후대 주석자들 중에서 Vijñāna Bhikṣu의 설명(*Yoga-vārttika* 2.19)에 따르면, 앞의 『요가주』에서 1, 2, 3, 4, 5으로 나열한 숫자는 5미세요소로부터 5조대요소가 전개되는 방식을 함축한다. 상키야 철학에서는 5미세요소로부터 5조대요소가 각기 일대일의 방식으로 전개된다는 견해도 통용되었으나, 여기서는 다음과 같이 점층적으로 누적되어 전개된다는 견해를 채택한 것이다.[71]

〈표 19〉 5미세요소와 5조대요소의 점층적 인과

개수	원인: 미세요소		결과: 조대요소
1	소리(聲)	→	공(空)
2	소리(聲) + 감촉(觸)	→	풍(風)
3	소리(聲) + 감촉(觸) + 형색(色)	→	화(火)
4	소리(聲) + 감촉(觸) + 형색(色) + 맛[味]	→	수(水)
5	소리(聲) + 감촉(觸) + 형색(色) + 맛[味] + 향(香)	→	지(地)

소리(聲)는 공(空)이라는 하나(1)의 특성을 갖는다. 그러나 감촉(觸)은 소리과 함께 풍(風)으로 전변하므로 이 경우에는 둘(2)이라는 특성을 갖는다. 이와 같은

....

념으로도 표현한다. 이는 범부에게는 16원리가 물질을 구성하는 3질(순질, 동질, 암질)의 차별상(즉 3질의 상호 기능)으로 인식되기 때문이다. 반면에 6원리를 '무차별'이라는 개념으로 표현하는 것은, 신이나 높은 경지에 이른 수행자에게는 6원리가 3질 중 주로 순질의 기능으로서만 인식될 수 있기 때문이다. 예를 들어 *Tattva-kaumudī*에서는 다음과 같이 설명한다.
"지각 기관들의 바로 그 대상들이란 말하자면 다음과 같다. 그 [지각 기관들의] 경우에, 신들과 요가 수행자들의 귀(耳)는 미세한 소리를 대상으로 [지각하고] 조대한 소리를 대상으로 [지각한다.] 그러나 우리와 같은 일반 사람들의 귀는 조대한 소리만을 대상으로 [지각한다.]" (ta eva viṣayā yeṣāṃ buddhīndriyāṇāṃ tāni tathoktāni | tatrordhvasrotasāṃ yogināñ ca śrotraṃ śabdatanmātra-viṣayaṃ sthūlaśabda-viṣayaṃ ca, asmadādīnāṃ tu sthūlaśabda-viṣayam eva | TK 177 ad. SK 34. Jha 1965:113) 정승석(2001a) pp. 162-168 참조.

71 이미 소개했듯이, 『상키야송』의 주석서들 중에서는 *Tattva-kaumudī*에서도 5미세요소로부터 5조대요소의 전개를 이와 같은 방식으로 설명한다. TK ad. SK 22. @제6장 각주 38.

식으로 마지막의 향(香)은 소리, 감촉, 형색, 맛[味]과 함께 지(地)로 전변하므로, 이 경우에는 다섯(5)이라는 특성을 갖는다. 그러나 또 한편으로 『요가주』에는 이 견해와는 달리 "원질→통각→아만→5미세요소"라는 상키야의 정설도 채택되어 있다. 이 경우에는 다음과 같이 5미세요소로부터 5조대요소의 전개를 일대일의 방식으로 설명한다.

> 지(地) 원자의 경우에 미세한 대상은 향(香)이라는 미세요소이고, 수(水)의 경우에는 미(味)라는 미세요소가, 화(火)의 경우에는 색(色)이라는 미세요소가, 풍(風)의 경우에는 촉(觸)이라는 미세요소가, 공(空)의 경우에는 성(聲)이라는 미세요소가 미세한 대상이다.
> 이것들(5미세요소)의 경우에는 아만이, 또한 이것(아만)의 경우에는 '표징뿐인 것'(통각)이 미세한 대상이며, '표징뿐인 것'의 경우에도 '표징이 없는 것'(원질)이 미세한 대상이다.[72]

미세요소들이 각기 독자적으로 하나의 조대요소를 산출한다는 이러한 견해는 *Yuktidīpikā*에서도 언급된다. 그러나 이상의 예시처럼 전변의 순서와 전개의 양태에 관한 견해의 차이가 있을지라도 미세한 것일수록 원인이 된다는 전변의 논리에는 변함이 없다.

이 밖의 견해 차이로, 앞 장에서 소개한 것처럼 『요가경』의 저자는 아닐 어떤 파탄잘리는 아만을 독립된 별개의 원리로 간주하지 않는다. 그에 의하면 아만은 마하트(통각)에 포함된다. 또한 13종의 감관을 주장하는 상키야의 정설과는 달리, 그 파탄잘리는 아만을 제외한 12종의 감관을 주장하고 Pañcādhikaraṇa는 10종의 감관을 주장하는 것으로 이견을 드러낸다.[73]

72 YBh 1.45. 정승석(2020) pp. 84-85.

73 이 같은 이견에 대한 인용은 @제7장 각주 131, 136, 137 참조.

2. 조대요소들의 속성

*Yuktidīpikā*의 설명에 의하면 소리 미세요소(聲唯)만이 잠재적인 소리를 소유한다. 그러나 강음, 고음, 비음과 같은 소리의 특성이 소리 미세요소 안에서는 현현하지 않는다. 마찬가지로 감촉 미세요소(觸唯)에는 잠재적인 감촉만 있고, 거칠거나 부드러운 감촉이 거기서는 드러나지 않는다. 이와 같이 각 속성들의 특징이 미세요소들에서는 현현하지 않는다. 이 때문에도 이것들은 '무차별'로 불린다.

바로 앞에서 소개한 <표 19>처럼, 각각의 미세요소들이 공(空), 풍(風), 화(火), 수(水), 지(地)라는 조대요소를 점층적으로 누적하여 산출한다는 견해는 인중유과의 논리에 따라 원인인 미세요소들이 5조대요소의 속성을 형성한다고 주장하는 것과 같다. 그러므로 결과인 5조대요소는 다음과 같이 각각의 원인이 되는 미세요소들을 속성으로 갖는다.

공(空)의 속성은 소리(聲)
풍(風)의 속성은 소리(聲)와 감촉(觸)
화(火)의 속성은 소리(聲)와 감촉(觸)과 형색(色)
수(水)의 속성은 소리(聲)와 감촉(觸)과 형색(色)과 맛[味]
지(地)의 속성은 소리(聲)와 감촉(觸)과 형색(色)과 맛[味]과 향(香)

여기서 첫째로 공(空)과 소리(聲)는 둘 다 소리라는 하나의 속성만 소유한다. 소리(聲)라는 미세요소와 공(空)이라는 조대요소의 차이는 인중유과의 논리로 설명된다. 원인은 결과를 내포하므로 다른 속성들과 연대하는 확장성이 결과보다 커야 한다. 따라서 소리는 확장성이 큰 원인인 반면, 공은 원자처럼 확장성이 작은 결과이다. 나머지 것들에도 이 같은 논리가 적용된다.

풍(風)은 소리도 속성으로 동반한다. 그런데 이것을 오직 감촉(觸)만의 산물로 간주할 경우, 풍은 소리가 아니라 감촉의 속성만을 갖게 될 것이다. 이와 마찬가지로 화(火)를 오직 형색(色)만의 산물로 간주할 경우, 활활 타오르는 불[火]이 형색뿐만 아니라 소리와 감촉이라는 속성도 갖는다는 사실을 설명할 수 없을 것이다. 나머지 수(水)와 지(地)의 경우도 이와 마찬가지이다. 하나의 조대요소가 그 원인이 되는 하나의 미세요소만을 속성으로 갖는다고 주장할 경우, 수(水)나 지(地)에서 발견할 수 있는 복합적인 속성의 유래를 설명할 수 없게 되는 난점이 발생할 것이다. 그러므로 위에 제시한 것처럼, 각각의 조대요소들이 점층적으로 누적된 미세요소를 속성으로 갖는다고 주장하는 것으로 이러한 난점을 해소할 수 있다. 요컨대 특정한 미세요소는 선행하는 미세요소를 동반함으로써 특정한 조대요소를 생성하여 그것의 속성이 된다.

이상과 같이 미세요소들이 조대요소들의 속성이 된다는 것은 인중유과에 따른 기본 원칙이고, 이로부터 더욱 확장된 속성들이 설명된다. 물질세계의 다양한 현상은 단일한 속성으로는 설명될 수 없고, 5미세요소의 부수적인 속성과 속성들의 복합으로 이루어지기 때문이다. 예를 들어 바람(風)과 물[水]의 감촉은 차겁지만, 불[火]의 감촉은 뜨겁다. 흙[地]은 차겁지도 뜨겁지도 않다. 또한 불과 물은 밝지만 흙은 어둡다. 맛[味]도 한결같지 않다. 물은 식물에 흡수되어 단맛이나 쓴맛을 내지만, 식물을 양육하는 흙에서는 특별한 맛이 감지되지 않는다. 향(香)은 지(地)의 속성이지만 종종 지(地)라는 요소가 혼합된 다른 요소들에서도 감지된다. *Yuktidīpikā*에서는 속성들의 목록을 다음과 같이 제시하여 이 같은 복합적인 양상을 설명한다.[74]

....

74 YD ad. SK 38. Wezler & Motegi(1998) pp. 225-6, 24-13행.

1. ākāro gauravaṃraukṣyaṃ varaṇaṃ sthairyam eva ca | sthitir bhedaḥ kṣamā kṛṣṇacchāyā sarvopabhogyatā ||
iti te pārthivā dharmās tad-viśiṣṭās tathāpare | jalāgni-pavanākāśa-vyāpakās tān nibodhata ||
2. snehaḥ saukṣmyam prabhā śauklyaṃ mārdavaṃ gauravaṃ ca yat | śaityaṃ rakṣā pavitratvaṃ santānaś caudakā guṇāḥ ||
3. ūrdhvagaṃ pāvakaṃ dagdhṛ pācakaṃ laghu bhāsvaram | pradhvaṃsy ojasvitā jyotiḥ pūrvābhyāṃ savilakṣaṇam ||
4. tiryakpātaḥ pavitratvam ākṣepo nodanaṃ balam | raukṣyam acchāyatā śaityaṃ vāyor dharmāḥ pṛthagvidhāḥ ||
5. sarvatogatir avyūho 'viṣkambhaś ceti te trayaḥ | ākāśa-dharmā vijñeyāḥ pūrvadharma-virodhinaḥ ||
saṃhatānāṃ tu yat kāryaṃ sāmānyaṃ te gavādayaḥ | itaretara-dharmebhyo viśeṣān nātra saṃśayaḥ ||
이와 동일한 내용이 약간 변경되어 *Tattva-vaiśāradī*(3.44)에서도 인용되어 있으나, 이 인용문의 출처를 언급하는 문헌은 전무하다.

1. 형상, 중량, 건조성, 덮음(복개성), 특히 단단함(고체성), 안정성, 분할성, 내구성, 음영(陰影), 모든 것을 위한 유용성이라는 이것들이 지(地)의 속성이다. 다른 것(속성)들, 즉 수(水), 화(火), 풍(風), 공(空)에 내재된 것들은 이것들에 의해 그와 같이(그 각자의 속성으로) 구별된다. [이제] 그대들은 이것들(나머지 4조대요소의 속성)을 들으라.

2. 습윤성(濕潤性), 희박성, 빛남, 맑음(선명성), 유연성, 중량, 특히 차가움, 보호성, 정화성, 상속성이 수(水)의 성질이다.

3. 화(火)는 상승, 연소, 조리, 가벼움, 발광, 파괴, 강력함, 광채로서 앞의 둘과는 다른 특성을 갖는다.

4. 수평 이동, 정화성, 제거, 추진, 세력, 건조성, 무영(無影), 차가움이 풍(風)의 속성으로서 [앞의 것들과는] 별개의 종류이다."

5. 편재, 분할 불가(불가분성), 연장(장애 없음)이라는 이 셋은 공(空)의 속성으로서 앞의 속성들과는 양립하지 않는다고 알아야 한다.

그러나 [이것들의] 합성물들의 결과로서 일반적인 것이 곧 소 따위이다. [합성의 결과인] 이 경우에는 각각의 속성들로부터 [발생하는] 특수성(차이)으로 인한 모호함(혼동)이 없다.

위의 설명에 따라 5조대요소의 속성을 다음과 같이 한눈에 파악할 수 있다.[75]

① 지(地)의 속성: 형상, 중량, 건조성, 덮음(복개성), 특히 단단함(고체성), 안정성, 분할성, 내구성, 음영, 모든 것을 위한 유용성.

② 수(水)의 속성: 습윤성, 희박성, 빛남, 맑음(선명성), 유연성, 중량, 특히 차

---

75 이와 비교할 만한 참고로 Dasgupta(1924:167)는 5조대요소 각각의 고유한 성질을 ①지는 지탱, ②수는 응집, ③화는 배치, ④풍은 이동, ⑤공은 공간으로 추출하고, 이것들의 속성을 다음과 같이 열거한다.
①지: 형상, 무게, 조야, 장애, 안정, 현현, 차별, 지탱, 혼탁, 견고, 향수.
②수: 평탄, 미세, 청정, 순백, 유연, 무게, 차가움, 보존, 정화, 접합.
③화: 상승, 요리, 발화, 빛, 발광, 방산(放散), 강화.
④풍: 횡단, 정화, 투척, 밀기, 강력, 운동, 무영(無影).
⑤공: 무한 운동, 비(非)응집, 무애(無碍).

가움, 보호성, 정화성, 상속성(응집성?).[76]

③ 화(火)의 속성: 상승, 연소, 조리, 가벼움, 발광, 파괴, 강력함, 광채.

④ 풍(風)의 속성: 수평 이동, 정화성, 제거, 추진, 세력, 건조성, 무영(無影), 차가움.

⑤ 공(空)의 속성: 편재, 분할 불가(불가분성), 확장(장애 없음)

이로써 조대요소들의 속성들은 제각기 현저하게 차별된다. 이 속성들의 특징은 경우에 따라 정적인 양상, 동적인 양상, 장애의 양상으로 한눈에 드러난다. 이 때문에 5조대요소는 '차별'로 불린다.[77] 그리고 이러한 속성들은 저마다 순수정신을 가진 중생의 다양한 목적에 이바지한다. 3질에 의한 모든 속성들의 배열은 순수정신을 위함이라는 것이 상키야의 기본 관념이기 때문이다. *Yuktidīpikā*에서는 서로 다른 요소들이 각자의 속성들을 통해 중생에게 봉사하는 방식을 설명하는데, 지(地)와 수(水)의 경우를 예로 들면 다음과 같다.

> 거기(地의 속성들)서는 '형상'을 통해 그만한 소 따위와 항아리 따위의 형상이 완성된다. '중량'을 통해 이것들(소와 항아리 따위)은 안정성을 갖는다. '건조성'을 통해 중생들은 물을 섭취하고 선명성(개별성)를 갖는다.[78]
> 습윤성을 통해 미모를 완성하고, 풍병을 치유하고, 열을 가라앉히며, 지(地)는 응집력을 갖는다.[79]

이 설명의 취지에 따르면 항아리의 경우, 도공이 항아리들을 각기 다른 모양으로 빚을 수 있는 것은 지(地)라는 물질 요소가 현전하기 때문이다. 이 때문에

....

76 '응집성?'(sandhāna ?)은 Chakravarti(1975:246)의 부연이다.

77 SK 38. 제4장 각주 156 참조.

78 tatrākārāt tāvat gavādīnāṃ ghaṭādīnāṃ cākāra-nirvṛttiḥ | gauravād eṣām avasthānam |raukṣyād apāṃ saṅgraho vaiśadyaṃ ca bhūtānām | YD ad. SK 38. Wezler & Motegi(1998) p. 226, 16-17행.

79 snehād rūpa-sampad vāyu-pratīkāro 'gni-śamanaṃ saṃgrahaś ca pṛthivyāḥ | ibid. 22-23행.

'형상'은 지(地)의 속성으로 간주된다. 지(地)의 속성 중에서 '중량'은 사람과 동물이 육체를 지탱할 수 있게 한다. 또한 다양한 유기체들은 자연적인 '건조성' 때문에 물을 흡수할 수 있고, 이 결과로 개체마다 어느 정도의 유연성을 유지할 수 있다. 수(水)의 습윤성은 중생들의 미모를 조성하고 열기를 진압한다. 이 덕분에 지(地)는 점착성을 발휘하여 유기체의 물질 부분을 형성할 수 있다.

8.3.2. 보편과 특수

고전 상키야-요가에서 보편과 특수는 미세요소와 조대요소를 구분하는 개념으로 거론된다. 단적인 예로 『요가주』에서는 실체를 설명하면서 5조대요소와 5미세요소를 각각 특수와 보편으로 구분한다.

> 그 중에서 조대라는 말이 명시하는 것은 지(地) 따위이고 [이것들의] 특수 양태인 소리 따위이며, 이와 아울러 형상 따위의 속성들이다. 이것은 요소들의 첫째 양태이다.
> 둘째 양태는 그 자신의 보편 양태이다. 즉 지(地)는 고체, 수(水)는 액체, 화(火)는 열, 풍(風)은 구부림, 공(空)은 편재라고 하는 이것(보편 양태)을 본성이라는 말이 나타낸다. 이 보편 양태는 소리 따위를 특수 양태로 갖는다. 다음과 같이 말한 것이 그와 같다. "한 가지 종류에 귀속되는 이 [모든] 것들은 오직 속성에 의해서만 구분된다."[80] 여기서는 보편 양태와 특수 양태의 집합이 실체이다.[81]

1. 보편의 의미와 적용

『요가주』의 설명에 따르면 보편(sāmānya)이란 5조대요소의 일반적 특성을 가리킨다. 즉 지(地)의 고체성, 수(水)의 액체성, 화(火)의 열성(熱性), 풍(風)의 운

....

80 *Yoga-vārttika*(YV 3.44)에서는 이 인용문의 출처를 '옛적 스승의 말씀'으로만 언급하는데, Rukmani (1987:166)는 이것을 Pañcaśikha의 단편으로 간주한다.

81 YBh 3.44. 정승석(2020) pp. 216-7.

동성, 공(空)의 편재성과 같은 것이 보편이다. *Carakasaṃhitā*에서는 이것을 5조대 요소의 '본성에서 유래한 표징'이라고 표현한다.[82]

*Yuktidīpikā*에 의하면 상키야의 옛 교사들 중에서 일부는 보편에 관해 약간 예외적인 견해를 표명한 것으로 보인다. 대표적인 예로, 보편을 실체로부터 구분할 필요가 없다는 Vindhyavāsin의 견해[83]는 미망사 학파의 관점과 상통한다. 즉 Kumārila는 다음과 같이 보편이라는 개념에 이의를 제기하고 나서, 보편과 종류성을 구분한다.

> 물질적 대상들의 동일성만을 보편으로 주장하는 자는 동일성이라는 말로써 그 밖에 무엇을 이해하는가?[84]
> 만약 [그것(동일성이라는 말)이] 동일한 형태와 상태를 갖는 것으로서 종류성(jāti)이라면, 우리는 이것을 인정한다. 그러나 동일성이 [형태의] 유사성이라면, 그것은 '무엇과 무엇의 [유사성이]'라고 설명되어야 한다.[85]

여기서 Kumārila가 부수적으로 인용하는 견해는 결국 Vindhyavāsin의 주장이다. Vindhyavāsin에 의하면 보편은 형태의 동일성을 의미하므로, 그가 생각하는 보편은 실질적으로 외형의 일치인 동일성(sārūpya)과 똑같은 의미가 된다. 보편의 의미가 이러하다면, '형태의 유사성'이라는 용어는 유사한 부류를 구분하는

....

82 "지(地), 수(水), 풍(風), 화(火)의 경우에는 [각각] 고체, 액체, 운동, 열의 성질이, 공(空)의 경우에는 장애가 없음(편재성)이 본성에서 유래한 표징으로서 지각된다." (khara-drava-caloṣṇatvaṃ bhū-jalānila-tejasām | ākāśasyāpratīghāto dṛṣṭaṃ liṅgaṃ svabhāvajam || CS, Śārīra-sthāna 1.29. Sharma & Dash 1985:318)

83 Chakravarti(1975:248)는 Vyāḍi의 것으로 간주했던 이 견해(@제7장 각주 185)를 본래 Vindhyavāsin의 주장이었다고 단정한다. 이는 *Ślokavārttika*에서 이와 관련하여 Vindhyavāsin을 언급(다음 각주 86)하기 때문일 것이다.

84 sārūpyam eva sāmānyaṃ piṇḍānāṃ yena kalpyate || 65 || tena sārūpya-śabdena kiṃ punaḥ pratipadyate | ŚV, Ākṛtivāda 65b-66a. Śāstrī(1978) p. 397, 32-33행.

85 samāna-rūpa-bhāvaś cej jātiḥ sāsmābhir iṣyate || 66 || sādṛśyam atha sārūpyaṃ kasya keneti kathyatām | ibid. 66b-67a. p. 398, 2-4행. 니야야 학파에서는 여기서 언급한 종류성(jāti)이라는 개념에 특수한 의미를 부여하여 사용한다. 이에 관해서는 후술(@제8장 각주 262) 참조.

본질인 '종류성'이라는 개념과 다르지 않다. 이 경우에는 무엇과 무엇이 동일 또는 유사한지를 설명해야 한다.

Vindhyavāsin은 '형태의 동일성'이라는 의미로 '동일성'이라는 말을 사용했고, Kumārila도 이에 동의한다. 이 경우, 동일성은 종류성을 구성하는 개체와는 완전히 다른 것으로 취급되지 않는 실체이다. 이에 대해 혹자들이 '유사성'만을 단언한 것은 무지의 소산이다. 다시 말해서 동일성이 유사성을 의미하더라도 그 본의는 '형태의 동일성'에 있다고 이해해야 한다. Kumārila는 이 점을 다음과 같이 시사한다.

> 이 때문에 Vindhyanivāsa(=Vindhyavāsa)는 [자신의] 책에서 동일성은 [개체와는] 완전히 다른 대상이 아니라고 설명했다. [이것을] 유사성이라고 말하는 것은 혼동 때문이다.[86]

Kumārila가 Vindhyavāsin의 설명을 바르게 전달했는지의 여부는 불확실하다. 다만 짐작건대 Vindhyavāsin은 Kumārila의 시대에도 높은 권위를 유지했으므로, Kumārila가 '보편'에 대한 자신의 주장을 입증하는 데 유리하도록 '동일성'이라는 용어를 설명하고자 했을 가능성도 없지는 않다.

그러나 상키야에서 말하는 보편은 '동일'의 개념으로 사용한 Kumārila와는 근본적으로 다르다. 상키야에서 보편은 실체와는 분리되지 않고 존재하게 되는 그 자체이다. 이 견해를 Kumārila는 결코 수용할 수 없다. 사실상 '보편'은 동일성에 의거하며, 이것은 동일한 부류나 군집 또는 종류에 속하는 '형태의 유사성'을 의미한다. 그리고 상키야-요가에서 말하는 동일성은 결코 Kumārila가 말하는 종류성(jāti)을 의미할 수 없다. 『요가주』의 설명을 예로 들면 '종류'는 동일성을 차별하는 근거가 되기 때문이다.

....

86 원문은 @제7장 각주 180.

> 유사한 둘의 장소와 특징이 동일한 경우에는 종류를 구분하는 것이 차별의 원인(근거)이 된다. [예를 들어] "이것은 암소이고, 이것은 암말이다"라고 한다. 유사한 장소와 종류에 속한 것일 경우에는 특징이 차별을 일으킨다.[87]

여기서는 소와 말이라는 유사한 동물을 동일성의 예로 들면서, 유사한 동물을 암소와 암말로 차별하는 특징이 '종류'라고 설명한다. 이 점에서 동일성과 유사성은 굳이 구별할 필요가 없는 같은 개념으로 간주해도 무방할 듯하다. 실제로 인도의 논리학에서도 보편(sāmānya), 동일성(sārūpya), 유사성(sādṛśya)을 엄격하게 구분하지는 않는다.

논리학의 교전인 *Nyāyasūtra*에서 유추(類推)란 잘 알려진 것과의 유사성을 통해 추리하는 것으로 정의된다.[88] 이에 대한 주석에서 Vātsyāyana와 Uddyotakara는 유사성와 보편을 차별하지 않는다.[89] Vācaspati는 이로부터 한걸음 더 나아가 동일성과 보편과 유사성을 아예 같은 말로 간주한다.[90]

....

87 YBh 3.53. 정승석(2020) pp. 231-2. 『요가주』에서는 Kumārila가 말하는 종류성(jāti)을 인정하지 않으므로, 여기서는 jāti를 단지 '종류'로 번역했다.

88 "유추(類推)란 잘 알려진 것과의 유사성을 통해 입증되어야 할 것을 증명하는 것이다." (prasiddha-sādharmyāt sādhya-sādhanam upamānam | NS 1.1.6. Taranatha 1985:168)
Vācaspati도 『상키야송』(SK 4)을 주석하면서 "이 '들소'라는 말은 '소'와 유사한 것이라는 의미를 표시한다."라는 주장 명제를 추리의 예로 들어, 유추가 추리의 일환이라고 설명한다. @제6장 각주 177 참조.

89 Vātsyāyana: "유추란 잘 알려진 것과의 공통성(보편)을 통해 파악할 대상에 대해 진술하는 것이다. 즉, 소(go)와 같은 그러한 것이 들소(gavaya)라고 말한다." (prajñātena sāmānyāt prajñāpanīyasya prajñāpanam upamānam iti | yathā gaur evaṃ gavaya iti | NBh 1.1.6. Taranatha 1985:168, 4-5행)
Uddyotakara: "그러나 그것(유추)은 '들소는 소와 유사성을 많이 갖는다'라고 이와 같이 이해하는 것이다." (bhūyas tu sārūpyaṃ gavā gavayasya ity evaṃ pratipadyate | NV 1.1.6. ibid. p. 172, 7행)

90 "그리고 동일성이 보편이라고 설명함으로써 유사성은 보편과 다르지 않고 명칭과 의미의 차이가 없다고 말한 것이다." (sādharmyaṃ ca sāmānyam abhidadhatā na sāmānyātiriktaṃ sādṛśyaṃ nāmārthāntaram astīty uktaṃ bhavati | NVT 1.1.6. Tailanga 1898:132, 6-8행)

2. 특수의 의미와 적용

종(種)과 속(屬)이라는 양면은 상대적인 것이다. 동일한 실체가 어떤 실체와 관련해서는 속(屬)이 될 수 있고, 다른 실체와 관련해서는 종(種)이 될 수도 있다. 더욱이 이 양면은 물질적 대상 세계로만 한정되지 않는다. 보편과 특수도 이와 마찬가지이다. 『요가주』와 *Yuktidīpikā*의 경우, 그 영역은 물리적(물질적)이든 심리적(정신적)이든 현현된 모든 실체로 확장된다. 『요가주』에서 이 점을 다음과 같이 설명한다.

> 직접지각이라는 바른 인식은 감관이라는 매체에 의해 마음이 외부 사물의 영향을 받음으로써 그것(외부 사물)을 자신의 대상으로 삼아, 대상의 보편성과 특수성이라는 본질 중에서 특수성을 우선적으로 확정하는 작용이다.[91]

소리(聲) 따위의 미세요소들도 다음과 같이 보편과 특수라는 양면성을 지닌다.

> 이제 이것(요소)들의 미세한 양태란 무엇인가? [조대]요소의 원인인 미세요소이다. 그것(미세요소)은 원자를 단일한 부분으로 갖고, 보편 양태와 특수 양태를 본질로 가지며, "[자신을 구성하는] 다양한 부분들이 분리되지 않고 성립된 것에 들어맞는 집합"이라고 하는 이와 같은 것(실체)이 모든 미세요소들이다.[92] 보편 양태와 특수 양태를 본질로 갖는 소리 따위가 지각 대상이고, 이것들에 대한 감관들의 작용이 지각이다. 그리고 그것(감관들의 작용)은 보편 양태만을 지각하는 양상을 갖지는 않는다. 즉 감관으로 인지하지 못하는 그 특수한 대상을 어떻게 마음으로 지각할 수 있겠느냐는 것이다.[93]

....

91 YBh 1.7. 정승석(2020) p. 44.

92 YBh 3.44. 위의 책, p. 218.

93 YBh 3.47. 위의 책, p. 221.
*Tattva-vaiśāradī*에서는 이 대목을 다음과 같이 해설한다.
"지각은 보편 양태만을 대상으로 갖지는 않는다. 왜냐하면 외적 감관에 의존하는 마음이 외계에

*Yuktidīpikā*에서는 이처럼 양면을 형성하는 보편과 특수가 어떻게 구분되는지를 설명한다. 이에 의하면 아만에 의해 오직 '나는'이라고 생각하는 것은 보편이지만, 이로부터 다시 3질이 작용함으로써 특수성이 발현한다.[94] 다음과 같은 설명에 의하면 '나는 소리, 감촉, 형색 따위와 연루되어 있다'라는 관념은 소위 특수성이 된다.

> 이 [3]질의 활동은 어떠한 활동에서든 '나는 있다'라는 관념이, "소리(聲)에 내가 있다, 감촉(觸)에 내가 있다, 형색(色)에 내가 있다, 맛[味]에 내가 있다, 향(香)에 내가 있다."라고 특수한 인식을 갖는 것으로 상술된다.[95]

여기서는 '특수'의 발현을 설명하고 있지만, 앞서 설명한 대로 이것도 보편과 함께 아만에 내재되어 있다. 통각도 예외가 아니다. 『요가주』에서는 통각도 보편과 특수라는 두 양상을 갖는다는 것을 다음과 같이 시사한다.

> 그러나 본성은 조명을 본질로 갖고 통각의 순질에 속하는 보편 양태와 특수 양태의 집합으로서, "[자신을 구성하는] 다양한 부분들이 분리되지 않고 성립된 것에 들어맞는 집합인 실체"이자 감관이다.[96]

....

대해 작용하기 때문이다. 그렇지 않다면 장님이나 벙어리 따위도 없다고 인정해야 할 것이다. 그래서 이 경우, 감관이 특수 양태를 대상으로 갖지 않는다면, 그것(감관)으로는 이것(특수 양태)을 지각하지 못할 것이니, 어떻게 마음으로 [그 특수 양태를] 지각할 수 있겠는가? 따라서 감관의 지각은 보편 양태와 특수 양태를 대상으로 갖는다." (na sāmānaya-mātra-gocaraṃ grahaṇam | bāhyendriya-tantraṃ hi mano bāhye pravartate | anyathāndha-badhirādy-abhāva-prasaṅgāt | tad iha yadi na viśeṣa-viṣayam indriyaṃ tenāsāv anālocito viśeṣa iti kathaṃ manasānuvyavasīyeta | tasmāt sāmānya-viśeṣa-viṣayam indriyālocanam iti | TV 3.47. 위의 책, p. 222, n. 126 재인용.

94 YD ad. SK 24. @제4장 각주 187.

95 eṣā guṇa-pravṛttir vyākhyātā yasyām asmi-pratiyayasya viśeṣa-grahaṇaṃ bhavati śabde 'haṃ sparśe 'haṃ rūpe 'haṃ rase 'haṃ gandhe 'ham iti | YD ad. SK 24. Wezler & Motegi(1998) p. 195, 5-6행.

96 YBh 3.47. 정승석(2020) p. 222.

그런데 여기서 설명한 것처럼 보편과 특수의 집합이 실체라면, 실체는 이중의 특성을 갖는 것이 된다.

3. 실체의 정의

집합에는 두 가지 구분이 있다. 하나는 전체로부터 부분이 분리될 수 있는 집합이고, 다른 하나는 구성 요소가 전체와 불가분리로 연결된 집합이다. 다음과 같은 『요가주』의 설명에 의하면 파탄잘리는 이 중에서 후자를 실체로 간주한다.

> 그것(집합)은 다시 두 가지이다. 즉 부분(구성 요소)들이 분리되어 성립된 것, 그리고 부분들이 분리되지 않고 성립된 것이다. 부분들이 분리되어 성립된 집합은 숲이나 회중과 같은 것이고, 부분들이 분리되지 않고 성립된 집합은 몸, 나무, 원자와 같은 것이다. "[자신을 구성하는] 다양한 부분들이 분리되지 않고 성립된 것에 들어맞는 집합이 실체이다."라고 파탄잘리는 말한다. [경문에서] 본성이라고 말한 것은 이러한 것이다.[97]

『요가주』의 저자가 여기서 언급하는 파탄잘리는 『요가경』의 저자를 지칭한 것이 분명하다. 『대주석』의 저자로서 문법가인 파탄잘리가 설명하는 실체는 여기서 설명한 것과는 근본적으로 다르기 때문이다. 아래의 설명으로 그의 실체 개념이 위의 경우와는 확연히 다르다는 것을 확인할 수 있다.

> 이제 여기서 '소'라고 하는 것은 무슨 말인가? 군턱, 꼬리, 군살, 발굽, 뿔을 가진 대상과 같은 것이면 그것은 무엇이나 [소라는] 말인가? 그렇지 않다고 한다. 그것은 '실체'로 불린다. 그렇다면 몸을 놀리고, 네 다리를 움직이고, 눈을 끔벅이는 것이면 그것은 무엇이나 [소라는] 말인가? 그렇지 않다고 한다. 그것은 '행위'로 불린다. 그렇다면 백색, 청색, 흑색, 적색, 회색이라는 [색깔을

97 YBh 3.44. 위의 책, pp. 217-8.

가진] 것이면 그것은 무엇이나 [소라는] 말인가? 그렇지 않다고 한다. 그것은 '속성'으로 불린다. 그렇다면 분할된 것들 중에서 온전하고 단절된 것들 중에서 연속하는 공통(보편)의 요소를 가진 것이라면 그것은 무엇이나 [소라는] 말인가? 그렇지 않다고 한다. 그것은 '종류성'으로 불린다.[98]

여기서는 속성과 종류성과는 다른 별개의 것이 실체라고 설명한다. 이에 반해 『요가경』의 파탄잘리에 의하면 실체는 속성과 종류성과는 별개의 것이 아닌 합성체이다. 이 실체 개념은 물질 대상에만 국한되지 않고 감관에도 적용된다. 『요가경』의 파탄잘리는 '몸'도 '부분들이 분리되지 않고 성립된 집합'이라고 말하므로, 몸의 일부인 감관도 역시 '구성 요소가 전체와 불가분리로 연결된 실체'로 간주된다.

상키야-요가 철학의 실체 개념은 바이셰쉬카 철학의 실체 개념과도 부분적으로는 다르다. 이 차이는 특히 원자(=극미)에 대한 인식에서 드러난다. 바이셰쉬카에서 주요한 쟁점의 하나인 원자는 더 이상 분할할 수 없는 극소의 가설적 단위로 간주된다. 물론 『요가주』에서도 찰나를 설명하면서 실체의 극소 단위를 원자로 간주한다.[99] 그러나 이와 동시에 앞의 인용문에서 '원자'도 '부분들이 분리되지 않고 성립된 집합'이라고 말하듯이, 원자 역시 집합의 일종이다. 이는 원자도 구성 요소를 갖는 것임을 시사하지만, 바이셰쉬카에서는 결코 수용할 수 없는 관념이다. 더욱이 『요가주』에서는 5미세요소가 5조대요소의 극미(원자)가 된다고 설명하는데,[100] *Yoga-vārttika*에서는 이 설명의 취지를 다음과 같이 해설한다.

98 atha gaur ity atra kaḥ śabdaḥ | kiṃ yat tat sāsnā-lāṃgūla-kakuda-khura-viṣāṇy artharūpaṃ sa śabdaḥ | nety āha | dravyaṃ nāma tat || yat tarhi tad iṅgitaṃ ceṣṭitaṃ nimiṣitaṃ sa śabdaḥ | nety āha | kriyā nāma sā || yat tarhi tac chuklo nīlaḥ kṛṣṇaḥ kapilaḥ kapota iti sa śabdaḥ | nety āha | guṇo nāma saḥ || yat tarhi tad bhinneṣv abhinnaṃ chinneṣv acchinnaṃ sāmānya-bhūtaṃ sa śabdaḥ | nety āha | ākṛtir nāma sā || 『대주석』 1.1.1. Kielhorn(1985) p. 1, 6-9행.

99 "축소의 종말에 이른 실체가 원자이듯이, 극단적인 축소의 종말에 이른 시간이 찰나이다." YBh 3.52. 정승석(2020) p. 229.

100 "물질 요소의 일반 부류에 속하는 소리 따위의 단일한 전변이 [5]미세요소를 부분(구성 요소)으로

> 그리고 그(저자)는 지(地)의 극미가 부분(구성 요소)을 갖지 않는다는 오해를 제거하기 위해 5미세요소가 바로 부분들이라는 뜻으로 '미세요소를 부분으로 갖는'(tanmātrāvayavaḥ)이라고 말한 것이다. [이 말(tanmātra-avayava)은 이처럼] 소유 복합어로 분석해야 한다.[101]

여기서는 조대요소의 원인이 되는 미세요소를 극미로 간주하고 있다. 미세요소들이 점층적인 누적의 순서대로 5조대요소를 산출한다는 견해에 따르면, 조대요소를 형성하는 극미는 집합으로 간주될 수밖에 없다. 특히 지(地)의 경우에는 5미세요소 전체를 구성 요소로 갖는다. 그러나 바이셰쉬카에서는 전혀 이렇게 생각하지 않는다.

상키야에서 실체라는 개념이 가장 일반적으로 적용된 예로는 '원리'를 들 수 있다. 상키야의 25원리설은 25종의 실체가 우주의 만물을 형성한다는 이론이다. 이 경우에 원리의 원어인 tattva가 『대주석』에서는 어떤 것을 생성하는 '본질'이라는 통상의 의미로 정의된다.[102] 그러므로 상키야에서 말하는 실체(=원리)는 이보다 확장된 의미를 갖는다. *Yuktidīpikā*에서는 Vārṣagaṇya의 견해를 인용하는데, Vārṣagaṇya는 상키야의 소멸 개념을 언급하면서, 다음과 같이 실체를 2종으로 설명한다.

> 그런데 Vārṣagaṇya의 추종자들은 다음과 같이 말한다. "바로 이 3계(界)는 실재로부터가 아니라 현현으로부터 퇴각한다. 퇴각한 것도 실재한다. [우리는 절대적인] 소멸을 부정하기 때문이다. 그것(퇴각한 것)은 [원질과] 융합하기

....

갖는 지(地)의 극미이다." YBh 4.14. 위의 책, p. 255.

101 tasya ca pārthiva-paramāṇor niravayavatva-bhrama-nirāsāya pañca-tanmātrāṇy evāvayavā ity āha—tanmātrāvayava iti | bahuvrīhi-vigrahaḥ | YV 4.14. Rukmani(1989) p. 54.

102 "어디서나 본질이 파괴되지 않는 것이라면, 그것도 영원한 것이다. 그렇다면 본질이란 무엇인가? 그 어떤 것을 생성하는 것이 본질이다." (tad api nityaṃ yasmiṃs tattvaṃ na vihanyate | kiṃ punas tattvam? tad-bhāvas tattvam | 『대주석』 1.1.1. Kielhorn(1985) p. 7, 22-23행.

때문에[103] 미세하며, 미세하기 때문에 지각되지 않는다. 따라서 현현으로부터 이탈한 것이 소멸이다. 그런데 그것(소멸)은 두 가지이다. 환멸로부터 창조에 이르는 원리(=실체)들의 [소멸이고], 모종의 시간 동안 머물고 난 다른 것들의 [소멸이다.]”[104]

여기서는 소멸을 절대적 무(無)로 간주하지 않는 상키야의 실재론적 관념을 비교적 선명하게 드러낸다. 이에 따르면 소멸이란 현현으로부터 퇴각 또는 이탈하여 지각되지 않는 상태이다. 이 상태에 이르는 과정에서 원리들, 즉 실체들은 두 가지 양태로 존재한다. 그중의 하나는 현현한 세계가 원질로 환멸한 이후 다시 창조될 때까지 잠복 상태로 존속하는 실체이고, 다른 하나는 창조된 이후 환멸에 이르기까지 현현의 양태로 존속하다가 소멸하는 실체이다. 전자가 미현현의 실체라면, 후자는 현현의 실체이다. Bhojadeva도 이와 유사하게 설명한다. 이에 따르면 소멸의 시기까지 자신의 존재를 유지하면서 모든 중생에게 향수의 대상을 형성하는 것이 실체이다. 이 때문에 신체나 항아리 따위처럼 한시적인 동안만 존속하는 것들은 실체로 간주되지 않는다.[105] 이에 대해 주석자는 다른 증언을 인용하여 실체의 의미를 다음과 같이 부연 설명한다.

Gurudeva 선생께서는 그것을 다음과 같이 설명하셨다. “확장되고 연속하기 때문에 이로부터 그들은 실체(tattva)들이라고 안다. 확장이란 공간으로는

....

103 saṃsargāc(융합하기 때문에)를 asaṃsargāc로 기재한 판본도 있다. Kumar & Bhargava(1992:39)는 asaṃsargāc를 채택하여 “[우리와] 접촉하지 않기 때문에”로 번역하고, 이에 따른 의미를 “전변의 경우에 변화는 본질에서가 아니라 형태에서 발생한다.”(ibid. p. 50, n. 10)라고 제시한다.

104 tathā ca vārṣagaṇāḥ paṭhanti “tad etat trailokyaṃ vyakter apaiti na sattvāt | apetam apy asti vināśa-pratiṣedhāt | saṃsargāc(=asaṃsargāc) cāsya saukṣmyaṃ saukṣmyāc cānupalabdhiḥ | tasmād vyakty-apagamo vināśaḥ | sa tu dvividhaḥ | ā sarga-pralayāt tattvānāṃ kiṃcit kiṃcit kālāvasthānād itareṣām” iti | YD ad. SK 10. Wezler & Motegi(1998) pp. 128-9, 22-4행.

105 “환멸에 이르기까지 존속하여 모든 중생들에게 향수를 제공하는 것이 실체(tattva)라고 언명된다. 이 때문에 신체나 항아리 따위는 실체가 아니다.” (ā pralayaṃ tiṣṭhati yat sarveṣāṃ bhogadāyi bhūtānām | tat tattvam iti proktaṃ na śarīra-ghaṭādi tattvam ataḥ ‖ *Tattva-prakāśa* 6.3. Sāstrī 1920:174, 5-6행)

> 편재이고, 시간으로는 연속이다. 10만 따위의 요자나에 미치는 실체가 환멸에 이를 때까지 존속한다. 그렇지 않으면 기둥이나 항아리 따위도 실체에 포함될 것이다.[106]

여기서는 실체의 원어인 tattva의 어원을 'tan'으로 적용하여 설명하고 있다. 파니니의 『어근집』에 의하면 어근 tan은 확장을 의미한다.[107] 확장이란 '공간'과 관련해서는 편재를 의미하고, '시간'과 관련해서는 지속을 의미한다. 수십만의 요자나(yojana)에 이르기까지 연장되는 실체는 소멸의 시기까지 존속한다. 그러므로 나무토막이나 항아리처럼 한시적으로 존재하는 것들은 실체로 간주되지 않는다. 이 같은 설명에 의거한 실체는 특히 23원리를 지칭하는 것으로 이해된다. 원질과 순수정신은 영원한 실체로서 소멸의 시기에도 사라지지 않기 때문에 25원리 중에서는 제외된다. 이 밖의 23원리 중에서 5조대요소는 최종의 실체가 된다.

8.3.3. 시간과 공간

바이셰쉬카 철학에서 시간과 공간은 실체의 범주에 포함된다. 그러나 상키야-요가에서는 이 둘을 다르게 이해한다. 둘 중에서 시간은 특히 『요가주』에서 주요 쟁점으로 취급된다. 『요가주』에 의하면 순간의 연속을 형성하는 것이 시간이며, 한 순간은 시간의 최소 한도로서 찰나(kṣaṇa)로 불린다.

> 혹은 동요하는 원자가 이전의 지점을 버리고 나중의 지점에 도달할 때까지의 그 시간이 찰나이다. 그리고 그것(찰나)이 단절 없이 흐르는 것이 상속이다.[108]

....

106 tad uktaṃ gurudevācāryeṇa — tatatvāt santatatvāc ca tattvānīti tato viduḥ | tatatvaṃ deśato vyāptiḥ santatatvaṃ ca kālataḥ || lakṣādi-yojana-vyāpi tattvam ā pralayāt sthitam | anyathā stambha-kumbhādir api tattvaṃ prasajyate || ibid. 13-17행.

107 "tan은 '확장하다'를 의미한다." (tanu vistāre | DP 8.1. Katre 1989:1194)

108 YBh 3.52. 정승석(2020) p. 229. 마지막 구절의 원문(tat-pravāhāvicchedas tu kramaḥ |)이 YsV의 판본에

위의 설명대로 시간이란 원자가 공간상의 앞 위치를 떠나 다음 위치에 도달하는 데 움직이는 기간이다. 그리고 순간(찰나)들의 단절 없는 흐름이 '상속'으로 불리는 시간의 질서이다. 이러한 관점에 의하면, 이 순간들의 총체와 연속이 실체가 되는 것은 아니다. 다시 말해서 몇 시간, 며칠, 며칠 밤 따위처럼 순간들의 집합체로 인식되는 것들은 어느 것이든 실체로서 존재하는 것이 아니다. 이 때문에 그것들은 서로 결합하여 다른 실체를 형성할 수도 없다. 이 점을 『요가주』에서는 "찰나와 이것의 상속 사이에는 실제의 결합이 없다. 분, 낮, 밤 등은 통각(=지성)에 의한 결합이다."[109]라고 설명하고, 주석자들은 이 설명을 다음과 같이 해설한다.

> 장애 없이 연속하는 형태인 찰나들과 이것들의 상속에서는 한데 뭉쳐 결합된 실체가 있을 수 없다. 따라서 분, 낮, 밤 따위는 통각(지성)이 구상한 결합일 뿐이다. [저자의 설명은] 이러한 의미이다.[110]
> 상속은 동시에 존재하지 않는 찰나의 성질을 갖기 때문에, [이런] 찰나의 집합은 허구의 것이기 때문에, 찰나와 이것의 상속도 허구의 것이다.[111]

이처럼 찰나의 집합인 시간은 가공적인 상상의 산물이지만, 그 모두는 일상의 용도에 부합하는 용어로 표현된다. 이 같은 관점으로 보면, 『요가주』의 저자는 시간을 마음 작용의 다섯 가지 중 하나인 망상에 포함시키려는 의도를 가진 듯하다. 『요가경』에 의하면 "망상이란 [대응하는] 사물이 없이 말[이 가리키는]

....

서는 다음과 같이 더 구체적인 의미로 바뀐다.
"단절 없는 흐름이 예정된 그것(찰나)의 연속이 상속이다." (tasya pravāhāviccheda-bhāvinaḥ ānantaryaṃ kramaḥ | YsV 3.52. Rukmani 2001b:113)

109 YBh 3.52. 정승석(2020) pp. 229-230.

110 kṣaṇeṣu tat-krameṣu cāvyavahitānantarya-rūpeṣu vastubhūtaḥ samāhāro milanaṃ nāsti | ato muhūrtāho-rātrādayo buddhi-kalpita-samāhāra evety arthaḥ | YV 3.52. Rukmani(1987) p. 197.

111 ayugapadbhāvi-kṣaṇa-dharmatvāt kramasya kṣaṇa-samāhārasyāvāstavatvāt kṣaṇa-tat-kramayor apy avāstavatvam | TV 3.52. Bodas(1917) p. 176, 20-21행.

지식 내용을 따르는 것"[112]이고, 『요가주』에 의하면 다음과 같이 시간도 '말이 가리키는 지식 내용을 따르는 것'이다.

> 실로 이러한 그 시간은 실체성도 없고, 통각에 의해 형성된 것이고, '말[이 가리키는] 지식 내용을 따르는 것'이며, 크게 빗나간 견해를 가진 세상 사람들에게는 본성을 갖고 실재하는 것처럼 나타난다.[113]

찰나는 무한 시간의 극소 단위이므로 성질상 원자와 같은 것으로 인식되는 순간 자체는 실재한다. *Caraka-saṃhitā*에서는 이러한 찰나적 시간을 극미(=원자)와 동일시하여 "그러나 속성들을 취하는 이 모든 것도 실로 극미와 같은 시간에 발생한다."[114]라고 설명한다. 상속이란 이에 의거한 개념이다.

상속은 찰나들이 단절 없는 흐름으로서 존재하는 연속이며, 이 연속을 '시간'이라고 일컫는다. 그러나 사실상 먼저 사라지고 나서 뒤따르는 각각의 찰나들을 직선으로 연결한 것과 같은 공간적 연속 상태는 있을 수 없다. 선후 관계의 두 찰나가 공존할 수는 없기 때문이다. 공존할 수 없는 찰나들을 연속으로 결합한 개념이 상속이다. 이 경우, 앞선 찰나를 다음 찰나가 뒤따르기를 반복하는 연결 상태로서의 상속에는 단절이 없다. 이처럼 찰나들이 동시에 출현하지 않는다는 것은 명백하다. 그러므로 현재의 찰나만이 존재하고 과거와 미래는 단독으로 존재하지 않는다. 결국 분절이 없는 찰나들의 결합은 있을 수 없다.

이상과 같은 관념은, 과거와 미래의 찰나들이 결코 존재하지 않는다는 것을 의미하지는 않는다. 물론 이것들이 독자적으로 존재할 수 없는 것은 사실이다. 이것들은 현현된 실체들에 의해 진행되는 변화 속에 내재한다. 과거와 미래는

....

112 śabda-jñānānupātī vastu-śūnyo vikalpaḥ ‖ YS 1.9.

113 sa khalv ayaṃ kālo vastuśūnyo 'pi buddhi-nirmāṇaḥ śabda-jñānānupātī laukikānāṃ vyutthita-darśanānāṃ vastu-svarūpa ivāvabhāsate | YBh 3.52. 정승석(2020) pp. 230, 444_2.

114 sarvam api tu khalv etad guṇopādānam aṇunā kālena bhavati | CS, Śārīra-sthāna 4.8. Sharma & Dash(1985) p. 390.

실체의 상이한 단계들을 지칭한다.[115]

과거와 미래는 실체들에 의한 변화의 단계로 구분할 수 있다. 그 변화가 효력을 일으키는 작용의 영역에서 물러난 것을 '과거'라고 일컫고, 그 변화가 아직 도래하지 않았으나 나중에 효력을 발현하게 될 것을 '미래'라고 일컫는다. 현현된 실체가 연속하는 찰나마다 변화를 거친다는 것은 상키야의 근본 교의에 속한다. 과거와 미래는 항상 변하고 있는 실체의 상이한 두 양상을 구성할 뿐이다. 이 변화는 별안간 발생하지는 않는다. 변화는 각각의 찰나를 차례로 거치면서 진행된다. 그러나 이것은 너무 신속하기 때문에 범부는 그 미세한 단계들을 모두 지각하지 못한다. 순환론의 거시적 관점에서는 우주 전체가 한 차례의 변화를 완성하는 것도 단독의 한 찰나로 간주된다. 그러나 단독의 한 찰나가 야기하는 변화는 극히 미세하다. 『요가주』에 의하면 초능력을 가진 요기들만이 그 변화를 지각할 수 있다.[116]

*Yuktidīpikā*에서는 시간을 우주의 발생 근거로 지지하는 견해를 비판하면서 '시간'과 같은 실체는 없다고 단언한다.

> 그것은 바로 앞에서 지적되었다. 즉 '시간'으로 불리는 것은 어느 것도 물질적 대상이 아니다. 그렇다면 [그것은] 무엇인가? 시간이라는 말은 '활동'[117]에 적용된다. 그것은 또한 감관의 작용이라고 설명된다. 그리고 작용은 작용의 주체와 다르지 않다. 따라서 감관을 순수의식(=영혼)으로 단언하는 자들은 곧 시간(=운명)에 의지하는 자들이다. 운명이라는 말은 선과 악에 적용된다. 그리고 이 둘은 이미 앞에서(SK 23) 통각의 속성으로 배속되었다. 따라서 운명론자는 통각을 순수의식으로 단언하는 자이다.[118]

....

115 "속성들은 시간 양태(시간적 행로)의 차이를 갖기 때문에, 과거와 미래는 그 고유한 형태로 존재한다." (atītānāgataṃ svarūpato 'sty adhvabhedāddharmāṇām ‖ YS 4.12)

116 "그러나 찰나의 차이는 오직 요기의 통각에 의해 이해될 수 있다." YBh 3.53. 정승석(2020) p. 233.

117 "활동이 없이는 과거와 미래와 현재라는 시간들은 드러나지 않는다." (nāntareṇa kriyāṃ bhūta-bhaviṣyad-vartamānāḥ kālā vyajyante | 『대주석』 1.3.1, Vārttika 11. Kielhorn 1985:258, 19행)

위의 설명을 부연하자면, 달의 이동이나 심장의 박동 따위와 같은 어떤 활동의 지속적인 흐름을 특별히 한정하여 표시하기 위해 고안된 것이 시간이다. 따라서 시간은 본질적으로 '활동'과 다르지 않다. 상키야에 의하면 활동이란 감관의 기능이다. 작용(vṛtti)으로 불리는 이 활동은 감관들의 온갖 동요를 형성한다. 그러나 상키야의 관점으로 보면, 이 동요 역시 본질적으로는 그 토대인 감관 자체와 다르지 않다. 이에 따라 '시간'은 결국 감관의 관할권에서 벗어나지 않는다.

옛적의 상키야, 특히 상키야가 학파로서 정립되지 않았던 시기의 교사들이 '시간'을 어떻게 생각했는지는 단정적으로 말할 수 없다. 다만 *Ahirbudhnya-saṃhitā*에서 그 단서를 구하자면, 시간은 육십과론의 60가지 주제 중의 하나를 형성한다.[119] 이 문헌의 다른 곳에서는 상키야와 요가에서 시간은 최상의 능력이 지닌 양상 중의 하나로 간주된다고 언급한다.[120]

그러나 *Yuktidīpikā*에서는 시간을 우주 전체의 통합과 해체에서 주요 원인으로 간주하는 다른 견해를 완전히 무시한다. *Yuktidīpikā*에 의하면 시간은 실체에 변형을 일으키는 요인이 아니라, 단지 연관을 통해 그 변형에 보조할 뿐이다.[121]

상키야-요가에 의하면 공간도 독자적인 별개의 존재가 아니다. 이것도 실용적인 목적을 위해 가설적으로 구상된 것이다. 공간 개념은 상대적인 것이다. 어떤 것의 방향에서는 동쪽일 수 있는 것이 다른 것의 방향에서는 서쪽일 수 있다. 그러나 후대의 *Sāṃkhyasūtra*에서 시간과 공간을 공(空)의 산물로 언급하는 것[122]은 의외이다. 이보다 더 신뢰할 만한 상키야-요가의 문헌들에서는 그러

....

118 prāg evaitad apadiṣṭaṃ na kālo nāma kaścit padārtho 'sti | kiṃ tarhi kriyāsu kālasaṃjñā | taś ca karaṇavṛttir iti pratipāditam | na cānyā vṛttir vṛttimataḥ | tasmāt karaṇa-caitanya-pratijñāḥ kālātmakā iti | bhāgya-saṃjñā tu dharmādharmayoḥ | tau ca buddhi-dharmāv iti prāg apadiṣṭam | tasmād bhāgyavādī buddhi-caitanika iti | YD ad. SK 50. Wezler & Motegi(1998) p. 247, 11-15행.

119 "이 밖의 다른 것들로서 능력으로부터 운명과 시간까지 세 가지 요목이 있다." AhS 12.21. @제7장 각주 86.

120 『마하바라타』의 상키야에서 시간을 이처럼 중시한 예는 @제7장 각주 92 참조.

121 "그러나 시간은 변형의 원인이 아니라, 오직 연관을 조력한다." (kālas tu sambandha-mātropakārī na vikriyā-hetuḥ | YD ad. SK 15. Wezler & Motegi 1998:162, 1행)

한 견해의 단서를 찾을 수 없기 때문이다.

8.4. 상키야의 인식론

상키야의 인식론에서 일차적인 주제는 3종의 인식 수단이다.[123] 이에 관해서는 제2장에서(2.3.2_3) 약술했으므로 여기서는 특기할 만한 쟁점을 상술한다.

8.4.1. 지각의 정의와 2종의 지각

1. 지각의 정의

『상키야송』에서는 직접지각을 "각각의 대상에 대한 결정"이라고 정의한다.[124] *Yuktidīpikā*의 저자는 이 정의를 둘러싸고 상당히 난해한 논의를 전개한다.[125] 이 정의에 대한 그의 해설을 고찰하기 전에, 정의에서 언급한 '각각'에 대한 그의 해석을 먼저 이해할 필요가 있다. 이 해석은 정의에 대한 그의 해설에서 가장 중요한 전제가 되기 때문이다.

> "각각"(prati)이라는 말은 접촉의 의미로 적용된다. "지각이란 대상에 대한 결정이다."(viṣayādhyavasāyo dṛṣṭam)라고 말하는 데 그친다면, [예외 없이] 모든 대상에 대한 확신은 [결정이] 될 것이다. 그러나 "각각"이라는 말이 적용되면, "각각"은 '대면'(現前性)의 의미로 사용된다. 따라서 이것(지각의 정의)은 [대

....

122 "공간과 시간은 공(空) 따위들로부터 [발생한다.]" (dik-kālāv ākāśādibhyaḥ | SS 2.12. Garbe 1943:77) 이에 대해 Aniruddha는 "[여기서] 탈격(-bhyaḥ)이 처격의 의미로 사용되고 있다."라고 해석한다. 이 해석을 적용하면 이 원문은 "공간과 시간은 공(空) 따위들에 [포함된다.]"라고 번역된다.

123 고전 상키야-요가에서는 직접지각과 추리와 증언(신뢰할 수 있는 말씀)만을 타당한 인식 수단으로 인정한다. SK 4. @제2장 각주 148.

124 "직접지각이란 각각의 대상에 대한 결정이다." SK 5. @제2장 각주 151.

125 이하의 고찰은 이 논의를 상세하게 취급한 정승석(2016b) pp. 26-32 참조 및 재인용.

상과] 접촉한 감관들의 작용에 부응하는 결정이 곧 지각이라고 이해된다.[126]

이 같은 해석에 대해서는 *Tattva-kaumudī*의 저자도 다음과 같이 동의한다.

> 대상마다에 대해 작용한다는 것이 '각각의 대상'(prativiṣaya), 즉 감관이며, 작용은 접촉이다. [그러므로 '각각의 대상'이란] 대상과 접촉한 감관을 의미한다. [이에 따라 '각각의 대상에 대한 결정'이란] 그것(대상과 접촉한 감관)에 관한, 즉 그것에 기초하는 결정을 의미한다. 그리고 '결정'은 통각이 전담하는 인식이다. 대상을 파악한 감관들이 작용할 때, 통각으로부터 암질이 쇠퇴하고 순질이 압도하는 그것이 '결정'이다."[127]

*Yuktidīpikā*의 저자는 '각각'의 의미를 이처럼 '접촉'이라는 의미로 해석하여, 직접지각의 정의를 다음과 같이 상술한다.

> 그런데 [SK 23에서는] "통각은 결정이다."라고 말할 것이다. ["지각이란 각각의 대상에 대한 결정이다."(SK 5)에서 말하는] "각각의 대상"(prativiṣaya)이란 대상마다에 대해 작용한다는 것이다. 무엇이 그것(각각의 대상)인가? 감관(감각 기능)이 그것이다. 이것에 관한 [통각의] 결정이 "각각의 대상에 대한 결정"이다. [이 말은] 대상을 파악한 감관들의 작용에 부응하여, 순질이 압도함으로써 동질과 암질[과의 뒤섞임]이 없이 '조명하는 성질을 갖는 것(즉 통각의 기능)'[128]이 "지각"(dṛṣṭa), 즉 직접지각이라는 의미이다. 이것(지

....

126 prati-grahaṇaṃ sannikarṣārtham | viṣayādhyavasāyo dṛṣṭam itīyaty ucyamāne viṣayamātre sampratyayaḥ syāt | pratigra<haṇe> punaḥ kriyamāṇe pratir ābhimukhye vartate | tena sannikṛṣṭendriya-vṛtty-upanipātī yo 'dhyavasāyas tad dṛṣṭam ity etal labhyate | YD ad. SK 5. Wezler & Motegi(1998) p. 81, 9-12행.

127 viṣayaṃ viṣayaṃ prati vartata iti "prativiṣayam" indriyam | vṛttiś ca sannikarṣaḥ | artha-sannikṛṣṭam indriyam ity arthaḥ | tasminn "adhyavasāyaḥ", tadāśrita ity arthaḥ | "adhyavasāyaś" ca buddhi-vyāpāro jñānam | upātta-viṣayāṇām indriyāṇāṃ vṛttau satyām, buddhes tamo 'bhibhave sati yaḥ sattva-samudrekaḥ so "'dhyavasāya" iti | TK 30 ad. SK 5. Jha(1965) p. 19.

128 "이것은 순질이 우세한 통각의 상태를 가리킨다." Kumar & Bhargava(1990) p.151, en. 10.

각)은 인식 수단이다. 이것으로 [순수정신의] 정신력이 원조한 것이 결과이다.[129] 소리(말) 따위들은 인식되어야 할 것(인식 대상)들이다. 인식 수단과 그 결과의 성질은 다른 경우에도 이와 같이 이해되어야 한다.[130]

여기서는 인식 기관인 통각이 각각의 대상과 접촉한다는 것을 '대상과 교섭하는 감관'과 접촉하게 된다는 보다 구체적인 의미로 해석한다. 그의 해석은 진실한 대상만이 현전한다는 것으로 지각과 환각을 차별한 것이다. 다시 말해서 반드시 대상과 접촉한다는 특징을 갖는 감관이 지각과 추리를 차별한다. 여기서 그가 개진한 해설의 취지는 다음과 같은 것으로 이해된다.

감관들은 자신의 대상과 접촉하게 되면, 그때 통각이 거기서 작용한다. 감관들은 자신의 대상들과 접촉하게 될 때 그 대상들의 형상으로 변형되며, 이때 통각에는 암질이 위축되고 순질이 충만하게 된다. 대상에 대한 뚜렷하고 결정적인 인식은 이 결과로 발생한다. 여기서 '결정'(adhyavasāya)이라는 말은 불확실한 인식을 배제하는 '확정'을 의미한다.

그러나 고통과 안락 따위처럼 감관을 통해 직접 지각할 수 없는 것들은 초감각적 직관으로 인지할 수밖에 없다. 그렇다면 『상키야송』에서 제시한 직접지각의 정의가 고통과 안락 따위에는 어떻게 적용될 수 있는지가 난제로 제기된다. 이 때문에 다음과 같은 반론을 예상할 수 있다.

반론: [지각의 정의에는] 탐욕 따위가 보충되어야 한다. 만약 인접한(접촉한)

....

129 "순수정신에게는 원조가 사실이 아닌 인식 따위의 속성이라고 해석되어야 한다. 사실상 인식이 발생한 후 순수정신의 본성에는 변화가 없다. 인식은 실제로는 통각에서 일어나지만, 순수정신에서 기인하는 것으로 오인된다." ibid. en. 11.

130 "adhyavasāyo buddhiḥ" (SK 23a) iti ca vakṣyati | viṣayaṃ viṣayaṃ prati vartata iti "prativiṣayam" | kiṃ tat | indriyam | tasmin yo "'dhyavasāyaḥ" sa prativiṣayādhyavasāyaḥ | upātta-viṣayāṇām indriyāṇāṃ vṛttyupanipāti sattvodrekād arajas-tamasaṃ yat prakāśa-rūpaṃ tad "dṛṣṭam" | pratyakṣam ity arthaḥ | etat pramāṇam | anena yaś cetanāśakter anugrahas tat phalam | prameyāḥ śabdādayaḥ | evam uttaratrāpi pramāṇa-phalabhāvo draṣṭavyaḥ | YD ad. SK 5. Wezler & Motegi(1998) p. 77, 4-10행.

> 감관의 작용을 통해 발생한 결정이 지각이라고 인정된다면, 탐욕 따위를 대상으로 하는 식별 인식은 감관을 초월하기 때문에 결국 직접지각이 될 수는 없을 것이다. 이에 대해서는 보충 설명을 해야 한다.[131]

*Yuktidīpikā*의 저자는 이에 대해 지각의 주체인 통각의 기능을 다음과 같이 두 가지로 설명함으로써 지각에 대한 정의의 의미를 확장한다.

> 답변: ①각각(prati)이라는 말로써 감관을 한정하지 않는 이 경우에는, 대상마다에 대해 작용하는 그것(감관)을 통한 결정이 곧 지각(dṛṣṭa)이다. ②반면에 결정을 한정하는 대상마다에 대해 [작용하는 그것(통각)을 통한] 결정이 [곧 지각이다.][132]

위의 답변에서 첫째 구절(①)이 통각의 기본 기능이라면, 둘째 구절(②)은 추가될 수 있는 확장된 기능이다. 첫째 구절에서는 '각각'의 외적 대상과 감관이 접촉함으로써 발생한 감수 내용을 결정하는 것이 지각으로 정의된다. 그리고 다음에 인용할 *Yuktidīpikā*의 설명에 따르면, 둘째 구절에서 말하는 "결정을 한정하는 대상"이란 안락이나 탐욕 따위처럼 감관이 접촉할 수 없는 대상을 가리키는 것으로 이해된다. 그리고 이러한 대상을 결정하는 것도 지각으로 정의된다. *Yuktidīpikā*의 저자는 이 점을 설명하기 위해 문법적 해석을 기교로 적용한다. 여기서 그가 적용하는 것은 'ekaśeṣa'로 불리는 생략형 복합어이다.[133] 아래의 설명

....

131 āha: rāgādy-upasaṃkhyānam | yadi sannikṛṣṭendriya-vṛtty-upanipātī yo 'dhyavasāyas tad dṛṣṭam ity abhyupeyate, tena rāgādi-viṣayaṃ vijñānam atīndriyatvāt pratyakṣaṃ na prāpnoti | tasyopasaṃkhyānaṃ kartavyam | ibid. p. 82, 6-8행.

132 ucyayate: ①na tarhīdaṃ pratigrahaṇam, indriy-aviśeṣaṇaṃ viṣayaṃ viṣayaṃ prati yo vartate tasmin yo 'dhyavasāyas tad dṛṣṭam iti | ②kiṃ tarhi | adhyavasāya-viśeṣaṇaṃ viṣayaṃ viṣayaṃ prati yo 'dhyavasāya iti | ibid. p. 82, 9-11행.

133 이 복합어는 원래 둘 이상의 단어로 형성된 복합어임에도 다른 단어들을 생략하고, 남아 있는 하나의 단어로 원래 복합어의 의미를 표현한다. 예를 들어 아버지(pitṛ)를 'pitarau'처럼 양수로 표현한 것은 "mātā-pitarau"(아버지와 어머니)의 ekaśeṣa 복합어다.

은 "각각의 대상에 대한 결정"이라고 이해되는 복합어 'prativiṣayādhyavasāyaḥ'를 생략형 복합어로 해석한 결과이다.

> 그 중(생략형 복합어의 이중 의미)에서 하나로써 외적인 감관의 직접지각이라는 의미를 취한다. 둘째의 것으로는 내적인 직관이라는 의미를 취하며, 탐욕 따위를 대상으로 하는 요가 수행자들의 식별 인식을 포함한다고 설명되는 것이 직접지각이다.[134]

*Yuktidīpikā*의 저자가 지각의 정의를 생략형 복합어로 간주하여 이와 같이 해석한 핵심은, '대상'이라는 하나의 개념이 감관을 의미할 뿐만 아니라 통각도 의미한다는 것이다.[135] 이로써 저자는 통각의 기능인 결정에 '내적인 직관'이라는 의미를 부여하고, 요가 수행자의 식별 인식도 이 '내적인 직관'에 포함시킨다. 그러므로 요가 수행자는 감관을 거치지 않고서도 내적인 직관으로 모든 대상을 직접 지각할 수 있다. 다시 말해서 감관의 대상이 아닌 '탐욕 따위'(또는 안락 따위)가 요가 수행자에게는 식별 인식의 대상이 될 수 있는 이유는, 그 식별 인식이

....

134 tatraikena bahiraṅgasyendrisya pratyakṣasya parigrahaḥ | dvitīyenāntaraṅgasya prātibhasyeti rāgādi-viṣayaṃ yogināṃ ca yad vijñānaṃ tat saṃgṛhītaṃ bhavatīti vyākhyātaṃ pratyakṣam | ibid. p. 82, 24-25행. 이러한 해석은 "상키야가 지각을 감각적, 정신적, 요가적인 3종으로 구분한다는 것을 실증한다."(Steinkellner 2005:120, en. 137)고 말할 수 있는 전거가 된다.

135 Chakravarti(1975:172-173)는 *Yuktidīpikā*의 저자가 지각의 정의인 "prativiṣayādhyavasāyaḥ"를 다음과 같이 해석한 것으로 분석한다.
"①prati-viṣaya-adhyavasāyaś ca ②prati-viṣaya-adhyavasāyaś ca ③prati-viṣaya-adhyavasāyaḥ."
이 해석은 ③을 ①과 ②로 파악해야 한다는 것이다. 동어 반복일 뿐으로 보이는 ①과 ②는 다음과 같이 다른 의미로 이해되어야 한다. ①의 경우는 감관이 대상과 접촉함에 따라 그 감관 속에서 통각이 작용한다는 것을 의미한다. ②의 경우는 물질적이든 정신적이든, 가깝든 멀든 모든 실체에 관해 통각이 작용한다는 것을 의미한다. 이로써 정신적 직관뿐만 아니라 초감각적 대상에 대한 요가 수행자의 지각도 가능하다는 것을 인정할 수 있다. 그리고 이 경우의 prati(각각)는 감관과 직결되는 ①의 경우와는 달리 결정적 인식인 adhyavasāya(결정)와 직결된다. 이와 같이 해설한 ekaśeṣa 복합어의 요점을 다음과 같이 추출할 수 있다.
①prati-viṣaya-adhyavasāyaś ca ②prati-viṣaya-adhyavasāyaś ca ③prati-viṣaya-adhyavasāyaḥ"에서 ①의 대상(viṣaya)은 감관(indriya)을 의미하고, ②의 대상은 통각(buddhi)을 의미한다.

내적인 직관으로 발동하기 때문이다. 그리고 내적인 직관도 통각의 결정에 해당한다.

*Yuktidīpikā*의 이 같은 해석은 불교 측에서 물질적 대상과 정신적 안락이라는 두 가지를 동시에 파악한다는 것이 부당하다는 Dharmakīrti의 비판[136]에 대한 해명이 된다. 또 한편으로 상키야 학파의 내부로 보면, 이 해석은 청각 따위의 작용을 지각으로 정의하는 Vārṣaganya의 견해도 거부한다.

> [지각을] Vārṣagaṇa는 '청각 따위의 작용'이라고 말하고, 다른 이들은 '분별이 제거된 것(무분별)'이라고 말한다. 이와 같은 식으로 정의가 확고하지 않으므로 지각을 비롯한 [다른 인식 수단]에 대해서는 확정된 것이 없다.[137]

불교 측에서 Dignāga는 지각에 대한 Vārṣagaṇa의 견해를 다음과 같이 구체적으로 명시한다.

> 그런데 카필라의 무리들에게 직접지각은 '청각 따위의 작용'으로 인식되어 있다. 즉 "소리, 감촉, 형색, 맛, 향[이라는 대상]에 대해 귀(청각), 피부(촉각), 눈(시각), 혀(미각), 코(후각)가 [앞에 열거된] 순서대로 각각 파악하기 위해, 마음에 의해 통제된 작용으로서 발생하고 있는 것이 직접지각이라는 인식 수단이다."라고 말한다.[138]

....

136 "혹자(즉 상키야)는 안락 따위들을 오직 외부에 존재하는 비정신적인 인식 대상으로 간주한다. [그러나] 그(상키야)에게도 두 가지를 [반드시] 동시에 파악한다는 것은 타당하지 않[을 것이]다." (kaścid bahiḥsthitān eva sukhādīn apracetanān | grahyān āha na tasyāpi sakṛd yukto dvaya-grahaḥ || PV 268. Sāṅkṛtyāyana 1938:75)

137 śrotrādi-vṛttir iti vārṣagaṇaḥ | kalpanāpoḍham ity anye | ittham anavasthitaṃ lakṣaṇam iti dṛṣṭādīnām apratipattiḥ | YD ad. SK 5. Wezler & Motegi(1998) p. 76, 21-23행. 여기서 말하는 '다른 이들'이란 "청각 따위의 작용은 분별하지 않는 것이다."(śrotrādi-vṛttir avikalpikā)라고 주장한 Vindhyavāsin을 지칭한 것이 분명할 것이다. @제7장 각주 214 참조.

138 kāpilānāṃ tu śrotrādi-vṛttiḥ pratyakṣam iṣṭam | śrotra-tvak-cakṣur-jihvāghrāṇānāṃ manasādhiṣṭhitā vṛttiḥ śabda-sparśa-rūpa-rasa-gandheṣu yathā-kramaṃ grahaṇe vartamānā pratyakṣaṃ pramāṇam iti | PSV ad. PS

*Yuktidīpikā*의 저자는 지각에 대한 이 같은 정의가 정신적 직관 및 요기의 예지를 포괄하지 못한다는 사실을 지적하고, 독자적인 해석으로 상키야의 정설을 확립한다. 그의 해석에 따르면 단순히 감관의 작용만으로는 정신 작용으로 발생하는 초감각적인 대상을 인식할 수 없다. 직접지각이라면 응당 그러한 대상들까지 인식할 수 있어야 한다는 것이 그의 지론이다. 이에 따라 그는 정의에서 말하는 '각각의 대상'을 분석하여 조대 물질은 범부의 대상인 반면, 미세 물질은 요가 수행자의 지각 영역에 있는 대상이라고 해석한 것이다.

2. 감관들의 지각 기능

『요가경』에서는 직접지각과 추리와 성언(聖言)을 바른 인식으로 간주한다.[139] 여기서 '바른 인식'과 '성언'은 각각 상키야의 인식 수단과 증언(신뢰할 수 있는 말씀)에 상당하므로, 요가 철학의 인식론은 기본적으로 상키야 철학과 공유한다. 또한 『요가주』에서도 마음이 감관의 문을 통해 대상과 접촉하면, 보편성(공통성)과 특수성을 지닌 대상에 대한 명확하고 결정적인 인식이 발생한다고 설명하는[140] 것으로, 어느 정도는 『상키야송』의 인식론을 옹호한다. 이 경우, 상키야 철학에서 내적 기관으로 일컫는 마음과 아만과 통각을 요가 철학에서는 흔히 '마음'(citta)으로 통칭한다는 사실을 염두에 두어야 한다. 『요가주』에서 언급하는 보편성과 특수성이 상키야의 인식론에서는 각각 비결정적 지각과 결정적 지각으로 구분된다. Vācaspati는 이 둘을 다음과 같은 취지로 해설한다.[141]

....

1.25. Steinkellner(2005) p. 14, 1-3행. 여기서 말하는 '카필라의 무리들'이 Vārṣagaṇya를 지칭한 것임은 바로 앞의 인용문으로 알 수 있다.

139 YS 1.7. @제2장 각주 247.

140 『요가주』(YBh 1.7)에서는 직접지각을 마음이 대상의 영향으로 "대상의 보편성과 특수성이라는 본질 중에서 특수성을 우선적으로 확정하는 작용"이라고 설명한다. 이 @제8장 각주 91.

141 아래의 해설에서 Chakravarti(1975:173-4)는 마음(manas)을 설명하는 SK 27(Jha 1965:101-2)에 대한 Vācaspati의 해설(TK 155)을 간접적으로 인용한다. 그러나 Vācaspati가 이 대목에서 비결정적(nirvikalpa) 지각이나 결정적 지각이라는 용어를 직접 언급한 것은 아니다. Chakravarti가 말하는 '비결정적 지각'은 다음과 같은 Vācaspati의 해설에서 언급한 '모호한 인식'에 해당한다. "지각기관들

비결정적 지각이란 대상에 대한 순수하고 단순한 즉각적 인식이다. 이것은 성격상 순수하게 직설적이며, 묘사적 과정을 거치지 않는다. 이에 반해 결정적 지각은 대상을 그 속성과 관련하여 명확하게 인식하며 보편성과 특수성으로 한정된다. 이것은 직설적일 뿐만 아니라 묘사적인 성격의 지각이다. 즉 과거에 경험한 대로 이름, 종류 등과 같은 대상의 속성을 상기하여, 이것들을 유사성의 법칙에 의해 마음에 재생한다. 이러한 결정적 지각에서 마음은 감관이 생성한 영상을 받아들여 분별하는 것으로 중요한 역할을 담당한다. 그러나 비결정적 지각에서 마음은 전혀 추리하지 않으므로 모든 것이 감관에 의거한다.

이 같은 구분을 고려하면, "청각 따위의 작용은 분별하지 않는 것이다."라는 Vindhyavāsin의 정의는 결정적 지각이 아니라 비결정적 지각만을 지목한 점에서 기이하다. 그가 생각하는 지각이란, 감관이 그 각각의 대상과 접촉함에 따라 대상 그대로의 형태로 변형되는 것이다. 그가 말하는 '분별하지 않음'(avikalpikā), 즉 무분별은 이름과 종류 등 다른 범주의 온갖 연상이 없는 것이다. 그렇다면 대상의 인상이 마음에 즉각적으로 모호하게 나타나는 것이 무분별이다. Guṇaratna는 『육파철학집성』의 주석에서 이 같은 무분별에 의한 직접지각을 다음과 같이 설명한다.

> 직접지각은 분별에서 유래하지 않는 청각 따위의 작용이라고 한다. [청각 따위란] '귀, 피부, 눈, 혀, 코'라는 다섯 가지라고 한다. 귀 따위는 감관이다. 그것들의 작용이 활성화하여 변하는 것, 다시 말해서 바로 그 감관들이 대상의 형상에 따라 변하는 것이 직접지각이라고 한다. 실로 [이것(직접지각)이] 그것들의 최종 목적이다. 안목을 지닌 석가의 견해처럼, 무분별이란 이름과 종

....

의 지각이란 '사물에 대한 모호한 인식'을 일컫는다." (buddhindriyānāṃ sammugdha-vastu-darśanam ālocanam uktam | TK ad. SK 28. Jha 1965:103)
TK를 최초로 영역한 Jha(1896:69)는 여기서 언급한 sammugdha-vastu-darśanam(사물에 대한 모호한 인식)을 '초기의 추상적 이해'로 번역하고 Nirvikalpa를 병기했다. Chakravarti는 Jha의 해석을 참고한 것으로 보인다.

류 따위에 대한 분별이 없는 것으로 설명되어야 한다는 것이다.[142]

그러나 이처럼 '감관들이 대상의 형상에 따라 변하는' 무분별을 직접지각으로 간주한다면, 대상을 명료하게 식별하는 결정적 지각은 어떻게 성립되는가? 『상키야송』에서는 이에 답하여 결정적 지각의 주체가 통각임을 시사하는 것으로 다음과 같은 독자적인 인식론을 제창한다.

> 이것들(아만과 마음, 10종의 외적 기관)은 제각기 독특하게 작용하여 [3]질의 [작용에] 차이가 있으며, 순수정신을 위해 [심지와 기름과 불로 형성되는] 등(燈)처럼 모든 것을 비추어 통각에게 제출한다. (36)
> 이를 통해 통각은 모든 것에 대한 순수정신의 향수를 달성하며, 바로 그것(통각)은 다시 제일원인과 순수정신의 미세한 차이를 식별한다. (37)[143]

이에 의하면 대상에 대한 지각의 실질적인 주역은 통각이다.[144] 그렇다면 이번에는 통각 이외의 감관들은 지각 기능에서 어떠한 역할을 담당하는지가 관건으로 대두된다. 다시 말하면 감관들과 통각 사이의 인식론적 관계가 의문시된다. 주석자들은 외적 기관(특히 5지각기관)과 내적 기관의 관계, 그리고 내적 기

....

142 "śrotrādi-vṛttir avikalpikā pratyakṣam" iti | "śrotraṃ tvak cakṣuṣī jihvā nāsikā ceti pañcamī" iti | śrotrādīni indriyāṇi, teṣāṃ vṛttir vartanaṃ pariṇāma iti yāvat, indriyāṇy eva viṣayākāra-pariṇatāni pratyakṣam iti hi teṣāṃ siddhāntaḥ | avikalpikā nāma-jātyādi-kalpanārahitā śākya-matādhyakṣavad vyākhyeyeti | TRD 43.30. Kumar Jain(1997) p. 155, 6-9행. 이는 '석가의 견해'로 언급하듯이, 직접지각을 대상에 대한 분별이 없는 것으로 정의하는 불교 측의 Dignāga와 유사한 견해이다.
"직접지각이란 분별이 제거되어 이름이나 종류 따위와 결합되지 않는 것이다." (pratyakṣaṃ kalpanāpoḍhaṃ nāma-jātyādy-asaṃyutam || PS 1.3. Steinkellner 2005:2, 7-9행)

143 ete pradīpa-kalpāḥ paraspara-vilakṣaṇā guṇa-viśeṣāḥ | kṛtsnaṃ puruṣasyārthaṃ prakāśya buddhau prayacchanti || SK 36.
sarvaṃ praty upabhogaṃ yasmāt puruṣasya sādhayati buddhiḥ | saiva ca viśinaṣṭi punaḥ pradhāna-puruṣāntaraṃ sūkṣmam || SK 37.

144 Jha(1965:117)가 위의 SK 37을 번역하면서 "통각은 다른 둘(=제일원인과 순수정신)보다 우월한 것으로 간주된다."라고 부연한 것도 이 때문일 것이다.

관들(마음, 아만, 통각) 사이의 기능과 역할을 설명하는 것으로 그러한 의문을 해명한다. 주석자들 중에서 Vācaspati는 이 해명의 대요를 영상설로 불리는 비유적 표현으로 다음과 같이 설명한다.

> 순수정신의 목적은 [다른 원리들의] 작용을 일으키는 것이기 때문에, 즉각 이것(목적)의 수단이 되는 것이 곧 지휘자이다. 통각은 즉각 이것의 수단이 되며, 이 때문에 그것(통각)이 바로 지휘자이다. 예를 들면 모든 것을 주관하는 자는 즉각 왕을 위한 수단으로서의 지휘자인 한편, 촌장들을 비롯한 다른 이들은 그(지휘자)를 위한 조력자가 된다.
>
> 여기서 통각은 순수정신과의 근접을 통해 그것(순수정신)의 영상을 얻음으로써 마치 그것인 것처럼 보이고, 모든 대상에 대한 순수정신의 향수를 달성한다. 안락과 고통을 경험하는 것이 실로 향수이며, 이것은 통각에서 발생한다. 그래서 통각은 순수정신인 것처럼 보인다고 하며, 이것(통각)은 순수정신이 향수를 취하게 만든다. 대상에 대한 지각과 의지와 자기의식은 제각각의 [대상에 따라] 변형된 양태로서 통각으로 전이(轉移)해 가듯이, 감관들의 기능도 이와 마찬가지로 오직 통각의 기능인 결정과 함께 [지각이라는] 동일한 일에 참여하게 된다. 예를 들면 촌장 등의 군대는 [왕] 자신의 군대와 함께 모든 것을 주관하는 자에 속한다.[145] [게송(SK 37)에서] '모든 것'(sarva)을 비롯한 '대한'(prati)이라는 말은 '순수정신의 향수'인 이것을 [통각이] 달성한다는 것이다.[146]

....

145 Chakravarti(1975:175)는 이 비유를 다음과 같이 확장하여 적용한 것으로 이 설명의 취지를 요약한다. "한 마을의 촌장은 스스로 모은 세금을 그 마을의 수세관에게 전달한다. 다음으로 수세관은 다시 그것을 그 지방의 태수에게 전달한다. 태수는 마지막으로 그것을 왕에게 전달한다. 이와 유사하게 외적 기관은 대상에 대해 스스로 감수한 직접적 인상을 마음이 반영하도록 마음에 이관한다. 마음은 이것을 아만이 전유하도록 아만에 이관한다. 아만은 다시 이 전유된 인상을 통각이 최종 결정하도록 통각에 제출한다. 이처럼 지각은 외적 기관, 마음, 아만, 통각을 포괄하여 발생한다." *Gauḍapāda-bhāṣya*에서는 이 같은 비유를 언급하지 않는다. 그러나 이 문헌을 번역한 Mainkar(1972:140)는 이 대목을 주해하면서 "다른 감관들은 의심을 없애는 데 조력하지만, 그 조력은 통각을 통해 왕인 자아(=순수정신)에게 작동한다."라고 서술한다. 그러므로 왕은 순수정신을 비유하며, 통각은 순수정신의 지성을 결정적 지각으로 발현하는 최종의 조력자로 간주된다.

위의 둘째 단락에서 언급한 '지각과 의지와 자기의식'은 5지각기관(외적 기관)과 마음과 아만이 각각 담당하는 '감관들의 기능'이다. 이 기능이 통각에게 전달됨으로써 통각은 인식 활동에 직접 관여하지 않는 순수정신의 대역이자 조력자로서 지각의 내용을 결정하는 주체가 된다. 여기서는 또 하나의 의문이 제기된다. 즉 통각과 함께 인식 활동에 참여하는 감관들의 기능이 "국한되는가, 편재하는가?" 하는 의문이다. 이에 대해서는 고대의 교사들 사이에도 일치된 견해가 없다. *Yuktidīpikā*에 의하면 혹자는 감관들이 자신의 고정 용량을 갖지 않는다고 주장한다. 이 주장에 따르면 감관들은 대상에 대한 특수한 인상을 감수할 때마다 바로 그 대상의 형태에 따라 변형된다. 다른 혹자는 감관들의 기능이 한정되어 있다고 생각하지만, Vindhyavāsin은 편재하는 것으로 간주한다.

> 혹자는 감관들이 특수한 잠세력(잠재인상)과의 결합을 통해 형상을 파악한다고 말하고, 다른 이들은 [그 기능의] 용량이 한정되어 있다고 말하며, Vindhyavāsin은 [그 기능이] 편재한다고 생각한다.[147]

....

146 puruṣārthasya prayojakatvāt tasya yat sākṣāt sādhanaṃ tat pradhānam | buddhiś cāsya sākṣāt sādhanaṃ, tasmāt saiva pradhānam | yathā sarvādhyakṣaḥ sākṣād rājārtha-sādhanatayā pradhānam itare tu grāmādhyakṣādayas tamprati guṇabhūtāḥ |
buddhir iha puruṣa-sannidhānāt tac-chāyāpattyā tad-rūpeva sarva-viṣayopabhogaṃ puruṣasya sādhayati | sukha-duḥkhānubhavo hi bhogaḥ, sa ca buddhau, buddhiś ca puruṣarūpaiveti, sā ca puruṣam upabhojayati | yathārthālocana-saṅkalpābhimānāś ca tat-tad-rūpa-parināmena buddhāv upasaṅkrāntaḥ, tathendriya-vyāpārā api buddher eva svavyāpāreṇādhyavasāyena sahaika-vyāpārī bhavanti, yathā svasainyena saha grāmādhyakṣādi-sainyaṃ sarvādhyakṣasya bhavati | "sarvaṃ" śabdādikaṃ "prati" ya "upabhogaḥ" "puruṣasya" taṃ sādhayati || TK 182. ad. SK 37. Jha(1896) p. 54, 10-20행.

147 indriyāṇi saṃskāra-viśeṣa-yogāt parigṛhīta-rūpāṇīti kecit, paricchanna-parimāṇānīty apare, vibhūnīti vindhyavāsi-matam | YD ad. SK 22. Wezler & Motegi(1998) p. 187, 10-11행.
이 중에서 Vindhyavāsin의 견해는 감관편재설로 불린다. 감관은 공간적으로 한정되지 않고 가소적(可塑的) 작용을 갖기 때문에, 대상의 크기를 불문하고 대상을 파악할 수 있다고 주장하는 것이 감관편재설이다. 그리고 감관은 물질적인 것이 아니라 아만에서 유래한다는 관념은 감관편재설의 근거가 된다. 近藤隼人(2013) pp. 814-3 참조. 상키야의 인식론에서 이 감관편재설은 다음에 거론할 도달작용설과 대응 관계를 이룬다.

『상키야송』의 저자는 이 문제에 관해 거론하지 않았지만, *Yuktidīpikā*에서는 니야야 학파의 견해에 대한 비판을 통해 감관이 편재하는 것으로 간주한다. 여기서 *Yuktidīpikā*의 저자는 감관이 아만의 산물로서 편재한다고 확언하는 옛 교사의 단편[148]을 인용하는 것으로 자신의 견해를 뒷받침한다. Pañcādhikaraṇa의 경우에는 감관을 물질적 산물로 간주하는데,[149] 다른 교사들은 이를 격렬히 비판한다. 그 비판의 요지는 다음과 같다.

감관은 아만의 3질 중 순질의 우세로 산출된 변형이다. 따라서 이것들은 눈, 귀, 코 따위와 같은 신체의 조대한 물질적 부분과는 차별된다. 이 같은 신체의 생리적 측면을 감관 자체로 간주한다면, 백내장에 감염된 눈으로도 볼 수 있고 마비된 발로도 걸을 수 있는 것과 같은 사태들이 발생해야 할 것이다. 따라서 신체의 생리적 측면을 감관과 동일시할 수는 없다.

시각 기능을 발휘하는 안구를 예로 들어, 시각 기능은 안구의 물질적 용량만큼 한정된다고 주장한다면, 이렇게 한정된 기능으로는 멀리 있거나 유리 뒤에 있는 대상에 대한 시각 능력을 설명할 수 없게 된다. 그러나 감관의 기능을 편재하는 것으로 간주할 경우에는 설명이 가능하게 된다. 더욱이 감관은 크든 작든 모든 대상에 대한 인상을 감수할 수 있다. 그러나 감관을 물질적 실체로 간주한다면 그렇게 될 수 없다. 이 경우에 감관은 그 대상을 양적으로 자신의 용량과 똑같은 것처럼 감수할 것이다. 그러나 우리의 경험상 감관은 크거나 작은 대상을 모두 그만한 용량으로 감수할 수 있다. 감관의 기능을 편재하는 것으로 간주한다면 이 모든 것을 설명할 수 있고, 감관이 아만의 산물일 때 이것이 가능하다. *Yuktidīpikā*의 저자는 그 이유를 다음과 같이 설명한다.

148 "그러나 아만에서 유래하는 그것(감관)들은 편재성을 갖기 때문에" (āhaṃkārikāṇāṃ tu teṣāṃ vyāpakatvāt … | YD ad. SK 28. ibid. p. 203, 28행)

149 "Pañcādhikaraṇa는 감관들을 요소들의 산물로 생각한다." @제7장 각주 133. 이에 대한 비판의 요지로 다음에 서술한 내용은 Chakravarti(1975) p. 176 참조.

> 실로 이와 같이 상키야의 장로(대가)들은 "다른 것이 아니라 아만에서 유래하는 감관들이 대상을 성취할 수 있다."라고 말했다. 실로 그와 같이 [지각의] 대행자(=감관)는 [대상과 접촉하는] 실행을 통해서만 [대상에] 도달하여 작용할 수 있다. 그런데 물질에서 유래하는 [것이 감관이라면 이러한] 감관들이 어떻게 멀리 있는 대상에 도달하여 작용할 수 있겠는가? 그러나 아만에서 유래하는 그것들은 편재성을 갖기 때문에 [그것이 가능하다.] 도달하여 작용한다는 것은 쉽게 말해서, 대상의 형상에 따라 변형되는 특성을 지닌 작용이 그 작용을 따르는 것(통각)[150]과 결코 다르지 않게 발생할 수 있다는 것이다. 또한 물질에서 유래하는 것이 아니라 아만에서 유래하는 것일 경우, 그것들에게는 거대한 것과 미세한 것에 대한 지각이 일어난다. 물질에서 유래하는 것일 경우에는 감관만한 바로 그 용량의 대상[만]을 지각할 수 있을 것이기 때문이다.[151]

여기서 소개하는 것과 같은 인식론은 도달작용설(prāpyakāritva-vāda)으로 불린다. 이것은 감관이 대상과 접촉하여 작용함으로써 지각이 발생한다는 이론이다.[152] 그러므로 감관과 대상의 직접적인 접촉은 지각의 전제 조건이 된다. 근접

....

150 '작용을 따르는 것'(vṛttimat)이라는 말은 *Nyāyasūtra*에 대한 Vātsyāyana의 주석(NBh 3.2.4-6)에서 상키야의 인식론적 개념으로 언급된다. Gangopadhyaya(1972:104)는 이 개념이 buddhi(통각)를 지칭한 것으로 명시하고, 이에 관해 다음과 같이 해설한다.
"상키야의 견해에서 vṛtti(=작용)들은 통각으로부터 발생하여 통각 속으로 사라지므로 통각과 동일하다. 이에 대해 Gautama는 만약 vṛtti들이 통각과 동일하다면, vṛtti들이 사라질 때 통각도 사라질 것이므로 통각은 무상한 것이 될 것이라고 비판한다."

151 evaṃ hi sāṃkhya-vṛddhā āhuḥ "āhaṃkārikāṇīndryāṇy arthaṃ sādhayitum arhanti nānyathā" [iti] | tathā hi kārakaṃ kārakatvād eva prāpyakāri bhavati | bhautikāni cendryāṇi kathaṃ prāpyakārīṇi dūravartini viṣaye bhaveyuḥ, āhaṃkārikāṇāṃ tu teṣāṃ vyāpakatvāt | viṣayākāra-pariṇāmātmikā vṛttir vṛttimato 'nanyā satī sambhavaty eveti suvacaṃ prāpyakāritvam | api ca mahad-aṇu-grahaṇam āhaṃkārikatve teṣāṃ kalpate, na bhautikatve | bhautikatve hi yat parimāṇaṃ kara(graha)ṇaṃ tat parimāṇaṃ grāhyaṃ gṛhṇīyāt [iti] | YD ad. SK 28. Wezler & Motegi(1998) p. 203, 26-32행.

152 이 때문에 도달작용(rāpyakārin)이라는 개념은 감관이 대상과 접촉하는 작용이라는 의미를 내포한다. 즉 지각이 발생하기 위해서는 감관이 저마다의 대상과 접촉할 필요가 있다. 이때 그 성립 요건으로는 5감관(5지각기관)이 모두 저마다의 대상에 도달하는 것이며, 감관과 대상을 결합시키는 작용(vṛttti)이 요청된다. 近藤隼人(2013) p. 814 참조. 이 도달작용설의 문제에 관해 후술하는 내용은

한 대상일지라도 불투명한 물체로 가려져 있으면 지각할 수 없는 것은 이 전제 조건이 성립되어 있지 않기 때문이다. 이 때문에 상키야에서는 감관은 대상과 접촉할 때만 유효한 것이라고 주장한다. 즉 감관은 지각의 대상과 접촉하게 될 때라야 기능을 발휘한다.

그러나 여전히 의문은 남는다. 특히 시각과 청각의 경우, 눈과 귀라는 감관이 대상과 직접 접촉하는 것을 우리는 확인할 수 없는데, 감관이 어떻게 외부 대상과 접촉할 수 있는가? 이에 대해서는 과학의 물리적 현상으로 설명할 수 있을 것이다. 시각의 경우에는 대상으로부터 광파가 눈에 전이되고, 청각의 경우에는 음파가 공기를 통과하여 귀의 통로로 들어온다. 이리하여 시각과 청각이 가능하게 된다.

그런데 상키야의 관점에서는 이와는 반대의 과정으로 설명된다. 과학적 관점에서 말하는 물리적 현상은 감각의 생리적 자극이며, 이 자극이 신체에서 밖으로 나가 사진의 과정처럼 대상에 대한 직접적인 인상을 감수한다. 이것이 감관의 기능으로 불리며, 이를 통해 외적 대상과의 직접 접촉이 가능하게 된다. 이 모든 것은 감관들을 순질이 우세한 경우의 아만에서 유래한 것으로 간주할 때 설명될 수 있다. 이러한 쟁점에 관한 상키야의 정설은 『상키야송』에서, 외적 감관(5지각기관)의 기능은 오로지 대상에 대한 직접적 인상만을 감수(파악)하는 것[153]이라고 명시되어 있다.

요컨대 감관은 대상과 접촉하여 대상이 있는 그대로의 형태로 변형된다. 이것이 감관에만 있는 고유한 기능이다. 그런데 이 견해는, 대상에 대한 일반 인식(보편성)은 감관에 속하고 특수 인식(특수성)은 통각에 속한다고 주장하는 견해를 인정하지 않는다.[154] 이보다는 비결정적 지각과 결정적 지각으로 감관과

....

Chakravarti(1975) p. 177 참조.

153 SK 28. @제2장 각주 156. *Yuktidīpikā*에서는 감수(ālocana)가 '파악'(grahaṇa)를 의미한다고 확언한다. "감수와 파악은 동의어이다." (ālocanaṃ grahaṇam ity anarthāntaram | YD ad. SK 28ab. Wezler & Motegi 1998:201, 17-18행)

통각을 구분하는 것이 상키야의 인식론적 관점이다. 이에 의하면 감관의 인식은 비결정적 지각에 속하고 통각은 결정적 지각을 담당한다.

8.4.2. 기관들의 분류와 기능

인식을 담당하는 지각기관의 기능과는 달리 행위기관의 기능은 말하고, 만지고, 걷고, 배설하고, 성교의 형태로 희열하는 것이다. 이 다섯 가지의 각각은 다른 것이 대행할 수 없는 고유한 기능을 발휘한다. 이 때문에 상키야에서는 5행위기관도 감관(indriya)으로 간주한다. 말하고, 만지고, 걷는 등의 행위는 이 각각의 기관이 없이는 수행될 수 없기 때문이다.

이에 대해 니야야 학파의 Jayanta Bhaṭṭa는 반론을 제기하여, 행위기관을 감관으로 주장해야 할 당위성이 없다고 주장한다. 행위기관들 중 일부의 기능은 신체의 다른 부위들에 의해서도 어느 정도 수행될 수 있기 때문이다. 예를 들어, 다리가 절단된 사람은 포복을 해서라도 어느 정도 나아갈 수 있다. 더욱이 신체의 각 부위들을 특수한 행동을 담당하는 감관으로 주장한다면 목, 가슴, 어깨 따위의 부위들도 행위기관의 목록에 포함되어야 할 것이다. 왜냐하면 이것들도 각각 마시고, 포옹하고, 짐을 지는 따위의 특수한 행동을 담당하기 때문이다. 자이나교에서도 행위기관을 별개의 감관으로 인정하지 않는다. 자이나교에 의하면 행위기관은 촉각기관에 포함되어야 한다.

지각기관들 중에서도 마음과 아만과 통각은 내적 기관으로 분류된다. 그런데 Vācaspati에 관점에 의하면, 이것들 중에서 아만의 산물인 마음은 지각기관인 동시에 행위기관으로도 간주된다. 즉 Vācaspati의 설명에 의하면, 지각기관과 행위기관은 마음에 의해 통솔될 때만 작용할 수 있으며, 이에 따라 마음은 지각기

154 "다른 교사들이 '보편성에 대한 인식은 감관들에 속하고, 특수성에 대한 인식은 통각에 속한다.'라고 말하는 것은 배척된다." (yad uktam anyair ācāryaiḥ "sāmānya-jñānam indriyāṇām viśeṣa-jñānam buddheḥ" iti tat pratiṣiddhaṃ bhavati | ibid. 21-23행)

관과 행위기관의 성질을 모두 지닌다.[155]

마음의 고유한 특성은 분별이다. 외적인 5지각기관은 대상에 대한 막연한 인상을 받아들일 뿐이다. 이로부터 마음은 '그것은 저것이 아니라 이러이러하다'고 따져 생각하고, 그것을 유사한 대상과 일치시켜 다른 것들로부터 구별한다. 따라서 마음의 기능은 분별하는 것이며, 안팎의 다른 감관들(외적인 5지각기관, 내적인 아만과 통각)과는 차별된다.[156]

아만은 자기 중심의 원리이며, 이것의 고유한 기능은 자기 전유이다. 감관은 대상에 대해 모호하고 비결정적인 인상을 생성하고, 이것을 마음이 동화시켜 구별하고 난 후, 아만은 여기에 개입하여 마음이 달성한 이해를 그 자신에게 전유시킨다. 주석자들은 자기 전유가 아만의 고유 기능이라는 것을 흔히 다음과 같이 표현한다.

"마음이 식별한 것은 오직 내가 지배한다." "나는 이에 적임자이다." "이 모든 대상들은 내가 사용하기 위한 것이다." "그 적임자는 나 이외에 아무도 없다." "나만이 존재한다."

통각의 기능은 아만이 전유한 것에 대해 자신의 의무를 확인하는 것이다.

....

155 "11기관들 중에서 마음은 눈 따위의 [5]지각기관과 성대 따위의 [5]행위기관이라는 양쪽의 성질을 가진다. 왜냐하면 마음은 자신이 오로지 통솔하는 것들(10기관) 제각각의 대상들에 관해 작용하기 때문이다." (ekādaśasv indriyeṣu madhye mana ubhyātmakam, buddhīndriyaṃ karmendriyaṃ ca cakṣurādīnāṃ vāgādīnānāṃ ca mano 'dhiṣṭhitānām eva svasva-viṣayeṣu pravṛtteḥ ‖ TK 154 ad. SK 27. Jha 1965:101)
여기서 이유를 설명하는 뒷 구절의 의미를 "5지각기관과 5행위기관은 마음의 영향을 받을 때만 제각각의 대상에 관해 작용할 수 있다."(cf. Jha, ibid.)로 이해할 수 있다.

156 Vācaspati의 설명을 그대로 옮기면 다음과 같다.
"마음은 분별이라는 특성으로 정의된다. 즉 어떤 사물에 관해 감관으로는 '이것'이라고 모호하게 생각한다. 이때 [마음은] '그렇지 않고 이러하다'라고 선명하게 분별하여, 구별할 대상을 특정하는 상태로 구분한다. … 분별을 특징으로 갖는 바로 이러한 작용은 마음에 속한다. 그(Īśvarakṛṣṇa)는 [감관들과] 유사한 부류에 속하는지 상이한 부류에 속하는지를 차별하여 마음을 정의한다." (saṅkalpena rūpeṇa mano lakṣyate | ālocitam indriyeṇa vastv idam iti sammugdham idam evam naivam iti samyak kalpayati viśeṣaṇa-viśeṣya-bhāvena vivecayatīti yāvat | … so 'yaṃ saṅkalpa-lakṣaṇo vyāpāro manasaḥ samānāsamāna-jātīyābhyāṃ vyavacchindan mano lakṣayati ‖ TK 155 ad. SK 27. Jha, ibid.)
여기서 '유사한 부류'란 같은 내적 기관인 아만과 통각, '상이한 부류'란 5지각기관을 지칭한 것으로 이해된다.

Vācaspati의 해설에 따르면, 통각은 "먼저 대상을 검토 → 궁리 → 확인 → 할 일을 결정 → 실행"이라는 일련의 과정으로 자신이 해야 할 의무를 확인함으로써 작용한다.[157] 이러한 통각의 특수 기능이 바로 '결정'(SK 23)이다. 흔히 말하는 통각의 지성이란 이 '결정'을 가리킨다. 통각 자체를 등(燈)으로 비유하면, 통각의 기능인 결정은 등불로 비유된다.

『상키야송』에서는 신체의 기관을 13종으로 헤아린다. 이상에서 설명한 3종의 내적 기관을 제외한 10종의 외적 기관은 5행위기관과 5지각기관이다. 『상키야송』에서는 이 기관들의 기능을 다음과 같이 설명한다.

> 기관은 13종이다. 그것은 포착하고 보존하고 조명한다. 그리고 그 대상은 10종인데, 포착되고 보존되고 조명된다.[158]

이에 의하면 3종의 내적 기관을 제외한 10종의 기관들에는[159] 제각기 전담하는 대상과 고유 기능이 있다. 그런데 위의 설명만으로는 포착과 보존과 조명이라는 세 가지 기능을 어떤 기관들이 어떻게 분담 또는 전담하는지를 정확히 알 수 없다. 포착과 보존은 5행위기관의 고유 기능이고, 조명은 5지각기관의 고유 기능일 것으로 해석하는 것은 행위와 지각이라는 통념을 고려한 일반적인 생각이다.[160] 그러나 이에 대한 주석자들의 해석은 다음의 표처럼 저마다 상이하다.[161]

....

157 Vācaspati는 통각의 작용을 다음과 같은 실례로 설명한다.
"어떤 일을 도모하는 모든 사람들은 [먼저] 검토하고 궁리하여 여기에는 '내가 적임자'라고 확인하고 나서, '이것은 내가 해야 할 일'이라고 결정한다. 그래서 이로부터 실행한다는 것은 세상에 통용되어 있다." (sarvo vyavahartālocya matvāham atrādhikṛta ity abhimatya kartavyam etan mayety adhyavasyati, tataś ca pravartata iti lokasiddham | TK 144 ad. SK 23. Jha, ibid. p. 93)

158 karaṇaṃ trayodaśa-vidhaṃ, tad āharaṇa-dhāraṇa-prakāśa-karam | kāryaṃ ca tasya daśadhā, āhāryaṃ dhāryaṃ prakāśyaṃ ca || SK 32.

159 이에 후속하는 제33송(SK 33, @제2장 각주 153)에서는 10종의 외적 기관은 세 가지 내적 기관의 대상이 된다고 명시한다.

160 이는 *Gauḍapāda-bhāṣya*의 해석이다. <표 20> 참조.

161 本多 惠(1978b) p. 66 참조.

〈표 20〉 기관들의 기능에 대한 주석의 차이

	GB	MV	『금칠십론』	TK	(어떤 교사)	YD
포착	행위기관	외적 기관	내적 기관	행위기관	행위기관	행위기관
보존	행위기관	아만	행위기관	내적 기관	마음, 아만	지각기관
조명	지각기관	통각	지각기관	지각기관	지각기관, 통각	내적 기관

주석자들 중에서는 *Yuktidīpikā*의 저자가 세 가지 기관들의 특성에 잘 부합하도록 그 고유 기능을 안배한 것으로 보인다. 그의 해석에 따르면 행위기관은 대상을 붙잡을 수 있으므로 그것들을 포착하며, 보존은 지각기관의 기능이다. 그러므로 지각기관은 행위기관이 대상과 접촉하여 얻은 인상을 즉각적으로 취함으로써 바로 그 대상의 형상으로 변형된다. 지각기관은 이렇게 변형된 형상을 자신의 고유한 기능으로 유지한다. 그리고 이 형상을 조명하여 식별하는 것은 내적 기관의 기제에 달려 있다. 위의 표에 의하면 지각기관이 대상을 조명한다는 견해가 대세를 이룬다. 그러나 *Yuktidīpikā*의 저자는 이러한 견해를 맹렬히 비판한다. 그에 의하면 결론적으로 지각기관은 대상을 보존할 뿐, 대상을 등처럼 비추지는 않는다.[162]

기관들의 기능에 관하여 주요 쟁점으로 대두된 것은 그 기능이 동시에 발생하는가 혹은 순차적으로 발생하는가 하는 문제이다. 이 쟁점의 발단은 기관들(외적 기관들 중의 하나와 3종의 내적 기관)이 "동시에 또한 순차적으로 작용한다"[163]는 『상키야송』의 이중적인 표현이다. 이 표현을 둘러싸고 전개되는 주석자들의 해석은 양분된 경향을 드러낸다. 대세를 이루는 쪽은 이 표현을 그다지 문제로 인식하지 않는 반면, *Jayamaṅgalā*와 *Yuktidīpikā*의 저자는 순차적으로 작

162 "따라서 감관(지각기관)은 이것(대상)을 수용하지만 등처럼 비추지는 않는다는 것이 옳다." (tasmād yuktam etad grāhakam indriyaṃ na tu pradīpavat prakāśakam iti | YD ad. SK 28. Wezler & Motegi 1998:202-3)

163 SK 30. @제2장 각주 155.

용한다는 것을 상키야의 정설로 간주한다.[164] 아래에서는 *Tattva-kaumudī*와 *Yuktidīpikā*의 해석을 인용하여 양분된 경향의 견해를 예시한다.

*Tattva-kaumudī*에서는 문제의 이중적 표현이 동시적 작용과 순차적 작용을 모두 인정한 것으로 해석하여 그 둘을 다음과 같이 설명한다.

① 현전하는(직접 지각되는) 것에 대해서 '동시에'란 예를 들면, 아주 짙은 어둠 속에서 번개가 치자마자 극히 가까운 정면에 있는 호랑이를 보는 바로 그때, 실로 그에게는 지각과 분별과 자기의식과 결정[적 인식]이 오직 동시에 발생한다. 이 때문에 그는 그로부터 뛰쳐나가 단숨에 그 장소로부터 도망친다.[165]

② "또한 순차적"이란 [예를 들면,] 빛이 희미한 데 있을 때 처음에는 겨우 어떤 것만을 어렴풋이 보고, 그 다음에 마음을 집중하여 그것은 시위에 메긴 화살을 활이 휘어지도록 귀 끝까지 당기고 있는 무시무시한 도적이라고 확인한 후, 나를 겨누고 있다고 짐작하고 나서 '나는 이 장소로부터 도피해야겠다.'라고 결정하는 것과 같다.[166]

여기서는 먼저 위급한 사태를 예로 들어 기관들이 동시에 작용한다는 것을 설명한다. 어떤 사람이 어둠 속에서 번갯불 사이로 호랑이가 바로 눈앞에 있음을 보게 되면, 기관들의 기능이 동시에 발동한다. 즉 감관에 의한 막연한 인상, 마음에 의한 성찰, 아만에 의한 자기 전유, 통각에 의한 결정이 동시에 발생함으

....

164 이에 관한 상세한 고찰은 정승석(2018a) pp. 163-200 참조. 이하 예시한 원문과 번역은 이 고찰에서 재인용함.

165 "yugpat" iti, dṛṣṭe yathā —yadā santamasāndhakāre vidyut-sampātamātrād vyāghram abhimukham atisannihitaṃ paśyati tadā khalv asyālocana-saṅkalpābhimānādhyavasāyāḥ yugapad eva prādur bhavanti, yatas tata utplutya tat-sthānād ekapade 'pasarati ‖ TK 162 ad. SK 30. Jha(1965) p. 106.

166 "kramaśaś ca" yadā mandāloke prathaman tāvad vastumātraṃ sammugdham ālocayati, atha praṇihitamanāḥ karṇāntākṛṣṭa-saśara-siñjinī-maṇḍalīkṛta-kodaṇḍaḥ pracaṇḍataraḥ pāṭaccaro 'yam iti niścinoti, atha ca mām pratyetīty abhimanyate, athādhyavasyaty apasarāmītaḥ sthānād iti ‖ TK 163, ibid.

로써 위기에 처한 사람은 곧장 거기서 도망간다.

다음으로 기관들의 순차적 작용은 모호한 사태를 예로 들어 설명할 수 있다. 어떤 사람이 희미한 빛 속에서 뭔가를 보고 막연한 인상을 갖는다. 그러면 그는 그것에 마음을 집중하여, 무서운 강도가 화살로 누군가를 겨누고 있음을 관찰한다. 다음에는 그 강도가 겨냥한 것이 바로 '나'라는 자기 전유가 뒤따른다. 끝으로 그는 여기서 도망가야 한다고 결심한다.

*Yuktidīpikā*의 저자는 이 같은 두 가지 경우를 인정하면서도 이 문제를 상당히 장황하게 상술하여 하나의 결론을 정설로 도출한다. 그는 이 결론을 도출하는 데서 『상키야송』에서 예시한 문지기와 문의 비유[167]를 결정적인 전거로 사용한다.

> 실로 통각과 아만과 마음은 직접적으로 외적 대상을 파악할 수 없다. 왜냐하면 [직접적 파악이 가능할 경우,] 내적 기관은 무효한 수단이 되고, 귀 따위가 쓸모없게 되고, 문지기와 문(SK 35)을 상정한 것과는 모순되는 사태가 발생할 수 있기 때문이다. 따라서 귀 따위[의 감관]들이 먼저 대상과 결합한다. 천둥 따위의 경우에도 반드시 이 점을 인정해야 한다. 그리고 내적 기관은 그것(감관)의 작용이 발생한 이후에 [작용한다.] 따라서 [천둥 따위와 같은] 이 경우에도 순차가 있다. 그렇다면 이에 관해 천둥 따위들에서는 순차가 지각되지 않기 때문에 넷으로 이루어진 것은 동시에 작용한다고 [앞서] 말한 이것은 옳지 않다.[168]

여기서는 동시적 작용을 분명하게 부정한다. 벼락의 천둥소리를 듣거나 길바닥에 있는 독사를 볼 경우, 모든 감관이 동시에 작용하는 것처럼 보이지만,

167 SK 35. @제2장 각주 154.

168 na tāvad buddhy-ahaṃkāra-manasāṃ sākṣād bāhyārtha-grahaṇa-sāmarthyam asty antaḥkaraṇānupapatti-prasaṅgāt śrotrādi-vaiyarthya-prasaṅgāt dvāri-dvāra-bhāva-vyāghāta-prasaṅgāc ca | tasmāt pūrvaṃ śrotrādīnām artha-sambandho 'sti | megha-stanitādāv apy avaśyam etad abhyupagantavyam | paścāt tu tad-vṛtty-upanipātād antaḥkaraṇasyety asti kramo 'trāpi | tatra yad uktaṃ megha-stanitādiṣu kramānanugater yugapac catuṣṭayasya vṛttir ity etad ayuktam | YD ad. SK 30. Wezler & Motegi(1998) pp. 212-3, 28-4행.

『상키야송』의 비유적 설명으로는 그렇게 될 수 없다. 문의 안쪽에 있는 문지기에 상당하는 내적 기관은 바깥 대상을 직접 감수할 수 없고, 문에 상당하는 감관(5지각기관)을 통해서 감수한다는 것이 사실로 확립되어 있기 때문이다. *Yuktidīpikā*의 저자는 그럼에도 불구하고 『상키야송』에서 동시적 작용을 언급하는 취지를 설명하고 나서, 순차적 작용이 『상키야송』의 원의라는 것을 다음과 같이 설명한다.

> 그러나 다른 이들은 [게송의] 어순을 다른 방식으로 배열하여 설명한다. 즉, 넷으로 이루어진 것이란 마음과 아만과 통각이라는 내적 기관들에 귀나 눈과 같은 하나의 외적 기관을 합하여 '넷으로 이루어진 것'으로 일컫는다는 의미이다. 예전의 스승들은 [넷으로 이루어진] 이것이 현전하는 것, 즉 현재의 것에 대해 동시에 작용하는 것으로 규명했다.[169]
> 그러나 [이 교전(『상키야송』)에서] 스승(Īśvarakṛṣṇa)이 [설하는 것은] '순서에 따라' [작용한다]라는 의미이다. 현전하지 않는 것, 즉 과거 따위에 대해서도 셋으로 이루어진 내적 기관은 그것에 의거하여, 즉 [하나의] 외적 기관에 의거하여 작용하기 때문에 순차적으로, 오로지 순서에 따라 작용한다. [언제든지] 경험이 있는 그만큼의 잠세력(심리적 인상)이 있고, 잠세력이 있는 그만큼의 기억이 있는 것과 마찬가지로, [내적 기관의] 작용은 외적 기관에 의거하[여 순차적으로 발생하]는 것이다.[170]

이 설명에 따르면 『상키야송』에서 동시적 작용을 언급한 것은 옛 스승들의 견해를 반영한 것이고, 정작 『상키야송』의 저자인 Īśvarakṛṣṇa는 순차적 작용을

....

169 anyais tv anyathānvayo darśitaḥ | tad yathā catuṣṭayasyeti mano 'haṃkāra-buddhīnām antaḥkaraṇānāṃ bāhyenaikena karaṇena śrotreṇa vā cakṣuṣā vā saha catuṣṭayasyety arthaḥ | asya dṛṣṭe vartamāne yugapad vṛttiḥ pūrvācāryair nirdiṣṭā | ibid. p. 213, 5-8행.

170 ācāryeṇa tu krameṇety arthaḥ | adṛṣṭe 'tītādāv api kramaśaś ca krameṇaiva yatas trayasyāntaḥkaraṇasya tat-pūrvikā bāhyendriya-pūrvikā vṛttiḥ | [yadā] yathānubhavas tathā saṃskāraḥ, yathā ca saṃskāras tathā smṛtir ity evaṃ vṛttir bāhyendriyapūrviketi || 30 || ibid. 8-11행.

지지한다. 그러므로 *Yuktidīpikā*의 저자가 도출한 이 결론을 다음과 같이 간명하게 요약할 수 있다.

> 옛적의 교사들은 주로 현재 발생하고 있는 지각의 경우를 고려하여 기관들의 동시적 작용을 주장했고, Īśvarakṛṣṇa는 과거나 현재의 모든 지각을 고려하여 기관들이 순차적으로 작용한다고 생각했다.[171]

*Yuktidīpikā*에서는 내적 기관의 기능에 관한 여러 교사들의 견해 차이도 거론한다. 먼저 Vindhyavāsin은 통각이 모든 것을 경험한다는 주장을 거부하고 그 경험이 마음에서 이루어진다고 주장한다. 또한 그는 내적 기관들의 작용을 차별하지 않고 동일시한다.

> 그와 같이 다른 이들의 경우에는 모든 대상에 대한 지각이 마하트(통각)에 있고, Vindhyavāsin의 경우에는 마음에 있다. 다른 이들에게는 [마음의 작용인] 분별과 [아만의 작용인] 자기의식과 [통각의 작용인] 결정이 차별되는 것이고, Vindhyavāsin에게는 단일한 것이다.[172]

여기서 특기할 만한 것은 마음과 아만과 통각의 가능을 단일한 작용으로 간주하는 견해이다. 그러나 이와는 달리 Vārṣagaṇya는 감관의 작용을 그 양태에 따라 원질로부터 발생한 것과 감관 자체로부터 발생한 것으로 구분한다.

> Vārṣagaṇya는 본래의 성질을 초과하는 감관들의 큰 작용은 원질로부터 [발생하며,] 작은 [작용은] 그 자신(내부)으로부터 [발생한다]고 말한다.[173]

....

171 Chakravarti(1975) p. 181.

172 tathānyeṣāṃ mahati sarvārthopalabdhiḥ, manasi vindhyavāsinaḥ | saṃkalpābhimānādhyavasāya-nānātvam anyeṣām, ekatvaṃ vindhyavāsinaḥ | YD ad. SK 22. Wezler & Motegi(1998) p. 187, 13-15행.

이에 의하면 Vārṣagaṇya는, 감관들이 비범하게 작용할 때마다 원질은 그 감관들 속으로 직접 유입해 가지만, 범상한 일상적 과정에서는 감관들의 작용이 내부로부터 발생한다고 주장한 것으로 이해된다. 이에 대해 파탄잘리는 감관들이 항상 내부로부터 작용한다고 주장하고, Pañcādhikara는 외부로부터 작용한다는 반대의 견해를 내세운다.[174]

그런데 이에 앞서 소개된 Pañcādhikara의 견해는 고전 상키야에서 수용할 수 없는 이질적인 주장인 점에서 특이하다. 그는 감관에 집합되는 본원적이거나 부수적인 지식들이 원질로부터 나온다고 주장하기 때문이다.[175] 그의 주장에 의하면, 감관들은 그 자체의 성격상 어떠한 인상도 없는 상태로 남아 있다. 이는 마치 메마른 강이나 텅 빈 마을과 같다. 외적인 지식의 자극이 있을 때마다 그것들은 원질로부터의 유입을 자동적으로 받아들인다. 오직 이때서야 그것들은 작용할 수 있다. 이에 의하면 지식은 전적으로 원질로부터 나온다. 이는 인식으로 형성되는 지식에 대한 Pañcādhikara의 독특한 견해에서 유래한 것이므로, 이에 관해서는 별도로 고찰할 필요가 있다.

8.4.3. 지식의 발생과 분류

1. 『상키야송』 이전의 견해

상키야의 옛 교사들 사이에서는 지식의 발생을 설명하는 과정에서 지식의 분류가 관심사로 대두되었던 것으로 보인다. 이에 대한 고찰을 위해 Pañcādhikara의 견해를 비교의 지표로 제시하면, 그는 지식을 기본적으로 두 범주로 분류하고, 다시 전자를 셋으로, 후자를 둘로 구분한다. 이 분류의 구조는 다음과 같다.[176]

....

173 karaṇānāṃ mahatī svabhāvātivṛttiḥ pradhānāt, svalpā ca svata iti vārṣagaṇyaḥ | ibid. 18-19행.

174 @제7장 각주 137.

175 YD ad. SK 22. @제7장 각주 132.

(1) Prākṛta(원질성): ①tattvasama, ②sāṃsiddhika, ③ābhiṣyandika

(2) Vaikṛta(변이성): ⓐsvavaikṛta, ⓑparavaikṛta

첫째 범주인 Prākṛta는 원질적인 지식, 즉 본원적인 지식을 의미한다. 이 범주에 속하는 ①tattvasama(원리와 병행하는 것)는 '원리와 동시에 발생하는 것'(tattva-samakāla)으로도 불린다. 이것은 원질로부터 현현하는 바로 그 순간에 어떤 원리, 예를 들어 통각 속에 나타나는 지식의 종류를 가리킨다. Pañcādhikara의 의도는 이런 견해로 대상과 그것의 지식은 상관되어 있음, 즉 어느 하나가 없이는 다른 하나도 존재할 수 없음을 주장한다. 대상이 있는데도 그에 대한 지식이 없다는 것을 그로서는 지지할 수 없다. 그가 이것으로 진전시키는 주장은, 원질에서 유출되는 원리가 현현하자마자 그 원리에 대한의 지식도 그 속에 동시적으로 유출한다는 것이다.

②sāṃsiddhika(선천적인 것)는 기관과 그 대상으로 구성된 혼성 신체 속에 본유적으로 내재하는 지식, 예를 들면 위대한 성자인 카필라의 지식이 이에 해당한다.

③ābhiṣyandika(증대된 것)는 앞의 ②와 같은 신체에 속하지만, 전자와는 달리 그 스스로 작용할 수는 없으므로 자극이 필요한 지식이다.

둘째 범주인 Vaikṛta는 변형된 지식, 즉 부수적인 지식을 의미한다. 이러한 지식이 자신에 의해 이루어지면 ⓐsvavaikṛta(자신에 의한 변형), 타자에 의해 이루어지면 ⓑparavaikṛta(타자에 의한 변형)로 불린다. 그러나 이것들이 실제로 의미하는 것은 8성취임을 알 수 있다. 즉 이 중에서 ⓐsvavaikṛta는 tāraka(구제)를 가리키는데, 『금칠십론』에서 자도성(自度成)로 번역한 '구제'는 상키야의 주석자들이 8성취의 첫째인 '사색'에 붙인 별칭이다.[177] ⓐsvavaikṛta가 이처럼 8성취의 첫째를 지칭

....

176 이하의 내용은 YD ad. SK 43(Wezler & Motegi 1998:233-4)에 상술되어 있다. cf. Chakravarti(1975) pp. 181-3.

177 @제7장 각주 275(『금칠십론』), 276(GB), 292.1(JM), 295.1(TK) 참조. Chakravarti(1975:182)는 tāraka의 원의를 '자신의 논구로써 획득된'이라고 제시하는데, 이는 tāraka의 어원을 √tark(추정하다, 사색하

한다면, 다음의 ⓑparavaikṛta가 8성취 중의 나머지 7성취를 지칭한다.[178]

이 같은 Pañcādhikara의 견해와는 달리 Vindhyavāsin은 첫째 범주의 ① tattvasama과 ②sāṃsiddhika를 무시한다. 그에 의하면 지식은 본유적일 것일 수 없으므로 자발적으로 기능할 수도 없다. 그것은 성취되어야 하는 것이다. 그것은 기체(基體)에 내재해 있다가 자극이 있을 때마다 자신을 드러내기 때문이다. 현자인 카필라의 경우에도 지식은 처음부터 그와 함께 드러난 것이 아니라, 그가 출현하고 난 다음의 후속 과정에서 드러난 것이다. *Śvetāśvatara-upaniṣad*에 의하면 카필라를 지칭한 것으로 간주되는 태초의 성현도 유일자의 지식들로 양육되어 온갖 능력을 부여받았으며, 해탈은 수습(修習)의 노력으로 그 유일자에 대한 지식을 얻고 나서야 가능하다.[179] 그러므로 지식은 선천적으로 부여된 것이 아니라 수습이라는 원인의 결과로 발생한다. *Yuktidīpikā*에서는 이러한 Vindhyavāsin의 견해를 다음과 같이 소개한다.

> 그러나 Vindhyavāsin의 경우, '원리와 병행하는 것'(tattvasama)과 '[본성이 원래 내재하는] 선천적인 것'(sāṃsiddhika)은 존재하지 않는 반면에 [지식의] 성질은 획득되는 것일 뿐이다. 여기서 최고의 현자의 경우에도 응축된 근원(창조의 요소)으로부터 현현이 후속할 때에만 지식이 발생하고, 이로부터 스승의 입을 통해 시작하는 자에게 그것(지식)이 성취된다고 한다. 또한 [YBh 4.12에서는] "유력한 동기는 결과에 특별한 원조를 제공하지만, 이전에 없는 것을 발생시키는 않는다."라고 말한다. 그래서 그것(지식)은 이와 같이 원인

....

다)로 간주한 것이다. 한편 tāraka의 어원을 √tṝ(건너다, 극복하다)으로 간주하면 tāraka는 '구제'를 의미하게 된다.

178 "자신에 의한 변형(svavaikṛta)은 [8성취 중의 첫째인] 구제이고, 타자에 의한 변형(paravaikṛta)은 나머지 것들이다." (svavaikṛtaṃ tārakam | paravaikṛtaṃ siddhy-antarāṇi | YD ad. SK 43. Wezler & Motegi 1998:233, 12-13행)
*Yuktidīpikā*에서는 나중에 구제의 의미를 "윤회의 바다로부터 벗어나게 한다는 것이 구제이다."(tārayati saṃsārārṇavād iti tārakam | YD ad. SK 51. ibid. p. 251, 13-14행)라고 명시한다.

179 @제4장 각주 50(ŚvetU 4.12), 51(ŚvetU 5.2), 52(ŚvetU 6.13) 참조.

과 결과의 관계를 통해 발생한다. 여기서 최고의 현자는 명확한 것을 말하고 (명확하게 생각하고), 다른 사람들은 모호한 것을 말한다(모호하게 생각한다)는 것이 바로 그 차이이다. 그러나 어느 누구에게든 사색 따위(8성취)는 차별되지 않는다.[180]

여기에는 Vindhyavāsin이 첫째 범주인 Prākṛta의 ①tattvasama과 ②sāṃsiddhika를 배제한 이유가 먼저 제시되어 있다. 그는 원질이라는 근본 원인에 이미 존재하는 대상이 드러나게 하는 데에는 유효한 원인의 형태로 있는 자극이 필요하다고 생각한 것으로 이해된다. 자극은 물질적 원인 속에 잠재 형태로 이미 존재하는 실체를 현현하도록 돕지만, 이것이 뭔가 전혀 새로운 것을 생성하도록 돕지는 않는다. 최고의 현자인 카필라의 경우에는 순질의 정도가 최고조에 도달해 있기 때문에, 매우 신속한 지식의 전도(傳導)가 있다. 따라서 그의 지혜는 견줄 데가 없다. 그러나 암질이 우세한 범부의 경우에는 지식이 충분히 드러나지 못하도록 방해받는다. Vaikṛta에 대해서는 이것을 8성취에 해당하는 것으로 이해한 점에서 의견의 차이가 없다.

2. 고전 상키야의 관점

앞에 소개한 두 교사는 생소한 전문어를 구사하여 분류한 지식을 설명하지만, 『상키야송』에서 다음과 같이 교시한 지식의 분류는 이에 비해 매우 간명한 편이다.

선(善) 등의 [8] 정태는 ①선천적인 것과 ②원질적인 것과 ③변이적인 것들이 알

....

180 vindhyavāsinas tu nāi tattvasamaṃ sāṃsiddhikaṃ ca | kiṃ tarhi | siddha-rūpam eva | tatra paramarṣer api sarga-saṃghāta-vyūhottara-kālam eva jñānaṃ niṣpadyate yasmād guru-mukhābhipratipatteḥ pratipatsyata ity etad apy āha "siddhaṃ nimittaṃ naimittakasya viśeṣānugrahaṃ kurute nāpūrvam utpādayati" iti(cf. YBh 4.12) nimitta-naimittika-bhāvāc caivam upapadyate | tatra paramarṣeḥ paṭur ūho 'nyeṣāṃ kliṣṭa ity ayaṃ viśeṣaḥ | sarveṣāṃ eva tu tārakādy-aviśiṣṭam | YD ad. SK 43. Wezler & Motegi(1998) p. 233, 20-26행.

려져 있는데, [이것들은] 기관에 의존한다. [수태 직후의 태아인] kalala 따위는 결과[인 신체]에 의존한다.[181]

『금칠십론』에서는 여기서 구분한 세 가지(①sāṃsiddhika, ②prākṛtika, ③vaikṛta)를 각각 인선성(因善成), 자성성(自性成), 변이득(變異得)으로 번역했다.[182] 이에 의하면 ①선천적인 것(인선성)은 선한 원인에서 유래한 것, ②원질적인 것(자성성)은 원질에서 유래한 것, ③변이적인 것(변이득)은 변이에 따라 발생한 것이라는 의미로 이해할 수 있다.

*Yuktidīpikā*의 저자는 이것들 중 ①선천적인 지식을 해설하면서 앞서 소개한 Pañcādhikara가 인정하지 않으려 한 것처럼, '원리와 병행하는 것'(tattvasama)과 같은 유형의 지식은 있을 수 없다고 강력히 주장한다. 여기서 그의 주장은 다음과 같이 상키야의 관점을 대변한다.[183]

순수정신은 통각 속에 생성된 유쾌한 것이든 불쾌한 것이든 모든 인식을 체험한다. 상키야의 인식론에서는 이것이 기본 관념이다. 원리들은 단지 지식을 생성할 뿐이고, 그 내용은 아는 것은 지자인 순수정신을 통해서만 가능하다. 순수정신의 향수(경험)란 통각에 생성된 지식의 내용을 아는 것이다. 통각은 지식의 저장소일 뿐이다. 만약 지식이 원질로부터 현현하자마자 통각 속에 현시된다고 주장한다면, 그 지식이 어떻게 향수되겠는가? 지식이 감관과 요소의 복합체인 신체와 제휴하게 될 때만 순수정신은 그 지식을 향수할 수 있다. 지식은 대상들과 접촉한 상태로 있는 감관들을 통해서 통각 속에 생성되기 때문이다. 만약 원질로부터 현현하자마자 통각 속에 지식이 나타난다면, 후속 원리들이 발생해야만 가능한 '지식'이 이미 성립되어 있는 셈이 되므로 이후 진행되는 원리

....

181 ①sāṃsiddhikāś ca bhāvāḥ ②prākṛtikā ③vaikṛtāś ca dharmādyāḥ | dṛṣṭāḥ karaṇāśrayiṇaḥ kāryāśrayiṇaś ca kalalādyāḥ || SK 43.

182 金七十論 권中(T 54:1255b): "一因善成就, 二由自性成就, 三從變異得."

183 이하는 YD ad. SK 43(Wezler & Motegi 1998:233-5, 27행 ff.)에 대한 Chakravarti(1975:183-5)의 해설 참조.

들의 전개, 그리고 이에 뒤따라 감관과 요소로 구성되는 신체의 생성은 불필요하게 될 것이다. 이 점을 고려하면 원리와 병행하는 지식, 즉 원리와 함께 발생하는 지식은 성립될 수 없다.

다음으로 *Yuktidīpikā*의 저자는 '카필라의 지식도 그가 출현하고 난 다음에 드러난 것'이라고 주장한 Vindhyavāsin의 견해도 논박한다.

Vindhyavāsin에 의하면, 카필라의 경우에는 순질이 최고조에 도달해 있으며 동질과 암질이 무력하기 때문에, 아무런 장애가 없이 지식은 저절로 나타난다. 그러나 상키야의 관점에서 카필라의 지식은 작용할 후속 시기를 대기하지 않는다. 카필라에게는 지식이 본래 내재해 있기 때문이다. 이 때문에 지식은 그에게 저절로 나타나고, 어떠한 자극도 필요하지 않다. 이와 마찬가지로 이미 잘 알려져 있듯이 Bhṛgu에게는 선(善)이 본래 갖추어져 있고, Sanaka에게는 이욕이 본래 갖추어져 있으며, 순질과 동질의 흐름만 있는 자들에게는 '신통력'이 본래 갖추어져 있다. 이들은 '위대한 본질을 신체로 지닌 자', 즉 대아신(大我身, māhātmya-śarīra)으로 불린다.[184] 이와는 반대로 통각의 암질과 동질에 의한 변형에 대해서도, 야차와 같은 악마들에게는 악이 암질로서 내재하고 짐승 따위에게는 열정이 동질로서 내재한 것으로 설명할 수 있다.

『상키야송』에서 분류한 둘째 지식인 ②원질적인 것은 자연발생적 성질의 지식을 지칭한 것으로 이해된다. ①선천적인 것과는 달리 자연발생적 지식과 같은 기질들은 기체에 잠재해 있다가 외부의 자극이 있을 때마다 곧바로 나타난다. 길바닥에 웅크리고 있는 독사를 보고서 돌연히 매우 신속하게 움직이는 것처럼, 자연발생적 기질도 뜻밖의 자극을 받음으로써 돌연히 신속하게 현현하게 된다. 예를 들면 Āsuri의 이욕이 비범하게 된 것은 카필라와 만났기 때문이다. 여기서 카필라는 Āsuri의 장애를 일소하는 데 자극이 되고, 이에 따라 Āsuri에게는

....

184 "순질이 탁월한 행위 수단(신체)을 가진 자는 최고의 성현이며, 순질과 동질이 풍부한 [행위 수단을 가진] 자는 대아신이다." (yasya sattva-pradhānaṃ kārya-karaṇaṃ sa paramarṣiḥ | yasya sattva-rajobahulaṃ sa māhātmya-śarīraḥ | YD ad. SK 15. Wezler & Motegi 1998:161, 17-18행)

이욕의 변칙적인 흐름이 나타났다. 이와 마찬가지로 쉬바 신의 시자인 Nandin의 신통력은 대자재신과의 교제를 통해 끊임없이 나타났다. 그러나 ①선천적인 것의 경우에는 그러한 자극이 필요하지 않다. 다만 『요가경』에서 "원질의 충만을 통해 다른 출생으로 전변한다."[185]라고 말하듯이, ①선천적인 것의 경우에도 ②원질적인 것의 경우처럼 지식의 유입은 원질로부터 직접 이루어진다.

끝으로 ③변이적인 것은 부수적 성질의 지식을 지칭한 것으로 이해된다. 윤회하는 범부 중생에게는 부수적인 기질이 있다. 암질이 우세한 범부들은 제각기 자신의 노력으로 통각의 순질을 활성화하고자 노력하며, 이리하여 통각에는 순질이 서서히 흐르기 시작한다. 이 결과, 지식과 같은 다른 기질들이 나타나기 시작한다. 여기서 통각이 순질의 흐름으로 변형되는 양과 강도는 현자에 비해 상대적으로 빈약하다. 그리고 이 경우에는 원질로부터 직접 유입되는 앞의 두 경우(①②)와는 달리, 그 기질들이 통각으로부터 유출된다.

『상키야송』의 저자인 Īśvarakṛṣṇa의 원의를 대변한 이상의 견해를 이전의 견해들과 비교해 보면, Pañcādhikara는 통각을 고갈된 강에 비유하지만, Īśvarakṛṣṇa는 이에 전적으로 동조하지는 않는다. Īśvarakṛṣṇa에 의하면, 그 강은 완전한 고갈이 아니라 어느 정도의 관개가 가능하되 충만할 수는 없다. 관개는 가능하지만 충만은 불가한 이 경우, 원질로부터 유입되는 지식의 기질은 결국 고갈될 것이다. 이러한 경우는 자신의 노력으로 암질이라는 장애를 제거하고자 시도하는 범부들에게 해당한다. 원질로부터의 유입이 고갈된 이들의 경우에는 지식의 기질인 순질의 흐름이 곧장 통각으로부터 유출된다.

『상키야송』의 Īśvarakṛṣṇa는 통각의 기질들을 이상과 같은 3등급(①선천적인 것, ②원질적인 것, ③변이적인 것)으로 분류함으로써 Vārṣagaṇya의 견해를 지지하고자 한다. Vārṣagaṇya에 의하면, 감관들이 비상하게 작용할 때마다 지식의 유입은 곧장 원질로부터 이루어지며(①②), 범상하게 작용할 경우에는 통각의 내

....

185 jāty-antara-pariṇāmaḥ prakṛty-āpūrāt || YS 4.2.

부로부터 이루어진다(③). 이로써 그는 파탄잘리와 Pañcādhikara의 견해를 무시한다. 파탄잘리에 의하면, 감관들의 작용은 항상 원질 이외의 원리들 내부로부터 유래한다. 반면에 Pañcādhikara에 의하면 그것은 월질로부터 유래한다. Īśvarakṛṣṇa는 여기서 양 극단의 조정을 시도하여 절충적 태도를 취한다. 그러므로 Vārṣagaṇya의 견해도 이와 같은 것으로 간주할 수 있다.

8.4.4. 인식의 형성과 영상설

1. 영상설의 인식론적 배경과 연원

인식의 형성에는 내적 기관들이 결정적 역할을 담당한다. 그러나 투시력과 같은 초능력에 의한 인식이 아니라면, 일상의 인식은 외적 기관이라는 문을 통과해야 문지기인 내적 기관에 의해 확정된다. 이 과정에서 기관들은 자발적으로 활동하며, 이 활동은 상호 협력으로 이루어진다. 즉 한쪽은 다른 한쪽의 동기를 이해함으로써 각기 작용하는 과정을 거쳐 특정한 인식을 형성하게 된다. 여기서 동기란 활동을 고취하는 원인에 해당한다. *Yuktidīpikā*에 의하면 기관들의 활동은 다음과 같은 과정으로 진행된다.

> 눈으로 망고와 석류 따위의 형색을 지각할 때, 미각 기관(혀)은 대상을 파악한 눈의 작용을 알아차리고서 자신의 대상을 맛보고자 갈망하는 것과 같은 동요에 빠지게 된다. 두 발은 혀의 작용을 알아차리고서 걷기 시작하고 두 손은 붙잡기 시작한다. 이리하여 마침내 미각 기관의 능력이 그 대상에 미치게 된다. 이로부터 혀는 자신의 대상에서 작동한다. 다른 것(기관)들의 경우에도 이와 같이 말해야 한다.[186]

....

186 yadā cakṣuṣāmra-dāḍimādi-rūpam upalabdhaṃ bhavati tadā rasanendriyam upātta-viṣayasya cakṣuṣo vṛttiṃ saṃvedya svaviṣya-jighṛkṣayautsukyavad vikāraṃ āpadyate | rasanasya vṛttiṃ saṃvedya pādau viharaṇam ārabhete hastāv ādānaṃ tāvad yāvad asau viṣayo rasanedriya-yogyatām (ā)nītaḥ | tato rasanaṃ svaviṣaye pravartate | evam itareṣv api vaktavyam | YD ad. SK 31. Sharma(2018) p. 248, 2-5행.

Vācaspati는 과일을 맛보게 되는 과정으로 예시하는 위의 설명과는 약간 색다르게 병사를 비유로 들어 기관들의 상관성을 설명한다.

> 예를 들어 참으로 창과 곤봉과 활과 검을 가진 많은 사람(병사)들은 적을 공격하기 위해 협력하여 활동하는데, 그 경우에는 누구든지 여타의 동기를 인지하고 나서 활동한다. 그러나 창을 쓰는 사람은 곤봉 따위가 아니라 오직 창을 움켜쥔다. 이와 마찬가지로 곤봉을 쓰는 사람도 창 따위가 아니라 오직 곤봉을 움켜쥔다. 이와 같이 어떠한 기관이든지 여타 기관의 동기를 통해, 즉 자신의 기능에 대한 [여타] 기관의 지향성(원조)을 통해[187] 활동한다. 그리고 그 활동은 [동기라는] 원인을 갖기 때문에 기능이 뒤섞이는 과실은 없다. 이에 합당하게 [SK 31에서는] '제각기 [자신의 활동을] 착수한다.'고 말한 것이다.[188]

*Yuktidīpikā*의 저자는 인식이 성립되는 과정에서 기관들의 고유 기능을 설명하는 데 초점을 맞춘 반면, Vācaspati는 기관들의 고유한 기능이 협력을 통해 목

....

187 저자는 "여타 기관의 동기를 통해"를 다시 "자신의 기능에 대한 [여타] 기관의 지향성(원조)을 통해"(svakārya-karaṇābhimukhyād)라고 부연한다. 이에 해당하는 원문을 金倉圓照(1956:84)가 "자신의 결과(=kārya)를 일으키는(=karaṇa) 방향으로"라고 번역한 것은 기관들 사이의 상호 협력을 설명하는 원문의 맥락과는 그다지 부합하지 않는 듯하다. 이것을 "그 자신을 원조하는 경향이 있는"으로 번역했던 Jha(1896:72)는 제3판(1965:108)에서 "여타의 것이 작동하는 경향에 의해"로 개역했다. 그의 번역에는 원문의 kārya와 karaṇa가 모호하게 의역되어 있다,

188 yathā hi bahavaḥ puruṣāḥ śāktīka-yāṣṭika-dhānuṣka-kārpāṇikāḥ kṛtasaṅketāḥ parāvaskandāya pravṛttāḥ, tatrānyatamasyākūtam avagamyānyatamaḥ pravartate, pravartamānas tu śāktīkaḥ śaktim evādatte na tu yaṣṭyādikam, evaṃ yāṣṭiko 'pi yaṣṭim eva na śaktyādikam | tathānyatamasya karaṇasyākūtāt svakārya-karaṇābhimukhyād anyatamaṃ karaṇaṃ pravartate | tat-pravṛtteś ca hetutvān na vṛtti-saṅkara-prasaṅga ity yuktam — "svāṃ svāṃ pratipadyante" iti ‖ TK 166 ad. SK 31. Jha(1965) p. 108. 이 설명에서는 제각기 다른 무기를 소지한 병사의 실례가 확연하게 와닿지는 않는다. 다음과 같은 Chakravarti(1975:186)의 설명으로 비유의 취지를 어느 정도 납득할 수 있다.

"검, 창, 곤봉과 같은 무기를 소지한 일군의 사람들은 서로의 동기를 알 때만 공통의 적에 대항하는 공동 작전을 위해 집합하여 행동을 착수한다. 이때 검을 쥔 자는 창이 아니라 검만을, 곤봉을 쥔 자는 검이 아니라 공봉만을 휘두른다. 이와 마찬가지로 각 기관들은 서로의 동기를 알고 나서 제각기 활동하기 마련이다. 따라서 기관들의 활동을 규제하는 이러한 상호 충동력 때문에 기능상의 복합 양상이 전혀 발생할 수 없다."

적 달성에 봉사한다는 데 초점을 맞춘다. 여기에는 순수정신의 향수라는 목적이 전제되어 있다. 그런데 Vācaspati의 비유에 대해서는 반론이 제기될 수 있다. 창기병 따위의 병사들은 지각력을 지닌 존재이므로 서로의 동기를 쉽게 이해하여 이에 따라 행동할 수 있다. 반면에 상키야 철학에서 기관들은 무지의 원리들로 간주되므로 결코 그렇게 지각할 수는 없다. 그렇다면 그 비유가 이 같은 기관들에는 적용될 수 없으므로 기관들을 지도하고 관리하는 이지적인 지배자가 있어야 할 것이다.

그러나 이 같은 반론에 응수하는 대답은 『상키야송』에 준비되어 있다. 『상키야송』에 의하면 기관들은 순수정신의 목적을 위해서만 활동할 뿐이고, 기관을 작동시키는 것은 아무것도 없다.[189] 여기서 말하는 순수정신의 목적은 향수(bhoga)와 해방(apavarga)이라는 두 가지이다.

향수는 통각의 인식 작용이자 변형인 모든 것, 즉 유쾌한 것이든 불쾌한 것이든 기관들로부터 파생된 모든 것을 경험하여 인지하는 것이다. 그러므로 향수는 사실상 기관들에 의해 형성되어 통각에 의해 최종으로 확정된 인식의 내용에 해당한다. 해방은 순수정신의 참된 본성을 깨닫는 것이다. 참된 본성은 통각을 순수정신으로 오인하는 무지에서 벗어날 때만 드러난다. 순수정신은 활동하지 않으면서 있는 그대로를 인지하는 불변의 지성이지만, 통각은 이와는 정반대로 활동하는 전변이고 무지이다.

그렇다면 향수를 위해서는 통각과 교섭해야 하고, 해방을 위해서는 이 교섭을 단절해야 하므로, 순수정신의 두 가지 목적은 이율배반인 것처럼 보인다. 더욱이 무지에 속하는 통각의 변형을 경험하는 것이 향수라면, 순수정신의 향수는 불변의 지성이라는 자신의 본성과는 어긋나는 무지를 수용하는 셈이 된다. 또한 인식 능력은 통각의 특성이며 통각을 순수정신으로 오인하는 것도 통각 자체이므로, 지성이라는 순수정신의 인식론적 기능에 의문이 제기된다. 이에

189 SK 31. @제5장 각주 40.

따라 인식의 실제 주체가 모호하게 되는 인식론적인 문제가 발생한다. 이 같은 문제들을 비유로 해명하는 것이 소위 영상설 또는 반영설이다.

영상설로 통용되는 이론이 고전 상키야-요가의 주석자들 사이에서는 동일한 내용으로 설명되지는 않는다. 그들 사이의 미묘한 견해 차이까지 고려하면 영상설을 다음과 같이 정의하는 것이 무난하다.

> 영상설이란 통각에 순수정신의 모습이, 혹은 순수정신에 통각의 모습이 반사되어 비친다고 상정한 후에 비정신적인 통각이 정신적인 것처럼 보이고, 또한 고락(苦樂)을 떠난 순수정신이 통각에 속하는 고락을 향수하고 있는 것처럼 보인다고 말하는 것으로 두 원리의 비유적 교섭을 주장하는 이론이다.[190]

여기서 영상이란 통각에 비치는 순수정신의 모습이거나 순수정신에 비치는 통각의 모습이다. 그렇다면 이 영상을 거울처럼 반사하여 그대로 드러내는 것은 통각일 수도 있고 순수정신일 수도 있다. 통각이 거울이라면 통각에 반영되는 것은 순수정신의 모습일 것이고, 순수정신이 거울이라면 순수정신에 반영되는 것은 통각의 모습일 것이다. 아무튼 비치는 영상은 실체를 모사하여 드러내는 허상일 뿐이다. 그러므로 위의 정의처럼 허상과 실체가 뒤바뀔 수 있는 것으로 설명하는 경우에는 어느 것이 실체인지가 헷갈린다. 그러나 영상설은 실체와 허상을 분별하는 데 초점이 있지 않고, 진실과 허위를 착각하기 일쑤인 인식의 발원을 설명하는 데 초점이 있다.

순수정신(또는 자아)과 통각(또는 마음) 중에서 거울과 영상의 역할을 각각 어느 쪽에 부여하느냐에 따라 영상설의 취지도 미묘하게 달라질 수 있다. 상키야-요가의 주석자들 사이에서 발견되는 견해의 차이도 바로 이것이다. 그리고 이러한 차이를 야기한 영상설은 고전 상키야-요가 이전의 교사들 중 Āsuri와

....

190 이는 近藤隼人(2014a:825)이 羽田野伯猷(1943:707-44)와 村上真完(1978:340-440) 등의 고찰을 참고하여 영상설을 간결하게 정의한 것이다.

Vindhyavāsin으로부터 유래한 것으로 알려져 있다. 이들 두 교사의 말씀으로 전승되어 영상설의 발단이 된 단편은 최소 9편의 문헌[191]들에 인용되어 있다. 이 문헌들 중에서는 『육파철학집성』의 저자인 Haribhadra의 저서가 시기적으로 가장 이르다. Āsuri는 Vindhyavāsin보다 훨씬 선대의 인물이지만, Haribhadra는 자신의 *Yogabindu*에서 다음과 같은 Vindhyavāsin의 단편을 먼저 인용한다.

> 오직 불변의 본성을 가진 순수정신은 근접을 통해, 지성이 없는 마음을 그 자신(순수정신)과 유사한 것으로 만든다. 마치 [꽃 따위의] 부대물(≒순수정신)이 수정(≒마음)을 [그 자신과 유사한 것으로 만들듯이.][192]

여기서는 마음을 수정으로 비유하여, 순수정신이 자신의 모습을 마음에 반영하는 것으로 설명한다. 따라서 이 단편은 순수정신에 의한 향수를 이론적으로 설명하는 데 전거가 되며, 무지인 통각이 인식이라는 지적인 기능을 갖게 된 것은 순수정신의 지성에서 유래한다고 설명하는 데 적용된다. 아울러 이는 지성의 유무로 이원을 상정한 상키야의 인식론에서 기저를 형성한다. 그러나 곧장 후속하여 인용한 Āsuri의 단편은 이와는 약간 다른 취지로 해석될 수 있는 여지를 남긴다.

> 통각이 [순수정신으로부터] 분리되어 그렇게[193] 변형될 때, 마치 청징한 물

....

191 ①Haribhadra의 *Śāstravārttā-samuccaya*, ②Haribhadra의 *Yogabindu*, ③Vyomaśiva의 *Vyomavatī*, ④Bhāsarvajña의 *Nyāya-bhūṣana*, ⑤Devabhadra의 *Nyāyāvatāra-ṭippaṇa*, ⑥Bhāvasena의 *Viśvatattva-prakāśa*(Āsuri만 인용) ⑦Malliṣena의 *Syādvāda-mañjarī*, ⑧Guṇaratna의 *Tarkarahasya-dīpikā*, ⑨Maṇibhadra의 *Laghuvṛtti*. 이 문헌들에서 문제의 단편이 언급된 출처는 近藤隼人(2014b) p. 321, 미주2 참조.

192 puruso 'vikṛtāmaiva svanirbhāsam acetanam | manaḥ karoti sāṃnidhyād upādhih sphaṭikaṃ yathā ‖ *Yogabindu* 449-450. Dixit(1968) p. 118. 여기서는 출처를 언급하지 않으나, 『육파철학집성주』(TRD 41.22)에서는 이것을 Vindhyavāsin의 말씀으로 인용한다. @제7장 각주 212 참조.

193 원문의 판독에 따라 '그렇게'(īdṛk)는 '보는 자'(dṛk)로 바뀔 수 있다. '그렇게'로 판독할 경우, 이 말은 "통각이 의식을 갖게 된 것처럼"(Dixit 1968:118)이라는 의미를 함축할 수 있다.

(≒통각)에 달(≒순수정신)의 영상이 나타나는 것처럼, 이것(순수정신)의 향수가 발생한다고 설한다.[194]

이 단편에서 쉼표 앞의 첫 구절은 원문의 판독에 따라 다른 의미로 해석되지만,[195] 우선 일반적으로는 위와 같은 의미로 이해된다. 이에 따르면 통각의 변형이 곧 순수정신의 향수가 된다. 이는 고전 상키야에서 말하는 향수 개념과 합치한다. 또한 거울과 같은 기능의 물이 통각을 비유하고, 물에 비치는 달은 순수정신을 비유한 것으로 이해되므로, 마음(=통각)을 수정에 비유한 Vindhyavāsin의 설명과도 어긋나지 않는다. 다만 이 경우에는 무지인 통각의 활동을 통해 순수정신의 향수가 성립된다고 설명하는 것으로 통각의 주도적 역할에 초점을 둔다. 이 점에서 Vindhyavāsin의 설명과는 기조가 다르다. 향수란 사실상 인식의 내용에 해당한다는 점을 고려하면, 이 설명은 통각을 인식의 주체로 강조하는 듯한 오해를 야기하는 동시에 영상설의 취지를 퇴색시킬 우려도 있다. 이 같은 우려는 영상설의 취지를 검토해 보는 것으로 해소될 수 있을 것이다.

....

194 vibhaktedṛk-pariṇatau buddhau bhoga 'sya kathyate | pratibimbodayaḥ svacche yathā candramaso 'mbhasi || *Yogabindu* 450. Dixit(1968) p. 118. 『육파철학집성주』(@제7장 각주 31)에서는 이것을 Āsuri의 말씀으로 인용한다. 이에 의거하여 Qvarnström(2012:406)은 이것을 다음과 같이 번역한다.
"[Āsuri를 비롯한 다른 이들은] 통각이 [순수정신으로부터] 분리되어 [순수정신을 자신에게 반영하는] 그러한 변형을 겪을 때, 마치 청징한 물에 달의 영상이 나타나는 것처럼, 이것(순수정신)의 향수가 발생한다고 설한다."

195 이에 해당하는 원문 "vibhaktedṛk-pariṇatau"이 *Vyomavatī*에는 "vivikta-dṛk-pariṇatau"(Kaviraj 1925ed:521, 19행)로 기재되어 있다. 이 경우에는 "통각이 보는 자(순수정신)로부터 분리되어 변형될 때"로 해석되므로 그다지 문제가 되지 않는다. 그러나 이것을 "vibhakte dṛk-pariṇatau"(@제7장 각주 31)로 읽으면, "보는 자(순수정신)가 [통각으로부터] 분리되어 변형될 때"로 해석되어 주어가 통각에서 순수정신으로 바뀐다. 이에 따라 "순수정신은 통각으로부터 독립해 있더라도 통각이 순수정신으로 변용하는 경우"(近藤隼人 2014b:323)라는 해석을 상정할 수 있다. 그러나 이 해석을 채택하기에는 논거가 부족할(ibid. p. 322) 뿐만 아니라, 이 경우에는 순수정신의 향수가 아니라 통각의 향수가 되어, 『상키야송』의 기본 관념과는 상반하게 된다.

2. 영상설의 전개와 취지

『요가주』에서는 영상설을 직설적으로 거론하지는 않는다. 그러나 순수정신의 지성에 관한 『요가경』의 교시[196]를 다음과 같이 설명하는 것은 영상설과 불가피하게 연관된다.

> '보기만 할 뿐'이란 보는 능력일 뿐이며 한정된 것과는 [직접] 접촉하지 않는다는 의미이다. 이 순수정신은 [반영(反映)에 의한] 통각의 의식자이며, 이것(순수정신)은 통각과 같지도 않고 완전히 다르지도 않다.[197]

여기서는 먼저 순수정신은 통각과 직접 접촉하지 않고 통각이 인식한 것을 의식할 수 있다고 전제한다. 이어서 통각의 의식자가 순수정신이라고 말하는 것은, 통각이 인식한 것을 순수정신이 의식할 때라야 통각의 인식이 성립된다는 것이다. 끝으로 통각도 인식의 주체로 기능할 수 있음을 시사하는데, 이는 통각이 순수정신과는 다른 원리이면서도 순수정신과 유사한 지적 기능을 갖기 때문이다. 그런데 지성의 유무로 차별되는 두 원리가 같지도 않고 다르지도 않다는 것을 어떻게 납득할 수 있는가? 이에 대처하는 거의 유일한 이론이 비유를 적용하는 영상설이다. 같지도 않고 다르지도 않다는 비논리적인 표현을 논리로써 해명하기는 어렵기 때문에 영상이라는 비유가 구사된다. 예를 들어 Vācaspati는 통각의 의식자가 순수정신이라는 『요가주』의 설명을 다음과 같이 해설한다.

> 통각이라는 거울에 순수정신의 영상이 비친다는 것은 곧 순수정신이 통각을 의식한다는 것이다. 이는 또한 '보는 자'(순수정신)의 영상을 얻은 통각에 연루된 소리 따위가 지각 대상이 된다는 의미이다.[198]

……………

196 "'보는 자'는 보기만 할 뿐이고 청정하지만, [통각의] 관념을 지각한다." (draṣṭā dṛśimātraḥ śuddho 'pi pratyayānupaśyaḥ ‖ YS 2.20)

197 YBh 2.20. 정승석(2020) p. 128.

이 해설에 따르면 순수정신의 직접적 지각 대상은 통각일 뿐이며, 나머지 것들은 통각을 거쳐 지각될 수 있는 간접적 대상이다. 그리고 통각에 반영되는 순수정신의 지성을 영상에 비유함으로써 순수정신의 지성에 의해 통각도 대상들에 대한 인식자가 될 수 있음을 시사한다. 그러나 통각에 비친 순수정신의 영상을 통각이 자신의 지성으로 간주한다면, 이는 통각의 무지에 속한다. Vācaspati와 거의 동시대의 학자인 Vyomaśiva는 *Vyomavatī*에서 이와 관련된 문제를 다음과 같이 설명한다. 이는 앞에서 인용한 Āsuri의 단편에 대한 주석이다.

> ["통각이 보는 자로부터 분리되어 변형될 때"란] 보는 자(순수정신)로부터 분리되어 대상의 형상에 따라 변형되고, 감관의 형상에 따라 변형되는 이것에 대해 그렇게 말한 것이다. 이것(변형)이 통각에 있을 때, 자아(=순수정신)는 [그 통각을] 향수한다고 설명된다. 영상으로서 나타나는 모습은 결코 실상이 아니다. 마치 달의 영상은 탁한 성질의 물이 아니라 투명한 물 위에 [나타난다]고 말하는 것과 같고, 달의 영상이 물 위에 나타나듯이 자아의 [영상도] 특수한 변화가 증진된 통각에 [나타난다]고 말하기 때문이며, 사실상 순수정신의 향수에서는 [통각에게] 이전의 모습이 사라질 때 다른 모습이 출현하는 변화가 일어날 것이기 때문이다. 그리고 여기(통각)에서는 무지성(無知性)으로 인해 다양한 타락이 [일어날 것이]라고 말하는 것이다.[199]

여기서 말하는 자아는 순수정신을 지칭한다. 그러므로 여기서도 통각이 실제로는 순수정신과는 어떻게 다른지를 설명한다. 감관들은 각자의 대상들과 접

....

198 buddhi-darpaṇe puruṣa-pratibimba-saṃkrāntir eva buddhi-pratisaṃveditvaṃ puṃsaḥ | tathā ca dṛśi-cchāyāpannayā buddhyā saṃsṛṣṭāḥ śabdādayo bhavanti dṛśyā ity arthaḥ | TV 2.20. Bodas(1917) p. 88, 19-21행.

199 vivikta-dṛg-viṣayākāra-pariṇatendriyākāra-pariṇatir yasyāḥ sā tathoktā, tasyāṃ buddhau satyām ātmano bhogaḥ kathyate | kiṃ rūpaḥ pratibimbodayo na vāstavaḥ | yathā candramasaḥ pratibimbanaṃ svacche, na kaluṣātmake ambhasīty udāharaṇam | yathā hi candramasaḥ pratibimbanam ambhasi evaṃ viśiṣṭa-pariṇāmopacitāyāṃ buddhāv ātmana iti, vāstave hi bhoge puruṣasya pūrva-svarūpa-nivṛttau svarūpāntarāpattir vikāraḥ syāt | tatra cācetanatvād aneka-dūṣaṇam iti | Kaviraj(1925ed) p. 521, 21-27행.

촉하게 될 때 그 대상들의 형상으로 각기 변형된다. 따라서 "특수한 변화가 증진된 통각"도 그렇게 변형된 바로 그 감관들의 형상을 취한다. 여기서 "특수한 변화가 증진된 통각"이란 순질이 우세하게 된 통각을 의미한다. 이리하여 통각은 스스로 발광하는 순수정신처럼 투명하게 된다. 이때 달이 더러운 물이 아니라 맑고 깨끗한 물에 반영되듯이, 스스로 발광하는 순수정신은 순질이 우세한 상태로 있는 통각 속에 반영된다. 그러나 장애의 요소인 잡동사니 덩어리, 즉 암질이 우세한 상태로 있는 조대한 다른 물질적 대상(통각 이외의 원리)에는 순수정신이 반영되지 않는다. 이처럼 영상의 비유로 순수정신과 통각이 전적으로 유사하지도 않으며 완전히 다르지도 않고 설명하는 영상설의 취지는 다음과 같다.[200]

달이 실제로 맑은 물과 결합하는 것은 아니지만, 달의 영상이 물에 비치고 있는 한은 결합해 있는 것처럼 보이는 것이 사실이다. 마찬가지로 순수정신이 통각과 실제로 결합하는 것은 아니지만, 순수정신의 영상이 통각에 반영되므로 순수정신과 통각이 결합하는 것처럼 보인다. 또한 달은 움직이지 않더라도 달을 반영하는 맑은 물이 흔들리면, 물에 비친 달은 동요하는 것처럼 보인다. 바로 이와 같이 순수정신에는 아무런 활동이 없더라도 순수정신의 영상을 가진 통각은 순수정신이 활동하는 것처럼 보이게 한다. 이리하여 통각의 속성들을 순수정신의 것으로 생각하게 된다. 예를 들어 전쟁에서 승리는 병사들의 것이지만, 그로부터 발생하는 이익을 왕이 향유하기 때문에 그것을 왕의 것으로 여긴다. 이와 마찬가지로 향수(≒속박)와 해탈이 실제로는 통각에서 이루어지지만, 그로부터 얻은 결과를 순수정신이 향유하기 때문에 그것들을 순수정신의 것으로 생각하게 된다. 『요가주』에서는 이 점을 다음과 같이 설명한다.

> 통각에 의해 이루어지고 오직 통각에 있는 바로 그 향수와 해탈을 어떻게 순수정신의 탓으로 돌리는가? 예를 들면 병사들에게 있는 승리나 패배를 군주

200 Cf. Chakravarti(1975) pp. 187-8.

의 탓으로 돌리는 것과 같다. 왜냐하면 그(군주)가 그 결과의 향수자이기 때문이다.

그와 마찬가지로 오직 통각에 있는 속박(≒향수)과 해탈을 순수정신의 탓으로 돌리는 것은, 그(순수정신)가 그 결과의 향수자이기 때문이다. 오직 통각이 순수정신의 목적을 완수하지 못하는 것이 속박이고, 그 목적을 종료하는 것이 해탈이다.[201]

이와 같이 순수정신은 통각이 지각한 것들을 직접적으로 체험하지는 않지만, 자신을 통각에 반영함으로써 간접적으로 체험한다. 맑은 물처럼 순질이 우세한 통각에 순수정신의 지성이 영상으로서 나타나고, 이 지성은 통각의 인식능력이 되어 향수를 성립시킨다. 이것이 바로 순수정신의 향수로 불린다. 그러나 순수정신 쪽에서 이 향수는 겉모양일 뿐이고 실제가 아니다. 이와 관련하여 Guṇaratna는 향수에 대한 다른 사람들의 견해를 다음과 같이 상술하는데, 이는 앞에서 인용한 Vindhyavāsin의 견해를 대변한다.

그러나 혹자들은 향수를 다른 방식으로 생각한다. 실로 오직 불변의 자아인 순수정신은 자신의 겉모습(≒영상)으로써 마음을 지자로 만든다. 즉 [꽃과 같은] 부대적 조건은 근접을 통해 성질이 다른 수정을 그 자신(꽃)인 것처럼 그 자신의 형상을 갖게 한다. 바로 이와 같이 불변의 본성을 의미하는 이 순수정신은 지성이 없는 마음을 그 자신(순수정신)과 같은 지자처럼 보이게 한다. 그러나 사실상 그것(마음)의 지성은 [자체의] 변질 때문이 아니라 [순수정신과의] 근접 때문이다. 그리고 인식이란 대상의 형상에 따라 변하는 감관에 있는 [바로 그] 형상의 성질로부터 비롯된 통각의 변형이다. 그와 같이 향수를 갈망하는 순수정신을 고려하고서 통각은 동기를 일으키며, 이 동기를 지각함으로써 감관들에게는 이전의 모습이 사라진 후 대상의 형상이 변형

201 YBh 2.18. 정승석(2020) p. 123.

으로서 발생한다.[202]

이처럼 상술한 내용의 요지는 간명하다. 즉 붉은 꽃(≒순수정신)이 투명한 수정에 달라붙으면 그 수정(≒마음)은 붉은 꽃처럼 보인다. 이와 마찬가지로 순수정신이 자신을 전혀 변형시키지 않고서 지성이 없는 마음과 밀착함으로써, 그 마음은 지성을 가진 것처럼 된다. 그러나 감관들을 통해 마음이 인식한 대상은 실체 그대로의 형상이 아니라 변형된 것이다. 그러므로 마음이 정화될 때라야 대상을 있는 그대로 인식할 수 있다는 요가 수행의 논리가 이로부터 성립된다.

*Yuktidīpikā*에서도 Vindhyavāsin의 견해를 언급하는데, 이에 의하면 모든 것은 다른 교사들이 주장하는 통각이 아니라 마음에서 경험된다는 것이 그의 주장이다.[203] 이 같은 견해는 『요가주』에서 "마음은 모든 것을 대상으로 삼는다."[204]라고 말하는 것과도 합치한다. 다만 이 경우의 마음은 요가 철학의 통념에 따라 통각을 포괄한다. 예컨대 『요가주』에서는 이러한 마음을 자석에 비유하여 순수정신과의 관계를 다음과 같이 설명한다.

> 마음은 자석처럼 단지 접근(연관)하는 것만으로 [순수정신을] 조력하여, [순수정신에게] 드러남으로써 순수정신이라는 주인의 소유물이 된다. 따라서 순

....

202 anye tv anyathā bhogaṃ manyante | yathā hi puruṣo 'vikṛtātmaiva svanirbhāsena cetanaṃ manaḥ karoti sānnidhyād upādhiḥ sphaṭikam atadrūpaṃ svanirbhāsaṃ svākāraṃ karoti evam ayaṃ puruṣo 'vikṛta-svarūpo 'cetanaṃ manaḥ svanirbhāsaṃ cetanam iva karoti sānnidhyān na punar vastutas tasya caitanyaṃ vikāritvāt | jñānan tu viṣayākāra-pariṇatendriyākāratayā buddheḥ pariṇāmaḥ | tathā bhogotsukaṃ puruṣaṃ mattvā buddher ākūtiḥ sampadyate tad-ākūta-samvedanāc cendriyāṇāṃ pūrva-svarūpa-nivṛtter viṣayākāraḥ pariṇāmaḥ | Kaviraj(1925ed) pp. 521-2, 28-4행.

203 "그와 같이 다른 이들의 경우에는 모든 대상에 대한 지각이 마하트(통각)에 있고, Vindhyavāsin의 경우에는 마음에 있다." (tathānyeṣāṃ mahati sarvārthopalabdhiḥ manasi vindhyavāsinaḥ | YD ad. SK 22. Wezler & Motegi 1998:187, 13-14행)

204 "모든 것을 대상으로 삼는 제11[기관]인 마음이라는 이것들은 자아의식을 특성으로 갖는 무차별이 차별로 [전변]된 것이다." (ekādaśaṃ manaḥ sarvārtham ity etāny asmitā-lakṣaṇasyāviśeṣasya viśeṣāḥ | YBh 2.19. 정승석 2020:391_1) 여기서 마음을 제11기관으로 일컫는 것은 인식의 형성에서 기관들이 작용하는 순서로 헤아리기 때문이다. 즉 "5행위기관→5지각기관→마음"의 순서이다.

수정신은 무시이래로 [마음과] 연관하기 때문에 마음의 작용을 지각한다.[205]

여기서 자석은 마음과 순수정신의 불가분한 상관성을 비유한다. 마음은 자석처럼 순수정신을 끌어당겨 순수정신에게 달라붙는다. 이에 따라 순수정신은 마음의 주인이 되어 마음의 파동을 경험하고, 마음은 자신의 지각을 순수정신의 지성과 동일시하는 착각에 빠진다. 그러나 이 같은 상호 관계에서 형성된 마음의 인식, 다시 말해서 순수정신이 경험하는 것은 마음의 무지일 뿐이고, 순수정신 자체의 지성이 발현된 것은 아니다. 자석과 같은 마음의 기능 자체가 무지의 소산이기 때문이다.

『요가주』의 설명에서 추출할 수 있는 이러한 취지는 영상설과는 직접적인 연관이 없는 것처럼 보일 수 있다. 그러나 Vācaspati는 『요가주』의 설명을 꽃과 수정의 관계뿐만 아니라 거울에 비유하여 부연한다. 그는 『요가주』에서 '마음'으로 언급한 것을 '통각'으로 간주하여 다음과 같이 상술한다.

불상화(佛桑花, japā)의 꽃과 수정의 경우처럼, 통각(≒수정)과 순수정신(≒꽃)이 근접을 통해 차이가 없는 것으로 파악될 경우, 통각의 작용들을 순수정신에 가탁하여 '나는 평온하다', '나는 괴롭다', '나는 우둔하다'라고 판단한다. 예를 들면 더러운 거울의 표면에 비친 얼굴을 [보고 여기에] 더러운 것을 가탁하여, '나는 더럽다'라고 자신을 탄식하는 것과 같다.[206]

소리 따위를 인식하는 것과 같은 통각의 작용은 순수정신에 가탁한 것이며 순수한 지성이 아닌 원질에 속한 것으로 경험될 수밖에 없지만, 그럼에도 불구하고 통각으로부터 순수정신의 성질을 야기하여 [통각의 작용은] 순수정신의 활동인 것처럼 보이고 [순수정신의] 경험인 것처럼 보이게 된다. 이와

....

205 YBh 1.4. 정승석(2020) p. 43.

206 japā-kumuma-sphaṭikayor iva buddhi-puruṣayoḥ saṃnidhānād abheda-grahe buddhi-vṛttīḥ puruṣe samāropya śānto 'smi duḥkhito 'smi mūḍho 'smīty adhyavasyati | yathā maline darpaṇa-tale pratibimbitaṃ mukhaṃ malinam āropya śocaty ātmānaṃ malino 'smīti | TV 1.4. Bodas(1917) p. 8, 17-19행.

> 마찬가지로 이 자아(순수정신)는 오류(전도)가 없는 것이지만 오류를 가진 것처럼 보이고, 향수자가 아니지만 향수자인 것처럼 보이며,[207] 식별지가 없지만 이것을 갖춘 것처럼 식별지로써 현현한다.[208]

이 같은 Vācaspati의 설명으로 영상설의 용도를 한눈에 파악할 수 있다. 이에 의하면 통각의 인식 능력은 순수정신의 지성에서 비롯된 것이라는 사실을 비유적으로 설명하는 이론이 바로 영상설이다. 영상설의 포괄적인 초점은 마음(citta)이지만 인식론적 차원의 초점은 통각이다. 이 통각에 순수정신의 지성이 가탁됨으로써, 즉 통각이라는 거울에 그것이 반영됨으로써 통각의 인식 활동은 순수정신의 지성에 의해 진행된 것처럼 보이게 된다.[209] 다른 한편으로 통각과 대면하는 순수정신은 행위자가 아님에도 행위자인 것처럼 보이게 되는데, 이렇게 보이는 이유를 설명하는 것도 영상설의 용도이다. Vācaspati는 다른 대목에서 이 점을 다음과 같이 설명한다.

> 통각이 지성(순수정신)의 영상을 수용함으로써 그것(지성)의 형상을 취할 때, 즉 그것(지성)과 닮은 상태로 바뀌게 될 때, 지성은 자신의 통각을 지각한

....

207 이 표현에는 상키야－요가 철학에서 순수정신을 흔히 '향수자'로 일컫는 이유가 전제되어 있다. 향수자란 '향수자인 것처럼 보일 뿐'이라는 의미를 전제하는 별칭이다. 『요가주』에서는 향수를 다음과 같이 정의하여 설명하는 것으로 순수정신이 향수자로 불리는 이유를 시사한다.
"결코 혼합되지 않는 그 둘(=통각의 순질과 순수정신)을 동일시하는 관념이 향수이다. 순수정신은 [자신에게] 보이는 것을 대상으로 갖기 때문이다. [그러나] 그 향수의 관념은 순질에 속한 것이며, 타자(순수정신)를 위한 것이기 때문에 [순수정신의] 지각 대상이다." YBh 3.35. 정승석(2020) pp. 207-8.
이에 의하면 향수 자체는 통각의 순질에 속하지만 순수정신을 위한 지각 대상이 되기 때문에 순수정신은 향수자로 불린다.

208 yady api puruṣa-samāropopi śabdādi-vijñānavad buddhi-vṛttir yady api ca prākṛtatvenācidrūpatayānubhāvyas tathāpi buddheḥ puruṣatvam āpādayan puruṣa-vṛttir ivānubhava ivāvabhāsate | tathā cāyam aviparyayo 'py ātmā viparyayavān ivābhoktāpi bhokteva vivekakhyātir ahito 'pi tat-sahita iva vivekakhyātyā prakāśate | TV 1.4. Bodas(1917) p. 8, 20-24행.

209 Vācaspati는 『상키야송』(SK 37)을 주석하면서 인식 활동에서 통각이 담당한 주도적 역할을 촌장(≒감관)들과 왕(≒순수정신) 사이의 매개체로 설명한다. 이 @제8장 앞의 각주 145 참조.

다. 예를 들면 달은 활동하지 않더라도 달의 영상이 반영된 맑은 물은 움직이지 않는 달을 움직이는 것처럼 보이게 하고,[210] [뿌리에 물을 주기 위해 나무 둘레에 파 놓은] 물웅덩이에 비친 달을 구부러진 것처럼 보이게 한다. 이와 마찬가지로 지성에는 행위가 없지만, 지성의 영상이 투영된 마음은 그 자신이 움직이는 활동으로 지성의 능력을 행위자인 것처럼 보이게 하고, [그 자신과는] 결속하지 않음에도 결속한 것처럼 보이게 하여, 그것(지성의 능력)이 향수의 대상을 애착하게 하고 향수자의 상태로 들어가게 한다. 이것이 경문[211]의 취지이다.[212]

상키야 철학의 옛 교사들로부터 발단한 영상설은 인식의 형성과 주체에 관한 인식론적 문제를 해명하는 데 일차적인 목적이 있었던 것으로 보인다. 『상키야송』의 주석자들이 영상설로써 설명하는 관심사도 주로 여기에 있다. 요가 철학에서는 이와 아울러 영상설이 수행론적 목적에도 유효하게 구사된다. 해탈의 궁극적 수단인 식별지는 앞에서 Vācaspati가 언급했듯이 순수정신의 기능이 아니라[213] 마음 또는 통각이 발현할 수 있는 지적 능력이다. 마음 또는 통각이 식별

....

210 Vācaspati는 뒤에서도 이 비유를 적용하여 순수정신이 통각의 속성(3질)을 가진 것처럼 보이게 되는 이유를 다음과 같이 설명한다.
"[순질과 순수정신을] 동일시하는 관념이란 평정(순질)과 격렬함(동질)과 우둔함(암질)의 성질을 지닌 통각이 [순수]정신의 영상을 취함으로써 평정 따위의 형상을 [순수]정신에 가탁하는 것이다. 마치 청징한 물(≒통각)에 반영된 달(≒순수정신)은 그것(물)이 흔들리기 때문에 흔들리는 것처럼 보이는 것과 같다." (pratyayāviśeṣaḥ śānta-ghora-mūḍha-rūpāyā buddheś caitanya-bimbodgrāheṇa caitanyasya* śāntādy-ākārādhyāropaś candramasa iva svaccha-salila-pratibimbitasya tat-kampāt kampanāropaḥ | TV 3.35. ibid. p. 159, 10-12행) * 원본에서 caitanyasyaṃ은 caitanyasya의 오기.

211 "[대상과] 혼융하지 않는 지성(순수정신)은 [통각이] 그것(지성)의 형상을 취할 때, 자신의 통각을 지각한다." (citer apratisaṃkramāyās tad-ākārāpattau svabuddhi-saṃvedanam || YS 4.22)

212 citeḥ sva-buddhi-saṃvedanaṃ buddhis tad-ākārāpattau citi-pratibimbādhāratayā tad-rūpatāpattau satyām | yathā hi candramasaḥ kriyām antareṇāpi saṃkrānta-candra-pratibimbam amlaṃ jalam acalaṃ calam ivālavālam arālam iva candramasam avabhāsayaty evaṃ vināpi citi-vyāpāram upasaṃkrānta-citi-pratibimbaṃ cittaṃ svagatayā kriyayā kriyāvatīm asaṃgatām api saṃgatāṃ citi-śaktim avabhāsayad bhogya-bhāvam āsādayad bhoktṛ-bhāvam āpādayati tasyā iti sūtrārthaḥ | TV. 4.22. Bodas(1917) p. 205, 17-23행.

213 "이 자아(순수정신)는 … 향수자가 아니지만 향수자인 것처럼 보이며, 식별지가 없지만 이것을 갖춘 것처럼 식별지로써 현현한다." 앞의 각주 208.

지를 발현함으로써 순수정신의 지성도 본래 그대로 발현되어 해탈할 수 있다. 『요가주』에서 구사한 자석의 비유는 이 같은 취지를 함의한다. 즉 마음이 식별지를 얻음으로써 순수정신은 본성상 마음 자신과는 완전히 무관하다는 것을 깨달을 수 있을 때, 순수정신은 마음의 부착으로부터 해방된다. 이것이 해탈이다. 마음이 순수정신에게 의탁하는 무지는 무시이래의 것인 만큼 식별지를 얻기 위해서는 각별한 수단과 노력이 필요하다.

일상의 의식 상태에서는 순수정신을 끌어 당겨 결합함으로써 속박을 일으키는 마음이 순수정신인 양 기능하여 인식(=향수), 속박, 해탈의 주체가 된다. 바로 이 같은 순수정신으로서의 마음이 식별지를 얻어 해탈한다. 그러므로 일상적 인식의 실제 주체는 순수정신의 기능을 닮은 마음이다. 상키야 철학으로 말하면 이 마음은 통각을 지칭한다. 다만 마음 또는 통각은 순수정신의 지성이 투영됨으로써 일상적 인식의 주체가 될 수 있다.

영상설은 유쾌나 불쾌 따위의 인식을 경험하는 주체와 그 인식을 실제로 형성하게 하는 토대의 관계를 설명한다. 여기서 주체는 순수정신이고 토대는 마음(=통각)이지만, 일상에서는 인식을 실제로 형성하게 하는 토대를 인식 주체로 생각하므로, 이 같은 통념에서 마음은 인식의 주체로 간주된다. 그러나 마음의 인식이 항상 사실을 그대로 파악하는 것은 아니다. 마음에 의한 인식의 오류는 또 다른 진정한 인식자가 있기 때문에 정정될 수 있다. 바로 그 진정한 인식자는 지성의 원천인 순수정신이다. 순수정신은 반영을 통해 마음을 인식의 주체로 허용하면서 그 마음을 감독하는 최종의 인식자로서 존속한다. 이것이 영상설의 취지라고 이해할 수 있다.

3. 영상설 적용의 쟁점

이상과 같이 영상설의 인식론적 용도는 본래 활동성이 없는 순수정신이 활동하는 것처럼 보이게 되고, 본래 지성이 없는 통각이 순수정신의 지성을 가진 것처럼 보이게 되는 이유를 설명하는 데 있다. Vācaspati는 『상키야송』(제31송)을 주석하면서 이 점을 다음과 같이 설명하는 것으로 영상설의 용도를 대변한다.

> 실로 통각이라는 원리는 원질의 산물이기 때문에 지성을 갖지 않는다. 따라서 그것(원질)에 속하는 결정도 항아리 따위처럼 지성을 갖지 않는다. 이와 마찬가지로 통각이라는 원리의 안락 따위들도 [원질의 산물인] 변형의 일부로서 지성을 갖지 않는다.
>
> 그러나 순수정신은 안락 따위와는 무관한 지성이다. 통각이라는 원리에 있는 인식과 안락 따위는 바로 이것(순수정신)을 거기(통각)에 반영하고 이것(순수정신)의 영상을 취함으로써, 이것(순수정신)은 마치 인식과 안락 따위를 가진 것처럼 된다. 이로써 [순수정신은] 그것(통각)에 의해 증장된다. [또 한편으로] 통각과 그 자신의 결정은 [순수]정신의 영상을 취함으로써 지성이 없으면서도 마치 지성을 가진 것처럼 된다.[214]

여기서는 순수정신의 영상이 통각에 반영됨으로써(비침으로써) 초래되는 결과를 두 가지 오인으로 예시한다. 첫째는 순수정신이 통각의 속성(인식과 안락 따위)을 가진 것처럼 보이게 된다는 것이고, 둘째는 통각이 순수정신의 지성을 가진 것처럼 보이게 된다는 것이다. 두 가지 결과는 모두 '그렇게 보이는 것'일 뿐이므로 진실한 인식이 아니다. 그럼에도 불구하고 일상의 인식은 그러한 오인으로 형성된다.

직설적으로 설명하기 곤란한 인식론적 문제를 납득시키기 위해 비유를 사용한 것이 영상설이지만, 이 비유적 설명이 다시 해석상의 난점을 야기한다. 영상

....

214 buddhi-tattvaṃ hi prākṛtatvād acetanam, iti tadīyo 'dhyavasāyo 'py acetano, ghaṭādivat | evaṃ buddhitattvasya sukhādayo 'pi pariṇāma-bhedā acetanāḥ |
puruṣas tu sukhādy-ananuṣaṅgī cetanaḥ | so 'yaṃ buddhi-tattva-vartinā jñāna-sukhādinā tat-pratibimbitas tac-chāyāpattyā jñāna-sukhādimān iva bhavatīti tenānugṛhyate | citi-cchāyāpattyācetanāpi buddhis tad-adhyavasāyaś ca cetanavad bhavatīti | TK 31 ad. SK 5. Jha(1965) p. 20.

을 비유한 첫 대목(밑줄 부분)의 원문은 순수정신의 영상이 통각에 반영되는 것이 아니라, 다음과 같이 통각의 영상이 순수정신에 반영되는 것으로 해석될 수도 있기 때문이다.

> 통각이라는 원리에 있는 인식과 안락 따위가 거기에 반영된 바로 그것(순수정신)은 이것(통각)의 영상을 취함으로써 마치 인식과 안락 따위를 가진 것처럼 된다.[215]

이 경우에는 영상이 출현한다는 '거기'가 순수정신을 일컫는 것으로 이해되므로,[216] 통각의 영상이 순수정신에 반영됨으로써 순수정신은 통각처럼 보이게

....

215 이 번역은 ①Jha(1965:21)가 "통각에 실재하는 인식과 안락 따위의 반영에 의해 거기에 영상이 출현함으로써 순수정신은 마치 인식과 안락 따위를 가진 것처럼 된다."라고 번역한 것과 부합한다. 그러나 애초에 ②Jha(1896:14)는 이 대목을 "통각에 반영되어 있는 이 순수정신은 실제로는 통각에 속하는 인식과 안락 따위의 영향(=영상)을 정말로 받은 것처럼 보이고, 이에 따라 통각은 지성의 본체인 순수정신을 닮는다고 한다."라고 번역했었다. 이 경우에는 순수정신의 영상이 통각에 반영됨으로써 통각은 순수정신처럼 보이게 된다는 의미로 해석된다. Jha가 이 번역(②)을 나중에 ①로 개역한 것은 '통각이 순수정신처럼' 보이게 되는 것이 아니라, '순수정신이 통각처럼' 보이게 된다고 원문을 재해석했기 때문일 것이다. 그러나 이에 관한 해석상의 난점을 고려하면 애초의 번역(②)을 그대로 유지하는 편이 개역보다는 더 나을 수 있다.

216 이는 필자가 제시한 번역과는 다른 해석이 가능한 이유가 된다. Vācaspati의 원문에서 '거기'의 원어는 복합어로 구사된 대명사 tat이다. 그런데 tat(거기)가 지시하는 대상을 무엇으로 파악하느냐에 따라 이 대목은 다른 의미(위의 각주 ①)로 해석될 수 있다. 近藤隼人(2014a)은 Vācaspati의 두 주석(TK와 TV)에서 tat에 대한 해석의 단서들을 찾아내어 tat가 지시하는 것은 '통각'이며, 이것이 '순수정신'을 지시하는 것으로 해석할 경우에는 "순수정신은 능동성을 갖지 않는다거나 순수정신의 영상이 통각에 비친다는 관점으로 일관하는 TK와 TV의 영상설과는 어긋날 수도 있다."(p. 824)고 지적한다. 그는 또한 이 같은 해석을 뒷받침하는 근거로 TK와 TV에서는 '통각의 영상'이나 이에 유사한 표현이 전혀 보이지 않는다(p. 823)고 첨언한다. 다만 그가 다음과 같이 제시한 이 대목의 번역은 의미상의 불합리 또는 다른 차원의 관념을 노정한다.
"그 때문에 이것(순수정신)은 통각 원리에 존재하는 知(=인식)나 樂(=안락) 따위를 동반하고 거기(통각 원리)에 반영되어, [통각 원리에] 그것(순수정신)의 영상(유사한 모습)이 비침으로써 [순수정신이] 마치 知나 樂 따위를 가진 것처럼 된다." (p. 824)
역자의 표현에 따른 '知나 樂 따위'는 통각의 속성이다. 그런데 순수정신이 통각의 속성들을 '동반하고' 통각에 반영된다고 해석한 것은 이치에 와닿지 않는다. 이 번역은 순수정신이 통각에 반영되기 전에 이미 통각의 속성들을 보유한 것처럼 이해되지만, 역자(近藤隼人)가 이 같은 이해를 실제로 염두에 둔 것인지는 알 수 없다. 아무튼 이러한 의문은 역자의 해석을 후속 구절에 그대로 적용할

된다는 의미로 해석된다. 이 해석을 수용하면 영상은 인식의 주체를 통각으로 간주하게 된 경우를 설명하는 비유로 간주되어, 인식의 주체가 순수정신으로부터 통각으로 역전된다. 물론 이것도 영상설의 취지로 통용될 수 있다. 이렇게 해석되는 영상설은 인식상의 허위가 발생하는 사태, 즉 무지성의 통각에 의한 인식을 순수정신의 인식으로 착각하는 사태를 설명하는 비유일 것으로 이해할 수 있기 때문이다. 따라서 영상설은 진실이 아닌 것을 진실인 것처럼 생각하는 무지의 실상을 설명하는 비유인 점만을 고려하면 이 해석은 나름대로 통용될 수 있다.

그러나 통각을 주체로 간주하고 순수정신을 객체로 간주한 이 같은 해석은 영상설의 취지를 왜곡할 우려를 낳는다. 영상설은 지성과 무지성의 원리를 각각 순수정신과 원질로 상정한 이원론의 근본 전제에 의거하여, 인식의 실제 주체가 순수정신이라는 것을 전제로 하는 이론이기 때문이다.

영상이 있다면 이 영상의 실물이 있어야 한다. 이 실물의 영상이 거울과 같은 상대방(객체)에게 나타나는 것이 반영이다. 그러므로 실물은 반영을 일으키는 주체가 된다. 이것을 인식론에 적용하면 반영은 인식을 가리키고, 실물은 그 인식을 일으키는 주체를 가리킨다. 그런데 통각이 그 자신의 영상을 순수정신에 비춘다는 것은 통각이 실물(인식의 주체)이라는 것을 전제한 관념이다. 이렇게 해석되는 영상설은 통각을 인식의 주체로 간주하는 이론이 된다. 순수정신이 진실한 인식자라는 것은 영상설이 전제하는 인식론적 준거인데, 이 경우에는 이러한 준거가 파기된다. 이 점이 문제이다. 그러나 이렇게 해석되는 영상설에서도 통각이 애초에 사이비 인식의 주체로 전제되어 있다고 이해하면 이 문제

....

경우에도 발생한다. 순수정신의 영상이 통각에 비친다면, 그 영상을 가진 것처럼 보이는 것은 순수정신이 아니라 통각이라고 이해하는 것이 상식이다. 이 상식을 무시하고 역자의 해석을 그대로 수용하면, 순수정신은 통각의 속성에 해당하는 자신의 영상을 통각에 비추어 놓고서는 그 영상을 자신이 가진 것처럼 된다고 이해된다. 만약 이 같은 이해가 원문의 진의라면, 이는 별도의 취지를 함축한 다른 차원의 영상설이 될 것이다.

는 해소될 수 있다.

순수정신의 영상이 통각에 비침으로써 통각은 순수정신의 지성을 가진 것처럼 보이게 된다는 비유는, 통각의 영상이 순수정신에 비침으로써 순수정신은 통각의 활동성(작용)을 가진 것처럼 보이게 된다는 반대 방향으로 적용될 수 있다. 이 경우에는 쌍방의 상호 반영이 된다. 후대에 Vijñāna Bhikṣu는 이 반대 방향을 고려하더라도 순수정신의 위상에는 변화가 있을 수 없다는 사실을 다음과 같이 설명한다.

> 순수정신은 [순수한] 의식일 뿐이고 불변일지라도, 대상의 형상이 작용하는 통각의 영상들로서 순수정신에 있는 바로 그것(영상)들은 순수정신의 작용[217]들이다. 그러나 수정[에 비친 영상]의 경우처럼 실재하는 그대로가 아니라 허위로 존재하기 때문에, 실물이 아닌 그것들에 의해 [순수정신이] 변형되는 것은 아니다. 이에 관해 상키야에서는 "불상화(佛桑花)와 수정의 경우처럼, [불상화가 수정을] 물들이지 않음에도 그렇게 억측한다."[218]라고 말한다.[219]

....

217 『요가주』에서는 후대에 Vācaspati(TV)와 Vijñāna Bhikṣu(YV)가 Pañcaśikha의 말씀으로 간주한 아래의 단편을 두 차례 인용하는데, 이에 의하면 '순수정신의 작용'이란 "통각의 작용과 다를 바 없는 인식 작용"을 의미한다.
"실로 향수자(순수정신)의 능력은 전변하지 않고 [대상과] 혼융하지 않지만, 마치 전변하는 대상(통각) 속에 혼융해 있는 것처럼 그것(대상)의 작용을 따른다. 그리고 그것(향수자의 능력)이 지성(향수자)의 조력을 얻는 것을 본성으로 갖는 [즉, 지성의 영향을 받는] 통각의 작용과 닮아 있는 한, 그것은 실로 통각의 작용과 다를 바 없는 인식 작용으로 불린다." YBh 2.20, 4.22. 정승석(2020) pp. 129-130, 270-1.

218 이는 *Sāṃkhyasūtra*(SS 6.28)를 인용한 것이다. Rukmani(1981:45, n. 4)는 이 비유의 취지를 "수정이 [=불상화의 꽃처럼] 붉게 보이는 것은 허위이듯이, 순수정신에 있는 변형도 사실 아니다. 따라서 순수정신에는 아무런 변화가 없다."라고 파악한다.

219 yady api puruṣaś cinmātro 'vikārī tathāpi buddher viṣayākāra-vṛttīnāṃ puruṣe yāni pratibimbāni tāny eva puruṣasya vṛttayaḥ, na ca tābhir avastu-bhūtābhiḥ pariṇāmitvaṃ sphaṭikasyevātattvato 'nyathā bhāvād iti | tad uktaṃ sāṅkhye, japā-sphaṭikayor iva noparāgaḥ kiṃ tv abhimāna iti | YV 1.4. Paṭavardhana(1884) p. 12, 1-5행.

여기서 Vijñāna Bhikṣu는 통각의 영상이 순수정신에 투영되더라도 통각의 작용이 그대로 순수정신에게 전이되는 것은 아니라는 사실을 역설한다. 순수정신에 투영된 통각의 영상이 작용하면, 이는 순수정신의 작용으로 간주될 수 있다. 그러나 이것은 사실이 아니다. 통각의 작용이 실제로 순수정신의 변형을 야기하는 것은 아니기 때문이다. 이 같은 취지에 따라 꽃과 수정이 비유하는 대상도 이전과는 정반대이다. 앞에서 꽃은 순수정신을 비유하고 수정은 통각(마음)을 비유했지만, 여기서는 꽃이 통각을 비유하고 수정이 순수정신을 비유하는 것으로 역전되어 있다. 결국 통각(≒불상화)의 작용이라는 인식 기능이 순수정신(≒수정)에 영상으로 비치더라도 순수정신의 지성에 영향을 미치지는 못한다.

이제 Vijñāna Bhikṣu는 더 나아가 통각의 영상이 순수정신에 투영되어 있다는 것을 기정사실로 간주하하면서 다음과 같이 설명하는데, 이는 그의 독자적인 영상설을 표방한 것으로 주목된다.[220]

> 1. 그런데 [순수]의식(순수정신)에 통각의 영상이 있는 것과 마찬가지로 통각에도 [순수]의식의 영상이 수용되어 있다. 그렇지 않으면 [순수]의식의 인식력을 입증할 수 없기 때문이다. [다시 말해서] 스스로 직접 자신을 인식할 경우에는 인식의 대상과 주체가 상충함으로써, 즉 통각에만 [순수정신이 대상으로] 떠오르게 됨으로써 자아(순수정신)는 항아리 따위처럼 인식의 대상이 되는 것으로 인정해야 하기 때문이다.[221]

....

220 YV 1.4. ibid. p. 13, 23-27행.

1. yathā ca citi buddheḥ pratibimbam evaṃ buddhāv api cit-pratibimbaṃ svīkāryam anyathā caitanyasya bhānānupapatteḥ svayaṃ sākṣat svadarśane karma-karttṛ-virodhena buddhy-ārūḍhatayaivātmano ghaṭādivaj jñeyatvābhyupagamāt |
2. tathā ca vakṣyati sūtrakāro "draṣṭṛ-dṛśyoparaktaṃ cittaṃ sarvārtham" iti | buddhāv ātma-pratibimbam eva ca tāntrikā buddheś cic-chāyāpattir ity ātmākārateti prāhuḥ |

221 Rukmani(1981:50)는 이 구문을 다음과 같이 번역한다.
"의식(=순수정신)에 통각의 반영(=영상)이 있듯이 통각에도 의식의 반영이 있다고 바로 그렇게 인정되어야한다. 그렇지 않으면 스스로 자신을 직접 인식하는 데서 주체와 대상의 모순 때문에 순수정신의 인식을 설명할 수 없다. 즉 오직 통각에 자아를 덧씌움으로써 항아리 따위의 경우와 같은

2. 바로 이와 같이 『[요가]경』의 작자는 [나중에] "지각자와 지각 대상의 영향을 받은 마음이 모든 대상을 [반영(=인식)한다.]"(YS 4.23)라고 말할 것이다. 통각에 있는 바로 그 자아의 영상은 통각이 [순수]의식의 영상을 취한 것이요, 그래서 학자들은 자아의 형상을 가진 상태[가 통각이]라고 말했다.

Vijñāna Bhikṣu는 위의 둘째 구문에서 통각은 순수정신의 영상을 취함으로써 인식력을 갖게 된다는 취지로 『요가경』을 인용한다. 이로써 그는 순수정신의 지성이 통각에 반영된다는 것을 인증한다. 그러나 그는 이에 앞서(1) 통각의 영상이 순수정신에 반영되어야 하는 이유를 설명하는 데 주력한다. 그가 내세운 이유는 '객체(대상)과 주체의 상충'(karma-karttṛ-virodha)이라는 개념이다. 이 개념은 어떤 행위에서 주체와 객체가 동일하게 되는 것은 모순이라는 논리인데, 미망사 학파의 Prabhākara는 이 논리를 적용하여 자아는 인식될 수 있는 것이 아니라고 주장했다.[222] 이 논리를 적용하면 자아는 인식의 주체이기 때문에, 자아를 인식의 주체인 동시에 대상으로 간주하는 것은 모순이 된다.

Vijñāna Bhikṣu의 *Yoga-vārttika*를 완역한 Rukmani는 여기서(1) 이 논리를 적용하여 순수정신의 영상이 통각에 있을 뿐만 아니라, 통각의 영상이 순수정신에

....

인식을 얻을 수 있기 때문이다."
이 번역으로는 원문의 취지가 선명하게 전달되지 않을 수 있다. 위의 마지막 구절은 순수정신의 영상이 통각에만 있을 경우의 오류를 예시한 것으로 이해해야 한다. 이는 자아(순수정신)가 통각에 있는 자신의 영상을 본다는 것은 자기가 자기를 본다는 오류에 빠진다는 취지일 것이다. Vijñāna Bhikṣu는 뒤에서 이 대목을 다음과 같이 부연하여 재차 설명하지만, 이것으로도 그 취지가 모호하다면 이는 그가 무리한 주장을 개진한 탓일 것이다.
"그리고 [순수]의식이 '나는'이라는 따위의 유형들로 인식하기 위해 오로지 요구되는 것은 [먼저] 통각이 [순수]의식의 영상을 취하는 것이다. [순수정신에] 통각의 떠오름이 없이 스스로 직접 자신을 인식할 경우에는 인식의 대상과 주체가 상충하기 때문이라고 [앞에서] 바로 그렇게 말한 바와 같다." (buddheś cic-chāyāpattiś cāham ity-ādi-rūpaiś cito bhānārtham eveṣyate buddhy-ārohaṃ vinā sākṣat svabhāne karma-karttṛ-virodhād ity uktam eva | YV 1.7. Paṭavardhana 1884:19, 16-17행)
그의 설명에서 "스스로 직접 자신을 인식할 경우"란 인식의 주체가 자신을 대상으로 인식하는 경우를 가리킨다. 그는 이 때문에 순수정신을 반영한 통각의 영상이 순수정신에도 인식의 대상으로 있어야 한다는 주장을 개진한 듯하지만, 결과적으로는 이 경우에도 자기가 자기를 보는 셈이 된다.

222 Cf. Rukmani(1988) p. 367.

도 있다고 역설하는 Vijñāna Bhikṣu의 주장을 '이중 반영설'(double reflection theory)로 특칭하면서 이것의 불합리성을 지적했다.[223] 다만 Vijñāna Bhikṣu가 위의 인용문에 이어 곧바로 후술한 아래의 설명에 따르면 그의 주장을 '이중 반영설' 보다는 '상호 반영설'로 특칭하는 것이 타당하다.

> [학자들의 말은] 반영이라는 조건에 있는 영상의 모습은 통각의 변형일 뿐이며, 그것은 증인(순수정신)에 의해 알려진다는 것이다. 이로써 통각과 순수정신은 무형이기 때문에 그 둘 사이에 '상호 반영'(anyonyaṃ pratibimbanaṃ)이 있을 수 없다는 것은 배척된다.[224]

이중 반영이라는 개념은 첫째 반영이 일어난 같은 곳에서 다시 둘째 반영이 일어난다는 의미로 이해되기 쉽다. 그러나 Vijñāna Bhikṣu는 반영을 이와 같이 설명하지는 않을 뿐만 아니라, 아래의 예처럼 Rukmani 자신도 그렇게 이해하고 있지는 않다.

> Bhikṣu에 따르면, 순수정신의 첫째 반영이 변형된 통각에 있을 뿐만 아니라, 통각의 둘째 반영도 순수정신에 있으며, 이제 이 둘째 반영이 '나는 그 항아리를 안다'와 같은 인식을 초래한다. 이 결론을 위해 그는 'karma-karttṛ-virodha', 즉 그렇지 않으면 거기에는 스스로 자신을 직접 안다는 모순이 있게

223 Rukmani(1981:50, n. 2)는 앞의 인용문 중 첫째 단락(1)에 다음과 같은 해설을 부연한다.
"Bhikṣu는 Vācaspati와는 달리 이중 반영을 믿는다. 인식이 자신을 드러낼 수 있느냐의 여부와 같은 문제는 오래된 철학적 쟁점인데, Bhikṣu는 인식이 자신을 드러내기 위해서는 발동자(=작자)가 필요하다는 견해를 명백하게 드러낸다. 첫째 반영은 통각의 내용인 [=순수정신의] 지성들이며, 이것은 인식의 대상이 된다. 둘째 반영은 자아를 그 인식의 발동자로 만들어, 자아는 그 인식 대상의 주체가 된다."
Vijñāna Bhikṣu의 설명을 이와 같이 해석한 그녀는 나중에 「요가 철학에서 인식에 대한 Vijñāna Bhikṣu의 이중 반영설」(Rukmani 1988)이라는 논문을 발표했다. 이 논문의 결론은 Vijñāna Bhikṣu가 굳이 필요하지도 않은 불합리한 견해를 역설했다는 것이다.

224 pratibimbopādhau bimbākāro buddheḥ pariṇāma eva sa ca sākṣibhāsya iti | etena nīrūpatvād buddhi-puruṣayor anyonyaṃ pratibimbanaṃ na saṃbhavatīty apāstam | YV 1.4. Paṭavardhana(1884) pp. 13-14, 27-2행.

될 것이라고 강변한다. 이와 같이 Bhikṣu에 따르면, 첫째 반영은 통각의 내용을 지능화하고, 둘째 반영은 순수정신을 특수한 인식의 발동자(=작자)로 만든다. 그는 iva(=것처럼)라는 말을 두 번 사용한 『상키야송』[225]을 근거로 내세워 자신의 견해가 실제로 정확하다고 정당화한다.[226]

Vijñāna Bhikṣu는 이처럼 쌍방의 반영을 주장한다. 첫째 반영은 통각에서 발생하고 둘째 반영은 순수정신에서 발생한다. 이 주장은 3질(원질에 속하는 것)과 순수정신이 결합함으로써 순수정신도 3질의 활동성을 가진 것처럼 보이게 된다고 교시하는 『상키야송』에서 유래한 것이므로, 전혀 생소한 것이 아니다. 그러나 그의 주장은 3질이 순수정신에 반영됨으로써 순수정신도 활동성을 가진 것처럼 보이게 된다는 것을 인식론으로 전환하여 해석한 점에서 독특하다.

Rukmani는 Vijñāna Bhikṣu가 통각에 반영된 순수정신의 영상이 다시 순수정신에도 반영된다고 주장하는 것으로 이해한 듯하다. 그의 주장을 '이중 반영설'로 특칭한 것도 이 때문일 것이다.

여기서 영상이란 인식력을 의미하므로 이중 반영이란 인식이 이중으로 이루어진다는 것을 가리킨다고 이해할 수 있다. 그러나 그 이중의 인식은 동일하지

....

225 "따라서 지성을 갖지 않고 환멸하는 것(통각을 비롯하여 3질로 이루어진 23원리)은 그것(순수정신)과 결합함으로써 지성인 것처럼 된다. 그리고 [3]질이 작자(作者)이지만, 무관심한 것(순수정신)은 그와 같이 [결합함으로써] 작자인 것처럼 된다." (tasmāt tat-saṃyogād acetanaṃ cetanāvad iva liṅgam | guṇa-kartṛtve ca tathā karteva bhavaty udāsīnaḥ || SK 20)

226 Rukmani(1988) p. 371. Rukmani는 이보다 10년 전인 1978년에 발표한 논문 「요가 철학의 인식론」(Rukmani 1989에 부록으로 다시 게재)에서도 Vijñāna Bhikṣu의 이중 반영설을 다음과 같이 거론했다. "[=이 같은 반영으로 말하자면] 순수정신(puruṣa)이 통각(buddhi)에 비치는 반영뿐만 아니라, 통각이 순수정신에 비치는 반영도 있다. 요컨대 순수정신과 통각은 상호 반영한다. 여기서 Vijñāna Bhikṣu는 다음과 같이 주장한다. 만약 순수정신이 통각에 비치는 반영만 있다면, '나'라는 개념이 발생할 수 없고 작용의 지능화만 있을 뿐이다. 다시 말해서 인식은 통각에서 발생한다. 그러나 순수정신에 있는 경험 내용으로서의 인식은 순수정신에 통각의 역반영이 있다는 또 하나의 반영을 통해서만 가능하다." Rukmani(1989c) p. 181.
여기서 말하는 '역반영'이란 이번에는 통각의 영상이 순수정신에 비친다는 것을 의미한다. 그녀는 곧바로 후술하면서 이 '상호 반영'을 '이중 반영'으로 바꾸어 표현한다.

않다. 통각에 있는 첫째 영상은 순수정신의 인식력(지성)이고, 순수정신에 있는 둘째 영상은 통각이 인식한 내용이다. 만약 두 영상이 동일하다면, 주체와 객체가 동일하게 되는 모순(스스로 자신을 직접 안다는 모순)에 빠지게 된다. 이는 Vijñāna Bhikṣu 자신이 부정한 사태이므로 두 영상이 동일할 수는 없다. 그러므로 Vijñāna Bhikṣu는 순수정신이 자신에게 반영된 통각의 영상을 대상으로 삼아 인식함으로써 '주체와 객체의 상충'이라는 모순에서 벗어난다고 주장한 것으로 이해할 수밖에 없다.

그러나 이 같은 주장이 어떠한 실효를 낳을 수 있는지는 의문이다. 상키야-요가의 다른 주석자들 사이에서 영상설은 통각 또는 마음이 지성을 가진 것처럼 보이는 이유, 이와 더불어 순수정신이 활동성을 가진 것처럼 보이는 이유를 설명하는 데 적용될 뿐이다. 이로써 인식의 진정한 주체는 오직 순수정신이라는 사실이 확립된다. 예를 들어 『요가주』에서는 "지각자와 지각 대상의 영향을 받은 마음이 모든 대상을 [반영한다.]"[227] 라는 『요가경』의 교시를 다음과 같이 해설한다.

> 실로 마음은 사유되는 대상에 의해 영향을 받는다. 그리고 그 자신은 [순수정신의] 대상이기 때문에, 그 자신의 작용에 의해 주체인 순수정신과 결부된다. 바로 이러한 마음이 곧 지각자와 지각 대상의 영향을 받아 대상 및 주체인 것처럼 되고, 의식 및 비의식과 같은 성질을 갖게 되는데, 대상의 성질을 가지면서도 대상의 성질을 갖지 않은 것처럼 되고 의식하지 못하면서도 의식하는 것처럼 되어, 마치 수정처럼 모든 대상을 [반영한다]고 설명된다. … 따라서 [삼매의] 예지에서 반영(=인식)되는 대상을 확인하는 것은 순수정신이다.[228]

....

227 YS 4.23. 앞의 각주 220의 2에서 Vijñāna Bhikṣu가 인용한 원문.

228 YBh 4.23. 정승석(2020) pp. 271-3. 여기서 생략한 부분(…)은 불교 측의 인식론을 거론하여 비판하는 내용이다. 이에 대한 Vācaspati의 주석(TV 4.23)의 취지는 다음과 같이 파악된다.
"마음(즉 인식)에 영상(즉 형상)을 부여하는 것은 대상 자체가 아니라 순수정신의 작용이다. 그런

더욱이 『요가주』에서는 삼매에서 발생하는 예지로써 순수정신도 인식의 대상이 될 수 있음을 인정한다.[229] Rukmani는 이 때문에 Vijñāna Bhikṣu가 일상의 세속적 인식을 심오한 삼매의 경우와 같은 초세속적 인식과는 구분했을 것으로 파악한다. 그럼에도 불구하고 "인식의 주체가 인식의 대상도 되기 때문에 순수정신은 인식의 대상이 될 수 없다."는 논리로 개진한 그의 영상설은 우선 다음과 같은 의문을 야기한다.

> 만약 '이것이 순수정신이다'처럼 순수정신이 현전해 있을 때 통각은 이미 지능화된다면, 이렇게 인식 능력을 갖춘 통각이 어떻게 다시 인식자에게 반영되어 순수정신을 깨닫는 통찰력(인식)을 초래할 수 있는가? 더욱이 순수정신이 일단 통각에 대상으로 현전함으로써 의식 자체의 본성을 갖게 된 통각이 어떻게 자기 조명을 위한 둘째 반영을 대기할 수 있는가?[230]

……………

데 절멸론자는 순수정신의 작용인 지성이 마음에 대상의 영상을 부여함으로써 그 대상이 인식된다는 사실을 인정하지 않는다. 그러므로 절멸론자는 이 사실, 즉 마음에 영상이 부여된 것은 대상 자체 때문이 아니라 순수정신의 작용 때문이라는 사실을 인정해야 한다." 정승석(2012a) p. 265.

229 "미세요소에 속하거나 순수정신에 속하는 그 대상은 오직 삼매의 예지에 의해 인식될 수 있는 것으로서 존재한다." YBh 1.49. 정승석(2020) pp. 87-88.
"그러나 그것(순질)과는 다르고, 오직 순수한 의식의 성질을 지니고, 별개의 것이며, 순수정신에 속하는 관념인 것, 바로 거기에 총제함으로써 순수정신을 대상으로 하는 예지(반야)가 발생한다." YBh 3.35. 위의 책, p. 208.

230 Rukmani(1988) p. 372. Rukmani는 이전의 논문에서도 여기서 제기한 의문의 취지를 다음과 같이 서술했다.
"필자로서는 Vijñāna Bhikṣu의 이 같은 주장을 이해하기 어렵다. 순수정신(cit)이 통각에 반영되는 순간에는 자아의식(asmitā)으로 불리는 번뇌가 엄습하기 때문에, 순수정신은 굳이 이중 반영을 필요로 하지 않고 자신이 경험자라는 관념을 갖는다. 실제로 Vyāsa는 자아의식이라는 관념을 순수정신과 통각이라는 상이한 두 원리가 동일한 것처럼 보이는 것이라고 매우 선명하게 밝힌다. 그렇다면 Vijñāna Bhikṣu가 이중 반영으로 얻고자 한 결과가 무엇이건, 그것은 통각에 순수정신이 반영된다는 단독 반영으로 충분히 성취될 수 있다." Rukmani(1989c) p. 181. 여기서 언급한 Vyāsa의 설명은 아래와 같다.
"직관 능력이란 [지각의 근원인] 순수정신이고, 인식 능력이란 [지각의 도구인] 통각이다. 따라서 그 둘이 동일한 본체가 되어 버린 것처럼 [생각하는 것]이 자아의식이라는 번뇌로 불린다." YBh 2.6. 정승석(2020) p. 101.

Rukmani는 이 같은 의문을 해소하지 못한 Vijñāna Bhikṣu의 주장에 대해 "결론적으로 Bhikṣu의 이중 반영설은 아무런 대책이 없는 많은 문제들을 야기할 뿐이라고 말할 수 있다."라고 단언한다.[231] 그러나 Vijñāna Bhikṣu의 주장을 배제하더라도 비유를 사용하는 영상설에서는 논리적 정연성을 기대하기 어렵다. 특히 해탈의 주체는 순수정신일 수도 있고 원질일 수도 있다는 모호성을 유발하기 쉽다.

실물이 아닌 것을 실물인 것처럼 보이게 하는 것이 영상이라면, 이 영상은 속박을 야기하는 무지의 원인으로 간주될 소지가 있다. 그런데 순수정신의 영상이 통각에 비친다고 하는 이상, 순수정신을 영상의 원인으로 실체시하는 것은 불가피하고, 이 경우에는 인과를 초월한 순수정신과 영상설 사이에 이론적 부조리가 발생할 수도 있다.[232] 또한 통각이 순수정신의 영상을 자신의 인식력으로 착각하여 활동하는 한, 순수정신은 통각에 의해 속박되어 있는 상태로 간주된다. 이처럼 속박을 당하는 것이 순수정신이라면 이로부터 벗어나는 해탈의 주체도 순수정신이 되어야 한다. 이와는 반대로 통각의 영상이 순수정신에 비침으로써 순수정신도 통각처럼 작용한다는 취지에 영상설의 초점을 맞추더라도, 통각의 작용으로부터 벗어나는 해탈의 주체 역시 순수정신일 것으로 간주하게 된다.

그러나 영상설은 실체적 사실을 묘사하는 것이 아니라, 이원론의 근본 전제에서 파생되는 문제를 비유로써 해명한다. 상키야-요가 철학에서 순수정신은 지성을 불변의 본성으로 가진 불변의 자아인 반면, 순수정신이 아닌 모든 것, 즉

231 그녀는 이에 앞서 Vijñāna Bhikṣu의 주장을 다음과 같이 총평한다.
"Bhikṣu는 다양한 각도에서 자신의 이중 반영설을 정당화하고자 시도하지만, 그 전체 이론은 없어도 무방한 것으로 보인다. 그 이론을 일상의 세속적 맥락에서는 수용할 수 있을지라도, 순수정신 자체가 총제의 대상이 되는 경우에는 적용할 수 없다. 더욱이 첫째 반영으로 이미 성취하지 못한 어떤 것을 둘째 반영이 어떻게 성취하는지가 명료하지 않다. 순수정신이 변형된 통각에 반영될 때, 인식의 대상은 알려지게 될 수 있을 뿐만 아니라, 무지와 자아의식(asmitā)과 같은 번뇌들 때문에 순수정신은 자신이 (분별의 유무를 막론하고) 경험의 주체라는 관념을 얻는다." Rukmani(1988) p. 373.

232 近藤隼人(2014a) p. 822 참조.

원질에 속하는 모든 것의 본성은 무지이다. 그렇지만 일상의 인식은 무지에 속하는 통각 또는 마음의 지적 활동에 의해 형성된다. 영상설은 순수정신의 지성을 영상에 비유하여 그 이유를 설명하는 데 일차적인 목적이 있다. 이에 따라 순수정신이 변용하지는 않는다는 관념을 고수하는 영상설의 입장을 고려하면, '속박으로부터 해탈로'라는 변용을 순수정신에서 인정하는 것은 곤란하기 때문에, 이러한 영상설에서 염두에 둔 해탈의 주체는 원질일 것으로 예상할 수 있다.[233] 실제로 『상키야송』에서는 원질을 해탈의 주체로 언명한다.

> 그러므로 [순수정신이라면] 어떠한 것도 속박되지도 않고, 해탈하지도 않고, 윤회하지도 않는다. 다양한 형태를 가진 원질이 윤회하고 속박되고 해탈한다.[234]

여기서 해탈의 주체로 간주된 원질은 통각을 지칭한다. 『상키야송』의 저자는 이에 후속하는 게송[235]에서 원질이 순수정신의 목적을 위해 자신을 해탈시키는 수단을 통각의 8정태 중 하나인 지혜로 제시하고, 나머지 것이 원질을 속박한다고 교시하기 때문이다. 상키야-요가에서 한결같이 해탈의 수단으로 중시하는 통각의 식별지는 이 교시에 의거한다. 이것을 영상설의 취지에 적용하면, 통각이 자신의 인식력은 순수정신의 영상이 빚어 낸 허상일 뿐이라고 분간하는 지혜를 갖출 때라야 비로소 무지로부터 해방된다. 그리고 일상에서 통각이 인식의 주체로 간주되는 것은 통각이 순수정신을 빙자하여 작용하기 때문이다. 영상설은 통각 또는 마음이 이렇게 작용한다는 것을 설명한다.

독자적인 인식론을 표방하지 않은 요가 철학에서[236] 유독 영상설에 해당하는

233 위의 책 참조.

234 tasmān na badhyate nāpi mucyate nāpi saṃsarati kaścit | saṃsarati badhyate mucyate ca nānāśrayā prakṛtiḥ || SK 62.

235 SK 63. @제4장 각주 162.

비유를 자주 거론하는 것은 영상설이 수행론에 유효하기 때문일 것이다. 요가의 수행론에서는 영상설을 물(≒마음)이 맑아야 대상(≒순수정신)을 있는 그대로 반영한다는 논리로 적용하기에 적합하다. 흐릿한 물에 비치는 영상은 무지의 소산인 번뇌요 속박일 뿐이다. 영상의 허위성에서 벗어나 진상을 깨닫는 것이 해탈이다.

8.4.5. 추리의 성립과 종류

추리는 논리학에서 가장 중요한 주제로 취급된다. 이에 비하면 추리에 관한 고전 상키야 철학의 논의는 상대적으로 빈약한 편이다. 『상키야송』에서는 3종의 추리가 있다고 언급하면서 추리를 간단히 정의하지만, Vācaspati를 제외한 나머지 주석자들은 이것을 그다지 심도 있게 거론하지는 않기 때문이다. 그럼에도 불구하고 상키야의 인식론은 추리에 관해서도 상당한 역할을 담당한 것으로 평가된다.[237] 이 점에서 Vācaspati의 상술은 추리에 관한 상키야 철학의 관점을 이해하는 데 가장 풍부한 지식을 제공한다.

1. 추리의 정의와 근거

상키야 철학의 전통에서 추리는 『상키야송』 이전에 이미 정의되었다. 그러나 앞 장에서(7.4.1) 소개한 것처럼 그 내용은 『상키야송』과 일치하지 않는다. "추리란 연관된 [어떤] 하나에 의거하여 나머지를 입증하는 것이다."[238]라는 기존의 정의는 *Yuktidīpikā*에 처음으로 언급되어 있다. *Yuktidīpikā*에서는 이 정의의

....

236 Rukmani(1989c:181-2)는 "요가 철학의 인식론은 상키야의 인식론으로부터 차용한 것이다."라고 지적하면서 "요가의 독자적인 인식론은 없다."고 단언한다.

237 "Franwaliner는 추리에 관한 바이셰쉬카의 이론을 검토하려면 상키야의 인식론을 감안해야 한다고 제안한다." Schuster(1972) p. 386, fn. 1.

238 sambandhād ekasmāc cheṣa-siddhir anumānam | YD ad. SK 1. Sharma(2018) p. 7, 10-11행. Kumar & Bhargava (1990:12, en. 12)에 의하면 이 정의는 *Yuktidīpikā*에서 최초로 언급된다. Chakravarti(1975:189)는 이 정의의 의미를 "추리란 이전에 지각된 관계에 의거하여 어떤 사실을 확립하는 것"이라고 해석했다.

출처를 언급하지 않았지만, 현대 학자들의 연구를 통해 이것은 육십과론에 언급된 Vārṣagaṇya의 견해로 알려져 있다. 다만 육십과론의 경우에는 이 정의에 '직접지각을 통해'라는 단서가 포함되어 있다.

> 추리란 연관된 [어떤] 하나에 의거하여 직접지각을 통해 나머지를 입증하는 것이다.[239]

이 정의는 육십과론의 단편들에 포함되어 있는 '7종의 연관'과 직결되어 있을 것으로 이해된다. 이것들은 지각되지 않은 것이 지각되는 것과 연관되어 있을 때, 지각되는 것을 통해 지각되지 않은 것을 판별하는 추리에 적용될 수 있는 타당한 증거가 된다. 육십과론의 단편들에서 이것들은 Vārṣagaṇya가 제시한 상키야의 근본 교설로 열거되지만, 이에 앞서 추리의 정의가 언급된 점을 고려하면 이것들을 추리의 정의에 부합하는 상관관계로 간주할 만하다.[240] 이에 관한 아래의 평가는 육십과론에서 추리를 취급하는 과정과 그 의의를 간결하게 잘 드러낸다.

....

239 sambandhād ekasmāc pratyakṣāc cheṣa-siddhir anumānam | 이 정의는 Frauwallner(1958:84-139)가 부분적으로 재구성한 *Ṣaṣṭitantra*에 포함되어 있다. Lasic(2015) p. 51 재인용. 이 원문의 번역은 학자들마다 약간씩 다르다. 이는 '하나'(eka)라는 원어에 대한 해석의 차이에서 비롯된다.
Frauwallner(1958:126): "추리란 어떤 연관에 의거하여 '보이는 것'(=직접지각)에 의해 나머지를 확립하는 것이다."
Schuster(1972:346): "추리란 특수한 연관에 의거하여 지각의 수단들로 나머지를 확립하는 것이다."
Kellner(2010:87): "추리는 '[두 대상들 사이의] 연관에 의거하여 지각된 [대상인] 하나로부터 나머지를 확립하는 것'이라고 정의된다."
Lasic(2015:52)은 Frauwallner와 Kellner의 번역을 비교하면서 Kellner가 Frauwallner보다 훨씬 낫다고 평가하는데, 원문 자체로만 보면 이 평가가 타당하다.

240 Frauwallner가 편집한 육십과론의 단편들에서는 위에 인용한 추리의 정의에 곧장 후속하여 7종의 연관이 언급된다. Lasic(2015:51)은 Frauwallner가 위에 인용한 추리의 정의를 번역하면서 원문의 eka를 '어떤'으로 번역한(위의 각주) 것도 이 때문일 것으로 추정한다. 즉 Frauwallner는 '어떤'이 7종의 연관들 중 어느 하나를 지시하는 것으로 해석했을 것이다. Chakravarti(1975:189-190)도 이와 같은 맥락으로 7종의 연관을 거론한다.

Vaiśeṣikasūtra보다 훨씬 더 합리적으로 조직되어 있는 Ṣaṣṭitantra(육십과론)는 추리를 인식의 기본 수단으로 명료하게 정의하며, 또한 추리의 기초가 되는 관계들을 정의한다. 즉 여기서는 인식 과정에서 어떻게 의심을 피해야 하는지를 설명하고, 추리로써 승인되는 다른 두 가지의 인식 수단(직접지각과 증언)을 간략히 언급한 다음에, 추리로 되돌아가 두 가지의 추리가 어떻게 작동하는지를 비교적 상세하게 설명한다. 이후 Vṛṣagaṇa(=Vārṣagaṇya)는 상키야 학설의 근본 원리들을 입증하기 위한 일련의 증거들을 제시하는데, 이것들은 타당한 증거의 성격을 예시한다는 데 그 의미가 있다.[241]

여기서 말하는 '일련의 증거들'이란 7종의 연관을 가리킨다. 이 7종의 연관은 Dignāga의 『집량론』(集量論)을 주석한 Jinendrabuddhi의 *Pramāṇa-samuccaya-ṭika*에 온전하게 수록되어 있다. Jinendrabuddhi는 상키야의 인식론을 비판하는 항목에서 먼저 7종의 연관을 다음과 같이 소개한다.

7종의 연관이란 '혹은 소유물과 소유자의 관계로써'라고 말하는 식으로 주석의 말씀을 통해 연관의 대상이 7종이라는 것이다. …

'혹은 ①소유물과 소유자의 관계로써'라는 것은 예컨대 신하와 왕[의 관계]이고, 순수정신과 제일원인(원질)[의 관계]이다. …

'혹은 ②원질과 변이의 관계로써'라는 것은 예컨대 우유와 발효유[의 관계]이고, 제일원인과 마하트(통각) 따위[의 관계]이다. …

'혹은 ③원인과 결과의 관계로써', 즉 '상호 원조와 결부됨으로써'라는 것은 예컨대 수레의 부품과 수레[의 관계]이고, 소리(聲) 따위[와 공(空) 따위]의 관계로써 전변하는 데서 순질 따위(3질)[의 상호 원조에 의한 그 결과]와 같은 것이다.

'혹은 ④질료인과 동력인의 관계로써', 즉 '어느 한쪽의 원조와 결부됨으로써'라는 것은 예컨대 옹기와 옹기장이[의 관계]이고, 원질의 활동과 순수정신

241 Schuster(1972) p. 345.

[의 관계]이다.

‘혹은⑤재료와 완제품의 관계로써’, 즉 ‘부분과 전체의 관계로 결부됨으로써’라는 것은 예컨대 가지 따위와 나무[의 관계]이고, 소리(聲) 따위[의 미세요소]와 조대요소[의 관계]이다.

‘혹은⑥동반의 관계로써’라는 것은 예컨대 [한 쌍의] Cakravāka 새이고, 순질 따위(3질)[의 동반 관계]이다.

‘혹은⑦피해자와 가해자의 관계로써’라는 것은 예컨대 뱀과 몽구스[의 관계]이고, 종속하거나 주도하는 순질 따위(3질)[의 우열 관계]이다. 어떠한 경우에도 순질 따위들이 주도하기 때문에 이로써 다른 것을 압도한다. 이상과 같은 것이 7종의 연관이다.[242]

여기서는 7종의 연관을 차례로 언급할 때마다 일상에서 적용되는 사례와 상키야 철학의 전변 원리에 적용되는 사례를 함께 제시한다. 아래의 표는 이 같은 설명의 요점을 한눈에 파악할 수 있도록 발췌한 것이다. 이의 의하면 7종의 연관으로 입증하려는 상키야의 교의 중에는 3질(순질, 동질, 암질)이 큰 비중을 차지하고 있음을 알 수 있다.[243]

....

242 saptavidhaḥ sambandha iti | saptavidhatvaṃ sambandhānām arthānāṃ sva-svāmi-bhāvena vety-ādi-bhāṣya-vacanāt | … ①sva-svāmi-bhāvena veti rāja-bhṛtyavat pradhāna-puruṣavac ca | … ②prakṛti-vikāra-bhāvena vā dadhi-kṣīravat pradhāna-mahadādivac ca | … ③kārya-kāraṇa-bhāvena vā parasparopakāra-lakṣaṇena rathāṅgavat sattvādivac ca śabdādi-bhāvena pariṇatau | ④nimitta-naimittika-bhāvena vānyataropakāra-lakṣaṇena kulāla-ghaṭavat puruṣa-pradhāna-vṛttivac ca | ⑤mātra-mātrika-bhāvena vāvayavāvayavi-bhāva-lakṣaṇena śākhādi-vṛkṣavat śabdādi-mahābhūtavac ca | ⑥sahacāri-bhāvena vā cākravākavat sattvādivac ca | ⑦vadhya-ghātaka-bhāvena vāhi-nakulavad aṅgāṅgi sattvādivac ca | sattvādīnāṃ hi yasyāṅgitvam | tenetarābhibhavaḥ | eṣa saptavidhaḥ sambandhaḥ || PSṬ 2. Lasic etc(2012) pp. 64-65, 4-8행.

243 Schuster(1972:346)가 아래의 <표 21>에 해당하는 내용을 열거하면서 sattvādi(순질 따위)를 모두 ‘선(善) 따위’로 번역한 것은 납득하기 어렵다. 그는 “상키야 학설의 근본 원리들을 입증하기 위한 일련의 증거들”(앞의 각주 241)로 제시된 것이 7종의 연관이라고 바르게 파악했으면서도, 정작 상키야의 교의에 따른 원문의 맥락은 미처 검토하지 못한 것으로 보인다.

〈표 21〉 추리에 적용되는 7종의 연관

	연관의 종류	일반 사례	상키야 철학의 적용
①	소유물과 소유자의 관계	신하와 왕	제일원인과 순수정신
②	원질과 변이의 관계	우유와 발효유	원질과 통각 따위
③	원인과 결과의 관계	수레의 부품과 수레	순질 따위(3질)에 의한 전변
④	질료인과 동력인의 관계	옹기와 옹기장이	원질의 활동과 순수정신
⑤	재료와 완제품의 관계	가지와 나무	5미세요소와 5조대요소
⑥	동반의 관계	한 쌍의 Cakravāka 새	순질 따위(3질)의 동반
⑦	피해자와 가해자의 관계	뱀과 몽구스	순질 따위(3질)의 우열

위의 7종 중에서 ①소유물과 소유자, ④질료인과 동력인, ⑥동반, ⑦피해자와 가해자는 Vācaspati가 추리의 근거로 제시한 일곱 가지 중에도 포함되어 있다.[244] 또한 *Yuktidīpikā*에서도 7종의 연관과 유사한 관념으로 추리의 근거가 다양하게 통용되고 있었음을 엿볼 수 있다.

> 예를 들어 항아리에서는, 이 밖에 소리 따위에서는 ⑥조작성과 무상성이 분리될 수 없음을 지각하여, 조작성을 인식함으로써 무상성을 추론한다. 이와 마찬가지로 전단의 향 따위에서 이전의 것(단향목)을 간파할 수 있기 때문에 나무 조각 따위들 중에서는 그것(전단향)과 동종의 것으로써, ③원인과 결과 중에서는 안락 따위와 동종의 것으로써 그 이전의 것(원인)을 간파할 수 있다. 그리고 ⑤침대 따위들의 경우에는 [부품들의] 합성체가 됨으로써 다른 것에 공헌함을 간파할 수 있기 때문에, 원인과 결과의 경우에도 합성체가 됨으로써 다른 것에 공헌함을 간파할 수 있다.[245]

244 @제7장 각주 272. "①질료인, ②동력인, ③결합, ④상반, ⑤동반, ⑥소유물과 소유자, ⑦피해자와 가해자"

245 yathā hi ⑥kṛtakatvānityatvayor ghaṭe sahabhāvam upalabhyānyatra śabdādau kṛtakatva-darśanād anityatvam anumīyate | evaṃ śakalādīnāṃ taj-jātīyatayā candanādi-pūrvakatva-siddheḥ ③kārya-k<a>raṇasya sukhādi-jātīyatayā tat-pūrvakatva-siddhiḥ | ⑤śayanādīnāṃ ca saṅghātatvāt pārārthya-siddheḥ kārya-k<a>raṇasyāpi saṅghātatvāt pārārthya-siddhir … | YD ad. SK 6. Wezler & Motegi(1998) p. 88, 6-11행.
Schuster(1972:385)는 여기에 육십과론에서 말하는 '7종의 연관' 중에서 그 일부가 희미한 흔적으로 그러나 *Jayamaṅgalā*는 육십과론에서 열거한 7종의 연관이 고전 상키야 철학에서도 통용되었을 것으로 추정할 수 있는 단서를 제공한다. 아래의 설명에서는 7종의 연관을 일상에서 실감하는 사실로만 예시하고 용어에도 일부의 변경이 있지만, *Jayamaṅgalā*의 저자가 7종의 연관을 잘 인지하고 있었다는 것은 확실하다.

> 그리고 연관은 일곱이다. 그 중에서 ①소유물과 소유자의 관계라는 연관은 예컨대 신하와 왕[의 연관]이다. 언제든지 신하로써 왕이 [인지되고] 또는 왕으로써 신하가 [인지된다.] 이와 마찬가지로 ②원질과 변이의 연관은 예컨대 보리와 보릿가루[의 연관]이다. ③원인과 결과의 연관은 예컨대 암소와 송아지[의 연관]이다. ⑤음식과 그릇의 연관은 예컨대 탁발 수행과 탁발 수행자의 지팡이[의 연관]이다. ⑥동반의 연관은 예컨대 한 쌍의 Cakravāka 새[의 연관]이다. ⑦적대 관계의 연관은 추위와 더위[의 연관]이다. 이 경우에는 하나가 있으면 다른 것은 없는 것으로 인지된다. ④질료인과 동력인의 연관은 예컨대 먹거리와 조리사[의 연관]이다.[246]

여기서는 육십과론에서 말하는 ⑤재료와 완제품의 관계가 음식과 그릇의 연관으로, ⑦피해자와 가해자의 관계가 적대 관계의 연관으로 바뀌었다. 이는 표현상의 차이에 불과하고 7종으로 제시한 각각의 필연적 상관성에는 개념상의 차이가 없다. *Jayamaṅgalā*의 예시에서 특이한 것은 상키야 철학의 근본 원리들에 적용한 육십과론의 예시를 전적으로 배제한 점이다. *Jayamaṅgalā*의 저자는 이보

....

남아 있다고 생각하여 그 흔적으로는 부분을 가짐(=⑤), 원인과 결과(=③), 동반(=⑥)을 지목했다. 그는 원문을 인용하지 않고 흔적의 요목만 열거했을 뿐이므로, 번호는 필자가 추정하여 삽입한 것이다.

246 sambandhāś ca sapta — tatra ①sva-svāmi-bhāva-sambandho yathā rāja-puruṣayoḥ | kadācit puruṣeṇa rājā rājñā vā puruṣaḥ | evaṃ ②prakṛti-vikāra-sambandho yathā yava-saktvoḥ | ③kārya-kāraṇa-sambandho yathā dhenu-vatsayoḥ | ⑤pātra-pātrika-sambandho yathā parivṛṭ-triviṣṭabdhayoḥ | ⑥sāhacarya-sambandho yathā cakravākayoḥ | ⑦pratidvandvi-sambandho yathā śītoṣṇayoḥ | tatraikasya bhāve 'nyābhāvaḥ pratīyate | ④nimitta-naimittika-sambandho yathā bhojya-bhojakayor iti | JMad. SK 5. Vangiya(1994) p. 71, 4-10행. 여기에 덧붙인 번호는 육십과론에서 열거하는 7종의 연관(앞의 각주 242)과 상응하는 순서이다.

다는 일상에서 적용되는 실례를 새롭게 제시하는 데 주력한 것으로 보인다.

추리는 입증되어야 할 대상과 반드시 연관되는 증거를 제시하는 것으로 성립된다. 논리학의 전문용어로 말하면 '입증되어야 할 대상'(sādhya)은 소증(所證) 또는 소립(所立)으로 불리고, 이것과 반드시 연관되는 '증거'(hetu)는 증인(證因)으로 불린다. 7종의 연관은 이러한 증인과 소증의 필연적 상관성을 다양하게 제시한 것이다. 이 상관성은 둘 중에서 어느 하나를 목격하는 것으로 아직 목격하지 못한 다른 것의 존재를 알 수 있는 추리의 근거가 된다. 이에 따라 어떤 것의 현존과 부재는 7종의 연관들 중에서 어느 하나를 근거로 제시함으로써 추리될 수 있다. 육십과론에서 제시한 상관성의 예시가 *Jayamaṅgalā*에서는 독자적으로 개발된 점을 고려하면, 상키야 학파에서 7종의 연관은 "아마도 어떤 것을 추리하기 이전에 그렇게 지각된 관계를 그 7종의 관계 중 어느 하나로 편입해 보는 연습이었을 가능성이 크다."[247]는 견해가 타당해 보인다.

2. 추리의 세 가지 종류

앞에서 고찰한 7종의 연관은 본격적인 추리에 반드시 필요한 선행 지식의 일종이다. 증인과 소증의 필연적 상관성을 적용하지 않으면 추리는 성립될 수 없다. 그러므로 추론적 지식에서는 그러한 연관에 대한 선행 지식이 반드시 필요하다. 이 때문에 『요가주』에서도 다음과 같이 '연관을 취급하는 것'을 추리의 특성으로 간주한다.

> 추리란, 추리될 수 있는 것과의 같은 종류에 속한 것들 중에서는 승인되고 다른 종류에 속한 것들로부터는 배제되는 바로 그 연관(결합 관계)을 취급하는 것으로서, 보편의 확인을 중요시하는 활동이다. 예를 들면, 달과 별은 다른 장소에 도달하기 때문에 '차이트라(=Caitra)'[라는 사람]처럼 운동을 지니지

....

247 Chakravarti(1975) p. 190.

만, [다른 장소에] 도달하지 않는 빈디야(=Vindhya) [산]은 운동이 없다[라고 추리하는 것]과 같다.[248]

여기서 연관과 보편을 추리의 특성으로 지목한 것은, 추리가 직접지각에 의한 경험을 통해 형성된 보편적 지식에 의거한다는 사실을 강조하는 것이다. 이러한 보편적 지식이 바로 추리에 반드시 필요한 선행 지식이다. 그러므로 『상키야송』에서 3종의 추리를 "표징(속성)과 '표징을 지닌 것'(실체)에 의거한다."[249] 라고 정의한 것도 속성과 실체의 연관에 대한 선행 지식에서 유래하는 인식이 추리라고 말하는 것과 같다. 추리에 관한 이 같은 인식은 인도 철학의 논리학을 대변하는 니야야 학파의 경우도 동일하다. 니야야 학파에서는 다음과 같이 추리의 선행 조건을 "표징과 '표징을 갖는 것'의 연관을 관찰하는 것"으로 제시한다.

'그것(직접지각)에 의거하는 것'이란 이것이 표징과 '표징을 가진 것'이라는 둘 사이에서 '연관을 관찰하는 것'과 '표징을 관찰하는 것'을 필요로 한다는 뜻이다. 표징과 '표징을 갖는 것'의 연관을 관찰하는 것은 표징에 대한 기억과 결부된다. 기억에 의해, 그리고 표징을 관찰함으로써 직접적으로는 지각되지 않는 대상이 추리된다.[250]

Vācaspati는 『상키야송』에 언급한 3종의 추리를 유전(有前, pūrvavat), 유여(有餘, śeṣavat), 공견(共見, sāmānyato dṛṣṭaḥ)으로 구분하는데, 이는 니야야 학파로부터 크게 영향을 받은 것으로 보인다. 이 점은 다음과 같은 그의 설명으로도 짐작

248 YBh 1.7. 정승석(2020) p. 45.

249 SK 5. @제2장 각주 151. 이에 대한 *Yuktidīpikā*의 주석에서 추리가 거론되지 않은 이유에 대해서는 @제7장 각주 273 참조.

250 tat-pūrvakam ity anena liṅga-liṅginoḥ sambandha-darśanaṃ liṅga-darśanaṃ cābhisambadhyate | liṅga-liṅginoḥ sambaddhayor darśanena liṅga-smṛtir abhisambadhyate | smṛtyā liṅga-darśanena cāpratyakṣo 'rtho 'numīyate | NBh 1.1.5. Taranatha(1985) p. 142, 2행; p. 146, 2-3행.

할 수 있다.

> "추리는 3종으로 알려져 있다."(SK 5)라고 다른 [학파의] 논서에서 정의한 특수한 추리로서 합당한 것들을 상기시킨다. 일반적으로 정의된 그 추리는 유전(이전을 원인으로 가진 것)과 유여(결과로 남아 있는 것)와 공견(보편적으로 알려진 것)으로 차별하여 3종이다.[251]

여기서 말하는 '다른 학파의 논서'는 *Nyāyasūtra*를 가리킨다.[252] Vācaspati는 *Nyāyasūtra*를 주석한 Vātsyāyana의 *Nyāya-bhāṣya*에 3종의 추리가 상술되어 있으므로 여기서는 그 이상으로 설명할 필요가 없다고 생각한 듯하다. Vātsyāyana의 상술에서 요지를 발취하면 3종의 추리는 다음과 같이 구분된다.[253]

> 유전 추리: 원인으로부터 결과를 추리하는 것. 구름이 일어나는 것을 보고 비가 올 것이라고 추리하는 것. 하늘에 먹구름이 끼는 것을 보고 곧 소나기가 올 것임을 추리할 수 있듯이, 앞의 것으로부터 뒤의 것, 즉 원인으로부터 결과를 추리하는 것이다.
>
> 유여 추리: 결과로부터 그 원인을 추리하는 것. 강물이 이전에 보았던 것과는 달리, 불어나 있고 빠르게 흐르는 것을 보고 비가 왔었다고 추리하는 것. 강이 범람하는 것을 보고 고지에 비가 왔음을 추리할 수 있듯이, 뒤의 것으로부터 앞의 것, 즉 결과로부터 원인을 추리하는 것이다.
>
> 공견 추리: 어떤 대상이 이전에 보았던 곳과는 다른 장소에 있는 것을 보고, 태양의 운동처럼 그것이 이동했기 때문이라고 아는 것이다. 따

251 anumāna-viśeṣān tantrāntara-lakṣitān abhimatān smārayati — "trividham anumānam ākhyātam" iti | tat sāmānyato 'nulakṣitam anumānaṃ viśeṣatas trividhaṃ, pūrvavac cheṣavat sāmānyato dṛṣṭañ ceti || TK 36 ad. SK 5. Jha(1965) p. 23.

252 *Nyāyasūtra*(NS 1.1.5)에서 명시한 3종의 추리는 @제2장 각주 150 참조,

253 Cf. NBh 1.1.5. Chattopadhyaya(1967) pp. 62-63 ; Chakravarti(1975) p. 191.

라서 지각할 수는 없지만 태양은 운동성을 갖는다고 추리한다. 또한 연기와 불은 항상 공존한다는 일상의 경험으로 얻은 선행 지식에 의해, 먼 산에 있는 연기를 보고 불의 존재를 추리하는 것이다. 이로써 감관에 의한 직접지각의 영역에서 벗어나 있는 것을 알아차릴 수 있다.[254]

Vācaspati는 3종의 추리에 대한 이 같은 설명보다는 그 셋을 긍정 논증(vīta)과 부정 논증(avīta)이라는 두 가지로 분류하여 적용하는 데 주력한다. 이에 따르면 유여 추리는 부정 논증에 속하고, 나머지 둘을 긍정 논증에 속한다.

그 [셋] 중에서는 우선적으로 유명한 것이 긍정 논증과 부정 논증이라는 두 가지이다. 긍정 논증은 '논리적 연결'(긍정적 논법)을 최선으로 적용하여 규정하는 것이고, 부정 논증은 배제(부정적 논법)를 최선으로 적용하여 [부적합 것을] 금지하는 것이다.[255]

그 [둘] 중에서 부정 논증은 유여(有餘)이다. [유여의] 여(餘, 나머지)는 '남아 있다', '뒤에 남아 있다'라는 의미이다. 바로 이것(나머지)이 추리에 의한 인

....

254 이 공견 추리에 대해서는 해석상의 이견이 제기될 수 있다. Chattopadhyaya(ibid)는 이 점을 다음과 같이 해설한다.
"니야야에 의하면 공견은 인과 관계와는 다른 어떤 것을 근거로 하는 추리를 의미한다. 예를 들어 멀리서 오리를 보고서 물을 추리하는 것이다(오리와 물은 인과 관계가 아니다). 그러나 이는 Vātsyāyana의 해석이 아니다. 그에 따르면 공견 추리는 다른 두 대상 사이에서 지각된 불변의 관계, 즉 일반성의 지위를 획득한 불변의 관계를 통해 대상을 추리하는 것이다. 다만 이렇게 추리된 대상은 정상적으로는 지각될 수 없으며, 이러한 경우에는 어떤 대상(즉 입증하는 어떤 근거)과 추리된 그것과의 불변 관계를 지각할 수 없다. 예를 들어 태양의 운동은 정상적으로는 지각될 수 없다. 그래서 그것(태양)과 다른 어떤 대상(운동)과의 불변 관계를 지각할 수는 없다. 그러나 많은 실례를 통해 이전에 보았던 태양이 다른 장소에서는 이전과는 다른 위치에서 보이는 것은 태양의 운동 때문이라고 안다. 일반적으로 지각하는 그러한 불변 관계에 의거하여, 태양이 아침에 보았던 곳과는 다른 곳에서 한낮에 보이기 때문에 태양은 운동한다는 추리가 성립된다. 그러나 Uddyotakara는 Vātsyāyana가 제시한 공견 추리의 실례는 사실상 유여 추리의 실례를 드는 것이라고 주장한다. 태양이 다른 장소에 있는 것은 그 운동의 결과이기 때문이다."

255 tatra pratham tāvat dvividhaṃ vītam avītaṃ ca | anvayamukhena pravartamānaṃ vidhāyakaṃ vītam, vyatireka-mukhena pravartamānaṃ niṣedhakam avītam | TK 37 ad. SK 5. Jha(1965) p. 24.

식의 대상이 되는 것으로서 '있는'(有) 것, 바로 이것이 '유여'이다. 이것을 [Vātsyāyana의 *Nyāya-bhāṣya* 1.1.5에서는] 다음과 같이 말한다. "[어떤 것이 다른 것과의] 연결이 부정될 때 [그 어떤 것은] 다른 것과는 결합하지 않기 때문에, 남아 있는 것에서 ['바로 이것'이라고 발생하는] 확신(바른 개념)이 잔여(殘餘)[로 불리는 것]이다." 그리고 배제하는 이 부정 논증의 실례는 나중에 [SK 제9송에서] 거론할 것이다.[256]

Vācaspati는 이처럼 유여 추리가 부정 논증인 이유를 설명하고 나서, 유전 추리와 공견 추리는 긍정 논증에 해당한다는 것을 설명하는 데 주력한다. 논리학의 개념을 동원한 그의 설명은 약간 난해하고 장황하다.

긍정 논증은 두 가지로서 유전과 공견이다. 이 중의 하나로, 개별적 특징[257]이 보편적으로 경험된 것을 대상으로 갖는 것이 바로 유전이다. [유전(有前)의] 전(前)이란 '잘 알려진', 즉 개별적 특징이 보편적으로 '잘 알려진' 것을 가리키므로, 이에 따라 유전이란 [보편적으로 잘 알려진] 그것(개별적 특징)이 이것의, 즉 '추리에 의한 지식의' 대상으로서 존재하는 것이다.[258]
예를 들어 연기(개별적 특징)를 통해, 불의 성질이라는 '보편 중에서 특정한 것'(개별적 사례로서의 불)[259]이 산에서 [발생했음이] 추리되며, 불의 성질이

....

256 tatrāvītaṃ śeṣavat | śiṣyate pariśiṣyate iti śeṣaḥ, sa eva viṣayatayāyasyāsty anumāna-jñānasya tac cheṣavat | yad āhuḥ "prasakta-pratiṣedhe, anyatrāprasaṅgāc chiṣyamāṇe saṃpratyayaḥ pariśeṣa" iti [vātsyāya-nyāyabhāṣya 1.1.5] asya cāvītasya vyatirekiṇa udāharaṇam agre 'bhidhāsyate || TK 38 ad. SK 5. ibid.

257 '개별적 특징'의 원어 svalakṣaṇa는 불전을 통해 자상(自相)이라는 역어로 널리 통용되었다. 中村元(1983:191-2)은 自相이라는 역어가 현대어에서는 오해의 소지가 있음을 지적하여 '개별적인 것'이라는 의미로 '개별자'를 역어로 채택한다. 그는 '개별성'도 원래의 의미에는 잘 들어맞지만, 성(性)이라는 말이 아무래도 보편적인 것, 즉 공통인 것을 연상시키기 때문에 원의를 곡해할 우려가 있음을 지적한다.

258 vītaṃ dvedhā pūrvavat sāmānyato dṛṣṭaṃ ca | tatraikaṃ dṛṣṭa-svalakṣaṇa-sāmānya-viṣayaṃ yat tat pūrvavat, pūrvaṃ prasiddhaṃ, dṛṣṭa-svalakṣaṇa-sāmānyam iti yāvat, tad asya viṣayatvenāsty anumānajñānasyeti pūrvavat | TK 39 ad. SK 5. Jha(1965) p. 25.

259 이에 해당하는 원어 sāmānya-viśeṣa(보편-특수)는 흔히 '특수한 보편'으로 번역되지만 특수와 보편

라는 '보편 중에서 특정한' 그것의 개별적 특징(≒연기)이 부엌에서는 '특정한 불'(≒아궁이의 불)로서 경험된다.[260]

그리고 다른 하나의 긍정 논증으로서 공견은 개별적 특징이 보편적으로 경험되지 않은 것을 대상으로 갖는다. 예를 들어 감관을 대상으로 하는 추리이다. 왜냐하면 이 경우에는 형색 따위에 대한 인식들이 작용하는 성질을 통해, 수단과 같은 것(감관)이 추리되기 때문이다.[261]

절단 따위의 경우에는 수단성(도구성)이라는 보편이 도끼 따위의 개별적 특징(즉 도끼 따위의 절단성)일 것으로 추정되지만, 형색 따위를 인식할 경우에는 어떤 종류(즉 보편류)에 속하는 것으로서의 수단성(즉 특수류)[262]이 추

....

은 상반하는 개념이므로 납득하기 어려울 수 있다. 여기서 이것은 보편과 특수의 관계를 적용한 것으로 보인다. 쉽게 이해하자면 보편성의 개별적 사례, 즉 보편성이 적용되는 것들 중에서 개별적으로 구분한 특수한 사례를 가리키는 것으로 파악된다. 니야야에서 viśeṣa(특수)와 svalakṣaṇa(개별적 특징)는 동의어로 간주되기도 한다. cf. Chattopadhyaya(1967) p. 40.

260 yathā dhūmād vahnitva-sāmānya-viśeṣaḥ parvate 'numīyate, tasya vahnitva-sāmānya-viśeṣasya svalakṣaṇaṃ vahniviśeṣo dṛṣṭo rasavatyām | TK 39 ad. SK 5. Jha(1965) p. 25.

261 aparaṃ ca vītaṃ sāmānyato dṛṣṭam adṛṣṭa-svalakṣaṇa-sāmānya-viṣayaṃ | yathendriya-viṣayam anumānam | atra hi rūpādi-jñānānāṃ kriyātvena karaṇavattvam anumīyate | ibid.
Jha(1965:25-26)는 마지막 구절을 "색 따위들에 대한 인식은 감관이라는 도구성에 의해 발생한다는 사실이 추리된다. (즉 색 따위에 대한 인식이 발생하는 데에는 그 수단이 되는 감관이 반드시 필요하다.)"라고 의역했다.

262 여기서는 jāti를 간편하게 '종류'로 번역했지만, 니야야-바이셰쉬카 철학의 전문어로는 어떤 것들을 특정한 종류로 구분할 수 있게 하는 본질을 의미한다. 예를 들어 소(牛, go)는 동물들의 한 종류이지만 '소'로 분류되는 동물도 각양각색이다. 그렇지만 우리는 그 각양각색의 소들을 싸잡아 '소'라고 부른다. 그 이유는 그것들에서 '소'로 분류되는 동물들이 가진 공통의 보편적인 성질을 볼 수 있기 때문이다. 여기서 '소'는 동물들을 구분하는 종류의 이름이고, 이렇게 구분할 수 있게 하는 '소'만의 본질에 해당하는 보편적인 성질을 '소성'(牛性, gotva)이라고 말할 수 있다. 바로 이 '소성'과 같은 것을 의미하는 개념이 jāti이다. 이 점을 고려하면 jāti의 원의에 그나마 부합하는 역어는 '종류성'일 것이다.
*Nyāyasūtra*에서는 "jāti의 본질은 [다수의 개체들 중에 있는] 공통[의 속성]을 산출하는 것이다."(samāna-prasavātmikā jātiḥ ‖ NS 2.2.69. Amarendramohan 1985:693, 2행)라고 jāti를 정의하고, Vātsyāyana는 이것을 다음과 같이 주석한다.
"어떤 것들에 대해서는 구분을 짓지 않고, 어떤 것으로부터는 구분하는 것, 이것이 보편이자 특수인 jāti이다." (yac ca keṣāñcid abhedaṃ kutaścid bhedaṃ karoti tat sāmānya-viśeṣo jātir iti ‖ NBh 2.2.69. ibid. 4-5행)
이에 관해 Chattopadhyaya(1968:153)는 jāti를 '부류-본질'(class-essence)로 약간 모호하게 번역했는데, 이는 앞서 말한 '소(go)-소성(gotva)'의 관계를 적용한 것으로 보인다. 그러므로 '부류-본질'은

> 리되더라도, 그 어떤 종류에 속하는 수단의 개별적 특징이 직접지각에 의해서는 인지되지 않는다.[263]

위의 마지막 구절에는 두 종류의 추리가 대비되어 있으므로 아무래도 부연 설명이 필요하다. 이 구절은 다음과 같은 의미를 함축한 것으로 이해할 수 있을 것이다.

절단의 경우에는 절단성이라는 보편의 개별적 특징으로서 도끼 따위가 추리된다. 다시 말해서 어떤 것이 절단되어 있는 것을 볼 경우, 절단하는 도구가 있을 것이라는 보편성에 의거하여 절단 능력을 개별적 특징으로 가진 도끼 따위를 그 도구로 추리한다. 이 경우는 절단되어 있는 결과를 보고 도끼를 추리하므로 유여 추리에 해당한다. 만약 도끼를 보고서 주변에 절단된 것이 있을 것이라고 추리한다면, 이는 유전 추리에 해당한다.

그러나 형색의 경우에는 감관으로 분류되는, 즉 감관이라는 보편에 속하는 눈의 개별적 특징인 시각이 추리되더라도 이 시각을 직접지각으로는 인지할 수 없다. 여기서 눈은 보편류에 속하고, 눈의 시각은 특수류에 속한다. 형색을 보면서 이처럼 직접지각으로는 인지할 수 없는 시각(특수류)이 작용하고 있다고 추리하는 것은 공견에 속한다.

계속되는 설명에서 Vācaspati는 공견을 단순히 상식과 같은 것으로 간주하는 것을 경계하면서 특수한 추리로 자리매김하는 데 역점을 둔 것으로 보인다.

....

'부류를 구분하는 본질'이라는 의미를 함축한 역어일 것으로 이해된다. 그는 Vātsyāyana의 주석에 다음과 같은 해설을 부연했다.
"부류－본질, 즉 jāti는 바이셰쉬카 철학의 특수 주제이다. 바이셰쉬카 철학에서 말하는 두 가지 유형의 jāti는 sāmānya-jāti(=보편류)와 viśeṣa-jāti(=특수류) 인데, Vātsyāyana는 이 주석(=NBh 2.2.69)에서 이 둘은 언급한다."

263 yady api karaṇatva-sāmānyasya chidrādau vāśyādi-svalakṣaṇam upalabdham, tathāpi yaj jātīyaṃ rūpādi-jñāne karaṇatvam anumīyate taj jātīyasya karaṇasya na dṛṣṭaṃ svalakṣaṇaṃ pratyakṣeṇa | TK 39 ad. SK 5. Jha(1965) p. 25.

왜냐하면 그 수단성(예를 들어 눈의 개별적 특징인 시각)은 '감관이라는 종류'(감관성)에 속하며, 감관성이라는 보편의 개별적 특징은 감관의 특수한 속성으로서, 식별력이 낮은 이들(범부)에게는 [앞서 예시한] "불의 성질이라는 보편의 개별적 특징이 불"인 것과 같은 직접지각의 영역이 아니기 때문이다.[264]

유전과 공견은 긍정 논증으로서 유사할지라도 바로 이 점에서 그 둘은 다르다. 여기서 [공견(共見)의] 견(見)은 '앎(인식)'이고 공(共)이란 '공통의'라는 뜻이며, [sāmānyatas에서 공통(sāmānya)에 붙인 어미] tas는 명사의 모든 격에 적용할 수 있다. 공견으로서의 추리란 '보편 중에서 특정한 것'으로서 '개별적 특징'이 지각되지 않는 것에 대해 아는 것을 의미한다. 그리고 이 모든 것을 우리는 *Nyāya-vārttika-tātparyaṭīkā*에서 상술했으므로, 장황해질 우려가 있기 때문에 여기서는 [더 이상] 언급하지 않는다.[265]

Vācaspati는 자신의 주석서에서 이에 관해 상술했음을 언급하는 것으로 자신의 해설이 니야야 학파의 논리학에 의거한 것임을 암시한다. 유전 추리와 공견 추리를 구분하는 그의 설명은 약간 장황해 보이지만, 그 둘을 구분하는 기준은 다음과 같이 간명하게 발췌할 수 있다.

유전: 보편 중에서도 직접지각의 영역에 속하는 것을 대상으로 추리하는 것

....

264 indriya-jātīyaṃ hi tat karaṇatvam, na cendriyatva-sāmānyasya svalakṣaṇam indriya-viśeṣaḥ pratyakṣa-gocaro 'rvāgdṛśām, yathā vahnitva-sāmānyasya svalakṣaṇaṃ vahniḥ | ibid.
Jha(1965:26)는 이 대목을 앞의 구문과 연결하여 다음과 같이 번역했다.
"색 따위의 인식에 관해 언급되는 그 '수단'의 특정한 형태는 결코 지각된 적이 없지만, 보편 즉 감관에 속하는 것으로 간주되는 그 '수단'의 특정한 형태, 그리고 그 보편인 감관의 어떤 '특수한 개체'는 보편의 특정 개체인 '불'이 지각되는 방식으로 우리에게, 즉 평범한 시력을 가진 사람들에게는 지각될 수 없다."

265 so 'yaṃ pūrvavataḥ sāmānyato dṛṣṭāt saty api vītatvena tulyatve viśeṣaḥ | atra dṛṣṭaṃ darśanam, sāmānyata iti sāmānyasya, sārvavibhaktikas tasil | adṛṣṭa-svalakṣaṇasya sāmānya-viśeṣasya darśanam sāmānyato dṛṣṭam anumānam ity arthaḥ | sarvaṃ caitad asmābhir nyāya-vārttika-tātparyaṭīkāyāṃ vyutpāditam iti nehoktaṃ vistarabhayāt || TK 39 ad. SK 5. Jha(1965) p. 25.

공견: 보편 중에서도 직접지각의 영역에 속하지 않는 것을 대상으로 추리하는 것[266]

이상으로 Vācaspati가 상술하듯이, 추리의 방식을 긍정 논증과 부정 논증으로 구분한 것은 상키야 철학에서 대부분의 기본 개념이 이 둘 중의 어느 하나에 의거한다고 표방하는 것이기도 하다. 원질과 순수정신은 물론이고 인과론까지도 순전히 추론으로 확립되어 있을 정도로, 추리는 상키야의 철학적 체계를 구축하는 데 매우 중요한 역할을 담당한다. *Yuktidīpikā*의 저자가 첫머리에서 상키야를 긍정 논증과 부정 논증이라는 두 엄니를 가진 코끼리로 비유한 것도 이 때문일 것이다.[267]

3. 추론식의 지분

추리에 의한 논증의 형식에 대해서는 주석자들 사이에는 이견이 있으나, 정작 『상키야송』에는 이에 대한 언급이 전혀 없다. 인도 논리학 일반에서는 오지작법(五支作法)의 추론식을 채택한다. 그러나 *Māṭhara-vṛtti*에서는 다음과 같이 추리는 33종의 오류를 허용하지 않는다고 주장하는 것으로 삼지작법의 추론식을 채택한 것으로 보인다.[268]

....

266 예를 들어 *Gauḍapāda-bhāṣya*에 의하면 직접지각의 영역에 속하지 않는 원질과 순수정신은 공견 추리의 대상이다.
"감관들을 초월하여 존재하고 있는 초감각적인 것들의 경우에는 공견 추리를 통해서 입증된다. 감관을 초월하는 제일원인(원질)과 순수정신은 공견 추리에 의해 증명되며, 이를 통해 [제일원인이 지닌] 3질은 통각 따위의 징표가 된다." (sāmānyato dṛṣṭād anumānād atīndriyāṇam, indriyāṇy atītya vartamānānāṃ siddhiḥ | pradhāna-puruṣāv atīndriyau sāmānyato dṛṣṭenānumānena sādhyete yasmān mahadādi-liṅgaṃ triguṇam | GB ad. SK 6. Mainkar 1972:55, 7-9행)

267 @제4장 각주 223 참조.

268 anumānaṃ trividham | trisādhanaṃ tryavayavaṃ pañcāvayavam ity apare | tad ākhyātaṃ kathitam | pakṣa-hetu-dṛṣṭāntā iti tryavayavam | pakṣaḥ pratijñāpadam | yathā — vahnimān ayaṃ pradeśaḥ | sādhya-vastūpanyāsaḥ pakṣaḥ | itare pakṣābhāsāḥ pratyakṣa-viruddhādayo nava |
trirūpo hetuḥ | trairūpyaṃ punaḥ ①pakṣa-dharmatvaṃ ②sapakṣe sattvaṃ ③vipakṣe cāsattvam iti | atrodāharaṇaṃ yathā — dhūmavattvād iti | anye hetvābhāsāḥ caturdaśa | asiddhānaikāntika-viruddhādayaḥ

추리는 3종이다. 즉 셋으로 이루어진 3지(支)이고, 다른 이들은 5지(支)를 말한다. 이에 관해서는 다음과 같이 잘 알려져 있다. 3지란 주장, 이유, 실례이다. 주장은 "저곳에는 불이 나 있다."와 같은 명제에 해당한다. 입증되어야 할 주제를 진술하는 것이 주장이다. 반대편 [학파]에서는 직접지각에 모순되는 것 따위의 9종을 사이비 주장들로 [제시한다.]

이유는 셋으로 이루어진다. 세 가지 형태는 다시 ①주장의 필수 요소, ②유사한 실례에 존재함, ③상반하는 실례에 존재하지 않음이다.[269] 여기서 '실례'란 예를 들어 "연기가 나기 때문에"라고 말하는 것이다. 반대편 [학파]에서는 불성립, 불확정, 모순 따위의 14종을 사이비 이유로 [제시한다.]

예증(=실례)은 동일한 부류와 상이한 부류로 2종이다. 예를 들어 "아궁이처럼"[, "호수처럼"이라고 말하는 것이다.] 반대편 [학파]에서는 사이비 예증을 10종으로 [제시한다.]

이와 같은 33종의 오류를 허용하지 않는 것이 3지[작법]의 추리이다. 다른 이들은 5지를 다음과 같이 말한다. [추론식의] 지분들은 또한 주장, 이유 진술, 예증, 적용, 결론이다. 이와 같은 5지의 추론식으로 자신이 결정한 의미를 설명하는 것이 타인을 위해 설명하는 위타(爲他) 추리이다.[270]

| sādharmya-vaidharmyābhyāṃ dvividhaṃ nidarśanam | yathā mahānasam | itare nidarśanābhāsā daśa | evaṃ trayastriṃśad-ābhāsa-rahitaṃ tryavayavam anumānam | pañcāvayavam ity apare | tad āha ― avayavāḥ punaḥ pratijñāpadeśa-nidarśanānusandhāna-pratyāmnāyāḥ | evaṃ pañcāvayavena vākyena svaniścitārtha-pratipādanaṃ parārtha-pratipādanaṃ parārtham anumānam | MV ad. SK 5. Sharma(1994) p. 9, 16-28행.

269 ①②③은 불교 논리학의 전문어로는 각각 변시종법성(遍示宗法性), 동품정유성(同品定有性), 이품변무성(異品遍無性)으로 통용되어 있다. "저 산에 불이 났다. 연기가 나기 때문에"라는 추리를 예로 들면 이 셋은 다음과 같이 적용된다.

①遍示宗法性(pakṣa-dharmatva): 이유의 빈사(연기)는 주장 명제의 주사(저 산)와 반드시 결부되어야 한다. 즉 저 산에는 아지랭이가 아닌 연기가 있어야 하며, 또한 연기(이유의 빈사)라는 성질이 불(주장 명제의 빈사)에 포함되어야 한다.

②同品定有性(sapakṣe sattvam): 유사한 실례는 주장 명제의 빈사(불)와 이유(연기)을 모두 갖추어야 한다. 예를 들어 아궁이는 불과 연기를 모두 갖추고 있으므로 同品(유사한 실례)이 된다

③異品遍無性(vipakṣe 'sattvam): 상반하는 실례에는 유사한 실례로 적용한 빈사(불)와 이유(연기)가 반드시 없어야 한다. 예를 들어 호수에는 불과 연기가 전혀 없으므로 異品(상반하는 실례)이 된다.

270 이 마지막 구절의 원문은 분명히 이와 같이 서술되어 있고, 本多惠(1980:395)의 번역도 이와 마찬가지이다. 그러나 高木訷元(1991b:158)은 "자기의 확정을 위한 명제는 [위자비량(爲自比量)]이고, 다른 것을 위한 명제는 위타비량(爲他比量)이다."라고 번역하여, 이 구절이 위자(爲自) 추리와 위타 추리

인도 논리학에서 말하는 3지는 주장 명제(pakṣa, pratijñā, 宗)와 이유(hetu, 因)와 실례 또는 비유(udāharaṇa, dṛṣṭānta, 喩)이다. 그런데 *Māṭhara-vṛtti*에서 33종의 오류를 언급한 것은 매우 특이한 주장이다. 그 33종 중에서 9종은 사이비(그릇된) 주장 명제, 14종은 사이비 이유, 10종은 사이비 실례로 분류된다. 상키야의 주석자가 오류를 이처럼 분류하는 것은 전례가 없는 점에서 생소하다. 현존하는 정통 논리학의 문헌 중 어디에서도 이런 것을 볼 수 없다. 심지어 오류들을 치환하고 결합하는 데 가능한 거의 모든 예를 제시한 *Nyāya-vārttika*에서도 볼 수 없다. 3지로 구성되는 추론식은 일반적으로 불교의 논사들에게 채택되었으며, 33종의 오류도 불교의 논리학 문헌인 *Nyāya-praveśa*(入正理論)에서 인정되어 있다. 이 때문에 Māṭhara가 상키야 측의 견해로 간주한 3지의 유래가 의문시된다.

그러나 불전 중에서 Asaṅga(4세기)의 주석으로 알려져 있는 『순중론』(順中論)에는 3지에 의한 추론식이 상키야에서 통용되었을 것으로 추정할 만한 단서가 있다. 여기서는 카필라의 질문에 대답하는 형식으로 상키야 철학의 이원론이 논리에 어긋남을 지적한다. 이 불전의 한역(漢譯)에서는 이원론의 제일원인(원질)을 승(勝)으로, 순수정신을 장부(丈夫)로 번역했으므로, 아래의 번역에서는 이 역어를 원어의 의미로 변환해 둔다.

> 또한 제일원인(勝) 따위는 사물 자체가 없기 때문에 세계를 만들지 못한다. 이런 이치가 입증된다는 것은 앞에서 이미 상설했다. 인연이 없으므로 바로 이 때문에 그런 것은 없는 것이다. 만약 순수정신(丈夫)이 순수정신을 만든다고 한다면, [그것도] 입증되지 않는다. 그 자체가 성립되지 않으므로 이루

....

를 함께 언급한 것으로 해석했다.
여기서 열거하는 5지의 명칭, 즉 주장(pratijñā), 이유 진술(apadeśa), 예증(nidarśana), 적용(anusandhāna), 결론(pratyāmnāya)은 바이셰쉬카 학파의 Praśastapāda가 제시한 것과 동일하다. 그러나 *Nyāyasūtra*에서 제시하는 명칭은 첫째만 제외하고 모두 다르다.
"지분들은 주장(pratijñā), 이유(hetu), 실례(udāharaṇa), 적용(upanaya), 결론(nigamana)이다." (pratijñā-hetūdāharaṇopanaya-nigamanāny avayavāḥ ‖ NS 1.1.32. Taranatha 1985:261, 3행)

> 어질 수 있는 법도 없다. 만약 순수정신이 존재한다면 전변하는 작용이 가능할 것이다. [그러나] 제일원인처럼 항존하는 것은 인연이 없기 때문에 제일원인에는 전변하는 작용이 없다. [인연이 아니라] 그 자체로 항존하기 때문이다. …
> 카필라 선생, 그대는 [지금 나에게 질문하는] 제자이니, 어떻게 제일원인이 있겠는가? 순수정신이 존재한다면, 그대는 이것을 마땅하게 설명하여 그 이치를 입증하라. 그렇게 하고 나서야 항존 따위의 법도 성립될 것이다. … 지금 내가 이렇게 설명한 것은 그대가 어떤 말을 하더라도 도무지 이치에 들어맞지 않는다는 것이다. 그대가 이전처럼 주장(宗), 이유(因), 비유(喩)를 주장하고 이것들을 설명하더라도 모두 [이치에] 상응하지 않는다. … 그대의 법 중에서 순수정신이라는 것은 그러한 중생이 없고 인연이 없기 때문에 마치 [있을 수 없는] '토끼의 뿔'과 같다.[271]

이에 의하면 상키야 측에서는 "주장(宗), 이유(因), 비유(喩)"라는 삼단논법, 즉 삼지작법으로 제일원인과 순수정신의 존재를 입증하려는 시도가 있었음을 충분히 짐작할 수 있다. 자이나교의 유명한 논사인 Hemacandra도 상키야 학파에서는 추리가 3지로 구성된다고 진술한다.[272] 따라서 상키야에는 3지를 추론식의 지분으로 주장했던 학파가 있었음이 분명하다. 후대의 *Sāṃkhyasūtra*에 대한 주석자들도 3지에 의한 추론식을 사용한다. 즉 Vijñāna Bhikṣu는 "지속하는 결과[의 존재]는 입증할 수 없기 때문에 [속박 따위는] 찰나적인 것이다."[273]라는 *Sāṃkhyasūtra*의 교시를 다음과 같은 추론식으로 입증한다.

……………

271 順中論義入大般若波羅蜜經初品法門 권上(T 30:41bc): 又復勝等 無物體故 不作世界. 義成就 先已廣說. 以無因緣 是故彼無. 若丈夫作丈夫不成. 自不成故 不能成法. 若有丈夫 可有轉行. 如勝是常 無因緣故 勝無轉行. 以是常故. … 迦卑羅師 汝是弟子 云何有勝. 有丈夫者 汝當說之 令義成就. 爾乃於後常等法成. … 此我今說 汝雖有語 都無義理. 如汝向者 見宗因喩 而有所說 皆不相應. … 於汝法中 言丈夫者 此無衆生 無因緣故 猶如兎角.

272 "상키야의 추종자들은 주장, 이유, 실례라는 3지를 추리라고 한다." (pratijñā-hetūdāharaṇānīti tryavayavam anumānam iti sāṃkhyāḥ | *Pramāṇa-mīmāṃsā* 2.19(ad. sūtra 8). Saṅghavi(1939) p. 52, 4-5행.

273 sthira-kāryāsiddheḥ kṣaṇikatvam || SS 1.34. Garbe(1943) p. 18, 33행.

이 경우에 적용되는 것(추론식)은 이러하다. 논쟁의 주제로서 [주장:] 속박 따위는 찰나적인 것이다. [이유:] 존재하는 것[은 무엇이든 찰나적인 것]이기 때문에. [실례:] 마치 등(燈)의 불꽃 따위처럼.[274]

또한 Vijñāna Bhikṣu는 여기에 다른 실례를 적용하는 것으로 이에 맞대응하는 반론자의 추론식도 다음과 같이 예시한다.

예를 들면 다음과 같다. [주장:] 속박 따위는 지속한다. [이유:] 존재하는 것[은 무엇이든 지속하는 것]이기 때문에. [실례:] 마치 항아리 따위 처럼.[275]

이처럼 상키야 철학에서는 삼지작법을 선호한다고 추정할 만한 명시적인 증거가 있다. 이에 반해 "『금칠십론』, Gauḍapāda의 주석, 현존하는 *Sāṃkhyasūtra*는 5지에 의한 추론을 선호한다."[276]라는 견해에는 이를 입증하는 명시적인 증거가 없다. 삼지작법에서는 비유 또는 실례가 결론에 해당할 만큼 큰 비중을 차지한다. *Sāṃkhyasūtra*에 대한 Aniruddha와 Vijñāna Bhikṣu의 주석에서도 이 사실을 확인할 수 있다.

[저자는 반론자의] 다른 논박을 이렇게 말한다. "또한 실례로 입증되지 않기 때문에 [모든 것은 찰나적인 것이라는 주장은 성립되지 않는다.]"(SS 1.37) [그대(상키야 측)의 관점에서는] 바로 그 모든 것이 주장 명제에 포함되기 때문에 [입증할] 실례가 없다. 포함되지 않은 [예외의] 것이 있다면, 바로 그것

274 atrāyam prayogaḥ: vivādāspadaṃ bandhādi kṣaṇikam; sattvāt; dīpa-śikhādi-vad iti | SPbh 1.34. ibid. p. 19, 1-2행.

275 tad yathā: bandhādi sthiram; sattvāt; ghaṭādi-vad iti | SPbh 1.35. ibid. 9-10행.

276 Chakravarti(1975) p. 192. Chakravarti가 이에 관한 아무런 전거를 제시하는 않은 것은 의외이다. 『금칠십론』과 *Gauḍapāda-bhāṣya*에서는 오지작법을 선호한 듯한 언급을 발견할 수 없다. *Sāṃkhyasūtra*의 경우에도 명시적인 언급이 없지만, 주석자들이 오지작법을 의식하고 있었다는 가정적 해석은 어느 정도 가능하다.

> 은 지속하는 것이 될 것이다. [이렇게 예외를 인정한다면 모든 것이 찰나적인 것이라는 그대의 주장은 파기될 것이다.][277] "그렇다면 다른 이유로써 [입증할 실례를 들어] 찰나성이 확립될 수 있다."[라고 그대는 주장할지 모른다.] 이 경우에도 실례는 [유사성이 없기 때문에] 성립되지 않는다.[278]

> [경문(SS 1.37)의] 의미는 "등(燈)의 불꽃 따위와 같은 실례에서는 찰나성이 입증되지 않기 때문에 찰나성에 대한 추리가 아니다."라는 것이다.[279]

Aniruddha와 Vijñāna Bhikṣu의 주석에서는 주장과 이유와 실례까지만 직접 언급하고 여기에 추가되는 적용과 결론을 일련의 오지작법으로 언급하지는 않는다. 그럼에도 불구하고 오지작법을 염두에 두었을 수도 있을 것으로 추정할 만한 단서로 지목되는 것은 다음과 같은 Vijñāna Bhikṣu의 주석이다.

> 이제 순수정신은 또한 숙면 따위에서는 목격자일 뿐인 것이므로 순수정신의 단일성도 성립할 때, '그것(순수정신)이 하나인가 혹은 다수인가' 하는 의심이 발생한다. 이 경우에 이것은 [우선적으로 논파해야 할] 선행 주장(**pūrva-pakṣa**)이 된다. "…" 이에 대해 [입증된] 결론을 다음과 같이 말한다. "출생 따위가 제각기 다르기 때문에 순수정신의 다수성이 [입증된다.]" (SS 1.149)[280]

이 인용문에서 생략한 부분(…)은 논파의 대상이 되는 선행 주장을 설명할 뿐

....

277 이 삽입구는 Garbe(1892) p. 20 참조.

278 dūṣaṇāntaram āha ‖ **dṛṣṭāntāsiddheś ca** ‖ 37 ‖ sarvasyaiva pakṣa-praveśān nāsti dṛṣṭāntaḥ | apraveśe sa eva sthiraḥ | atha kṣaṇikatvam anyahetunā prasiddhyatām | tatrāpi dṛṣṭāntāsiddhir iti ‖ SSV 1.37. Garbe(1888) p. 20, 6-10행.

279 pradīpa-śikhādi-dṛṣṭānte kṣaṇikatvāsiddheś ca na kṣaṇikatvānuminam ity arthaḥ | SPbh 1.37. Garbe(1943) p. 19, 18-19행.

280 athaivam puruṣasya suṣupty-ādi-sākṣi-mātratvena puruṣāikyasyāpy upapattau sa kim eko 'neko ve 'ti saṃśayaḥ. tatrāyam pūrva-pakṣaḥ: "…" tatra siddhāntam āha: **janmādi-vyavasthātaḥ puruṣa-bahutvam** ‖ 149 ‖ SPbh 1.149. ibid. pp. 66-67, 38-09행.

이지만, 주석자는 이어지는 경문(SS 1.149)을 선행 주장을 논파한 결론으로 간주한다. 여기에 5지의 추론식이 전제되어 있을 것으로 가정한 다음과 같은 해석은 이 점을 고려한 것으로 보인다.

> 주제(adhikaraṇa)란 5지로 구성되는 어떤 경우에 대해 완성된 진술이다. 즉 예를 들면 다음과 같다. ①대상(명제): 순수정신은 다양하다. ②의심(saṃśaya): 순수정신은 하나인가 여럿인가? ③반대 명제(pūrva-pakṣa): 순수정신은 하나이다. ④종합 또는 결론(siddhānta): 순수정신은 여럿이다. 앞의 다른 지분들과 결론의 연결 또는 합의인 ⑤적용(saṅgati).[281]

그러나 Vijñāna Bhikṣu의 실제 원문에는 이 같은 논리가 선명하게 드러나 있지는 않고 지분의 명칭도 전혀 없다. 다만 선행 주장을 논파하는 설명이 위의 논리를 함의한다고 해석하는 견해는 참고할 만하다. 어쨌든 *Sāṃkhyasūtra*가 5지에 의한 추론을 선호한다는 것을 입증할 명시적인 서술은 발견되지 않는다.

그런데 추론식의 지분에 관한 *Yuktidīpikā*의 해설은 매우 특이하다. 여기서는 3지도 5지도 지지하지 않고, 순수한 논리적 추론은 다음과 같은 10지에 의존한다고 주장하기 때문이다.

> 또한 그것(추론식) 중에서 ①탐구(jijñāsā), ②의심(saṃśaya), ③목적(prayojana), ④달성 능력(śakya-prāpti), ⑤의심의 불식(saṃśaya-vyudāsa)로 불리는 지분들은 [추리의 조건을] 설명하는 요소이며 ⑥주장 명제(pratijñā), ⑦이유(hetu), ⑧실례(dṛṣṭānta), ⑨적용(upasaṃhāra), ⑩결론(nigamana)은 다른 사람들에게 [자신의 추리를] 내세우는 요소이다.[282]

....

281 Sinha(1912) p. 207.

282 tasya punar avayavā ①jijñāsā-②saṃśaya-③prayojana-④śakya-prāpti-⑤saṃśaya-vyudāsa-lakṣaṇāś ca vyākhyāṅgam | ⑥pratijñā-⑦hetu-⑧⑨dṛṣṭāntopasaṃhāra-⑩nigamanāni para-pratipādanāṅgam iti | YD ad. SK 6. Wezler & Motegi(1998) p. 89, 15-17행.

이 같은 10지의 근거 역시 『상키야송』에서는 발견할 수 없다. 그러나 *Yuktidīpikā*의 저자는 일부 주석자들이 각자의 책에 그것들을 수집하였으므로 그 타당성을 무시할 수 없다고 말하는 것으로 자신의 입장을 옹호한다.[283] 그는 더 나아가 Īśvarakṛṣṇa 자신이 이 같은 논리적 추론의 다양한 측면을 암시하고 있다고 주장한다. 그가 주장한 암시의 전거는 다음과 같다.[284]

SK 1: "세 가지 고통의 압박 때문에 그것(고통)의 타파를 위한 원인에 대한 탐구가 있다." → 탐구의 시작을 알림.
SK 16: "미현현이라는 원인이 존재한다." → 주장 명제를 제시함.
SK 15: "개개의 것은 국한되어 있기 때문에" → 이유를 언급.
SK 42: "미세신은 … 마치 배우처럼 연기한다." → 실례를 수립.
SK 57: "동력인은 무지한 우유의 활동인 것처럼 … 제일원인의 활동이다." → 명제의 적용.
SK 35: "따라서 3종의 [내적] 기관은 문지기이고, 나머지는 문이다." → 결론에 도달.

*Yuktidīpikā*의 저자는 자신의 10지설을 입증하기 위해, Vindhyavāsin을 비롯한 상키야의 다른 교사들이 각자의 논서에서 10지를 이미 설명했으므로, 『상키야송』의 저자는 그것들을 별도로 취급할 필요가 없다고 생각했다고 서술한다.

더욱이 다른 논서에 진술되어 있기 때문이다. 즉 [탐구 등은] Vindhyavāsin을 비롯한 그 밖의 스승들에 의해 다른 논서들에서 교시되었기 때문이다. [그리고] 그 스승들이 우리에게 권위가 된다고 말하는 것이며, 또 이 때문에 탐구

283 "비록 경(經)의 작자가 논증지를 교시하지 않았을지라도, 주석자들은 모종의 것들을 수집해 두었다. 그래서 그것들은 우리에게 권위가 된다." (yady api sūtrakāreṇāvayavopadeśo na kṛtas tathāpi bhāṣyakārāḥ kecid eṣāṃ saṅgrahaṃ cakruḥ te ca naḥ pramāṇam | YD ad. SK 1. ibid. p. 4, 11-13행)

284 Cf. YD ad. SK 1. ibid. 20-26행.

등에 대해서는 상술하지 않는[다고 말하는] 것이다.[285]

사실 10지라는 말은 파탄잘리의 『대주석』에서도 언급된다.[286] 그런데 Vātsyāyana는 *Nyāya-bhāṣya*에서 니야야 학파의 일부가 지지하는 10지설을 비판한다.[287] 그는 10지 중 ⑥~⑩은 인정하되 ①~⑤는 거부한다. 그 이유는 ①~⑤의 추가 요소가 분명히 추론의 심리적 과정에 속하는 국면들이기는 하지만, 추론의 고유한 논법에서는 불필요하다고 생각하기 때문이다. 그러나 *Yuktidīpikā*의 관점에 따르면, 10지가 결론을 입증하는 데는 논리적 필요성을 갖지 않을지라도 철학적 문제를 토론하고 설명하는 데 매우 유용한 기능을 발휘한다. 10지에 이 같은 의의를 부여한 *Yuktidīpikā*의 저자는 추가 요소(①~⑤)의 적용을 납득할 수 있도록 실례를 제시하여 설명한다.[288]

① 탐구(jijñāsā): 어떤 철학도가 상키야의 교사에게 다가가서 순수정신의 성격을 설명해 달라고 청한다. 그는 순수정신이 상키야에서 생각하는 대로 존재하는지의 여부를 알고 싶어 한다. 순수정신에 관해 알고자 하는 이 충동이 곧 철학적 사색의 직접적 동기이다. 스승은 소크라테스가 사용한 것과 같은 논법으로 탐구자의 지적 허구를 드러내기 위한 질문을 던진다. 이와 같은 방식으로 스승은 제자의 질문이 하찮은 소일거리로 즉흥적인 주장을 내세우려는 것이 아니라 진리에 대한 진지한 탐구에서 유래한 것임일 확인할 필요가 있다.

....

285 kiṃ ca tantrāntarokteḥ | tantrāntareṣu hi vindhyavāsi-prabhṛtibhir ācāryair upadiṣṭāḥ | pramāṇaṃ ca nas ta ācāryā ity ataś cānupadeśo jijñāsādīnām iti | YD ad. SK 1. ibid. p. 5, 6-8행.

286 "5지를 10지로 일컫는다." (pañcāvayavāḥ daśāvayavā iti | 『대주석』 5.2.42. Kielhorn 1996:378, 21-22행)

287 NBh 1.1.5. 그러나 Vātsyāyana가 열거하는 순서는 *Yuktidīpikā*의 그것과 일치하지는 않는다. *Nyāya-bhāṣya*에서는 śakya-prāpti(달성 능력)가 prayojana(목적)에 선행하지만, 상키야의 주석에서는 이 순서가 바뀌어 있다. 本多 惠(1978b:67)에 의하면 *Caraka-saṃhitā*(Vādamaryādāpadāni 22-26)에서는 śakya-prāpti 대신 sa-vyabhicāra(불확정), saṃśaya-vyudāsa(의심의 불식) 대신 vyavasāya(확인)를 열거하고 있으나 *Nyāya-bhāṣya*의 것은 *Yuktidīpikā*의 것과 전적으로 동일하다. 따라서 *Yuktidīpikā*는 *Nyāya-bhāṣya*의 것을 채용했을 것이다.

288 Cf. YD ad. SK 6. Wezler & Motegi(1998) pp. 89-90, 19-12행. 이하 다섯의 실례는 Chakravarti(1975:194-6)의 해설에 따름.

② 의심(saṃśaya)에 관해서는 의심이 발생하게 된 이유를 묻고, 이에 대해 예상되는 답변을 제시하는 문답의 방식으로 다음과 같이 예시한다.

문: "너는 왜 순수정신이 있는지 없는지에 대해 의심해야 하는가?"

답: "저의 의심은 자아 즉 순수정신의 존재가 직접적인 관찰의 대상이 아니라는 사실, 그리고 직접 관찰되지 않는 것은 실체이거나 비실체일 수 있다는 사실 때문에 발생합니다. 달과 태양의 다른 쪽은 관찰되지 않더라도 확실히 존재하는 것으로 알려져 있습니다. 그러나 마찬가지로 관찰할 수 없는 토끼의 뿔은 비실체로 알려져 있습니다. 그래서 단지 관찰할 수 없다는 것이 사물의 비존재를 추리할 수 있는 근거가 될 수는 없습니다. 상키야에서 불변 편재의 자명한 원리로 묘사되는 자아는 관찰의 대상이 아닙니다. 그렇다면 철학자들 사이에서는 논쟁의 여지도 없을 것입니다. 저에게는 관찰할 수 없는 이것이 존재에 속하기도 하고 비존재에 속하기도 하기 때문에 의심의 원인이 됩니다."

③ 목적(prayojana) 또는 동기에 관해서도 문답으로 그 취지를 설명한다. 스승은 탐구의 진지함을 감지하기 위해 탐구의 목적에 관해 질문할 것이다. 이에 대해 장황하게 답변한다.

문: "왜 너는 한가한 사색거리인 이 문제에 대해 애써 근심하는가? 그대가 존재나 비존재에 관한 진실을 아는 것으로 얻고자 하는 결과는 무엇인가?"

답: "제가 자아에 관한 진실을 알고 싶은 이유는, 그 진실에 대한 지식이 궁극의 해탈에 이르는 가장 확실한 길이기 때문입니다. 즉 자아는 존재하고 물질과는 다르며, 온갖 변화와 상황과는 무관할 뿐만 아니라 어떠한 공간적 시간적 한계로부터도 벗어나 있다는 것이 진실이라고 알려진다면, 저는 당연히 불교도가 주장하는 무아론이 근거 없는 망상이라고 단언하고서, 진실에 관한 지식으로 모든 속박을 불식하여 다른 어떤 것도 이보

다 위대하거나 견고할 수 없는 해방에 도달할 수 있을 것이기 때문입니다. 그리고 이것은 현현, 미현현, 순수정신의 진실한 성격에 관한 지식이 해방으로 인도한다고 주장하는 상키야의 관점입니다. 반면에 만약 불교도의 주장이 진실한 것으로 파악된다면, 저는 상키야 철학자들이 설파하는 교의나 형이상학은 거짓투성이라고 단언하지 않을 수 없으며, 진리 탐구자와 해탈 추구자를 오도한다고 짐작하지 않을 수 없습니다. 자아와 같은 것은 없다는 것이 진실이라면, 이 지식으로 인해 저는 자아에 의해 추진된 교의들에 대한 모든 신의를 버리지 않을 수 없게 될 것입니다. 오히려 저는 불교도의 수행을 따라야 할 것이고, 명상의 과정을 끊임없이 이행함으로써 초월적 진리에 관해 깨닫게 될 것입니다. 즉 불교의 스승들이 가르치는 대로 초월적 진리가 마음에 떠오를 것이고, 이의 당연한 귀결로서 삼계(三界)의 중생들에게 생존의 특성을 이루는 욕망과 번뇌가 마침내 소멸하게 될 것입니다. 그리고 이것을 열반, 즉 개인과 개체로 제각기 차별된 존재의 절멸이라고 합니다."

④ 달성 능력(śakya-prāpti): 위의 목적은 지식의 세 가지 수단(직접지각과 추리와 증언)을 적용하는 것으로 해결될 수 있다. 제자는 이것을 갖춤으로써 진실한 탐구욕의 목적을 달성할 수 있을 것으로 기대된다.

⑤ 의심의 불식(saṃśaya-vyudāsa): 이제 제자의 의심을 제거하는 일은 스승에게 달려 있으며, 이 일은 오로지 다음 단계인 오지작법(⑥~⑩)의 논증으로 해결될 수 있다. 그러므로 이하의 5지는 이것에 포섭된다.

*Yuktidīpikā*에서 오지작법의 5지가 의심의 불식에 포섭된다고 직접 언급하는 것은 아니다. 그러나 의심의 불식으로 오지작법의 첫째인 주장 명제가 설정된다고 다음과 같이 설명하는 것은, 오지작법이 의심의 불식에 포섭된다는 것을 시사하는 것으로 이해할 수 있다.

인식 수단의 세 가지를 구비함으로써 이 목적을 해결할 수 있다라고 굳게 결심할 때, ⑤의심을 버리고 입증해야 할 것을 확언하는 것이 ⑥주장 명제이다. '순수정신은 존재한다.'라는 이러한 주장 명제가 입증의 대상이다.[289]

끝으로 상키야 철학에서는 신뢰할 수 있는 말씀인 증언도 지식의 별도 원천이 되는 인식 수단으로 간주한다. 이것은 베다나 브라마나와 같은 타당한 모든 계시서, 그리고 『마누 법전』과 같은 종교적 법전들 및 결점이 없는 사람의 진술을 포함한다. 직접지각 및 추리의 범위를 벗어나 있는 대상들은 이것으로 인식될 수 있다.

다른 학파에서는 상키야에서 인정하는 3종의 인식 수단 외에 유추(upāmāna), 상정(arthāpati), 비지각(anupalabdhi), 개연성 등도 지식의 원천으로 인정한다. 그러나 상키야에서는 이런 것들에 독립된 지위를 부여하지 않고, 그것들의 일부를 추리 또는 증언의 일환으로 간주한다.

8.5. 창조와 윤회

8.5.1. 윤회의 매체인 미세신

인간의 신체는 부모의 성교에서 유래한다. 이 같은 유형의 신체는 '여섯 덮개'(ṣaḍ-kauśka)의 소유자로 불린다. 이것들 중 털과 피와 살은 어머니로부터 유래하고, 혈관과 뼈와 골수는 아버지로부터 유래한다. 그런데 순수정신은 어떤 변화나 변형을 겪어야 하는 것이 아니다. 그렇다면 그 순수정신이 어떻게 육체를 채택하여 존재의 한 상태로부터 다른 상태로 이동하는지를 설명해야 한다. 상키야 학파의 교사들은 이 문제에 관해 상이한 이론을 주창해 왔다. 불행하게

....

289 śakyaś cāyam artho niścetuṃ pramāna-traya-parigrahād iti vyavasthite vyudasya ⑤saṃśayam | sādhyāvadhāraṇaṃ ⑥pratijñā | sādhyasya yad avadhāraṇam asti puruṣa iti sā pratijñā | YD ad. SK 6. Wezler & Motegi(1998) p. 90, 11-14행.

도 그들이 개진한 견해를 상세히 수록한 문헌은 아직까지 알려져 있지 않다. 이에 관하여 우리가 알 수 있는 것은 모두 *Yuktidīpikā*, 그리고 *Prapañcasāra-tantra* 및 이것의 주석에 수록된 간략한 진술뿐이다. 따라서 이런 진술은 그들의 견해를 밝히는 데 가장 유용한 단서가 된다.[290]

1. 미세신 개념의 개요

상키야에서 말하는 미세신은 윤회할 때도 존속하는 미세한 매체를 지칭하는 전문어이다. Pañcādhikaraṇa에 의하면 윤회 상태에 있는 순수정신은 미세한 매체와 결합되어 있다. 그는 이 미세한 매체를 '순환 신체'(vaivarta-śarīra)로 명명한다. 그러나 이 순환 신체의 정체를 설명하는 문헌은 아직까지 발견되어 있지 않다.

'순환 신체'의 정체는 오직 *Yuktidīpikā*에 의거하여 어느 정도 짐작할 수 있다. 즉 순수정신이 자신의 매체를 통해 새로운 출생에 합류할 때, 다양한 기관들의 기능은 순환 신체와 통합하게 된다. Pañcādhikaraṇa에 의하면 이때 그 기관들의 숫자는 『상키야송』에서 헤아리는 13종이 아니라 3종의 내적 기관(통각, 아만, 마음)을 제외한 10종(5지각기관과 5행위기관)이다.[291] 더욱이 그는 상키야의 다른 교사들과는 달리 이것들을 아만의 산물로 간주하지 않고, 5조대요소들의 산물로 간주한다. 그런데 10종의 기관들은 제각기 순환 신체와 통합된다고 하므로, 이것들이 통합되기 이전의 상태인 '순환 신체'는 통각, 아만, 마음, 5미세요소로 구성된 것으로 간주된다.

윤회의 매체가 되는 미세한 신체, 즉 미세신의 구성에 관한 견해는 상키야의 주석자들 사이에서도 상이하다. 이것들을 상술하기 전에 미세신에 대한 상키야의 인식을 먼저 이해할 필요가 있다.

미세신은 남녀의 성교를 통해 여성의 피와 남성의 정액으로 들어간다. 이렇

....

290 미세신에 관한 이 견해와 이후의 고찰은 Chakravarti(1975) pp. 288-292 참조.

291 YD ad. SK 32. @제7장 각주 131 참조.

게 형성된 부모의 씨앗이 자궁에 도달하여 배(胚)를 형성하고, 이 배는 점차 태아로 성장하기 시작한다. 태아는 자궁에서 충분히 성장하여 감관을 갖추게 되면 자궁으로부터 아이로 태어난다. 이렇게 시작된 육체는 6성취의 기간 중에 행했던 선악의 과보를 완전히 소진할 때까지 존속한다. 그리고 죽을 때는 미세한 매체가 조대한 육체로부터 분리된다. 만약 그 육체를 취한 기간 동안 줄곧 덕행을 쌓고, 이로부터 얻은 공덕이 그간 통합되어 있던 기관들에 훈습해 있었다면, 그 미세한 매체는 천계로 윤회한다. 반면에 만약 그 기관들이 악덕의 훈습을 보유하고 있었다면, 미세한 매체는 지옥이나 동식물의 세계로 윤회한다. 또한 선과 악이 혼합된 훈습의 경우에는 인간 세계로 윤회한다. 미세한 매체는 이처럼 순수정신이 하나의 신체로부터 다른 신체로 이주할 때 타는 수레와 같은 역할을 한다. 그것은 주요한 감관들을 보유하므로 감각 기능과 인지 능력을 갖추고 있다. 이러한 미세한 매체는 재생하여 새롭게 얻게 될 조대한 육체의 중간 단계에 있는 신체이며, 미세신은 바로 이 중간 신체를 가리킨다.

미세신은 새로운 출생을 맞으면서 조대한 육체로 덮여 있다가 죽음을 맞을 때는 그 육체로부터 벗어난다. 앞서 말한 '순환 신체'처럼 미세신은 기본적으로 통각과 아만과 마음과 5미세요소로 구성되고, 5지각기관과 5행위기관은 이 미세신에 통합된다. 그런데 이러한 미세신을 결코 선과 악의 결과로 간주할 수는 없다. 그것은 창조의 시초에 원질에 의해 생성되기 때문이다. 그러므로 미세신은 궁극의 해탈에 도달할 때까지 존속하지만, 조대한 육체는 죽음을 맞이한 이후에는 사라진다.

Pañcādhikaraṇa 다음으로 미세신을 윤회의 매체로 설명하는 교사는 파탄잘리이다. 이 파탄잘리는 『대주석』의 저자일 것으로 간주된다. *Yuktidīpikā*의 저자는 상키야 교사들의 계보에서 파탄잘리를 Pañcādhikaraṇa의 후계자로 열거하므로, 파탄잘리가 생각하는 미세신도 Pañcādhikaraṇa의 생각에서 크게 벗어나지는 않을 것이다. 다만 파탄잘리가 생각하는 미세신의 구성 요소에 관해서는 알 수 없다. 파탄잘리의 미세신 개념을 유일하게 소개하는 *Yuktidīpikā*에서 이에 관해 전혀 언급하지 않기 때문이다.

파탄잘리에 의하면 6성취의 기간 중에 행했던 개개인의 선악이 높거나 낮은 세계 중 어느 곳으로 윤회할지를 결정한다. 즉 선업이나 악업이 작용함으로써 개개인은 다음 생에서도 또 다른 새로운 미세신을 야기한다. 새롭게 생성된 미세신도 또한 이전과 마찬가지로 감관들을 개개인에게 업의 종자로서 대물림하여, 다음 출생의 원인인 부모의 씨앗과 접촉하도록 뒷전에서 그 감관들을 밀고 나아간다. 그래서 이 결합이 발생하자마자 새롭게 생성된 미세신은 죽음과 동시에 사라진다. 이와 같은 방식으로 일련의 미세신들은 개개인이 축적한 공덕과 악덕이 모두 완전히 소진할 때까지 연속한다. 완전한 소진은 해탈이 임박할 때라야 가능하다.

그런데 파탄잘리가 이처럼 설명하는 미세신은 일찍이 *Bṛhadāraṇyaka-upaniṣad*에서 비유적으로 말하는 거머리에 상당한다. 이 거머리는 생멸하지 않고 윤회하는 자아를 비유하고, 거머리가 옮겨 다니는 풀잎은 생멸하는 육신을 비유한다.

> 마치 풀잎에 있는 거머리가 풀잎의 끝에 이르러 [다른 잎으로] 다시 한 걸음 나아가 자신을 [다른 잎에] 머물게 하듯이, 이 자아도 이 육신을 버리고 무지를 떨쳐 버린 뒤 [다른 신체로] 다시 한 걸음 나아가 자신을 [다른 신체에] 머물게 한다.[292]

거머리가 하나의 풀잎에서 다른 풀잎으로 이동할 때는 먼저 자기 몸의 윗 부분을 내뻗어 다른 잎을 붙든다. 그리고 다른 잎과 자신의 몸이 연결되자마자, 거머리는 그 동안 달라붙어 있었던 풀잎으로부터 자동적으로 자기 몸의 뒷부분을

....

292 tad yathā tṛṇajalāyukā tṛṇasyāntaṃ gatvā anyam ākramam ākramyātmānam upasaṃharati, evam evāyam ātmedaṃ śarīraṃ nihitya, avidyāṃ* gamayitvā, anyam ākramam ākramyātmānam upasaṃharati ‖ BṛhU 4.4.3. Mādhavānanda(1950) p. 709. 번역은 정승석(1999) p. 124. *Radhakrishnan(1953:271)이 채택한 판본에서 avidyāṃ(무지를)은 avidāṃ이지만 의미에는 차이가 없다.

새 잎으로 옮긴다. 죽음과 재생의 과정도 이와 마찬가지이다. 이 경우의 거머리는 상주하는 자아를 비유하기 때문에 사라졌다가 다시 발생하는 것으로 묘사되지는 않는다. 그러나 파탄잘리가 설명하는 미세신은 육신의 죽음과 함께 소멸했다가 재생하는 육신과 함께 다시 생성된다. 그러므로 미세신은 죽음과 재생 사이의 중간 과정을 거치지만, 거머리로 비유된 자아에게는 그러한 중간 과정이 없다.

의학서인 *Kaśyapa-saṃhitā*에서도 거머리의 비유처럼 이동하는 개아(영혼)에 의해 윤회한다는 관념을 옹호한다. 이에 따르면 개아는 이전의 신체를 버리자마자 새로운 신체로 들어간다. 이 경우, 죽음과 재생 사이에는 중간 상태가 없다.

> 그런데 여보게! 실로 개아(영혼)는 자재신의 속성을 구비하여 편재하기 때문에, 이전의 신체에서 물러나는 동시에 다음의 신체를 떠맡는다네. [이 경우,] 종자(정액), 피, 풍(風) 따위(5풍)와 공(空) 따위(5조대요소), 의식, 통각과 분리되고 난 것은 편재하기 때문에 아무 때라도 어떠한 자궁으로든지 들어간다네. 왜냐하면 자신의 업은 [어디서든] 과보를 초래하는 능력을 갖기 때문이라오.[293]

여기서는 흔히 영혼으로 불리는 개아(jīva)를 윤회의 주체로 간주하므로 상키야에서 말하는 미세신과는 관념을 달리한다. 의학서의 관점에서는 상키야의 순수정신도 개아에 상당할 것이다. 왜냐하면 위의 설명에서는 개아를 생리적·물리적 요소들뿐만 아니라 의식 및 통각과도 분리되어 편재한 것으로 간주하는데, 상키야 철학에서 이에 해당하는 것을 찾자면 순수정신뿐이기 때문이다. 그러나 상키야 철학에서는 순수정신을 윤회의 주체로 간주할 수 없기 때문에 미

....

293 jīvas tu khalu bho sarvagatatvād īśvara-guṇa-samanvitaḥ pūrva-śarīrāc cāvakrāmati paraśarīraṃ copakrāmati yugapat, na kadācid api bīja-śoṇita-vāyv-ākāśādi-mano-buddhibhir viyuktapūrvaḥ sarvagatatvāc ca na kasyāñcid yonau nopapadyate svakarma-phalānubhāvād iti ‖ KS, Śārīrasthānam 3. Trikamjī(1938) p. 47, 15-18행.

세신을 윤회의 주체로 상정한 것이다. 그리고 미세신의 정체성은 사이비 순수 정신인 통각을 근간으로 하여 형성된다는 데 있다.

그러므로 이 같은 저변의 관념을 고려하면, 다른 학파에서 윤회의 주체로 언급하는 개아가 상키야의 관념에서는 미세신에 불과하다. 이 점은 다음에 소개할 샹카라의 설명에 잘 드러나 있다.

2. 미세신에 관한 주요 견해들

샹카라의 이름으로 저술된 *Prapañcasāra-tantra*에서는[294] 개아가 자궁으로 들어가 유전하는 과정에 관하여 여러 대가들의 견해를 언급한다. 이 중에는 아버지의 개아가 결국에는 아이로 태어난다고 주장한 학파도 있다. 예를 들어 부모가 교합하면, 그 과정에서 정액을 방출함으로써 아버지의 개아를 어머니의 자궁으로 밀어 내린다. 이것은 하나의 등불에서 다른 등불로 불을 옮기는 것과 같다는 비유로 설명된다.[295]

이하에서는 미세신에 관해 이 문헌이 소개하는 주요 견해와 이에 대한 주석자들의 설명을 원문대로 소개한다. 먼저 이 문헌에서 네 개의 게송으로 약술한 내용은 다음과 같다.[296]

....

294 출판본의 서문에서 Arthur Avalon(Sarasvatī 1935:xxi ff.)은 이 문헌의 저자를 베단타 철학의 거장인 샹카라로 확정할 수 없는 이유들을 제시했다.

295 『구사론』이 대변하는 불교의 관점에서 미세신은 중유(中有)로서 상속하는 5온에 상당한다. 『구사론』의 게송에 의하면 "번뇌와 업으로 형성된 것(5온)은 마치 등(燈)처럼 중유의 상속에 의해 자궁으로 간다." (kleśa-karmābhisaṃskṛtam | antarābhava-saṃtatyā kukṣimeti pradīpavat || AkBh 3.18. Pradhan 1975: 129) 이 게송에 대한 『구사론』의 주석은 정승석(1999) pp. 132-3 참조.

296 PT 1.94-97. Sarasvatī(1935) p. 26.
atrāpi cetanā-dhātor āgatiṃ bahudhā viduḥ | retaḥ-śoṇitajaṃ prāhur eke 'nye mātur-āhṛtāt || 94 ||
āhārād rasajaṃ prāhuḥ kecit karma-phalaṃ viduḥ | kecid asya paraṃ dhāmno vyāptim eva pracakṣate || 95 ||
kaścit karma-prakārajñaḥ pitur dehātmanā sakṛt | samvadhya matha[da]nodreka-vilīnāc chukra-dhātutaḥ || 96 ||
tat paraṃ dhāma saujaskaṃ saṃkrāntaṃ mārutena tu | brūte rakta-vyatikṛtād dīpād dīpāntaraṃ yathā || 97 ||

이 경우에도 그들은 [미세신이?] '의식을 성분으로 가진 것으로부터'[297] 발생함을 여러 가지로 주장한다. 다른 어떤 이들은 어머니의 임신을 통해 정액과 혈액으로부터 발생한다고 천명한다. (94)

혹자들은 음식을 섭취함으로써 유미(乳糜)로부터 발생한다고 천명하고, 업의 결과라고 주장하며, 혹자들은 이에 대해 거처(신체)를 초월한 것은 편재할 뿐이라고 말한다. (95)

업의 양태를 아는 혹자는 설명하기를, 그 다른 거처(신체)[298]는 강력한 상태로 풍(風)[299]과 합류하여 아버지에 속하는 '신체의 자아'(개아)와 즉시 결합한 다음, 애무(성교)에 충분히 몰두한 끝에 [방출된] 백색 액체(정액)의 성분을 통해 [또한] 월경의 분비액으로 침투함으로써, 마치 하나의 등불로부터 다른 등불로 [이동하듯이 개아로서 다시 태어난다]라고 한다. (96-97)

Padmapāda의 주석에서는 이 설명을 다음과 같이 해설한다.[300]

……………

297 '의식의 성분으로부터'도 가능하지만, 후술할 Padmapāda의 주석에 의거한다. 그러나 '의식을 성분으로 가진 것'(cetanā-dhātor)이 미세신과 순수정신 중 어느 것을 지칭하는지는 분명하지 않다. 따라서 둘 중 어느 하나일 수 있다. Padmapāda의 주석에서는 이것을 '몸을 아는 자', 즉 순수정신으로 명기한다. 그렇다면 여기에 함축된 주어로는 '미세신'이 타당하다. 이에 의하면 미세신이 순수정신으로부터 발생한다는 관념이 성립되는데, 이는 물론 상키야의 관점과는 부합하지 않는다. 이하에서 윤회의 주체가 어떻게 형성되어 어떤 방식으로 존속하는가 하는 문제에 관한 몇몇 견해를 약술한다.

298 거처(신체)를 수식하는 paraṃ이라는 동일한 원어가 바로 앞에서 '초월한'이라는 의미로 해석된 것은 편재하는 신체를 표현하기 때문이다. '다른 거처(신체)'일 경우에는 파탄잘리에 대한 *Yuktidīpikā*의 설명을 적용하면 미세신을 가리키는 것이 분명하다. 후술할 Bhoda Bhāratī의 주석에서 미세신은 '의식성과 물질성을 지닌 요체'를 지칭한 것으로 이해된다.

299 후술할 Bhoda Bhāratī의 주석을 고려하면, 이 풍(風)은 생기(生氣)로서의 prāṇa를 가리키는 것으로 이해된다.

300 Padmapāda ad. PT 1.94-97. Sarasvatī(1935) p. 26, 19-28행.
①tat kathaṃ kṣetrajña-praveśa iti | tatra matabhedaṃ darśayati — atrāpīti | cetanā-dhātuś cid-ekarasaḥ puruṣaḥ | api śabdena virodhārthena pakṣānām anupapattir darśitā | na hi cid-ekarasasya puruṣasya evaṃ vidhāḥ praveśā upapadyanta ity arthaḥ |
②retaḥ-śoṇitajam iti pañcādhikaraṇānāṃ pakṣaḥ |
③mātur āhṛtād āhārād yo rasaḥ pākajaḥ tad-dvāreṇa garbha-śarīraṃ viśatīti vārṣagaṇāḥ |
④karma-phalam iti apatyārthinaḥ yathoktāhāra-vihāra-śraddhādy-atiśayād garbhaṃ praviśatīty āpadyā[treyā]dayaḥ |
⑤paraṃ dhāmno vyātim iti vindhyavāsi-pakṣaḥ | sarvagasyendriyābhivyakti-nimittaṃ pariccheda ity arthaḥ |

①그것(미세신)이 어떻게 '몸을 아는 자'(순수정신)로 진입하는가? 이에 대해 그(저자)는 '이 경우에도'라고 하여 견해의 차이를 제시한다. [어떤 이들에게는][301] 의식을 성분으로 갖는 것으로서, '불변의 지성'이 순수정신이다. 그렇더라도 반론자들은 불일치하는 의미를 가진 말로[302] 불확실한 논쟁을 펼친다. 왜냐하면 '불변의 지성인' 순수정신의 경우에는 그와 같은 종류의 진입들이 가능하지 않음을 의미하기 때문이다.

②Pañcādhikaraṇa의 추종자들은 [그것이(미세신)] 정액과 혈액으로부터 발생한다고 주장한다.

③Vārṣagaṇya의 추종자들은 어머니가 임신하여 음식을 섭취함으로써 생성된 양분(=유미)인 이것을 통해 그것이 태아의 신체로 들어간다고 [주장한다.]

④Āpadyātreya를 비롯한 어떤 이들은 [그것(미세신)이] 업의 결과라고 [주장하여], 자식을 갈망하는 이들이 [성전에서] 말한 대로 음식과 정화와 신앙 따위를 충족시킴으로써 자궁으로 들어간다고 [주장한다.]

⑤Vindhyavāsin은 거처(신체)를[303] 초월한 것은 편재한다고 주장한다. 편재하는 것은 감관(감각 기능)의 현현을 통해 구분된다는 의미이다.

⑥파탄잘리나 Dhanvantari와 같은 이들은 등불로부터 다른 등불로 [이동하듯이 개아로서 다시 태어난다]라고 주장한다. 그 다른 거처(신체)는 그 [자신의] 아버지에 속하는 자아라고 혹자는 이와 같이 말한다는 것이 계속해서 연결된다. "월경의 분비액으로 침투함으로써"라고 하여, 여자의 자아도 이전한다는 것이 명시된다.

....

⑥dīpād dīpāntaram iti patañjali-dhanvantaryādi-pakṣaḥ | tat paraṃ dhāma tasya pitur ātmā kaścid evaṃ brūta ity uttaratrānvayaḥ | rakta-vyatikṛtād iti stryātmano 'pi saṃkrāntir darśitā |

301 저자 혹은 주석자의 견해를 대변한 것인지, 어떤 이들의 견해를 소개한 것인지 불확실하다. 그러나 순수정신을 '불변의 지성'으로 정의하는 것은 상키야의 정설이므로, 여기서는 상키야 학파를 염두에 둔 것으로 이해할 수 있다.

302 미세신과 순수정신의 개념을 차별하지 않고서 혼용함을 지적한 듯하다.

303 Chakravarti(1975:293)가 "그(Vindhyavāsin)에 의하면 아만(ahaṃkāra)으로부터 직접 유래하는 감관들은 본래 편재한다."라고 서술하는 것으로 dhāman(거처 또는 출생)을 ahaṃkāra(아만)로 해석한 이유는 명확하지 않다. dhāman에 족쇄의 의미를 적용한 확대 해석일 수 있다.

한편 Bhoda Bhāratī는 샹카라의 견해를 다음과 같이 해설한다.[304]

①파탄잘리나 Dhanvantari와 같은 이들의 주장을 그 둘에게 [적용하여] '혹자는'이라고 말한 것이다. [여기서] 혹자란 총명한 견해를 가진 스승이요, 업의 양태를 아는 자요, 베다에서 설한 많은 종류의 제사 의식을 아는 자이다.
②아버지에 속하는 신체의 자아란 선조에 속하는 의식과 신체의 자아, 즉 육신이 지닌 자기의식과 생명(생기)과 의식이다. 이런 자아와 즉시, 즉 동시에 결합한 다음, 애무에 충분히 몰두한 성교의 절정에서 방출된 백색 성분의 정액을 통해, 즉 그것의 방울에 의해, ③그리고 모든 목적을 구비한 그 '다른 거처', 즉 의식성과 물질성을 지닌 요체(＝정액)는 강력한 상태로, [예를 들어] 암양 따위의 기관으로부터 방출된 유미(乳糜)와 완전히 결속된 채 풍(風), 즉 무엇보다도 더 탁월한 생기라는 풍과 합류하여, 월경의 분비액으로 침투함으로써, 즉 월경 때 생성된 핏방울과 합체함으로써, 하나의 등불로부터 다른 등불이 소생하는 것처럼 육신으로 이동한다. [저자의 설명은] 이와 같은 의미로 말한 것이다.
④그래서 성전에서는 다음과 같이 설한다. "남편은 아내에게 들어가서 태아가 된 후, 그는 [태아로서] 어머니에게 들어간다. 그(어머니) 속에서 다시 새로운 것(태아)이 된 후, 열째 달에 태어난다."

....

304 Chakravarti(1975) p. 295 재인용. Chakravarti는 주석자의 이름을 Bhoda Bhāratī로 명기하지만, Arthur Avalon(Sarasvatī 1935:lxxxix)에 의하면 *Prapañcasāra-tantra*에 대한 다른 주석서로 Uttamabodha의 *Sambandhadīpikā*가 있다. 그러나 Raghavan(1966:54)의 목록에 의하면 이 문헌의 저자는 Ātmabodha Yati이다.
①patañjali-dhanvantaryādi-pakṣam āha, kaścid iti dvābhyām | kaścid vicakṣaṇa-matir ācāryaḥ karma-prakārajñaḥ vedoktānekavidha-kratu-vijñātā ②pitur janakātmaka-caitanya-dehātmanā śarīrābhimāni-jīva-caitanyena sakṛt ekadā saṃvadhya mathanodrekaṃ vilīna-maithun-aprakarṣa-pracyutāt śukra-dhātuto retasaḥ tad-vindudvārā ③tan nikhilābhāsa-prasiddhaṃ paraṃ dhāma saṃvid-rūpaṃ tejaḥ saujaskaṃ tv ajādi-dhātu-vinirmukta-rasa-samākalitaṃ saṃkrāntaṃ mārutena suviśiṣṭatareṇa prāṇa-vāyunā rakta-vyatikṛtāt ṛtukālodbhava-śoṇitabindu-sahitāt dīpa-jvālāyāḥ anyadīpajvālotpattivat śarīre saṃkrāntam iti kathayatīty arthaḥ | ④tathā ca śrutiḥ | "patir jāyāṃ praviśati garbho bhūtvā sa mātaraṃ | tasyāṃ punar navo bhūtvā daśame māsi jāyate || " iti ||

여기서 주석자는 이렇게 주장한 당사자를 파탄잘리와 Dhanvantari로 지목하면서 이들의 견해를 성전의 교시와도 합치하는 통설로 간주한다. 그렇다면 이 둘의 견해를 마지막으로 소개한 Padmapāda의 관점도 이와 마찬가지일 것이다. 특히 Padmapāda의 해설에 따르면 파탄잘리와 Dhanvantari는 아버지의 개아만 자궁으로 내려가는 것이 아니라, 성교가 이루어질 때 어머니의 개아도 월경의 혈액을 통해 자궁으로 내려간다고 주장한다. 그러나 Dhanvantari 학파의 주장을 대변하는 Siśruta의 의학서에서는 그러한 주장이 발견되지 않는다는 사실을 유념해야 할 필요가 있다. 따라서 Padmapāda의 해설만으로 파탄잘리와 Dhanvantari의 견해를 아직 속단할 수는 없다.

Padmapāda가 소개한 Pañcādhikaraṇa와 Vindhyavāsin 및 파탄잘리의 견해는 *Yuktidīpikā*에서도 거론되므로, 이것과 비교하는 것으로 그들의 견해가 보다 명료하게 드러날 것이다.

3. Yuktidīpikā의 미세신 개념

*Yuktidīpikā*에서는 미세신에 관한 세 가지의 견해에 주목하여, Pañcādhikaraṇa와 파탄잘리의 견해를 Padmapāda보다는 훨씬 더 상세하게 설명한다.[305]

....

305 YD ad. SK 39. Wezler & Motegi(1998) pp. 229-230, 18-8행.

①pañcādhikaraṇasya tāvad vaivartaṃ śarīraṃ mātā-pitṛ-saṃsarga-kāle karaṇāviṣṭaṃ śukraśoṇitam anupraviśati | tad anupraveśāc ca kalalādi-bhāvena vivardhate | vyūḍhāvayavaṃ tūpalabdha-pratyayaṃ mātur-udarān niḥsṛtya yau dharmādharmau ṣaṭsiddhy-upabhoga-kāle kṛtau tad-vaśād avatiṣṭhate | yāvat tat-kṣayāc charīrapātas tāvat | tatra yadi dharma-saṃskṛtaṃ karaṇaṃ tato dyudeśaṃ sūkṣma-śarīreṇa prāpyate tad-viparyayāt tu yātanā-sthānaṃ tiryagyoniṃ vā miśrībhāvena mānuṣyam | evam ātivāhikaṃ sūkṣma-śarīram indriyāṇāṃ dhāraṇa-prāpaṇa-samarthaṃ nityaṃ bāhyenāpāyinā pariveṣṭyate parityajyate ca |

②patañjales tu sūkṣma-śarīraṃ ṣaṭsiddhikṣaye(?) pūrvam indriyāṇi bījadeśaṃ nayati tatra tat kṛtāśayavaśād dyudeśaṃ yātanāsthānaṃ vā karaṇāni [vā] prāpayya nivartate | tatra caiva yuktāśayasya karmavaśād anyad utpadyate yad indriyāṇi bījadeśaṃ nayati tad api nivartate | śarīrapāte cānyad utpadyate | evam anekāni śarīrāṇi |

③vindhyavāsinas tu vibhutvād indriyāṇāṃ bījadeśe vṛttyā janma | tat-tyāgo maraṇam | tasmān nāsti sūkṣma-śarīram(cf. ŚV, Ātmavāda 62) | tasmān nirviśeṣaḥ saṃsāra iti pakṣaḥ |

①Pañcādhikaraṇa의 경우에는 다음과 같이 주장한다. '순환 신체'(=미세신)는 부모가 결합(성교)할 때 일단 기관들 속으로 들어가[306] 정액과 혈액으로 따라 들어간다. 그리고 그것은 따라 들어간 다음부터 원초적 태아(kalala) 따위의 상태로 성장한다. 그것은 사지(四肢)를 구비하고 지능을 얻어 어머니의 자궁으로부터 나온 후, 6성취를 향유한 기간에 이루어진 바로 그 선악의 힘을 통해, 그것(선악의 힘)이 소진함으로써 신체가 파멸할 때까지 존속한다. 거기서 만일 기관이 선(善)을 갖춘다면 이 결과로 미세신은 천계에 도달하지만, 이와 반대의 경우에는 고통의 저장고(지옥)나 축생계에, [선과 악이] 뒤섞인 상태로는 인간계에 도달한다. 이와 같이 바람보다 빠르고 감각 기능들을 보유하여 운반할 수 있는 미세신은 영원하며, 필멸의 외면(신체)으로 감싸여 있다가 벗겨진다.

②그런데 파탄잘리의 추종자들의 경우에는 다음과 같이 주장한다. 미세신은 6성취가 소진할 때(?)[307] 먼저 감각 기능들을 종자의 장소(정액이나 혈액, 또는 자궁)로 인도한다. 거기서 그것은 [전생에] 형성된 잠세력에 따라 감관들을 천계나 고통의 저장고(지옥)로 도달하게 한 후에 사라진다. 그리고 [사라진] 이 경우에도 그것은 잠세력을 가진 자의 업력을 통해 다른 것으로서 발생하는데, 감각 기능들을 씨앗의 장소로 인도하는 이것도 사라진다. 그러나 그것은 신체가 파멸할 때 다른 것으로서 발생한다. 이와 같이 [소멸과 발생을 반복하여] 많은 [미세한] 신체들이 있다.

③그런데 Vindhyavāsin의 경우에는 다음과 같이 주장한다. 감각 기능들은 편재하기 때문에 씨앗의 자리에서 작용함으로써 출생이 있고, 이것을 단념하는 것이 죽음이다. 이 때문에 미세신은 존재하지 않는다.[308] 따라서 윤회는 평등하다는 것이 [그의] 주장 명제이다.

---

306 '기관들 속으로 들어가'(karaṇa-āviṣṭaṃ)를 Kumar & Bhargava(1992:294)는 '기관들로 감싸여'로 번역한다.

307 다른 판본들에 따르면 '6성취가 소진할 때'(ṣaṭsiddhikṣaye)는 '[6] 성취의 시기에'(siddhikāle)가 되지만, Sharma(2018:267, 7행)의 최근 편집본도 전자를 채택한다.

308 Kumārila는 *Ślokavārttika*에서 "Vindhyavāsin은 중유신(中有身)을 배격한다."(제7장 각주 182)고 언급하므로, 그가 말하는 중유신이 바로 미세신이다.

여기서 Vindhyavāsin은 미세한 어떤 중간 신체의 존재를 인정하지 않는다.[309] 그에 의하면 아만으로부터 직접 유래하는 감관들은 본래 편재한다. 그런 만큼 감관들이 하나의 신체로부터 다른 신체로 이동하는 일은 있을 수 없다. 새로운 출생이란 부모의 씨앗이라는 형태를 취한 특정한 생물학적 매체에 의해 감관이 현현하는 것일 뿐이다. 그리고 이 현현이 철회될 때마다 죽음이 도래한다.

앞에서 Padmapāda가 소개한 Vārṣagaṇya의 추종자들에 의하면, 미세신은 부모의 씨앗으로 곧장 들어가는 것이 아니라, 어머니가 흡수한 발효 음식으로 생성된 유미(乳糜)를 통해 태아로 들어간다. Āpadyātreya를 비롯한 다른 교사들에 의하면 부모가 경건하게 자식을 갈망하고, 이에 따라 금식을 준수하면서 종교적 규범에 맞게 행동하면, 이 결과로 미세신이 자궁으로 들어간다.

그런데 방금 소개한 *Yuktidīpikā*의 설명만으로는 『대주석』의 저자인 파탄잘리가 미세신의 구성 요소를 어떻게 생각했는지를 확실하게 알 수 없다. 다만 3종의 내적 기관을 배제한 10기관이 그 미세신을 형성할 수 없다는 것은 분명하다. 미세신이 업의 종자를 간직하고서 윤회의 주역으로서 기능하는 것이라면, 통각과 아만과 마음이라는 3종의 내적 기관은 미세신을 구성하는 필수 요소가 되어야 한다. 왜냐하면 내적 기관들은 최종 해탈에 도달할 때까지 존속하다가 그 이후에는 원질로 다시 병합해 들어가기 때문이다.

그러나 파탄잘리에 의하면 미세신은 영원하지 않다. 그것은 육신이 소멸할 때 미래의 신체를 취하도록 또 다른 새로운 미세신에게 자리를 내주고 나서 사라진다. 이 점을 고려하면, 파탄잘리가 생각한 미세신의 구성 요소는 5미세요소와 5풍인 듯하다. 미세요소들과 생기(5풍)를 미세신의 구성 요소로 중시하는 관념은 의학서들에서 어느 정도 드러나 있기 때문이다. 이 경우를 제외한 다른 데

....

309 YBh 4.10. @제7장 각주 225. 또한 『마하바라타』에서도 미세한 중간 존재는 부정된다. "그것은 수명이 다할 때, 파괴될 운명인 이 신체를 버리자마자 자궁에 들어앉을 뿐이며, 중간 상태는 존재하지 않는다." (āyuṣo 'nte prahāyedaṃ kṣīṇaprāyaṃ kalevaram | saṃbhavaty eva yugapad yonau nāsty antarābhavaḥ || Mbh 3.193.77=181.24.)

서는 그런 관념이 거의 나타나지 않는다. Caraka에 의하면 미세신은 전생에 쌓은 공덕과 악덕의 결과이며, 소리(聲)를 제외한 4미세요소로 형성된다.

> 마음처럼 신속한 것이 매우 미세한 4요소와 결합하여 [하나의] 신체로부터 [다른] 신체로 나아간다.[310]
>
> [전생의] 업으로부터 발생한 네 요소들, 이것들이 자아에 달라붙어 태아로 들어간다.[311]

유명한 의학서들 중에서 *Suśruta-saṃhitā*는 미세신의 구성 요소를 직접적으로 명시하지는 않지만, '요소적 자아'(bhūtātman)를 생기의 구성 요소 중 하나로 언급한다.[312] 그런데 *Suśruta-saṃhitā*를 주석한 Ḍalhaṇa는 "요소적 자아란 요소에서 유래한 신체로서 미세한 것, 즉 미세신을 의미한다."[313]라고 해석하여 '요소적 자아'를 미세신으로 간주한다. 이에 동의하는 관념은 Vāgbhaṭa의 저작인 *Aṣṭāṅgahṛdaya-saṃhitā*에도 다음과 같이 드러나 있다.

> 그것은 씨앗의 성질을 가진 조대요소들과 생기를 수반하는 미세한 것들에 의해, 또한 음식과 혈액에 의해 어머니의 자궁에서 점차 성장한다.[314]

....

310 bhūtaiś caturbhiḥ sahitaḥ susūkṣmair manojavo deham upaiti dehāt | CS, Śārīra-sthāna 2.31. Sharma & Dash(1985) p. 359.

311 bhūtāni catvāri tu karmajāni yāny ātma-līnāni viśanti garbham | ibid. 2.35, p. 360.

312 "열(熱), 물, 숨, 순질, 동질, 암질, 다섯 감관, '요소적 자아'라는 것들이 [태아의] 생기가 된다." (agniḥ somo vāyuḥ sattvaṃ rajas tamaḥ pañcendriyāṇi bhūtātmeti prāṇāḥ || SśS, Śārīra-sthāna 4.3. Trikamji 1931:299b) '열(agni), 물(soma), 숨(vāyu)'은 5조대요소 중의 화(火), 수(水), 풍(風)에 해당한다. 그러나 의학서의 맥락에서는 이것들이 신체를 유지하는 불가결의 생리적 기질인 3종의 doṣa를 지칭하는 것으로 해석된다. 이에 의하면 열은 pitta, 물은 kapha(=śleṣman), 숨은 vāta에 해당한다. cf. Bhishagratna(1911) p. 144.

313 bhūtātmanā bhautika-śarīreṇa sūkṣmeṇa liṅga-śarīreṇety arthaḥ | ad. SśS, Śārīra-sthāna 3.4. Trikamji(1931) p. 295b, 23-24행.

314 bījātmakair mahābūtaiḥ sūkṣmaiḥ sattvānugaiś ca saḥ | mātuś cāhāra-rasajaiḥ kramāt kukṣau vivardhate || AS, Śārīra-sthāna 1.2. Gupta(1950) p. 160a.

여기서는 '미세한 것들'이라고 언급할 뿐이지만, 바로 직전에 인용한 Suśruta와 Ḍalhaṇa의 설명을 고려하면 Vāgbhaṭa도 미세신과 같은 생리적 물질을 탄생의 필수 조건으로 인정하고 있었음이 분명할 것이다. 그러나 고전 상키야의 철학적 관점에서 미세신은 단지 생리적 물질로 그치지 않고, 해탈을 성취하기 이전까지 윤회를 견인하는 요체가 되는 것으로 성찰된다.

4. 고전 상키야의 정설

Īśvarakṛṣṇa가 『상키야송』으로 천명한 견해는 미세신의 상존을 인정하기 때문에 앞에서 소개한 견해들과는 다르다. 그의 설명에 따르면, 창조의 시초에 원질 자체가 해탈하지 못한 개개의 순수정신에게 미세신을 제공한다. 이 미세신은 순수정신이 하나의 신체로부터 다른 신체로 이주(윤회)하는 데 매체의 역할을 한다. 미세신의 이동에는 아무런 장애가 없어, 단단한 바윗덩이도 관통할 수 있다. 해탈한 사람들의 경우를 제외하고, 그러한 미세신은 창조가 시작된 이래 세계가 원질로 다시 회귀하여 사라질 때까지 존속한다. 그러므로 인간이 죽을 때마다 이전의 미세신은 사라지고 새로운 미세신이 출현한다는 파탄잘리의 견해가 Īśvarakṛṣṇa에게는 통용되지 않는다. Īśvarakṛṣṇa는 다음과 같이 교시하기 때문이다.

> 이전에 발생하여, 속박되지 않고 상주(常住)하며, 마하트(통각)로부터 미세[요소]에 이르는 [원리들로 형성된] 미세신은 향수하지 않고 [8] 정태들의 영향을 받아 윤회한다.[315]

여기서는 미세신을 형성하는 원리들의 범위를 '마하트로부터 미세요소까지'

315 pūrvotpannam asaktaṃ niyataṃ mahad-ādi-sūkṣma-paryantaṃ | saṃsarati nirupabhogaṃ bhāvair adhivāsitaṃ liṅgaṃ || SK 40.

로 적시한다. 그러므로 이것을 최대로 적용하면, 마하트(통각) 이하 5조대요소까지의 23원리들 중에서 마지막 5조대요소가 배제된 총 18원리를 미세신의 구성 요소로 헤아릴 수 있다. 구체적으로는 통각, 아만, 마음, 5지각기관, 5행위기관, 5미세요소라는 18원리가 이에 해당한다. 따라서 이 18원리까지를 미세신의 구성 요소로 간주하는 것이 『상키야송』에 의거한 정설이라고 말할 수 있다. 그러나 미세신을 형성하는 원리들의 범위에 관해서는 주석자들 사이에 견해의 차이가 있다.

*Tattva-kaumudī*도 18원리를 미세신의 구성 요소로 간주한다. 주석서들 중에서 『금칠십론』은 미세신의 구성 요소를 가장 적은 7종(통각과 아만과 5미세요소)으로 헤아린다. *Gauḍapāda-bhāṣya*의 경우에는 여기에 마음을 포함한 8종이지만, "미세한 극미의 [5]미세요소들로 감싸여 13종의 기관을 갖춘 미세신은 인간과 신과 축생의 자궁들 중 어느 하나에 정착한다."[316]라고 설명함으로써 18원리를 미세신의 구성 요소로 인정하기도 한다. *Yuktidīpikā*의 경우에는 "거기서 미세한 것들이란 [신체의] 활동에 의존하여 윤회하는 8기(氣)이다."[317]라고 설명한다. 이는 8기를 미세신의 구성 요소로 간주한 점에서 특이하다. 이에 따라 미세신의 구성 요소를 8종으로 헤아린 듯 하지만, 그 이면을 들여다보면 사실은 그렇지 않다.

여기서 8기를 언급하는 것은 매우 생소하므로 8기의 내용을 이해하기 위해서는 특별한 검토가 필요하다.[318] 『상키야송』에서는 5풍(風)을 기(氣)와 함께 오직 한 번 언급할 뿐이다.[319] 이 5풍은 8기에 포함되며, 이것은 미세신을 구성하는

....

316 liṅgaṃ sūkṣmaiḥ paramāṇubhis tanmātrair upacitaṃ śarīraṃ trayodaśa-vidha-karaṇopetaṃ mānuṣa-deva-tiryag-yoniṣu vyavatiṣṭhate | GB ad. SK 42. Mainkar(1972) p. 151, 6-7행.

317 tatra sūkṣmā nāma ceṣṭāśritaṃ prāṇāṣṭakaṃ saṃsarati | YD ad. SK 39. Wezler & Motegi(1998) p. 228, 4행. *Yuktidīpikā*에서 상술하는 8기에 관해서는 후술할 @제9장(9.4.1_3) 참조.

318 이 검토의 내용은 村上真完(1978) pp. 143-4 참조.

319 "그 셋(통각, 아만, 마음)의 활동은 [저마다] 고유한 특성을 갖는다. 이것(셋의 활동)은 [10기관에] 공통하지 않는다. 기관들(5지각기관과 5행위기관)에 공통하는 활동은 숨(생기) 따위의 5풍이다."

18원리 중에서 5미세요소를 대체한 것으로 이해된다. 그리고 8기 중의 나머지 3기는 18원리 중의 나머지 13원리(통각+아만+마음+5지각기관+5행위기관)를 포괄하는 것으로 이해된다.

먼저 5기는 호흡에 의한 기운의 체내 순환을 5종으로 분류한 생기(生氣), 하기(下氣), 등기(等氣), 상기(上氣), 매기(媒氣)이다.[320] 다음으로 *Yuktidīpikā*의 설명에 따르면 나머지 3기는 마음, pur(아만을 내포하는 통각), 말(언어)이다. 이 중에서 마음은 5지각기관을 포괄하고 말(언어)은 5행위기관을 포괄한다. 그러므로 마음, pur(아만+통각), 5지각기관, 5행위기관을 포괄하는 3기는 사실상 18원리 중의 13원리에 해당한다. 그렇다면 *Yuktidīpikā*의 저자가 생각하는 미세신의 구성 요소는 18종이 되지만, 여기에는 5미세요소가 포함되지 않는다. 이는 신체 유지의 생리적 기능인 5풍이 5미세요소보다는 미세신에 적합하다고 생각했기 때문일 수 있다.

이처럼 주석자들 사이에 견해의 차이가 발생한 것은 『상키야송』에서 미세신의 구성 요소를 18원리까지 포함할 수 있도록 명시했기 때문일 것이다. 이 최대 범위를 고려하면 고전 상키야에서 인정한 미세신은 정신적이면서 물질적인 실체로 간주된다. 미세신은 기존 신체의 속성을 사후의 다른 신체로 전달한다. 『상키야송』에서는 이때 미세신이 물질적 형질의 일부도 간직해야 매체로서의 기능을 발휘할 수 있다고 생각한 듯하다. 화포(畵布)라는 물질적 바탕이 없으면 화가의 정신적 재능은 다른 사람에게 전달될 수 없다. 이와 마찬가지로 미세신이 순전히 정신적인 기관만으로 형성된다면, 미세신이 전생의 신체로부터 내생으로 신체로 이동한다는 것은 전혀 무의미하게 될 것이다. 미세신이 새로운 신

....

(svālakṣaṇyaṃ vṛttis trayasya saiṣā bhavaty asāmānyā | sāmānya-karaṇa-vṛttiḥ prāṇādyā vāyavaḥ pañca || SK 29) 여기서 풍(風, vāyu)은 기(氣, prāṇa)와 동일한 개념이므로 5풍은 '5기'로도 불린다.

320 @제4장 각주 146 참조. *Yuktidīpikā*에서는 5기(5풍)의 기능과 순환 통로를 특히 상세하게 설명하는데, 이에 관해서는 8기와 함께 나중에 상술할 것이다. 이 5기에 10감관, 마음, 통각을 더한 17종을 미세신의 구성 요소로 간주한 베단타 측의 견해는 @제9장 각주 166 참조.

체를 유형의 물질로 형성하는 데는 아무런 기능을 발휘하지 못할 것이기 때문이다. 이에 따라 미세신이 간직한 정신적 기능과 새로운 신체의 형질 사이에는 아무관 관계가 없게 된다. 이러한 결함은 미세신이 5미세요소라는 물질성을 포함하는 것으로 해소될 수 있다.

『상키야송』에 의하면 8정태로 불리는 정신적 소질, 즉 선(善), 악, 지혜, 무지, 이욕, 탐착, 자유자재, 부자유는 육신이 소멸할 때 미세신에 잠세력으로 간직된다. 이 잠세력에 의해 미세신은 높거나 낮은 존재의 지평으로 윤회한다. 그러나 이 미세신이 이전에 지은 업의 과보를 향유하기 위해서는 조대한 육체가 필요하기 때문에, 자력으로는 그 과보를 향유할 수 없다. 조대한 육체는 부모로부터 유래하여 죽게 되면 소멸한다.

8정태 중에서 선(善), 지혜, 이욕, 자유자재는 순질이 우세한 양상이다. 나머지 악, 무지, 탐착, 부자유는 암질이 우세한 양상이다. 미세신과 8정태는 상호 연관되어 있다. 순수정신이 하나의 신체로부터 다른 신체로 이주하는 데 운송 수단의 역할을 하는 것이 미세신이라면, 정태들은 그렇게 이주할 신체의 형태를 결정한다. 선은 더 높은 지위로 출생하게 하는 반면, 악은 속박으로 이끈다. 지혜는 해탈로 인도하고, 무지는 속박으로 인도한다. 이욕은 일정한 기간 동안 8종의 원질들[321] 중 어느 하나로 환멸하게 하고, 탐착은 재생으로 인도한다. 끝으로 자유자재는 해탈에 도달하도록 장애를 제거하고, 부자유는 앞으로 진전하는 데 방해가 된다.

정태들이 이 같은 전제 조건이라면, 높은 지위로 출생하거나 속박으로 하락하는 따위는 결과이다. 이러한 전제 조건과 결과가 다르기 때문에, 미세신은 다른 옷을 입고 다른 배우의 역할을 수행해야 하는 것이다. 정태들이 없다면 미세신은 신, 인간, 하등 생물과 같은 형태를 취할 수가 없다. 반면에 미세신이 없다

321 상키야에서 말하는 8종의 원질은 근본원질(제일원인), 통각, 아만, 5미세요소이다. @제4장 각주 124, 130 참조.

면, 정태들에게도 머무를 토대가 없게 될 것이다. 그 이유는 쉽게 찾을 수 있다. 정태들은 기관에 의존해 있으며,[322] 이 기관들 자체는 다시 미세신의 구성 요소가 된다. 더욱이 이 정태들은 행위(업)에 의해 습득될 수밖에 없고, 행위는 생존하는 실제의 신체가 없이는 이루어질 수 없으며, 또한 미세신이 없으면 그 신체마저도 저 혼자서 독자적으로 활동할 수는 없다. 즉 이것들 사이에는 "미세신→신체 → 행위(업) → 정태들"과 같은 인과관계가 형성된다.

따라서 미세신과 정태들은 서로 불가결한 것이고, 둘 중 어느 하나가 없이는 생물학적 전개를 설명할 수 없다. 바로 이 같은 상호 의존성 때문에 Īśvarakṛṣṇa는 전개의 양상을 두 가지로 교시한 것이다. 즉 하나는 미세신의 창조이고 다른 하나는 정태의 창조이다. 이에 관해서는 나중에 상술할 것이다.

5. 미세신 존재의 타당성

Īśvarakṛṣṇa는 『상키야송』에서 미세신 개념을 매우 간결하게 언급할 뿐이지만, 이것만으로도 Īśvarakṛṣṇa가 앞서 소개한 다른 교사들과는 견해를 달리한 중요한 관점들이 드러난다.[323]

먼저 파탄잘리와는 달리, Īśvarakṛṣṇa는 존재의 다양한 지평으로 이주하는 데 충분한 조건을 갖춘 개개의 순수정신에 대해 하나의 미세신이 관여한다고 주장한다. 이는 미세신이 원질에 귀속되는 데다가 원질이 단일한 원리로 상정되기 때문이다. 더욱이 그가 생각한 미세신은 죽음과 재생 사이에서 홀로 독립해서 존재할 수 있다. 그러나 파탄잘리의 경우에는 그러한 간격이 있을 수 없다. 또한 미세신의 구성에 관해서 Īśvarakṛṣṇa는 13기관(3종의 내적 기관 10종의 외적 기관)에 5미세요소를 더하고, 여기에 이전 활동의 인상인 잠세력까지 포함하여, 이것들을 하나의 단일한 집합으로 합병한다. 이로써 그는 Pañcādhikaraṇa와 파

....

322 SK 43. 이 @제8장 각주 181.

323 이하는 Chakravarti(1975) pp. 296-8 참조.

탄잘리보다 더욱 효과적인 방식으로 윤회를 설명할 수 있도록 원조했다.

Vindhyavāsin의 견해는 Īśvarakṛṣṇa와는 완전히 다르다. Vindhyavāsin의 견해를 논박하는 데서 *Yuktidīpikā*의 저자는 다음과 같은 주장을 개진한다.[324]

첫째, 감관들을 편재하는 것으로 간주할 수는 없다. 만약 감관들이 편재한다면, 무엇이든 가까이 있거나 멀리 있는 모든 것은 감관들의 영역에 편입될 것이고, 이 결과로 무제한의 지각이 가능하다는 오류를 초래하게 될 것이다.[325]

둘째, 감관들이 편재할 경우, 모든 대상들에 대한 지각은 동시에 발생하게 될 것이다.[326] 왜냐하면 대상들이 세계의 도처에 다양하게 분산되어 있을지라도, 편재하는 감관은 이 모든 대상들과 동시에 접촉하기 때문이다.

셋째, 그 대상들은 세계의 가장 먼 곳에 위치해 있을지라도 감관들에게는 인접해 있게 될 것이다. 이 결과, 직접지각이나 추리나 증언에 의한 인식의 차이는 없게 될 것이다. 이에 대해 반론자는 감관들이 특수하게 현현하기 때문에 인식의 차이가 성립된다고 주장할 수도 있다. 그러나 여기서 반론자는 편재하는 감관이 다양한 환경에서 스스로 다르게 현현할 수 있다는 가정을 뒷받침할 만한 어떠한 근거도 제시하지 않는다.[327] 그러므로 이러한 가정은 비논리적이다. 따라서 감관들의 편재성을 주장하고 이에 따라 미세신을 부정하는 Vindhyavāsin

---

324 Cf. YD ad. SK 41. Wezler & Motegi(1998) p. 231.

325 "왜냐하면 감관들이 편재할 경우, 대상들에 대한 장애가 없기 때문에 항상 지각한다는 과실이 [초래될 것이기] 때문이다." (karaṇānāṃ hi vibhutve satatopalabdhi-prasaṅgo viśayānāṃ pratibandhābhāvāt | [prasajyeta] … | ibid. p. 231, 3-4행) Kumar & Bhargava(1992:303, en. 1)는 이에 대해 다음과 같이 해설하는데, 이는 다음의 둘째에도 적용된다.
"감관들이 항상 대상과 접촉해 있을 것이고, 이에 따라 잠시라도 지각이 없게 될 경우는 없게 될 것이다. 더욱이 감관들이 편재하게 된다면, 모든 감관들이 모든 대상과 접촉하게 되어, 모든 대상을 동시에 지각하는 결과를 초래하게 될 것이다."

326 "감관은 분산되어 있는 대상에 도달하기 때문에 모든 대상을 동시에 지각한다는 과실이 [초래될 것이다.]" ([prasajyate] prāptyaviśeṣāc ca sarva-viśeṣāṇāṃ yugapad upalabdhi-prasaṃgaḥ, vyavahita-viṣaya-grahaṇaṃ ca | YD ad. SK 41. Wezler & Motegi 1998:231, 4-5행)

327 "작용에 차이가 있기 때문에 그것(감관)은 차별된다고 한다면, 그렇지 않다. [이 점을 입증할 만한] 근거가 없기 때문이다." (vṛtti-viśeṣāt tad-viśeṣa iti cen na hetv-abhāvāt | ibid. 6-7행)

의 견해는 논리적으로 입증될 수 없다.

*Yuktidīpikā*의 저자는 이 같은 비판적 시각에서 Īśvarakṛṣṇa의 입장을 거침없이 변론하는 것으로 상키야의 정설을 수립한다. 여기서 그가 역설하고자 한 것은 다음과 같은 결론이다.

첫째, 미세신이 없다면 윤회를 설명할 수 없다. 순수정신이 하나의 신체로부터 다른 신체로 이주하는 과정에 관한 쟁점들을 만족스럽게 해결하기 위해서는 조대한 육체와는 별도로 미세한 중간 신체를 전제해야 한다. 조대한 것과 미세한 것이라는 두 신체는 동등하게 긴요하다. 전생에 쌓은 선과 악의 업력을 반드시 모두 소진해야만 특정한 신체로 결실을 맺는 것은 아니다. 이 경우, 선악의 업력 중 결실을 맺지 못한 업력을 보유하는 것이 미세신이다.

둘째, 미세신을 배제할 경우에는 해결할 수 없는 결점이 야기된다. 여분의 업력을 인정하지 않는 다음과 같은 주장도 있을 수 있다. 신체를 갖추고 있었던 바로 직전의 생애에서 얻은 선악의 업력이 현생의 신체로 결실을 맺는 데 완전히 소진되고, 현생에서 얻은 업력은 후속하는 내생의 신체로 결실을 맺는 데 완전히 소진될 것이며, 그 다음의 내생에서도 이와 마찬가지일 것이다. 만약 그렇다면 여분의 업력이라는 문제는 전혀 발생하지 않을 것이며, 이에 따라 전생의 업력을 보유한다는 미세신도 전혀 상정할 필요가 없게 된다.

하지만 이것으로 문제의 쟁점을 회피할 수 있는 것은 아니다. 낙태하는 경우를 예로 들 수 있다. 만약 태아가 성장하는 도중에 어떤 이유로 붕괴되는 일이 발생한다면, 이 태아는 현생에서 업력을 얻을 기회는 물론이고 소진할 기회도 없게 되므로 미래의 신체도 가질 수 없게 될 것이다. 그렇다고 해서 태어나기도 전에 신체가 붕괴되어 버린 이 같은 사태를 해탈로 간주할 수는 없다. 그리고 다른 한편으로 선악의 업력에서 벗어나기 위해, 현생에서 신체를 갖춘 개인이 자신의 내생을 식물 따위와 같은 부동체의 세계로 결정할 만한 그러한 활동을 추구한다면, 이것은 오히려 그에게 저주의 일종이 될 것이다. 왜나하면 주지하다시피 사후에 부동체의 세계로 가는 것은 전생에 저지른 악행의 과보로 정해져 있기 때문이다. 더욱이 새로운 선과 악이 없으면 그러한 삶을 얻을 수 없으며, 따라서 내생의 가능성은 전혀 없게 될 것이다.

셋째, 미세신을 인정함으로써 결점은 해소된다. 미세한 중간 신체에 의지한다면 이 모든 결점들은 해소될 수 있다.[328] 전생의 활동으로 축적된 잠세력들을 업력으로 보유하여 하나의 신체로부터 다른 신체로 이주하는 것이 미세신이다. 이것은 순수정신의 목적인 해탈에 봉사하기 위해, 창조의 시초부터 원질에 의해 생성되어 그 목적을 완전히 달성할 때까지 존속한다.

끝으로 미세신과 유사한 개념들은 서양의 사상가들에게도 생소하지 않다. 초기의 그리스 철학자들도 영혼이 미래의 윤회로부터 마침내 해방되기 전까지는 영혼과 불가분리의 관계로 연결되어 있는 미세신의 개념을 수용했다.[329] 신

....

328 "그러나 상키야의 이론에서는 그러한 결점이 발생하지 않는다. 왜냐하면 과거의 인상들이 하나의 생에서 모두 소진하지 않고, 소진하지 않은 나머지가 미래의 신체를 야기하기 때문이다." Kumar & Bhargava(1992) p. 303, en. 9.

329 미세신 개념과 비교할 만한 그리스 철학자들의 개념으로는 다음과 같은 예를 고려할 수 있다. 박승찬(2011) pp. 75-76.

① 스토아학파의 프네우마(Pneuma)와 프쉬케(psyche): 스토아학파에 따르면 영혼은 우리 인간과 함께 자라나는 영(Pneuma)으로서 우주 안에서 가장 고귀한 영이다. 인간의 영혼은 창조의 순간에 인간에게 내려와 전 우주를 관통하는 "신적인 불"의 일부이다. 이처럼 영혼은 다른 모든 것과 마찬가지로 물질적인 것이고, "죽음 후에도 남아 있지만, 그것은 소멸가능하다." 스토아학파는 영혼과 육체의 단일성이 혼합(kraīs)에 의해 이루어진다고 생각했다. 영은 다양한 능력들(dynameis)을 소유하고 있는데, 이는 상이한 습도에 따라 생겨난다. 여기서 무한히 분할 가능한 재료들은 서로 완전히 스며들지만 그래도 자기들의 본질을 보존하고 있다. 영이 비유기적 대상들 안에 존재할 때 결합(heis)의 원리로서 작용하고, 영혼을 지니지 않은 식물들에게서는 운동의 원리와 본성의 등급으로 격상된다. 동물들에게서야 영혼(psyche)이 나타나는데, 이것은 감각(phantasia) 및 충동(horme)의 능력이다.

② 스토아학파의 프쉬케(psyche)와 헤게모니콘(hegemonikon): 영혼(psyche)은 8개의 부분들로 구성되는데, 오감(五感), 목소리, 생식기(spermatikon)와 지배적 부분인 '헤게모니콘'(hegemonikon)이 그것이다. 이 부분들은 그것들이 위치하고 있는 기관들을 통해서 구분된다. 크리시포스에 따르면, 영혼의 '헤게모니콘'은 심장에 자리하고 있는데(몇몇 다른 스토아주의자들은 지배적 부분을 머리에 위치시켰다), 이것은 분명히 사유의 표현인 목소리가 심장에서부터 울려나온다는 것을 근거로 한 것이다. 이 심장으로부터 영혼의 부분들은 자신들의 신체기관들로 뻗어나간다. 동물들도 또한 '헤게모니콘'을 가지고 있다. 기체(基體)인 '헤게모니콘'은 다양한 성질들에 해당하는 '능력들'을 가지고 있는데, 학자들에 따라 상상, 동의, 지각, 욕구, 또는 인간에 해당하는 경우 지각 대신에 이성(logos)을 포함시키기도 했다. '본성의 위계'(scala naturae)에서 상위의 단계들은 하위의 단계를 자신 안에 내포하고 있다. 그래서 인간 안에서는 뼈와 힘줄처럼 오직 결합을 통해

지론자들이 생각한 별의 신체, 즉 저승의 신체도 어느 정도까지는 Īśvarakṛṣṇa가 천명한 미세신과 닮아 있다.

8.5.2. 신체와 임무의 창조

1. 신체의 창조

순수정신은 생성이 개시될 때마다 기관을 갖춘 신체를 취한다. 보통 이러한 신체는 부모의 성교로부터 발생한다. 그러나 원질의 재량에 따라 창조가 개시되어, 부모가 특별히 개입할 여지가 없을 경우, 그러한 신체가 어떻게 존재하게 되는지에 관해서는 당연히 의문이 발생한다. 즉 탐구욕이 있는 사람이라면 자연히 다음과 같은 의문들이 떠오를 것이다.

> 최초로 형체를 지닌 자아는 누구인가?
> 그가 무슨 목적을 기대하여 세계에 출현한 것인가?
> 생성을 개시하는 과정이 창조의 순환에서 시종일관하여 항상 균일한가, 아니면 변형되기도 하는가?[330]

Īśvarakṛṣṇa 자신은 이런 의문에 관해 명시적으로 언급하지 않았으나,

....

서 형성된 생명이 없는 부분들과 식물적인 과정도 발견된다. 여기서 영의 상위 형상은 하위 형상들의 역할을 넘겨받는다. 그들의 작용 방식은 스며드는 정도가 상이함을 통해서 설명된다. 그렇기 때문에 영혼 개념은 다양한 의미로 사용될 수 있다.

③ 에피쿠로스학파의 아니무스(animus)와 아니마(anima): 에피쿠로스학파는 스토아학파보다도 더 데모크리토스적인 원자론에 가까운 주장을 펼친다. 인간의 영혼은 매끈매끈하고 둥근 원자들로 구성되어 있으나, 동물의 영혼과는 달리 합리적인 부분을 가지고 있다. 이 학파의 루크레티우스(Titus Lucretius Carus, 99~55 BC)는 『사물들의 본성』(De rerum natura), 제III권에서 '아니무스'(animus)와 '아니마'(anima)를 구분한다. 이 둘은 그것들이 위치하는 곳에 의해 구별되는데, 삶의 원리인 비합리적인 부분 '아니마'는 육체 전체에 퍼져 있으며, 육체가 없이는 '아니마'는 존재할 수 없다. 인간의 영혼을 동물의 영혼과 구분해 주는 합리적인 부분인 '아니무스'는 공포 또는 환희의 감정에서 나타나는 것처럼 가슴에 위치해 있다.

330 Chakravarti(1975) p. 278.

*Yuktidīpikā*의 저자는 이런 문제를 방치하지 않는다. 그는 Īśvarakṛṣṇa를 대변하여 위에 예시한 의문을 해명한다. 그가 해명한 내용의 취지는 다음과 같다.[331]

상키야의 교사들 중 일부는 원질과 순수정신의 결합으로부터 창조가 진행되며, 이 결합의 원인은 선(미덕)과 악(악덕)이라고 주장한다. 그 주장에 의하면 선과 악은 육신이 없이는 초래될 수 없고, 육신 또한 선과 악이 없이는 생겨날 수 없다. 그래서 선악과 육신의 관계는 씨앗과 싹의 관계와 같고, 이는 그 양쪽이 아무런 시초도 없이 존속한다는 것으로 귀결된다. 그렇다면 생성의 과정은 항상 일정하다고 말할 수도 있다. 현재 우리가 알고 있는 것도 이러하다. 즉 하나의 영혼에 상당하는 순수정신이 자궁으로 들어가서 육신을 취득한 후에 자궁으로부터 출산하게 된다. 그리고 이 순수정신은 한편으로는 육신을 도구로 삼아 전생에 쌓은 선악의 과보를 수확하고, 다른 한편으로는 내생에 또 다른 육신을 과보로 받게 할 새로운 선악의 업을 쌓는다. 과거에 있었던 창조의 순환 과정도 이와 마찬가지이고, 미래에도 똑같은 순환이 지속될 것이다.

그러나 Īśvarakṛṣṇa는 선과 악을 원질과 순수정신의 결합 탓으로 돌릴 수 없다는 간단한 이유로 그러한 견해를 수용할 수 없다. 그에게 선과 악은 통각의 속성으로 간주된다. 통각은 원질로부터 비로소 전개된다. 그렇다면 아직 통각이 산출되지도 않은 시기, 즉 원질이 전개를 개시하기 이전인 당초에는 선과 악이 있을 수조차 없다. 그러므로 윤회하는 순수정신이 전생에 축적한 선행과 악행의 과보를 초래할 수 있도록 원질이 전개를 개시하는 것은 아니라고 단언할 수 있다.

Īśvarakṛṣṇa의 『상키야송』에 의하면 원질은 순수정신의 두 가지 목적에 봉사하기 위해 최초로 전개를 개시한다. 순수정신의 두 가지 목적 중 하나는 소리, 맛, 형색 따위를 인식하는 것이고, 다른 하나는 사이비 자아로부터 진실한 자아를 식별해 내는 것이다. 창조의 시초에 3질은 통각으로부터 5조대요소에 이르

331 이하는 *Yuktidīpikā*에서 SK 52를 주석한 내용의 취지를 Chakravarti(1975:278-9)가 나름대로 장황하게 해설한 것이므로, *Yuktidīpikā*의 원문과 합치하지는 않는다. 이 원문의 내용은 다음 각주에 수록함.

기까지 다양한 원리들로 변형되어, 카필라와 Hiraṇyagarbha처럼 비범하게 순질을 갖춘 지고한 인격의 육신을 형성한다. 그런데 이러한 3질의 변형은 그 두 가지 목적을 기대하여 이루어진다. 그리고 동질과 암질이 지배하는 재생은 상키야의 고대 문헌에서 6성취로 불리는 여섯 가지의 다양한 정신력이 사라진 후에 진행된다. 이 같은 취지를 아래의 원문에서 읽을 수 있다.[332]

1. 앞에서 "창조는 이것(결합)에 의해 이루어진다."(SK 21)라고 지적한 것처럼 [여기서는] 그 점이 상술된다. 그런데 이에 관해 스승들 중에는 견해의 차이가 있다. <…>
2. 선 따위는 육신이 없이는 발생하지 않기 때문에, 그리고 선 따위가 없을 때는 육신이 다른 원인으로 이루어질 수 없기 때문에(요컨대 선 따위와 육신은 상호 원인이 되기 때문에), 그 둘(선 따위와 육신)은 시초가 없다. 따라서 현재에 바로 그러한(시초가 없는) 것처럼 과거 따위(과거와 미래)의 시점에서도 바로 그와 같이 창조는 한결같을 뿐이다. [그러나] 스승(Īśvarakṛṣṇa)은 다음과 같이 말한다.
3. 그렇지 않다. 그렇다면 어떠한가? 원질이 활동하기 이전에는 선과 악이 있을 수 없다. 왜냐하면 [선악은] 통각의 성질이기 때문이며, 또한 그것(통각)은 원질의 변형이기 때문이다. 이런 까닭으로 그것(선악)이 아니라, 소리 따위에 대한 향수로 불리고 또한 [3]질과 순수정신(순수정신)의 차이에 대

332 YD ad. SK 52. Wezler & Motegi(1998) p. 255. 3-13행.
1. evaṃ yat pūrvam apadiṣṭaṃ "saṃyogakṛtaḥ sargaḥ"(cf. SK 21d) iti tad vyākhyātam | atredānīm ācāryāṇāṃ vipratipattiḥ | <…>
2. dharmādīnāṃ śarīram antareṇānutpatteḥ śarīrasya ca dharmādyabhāve nimittāntarāsambhavād ubhayam idam anādi | tasmād ekarūpa evāyaṃ yathaivādyatve tathaivātikrāntāsv anāgatāsu kālakoṭiṣu sarga iti | ācārya āha:
3. naitad evam | kiṃ tarhi | prāk pradhāna-pravṛtter dharmādharmayor asambhavo buddhi-dharmatvāt tasyāś ca pradhāna-vikāratvāt | tatas tad-vyatiriktaṃ śabdādy-upabhoga-lakṣaṇaṃ (śabdādy-upalabdhi-guṇalakṣaṇaṃ_1992) guṇa-puruṣāntaropalabdhi-lakṣaṇaṃ cārtham uddiśya sattvādayo mahad-ahaṅkāra-tanmātrendriya-bhūtatvenāvasthāya paramarṣi-hiraṇyagarbhādīnāṃ śarīram utpādayanti | ṣaṭsiddhi-kṣaya-kālottaraṃ tu guṇa-vimarda-vaicitryād rajas-tamovṛtty-anupāti saṃsāra-cakraṃ pravṛttam <iti> |

한 지각으로 불리는 목적을 위해, 순질을 비롯한 것들(3질)이 마하트(=통각), 아만, [5]미세요소, [11]감관, [5]조대요소의 상태로 존속하여 최고의 성현(카필라)과 Hiraṇyagarbha 등의 육신을 산출한다. 그리고 6성취의 소멸 시기가 지난 후에는 [3]질의 충돌이 다양하기 때문에, 동질과 암질이 작용한 결과로서 윤회의 바퀴가 회전한다.

위의 설명에 따르면, 창조의 순환이 개시될 때 생성되는 인격이 바로 카필라와 Hiraṇyagarbha 등이며, 원질 자체가 이들의 육신을 생성한다는 것으로 이해된다. 이로써 여기서는 그러한 최상 인격의 육신은 일반에서 통용되는 과정을 거치지 않고 존재하게 된다는 것을 명시적으로 말하고 있다.

*Yuktidīpikā*의 다른 곳에서도 창조의 순환이 개시될 때 생성되는 신격의 육신은 자궁으로부터 나오는 것이 아니라고 서술한다.[333] 이러한 성격의 존재들에게는 순질이 우세하다. 이 때문에 그들은 당연히 초자연적인 능력을 갖추게 되며, 이 능력으로 자기들이 좋을 대로 육신을 취할 수 있다. 그래서 그들은 존재의 양상으로 출현할 필요가 있을 때마다 자기들이 드러낼 육신을 소집한다. 이때 원질은 어디에서나 그들 자신과 동일한 것을 즉시 공급하는 배경 물질이 된다. 이 같은 육신에게는 자궁에서 점진적으로 성장하는 과정이 필요하지 않다. 최상의 인격이 육신을 취하고자 하는 의욕을 일으키면 이와 동시에 육신이 생성되며, 이는 창조의 첫 단계에 자신을 특수하게 드러내는 순질 때문에 가능하다. *Yuktidīpikā*의 다른 대목에서도 이 점을 시사한다.[334]

카필라 성현이 창조가 시작될 때 생성된 최초의 인격이라는 관념은 위의 인

....

333 "그러나 알려져 있기로는 자재신의 육신들은 최초의 창조에서도 자궁으로부터 발생한 것이 아니다." (pratijñāyate cāyonijatvam īśvaraśarīrāṇām ādisarge ca | YD ad. SK 15. ibid. p. 161, 4행)

334 "질들(3질)의 우세를 통해 '이로부터 야기된' 육신들이 최초의 창조에서 본유적인 것으로서 발생한다." (guṇānāṃ prādhānyāt tan-nimittāni śarīrāṇy ādisarge sāṃsiddhikāny utpadyante | ibid. p. 161, 16행) '이로부터 야기된'(tan-nimittāni)을 Kumar & Bhargava(1992:105)는 "그것(해탈의 수단)을 야기하는"으로 이해한다. 이는 선행 서술의 맥락을 고려한 것이지만, 전후 맥락으로 보면 '이로부터 야기된', 즉 '3질 중 특히 순질의 우세로부터 야기된'이 원의일 수 있다.

용문에도 함축되어 있을 뿐만 아니라, 이미 앞 장에서 인용한 *Yuktidīpikā*의 종결 부분에서는 더욱 뚜렷하게 드러나 있다.[335] 여기서 카필라는 모든 것들 중에서 맨 처음 태어난 분로 언급된다. 그에게는 덕성과 지혜와 이욕과 전능성이 선천적으로 갖추어져 있으며, 이것들의 도움으로 그는 자신에게 어울리는 육신을 쉽게 취할 수 있다. 그를 뒤따라 출현하는 것이 황금태(Hiraṇyagarbha), 대자재신(Maheśvara), 조물주(Prajāpati)와 같은 다른 신격들이다. 이들은 상키야의 고대 문헌에서 대아신(大我身)으로 불리는 최상의 지위에 속한다.

대아신들은 텅 비어 있는 우주를 자신들의 자손들로 채울 수 있기를 의도하여 출산의 욕구를 느꼈다. 먼저 브라마 신은 Sanaka, Sanandana와 같은 다른 신격들을 창조했다. 다음으로 대자재신은 수천만의 Rudra들을 창조했고, 다른 신격들의 경우도 이와 같다. 최상의 지위에 속하는 이러한 신격들은 의지의 초능력으로 자손들을 산출해 내지만 성교로써 자손들을 잉태하지 않는다. 성교에 의한 출산은 이 다음 단계의 전개 과정이다. *Yuktidīpikā*에서는 대아신을 비롯한 신격들의 신체가 생성되는 방식을 네 부류로 구분하여 다음과 같이 서술한다.

> 그 [신과 인간과 축생] 중에서 신들의 신체는 네 가지이다. [첫째는] 원질의 조력을 통해 [생성되는 것,] 예를 들어 최고의 성현(카필라)와 Viriñca(즉 브라마 신)의 신체이다. [둘째는] 그(브라마 신)의 초능력들을 통해 [생성되는 것,] 예를 들어 브라마 신의 아들들과 이 아들의 아들들의 신체이다. [셋째는] 부모들을 통해 [생성되는 것,] 예를 들어 Aditi와 Kaśyapa의 아들들의 신체이다. [넷째는] 단독으로, 즉 아버지를 통해 [생성되는 것,] 예를 들어 Mitra와 Varuṇa에 의한 Vasiṣṭha의 신체이다. 그러나 인간들의 신체는 태생(胎生)이다. 그리고 이 밖에도 덕성의 특수한 능력을 통해 [생성되는] 모종의 신체도 있다. 예를 들어 Droṇa, Kṛpa, Kṛpī, Dhṛṣṭadyumna 등의 신체이다.[336]

....

335 YD ad. SK 69. @제7장 각주 20.

336 tatra devānāṃ caturvidhaṃ śarīraṃ pradhānānugrahād yathā paramarṣer viriñcasya ca, tat-siddhibhyo yathā

위의 설명에서 인간을 제외한 신격들의 신체가 생성되는 요인은 다음과 같이 구분된다.

첫째 부류는 카필라와 브라마 신의 경우처럼, 원질이 직접적인 원인이 되어 생성된다.

둘째 부류는 브라마 신의 아들들의 경우처럼 정신력으로 생성된다.

셋째 부류는 Aditi와 Kaśyapa의 아들들처럼 부모에 의해 생성된다.

넷째 부류는 Vasiṣṭha의 경우처럼 부모의 어느 한쪽으로부터, 특히 오직 남성으로부터 생성된다.[337]

위의 인용문에서는 이 같은 차별이 발생하는 있는 이유를 설명하지 않지만, 그 이유는 상키야의 3질설로 설명될 수 있다. 카필라와 브라마 신의 신체를 생성하는 요인은 원질이고, 원질의 성분은 순질과 동질과 암질이라는 3질이다. 원질이 전개를 개시하기 위해서는 3질 중의 동질이 작용해야 하므로, 동질은 창조의 불가결한 요인이 된다. 그러나 카필라와 브라마 신은 최상으로 풍부한 순질만으로 신체를 생성할 수 있는 반면, Hiraṇyagarbha 따위의 다른 대아신들에게는 순질과 동질이 모두 강렬하다.

신격이 아닌 인간이라면 당연히 남성과 여성의 교합을 통해 출생한다. 다만 Droṇa, Kṛpa, Dhṛṣṭadyumna와 같은 특별한 인물들은 불의 제단으로부터 태어났다고 한다. 이러한 경우는 종교 의식을 수행하는 데서 발생하는 특수한 정신력의 도움으로 가능하다는 취지일 것이다. 그러나 다음과 같이 화제(火祭)의 불을 비유하여, 여자의 자궁에 카필라를 잉태시킨 것으로 서술하는 *Bhāgavata-purāṇa*

....

brahmaṇaḥ putrāṇāṃ tat-putraputrāṇāṃca, mātāpitṛto yathāditeḥ kaśyapasya ca putrāṇāṃ kevalād vā yathā pitṛto mitrāvaruṇābhyāṃ vasiṣṭhasya | manuṣyāṇāṃ tu jarāyujam | dharma-śakti-viśeṣāt tu kasyacid anyathāpi bhavati yathā droṇa-kṛpa-kṛpī-dhṛṣṭadyumnādīnām | YD ad. SK 39. Wezler & Motegi(1998) p. 228, 12-17행.

337 *Yuktidīpikā*에서는 여성이 단독으로 번식하는 경우를 예시하지 않는다. 그러나 진디 또는 이와 같은 습성의 곤충 따위를 예로 들 수 있듯이, 하등 생물 중에는 숫컷에 의한 수정이 없이 번식하는 경우가 있다. 이를 생물학자들은 '단성(처녀) 생식'이라고 한다. 다른 원전에는 "그런데 암컷 학은 천둥소리를 들음으로써 수태한다."(balākā ca stanayitnu-rava-śravaṇād garbhaṃ dhatte | BSbh 2.1.25)라고 서술한 예가 있다.

의 관념이 *Yuktidīpikā*의 서술과는 합치하지 않는다.[338]

> 존자 Madhusūdana(=비슈누)는 긴 시간 동안 그녀(Devahūti)에게 [카필라의 아버지인] Kardama의 정액을 떨어트려 장작에 있는 불처럼 [카필라의 화신으로] 태어났다. (6)
>
> 성자(=Kardama)여! 나는 내 자신의 환력(幻力)으로 화신한 최초의 인간이자 [모든] 존재들의 보배를 신체로 취한 카필라를 아노라. (16)

이 서술은 카필라와 같은 최상의 성현이 인간의 출생과는 다른 비정상적인 방식으로 출현했다는 주장이 상키야에서 이구동성으로 통용되었던 것은 아니라는 사실을 반영한다. 일군의 사상가들은 자아들이 신체를 갖추어 출생하는 데에 그러한 예외를 포함시키는 것이 불합리하며 입증되지 않는다고 주장했다. 이들의 견해에 의하면, 자연의 과정은 한결같아야 하며 이로부터 벗어난 것은 무엇이든 설명할 수 없는 우연의 장난이 될 것이다. 자아들은 전생에서 초래한 각자의 선과 악에 따라 신체를 갖추어 출생한다. 그리고 전생에서 취득한 도덕적 가치가 그 생태적 지위를 결정한다.

2. 임무의 창조

위에서 소개한 신체의 창조는 고전 상키야의 교의적 특성인 경험주의와는 그다지 부합하지 않는다. 이 때문에 고전 상키야에서는 임무[339]의 창조를 내세

....

338 BhP 3.24.6/16. Burnouf(1840) pp. 239/240.
tasyāṃ bahu-tithe kāle bhagavān madhusūdanaḥ | kārdamaṃ vīryam āpanno jajñe 'gnir iva dāruṇi ‖ 6 ‖
vedāham ādyaṃ puruṣam avatīrṇaṃ svamāyayā | bhūtānāṃ śevadhiṃ dehaṃ vibhrāṇaṃ kapilaṃ mune ‖ 16 ‖

339 상키야-요가의 일반 개념으로 임무(adhikāra)라는 말은 전변, 즉 현상적 전개를 주도(지배)하는 기능을 지칭한다. 예를 들어 '3질의 임무'가 실제로 의미하는 것은 '3질의 지배'이다. 그러나 상키야-요가 철학에서 그 기능을 '임무'로 표현한 이유는, 3질 또는 마음의 작용을 독존(해탈)이라는 목적을 위한 임무로 간주하기 때문이다. 이 관념을 목적론적 전변설이라고 한다. 이것은 해탈을 위해 윤회한다는 역설적인 관념이다. 이 같은 관념은 『요가주』 전체에 걸쳐 주로 마음과 결부되어 '임무

우는 것으로 신체의 창조를 대체하려는 경향으로 나아간다. 이 경우에는 신체의 창조와 같은 불합리성이 드러나지 않는다. 상키야-요가에서 임무의 창조가 표방하는 관념은 다음과 같이 이해된다.[340]

지위가 높은 인격들은 개인적인 선악의 지배를 받지 않으며, 이들이 창조된 다음에서야 조대한 생물학적 존재가 창조된다. 도덕적 가치가 작용하지 않기 때문에 다른 부류들이 창출될 수 없을 때, 최고의 성현(카필라)이나 Hiraṇyagarbha 등과 같은 신성한 인격들은 원질의 독자적인 결정 작용으로 창출될 수 있었다. 창조의 위계에서 최상위인 그 신성한 인격들은 전생에 지은 업의 결과를 받기 위해 출생하는 것이 아니다. 그들은 완전한 지혜를 갖추고 있다고 하므로, 그들의 활동은 과보를 야기할 잠세력을 전혀 갖지 않는다. 그들 중의 혹자는 고유한 임무를 갖고 출현한다. 이 임무는 특정한 개인이나 이해 관계를 초월하여, 나중에 출현할 개개의 자아를 위해 사심 없이 봉사하는 것이다. 성자 카필라의 경우를 대표적인 예로 들 수 있다. 『요가주』에서는 "최초의 현자요 존자인 최상의 성현은 자비심으로 인해 화생심을 사용하여, 알기를 원하고 있는 Āsuri에게 교의를 설파했다."[341] 는 예를 인용한다. Vācaspati는 이와 관련하여 다음과 같이 해설한다.

> 신체가 살아 있는 한, 그 신체는 모두 제각기 특정한 마음과 결부되어 있는 것으로 존재한다. 예를 들면 Caitra 또는 Maitra와 같은 사람들의 신체가 그러하다. [요기가] 생성한 신체들도 그러하다. 따라서 이것들도 별개의 마음을 갖는다는 것이 확실하다는 뜻으로 [저자는 이와 같이[342]] 말한 것이다.[343]

....

를 지닌', '임무 완수' 등으로 빈번히 드러난다. 이 경우의 임무는 '마음의 작용'이라는 부정적인 현상을 '목적을 위함'이라는 긍정적인 의미로 표현한 개념이다.

340 이하는 Chakravarti(1975) pp. 282-4 참조.

341 YBh 1.25. @제2장 각주 214.

342 "그(요기)는 오직 자아의식을 마음의 원인으로 사용하여 화생심들을 만들어 낸다. 이로부터 그것(신체)들은 [각각의] 마음을 지닌다." YBh 4.4. 정승석(2020) pp. 240-1.

최상위에 있는 다른 신격들에게는 우주의 자존에 유용한 어떤 임무가 처음부터 부여되어 있다.[344] 브라마 신 또는 Hiraṇyagarbha에게는 우주의 통치권이 부여되고, 대자재신은 우주의 파괴에 관여한다. 이들은 모두 출산력도 지닌다. 그러나 출산의 임무는 특히 조물주인 Prajāpati에게 할당되는데, Prajāpati 역시 최상위에 소속되어 있다. 이 밖의 신격들에게도 고유한 임무가 할당된다. 즉 천계의 통치권은 인드라에게, 명계(冥界)의 통치권은 Yama에게 할당되는 것과 같다.

이와 같이 할당된 어떤 임무에 따라 신격들의 지위가 창출되는 것을 '임무의 창조'라고 한다. 『상키야송』에서는 이런 표현을 전혀 구사하지 않지만 *Yuktidīpikā*에는 이것을 구사한 몇몇 사례가 있다.[345] 따라서 *Yuktidīpikā*에 의하면 상키야의 고대 교사들은 이것을 상당히 중요한 주제로 취급했던 듯하다. 임무에 관해서는 베단타의 *Brahmasūtra*에서도 "임무를 가진 자들은 임무를 완수하기까지는 [존속한다.]"[346]라고 언급한다. 샹카라가 이에 대한 주석에서 해설한 다음과 같은 요지는 '임무의 창조'와 유사한 관념이 베단타 철학에서도 통용되었음을 시사한다.

> 샹카라는 Apāntaratamas(=고대 성현의 이름), 태양신인 Savitṛ, 그리고 Vasiṣṭha나 Sanatkumāra와 같은 다른 높은 지위의 인격들을 언급한다. 그런데 그는 이들이 완전한 지혜를 갖고 있지만 지혜의 목적이 달성되지 않았기 때문에 새로운 신체를 취한 것으로 설명한다. 이로써 "지혜는 그 목적을 달성

343 yad yāvaj jīvaccharīraṃ tat sarvam ekaikāsādhāraṇa-cittānvitaṃ dṛṣṭam | tad yathā caitra-maitrādi-śarīram | tathā ca nirmāṇakāyā iti siddhaṃ teṣām api prātisvikaṃ mana ity abhiprāyeṇāha | TV 4.4. Bodas(1917) p. 185, 13-15행.

344 "지금도 그렇듯이 최초의 창조에서도 오직 임무의 힘으로 육신이 생성될 수 있었을 것이다." (idānīm api cādisarge cādhikāra-mātra-vaśāc charīrotpattiḥ syāt | YD ad. SK 15. Wezler & Motegi 1998:161. 6행).

345 "따라서 창조는 임무로 불리는 [즉 미세신으로 불리는] 것과 정태(情態)로 불리는 두 가지이다." (tasmād dvidhā sargo 'dhikāralakṣṇo <liṅgākhyo> bhāvākhyaś ca | YD ad. SK 52. ibid. p. 255. 21-22행). "따라서 임무와 정태에서 [각각] 기인하는 두 가지 창조가 있다." (tasmād adhikāra-bhāva-nimitto dvidhā sargaḥ | ibid. p. 256, 5행).

346 yāvad adhikāram avasthitir ādhikārikāṇām | BS 3.3.32. Shastri(1980) p. 732.

한 후에서야 자아가 형체를 갖춘 모든 것으로부터 벗어나 완전히 독존하도록 이끈다."라고 하는 설명은 의심할 여지가 없는 타당성을 갖는다. 앞서 말한 그러한 인격들이 새로운 신체를 취하는 이유는 단순하다. 즉 그들에게는 베다의 선포와 같은 어떤 임무가 부여되어 있기 때문이다. 그래서 그들은 이 임무를 완수할 때까지는 신체를 갖고 존속하며, 임무를 완수한 다음에서야 궁극의 해탈에 도달한다. 고대의 성현이자 베다를 가르친 스승인 Apāntaratamas는 Kṛṣṇa Dvaipāyana로 태어났다. 이와 마찬가지로 Vasiṣṭha는 브라마 신의 명령에 따라 Mitra와 Varuṇa에 의해 출생했다. 또한 Sanatkumāra도 Skanda로 태어났다. 이뿐만 아니라, 전승서(Smṛti)들과 고담 성전(Purāṇa)들에도 이 같은 종류의 다른 사례들이 기록되어 있다. 계시서(Śruti)에서도 태양신 Savitṛ는 수천 유가(yuga)에 걸쳐 이 세계들을 보살피는 임무를 수행하여, 더 이상 출몰할 필요가 없는 시대의 종말에서야 해탈의 상태를 향유한다고 설한다. *Chāndogya-upaniṣad*(3.11.1)에서는 "그가 이로부터 위로 솟아오르자, 그는 더 이상 떠오르지도 가라앉지도 않고 오로지 중앙에 서 있을 뿐이다."라고 설한다. 더욱이 샹카라는 이것을 다음과 같이 설명한다.

높은 지위에 있는 이 인격들은 자신들에게 부여된 의무를 이행하기 위해, 본연의 자기에 대한 기억을 계속 유지하면서 자신들의 의지력으로 마치 이사를 하듯이 하나의 신체로부터 다른 신체로 이동할 수 있다. 이러한 능력으로 그들은 자신들을 위한 새로운 육체들을 창출하여 이것들을 모두 한꺼번에 또는 연속적으로 취할 수 있다. 이렇게 함으로써 그들은 각자에게 고유한 개별적 의식을 결코 잊지 않는다. 이와 같은 모든 인격들이 소위 'ādhikārika-puruṣa'(=임무를 가진 자아)로 불린다. 그들에게는 다해야 할 어떤 임무가 부여되어 있기 때문에 그렇게 불린다.[347]

이처럼 어떤 임무가 할당된 이 모든 인격들이 똑같은 상태에 있는 것은 아니다. 따라서 저마다 임무를 수행하는 기간도 다양하다. 예를 들어 혹자는 창조가

347 Chakravarti(1975) pp. 283-4, n. 3.

한 차례 순환하는 기간(즉 1겁)의 종말까지 존속하고, 혹자는 수천 차례의 순환 동안, 혹자는 더욱 긴 기간 동안 존속한다.[348]

상키야 철학의 경우, 임무를 지닌 자들이 출현하게 되는 창조의 첫 단계에서 원질의 3질은 순수정신의 두 가지 목적에 봉사한다. 하나는 소리, 맛, 형색 따위를 향수하는 것이고, 다른 하나는 3질로부터 순수정신 자체를 식별해 내는 데 있다. 순수정신과 3질은 전혀 다른 것이라고 식별한 단계에서는 윤회의 과정이 진행되지 않는다. 윤회는 미세신의 창조와 정태의 창조에 의거하여 진행되는데, 이 둘에 의한 윤회는 6성취로 불리는 여섯 가지의 다양한 정신력이 사라진 후에서야 진행된다.[349]

8.5.3. 중생과 관념의 창조

1. 중생의 창조

미세신은 생물학적 전개에서 특이한 역할을 담당한다. 이 같은 신체는 어떤 형태를 정해진 그대로 적절하게 취할 수 있다. 그것은 마치 옷을 바꿔 입고 다른 배역을 연기하는 배우와 같다. 그것은 상급, 중급, 하급으로 구분되는 모든 중생, 즉 신, 인간, 하등 생물의 모든 형체 속으로 들어갈 수 있다. 이것들 중 상급 중생인 신격에도 차별이 있다. 『상키야송』의 주석자들 중에서 Māṭhara와 Vācaspati는 신격을 여덟 지위로 분류한다.[350]

348 신격들의 위상에 따라 존속하는 기간이 다르다는 점은 『요가주』(3.26)에서도 언급된다. 이에 의하면 인드라의 세계에 거주하는 여섯 무리의 신들이 가진 수명은 1겁이고, Prajāpati의 세계에 거주하는 다섯 부류의 신들이 가진 수명은 1천겁이다. 브라만의 첫째와 둘째 세계에 거주하는 신들은 무리별로 앞의 경우보다 점차 두 배씩 상회하는 수명을 갖는다. 브라만의 셋째 세계에 거주하는 신들의 무리는 창조가 존속하는 만큼의 수명을 가진다. 정승석(2020) pp. 201-2 참조.

349 "그리고 6성취가 소멸하고 난 다음에 질들(3질)의 각축이 다양하기 때문에 동질과 암질이 작용한 결과로 윤회의 바퀴가 회전한다." (ṣaṭsiddhi-kṣaya-kālottaraṃ tu guṇa-vimarda-vaicitryād rajas-tamo-vṛtty-anupāti saṃsāra-cakraṃ pravṛttam | YD ad. SK 52. Wezler & Motegi 1998:255, 12-13행)
"미세신으로 불리고 정태로 불리는 바로 이것(창조)은 6성취가 소멸하고 난 다음에 발생한다. 그리고 질들(3질)로부터 곧장 뒤따라 임무로 불리는 것이 발생한다." (so 'yaṃ liṅgākhyo bhāvākhyaś ca ṣaṭsiddhi-kṣaya-kālād ūrdhvaṃ bhavati | guṇa-samanantaraṃ tv adhikāra-lakṣaṇaḥ | ibid. 20-21행)

① 브라마의 권속(Brāhma): 브라마(Brahmā) 신에 속하는 지위

② 조물주의 권속(Prājāpatya): 조물주인 Prajāpati에 속하는 지위

③ 인드라의 권속(Aindriya): 인드라(Indra) 신에 속하는 지위

④ 조령의 권속(Paitra): 조상의 영령, 즉 조령(祖靈, Pitṛ)에 속하는 지위

⑤ 건달바의 권속(Gāndharva): 건달바(Gandharva)에 속하는 지위

⑥ 야차의 권속(Yākṣa): 야차(Yakṣa)에 속하는 지위

⑦ 나찰의 권속(Rākṣasa): 나찰(Rakṣas)에 속하는 지위

⑧ 식인귀의 권속(Paiśāca): 식인귀(食人鬼, Piśāca)에 속하는 지위

*Yuktidīpikā*의 저자는 상위의 모든 중생이 이 여덟 부류들 중의 어느 하나에 속한다는 것을 입증하기 위해, 위에서 언급하지 않은 신격도 거명하여 여덟 부류들 중의 어느 하나에 포함시키거나 일부의 지위를 하나로 통합하여 합리화한다. 예를 들어 아수라(Asura)들은 ③인드라의 권속에 포함된 것으로 간주한다. 아수라들도 일찍이 신으로 알려져 있다는 데 그 이유가 있다.[351] ⑥야차들은 ⑦나찰과 동일한 부류이기 때문에 나찰의 권속에 포함된다. 또한 Kinnara와 Vidyādhara의 경우는 성격이 유사하기 때문에 ⑤건달바의 권속으로 간주된다. 이와 마찬가지로 아귀(餓鬼, Preta)들은 ④조령의 권속에 포함된다. 그는 또한 ⑥야차의 권속을 중국에서 흔히 용왕으로 번역한 Nāga로 대체하고, 인드라의 권속을 33천(天)에 해당하는 Tridaśa로 대체하고서 신격들의 지위에 차별이 있는 이유를 다음과 같이 설명한다.

그(『상키야송』의 저자)는 상방(上方)이라는 이것으로 신들의 지위가 여덟임을 말한다. 거기서 이 창조는 순질이 풍부하다. 그리고 여기서는 [순질의] 풍

350 아래 분류의 전거는 @제4장 각주 128.

351 "아수라들의 경우에는 이미 옛적의 신격이기 때문에 오직 인드라의 권속이라는 지위에 포함된다. 실로 아수라들은 옛적에는 신들이었다." (asurāṇāṃ tāvad aindra eva sthāne 'ntarbhāvaḥ pūrva-devatvāt | pūrva-devā hy asurāḥ | YD ad. SK 54. Wezler & Motegi 1998:257, 4-5행)

> 부함을 취함으로써 점진적으로 더 확충해 가는 것을 알 수 있다. 즉 상방으로 갈수록 순질은 [더욱] 풍부하다. ⑧식인귀의 권속보다는 ⑦나찰의 권속이, 나찰의 권속보다는 ⑥용왕(Nāga=야차)의 권속이, 용왕의 권속보다는 ⑤건달바의 권속이, 건달바의 권속보다는 ④조령의 권속이, 조령의 권속보다는 ③Tridaśa(=33천, 인드라의 권속)가, 이들보다는 ②조물주의 권속이, ①브라마의 권속은 이들보다도 [더욱 풍부한 순질을 가진다.] 이와 같이 [상방으로 갈수록 더욱 순질의] 풍부함을 취할 수 있다.[352]

여덟 무리로 구분되는 신격들의 위계 질서는 이와 같이 순질의 농도에 의해 결정된다. 요컨대 이 질서에서는 순질의 농도가 가장 큰 ①브라마의 권속이 최상의 지위를 차지하고, 순질의 농도가 점차로 감소하여 가장 미약한 ⑧식인귀의 권속이 최하위에 있다.

원질의 성분인 3질에 의거하여 중생의 위상을 차별하는 이 같은 관념은 인간에게도 적용된다. 단독의 부류를 형성하는 인간에게는 동질이 우세하다. 인간보다도 하위에 있는 하등 생물에게는 암질이 우세하다. 그리고 이 암질의 농도에 따라 하등 생물은 다섯 부류로 구분된다. 다만 이 경우에는 암질이 풍부할수록 더욱 저급한 지위로 추락한다. 이에 따라 하등 생물은 암질의 농도가 클수록 ①초식 동물(paśu), ②육식 동물(mṛga),[353] ③조류(pakṣin), ④파충류(sarīsṛpa), ⑤

....

352 ūrdhvam ity anenāṣṭau deva-sthānāny āha | tatrāyaṃ sargaḥ sattva-viśālaḥ | atra ca viśāla-grahaṇād vīpsālopo draṣṭavyaḥ | ūrdhvam <ū>rdhvaṃ sattva-viśālaḥ | piśācebhyo rakṣasām rakṣobhyo nāgānāṃ nāgebhyo gandharvāṇāṃ gandharvebhyaḥ pitṝṇāṃ pitṛbhyas tridaśānāṃ tebhyaḥ prajāpatīnāṃ tebhyo 'pi brahmaṇaḥ | evaṃ viśāla-grahaṇaṃ samarthitaṃ bhavati | ibid. 11-15행.

353 paśu(가축, 초식 동물)와 mṛga(짐승, 육식 동물)의 차이는 애매할 수 있지만, *Jayamaṅgalā*에서는 이 둘을 다음과 같이 구분한다.
"그 중에서 소[牛]를 비롯하여 당나귀에 이르는 것들이 가축이고, 사자를 비롯하여 고양이에 이르는 것들이 짐승이다." (tatra gavādyā rāsabhāntāḥ paśavaḥ | siṃhādyā viḍālāntā mṛgāḥ | JM ad. SK 53. Vangiya 1994:109, 4-5행) 이 같은 구분은 *Kramadīpikā*에서도 통용된다.
"소를 비롯하여 쥐에 이르는 것들이 가축이고, 가루다를 비롯하여 날벌레에 이르는 것들이 새(조류)이며, 사자를 비롯하여 자칼에 이르는 것들이 짐승이다." (gavādi-mūṣakāntāḥ paśavaḥ | garuḍādi-maśakāntāḥ pakṣiṇaḥ | siṃhādi-śṛgālāntā mṛgāḥ | TsV. Dvivedin 1920:137, 1-2행)

식물 따위(sthāvara)의 순서로 분류된다. 다시 말하면 암질의 농도는 식물 따위에서부터 점차 감소하여 초식 동물에 이르러 가장 미약하다.

『상키야송』에서는 "신에 관해서는 8종이고 축생(畜生)에 관해서는 5종이며, 인간에 관해서는 1종이 있다. 요컨대 [이것들이] 중생의 창조이다."[354]라고 중생의 종류를 숫자로 열거한 데 그친다. 그러나 주석자들은 이 숫자에 맞추어 중생의 종류를 이상과 같이 낱낱이 열거함으로써 중생의 창조에 관한 상키야의 정설을 확립했다. 그러므로 신격으로부터 식물에 이르기까지 모든 중생은 이 14부류들 중의 어느 하나에 포함된다. 상키야 철학에서 이 모든 부류들은 순수정신이 미세신과 결속되어 출현한 상태로 간주된다. 순수정신은 이 결속에 의해 윤회의 세계를 전전하면서 속박의 고통을 겪을 수밖에 없다.

2. 관념의 창조

『상키야송』에서 말하는 관념의 창조란 앞에서(8.5.1.4) 고찰한 통각의 8정태가 결과로 야기한 정신적인 양상을 총칭하는 개념이다. 『상키야송』에서는 제46송부터 제51송까지 6송에 걸쳐[355] 관념의 창조를 먼저 네 가지 범주로 대별하고 나서 50종으로 세분한다. 그러나 주석자들은 이 50종의 내용을 다시 낱낱이 세분하므로, 이것들까지 포함하면 관념의 창조에 포함되는 정신적 양상은 총 107종이 이른다.[356]

354 aṣṭa-vikalpo daivas tairyag-yonaś ca pañcadhā bhavati | mānuṣyaś caika-vidhaḥ samāsato bhautikaḥ sargaḥ || SK 53.

355 @제4장 각주 116~121.

356 아래의 <표21>로 총괄한 107종의 상세 내용은 정승석(1992a) pp. 127-9 참조.

〈표 22〉 '관념의 창조'의 총괄표

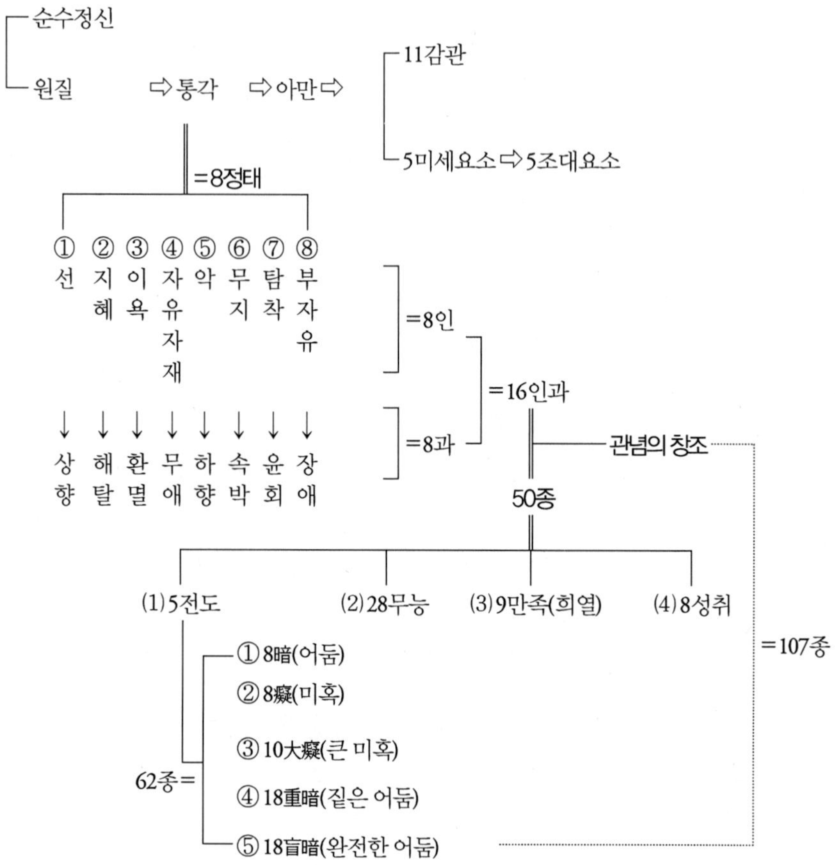

『상키야송』에서 50종으로 세분한 관념의 창조는 5종의 전도(顚倒), 28종의 무능, 9종의 만족 또는 희열, 8종의 성취이다. 전도는 그릇된 견해가 야기하는 오류를 의미하고, 무능은 장애나 결함으로 인해 지각과 행위의 기관들이 제대로 작동하지 않음을 의미한다. 그런데 전도와 무능과 만족과 성취라는 4범주가 어떻게 8정태의 결과로 발생하는지에 관해서는 아무런 설명이 없다. 다시 말해서 『상키야송』 자체만으로 보면 8정태와 4범주 사이에는 납득할 만한 연결 고리가 없다. 이 때문에 이것들의 관계에 대한 의문이 발생하고, 의문의 해결책으로는 다음과 같은 막연한 추측도 제기되었다.

> 정신적인 상태를 제각기 열거한 이들 두 범주를 융화시키려는 시도는 가망이 없어 보인다. 이 둘은 근본적으로 다른 것으로 간주하기에는 너무 유사하다. 그래서 이 문제의 해결책으로는 다음과 같이 추정하는 것이 간명하다. 즉 그것들은 특정 학파에서 주장했던 견해, 다시 말해서 물질을 다양한 방식으로 밝혔던 견해를 대변한다. 그러나 Īśvarakṛṣṇa가 그 둘의 관계에 대해 아무런 암시도 없이 그런 물질을 도입했으리라는 것은 아무래도 기묘하다. 다만 이 경우, 동일한 것들 중 확실히 오해하기 쉬운 것은 배제했을 것이다. 이와 같이 추정하면, 이것들을 언급하는 게송들(SK 46～51)은 나중에 삽입된 것들로서, 마지막 3송이 추가될 당시 또는 그 이전에 전체가 70송이 되도록 추가되었을 것이라고 생각해도 무방하다.[357]

여기서는 『상키야송』의 원형이 70송으로 구성되었는데 나중에 3송이 추가되었다는 통설을 약간 수정하여, 70송도 사실은 원형이 아니라 문제의 6송(SK 46～51)이 나중에 추가된 것이라는 과감한 추정을 제시한다. 만약 관념의 창조를 설하는 6송의 전후 맥락을 파악할 단서가 전혀 없다면 이러한 추정도 성립될 수 있을지 모른다. 그러나 다음과 같은 *Yuktidīpikā*의 해설은 이 문제를 해결하는 데 상당히 중요한 단서를 제공한다.

> 이와 같이 이것(창조)은 원리의 창조와 정태의 창조로서 설명된다. 그런데 이것(두 창조)은 [각각] 현현의 형태와 활동으로 간주된다. 이제 우리는 [현현의] 결과를 설명할 것이다. … [반론자가] 도대체 그 결과가 무엇인가라고

357 Keith(1924) pp. 96-97. Chakravarti(1975:301)는 이러한 견해를 그다지 신뢰할 수 없는 상투적인 해설로 평가한다. 문제의 의문을 해소할 단서가 있는 *Yuktidīpikā*는 1938년에서야 Chakravarti의 교정본으로 처음 출판되었으므로 Keith는 이 문헌을 참고할 수 없었을 것이다.

묻는 데 답하여, 실로 [제46송으로] 이렇게 설한다. "이것이 전도와 무능과 만족과 성취로 불리는 관념의 창조이다. 그런데 [그 넷은 3] 질들의 불균형으로 [서로] 충돌하기 때문에, 그것에는 다시 50의 구분이 있다." [여기에는 '이것이] 그 결과이다.'라는 말을 보충해야 한다.[358]

여기서 *Yuktidīpikā*의 저자는 다른 주석자들과는 달리, 관념의 창조가 원질의 현현으로서 유출되는 최종 결과를 형성한다고 설명한다. 이 설명에 따르면 원질은 형태(rūpa), 활동(pravṛtti), 이로부터 얻은 결과(phala)라는 세 가지 양상으로 현현한다. 현현의 첫째 양상인 형태는 '원리의 창조'를 가리킨다. 원리의 창조란 통각으로부터 5조대요소에 이르는 23원리들의 전변에 해당한다. 둘째 양상인 활동은 '정태의 창조', 즉 이미 설명한 8정태에 해당한다. 그리고 셋째 양상인 결과가 바로 50종으로 세분되어 네 가지 범주를 형성하는 '관념의 창조'이다.

*Yuktidīpikā*를 제외한 다른 문헌들에서는 현현의 양상을 이처럼 세 가지로 설명하는 사례를 볼 수 없다. 더욱이 *Yuktidīpikā*의 저자는 이에 앞서 『상키야송』에서 "현현, 미현현, 지자(知者)를 식별하기 때문이다."(SK 2)라고 언급한 현현을 해설하면서도 현현의 세 가지 양상을 다음과 같이 설명한다.

그 중에서 현현은 형태와 활동과 결과를 특징으로 갖는다. 형태는 다시 마하트(통각), 아만, 5미세요소, 11감관, 5조대요소로 이루진다. 활동은 개괄적으로 말하면 유익한 것의 추구를 목적으로 하는 것과 유해한 것의 배격을 목적으로 하는 것이라는 두 가지이고, 상세하게 말하면 의지를 비롯한 '행위의 다섯 원천'과 생기(生氣)를 비롯한 5풍(風)이다. 결과는 지각할 수 있는 것과 지각할 수 없는 것이라는 두 가지이다. 그 중에서 '지각할 수 있는 것'은 성취

....

358 evaṃ eṣa tattv-asargo bhāva-sargaś ca vyākhyātaḥ | etac ca vyaktasya rūpaṃ pravṛttiś ca parikalpyate | phalam idānīṃ vakṣyāmaḥ || 45 || … āha: kiṃ punas tat phalam iti | ucyate: yaḥ khalu — "eṣa pratyaya-sargo viparyayāśakti-tuṣṭi-siddhy-ākhyaḥ | guṇa-vaiṣamya-vimardāt tasya ca bhedās tu pañcāśat || (SK 46)" tat phalam iti vākyaśeṣaḥ | YD ad. SK 45-46. Wezler & Motegi(1998) pp. 237-9, 25-5행.

와 만족과 무능과 전도(顚倒)를 특징으로 갖는다. '지각할 수 없는 것'은 브라마 신을 비롯하여 나무줄기에까지 이르는 윤회에서 체형(體形)을 얻는 것이다. 이와같은 것이 현현이다. 순질과 동질과 암질이라는 이 [3] 질들이 주역과 조역의 관계로 작동하기 때문에, [현현은] 특수성(특수한 형태)을 취한다.[359]

바로 앞에서 인용한 설명에서는 정태의 창조(8정태)를 현현의 활동으로 간주했으나, 여기서는 활동을 양면으로 상술한 점이 특이하다. 유쾌한 것은 추구하고 불쾌한 것은 피하는 것이 모든 생물에게는 공통의 습성일텐데, 이러한 습성이 행동으로 드러난 것을 활동이라고 설명한 것은 충분히 납득할 만하다. 다만 이것을 더 구체적으로 명시한 '행위의 다섯 원천'과 5풍은 그러한 활동을 일으키는 원동력과 자극을 특정한 것으로 이해된다. 그런데 니야야 학파에서는 활동을 착수(ārambha)의 동의어로 간주하고, 바이세쉬카 학파와 『요가주』에서는 활동을 노력(prayatna)으로 대체한다. 그러나 이 경우에는 창조보다는 윤회의 원인으로 거론되므로, 이 문제는 뒤에서 별도로 취급한다.

끝으로 현현의 셋째 양상인 '결과'는 지각할 수 있는 것과 지각할 수 없는 것이라는 두 가지이다. 이 중에서 지각할 수 있는 결과는 성취와 만족과 무능과 전도를 포함한다. 이것들은 모두 소위 '관념의 창조'를 구성한다. 지각할 수 없는 결과는 아직 구현되지 않은 업보이다. 한 생애에서 일군 업의 작물은 윤회의 중간중간에 수확된다. 그러므로 윤회의 도중에 있는 업의 작물은 지각할 수 없는 결과로 간주된다.

니야야 학파의 *Nyāyasūtra*에서 결과는 활동과 결점들의 소산으로 정의되며,

....

359 tatra rūpa-pravṛtti-phala-lakṣaṇaṃ vyaktaṁ | rūpaṃ punar mahān ahaṃkāraḥ pañca tanmātrāṇy ekādaśendriyāni pañca mahābhūtāni | sāmānyataḥ pravṛttir dvividhā hita-kāma-prayojanā cāhita-pratiṣedha-prayojanā ca | viśeṣataḥ pañca karma-yonayo <dh>ṛtyādyāḥ | prāṇādyāś ca pañca vāyavaḥ | phalaṃ dvividhaṃ | dṛṣṭam adṛṣṭaṃ ca | tatra dṛṣṭaṃ siddhi-tuṣṭy-aśakti-viparyaya-lakṣaṇam adṛṣṭaṃ brahmādau stamba-paryante saṃsāre śarīra-pratilambha ity etad vyaktam | eṣāṃ guṇānāṃ sattva-rajas-tamasām aṅgāṅgi-bhāva-gamanād viśeṣa-gṛhītiḥ | YD ad. SK 2d. ibid. p. 49, 8-15행.

안락(즐거움)과 고통의 체험을 의미한다.[360] 상키야-요가에서도 이 관점을 부정하지는 않는다. 다만 상키야-요가에서 활동과 결과의 관계는 인중유과론에 귀속된다.

인중유과론에 의하면 결과는 전혀 새로운 현상이 아니다. 원인에는 3질의 고유한 특성인 안락과 고통과 미혹이 이미 구비되어 있고, 이 특성들이 결과로 발현된다. 활동은 이 발현을 돕는 동력인이다. 전생의 선악에 의해 훈습된 업력의 활동이 바로 동력인이며, 이것은 원질이라는 원인 속에 휴지 상태로 이미 잠재해 있는 결과가 드러나도록 도울 뿐이다. 다시 말해서 이 동력인은 전변의 동기가 되어 원질에 잠복된 결과를 현전의 상태로 이끌어내도록 돕는다. 그러므로 인중유과론에 의한 전변은 새로운 어떤 것을 결과로 생성하지 않는다. 『요가주』에서는 이 같은 인중유과의 논리를 다음과 같이 적용한다.

> 반면에 결과란 어떤 것(원인, 즉 훈습)에 의지하여 그 어떤 것의 선(善) 따위가 재발하게 되는 것이다 왜냐하면 이전에 없었던 것이 발생하지는 않기 때문이다.[361]
>
> 그리고 동기는 [이미] 존재하는 결과를 현재에 일으킬 수 있지만, 이전에 없는 것을 산출할 수는 없다. 유력한 동기는 결과에 특별한 원조를 제공하지만, 이전에 없는 것을 발생시키는 않는다.[362]

『상키야송』의 전변설에서 관념의 창조는 8정태의 결과이다. 그러므로 8정태와 관념의 창조 사이에 성립되는 구체적인 인과관계가 관심사로 대두되지만,

....

360 "결과란 활동과 결점들에 의해 생성된 어떤 것이다." (pravṛtti-doṣa-janito 'rthaḥ phalam ‖ NS 1.1.20. Taranatha 1985:222)
"결과란 안락이나 고통을 감수하는 것이다. 행위는 안락을 숙성시키고 고통을 숙성시킨다." (sukha-duḥkha-saṃvedanaṃ phalam | sukha-vipākaṃ karma duḥkha-vipākaṃ ca | NBh 1.1.20. ibid. 6행)

361 YBh 4.11. 정승석(2020) p. 250.

362 YBh 4.12. 위의 책, pp. 252-3.

앞서 지적했듯이 상키야의 문헌들에서는 이에 관해 명료한 답을 제시하지 않는다. 다만 이와 관련하여 최대한으로 다른 자료들도 타진하여 도출한 다음과 같은 설명으로 의문을 어느 정도 해소할 수 있다.

> 정태들 중에서 무지는 악, 탐착, 부자유(정신적 무능력)와 결합하여 그릇된 인식인 전도를 야기한다. 이와 같은 방식으로 부자유는 악, 무지, 탐착과 결합하여 기관들의 장애(무능)를 야기한다. 선과 자유자재는 이욕을 원조하여 만족을 초래한다. 끝으로 지혜는 단독으로 성취를 초래한다. 이것들 중에서 성취는 해탈로 인도하는 반면, 나머지 전도 따위는 해탈을 얻는 데 오로지 장애가 될 뿐이다.[363]

위의 설명에 따르면 관념의 창조에서 원인이 되는 8정태는 부분적으로 연합하여 네 가지 범주, 즉 전도(5종)와 무능(28종)과 만족(9종)과 성취(8성취)를 각각 결과로 야기한다. 8정태 중에서 지혜는 단독으로 작용하여 해탈을 성취한다. 이 인과관계는 아래의 표와 같은 개요만을 파악할 수 있다.

〈표 23〉 관념의 창조에서 인과의 개요

<table>
<tr><th rowspan="2">총괄</th><th>원인</th><th colspan="3">결과</th></tr>
<tr><td>①선 ②지혜 ③이욕 ④자유자재 ⑤악
⑥무지 ⑦탐착 ⑧부자유</td><td colspan="3">ⓐ전도 ⓑ무능 ⓒ만족 ⓓ성취</td></tr>
<tr><th rowspan="4">내역</th><td>②지혜</td><td>ⓓ성취</td><td>→</td><td>해탈</td></tr>
<tr><td>①선/④자유자재(+③이욕)</td><td>ⓒ만족(희열)</td><td rowspan="3">→</td><td rowspan="3">장애</td></tr>
<tr><td>⑥무지(+⑤악+⑦탐착+⑧부자유)</td><td>ⓐ전도(그릇된 인식)</td></tr>
<tr><td>⑧부자유(+⑤악+⑥무지+⑦탐착)</td><td>ⓑ무능(기관들의 장애)</td></tr>
</table>

363 Chakravarti(1975) p. 307.

3. 3질의 흐름에 의한 창조의 질서

위에서 고찰한 관념의 창조에서 50종의 결과를 다시 총괄하여 분류한 4범주는 관념의 창조가 지향하는 취지를 간명하게 제시하는 네 가지 요목이 된다. *Yuktidīpikā*의 저자는 '관념의 창조'라는 표현의 다양한 어원적 의미를 제시한 끝에 "혹은 이밖에 관념의 창조는 관념에 수반되는 창조, 즉 '통각에 수반되는 것(창조)'으로 불린다."[364]라고 첨언한다. 이것이 그가 채택한 결론일 것이다. 그는 이것을 뒷받침할 만한 내용을 길게 인용하여 다음과 같이 설명하기 때문이다.

> 왜 그러한가? 성전이 다음과 같이 [설하기] 때문이다. "창조는 통각에 수반되는 것이기 때문에 마하트(통각)로 시작하여 대상(5조대요소)로 끝난다. 그러나 행위 수단(신체)[365]을 구비한 대아신(大我身)은 홀로 있는 자신을 고려하여 [다음과 같은] 의욕을 일으켰다. '자! 나는 나를 위해 일하고 지고한 나와 저급한 자를 알아차릴 아들들을 낳아야 하겠다.'[366] 그가 [이처럼] 의욕을 일으키자 선두의 흐름으로부터 다섯 신(≒5전도)들이 출현했다. 그들이 출생했음에도 그는 만족을 얻지 못했다. 그래서 수평의 흐름으로부터 다른 스물 여덟(≒28무능)이 태어났다. 그것들에 대해서도 그의 욕구는 결코 가라앉지 않았다. 그러자 또 다른 아홉 신(≒9만족)들이 상승의 흐름으로부터 출현했다. 그들이 출생했음에도 그는 결코 자신이 목적을 달성했다고는 생각하지 않았다. 그래서 다른 여덟(≒8성취)이 하강의 흐름으로부터 출생했다." 이와 같이 바로 그러한 브라마 신의 욕구로부터 발생하는 것이 '관념의 창조'이다. 이것이 곧 전도로 불리고, 무능으로 불리고, 만족으로 불리고, 성

....

364 atha vā pratyaya-pūrvakaḥ sargaḥ pratyaya-sargaḥ | buddhi-pūrvaka ity uktaḥ | YD ad, SK 46. Wezler & Motegi(1998) p. 239, 9-10행.

365 복합어 행위 수단(kārya-karaṇa)에 대한 해석은 역자와 맥락에 따라 달라진다. Kumar & Bhargava는 행위 기관(1992:105) 또는 신체(1992:322)로 해석하고, Chakravarti(1975:182)는 '기관과 그 대상' 또는 '기관들을 잘 구비한 육체'(1975:308)로 해석한다. 『기타』의 경우는 @제5장 각주 162, @제6장 각주 98 참조. kārya-karaṇa가 판본에 따라 kārya-kāraṇa로도 판독되는 사례는 다른 문헌들에서도 빈번하다.

366 Chakravarti(1975:308)는 이 구절에 해당하는 원문을 "내 목적에 봉사하고 또한 내 자신뿐만 아니라 다른 이들을 동정할 자손들을 생산해야 하겠다."라고 해석한다.

취로 불린다는 것이다.[367]

이 설명의 결론에 따르면, 종국에는 대아신과 동일시되는 브라마 신(Brahmā)의 의욕에 의해 발생한 결과가 곧 '관념의 창조'이다. 이 같은 유형의 창조는 의지력으로 진행되기 때문에 관념의 창조로 불린다. 그러나 고전 상키야의 이원론에서는 신격에 의한 창조를 인정하지 않는다. 그러므로 위의 설명에서 인용한 내용은 관념의 창조를 설명하기 위한 비유로서만 적합하다. 이에 따라 상키야에서 관념의 창조는 통각의 산물인 점을 고려하면 신의 의욕은 통각에 상당한다. 또한 이 창조를 일으키는 흐름(srotas)은 의심의 여지가 없이 질(guṇa)을 비유한 표현이다. 인용문의 비유를 다음과 같이 상키야의 이론에 적용하면 창조의 차별을 야기하는 결정적 요인은 3질뿐이다.[368]

비유	적용
선두의 흐름→5신	극도의 암질→5전도
수평의 흐름→28신	우세한 암질→28무능
상승의 흐름→9신	우세한 순질→9만족
하강의 흐름→8신	우세한 동질→8성취

그런데 이 같은 유형의 창조는 *Mārkaṇḍeya-purāṇa*(47.14-35)나 *Vāyu-purāṇa*와 같은 힌두교의 일부 성전들 중에서도 묘사되어 있다. 전자보다는 상세하게 묘

367 katham | evaṃ hi śāstraṃ "mahadādi-viśeṣāntaḥ sargo buddhi-pūrvakatvāt | utpanna-kārya-karaṇas tu māhātmya-śarīra ekākinam ātmānam avekṣyābhidadhyau 'hantāhaṃ putrān srakṣye ye me karma kariṣyanti | ye māṃ paraṃ cāparaṃ ca jñāsyanti' | tasyābhidhyāyataḥ pañca mukhya-srotaso devāḥ prādur babhūvuḥ | teṣūtpanneṣu na tuṣṭiṃ lebhe | tato 'nye tiryak-srotaso 'ṣṭāviṃśatiḥ prajajñire | teṣv apy asya matir naiva tasthe | tato 'nye tiryak-srotaso 'ṣṭāviṃśatiḥ prajajñire | teṣv apy asya matir naiva tasthe | athāpare navordhva-srotaso devāḥ prādur babhūvuḥ | teṣv apy utpanneṣu naiva kṛtārtham ātmānaṃ mene | tato 'nye 'ṣṭāv arvāk-srotasa utpeduḥ" | evaṃ tasmād brahmaṇo 'bhidhyānād utpannaḥ, tasmāt pratyaya-sargaḥ | sa viparyayākhyo 'śakty-ākhyas tuṣṭy-ākhyaḥ siddhy-ākhyaś ceti | YD ad. SK 46. Wezler & Motegi(1998) p. 239, 11-20행.

368 아래의 표는 Chakravarti(1975:308)의 해설을 참고함.

사하는 *Vāyu-purāṇa*에서는 다음과 같이 설명한다.[369]

> 스스로 존재하는 세존이신 브라마 신은 가지각색의 자손들을 창조하기를 희구하여, 우주적 순환의 시대가 시작할 때마다 이전에 있었던 그와 같은 형상의 창조물을 방출했다. (33)
> 그가 통각을 위시한 창조의 의욕을 일으키자, 바로 그때 [이] 생각과 동시에 암질로 이루어진 것이 출현했다. (34)
> [그것은] 어둠, 미혹, 큰 미혹, 심한 어둠, 극심한 [어둠]으로 불린다. 다섯(5전도)으로 구분되는 이 무지가 대아(大我, 즉 Brahmā)로부터 출현했다.[370] (35)
> 그래서 의욕(자기의식)을 지닌 자의 숙고로부터 창조된 것은 다섯 가지로 존속하고, [단지 속의] 등불이 단지[에 의해 가려져 있는 것]처럼, 그것(창조된 것)은 어디서나 오직 암질에 의해 가려져 있으며, 안팎으로 빛을 발하고 청정하지만, 의식이 없을 뿐이다.[371] (36)

……………

369 *Vāyu-pr.* 6.35-58. Mitra(1880) pp. 47-49.
brahmā svayambhūr bhagavān sisṛkṣur vividhāḥ prajāḥ | sasarja sṛṣṭiṃ tadrūpāṃ kalpādiṣu yathā purā ‖ 33 ‖
tasyābhidhyāyataḥ sargaṃ tadā vai buddhi-pūrvakam | pradhyāna-samakālaṃ vai prādur-bhūtas tamomayaḥ ‖ 34 ‖
tamo moho mahāmohas tāmisro hy andha-saṃjñitaḥ | avidyā pañca-parvaiṣā prādurbhūtā mahātmanaḥ ‖ 35 ‖
pañcadhā cāśritaḥ sargo dhyāyataḥ so 'bhimāninaḥ | sarvatas tamasā caiva dīpaḥ kumbhavad āvṛtaḥ | bahir antaḥ prakāśaś ca śuddho niḥsaṃjña eva ca ‖ 36 ‖
yasmāt taiḥ saṃvṛtā buddhir mukhyāni karaṇāni ca | tasmāt te saṃvṛtātmāno nagā mukhyāḥ prakīrtitāḥ ‖ 37 ‖
mukhya-sarge tathā bhūtaṃ dṛṣṭvā brahmā hy asādhakam | aprasannamanāḥ so 'tha tato 'nyā so 'bhyamanyata ‖ 38 ‖
tasyābhidhyāyatas tatra tiryak*-sroto 'bhyavartata | yasmāt tiryak vyavarteta tiryak-srotas tataḥ smṛtam ‖ 39 ‖
*이 판본에서는 tiryyak이지만, 이하 다른 판본 및 일반 표기에 따라 tiryak로 교정함.
tamo-bahutvāt te sarve hy ajñāna-bahulāḥ smṛtāḥ | utpatha-grāhiṇaś cāpi te dhyānād dhyāna-māninaḥ ‖ 40 ‖
tiryak-srotas tu dṛṣṭvā vai dvitīyaṃ viśvam īśvaraḥ | ahaṃkṛtā ahaṃmānā aṣṭāviṃśad-vidhātmakāḥ ‖ 41 ‖
ekādaśendrya-vidhā navadhā codayas tathā | aṣṭau ca tārakādyāś ca teṣaṃ śakti-vidhā smṛtāḥ ‖ 42 ‖
antaprakāśās te sarva āvṛtāś ca bahiḥ punaḥ | yasmāt tiryak pravarteta tiryak-srotāḥ sa ucyate ‖ 43 ‖
…(중략)…
mukhya-sargaś caturthas tu mukhyā vai sthāvarāḥ smṛtāḥ | tiryak-srotāś ca yaḥ sargas tiryag-yoniḥ sa pañcamaḥ ‖ 57 ‖
tathordhva-srotasāṃ ṣaṣṭho deva-sargas tu sa smṛtaḥ | tathārvāk*-srotasāṃ sargaḥ saptamaḥ sa tu mānuṣaḥ ‖ 58 ‖ *tathārvvāk의 arvvāk를 다른 판본 및 일반 표기에 따라 arvāk로 교정함.

370 *Viṣṇu-purāṇa* 1.1.5도 이와 동일하다. 이 다섯을 Tagare(1987:47)는 "무지, 미혹, 향락욕, 분노, 죽음의 공포"로 이해했으나, 그 근거는 제시하지 않는다. 그의 이해는 YS 2.3(@제4장 각주150)에서 열거하는 5번뇌를 그대로 대입한 것이 분명한 것으로 보인다.

통각과 주요 감관들은 그것들(5전도)에 의해 차폐되어 있기 때문에, 그렇게 자아(본성)가 차폐된 식물들이 선두의 것들로 선언된다. (37)

선두의 창조에서 브라마 신은 그와 같은 존재가 실로 불충분함을 보고 나서, 마음이 흡족하지 않은 그는 이제 그것과는 다른 것을 갈망했다. (38)

그가 [이처럼] 의욕을 일으키자 거기서 수평의 흐름이 발생했다. 그것은 좌우로 발육했기 때문에 '수평의 흐름'(축생)으로 불렸다. (39)

암질이 우세하기 때문에 그것들은 모두 실로 '무지 덩어리'로 불린다. 그리고 또한 둔감하기 때문에 빗나간 길을 택한 그것들은 그 둔감으로 [자신들에게] 충분하다고 생각했다. (40)

그런데 자재신(브라마)이 수평의 흐름을 보고 나서 [이] 둘째의 것을 모든 것으로 [생각하자,] 자만에 빠진 [이] 것들은 28갈래로 이루어진 아만이 되었다. 즉 이것들의 능력을 구분하여 일컫는 것으로서 11종의 감관, 또한 충족으로는 9종, 구제(tāraka = 사색) 따위의 8종이다.[372] (41-42)

그것들은 모두 내부로는 '빛을 발하지만' 외부로는 여전히 가려져 있다. 좌우로 진행할 수 있는 것이라면, 이 때문에 그것은 '수평의 흐름'(축생)으로 불린다. (43)

… (중략) …

선두의 흐름은 넷째 [창조]이며, 선두의 것들은 실로 '움직이지 않는 것'(식물 따위)들로 불린다. 한편 수평의 흐름은 축생으로 태어나는 창조로서 다섯째이다. (57)

---

371 암질에 의해 가려져 있는 것이 안팎으로 빛을 발한다고 말하는 것은 아무래도 어색하다. 아래와 같은 *Mārkaṇḍeya-pr.*(47.16-17)의 설명이 타당할 것이다.
"[의욕을 지닌 자의] 숙고로부터 창조된 것은 지각이 없이 다섯 가지로 존속하니, 안팎으로 빛을 발하지 않고 자아(본성)를 차폐하는 식물의 성질로 이루어져 있다. 주요한 것들은 식물들이라고 하므로, 이것이 선두의 창조이다." (pañca-dhāva-sthitaḥ sargo dhyāyato 'pratibodhavān ‖ 16 ‖ bahir antaś cāprakāśaḥ saṃvṛtātmā nagātmakaḥ | mukhyā nagā yataś coktā mukhya-sargas tatas tv ayam ‖ 17 ‖ Banerjea 1862:268)

372 여기서는 아만의 구성 요소를 28종으로 간주하고, 28종의 내용을 11감관과 9만족과 8성취로 열거한다. 그러나 이 서술은 고전 상키야의 정설을 임의로 꿰어 맞춘 것이다. SK 49(@제4장 각주 119)에 의하면 28종의 무능은 11기관의 결함에 통각의 결함인 17종을 더한 것이다.

또한 상승의 흐름들에 속하는 여섯째인 그것(창조)은 '신들의 창조'로 불리며, 또한 하강의 흐름들에 속하는 일곱째 창조인 그것은 인간이다. (58)

여기서는 *Yuktidīpikā*에서 인용한 성전처럼 흐름(srotas)이라는 개념으로 창조의 양태를 구분한다. 바로 앞의 표로 예시했듯이 3질 각각의 농도에 따라 흐름의 방향도 달라진다. 순질이 풍부하면 상승의 흐름이 되고, 동질이 풍부하면 하강의 흐름이 되며, 암질이 풍부하면 수평의 흐름과 선두의 흐름이 된다. 위의 *Vāyu-purāṇa*에서는 이것을 창조의 원리로 적용하여 생물학적 전체 질서를 네 가지 범주로 상술한 것으로 이해할 수 있다. 그리고 그 내용은 『상키야송』에서 4범주로 제시한 관념의 창조를 신화적으로 적용 또는 해석한 것이다. 이 점을 고려하여 그 내용의 취지와 맥락을 되짚어 볼 필요가 있다.[373]

이 범주들 중에서 첫째인 '선두의 흐름'(mukhya-srotas)은 상승이나 하강과 같은 다른 흐름에 비해 의미가 모호하다.[374] 이 흐름에 속하는 통각과 주요 감관들은 암질로 차폐되어 있다고 한다. 이것들은 단지 속에서 빛을 발하는 등불과 같다. 그러므로 이것들은 전혀 바깥으로 드러날 수 없다. 이 때문에 식물을 비롯하여 움직일 수 없는 것들은 이 흐름에 포함된다. 이는 창조의 순서 중에서 가장 저급한 단계이며, 여기에는 5종의 전도(顚倒)가 본성으로 내재해 있다.

'수평의 흐름'(tiryak-srotas)은 포유류, 조류, 파충류 따위의 동물들을 산출한다. 여기서도 암질의 요소가 우세하다. 그러나 그 강도는 식물 따위의 경우보다는 약하다. 여기에는 28종의 무능이 본성으로 내재한다. 이 흐름에서 생명의 동향은 상승도 하강도 아닌 좌우로 움직이는 것이다. 이 때문에 이 경우에는 선과

....

373 이하는 Chakravarti(1975) pp. 309-310 참조.

374 Chakravarti(1975:309)는 mukhya-srotas의 어원적 의미를 정의할 수 없다고 말하지만, 이 개념의 유래로는 태초에 오직 암흑(≒암질)일 뿐인 이 세계가 최상위에 있었다고 서술하는 *Maitrī-upaniṣad*(MaiU 5.2, @제1장 각주68)를 우선 지목할 수 있을 것이다. 선두의 흐름을 지배하는 것은 암질이다. 이 점을 고려하면 이 개념은 암질이 주도하는 흐름을 '맨 처음의 흐름'으로 열거한다는 취지의 표현일 수도 있다.

악이 적용될 수 없다.

'상승의 흐름'(ūrdhva-srotas)으로 신들이 출현한다. 신들은 항상 천계를 열망하기 때문에 이 흐름에서 생명의 동향은 위로 움직이는 것이다. 이 경우에는 순질이 우세하며 9종의 만족이 본성으로 내재한다. '하강의 흐름'(arvāk-srotas)으로 생명의 동향은 아래로 움직여 인간이 출현한다. 이 흐름에서는 동질의 요소가 우세하지만 8종의 성취는 여기에 속하는 인간에게만 가능하다.

이상과 같은 흐름과 관련해서는 『마하바라타』에서도 단편적으로 언급하지만 아직은 체계적인 인식이 없는 투박한 관념을 드러낸다.[375] 『마하바라타』의 제14책에서 서술하는 하강의 흐름과 상승의 흐름을 단적인 예로 들 수 있다.

> 번성한 모든 욕망으로 욕망을 충족하여 기뻐 날뛰는 자들, 하강의 흐름에 속한 자들로 불리는 이런 인간들이야말로(=열정에 싸인 자들이야말로) 동질로 감싸인 자들이다.[376]
> 상승의 흐름에 속하는 이들은 [무엇이든] 변형할 수 있는 신들로 불린다. 이들이야말로 원질로써 형태를 바꾸어 어디에서나 천계에 도달한다.[377]

이보다 먼저 서술하는 대목에서는 하강의 흐름을 다음과 같이 상술하는데, 이 경우에는 원어가 arvāk-srotas에서 avāk-srotas로 바뀐다.[378]

....

375 『마하바라타』의 「해탈법품」에 소개된 Janaka와 Yājñāvalkya의 대화에서도 각종의 흐름은 언급된다. 그러나 여기서 '선두의 흐름'은 언급되지 않는다. @제5장 각주6의 Mbh 12.310.=298.23-24 참조.

376 kāma-vṛttāḥ pramodante sarvakāma-samṛddhibhiḥ | arvāk-srotasa ity ete manuṣyā(=taijasā) rajasā vṛtāḥ || Mbh 14.37.16=15. Dutt(2004.IX) p. 742.

377 ūrdhva-srotasa ity ete devā vaikārikāḥ smṛtāḥ | vikurvante(=vikurvate) prakṛtyā vai divaṃ prāptās tatas tataḥ || Mbh 14.38.13. ibid. p. 743.

378 Mbh 14.36.23-25. ibid. p. 740.
sthāvarāṇi ca bhūtāni paśavo vāhanāni ca | kravyādā dandaśūkāś ca kṛmi-kīṭa-vihaṃgamāḥ || 23 ||
aṇḍajā jantavaś caiva(=jantavo ye ca) sarve cāpi catuṣpadāḥ | unmattā badhirā mūkā ye cānye pāparogiṇaḥ || 24 ||
magnās tamasi durvṛttāḥ svakarma-kṛta-lakṣaṇāḥ | avāk-srotasa ity ete magnās tamasi tāmasāḥ || 25 ||

움직이지 않는 존재(식물), 짐을 실어 나르는 가축, 육식 동물(짐승), 뱀(파충류), 지렁이, 곤충, 새(조류), (23)
알에서 태어난 생물, 이 모든 것들과 또한 네발짐승, 미치광이, 귀머거리, 벙어리, 이 밖에 악행으로 고통받는 자들, (24)
암질에 침잠하여 자신들이 저지른 행위로 낙인찍힌 악당들, 하강의 흐름에 속한 것으로 불리는 이들이야말로 암질에 침잠한 무지한 자들이다. (24)

앞서 인용한 *Vāyu-purāṇa*에 의하면 하강의 흐름에 속한 존재는 인간뿐이며 이는 상키야의 정설과 합치한다. 그러나 위의 『마하바라타』에서는 불행하거나 악한 인간뿐만 아니라 지렁이와 곤충을 비롯한 모든 동식물을 하강의 흐름에 속한 존재로 열거한다.

상키야의 정설에 의하면 관념의 창조를 4종으로 대별한 범주 중에서 해탈로 인도하는 것은 성취뿐이며, 해탈은 인간만이 달성할 수 있다. 다만 인간들 중에서도 극소수의 일부가 해탈의 길을 따르는 데 적합하다. 성취의 원천은 원질이고 성취의 흐름은 이 원질로부터 끊임없이 지속되지만, 관념의 창조 중 나머지 세 범주는 여전히 그 흐름을 방해한다. *Yuktidīpikā*에서는 그 이유를 다음과 같이 상술한다.

원질로부터 [유래하는] 성취의 흐름은 항상 진행되지만, 전도와 무능과 만족의 방해로 인해 모든 중생에게 진행되지는 않는다. 움직이지 않는 것(식물 따위)들의 경우에는 다른 무엇보다도 전도 때문에 [성취의 흐름이 진행되지 않는다.] 왜냐하면 선두의 흐름에 속하는 그것들은 전도를 본성으로 갖기 때문이다. 좌우로 가는 것(축생)들의 경우에는 무능 때문에 [성취의 흐름이 진행되지 않는다.] 왜냐하면 수평의 흐름에 속하는 그것들은 [감관의] 무능을 본성으로 갖기 때문이다. 신들의 경우에는 만족 때문에 [성취의 흐름이 진행되지 않는다.] 왜냐하면 상승의 흐름에 속하는 그들은 만족을 본성으로 갖기 때문이다. 그러나 하강의 흐름에 속하는 인간들은 성취를 본성으로 갖는다.

> 따라서 이들만이 사색 따위[의 8성취]에 전념한다. 그러나 순질과 동질과 암질이 우열의 관계로 제어하기 때문에, 그들(인간)은 전도와 무능과 만족의 방해를 받는다. 따라서 모든 이들에게 항상 성취가 가능한 것은 아니다.[379]

여기서는 인간도 전도와 무능과 만족의 방해를 받기 때문에 모든 인간에게 항상 성취, 즉 해탈이 가능한 것은 아니라고 지적한다. 이는 우리 모두가 공감하는 엄연한 사실이다. 그럼에도 불구하고 8성취의 가능성을 인간에게만 인정하여 해탈의 노력을 고취한다. 이는 인간에 대한 상키야 철학의 가치론적 인식을 반영한 것으로 이해할 수 있다. 이러한 인식을 대변하는 8성취에 대해서는 뒤에서(8.6.3_1) 별도로 상술할 것이다.

8.5.4. 윤회의 원인

니야야 학파의 논리학을 정립한 *Nyāyasūtra*에서는 활동(pravṛtti)의 의미를 다음과 같이 정의한다.

> 활동이란 말이나 마음이나 신체로 착수하는 것이다.[380]
> 결점들은 활동을 유발하는 특성을 가진다.[381]

....

379 nitya-pravṛttasyāpi pradhānāt siddhi-srotaso viparyayāśakti-tuṣṭi-pratibandhāt sarva-prāṇiṣv apravṛttir bhavati | viparyayāt tāvat sthāvareṣu | te hi mukhya-srotaso viparyayātmānaḥ | aśaktes tiryakṣu | te hi tiryak-srotaso 'śakty-ātmānaḥ | tuṣṭer deveṣu | te hy ūrdhva-srotasas tuṣṭy-ātmānaḥ | mānuṣās tv arvāk-srotasaḥ saṃsiddhy-ātmānaḥ | tasmāt ta eva tārakādiṣu pravartante sattva-rajas-tamasāṃ cāṅgāṅgibhāva-niyamād viparyayāśakti-tuṣṭibhiḥ pratihanyanta iti na sarveṣāṃ sarvadā siddhir bhavati | YD ad. SK 51d. Wezler & Motegi(1998) pp. 252-253, 30-6행.

380 pravṛttir vāg-buddhi-śarīrārambha iti || NS 1.1.17. Taranatha(1985) p. 218. 이 구절에서 마음의 원어는 buddhi(지성)이지만 Vātsyāyana는 다음과 같이 buddhi가 마음을 의미한다고 밝힌다.
"여기서 지성(buddhi)은 마음(manas)을 의미한다. 이것(마음)으로 이해하므로 지성[으로 불리는 것]이다." (mano 'tra buddhir ity abhipretam, budhyate 'neneti buddhiḥ | ibid. 4행)

381 pravartanālakṣaṇā doṣāḥ | NS 1.1.18. ibid. p. 220.

여기서는 소위 3업(業)과 3독(毒)으로 활동을 설명한다. 신(身)·구(口)·의(意)에 의한 3업을 일으키는 것이 활동이며, 이 활동을 유발하는 결점들은 3독으로 불리는 탐욕(貪)과 혐오(瞋)와 미혹(癡)이다. 이것들은 말과 마음과 신체로 활동을 착수하게 하는 자극 요인이 되어 선행이나 악행을 유발한다.[382] 그리고 이 같은 착수(활동)의 목적은 상키야의 *Yuktidīpikā*에서 설명한 것처럼 유쾌한 것을 성취하고 불쾌한 피하는 데 있다. 예를 들어 *Nyāyasūtra*에서 "대상을 지향하여 성취하는 것이 곧 목적이다."[383]라고 교시한 것을 Vātsyāyana는 다음과 같이 해설한다.

> 얻어야 하거나 버려야 할 것으로 결심된 것이 대상이고, 이것을 얻거나 버릴 방도를 실행하는 것은 목적이라고 알아야 한다. 왜냐하면 그것(목적)은 활동의 원인이기 때문이다. '나는 이 대상을 얻거나 버릴 것이다.'라고 [생각]하는 것이 대상을 지향하는 결심이다. [사람들은] 이와 같이 결심되어 있는 대상을 지향한다.[384]

*Yuktidīpikā*의 저자는 『상키야송』의 제2송을 해설하면서 '활동'의 의미를 상술했는데, Vātsyāyana는 *Nyāyasūtra*의 제2경을 해설하면서 윤회의 원인과 관련하여 '활동'의 의미를 거론한다. 아래의 설명에서 그는 *Yuktidīpikā*의 경우처럼 활동을 생기(生氣)들, 즉 5풍과 연관짓는다.[385]

....

382 이는 Vātsyāyana의 주석에 의거한다.
"왜냐하면 탐욕 따위는 인식자를 선이나 악으로 유도하기 때문이다. …[결점들은] 탐욕과 혐오와 미혹을 언급한 것으로 충분하고 더 말할 것이 없다." (jñātāraṃ hi rāgādayaḥ pravartayanti puṇye pāpe vā | … rāga-dveṣa-mohā ity ucyamāne bahu noktaṃ bhavatīti ‖ NBh 1.1.18. ibid. 3/6-7행)

383 yam artham adhikṛtya pravartate tat prayojanam ‖ NS 1.1.24. ibid. p. 256. 이에 관해 Vidyābhuṣana(1913:8)는 "목적이란 얻거나 피하고자 노력하는 아무것"이라고 간명하게 설명하고, "어떤 사람이 음식을 요리할 목적으로 연료를 모으는 것"을 예로 든다.

384 yam artham āptavyaṃ hātavyaṃ vā vyavasāyas tad āptihānopāyam anutiṣṭhati, prayojanaṃ tad veditavyam, pravṛtti-hetutvāt | imam artham āpsyāmi hāsyāmi veti vyavasāyo 'rthasyādhikāraḥ, evaṃ vyavasīyamāno 'rtho 'dhikriyate ‖ NBh 1.1.24. Taranatha(1985) p. 256, 4-6행.

385 NBh 1.1.2. Taranatha(1985) pp. 76-77, 10-17/2-5행.

1. 이러한 허위의 지식(=그릇된 인식) 때문에 유쾌한 것에 대해서는 애착하고, 불쾌한 것들에 대해서는 혐오한다. 애착과 혐오의 지배로 인해 거짓, 시샘, 사기, 탐욕 따위의 결점들이 발생한다. 결점들에 의해 촉진된 것으로서 신체를 통해 발생하고 있는 것은 살생, 도둑질, 간음에 해당한다. 말을 통해 [발생하고 있는 것은] 거짓말, 욕설, 비방, 실언[에 해당한다.] 마음을 통해 [발생하고 있는 것은] 타인에 대한 적의, 타인의 재산에 대한 욕망, 신에 대한 불신[에 해당한다.] 바로 이러한 나쁜 성질을 가진 활동은 악이 된다.

2. 반면에 좋은 것으로서 신체를 통해 [발생하고 있는 것은] 보시, 구제, 봉사[에 해당하고], 말을 통해 [발생하고 있는 것은] 진실, 충고, 애어(愛語), 성전 암송[에 해당하고], 마음을 통해 [발생하고 있는 것은] 연민, 무욕, 신앙[에 해당한다.] 바로 이러한 것(좋은 성질을 가진 활동)은 선(善)이 된다.

3. 여기서 활동이라는 말의 전거에 따르면, 활동이 야기하는 것은 선과 악이라고 설명된다. 예를 들면 음식이 야기하는 것은 생기(生氣)들이다. 즉 "음식은 실로 생명체의 생기들이 된다."라고 한다.

4. 바로 이러한 활동이 멸시받는 자와 존경받는 자에게 출생의 원인이 된다. 더욱이 출생은 신체와 감관과 마음의 연합에 의해 특정한 것으로 현전한 것이며, 이것이 발생하면 고통이 발생한다. 또한 불쾌한 것으로 감수되는 그것(고통)을 고뇌, 상해, 비애라고 한다. [먼저 말한] 바로 그 허위의 지식을 비롯하여 고통에 이르는 속성들이 결코 끊이지 않고 발생하고 있는 것을 윤회라고 한다.

....

1. etasmān mithyā-jñānād anukūleṣu rāgaḥ pratikūleṣu dveṣaḥ | rāga-dveṣādhikārāc cāsatyerṣyā-māyā-lobhādayo doṣā bhavanti | doṣaiḥ prayuktaḥ śarīreṇa pravartamāno hiṃsā-steya-pratiṣiddha-maithunāny ācarati, vācānṛta-paruṣa-sūcanāsambaddhāni, manasā paradrohaṃ paradravyābhīpsāṃ nāstikyaṃ ceti | seyaṃ pāpātmikā pravṛttir adharmāya |

2. atha śubhā — śarīreṇa dānaṃ paritrāṇaṃ paricaraṇaṃ ca, vācā satyaṃ hitaṃ priyaṃ svādhyāyaṃ ceti, manasā dayām aspṛhāṃ śraddhāṃ ceti | seyaṃ dharmāya |

3. atra pravṛtti-sādhanau dharmādharmau pravṛtti-śabdenoktau, yathānna-sādhanāḥ prāṇāḥ "annaṃ vai prāṇinaḥ prāṇā" iti |

4. seyaṃ pravṛttiḥ kutsitasyābhipūjitasya ca janmanaḥ kāraṇam | janma punaḥ śarīrendriya-buddhīnāṃ nikāya-viśiṣṭaḥ prādurbhāvaḥ, tasmin sati duḥkham | tat punaḥ pratikūla-vedanīyaṃ bādhanā pīḍā tāpa iti | ta ime mithyā-jñānādayo duḥkhāntā dharmā avicchedenaiva pravartamānāḥ saṃsāra iti |

여기서는 먼저 활동의 전모를 3업으로 구분하여 선과 악의 활동을 각각 10가지씩 예시한다. 이것들은 모두 유쾌한 것을 선호하고 불쾌한 것을 기피하는 결점들에 의해 촉진된다. 그러나 이것들 중의 일부는 선을 초래하기도 하므로 그 모두가 유해한 것은 아니다. 이러한 활동의 전모는 아래의 표로 한눈에 파악할 수 있다.

〈표 24〉 Nyāya-bhāṣya에서 열거하는 선악의 3업

3업		악이 되는 유해한 것	선이 되는 유익한 것
신체	신업(身業)	살생, 도둑질, 간음	보시, 구제, 봉사
말	구업(口業)	거짓말, 욕설, 비방, 실언	진실, 충고, 애어(愛語), 성전 암송
마음	의업(意業)	적의, 타인의 재산에 대한 욕망, 신에 대한 불신	연민, 무욕, 신앙

Vātsyāyana는 다음으로 "음식은 실로 생명체의 생기들이 된다."라는 금언을 인용하는 것으로 생기(prāṇa)를 비롯한 5풍이 모든 활동의 원동력이라는 사실을 첨언한다. 그는 이 금언으로 음식은 생기를 불어넣는 원인이 되듯이, 활동은 윤회를 멈추지 않게 하는 동력이 된다는 것을 강조한다. 그가 설명하는 요지는 "활동→출생→고통→윤회"라는 인과의 논리이다.

이상과 같이 Vātsyāyana가 대변하는 니야야 학파의 '활동' 개념은 요컨대 선과 악이라는 윤리적 행위로 귀결된다. 활동 개념을 설명하는 데서 선과 악 또는 탐욕과 혐오라는 상반하는 윤리적 관념을 중시하는 것은 니야야 학파와 한 짝을 이루는 바이셰쉬카 학파의 경우도 마찬가지이다. 다만 *Vaiśeṣikasūtra*에 대한 Praśastapāda의 주석에서 활동 개념을 노력(prayatna)으로 대체하여 다음과 같이 해설한다.

> 노력, 열중, 의지력이라는 것은 동의어들이다. 그것(노력)은 생명력(=생기)에 수반되는 것과, 욕망(=탐욕)이나 혐오에 수반되는 것이라는 두 가지이

다. 그 중에서 생명력에 수반되는 것은 잠들어 있는 경우에 들숨과 날숨의 상속을 촉진하며, 깨어나 있을 때는 내적 기관이 다른 [외적] 감관들과 접촉하게 한다. 생명력에 수반되는 이것(노력)은 자아와 마음이 결합하고 선과 악이 원조함으로써 발생한다. 그것은 선이나 악의 원조로 자아와 마음의 결합을 통해 발생한다. 반면에 다른 하나(욕망이나 혐오에 수반되는 것)는 유쾌한 것을 획득하고 불쾌한 것을 회피할 수 있게 하는 분발의 원인이며, 신체를 평형 상태로 지탱한다. 그리고 그것은 욕망의 원조로 혹은 혐오의 원조로 자아와 마음의 결합을 통해 발생한다.[386]

여기서 노력을 생기로부터 발생하는 것과 욕망(=탐욕)이나 혐오로부터 발생하는 것이라는 양면으로 구분한 것은 Vātsyāyana가 이 같은 양면으로 활동을 구분하여 설명한 것과 동일한 관점이다. 그러므로 Praśastapāda가 말하는 노력은 Vātsyāyana가 말하는 활동과 상응하는 개념이다.[387] 그런데 『요가주』에서도 노력은 탐욕과 혐오로부터 발생한다고 설명한다. 아래의 설명에서 말하는 노력도 물론 활동에 상당한다.

원인이란 [다음과 같은 것이다.] 선(善)으로 인해 즐거움이, 불선(악)으로 인해 고통이, 즐거움으로 인해 탐욕이, 고통으로 인해 혐오가 [일어나며,] 또한 그로 인해 노력이 [일어나는데,] 마음이나 말이나 신체에 의한 그것(노력, 즉

....

386 prayatnaḥ saṃrambha utsāha iti paryāyāḥ | sa dvividho jīvana-pūrvaka icchā-dveṣa-pūrvakaś ca | tatra jīvana-pūrvakaḥ suptasya prāṇāpāna-santāna-prerakaḥ prabodha-kāle cāntaḥkaraṇasyendriyāntara-prāpti-hetuḥ | asya jīvana-pūrvakasyātma-manasoḥ saṃyogād dharmādharmāpekṣād utpattiḥ | itaras tu hitāhita-prāpti-parihāra-samarthasya vyāpārasya hetuḥ śarīra-vidhārakaś ca | sa cātma-manasoḥ saṃyogād icchāpekṣād dveṣāpekṣād votpadyate || *Praśastapāda-bhāṣya*, Dvivedin(1984) p. 263, 3-10행.

387 Chakravarti(1975:304, n. 1)는 "노력(prayatna)은 활동(pravṛtti)과 특별하게 다르지는 않다."고 지적하면서 Praśastapāda가 노력에 관해 해설하는 요지를 다음과 같이 추출한다.
"그것(=노력)은 두 가지이다. 하나는 생기로부터 일어나고, 다른 하나는 욕망이나 혐오로부터 일어난다. 전자는 잠들어 있을 때 호흡을 조절한다. 후자는 유쾌한 것을 얻고 불쾌한 것을 피하는 수단이 된다. 이것은 또한 육체의 균형을 맞춘다."

3업)으로 흥분하는 자는 타인을 친절히 대하거나 해친다.

그로부터 다시 선과 악, 즐거움과 고통, 탐욕과 혐오가 [일어난다.] 이리하여 이 여섯 바퀴살을 가진 윤회의 바퀴가 회전한다. 그리고 끊임없이 회전하고 있는 이것을 이끄는 것이 무지이며, 이 무지는 모든 번뇌의 뿌리이다. 이와 같은 것이 곧 원인이다.[388]

여기서 『요가주』의 저자는 윤회의 원인들을 인과관계로 설명하면서 그 원인들을 총괄적으로는 일컫는 것이 3업으로 이루어지는 노력이라고 지적한다. 이 노력은 다시 여섯 바퀴살로 표현되는 앞 단계의 원인이 되는 순환적 인과를 계속 반복하는 것이 윤회이다. 여기서 윤회의 원인은 아래의 표와 같은 기본 구조를 형성하여 결과를 야기하고 다시 원인이 된다.

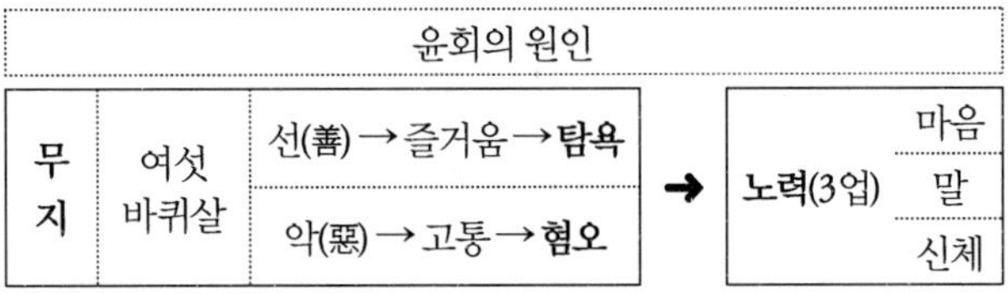
윤회의 원인
무지
여섯 바퀴살
선(善) → 즐거움 → 탐욕
악(惡) → 고통 → 혐오
노력(3업)
마음
말
신체

그러므로 이 같은 『요가주』의 설명에 따르면, 윤회란 여섯 바퀴살을 끊임없이 굴리는 노력의 결과라고 말할 수 있다. 그리고 이러한 노력은 모든 번뇌의 근원인 무지의 소산이다. *Caraka-saṃhitā*에서는 미혹(=무지)과 욕망(=탐욕)과 혐오를 활동의 원인으로 간주하므로[389] 이 경우의 활동은 『요가주』에서 말하는 노력에 상당한다.

다른 한편으로 『기타』에서는 활동을 니야야 학파의 경우와는 달리 '착수'와 동일시하지 않는다. 여기서 활동과 착수는 동질에 의해 발생하는 별개의 결과이다.

388 YBh 4.11. 정승석(2020) pp. 249-250.

389 "활동은 미혹, 욕망, 혐오, 업에서 유래한다." CS, Śārīra-sthāna 5.10. @제6장 각주 124.

바라타 족의 황소여! 탐욕, 활동, 행위들의 착수, 불안, 갈망, 이러한 것들은 동질이 증진할 때 발생한다.[390]

여기서 말하는 활동은 행동하려는 충동을 의미하며, 이것은 모든 사람이 저마다 어떤 일을 착수하도록 유인하는 욕구의 힘이다.[391] 『기타』에 수용된 상키야의 교의는 이러한 것으로부터 초월해야만 순수한 자아가 드러난다고 역설한다. 모든 활동과 이에 부수하는 심리적 갈등은 불순한 자기 중심의 사고방식을 부추기는 동질이 증대하는 데서 유래하기 때문이다. 그러므로 대립과 차별에 얽매이지 않고 모든 착수를 포기하는 자는 이미 동질을 포함한 3질을 초월한 상태에 있다고 한다.[392] 이처럼 3질을 초월한 상태에서는 윤회의 원인도 있을 수 없다.

이제까지 소개한 다양한 관점들은 3업에 의한 선과 악, 또는 탐욕과 혐오와 미혹이라는 3독에 치중하여 활동의 개념을 적용한다. 이 경우의 활동은 물론 윤회의 원인을 포괄한다. 그러나 *Yuktidīpikā*에서는 이보다 거시적인 관점에 활동 개념을 적용한다. 기본적으로 『상키야송』에서 8정태로 열거한 '정태의 창조'에는 선과 악이 포함된다. *Yuktidīpikā*의 저자는 이것을 현현의 둘째 양상인 활동으로 간주한다. 그러므로 이 8정태의 결과인 '관념의 창조'까지도 인중유과의 논리에 따라 그 원인인 활동의 범주에 포함된다.

정태의 창조에만 국한하면, *Yuktidīpikā*의 저자가 대변한 상키야의 관점은 전개된 모든 실체들이 결국 상투적으로 선과 악 따위의 획득을 지향한다는 사실을 지적하는 데 있는 것으로 이해된다.[393] 그러나 이로부터 더 나아가면 '현현의

....

390 lobhaḥ pravṛttir ārambhaḥ karmaṇām aśamaḥ spṛhā | rajasy etāni jāyante vivṛddhe bharatarṣabha || BG 14.12. Radhakrishnan(1949) p. 320.

391 Chakravarti(1975) p. 305.

392 "명예와 불명예를 동일시하고, 우군과 적군을 동일시하고, 모든 착수를 포기하는 자, 그는 [3]질을 초월한 자로 불린다." (mānāpamānayos tulyas tulyo mitrāri-pakṣayoḥ | sarvārambha-parityāgī guṇātītaḥ sa ucyate || BG 14.25. Radhakrishnan 1949:324)

활동'이란 결국 현현된 모든 존재와 이의 결과인 윤회를 포괄한다. 존재한다는 자체가 바로 활동이며 이것은 윤회를 수반하기 마련이다.

8.6. 순수정신의 독존과 수단

8.6.1. 순수정신의 존재 논증

1. 순수정신이 존재하는 이유

상키야의 순수정신은 오로지 순수한 의식일 뿐이다. 물질에 생명을 불어넣는 원리가 바로 순수정신이므로, 범부 중생은 이것을 영혼으로 생각하기 쉽다. 그러나 상키야의 형이상학에서 순수정신은 현현된 실체들의 지적 위계를 설명하기 위해, 또한 현실의 주체적 국면을 설명하기 위해 가정된 것이다. 그러므로 이것은 우파니샤드에서 현자들이 통찰한 진실한 자아에 해당하지만, 사실은 이와는 다른 차원의 자아이다.

고전 상키야－요가에서는 순수하고, 청정하고, 자존하고, 상주하고, 불변하고, 활동하지 않고, 제한되지 않고, 분할되지 않는 자아를 순수정신으로 정의한다. 이것은 원질의 활동을 조용히 보기만 하는 관객이다. 보통 이것은 몸속에서 생명을 내재한 것으로 표현된다. 순수정신을 표현하는 데 차이가 있는 것은 그것을 내포한 소유자의 성격 때문이다. 예를 들어 순수정신은 식물의 세계에서는 흐릿하지만, 상급의 존재들 속에서는 환하게 빛난다.

『상키야송』에서는 순수정신이 존재할 수밖에 없는 이유를 다섯 가지[394]로 천

……………

393 Cf. Chakravarti(1975) p. 306.

394 SK 17(@제2장 각주 163)에서 열거한 이유는 다음과 같은 다섯 가지이다.
①집합은 타자(他者)를 위한 것이기 때문에, ②3질 따위와는 정반대의 것이 있어야하기 때문에, ③감독하는 자가 있어야 하기 때문에, ④향수(경험)하는 자가 있어야 하기 때문에, ⑤독존(해탈)을 목적으로 지향하기 때문에.

명하고, 주석자들은 이것들을 다음과 같은 요지로 설명하여 순수정신의 존재를 옹호한다.[395]

첫째, 어떤 요소들의 산물인 복합체는 그 자신이 아니라 타자(他者)인 사용자의 목적에 봉사한다. 예를 들어 침대는 베개, 담요, 매트, 시트 따위의 집합으로 형성되는데, 이는 그 위에서 잠들 누군가를 위한 것임이 전제되어 있다. 기관들과 3질로 이루어진 복합체인 신체도 다른 어떤 것의 목적에 봉사한다. 이 경우의 그 '어떤 것'에 해당하는 것은 순수정신 밖에 없으므로 순수정신은 존재한다.

둘째, 원질의 현현인 모든 것은 물질적 요소들의 다양한 편성과 결합으로 이루어지는 객체이기 때문에, 이와는 반대의 것인 주체가 있어야 한다. 그러므로 순수정신은 현현된 객체를 인식할 주체로서 존재한다.

셋째, 원질이 다양한 물질세계를 정연하게 산출하도록 통솔하는 감독자가 있어야 한다. 원질에는 정신적 능력이 없으므로 정신적인 감독자가 없으면 원질이 산출한 세계는 무질서의 혼란에 빠지게 된다. 그러므로 정신적인 감독자로서 순수정신이 존재해야 한다.

넷째, 원질의 산물이 있다면 유쾌한 것이든 불쾌한 것이든 이것들을 향유할 어떤 것이 있어야 한다. 이것들을 향유할 존재로는 순수정신 밖에 없다.

다섯째, 모든 중생에게는 해탈을 추구하는 성향이 있지만 원질은 원래 이러한 성향을 가질 수 없다. 그렇다면 그 성향을 가진 존재로는 순수정신 밖에 없다.

이러한 일련의 논증으로 『상키야송』과 이에 대한 주석자들은 원질 및 이 원질의 산물과는 다른 순수정신의 독자성을 확립한다. 그리고 이 논증의 요점은 통각이나 아만 따위처럼 원질에 속한 원리로는 해탈을 성취할 수 없다는 것이다. 왜냐하면 원질에 속한 원리들은 한결같이 3질의 배합일 뿐이며 이 자체가 필수적으로 고통을 동반하기 때문이다. 더욱이 3질은 비정신적인 요소이므로 이것들의 변화로 전개된 세계를 인식할 정신적 존재가 필요하다.[396] 그러므로 비

....

395 Cf. Chakravarti(1975) p. 315.

정신적인 원질과는 다른 어떤 실체에 의해서만 해탈을 성취할 수 있다는 결론에 도달한다. 이 결론에 합당한 유일한 실체가 순수정신이라는 것은 이원론의 귀결이다.

『요가주』의 저자도 이와 유사한 논증을 제시한다. 그의 논증은 『요가경』의 교시[397]를 해설한 것이지만, 그 내용은 순수정신이 존재해야 하는 다섯 가지 이유들 중에서 첫째 이유("타자를 위한 것이기 때문에")를 상술하는 것에 해당한다.

> 그것, 즉 이 마음은 오직 무수한 훈습들에 의해 잡다하게 착색되어 있지만, 다른 것을 위해, 즉 그 자신을 위해서가 아니라 타자의 향수와 해탈을 위해 [존재한다.] 마치 집의 경우처럼 [다른 요소들과] 결합하여 작용하기 때문이다. 결합하여 작용하는 마음은 그 자신을 위한 것일 수 없다. 즉, 즐거운 마음은 [마음의] 즐거움을 위해 존재하지 않고, 지식은 [마음의] 지식을 위해 존재하지 않으며, 이 둘(즐거움과 지식)도 타자를 위해 존재한다.
> 그리고 향수와 해탈을 위해서라는 목적을 가진 순수정신이 바로 그 '타자'이고, 그저 일반적인 타자가 아니다. 그러나 절멸론자가 '본래의 것으로'(자아인 것처럼) 지칭할 수 있는 '모종의 것'은 그저 일반적인 타자이고, 이것은 결합하여 작용하는 것이기 때문에, 그 모두는 오직 타자를 위한 것이 될 것이다. 그런데 그 타자는 특수한 것으로서, 결합하여 작용하지 않는 순수정신이다.[398]

....

396 "상키야는 인식을 한편으로는 3질의 배합이라는 질량적인 측면에서 생각하여, 순질이 지나치게 우세하게 된 존재의 상태를 인식으로 간주한다. 그러나 3질이라는 비정신적인 것이 어떻게 변하더라도 비정신적인 것일 뿐이므로, 인식이 정신적인 것이라면 비정신적인 것의 변화 전체를 관찰하는 정신 그 자체의 존재가 필요하게 되는 것이다." 山下勳(1977) p. 403.

397 "그것(마음)은 무수한 훈습들에 의해 얼룩져 있지만, [다른 요소들과] 결합하여 작용하는 것이기 때문에 타자(他者)를 위해 [존재한다.]" (tad asaṃkhyeya-vāsanābhiś citram api parārthaṃ saṃhatya-kāritvāt ‖ YS 4.24)

398 YBh 4.24. 정승석(2020) pp. 274-6. 여기서 『요가주』의 저자는 자아(순수정신)가 5온(蘊)에 불과하다는 불교 측(절멸론자)의 주장을 반론으로 예상하고, 5온 역시 타자(순수정신)를 위한 것이라고 반박한다. 여기에는 다음과 같은 생각이 깔려 있다. 불교의 무아설에서는 5온을 주장하지만 5온은 자아에 해당하며, 이 5온도 집합인 한은 '결합하여 작용하는 것'으로서 결국 타자를 위한 것이 된다. 『요가주』의 주석자들 중에서 *Yogasūtra-bhāṣya-vivaraṇa*의 저자는 이러한 취지를 다음과 같이 상술한다. "그대(불교도)가 타자를 위해 결합된 마음에 의지할 수 있는 수단은 '신체와 감관들의 집합'(즉 5

여기서 다음과 같은 요지를 역설하고 있는 것으로 이해된다. 안락과 고통이라는 정신 현상은 그 자체를 위해 존재하는 것이 아니며, 사고 능력의 한 양상인 지혜 역시 그 자체를 위해 존재하는 것이 아니다. 이 모든 것은 오직 순수정신라는 바로 그 타자의 목적에 봉사한다. 마음이 드러내는 고락의 인식을 경험하는 자가 바로 순수정신이다. 이와 마찬가지로 지혜도 순수정신를 위해 발생한다. 왜냐하면 지혜는 순수정신를 해방시키기 때문이다. 이와 같이 마음은 순수정신의 이중 목적, 즉 향수와 해탈에 봉사한다.

그러나 이 같은 주장에 대해서는 인식 능력을 가진 마음이 순수정신을 대신할 수 있다는 반론이 제기될 수 있다. 이 경우의 마음은 통각을 지칭한다. 그리고 인식 능력은 통각의 특성이며 이로 인해 통각은 순수정신으로 오인되기도 한다. 이미 고찰한 영상설(8.4.4)이 제기된 것도 이 때문이다. 하지만 순수정신을 통각과 같은 마음으로 대체할 경우에는 무한소급이라는 오류를 피할 수 없게 된다는 것이 상키야 측의 답변이다. 즉 마음이 인식한 내용을 아는 것도 마음이므로, 이 마음이 안 것은 또 다른 마음에 의해 인식되어야 한다. 이처럼 마음을 인식하는 마음을 상정해야 하는 사태는 끝없이 지속될 수밖에 없다. 그러므로 이 같은 무한소급을 피하기 위해서는 마음이라는 인식자를 인식하는 최종 주체를 순수정신으로 상정하는 것이 최선이다.[399]

....

온)으로 불리는 것이지만, [모든 것이 무상하다고 주장하는] 그대에게는 사실상 이것(집합)도 없다. 참으로 실재하지 않는 것이 어떻게 목적을 갖겠는가? 그대는 또한 신체와 감관 따위들을 제외하고는 다른 종류의 것으로 결합된 타자를 인정하지 않는다. 그대가 만약 보이지 않는 다른 종류의 어떤 것을 향수와 해탈을 위해 적합한 것으로 상정한다면, 바로 그것이야말로 우리가 말한 타자이다. 그리고 [그대가 상정한] 그것이 결합된 것일 경우, 자아를 갖지 않고 [누구나] 볼 수 있는 것은 타자에 해당하지 않는다. 따라서 '결합체가 아닌 것'이 향수와 해탈의 목적을 가진 '타자'이다." (nāpi śarīrendriyāṇāṃ saṅghāto nāma vastuto bhavato vidyate, yena cittaṃ saṃhata-parārthaṃ prārthayethāḥ | avastuno hi katham arthitvam | nāpi śarīrendriyādibhyo 'nyaṃ saṃhata-bhinna-jātīyaṃ pratijānīṣe | yadi bhinna-jātīyaṃ bhogāpavargābhyām arthavantam adṛṣṭaṃ parikalpayethāḥ, sa evāsmābhir uktaḥ para iti | tasya ca saṃhatatve paratvaṃ dṛṣṭānātmavan nopakalpate | pariśeṣāt tu asaṃhato bhogāpavargābhyām arthī para iti || YsV 4.24. Rukmani 2001b:192) 정승석(2020) p. 276, n. 86 참조.

399 山下勳(1977:400-401)은 고전 상키야에서 순수정신을 최종 인식자로 상정한 이유를 다음과 같이 파악한다.

결국 무한소급을 피하기 위해서는 복합체가 아니므로 다른 것들과 연합하여 작용하지 않는 순수정신의 존재를 가정하지 않을 수 없다. 따라서 마음이 항존하는 인식자, 즉 순수정신을 대신할 수 있다고 추론으로 주장하는 것은, 그 추론이 아무리 정교할지라도 부질없다. 요컨대 인식자는 인식 대상과는 별개로 존재하고, 보는 자는 보이는 대상과는 별개로 존재하며, 경험자는 경험되는 인식과는 별개로 존재한다. 그럼에도 불구하고 특히 불교 측은 인식자 또는 보는 자 또는 경험자가 별개로 존재한다는 것을 애써 모두 무시한다.[400]

2. 순수정신의 다수성

그런데 순수정신의 존재와 관련해서는 순수정신의 다수성이라는 관념도 쟁점이 된다. 일상의 경험에 따르면, 사람들은 제각기 다양한 방식으로 세계를 경험하는 것이 사실이다. 그래서 동일한 대상이 어떤 사람에게는 유쾌한 것으로 보이는 반면, 다른 사람에게는 불쾌한 것으로 바뀔 수 있다. 이는 각각의 사람들만큼 많은 순수정신이 있다는 사실을 시사할 수 있다. 상키야의 문헌들에서는 이 같은 순수정신의 다수성을 옹호하여 다음과 같은 상투적인 주장을 전개한다.

만약 모든 신체에 하나의 동일한 순수정신만 있다면, 한 사람이 태어날 때 모든 사람이 태어나게 될 것이고, 한 사람이 죽을 때 모든 사람이 죽게 될 것이다.

"주관으로서의 통각(=마음) 이외에 구극적인 의미에서의 주관인 순수정신을 상정하는 것은 인식자의 인식자를 상정하는 것이다. 즉 통각이라는 인식자(viṣayin)는 순수정신(puruṣa)이라는 인식자에 의해 대상화되어 인식 대상의 지위로 전락하게 된다. 만약 인식자가 인식 대상이 된다는 것을 순수정신에도 적용한다면, 순수정신에 대한 인식자를 별도로 또 상정하여 순수정신이 대상으로 나타나는 일은 무한하게 된다. 이런 곤란을 피하기 위해서는 현실의 인식자로는 주관인 통각 이외의 것을 상정하는 일을 멈추지 않으면 안 된다. … [생략 부분의 요지: 관념을 지닌 통각 따위의 내적 기관도 대상을 파악한 외적 기관의 활동을 따르고 있어서 그것과 같은 형상을 취하고 있기 때문에,] 비정신적인 그 자신들에 의해서는 대상을 알 수가 없다. 그래서 관찰자로서의 정신 그 자체인 순수정신에 의존하게 된다. 순수정신은 정신이기 때문에 그 이외의 인식자를 상정할 필요는 없는 것이다."

400 Chakravarti(1975:317)에 의하면 YS 4.16-24는 이 같은 불교 측의 견해를 비판한 것으로 간주된다. 이 중에서 YS 4.20, 4.23. 4.24의 경우는 정승석(2012a) pp. 260 이하 참조.

이뿐만 아니라 한 사람의 눈이 멀게 되면 모든 사람의 눈도 멀게 될 것이고, 한 사람이 미치면 모든 사람도 미치게 되는 따위의 사태가 발생하게 될 것이다. 이 모든 결점은 순수정신의 다수성을 주장하는 것으로 해소될 수 있다.[401]

이러한 주장이 얼핏 타당한 것으로 보일 수도 있다. 그러나 면밀히 검토해 보면 그 주장의 토대가 견고하다고는 말할 수 없다. 그러한 주장은 원질의 사슬에서 아직 풀려나지 못한 경험적 자아의 경우라면 적용될 수 있을 것이다. 출생과 죽음, 그리고 기관들의 무능은 원질의 영역에서는 발생하지만, 이것들이 순수한 자아를 간섭하지는 못한다. 이러한 관점에서는 순수정신이 아니라 오히려 원질을 다수인 것으로 간주해야 한다는 주장도 성립될 수 있다. 초기의 상키야에서 다수의 원질을 주장하는 견해가 유행했던 것도 이 같은 맥락에서 이해할 만하다.

그러나 원질의 다수성은 Vārṣagaṇya에 의해서 부정되었다.[402] Vārṣagaṇya의 주장에 의하면, 원질의 다수성은 원질들끼리 이것과 저것으로 차별할 수 있는 요인을 제각기 소유할 때만 성립될 수 있다. 하지만 제일원인인 원질에서는 그러한 요인을 발견할 수 없다. 다양한 실체들의 최종 원인은 원질로 귀결되기 때문이다. 역설적으로는 바로 이 같은 주장을 순수정신이 다수라고 주장하는 학설

....

401 이러한 주장의 대표적인 전거가 되는 것은 다음과 같은 *Gauḍapāda-bhāṣya*의 해설이다.
"[SK 18에서 복합어로 언급한] '출생－죽음－기관들'이란 출생과 죽음와 기관들을 의미한다. '각각[의 신체에] 한정되어 있기 때문에'는 그것들이 낱낱[의 신체]에 한정되어 있기 때문에'라는 의미이다. 만약 자아(=순수정신)가 오로지 단일한 것이라면, 이 때문에 하나가 출생할 때 바로 그 모든 것이 출생할 것이고, 하나가 죽을 때 모든 것도 죽을 것이며, 듣지 못하고 보지 못하고 말하지 못하고 손이나 발의 장애와 같은 결함이 하나에 있을 때 모든 것도 귀머거리나 맹인이나 손발의 불구자가 될 것이다. 그러나 이러한 일은 있을 수 없다. 따라서 출생과 죽음와 기관들은 각각[의 신체에] 한정되어 있기 때문에 순수정신의 다수성이 입증된다." (janma ca maraṇaṃ ca karaṇāni ca janma-maraṇa-karaṇāni | teṣāṃ prati-niyamāt pratyeka-niyamād ity arthaḥ | yady eka eva ātmā syāt tata ekasya janmani sarva eva jāyeran, ekasya maraṇe sarve 'pi mriyeran, ekasya karaṇa-vaikalye bādhiryāndha-mūkatva-kuṇitva-khaṃjatva-lakṣaṇe sarve 'pi badhirāndha-kuṇi-khaṃjāḥ syuḥ | na caivaṃ bhavati tasmāj janma-maraṇa-karaṇānāṃ prati-niyamāt puruṣa-bahutvaṃ siddham | GB ad. SK 18. Mainkar 1972:94, 8-12행)

402 @제7장 각주 129, 130 참조. 소위 원질다수설에 관해서는 @제9장(9.5.2)에서 별도의 주제로 고찰할 것이다.

에도 똑같이 적용할 수 있다.

모든 사람들이 제각기 순수정신을 소유하더라도 그것들을 차별할 수 있는 가시적인 요인이 없기 때문이다. 차별할 수 있는 어떤 요인이 있을 때라야 다수성이 성립되는데, 소유자에게 자아로 내재하는 순수정신의 형태적 차이를 입증할 수 없다. 또한 순수정신은 편재하지 않는 현현과는 정반대라는 『상키야송』의 관념에 따르면 순수정신은 편재하는 것이 된다. 편재하는 것에는 공간적으로 차별할 여지가 없다. 이 경우에는 순수정신의 단일성도 인정된다.

사실상 순수정신의 다수성이라는 고전 상키야의 정설은 논리적으로 취약하다. 『상키야송』에서는 다음과 같이 순수정신의 다수성을 명시하지만, 이와는 반대로 적용할 수 있는 교시도 있다.

> 출생과 죽음와 기관들이 각각[의 신체에][403] 한정되어 있기 때문에, [사람들이] 동시에 활동하지는 않기 때문에, 3질이 [사람들마다] 어긋나기 때문에, 순수정신의 다수성이 입증된다.[404]

이것만으로 보면 순수정신은 다수로 존재한다는 것이 상키야의 정설이라는 것을 부정할 수 없다. 그러나 『상키야송』의 저자는 이에 앞서 미현현(원질)과 현현(23원리)과 순수정신의 차이를 설명하면서 순수정신이 단일한 것일 수도 있다는 해석상의 여지를 남긴다. 이에 대한 전거는 제2장에서 이미 인용했으므

403 이 게송의 취지를 먼저 제시하는 Vācaspati의 해설에 의하면 '각각'이라는 말은 '각각의 신체(몸)'를 가리킨다.
"그(Īśvarakṛṣṇa)는 바로 이와 같이 순수정신이 존재한다는 것을 설명하고 나서, '그것(순수정신)이 모든 신체들에 하나로 존재하는가 혹은 각각의 몸마다 다수로 존재하는가?'라는 의문에 대해, 그것이 각각의 몸마다 다수로 존재한다는 것을 [다음과 같이] 증명한다." (tad evaṃ puruṣāstitvaṃ pratipādya, sa kim sarva-śarīreṣv ekaḥ kim anekaḥ prati-kṣetram iti saṃśaye, tasya prati-kṣetram anekatvam upapādayati | TK 126 ad. SK 18. Jha 1965:83)

404 janana*-maraṇa-karaṇānāṃ prati-niyamād ayugapat-pravṛtteś ca | puruṣa-bahutvaṃ siddhaṃ traiguṇya-viparyayāc caiva || SK 18. *YD에서는 janma이지만 의미는 동일하다. 주석자들은 janana와 janman을 혼용한다.

로[405] 이에 의거하여 순수정신을 단일한 것으로도 해석할 수 있는 이유만을 추출하면 다음과 같다.

현현의 성질에는 다수성이 포함된다. 미현현은 이것과는 반대이므로 당연히 단일성을 갖는다. 순수정신은 미현현과는 정반대이므로 이 경우에는 순수정신의 다수성이 통용된다. 그런데 순수정신은 현현과 정반대이기도 하고 마찬가지이기도 하다고 교시하기 때문에 순수정신의 단일성도 용인된다. 순수정신이 다수성을 갖는 현현과는 정반대라면 순수정신은 단일성을 갖는 것이 되기 때문이다.[406] 주석자들의 해설에서도 순수정신의 다수성과 단일성은 모두 용인된다. 그러나 단일성에는 순수정신의 해탈이 전제되어 있다. 이 점을 *Māṭhara-vṛtti*에서는 다음과 같이 설명한다.

> 그것(미세신)은 [3]질과 순수정신이 서로 다르다고 지각하는 성질을 갖는 지혜가 발생하지 않는 동안은 윤회하지만, 지혜가 발생하면 소멸한다. 그리고 그것(미세신)이 소멸하면 순수정신은 해탈에 이른다. 그래서 다음과 같은 말씀이 있다.

....

405 SK 10은 @제2장 각주 210, SK 11은 @제2장 각주 161.

406 山口惠照(1961:37)는 『상키야송』에서 이처럼 순수정신이 다수성뿐만 아니라 단일성도 갖는 것처럼 서술한 취지를 다음과 같이 이해한다.
"사실 순수정신(puruṣa)은 다수라고 설해지고(=SK 18) 또한 하나라고 해석될 수 있다. … 여기에(=SK 11) 순수정신이 하나라고 해석될 근거가 있다. 그러나 순수정신이 전개자(=현현) 및 미전개자(=미현현)와는 전혀 상이한 타자(他者)이기 때문에 단순히 다수인 전개자와 같은 다수는 아니다(SK 11). 만일 다수일 뿐이라면 다수인 전개자와는 구별하기 어려울 것이다. 순수정신은 모든 인과의 범주(이것은 몽땅 전개자와 미전개자로 포괄된다)를 초월해 있기 때문에 다수도 아니고 하나도 아니다. 다만 전개자 및 미전개자와의 관련에서 적극적으로 말하면 순수정신은 하나이자 다수이다."
이와 더불어 山口惠照(1961:39, n. 31)는 순수정신의 다수성을 표현하는 원어는 bahutva(=많음)이고 전개자(=현현)의 다수성을 표현하는 원어는 aneka(=하나가 아닌 것)인 점에 주목하여, 양자의 다수성을 동일시해서는 안 된다는 견해를 다음과 같이 피력한다.
"순수정신이 다수라는 것은 SK 18에서 명시하고, 일반적으로 전개자가 다수라는 것과 동일시되지만, 이는 옳지 않다. 순수정신이 다수라는 것은 bahutva이고, 전개자가 다수라는 것은 aneka이므로 양자가 각기 상이하다. 순수정신은 전개자와 반대이기 때문에 전개자의 다수(aneka)와는 구별되어야 한다. 이 점을 용의주도하게 시사하는 것이 puruṣa-bahutva(=순수정신의 다수성)이다."

"미혹의 의지처인 신체가 붕괴되면 그것(순수정신)은 최고아와 합체되어, 마치 [항아리가 깨지면 항아리 바깥의 허공과 하나가 되는] 항아리 속의 허공처럼 [신체 바깥의] 허공에서 단일성을 얻는다."[407]

상키야-요가에서는 해탈을 '순수정신의 독존'이라고 표현하듯이, 독존해 있는 순수정신에 굳이 숫자 개념을 적용하자면 단일하다고 표현할 수밖에 없다. 그러므로 위의 설명에서 언급하는 단일성은 독존 또는 해탈의 동의어로 간주하는 것이 타당하고 숫자 개념은 무의미하다. 이 점을 고려하면 순수정신의 다수성은 일상의 현실 세계에 적용되는 개념으로 이해할 수 있다. 이러한 이해는 주석자들에게 통념으로 배어 있음을 엿볼 수 있다. 예를 들어 주석자들은 『상키야송』(SK 11)에서 현현의 성질로 언급한 '공통'의 의미를 다음과 같이 비유적으로 설명한다.

현현은 마치 모든 남자들에게 [향수되는] 매춘부처럼, [모든 순수정신에게] 공통[으로 향수]된다. 제일원인(=미현현)도 이와 마찬가지이다.[408]

....

407 tad yāvaj jñānaṃ guṇa-puruṣāntaropalabdhi-rūpaṃ notpadyate tāvat saṃsarati, utpanne jñāne nivartate | tasmiṃś ca nivṛtte puruso mokṣaṃ gacchati | uktaṃ ca —"dehe mohāśraye bhagne yuktaḥ sa paramātmani | kumbhākāśa ivākāśe labhate caikarūpatām ‖ " MV ad. SK 39. Sharma(1994). p. 42, 10-14행.
최고아와 합체된 순수정신은 *Caraka-saṃhitā*에서 말하는 초월적 자아(puruṣa)에 상당한다. Rao(1966:413-4)는 이것을 고전 상키야와는 다른 *Caraka-saṃhitā*의 자아 관념으로 꼽는다. 그는 *Caraka-saṃhitā*의 Śārīra-sthāna 1.84(@제6장 각주 59), 155(@제4장 각주 65)에서 그 자아 관념을 다음과 같이 발췌한다.
"최고아인 자아는 경험적 차원에서는 모든 신체에 거주하며, 마음을 비롯한 다른 감관들의 개별적 결정 요인(upādhi)들 때문에 각각의 신체에서 다르게 나타난다. 그리고 그 결정 요인들이 부서질 때 그 자아는 보편적이고 초월적인 상태로 복귀한다. 즉, 자아들의 다수성은 경험적 상태이며 초월적인 것이 아니다. 초월적으로 존재하는 자아는 유일자(Eka)이다."
Rao가 이 같은 자아 관념을 고전 상키야에서 통용되지 않는 것으로 지목한 것은 순수정신의 다수성을 고전 상키야의 정설로 알고 있기 때문일 것으로 짐작된다. 그러나 Māṭhara는 *Caraka-saṃhitā*의 관념처럼 자아들의 다수성을 경험적 상태로 간주하여 순수정신의 단일성을 해석한 것으로 이해된다. 그렇다고 해서 Māṭhara가 '유일자'를 인정한 것은 아니므로 그의 해석을 고전 상키야에서 벗어난 것으로 간주할 수는 없다.

408 sāmānyaṃ vyaktam | gaṇikāvat sarva-puruṣānām | tathā pradhānam api | MV ad. SK 11. Sharma(1994). p. 14, 31행.

현현이 [모든 순수정신에게] 공통[으로 향수]되는 것은 빼어난 창부(娼婦)처럼 모든 순수정신에게 향수의 대상이 되기 때문이다. 제일원인도 이와 마찬가지이다.[409]

또한 현현은 [모든 순수정신에게] 공통[으로 향수]된다. 마치 돈에 팔린 창부처럼, [순수정신] 모두에게 공통하기 때문이다.[410]

[현현은] 모든 자아(=순수정신)에게 공통으로 사용된다. 마치 한 사람의 하녀를 두고 많은 주인이 너나없이 일을 시키는 것과 같기 때문이다. 원질도 이와 마찬가지로 모든 자아에게 공통으로 사용된다.[411]

대부분의 주석자들은 순수정신의 원어인 puruṣa가 일상에서는 남자를 의미한다는 점을 이용하여 매춘부라는 통속적인 비유로써 순수정신의 다수성을 당연시하고 있다. 여기서는 이원론의 형이상학적 쟁점에 해당하는 두 원리의 관계를 비속화한 것처럼 보일 수도 있다. 그러나 원질과 순수정신이라는 두 원리는 애초부터 여성과 남성으로 전제되어 있으므로 주석자들의 비유는 자연스러운 이해일 것이다. 이미 우파니샤드(ŚvetU 4.5)에서 비유로 구사된 암양과 숫양을 상키야의 주석자(Vācaspati)는 두 원리에 적용했음을 고려하면, 앞에 예시한 주석자들의 설명은 상키야의 이원에 대한 보편적 인식을 반영한 것으로 이해된다.[412] 그 보편적 인식이란 순수정신은 개개의 인간에게 내재하므로 다수이며, 원질은 모든 물질의 최종 원인이므로 단일하다고 알고 있는 것이다.

그러나 보편적 인식이 철학적 쟁점으로 대두될 때는 한계를 노출하기 쉽다. 순수정신의 다수성이 순수정신의 차별성을 의미할 수는 없기 때문에 더욱 그러

....

409 sāmānyaṃ vyaktam; sarva-puruṣopabhogyatvān malla-dāsīvat | tathā pradhānam api | JM ad. SK 11. Vangiya(1994) 76, 4-5행.

410 tathā sāmānyaṃ vyaktaṃ | mūlya-dāsīvat sarva-sādhāraṇatvāt | GB ad. SK 11. Mainkar(1972) p. 69, 32행.

411 金七十論 권上(T 54:1247c): "一切我共用 如一婢使有眾多主 同共驅役故. 自性亦如是 一切我同用."

412 今西順吉(1982) p. 333 참조. 우파니샤드(ŚvetU 4.5)는 @제4장 각주 40, Vācaspati는 @제4장 각주 42.

하다. 순수정신이 각각의 신체에 내재하더라도 순수정신을 각각의 신체처럼 차별할 수는 없다. 그 차이로는 순수정신을 구속하는 업력을 들 수 있지만, 업력은 순수정신의 본질에 속하지 않는다.

결국 순수정신이 다수라고 주장하는 학설은 순수정신과 원질의 기능과 역할을 상반하는 것으로 차별해야 하는 이원론의 전제에 의거한 것이다. 그러나 범아일여와 같은 자아에 대한 통념으로 보면 순수정신의 다수성은 상키야 철학의 약점이 된다.

8.6.2. 해탈의 수단과 구분

상키야의 관점에서는 순수정신을 원질과 마찬가지로 단일하다고 생각하는 것이 바로 무지이다. 순수정신이 스스로 원질과 동일하다고 생각하는 것은 자가당착이며, 이것은 식별지가 발생할 때 종식된다. 그러나 잠깐씩 발동하는 식별지로는 고통의 씨앗을 영원히 일소할 수는 없다. 완전한 자유를 얻기 위해서는 그 식별지의 흐름에 장애가 없어야 하고,[413] 한 순간의 중단도 허용하지 않아야 한다. 식별지라는 예지가 일시에 성취될 수는 없기 때문이다. 그래서 『요가경』에서는 일곱 가지의 최종 단계인 예지가 있다[414]고 교시하고, 『요가주』에서는 다음과 같은 일곱 단계를 설명한다.

> ①파기되어야 할 것(즉 고통)은 완전히 파악되어, 더 이상 관찰되어야 할 그것(고통)이 없다.
>
> ②파기되어야 할 것의 원인들이 소멸하여, 더 이상 소멸되어야 할 그것(원인)

....

413 “혼동 없는 식별지가 파기의 수단이다.” (vivekakhyātir aviplavā hānopāyaḥ | YS 2.26) 『요가주』에서는 이에 대해 “식별지란 [통각의] 순질과 순수정신이 다르다는 관념이다. 그러나 허위의 지식이 사라지지 않으면 그것은 동요한다.”(정승석 2020:136)라고 설명한다. 여기서 ‘허위의 지식’이 함축하는 의미는 ‘통각의 순질을 순수정신과 동일시하는 착오 또는 혼동이다.

414 “그(요기)에게는 일곱 가지의 최종 단계인 예지가 있다.” (tasya saptadhā prānta-bhūmiḥ prajñā || YS 2.27)

들이 없다.

③억제 삼매에 의해 [파기되어야 할 원인의] 파기가 직관된다.

④식별지와 같은 파기의 수단이 개발된다. 예지를 통한 이상의 넷은 행위에 의한 해탈이다. 그러나 마음의 해탈은 [다음과 같은] 세 가지이다.

⑤통각은 자신의 임무를 완수한다.

⑥질들(=3질)은 바위들이 산봉우리에서 미끄러져 떨어지듯이 안주하는 데가 없이 자신의 원인 속으로 융합해 나아가(즉 환멸하여), 그것(통각)과 함께 종말에 이른다. 그리고 이렇게 해체된 것들은 목적(동기)이 없기 때문에 다시는 생기(生起)하지 않는다.

⑦이 상태에서 순수정신은 질들과의 결합을 초월하여 오직 본래의 모습으로 빛나며, 순수한 그대로 독존하게 된다.[415]

위의 설명에 따르면 통각의 임무는 식별지를 개발하는 것으로 완수되고, 그 다음은 3질의 작용마저 종식된 상태에 이르러서야 순수정신의 독존 상태인 해탈을 성취한다. 이 때문에 통각도 해탈을 주도하는 것처럼 생각될 수 있다. 이는 마치 전쟁에서 승리와 패배가 군인들에게 달려 있는 것과 같다. 그러나 군인들에 의한 승패의 공과(功過)도 왕에게 돌리는 것과 마찬가지로 통각에 의한 해탈도 결국은 순수정신이 존재하기 때문에 가능한 것으로 간주된다.[416]

그러므로 통각의 열할로 보면, 통각이 최고 수준의 식별지에 도달할 때라야 완전한 해탈을 달성한다고 말할 수 있다. 이는 지혜의 조명, 즉 '진리의 보유자'(ṛtambharā)로 불리는 직관까지도 집착하지 않게 될 때에만 가능하다. 이 결과, 법운(法雲)으로 불리는 삼매에서 절정에 달한 식별지가 끊임없이 흐르게 된다. 이 단계에 도달함으로써 다양한 종류의 번뇌들과 선하거나 악한 업들의 잠세력은 영원히 근절된다. 불에 탄 씨앗처럼 이것들은 더 이상 발아할 수 없다.

415 YBh 2.27. 정승석(2020) pp. 137-8.

416 YBh 2.18(@제8장 각주 201) 참조.

이 상태에서 통각은 모든 불순물들을 일소하게 된다. 즉 법운이라는 청정한 물이 끊임없이 쏟아짐으로써 통각 속에 있는 잡다한 오염과 장애 요소들이 씻겨 나간다. 이때 통각은 파도가 없는 바다처럼 고요하고 평온하게 된다. 이제 통각의 경계는 사라지고 지혜는 무한하다. 이 무한성을 광대무변한 허공 속에 있는 반딧불이에 비유하여, 범부들이 인식 대상으로 생각하는 것을 현자는 전혀 대수롭지 않게 여긴다고 한다. 이러한 상태에서는 통각이 투명한 거울처럼 비추더라도 순수정신은 그 위에 비친 자신의 얼굴을 더 이상은 아예 보려 하지도 않는다. 이 같은 경지는 식별지와 함께 다른 수단이 작동하기 때문이다.[417]

파탄잘리의 요가 철학에서 추구하는 궁극적 목적은 법운삼매이고, 이것은 최고 수준에 도달한 이욕의 결과이다. 이러한 이욕과 평범한 이욕[418]을 혼동해서는 안 된다. 평범한 이욕에 의한 혐오는 만족으로 끝나고, 이 다음에 만족은 다시 일정한 기간 동안 8종의 원질로 환멸하게 한다. 그러나 "이욕에 의해 원질로 환멸하는[419] 이 상태는 원질의 여덟 양태 중 어느 하나를 최고의 실체로 간주하는 믿음과 결부되어 있다. 이것은 분명히 평범한 이욕의 근저에서 작용하는 무지이다. 이 때문에 Īśvarakṛṣṇa과 그의 주석자들은 이것을 높이 평가하지 않는다.

최고 수준의 비범한 이욕은 지적인 깨달음으로 감각적 대상의 결점들을 충분히 의식하게 될 때 도래한다. 이 최고의 이욕이 우세할 때는 3질의 영역 전체를 결코 집착하지 않게 된다. 그리고 이 상태는 순수정신의 조명이 지속적인 흐름으로 발생할 때만 달성된다.[420] 이 상태가 바로 『요가경』에서 말하는 법운삼

....

417 Cf. Chakravarti(1975) p. 322.

418 @제3장 각주 108 참조.

419 "이욕에 의해 원질로의 환멸이 있고, 동질에서 기인한 탐욕에 의해 윤회가 있다. 자유자재에 의해 무애(無碍)가 있고, [이와] 정반대의 것(부자유)에 의해 그것(무애)과 정반대의 것(장애)이 있다." (vairāgyāt prakṛti-layaḥ, saṃsāro bhavati rājasād rāgāt | aiśvaryād avighāto, viparyayāt tad-viparyāsaḥ || SK 45.

420 "그것(이욕)은 순수정신의 지각을 통해 [3]질들에 대한 갈망으로부터 벗어나는 최상의 것이다." (tat paraṃ puruṣa-khyāter guṇa-vaitṛṣṇām || YS 1.16)

매일 것이다.

> 높은 지위(경지)에 있으면서도 여분의 소득을 취하지 않는 자[421]에게는 언제나 식별지로부터 법운삼매가 [발생한다.][422]

식별지라는 여분의 소득을 취하지 않는 이유는, 그러한 직관적 지혜도 통각의 일면을 형성하는 만큼 사실상 3질의 영역에 속하기 때문이다. 이제 식별지마저 초월한 이욕의 결과로 법운삼매의 단계에 도달하면, 수행자는 절대적인 순결의 상태가 되어 마음속으로 다음과 같이 성찰한다.

> "달성되어야 할 것(독존)은 달성되었고, 소멸되어야 할 번뇌들은 소멸되었으며, 단절이 없는 탓으로 태어나서는 죽고 죽고 나서는 태어나는 단단하게 연결된 그 생존의 과정은 단절되었다." 바로 이 인식의 최고의 정점이 이욕이다. 오직 이것의 연속이 독존이기 때문이다.[423]

여기서 이욕은 사실상 해탈인 독존과는 불가분리의 관계에 있다. 이것이 바로 최고 수준의 비범한 이욕이다. 이욕의 위상은 이처럼 수승하지만, 『상키야송』의 어디에서도 이 같은 위상을 언급하지 않는다. 그러나 *Yuktidīpikā*의 저자는 이 점을 놓치지 않고 주목하여 이욕을 두 가지로 설명한다. 하나는 평범한 것

....

421 비유적으로 표현된 원문을 직역하면 "빚을 청산하는 데서도 이자를 취하지 않는 자"이다. 이 같은 비유적 표현을 Woods(1914:340)와 Rukmani(1989:121)는 "높은 지위에 있으면서도 고리를 받지 않는 자"로, Leggett(1992:410)는 "식별지에 철두철미한 자"로, Yardi(1979:254)는 "이 지혜에서도 거래를 하지 않는 자"로 의역했다. 후대 주석자들 중 Vijñāna Bhikṣu는 이것을 다음과 같이 해설한다. "'높은 지위'란 식별의 직관이다. 거기서도 '여분의 소득을 취하지 않는 자'는 [이자를 취하지 않는 부유한] 농부처럼, 모든 존재에 대한 지배권 따위와 같은 능력을 바라지 않는다." (prasaṃkhyānaṃ vivekasākṣātkāraḥ | tatrāpi yo 'kusīdaḥ kṛṣīvalavat sarvabhāvādhiṣṭhātṛtvādirūpāṃ siddhiṃ na prārthayate | YV 4.29. Rukmani, ibid.) 정승석(2020) p. 281, n. 97 재인용.

422 prasaṃkhyāne 'py akusīdasya sarvathā vivekakhyāter dharmameghaḥ samādhiḥ || YS 4.29.

423 YBh 1.16. 정승석(2020) p. 52.

이고, 다른 하나는 비범한 것이다. 평범한 이욕은 무지의 산물인 만큼, 궁극의 해탈을 얻고자 노력하는 자들은 이것을 경시한다.[424] 비범한 이욕은 지혜의 산물이므로 그만큼 높이 평가된다. 다른 한편으로는 카필라에게 본래 구비된 그런 유형의 비범한 이욕도 궁극적으로는 역시 속박을 초래할 것이다.[425] 『상키야송』에서 지혜는 원질의 활동을 중지시키는 힘을 발휘함으로써 해탈의 필수적인 수단으로 간주된다.

> 이 [청정하고 순수한 지혜]에 의해 산출을 중지하고 [순수정신을 위한] 목적의 힘으로 일곱 양상을 버린 원질을, [그 지혜에] 안주하여 쾌적한 순수정신은 마치 관객처럼 본다.[426]

이 설명에 함의된 지혜는 식별지이며, 이것으로 향수와 해탈이라는 순수정신의 두 가지 목적을 성취할 수 있다.[427] 이에 의하면 통각의 일곱 양상은 순수정신을 원질에 구속시키지만, 나머지 하나의 양상인 지혜는 그 구속을 단절함으로써 순수정신을 해방시킨다. 그러므로 이 지혜를 부단히 계발함으로써 순수정신은 "나는 경험적 개체가 아니다. 원질의 세계 중 나에게 속한 것은 아무것도

....

424 "왜냐하면 지혜를 지닌 자에게는 [평범한] 이욕이 원질로 환멸하기 위해서는 충분하지 않기 때문이다." (na hi jñāni-vairāgyam alaṃ prakṛti-layāya | YD ad. SK 45. Wezler & Motegi 1998:237, 18-19행)

425 Chakravarti(1975:324)는 "그러나 이것은 불합리하다."라고 지적했지만, 요가 철학의 관점을 적용하자면 불합리하다고 말할 수는 없다. 독존(해탈)은 마음의 작용을 '억제하는 잠세력'까지 종식될 때 도래한다는 요가 철학의 수행론을 고려하면, '비범한 이욕'도 '억제하는 잠세력'에 상당한 것으로 이해할 수 있기 때문이다.

426 tena nivṛtta-prasavām artha-vaśāt sapta-rūpa-vinivṛttām | prakṛtim paśyati puruṣaḥ prekṣakavad avasthitaḥ svasthaḥ || SK 65.
여기서 말하는 일곱 양상이란 통각의 8정태 중 지혜를 제외한 나머지인 선, 이욕, 자유자재, 악, 무지, 탐착, 부자유이다.

427 주석자들은 '목적의 힘으로'(artha-vaśāt)의 의미를 다음과 같이 약술한다.
"[향수와 해탈이라는] 순수정신의 두 가지 목적의 힘으로" (ubhaya-puruṣa-prayojana-vaśāt | GB ad. SK 65. Mainkar 1972:198, 11행)
"목적이란 식별지의 양상을 갖는 것이고, 이것(목적)의 힘이란 그것(식별지)에 기인하는 능력이다." (vivekajñāna-rūpo yo 'rthas tasya vaśaḥ sāmarthyaṃ tasmāt | TK 270 ad. SK 65. Jha 1965:165)

없다. 나는 원질과는 다르다."[428]라고 깨달을 수 있다. 순수하고 절대적인 식별지로 불리는 이러한 지혜가 발생할 때 순수정신은 고요하고 평온하게 된다. 이제 순수정신은 아무런 관심이 없이 원질을 바라보기만 할 뿐이다.

다른 한편으로 원질도 식별지가 발현하면 더 이상은 순수정신의 시야에 자신을 드러내지 않는다.[429] *Māṭhara-vṛtti*에서는 이런 원질을 수줍어하는 며느리에 비유하는 데 그치지만,[430] Vācaspati는 이 비유를 다음과 같이 생생하게 묘사한다.

> 섬세함은 극히 민감함이니, 외간 남자의 시선을 견디지 못한다는 것이다. [실내에만 갇혀서] 태양을 본 적이 없고 수줍음을 심하게 타는 정숙한 여인은 부주의로 옷이나 면사포가 흘러내려 만약 낯선 남자에게 보이게 되면, 그때 그녀는 더더욱 주의하여 다른 낯선 남자들이 다시는 보지 못하도록 힘껏 애쓴다. 정숙한 여인보다도 더욱 민감한 원질도 이와 마찬가지로 식별[지를 가진 순수정신]에 의해 목격되면 다시는 [그 순수정신을] 보지 않을 것이다. 이것이 [SK 61의] 의미이다.[431]

물론 식별지라는 지혜를 얻는다고 해서 이미 전개된 원질의 결과가 곧장 해체되는 것이 아니라 당분간 지속될 수는 있다. 그러나 순수정신과 절연된 원질

....

428 Chakravarti(1975:324)는 SK 64(@제4장 각주 162)에서 "나는 [원질을 비롯한 23원리들이] 아니다. [24원리들은] 나의 것이 아니다. 나는 [24원리들 속에] 없다."라고 제시한 해탈의 지혜를 이렇게 해석한다.

429 "그녀(원질)는 '나는 보여졌다'고 알고 난 후에 다시는 순수정신의 시야에 들어가지 않는다." SK 61. @제7장 각주 223.

430 "세간에서 며느리는 [외간 남자에게 보여지면] 수줍어하여 자기 집의 안쪽으로 들어간다. 이 때문에 그 [남자]는 '이 여자는 더욱 출중하다'라고 말한다. 이 원질은 이와 같이 섬세하다." (yatheha snuṣā vrīḍayā svagṛhāntaḥ praviśati ato bravīti iyaṃ viśiṣṭatareti | evam iyaṃ prakṛtiḥ sukumāratarā | MV ad. SK 61. Sharma 1994:55, 24-26행)

431 sukumārataratātipeśalatā, parapuruṣa-darśanāsahiṣnuteti yāvat asūryam-paśyā hi kulavadhūr atimandākṣa-mantharā pramādād vigalita-sicayāñcalā ced ālokyate parapuruṣeṇa, tadāsau yathā prayatate, apramattā yathaināṃ parapuruṣāntarāṇi na punaḥ paśyanti | evam prakṛtir api kulavadhūto 'py adhikā dṛṣṭā vivekena na punar drakṣyata ity arthaḥ || TK 261 ad. SK 61. Jha(1965) p. 159.

이 더 이상 전변할 가능성은 없다. 이 점에서 해탈을 불완전 것과 완전한 것으로 구분할 수 있다.

수행자의 육체는 식별지를 성취한 다음에도 한동안 존속한다. 비유하자면 도공이 물레로 질그릇을 빚을 때, 물레는 회전의 관성력을 갖기 때문에 질그릇을 다 빚은 다음에도 한동안은 계속 회전한다. 수행자의 경우도 이와 마찬가지이다. 전생에 얻은 선악의 잠세력이 완전히 소진하지 않고 남아 있는 한, 수행자는 최상의 완성에 도달한 후에도 육체를 보유하지 않을 수 없다. 상키야의 문헌들에서는 이렇게 육체가 한동안 존속하는 것을 '잔여 활동'이라고 한다. 상키야 철학에서는 이것을 10종의 근본 주제 중 하나로 간주한다.[432] 잔여 활동의 단계에서는 모든 번뇌가 근절되어, 기존의 업력은 모두 소멸하고 이제 새로운 선업이나 악업을 지을 여지가 없다. 따라서 이 상태에 있는 현자는 살아 있으면서도 해탈하게 된다.[433] 이런 해탈을 유여(有餘) 해탈이라고 한다.

이전에 쌓인 선악의 업이 완전히 소진하여 통각에 그 업의 자취인 잠세력마저 완전히 사라지게 될 때, 육체는 더 이상 존재할 필요가 없게 된다. 그래서 육체의 소멸과 더불어 순수정신은 최종적이고 절대적인 해탈에 도달하여, 결코 윤회의 소용돌이로 되돌아오지 않는다. 이 상태가 완전한 해탈인 무여(無餘) 해

....

432 10종의 근본 주제는 *Yuktidīpikā*에서 소개하는 육십과론의 주제 중 10종의 핵심 요의에 해당하며, 여기서는 '잔여 활동'을 아홉째로 열거한다. @제7장 각주 82 참조.
*Jayamaṅgalā*의 저자는 모종의 초기 상키야 문헌으로부터 인용하여 이 10종의 근본 주제들을 다음과 같이 열거하는데, 여기서는 잔여 활동을 맨 끝에 열거한다.
"강요(綱要)의 작자가 다음과 같이 말한 바와 같다. ①[원질의] 실재성, ②[원질의] 유일성, ③[원질의] 유목적성, ④[원질의] 이타성, ⑤[원질과 순수정신의] 개별성, 이 다음으로 ⑥[순수정신의] 비활동성, ⑦[원질과 순수정신의] 결합, ⑧[원질과 순수정신의] 분리, ⑨다수의 자아(순수정신), ⑩육체에 [업의] 잔여 활동이 존속함이다." (tathā cāha saṃgrahakāraḥ — ①astitvam ②ekatvam ③arthavattvaṃ ④parārthatvam ⑤anyatvam ato ⑥nivṛttiḥ | ⑦yogo ⑧viyogo ⑨bahavaḥ pumāṃsaḥ ⑩sthitiḥ śarīrasya śeṣavṛttiḥ || JM ad. SK 51. Vangiya 1994:108, 4-6행)
여기서 언급하는 강요(saṃgraha)는 상키야의 전설에서 유명한 육십과론일 것이다.

433 "그것(법운 삼매)을 얻음으로써 무지 따위의 번뇌들이 완전히 근절되며, 선하거나 악한 잠재업들이 완전히 일소된다. 번뇌와 업이 사라질 때, 현자는 살아 있으면서도 해탈한다." YBh 4.30. 정승석 (2020) p. 282.

탈로 불린다.

8.6.3. 8성취와 6행관

1. 8성취의 실천론적 의의

이제까지 자주 언급했던 8성취에 대해서는 제7장에서 *Jayamaṅgalā*와 *Tattva-kaumudī*의 설명을 비교하면서 그 내용을 원문으로 소개했다.[434] 그러므로 여기서는 8성취의 실천론적 의의를 중심으로 고찰할 것이다.

성취를 위해서는 ①추론을 통해 사색하는 것, ②청문(聽聞)으로 스승의 말씀으로 배우는 것, ③독송(讀誦)으로 성전을 학습하는 것, 세 가지 범주의 고통을 각각 소멸하는 것(④⑤⑥), ⑦정신적 고양에 모범이 될 도반(벗)을 얻는 것, ⑧보시하는 것 또는 식별지로 정화[435]하는 것이라는 여덟 항목을 실천해야 하므로, 이것들을 흔히 8성취로 통칭한다. 8성취는 모두 지혜의 결과이다. 따라서 그릇된 견해에 빠진 자들은 이것들 중 어느 것도 달성할 수 없다. 이와 마찬가지로 28무능도 성취를 방해한다. 8성취의 적용을 심도 있게 살펴보면 그 의의가 다음과 같이 명료하게 드러난다.[436]

8성취가 특별히 중시하는 것은 듣기, 추리하기, 마음의 집중, 모종의 행동 법칙과 규율을 고수하고 준수하기이다. 그래서 기관들의 무능(결함)으로 고통받는 자들은 이것들을 실천할 수 없다. 그리고 또한 최고의 성취는 식별지에 기반을 두고 있다. 이것은 통각이 최상의 수준으로 계발될 때만 가능하다. 지성의 무능력으로 고통받는 자들은 그 최상의 단계에 도달할 수 없다. 왜냐하면 그러한 존재들은 암질의 흐름으로 항상 넋을 잃게 되고, 이에 따라 그들의 지성은 영원

....

434 *Jayamaṅgalā*와 *Tattva-kaumudī*의 설명은 각각 @제7장의 각주 292, 293 참조.

435 원어 dāna는 흔히 '보시'라는 의미로 통용되는데, Vācaspati는 파니니의 『어근집』에 의거하여 '정화'의 의미로도 해석한다(@제7장 각주 295의 5). "dai는 정화를 의미한다." (daip śodhane | DP 1.971. Katre 1989:1183)

436 Cf. Chakravarti(1975) pp. 311-4.

히 둔감한 상태가 된다. 사태가 이와 같으므로, 암질이 우세한 동물이나 새 따위와 같은 하급 생명체의 경우에는 성취가 원천적으로 불가능하다.

일상의 관념으로는 성취와 만족이 유사할 것으로 생각할 수도 있겠지만 그 둘의 위상은 전혀 다르다. 만족의 아홉 가지 중에서 넷(원질, 수단, 시간, 행운)은 내적인 것이고, 대상들을 단념함으로써 발생하는 나머지 다섯은 외적인 것이다.[437] 내적인 네 가지가 만족을 초래하는 이유는 이것들을 통해 해탈이 성취될 수 있을 것으로 믿기 때문이다. 외적인 다섯 가지는 미세요소로 불리는 색깔(色), 맛[味], 향기(香), 접촉(觸), 소리(聲)이다. 이것들은 획득하고, 축적하고, 소모하고, 향락하는 감각적 대상이지만 결국 파괴됨으로써 고통을 야기하는 결점이 된다. 그러므로 이것들에 집착하지 않고 단념함으로써 만족이 발생한다.[438]

현자에게는 9종의 만족이 모두 성취의 장애로 간주된다. 그러나 신들과 일부의 요기들은 일반적으로 이러한 만족들을 즐긴다. 그들은 전적으로 이것들에 의존하여 최상의 목적을 달성할 수 있다고 생각한다. 그래서 그들은 순수정신과 원질을 구분할 수 있는 식별지를 얻는 데 관심을 갖지 않는다. 이 결과로 그들은 일정한 기간 동안 8종의 원질 중 어느 하나에 푹 빠져 있으며, 이 한정된 기간이 다할 때 그들은 천계에서 쫓겨나 다시 세상의 고통을 겪지 않을 수 없게 된다. 신들처럼 만족을 즐기는 반신족(半神族)과 같은 상급 생명체들의 경우에도 이와 마찬가지이다. 해탈을 성취하려면 천계의 영역도 초월해야 한다. 이 성취는 만족의 가치를 훨씬 능가한다. 만족은 평정(平靜)으로 가능하지만, 성취는 지혜로 가능하다.

앞에서(8.5.3_3) 잠깐 언급했듯이 인간은 성취를 실천하는 데 가장 적합하다. 인간은 동질의 요소가 우세한 중간 지평을 점유한다. 상키야 철학의 3질설에 의

....

437 SK 50. @제4장 각주 120.

438 이것은 『요가주』에서 다음과 같이 설명하는 무소유에 상당한다.
"대상들에게는 획득, 보호, 소멸, 집착, 손상이라는 결점이 있음을 보기 때문에 [그것들을] 나의 것으로 만들지 않는 것이 무소유이다." YBh 2.30. 정승석(2020) p. 142.

하면 모든 활동은 동질에서 유래한다. 성취도 모종의 정연한 활동을 통해 가능하다. 그러므로 성취의 길을 따라 진전하고자 하는 사람이라면 동질의 요소를 전적으로 무시할 수는 없다.

더욱이 윤회하는 인간에게는 향수신(享受身, bhogadeha)으로 불리는 신체가 본래 구비되어 있다. 향수신이란 전생에서 취득한 선악의 결과를 체험하는 데 특별히 적합한 것이 곧 인간의 신체라는 사실을 지칭한다. 이 같은 향수신은 미래에 향유하게 될 것 이상의 결과를 산출할 그 어떤 새로운 활동을 착수할 수는 없다. 그러나 인간이 중간 지평을 점유한다는 사실을 고려할 경우에는 사정이 달라진다. 이 경우의 인간은 향수신과는 다른 업신(業身, karmadeha)을 취득한다. 이제 인간의 육체는 지난 행위의 결과를 향유할 뿐만 아니라, 업의 새로운 진로를 따르는 데 적합하게 되어 나중에 그 작물을 수확할 수 있게 된다.[439]

인간보다 더 높거나 낮은 지평을 점유하는 모든 존재에게는 이런 특권이 본래 부여되어 있지 않다. 이제 혹자가 진정으로 성취에 도달하고자 주력한다면, 그는 도중에 부닥칠 모든 장애를 극복할 수 있다. 그 목적을 달성하기 위해 첫째로 실행해야 할 의무는, 하강 길에 있는 활동을 보다 높은 목적을 지향하도록 전환하는 것이다. 그는 더 이상 그 자신의 업보에 연연하지 않아야 한다. 그는 장애를 제거하여 지혜를 얻는 데 유용한 활동 방침을 채택해야 한다. 이렇게 실천한

....

439 Sharma(2018:cli-clii)는 최근에 출판한 *Yuktidīpikā* 교정본의 해제에서 이 같은 Chakravarti(1975:312-3)의 설명을 다음과 같이 환언하여 서술한다.
"인간은 동질이 우세한 중간 지평을 점유하는데, 이 사실이야말로 성취를 실천하는 데는 인간이 적임이라는 사실을 가장 잘 설명한다. 모든 활동과 성취도 동질로부터 진행되는 정연한 어떤 활동 과정을 수반한다. 그리고 또한 인간이 소유한 조대한 육체는 큰 자산이 된다. 육체에 있는 모든 기관들은 누구에게나 평등하게 작용할 수 있기 때문이다. 그러므로 기관들의 무능에서 유래하는 장애가 인간에게는 자연스럽게 제외된다. 그리고 다른 무엇보다도 인간에게는 '행위의 신체'인 업신(karmadeha)이 구비되어 있는데, 이것은 높거나 낮은 지평의 존재들이 소유하는 '결과의 신체'인 향수신(bhogadeha)과는 대조를 이룬다. 인간은 업신으로 과거의 업을 작물로 수확할 뿐만 아니라, 미래에는 깨달음을 실현시킬 새롭고 신선한 업을 (자유롭게) 추구하거나 짓도록 자신을 개조한다."
Sharma는 "업신이라는 개념은 인간에게 자유의지(즉 행위의 자유)가 부여되어 있다는 인간관과 합치한다. 인도에서 대부분의 학파는 원칙적으로 이러한 인간관에 동의한다."(ibid. p. clii, n. 1)라고 업신의 의의를 첨언한다.

다면 그는 분명히 각종의 성취에 한 단계씩 도달하게 될 것이다. 성취에 장애가 되는 전도와 무능과 만족도 이 과정에서 점차 허물어진다. 이리하여 마침내 식별지가 발현함으로써 그는 세 가지 고통이 완전히 근절된 최상의 완성에 도달한다.

성취는 사색으로부터 출발한다. 바른 사색은 진리를 탐구하여 그 진리를 간파하는 데 마음을 쏟을 때만 가능하다. 이 단계에서는 어떠한 편견에도 빠지지 않는 것이 중요하다. 이것이 진실한 철학자의 자세이다. 그의 마음은 어떤 감정에 휘둘리지 않고 모든 대상에 접근한다. 그의 유일한 목적은 대상을 있는 그대로 이해하는 바른 지혜를 성취하는 것이다. 이 결과로 그릇된 인식은 점차 사라지기 시작한다. 그러나 그러한 마음마저도 항상 오류로부터 벗어나는 것은 아니다. 왜냐하면 마음은 감관에 의존하여 지식을 도출할 수밖에 없기 때문이다. 이때 만약 마음이 감관의 착각을 인지하지 못한다면, 아무리 예리하게 추론할지라도 옳은 결론을 도출할 수 없으므로 바른 지식도 얻을 수 없다.

그러나 마음이 한층 더 자유로운 상태에 도달한다면, 감관에만 의존하는 사태를 피할 수 있다. 이 단계에서 마음은 감관에 의존하지 않고 모든 것을 직접 알아차린다. 현자의 마음이 이러하다. 현자의 마음은 철학자의 마음보다 더 상급이다. 현자는 모든 것을 직관적 지혜로 아는 반면, 철학자는 추론으로 안다. 모든 불순물을 제거하거나 정화한 현자의 마음은 항상 환하게 빛나고 하늘처럼 무한하다. 『요가주』에서는 "태양, 달, 별, 보석의 빛과 같은 형상을 띠게 된다"[440]고 묘사했던 이 같은 현자의 마음을 다음과 같이 부연한다.

> 마음이 빛을 발하는 활동은 [『요가주』 1.36에서] 설명되었다. 요기는 그 [활동의] 빛을 미세하거나 가로막혀 있거나 멀리 있는 대상에 투사하여 그 대상을 알아낸다.[441]

....

440 YBh 1.36. 이 @제8장 앞의 각주 60.

이 같은 마음에는 그 인식의 대상이 과거의 것이든 현재의 것이든 미래의 것이든, 멀리 있든 가까이 있든 가로막혀 있든, 미세한 것이든 조대한 것이든 모두 반영된다. 이 단계에 도달한 지혜는 항상 진리를 보유하여, 여기에는 거짓의 자취마저 없다. 이 지혜는 특수한 것에 적용된다. 따라서 이것은 일반적인 것만을 대상으로 하는 인식, 즉 추리와 성언(=전승)에 의한 인식과는 다르다.[442] 그리고 식별지가 우세할 때만 이 단계에 도달한다. 이것이 최상의 성취이다.

이 최상의 단계에서 발생하는 인식이 직관이며, 그 영역은 모든 곳에 미친다. 직관은 모든 환경에서 작용하며, 모든 대상에 대한 지식을 일시에 산출한다.[443] 이 최상의 성취를 완수할 때, 태양이 떠오르면 밤의 어둠이 사라지듯이 전도(그릇된 인식)는 저절로 사라진다. 이 단계에서는 감관의 무능도 더 이상 아무런 장애를 일으키지 않는다. 왜냐하면 이때 직관으로 모든 것을 아는 마음은 더 이상 감관의 도움을 받을 필요가 없기 때문이다. 이 같은 단계에 도달하면 해탈(독존)이 박두하게 된다. 『요가주』에서는 각종의 만족에도 도취하지 않는 이 경지를 Āvaṭya와 Jaigīṣavya의 대화로 다음과 같이 묘사한다.

> 존자 아바티야(=Āvaṭya)가 말했다.
> "장수자(長壽者)[인 그대]는 바로 그렇게 원질을 지배하는 최상의 것이자 만족의 즐거움인 이것까지도 고통의 일단(一團)으로 간주하는가?"
> 존자 자이기샤비야(=Jaigīṣavya)가 말했다.
> "오직 [감각적] 대상에 의한 즐거움을 고려하면 그것은 최상의 것인 만족의 즐거움으로 불리지만, 독존의 즐거움을 고려하면 고통일 뿐이다. 통각의 순

441 YBh 3.25. 정승석(2020) p. 192.

442 "[진리의 보유자인 예지는] 특수한 것을 대상으로 갖기 때문에, 전승과 추리에 의한 예지와는 다른 것을 대상으로 갖는다." śrutānumāna-prajñābhyām any-aviṣayā viśeṣārthatvāt ‖ YS 1.49)

443 "식별로부터 발생하는 지혜(식별지)란 구제자(직관)이며, 모든 것을 대상으로 하고 모든 시간을 대상으로 하여 즉각 발생하는 것이다." tārakaṃ sarva-viṣayaṃ sarvathā-viṣayam akramaṃ ceti vivekajaṃ jñānam ‖ YS 3.54)

질에 속하는 이 특색(만족의 즐거움)은 3질로 이루어진 것이며, 3질로 이루어진 관념은 파기되어야 할 부류로 간주된다. 갈망의 끈(기질)은 고통의 본성에 속한다. 그러나 고통을 달구는 갈망으로부터 벗어남으로써 앞서 말한 그 즐거움은 평온하고, 걸림이 없으며, 모든 것과 조화하는 것이 된다."[444]

이에 의하면 원질을 정복하는 것은 만족의 최고 형태가 되지만, 현자는 이것마저도 고통으로 갚아야 할 빚으로 간주한다. 만족의 기쁨은 감각적 쾌락과 비교할 경우에만 진귀하다. 그러나 해탈의 지복과 비교하면 그것은 고통에 불과할 뿐이다. 요컨대 성취의 흐름이 바른 물길을 찾아 흘러나가면, 전도(그릇된 인식)와 기관의 무능과 만족이라는 다른 세 가지 흐름은 자동으로 고갈된다. 이제 8성취에 통달한 인간은 세상의 고락으로부터 초연하여 자유롭게 활동한다.

2. 6행관(行觀)의 실천론

고전 상키야의 주석서들 중 『금칠십론』에서 설명하는 6행관은 8성취의 첫째인 사색을 실천하는 구체적인 방법이다. 그리고 8성취의 나머지 7성취에도 적용되는 6행관은 8성취의 실천적 성격을 명료하게 드러내는 수습법으로서 제시되어 있다. 즉 이것은 지혜를 심화하는 명상의 수습 과정으로 역설되어 있다. 그러나 6행관은 오직 『금칠십론』에서만 제시되고, 다른 주석서들에서는 전혀 언급되지 않는다는 점에서, 그 발상이 상키야 학파의 외부에서 유래했을 가능성을 시사한다.[445]

8성취 중에서 독송과 청문은 상키야에서 추구하는 지혜가 어떠한 내용의 지

....

444 YBh 3.18. 정승석(2020) p. 187.

445 『금칠십론』은 『상키야송』의 주석서들 중에서는 가장 먼저 성립되었음에도 불구하고, 다른 주석서들이 6행관을 전혀 언급하지 않은 것은, 그것이 학파 외부의 관념이었기 때문일지도 모른다. 어쨌든 6행관이 8성취에 수습법으로서의 용도와 의의를 배가하여 부여한 점은 부인할 수 없다. 이 6행관의 실천론 및 의의에 관해서는 정승석(2003:77-86)의 고찰이 거의 유일하므로, 이하에서는 주로 이 고찰을 개편하여 인용한다.

식으로부터 형성되는지를 시사한다. 8성취의 해설에서 *Gauḍapāda-bhāṣya*를 비롯한 다수설[446]에 의하면 그 지혜는 상키야의 전변설에서 열거하는 25원리에 대한 지혜이다. 그리고 이것은 궁극적으로 "원질과 순수정신은 다르다"고 아는 지혜이다.

예를 들어 *Jayamaṅgalā*는 청문에서 듣는 말이란 상키야의 교전을 가리키며, 독송이란 상키야의 교전을 학습하는 것이라고 해석한다. 또 *Māṭhara-vṛtti*는 스승 밑에서 상키야의 지식을 학습하는 것을 독송이라고 해석한다. 그러나 소수설에서는 이보다 객관적이고 구체적인 성격의 지식을 제시한다. 즉 *Tattva-kaumudī*는 그 지식을 "말로부터 생긴 의미의 인식"이라고 이해하고, *Sāṃkhya-candrikā*는 "동사와 명사의 격, 동사의 태로 이루어진 단어 집합의 분석"이라고 이해한다.[447]

소수설도 상키야 철학을 대변하는 한, 그 지식의 원천이 상키야의 교전이라는 사실을 부정하는 것은 아닐 것이다. 이 점에서 소수설은 25원리에 대한 지식 수련의 방법을 구체적으로 명시하는 데 주력했다고 이해할 수 있다. 결국 8성취에서 추구하는 지혜는 일차적으로 25원리를 바르게 이해하는 지혜이다. 바로 이 같은 인식을 선명하게 드러내어 8성취 전체가 지혜 습득의 과정이나 수단임을 천명하는 것이 『금칠십론』의 6행관이다. 『금칠십론』은 다음과 같은 선언적인 명시로부터 8성취를 해설한다.

> 이 8종은 6행[이라는 관찰]로 능히 성취될 수 있다. 예를 들면, 어떤 바라문이 출가하여 도를 공부하면서 이렇게 사유하는 것과 같다. "어떤 것이 뛰어난

....

446 여기서 다수설과 소수설로 구분하는 기준은 8성취 중에서 '3고의 소멸'이 차지하는 위상에 대한 인식이다. 소수설에서는 3고의 소멸을 다른 5성취보다 궁극적인 수단으로 간주하며, 주석서들 중에서는 *Tattva-kaumudī*가 이러한 인식을 대변한다. 8성취의 순서 중 제4, 5, 6으로 열거된 3고의 소멸에 이 같은 인식을 드러내지 않는 대부분의 주석은 다수설에 속한다. 이하에서 고찰할 『금칠십론』의 해설도 전반적으로는 다수설에 속한다. 정승석(2003) pp. 71-2 참조.

447 村上眞完(1978) p. 303 참조.

> 것인가? 무엇이 진실인가? 무엇이 최후의 궁극적인 것인가? 어떻게 하여야 지혜를 성취하여 드러낼 수 있게 되는가?" [그는] 이렇게 사색함으로써 지혜를 얻는다. [다른 원리들과는] 원질이 다르고, 통각이 다르고, 아만이 다르고, 5미세요소가 다르고, 11감관이 다르고, 5조대요소가 다르며, 순수정신이 다르다라고 25원리의 의미를 [사색하는] 과정에서 지혜를 일으킨다.[448]

이어서 다음과 같이 6행관을 구체적으로 제시하는 것으로 8성취의 첫째인 사색을 설명한다.[449]

> 이러한 지혜로부터 6종의 관찰을 일으킨다. 첫째는 5조대요소의 과실을 관찰하여, 그 과실을 보고 싫어함을 일으켜 5조대요소로부터 벗어나는 것이다. 이것을 사량위(思量位)라고 한다.
>
> 둘째는 11감관의 과실을 관찰하여, 그 과실을 보고 싫어함을 일으켜 11감관으로부터 벗어나는 것이다. 이것을 지위(持位)라고 한다.
>
> 셋째는 이러한 지혜를 이용하여 5미세요소의 과실을 관찰하는 것이다. 그 과실을 보고 싫어함을 일으켜 5미세요소로부터 벗어난다. 이것을 여위(如位)에 든 것이라고 한다.
>
> 넷째는 아만의 과실과 8종의 자유자재(초능력)[450]를 관찰하여, 그 과실을 보

448 金七十論 권下(T 54:1258a): "此八種能六行得成. 如一婆羅門出家學道作是思惟. 何事爲勝 何物眞實 何物最後究竟 何所作爲智慧得成顯. 故作是思量已卽得智慧. 自性異 覺異 慢異 五唯異 十一根異 五大異 眞我異. 二十五眞實義中起智慧."

449 같은 책: "由此智慧起六種觀. 一觀五大過失 見失生厭 卽離五大. 名思量位. 二觀十一根過失 見失生厭 卽離十一根. 此名持位. 三用此智慧觀五唯過失. 見失生厭. 卽離五唯. 名入如位. 四觀慢過失及八自在見失生厭 卽離慢等. 名爲至位. 五觀覺過失 見失生厭 卽得離覺名縮位. 六觀自性過失 見失生厭 卽離自性. 是位名獨存. 此婆羅門因是思量故得解脫. 此成由思量得故名思量成."

450 상키야에서 말하는 8종의 초능력은 @제4장 각주 126 참조. 불교의 문헌에서도 이에 상당하는 8신통을 언급하지만 내용에는 부분적으로 차이가 있다. 즉 *Sādhanamālā*에서 열거하는 8신통은 ① khaḍga(칼. 만트라의 독송이라는 칼을 사용하는 자는 전투에서 승리함), ②añjana(묻혀 있는 보물을 볼 수 있도록 눈에 사용하는 洗眼藥), ③pādalepa(발견되지 않고 어느 곳으로도 이동할 수 있도록 발바닥에 사용하는 연고), ④antardhāna(자기를 보고 있는 눈앞의 사람 앞에서도 보이지 않게 됨), ⑤rasarasāyana(원석을 금으로 바꾸거나 불사의 영약을 반견하는 힘), ⑥khecara(하늘로 날아오를 수

고 싫어함을 일으켜 아만 등으로부터 벗어나는 것이다. 이것을 지위(至位)라고 한다.

다섯째로 통각의 과실을 관찰하여, 그 과실을 보고 싫어함을 일으켜, 통각으로부터 벗어날 수 있는 것을 축위(縮位)라고 한다.

여섯째는 원질의 과실을 관찰하여, 그 과실을 보고 싫어함을 일으켜 원질로부터 벗어나는 것이다. 이 단계를 독존이라고 한다.

그 바라문은 이 같은 사색에 의해 해탈을 얻을 수 있다. 이 성취는 사색에서 유래하여 획득되므로 사색 성취로 불린다.

상키야의 25원리 중에서 독존의 원리인 순수정신을 제외한 나머지 24원리는 모두 물질 원리(신체적 기능이나 요소)에 속한다. 이 6행관은 그 24원리를 여섯 단계로 구분하여 조대한 대상으로부터 미세한 대상을 향해 사색을 진행하는 것이다. 그런데 이 사색의 과정인 6행관은 먼저 천명했듯이, 8성취의 각 항목에 적용되어 각각의 성취와 해탈을 매개하는 과정으로 설명된다. 다시 말하면 6행관은 8성취의 각 항목을 완결하여 해탈에 이르게 하는 수단이다. 6행관의 마지막인 독존이 곧 해탈이다.

『금칠십론』의 이 같은 설명은 8성취의 어느 것이라도 해탈의 수단이 될 수 있다는 개별적인 효용성을 인정하는 것이다. 그러나 각각의 성취가 해탈의 수단이 될 수 있게 하는 것은 6행관이다. 이 점에서 6행관은 식별지가 확립되는 과정이다. 즉『금칠십론』이 생각하는 해탈의 과정은 '성취 → 6행관(식별지) → 해탈'

있음), ⑦bhūcara(지상의 어느 곳이나 신속히 감), ⑧pātālasiddhi(땅속으로 잠입)이다. cf. Kane(1977) pp. 1113, 1115.

그러나『금칠십론』의 이 대목이 대변하는 상키야 철학의 입장은 요가 철학의 입장에 대한 다음의 설명과 마찬가지로 8초능력을 초월하는 수습을 요구한다.

"이는 어디까지나 기존의 물질 원소, 그리고 이것으로 구성된 물질을 의지의 힘으로 조작함으로써 성립하는 것이며, 아무런 소재도 없이 사물을 만들어 낼 수 있다고 주장하는 것은 아니다. 또 요가 실수의 과정에서 여러 가지 초자연력이 저절로 획득된다고 말하기는 하지만, 그것은 요가의 궁극도 아니고 목적도 아니며 오히려 장해가 된다." 戸田裕久(1995), p. 421.

이다. 이 과정이 8성취의 어느 것에나 적용된다. 그리고 『금칠십론』은 이 6행관에서 수행 차제의 관념을 도입한다. 이 수행 차제의 관념은 독송과 '3고의 소멸'을 설명하는 데서 더 발전된 양상을 드러낸다.

독송과 '3고의 소멸'을 실천하기 위해서는 6행관에 앞서 독송의 8단계와 25원리의 이해가 차례로 요구된다. 아래의 설명에 의하면 독송의 8단계란 "기꺼이 청문하기를 바라고→마음을 쏟아 명료하게 듣고→잘 파악하고→잘 기억하고→원리를 이해하고→사색하고→판별하여→진실이 그대로 들어오게 한다."는 과정이다.

> 다음으로 독송의 의미를 설명한다. 여덟 단계의 지혜가 있어 성취가 가능하다. 예를 들면 이러하다. 어떤 바라문이 스승의 집으로 가서 첫째, 기꺼이 청문하기를 바라고, 둘째, 마음을 쏟아 명료하게 듣고, 셋째, 잘 파악하고, 넷째, 잘 기억하고, 다섯째, 원리를 이해하고, 여섯째, 사색하고, 일곱째, 판별하여, 여덟째, 진실이 그대로 들어오게 한다. 이것을 여덟 단계의 지혜라고 한다. 이 지혜의 단계를 통해 25원리를 이해한다. [그리고 나서] 6행[이라는 관찰]에 들어가 해탈을 얻는다.[451]

여기서 설명하는 과정은 3고의 소멸에서도 적용된다. 따라서 독송(③)과 3고의 소멸(④⑤⑥)에는 '독송의 8단계→25원리의 이해→성취→6행관→해탈'이라는 차제가 고려되어 있다. 내용으로 보아 이 차제는 사실상 청문(②)에도 적용된다고 이해할 수 있다. 다만 도반을 얻음(⑦)은 독송의 8단계가 효과를 거두지 못할 때 필요한 수단이다.

다수설에 의하면 8성취의 마지막 항목은 보시(⑧)이지만, 이것만큼은 다른 성취들과의 연관성이 희박하다. 따라서 이것은 소수설이 해석한 대로 정화를

451 金七十論 권下(T 54:1258a): "次說讀誦義. 有八智慧分得成. 如一婆羅門往至師家 一欲樂聽聞, 二專心諦聽, 三攝受, 四憶持, 五知句義, 六思量, 七簡擇, 八如實令入. 是名八智分. 由此智分得二十五義. 入六行得解脫."

의미하는[452] 것으로 이해하는 것이 수습법으로서는 타당할 것이다. 8성취를 8청정도(淸淨道)라는 이름으로 소개하는 불교의 『대지도론』에서도 보시를 청정도라고 일컫는다는 점을 다음과 같이 부연하고 있다.

> 또 여덟 청정도라는 것이 있다. 첫째는 자각하는 것, 둘째는 듣는 것, 셋째는 독경하는 것, 넷째는 내적 고통(內苦)을 피하는 것, 다섯째는 사회 생활의 온갖 고통(大衆生苦)을 피하는 것, 여섯째는 초자연적 고통(天苦)을 피하는 것, 일곱째는 훌륭한 스승을 얻는 것, 여덟째는 크게 보시하는 것이다. 다만 여덟째를 청정도라고 부르기도 한다.[453]

여기서 청정도는 불교 이외의 일반 수양법을 가리키는 통칭인데도 보시만를 청정도, 즉 정화로 특정한다는 것은 상키야 철학의 관점을 반영한 것으로 이해된다.[454] 그러나 다수설의 견해에 따르면, 보시는 수행자들에게 통용되는 일반적인 미덕이나 관행을 가리키는 것으로 보인다. 『금칠십론』은 다음과 같은 상술로 보시를 강조한다.

> 여덟째로 보시에 의한 성취란 다음과 같은 것이다. 사람들의 증오를 받은 어떤 바라문은 다른 사람이 자기를 증오하는 줄을 알고서 이로 인해 출가했다. 그러나 이미 출가한 스승과 벗들도 증오를 일으켜 지혜를 주지 않자, 그는 스스로 박복함을 알고서 마을 근처로 가서 머물렀다. 스스로 말하기를 이곳에는 바라문이 없으니 편안하게 거주할 수 있다고 했다. 그곳으로 가서 거주하고 나서는 보시하는 음식을 많이 얻을 수 있었다. 그래서 남은 음식을 벗들로부터 여자들이나 가축 키우는 사람들에게도 되돌려 보시했다. 그 마을에 사

....

452 TK ad. SK 51. @제7장 각주 295의 5.

453 大智度論 권3(T 25:80b): "亦更有言 八淸淨道. 一自覺, 二聞, 三讀經, 四畏內苦, 五畏大衆生苦, 六畏天苦, 七得好師, 八大布施. 但說第八名淸淨道."

454 今西順吉(1968b) p. 78 참조.

> 는 사람들은 모두 그를 좋게 생각했다. 그래서 그가 안거를 끝내려고 하자, 모든 사람들이 세 갈래 지팡이와 물단지와 옷가지 등을 베풀어 주었다. 인드라 신의 축제일이 다가오자 그는 사람들에게 말했다. "누가 나와 함께 그 본거지인 대국으로 가서 그 축제를 구경하겠는가? 만약 가기를 바란다면 사람마다 물건을 갖고서 나와 함께 가자." 그는 그곳으로 가서 스승의 집에 도착하자 좋은 물건을 골라 스승에게 공양하고, 나머지 물건을 차례로 같이 배우는 사람들에게 나누어 주었다. 그러자 스승과 벗들과 여러 사람들이 모두 그를 좋게 생각하게 되었다. 스승은 곧 자신의 지혜를 베풀었다. 그는 이 지혜에 의해 궁극의 지혜에 이르러 마침내 해탈을 얻었다. 이처럼 보시에 의해 성취에 도달한다.[455]

이상과 같은 6행관에서 특히 주목해야 할 것은 각 단계마다 대상에 대해 싫어함을 일으켜 그로부터 벗어나는 염리(厭離)를 강조하고 있는 점이다. 따라서 6행관의 핵심은 대상에 대한 염리이며, 결국 식별지라는 해탈의 지혜는 이 염리에 의해 획득된다. 여기서 상키야 철학의 실천 관념은 불교 또는 요가 철학의 그것과 조우한다. 염리는 불교와 상키야-요가 철학에서 중시하는 이욕에 상당하기 때문이다. 이욕은 모든 대상에 대한 집착을 버린 심적 상태이다. 이욕은 선정 또는 삼매에 도달하는 필수적인 조건일 뿐만 아니라, 선정이나 삼매에 돌입하는 시발이다.

일반적으로 상키야 철학은 형이상학적 이론에 치중하고 실천법은 요가 철학에 위임한 것으로 알려져 있다. 그러나 『금칠십론』은 6행관을 상키야 특유의 수습법으로 제시한 점에서 특별히 주목할 만하다. 그리고 6행관은 요가의 기본적

455 金七十論 권下(T 54:1258b): "八因施成者. 如一婆羅門人所憎惡 知他憎己是故出家. 旣出家已師及同友亦生憎惡不與智慧, 自知薄福往邊村住. 自謂 此處無婆羅門可安居住. 旣往住已多得施食. 其所餘者還施親友 乃至女人牧人. 於是村人並皆愛念. 安居欲竟 一切人衆並皆嚫施三杖澡灌諸衣物等. 近帝釋會 時語諸人言. 誰能與我還本大國看於此會. 若欲去者人人齎物爲我將往. 往彼到師家已 選擇勝物以供養師, 餘物次第分與同學. 師友衆人並生愛念. 師卽施其智慧 由此智至究竟智 卽得解脫. 此由施得成."

인 수행론을 적용한 것으로 이해할 수 있다. 이는 상키야와 요가가 일련의 철학과 실천으로 인식되어 있었음을 시사하기도 할 것이다. 요가 철학은 명상의 수행 체계이다. 이 전통이 상키야 철학에서도 수용되어 있음은 부인할 수 없다. 그 구체적인 증거를 8성취로 예시할 수 있다. 다만 8성취라는 수습법은 철저한 지식 정화의 수습으로써 식별지라는 지혜를 획득하고자 하는 데 그 특징이 있다. 그리고 6행관은 그 지식 정화의 방법을 제시하고 그 필요성을 역설한 점에 실천론적 의의가 있다.

제9장

공유 및 특수 관념

제9장

공유 및 특수 관념

인도의 정통 철학이 예로부터 육파철학으로 분류되어 전개되었던 것은 학파마다 차별적인 사상을 전개했기 때문이다. 여기에 비정통으로 간주된 불교와 자이나교의 철학까지 합세하면 인도철학은 그만큼 다양한 사상으로 저마다 특수한 관념을 표방했음을 충분히 짐작할 수 있다. 그럼에도 불구하고 각 학파의 관심사에는 그다지 큰 차이가 없다. 각 학파의 관심사는 아래의 서술처럼 영원한 지복이 될 '자신의 진실한 존재'를 깨닫는 데 있었고, 마음을 정화할 방법을 찾는 데 있었기 때문이다.

> 고대 인도에서 어느 시대나 문화적 삶의 기조를 형성하는 근본 진리는 모든 인간의 마음에 최상의 정신적 실체(신 또는 브라만)가 내재한다는 것이다. 인류는 공통하는 생명의 본원을 갖고 있으며, 이것은 영원한 생명 또는 '의식의 최고 원리'이다. 인간의 유일한 목적은 순수하고 구속되지 않고 불변하는 의식의 형태로 있는 '자신의 진실한 존재'가 영원한 지복임을 깨닫는 것이다. 인간은 윤리적인 수양과 단련을 통해 오로지 마음의 온갖 불순물들을 제거함으로써 그렇게 할 수 있다.[1]

1 Verma(1988) p. 354. 정승석(2011) p. 190 재인용.

자이나교의 물활론(物活論)과 불교의 무아론은 최상의 정신적 실체를 '신 또는 브라만'으로 간주하지 않는 대신, 이에 상당하는 '자신의 진실한 존재'를 추구한다. 학파마다 추구하는 그 진실한 존재의 이름은 다를지라도 진실한 존재를 실현하는 것이 해탈이며, '진실에 대한 지식'인 지혜로써 해탈을 성취할 수 있다고 확신하는 데서는 동일하다. 이 점에서 인도철학의 대표적 특징으로 지목되는 것은 '자아'로 불리는 자기와 세계에 관한 진실을 깨달음으로써 해탈이 성취된다는 신념이다.[2] 그러나 이 같은 신념에 따라 저마다 제시한 지혜의 내용은 한결같지 않으므로, 이것이 학파들 사이에서 차별적 관념을 형성한다.

상키야-요가가 불교와 공유하는 관념은 육파철학 중에서는 가장 현저한 편이다. 단적인 예로 "『요가경』에서 어떤 것들은 작성될 당시에 통용된 인도의 철학 사상에 대한 불교적 배경을 모르고서는 제대로 이해될 수 없다."[3]라고 지적되듯이, 『요가경』에는 불교와 공유했거나 불교의 영향을 받았을 관념들이 뚜렷하게 남아 있다. 이와는 반대로 불교가 요가를 수용했거나 요가의 영향을 받았다는 견해도 성립한다.[4] 『요가경』의 경우와는 별개로 상키야 철학에서 채택한 전변설의 인과율은 불교의 연기설과는 정면으로 상충한다. 그럼에도 불구하고 전변의 개념은 불교에서 부분적으로 통용된다. 이 때문에 불교 측에서는 상키야의 전변설을 무아의 연기설과는 전혀 다른 것으로 논박하는데, 여기서 쟁

....

2 "세계와 자아의 본성이라는 진실에 대한 무지는 고통과 속박의 원인이므로, 그 진실에 대한 지혜가 없이는 고통과 속박으로부터의 해탈을 성취할 수 없다." Chatterjee(1968) p. 18. 정승석(2018b) p. 20 재인용.

3 Wujastyk(2018) p. 42.

4 이러한 견해는 대체로 인도 출신의 학자들 사이에서 통용되는데, 『요가경』을 주석한 Hariharānanda(@제2장 각주 4)의 견해를 대표로 들 수 있다. Maharaj(2013:77)는 그의 견해를 다음과 같이 평가한다.

"Hariharānanda 자신은 불교와 상키야-요가 사이에 용어상으로도 교의상으로도 많은 친연성이 있음을 지적한다. 그러나 Hariharānanda는 『요가경』이 불교의 확산 이전에 편찬되었다고 주장함으로써 대부분의 근래 학자들과는 극명한 대조를 이룬다. 이러한 역사적 가정에 의거하여 그가 주장하는 것은 다음과 같다. 불교와 상키야-요가 사이에 부정할 수 없는 친연성이 있게 된 것은, 붓다의 교설 자체가 대체로 (Āḷāḍa Kālāma와 Rudraka를 통해 붓다에게 전달된) 고대 상키야-요가의 교의로부터 심원한 영향을 받았다는 사실에서 유래한다."

점이 되는 논박의 내용은 상키야의 특수 관념에 속한다.

상키야-요가의 철학은 유구한 일원론적 사조를 포함하여 방금 예시한 것과 같은 공유 관념을 이원론에 적합하도록 전환하면서 독자적인 교의를 구축했다. 상키야-요가에서만 통용되는 특수한 관념들도 이 과정에서 형성되거나 계발된 것으로 이해할 수 있다. 이하에서는 이 같은 사례로 특기할 만한 주제들을 선별하여 고찰한다.

9.1. 고통의 원천

9.1.1. 고통의 원천적 근원

상키야 철학은 세속의 삶으로부터 자유로운 인간을 추구하는 사변의 학문이다. 불교를 제외하고는 다른 어떠한 철학에서도 상키야에서 독특하게 표명하는 것과 같은 염세적 세계관을 드러내지는 않는다. 불교는 제행무상을 표방하는 것으로 염세적 세계관을 드러내고, 상키야 철학은 3질의 영역에서는 모든 것이 고통이라는 사실을 입증하려고 노력한다.[5]

하나의 대상은 처음에는 즐거운 것으로 보일 수 있다. 그러나 그것을 철저히 분석해 보면 그 근원에는 고통의 씨앗이 내재해 있음을 알게 된다. 우리가 어떤 대상을 즐길 때 결국에는 다음과 같은 사태가 도래한다. 그 즐거운 경험이 더욱 큰 것을 얻고자 하는 욕망의 불을 지피고, 그 결과는 감관의 만족으로 나타나기는커녕 그 욕망의 불꽃에 기름을 부을 뿐이다. 그래서 대개의 경우에 욕망은 충족되지 않기 일쑤인 만큼, 이럴 때마다 욕망은 불안과 좌절과 고뇌로 귀결된다. 대상을 즐기는 과정에서도 어떤 상반하는 요소가 그 안락을 방해할지 모른다고

5 고통의 타파를 목적으로 천명하는 상키야 철학의 관점(SK 1)은 @제2장 각주 179 참조. 이하의 서술은 Chakravarti(1975) pp. 318-9 인용.

항상 염려하게 된다.

그러므로 욕망의 결과로 얻은 만족은 진정한 안락이 될 수 없다. 더욱이 우리가 쾌락의 대상을 갈망할 경우, 어떤 것을 편애하면서 다른 것을 배척하지 않고서는 그 대상을 향유할 수 없다. 우리는 이 결과로 선과 악을 몸에 익히게 되고, 이 때문에 우리의 업의 창고에는 더 많은 업이 쌓인다. 결국 현현된 모든 것들은 3질이 서로 반목하여 작용한 결과이다. 그러므로 3질이 모두에게 항상 안락을 제공할 수는 없다. 현자는 모든 것을 고통으로 생각한다고 파탄잘리가 역설한[6] 이유가 여기에 있다. 그렇지만 윤회의 소용돌이에 빠져 여기에 익숙해진 범부들은 이 대상들을 그다지 큰 고통으로 느끼지 않는다. 이와 달리 현자의 경우에는 고통의 하찮은 파편마저도 견딜 수 없다. 현자는 매우 민감하다. 바로 이 때문에 『요가주』의 저자는 현자를 안구에 비유한다.

> 이와 같이 이 고통의 흐름은 무시이래 확장되어, 역조(逆調)의 본성을 가짐으로써 오로지 요기를 위협한다. 왜 그러한가? 현자는 안구(眼球)와 같기 때문이다. 예를 들어 안구 위에 놓인 털실은 접촉으로 괴롭히지만, 신체의 다른 부위들에서는 그렇지 않다. 바로 이와 같이 그러한 [역조의] 고통들은 [민감한] 안구와 같은 요기만을 괴롭히고, 다른 지각자를 괴롭히지는 않는다.[7]

안구는 미세한 털실 하나가 닿더라도 견디지 못하지만, 신체의 조악한 부분은 그러한 접촉에 매우 둔감하다. 현자와 범부 사이에는 바로 이와 같은 차이가 있다. 그래서 현자는 온갖 종류의 비애와 고통으로부터 벗어나는 데에 매우 열중한다.

....

6 "전변과 고뇌와 잠세력의 고통들로 인해, 그리고 [3]질들의 작용이 상충하기 때문에, 식별력을 지닌 자에게는 모든 것이 고통일 뿐이다." (pariṇāma-tapa-saṃskāra-duḥkhair guṇa-vṛtti-virodhāc ca duḥkham eva sarvaṃ vivekinaḥ ∥ YS 2.15)

7 YBh 2.15. 정승석(2020) p. 114.

고통의 원천적인 근원은 무지이다. 순수정신은 항상 순수하고 자유롭다. 그러나 그것은 원질과 결합하기 때문에 고통을 경험한다. 이러한 결합이 존재하는 한, 순수정신은 자신이 원질과 동일하다고 생각한다. 이 때문에 순수정신은 실제로는 원질에 속하는 고통 따위의 속성들을 자신의 것으로 생각한다. 빨간 꽃이 투명한 수정에 밀착해 있으면 그 수정은 빨갛게 물든 것처럼 보인다. 이와 마찬가지로 순수정신도 밀착해 있는 원질로 물들게 된다. 원질과는 별개의 원리인 순수정신이 원질과 결합하는 원인이 바로 무지이다.

9.1.2. 무지의 정의와 동의어

『요가경』에서는 "무지는 ①무상한 것을 영원한 것으로, ②불결한 것을 깨끗한 것으로, ③고통인 것을 즐거운 것으로, ④자아가 아닌 것을 자아로 인식하는 것이다."[8]라고 무지(avidyā)를 정의한다. 『요가주』의 저자는 무지가 단지 인식(知=vidyā)의 부재(無=a)를 의미하는 것이 아니라 실질적으로 작용하는 하나의 인식이라는 것을 강조하여, 무지를 다음과 같이 설명한다.

> 넷(①②③④)으로 이루어진 이 무지(avidyā)는 번뇌의 상속이고 과보를 초래하는 이 잠재업의 근원이다. 그리고 그것(무지)은 amitra(적)이나 agoṣpada(넓은 곳, 또는 숲)처럼 실체성을 지닌 것이라고 알아야 한다. 예를 들어 a-mitra는 친구(=mitra)가 없음(=a)도 아니고 친구에 불과한 것도 아니라, 이와는 반대인 경쟁자(적)를 가리킨다. 이와 마찬가지로 a-goṣpada은 소[가 출몰한] 발자국(=goṣpada)이 없음(=a)도 아니고 소[가 출몰한] 발자국에 불과한 것도 아니라, 그 둘과는 다른 특수성을 지닌 것으로서 특정한 장소(숲)를 가리킨다.[9] 이와 같이 무지는 바른 지각도 아니고 바른 지각이 없는 것도 아니라,

8 anityāśuci-duḥkhānātmasu nitya-śuci-sukhātma-khyātir avidyā ‖ YS 2.5.

9 다른 예로 든 a-goṣpada의 의미는 상대적으로 난해하다. 이 때문에 주석자들도 이것을 설명하는 데 주력했다. 조어상의 의미로 보면 a-goṣpada는 '소의 발자국이 없음'이지만, 그 실제 의미는 '소의 발

> 지혜와는 반대의 것으로서 별개의 인식이 무지이다.[10]

여기서는 무지가 '별개의 인식'이라는 것을 강조한다. 즉 지혜가 효력을 발휘하는 독자적인 인식이듯이 무지 역시 효력을 발휘하는 독자적인 인식이다. 양자의 차이는 지혜가 긍정적인 효력을 발휘한 반면, 무지는 부정적인 효력을 발휘한다는 데 있다. 그러므로 무지를 지혜의 '무'(없음)라는 것으로만 생각하여 대수롭지 않은 것으로 간과해서는 안 된다. 이는 바이셰쉬카 학파에서 비존재(abhāva)를 존재의 한 범주로 간주하고, 미망사 학파에서 비지각(anupalabdhi)을 인식의 하나로 간주하는 것과 유사하다.

제6장에서 상술했듯이 상키야-요가에서는 무지를 "어둠, 미혹, 큰 미혹, 짙은 어둠, 완전한 어둠"이라는 다섯 범주(<표 16>)로 분류한다. Vācaspati는 이 5종의 무지를 Vārṣagaṇya의 학설로 간주한다. 그런데 Īśvarakṛṣṇa는 『상키야송』에서 무지라는 말을 전혀 사용하지 않는다. 그는 어쩌면 전도(顚倒)가 무지를 대신한다고 생각했을 수도 있다. 전도란 지혜와는 상반하는 것으로서 그릇된 인식이자 오류이기 때문이다. 『상키야송』에서는 전도를 속박의 원인이라고 설명한다.[11] 일반적으로는 무지를 속박의 원인으로 간주하므로 이 점에서 전도는 무지와 다르지 않다. 또한 전도는 '정반대'라는 의미로도 통용된 점을 고려하면, 전도는 지혜와는 정반대인 무지가 된다.

....

자국'과는 무관한 특정 장소를 가리킨다는 것이 후대 주석의 요지이다. 예를 들어 *Yogasūtra-bhāṣya-vivaraṇa*에서는 이것을 다음과 같이 설명한다.
"그러므로 [a-goṣpada에] 부정의 의미가 가능하다면 그것만 타당하다는 것이며, [소가] 출몰할 가능성도 의도하지 않고 출몰했을 뿐이라는 것도 의도하지 않는다. a-goṣpada라는 말에 고려된 것은 소의 출몰과는 전혀 양립하지 않는 장소이다." (tasmāt, sati sambhave nañarthaḥ sa eva yukta iti na sevita-prasaṅgo nāpi sevitamātra iṣyate | gosevita-viruddha eva deśo 'goṣpada-śabdenābhidhīyate || YsV 2.5. Rukmani 2001a:230)

10 YBh 2.5. 정승석(2020) pp. 100-1.

11 "선(善)에 의해 상방으로 가고 악에 의해 하방으로 가며, 또한 [25원리에 대한] 지혜에 의해 해탈하고 전도(顚倒)에 의해 속박이 있다." (dharmeṇa gamanam ūrdhvaṃ, gamanam adhastād bhavaty adharmeṇa | jñānena cāpavargo, viparyayād iṣyate bandhaḥ || SK 44)

전도는 사물에 대한 그릇된 인식, 즉 사물의 진상과는 일치하지 않는 개념을 구성한다.[12] 그리고 『상키야송』에서 말하는 5종의 전도(SK 47)는 『요가경』에서 말하는 5종의 번뇌, 즉 5종의 무지와 동일하다.[13] 이로써 무지와 전도는 본래 다르지 않다는 것을 알 수 있다. 그리고 『요가주』에서는 착오(adarśana)가 원질과 순수정신의 결합을 초래한다고 설명하므로, 이 착오 역시 무지를 달리 표현한 개념이다.[14]

『요가주』의 저자는 이 착오에 대한 다양한 견해들을 소개하는 것으로 일종의 토론회를 개최한다. 그는 "그렇다면 착오로 불리는 이것은 무엇인가?"라는

....

12 "그릇된 인식(=전도)은 형성된 그대로의 것에 의거하지 않은 허위의 지식이다." (viparyayo mithyā-jñānam atadrūpa-pratiṣṭham ‖ YS 1.8)
인식론에서 전도는 오류(apramā)를 의미한다. Rukmani(1980:386)는 오류, 즉 부정확한 인식을 가리키는 데 사용되는 다양한 말들로 mithyā-jñāna(=허위의 지식), viparyaya(전도), ayathārthānubhava(=대상을 있는 그대로 이해하지 못함)를 예시한다. 그리고 의심(saṃśaya), 망상 또는 분별(vikalpa), 그릇된 가정(tarka)은 오류(전도)를 구분한 일반 개념이다. Rukmani는 니야야 학파와 요가 학파에서 말하는 전도의 의미를 다음과 같이 설명한다.
"예를 들어 니야야에 따르면, 전도는 조가비에서 은을 보는 것과 같은 그러한 오류이다. 그런데 전도를 정의하는 『요가경』 1.8에 대한 Vyāsa의 주석(=『요가주』)은 실제로는 오직 하나뿐인 달에서 두 개의 달이 왜곡된 모습으로 보이는 실례를 인용한다. 다른 것과는 구별되는 전도의 특징은 나중에 바른 지식이 실증됨으로써 그 전도가 제거된다는 데 있다. 이리하여 첫째 실례에서는 조가비를 주울 때 곧장 그것은 은이 아니라고 알아차린다. 둘째 실례에서도 이와 마찬가지로 두 개의 달이라는 지각은 나중에 실제로 존재하는 하나의 달을 지각함으로써 부정된다."
무지에 관한 Hariharānanda의 견해는 @제10장 각주 43, 45 참조.

13 『요가주』(YBh 1.8)에서는 5종의 번뇌가 바로 5종의 무지라고 설명한다. @제6장 각주 147 참조.

14 "관찰은 착오(무지)의 반대이므로, 착오는 결합의 원인(동력인)으로 불린다. 여기서(즉 요가 철학의 입장에서) 관찰은 해탈의 원인이 아니다. [그러나] 오로지 착오가 없음으로써 속박이 없고, 이것은 해탈이 된다. 관찰이 있을 때 속박의 원인인 착오가 소멸하므로, 이 때문에 관찰로서의 인식은 독존의 원인으로 불린다." YBh 2.23. 정승석(2020) p. 132.
Rukmani(1989b:172)는 상키야와 요가에서 무지(avidyā)와 전도(viparyaya)와 착오(adarśana)가 동일한 개념으로 구사되고 있다는 사실을 다음과 지적한다.
"Vyāsa는 주석에서 시종일관하여 adarśana라는 말을 avidyā의 동의어로 사용한다. 실제로 [=YS 2.23에 대한] 주석에서 adarśana라는 말이 여덟 번(=실제로는 아홉 번) 사용되는 동안, avidyā라는 말은 단지 한 번 사용될 뿐이다. 요가 철학에서 avidyā를 대신하여 일반적으로 사용되는 다른 말은 viparyaya와 mithyā-jñāna(=허위의 지식)이다. 이에 관해서는 『상키야송』에서 avidyā 대신 viparyaya를 사용한 경우와 견주어 볼 수 있다. 실제로 Īśvarakṛṣṇa는 avidyā라는 말이 아니라 이것 대신 viparyaya를 사용하는 것으로 만족한다."

의문을 제기하고 나서, 당시에 통용되었을 듯한 상이한 견해들을 제시한다. 그는 착오에 관해 상키야의 권위자들이 저마다 개진한 대로 여러 가지 선택적 개념을 나열한다. 그러나 이 모든 개념들은 원질과 순수정신이 결합하게 되는 공통 기반을 형성한다.[15] 그런데 니야야 학파에서 이 착오의 학설을 비판했던 것으로 보면, 그 학설이 상키야의 옛 교사들 사이에서는 큰 비중을 차지했을 것으로 짐작할 수 있다.

먼저 *Nyāyasūtra*에서는 "만약 그것(신체)이 비지각에 의해 산출된다고 [상키야에서 주장]한다면, 그것은 해탈[을 성취한 후]에도 [산출된다는] 과실[을 초래할 것]이다."[16]라고 상키야의 학설을 비판한다. 이에 관해 Vātsyāyana는 *Nyāya-bhāṣya*에서 "비지각이란 사실상 [순수정신과 원질의 차이에 대한] 착오로 불리는 것이다."[17]라고 비지각과 착오를 동일시하고 나서 다음과 같이 상술한다.[18]

> 1. [상키야의 주장:] 물질적 요소들로부터 신체가 발생한다는 것은 [순수정신과 원질의 차이에 대한] 비지각(=착오)에 의해 [신체가] 산출된다는 것이다. 신체가 산출되지 않을 때 의지처(≒감관)가 없는 지각자(순수정신)는 결코 지각 대상을 보지 못한다. 이것(지각자=순수정신)의 지각 대상은 두

....

15 "여기서 다수의 이설을 가진 이것(착오)은 모든 순수정신들과 질들(3질)의 결합(관계)에 관한 일반 주제이다." YBh 2.23. 정승석(2020) p. 134. Rukmani(1983:152-3, 2001.a:321-2)가 채택한『요가주』의 원문(YBh 2.23)은 착오에 관한 상이한 견해들에 번호를 붙여 8종으로 구분했다. 이렇게 열거한 양상을 지목하여 Chakravarti(1975:320)가 일종의 토론회를 개최한다고 표현한 것은 과언이 아니다.

16 tad adṛṣṭa-kāritam iti cet punas tat prasaṅgo 'pavarge || NS 3.2.68. Amarendramohan(1985) p. 910.

17 adarśanaṃ khalv adṛṣṭam ity ucyate … | NBh 3.2.68. ibid. 3행. 이에 따라 Gangopadhyaya(1972:173)는 adarśana(착오)를 adṛṣṭa과 함께 '비지각'(non-perception)으로 번역하여 그 둘을 동일시한다.

18 1. adṛṣṭa-kāritā bhūtebhyaḥ śarīrotpattiḥ | na jātv anutpanne śarīre draṣṭā nirāyatano dṛśyaṃ paśyati | tac cāsya dṛśyaṃ dvividhaṃ viṣayaś ca nānātvaṃ ca (1)avyaktātmanaḥ, tad-arthaḥ śarīra-sargaḥ | tasminn avasite caritārthāni bhūtāni na (2)śarīram utpādayantīty upapannaḥ śarīra-viyoga ity

2. evaṃ cen manyase, punas tat prasaṅgo 'pavarge — punaḥ śarīrotpattiḥ prasajyata* iti | yā cānutpanne śarīre darśanānutpattir adarśanābhimatā yā cāpavarge śarīranivṛttau darśanānutpattir adarśanabhūtā naitayor adarśanayoḥ kvacid viśeṣa ity adarśanasyānivṛtter apavarge punaḥ śarīrotpatti-prasaṅga iti | NBh 3.2.68. Amarendramohan(1985) p. 910, 3-9행. * 원문의 prasajyate를 연성 법칙에 맞추어 수정.

가지이다. 하나는 [미현현으로부터 전개된 향수의] 대상이고, 다른 하나는 미현현(=원질)과 자아(=순수정신)의 차이이다. [향수의 대상을 지각한다는] 이것을 목적으로 갖는 것이 신체의 창조이다. 이것(목적)이 성취될 때 목적을 달성한 물질적 요소들은 신체를 생성하지 않으므로, 신체와 [순수정신]의 분리[인 해탈의 상태]가 가능하게 된다.

2. [베단타의 반론:] 만약 그대(상키야)가 그렇게 생각한다면, 그것은 해탈[을 성취한 후]에도 다시 [산출된다는] 과실, 즉 신체의 발생이 다시 초래될 것이다. 신체가 산출되지 않을 때는 지각이 발생하지 않는 것으로서의 착오(=비지각)를 인정한 것과, 해탈에 [도달하여] 신체가 소멸할 때는 지각이 발생하지 않는 것으로서의 착오가 존재한다는 이 두 가지의 착오 사이에는 아무런 차이가 없다. 따라서 해탈[을 성취한 후]에도 착오는 소멸하지 않기 때문에, 다시 신체가 발생한다는 과실이 [초래될 것이다.]

위의 둘째 구문(베단타의 반론)에서 언급한 '두 가지의 착오'는 납득하기 어려울 수 있다. 이는 개념상의 논리를 적용한 설전에 가깝다. 먼저 상키야 측에서 "신체가 산출되지 않을 때 의지처가 없는 지각자(순수정신)는 결코 지각 대상을 보지 못한다"고 주장한 것은 순수정신의 비지각(adṛṣṭa)을 인정한 것이 된다. 이 경우의 순수정신은 지각되어야 할 대상을 보지(지각하지) 못하기 때문이다. 그리고 착오(adarśana)는 비지각의 동의어이므로 이는 신체가 아직 산출되지 않을 때도 순수정신에게 착오가 있음을 인정하는 것과 같다.

다음으로 해탈한 후에도 존재한다는 또 하나의 착오는 '절대적 비존재'라는 개념을 적용한 것으로 이해할 수 있다. 상키야에서는 순수정신과 원질의 차이에 대한 착오 때문에 신체가 산출된다고 단정하고 있지만, 그런 착오는 해탈한 상태에 있더라도 나타난다. 왜냐하면 그 상태는 감관을 소유한 신체가 없기 때문에 지각은 일반적으로 절대적 비존재가 된다. 그런데 지각의 절대적 비존재란 그 반대인 비지각(=착오)이 존재함을 의미한다. 따라서 해탈한 후에도 착오는 소멸하지 않으므로, 상키야에서 단정한 주장을 그대로 적용하면 착오에 의

한 신체의 발생은 다시 계속된다.[19]

이상과 같이 원질과 순수정신이 결합하는 원인을 무지로 설명하는 경우가 있는가 하면, 전도 혹은 착오로 설명하는 경우도 있다. 따라서 기본적으로 이 용어들의 차이는 거의 없다. 무지와 전도와 착오 중 어느 것으로 불리든 이것들이 상키야-요가에서는 식별력이 없는 인식을 지칭한다. 식별력이 없는 이러한 인식으로는 자아인 것과 자아가 아닌 것 사이의 혼동을 결코 피할 수 없다. 식별지로써 이 같은 그릇된 개념을 제거하지 않는 한, 원질의 올가미로부터 벗어날 가능성은 요원하다.

그릇된 개념인 오류가 발생하는 것은 원질과 순수정신의 차이를 알아차리지 못함으로써 그 둘을 사실상 동일한 것으로 생각하기 때문이다. 이렇게 두 실체를 연관짓는 것은 혼동에 의한 오류이다. 상키야에서는 오류 개념을 이와 같이 주장하는데, 이것이 베단타 측의 주석자들에게도 다음과 같이 인식되어 있다.

> 반론하기를, '실체가 아닌 것에서 실체에 대한 인식이 있다'고 한다. [상키야] 논서의 저자만이 [이것을] '혼동에 의한 오류'라고 설명한다.[20]

*Sāṃkhyasūtra*에서 "긍정과 부정을 통해 존재와 비존재를 지각한다."[21] 고 말하는 것도 오류를 설명한 것으로 이해된다. 이에 따르면 투명한 수정에 빨간 꽃잎이 달라붙음으로써 발생하는 적색의 환영은 수정과 적색이라는 두 대상을 필요

19 절대적 비존재의 적용은 Gangopadhyaya(1972:174)의 해설을 참조한 것이다. 그는 상키야의 주장에 대한 Vātsyāyana의 답변을 다음과 같이 파악한다.
"신체의 원인으로 단정된 '차이에 대한 비지각'은 해탈한 상태에 있더라도 나타난다. 왜냐하면 그 상태에서는 신체가 없기 때문에 일반적으로 지식의 절대적 비존재가 성립한다. 이에 따라 해탈한 상태에 있더라도 신체는 산출될 수밖에 없다. 그러나 이것은 터무니없다." 여기서 말하는 '지식의 절대적 비존재'는 '무지'로 환언될 수 있다.

20 nanu atattve tattva-jñānam iti śāstrakāreṇaiva darśitaḥ saṃsarga-bhrama iti | *Pañcapādikā-vivaraṇa*, Prathamaṃ varṇakam. Sastri(2009) p. 81, 5행. 이것을 주석한 *Tattva-dīpana*에서는 "논서의 저자란 상키야의 신봉자를 의미한다."(śāstrakāreṇety || sāṃkhyenety arthaḥ | ibid. 14행)라고 언명한다.

21 SS 5.56. @제7장 각주 97.

로 한다. 그러나 그 둘 사이의 관계는 마음으로 지어낸 것일 뿐이고 수정에 적색이 실재하는 것은 아니다. 이처럼 오류는 실재하지 않는 것을 수반한다. 그러므로 실재하는 수정과 꽃잎은 긍정을 통해 지각하고 수정에 적색이 실재하지 않음은 부정을 통해 지각한다. *Sāṃkhyasūtra*에서는 이것을 '존재와 비존재에 대한 지각'이라고 말한 것이다.

이상의 고찰에서 쟁점이 되는 것을 하나로 포괄하여 추출하자면 비지각을 지목할 수 있다. 그리고 비지각(akhyāti)의 학설로는 미망사 학파에서 Prabhākara가 주장한 오류론이 특히 유명하다. 오류의 근원인 착각을 비지각(지각의 부재)으로 해석하는 Prabhākara의 주장에 따르면, 불완전하게 목격된 어떤 객관적 사실에서 발생하는 착각은 과거의 기억이 유사성을 통해 표상으로 소생한 것이다.[22] 이러한 착각이 비지각이지만, 착각에 의해 기억으로 떠오른 표상이 실재하지 않는 허위인 것은 아니다. 이 주장을 이해하기 위해서는 다음과 같은 부연 설명이 필요하다.

Prabhākara는 인식의 대상은 저절로 현현하게 된다고 주장한다. 만약 진주를 보고서 '이것은 은(銀)이다'라는 착각이 발생했을 경우에도 은(銀)은 저절로 현현한 것이다. 그러므로 현현된 은(銀)은 인식의 대상이며, 현현된 그 자체는 진주가 아니다. Prabhākara에 따르면, 이 모든 경우에 착각은 두 가지 인식과 그 대상들 사이의 차이를 식별하지 못한 데서 기인한다. 식별하지 못하는 것은 기억이 모호하기 때문이다. 기억의 대상은 과거에 속한다. 과거의 대상은 항상 '저것'으로 언급되는데, 이는 '이것'으로 언급되는 지각의 대상과 대조를 이룬다. 그러나 '이것'이 '저러저러한 것'으로 마모될 때 기억은 모호하게 된다. 이에 따라 대상이 실재하는 그대로 인식되지 않을 때 그 대상은 기억으로 불릴 수밖에 없게

....

22 Prabhākara는 이 같은 비지각의 이론을 옹호함으로써 인도철학에서 중요한 위상을 점유한 것으로 평가된다. cf. Chakravarty(2016) p. 43. 오류에 대한 Prabhākara의 정의는 '명칭들이 가진 뚜렷한 유사성'으로 간명하게 표현되는데, 이는 유사한 명칭 자체가 아니라 명칭으로 떠올리는 표상의 유사성을 가리키는 것으로 이해된다. cf. Ratié(2016) p. 383, n. 22.

된다.[23] Śālikanātha는 그 이유를 다음과 같이 시사한다.

> 실로 직접지각이 현전하지 않는 한, 그것(진주)이 은(銀)일 수는 없다. 그리고 표징 따위가 없기 때문에 [추리 따위와 같은] 다른 인식 수단의 영역에 있지 않다.[24]

이 설명에는 진주를 은으로 착각한 경우가 상정되어 있다. 여기서 은(銀)은 대상(진주)과 눈의 접촉에 의한 직접지각으로 인식된 것이 아니다. 또한 이것은 타당한 논리적 근거(표징)에 의해 인식된 것도 아니다. 이처럼 은(銀)이 바른 인식 수단에 의거한 것이 아니라면, 은의 정체를 이해할 수 있는 방법은 기억되어 있었던 것이 표상으로 현현한 것이라고 결론짓는 것뿐이다. 그리고 기억은 실재한 대상을 직접지각으로 인식했던 사실에 의해 형성되므로, 은처럼 기억이 현현해 난 대상은 나중에 착각으로 확인될지라도 그 실재성이 부정되지 않는다.[25]

그러나 『요가주』의 저자는 Prabhākara를 추종하는 학파(Prābhākara)에서 주장하는 비지각을 지지하지는 않는다. 『요가주』의 저자는 전도를 설명하면서 그릇된 인식은 바른 인식에 의해 파기된다고 말한다. 그러므로 진주를 은으로 인식한 것은 착각임이 판명되고 나면 그 인식은 더 이상 바른 인식으로 인정될 수

……………

23 Cf. Chakravarty(2016) pp. 41-2.

24 na hy asannihitam tāvat pratyakṣam rajatam bhavet | liṅgādy-abhāvāc cānysya pramāṇasya na gocaraḥ || PP 3.31. Śāstri(1904) p. 34, 13-14행.

25 미망사 학파에서 Kumārila Bhaṭṭa를 추종하는 일파(Bhāṭṭa)도 착각에서 현현한 대상은 시간과 장소의 차이가 있을지라도 실재한다고 주장한다. 왜냐하면 절대적으로 실재하지 않는 대상은 결코 우리의 의식에 나타날 수 없기 때문이다. 예를 들어 실재하지 않는 '하늘의 꽃'이나 '사람의 뿔' 따위는 어느 누구에게도 지각되지 않는다. 그러므로 진주를 은으로 착각한 인식에서 곧장 떠오른 은(銀)이 '하늘의 꽃'처럼 절대적으로 실재하지 않는 것일 수는 없다. cf. Chakravarty(2016) p. 41.
반면에 니야야 학파의 Jayanta Bhaṭṭa는 은(銀)이라는 착각은 오류일 뿐이며 기억에 속하는 지각이 아니라고 주장한다. 그에 의하면 착각에 의한 은(銀)은 은 자체가 아니라 은의 특수한 속성이며, 반대의 지각(viparīta-khyāti)에서 상기된 것이다. 그리고 이러한 환각적인 판단은 감관들의 결함 때문에 발생한다. cf. ibid. p. 42.

없다. 예를 들어 달이 두 개로 보일 때, 달을 하나로 바르게 지각함으로써 달을 두 개로 보았던 지각은 파기된다. 『요가주』에서는 이것을 다음과 같이 설명한다.[26]

> 그것(그릇된 인식=전도)은 왜 바른 인식이 아닌가? 바른 인식은 실제로 존재하는 것을 대상으로 지니므로, 그것은 바른 인식에 의해 파기되는 것이기 때문이다. 여기서는 바른 인식으로 바르지 않은 인식을 파기하는 일이 경험된다. 예를 들면, 둘로 보이는 달이 하나로 보이는 달인 진실한 대상에 의해 파기되는 것과 같다.[27]

Prabhākara의 오류론에 의하면 착각으로 판명될지라도 착각에서 현현한 대상 자체는 부정되지 않지만, 『요가주』에서는 이것이 그릇된 인식, 즉 착오 또는 무지의 소산인 것으로 부정된다. 그렇지만 『요가주』에서 착오와 동일시되는 무지를 "지혜와는 반대의 것으로서 별개의 인식"[28] 으로 정의한 것은 Prabhākara가 주장한 비지각 개념을 부분적으로 내포한다고 이해할 수 있다. 왜냐하면 무지를 '별개의 인식' 으로 간주하는 『요가주』의 정의를 적용하면, 기억에 의한 착각인 비지각도 별개의 인식으로 간주될 수 있기 때문이다. 다만 무지의 내용은 바르게 인식하는 지혜에 의해 허위인 것으로 파기된다는 것이 『요가주』의 관점인 반면, 착각에서 떠오른 대상은 허위인 것으로 파기되지는 않는다는 것이 Prabhākara의 관점이다.

그러나 니야야 학파의 Udayana에 의하면 별개의 인식인 무지는 그릇된 지각(anyathā-khyāti)으로 간주된다. 『요가주』에서 별개의 인식을 '반대의 것' 으로 표현한 것은 무지가 '반대의 지각'(viparīta-khyāti)이라는 의미를 함축하는데,

……………

26 학자들의 일반적 견해에 의하면 초기 상키야에서는 비지각을 주장했으나 이러한 견해가 타당한 것으로 보이지는 않는다는 근거로 Chakravarti(1975:321)가 제시한 전거가 아래의 설명이다.

27 YBh 1.8. 정승석(2020) pp. 45-46. 이에 의거하는 인식론의 관점은 앞의 각주 12 참조.

28 YBh 2.5. 앞의 각주 10.

Udayana는 반대의 지각과 그릇된 지각을 동일한 것으로 간주한다.

> 실로 그와 같이 통속적인 언설로는 허깨비로 불리고 격식을 갖춘 언설로는 '그릇된 지각'으로 불리는 '반대로 이해된 것'(=반대의 지각)이 사실과 부합하는가 혹은 그렇지 않는가? 답변하자면 양쪽의 어느 경우든 모두 사실과 부합하는 것으로는 입증되지 않는다.[29]

이 설명은 그릇된 지각 또는 반대의 지각이 "만약 사실과 부합한다면 그릇된 지각을 사실로 인정하게 될 것이고, 사실과 부합하지 않는다면 지각 자체를 허위로 인정하게 된다. 따라서 어느 쪽의 지각이든 허위이며 진실은 아니다."라는 취지를 표현한 것으로 해석된다.[30] 그러므로 세부적으로는 두 지각에 대한 설명이 서로 다를 수 있지만, 실재가 아닌 것에 대한 저변의 인식은 동일하다. 다만 '그릇된 지각'이라는 용어가 Vātsyāyana의 *Nyāya-bhāṣya*와 이에 대한 Uddyotakara의 주석(*Vārttika*)에서는 사용되지 않는다. 이 용어는 Vācaspati의 *Tātparyaṭīkā*에서 처음으로 구사된다.[31] 앞서 인용한 *Sāṃkhyasūtra*에서는 '그릇된'이라는 직설적인 표현을 구사하지 않는 대신 포괄적인 표현으로 '존재와 비존재에 대한 지각'을 지지한다. Udayana도 자신의 *Tātparya-pariśuddhi*에서 이러한 견해를 언급하지만, 곧장 그것을 완전히 무시한다.[32]

....

29 tathā hi viparītam avagataṃ mayeti laukikī pratipattiḥ anyathā-khyātir iti ca vainayikī yathārthā na vā, ubhayathāpy uttareṇa na sarva-yāthārthya-siddhiḥ | *Ātmatattva-viveka*, Dvivedin & Dravida(1939) pp. 662-3, 16-2행.

30 Cf. Dravid(1995) p. 310.

31 Chakravarti(1975) p. 320. *Nyāyasūtra*(1.1.2)에서 언급하는 '허위의 지식'(mithyā-jñāna)에 관해 Vātsyāyana는 이것이 전도(viparyaya)를 의미하는 것으로 해석하고, Uddyotakara는 "그것이 아닌 것을 그것이라고 하는 관념"(atasmiṃs tad iti pratyayaḥ | NV 1.1.2. Taranatha 1985:72, 8행), 즉 어떤 것이 아닌 것을 어떤 것이라고 생각하는 관념이 허위의 지식이라고 해설한다. Vācaspati는 이와 관련하여 '그릇된 지각'(anyathā-khyāti)을 지각의 오류론으로 장황하게 설명한다(NVT 1.1.2. ibid. pp. 72-5). cf. Phillips(2012) p. 134, n. 15.

32 "존재와 비존재의 성질로써 지각한다는 것은 [그렇게 둘 중 하나로] 선택될 수 있는 것이 아니다.

9.2. 상키야 – 요가와 불교의 소통

9.2.1. 초기 불교의 상키야 인식

초기 불교에서는 상키야를 전제하는가 그렇지 않는가의 여부가 일찍이 관심의 대상으로 부각되었다.[33]

Garbe는 『상키야 철학』에서 『범망경』(梵網經, Brahmajāla-sutta)의 한 구절(DN 1.1.3)을 증거로 들어, 상키야가 불교보다 먼저 성립되었다고 주장했다. 『범망경』에서 부처는 아트만(자아)과 세계가 모두 영원하다고 주장하는 사문과 바라문을 비난하는데, Garbe는 이들의 주장이 상키야의 이원론일 것으로 추론했다.

Rhys Davids는 그의 추론을 반박했다. 그의 주장에 따르면 상키야의 원질은 상주(常住)하지만 『범망경』에서 비난한 것은 그와 같은 세계는 아니며, 그 세계는 원질의 산물이다. 초기 불전의 문맥에서 외도가 주장하는 아트만과 세계는 출생력이 없는 무능자(DN 1.1.34)이다. 따라서 『범망경』이 상키야를 언급한 것은 아니다. 그는 상키야가 불교보다 먼저 유행했다는 것을 전혀 인정하지 않는다.

반면에 Otto Schrader는 『범망경』에서 상키야를 언급한 것으로 간주했는데, 그가 제시한 근거는 다음과 같이 이해된다. "아트만과 세계는 영원하다. [왜냐하면] 아트만에 해당하는 불변자는 확고하게 서 있는 기둥처럼 비생성물이고, 세계에 해당하는 존재들은 출생을 겪고 윤회하며 생멸하는데, 이것도 일종의 상주이다." Otto는 이 근거에서 아트만은 순수정신을 가리키고 생멸하는 세계는 원질을 가리킨다고 이해한 것으로 보인다.

그러나 이 같은 불교와 상키야 사이의 선후 문제는 차치하고, 학자들이 거론한 문제의 『범망경』은 초기 불교에서도 상키야와 유사한 자아 개념을 인지하고 있었을 것으로 추정할 만한 단서가 될 수 있다. 『범망경』에서 상주불상주론(常

[존재와 비존재는] 분할을 초월하기 때문이다[즉, 분할할 수 있는 대상이 아니기 때문이다]."
(sad-asattvena gṛhṇātīti na vikalpitam atinirdalatvāt | *Tātparya-pariśuddhi*, Dvivedin & Dravida 1914:413, 4-5행)

33 아래 소개한 세 학자의 견해는 Chakravarti(1975) p. 77 참조.

住不常住論)으로 간주되는 다음과 같은 주장이 그 단서로 지목된다.

> 눈으로도 귀로도 코로도 혀로도 신체로도 불리는 이 자아는 무상하고 견고하지 않고 영원하지 않으며 전변하는 현상이다. 그러나 실로 이렇게 심(心) 혹은 의(意) 혹은 식(識)으로 불리는 그러한 자아는 상주하고 견고하고 영원하고 전변하지 않으며, 바로 그렇게 영원히 존속할 것이다.[34]

여기서는 대립하는 두 부류의 자아, 즉 신체로 불리는 자아와 심(心)·의(意)·식(識)으로 불리는 자아를 언급하는 것으로 자아와 신체를 차별하는 상키야의 이원론적 발상을 드러낸다. 그러나 『범망경』을 비롯한 초기 불전에서 말하는 심(心)·의(意)·식(識)을 상키야에서는 자아(순수정신)로 취급하는 경우가 없다는 점에서 양자는 다르다. 그럼에도 불구하고 상키야에서는 논리적 이유로 자아인 것과 자아가 아닌 것을 차별하므로, 『범망경』에서 상주불상주론으로 지목한 대상은 처음부터 이성주의로서 유명했을 상키야일 가능성이 크다. 상키야가 이성주의로서 유명했다는 점은 상키야를 사변학으로 명시한 Kauṭilya의 『실리론』에 의해서도 입증된다.[35] 이처럼 상키야가 일찍이 주목의 대상이 되었다는 사실은 불교 안팎의 다른 문헌들을 통해서 입증된다.[36]

....

34 Yaṃ kho idaṃ vuccati cakkhun ti pi sotan ti pi ghānan ti pi jivhā ti pi kāyo ti pi ayam attā anicco addhuvo asassato vipariṇāma-dhammo. Yañ ca kho idaṃ vuccati cittan ti vā mano ti vā viññāṇan ti vā ayaṃ attā nicco dhuvo sassato avipariṇāma-dhammo sassati-samaṃ tath' eva ṭhassatīti. DN 1.2.13(I, p. 21).

35 @제2장 각주 17.

36 중부 경전(MN)에서 언급한 Pārāsariya 외도는 상키야의 유명 교사인 Pañcaśikha와 동일시된다. @제6장 각주 102, @제7장 각주 46 참조. 이 Pārāsariya는 산스크리트에서 Pārāśaryya로 표기되는데, 파니니가 언급한 Pārāśaryya의 *Bhikṣusūtra*는 고행자들을 지도하는 규율과 원칙을 제시하는 것으로 추측된다. *Baudhāyana-gṛhyasūtra*에서는 카필라에 의거하는 고행자의 의무를 제시하기 때문이다. 이러한 전거들로 보아 고대에도 카필라를 추종하는 고행자 집단이 존재했으며, *Bhikṣusūtra*도 카필라로부터 전승된 원칙들을 수록한 것으로 추정된다. 더욱이 베단타에서는 Pārāśarya를 Vyāsa(Pārāśara의 아들)로 간주하며, *Pārāśarya-bhikṣusūtra*는 *Brahmasūtra*를 의미한 것으로서 특수 고행자 집단에서 중시되었다. 결국 Pārāsariya와 Pañcaśikha의 일치는 확신할 만하다. cf. Chakravarti(1975) p. 81.

한편 초기 불전의『사문과경』(沙門果經, Sāmaññaphala-sutta)에서 여섯 외도들 중의 첫째로 소개되는 Pūraṇa Kassapa는 인간의 활동에는 선악의 과보가 없다고 세간의 도덕률을 부정하여, 행위의 인과를 부정하는 무작론자(無作論者, akriyāvādin)로 알려져 있다.

> [Pūraṇa Kassapa는] 보시, 자제, [감관의] 제어, 진실한 말로는 공덕도 없고 공덕의 증진도 없다고 말합니다. 존자여! Pūraṇa Kassapa는 무엇이 사문의 과보로서 즉시 나타나느냐는 질문을 받고 이와 같이 저에게 무작(無作)을 설명했습니다.[37]

자이나교의 *Sūtrakṛtāṅgasūtra*(1.12.4)에서도 "업을 부정하는 무작론자들은 [자아의] 활동이 미래의 찰나[로 전이된다는 것을] 부정한다."[38]라고 무작론자를 언급한다. 방언(Prakṛt)으로 작성된 이 문헌을 번역한 Jacobi는 이 구절의 의미를 다음과 같이 설명한다.

> 모든 것은 찰나적으로 존재할 뿐이므로 현존하는 것과 다음 순간에 존재할 것 사이에는 아무런 연관이 없다. 이것은 불교도의 교의이다. 그러나 상키야 학파도 자아는 활동하지 않는다고 주장하므로 무작론자들에 속한 것으로 간주된다.[39]

이처럼 상키야 학파가 무작론을 지지하는 일파로 간주된 것은 Śīlāṅka의 주석에 의거한다.[40] 상키야가 무작론으로 취급되는 이유는 순수정신을 작자로 간주

37 Dānena damena saṃyamena sacca-vajjena n' atthi puññaṃ, n' atthi puññassa āgamo ti. Itthaṃ kho me bhante Pūraṇo Kassapo sandiṭṭhikaṃ sāmañña-phalaṃ puṭṭho samāno akiriyaṃ vyākāsi. DN 2.17(I, p. 53).

38 *Sūtrakṛtāṅgasūtra* 1.12.4. Jacobi(1895) p. 316.

39 Ibid. n. 3. 이 밖에 상키야의 개조인 카필라를 무작론의 지지자로 열거한 예는 @제7장 각주 126 참조.

40 Cf. Chakravarti(1975) p. 82. 이에 해당하는 Śīlāṅka의 주석은 아래와 같다.

하지 않기 때문이다. 즉 상키야에서 주장하는 순수정신은 활동이 없는 방관자일 뿐이며, 원질의 활동으로 발생하는 선악의 결과를 거두어 들이지 않는다. 『요가경』에서도 수행자의 활동은 선악의 결과를 낳지 않기 때문에 비백비흑(非白非黑)의 업으로 간주된다.[41] 이는 Pūraṇa Kassapa의 주장과 현저하게 유사하다. 그러나 『요가경』의 경우에는 원질의 영역을 초월한 자에게 이 교의가 적용된다.

어쨌든 초기 불전에서는 학파로서의 상키야라는 말이 구사되지 않으므로, 상키야 학파가 당시에 실존했는지의 여부는 불확실하다. 팔리어로 saṃkhyā라는 용어가 두서너 군데서 '바른 지식' 또는 '바른 사고'라는 의미로 언급되고, padhāna(＝pradhāna)와 pakati(＝prakṛti)는 도처에 언급되지만, 상키야의 전문어로 사용되지는 않기 때문이다.[42]

9.2.2. 초기 불교와 요가의 공유 관념

1. 상키야와 요가의 불교적 관념

상키야－요가 철학에서 발견되는 불교적 관념으로 특기할 만한 것들을 일곱 가지 정도로 추출할 수 있다.[43]

첫째는 사성제의 사고 방식이다. 제2장에서 이미 소개했듯이 의학이 '병, 그 원인, 처방, 약'으로 구성되는 것처럼 상키야와 요가도 네 가지 교의, 즉 출생, 원

....

"무작론자인 상키야 학파: 자아는 모든 것에 편재하므로 활동하지 않는 것으로 간주된다. 이 때문에 그들(상키야 학파)도 실제로는 무작론자이다." (akriyāvādī sāṃkhya — ātmā ko sarva-vyāpaka hone ke kāraṇa akriya mānate hai | isa kāraṇa ve bhī vastuta akriyāvādī hai | Madhukar 1991:407, 25-26행) 이 원문에는 산스크리트와 힌디어가 혼용되어 있다.

41 "요기의 업은 비백비흑(非白非黑)이고, 다른 사람들의 [업은] 3종이다." karmāśuklākṛṣṇaṃ yoginas trividham itareṣām ‖ YS 4.7. 비백비흑에 대한 Vācaspati의 해설은 @제10장 각주 102 참조.

42 Cf. Chakravarti(1975) p. 83. 그러나 Keith(1924:24-30)는 상키야와 불교의 관계, 상호 영향을 상세하게 취급했는데, 붓다의 관념 중에 일부의 전문어가 상키야 문헌, 특히 『요가경』과 『요가주』에서 발견된다는 점을 지목하여 이의 실례 제시했다.

43 이하에서 열거한 일곱 가지는 Chakravarti(1975) pp. 84-87 참조. 여기서 거론하지 않는 개념들로서, 불교의 전문어들 중 『요가경』에서도 구사된 것은 @제2장 각주 239 참조.

인, 해탈, 수단을 제시한다.[44]

둘째는 무지와 잠세력(saṃskāra)이다. 불교의 연기설에서 주요한 개념인 이 둘은 상키야-요가에서도 중요하게 취급된다.

셋째는 무상(無常) 관념이다. 상키야의 전변설은 모든 대상이 끊임없는 변화의 상태에 있다는 사실을 24원리로 설명하는 이론이다. 전변설이 전제하는 무상의 이치는 불교의 근본 관념에 속한다. 다만 여기에는 부분적인 차이가 있다. 상키야에서는 모든 현상의 근저에 세계의 질료가 상주하는 원리로, 즉 원질로 존재한다고 주장하는 인중유과론을 채택한다. 이에 따라 원질은 상속하는 순간마다 변화하지만, 이로 인해 그 자체를 완전히 잃지는 않으므로 실재하고 상주한다. 이 원질의 상주성은 '가변의 상주성'이며, 이의 반대인 '불변의 상주성'은 순수정신에 귀속된다. 그러나 불교에서는 이 같은 구분이 없는 제행무상(諸行無常)을 주장한다.

넷째는 화생(化生, nirmāṇa) 관념이다. 상키야의 전설에 의하면 카필라는 화생심으로 Āsuri에게 나타나서 상키야의 지식을 전수했다.[45] 『요가경』에서는 "화생심(化生心)들은 오직 자아의식으로부터 [발생한다.]"[46]고 교시한다. 불교에서도 이와 유사한 관념을 변화시켜 만들어 낸다는 의미의 화작(化作)으로 표현한다. 예를 들어 앞서 인용한 『사문과경』에서 붓다는 최상의 경지에 들어가 안주하는 수행자의 경우에 관해, "그는 이 신체로부터 형색을 지니고, 마음으로 형성되고, 사지와 골절을 모두 지니고, 결함이 없는 감관을 구비한 다른 신체를 화작(化作)한다."[47]라고 설한다. 수행자는 이 같은 화작으로 즉각적인 과보를 얻게 된다. 그러나 이것을 곧장 비유로써 예시한 다음과 같은 붓다의 설법에 의하

....

44 YBh 2.15를 비롯한 상술은 @제2장 각주 181 참조.

45 화생심 및 이에 관한 전설과 개념은 @제2장 각주 214, 215 참조.

46 nirmāṇa-cittāny asmitā-mātrāt ‖ YS 4.4.

47 So imamhā kāyā aññaṃ kāyaṃ abhinimmināti rūpiṃ manomayaṃ sabbaṅga-paccaṅgiṃ ahīnindriyaṃ. DN 2.85(I, p. 77).

면, 화작은 새로운 변신이 아니라 동일한 실체의 진수가 드러난 현상이다.

> 대왕이여! 마치 다음과 같습니다. 어떤 사람이 갈대로부터 속 줄기를 뽑아 내려고 한다면, 그는 이렇게 [생각할 것입니다.] "이것은 갈대이고 이것은 속 줄기이다. 갈대와 속 줄기는 서로 다른 것이다. 그래서 갈대로부터 속 줄기만이 추출된다." … "이것은 칼이고, 이것은 칼집이다. 칼과 칼집은 서로 다른 것이다. 그래서 칼집으로부터 칼만이 추출된다." … "이것은 뱀이고, 이것은 허물이다. 뱀과 허물은 서로 다른 것이다. 그래서 허물로부터 뱀만이 빠져나온다."[48]

붓다가 이 비유로써 설명하는 화작은 하나의 실체로부터 이와는 다른 본체가 출현하는 것이다. 그런데 이 같은 비유의 일부가 브라마나와 우파니샤드에서 발견되며, 상키야를 설명하는 데서 흔하게 나타난다. 예를 들면 『마하바라타』에서 Yājñāvalkya는 상키야를 설명하면서 "갈대밭의 골풀처럼 이것도 바로 그와 같이 생겨난다."[49] 고 말한다. 『불소행찬』에서는 "골풀로부터 뽑힌 줄기처럼"이라는 Arāḍa의 비유[50]를 언급하고, "뱀이 허물을 벗듯이"(ahi-nirlvayinī-vat ∥ SS 4.6)라는 *Sāṃkhyasūtra*의 비유를 Vijñāna Bhikṣu는 다음과 같이 해설한다.

> 마치 뱀이 버려야 할 것이라는 생각으로 묵은 허물을 술술 벗어 버리듯이, 해탈을 바라는 자는 버려야 할 것이라는 생각으로 오랫동안 향수했던 묵은 원질을 떨쳐 버려야 한다라는 의미로 "뱀이 [벗어 버리는] 묵은 허물처럼"이라고 말한 것이다.[51]

....

48 Seyyathā pi mahā-rāja puriso muñjamhā isīkaṃ pavāheyya. Tassa evam assa : "Ayaṃ muñjo ayaṃ isīkā añño muñjo aññā-isīkā, muñjamhā tv eva isīkā pavāḷhā" ti. … "Ayaṃ asi ayaṃ kosi, añño asi aññā kosi, kosiyā tv eva asi pavāḷho" ti. … "Ayaṃ ahi ayaṃ karaṇḍo, añño ahi añño karaṇḍo, karaṇḍā tv eva ahi ubbhato" ti. DN 2.86(I, p. 77).

49 yathā muñja iṣīkāṇāṃ(=iṣīkāyās) tathaivaitad dhi jāyate ∥ Mbh 12.315.12=303.13. Dutt(2004.VIII) p. 447.

50 @제6장 각주 79.

51 yathāhir jīrṇāṃ tvacaṃ parityajaty anāyāsena heya-buddhyā, tathāiva mumukṣuḥ prakṛtiṃ bahu-kālopabhuktāṃ

다섯째는 설명할 수 있는 것이 아니라는 무기(無記) 개념이다. 사람들이 궁금해 하는 의문들 중에는 섣불리 답변할 수 없는 것들이 있다. 세계는 영원한가 무상한가, 무한한가 유한한가? 자아와 신체는 동일한가 서로 다른 것인가? 죽은 후에는 재생이 있는가 없는가? 윤회는 있는가 없는가? 장부 경전의 *Poṭṭhapāda-sutta*에서 붓다는 이 같은 의문들을 설명할 수 없는 문제로 예시한다.[52] 그런데 『요가주』에서도 이 같은 종류의 질문을 제기하고, 이는 해결할 수 없는 문제라고 대답한다.[53]

여섯째는 흔히 염세관으로 지목되는 고통 관념이다. 불교의 근본 관념인 일체개고(一切皆苦)에 의하면 모든 것은 무상하고, 변화에 종속하며, 고통을 발생시킨다. 『상키야송』이 고통의 타파를 목적으로 천명하면서 시작한다는 것은 일체개고의 관념을 공유한 것으로 간주할 수 있다. 『요가경』에서는 "식별력을 지닌 자에게는 모든 것이 고통일 뿐이다."[54]라고 교시하므로 현자에게는 일체가 고통이다.

끝으로 일곱째는 자아에 대한 반성적 인식이다. 불교에서는 이것을 비아(非我)로 표현한다. 이에 관한 불교와 상키야의 공유 관념은 더 거론할 필요가 없을 만큼 잘 알려져 있다.[55]

....

jīrnāṃ heya-buddhyā tyajed ity arthaḥ. tad uktam: "jīrṇāṃ tvacam ivoraga" iti | SPbh 4.6. Garbe(1943) p. 111, 2-4행.

52 이에 관한 붓다의 설법은 다음과 같이 시작되는데, '확실하게 설명할 수는 없다'는 답변은 예시한 낱낱의 의문들마다 반복된다.
"그렇다면 존자여! 세계는 영원합니까? 이것이야말로 진실이고 다른 것은 허위입니까? Poṭṭapāda여! 나는 이것이야말로 진실이고 다른 것은 허위라고 확실하게 설명할 수는 없다." (kim pana bhante, sassato loka? Idam eva saccaṃ mogham aññan ti? Avyākataṃ kho Poṭṭapāda mayā: Sassato loka, idam eva saccaṃ mogham aññan ti. DN 9.25. I, p. 187)

53 "그러나 '이 윤회는 유한한가, 아니면 무한한가?'라고 하는 이러한 질문에 대해서는 [단정적으로] 말할 수 없다." YBh 4.33. 정승석(2020) p. 287.

54 YS 2.15. 앞의 각주 6.

55 SK 64과 연관된 불교 측의 관념은 @제4장 각주 162 참조.

2. 초기 불교와 요가의 공통 관념

인도철학의 통념에서 삼세(三世)는 과거와 현재와 미래를 지칭한다. 그리고 삼세를 열거할 때도 이 순서대로 언급하는 것이 상식이다. 그러나 초기 불전에서 삼세를 열거할 때는 과거(atīto addhā), 미래(anāgato addhā), 현재(paccuppanna addhā)의 순서로 열거한다. 즉 과거와 미래를 먼저 언급하고 마지막으로 현재를 언급한다. 그런데 과거와 미래를 현재보다 먼저 언급하는 이 같은 표현 방식은 『요가주』에도 채택되어 있다.[56]

초기 불전에서는 해탈을 심해탈(心解脫, ceto-vimutti)과 혜해탈(慧解脫, paññā-vimutti)이라는 양면으로 구분한다. 심해탈은 마음이 탐욕 따위의 정서적 장애로부터 해방된 경지이고, 혜해탈은 지적 장애인 무지로부터 해방된 경지이다.[57] 이 중에서 무지로부터 해방되는 혜해탈의 수단은 예지(叡智) 또는 반야(般若, paññā＝prajñā)로 불리는 직관적 지혜이다. 『요가주』에서도 해탈을 이 같은 혜해탈(prajñā-vimukti)과 심해탈(citta-vimukti)로 구분한다.

> 넷[58]으로 이루어진 이것은 예지를 통해 실현할 수 있는 해탈이다. 그러나 마음의 해탈은 [다음과 같은] 세 가지이다.[59]

『요가경』과 초기 불전에서는 이상적인 지혜로 간주되는 예지에 대해 동일한

....

56 『요가주』에서 삼세를 모두 거론할 경우에는 아래의 예처럼 현재를 맨 뒤에 언급한다.
"과거와 미래와 현재에 분산해 있기도 하고 집합해 있기도 하는 초감각적인 것을 적거나 많게 지각한다는 것이 바로 그 전지자의 종자이다." YBh 1.25. 정승석(2020) p. 60.
"그 경우, 과거와 미래와 현재라는 시간들 중에서 오직 현재라는 속성의 실체에는 외양의 차이는 있지만 본질의 차이는 없기 때문이다." YBh 3.13. 위의 책, p. 168.

57 "비구들이여! 이것이 실로 탐욕에서 벗어나는 '마음의 해탈'이고 무지에서 벗어나는 예지(叡智)에 의한 해탈'이다." (imā kho bhikkhave rāgavirāgā ceto-vimutti avijjāvirāgā paññā-vimuttī | AN 2.3.10. Part I, p. 61).

58 『요가주』에 의하면 '넷'은 ①파기되어야 할 것, 즉 고통의 소멸, ②고통의 원인의 소멸, ③억제 삼매에 의한 직관, ④식별지의 개발이다. YBh 2.27. 정승석(2020) p. 137 참조.

59 eṣā catuṣṭayī kāryā vimuktiḥ prajñāyāḥ | citta-vimuktis tu trayī | YBh 2.27. 위의 책, p. 398_3.

인식을 드러낸다. 『요가경』에서는 무상삼매(無想三昧)를 성취할 수 있는 조건으로 신념, 정진, 기억, 삼매, 예지를 열거한다.[60] 초기 불전에서도 『요가경』의 경우와 동일한 순서로 신념, 정진, 기억, 삼매, 예지를 5력으로 열거한다.[61] 여기서 기억은 단순한 암기가 아니라, 불교와 요가의 양측에서 진실을 항상 생각해 내어 반성한다는 수행론적 의미로 통용된다. 이 같은 기억은 흔히 억념(憶念)이라는 용어로 표현된다.

불교에서는 마음의 숭고한 휴식처라는 의미의 범주(梵住, brahma-vihāra)를 네 가지로 제시하여 이것을 4범주로 일컬으며, 또는 중생을 구제하는 무량한 마음이라는 의미에서 4무량심(無量心)으로 표현하기도 한다. 4범주 또는 4무량심인 자(慈), 비(悲), 희(喜), 사(捨)가 『요가경』에서도 마음의 청정을 도모하는 수단으로 중시된다.

> 안락, 고통, 선(善), 악(惡)의 대상에 대해 [각각] 자애(慈), 연민(悲), 기쁨(喜), 무관심(捨)을 계발함으로써 마음은 청정하게 된다.[62]

수행론에서는 명상의 단계적 경지를 구분하는 인식도 불교와 요가의 공유 관념으로 주목할 만하다. 『요가경』에서 삼매의 심화 과정을 네 단계로 구분한 명상 체계는 불교에서 일찍이 4선정의 체계로 통용되었다.

....

60 "다른 이들에게는 신념, 정진, 기억, 삼매, 예지(叡智)에 기인하는 것(무상삼매)이 있다." (śraddhāvīrya-smṛti-samādhi-prajñā-pūrvaka itareṣām ‖ YS 1.20)

61 "비구들이여! 다섯 가지의 힘이 있다. 무엇이 다섯인가? 신념의 힘, 정진의 힘, 기억의 힘, 삼매의 힘, 예지의 힘이다." (Pañcimāni bhikkhave balāni | Katamāni pañca ‖ Saddhabalaṃ viriyabalaṃ satibalaṃ samādhibalaṃ paññābalam ‖ SN 50.1.2. V, p. 249.)
초기 불교에서 개별적으로 설시된 7종의 실천 형태를 망라하여, 짐작건대 기원전 1세기 이후에서야 37보리분법(菩提分法, sattatiṃsa bodhipakkhiya-dhammā)으로 명명하게 되었는데(池田 練太郎 1997:111) 5력도 여기에 포함된다. 37보리분법은 4념처(念處), 4정근(正勤), 4신족(神足), 5력(力), 7각지(覺支), 8성도(聖道)의 순서로 열거된다.

62 maitrī-karuṇā-muditopekṣāṇāṃ sukha-duḥkha-puṇyāpuṇya-viṣayāṇāṃ bhāvanātaś citta-prasādanam ‖ YS 1.33.

한역(漢譯) 불전에서는 4선정의 첫째와 둘째 단계를 각각 각(覺)과 관(觀) 또는 심(尋)과 사(伺)로 표현한다. 이 용어들은 동일한 원어를 달리 번역한 데서 기인하는 차이일 뿐이다.[63] 『요가경』 및 『요가주』에서는 유상삼매를 심(尋)과 사(伺)의 유무로 구분하는데, 이렇게 구분하는 관념은 불교의 4선정 체계에서도 적용된다. 즉 제1선은 심(尋)과 사(伺)가 있는 단계이고, 제2선은 그 둘이 없는 단계이다. 요가의 삼매 체계와 불교의 4선정 체계를 대조하면 아래의 표와 같다.[64]

〈표 25〉 요가의 삼매와 불교의 4선정 대조

요가 학파					불교
①유상/무상		②유종/무종		③총제	
유상삼매	심(尋)	유심(有尋)	유종삼매	총지	초선(初禪) (제1선)
		유사(有伺)		정려	
	사(伺)	무심(無尋)		삼매	제2선
		무사(無伺)			
	환희				제1~3선
	아견				제4선
무상삼매			무종삼매		

이 표에서는 무상삼매와 무종삼매의 구분이 명확하지 않으므로 부연 설명이 필요하다. 『요가경』(YS 1.47 이하)의 설명에 따르면 유종삼매의 마지막 단계인 무사(無伺)로부터 '진리의 보유자'로 불리는 직관이 발생하고, 이로부터 번뇌를 소멸하는 새로운 잠세력이 발생하며, 이 잠세력마저 소멸할 때 최종 단계인 무종삼매가 도래한다.[65] 여기서 잠세력만이 작용하는 상태는 무상삼매이며, 또한

63 4선정의 첫째와 둘째를 각(覺)과 관(觀)으로 설명하는 중아함경의 예는 @제6장 각주 109, 심(尋)과 사(伺)로 설명하는 『현양성교론』의 예는 @제6장 각주 110 참조.

64 <표 25>은 정승석(2005:176)의 표를 더 정확하게 수정한 것이다. 점선은 특정한 경계가 없음을 표시한다. 표에서 유종삼매는 <표 32-2> 참조, ①은 YS 1.17 이하, ②는 YS 1.41 이하, ③은 YS 3.3-4의 설명에 의거함.

이 상태는 유종삼매의 최종 단계인 무사등지를 포괄한다.[66] 그러므로 무상삼매는 유종삼매에 속하는 무사의 결과와 중첩된다.[67]

상키야-요가에서 선(善)과 악(惡)의 의미로 사용되는 어휘는 다양하다. 특수한 예로는 dharma와 adharma도 각각 선과 악을 의미한다. 일반적으로 선과 악은 puṇya(공덕)와 pāpa(악덕) 또는 kuśala(좋음)와 akuśala(나쁨)이라는 용어로 표현된다. 불교의 경우에는 선과 악의 개념으로 kuśala와 akuśala를 선호한다. 그런데 상키야-요가의 교사들도 선과 악을 puṇya와 pāpa로 표현하는 경우가 있기는 하지만, 불교의 경우와 마찬가지로 kuśala와 akuśala를 선호한다.

대승불교에서 힌두교의 신격들을 대거 수용한 것은 주지의 사실이다. 그러나 힌두교의 일반 신앙에서는 널리 통용되지 않은 신격들을 대승불교 이전의 불교에서 수행 차제의 일환으로 수용한 것은 특이한 발상으로 간주된다. 그런데 이 같은 신격들이 『요가주』에도 수용되어 있다.

불교에서는 중생이 윤회하는 장소를 욕계(欲界), 색계(色界), 무색계(無色界)라는 '세 영역'(3계)으로 구분하는데, 이는 선정의 경지인 수행론적 차제와도 연관되어 있다. 욕계는 욕망에서 벗어나지 못하는 여섯 세계로 구성되므로 6욕천(欲天)으로도 불린다. 흔히 33천으로 불리는 도리천(忉利天)은 욕계의 제2천, 야마천(夜摩天)은 제3천, 도솔천(兜率天)은 제4천, 화락천(化樂天)은 제5천, 타화자재천(他化自在天)은 제6천이다. 그리고 욕계의 제1천인 사천왕천(四天王天)은

65 "그것(삼매의 예지로부터 발생하는 잠세력)도 억제될 때에는 모든 것이 억제되므로 무종삼매가 [도래한다.]" (tasyāpi nirodhe sarva-nirodhān nirvīja-ssamādhiḥ ‖ YS 1.51) 『요가주』에서는 이 무종삼매를 다음과 같이 설명한다.
"그것(무종삼매)은 오로지 삼매의 예지만을 차단하는 것이 아니라, 예지로 형성된 잠세력들도 저지한다." YBh 1.51. 정승석(2020) p. 89.

66 Dasgupta(1924:154)의 고찰에 의하면, "무사의 단계에서 이 지혜의 잠세력은 일상적 의식 단계의 잠세력을 저지함으로써 안정에 도달한다. 그러나 이 지혜까지 억제될 때, 소위 무종삼매를 얻게 된다. 그리고 이 삼매의 종국에 마음을 소멸하여 순수정신의 절대적 자유로 인도하는 최종의 지혜가 도래한다."

67 정승석(2005) pp. 179-180 참조.

도리천을 둘러싼 세계로서 지옥과 인간계를 포함한다. 범중천(梵衆天)은 욕계의 상위인 색계의 초선천(初禪天) 중에서 선정을 닦아 도달하는 첫 단계의 세계이다. 광음천(光音天)은 색계의 제2선천 중 최상인 제3천이다.[68]

『요가주』에서는 "태양에 총제함으로써 [온갖] 세계를 안다."[69]라는 『요가경』의 교시를 해설하면서 불교와 유사한 수행론적 세계관을 드러낸다. 여기서 도솔천과 광음천과 범중천을 언급할 뿐만 아니라, 무색계의 최상위인 비상비비상처(非想非非想處)에 상당하는 개념도 구사한 점은 특히 주목할 만하다.[70] 다만 『요가주』에서 천계(天界), 공계(空界), 지계(地界)로 분류하여 설명하는 3계(<표 26>)는 불교에서 말하는 3계의 내용과는 다르다. 그러나 이것이 총제(總制)라는 명상의 경지를 표현한 점에서는 불교의 3계와 동일한 취지로 설정된 것으로 이해할 수 있다.

....

68 색계는 4선천으로 구성되는데 각 선천(禪天)마다 다음과 같은 단계가 있다.
초선천: ①범중천(梵衆天) →②범보천(梵輔天) →③대범천(大梵天)
제2선천: ②소광천(小光天) →②무량광천(無量光天) →③극광정천(極光淨天) 또는 광음천(廣音天)
제3선천: ①소정천(小淨天) →②무량정천(無量淨天) →③변정천(遍淨天)
제4선천: ①무운천(無雲天) →②복생천(福生天) →③광과천(廣果天) →④무번천(無煩天) →⑤무열천(無熱天) →⑥선현천(善現天) →⑦선견천(善見天) →⑧색구경천(色究竟天) 또는 유정천(有頂天)
여기서는 4선천을 17천으로 분류하는 예를 보였으나 부파에 따라 16천, 18천, 22천으로 분류하기도 한다.
무색계는 ①공무변처(空無邊處) →②식무변처(識無邊處) →③무소유처(無所有處) →④비상비비상처(非想非非想處)라는 4천으로 분류된다.

69 bhuvana-jñānaṃ sūrye saṃyamāt ‖ YS 3.26.

70 "브라만의 셋째 [세계인] 진실 세계에는 신들의 무리로서 네 부류가 있다. 즉 불멸의 신들, 청정에 안주하는 신들, 진실한 광휘의 신들, 상념의 유무를 초월한 신들이다." YBh 3.26. 정승석(2020) p. 202. 여기서 언급한 '상념의 유무를 초월한'(saṃjñāsaṃjñinaś)은 용어와 개념으로 보면 불교의 비상비비상처(naivasaṃjñā-nāsaṃjñāyatana)에 상당한다.

〈표 26〉 총제(總制)의 대상인 요가의 3계

<table>
<tr><td rowspan="5">천상 세계
(天界, Svar)</td><td rowspan="3">브라만의 세계
(梵界, Brāhma)</td><td>(7) 진실 세계(Satya)</td></tr>
<tr><td>(6) 고행자의 세계(Tapas)</td></tr>
<tr><td>(5) 중생의 세계(Jana)</td></tr>
<tr><td colspan="2">(4) 프라자파티의 거대 세계(Prājāpatya Mahar)</td></tr>
<tr><td colspan="2">(3) 위대한 인드라의 세계(Mahendra)</td></tr>
<tr><td colspan="3">(2) 중간 세계(空界, Antarikṣa)</td></tr>
<tr><td colspan="3">(1) 지상 세계(地界, Bhū)</td></tr>
</table>

이상과 같은 공통 관념을 고려하면, 불교와 상키야-요가의 상관성을 간과할 수 없다. 양자의 유사성은 둘 중의 어느 하나가 다른 것의 영향을 받았음을 시사한다. 어느 쪽이 영향을 주었든 이 경우의 상키야-요가는 Īśvarakṛṣṇa의 고전 상키야가 아니라, 요가와 혼융된 그 이전의 상키야였을 것이다. 그리고 불교와 『요가경』의 상관성에 국한한다면 『요가경』이 불교에 영향을 주었다는 추론은 성립되기 어렵다. 다른 무엇보다도 『요가경』에서는 불교를 논박하는 흔적을 보이기 때문이다. 이에 대한 반론으로는 초기 불전의 관념과 전문어들이 모두 불교 고유의 것이라는 결정적인 증거도 없다는 주장도 제기될 수 있다.

그러나 더 넓은 안목으로 보면, 양자는 일찍이 성립된 사색과는 다른 공통의 사조에서 양육된 것으로 이해할 수 있다. 왜냐하면 이제까지 예시한 관념들이 우파니샤드에서는 볼 수 없는 유별난 것들이기 때문이다. 물론 이 같은 이해도 『요가주』나 *Yuktidīpikā* 등에서 언급하는 단편적 인용에 의거한 것이므로, 결론으로 확정할 수 있는 것은 아니다. 더욱이 이미 고찰했듯이, 신화적 전설에 따라 파탄잘리로 알려진 요가의 개조도 확실한 것이 아니다.[71] 반면에 Kamalaśīla가 *Tattvasaṃgraha*의 서문을 주석하면서 인용한 다음과 같은 말씀에 따르면, 세존(석가모니)은 상키야를 인지하고 있는 것으로 보인다.

71 Cf. Chakravarti(1975) p. 90.

> 그 점에 관해 세존께서는 이렇게 설하셨다. "바로 이 싹은 그 자체로부터 양성된 것이 아니고, 다른 것에 의해 양성된 것도 아니고, 그 둘에 의해 양성된 것도 아니고, 자재신의 화현도 아니고, 원질로부터 발생한 것도 아니고, 하나의 원인에 의존한 것도 아니며, 원인이 없이 생성된 것도 아니다."[72]

여기서 세존은 식물이 원질로부터 발생한다는 견해를 부정한다. 이는 분명히 상키야의 전변설을 비판한 것이지만, 현존하는 초기 불교의 문헌에서는 이 인용의 출처를 확인할 수 없다. 석가모니가 정각을 성취하기 전에 Arāḍa에게 고통을 완전히 극복할 수 있는 완전한 지혜를 문의했다고 하는 『불소행찬』의 진술도 확실한 전거가 없기로는 마찬가지이다. Arāḍa의 상키야 교설을 지목한 것으로 믿을 만한 내용을 초기 불교의 문헌에서는 발견할 수 없기 때문이다. 이에 따라 『불소행찬』의 저자인 Aśvaghoṣa의 진술을 곧이곧대로 믿기는 어렵다. 물론 Aśvaghoṣa의 당시에 상키야는 매우 유서 깊은 사상으로 간주되었으므로, 그는 그것을 불교 이전의 것으로 알고 있었을 가능성은 어느 정도 인정할 수 있다. 자이나교의 문헌에서도 상키야의 교사들을 언급하지만, 그 문헌들의 성립 연대가 불확실하므로 정확한 추정은 불가능하다.

그러나 불교와 상키야-요가의 선후 문제는 차치하더라도 양자가 현저하게 유사한 관념을 공유했다는 사실 만큼은 부정할 수 없다.

72 tatredam uktaṃ bhagavatā — "sa cāyam aṅkuro na svayaṃkṛto na parakṛto nobhyakṛto neśvara-nirmito na prakṛti-saṃbhūto naikakāraṇādhīno nāpy ahetu-samutpannaḥ" iti | TSP, Anubandha-catuṣṭaya-nirūpaṇam. Shastri(1968) p. 13, 18-20행.

9.3. 실체와 속성의 인과율

9.3.1. 시간의 실체성 문제

1. 실체와 속성의 개념

불교의 전문어로 아비달마(abhidharma)는 흔히 법(法)으로 번역되는 dharma에 대한 연구를 통칭하는 개념이다. 이 경우의 dharma는 현상세계를 구성하는 요소들의 성질인 '속성'을 의미한다. 이의 반대 개념으로서 흔히 유법(有法)으로 번역되는 dharmin은 그러한 속성을 소유한 것, 즉 '실체'를 의미한다. 불교의 아비달마에서는 속성과 실체도 주요 쟁점들 중의 하나로 고찰된다. 그리고 이 쟁점은 상키야-요가, 특히 『요가주』에서 중요한 주제로 취급되어 있다.

부파불교의 경량부(經量部)에서는 dharma(이하 '속성')를 극미한 세력의 단위로 간주하여, 일체의 현상은 속성들의 집합일 뿐이라고 주장한다. 그러므로 세계는 속성들이 순간마다 상속하면서 새로운 실체를 형성하는 끊임없는 변화의 상태로 존속한다. 이러한 속성은 상키야 철학에서 원질의 성분으로 간주하는 질(guṇa)에 상당한다. 이러한 '질'과 '속성'은 모두 끊임없는 변화의 상태에 있고, 상속의 순간마다 새로운 실체를 발생시킨다. 그러나 아비달마 불교에서 말하는 속성은 찰나멸의 단위로서, 상속의 순간에 실재성을 보유하지 않는다. 반면에 상키야에서 말하는 '질'은 원질의 필수 성분으로서 원질과 함께 항존하는 실재성을 보유한다. 그러므로 상키야-요가에서 말하는 속성은 '질'이 아니라, 아비달마 불교에서 고찰한 것과 동일한 dharma로서의 속성이다.

상키야에서 말하는 실체란 속성을 통해 자신을 드러내는 원리로서 편재하는 것이다. 『요가주』에서는 이 실체를 다음과 같이 설명한다.

> 왜냐하면 속성은 실체 자신의 성질일 뿐이고, 단지 실체의 변형일 뿐인 이것이 속성을 통해 확장되기 때문이다.[73]
>
> 드러나거나 드러나지 않는 이 속성들에 순응하는 것으로서 보편성(과거와

미래)과 특수성(현재)을 본질로 갖는 그것이 [속성들과] 같은 부류에 속하는 실체이다.[74]

이의 의하면 속성들은 흐름의 상태에 있지만, 이로 인해 그것들이 실체에 영향을 주지는 못한다. 그러나 경량부는 이에 반대하여 속성과는 다른 존재로서 상주하는 그러한 실체를 인정하지 않는다. 상키야의 경우에는 『요가주』에서 설명하는 것과 같은 실체를 인정함으로써 윤회를 담당할 미세신이라는 중간 존재를 상정할 수 있다. 부파불교 중에서도 설일체유부(이하 '유부')와 후대의 화지부(化地部)도 미세신과 유사한 중유(中有)를 인정한다. 유부가 상키야-요가의 경우처럼 과거와 미래의 실재를 주장한 것도 이와 같은 맥락일 것이다.

유부는 소위 삼세실유(三世實有)를 표방하여 과거와 미래와 현재라는 시간은 실재한다고 주장한다.[75] 이 주장에 따르면 업이 미래에 과보를 낳는 것은 그것이 성숙할 얼마 만큼의 시간이 필요하기 때문이며, 과거와 미래가 실재하지 않는다면 과거의 업은 미래(실제로는 현재)에 과보를 낳을 수 없다. 이처럼 과보를 낳는 시간의 능력이 공능(功能)으로 번역되는 sāmarthya이다. 『요가주』에서도 유사한 방식으로 과거와 미래의 실재를 주장한다. 『요가경』에서는 "속성들은 시간 양태(시간적 행로)의 차이를 갖기 때문에, 과거와 미래는 그 고유한 형태로 존재한다."[76]라고 교시하고 『요가주』에서는 이것을 다음과 같이 해설한다.[77]

....

73 YBh 3.13. 정승석(2020) p. 167.

74 YBh 3.14. 위의 책, p. 175. 보편성이 과거와 미래를, 특수성이 현재를 지칭하는 근거는 이 @제9장 각주 150, 151 참조.

75 吉元信行(1987:29)은 삼세실유의 요지를 다음과 같이 간략하게 파악한다.
"삼세란 과거 · 미래 · 현재에서 발휘되는 力用(kriyā=기능)의 다양한 형태이다. 그리고 그 배경에는 실재와 결여라는 존재 방식(bhāva, 類)은 있더라도 거기에 세력(śakti) 내지 功能(sāmarthya=능력)이 존재한다는 사상이 있다. 이것을 삼세실유라고 말하는 것이다."

76 atītānāgataṃ svarūpato 'sty adhva-bhedād dharmāṇām ‖ YS 4.12. '시간 양태(시간적 행로)'의 원어는 adhvan이다. '시간'을 의미하는 원어로는 일반적으로 kāla가 통용되지만 여기서는 adhvan으로 표현한 점에 유의해야 한다. adhvan은 실체적인 시간이 아니라 경과해 가는 속성을 일컫는 말이다. 대부분의 역자들도 이 점을 고려한 것으로 이해된다. 즉 adhvan을 Woods(1914:315)는 시간 양태

미래란 도래할 현현이고, 과거란 경험한 현현이며, 현재란 자신의 기능에 도달한 것(즉 자신의 기능을 발휘하는 것)이다. 그런데 이 세 가지 실재는 [요기에게 직관적] 지식의 대상이다. 그리고 만약 이것(세 가지 실재)이 그 고유한 형태로 존재하지 않는다면, 대상이 없는 이러한 [직관적] 지식은 발생하지 않을 것이다. 따라서 과거와 미래는 그 고유한 형태로 존재한다고 말하는 것이다.
더욱이 향수(경험)와 결부되거나 해탈과 결부되는 업의 경우, 발생하려고 하는(즉 미래의) 결과가 실재하지 않는 것이라고 한다면, 어진 자의 실천 행위는 그 목적, 즉 그 동기와 부합하지 않게 될 것이다. 그리고 동기는 [이미] 존재하는 결과를 현재에 일으킬 수 있지만, 이전에 없는 것을 산출할 수는 없다. 유력한 동기는 결과에 특별한 원조를 제공하지만, 이전에 없는 것을 발생시키는 않는다.[78]

이 설명에서는 과거와 미래와 현재가 실재하기 때문에 인식과 인과가 성립될 수 있다는 취지를 파악할 수 있다. 즉 과거와 미래가 실제로 존재하지 않는다면, 그 고유한 형태로서 기체(基體)에 해당하는 실체가 없으므로 그에 대한 인식도 전혀 발생할 수 없을 것이다. 이에 따라 인과의 업보도 설명할 수 없게 되고 선행(善行)도 무효가 된다. 그러나 불교와 상키야-요가의 양측에서 시간을 별개의 실체로까지 인정하는 것은 아니라는 사실에 유의해야 한다.[79]『요가주』의 해

(time-forms), Leggett(1992:381)는 시간 국면(time-phase), Rukmani(1989:40)는 일시적(temporal), Prasāda (1912:283)는 존재의 행로(the paths of being), Yardi(1979:243)는 시간 행로(time-paths)로 번역했다.

77 YBh 4.12. 정승석(2020) p. 252.

78 Vācaspati는 현재의 경우와 똑같이 과거와 미래의 존재성도 인정해야 한다는 것을 다음과 같이 부연한다.
"그러나 만약 현재에는 존재하지 않는다는 이유로 과거와 미래를 존재하지 않는 것으로 간주한다면, 아뿔싸! 이보게, 현재 또한 존재하지 않을 것이다. 왜냐하면 과거와 미래에는 [현재가] 존재하지 않기 때문이다." (yadi tu vartamānatvābhāvād atītānāgatayor asattvaṃ hanta bho vartamānasyāpy abhāvo 'tītānāgatatvābhāvāt | TV 4.12. Bodas 1917:194, 11-12행) 번역은 정승석(2020) p. 253, n. 37 재인용.

79 삼세실유를 주장하는 유부의 관심사는 시간이라는 실체가 아니라 시간의 기능 또는 작용이다. 吉元信行(1989:115)은 이 점을 "유부 계통의 논서에서는 현재가 기능하고 있는 작용과 삼세 중 어느 하나에서 기능하는 이차적 작용이라는 양면의 작용이 고려되었다."라고 파악했다.『요가주』에서 시

설에 따르면 과거와 미래와 현재는 실체에서 작용하는 기능을 시간 양태의 차이로 구분한 속성일 뿐이다. Vijñāna Bhikṣu는 이 점을 다음과 주석한다.

> 그(『요가주』의 저자)는 경문 중에서 "시간 양태의 차이 때문에"라고 설한 것을 "또한 실체란 많은 ①[속성을 본성으로 갖는 것이며, 그것(실체)의 시간 양태의 차이에 따라 속성들은 특정한 상태에 있다.[80]]"라고 설명한다. 이에 따라 그는 [과거와 미래와 현재 사이에] 모순이 없다는 것을 "②[그리고 실제로(실체에서) 특수한 현현을 얻은 것이 현재이지만, 과거와 미래는 그와 같이] 존재하지는 않는다."라고 말한 것이다. [그 셋을 현현하지 않은] 고유한 형태로가 아니라, 현현된 형태로 오로지 차별화함으로써 모순이 발생한다는 것이 이 구절의 의미이다.[81] [시간 양태는] 실체에서 자신의 기능이 작용함으로써 [현현한다.][82]

....

간의 실체성을 부정하는 주장은 YBh 3.52(@제8장 각주 113) 참조.

80 실체와 속성의 관계에서 속성은 실체에 귀속되는 것이며, '시간 양태'가 바로 속성이다. 샹카라의 주석에서는 이 점을 다음과 같이 설명한다.
"더욱이 실체란 많은 속성을 본성으로 갖는 것, 즉 많은 속성을 본질로 갖는 것이다. 예를 들어 금덩어리는 정지되었거나(과거) 발생하거나(현재) 아직 한정되지 않은(미래) 목걸이나 귀고리 따위의 속성을 본질로 갖는다. 그것, 즉 실체의 시간 양태의 차이에 따라, 즉 과거 따위와 같은 [시간적] 형태의 차이에 따라 속성들은 특정한 상태에 있다." (kiṃ ca, dharmī cāneka-dharma-svabhāvo 'neka-dharmātmā | yathā kanaka-piṇḍaḥ śāntoditāvyapadeśya-rucaka-kuṇḍalādi-dharmātmakaḥ | tasya dharmiṇaḥ adhva-bhedena atītādi-lakṣaṇa-bhedena dharmāḥ praty-avasthitāḥ ‖ YsV 4.12. Rukmani 2001b:155, 17-18행) 번역은 정승석(2020) p. 253, n. 38 참조.

81 Rukmani(1989:45, n. 7)는 이 서술의 취지를 다음과 같이 부연한다.
"미래의 항아리, 현재의 항아리, 과거의 항아리가 모두 함께 현현한다면, 바로 이 경우에는 모순이 있을 것이다. 그러나 과거와 미래의 상태는 현현하지 않은 형태의 실체에만 존재하므로, 대상에 미래와 과거와 현재의 특성이 존재한다는 데에는 반론이 없다."

82 adhva-bhedād iti sūtrāvayavaṃ vyācaṣṭe — dharmī cāneketi | ato na virodha ity āha | na ceti | abhivyakta-rūpeṇa viśeṣaṇenaiva virodho na svarūpata iti vākyārthaḥ | dravyataḥ svakriyā-kāritvena | YV 4.12. Rukmani(1989) p. 45, 12-14행. 번역문에서 ①과 ②로 표시한 대괄호 안의 내용은 주석자가 생략한 『요가주』의 서술이다. 원문의 끝 구절에서 dravyataḥ는 '실제로'라는 부사이지만, Vācaspati의 해석에 따르면 '실체에서'라는 의미가 된다.
"dravyatas란 '속성을 지닌 실체에서'라는 의미이다. 접미사 tas는 모든 격에 적용된다." (dravyata iti | dravye dharmiṇi sārva-vibhaktikas tasiḥ | TV 4.12. Bodas 1917:194, 13-14행)

불교의 경우에도 삼세실유를 주장하는 배경으로는 인식과 인과의 문제가 지목된다. 『구사론』의 제5장 수면품(隨眠品)에서는 삼세실유설을 거론하는 도입부에서 다음과 같은 의문을 먼저 제기한다.

> 또한 이 과거와 미래는 있다고 말하는가 혹은 없다는 것인가? 만약 있다고 한다면 항상 존재하기 때문에 유위법(有爲法)들은 영속성을 갖게 될 것이다. 반면에 없다고 한다면 그 경우에는 어떻게 [사람이] 그것(과거나 미래)과 결부되거나 분리되는가?[83]

여기서 끝으로 제기한 의문은 과거와 미래가 실재한다는 주장을 함의하는 반문으로 해석된다. 만약 실재하지 않는다면 인과가 성립되지 않으므로 해탈을 위해 노력할 필요도 없게 되기 때문이다.[84] 『구사론』에서 유부는 위의 의문에 답하여 과거와 미래가 실재한다는 전거를 두 가지로 제시한다.

> 전거 ①: 왜냐하면 세존께서 이렇게 말씀하셨기 때문이다. "비구들이여! 만약 과거의 형색이 현전하게 되지 않을 것이라고 한다면, 다문(多聞)의 거룩한 제자가 과거의 형색에 얽매이지 않는 일도 없을 것이다. 과거의 형색이 실재하기 때문에, 이 경우에는 다문의 거룩한 제자가 과거의 형색에 얽매이지 않게 된다."[85]

....

83 kiṃ punar idam atītānāgatam ucyate 'sty atha na | yady asti sarvakālāstitvāt saṃskārāṇāṃ śāśvatatvaṃ prāpnoti | atha nāsti | kathaṃ tatra tena vā saṃyukto bhavati visaṃyukto vā | AkBh 5.25. Pradhan(1975) p. 295, 2-4행.

84 "사람은 결코 현재에 있는 것에 대해서만 번뇌를 일으키는 것은 아니다. '내세에는 천인(天人)으로 바뀌 태어나고 싶다.'라고 말하는 식으로 미래의 5온을 대상으로 하여 번뇌를 일으키는 경우도 있고, 먼저 죽은 자식을 생각해 내서는 비탄에 빠지는 경우도 있다. 만약 그렇다면 과거와 미래의 대상이 실재하지 않으면 번뇌가 일어나는 일은 없을 뿐만 아니라, 또 그것으로부터 이탈한다고 하는 것(=해탈)도 무의미한 것이 되어 버린다고 말하는 것이다." 本庄良文(1982) pp. 50-51.

85 uktaṃ hi bhagavatātītaṃ ced bhikṣavo rūpaṃ nābhaviṣyan na śrutavān āryaśrāvako 'tīte rūpe 'napekṣo 'bhaviṣyat | yasmāt tarhy asty atītaṃ rūpaṃ tasmāc chrutavān āryaśrāvako 'tīte rūpe 'napekṣo bhavati | AkBh 5.25. Pradhan(1975) p. 295, 10-12행.

전거 ②: "식(識)은 두 가지에 의지하여 발생한다."라고 설하셨다. 두 가지란 무엇인가? 눈[眼]을 비롯한 마음(意)[까지의 여섯 감관(根)]과 [이것들이 각각 지각하는] 색(色)을 비롯한 법(法)[까지의 여섯 대상(境)]이다. 과거 혹은 미래가 실재하지 않는다면, 그것을 대상으로 갖는 식(識)은 두 가지(6根과 6境)에 의지하여 [발생하는 일이] 없게 될 것이다.[86]

위의 전거에서 ①은 "삼세에 걸쳐 5온은 존재한다. 존재하기 때문에 곧 그것에 대해 수행자는 욕망을 버리는 것이다."라는 취지를 설명한 것으로 인용되며, ②는 "눈 등의 감관과 형색 등의 대상에 의존하여 안식(眼識) 등의 인식이 발생한다."라는 취지를 함축한 것으로 인용된다.[87] 이 같은 전거를 내세워 유부가 주장하는 취지는 다음과 같이 파악된다.

우리에게는 과거와 미래를 대상으로 한 인식(특히 의식)이 일어날 수 있는데, 만일 과거와 미래의 대상이 실재하지 않는다면 '대상에 의존'하지 않고서도 인식이 발생하는 셈이 되기 때문에, 불설(佛說)은 무의미한 것이 되어 버린다고 유부는 말하는 것이다. … 업의 과보가 나타나는 시점에서 원인이 되는 업은 이미 과거의 영역으로 물러나 버려 있다. 업의 과보가 나타나는 데에는 업과 그 결과를 연결하는 어떠한 것도 필요로 하지 않기 때문에, 현재에 결과가 나타나는 이상, 과거로 물러난 업(원인)은 실재하지 않으면 안 된다. 그렇지 않으면 무(無)인 원인으로부터 유(有)인 결과가 나타난다고 말하는 셈이 되어 버린다는 것이다.[88]

....

86 "dvayaṃ pratītya vijñānasyotpāda" ity uktam | dvayaṃ katamat | cakṣū rūpāṇi yāvat mano dharmā iti | asati vātītānāgate tad-ālambanaṃ vijñānaṃ dvayaṃ pratītya na syāt | ibid. 16-17행.

87 本庄良文(1982) pp. 50-51 참조.

88 위의 책, p. 51.

삼세실유를 주장하는 유부의 관점을 이와 같이 파악하면, 삼세실유설은 업의 인과관계가 성립될 수 있는 전제 조건에 관한 논의이다. 이 논의에 따르면 과거의 업이 실재할 때라야 그 결과가 현재에 나타날 수 있으며, 이 현재는 과거의 시점으로 보면 미래에 해당한다. 그러므로 과거와 미래의 실재 여부가 쟁점으로 대두되고, 업의 인과가 사실이라면 과거와 미래도 실재하는 것으로 간주해야 한다.

이상으로 상키야-요가 측의 『요가주』와 불교 측의 유부는 삼세에 관해 동일한 관점을 공유했음을 확인할 수 있다. 그 관점은 과거와 미래라는 시간 양태, 즉 시간적 행로가 실체의 속성으로 실재하기 때문에 과거와 미래의 대상에 대한 인식이 가능하며 업의 인과도 성립된다는 것이다. 그러므로 양측이 과거와 미래의 실재를 주장한 것을 시간의 실체성을 인정한 것으로 간주해서는 안 된다. 시간은 전충(塡充)이나 연장(延長)으로 정의되는 것과 같은 실체가 아니다. 양측에서는 과거와 현재가 실재한다는 것을 adhvan이라는 말로 표현하는데, adhvan은 연장으로서의 시간인 kāla와는 반대이며, 무상한 기간이다.[89]

2. 『요가주』에 인지된 설일체유부의 견해

시간에 관해서는 무상한 속성으로서의 시간과 상주하는 실체인 것처럼 간주되는 시간과의 관계를 해명하는 것이 쟁점으로 대두된다. 이 쟁점은 유부에 속하는 4명의 논사들에 의해 취급되었고, 『요가주』의 해설에도 그 논사들의 주장과 거의 일치하는 견해가 수록되어 있다.

불교에서 '유부의 4논사'로 불리는 인물은 Dharmatrāta(法救), Ghoṣaka(妙音), Vasumitra(世友), Buddhadeva(覺天)이다. 이들의 쟁점도 속성(현상)과 실체의 관계를 시간과 관련하여 설명하는 데 있다. 이들의 주장은 일찍이 『구사론』, 『대비바사론』, 『순정리론』 등[90]을 통해 잘 알려져 있지만, 범본 중에서는

89 Cf. Chakravarti(1975) p. 95.

*Tattvasaṃgraha*에 대한 Kamalaśīla의 주석에 잘 소개되어 있다. 이 주석에서 소개하는 그들의 주장은 다음과 같다.[91]

Dharmatrāta: 존자 다르마트라타(法救)는 존재 양태가 다르다고 주장[92]하는 자로서, 그는 다음과 같이 말했다. "[세 가지] 시간들 중에서 현재의 속성에는 오직 존재 양태가 다르다는 사실만 있을 뿐이고, 본질(실체)의 경우에는 그렇지 않다." 예를 들면, 금이라는 본질의 경우에는, [다시 말해서] 금팔찌, 금목걸이, 금귀걸이 등으로 불리는 것의 원인의 경우에는, [그렇게 불리는] 성질이 다르게 되는 사태는 있지만, 금 [자체가] 다르게 되는 사태는 없다. 이와 마찬가지로 속성의 경우에도 미래 따위의 존재 양태로 인해 다르게 되는 사태가 있다. 실로 그와 같이 속성은 미래라는 존재 양태를 버림으로써 현재라는 존재 양태로 들어가고, 현재라는 존재 양태를 버림으로써 과거라는 존재 양태로 들어간다. 그러나 본질이 다르게 되는 것은 아니다. 어느 경우에나 본질의 단절은 없기 때문이다.[93]

Ghoṣaka: 존자 고샤카(妙音)는 [시간적] 형태가 다르다고 주장[94]하는 자로서, 그는 다음과 같이 말했다. "시간들 중에서 현재라는 속성은 과거라는 형태와 결합하여 과거가 되고, 미래와 현재라는 두 가지 형태와

....

90 阿毘達磨俱舍論 권20(T 29:104c), 阿毘達磨大毘婆沙論 권77(T 27:396a), 阿毘達磨順正理論 권52(T 29:631ab).

91 이하에서 원문과 번역은 정승석(2020) pp. 325-7 재인용.

92 한역 불전에서는 이 주장을 '類(bhāva)의 不同'(존재 양태가 다름)으로 규정하여 유설(類說)이라고 약칭한다.

93 tatra bhāvānyathā-vādī bhadanta-dharmatrātaḥ | sa kilāha — "dharmasyādhvasu varttamānasya bhāvānyathātvam eva kevalam, na tu dravyasya" iti | yathā suvarṇa-dravyasya kaṭaka-keyūra-kuṇḍalādy-abhidhāna-nimittasya guṇasyānyathātvaṃ na suvarṇasya, tathā dharmasyānāgatādi-bhāvād anyathātvam | tathā hi —anāgata-bhāva-parityāgena varttamāna-bhāvaṃ pratipadyate dharmaḥ, varttamāna-bhāva-parityāgena cātīta-bhāvam, na tu dravyānyathātvam; sarvatra dravyasyāvyabhicārāt | TSP ad. TS 1786-9. Shastri(1968) p. 614, 7-12행.

94 한역 불전에서는 이 주장을 '相(lakṣaṇa)의 不同'(시간적 형태가 다름)으로 규정하여 상설(相說)이라고 약칭한다.

는 단절되지 않는다. 예를 들면, 한 여자에게 애정을 품은 남자가 다른 여자들에게 관심이 없는 것은 아닌 것과 같다. 미래와 현재에 대해서도 그와 같이 설명된다."[95]

Vasumitra: 존자 바수미트라(世友)는 상황(작용 상태)이 다르다고 주장[96]하는 자로서, 그는 다음과 같이 말했다. "시간들 중에서 현재라는 속성은, 본질이 [다르기] 때문이 아니라 상황이 다르기 때문에, 이러저러한 상황에 서로 다르게 도달한 것으로서 나타나는 것이다. [이는] 세 가지 시간들에서도 본질은 파기되지 않기 때문이다. 예를 들면, 흙구슬이 1이라는 선에 던져지면 1이라고 하고, 100이라는 선에 던져지면 100이라고 하며, 1000이라는 선에 던져지면 1000이라고 말하는 것과 같다. 그와 같이 작용에 참여된 상태가 현재이고, 그로부터 물러난 것이 과거이며, 그것에 도달하지 않은 것이 미래이다."[97]

Buddhadeva: 붓다데바(覺天)는 상호 [관계가] 다르다고 주장[98]하는 자로서, 그는 다음과 같이 말했다. "시간들 중에서 현재라는 속성은 전(前)과 후(後)에 의존하여 서로 다른 것으로서 말해진 것이다. 예를 들면, 한 여자가 어머니라고 불리고 딸이라고 불리는 것과 같다."[99]

....

95 lakṣaṇānyathā-vādī bhadanta-ghoṣakaḥ | sa kilāha — "dharmo 'dhvasu varttamāno 'tīto 'tīta-lakṣaṇa-yukto 'nāgata-pratyutpannābhyāṃ lakṣaṇābhyām aviyuktaḥ | " yathā — puruṣa ekasyāṃ striyāṃ raktaḥ śeṣāsv aviraktaḥ, evam anāgata-pratyutpannāv api vācyau | ibid. 15-17행.

96 한역 불전에서는 이 주장을 '位(avasthā)의 不同'(상황이 다름)으로 규정하여 위설(位說)이라고 약칭한다.

97 avasthānyathā-vādī bhadanta-vasumitraḥ | sa kilāha — "dharmo 'dhvasu varttamāno 'vasthām avasthāṃ prāpyānyo 'nyo nirdiśyate 'vasthāntarataḥ, na dravyataḥ ; dravyasya triṣvapi kāleṣv abhinnatvāt | yathā mṛdguḍikā ekāṅke prakṣiptā ekam ity ucyate, śatāṃke śatam, sahastrāṃke sahastram ; tathā kāritre 'vasthito bhāvo varttamānaḥ, tataḥ pracyuto 'tītaḥ, tad-aprāpto 'nāgataḥ" iti | ibid. 19-23행.

98 한역 불전에서는 이 주장을 '待(apekṣā)의 有別'(기준의 구분)로 규정하여 대설(待說)이라고 약칭한다.

99 anyathānyathiko buddhadevaḥ | sa kilāha — "dharmo 'dhvasu varttamānaḥ pūrvāparam apekṣyānyonya ucyate" iti | yathaika strī mātā cocyate, duhitā ceti | ibid. p. 615, 3-4행.

이상과 같은 네 논사들 중에서 첫째로 소개한 Dharmatrāta(法救)의 견해는 상키야 측의 주장과 가장 밀접한 것으로 평가된다. 그에 의하면 변화의 과정에서 속성은 시간의 흐름에 따라 다른 양태를 드러내므로 존재 방식은 변하지만, 자신의 본질인 실체는 변하지 않는다. 그런데 *Abhidharma-dīpa*를 주석한 *Vibhāṣāprabhā-vṛtti*[100]에서는 Dharmatrāta가 상키야의 교사인 Vārṣagaṇya와 동일한 견해를 주장한 것으로 간주한다.

> 예를 들면, 금팔찌 따위의 다른 형태로 가공되고 있는 금은 이전의 형태가 사라질 경우에도 [그 형태의 본질인] 금이 사라지지는 않는다. … 바로 이것(Dharmatrāta의 주장)은 Vārṣagaṇya의 주장을 끌어온 것이기 때문에 그것(Vārṣagaṇya의 주장)과 한통속으로 간주되어야 한다. 왜냐하면 이것(Vārṣagaṇya의 주장)은 종류성의 특징을 갖거나 집합의 성질을 가진 상주하는 본질(실체)이 저마다 다르게 존속하는 특징을 갖고 전변하는 것을 인정하기 때문이다.[101]

여기서는 Dharmatrāta가 Vārṣagaṇya의 전변설을 채택한 것으로 단정한다. *Vibhāṣāprabhā-vṛtti*의 저자는 앞에서 둘째로 소개한 Ghoṣaka의 견해를 다음과 같

100 유부를 옹호하는 *Abhidharma-dīpa*와 이것의 주석인 *Vibhāṣāprabhā-vṛtti*의 관계는 『구사론』이 본송(Kośa)과 주석(Bhāṣya)으로 이루어지는 관계와 같다. *Abhidharma-dīpa*는 "그 내용으로 보아 설일체유부 교단의 교학을 연구하는 데 극히 중요한 문헌임에도 불구하고, 한역(漢譯)도 티베트 번역도 존재하지 않으며, 더욱이 필사본을 촬영한 사진에는 간기를 기록한 마지막 부분이 포함되어 있기 않기 때문에, 그 저자와 저작 연대도 오랫동안 불확실한 상태로 있었다." 松田和信(2014) p. 1. Jaini(1959:134-5)는 『대당서역기』의 기록에 의거하여 *Abhidharma-dīpa*가 세친보다는 100년 이내의 후대에 작성되었을 것으로 추정하고, 저자를 Vimālamitra로 간주했다. 이 때문에 *Vibhāṣāprabhā-vṛtti*도 Vimālamitra의 저작일 것으로 간주되어 있다. 그러나 이 문헌에 대한 정보를 얻은 松田和信(2014:4)에 의하면 게송 부분(*Dīpa*)의 저자는 Īśvara이지만, 산문의 주석 부분(*Vṛtti*)도 같은 저자의 작품이라는 것을 입증할 만한 단서가 없다.

101 yathā suvarṇasya kaṭakādi-saṃsthānāntareṇa kṛ(kri)yamāna(ṇ)sya pūrva-saṃsthāna-nāśe na suvarṇa-nāśaḥ | … tad eṣa vārṣagaṇya-pakṣa-bhajamānatvāt tad-vargya eva draṣṭavyaḥ | yasmāt eṣo 'vasthitasya dravyasya jāti-lakṣaṇasya samudāya-rūpasya vānyathānyathāvasthāna-lakṣaṇaṃ pariṇāmam icchati | ADV ad. AD 302. Jaini(1959) p. 259, 11-16행.

이 상술하면서 이 역시 상키야의 주장으로 오인될 수 있음을 암시한다.

> [시간적] 형태가 다르다는 것을 지지하는 존자 Ghoṣaka는 이렇게 생각한다. 과거의 형태와 결합하는 과거라는 속성은 미래와 현재라는 두 가지 형태와 분리되지는 않는다. 미래와 현재의 경우에도 이와 마찬가지이다.[102] 예를 들면, 한 여자에게 열중한 남자가 다른 여자들에게 관심이 없는 것은 아닌 것과 같다. 따라서 그(Ghoṣaka)의 경우에도 [시간이라는] 하나의 속성에 세 가지 [시간적] 형태가 적용되는 것을 인정하기 때문에 [3]세의 혼란이 있다. 이것도 순수정신[과 원질]을 원인으로 갖는 올가미에 걸릴 수 있다.[103]

이 설명에서는 Ghoṣaka의 견해가 왜 순수정신[과 원질]을 원인으로 갖는 올가미, 즉 이원론에 걸려들 수 있는지에 대해서는 설명하지 않는다. 저자는 Ghoṣaka의 견해를 강도가 약하기는 하지만 상키야 측의 주장에 근접한다고 판단한 듯하다. 남성과 여성의 관계는 흔히 이원론에 적용되는 비유이기 때문이다.

넷째 논사인 Buddhadeva는 한 사람의 여자가 자식에게는 어머니가 되고, 어머니에게는 딸이 되는 것과 같은 상호 관계로 속성을 설명한다. 이는 Ghoṣaka의 견해와 유사하여 특기할 만한 것이 없다.

앞에서 셋째로 소개한 Vasumitra에 의하면 속성의 기능이 아직 발휘되지 않은 상황이 미래, 발휘되고 있는 상황이 현재, 이미 발휘되어 그 기능을 멈춘 때가 과거이다. 이 경우에 시간은 상황에 따라 변하는 속성일 뿐이다. 속성은 그 기능

---

102 '이와 마찬가지이다'라고 말하는 것은 다음과 같은 서술을 함축한다. "미래의 형태와 결합하는 미래라는 속성은 과거와 현재라는 두 가지 형태와 분리되지는 않으며, 현재의 형태와 결합하는 현재라는 속성은 과거와 미래라는 두 가지 형태와 분리되지는 않는다."

103 lakṣaṇānyathiko bhadanta-ghoṣaka iha paśyaty atīto dharmo 'tīta-lakṣaṇena yukto 'nāgata-pratyutpanna-lakṣaṇābhyam aviyuktaḥ, evam anāgata-pratyutpannāv api | yathā puruṣaḥ ekasyāṃ srtiyāṃ rakto 'nyāsv aviraktaḥ | tad asyāpy adhva-saṃkaro bhavaty ekasya dharmasya tri-lakṣaṇa-yogābhyupagamāt | eṣo 'pi puruṣa-kāraṇi(?)-vāgurāyāṃ praveśayitavyaḥ | ibid. pp. 259-260. 17-2행.

이 발휘되는 조건에 따라 어디에서나 변할 수 있지만, 속성의 본질 자체는 변하지 않는다. 그런데 *Vibhāṣāprabhā-vṛtti*에서는 이 Vasumitra의 견해가 가장 타당한 이유를 다음과 같이 지목한다.

> 일체유를 주장하는 이상의 네 사람들 중에서 셋째인 Vasumitra 장로는 [상키야의] 25원리를 좌절시키고, 극미들의 집합이라는 [바이셰쉬카의] 주장을 무력화한다. 따라서 오직 그만이 이치와 성언(전통적 교의)에 수순하기 때문에 증거에 입각한 적격자라고 확정해야 한다.[104]

여기서는 Vasumitra의 견해가 외도 중에서 상키야의 25원리설을 퇴치할 수 있다는 것을 일차로 지적한다. 이처럼 실체와 속성의 관계에 대해 유부의 4논사가 표방하는 견해는 대체로 상키야의 관점과 유관한 것으로 인식되어 있다. 이 점은『요가주』를 통해 재확인할 수 있다.『요가주』에서는 "이로써 원소들과 감관들에 대한 '속성(法)'과 '시간적 형태'(相)와 '상태(位)'의 전변이 설명되었다."[105]라는『요가경』의 교시를 해설하면서 유부의 4논사가 주장하는 견해에 상당하는 내용을 예시한다.

먼저 아래의 해설은 Dharmatrāta의 주장과 유사하다. 그는 과거와 현재와 미래의 구분을 '존재 양태의 차이'로 설명하는데, 이것은 '속성의 전변'과 다르지 않은 것으로 간주된다. 즉 이 경우의 속성과 존재 양태는 동일한 것을 지칭한다.

> 그 경우, 과거와 미래와 현재라는 시간들 중에서 오직 현재라는 속성의 실체에는 외양의 차이는 있지만 본질의 차이는 없기 때문이다. 마치 파괴되고 나

....

104 tadebhyaś caturbhyaḥ sarvāstitvādebhyas tṛtīyaḥ sthavira-vasumitraḥ pañcaviṃśati-tattva-nirāsī paramānu(ṇu)-saṃcayavādonmāthī ca | ity ato 'sāv eva yukty-āgamānusāri[tvā]d āptaḥ prāmāṇika ity adhyavaseyam | ibid. p. 260, 14-16행.

105 etena bhūtendriyeṣu dharma-lakṣaṇāvasthā-pariṇāmā vyākhyātāḥ || YS 3.13.

서 다르게 만들어지고 있는 금 그릇에게는 외양의 차이는 있지만 금의 차이는 없는 것과 같다.[106]

『요가주』에서는 다음으로, 앞서 두 문헌으로부터 인용한 Ghoṣaka의 견해를 조합한 형식으로 상술한다.

시간적 형태의 전변이라는 속성은 시간들 중에서 현재로서 [존재한다. 현재로서 존재하는] 과거는 과거라는 형태와 결합되면서 미래와 현재라는 두 형태와는 단절되지 않는다. 마찬가지로 [현재로서 존재하는] 미래는 미래라는 형태와 결합되면서 현재와 과거라는 형태와는 단절되지 않는다. 마찬가지로 현재는 현재라는 형태와 결합되면서 과거와 미래라는 두 형태와는 단절되지 않는다.[107] 예를 들면, 한 여자에게 애정을 품은 사람이(=남자가) 다른 여자들에게 관심이 없는 것은 아닌 것과 같다.[108]

끝으로, 아래의 해설에서 언급하는 두 가지 비유는 각각 Vasumitra와 Buddhadeva가 구사한 것과 동일하다. 다만 여기서는 Buddhadeva의 견해를 별개로 구분하지 않고 Vasumitra의 견해에 통합된 것으로 간주한다.

실체는 삼세로서 존재하지 않지만 속성들은 삼세로서 존재한다. 지각되기도 하고 지각되지 않기도 하는 그것(속성)들은 이러저러한 상태에 도달하면서 다른 것으로서 다시 나타나기도 하는데, [이는] 실체(본질)가 다르기 때문이 아니라 상태가 다르기 때문이다. 예를 들면 하나의 선(線)이 100의 지점에

....

106 YBh 3.13. 정승석(2020) p. 168.

107 Vācaspati는 이처럼 설명하고 있는 '시간적 형태의 전변'을 "[과거와 미래와 현재 중] 각각의 시간적 형태가 저마다 다른 둘과 연접한다는 의미이다."(ekaikaṃ lakṣaṇaṃ lakṣaṇāntarābhyāṃ samanugatam ity arthaḥ | TV 3.13. Bodas 1917:130, 13-14행)라고 간결하게 정의한다.

108 YBh 3.13. 정승석(2020) p. 169.

서는 100이 되고, 10의 지점에서는 10이 되고, 1의 지점에서는 1이 되는 것과 같다. [또] 예를 들면 여자가 한 사람임에도 어머니, 딸, 누이로 불리는 것과 같다고 한다.[109]

*Vibhāṣāprabhā-vṛtti*의 비평으로 언급했듯이, 유부에서는 4논사 중 Vasumitra(世友)의 견해를 타당한 것으로 인정한다. 그러나 상키야-요가의 관점에서는 네 가지를 모두 인정한다. 『요가주』의 다음과 같은 설명이 그 이유를 대변한다.

> 실체의 경우에도 다른 속성을 [거치는] 상태[의 전변]이 있고, 속성의 경우에도 다른 시간적 형태를 [거치는] 상태[의 전변]이 있는 것이다. 사물(대상)의 전변은 [방식상] 오직 하나이지만 여러 가지로 설명된다. 일반적 사물들의 경우에도 이와 같이 적용되어야 하는 것이다.[110]

이상의 비교에서 불교와 상키야-요가 양측 중 어느 쪽이 주도적 영향을 끼쳤는지의 주종 관계는 불확실하다. 다만 후대의 유부는 Dharmatrāta(法救)의 견해를 상키야로 나아가게 될 것이라는 점에서 배격하며,[111] 또한 그가 의존했을 상키야의 교사로 Vārṣagaṇya를 지목한 점으로 보아,[112] 불교 내부에서도 유부의 일부 논사들이 상키야의 관점을 차용했다는 인식이 적지 않았음을 엿볼 수 있다.

유부를 비판하는 경량부의 관점에서는 모든 것을 예외 없이 현전하기 이전의 것이라고 한다면, 새로운 생성력을 가질 수 있는 것은 아무것도 없을 것이며, 결국 Vārṣagaṇya의 견해와 동일하게 될 것이다. 인중유과론을 주장하는 그의 견해에 의하면, 어떤 새로운 것이 생성되는 일도 없고, 존재하는 어떤 것의 소멸도

109 위의 책, pp. 171-2.

110 위의 책, p. 173.

111 "그 중에서 첫째(Dharmatrāta의 견해)는 전변론자가 되기 때문에 상키야의 견해와 다르지 않다." (tatra prathamaḥ pariṇāmavāditvāt sāṃkhya-matān na bhidyate | TSP ad. TS 1786-9. Shastri 1968:615, 8행)

112 *Vibhāṣāprabhā-vṛtti*의 비평(앞의 각주 101).

없게 된다. 존재하는 것은 항상 존재하고, 존재하지 않는 것은 결코 존재하게 되지는 않을 것이다. 경량부에서는 이 밖에 장황한 논의를 펼치므로 Vaibhāṣika(毘婆沙)로 불리는 논사들도 비난하는데, 이들은 과거와 미래의 실재를 주장하기 때문이다. 이 같은 정황들을 고려하면 유부와 상키야의 관계에 대해서는 다음과 같은 결론을 도출할 수 있다.

유부의 일부 논사들은 특별한 견해를 세우는 데서 다소 상키야의 영향을 받았을 것으로 추정된다. 상키야가 아비달마에 미친 영향은 상키야를 지지하는 선대의 교사들에 의해 야기된 듯하다. 그러나 그 영향이 후대에는 불교에 포섭된다. 대체로 경량부의 입장에서 유부를 비판하는 *Satyasiddhi-śāstra*(成實論)의 저자인 Harivarman(訶梨跋摩)은 불교로 전향하기 이전에는 상키야의 추종자였다. 그는 상키야의 일부 교의를 자신의 저서에 도입했다. 이 같은 경우는 초기 유부의 일부에서도 유사했을 것이다.[113]

9.3.2. 속성으로서의 시간

1. 속성의 함의

요가 철학에서 속성과 시간은 전변을 설명하는 데 필수적인 개념으로 중요하게 거론된다. 바로 앞에서 고찰한 대로 삼세에 관한 논의를 『요가주』에서 전개한 것도 이와 같은 맥락이다. 『요가주』에서는 이 논의를 마치고 나서, 속성의 정지와 발동으로 정의한 전변을 설명하는 것이 곧장 후속하는 『요가경』의 교시라고 해설한다.

> 그렇다면 [이제] 전변이란 무엇인가? 존속하는 실체의 이전의 속성이 사라질 때(정지할 때) 다른 속성이 일어나는(발동하는) 것이 전변이다. 여기서(=전변에서) "제14경: 실체는 정지됨(과거)과 일어남(현재)과 한정되지 않

....

113 Cf. Chakravarti(1975) pp. 98-99.

음(미래)이라는 속성을 수반하는 것으로서 [존재한다.]"[114]

『요가경』에서는(YS 3.14) 이처럼 속성을 과거와 현재와 미래로만 언급할 뿐이다. 이 때문에 『요가주』의 저자는 속성을 다음과 같이 더 구체적으로 설명하지만, 후대의 주석자에게는 이 역시 해석상의 쟁점이 된다.

> 속성은 실체의 힘, 즉 [실체와의] 적합성에 의해 한정된 힘일 뿐이다.[115] 그리고 그것(속성)은 결과를 낳는 차이로부터 추리되어 나타나고 있는 존재이며, 하나(실체)에 속하면서 서로 [다른] 것으로서 지각된다.[116]

쟁점이 되는 것은 위의 첫 구절(밑줄)이다. 이에 해당하는 원문에서 yogyatāvacchinnā(적합성에 의해 한정된)를 śaktir(힘은)의 형용구로 파악한다면, 전체 구절의 의미는 대체로 이렇게 파악된다. "속성은 실체의 힘일 뿐이고, 실체는 결과를 일으키는 데 적합한 능력이 구비된 것이다." Vācaspati는 여기서 두 가지 의미를 도출하고자 시도한다.[117]

dharmiṇaḥ를 단수 소유격, 즉 '실체의'로 파악한 첫째 해석에 의하면, 속성은

114 YBh 3.14. 정승석(2020) pp. 173-4.

115 Woods(1914:224)는 적합성의 원어인 yogyatā를 '미리 확립된 조화'(pre-established harmony)로 번역했다. Vācaspati는 여기서 적합성을 언급하는 취지를 다음과 같이 설명한다.
"속성을 가진 이것이 실체이다. 속성을 이해하지 못하면 그[실체의] 힘을 알 수 없으므로, 그(『요가주』의 저자)는 적합성을 운운하는 것으로 속성을 이해하게 한다." (dharmo 'syāstīti dharmīti | nāvijñāte dharme sa śakyo jñātum iti dharmaṃ darśayati — yogyateti | TV 3.14. Bodas 1917:133, 24-25행)
『요가주』의 원문(아래 각주)에서는 속성(dharma)이 주어이기 때문에 yogyatā가 '[실체와의] 적합성'으로 번역되지만, 실체(dharmin)를 주어로 바꾸어 해석하면 '실체의 능력'을 의미한다. 이 때문에 Vācaspati는 흙과 항아리의 관계를 예로 들어 설명한다. 흙은 실체이고 항아리는 흙의 능력이 발현된 결과이다. 여기서 항아리를 조성할 수 있는 흙의 능력이 속성이다. 그렇다면 이 능력을 흙과 항아리의 필수 관계라는 적합성으로 이해할 수 있다. 정승석(2020) p. 174, n. 23 참조.

116 아래의 원문에서 해석상의 쟁점이 되는 것은 밑줄 부분이다.
yogyatāvacchinnā dharmiṇaḥ śaktir eva dharmaḥ | sa ca phala-prasava-bhedānumita-sad-bhāva ekasyānyo 'nyaś ca paridṛṣṭaḥ | YBh 3.14. 위의 책, p. 418_1.

117 이하에서는 Chakravarti(1975:199-200)의 해설을 참조하여 Vācaspati의 해석을 전거로 제시한다.

흙[地] 따위와 같은 원래의 물질인 실체의 힘이다.[118] 여기서 힘(śakti)은 흙가루, 흙덩어리, 항아리 및 이와 유사한 다른 양태들을 생산하는 능력으로 간주되어야 한다. 그리고 인중유과론에 따라 그 양태들은 미현현 상태의 질료인인 흙에 존재한다.

그런데 이 경우, "항아리에는 물을 담을 능력이 있지만 흙의 형태로 있는 본래의 실체에는 그러한 능력이 없다는 것을 어떻게 설명해야 하는가?"라는 의문이 제기된다. 이 문제는 '적합성에 의해 한정된(yogyatāvacchinnā) 힘(śakti)'이 질료인을 대상 세계로 현현시키는 힘뿐만 아니라, 물을 담을 능력까지 함의하는 것으로 해석하면 해소된다. 즉, 항아리 따위의 물체를 생산하는 힘 자체가 '물 따위를 담는 능력'인 적합성도 갖추고 있다. 물 따위를 담는 능력은 우연히 발생한 것으로 간주될 수 없기 때문에 이렇게 해석할 수밖에 없다. 그 능력은 질료인(흙)으로부터 항아리에 상속되어 있다는 것이다.

한편 dharmiṇaḥ를 복수 주격, 즉 '실체들은'으로 파악한 둘째 해석에서는 yogyatāvacchinnā도 복수로 간주하면, 이것은 dharmiṇaḥ를 수식하는 형용구가 된다.

> 혹시 이번에는 '무엇이 실체들인가?'라고 묻는다면 이에 대해서는 '적합성에 의해 한정된 것들이 실체들이다'라고 대답한다. '무엇이 속성인가'라고 묻는다면 이에 대해서는 '힘이 바로 속성이다'라고 대답한다. 그것(실체)들과의 적합성만이 속성이라는 의미이다.[119]

....

118 "흙 따위의 물질로서 실체가 가진 힘, 즉 흙가루나 흙덩어리나 항아리 따위를 생성하는 힘이 바로 속성이다." (dharmiṇo dravyasya mṛdādeḥ śaktir eva cūrṇa-piṇḍa-ghaṭādy-utpatti-śaktir eva dharmaḥ | teṣāṃ tatrāvyaktatvena bhāva iti yāvat | TV 3.14. Bodas 1917:133, 25-26행)

119 atha vā ke dharmiṇa ity atrottaraṃ — yogyatāvacchinnā dharmiṇa iti | ko dharma ity atrottaraṃ śaktir eva dharmaḥ | teṣāṃ yogyataiva dharma ity arthaḥ | ibid. p. 134, 11-13행.
이 해석은 "yogyatāvacchinnā dharmiṇaḥ"의 'yogyatāvacchinnā'에 연성이 적용된 것으로 파악하여 연성 이전의 원문을 "yogyatāvacchinnāḥ dharmiṇaḥ"로 분석한 것이다.

이 해석에 따르면 질료인이 되는 실체들에는 적합한 능력이 속성으로서 구비되어 있다. 여기서 말하는 힘, 즉 능력은 적합성일 뿐이다. 따라서 능력만이 실체의 속성으로 간주되어야 하며, 이 능력을 소유한 것이 실체로 불린다.

Vācaspati는 이 같은 두 가지 해석으로 『요가주』의 함의를 도출한다. 이로써 그는 속성의 기능을 강조하면서 그 함의를 확장하는 데 기여한 것으로 보인다. 어떻게 해석하든 속성은 실체의 변형을 초래하는 능력이며, 특히 전자의 해석에 따르면 물을 담는 능력과 같은 항아리의 효력도 실체에서 기인하는 속성으로 간주된다. 그러므로 속성은 하나의 실체에 속하면서도 서로 다른 것으로서 지각되는 확장성을 지닌다. 그리고 이 확장성을 포괄적으로 대변하는 실례가 과거와 현재와 미래라는 시간 양태이다.

상키야-요가에서 주장하는 전변은 실체가 그 본질을 상실하지 않으면서 변형된다는 논리이다. 이제 『요가주』에서는 단일한 전변도 순차적 단계를 거치면서 진행된다는 사실을 설명하기 위해, 그 논리를 시간이라는 속성에 적용한다.

> 거기서 실체의 세 가지 속성이란 실로 정지된 [과거], 일어나는 [현재], 한정되지 않는 [미래]이다. 그 중에서 ⓐ작용하고 나서 경험을 멈춘 것으로서 정지된, [또] ⓑ경험을 갖추고서 일어난 그것들은 [ⓑ후자의 경우에는] 미래라는 시간적 형태의 연속이며, [ⓐ전자의 경우에는] 현재의 연속인 과거이다.[120]

여기서는 과거와 현재와 미래라는 세 가지 속성을 각각 ①정지(śānta), ②발생(udita), ③미한정(avyapadeśya)으로 표현한다. ①과거인 정지는 속성의 활동이 멈춘 상태에 있는 것이고, ②현재인 발생은 속성이 드러나 실현되어 있는 상태이며, ③미래인 미한정은 속성이 아직 활동을 개시하지 않고 질료인의 내부에 있는 상태이다. 그런데 『요가주』의 저자는 이 셋의 관계를 '과거-미래-현재'

120 YBh 3.14. 정승석(2020) pp. 174-5.

의 순서로 설명한다. 이는『요가경』의 서술처럼 삼세를 흔히 '과거－현재－미래'의 순서로 인식하는 일반적 통념과는 어긋난다. 이 때문에『요가주』의 설명은 자칫 혼동을 유발하기 쉽다. 그러나『요가주』에서는 과거를 기준으로 설명하고 있다는 사실에 유념해야 한다. 즉, 당장의 현재는 과거라는 시점에서는 미래에 해당한다. 이러한 과거의 미래가 실제로 구현된 것을 우리는 현재라고 말한다. 이 구도를 아래와 같은 그림으로 표시할 수 있다.

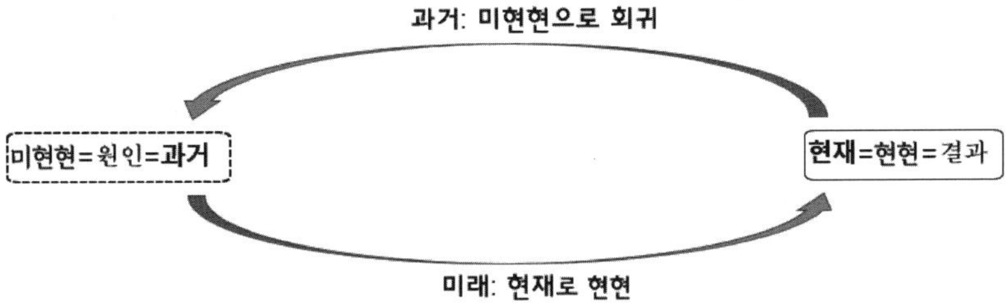

〈그림 1〉 삼세의 순환

그러므로 과거의 시점으로 보자면 미래를 뒤따라 현재가 오고, 이번에는 다시 현재를 뒤따라 과거가 미현현으로 회귀한다. 이 경우에는 미래가 과거와 현재 사이에 개입하기 때문에 과거를 곧장 뒤따라 현재가 오지는 않는다. 흔히 인과응보의 관념에 따라 '과거－현재－미래'의 순서로 삼세를 언급하는 통념은 과거에 뒤따라 현재가 온다는 착각을 유발한다. 그러나 시간의 흐름이라는 물리적 현상으로는 현재에서 물러난 상태가 과거이므로 과거를 현재보다 선행하는 것으로 생각할 수는 없다.

요컨대『요가주』의 관점에 따르면 우리가 흔히 현재라고 말하는 시간은 과거의 미래이다.『요가주』에서는 이러한 관점을 적용하여 통념상으로는 현재가 될 과거의 미래를 제1의 시간으로 표현하고, 현재와 과거를 각각 제2의 시간과 제3의 시간으로 표현한[121] 후에 이것들 사이에는 단절이 없다는 것을 다음과 같이 설명한다.

속성이 자신의 작용을 발휘하지 않을 때는 미래이고, 발휘하고 있을 때는 현재이며, 발휘하고 나서 [작용이] 정지될 때는 과거라고 한다.[122]

그렇다면 현재로부터 물러난 과거는 어찌 되는가? 완전히 없어져 버리는가? 에너지 보존의 법칙으로 보면 그렇지 않다. 과거는 그 자신을 야기한 실체의 품속으로 융합되어 버린 것이다.[123] 그렇다고 하더라도 과거는 어떻게 존속하지에 대한 의문은 남는다.

2. 과거와 현재

인중유과론에 의거하는 상키야의 전변설에서 실체는 결코 절멸하지 않는다. 파괴나 소멸이라는 말로 표현되는 것들은 모두 실체가 아니라 속성일 뿐이다. 그러나 이 경우의 속성도 사실은 완전히 소멸한 것이 아니라, 원질(미현현)로 불리는 그 자신의 원인으로 되돌아가 정지 상태로 존속한다. 이와 같이 속성이 현재 상태에서 소멸한 것으로 보이는 것을 상키야-요가에서는 환멸(還滅)이라는 용어로 표현한다. 모든 속성은 3질의 작용이므로 환멸은 3질이 원질로 회귀하여 작용을 멈추는 것을 의미한다. 『요가주』의 표현에 따르면 3질이 자신의 원인 속으로 융합해 가는 것이 환멸이다.[124] 속성이 이처럼 환멸하는 것을 일반적 표현으로는 '속성의 소멸'이라고 말한다.

이러한 전변설의 관점에서 속성이 그 자신의 실체인 원질로 회귀하여 정지하면 과거가 된다. 그리고 속성은 과거라는 시점으로 물러나 정지 상태에 있을 뿐이므로, 파괴되어 절멸한 것이 아니라 단지 현재로부터 사라지는 것이다. 『요

....

121 YBh 3.13. 위의 책, p. 166 참조.

122 YBh 3.13. 위의 책, p. 172.

123 Cf. Chakravarti(1975) pp. 200, 214. @제8장 각주 24(YBh 2.19)에 관한 본문의 서술 참조.

124 @제8장 각주 415, YBh 2.27⑥. 고전 상키야를 대변하는 *Yuktidīpikā*에서는 환멸이 절멸을 의미하지 않는다는 것을 강조하기 위해 전변을 속성의 은현(隱顯), 즉 '속성의 은신과 드러남'으로 정의한다. @제2장 각주 244로 인용한 *Yuktidīpikā*의 서술 참조.

가주』에서 과거의 경우에는 연속(순차적 단계)이 없다고 주장하는 것은 이처럼 속성의 정지 상태가 과거이기 때문이다.

> 과거의 경우에는 순차적 단계가 없다. 왜 그러한가? [과거에] 전후 관계가 있다면 즉각 후속하는 일이 있을 수 있다. 그러나 과거의 경우에는 그것(전후 관계)이 없다. 왜냐하면 두 가지 시간적 형태의 경우(현재, 미래)에만 순차적 단계가 있기 때문이다.[125]

바로 앞 항에서 고찰한 대로 삼세에 관한 『요가주』의 관점을 고려하지 않으면 이 주장의 취지는 쉽게 와닿지 않을 수 있다. 『요가주』에서는 작용할 예정 상태의 속성은 미래, 속성이 실제로 작용하면 현재, 속성이 작용하고 나서 정지하면 과거라고 설명한다. 여기에는 '미래 → 현재 → 과거'라는 시간적 순차가 고려되어 있다. 그러므로 미래와 현재는 과거로 진행되는 연속이 있으나, 과거는 정지이므로 후속의 단계가 없다. 과거의 이전은 있지만 과거의 이후는 없다. 이에 따라 과거의 경우에는 전후 관계가 성립되지 않는다. 이에 반해 과거의 미래가 현재라는 『요가주』의 관념에 따르면 미래의 이전은 과거이고 미래의 이후는 현재가 되므로, 미래의 경우에는 선후 관계가 성립된다.

앞서 언급했듯이 '과거 – 미래 – 현재'라는 시간 양태의 속성은 3질의 작용이다. 시간 양태가 순차적 단계를 거치는 것으로 연속한다는 것은 3질이 찰나적으로 이동한다는 것이다. Gopi Nath Kaviraj는 이에 의거하여 『요가주』에서 말하는 연속(순차적 단계)의 의미를 다음과 같이 이해한다.

> 연속(krama)은 질들(=3질)의 이동이다. 속성(dharma)으로 말하자면, 미래 상태로부터 현재를 향해, 그리고 다시 과거를 향해 찰나마다 속성이 이동하

125 YBh 3.15. 정승석(2020) p. 177.

는 것을 연속이라고 정의할 수 있다. 속성이 과거, 즉 정지의 단계에 있을 때는 모든 이동이 꼼짝없이 정지하게 되므로 연속이 없고, 이 때문에 그것은 최종적인 것으로 묘사된다.[126]

『요가경』에서는 전변에 관한 교시의 목적을 "3종의 전변에 대한 총제를 통해 과거와 미래를 안다."[127]라고 천명한다. 그런데 요가 수행자는 정지되어 있는 과거를 어떻게 기억으로 끌어낼 수 있는가 하는 의문이 제기될 수 있다. 유능한 요기라면 과거를 정확히 모사(模寫)하여 다시 불러낼 수 있다고 대답할 수도 있다.[128] 그러나 이 같은 의문이 삼세와 우주의 순환이라는 거시적인 문제로 확장되면, 과거와 현재의 관계는 학파들 사이에 견해가 엇갈리는 쟁점으로 대두된다.

모든 것이 환멸할 때 우주는 결국 원질로 병합된다. 이 경우의 우주는 오직 과거의 양상이 될 뿐이다. 그렇다면 새로운 창조 시에 우주는 어떻게 다시 출현하는가? 과거의 단계로 들어갔던 그 동일한 우주가 다시 출현하는가, 아니면 그것과는 전혀 다르거나 유사한 우주가 출현하는가? 이 의문들 중에서 이전의 것과는 전혀 다른 우주가 출현한다는 견해는 인중유과론에 어긋나기 때문에 배제된다. Bhartṛhari는 이 쟁점을 직접 거론했으므로 우선 그의 견해부터 소개한다.

Bhartṛhari는 *Vākyapadīya*에서 시간(kāla)을 고찰하면서 현재는 과거와 모순된다[129]고 설명하고, 이것을 주석한 Helārāja는 "실로 죽은 자는 다시 살아나지 않

....

126 Kaviraj(1925) p. 145.

127 pariṇāma-traya-saṃyamād atītānāgata-jñānam ‖ YS 3.16. 이 경문의 취지를 『요가주』에서는 "속성, 시간적 형태, 상태의 전변에 대한 총제를 통해 요기들에게는 과거와 미래에 대한 앎이 있다."(정승석 2020:179)라고 해설한다.

128 Kaviraj(1925:145, n.)는 "그렇다면 요기는 어떻게 과거를 기억해 낼 수 있는가?"라고 묻고, "그(요기)는 일상적으로 기억해 내는 것이 아니라 오로지 유령, 즉 과거의 정확한 사본을 다시 불러낼 뿐이다."라고 답한다.

129 "현존의 힘이 미래를 방해하지는 않는다. 그러나 현존은 '과거'로 불리는 그 힘과는 상충한다." (anāgatā janma-śakteḥ apratibandhikā | atītākhyā tu yā śaktis tayā janma virudhyate | VP 3.9.51. Iyer 1973:59, 5-6행)

는다고 하듯이, 과거라는 시점에 떨어진 실체는 현전하지 않는다."[130]라고 해설한다. 이 설명의 요지는 현재를 거쳐 지나간 것이 과거이므로 과거가 현재보다 앞설 수는 없다는 것이며, 이로써 창조의 순환에서 동일한 우주가 다시 출현하는 것은 아니라는 결론에 도달한다. 이어서 Bhartṛhari는 자신의 견해에 동조하지 않는 혹자들의 견해를 다음과 같이 언급한다.

> 그런데 그 [삼세] 중에서 둘(과거와 미래)은 암흑과 유사하고, 하나(현재)는 광채처럼 존속한다. 혹자들의 경우에는 과거도 [현재의 세계로] 복귀한다.[131]

과거와 미래는 직접지각으로는 알 수 없는 대상이기 때문에, 여기서 그 둘을 암흑과 유사하다고 표현한 것은 충분히 공감할 만하다. 그런데 암흑과 같은 과거가 광채와 같은 현재로 복귀한다고 주장하는 혹자들에 의하면, 과거는 현세에서 그대로 반복된다. 다시 말하면, 우주의 해체(환멸) 시에 근본 원인으로 융합해 가고 이에 따라 과거 단계로 들어간 우주가 새로운 창조의 시기에 과거와 똑같은 상태로 다시 출현한다는 것이 혹자들의 주장이다. Helārāja는 이 혹자들을 상키야 학파로 단정한다.

Helārāja는 방금 인용한 Bhartṛhari의 견해를 상술하면서 과거 단계로 들어간 실체는 결코 다시 작용할 수 없다고 주장한다. 우주의 순환에 따라 창조가 시작될 때마다 최종의 근원 속으로 융합되었던 것과 똑같은 우주가 다시 출현하지는 않는다. Pañcādhikaraṇa를 추종하는 상키야 학파는 우주의 순환에서 동일한 것이 반복된다고 주장한 반면, Bhartṛhari에 의하면 과거와 똑같은 것이 반복되지는 않고 유사한 것이 새롭게 전개된다. Helārāja는 이처럼 상이한 두 가지 견해를 다음과 같이 지적한다.

130 na hi mṛtasya punar janmeti nātīte 'dhvani patitam āvirbhavati vastu ‖ VPP ad. VP 3.9.51. ibid. 10-11행.

131 dvau tu tatra tamo-rūpāv ekasyālokavat sthitiḥ | atītam api keṣāñcid punar viparivartate ‖ VP 3.9.53. ibid. p. 60, 4-5행.

> 그런데 혹자는 이렇게 생각한다. "과거세에 떨어진 것도 [우주적] 시간의 간격을 두고 세계가 순환할 때마다 다시 나타난다. 왜냐하면 완전하게 성취되어 근원적인 것과 부수적인 것을 포함하고 있는 존재들은 적절한 때에 자신을 다시 현시하고 환멸할 때는 바로 거기서 사라지기 때문이다." 이것이 Pañcādhikaraṇa의 견해를 지지하는 상키야 학파의 전통적 교의이다.
> 그러나 바로 이 같은 견해에서는 어떠한 것들일지라도 삼세의 어디로든 배회하기 때문에, 삼세에 속하는 성질이 쉽게 교차하여 발생한다. 끊임없이 순환하는 세계에서 과거들이 먼저 현재가 되는 일은 있을 수 없다. [Bhartṛhari는] "세계는 순환할 때도 결코 그것(과거)을 반복하지는 않고 그것과 유사하게 될 뿐이다."라고 말하고, 과거의 힘과 현재의 힘은 상충한다는 것을 이미 언급한 바 있다.[132] 그러나 이 세상에서 "유(有)로부터는 존재하지 않는 것이 있을 수 없다."[133]라고 말한 것은, 사라진 것은 오직 그것(과거)을 다시 반복한다는 [상키야 학파의] 견해와 밀접한 것으로 간주된다.[134]

여기서 Helārāja는 과거가 우주의 순환에 따라 반복된다는 Pañcādhikaraṇa의 견해를 부정하고, 순환의 세계에서는 과거와 유사한 것이 도래할 뿐이라는 Bhartṛhari의 견해를 옹호한다. 이뿐만 아니라 그는 인중유과의 논리를 교시한 『기타』의 금언을 인용하여 Pañcādhikaraṇa의 견해가 이에 의거한 것으로 간주한다. 요컨대 Pañcādhikaraṇa의 견해에 의하면, 과거 단계로 들어간 실체는 창조가 반복되는 우주의 순환 중 적절한 시기에 다시 출현한다. 자신의 기능을 다한 실

....

132 VP 3.9.51. 앞의 각주 129.

133 BG 2.16. @제5장 각주 153.

134 kecit tu manyate—atītādhva-patitam api punaḥ kālāntare jagat-parivarteṣūnmajjati | kṛtapariniṣṭhitā hi bhāvāḥ pradhāna-prasevakāntargatā yathākālam uddarśayanty ātmānaṃ punaḥ pralaye tatraiva tirobhavanti | pañcādhikaraṇa-darśana-sthānāṃ sāṃkhyānām ayam āgamaḥ |
itthaṃ cātra darśane sutarāṃ traiyadhvikatvam upapadyate, sarveṣām api triṣv apy adhvasu sañjārāt(=sañcārāt) | prabandha-pravṛtte jagati pūrvam atītānāṃ vartamānatā nāsti | jagat parivarte 'pi na tad evāvartate, api tu tat-sadṛśam ity atīta-śakter vartamāna-śakti-virodhaḥ pūrvam uktaḥ | iha tu 'nābhāvo vidyate sataḥ' (BG 2.16) iti tirobhūtam punas tad evāvartate iti darśanāntaraṃ kathyate | VPP ad. VP 3.9.53. Iyer(1973) p. 60, 13-21행.

체들은 마침내 근본원질과 융합한다. 이것들은 새로운 창조의 시기에 자신을 드러내고, 소멸할 때는 근본원질 속으로 사라진다. 그러므로 우주의 순환이란 이처럼 동일한 실체가 나타나는 현현과 사라지는 환멸을 반복하는 과정이다.

그런데 이에 관한 상키야의 견해가 베단타의 문헌인 Prakāśātman의 *Pañcapādikā-vivaraṇa*에서도 언급된다. 여기서 저자는 『요가경』(YS 3.13) 및 『요가주』에서 주장하는 '3종의 전변'을 상키야의 교의로 간주하여[135] 거론하면서, 이 중에서 시간적 형태의 전변과 상태의 전변을 다음과 같이 설명한다.[136]

> ①예를 들어, 미래의 형태를 얻은 결과는 그것(미래 형태)을 버린 후 현재의 형태로 변형되고, 다시 그것(현재 형태)을 버린 후 과거의 형태를 얻게 되며, 바로 그것(과거 형태)은 다시 미래의 형태를 얻게 된다.
>
> ②그리고 상태의 전변은 "과거, 비교적 먼 과거, 가장 먼 과거, 미래, 비교적 먼 미래, 가장 먼 미래"라는 바로 그러한 경우에 오래됨과 새로움 따위의 상태로 바뀌는 것이다.[137]

저자가 설명하는 시간적 형태의 전변(①)에 따르면 실체의 미래는 현재보다

....

135 "여기서 상키야 학파는 '… 오로지 자존하는 제일원인(원질)이 속성과 시간적 형태와 상태의 구분에 따라 3종으로 전변한다.'라고 생각한다. (atra sāṃkhyā manyante … pradhānaṃ svatantram eva dharma-lakṣaṇāvasthābhedais tridhā pariṇamata iti | Sastri 2009:175, 5-7행)

136 ①tathā hi — kāryam anāgata-lakṣaṇāpannaṃ tat parityajya vartamāna-lakṣaṇam āpadyate, punas tat parityajyātīta-lakṣaṇāpannaṃ bhavati, punas tad eva tv āgāmi-lakṣaṇāpannaṃ bhavati |
②avasthā-pariṇāmas tv atītam atītataram atītatamam anāgatam anāgatataram anāgatatamam iti tatraiva nūtana-cirantanādy-avasthāpattiḥ | ibid. 8-10행.

137 여기서는 시간의 흐름을 원급, 비교급, 최상급으로 예시하여 상태의 전변을 설명한다. 흐름의 과정을 소(원급), 중(비교급), 대(최상급)로 구분하여 위(①)에서 설명하는 시간적 형태의 전변 순서로 배열하면, 상태의 전변은 다음과 같은 시간의 흐름을 가리키는 것으로 파악할 수 있다.

영역	미래			현재	과거		
과정	대	중	소		소	중	대
흐름	새로움→오래됨						

이 표에서 가장 먼(대=최상급) 미래일수록 더욱 새로운 이유는 나중에 출현한 것일수록 더욱 새로운 것으로 간주되기 때문이다.

앞서고 현재는 과거보다 앞서며 과거는 미래보다 앞서므로, 시간의 바퀴는 이런 식으로 항상 회전한다. 상키야-요가에서 삼세는 흔히 '과거-미래-현재'의 순서로 언급되지만, 여기서 저자는 이것을 '미래-현재-과거-미래'로 확장하여 삼세의 순환을 역설한다. 저자가 이렇게 이해한 것이 삼세에 대한 상키야의 관념이라면, 상키야에서는 과거가 미래를 거쳐 현재로 반복된다고 주장한 셈이 된다. 이는 Pañcādhikaraṇa의 견해에 대한 베단타 학파의 인식을 반영한 것으로 이해할 수 있다.

다른 한편으로 현재를 과거의 모사로 간주하는 Bhartṛhari의 주장은 속성의 작용이 정지된 상태를 과거로 간주하는 요가 철학의 관점을 수용한 것으로 이해할 수 있다. 정지된 과거가 다시 작용할 수 없다면, 우주의 순환에서 다시 현전하는 세계는 과거를 모사한 것으로 설명하는 것이 무난하기 때문이다.

3. 삼세(三世)의 상관 개념

미래는 어떠한 것이든 아직 현현하지 않은 상태이므로 '미한정'으로 표현된다. 비유하자면 미래는 태어나지 않은 아이가 여전히 태아의 단계에 있는 상태와 같다. 태아는 아직 온전한 인간으로 한정되어 있지 않다. 현재는 이 같은 태아가 출산으로 세상에 드러나 있는 상태와 같다. 현현해 있는 것만이 현재이고, 현현해 있지 않기로는 과거도 미래와 마찬가지이다. 과거와 미래는 미현현의 실체과 융합해 있는 반면, 현재만은 그로부터 분리되어 있다. 그리고 과거와 미래는 미현현의 상태로는 동일하지만, 과거는 직접지각을 거친 반면에 미래는 직접지각의 대상이 될 수 없다. 더욱이 직접지각으로 인식된 것도 말로는 드러낼 수 없다.

미한정(avyapadeśya)은 *Nyāyasūtra*에서 직접지각을 정의하는 개념들 중의 하나이다. 이 경우의 미한정은 언어로 표현할 수 없음, 즉 말로는 한정될 수 없음을 의미한다.[138] 이에 대한 주석에서 Vātsyāyana는 미한정을 다음과 같이 설명한다.

138 "직접지각은 감관과 대상의 접촉으로 발생하는 인식이며, [말로는] 한정될 수 없고, 오류가 없고,

> 말과 대상의 관계가 부적합할 경우, 호칭하는 말로는 바로 그 대상에 대한 인식을 표현하지 못한다. 그리고 말과 대상의 관계가 파악되더라도 이 말은 그 대상에 부여한 호칭일 뿐이다. 이제 그 대상이 파악이 될 때도 그렇게 파악된 것은 이전에 인식된 대상과는 차별되지 않는다. 대상에 대한 인식이란 바로 이와 같은 방식으로 존재한다.[139]

'미래'라는 말은 도래할 것으로 예정되어 있을 뿐이므로 직접 경험(지각)한 적이 없는 상황을 임의로 표현한 호칭이다. 직접 경험하지 않은 사실에 대한 인식은 과거에 경험한 사실에서 유래한다. Vātsyāyana가 말로써 파악된 대상은 "이전에 인식된 대상과는 차별되지 않는다"고 말한 것도 이 때문이다. 그러나 미한정의 상태를 미래라고 말하는 것은 모든 가능성을 내포하는 것이 미래라는 의미를 함축한다. 『요가주』에서는 이 같은 함의를 적용하여 "모든 것을 내포하는 모든 것"이 미한정이라고 정의하고 나서, 그 의미를 구체적으로 예시한다.

> 그렇다면 한정되지 않는 것들이란 무엇인가? 모든 것을 내포하는 모든 것이다. 이에 관해서는 이런 말씀이 있다. "물과 대지의 변화에서 유래하는 맛[味] 따위의 다양성은 식물들에서 발견된다. 이와 마찬가지로 식물들의 [그 다양성이] 동물들에서, 동물들의 [그 다양성이] 식물들에서 [발견된다.]" 이와 같이 일반 속성이 파괴되지 않으므로, 모든 것은 모든 것을 내포한다고 말하는 것이다.[140]

이에 대한 Vācaspati의 주석에 따르면[141] 지(地)라는 조대요소는 향(香)과 맛

....

결정성을 지닌다." (indriyārtha-sannikarṣottpannaṃ jñānam avyapadeśyam avyabhicāri vyavasāyātmakaṃ pratyakṣam ‖ NS 1.1.4. Taranatha 1985:93)

139 yad idam anupayukte śabdārtha-sanbandhe 'rtha-jñānam, na tat nāmadheya-śabdena vyapadiśyate, gṛhīte 'pi ca śabdārtha-sambandhe 'syārthasyāyaṃ śabdo nāmadheyam iti | yadā tu so 'rtho gṛhyate, tadā tat pūrvasmād artha-jñānān na viśiṣyate, tad artha-vijñānaṃ tādṛg eva bhavati | NBh 1.1.4. ibid. pp. 110-1, 2-1행.

140 YBh 3.14. 정승석(2020) p. 175.

[味]과 형색(色)과 감촉(觸)과 소리(聲)라는 미세요소를 내포한다. 다음으로 수(水)는 향(香) 이외의 넷을 내포한다.[142] 그러므로 지(地)와 수(水)의 변화로 생성되는 식물계 전체가 맛[味]의 다양성을 내포한다는 것은 전혀 새삼스러운 사실이 아니다. 이와 더불어 교목이든 덩굴이든 관목이든 같은 종류의 식물일지라도 뿌리, 열매, 꽃, 이파리에 따라 독특한 맛을 보유한다. 그 식물들의 향이나 형색과 같은 다른 양상의 경우도 마찬가지이다. 그러나 이 같은 다양성은 오로지 지(地) 또는 수(水)만의 변화 때문일 수가 없다. 그 둘은 사실상 그렇게 많은 다양성을 내포하고 있지도 않다.

식물의 변화로부터 발생한 결과는 동물계에서도 명백하게 확인된다. 예를 들어 초식 동물들은 나무들의 뿌리나 가지나 열매로 연명함으로써 형체의 다양성을 얻는다. 이와는 반대로 유기물에서 기인하는 변화를 통해 식물계에서는 다양한 형체들이 개발된다. 석류는 나무뿌리에 피를 뿌려 주면 빠르게 발육한다고 알려져 있다. 이러한 이질성을 어떻게 설명할 것인가? 『요가주』에서 "일반 속성이 파괴되지 않으므로 모든 것은 모든 것을 내포한다."라고 말한 것은 이에 대한 답변이 될 수 있다. Vācaspati는 이 말의 의미를 다음과 같이 부연한다.

> 이와 같이 모든 것이 수(水)와 지(地) 따위에 속한다는 것은 맛[味] 따위의 모든 것을 내포한다는 것이다. 여기서 그 이유를 "일반 속성이 파괴되지 않으므로"라고 말했다. 수(水)의 성질이나 지(地)의 성질 따위와 같은 일반 속성은 어디에서나 인식되고 있으므로 파괴되지 않기 때문이다.[143]

....

141 TV 3.14. cf. Woods(1914) p. 228; Chakravarti(1975) pp. 203-5.

142 이는 5미세요소와 5조대요소의 점층적 인과(<표 19>)를 역으로 적용한 것이다. 즉 5미세요소의 결과가 지(地)이므로, 이 지는 5미세요소의 기능을 내포한다. 수(水)의 경우에는 소리(聲)를 제외한 나머지 4미세요소의 기능을 내포한다.

143 evaṃ sarvaṃ jala-bhūmy-ādikaṃ sarva-rasādy-ātmakam | tatra hetum āha — 'jāty-anucchedena' iti | jalatva-bhūmitvādi-jāteḥ sarvatra pratyabhijñāyamānatvenānucchedāt | TV 3.14. Bodas(1917) p. 135, 20-22행.

여기서 Vācaspati가 설명하는 취지를 다음과 같이 재해석할 수 있다. 수(水)나 지(地) 따위와 같은 조대요소들의 다양한 변환과 결합에서 유래하는 모든 사물은 그 조대요소들이 본래 구비한 맛[味]과 형색(色)과 향(香) 따위의 모든 다양성도 갖추고 있는 것이다. 왜냐하면 지(地)의 성질이나 수(水)의 성질이 그 사물들로부터 완전히 사라지지는 않기 때문이다. 모든 사물은 인중유과의 이치에 의거한 전변이므로 변형된 것들일지라도 본래 구비된 성질을 모두 상실하지는 않는다.

그러나 혹자가 "모든 것은 잠재적으로 모든 것을 내포하므로, 장애가 제거된다면 어떤 것으로부터든 무엇이나 출현할 수 있다."라고 주장한다면, 이는 "모든 것을 내포하는 모든 것"이라는 미한정의 의미를 곡해한 것이 된다.[144] 여기서 말하는 '모든 것'은 제한된 의미로 사용되기 때문이다.

Vācaspati의 설명에 따르면, '모든 것'은 수(水)와 지(地)의 형태로 존재하는 모든 것을 함의한다. '모든 것을 내포한다'는 말도 아무것이나 내포한다는 의미는 아니다. 이 말은 '모든 것'이 수(水)와 지(地) 따위로 제한된 만큼, 이것들의 요소인 맛[味]이나 형색(色) 따위의 모든 변형을 내포한다는 의미로 귀결된다. 수(水)의 성질이나 지(地)의 성질 따위는 어디에서나 인식되는 일반 속성이며, 일반 속성은 파괴되지 않는다. 이에 따라 일반 속성은 그 고유한 기능인 맛[味]이나 형색(色) 따위를 항상 내포한다.

'모든 것'이 이처럼 제한된 의미를 지닌다면, 인중유과의 이유로 제시한 다섯 가지[145] 중에서 "모든 것(결과)이 [모든 것으로부터] 발생할 수는 없기 때문에"라는 이유는 무의미하게 될 것이라는 반론이 제기될 수 있다. 그러나 유한한 원인이라면 그럴 수 있겠지만, 무한한 능력을 가진 근본원질에게는 이 같은 반론이 적용될 수 없다.[146]

144 Cf. Chakravarti(1975) p. 204.

145 SK 9. @제2장 각주 135.

이제 미래와 현재의 관계로 초점을 돌려 보면, 미래와 현재는 보편과 특수라는 개념으로 차별된다. 미래와 현재는 속성인 점에서는 동일하다. 그러나 "속성도 다른 속성의 본질에 관해서는 실체일 수 있다."[147]고 하므로, 미현현이자 보편인 미래는 현현이자 특수인 현재의 실체로 간주될 수 있다. 전문어로 '속성'이란 모든 다양한 양식이나 양상을 포괄하는 개념이다. 이러한 의미의 속성들은 하나의 실체가 존속하는 역사에서 일어나는 여러 가지 사건들의 표지가 될 뿐이다. 삼세 중에서 미래는 그 역사의 시작 단계이며, 그것은 과거 단계로 들어갈 때 미현현 상태의 종국에 도달한다. 그러므로 실체에는 현현과 미현현의 속성이 모두 존속한다.

『요가주』에서 속성을 과거와 현재와 미래로 설명한[148] 것은 "그러나 [속성이] 보편을 수반해 있을 때는 실체의 본성일 뿐이므로 그것(속성)을 무엇으로 구분할 수 있는가?"[149]라는 의문에 대한 답변이다. Vijñāna Bhikṣu는 이 의문에서 "속성이 보편을 수반해 있을 때는 실체의 본성일 뿐이므로"라고 제시한 이유의 의미를 다음과 같이 상술한다.

> 명료하게 말하자면, "과거와 미래의 상태에서 속성은 현현되는 특수(=현재)가 없으므로 보편을 수반하여 실체에 고착하게 된다. 이때 그것(속성)은 오직 실체의 본성으로서 정주하기 때문에, 즉 실체와 분리되지 않기 때문에"

....

146 Chakravarti(1975:205)는 자신이 상정한 이 반론에 다음과 같은 취지로 응수한다.
근본원질은 모든 능력의 저장고로서 모든 것을 잠재적으로 함축한다. 그 능력은 무한하고 결코 소모되지 않으며 무한한 가능성을 지닌다. 그 능력의 현현을 방해하는 장애가 어떤 식으로든 제거된다면, 근본원질로부터는 아무것이나 모든 것이 산출될 수 있다. 그러나 항상 한정되어 있는 조대요소들이 다양하게 현현하는 경우, 또는 한정된 원인이 무한한 잠재력을 내포할 수 없는 경우에는 아무것이나 모든 것을 산출할 수는 없다.

147 dharmo 'pi dhrmī bhavaty anyadharma-svarūpāpekṣayeti | YBh 3.15. 정승석(2020) p. 420_6.

148 앞의 각주 120.

149 yadā tu sāmānyena samanvāgato bhavati tadā dharmi-svarūpa-mātratvāt ko 'sau kena bhidyeta | YBh 3.14. 정승석(2020) p. 408_2.

라는 의미이다.[150]

여기서 과거와 미래는 보편으로 간주되므로 특수는 현재를 지칭한 것임이 분명하다. 다시 말해서 실체의 본성으로서 정주하는 과거와 미래는 보편이므로 현현의 상태인 현재는 특수가 된다.[151] 요컨대 실체와 융합해 버린 보편은 미래와 과거를 의미한다. 현현의 속성은 우리에게 드러나 있는 것들로서 현재의 것들인 반면, 미현현의 속성은 과거와 미래의 것들이다. 이 점에서 과거와 미래는 보편과 특수의 기층인 실체로 간주된다. 그러나 현재도 실체와는 절대적으로 차별되지는 않는다. 현존하는 항아리는 자신의 물질적 원인이자 실체인 흙[地]과는 차별되는 다양한 모습을 지니지만, 여전히 흙을 통해 실재성을 확보한다. 그것은 근원 물질과 분리될 수 없다.

실체는 근원 물질이며 속성은 근원 물질이 다양하게 현현한 결과의 양상이다. 따라서 실체와 속성의 관계는 원인과 결과의 관계이자 물질과 그 변형의 관계이며, 차별 속의 동일성이라는 관계이다. 이 같은 관계로 전변하고 있는 현상세계에서 실체와 속성의 차이가 항상 명료하게 드러나는 것은 아니다. 그러나 모든 것이 근본원질 속으로 융합해 가는 소멸의 시기에는 하나의 실체만이 원질의 형태로 존재한다. 이때 차별의 양상인 속성은 실체에 귀속되므로 별도로 존재할 수 없다. 그렇다고 해서 속성 자체가 완전히 사라지는 것이 아니라, 다른 속성으로 교체되어 현현한다. 삼세 중에서는 현재도 근본원질에 귀속된 과거와 미래로부터 이와 같이 교체를 반복하면서 현현하는 속성이다. *Yuktidīpikā*에서

150 śāntāvyapadeśyāvasthāyāṃ dharmaḥ sāmānyenābhivyakta-viśeṣa-rāhityena dharmiṇy anugato vilīno bhavati tadā dharmi-svarūpamātratayāvasthānād dharmy-avibhāgād iti yāvat | YV 3.14. Rukmani(1987) pp. 52-53

151 실체의 성질은 보편이라는 Vācaspati의 설명을 여기에 적용하면 과거와 미래는 보편인 반면, 현재는 '특수'라는 속성에 해당한다.
"실체의 성질은 보편이고, 속성은 특수이다. 두 가지를 내포하는 것이란 그것들을 본질로 갖는 것이라는 의미이다." (sāmānyaṃ dharmirūpam | viśeṣaḥ dharmaḥ | tad-ātmā ubhayātmaka ity arthaḥ | TV 3.14. Bodas 1917:136, 17-18행)

는 이러한 전변을 다음과 같이 설명한다.

> 본성에서 일탈하지 않는 실체가 다른 힘의 뒷받침으로 이전의 속성을 감추고 다른 속성과 함께 현전할 때, 우리는 그렇게 존속하는 것을 전변이라고 말한다. … 적화수(赤華樹)에 속하는 것(이파리)은 적화수[의 본성]에서 일탈하지 않지만, 열(熱) 따위의 다른 원인의 영향 때문에 녹색을 감추고 황색을 얻는 것처럼, 그것(전변)을 바로 이와 같은 것으로 생각해야 한다.[152]

이처럼 고전 상키야에서 주장하는 전변이란 실체가 그 자신의 본질을 유지하면서 이전의 속성을 감추고 다른 속성을 취하는 것을 일컫는다. 그러므로 기존의 현현을 거쳐 새롭게 현현하는 것이 전변이지만, 이로 인해 실체의 본질이 교란되는 일은 전혀 없다. 어떠한 영향도 받지 않은 채 토대가 되는 것은 실체로 불리고, 실체의 다양한 양상들은 속성으로 불린다. 실체는 속성들을 통해 현현하는 불멸의 원리이다. 미현현이자 근본원질로 불리는 실체는 과거와 미래라는 속성을 통해 현재로 현현한다.

9.3.3. 세 가지 전변의 귀결

『요가경』의 제3장에서 교시하는 전변설은 마음의 작용이 변화하는 양상들을 다음과 같이 3종으로 유형화한다.[153]

> YS 3.9: 억제 전변은 각성(활동)하게 하는 잠세력이 퇴각하고, 억제하는 잠세력이 출현하는 것이다.

---

152 yadā śakty-antarānugrahāt pūrva-dharmaṃ tirobhāvya svarūpād apracyuto dharmī dharmāntareṇāvirbhavati tad avasthānam asmākaṃ pariṇāma ity ucyate | … yathā pālāśaṃ palāśād apracyutaṃ nimittāntarasyātapāder anugrahāc chyāmatāṃ tirobhāvya pītatāṃ vrajati, tathedaṃ draṣṭavyam | YD ad. SK 16. Sharma(2018) p. 183, 15-19행.

153 정승석(2020) p. 323 참조.

YS 3.11: 삼매 전변은 산만함이 소멸하고, 집중이 발생하는 것이다.

YS 3.12: 집일(集一) 전변은 "상념 → 진정(鎭靜) → 후속 상념 → 진정"의 과정을 거치면서 균일하게 집중되는 상태이다.

YS 3.13: 이상의 셋이 속성(法), 시간적 형태(相), 상태(位)의 전변이다.[154]

이에 의하면 억제, 삼매, 집일이라는 3종의 전변은 속성, 시간적 형태, 상태의 전변이라는 셋으로 귀결된다. 억제와 삼매와 집일은 일련의 명상 과정이다. 『요가주』의 저자가 이와 연결된 세 가지 전변을 해설하는 데 가장 많은 분량을 할애하여 주력한 것도 바로 이 때문일 것이다. 이에 관한 그의 논의는 매우 장황하지만 핵심적 요점만 추출하자면 다음과 같다.

① 속성의 전변: 억제 전변에 상당한다.
② 시간적 형태의 전변: 억제와 각성이 반복되는 과정.
③ 상태의 전변: 억제가 강화되고, 각성이 약화되는 과정.
④ 단일한 전변: 전변의 실제 방식은 오직 한 가지, 즉 항존하는 하나의 실체에서 속성이 순차로 출몰하는 것.

위의 넷에 대한 『요가주』의 해설은 앞(9.3.1_2)에서 인용했으므로, 여기서는 『요가주』의 저자가 해설한 취지를 재음미하는 것으로 전변설에 대한 요가 철학 특유의 인식과 전변설의 적용을 파악한다.[155]

①속성의 전변: 속성들이 다양한 현현을 거치면서 진행되는 변화이다. 이 변화는 본래의 실체는 항존하면서 양상이 전변하는 과정이다. 예를 들어 금덩어리가 팔찌나 반지 따위로 바뀌는 것과 같다. 이때 금 자체는 본래의 그대로 있지

154 이에 대한 『요가주』의 해설은 『요가주』 전체에서 가장 많은 분량을 차지한다. 둘째로 많은 분량은 "태양에 총제함으로써 [온갖] 세계를 안다."라고 교시한 YS 3.26에 대한 해설이다.

155 Cf. Chakravarti(1975) pp. 261-4. 이에 해당하는 『요가주』의 원문은 앞의 각주 106, 108~110.

만, 양태가 다양하게 바뀜으로써 다른 형상을 취한다.

② 시간적 형태의 전변: 시간이 연속하는 양태의 변화이며, 본래의 실체가 전변하는 것은 아니다. 하나의 양태는 미래의 단계로부터 현재의 단계로 들어올 때 변화를 겪는다. 이 단계에서는 현재의 양태만이 현저하게 되지만, 그 과거 및 미래의 단계와 완전히 분리되는 것은 아니다. 이 과거 및 미래의 단계는 그 현재의 양태 속에 잠복해 있다. 마찬가지로 현재의 양태가 그 과거의 단계로 들어갈 때, 이것은 그 현재 및 미래의 양태와 단절되지 않는다. 예를 들면 열정적인 어떤 남자가 특정한 여자에게 집착하더라도 다른 여자에 대한 열정이 완전히 사라지는 것은 아니다. 다른 여자에 대한 열정은 특정한 여자에게 열정을 쏟는 동안만큼 잠복해 있을 뿐이다.

③ 상태의 전변: 하나의 양태가 찰나적으로 연속하는 각 단계마다 거치는 상태의 변화이다. 우리는 일반적으로 어떤 일이 새롭게 발생하고 있는 것을 현재라고 생각한다. 그러나 새로운 것도 사실은 연속하는 찰나마다 낡아지기 시작한다. 갓 만들어진 것은 새로운 것이지만, 출현한 시점부터 낡은 것으로 변하기 시작하고, 점점 더욱 낡은 것으로 바뀐다. 이 때문에 동일한 것이 어떠한 상태에 있는가에 따라 다른 것으로 보이게 된다. 예를 들면 한 여자가 딸, 누이, 아내, 어머니, 할머니 등으로 바뀌는 것과 같다.

④ 단일한 전변: 속성은 변하지만 실체는 항상 불변의 상태로 존속한다는 동일한 이치가 이상의 세 가지 전변에 적용되어 있다. 그러므로 이것들은 오직 하나의 전변으로 귀결된다. 예를 들어 흙가루를 흙덩어리로 반죽하여 항아리를 빚고, 깨진 항아리는 다시 흙으로 돌아간다. 이것은 흙이라는 실체의 속성이 전변하는 양상이다. 또한 흙의 미래는 항아리이고, 흙의 미래가 구현된 항아리는 현재이며, 깨진 항아리가 분쇄된 흙은 과거로 물러나 다른 미래를 대기한다. 이것은 시간적 형태가 전변하는 양상이다. 그리고 현재의 항아리도 연속하는 찰나마다 상대적으로 새로움과 낡음을 띠면서 변한다. 이것은 상태가 전변하는 양상이다.

전변에는 이상과 같은 질서가 있으므로 우연이 개입할 여지가 없다. 상속(krama), 즉 '순차적 단계'로 표현되는 이 질서를 강조한 개념이 단일한 전변이다. 흙덩어리, 항아리, 파편처럼 전변에 차이가 있는 것은 순차적 단계의 차이 때문이다.[156] 흙으로부터 흙덩어리의 양태가 사라지고 항아리의 양태가 출현하는 것처럼, 순차적 단계는 현존하는 하나의 양태와 이에 곧장 후속하는 다른 양태 사이의 상대적 연속이다. 『요가주』에서는 이것을 다음과 같이 설명한다.

> [어떤] 속성의 직후에 이어지는 [다른] 속성은 그 [어떤 속성]의 순차적 단계이다. 덩어리가 박탈되고 항아리가 생성된다는 것이 속성 전변의 순차적 단계이다."[157]

시간적 형태의 전변도 순차적 단계를 따른다. 미래는 현재가 되고 현재는 과거가 된다. 어디서나 한 단계에서 다른 단계로 전이할 때, 이전 단계와 이후 단계의 사이에는 선행과 후속의 관계가 있기 때문에 순차적 단계를 거친다. 미래가 현실로 구현된 것이 현재이다. 다시 말해서 미래는 현재로 상속된다. 그러나 범부들은 일상에서 이 같은 상속을 지각할 수 없다. 다만 초능력의 시각을 가진 요기에게는 그것이 열려 있다.

상태의 전변 역시 순차적 단계를 따른다. 다기(茶器)를 적합한 예로 들 수 있다. 새것이었던 다기가 낡게 되면 그 낡음의 표시는 주둥이에 먼저 나타난다. 주둥이의 끝이 갈색으로 물들다가 점차 외양의 어딘가에 갈색이 스미면서 다기는 고풍을 자아낸다. 새 옷일지라도 봉인된 상자에 오랫동안 보관하면 저절로 낡게 된다. 현현된 것이라면 무엇이나 예외 없이 점차 낡게 된다. 다만 이 점진적인 변화는 미세하게 진행되기 때문에 일상의 감각 능력으로는 상태가 전이하는 이

---

156 "전변이 다르게 된 데에는 순차적 단계의 차이라는 원인이 있다." (kramānyatvaṃ pariṇāmānyatve hetuḥ ‖ YS 3.15)

157 YBh 3.15. 정승석(2020) p. 177.

러한 상속의 찰나를 지각할 수 없다.

상속 개념의 토대가 되는 것은 찰나의 끊임없는 연속이다. 전변하는 과정에 있는 상속의 찰나는 지각할 수 없지만, 변화의 극한에 도달한 시점에서는 상속하고 있었다는 사실을 파악할 수 있다. 『요가경』에서는 이 시점을 '전변의 최종'으로 표현하고, 『요가주』에서는 이것을 새 옷이 낡은 옷으로 지각되는 시점으로 비유한다.[158] 그러나 이 같은 변화가 신속할수록 상속의 간격도 그만큼 짧아져서 상속은 미세하게 된다. 극히 미세하게 된 상속은 점(點)으로 표현할 수밖에 없다. 이 점도 미세의 정도에 따라 지각할 수 없을 만큼 더욱 작게 될 것이다. 이 사실을 역순으로 적용하면 이러한 점들이 적절히 조합되어 선(線), 평면, 고체를 형성한다. 이에 따라 우주의 전변도 상속으로 설명할 수 있다. 상속의 미세한 단위들이 극대로 확장하면 광대무변한 우주를 형성하고, 그것들이 극소로 축소되면 우주는 근본원질로 회귀한다.

상속은 유한한 실체의 세계에만 한정되지 않는다. 그 영역은 영원한 실체에까지 확장된다. 『요가주』에 의하면 영원성은 두 가지이다. 하나는 불변의 영원성이고 다른 하나는 변화 속에 있는 가변의 영원성이다.[159] 전자는 변화나 소멸을 겪지 않는 영원한 원리로서 순수정신을 가리킨다. 후자도 영원하지만 변화를 겪는다. 그러나 변화하는 중에도 그 본질 자체는 상실하지 않는다. 이 본질은 3질이므로 가변의 영원성은 3질의 실체인 근본원질을 가리킨다. 다음과 같은 『대주석』의 설명은 두 가지의 영원성을 시사한 것으로 이해된다.

또 다른 이것은 결코 확고하고 불변하는 영원성이 아니다. 이동할 수 없음,

....

158 "찰나적으로 서로 연관되어, 전변의 최종에 파악될 수 있는 것이 상속이다." (kṣaṇa-pratiyogī pariṇāmāparānta-nirgrāhyaḥ kramaḥ ‖ YS 4.33)
"상속은 본질적으로 찰나의 연속이며 전변의 최종인 결말에 파악된다. 왜냐하면 [새로운] 옷은 상속의 찰나를 거친 끝에 낡게 되기 때문이다." YBh 4.33. 정승석(2020) p. 284.

159 YBh 4.33. @제8장 각주 12 참조.

> 손실이나 증가나 변경이 없음, 발생하지 않음, 성장하지 않음, 소멸하지 않음을 동반하는 그것이 곧 영원한 것(≒불변의 영원성)이다. [이러하지 않을지라도] 어디서나 본질이 파괴되지 않는 것이라면, 그것도 영원한 것(≒가변의 영원성)이다.[160]

통각으로부터 출발하여 조대요소들의 다양한 현현에까지 이르는 무상한 실체들의 상속은 원질로 회귀하여 종국에 도달한다. 그러나 순수정신에게는 그러한 종국에 도달하는 것으로 상속이 정지하지는 않는다.[161] 더욱이 상키야의 교사들에 의하면 상속이 정지하게 될 그러한 단계는 결코 출현하지 않을 것이다. 그렇게 정지할 경우, 전변으로 형성된 우주의 운행도 멈추게 될 것이다. 순수정신을 상주하는 별개의 원리로 역설하는 상키야에서는 이러한 단계를 인정하려 하지 않는다. 순수정신이 존재하는 한, 원질에 의한 전변은 지속될 수밖에 없기 때문이다.

이처럼 상키야－요가의 전변설에서 상속은 실체의 영원성을 주장하는 이치로 적용된다. 불멸하는 실체가 소멸한 것처럼 보이는 것은 상속, 즉 찰나의 연속으로 변화하는 실체의 속성이 활동을 정지하기 때문이다. 그러나 속성의 찰나적 연속이 정지한다는 것은 속성이 자신의 근원인 실체로 회귀하여 비활동의 상태가 된다는 것일 뿐이고, 이 같은 속성을 보유한 실체는 결코 소멸하지 않는다. 실체가 항존하기 때문에 속성의 변화도 가능하다.

불교의 경우에는 상속이라는 동일한 개념이 상키야의 전변설을 부정하는 정반대의 이치로 적용된다. 여기서 상속은 찰나멸과 동일시되어 실체의 영원성을

....

160 atha vā nedam eva nitya-lakṣaṇaṃ dhruvaṃ kūṭastham avicāly-anapāyopajana-vikāry-anutpatty-avṛddhy-avyaya-yogi yat tan nityam iti | tad api nityaṃ yasmiṃs tattvaṃ na vihanyate |『대주석』 1.1.1. Kielhorn(1985) p. 7, 21-22행.

161 『요가경』에서는 그 이유를 다음과 같이 교시한다.
"그것(지각 대상)은 목적을 달성한 자(순수정신)에 대해서는 소멸하더라도, 다른 것(순수정신)들에게 공통하기 때문에 소멸하지 않는다." (kṛtārthaṃ prati naṣṭam apy anaṣṭaṃ tad anya-sādhāraṇatvāt ‖ YS 2.22)

부정하는 논거가 된다. 아래의 설명으로 실체와 속성에 관한 불교와 상키야의 관점 차이를 한눈에 파악할 수 있다.

> 유부(有部)나 세친에게는 法(속성)과 구별되는 有法, 즉 속성의 기체(基體)는 존립하지 않는다. 영원히 존속하는 실체[有法]를 상정하는 상키야도 일종의 실재론에 입각하여 실체에서의 변화를 속성의 생멸 또는 은현(隱現)으로 본다. 세친은 그러한 변화를 인정하지 않고, 존재하는 것은 발생하든 발생하지 않든 찰나에 멸하여 새롭게 다른 존재가 발생한다고 이해하여, … 삼세실유설(三世實有說)을 상키야와 유사한 것으로 논파한다. 이 논거가 그의 찰나멸설이다.[162]

그런데 요가 철학에서는 여기서 말하는 찰나멸을 적극적으로 부정한다.[163] 『요가주』의 저자가 "마음은 단일한 것으로서 많은 대상을 갖고 안정되는 것이다."(YBh 1.32)라고 단언한 것도 "마음은 많은 대상의 기반이 되는 하나의 실체이고, 찰나적 존재가 아니라 견고하게 지속되는 것"[164] 임을 강조하고 있는 것으로 이해할 수 있다.

이상과 같이 상속이라는 공유 개념도 지향점에 따라 정반대 또는 상관된 방향으로 적용될 수 있다. 이 적용에서 불교와 상키야의 차이는 확연한 반면, 전변하는 세계의 이치를 수립하는 데 주력한 상키야 철학에서는 상속 개념으로 고유한 실재론을 입증하고, 마음 작용의 억제라는 실천에 주력한 요가 철학에서

....

162 村上眞完(2002) p. 380.

163 "그리고 한 찰나에 자신과 타자의 형태를 확인한다는 것은 타당하지 않다. 찰나멸을 주장하는 자는 '존재한다는 것은 곧 행동(작용)이고, 또한 조작 수단이다.'라고 인정한다." YBh 4.20. 정승석(2020) p. 267.
여기서 지목한 '찰나멸을 주장하는 자'는 유가행파의 유식설을 지칭한 것으로 파악된다. 이와 관련하여 요가 철학에서 찰나멸을 부정할 때는 실체의 찰나성(존재론적인 찰나멸)보다는 마음의 찰나성(인식론적인 찰나멸)을 부정하는 데 주력한다. 정승석(2012a) pp. 260-3 참조.

164 정승석(2020), pp. 67-68, n. 58.

는 상속의 찰나멸을 부정하는 것으로 고유한 수행론을 수립하고자 한다.

9.4. 생명의 동력과 행위의 원천

호흡을 일컫는 숨은 생명을 불어넣는 기운이 되므로 흔히 생기(生氣)라는 말로 표현된다. 산스크리트로는 prāṇa(氣)가 이러한 숨을 의미하지만, 숨을 공기의 흐름에 비유한 vāyu(風)도 널리 통용된다. 실제로 5기(pañca prāṇaḥ)[165] 보다는 5풍(pañca vāyavaḥ)이라는 용어가 더 자주 구사된다. 숨의 기능을 다섯으로 분류한 5풍(風) 또는 5기(氣)는 생명을 비롯한 모든 활동의 원동력이며, 상키야와 베단타 철학에서 이것은 미세신을 형성하는 요소로 간주되어 있다.[166]

상키야의 주석서들 중에서는 *Yuktidīpikā*가 거의 유일하게 5풍에 3기를 더한 8기를 거론한다. 이에 관해서는 앞에서(8.5.1_4) 부분적으로 검토했을 뿐이므로, 여기서는 5풍과 8기에 관한 상키야－요가의 인식을 총괄하여 소개한다. 또한 *Yuktidīpikā*에서는 행위의 다섯 원천과 5풍을 연관지어 거론한다. 이에 관해서도 앞에서(5.2.2) 검토했으나 그 초점은 *Yuktidīpikā*와 『기타』를 대조하여 행위의 원천이라는 관념의 유래를 고찰하는 데 국한했다. 그러므로 이하에서는 행위의 원천에 관해 *Yuktidīpikā*의 저자가 설명한 내용과 그 의의를 상술할 것이다.

....

165　5기 중의 하나인 prāṇa는 모든 호흡 활동을 지칭하는 동시에 이것들 중의 하나인 들숨[吸氣, 入息]도 의미한다. 애초에는 prāṇa가 날숨[呼氣, 出息]을 지칭하고 apāna가 들숨을 지칭했으나, 나중에는 그 의미가 역전되어 prāṇa는 들숨을 지칭하고 apāna는 날숨을 지칭하게 되었다. 高崎直道 外(1987) p. 251 참조.

166　베단타의 경우에는 샹카라의 *Brahmasūtra-bhāṣya*를 주석한 Govindānanda의 *Bhāṣya-ratnaprabhā*에서 이 사실을 확인할 수 있다. 샹카라가 "그것(개아)은 다시 17가지로 이루어지는 더미와도 합체된다."(sa saptadaśakenāpi rāśinā yujyate punaḥ | BSbh 2.3.17.47)라고 말한 것을 Govindānanda는 다음과 같이 해설한다.
"10감관들과 5기(氣)와 마음과 통각이라는 17가지에 이르는 더미는 미세신이다." (daśendrayāṇi pañca prāṇaḥ mano buddhiś ceti saptadaśa-saṃkhyāko rāśir liṅgam | Shastri 1980:558, 19-20행)

9.4.1. 5풍(風)과 8기(氣)

1. 5풍의 기본 기능

『요가주』에서는 5풍의 기능을 다음과 같이 간결하게 설명한다.

> '들어오는 숨' 따위를 특징으로 갖는 모든 감관들의 활동이 생명력이다. 그것(생명력)의 작용은 다섯 가지이다. '들어오는 숨'은 얼굴과 코를 기점(起點)으로 가지며 [코끝으로부터] 심장에 이르기까지 활동한다. 그리고 '균배(均配)하는 숨'은 [양분을] 균등하게 운반하기 때문에 [심장으로부터] 배꼽에 이르기까지 활동한다. '하강하는 숨'은 [배설물을[167]] 아래로 운반하기 때문에 [배꼽으로부터] 발바닥에 이르기까지 활동한다. '상승하는 숨'은 위로 운반하기 때문에 [코끝으로부터] 머리에 이르기까지 활동한다. '편재하는 숨'은 [신체에] 널리 퍼지는 것이다. 이것들 중에서 가장 중요한 것은 '들어오는 숨'이다.[168]

여기서는 5풍의 각각에 해당하는 원어를 이해하기 쉽게 풀어서 번역했으나 이하에서는 편의상 다음과 같이 번역하여 전문어로 사용한다.

①들어오는 숨(prāṇa), 들숨: 생기(生氣)
②균배하는 숨(samāna): 등기(等氣)
③하강하는 숨(apāna), 날숨: 하기(下氣)

....

167 배설물은 Vācaspati의 해설에 의거한 보충어이다. "소변, 대변, 태아 따위를 아래로 운반하는 원인이 '하강하는 숨'이다." (mūtra-purīṣa-garbhādīnām apanayana-hetur apānaḥ | TV 3.39. Bodas 1917:157-8, 27행)

168 YBh 3.39. 정승석(2020) pp. 211-2. '들어오는 숨'이 가장 중요한 이유를 설명하기 위해 Vācaspati가 다음과 같이 인용한 것은 *Bṛhadāraṇyaka-upaniṣad*(4.4.2)의 한 구절이다.
"모든 숨들은 '들어오는 숨'이 나아가는 것을 뒤따라 나아간다." ("prāṇam utkrāmantam anu sarve prāṇā utkrāmanti" iti | TV 3.39. Bodas 1917:158, 11행)
그러나 후술할 *Yuktidīpikā*에 의하면 '들어오는 숨'의 중요성과 이것이 기능하는 강도의 비중은 다르다. *Yuktidīpikā*의 저자는 '들어오는 숨'이 기능하는 강도를 5풍 중에서는 가장 미약한 것으로 간주한다.

④상승하는 숨(udāna): 상기(上氣)

⑤편재하는 숨(vyāna): 매기(媒氣)[169]

이 같은 숨들은 신체 기관들의 연대 활동으로 생명을 유지할 수 있게 하는 동력으로 작용한다. 그리고 기관들은 외적이고 내적인 두 가지 방식으로 기능한다. 외적 기능은 형색이나 감촉 따위를 지각하는 것이다. 이 경우에는 외적 기관들마다 고유한 기능을 담당한다. 내적 기능은 신체라는 골조의 내부에서만 작용한다. 이러한 모든 기관은 자체 증식에 적합하게 되도록 신체를 부양하는 것으로 생명을 유지하려는 공동 목적을 위해 연대하여 활동한다. 여기서 숨의 다섯 가지 기능인 5풍은 생명을 유지하는 데 결정적인 역할을 담당한다. Vācaspati는 이 점을 다음과 같이 약술한다.[170]

> 감관들의 기능은 외적인 것과 내적인 것이라는 두 가지이다. 외적인 것은 형색 따위에 대한 지각을 특징으로 갖는다. 그러나 내적인 것은 생명력이다. 왜냐하면 이것(생명력)은 특수한 노력이며, 풍(風)으로부터 유래하여 신체를 파악하는 특수한 활동을 일으키는 것으로서 모든 기관에 공통하기 때문이다.[171]

『요가주』의 설명을 해설하는 여기서 풍(風)은 5풍을 지칭하는 것이 분명하며, 모든 감각기관을 활성화하는 기능으로 간주된다. 그리고 이러한 기능은 5조

....

169 『요가주』에서는 이 순서로 5풍을 열거하지만 문헌에 따라 그 순서가 일정하지는 않다. 우파니샤드를 예로 들면 *Bṛhadāraṇyaka-upaniṣad*에서는 ①prāṇa, ③apāna, ⑤vyāna, ④udāna, ②samāna의 순서(BṛhU 3.9.26)로 열거하고, *Chāndogya-upaniṣad*에서는 ①prāṇa, ⑤vyāna, ③apāna, ②samāna, ④udāna의 순서(ChU 5.19-23)로 열거한다. 번호는 『요가주』에서 열거한 순서로 부여한 것이다.

170 아래의 설명은 "들어오는 숨(=생기) 따위를 특징으로 갖는 모든 감관들의 활동이 생명력이다."(앞의 각주 168)라는 『요가주』의 서술을 해설한 것이다.

171 dvayīndriyāṇāṃ vṛttir bāhyābhyantarī ca | bāhyā rūpādy-ālocana-lakṣaṇā | ābhyantarī tu jīvanaṃ, sā hi prayatna-bhedaḥ śarīropagṛhīta-māruta-kriyābheda-hetuḥ sarva-karaṇa-sādhāraṇaḥ | TV 3.39. Bodas(1917) p. 157, 21-23행.

대요소의 하나인 풍 요소에서 기인한 것으로 이해할 수 있다. 풍의 특성은 운동성이기 때문이다. 그러나 베단타 철학에서는 생기(숨)로서의 풍과 조대요소로서의 풍을 별개의 것으로 간주하여 5풍에 대한 다른 학설의 관념을 거부한다. *Brahmasūtra*에서는 "[주요한 생기는] 풍도 아니고 [감각] 기능도 아니다. [이것들은] 별개로 교시된 것이기 때문이다."[172]라고 천명하는데, 샹카라는 이에 어긋나는 사례로 상키야에서 주장하는 5풍을 지목한다.

> 다음과 같이 알려진 것이 그러하다. "생기가 곧 풍이다. 바로 그 풍은 다섯 가지, 즉 생기, 하기, 등기, 상기, 매기이다." 혹은 더 나아가 하위의 교의(상키야 철학)[173]를 신봉함으로써 생기가 모든 기관의 기능이라는 결론에 도달한다. 왜냐하면 하위의 교의를 따르는 자들(상키야 학파)은 "기관들의 기능은 모두 생기 따위의 5풍이다."라고 주장하기 때문이다.[174]

이어서 샹카라는 *Muṇḍaka-upaniṣad*를 전거로 들어 생기와 5조대요소는 별개의 것으로서 제각기 브라만의 소산이라는 사실을 환기시킨다.[175] 따라서 샹카라의 목적은 모든 것이 브라만의 소산이라는 일원론의 관점에서 5조대요소 및 5풍을 원질의 소산으로 간주하는 상키야의 이원론을 배척하는 데 있었을 뿐, 5풍의 기능 자체를 부정하려는 데 있지는 않았을 것이다. 왜냐하면 샹카라는 *Chāndogya-upaniṣad*를 주석하면서 다음과 같은 설명으로 5풍의 주요 기능을 약

....

172 na vāyu-kriye pṛthag-upadeśāt || BS 2.4.9.

173 '하위의 교의'(tantrāntarīya)는 베단타 학파에서 상키야의 학설을 폄하하는 통칭이다. 이에 따라 Gambhirananda(1972:535)는 이것을 '상키야의 추종자들'(Sāṃkhyas)로 명기한다.

174 evaṃ hi śrūyate — "yaḥ prāṇaḥ sa vāyuḥ sa eṣa vāyuḥ pañcavidhaḥ prāṇo 'pāno vyāna udānaḥ samānaḥ" iti | atha vā tantrāntarīyābhiprāyāt samasta-karaṇa-vṛttiḥ prāṇa iti prāptam | evaṃ hi tantrāntarīyā ācakṣate — sāmānyā karaṇa-vṛttiḥ prāṇādyā vāyavaḥ pañceti | BSbh 2.4.9. Shastri(1980) p. 577, 4-7행.

175 "이로부터(브라만으로부터) 생기와 마음과 모든 감관들, 공(空), 풍(風), 화(火), [수(水), 모든 것을 지탱하는 지(地)가 생겨난다.]" (etasmāj jāyate prāṇo manaḥ sarvendriyāṇi ca | khaṃ vāyur jyotir [āpaḥ pṛthivī viśvasya dhāraṇī] *Muṇḍaka-up.* 2.1.3) ibid. 12-13행. 대괄호는 원문 자체에서 생략한 내용이다.

술하기 때문이다.[176]

> 그 특수한 풍(風)은 정력과 같은 활동을 원조하거나 생기(生氣)와 하기(下氣)를 분산하여 다양하게 기능하므로 매기(媒氣)로 불린다. (2)
> 그 특수한 풍은 소변과 대변 따위를 아래로 운반하면서 기능하므로 하기(下氣)로 불린다. (3)
> 그 특수한 풍은 먹고 마신 것을 균등하게 운반하므로 등기(等氣)로 불린다. (4)
> 그 상기(上氣)는 발바닥으로부터 시작하여 그 위쪽에 이르기까지[177] 나아가기 때문에, 그리고 증진을 위한 활동을 원조하면서 기능하므로 상기로 불린다. (5)

샹카라를 추종하는 베단타 학파에 소속된 Vācaspati는 위와 같은 지식을 약간 보완하거나 수정하여 『요가주』의 설명을 다음과 같이 해설한다.[178]

....

176 ChUbh 3.13.2-5. Subrahmanya(1982) pp. 106-7.
vāyu-viśeṣaḥ sa vīryavat-karma kurvan vigṛhya vā prāṇāpānau, nānā vānitīti vyānas … | (2)
vāyu-viśeṣaḥ sa mūtra-purīṣādy-apanayann adho 'nitīty apānaḥ … | (3)
vāyu-viśeṣaḥ so 'śita-pīte samaṃ nayatīti samānaḥ | (4)
sa udāna ā pādatalād ārabhyordhvam utkramaṇād utkarṣārthaṃ ca karma kurvann anitīty udānaḥ … | (5)

177 상기의 작용 영역은 샹카라의 주석으로 전승되어 있는 Yogasūtra-bhāṣya-vivaraṇa에서도 이와 유사하다. 이 경우에는 '발바닥'을 명기하지 않고 "신체의 위로 운반하기 때문에 상기이다."(ūrdhvaṃ śarīrasya nayanād udānaḥ | YsV 3.39. Sastri 1952:294, 17행)라고 설명한다. 그러나 Vācaspati는 다음의 본문에 인용한 것처럼 그 영역을 "코끝으로부터 정수리까지"로 명기한다. 아마도 Vācaspati는 나중에 정비된 5풍의 영역을 반영한 것으로 보인다. 이보다 훨씬 후대의 주석에서 Vijñāna Bhikṣu가 다음과 같이 설명하는 영역도 Vācaspati의 경우와 다르지 않다.
"'위쪽으로'라고 통로를 말하기 때문에, 즉 유미(乳糜) 따위를 위쪽으로 운반하기 때문에 상기이다. 그리고 이것은 얼굴과 코 따위로부터 '브라마의 틈'(두개골의 봉합선)에 이르기까지 작용한다." (ūrdhvaṃ gatipradatvāt rasādy-ūrdhva-nayanāc codānaḥ, asya ca mukhya-nāsikādikam ārabhya brahma-randhra-paryantaṃ vṛttiḥ | YV 3.39. Rukmani 1987:151, 6-7행)

178 TV 3.39. Bodas(1917) pp. 157-8, 25-27행 ; 9-10행.
①prāṇa ā nāsikāgrād ā ca hṛdayād avasthitaḥ | aśita-pītāhāra-pariṇati-bhedaṃ rasaṃ tatra tatra sthāne samam anurūpaṃ nayan ②samānaḥ | ā hṛdayād ā ca nābher asyāvasthānam | mūtra-purīṣa-garbhādīnām apanayana-hetur ③apānaḥ | ā nābher ā ca pādatalād asya vṛttiḥ | unnayanād ūrdhvaṃ nayanād rasādīnām ④udānaḥ | ā nāsikāgrād ā ca śiraso vṛttir asya | vyāpī ⑤vyānaḥ |

①생기는 코끝으로부터 심장에 이르기까지 관장한다.
먹고 마신 다양한 음식이 소화된 유미(乳糜)를 [신체의] 도처에 골고루 적절하게 운반하는 것이 ②등기이다. 이것은 심장으로부터 배꼽에 이르기까지 관장한다.
소변과 대변과 태아 따위를 내보게 하는 것이 ③하기이다. 이것은 배꼽으로부터 발바닥에 이르기까지 작용한다.
유미 따위를 위로 끌어올려 운반하기 때문에 ④상기이다. 이것은 코끝으로부터 정수리에 이르기까지 작용한다.
[온몸에] 널리 퍼지는 것이 ⑤매기이다.

Chakravarti는 이 같은 Vācaspati의 설명에 나름대로 의학적 취지를 적용하여 5풍을 간략히 해설하고 나서, *Yuktidīpikā*에서 상술한 5풍의 취지를 원문에 입각하여 해설한다.[179]

심장에 내재하는 ①생기의 기능은 입과 코로부터 심장까지의 영역에 미친다. 입과 코를 통해 흡입된 공기는 허파로부터 방출되어 입과 코에 미친다. 생리학적 관점에서 보면 숨의 주요 기능은 이산화탄소를 제거하여 피에 산소를 공급하는 것이므로, 생기도 이런 기능과 어느 정도는 연관되어 있다.

②등기는 심장에서 배꼽까지의 영역에서 기능한다. 음식의 양분을 균등하게 운반하여 적절한 조화를 이루도록 신체의 각 부분으로 흡수시키기 때문에 등기로 불린다. 이처럼 등기는 부분적으로는 소화와 연관되고, 전반적으로는 생리적 순환 체계와도 연관된다. 특히 혈액과 림프(lymph)를 통해 운반되는 물질의 분배에 관여한다.

③하기는 배꼽에서 발바닥까지의 영역에서 기능한다. 이것은 오줌, 대변, 태아와 같은 하강 물질을 배출하기 때문에 하기로 불린다. 기본적으로는 폐기물의 제거에 관여하는 배설 체계와 연관되어 있으며, 또 한편으로는 산모의 자궁

179 이하는 다음 항(_2)까지 Chakravarti(1975) pp. 266-9 참조.

으로부터 아이를 분만하는 데 관여한다.

④상기는 코끝으로부터 머리에 걸쳐 기능한다. 유미와 같은 체액을 위쪽으로 운반하기 때문에 상기로 불린다. 그러므로 이것은 신체의 상부에 있는 동맥의 박동에 관여한다.

⑤매기는 신체에 두루 미치면서 기능하는 것으로 정의되므로, 신경 체계의 전반에 관여한다.

2. 5풍의 외적 기능

이제까지 소개한 5풍은 요가 철학의 관점을 대변한다. 상키야 철학의 관점을 대변하는 *Yuktidīpikā*의 저자는 Vācaspati와는 대조적으로 상세하게 5풍을 설명한다. 그리고 5풍을 열거하는 순서도 부분적으로 변경되었다. 『요가주』에서는 prāṇa(생기), samāna(등기), apāna(하기)의 순서이지만, *Yuktidīpikā*에서는 prāṇa, apāna, samāna의 순서로 열거한다. *Yuktidīpikā*에서 순서를 이처럼 정비한 데는 특별한 이유가 있다. 저자의 설명에 따르면 뒤에 열거한 것일수록 그 영향력은 앞의 것들보다 강력하다. 이뿐만 아니라, 저자는 5풍이 저마다 내적인 것과 외적인 것이라는 두 가지 기능을 갖는다는 독자적인 관점에서 특히 외적 기능을 설명하는 데 주력한다. 그는 다음과 같은 취지로 5풍의 기능을 설명한다.[180]

①생기(prāṇa): 입과 콧구멍을 통해 몸속으로 들어와 기울이는 성향에 따라 작용하는 것은 생기의 내적 기능이다. 어원에 따라 말하자면 prāṇa는 praṇati(기울임)를 의미한다. 이는 복종하거나 순종하는 것뿐만 아니라, 어떤 것에 마음을 기울이는 것을 의미한다. 예를 들면 병사의 경우에는 장군에게 복종하는 것, 나무의 경우에는 열매의 무게 때문에 아래로 구부러지려 하는 것이다. 사람의 경우에는 덕행, 재산, 향락, 지혜 등을 얻고자 하여 그런 것에 마음을 기울이는 성향이다. 이와는 반대의 것들에 민감하게 반응하는 것은 생기의 외적 기능이다. 이

180 Cf. YD ad. SK 29. Wezler & Motegi(1998) pp. 206-9.

경우에는 생기가 외적으로 발현한다.[181] 예를 들면 큰 불행으로 좌절할 때, 친애하는 사람들과 헤어질 때, 가축 떼가 뜻대로 이동하지 않을 때, 소가 물에 빠진 경우에는 생기가 빠져나가는 것과 같다. 그러므로 생기의 외적 기능은 어떤 외적 원인에 의해 정서와 기운이 처지는 상황을 들숨이 아래로 이동하는 기능과 동일시한 것으로 이해할 수 있다.

②하기(apāna): 아래로 운반하는 것이 하기의 기본 기능이다. 하기의 내적 기능은 오줌 따위의 물질을 아래로 운반하는 것이므로 Vācaspati의 설명과 동일하다. 하기의 외적 기능은 일상에서 비상 사태를 맞닥뜨리게 된 상황에서 지각된다. 예를 들면 뜻하지 않게 우물이나 구덩이에 빠졌을 때, 걷고 있는 길을 뱀이나 지네가 가로막고 있을 때 한숨을 내쉬는 경우와 같다. 따라서 하기의 외적 기능은 위기에 처했을 때 놀라움이 솟아오르는 심리적 기제를 날숨이 위로 이동하는[182] 기능과 동일시한 것으로 이해할 수 있다. 신체에서 하기의 영역은 생기의 아래에 위치하지만, 그 기능은 생기보다는 강력하다. *Yuktidīpikā*의 저자는 그 이유를 "왜 그러한가? 이것(하기)은 위에서 기능하고 있는 그 생기를 오직 아래로 억누르고 오직 아래로 제한하기 때문이다."[183]라고 설명한다. 이 설명에 따르면 하기는 생기를 자신의 영역으로 끌어내려 한정하려는 성질도 갖는다.

③등기(samāna): 심장에서 배꼽까지, 즉 생기와 하기 사이의 중간 영역에서 작용하는 등기의 내적 기능은 Vācaspati의 설명과 동일하다. 등기의 외적 기능은 자신의 안락과 고통을 다른 사람들과 공유하도록 부추긴다. 예를 들면 함께 공

....

181 *Yuktidīpikā*의 저자는 생기의 외적 기능을 단지 "실로 바로 그것(내적 기능)이 여기서는 [외부로] 드러나게 된다."(sa khalv ayam atrābhivyakto bhavati | ibid. p. 207, 4행)라고 모호하게 정의한다. 이 때문에 Kumar & Bhargava(1992:243, en. 6)는 "이것은 몸 밖으로 그만큼 많이 나가는 공기이다."라고 부연하지만 이 역시 모호하다. 저자가 예시한 비유로써 그 의미를 가늠할 수 있다. 외적 기능을 설명하는 다른 경우도 이와 마찬가지이다.

182 날숨인 하기의 기능은 생리적 물질을 아래로 밀어내는 것이지만, 날숨의 물리적 운동은 몸속에서 코와 입을 향해 위로 움직여 신체의 외부로 나가는 것이다.

183 kasmāt | eṣa hy etaṃ prāṇam ūrdhvaṃ vartamānaṃ arvāg eva sanniyacchati, arvāg eva sanniruṇaddhi | YD ad. SK 29. Wezler & Motegi(1998) p. 207, 12-13행.

물을 만들거나, 함께 제사지내거나, 함께 참회하거나, 가족과 함께 살아가거나 하는 따위의 모든 연대 활동은 등기가 외적으로 발현된 결과이다. *Yuktidīpikā*의 저자는 그 이유를 "심장(=가슴)에 머물러 [이 밖의 장소에도] 공존하기 때문에 등기이다."[184]라고 설명한다. 이는 '균배하는 숨'이라는 등기의 개념을 대인 관계에까지 적용한 것으로 보인다.

등기는 생기와 하기보다 더 강력하다. 등기는 그 둘의 중간에 위치하여, 중개인처럼 그 둘이 적절한 균형을 유지하도록 시도하기 때문이다. 짐수레를 끄는 소가 균형을 잃지 않는 것처럼, 또는 야생의 영양이 뜨거운 햇살로 시달릴 때는 변덕스럽게 날뛰지 않고 쉴 곳을 찾는 것처럼, 생기와 하기라는 상반하는 두 숨도 이 등기의 압력으로 균형을 이루게 된다.

④상기(udāna): 뇌에 이르기까지 위쪽으로 미치는 동력으로 기능하는 것이 상기이다. 상기의 동력은 기운을 낮은 단계로부터 더 높은 단계로 끌어올린다. 앞에 열거한 셋을 능가하여 체액들과 정액을 뇌에 도달하도록 위쪽으로 밀어 올린다. 방해를 받으면 이로부터 물러나서 입을 통해 낱자, 단어, 문장, 시구 따위의 언설을 방출하는 원인이 된다. 이것들은 상기의 내적 기능에 속한다.

상기의 외적 기능은 일종의 강박관념에 속하는 우월감으로 발현된다. 다른 사람에 대한 우월감이 발동하는 것은 상기의 외적 기능이 작용하기 때문이다. 예를 들어 나는 하급의 사람보다는 우월하고, 동급의 사람들과는 대등하거나 그들보다는 더 위대할 수도 있으며, 나는 다른 사람들보다도 더 적임자다라고 생각하는 따위의 우월감이 상기의 외적 기능이다. 이것은 앞의 셋(생기, 하기, 등기)보다 더 강력하다. 그 셋을 위쪽으로 끌어 올리기 때문이다. 찬물을 몸에 끼얹을 때나 어떤 사람이 면전에서 칼을 휘두르려 할 때 이 사실을 체험할 수 있다. 이럴 경우에는 소름이나 두려움이 순간적으로 머리까지 치솟는 듯한 느낌을 갖게 되는데, 이는 상기가 작동하기 때문이다.

184 hṛdy avasthānāt sahabhāvāc ca samānaḥ | ibid. 16행.

> [자기 몸에] 찬물로 끼얹는 경우, 혹은 검을 칼집에서 뽑아 휘두르려 하는 것을 보고 있는 경우, 바로 그것(상기)은 여기서 발현하게 된다.[185]

이 같은 경험은 상기의 기능이 다른 셋을 압도하기 때문이며, 이로써 상기의 우세성이 드러난다.

⑤매기(vyāna): 신체의 도처에 퍼져 있는 매기의 고유한 기능은 매개성이다. 혈액 따위의 체액은 매기를 통해 심지어 손톱 끝과 털구멍에 이르기까지 순환한다. 이것이 신경 체계와도 연관되는 매기의 내적 기능이다. 사람들 사이에서 불가분리의 결속으로 형성되는 강한 유대감은 매기가 외적으로 발현한 결과로서 발생한다. 매기의 외적 기능은 죽은 남편과 함께 화장의 장작더미에 오른 부인의 심정과 같다. 이 경우에 그 부인은 죽은 남편이 내생에서도 여전히 남편이 될 것이라는 관념에 싸여 있다. 이처럼 서로가 하나라는 깊은 유대감을 저절로 발로하게 하는 것이 매기의 외적 기능이다.

5풍 중에서 매기가 신체 조직에 널리 퍼져 있는 동안, 나머지 다른 숨들은 이 매기와 완전한 조화를 이루어 종속적으로 작용한다. 이때 5풍의 평형은 전혀 교란되지 않는다. 그러나 매기의 기능이 중지될 때마다 신체의 조직 체계가 점차 붕괴되기 시작하는 결과를 초래한다. 이 사실은 특히 죽을 때 신체의 각 부분이 점차 차갑게 되고 마침내 기능을 멈춘다는 것으로 알 수 있다. 매기의 기능은 신체의 조직 전체와 연관되어 조직 체계의 작동을 유지하는 것이므로, 이 기능이 멈추게 되면 다른 숨들이 매기와 조화를 이루어 작용하는 데 심각한 교란이 발생한다. 이 때문에 조직 체계의 작동은 결국 완전히 정지된다. 따라서 5풍 중에서는 생기의 기능이 가장 강력하다.[186]

....

185 sa caiṣo 'trābhivyakto bhavati śītodakena vā paryukṣitasya prāsam asiṃ vikośaṃ codyatam abhipaśyataḥ | ibid. p. 208, 6행.

186 이는 5풍 중에서 생기를 가장 중요한 것으로 간주한 *Bṛhadāraṇyaka-upaniṣad*와 『요가주』(앞의 각주 168)의 관점과는 정반대이다.

이상과 같이 5풍의 기능을 상술한 *Yuktidīpikā*의 관점은 매우 독특하다. 즉, 5풍을 생명의 동력으로 설명하는 데 그치지 않고, 5풍의 외적 기능을 역설하여 인간관계의 기능으로까지 확장한 점은 특별히 유의할 만하다.

3. 8기의 기능

인도철학의 일반에서도 숨[氣]을 8종으로 분류한 8기(prāṇāṣṭaka)라는 관념은 생소한 편이다. 그런데 *Yuktidīpikā*의 저자가 8기의 구성 요소를 성전의 말씀으로 인용하므로, 고대의 어느 문헌에서는 이것이 통용되었을 것으로 짐작할 수 있다. 예를 들어 샹카라는 *Brahmasūtra*를 주석하면서 이와 유사한 관념으로 8성(pury-aṣṭaka), 즉 8종의 성(城)을 모종의 전승서로부터 인용한다.

> 전승서는 다음과 같이 설한다. "그는 생기를 비롯하여 8성(城)이라는 표징과 결합한다. 실로 그것으로 묶인 자에게는 속박이 있고, 그로부터 벗어난 자에게는 해탈이 있다."[187]

여기서 말하는 8성의 내역은 샹카라의 *Brahmasūtra-bhāṣya*를 주석한 Ānandagiri의 설명으로 알 수 있다.

> 8성이란 생기 따위의 ①5[풍], ②5미세요소, ③5행위기관, ④5지각기관, ⑤마음을 비롯한 4종의 내적 기관, ⑥무지, ⑦욕망, ⑧업이다.[188]

....

187 tathā ca smṛtiḥ — pury-aṣṭakena liṅgena prāṇādyena sa yujyate | tena baddhasya vai bandho mokṣo muktasya tena ca | BSbh 2.4.6. Shastri(1980) p. 574, 4-5행. Bhāskāra도 *Brahmasūtra*를 주석하면서 이와 똑같은 내용을 전설에 정통한 자들(paurāṇikāḥ)의 말씀으로 인용한다. Dvivedin(1991) p. 137, 17-18행.

188 prāṇādi-pañcakaṃ bhūta-sūkṣma-pañcakaṃ karmendriya-pañcakaṃ jñānedriyapañcakaṃ mana ādy-antaḥkaraṇa-catuṣkam avidyā kamaḥ karma ceti pury-aṣṭakam | *Nyāyanirṇaya* 2.4.6. ibid. 35-36행. 여기서 내적 기관을 4종으로 헤아린 것은 상키야에서 말하는 3종의 내적 기관(마음, 아만, 통각)에 자아를 추가한 것으로 이해할 수 있다. 베단타의 관점에서는 상키야에서 말하는 순수정신을 개아일 뿐인 자아로 간주하기 때문이다.

그러나 이 같은 8성은 *Yuktidīpikā*에서 열거하는 8기와 일치하지는 않는다. *Yuktidīpikā*에서는 다음과 같이 5풍(5기)에 마음과 개성(=아만)과 말(언어)을 추가하여 8기로 열거한다.

> 성전에서도 이와 같이 설했다. "①생기, ②하기, ③등기, ④상기, ⑤매기가 5풍이다. 여섯째는 ⑥마음이고, 일곱째는 ⑦개성(=아만)이고, 여덟째는 ⑧말(언어)이다."[189]

이처럼 8기와 8성의 내용에는 차이가 있지만, 샹카라가 "8성이라는 표징과 결합한다"라고 말한 경우의 표징(liṅga)은 윤회의 주체로 간주되는 미세신을 일컫는 용어이므로, *Yuktidīpikā*에서 말하는 8기와 전혀 무관하지는 않다.[190] 이 점에서 먼저 주목할 만한 것은 *Brahmasūtra*를 주석한 Bhāskara의 설명이다. 그는 Ānandagiri가 열거한 것과는 다른 요소들로 구성되는 8성을 미세신과 동일시한다.

> 그 신체(미세신)에는 5풍, 11감관의 능력, 통각이 있다라고 바로 그렇게 말한 미세신[191]이 '8성'으로 불린다. 속박이란 그것(미세신)에 의해 속박된 것을 일컫고, 해방이란 그것에 의해 해방된 것을 일컫는다.[192]

Bhāskara는 이뿐만 아니라 상키야를 거론하면서 "바로 이 미세신은 10감관과

....

189 śāstraṃ caivam āha | prāṇāpāna-samānodāna-vyānaḥ pañca vāyavaḥ, ṣaṣṭhaṃ manaḥ, saptamī pūr, aṣṭamī vak | YD ad. SK 29. Wezler & Motegi(1998) p. 209, 11-12행.

190 *Yuktidīpikā*의 저자는 나중에 SK 39를 주석하면서 "미세한 것들이란 [신체의] 활동에 의존하여 윤회하는 8기이다."(@제8장 각주 317)라고 단언하는 것으로 8기와 미세신을 동일시한다.

191 원어인 liṅga-śarīra는 미세신(sūkṣma-śarīra)의 동의어로 구사된다. "미세한 것은 미세신(iṅga-śarīra)을 의미한다"(sūkṣmeṇa liṅga-śarīreṇety arthaḥ)라는 Ḍalhaṇa의 설명을 단적인 예로 들 수 있다. @제8장 각주 313 참조.

192 tasmin śarire pañca vāyava ekādaśendriya-śaktayo buddhiś ceti tad id liṅga-śarīra pury-aṣṭakam iti gīyate | tena baddho baddha ucyate | tena ca mukto mukta ity ucyate | BSBbh 1.4.3. Dvivedin(1991) p. 73, 8–10행. 여기서 말하는 11기관은 5지각기관과 5행위기관에 마음(manas)을 추가한 것이다. 아래 각주 참조.

통각과 마음과 5풍을 기반 요소로 갖는다."[193]라는 견해를 언급한다. 이 점을 고려하면 Bhāskāra가 8성의 구성 요소로 상정한 것은 5풍(1~5), 지각 및 행위의 감관(제6), 마음(제7), 통각(제8)이라는 여덟 가지일 것으로 추정할 수 있다. 이렇게 추정할 수 있는 근거는 다음과 같다.

> 베단타 문헌 등의 도처에서 liṅga(=미세신)를 열 일곱(17)으로 열거하는 점에 비추어 보더라도 그 여덟 가지는 열 일곱에 상당한다는 해석의 정당성이 확증된다. 즉 5풍, 5지각기관, 5행위기관, 통각, manas(=마음)를 모두 합하면 열 일곱으로 이루어지는 liṅga가 되지만, 이것들 중에서 5지각기관과 5행위기관을 하나의 감관으로 집약하면 여덟 가지로 재정비할 수 있다. 또한 *Pañcīkaraṇa-vṛtti*를 비롯한 일부의 베단타 문헌에서는 8성에 무지(avidyā)와 욕망(kāma)과 업(karman)이 포함되는 것으로 달라지는 경우가 있지만, 이것들은 윤회의 주체라기보다는 윤회를 일으키는 원인에 상당한다.[194]

따라서 *Yuktidīpikā*에서 거론하는 8기의 관념도 이상과 같은 베단타 측의 8성 및 미세신 관념과 어떤 연관이 있을 것으로 고려하지 않을 수 없다.[195] 물론 *Yuktidīpikā*에서는 베단타 측의 관념을 그대로 채택하지는 않는다.

*Yuktidīpikā*의 저자가 8기 중에서 먼저 열거한 5풍은 호흡에 의한 숨의 체내 순환인 5풍과 동일하다. 그런데 여기서 말(vāc)은 5행위기관를 총괄하고, 마음(manas)은 5지각기관을 총괄한다. 개성(pur)은 아만을 지칭한다. 아만은 원리들의 전변이 두 방향으로 갈리는 분기점이다. 즉 아만으로부터 전변은 정신(심리)

193 tad idaṃ sūkṣma śarīraṃ karaṇānāṃ daśānāṃ āśrayabhūtaṃ buddhi-manaso pañcānāṃ ca vāyūnām | BSBbh 3.1.1. ibid. p. 152, 14-15행.

194 近藤隼人(2016) p. 269.

195 *Yuktidīpikā*의 저자가 베단타의 술어를 차용했을 가능성은 있다. Kane(1977:1355)는 *Yuktidīpikā*의 저자를 베단타의 추종자일 것으로 추측했는데, 8성과 8기는 이 같은 추측에 그럴 듯한 근거로 지목될 수도 있을 것이다. 近藤隼人(2016) p. 267 참조.

과 물질(육체)의 두 방향으로 진행된다. 아만은 모든 정신적 물질적 충동이 샘솟는 분수에 상당한다. 자연적 섭리에 따라 경과하는 신체의 조직 체계에서 그러한 충동이 고갈되려 할 때마다, 아만은 배후에서 똑같은 충동을 재충전한다. 이 때문에 아만은 pūr(=pur)로 불린다. *Yuktidīpikā*의 해설에 의하면 pūr는 아만에 속하는 의식(意識)이다.

> pūr는 아만 상태의 의식을 지칭한다. 이에 대해서는 다음과 같이 말하기 때문이다.
> "아만에 내포된 의식은 활동과 기관을 충족하므로, 바로 이 때문에 pūr(충족)로 불리며 향수자의 여덟째 외양(外樣)이다."[196]

일반적으로 pur(=pūr)는 통각(buddhi)의 동의어로 사용되는데, 여기서는 단지 아만을 특정하는 데 그치지 않고 '아만을 내포하는 통각'을 지칭하는 것으로 이해할 수 있다.[197]

*Yuktidīpikā*에서 거론하는 8기는 물질적인 육체와는 달리, 침투당하거나 연소되거나 소멸되지 않는다. 8기는 창조의 순환이 한 차례 끝날 때까지 존속하여 윤회한다. 하나의 신체에서 다른 신체로 윤회하는 과정에서 8기는 순수정신의 토대로 간주되어야 할 것들이다. 이 같은 8기는 윤회의 주체로서 기능하는 미세신에 상당한 것으로 이해할 수 있다. *Yuktidīpikā*의 저자가 마음은 5지각기관을 포괄하고 말(언어)은 5행위기관을 포괄한 것으로 간주하여, 이것들을 8기에 포함시킨 전거는 『상키야송』에서 찾을 수 있다.

....

196 pūr ity ahamkārāvasthā-saṃvidam adhikurute | yasmād āha tatra — samvid ahamkāra-gatā kāryaṃ karaṇaṃ ca pūrayati yasmāt | tasmāt pūr ity uktā pratyavabhāsāṣṭamaṃ bhoktuḥ || YD ad. SK 29. Wezler & Motegi(1998) pp. 208-9, 28-3행.

197 @제8장 각주 318로 검토한 내용 참조.

그 셋(통각, 아만, 마음)의 활동은 [저마다] 고유한 특성을 갖는다. 이것(셋의 활동)은 [10기관에] 공통하지 않는다. 기관들(5지각기관과 5행위기관)에 공통하는 활동은 숨(생기) 따위의 5풍이다.[198]

여기서는 3종의 내적 기관, 10종의 외적 기관의 기능을 확연하게 구분하고, 10기관은 5풍의 기능을 공유한 것으로 설명한다. 그런데 5풍을 포함한 8기가 미세신의 기능으로 작용한다면, 8기에는 당연히 3종의 내적 기관인 통각과 아만과 마음이 포함되어야 한다. 그런데 8기에 통각이 포함되지 않는다는 것은 이상하다. 이 때문에 8기 중에서 pur는 '아만을 내포하는 통각'을 지칭한다고 이해하는 것이 타당하다.

미세신에 5미세요소를 포함시키는 것이 고전 상키야의 다수설인 점을 고려하면, 5미세요소를 5풍으로 대체한 *Yuktidīpikā*의 관점은 상키야 철학의 경험주의적 지향을 적용한 것으로 이해할 수 있다. 윤회의 실질적 주체인 미세신의 기능과 역할로 보면 물질적 원리인 미세요소보다는 생리적 기능으로 잘 알려져 있는 5풍이 더욱 적합하기 때문이다.

9.4.2. 행위의 다섯 원천

행위의 다섯 원천은 제5장에서 『기타』의 교설로 고찰한 '행위의 다섯 요인'(5.2.2)과 부분적으로는 중복된다. 거기서는 행위의 다섯 요인과의 연관성에 중점을 두어 행위의 다섯 원천에 관한 내용의 일부를 소개했으므로, 여기서는 '행위의 다섯 원천'으로 표방한 교의의 전모를 상술한다. 이미 언급했듯이, 행위의 다섯 원천은 *Yuktidīpikā* 이외의 다른 상키야 문헌에서는 주제로 취급되지 않는다. 이 주제에 관한 상키야-요가의 인식을 대변하는 유일한 자료가 *Yuktidīpikā*이므로 이에 의거하여 이 특수한 주제를 고찰할 수밖에 없다.

....

198 SK 29. 원문은 @제8장 각주 319.

1. 다섯 원천의 정의와 취지

상키야 철학의 전변설에 국한할 경우, 원천이라는 개념은 현상세계의 물질적 근원인 원질에 적용된다. 원질의 성분은 3질이므로 더 구체적으로 말하면 이 3질이 원천이다. 그리고 3질 중에서는 동질이 행위의 기능을 갖는다. 이 같은 개념을 고려하면 행위의 다섯 원천은 '다섯 가지로 기능하는 동질'을 지칭한다고 이해할 수 있다. 실제로 행위의 다섯 원천이 이러한 이해에 의거한 것임은 *Yuktidīpikā*의 설명으로 확인할 수 있다. *Yuktidīpikā*에서는 먼저 행위의 다섯 원천이 어디서 발단하는지를 다음과 같은 요지로 설명하고 나서, 이것들의 특성과 기능을 낱낱이 설명한다.[199]

원질의 전변이 개시되는 즉시 원질의 성분을 보유하고 첫째로 유출되는 것이 통각이다. 행위의 다섯 원천들은 통각의 성분인 3질 중에서 동질의 작용으로 발생한다. 즉 통각이 지성으로 변형하는 과정에 있을 때, 통각의 다른 한편에서는 동질이 다섯 원천들을 생성한다. 지성은 통각에 있는 순질의 변형이지만, 동질의 자극이 없이는 통각의 순질은 결코 독자적으로 지성을 일으키지 못한다. 그러므로 통각에서 순질의 작용을 보조하는 동질에 의해 생성되는 '행위의 원천들'은 통각의 부수적 산물로 간주될 수도 있다. 요컨대 이 원천들은 통각에서 자극이 시작되고 나서 지성으로의 변형이 종료되기 전까지 중간 단계를 유지한다. 이 때문에 상키야의 고대 문헌에서는 이것들을 달걀로 비유했다. 달걀은 암탉이 수정란을 형성한 이후 병아리를 부화하기 이전까지의 중간 위치에 있듯이, 행위의 원천들도 그러한 중간 위치에 있다.

다음으로 *Yuktidīpikā*의 저자는 행위의 원천들을 간략히 설명한다. 행위의 다섯 원천들은 *Tattvasamāsasūtra*에서도 주제로 열거되며,[200] 이것을 주석한 *Kramadīpikā*에서는 분명히 고대의 어떤 문헌으로부터 유래했을 출처 불명의 시

---

199 이하는 Chakravarti(1975) pp. 270-7 ; YD ad. SK 29. Wezler & Motegi(1998) pp. 209-211 참조.

200 @제4장 각주 144, 145.

구로 이것들을 설명하는데, 바로 이 시구가 *Yuktidīpikā*에서는 약간 변형된 형태로 인용되어 있다. 양쪽의 시구를 비교하면 아래와 같다. 아래의 대비에서는 *Yuktidīpikā*에서 인용한 원문의 순서를 *Kramadīpikā*에서 인용하는 순서에 맞추어 변경했지만, 원문에서 서술하는 순서대로 다섯 원천에 번호를 부여해 두었다.

Kramadīpikā의 인용[201]	Yuktidīpikā의 인용[202]
1. 외적 활동들을 고려하여 확신하는 것을 고수하는 자가 [확신한] 그것에 헌신하고 그것을 인내하게 되는 이것이 바로 ①의지의 정의이다.	1. 말과 행위와 결심에서 약속을 지키는[203] 자가 [약속한] 그것에 헌신하고 그것을 인지하게 되는 이것이 바로 ①의지의 정의이다.
2. 스스로 학습하고, 금욕하고, [자기를 위해] 제사하고, [남들을 위해] 제사하고, 고행하고, 보시하고, 보시를 수락하고, [화제(火祭)에] 공물을 바치는 것이 ②신념의 정의로 알려져 있다.	2. 악의가 없고, 금욕하고, [자기를 위해] 제사하고, [남들을 위해] 제사하고, 고행하고, 보시하고, 보시를 수락하고, 마음을 정화하는 것이 ②신념의 정의로 알려져 있다.
3. 그리고 안락을 위해 통칙으로 삼아 의존해야 할 금욕과 고행들에 항상 마음을 쏟는 이것이 ③지복 욕구로 불린다.	3. 그리고 안락을 바라는 자가 통칙으로 삼아 의존해야 할 지혜나 [제사] 의무나 고행들에 항상 마음을 쏟아 따르는 것이 ③지복 욕구이다.
4. ④지식 무욕은 내적 감관[인 마음]이 대상의 달콤함과 뒤섞이게 되는 것이다.	5. 마약에 도취되거나 잠에 빠지거나 술에 취한 것과 같은 것이 ⑤지식 무욕이고,
5. 그리고 ⑤지식 욕구는 '명상에 잠긴 자'(요기)들에게 지혜의 원천이다. 또한 [세계의 원인이 되는 원리가] 하나인지, 제각각인지, 영원한 것인지는 물론이고, [순수한] 지성이 없는 것인지, 미세한 것인지, 결과를 가진(인중유과의) 것인지, 요지부동하는 것인지를 알아야 할 대상으로 삼는 것이 그 ⑤지식 욕구이다. 지식 욕구는 [바람직하지 않은] 결과의 원인을 소멸시키는 예사로운 활동이다.	④지식 욕구는 항상 '명상에 잠긴 자'(요기)들의 원천이며, [바람직하지 않은] 결과의 원인을 소멸시키는 예사로운 상태로 불린다. 4. ④지식 욕구가 알고자 하는 것은 [세계의 원인이 되는 원리가] 둘인가, 하나인가, 제각각인가, 영원한 것인가, [순수한] 지성이 있는 것인가, [순수한] 지성이 없는 것인가, 미세한 것인가, 결과를 가진(인중유과의) 것인가, 결과를 갖지 않는 것인가 하는 것이다.

201 TsV 9. Dvivedin(1920) p. 130, 2-12행.
1. bāhya-karmāṇi saṃkalpya pratītaṃ yo 'bhirakṣati | tan niṣṭhas tat pratiṣṭhaś ca ①dhṛter etad dhi lakṣaṇam ||
2. svādhyāyo brahmacaryaṃ ca yajanaṃ yājanaṃ tapaḥ | dānaṃ pratigraho homaḥ ②śraddhāyā lakṣaṇaṃ smṛtam ||
3. sukhārthaṃ yas tu seveta brahmakarma tapāṃsi ca | prāyaś cittaparo nityaṃ ③sukheyaṃ parikīrtitā ||

*Kramadīpikā*의 경우에는 지식 무욕을 지식 욕구보다 먼저 열거하지만, *Yuktidīpikā*에서는 지식 욕구를 지식 무욕보다 먼저 열거한다. 이는 후술하겠지만 지식 무욕에 특별한 의미를 부여하고자 저자가 의도적으로 변경한 것으로 보인다. *Yuktidīpikā*의 저자는 먼저 행위의 원천들을 정의하고[204] 나서 이것들의 영역을 설명한다. 이뿐만 아니라 그는 고대의 전통에 따라, 이면에서 각각의 원천들에 영향을 미치는 우세한 성질(guṇa)들을 지적한다. 이제 저자는 다음과 같은 취지로 행위의 다섯 원천을 상술한다.

①의지: 목적에 집착함을 의미한다. 어떤 사람이 말이나 몸짓이나 의도로 약속한 것을 지키고자 애쓰는 것은 이것 때문이다. 이 단계에서 그 사람은 전적으로 약속을 고수하고, 그것을 실행하기로 결심한다. 다시 말해서 이것은 행동을 촉구하는 활기를 의미한다. 이것의 영역은 온갖 종류의 육체적 정신적 활동으로 확장된다. 이것은 동질과 암질의 우세로 생성된다.

②신념: 이것은 대가를 바라지 않는 성실한 종교적 준수의 의무감을 고취한다. 여기서 준수에 포함되는 것은 주로 불상해, 금욕의 실천, 자신뿐만 아니라 타인을 위한 제사의 실행, 규정에 따라 보시하고 보시를 받음, 몸과 마음의 청결 등이다. 이것의 영역은 둔세기(遁世期)로 불리는 삶의 다른 단계에서 지켜야 할 것과 같은 의무로까지 확장된다. 이러한 행위 규범을 따르는 자들에게는 순질과 동질이 우세하게 된다.

....

④⑤의 원문은 @제5장 각주 188.

202 YD ad. SK 29. Wezler & Motegi(1998) p. 210, 1-14행.
1. vāci karmaṇi saṃkalpe pratijñāṃ yo 'nurakṣati | tan-niṣṭhas tat-pratijñaś ca ①dhṛter etad dhi lakṣanam ||
2. anasūyā brahmacaryaṃ yajanam yājanaṃ tapaḥ | dānaṃ pratigrahaḥ śaucaṃ ②śraddhāyā lakṣaṇaṃ smṛtam ||
3. sukhārthī yas tu seveta vidyāṃ karma tapāṃsi vā | prāyaś cittaparo nityaṃ ③sukhāyām sa tu vartate ||
④⑤의 원문은 @제5장 각주 185.

203 Kumar & Bhargava(1992:238)가 채택한 판본에 따르면 '지키는'(anurakṣati)은 '지키지 않는'(na rakṣati)이 된다. 이렇게 읽더라도 의지를 정의하는 취지에는 변함이 없다. 약속을 지키지 않는 자가 약속을 지키려는 뜻을 세우고 약속을 인지하는 것이 의지로 정의되기 때문이다.

204 @제5장 각주 170 참조.

③지복 욕구: 이것으로 고취된 사람은 일상적 수단과 베다에서 가르친 수단을 적용하여 안락을 얻고자 노력한다. 이리하여 그는 베다의 학습에 마음을 쏟고, 고행을 실천하며, 오직 현생뿐만 아니라 내생에서도 지복의 과보를 얻을 수 있을 것으로 생각하여 다른 종교적 금욕도 정기적으로 준수한다. 그러므로 이것의 영역은 일상생활로부터 베다의 가르침으로 확장된다. 여기서는 순질과 암질이 우세하게 된다.

④지식 욕구: 진실한 지식을 얻고자 하는 욕구이다. 이것은 실체의 본성이 단일한지 다양한지, 영원한지 무상한지, 의식인지 비의식인지 하는 따위로 그 진실한 본성을 알도록 고취한다. 또한 이러한 지식 추구 때문에, 결과는 현실의 것으로 산출되기 이전에 이미 존재했는지 혹은 없었는지에 대해서도 알고자 열망하게 된다. 진실한 지식을 얻고자 하는 이러한 본성은 상키야의 교의에 수순하는 데서 기인한다. 이것의 영역은 현현된 모든 실체로 확장되며, 여기서는 동질이 우세하게 된다.

⑤지식 무욕: 이것은 지식 욕구와는 완전히 정반대의 상태이다. 감각적 쾌락을 인생의 목적으로 추구하길 선호하여, 더 숭고한 것을 추구하는 데 전혀 무관심하게 될 때와 같은 무지의 상태가 이것이다. 이러한 상태는 특히 마약이나 술 또는 잠으로 취해 있을 때 발생한다. 이 경우에는 지성이 발현될 수 없으므로 모든 현상이 어둠에 잠겨 있다. 이러한 상태는 온통 암질로 압도되어 있다.

2. 지식 욕구를 고취하는 5풍

이상과 같은 설명의 취지에 따르면 다섯 원천들 중에서 ④지식 욕구는 해탈로 인도하는 반면, 나머지 넷은 속박을 야기한다. 또한 바로 앞에서 고찰한 5풍이 행동력에 해당한다면, 이 행위의 원천들은 의지력에 해당한다. 이러한 관점에서 *Yuktidīpikā*의 저자는 행위의 원천들에 5풍을 적용하여 이 둘을 더욱 철학적으로 고찰한다. 여기서 저자의 관점은, 이 모든 중생들이 행위의 원천들을 고려하여 잘못된 행로로부터 올바른 행로로 그 흐름을 전향한다면, 5풍은 해탈을 성취하도록 원조할 수 있다는 것이다. 저자가 5풍을 최우선으로 취급한 것도 이 때문이다.

그런데 5풍은 앞에서 소개했듯이 내적인 것과 외적인 것이라는 두 방향으로 기능한다. 이 중에서 내부로부터 자동으로 진행되는 내적 기능에는 어떤 자극이 필요하지 않다. 그러므로 고유한 기능이 전환되거나 수축되는 경우도 전혀 있을 수 없다. 그러나 고유한 기능을 외부에 발현할 수 있는 외적 기능의 경우에는 자극의 영향을 받아 기능의 효용도 전환될 수 있다. 다시 말해서 5풍의 외적 기능은 지식 욕구와 같은 의지력의 자극을 받아 지혜를 촉진하고 해탈을 도모하는 방향으로 전환될 수 있다. 만일 지식 욕구로써 외적 기능의 방향을 잘 통제한다면, 통각의 순질성이 증진하기 시작하여 점차 해탈을 향해 나아가게 된다.

예를 들어 ①생기의 외적 기능은 어떤 것에 민감하거나 탐닉하거나 마음을 기울이는 것이다. 만약 이 기능을 약화시키지 않고 오로지 미덕이나 지혜와 같은 것으로 한정한다면, 통각에서는 지성으로 작용하는 순질의 흐름이 저절로 증진하여 현저하게 우세해질 것이다. 이로써 해탈의 수단인 식별지가 촉진된다.

②하기의 경우에는 '아래로 끌어내리는' 쇠퇴의 기능을 악덕이나 무지, 이 밖에 통각의 암질적 변형으로 한정해야 한다. 요컨대 하기를 통각에서 암질의 기능이 쇠퇴하게 하는 방향으로만 적용해야 한다. 이에 따라 순질의 지성을 압도하여 식별지의 장애가 되는 암질의 흐름은 저지되고, 통각의 본성인 순질은 점차 강화될 것이다. *Yuktidīpikā*에서는 다음과 같은 설명으로 이러한 취지를 드러낸다.

> 쇠퇴하는 ②하기의 영역을 악덕 따위의 영역으로만 제한해야 한다. 실로 이리하여 지성의 영역을 가로막는 이 암질은 약화되며, 이로부터 더욱 더 통각의 본성을 습득하게 된다.[205]

....

205 ②apāna-viṣayaṃ tv apakramaṇam adharmādi-viṣaya evāvaroddhavyam | evaṃ hy asya khyāti-viṣayāvārakasya

공유와 연대를 외적 기능으로 갖는 ③등기의 경우에는 통각의 순질적 변형이 가능할 때까지 순질과의 협동을 유지해야 한다. 이렇게 하면 등기는 항상 순질에 안주하여 순질의 동반자가 될 것이다. "왜냐하면 성전에서 '그것(등기)은 항상 순질을 기쁨으로 갖고 순질의 짝이 될 것이다'라고 말하기 때문이다."[206]

④상기의 외적 기능은 '자아 증대'라는 말로 표현된다. 이처럼 우월성을 주장하는 것도 바르게 적용된다면 좋은 결과를 얻게 된다. 자신의 우월성을 다음과 같은 식으로 생각하는 것이 상기의 바른 적용이다. '나는 무지에서 벗어나 있다.' '나는 미혹에서 벗어나 있다.' '나는 집착에서 벗어나 있다.' '나는 속박에서 벗어나 있다.' 상기의 기능을 이와 같이 적용함으로써 해탈로 나아가는 길을 닦을 수 있다.

⑤매기의 경우에는 불가분리의 결속과 유대감을 형성하는 외적 기능을 오로지 지혜에 온통 적용해야 한다. 이 적용은 예를 들면 다음과 같은 식으로 생각하는 것이다. '나는 지혜와 불가분리로 연결되어 있다.' '나는 지혜 속에서 지혜를 통해 드러난다.' '나는 지혜와 하나이다.'

*Yuktidīpikā*의 저자는 이 같은 설명으로 행위의 원천들과 5풍을 결부시켜, 행위의 원천들을 정화하는 방향으로 5풍의 외적 기능을 전환할 수 있다는 취지를 함축한다. 이 전환의 결과로 유해한 성벽은 점차 종식되어 더 이상은 불결한 상태에 빠져들지 않게 된다. 이로써 일상에서 오염된 마음은 정화되어 해탈을 지향하게 될 것이다. 5풍으로부터 시작하여 8기, 행위의 다섯 원천에 이르는 저자의 장황한 설명은 다음과 같은 금언을 인용하는 것으로 끝난다.

> 깨달은 자는 숨들(5풍)의 외적 기능을 바른 길에 확립하고 나서, 해롭고 불결한 것들로부터 벗어나 영원한 불사의 상태에 도달한다.
> 다섯 가지 원천들의 원인이 되는 미덕 따위를 통제하여 완전히 태워 버리므

....

tamaso nirhrāsaḥ | tataś cottarottara-buddhi-rūpādhigamaḥ | YD ad. SK 29. Wezler & Motegi(1998) p. 210, 26-28행.

206 yasmāc chāstram āha "sattvārāmaḥ sattva-mithunaś ca sadā syāt" iti | ibid. p. 211, 1-2행.

로, 그것들에서 정화되어 다시는 하방에 떨어지지 않을 것이다.[207]

이제까지 저자가 설명한 의도는 이것으로 엿볼 수 있다. 그리고 이와 관련하여 저자가 행위의 다섯 원천 중에서 ⑤지식 무욕에 특별한 의의를 부여한 것도 주목할 만하다. ④지식 욕구와는 반대의 것인 지식 무욕을 배척할 수 없는 이유는 ⑤지식 무욕을 반면교사로 삼아 그릇된 길로 휩쓸리지 않을 수 있기 때문이다. 만약 ⑤지식 무욕의 방향을 추구하더라도 그 폐단을 반성해 간다면, 이 과정에서 그 원천들은 정화되므로 해탈에 장애가 될 결과를 야기하지는 않을 것이다. 반성을 통해 통각의 순질이 우세하도록 마음을 쏟고 이와는 반대의 방향으로 나아가지 않는다면, 그 순질로 기쁨을 얻고 집착의 성향에서 벗어나게 된다. 이제 오로지 지혜를 추구하는 데만 전념함으로써 행위의 원천들에서 모든 오염을 일소하여, 마침내 최상의 성취인 독존(해탈)에 도달한다. *Yuktidīpikā*의 저자는 한참 뒤에서도 다음과 같은 설명으로 이 점을 상기시킨다.

> 이와 같이 설명되는 것들이 생기 따위의 이러한 흐름들과 행위의 원천들이다. 이것들의 길로 나아가기 때문에 독존으로 불리는 최상의 성취에 도달한다. 그래서 이렇게 설한다.
> "인증된 원천들이 바른 길로 이끌기 때문에, 그리고 그 흐름들은 청정하게 되기 때문에, 그는 장애(집착)가 없는 지성을 갖고 살아갈 수 있을 것이다."[208]

*Yuktidīpikā*에서는 이상과 같이 행위의 다섯 원천들을 자기 계발에 유익한 방

....

207 bāhyām prāna-vivṛttiṃ samyaṅ-mārge budhaḥ pratiṣṭhāpya | vinivṛtta-vikhara-kaluṣo dhruvam amṛtaṃ sthānam abhyeti | pañcānāṃ yonīnāṃ dharmādi-nimittatāṃ ca saṃsthāpya | paripakvam ity adhastān na punas tad-bhāvito gacchet || ibid. p. 211, 9-12행.

208 evam etāni srotāṃsi prānādayaḥ karma-yonayaś ca vyākhyātāḥ | eteṣāṃ mārge 'vasthāpanāt parāṃ siddhiṃ kaivalya-lakṣāṇām acireṇa prāpnoti | āha ca — yonīnāṃ sapramāṇānāṃ samyaṅ-mārge niyojanāt | srotasāṃ ca viśuddhatvān nirāsaṅga-matiś caret || YD ad. SK 51. ibid. p. 253, 11-15행.

향으로 적용할 수 있다고 역설한다. 그러나 소위 행위론은 대체로 고전 상키야의 주요 관심사가 아니므로, 행위의 원천이라는 관념도 *Yuktidīpikā*를 제외한 나머지 주석서들에서는 거론되지 않는다. 그럼에도 불구하고 『기타』에 상키야의 초기 교의가 반영되었음을 인정하면, 행위 및 이와 관련된 주제들이 상키야의 고대 문헌들에서는 취급되었을 것으로 추정할 수 있다.[209]

9.4.3. 여섯 가지 정신력, 6성취

상키야에서 6성취(ṣaṭsiddhi)라는 말은 거의 알려져 있지 않은 것으로 보인다. 이것은 *Yuktidīpikā*의 몇몇 사례를 제외하면, 상키야의 기존 문헌들 중에서는 아무데서도 등장하지 않는다. 6성취란 여섯 종류의 정신력을 지칭한다. 즉 ①의지력(saṃkalpa-siddhi), ②시각력(dṛṣṭi-siddhi), ③언어력(vāk-siddhi), ④접촉력(hasti-siddhi), ⑤포옹력(āśleṣa-siddhi), ⑥교합력(dvaṃdva-siddhi)이다. 각 성취의 개념만으로는 6성취의 취지를 간파하기 어렵다. 그러나 *Yuktidīpikā*의 설명에 의거하여 다음과 같은 각 성취의 취지를 파악해 가면 이것이 인간 중심의 독특한 창조설이라는 것을 알 수 있다.[210]

①의지력: 창조의 첫 단계에서 순질이 비범하게 작용하면, 이때 형태가 부여된 자아는 당연히 의지의 정신력을 구비하게 되고, 이 정신력을 적용하여 자식을 낳거나 자신이 원하는 대로 다른 어떤 것을 산출할 수 있었다. 이때는 어떤 성적 교합에 의지하지 않고 순전히 의지만으로 자식을 낳았다. 이 같은 유형의 창조에 관한 숱한 사례가 베다나 Purāṇa와 같은 다른 성전들에도 기록되어 있다.

②시각력: 우세했던 정신적 소질이 점차 저하됨에 따라, 형태가 부여된 존재들의 창조는 덜 미세하고 더 노골적인 활동에 의해 이루어졌다. 이 같은 둘째 단계에서는 남녀가 단지 연모하는 동경의 눈길을 보내는 것만으로도 자식을 낳았

....

209 이에 관한 중요한 단서는 BG 18.13(제2장 각주 62), 18.15(@제2장 각주 63) 참조.

210 이하는 Chakravarti(1975) pp. 284-8 참조.

다. 이러한 사례는 일군의 생물학적 집단에 아직 잔존한다. 예를 들어, 암컷 거북은 감관을 직접 결합하지 않고 숫컷을 한 번 보는 것만으로도 수태한다.

③언어력: 둘째 단계의 능력이 사라진 셋째 단계에서는 "아이를 갖자"와 같은 표현으로 단지 발설하는 것만으로 자식이 태어났다. 이러한 사례도 하급 생물의 집단에는 잔존한다. 예를 들어 조가비는 날카로운 소리를 내는 것으로 자식을 잉태한다. 고등 생물의 집단에도 이러한 사례가 있다. 즉 흘끗 보아 가면서 애인과 대화를 나누는 것으로 기쁨을 얻는다.

④접촉력: 셋째 단계에 수반되었던 정신력을 상실한 넷째 단계에서는 남성이 손으로 만지는 것만으로도 창조가 가능했다. 오랫동안 헤어진 끝에 재회한 남녀가 서로 어루만지는 것으로 절묘한 기쁨을 얻는다는 사실이 이를 예증한다.

⑤포옹력: 넷째 능력을 상실한 이 단계에서는 남녀가 서로 껴안는 것만으로도 자식을 출산할 수 있었다. 연인들의 포옹은 희열을 낳는다는 사실이 이를 예증한다.

⑥교합력: 다섯째 능력을 상실한 이 마지막 단계에서는 노골적인 성적 교합으로 자식을 낳을 수 있다. 주지하다시피 창조의 수단으로는 이것이 가장 유명하다.

이상과 같은 창조의 여섯 방식은 순질이 우세하기 때문에 확실하게 효과를 발휘한다. 위의 다섯째 단계에 있을 때까지만 해도 자식을 출산하는 데는 반드시 성행위가 필요한 것은 아니었다. 그러나 여섯 가지의 창조가 전제하는 순질성(정신력)을 상실하여 동질과 암질이 우세함으로써, 성행위가 오늘날의 출산 방식으로 통용되어 왔다. 이 단계에서는 '이것은 내 것이다'라고 하는 자기 본위의 관념이 만연한다. 이 결과로 순수정신은 하나의 신체에서 다른 신체로 전전하며, 해탈하기 전까지는 이런 사태가 지속된다. *Yuktidīpikā*에서는 이러한 취지로 이해되는 6성취를 다음과 같이 설명한다.[211]

....

211 YD ad. SK 39. Wezler & Motegi(1998) p. 229, 5-17행.

1. pūrvasarge prakṛter utpannānāṃ prāṇināṃ sattva-dharmotkarṣād antareṇa dvayasam āpattiṃ manasaivāpatyam anyad vā yathepsitaṃ prādur babhūva |

1. 태초의 창조에서 원질로부터 발생한 중생들의 경우에는 순질의 성질이 탁월했기 때문에, 짝을 짓지 않고 오직 의향만으로 바라는 대로 자식이나 다른 것이 생겨났다.
2. 그리고 암컷 거북이가 [숫컷에게] 보이는 것으로 알을 배는 바로 그러한 일은 오늘날에도 계속되고 있다. 참으로 하여튼 애인을 바라보고 나서는 자신의 목적이 달성되었다고 생각한다.
3. 그것도 쇠진하자 언어에 의한 성취력이 발생했다. 중생들은 대화를 나누고 나서 바라는 것을 획득한다. 조개 생물이 소리를 울리는 것으로 자식을 잉태하는 그러한 일은 오늘날에도 계속되고 있다. 참으로 하여튼 애인에게 이야기하고 나서는 큰 쾌감을 경험한다.
4. 그것도 사라지자 손에 의한 성취력이 발생했다. 손을 만지고 나서 바라는 목적을 성취한다. 오랫동안 [헤어진] 후 애인을 바라보면서 두 손을 만지고 나면 쾌감이 발생하는 바로 그러한 일은 오늘날에게 계속되고 있다.
5. 그것도 사라지자 포옹에 의한 성취력이 발생했다. 중생들은 껴안는 것으로 바라는 것을 얻는다. 애인을 껴안고 나면 환희가 발생하는 바로 그러한 일은 오늘날에도 계속되고 있다.
6. 그것도 사라지자 짝짓기에 의한 성취가 시작되었다. 여자와 남자는 서로 비벼 대고 나서야 자식을 낳을 수 있다. 그리고 '이것은 내 것이다, 이것은 내 것이다'라고 하는 소유가 시작되었다. 바로 이 경우에만 윤회가 묘사된다.

....

2. tad etad adyāpi cānuvartate yat tu kacchapikā nirūpitenāṇḍa-dhāraṇaṃ karoti | priyaṃ khalv api cakṣuṣā nirīkṣya kṛtārtham ātmānaṃ manyate |

3. tasyām api kṣīṇāyāṃ vāksiddhir babhūva | abhibhāṣya prāṇino yad icchanti tad āpādayanti | tad adyāpy anuvartate yac chaṅkhī vitatenāpatyaṃ bibharti | priyaṃ khalv api sambhāṣya mahatīṃ prītim anubhavati |

4. tasyām upakṣīṇāyām hasta-siddhir babhūva | saṃspṛśya pāṇim īpsitam artham upapādayanti | tad etad adyāpy anuvartate yat priyaṃ cirād ālokya pāṇau saṃspṛśya prītir bhavati |

5. tasyām upakṣīṇāyām āśleṣa-siddhir babhūva | āliṅganena prāṇina īpsitaṃ labhante | tad etad adyāpy anuvartate yat priyam āliṅgya nirvṛti rbhavati |

6. tasyām upakṣīṇāyāṃ dvandva-siddhir ārabdhā | strī-puṃsau saṅghṛṣyāpatyam utpādayetāṃ mamedaṃ mamedam iti ca parigrahāḥ pravṛttāḥ | etasmin evāvasare saṃsāro varṇyate |

이 원문에서 먼저 열거되는 2성취는 ①의지력와 ②시각력일 것으로 짐작할 수 있다. 이렇게 짐작할 수 있는 단서가 『마하바라타』에서 발견되기 때문이다. 여기서 Vyāsa는 Kuntī 앞에서 의지로써, 말함으로써, 봄으로써, 만짐으로써, 성교로써 자식을 낳는 신격들이 있다고 다음과 같이 말한다.

> 신들의 무리는 의도하는 것으로, 말하는 것으로, 보는 것으로, 또한 만지는 것으로, 비벼 대는 것으로 [자식을] 생기게 한다고 하는 다섯 부류이다.[212]

여기에는 ⑤포옹력을 제외한 나머지 다섯 성취력이 모두 시사되어 있다. 한편 『요가주』에서는 6성취를 인식한 흔적이 명료하지 않지만, 다음과 같은 서술에서 6성취 중의 하나와 합치한 것을 발견할 수 있다.

> 모두는 의지대로 성취하고, 원자처럼 작아지는 따위의 신통력을 갖추고, 1겁(kalpa)의 [긴] 수명을 갖고, 존경을 받고, 사랑을 즐기고, 저절로 생성되는 신체를 가지며, 가장 빼어나고 상냥한 요정들의 시중을 받는다.[213]

위의 첫 구절에서 언급한 '의지대로 성취하고'의 원어는 ①의지력의 원어와 동일한 saṃkalpa-siddha이다. 그러나 여기서는 이 말이 위대한 인드라의 세계에 거주하는 신격들을 수식하는 말로 사용되어 있다. 여기서 '저절로 생성되는 신체'라는 표현도 중요하다. 이 표현은 그러한 신격들이 자신들의 의지대로 육체를 취할 수 있다는 의미를 함축한다. 그러므로 이것은 6성취의 첫째인 의지력과 충분히 부합한다.

창조의 양상들을 설명하는 6성취설은 생성의 과정이 일정하지는 않다는 사

212 santi deva-nikāyāś ca saṃkalpāj janayanti ye | vācā dṛṣṭyā tathā sparśāt saṃgharṣeṇeti pañcadhā || Mbh 15.30.22 =38.21. Dutt(2004.IX) p. 946.

213 YBh 3.26. 정승석(2020) p. 201.

실을 입증하고자 시도한다. 창조를 진행하는 생성 과정은 단순한 양상으로부터 출발하여 점차 복잡한 양상으로 나아간다. 상키야의 전변설을 여기에 적용하면, 순질이 현저하게 우세한 창조의 여명기에는 모든 것이 단순하면서도 섬세하고 거대했다. 시간이 지나면서 동질과 암질의 작용으로 순질의 우세는 약화되기 시작했다. 이 때문에 본래 단순했던 것이 복잡하게 되고, 섬세했던 것이 거칠게 되고, 거대했던 것이 축소되기 시작했다. 이와 관련해서는 니야야 학파의 *Nyāya-kusumāñjali*에서도 유사한 관념을 엿볼 수 있다.

> 타락한 견해를 통해 출생의 정화 의식(儀式)에 관한 지혜 따위의 [타락], 능력의 [타락], 성전 공부와 행위의 [타락], 그리고 전통의 타락을 [순서대로] 추론할 수 있다.[214]

Udayana는 *Nyāya-kusumāñjali*를 게송으로 작성하고 이것을 해설하는 주석서도 저술했다. 그는 주석에서 위의 게송을 다음과 같이 설명한다.[215]

> 1. 실로 옛적에는 마음들의 후손으로서 자식들이 태어났다.
> 2. 그 다음에는 단지 자식을 목적으로 짝을 이루어 성교하는 일들이 있었다.
> 3. 그 다음에는 비난받아야 할 애욕에 몸을 맡김으로써 태어난 자들이 있었다.
> 4. 지금은 장소와 시간 따위의 시대적 환경으로, 짐승들이 하는 짓보다도 성행하는 것들이 있다.

....

214 janma-saṃskāra-vidyādeḥ śakteḥ svādhyāya-karmaṇoḥ | hrāsa-darśanato hrāsaḥ saṃpradāyasya mīyatām || *Nyāya-kusumāñjali* 2.3. Upādhyāya(1957) p. 232.

215 ibid. p. 263, 1-6행.
1. pūrvaṃ hi mānasyaḥ prajāḥ samabhavan | 2. tato 'patyaikaprayojana-maithuna-sambhavāḥ | 3. tataḥ kāmāvarjanīya-sannidhi-janmānaḥ | 4. idānīṃ deśakālādy-avasthayā paśudharmād eva bhūyiṣṭhāḥ | 5. pūrvaṃ caru-prabhṛtiṣu saṃskārāḥ samādhāyiṣata, tataḥ kṣetra-prabhṛtiṣu, tato garbhāditaḥ | 6. idānīṃ tu jāteṣu laukika-vyavahāram āśritya | 7. pūrvaṃ sahasra-śākho vedo 'dhyagāyi, tato vyastaḥ, tataḥ ṣaḍaṅga ekaḥ | idānīṃ tu kvacid ekā śākheti |

5. 옛적에는 공물 따위에 정화 의식들을 봉행했다. 그 다음에는 전답 따위에, 그 다음에는 임신한 처음부터 [정화 의식들을 봉행했다.]

6. 그러나 지금은 세속의 관행에 의지하여 태어난 것들에 [정화 의식들을 봉행한다.]

7. 옛적에는 1천 분파를 가진 베다를 공부했다. 그 다음에는 분할된 것을, 그 다음에는 여섯 분과[216]를 가진 하나를 [공부했다.] 그러나 지금은 어쩌다가 한 분파를 [공부한다.]

위의 설명이 함의하는 내용을 더 구체적으로 드러내자면 다음과 같이 이해할 수 있다. 창조의 최초 단계에서는 단지 정신적인 노력으로 자손들을 출산했다. 다음 단계에서는 성교라는 과정이 필요했지만, 그것도 자식을 낳기 위한 목적으로만 이루어졌다. 바로 이 과정이 나중에는 태어날 자식의 장래는 아랑곳없이 오직 감각적 쾌락을 위해 자행되었다. 오늘날에는 그 과정에 시간과 장소의 제한이 없으니, 짐승의 행위보다도 더 심한 지경에 이르게 되었다. 이와 아울러 정화 의식도 점차 타락했다. 애초에는 의식(儀式)을 통해 부모의 음식을 정화하는 것이 관습이었다. 다음 시대에는 자궁에 있는 태아를 정화했다. 오늘날에는 출산한 다음에 아이를 정화한다. 공부의 경우도 이와 마찬가지이다. 애초에 학생들은 베다의 1천 분파를 모두 공부하는 것이 상례였다. 그러다가 그 분파들 중의 일부 분파를, 그 다음에는 한 분파를 여섯 분과와 함께 공부했다. 오늘날에는 오직 한 분파만이 잔존해 있고, 이것마저도 어렵게 공부한다. 이처럼 모든 것은 사실상 퇴화의 과정을 거쳐 왔다.

상키야의 3질설을 여기에 적용하면 이러한 퇴화는 순질의 기능이 점차 약화된 데서 기인한다. *Yuktidīpikā*의 저자가 설명한 6성취에 의하면, 창조의 위계에서 상위는 대체로 순질이 우세할 경우로 국한된다. 인간은 6성취의 마지막 단계

216 여섯 분과(Vedāṅga)는 음성학(śikṣā), 제의(祭儀)의 규정인 의궤(kalpa), 문법학(vyākaraṇa), 어원학(nirukta), 운율학(chandas), 천문학(jyotiṣa)이다.

에서 순질에 의한 정신력을 상실하고 동질이 우세한 성욕에 의해 창조된다. 그렇더라도 이 단계의 인간에게는 해탈을 성취할 수 있는 능력이 남아 있는 것으로 인정된다. *Yuktidīpikā*에서 "6성취가 사라진 시기에 출현한 인간과 짐승에게는 자유자재가 없다."[217] 고 말한 자유자재란 해탈할 수 있는 능력을 의미하는 것으로 이해되기 때문이다.

9.5. 다수의 원질을 상정하는 이설

9.5.1. 원질과 대아신(大我身)

상키야의 전통에서는 일찍이 원질의 실재성과 유일성이 핵심 교의를 형성하는 10가지 주제의 첫째와 둘째로 꼽힌 것으로 알려져 왔다.[218] 그런데 Guṇaratna의 『육파철학집성주』에서는 원질(제일원인)의 다수성을 주장하는 초기 학파가 있었음을 시사한다.

> 실로 원래의 상키야 학파는 각각의 자아에 대해 별개의 제일원인을 설한다. 그러나 나중에 상키야 학파는 모든 자아들에 대해서도 하나의 영원한 원질이 있다고 설하기에 이르렀다.[219]

여기서 먼저 언급한 원래의 상키야처럼 자아와 제일원인이 일대일로 대응한다면, 자아(순수정신)의 다수성을 인정할 경우에는 제일원인도 다수성을 갖게 된다. 즉 제일원인인 원질은 순수정신의 숫자만큼 많게 된다. 이처럼 원질의 다

....

217 anaiśvaryaṃ ṣaṭsiddhi-kṣaya-kālotpannānām mānuṣāṇām tiraścām ca | YD ad. SK 43. Wezler & Motegi(1998) p. 234, 8행.

218 *Yuktidīpikā*의 서문에 제시된 유명한 사례는 @제7장 각주 81, 82 참조.

219 maulikya-sāṃkhyā hy ātmānam ātmānaṃ prati pṛthak pradhānaṃ vadanti, uttare tu sāṃkhyāḥ sarvātmasv apyekaṃ nityaṃ pradhānam iti prapannāḥ || TRD 36.10. Kumar Jain(1997) p. 145, 9-10행.

수성을 주장하는 것은 원질다수설[220]로 불린다.

*Yuktidīpikā*에서는 Paurika를 원질다수설의 제창자로 지목한다. Paurika는 각개의 순수정신에 부착된 별개의 원질이 경험적 세계에서 순수정신을 위해 육체 따위의 다른 대상들을 생성한다고 주장한다. 그에 의하면 이러한 개별 단위의 원질은 또 다른 주도 원질에 의해 유지되고, 이것은 다시 대아신(大我身)에 귀속된다.[221] 대아신(māhātmya-śarīra)이라는 용어는 『마하바라타』에서의 드문 사례[222]를 제외하고 *Yuktidīpikā*의 도처에서 언급될 뿐, 이 밖에 현존하는 다른 어떠한 상키야 문헌에서도 발견되지 않는다. 따라서 이에 대한 고찰이 필요하다.

대아신은 강한 의지력으로 다양한 형태의 피조물을 생성할 수 있는 신격들을 의미한다. 이에 따라 브라마 신, Hiraṇyagarbha, 대자재신 등도 이 범주에 포함된다. 그러나 카필라는 여기서 배제된다. 그는 '위대한 성현'(paramarṣi)으로 불리므로 신격들과는 다르다. 대아신과 카필라는 모두 우주의 순환에서 창조의 시초마다 출현하지만, 양자 사이에는 차이가 있다. 카필라는 3질 중에서 순질의 예외적 흐름으로부터 자신의 활동을 진행하고 선천적으로 지혜를 갖추고 있다. 대아신의 경우에는 순질과 동질이 대등하게 우세하며[223] 선천적으로 초능력을 갖추고 있다.[224]

대아신의 초능력이란 바라는 대로 특수한 피조물들을 다양하게 생성할 수 있는 비범한 능력이다. 자신의 의지력으로 수천만의 루드라(Rudra) 신들을 산

....

220 *Yuktidīpikā*에서는 원질다수설을 아주 간결하게 "각각의 순수정신을 위해 제일원인(=원질)들이 존재한다고 말하는"(pratipuruṣaṃ pradhānānīti) 것이라고 표현한다. YD ad. SK 56. Wezler & Motegi(1998) p. 262, 25-26행.

221 YD ad. SK 56. @제7장 각주 127 참조.

222 Mbh(12.338)에서 Nārada가 200종의 이름으로 Nārāyaṇa를 부르는 중에 대아신은 174번째로 언급된다. Dutt(2004.VIII) p. 544. Pune본에(12.325)에 따르면 171종에서 144번째로 언급된다.

223 YD ad. SK 15. @제8장 각주 184.

224 "그런데 최고의 성현에게는 지혜가 본래 갖추어져 있듯이, 마찬가지로 대아신에게는 초능력이 갖추어져 있다." (yathā ca paramarṣer jñānaṃ sāṃsiddhikam evaṃ māhātmya-śarīrasyaiśvaryam | YD ad. SK 43. Wezler & Motegi 1998:234, 6-7행)

출했다고 하는 위대한 쉬바 신의 경우를 예로 들 수 있다. *Yuktidīpikā*의 저자는 이 같은 존재들의 출현을 『상키야송』에서 말하는 원질적인 것[225]의 변형으로 간주한다. 그에 의하면 이 변형은 대아신의 의지력으로부터 출현한다. 원질은 대아신이 바라는 것이면 무엇이든지 이면으로부터 즉시 공급한다.

> [저자(Īśvarakṛṣṇa)는 수태 직후의 태아인] 'kalala 따위'를 언급함으로써 신체들은 오직 3종[226]이라고 말한 것이다. … 원질적인 것은 그와 같이 대아신의 의욕으로부터 [존재하듯이] 실로 그에게는 의욕이 있다. "자! 나는 나를 위해 일하고 나와 저급한 자를 알아차릴 아들들을 낳아야 하겠다." 그가 의도하는 그대로 원질로부터 창조를 개시하는 것은 대자재신(쉬바)이 수천만의 루드라를 창조할 때와 같다.[227]

이 설명은 파탄잘리가 『요가경』에서 "화생심(化生心)들은 오직 자아의식으로부터 [발생한다.]"[228]라고 말한 것과도 연관지어 생각해 볼 수 있다. 여기서 말하는 화생심은 신적인 초능력을 가진 요기(요가 수행자)의 자아의식에서 발생한다. 원하는 대로 피조물을 생성할 수 있는 대아신의 의욕도 자아의식으로부터 발동하는 초능력이다. 대아신은 자아의식이라는 의욕의 강도에 따라 창조하고, 요기는 자아의식에서 발생한 화생심으로 생성한 신체들에 마음을 부여한다.[229] 요기의 의지에 의해 생성된 마음들은 근본적인 하나의 마음에 의해 규제

....

225 SK 43. @제8장 각주 181.

226 3종은 신과 인간과 축생을 의미할 수도 있다. 그러나 SK 43을 주석하는 여기서는 SK 43에서 언급한 선천적인 것, 원질적인 것, 변이적인 것이라는 3종의 kalala 따위로서 발생하는 신체를 의미할 것이다. cf. Kumar & Bhargava(1992) p. 311, en. 5.

227 trividhaiveti | kalalādi-grahaṇena śarīrāṇy āha … prākṛtaṃ yathā māhātmya-śarīrābhidhyānāt tasya hy abhidhyāno bhavati — "hantāhaṃ putrān srakṣye ye me karma kariṣyanti ye māṃ paraṃ <cāparaṃ> ca jñāsyanti" | sa yādṛk sargam abhidhyāyati tādṛk pradhānād utpadyate tad yathā maheśvarasya rudra-koṭisṛṣṭāv iti | YD ad. SK 43. Wezler & Motegi(1998) p. 234, 22-29행. 따옴표는 필자. 이 인용구는 다음에 SK 46을 주석하면서도 재인용된다. @제8장 각주 366.

228 YS 4.4. 이 @제9장 각주 46.

되고 인도된다.[230] 『요가주』에서 카필라가 Āsuri에게 자비심으로 지식을 전수할 때 사용했다고 말하는[231] 화생심도 카필라의 강력한 자아의식의 발현일 것이다.

그러므로 대아신이 원질적인 것의 변형으로 창조를 전개하는 과정과 요기가 근본적인 하나의 마음으로부터 다른 신체들 및 마음들을 생성하는 과정은 거의 동일하다고 이해할 수 있다. 이는 원질다수설을 주장한 Paurika의 교의와도 밀접한 유사성을 함축한다. Paurika 역시 대아신에 부착된 근본원질이 강한 욕구력으로 개체들의 부수적 원질들을 인도하고 규제한다고 생각하기 때문이다.[232]

창조의 시초마다 출현하는 대아신 중에서 최상의 존재는 브라마 신이다. 그는 창조자로서의 역량에서 동렬의 다른 모든 것을 능가한다. Purāṇa에서 그는 물질세계의 창조자이다. 그러나 이 같은 신성한 존재도 창조의 순환이 끝날 때마다 원질의 자궁으로 병합되고 새로운 브라마 신이 그 자리를 차지한다. 대자재신과 같은 동렬의 신격들도 이와 마찬가지이다.

그러나 *Yuktidīpikā*가 대변하는 상키야의 관점으로 보면, 창조주인 브라마 신은 원질의 첫째 전변인 통각과 대등하다. *Yuktidīpikā*에서는 통각인 마하트를 브라마 신과 자재신의 동의어로 간주하기 때문이다. 상키야에서 위대한 신격을

....

229 『요가주』(YBh 4.4)에서는 "그(요기)는 오직 자아의식을 마음의 원인으로 사용하여 화생심들을 만들어 낸다. 이로부터 그것(신체)들은 [각각의] 마음을 지닌다."라고 설명하고, Vācaspati는 이것을 다음과 같이 해설한다.
"신체가 살아 있는 한, 그 신체는 모두 제각기 특정한 마음과 결부되어 있는 것으로 존재한다. 예를 들면 Caitra 또는 Maitra와 같은 사람들의 신체가 그러하다. [요기가] 생성한 신체들도 그러하다. 따라서 이것들도 별개의 마음을 갖는다는 것이 확실하다는 뜻으로 [저자는 이와 같이] 말한 것이다." (yad yāvaj jīvac charīraṃ tat sarvam ekaikāsādhāraṇa-cittānvitaṃ dṛṣṭam | tad yathā caitra-maitrādi-śarīram | tathā ca nirmāṇakāyā iti siddhaṃ teṣām api prātisvikaṃ mana ity abhiprāyeṇāha ‖ TV 4.4. Bodas 1917:185, 13-15행)

230 "[마음의] 활동은 다양하지만, 많은 것을 이끄는 마음은 하나이다." (pravṛttibhede prayojakaṃ cittam ekam anekeṣām ‖ YS 4.5)

231 YBh 1.25. @제2장 각주 214

232 "서로 다른 제일원인(근본원질)이 각각의 순수정신을 위해 신체 따위를 대상으로 조성한다. 그리고 그것(순수정신)들을 위해 대아신의 제일원인이 발동할 때 다른 것(원질)들도 발동한다. 그것이 멈출 때 다른 것들도 멈춘다고 상키야의 교사인 Paurika는 생각한다." (pratipuruṣam anyat pradhānaṃ śarīrādy-arthaṃ karoti | tesām ca māhātmya-śarīra-pradhānaṃ yadā pravartate tadetarāny api | tan-nivṛttau ca tesām api nivṛttir iti paurikah sāmkhyācāryo manyate | YD ad. SK 56. Wezler & Motegi 1998:262, 11-13행)

이렇게 취급하는 문헌은 거의 없지만, *Yuktidīpikā*의 저자가 통각에서 유래하는 관념의 창조를 설명하면서 인용한 다음과 같은 구절에서 이에 관한 단서를 얻을 수 있다.

> 이와 같이 바로 그러한 브라마 신의 욕구로부터 발생하는 것이 '관념의 창조'이다. 이것이 곧 전도로 불리고, 무능으로 불리고, 만족으로 불리고, 성취로 불린다는 것이다.[233]

여기서는 대아신과 동일시되는 브라마 신의 의지로부터 발생하는 다양한 형태의 전개도 '관념의 창조'로 간주된다. 그러나 무신론의 『상키야송』에서는 브라마 신을 전혀 언급하지 않으므로, 관념의 창조는 통각의 결과일 뿐이다. 그러므로 *Yuktidīpikā*에서 인용한 견해는 『상키야송』보다는 이전의 교의일 것임이 분명하다.

또한 *Yuktidīpikā*에 의하면, 이 교의에서는 통각으로부터 5조대요소에 이르는 23원리의 상태로 존속하는 3질이 카필라 성현을 비롯하여 Hiraṇyagarbha 및 브라마 신 등과 같은 신격들의 육신을 산출한다고도 주장한다.[234] 23원리들은 원질의 현현(전개)이므로, 이 경우에는 원질의 현현 이후에 원질의 조력으로 신격들이 출현한다고 주장한 셈이다.

이러한 주장이 초기 상키야의 견해일지라도 브라마 신이나 Hiraṇyagarbha에 대한 상키야의 관념은 베단타의 경우와는 다르다. 이 상키야에서는 성현인 카필라가 신격들보다 먼저 언급된다. 즉, 신체를 구비한 존재들 중에서 첫째로 태어난 분이 '카필라'라고 단언하기도 한다.[235] 그러나 베단타에서는 Hiraṇyagarbha가 최초의 인격이며, 이로부터 다른 유기체들이 발생한다. 그러므로 Hiraṇyagarbha

233 YD ad. SK 46. 이 구절에 선행하는 전체 내용은 @제8장 각주 367 참조.

234 YD ad. SK 52. @제7장 각주 19, @제8장 각주 332 참조.

235 YD ad. SK 69. @제7장 각주 20.

는 우주의 질료인인 동시에 동력인이다. 이는 "태초에 출현한 Hiraṇyagarbha는 생성될 [모든] 존재의 주인이자 유일자로 있었다."[236] 라고 말한 *Ṛgveda*의 계시를 증언으로 고수하는 전통적 관념이다.

그러나 상키야의 관점은 약간 다르다. 상키야에서도 브라마 신이나 Hiraṇyagarbha가 그 자신들의 의지력으로 무수한 실체를 불러내어 현출시키는 비범한 신적 능력을 구비한다는 것은 인정한다. 다만 그러한 신적 능력은 의도한 것이라면 무엇이든 저변에 있는 원질에 의해 쉽게 공급되기 때문에 발휘될 수 있다. 그러므로 그 신격들은 동력인이고 원질은 질료인이다. 이것이 신격에 관한 상키야의 지론이다.

대아신과 결부되는 원질다수설은 Purāṇa에서 흔히 볼 수 있는 것과 같은 창조설로부터 어느 정도 영향을 받았을 가능성이 있다. 이에 따라 대아신으로 불리는 최상급의 다른 신격을 도입했을 것이다. 대아신은 고대 상키야의 문헌에서 통각의 동의어로 통용된 위대한 자아(mahat-ātman), 즉 대아(大我)와 특별한 연관이 있는 듯하다. 이 연관성을 전제로 원질다수설의 발상을 다음과 같이 이해할 수 있을 것이다.

대아신과 같은 신격들은 통각이 예외적으로 발전한 결과이며, 그 신격들에 부착된 원질들 역시 일반 존재의 원질들보다 더욱 영속적이고 강력하게 된다. 일반 존재들은 그 신격들의 강한 의지력이 요구한 대로 출현한 것일 뿐이다. 일반 존재들과 결합하는 원질의 상이한 요소들, 즉 23원리로 전개될 3질은 한정되어 있다. 따라서 이 요소들의 지속과 양육을 위해서는 최상의 신격들에 부착되는 근본원질이 필요하다. 근본원질들 중의 어느 것이 작용할 때마다 일군의 다른 원질들도 그것의 명령에 따라 작용한다. 그리고 마침내 한 차례의 우주적 순환이 종국에 이를 때면, 근본원질들이 퇴각함에 따라 일반 원질들도 소멸한다. 이 같은 방식으로 일반 존재와 결합된 원질들의 상이한 요소들이 전변과 환멸

....

236 hiraṇyagarbhaḥ samavartatāgre bhūtasya jātuḥ patir eka āsīt | ṚV 10.121.1. Müller(1983) IV, p. 400.

에서 근본원질들을 추종한다. 다만 해탈한 특수한 존재에게는 원질들도 부착하지 않으므로 다시 출현하지는 않는다.[237]

9.5.2. 고전 상키야의 정설

고전 상키야에서 원질다수설이 성립된다면, 이 경우의 원질은 제일원인인 근본원질이 아니라 일반적인 원인에 불과하다. 전변의 인과관계(<표 6>)에서 결과를 생성하는 것도 원질로 불릴 수 있기 때문이다. 그러나 최종 원인은 단일한 것이라는 전제에서 고전 상키야의 전변설은 출발한다. 이 때문에 대아신으로 불리는 다수의 신격들도 근본원질의 첫째 산물인 통각의 변형으로 간주되어야 하며, 원질다수설은 고전 상키야의 정설이 될 수 없다. 『상키야송』에서[238] 원질로부터 전개된 현현은 다수이지만 원질인 미현현은 현현과는 정반대라고 천명한 점을 그 단적인 이유로 들 수 있다. 『상키야송』에서는 이 밖의 다른 게송들로 원질의 단일성을 암시한다.[239]

원질과 그 결과들은 각각 미현현과 현현으로 구분된다. 『상키야송』에서는 원리들을 이처럼 크게 양분하여 현현이 다수(aneka)라는 사실을 천명한다.[240] 현현이 다수인 한, 미현현인 원질은 제일원인으로서 단일한 것(eka)이어야 한다. 또한 인중유과의 전변 개념을 고려하면 미현현과 현현을 단순히 '단일 대 다수'라는 정량적 개념으로만 이해하는 것은 적절하지 않다. 정량적 개념으로 이해하게 되면, 미현현은 단일하고 말하는 것을 다수인 현현에 비해 미현현이 상대적으로 단일하다는 의미로만 받아들이기 쉽기 때문이다. 상키야 특유의 전변설

237 Cf. Chakravarti(1975) p. 226.

238 SK 10. @제2장 각주 210.

239 山口惠照(1961:37)는 특히 SK 3, 10, 16, 22를 지목하여 상키야의 전변설은 단일한 원질이 바로 다수인 결과가 된다는 일즉다(一卽多)의 논리를 전개한다고 파악했다.

240 SK 22(@제2장 각주 127)에 의하면 원질(미현현)부터 마하트(통각)를 비롯하여 5조대요소까지 총 23원리가 발생한다.

에 따르면, 3질이 발동하지 않아 전개를 개시하지 않은 상태의 미현현은 인과를 초월해 있는 원리이다. 이 경우에는 정량적인 숫자 개념도 초월해 있다. 그러나 3질이 발동하여 전개를 개시한 미현현은 다양한 성질과 양상으로 전개된 현현의 유일한 원인이 된다.

미현현이 단일하다고 말한 것은 이와 같은 미현현의 양면을 포괄한 것으로 이해할 수 있으므로, 이 단일은 다수를 내포하는 절대적 유일성을 의미한다. 현현에게는 이 같은 유일성이 부정되기 때문에 '유일이 아닌'(aneka) 다수로 규정된다. 이 점에서 현현은 미현현의 절대적 유일성에 비해 상대적으로, 다시 말해서 전변이 개시된 경우에만 다수이다. 그리고 이 다수는 현현의 유일성에서 기인하므로, 여기서는 하나가 바로 다수라는 일즉다(一卽多)의 논리를 엿볼 수 있다. 상키야의 전변설에는 이 논리가 저변에 깔려 있는 것으로 이해된다.[241]

어쨌든 『상키야송』의 일부 내용만으로도 원질다수설은 성립되기 어렵다. *Yuktidīpikā*에서 Paurika의 원질다수설을 직설적으로 비판한 것도 이 때문일 것이다. *Yuktidīpikā*의 비판은, 원질로부터 전개된 것들(현현)은 순수정신의 해탈이라는 목적에 봉사한다는 『상키야송』의 교시[242]를 주석하는 데서 전개된다. 여기서 *Yuktidīpikā*의 저자는 원질에게 무한한 능력이 구비되어 있으므로 이 목적에 봉사할 수 있으며, 그 능력은 바로 원질의 절대적 유일성에서 기인한다는 관점에 입각하여, 다음과 같은 취지로 일련의 비판을 전개한다.[243]

첫째, 원질다수설을 주장할 만한 증거가 없다. 원질은 지각의 영역을 초월해 있으므로 그것이 다수라는 사실을 지각할 수 없기 때문이다. 또한 원질은 다수라고 추리할 수 있을 결정적인 근거도 없고 타당한 증언도 없다. 따라서 직접지각, 추리, 증언이라는 세 가지 인식 수단들 중 어느 것으로도 원질이 다수라는 것

....

241 山口惠照(1961) p. 39, n. 24 참조.

242 SK 56. @제2장 각주 170.

243 Cf. YD ad. SK 56. Wezler & Motegi(1998) p. 262, 15-31행 ; Chakravarti(1975) pp. 226-8.

을 입증할 수가 없다.

둘째, 원질은 다수로 존재한다고 상정할 필요가 없다. 유일한 원질은 무한한 능력을 구비하므로, 거대하고 무수한 실체들도 이 원질로부터 충분히 산출될 수 있기 때문이다. 이와는 반대로 각개의 순수정신마다 원질을 하나씩 보유한다면, 이런 원질의 능력은 각개의 순수정신에만 한정되므로 무한한 잠재력을 갖춘 것으로 간주될 수 없다. 더욱이 각개의 육체를 생성하는 원질은 그 육체가 소멸할 때 함께 소멸한다. 예를 들어 우유의 경우와 마찬가지로[244] 유한한 원질은 개인의 육체를 생성할 수 있지만, 종국에는 소진될 것이다. 이에 따라 원질은 순수정신의 해탈이라는 목적에 끝까지 봉사할 수도 없다.

셋째, 원질다수설로는 초능력을 갖춘 요기의 원질과 범부의 원질을 동일시할 수 없다. 요기는 자신의 원질을 변형시키는 초능력을 사용하여 다수의 육체를 화신으로 생성할 수 있지만, 범부는 전혀 그럴 수 없기 때문이다. 이에 따라 요기와 범부들의 원질에는 여러 등급이 있다고 인정해야 한다. 이처럼 원질들의 차별성을 주장한다면, 이 차별성을 설명하기 위한 온갖 가정과 번잡한 문제들을 야기할 것이다. 이 문제를 해결하지 못하면 초능력으로 화신한 요기의 원질도 결국에는 유한한 실체로 간주될 수밖에 없고, 카필라와 요기 및 위대한 신격에게 주지의 사실로 인정되는 초능력은 무의미한 것이 된다.

이상과 같은 문제들은 무한한 잠재력을 갖춘 단일한 원질을 상정함으로써 간단히 해결될 수 있다. 모든 변형의 원천인 유일한 원질로 세계의 경과를 더욱

....

244 Chakravarti(1975:227)는 이 비유의 취지를 "우유는 응유, 버터, 치즈 등의 산물을 생성할 수 있지만, 결국에는 그 존재가 한정되어 있다는 단순한 이유 때문에 소멸할 수밖에 없다."라고 설명하는 데 그친다. 이보다는 다음과 같은 설명이 이 비유의 취지를 잘 드러낸다.
"만약 많은 원질들이 제각각에 부여된 목적의 달성을 위해 활동한다면, 그 원질들은 저마다 규모가 한정되고 필연적으로 영원하지는 않게 될 것이다. 이는 우유를 비유함으로써 입증된다. 우유는 많은 암소들로부터 각각의 송아지를 위해 산출되지만 사실상 한정되어 있고 소멸한다. 원질들을 다수로 생각할 경우도 이와 똑같을 것이다." Kumar & Bhargava(1992) p. 377, en. 6.
여기서 암소는 육체를 비유하고, 우유는 원질을 비유하며, 송아지는 순수정신을 비유한다. 암소에 한정되어 있는 우유는 암소가 죽을 때 함께 소멸할 수밖에 없으며, 더 이상은 송아지의 양육이라는 목적(≒순수정신의 해탈)도 달성할 수 없다.

잘 설명할 수 있기 때문이다. 따라서 순수정신마다 각개의 원질을 가진다는 원질다수설은 부당하다. *Yuktidīpikā*의 저자는 Paurika의 견해를 다음과 같이 논박하는 것으로 원질은 단일한 것이라는 정설을 재확인한다.

> 그러나 "대아신의 제일원인이 발동할 때 다른 것(원질)들이 발동하고, 그것이 멈출 때 [다른 것들도] 멈춘다."[245]라고 말한 것에 대해 이제 우리는 이렇게 답변한다.
> 우월성이 없기 때문에 그렇지 않다. '몸을 아는 자'(순수정신)들의 경우에는 우월성이 없기 때문에 서로 활동을 야기하지 않듯이 그것(원질)들의 경우에도 그러하다. 혹은 [Paurika의 견해처럼 원질들이] 우월성을 가진다면 [대아신의 제일원인이 우월성을 가진다는 것과는] 어울리지 않기 때문에, 제일원인[을 상정하는 것]은 근거가 불충분한 추정이 될 것이다. 따라서 각각의 순수정신의 해탈을 위해 단일한 원질이 발동한다고 말하는 것이 타당하다.[246]

여기서는 Paurika의 견해가 부당한 이유를 "어울리지 않기 때문"이라고 지적한다. 이는 우월성끼리 상충할 수 있음을 지적한 것으로 이해된다. 다시 말해서 '대아신의 제일원인'으로 불리는 주도적인 원질과 이에 종속하는 일반 원질들이 모두 우월하다면, 이것들 중에서 어느 것이 가장 우월한지가 불투명하게 되므로, 별개의 제일원인을 상정한 것도 무의미하게 된다. 이 문제를 해결하기 위해서는 원질들을 다양한 등급으로 차별해야 할 것이다. 그리고 이렇게 차별하는 것은 원질들마다 특수한 성질이나 능력을 갖는다고 인정한 셈이 된다. 이 때문에 주도적인 원질이 일반 원질들을 조종하고 규제할 수 있다는 견해는 원질

245 이는 먼저 언급한 Paurika의 견해(앞의 각주 232)이다.

246 yat tūktam māhātmya-śarīra-pradhāna-pravṛttāv itaresāṃ pravṛttis tan-nivrttau nivṛttir ity atra brūmaḥ: na atiśayābhāvāt | yathā kṣetrajñānāṃ niratiśayatvād itaretarāpravartakatvam evam eṣām api, sātiśayatve vā pradhānānupapatti-prasaṅgo vaiṣamyāt | tasmād yuktaṃ pratipuruṣa-vimokṣārtham ekā prakṛtiḥ pravartata iti || YD ad. SK 56. Wezler & Motegi(1998) p. 262, 27-31행.

들 개개의 특수성을 인정하고 인중유과의 동질성을 부정하는 자가당착에 빠질 우려가 있다.

모든 원질은 동등해야 한다는 것이 인중유과의 인과론을 채택한 상키야의 정설이다. 원질이라면 어느 것에서든 3질의 기능을 초과하는 과잉은 있을 수 없다. 원질에 차별이 있는 것처럼 보이는 것은 3질의 상호 의존에서 기인하는 양상의 차이일 뿐이다. 그 다양성은 모든 개체에게 구비된 3질의 복합적 기능으로 설명될 수 있다.

*Yuktidīpikā*의 설명에 따르면 하나의 순수정신이 다른 순수정신을 조종할 수 없는 것과 똑같은 이유로, 하나의 원질이 다른 원질을 조종할 수는 없다. 반면에 어떤 특수한 원질 쪽에 그러한 과도한 능력이 있다고 인정한다면, 이는 저절로 원질들끼리 등급의 차이가 있다고 인정하는 것이 되고, 이것을 뒷받침하기 위한 일련의 가정들을 부질없이 수반하게 될 것이다. 그러나 이러한 가정들로도 주도적 원질을 확정하기는 어려울 것이다. 여기서 다시 한번 "근원(제일원인)에는 별개성이 없다."[247]라는 Vārṣagaṇya의 금언을 상기할 필요가 있다.

Paurika의 견해는 세계의 다양성을 원질마다 발휘하는 개별적인 기능으로 해명하기 위한 논리로 이해할 수는 있다. 그러나 사실은 단일한 원질이 누구에게나 깃들어 있는 순수정신의 해탈을 위해 발동한다. 이것이 *Yuktidīpikā*의 결론이다.

247 YBh 3.53. @제7장 각주 129, 130 참조.

제10장

요가의
이원론 실천

제10장

요가의 이원론 실천

인도의 전통적 사상에서 핵심이 되는 것은 관점에 따라 다를 수 있겠으나 종교와 철학의 관점에서는 업, 환영, 해탈, 요가라는 네 가지를 지목할 수 있다. 이것들은 기본적이고 상호 의존적인 동적 개념이다. 인도의 사상사를 일관성 있게 기술하려면 이것들 중의 어느 하나로부터 출발해야 한다. 이것들은 불가피하게 상호 연관되어 있기 때문이다.[1]

업(karma)은 결과를 야기하는 심신(心身)의 모든 활동, 즉 인간의 행위와 언설과 생각을 총칭하는 동시에 물리적 세계에까지도 적용되는 보편적 인과율을 함의한다. 업은 현생과 내생을 연결하여 끊임없는 윤회를 일으키는 것으로 인간과 우주를 연결하는 사슬이 된다.

흔히 마야(māyā)로 불리는 환영은 현실의 인간에게 내재한 무지의 양상을 의미하는 데 그치지 않고, 세계를 생성하고 유지하는 신비적 과정인 동시에 우주적 환각이다. 인간은 무지에 가려 있는 한, 이 환각에서 벗어나지 못한 채 자신의 업에 따라 윤회를 전전한다.

해탈(mokṣa)은 마야가 짜 놓은 우주적 환각과 업의 사슬에 묶인 윤회로부터

1 Cf. Eliade(1969) p. 3.

해방되어, 절대적 자유와 안온을 누리는 것이다. 불교에서 말하는 열반(nirvāṇa)도 해탈을 의미한다. 요가는 이 해탈을 성취하는 보편적인 수단이다.

이상의 넷 중에서 업과 환영은 인간의 삶을 구속하여 고통을 야기하는 현실의 실상인 반면, 해탈과 요가는 현실의 고통에서 벗어난 이상향과 그 수단을 제시한다. 인도에서 고대로부터 현대에 이르기까지 종파와 학파를 불문하고 요가를 가장 효과적이고 유일한 실천 수단으로 채택한 이유가 여기에 있다. 이는 또한 인도철학의 실천론적 성격을 대변한다.

인도철학의 실천론적 성격이란 진리에 대한 지식은 그 자체로서 중요한 것이 아니라, 인간의 해방을 실현하는 방향으로 적용되어야 한다는 구원론적 관념이다. 이 때문에 일찍이 인도의 현자들에게는 진리에 대한 지혜를 통해 해탈이라는 절대적 자유에 도달하는 것이 최상의 목표로 설정되었다. '자신을 자유롭게 하는 것'은 존재의 또 다른 지평을 여는 것, 다시 말해서 인간이라는 조건과 한계를 초월한 또 다른 존재의 양태를 전유하는 것이다.

인도철학의 대부분이 신비적 성격으로 귀결되는 이유도 해탈을 지고한 목적으로 추구하는 데 있다. 그리고 이 성격을 대변하는 것이 해탈의 공통 수단인 요가이다. 졸저의 전반부에서 충분히 확인할 수 있듯이, 요가에 대해서는 뿌리 깊은 믿음이 있다. 절대적 자유인 해탈은 사변에 의한 현학으로 성취되는 것이 아니라, 지혜의 정신 능력을 무한하게 심화할 수 있는 요가로써 성취될 수 있다는 것이 그 믿음이다.

10.1. 마음의 작용과 번뇌

10.1.1. 다섯 가지의 마음 작용

요가의 실천적 목적은 마음을 정화하고, 마음을 깊은 평온의 경지인 삼매로 이끄는 것이다. 이 목적을 달성하기 위해서는 수행의 소재인 '마음의 작용'(citta-vṛtti)을 먼저 파악해야 한다. 『요가경』에서 요가의 정의와 목적을 정의하고 나서 곧장 마음의 작용을 다섯 가지로 교시한 것도 그러한 취지일 것으로 이해할 수 있다.

요가 철학에서 심(citta), 즉 마음은 일상에서 경험하는 심리적 주지적 기능을 망라한 통합적 용어이다.[2] 『요가경』(YS 1.7-11)에서는 이 마음의 작용을 (1)바른 인식, (2)그릇된 인식(전도), (3)망상(또는 분별), (4)수면(睡眠), (5)기억으로 구분하여 차례로 하나씩 설명한다. 이것들 중의 일부는 제8장에서 상키야의 인식론(8.4)을 고찰하면서 『요가주』의 해설로 소개했다.

(1) 바른 인식

마음 작용들 중에서 "바른 인식은 직접지각, 추리, 성언(聖言)이다."[3] 이에 대한 요가 철학의 관점은 『상키야송』의 관점과 미묘한 차이는 있으나 이로부터 크게 벗어나지 않는다. 『요가주』에서는 바른 인식의 첫째인 직접지각을 정의하고 나서, 직접지각이 통각의 작용일지라도 사실은 순수정신에서 유래한다는 것을 강조한다.

> [이 직접지각의] 결과는 [순수정신과 통각의 작용이 서로] 구별되지 않은 것이며, 순수정신으로부터 유래하여 마음의 작용을 지각한 것이다. "통각의 의식자가 순수정신이다."라고 나중에 우리는 밝힐 것이다.[4]

여기서 "통각의 의식자가 순수정신"이라고 말하는 것은, 통각을 의식하는 주

....

2 고전 상키야에서는 마음을 통각, 아만, 의식(manas=마음)으로 분석하고 이것을 3종의 내적 기관으로 분류한다. 요가 철학의 주석자들도 상키야의 분류를 그대로 따른다. 다만 『요가경』에 말하는 마음은 3종의 내적 기관을 포괄한다.

3 YS 1.7. @제2장 각주 247.

4 YBh 1.7. 정승석(2020) pp. 44-45. 직접지각에 대한 『요가주』의 일반 정의는 @제8장 각주 91 참조.

체가 순수정신이므로 통각에 의한 직접지각도 순수정신에 의해 인지될 때라야 진정한 직접지각이 된다는 의미를 함축한다. 『요가주』의 저자는 여기서 예고한 것처럼 통각을 의식하는 주체가 순수정신이라는 표현을 이후 네 차례[5] 더 반복한다. 이는 완전한 삼매의 경지와 순수정신의 지성을 동일시하는 수행론적 관점에 의거한 것으로 이해된다. 그러므로 진정한 직접지각은 고도의 삼매를 성취한 요가 수행자의 지성으로 가능하다는 것이 직접지각에 대한 요가 철학의 관점이다.

다음으로 바른 인식의 둘째 수단인 추리는 누구나 인정할 수 있는 증거, 즉 일반성 통해 직접 경험하지 않은 사실을 알아차리는 것이다. 추리에 관한 『요가주』의 이견은 없다.[6] 바른 인식의 셋째 수단인 성언을 『요가주』에서는 다음과 같이 설명한다.

> 신뢰할 만한 사람에 의해 경험되거나 추론된 어떤 것은 다른 사람에게 자신의 지각을 전달하기 위해 말로써 지시된다. 말을 통해 그 의미를 취급하는 청각의 작용이 성언이다. 어떤 것에 대해 말한 것이 경험되거나 추리되지 않은 것이어서 신뢰할 수 없는 그러한 성언은 허공에 뜬 것이 된다. 그러나 그것이 경험되거나 추리된 것에 의거하는 말일 경우에는 합당한 것이 될 것이다.[7]

직접지각이라는 경험이 없으면 추리도 성립되지 않는다. 성언은 합당한 추리마저도 적용할 수 없을 때 통용되는 인식 수단이다. 『요가주』도 성언을 이 같은 취지로 설명한다. 앞에서 고찰한 상키야의 인식론에서는 성언을 '신뢰할 수 있는 말씀'인 증언으로 표현한다. 그리고 인식의 대상을 '일반적인 것'(일반성)과 '특수한 것'(특수성)으로 구분하여, 대상의 특수성을 인식할 수 있는 것을 직

5 YBh 1.29, 2.17, 2.20, 4.21.

6 추리에 대한 정의는 @제8장 각주 248, 부수적인 언급(YBh 1.49)은 @제2장 각주 248 참조.

7 YBh 1.9. 정승석(2020) pp. 45-46.

접지각, 일반성에 의거하는 인식을 추리로 구분한다. 그러나 이 둘에 해당하지 않는 것이 증언(=성언)이므로, 일반성과 특수성은 성언의 대상이 아니다. 그런데 『요가주』의 다른 곳에서는 일반성을 추리의 경우와 마찬가지로 성언의 대상이라고 설명한다.[8] 이 같은 상키야 철학과의 미묘한 차이는 성언의 신뢰성을 추리와 동등하게 인정한 것으로 이해된다.

(2) 그릇된 인식

마음 작용들 중에서 그릇된 인식은 하나인 달을 두 개의 달로 착각하는 것과 같은 허위의 지식을 의미한다.[9] 이는 진실이 허위로 뒤바뀐 인식이라는 의미에서 흔히 전도(顚倒)라는 말로 표현된다. 『요가주』에서는 이것을 무지와 동일시하는데, 이에 관해서는 앞에서(9.1.2)에서 상술했다.

(3) 망상

마음 작용들 중에서 망상은 어떤 대상을 일컫는 말에 의해 형성되는 개념이나 관념을 의미한다. 말로 형성된 관념은 생각으로 지어낸 형상이기 때문에 망상으로 불린다. 『요가경』에서는 대응하는 사물이 없이 말에 의해서만 형성된 지식을 망상으로 정의[10]하고, 『요가주』에서는 망상을 다음과 같이 설명한다.

> 그것(망상)은 바른 인식에도 도달하지 않고 그릇된 인식에도 도달하지 않는다. [대응하는] 사물이 없을지라도 말의 지식 내용을 깊이 고려함으로써 발생하는 관행이 인지된다. 예를 들면, 지성은 순수정신의 본성이라고 말하는 것과 같다. …'차이트라(=Caitra)의 소'라고 말하는 것과 같이, [지시하는] 명

……………

8 YBh 1.49. @제2장 각주 248 참조.

9 이에 대한 『요가경』의 정의(YS 1.8)는 @제9장 각주 12, 『요가주』의 해설은 @제9장 각주 27 참조.

10 "망상이란 [대응하는] 사물이 없이 말[이 가리키는] 지식 내용을 따르는 것이다." YS 1.9. @제8장 각주 112.

칭이 있으면 [그 명칭이 지시하는 대상과 연결시키는] 작용이 있다.[11]

이 설명에 의하면 망상이란 직접지각과 추리의 대상이 될 수 없는 순전한 관념이다. 예를 들어 흔히 순수정신의 본성은 지성이라고 말하지만, 이것을 입증할 수 있는 실물은 전혀 없다. 이렇게 아는 지식은 생각으로만 지어낸 관념일 뿐이다. 이보다 더 일반적인 예를 들면, 사람들은 C라는 사람이 소유한 소를 'C의 소'라는 말로 표현한다. 이러한 말은 C와 소가 마치 하나로 결속되어 있는 것처럼 생각하는 관념을 형성한다. 그래서 들판에 외따로 있는 소를 보고서도 C라는 사람을 떠올린다. C와 소가 합체된 실물이 없음에도 이와 같이 생각하는 것은 말에 의해 형성된 관념이며 이것이 바로 망상이다.[12]

『요가주』의 설명에서 언급한 '관행'은 사람들이 말에 적용해 온 약정을 의미한다. 『요가주』의 제3장에서는 온갖 생물이 내는 소리에 대한 초능력을 설명하면서 이 약정이라는 관행을 다음과 같이 심도 있게 거론한다.[13]

[어떤 사람이 그것(하나의 단어)을] 다른 사람에게 전달하고자 할 때, 청취자들이 듣고 있는 바로 그 음절들로 [그것을] 발설한다. [한편] 세상 사람들의 통각은 말의 관행에 의한 시작도 없는 훈습으로 가득 차 있다. [따라서 그 하나의 단어는] 그 음절들과 그 통각에 의해 합의로서 확립된 그대로 이해된다.[14]
약정된 것을 지각함으로써 그것(하나의 단어)은 구분되고, [많은 말이 있는]

....

11 YBh 1.9. 정승석(2020) pp. 46-47. Dasgupta(1924:150)는 망상을 다음과 같이 설명한다.
"사물(artha)과 개념(jñāna)과 명칭(śabda)이 전혀 다르다는 것은 쉽게 알 수 있다. 그러나 그 셋이 연합한 힘에 의해 말 즉 명칭은 여전히 사물과 이에 대한 개념을 모두 의미한다. 즉, 그것들의 연결은 아무런 실제의 일치성이 없는 것으로서 실재하지 않는 것임에도 불구하고, 마음의 작용 덕분에 명칭이 사물이나 이에 대한 관념과 구분될 수 없을 만큼 이것들은 그렇게 연합된 것처럼 보인다. 이러한 경우에 그 마음의 작용을 vikalpa(=망상)라고 부른다."

12 이 때문에 한역(漢譯) 불전에서는 망상의 원어인 vikalpa를 분별(分別)로만 번역하지 않고 허망분별(虛妄分別) 또는 망분별로도 번역하여, 실체가 없는 관념이 망상임을 강조한다.

13 YBh 3.17. 정승석(2020) pp. 181-2.

14 원문의 번역을 재구성한 구문이다. 위의 책, p. 181, n. 33.

그만큼 많은 것들 중에서 그렇게 [구분된] 종류로서 추출된 것이 하나의 대상에 [적용되는] 말인 것이다. 그리고 약정이란 단어와 [그] 단어의 의미(대상)가 서로 의탁하는 양식이며, 기억의 성질을 갖는 것이다. "이러한 의미는 이러한 말이며, 관념은 곧 의미와 말"[15]이라고 말하는 것과 같이, 서로 의탁(동일시)하는 양식이 약정이다. 이와 같이 서로 의탁하기 때문에 그러한 말(소리)과 대상과 관념들, 즉 gauḥ라는 말(소리)과 gauḥ라는 대상과 gauḥ라는 인식은 혼동된다.

위의 설명을 적용하면 망상이란 인식의 혼동을 가리킨다. 여기서는 말, 말이 지시하는 대상, 말에 의해 형성되는 관념 사이에서 발생할 수 있는 인식의 혼동을 gauḥ(소)로 예시하는데, 그 취지를 이렇게 이해할 수 있다. 어떤 사람이 '소'라고 말할 때 듣는 사람은 이 말에 약정된 대상들을 자신이 기억하고 있는 형상으로 떠올린다. 즉 한국 소, 인도 소, 미국 소, 물소, 들소, 젖소, 황소 따위이다. 그리고 듣는 사람은 그것들 중의 하나를 선택(추출)하여 어떤 사람이 말한 '소'와 동일시한다. 그러나 그 사람이 말한 '소'가 듣는 사람의 기억으로 선택한 '소'와 반드시 동일할 수는 없다. 이 때문에 인식의 혼동이 발생한다.[16] 이것이 망상이다.

망상도 분별하는 인식인 점에서 추리에 속할 수 있다. 그러나 추리는 직접지각이라는 바른 인식에 의거하여 대상을 판단하며, 사실로부터 귀납하는 인식 작용이다. 이에 비해 망상은 실재하는 대상과 직접적인 관계가 없더라도 발생할 수 있는 복잡한 연역적 추리이다. 이것은 언어를 사용하는 일상생활에서 가장 빈번하게 발생하여 잡다한 오해를 야기한다. 이 때문에 망상은 마음을 정화하는 수행의 진전에서 수시로 출몰할 수 있는 일차적 장애가 된다.

....

15 YsV에서 채택한 원문에 의거한 번역이다. "yo 'yam arthaḥ so 'yaṃ śabdaḥ, yaś ca pratyayaḥ so 'rthaḥ śabdaś ca" Sastri(1952) p. 272, 4-5행.

16 정승석(2020) p. 182, n. 35 참조.

(4) 수면

잠들어 있는 상태인 수면(睡眠)을 마음 작용으로 간주하는 요가 철학의 관점은 선뜻 납득하기 어려울 수도 있다. "[각성 상태에서는] 존재하지 않는 의식에 의거하는 작용이 수면이다."[17]라는 정의에서 '존재하지 않는 의식'이라는 개념이 수면의 핵심이다. 이 개념은 깨어난 상태에서는 존재하지 않지만, 깨어나기 전에는 존재했던 것으로 상기되는 의식이 수면임을 의미한다. 『요가주』에서는 이것을 다음과 같이 설명한다.

> 그런데 그것(수면)은 깨어난 상태에서 [수면의 상태에 있었음을] 상기하기 때문에 특수한 의식이다. … [수면 상태에서] 의식의 경험이 없다면, 참으로 바로 이 각성(覺醒) 상태의 상기는 있을 수 없을 것이며, 그것(수면 중의 경험)에 의존하고 그것을 취급하는 기억들도 없을 것이다. 따라서 수면은 특수한 의식이다. 그리고 그것은 삼매에서 다른 의식과 마찬가지로 억제되어야 할 것이다.[18]

수면을 마음 작용으로 간주한다는 것은 꿈을 지목할 것으로 생각하기 쉽다. 수면 상태에서 수시로 꿈을 꾸는 것은 마음이 작용하고 있다는 증거로 간주될 수 있기 때문이다. 그러나 여기서 말하는 수면은 꿈이 없는 깊은 잠을 의미한다.[19] 깊이 잠든 수면 상태에서는 마음이 작용하고 있다는 사실을 알 수 없다. 그러나 잠에서 깨어난 후에 안락하게 잘 잤다거나 고달프게 잤다거나 우둔하게

....

17 abhāvapratyayālambanā vṛttir nidrā || YS 1.10.

18 YBh 1.10. 정승석(2020) pp. 47-48.

19 샹카라 명의의 *Yogasūtra-bhāṣya-vivaraṇa*에서는 "그 수면은 깊이 잠들어 있는 상태이다."라고 명시하고, "꿈꾸는 상태도 바로 수면이다."(svapnāvasthāpi nidraiva)라는 반론에 대해 다음과 같이 설명한다. "[우리의 견해에] 아무런 지장이 없다. 『[요가]경』의 작자는 '혹은 꿈속과 수면 중의 인식을 [집중의] 대상으로 견지하는 [마음은 안정을 얻는다.]'(YS 1.38)라고 [꿈과 수면을] 차별하여 교시하기 때문에, 여기서는 깊이 잠들어 있는 상태만이 수면으로 인정된다." (naiṣa doṣaḥ — "svapna-nidrājñānālaṃbanaṃ vā" iti sūtrakāreṇa bhedenopadiṣṭatvād iha suṣuptāvathaiva nidrābhipretā || YsV 1.10) Sastri(1952) p. 38, 22-24행.

잤다고 아는 것은 수면 상태에서도 마음이 작용했기 때문이다.[20] 『요가주』에서 수면을 '특수한 의식'이라고 규정한 이유가 이것이다. 이에 대해 깊은 잠에서 깨어날 경우에는 어떤 특수한 것을 기억하지 못한다는 반론을 예상할 수 있다. *Yogasūtra-bhāṣya-vivaraṇa*에서는 이 반론을 다음과 같은 설명으로 물리친다.

> 이 세상에서는 태어날 때 [엄마의] 가슴에 밀착한 경험이 없는 아이가 태어나자마자 그것(엄마의 가슴)에 애착하는 것이 목격된다. 그러나 그것은 괴이한 것이 아니다. [갓난애로부터 성장한] 젊은이들이 기억에 의존하여 활동하는 것을 목격할 수 있기 때문이다. [수면 상태의 특수한 것을 기억하는] 이 경우에도 그러하다.[21]

여기서는 갓난애가 엄마의 젖가슴을 찾을 수 있는 것처럼 수면 상태의 마음 작용을 기억해 낼 수 있다고 주장한다. 그러나 『요가주』를 포함한 주석자들의 설명은 아무래도 억지스럽다. 그럼에도 불구하고 수면을 마음의 작용으로 간주한 데에는 수행 차원의 중요한 이유가 있다. 수면은 마음의 작용인 의식 활동이 일시적으로 중지하여 언제든지 재발할 수 있는 상태이다. 그러나 삼매는 마음의 작용이 억제되어 멸각한 상태이다. 만약 일시적 중지 상태와 멸각 상태를 혼동하게 되면, 일상에서 겪을 수 있는 무의식 상태, 그리고 피곤하여 잠시 깊은 잠에 빠진 것도 삼매의 적정 상태로 착각할 수 있다. 이 때문에 『요가주』에서는 수면을 삼매에서 억제해야 할 마음 작용인 '특수한 의식'으로 간주한다.[22]

....

20 Vācaspati(TV 1.10)는 이러한 세 가지 인식을 수면 상태에서도 마음이 작용한 증거로 간주한 이유를 3질설로 설명한다. 잠에서 깨어나 안락하게 잘 잤다고 아는 것은 마음을 형성하는 3질 중에서 암질과 순질이 함께 작용했기 때문이다. 고달프게 잤다고 아는 것은 암질과 동질이 함께 작용했기 때문이며, 우둔하게 잤다고 아는 것은 암질이 순질과 동질을 압도하여 작용했기 때문이다. 잠들어 있는 상태에서는 암질이 우세하므로, 어느 경우에나 암질은 압도되지 않는다.

21 bālasyeha janmany ananubhūta-stanya-saṃbandhasya janmānantaram eva tasyābhilāṣo dṛśyate | na ca [sa] svābhāvikaḥ | abālālānāṃ smṛti-pūrva-pravṛtti-darśanāt | tathehāpi | YsV 1.10. Sastri(1952) p. 39, 17-19행.

22 "따라서 수면은 특수한 의식이다. 그리고 그것은 삼매에서 다른 의식과 마찬가지로 억제되어야 할

(5) 기억

마음 작용들 중에서 기억은 "이전에 경험한 것을 상기해 내는 것"이라는 Caraka의 정의[23]처럼 누구나 쉽게 이해할 수 있는 개념이다. 그러나『요가경』에서 "경험한 대상을 잃지 않는 것"이 기억[24]이라고 정의하고서 다섯 가지의 마음 작용들 중에서 마지막으로 열거한 데는 특별한 뜻이 있는 것으로 해석된다. 즉, 앞에 열거한 네 가지의 마음 작용은 모두 기억을 결과로 야기하는 원인이 된다.[25]『요가주』에서는 기억을 다음과 같이 설명한다.

> 모든 기억들은 바른 인식, 그릇된 인식, 망상, 수면, 기억들의 경험으로부터 유래한다. 그리고 이 모든 [마음의] 작용들은 즐거움과 고통과 미망을 본질로 하는 것들이며, 즐거움과 고통과 미망들은 번뇌들에 속한 것으로 설명할 수 있다. 즐거움에 너무 집착하는 것이 탐욕이고, 고통에 너무 집착하는 것이 혐오이며, 또 미망은 무지이다. 이 모든 작용들은 억제되어야 할 것들이다.[26]

누구나 직접 겪고 있듯이, 과거에 경험한 것은 무의식의 영역으로 잠행했다가 특정한 환경이나 자극에 부닥치면 의식의 표면으로 소생한다. 이것이 기억이다. 그러므로 기억은 경험의 여세인 동시에 다시 발동할 때까지 마음속에 숨어 있는 잠세력이다. 이뿐만 아니라 기억은 또 다른 기억을 생산하는 원인이 될 수 있다. 예를 들어 꿈은 기억의 산물이지만, 꿈속에서도 기억해 내거나 다른 꿈을 꿀 수 있다. 위의 인용문에서 기억은 기억 자신을 포함한 다섯 가지의 마음 작용으로부터 유래한다고 말한 것도 이 때문이다. 이 점에서 기억은 모든 마음 작

....

것이다." YBh 1.10. 정승석(2020) p. 48.

23 @제6장 각주 63 참조.

24 "경험한 대상을 잃지 않는 것이 기억이다." (anubhūta-viṣayāsaṃpramoṣaḥ smṛtiḥ ‖ YS 1.11)

25 "기억은 바른 인식 따위을 비롯하여 [수면까지] 모든 작용의 결과이기 때문에 마지막에 배치한다." (smṛteḥ pramāṇādi-sarvavṛtti-kāryatvād ante niveśaḥ | YsV 1.11. Sastri 1952:39, 23-24행)

26 YBh 1.11. 정승석(2020) p. 49.

용을 포괄한다고 말할 수 있다. 이처럼 포괄적인 마음 작용인 기억을 『요가주』에서는 가공의 것과 가공이 아닌 것으로 양분한다.[27]

삼매의 완성을 목적으로 설정한 고전 요가의 수행론에서는 기억을 가장 큰 장애로 간주하여 경계한다. 활발한 표층 의식에 압도되어 있던 과거의 인상은 정신 집중의 진전에 따라 의식의 표면으로 부상하여 평소보다는 생생한 기억으로 소생한다. 이 기억은 소생하는 것으로 사라지는 것이 아니라 다시 마음속에 잠행했다가 집중의 장애가 된다. 이 같은 기억의 힘을 완전히 멸각할 때라야 최종의 삼매에 도달할 수 있다. 삼매의 장애로서 작용하는 기억의 기제에 관해서는 나중에 삼매 수행론을 고찰하면서 상술할 것이다.

여기서 마음 작용들의 하나로 거론하는 기억의 원어는 smṛti이다. 그런데 이 동일한 원어가 『요가주』의 다른 대목에서는 무상삼매를 성취할 수 있는 다섯 가지 중의 하나[28]로 언급된다. 이 경우에는 기억이 8지 요가의 제7지인 정려와 동일시되거나 정려의 전제 조건으로 간주되므로, 마음 작용으로서의 기억과는 다른 의미로 구사된다.[29] 이에 관한 Hariharānanda의 해석은 기존 주석자들의 견해를 포괄하면서 불교 측의 관점까지 반영한 가장 특기할 만한 견해로 주목된다.[30] Hariharānanda는 수행의 수단이 되는 기억을 다음과 같이 설명한다.

....

27 "그것(기억)은 2종이다. 즉 가공의 것(상상된 것)을 기억할 수 있는 것과 가공이 아닌 것(사실인 것)을 기억할 수 있는 것이다. 꿈에서는 가공의 것을 기억할 수 있다. 그러나 깨어나 있을 때에는 가공이 아닌 것을 기억할 수 있다." YBh 1.11. 위의 책, pp. 48-49.

28 YS 1.20. @제9장 각주 60 참조.

29 이 경우의 smṛti에 해당하는 팔리어는 sati이다. 초기 불전인 안반수의경(安般守意經, *Ānāpānasati-sutta*)은 호흡에 마음을 집중함으로써 잡념에 빠지지 않게 하는 수행법을 교시하는 경전인데, 중국에서는 sati를 수의(守意)로 번역했다. 이 경우에는 어떤 대상에 집중하여 마음이 산란하지 않게 하는 것이 sati이다. 이 같은 의미의 sati가 영어로는 mindfulness로 번역되었고, 근래에 한글로는 '마음 챙김'이라는 역어가 통용되어 있다. 마음이 산란하지 않도록 특정 대상에 집중한다는 sati의 원의로 보면 수의(守意)라는 역어가 적합하다. 이 밖에 보다 일상적인 말로는 착념(着念), 주의(注意), 유념(留念) 등도 sati의 역어가 될 수 있다. sati를 굳이 '마음 챙김'으로 번역한 것은 영어의 mindfulness를 적용한 한글화에 가깝다. 다만 마음 챙김은 sati의 원의에 따라 마음을 살펴보고 경계하여 다스린다는 의미로 통용될 수 있다. 다음에 언급할 Hariharānanda는 무상삼매를 성취할 수 있는 조건들 중의 하나인 기억(smṛti)을 초기 불교에서 중시한 sati에 상응하는 개념으로 해석했다.

> 기억(smṛti)의 수습은 이미 경험한 명상의 대상을 유념하여 자각하고 반복적으로 계속 고수하는 데 있으며, 이와 더불어 '나는 명상의 대상을 유념하였으며 계속하여 그것을 유념할 것이다.'라고 하는 결심을 유념하고 자각하여 고수하는 데 있다. 기억의 수습이 완전하게 될 때, 진정한 기억의 상태가 확립된다.[31]

여기서 Hariharānanda는 '명상의 대상을 유념하여 자각하는 것'이 기억이라고 해석한다. 그리고 그에 의하면 기억은 주어진 명상의 대상을 자각하고 나서, 이 자각을 계속 결심하여 고수하는 것이다.[32] 그러므로 그가 이해한 기억이란 요컨대 '지속적인 유념'이다. 기억에 대한 그의 해석은 『요가주』를 주석한 *Bhāsvatī*에 잘 드러나 있다. 그는 『요가주』에서 "기억이 뒤따른다. 그리고 기억이 뒤따를 때 산란하지 않는 마음이 확립된다."[33]라고 설명한 것을 다음과 같이 해설한다.

> 따라서 기억은 항상 유념의 상태로 지속된다. 기억이 뒤따를 때, 즉 기억이 선명해질 때 산란하지 않는, 즉 견고한 마음이 확립된다, 즉 8지 요가처럼 된다.[34]

Hariharānanda가 기억을 이렇게 해석한 수행론적 취지는 다음과 같은 요약으로 간파할 수 있다.

....

30 Maharaj(2013:57-78)는 Hariharānanda의 주석과 저서들을 섭렵하여 YS 1.20의 smṛti에 대한 Hariharānanda의 해석을 집중적으로 고찰했다.

31 Hariharānanda(2002) p. 68. Maharaj(2013) p. 65 재인용.

32 Hariharānanda는 1892년에 『요가경』을 주석한 *Yogakārikā*에서 기억을 다음과 같이 정의한 바 있다. "나는 명상의 대상을 기억할 것이며 또한 고수하겠다는 것이 기억이다." (ahaṃ dhyeyaṃ smarāṇi smariṣyan ca api varttai iti smṛtiḥ | *Yogakārikā* 1.53. ad. YS 1.20. Hariharānanda 2008:47)

33 smṛtir upatiṣṭhate | smṛty upasthāne ca cittam anākulaṃ samādhīyate | YBh 1.20. 정승석(2020) p. 359.

34 tataḥ smṛtiḥ sadā samanaskatā upatiṣṭhate | smṛty upasthāne — smṛtau upasthitāyām anākulam — avilolaṃ cittaṃ samādhīyate — aṣṭāṅga-yoga-vad bhavati | *Bhāsvatī* 1.20. Hariharānanda(2000) p. 442, 33-35행. Maharaj(2013:76)는 이 설명의 취지를 "smṛti(=기억)의 확립으로 citta(=마음)는 가라앉게 되고 하나에 집중되어 마침내 8지 요가의 정점인 삼매에 도달하게 된다."라고 이해한다.

Hariharānanda에게는 YS 1.20에서 언급한 smṛti(=기억)가 8지 요가의 dhyāna(=정려, 선정)와 동일하지는 않지만, 그럼에도 불구하고 그것은 dhyāna와 밀접하게 연관되어 있다. 그는 자신이 *Yogakārikā* 1.53에서 설명한 smṛti를 벵골어로 해설하면서 smṛti와 dhyāna 사이의 미묘하지만 중요한 차이를 해명한다. … Hariharānanda에게는 8지 요가의 dhyāna가 주어진 대상에 대한 불퇴의 명상을 일차로 수습하는 것인 반면, YS 1.20의 smṛti는 명상의 대상을 유념하여 자각하고 그 유념을 언제나 계속 유지하기를 결심하는 이차 수습이다. *Yogakārikā* 1.53의 smṛti를 벵골어로 해설하는 마지막 문장에서, Hariharānanda는 dhyāna와 smṛti의 명확한 관계를 smṛti의 수습에 의해 "명상되어야 할 대상은 항상 마음에 고정되어 존속한다."라고 설명한다. 여기서 Hariharānanda는 smṛti와 dhyāna를 동일시하는 대신, smṛti의 확립이 8지 요가의 dhyāna를 성취하기 위한 '정신적 전제 조건'이라고 주장한다. Dhyāna에서의 완성은 smṛti의 지속적인 수습을 전제로 하며, 이러한 수습은 명상의 대상을 마음에서 항상 최상위에 유지하려는 차원 높은 유념의 결심이다.[35]

억제해야 할 마음 작용이 아닌 기억에 관해서는 이것으로 더 이상의 거론을 유보하지만, Hariharānanda가 smṛti를 '유념'으로서의 기억으로 해석한 것은 초기 불전에서 말하는 sati에 착안한[36] 독자적인 견해로 평가된다.

....

35 Maharaj(2013) p. 76.

36 "Hariharānanda가 자신의 *Pātañjaljogdarśan*에서 smṛti를 논하면서 '불전들'을 언급할 때, 그는 필시 *Bodhicaryāvatāra*와 같은 후기 불교의 문헌들뿐만 아니라 sati의 수습에 관해서는 가장 먼저 알려진 *Satipaṭṭhāna-sutta*(=念處經)도 염두에 둔 것으로 보인다. … Hariharānanda의 해석이라는 당장의 쟁점과 특별한 관련이 있는 것으로는 세 가지의 기본 관점을 들 수 있다. 첫째, 많은 주석자들이 지적해 온 것처럼 *Satipaṭṭhāna-sutta*는 인도철학의 전통에서 sati를 기억으로 이해하기보다는 현재의 자각, 즉 유념으로 이해하기로는 가장 일찍 알려진 문헌들 중의 하나이다." ibid. p. 68.

10.1.2. 다섯 가지의 번뇌

일상에서 심리적 작용으로 야기되는 번뇌는 정신적 고통의 원인이 된다. 수행론의 관점에서는 정신적 해방인 해탈을 방해하는 모든 장애가 번뇌로 간주된다. 『요가경』의 제2장에서는 수행의 수단을 제시하기에 앞서 번뇌부터 설명하기 시작한다.

불교의 요가 철학으로 불릴 수 있는 유가행파의 유식학(唯識學)에서는 근본이 되는 번뇌를 10종으로 열거하고, 이에 수반하여 발생하는 수번뇌(隨煩惱)를 20종으로 열거하므로, 번뇌의 전체는 30종이 된다.[37] 번뇌는 이처럼 다양한 심리적 양태로 분류될 수 있지만, 『요가경』에서는 "(1)무지, (2)자아의식, (3)탐욕, (4)혐오, (5)[삶에 대한] 애착"이라는 다섯 가지로 간명하게 분류한다.[38] 이 중에서 앞의 넷은 불교에서 말하는 근본 번뇌에 해당하고, 나머지 삶에 대한 애착은 생리적 작용에서 기인하는 본능적 욕구를 포괄한다.

(1) 무지

『요가경』에서는 무지를 정의하기 전에 무지가 모든 번뇌의 근원이라는 사실을 강조한다. 즉 "무지는 잠들어 있거나 쇠약하거나 저지되어 있거나 활성화하고 있는 나머지 것(번뇌)들의 밭(기반)이다."[39] 그러므로 무지는 근본 번뇌로 간주된다. 다음으로 "무지는 무상한 것을 영원한 것으로, 불결한 것을 깨끗한 것으로, 고통인 것을 즐거운 것으로, 자아가 아닌 것을 자아로 인식하는 것이다."[40]라

---

37 근본 번뇌는 탐(貪), 진(瞋), 치(癡), 만(慢), 의(疑), 악견(惡見)이지만, 악견은 유신견(有身見), 변집견(邊執見), 견취(見取), 계금취(戒禁取), 사견(邪見)을 총칭하므로 모두 10종이 된다. 수번뇌는 분(忿), 근(根), 부(覆), 뇌(惱), 질(嫉), 간(慳), 광(誑), 첨(諂), 해(害), 교(憍), 무참(無慚), 무괴(無愧), 도거(掉擧), 혼침(惛沈), 불신(不信), 해태(懈怠), 방일(放逸), 실념(失念), 산란(散亂), 부정지(不正知)로 모두 20종이다. 다케무라(1989) pp. 106-7 참조. 이것들 각각의 의미와 양상은 정승석(1996) 84-198 참조.

38 YS 2.3. @제4장 각주 150.

39 avidyā kṣetram uttareṣāṃ prasupta-tanu-vicchinnodārāṇām || YS 2.4.

40 YS 2.5. @제9장 각주 8.

고 무지를 정의한다. 이에 대한 『요가주』의 설명에서 핵심적인 내용은 다음과 같은 것이다.

> 자아가 아닌 것을 자아로 인식함이란 자아가 아닌 것, 즉 정신적이거나 비정신적인 외적 도구들[41]을, 혹은 향수의 근거지인 육신을, 혹은 순수정신의 도구인 마음을 자아로 인식하는 것이다.[42]

앞 장에서는 무지의 정의와 동의어(9.1.2)를 고찰하면서 무지와 전도(오류)와 착오를 동일시하는 요가 철학의 관점과 인식론적인 쟁점을 거론했다. 여기서 『요가주』의 저자가 무지도 일종의 지식임을 강조한 것은, 바른 지식으로 간주된 것도 실제로는 무지일 수 있다는 사실을 역설한 것으로 이해된다. 이 같은 무지는 모든 번뇌의 근본으로서 해탈에 결정적인 장애가 된다. Hariharānanda는 『요가주』의 번역에서 이 경우의 무지에 관한 긴 주해를 다음과 같은 설명으로 마무리한다.

> 지혜(vidyā)에 비록 자아의식의 흔적이 있을지라도 지혜의 절정은 식별지인 반면, 관찰자의 무지(avidyā)에도 '나는 있다', '나는 안다' 따위의 미세한 자각이 있다. 실제로 모든 지식이 일부는 사실이고 일부는 거짓이다. 이때 진실이 우세하면 '지혜'로 불리고 미망이 우세한 정황이라면 '무지'로 불린다. 조가비를 한 조각의 은(銀)으로 아는 것은 무지의 범주에 포함되지 않는다. 이것은 오류이다. 모든 오류는 착오이지만, 해탈을 방해하는 그 그릇된 인식인 무지는 제거되어야 한다. 무지는 그릇된 인식이 요가의 수행과 어떻게 연관되는지를 설명한다.[43]

41 외적 도구들은 고전 상키야에서 말하는 5지각기관(눈, 귀, 코, 혀, 피부)과 5행위기관(성대, 손, 발, 항문, 생식기)을 가리킨다.

42 YBh 2.5. 정승석(2020) pp. 99-100. 무지를 '별개의 인식'으로 간주하여 무지도 일종의 지식임을 강조한 『요가주』의 설명은 @제9장 각주 10 참조.

43 Hariharānanda(2000) p. 123.

여기서는 지식에도 오류가 있을 수 있음을 인정하면서 오류와 무지를 구분한다. 이는 오류와 무지를 동일시하는 관점을 부정하는 것처럼 보일 수 있다. 특히 전도 또는 오류를 설명하는 조가비와 은(銀)의 비유[44]를 적용하므로 더욱 그러하다. 그러나 여기서 Hariharānanda는 오류가 무지와는 다른 것이라는 인식론적인 이유로 오류를 간과해서는 안 된다는 『요가주』의 취지를 역설한다. 이러한 취지는 이에 선행하는 아래의 설명으로 알수 있다.

> 한 가닥의 새끼줄을 뱀으로 착각한 데는 여러 가지 이유가 있겠지만, 어떤 것을 다른 것으로 받아들이고 있다는 것은 아무도 부정할 수 없다. 이것은 그릇된 인식의 일종이다. 이 인식은 바른 인식과는 반대이므로 허위가 된다. 진실과 거짓 사이에 존재하는 모순이 지혜와 무지 사이의 모순이다. 그러나 앞서 말한 그 인식은 대상들 자체의 모순을 판명하지 못한다. 즉 뱀과 새끼줄은 다르지만 상충하지는 않는다는 [=인식론적] 모순이다. 그릇된 지식의 원인, 또는 무지의 변형은 그러한 지식의 잠재인상이다. 그러므로 잘못된 지식에 대한 통칭이, 그리고 잠재의식의 인상들에 상응하는 것이 무지이다. 그릇된 인식으로서의 무지는 무시이래의 것이다.[45]

여기서 Hariharānanda가 "뱀과 새끼줄은 다르지만 상충하지는 않는다"고 예시한 것은 눈앞에 있는 한 가닥의 새끼줄을 잠재인상에 내재한 뱀과 동일시하는 인식론적인 모순이다. 이는 조가비를 은(銀)으로 착각하는 것과 같은 모순이다. 이러한 모순은 잠재인상이 야기한 전도에 해당한다. Hariharānanda는 이처럼 전도, 오류, 착오 따위로 불리는 것들을 무지의 통칭 또는 변형으로 간주한다. 이것들도 무지의 변형인 점에서 해탈을 위해서는 제거되어야 할 대상이다.

....

44 @제9장 각주 12 참조.

45 Hariharānanda(2000) p. 122.

(2) 자아의식

『요가경』에서는 "자아의식이란 [순수정신의] 직관 능력과 [이에 의한 통각(마음)의] 인식 능력이 동일한 본성인 것처럼 [생각하는 것]이다."[46]라고 정의한다. 이 정의에서 '직관 능력'(dṛś)은 순수정신의 고유한 기능으로서 인식을 성립시키는 근원을 지칭하며, '인식 능력'(darśana)은 통각의 일반 기능을 지칭한다.[47] 이점은 다음과 같은 『요가주』의 해설로 알 수 있다.[48]

> 직관 능력이란 [지각의 근원인] 순수정신이고, 인식 능력이란 [지각의 도구인] 통각이다. 따라서 그 둘이 동일한 본체가 되어 버린 것처럼 [생각하는 것]이 자아의식이라는 번뇌로 불린다. 완전히 구별되고 결코 뒤섞이지 않는 향수자(순수정신)의 능력과 피향수자(통각)의 능력이 동일한 상태에 있는 것처럼 될 때, 향수(경험)가 발생한다. 그러나 [그것들의 상이한] 본성을 이해할 때, 그 둘은 오로지 독존할 수 있다. [이때] 향수는 어떻게 [가능한가]라고 한다면, 다음과 같이 말한 것과 같다.
> "최상의 순수정신을 양태와 기질과 지성 따위에 의해 통각과는 구별되는 것으로 보지 못하는 자는 미망에 의해 그것(통각)을 자아로 지각할 것이다."[49]

이 설명에 따르면 통각의 활동을 순수정신의 기능으로 혼동하는 것이 자아

---

46 dṛg-darśana-śaktyor ekātmatevāsmitā ‖ YS 2.6.

47 Chakravarti(1975:232)처럼 dṛś를 '인식자'로, darśana를 '인식 대상'으로 단순하게 구분할 경우, 그 둘이 함축하는 이 같은 의미를 고려하지 않으면 원의를 오해하기 쉽다. 특히 Chakravarti가 말하는 '인식 대상'이란 통각으로서의 마음을 가리키며, 이 마음은 순수정신의 인식 대상이 된다는 의미를 함축한다.

48 YBh 2.6. 정승석(2020) pp. 101-2.

49 Woods(1914:115, n. 1)는 이 인용문을 Garbe의 고찰에 따라 Pañcaśikha의 말씀으로 적시한다. Hariharānanda(2000:124, en. 2)는 이 말씀의 취지를 다음과 같이 파악한다.
"순수정신의 이러한 특징(=양태, 기질, 지성)과 통각과의 차이에 관해 진실하게 알지 못하고서 무지의 영향으로 현혹된 사람들은 통각을 자아로 여긴다. 즉 그들은 통각인 순전한 자아의식과 절대적 인식자인 순수정신이 하나이자 동일하다는 그릇된 관념을 형성한다."

의식이다. 일상에서는 통각이 인식 기관이지만 순수정신에게는 감관에 불과하다. 이 같은 인식 기관을 자아(순수정신)와 동일시하는 것이 자아의식이며, 감관들을 자아로 간주하는 착각은 자아의식에서 유래한다. 요컨대 일상의 인식과 순수정신의 직관은 전혀 다른 성질의 것임에도 이 둘을 동일시하는 것이 자아의식이며, 이러한 그릇된 인식에 의해 다양한 형태의 집착이 발생한다.

(3)(4) 탐욕과 혐오

이 둘은 상반하는 번뇌로서 일상의 경험으로 쉽게 이해할 수 있으므로 구구한 설명이 필요하지 않다. "탐욕이란 즐거움에 집착하는 것이다."[50]라는 『요가경』의 정의를 『요가주』에서는 간명하게 해설한다.

> 즐거움을 잘 아는 자가 이전의 즐거움을 기억하여 즐거움이나 그 수단을 요망하고 갈망하고 열망하는 것이 곧 탐욕이다.[51]

다음으로 "혐오란 고통에 집착하는 것이다."[52]라는 『요가경』의 정의에 대한 『요가주』의 해설도 간명하다.

> 고통을 잘 아는 자가 이전의 고통을 기억하여 고통이나 그 수단에 대해 격분하고 파괴하려 하고 분노하는 것이 곧 혐오이다.[53]

탐욕과 혐오는 모두 기억으로 잔존하는 잠재인상의 소산이다. 탐욕은 악을

....

50 sukhānuśayī rāgaḥ ‖ YS 2.7. YsV에 의하면 "탐욕이란 즐거움에 뒤따라 일어나는 것이다." (sukhānujanmī rāgaḥ ‖ Sastri 1952:139, 2행)

51 YBh 2.7. 정승석(2020) p. 102.

52 duḥkhānuśayī dveṣaḥ ‖ YS 2.8. YsV에 의하면 "혐오란 고통에 뒤따라 일어나는 것이다." (duḥkhānujanmī dveṣaḥ ‖ Sastri 1952:140, 2행)

53 YBh 2.8. 정승석(2020) p. 102.

선으로 간주하는 집착의 특성을 지니며, 혐오는 순수정신의 발동이 아님에도 순수정신에서 기인한 것으로 생각하는 허위의 인식이다.[54] 이는 두 방면의 심리적 기제를 지적한 것으로 이해할 수 있다. 욕심을 부리는 것이 당장은 사악한 것처럼 비칠 수 있지만 미래의 선을 위한 것이라는 핑계는 탐욕을 합리화한다. 또한 자신의 순수한 정신에 어긋나기 때문이라는 핑계는 혐오하는 마음이 발동하는 것을 합리화한다.

(5) 삶에 대한 애착

『요가경』에서는 "[삶에 대한] 애착이란 자신의 성향에 의해 흘러가는 것으로서, 현자도 그와 같이 이끌리는 것이다."[55]라고 정의한다. 이에 대한 『요가주』의 해설은 삶에 대한 애착이 윤회와 결부된 만인 공통의 불가피한 번뇌임을 역설한다.

> 바로 이 [삶에 대한] 애착은 단지 태어난 것일 뿐인 곤충에게도 자신의 성향에 의해 흘러가는 번뇌가 된다. [또한 이것은] 직접지각과 추리와 성언(聖言)에 의해서도 파악되지 않는 '죽음에 대한 공포'로서 단멸론의 성질을 지니며, 전생에서 경험한 것이 죽음의 고통일 것이라고 추측하게 한다. 또한 이 번뇌는 극히 둔감한 자들에게서 발견되는 것과 마찬가지로, 앞뒤의 한계(시작과 종말)를 식별하는 현자에게도 그와 같이 일어난다. 왜 그러한가? [번뇌의] 이 훈습은 죽음의 고통을 경험한 이래, 선인(유능한 자)과 악인(무능한 자) 모두에게 공통하기 때문이다.[56]

이 설명에 따르면 현자도 끊을 수 없는 것이 삶에 대한 애착이다. 이 번뇌는 생

---

54 Cf. Hariharānanda(2000) pp. 125-6.

55 sva-rasavāhī viduṣo 'pi tathārūḍho' bhiniveśaḥ || YS 2.9.

56 YBh 2.9. 정승석(2020) p. 103.

명에 대한 본능적 집착만을 가리키며 죽음에 대한 공포에 해당한다. 그렇지만 죽음을 경험하지 않은 상태에서 어떻게 죽음에 대한 공포가 발생하는가? Vācaspati는 이 의문에 다음과 같이 답변하는 것으로 『요가주』의 해설을 보충한다.

> "직접지각과 추리와 성언에 의해서도 파악되지 않는 '죽음에 대한 공포'는 단멸론의 성질을 지니며", 현생에서 부인될 때 "전생에서 경험한 것이 죽음의 고통일 것이라고 추측하게 한다."[57] 이것은 사려 깊은 선언이다. 왜냐하면 갓 태어난 아이도 죽이는 장면을 볼 경우에는 경악하기 때문이다. [이 같은] 유별난 경악을 통해 [그 아이는] 죽음이 바로 곁에 있음을 짐작하여 놀라고 있음이 확인된다. 두려움은 고통과 고통의 원인을 통해 지각된다. 더욱이 [그 아이는] 이 현생에서 죽음을 경험한 적이 없고 추리하거나 들은 적도 없으니, 이것(두려움)은 오직 이전(전생)에 [죽음의] 고통이었거나 원인이었던 그것을 인지한 것일 수밖에 없다. 따라서 그에게는 그와 같은 종류의 기억이 깃들어 있을 것이다. 그리고 이것(기억)은 잠세력(=훈습)이 없이는 있을 수 없으며, 이 잠세력은 경험이 없이는 있을 수 없다.[58]

인간은 누구나 죽음을 경험한 적이 없으면서도 죽음을 두려워한다. Vācaspati는 그 이유를 전생의 경험으로 제시한다. 이미 전생에서 죽었던 경험이 잠세력으로 존속하여 현생에서 기억으로 되살아나는 것이 죽음에 대한 공포이다. Vācaspati의 설명은 원인이 없는 결과가 있을 수 없다는 인과율을 적용한 최선의 답변이며, 이것이 죽음에 대한 공포가 발생하는 이유를 훈습으로 제시한 『요가주』의 취지이다.

....

57 이는 『요가주』의 해설을 그대로 인용하면서 여기에 '현생에서 부인될 때'라는 조건을 부연한 것이다.

58 "pratyakṣānumānāgamaiḥ" pratyudite janmany "asaṃbhāvito 'saṃpādito maraṇa-trāsa uccheda-dṛṣṭy-ātmakaḥ pūrva-janmānubhūtaṃ maraṇa-duḥkham anumāpayati" | ayam abhisaṃdhiḥ — jātamātra eva hi bālako māraka-vastu-darśanād vepamānaḥ kampa-viśeṣād anumita-maraṇa-pratyāsattis tato bibhyad upalabhyate | duḥkhād duḥkha-hetoś ca bhayaṃ dṛṣṭam | na cāsmiñ janmany anena maraṇam anubhūtam anumitaṃ śrutaṃ vā, prāgevāsya duḥkhatvaṃ tad dhetutvaṃ vāvagamyeta | tasmāt tasya tathābhūtasya smṛiḥ pariśiṣyate | na ceyaṃ saṃskārād ṛte | na cāyaṃ saṃskāro 'nubhavaṃ vinā | TV 2.9. Bodas(1917) pp. 65-66, 30-14행.

10.2. 업력의 수행론적 기제

업의 원어인 karman의 기본 의미는 행위와 행동처럼 동작으로 이루어지는 모든 활동이다. 그러나 이것은 육체적인 활동뿐만 아니라 어떤 생각으로 일으키는 정신적인 활동도 포함한다. 이러한 활동은 반드시 업과(業果) 또는 업보(業報)로 불리는 결과(phala)를 초래한다. 이것이 업의 인과율이며, 흔히 '업'이라고 말할 때는 이 인과율을 함의한다. 업의 인과율을 성립시키는 것은 업이 결과를 초래하는 힘, 즉 업력(業力)이다. 인도철학에서 업을 쟁점으로 거론할 때, 이 업은 사실상 업력을 의미한다.

불교의 경우에는 『구사론』을 통해 업에 관해 치밀하고 현학적인 논의가 이루어졌음을 확인할 수 있다. 『요가주』에서도 이에 상응하는 논의가 전개되지만, 『구사론』에 비하면 요가의 수행론에 필요한 것만 발췌한 것처럼 간명하다.[59] 『요가주』의 관심사는 업력이 마음의 작용으로 존속하고 발동하는 양태와 기능을 설명하여 수행자를 경계하는 데 있다.

10.2.1. 업력의 양태와 기능

어떤 업이 가시적인 결과를 초래했다고 해서 그 여세까지 사라지는 것은 아니다. 예를 들어 범죄 행위는 형사적 처벌을 받는 것으로 그 결과가 가시적으로 구현된다. 그렇다고 해서 이것으로 죄의식까지 일소되는 것은 아니다. 범죄자가 갖게 되는 죄의식과 같은 결과는 비가시적인 업력이 된다. 이처럼 업은 가시적인 것과 비가시적인 것이라는 두 방면으로 결과를 초래한다. 이 중에서 전자는 물리적이고 직접적인 결과라면, 후자는 윤리적이고 간접적인 결과이다. 전자는 흔히 말하는 일반적인 결과(phala)인 반면, 후자는 행위자의 의식에 잠복하는 특수한 결과로서 심리적 기질이나 정신적 성향을 형성한다. 이 후자를 지

---

59 이에 관한 고찰은 정승석(2001c) pp. 120-136 참조.

칭하는 대표적인 용어가 잠세력(saṃskāra)이며,[60] 요가의 수행론에서는 잠세력의 기능을 각별히 중시한다.

『요가경』과 『요가주』의 전반에 걸쳐 업의 인과를 설명하는 데 적용되는 용어들은 한마디로 말하면 업력에 포괄된다. 그리고 이 업력은 잠세력, 잠재업(karmāśaya), 훈습(vāsanā)으로 세분되지만, 이것들은 상호 함축이 가능하면서도 독자적인 의미로 구사되기도 한다. 이뿐만 아니라 여기에는 기억(smṛti)이 가세한다. 이 같은 의미상의 다중성과 표현상의 불일치는 요가 철학의 수행론을 이해하는 데 장애가 될 수 있다. 반면에 이러한 개념들의 용례를 파악함으로써 업력의 수행론적 기제를 이해할 수 있다. 우선 『요가주』에서는 잠세력을 두 방면으로 적용하고 있음에 유의해야 한다.

> 실로 이 잠세력들은 두 가지이다. [즉 하나는] 그 특성이 훈습인 것들로서 기억과 번뇌의 원인이 되는 것이고, [다른 하나는] 그 특성이 선과 악인 것들로서 과보의 원인이 되는 것이다. 그것들은 전생에 형성된 것들로서 전변, 활동, 억제, 능력, 생기(生氣), 선[과 악]처럼 보이지 않는 마음의 속성들이다.[61]

여기서 기억과 번뇌의 원인이 된다는 첫째 잠세력은 수행론에 적용되는 업력이며, 과보의 원인이 된다는 둘째 잠세력은 윤회론에 적용되는 업력이라고 이해할 수 있다. 『요가경』에서 "각성(覺醒)의 잠세력이 퇴각하고 억제의 잠세력이 출현하게 되며, 억제되는 순간마다 마음이 연속되는 것이 억제 전변이다."[62]

....

60 Hiriyanna(1932:129-130)는 업이 초래하는 두 방면의 결과를 다음과 같이 구분했다.
"우리가 지은 모든 행위는 두 가지 결과를 이끈다. 그것은 업의 이론에 따라 행위로부터 뒤따르는 고통이나 즐거움으로서 행위의 직접적 결과라고 불릴 수 있는 것을 낳을 뿐만 아니라, 미래에 동일한 행위를 반복하려고 하는 성향을 우리에게 확립한다. 이 성향을 saṃskāra라고 하며, 업의 직접적인 소산을 phala라고 한다." 정승석(2001d) p. 47, n. 7 재인용.

61 YBh 3.18. 정승석(2020) p. 185.

62 vyutthāna-nirodha-saṃskārayor abhibhava-prādurbhāvau nirodha-kṣaṇa-cittānvayo nirodha-pariṇāmaḥ || YS 3.9.

라고 교시한 것은 첫째의 잠세력이 수행론에 적용된다는 결정적인 근거가 된다. 또한 다음과 같은 『요가주』의 설명도 이것을 뒷받침한다.

> [억제의 잠세력을 통해, 즉] 억제의 잠세력을 수련하는 강도에 따라, 마음의 고요한 흐름이 있다. 그 [억제의] 잠세력이 약화될 때에는 각성하는 속성의 잠세력이 억제하는 속성의 잠세력을 압도한다.[63]

억제의 잠세력은 독존(해탈)을 도모하는 유용한 잠세력이다. 이와는 반대로 작용하는 각성의 잠세력은 독존에 장애가 되는 유해한 잠세력이므로 제지되어야 한다.[64] 각성의 잠세력은 마음의 작용을 활성화하여 번뇌를 야기하는 업력이다. 반면에 억제의 잠세력은 마음 작용의 활성화를 억제하여 번뇌를 차단하는 업력이다. 그러므로 삼매를 심화해 가는 수행은 각성의 잠세력을 약화하고 억제의 잠세력을 강화하는 노력으로 진행된다.

다음으로 『요가주』에서 선과 악의 특성을 갖고 과보의 원인이 되는 것이라고 둘째로 언급한 잠세력은 과거의 업으로부터 생성된 업력이다. 『요가경』에서 "잠세력을 직관함으로써 이전의 생존 양태(전생)를 안다."[65]라고 교시한 것은 이의 전거가 된다. 전생에서 생성한 업력이 현생에서는 잠세력으로 상속되어 있어야만 잠세력을 직관함으로써 전생을 아는 일이 가능하다. 그러므로 이 경우의 잠세력은 윤회를 성립시키는 업력이 된다. 이러한 잠세력은 잠재업으로

....

63 YBh 3.10. 정승석(2020) p. 165.

64 『요가주』에서 언급한 "독존에 유용한 잠세력"(YBh 1.51)을 Vijñāna Bhikṣu는 "독존의 원인으로 작용하는 잠세력"(kaivalya-hetu-karma-saṃskāra | YV 1.51. Rukmani 1981:261, 11행)이라고 해석한다. 한편 Vācaspati는 각성의 잠세력과 억제의 잠세력에 관해 다음과 같이 설명한다.
"이제 각성의 잠세력들은 식별지의 잠세력들에 의해 제지되어야 하고, 식별의 잠세력들은 억제의 잠세력들에 의해 제지되어야 한다. 그러나 억제의 잠세력들의 경우에는 외적 제한을 갖지 않는 것으로 주지되어 있으므로, 억제의 수단이 충분히 고려되어야 한다. …" (atha vyutthāna-saṃskārā vivekajñāna-saṃskārair niroddhavyā viveka-saṃskārāś ca nirodha-saṃskārair nirodha-saṃskārāṇāṃ tv abāhya-viṣayatvaṃ darśitaṃ nirodhopāyaḥ prāyaś cintanīya ity … ‖ TV 4.8. Bodas 1917:211, 14-16행)

65 saṃskāra-sākṣāt-karaṇāt pūrva-jāti-jñānam ‖ YS 3.18.

불리는데, 잠재업은 요가 철학에서 업력의 작용 양태를 윤회와 결부시켜 설명하는 소위 업론(業論)의 중심 개념이 된다. 『요가주』에서 전개하는 업론은 다음과 같은 『요가경』의 교시에 의거한다.[66]

> 번뇌가 그 근원인 잠재업은 현생과 내생에서 감수될 것이다. (12)
> [번뇌라는] 근원이 존재할 때, 그 [잠재업의] 과보로서 출생과 수명과 향수가 있다. (13)
> 그것들(출생, 수명, 향수)은 선과 악의 원인이 되기 때문에 즐거움과 고통을 결과로 갖는다. (14)

잠재업은 '업의 잠재력'을 의미하고 간혹은 간략히 '잠재력'으로 표현될 뿐만 아니라[67] 훈습을 지칭하기도 한다. 다음과 같은 『요가주』의 설명을 일례로 들 수 있다.

> 번뇌들이란 무지 따위들이다. 업들이란 선(善)과 불선(不善=악)들이다. 과보란 그[업들의] 결과이다. 잠재력이란 그것(결과)에 따르는 훈습(熏習)들이다.[68]

....

66 kleśa-mūlaḥ karmāśayo dṛṣṭādṛṣṭajanma-vedanīyaḥ ‖ YS 2.12.
sati mūle tadvipāko jāty-āyur-bhogāḥ ‖ YS 2.13.
te hlāda-paritāpa-phalāḥ puṇyāpuṇya-hetutvāt ‖ YS 2.14.

67 이러한 용례가 『전철학강요』에도 반영되어 있다. 여기서는 위에 인용한 YS 2.13에 해당하는 내용을 다음과 같이 소개한다.
"출생, 수명, 향수가 업의 결과인 과보이다. 그것들이 마음의 영역에서 결과로서 성숙할 때까지 휴식하고 있는 것을 선악의 잠세력인 잠재력이라고 말한다."
(vipākāḥ karma-phalāni jāty-āyur-bhogāḥ | ā phala-vipākāc citta-bhūmau śerata ity āśayā dharmādharma-saṃskārāḥ | SDS, p. 365, 337-9행)
여기서는 잠재업을 '선악의 잠세력'이라고 풀이했다. Cowell(1976:256)이 이 원문을 번역하면서 잠재력을 "마음에 축적된 이전 업의 잔여"라고 풀이한 것은 잠재력이 잠재업을 의미한다고 파악했기 때문이다.

68 YBh 1.24. 정승석(2020) p. 59.

이처럼 업력은 잠세력과 잠재업과 훈습이라는 불가분리의 양태로 잠복하거나 발동하지만, 이 과정에서는 기억이 불가결한 역할을 맡아 합세한다. 이는 기억과 잠세력이 동질성을 갖기 때문이다. 『요가경』에서는 이에 관해 "기억과 잠세력은 동질성을 갖기 때문에, [과보가] 출생이나 장소나 시간에 의해 분리된 경우에도 [훈습의] 연속이 있다."[69]라고 교시한다. 『요가주』에서는 이 같은 업력의 상관적 양태들이 다음과 같이 다소 혼잡스럽게 묘사되어 있다.

> 경험은 있는 그대로 잠세력이 된다. 그리고 그것들은 업의 훈습에 상당한다. 그런데 훈습들은 있는 그대로 기억이 된다. 따라서 출생이나 장소나 시간에 의해 [분리되어 있더라도 그렇게] 분리된 잠세력들로부터 기억이 있고, 기억으로부터 다시 잠세력들이 있다. 이와 같이 이러한 기억과 잠세력들은 잠재업의 활동으로 얻은 힘을 통해 현현된다.[70]

업력의 양태와 기능은 이 설명의 가닥을 잡는 것으로 이해할 수 있다.[71] 우선 여기서 말하는 경험이란 업을 의미한다. 어떤 것을 경험하면 이 경험은 의식에 잠복하여 잠세력이 되는데, 훈습이란 경험이 잠세력으로 바뀌어 존속하는 상태를 가리킨다. 그리고 이 훈습은 기억과 동일한 것이 된다. 다시 말해서 의식 속에 잠세력으로 내재한 경험이 훈습이고, 이 훈습이 의식의 표층으로 발현될 때는 기억으로 불린다. 그러므로 기억은 훈습이 의식에 내재한다는 징표가 된다.

여기까지는 훈습에 초점을 맞추어 업력을 파악한 것이다. 요컨대 훈습은 "경

69 jāti-deśa-kāla-vyavahitānām apy ānantaryaṃ smṛti-saṃskārayor ekarūpatvāt ‖ YS 4.9.
Dasgupta(1924:108)는 기억과 잠세력의 동질성을 다음과 같이 이해한다.
"잠세력과 기억의 차이는 전자가 숨어 있는 상태인 반면, 후자가 드러난 상태에 있다는 사실뿐이다. 따라서 기억과 잠세력은 성격상 동일하며, 잠세력이 소생할 때마다 이 소생은 잠세력에 잠복 상태로 보존되어 있는 똑같은 경험의 기억이 드러남을 의미할 뿐이다."

70 YBh 4.9. 정승석(2020) p. 246.

71 이 문제는 정승석(2001d) pp. 56-60에서 상세하게 분석되었지만, 여기서는 이보다 간결하게 요점을 재검토한다.

험→잠세력→기억"의 인과로서 존속하는 업력의 일반 양태이다. 다음에는 잠재업에 초점을 맞추어 업력을 설명한다.[72]

일단 어떤 경험에 의해 훈습이 형성되면, 이 훈습은 잠세력과 기억의 상호 인과, 즉 "잠세력→기억→잠세력"의 인과관계로 발현했다가 다시 잠복한다. 훈습이 존속하는 동안에는 이 같은 상호 인과의 작용이 언제든지 반복될 수 있다. 그리고 잠세력과 기억의 상호 작용은 잠재업의 활동에서 기인한다고 말하므로, 잠재업은 훈습을 포괄하는 업력의 총칭이 된다. 『요가경』을 독자적으로 주석한 Hariharānanda가 잠재업에 초점을 두고 훈습과 기억의 관계를 다음과 같이 설명한 것도 이 때문일 것이다.

> [훈습이 연속하는 이유는] 기억의 양태를 갖는 것으로서 훈습이 현현하기 때문에, 즉 잠재업의 작용을 지각하는 힘 때문이다. 이는 그 힘을 통해, 즉 그것에 조응함으로써 잠재업은 과보의 양태로서 그 작용이 지각된다는 의미이다. 원인과 결과의 관계는 파괴될 수 없기 때문이다. 잠재업은 원인이고 훈습과 기억은 결과이다. 혹은 훈습이 원인이라면 기억은 결과이다. 이것들의 관계는 파괴될 수 없기 때문에, 즉 존속하기 때문에 연속한다. 즉 다른 것이 개입할 여지가 없다.[73]

여기서는 훈습과 잠재업과 기억의 관계만을 거론하고 잠세력은 언급하지 않는다. 이는 잠세력과 훈습을 동일한 업력으로 간주했기 때문일지 모른다.[74] 이

....

72 Dasgupta(1924:108)가 "과보를 지향하는 잠재업이 마음에 이미 잠복 형태로 존재하는 훈습을 현현시키는 원인이라는 것은 분명하다."라고 파악한 점에서도 잠재업에 초점을 맞추는 이유를 간파할 수 있다.

73 vāsanābhivyakteḥ smṛti-rūpatvāt | karmāśaya-vṛtti-lābha-vaśāt — karmāśaya vipāka-rūpo vṛtti-lābhaḥ tad-vaśāt tan-nimittenety arthaḥ | nimitta-naimittika-bhavānucchedāt — karmāśayo nimittaṃ, vāsanā-smṛtir naimittikaṃ yad vā vāsanā nimittaṃ tat smṛtir naimittikaṃ, tad-bhāvasya anucchedāt — vartamānatvāt | ānantaryam — nirantarālatā | *Bhāsvatī* 4.9. Hariharānanda(2000) p. 607, 15-18행.

74 『요가주』에도 잠세력과 훈습을 동일시하는 설명이 있다. "기억의 원인인 잠세력들이 곧 훈습이며,

덕분에 삼자의 관계가 한결 명료하게 설명되어 있다. 이 설명에 따르면 먼저, 훈습이 현현한다는 것과 잠재업의 작용을 지각한다는 것은 동일하다. 그런데 훈습이 현현한다는 것은 기억이 떠오른다는 것을 의미하므로, 잠재업의 작용을 지각하는 것이 바로 기억이라고 이해할 수 있다. 다음으로 잠재업은 훈습을 기억으로 발현시키는 역할을 하거나, 그렇지 않을 경우에는 훈습이 그 자신을 기억으로 발현시키는 원인으로 작용한다.[75] 이로써 "잠재업 → 훈습과 기억" 또는 "훈습 → 기억"이라는 인과관계가 성립된다.

잠세력, 잠재업, 훈습, 기억은 모두 업력의 인과로써 마음 작용이 다변화하고 그치지 않는 이유, 더 나아가 윤회가 지속되는 이유를 설명하는 요가 철학의 주요 개념들이다. 그리고 이것들 중에서 잠세력은 마음 작용을 억제하여 삼매를 심화하는 원리로 중시되지만, 최종 단계에서는 이 잠세력도 제거의 대상이 된다. Hariharānanda는 완전한 삼매에 도달하기 이전까지 잠세력이 주축으로 작용하는 인과관계를 이해하기 쉽도록 아래의 <표 27>처럼 도식화했다. 그가 여기서 삼매를 분류하는 유종과 무종의 개념으로 잠세력의 기능을 양분한 것은 잠세력을 수행론의 핵심 원리로 파악했기 때문일 것이다.[76]

....

이것(훈습)은 시작도 없는 긴 세월에 속한 것이다." (ye saṃskārāḥ smṛti-hetavas tā vāsanās tāś cānādikālīnā iti | YBh 2.13. 정승석(2020) p. 383_8.

75 *Bhāsvatī*를 영역한 Mukerji가 "잠재업과 결속된 것이 기억이며 이 둘은 원인과 결과의 관계이다. 훈습은 이 둘을 동시에 발현하게 하므로 그 둘 사이에는 간섭이 있을 수 없다."(Hariharānanda 2000:607) 라고 부연 설명한 것은 잠재업이 훈습과 기억의 원인이라는 원문과 합치하지 않는다. 이는 훈습에 초점을 맞춘 업력의 일반 양태를 추가한 것으로 이해된다. 참고로 Mukerji의 영역은 산스크리트 원문을 그대로 좇아 번역하지 않고 의역해 버린 경우가 적지 않다.

76 <표 27>은 Hariharānanda(2000) p. 133 참조. Hariharānanda는 이 표가 함의하는 수행론의 취지를 다음과 같이 약술한다. ibid. pp. 133-4.

1. 세속을 지향하는 정신적 기질인 '활성'(pravṛtti-dharma)은 세속을 포기하는 정신적 기질인 '비활성'(nivṛtti-dharma)에 의해 약화된다.
2. 이로써 잠재업은 약화되고 이 결과로 훈습은 더 이상 아무런 역할도 하지 않는다.
3. 번뇌를 야기하는 잠세력은 이로써 감소되어 희석된 상태가 된다.
4. 번뇌를 야기하는 잠세력은 잠재된 진실한 지혜로 인해 약화되어 바싹 마른 씨앗처럼 아무것도 산출하지 못한다.
5. 미약하거나 미세하게 번뇌를 야기하는 잠세력도 마음을 억제하는 잠세력에 의해 소멸한다.

〈표 27〉 잠세력 중심의 인과관계

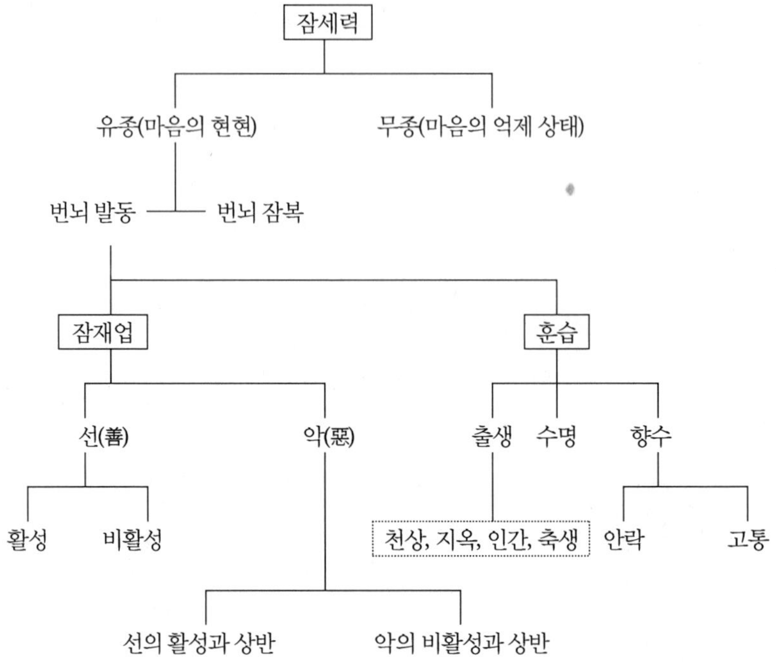

이 도식에서 잠재업과 훈습은 원인과 결과의 관계가 아니라 병렬 관계로 배치되어 있다. 이제 다음 항에서는 그 이유를 고찰한다.

10.2.2. 정업과 부정업

1. 『요가주』의 분류 관념

업력들 중에서 잠재업과 훈습은 과보를 초래하는 영역의 차이로도 구분된다. 이 경우에는 잠재업이 직접적 원인이고 훈습은 잠재업을 원조하는 간접적 원인이다.[77] 그리고 이 차이는 업력이 작용하는 영역에 따라 업을 일생업(一生

77 우선 잠재업과 훈습의 기본적인 차이를 이해하는 데는 다음과 같은 Hariharānanda(2000:133)의 설명이 무난하다.

業)과 다생업(多生業)으로 구분한 데서 기인한다. 잠재업은 '하나의 생존에서 유래하는' 일생업이며, 훈습은 '많은 전생에서 유래하는' 다생업이다. 『요가주』에서 업을 이처럼 두 종류로 구분하는 논의[78]는 정업(定業)과 부정업(不定業)이라는 두 범주의 업을 설명하는 예비 단계로 전개된다. 『요가주』에서는 먼저 일생업과 다생업을 다음과 같이 설명한다.

> 선하거나 악한 잠재업은 탄생과 임종 사이에서 다양하게 축적되어, 우선적(일차적)이거나 부수적(이차적)인 상태(관계)로서 존속하다가 죽음을 통해 현현되는데, 하나의 주도적인 것에 의해 죽음을 달성한 다음에 응결되어 오직 하나의 출생을 형성한다. 그리고 바로 그 업에 의해서 수명을 얻은 그 출생이 존재하며, 그 수명[을 누리는] 동안에는 바로 그 업에 의해서 향수가 성취된다. … 이 때문에 '하나의 생존에서 유래하는 것'(일생업)이 잠재업으로 불리는 것이다.
> 그러나 번뇌로 인한 업의 과보를 감수(경험)한 데서 발생된 훈습들에 의해, 시작도 없는 긴 세월에 응결되어 채색된 것과 같은 이 마음은, 어망(魚網)이 매듭들에 의해 확장되듯이 어느 곳으로든지 확장된다. 따라서 이렇게 '많은 전생에서 유래하는 것들'(다생업)이 훈습이다.[79]

일생업은 윤회하는 어떤 하나의 생애에서 업력이 축적되어 과보로 현현하는

……………

"잠재업은 당면한 생애에 출생과 수명과 (안락이나 고통의) 경험(=향수)이라는 세 가지 결과를 초래한다. 다시 말해서 그러한 결과들을 초래하는 잠세력이 잠재업이다. 결과가 발생할 때, 이에 따라 경험하게 된 감정이 생성하는 잠세력은 훈습으로 불린다. 훈습은 저 홀로 어떤 결과를 낳지 않지만, 어떤 잠재업이 결과를 낳는 데에는 적절한 훈습이 필요하다. 잠재업은 씨앗과 같고 훈습은 밭과 같으며, 출생이나 신분은 나무와 같고 (안락이나 고통의) 경험은 열매와 같다."

78 "그리고 그 과보는 세 가지, 즉 출생과 수명과 향수(享受)이다. 이에 대해서는 다음과 같은 것이 성찰된다. [첫째 성찰은] 하나의 업은 하나의 출생의 원인인가, 혹은 하나의 업이 많은 출생을 이끄는가 하는 것이다. 둘째 성찰은 많은 업이 많은 출생을 일으키는가, 혹은 많은 업이 하나의 출생을 일으키는가 하는 것이다." YBh 2.13. 정승석(2020) p. 106.

79 YBh 2.13. 위의 책, pp. 107-8.

업을 지칭한다. 다생업은 어느 생애에서 형성된 업력이 여러 생애를 거치면서 지속되는 업을 지칭한다. 그러므로 다생업은 일생업과 공존하면서 일생업도 포함하는 보편적인 업이다. 일생업에서 결과를 초래하지 못한 업력은 다생업에 편입되어 존속한다. 훈습은 한 차례의 생애를 포함하여 숱한 생애에서 겪은 경험이 기억으로 축적된 업력이므로 많은 전생에서 유래한다는 다생업으로 불린다. 반면에 잠재업은 한 차례의 생애에서 축적되는 선악의 업이 성숙하여 곧장 또는 바로 다음에 재생할 때 결과를 초래하므로 하나의 생존에서 유래한다는 일생업으로 불린다. 그리고 일생업의 경우에는 현생에서 내생으로 연결되는 하나의 생존을 일생으로 간주한다. 일생업을 이와 같이 이해할 수 있는 이유는 『요가경』에서 "잠재업은 현생과 내생에서 감수될 것이다."[80]라고 선언하기 때문이다. 이에 의하면 일생업 자체는 하나의 생애에서 형성되지만 그 과보는 현생과 내생이라는 두 생애에 걸쳐 받게 된다.[81]

일생업과 다생업은 잠재업과 훈습의 기능을 차별하는 것으로 업력이 언제 결과를 초래하는가 하는 업론의 쟁점을 해결하는 데 적용된다. 이 경우에 업은 다시 정업(定業)과 부정업(不定業)으로 구분되며, 정업은 '현생에서 감수되어야 할' 현생수업(現生受業)과 '내생에서 감수되어야 할' 내생수업(來生受業)으로 구분된다. 부정업은 받아야 할 과보가 아직 결정되지 않은 업이다. 『요가주』에서

……………

80 YS 2.12. 앞의 각주 66.

81 다만 "하나의 주도적인 것에 의해 죽음을 달성한 다음에 응결되어 오직 하나의 출생을 형성한다."라는 『요가주』의 해설(앞의 각주 79)에 따르면, 일생업은 내생을 결정하는 데까지만 작용하는 것으로 이해할 수 있다. Vācaspati는 이 해설을 다음과 같이 보충한다.
"[선하거나 악한 잠재업은] 하나의 주도적인 것에 의해 출생 따위의 형태로 성취되어야 할 결과로 일제히 응결되고 하나의 가변 상태에 도달하여, 많은 출생이 아니라 오직 하나의 출생을 형성한다." (eka-praghaṭṭakena yugapat saṃmūrchito janmādi-lakṣaṇe kārye kartavya eka-lolībhāvam āpanna ekam eva janma karoti nānekam | TV 2.13. Bodas 1917:79. 18-19행)
여기서 '하나의 주도적인 것'이란 선하거나 악한 업들 중의 어느 하나일 것이고, '일제히'라고 말한 것은 다생업인 훈습도 합세한다는 것을 함의하며, '가변 상태'란 현생의 과보가 이제 곧 내생으로 구현될 잠정적인 상태를 의미할 것이다. Woods(1914:128)는 가변 상태의 원어(lolībhāva)를 내생(next birth)으로 번역했다. 그러나 현생에서 형성된 업력이 현생에서 과보를 초래할 경우는 일생업이 아니라는 해석도 있다. 이에 관한 쟁점은 곧바로 후술할 것이다.

는 이러한 분류를 다음과 같이 설명한다.

> 그런데 그렇게 하나의 생존에서 유래하는 그 잠재업(즉 일생업)으로는 '과보가 정해진 것'(정업)과 '과보가 정해지지 않은 것'(부정업)이 있다. 이 중에서 [하나의 생존에서 유래하는 것이 잠재업이라는] 이 정칙(定則)은 '현생에서 감수되어야 할 것'(현생수업)으로서 과보가 정해진 것(정업)에게만 적용되고, '내생에서 감수되어야 할 것'(내생수업)으로서 과보가 정해지지 않은 것(부정업)에게는 적용되지 않는다.[82] 왜냐하면 '내생에서 감수되어야 할 것'(내생수업)으로서 과보가 정해지지 않은 것(부정업)에게는 세 가지 존재 양식이 있기 때문이다. 즉 [그 셋이란] ①준비되어 있다가 성숙하지 않고 소멸함, 혹은 ②주요한 업으로 뒤섞여 감, ③혹은 과보가 정해진 주요한 업에 의해 압도되어 오랫동안 지속함이다.[83]

위의 설명에서는 과보를 감수하는 시기를 현생과 내생으로 구분하는데, 내생은 현생 직후에 도래하는 내생과 이 내생 이후의 시기까지 포함하므로 이해에 혼동을 초래하기 쉽다. 그러므로 생존의 시기를 현생은 제1생, 현생 직후의 내생은 제2생, 이 내생 이후의 시기들은 제3생으로 구분하여 적용하는 것이 이해하기 쉽다. 『요가주』의 설명에서 쟁점이 되는 것은 과보를 현생에서 감수하게 된다는 현생수업이다. 왜냐하면 Vācaspati를 제외한 일부 주석자들이 '현생수(dṛṣṭajanma-vedanīya)업'을 내생에서 과보가 감수된다는 '내생수(adṛṣṭajanma-vedanīya)업'으로 읽거나 이렇게 해석하기 때문이다. 단적인 예로 Vijñāna Bhikṣu는 위에 인용한 『요가주』의 설명을 다음과 같이 주석한다.[84]

....

82 이 설명은 잠재업이 내생에 과보를 초래할지라도 어느 내생에서 과보를 초래하는지가 결정되어 있지 않다면 일생업으로 간주될 수 없으므로, 이 같은 잠재업은 부정업이 된다는 것을 함의하는 것으로 이해된다. Vācaspati도 이와 같이 해석한다.

83 YBh 2.13. 정승석(2020) pp. 109-110.

84 아래에서는 『요가주』의 번역에서 의미 풀이로 구사한 용어들을 다음과 같이 간결한 전문어로 대체한다.

이 중에서 내생수업으로서 정업에게만 적용된다는 이 정칙은 일생업의 정칙이라는 의미이다. 그리고 [이 정칙이] 내생수업으로서 부정업에는 적용되지 않는다는 것은 당연하다. 현생수업은 [내]생의 원인이 아니므로 일생업에 해당하지 않는다는 것은 기정사실이다. 이제 [혹자가 만약] 일생업이라는 정칙이 오직 부정업에는 해당하지 않는 이유를 묻는다[면, 『요가주』의 저자는 이에 대해] "왜냐하면 내생에서 …"라고 [부정업의 존재 양식을 세 가지로] 답변한 것이다. 현생수업은 일생업이 될 우려가 없다는 바로 이러한 의도로 [일생업이라는 정칙은] "내생수업으로서 정업에게[만 적용된다.]"라고 말한 것이다.[85]

....

"현생에서 감수되어야 할 것"(dṛṣṭajanma-vedanīya) → 현생수업
"내생에서 감수되어야 할 것"(adṛṣṭajanma-vedanīya) → 내생수업
"과보가 정해진 것"(niyata-vipāka) → 정업
"과보가 정해지지 않은 것"(aniyata-vipāka) → 부정업

85 tatrādṛṣṭajanma-vedanīyasya niyata-vipākasyaivāyaṃ niyama iti | ekabhavikatva-niyama ity arthaḥ | na tv adṝṭajanma-vedanīyasyāniyata-vipākasya ceti, sugatam | dṛṣṭajanma-vedanīyasya bhavāhetutvenaikabhavikatvābhāvaḥ spaṣṭa evety ato 'niyata-vipākasyaivaikabhavikatva-niyamābhave hetuṃ pṛcchati — kasmād iti | uttaram — yo hy adṛṣṭeti | dṛṣṭajanma-vedanīyasyaikabhavikatva-śaṅkā nāstīty āśayenaivāha — adṛṣṭajanma-vedanīyasyeti | YV 2.13. Rukmani (1983) p. 55, 3-7행.

*Yogasūtra-bhāṣya-vivaraṇa*의 판본(Sastri 1952:155, 2행)에서도 『요가주』의 dṛṣṭajanma-vedanīya(현생수업)를 adṛṣṭajanma-vedanīya(내생수업)로 읽지만 이 주석의 저자는 이에 관해 아무런 설명도 부연하지 않는다. 그러나 이에 앞서 개진한 다음과 같은 설명에는 유의할 사항이 있다.

"그런데 과보가 결정되지 않은 현생수업은 때로는 향수의 원인이 되므로 그 과보가 하나이고, 때로는 향수와 수명의 원인이 되기 때문에 그 과보가 둘이며, 때로는 출생과 수명과 향수의 원인이 되므로 행운의 자재신(Nandīśvara)과 나후샤(Nahuṣa)의 경우처럼 그 과보가 셋이다. 그러나 내생수업은 정업과 부정업이라는 두 가지이다." (dṛṣṭajanma-vedanīyas tv aniyata-vipākaḥ kadācid bhoga-hetur ity ekavipākaḥ | kadācid bhogāyur-hetutvāt dvivipākaḥ | kadācit jāty-āyur-bhoga-hetutvāt trivipāko nandīśvara-nahuṣayor iva || adṛṣṭajanma-vedanīyas tu dvividho niyata-vipākaś cāniyata-vipākaś ca | YsV 2.13. Sastri 1952:151-2, 26-8행)

서두에서 '과보가 결정되지 않은 현생수업'이라고 언급한 것은 과보가 세 가지 양태로까지 초래될 수 있으므로 하나의 양태로만 결정되지는 않는다는 것을 의미할 뿐이다. 그러므로 '과보가 결정되지 않은'이라는 표현은 현생수업을 부정업으로 간주한 것이라고 단정할 수는 없다. 여기서 예를 든 Nandīśvara는 인간이었다가 신으로 격상했다는 선행의 과보를 상징하고, Nahuṣa는 신이었다가 뱀으로 추락했다는 악행의 과보를 상징한다. YBh 2.12(정승석 2020:105)의 비유 참조.

여기서 Vijñāna Bhikṣu가 "현생수업은 [내]생의 원인이 아니므로"라고 말한 것으로 그의 관점을 짐작할 수 있다. 그는 현생에서 축적되어 현생에서 과보를 초래하는 것만이 『요가주』의 저자가 말하는 현생수업이라고 해석한 듯하다.[86] Vijñāna Bhikṣu의 해설에 따르면 제1생(현생)의 과보가 제2생(내생)에서 감수되는 것이 정업이자 일생업이며, 현생에서만 과보를 낳는 현생수업은 일생업이 아니다. 이는 일생업, 즉 '하나의 생존에서 유래하는 잠재업'에 대한 해석의 차이에서 기인한다.

Vijñāna Bhikṣu가 주장하는 일생업은 제1생에서 형성된 업력의 과보가 제2생에서 감수되는 것만을 가리킨다. 그러나 Vācaspati는 이뿐만 아니라 현생에서 형성된 업력이 현생에서 과보를 초래할 경우도 일생업으로 간주한다. 과보가 제2생에서도 감수되지 않고 제3생 이후로 이전하는 업을 다생업이자 부정업으로 간주하는 데에는 의견의 차이가 없다. Vijñāna Bhikṣu의 해석도 일리는 있다고 생각되지만 정설로 확정할 수는 없다. 이 문제는 차치하고 Vācaspati의 주석에 의거하면 잠재업은 아래의 표[87]처럼 양면의 업을 함의한다.

....

86 Dasgupta도 Vijñāna Bhikṣu의 해석을 이와 같이 이해한다. Vijñāna Bhikṣu에 의하면 현생수업은 전생이 없고 당면한 생애에서만 과보를 낳기 때문에 결코 일생업이 될 수 없다. Vācaspati는 현생수업을 잠재업의 전형으로 주장한 반면(<표 28> 참조), Vijñāna Bhikṣu는 현생수업은 다시 태어나지 않고 동일한 생애에서 과보를 낳기 때문에 결코 일생업이 될 수 없다는 정반대의 견해를 내세운다. cf. Dasgupta(1924) p. 110.
그러나 Rukmani는 Vijñāna Bhikṣu의 생각을 다음과 같이 추정한 듯하다. 현생수업에도 전생의 업이 포함되었을 수 있다. 전생에서 결정되지 않은 과보가 현생으로 전이된 경우를 고려하면, 현생수업은 과보가 결정되지 않은 부정업과 과보가 결정된 정업을 포함한다는 모순이 발생한다. 이 모순을 해결하기 위해서는 전생의 다음에 도래하는 것이 현생이므로, 즉 전생의 내생이 현생이므로 현생수업도 내생의 업으로 간주해야 한다. cf. Rukmani(1983) p. 55, n. 5.

87 Cf. Dasgupta(1924) p. 112.

〈표 28〉 Vācaspati에 의한 잠재업의 양면

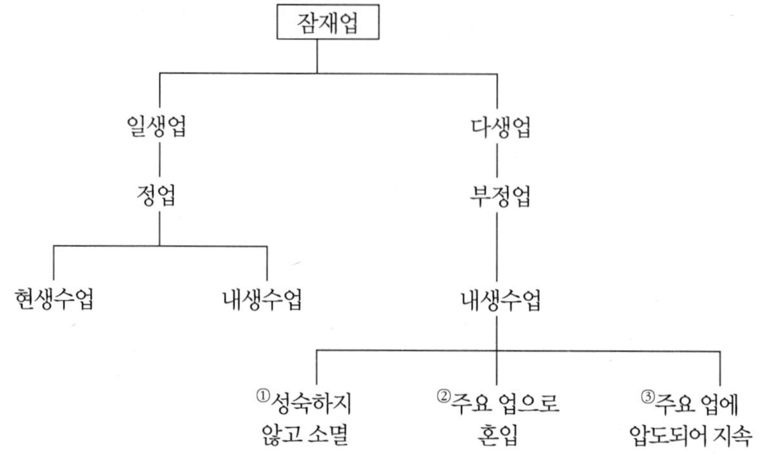

위의 표로 한눈에 알 수 있듯이 부정업은 반드시 내생수업이며, 이 경우의 내생은 제3생 및 이후의 모든 재생을 의미한다. 그러나 정업은 기본적으로 현생수업이지만 내생수업이 될 수도 있다. 이 경우의 현생은 축적한 업을 죽기 전에 감수하는 제1생을 의미하고, 내생은 그 업을 죽고 나서 감수하게 될 바로 다음의 제2생을 의미한다. Vijñāna Bhikṣu는 제2생에서 감수하는 내생수업만을 일생업 및 정업으로 간주한다. 이는 Vijñāna Bhikṣu가 죽고 난 다음에 적용될 업력을 설명하는 데 주력한 것이 『요가주』의 업론이라고 이해했기 때문일 수 있다. 특히 『요가주』에서는 내생수업이 부정업인 이유를 세 가지로 상술하는데, 이는 불교의 업론과 비교해 보더라도 『요가주』의 독특한 관념으로 인정된다.

2. 『구사론』의 분류 관념

『요가주』에서 업을 분류한 주요 개념들은 불교의 『구사론』에서 거론한 것들이다.[88] 『구사론』에 의하면 업의 분류는 3종, 4종, 5종, 8종으로 확장된다. 먼저

88 『요가주』의 용어들 중에서 일생업과 다생업은 『구사론』에서 직접 구사되지 않지만, 아래에 인용

『구사론』의 게송에서는 "정[업]과 부정[업]이 있고 그 정[업]은 다시 3종인데, 현생 등에서 감수될 수 있기 때문에 혹자들은 업이 5종[이라고 말한다.]"[89]라고 5종의 분류를 언급한다. 『구사론』의 저자(세친)는 이 게송의 의미를 다음과 같이 상술하는데, 세친이 생각하는 업은 4종이다.

> 신속하게 감수되어야 할 것 따위의 바로 그 3종은 [과보를] 감수할 수 있는 정업이고, 부정[업]은 감수되어야 할 것이 불확실한 것이다. ①'현생에서 감수되어야 하는 것'(順現法受業)과 ②'[다음 생(次生)에] 당도하여 감수되어야 하는 것'(順次生受業)과 ③'다다음 [생](後次生)에 감수되어야 하는 것'(順後次受業)이라는 이 3종은 정업으로 불리며, ④'감수되어야 할 것이 결정되지 않은 것'과 함께 이 업은 4종이 된다.[90]

위에서 마지막(④)으로 언급한 "감수되어야 할 것이 결정되지 않은 것"은 부정업을 지칭한다. 이어서 세친은 다른 사람들이 주장하는 5종의 업을 소개한다.

....

한 의문에는 그 둘과 유사한 관념이 드러나 있다. 필자의 선행 연구에서 아래의 의문을 네 가지로 구분한 것(정승석 2001c:128)은 '혹은'을 별개의 의문으로 분리한 착오이다.
"하나의 업이 오직 하나의 출생을 이끄는가, 혹은 많은 것(출생)도 이끄는가? 또한 그와 같은 방식으로 많은 업이 하나의 출생을 이끌고 혹은 많은 것(출생)도 이끄는가?" (kim ekaṃ karma ekam eva janmākṣipati atha naikam api | tathā kim ekam api karmaikaṃ janmākṣipaty athānekam | AkBh 4.95. Pradhan 1975:258, 11-12행)
이에 관해 "하나의 [업]이 하나의 출생을 이끌고, 많은 [업]이 [하나의 출생을] 완성시킨다."(ekaṃ janmākṣipaty ekam anekaṃ paripūrakam | AK 4.95. ibid. p. 258)는 것이 『구사론』의 게송으로 제시한 정설이다. 여기서 하나의 업은 인업(引業), 많은 업은 만업(滿業)으로 불린다. 『요가주』에서 거론하는 "일생업과 다생업이라는 개념의 발상은 구사론에서 고찰하는 引業과 滿業에서 유래한 것으로 보인다." 정승석(2001c) p. 127.

89 niyatāniyataṃ tac ca niyataṃ trividhaṃ punaḥ | dṛṣṭadharmādi-vedyatvāt pañcadhā karma kecana || AK 4.50. Pradhan(1975) p. 229.

90 tac caitat sukha-vedanīyādi trividhaṃ karma niyataṃ ca veditavyam | nāvaśya-vedanīyam aniyatam | ①dṛṣṭadharma-vedanīyam ②upapadya-vedanīiyam ③aparaparyāya-vedanīyaṃ cety etat trividhaṃ karma niyatam ity etac caturvidhaṃ karma bhavati sahāniyata-vedanīyena | AkBh 4.50. ibid. p. 229, 20-25행.

다른 사람들은 다시 업을 5종으로 주장한다. 즉 ④'감수되어야 할 것이 결정되지 않은 것'을 2종으로 구분하여, 과보가 결정된 것과 결정되지 않은 것이 있다고 말한다. [결정된] 그것들 중에서 ①'현생에서 감수되어야 하는 것'(순현법수업)이란 조성된 것(업)이 [조성된] 바로 그 생애(제1생)에서 결실을 맺는 것이다. ②'[다음 생에] 당도하여 감수되어야 하는 것'(순차생수업)은 제2생에서, ③'다다음 [생]에 감수되어야 하는 것'(순후차수업)은 그 [제2생] 다음에 [결실을 맺는 것이다.][91]

이 설명에서 부정업(④)은 과보가 '결정된 것'과 '결정되지 않은 것'이라는 2종으로 분류된다. 이 다음에 언급하는 개념들을 불교의 전문어로 바꾸면 『요가주』의 업 개념과 비교하는 데 한결 더 수월하다. 즉 ①순현법수업은 『요가주』에서 말하는 현생수업(제1생)이고, ②순차생수업은 내생수업(제2생)이며, ③순후차수업은 제3생인 내생수업이다. 『요가주』에서는 제3생 이후의 내생을 특정 개념으로 표현하지 않지만, 『구사론』에서는 이것을 ③순후차수업으로 특정하여 제2생과 구분한다. 그리고 이 셋은 모두 감수할 과보가 결정된 것인 점에서, 『요가주』의 관념을 적용하면 정업에 상당한다. 『구사론』에서는 특히 ③순후차수업으로 정업의 영역을 확장한다. 더욱이 이러한 분류는 3종의 정업에도 과보가 결정된 것과 결정되지 않은 것을 각각 적용함으로써 다음과 같이 8종으로까지 확장된다.

비유사(譬喩師)들은 네 가지 논점을 제시한다. ①과보에는 결정됨이 없으나 시기의 단계가 결정된 업이 있다. 이것은 현생 등(현생, 다음 생, 다다음 생)에서 감수되어야 하지만, 과보에는 결정됨이 없는 업이다. ②과보에는 결정됨이 있으나, 시기의 단계에는 [결정됨이] 없는 것(업)이 있다. 이것은 감수

---

91 apare punaḥ pañcavidhaṃ karmecchanti | ④aniyatavedanīyaṃ dvidhā kṛtvā | vipākena niyatam aniyataṃ ceti | tatra ①dṛṣṭadharma-vedanīyaṃ yatra janmani kṛtaṃ tatraiva vipacyate | ②upapadya-vedanīiyaṃ dvitīye janmani | ③aparaparyāya-vedanīyaṃ tasmāt pareṇa | ibid. pp. 229-230, 27-2행.

되어야 할 [시기의 단계는] 결정되어 있지 않으나, 과보에는 결정됨이 있는 업이다. ③양쪽(시기의 단계와 과보)이 결정된 것(업)이 있다. 이것은 현생 등에서 감수되어야 하고, 과보에 결정됨이 있는 [업이다.] ④양쪽이 결정되지 않은 것(업)이 있다. 이것은 감수되어야 할 [시기의 단계가] 결정되어 있지 않고, 과보에도 결정됨이 없는 업이다. ⑤이것들의 그 업은 [모두] 8종이다. 즉 '현생에 감수되어야 할 것'(순현법수업)으로서 [과보가] 결정된 것과 결정되지 않은 것이 있음은 '감수되어야 할 것이 결정되지 않은 것'(順不定受業, 즉 부정업)에 이르기까지 마찬가지이다.[92]

여기서 업을 분류한 네 가지의 논점은 과보가 '감수되는 시기'와 '과보 자체'를 구분하고, 이 둘에 과보의 '결정'과 '비결정'이라는 둘을 다시 적용한 것이다. 『구사론』의 한역(漢譯)에서는 이러한 네 가지 논점을 다음과 같은 전문어로 번역했다.

ⓐ시이숙구정업(時異熟俱定業): 시기와 과보가 모두 결정된 업
ⓑ시정이숙부정업(時定異熟不定業): 시기는 결정되었으나 과보가 결정되지 않은 업
ⓒ시부정이숙정업(時不定異熟定業): 시기는 결정되지 않았으나 과보가 결정된 업
ⓓ시이숙구부정업(時異熟俱不定業): 시기와 과보가 모두 결정되지 않은 업

이 같은 논점이 적용된 업의 분류를 『요가주』의 경우와 비교하면, 아래의 표로 그 차이를 확연하게 파악할 수 있다. 여기서 『요가주』는 Vācaspati의 해석에 의거한다.

....

92 dārṣṭāntikās tu catuṣ-koṭikaṃ kurvanti | ①asti karmāvasthā-niyataṃ na vipāke niyatam | yat karma dṛṣṭadharmādi-vedanīyaṃ vipāke 'niyatam | ②asti vipāke niyataṃ nāvasthāyām | yat karmāniyata-vedanīyaṃ vipāke niyatam | ③asty ubhaya-niyataṃ yadṛṣṭadharmādi-vedanīyaṃ vipāke niyatam | ④asti nobhaya-niyataṃ yat karmāniyata-vedanīyaṃ vipāke aniyatam | ⑤teṣāṃ tat-karmāṣṭavidhaṃ dṛṣṭadharma-vedanīyaṃ niyatam aniyataṃ ca | evaṃ yāvad aniyata-vedanīyam | ibid. p. 230. 9-13행.

〈표 29〉『요가주』와 『구사론』에서 업의 분류

<table>
<tr><th>『요가주』</th><th colspan="3">『구사론』</th></tr>
<tr><td rowspan="2">현생수업(제1생)</td><td rowspan="6">정업</td><td rowspan="2">제1생: 순현법수업
(順現法受業)</td><td>ⓐ시이숙구정업</td></tr>
<tr><td>ⓑ시정이숙부정업</td></tr>
<tr><td rowspan="2">내생수업(제2생)</td><td rowspan="2">제2생: 순차생수업
(順次生受業)</td><td>ⓐ시이숙구정업</td></tr>
<tr><td>ⓑ시정이숙부정업</td></tr>
<tr><td rowspan="4">내생수업(제3생)</td><td rowspan="2">제3생: 순후차수업
(順後次受業)</td><td>ⓐ시이숙구정업</td></tr>
<tr><td>ⓑ시정이숙부정업</td></tr>
<tr><td rowspan="2">부정업</td><td rowspan="2">제4생 이후: 순부정수업
(順不定受業)</td><td>ⓒ시부정이숙정업</td></tr>
<tr><td>ⓓ시이숙구부정업</td></tr>
</table>

위의 표로 잘 드러나듯이 불교에서는 치밀하지만 지나치게 현학적인 듯한 업론을 전개한다. 또한 불교의 업론에서는 정업을 3종 및 6종으로 확장하여 중시한 반면, 요가 철학의 업론에서는 제3생부터 그 이후를 모두 부정업으로 간주한다. 이로써 요가 철학의 업론은 불교 측의 제3생과 부정업, 즉 4종의 업을 부정업으로 간주하여 부정업의 영역을 확장한다. 부정업에 관한 이 같은 요가 철학의 관점은 불교에 비해 방만한 것처럼 보이지만, 부정업의 존재 양식을 설명하는 데 주력하는 것으로 불교 측의 관점보다 한층 더 나아간다.

3. 『요가주』에서 업론의 지향점

『요가주』에서는 과보를 초래하지 않고 부정업이 되는 이유를 세 가지의 존재 양식으로 상술한다. 불교의 업론에는 부정업이 되는 이유를 이와 같이 상술하는 사례가 없다.

> 그 중에서 ①준비되어 있다가 성숙하지 않고 소멸함이란 백업(白業)이 흥기함으로써 바로 이 세상에서 흑[업]이 소멸하는 것과 같다. 이에 관해서는 다음과 같은 말씀이 있다. "한 더미의 선행은 악인의 것으로 알아야 할 참으로 바로 그 두 가지 업(흑업과 흑백업)[93]을 격퇴한다. 이와 같이 현자들은 그대에게

업을 알려 주노니, 그대는 바로 이 세상에서 선행의 업을 짓도록 추구하라."
②주요한 업으로 뒤섞여 감에 관해서는 다음과 같은 말씀이 있다. "[희생제(犧牲祭)처럼 큰 선업과 작은 악업이 있을 경우, 악업과의] 사소한 뒤섞임이 있을 것이고, [좋은 과보의] 유보와 [나쁜 과보에 대한] 인내가 뒤따를 것이지만, 선(善)을 감손하기에는 충분하지 않을 것이다. 왜 그러한가? 나에게는 다른 많은 선이 있기 때문이다. 이 경우에 그 뒤섞임에 봉착한 자는 천계에서도 사소한 감손을 겪을 것이다."
③혹은 과보가 정해진 주요한 업에 의해 압도되어 오랫동안 지속함이란 어떠한 것인가? 오직 내생에서 감수되어야 할 것(내생수업)으로서 과보가 정해진 업(정업)에게는 일반적으로 죽음이 현현의 원인이라고 하지만, 내생에서 감수되어야 할 것(내생수업)으로서 과보가 정해지지 않은 업(부정업)에게는 그렇지 않다.
그런데 업을 현현시키는 [죽음과] 유사한 원인이 그것(부정업)을 과보로 이끌지 않는 한, 내생에서 감수되어야 할 것(내생수업)으로서 과보가 정해지지 않은 업(부정업)인 그것은 ①소멸할 수도 있고, ②뒤섞여 갈 수도 있고, ③압도되어 오랫동안 대기할 수도 있다. [그리고] 오직 그 과보의 경우에는 장소와 시기와 원인(동력인)이 확정되어 있지 않기 때문에, 이러한 업의 존재 양식은 다양하고 난해하다. 그러나 일반 법칙이 예외로 인해 중단되지는 않으므로, 하나의 생존에서 유래하는 잠재업은 인정되는 것이다.[94]

위의 마지막에서 업의 존재 양식은 다양하고 난해하다고 언급한 것처럼, 정업의 귀추도 알 수 없는 터에 부정업의 귀추는 더욱 알 수 없는 난제이다. 그럼에도 불구하고 여기서 부정업을 설명하는 데 주력한 것은 수행론적 발상일 것으로 이해할 수 있다. 발동하지 않고 잠복된 업력의 존재를 이해한다면, 마음 작용

....

93 '바로 그 두 가지'는 원문에서 '둘 둘'(dve dve)이라는 반복으로 강조되어 있다. Vācaspati는 이 '둘'이 흑업과 흑백업을 가리킨다고 해석한다. "참으로 정말 '흑업과 흑백업을 격퇴한다'라고 '둘 둘'을 병렬한 것이다." (dve dve ha vai karmanī kṛṣṇa-kṛṣṇaśukle apahantīti saṃbandhā | TV 2.13. Bodas 1917:72, 7행)

94 YBh 2.13. 정승석(2020) pp. 110-1.

을 억제하기 위해서는 그만큼 지속적인 수행에 노력을 쏟아야 한다.

위에서 설명한 부정업의 존재 양식 중에서 첫째와 둘째는 예시한 인용을 통해 부연 설명이 없더라도 쉽게 이해할 수 있다. 그러나 셋째의 경우에는 예시도 없고 설명도 막연하다. Hariharānanda는 다음과 같은 예시로써 『요가주』의 설명을 보충한다.

> 어릴 적에 선행을 실천한 어떤 사람이 있다. 그런데 그가 성장해서 탐욕 때문에 짐승같은 악행을 자행한다. 그가 죽을 때는 악행의 잠재력이 완전히 성숙해서 이에 합치하는 잠재업을 형성한다. 이 결과로 그가 얻게 된 짐승의 삶은 이전에 실천했던 선행의 과보가 아니다. 그러나 인간의 삶을 향락할 수 있을 그 선행의 과보는 저장되어 존속하다가 그가 인간으로 재생할 때 발동하게 될 것이다. 이러한 예시에서 선행과 악행의 업력을 상쇄하는 것으로 이해해서는 안 된다. 만약 상쇄한다면 악행은 선행의 결과를 파괴했을 것이다.[95]

위의 예시에 의하면 악행이 선행을 압도하여 악행에 상응하는 과보를 얻더라도, 선행의 업력은 파괴되지 않고 부정업으로 존속하다가 언젠가는 선행에 상응하는 과보를 얻게 된다. 부정업이 존속하는 이유로는 이 점이 가장 중요하다. 다시 말해서 악행과 선행의 업력이 상쇄하지는 않고 발동의 시기가 다르다는 것을 부정업의 보편적 원리로 간주할 수 있다. 그리고 이 보편적 원리를 대변하는 개념이 다생업으로 존속하는 훈습이다. 『요가주』에서 일반 법칙이 예외로 인해 중단되지는 않으므로, 하나의 생존에서 유래하는 잠재업은 인정된다고 설명하면서 언급한 '일반 법칙'도 훈습을 염두에 둔 것으로 이해할 수 있다. 훈습은 일생업인 잠재업도 포괄하는 업력이므로 업에 의한 윤회에서 가장 중요한 원인으로 간주될 수 있기 때문이다.[96]

....

95 Hariharānanda(2000) p. 142.

96 Vijñāna Bhikṣu는 '일반 법칙'을 업의 존재 양식에 대한 지식이며 중요한 원인이라고 설명한다.

앞서 고찰한 불교의 업론에서 부정업은 막연하게! 과보의 결정과 미결정이라는 두 가지 양태(<표 29>)로 구분된다. 그러나 『요가주』는 시기와 장소와 원인이 확정되지 않은 상태로 존속하는 업력을 부정업으로 간주한다. 이 점에서 요가 철학은 불교보다 좀 더 구체적으로 부정업에 관한 이해를 시도한다.

요가 철학의 업론에서는 "잠재업=일생업=정업, 훈습=다생업=부정업"이라는 등식이 성립한다. 잠재업은 하나의 생존에서 유래하고 훈습은 많은 전생에서 유래한다. 훈습은 미지의 과거로부터 유래하여 현생에서 잠재업과 공존하는 부정업이다. 현생에서 잠재업은 공존하는 훈습의 발동에 영향을 미칠 수 있고, 훈습의 양태로 부정업이 될 수도 있다. 이 부정업은 감수되어야 할 과보가 단지 유보된 업력이 아니라, 정업과 공존하면서 현생의 업력에 따라 소멸하거나 어느 생존에서 어느 때라도 그 과보를 낳을 수 있다. 범부든 성자든 현생에서 자신의 업에 유의하고[97] 선행과 수행에 주력해야 하는 이유가 여기에 있다.

이와 관련하여 『요가주』에서는 4종으로 구분되는 업의 특성을 약술한다. 흑업, 백흑업, 백업, 비백비흑업이라는 4종의 업은 중아함경과 같은 불전에서도 언급된다.[98] 아래에 인용한 『요가주』의 설명으로 흑업과 백업의 의미는 쉽게 간파할 수 있다. 즉 흑업은 남을 괴롭히는 악행이고 백업은 남을 이롭게 하는 선행이다. 그러나 백흑업과 비백비흑업의 경우에는 부연 설명이 필요하다.

....

"[『요가주』에서 '일반 법칙이 예외로 인해 중단되지는 않으므로'라고 말한 것은] 업의 존재 양식에 대한 지식이자 중요한 원인인 일반 법칙이 예외로 인해 중단되지는 않는다고 말한 것이므로, 이와 같이 고려되어야 할 업의 존재 양식을 바로 그대로 알아야 한다." (yasmād dhetor autsargikasya karmagati-jñānasya prakṛtasya etasmād apavādān na nivṛttir iti, tasmād yathā jñeyā karma-gatis tathā jñātavyaiva | YsV 2.13. Sastri 1952:158, 20-22행)

97 "업의 교의가 철학적으로 시사하는 것은 무엇인가? 가장 근본적으로 시사하는 것은, 인간의 곤경은 우리에게 우리의 세계를 사실 그대로, 즉 눈에 보이는 질서에 의해 지배되는 그대로 보도록 요구한다는 것이다. 세계를 오직 그렇게 봄으로써 우리는 고통으로부터 벗어나리라는 희망을 가질 수 있다." Potter(1964) p. 49. 정승석(2001c) p. 139, n. 81 재인용.

98 中阿含經 권27(T 1:600a): "검은 업(흑업)이 있으면 검은 과보가 있고 하얀 업(백업)이 있으면 하얀 과보가 있으며, 검고 하얀 업(흑백업)이 있으면 검고 하얀 과보가 있고, 검지도 않고 하얗지도 않은 업(=비백비흑업)이 있으면 과보가 없고 각각의 업은 소진한다." (或有業黑 有黑報, 或有業白 有白報, 或有業黑白 黑白報, 或有業不黑不白 無報, 業業盡.)

> 실로 이 업의 종류는 ①흑(黑), ②백흑(白黑), ③백(白), ④비백비흑(非白非黑)이라는 넷으로 구분된다. 그 중에서 ①흑(黑)은 악인들의 [업이다.] ②백흑(白黑)은 외부의 수단으로 초래되는 [업이다.] 이 경우엔 오직 다른 것을 괴롭히거나 이롭게 함으로써 업의 잠재력이 축적된다. ③백(白)은 고행과 [성전의] 학습과 정려에 전념하는 사람들의 [업이다.] 왜냐하면 그것(白)은 오로지 마음에만 의존하는 것이기 때문에 외부의 수단에 의존하지 않으며, 다른 것들을 괴롭히고서 존재하지는 않는다. ④비백비흑(非白非黑)은 번뇌를 소멸하고 최후의 신체를 지닌 출세간의 은둔자들의 [업이다.] 그 중에서 오로지 요기의 것(업)은 결과(과보)를 포기하기 때문에 비백(非白)이며, 취하지 않기 때문에 비흑(非黑)이다. 그러나 이 밖의 중생들에게는 [4종의 업 중] 오직 앞의 3종이 있다.[99]

여기서 설명하는 백흑업은 유해하거나 유익한 결과를 초래하므로 악행과 선행이 공존하는 업이다. 다만 그렇게 되는 이유로 제시한 '외부의 수단'은 무엇을 가리키는지 모호하다. Vācaspati는 이것을 납득할 수 있는 실례로 설명한다.

> 참으로 쌀 따위를 [얻기] 위한 수단으로 행동할 때도 다른 것을 해치는 일이 없지는 않다. 왜냐하면 탈곡 따위를 할 경우에도 개미 따위를 죽일 수 있기 때문이다. 결국에는 씨앗 따위를 파괴함으로써 줄기 따위로 발아하여 성장하는 것을 차단하기 때문이다. 그러나 [그 쌀을] 바라문 등에게 공물 따위로

....

99 YBh 4.7. 정승석(2020) pp. 242-3. 중아함경(위의 각주) 이후 불교의 논서들에서는 4업이 항상 동일한 명칭으로 고착되어 거론된다. 『아비달마집이문족론』에서 다음과 같이 언급하는 4업의 명칭은 다른 모든 논서들에서도 정형화되어 있다.
阿毘達磨集異門足論 권7(T 26:396a): "4업이란 첫째는 ①흑흑이숙업(黑黑異熟業), 둘째는 ③백백이숙업(白白異熟業), 셋째는 ②흑백흑백이숙업(黑白黑白異熟業), 넷째는 모든 업이 소진할 수 있는 ④비흑비백무이숙업(非黑非白無異熟業)이다." (四業者 一黑黑異熟業, 二白白異熟業, 三黑白黑白異熟業, 四非黑非白無異熟業 能盡諸業.) 여기에 첨가한 번호는 『요가주』의 순서에 해당한다.
이 밖에 阿毘達磨發智論 권11(T 26:972b), 阿毘達磨大毘婆沙論 권114(T 27:589c), 阿毘達磨藏顯宗論 권9(T 29:817c), 瑜伽師地論 권9(T 30:319b) 등에서도 4업을 거론한다. 이 중에서는 둘째로 열거한 『아비달마대비바사론』에서 가장 심도 있게 4업을 논의한다. 이 같은 사례로 보아 『요가주』에서 거론하는 4업은 불교에서 유래한 것일 수 있다.

바침으로써 이로움을 낳는다.[100]

이 설명에 따르면 외부의 수단이란 어떤 행위(업)가 원래 의도하지 않았음에도 초래하는 부수적인 결과를 일컫는 것으로 이해할 수 있다. 이 때문에 선행이 악행을 수반할 수 있고 악행이 선행을 수반할 수 있다. 이처럼 선과 악이 서로 뒤따를 수 있는 업이 백흑업이다.[101] 다음으로 출중한 수행자는 행위의 결과, 즉 과보를 갖지 않기 때문에 그의 업은 선과 악으로 규정할 수 없는 비백비흑업으로 불린다. Vācaspati는 요기의 업이 비백비흑업으로 불리는 이유를 다음과 같이 설명한다.

> [과보가] 발생하지 않기 때문이다. 참으로 업을 포기한 자들은 외부의 수단으로 초래될 수 있는 어떠한 업에도 쏠리지 않는다. 그래서 이들의 잠재업은 비흑(非黑)이다. 요가를 실행하여 초래될 수 있는 잠재업의 결과(과보)는 자재신에게 양도되기 때문에 [이들의] 잠재업은 비백(非白)이다. 무결한 결과야말로 백(白)으로 불린다. 바로 그 결과가 없는 자에게 어떻게 [백(白)인] 무결한 결과가 있겠는가? [『요가주』의 설명은] 이러한 의미이다.[102]

....

100 na hy vrīhy-ādi-sādhane 'pi karmaṇi parapīḍā nāsti | avaghātādi-samaye 'pi pipīlikādi-vadha-saṃbhavāt | antato bījādi-vadhena stambjādi-bhedotpatti-pratibandhāt | anugrahaś ca dakṣiṇādinā brahmaṇāder iti | TV 4.7. Bodas(1917) p. 186, 20-22행.

101 백흑업은 불교에서도 쟁점이 되었던 것으로 보인다. 『아비달마대비바사론』에서는 백흑업에 해당하는 흑백흑백이숙업을 설명하는 네 가지 견해를 소개한다. 그 중에서는 아래와 같은 견해를 Vācaspati의 설명과 비교할 만하다.
阿毘達磨大毘婆沙論 114권(T 27:591b): "욕계의 모든 선업은 흑백흑백이숙업(=백흑업)으로 불린다. 그 선업의 본체는 비록 백(白)일지라도 불선(악)의 흑(黑)이 끼어들어 혼잡하게 되는데, 이로써 불선이 본래의 선(善)을 차단할 수 있기 때문이다. 이와 달리 불선의 경우에는 본래의 선이 끼어들어 혼잡하게 되지 않으므로, 본래의 선이 본래의 불선을 차단할 수 없기 때문이다." (欲界一切善業 名黑白黑白異熟業. 以彼善業體雖是白 而為不善黑所陵雜, 以不善能斷自地善故. 不善不爾 不為自地善所陵雜, 自地善不能斷自地不善故.)
이 견해는 선의 본질은 깨끗함(白)이고 악의 본질은 더러움(黑)이라는 전제에서, 선은 깨끗하므로 쉽게 오염될 수 있지만 악은 더러우므로 선이 개입하더라도 깨끗해질 수 없다고 주장한 것으로 이해된다. 그러므로 이 경우에는 선과 악의 상호 전환이 아니라, 악으로 오염될 수 있는 선업이 흑백흑백이숙업이다.

102 karmāsaṃbhavāt | karma-saṃnyāsino hi kvacid bahiḥsādhana-sādhye karmaṇi pravṛttā iti na caiṣām asti

이 설명에는 과보에 집착하면 흑업이 되고 과보를 포기하면 백업이 된다는 논리가 적용되어 있다. 그런데 과보에 집착하지 않은 요기에게는 과보가 아예 없으므로, 요기에게 잠재업이 있더라도 그것은 흑업도 아니고 백업도 아니다. 요기의 수행에는 백업과 흑업이라는 구분이 적용될 여지가 없다. 그렇지만 현재의 수행이 과거의 훈습으로 잠복해 있는 업력까지 단번에 일소하지는 못한다. 훈습은 생존의 본능과 함께 시초가 없이 존속하기 때문이다.[103] 그러므로 요기의 수행은 이 같은 훈습을 일소할 때까지 지속되어야 한다. 결국 요가 철학에서 전개하는 업론은 수행론의 일환으로 귀결된다. 이 업론의 지향점은 지속적인 수행이다.

10.3. 요가의 수행 차제와 좌법

『요가경』의 제2장에서는 요가 수행의 원리와 구체적인 방법을 요가의 수단(sādhana)으로 교시한다. 이 때문에 제2장은 실수품(實修品)으로 불린다. 이로부터 고착된 고전 요가의 수행법이 '8지 요가'로 불리는 여덟 단계의 수련이며, 이후 현대 요가에 이르기까지 '8지'(aṣṭāṅga)는 요가 수련을 대변하는 말로 사용되고 있다. 물론 현대 요가의 경우는 정통이나 전통을 표방한 것일 뿐, 8지 요가의

....

kṛṣṇaḥ karmāśayaḥ | yogānuṣṭhāna-sādhyasya karmāśaya-phalasyeśvare samarpaṇān na śuklaḥ karmāśayaḥ | niratyaya-phalo hi śukla ucyate | yasya phalam eva nāsti kutastasya niratyaya-phalatvam ity artha | TV 4.7. Bodas(1917) p. 187, 12-16행.

103 "그리고 그것(훈습)들에게 시초가 없는 것은 [생존하려는] 소망이 항존하기 때문이다." (tāsām anāditvaṃ cāśiṣo nityatvāt || YS 4.10) Hariharānanda는 앞에서(10.2.1) 고찰한 대로 훈습은 "경험→잠세력→기억"의 인과로서 존속한다는 기제를 적용하여 이 『요가경』의 교시를 다음과 같이 설명한다. "기억은 잠세력으로부터 발생하고 잠세력은 다시 경험으로부터 발생한다. 이 때문에 모든 중생은 죽음의 고통을 파악한다. 이 경우처럼 모두가 항상 죽음의 고통을 파악한다면, [생존하려는] 소망은 모두에게 근원이 되는 훈습으로서 시초가 없다." (smṛtiḥ saṃskārāt jāyate saṃskāraḥ punar anubhavāt | tasmāt sarvaiḥ prāṇibhir anubhūtaṃ maraṇa-duḥkham | idānīm iva sarvadā cet sarvair maraṇa-duḥkham anubhūtaṃ tarhi sarveṣām āśiṣo mūlabhūtā vāsanā anādir iti | *Bhāsvatī* 4.10. Hariharānanda 2000:608, 4-6행)

수행 정신을 그대로 계승한 것은 아니다.

이하에서는 8지의 요점을 개괄하고 나서 요가의 수행 정신에 부합하는 주제를 선별하여 고찰한다.

10.3.1. 요가 수련의 단계

『요가경』에서는 8지를 "금계, 권계, 좌법, 조식, 제감, 총지, 정려, 삼매가 [요가의] 여덟 지분이다."[104]라고 교시한다. 그러나 이미 고찰한(4.6.1) 것처럼 8지의 연원을 우파니샤드에서 찾을 수 있지만, 『요가경』에 이르러 8지는 고전 요가 특유의 수행 차제로 정립되었다. 8지 중에서 첫째와 둘째인 금계와 권계는 실질적인 수련이 아니라, 수행자에게 요구되는 윤리적인 품성과 필수적인 마음가짐을 강조한 것이다. 이에 관해서는 앞에서(4.6.2) 거론했으나 여기서는 이것들을 포함한 8지의 수행 체계와 요점을 추출하여 개관한다.

금계는 수행의 예비적 단계로서 일상생활에 의거하는 도덕적 규율이다.

권계는 마음 작용의 억제에 앞서 감성적 작용인 번뇌의 억제를 중시하는 방법이다.

좌법은 명상에 적합한 안정된 자세이다. 이로부터 개발된 하타 요가의 다양한 체위들은 좌법의 원어인 āsana를 그대로 발음하여 '아사나'로 통용되고 있다.

조식은 고도의 정신 집중을 수반하는 호흡법이다.

제감은 외계의 자극으로부터 감각 작용을 통제하여 산란을 방지하고 평정을 도모하는 첫 단계의 명상이다.

총지와 정려와 삼매는 특정한 대상을 향해 의식의 집중이 점차 심화되어 가는 일련의 명상 과정이다.

이상과 같은 8지는 크게 외적 수단과 내적 수단으로 양분된다. 제6~8지(총지, 정려, 삼매)는 내적 수단으로 불리므로 제1~5지(금계, 권계, 좌법, 조식, 제감)는

....

104 yama-niyamāsana-prāṇāyāma-pratyāhāra-dhāraṇā-dhyāna-samādhayo 'ṣṭāv aṅgāni || YS 2.29.

외적 수단으로 간주된다.[105] 그리고 내적 수단은 심화 단계를 차별하기 어려운 일련의 과정이므로 모두 싸잡아 총제(總制, saṃyama)라는 용어로 표현된다.[106]

8지 중에서 제감은 외적·내적 수단의 매체에 해당한다. 이것은 감각 기관을 억제하는 생리적인 측면에서는 외적 수단이지만, 감각 작용을 억제하는 것으로 명상에 들어서는 단계인 점에서는 내적 수단이 될 수 있다.[107] 이 같은 제감의 성격 때문에 8지는 다음과 같이 세 단계로 분류되기도 한다.[108]

금계와 권계는 요가 수행을 원조하는 간접적이고 보조적인 수단이다.

좌법과 조식은 신체 또는 생리를 억제하는 직접적인 수단이다.

제감과 총지와 정려와 삼매는 마음의 작용을 억제함으로써 집중의 경지가 점진적으로 심화해 가는 일련의 과정이다.

(1) 금계

"금계란 ①불상해(不傷害), ②진실, ③불투도(不偸盜), ④금욕, ⑤무소유이다."[109]

금계는 자이나교에서 대서계(大誓戒, mahāvrata)로 불리는 윤리의 기본 덕목이다. 이는 불교의 5계에 상당하지만, 불교의 5계에는 ⑤무소유가 포함되지 않는다. 금계는 이기심이나 위선을 버리고 청정한 심지에서 수행을 시작하는 단

....

105 『요가경』에서는 "셋은 앞의 것들과 비교하여 내적인 수단이다."(rayam antar-aṅgaṃ pūrvebhyaḥ ‖ YS 3.7)라고 교시하고, 『요가주』에서는 "바로 그 총지, 정려, 삼매라는 셋은 금계를 비롯한 앞의 다섯 성취 수단들과 비교하여 유상삼매의 내적 수단이다."(정승석 2020:163)라고 해설한다.

106 『요가경』에서 "셋은 통틀어 총제[로 불린다.]"(trayam ekatra saṃyamaḥ ‖ YS 3.4)라고 교시한 것을 『요가주』에서는 다음과 같이 해설한다.
"바로 그 총지와 정려와 삼매라는 셋은 통틀어 총제가 된다. 대상이 동일한 세 가지 성취 수단을 총제라고 말한다. 이 셋에 대한 전문 용어가 총제이다." YBh 3.4. 정승석(2020) p. 162.

107 베단타 철학의 기조를 반영한 *Yoga-yājñavalkya*에서 8지를 양분하여, 제5지인 제감부터 나머지 것들을 내적인 것으로 간주한 것도 명상이 제감으로부터 시작된다고 생각했기 때문일 것이다.
"요가의 지분들 중에서 그 넷(금계, 권계, 좌법, 조식)은 이미 설명했으니, 최고의 재생족 여인이여! 이제 제감을 비롯한 네 가지의 내적인 것들을 들으시오." (uktāny etāni catvāri yogāṅgāni dvijottame | pratyāhārādi catvāri śṛṇuṣvābhyantarāṇi ca ‖ *Yoga-yājñavalkya* 7.1. Divanji 1954:63)

108 岸本英夫(1955) pp. 165-5 참조.

109 YS 2.30. @제3장 각주 102.

계이다. 『요가주』의 설명에서 요점을 발췌하는 것으로 금계의 각 조항이 요구하는 정신을 간파할 수 있다.

①불상해는 어떠한 경우에도 모든 중생에게 상해를 가하지 않는 것이다. 이것을 흔히 불살생으로 번역하지만, 불상해의 취지는 불살생보다 훨씬 더 엄격하다. 『요가주』에서는 이것이 혈통에 의한 계급 제도인 카스트와 장소와 시간과 관습에 의한 예외가 허용되지 않는다는 것을 일일이 예시하여 설명한다. 그리고 불상해는 금계의 나머지 조목들과 권계의 근본으로 규정된다.

②진실은 본 그대로, 추리한 그대로, 들은 그대로 말하고 생각하는 것이다.

③불투도는 불법적으로 다른 사람의 물건들을 전유하지 않는 것이다. 이것은 남의 것을 갈구하는 성질조차 없는 것이다.

④금욕은 『요가주』의 표현에 따르면 "감춰진 기관인 생식기에 대한 절제"이다.

⑤무소유는 『요가주』의 표현에 따르면 "대상들에게는 획득, 보호, 소멸, 집착, 손상이라는 결점이 있음을 보기 때문에 그것들을 나의 것으로 만들지 않는 것"이다.

『요가주』에서는 다음과 같은 맺음말로 금계의 엄격한 준수를 요구한다.

> 이러한 종성(=카스트), 장소, 시간, 관습으로 한정되지 않는 불상해 따위(불상해를 비롯한 다섯 금계)는 어떠한 경우에도 준수되어야 한다. [위의 경문은] 어떠한 곳에서나 모든 대상에 대해 어떠한 경우에도 결코 위반할 줄을 모르며, 마음의 모든 상태와 연관되는 것이 '위대한 맹세'라고 말하는 것이다.[110]

(2) 권계

"①청정, ②만족, ③고행, ④자기 학습(성전 공부), ⑤신에 대한 헌신이 권계이다."[111] 이것들 중에서 청정과 만족을 제외한 나머지 셋은 '행작 요가'로 불린다.

110 YBh 2.31. 정승석(2020) p. 143.

①청정은 몸과 마음을 정화하는 것이다. 『요가주』에서는 이것을 외적인 것(몸)과 내적인 것(마음)으로 구분하여 설명한다.

> 외적인 청정은 흙과 물 따위로 [몸을 정화하여] 발생하고 '공물로 적합한 것을 음식으로 취하는'(청결한 음식을 섭취하는) 따위로 발생하며, 내적인 청정은 마음의 때를 말끔히 씻어낸 것이다.[112]

②만족은 "현재 확보되어 있는 것보다 과도한 것을 바라지 않는 것"이다. 이로써 위없는 기쁨을 얻을 수 있다고 한다.

③고행은 배고픔과 목마름, 추위와 더위, 서 있음과 앉아 있음과 같은 상반하는 것을 인내하는 것이다. 이에 대해서는 이미 제3장에서(3.2.2) 충분히 고찰했듯이, 고행은 초능력을 얻게 될 것으로 진즉부터 신봉되어 온 전통적인 수행을 통칭한다. 『요가경』에서도 이러한 통념을 수용하지만[113] 『요가주』에서 고행은 단식 등의 인내에 의한 종교적 실천의 정신으로도 강조된다.

④자기 학습은 '신성한 음절'(Om) 등과 같은 정화 수단들을 음송하거나 해탈을 가르치는 성전을 공부하는 것이다.[114]

⑤신에 대한 헌신은 "최고의 스승들에게 모든 행위를 위임하는 것"[115]이다. 『요가경』에서는 이것을 삼매 성취의 수단으로 간주하며, 『요가주』에 의하면 이로부터 모든 것을 아는 예지가 여실하게 발현한다.[116]

....

111 YS 2.32. @제3장 각주 80.

112 YBh 2.32. 정승석(2020) p. 144.

113 @제10장 각주 312, 313 참조. 이에 관해서는 별도의 주제(10.5.1)로 고찰한다.

114 @제3장 각주 83, 84 참조.

115 YBh 2.32. 정승석(2020) p. 144.

116 "신에 대한 헌신을 통해 삼매가 성취된다." (samādhi-siddhir īśvara-praṇidhānāt ‖ YS 2.45)
"모든 묵상이 신에게 고정된 자는 삼매를 성취하며, 이것(삼매의 성취)에 의해 또 다른 장소와 또 다른 신체와 또 다른 시기에 관해 진실한 것이기를 바라는 모든 것을 안다. 이로부터 그의 예지는 있는 그대로 이해한다는 것이다." YBh 2.45. 위의 책, p. 151.

(3) 좌법

정신 집중을 위해 오랜 시간에 걸쳐 안정을 유지할 수 있는 편안한 체위가 좌법이다. 『요가경』에서는 이처럼 견고성과 안락성이라는 원칙만을 제시하는 것으로 좌법을 정의한다.[117] 그러나 이것을 해설하는 『요가주』에서는 좌법의 명칭을 10여 종으로 열거하는 데 그치고 그 좌법들을 실행하는 구체적인 방법에 대해서는 전혀 언급하지 않는다. 주요한 좌법들의 실행법은 주석자들의 설명으로 가늠할 수 있으나, 이 역시 간결할 뿐만 아니라 주석자들의 설명도 반드시 일치하지는 않는다. 후대의 하타 요가에서 좌법들의 명칭과 실행법에 혼동이 발생하고, 좌법의 원의를 상실한 '아사나'라는 이름으로 온갖 다양한 체위들이 개발된 것도 여기서 유래한다. 따라서 이 문제에 관해서는 다음 항에서 별도의 주제로 상세히 고찰할 것이다.

(4) 조식

『요가경』에서 요가의 8지를 설명하는 분량으로 보면 5경에 걸쳐 설명되는 조식이 가장 큰 비중을 차지한다. 조식을 설하는 각 경문의 주제와 내용은 다음과 같다.[118]

....

117 "견고하고 안락한 것이 좌법이다." (sthira-sukham āsanam || YS 2.46)

118 YS 2.49-53. 최현성 · 정승석(2020) p. 54 재인용.
2.49의 원문은 @제3장 각주 94.
bāhyābhyantara-stambha-vṛttir deśa-kāla-saṃkhyābhiḥ paridṛṣṭo dīrgha-sūkṣmaḥ || 50 ||
bāhyābhyantara-viṣayākṣepī caturthaḥ || 51 ||
tataḥ kṣīyate prakāśāvaraṇam || 52 ||
dhāraṇāsu ca yogyatā manasaḥ || 53 ||

YS	주제	내용
2.49	조식의 정의	“그것(좌법)이 이루어져 있을 때, 들숨과 날숨의 진행을 중지하는 것이 조식(調息)이다.”
2.50	조식의 세 가지 작용	“[조식의] 외적 작용, 내적 작용, 억제 작용은 장소(호흡이 미치는 범위)와 시간(찰나의 양)과 수(호흡의 횟수)에 의해 관찰될 때, 길고 미세하게 된다.”
2.51	제4의 조식	“외부와 내부의 범위를 제거하는 것이 넷째 것(조식)이다.”
2.52	조식의 효과	“이로써 [지혜의] 빛을 가로막는 것이 감소된다.”
2.53	총지의 예비 조건	“또한 마음은 총지(總持)에 적합하게 된다.”

여기서는 조식을 정의하면서 좌법도 조식에 숙달하기 위한 선결 조건임을 명시한다. 이 정의에 따르면 조식은 단순한 호흡 조절이 아니라 호흡을 멈추는 것이다. 그러므로 『요가주』의 설명처럼 들숨과 날숨과 중지라는 일련의 과정에 숙달하는 것이 조식이다.

> 외부의 공기를 마시는 것이 들숨이고, 뱃속의 공기를 내보내는 것이 날숨인데, 좌법에 능통해 있을 때, 이 둘의 진행을 중지하여 둘이 없게 되는 것이 조식이다.[119]

*Yogasūtra-bhāṣya-vivaraṇa*에서는 이 설명의 취지를 다음과 같이 상술한다.

> 물이 지속성을 통해 연꽃 줄기로 흡입되듯이, 하기(下氣)와 결부된 외부의 공기는 지속성을 통해 두 콧구멍의 관으로 흡입되는데, 이렇게 흡입되는 것이 들숨이다. 복부의 공기는 이와 마찬가지로 방출된다. 생기(生氣)의 작용과 결부된 것이 실로 복부의 공기이고, 이것을 밖으로 내보내는 것이 날숨이다. 이 둘의 진행을 중지한다[는 것이 조식이다. 『요가주』의 저자는] “이 둘의 진행을 중지하여”라고 말한 것이 어떻게 그러한가에 답하여 “둘이 없게

119 YBh 2.49. 정승석(2020) p. 152.

되는 것이 조식"이라고 말한 것이다.[120]

명상에서 호흡 중지가 필요한 것은 심신이 안정된 경우에도 최후까지 의식에 영향을 주는 작용이 호흡이기 때문이다. 그러므로 호흡은 수행의 장애가 되기도 하고 수행의 수단이 될 수도 있다. 하타 요가에서 쿰바카(kumbhaka)로 불리는 것이 『요가주』의 호흡 중지이다. 그리고 들숨 후에 중지하는 것은 레차카(recaka), 날숨 후에 중지하는 것은 푸라카(pūraka)로 불린다. 그러므로 호흡 중지는 호흡을 최대한으로 억제하는 것을 가리킨다. 『요가주』에서는 이 같은 하타 요가의 전문어를 사용하지 않지만, 조식을 이렇게 수행하는 기본 요령은 설명되어 있다. 『요가주』에 의하면 조식은 호흡 중지의 수준에 따라 제3 조식과 제4 조식으로 구분되며, Vācaspati가 구사한 전문어를 적용하면[121] 그 요지는 다음과 같다.

> 푸라카(들숨 후 중지)와 레차카(날숨 후 중지)의 반복 과정 중에, 숙달된 어느 한쪽에서 중지를 강화함으로써 호흡을 모두 억제하는 것이 제3 조식인 쿰바카이다. 여기서 쿰바카의 특성인 '단번의 노력'이란 숨의 전체적 억제를 위해 그 '어느 한쪽에서 중지를 강화'하는 노력이다.
>
> 그런데 『요가경』에서는 제4 조식을 '조식의 완성'으로 교시하여 제3 조식(쿰

....

120 yathā santatattvād udakaṃ nālenākṛṣyate, tathā santatattvāt nāsikā-puṭanālābhyām apānavāyu-saṃbandho bahir vāyur ākṛṣyate, tad ākarṣaṇaṃ śvāsaḥ | tathā kauṣṭhyavāyor niścāraṇam | prāṇavṛtti-sambandho hi kauṣṭhyo vāyuḥ | tasya bahir niḥsāraṇaṃ* praśvāsaḥ | tayor gativicchedaḥ | kim uktaṃ bhavaty ata āha — ubhayābhāvaḥ prāṇāyāma iti || YsV 2.49. Sastri(1952) p. 227, 22-26행. *nissāraṇaṃ를 교정.

121 Vācaspati는 『요가주』를 주석하면서 다음과 같이 하타 요가의 전문어를 구사하여 조식을 설명한다. "'호흡(들숨과 날숨) 진행의 중지'는 레차카, 푸라카, 쿰바카에 있다. 이것이 조식의 보편적인 특징이다. 즉 푸라카에서 외부의 공기가 흡입되어 내부에 존속할 때, 거기에 '호흡 진행의 중지'가 있다. 레차카에서 뱃속의 공기가 방출되어 외부에 존속할 때도 거기에 '호흡 진행의 중지'가 있다. 쿰바카에서도 그와 같다. [즉 '호흡 진행의 중지'가 있다.] 『요가주』는 바로 이것을 일컬어 '좌법에 [능통해] 있을 때'라고 말한다."
(recaka-pūraka-kumbhakeṣv asti śvāsa-praśvāsayor gati-viccheda iti prāṇāyāma-sāmānya-lakṣaṇam etad iti | tathā hi — yatra bāhyo vāyur ācamyāntar dhāryate pūrake tatrāsti śvāsa-praśvāsayor gati-vicchedaḥ | yatrāpi kauṣṭhyo vāyur virecya bāhir dhāryate recake tatrāsti sapraśvāsayor gati-vicchedaḥ | evaṃ kumbhake 'pīti | tad etad bhāṣyeṇocyate — saty āsana iti || TV 2.49. Bodas 1917:113, 16-20행)

바카)과 차별한다. 이에 따라 양자의 차이는 부수적인 쟁점이 된다. 제3 조식과 제4 조식의 차이는 조식의 범위와 노력이라는 양면에서 대비된다.

범위의 측면에서 제3 조식은 [=호흡이 미치는 장소인] 범위를 고려하지 않는 반면, 제4 조식은 범위를 확인한다. 전자의 경우는 숙달된 레차카와 푸라카 중 어느 하나로 개시함을 의미한다. 후자의 경우는 쿰바카의 성취가 자각된 시점에서 개시함을 의미한다.

노력의 측면에서 제3 조식은 단번의 노력으로 즉각 성취되는 한시성을 지닌 반면, 제4 조식은 많은 노력에 의해 단계적으로 성취되는 지속성을 지닌다.[122]

이와 같은 조식은 총지의 조건을 갖추는 수단으로 간주된 점에서 명상과도 직결된다.[123] 불교에서는 일찍이 조식을 명상법으로 활용하였다. 초기 불전 중에서 『안반수의경』(安般守意經, *Ānāpānasati-sutta*)의 교설은 수식관(數息觀)으로 불린다. 수식관에서는 들숨과 날숨의 흐름만을 관찰하는 것으로 마음의 평정을 도모한다. 이 경우에는 호흡을 중지하는 것이 아니라 생각을 중지한다.[124] 불전들의 사례를 고려하면 호흡 중지에 역점을 두는 요가의 조식은 불교에서도 이미 잘 알려져 있었던 것으로 보인다. 단적인 예로 중부 경전의 *Mahāsaccaka-sutta*에서는 호흡을 중지하는 조식의 고통을 다섯 가지로 묘사하는데, 첫째로 겪게 되는 고통을 다음과 같이 묘사한다.

나는 숨을 쉬지 않는 선(禪)을 닦으리라. … 그렇게 내가 입과 코로 들숨과 날숨을 멈추자 귓구멍에서 바람이 나오면서 굉음이 났다. 마치 대장장이가 풀무를

....

122 정승석(2007) pp. 126-7.

123 『요가경』에서는 "마음은 총지에 적합하게 된다."(YS 2.53. 앞의 각주 118)는 것을 조식의 효과로 명시한다.

124 佛說大安般守意經 권上(T 15:165a): "어떠한 것이 안(安=āna)이고 어떠한 것이 반(般=apāna)인가? 안(安)은 들숨을 일컫고 반(般)은 날숨을 일컬으니, 생각과 호흡이 분리되지 않는 이것을 지칭하여 안반(安般)이라고 한다. 수의(守意=sati)는 생각을 멈출 수 있게 하려는 것이다."(何等為安 何等為般? 安名為入息 般名為出息, 念息不離 是名為安般. 守意者 欲得止意.)

> 불면 굉음이 나듯이 그와 같이 내가 입과 코로 들숨과 날숨을 멈추자 귓구멍에서 바람이 나오면서 굉음이 났다. … 비록 내게는 불굴의 정진이 생겼고 나태하지 않았고 마음챙김(=sati)이 확립되어 잊어버림이 없었지만 고통스러운 용맹정진으로 인해 나의 몸이 극도로 긴장되었고 안정되지 않았다.[125]

여기서 "몸이 극도로 긴장되고 안정되지 않았다"고 토로한 것은 호흡 중지를 시도할 때 누구나 경험하는 사실이다. 불교의 수식관은 들숨과 날숨을 포함하여 열 번까지만 반복하면서 호흡의 자연스러운 흐름을 있는 그대로 관찰하는 것으로 조식의 용도를 전환했다. 그러나 요가의 수행에서는 호흡 중지의 조식을 고수한다. 『요가주』에서는 "조식보다 나은 고행은 없다. 이로부터 오염된 것들은 완전히 정화되고, 지혜는 빛난다."[126]라는 말씀을 인용하는 것으로 그 이유를 제시한다.

그러나 호흡을 억제하는 조식이 쉽지 않다는 것은 요가의 수행론에서도 충분히 인지하고 있다. 제3의 조식과 제4의 조식을 구분한 이유도 여기에 있다. 호흡하는 횟수를 줄이면서 호흡 중지의 시간이 갈수록 길게 되도록 수련하는 과정이 제3 조식이다.[127] 이러한 수련을 거치면서 호흡 억제의 난관을 순차적으로 극복함으로써 자연스럽게 호흡의 진행을 중지하는 것이 제4 조식이다. 더욱이 조식 수련에도 수식관의 경우처럼 마음을 비우는 명상이 필요하다.[128]

....

125 MN 36.21. 대림(2012) p. 174.

126 tapo na paraṃ prāṇāyāmāt tato viśuddhir malānāṃ dīptiś ca jñānasyeti ‖ YBh 2.52_2. 정승석(2020) p. 409.

127 "찰나들의 수량으로 말하고자 하는 것은 시간이며, 들숨과 날숨의 증진을 실증하는 것이 수(數)이므로, [시간과 수는] 거의 차이가 없다. 그것(조식)은 참으로 이렇게 매일 실행하여 장소와 시간의 증진이 충족됨으로써 하루, 보름, 한 달 따위로 점차 길어지게 된다." (kṣaṇānām iyattā kālo vivakṣitaḥ | śvāsa-praśvāsa-pracayopaoannā saṃkhyeti kathaṃcid bhedeḥ | sa khalv ayaṃ pratyaham abhyasto divasa-pakṣa-māsādi-krameṇa deśa-kāla-pracaya-vyāpitayā dīrghaḥ | TV 2.50. Bodas 1917:114, 20-22행) 여기서 장소란 숨을 내쉴 때 미치는 범위를 가리키는데, 장소가 가장 증진된 상태는 코끝에 둔 미세한 솜털이 움직이지 않는 것이다. cf. Hariharānanda(2000) p. 239.

128 고전 상키야 – 요가의 학문과 수행을 겸비했던 Hariharānanda는 이 점을 다음과 같이 강조하는 동시에, 호흡을 억제하는 능력만이 요가일 수 없다고 경계한다.

(5) 제감

조식에 어느 정도 적응하고 나서, 외적 자극에 대한 감각기관의 발동을 억제하는 것이 제감이다. 이로써 감각적인 자극이 있더라도 마음은 전혀 동요하지 않게 된다. 『요가경』에서는 "감관들이 자신의 대상과 결합하지 않으므로 마음 자체의 상태를 닮은 것처럼 되는 것이 제감이다."[129]라고 제감을 정의한다. 『요가주』의 설명에 따르면, '마음 자체의 상태를 닮은 것처럼 되는 것'은 제감의 방법으로 간주된다.

> 자신의 대상과 결합함이 없으므로 마음 자체의 상태를 닮은 것처럼 된다는 것은, 마음이 제어될 때 감관들은 마음처럼 억제되어, 이 밖에 감관을 정복하는 것과 같은 다른 수단이 필요하지 않다는 것이다.[130]

감관이 정상적으로 작동하고 있을 때 대상과 접촉하게 되는 것은 자연스러운 생리적 현상이므로, 귀나 코를 막는 것과 같은 물리적 수단을 사용하지 않고 이 접촉을 사전에 차단할 수는 없다. 그러나 물리적 수단을 사용하지 않는 자연 상태에서 감관이 외적 자극에 반응하지 않게 하는 것이 제감이다. 그러므로 감각적 자극에 대한 마음의 발동을 제어하는 것이 제감의 실질적인 방법이다. 앞에 인용한 『요가주』에서는 이것이 제감의 유일한 수단이라고 설명한 것이다.

....

"처음에는 숨을 천천히 내쉬고 평소처럼 들이쉬되 명상과 함께 수련해야 한다. 이것이 익숙해질 때 때때로 외적인 시행을 수련해야 하는데, 숨을 내쉰 후에는 들이쉬지 말아야 한다. 내적인 시행도 이와 마찬가지로 숨을 들이쉬고 나서는 내쉬지 말아야 한다. … 호흡 억제를 수련하는 동안에도 반드시 마음을 비우고 가급적이면 심장과 같은 내적인 한 곳에 집중해야 한다는 것은 더 말할 나위가 없다." Hariharānanda(2000) pp. 240-1.

"호흡을 억제하는 것만이 요가의 조식은 아니다. 자연스럽게 호흡을 중지하는 몇몇 사람들이 있다. 땅속에 묻혀서 견디는 것으로 마술적인 능력을 과시하여 돈을 버는 부류가 그런 사람들이다. 이것은 요가도 아니고 삼매도 아니다. 이 때문에 그들은 탁월한 요가의 정신을 성취하지 못한다." ibid. pp. 242-3.

129 svaviṣayāsaṃprayoge cittasya svarūpānukāra ivendriyāṇāṃ pratyāhāraḥ ‖ YS 2.54.

130 YBh 2.54. 정승석(2020) p. 157.

수행자는 이로부터 '총지'라는 본격적인 명상에 돌입한다. 신비 체험을 낳을 수 있는 이 경지는 말로써 설명하는 데 한계가 있다. 그래서 이에 대한 『요가주』의 설명도 모호하게 들릴 수 있다. 직접 경험으로 공감할 수밖에 없는 세계가 총지로부터 심화해 가는 명상의 경지이기 때문이다.

(6) 총지

『요가경』에서 총지는 '마음이 한 곳에 고정되는 것'으로 정의된다.[131] 『요가주』는 이것을 다음과 같이 설명한다.

> 배꼽의 원에, 심장의 연꽃에(연꽃으로 형상화한 심장에), 머리에서 발하는 광휘에, 코끝에, 혀끝에, 이와 같은 따위의 여러 장소 혹은 외부의 대상에, 마음이 오직 [그 자신의] 작용만으로 고정되는 것이 총지이다.[132]

이에 의하면, 관념이나 표상의 사유 작용을 어느 한 곳에 집중하여 잡념을 제거해 나가는 것이 총지이다. 이 설명에서는 집중의 대상을 특정하지 않고 예시하는 데 그칠 뿐이다. 따라서 집중의 대상은 수행자의 임의에 따르는 자유 선택이다. 집중의 상태를 더욱 안정적으로 지속할 수 있게 되면 다음 단계인 정려에 도달한다.

(7) 정려

『요가경』에서 정려는 '관념이 오직 한 가지로 지속하는 상태'로 정의된다.[133] '동일한 인식의 지속적 흐름'[134]으로 이해되는 이것이 정려의 특징이다. 이에 대

131 "마음이 한 곳에 고정되는 것이 총지이다." (deśa-bandhaś cittasya dhāraṇā ‖ YS 3.1)

132 YBh 3.1. 정승석(2020) p. 161.

133 "거기(총지)서 관념이 오직 한 가지로 지속하는 상태가 정려이다." (tatra pratyayaikatānatā dhyānam ‖ YS 3.2)

한 『요가주』의 설명에서 강조하는 것은 오직 하나의 대상과 집중 상태의 지속성이다.

> 정려란 [총지 상태에서 마음이 고정된] 그곳에 대해 명상(집중)의 대상을 지탱하는 관념이 오직 한 가지로 지속하는 상태이며, 다른 관념에 의해 영향을 받지 않는 균일한 흐름이다.[135]

집중의 대상을 바꿀 때마다 마음은 잠시일망정 흐트러질 수밖에 없다. 이 때문에 오직 하나에 집중을 지속함으로써 안정된 마음은 균일한 상태를 유지할 수 있는 것이 정려이며, 한역(漢譯) 불전에서는 이것을 선정(禪定)으로 번역했다. 그러나 이 상태에서도 수행자의 마음에는 '나는 그것에 집중하고 있다'라는 자각이 남아 있다. 이로 인해 수행자는 '나'와 '그것'이라는 주체와 객체를 의식하게 되고, 또는 집중하려는 자신의 노력을 의식하게 되는데, 이것이 자아의식의 소멸을 방해한다. 이러한 자아의식마저 사라진 경지가 삼매로 불린다.

(8) 삼매

정려가 지속되면서 이제 집중의 대상만이 수행자의 의식을 점유하므로 수행자에게는 '내가 집중하고 있다'는 자아의식이 사라진다. 이 경지가 『요가경』에서 '대상으로서만 빛을 발하는 것'이라고 정의하는 삼매이다.[136] 『요가주』에서는 이 경지를 다음과 같이 표현한다.

> 바로 그 [동일한] 정려가 명상 대상의 본래 상태에 몰입함으로써 관념으로

....

134 Rukmani(1987) p. 4.

135 YBh 3.2. 정승석(2020) pp. 161-2.

136 "바로 그것(정려)이 자신의 성질은 없는 것처럼 대상으로서만 빛을 발하는 것이 삼매이다." (tadevārthamātra-nirbhāsaṃ svarūpa-śūnyam iva samādhiḥ || YS 3.3)

> 이루어진 자신의 성질은 없는 것처럼 되어, 명상 대상의 형상으로서 빛을 발할 때, 그것은 삼매로 불린다.[137]

이제까지 알고 있었던 지식과 지금 관찰하여 형성하고 있는 관념을 집중의 대상에 씌우지 않을 때 대상은 그 본래의 상태로 드러난다. 『요가주』에서는 이 상태를 '명상 대상의 본래 상태'라고 말하고, 본래 상태가 드러난 것을 "명상 대상의 형상으로서 빛을 발할 때"라고 표현한 것이다. 요컨대 명상하는 자의 관념은 사라지고 그 대상만이 남아 빛나는 상태가 삼매이다. 이 경지를 직접 체험한 사람일지라도 말로 형언할 수는 없는 것이 삼매일 것이다. 그나마 아래의 설명이 삼매를 이해하는 데는 적절하다.

> 자아의식을 상실하는 명상이 삼매이다. 알기 쉽게 말하면 이 명상의 과정에서는 자아의식이 사라진 듯하고 명상의 대상만이 존재하는 것처럼 보일 때, 즉 자아는 잊혀지고 자아와 대상의 차이가 지워질 때, 마음이 대상을 그와 같이 집중하는 것을 삼매라고 일컫는다.[138]

이상에서 총지와 정려와 삼매가 총제로 불리는 것은, 그 셋의 진행은 미세하고 미묘하여 하나의 과정인 것처럼 진행되기 때문이다. ⁽⁶⁾총지를 통해 집중의 대상이 의식에 고정되고 나면, ⁽⁷⁾정려의 진전에 따라 자아의식도 점차 희박해져 가는 경지가 지속하면서, 자아의식도 완전히 소멸하는 데 이르러 그 대상만이 의식의 전체 영역을 차지하는 ⁽⁸⁾삼매의 상태가 저절로 도래한다. 이 상태는 광휘의 의식이지만, 과거로부터 훈습되어 소멸하기 어려운 잠세력은 여전히 잔존한다. 8지의 마지막 단계인 삼매를 심화의 수준에 따라 다시 구분하는 이유가 여기에 있다. 잠세력마저 소멸된 최종 단계인 법운삼매에 이를 때까지 삼매 수행은 지

137 YBh 3.3. 정승석(2020) p. 162.

138 Hariharānanda(2000) p. 252.

속되어야 한다.

삼매를 이해할 수 있는 유일한 방법은 이 같은 지속적 노력에 의한 직접 체험뿐이다. 이 사실을 지목하여 『요가주』의 저자는 유명한 격언을 남긴다.

> 요가는 요가에 의해 알 수 있으며, 요가는 요가를 통해 진전한다. 그리고 요가로 주의를 쏟는 자는 요가에서 오랫동안 기쁨을 누린다.[139]

10.3.2. 『요가주』의 좌법(아사나)

현대 요가는 '아사나'로 불리는 체위 수련으로 거의 일관해 있다고 말해도 과언은 아니다. 이처럼 아사나로 요가를 표방한 것은 고전 요가의 수행 차제인 8지 중에서 제3지인 좌법으로부터 실질적인 수련이 시작되기 때문일 것이다. 그러나 정작 『요가경』에서는 좌법의 원리만을 3개의 경문(YS 2.46~48)으로 간략하게 언급할 뿐이다. 더욱이 『요가주』에서도 좌법의 명칭들만을 열거하는 데 그치고, 그 낱낱의 좌법을 어떻게 실행하는지에 관해서는 전혀 언급하지 않는다.

『요가주』의 저자는 좌법들을 굳이 구체적으로 설명할 필요가 없다고 생각한 듯하다. 짐작건대 당시 수행자들에게는 예부터 통용되어 온 좌법들의 체위가 상식에 속했을 것이다. 이 같은 정황은 후대의 주석서들에서도 엿볼 수 있으나, 이로 인해 좌법을 설명하는 주석서들 사이에서는 부분적으로 혼선을 빚는다. 그러나 좌법의 원리에 대한 이해에는 변함이 없다. 즉 "고전 요가의 체위들은 신체상의 정지 상태, 즉 앉거나 반듯이 눕거나 다리를 접는 자세라는 점에서는 모든 묘사가 일치한다."[140] 그러므로 이러한 체위들을 좌법(坐法)으로 일컫는 것이 타당하다. 다만 좌법의 원어(āsana)를 음역하여 '아사나'로 일컫는 것은 하타 요

....

139 yogena yogo jñātavyo yogo yogāt pravarttate | yo 'pramattas tu yogena sa yoge ramate ciram | YBh 3.6_4. 정승석(2020) p. 412.

140 Maas(2008) p. 52.

가의 동적인 체위를 고전 요가의 정적인 체위와는 구분하기 위함이다.

1. 좌법의 종류와 해석

『요가주』에서는 고전 요가의 좌법이 정적인 체위라는 것을 연화좌, 영웅좌, 행운좌, 길상좌, 장좌, 보조물 사용, 옥좌[좌], 마도요 자세, 코끼리 자세, 낙타 자세, 평탄한 상태 등으로 열거한다.

> [좌법이란] 예를 들면 (1)연화좌, (2)영웅좌, (3)행운좌, (4)길상좌(卍자좌), (5)장좌(杖坐), (6)보조물 사용, (7)옥좌 [자세],[141] (8)마도요 자세, (9)코끼리 자세, (10)낙타 자세, (11)평탄한 상태, 그리고 '안락한 그대로'라고 말하는 것과 같은 따위들로서 (12)'견고하고 안락한 것'[142]이다.[143]

여기서는 이처럼 좌법의 명칭들만을 열거하는 것으로 '견고하고 안락한 것'(YS 2.46)이라는 좌법의 정의를 예시한다. 그렇지만 이것은 후대에 다양한 아사나들의 개발을 허용한 전거가 된다. 좌법의 목적은 오랫동안 명상에 전념할 수 있는 최적의 신체적 조건을 유지하는 데 있다. 그러므로 가부좌(跏趺坐)로 통칭되는 연화좌, 영웅좌, 행운좌, 길상좌가 기본 좌법이고 나머지는 가부좌를 원조하는 부수적 좌법에 속한다.[144]

---

141 옥좌(玉座)는 의자에 앉은 자세를 의미하지만, 원문의 해석에 따라 침상(寢牀)으로 번역되기도 한다.

142 *Yogasūtra-bhāṣya-vivaraṇa*에서 채택한 『요가주』의 원문(Sastri 1952:226, 3행)에는 이것의 원어인 sthira-sukha가 sthira-prasrabdhi(일정한 이완)로 기재되어 있다. 이에 따라 YsV의 저자는 이것을 좌법의 명칭으로 해석한다.

143 tad yathā padmāsanaṃ vīrāsanaṃ bhadrāsanaṃ svastikaṃ daṇḍāsanaṃ sopāśrayaṃ paryaṅkaṃ krauñca-niṣadanaṃ hasti-niṣadanaṃ uṣṭra-niṣadanaṃ sama-saṃsthānaṃ sthira-sukhaṃ yathā-sukhaṃ cety evam ādīni ‖ YBh 2.46. 정승석(2020) p. 406.
필자가 진즉 고찰한 것(정승석 2004ab)과 똑같은 방식으로 좌법의 혼선을 고찰한 Maas(2018)는 여기서 열거하는 좌법의 종류에 '안락한 그대로'와 '견고하고 안락한 것'을 포함하여 13종으로 헤아린다. 그러나 『요가주』의 주석자들은 ⑾까지(TV, YV)만 또는 ⑿까지를(YsV) 좌법의 명칭으로 간주한다. 자이나교의 『요가론』(*Yogaśāstra*)을 저술한 Hemacandra도 ⑾까지만을 좌법으로 설명한다.

이하에서는 『요가주』의 3대 주석서와 자이나교의 승려이자 학자인 Hemacandra(11세기 전후)의 *Yogaśāstra*의 설명을 비교하여 각 좌법들에 대한 이해의 차이를 검토한다. 주석서들은 작성 시대의 순서로 배열하고 *Yogasūtra-bhāṣya-vivaraṇa*의 저자는 베단타의 샹카라와 구분하기 위해 Śaṅkara로 표기해 둔다.

(1) 연화좌(padmāsana)

Śaṅkara가 다음과 같이 설명하는 연화좌는 불교의 용어로 잘 알려져 있는 결가부좌(結跏趺坐)의 전형이다.

> 그 중에서 연화좌로 불리는 것은 왼발을 끌어 당겨 오른쪽 [넓적다리] 위에 얹고, 오른[발]을 바로 그와 같이 왼쪽 [넓적다리] 위에 얹는다. 그리고 엉덩이와 가슴과 목을 견고하게 펴고서, 죽거나 잠든 것처럼 시선을 코끝에 고정한다. 입술은 둥근 [보물] 상자처럼 반구형으로 다물고, 이빨들로는 이빨 끝을 악물게 하지 않으며, 턱은 가슴으로부터 한 주먹 너비의 간격이 되도록 당겨서 떼어 놓고, 혀끝은 앞니의 안쪽에 고정하며, 거북 모양 혹은 브라마 합장[145]으로 형성한 두 손은 양쪽 뒤꿈치 위에 [놓는다.] 일단 이와 같이 고정된 상태로서 신체의 사지와 신체의 자세가 특별한 노력이 없이 반복하여 존속하는 그러한 방식으로 앉아야 하는 것이 곧 연화좌이다.[146]

....

144 필자의 선행 연구에서는 하타 요가의 문헌들도 참조하여 기본 좌법(정승석 2004a)과 부수적 좌법(정승석 2004b)의 실제 자세를 예시했다. 이하에서는 Maas(2018)의 고찰과 교정본을 검토하면서 기존의 번역을 일신하고 Hemacandra의 설명을 추가한다.

145 원어는 Brahmāñjali이다. "두 손을 모으고 학습해야 하는 그것이 실로 Brahmāñjali로 알려져 있다."(saṃhatya hastāv adhyeyaṃ sa hi brahmāñjaliḥ smṛtaḥ ‖ MS 2.71. Jha 1932:112)라고 서술하는 『마누 법전』에 따르면 이것은 학생이 공부할 때 취하는 양손의 자세이다. Āpastamba는 "왼손은 위로 향하게 하고, 그 위에 얹은 오른손은 손바닥을 아래로 향하게 하고, 양손의 손가락들은 뒤쪽(=안쪽)으로 단단히 붙들어야 한다."고 설명했다. 이 자세는 날마다 의무, 즉 베다의 암송(brahma-yajña)을 이행하는 사람에게 지시된다. cf. Maas(2018) p. 63, n. 48. Bühnemann(1988:117)의 조사에 의하면 "신자는 소량의 물(또는 darbha 풀)을 손바닥에 담은 왼손을 위로 향해 오른쪽 무릎 위에 놓고 오른손으로 덮는다."고 하므로, Brahmāñjali는 공양 예배의 자세이기도 하다.

Vācaspati가 "연화좌는 잘 알려져 있는 것이다."[147]라고 언급하는 데 그친 것은 이것이 그만큼 잘 알려져 있기 때문일 것이다. Hemacandra도 이 같은 인식을 반영한 듯하지만 약간의 변형도 있었던 것으로 보인다.

> 그런데 좌법에 정통한 이들은 한쪽 아랫다리의 중간 부분에 다른 쪽의 [아랫]다리로 접합하는 것을 연화좌라고 설명했다. [주석:][148] 왼쪽 또는 오른쪽 아랫다리의 중간 부분에 다른 쪽의 아랫다리로 접합할 때 이것이 연화좌이다.[149]

여기서 묘사하는 연화좌의 주요한 특징은 양쪽 다리가 양쪽 아랫다리의 중간 부분에서 교차하는 것이다. 이 묘사를 그대로 실행하면 Śaṅkara가 설명한 것과 유사한 자세가 된다. 그러나 Hemacandra는 뒤에서 소개할 영웅좌를 Śaṅkara가 말하는 연화좌(결가부좌)와 동일한 자세로 묘사하고 반가부좌(半跏趺坐)에 해당하는 자세도 영웅좌로 간주한다. 그러므로 Hemacandra는 결가부좌와 반가부좌의 중간 형태를 연화좌로 알고 있었을 것으로 짐작할 수 있다. Vijñāna Bhikṣu는 이 자세를 구체적으로 설명하는데, Śaṅkara의 설명과는 상당히 다르다.

> 수승한 현자여! 양쪽 발바닥을 양쪽 넓적다리 위에 짓고 나서, 양손으로 [등 뒤에서] 어긋나게 양쪽 엄지발가락을 단단히 붙들기 때문에, 이 연화좌는 오

....

146 tatra padmāsanaṃ nāma — savyaṃ pādam upasaṃhṛtya dakṣiṇopari nidadhīta | tathaiva dakṣiṇaṃ savyasyopariṣṭāt | kaṭy-uro-grīvaṃ ca viṣṭabhya, mṛ(ga)ta-suptavan nāsikāgra-nihita-dṛṣṭiḥ, samudgakavad apihitauṣṭha-sampuṭaḥ, dantair dantāgram aparāmṛśan, muṣṭi-mātrāntara-viprakṛṣṭa-cibukoraḥ-sthalaḥ, rājadantāntara-nihita-rasanāgraḥ, hastau pārṣṇyor upari kacchapakaṃ brahmāñjaliṃ vā kṛtvā, sakṛd āsthāpitetthaṃ saṃsthānaḥ, punaḥ punaḥ śarīrāvayava-śarīra-vinyāsa-viśeṣa-parityakta-prayatnaḥ san yenāsīta, tat padmāsanam || YsV 2.46. Sastri(1952) p. 225, 23-28행.

147 padmāsanaṃ prasiddham | TV 2.46. Bodas(1917) p. 112, 12행.

148 Hemacandra가 자신의 *Yogaśāstra*를 직접 해설하여 *Svopajñavṛtti-vibhūṣita*로 불리는 주석이다.

149 jaṅghāyā madhya-bhāge tu saṃśleṣo yatra jaṅghayā | padmāsanam iti proktaṃ tad āsana-vicakṣaṇaiḥ || 129 || jaṅghāyā vāmāyā dakṣiṇāyā vā dvitīyayā jaṅghayā madhya-bhāge saṃśleṣo yatra tat padmāsanam | hYŚ 4.129. Jambuvijaya(2009) p. 1066, 2-4행.

직 모든 사람들에게 숭배될 수 있다.[150]

이 설명대로 자세를 취하려면 결가부좌를 짓고 나서 두 팔을 등 뒤에서 교차하여, 양쪽 손가락으로 앞에 있는 양쪽 엄지발가락을 붙들어야 한다. 이 체위는 하타 요가에서 '결박 연화좌'(Baddha-padmāsana)로 불리는 비교적 어려운 자세이다. Vijñāna Bhikṣu는 하타 요가의 초기 문헌인 *Vasiṣṭha-saṃhitā*를 인용하여 좌법들을 설명한다. 이로 보아 그가 알고 있는 좌법들은 주로 하타 요가에서 통용된 체위들일 것이다.[151]

(2) 영웅좌(Vīrāsana)

『요가주』의 판본에 따라 영웅좌는 다음에 소개할 행운좌와 바뀐 순서로 열거되기도 한다.[152] Śaṅkara는 영웅좌를 매우 간결하게 설명한다.

> [행운좌와][153] 마찬가지로 한쪽 다리를 굽히고, 다른 쪽 무릎을 바닥에 놓는 영웅좌는 어디에서나 특성이 그와 같이 언급되고 있다.[154]

....

150 aṅguṣṭhau sannibandhnīyād hastābhyāṃ vyutkrameṇa tu | ūrvor upari viprendra kṛtvā pādatale ubhe || padmāsanaṃ bhaved etat sarveṣām eva pūjitam | YV 2.46. Rukmani(1983) p. 217, 35-37행.

151 Birch(2018:106)에 의하면, 현존하는 하타 요가의 원전으로는 가장 이른 서기 12~13세기의 문헌인 *Vasiṣṭha-saṃhitā*에는 공작 자세와 닭 자세처럼 앉지 않는 체위들이 포함되어 있으며, 이것들이 *Vasiṣṭha-saṃhitā*보다 1~2세기 이후에 작성된 *Yoga-yājñavalkya*에 널리 차용되었다. Maas(2018)는 Vijñāna Bhikṣu가 설명하는 좌법들이 *Vasiṣṭha-saṃhitā*로부터 인용되었음을 적시한다. 그러나 Vijñāna Bhikṣu가 *Vasiṣṭha-saṃhitā*만을 참조한 것은 아니라는 사실은 다음과 같은 언급으로 알 수 있다. "*Yoga-pradīpa* 등에 언급된 다른 좌법들은 다음과 같이 간략하게 설명된다." (itarāṇy āsanāni yogapradīpādy-uktāni saṃkṣepāt kathyante | YV 2.46. Rukmani 1983:218, 25행)

152 Maas(2018:65)는 "원전의 전형에 따라 읽으면 행운좌가 먼저이고 영웅좌가 다음이라는 순서를 확립할 수 있다."고 판단한다.

153 Śaṅkara의 주석에서는 행운좌 다음에 영웅좌를 설명한다. 그러므로 먼저 설명한 행운좌를 표준으로 삼았을 것이다.

154 tathā kuñcitānyatara-pādam avani-vinyastāparajānukaṃ vīrāsanam | ucyamāna eva viśeṣaḥ sarvatra || YsV 2.46. Sastri(1952) p. 226, 11-12행. Maas(2018:66)는 이 설명의 뒷 구절을 "경우마다 나는 특유의 것만을 설명하고 있다."라고 번역한다. 그는 저자가 좌법을 설명할 때마다 특별히 다른 것만을 설명하겠

이 설명은 매우 모호하여 자세를 특정하기 곤란하다. 여기서는 한쪽 다리를 어떻게 굽히는지가 관건이다. 만약 다리를 눕혀서 굽히면 반가부좌 또는 흔히 말하는 양반다리가 될 수도 있다. 만약 다리를 바닥에 세워서 굽히면 Vācaspati가 다음과 같이 설명하는 영웅좌(②)와 동일하게 된다.[155] Vācaspati의 설명도 판본에 따라 차이가 있다.

> ①안정된(똑바로 앉은) 자의 어느 한쪽 발이 바닥에 있고, 다른 쪽[의 발]이 굽힌 무릎 위에 놓이는 이것이 영웅좌이다.[156]
>
> ②안정된(똑바로 앉은) 자의 어느 한쪽 다리가 바닥에 있고 무릎을 굽힌 [다른] 한쪽(다리)은 바닥 위에 세우는 이것이 영웅좌이다.[157]

여기서 ①은 Śaṅkara가 설명하는 영웅좌와 약간 차이는 있지만 유사한 자세를 묘사한 것으로 보인다. 이에 비해 ②는 ①의 모호성을 해소하여 보다 명료하게 묘사한다. 이에 따르면 한쪽 다리의 발바닥을 바닥에 대고 무릎을 굽혀 세워야 한다. 그런데 Hemacandra가 Vācaspati의 설명도 인용하여 묘사하는 영웅좌는 네 가지나 된다.

....

다는 뜻을 밝힌 것으로 원문을 이해한 듯하다. 그러나 Śaṅkara의 주석에서 이 좌법은 셋째로 설명되므로, 저자가 둘째가 아닌 셋째에서 이런 뜻을 밝혔을 것으로 단정하기는 어렵다.

155 Leggett(1992:274)는 원문을 다음과 같이 번역하여, 한쪽 다리를 바닥에 세워서 굽히는 것으로 이해한다.
"한쪽 다리를 [발바닥이 바닥에 편평하게 닿도록] 굽히고 무릎[부터 발가락까지] 다른 쪽[다리]를 바닥에 두는 것이 영웅좌이다. 이에 대한 모든 묘사에서 상술되는 좌법의 특별한 요점이 바로 이것이다."
Maas(2018:66)가 "영웅좌는 한쪽 다리를 구부리는 반면, 다른 쪽 다리의 무릎을 바닥에 둔다"고 이해한 것도 이와 마찬가지일 것이다.

156 sthitasyaikataraḥ pādo bhū-nyasta ekataraś cākuñcita-jānor upari nyasta ity etad vīrāsanam | TV 2.46. Bodas(1917) p. 112, 12-13행.

157 sthitasyaikataraḥ pādo bhū-nyasta ekataraś cākuñcita-jānur bhūrdhvam ity etad vīrāsanam | Maas(2018) p. 67, n. 61.

이제 영웅좌는 [이러하다.] ⓐ왼발을 오른쪽 넓적다리 위에 얹고 오른발을 왼쪽 넓적다리 위에 얹는 체위는 영웅들에게 적합한 것으로서 영웅좌로 알려져 있다. [주석:] 왼발을 오른쪽 넓적다리 위에 얹고 오른발을 왼쪽 넓적다리 위에 얹는 체위는 겁쟁이가 아니라 [자이나교의] 선도자(tīrthakara)들과 같은 영웅들에게 적합한 것으로서 영웅좌로 불린다. 오른손의 위치는 옥좌좌의 경우와 똑같다. 어떤 이들은 이것이 연화좌라고 말한다. ⓑ만약 한쪽 발만을 한쪽 넓적다리 위에 두면, 이것은 반(半)연화좌(=반가부좌)이다. … ⓒ다른 이들은 사자좌(왕위)에 오른 자가 자리에서 물러나 있을 때, 바로 그와 같이 [반가부좌처럼?] 안정해 있는 그것을 영웅좌로 알고 있다. [주석:] 사자좌에 올라 [두] 발을 [바닥에] 둔 자의 자세가 사자좌에서 물러나 있을 때, 그와 같이 안정해 있는 것이 영웅좌이다.[158] '다른 이들'이란 [이러한] 주제에 관해 확립된 진리에서 유래한 신체와 번뇌와 고행을 상술할 수 있는 사람들이다. 그러나 파탄잘리의 추종자들은 영웅좌를 다음과 같이 말한다. ⓓ"똑바로 앉은 자의 어느 한쪽 다리가 바닥에 있고, 무릎을 굽힌 [다른] 한쪽(다리)은 위로 세우는 이것이 영웅좌이다."[159]

....

158 다음과 같은 Maas(2018:67)의 번역은 납득하기 어렵다. "다른 이들은 영웅좌를 왕으로 즉위한 어떤 사람이 자리가 제거된 후에 이 상태로 유지할 때 취하는 자세로 알고 있다. [주석:] 왕으로 즉위한 어떤 사람이 자신의 양쪽 발을 바닥에 두고, 그 다음에 왕좌가 제거될 때, 정확히 이러한 이 자세로 머무는 것이 영웅좌이다."
Maas가 '제거'로 번역한 원어는 apanayana이다. 그는 이 자세를 왕이 앉은 의자에서 의자를 제거한 상태로 이해하여, 이 자세를 "서 있는 사람의 두 무릎이 체중을 지탱할 아무것도 없이 마치 의자에 앉아 있듯이 90도 정도로 구부린 격렬한 체위"(p. 68)라고 단정한다. 그러나 신체적 구조로는 이 같은 자세를 계속 유지하는 것이 거의 불가능하다. 반면에 apanayana의 의미를 '물러남'으로 해석하면, 권위를 유지하고자 경직되어 있던 왕이 그러한 자리에서 물러나 이완된 상태의 자세로 이해할 수 있다.

159 atha vīrāsanam — ⓐvāmo 'ṃhrir dakṣiṇor ūrdhvaṃ vāmor upari dakṣiṇaḥ | kriyate yatra tad vīrocitaṃ vīrāsanaṃ smṛtam || 126 || vāmo 'ṃhrir vāmapādo dakṣiṇor ūrdhvaṃ vāmasya coror upari dakṣiṇo 'ṃhrir yatra kriyate tad vīrāṇāṃ tīrthakara-prabhṛtīnām ucitam, na kātarāṇām, vīrāsanaṃ smṛtam | agra-hasta-nyāsaḥ paryaṅkavat | idaṃ padmāsanam ity eke | ⓑekasyaiva pādasya ūrāv āropaṇe 'rdha-padmāsanam || 126 || … ⓒsiṃhāsanādhirūḍhasyāsanāpanayane sati | tathaivāvasthitir yā tām anye vīrāsanaṃ viduḥ || 128 || siṃhāsanam adhirūḍhasya bhūmi nyasta-pādasya siṃhāsanāpanayane sati tathaivāvasthānaṃ vīrāsanam | anye iti saiddhāntikaḥ kāya-kleśa-tapaḥ prakaraṇe vyākhyāta-vantaḥ. pātañjalās tv āhuḥ — ⓓūrdhva-sthitasyaikataraḥ pādo bhū-nyasta ekaś cākuñcita-jānur ūrdhvam ity etad vīrāsanam iti | hYŚ 4.126–128. Jambuvijaya(2009) pp. 1064-5, 6행-10행.

위의 설명에서 마지막(ⓓ)은 Vācaspati의 설명(②)을 인용한 것이다. Hemacandra는 다른 체위를 설명할 때도 '파탄잘리의 추종자들'이라는 표현으로 Vācaspati를 인용한다. Hemacandra가 묘사한 첫째 자세(ⓐ)는 전형적인 결가부좌이고 둘째(ⓑ)는 반가부좌이다. 모호하게 설명된 셋째(ⓒ) 자세는 가늠하기 어렵다. 이것은 어쩌면 불상에서 흔히 묘사되는 윤왕좌(輪王坐) 또는 유희좌(遊戲坐)와 유사한 자세일 수도 있다. 두 자세는 한쪽 다리를 접은 상태로 세워서 편하게 앉는 점에서 동일하다. 윤왕좌는 다른 쪽 다리를 편하게 접어서 바닥에 두고, 의자에 앉은 상태의 유희좌는 다른 쪽 다리를 바닥에 내려뜨린다.

현대의 하타 요가에서 말하는 영웅좌는 대체로 Vācaspati가 묘사한 ②의 자세이다. 그러나 이 자세를 영웅좌의 원형일 것으로 확정할 수는 없다. Vijñāna Bhikṣu가 묘사하는 영웅좌는 Hemacandra가 묘사한 결가부좌(ⓐ) 또는 반가부좌(ⓑ)와 일치하기 때문이다.

> 한쪽 발을 다른 쪽의 넓적다리 위에 두고 나서, ⓐ<u>[다른 쪽의] 발을 나머지 [넓적다리] 위에</u> 고정하는 것이 영웅좌로 불린다.[160]

여기서 설명한 대로 자세를 취하면 이것은 결가부좌가 된다. 그러나 위의 원문에서 한 단어의 격어미를 교정하여 다음과 같이 번역할 경우에는 반가부좌가 된다.

> 한쪽 발을 다른 한쪽 넓적다리 위에 두고 나서, ⓑ<u>[나머지 넓적다리를] 다른 쪽의 발 위에</u> 고정하는 것이 영웅좌로 불린다.[161]

....

160 eka-pādam athaikasmin vinyasyorau ca saṃsthitaḥ ‖ <u>itarasmiṃs tathā</u> *<u>pādaṃ</u> vīrāsanam udāhṛtam | YV 2.46. Rukmani(1983) p. 218, 1-2행.

161 … ‖ <u>itarasmiṃs tathā</u> *<u>pāde</u> … | Maas(2018:68, n. 63)는 Nārāyaṇamiśra가 교정한 판본에 의거하여 목적격 pādaṃ을 처격 pāde로 교정했다. 교정한 이 원문대로 실행한 자세는 반가부좌이며, 하타 요가의 문헌들(다음 각주)이 영웅좌를 반가부좌로 묘사한 것과 합치한다. 이 교정은 Vijñāna Bhikṣu가 좌법

참고로 하타 요가의 문헌들에서 묘사하는 영웅좌는 전형적인 반가부좌이다.[162] 이상과 같이 영웅좌는 좌법들 중에서 가장 혼잡하여 정형을 확정할 수 없다.

(3) 행운좌(Bhadrāsana)

Śaṅkara는 행운좌를 연화좌와 연관된 것으로 간단히 언급하는 데 그친다. 그는 연화좌가 이완된 자세를 행운좌로 간주한 듯하다.

> 오른쪽 다리를 왼쪽 [다리] 위에 얹고 오른손을 왼손 위에 놓은 후, 그와 같은 자세로 앉는 것이 행운좌이다. 다른 것은 [연화좌와] 동일하다.[163]

여기서는 행운좌와 연화좌의 차이를 언급할 뿐이다. 행운좌에서는 오른발을 왼쪽 다리 위에 두지만, 왼발의 위치는 특정되지 않는다. 또한 양손을 거북이 또는 Brahmāñjali 자세가 아니라 단지 포개어 둘 뿐이다. 만약 왼발을 오른쪽 다리의 밑에 두면 반가부좌의 자세가 될 것이다. "다른 것은 [연화좌와] 동일하다"고

....

을 설명하면서 하타 요가의 문헌인 *Vasiṣṭha-saṃhitā*에 의거한 점을 고려한 것으로 보인다. 다만 이 경우에는 Vācaspati의 말처럼 '잘 알려져 있는' 있는 결가부좌가 Vijñāna Bhikṣu의 좌법들에는 포함되지 않게 된다. 이것은 아무래도 석연치 않다. Vijñāna Bhikṣu가 첫째로 묘사한 연화좌는 견고한 '결박 결가부좌'이므로, 바로 다음에는 이보다는 이완된 '결가부좌'를 영웅좌로 묘사했을 것으로 이해하면 굳이 교정할 필요가 없을 수도 있다. 그러나 Vijñāna Bhikṣu가 바로 다음에 설명하는 행운좌를 고려하면 그가 생각한 영웅좌는 결가부좌가 아닐 가능성이 더 크다. 다음 각주 166 참조.

162 "한쪽 발을 다른 한쪽 [넓적다리] 위에 두어야 한다. 다음으로 위에 있는 넓적다리를 다른 쪽 [발] 위에 그와 같이 고정하는 것이 영웅좌로 불린다." (eka-pādam athaikasmin vinyased ūru-saṃsthitam | itarasmiṃs tathā paścād vīrāsanam itīritam ‖ GS 2.17. Vasu 1981:15)
"한쪽 발을 다른 한쪽 넓적다리 위에 두어야 하듯이, [나머지] 넓적다리를 다른 쪽 [발] 위에 고정해야 하는 것이 영웅좌로 불린다." (ekaṃ pādam tathaikasmin vinyased ūruṇi sthiram | itarasmiṃs tathā coruṃ vīrāsanam itīritam ‖ HP 1.21. Raja 1972:16)
Vijñāna Bhikṣu가 참조한 것으로 간주되는 *Vasiṣṭha-saṃhitā*의 설명도 이와 동일하다.
"한쪽 발을 다른 한쪽 넓적다리 위에 두고 나서, 바로 그와 같이 [나머지] 넓적다리를 다른 쪽 [발] 위에 두는 것이 영웅좌로 불린다." (ekaṃ pādam athaikasmin vinyasyorau ca saṃsthitaḥ | itarasmiṃs tathaivoruṃ vīrāsanam itīritam ‖ *Vasiṣṭha-saṃhitā* 1.72. Maas 2018:68, n. 63 재인용)

163 tathā dakṣiṇaṃ pādaṃ savyasyopari kṛtvā, hastaṃ ca dakṣiṇaṃ savyahastasyopari nidhāya, yenāste, tat bhadrāsanam | anyat samānam ‖ YsV 2.46. Sastri(1952) p. 225, 30-31행.

말하는 데 그친 것으로 보면, 반가부좌를 묘사한 것일 가능성이 크다. Śaṅkara가 주석한 『요가주』에서는 이 행운좌가 결가부좌인 연화좌의 다음 순서로 열거된 점도 이 가능성을 뒷받침한다. 결가부좌에 이어 반가부좌를 설명하는 순서가 합당하기 때문이다. 그러나 Vācaspati가 묘사하는 행운좌는 Śaṅkara의 경우와는 상당히 다르다.

> 양쪽 발바닥을 음낭 부근에서 움푹 파이게 만들어 그 위에 거북 모양의 손을 만들어야 하는 그것이 행운좌이다.[164]

여기서 말하는 대로 양쪽 발바닥을 '움푹 파이게' 만들기 위해서는 두 발바닥의 옆구리를 맞대고 벌려야 한다. '거북 모양의 손'은 양손을 손가락으로 감싸 안은 모양이다. Vācaspati의 묘사를 인용하는 Hemacandra의 설명도 이와 동일하다.

> 이제 행운좌는 [이러하다.] 고환 앞에 두 발바닥을 움푹 파이게 만들어 그 같은 [두 발바닥] 위에 거북 모양의 손을 만들어야 하는 바로 그것이 행운좌이다. [주석:] 이것은 명료하게 이해된다. 이에 관해 파탄잘리의 추종자들은 "두 발바닥을 음낭 부근에서 움푹 파이게 만들어 그 위에 거북 모양의 손을 만들어야 하는 그것이 행운좌이다."[라고 말한다.][165]

Vijñāna Bhikṣu는 이와는 약간 다르게 행운좌를 설명하는데, 이 역시 하타 요가에서 통용된 좌법이다.

....

164 pādatale dve vṛṣaṇa-samīpe saṃpuṭīkṛtya tasyopari pāṇi-kacchapikāṃ kuryād etad bhdrāsanam | TV 2.46. Bodas(1917) p. 112, 13-14행.

165 atha bhadrāsanam—saṃpuṭīkṛtya muṣkarāgre talapādau tathopari | pāṇi-kacchapikāṃ kuryād yatra bhadrāsanaṃ tu tat || 130 || spaṣṭam | yat pātañjāḥ—pādatale vṛṣaṇa-samīpe saṃpuṭīkṛtya tasyopari pāṇi-kacchapikāṃ kuryāt, etad bhdrāsanam (TV 2.46) | hYŚ 4.130. Jambuvijaya(2009) p. 1066, 5-8행.

바로 이것(영웅좌)의 반절은 '반(半)좌법'으로도 불린다. 즉, 양쪽 발목을 '음낭 밑 솔기'(회음)의 양쪽에 집어넣어야 한다. 또한 두 발의 양옆을 두 손으로 단단히 붙잡고 나서 전혀 움직이지 않는 이 행운좌는 모든 질병의 해독제가 될 수 있다.[166]

위의 설명만으로도 Vijñāna Bhikṣu가 알고 있는 행운좌의 자세는 다른 좌법들과 혼동할 여지가 없다. *Haṭhayoga-pradīpikā*에서는 발목의 위치를 더욱 구체적으로 적시한다.[167] 이 설명대로 실행하려면 두 다리가 겹치지 않도록 두 발바닥을 맞대어 바닥에 두어야 한다. 그리고 두 발을 잡아당기는 것으로 경직성을 유지한다. 두 다리를 엮거나 겹치면 결가부좌 또는 반가부좌가 된다. 그러므로 여기서 Vijñāna Bhikṣu가 행운좌를 영웅좌의 반절로 간주한 것은, 그가 이 직전에 설명한 영웅좌가 반가부좌였을 것임을 시사한다. 결가부좌(연화좌)의 반절은 반가부좌(반연화좌)이지만[168] 그가 여기서 묘사한 행운좌는 결코 반가부좌가 될 수 없기 때문이다.

Vijñāna Bhikṣu는 한쪽 다리 위에 다른 쪽 다리를 얹어 놓는 반가부좌를 온전한 영웅좌로 간주하고, 행운좌는 두 다리를 모두 바닥에 내려 놓기 때문에 영웅좌의 반절이라고 표현했을 것으로 이해된다.

....

166 asyaivārdham ardhāsanam apy ucyate | tathā — gulphau ca vṛṣaṇasyādhaḥ sīvanyāḥ pārśvayoḥ kṣipet | pārśva-pādau ca pāṇibhyāṃ dṛḍhaṃ badhvā suniścalaḥ || bhadrāsanaṃ bhaved etat sarva-vyādhi-viṣāpaham | YV 2.46. Rukmani(1983) p. 218, 3-6행.

167 "두 발목을 음낭 밑, 솔기의 양옆에, [즉] 왼쪽에는 왼쪽 발목을, 오른쪽에는 오른쪽 발목을 [발바닥이 마주하도록] 놓는다. 두 발의 양옆을 두 손으로 단단히 붙잡고 나서 전혀 움직이지 않는 이 행운좌는 모든 질병을 제거할 수 있다." (gulphau ca vṛṣaṇasyādhaḥ sīvanyāḥ pārvayoḥ kṣpet | savyagulphaṃ tathā savye dakṣa-gulphaṃ tu dakṣiṇe || 53 || pārśva-pādau pāṇibhyāṃ dṛḍhaṃ baddhvā suniścalam | bhadrāsanaṃ bhaved etat sarva-vyādhi-vināśanam | … || 54 || HP 1.53-54. Raja 1972:28)

168 Hemacandra는 영웅좌를 연화좌(=결가부좌)로 일컫는 이들이 있다고 말하면서, 연화좌에서 한쪽 발만을 한쪽 넓적다리 위에 두는 것은 반(半)연화좌(=반가부좌)로 불린다고 부연한다(앞의 각주 159ⓑ).

(4) 길상좌(Svastikāsana)

길상좌(吉祥坐)에 대한 주석자들의 설명은 표현상의 차이가 있을 뿐, 내용상의 차이가 없다. Śaṅkara는 이것을 다음과 같이 설명한다.

> 왼쪽 넓적다리와 장딴지로 오른발의 발가락을 보이지 않게 감싸고, 이와 같이 오른쪽 넓적다리와 장딴지로 왼발의 발가락을 보이지 않게 감싸고 나서, 양쪽 뒤꿈치로 인해 양쪽 고환이 아프지 않도록 그렇게 앉는 것이 곧 길상좌이다.[169]

이 설명대로 실행하려면 양쪽 오금에 왼발과 오른발의 발가락을 각각 끼워야 한다. 이렇게 하면 두 발목은 고환 주변에서 서로 엇갈리게 겹칠 수밖에 없다. 이 밖의 주석자들이 묘사한 자세도 이와 동일하게 된다. Vācaspati와 Hemacandra와 Vijñāna Bhikṣu는 길상좌를 각각 다음과 같이 설명한다.

> 굽힌 왼발을 오른쪽 장딴지와 넓적다리 사이에 넣어야 하고, 굽힌 오른발을 왼쪽 장딴지와 넓적다리 사이에 넣어야 한다. 이것이 길상좌이다.[170]
>
> 유사한 방식으로 길상좌의 경우에는 굽힌 왼발을 오른쪽 장딴지와 넓적다리 사이에 넣어야 하고, 굽힌 오른발을 왼쪽 장딴지와 넓적다리 사이에 [넣어야 한다.][171]
>
> 양쪽 무릎과 넓적다리 사이에 양쪽 발의 옆구리를 완전히 짓고(끼우고) 나서, 몸을 똑바로 세우고 안락하게 앉는 이것을 길상[좌]라고 한다.[172]

....

169 dakṣiṇaṃ pādāṅguṣṭhaṃ savyenoru-jaṅghena parigṛhyādṛśyaṃ kṛtvā, tathā savyaṃ pādāṅguṣṭhaṃ dakṣiṇenorujaṅghenādṛśyaṃ parigṛhya, yathā ca pārṣṇibhyāṃ vṛṣaṇayor apīḍanaṃ tathā yenāste, tat svastikāsanam || YsV 2.46. Sastri(1952) p. 226, 13-15행.

170 savyam ākuñcitaṃ caraṇaṃ dakṣiṇa-jaṅghorv-antare nikṣipet | dakṣiṇaṃ cākuñcitaṃ caraṇaṃ vāma-jaṅghorv-antare nikṣipet | etat svasthikāsanam | TV 2.46. Bodas(1917) p. 112, 14-16행.

171 tathā svastikāsanaṃ yatra savyam ākuñcitaṃ caraṇaṃ dakṣiṇa-jaṅghorv-antare nikṣipet, dakṣiṇaṃ cākuñcitaṃ vāma-jaṅghorv-antare iti | hYŚ 4.133. Jambuvijaya(2009) p. 1069, 4-5행.

172 jānūrvor antare samyak kṛtvā pādatale ubhe || ṛjukāyaḥ sukhāsīnaḥ svastikaṃ tat pracakṣate || YV 2.46.

이제까지 검토한 4종의 좌법들 중에서는 한결같이 동일한 자세로 묘사되는 것이 길상좌이다. 그러므로 길상좌는 『요가주』에서 언급된 이래 현재까지 변함없이 지속되어 온 유구한 좌법이라고 말할 수 있다.

(5) 장좌(Daṇḍāsana)

이 좌법의 명칭에서 장(杖)의 원어인 daṇḍa는 막대기 또는 지팡이를 의미한다. 그러므로 장좌는 그 명칭만으로도 두 다리를 굽히지 않고 쭉 펴는 자세일 것으로 추정할 수 있다. 주석자들의 설명으로 이 점을 확인할 수 있지만, 원문의 해석에 따라 아예 눕는 자세로 변형될 여지가 있다. Śaṅkara와 Vācaspati는 장좌를 다음과 같이 설명한다.

> 양쪽 발목과 양쪽 엄지발가락과 양쪽 무릎이 평행한 상태로 막대기처럼 양쪽 다리를 뻗어, 이러한 자세로 앉아 있는 것이 장좌이다.[173]
> 앉고 나서 양쪽 엄지발가락을 붙이고, 양쪽 발목을 붙이고, 양쪽 장딴지와 넓적다리와 발을 바닥에 붙인 채 뻗어서 장좌를 수습해야 한다.[174]

Hemacandra도 이와 동일한 자세를 묘사하면서 Vācaspati의 설명을 덧붙인다.

> 이제 장좌는 [이러하다.] 앉고 나서 양쪽 엄지발가락을 붙이고, 양쪽 발목을 붙이고, 양쪽 넓적다리를 바닥에 붙인 채 양쪽 발을 뻗어야 하는 경우에, 그것은 장좌로 불린다. [주석:] 이것은 명료하게 이해된다. 이에 관해 파탄잘리의 추종자들은 "앉고 나서 양쪽 엄지발가락을 붙이고, 양쪽 발목을 붙이고,

....

Rukmani(1983) p. 218, 7-8행.

173 samagulphau samāṅguṣṭhau prasārayan samajānū pādau daṇḍavad yenopaviśet, tat daṇḍāsanam || YsV 2.46. Sastri(1952) p. 226, 16-17행.

174 upaviśya śliṣṭāṅgulikau śliṣṭa-gulphau bhūmi-śliṣṭa-jaṅghorū pādau prasārya daṇḍāsanam abhyaset | TV 2.46. Bodas(1917) p. 112, 16-17행.

양쪽 장딴지를 바닥에 붙인 채 양쪽 발을 뻗어서 장좌를 수습해야 한다."[라고 말한다.][175]

Vijñāna Bhikṣu의 설명도 Vācaspati의 설명과 다르지 않다. 그러나 이 경우에는 전혀 다른 자세로 곡해할 수 있는 해석상의 문제도 발생할 수 있다.

장좌란 앉고 나서 양쪽 엄지발가락을 붙이고, 양쪽 발목을 붙이고, 양쪽 장딴지와 넓적다리와 발을 바닥에 붙인 채 막대기처럼 뻗고서 <u>편하게 두는</u> 것이다.[176]

위의 묘사에서 '편하게 두는'의 원어인 śayana를 '눕는'으로 해석하게 되면, 다른 주석자들이 모두 앉아 있는 자세로 묘사하는 장좌의 취지에 벗어난다.[177] 이 같은 해석상의 문제는 옥좌좌의 경우에도 발생한다.

....

175 atha daṇḍāsanam — śliṣṭāṅgulī śliṣṭagulphau bhū-śliṣṭorū prasārayet | yatropaviśya pādau tad daṇḍāsanam udīritam || 131 || spaṣṭam | yat pātañjalāḥ — upaviśya śliṣṭāṅgukīkau śliṣṭa-gulphau bhūmi-śliṣṭa-jaṅghau ca pādau prasārya daṇḍāsanam abhyasyet (TV 2.46) | hYŚ 4.131, Jambuvijaya(2009) pp. 1066-7, 10–2행. 여기서 인용한 Vācaspati의 설명에 '넓적다리'가 생략된 것은 자세에는 변화가 없기 때문일 것이다.

176 daṇḍāsanam upaviśya śliṣṭāṅgulikau śliṣṭa-gulphau bhūmi-śliṣṭa-jaṅghoru-pādau prasārya daṇḍavac <u>chayanam</u> | YV 2.46. Rukmani(1983) p. 218, 26-27행.

177 Maas(2018:70)는 원문(앞의 각주)을 다음과 같이 번역하고 나서 이것을 '매우 획기적인 것'으로 평가한다.
"막대기[라는 말]은 앉아서 양쪽 엄지발가락을 붙이고, 양쪽 발목을 붙이고, 양쪽 장딴지와 넓적다리를 바닥에 붙이고, 양쪽 발을 뻗은 후에 막대기처럼 <u>눕는다</u>[는 것을 의미한다.]"
이 번역대로 실행하면 장좌는 발과 장딴지와 넓적다리뿐만 아니라 등과 머리도 바닥에 붙여야 한다. Maas는 이렇게 해석되는 자세가 앞서 소개한 세 주석자들의 견해와 다를 뿐만 아니라, 현대 요가의 대가였던 "Iyengar의 경우처럼 현대적 유형의 수련과도 다르다."라고 지적한다. 그렇다면 śayana에 대한 해석도 공통하는 그들의 견해를 수용하는 것이 타당하다. 그럼에도 불구하고 śayana를 좌법의 취지와도 어긋나게 굳이 '눕는다'는 의미로 번역한 것은 지나치게 자의적인 해석이다. 이 해석이 Vijñāna Bhikṣu의 원의일 것으로 단정할 만한 아무런 근거가 없다.

(6) 보조물 사용(Sopāśraya)

이것은 좌법의 명칭이라기보다는 보조 도구를 사용하여 자세를 유지는 좌법을 통칭한 것으로 이해할 수 있다. 여기서 '보조물 사용'이라고 의역한 sopāśraya (sa-upāśraya)의 의미는 '지탱할 것을 가진 것'이다. 그리고 이 좌법에서는 '요가 끈'(yoga-paṭṭa, yoga-paṭṭaka)으로 불리는 것을 보조물로 특정한다. 이것은 천으로 만든 끈으로서 명상하는 동안 요기의 두 다리를 고정하도록 묶는 데 사용된다. 이 좌법을 설명하는 주석자들도 '요가 끈'을 보조물로 언급하는 데 그친다.

> 보조물 사용이란 요가 끈 또는 버팀대 따위의 지지물을 가진 것이다.[178]
> 요가 끈을 사용하기 때문에 보조물 사용이다.[179]
> 요가 끈을 사용하기 때문에, 이와 같은 것은 보조물 사용이다.[180]
> 보조물 사용이란 요가 끈을 사용하여 앉아 있는 것이다.[181]

이처럼 간략한 설명들 중에서는 첫째로 열거한 Śaṅkara만이 약간 예외적인 언급을 덧붙인다. 그는 '버팀대 따위'를 언급하는 것으로 다른 보조물도 사용하고 있었거나 사용할 수 있음을 시사한다. 어쨌든 주석자들의 설명으로 보아, 자세를 고정하기 위해 보조 도구를 사용한 경우가 비교적 빈번했을 것으로 추정할 수 있다. 두 다리를 끈으로 묶고 앉아 있는 모습은 조각품이나 신상과 같은 과거의 유물들에서도 흔하게 볼 수 있다.

(7) 옥좌좌 또는 침상좌(Paryaṅkāsana)

이 좌법은 영웅좌 못지않게 설왕설래의 논란거리가 될 수 있다. 이 좌법의 명

....

178 sayoga-paṭṭaṃ sastambhādy-āśryaṃ vā sopāśrayam ‖ YsV 2.46. Maas(2018:71, n. 75)의 교정본에 의거함.

179 yoga-paṭṭaka-yogāt sopāśrayam | TV 2.46. Bodas(1917) p. 112, 17행.

180 tathā sopāśrayaṃ yoga-paṭṭaka-yogād yad bhavati | hYŚ 4.133, Jambuvijaya(2009) p. 1069, 5-6행.

181 sopāśrayaṃ yoga-paṭṭa-yogenopaveśanam | YV 2.46. Rukmani(1983) p. 218, 27행.

칭인 paryaṅka(팔리어로는 pallaṅka)는 초기 불전에서도 언급되는 유서 깊은 용어인데, 이 용어로 묘사된 자세가 한결같지는 않다. 더욱이 요가의 주석자들이 설명한 것도 해석하기에 따라서는 서로 다른 자세가 될 수 있다.

우선 불전의 경우에는 『사문과경』에서 "pallaṅka를 짓고 나서 신체를 곧추 세우고 앉는다."[182]라고 언급한 것을 일례로 들 수 있다. 이 구절은 수행자가 명상에 착수하는 자세를 묘사하는 정형구로 빈번하게 구사된다. Aśvaghoṣa의 『불소행찬』에서도 paryaṅka를 수행자의 좌법으로 언급한다.

> 그때 그는 잠든 뱀의 똬리처럼 확고부동하게 paryaṅka를 취하여 [이렇게 맹세했다.] "나는 이루어야 할 것을 성취하기 전까지는 대지 위에서 이 자세(좌법)를 풀지 않으리라."[183]

여기서 말하는 paryaṅka가 결박하는 좌법일 것임은 '풀지 않으리라'는 표현으로 짐작할 수 있다. 팔리어 불전의 주석자로 유명한 Buddhaghosa(5세기 전후)는 『청정도론』(淸淨道論)에서 "여기서 pallaṅka는 [양쪽 발을] 양쪽 넓적다리에 완전히 결박하여 앉는 것이며, '결박하여'란 '엇갈리게 하여'라는 뜻이다."[184]라고 pallaṅka를 설명한다.

이 설명에 따르면 불교에서 pallaṅka, 즉 paryaṅka는 결가부좌로 알려져 있음을 알 수 있다. 실제로 "마치 날개를 가진 새처럼 허공에서도 pallaṅka로 나아간다."[185]라는 구절은 『사문과경』뿐만 아니라 장부 경전의 *Kevaddha-sutta*에서도 동일하게 구사되는데, *Kevaddha-sutta*에 상당하는 장아함경의 『견고경』(堅固經)

....

182 nisīdati pallaṅkaṃ ābhuñjitvā ujuṃ kāyaṃ paṇidhāya …. DN 2.67(I, p. 71).

183 tataḥ sa paryaṅkam akampyam uttamaṃ babandha suptoraga-bhoga-piṇḍitam | bhinadmi tāvad bhuvi naitad āsanaṃ na yāmi yāvat kṛta-kṛtyatām iti || BC 12.120. Johnston(1935) p. 144.

184 Tattha pallaṅkan ti samantato ūru-baddhāsanaṃ ābhujitvā ti bandhitvā. *Visuddhimagga* 8.160. Warren(1950) p. 223.

185 ākāse pi pallaṅkena kamati seyyathā pi pakkhī sakuṇo …. 『사문과경』, DN 2.88(I, p. 78); 『견고경』, DN 11.4(I, p. 212).

에는 pallaṅka가 '결가부좌'로 번역되어 있다.[186] 중국에서는 결가부좌가 교족좌(交足坐)로도 불렸던 것으로 보이는데,[187] 양쪽 발만을 교차하는 교족좌는 결가부좌와는 전혀 다른 자세가 된다.

인도에서 불상이 제작되면서 일반적으로 묘사된 다리의 자세는 결가부좌이지만, 초기의 불상에서는 교족좌로 불리는 자세도 발견된다(<표 30> 참조). 그러나 한역(漢譯) 불전의 일반 용례에서 교족(交足)이라는 표현은 좌법의 명칭으로 사용되지는 않는다는 사실에는 유의할 필요가 있다. 불전에서 교족은 누족(壘足)으로도 표현되는데, 이는 율장에서 "발을 포개지 말라"고 승려들에게 금지하는 조항으로 잘 알려져 있다. 더욱이 그 원어는 paryaṅka라는 좌법과는 무관하다.[188] 교족좌를 교각좌(交脚坐)와 동일시하는 경우도 있지만, 『마가승기율』의 설명에 따르면 그 둘은 전혀 다르다.[189]

....

186 佛說長阿含經 권16(T 1:101c): "허공 속에서 결가부좌를 하는 것이 마치 날아다니는 새와 같다." (於虛空中結加趺坐 猶如飛鳥.)

187 중국 불교의 어휘 사전인 『일체경음의』에서는 가부(加趺)라는 단어를 다음과 같이 설명한다. 一切經音義 권71(T 54:769a): "加趺: … 지금은 그 뜻을 취하여 '교족좌'로 일컫는다. 경전에서 달리 말하는 결교부좌(結交趺坐)가 이것이다." (加趺: … 今取其義謂交足坐也. 經中或作結交趺坐是也.) 여기서 결교부좌는 결가부좌의 동의어이다.

188 "발을 포개지 말라"는 계율이 根本說一切有部毘奈耶 권50(T 23:902b) 등에서는 '不壘足'으로 표현되며, 瑜伽師地論 권24(T 30:416a)에서는 '不應交足'으로 표현된다. 이것들의 원문은 "na pāde pādam ādhāya"(발 위에 발을 얹지 말라)로 동일하다.

189 摩訶僧祇律 권22(T 22:403): "교각이란 넓적다리를 넓적다리 위에 붙이고, 무릎을 무릎 위에 붙이고, 장딴지를 정강이 위에 붙이고, 다리를 발등 위에 붙이는 것이다. [남의] 집의 실내에서 교각으로 앉아서는 안 되며, 응당 두 발을 바르게 하여야 한다." (交脚者 髀著髀上 膝著膝上 腨腸著脚脛上 脚著脚趺上. 不得交脚坐家內 應正兩足.)

〈표 30〉 Paryaṅka로 불리는 결가부좌와 교족좌

①결가부좌[190]	②교족좌[191]	

산스크리트에서 paryaṅka는 일반적으로 긴 의자 또는 침상을 의미하며, 가마와 같은 탈것을 지칭하기도 한다. 『요가주』의 좌법을 설명하는 주석자들에게는 paryaṅka가 이 같은 의미로 인식되어 있다. 그리고 그들은 한결같이 다리의 자세를 전혀 언급하지 않고, 양쪽 팔을 양쪽 무릎 위에 뻗는다는 것만을 명시하는 것으로 paryaṅka를 설명하는 데 그친다.

먼저 Śaṅkara는 "[양쪽] 팔을 [양쪽] 무릎에까지 뻗어서 편하게 두는 것이 paryaṅka 자세(좌법)이다."[192]라고 설명한다. Vācaspati와 Vijñāna Bhikṣu의 설명은 다음과 같이 동일하다.

> 양쪽 팔을 양쪽 무릎 위에 뻗어서 편하게 두는 것이 paryaṅka이다.[193]
>
> 그리고 paryaṅka는 양쪽 팔을 양쪽 무릎 위에 뻗어서 편하게 두는 것이다.[194]

....

190 약5세기 후반에 조성된 불상. 파키스탄의 Mirpur Lhas 출토, 뭄바이의 Prince Wales Museum of Western India 소장. Huntington(1985) p. 205.

191 좌측: 마투라박물관 소장, 필자 촬영. 우측: Amarāvatī 탑의 부조(서기 2세기), 콜카타의 Indian Museum 소장. https://commons.wikimedia.org/wiki/File:Buddha_Preaching_in_Tushita_Heaven._Amaravati,_Satavahana_period,_2d_century_AD._Indian_Museum,_Calcutta.jpg

192 ā-jānu-prasārita-bāhu-śayanaṃ paryaṅkāsanam || YsV 2.46. Sastri(1952) p. 226, 19행.

193 jānu-prasārita-bāhoḥ śayanaṃ paryaṅkaḥ | TV 2.46. Bodas(1917) p. 112, 17-18행.

이들의 설명은 paryaṅka가 앉아 있는 자세임을 명시한다. 왜냐하면 앉아 있지 않고서는 양쪽 팔을 양쪽 무릎 위에 뻗을 수가 없기 때문이다. 특히 Śaṅkara는 '무릎에까지(ā-jānu) 뻗어서'라고 보다 분명하게 언급함으로써 앉아야 한다는 것을 명시한다. 서 있거나 누운 상태에서는 손끝마저도 무릎에 닿을 수가 없다. 그럼에도 불구하고 주석자들의 원문에 있는 śayana를 '편하게 두는 것'이 아니라 '누워 있는 것'으로 해석하면 paryaṅka는 누운 자세가 되어 버린다.[195]

원문의 śayana를 '편하게 쉰다'와 '눕는다'로 해석함에 따라 paryaṅka는 옥좌좌로도 불릴 수 있고 침상좌로도 불릴 수 있다. 이 자세에 대한 혼동은 세 주석자들이 다리의 자세를 명시하지 않고 모호하게 설명한 데서 기인한다. 이 때문에 Hemacandra는 다리의 자세를 부연하여 paryaṅka를 다음과 같이 상술한다.

> ①[모호한 기존의 설명은] 아마도 양쪽 정강이의 아랫부분(발목)에서 [양쪽] 발을 위로 향하도록 만든 경우일 것이고, 배꼽에 가깝게 펼친 오른손을 왼손 위에 두는 것이 paryaṅka이다. [주석:] ②양쪽 정강이의 아랫부분(발목)에서 [양쪽] 발을 위로 향하도록 만들어 둘 때, 양손을 배꼽 부근에서 펼쳐서 오른손을 왼손 위에 둔 경우, 즉 오른손이 왼손에 위를 향해 있는 경우, 그와 같은 바로 이것이 paryaṅka로 불리는 것으로서 신상(神像)들의 좌법, 그리고 성스런 Mahāvīra가 열반할 때의 좌법이다. 침상(paryaṅka)이 다리들의 위에 있는 것처럼 그와 같은 이것도 paryaṅka로 불린다. ③파탄잘리의 추종자들은 "양쪽

194 paryaṅkaṃ ca jānu-prasārita-bāhoḥ śayanam | YV 2.46. Rukmani(1983) p. 218, 27행.

195 이 같은 해석상의 문제는 앞서 소개한 장좌의 경우(앞의 각주 177)와 동일하다. Maas(2018:74)는 Śaṅkara가 말하는 'paryaṅka 자세'(paryaṅkāsana)를 'Couch Posture'로 번역했는데, Maas가 말하는 Couch는 의자가 아니라 침상을 지칭한 것으로 보인다. 왜냐하면 그는 śayana를 '눕는다'는 의미로 번역하기 때문이다. 그리고 나서 그는 다음과 같은 결론을 도출한다.
"여기서 인용한 세 가지 주석에 의거하면, 적어도 7세기에서 16세기까지 파탄잘리의 요가 전통에서 paryaṅka 자세로 알고 있었던 것은 요기가 두 팔을 양쪽 무릎 쪽으로 뻗고 반듯이 누운 자세인 듯하다."
그러나 이 결론은 Śaṅkara가 이 체위를 연화좌(=결가부좌)로 알고 있었다고 Maas 자신이 판단한 것과도 들어맞지 않는다. 더욱이 그는 장좌의 원문을 번역(2018:70)하면서도 śayana를 '눕는다'는 의미로 해석했는데, 그의 번역을 그대로 적용하면 paryaṅka 자세는 장좌로도 불릴 수 있게 된다.

팔을 양쪽 무릎 위에 뻗어서 편하게 두는 것이 paryaṅka이다."라고 말한다.[196]

여기서 Hemacandra는 먼저(①) 기존의 설명에서 모호한 발과 손의 자세를 명료하게 제시하고, 다음에는(②) 자이나교의 경우를 예로 들어 paryaṅka로 불리는 좌법의 자세를 확정한 후, 끝으로(③) Vācaspati의 설명을 인용한다. 그의 설명에 따르면 paryaṅka로 불리는 좌법은 결가부좌와 유사한 자세이며, 그렇게 불리는 이유는 다리들 위에 침상(paryaṅka)이 있기 때문이다. 의자의 경우도 다리들 위에 앉을 자리를 설치하므로 침상을 의자로 바꾸어도 무방하다. 그리고 Hemacandra의 설명에서 발과 손을 위로 향하게 한다는 것은 발바닥과 손바닥을 위쪽으로 향하게 한다는 것이다. 이 자세에서 다리들 위에 있는 것은 가지런히 겹친 양쪽 손바닥이다.

Hemacandra가 설명한 이 자세는 현재도 흔히 볼 수 있는 Mahāvīra의 열반상(<표 31>의 ①)과 합치한다. 자이나교의 상징처럼 유명한 이 열반상은 양쪽 발목이 교차하도록 양쪽 다리를 접은 상태에서 발바닥이 위쪽을 향해 있는 자세이다. 또한 왼쪽 손바닥 위에 오른쪽 손바닥을 겹쳐 두므로 손바닥도 당연히 위쪽을 향하게 된다. 이와 유사한 자세가 불상에서도 표현되지만 양손의 자세는 겹친 상태로 고정되지는 않는다(<표 31>의 ②).

『요가주』의 주석자들이 간략하게 묘사한 paryaṅka가 침상좌로 불리면서 누워 있는 자세일 것으로 이해하게 배경을 Hemacandra의 첫째 설명(①)에서 찾을 수 있을 것 같다. 현재의 하타 요가에서는 아랫다리가 대퇴부에 닿도록 무릎을 꿇고 앉은 후 머리가 바닥에 닿도록 눕거나, 이 상태에서 등을 바닥에 닿지 않도록 잔뜩 올리는 자세를 paryaṅka로 가르친다. 이것은 양손의 자세를 무시하고

....

196 ①syāj jaṅghayor adhobhāge pādopari kṛte sati | paryaṅko nābhi-gottāna-dakṣiṇottara-pāṇikaḥ || 125 || ② jaṅghayor adhobhāge pādopari kṛte sati pāṇidvayaṃ nābhy-āsannam uttānaṃ dakṣiṇottaraṃ yatra, dakṣiṇa uttara uparivartī yatra tat tathā, etat paryaṅko nāma śāśvata-pratimānāṃ śrīmahāvīrasya ca nirvāṇakāla āsanam, yathā paryaṅkaḥ pādopari bhavati tathāyam apīti paryaṅkaḥ | ③jānuoprasārita-bāhoḥ śayanaṃ paryaṅkaḥ (TV 2.46) iti pātañjalāḥ | hYŚ 4.125. Jambuvijaya(2009) p. 1064, 1-6행.

Hemacandra가 묘사한 "양쪽 정강이의 아랫부분에서 [양쪽] 발을 위로 향하도록 만든 경우"를 자의적으로 적용한 것에 해당한다. 그러나 Hemacandra가 말한 '정강이의 아랫부분'이란 사실상 발목을 가리킨다. 또한 그렇게 누운 자세에서는 양쪽 손바닥을 위쪽으로 향하도록 겹치기 어려울 뿐만 아니라, 누운 자세는 고전 요가의 좌법일 수 없다.

〈표 31〉 Paryaṅka로 불리는 자이나교와 불교의 좌법

①자이나교		②불교[197]
과거[198]	현재[199]	

고전 요가의 좌법으로서 paryaṅka는 이 명칭의 의미에 따라 옥좌좌 또는 침상좌로 불릴 수 있다. 그러나 이 좌법은 어떻게 불리든 편안한 자리에 앉아 있는 자세이지 바닥에 머리나 등을 붙이고 눕는 자세는 아닐 것이다. 침상좌라는 명칭은 통용될 수 있지만, 그렇다고 해서 이것을 침상에 눕는 자세로 이해하는 것은 앉아서 명상에 몰입한다는 좌법의 취지와도 합치하지 않는다.

....

197 Kaśmir 출토, 8세기. Los Angeles County Museum of Art 소장. Huntington(1985) p. 371. 대좌 위의 다리 자세는 자이나교의 경우와 동일하고, 대좌의 중앙에 있는 다리 자세는 교족좌이다.

198 Jain tīrthaṅkara, Mathurā 출토, 서기 3세기경(Kuṣāṇa 왕조 시대). 마투라 박물관 소장. Huntington(1985) p. 162.

199 콜카타의 Parasnath Digambar Jain 사원, 필자 촬영.

『요가주』의 저자가 동일한 좌법을 다른 이름으로 중복하여 열거하지는 않았을 것이다. 이 점을 고려하면 고전 요가에서 말하는 paryaṅka는 양쪽 다리를 교차하여 양쪽 발을 넓적다리 위에 두는 결가부좌가 아니라, 양쪽 발만을 교차하는 교족좌이거나 Hemacandra가 예시한 Mahāvīra의 열반상처럼 발바닥이 위쪽을 향하도록 양쪽 발목을 교차하여 앉는 자세(<표 31>)일 것으로 추정할 수 있다.

(8)(9)(10) 동물을 모방한 자세

『요가주』에서는 이후에 열거한 세 가지 자세들을 좌법(āsana)으로 일컫지 않고 앉기(niṣadana)라고 일컫는다. 이 같은 호칭에 따르면 마도요 자세(Krauñca-niṣadana)[200]는 마도요처럼 앉는 것, 코끼리 자세(Hasti-niṣadana)는 코끼리처럼 앉는 것, 낙타 자세(Uṣṭra-niṣadana)는 낙타처럼 앉는 것을 의미한다. 『요가주』의 주석자들도 이것들을 별도로 설명하지 않고 예시한 동물들과 유사한 자세라는 것만을 언급할 뿐이다. Śaṅkara는 세 가지 자세를 다음과 같이 한꺼번에 설명한다.

> 마도요처럼 앉기, 코끼리처럼 앉기, 낙타처럼 앉기는 바로 그 마도요 따위가 앉는 모습과 비슷하기 때문에 [그렇게 불린다고] 생각해야 한다.[201]

Vācaspati와 Vijñāna Bhikṣu도 동일한 문장으로 "마도요처럼 앉기 따위들은 마도요 따위들이 앉는 모습을 관찰함으로써 [그 자세를] 이해해야 한다."[202]라고

....

200 마도요는 Woods(1914:191)의 번역을 채택한 것이다. 그러나 이것의 원어인 Krauñca가 정확히 어떤 새를 지칭하는지는 확정하기 어렵다. Krauñca로 불리는 새는 큰 재두루미(Sarus Crane)를 지칭한다고 주장하는 학자도 있지만, 이에 동의하지 않는 학자도 있다. cf. Maas(2018) p. 75.

201 krauñca-niṣadanaṃ hasti-niṣadanaṃ uṣṭra-niṣadanaṃ ca krauñcādi-niṣadana-saṃsthāna-sādṛśyād eva draṣṭavyam ‖ YsV 2.46. Sastri(1952) p. 226, 20-21행.

202 krauñca-niṣadadanādīni krauñcādīnāṃ niṣaṇṇānāṃ saṃsthāna-darśanāt pratyetavyāni | TV 2.46. Bodas(1917) p. 18행 ; YV 2.46. Rukmani(1983) p. 218, 27-28행.

설명하는 데 그친다. 주요 좌법들을 설명하면서 Vācaspati를 인용했던 Hemacandra는 좌법의 자세로 모방할 만한 동물들을 약간 확장해서 열거하는데, 낙타는 언급하지 않는다.

> 마도요처럼 앉기, 거위처럼 앉기, 개처럼 앉기, 코끼리처럼 앉기, 가루다(Garuḍa)처럼 앉기 따위는 마도요 따위가 앉는 모습을 관찰함으로써 [그 자세를] 이해해야 한다.[203]

여기서 가루다는 실재하는 동물이 아니라 신화적인 새의 이름이다. 이로써 동물의 이름으로 특정된 좌법이 반드시 실제로 실행되었던 것은 아니었다고 추정할 수 있다. 가루다는 『요가주』에서 모방할 만한 자세로 동물들을 열거한 취지를 반영한 것으로 이해된다. 즉, 요가를 성취하려는 좌법의 목적에 부합한 자세라면 나름대로 개발할 수 있다는 것이 그 취지일 것이다. 『요가주』의 후속 설명이 이 같은 취지를 드러낸다.

(11) 평탄한 상태

좌법의 명칭으로서 '평탄한 상태'(sama-saṃsthāna)는 가지런히 배열된 자세를 의미한다. Śaṅkara는 이 자세를 설명하면서 saṃsthāna(상태)라는 말을 saṃsthita로 교체했다. 이 경우에 saṃsthita는 특정한 상태를 유지하는 것 또는 '앉기'를 의미한다. 이로써 Śaṅkara는 "[양쪽] 넓적다리와 장딴지를 바닥에 두는 것이 '평탄하게 앉기'이다."[204]라고 설명하여, 평탄한 상태를 '평탄하게 앉기'로 해석한다. 이 경우에는 양쪽 다리를 바닥에 쭉 펴고 앉기만 하면 평탄한 상태가 된다.

Śaṅkara의 설명에 따르면 '평탄한 상태'는 이전의 좌법들보다는 편안한 자세

....

203 tathā krauñca-niṣadana-haṃsa-niṣadana-śva-niṣadana-hasti-niṣadana-garuḍa-niṣadanādīny āsanāni krauñcādīnāṃ niṣadanāṇṇānāṃ saṃsthāna-darśanāt pratyetavyāni | hYŚ 4.133. Jambuvijaya(2009) p. 1069, 6-7행.

204 bhūmau nyastoru-jaṅghaṃ sama-saṃsthitam || YsV 2.46. Sastri(1952) p. 226, 22행.

임이 분명하다.[205] 그러나 Vācaspati의 설명에 따르면 이것은 Śaṅkara의 설명만큼 편안한 자세가 아니다. Vācaspati는 "[양쪽] 발뒤꿈치와 발부리에 의해 구부린 두 [다리]가 서로 압박하는 것이 평탄한 상태이다."[206]라고 설명한다. 이에 따라 실행하려면 양쪽 발바닥을 맞댄 상태에서 양쪽 다리를 안쪽으로 끌어당겨야 한다. 양쪽 발바닥이 마추치도록 다리를 접고 힘을 쏟아야 하는 이 자세는 Śaṅkara의 설명과는 전혀 다르다. Vācaspati는 이 자세를 앞서 설명한 행운좌의 변형으로 간주한 듯하다. Hemacandra는 Vācaspati의 설명을 인용하는 데 그친다.[207]

Vijñāna Bhikṣu는 이전의 주석자들이 언급하지 않았던 손과 상체의 자세를 언급하는 것으로 모호한 설명을 보완하지만, 모호하기로는 그의 설명도 마찬가지이다.

> 양쪽 무릎 위에 양쪽 손을 두고 몸과 머리와 목이 똑바로 선 상태로 안정하는 것이 평탄한 상태이다.[208]

이 설명에서는 다리의 자세를 특정하지 않으므로 다리를 굽혀야 하는지 펴야 하는지 알 수가 없다. 그러므로 세 가지 자세가 가능하다. Śaṅkara의 설명처럼 양쪽 다리를 펴고 무릎 위에 손을 둘 수도 있고, 편할 대로 선택한 가부좌 자세의 무릎 위에 손을 둘 수도 있으며, 꿇어앉은 무릎 위에 손을 둘 수도 있다. 어느 자

....

205 Leggett(1992:274)는 Śaṅkara의 원문을 전적으로 의역하여 "확립된 것(=sama-saṃsthitam)이란 자신에게 적절할 수 있도록 뭔가 다르게 정돈된 것이다. 즉 불편하지 않은 자세로 앉는 것을 '확립된 것'이라고 부른다."라고 해석한다. 그는 가지런한 배열을 '확립된 것'이라고 표현했고, Śaṅkara의 설명을 '불편하지 않은 자세로 앉는 것'으로 이해했다.

206 pārṣṇy-agrapādābhyāṃ dvayor ākuñcitayor anyoanya-pīḍanaṃ sama-saṃsthānaṃ | TV 2.46. Bodas(1917) p. 112, 19행.

207 "[Vācaspati가 설명한] 그와 같이 평탄한 상태는 [양쪽] 발뒤꿈치와 발부리에 의해 구부린 두 다리가 서로 압박하는 것이다." (tathā sama-saṃsthānaṃ yat pārṣṇy-agrapādābhyāṃ dvayor ākuñcitayor anyonyapīḍanam | hYŚ 4.133. Jambuvijaya 2009:1069, 6-7행)

208 jānvor upari hastau kṛtvā kāya-śiro-grīvasyāvakra-bhāvenāvasthānaṃ sama-saṃsthānam | YV 2.46. Rukmani(1983) p. 218, 28-29행.

세든 평탄한 상태가 될 수 있겠지만, 상대적으로 불편한 꿇어앉는 자세를 염두에 두지는 않았을 것으로 짐작된다.

(12) 견고하고 안락한 것과 일정한 이완

『요가주』에서는 이상과 같은 좌법들을 열거한 후, 좌법이란 "그리고 '안락한 그대로'라고 말하는 것과 같은 따위들로서 '견고하고 안락한 것'이다."라고 언급하는 것으로 설명을 종결한다. 그런데 Śaṅkara가 주석한 『요가주』의 원문에 따르면 여기서 언급한 '견고하고 안락한 것'은 '일정한 이완'(sthira-prasrabdhi)이다. Śaṅkara는 이것을 좌법의 명칭으로 간주하여 '고요히 있는 이완'이라고 설명한다.

> [『요가주』에서 말한 '일정한 이완'이란] 고요히 있는 이완이다. 다른 방식으로도 스스로 생각해 내어 [실행하는 것이] 고요히 있는 이완이다. 어떤 것에 의해 편안하게 될 때, 그 어떤 것도 '고요히 있는 이완'으로 불리는 좌법이다.[209]

이 설명을 음미해 보면 '일정한 이완'이 특정한 좌법을 지칭한 것으로 이해되지는 않는다.[210] 임의적 개발이 허용되는 '일정한 이완'은 좌법의 명칭이라기보다는 명상하는 데 편안한 자세를 통칭한 것으로 이해된다. 또한 Śaṅkara의 설명에 따르면 예를 들어 현대 요가에서 송장 체위(śavāsana)로 불리는 것도 이에 해당할 수 있다. 이것은 일련의 아사나를 수련하면서 주기적으로 편하게 누워서 경직된 근육을 이완하는 자세이다.

좌법을 설명하면서 Vācaspati를 인용했던 Hemacandra는 '견고하고 안락한 것'

209 sthita-prasrabdhiḥ | anyenāpi prakāreṇa svayam utprekṣya sthita-prasrabdhiḥ || anāyāso yena bhavati tad apy āsanaṃ sthita-prasrabdhir nāma || YsV 2.46. Sastri(1952) p. 226, 23-24행.

210 '일정한 이완'을 별개의 좌법으로 취급한 Maas(2018:78)도 Śaṅkara의 설명을 검토한 끝에, Śaṅkara는 '일정한 이완'을 "잘 정의된 어떤 체위를 지칭하는 용어로 해석하지 않는다."고 인정한다.

에 관해서는 아무런 설명을 하지 않는다. 이는 그가 '견고하고 안락한 것'을 좌법의 명칭으로 간주하지 않았기 때문일 것이다. 실제로 Vācaspati는 '견고하고 안락한 것'을 특정한 좌법으로 인식하고 있지 않다. 그는 이것을 『요가주』의 저자가 "견고하고 안락한 것이 좌법이다."(YS 2.46)라는 『요가경』의 교시를 설명한 것으로 이해한다.

> 그 모습으로 지속하는 자에게 견고함과 안락함을 성취하게 하는 좌법이 곧 '견고하고 안락한 것'이다. 바로 이것이 『[요가]경』의 작자인 존자(파탄잘리)에 의해 입증되고, 그가 [이것을] '안락한 그대로'의 것으로서 설파한 것이라고 [『요가주』의 저자는] 말하는 것이다.[211]

여기서 Vācaspati는 '견고하고 안락한'(sthira-sukha)이라는 복합어를 '견고함과 안락함'이라고 해석한다. 따라서 견고함과 안락함은 좌법이 구비해야 할 일반 원리이지 좌법의 명칭은 아니다. Vijñāna Bhikṣu의 간략한 설명도 Vācaspati의 생각과 다르지 않다.

> 그리고 '견고하고 안락한 것'은 경문을 통해 파악된다. [『요가주』의 저자는] 이에 대한 설명으로 '안락한 그대로'라고 말하는 것이다.[212]

이처럼 '견고하고 안락한 것'은 좌법의 구비 조건일 뿐이고 좌법의 명칭이 아니라면, 『요가주』에서 이와 더불어 언급한 '안락한 그대로'(yathā-sukha)도 좌법의 명칭일 수는 없다.[213]

211 yena saṃsthānenāvasthitasya sthairyaṃ sukhaṃ ca sidhyati tad āsanaṃ sthira-sukham | tad etad bhagavataḥ sūtrakārasya saṃmataṃ | tasya vivaraṇaṃ yathā-sukhaṃ ceti || TV 2.46. Bodas(1917) p. 112, 19-21행.

212 sthira-sukhaṃ ca sūtropāttam | tasya vyākhyānaṃ yathā-sukham iti | YV 2.46. Rukmani(1983) p. 218, 29행.

213 Maas(2018:79)는 '안락한 그대로'를 『요가주』의 목록에 있는 좌법들의 마지막 명칭으로 간주하면서도 Śaṅkara와 Vācaspati와 Vijñāna Bhikṣu가 이것을 독자적인 별개의 체위로 간주하지 않는다고 판

(13) '따위들'로 함축된 기타 체위

좌법들을 열거하는 『요가주』의 원문은 '따위들'(ādīni)이라는 말로 끝난다. Vācaspati는 이에 관해 아무런 언급도 하지 않지만, Śaṅkara와 Vijñāna Bhikṣu는 이 말로써 이 밖의 다른 좌법들이 있음을 함의한다고 해석한다. 다음과 같은 Śaṅkara의 설명에는 '따위'라는 말의 용법이 곧이곧대로 적용되어 있다.

> 그리고 '안락한 그대로'[에 대해서 말하자면,] 그 형태로 앉아 있는 자에게 안락함이 있게 하는 그것이 '안락한 그대로'이다. [『요가주』에서 언급한] '따위'라는 말을 통해, 스승이 교시한 그와 같은 좌법으로서 다른 것도 있다고 알아야 한다.[214]

이에 비해 Vijñāna Bhikṣu는 '따위'라는 말의 함의를 대폭 확장한다. 다음과 같은 그의 설명에는 하타 요가의 문헌들에 표명된 인식이 반영되어 있다.

> '따위'라는 말로써 공작 따위의 좌법들이 [있음을] 간파해야 한다. ['따위'라는 말은] 바로 생명체의 종류들만큼이나 많은 좌법들이 있다고 약술한 것이다.[215]

하타 요가의 문헌들 중에서 18세기에 작성된 *Gheraṇḍa-saṃhitā*는 좌법(아사나)에 대한 인식을 극명하게 드러낸다. 이 문헌에서는 아사나에 대한 설명을 다음과 같이 시작한다.

> 아사나들은 모두 쉬바(Śiva)가 설한 것으로서, 살아 있는 생명체들만큼 많은

....

단한다.

214 yathā-sukhaṃ ca — yena rūpeṇāsīnasya sukhaṃ bhavati tad* yathā-sukham | ādi-śabdād anyad api yathā cāryopadiṣṭam āsanaṃ draṣṭavyam || YsV 2.46. Sastri(1952) p. 226, 25-26행. *tat를 tad로 교정.

215 ādi-śabdena māhūrādy-āsanāni grāhyāṇi | yāvatyo jīva-jātayas tāvanty evāsanānīti saṃkṣepaḥ || YV 2.46. Rukmani(1983) p. 218, 30행.

> 840만 가지가 있다.
> 그것들 중에서 84종이 탁월하고, [다시] 이것들 중에서 32종의 아사나는 인간 세상에서 유용하다.[216]

여기서 '840만 가지'라고 말하는 것은 과장이지만 84종은 사실일 것이다. 실제로 15세기에서 18세기 사이에 작성된 하타 요가의 주요 문헌들에서 언급하거나 설명한 아사나들의 숫자는 시간이 지날수록 점차 증가한다. 예를 들어 15세기의 *Haṭha-pradīpikā*에서는 15종이었던 것이 18세기의 *Haṭhābhyāsa-paddhati*에 이르러서는 112종이나 된다.[217] 물론 '아사나'로 불리는 이것들은 극히 일부를 제외하고 고전 요가에서 말하는 좌법들과는 성격을 달리한다.

이제까지 고찰한 것처럼 『요가주』에서 열거한 좌법들은 주석자들의 설명에 따라 혼동의 여지가 있고 실행해야 할 자세가 모호한 경우도 적지 않다. 그렇지만 그 좌법들은 고전 요가가 지향하는 명상에 적합하도록 앉는 자세라는 공통의 성격을 지닌다. 다음과 같은 결론이 그 성격을 정확하게 잘 지적하고 있다.

> 이러한 차이가 있음에 불구하고 모든 묘사는 『요가주』에서 열거한 명칭에 따르는 모든 체위들의 공통적인 특징이 정적인 성격, 즉 실행하는 동안 신체적인 움직임이 전혀 없는 것이라는 데에 일치한다. 더욱이 네 주석자들 모두의 설명에 따르면, 대다수의 체위들은 앉아 있는 자세이다. 이 점에서 고전 요가의 좌법(āsana)들은 후대의 요가 전통에서 일반화된 많은 체위들과는 다르다.[218]

....

216 āsanāni samastāni yāvanto jīvajantavaḥ | caturaśīti lakṣāṇi śivena kathitāni ca || 1 || teṣāṃ madhye viśiṣṭāni ṣoḍaśonaṃ śataṃ kṛtam | teṣāṃ madhye martya-loke dvātriṃśad āsanaṃ śubham || 2 || GS 2.1-2. Vasu(1981) p. 12.

217 Cf. Birch(2018) p. 110, Table 2.

218 Maas(2018) p. 86.

2. 좌법의 지향성

『요가경』에서는 좌법을 정의하고 나서 "[좌법은] 심한 노력의 완화와 무한한 것에 대한 몰입에 의해서 [이루어진다.]"[219]라고 부연한다. 『요가주』에서는 이것을 다음과 같이 해설한다.

> 심한 노력을 멈춤으로써 좌법은 완성되고, 이로써 사지는 동요하지 않게 된다. 혹은 무한한 것에 몰입한 마음이 좌법을 완성시킨다.[220]

이 해설에 따르면 좌법을 완성시키는 방법은 두 가지이다. 하나는 자세를 갖추도록 노력을 쏟고 나서 안정된 상태를 유지하는 것이다. 이는 견고한 자세를 거쳐 안락한 자세를 확립하는 좌법의 기본적 지향성에 해당한다. 그런데 다른 하나는 아예 '무한한 것에 몰입'하는 것이다. 이는 정신 집중의 상태를 유지할 수 있는 자세가 바로 완성된 좌법이 된다는 것으로 이해할 수 있다. 이는 또한 좌법 완성의 역설적인 방법인 동시에 좌법의 궁극적 지향성을 명시한 것이기도 하다. 『요가주』의 주석자들은 이러한 취지를 더 명료하게 드러내는 데 주력한다. Śaṅkara는 이 중에서 첫째 방법을 다음과 같이 상술한다.

> [『요가주』에서 말하는] "심한 노력을 멈춤으로써"란 좌법을 취하고 나서 당분간 아무런 노력을 쏟지 않음으로써라는 의미이고, "이로써 사지는 동요하지 않게 된다. 혹은 … 완성시킨다."에서 '이로써'는 "심한 노력을 멈춤으로써"라는 의미이다. 왜냐하면 심한 노력을 쏟음으로써 신체를 흔들리게 하기 때문이다. 이는 이로써 자세는 움직이지 않게 된다는 것을 의미한다.[221]

....

219 prayatna-śaithilyānanta-samāpattibhyām ‖ YS 2.47. 『요가주』의 저자는 "[맨 끝에] '이루어진다'라는 말을 보충해야 한다."(bhavatīti vākya-śeṣaḥ)라고 미완성의 구문을 온전한 구문으로 읽는다.

220 prayatnoparamāt sidhyaty āsanaṃ yena nāṅgamejayo bhavati | anante vā samāpannaṃ cittam āsanaṃ nirvarttayatīti ‖ YBh 2.47. 정승석(2020) p. 407.

221 "prayatnoparamād" āsana-bandhottara-kālaṃ prayatnākaraṇād "vā sidhyati | yena nāṅgamejayo bhavati" |

이 설명의 취지는 쉽게 이해된다. 즉, 특정한 자세를 유지하기 위해 계속 노력하다가 오히려 근육이 경직되어 신체가 흔들리게 되는 것은 누구나 경험하는 사실이다. 그런데 Vācaspati의 설명은 특이하다. 그는 노력의 의미를 전혀 다른 관점으로 해설하기 때문이다.

> 실로 신체를 지탱하는 자연스런 노력은 [수련자에게] 요가를 보조하는 것으로서 가르쳐야 할 좌법의 수단이 아니다. 왜냐하면 그것(자연스런 노력)이 수단이 될 경우에 그것(좌법)은 단지 저절로 완성됨으로써 가르침은 무용지물이 되기 때문이다. 그러므로 본성(생리적 기질)에 속하는 이 노력은 [수련자에게] 가르쳐야 할 좌법에 유용하지 않으며 방해가 된다. 왜냐하면 이것은 자발적인 좌법의 원인이 됨으로써 좌법의 제어를 방해하기 때문이다. 따라서 교시된 좌법을 수련하는 자는 본성에 속하는 노력을 완화하는 데에 '심한 노력'[이라는 말]을 적용해야 한다. [『요가주』의 설명은] 그렇지 않으면 좌법은 성취되지 않는다고 말한 것이므로, 본성에 속하는 노력의 완화가 좌법을 성취하게 한다.[222]

여기서 Vācaspati는 저절로 완성될 수 없는 것이 좌법이라고 전제하고서 노력을 두 가지로 구분한다. 하나는 자연스런 노력이다. 이것을 본성에 속하는 노력이라고 표현한 것으로 보아, 이것은 생리적 기질에 의존하는 노력을 지칭한 것으로 이해된다. 다른 하나는 『요가주』에서 언급한 심한 노력, 즉 인위적인 노력이다. Vācaspati는 노력을 이렇게 구분하고 나서, 『요가경』에서 '심한 노력의 완

....

yena "prayatnoparameṇa" | prayatnena hy aṅgaṃ kampayati | yenācalitāsano bhavatīty arthaḥ | YsV 2.47. Sastri(1952) pp. 226-7, 29-15행.

222 sāṃsiddhiko hi prayatnaḥ śarīra-dhārako na yogāṅgasyopadeṣṭavyasyāsanasya kāraṇam | tasya tat-kāraṇatva upadeśa-vaiyarthyāt svarasata eva tat siddheḥ | tasmād upadeṣṭavyasyāsanasyāyam asādhako viruddhaś ca svābhāvikah prayatnaḥ | tasya yādṛcchikāsana-hetutayāsana-niyamopahantṛtvāt | tasmād upadiṣṭam āsanam abhyasyatā svābhāvika-prayatna-śaithilyāya prayatna āstheyo nānyathopadiṣṭam āsanaṃ sidhyatīti svābhāvika-prayatna-śaithilyam āsana-siddhi-hetuḥ | TV 2.47. Bodas(1917) p. 112, 23-28행.

화'라고 말한 '완화'의 대상을 자연스런 노력인 본성에 속하는 노력에 적용한다. 이로써 그는 『요가주』에서 "심한 노력을 멈춤으로써"라고 말한 취지가 본성에 속하는 노력, 즉 생리적 기질에 의존하는 노력을 완화하는 데 있다고 해석한다. 왜냐하면 이러한 자연스런 노력에 의존하는 것은 오히려 수행에 방해가 되기 때문이다. 요컨대 Vācaspati의 설명에 따르면 "심한 노력을 멈춤으로써"라고 말한 것은 생리적 기질에 의존하는 노력을 멈추라고 말한 것이 된다. 자연스런 노력에 의지하여 좌법이 완성된다면 굳이 좌법을 수련해야 할 필요도 없게 된다.

생리적 기질을 염두에 둔 것으로 보이는 Vācaspati의 해설은 아무래도 『요가주』의 원의를 반영한 것으로 확신하기는 어렵다.[223] Vācaspati는 좌법 다음의 조식을 설명하면서 주석자들 중에서는 유일하게 하타 요가의 전문어를 구사한다.[224] 이 점을 고려하면 짐작건대 Vācaspati는 당시 알려진 하타 요가의 생리학적 관념을 반영했을 수도 있다. 그러나 하타 요가에 식견이 있고 Vācaspati의 설명도 알고 있었을 Vijñāna Bhikṣu는 Śaṅkara의 해설에 동조하면서 경험으로 공감할 수 있도록 간결하게 설명한다.

> [『요가주』의 저자는] 심한 노력의 완화가 이것(좌법)의 문(시발점)이라는 것을 "이로써 사지는 [동요하지] 않게 [된다]"라고 말한 것이다. 만약 많은 힘을 쏟은 다음에 좌법을 실행하면, 그 사지가 흔들리기 때문에 좌법의 견고성은 없게 될 것이다. 이것이 저자의 생각이다.[225]

....

223 Maas(2018:82)는 Vācaspati의 설명을 다음과 같이 비평한다.
"그러나 이 설명은 기상천외하여 받아들이기 어려울 것 같다. 그 이유는 간단하다. Vācaspati가 주석한 『요가주』의 구절은 두 종류의 노력을 전혀 상정하지 않는다. 두 종류는 자연스런 노력과 요가 고유의 특별한 노력인데, 전자는 체위(=좌법) 수련에 역효과를 낳는 반면, 후자는 본질적인 것이다."
그러나 자연스런 노력이 좌법 수련에 역효과를 낳는다는 사실에 주목한 Vācaspati의 설명을 기상천외하다고만 폄하할 수는 없을 것 같다.

224 @제10장 각주 121 참조.

225 prayatna-śaithilyasya dvāram āha — yena nāṅgeti | bahu-vyāpārānantaraṃ ced āsanaṃ kriyate tadāṅga-kampanād āsana-sthairyaṃ na bhavatīty āśayaḥ | YV 2.47. Rukmani(1983) p. 219, 22-23행.

너무 상식적인 이 설명에서 『요가주』의 원의를 찾기는 어려울 것 같다. 왜냐하면 여기서는 좌법을 수련하기 직전의 상태를 전제하고 있기 때문이다. 이미 다양한 종류의 좌법들을 열거하고 좌법의 원리를 설명한 『요가주』에서 Vijñāna Bhikṣu가 생각한 상식적 조건을 염두에 두었을 리는 없을 것이다. 그러므로 "심한 노력을 멈춤으로써"라는 조건의 의미는 Śaṅkara가 설명한 대로 "좌법을 취하고 나서 당분간 아무런 노력을 쏟지 않음으로써"라고 이해하는 것이 타당하다.

다음으로 『요가주』에서 좌법 완성의 둘째 방법으로 제시한 "무한한 것에 몰입한 마음"이란 무한한 것에 몰입하는 명상을 의미하는 것으로 이해된다. 이 경우에는 '무한한 것'(ananta 또는 ānantya)의 의미가 쟁점으로 거론된다. Śaṅkara는 이것을 다음과 같이 설명한다.

> "혹은 무한성[226]에 몰입한"에서 무한은 모든 것을 의미하고, 무한성은 무한히 존재함을 의미한다. 모든 것으로서 존재하는 견고한 마음은 그것(무한성)에 몰입하여, 즉 편재하여 좌법을 완성시킨다, 즉 확고하게 한다.[227]

이 설명은 견고하게 된 마음이 무한성에 몰입하면 좌법도 그 마음처럼 확고하게 된다는 취지를 드러낸다. 그런데 "무한한 것에 대한 몰입"과 "무한한 것에 몰입하는 마음"은 초기 불교에서 명상 수행의 진전을 아홉 단계로 제시한 구차제정(九次第定)[228]의 일부와 상응한다. 구차제정의 제5인 ākāśānantyāyatana(팔리

....

226 Śaṅkara가 저본으로 사용한 『요가경』과 『요가주』에서는 이것에 해당하는 원어가 다르다. 『요가경』에서는 ānantya(무한성)이지만 『요가주』에서는 ananta(무한한 것)이다. Śaṅkara는 여기서 ānantya를 설명하기 위해 ananta(무한)을 언급한다.

227 ānantye vā samāpannam | anantaṃ viśvam, anantabhāva ānantyam, tasmin samāpannam, vyāpya viśva-bhāvaṃ sthitaṃ cittam āsanaṃ nirvartayati draḍhayati ‖ YsV 2.47. Sastri(1952) p. 227, 15-17행.

228 장아함경의 『유행경』(遊行經)에서는 구차제정을 다음과 같이 요약한다.
佛說長阿含經 권4(T 1:26b): "세존은 곧 첫째 선정(禪定)에 들었다가 이 초선(初禪)에서 깨어나 제2선에 들고, 제2선에서 깨어나 제3선에 들고, 제3선에서 깨어나 제4선에 들고, 제4선에서 깨어나 ⑤공처정(空處定)에 들고, 공처정에서 깨어나 ⑥식처정(識處定)에 들고, 식처정에서 깨어나 ⑦불용정(不用

어로는 ākāsānañcāyatana)는 무한한 허공의 영역을 의미하며 공무변처(空無邊處)로 번역된다. 제6인 vijñānānantyāyatana(팔리어로는 viññāṇānañcāyatana)는 무한한 의식의 영역을 의미하며 식무변처(識無邊處)로 번역된다. 장부 경전의 *Mahāparinibbāna-sutta*(대반열반경)에서는 이 둘을 다음과 같이 서술한다.

> 형색에 대한 지각을 완전히 초월하여, 감각적으로 반응하는 지각을 소멸하고 다양성을 지각하는 데 관심을 두지 않음으로써 [집중하는] 무한한 허공, 즉 공무변처에 들어가 머문다. … 공무변처를 완전히 초월하여 [집중하는] 무한한 의식, 즉 식무변처에 들어가 머문다.[229]

공무변처와 식무변처의 원어에 포함된 ānantya는 Śaṅkara가 언급한 무한성의 원어와 동일하다. 그러므로 초기 불교와 고전 요가는 명상 수행에서 '무한'이라는 개념을 공유하여 정신 집중의 경지 또는 대상에 적용한다. 유한한 물질적 대상을 초월하여 무한한 것에 몰입하는 것이 공무변처에 상응한다면, 무한한 것에 몰입하는 마음은 식무변처에 상응할 것이다.[230]

그러나 Vācaspati와 Vijñāna Bhikṣu는 전혀 다른 방향으로 눈을 돌려 '무한한 것'

....

定)에 들고, 불용정에서 깨어나 ⑧유상무상정(有想無想定)에 들고, 유상무상정에서 깨어나 ⑨멸상정(滅想定)에 들었다." (世尊即入初禪定, 從初禪起 入第二禪, 從第二禪起 入第三禪, 從第三禪起 入第四禪, 從四禪起 入空處定, 從空處定起 入識處定, 從識處定起 入不用定, 從不用定起 入有想無想定, 從有想無想定起 入滅想定.)

『유행경』에 상당하는 장부 경전의 *Mahāparinibbāna-sutta*(DN 15.35. II, pp. 70-71)에서는 멸상정을 제외한 8차제정을 서술하는데, 공처정은 넷째 단계이고 식처정은 다섯째 단계이다. 공처와 식처의 온전한 번역은 각각 공무변처(空無邊處)와 식무변처(識無邊處)이다. 다음 각주 참조.

229 sabbaso rūpa-saññānaṃ samatikkamā paṭigha-saññānaṃ atthagamā nānatta-saññānaṃ amanasikārā 'ananto ākāso' ti ākāsānañcāyatanaṃ upasampajja viharati. … sabbaso ākāsānañcāyatanaṃ samatikkama 'anantaṃ viññāṇan' ti viññāṇañcāyatanaṃ upasampajja viharati. *Mahāparinibbāna-sutta*, DN 15.35(II, p. 71, 2-8행).

230 Wujastyk(2018:35)는 수행론의 무한(ananta) 개념을 중심으로 고전 요가와 초기 불교의 상관성을 고찰한 끝에 다음과 같은 견해를 결론으로 제시한다.
"초기 불교에서 명상으로 도달하는 이 둘(=공무변처와 식무변처)은 무한의 형태와 연관되어 있으며, 그 용어는 『요가경』 및 『요가주』의 용어와 일치한다. 그러므로 그 용어들은 명상 현상에 관한 일관된 담론의 일부를 형성하고 이 과정에서 점차 문화적 변화를 거친 것으로 보인다."

의 의미를 해석한다. 두 주석자는 '무한한 것'을 Ananta로 불리는 신화적인 뱀으로 간주한다. Vācaspati의 설명은 간결하다.

> [『요가주』의 설명은] 혹은 뱀들의 우두머리(왕)로서 가장 견고하여, 부풀어 오른 수천 개의 목으로 대지와 천체를 지탱하는 Ananta(무한한 것)에 몰입한 마음이 좌법을 완성시킨다는 것이다.[231]

Śaṅkara의 설명과 비교하면 전혀 뜻밖의 발상인 듯한 이 설명의 취지를 곧장 납득하기는 쉽지 않다. 다만 나중에 고찰할 삼매 수행의 원리를 고려하면 그 취지를 이해하지 못할 것도 없다. 삼매에 몰입한 수행자의 마음은 집중하는 대상을 닮아 간다는 것이 삼매 수행의 원리이다. 이와 마찬가지로 대지와 천체를 지탱할 만큼 견고한 Ananta에 집중함으로써 좌법도 그만큼 견고하고 안정된 상태가 된다는 것이 Vācaspati의 견해일 수 있다.[232] 이 같은 이해가 Vijñāna Bhikṣu의 설명에서도 살짝 엿보인다. Vācaspati의 견해를 수용한 것으로 보이는 Vijñāna Bhikṣu는 Vācaspati보다 한걸음 더 나아가 다음과 같이 설명한다.

> '무한한 것'이란 다음과 같은 의미이다. 혹은 이 밖에 노력을 쏟더라도 마음이 대지를 지탱하는 가장 견고한 뱀인 Śeṣa에 몰입하여 그것(Śeṣa)에 총지(고정)함으로써 그것의 본성에 침잠하는 좌법을 성취한다. 또한 그것(좌법)은 Ananta(=Śeṣa)의 후원을 통해, 혹은 [Ananta와] 유사한 것에 대한 명상의 힘

....

231 anante vā nāga-nāyake sthiratare phaṇā-sahasra-vidhṛta-viśvaṃbharā-maṇḍale samāpannaṃ cittam āsanaṃ nirvartayatīti ∥ TV 2.47. Bodas(1917) p. 112, 28-29행.

232 그러나 이 같은 긍정적인 이해가 Vācaspati의 설명을 비평하는 Wujastyk(2018:33)에게는 통하지 않는다. "왜 [=『요가경』에서 언급한] ānantya를 ananta로 바꾸어 읽는가? 나는 이것이 다시 10세기의 주석자인 Vācaspati Miśra로부터 유래한 것으로 상정하고 싶다. 인도의 신화에는 '끝없음', 즉 산스크리트로는 ananta로 불리는 뱀에 관한 이야기들이 있다. Vācaspati는 이 sūtra(=YS 2.47)를 신화적인 뱀인 ananta에 대한 모종의 명상을 언급하는 데에 삽입하고자 했다. 이를 위해 그는 그 sūtra에서 [=ānantya를] ananta로 읽어야 했다."

> 을 통해, 혹은 '보이지 않는 [불가사의한] 원리'(adṛṣṭa)의 힘을 통해 [성취된다]라고 이렇게 다르게 말한다.[233]

위의 설명에서는 Vācaspati의 견해에 Ananta의 후원과 불가견력(不可見力, adṛṣṭa)으로 불리는 인과의 원리를 추가한다. Vijñāna Bhikṣu가 이 둘을 추가한 취지는 아래와 같이 이해하는 것이 타당해 보인다.

> Ananta처럼 강력한 초인간적 존재에 정신을 고정하는 것은 Ananta가 요기에게 베푸는 은총과 마찬가지로 견고하고 안락한 체위의 원인이 될 수도 있다. 끝으로 설명할 수 없는 어떤 지배력(=adṛṣṭa)은 정신적 고정의 결과로서 완전한 체위의 원인이 될 수도 있다.[234]

어쨌든 Vācaspati와 Vijñāna Bhikṣu의 견해는 『요가주』의 원의를 반영한 것으로 믿기는 어렵다. 어쩌면 Vijñāna Bhikṣu는 "신에 대한 헌신을 통해 삼매가 성취된다."(YS 2.45)라는 『요가경』의 교시를 염두에 두었을 수도 있다. 그러나 식별지라는 자력적인 지혜를 계발하여 삼매의 완성을 목적으로 전제하는 좌법의 지향성을 고려하면, 『요가주』의 저자가 좌법 완성의 방법으로 제시한 "무한한 것에 몰입하는 마음"도 식별지를 계발하는 일환일 수 있다.

....

233 ananteti | atha vā prayatna-śālitve 'pi pṛthivī-dhāriṇi sthiratara-śeṣanāge samāpannaṃ tad-dhāraṇayā tad-ātmatā-pannaṃ cittam āsanaṃ niṣpādayatīty arthaḥ | tac cānantānugrahād vā sajātīya-bhāvanā-vaśād vādṛṣṭa-viśeṣād vety anyad etat || YV 2.47. Rukmani(1983) p. 219, 23-25행.
여기서 말하는 Śeṣa는 인도의 신화에서 1천 개의 머리를 가진 뱀으로 등장하며 Ananta로도 불린다. 산스크리트에서 śeṣa는 잔여물이나 찌꺼기를 의미한다. 뱀이 벗는 허물도 이에 해당하므로 이 같은 신화적인 뱀이 Śeṣa로 불린 듯하다.

234 Maas(2018) p. 84. 이와 아울러 Maas는 무한한 것(ananta)을 신화적인 뱀으로 해석한 Vācaspati와 Vijñāna Bhikṣu의 여파를 간단히 소개한다.
"19세기의 주석자인 Brahmānanda가 *Haṭhayoga-pradīpikā* 2.48에 대한 자신의 주석에서 아사나의 성공 수단으로 Ananta의 숭배를 권장하는 시를 인용한다. 아사나를 중심으로 하는 현대 요가의 교습에서도 파탄잘리를 흔히 Ananta의 화신으로 간주하여 Ananta와 함께 숭배하는 수행이 통용되어 있다." ibid. n. 122.

『요가주』의 저자는 8지 요가를 교시하는 『요가경』의 취지를 "식별지는 제거의 수단이 될 수 있다. 수단이 없이는 달성도 없다. 그러므로 이것(수단)을 [이제부터 교시하기] 시작한다."[235]라고 밝힌다. 또한 『요가경』은 "요가의 지분(支分)들을 실행함으로써 불순물이 소멸할 때, 식별지에 도달하기까지 지혜는 밝아진다."[236]라고 교시한 다음부터 요가의 8지를 설명하기 시작한다. 그러므로 8지 요가의 전체 과정이 식별지의 성취를 지향한다. 이 과정에 속해 있는 좌법도 궁극적으로는 식별지를 지향한다.

10.4. 삼매의 차별과 원리

고전 요가에서 삼매는 아예 요가와 동일시될 정도로 수행의 목적으로 간주되므로, 삼매의 완성은 해탈과 같다. 그렇다고 해서 모든 삼매가 해탈의 경지일 수는 없다. '삼매의 완성'이라는 개념 자체가 미완성의 삼매가 있음을 전제한 것이고, 이에 따라 삼매에도 차별이 있을 수밖에 없다. 그 대표적인 예를 <표 25>에서 볼 수 있다.

그러나 요가 철학의 주석자들 사이에서도 삼매를 구분하는 데서는 견해의 차이를 드러낸다. 이는 일차적으로 『요가경』 전반에서 언급하는 삼매 개념에 일관성이 없기 때문일 수도 있지만, 이보다는 수행자가 직접 체감하는 삼매의 경지에도 경우마다 차이가 있고 그 경지를 말로써 정확히 차별해 낼 수는 없기 때문일 것으로 이해할 수 있다. 더욱이 어떤 수행자가 직접 체감한 경지를 제삼자가 가늠하여 차별할 경우에는 그 제삼자의 주관이 개입될 수밖에 없다. 삼매 자체가 신비주의적 성격을 지니기 때문에 더욱 그러하다.

....

235 YBh 2.27. 정승석(2020) p. 138.

236 yogāṅgānuṣṭhānād aśuddhikṣaye jñānadīptir ā vivekakhyāteḥ || YS 2.28.

그럼에도 불구하고 삼매의 종류를 구분한 데에는 모종의 기준이나 원리가 있었을 것임이 분명하다. 그러므로 이 같은 기준이나 원리를 파악함으로써 수행자가 체감하는 삼매 경지의 차별적 성격도 이해할 수 있다.

10.4.1. 삼매 이해의 토대

요가의 수행 차제인 8지에서 삼매는 수행의 완성 단계로 설정되어 있다. 여기서 삼매는 점진적 수행을 거쳐 도달하는 최종 결과를 특정하는 통칭이다. 그러므로 이 경우의 삼매는 순차로 심화해 가는 동질적(同質的) 경지의 정점이자 귀결로 제시된 것이며, 경지의 수준을 차별하는 관념이 적용된 삼매들 중의 하나가 아니다. 예를 들어 『요가경』에서는 총지와 정려와 삼매를 하나로 묶어 총제로 일컫고 이것을 통달함으로써 지혜의 빛이 있다고 교시한다.[237] 그러나 총제와 '무종 요가'를 함께 언급한 것으로[238] 삼매에도 차별이 있음을 시사한다. 삼매가 바로 요가라는 『요가주』의 관점[239]으로 보면 무종 요가는 무종삼매를 지칭하기 때문이다.

삼매는 『요가경』 제1장의 주제인 만큼 삼매에 대한 구분도 여기서 거론된다. 여기서 삼매는 유상과 무상, 또는 유종과 무종으로 양분되며, 유상삼매는 4종으로 분류된다. 그러나 주석자들에 따라 유상삼매는 5종, 6종, 8종으로까지 분류될 수 있다. 삼매를 이처럼 다양하게 구분하는 것이 혼잡해 보일 수도 있으나, 그 이면을 고찰하면 삼매를 포괄하는 명상 전반에 대한 이해를 도모할 수 있다.[240]

....

237 YS 3.5: "그것(총제)을 통달함으로써 지혜의 빛이 있다." (taj-jayāt prajñālokaḥ ‖)
YBh 3.5: "그 총제의 통달을 통해 삼매의 지혜는 빛을 발한다. 총제는 그 입장이 확고하면 할수록 삼매의 지혜도 그만큼 더욱 명석하게 된다." 정승석(2020) p. 162.

238 YS 3.8: "그것(총제)은 또한 무종 [요가]의 외적인 수단이다." (tad api bahir-aṅgaṃ nirbījasya ‖)
YBh 3.8: "내적인 수단으로서 세 가지 성취 수단인 그것(=총제)도 무종(종자가 없는) 요가의 외적인 수단이다. 왜 그러한가? 그것이 없을 때 [무종 요가가] 있기 때문이다." 정승석(2020) pp. 163-4.

239 @제2장 각주 37 참조.

240 이하에서는 필자의 기존 고찰(정승석 2005:167-183)을 개편하여 전면적으로 보완한다.

1. 삼매 언급의 전거

『요가경』(YS) 및 『요가주』(YBh)의 제1장뿐만 아니라 제3장에서도 삼매를 분류하는 데 적용할 전거를 추출할 수 있다. 이 전거들의 개요를 발췌하면 제1장의 경우는 다음과 같다.

YBh 1.1: '유상(有想) 요가'라는 특이한 용어와 무상삼매를 처음으로 언급한다. 유상 요가는 심(尋, vitarka), 사(伺, vicāra), 환희(ānanda), 자아의식(asmitā)에 각각 뒤따르는 4종으로 분류된다.

YBh 1.2: 식별지마저 억제하는 초연한 마음을 무종삼매로 정의한다. 여기서는 무종과 무상이 차별되지 않는다.

YBh 1.11: 마음의 작용이 억제될 때, 유상삼매 또는 무상삼매가 가능하다. 『요가주』의 서두(1.1)에서 언급한 유상 요가가 여기서는 '유상삼매'로 표현된다.

YS 1.17: 유상삼매를 4종으로 나열한다. 여기서부터 삼매에 대한 본격적인 설명이 시작된다.

YBh 1.17: 심(尋), 사(伺), 환희, 자아의식을 정의하고 이것들에 의한 삼매를 각각 유심(有尋), 유사(有伺), 유환희(有歡喜), 유아견(唯我見)의 삼매로 언급한다.

YBh 1.18: 무상삼매와 무종삼매를 설명한다. 여기서 이 둘은 '무상=무종'(양자 동일) 또는 '무상→무종'(무종을 지향하는 무상)의 삼매로 이해될 수 있는 여지를 남긴다.

YBh 1.20: 무상삼매의 수단을 '신념 → 정진 → 기억 → 삼매 → 예지'로 설명한다. 여기서 삼매는 마음의 안정이 확립된 상태를 의미한다.[241]

....

241 "그리고 기억이 뒤따르는 데서 산란하지 않는 마음이 확립되며(삼매에 들며), 확립된(삼매에 든) 마음에는 예지의 식별지가 다가온다." 이것 전후의 전체 구문은 뒤의 각주 251 참조.

YS/YBh 1.41: 등지(等至)를 설명한다. 여기서부터 '삼매'라는 용어가 '등지'로 바뀐다.[242]

YS/YBh 1.42-44: 유심, 무심(無尋), 유사, 무사(無伺)라는 4종의 등지를 설명한다.

YS/YBh 1.45: 등지의 최종 대상은 원질이다.

YS/YBh 1.46: 유종삼매를 처음으로 언급한다. 앞에 열거한 4종의 등지가 유종삼매이다.

YS/YBh 1.47-50: 진리를 보유한 예지, 특수한 대상(미세요소, 자아), 억제 잠세력의 작용 등을 설명한다. 무종삼매에 도달하기 전까지 무사등지로부터 발생하는 경지는 무상삼매의 상태에 상당한 것으로 이해된다.

YS 1.51: 무종삼매를 정의한다.[243]

YBh 1.51: 모든 잠세력의 정지가 무종삼매이다. 이에 의하면 무종삼매는 무상삼매를 초극한 경지이다.

다음은 제3장의 경우이다. 제3장에서는 요가의 8지 중에서 제6지부터 교시하면서 삼매를 전변 개념과 결부한다.

YS/YBh 3.3: 삼매를 정의한다. 정려에서 대상만 드러나는 상태가 삼매이다.

YS/YBh 3.4: 총지와 정려와 삼매를 통틀어 총제로 일컫는다.

YS/YBh 3.6: 총제 적용의 다차원성을 시사한다. 즉, 총제의 효용성을 일률적으로 판단할 수는 없다.

YBh 3.7: 총제는 앞의 5지와 비교하여 유상삼매의 내적 수단이다.

YS/YBh 3.8: 총제는 무종삼매의 외적 수단이다. 이에 따라 무종삼매는 최심

....

242 『요가주』의 설명에 따르면 등지는 주체와 객체의 일체화를 가리키는 것으로 이해된다. 그러므로 등지와 삼매의 의미는 개념상 동일하다. "자아는 잊혀지고 자아와 대상의 차이가 지워질 때" 이 상태로 대상에 집중하는 것이 삼매로 불린다(@제10장 각주 138). 『요가주』에도 등지를 삼매로 환언하는 예(YBh 1.46)가 있다. 다만 두 용어를 구사하는 배경까지 동일하다고 말할 수는 없다.

243 『요가경』의 제4장에서 이것은 법운삼매로 표현된다. YS 4.29. @제8장 각주 422.

층의 경지로서 완전한 삼매이다.

YS 3.11: 삼매 전변을 정의한다.

YBh 3.11: 삼매 전변이란 마음이 산만의 소멸과 집중의 발생이라는 두 가지 본성을 수반하면서 확립되어 있는 것이다.

이상의 용어들 중에서 심(尋)과 사(伺)는 삼매 또는 등지의 시발 단계를 구분하는 기초 개념으로서 불교의 수행론에서도 동일한 의미로 사용된다.[244]

2. 삼매 수행론의 대요

『요가경』 전체에서 제1장은 요가 개론의 성격을 지닌 만큼 그 주제도 다양한 편이다. 이 중에서 큰 비중을 차지하는 것은 수행법이다. 그리고 삼매를 이끄는 수행법의 요체는 수련과 이욕이다. 유상과 무상이라는 두 차원의 삼매도 수련과 이욕에 의해서 획득된다. 이 점에서 수련과 이욕은 요가 수행자의 최종 목적을 달성하는 두 가지 내적 수단이 되는 것으로 이해된다.[245] 『요가경』 및 『요가주』에 의하면 이 관계는 다음과 같은 논리로 성립된다.

유상과 무상의 삼매는 마음의 작용들을 억제함으로써 가능하다. (YBh 1.11)
마음의 작용들을 억제하는 수단은 수련과 이욕이다. (YS 1.12)
그러므로 수련과 이욕은 유상과 무상의 삼매를 성취하는 기본 수단이다.

위의 논리는 삼매를 분류하여 설명하는 데서도 그대로 적용된다. 즉, 『요가경』에서는 "심, 사, 환희, 자아의식의 양태를 수반함으로써 유상[삼매가] 있다."[246]라고 교시하는데, 『요가주』의 저자는 이 교시가 "그렇다면 두 가지 수단

....

244 @제6장 각주 106 참조.

245 Cf. Dasgupta(1924) p. 128.

246 vitarka-vicārānandāsmitā-rūpānugamāt saṃprajñātaḥ || YS 1.17.

(수련과 이욕)에 의해 마음의 작용을 억제한 다음에, 유상삼매는 어떻게 [일어난다고] 설명되는가?"[247]라는 의문에 대답한 것이라고 파악한다. 그러므로 수련과 이욕으로 마음의 작용을 억제한 후에 도래하는 것이 4종의 유상삼매이다.

한편 무상삼매도 이욕의 산물이며, 수련은 이로부터 더 나아가 무종삼매를 견인한다. 먼저 『요가경』에서는 "[마음 작용의] 정지를 일으키는 수련에 뒤따르는 것으로서 잠세력이 잔존하는 다른 것(삼매)이 있다."[248]라고 교시한다. 『요가주』의 저자는 여기서 말하는 '다른 것(삼매)'을 무상삼매와 무종삼매로 간주하고, 이 둘은 각각 이욕과 수련의 결과라고 해설한다.

> 모든 [마음의] 작용이 멈출 때, 잠세력은 잔존하고 마음은 억제된 것이 '무상삼매'이다. 이것의 수단이 지고한 이욕이다. 왜냐하면 대상을 지닌 수련은 그것(무상삼매)을 성취하는 데 적합하지 않기 때문이다. 따라서 [마음 작용의] 정지를 일으키는 것(즉 지고한 이욕)은 실체를 갖지 않는 것으로서 [무상삼매의] 기반이 된다. 그리고 그것(정지를 일으키는 것)은 대상이 없는 것이다. [이 경우] 그것에 대한 수련에 뒤따르는 마음은 기반이 없게 되고, 마치 무(無)에 도달한 것처럼 된다. 따라서 이것이 무상의(대상에 대한 분별이 없는) 무종삼매이다.[249]

이상과 같은 요가 철학의 관점에 따르면 수련과 이욕은 유상과 무상을 불문하고 삼매를 성취하는 데 공통적인 기본 수단으로 간주된다. 다만 무상삼매는 유상삼매의 상위이므로 무상삼매를 성취하기 위한 수련과 이욕은 좀 더 각별한 것일 필요가 있다. 이에 따라 무상삼매의 수단은 방편연(方便緣)과 존재연(存在

....

247 YBh 1.16. 정승석(2020) p. 52.

248 virāma-pratyayābhyāsa-pūrvaḥ saṃskāra-śeṣo 'nyaḥ ‖ YS 1.18.

249 YBh 1.18. 정승석(2020) pp. 53-54. 맨 끝에서 "무상의(대상에 대한 분별이 없는) 무종삼매이다."라고 언급한 취지가 명료하지는 않지만, 무상삼매를 거쳐 무종삼매에 도달한다는 취지일 수도 있다.

緣)[250]이라는 둘로 분류된다. 이 중에서 방편연은 요가 수행자들에게 적용되는 것으로서 신념, 정진, 기억, 삼매, 예지이다(YS 1.20). 그런데『요가주』에 의하면 이것들은 결국 수련과 이욕의 요목으로 인식되어 있다.

> 신념(믿음)은 의식의 평정이다. 왜냐하면 그것은 고결한 어머니처럼 요기를 보호하기 때문이다. 실로 그러한 신념을 갖고 식별지를 추구하는 자에게는 정진이 발생한다. 발생된 정진에는 기억이 뒤따른다. 그리고 기억이 뒤따르는 데서 산란하지 않는 마음이 확립되며(삼매에 들며), 확립된(삼매에 든) 마음에는 예지의 식별지가 다가온다. 이로써 사물을 있는 그대로(정확하게) 안다. 이러한 수련을 통해, 그리고 이것을 지향하는 이욕을 통해 무상삼매가 가능하다.[251]

이와 같이 수련과 이욕을 삼매의 수단으로 중시하는 논리는 요가 철학에서 천명하는 삼매 수행론의 대요라고 말할 수 있다. 수련과 이욕은 대등한 가치를 지니지만 각기 다른 기능을 발휘하는 것으로 설명되어 있다.『요가주』에 의하면 이욕의 기능은 감성을 정화하는 것이고 수련의 기능은 지성을 정화하는 것이라고 이해할 수 있다.『요가주』에서는 이 둘의 효용을 다음과 같이 대별한다.

> 마음의 강이라고 불리는 두 줄기의 흐름은 선(善)으로 인도하고 악(惡)으로 인도한다. … 거기서 대상으로 향하는 흐름은 이욕에 의해 약화되고, 식별로 향하는 흐름은 식별지를 수련함으로써 개방된다. 이와 같이 두 가지에 따르는 것이 마음 작용의 억제이다.[252]

---

250 방편연(upāya-pratyaya)과 존재연(bhava-pratyaya)은 각각 '정신적 수단에 의거하는 것'(정신적 수단을 원인으로 갖는 것)과 '세속에 의거하는 것'(세속을 원인으로 갖는 것)을 용어화한 것이다.

251 YBh 1.20. 정승석(2020) p. 56.

252 YBh 1.12. 위의 책, p. 49.

마음이 대상으로 향하는 흐름은 감성적인 작용인 반면, 식별지를 수련하는 것은 지성의 계발이다. 식별로 향하는 흐름인 지성의 계발에는 각별한 노력이 필요하다. 『요가경』에서는 이 점을 "그리고 그것(수련)은 오랜 기간과 지속성과 주의력으로 열심히 실천되는 견고한 기반이다."[253]라고 강조한다. 이 점에서 수련과 이욕은 구체적 실천법이라기보다는 수행의 실천적 원리 또는 방향을 제시하는 것으로 간주되어야 할 것이다.

요가 철학에서 천명하는 삼매 수행론의 대요를 이상과 같이 파악할 때, 『요가주』의 저자가 해설을 개시하자마자 대뜸 삼매를 유상과 무상으로 양분하고, 유상을 4종으로 제시해 둔 취지를 간파할 수 있다. 그 취지는 다음과 같이 요약할 수 있다.

수련과 이욕에 해당하는 다양한 방법으로 달성해야 할 목표가 삼매이며, 구체적으로 말하면 그 목표는 4종의 유상삼매를 거쳐 이것까지 초극한 무상삼매이다.

그러므로 이 같은 취지의 수행론에서는 일단 무상삼매가 수행의 목표로 설정된다. 『요가주』에서 종종 무상삼매가 무종삼매와 동일시되는 것은 개념상의 혼돈이라기보다는 수행의 우선적 목표를 지적하는 것으로 이해할 수 있다. 이 같은 이해의 단서는 요가의 의미를 총괄적으로 해설하는 『요가주』의 서두에서 발견된다. 여기서 『요가주』의 저자는 삼매가 바로 요가라는 관점에서 요가에 대한 정의를 해설하면서 무종삼매를 무상 요가 또는 무상삼매로 지칭한다.

> 이로부터 [더 나아가] 그것(식별지)에서 초연한 마음은 그 [식별하는] 지각력(식별지)도 억제한다. 이 상태에서 [마음은] 잠세력으로 접근하게 되는데,[254] 이것이 무종삼매이다. 거기서는 어떠한 것도 분별되지 않는다는 것이

253 sa tu dīrghakāla-nairantarya-satkārāsevito dṛḍha-bhūmiḥ || YS 1.14.

254 Woods(1914:9)는 이 구절을 "그것이 이 상태에 도달할 때, [마음은 작용을 억제한 다음에] 잠세력을 초월한다."라고 번역했다. 이는 그가 '초월한다'는 말이 원문에는 없음에도 upaga(접근)이라는 원

무상 [요가 또는 삼매]이다. 마음의 작용을 억제하는 그 요가는 2종이다.[255]

여기서 말하는 2종의 요가는 당연히 무종과 무상의 요가 또는 삼매를 가리킨다. 무종삼매는 번뇌의 종자가 없는 완전한 삼매이므로 더 이상 구분할 여지가 없다. 무상삼매의 경우도 이와 마찬가지일 것이지만, 무상과 유상은 대상에 대한 의식이나 상념인 상(想)의 유무로써 구분된다. 이 경우에는 집중하는 대상과 상념의 성격에 따라 다시 구분될 여지가 전제되어 있다. 이에 대한 논의가 소위 삼매론 또는 명상론을 형성한다.

10.4.2. 삼매의 차별과 분류

1. 삼매의 차별화 원리

무종삼매는 반대 개념인 유종삼매를 전제한다. 『요가주』에서는 유종삼매를 유심, 무심, 유사, 무사라는 4종으로 분류하는데 『요가경』에서는 이 4종을 등지(等至, samāpatti)로도 일컫는다. 그러므로 고전 요가의 명상론 일반에서는 유종에 속하는 삼매와 등지를 동일시해도 무방하다.[256] 그러나 삼매를 유상/무상으

....

어를 '도달'로 번역하고 여기에 초월이라는 의미를 덧붙인 것이다. 한편 本多 惠(1978a:59)는 "이러한 상태에 있는 [마음]은 잠세력을 초월하기에 이른다."라고 번역하여 upaga를 아예 '초월'이라는 의미로 해석했다. 이들이 이렇게 해석한 것은 『요가경』과 『요가주』 제1장의 말미에서(YS/YBh 1.51, @제9장 각주65 참조) 무종삼매는 예지로 형성된 잠세력들도 저지한다고 설명한 것을 미리 고려했기 때문일 것으로 이해된다. 그러나 요가의 의미를 총괄적으로 설명하기 시작하는 이 맥락에서 그들의 해석은 성급한 판단일 수 있다. YBh 1.51의 맨 끝에서도 '독존에 유용한 잠세력'을 언급하면서 "마음은 독존에 유용한 잠세력들을 동반함으로써 정지하며, 그것(마음)이 정지할 때 순수정신은 본성에 안립하고, 이로부터 청정한 독존인 해탈이 [성취된다]"(정승석 2020:91)고 설명하기 때문이다. 따라서 요가의 정의를 설명하는 여기서 마음이 잠세력으로 접근하여 무종삼매가 된다고 말하는 것도 마음이 무종삼매에 유용한 잠세력들을 동반한다는 의미로 이해할 수 있다.

255 YBh 1.2. 정승석(2020) pp. 40-41.

256 다만 Rukmani(1981:239, n. 7)의 지적에 따르면 『요가주』의 주석자들 중에서 Vijñāna Bhikṣu는 등지와 삼매를 동일시하지 않는다. Vijñāna Bhikṣu는 등지를 삼매로 표현할지라도 삼매는 등지를 내포한다는 점에서, 등지는 결코 삼매의 동의어가 아니라고 단언한다. 이 경우의 등지는 삼매보다 한정된 특수 개념이다. 이하의 고찰처럼 등지가 삼매의 원리로 적용된 것을 등지 개념의 특수성으로 이해할 수 있다.

로 구분한 내용이 유종/무종으로 구분한 내용과 합치하지는 않는다. 단적인 예로 『요가경』에서는 유상삼매를 심(尋), 사(伺), 환희, 자아의식이라는 넷으로 분류하지만(YS 1.17), 유종등지의 경우에는 심(尋)과 사(伺)만을 다시 양분하여 유심, 무심, 유사, 무사라는 넷으로 분류한다(YS 1.42-44). 또한 『요가경』에 의하면 이 4종의 유종등지는 유종삼매이기도 하다(YS 1.46).

이처럼 약간 혼잡해 보이는 삼매론을 이해하는 데 중요한 단서가 되는 것은 등지이다. 등지 개념은 삼매의 원리나 특성을 이해하는 데 유용하기 때문이다. 『요가경』에서는 등지를 상술하기 직전에 명상의 대상을 다음과 같은 교시한다.

> 혹은 무엇이든 바라는 것에 대한 명상(정려)을 통해 [마음은 안정을 얻는다.][257]
> 그(요기)는 극미에서 극대에 이르기까지 제압한다.[258]

여기서는 먼저 명상의 대상을 수행자의 임의에 맡기고 나서, 그 대상의 범위를 극미에서 극대까지로 제시한다. 그러므로 모든 것은 명상의 대상이 될 수 있다. 『요가주』에서는 이것이 바로 등지의 대상이라고 설명하고[259] 『요가경』에서는 이어서 등지를 다음과 같이 정의한다.

> 등지란 작용이 쇠진한 것(마음)이 마치 투명한 보석처럼, 인식자나 인식 기관이나 인식 대상에 대해서 이것[들 중의 어느 하나]에 의지하여 그 색조를 띠는 상태이다.[260]

....

257 yathābhimata-dhyānād vā ‖ YS 1.39.

258 paramāṇu-parama-mahattvānto 'sya vaśīkāraḥ ‖ YS 1.40.

259 "그렇다면 안정을 얻은 의식(마음)의 등지는 어떠한 본성을 지니며, 혹은 어떠한 대상을 지니는가? 이에 대해 [다음과 같이] 설한다." YBh 1.40. 정승석(2020) p. 75.

260 kṣīṇavṛtter abhijātasyeva maṇer grahītṛ-grahaṇa-grāhyeṣu tat-stha-tad-añjanatā samāpattiḥ ‖ YS 1.41.

여기서 마음이 대상의 색조를 띤다는 것은 마음이 대상의 형상으로 바뀐다는 것을 의미한다. 등지의 원어인 samāpatti는 어떤 상태로 바뀌게 됨을 의미하는데, 여기서는 그 원의가 그대로 적용된다. 이에 따라 어떤 대상에 집중할 경우, 그 대상의 본래 상태를 취하는 것이 등지이다. 『요가주』의 저자는 이 같은 등지의 정의를 다음과 같이 상술한다.

> [예컨대] 미세한 요소에 집중한 [마음은] 미세한 요소의 영향을 받아 미세한 요소 그 자체의 형태를 지닌 것처럼 되고, 마찬가지로 [조대한 요소에 집중한 마음은] 조대한 [요소라는] 기반의 영향을 받아 조대한 [요소의] 형태를 지닌 것처럼 되며, [또한] 마찬가지로 특별한 어떤 것에 집중한 [마음은] 특별한 어떤 것의 영향을 받아 [그] 어떤 것의 형태를 지닌 것처럼 된다.
> 인식 기관인 감관들에 대해서도 그와 같다고 알아야 한다. [즉] 인식 기관에 집중하는 [마음은] 인식 기관이라는 기반의 영향을 받아 인식 기관 그 자체의 형태를 지닌 형상처럼 보인다. [또] 그와 같이 인식자인 순수정신에 집중한 [마음은] 인식자인 순수정신이라는 기반의 영향을 받아 인식자인 순수정신 그 자체의 형태를 지닌 형상처럼 보인다. [더 나아가] 그와 같이 해탈한 순수정신에 집중한 [마음은] 해탈한 순수정신이라는 기반의 영향을 받아 해탈한 순수정신 그 자체의 형태를 지닌 형상처럼 보인다는 것이다.
> 바로 이상과 같이 인식자나 인식 기관이나 인식 대상, 즉 순수정신이나 감관이나 요소에 대해서, 투명한 보석과 같은 마음이 이것[들 중의 어느 하나]에 의지하여 그 색조를 띠는 상태, [다시 말해서] 그것들에 대해 안정되어 있으면서 그것[들 중의 어느 하나]의 형상으로 바뀌는 이것이 곧 등지라고 [경문은] 말하는 것이다.[261]

여기서는 먼저 미세한 것에 집중하면 마음도 미세하게 되고, 조대한 것에 집

261 YBh 1.41. 정승석(2020) pp. 76-77.

중하면 마음도 조대하게 된다는 것을 등지의 기본 원리로 제시한다. 등지에서 마음은 집중하는 대상의 영향을 받아 이것들의 형태를 지닌 것처럼 된다. 이는 마음이 집중하는 대상을 닮은 것처럼 바뀌게 된다는 것을 의미한다.[262] Vijñāna Bhikṣu는 여기서 말하는 '조대한' 것과 '미세한' 것을 다음과 같이 설명한다.

> 여기서 '미세한 요소'라는 말은 [5]미세요소로부터 원질까지를 가리키며, '미세한'이라는 말은 원인을 의미하므로 감관들은 여기에 포함되지 않는다. 그리고 '조대한'이라는 말은 [5]조대요소를 가리키며, '특별한 어떤 것'이라는 말은 정적인 것과 동적인 것들[263] 따위로서 이차적 구분을 의미한다.[264]

이 설명에 따르면 '조대한' 것은 5조대요소뿐만 아니라 무생물과 동식물을 포함한다. 반면에 5미세요소로부터 원질까지를 지칭한다는 '미세한' 것의 세부 내용은 고전 상키야의 전변설을 적용하여 이해할 수 있다. 즉, 전변은 미세한 원인으로부터 조대한 결과로 전개되므로, 원인으로 거슬러 올라가 "5미세요소 → 아만 → 통각 → 원질"이라는 역순에 포함되는 것들이 5미세요소로부터 원질까지에 해당하는 대상들이다.[265] 그리고 이러한 대상들뿐만 아니라 인식 기관들도 등지의 대상이다. 아래는 이에 관한 Vijñāna Bhikṣu의 설명이다.

....

262 "'영향을 받아'란 부가물인 장미꽃 따위가 영향을 주어 그것(장미꽃)과 닮게 된다는 것이다." (upāśraya upādhir japākusumādir uparaktas tac-chāyāpannaḥ | TV 1.41. Bodas 1917:43, 23-24행)

263 Vācaspati의 설명에 따르면 정적인 것은 항아리와 같은 무생물이고 동적인 것은 암소와 같은 생물이다.
"'특별한 어떤 것'이란 감지하는 본성이 있는 암소 따위와 감지하는 본성이 없는 항아리 따위라고 알아야 한다." (viśvabhedaś cetanācetana-svabhāvo gavādir ghaṭadiś ca draṣṭavyaḥ | ibid. p. 44, 13-14행)

264 atra bhūta-sūkṣma-śabdena tanmātrādi-prakṛti-pāryantaṃ gṛhītam | sūkṣma-śabdasya kāraṇārthatayā nātrendriya-grahaṇam | sthūla-śabdena ca mahābhūtāni gṛhītāni | viśvabheda-śabdena ca sthāvara-jaṅgamādayo 'vāntara-bheda grāhyāḥ | YV 1.41. Rukmani(1981) p. 210, 13-15행.

265 <표 6> 참조. "미세한 모든 대상들은 전변의 역순에 있는 것들, 즉 '5미세요소 — 아만 — 마하트(=통각) — 원질'이다. 마음(manas)과 감관들(=5지각기관과 5행위기관)은 더 이상 어떤 전변의 원인이 아니므로, 요가의 이론에 따르면 그것들은 미세한 대상에 포함되지 않는다. 이 삼매(=등지)는 YS 1.17에서 언급한 '사(伺)를 수반하는 삼매'(vicārānugata samādhi)와 동일하다." Rukmani(1981) p. 210, n. 3.

> 이것으로 인식한다는 것이 인식 기관인 감관이다. 그 등지(집중)에 미세하고 조대하고 특별한 어떤 것이라는 세 가지 양태의 적용을 확장하여 "인식 기관[인 감관들에] 대해서도 그와 같다[고 알아야 한다.]"라고 말한 것이다. 『[요가]주』의 저자는 감관들 중에서는 통각과 아만이 미세한 것이라고 말할 것이다. 그리고 조대한 것은 눈 따위이며, 특별한 어떤 것은 눈 따위의 대상들로서 정적인 것과 동적인 것에 속하는 것들이다. 그는 [이러한] 이차적 구분의 적용을 확장하고서 인식 기관에 집중하는 것(마음)을 개괄적으로 명시하여 "인식 기관이라는 기반[의 영향을 받아]"라고 말한 것이다.[266]

여기서는 인식의 대상이 되는 감관들 중에서 통각과 아만을 미세한 대상으로 간주하고, 눈 따위의 5지각기관(눈, 귀, 코, 혀, 피부)을 조대한 대상으로 간주한다. 이 밖에 정적이거나 동적인 모든 물체는 5지각기관의 대상이다. 그리고 앞에 인용한 『요가주』의 설명처럼 인식자인 순수정신도 등지의 대상이 된다. 이로써 고전 상키야의 25원리는 모두 등지의 대상이다. 그러므로 요가 철학에서 등지 또는 삼매를 분류한 것은 고전 상키야의 형이상학을 적용하여 요가 철학 특유의 명상론을 전개한 것으로 이해할 수 있다.

등지의 대상은 외부의 사물에 그치지 않는다. 『요가경』의 후속 설명에 의하면 등지의 대상은 일상적인 인식의 내용까지 포함한다. 『요가경』에서는 이 점을 다음과 같이 교시한다.

> 거기서 말(명칭)과 대상과 지식(개념)에 대한 망상들로 뒤섞인 것이 유심등지이다.[267]

....

266 gṛhyate 'neneti grahaṇam indriyam, tatra samāpattau sūkṣma-sthūla-viśvabheda-rūpaṃ traividhyam atidiśati — tathā grahaṇeṣv apīti | indriyāṇāṃ sūkṣmaṃ buddhy-ahaṅkārāv iti bhāṣyakāro vakṣyati | sthūlaṃ ca cakṣur-ādikaṃ viśvabhedaś ca sthāvara-jaṅgamānāṃ cakṣur-ādi-viśeṣā iti | avāntara-vibhāgam atidiśya grahaṇa-samāpattiṃ sāmānyato darśayati — grahaṇālambaneti | YV 1.41. ibid. 24-27행.

267 tatra śabdārtha-jñāna-vikalpaiḥ saṃkīrṇā savitarkā samāpattiḥ || YS 1.43.

기억이 정화될 때, 자신의 성질(자기의식)은 없어진 것처럼 대상만 현출하는 것이 무심[등지]이다.[268]

여기서 말하는 망상과 기억은 일상적인 인식을 형성한다. 『요가주』에서는 이것도 유심등지의 대상이 된다고 설명한다.

그 경우, 집중하고 있는 요기의 삼매의 예지에서 떠오른 소 따위의 대상이 만약 말과 대상과 지식에 대한 망상과 혼합된 것으로서 다가온다면, 뒤섞인 그것을 '유심등지'로 부른다.[269]

유심등지는 명상에 돌입하여 도달하는 첫 단계이므로, 여기서는 수행자가 마음에 품고 있는 생각과 대면하고 있는 모든 것이 명상의 대상이 된다. 그리고 이러한 대상들이 점차 미세한 것들로 바뀌면서 정화되는 과정과 명상의 경지가 심화하는 과정은 상응하여 진전한다. 이처럼 명상하는 수행자의 마음은 집중하는 대상과 상응한다는 것이 등지의 원리이다. 이에 따라 등지의 수준, 즉 명상하는 마음의 경지도 대상에 따라 달라질 수밖에 없다. 이 같은 수준이나 경지를 4종으로 차별한 등지는 수행자가 극미에서 극대에 이르는 대상을 명상으로 집중함으로써 마음의 안정을 심화해 가는 과정이다. 이 과정에서 등지는 집중의 대상에 따라 크게 심(尋)과 사(伺)로 양분된다. 등지를 더 구체적으로는 구분하는 기본 원리와 등지의 심화 단계는 아래의 표와 같다.[270]

....

268 smṛti-pariśuddhau svarūpa-śūnyevārtha-mātra-nirbhāsā nirvitarkā ‖ YS 1.44.

269 YBh 1.42. 정승석(2020) p. 78.

270 <표 32-2>는 Hariharānanda(2000:90)의 표를 참조한 것이지만, Dasgupta(1924:151-2)는 <표 32-1>의 순서로 등지의 심화 단계를 설명한다. 그러나 <표 32-1>은 등지의 차별화 원리에 해당하고 등지의 심화 단계로는 <표 32-2>가 타당한 것으로 보인다.

〈표 32-1〉 등지를 구분하는 기본 원리

집중 대상의 구분	대상의 범위	대상의 상태	등지의 명칭	
조대한 대상 (5조대요소)	5지각기관, 대상과 연관된 인식	있음(유)	유심(有尋)	심(尋)
조대한 대상 (5조대요소)	5지각기관, 대상과 연관된 인식	없음(무)	무심(無尋)	심(尋)
미세한 대상 (5미세요소)	아만, 통각, 원질, 순수정신	있음(유)	유사(有伺)	사(伺)
미세한 대상 (5미세요소)	아만, 통각, 원질, 순수정신	없음(무)	무사(無伺)	사(伺)

〈표 32-2〉 등지의 심화 단계

등지의 성질	대상의 성질	등지의 명칭	심화 단계
말과 대상과 지식이 뒤섞인 망상	조대한 대상 (5조대요소, 5지각기관)	유심(有尋)	첫째
말과 대상과 지식이 뒤섞인 망상	미세한 대상 (5미세요소, 아만, 통각, 원질, 순수정신)	유사(有伺)	둘째
망상이 정화되어 망상과 뒤섞이지 않은 대상 자체만 현전	조대한 대상 (5조대요소, 5지각기관)	무심(無尋)	셋째
망상이 정화되어 망상과 뒤섞이지 않은 대상 자체만 현전	미세한 대상 (5미세요소, 아만, 통각, 원질, 순수정신)	무사(無伺)	넷째

집중의 대상이 미세할수록 집중하는 수행자의 지각력도 그만큼 예리하게 된다는 이치는, 캄캄한 밤길을 걸을 때 점차 주변 환경을 식별하게 되는 일상의 경험으로도 입증된다. 범종의 소리에 집중하면 점차 가늘어져 다른 사람들에게는 들리지 않는 미세한 소리까지 지각할 수 있는 것도 이와 마찬가지의 이치이다.

2. 삼매의 심화 원리

『요가주』의 주석자들 사이에서는 등지가 집중의 대상에 따라 차별된 점에 주목하여 등지의 분류를 둘러싸고 현학적인 의견 차이를 드러낸다. 이러한 견해는 유상삼매를 4종으로 구분하는 관념(YS 1.17)과 등지 차별의 기본 원리를 합성하여 등지의 종류를 확장한 것이다. 주석자들은 4종의 등지를 삼매라는 명칭으로 열거하는 『요가주』의 설명[271]과 연계하여, 유상(有想)에 속하는 등지 또는 삼매를 8종으로까지 분류한다. 종류가 이렇게 확장된 것은 환희와 자아의식(아견)[272]도 집중의 대상으로 추가되기 때문이다. 이 경우에는 환희와 아견이 쟁점이 된다. 즉, 이 둘을 각기 유와 무로 양분할 것인가 아니면 유(有)만 인정할 것인가에 따라 등지 또는 삼매는 8종과 6종으로 분류된다.[273] 이 같은 견해 차이는 다음과 같은 『요가주』의 설명을 해석하는 데서 발단한다.

> 심(尋)은 마음이 [지각의] 거친 대상에 대해 향수(享受)하는 것이고, 사(伺)는 [지각의 대상이] 미세한 것이며, 환희는 즐거워하는 것이고, 자아의식은 [순수정신과 대상의] 동일성을 의식하는 것이다.[274]

심(尋)과 사(伺)를 각각 대상의 유무에 따라 4종으로 구분하듯이 환희와 아견(자아의식)도 같은 방식을 적용하여 4종으로 구분하는 것이 타당할 듯하다. 그러나 Vijñāna Bhikṣu는 유환희와 무환희라는 구분은 없다[275]고 주장하고 나서 아견도 유와 무의 2종으로 구분하는 것에 반대한다.

> 하나의 대상에 대해 마음이 '내가 있다'라고 오로지 순수정신의 형상으로 직관하여 지각하고, 이러한 방식으로 형상만을 갖기 때문에 아견으로 불린다. 그리고 그것(아견)은 개아에 속하고 최고아에 속하는 두 가지로 언급될 것이

....

271 YBh 1.46. 다음 각주 292 참조.

272 자아의식(asmitā)은 삼매 또는 등지의 명칭으로 언급된다. 이에 따라 삼매를 분류하는 명칭의 편의를 위해 자아의식을 아견(我見)으로 표현한다.

273 Vācaspati(TV)는 8종을 주장하고, Vijñāna Bhikṣu(YV)는 6종을 지지한다. 8종의 등지는 환희를 유환희(sānanda)와 무환희(nirānanda)로 구분하고 아견을 유아견(sāsmitā)과 무아견(nirasmitā)으로 구분한 총 4종을 유심, 무심, 유사, 무사라는 4종에 추가한 것이다. Vijñāna Bhikṣu는 이것들 중에서 무환희와 무아견을 인정하지 않으므로 등지 또는 삼매는 6종이 된다. cf. Dasgupta(1924) pp. 153-4.

274 YBh 1.17. 정승석(2020) p. 53.

275 "환희의 경우에는 유환희와 무환희에 의한 구분이 없다. 왜냐하면 『[요가]경』과 『[요가]주』에서 [그 둘을] 언급하기 않을 것이기 때문이다." (ānandasya ca sānanda-nirānandatvena bhedo nāsti, sūtra-bhāṣyayor avakṣyamāṇatvād iti | YV 1.17. Rukmani 1981:107, 16행)

> 다. 그것이 수반하는 억제는 아견에 뒤따르는 것으로 불리는 요가를 의미한다. 이 아견의 경우에도 유아견이나 무아견과 같은 구분이 없다. 왜냐하면 『[요가]경』과 『[요가]주』에서 [그 둘을] 언급하기 않을 것이기 때문이다.[276]

여기서 Vijñāna Bhikṣu가 아견을 개아(jīvātman)에 속한 것과 최고아(paramātman)에 속한 것이라는 2종으로 구분한 것은 독특한 발상이다. 『요가주』에서는 이러한 관념으로 등지나 삼매를 설명한 사례가 없다는 점을 고려하면, 이는 상키야-요가의 순수정신을 베단타 철학의 자아 개념으로 대체했음을 시사한다. 또한 그가 자재신도 아견의 대상으로 제시하고 이에 대한 명상을 유상삼매 및 유사삼매로 간주한 것도 『요가주』에서는 볼 수 없는 독자적인 견해이다.

> 그리고 여기서 아견이라는 말은 초탈해 있는 의식의 형상만을 가리키고, 그렇게 초연한 경지는 자재신의 의식을 직관하는 이것도 포괄한다. 또한 [집중의 대상이] 자재신으로 한정된 유상[삼매]는 '사(伺)에 뒤따르는 것'(유사삼매)에 포함되어 있다.[277]

이상과 같은 Vijñāna Bhikṣu의 견해는 유상삼매를 8종으로 구분한 Vācaspati의 견해를 논박한 것으로 간주된다. Vācaspati는 "조대한 대상인 감관에 대해 마음이 향락하는 기쁨이 환희이다."[278]라고 환희를 정의했는데, Vijñāna Bhikṣu는 그를 '혹자'로 지칭하여 혹자의 견해를 다음과 같이 반박하기 때문이다.

....

276 ekālambane yā cittasya kevala-puruṣākārā saṃvit sākṣātkāro 'smīty etāvan mātrākāratvād asmitety arthaḥ | sā ca jīvātma-viṣayā paramātma-viṣayā ceti dvidhā vakṣyate | tenānugato yukto nirodho 'smitānugata-nāmā yoga iti bhāvaḥ | asyā asmitāyā api sāsmita-nirasmita-rūpo vibhago nāsti, sūtra-bhāṣyayor avakṣyamāṇatvāt | ibid. p. 109, 4-7행.

277 atra cāsmitā-śabdo vivikta-cetanākāratāmātropalakṣakaḥ, tenodāsīna-bhāvena ya īśvara-cetanatva-sākṣātkāras tasyāpi saṃgrahaḥ | sopādhikeśvara-saṃprajñātasya ca vicārānugate praveśaḥ | ibid. 22-23행.

278 indriye sthūla ālambane cittasyābhogo hlāda ānandaḥ | TV 1.17. Bodas(1917) p. 22, 9-10행.

> 이에 관해 혹자는 기쁨을 가진 것이 기쁨이고 [그것이] 감관들의 부류라고 말한다. 즉, [기쁨은] 감관들의 형상을 갖기 때문에, 환희는 마음이 감관들의 양상인 향락을 직관하는 그것을 의미한다고 말한다. [그러나] 이 같은 정의에는 입증할 만한 권위가 발견되지 않으므로 거기에 [동의할 수 없다.] 조대한 것으로서의 감관도, 이 경우의 향락도 오직 심(尋) 속에 포함되어 있기 때문이다.[279]

여기서 Vijñāna Bhikṣu는 혹자(Vācaspati)의 주장을 권위가 없는, 즉 앞에서 지적한 것처럼 『요가경』과 『요가주』에서 증거를 찾을 수 없는 자의적인 해석으로 간주한다. 그러나 두 주석자는 아래와 같은 『요가주』의 해설을 삼매의 심화 원리로 해석하는 데서는 견해를 같이한다.

> 거기서 네 가지에 따른 첫째 삼매가 유심(有尋)삼매이다. 둘째의 것은 심(尋)이 없고 사(伺)를 지닌 것(유사삼매)이다. 셋째의 것은 사(伺)가 없고 환희를 지닌 것(환희삼매)이다. 넷째의 것은 그것(환희)이 없고 자아의식일 뿐인 것(아견삼매)이다. 이 모두는 [지각의] 대상을 지닌 삼매들이다.[280]

여기서 『요가주』의 저자는 『요가경』에서 말하는 유상삼매를 '[지각]의 대상을 지닌 삼매'로 정의한다. 그러므로 4종의 유상삼매는 제각기 지각의 대상을 지니며, 이 대상은 해당하는 삼매의 원인이 된다. 먼저 Vācaspati는 이 원인과 삼매의 상응 관계를 다음과 같이 해석한다.

> 결과는 원인에 순응하지만 원인이 결과에 순응하지는 않는다. 그러므로 [결

....

279 atra kaścit—hlādo hlādavān indriya-vargaḥ | tathā cendriyākāratvād indriya-rūpo yaś cittasyābhogaḥ sākṣātkāraḥ sa ānanda ity arthaṃ vadati, tatra etādṛśa-lakṣaṇāyāṃ pramāṇādarśanāt, indriyasyāpi sthūlatayā tatrābhogasyāpi vitarka-madhya eva praveśāc ca | YV 1.17. Rukmani(1981) pp. 107-8, 32-2행.

280 YBh 1.17. 정승석(2020) p. 53.

과인] 이 조야한 향락(유상삼매)은 조대한 것과 미세한 것과 감관과 자아의식(아견)이라는 네 가지 원인에 순응하게 된다. 그러나 이후에는 셋, 둘, 하나의 원인이 [각각] 셋, 둘, 하나의 양태를 갖게 된다. [『요가주』에서는 이것들이] 무상[삼매]와는 다르다는 것을 "이 모두는 [유상삼매]"라고 말한 것이다.[281]

여기서는 유상삼매의 원인, 즉 지각의 대상이 되는 것을 네 가지로 명시하고, 삼매의 진전 단계마다 잔존하는 원인의 개수를 숫자로 제시한다. 여기서 생략한 삼매의 명칭은 바로 앞에 인용한 『요가주』의 원문으로 알 수 있으므로, 이것을 적용하여 이 해석의 요지를 아래의 표로 한눈에 파악할 수 있다.

〈표 33〉 유상삼매의 대상

단계		대상	
범주	유상삼매	①조대한 것, ②미세한 것, ③감관, ④자아의식	숫자
세분	유심(有尋)	①②③④	4
	유사(有伺)	②③④	3
	환희	③④	2
	아견	④	1

Vijñāna Bhikṣu는 Vācaspati보다 상세하게 설명하지만 그 내용에서는 Vācaspati의 해석과 다르지 않다. 그는 각 단계마다 수행자의 상념에서 사라지는 대상을 위주로 설명하므로, 잔존하는 대상을 헤아리면 위의 표와 동일하게 된다.

그런데 [유상삼매를 설명하는] 이 경우에는 사(伺) 따위의 세 가지만을 대상으로 파악함으로써 사(伺) 따위의 세 가지 [유상삼매]가 수반된다는 것을 의

281 kārya-kāraṇānupraviṣṭaṃ na kāraṇaṃ kāryeṇa tad ayaṃ sthūla ābhogaḥ sthūla-sūkṣmendriyāsmitā-kāraṇa-catuṣṭayānugato bhavati | uttare tu tri-dvy-eka-kāraṇakās tri-dvy-eka-rūpā bhavanti | asaṃprajñātād bhinnatti —sarva eta iti || TV 1.17. Bodas(1917) p. 22, 10-13행.

> 도한다. 그렇지 않으면 [삼매가 차별되지 않는] 혼란에 빠지기 때문이다. 그리고 심(尋)을 수반하는 삼매에는 단독의 자아(순수정신)까지 [대상으로 삼는] 직관이 없기 때문이다. 이후의 것들에 대해서도 이와 같이 이해해야 한다. 둘째의 것을 말하자면, 사(伺)를 수반하는 둘째는 심(尋)의 단계를 정복하기 때문에 심이 없고, 그것(심)을 버리기 때문에 그것의 대상(조대한 것)을 갖지 않는다. 셋째의 것을 말하자면, 환희를 수반하는 셋째에는 사(伺)의 대상(미세한 것)도 없다. 넷째의 것을 말하자면, 자아의식(아견)을 수반하는 넷째는 그것을 갖지 않는다. 즉 환희도 없다는 것이다. 따라서 자아의식만 있다는 것을 의미한다.[282]

여기서는 유상삼매의 첫 단계부터 자아까지 직관할 수는 없다는 것을 원리로 제시한 후, 사(伺)와 환희와 자아의식을 수반하는 각각의 삼매에서 더 이상 의식하지 않는 앞 단계의 대상을 명시한다. 그리고 둘째 단계인 사(伺)에 대한 설명에는 첫 단계인 심(尋)은 조대한 것을 대상으로 갖는다는 것이 전제되어 있다. Vijñāna Bhikṣu가 함의하는 내용을 다음과 같이 구체적으로 드러낼 수 있다.

> 유심삼매: 조대한 것(5조대요소)를 대상으로 집중
> 유사삼매: 조대한 것은 사라지고 미세한 것(5미세요소)을 대상으로 집중
> 환희삼매: 미세한 것은 사라지고 감관을 대상으로 집중
> 아견삼매: 환희는 사라지고 자아(순수정신)를 대상으로 집중

두 주석자의 해석은 삼매의 진전에 따라 집중의 대상들이 점차 감소해 가면서 마지막에는 가장 미세한 대상만 남게 된다는 삼매의 심화 원리를 명시한다.

282 atra ca vicārādi-traya-viṣaya-grāhakatāmātreṇa vicārādi-trayānugatatvaṃ vivakṣitam anyathā sāṃkaryāpatteḥ, vitarkānugate samādhau kevalātma-paryanta-sākṣātkārābhāvāc ca | evam uttareṣv api bodhyam | dvitīya iti | dvitīyo vicārānugate vitarka-vikalaḥ vitarka-bhūmi-jayāt tat-parityāgena tad-viṣaya-vikalaḥ | tṛtīya iti | tṛtīya ānandānugate vicāra-viṣyeṇāpi vikalaḥ | caturtha iti | caturtho 'smitānugatas tad-vikalaḥ — ānandenāpi vikala ity ato 'smitāmātra ity arthaḥ | YV 1.17. Rukmani(1981) p. 110, 24-28행.

이 밖에 8종이나 6종과 같은 유상삼매의 종류에 관한 의견 차이는 사실상 주석자들의 자의적 해석에 기인한다. 『요가주』에는 그 같은 분류를 고려한 흔적이 전혀 없기 때문이다. 『요가주』에서는 유상/유종에 포함되는 삼매나 등지의 종류를 4종까지만 언급한다. 이것을 초과하는 분류는 4종 삼매('유상 요가'로 불리는 유상삼매)와 4종 등지의 접목이나 통합을 시도한 해석일 것으로 이해된다. 다시 말해서 이러한 해석은 요가 특유의 삼매/등지 관념과 보편적 삼매 관념을 조합하고자 노력한 후대 주석자들의 요가 철학에 속한다.

『요가경』은 앞에서 거론한 4종의 등지를 유종삼매로 간주한다.[283] 이 관념은 이에 앞서 삼매를 유상과 무상으로 구분한 것을 유종과 무종이라는 명칭으로 환언한 것처럼 보인다. 그러나 이것들을 이음동의어로 간주할 때, 오히려 삼매 관념의 혼동은 가중된다. 이 혼동의 외형적 요인으로는 주제에 따라 취지를 달리하여 삼매를 거론하는 『요가경』의 서술 구조를 지목할 수 있다. 『요가경』의 제1장에서는 삼매의 종류와 기능을 설명하면서 삼매를 등지와 함께 취급한 반면, 제2장에서는 8지 요가의 궁극적 목적으로 삼매를 취급한다. 전자는 보편적 관점인 반면, 후자는 특수한 관점이다. 그러므로 양면의 취지를 조합하여 분석하는 것이 혼동을 해소하는 최선책이다.

3. 유상 요가와 8지의 삼매

『요가경』은 물론이고 『요가주』에서도 무상과 무종의 차별이 그다지 명료하지는 않다. 주석자들의 경우도 예외는 아니다. 그 단적인 사례를 샹카라 명의의 주석과 Vijñāna Bhikṣu의 주석에서 확인할 수 있다. 이 경우에는 『요가주』에서 무상삼매와 무종삼매를 설명하고 나서 곧장 언급한 '그것'이라는 대명사가 쟁점이 된다.

....

283 "그것들(4등지)이 곧 유종삼매이다." (tā eva savījaḥ samādhiḥ ‖ YS 1.46.)

> 모든 [마음의] 작용이 멈출 때, 잠세력은 잔존하고 마음은 억제된 것이 '무상삼매'이다. … 따라서 이것이 무상의(대상에 대한 분별이 없는) 무종삼매이다. 그것은 실로 이러한 두 가지, 즉 방편연(方便緣)과 존재연(存在緣)이다.[284]

이 설명의 끝에서 "그것은 실로 이러한 두 가지"라고 언급한 '그것'이 지칭하는 것은 바로 앞서 언급한 무종삼매일 것으로 간주된다. 샹카라 명의의 주석에서도 "'그것은 실로 이러한 두 가지이다.'[에서] <u>그것은 무종삼매</u>, 즉 방편연과 존재연이다."[285]라고 해석한다. 그러나 Vijñāna Bhikṣu의 해석에 따르면 '그것'은 무상삼매를 지칭한다.

> 원인이 다르기 때문에 <u>무상[삼매]도</u> 2종(방편연과 존재연)이라는 것을 『요가경』의 저자는 두 개의 경문으로 말할 것이다. 그(『요가주』의 저자)는 두 경문의 해석을 위해 이전의 스승이 말씀하신 순서에 따라 이치에 합당하게 바로 이 2종을 "그것은 실로 이러한 두 가지"라고 명시한다.[286]

사실은 여기서 말하는 두 개의 경문(YS 1.19, 1.20)에서도 무상삼매를 직접 언급하지는 않는다. 다만 둘 중의 하나(YS 1.20)에 대한 『요가주』의 해설에서는 무상삼매를 언급하므로,[287] Vijñāna Bhikṣu의 해석은 이에 의거한 것일 수도 있다. 그러나 샹카라 명의의 주석은 Vijñāna Bhikṣu보다는 훨씬 먼저 작성된 만큼, 그 주석의 권위도 무시할 수는 없다. 이 주석에서 '그것'이 무종삼매를 지칭한다고 단정한 것은, 『요가주』의 저자가 다른 하나의 경문(YS 1.19)을 해설하면서 "마

....

284 YBh 1.18. 정승석(2020) pp. 53-54.

285 sa khalv ayaṃ dvividhaḥ | <u>saḥ nirbījaḥ samādhiḥ</u> upāya-pratyayo bhava-pratyayaś ca | YsV 1.19. Sastri(1952) p. 50, 12행.

286 <u>asaṃprajñātasyāpi</u> nimitta-bhedāt dvai-vidhyaṃ sūtrābhyāṃ sūtrakāro vakṣyati, tad eva dvai-vidhyaṃ yukti-siddhena pūrvācāryoktakrameṇa darśayati tayoḥ sūtrayor avatāraṇāya — sa khalv ayaṃ dvividha iti | YV 1.19. Rukmani(1981) p. 114, 12-13행.

287 @제10장 각주 251 참조.

치 독존의 단계와 같은 것을 경험한다."[288]라고 언급한 점에 의거한 것일 수도 있다. 독존의 단계와 같은 경험은 무종삼매에서 가능하기 때문이다. 그러나 Vācaspati는 두 주석자와는 판이하게 '그것'을 억제 삼매로 해석한다.[289] 억제 삼매는 마음 작용의 억제를 통해 삼매가 가능하다는 수행론의 용어이다. 무상삼매도 이러한 억제의 결과이다.[290]

무상삼매와 무종삼매의 상응 관계가 이처럼 모호하다면, 유상삼매와 유종삼매의 관계도 마찬가지일 것이다. 그러나 유종삼매는 <표 32-1>와 같은 4종의 등지를 가리키고, 유상삼매는 <표 33>과 같은 4종의 삼매를 가리키므로 내용상으로는 확연한 차이가 있는 것처럼 보인다. 또한 유상삼매는 자주 언급되는 반면, 유종삼매는 『요가경』과 『요가주』의 전체에 걸쳐 오직 한 차례만 언급될 뿐이다. 그런데 오히려 이 때문에 유상삼매와 유종삼매의 상응 관계도 무상삼매와 무종삼매의 경우처럼 명료하지는 않다.

실례를 들면, 『요가경』에서 "그것들이 곧 유종삼매이다."[291]라고 교시한 '그것들'을 『요가주』에서는 다음과 같이 4종의 등지로 간주할 뿐만 아니라 유종삼매와 동일시한다.

> 그 네 가지 등지(等至)들은 외적인 것을 종자로 지니므로, 삼매도 종자를 지닌다. 그 [등지들] 중에서 조대한 대상에 [집중하는 것은] 유심(有尋)과 무심(無尋)이고, 미세한 대상에 [집중하는 것은] 유사(有伺)와 무사(無伺)이다. 따라서 [유종] 삼매는 네 가지에 따라 열거된다.[292]

288 YBh 1.19. @제4장 각주 209 참조.

289 "'그것은 실로 이러한'이란 억제 삼매를 둘로 구분하여 버려야 할 것과 취할 것을 제시한 것이다. '그것은 실로 이러한'이란 억제 삼매이다." (sa khalv ayaṃ nirodha-samādher avāntarabhedaṃ hānopādānāṅgam ādarsayati — sa khalv ayam nirodha-samādhiḥ | TV 1.19. Bodas 1917:23, 11-12행)

290 "모든 작용을 억제하는 데에 무상삼매가 있다." YBh 1.1. 이에 선행하는 전문은 뒤의 각주 299.

291 YS 1.46. 앞의 각주 283.

292 YBh 1.46. 정승석(2020) p. 85.

이 설명에서 언급한 '외적인 것'은 조대한 대상과 미세한 대상을 가리키는 것으로 이해된다. 그러나 이것은 이전에 등지의 정의를 설명한 것과 연계되어 있음을 고려해야 한다. 그때는 『요가경』에서 등지의 대상으로 교시한 인식자와 인식 기관과 인식 대상이 각각 순수정신과 감관과 조대하거나 미세한 요소들을 가리킨다고 상술했다.[293] 위의 설명을 해설하는 주석자들은 바로 이 점에 주목하여 '외적인 것'이 조대하거나 미세한 대상만을 가리키는 것은 아니라고 역설한다. 먼저 Vācaspati는 다음과 같이 해설한다.

> 따라서 인식되어야 할 대상들을 가진 네 가지 등지들은 종자를 지닌 것으로서 한정된다. 그러나 종자를 지닌 상태가 [외적인 인식 대상들로] 한정되지는 않는다. 그것은 유심(有尋)과 무심(無尋)의 차별로 제한되지 않고 인식자(순수정신)와 인식 기관을 대상 영역으로 갖는 등지에도 적용된다. 따라서 등지들은 인식 대상에 관한 네 가지, 인식자와 인식 기관에 관한 네 가지라는 8종으로 확립되어 있다. 『[요가]주』는 [앞에서] 이렇게 언급하여 설명했다.[294]

Vijñāna Bhikṣu는 8종이라는 분류에 대해서는 동의하지 않지만, 인식 기관이 등지의 대상이라는 것을 역설한다.

> 바로 이와 같이 인식 대상과 인식 기관에 대한 등지는, [인식 대상의 경우에는] 조대한 것과 미세한 것으로 종류를 차별하고 [인식 기관의 경우에는] 특별하거나 특별하지 않은 형태에 따라 4종의 구분으로 언급되었다. 그리고 인식자에 대한 등지에서는 특별한 것(순수정신)이 유심(有尋)의 형태로 바

....

293 YBh 1.41. @제10장 각주 261.

294 tataś catasraḥ samāpattyo grāhya-viṣayāḥ sabījatayā niyamyante | sabījatā tv aniyatā grahītṛ-grahaṇa-gocarāyām api samāpattau vikalpāvikalpa-bhedenāniṣiddhā vyavatiṣṭhate | tena grāhye catasraḥ samāpattayo grahītṛ-grahaṇayoś catasra ity aṣṭau siddhā bhavnatīti | nigada-vyākhyātaṃ bhāṣyam || TV 1.46. Bodas(1917) p. 51, 18-22행. 『요가주』(YBh 1.41)에서는 등지의 종류가 8종이라고 직접 언급하지는 않는다. 그러나 Vācaspati는 YBh 1.17을 주석하면서 유상삼매를 8종으로 분류했으므로 그 분류를 이 등지에도 적용한다.

> 로 그 4종에 포함된다. 요가(삼매)가 지성이 없는 것들에서 확립되는 것은 오로지 [순수정신이 가진] 지성의 영향을 받기 때문이다. 따라서 인식자에 대한 등지에서는 유심과 무심(無尋) 따위의 구분이 언급되지 않는다.[295]

여기서 Vijñāna Bhikṣu는 『요가주』의 설명에서 인식자와 인식 기관을 등지의 대상으로 언급하지 않더라도 이 둘이 그 대상에 포함되어 있다는 것은 당연지사라고 설명한다. 다만 그는 간접적인 표현을 구사하므로 이 표현의 의미를 간파하지 않으면 그 취지가 선뜻 이해되지 않을 수 있다. 그가 말하는 '특별한 형태' 또는 '지성'은 순수정신을 가리키고, '특별하지 않은 형태' 또는 '지성이 없는 것'은 감관을 가리킨다.

이 같은 주석자들의 해설을 염두에 두고 다시 『요가주』의 설명으로 되돌아가면, 종자를 지닌 것이 유종(有種)이므로 네 가지 등지가 '유종'으로 불리는 것은 당연하다. 한편 유상삼매의 유상(有想)은 대상에 대한 분별 의식이 있는 상태이므로, 이 분별 의식인 상(想)도 종자에 해당한다. 그러므로 유종삼매와 유상삼매는 상응한 것으로 간주될 수 있다. 그렇지만 『요가주』를 비롯하여 이에 대한 주석자들도 유종삼매와 유상삼매의 관계를 직접 언급하지 않는다. 이 때문에 양자의 미묘한 차이는 두 삼매에서 집중하는 대상을 비교하는 것으로 추출해 낼 수 있을 뿐이다.

유상삼매는 유종삼매에서 언급하지 않는 환희와 자아의식도 포함한다. 이에 따라 유상삼매는 유종삼매의 영역을 초월한 것처럼 생각되기 쉽다. 그러나 양자의 대상이 함의하는 내용을 비교해 보면 오히려 그 반대일 수 있다. 대상 영역의 미묘한 차이는 유종삼매의 사(伺)와 유상삼매의 아견(자아의식)에서 드러난

....

295 tad evaṃ grāhya-grahaṇa-samāpattayoḥ sthūla-sūkṣma-viśeṣa-bhedena viśiṣṭāviśiṣṭa-rūpataś caturvidha-vibhāga uktaḥ | grahītṛ-samāpattau ca yaḥ savikalpa-rūpo viśeṣaḥ sa etāsv eva catasṛṣv antarbūtaḥ, cetanoparāgeṇaivācetaneṣu yogasya vyavasthāpitatvāt | ato grahītṛ-samāpattau savikalpāvikalpādi-bhāgo noktaḥ | YV 1.46. Rukmani(1981) p. 238, 21-24행.

다. 유종삼매의 최종 단계인 무사등지에서는 원질과 인식자(순수정신)도 집중의 대상에 포함된다(<표 32-1>). 이에 비해 유상삼매의 네 가지 대상에는 가장 미세한 원질이 포함되지 않으며, 최종 단계인 아견삼매의 대상도 자아를 순수정신과 동일시하는 자아의식일 뿐이다(<표 33>). 아견삼매에서 순수정신은 집중의 직접적인 대상이 아니다.

이처럼 유종삼매에서는 유상삼매의 경우보다 더욱 미세한 대상까지 집중의 대상이 된다. 그러므로 집중의 대상으로 보면 유종삼매가 유상삼매를 포괄한다고 말할 수 있다. 유종삼매의 대상은 극대(일상의 영역)으로부터 극미(원질)에까지 이르고, 장소와 시간과 인과 등의 조건까지 망라한다.[296] 집중의 대상이 자아의식까지로 한정되는 유상삼매의 영역은 이에 미치지 못한다. 이 영역보다 미세한 대상까지 집중하는 무사등지의 완성은 유상삼매를 초월한 무상삼매에 상당할 수 있다.

유종삼매와 유상삼매의 관계를 이상과 같이 파악하면, 『요가주』의 저자가 서두에서 굳이 유상삼매만을 '유상 요가'로 표현한 이유는 쉽게 납득되지 않는다. 더욱이 그는 "마음의 작용을 억제하는 그 요가는 2종이다."[297]라고 하여 무상삼매도 '무상 요가'로 표현한다. 이 같은 표현의 의도는 다음과 같은 그의 설명에서 엿볼 수 있을 것 같다.

> 마음의 단계들이란 동요, 미혹, 산란, 집중, 억제이다. 이 중에서 의식이 산란할 때, 산란함에 종속된 상태로 있는 삼매는 요가의 범주에 속하지 않는다. 그러나 의식이 집중될 때, ①참으로 진실한 대상이 [충분히] 빛을 발하게 하고, ②번뇌들을 멸하고, ③업의 속박들을 완화시키고, ④억제로 향하게 하는

296 특히 유사와 무사라는 사(伺) 등지의 차원에서는 장소와 시간과 인과의 개념이 집중의 대상에 반영된다. cf. Yardi(1979) p. 53.

297 dvividhaḥ sa yogaś citta-vṛtti-nirodha iti ‖ YBh 1.2. 정승석(2020) p. 353_4. Rukmani(1981:39)는 2종 중의 하나가 무상 요가를 가리킨다는 것은 의심의 여지가 없다고 단언한다.

그것[298]이 유상 요가라고 불린다. 그리고 그것으로는 심(尋)과 사(伺)와 환희와 자아의식에 뒤따르는 것이 있음을 우리는 나중에 [제1장 제17경에서] 밝힐 것이다. 그러나 모든 작용을 억제하는 데에 무상삼매가 있다.[299]

이 설명을 음미해 보면, 『요가주』의 저자는 마음의 산란을 불식하는 집중으로써 마음의 작용을 억제하는 기본 수단이 바로 '유상 요가'라고 강조한 것으로 이해된다. 그리고 이 유상 요가로부터 더욱 완전한 집중과 억제를 통해 무상삼매가 성취된다는 것이 저자가 말하고자 하는 취지일 것이다. 그렇다면 유상삼매의 4단계를 명상 수행의 일반 원리로 중시한 표현이 곧 '유상 요가'일 것으로 이해된다.

사실 『요가경』에서 교시한 4단계의 유상삼매는 요가 철학의 독창적인 고유 관념이 아니라는 것이 기존 연구에 의해 잘 알려져 있다. 『요가경』에서 그것을 채택한 것은 그 4단계가 집중의 일반 원리와 과정을 설명하는 데 매우 적합하기 때문일 것으로 이해할 수 있다. 이 적합성의 요소로 주목된 것은 환희와 자아의식일 것이다.

요가의 수행론적 관점에서 삼매의 분류는 심(尋)과 사(伺)의 유무로 구분한 4종으로도 충분할 듯하다. 그러나 심(尋)과 사(伺)에 환희와 자아의식을 추가한 유상삼매의 4단계는 집중의 대상에 따라 심적 경지의 질도 달라진다는 명상의 원리를 더욱 확장하여 설명할 수 있다. 따라서 '유상 요가'라는 표현은 4종의 유상삼매로 제시된 삼매 수행의 원리와 과정을 일반화하고 그 가치를 공인한 것이라고 이해할 수 있다.

이제까지 고찰한 내용은 『요가경』의 제1장에서 파악할 수 있는 삼매 관념이

298 Whicher(1997:39)에 의하면 이 구절은 집중 상태에서 삼매가 지닌 힘, 즉 ①현실의 대상을 있는 그대로 충분히 조명하고, ②고통이나 오염을 약화하고, ③업의 속박을 완화하고, ④완전한 억제의 가능성을 실현하는 힘을 묘사한 것이라고 파악된다.

299 YBh 1.1. 정승석(2020) p. 38.

다. 주석자들의 설명으로 감지할 수 있듯이 이 경우의 삼매 관념은 상이한 방식으로 표현되므로 갈피를 잡아 이해하기가 쉽지는 않다. 이에 반해 제2장에서 요가의 수행 차제를 교시하는 8지 중의 삼매는 매우 간명하게 묘사되어 있다. 이 경우의 삼매는 직전 단계인 정려에서 대상만이 빛을 발하는 상태이다. 이미 소개한 대로 이것은 명상하는 자의 관념은 사라지고 그 대상만이 남아 빛나는 상태로 묘사되는 데 그친다. 그러므로 이 삼매는 제1장에서 교시한 삼매와는 상응하지 않는 것처럼 보인다.

그러나 양자 사이에는 일단 한눈에 드러나는 공통점이 있다. 『요가경』의 제1장은 무종삼매가 삼매의 궁극임을 선언하는 것으로 종결된다. 이와 마찬가지로 8지 중의 삼매에 대한 설명은 무종삼매가 명상의 최심층에 있음을 명시하는 것으로 종결된다.[300] 이 양자의 관점을 조합하면 무종삼매는 삼매를 초월한 삼매, 즉 초삼매로 불릴 만하다. 특히 8지를 중시하는 수행 차제의 관점에서 무종삼매는 제9지에 배당될 수 있으며 독존(해탈) 상태에 상당한다. 이처럼 초삼매 또는 제9지로 불릴 만한 이 무종삼매의 특수성을 『요가경』 제4장에서는(YS 4.29) '법운삼매'라는 표현으로 반영하고 있다. 『요가주』에서는 법운삼매를 다음과 같이 설명한다.

> 이 바라문이 높은 지위에 있으면서도 여분의 소득을 취하지 않을 때, 즉 그로부터도(그 지위로부터도) 아무것도 바라지 않을 때, 그는 거기서도 초탈하여 언제나 식별지만을 갖게 된다. 이리하여 잠세력의 종자가 소멸하기 때문에 그에게는 다른 관념들이 발생하지 않는다. 이때 그에게는 법운(法雲)이라는 이름의 삼매가 발생한다.[301]

....

300 "그것(총제로 불리는 총지, 정려, 삼매)은 또한 무종(無種)의 외적인 수단이다." (tad api vahiraṅgaṃ nirvījasya ‖ YS 3.8) 여기서는 '무종'으로만 언급하고 『요가주』에서는(@제10장 각주 238) 이것을 총제 이후에야 가능한 '무종 요가'로 표현한다. 『요가주』의 전문어로 요가와 삼매는 동일하므로, 유상삼매를 '유상 요가'로 일컫듯이 '무종 요가' 역시 무종삼매를 지칭한 것으로 이해할 수 있다.

301 YBh 4.29. 위의 책, pp. 281-2.

요가 8지에서 집중이 심화해 가는 세 단계(총지, 정려, 삼매)를 일련의 과정으로 일컫는 개념이 총제이다. 이에 따라 8지 중의 삼매가 아닌 일반적 의미의 삼매는 총제에 상당하는 것으로 이해할 수 있다. 사실상 총제의 세 단계들 사이에도 엄격한 분절이 없으므로 이것들은 '심화－개화－성숙' 또는 '시작－심화－성숙'이라는 명상의 과정을 교시하는 것으로 이해할 수 있다.[302]

삼매의 분류 개념을 적용하면, 총제가 유상삼매에 속한다는 사실은 『요가주』에 명시되어 있다.[303] 앞에서 인용했듯이 『요가주』의 서두에서는 마음의 다섯 상태(동요, 미혹, 산란, 집중, 억제)를 언급하면서 이것들 중 집중과 억제를 '유상 요가'로 표현한다.[304] 그러므로 집중을 심화해 감으로써 마음 작용을 더욱 억제하는 총제는 '유상 요가'로도 불리는 유상삼매에 상당한다. 다만 총제 중에서 삼매만을 별개로 비교한다면, 이것은 무상삼매에 상당할 수밖에 없다. 무상삼매의 특성은 모든 마음 작용을 억제하는 것이듯이, 8지 중의 삼매는 자신의 관념이 사라지는 특성을 발휘하기 때문이다.

10.5. 초능력과 식별지

『요가경』에서 취급하는 네 가지 주제는 삼매, 수단, 초능력, 독존이라는 각 장의 제목으로 천명되어 있다. 이 중에서 초능력(vibhūti), 즉 초자연력은 제3장의 주제이다. 다만 제3장은 처음부터 초능력을 취급하지는 않는다. 여기서는 요가

302 Cf. Whicher(1997) p. 44. 총제의 첫째인 총지의 기본 과정은 집중(ekāgratā)이다. 요가의 기반이기도 한 바로 이것은 정려에서 심화되고 삼매에서 무르익는다. 또한 YS 3.11-12에 의하면, 집중은 총지의 실천으로 시작되고, 정려에서 심화되어 삼매의 단계에서 성숙한다. cf. ibid. p. 43 ; p. 58, n. 210.

303 『요가주』에서는 총제(총지, 정려, 삼매)를 유상삼매의 내적 수단으로 간주한다. YBh 3.7. @제10장 각주 105.

304 YBh 1.1. 앞의 각주 299.

8지 중의 마지막 3지인 총제를 먼저 교시한 후에 총제의 기능을 각성과 억제로 교시한다. 다음으로 『요가경』 전체에 걸쳐 가장 난해한 쟁점에 속하는 '전변'을 취급하고 나서야 초능력을 장황하게 교시한다. 이 교시는 전변에 총제하면 과거와 미래를 알 수 있다[305]고 설하는 것으로 시작된다. 이후 열거하는 모든 초능력도 총제를 통해 가능하다.

그러나 이 같은 서술 구조와는 상관없이, 초능력을 단독 주제로 설정하고 온갖 종류의 초능력을 열거하는 자체가 언뜻 보기로는 요가 수행의 효력을 과시하는 것으로 비칠 수 있다. 물론 초능력을 과시하는 것은 요가 수행을 권장하는 유인책일 수도 있다.[306] 그러나 그 이면에는 삼매의 완성을 위해서는 거의 무한정한 지속적인 노력이 필요하다는 수행론적 논리가 적용되어 있다. 그럼에도 불구하고 그 논리보다는 무궁무진한 것처럼 보이는 초능력에 관심이 쏠리기 쉽다. 아래의 간결한 지적은 『요가경』의 초능력에 대한 일반 인식을 여실하게 반영하면서, 파탄잘리의 요가에서 차지하는 초능력의 위상을 대변한다.

> 이러한 요가들 중에서 하타 요가와 같은 일부는 "호흡을 억제하고 근육과 기관들을 무의식적으로 억제하는 경이로운 신체적인 묘기"와 같은 가지각색의 초능력를 추구했다. 오늘날에도 자신의 초능력으로 다른 사람들의 이목을 끌기 위해 요가를 수련하는 요기들이 있다. 파탄잘리는 각종의 초능력들을 상세하게 열거하는 것으로(『요가경』 제3장의 「초능력」) 자신의 요가 학설에서 초능력의 위상을 인가한다. 그러나 "이러한 능력들은 삼매에 장애가

305 YS 3.16. @제9장 각주 127 참조.

306 요가 철학의 대가인 Dasgupta(1924:156-7)가 다음과 같이 비평하는 것으로 보면, 그의 눈에도 초능력은 유인책으로 비친 듯하다.
"유상삼매와 관련하여 상당수의 초자연적 능력(vibhūti)들이 설명되는데, 이것들은 해탈에 도달하는 길로서 요가의 과정에 대한 수행자의 신념이나 믿음을 강화하기 위한 것이라고 한다. 요가의 방법론으로 보면 그것들은, 사람들이 요가의 방법을 진실한 것으로 확신하게 하는 생산품이나 정신적 방편과 같은 것들이다. 이러한 능력의 사리에 대해서는 아무런 이유를 제시하지 않고, 다양한 대상들과 정신적으로 결합한 결과로서 그것들이 발생한다고 말할 뿐이다."

되며, 활동(마음의 산란) 상태에서 취득되는 것으로 간주된다."(YS 3.37)라고 덧붙이는 것으로, 파탄잘리는 자신의 학설에서 초능력의 위상을 격하한다. 그것(초능력)들은 독존의 도정에 있는 자에게 그저 발생할 뿐이다.[307]

『요가경』에서 초능력은 식별지를 달성하는 과정에서 얻을 수 있는 부수적인 능력이다. 초능력은 총제의 부수적 산물이고 식별지는 궁극적 산물이다. 총제의 수단인 총지와 정려와 삼매는 유기적으로 작용하여 억제와 집중에 의한 '철저한 직관'을 도모한다. 그리고 철저한 직관의 완성형을 '식별지'로 일컫는다. 요가 수행의 최종 목표인 무종삼매 또는 독존(해탈)은 이 식별지로써 가능하다. 그러므로 식별지야말로 최상의 초능력이 된다. 이 식별지를 제외한 초능력들은 삼매의 등급으로 말하면 유상삼매의 부산물이다. 수행자가 이 부산물에 안주할 경우에는 더 이상의 진전이 없다. 요컨대 초능력은 수행자에게 경계의 대상이다.

10.5.1. 초능력에 대한 기본 인식

앞에서 약술한 것처럼 『요가경』의 제3장에서 초능력을 취급한 데에는 특별한 목적이 있으므로, 이에 앞서 먼저 검토할 것은 초능력 일반에 대한 고전 요가의 통념이다. 이 통념은 『요가경』 제4장의 서두에서 "초능력은 ①출생이나 ②약초나 ③주문이나 ④고행이나 ⑤삼매로부터 발생한다."[308]라고 교시한 것으로 반영되어 있다. 『요가주』에서는 여기서 언급한 다섯 가지를 다음과 같이 해설한다.[309]

> ①[다른] 몸속으로 들어간 것이 출생에 의한 초능력이다.
> ②약초들에 의한 [초능력이란] 아수라의 거처들에서 불로장생의 영약에 의해 [획득되는 것과] 같은 따위이다.

....

307 Rukmani(1989a) p. 147.

308 janmauṣadhi-mantra-tapaḥ-samādhijāḥ siddhayaḥ || YS 4.1.

309 YBh 4.1. 정승석(2020) pp. 237-8.

③주문들에 의한 [초능력이란] 공중을 [날아] 다니거나 원자처럼 미세하게 되는 따위[의 힘]을 획득하는 것이다.

④고행에 의한 [초능력이란] 뜻하는 대로 형체를 취하고 어디로든 뜻하는 대로 가는 것과 같은 따위의 의지의 실현이다.

⑤삼매로부터 발생하는 초능력들은 [이미] 설명되었다.

이것들 중 ①③④에서 말하는 초능력은 뒤에서 거론할 8신통의 일부로 간주되고, ⑤는 『요가경』의 제3장에서 열거하는 초능력들을 가리킨다. 이것들 중에서는 주문(③)에 의한 초능력을 특히 주목할 만하다. 이는 초능력에 대한 초기 불교의 관념과도 상통하기 때문이다. 장아함경의 『견고경』에서는 3신통을 하나씩 설명하면서 신족통(神足通)과 타심통(他心通)을 일으키는 주문이 있음을 언급한다. 여기서는 신족통을 설명하고 나서 "구라(瞿羅) 주문이 있으니, 능히 이러한 무량한 신통을 드러내어 서 있는 채로 범천의 세계에 닿는다."[310]라고 부연한다. 또한 타심통을 설명하고 나서는 "건타라(乾陀羅) 주문이 있어 능히 타인의 마음을 관찰한다."[311]라고 부연한다. 이는 주문으로 초능력이 발생한다는 통념이 일찍이 형성되어 있었음을 반영한다.

고행(④)은 초능력을 얻는 수단으로 공인되다시피 가장 일찍이 통용되어 왔다. 다만 『요가경』에서는 고행에 의한 초능력 자체보다는 고행의 수행론적 효용성에 주안점을 둔다. 즉, 『요가경』에서는 "고행을 통해 불순물이 사라지기 때문에 신체와 감관의 초능력이 있다."[312]라고 교시하고, 『요가주』에서는 이것을 다음과 같이 해설한다.

....

310 佛說長阿含經 권16(T 1:101c): "有瞿羅呪, 能現如是無量神變 乃至立至梵天." 瞿羅의 원어는 ghora일 것으로 추정되지만, 이에 상당하는 *Kevaddha-sutta*에는 瞿羅에 해당하는 주문이 없고 건타라주(乾陀羅呪, Gandhārī nāma vijjā)가 이것을 대신한다. DN 11.5(I, p. 213).

311 佛說長阿含經 권16(T 1:102a): "有乾陀羅呪 能觀察他心." *Kevaddha-sutta*에 의하면 이 주문의 이름은 乾陀羅(gandhārī)가 아니라 maṇika(Maṇiko nāma vijjā)이다. DN 11.7(I, p. 214).

312 kāyendriya-siddhir aśuddhi-kṣayāt tapasaḥ ‖ YS 2.43.

오로지 완성되고 있는 고행이 부정한 장애의 불순물을 제거한다. 그 장애의 불순물이 사라지기 때문에 미세하게 되는 능력을 비롯한 신체의 초능력이 있고, 마찬가지로 멀리서 듣거나 보는 능력을 비롯한 감관의 초능력이 있다.[313]

여기서는 고행에 대한 기존의 통념에 전향적 가치를 부여하려는 시도를 엿볼 수 있다. 이 같은 시도가 요가 8지의 첫째인 금계에 대한 『요가주』의 관점에서 더욱 확실하게 드러난다. 『요가경』에서는 다섯 가지 금계의 결과를 각각 교시하는데, 『요가주』에서는 이 결과를 초능력의 효력으로 간주한다.[314] 이에 의하면 5금계를 준수하여 얻게 되는 각각의 결과는 신통력이 성취되었다는 표시이다. 이는 초능력에 대한 통념을 이용하여 5금계의 실천을 역설하려는 데 목적이 있음이 분명하다. 초능력을 수행의 기본 덕목과 결부시킨 이 같은 인식은 『요가경』의 제3장에서 초능력을 수행의 장애로 경계하는 관점과도 일맥상통한 것으로 보인다. 초능력에 관한 이러한 인식은 초기 불교의 불전에서도 발견할 수 있다.

장아함경의 『견고경』에 상당하는 *Kevaddha-sutta*에서 세존(붓다)은 비구들이 초능력을 과시하는 것을 허락하지 않는다. 견고 장자는 비구들이 초능력을 행사하도록 지시해 달라고 세존께 세 차례나 거듭 요청하지만 세존은 번번이 이 요청을 묵살한다. 여기서 견고와 세존의 대화는 다음과 같이 반복된다.

견고: "세존이신 존자시여! 초인간적인 법으로 초능력의 신통을 행사하도록 어떤 비구에게 지시하심이 어떻겠습니까?" …

세존: "견고여! 나는 결코 비구들에게 '자! 비구들이여! 그대들은 백의(白衣)의 재가자들을 위해 초인간적인 법으로 초능력의 신통을 행사하라.'라고 그러한 법을 지시하지 않을 것이다."[315]

....

313 YBh 2.43. 정승석(2020) p. 150.

314 YBh 2.34. @제3장 각주 103, 104 참조.

315 Sādhu bhante Bhagavā ekaṃ bhikkhuṃ samādisatu, yo uttari-manussa-dhammā iddhi-pāṭihāriyaṃ karissati. …

붓다는 이처럼 비구들이 초능력을 과시하는 것을 허용하지 않지만 3신통의 내용을 자세히 설명하는 것으로 수행자들에게 3신통이 가능하다는 사실을 역설한다. 이 목적은 초능력을 스스로 감지할 수 있을 만큼 수행에 전념하라고 당부하는 데 있을 것이다. 『견고경』에서 붓다는 초능력보다 중요한 것을 다음과 같이 천명한다.

> 나는 결코 비구들에게 바라문이나 장자나 거사를 위해 신통한 초인간적인 법을 드러내라고 가르치지 않을 것이다. <u>나는 다만 제자들에게 한적한 곳에서 고요히 도를 사려하면서, 만일 공덕이 있으면 응당 스스로 감추고, 만일 과실이 있으면 응당 스스로 드러내라고 가르칠 뿐이다.</u>[316]

이 법문에는 수행자에게 초능력이 가능함을 역설하면서도 수행자가 초능력을 행사하는 것은 허락하지 않는 붓다의 의중이 잘 드러나 있다. 이와 유사하게 『요가경』의 제3장에서도 초능력에 관한 교시를 마무리하는 단계에서 이미 삼매에 진입한 수행자들을 경책한다.

> [요기는] 높은 지위에 있는 자(神)가 권유할 때, 집착과 자만을 일으키지 않는다. 바람직하지 않은 것이 또다시 발생할 수 있기 때문이다.[317]

『요가주』에서는 이 경책을 항상 유념하는 수행자라면, 설혹 신들이 향락을 권유하더라도 마땅히 다음과 같이 대처할 것이라고 설명한다.

....

Na kho ahaṃ Kevaddha bhikkhūnam evaṃ dhammaṃ desemi: Etha tumhe bhikkhave gihīnaṃ odāta-vassanānaṃ uttari-manussa-dhammā iddhi-pāṭihāriyaṃ karothāti. *Kevaddha-sutta*, DN 11.1(I, p. 211)

316 佛說長阿含經 권16(T 1:101b): "我終不教諸比丘為婆羅門長者居士而現神足上人法也. <u>我但教弟子於空閑處靜默思道, 若有功德 當自覆藏, 若有過失 當自發露</u>." *Kevaddha-sutta*에는 밑줄 부분이 없으나, 『견고경』에는 추가되어 있다.

317 sthāny-upanimantraṇe saṅga-smayākaraṇaṃ punar aniṣṭa-prasaṅgāt ‖ YS 3.51.

무서운 윤회의 숯불들 속에서 구워지고 있고 삶과 죽음의 암흑 속에서 헤매고 있는 내가 도대체 어떻게 번뇌의 어둠을 해소하는 요가의 등불을 얻을 것인가? 그런데 탐욕으로부터 일어나는 이러한 [감각적] 대상의 바람들은 그것(요가의 등불)의 적이다. 참으로 빛을 얻은 그러한 내가 어떻게 [감각적] 대상이라는 신기루에 의해 현혹되어, 또다시 내 자신을 타오르는 윤회의 불길의 연료가 되게 하겠는가? 그대들에게, [즉] 꿈과 같고 불쌍한 중생들이나 구걸할 [감각적] 대상들에게 안녕을 고하노라!
이와 같이 결연한 의지를 가진 자는 삼매에 전념할 것이다. 그는 집착을 일으키지 않고서, '신들도 이와 같은 나를 소망할 것이다.'라는 자만도 일으키지 않을 것이다.[318]

이 설명의 대상은 '진리를 보유한 예지를 가진 자'로서 이미 초능력을 발휘할 수 있는 수행자로 전제되어 있다. 이로써 요가 철학에서 초능력을 경계한 취지가 불교의 경우와 다르지 않다는 것을 확인할 수 있다. 그 취지는 집착과 자만, 그리고 이로 인한 번뇌의 재발을 경계하는 데 있다.

10.5.2. 초능력의 종류와 8신통

『요가경』에서 초능력을 경계의 대상으로 간주하면서도 중요하게 취급한 데에는 그럴 만한 이유가 있을 수밖에 없다. 그 이유로는 크게 두 가지를 지목할 수 있다.

첫째, 최상의 집중 수단인 총제의 기능과 효과를 초능력으로 역설한다.[319] 초능력이 발생하는 논리는 단순하다. 즉, 집중의 대상에 따라 그 대상에 관한 지각이나 능력도 극대화된다. 예를 들면 입을 통해 나오는 말에 총제함으로써, 모든

318 YBh 3.51. 정승석(2020) p. 228.

319 단적인 예로 『요가주』는 제3장에서 열거하는 초능력들을 다음과 같이 '총제의 영역'으로 간주한다. "이제 알고자 하는 목적을 달성하기 위해, 모든 수단을 사용하는 요기의 총제(總制)의 영역이 설명된다." YBh 3.15. 위의 책, p. 179.

생물의 소리에 통달할 수 있다.[320] 여기서 말에 총제한다는 것은 소리가 음절과 단어와 문장을 통해 의미와 관념을 형성하는 변화에 총제하는 것이다. 그러므로 이러한 총제는 심오한 명상의 과정이 된다.

둘째, 명상의 과정에서 초능력은 식별지의 전조가 된다. 초능력이 발생한다는 것은 그만큼 식별지에 근접해 있다는 신호탄으로 간주된다. 이 점에서 초능력은 요가에 대한 수행자의 신념이나 믿음을 강화하는 정신적 방편이 될 수 있다.

이와 같이 『요가경』에서 초능력은 독자적인 가치를 갖지 못한다. 그것은 일차적으로 식별지의 계발을 지향하고, 궁극적으로는 식별지를 완성하여 독존에 도달하는 과정으로 서술된다. 아래의 표는 초능력 서술의 지향점을 한눈에 보여 준다. 이 표는 초능력 서술의 대요를 세 단계로 파악한 것이다.[321] 이 단계는 식별지가 점진적으로 계발되는 과정이기도 하다.

〈표 34〉 초능력에 따른 식별지의 계발 과정

	YS	초능력의 내용	초능력의 대상
①	3.16-35	지각에 관한 초능력의 생기	개별적
	3.35	식별지의 초기 단계	
②	3.36-48	정복이라는 초능력의 생기	개별적
	3.49	식별지의 확립	
③	3.49-54	식별지에 의거한 초능력	일체
	3.55	독존	

320 "말(소리), 대상(의미), 관념(인식)들이 서로 의탁하기 때문에 혼동이 있는데, 그것들의 차이에 대한 총제를 통해 모든 생물이 내는 소리를 안다." (śabdārtha-pratyayānām itaretarādhyāsāt saṃkaras tat-pravibhāga-saṃyamāt sarva-bhūta-ruta-jñānam ‖ YS 3.17)

321 村田裕美(2005) p. 905 참조.

첫째 단계(①)에서 초능력의 공통성은 지각 능력이다. 다양한 지적 능력의 최후 단계에 순수정신에 대한 예지가 발생한다. 이는 식별지의 초기 단계에 상당한다.

둘째 단계(②)에서 초능력의 공통성은 정복 능력이다. 다양한 초감각적 정복 능력의 종국에 물질의 근원(근본원질)까지 정복한다. 이로부터 요기는 모든 것을 아는 전지자(全智者)가 될 수 있다. 이는 식별지가 확립된 단계에 상당한다.

셋째 단계(③)는 식별지의 발현과 적용 과정이다. 여기서는 초능력까지도 초월함으로써 독존(해탈)을 성취한다. 이때 식별지는 독존의 직접적인 수단이다.

『요가경』에서 제시하는 초능력의 종류를 정확히 헤아리기는 곤란하다. 왜냐하면 한 가지 총제로부터 둘 이상의 초능력을 열거하는 경우가 있고, 식별지를 강조하는 종결부에서는 초능력과 식별지를 분간하기 곤란하기 때문이다. 그럼에도 Dasgupta가 작성한 아래의 일람표[322]는 총제로써 집중하는 대상과 이 결과로 얻게 되는 초능력의 전반적 기조를 가늠하기에 유용하다.

〈표 35〉 초능력 개요

총제의 대상	성취된 능력
1. 3종의 전변(속성, 시간적 형태, 상태에 따른 사물들의 변화)	
2. 일상적으로는 하나로 병합된 것처럼 보이는 명칭, 외적 대상, 개념에 대한 차이	• 모든 생물이 내는 소리에 통달
3. 선악의 성질이 남긴 잠세력	• 전생에 통달(숙명통)
4. (대상과 결부되지 않은) 개념 자체	• 다른 사람의 마음에 통달(타심통)
5. 신체의 형태	• 투과
6. 빠르거나 더딘 과보의 업	• 죽음의 도래에 통달
7. 우의, 연민, 동정	• 친화력
8. 코끼리의 힘	• 코끼리와 같은 능력
9. 태양	• 세계(국토 등의 지리적 형세)에 통달

322 Dasgupta(1924) pp. 157-8.

〈표 35〉 (계속)

총제의 대상	성취된 능력
10. 천공(=달)	• 천체(=별들의 배치)에 통달
11. 북극성	• 천체의 운행에 통달
12. 배꼽	• 신체 구조에 통달
13. 목구멍	• 배고픔과 목마름을 극복
14. 거북 모양의 관(管)	• 견고함(=마음의 안정)
15. 머릿속의 광채	• 모든 것을 아는 직관
16. 심장	• 마음에 통달
17. 순수정신	• 자아에 통달
18. 물질 원리들의 조대성, 미세한 편재성, 목적성	• 요소들을 통제, 신체의 완성, 이것들의 속성을 지배
19. 지각의 작용, 본성, 자아의식, 편재성, 목적성	• 감관을 지배, 신속한 지각, 근본원질을 지배

그러나 초능력은 반드시 대응하는 총제와 결부되어 있음을 기준으로 하면, 『요가경』의 초능력들을 위의 목록보다 상세하게 추출해 낼 수 있다. 이 경우에 초능력을 낳는 총제의 대상은 26종이다. 『요가경』에서는 이러한 총제로부터 발생하는 초능력을 30경에 걸쳐 예시한다. 아래의 목록에서는 『요가경』의 경문만으로는 의미를 파악하기 곤란할 경우, 『요가주』의 설명을 참조했다.

〈표 36〉 출처별 초능력 세목

YS	총제의 대상	성취된 능력
3.16	3종(속성, 시간적 형태, 상태)의 전변	과거와 미래에 통달
3.17	말과 대상(의미)과 관념의 차이	모든 생물의 소리에 통달
3.18	선악의 잠세력	전생에 통달(숙명통)
3.19	자기 또는 타인의 관념	타인의 마음에 통달(타심통)
3.21	신체의 형상	신체의 은몰
3.22	빠르거나 느린 과보의 업	죽음에 통달
3.23	자애(慈), 연민(悲), 기쁨(喜)	불굴의 용기

〈표 36〉 (계속)

YS	총제의 대상	성취된 능력
3.24	코끼리 따위의 힘	코끼리 따위와 같은 힘
3.25	마음의 빛	투시력과 같은 인식력
3.26	태양	모든 세계(지리적 형세 등)에 통달
3.27	달	천체에 통달
3.28	북극성	천문에 통달
3.29	배꼽	신체 구조에 통달
3.30	목구멍	기아와 갈증의 소멸
3.31	거북 모양의 맥관	마음의 안정
3.32	이마의 광휘	성취자(초능력자)를 지각
3.34	심장	마음에 통달
3.35	순수정신의 관념(순수한 의식)	예지(반야)
3.36	순수정신의 관념(순수한 의식)	직관, 초인적 감각
3.38	순수정신의 관념(순수한 의식)	다른 신체로 마음의 이동
3.39	상승하는 숨(上氣)	사후 승천
3.40	균배하는 숨(等氣)	광채
3.41	청각과 공(空)의 관계	신묘한 청각
3.42	신체와 공의 관계, 솜처럼 가벼운 것	공중 부양
3.43	신체 이탈의 마음	번뇌, 업, 과보의 소멸
3.44	5조대요소와 5미세요소의 양태	요소들을 정복
3.45-46	5조대요소와 5미세요소의 양태	8신통, 완전한 신체
3.47	감관의 다섯 양태	감관들을 정복
3.48	감관의 다섯 양태	신속 이동, 감관의 자재력, 근본원질 정복
3.52	찰나와 이것의 상속	식별지

위의 목록에서 8신통은 고전 상키야에서도 거론되는 대표적인 초능력이다. 『요가주』에서는 8신통을 다음과 같이 설명한다.[323]

323 YBh 3.45. 정승석(2020) pp. 219-220.

①극소화는 원자가 되는 것이다.

②경량화는 가볍게 되는 것이다.

③거대화는 크게 되는 것이다.

④도달력(연장력)은 손가락 끝으로도 달에 미치는 것이다.

⑤수의력(隨意力)은 원하는 것에 대한 장해가 없는 것으로서, 마치 물속에서 처럼 땅속에서 꿰뚫어 가거나 헤어나는 것이다.

⑥지배력은 요소와 물질들에 대해 지배자가 되는 것이며, 다른 것들에게 지배되지 않는 것이다.

⑦주재력은 그것들(요소와 물질)들의 생성과 소멸과 배열을 관장하는 것이다.

⑧원하는 대로 결정하는 능력[324]은 요소들과 그 성질들의 상태가 의도하는 대로 되도록 목적을 실현하는 것이다.

현대 학자들이 8신통을 거론하거나 소개할 경우, 그 대부분은 위와 같은 『요가주』의 해설에 의거한 것이다. 예를 들어 이들은 8신통을 아래의 표와 같이 이해한다.

〈표 37〉 요가 철학의 8신통

초능력	Pandurang Vaman Kane[325]	戸田裕久[326]
①극소화(aṇiman)	원자화. 원자처럼 작게 됨	신체의 미세화
②경량화(laghiman)	공중 부양	신체의 경량화
③거대화(mahiman)	확대. 산 또는 하늘처럼 확대됨	신체의 거대화
④도달력(prāpti)	연장. 손가락 끝으로 달을 만지는 것처럼 모든 대상이 가깝게 됨	원격(遠隔) 도달

324 이 초능력은 사물의 성질을 특수하게 변화시키는 능력이다. Vācaspati와 Vijñāna Bhikṣu는 동일한 예를 들어 설명한다.
"[다른 사람에게] 먹인 독(毒)도 감로의 효과를 의도하면 [그 사람을] 살려 낸다." (viṣyam apy amṛta-kārye saṃkalpya bhojayañ jīvayatīti | TV 3.45. Bodas Bodas 1917:170, 14-15행)
"[다른 사람에게] 먹인 독도 감로의 효용을 의도하면 살아 있는 세계를 즐기게 한다."(viṣyam apy amṛtasyārthaṃ saṃkalpya bhojayan jīvalokaṃ sukhākarotīti | YV 3.45. Rukmani 1987:175, 21-22행)

〈표 37〉 (계속)

초능력	Pandurang Vaman Kane	戸田裕久
⑤수의력(prākāmya)	땅속으로 들어가서 물속에 있는 것처럼 떠오르듯이, 바라는 대로 장애가 없게 됨	수의(隨意) 행동
⑥지배력(vaśitva)	5조대요소와 그 결과의 장악	물질 원소를 지배하고 이것으로 구성된 사물을 지배
⑦주재력(īśitva)	요소들과 그 결과의 생성, 귀멸, 배열을 통치	그것들(물질 원소)의 생기, 소멸, 배열을 통제
⑧원하는 대로 결정하는 능력 (yatra-kāmāvasāyitva)	소원이나 의지에 따라, 즉 독이 감즙의 효력을 가질 수 있도록 하여 그 결과를 일으키듯이, 사물을 결정하는 힘	물질 원소의 작용을 뜻대로 함으로써 욕망의 충족을 가능하게 하는 힘

상키야 철학의 주석서들에서 열거하는 8신통[327]도 여기서 설명하는 것과 거의 같다. 사소한 차이라면, 위의 ⑥과 ⑦을 하나로 묶고 '무겁게 되는 것' 즉 중량화(gariman)를 셋째 또는 넷째로 추가한 것뿐이다.[328] 상키야 철학의 주석서들 중『금칠십론』에서는 다음과 같이 '중량화'를 언급하지 않는다.

(1)=①미세하여 극히 작게 되는 것이다.
(2)=②매우 가벼워 마음이 극히 신묘하게 되는 것이다.
(3)=③편만하여 허공에까지 미치는 것이다.
(4)=④뜻하는 데까지 도달하는 것이다.
(5)=⑦어느 곳에서나 다른 것보다 우월하여 모든 세간의 본래 주인이 되는 것이다.

....

325 Kane(1977) p. 1113.

326 戸田裕久(1995) p. 421.

327 고전 상키야의 경우는 @제4장 각주 126 참조.

328 상키야 철학에서 8신통은『상키야송』제23송(SK 23)을 해설하는 데서 언급된다. 중량화(gariman)를 *Gauḍapāda-bhāṣya*의 경우에는 셋째로, *Tattva-Kaumudī*의 경우에는 넷째로 열거한다.

(6)=⑥물질 요소들을 원하는 대로 일시에 사용할 수 있는 것이다.

(7)=?⑧다른 것에 구속되지 않으며, 자기를 따르도록 모든 세간의 중생을 부릴 수 있는 것이다.

(8)=⑤머물고자 하는 곳이라면 시간과 장소를 불문하고 마음대로 머물 수 있는 것이다.[329]

여기서 열거하는 8신통의 내용은 순서의 차이를 제외하면 『요가주』에서 제시한 8신통과 대체로 합치한 것으로 보인다. 그러나 『금칠십론』의 (7)은 (5)와 유사하고 『요가주』의 ⑧과도 확연하게 일치하지는 않다. 앞서 언급한 상키야 측의 다른 사례들까지 고려하면 『요가주』에서는 기존의 8신통을 한결 더 정비한 것으로 평가할 수 있다.

요가 철학에 따르면 이 8신통을 포함한 초능력들은 삼매에 몰입하는 과정에서 발생한다. 이것들은 수행자에게 요가의 효력에 대한 확신을 고취할 수 있다. 이것이 『요가경』에서 초능력을 최대로 망라하여 제시한 의도일 것이다. 이에 따라 수행자가 목표를 향해 진력하여 얻을 수 있는 초능력은 식별지의 계발이다. 수행자가 이 목표나 이상을 상실한다면 초능력들은 아무런 가치가 없다.

『요가경』에서 해탈의 수단으로 중시한 식별지의 기능은 명료한 지각이다. 너무 유사하여 분간할 수 없는 미세한 차이를 지각할 수 있게 하는 능력이 식별지의 기능이다. 『요가경』에서는 어떤 장소뿐만 아니라 종류와 특징의 차이를 식별지로 구별할 수 있다고 평범하게 말하지만,[330] 『요가주』의 저자는 그 취지를 확장하여 이해한다. 이에 의하면 원자가 움직이는 찰나까지 지각하는 것이 요가 수행자의 식별지이다.

....

329 金七十論 권上(T 54:1251a): "一者微細極隣虛. 二者輕妙極心神. 三者遍滿極虛空. 四者至得如所意得. 五者三世間之本主, 一切處勝他故. 六者隨欲塵一時能用. 七者不繫屬他, 能令三世間眾生隨我運役. 八者隨意住, 謂隨時隨處隨心得住."

330 "유사한 둘에 대해서는 종류, 특징, 장소로써 차이가 구별되지 않기 때문에, 그것(식별지)을 통해 [차이를] 지각한다." (jāti-lakṣaṇa-deśair anyatānavacchedāt tulyayos tataḥ pratipattiḥ ‖ YS 3.53)

종류와 특징과 장소가 유사한 [두] 원자의 경우, 앞에 있는 원자의 장소와 일치하는 찰나를 직관함으로써 뒤에 있는 원자가 그것(일치하는 찰나)의 장소와 부합하지 않을 때, 뒤에 있는 것(원자)의 그 장소에 대한 지각은 [장소와] 일치하는 찰나의 차이 때문에 [앞의 장소에 대한 지각과는] 구분된다. 유능한 요기에게는 [이처럼] 그 둘을 차별하는 관념이 있다.[331]

이 같은 명석한 직관력을 발휘하는 식별지의 궁극적 기능은 통각의 순질을 순수정신과는 다른 것으로 지각하는 능력이다. 상키야-요가 철학에서는 이 식별지만을 순수정신의 독존인 해탈로 인도하는 유일한 수단으로 간주한다. 통각의 순질이 발휘하는 지적 기능과 순수정신의 지성은 너무 흡사하기 때문에 양자의 차이를 지각할 수 있는 유일한 기능이 식별지이기 때문이다. 주석자들의 설명에 따르면 해탈의 여정은 다음과 같이 식별지로부터 시작된다.

식별지 → 법운삼매 (→ 식별지)[332] → 번뇌와 업의 소멸 → 무한 지혜 → 전변 종료 → 독존(해탈)

10.5.3. 초능력의 극복과 식별지

『요가경』에서 말하는 '지혜'란 삼매의 지혜이며,[333] 상키야-요가 철학에서는 이것을 식별지로 일컫는다. '식별로부터 발생하는 지혜'[334]인 식별지는 고통을 파기하여 해탈로 인도하는 수단이다. 『요가주』에서는 식별지를 다음과 같

331 YBh 3.53. 정승석(2020) p. 233.

332 이는 다음과 같은 Vācaspati의 설명을 반영한 것이다.
"법운삼매에 전념해야 한다. 그래서 그것에 전념할 때 언제나 식별지가 발생한다." (dharmamegham samādhim upāsīta | tad-upāsane ca sarvathā vivekakhyātir bhavati | TV 4.29. Bodas 1917:211, 19-20행)

333 @제10장 각주 237 참조.

334 "찰나와 이것의 상속(相續)에 총제함으로써 '식별로부터 발생하는 지혜'(식별지)가 [현출한다.]" (kṣaṇa-tat-kramayoḥ saṃyamād vivekajaṃ jñānam || YS 3.52)

이 정의하여 설명한다.

> 식별지란 [통각의] 순질과 순수정신이 다르다는 관념이다. 그러나 허위의 지식이 사라지지 않으면 그것은 동요한다. 허위의 지식이 종자가 타버린 상태인 생산 불능의 상태가 될 때, 번뇌의 동질(動質)을 내쫓은 순질은 최상의 무과실성(無過失性), 즉 의식을 정복한 최고 상태에 머무는데, 이 순질에 속하는 식별 관념의 흐름은 청정하게 된다.
> 혼동 없는 그러한 식별지가 파기의 수단이다. 이로부터 허위의 지식은 종자가 타버린 상태가 되어 다시는 발생하지 않는다. 따라서 이것이 해탈의 길이며 파기의 수단이다.[335]

총제는 초능력의 원천이 되는 동시에 식별지를 얻는 수단이다. 그러나 초능력에 안주하면 식별지는 발현될 수 없으므로, 초능력은 식별지의 장애 요인이 될 수 있다. 이 때문에 『요가경』에서는 초능력의 한계를 지적하는 것으로 초능력에 안주하는 것을 경계한다.

앞에서 인용했듯이 『요가경』은 출생, 약초, 주문, 고행, 삼매로부터 초능력이 발생한다는 통념을 교시하는 것으로 제4장을 시작한다. 그러나 『요가경』은 곧장 이 통념에 대한 수행론적 전환을 시도한다. 즉 초능력을 일으키는 다섯 요인을 소개하고 나서, "그 중에서 정려(=삼매)로부터 발생한 것은 잠재력(=잠재업)을 갖지 않는다."[336]고 교시한다. 『요가주』에서는 이 교시의 취지를 다음과 같이 설명한다.

....

335 YBh 2.26. 정승석(2020) p. 136.

336 tatra dhyānajam anāśayam ‖ YS 4.6. 아래 주석으로 알 수 있듯이, 여기서 정려는 삼매의 동의어로 인식되어 있다. 이 같은 용어의 혼용은 정려와 삼매를 차별하지 않았던 통념에서 기인한 것으로 이해할 수 있다. 예를 들어 한역 불전에서 정려의 원어는 선정(禪定)으로 번역되만, 불교에서는 선정과 삼매가 동일한 용어로 통용된다.

화생심은 5종, 즉 출생, 약초, 주문, 고행, 삼매로부터 발생한 초능력[을 지닌 마음]이다. 그 중에서 정려(삼매)로부터 발생한 마음은 결코 [업의] 잠재력을 갖지 않는다. 즉 그것에게만 탐욕 따위로 발동하는 잠재력이 없으며, 또한 선(善)이나 악(惡)과의 결합도 없다. 요기는 번뇌를 소멸하기 때문이다. 그러나 다른 것들(삼매 이외의 넷)에게는 업의 잠재력이 존재한다.[337]

이 설명은 정려(즉 삼매)에 초능력을 능가하는 '번뇌 소멸의 효력'이 있음을 역설하는 데 초점이 있다. 이는 초능력이 총제로부터 발생함을 예시하면서도 삼매의 장애가 되는 초능력을 경계하는 취지와 맥락을 같이한다. 즉 『요가경』의 제3장에서 "그것들(초인적 감각)은 삼매에서는 장애이며, [마음이] 산만할 때는 초능력이다."[338]라고 교시하고, 『요가주』에서는 이에 대해 다음과 같이 약술한다.

마음이 집중된 경우에 발생하고 있는 그 직관 따위는 그 [집중된 마음의] 관찰과는 반목하기 때문에 장애(불행)가 된다. [그러나] 마음이 산만한 경우에 발생하고 있는 그것들은 초능력이 된다.[339]

이 설명에 따르면, 초능력으로 간주되는 직관이나 초인적 감각은 삼매에서 발생하지만, 삼매의 진전에서는 장애가 되며, 마음이 흐트러질 경우에 그것들은 단지 초능력에 그칠 뿐이다. 다시 말해서 초능력은 온전한 삼매에 도달하지 못한 상태에서 발생한다는 것이다. 그러므로 모든 번뇌가 소멸하는 온전한 삼

....

337 YBh 4.6. 정승석(2020) p. 242.

338 YS 3.36, YS 3.37. @제7장 각주 10 참조.

339 YBh 3.37. 정승석(2020) p. 210. 이 설명의 취지를 다음과 같이 이해할 수 있다.
"이는 어디까지나 기존의 물질 원소, 그리고 이것으로 구성된 물질을 의지의 힘으로 조작함으로써 성립하는 것이며, 아무런 소재도 없이 사물을 만들어 낼 수 있다고 주장하는 것은 아니다. 또한 요가를 실제로 수련하는 과정에서 여러 가지 초자연력이 저절로 획득된다고 말하기는 하지만, 그것은 요가의 궁극도 목적도 아니며 오히려 장해가 된다." 戶田裕久(1995) p. 421.

매를 추구하는 수행자에게 초능력은 장애가 되는 경계의 대상이다.[340] 그럼에도 불구하고 초능력에 안주한다면, 이는 "불행하게 태어난 자가 푼돈의 재산을 갖고서도 큰 재산을 가진 [것처럼 생각하는] 것과 같다."[341]

요가 철학에서 수행의 목표는 독존으로 불리는 해탈이다. 이 해탈은 식별지라는 지혜로 성취되며, 식별지를 얻기 위해 전념하는 수행이 총제이다. 이 총제의 마지막 단계가 삼매이지만, 이 삼매에도 경지의 차별이 있으므로 그 최종 경지인 무종삼매에 도달하는 것으로 수행의 목표는 달성된다. 초능력은 이 과정에서 일차적으로 발생한다. 그러나 초능력은 식별지의 성취에 장애가 된다. 그러므로 수행의 완성인 독존은 초능력을 초월한 이후에서야 가능하다. 이 점을 『요가경』에서는 "과실(過失)의 종자가 소멸할 때, 그것(초능력)들에 대해서도 초연함으로써 독존이 [도래한다.]"[342]라고 교시한다.

이상과 같이 요가 철학의 수행론에서 초능력은 극복의 대상이다. 그렇기는 하지만 초능력은 식별지를 성취할 수 있을 만큼 수행이 진전되었다는 징표, 특히 삼매에 들어섰다는 징표로 간주된다. 그러므로 『요가주』의 저자는 초능력을 취급한 제3장을 종료하면서 다음과 같이 서술한다.

> 순질을 정화함으로써 삼매에서 발생하는 이 초능력과 지혜는 먼저 취급되었다. 그러나 진실한 의미에서는 지혜를 통해 그릇된 인식이 사라진다. 이것이 사라질 때, 번뇌는 더 이상 존재하지 않는다.[343]

....

340 요가 철학에서 초능력을 경계한 취지는 다음과 같은 서술로 충분히 이해할 수 있다.
"빠딴잘리(=파탄잘리)는 공중 부양과 같은 초능력(siddhi)을 잘 알고 있었지만, 그러한 성취를 참다운 신비 체험과 혼동하는 데 대해 경고하고 있다. 특수한 능력이 약물이나 단식, 혹은 영적 명상의 부수 효과로서 일어날 수 있다. 요기 혹은 신비가는 그러한 초능력을 자신의 명성과 재물을 위해 사용하려는 유혹으로부터 끊임없이 자신을 지켜야 한다. 그런 능력을 함부로 사용하는 것은 힘들게 노력하여 정상에 오른 후에 높은 낭떠러지로부터 추락하는 것과 같다고 말한다. 그 추락한 요기가 입는 피해는 그가 성취했던 것보다 더 크다." 코워드(1993) p. 242.

341 janma-durgata iva draviṇa-kaṇikām api draviṇa-saṃbhāram | TV 3.37. Bodas(1917) p. 160, 21-22행.

342 tad-vairāgyād api doṣa-bīja-kṣaye kaivalyam || YS 3.50.

여기서 언급하는 '지혜'는 물론 식별지를 지칭한다. Vācaspati는 이 지혜(식별지)에 앞서 초능력을 먼저 언급한 점에 특별한 의미를 부여한다. 그는 범어 문법의 제3격(구격)에 관한 규정(Pāṇ 2.3.21)을 인용하면서 다음과 같이 설명한다.

> 제3격은 이러저러한 정황을 표시하는 데 사용된다. 초능력들은 독존을 위해 절대적으로 수단이 되지 않는다는 것이 아니라, 직접적으로는 [수단이] 되지 않는다는 의미이다.[344]

범어(산스크리트)에서 제3격은 수단을 표시하는 격어미이다. Vācaspati는 제3격이 수단만을 표시하는 것이 아니라 정황도 표시한다는 문법 규정을 적용하여, 이 경우에는 초능력이 정황을 표시할 뿐이라고 설명한다. 이에 의하면 초능력은 해탈을 위한 직접적 수단이 되지는 않는다. 그러나 초능력은 해탈에 근접했다는 정황 증거로 간주될 수 있다. 수행자가 초능력을 이와 같이 인식한다면, 이제 그 정황에 고무되어 삼매를 심화하도록 더욱 매진할 수 있을 것이다. 바로 이 점이 초능력에 부여할 수 있는 수행론적 의의이다. 다시 말하자면 삼매 수행에서 초능력은 극복의 대상으로 인식될 때, 그것은 삼매의 심화를 촉구하는 자극제가 될 수 있다.

초능력으로 식별지를 강조하는 요가 철학의 수행론은 역설적이다. 삼매에 전념하는 수행자에게 초능력은 식별지의 전조가 되지만, 정작 식별지는 그러한 초능력으로부터 벗어날 때라야 성취될 수 있다.

....

343 YBh 3.55. 정승석(2020) pp. 235-6.

344 itthaṃ bhūta-lakṣaṇe tṛtīyā | nātyantam ahetavaḥ kaivalye vibhūtayaḥ kiṃ tu na sākṣād ity arthaḥ | TV 3.55. Bodas(1917) p. 181, 16-17행.

제11장

전통의 부흥과 개발

제11장

전통의 부흥과 개발

이 책의 서론에서는 별도의 제목을 달지는 않았지만 "수행의 시대를 선도한 요가 철학"을 주제로 서술했다. 이후 본론에서는 그 요가 철학이 사실은 인도의 이원론인 상키야 철학과 불가분리의 관계로 연계되어 온 실체적 내용을 고찰했다. 졸저의 장정(長程)을 마무리하는 이하에서는 서론과 짝을 맞추어, 20세기 이후 전개된 상키야－요가의 부흥과 현대 요가의 시발을 서술하는 것으로 결론을 대신한다.

11.1. 상키야－요가의 부흥

인도의 종교와 철학을 연구하는 대부분의 학자들에게 상키야 철학은 진즉 사라진 전통으로 알려져 있다. 이 전통은 일반적으로 현대 인도의 사조와 결합되지 않았다. 이 때문에 현재의 인도에도 상키야 철학의 전통이 존재한다는 것을 의외로 여길 만하다.

현존하는 상키야 전통의 거점은 자르칸드(Jharkhand) 지방의 마드푸르(Madhupur)에 있는 '카필 마트'(Kāpil Maṭh)이다. 카필 마트는 그 명칭 자체로 상키야 철학의 개조인 카필라의 계승 집단임을 표방한다.[1] 이 작은 규모의 카필 마트가 오늘날 인도에서 상키야-요가의 철학적 전통을 계승하고 있는 가장 큰 조직이자 아마 유일하게 현존하는 전통일 것이다.

카필 마트의 전통은 학자인 동시에 수행자인 하리하라난다 아란야(Hariharānanda Āraṇya)[2]에 의해서 시작되었다.[3] 하리하라난다는 19세기 후반에서 20세기 초반에 걸쳐 인도의 사상계를 풍미했던 위대한 사상가들 중의 일원이며, 학자로서는 거의 유일한 상키야-요가의 수행자이기도 하다.[4] 그는 상키야의 해탈관에 따른 독존을 위해 은둔 수행을 몸소 실천했다. 그가 다른 사상가들에 비해 세간에 잘 알려져 있지 않았던 것도 이 때문일 것이다. 하리하라난다는 20권 이상의 저서를 출간했음에도 그가 학계에서도 주목받지 못했던 것은 그 저서의 상당수가 산스크리트어와 벵골어로 작성되었기 때문일 것이다. 그는 명성에는 무관심했으며, 심지어 제자들이 그에 대한 자서전을 쓰는 것까지도 금지했다고 알려져 있다.

하리하라난다는 인도의 벵골(Bengal) 출신이며 이 지역에서 활동했다. 노벨 문학상의 수상자인 타고르(Rabindranath Tagore, 1861~1941)를 비롯하여, 31세

....

1 카필 마트(Kāpil Maṭh)의 의미와 유래에 관해서는 @제2장 각주 3 참조.

2 이름에서 Āraṇya는 성씨이지만, 이 성씨는 일반적인 가계(家系)의 성씨가 아니다. 불교의 승려들이 석가모니의 석(釋)자를 성씨로 사용하는 것과 같다. 현재 3대째 이어지고 있는 하리하라난다의 후계자들도 자신들의 이름에 이 Āraṇya를 성씨로 붙인다. 이 때문에 졸저의 참고문헌에서는 이름으로 이들을 구분했다. 산스트리트에서 āraṇya는 숲을 의미하며, 세속을 떠나 격리된 채 살아가는 은둔자의 삶을 상징한다.

3 Hariharānanda Āraṇya가 설립한 카필 마트를 상키야-요가의 현대적 전통으로 맨 먼저 소개한 학자는 Gerald James Larson로 알려져 있다. 그는 자신의 저서에서(Larson 1979:278) Hariharānanda에 관해 간단히 서술했다. Jacobsen(2005:333)에 의하면 그는 Ram Shankar Bhattacharya가 제공한 정보로 이 사실을 알게 되었다고 한다. Larson과 Bhattacharya의 유대 관계는 나중에 『인도철학 백과전서』(*Encyclopedia of Indian Philosophies*)를 함께 편찬한 것으로 잘 알려져 있다.

4 Ram Shankar Bhattacharya는 하리하라난다의 후계자인 Dharmamegha가 출간한 저서의 서문에서 하리하라난다를 다음과 같이 평가했다.
"Hariharānanda Āraṇya는 상키야를 수행하는 요기로서는 유일한 20세기의 인물로 알려져 있으며, 현대의 많은 학자들은 상키야-요가에 대한 그의 해설을 원전만큼 가장 권위 있는 것으로 인정해 왔다." Dharmamegha(1989) p. ix.

의 젊은 나이에 인도와 힌두교의 가치관을 미국에서 최초로 강연한 스와미 비베카난다[5]와 인도철학의 대학자인 다스굽타가 벵골 출신이다. 이렇듯이 벵골 지방은 인도의 과거 전통이 살아 있는 곳으로 알려져 있으며, 20세기를 전후로 이 밖의 유명한 사상가들을 배출한 곳이기도 하다. 이하에서는 이 지역을 중심으로 전통의 부흥을 선도한 인물들을 소개한다.

11.1.1. 부흥 운동의 거점

지난 100여 년 동안 요가는 세계적으로 유행하였으며, 요가 시장은 갈수록 더 많은 사람들을 수련생으로 끌어들이고 있다. 이에 반해 상키야는 같은 시기에 학계의 외부에서는 거의 주목받지 못했다. 현대의 많은 요가 지도자와 수련생은 고전 요가가 상키야의 일파였고 상키야는 요가의 근본이라는 점을 모르고 있거나 인정하지 않는다. 이는 요가의 본원인 인도의 전통과는 멀리 벗어나 있다.

상키야-요가의 일차 원전에 대한 주석서들은 추종하는 학파와는 상관없이 철학적 고전에 해박한 전문가들에 의해 작성되어 왔다. 이들 중에는 당연히 상키야-요가의 학자나 수행자가 아닌 이들도 포함되어 있다. 예를 들어 Vācaspati의 *Tattva-kaumudī*와 *Tattva-vaiśāradī*는 각각 『상키야송』과 『요가주』의 주석으로 유명하다. *Tattva-kaumudī*는 현재 인도의 대학들에서도 교재로 가장 자주 사용되는 문헌이다. Vācaspati는 상키야-요가의 신봉자가 아니면서 상키야를 해석한 대표적인 인물이다. Vijñāna Bhikṣu는 상키야 및 요가의 주석서들을 저술하여 16세기를 전후로 상키야 철학의 부흥에 크게 일조한 학자이지만, 그 자신이 추종하는 철학은 베단타였다. 이들에게는 상키야-요가의 보편적 가치와 유구한 전통이 관심사였을 것이다.

....

5 1893년 미국 시카고에서는 주요 종교의 대표자들이 모여 '만국종교의회'로 불리는 국제 회의를 최초로 개최했고, 비베카난다는 힌두교의 대표로 참석했다. 그는 첫째 연설을 "미국의 자매 형제 여러분!"이라는 인사로 시작했는데, 이 인사는 청중들로부터 2분 동안 기립 박수를 받았다. 6회에 걸쳐 진행된 그의 연설은 『비베카난다 전집』 제1권(Mayavati 1965:3-24)에 수록되어 있다.

20세기에 하나의 유사한 예가 벵골 지방에 있었다. 서론에서 소개한 다스굽타가 바로 벵골 출신이다. 그는 20세기 상반기에 인도에서 상키야-요가의 역사와 교의를 저술했던 주도적인 학자들 중의 한 사람이다. 다스굽타는 인도철학의 사학자로서, 그리고 상키야와 요가의 철학자로서 세계적인 명성을 얻었다. 다스굽타는 또한 캘커타(현재의 콜카타)에서 종교 사학자로서 유명하게 된 미르체아 엘리아데(Mircea Eliade)의 지도교사였다. 엘리아데의 저서인 『요가: 불멸성과 자유』는 당대에 서양 학자들 사이에서 요가에 관한 학문적 권위가 되었다. 그러나 다스굽타가 개인적으로 상키야-요가를 수행하거나 직접 체험한 적은 거의 없었다. 그는 학자였지 상키야-요가 수행자는 아니었다. 이것으로 그의 학문적 수준을 판단할 수 있는 것은 아니다. 다만 그의 학문이 상키야-요가를 종교적으로 직접 체험하는 수행자들에게 많은 통찰을 주지 못했던 것은 이 때문일 수 있다.

벵골은 19세기와 20세기 초에 힌두교의 전통을 일깨우는 부흥의 중심지였다. 종교적인 운동의 상당수가 이 시기에 벵골에서 형성되었다. 거기에는 몇몇 전통적인 운동과 종교적인 개혁을 지향하는 운동이 있었다. 그것들 중 대다수가 요가였다. 그 운동은 이후의 문화적 변화에 영향을 미쳤다. Ray(1965)에 의하면 현대 벵골에서 이 여파로 형성된 운동은 크게 세 가지로 분류된다.

첫째, 벵골 전체에 미치는 영향력을 가진 운동이다. 이 중 가장 대중적인 영향력을 발휘한 단체는 Brahmo Samaj와 Ramakrishna(=Rāmakṛṣṇa) Mission이었다.

둘째, 규모가 큰 사회 단체 출신으로 이루어진 종교적인 조직체로서 Bhārat Sevāśrama Saṃgha가 대표적인 단체이다.

셋째, 스승을 중심으로 소수의 제자들이 스승과 함께 설립한 수행처인 아슈라마(āśrama)들이다. 여기서 제자들은 스승을 숭배하고 그의 가르침을 따랐으나 스승이 엄격하게 조직화된 형식을 요구하지는 않았다.[6]

....

6 "벵골에서 그러한 스승들의 수는 막대했으며, 한 두 명의 스승이 없는 촌락은 발견하기 어려울 정

상키야-요가에 대한 다스굽타의 관심은 19세기 후반과 20세기 초, 벵골에서 있었던 상키야-요가에 대한 거대한 도취 상태의 일부인 것처럼 보인다. 이 시기에 벵골에서 주도적으로 활동한 종교적 인물들 중에서는 요가에 관심을 가진 인물들이 숫자로는 가장 현저했기 때문이다. 이들 중에서 인도 전국 또는 국제적으로 명성을 얻어 인지도가 높았던 인물들로는 Rāmakṛṣṇa, Vivekānanda, Aurobindo, Paramahaṃsa Yogānanda, Praṇavānanda, Anirvan, Ānandamayī Mā 등을 들 수 있다. 이들 중에서 몇몇은 종교적으로는 베단타 철학을 추종했을지라도 상키야-요가에 관심을 갖고 자신들의 사상에 이 관심을 표명했다. 상키야에 대한 그들의 해석은 유별난 면이 있다.

비베카난다(Vivekānanda)는 자신의 저서들에서 '요가'라는 용어를 장려했는데, 그는 『요가경』에 교시된 '8지 요가' 대신 '라자 요가'(Rāja-yoga)라는 용어를 대중화했다. 그리고 『요가경』의 번역과 주석을 곁들인 요가 안내서를 출간하였다. 이 책에서 그는 라자 요가의 완벽한 모습은 상키야 철학에 기반하고 있다고 서술하였다.[7] 그는 이로써 상키야-요가에 대한 관심을 유발하는 데 크게 공헌했다.

오로빈도(Aurobindo)는 요가 수행자였다. 그 역시 요가를 주제로 몇 권의 책을 저술했다. 1908년, 그는 자신의 요가 수행이 부족하다는 것을 경험하고 나서, "내면의 활동을 잠재울 수 있게 할" 스승의 가르침을 찾아 나선다.[8] 그 스승의 가르침 또는 지침은 그에게 비인격적인 브라만 또는 절대에 대한 체험에 눈뜨게 하였으며, 자신의 요가에서 얻은 첫 번째의 근본적인 깨달음이었다.[9] 그는 사실

....

도였다." Ray(1965) p. iii.

7 Vivekānanda(2004) p. 13. 그는 이 책의 서문에서 상키야와 요가 사이에는 차이가 희소하다는 관점을 표명했다. ibid. p. x.

8 Cf. Heehs(2000) p. 212. "내면의 활동을 잠재운다"는 것은 『요가경』에서 요가를 정의한(YS 1.2) 개념인 '마음의 작용을 억제하는 것'(cittavṛtti-nirodha)을 가리킬 것이다. 그러므로 그가 찾아 나선 스승은 『요가경』이 된다.

9 Cf. ibid.

상 힌두교의 전통이 요가로 대체되기를 원했다.

20세기 벵골의 성자들 중에서 아니르완(Anirvan, 1896~1978)은 상키야의 추종자이자 상키야의 교사였다. 그는 오로빈도의 찬미자였으며, 그가 가르친 상키야도 오로빈도의 영향을 받았을 것이다. 아니르완은 두 종류의 상키야, 즉 철학적인 상키야와 비의적인 상키야가 있다고 주장한다. 그는 '비의적인 상키야'를 탄트라와 동일시하여[10] 선호했다. 이 때문에 그가 자신의 저서(Anirvan, 1972)에서 말하는 상키야의 개념들은 고전 상키야의 전통에서는 보이지 않는다. 오로빈도와 아니르완은 모두 상키야-요가 전통의 범위에 있는 수행자가 아니다.

11.1.2. 하리하라난다의 카필라 계승

하리하라난다는 현재 벵골의 주도인 콜카타(Kolkata, 옛 지명은 캘커타) 출신이고 그의 추종자들도 대부분은 예나 지금이나 벵골 사람들이다. 그가 20세기 벵골에서 상키야-요가를 부흥시켰다고 말하는 것은 결코 과장이 아니다. 하리하라난다는 그의 마지막 여생을 마두푸르(Madhupur)의 카필 마트에서 보냈다. 그것은 그의 제자들이 그를 위해 지어 준 것이다. 하리하라난다의 사후에는 그의 제자인 다르마메가(Dharmamegha)[11]가 이 전통의 살아 있는 스승이 되었다. 다르마메가는 그의 스승과는 달리 산스크리트 문헌을 저술하지는 않았으나 스승처럼 요가 수행자였으며, 직접적인 대화나 편지 형식으로 상담과 조언에 주력했다.

이 전통에서 주목할 만한 특징은 하리하라난다 이래 그 계승자들은 항상 카필 마트의 내부에 인공적으로 조성한 동굴에서 생활한다는 것이다. 이 동굴은 옛적의 전설적 스승인 카필라가 동굴에서 수행했다고 생각하여 조성된 것이다.

10 Anirvan(1972) p. 99.

11 Dharmamegha라는 이름의 의미는 법운(法雲)이고, 이는 『요가경』에서 최종 삼매인 법운삼매를 일컫는 용어이다.

스승은 원칙적으로 결코 동굴 밖으로 나오지 않는다. 스승과 헌신자는 건물 내부의 동굴에 있는 조그마한 창을 통해서만 대면할 수 있다. 하리하라난다는 20년 이상 이 동굴에서 살았으며, 다르마메가는 30년 이상, 그리고 현재의 계승자인 바스카라(Bhāskara)는 20년 이상 동굴에서 살고 있다.[12]

앞에서 언급한 다스굽타 역시 같은 시기에 벵골에서 활동한 학자이지만, 그가 하리하라난다를 언급하거나 그의 저작을 인용한 적이 없다. 이는 하리하라난다가 그만큼 외부에 알려지지 않았다는 증거가 될 것이다. 그러나 다스굽타의 아내가 된 수라마(Surama)는 하리하라난다를 일찍이 알고 있었다. 인도철학을 전공했던 그녀는 한참 연장자인 다스굽타와 결혼했다. 그녀는 어린 시절에 마두푸르의 하리하라난다를 방문하여 그에게 입문했으며, 미망인이 된 말년에는 카필 마트에서 지냈다.

하리하라난다의 제자들은 수행처를 설립하고 스승들의 계보와 스승의 유산을 보존할 작은 조직체를 만들어 나갔다. 하리하라난다의 첫째 계승자인 다르마메가는 위대한 고행자였으며, 헌신자들에게 많은 관심을 쏟은 듯하다. 그는 새로 입문한 제자들뿐만 아니라 헌신자들을 지도하는 데 많은 시간을 쏟았다. 또한 헌신자들의 질문에는 성의를 다해서 낱낱이 편지로 답변했다. 그는 상키야-요가의 교의를 특히 윤리학의 측면에서 발전시켰다.

하리하라난다의 둘째 계승자인 바스카라는 하리하라난다의 저작을 포함하여 카필 마트에서 발간한 산스크리트어 및 벵골어 저서들을 영어로 번역하여 출판하는 데 주력했다. 이와 더불어 그는 카필 마트에 아름다운 정원을 조성하

---

12 그러나 필자가 근래에 직접 방문하여, 카필 마트의 관리자로부터 한 달에 한 번씩은 동굴에서 나와 대중들과 직접 대화한다고 들었다. 며칠 후가 바로 그 날이라고 들었으나 일정 때문에 직접 목격하진 못했다.
하리하라난다와 그의 카필 마트를 연구 주제로 고찰한 논문은 Jacobsen(2005)이 유일하다. Jacobsen은 카필 마트의 현장 조사와 헌신자들과의 면담, 카필 마트에서 발행한 문헌들에 의거하여 논문을 작성했다고 밝히고 있다. 이하의 서술은 대부분 Jacobsen에 의거하고, 여기에 필자가 방문하여 구입한 자료를 참고하여 추가했다.

여 카필라의 상(像)을 세웠다. 물론 두 스승을 기리는 묘역도 가꾸었는데, 둘째 스승의 유골은 매장인 반면, 첫째 스승인 하리하라난다의 유골은 수목장으로 안치되어 있는 점이 특이하다.

인도의 수행 전통에서 사두(sādhu)로 불리는 수행자가 일정 기간 동굴에 독존하여 명상하는 것이 기이한 일은 아니다. 오히려 사두가 동굴을 절대 떠나지 않기로 서약하는 것이 기이한 일이다. 인도에서는 사두가 한 해의 많은 기간을 떠돌아다니며 지내는 것이 일상사이다. 그러나 카필 마트의 전통은 카필라의 가르침으로 알려진 상키야의 문헌에서도 찾아보기 어렵다. 하리하라난다의 독존 수행은 카필라의 가르침에는 없는 것을 카필 마트에 도입한 것으로 보인다.

상키야-요가의 교의적 해탈은 순수정신이 물질세계를 상징하는 원질로부터 해방되는 것이고, 이 해방을 독존으로 일컫는다. 동굴 속에서 독존한다는 것은 의심할 여지가 없이 바로 그러한 독존을 상징하고 반영한다. 이것은 자아의 독존과 동시에 자신이 신봉한 교의에 대한 믿음을 실현하는 방법이다.

상키야에서 순수정신은 독존하는 자아이다. 이 자아는 순수의식이자 순수존재이며 비활동이므로 다른 어떠한 것에도 의지하지 않고 관심을 갖지도 않는다. 이로써 물질세계로부터 완전히 벗어나 마음의 작용도 정지한다. 이 상태에서 자아는 스스로 발현하여 독존할 뿐이다. 요가 철학에 의하면 자재신도 영원히 독존하는 자아이다. 자재신은 물질성과 연계되지 않는 특수한 자아이다. 그것은 순수하고 지복으로 충만하며 고요한 독존에 머문다.

하리하라난다는 마두푸르의 동굴로 들어가기 전에 수년 동안 인도 북부의 동굴들과 수행처들에서 머물렀다. 그는 6년 동안(1892~1898) 비하르(Bihar) 지방의 바라바르(Barabar) 언덕에 있는 동굴 속에서 살았다. 그의 제자 다르마메가는 바라바르에서 지내던 하리하라난다의 생활을 다음과 같이 묘사했다.

> 그곳에서 그의 세속적인 재산은 오로지 담요 하나, 면으로 된 홑이불 하나, 손수건 하나와 나무 재질의 물 주전자 하나, '몸에 두르는 천'(dhoti) 한 조각

으로 이루어져 있었다. 그 시절에 외딴 산악 지역은 야생 동물들의 거처였다. 이 장소는 매우 위험한 곳이어서, 그 이후로도 30년 동안 양치는 사람들은 양떼를 언덕들이 많은 목초지에 방목했다가 해가 지기 훨씬 이전에 돌아오곤 했다. 그러나 존자께서는 어떠한 장치도 안전을 위해 강구하지는 않았다. 그는 오직 비바람을 막기 위해 천으로 된 가리개만을 동굴 입구에 걸쳐 둘 뿐이었다.

하리하라난다는 닐기리(Nilgiri)의 언덕 중턱에 있는 동굴 같은 방에서도 수행했다. 그는 자전적인 내용을 담은 소책자에서 그때 같은 방에서 지냈던 자신의 지도자와 나누었던 대화를 언급한다. 그 지도자는 다음과 같이 말한다.

"왜 수백 년 동안 해방된 영혼이 동굴이나 숲으로 은신처를 찾아왔는가? 문헌들에 그러한 경우가 있는가?" 나는 아니라고 대답했다. … 어느 날 나는 "만일 성자들이 숲이나 동굴에 살지 않는다면, 왜 당신은 그러한 외딴 장소에 살고 있습니까?"라고 그에게 질문했다. 그는 내게 이렇게 답변했다.
"너는 나를 제대로 따르지 않았다. 마치 식물들이 '나를 만지지 마오'라고 말하는 듯 매우 민감한 것처럼, 성자들도 그렇다고 믿는 것이 일반적이다. 그래서 그들은 사람들을 피해서 홀로 생활한다. 그러나 이것은 완전히 잘못된 것이다. 사실 해방된 영혼에게 도시나 숲은 동일하다. 그러나 영적 수행에 집중하고 있으며, 아직 그 목표에 이르지 못한 그들의 경우, 독립된 삶은 절대적으로 필요하다. … 오직 마음이 순수한 자들만이 홀로 머물 수 있다. 그러한 환경에서 평범한 사람들은 마음의 균형을 잃는다. 무지한 자들은 홀로 있을 때 탐욕이 사라진다고 믿는다. 그러나 그것은 그렇지 않다. 홀로 머물면서, 오직 내관의 힘을 지닌 자들만이 모든 욕망을 근절하기 위해 잘 싸울 수 있다."[13]

13 Hariharānanda(2001) pp. 14, 16.

이 답변에는 동굴에 거주하는 이유가 하나의 전형으로 제시되어 있다. 하리하라난다가 1926년 5월 14일 카필 마트의 동굴로 들어간 것도 이 글을 쓰고 난 2년 후의 일이다.

마두푸르에 세운 작은 건물들에는 한결같이 '카필라'라는 명패를 붙였다. 전통적으로 요가의 창시자는 파탄잘리로 알려져 있으나 하리하라난다는 요가도 카필라에 의해 창시된 것으로 간주한다. 카필 마트에서 발간된 문헌들에서 상키야는 세계에 관한 진리로서 강조된다. 요가는 상키야의 가르침을 실현하는 수행법이다. 매년 카필 마트에서 거행되는 성대한 축제도 카필라 축제이다. 상키야는 요가의 전통으로서 강조된다.

상키야-요가의 문헌들에는 동굴에서 수행하라는 언급이 없기 때문에 카필라를 내세운 동굴은 혁신으로 생각될 수도 있다. 그러나 비하르의 가야(Gayā)에는 카필라의 동굴이 있다. 가야의 외곽에는 '카필라 다라'(Kapila-dhārā)로 불리는 건물이 한 사원과 함께 있다. 주 사원은 작은 동굴의 꼭대기에 건립되었는데, 바로 이 동굴이 힌디어로 'Kāpil guphā', 즉 '카필라 동굴'로 불린다. 카필라 다라의 전설에 따르면, 카필라는 명상을 하면서 자신을 그곳에 가두어 두었다.

마두푸르의 카필 마트는 가야에 있는 카필라 동굴을 모방했을 가능성이 유력하다. 하리하라난다는 가야의 카필라 동굴을 방문했을 가능성이 크기 때문이다. 더욱이 가야는 상키야 추종자로서 카필라에 관심이 많았을 그가 6년 동안 수행했던 바라바르 언덕과는 그다지 멀지 않은 곳이다. 혹은 누군가로부터 가야의 카필라 동굴에 관한 이야기를 들었을 수도 있다. 비록 문헌적 전거가 없는 전설에 의거한 것일지라도 가야의 카필라 동굴은 상키야-요가에 동굴 수행의 전통이 있었음을 시사한다. 그러므로 하리하라난다의 카필 마트가 새로운 전통을 고안한 것이 아니다.[14]

---

14 카필라의 동굴에 관해서는 필자가 직접 방문한 다른 예가 있다. 케랄라주의 콧타얌(Kottayam) 인근에는 이색적인 분위기의 베니말라(Vennimala) 사원이 있고, 이 사원의 뒷편으로 약간 가파른 기슭에 카필라 동굴이 있다. 외부에서 마주볼 수 있는 작은 대피소 규모의 토굴에는 지역 사람들이 조성

하리하라난다가 위대한 요가 수행자이자 철학자였고 지혜를 강조했을지라도, 요즘 카필 마트에서는 헌신과 카필라 숭배에 대한 관심이 고조되고 있다. 힌두 전통에서 세속적 집착에서 벗어나고자 하는 소망의 귀결은 성자나 신에 대한 애착이다.[15] 하리하라난다 자신은 이 같은 애착을 거부했을 것이다. 그러나 인도에서 현대 요가의 선도자들 중 일부의 후계자들이 스승의 명성으로 상업화에 성공하듯이, 현재 소규모의 카필 마트가 언젠가는 대규모의 카필 마트로 성장하게 되면, 그 결과는 하리하라난다가 추구했던 것과는 다르게 변질될지도 모를 일이다.

11.2. 현대 요가의 시발과 주도자

특히 근래에 이르러 현대 요가라는 개념은 지나치게 포괄적 의미로 통용되고 있다. 과연 이것도 요가 전통의 현대화라고 말할 수 있을지 의심스러운 것, 심지어는 요가 전통과는 거의 무관한 것도 '현대 요가'라는 범주 속에 편입되기도 한다.

여기서는 현대 요가라는 이름으로 통용되는 모든 요가를 취급하지는 않는다. 여기서 주안점을 둔 것은 현대 요가의 정통성을 확립하는 데 크게 기여할 수 있는 뿌리와 줄기 및 성장 가능성이 있는 가지들을 선별하여, 요가 전통과의 맥락과 흐름을 간파하는 것이다.[16]

....

한 작은 카필라상이 있다. 고풍의 분위기는 전혀 없어 조잡해 보이지만, 매년 개최하는 축제 때에는 베니말라 사원의 한 켠에 소중하게 보관하여 전시해 둔 수레에 이 카필라상을 모시고 축제 행렬을 선도한다.

15 Cf. Dutta(2001) p. 61.

16 이하에서는 복잡다단하게 개발되어 가고 있는 현대 요가의 요체와 흐름을 간결하게 잘 정리하여 소개한 Connolly(2014:213-228)를 주로 참조하여 보완한다. Connolly의 서술은 De Michelis(2004)를 주로 참고한 것이다.

11.2.1. 현대 요가를 선도한 비베카난다

오늘날 요가는 세계 전역에서 심신의 건강뿐만 아니라 자연친화적 치유의 대안으로 각광을 받고 있다. 이러한 요가의 혜택을 누리는 데 그치지 않고, 요가에 관한 지적 호기심이 발동하게 되면 다음과 같은 궁금증이 우선적으로 떠오를 수 있다.

현대 요가란 무엇이며, 이것이 인도의 전통 요가와는 어떻게 연관되는가?

이 의문에 대한 답변은 전문가마다 다를 수 있을 것이다. 드 미첼리스(Elizabeth De Michelis)는 '현대 요가'란 "주로 인도의 종교에 관심을 가진 서양 사람들과 지난 150년에 걸쳐 다소 서구화된 인도인들의 접촉을 통해 진전된 어떤 유형들의 요가"[17]를 가리킨다고 정의한다. 그녀는 이런 현대 요가의 기원을 19세기 후반으로 보았다.

우리에게는 『숲속의 생활』(*Life in the Woods*)이라는 철학적 에세이의 저자로 잘 알려진 미국의 소로우(Henry David Thoreau, 1817~1862)는 사실은 초월주의자로 명성이 더 높다. 그가 1849년에 쓴 편지에서 요가 수행의 의욕을 표명했을 뿐만 아니라, 그는 간혹 자신을 요기로 생각하기도 했다고 알려져 있다. 이로부터 약 45년이 지나서 1893년 비베카난다가 미국으로 건너와 시카고에서 연설을 하게 되었는데, 그의 연설은 인도인의 영성에 관심을 가진 서양인들에게 훈훈한 감명을 주었다. 비베카난다는 1897년까지 미국에 머물다가 귀국한 후 1899년 미국으로 돌아와 잠시 체류했다. 이 사이에 그는 자신의 대표작으로 큰 영향력을 발휘한 『카르마 요가』(*Karma Yoga*)와 『라자 요가』(*Rāja Yoga*)라는 두 권의 책을 1896년에 미국에서 출판했다. 이것들을 포함하여 요가 4부작이 될 다른 두 권, 즉 『갸나 요가』(*Jñāna Yoga*)와 『박티 요가』(*Bhakti Yoga*)는 그의 사후인 1902년에 출판되었다.

비베카난다가 저술한 네 권의 책은 요가를 구분하는 인도의 전통을 그대로

17 De Michelis(2004) p. 2.

따른 것이다. 라자 요가는 흔히 '고전 요가'로 불리는 명상에 주력하는 수행이다. 박티 요가는 경건한 믿음으로 신에게 헌신하여 평온을 구하는 노력이다. 갸나 요가는 철학적 성찰로 지혜를 추구하는 노력이다. 카르마 요가는 적극적인 봉사의 인성을 가꾸는 노력이다. 비베카난다의 네 저서 중에서 서양인들에게 100년 이상이나 가장 큰 영향력을 발휘한 것은 『라자 요가』이다. 이 책은 요가를 수행하면서도 정작 요가를 잘 알지 못해 갈팡거리고 있었던 서양인들을 지도해 왔다.

비베카난다는 『라자 요가』에서 요가의 유형을 프라나(prāṇa), 삼매, 신(新) 아드와이타(advaita)라는 세 가지로 제시했다.

졸저의 제9장에서(9.4.1)에서 고찰한 5풍 또는 5기를 총칭하는 프라나는 호흡을 통해 체내에서 기능하는 생명의 기운이다. 베단타의 중세 학파들은 이것을 다소 무시했지만 탄트라, 특히 하타 요가의 수행자들은 이것을 되살려 중요하게 취급했다. 삼매는 『요가경』에서 가르치는 요가 수행의 핵심이다. 여기서는 프라나를 거의 취급하지 않고, 마음을 평정의 상태로 이끄는 수행을 중시한다. 그리고 『요가경』에서는 인간의 순수한 자아가 육체적 본성과는 근본적으로 다르다고 아는 지혜도 필요하다고 역설한다. 이러한 지혜가 완전한 삼매의 수단이 된다고 생각하기 때문이다.

비베카난다는 『요가경』에서 가르치는 삼매는 받아들였지만, 순수한 자아와 육체적 본성이 전혀 다른 것이라는 생각은 받아들이지 않았다. 이런 생각은 정신과 육체를 별개의 원리로 양분하는 이원론이기 때문이다. 그 대신 비베카난다는 프라나와 삼매를 불이일원론(不二一元論)으로 불리는 아드와이타의 틀 속에 짜맞추었다. 이것이 '신 아드와이타' 유형이다. 베단타 철학의 대표적 학설인 불이일원론은 우주의 자아와 나의 자아가 결코 다른 것이 아니라는 철저한 일원론이다. 이런 불이일원론에 이원론을 채택한 『요가경』의 일부 가르침도 혼합했기 때문에 '신 아드와이타'로 불리게 된 것이다. 이것은 일종의 '개량형 불이일원론'이라고 말할 수 있다.

비베카난다의 책에 의존하는 지도자들은 본래는 근본이 다른 세 가지 유형을 한데 엮어 요가를 가르치기 일쑤이다. 그러나 가르치는 자신도 거기에 일관성이 없음을 알게 되고, 이 때문에 학생들은 대중적인 요가 철학에서 종종 혼란을 겪게 된다.

어쨌든 비베카난다의 책들은 인도와 서양 양쪽에서 널리 유포되었다. 이 책들에 담긴 생각들은 인도인들에게 자신들이 가진 정신적 유산의 가치에 대한 자부심을 불러일으켰다. 서양인들 중에서 상당수의 사람들은 요가에 관한 고대 인도의 가르침에서 모종의 영적인 것을 직접 체험하는 데 실제로 유용한 것을 찾고자 했는데, 비베카난다의 책들은 그들을 감질나게 하는 실마리를 제공했기에, 인도인들의 자부심은 더욱 컸다.

더욱이 인도 최초로 현대 요가의 두 센터가 설립된 데에는 비베카난다의 생각이 지대한 영향을 주었을 것이다. 두 센터의 설립자는 슈리 요겐드라(Śrī Yogendra)라는 존칭으로 잘 알려진 데사이(Manibhai Haribhai Desai, 1897~1989)와 쿠발리야난다(Swami Kuvalyananda, 1883~1966, 본명은 Jagannath G. Gune)이다. 두 사람은 모두 120세가 넘게 살았던 마다바다스지(Paramhaṃsa Madhavadasji, 1798~1921)의 지도를 받았다. 요겐드라는 1918~1919년에 요가협회(Yoga Institute)를 창설했고, 쿠발리야난다는 이보다 나중인 1934년 현재의 뭄바이와 푸네의 중간에 있는 로나발라(Lonavala)에 Kaivalyadhama Yoga Ashram이라는 수련원을 설립했다.

이하에서는 비베카난다 이후 현대 요가의 실질적 주역인 된 두 인물을 소개한다. 이들이 배출한 제자들이 해외로 진출하여 요가를 국제화하고 현대 요가를 다양화하는 데 기여했다. 이와 더불어 두 인물은 제각기 다른 방면에서 요가의 보편적 가치를 구현하여 현대 요가가 주력해야 할 방향과 목표를 제시했다.

11.2.2. 현대 요가를 주도한 크리슈나마차리야

남인도의 카르나타카(Karnataka)주에서 태어난 크리슈나마차리야(Tirumalai Krishnamacharya)는 '현대 요가의 아버지'로도 불리는 인물이다. 그는 미국에서 요가 지도자로 크게 성공한 이엥가(B.K.S. Iyengar)를 제자로 배출한 것으로도 유명한 현대 요가의 거장이었다. 그는 심원한 전통성과 급진적 창조성을 겸비한 거의 유일한 인물로서 독보적인 삶을 살았다.

크리슈나마차리야의 삶을 최대로 요약하자면, 그는 일찍이 인도의 정통 철학을 섭렵하고 나서, 티베트에서 스승을 찾아 7년 동안 고전 요가의 철학과 수행에 전념했으며, 이후 남인도로 돌아와 요가의 교훈을 전파하면서, 특히 고전 요가의 8지에 속하는 좌법과 조식, 즉 아사나(āsana)와 호흡 제어(prāṇāyāma)를 질병 치료에 적용했다. 이제 그의 생애를 더 상세히 소개하는 것으로 그가 주도한 현대 요가를 이해할 수 있을 것이다. 그리고 이보다 더욱 중요한 것은 현대 요가가 단지 특정인의 빼어난 기교가 아니라 심원한 철학적 소양과 참신한 응용력의 산물이라는 사실을 진지하게 되새겨 보는 것이다.

크리슈나마차리야는 젊은 시절, 비슈누 신앙에 충실한 가족의 전통에 따라 마이소르(Mysore)에 있는 파라칼라 마트(Parakala Math)에서 수학했다. '마트'(math = maṭha)는 예부터 인도에서 전통적 학교의 역할을 겸비했던 사원을 가리킨다. 여기서 그는 베다의 문법, 베단타의 신학과 논리학을 공부했다. 그는 또한 슈링게리(Śringeri)에 있는 아드와이타 베단타 마트(Advaita Vedānta Math)에서 스와미갈라바루(Narasimha Bharati Swamigalavaroo)의 지도로 아사나를 수습했다. 이후 그는 3년 동안 바라나시에 머물면서(1906~9) 바라문교의 고전 교육과정을 이수하고 나서, 마이소르로 돌아왔다. 여기서 그는 비슈누교(Śrī Vaiṣṇava)의 원전을 공부하여 베다와 미망사를 공부할 수 있는 자격을 취득했다. 그는 다시 바라나시로 되돌아가(1914) Queens College에 입학하여 이듬해에는 교사(Upadhyāya) 자격증을 취득했다. 이어서 그는 이보다 상급인 미망사, 논리학, 베다뿐만 아니라 천문학과 의학(Āyurveda)의 자격증까지 취득했다.

이처럼 크리슈나마차리야는 인도의 전통 학문을 거의 섭렵했다. 게다가 그는 바라문교의 전통 제식도 꼼꼼히 익히고 바라문 사제들과 함께 정기적인 송창에 참여하기도 했다. 그는 히말라야에서 7년 동안 어떤 요가 수행자와 함께 요가를 공부하고 나서, 1924년 마이소르로 돌아오자마자 마이소르 궁전의 왕(Nalvadi Krishnaraja Wadiyar)에 의해 요가 지도자로 발탁되었다. 나중에 그는 오래된 체육관을 얻게 되는데, 여기에 요가 학교(yogaśālā)를 설립하기에 이른다.

크리슈나마차리야는 그야말로 비견할 사람이 없을 만큼 인도의 온갖 전통에 숙달했다. 그러나 선지자인 동시에 혁신자이기도 했던 그가 가르친 요가는 전통에만 머물지는 않았다. 그는 겨우 16세에 비슈누교의 옛날 영적 스승인 나타무니(Nāthamuni)가 *Yogarahasya*(요가의 비밀)라는 원전을 암송하는 것을 환영으로 체험했다고 한다. 그는 이것을 기억에 새겨 두었고 나중에 책으로 써냈다. 물론 책의 내용은 그 자신의 생각일 것이지만, 이 책은 산스크리트어를 텔레구(Telegu) 문자로 썼기 때문에 일반인들이 쉽게 접근할 수는 없었다. 다행히 그의 아들인 데시카차르(T.K.V. Desikachar)가 그 책을 영어로 번역하여, 크리슈나마차리야가 가르친 요가의 핵심을 알 수 있게 되었다.

*Yogarahasya*는 호흡을 억제하는 조식법(調息法)인 프라나야마(prāṇāyāma) 중 이전에는 알려지지 않았던 기법을 도입하고, 프라나야마와 아사나를 차례대로 진행하기보다는 함께 수련하도록 가르친다. 그리고 '물구나무 서기'(śirsāsana)와 '어깨로 서기'(sarvāṅgāsana)와 같은 아사나를 처음으로 요가 수련에 도입했다. 이 때문에 *Yogarahasya*의 저자는 나타무니가 아니라 크리슈나마차리야 자신으로 보아야 한다는 견해가 유력하다.

크리슈나마차리야가 가르친 요가의 기법들 중에는 인도의 요가 원전들에서 찾아볼 수 없는 것들이 적지 않다. 그러므로 그가 가르친 아사나, 프라나야마, 동작 원리들 중 많은 것들은 그 자신이 창안한 것들이다. 어떤 아사나들은 젊은 시절 자신에게 요가를 지도했던 스와미갈라바루로부터 배웠을 수도 있다. 다른 가능성도 상당히 유력하다. 마이소르 궁전의 왕으로부터 얻은 체육관에서 특히 레슬링 선수들이 훈련한 자세와 동작을 개량했을 가능성이다. 그 당시에 체육 교재로 출판된 *Vyāyāmadīpike*[18]에서는 그 체육관의 교사였던 비란나(Veeranna)에게 감사를 표하고, 또 기존의 요가에서 장좌(杖坐, daṇḍāsana)로 불리는 것과 같은 운동을 설명하기도 한다. 이 책에서 특기할 만한 것은 이전의 대부분의 책들과는 달리 체력 보강보다는 치료법에 역점을 두었다는 점이다. 이 점은 크리슈나마차리야가 가르친 요가의 특징이기도 하다.

이밖에 *Mallapurāṇa*라는 레슬링 교재에서는 크리슈나마차리야가 혁신하여 요가에 도입한 것과 다르기는 하지만 물구나무 서기를 설명한다. 이러한 사실들을 고려하면, 크리슈나마차리야는 레슬링의 다양한 훈련에서 치료에 유용한 것들을 발견하여 자신의 요가에 짜 넣었던 것 같다. 그러나 크리슈나마차리야가 이런 것들의 영향을 받았을 것으로 인정한다고 해서 그의 창조적 천재성이 훼손되는 것은 결코 아니다. 그를 통해 진정한 현대 요가의 핵심을 간파할 수 있기 때문이다.

크리슈나마차리야가 가르친 현대 요가의 핵심은 나이와 성, 국적과 사회적 지위를 차별하지 않고 모두에게 유용한 건강과 복지를 중시한 것이다. 그가 생각하는 건강과 복지의 기반은 아사나와 프라나야마 등과 같은 신체적 수련이었다. 이와 동시에 그는 명상과 영성에 초점을 둔 고대의 요가 성전들로부터 영감을 끌어내는 것도 소홀히 하지 않았다. 이러한 그의 뜻을 계승한 제자들은 그의 요가를 외국에 전파하여 국제적인 요가로 발전시켰다. 크리슈나마차리야의 제자들이 스승의 뜻을 계승했다는 것은 그가 가르친 것을 고스란히 그대로 전파했다는 것이 아니라, 스승처럼 창조적 응용력을 발휘했다는 것이다. 크리슈나

18 S.R. Bharadwaj가 카르나타카 지방의 언어인 Kannada어로 저술하여 출판된(Bangalore: Caxton Press, 1896) 이 책은 현재 N.E. Sjoman이 영역한 *The Yoga Tradition of the Mysore Palace*(New Delhi: Abhinav Publications, 1996)로 그 내용이 잘 알려져 있다. 여기에는 84종의 수련법이 수록되어 있다. cf. Birch & Singleton(2019) pp. 47-48.

마차리야 자신이 요가를 가르치는 방식은 사람들 각자의 필요에 맞게 적용하는 것이었다. 그의 국제적인 제자들도 수련자들의 요구를 통찰하여 이에 적절한 요가를 적용했다.

그의 제자인 이엥가를 대표적인 예로 들 수 있다. 이엥가가 완전한 자세를 취하는 데 크게 중시한 것은 빈야사(vinyāsa)로 이루어지는 연속 동작을 무시하고, 버틸 수 있는 시간 동안 자세를 유지하는 것이다. 빈야사는 일련의 예비 동작이다. 한편 팟타비 조이스(Pattabhi Jois, 1915~2009)는 어떤 점에서는 반대 방향으로 나갔다. 그는 자신의 빈야사에 따라 아사나들을 점차 난이도가 높은 세 단계의 집합으로 구성했다. 여기서는 한 동작과 다음 동작 사이의 연속성과 유연성을 중시한다.

크리슈나마차리야가 가르친 현대 요가의 특색에 대해서는 더 이상의 소개를 생략한다. 그러나 끝으로 꼭 첨언해야 할 것이 있다. 크리슈나마차리야는 수련자들을 일대일로 가르치는 방식을 원칙으로 했으며, 아사나와 프라나야마뿐만 아니라 베다의 성전을 송창하고 한 가지에 집중하는 명상도 중시했다는 사실이다. 물론 종교적 강요는 없다. 심지어 기독교 신자에게는 예수상, 불교 신자에게는 불상을 명상의 대상으로 허용했다. 이는 고전 요가의 삼매 수행에서 집중의 대상을 특정하지 않고 수행자의 임의에 맡기는 것과 같다.

11.2.3. 시바난다가 체현한 현대 요가의 이상

시바난다는 요기라기보다는 보살의 현신과 같은 전형적인 성자의 삶으로 현대 요가가 지향할 만한 이상을 직접 체현했다. 그는 말레이시아에서 의사로 일하다가 인도로 돌아온 후 요기가 되었다. 그는 남인도 타밀 나두(Tamil Nadu)의 팟타메다이(Pattamedai)에서 태어났는데 어릴 적 이름은 쿱푸스와미 이에르(Kuppuswami Iyer)였다. 바라문의 혈통을 이어받은 그는 어렸을 때부터 탁월한 신체적 조건과 학습 능력을 갖추었다. 그는 탄조르 의과대학(Tanjore Medical

Institute)에서 수학한 후, 지금의 말레이시아인 말라야(Malaya)에서 의사로 근무해 달라는 제안을 받았다.

바다 여행은 바라문의 혈통을 오염시킨다는 가족의 반대가 있었지만, 그는 그러한 인습보다는 봉사가 더 중요하다는 생각으로 그 제안을 받아들였다. 이 같은 그의 인성은 어릴 적부터 발휘되었다고 한다. 예를 들어 그는 다른 바라문들의 비판에 아랑곳하지 않고 불가촉 천민인 스승으로부터 펜싱 수업을 받기도 했다. 특히 말라야에서는 자신의 요리사와 함께 식사한다는 사실이 알려져, 시바난다는 모든 사람을 평등하게 대한다는 명성을 얻었다.

그는 말라야에서 의사로 근무하면서 환자들과 빈민들의 일상적 고통을 연민하기 시작했다. 또한 그는 영성에 관한 책을 읽고 책에 의지하여 물구나무 서기처럼 요가에서 중요한 아사나들을 수련했으며, 나중에는 신지학에 관한 서적을 비롯하여 티르타(Swamis Ram Tirtha)와 비베카난다의 저서를 공부하기 시작했다. 마침내 그는 1923년에 인도로 돌아와 몇 군데를 거치다가 북쪽을 향해 리쉬케쉬로 발길을 돌렸다. 여기서 그는 이듬해에 다샤나미(Daśanāmi) 교단에 입문했는데, 이때 얻게 된 법명과 같은 새로운 이름이 시바난다(Sivananda = Śivānanda)이다.

참고로 다샤나미 교단은 힌두교의 승려들이 학습과 수행을 겸비하는 교단으로, 그 창립자는 베단타 철학의 거장인 샹카라이다. 베단타의 아드와이타 학설을 주창한 샹카라는 인도의 동서남북 네 곳에 '학원을 겸한 사원'(마트)을 건립한 것으로 알려져 있다. 즉 남쪽의 슈링게리, 동쪽으로는 오릿사의 푸리(Puri), 북쪽으로는 히말라야 기슭의 바드리나트(Badrīnāth), 서쪽으로는 구자라트의 드와라카(Dvārakā)에 있는 아드와이타 베단타의 사원들이다. 동서남북의 본부격인 이 사원들은 샹카라의 존칭인 샹카라차리야(Śaṅkarācārya)로 불린다.

다샤나미 교단이 채택한 생활 방식은 산야사(saṃnyāsa)로 불리는 유랑 고행의 생활이다. 모든 집착을 버리고 이렇게 생활하는 수행자를 산야신(saṃnyāsin)이라고 한다. 시바난다는 자신에게는 이것이 매우 적절하다고 생각했다. 그런데 그 자신이 산야신으로 살아가기로 작정하고 준수해야 할 생활 지침으로 정한 것들은 바라문의 전통 관습에서 한결같이 불결한 것으로 금기시한 것들이었다. 예를 들어 불가촉 천민, 악한, 아랫사람에게 봉사하기와 배설물 청소하기와 같은 지침이다.

시비난다는 산야신으로 생활하면서 아사나와 프라나야마는 물론이고, 당시로서는 아무도 생각할 수 없었던 조깅 등과 같은 유산소 운동도 시도했다. 1920년대 후반에 이르러 아직은 젊은 그에게 제자들이 모여들기 시작했다. 그는 제자들에게 금욕과 명상에만 매진하기보다는 다른 사람들에게 봉사하는 적극적인 실천을 독려했다. 이와 더불어 그는 사람들 앞에서 연설하고 영어로 책을 써냈으며, 노래하고 춤추는 것을 마다하지 않았을 뿐만 아니라, 성전 송창으로만 진행되는 수업도 지도했다. 이 중에서 상당수의 활동은 바라문 정통파로부터의 비판을 초래했지만, 그럼에도 불구하고 학생들과 제자들이 지속적으로 그에게 모여든 것은, 그의 활동에서 진정한 자유를 공감했기 때문이었을 것이다. 자신의 생각을 널리 전파하고자 했던 그의 바람은 1930년대에 구체적으로 이루어지기 시작했다.

먼저 1933년에는 Ashram Sadhu Sangha가 설립되었다. 이것이 1936년에는 Divine Life Trust Society로 발전했으며, 1939년에는 현재까지 존속하는 신성생활회(神性生活會, Divine Life Society)로 정착되었다. "자아실현의 열정을 가진 자로서 불살생과 진실과 금욕을 실천하고자 하는 자"라면 누구나 이 단체의 회원으로 가입할 수 있었다.

다음으로 시바난다는 네 개의 방이 있는 수행처를 얻어 네 명의 제자들[19]과 함께 거주하게 되었다. 새로운 제자들이 들어오자 이 수행처는 테리 가르왈(Tehri Garhwal)의 왕이 제공한 땅으로 이전했다. 그리고 이곳이 마침내는 그의 이름을 표방한 수련원과 공동체인 Sivananda Ashram과 Sivananda Nāgar의 거점이

....

19 이 제자들은 Swamis Paramananda, Krishnānanda, Yogi Nārāyan, Swarna Giri이다.

되었다.

시바난다는 1940년대 초반 인도 전역으로 제자들을 내보내 자신의 가르침을 본격적으로 전파하기 시작했다. 이때부터 그의 요가는 '융합 요가'로 불리게 된다. 그가 1947년 헌신적인 제자에게 내린 지침 중에서 특히 다음과 같은 내용은 융합 요가의 특색을 대변할 수 있다.

> 성스러운 소리를 음송(japa)하고 명상을 수행한다.
> 아사나, 프라나야마, 반다(bandha), 무드라(mudrā)를 수련한다.
> 카르마(karma)와 박티(bhakti)와 요가와 갸나(jñāna)는 분리할 수 없는 것이니
> … 융합의 요가를 수련한다.
> 수행자는 성실한 신자(bhakta)요, 요기요, 지혜를 가진 자다.[20]

이 같은 시바난다의 융합 요가는 비베카난다의 생각을 고스란히 포용한다. 그리고 음송과 명상의 수행은 『요가경』에서 가르친 지침이다. 또한 반다와 무드라는 하타 요가의 기법이다. 그러므로 시바난다의 융합 요가는 아드와이타 철학을 기반으로 하면서 인도의 요가 전통을 모두 아우르는 실용적인 요가이자 융통성을 최대로 발휘하는 요가라고 말할 수 있다.

융합 요가의 융통성은 쿤달리니(Kuṇḍalinī) 요가를 수용하고 노인과 병자들에 대한 봉사를 중시한 것으로도 잘 드러난다. 쿤달리니 요가의 초보자는 시바난다에게 귀의하고 나서 수련에 돌입했는데, 이는 쿤달리니를 각성하기 위해서는 마음이 먼저 정화되어야 한다는 시바난다의 생각을 따르는 것이었다. 시바난다는 한때 벤카테사난다(Swami Venkatesananda)와 웃기 시합을 개시한 적도 있었는데, 이는 아슈람의 거주자들에게 기운을 북돋워 주기 위함이었다. 그는 금전에 무관심한 것으로도 유명하다. "금전은 공급자에게서 나왔다가 공급자

20 Cf. Connolly(2014) p. 223.

에게 다시 돌아간다."라는 것이 그의 신조였다. 이는 누군가에게서 금전을 받았다면, 언젠가는 그 금전을 다시 그 사람에게 돌려주어야 한다는 뜻으로 이해할 수 있다. 이 때문에 그의 아슈람은 빈번히 재정적 위기에 직면하기도 했다.

시바난다의 가르침은 1930년대부터 라트비아를 시작으로 에스토니아, 스칸디나비아 국가들, 마침내 서유럽을 거쳐 그 너머로 알려지기 시작했다. 제2차 세계대전이 발발하기 이전에 이미 그의 가르침은 멕시코, 아프리카의 여러 국가들, 중동 지역 및 극동 지역 등에 이르기까지 멀리 전파되었다. 전쟁 후에는 삿치다난다(Swami Satchidananda)가 스리랑카와 미국에 파견되었다. 앞서 언급한 스와미 벤카테사난다는 호주와 남아프리카 공화국을, 치다난다(Swami Cidananda)는 극동 지역을 순회했고 신성생활회의 회장이 되기 전에 세계 전역에 걸쳐 지부를 설립했다.

한편 인도에서는 시바난다에 의해 두 가지 교육기관이 1944년에 설립되었다. 하나는 제자들이 베단타 문헌을 원전으로 공부할 수 있는 Saraswathi Sanskrit Vidaya이다. 다른 하나는 제자들이 사두, 즉 성자로 성장할 수 있도록 교육하는 Yoga Vedānta Forest Academy(요가 베단타 학림)이다. 이곳에서 제자들은 쿤달리니 요가, 베단타, 정통 육파철학 등을 공부했다.

의사의 경력을 가졌던 시바난다는 빈민들의 눈병을 해소하기 위해 1950년부터 연례적으로 안과(眼科) 캠프를 운영하다가, 1957년에는 재정적으로 부유한 제자의 조력으로 Sivananda Nāgar에 항상 진료가 가능한 안과 병원을 개원했다. 이후 그는 연달아 건강교육 프로그램을 창안하게 된다. 이와 더불어 그는 자체적으로 설립하고 개설한 출판사와 수업을 통해 치유와 건강 증진을 위한 요가 아사나를 가르쳤다. 세간에서 살든 세간을 떠나 수행하든 "건강은 모든 성취의 기본"이라는 것이 시바난다의 신념이었다. 그가 1930년대에 출판한 요가 관련의 책들은 한결같이 실용적인 요가 수련을 가르치는 것이었다. 이 같은 그의 합리적인 접근법 덕분에 아사나 및 이와 연관된 운동은 건강을 유지하고 질병 없는 건전한 신체를 유지하는 최적의 대안으로 수용되었다.

조직이 확장됨에 따라 시바난다는 젊은이와 노인, 남성과 여성, 국내인과 외국인을 불문하고 모든 지원자에게 산야신의 입문을 허용했다. 심지어는 우편을 통한 입문도 수락했다. 물론 이들이 입문할 때의 서약을 항상 준수한 것은 아니었다. 이 때문에 전통주의자들로부터 거센 비판을 받았지만, 시바난다는 입문자들이 서약을 어겼을지라도 그들을 옹호했다. 그들은 최소한 하루는 산야신이었으며, "나는 세상의 쾌락을 포기한다."라고 말하는 용기를 가졌다고 인정했기 때문이다.

시바난다에게 산야신은 선택된 극소수만이 가능한 틀에 박힌 이상형의 인간이 아니라, 단계를 거쳐 가면서 이상향의 목표에 도달하고자 노력하는 사람이었다. 이런 생각에서 시바난다와 그의 제자들은 다음과 같은 '근대 산야신의 원칙'을 주창했는데, 이는 전통적인 원칙과는 상당히 다른 것이다.

- 인생의 목표는 자아를 발견하고, 자신의 삶의 독립성을 확립하는 것이다.
- 삶의 방식은 육체적, 감성적, 정신적, 초자연적, 영적인 안녕을 증장시키는 것이다.
- 어떤 종교나 사회 정치적 정체성에 구속되지 않는다.
- 모든 행위의 결과에 초연하면서, 끊임없는 봉사에 전적으로 매진한다.
- 실업자에게 제공되는 보조금에 의지하여 삶을 영위하지 않는다. 즉 가치 있는 것에 기여하지 않으면서 사회의 원조로 유지하는 삶을 기대하지 않는다.
- 봉사, 명상, 공부에 헌신함으로써 다른 사람들에게 모범이 되고 영감을 준다.
- 지혜와 무집착을 견지함으로써 내적으로든 외적으로든 초연의 정신을 계발한다.
- 독단적 신조나 교조에 의존하지 않으며, 자신에게 내재된 성스러운 영성으로 자신을 조율한다.
- 내재된 영성을 계발한 만큼 더욱 열성적으로 다른 사람들에게 선행을 베푼다.

• 자신의 일생을 통하여 종교는 말로 그치는 것이 아니라, 영성의 실현이요 신과의 교감임을 입증한다.
• 오직 영성의 실현으로 다른 사람들에게 등불이 되고 그들과 교감할 수 있음을 명심한다.[21]

시바난다의 제자들 중에서 가장 널리 알려진 인물은 아마도 사티야난다(Swami Satyānanda, 1923～2009)일 것이다. 그는 1956년에 스승으로부터 부여받은 사명을 충실히 이행했다. 이러한 평가는 그가 1962년에는 국제 요가사단(International Yoga Fellowship), 1964년에는 비하르 요가학교(Bihar School of Yoga), 1984년에는 시바난다 마트(Śivānanda Math)와 요가 연구재단(Yoga Research Foundation)을 차례로 설립했기 때문일 것이다. 그러나 이런 업적 못지않게 주목할 만한 것은 그가 가장 적극적으로 여성의 산야신 입문을 옹호했다는 사실이다. 산야신의 전통적 원칙에서는 여성의 입문을 허용하지 않았지만, 그는 남녀 평등을 표방했던 시바난다의 정신을 이렇게 구현했던 것이다.

시바난다의 수제자들은 모두 스승처럼 다샤나미 교단에 입문하여, 샹카라의 아드와이타 철학을 공통의 필수적 소양으로 습득했다. 이와 동시에 제자들에게는 스승을 맹목적으로 추종하기보다는 스승의 영적 삶에서 각자의 역량과 특기를 계발하는 선택의 자유가 허락되었다. 시바난다의 두 수제자를 그 단적인 실례로 들 수 있다.

바로 앞에 언급한 사티야난다는 아사나와 프라나야마 등의 수련을 발전시키는 데 진력했으며, 탄트라 수행을 장려했다. 그가 설립한 '비하르 요가학교'는 시바난다의 모든 전통 중에서 하타 요가와 탄트라를 중시하고, 지역 사회를 위한 요가 교육에 주력한다. 반면에 유럽으로 파견되었던 옴카라난다(Swami Oṃkārānanda, 1929～2000)는 오스트리아와 스위스뿐만 아니라, 인도의 리쉬케

....

21 Cf. ibid. p. 226.

쉬에도 요가 센터를 설립하여, 박티 요가와 카르마 요가를 중시하고 하타 요가는 거의 가르치지 않았다.

이상으로 현대 요가를 선도한 위인이자 성자인 두 인물을 통해, 현대 요가의 지향성과 의의를 가늠해 볼 수 있었을 것이다. 크리슈나마차리야와 시바난다는 인도의 요가 전통에 기반을 두면서도 시대적 요구에 부응하는 개량과 혁신의 방향으로 현대 요가를 개척했다고 평가할 수 있겠다.

이들을 통해 요가의 접근성은 넓어졌고, 사회적 지위, 계급, 성별 및 출신 국가로 문호를 차별했던 전통적 장벽들은 허물어졌다. 시바난다의 요가 전통에서는 세속에 얽매이지 않는 출세간적인 삶이 여전히 이상적인 삶으로 간주된다. 반면에 크리슈나마차리야의 요가 노선에서는 가정을 이루고 사는 세속적 삶의 가치를 강조한다. 이 같은 노선의 차이에도 불구하고 두 가지 노선이 개량과 혁신을 허용하는 현대 요가를 이끌어 냈다. 여기서 새겨야 할 교훈은 요가의 외형이 어떻게 바뀔지라도 그 정신은 건전하고 평등한 사회를 구현하고, 건강한 신체만큼 아름다운 인성을 계발하는 데 있다는 사실이다. 이것이 현대 요가의 진정한 가치일 것이다.

11.3. 현대 요가의 유형과 경향

드 미첼리스는 현대 요가를 비베카난다의 『라자 요가』(1896)로부터 발단한 것으로 간주하고, 이로부터 전개된 현대 요가의 유형을 네 가지로 분류한다.[22]

① 심신(心身) 상관의 현대 요가(MPsY: Modern Psychosomatic Yoga)

22 흔히 약칭으로 통용되는 아래의 네 가지 유형을 굳이 용어화하면 ①은 현대 심신의학요가, ②는 현대 종파요가, ③은 현대 아사나요가, ④는 현대 명상요가로 일컬을 수 있을 것이다.

② 특정 교파 소속의 현대 요가(MDY: Modern Denominationa Yoga)

③ 체위 위주의 현대 요가(MPY: Modern Postural Yoga)

④ 명상 위주의 현대 요가(MMY: Modern Meditational Yoga)

드 미첼리스는 위의 네 유형들 중에서 ①을 최초의 유형으로 파악하고, 이로부터 한편으로는 ②의 유형, 다른 한편으로는 ③과 ④의 유형이 전개된 것으로 간주한다. 그녀는 이러한 유형들의 특성과 이에 해당하고 '상대적으로 순수한 동시대의 유형'을 아래와 같이 예시한다.[23]

① MPsY: 심신(心身) 상관의 현대 요가

• 주안점: 수행(경험주의적 인식론) • 다소 규범적이고 교의적인 제한 • 내밀한 종교와 제식(祭式) 위주의 환경	• Santa Cruz Yoga Institute • Lonavala의 Kaivalyadhama • 시바난다와 그의 제자들 • Himalayan Institute (Swami Rama)

② MDY: 특정 교파 소속의 현대 요가

• 주안점: 신진 구루(Neo-guru)들과 자파(自派)의 교설 • 자파의 신앙, 규범, 성전을 고수 • 제식과 종파를 모두 또는 어느 하나를 중시하지만, 제식 위주의 환경과 연계한 활동	• Brahma Kumaris • Sahaja Yoga • ISKCON (Society for Krishna Consciousness) • 라즈니쉬 추종 집단 • 후기 TM(초월 명상)

③ MPY: 체위 위주의 현대 요가

• 육체적 수련에 주력	• Iyengar Yoga • Pattabhi Jois의 Aṣṭānga Yoga

....

23 Cf. De Michelis(2004) p. 188, Table 3. 드 미첼리스는 이후 발표한 논문에서 위의 ① 다음에 '신(新) 힌두'(neo-Hindu)라는 하나의 유형을 더 추가했다. 그녀는 남아시아(인도) 문화의 이념적 핵심 주제들을 함축하고 이미 19세기 말부터 발동하다가 1920년대 이후부터 꽃을 활짝 피운 것으로 파악한 이 유형을 다음과 같이 약술한다.
"이 유형의 요가는 인도 본토와 서양의 양쪽에 기원을 둔 무술과 체육의 전통으로부터 각별한 영향을 받았다. 이 요가는 종종 힌두교를 신봉하는 인도인의 복고주의와 애국주의 또는 우월주의에 내재한 타협적이거나 이보다는 더 대립적인 관념을 망라한다." De Michelis(2007) p. 6.

④ MMY: 명상 위주의 현대 요가

• 정신적 수련에 주력	• 초기 TM • Sri Chinnoy의 명상 센터 • 현대 불교의 일부 단체

이상의 유형들 중에서 아사나에 주력하면서 프라나야마(조식)를 동반하는 ③과 정신 집중의 명상에 주력하는 ④가 현대 요가의 주축을 형성한다. 이 둘은 각각 아사나 요가와 명상 요가로 불린다. 그러나 두 유형 중에서는 현대 요가를 주도하고 대변하는 것은 아무래도 아사나 요가를 지목할 수밖에 없다.[24]

비베카난다가 데사이(슈리 요겐드라)와 쿠발리야난다에게 어느 정도의 영향을 미쳤는가에 대해서는 설왕설래가 있다. 비베카난다와 오로빈도는 지성을 표방하면서 영적이고 철학적인 요가를 알리는 데 주력한 반면, 요겐드라와 쿠발리야난다는 그러한 요가를 세계 전역의 사람들에게 통용될 수 있는 건강 증진의 방안으로 가르치는 데 주력했다. 그래서 요겐드라와 쿠발리야난다는 요가 수행을 체육의 생리적 기본형으로 탈바꿈시켜 과학적으로 검증 가능한 형태의 치유법이 되게 하려고 시도했다. 요가의 방향을 설정하는 데서는 이 탈바꿈이야말로 현대 요가의 모습이 드러나는 결정적인 순간이라고 말할 수 있다.

이로써 신체를 중시하고 건강을 지향하는 세속적인 양상의 요가가 정신과 영성을 중시하고 해탈을 지향하는 요가보다 처음으로 우선권을 갖게 되었다. 주로 서양인들을 대상으로 다양하게 개발하여 확산된 현대형의 요가는 이 같은

24 Mark Singleton은 오늘날의 현대 체위 요가가 19세기 전반기 동안에 발단한 것으로 파악한다. 그의 견해에 따르면, 하타 요가는 신(新) 베단타적 힌두교의 도덕적 정신적 원리에 기반을 둔 건강과 신체 단련의 과정으로 개조되었는데, 현대 요가의 '체위 규범'도 바로 이처럼 확립되기에 이르렀다. 드 미첼리스는 마침내 현대 요가가 20세기의 후반기에 본격적으로 세계 전역으로 퍼져 나가게 된 진전 과정을 다음과 같이 파악한다. cf. De Michelis(2007) p. 6. 아래 과정에 관한 상세한 내용은 De Michelis(2004) pp. 181-207 참조.
1950년대~1970년대 중반: 대중화의 시기
1970년대 중반~1980년대 후반: 조직 강화의 시기
1980년대 후반~현재: 문화적 변용의 시기

근본적인 전환에서 비롯되었다. 이러한 결과로, 서양뿐만 아니라 사실상 현대 인도의 도처에서도 스트레칭이나 호흡과 같은 신체 운동에 치중하는 것만을 흔히 요가 수업으로 인식하고, 명상이나 철학과 영성은 요가 수업에서 뒷전으로 밀려나 있는 것이 엄연한 현실이다. 그렇지만 정신적 해방을 지향하는 요가가 서양으로 진출하는 데 실패하지는 않았다는 사실을 간과해서는 안 된다. 다만 이러한 요가의 이름이 둔갑했을 뿐이다.

앞에서 분류한 현대 요가의 네 가지 유형은 중첩되기도 하고 앞으로는 더욱 그렇게 될 것으로 예상된다. 그러나 이것들 사이에서 가장 중요한 차이는 신체와 명상 중 어느 쪽에 주력하는가 하는 수련의 형태이다. 단적인 예로 현대 요가를 대표하는 두 유형인 아사나 요가(MPY)와 명상 요가(MMY)의 차이를 들 수 있다. 아사나 요가의 경우, 수련자는 아사나(체위)로 출발하여 명상으로 나아가기도 한다. 그러나 명상 요가의 경우에는 처음부터 여러 종류의 명상 수련에 주력하는데, 이는 고전 요가의 전통에 따르는 특징이다. 이 밖에 오쇼 라즈니쉬(Osho Rajneesh, 1931~1990)의 경우처럼 아사나 수련을 아예 도외시하기도 한다.

이하에서는 대표적인 현대 요가의 단체나 지도자들을 두 가지 유형으로 선별하여 그 특징을 간략하게 언급한다. 이것만으로도 현대 요가의 다양성과 추후의 개발 가능성을 가늠할 수 있을 것이다.

(1) MPY: 현대 아사나 요가

- The Santa Cruz Yoga Institute: 요겐드라(Manibhai Haribhai Desai)가 요가를 통한 자연요법의 건강을 표방하여 창설한 요가협회(Yoga Institute)의 미국 지부이다. 1919년에 뉴욕 인근에 개설된 이래, 요가를 "육체-감성-정신" 건강의 생활 양식으로 간주하여, 현대 요가 전반에 크게 기여했다.
- Lonavala의 Kaivalyadhama Yoga Ashram: 쿠발리야난다가 1924년에 설립한 Kaivalyadhama 요가협회를 1934년 로나발라에 재설립한 요가 수련원이다. 이 단체는 의학과 철학의 양면에 주력한 과학적 탐색의 거점으로 활동하면

서, 아사나와 호흡 수련의 생리학적 효과에 선두적인 역할을 수행했다.

- 시바난다와 제자들: 앞에서(11.2.3) 상세히 소개한 바와 같다.
- 크리슈나마차리야와 후계자들: 크리슈나마차리야의 영향을 받은 이엥가, 팟타비 조이스, 크리슈나마차리야의 아들인 데시카차르(Desikachar)가 설립한 요가 단체들은 현대 아사나 요가를 인도의 국내외로 전파하고 개발하는 데 크게 기여했다.
- Dru Yoga: 벵골대학의 인도철학 전공자들(Mansukh Patel, Chris Barrington, Rita Goswami, Annie Jones & John Jones)이 개발한 호흡, 이완, 명상 기법의 요가이다. 아사나, 호흡 수련, 무드라를 통합하여 조화시킨 유연한 요가로 심신의 잠재력을 활성화하고 치유를 도모한다. 특히 호흡 제어와 함께 엉덩이와 어깨의 경직을 해소하는 운동을 개발했다.
- Kundalini(=kuṇḍalinī) Yoga: 1880년대 이후 신지론자들이 선도한 요가이다. 차크라(cakra)를 통한 쿤달리니의 상승을 신경이 가진 영적 기운의 자연 운동으로 해석하여, 육체의 양태를 형성하는 쿤달리니의 활성화로 인간의 정신력 계발을 추구한다.

(2) MMY: 현대 명상 요가

- TM(Transcendental Meditation): 마하리시 마헤쉬(Maharishi Mahesh, 1917~2008)가 1950년대 중반에 개발하여 1960년대와 1970년대에 성행하게 된 명상 기법이다. 그는 이것으로 영국에서 '영적 재생운동'(Spiritual Regeneration Movement)을 개시했고, 1970년대 중반에 잠재력을 계발하여 성취한다는 TM Siddhi 프로그램을 보급했다. 당시 세계적인 대중음악 그룹으로 유명한 영국의 비틀즈(Beatles)와 비치 보이스(Beach Boys)가 이것에 심취한 것으로 알려져 더욱 유명세를 탔다.
- Brahma Kumaris: 여성 주도의 단체로서 크리필라니(Lekhraj Kripilani, 1876~

1969)가 1937년에 설립했다. "물질에서 정신으로"를 기치로 내걸고 개인의 변혁과 세계의 갱신에 헌신하는 영성 계발운동, 평등과 평화의 집단 의식을 고취하는 NGO 활동에 주력했다. 이 단체의 수행 노선은 고전적인 라자 요가이다.

- DLM(Divine Light Mission): 마하라지(Hans Ji Maharaj, 1900~1966)가 1960년 파트나(Patna)에서 설립했고, 1970년대에 미국에서 인도 기반의 신종교로 번성했다. 성스러운 우주적 소리를 내면에서 체험하는 명상 기법으로 영적 해탈을 추구한다.
- ISKCON(International Society for Krishna Consciousness): 프라부파다(Srila Prabhupada, 1896~1977)가 1966년 뉴욕에서 설립했다. 크리슈나(Kṛṣṇa)를 신봉하는 비슈누교를 요가로 표방하므로, 현대 요가의 네 가지 유형으로는 특정 교파 소속의 요가이다. 『바가바드 기타』 등의 힌두교 성전에 따르는 박티 요가와 채식주의를 실천한다.
- Sahaja Yoga: 언어학자인 아버지와 수학자인 어머니의 딸로 태어난 니르말라(Nirmala Srivastava, 1923~2011)가 1970년에 주창한 명상 기법의 요가이다. 쿤달리니의 각성으로 자아실현의 상태에 도달할 수 있다고 주장하는 이 요가는 조화와 통합의 도덕적 인격 성취를 추구하는 운동으로 전개되었다.[25]
- 각종 불교 단체: 특정 종파의 종교적 목적으로 개량한 응용 요가들이 이 유형에 속한다. 불교의 일부 단체나 사찰에서 명상 수행의 일환으로 도입한 요가를 그 예로 들 수 있다.

....

25 나중에 Shri Mataji Nirmala Devi(성모 니르말라 여신)이라는 존칭을 얻은 니르말라는 자신이 태어날 때부터 각성했다는 자아실현을 다음과 같이 설파했다.
"모든 종교의 많은 고대 성전들에서 말하는 자아실현도 쿤달리니의 각성을 언급하는 것이다. 그러나 대부분의 위대한 선지자들이 서술하는 방식으로는 정확히 무엇에 관해 말하는지 이해하기 어렵다. 명백하게 진술된 것은 아무것도 없다. 스스로 자아를 실현하지 않으면 신성(神性)에 관한 이러한 지식은 잘못 해석될 수 있다. 오직 자아실현만으로 위대한 영혼들이 예언한 사하자 요가(Sahaja Yoga)의 기쁨을 온전하게 느낄 수 있다." Sahaja Scholastica, no. 57, p. 3.

현대 요가의 변화무쌍한 개량과 성장에 비추어 보면 이상에서 열거한 사례들은 현대 요가의 전범(典範)이 되고, 신종의 현대 요가를 양육하는 터전이 될 것이다. 현대 요가의 양대 유형은 인도의 전통에 확고한 기반을 두고 있다. 이런 기반에 뿌리를 두고 수련자들에게는 아사나와 명상 수행에 주력하도록 권장하여, 서양인들이 요가를 이해하는 데 지대한 영향을 미쳐 왔다. 앞으로는 양대 유형을 절충한 융합 지향의 요가가 현대 요가의 대세를 형성하게 될 것으로 예상된다.

근래에 들어 현대 요가는 더욱 다양하면서도 독자적인 방향으로 개발 또는 개조되고 있다. 그렇더라도 요가를 표방하는 한은 앞에서 약술한 양대 유형으로부터 완전히 벗어나기는 어렵다. 이에 따른 현대 요가의 새로운 돌파구는 양대 유형을 융합하여 개성을 발휘하거나 아예 어느 한쪽에 편향하여 새로운 기법을 개발하는 방향이다. 근래에 난무하다시피 다양한 현대 요가들은 주로 후자 쪽을 선호하는 경향이 있다. 그러나 어느 쪽을 선호하든 그 정도가 과도하게 되면 더 이상은 '요가'로 불릴 수 없게 된다.

후기

후기

집필을 시간한 지 6년이 지나서야 마감하게 되었다. 그 사이에 이 연구에만 매진한 것이 아니어서 마음에 응어리는 남아 있다. 다른 한편으로는 더 일찍 마쳤다면 근래의 자료들은 참고하지 못했을 것이라는 변명도 떠올린다. 당초에는 정년 퇴직하는 마지막 학기에 출판할 수 있을 것으로 믿었으나 예정보다 1년 정도 지연되었다. 그 대신 졸저는 예정한 분량보다 두 배를 상회하는 장편이 되었다. 다양한 산스크리트 원전들의 원문을 인용하다 보니 이렇게 되었다.

졸저에서 굳이 원문을 번역하고 제시한 것은 필자의 학문적 경험에 따른 것이다. 그간 산스크리트 원전을 자주 접하면서도 영어나 일어로 번역된 이차 문헌을 우선적으로 참고하다 보니 명료하게 이해되지 않은 경우가 적지 않았다. 이번 기회에 시간적 여유를 갖고 인용할 때마다 전후의 맥락을 확인하여 원문을 직접 독해하는 것으로 모호했던 의문들을 풀어 나갈 수 있었다. 그러나 필자의 원문 해석도 반드시 정확하다고 장담할 수는 없다. 그나마 출처를 명기한 원문이 있으므로 진전된 학문을 연마한 후학들이 재검증할 수 있을 것으로 기대한다.

졸저에서는 새롭게 교정된 판본들을 통해 제기될 수 있는 쟁점들을 제외하면, 상키야 및 요가 철학의 핵심적 이론과 그간 제기되어 온 주요 쟁점들을 거의 망라하여 취급했다. 이와 더불어 연관된 쟁점이 있을 경우에는 불교를 포함한 다른 학파들의 주요 견해도 섭렵하여 취급했다. 이 과정에서 선행 연구자들의 업적, 잘 알려져 있지 않았던 인도의 산스크리트 전문가들의 집요한 노력에 감동과 감사를 실감할 수 있었다. 이들이 남긴 소중한 고서들의 대부분을 직접 열람하여 확인할 수 있게 된 것은 전자시대의 행운일 것이다. 예전 같으면 존재조차 모르고 있었던 19세기의 고서들까지 인터넷의 학술 단체나 기관을 통해 열람할 수 있었다.

졸저의 목적은 고전 상키야-요가의 철학적 기원과 전개를 심층적으로 고찰하는 데 있었으므로, 뜻은 있었지만 하타 요가와 현대 요가까지 폭넓게 취급할 여유와 여력이 없었다. 이 분야는 현재 역량을 발휘하고 있는 후학들에게 맡긴다.

끝으로 졸저의 집필에 심혈을 쏟을 수 있도록 지원해 준 대한민국 교육부와 한국연구재단에 깊이 감사드린다. 아울러 까탈스럽고 과대한 원고를 기꺼이 떠맡아 출판해 준 도서출판 씨아이알의 김성배 대표님, 그리고 편집과 교정에 성심으로 애써 주신 편집부의 담당자들께 각별한 마음으로 감사드린다.

2021년 4월 30일 동악에서

저자 **정승석**

약호 및 참고문헌

1. 약호

『기타』 : *Bhagavadgītā*. → Radhakrishnan(1949).

『대주석』 : Patañjali의 *Mahābhāṣya*. → Kielhorn(1895, 1996).

『요가경』 : Patañjali의 *Yogasūtra*. → 정승석 역주(2020).

『요가주』 : 『요가수트라 주석』. Vyāsa의 *Yogasūtra-bhāṣya*. → 정승석 역주(2020).

『120 Up』 : *Īśādi Viṃśottaraśatopaniṣadaḥ* [A Compilation of well-known 120 Upanisads]. Bombay: Satyabhamabai Pandurang, 1948.

ad. : 원전에서 주석의 대상이 되는 본문의 해당 부분.

AD : Vimālamitra(?)의 *Abhidharma-dīpa*. → Jaini(1959).

ADV : *Vibhāṣāprabhā-vṛtti*(AD의 주석). → Jaini(1959).

AN : *Aṅguttara-nikāya*(增支部), Parts I～V. Pali Text Society, 1885-1900.

AK : Vasubandhu(世親)의 *Abhidharmakośa*. → Pradhan(1975).

AkBh : Vasubandhu(世親)의 *Abhidharmakośa-bhāṣyam*. → Pradhan(1975).

AkV : Yaśomitra의 *Abhidharmakośa-vyākhyā*. → Wogihara(1971).

AhS : *Ahirbudhnya-saṃhitā* → Ramanujacharya(1966).

AS : Vāgbhaṭa의 *Aṣṭāṅgahṛdaya-saṃhitā*. → Gupta(1950).

AV : *Atharvaveda* → Chand(1982) ; Lindenau(1924).

Aparārkaṭīkā : *Aparārka-yājñavalkīya-dharmaśāstra-nibandha*. → Āpte(1904).

Āpastamba : *Āpastamba-dharmasūtra* → Sastry(1895).

ār. : *āraṇyaka*.

Baudhāyana : *Baudhāyana-dharmasūtra* → Hultzsch(1884).

BC : *Buddhacarita*. → Johnston(1935), Cowell(1894).

BG : *Bhagavadgītā*. → Radhakrishnan(1949).

BGbh : Śaṅkara의 *Bhagavadgītā-bhāṣya*. → Aiyar(1910).

BhP : *Bhāgavata-purāṇa.* → Burnouf(1840).

br. : *brāhmaṇa.*

BṛhU : *Bṛhadāraṇyaka-upaniṣad.*

BS : *Brahmasūtra.*

BSBbh : Bhāskara의 *Brahmasūtra-bhāṣya.* → Dvivedin(1991).

BSbh : Śaṅkara의 *Brahmasūtra-bhāṣya.* → Shastri(1980).

ChU: *Chāndogya-upaniṣad.*

ChUbh: Śaṅkara의 *Chāndogyopaniṣad-bhāṣya.* → Subrahmanya(1982).

CS : Agniveśa의 *Caraka-saṃhitā.* → Sharma & Dash ; Sharma(2012) ; Mehta(1949).

DN : *Dīgha-nikāya*(長部), Vols. I~III. Pali Text Society, 1890-1911.

DP : Pāṇini의 *Dhātupāṭha.* → Katre(1989)

GB: *Gauḍapāda-bhāṣya.* → Mainkar(1972).

GS : *Gheraṇḍa-saṃhitā.* → Vasu(1981).

HP : Svātmārāma의 *Haṭha-pradīpikā* 또는 *Haṭhayoga-pradīpikā.* → Raja(1972)

hSS : Haribhadra의 *Ṣaḍdarśana-samuccaya*(六派哲學集成). → Kumar Jain(1997).

hYŚ : Hemacandra의 *Yogaśāstra.* → Jambuvijaya(2009).

JM : *Jayamaṅgalā.* → Vangiya(1994) ; Śarmā(1926).

JUB : *Jaiminīya-upaniṣad Brāhmaṇa.*

http://titus.uni-frankfurt.de/texte/etcs/ind/aind/ved/sv/jub/jubt.htm

KaU : *Kaṭha-upaniṣad.*

KauṣU : *Kauṣītaki-brāhmaṇa-upaniṣad* (=*Kauṣītaki-upaniṣad*)

KS : Vṛddhajīvaka의 *Kaśyapa-saṃhitā.* → Trikamjī(1938)

MaiU : *Maitrī-upaniṣad* (=*Maitrāyaṇa-upaniṣad, Maitrāyaṇīya-upaniṣad*)

Mbh : *Mahābhārata.* → Dutt(2004).*

....

* 졸저에서 인용한 *Mahābhārata*는 Dutt의 번역에서 저본으로 채택한 원전이다. 이 원전은 Kolakata 판본으로 알려져 있으나 현재는 유통되어 있지 않다. 인도인으로서는 1890년에 최초로 방대한 영문판 산스크리트 사전을 편찬한 Apte(1957)도 이 Kolakata 판본에서 발췌한 예문으로 어휘의 전거를 제시했다. 현재 주로 통용되고 있는 *Mahābhārata*는 Chitrashala Press에서 출판(Pune, 1850~1855)되어 Chitrashala 판본으로 불리는 원전이다. Dutt의 번역본을 출판한 편집자도 Chitrashala 판본(졸저에서는 Pune본으로 통칭)에 의거하여 누락된 부분을 채우거나 번역본의 원문을 정리했다고 밝히고 있

MN : *Majjhima-nikāya*(中部), Vols. I～IV. Pali Text Society, 1888-1925.

MS : *Manu-smṛti*. → Jha(1932, 1939).

MV : *Māṭhara-vṛtti*. → Sharma(1994).

NBh : Vātsyāyana의 *Nyāya-bhāṣya*. → Taranatha(1985) ; Amarendramohan(1985).

NṛsU : *Nṛsiṃhottara-tāpanīya-upaniṣad* (=*Nṛsiṃha-tāpanī-upaniṣad*)

NS : *Nyāyasūtra*. → Taranatha(1985) ; Amarendramohan(1985).

NV : Uddyotakara의 *Nyāya-vārttika*. → Taranatha(1985) ; Amarendramohan(1985).

NVT : Vācaspati Miśra의 *Nyāya-vārttika-tātparyaṭīkā*. → Tailanga(1898) ; Taranatha(1985).

Pāṇ : Pāṇini의 *Aṣṭādhyāyī*. → Katre(1989).

PM : *Paṭisambhidāmagga*, Vols. I～II. Pali Text Society, 1905-1907.

PP : Śālikanātha Miśra의 *Prakaraṇa-pañcikā*. → Śāstri(1904).

pr. : *purāṇa*.

PS : Dignāga의 *Pramāṇa-samuccaya*(集量論). → Steinkellner(2005).

PSṬ : Jinendrabuddhi의 *Pramāṇa-samuccaya-ṭika*. → Lasic etc(2012)

PSV : Dignāga의 *Pramāṇa-samuccaya-vṛtti*(集量論自註). → Steinkellner(2005).

PT : Śaṅkara의 *Prapañcasāra-tantra*. → Sarasvatī(1935).

PV : Dharmakīrti의 *Pramāṇa-vārttikam*. → Sāṅkṛtyāyana(1938).

RM : Bhojarāja의 *Rāja-mārtaṇḍa*. → Śāstrī(2001).

ṚV : *Ṛgveda*. → Müller(1983).

ŚB : *Śatapatha-brāhmaṇa*. → Weber(1855).

SDS : Mādhava의 *Sarvadarśana-saṃgraha*(全哲學綱要). Mahāmahopādhyāya Vasudev Shastri Abhyankar ed. *Sarva-darśana-saṃgraha of Sāyaṇa-Mādhava Edited with an Original Commentary in Sankrit*. Government Oriental Series, Class A, No. 1. 3rd ed. Poona: Bhandarkar Oriental Research Institute, 1978.

....

다. 졸저에서는 Kolakata 판본으로 인용한 *Mahābhārata*의 분류 번호가 Pune본과 일치하지 않을 경우, 또는 Pune본으로 *Mahābhārata*를 인용한 경우, Pune본의 분류 번호나 원문을 첨자로 기호 '=' 다음에 병기해 두었다.
GRETIL(Göttingen Register of Electronic Texts in Indian Languages)에서는 Chitrashala 판본에 없는 부분을 Kolakata 판본과 대조하여 추가했다.

SK : Īśvarakṛṣṇa의 *Sāṃkhya-kārikā*(數論頌).

SN : *Saṃyutta-nikāya*(相應部), Parts I～IV. Pali Text Society, 1884-1904.

SPbh : Vijñāna Bhikṣu의 *Sāṁkhya-pravacana-bhāṣya.* → Garbe(1943).

SS : *Sāṃkhyasūtra.* → Garbe(1943).

SśS : *Suśruta-saṃhitā.* → Trikamji(1931).

SsV : *Sāṃkhya-saptati-vṛtti.* → Solomon(1973)

SSV : Aniruddha의 *Sāṃkhyasūtra-vṛtti.* → Garbe(1888).

SV : *Sāṃkhya-vṛtti.* → Nakada(1978).

ŚV : Kumārila Bhaṭṭa의 *Ślokavārttika.* → Śāstrī(1978).

ŚvetU : *Śvetāśvatara-upaniṣad.*

T : 大正新脩大藏經.*

TaiU : *Taittirīya-upaniṣad.*

TK : Vācaspati Miśra의 *Tattva-kaumudī* (=*Sāṃkhya-tattva-kaumudī*). → Jha(1965) ; Bhandari(1921).

TRD : Guṇaratna의 *Tarkarahasya-dīpikā*(별칭 六派哲學集成註). *Ṣaḍdarśana-samuccaya* 에 대한 주석. → Kumar Jain(1997).

TRV : Akalaṅka의 *Tattvārtha-rājavārttika*(=*Tattvārtha-vārttika*). → Gajādharalāla(1915).

TS : Śāntarakṣita의 *Tattvasaṃgraha.* → Krishnamacharya(1926).

TSP : Kamalaśīla의 *Tattvasaṃgraha-pañjikā.* → Krishnamacharya(1926) ; Shastri(1968)

TsV : *Tattvasamāsasūtra-vṛtti* (=*Kramadīpikā*). → Dvivedin(1920).

TV : Vācaspati Miśra의 *Tattva-vaiśāradī.* → Bodas(1917).

TyD : Bhāvāgaṇeśa의 *Tattvayāthārthya-dīpana.* → Dvivedin(1920).

up. : *upaniṣad.*

US : Śaṅkara의 *Upadeśa-sāhasrī.* → 이종철 역(2006).

Vāsiṣṭha: *Vāsiṣṭha-dharmasūtra.*

http://gretil.sub.uni-goettingen.de/gretil/1_sanskr/6_sastra/4_dharma/sutra/vasist_u.htm

VdhuP : *Viṣṇudharmottara-purāṇa.* → Shah(1958).

....

* 졸저의 인용에서는 페이지의 약호(p.)를 쌍점(:)으로 대체함.

YBh : 『요가주』. Vyāsa의 *Yogasūtra-bhāṣya* (= *Yoga-bhāṣya*). → 정승석 역주(2020).

YD : *Yuktidīpikā*. *Sāṃkhya-kārikā*에 대한 주석. → Wezler & Motegi(1998) ; Sharma(2018).

YS : 『요가경』. Patañjali의 *Yogasūtra*. → 정승석 역주(2020).

YsV : Śaṅkara의 *Yogasūtra-bhāṣya-vivaraṇa*. → Rukmani(2001) ; Sastri(1952).

YV : Vijñāna Bhikṣu의 *Yoga-vārttika*. → Rukmani(1981～1989) ; Paṭavardhana(1884).

VP : Bhartṛhari의 *Vākyapadīya*. → Iyer(1973 ; 1983).

VPP : Helārāja의 *Prakīrṇaka-prakāśa*. → Iyer(1973).

2. 한글/한자 이름순

高崎直道 外(1987). 『仏教・インド思想辞典』. 東京: 春秋社.

高木訷元

1960 「ヨーガ疏と数論説との関係 : 疏 II-19にあらわれる転変説について」, 『印度学仏教学研究』, 8-1号. 東京: 日本印度学仏教学会.

1991a 『古典ヨーガ体系の研究. 京都: 法蔵館.

1991b 『マータラ評註の原典解明』, 高木訷元著作集 2. 京都: 法蔵館.

권오민

2014a 「上座 슈리라타의 '一心'」, 『인도철학』, 제40집. 서울: 인도철학회.

2014b 「先代軌範師의 '色心互熏說' 散考」, 『불교연구』, 제41집. 서울: 한국불교연구원.

2015 「先代軌範師의 '色心互熏說' 散考(續)」, 『불교연구』, 제42집. 서울: 한국불교연구원.

近藤隼人

2013 「indriyavṛttti: 到達作用説と感官遍在説の相剋」, 『印度学仏教学研究』, 61-2号. 東京: 日本印度学仏教学会.

2014a 「精神の影: Sāṃkhyatattvakaumudīにおける映像説解釈再論」, 『印度学仏教学研究』, 62-2号. 東京: 日本印度学仏教学会.

2014b 「サーンキヤ映像説断片にまつわる伝承と仮託: アースリ断片の謎を解

く」,『印度学仏教学研究』, 63-1号. 東京: 日本印度学仏教学会.
2016 「puryaṣṭaka: 輪廻主体の八要素をめぐるヴェーダーンタ説」,『印度学仏教学研究』, 65-1号. 東京: 日本印度学仏教学会.

今西順吉
1960 「サーンキヤ頌の系譜: 第七・八頌をめぐって」,『印度学仏教学研究』, 8-2号. 東京: 日本印度学仏教学会.
1968a 「pariṇāmaについて」,『印度学仏教学研究』, 16-2号. 東京: 日本印度学仏教学会.
1968b 「龍樹によって言及されたサーンキヤ思想: 初期中觀派におけるサーンキヤ思想(一)」,『北海道大學文學部紀要』, 16-2号. 札幌: 北海道大學文學部.
1970 「堤婆・婆藪によって言及されたサーンキヤ思想: 初期中觀派におけるサーンキヤ思想(二)」,『北海道大學文學部紀要』, 18-1号. 札幌: 北海道大學文學部.
1982 「サーンキヤ頌の譬喩」,『印度学仏教学研究』, 30-2号. 東京: 日本印度学仏教学会.

金倉圓照
1953 「ヨーガ・スートラの成立と仏教との関係」,『印度学仏教学研究』, 1-2号. 東京: 日本印度学仏教学会.
1956 「サーンクヤ・タットヴァ・カウムディー」,『東北大学文学部研究年報』, 第七号. 仙台: 東北大学文学部.
1980 『シャンカラの哲学: ブラフマ・スートラ釈論の全訳』, 上下. 東京: 春秋社.

吉元信行
1987 「三世實有説再考: その原語と思想の背景」,『仏教学セミナー』, Vol. 46. 京都: 大谷大学仏教学会.
1989 「三世實有説再考: 法体恒有」,『印度学仏教学研究』, 37-2号. 東京: 日本印度学仏教学会.

김재성(2013). 「마음에 대한 일인칭적 접근」,『마음과 철학: 불교편』. 서울: 서울대학교출판문화원.

김홍미(2012). 「사성제와 연기법의 결합에 대하여: 초기불전을 중심으로」,『인도철학』, 제35집. 서울: 인도철학회.

다스굽타, 수렌드라나트(1997).『인도의 신비사상』. 오지섭 역. 서울: 도서출판 영성생활. [Dasgupta, S. N. Hindu Mysticism. 1st ed 1927 ; Delhi: Motilal Banarsidass, 1983.]

다케무라 마키오(1989).『유식의 구조』. 정승석 옮김. 서울: 민족사. [竹村牧男.『唯識の構造』. 東京: 春秋社, 1985.]

대림 옮김(2012).『맛지마 니까야: 중간 길이로 설하신 경』, 제2권. 울산: 초기불전연구원.

木村誠司(2014).「雨衆外道(Vāṣagayṇa)について I」,『駒澤大學佛教學部研究紀』, 第72號. 東京: 駒澤大學佛教學部.

木村日紀(1958).「Bhagavadgītāに現はれたSāṃkhya-yoga思想」,『印度学仏教学研究』, 6-2号. 東京: 日本印度学仏教学会.

木村泰賢(1915).『印度六派哲学』. 東京: 丙午出版社.

茂木秀淳(2001).「敍事詩の宗教哲学: Mokṣadharma-parvan 和譯研究(XXI)」,『信州大学教育学部紀要』, 第103号. 松本: 信州大学教育学部.

박승찬(2011).「생명의 원리에서 인격의 중심에로: 서양철학적 관점에서 본 영혼론」,『가톨릭 신학과 사상』, 제67호. 서울:신학과사상학회.

박영길

1999「샹까라 철학의 māyā 개념 검토: Brahmasūtra-Śaṅkarabhāṣya를 중심으로」,『인도철학』, 제9집. 서울: 인도철학회.

2000「샹까라의 철학과 māyāvāda(幻影論)의 관계 비판: Brahmasūtra-Śaṅkarabhāṣya를 중심으로」,『인도철학』, 제10집. 서울: 인도철학회.

2018「고전 산스끄리뜨의 아리야(Āryā) 운율: 라뜨나까라샨띠(Ratnākaraśānti)의『찬도라뜨나까라』(Chandoratnākara)를 중심으로」,『불교학 리뷰』, 23. 논산: 금강대학교 불교학연구소.

박창환(2013).「체화된 마음」,『마음과 철학: 불교편』. 서울: 서울대학교출판문화원.

福島 直四郎 譯(1980).「チューリカー・ウパニシャット」,『ウパニシャット全書』, 第七卷. 大阪: 東方出版.

本多惠

1978a 『ヨーガ書註解』. 京都: 平樂寺書店.

1978b 「ユクティディピカー雜考」,『印度学仏教学研究』, 27-12号. 東京: 日本印度学仏教学会.

1980 『サーンキヤ哲学研究』, 上・下. 東京: 春秋社.

本庄良文(1982). 「三世実有説と有部阿含」,『仏教研究』, Vol. 12. 浜松: 国際仏教徒協会.

山口惠照(1961). 「Sāṁkhya-tattvaの体系について: pariṇāma-vāda 一般の展望のために」,『印度学仏教学研究』, 9-2号. 東京: 日本印度学仏教学会.

山下勲(1977). 「プルシャの存在をえめぐつて」,『印度学仏教学研究』, 26-1号. 東京: 日本印度学仏教学会.

三枝充悳 編(1987). 『インド佛教人名辞典』. 京都: 法蔵館.

上村勝彦 譯(1984). 『實利論: 古代インドの帝王学』, 上. 東京: 岩波書店.

서성원(1996). 「Padhānasutta와 增一阿含의 降魔 전설」,『인도철학』, 제6집. 서울: 인도철학회.

松田和信(2014). 「倶舎論註釈書「真実義」の梵文写本とその周辺」,『インド哲学仏教学論集』, 第2号. 札幌: 北海道大学大学院文学研究科インド哲学研究室.

水野 弘元(1997). 『仏教教理研究』, 水野弘元著作選集 2. 東京: 春秋社.

神子上 恵生(1980). 「Sāṃkhyakārikā 第七偈をめぐつて」, 印度学仏教学研究』, 28-2号. 東京: 日本印度学仏教学会.

辻 直四郎

1970 『リグ・ヴェーダ』. 東京: 岩波書店.

1980 『バがヴァッド・ギーター』. 東京: 講談社.

岸本英夫(1955). 『宗教神秘主義: ヨーガの思想と心理』. 東京: 大明堂.

안성두(2013). 「심층적인 마음의 발견」,『마음과 철학: 불교편』. 서울: 서울대학교 출판문화원.

櫻部 建(1952). 「フラウワルナー氏の世親年代論について」,『印度学仏教学研究』, 1-1号. 東京: 日本印度学仏教学会.

羽田 野伯猷

1943 「数論のプラティビンバ(反影)説について」,『文化』, 10-9号. 東京: 岩波書店.

1952 「数論派における解脱論と数論偈」,『印度学仏教学研究』, 1-1号. 東京: 日本印度学仏教学会.

宇井伯壽

1932 『印度哲学史』. 東京: 岩波書店.

1958 『瑜伽論研究』. 東京: 岩波書店.

原実(1979).『古典インドの苦行』. 東京: 春秋社.

伊藤 武(1999).『図說インド神秘事典』. 東京: 講談社.

이종철 역(2006).『천 가지 가르침』. 서울: 소명출판.

伊沢敦子(1996).「prāṇāgnihotraとātmayajña」,『印度学仏教学研究』, 44-2号. 東京: 日本印度学仏教学会.

임승택

2013a 「요가수뜨라와 니까야의 三昧觀 재검토」,『불교학연구』, 제36호. 서울: 불교학연구회.

2013b 「심리적 세계의 이해」,『마음과 철학: 불교편』. 서울: 서울대학교출판문화원.

임혜정 · 정승석(2017).「『카타 우파니샤드』의 Puruṣa 개념에 대한 고찰」,『인도철학』, 제49집. 서울: 인도철학회.

慈怡 編(1988).『佛光大辭典』. 台灣: 佛光出版社.

田中順照(1977).『空観と唯識観: その原理と發展』. 京都: 永田文昌堂.

田村庄司

1961 「Maitrāyaṇa Upaniṣadと数論思想について」,『印度学仏教学研究』, 9-2号. 東京: 日本印度学仏教学会.

1965 「世親に知られた數論說: 特に俱舍論に於て」,『印度学仏教学研究』, 13-2号. 東京: 日本印度学仏教学会.

정승석

1989(편) 『仏典解說事典』. 서울: 민족사.

1991 「짜라까상히따에서 설하는 상캬哲學의 초기적 성격」,『伽山學報』, 창간호. 서울: 伽山佛教文化振興院.

1992a 『인도의 이원론과 불교』. 서울: 민족사.

1992b 「佛教가 언급하는 僧佉經에 대한 文獻學的 考察」, 『韓國佛教文化思想史』, 卷下. 서울: 伽山佛教文化振興院.

1992c 「僧佉經과 六十科論의 문헌학적 의미」, 『인도철학』, 제2집. 서울: 인도철학회.

1996 『인간을 생각하는 다섯 가지 주제: 사랑, 번뇌, 업, 고통, 마음』. 서울: 대원정사.

1998a 「인도 신화의 고행주의적 전개」, 『인도철학』, 제7집. 서울: 인도철학회.

1998b 「힌두 사상의 정신진화론」, 『문화의 진보에 대한 철학적 성찰』. 한국철학회 편, 서울: 철학과현실사.

1999 『윤회의 자아와 무아』. 서울: 장경각.

2001a 「상키야 철학에서 차별의 개념」, 『인도철학』, 제10집. 서울: 인도철학회.

2001b 「힌두교와 불교에서 가상 현실의 의미」, 『디지털시대의 문화 변동』. 서울: 고려대장경연구소 출판부.

2001c 「요가 철학과 불교에서 業論의 대응」, 『불교학보』, 제38집. 서울: 동국대학교 불교문화연구원.

2001d 「요가 철학에서 잠재업과 훈습의 관계」, 『인도철학』, 제11집. 서울: 인도철학회.

2002 「쉬바 성전파의 신학에서 속박의 의미」, 『종교연구』 제27집. 서울: 한국종교학회.

2003 「상키야 철학의 修習法」, 『한국불교학』, 제33집. 서울: 한국불교학회.

2004a 「고전 요가 坐法의 다의성」, 『인도철학』, 제16집. 서울: 인도철학회.

2004b 「고전 요가의 부수적 坐法」, 『인도철학』, 제17집. 서울: 인도철학회.

2005 「요가 철학의 삼매 분류」, 『인도철학』, 제19집. 서울: 인도철학회.

2007 「고전 요가의 호흡법의 원리」, 『인도철학』, 제22집. 서울: 인도철학회.

2008 「요가수트라 개시 선언의 해석학적 의미」, 『인도철학』, 제24집. 서울: 인도철학회.

2010 「상키야 철학에서 알라야식 유형의 원리」, 『불교학연구』, 제26호. 서울: 불교학연구회.

2011 「영혼에 관한 인도 철학의 세 가지 관점」, 『가톨릭 신학과 사상』, 제67호.

서울: 신학과사상학회.
2012a 「요가 철학에서 비판한 절멸론자의 다의성」, 『인도철학』, 제35집. 서울: 인도철학회.
2012b 「인도 철학에서 자아 개념의 공유와 차별: 베단타의 일원론과 상키야의 이원론을 중심으로」, 『인도철학』, 제36집. 서울: 인도철학회.
2013a 「마음과 물질의 이중주」, 『마음과 철학: 불교편』. 서울: 서울대학교출판문화원.
2013b 「유식(唯識)의 '동시 지각의 필연성' 개념에 대한 요가 철학의 비판」, 『인도철학』, 제38집. 서울: 인도철학회.
2015a 「유식(唯識)의 이유에 대한 요가 철학의 비판」, 『불교연구』, 제42집. 서울: 한국불교연구원.
2015b 「요가 수행의 식생활」, 『불교연구』, 제43집. 서울: 한국불교연구원.
2016a 「상키야의 지각 정의를 비판한 디그나가의 쟁점」, 『인도철학』, 제48집. 서울: 인도철학회.
2016b 「Dharmakīrti(法稱)가 비판한 상키야 지각설의 쟁점: 요가 수행자의 지각을 중심으로」, 『불교학보』, 제77집. 서울: 동국대학교 불교문화연구원.
2018a 「상키야 철학에서 인식의 동시성과 순차성 문제」, 『인도철학』, 제54집. 서울: 인도철학회.
2018b 「인도 사상에서 깨달음의 유형」, 『깨달음 논쟁』. 서울: 운주사.
2020(역주) 『요가수트라 주석』. 서울: 도서출판 씨아이알.
舟橋尚哉(1989).「唯識思想の成立について: 唯心から唯識へ」, 『仏教学セミナ』, 第49号. 京都: 大谷大学仏教学会.
舟橋一哉(1952).『原始仏教思想の研究』. 京都: 法蔵館.
中田直道(1958).「チャラカ本集の直接知覚について」, 6-1号. 東京: 日本印度学仏教学会.
中村 元
1979 『ヒンドゥー教史』. 東京: 山川出版社.
1983 「インド論理學の理解のために」, 『法華文化研究』, 第9号. 東京: 立正大学法華経文化研究所.
1996 『ヨーガとサーンキヤの思想』, インド六派哲学 I. 中村元選集 決定版 第24

卷. 東京: 春秋社.
池田 練太郎(1997).「<三十七菩提分法>説の成立について」,『印度学仏教学研究』, 45-2号. 東京: 日本印度学仏教学会.
池田 運 譯(2008).『マハバーラト』, 第三卷. 東京: 講談社.
차유만(2016).『불전에서 구사한 산수의 용례와 의의』. 서울: 동국대학교 대학원, 박사학위 논문.
村上真完
1978 『サーンクヤ哲学研究: インド哲学における自我観』. 東京: 春秋社.
1982 『サーンクヤ哲学: インドの二元論』. 京都: 平樂寺書店.
2002 「転変説(pariṇāma-vāda)再考: 世親の転変説批判の意味」,『印度学仏教学研究』, 51-1号. 東京: 日本印度学仏教学会.
村田裕美(2005).「Yogasūtra及び-bhāṣyaにおける超能力論: 一切智について」,『印度学仏教学研究』, 53-2号. 東京: 日本印度学仏教学会.
塚本啓祥(1970).「バガヴァド・ギーターにおける"sāṃkhya"の語義について」,『印度学仏教学研究』, 19-1号. 東京: 日本印度学仏教学会.
최현성·정승석(2020).「『안반수의경』의 수식관(數息觀)과 요가의 조식(調息)」,『인도철학』, 제59집. 서울: 인도철학회.
코엘료, 파울로(2001).『연금술사』. 최정수 옮김. 서울: 문학동네.
코워드, 해롤드(1993).「융의 심리학과 빠딴잘리 요가에 있어서 신비주의」. 이지수 역,『인도철학』, 제3집. 서울: 인도철학회. [Coward, Harold. "Mysticism in the Psychology of Jung and the Yoga of Patañjali", *Jung and Eastern Thought*. Albany: State of New York Press, 1985, pp. 124-144.]
平等通昭(1928).「仏典文獻に現われた数論瑜伽思想に就て」,『宗教硏究』, 新5卷 6號(45號). 東京: 東京大学文学部 宗教学硏究室內 日本宗教学會.
戸田裕久(1995).「ヨーガ行者の造化作用(yogi-nirmāṇa)」,『印度学仏教学研究』, 44-1号. 東京: 日本印度学仏教学会.
황유원·정승석(2016).「요가수뜨라에서 옴(oṃ)의 의미와 자재신과의 관계」,『인도철학』, 제47집. 서울: 인도철학회.
황훈성(2013).『서양문학에 나타난 죽음』. 서울: 서울대학교 출판문화원.

3. 로마자 이름순

Aiyar(1988), C.V. Ramachandra. tr. *Sri Sankara's Gita Bhashya*. Bombay: Bharatiya Vidya Bhavan.

Aiyar(1910), T.K. Balasubrahmanya. ed. *The Bhagavad-Gita Bhashya*, 2 Vols. The Works of Sri Sankaracharya, Vols. 11-12. Srirangam: Sri Vant Vilas Press.*

Amarakośa. → Jhalakikar(1990).

Amarendramohan(1985), Tarkatirtha. ed. *Nyāyadarśanam with Vātsyāyana's Bhāṣya, Uddyotkara's Vārttika, Vācaspati Miśra's Tātparyaṭīkā & Viśvanātha's Vṛtti*, Chapters I-ii-V. 1st ed. 1936-44 ; 2nd ed. Calcutta: Metropolitan Printing & Publishing House, Limited.

Andersen(1913). Dines Andersen & Helmer Smith ed., *Sutta-nipāta*. 1st ed. 1913 ; reprint ; London: Routledge & Kegan Paul, 1984.

Anirvan(1972), Shri. '*Talks on Sāṃkhya' in Lizelle Raymond, To Live Within*. London: George Allen & Unwin.

Apte(1957), Vaman Shivram. *The Practical Sanskrit-English Dictionary*. revised ed. Poona: Prasad Prakashan.

Āpte(1904), Hari Nārāyaṇa. ed. *Yājñavalkyasmṛtiḥ: Viṣayānukramaślokavarṇānukramādipariśiṣṭasametā*, Volume 2. Poona: Ananda Ashram Press(Ānandāśramamudraṇālaya).

Avyaṅgār(1938), T.R. Śrīnivāsa. tr. *The Yoga-Upaniṣad-s*. Madras: The Adyar Library.

Balasubrahmanyam(1911), J.K. ed. *Yogasutra Vritti Named Yoga Sudhakara by Sri Sadasivendra Sarasvati*(Author of Brahmasutra Vritti, Atmavidyavilasa etc.). Srirangam: Sri Vani Vilas Press.

Banerjea(1862), K.M. ed. *The Mārkaṇḍeya Purāna in the Original Sanskrit*. Calcutta: Bishop's College Press.

Banerji(1995), Sures Chandra. *Studies in Origin and Development of Yoga*. Calcutta: Punthi Pustak.

---

* Śaṅkara의 주석들을 20권으로 수록한 이 전집에서 데바나가리 원문은 ḥ와 t의 연성을 거의 무시했으므로, 이 책의 원문을 인용한 경우에는 연성을 바르게 표기했다.

Belvalkar(1924), Shripad Krishn. "Māṭhara-Vṛtti", *Annals of the Bhandarkar Institute*, Vol. V. Poona: The Bhandarkar Oriental Research Institute.

Benedetti(2013), Giacomo. "The Figure of the Ṛṣiin the Pañcaviṃśa Brāhmaṇa", *Indologica Taurinensia*, Vol. 39. Torino: Comitato AIT.

Besant(1973). Annie Besant & Bhagavan Das tr., *Bhagavad Gītā*. 1st ed. 1905 ; 2nd ed. Madras: The Theosophical Publishing House, 1973.

Bhandari(1921), Nyayacharya Śri Rama Śastri. ed. *Sankhya Tattva Kaumudi by Sri Vachaspati Misra: With a commentary called 'Sankhya Tattva Vibhakara' by Pandit Danshi Dhara Misra*. Benares: Chowkhambā Sanskrit Series Office.

Bhandarkar(1982), R.G. *Vaisnavism, Saivism, and Minor Religious Systems*. 1st ed. 1927 ; Poona: Bhandarkar Oriental Research Institute.

Bhattacharya(1957), Vidhushekhara. ed. *The Yogācārabhūmi of Ācārya Asanga: The Sanskrit Text Compared with the Tibetan Version*. Calcutta: University of Calcutta.

Bhattacharya(1974), Kamalesvar. "A note on the term yoga in Nyāyabhāṣya and Nyāyavārttika on I.1.29", *Indologica Taurinensia*, Vol. II. Torino: Istituto di indologia.

Bhattacharyya(1945), Dinesh Chandra. "Date of Vācaspati Miśra and Udayanācārya", *The Journal of the Ganganatha Jha Research Institute*, Vol. II, art 4. Allahabad: Ganganatha Jha Research Institute.

Bhattacharyya(1999), Narendra Nath. *History of the Tantric Religion: A Historical, Ritualistic and Philosophical Study*. 2nd ed. New Delhi: Ajay Kumar Jain for Manohar Publishers & Distributors.

Bhishagratna(1911), Kaviraj Kunja Lal. ed. *An English Translation of the Sushruta Samhita: With a full and Comprehensive Introduction, Additional Texts, Different Readings, Notes, Comparative Views, Index, Glossary and Plates*, Vol. II. Calcutta: The Bharat Mihir Press.

Bianchini(2015), Francesco. "A King's Best Weapon: Sudarśana's Worship at the Royal Court According to the Ahirbudhnyasaṃhitā". Vienna: Universität Wien, Masterarbeit.

Birch, Jason

2011 "The Meaning of Haṭha in Early Haṭayoga", *Journal of the American Oriental Society*, 131.4. New Haven: American Oriental Society.

2018 "The Proliferation of Āsana-s in Late-Medieval Yoga Texts", *Yoga in Transformation: Historical and Contemporary Perspectives*. Vienna: Vienna University Press.

Birch, Jason & Singleton, Mark (2019). "The Yoga of the Haṭhābhyāsapaddhati: Haṭhayoga on the Cusp of Modernity", *Journal of Yoga Studies*, Vol. 2. Electronic version: https://doi.org/10.34000/JoYS.2019.V2.002.

Bodas(1917), Rajaram Shastri. ed. *The Yogasūtras of Patañjali with the Scholium of Vyāsa and the Commentary of Vācaspatimiśra*. Bombay Sanskrit and Prakrit Series, No. 46. 2nd ed. Bombay: The Government General Press.* [Āgāśe, K. Ś. ed. *Pātañjalayogaśāstra*, Ānandāśrama-saṃskṛta-granthāvaliḥ 47. Puṇyākhyapattana: Ānadāśrama-mudraṇālaya, 1904.]

Bronkhorst, Johannes

1994 "THE QUALITIES OF SĀṂKHYA", *Wiener Zeitschrift für die Kunde Südasiens / Vienna Journal of South Asian Studies*, Vol. 38. Vienna: Austrian Academy of Sciences Press.

2007 ed. *Greater Magadha: Studies in the Culture of Early India*, Handbook of Oriental Studies, Section Two, India. Leiden · Boston: BRILL.

Bühler(1882), Georg. tr. *Sacred Laws of the Āryas: as Taught in the Schools of Āpastamba, Gautama, Vāsistha, and Baudhāyana*, Part II Vāsistha and Baudhāyana. F. Max Müller ed., *The Sacred Books of the East*, Vol. XIV. Oxford: The Clarendon Press.

Bühnemann(1988), Gudrun. *Pūjā: A Study in Smārta Ritual. Vienna*: Institute for Indology University of Vienna.

Burley(2007), Mikel. *Classical Samkhya and Yoga: An Indian Metaphysics of Experience*. New York: Routledge.

Burnouf(1840), M. Eugène. ed. *Le Bhāgavata Purāṇa ou histoire poétique de Krīchṇa*, Tome Premier. Paris: Imprimerie Royale.

Caland(1931), W. tr. *Pañcaviṃśa-Brāhmaṇa: The Brāhmaṇa of Twenty Five Chapters*. Calcutta: The Baptist Mission Press.

....

* 이 판본에서는 aḥ가 o로 바뀐 연성 다음의 a를 생략하는 문자인 ऽ (')가 생략되어 있다.

Caleb(2011), C.C. *The Song Divine or, Bhagavad-gītā: A Metrical Rendering* (with annotations). 1st ed. 1911 ; Kirksville: Blazing Sapphire Press.

Chakravarti(1975), Pulinbihari. *Origin and Development of the Sāṃkhya System of Thought.* 2nd ed. New Delhi: Oriental Books Reprint Corporation.

Chakravarty(2016), Sangita. *Anumāna Pramāṇa in Vedic Schools of Indian Philosophy: A Comprehensive Study*. Guwahati: Gauhati University.

Chand(1982), Devi. tr. *The Atharvaveda*. New Delhi: Munishiram Manoharlal Publishers.

Chapple(1984), Christopher. Instruction of *The Concise Yoga Vāsiṣṭha.* →Venkatesananda(1984).

Chatterjee(1968), Satichandra. *An Introduction to Indian Philosophy*. 7th ed. Calcutta: Unversity of Calcutta.

Chattopadhyaya. Debiprasad Chattopadhyaya & Mrinalkanti Gangopadhyaya tr.

1967 *Nyāya Philosophy: Literal Translation of Gautama's Nyāya-sūtra & Vātsyāyana's Bhāṣya*, Part I. Calcutta: Indian Studies Past & Present.

1968 *Nyāya Philosophy: Literal Translation of Gautama's Nyāya-sūtra & Vātsyāyana's Bhāṣya*, Part II. Calcutta: Indian Studies Past & Present.

Clements(2005), Richa Pauranik. "Being a Witness: Cross-Examining the Notion of Self in Śaṅkara'a *Upadeśasāhasrī*, Īśvarakṛṣṇa's *Sāṃkhyakārikā*, and Patañjali's *Yogasūtra*", *Theory and Practice of Yoga: Essays in Honour of Gerald James Larson*. edited by Knut A. Jacobsen. Leiden: Koninklijke Brill NV.

Connolly(2014), Peter. *A Student's Guide to the History and Philosophy of Yoga*. 1st ed. 2007 ; revised ed. Sheffield: Equinox Pubhishing Ltd.

Cowell, Edward B.

1894 tr. *The Buddha-karita or Life of Buddha, Indian Poet of the Early Second Century after Christ*. reprint ; New Delhi: Cosmo Publications, 1977.

1893 ed. *The Buddha-karita of Asvaghosha*. Oxford: The Clarendon Press.

Cowell(1976). Edward B. Cowell & A.E. Gough tr., *Sarva-darśana-saṃgraha*, 1st ed. 1906. Delhi: Cosmo Publications.

Dalāl(1923), C.D. *A Catalogue of Manuscripts in the Jain Bhandars at Jesalmere*. Baroda: Central Library.

Dasgupta, S.N.

1922 Dasgupta, Surendranath. *A History of Indian Philosophy*, Vol. I. Cambridge: Cambridge University Press.

1924 *Yoga as Philosophy and Religion*. reprint ; Delhi: Motilal Banarsidass, 1973.

De Michelis, Elizabeth

2004 *A History of Modern Yoga: Patañjali and Western Esotericism*. New York: Continuum.

2007 "A Preliminary Survey of Modern Yoga Studies", *Asian Medicine*, Volume 3, Issue 1. Leiden: Koninklijke Brill NV.

Deussen, Paul

1906 *The Philosophy of the Upanishads*. translated by A. S. Genden. Edinburgh: T. & T. Clark.

1914 *Allgemeine Geshichte der Philosophie: Mit Besonderer Berückschichtigung der Religionen, Die Nachvedische Philosophie der Inder*. Leipzig: F.A. Brockhaus.

1980 tr. *Sixty Upaniṣads of the Veda*. translated from German by V.M. Bedekar & G.B. Palsule. Delhi: Motilal Banarsidass. [Deussen, Paul. *Sechzig Upaniṣad's des Veda*. Leipzig, 1897.]

Dharmamegha(1989) Āraṇya. *Epistles of A Sāṃkhya-Yogin*. Madhpur: Kapil Math.

Divanji(1954), Prahlad Chandrashekhar. ed. *Yoga-yājñavalkya: A Treatise on Yoga as Taught by Yogī Yājñavalkya*. reprinted from the *Journal of the Bombay Branch Royal Asiatic Society*, Vol. 28, and 29, Part 1. Bombay: Bombay Branch Royal Asiatic Society.

Dixit(1968), Krishna Kumar. tr. *The Yogabindu of Ācārya Haribhadrasūri*. Lalbhai Dalpatbhai Bharatiya Sanskrit Vidyamandira.

Dravid(1995), N.S. tr. *Atmatattvaviveka by Udayanācārya: with Translation, Explanation and Analytical-Critical Survey*. Shimla: Indian Institute of Advanced Study.

Dreyfus (2007). Georges Dreyfus & Evan Thompson, "Asian Perspectives: Indian Theories of Mind", *Cambridge Handbook of Consciousness*. edited by M. Moscovitch and E. Thompson. Cambridge: Cambridge University Press, 2007.

Dumont(1933), P.E. ed. & tr. *L'Isvaragita: Le Chant de Śiva*. Paris: Librairie Paul Geuthner.

Durgāprasāda(1940). Durgāprasāda & Śivadatta ed., *The Śiśupālavadha of Māgha with the*

Commemtary (Darvankaṣā) of Mallinātha. 11st ed. Bombay: Nirnaya Sagar Press, 1940.

Dutt(2004), Manmatha Nath. tr. *Mahābhārata: Sanskrit Text and English Translation*, Vols. I~IX. New Revised Edition ; Delhi: Parimal Publications.*

Dutta(2001), Deepti. *Sāṃkhya: A Prologue to Yoga*. Madhupur: Kāpil Maṭh.

Dvivedin, Vidhyeśvarī Prasāda. ed.

1920 *Sāmkhyasamgraḥ: a Collection of The Sāmkhya Philosophy*. Chowkhambā Sanskrit Series, No. 55. Benares: Chowkhamā Sanskrit Series Office.

1984 *The Praśastapāda Bhāshya with Commentary Nyāyakandali of Sridhara*. Sri Garib Dass Oriental Series, 13. 1st ed. 1895 ; 2nd ed. Delhi: Sri Satguru Publications.

1991 *Brahmasutra with a Commentary by Bhāskārāchārya*. 2nd ed. Varanasi: Chowkhamba Sanskrit Series Office.

Dvivedin & Dravida. Vindhyesvariprasada Dvivedin & Lakshamana Sastri Dravida ed.

1914 *Nyāya-Vārttika-Tātparya-Pariśuddhi by Udayanācārya: With a gloss called Nyāya-nibandha-prakāśa by Varddhamānopādhyāya*. Calcutta: Royal Asiatic Society of Bengal, 1911-1924.

1939 *Udayanācārya Ātmatattvaviveka*. Bibliotheca Indica, No. 170. Calcutta: Royal Asiatic Society of Bengal.

Edgerton, Franklin

1924 "The Meaning of Sāṃkhya and Yoga", *The American Journal of Philology*, Vol. 45, No. 1. Baltimore: The Johns Hopkins University Press.

1965 *The Beginnings of Indian Philosophy: Selections from the Rig Veda, Atharva Veda, Upanisads, and Mahābhārata*. Cambridge: Harvard University Press.

Eggelin(1897), Julius. tr. *Śatapatha-Brāhmaṇa*, Part IV. F. Max Müller ed., *The Sacred Books of the East*, Vol. XLIII. Oxford: The Clarendon Press.

Eliade(1969), Mircea. *Yoga: Immortality and Freedom*. translated from the French by Willard R. Trask. 1st ed. 1958 ; 2nd ed. Princeton: Princeton University Press.

....

* Vols. I~IX는 출판 연도 2004 다음에 표시해 두었다. 예: '2004.VIII'은 Vol. VIII. 이 번역판은 원래 1895~1905년에 8권으로 출판(Calcutta: Elysium Press)되었던 것을 9권으로 개편하여 재출판한 것이다.

Feuerstein(1979), Georg. *The Yoga-sūtra of Patañjali: An Exercise in the Methodology of Textual Analysis*. New Delhi: Arnold Heinemann.

Fitzgerald(2007), James L. "The Sāṃkhya-Yoga "Manifesto" at MBh 12.289-290", in Proceedings of the 13th World Sanskrit Conference. John Brockington ed. *Battle, Bards and Brāhmins*. Delhi: Motilal Banarsidass, 2012, pp. 259-300. https://brown.academia.edu/JamesFitzgerald

Frauwallner, Erich

1951 *On the date of the Buddhist Master of the Law Vasubandhu*. Rome: Istituto Italiano per il Medio ed Estremo Oriente.

1958 "Die Erkenntnislehre des klassischen Sāṃkhya-Systems", *Wiener Zeitschrift für die Kunde Süd-und Ostasiens und Archiv für indische Philosophie*, Vol. 2. Wien: Hollinek.

Fürlinger(2009), Ernst. *The Touch of Śakti: A Study in Non-dualistic Trika Śivism of Kashmir*. New Delhi: D.K. Printworld (P) Ltd.

Gajādharalāla(1915), Jaina. ed. *Tattvārtharājavārttikaṃ*. Sanātanajainagraṃthamālā, 4. Kāśī(Benares): Candraprabhānāmni Mudraṇayantrālaye mudritam.

Gambhirananda, Swami. tr.

1972 *Brahma-sūtra-bhāṣya of Śrī Śaṅkarācārya*. 1st ed. 1965 ; 2nd ed. Calcutta: Advaita Ashrama.

1986 *Śvetāśvatara Upaniṣad: With the Commentary of Śaṅkarācārya*. Kolkata: Advaita Ashrama.

1989 *Eight Upaniṣads: With the Commentary of Śaṅkarācārya*, Vol. One. 1st ed. 1957 ; 2nd revised ed. Kolkata: Advaita Ashrama.

Gangopadhyaya(1972), Mrinalkanti. tr. *Nyāya Philosophy: Literal Translation of Gautama's Nyāya-sūtra & Vātsyāna's Bhāṣya*, Part III: Third Adhyāya. Calcutta: Indian Studies Past & Present.

Ganguli, Kisari Mohan. tr.*

....

* 아래의 *Mahābhārata*는 역자의 이름을 기재하지 않고 Protāp Chandra Roy를 출판 및 배포자의 대표자

1884 *The Mahabharata of Krishna-Dwaipayana Vyasa*, Vana Parva. Calcutta: Bhārata Press.

1887 *The Mahabharata of Krishna-Dwaipayana Vyasa*, Bhishma Parva. Calcutta: Bhārata Press.

1891 *The Mahabharata of Krishna-Dwaipayana Vyasa*, Çanti Parva, Vol. II. Calcutta: Bhārata Press.

Garbe, Richard

1888 ed. *The Sāṃkhya Sūtra Vṛitti or Aniruddha's Commentary and the Original Parts of Vedāntin Mahādeva's Commentary to the Sāṃkhya Sūtras*. Calcutta: Baptist Mission Press.

1892 tr. *Aniruddha's Commentary and the Original Parts of Vedāntin Mahādeva's Commentary on the Sāṃkhya Sūtras*. 1st ed. 1884 ; Calcutta: The Baptist Mission Press.

1896 *Sāṃkhya und Yoga*. Strassburg: Verlag von Karl J. Trübner.

1917 *Sāṃkhya-Philosophie: Eine Darstellung des Indischen Rationalismus*. Leipzig: H. Haessel Verlag.

1943 ed. *The Sāṁkhya-pravacana-bhāṣya*. 1st ed. 1895 ; Massachusetts: The Harvard University Press.*

Gopal(2000), Lallanji. *Retrieving Sāṃkhya History*: An Ascent from Dawn to Meridian. New Delhi: D.K. Printworld (P) Ltd.

Gopalbhatta(1908), Ratna. ed. *Kāvyālaṅkāra Sūtras with Gloss By Paṇḍit Vāmana and a Commentary Called Kāvyālaṅkār Kāmadhenu By Śrī Gopendra Tripurahara Bhūpāla*. Benares: Vidya Vilas Press.

로 기재했으나, 실제 번역자는 Ganguli로 밝혀져 있다. Ganguli는 Roy의 사후에 출판된 마지막 권(1896)에서 서문으로 자신이 완역했다는 사실을 공개했다.

* 데바나가리를 로마자로 변환한 이 원전에서 Garbe는 복합어와 모음의 연성을 꼼꼼하게 분석하여 표기했다. 그러나 그의 표기법은 현재 통용되는 관행과 일치하지 않아 부분적으로 혼동을 유발할 수 있다. 단적인 예로 그는 "atha evam"을 athāi-'vam로, "puruṣa aikyas"를 puruṣāi-'kyas로 표기했다. 현재의 관행에서 전자는 "athaivam"으로, 후자는 "puruṣaikyas"로 표기한다. 그의 표기법에서 -' 또는 ' 는 앞에 있는 모음에 연성이 적용되었음을 표시한다. 그는 또한 처격 어미 au를 āu로 표기하기도 한다. 졸저에서는 이런 경우들을 현재 통용되는 표기로 바꾸었다.

Griffith(1973), Ralph T. H. tr. *The Hymns of the Ṛgveda.* 1st ed. 1889 ; 2nd ed. 1896 ; New Revised Edition. Delhi: Motilal Banarsidass Publishers.

Gupta(1950), Kavirāja Śrī Atrideva. ed. *Śrīmadvāgbhāṭaviracitam Aṣṭāṅgahṛdayam: "Vidyotinī" Bhāṣāṭīkā-vaktavya-pariśiṣṭa Sahitam.* Kāśī Saṃskṛta Granthamālā, 150. Vanāras: Vidyāvilās Pres.

Gupta(1959), Anima Sen. *The Evolution of the Sāṃkhya School of Thought.* Patna: Patna University.

Gupta(1971), Anand Swarup. ed. *The Kūrma Purāṇa.* Varanasi: All-India Kashiraj Trust.

Hariharānanda Āraṇya, Swāmi

1983 *Yoga Philosophy of Patañjali.* Rendered into English by P. N. Mukerji. 1st ed. 1963 ; Albany: State University of New York Press.

2000 *Yoga Philosophy of Patañjali with Bhāsvatī.* Rendered into English by P. N. Mukerji. 1st ed. 1963 ; 4th ed. reprint ; Kolkata: University of Calcutta, 2012.

2001 *A Unique Travelogue: An Allegorical Exploration of Spirituality and Yoga* Madhupur: Kāpil Maṭh.

2002 *Pātañjaljogdarśan.* 1st ed. 1911. Kolkata: Paśimbaṇga Rājya Pustak Parṣath [Bengali].

2008 *Sāṃkhya-Yoga Texts: Yogakārikā.* 1st ed. 1892. Deepti Dutta tr. Madhupur: Kāpil Math.

Hattori(1968), Masaaki. tr. *Dignāga, On Perception, being the Pratyakṣapariccheda of Dignāga's Pramāṇasamuccaya from the Sanskrit fragments and the Tibetan versions.* Cambridge, Massachusetts: Harvard University Press.

Hauer, Jakob Wilhelm

1932 *Der Yoga als Heilweg: Nach den indischen Quellen dargestellt.* Stuttgart: W. Kohlhammer.

1958 *Der Yoga: Ein Indischer Weg zum Selbst.* Stuttgart: W. Kohlhammer.

Haug(1863), Martin. tr. *The Aitareya Brahmanam of the Rigveda,* Vol. I & II. Bombay: Government Central Book Depot.

Heehs(2000), Peter. "The Error of All 'Churches': Religion and Spirituality in Communities Founded or 'Inspired' by Sri Aurobindo", *Gurus and Their Followers: New Religious*

Reform Movements in Colonial India. ed. Antony Copley. Delhi: Oxford University Press.

Hiralal(1926), Rai Bahadur. *Catalogue of Sanskrit & Prakrit Manuscripts in the Central Provinces and Berar*. Nagpur: Government Press.

Hiriyanna(1926), Mysore. *Outlines of Indian Philosophy*. London: George Allen and Unwin, Ltd.

Hopkins(1901), E. Washburn. *The Great Epics of India: Its Character and Origin*. New York: Charles Scribner's Sons.

Hultzsch(1884), E. ed. *The Baudhāyanadharmaśāstra*. Leipzig: F. A. B. Brockhaus.

Hume(1931), Robert Ernest. tr. *The Thirteen Principal Upanishads*. 1st ed. 1921 ; 2nd ed. Oxford: Oxford University Press.

Huntington(1985), Susan. *The Art of Ancient India: Buddhist*, Hindu, Jain. New York: Weather Hill.

Iyer, K.A. Subramania. ed.

1973 *Vākyapadīya of Bhartṛhari With the Prakīrṇakaprakāśa of Helārāja*, Kāṇḍa III, Part ii. Poona: Deccan College.

1983 *Vākyapadīya of Bhartṛhari*, Kāṇḍa II. Delhi: Motilal Banarsidass.

Jacob(1888), G.A. ed. *Mahānārāyaṇa-upanishad of the Atharva-Veda with the Dīpikā of Nārāyaṇa*. Bombay: Bombay Government Central Book Depôt.

Jacobi(1895), Hermann. tr. *Gaina Sūtras: Translated from Prakrit, Part II, The Sūtrakritāṅga Sūtra*. Sacred Books of the East, Vol. XLV. Oxford: The Clarendon Press.

Jacobsen(2005), Knut A. "In Kapila's Cave: A Sāṃkhya-Yoga Renaissance in Bengal", *Theory and Practice of Yoga: Essays in Honour of Gerald James Larson*. ed. by Knut A. Jacobsen. Leiden: Koninklijke Brill NV.

Jacobsen, Knut A. ed.

2009 *Brill's Encyclopedia of Hinduism*, Volume I. Leiden & Boston: Brill.

2010 *Brill's Encyclopedia of Hinduism*, Volume II. Leiden & Boston: Brill.

2011 *Brill's Encyclopedia of Hinduism*, Volume III. Leiden & Boston: Brill.

Jagadānanda(1949), Swāmi. tr. *A Thousand Teachings: into two parts —prose and poearty*. 2nd ed. Madras: Sri Ramakrishna Math.

Jaini, Padmanabh S.

1958 "On the Theory of Two Vasubandhus", *Bulletin of the School of Oriental and African Studies*, Vol. 21, No. 1/3. Cambridge: Cambridge University Press.

1959 ed. *Abhidharmadīpa with Vibhāshāparabhāvṛitti*. Patna: Kashi Prasad Jayaswal Research Institute.

Jambuvijaya(2009), M. ed. *Svopajñavṛttivibhūṣitam Yogaśāstram*, Part 3: Caturthaprakaprakāśataḥ ārabhya Dvādaśaprakāśam Yāvat. Dilhī: Motīlāla Banārasīdāsa.

Jha, Ganganatha (Jhā, Gangānātha)

1896 tr. *English Translation, with the Sanskrit Text, of the Tattva-kaumudī (Sānkhya) of Vācaspati Miśra*. Bombay: Tookaram Tatya, F. T. S.

1907 tr. *Çlokavārttika:* Translated from the Original Saskrit with Extracts from the Commentaries of Sucarita Miśra (The *Kāśikā*) and Pārtha Sārathi Miśra (The *Nyāyaratnākara*). Calcutta: The Asiatic Society.

1932 ed. *Manu-smṛti: With the 'Manubhāṣya' of Medhātithi*, Vol. I. Calcutta: Asiatic Society of Bengal.

1937 tr. *The Tattvasaṅgraha of Śāntarakṣīta: With the Commentary of Kamalaśīla*, Vol. I. Baroda: Oriental Institute.

1939 ed. *Manu-smṛti: With the 'Manubhāṣya' of Medhātithi*, Vol. II. Calcutta: Asiatic Society of Bengal.

1965 tr. *The Tattva-Kaumudī: Vācaspati Miśra's Commentary on the Sāṃkhya-kārikā*. 1st ed. 1896 ; 3rd ed. Poona: Oriental Book Agency.

Jhalakikar(1990), Vamanacharya. ed. *Amarakośa*, with the Commentary of Maheśvara enlarged by Raghunath Shastri Talekar. 1st ed. 1907 ; 2nd ed. Delhi: K. C. Publishers.

Jo(2018), Sokhyo. "Intellectual History: Pivoting on Historicity in Philosophy: An Example from Buddhism", 『인도철학』, 제54집. 서울: 인도철학회.

Johnston, E.H.

1930 "Some Sāṃkhya and Yoga Conceptions of the Śvetaśvatara Upaniṣad", *Journal of the Royal Asiatic Society of Great Britain and Ireland*, Volume 62, October.

London: The Society.

1935 ed. *The Buddhacarita or Acts of the Buddha*, Part I. Calcutta: Baptist Mission Press.

1936 tr. *The Buddhacarita or Acts of the Buddha*, Part II. Calcutta: Baptist Mission Press.

1937a tr. "The Buddha's Mission and last Journey: Buddhacarita, xv to xxviii", *Acta Orientalia*, Vol. 15. Oslo: Separatdruck.

1937b *Early Sāṃkhya: An Essay on Its Historical Development According to the Texts*. London: The Royal Asiatic Society.

Joshi(1942), Bhārgavaśāstrī. ed. *Patañjali's Vyakaraṇa Mahābhāṣya with Kaiyaṭa's Pradīpa and Nāgeśa's Uddyota*, Vol. IV. Bombay: Satyabhamabai Pandurang.

Joshi(1968), S.D. ed. *Patañjali's Vyakaraṇa Mahābhāṣya, Samarthāhnika(P. 2.1.1)*. Poona: University of Poona.

Kaelber(1989), Walter O. *Tapta Mārga. Asceticism and Initiation in Vedic India*. Albany: N.Y. State University of New York Press.

Kāle(1917), Moreshvar Ramchandra. ed. *Kālidāsa's Kumārasambhava*: Cantos I-VII, edited with the commentary of Mallinātha, a literal English translation, Notes and Introduction. 2nd ed. Bombay: The Standard Publishing Co.

Kālī(2011), Devadatta. tr. *Śvetāśvataropaniṣad: The Knowledge That Liberates*. Kishinev: Nicolas-Hays, Inc.

Kane(1977), Pandurang Vaman. *History of Dharmaśāstra*(Ancient and Medieval Religious and Civil Law), Vol. V, Part II. 2nd ed. Poona: Bhandarkar Oriental Research Institute.

Katre(1989), Sumitra M. tr. *Aṣṭādhyāyī of Paṇini*. Delhi: Motilal Banarsidass.

Kaviraj, Gopi Nath. (Gopī Nāth Kavirāja ; M. M. Gopinath Kaviraj)

1925 ed. *The Praśastapādabhāshyam by Praśastadevāchārya*. Chowkhambā Sanskrit Series No. 342. Benares: Chowkhambā Sanskrit Series Office.

1925 "The Problem of Causality: Sānkhya-Yoga View", *The Princess of Wales Sarasvati Bhavana Studies*, Vol. IV. Benares: Government Sanskrit Library.

1938 "A short Note on Tattvasamāsa", *The Princess of Walles Sarasvati Bhavana Studies*, Vol. X. Benares: Government Sanskrit Library.

Keith, A. Berriedale

1921 *The Karma-mīmāṃsā*. London: Oxford University Press.

1924 *Sāṃkhya System: A History of the Samkhya Philosophy*. 2nd ed. London: Oxford University Press.

Kellner(2010), Birgit. "The Logical Rreason Called virodha in Vaiśeṣika and Its Significance for Connection-based Theories of Reasoning", *Logic in Earliest Classical India: Papers of the 12th World Sanskrit Conference*, Vol. 10.2. Delhi: Motilal Banarsidass.

Kent(1982), Stephen A. "Early Sāṁkhya in the Buddhacarita", *Philosophy East and West*, Vol. 32, No. 3. Honolulu: University of Hawaii Press.

Kielhorn, F. ed.

1985 *The Vyākaraṇa-Mahābhāṣya of Patañjali*, Vol. I. Revised and furnished with additional readings, references, and select critical notes by K. V. Abhyankar(3rd ed. 1962). 1st ed. 1880 ; 4th ed. Poona: Bhandarkar Oriental Research Institute.

1996 *The Vyākaraṇa-Mahābhāṣya of Patañjali*, Vol. II. Revised and furnished with additional readings, references, and select critical notes by K. V. Abhyankar(3rd ed. 1965). 1st ed. 1883 ; 4th ed. Pune: Bhandarkar Oriental Research Institute.

Krishnamacharya(1926), Embar. ed. *Tattvasaṅgraha of Śāntarakṣita With the Commentary of Kamalaśīla*, 2 Vols. Baroda: Central Library.

Kritzer(2005), Robert. *Vasubandhu and the Yogācārabhūmi: Yogācāra Elements in the Abhidharmakośabhāṣya*. Tokyo: The International Institute for Buddhist Studies.

Kumar(2005), P. Pratap. "The Sāṃkhya-Yoga Influence on Śrīvaiṣṇava Philosophy with Special Reference to the Pāñcarātra System", *Theory and Practice of Yoga: Essays in Honour of Gerald James Larson*. edited by Knut A. Jacobsen. Leiden: Koninklijke Brill NV.

Kumar & Bhargava. Shiv Kumar & D.N. Bhargava. tr.

1990 *Yuktidīpikā*, Vol. I. Delhi : Eastern Book Linkers.

1992 *Yuktidīpikā*, Vol. II. Delhi : Eastern Book Linkers.

Kumar Jain(1997), Mahendra. ed. *Ṣaḍ-darsana-samuccaya of Ācārya Haribhadra Sūri* [With the Commentary Tarka-rahasya-dīpikā of Guṇaratna Sūri and Laghuvṛtti of Somatilaka Sūri and an Avacūrṇi]. 4th ed. New Delhi: Bharatiya Jnanpith Publication.

Lasic etc. (2012). Horst Lasic & Helmut Krasser & Ernst Steinkellner ed., *Jinendrabuddhi's Viśālāmalavatī Pramāṇasamuccayaṭika*, Chapter 2, Part 1: Critical edition. Vienna: Austrian Academy of Sciences Press, 2012.

Lasic(2015), Horst. "Dignāga on a Famous Sāṅkhya Definition of Inference", *Wiener Zeitschrift für die Kunde Südasiens / Vienna Journal of South Asian Studies*, Vol. 56/57. Vienna: Austrian Academy of Sciences Press.

Larson(1979), Gerald James. *Classical Sāṁkhya: An Interpretation of its History and Meaning*. 1st ed. 1969 ; 2nd revised ed. Delhi: Motilal Banarsidass.

Larson & Bhattacharya. Gerald James Larson & Ram Shankar Bhattacharya ed.

1987 *Sāṃkhya, a Dualist Tradition in Indian Philosophy*. Encyclopedia of Indian Philosophies, Vol. IV. Princeton: Princeton University Press.

2008 *Yoga: India's Philosophy of Meditation*. Encyclopedia of Indian Philosophies, Vol. XII. Delhi: Motilal Banarsidass Publishers Private Limited.

Leggett(1992), Trevor. tr. *Śaṅkara on the Yoga Sūtras*. Delhi: Motilal Banarsidass Publishers.

Lindenau(1924), Max. *Atharva Veda Sanhita*. edited by R. Roth & W. D. Whitney, 2nd edited by Max Lindenau. Berlin: Dümmlers.

Lockwood(2005). Michael Lockwood & Vishnu Bhat, A. ed. & tr., *Bhagavad-Ajjukam (The Saint-Courteasn) and Mattavilāsa-Prahasanam (A Farce of Drunken Sport) by King Mahēndravikramavarman*. 1st ed. 1978 ; 4th revised ed. Madras: Tambaram Research Associates, 2005.

Lutsyshyna(2012), Olena. "Classical Sāṁkhya on the Authorship of the Vedas", *Journal of Indian Philosophy*, Vol. 40, Issue 4. Dordrecht: Springer Science+Business Media(Published online).

Maas, Philipp André

2006 *Samādhipāda: Das erste Kapitel des Pātañjalayogaśāstra zum ersten Mal kritisch ediert = The First Chapter of the Pātañjalayogaśāstra for the First Time Critically Edited*. Aachen: Shaker Verlag.

2009 "The So-called Yoga of Suppression in the Pātañjala Yogaśāstra", *Yogic Perception, Meditation, and Altered States of Consciousness*. Wien: Verlag der Österreichischen

Akademie der Wissenschaften.

2013 "A Concise Historiography of Classical Yoga Philosophy", *Periodization and Historiography of Indian Philosophy*. Vienna: Publications of the De Nobili Research Library.

2017 "From Theory to Poetry: The Reuse of Patañjali's Yogaśāstra in Māgha's Śiśupālavadha", *Adaptive Reuse: Aspects of Creativity in South Asian Cultural History*. Elisa Freschi & Philipp A. Maas ed. Wiesbaden: Harrassowitz Verlag.

2018 ""Sthirasukham Āsanam": Posture and Performance in Classical Yoga and Beyond", *Yoga in Transformation: Historical and Contemporary Perspectives*. Vienna: Vienna University Press.

Macdonell(1897), Arthur Anthony. *Vedic Mythology*. Strassburg: Verlag Von Karl J. Trubner.

Macdonell & Keith (1912). Arthur Anthony Macdonell & Arthur Berriedale Keith, *Vedic Index of Names and Subjects*, Vol. I & II. London: John Murray, 1912.

Mādhavānanda(1950), Swāmī. tr. *The Bṛhadāraṇyaka Upaniṣad with the Commentary of Śankarācārya*. 1st ed. 1934 ; 3rd ed. Mayavati: Advaita Ashrama.

Madhukar(1991), Mishrimalji Maharaj. ed. *Sūtrakrtāṅga Sūtra: Original Text with Variant Readings, Hindi Version, Note, Annotations and Appendices etc*, Part I, II. 2nd ed. Beawar: Sri Agam Prakashan Samit.

Maharaj(2013), Ayon. "Yogic Mindfulness: Hariharānanda Āraṇya's Quasi-Buddhistic Interpretation of *Smṛti* in Patañjali's *Yogasūtra* 1.20", *Journal of Indian Philosophy*, Volume 41, Issue 1. Dordrecht: Springer Science + Business Media(Published online).

Mainkar(1972), T.G. tr. *Sāṁkhyakārikā of Īśvarakṛṣṇa with the Commentary of Gauḍapāda-bhāṣya*. 2nd ed. Poona: Oriental Book Agency.

Marwaha(2013), Sonali Bhatt. "Roots of Indian Materialism in Tantra and Pre-Classical Sāṃkhya", *Asian Philosophy: An International Journal of the Philosophical Traditions of the East*, Volume 23, No. 2.

Matsya-purāṇa.

http://gretil.sub.uni-goettingen.de/gretil/1_sanskr/3_purana/mtp176pu.htm

Mayavati Memorial Edition (1965). *The Complete Works of Swami Vivekananda*, Vol I. 1st ed. 1907 ; 12nd ed. Calcutta: Advaita Ashrama.

Mehta(1949), Pranjivan Manekchand. ed. *The Caraka Saṃhitā*, Vol. III. Jamnagar: Shree Gulabkunverba Ayurvedic Society.

Mitra, Rājendralāla. ed.

1872 *The Taittirīya Āraṇyaka of the Black Yajur Veda: with the Commentary of Sāyaṇāchārya*. Calcutta: The Baptist Mission Press.

1880 *The Vāyu Purāṇa: A System of Hindu Mythology and Tradition*, Vol. I. Calcutta: Asiatic Society of Bengal.

1883 tr. *The Yoga Aphorisms of Patañjali with the Commentary of Bhoja Rājā and an English Translation*. Calcutta: Asiatic Society of Bengal.

Morgan(2011), Les. *Croaking Frogs: A Guide to Sanskrit Metrics and Figures of Speech*. Los Angeles: Mahodara Press.

Mukerji(2000), P.N. tr. *Yoga Philosophy of Patañjali with Bhāsvatī*. 1st ed. 1963 ; Calcutta: University of Calcutta.

Müller, F. Max.

1879 tr. *The Upanishads*, Part I. F. Max Müller ed., *The Sacred Books of the East*, Vol. I. Oxford: The Clarendon Press.

1884 tr. *The Upanishads*, Part II. F. Max Müller ed., *The Sacred Books of the East*, Vol. XV. Oxford: The Clarendon Press.

1983 ed. *Rig-veda-samhitā: The Sacres Hymns of the Brāhmans together with the Commentary of Sāyanāchārya*, Vol. I-IV. Krishnadas Sanskrit Series 37. 2nd ed. 1890 ; Varanasi: Krishnadas Academy.

Murty(1986), Satchidananda. tr. *Ṣaḍ-darśana Samuccaya: A Compendium of Six Philosophies*. 1st ed. 1957 ; 2nd revised ed. Delhi: Eastern Book Linkers.

Muthuswami(1976), N.E. ed. *Bhadanta Nagaarjuna's Rasavaiseshikasutra with Narasimha Bhaashya*. Trivandrum: Publication Division, Goverment Ayurveda College.

Nakada(1978), Naomichi. ed. *Sāṃkhyavṛttiḥ*. Tokyo: The Hokuseido Press.

N-W. P. Govenment (1874). *A Catalogue of Sanskrit Manuscripts in Private Libraries the*

North-West Provines, Part I. Benares: The Medical Hall Press.

Oberhammer(1960), Gerhard. "The Authorship of the Ṣaṣṭitantram", *Wiener Zeitschrift für die Kunde Süd-und Ostasiens*, Band IV. Wien: Für das Indologische Institut der Universität Wien.

Oldenberg(1917), Hermann. *Die Religion des Veda*, 1st ed. 1894, 2nd ed. Stuttgart: J. G. Cotta.

Olivelle, Patrick

1998 tr. & ed. *The Early Upaniṣads: Annotated Text and Translation*. New York: Oxford University Press.

1999 tr. *Dharmasūtras: The Law Codes of Āpastamba, Gautama, Baudhāyana, and Vasiṣṭha*. New York: Oxford University Press.

2008 tr. *Life Of The Buddha By Aśvaghoṣa*. New York: New York University Press.

Pañcaviṃśa-brāhmaṇa.

http://gretil.sub.uni-goettingen.de/gretil/1_sanskr/1_veda/2_bra/pncvbr1u.htm

Pal(2005), Pratapaditya. "The Sāṃkhya Sage Kapila and Kashmiri Viṣṇu Images", *Theory and Practice of Yoga: Essays in Honour of Gerald James Larson*. ed. by Knut A. Jacobsen. Leiden: Koninklijke Brill NV.

Pāṇḍeya(2001), Omaprakāśa. ed. *Maitryupaniṣad: With the Commentary Dīpikā by Śrī Rāmatīrtha*. Varanasi: Sampurnanand Sanskrit University.

Panoli(1991), Vidyavachaspati V. *Upanishads in Sankara's Own Words*(Isa, Kena, Katha and Mandukya with the Karika of Gaudapada), Vol. One. Calicut: The Mathrubhumi Printing & Publishing Co. Ltd.

Parrott, Rodney Jay

1984 The Sāṃkhya Path of Observation: A Reading of the Classical Texts. Iowa: The University of Iowa.

1986 "The Problem of the Sāṁkhya Tattvas as Both Cosmic and Psychological Phenomena", *Journal of Indian Philosophy*, Vol. 14. Dordrecht: D. Reidel Publishing Company.

Paṭavardhana(1884). Rāmakṛṣṇaśāstrī Paṭavardhana & Keśavaśāstrī. ed., *Yogavārtikam: Mahāmahopādhyāyaśrīvijñānabhikṣuviracitaṃ*. Kāśī: E. J. Lazarus (Lājarasa) at The

Medical Hall, 1884.

Phillips(2012), Stephen. *Epistemology in Classical India: The Knowledge Sources of the Nyāya School.* New York: Routledge.

Potter, Karl H.

1964 "The Naturalistic Principle of Karma", *Philosophy East and West*, Vol. 14. Honolulu: University of Hawaii Press.

1977 ed. *The Tradition of Nyāya-Vaiśeṣika up to Gaṅgśa*, Encyclopedia of Indian Philosophies, Vol. II. Princeton: Princeton University Press.

Poussin, Louis de La Vallée. ed.

1901 *Bodhicaryāvatārapañjikā: Prajñākaramati's Commentary to the Bodhicaryāvatāra of Çāntideva.* Calcutta: Asiatic Society of Bengal.

1913 *Mūlamadhyamakakārikās (Mādhyamikasūtras) de Nāgārjuna: avec la Prasannapadā Commentaire de Candrakīrti*. St.-Pétersbourg: Académie Imperiale des Sciences.

Pradhan(1975), P. ed. *Abhidharmakośabhāṣyam of Vasubandhu.* 1st ed. 1967 ; revised 2nd ed. Patna: K. P. Jayaswal Research Center.

Prasāda(1912), Rāma. tr. *Pātañjali's Yoga Sūtras with the commentary of Vyāsa and the gloss of Vāchaspati Miśra*. New reprint ; Delhi: Munshiram Manoharlal Publishers Pvt. Ltd., 2000.

Qvarnström(2012), Olle. "Sāṃkhya as Portrayed by Bhāviveka and Haribhadrasūri: Early Buddhist and Jain Criticisms of Sāṃkhya Epistemology and the Theory of Reflection", *Journal of Indian Philosophy*, Vol. 40. Dordrecht: D. Reidel Publishing Company.

Radhakrishnan, Sarvepalli

1929 *Indian Philosophy*, Vol. II. 2nd ed. London: George Allen & Unwin Ltd.

1949 tr. *The Bhagavadgītā.* 2nd ed. London: George Allen & Unwin Ltd.

1950 tr. *The Dhammapada*, London: Oxford University Press.

1951 *Indian Philosophy*, Vol. II. 2nd ed. New York: Macmillan Co.

1953 tr. *The Principal Upaniṣads*. London: George Allen & Unwin Ltd.*

* 산스크리트 원문에 특히 연성에서 ṃ와 ḥ가 정확하게 표기되어 있지 않다. 이 책의 원문을 인용한

Raghavan(1966), V. ed. *New Catalogus Catalogorum: An Alphabetical Register of Sanskrit and Allied Works and Authors*, Vol. 2. Madras: University of Madras.

Raja(1946), Kunhan C. ed. *Ślokavārtikaṭīkā(Śarkarikā) of Bhaṭṭaputra-Jayamiśra*. Madras University Sanskrit Series, No. 17. Madras: University of Madras.

Raja(1972), K. Kunjunni. ed. *The Haṭhayogapradīpikā of Svātmārāma*: With the Commentary *Jyotsnā* of Brahmānanda and English Translation. Chennai: The Adyar Library and Research Centre.

Ramakrishna Kavi (1927), Manavalli. "Literary Gleanings", *The Quarterly Journal of the Andhra Historical Research Society*, Vol. II, No. 2. Rajahmundry: The Andhra Historical Reserch Society.

Rāmānuja Ācāri, Sri Rama. *Āpastamba: Dharma & Grihya Sutras*. srimatham.com.

Ramanujacharya(1966), M. D. ed. *Ahirbudhnya-saṃhita of the Pāñcarātrāgama*. 1st ed. 1916 ; 2nd ed. revised by V. Krishnamacharya. Madras: The Adyar Library and Research Centre.

Rao(1966), K.B. Ramakrishna. *Theism of Pre-classical Sāṃkhya*. Mysore: University of Mysore.

Rao(2002), A. Venkoba. "'Mind' in Indian Philosophy", *Indian Journal of Psychiatry*, Vol. 44(4). Mumbai: Medknow Publications and Media Pvt. Ltd.

Rao(2012), K. Ramakrishna. "Psychology in Indian Tradition", *Psychological Studies*, Vol. 57-4, Berlin: Springer-Verlag.

Ratié, Isabelle

2010 "The Dreamer and the Yogin: On the relationship between Buddhist and Śaiva idealisms", *Bulletin of SOAS*, 73 (3). London: Cambridge University Press. [정승석 역, 「꿈꾸는 자와 요가 수행자: 불교와 쉬바파의 관념론적 상관성」, 『인도철학』, 제45집. 서울: 인도철학회, 2015.]

2016 "Some Hitherto Unknown Fragments of Utpaladeva's Vivṛti(III): On Memory and Error", *Around Abhinavagupta: Aspects of the Intellectual History of Kashmir from*

....

경우에는 이러한 표기들을 수정했다.

the Ninth to the Eleventh Century. ed. by Eli Franco and Isabelle Ratié. Berlin: Lit Verlag.

Ray(1965), Benoy Gopal. *Religious Mouemous in Modem Bengal*. Santiniketan: Visva Bhārati.

Rhys Davids (1959). T. W. Rhys Davids & C.A.F. Rhys Davids tr., *Dialogues of the Buddha*, Part II. 1st ed. 1910. 4th ed. London: The Pali Text Society, 1959.

Robertson(2017), Matthew Ian. *The Religious, Political, and Medical Roots of Personhood in Pre-Classical India*. Santa Barbara: University Of California.

Ruegg(1962), D. Seyfort. "Note On Vārṣagaṇya and the Yogācārabhūmi", *Indo Iranian Journal*, Volume 6, Issue 2. Dordrecht: Kluwer Academic Publishers.

Rukmani, T.S.

1980 "Vikalpa as Defined by Vijñānabhikṣu in the *Yogavārttika*", *Journal of Indian Philosophy*, Volume 8, Issue 4. Dordrecht: D. Reidel Publishing Company.

1981 tr. *Yogavārttika of Vijñānabhikṣu*, Vol. 1. Delhi: Munshiram Manoharlal Publishers Pvt. Ltd.

1983 tr. *Yogavārttika of Vijñānabhikṣu*, Vol. 2. Delhi: Munshiram Manoharlal Publishers Pvt. Ltd.

1987 tr. *Yogavārttika of Vijñānabhikṣu*, Vol. 3. Delhi: Munshiram Manoharlal Publishers Pvt. Ltd.

1988 "Vijñānabhikṣu's Double Reflection Theory of Knowledge in the Yoga System", *Journal of Indian Philosophy*, Volume 16, Issue 4. Dordrecht: D. Reidel Publishing Company.

1989 tr. *Yogavārttika of Vijñānabhikṣu*, Vol. 4. Delhi: Munshiram Manoharlal Publishers Pvt. Ltd.

1989a "Patañjali's *Yogasūtras*: A Synthesis of Many Yogic Traditions", *Yogavārttika of Vijñānabhikṣu*, Vol. 4, Appendix 1. Delhi: Munshiram Manoharlal Publishers Pvt. Ltd.

1989b "Avidyā in the System of Yoga and an Analysis of the Negation in It", *Yogavārttika of Vijñānabhikṣu*, Vol. 4, Appendix 5. Delhi: Munshiram Manoharlal Publishers Pvt. Ltd.

1989c "The Theory of Knowledge in the Yoga System", *Yogavārttika of Vijñānabhikṣu*, Vol. 4, Appendix 6. Delhi: Munshiram Manoharlal Publishers Pvt. Ltd.

2001a/b. tr. *Yogasūtrabhāṣyavivaraṇa of Śaṅkara*, Vols. I(a) & II(b). Delhi: Munshiram Manoharlal Publishers Pvt. Ltd.

Sachau(1910), Edward C. *Alberuni's India: An Account of the Religion, Philosophy, Litearature, Geography, Chronology, Astronomy, Customs, Laws and Astrology of India about A.D. 1030*, Vol. I. London: Kegan Paul, Trench, Trübner & Co. Ltd.

Sahaja Scholastica, no. 57 (revised June 2002).
https://dokumen.tips/documents/sahaja-and-the-ascending-kundalini-libre.html

Saṃghavī(1985), Sukhalāla. ed. *Saṃmatitarka-prakaraṇam*, Vol. 4(Dvitīyakāṇḍānta). Amadāvāda(Ahmedabad): Gūjarāta Vidyāpīṭha.

Samuel(2008), Geoffrey. *The Origins of Yoga and Tantra: Indic Religions to the Thirteenth Century*. NY: Cambridge University Press.

Saṅghavi(1939), Sukhlāljī. ed. *Pramāṇa Mīmāṃsā of Kalikāla Sarvajña Śrī Hemacandrācārya*. Ahmedabad-Calcutta: The Sañcālaka-siṅghi Jaina Granthamāla.

Sāṅkṛtyāyana(1938), Rāhula. ed. *Pramāṇavārttikam*, By Ācācrya Dharmakīrti. *The Journal of the Bihar and Orissa Research Society*, Vol. XXIV. Patna: The Bihar and Orissa Research Society.

Sarasvatī(1935), Aṭalānanda. ed. *Prapañcasāra Tantra of Śaṅkarācārya: With the Commentary Vivaraṇa by Padmapādācārya and Prayogakramadīpikā — a Vṛtti on the Vivaraṇa*. reprint ; Delhi: Motilal Banarsidass.

Śarmā(1926), Haradatta. ed. *Śri Śaṅkakarācāryaviracitā Jayamaṅgalā nāma Sāṃkhyasaptati ṭīkā*. Calcutta Oriental Sanskrit Series, No. 19. Calcutta: Dr. Narendra Nath Law.

Sarup, Lakshman

1921 tr. *The Nighaṇṭu and the Nirukta: The Oldest Indian Treatise on Etymology, Philology, and Sementics*. London: Oxford University Press.

1927 ed. *The Nighaṇṭu and the Nirukta: The Oldest Indian Treatise on Etymology, Philology, and Sementics*. Lahore: University of the Panjab.

Sastri(1952). Polakam Sri Rama Sastri & S.R. Krishnamurthi ed., *Pātñjalā Yogasūtra Bhāṣya Vivarāṇam of Śaṅkara Bhagavatpāda*. Madras: Government Oriental Manuscripts Library.

Sastri, Alladi Mahadeva

1920 ed. *The Yoga Upanishads: with the Commentary of Sri Upanishad-Brahma-Yogin*. Madras: Adyar Library.

1977 tr. *The Bhagavad Gita: with the Commentary of Sri Sankaracharya*. 1st ed. 1897 ; 7th ed. Madras: Samata Books.

Sastri, S.K. Ramanatha. ed.

1934 *Bṛhatī of Prabhākara Miśra: [On the Mīmāṃsāsūtrabhāṣya of Śabarasvāmin] with The Ṛjuvimalāpañcikā of Śālikanātha*. Madras: The University of Madras.

1940 *Ślokavārtikavyākhyā Tātparyaṭikā of Uṃveka Bhaṭṭa*. Madras University Sanskrit Series, No. 13. revised 2nd ed. 1971. Madras: University of Madras.

Sastri(1944), N. Aiyaswami. ed. *Suvarnasaptati Sastra: Sānkhya Kārikā Saptati of Īsvara Krsṇa with a Commentary*. Rsconstructed into Sanskrit from the Chinese Translation of Paramārtha. Tirupati: Tirumalai-Tirupati Devasthanams Press.

Sastri, S. Subrahmanya. ed. (S. Subrahmanyaśāstri ; Subrahmanya Shastri)

1962 *Bṛhatī of Prabhākara Miśra [On the Mīmāṃsā Sūtrabhāṣya of Śabara] With the Ṛjuvimalā Pañcika of Śālikanātha*. Madras University Sanskrit Series, No. 24. Madras: University of Madras.

1982 Samaveda's *Chandogyopanishad: With the Bhashya of Shri Shankaracharya*. Varanasi: Mahesh Research Institute.

2009 *Śrī Padmapādācārya's Pañcapādikā: With the commentaries Vivaraṇa by Śrī Prakaśātmamuni, Tattvadīpanna by Śrī Akhaṇḍānanda Muni, Ṛjuvivaraṇa by Śrī Viṣṇubhattopādhyāya*. 2nd ed. Varanasi: Shri Dakshinamurti Math Prakashana.

Sastri(1986), Veturi Prabhakara. ed. *Bodhayana's Bhagavadajjukam*. 1st ed. 1925 ; 2nd ed. Hyderabad: Manimanjari Publications.

Sastry(1895), R. Halasyanatha. ed. *The Dharma Sutra (The Sacred Law of the Hindus) by Apastamba: With the Commentary Salied Ujjvala of Haradatta Misra and with 'Bare Text'*

Separately Added. Kumbakona: Sri Vidya Press.

Śāstri(1904), Mukunda. ed. *Prakaraṇapañcikā nāma Prabhākaramatānusāri Mīmāṃsādarśanam: Mahāmahopādhyāya-śrīśālikanāthamiśra-viracitam*. Caukhamvā Saṃskṛta Granthamālā, 17. Kāśī(Benares): Vidyāvilāsa.

Sāstrī(1920), T. Gaṇapati. ed. *Tattvaprakasa of Srī Bhoja Deva: with the Commentary Tātparyadīpikā of Srīkumāra*. Trivandrum: Government Press.

Śāstrī(1925), Udayavīra ed. *Kauṭilya Arthaśāstra Hindī Anuvāda Sahita*. Lāhaura: Saṃskṛta Pustakālaya.

Śāstrī(1938), Maha-M. Anantkṛiṣṇa. ed. *The Brahmasūta Śānkara Bhāsya: with the commentraie Bhāmāti, Kalpataru and Parimala*. 2nd ed. re-edited by Bhārgav Śāstrī, Śāstrācārya. Bombay: Pāṇḍuraṅg Jāwajī.

Śāstrī(1978), Svāmī Dvārikādāsa. ed. *Ślokavārttika of Śrī Kumārila Bhaṭṭa: With the Commemtary Nyāyaratnākara of Śrī Pārthasārathi Miśra*. Varanasi: Tara Publications.

Śāstrī(2001), Paṇḍit Ḍhunḍhirāj. *Yogasūtra by Maharṣipatañjali*. The Kashi Sanskrit Series 83. 3rd ed. Varanasi: Chaukhambha Sanskrit Sansthan.

Schrader(1916), F. Otto. *Introduction to the Pāñcarātra and the Ahirbudhnya Samhitā*. Madras: Adyar Library.

Shah, Priyabala

1958 ed. *Viṣṇudharmottara-purāṇa*, Third Khaṇḍa. Baroda: Oriental Institute.*

1990? tr. *Shri Vishnudharmottata(A Text on Ancient Indian Art)*. Ahmedabad: The New Order Book Co.

Sharma(1933), Har Dutt. ed. & tr. *The Sāṃkhya-Kārikā: Iśvara Kṛṣṇa's Memorable Verses on Sāṃkhya Philosophy with the Commentary of Gauḍapādācārya*. Poona: The Oriental Book Agency.

Sharma & Dash. Ram Karan Sharma & Vaidya Bhagwan Dash.

1983 *Agniveśa's Caraka Samhita: Text with English Translation & Critical Exposition*

....

* 범본의 원문에는 어말의 ḥ 연성이 무시되어 있으므로 이 책의 원문을 인용한 경우에는 누락된 ḥ 연성을 표기했다.

Based on Cakrapāṇi Datta's Āyurveda Dīpikā, Vol. I. Sūtra Sthana. 2nd ed. Varanasi: Chowkhamba Sanskrit Series Office.

1985 *Agniveśa's Caraka Samhita: Text with English Translation & Critical Exposition Based on Cakrapāṇi Datta's Āyurveda Dīpikā*, Vol. II. 2nd ed. Varnasi: Chowkhamba Sanskrit Series Office.

Sharma(1978), Tej Ram. *Personal and Geographical Names in Gupta Inscriptions*. Delhi: Concept Publication Company.

Sharma(1994), Vishnu Prasad. ed. *Sāṃkjya-kārikā of Srimad Isvarakrisna with the Matharavritti of Matharacarya*. Chowkhamba Sanskrit Series 56. 1st ed. 1922 ; 3rd ed. Varanasi: Chowkhamba Sanskrit Series Office.

Sharma(2012), Priyavrat. *Carakasaṃhitā: Agniveśa's treatise refined by Caraka and redacted by Dṛḍhabala*. 1st ed. 1983 ; 2nd ed. Varanasi: Chaukhambha Orientalia.

Sharma(2018), Ramesh K. ed. *Yuktidīpikā*: The Most Important Commentary on the *Sāṃkhyakārikā* of Īśvarakṛṣṇa. Delhi: Motilal Banarsidass.

Sharvananda, Swami

1920 *Kena Upanishad: With Sanskrit Text ; Paraphrase with Word-for-word Literal Translation, English Rendering and Comments*. Madras: The Ramakrishna Math.

1921 *Taittiriya Upanishad: With Sanskrit Text, Paraphrase with word-for-word Literal Translation, English Rendering and Comments*. Madras: The Ramakrishna Math.

Shastri(1926), Madhusudan Kaul. ed. *The Nareshvarapariksha of Sadyojyotih with Commentary by Ramakantha*. Srinagar: The Government of Maharaja of Jammu And Kashmir.

Shastri(1968), Swami Dwarikadas. ed. *Tattvasaṅgraha of Ācārya Shāntarakṣita: With the Commentary 'Pañjikā' of Shri Kamalashīla*, 2 Vols. Varanasi: Bauddha Bharati.

Shastri(1980), J.L. ed. *Brahmasūtra-Śāṅkarabhāṣyam*. With the Commentaries: Bhāṣyaratnaprabhā of Govindānanda, Bhāmatī of Vācaspatimiśra, Nyāyanirṇaya of Ānandagiri. Delhi: Motilal Banarsidass.

Shastri(1982), Subrahmanya. ed. *Samaveda's Chandogyopanishad: With the Bhashya of Shri Shankaracharya*. Varanasi: Mahesh Research Institute.

Sinha(1912), Nandalal. tr. *The Sāmkhya-pravachana-sūtram: With the Vṛtti of Aniruddha and the Bhāṣya of Vijnāna-bhikṣu and Extracts from the Vṛtti-sāra of Mahādeva Vedāntin.* Allahabad: Sudhindra Nath Vasu.

Smith, Vincent A.

1908 *The Early History of India: From 600 B.C. to the Muhammadan Conquest Including the Invasion of Alexander the Great*. 2nd ed. Oxford: The Clarendon Press.

1914 *The Early History of India: From 600 B.C. to the Muhammadan Conquest Including the Invasion of Alexander the Great*. 3rd ed. Oxford: The Clarendon Press.

Solomon, Esther A.

1973a ed. *Sāṃkhya-Saptati-Vṛtti*(V1). Ahmedabad: Gujarat University.

1973b ed. *Sāṃkhya-Vṛtti*(V2). Ahmedabad: Gujarat University.

1974 *The Commentaries of the Sāṃkhya Kārikā: A Study*. Ahmedabad: Gujarat University.

Stcherbatsky(1956), TH. *Central Conception of Buddhism and the Meaning of the Word "Dharma"*. 1st ed. 1923 ; London: Rotal Asiatic Society.

Steinkellner(2005), Ernst. *Dignāga's Pramāṇasamuccaya, Chapter 1*. published at http://www.ikga.oeaw.ac.at/Mat/dignaga_PS_1.pdf ; https://es.scribd.com/document/368419488/Pramanasamuccaya-1-Dignaga-pdf (2020년 4월 29일 검색)

Schuster(1972), Nancy. "Inference in the Vaiśeṣikasūtras", *Journal of Indian Philosophy*, Volume 1, Issue 4. Dordrecht: D. Reidel Publishing Company.

Śukla(1936), Śri Sūrya Nārāyana. ed. *The Nyāyamañjarī of Jayanta Bhaṭṭa*. Benares: Jaya Krishna Dās Haridās Gupta.

Suryanarayana Sastri (1942), S.S. ed. & tr. *The Sāṅkhyakārikā of* Īśvara *Kṛṣṇa.* 1st ed. 1930 ; 3rd ed. revised. Madras: University of Madras.

Tagare(1987), G.V. tr. *The Vāyu Purāṇa*, Part 1. Delhi: Motilal Banarsidass.

Tailanga(1898), Gangadhara Sastri. ed. *The Nyayavarttikatatparyatika of Vāchaspati Miśra*. Benares: E. J. Lazarus & Co.

Tailaṅga(1898), Rāma Śāstrī. ed. *The Mīmānsā-Śloka-Vārttika of Śrī Kumārila Bhatta: With the Commemtary Called Nyāyaratnākara by Pārtha Sārathi Miśra*. Beranes:

Chowkhambā Sanskrit Book-Depot.

Takagi(1963), Shinge. 「Sāṃkhya View in the Yogabhāṣya」, 『印度学仏教学研究』, 11-2号. 東京: 日本印度学仏教学会.

Takakusu, Junjiro (高楠 順次郎)

1896 tr. *A Record of the Buddhist Religion as Practised in India and the Malay Archipelago (A.D. 671-695) by I-Tsing*. Oxford: The Clarendon Press.

1904a "La Sāṃkhyakārikā: étudiée à la lumière de sa version chinoise", *Bulletin de l'Ecole Française D'extréme-orient*, Tome IV. Hanoi: F.-H. Schneider, Imprimeur-éditeur.

1904b "The Life of Vasu-bandhu by Paramārtha (A.D. 499-569)", *T'oung Pao*(通報), Série II, Vol. V, No. 3. Leide: E. J. Brill.

1905 "A Study of Paramārtha's Life of Vasu-bandhu; and the Date of Vasu-bandhu", *The Journal of the Royal Asiatic Society of Great Britain And Ireland*. London: The Royal Asiatic Society.

1932 "The Samkhya Karika: Studied In The Light Of Its Chinese Version", *Journal of he Madras University*, Vol. IV, No. 1. Supplement to the Madras University Journal ; Vol. V, No. 1(1933). Madras: Madras University.*

Taluqdar(1917). tr. *The Matsya Puranam*, Part 2. treanslated by a Taluqdar of Oudh. Allahabad: Apurva Krishna Bose.

Taranatha(1985), Nyaya-Tarkatirtha. ed. *Nyāyadarśanam with Vātsyāyana's Bhāṣya, Uddyotkara's Vārttika, Vācaspati Miśra's Tātparyaṭīkā & Viśvanātha's Vṛtti*, Chapter 1, Section 1. 1st ed. 1936-44 ; 2nd ed. Calcutta: Metropolitan Printing & Publishing House, Limited.

Tilak(1925), Bal Gangadhar. Vedic *Chronology and Vedanga Jyotisha*. Poona: Messrs Tilak Bros.

Tilak(2006), Shrinivas. *Understanding Karma: In Light of Paul Ricoeur's Philosophical Anthroplogy and Hermeneutic*. Nagpur: International Centre for Cultural Studies.

* Takakusu(1904)에 대한 S. S. Suryanarayanan(=Suryanarayana Sastri)의 영역을 연재한 *Journal of the Madras University*, Vol. IV, No. 1(1932)의 부록과 Vol. V, No. 1(1933).

Trikamji(1931), Vaidya Jādavji. ed. *The Sushrutasaṃhitā of Sushruta: With the Nibandhasangraha Commentary or Shree Dalhaṇāchārya.* 1st ed. 1853 ; Revised 2nd ed. Bombay: Nirṇaya-sāgar Press.

Trikamjī(1938). Vaidya Jādavjī Trikamjī Āchārya & Somanāth Śarma ed., *Kaśyapasaṃhitā (or Vṛiddhajīvakīya Tantra) by Vṛiddhajīvaka and Revised by Vātsya.* Nepal Sanskrit Series No. 1. Bombay: Jadavji Trikamji Acharya, 1938.

Upādhyāya(1957), P. Padmaprasāda Upādhyāya & Dhuṇḍhiralja Śāstrī ed., *The Nyāya Kusumāñjali of Śrī Udayanāchārya: With Four Commentaries —The Bodhinī, Prakāśa, Prakāśikā and Makaranda by Varadarāja, Vardhamāṇopāḍhyāya, Mecha Thakkura and Ruchidattopādhyāya.* Varanasi: The Chowkhamba Sanskrit Series Office, 1957.

Vaidya(1960), P.L. ed. *Bodhicaryāvatāra of Śāntideva: with the Commentary of Prajñākaramati.* Darbhanga: The Mithila Institute.

Vangiya(1994), Satkari Sharma. ed. *Sāṃkjya-kārikā of Srimad Isvarakrisna with the 'Jayamangala' of Shri Shankara.* Chowkhamba Sanskrit Series 56. 1st ed. 1922 ; 3rd ed. Varanasi: Chowkhamba Sanskrit Series Office.

Vasu(1981), Rai Bahadur Srisa Chandra. tr. *The Gheranda Samhita.* Delhi: Sri Satguru Publications.

Venkatesananda(1984), Swami. tr. *The Concise Yoga Vāsiṣṭha.* Albany: State University of New York Press.

Verdon(2019), Noémie. "On the Sāṃkhyakārikā and its Commentarial Tradition: the Suvarṇasaptati, Sāṃkhyavṛtti, and Gauḍapādabhāṣya", *The Journal of Hindu Studies,* Volume 12, Issue 3. Oxford: Oxford University Press.

Verma(1988), Prativa. *Social Philosophy of the Mahābhārata and the Manu Smṛti.* New Delhi: Classical Publishing Company.

Vidyābhuṣana(1913), Mahāmahopādhyāya Satīśa Chandra. tr. *The Nyāya Sutras of Gotama.* Allababad: The Pāṇini Office.

Viṣṇu-purāṇa.
http://gretil.sub.uni-goettingen.de/gretil/1_sanskr/3_purana/vipce_pu.htm

Vivekānanda, Swāmi

1896 *Yoga Philosophy: Lectures Delivered in New York, Winter of 1895-6 by the Swāmi Vivekānanda on Rāja Yoga*. New York: Longman, Green and Co.

1899 *Vedānta Philosophy: Lectures by the Swāmi Vivekānanda on Rāja Yoga*. 8th ed. New York: The Baker & Taylor Company.

2004 *Raja-Yoga or Conquering the Internal Nature*. reprint ; Delhi: Cosmo Publications.

Warren(1950). Henry Clarke Warren & Dharmananda Kosambi eds., *Visuddhimagga of Buddhaghosācariya*. Harvard Oriental Series 41. reprint ; Delhi: Motilal Banarsidass, 1989.

Weber(1855), Albrecht. ed. *The Śatapatha-brāhmaṇa in the Mādhyandina-śākhā with Extracts from the Commentaries of Sāyaṇa, Harisvāmin and Dvivedaganga*. London: Williams and Norgate.

Wezler(1972), Albrecht. "Some Observations on the Yuktidīpikā", *Zeitschrift der Deutschen Morgenländischen Gesellschaft*, Supplement II: XVIII. Wiesbaden: Harrassowitz Verlag.

Wezler & Motegi (1998). Albrecht Wezler & Shujun Motegi ed., *Yuktidīpikā: The Most Significant Commentary on the Sāṃkhya-kārikā*. Stuttgart: Steiner, 1998.

Whicher(1997), Ian. "Nirodha, Yoga Praxis and the Transformation of the Mind", *Journal of Indian Philosophy*, Vol. 25 No. 1. Dordrecht: D. Reidel Publishing Company.

White(2000), David Gordon. ed. *Tantra in Practice*. Princeton: Princeton University Press(Delhi: Motilal Banarsidass, 2001).

Willemen(2009), Charles. tr. *Buddhacarita In Praise Of Buddha'S Acts*, Taishō Volume 4, Number 192. Berkeley: Numata Center for Buddhist Translation and Research.

Wogihara(1971), Unrai. ed. *Sphuṭārthā Abhidharmakośavyākhyā by Yaśomitra*, Part I & II. 1st ed. 1936 ; Tokyo: Sankibo Buddhist Book Store.

Woods(1914), James Haughton. tr. *Yoga-System of Patañjali Or the Ancient Hindu Doctrine of Concentration of Mind*. Cambridge, Massachusetts: Harvard University Press. ; revised ed. New York: Gordon Press, 1973.

Wujastyk(2018), Dominik. "Some Problematic Yoga Sūtra-s and Their Buddhist Background", *Yoga in Transformation: Historical and Contemporary Perspectives*. Vienna:

Vienna University Press.

Yardi(1979), M.R. *The Yoga of Patañjali*. Poona: Bhandarkar Research Institute.

Zysk(1998), Kenneth G. *Asceticism and Healing in Ancient India: Medicine in the Buddhist Monastery*. 1st ed. 1991 ; Corrected ed. Delhi: Motilal Banarasidass.

찾아보기

* 돌출 글꼴의 숫자는 비교적 상세한 서술이 있는 부분의 쪽 번호

숫자

한글/한자

[ㄱ]

[ㄴ]

[ㅇ]

[ㅊ]

[ㅋ]

[ㅌ]

로마자

[A]

[B]

[E/F]

[G]

[H]

[I]

[J]

[K]

[L]

[M]

[N]

[O/P/Q]

[R]

[S/Ś/Ṣ]

[T]

[U]

[V]

[W/Y]

산스크리트/팔리 인용 원전

* 괄호는 과목의 분류 번호 또는 명칭, 낮은 붙임표(_) 다음의 숫자는 쪽 번호

Abhidharmakośa (4.50)_1005, (4.95)_1005

Abhidharmakośa-bhāṣyam (3.18)_780. (3.49)_161. (4.50)_1005. (4.95)_1005. (5.25)_895. (5.27)_551

Abhidharmakośa-vyākhyā (1.35)_161. (3.37)_161

Ahirbudhnya-saṃhitā (2.57)_524. (4.39-78)_525. (6.16)_242, 525. (12.18)_501. (12.19-29)_522. (12.20)_239, 297. (12.21)_693. (12.30)_518. (12.30-31)_298. (12.31-38)_491. (12.36)_528. (51.42)_525. (Śārīra-sthāna1.2)_787

Aitareya-brāhmaṇa (2.19)_192

Aṅguttara-nikāya (2.3.10)_884

Aparārkaṭīkā (3.109)_532

Arthaśāstra 134

Aṣṭādhyāyī (2.3.21)_1109. (4.1.105)_94. (4.1.23)_199. (4.1.25)_103. (4.1.25)_199, 200.

Aṣṭāṅgahṛdaya-saṃhitā(Śārīra-sthāna1.2) _787

Atharvaśira-upaniṣad (6)_288. (7)_288.

Atharvaveda (10.2.27)_288. (10.2.32)_54. (10.8.43)_54. (11.8.32)_20. (15.15)_195. (15.16)_195. (15.17)_195. (15.3.1)_194. (20.129.1-2)_193

Baudhāyana-dharmasūtra (3.10.13)_206. (3.10.9)_205.

Bhagavadgītā (2.16)_386, 408, 914. (2.19)_220. (2.20)_220. (2.24)_220. (2.39)_91, 220, 405. (2.48)_96. (2.50)_95. (2.53)_97. (3.3)_405. (3.19)_405. (3.27)_387. (3.42)_386. (4.1)_185. (4.2)_185. (4.3)_185. (5.4-5)_106, 107. (5.4)_406. (5.5)_406. (6.16)_96. (6.17)_96, 97. (6.23)_97. (6.33)_96. (6.36)_97. (7.4)_255. (9.10)_404. (9.22)_96. (9.5)_98. (10.26)_501. (10.32)_225. (10.7)_98. (11.8)_98. (13.0)_387. (13.1-6)_387, 389. (13.19-21)_389. (13.2)_47. (13.21)_404. (13.22-24)_390. (13.33-34)_391. (14.12)_829. (14.25)_829. (15.16)_526. (17.1-4)_400. (17.11-13)_401. (18.13)_91, 92, 394, 408. (18.14)_395. (18.15)_92. (18.18-19)_396. (18.20-22)_396. (18.29)_402. (18.30-32)_397. (18.33-39)_399. (18.40-41)_402. (18.40)_404.

Bhagavadgītā-bhāṣya (3.1)_407. (13.4)_388. (13.5)_388.

Bhāgavata-purāṇa (1.3.10)_154, 497. (3.24.6/16)_802.

저자 소개

◈ 정승석(鄭承碩)

동국대학교 대학원에서 철학박사 학위를 취득하고, 동국대학교의 불교대학 인도철학전공 교수로 불교대학·불교대학원장과 일반대학원장을 역임했으며, 현재는 동국대학교 석좌교수로 연구에 주력하고 있다. 저서로는『인도의 이원론과 불교』,『윤회의 자아와 무아』,『인간을 생각하는 다섯 가지 주제』,『법화경: 민중의 흙에서 핀 꽃』,『상식에서 유식으로』,『버리고 비우고 낮추기』 등이 있으며, 편저로는『불전해설사전』,『고려대장경 해제』가 있다. 이 밖에 역서로『리그베다』,『대승불교개설』,『불교철학의 정수』,『유식의 구조』,『딴뜨라불교 입문』 등이 있다. 논문은「불전과 Mahābhārata에 수용된 Rāmāyaṇa의 소재」,「상키야 철학에서 인식의 동시성과 순차성 문제」,「상키야의 지각 정의를 비판한 디그나가의 쟁점」,「유식(唯識)의 이유에 대한 요가 철학의 비판」을 비롯하여 90여 편이 있다.

인도의 이원론과 요가

초판인쇄 2021년 5월 28일
초판발행 2021년 6월 10일

저　　자 정승석
펴 낸 이 김성배
펴 낸 곳 도서출판 씨아이알

편 집 장 홍민정
책임편집 홍민정
디 자 인 쿠담디자인, 김민영
제작책임 김문갑

등록번호 제2-3285호
등 록 일 2001년 3월 19일
주　　소 (04626) 서울특별시 중구 필동로8길 43(예장동 1-151)
전화번호 02-2275-8603(대표)
팩스번호 02-2265-9394
홈페이지 www.circom.co.kr

I S B N **979-11-5610-960-0 (93150)**
정　　가 **70,000원**